Aus den Tagen der Romantik

Reihe »Geschichte des Natur- und Umweltschutzes«, Band 6
herausgegeben von Franz-Josef Brüggemeier, Hans-Werner Frohn, Thomas Neiss und Joachim Radkau im Auftrag der Stiftung Naturschutzgeschichte, Königswinter

*Ernst Rudorff* (1840–1916) gilt als der Begründer des deutschen Natur- und Heimatschutzes.
*Katja Schmidt-Wistoff*, Dr. phil., Germanistin und Musikwissenschaftlerin, ist zur Zeit DAAD-Lektorin in Peking.

Ernst Rudorff

# Aus den Tagen der Romantik

## Bildnis einer deutschen Familie

Band 3

Herausgegeben und mit einer Einführung von
Katja Schmidt-Wistoff

Campus Verlag
Frankfurt/New York

Diese Publikation wurde durch die freundliche Unterstützung des Ministeriums für Umwelt und Naturschutz, Landwirtschaft und Verbraucherschutz des Landes NRW und des Bundesverbandes Beruflicher Naturschutz e.V. ermöglicht.

Ministerium für Umwelt
und Naturschutz, Landwirtschaft
und Verbraucherschutz des
Landes Nordrhein-Westfalen

NRW.

Bibliografische Information der Deutschen Nationalbibliothek
Die Deutsche Nationalbibliothek verzeichnet diese Publikation in der Deutschen Nationalbibliografie; detaillierte bibliografische Daten sind im Internet unter http://dnb.d-nb.de abrufbar.
ISBN 978-3-593-38162-6


Gedruckt auf säurefreiem und chlorfrei gebleichtem Papier.
Printed in Germany

Besuchen Sie uns im Internet: www.campus.de

Kontakt: Werderstr. 10, 69469 Weinheim, info@campus.de

# Inhalt Band 3

# Inhalt Band 1

## Teil II: »Familie und Jugend meiner Mutter«



## Teil III: »Verlobung, Ehe und Freundeskreis meiner Eltern«



## Teil IV: »Meine Kindheit und Jugend im Elternhause«

*Zweiter Teil: Mein Elternhaus*

## Editorische Notiz

Das Inhaltsverzeichnis vereinigt die Kapiteleinteilung des 1938 publizierten Buches »Aus den Tagen der Romantik« (kursiv) mit derjenigen des zum Teil unveröffentlichen Manuskripts Ernst Rudorffs (recte). In Teil IV nahm der Verleger des Buches »Aus den Tagen der Romantik« eine größere Umstellung vor (Kapitel 4 – Kapitel 5). Das vorliegende Buch folgt dem Manuskript (Kapitel 5 – Kapitel 4).

# Inhalt Band 2

# Teil VIII: »Rückkehr nach Berlin – Fragmente«[1]

Ehe das neue Berliner Musikinstitut Anfang Oktober Tatsache wurde, gab es noch mancherlei Schwierigkeiten zu überwinden. Die nachfolgenden Briefe, die zwischen Joachim und mir infolgedessen gewechselt wurden, mögen davon Zeugnis geben.[2]

Von Joachim

»Salzburg d. 15ten Juli 1869

Lieber Kollege!

Es ist längst der 8te und Sie sind von Ihrer Schweizer Fahrt wohl wieder daheim, und so schwer es halten mag in den engen Gassen der Colonia Agrippina thätig. Wüßt ich nicht, daß auch Sie manchmal ein wenig schreibunlustig zu sein pflegen, ich hätte es sauer, mich bei Ihnen zu entschuldigen, daß ich noch nicht meiner Freude über Ihre Zusage Ausdruck gegeben, nachdem ich Sie aus Nähe und Ferne mit meinen Wünschen bombardirt. Ihre Zusage kam im Moment, wo ich in Berlin auf die Eisenbahn wollte, um zu den Meinigen zu fliegen. Seitdem sind hier 14 Tage verflossen: ich weiß nicht, wie. Denken Sie, daß ich seit vorigen Oktober 6 – 7 Monate fern vom Haus war, und Sie werden begreifen, wie ich in dieser göttlichen Abgeschiedenheit von allem Störenden, von Concerten und Geschäften, meiner Lieben froh ward, mit denen ich auch schon die herrlichsten Ausflüge in der Umgebung Salzburgs gemacht habe. Ganz ohne Katzenjammer über meine künftigen Berliner Sommermonate ist's denn dabei auch nicht abgegangen, was ich Ihnen vertraulich und zum Troste sagen will. Sie werden's darin besser haben! Wann haben Sie sich Ihre Ferienzeit ausgesucht? Haben Sie mit dem Minister (direkt) Ihre Ferienzeit ausgesucht? Haben Sie mit dem Minister (direkt) schon correspondirt? Ihr Wirkungskreis ist ja eigentlich leicht festgestellt: Klavierunterricht an vorgerücktere Klavierspieler (wobei Sie ja irgend eine Leistung als Bedingung der Aufnahme in Ihre Klasse stellen können), Kammermusikstunden, soweit Ihre Schüler dabei betheiligt sind, (wofür ich Ihnen

Streicher, d. h. Menschen nicht Flügel zur Verfügung stelle), Partiturspiel und Leitung der Orchester-Übungen, giebt's erst dergleichen! während meiner Abwesenheit. Gefällt Ihnen das? Gerne wüßte ich allerdings bald von Ihnen hierüber etwas. Noch möchte ich Sie bitten, mir zu sagen, ob Sie einen guten Klavierlehrer für Anfänger zu empfehlen wissen. Ich will nämlich für alle Eintretenden die Bedingung stellen, Klavier zu lernen, und ich würde Sie mit der Beaufsichtigung dieser Klasse betrauen, da Sie sich (trotz meiner Studien bei Plaidy!) besser dazu eignen werden als ich. Gut wäre es, wenn man nicht von auswärts Jemand dazu zu berufen brauchte; in Berlin wird sich doch wohl ein passender Lehrer finden! Natürlich werden Sie mir mit rücksichtsloser Offenheit alle Ihre Wünsche mittheilen – ich mag mancherlei vergessen haben. – Wir fangen nicht großartig an. Mir scheint aber doch der Keim zur Entfaltung von Vortrefflichem gegeben, und ich will es meinerseits nicht an Ausdauer fehlen lassen. Ihr Papa sagte mir kürzlich einmal, es wäre das Leidwesen, daß in Berlin immer mit immensen Conceptionen angefangen, mit mittelmäßiger Ausführung fortgefahren und mit rücksichtsloser Kritik vernichtet würde. Lassen Sie uns, verehrter Freund, die Hand darauf reichen, daß wir, so viel an uns gelegen, diesen Vorwurf nicht verdienen wollen. Möchten wir schließlich die Sympathie der Besten erringen! Lassen Sie bald von sich hören; ich denke es wird an Gelegenheit, vor dem Wiedersehen im Herbst zu correspondiren, nicht fehlen. – Nächste Woche kömmt Frau Schumann auf dem Wege nach Gastein hier durch; wie schön! Ich denke, meine Frau und ich werden die Fahrt mit ihr machen und unterwegs alles Schöne dieser Tour gründlich kennen lernen. Beneiden Sie uns?

Die freundlichsten Grüße von meiner Frau, und von mir noch die Bitte, Ihren lieben Hausgenossen von uns das Beste zu sagen.

Ihr herzlich ergebener

Joseph Joachim.«

Von Ernst Rudorff

»Cöln d. 15ten Juli 1869.

Lieber, verehrter Herr Joachim!
Seit Sonntag Abend bin ich wieder hier, und so soll nun endlich meinen ersten flüchtigen Worten eine etwas ausführlichere Antwort nachfolgen, die freilich zum größeren Theile wieder eine Frage ist. Zuerst muß ich Ihnen sagen, daß ich mehr und mehr begreife, wie Recht Sie hatten und wie gut Sie es mit mir meinten, als Sie mir noch einmal zuredeten,

auf Ihren Vorschlag einzugehen. Haben Sie also doch nochmals herzlichen Dank dafür und glauben Sie, daß ich in dieser Richtung noch viel mehr sagen möchte, als Sie hier zu lesen bekommen. Manches Aufgeben und verlassen wird mir zwar recht schwer, aber es mag mir wohl gerade gesund sein, wenn ich meiner Natur Zwang anlegen und aufgeben muß, mich in meinen Winkel zu verkriechen…«

Von Joachim

»Salzburg am 23ten Juli 1869.

Lieber Herr Rudorff

Ihren Brief an Frau Schumann habe ich leider heute nach Lichtenthal schicken müssen: Sie hat, statt mit der Eisenbahn anzukommen, plötzlich abgeschrieben, da sie nicht zu weit von Haus fort darf, aus nicht näher bezeichneten Gründen. Wir wollen nun morgen zu zweien in die Gletscherwelt, das Wetter ist zu lockend klar und heiß. Ihre Wünsche habe ich heute nach Berlin berichtet. … Wahrscheinlich werden Sie später um Theilnahme beim theoretischen Unterricht ersucht werden, wo sich dann die Erweiterung des Gehaltes besser bewerkstelligen läßt –. Auch ich hatte mir gedacht, daß Sie gegen 10 Stunden (nicht mehr) wöchentlich geben würden, außer den später hinzukommenden Orchester-Übungen, wenn ich verreist bin. Über die allgemeinen Ferien ist bis jetzt noch nichts bestimmt. Ich denke auch, daß dies und anderes Zeit hat, bis wir im September in Berlin sind. Die Prüfungen zur Schüleraufnahme werden in den 14 Tagen vor Eröffnung der Schule stattfinden i.e. vo16ten Sept. bis zum 1ten October. Ich werde am 14ten September in Berlin eintreffen und hoffe, auch Sie werden dann dort sein können. – In den nächsten Tagen schon werden Sie eine vom Kuratorium der Akademie der Künste ausgehende Bekanntmachung in den Zeitungen lesen, worin alles steht, was nöthig ist, um Schüler mit den Bedingungen zur Aufnahme bekannt zu machen. Ich habe für meine und de Ahna's Klasse die Lösung einer bestimmten Aufgabe vor der Zutheilung in die respektiven Klassen gestellt. Für's Klavier war das nicht möglich, da Sie später zugesagt und leider auch noch keinen Hülfslehrer haben; und doch durfte nicht mehr mit der Annonce gezögert werden. Haben Sie noch den Wunsch, die Aufnahmsbedingungen für Ihre Klasse zu spezialisiren, so bitte ich Sie, dies gleich anzuzeigen, und es soll möglichst bald nachgetragen werden. Ach! aber der Hülfslehrer!! X hat sich auch an mich gewendet – ich finde aber seinen Anschlag hart und trocken, und das geht doch nicht!… Haben Sie von einem Herrn Barth (Schüler Bronsart's[3] und jetzt bei Stern thätig), gehört?... Es ist doch vor allen Dingen nöthig, daß Sie Vertrauen zu Ihren Mitlehrern haben, und ich bitte Sie deshalb dringend um baldige Vorschläge nach dieser Seite. Ich denke, für 400 bis 500 Thaler Gehalt müßte sich doch Jemand gerne der Aufgabe unterziehen. Vielleicht kann Ihnen Hiller einen geeigneten Mann nennen.

Freischüler sollen 1/5 der gesammten Schülerzahl bilden; es hat also gar keinen Zweifel, daß Ihr Protégé berücksichtigt werden kann, wenn seine Begabung ihn qualificirt. Auf Damen hatte ich noch nicht für den Anfang gerechnet; denn Stockhausens Schülerinnen sollen beim Solfeggien-Lehrer Klavier treiben. Violinspielerinnen will ich keinesfalls aufnehmen. Wenn sich indessen eine genügende Anzahl Klavierspielerinnen meldet, so können Sie ja eine Klasse für sie organisiren; ich habe nichts dagegen einzuwenden. Ich denke, dies hat bis zum September Zeit!? Schreiben Sie mir also; bis zum 30ten bin ich jedenfalls von meiner Tour wieder hier und will mich pünktlich unserer Sache widmen. Große Freude macht mir (Leonhard) Wolff's Absicht[I].

Mit herzlichem Gruß

Ihr Joseph Joachim.«

An Joachim

»Cöln. Samstag, d. 31ten Juli 1869.

Lieber, verehrter Herr Joachim!
ich hätte Ihnen schon eher für Ihren Brief danken und auf die bezüglichen Fragen antworten sollen; doch wollte sich theils die Zeit nicht finden, theils wartete ich auf Nachrichten über die persönlichen Verhältnisse des Herrn X, um danach zu entscheiden, ob man ihn vorschlagen könne oder nicht. Diese sind nun eingetroffen, und es scheint mir danach jedenfalls gerathen, von seiner Persönlichkeit ganz abzusehen. Ich habe nun gestern an Reinecke geschrieben, um von ihm den Aufenthalt des jungen Grieg zu erfahren. Meinen Sie nicht, daß der recht passend und angenehme wäre? Er war mit mir zugleich am Leipziger Conservatorium, ist etwa 5 Jahre jünger als ich und war schon damals recht tüchtig. Jedenfalls ist er eine feine musikalische Natur (Sie werden von seinen Sachen wenigstens haben reden hören). und ich meine, auch sein Clavierspiel wäre gut. Über Herrn Barth weiß ich so gut wie nichts; nur habe ich die dunkle Vorstellung, er sei ein Zukunftspauker, wie ich irgendwo gehört; doch kann ich mich darin irren...

I Als Violinschüler einzutreten.

Nur über die Prüfung zur Aufnahme möchte ich mir erlauben, Ihnen zu einer Änderung zu rathen. Es scheint mir weder im Interesse der Lehrer, die alle Tage auf dem Posten sein müssen, noch in dem der Schüler zu liegen, die nicht wissen, was sie so lange Zeit vor Beginn der Schule unterrichtslos in Berlin machen sollen, wenn man einen Termin von 14 Tagen für die Aufnahmeprüfung bestimmt. Bei uns wird das stets an einem Tage vor versammeltem Lehrerkollegium und zwar unmittelbar vor Beginn der Schule abgemacht; und alle, mit denen ich darüber sprach, auch Königslöw, meinen, daß es so das Praktischte sei. Wenn ich also einen Vorschlag machen darf, so setzen Sie die Aufnahmeprüfung auf den 27ten und etwa 28ten September (Montag und Dienstag) an; dann könnte der Stundenplan bis Freitag ganz festgestellt und dieser an diesem Tage, also am 1ten Oktober, zur Eröffnung der Schule unter die Schüler vertheilt werden. Nun verzeihen Sie, daß ich mich in diese Dinge mische. Sie haben ja vielleicht andere Rücksichten; ich wollte Ihnen aber doch mittheilen, was an andere Orten darin üblich ist und sich bewährt hat. Die Meldungen müssen ja natürlich schriftlich früher geschehen. Eine besondere Prüfungsleistung will ich für meine Classe nicht mehr feststellen; ich denke, das findet sich im Augenblick von selbst. So früh, wie Sie werde ich nun wohl ungehorsamer Weise nicht in Berlin eintreffen, und Sie werden denken, daß ich nur deshalb für die Aenderung in der Aufnahmeprüfung bin. Das aber doch nicht! Wenn meine Anwesenheit nicht geradezu nöthig ist, bleibe ich gern noch etwas länger zu ruhigem Arbeiten auf dem Lande, da ich hier bis zum 20ten August gebunden, und bei der Auflösung der bestehenden Verhältnisse, wie Sie denken können, mit Geschäften aller Art überhäuft bin. Noch eine Bitte habe ich zum Schluß, nämlich die, Sie möchten in Ihrer Anrede den »Herren« weglassen, den ich schon hoffte, von Ihrer Seite los geworden zu sein. Und damit für heute herzliches Lebewohl. Seien Sie mit Ihrer lieben Frau bestens gegrüßt von Ihrem getreuen

Ernst Rudorff.«

Von Joachim

»Salzburg den 7ten August (1869)

Lieber Rudorff
Ihrem mir sehr erwünschten Verlangen gemäß lasse ich das förmliche Herr in meiner Anrede aus, zähle aber bei Ihnen auf ein gleiches Unterlassen. – Da Sie Sich in Ihrem Postscriptum mit der ministeriellen Mittheilung über Ihre Anstellung für befriedigt erklärt haben, habe ich

es bis jetzt unterlassen, Ihnen des Herrn Ministers officielle Ermächtigung an mich zu schicken. Gerüchte über Stockhausen, die Sie vielleicht beunruhigen könnten, veranlassen mich, Ihnen nun doch das erwähnte Dokument zugehen zu lassen, mit der Bitte es aufzuheben oder mir wieder zuzustellen. Es ist leider eine traurige Gewißheit, daß wir Stockhausens Mitwirkung bei unserm Werk einbüßen. .. Mühlers trifft diesmal wirklich keine Schuld. Stockhausen wurde im Juni in Berlin mündlich mitgetheilt, daß er noch nicht lebenslänglich angestellt werden könne. Seine sonstigen Forderungen sind ihm, soweit er sie formulirte, nicht abgeschlagen worden, er hatte sogar schon Wohnung gemiethet, neben uns. Nun stößt er sich namentlich daran, daß er nicht nach Gutdünken in Berlin eigne Concerte arrangieren darf, was er einen Eingriff in seinen Künstlerberuf nennt, und eine Unfreiheit, die »den Künstler« überhaupt leistungsunfähig mache. (Diese Bedingung, auf die J. und R. eingegangen waren, wurde später die Quelle wiederholter Konflikte mit dem vorgesetzten Minister.)

... Ich habe nun heute in Folge von Stockh. Rücktritt einige Vorschläge gemacht, da ich möglicher Weise Ihnen werde mitzutheilen haben, wenn darauf in Berlin eingegangen wird. Für heute nur noch, daß ich Ihrem Wunsche gemäß, den ich sehr vernünftig finde, den Minister ersucht habe die Prüfungen auf den 27ten und 28ten zu verlegen. Auf die Abänderung wegen Ihrer Urlaubsmonate bitte ich Sie für's erste Jahr zu verzichten, von Herzen gern werde ich später dafür wirken...«

An Joachim

»Cöln d. 9ten August 1869.

Verehrtester Freund!
Vor Allem herzlichen Dank für Ihren lieben Brief und die freundschaftlichen Eingangsworte, die ich dem Sinne nach gewiß sehr dankbar annehme, wenn es mir auch vorläufig noch gegen die Ordnung erscheint, Sie so anzureden, wie ich von Ihnen wünsche angeredet zu werden.

Wie sehr mich dann der Hauptinhalt Ihres Briefes frappiert hat, können Sie denken. Ich hielt es doch im Ernst für unmöglich, daß an jenen Gerüchten über Stockhausen etwas Wahres sei; nun kommt eine Bestätigung, wie ich sie am wenigsten vermuthet hätte. ... Neben dem Unwillen ist denn aber doch auch das Bedauern sehr groß daß in den schönen Anfang mit vollen Segeln gleich wieder hineingepfuscht wird, daß dem Ganzen der Nimbus des Namens Stockhausen entzogen wird, der doch schwer zu ersetzen ist. Ich weiß nur ein Mittel für den Ersatz, und Sie werden wohl auch jetzt schon wissen, was ich meine; wenn Sie nur auch gleich ja dazu sagen wollten! Ist es gar nicht möglich, daß Ihre liebe Frau wenigstens einige Stunden für die Damen übernimmt. Für die Herren müßte ja freilich anders Rath geschafft werden, aber es wäre doch schon ein Großes, wenn für die eine Hälfte so vollkommene Entschädigung gefunden wäre. Ich möchte recht unbarmherzig quälen und zureden, wenn ich mir nicht auf der anderen Seite sagen müßte, daß ich durchaus nicht aus Erfahrung weiß, wie einem Hausvater und noch mehr einer Mutter zu Muthe ist. Hoffentlich besorgen andere Leute das Zureden an meiner Statt... Über Grieg erhielt ich von Reinecke sehr wenig vortheilhafte Nachrichten, dagegen lobt er Barth als vortrefflichen Techniker, und so scheint es mir wohl das Beste, wenn ihm die Stelle des Hülfslehrers angeboten wird. Er wird wahrscheinlich viel bessere Octaven machen können als ich; das ist ja denn aber auch recht nützlich für die Herren Schüler...«

Von Joachim

(»Salzburg) Freitag Am 13$^{\text{ten}}$ (Aug. 1869)

Lieber Freund,
Soeben erhalte ich aus Berlin beiliegende Zuschrift, in welcher mir der Minister mittheilt, daß er mir die alleinige Oberleitung der Musikschule überträgt. Es ist dies wahrscheinlich die Antwort darauf, daß ich ungebeten sofort nach Stockhausens Desertierung einige Vorschläge nach Berlin machte, weil ich meinte, sie müßten in der peinlichen Lage des Ministers auf jeden Fall ein willkommener Beitrag zu Reorganisationsplänen sein. Mir ist nun die Verantwortung die mir daraus erwächst, keine erwünschte Zugabe – da ich aber wirklich nicht einsehe, wie bei einem refus von meiner Seite in Berlin Rath geschaffen werden kann, ohne daß am Ende mir unliebe Schritte geschehen, so acceptire ich die Last der mir übertragenen »Oberleitung«, die auf jeden Fall vom Vertrauen des Ministers willkommenes Zeugniß gibt.

Da muß ich aber nun vor allen Dingen wissen, ob Sie mit einem Hauptvorschlag einverstanden sind, da er Ihnen einen veränderten Wirkungskreis zuweisen würde, bei dem ich indeß auf Ihre Neigungen Rücksicht genommen habe. Sie sollen nun meinem Plane nach statt Stockhausen die Direktion des Chors in der Gesangsabtheilung übernehmen. Es würde dies Ihre hauptsächliche Thätigkeit ausmachen, und von den früher übernommenen Verpflichtungen blieben Ihnen nur 1.) die Vertretung meiner in der Orchester-Klasse und 2.) eine mit Ihnen näher zu verabredende Leistung als Klavierlehrer, etwa die Ensemble-Stunde. So weit werden Sie, denke ich, meinen Wünschen günstig sein. Nicht so sicher bin ich, ob Ihnen eine Persönlichkeit gefällt, die ich für das Klavier zu gewinnen trachten will, da die durch Stockhausens Rücktritt flüssig gewordenen Gelder gestatten, eine neue bedeutende Kraft heran zu ziehen. Ich meine Tausig als Klavierlehrer! Sie kennen ihn wohl nur als Virtuosen und werden Sich an einer gewissen Kälte in seinem Vortrag stoßen, auch an seinen Wagner-Liszt'schen Antecedentien. Von letzteren ist er, wie ich aus persönlichem Verkehr weiß, ziemlich kurirt, und ich glaube, daß er im musikalischen Umgang mit uns mache Schroffheit ablegen würde. Was aber seine objektive Technik anlangt, so scheint es mit darin einzig, und ich habe auch durch sein Spiel und einig Arbeiten (z.B. Bezeichnung Bach'scher Fugen) den entschiedensten Respekt vor ihm gekriegt. Es fragt sich nun, ob Sie an ein ersprießliches Zusammengehen mit ihm glauben; denn fern sei es von mir, Sie mit einer Ihnen unsympathischen Persönlichkeit zusammen zu schmieden an einem Institut, für das der freudige Glaube des Einzelnen an's Ganze Hauptsache ist, nicht dieser oder jener glänzende Name. Schreiben Sie mir rückhaltslos Ihre Meinung – noch besser telegraphiren Sie, wenn Sie beistimmen etwa: ›Mit Wahl und Abänderung meiner Thätigkeit einverstanden‹; denn es ist wahrlich wenig Zeit zu verlieren, soll die Schule am 1ten Oktober eröffnet werden. Noch weiß Tausig keine Silbe, und er würde eine Weigerung von Ihrer Seite nie erfahren. Ist Ihnen zufällig bekannt, wo er sich eben aufhält, so telegraphiren Sie mir im Falle Ihrer Zustimmung auch seine Adresse; in Berlin ist er eben nicht. – An Frau Schumann habe ich deshalb nicht gedacht, weil Männer hauptsächlich unterrichtet werden, auch ist eine ihr genügende Summe nicht vorhanden. – Für Gesang habe ich an Schulze in Hamburg gedacht. Meine Frau hat nie unterrichtet; auch ist sie in diesem Augenblick in Gmunden zum Besuch bei einer Freundin...«

Meine Antwort auf den vorstehenden Brief hat sich in Joachims Nachlaß nicht mehr vorgefunden. Ich kannte Tausig nur aus dem Konzertsaal, wo mich seine fast beispiellose Meisterschaft in allem technischen Klavierspiel ebenso sehr in Staunen versetzte, wie mich die vollendete Blasiertheit seines inneren Menschen, die in der Abwesenheit jedes seelischen Anteils beim Vortrag der Musikstücke zutage trat, geradezu anwiderte. Meiner Anschauung nach konnte ich unmöglich wünschen, einen so gearteten Künstler an die neue Lehranstalt berufen zu sehen.

Von Joachim

»Ende August 1869

Lieber Rudorff

Da Sie von ›Rendez-vous unterwegs‹ telegraphirten, wußte ich nicht recht, wohin ich Ihnen schreiben sollte, und dachte, daß ich von Ihnen wohl erst wieder etwas erfahren würde. Nun unmittelbar nach Empfang Ihrer Zeilen theile ich Ihnen mit, daß ich leider nichts Neues zu sagen habe, das ist Alles! Meine Hoffnung, Brahms zu überreden, daß er das Klavier übernehmen sollte, in der festen Hoffnung, daß auch eine andere ihm zusagende Thätigkeit bei normalem Wachsthum der Schule bald noch dazu kommen müßte, ist mir leider nicht gelungen. Ich hatte gehofft, Sie sollten mir mündlich ihn zu bestimmen helfen! Ein paar Tage mit ihm ist immer Gewinn, und so habe ich auch manches Anregende mit ihm über mein Vorhaben gesprochen, auch ganz herrliche Walzer mit mehrstimmigem Sologesang (also eigentlich Walzerlieder) von ihm kennen gelernt. Originell und schön! Auf Tausig hatte ich vor Ihrem Brief verzichtet und freute mich nachher Ihrer Bedenken, da sie mir sagten, wie sehr ich recht gehabt. Als ich mich nämlich anschicken wollte, Tausig zu schreiben und seine Geschicke an unsere Schule zu binden, war mir's, als hielte mir mein Gewissen den Arm, und die paar Vernunftgründe kamen gegen den Widerwillen vor seiner rationellen Schlangenglätte nicht auf. Ich hatte wirklich eine schlaflose Nacht, und in dieser wurde mir unter anderm klar, daß Niemand als Tausig der Verfasser einer Broschüre über Klavierunterricht sein könnte, die unter dem Namen von Karl Fuchs[II] herausgekommen und mir hierhergeschickt worden war. Kennen Sie sie? Gute Bemerkungen, aber ein Schwulst von philosophischer Tiefe und nüchterner Berechnung, der mich anwidert; dabei eine pretiöse Geistreichelei – das Element der Zukunftelei unverkennbar. Daß meine Sehnsucht da auf Brahms gerieth, werden Sie begreifen – leider ja fruchtlos. Nun muß ich Sie bitten, bei den alten Plänen Sich's begnügen zu lassen; vorläufig wenigstens den Klavierosten zu behalten. Sie wüßten mir ja außer Frau Schumann auch Niemand vorzuschlagen! Aber abgesehen davon, daß sie eine Dame ist, sind ja nicht Mittel genug vorhanden; denn unter 2000 Thaler und Winterurlaub wäre sie vorderhand keinesfalls zu haben. Hoffen wir auf die Zukunft. Ich habe dem Minister den Rath gegeben, die Instrumenthal-Abtheilung einstweilen allein anzukündigen mit dem Zusatz: über die Gesangsabtheilung bleiben nähere Mittheilungen vorbe-

II Der in Danzig lebende Musikschriftsteller Prof. C. Fuchs hat sie aber nicht verfaßt.

halten. Wir begegnen uns also abermals! Über Gesang schreibe ich ausführlich, wenn ich von München wiederkehre; Ihren Rath wegen der dortigen Chorschule nehme ich ad notam. Entschuldigen Sie mein Gekritzel; ich habe von vielem Schreiben dieser Tage Überbeinfurcht…«

An Joachim

Lauenstein bei Elze Hannover d. 2ten Sept. 69

Lieber verehrter Freund!

Nicht um Sie bei Ihren vielen Schreibplackereien auch abermals mit Fragen zu plagen, sondern hauptsächlich um Ihnen für Ihren sehr lieben Brief zu danken, antworte ich Ihnen so bald. Es thut mir doch ganz wohl, das von Ihnen über Tausig zu lesen, was Sie dieses Mal schreiben, und es ist wahr, man sollte immer nur aus den höchsten Gesichtspunkten handeln; so unpraktisch das für den Augenblick manchmal scheint, so gewiß ist es doch im Grunde auch das einzig Praktische. In diesem Sinne begreife ich auch sehr, wie Sie auf den Gedanken kamen, Brahms zu gewinnen, es konnte ja nach mancher Richtung hin nichts Idealischeres geben; nur hat die Ausführbarkeit auch der schönsten Pläne ihre Gränzen, und das beweist nicht nur Brahms' Weigerung, sondern ich glaube auch, daß nach der ganzen bisherigen Anlage der Sache, die Schwierigkeit, Etwas ihn und alle befriedigendes herauszubringen, sehr groß gewesen sein würde. Doch darüber mündlich einmal mehr. Ich hoffe nun, daß man später einmal dazu kommt, Frau Schumann zur Übernahme der Klavierklasse zu bestimmen, und ich rücke dann mit einer Viertelwendung nach links zum Chor herüber. Die Aussicht auf den Chor ganz aufzugeben, nachdem ich einmal Blut geleckt, würde mir doch recht schwer sein, und es scheint mir auch aus Ihrem Briefe hervorzugehen, daß Sie später meinen Antheil an der Klavierklasse wieder beschränken und mir dafür den Chor zuweisen wollen. Vorläufig bin ich übrigens mit der Wendung der Dinge durchaus einverstanden. – Daß ich immer wieder auf Frau Schumann zurückkomme, liegt auch theilweise darin, daß mir scheint, man ist es ihr gewissermaßen schuldig, ihr für die Zukunft eine solide Stellung zu bereiten; es würde ihr dadurch gewiß wesentlich erleichtert werden, allmählig von der Öffentlichkeit zurückzutreten.

Haben Sie an den Hülfslehrer für das Klavier gedacht? und Herrn Barth dafür gewonnen? …

Um nun auch einmal nicht nur Musikschule zu tractiren, so möchte ich Ihnen doch erzählen, mit welchem Entzücken ich neulich Herman Grimms Aufsatz über Göthes westöstlichen Divan und Frau von Willemer gelesen habe. Sie kennen das natürlich längst, sonst müßten Sie es sich kommen lassen (es steht im Juliheft der preußischen Jahrbücher).[4] Wie viel Interessantes, Anziehendes erfährt man dabei, und wie lieb gewinnt man wieder den Erzähler. Nur das giebt Einem eine etwas trübselige Nachempfindung, wenn man bedenkt, wie sparsam und immer sparsamer solche Menschen und so feine, poetische Beziehungen in der Welt werden! Es ist wahr, in Berlin giebt es doch am meisten davon, aber welch einen Wust von Widerwärtigkeiten daneben.

Auf Brahms' Walzerlieder[5] bin ich sehr begierig, schon die Idee an sich finde ich reizend, und so neu sie ist, doch eigentlich natürlich. Nochmals Dank für Ihren Brief und die herzlichsten Grüße Ihres treu ergebenen Ernst Rudorff.«

### Von Joachim

»Salzburg am 6ten Sept. 1869

Lieber Rudorff.

... Wegen des Hülfslehrers für Klavier halte ich es am geeignetsten, mündlich einen vorläufigen in Berlin aufzufordern – wir wissen beide keinen, den wir dauernd an unsere Zwecke ketten möchten. – Das Gute an unserm Institut ist bis jetzt, daß wir kein einziges unsympathisches Element aufgenommen haben. Lassen Sie uns langsam, aber sicher vorwärts schreiten! Wenn ich die prunkenden Ankündigungen z.B. des Wiener Musikvereins ansehe, wo die widersprechendsten Elemente planlos spektakeln, so freue ich mich, etwas dauerndes zu gründen, durch das weihevoll nur Bewährtes gepflegt wird. Das braucht Zeit. Die Gesangsklasse wird vor Ostern kaum ins Leben treten können. Ich habe an Schulze in Hamburg geschrieben, aber noch keine Antwort erhalten. Ihn würden wir bei Organisation der Chorklasse jedenfalls mit zu Rath ziehen müssen; aber soviel steht mir jetzt schon fest, daß es nicht gerathen ist, einen bloßen Dilettanten-Gesangverein nach gewöhnlichem Muster mit der Akademie zu verbinden. Der Weg, den Wüllner in München geht, ist auch mir sehr sympathisch; ich danke Ihnen, daß Sie mich darauf aufmerksam gemacht haben. Die Hefte mit den Übungen mitzutheilen, scheint indeß weder Perfall noch Wüllner selbst geneigt. Wir können ja gemeinschaftlich ähnliches ausarbeiten, wenn Sie Lust haben. – Sahr, der eben hier ist, hat mir gesagt, daß Plaidy nicht mehr in Leipzig angestellt ist. Mein alter Klavierlehrer! Etwas pedantisch und nicht ganz appetitlich als Mensch, aber ein gründlicher Kenner des Mechanismus, ohne Fehler und Manier in Bezug auf Anschlag. Soll man versuchen, ihn für Unterweisung der Geiger etc. die Klavier obligatorisch treiben, zu gewinnen? Auch darüber schreiben Sie mir ein Wort nach Köln. Wie freue ich mich, nun sagen zu können ›mündlich mehr!‹ Kommen Sie, bitte, so früh als möglich, nicht nach dem 25ten.

Herzlichst

Joseph Joachim.«

In der zweiten Hälfte des August traf ich von Köln her in Lauenstein ein. Eine Woche später folgten meine Eltern, nachdem mein Vater die ihm verordnete Kur in Karlsbad mit anscheinend gutem Erfolg auf seine Organe hatte wirken lassen. Ich war reichlich beschäftigt. Die Korrektur mehrerer bei Simrock gerade jetzt erscheinender Kompositionen, wozu die Ekbert-Ouvertüre und die Brahms gewidmete Klavierfantasie gehörten, sollte erledigt, die kleine Sammlung Hauptmannscher Aufgaben[6] für den Stich vorbereitet werden, und auch auf ein paar Klavierauszüge wartete der Verleger. Wichtig war mir ferner, womöglich täglich drei Stunden am Klavier meine seit Wochen, ja Monaten ziemlich verwahrlosten Finger zu schulen, um für etwaiges bald bevorstehendes Musizieren mit Joachim einigermaßen vorbereitet zu sein. Dies alles hinderte mich jedoch nicht, Anfang September für ein paar Tage nach Sondershausen zu fahren, wohin mich Bruch und Spitta eingeladen hatten. Bruch wollte mir mit seinem dortigen Orchester ein paar Sachen von mir vorspielen; Spitta, der mir seit jener ersten Begegnung in Düsseldorf ein ebenso gutes Andenken bewahrte, wie dies meinerseits ihm gegenüber der Fall war, hatte mittlerweile einiges von meiner Musik kennengelernt und wünschte ein Wiedersehen. So begab ich mich denn auf die Reise und erlebte die angenehmsten Stunden. Schon die Gegend um Sondershausen, die hübsche kleine Stadt, die Gemütlichkeit des Musizierens in den sogenannten Hofconcerten, die in einem fürstlichen Lustschloß inmitten des schönen Schloßgartens stattfanden, gefiel mir ungemein. Das Orchester war klein, aber aus ganz vortrefflichen Kräften zusammengesetzt. Meine beiden Ouvertüren zu »Ekbert« und »Otto der Schütz« waren den Leuten völlig vertraut, Bruch hatte sie wiederholt spielen lassen. Auch die »Ballade«[7] hatte er mit dem Orchester studiert, und ich fand nun zum ersten Male Gelegenheit, das Stück von den Mitteln zu hören, für die es gedacht war. In der Probe am Sonnabend wurden mir meine drei Stücke vorgespielt. Im Konzert am Sonntag gab es außer irgend einem Violoncellkonzert das C-Dur-Duo von Schubert in Joachims Instrumentierung, das geistreiche Scherzo »Fee Mab« von Berlioz[8] und unter meiner Leitung Ekbert-Ouverüre und Ballade. – Nicht unerwähnt will ich lassen, daß ich in jenen Tagen auch Volkland kennen lernte, der als zweiter Kapellmeister in Sondershausen angestellt war. Sein frisches, heiteres Wesen gefiel mir sehr wohl. Er trat bescheiden auf und zeigte doch deutlich genug, daß man einen sehr tüchtigen Musiker vor sich hatte. Er gab bald darauf seine Sondershausener Stellung auf, und mehrere Jahre vergingen, bis ich in Berlin gelegentlich einer Mittagsgesellschaft wieder mit ihm zusammentraf. Ich sah eine etwas schwerfällige Gestalt und ein Gesicht vor mir, dessen mißmutige Züge im Einklang standen mit dem wenig liebenswürdigen Ton, den er in der Unterhaltung anschlug. Kaum wüßte ich, daß ich jemals durch ein Wiedersehen in so hohem Maß enttäuscht worden wäre.

In den letzten Septembertagen sollte in Berlin mit den Prüfungen für aufzunehmende Schüler begonnen und damit die neue »Akademische Hochschule für ausübende Tonkunst« eröffnet werden. Der Name des Instituts war mit Rücksicht auf die alte noch bestehende »Abteilung der Akademie für Unterricht in der musikalischen Komposition« einstweilen in dieser beschränkenden Form festgelegt worden. Es war beschlossen, daß meine Mutter kurz vorher mit mir nach Berlin zurückkehren solle, während mein Vater, dessen Universitätsferien bis zum 20. Oktober dauerten, einstweilen noch zu den Freunden Hoffmeister nach Wienrode übersiedelte. Die paar noch übrigen Septemberwochen verstrichen rasch genug. Allein, noch ehe die Vorbereitungen zur Abreise getroffen waren, warf die Zukunft, die meiner in Berlin wartete, bereits ihre Schatten voraus. Es wurde mir ein Artikel der Berliner Börsenzeitung[9] zugeschickt, in dem zu lesen war, daß außer Joachim und Stockhausen auch der Pianist Rudorff, Sohn des Geheimen Rats Rudorff und Bräutigam der zweiten Tochter des Kultusministers von Mühler nach Berlin berufen worden sei. Wenn die Quelle dieser Bosheit in erster Linie auch wohl in dem allgemeinen Haß gegen das »Ministerium Adelheid« zu suchen war, so richtete sich der giftige Pfeil doch ebensowohl gegen meine Person. In gewissen Kreisen der Berliner Kollegenschaft war es eben nicht vergessen, daß mir, dem Jüngling ohne Verdienst, vor ein paar Jahren der Professortitel unversehens in den Schoß gefallen war, ja daß man bald darauf im Ministerium mit dem Plan umging, mich sozusagen an die Spitze des Berliner Konzertlebens stellen zu wollen. Daß ich bei dem allen nur der leidende Teil gewesen war, das kümmerte niemanden. Mein Zorn über die Behandlung, die mir die Börsenzeitung hatte zuteil werden lassen, war begreiflicherweise sehr groß, und ich hatte nichts Eiligeres zu tun, als den Redakteur um sofortigen Widerruf der erlogenen Nachricht über meine Beziehung zu Fräulein von Mühler schriftlich zu ersuchen.

Am Königsplatz, an der Stelle, wo heute der deutsche Reichstag in mächtigem, anspruchsvollem Palast sich versammelt, standen damals zwei durch einen Säulengang verbundene Häuser mittlerer Größe, die Friedrich Wilhelm IV. bald nach seiner Thronbesteigung hatte aufführen lassen. Ihre Bauart, an italienische Art anklingend, ließ einen Schüler Schinkels als Schöpfer des Entwurfs vermuten. Das größere der beiden Gebäude sollte dem Maler Peter Cornelius, den der König zur Vollendung seiner für den geplanten neuen Dom bestimmten Freskobilder nach Berlin berufen hatte, als Wohnstätte dienen, in der zugleich für Arbeitsräume jeder wünschenswerten Art gesorgt war. Jetzt, nach Cornelius' Tode, stand das Haus wieder der Regierung zur Verfügung, und diese bestimmte, es solle der neuen Musikschule zur Benutzung überwiesen werden. Natürlich deckte sich nicht überall das für ganz andere Zwecke Geschaffene mit den neuen Bedürfnissen. Vorderhand aber genügten die vorhandenen großen und kleinen Räume durchaus, um sich mit ihnen einrichten zu können, und der vornehme Geschmack, den das Gebäude in allen seinen Teilen empfinden ließ, tat das Seinige, sich in ihm wohl zu fühlen.

In einem großen hohen Saal, in dem nur leider noch sehr wenige Stühle standen, fand am 27. September die erste Prüfung aufzunehmender Schüler statt. Namentlich Geiger hatten sich, wie zu erwarten war, in bedeutender Anzahl gemeldet, und diese eröffneten heute den Reigen. Der erste, der vor dem versammelten Lehrerkollegium auftrat, war Waldemar Meyer, damals ein hübscher talentvoller Junge von 16 Jahren, jetzt ein als Quartettspieler sehr geschätzter Künstler. Auch Leonhard Wolff erschien. Er hatte seinen Plan, von Köln nach Berlin überzusiedeln, festgehalten, obwohl die Möglichkeit, auch bei Stockhausen Gesang zu studieren, nunmehr für ihn fortfiel. Es war auffallend, wie viel entschiedene Begabung gleich bei dieser ersten Geigenprüfung zutage trat. Am 29. kamen die übrigen Instrumentalisten an die Reihe. Als Lehrer für Violoncell war, wie erwähnt, der Cellist des jungen Quartetts der Gebrüder Müller aus Braunschweig gewonnen worden.[10] Er brachte seinen jungen Landsmann und bisherigen Schüler Robert Hausmann mit, und hatte die Genugtuung, daß dieser ungewöhnlich begabte Jüngling mit seiner Prüfungsleistung bei allen Versammelten Enthusiasmus erregte.

Für das Klavier hatten sich bei mir mehrere Damen als Schülerinnen gemeldet. Auch Eugenie Schumann, die jüngste Tochter von Robert und Clara Schumann, gehörte zu meiner besonderen Freude zu dieser Zahl. Daß Carl Heymann und Julius Spengel als meine Schüler mir nach Berlin folgen wollten, ist schon gesagt worden. Heymann, der Pechvogel, hatte sich am Tage vor der Prüfung am Finger verletzt und konnte nicht spielen, Spengel führte sich, ich weiß nicht mehr mit welchem Stück, das er vortrug, vorteilhaft ein. Da ich in meinen Pflichtstunden durch eigentliche Pianisten noch nicht voll besetzt war, so konnte ich einstweilen einige besonders begabte Violin- oder Violoncellschüler, die auch im Klavier schon Hübsches leisteten, in meine Klasse aufnehmen. Zu ihnen gehörten unter anderen Robert Hausmann und Leonhard Wolff. Im übrigen besorgte Alexander Dorn, ältester Sohn des Hofkapellmeisters Dorn, den Joachim auf seine Bewerbung hin noch in den letzten Tagen vor Eröffnung der Schule, für diese Leistung berufen hatte, den sogenannten obligatorischen Klavierunterricht. Einige Wochen nachdem der Unterricht schon begonnen, gab es eine angenehme Überraschung. Eine junge Polin, Natalie Janotha, erschien bei mir, um sich nachträglich als Klavierschülerin aufnehmen zu lassen. Durch ihr ganz bedeutendes pianistisches Talent stellte sie alles Übrige, was bisher in meiner Klasse Klavier spielte, ganz und gar in den Schatten. Sie zählte erst 13 Jahre, hatte bisher in Warschau nur von ihrem Vater Unterricht erhalten und war jetzt mit ihrer Mutter nach Berlin gekommen, um sich gründlich zur Künstlerin ausbilden zu lassen. Die kleine zierliche Person trug ein Salonstück von Couée, ein Stück von Bach und einen der nachgelassenen Walzer von Chopin technisch tadellos und mit angeborener Grazie vor. Hier schien sich also für den Lehrer eine Aufgabe zu bieten, deren Erfüllung sehr der Mühe wert war.

Wie schon erwähnt, mußte vorderhand davon abgesehen werden, auch eigentliche Kompositionsschüler an der Hochschule aufzunehmen, weil die alten Herren, die damals als Mitglieder der Musikalischen Sektion der Akademie von Staats wegen Kompositionsunterricht erteilten, dagegen Einspruch erhoben haben würden. Allein, ohne irgendwelche Unterweisung in der Theorie der Musik, in Harmonielehre und den ersten Anfängen des Kontrapunkts ließ sich doch auch für Geiger und Klavierspieler unmöglich auskommen. So berief denn der Minister auf Joachims Vorschlag Friedrich Kiel an die Schule, um diesem Bedürfnis zu genügen.

Mehr als alles Übrige endlich lag Joachim eines am Herzen: die Heranbildung eines den höchsten künstlerischen Ansprüchen genügenden Orchesters und vorläufig als Grundlage desselben eines ausgezeichneten Streicherchors. So wurde denn auch sofort nach Erledigung der Prüfungen und damit zusammenhängenden Amtsgeschäften – wöchentlich vorläufig ein Mal – eine zweistündige Orchesterübung angesetzt. Es gehörte, buchstäblich genommen, nicht zu meinen Amtspflichten, während Joachims Anwesenheit auch meinerseits hierbei zu erscheinen. aber natürlich war ich dennoch regelmäßig zur Stelle. Ich hatte Joachim während seines zwei- bis dreimonatlichen Aufenthalts in England als Leiter der Orchesterstunden zu vertreten, und schon das Gefühl der Pflicht, mich deshalb mit seinen Ansichten und Absichten ganz und gar vertraut zu machen, hätte mich veranlassen müssen, hier nicht zu fehlen. Aber diese Orchesterstunden unter Joachims Leitung mitzuerleben, war in der Tat nichts als die reinste Freude. Mit ganzer Seele war er jedes Mal aufs neue bei der Sache. Ohne jede Spur von Schönrednerei verstand er es, durch praktische Fingerzeige und rein sachliche Bemerkungen den jungen Leuten das Verständnis für das, was sie zu spielen hatten, zu erschließen; der tiefe, begeisterungsvolle Ernst aber, mit dem er immer wieder an die Werke der großen Meister herantrat, mußte sich jedem einigermaßen Empfänglichen unter den Schüler mitteilen Bläser hatten wir noch nicht; es verging geraume Zeit, bis nach und nach die Anstellung von Lohnkräften für sämtliche Arten der Blasinstrumente erreicht wurde. Auch Kontrabaß war Anfangs nicht vorhanden. So mußte man sich einstweilen damit behelfen, das Klavier zum Ersatz heranzuziehen. Für meine Klavierspieler war das eine nützliche Übung, hier aushalten zu müssen. Zuweilen setzte ich mich auch selbst an das Klavier und besorgte das eine oder andere, wie ich es vor Jahren als Konservatoriumsschüler in Leipzig getan. Trotz dieser Mängel im Äußerlichen kann ich sagen, daß ich an den Haydnschen oder Mozartschen Symphonien, die damals insbesondere vorgenommen wurden, mich mehr erquickt habe, als an vielen pomphaft inszenierten Konzertaufführungen unter dieser oder jener modischen Dirigentengröße.

Von vornherein hatte ich mich darauf gefaßt gemacht, daß es schwierig sein werde, mich von der Unruhe der Berliner Verhältnisse nicht ganz und gar in den Strudel reißen zu lassen. Und in der Tat übertrafen die ersten Wochen meines Dortseins beinahe das Erwartete. Die für mich gemietete Wohnung in der Möckernstraße mußte eingerichtet, allerlei Möbel aus der Wohnung meiner Eltern herübergeschafft, andere neu angeschafft werden. Während dieser Vorbereitungen wohnte ich noch bei meinen Eltern, dann siedelte ich in mein neues Quartier über, und Carl Heymann rückte als Pflegesohn meiner Eltern an meine Stelle. Mein erstes Frühstück ließ ich mir zwar in der neuen Behausung besorgen, aß jedoch bei meinen Eltern zu Mittag und Abend. Die Entfernung vom Askanischen Platz bis zur Friedrichstr. 226 betrug ja kaum eine Viertelstunde, immerhin brachte eine solche Doppelexistenz Zeitverlust mit sich. Daß alle möglichen Freunde und Bekannte mich sei es bei meinen Eltern zu treffen suchten oder aber von mir besucht sein wollten, versteht sich von selbst. Daran wieder schlossen sich Einladungen in Fülle, mit und ohne Musik. Aber es blieb nicht allein bei den ansässigen Berlinern. Zufällig hatten sich gerade jetzt allerlei Leute von außerhalb eingefunden, mit denen sich unvermeidlich ein mehr oder weniger lebhafter Verkehr ergab. Daß Albertische Verwandtschaft aus Schlesien, Zschocksche aus der Neumark für einige Wochen sich eingefunden hatte, um die Freuden der Hauptstadt zu genießen und bei dieser Gelegenheit meine Mutter wieder einmal zu begrüßen, war das Geringste. Auch Julius Dumont aus Köln war für 14 Tage nach Berlin gekommen, und wollte so viel wie möglich mit mir zusammensein. Frau Schumann wurde von Wien her erwartet, um hier zu konzertieren und sich mehrere Wochen aufzuhalten. Bruch, der Opernpläne mit sich herumtrug, hatte während seiner Urlaubszeit Sondershausen verlassen und für den ganzen Winter in Berlin ein Quartier gemietet. Dazu endlich das für Berlin neu hinzugekommene Joachimsche Haus, das doch von nun an für mich nicht allein der künstlerische, sondern dadurch auch mehr und mehr der gesellige Mittelpunkt des ganzen Berliner Daseins werden mußte.

Joachim war mit seiner Familie schon im Herbst 1868 von Hannover nach Berlin übergesiedelt; damals noch ohne im geringsten an die Möglichkeit einer staatlichen Anstellung zu denken, die ihn dauernd an die Stadt fesseln würde. Er hatte zu jener Zeit eine Wohnung in der Potsdamer Straße bezogen, wo ich ihn während meines Weihnachtsaufenthalts bei den Eltern aufsuchte. Bald darauf lud er mich zu einer kleinen Abendgesellschaft ein, in der musiziert werden sollte. Zu den Gästen gehörten neben anderen Herman und Gisela Grimm, mein Freund Schaper und das Ehepaar Scholz[11]. Ich spielte bei dieser Gelegenheit mit Joachim und Schaper das D-Dur Trio von Beethoven und durfte von Joachim gute Worte über meine Leistung hören. Wahrscheinlich steht mit diesem Abend eine boshafte Äußerung Hans von Bülows im Zusammenhang, der später einmal irgendwo gesagt hat, er wisse von mir nichts, als daß ich der beste Interpret des Adagios in Beethovens Geistertrio sein solle. Jetzt hatte Joachim eine Wohnung in unmittelbarer Nähe des Tiergarten bezogen. Hier, in der Straße, die den Namen führt »In den Zelten«, hatte vor Jahren Bettina von Arnim gewohnt, und die Erinnerung an die ferne poetische Zeit, wo er an der gleichen Stelle bei ihr aus- und einging, mochte bei der Wahl ein Wort mitgesprochen haben. Den Ausschlag jedoch hatte wohl der Umstand gegeben, daß er von hier nur eine kurze Strecke zu gehen brauchte, um die damalige Wirkungsstätte der Hochschule zu erreichen. Das Haus, in das er nunmehr mit den Seinigen eingezogen war, lag an der Ecke einer vor kurzem erst durchgebrochenen Seitenstraße, die nach der Spree hinführt. Sie sollte um der Nähe des Hauses willen, in dem Meyerbeer einst geboren wurde, »Meyerbeerstraße« getauft werden. Joachim aber, der keineswegs ein Verehrer Meyerbeers war, der nach Jahresfrist anfing, sich an der gegenüberliegenden Seite ein eigenes Haus bauen zu lassen, setzte es durch, daß ihr der Name Beethovenstraße verliehen wurde. Einstweilen bewohnte er in dem erwähnten Mietshaus die eine, nach der Seitenstraße blickende Hälfte der zweiten Etage, während seine Nachbarsleute, der Maler Berg mit seiner Frau, den Vorzug genossen, die schönen alten Bäume des Tiergartens unmittelbar vor ihren Fenstern zu haben. Schon bald, nachdem Joachims nach Berlin gezogen waren, hatten sie das Ehepaar Berg kennen gelernt und waren den beiden Leuten nähergetreten. Jetzt machte auch ich ihre Bekanntschaft. Berg war ein begabter, gründlich gebildeter und liebenswürdiger Mann. Er hatte viel von der Welt gesehen, hatte längere Zeit in Griechenland gelebt, bald auf der Insel Rhodos, bald im Peleponnes sein Zelt aufschlagend; auch in Japan war er gewesen, und von überall her hatte er eine Fülle auf das Feinste ausgeführter Zeichnungen mitgebracht. Als Zeichner besaß er, man darf wohl sagen, die höchste Meisterschaft. Es war der ungetrübteste Genuß, sich in die Vollkommenheit dieser bald in kleinerem, bald auch in größerem Maßstabe gehaltenen Blätter zu vertiefen. Leider fand der rastlos strebende Mann kein Genügen darin, der Schöpfer einer solchen Welt reizendster Kunstwerke zu sein; er wollte durchaus nicht nur zeichnen, sondern vor allem malen, die Natur in der Fülle ihres Farbenreichtums wiedergeben. Hier aber versagte die ihm angeborene Begabung. Es schien, als fehle ihm geradezu der Sinn für die Wirkungsweise der Farbe. Wiederholt versuchte er, durch öffentliche Ausstellung großer Öllandschaften von seiner Hand die Teilnahme des Publikums und die Anerkennung der Fachgenossen zu gewinnen. Aber alles schlug fehl und mußte fehlschlagen, weil es hier wirklich nichts zu bewundern gab. Berg hatte auch für Musik großes Interesse, und so entwickelte sich bald ein lebhafter geselliger Verkehr zwischen ihm und der Familie seines nunmehrigen Wohnungsnachbarn, der dann auch mich in häufigere Berührung mit dem interessanten Mann brachte.

Es ist mir nicht bekannt, ob Joachim bereits in den Sommermonaten Gelegenheit gehabt hatte, sich mit den Mitgliedern seines neuen Berliner Streichquartetts ins Einvernehmen zu setzen. Jedenfalls war die Existenz dieser Genossenschaft bei Eröffnung der Hochschule bereits Tatsache. Neben Joachim als Führer hatte de Ahna, Konzertmeister an der Königlichen Oper und jetzt zweiter Lehrer für das Violinspiel an der Hochschule die Bratsche, und Wilhelm Müller das Violoncell übernommen. Als zweiter Geiger betätigte sich Ernst Schiever, ein sehr talentvoller junger Mann, und einer der ganz wenigen, denen Joachim während seines Aufenthalts in Hannover eine Zeitlang Unterricht im Violinspiel gegeben hatte. Er war auf seines Lehrers Veranlassung nach Berlin übergesiedelt, um hier an der Hochschule als Hilfslehrer angestellt zu werden.

Auf Sonntag, den 17. Oktober abends, hatte Joachim einige wenige Freunde zu sich in die neue, sehr geräumige Wohnung geladen, um ihnen hier mit seinen Genossen zum ersten Male einige Quartette vorzuspielen. Zu den erschienenen Zuhörern gehörten außer meiner Mutter und mir noch Bruch, Robert Radecke mit Frau, das Ehepaar Berg und Julie von Asten, die vor kurzem ihren Wohnsitz von Wien nach Berlin verlegt hatte. Bald nach sechs Uhr wurde mit der Musik begonnen. Das Programm lautete: Mozart d-Moll, Haydn B-Dur, Beethoven C-Dur. Was soll ich von dem Eindruck sagen! Er war derselbe, den ich schon an jenem Morgen in Hannover empfangen hatte, wo ich von Joachim und seinen dortigen ausgezeichneten Kollegen das f-Moll-Quartett von Beethoven hörte. Das Ideal des Quartettspiels ist erreicht, wo Joachim mit seiner nie fehlgehenden Fähigkeit, ein Kunstwerk bis in sein feinstes Geäder nachzuempfinden, Genossen findet, die bei eigener technischer Meisterschaft imstande sind, alle Winke dieses Führers zu verstehen und dazu den Willen haben, ihnen unbedingt zu folgen. Im Lauf der Jahre ist ja mancher Wechsel in den Personen eingetreten, die neben Joachim an den Quartettpulten saßen. Aber das »Joachimquartett« veränderte sich darum nicht. Es war und blieb, was es von Anfang an war: das erste der Welt.

Nach der Musik an jenem Abend sollten die Gäste natürlich nicht ungespeist entlassen werden. In der Nebenstube hatte man die Tafel gedeckt, und Joachim führte meine Mutter zu Tisch. Es war mittlerweile gegen neun Uhr geworden, und sie blieb in der Sorge um Heymann nur mit Widerstreben. Dieser nämlich hatte sich am Vormittag plötzlich unwohl gefühlt, Schaper war zufällig für ein paar Augenblicke gekommen, hatte bei dem Jungen etwas Fieber konstatiert, und so beunruhigte es sie, noch länger auszubleiben. Als wir endlich nach elf Uhr in der Wohnung meiner Eltern eintrafen, fanden wir auf dem Tisch in der Wohnstube einen Zettel von Schapers Hand liegen. Er war während unserer Abwesenheit nochmals gekommen, um nach dem Patienten zu sehen, war zwei Stunden geblieben und hatte sich überzeugt, daß Lungen- oder Brustfellentzündung im Anzuge sei. Nun war der Schrecken groß. Mein Vater, dessen Universitätsferien noch nicht ganz zu Ende waren, hielt sich noch in Wienrode auf. So war es doppelt geboten, daß ich für die Nacht nicht nach meiner Möckernstraßenwohnung zurückkehrte. Ich legte mich in meine alte Mansardenstube auf das Sofa, von wo aus ich bei geöffneter Kammertür den Kranken stets im Auge behalten konnte. Nun stieg die Krankheit von Tag zu Tag. Die Stiche verschlimmerten sich, das Fieber erreichte eine bedenkliche Höhe. Ich war in der größten Aufregung und Sorge um den Ausgang; vor allem natürlich, weil ich den Jungen sehr lieb hatte, dazu aber quälte mich das Gefühl, daß gerade ich es gewesen war, der seine Übersiedelung nach Berlin veranlaßt und damit gleichsam eine Verantwortung für sein Wohlergehen seinen Eltern gegenüber übernommen hatte. Es war Mittwoch geworden; ich war Nachmittags in der Hochschule, um dort zwei Stunden zu geben, als Joachim bei mir eintrat und mir mitteilte, Frau von Mühler beabsichtige am Donnerstag nächster Woche ein Konzert zu veranstalten, in dem im Saal der Singakademie sämtliche Lehrkräfte der Hochschule auftreten sollten, wobei sie also natürlich auch auf mein Auftreten als Klavierspieler rechne. Wenn ich wegen Heymanns Erkrankung nicht in der Lage sei, mich darauf für diesen Tag zu binden, so müsse ich eilen, ihr das mitzuteilen. Unverzüglich machte ich mich auf den Weg zur Ministerin und wurde vorgelassen. Sie habe den Plan gefaßt, sagte sie, den König, dessen Rückkehr von einer Reise in diesen Tagen erwartet werde, mit der öffentlichen Vorführung der Hochschule – die sie ja als ihre Schöpfung ansehen durfte – zu begrüßen; auch der Königliche Domchor solle sich an der Sache beteiligen, und der Donnerstag der nächsten Woche müsse als Termin unter jeder Bedingung festgehalten werden. Als ich nun die Umstände vorbrachte, die mich verhindern müßten, für diesen Tag meine Mitwirkung zuzusagen, erfolgte ein Ausbruch ihrer Leidenschaftlichkeit, auf dessen nähere Schilderung ich besser verzichte. Sie erklärte, wenn ich meine Mitwirkung für den 28. nicht zusage, ohne die das Konzert natürlich nicht stattfinden könne, so werde sie dafür sorgen, daß Joachim jede öffentliche Betätigung in Berlin bis zu dem Tage untersagt werde, wo er in dem von ihr in Aussicht genommenen Konzert tatsächlich aufgetreten sei. Bis dahin müsse dann also die von ihm beabsichtigte erste Quartettsoirée hinausgeschoben werden, und auch von seiner Mitwirkung in einem Konzert, das Frau Schumann mit ihm geben wolle, könne nicht die Rede sein. Ich erklärte, ich möge für den Augenblick keine Entscheidung treffen, bat um ein paar Stunden Bedenkzeit und empfahl mich. Zu Haus angelangt schrieb ich ohne viel weiteres Überlegen, daß ich meine Weigerung, für den 28. meine Mitwirkung zuzusagen, aufrechterhalten müsse. Brachte ich doch Tag und Nacht, soweit es meine Amtspflichten und andere Bindungen gestatteten, in der Nähe des Kranken zu, um bei seiner Pflege behilflich zu sein. An Klavierspielen war bei diesem Zustand, um gut vorbereitet zu sein, so gut wie gar nicht zu denken. Und ferner: wie sollte ich mich denn in diesem Augenblick, wo sich gar nicht absehen ließ, welchen Verlauf Heymanns Erkrankung binnen einer Woche nehmen würde, ohne einen wirklich zwingenden Grund Frau von Mühler für einen Termin verpflichten, der lediglich um einer Laune willen von ihr gewählt war! Endlich aber: wie ließ sich gar die Drohung rechtfertigen, Joachim, der dem Berliner Publikum seit Jahren reichlich bekannt war, so lange an jedem öffentlichen Auftreten hindern zu wollen, bis er zuerst in seiner neuen Würde als Hochschuldirektor sich den Leuten präsentiert habe! Gezwungen konnte ich ja nicht werden nachzugeben. Doch die Bestrafung für mein Verhalten ließ freilich nicht auf sich warten. Ich erhielt vom Minister den Bescheid, man wünsche in amtlichen Dingen nicht mehr direkt, sondern nur durch Joachims Vermittlung mit mir zu verkehren.

Noch ein paar Tage hielt die Steigerung der Krankheitserscheinungen bei unserem Pflegling an. Dann, am Sonntag Vormittag, trat unerwartet offensichtlich Erleichterung ein, und von nun an ging es allmählich vorwärts. Mein Vater war am Mittwoch Abend von Wienrode heimgekehrt, hatte noch die schlimmsten Sorgentage miterlebt, und teilte nun unsere Freude.

Frau von Mühler hatte sich mittlerweile entschließen müssen, ihren Drohungen keine Taten folgen zu lassen. Sie ließ es geschehen, daß Joachim am Sonntag den 30. Oktober seine erste Quartettsoirée gab, obgleich er noch nicht unter ihrer Flagge öffentlich aufgetreten war.

Dafür hatte sie die Genugtuung, daß Frau Schumann genötigt war, um eines plötzlich eingetretenen Handübels willen das Konzert, das sie in Berlin unter Joachims Mitwirkung hatte geben wollen, um mehrere Wochen hinauszuschieben. Am Abend des 8. November aber erfüllten sich ihre Wünsche: Im Saal der Singakademie fand in Gegenwart des Königs die von ihr ersehnte Vorführung der Hochschullehrer endlich statt. Das Programm lautete:

»Concert
ausgeführt von dem Dirigenten und den Lehrern der Königlichen Hochschule für ausübende Tonkunst, den Herren Professor Joachim, Concertmeister de Ahna, Musikdirektor Dorn, W. Müller, Professor Rudorff und Schiever unter gefälliger Mitwirkung der Frau Joachim und des Königl. Domchors.

| | | |
|---|---|---|
| 1.) | Ave verum für Chor | Mozart |
| 2.) | Variationen für Streichquartett | Schubert |
| 3.) | Cantate für eine Altstimme | Marcello |
| 4.) | Crucifixus für Chor | Lotti |
| 5.) | Adagio für Violine | Spohr |
| 6.) | Lieder | |
| | a) an die Leier | Schubert |
| | b) Lindenbaum | " |
| 7.) | Quintett für Clavier und Streichinstrumente | Schumann |
| 8.) | 100 Psalm für Chor | Mendelssohn |

Der Ertrag ist für wohlthätige Zwecke bestimmt. Der Flügel ist aus der Fabrik von Richard Lipp in Stuttgart.«

Was bei dieser Zusammenstellung die Mitwirkung des Königlichen Domchors zu bedeuten hatte, blieb dunkel. Sollte dem Ganzen die religiöse Weihe gegeben werden, wollte man die gemeinsame Königlichkeit der beiden Institute betonen, oder war es etwa die Absicht, der Hoffnung auf den noch nicht vorhandenen Hochschulchor symbolischen Ausdruck zu verleihen?

Über den Verlauf des Abends schrieb mein Vater nach Wienrode wie folgt:

»Berlin d. 8. November 11 Uhr Abends nach dem Concert und Thee.
Liebe theure Marie!
Sie werden heute mit Spannung an uns gedacht und die unsrige getheilt haben. Es ist daher nicht nur Pflicht sondern ›dringendes Bedürfniß‹[12]

Ihnen vor Allem über den Erfolg des heutigen Abends zu berichten. Dieser war über Bitten und Erwarten befriedigend; unser lieber Ernst hat sein öffentliches Examen vor unserem Könige, der bis zu Ende blieb und tapfer mitgeklatscht hat, und vor einem Publikum endloser Bekannter glänzend bestanden, ist am Schluß gerufen und damit in den ordentlichen etatsmäßigen Berliner Künstlerkreis feierlich aufgenommen. Des Glückwünschens war am Schluß kein Ende, die feindlichen Ministerien des Cultus und des Königlichen Hauses sind versöhnt und Frau von Mühler, die in weißem Kleide und möglichster Einfachheit dasaß, hat einen Triumph ihrer Macht und ihrer Schöpfung gefeiert. Joachim nickte mir nach dem Schluß zum Frieden zu, weil sie ›aus Freundschaft für Ernst diese für ihn namentlich in Berlin unerläßliche öffentliche Produktion durchgesetzt und ihm dadurch über den Graben geholfen habe.‹ Aber nach dem, was vorgefallen erfolgt von unserer Seite keine neue Annäherung und, wie wir wünschen und hoffen, auch von ihrer nicht. Ernst ist offiziell auf den amtlichen Verkehr durch Joachim verwiesen und wird diese Gränze streng einhalten.

Über die Einzelheiten noch Folgendes. Die Vorträge des Domchors klangen wunderbar schön. Der gute Dorn spielte die Begleitung zur Cantate von Marcello unendlich hölzern, mit schlechtem Anschlagen, und diente Ernst, der die Lieder zu begleiten hatte, als vortreffliche Folie. Der geniale feurige Anfang von Schuberts ›An die Leyer‹ klang hinreißend und der wundervolle Lipp'sche Flügel kam zu voller Geltung. Leider ängstigte sich Frau Joachim, die himmlisch sang, vor dem donnerartigen Sturm während ihres Gesanges, so daß sie nicht zu bewegen war, noch Lieder zuzugeben, so sehr auch geklatscht ward. Mit dem Quintett hätte vernünftigerweise geschlossen werden sollen.

Für Ernst ist dieser Erfolg ein Großes, er ist über einen Berg von Subjektivismus und Selbstquälerei hinweggehoben. Dazu hat er Oekonomie in seine Zeit gebracht, er hat an seiner Wohnung angeschlagen, daß er bis 1 Uhr nicht zu sprechen sei und dadurch seine Vormittage gerettet. ...

Hildegard[III], die prächtig wohl aussieht, und Hollwegs sind natürlich nächst Klärchen Baumeister, die mit uns war, die theilnehmendsten Freunde hier in Berlin. Theilnehmender sind sie nur noch in dem geliebten Harzdörfchen, an das ich mit tiefster Dankbarkeit zurückdenke, obgleich ich auch an den Vorlesungen Freude habe und meine Auditorien so gefüllt sind, daß ich ausziehen muß. ...

III Gräfin Schwerin

den 10ten November 11 Uhr Abends
Einliegend noch einige Nachträge zu Ernsts Auftreten. So wie in der Nationalen lautet auch die Kritik in der Tante Voss.[13] Er kann mit der Aufnahme und dem Erfolg zufrieden sein!! Gumprecht schrieb in der Nationalzeitung: ›Die Herren Joachim, Schiever, de Ahna und Müller trugen ... im Verein mit Herrn Rudorff Schumanns Klavierquintett vor. Als trefflicher Liederbegleiter war uns der Pianist schon früher begegnet. Der Kraft und Fertigkeit nach steht sein Spiel auf der Höhe moderner Technik; mehr als das schätzen wir aber seinen musterhaften, allen Schattierungen des Gefühls aufs Elastischste sich anschmiegenden, nie durch Härte und Übertreibung verletzenden Anschlag, wie das ächt musikalische Element, das die Auffassung erfüllt und durchdringt.‹«

Wenn mein Vater in seinem Konzertbericht sagt: »Die feindlichen Ministerien des Cultus und des Königlichen Hauses sind versöhnt‹, so ist diese Äußerung natürlich nicht buchstäblich, sondern als scherzhafte Hyperbel zu nehmen. Sie bedeutet nichts weiter, als die Feststellung der Tatsache, daß Frau von Schleinitz sich bewogen gefunden habe, das Hochschulkonzert, das Werk ihrer Rivalin, anzuhören – in der stillen Hoffnung wahrscheinlich, irgendein Fiasko dabei zu erleben. Die beiden Ministerinnen erfreuten sich der Gunst Seiner Majestät und waren gewiß jede an ihrer Stelle nach Kräften bemüht, die andere in Beweisen verehrungsvoller Ergebenheit zu übertrumpfen. Schon dieser Umstand würde eine gegenseitige Annäherung ausgeschlossen haben. Noch mehr aber tat dies die scharfe Gegensätzlichkeit ihrer Ansichten in den wichtigsten Dingen, vor allem auf dem Gebiet der Musik. Frau von Schleinitz gehört mit Leib und Seele dem neudeutschen Lager an, machte für die Werke Wagners und Liszts mit Leidenschaft Propaganda und stand, soviel ich weiß, nicht nur mit diesen Koryphäen, sondern überhaupt mit dem ganzen damaligen Weimarer Kreis in regen persönlichen Beziehungen. Sie spielte selbst eifrig Klavier und musizierte in Berlin besonders viel mit Karl Tausig. Daß ihr unter solchen Umständen die neue Musikhochschule mit Joachim an der Spitze von vornherein ein Greuel sein mußte, ist selbstverständlich. Zu etwas späterer Zeit – es mag etwa im Frühjahr 1871 gewesen sein – tauchte einmal das Gerücht auf, es seien Bestrebungen im Gange, für Richard Wagner eine Stellung in Berlin als »Generalmusikdirektor« zu schaffen, wie sie auch Meyerbeer eine Zeitlang innegehabt hatte. Man sagte, Frau von Schleinitz insbesondere betreibe diese Angelegenheit mit allen ihr zu Gebote stehenden Mitteln. Gelegentlich einer kurzen Anwesenheit Wagners in

Berlin fand dann, wie mir berichtet worden, an einem Empfangsabend in den Räumen der Hausministerin eine persönliche Begegnung – (wohl die einzige) – zwischen Wagner und dem Fürsten Bismarck statt. Der »Meister« tat das Mögliche, den Gründer des neuen deutschen Reichs mit Ausdrücken seiner Bewunderung zu überschütten; nichts Erwünschteres, meinte er, könne er sich denken, als mit diesem Außerordentlichen an ein und demselben Ort zu leben. »Sehr freundlich«, erwiderte Bismarck, »ich habe aber leider durchaus keine Aussicht in München Minister zu werden«. Daß Bismarck eine musikalische Natur war und vor allem für Beethoven sich lebhaft begeisterte, ist bekannt. Auch Joachims Kunst bewunderte er und gab ihm wiederholt Beweise seiner persönlichen Sympathie. Richard Wagner dagegen lehnte er mitsamt seiner Musik lebenslang stillschweigend ab.

Doch die hier erzählten Vorgänge gehören einer späteren Zeit an. Einstweilen im Lauf des Jahres 1869 hatte Frau von Schleinitz im Interesse der Wagnerschen Kunstwerke bereits etwas Bedeutsames erreicht. Die beiden Kapellmeister an der Königlichen Oper, Wilhelm Taubert und Heinrich Dorn, waren Leute der alten Schule und standen ihrer Absicht, Berlin zu einem Horte der Wagnerschen Bühnenwerke zu machen, im Wege. Sie hatten sich zwar entschließen müssen, Tannhäuser und Lohengrin ständig auf dem Repertoire zu halten, auch Der fliegende Holländer und Rienzi waren einige Male gegeben worden, aber man merkte doch all diesen Aufführungen an, daß die Herren nicht mit ganzer Seele bei der Sache waren, und durfte vor allem überzeugt sein, daß sie sich den neuesten Schöpfungen Wagners, den eigentlichen Musikdramen gegenüber von vornherein ablehnend verhalten, ja auch kaum imstande sein würden, Kunstwerke wie diese, die sich mit dem Charakter der eigentlichen Oper in diametralen Widerspruch setzten, zu einer ihrem Wesen entsprechenden Wiedergabe zu bringen. So blieb nichts übrig, als mit der alten Garde aufzuräumen. Es gelang denn auch der Hausministerin, vermittelst ihres Gemahls ihre Wünsche durchzusetzen, und den König zur Unterzeichnung der Kabinettsorder zu bewegen, die den Herren Taubert und Dorn den Abschied gab. Karl Eckert, ein talentvoller Schüler Felix Mendelssohns, der nachmals fahnenflüchtig geworden und mit vollen Segeln in das neudeutsche Lager übergegangen war, hatte in Wien als hervorragender Wagnerdirigent Aufsehen erregt. An ihn wandte man sich jetzt, und als ich um Ende September in Berlin eintraf, war er bereits als Nachfolger Tauberts seit geraumer Zeit am Dirigentenpult der Königlichen Oper mit Erfolg tätig. Robert Radecke, der bisher an dritter Stelle im Theater gestanden hatte, war zu Dorns Platz aufgerückt.

Die Meinungen über diese Vorgänge waren im Berliner Publikum geteilt. Das Verschwinden des Kapellmeisters Dorn von seinem Posten ließ sich vernünftigerweise kaum bedauern. Dorn war ein grobkörniger Musikant; abgesehen von einer gewissen Tüchtigkeit als Taktschläger konnte man ihm wenig Verdienstliches nachrühmen. Anders stand es mit Taubert. Daß dieser als Komponist mehr bedeutete als Eckert, war fraglos, und eine feinsinnigere Natur stand hinter seiner gesamten Künstlerschaft. So begriff man, daß er sich gekränkt fühlte, und bedauerte, obgleich der Minister ihm die Leitung der Symphoniesoireen auch fernerhin zugestanden hatte, in weiten Kreisen sein Geschick. Allein, Einsichtige mußten bei aller Teilnahme dennoch zugestehen, daß seine Leistungen als Dirigent nicht durchaus einwandfrei waren; es fehlte oft am letzten, an strenger Gründlichkeit des Einstudierens, an Größe und Schwung der Wiedergabe. Hier war ihm Eckert offenbar überlegen. Wenn er es der Mühe wert hielt, sich anzustrengen – was freilich keineswegs immer der Fall war – so konnte er sich zu bedeutender Energie aufraffen, und dann vermöge der außerordentlichen technischen Gewandtheit, die er besaß, eine ausgezeichnete Aufführung zustande bringen.

Anfang Oktober, wenige Tage also, nachdem ich in Berlin eingetroffen war, fand im Opernhaus eine Vorstellung der Gluckschen »Armide« statt, die ich in Gemeinschaft mit dem Ehepaar Joachim besuchte. Frau von Voggenhuber als Armide ließ in ihrer Unbedeutendheit die Köster schmerzlich vermissen, Niemann als Rinald hatte nichts von der Größe und dem Zauber der Musik, die er zu singen hatte, begriffen, war kein »reizender Held«, sondern ein schläfriges Ungetüm. Dagegen hatte man für bessere Besetzung der Nebenrollen und tadelloses Ineinandergreifen der Ensembles gesorgt. Überraschend ferner erschien geradezu die Veränderung, die mit dem Chor vorgegangen war. Statt des bisherigen gänzlich energielosen und abgedienten Chormeisters war – wahrscheinlich doch auf Eckerts Veranlassung – vor einigen Monaten der ausgezeichnete Chordirektor von der Hannoverschen Oper nach Berlin berufen worden, und dieser hatte Wunder verrichtet. Der Chor war an diesem Abend eigentlich das Beste von der ganzen Aufführung; ihm war es zu danken, daß der wunderbare dritte Akt trotz allen Versagens der Hauptperson dennoch tief ergreifend wirken konnte. Auch die Regie endlich war an vielen Stellen angemessener. Machte sich nun in dem allen schon indirekt Eckerts Eingreifen vorteilhaft bemerkbar, so verdiente seine unmittelbar persönliche Leistung als Leiter des Orchesters vollends die größte Anerkennung. Es war Schwung und frisches Leben in die Leute gekommen, und durch eine geschicktere Aufstellung war eine bei weitem ausgiebigere Klangwirkung erzielt worden. Dagegen hatte er – und dies war leider sehr bezeichnend für die Mängel seiner Natur – in der Partitur ein paar Striche von einer Geschmacklosigkeit gemacht, die man jemandem, der ein Künstler heißen will, kaum verzeihen kann.

Ein wunderliches Mißverständnis gab nicht lange nach diesem Theaterabend die Veranlassung zu einer persönlichen Begegnung zwischen mir und Eckert. Durch Bruch erfuhr ich, daß der Mann mich für den Verfasser jener üblen Denkschrift halte, in der Frau von Mühler zum ersten Male ihre Gedanken über die Notwendigkeit einer Umgestaltung der musikalischen Abteilung der Akademie der Künste niedergelegt hatte, und dies zwar mit dem Hinweis auf Mendelssohn, der seinerzeit sich als unfähig erwiesen habe, die Sache am rechen Ende anzufassen. Man mag sich vorstellen, in welchem Maß der Gedanke mich empörte, im Verdacht einer solchen Unverschämtheit zu stehen. Ich machte mich also sofort auf den Weg, um unter Bruchs Begleitung Eckert aufzusuchen. Natürlich war die Sache mit wenigen Worten ins Reine gebracht. Eckert, der in seinem Wesen etwas gewinnend Unbefangenes hatte, war die Freundlichkeit selbst, und kurz darauf wurde ich von ihm zu einer großen Abendgesellschaft eingeladen, die in seinem Hause stattfinden sollte. Er war verheiratet mit einer wegen ihrer Schönheit berühmten, von ihrem ersten Mann geschiedenen Frau, und es fehlte nicht an allerlei Gerede über die Vorgeschichte einer solchen Ehe. Ich kann nur sagen: Wer dieser in der Tat ungewöhnlich schönen Frau gegenüberstand, mit ihrer von Lebenslust überströmenden Heiterkeit, ihrer Gutherzigkeit und echt Wienerischen Liebenswürdigkeit, der war nicht imstande, ihr etwas Ungutes zuzutrauen. Zu der bunten Schar der Gäste, die sich an jenem Abend im Eckertschen Hause zusammenfanden, gehörten neben dem Polizeipräsidenten von Wurmb, dem Kritiker der Nationalzeitung Gumprecht, dem Ehepaar Radecke, Julius Stern und anderen auch Bruch, Joachim und die liebe Frau Schumann, die nun endlich, nachdem sie fünf Wochen in Wien mit verletzter Hand untätig hatte zubringen müssen, geheilt in Berlin eingetroffen war. Natürlich wurde musiziert. Frau Schumann und Joachim begannen mit Schumanns a-Moll-Sonate; dann folgten die erst vor kurzem erschienenen neuen Liebeslieder-Walzer zu vier Händen von Brahms[14], bei denen Frau Schumann die obere Partie spielte, während ich den Baß besorgte. Später trafen die Herrschaften vom Theater ein: Fräulein Anna von Asten – die ihrer Schwester Julie nach Berlin gefolgt und jetzt an der Oper für kleine Sopranpartien engagiert war, – ferner Frl. Brandt, Herr von Woworsky und Herr Salomon, also ein volles Soloquartett. Nun kamen die Brahmsschen Walzer, auf deren Titel ja stand »mit Gesang ad libitum«, nochmals, nicht nur gespielt sondern auch gesungen, an die Reihe, und die Stimmung wurde immer übermütiger. Frau Schumann und Joachim hatten sich nach einiger Zeit verabschiedet. Bruch und mich wollte man durchaus noch länger festhalten. Eigentlich hatten auch wir genug, blieben aber dennoch eine Weile bis wir schließlich fast als die letzten verschwanden.

Die Walzer von Brahms lernte ich nicht erst an diesem Abend kennen; Fritz Simrock, der Verleger, mit dem ich schon vom Rhein her in Beziehungen stand, hatte sie mir bereits vor einigen Wochen unmittelbar nach ihrem Erscheinen geschenkt. Die Musik nahm mich mit dem ersten Augenblick des Kennenlernens ganz und gar gefangen. Hier war überall die frischeste Erfindung und zugleich eine Kunst, die um so bewunderungswürdiger erschien, je weniger sie sich aufdrängte. Wer denkt – um nur ein Beispiel herauszugreifen – bei dem E-Dur Walzer »Am Donaustrande«, mit seiner herzgewinnenden Anmut, an doppelten Kontrapunkt, an Umkehrungen, an thematische Arbeit überhaupt! Und doch: Nur die höchste Meisterschaft, der alles Können ein leichtes Spiel geworden, war imstande, ein solches Gebilde zu schaffen, in dessen Gliederung der reifste Kunstverstand waltet, und das doch wirkt, als wäre es eines Tages seinem Schöpfer fertig in den Schoß gefallen. Ich wurde nicht müde, die Stücke zu spielen, bald mit diesem, bald mit jenem Partner, und überall fanden sie die gleiche begeisterte Aufnahme. Nur Bruch wollte nicht recht in meinen Enthusiasmus einstimmen. Für die intimen Reize dieser Musik, die ja zu einem großen Teil auf dem Gebiet feinster Harmonik liegen, schien ihm mehr oder weniger das Organ zu fehlen.

So uneingeschränkten Enthusiasmus ich selbst aber auch den reizenden Schöpfungen entgegenbrachte, mit dem »ad libitum« hinzuzufügenden Gesang konnte ich mich nicht recht befreunden. Wo Gesang und Instrument zusammenwirken, steht die Menschenstimme der Natur der Sache nach unter allen Umständen in erster Linie. Ein Stück, bei dem der Gesang nach Belieben hinzugefügt oder auch weggelassen werden darf, erscheint deshalb von vornherein als ein Unding. Doch möglich ist ja vieles, was in der Theorie auf den ersten Blick unzulässig erscheint. So auch hier. Wenn die Walzer vor allem als reine, in sich fertige Klavierstücke auftreten sollen, so muß freilich jedes Wesentliche der Musik damit schon gesagt sein. Dem Gesang aber würde immerhin übrig bleiben, z. B. die melodischen Linien zu verdoppeln und ihren Eindruck dadurch zu verstärken. Es drängt sich die Frage auf: auf welchem Wege sind die Sachen entstanden? Haben die Daumerschen Gedichte die Anregung zur Komposition gegeben oder sind diese samt dem Gesang den fertigen Klavierstücken nachträglich hinzugefügt worden? Bei dem prachtvollen c-Moll-Stück Nr. 11 »Nein es ist nicht auszuhalten mit den Leuten« ist wohl fraglos das Erstere der Fall. Hier decken sich Wort und Ton so vollkommen, daß ihr Zusammengehen geradezu drastisch wirkt. Auch das oben erwähnte »Am Donaustrande« und nicht minder Nr. 12 und 16 lassen auf einen ähnlichen Ursprung schließen. Bei einer beträchtlichen Anzahl der übrigen bleibt die Frage offen, ob sie mit Beziehung auf den Text komponiert sind oder nicht. Bei anderen dagegen sind ganz unverkennbar Text und Singstimmen nachträglich hinzugefügt worden, und diese zwar keineswegs zur Verschönerung des Ganzen. Ich denke hier an die Nummern 3, 4, 8, 14 und den F-Dur-Mittelsatz aus Nr. 6. Überall wird in diesen Stücken die spontan geschaffene, wechselreiche melodische Linienführung des Klaviersatzes durch die hinzutretenden, vergleichsweise charakterlosen und derben Singstimmen zugedeckt. Es ist, als ob man eine feine, in sich vollkommene Bleistiftzeichnung übermalen wollte. – Und noch ein Fall! Von besonderer Schönheit ist das vorletzte Stück der Sammlung Nr. 17 in Des-Dur. An Tiefe und Innigkeit der Empfindung überragt es alle seine Nachbarn so sehr, daß der Name »Walzer« eigentlich ungehörig erscheint. Der fakultative Gesang, der sonst zumeist entweder zweistimmig oder vierstimmig auftritt, ist hier ausnahmsweise nur einer Stimme, dem Tenor, zuerteilt. Aber gleich die ersten Takte beweisen schlagend, daß es sich auch in diesem Fall um eine nachträgliche Zutat handelt, die sich mit dem Charakter der ursprünglichen Erfindung sogar in offenen Widerspruch setzt. Ein Wesentliches der Anfangsmelodie ist dies, daß ihre drei ersten Noten in tiefer Lage, also gleichsam männlich gedacht, eine Frage zu stellen scheinen, während die drei folgenden, die zugleich eine Art Umkehrung darstellen, in hoher weiblicher Lage die Antwort geben. Dadurch, daß der Tenor beides singt, wird der Charakter eines Zwiegesangs, der der Melodie eigen ist, äußerlich aufgehoben, während er seinem inneren Wesen nach bestehen bleibt. Es entsteht also genau besehen geradezu etwas in sich Sinnloses.

Als ich mich eines Tages Frau Schumann gegenüber im Sinne der vorstehenden Betrachtungen über die Walzer aussprach, stieß ich auf entschiedenen Widerspruch. Sie wollte nichts von meinen theoretischen Einwänden wissen und wurde sehr erregt bei der Diskussion. – Joachim verhielt sich zurückhaltender, wenn die Rede auf den Gegenstand kam. Andere Musiker, namentlich Kiel, waren durchaus meiner Meinung. –

Als Brahms nach Wien übergesiedelt war, wo der Walzer ja in der Luft liegt, hat ihn diese Luft offenbar zur Komposition seiner ersten vierhändigen Walzer op. 39[15] angeregt. Schuberts Vorgang und Beispiel kam hinzu, das ja hier und da auch deutliche Spuren zurückgelassen hat. Es ist bekannt, daß auf den volkstümlichen Wiener Tanzböden zur Musik auch gesungen wird. Vielleicht lag schon wieder eine Anzahl neuer vierhändiger Walzer fertig auf Brahms Arbeitstisch, als ihm einfiel, daß es sich lohnen könne, den gesungenen Wienerischen Walzer als neue Eroberung in die Sphäre der hohen Kunst einzuführen. Vielleicht auch ist ihm daraufhin der Gedanke gekommen, mit Hilfe der nicht allzu subtilen Daumerschen Verse den bereits vorhandenen vierhändigen Walzern irgendwelche Singstimmen hinzuzufügen, vor allem aber nunmehr noch eine Reihe von Stücken hinzuzukomponieren, bei denen das mögliche Hinzutreten von Gesang von vornherein in Aussicht genommen war. Trifft diese Annahme zu, so würde damit die Ungleichartigkeit der einzelnen Stücke erklärt sein.

Wenn ich auch für meine Person einen reinen Genuß im Spielen dieser Liebeslieder-Walzer ohne gesangliche Zutat empfand, so stand mir doch, wie sich von selbst versteht, die Musik als solche unter allen Umständen zu hoch, als daß ich nicht zu verschiedenen Malen gern bereit gewesen wäre, mich an ihrer öffentlichen Vorführung mit Solosängern oder einem kleinen auserlesenen Chor tätig zu beteiligen. Ja ich mußte zugeben, daß das Hinzutreten des Gesanges die äußerliche Wirkung der Musik ohne Frage steigerte, mochten darüber auch eine Reihe feiner Züge mehr oder weniger verlorengehen. Und noch mehr: Brahms mußte damals, so unbegrenzt auch die Verehrung und Begeisterung eines kleinen Kreises für seine Kunst sein mochte, doch immer noch auf einen wirklich durchschlagenden Erfolg in der großen Öffentlichkeit warten. Die Musik dieser Walzer hatte einen so populären Zug, daß sie durchaus geeignet war, ihm neue Freunde zu gewinnen; dies aber, wenn es sich nur um vierhändiges Klavierspiel handelte, doch lediglich wieder nur in Privatkreisen. Trat jedoch der Gesang hinzu, so stand ihr der Konzertsaal offen, und damit war die Möglichkeit einer ungleich ausgedehnteren Wirkung gegeben. – Wer wollte es ihm verdenken, wenn er auch diese Rücksicht seiner Zeit in Betracht gezogen hat!

Mehrere Jahre waren vergangen, als eines Tages neue Liebeslieder-Walzer zu vier Händen von Brahms erschienen.[16] Nun aber nicht »mit Gesang ad libitum« sondern durchaus gebunden an die Mitwirkung der Singstimmen. In dieser Veröffentlichung lag das stillschweigende Eingeständnis, daß der Komponist prinzipiell meine Ansicht über das Bedenkliche des »ad libitum« durchaus teilte. Ich verhehle nicht, daß ich das als Genugtuung empfand.

Frau Schumann hatte die Absicht, in das Programm des Konzerts, das sie in Berlin geben wollte, auch die Brahmsschen Liebeslieder-Walzer aufzunehmen, und zwar unter diesen Umständen natürlich mit Gesang. Fräulein Anna von Asten und Frau Joachim standen ihr für die Frauenstimmen zur Verfügung; woher aber sollte man Tenor und Baß nehmen! Die Herren von der Oper konnten sich für die frühen Abendstunden nicht verpflichten; man mußte also versuchen von anderwärts her passende Kräfte zu bekommen. Ich bemühte mich bei Solosängern des Domchors und gewissen Herren, die in den Konzerten der Singakademie und des Sternschen Vereins die eine oder andere Solopartie zu übernehmen pflegten. Aber alles war vergeblich; der Plan mußte aufgegeben werden. Frau Schumann wünschte, meinen Lippschen Flügel zu benutzen, und so kam sie mehrere Male vormittags zu mir in die Möckernstraße, um dort zu spielen und zu studieren. Natürlich ließ ich es mir nicht nehmen zuzuhören. Die verschiedensten Dinge zogen da vorüber: Schumanns Humoreske, Chopins b-Moll-Scherzo, Schuberts c-Moll-Impromptu und ein paar neu erschienene Ländler von ihm; von Mendelssohn einige Lieder ohne Worte und das zweihändige Klavierarrangement des Scherzos aus dem Sommernachtstraum. Auch das erste meiner Fantasiestücke in D-Dur, das sie in Wien nach ihrer Rückkehr dorthin spielen wollte, kam an die Reihe. An einem anderen Morgen fand sich »die Max« – oder, um respektvoller zu sein: die Gräfin Oriolla – ein, die den Flügel für sich zu kaufen beabsichtigte, und die Gelegenheit benutzte, sich erst einmal darauf gründlich vorspielen zu lassen. Endlich eines Nachmittags erschien außer Frau Schumann auch Joachim in meiner Wohnung, um mit ihr Beethovens c-Moll-Sonate zu probieren. Am 28. November fand dann das geplante Konzert unter Mitwirkung des Ehepaars Joachim in der Singakademie statt. Als Ensemblestück war zu guter Letzt Schumanns Klavierquartett gewählt worden, wobei sich auch de Ahna und Müller beteiligten. Frau Joachim sang, von mir am Flügel begleitet, eine Arie aus »Jephta« von Händel, die »Soldatenbraut« von Schumann, und »Von ewiger Liebe« von Brahms. Die Soldatenbraut fand stürmischen Beifall und mußte wiederholt werden. Frau Schumann hatte vor allem mit dem Scherzo von Chopin großen Erfolg. Am 7. Dezember gab sie noch ein zweites Konzert, in dem sie mit Joachim die Kreutzersonate[17] und allein unter anderem die Kreisleriana ihres Mannes vortrug. Tags darauf traf ich zum letzten Mal mit ihr bei meinen Eltern zusammen. Ich fand sie am Flügel sitzend. In ihrem rastlosen Bemühen, künstlerisch immer Vollendeteres zu leisten, und jedem neuen Auftreten darum immer wieder mit Beunruhigung entgegensehend, spielte sie eine Anzahl von Kompositionen durch, die sie auf ihr nächstes Programm setzen wollte. Am folgenden Morgen reiste sie wieder nach Wien zurück. Joachim kam dazu, ihr Lebewohl zu sagen. Auch abgesehen von den erwähnten Begegnungen waren während ihres diesmaligen Berliner Aufenthaltes nur verhältnismäßig wenige Tage vergangen, an denen ich nicht irgendwie und irgendwo mit der verehrungswürdigen Frau zusammengetroffen und des Verkehrens mit ihr froh geworden wäre. Sie hatte sich für die vier Wochen ihrer Anwesenheit in Berlin ein paar möblierte Zimmer in einem Privathause am Werderschen Markt gemietet. Hier konnte sie Besuche empfangen und es ließ sich am ungestörtesten mit ihr reden. Eines Tages brachte ich Heymann mit zu ihr; er spielte ihr ein kleines Klavierstück von sich vor, das ihr Interesse für sein Talent erweckte. Von den verschiedenen großen und kleinen Gesellschaften, die ihr zu Ehren gegeben wurden, erwähne ich nur eine, die im Hause von Franz Mendelssohn stattfand und sich dadurch auszeichnete, daß Joachim mit seinen Quartettgenossen erschien und dem versammelten Publikum unter Mitwirkung Schapers am 2. Violoncellpult das wundervolle C-Dur-Quintett von Schubert vorspielte, das damals noch zu den wenig bekannten Stücken gehörte.

So heftig ich in Gedanken und Worten oft schalt über Berlin mit seinem Übermaß an zeitraubender, Arbeitskraft verzehrender Geselligkeit, so wenig war ich doch im Grunde unempfindlich für die Reize eines Verkehrens mit guten und ausgezeichneten Menschen. So machte es mir denn auch große Freude, daß die Verhältnisse ein neues Aufleben der Beziehungen zum Arnim-Grimmschen Kreise veranlaßten, über denen nun einmal der Zauber einer weit hinaufreichenden, anziehenden Tradition lag.

Die Gräfin Oriolla hatte nach dem Tode ihres Mannes anfangs nicht recht gewußt, wie sie ihre Zukunft einrichten, wohin sie sich wenden solle. Jahre waren vergangen unter allerlei Versuchen, die zum Teil eine Trennung von ihren Kindern veranlaßten und sich immer wieder als verfehlt herausstellten. Endlich hatte sie sich entschlossen wieder nach

Berlin, der Heimat ihrer Jugend überzusiedeln und bewohnte jetzt mit ihren Söhnen und Töchtern eine Etage in der Potsdamer Straße. Mein Vater schrieb in dieser Zeit einmal an Marie Hoffmeister: »Heute Abend war die Maxe allein bei uns, wie Sie in alten Zeiten. Wir saßen im traulichen Hinterstübchen und der Abend war schön. Sie erzählte uns reizend von ihren Erlebnissen mit Frau von Mühler und mit unseren Allerhöchsten Herrschaften in Baden-Baden. Sie hat dort Alles dermaßen entzückt, daß die Großherzoge von Weimar und Baden ihr Grundbesitz angeboten haben, um sie in der Nähe zu haben. Wären Sie doch hier gewesen, oder wir dort bei Ihnen! Es geht doch nichts über solche stille Abende. ...«

Mir gegenüber war ihr Wohlwollen dasselbe geblieben, wie ich es bei allen früheren Begegnungen erfahren hatte. In den Gesellschaften, die sie gab und zu denen ich oft genug geladen wurde, traf man immer irgendwie interessante Leute. Allein von ihr selbst hatte man natürlich bei solchen Gelegenheiten nur wenig. Ich ging oft einmal gegen Abend auf eine Stunde zu ihr, weil ich wußte, daß sie, abgesehen von allem Reiz, den ein Gespräch mit ihr stets hatte, in Wahrheit meine Freundin war, die sich jederzeit bereit finden ließ, mir mit Rat und Tat beizustehen, wo sie es irgend vermochte. Ihre Herzensgüte war freilich leider auch das, was sie aufrieb. Es war unglaublich, in welchem Maße sie von allen Seiten in Anspruch genommen wurde. Vom Morgen bis zum Abend gab es bald dies, bald das, was ihre Hilfe, ihr Eingreifen oder auch nur ihre Gegenwart forderte: Jetzt waren es Sorgen für die Kinder, dann wieder Besuche, Geselligkeit, Wohltätigkeiten aller Art, öffentliche und private, Künstlerinnenausstellungen oder gar Hoffeste. So war es denn kein Wunder, daß sie oft angegriffen genug aussah. Ihr Waldemar, dem ich in Buckow, als er ein neunjähriges Bürschchen war, ein Märchen über das andere erzählen mußte, war zu einem langgestreckten Gymnasiasten herangewachsen, der mit seinen Gliedern noch nichts rechtes anzufangen wußte. Die jüngeren Brüder und Schwestern hatten sich auf das hübscheste entwickelt. Außerdem umschwärmten die Gräfin drei junge Leute, etwa in der Mitte der Zwanziger stehend, die, eine Art Hofstaat bildend, zu allen Tageszeiten aus- und eingingen und von ihr den Titel »Kaffeesöhne« erhalten hatten. Dies waren Colmar von der Goltz, der spätere Reorganisator der türkischen Armee, jetzt junger Offizier, ferner ein Referendar von Eichhorn, und ihr Neffe Achim von Arnim, einziger Sohn ihres ältesten Bruders Freimund. Goltz kannte ich bereits von früherer Zeit her, wo er als Kadett bei Weddings häufig anzutreffen war. Achim von Arnim hatte von seinem

Großvater nicht nur den gleichen Vornamen, sondern auch den edlen, feingeschnittenen Kopf geerbt. Von der prachtvollen ritterlichen Gestalt des großen Romantikers war leider nichts auf ihn übergegangen. Er war eher klein und hinkte etwas. Den Vater, einen braven tüchtigen Mann, der im Gegensatz zu seinen sämtlichen Geschwistern nichts von den genialischen Seltsamkeiten seiner Eltern mit auf die Welt gebracht hatte, raffte ein plötzlicher Tod dahin, ehe noch der Sohn völlig erwachsen war. Die eigene Mutter hatte er kaum gekannt, wohl aber war ihm in der Frau, die der Vater einige Jahre nach ihrem Tode heiratete, eine ausgezeichnete Stiefmutter geschenkt worden, die in der Sorge für den Verwaisten ihre einzige Lebensaufgabe erkannte. Er war in Wiepersdorf, im »Ländchen Bärwalde«, dem alten Stammsitz der Arnimschen Familie geboren und liebte seine märkische Heimat. Die ganze Kraft aber der Bewirtschaftung dieses schönen Besitzes zuzuwenden, wie sein Vater dies getan hatte, dazu fehlte ihm alle Neigung. Die Geister, die in den Großeltern ihr Wesen getrieben hatten, waren in ihm wieder wach geworden; die Welt des Schönen ließ ihm keine Ruhe. Er hatte von früh auf bildnerisches Talent gezeigt, hatte gezeichnet und gemalt, bis ihm endlich gestattet wurde, in Berlin zu einem bedeutenden Künstler in die Lehre zu gehen. So war vorderhand äußerlich erreicht, was er wollte, und er bewies auch durch manche Arbeit, daß es ihm an Gaben nicht fehlte. Dennoch wollte es nicht recht vorwärts gehen mit seiner Künstlerschaft. Lag es daran, daß er körperlich nicht der kräftigste war, oder scheute er als ein verwöhnter vornehmer junger Mann die stetige handwerksmäßige Arbeit, die doch nun einmal Vorbedingung ist für jede echte Künstlerschaft – man wußte es nicht. Ohne Zweifel aber war er ein feinsinniger, hochgerichteter Mensch ohne Falsch und voller Interessen, mit dem man nicht in Berührung kommen konnte, ohne ihm Sympathie entgegenzubringen.

Noch zwei etwas ältere junge Männer mag ich nicht unerwähnt lassen, denen ich im Oriollaschen Hause mehrfach begegnete: die Assessoren von Saldern und Graf Wolf York, Enkel des Wartenburger York. Beide waren ernste, tüchtige Menschen, Graf York offenbar von bedeutender geistiger Begabung. Saldern hatte auch musikalisches Talent; er spielte recht hübsch Violine und war bei Joachims ein gern gesehener Gast. Beiden war nur ein kurzes Erdendasein beschieden. York starb schon 1870 den Heldentod als Reserveoffizier im französischen Kriege. Über Salderns frühes Ende weiß ich näheres nicht zu sagen. Yorks Stiefmutter war Nina, die älteste Tochter des Direktors der königlichen Gemäldegalerie, von Olfers, und seiner ausgezeichneten Frau, Hedwig geb. von Staegemann, von deren Persönlichkeit Herman Grimm in seinen Fragmenten ein anschauliches Bild hinterlassen hat.

Frau von Olfers und ihre Töchter gehörten zu den anziehendsten und eigentümlichsten Erscheinungen, nicht nur des Oriolla-Grimmschen Kreises, sondern der Berliner Geistesaristokratie überhaupt. Die Gräfin York[18] gewann schon durch die sanfte und doch ungemein vornehme Schönheit ihrer Erscheinung die Herzen. Marie, die mittlere der Schwestern, war die begabteste unter ihnen. Eine Fülle künstlerischen Talents hatte die Natur ihr in den Schoß geschüttet: sie zeichnete, malte und dichtete. Dabei aber war nichts Gewolltes, unangenehm Zünftiges, Mannweibliches in all ihrem Tun. Sie folgte nur dem Gebot ihrer Natur. Wie die Blume blüht und duftet, weil sie nicht anders kann, so schuf sie aus innerstem Drang immer neue liebliche Gestalten und Verse, in denen sich die Schönheit ihrer Seele spiegelte. Immer größer wurde dabei die Schar derer, die sich an ihren Gaben erfreuten. Sie sammelte um sich in nah und fern eine Gemeinde guter und an den Sieg des Guten glaubender Menschen. Der jüngsten Schwester, Frau Hedwig Abeken, blieb die dankbare Aufgabe vorbehalten, später die Erinnerung an ihre Eltern und Geschwister in einem größeren biographischen Werk festzuhalten.[19]

Herman Grimm und die Gisel – (ich habe niemals erlebt, daß jemand von ihr als »Frau Grimm« gesprochen hätte) – waren wiederholt lange Zeiträume hindurch in Italien gewesen. jetzt hatten sie sich wieder in ihrer Berliner Wohnung Matthäikirchstraße Nr. 5 im dritten Stock eingefunden. Im Hause nebenan wohnte Ernst Curtius mit seiner Familie, was denn eine persönliche Annäherung zwischen den Nachbarn veranlaßt haben mochte. Aus dem Hinterzimmer der Grimmschen Wohnung sah man über eine Reihe alter Gärten zu den Bäumen des Tiergartens hinüber, die mit ihren Wipfeln die vereinzelten im Grün verborgenen Häuser der Tiergartenstraße überragten. Doch – obgleich eine Existenz in der Matthäikirchstraße zu jener Zeit fast als Sommerwohnung gelten konnte – Herman Grimm hatte sich zum Erstaunen seiner Freunde und Bekannten in Lichterfelde ein Grundstück gekauft, auf dem der Bau eines Sommerhauses nach Plänen, die die Gisel selbst entworfen hatte, seit längerer Zeit in Angriff genommen war. – Was war denn aber Lichterfelde?! – Ich hatte früher den Namen niemals nennen hören. – Wenn man mit der Eisenbahn zu später Abendstunde von Berlin nach Potsdam fuhr, so tauchte bald, nachdem man die Station Steglitz passiert hatte, zur Linken ein sonderbarer Anblick auf. Im rechten Winkel zog sich eine Doppelreihe brennender Straßenlaternen weithin in unabsehbare Ferne. Natürlich mußten diese Laternen wohl eine Fahrstraße einfassen, aber kein Chausseebaum, kein Haus waren zu sehen. Nichts als eine kahle Sandbodenfläche rings umher.

War man so glücklich, einen kundigen Mitreisenden im Coupé zu finden, so erfuhr man, daß man sich hier die zukünftige Berliner Villenstadt Lichterfelde zu denken habe. Meine Eltern hatten einmal auf einer abendlichen Eisenbahnfahrt in umgekehrter Richtung Gelegenheit gefunden, sich über die Bedeutung der einsamen Lichterreihen belehren zu lassen, und aus ihrem Munde war mir erst vor kurzem die erste Kunde von den Dingen geworden, die im Werk waren. Näheres erzählte Herman Grimm. Ein aus Hamburg oder der Nähe von Hamburg stammender Mann Namens Carstenn, ein spekulativer Kopf, hatte sich gesagt, daß für das neue Deutschland, das die Kriege von 1864 und 1866 geschaffen hatten, auch ein neues Berlin als Hauptstadt werde entstehen müssen. Das Dörfchen Lichterfelde, mit seiner Feldmark an das größere Steglitz mit seiner Eisenbahnstation grenzend, schien ihm geeignet, den Kern einer weit ausgreifenden Anlage zu bilden. Er kaufte sich zu eigenem Besitz das ehemalige Schloßgebäude mit Garten und großem waldartigen Park dahinter, kaufte den Bauern ihre sämtlichen Ländereien ab, zu Preisen die den Ahnungslosen sehr hoch erscheinen mußten, schenkte der Regierung ein ausgedehntes Terrain unter der Bedingung, daß sie hier binnen einiger Jahre die geplante neue Hauptkadettenanstalt bauen lassen werde, ließ sich dafür in den Adelsstand erheben und fing nun an, die Ausgestaltung des neuen Villenorts zu fördern, Reklame über Reklame zu machen, eine Menge von Angestellten zu beschäftigen und vor allem Bauland zu möglichst hohen Preisen zu verkaufen. Herman Grimm war einer der ersten, die den Entschluß faßten, sich in Lichterfelde anzusiedeln. Die erwähnte doppelte Laternenreihe beleuchtete eine Zukunftsstraße, die man Drakestraße getauft hatte. Wo diese sich für die Passagiere der Potsdamer Eisenbahn in fernes Dunkel verlor, kreuzte sie sich mit der alten Landstraße, die vom Dorf Lichterfelde, an Wiesen und weiterhin an den Ufern des Teltower Sees vorüber nach dem Gut Schönow führte, und nicht weit von dieser Kreuzung lag das im Bau begriffene Grimmsche Haus. Eine Kiefernwaldung dehnte sich von hier in mäßiger Breite bis zur alten Schäferei hin aus, die nunmehr dem Bau des Kadettenhauses weichen mußte; ein Stück dieses Kieferngehölzes fiel noch in das Grimmsche Grundstück.

In den letzten Tagen des Oktober trafen ein paar Zeilen der Gisel ein, die mich aufforderten, an einer Landpartie teilzunehmen, mit dem

Ziel Lichterfelde und Villa Grimm. Am nächsten Sonntag um zehn Uhr vormittags sollte die Sache vor sich gehen und mit einer gemeinsamen Eisenbahnfahrt nach Steglitz beginnen. Es regnete in Strömen vom grauen Himmel. Trotzdem fanden sich die geladenen Gäste von der Gisel in bester Laune empfangen, um die bestimmte Stunde auf dem Potsdamer Bahnhof ein. Die Gesellschaft war so wunderlich bunt zusammengewürfelt, wie es sich eben von dem Arnimschen Blut der Gastgeberin erwarten ließ. Neben einigen unbekannten Damen ein den meisten ebenfalls völlig unbekannter auswärtiger Theaterkapellmeister, ferner ein junger Musiker Namens Hopffer und daneben Ernst Curtius. Die Oriolla füllte mit ihren fünf Kindern und ihrem Hausfräulein allein ein ganzes Coupé. In Steglitz erwartete uns ein mächtig großer Omnibus, der gestopft voll wurde und bald zur Linken in eine Allee der prachtvollsten alten Linden einbog. Als dann nach kurzer Fahrt die ersten Häuser des alten Dörfchens Lichterfelde sich blicken ließen, stieg alles aus, um mit einem Umweg zu Fuß weiterzugehen. Nur die Gisel blieb sitzen; sie wollte vor den Gästen in ihrem Hause eintreffen, um diesen doch einen würdigen Empfang zu bereiten. So viel auch Wetter und Beleuchtung zu wünschen übrig ließen, die Wanderung seitab durch den alten Schloßpark und dann weiter, bald über Wiesen, bald durch Gebüsch und jungen Wald, war der Mühe wert. Namentlich kurz ehe wir am Ziel waren, an der Ecke der Teltower Landstraße, tat sich ein Bild auf von großem Reiz. Über ein weites, feuchtes Wiesengelände sah man zu einem einsamen Dorf hinüber – Giesendorf war sein Name – dessen strohbedachte alte Häuser und Scheunen der graue Turm einer kleinen, offenbar uralten Kirche überragte. Erlengebüsch und Birken rings umher. Auch ein kleines Wäldchen saurer Kirschen ließ sich nach märkischer Art seitwärts blicken. Das ganze sah aus wie lauter Ruhe und Frieden, von alter und ältester Zeit her bis heute. – Desto blitzblanker und neuer erschien dafür natürlich die Villa Grimm, die wir bald darauf vor Augen hatten. Als Gebäude stand sie fertig da; eingerichtet aber war in ihr einstweilen so gut wie nichts. Trotzdem bot sich beim Eintritt in das Innere ein überraschender, hübscher Anblick. In einem sehr großen Zimmer des ersten Stocks, aus dem eine außen angebrachte Treppe in den Garten führte, war auf improvisierten Tafeln ein Frühstück höchst geschmackvoll serviert – saubere, weiße Servietten, reizendes Geschirr, heißes Getränk verschiedenster Art, eine Menge Gebäck und Fleischwaren, kurz alles, was man wünschen mochte, – und die Gesellschaft, die teils auf Gartenbänken, teils auf Büchergestellen sich Platz suchte, war so ungeniert heiter und guter Dinge, daß der Himmel selbst schließlich ein freundliches Gesicht dazu machte und die Sonne ein bißchen durchscheinen lassen mußte. Die Zeit verging im Fluge; noch sollten alle Gemächer im einzelnen betrachtet, die Möglichkeiten ihrer zukünftigen Bestimmung erörtert, der Garten durchwandert werden, und schon schlug die Stunde der Abfahrt. Zum Mittagessen wollte und mußte jeder wieder in Berlin sein. – Man kehrte zurück, wie man gekommen war, und der Potsdamer Bahnhof, der vor einigen Stunden eine Reihe mehr oder weniger steifer Begrüßungen gesehen hatte, erlebte nun eine gleiche Zahl ungleich herzlicherer Verabschiedungen. Mir persönlich hatte das ganze in seiner Eigentümlichkeit Freude gemacht, das Verkehren von Mensch zu Menschen, mochte man sich vorher bekannt oder unbekannt gewesen sein, war so lebendig und unbefangen gewesen, wie sich das nur unter Verhältnissen einstellt, wie sie hier gegeben waren. Tiefer griff ein anderes. In Köln hatte ich niemals das Gefühl gehabt, abgesperrt zu sein von der freien Gotteswelt. Ein Sprung an den Rhein, ein paar Schritte hinaus aus dem Weyerthor[20] die mir den Anblick der fernen Eifel brachten, das genügte, um mich wieder frisch und froh zu machen. Seit Berlin mich vor Monatsfrist eingefangen hatte, war es heute das erste Mal gewesen, daß ich, statt Häuser und immer wieder Häuser und Mietskästen vor mir zu sehen, tief aufatmen durfte in freier, reiner Natur. Freilich es war nur die bescheidene, ja dürftige Natur der Mark Brandenburg. Aber mochte anderes größer, reicher, hinreißender sein, sie hatte mir die Seele bewegt, und dafür war ich ihr dankbar.

Gisela Grimm-Arnim war ja gewiß eine der originalsten Naturen, die die Welt gesehen hat; Aber sie hatte auch ihre Lust daran, anders zu sein als alle anderen. Nicht am wenigsten trat dieser Zug im Urteil über ihre Nebenmenschen zutage. Es reizte sie, Persönlichkeiten, die allgemein als talentvoll oder liebenswürdig oder sonst irgendwie hervorragend bewundert wurden, zu bespötteln und links liegenzulassen, während sie unscheinbare, im Schatten stehende ans Licht zog, und unter Umständen als so außerordentliche Geschöpfe den Leuten anpries, daß sie nicht wußten, welch ein Gesicht sie machen sollten.

Der junge Hopffer, dessen flüchtige Bekanntschaft ich auf der Partie nach Lichterfelde gemacht hatte, begegnete mir bald aufs neue gelegentlich einer Gesellschaft im Grimmschen Hause. Mit ihm war auch sein älterer Bruder erschienen, ein philosophisch und philologisch gebildeter junger Mann, der als Literat und Dichter auftrat. Beide Brüder, in ihrem Wesen Herkunft aus bürgerlichen Berliner Verhältnissen nicht verleugnend, machten den besten Eindruck. Sie erschienen tüchtig, aufrichtig und gescheit. Wann und wo Max Bruch ihre Bekanntschaft gemacht hatte, erinnere ich mich nicht mehr. Jedenfalls mußte dies bald nach seinem Eintreffen in Berlin geschehen sein, denn jetzt stand er bereits mit dem Dichter, Emil Hopffer, in lebhafter Unterhandlung wegen eines Operntextes, den dieser ihm liefern sollte. Man hatte zuerst an »Cid«[21] gedacht, dann diesen Stoff verworfen, und eine Bearbeitung von Shakespeares »Wintermärchen« unter dem Titel »Hermione« in Aussicht genommen. Gleichen Schritt aber mit diesen Plänen hielt ein anderer, den die Brüder unter sich verfolgten, und zwar handelte es sich hier um eine Oper »Frithjof«, die im Text bereits vollendet nun von dem jüngeren in Musik gesetzt wurde.[22] Bruch hatte irgendwie die Bekanntschaft von Herman Grimm gemacht; er gehörte bald zu den wiederholt gesehenen Gästen im Hause, und so fand sich das merkwürdig miteinander verkoppelte Trio häufig genug gleichzeitig in der Matthäikirchstraße ein. Es ist bezeichnend, welche Stellung dieser Sachlage gegenüber die Gisel einnahm. Sie war es gewesen, die das Talent des bisher völlig unbeachtet gebliebenen Musikers Hopffer entdeckt hatte. Er war ihr Geschöpf, ihr Hofkomponist, folglich mußte er vortreffliches leisten. Daß er sich augenblicklich an die Komposition eines Stoffes machte, der wie »Frithjof« einem vielgenannten Künstler soeben als Unterlage für ein großes, mit ungewöhnlichem Beifall aufgenommenes Chorwerk gedient hatte, mußte ja dem Unbefangenen als Zeichen bedenklich starken Selbstgefühls gelten. Gisel war anderer Meinung. Sie war überzeugt, daß in Hopffers »Frithjof« ein ausgezeichnetes Werk zu erwarten sei, ein Werk, das ohne Zweifel die etwa gleichzeitig in Aussicht stehende Bruchsche »Hermione«[23] weit überragen werde. Man kann sich denken, daß Bruch das Vorhandensein dieser Stimmung empfand, wenn sie auch nicht in dürren Worten ausgesprochen wurde. Seine Besuche bei Grimms wurden allmählich seltener, bis sie endlich ganz unterblieben.

Ein paar Monate waren seit der denkwürdigen Partie nach Lichterfelde vergangen, als ich meiner Patin in Wienrode, die immer gern etwas Arnimsches hörte, den folgenden Bericht sandte: »... Vorgestern am 6$^{ten}$ Januar erlebte ich einen besonders hübschen Abend bei Grimms. Es war Hermans Geburtstag; die Gisel feierte ihn mit der Aufführung eines dramatischen Märchens, das sie gedichtet, und zu dem ihr Hofmusikus Hopffer[24] die Musik geliefert hatte. Das Gedicht scheint mir das Beste zu sein, was sie gemacht hat; es ist alle Liebenswürdigkeit Brentanoscher Romantik darin, und dabei nichts eigentlich Albernes, womit ja sonst die Giselschen Produkte reichlich gesegnet sind. Der

Grundgedanke ist sogar ein ganz ernsthafter und schöner; es wird viel milde und gute Weisheit in dem lustigen Stückchen gepredigt. Hoffentlich läßt sie das Ganze drucken und schickt es dir; heute vom Inhalt nur das Folgende: Die Hauptperson ist eine Verkörperung des Lichts, die zuerst nur unsichtbar hinter der Scene spricht; allerlei Insekten umschwirren den verlockenden Schein und verbrennen sich sämmtlich ihre Flügel, weil sie nicht das wahre Licht suchen; die Mücke (als Offizier auftretend) sucht Ruhmesglanz, der Goldkäfer den Schimmer des Goldes, die Fliege als Stubengelehrter nur Verstandesweisheit, die Biene, die arbeitsame, nichts als das Rauhe und Nützliche im Leben. Endlich nach allerlei kleinen Zwischenfällen erreicht es die Seele, die nach der reinen Wahrheit sucht, und ihr Selbst opfern will, um jene zu finden, daß das Licht ihr in Person erscheint und sich mit ihr vermählt. Darauf werden dann auch die todten Insekten wieder auferweckt, und jedes bekommt eine Blume, an der es sich erlaben kann, nachdem es von der unpassenden Leidenschaft für das Licht kurirt ist. Das Licht überreicht darauf Herman einen Lorbeerkranz für sein Streben nach der Wahrheit, deren innerstes Wesen die Liebe ist. Alle Blumen aber, – natürlich lauter hübsche junge Damen – werden mit einem großen Band zu einem Geburtstagsstrauß für ihn zusammengewunden. – Ebenso anmuthig wie die ganze Idee war die Ausführung, für deren Gelingen besonders die reizenden kleinen Oriollas sorgten. Du hättest die wunderhübschen Kinder sehen müssen, wie sie in den fantastischen Kostümen herumsprangen, und mit so viel Lustigkeit und Talent ihre kleinen Aufgaben lösten. Auch die Musik, für Klavier und Streichquartett gesetzt, war recht nett und angemessen besonders ein paar Liedchen allerliebst, weil die Kinder sie so kindlich und ordentlich sangen. …«

Noch ehe der vorstehende Brief geschrieben wurde, hatte sich in meinem äußeren Dasein eine bedeutungsvolle Änderung vollzogen. Die Wohnung in der Möckernstraße, die meine Eltern für mich gemietet hatten, erwies sich auf die Dauer als unmöglich. Schon die Lage, seitab ebenso sehr von der Wohnung meiner Eltern wie von der Stätte meiner Amtstätigkeit, war unbequem genug. Schlimmer der Umstand, daß Art und Lage der Räume, die mir zugewiesen waren, es unmöglich machten, eine Art Haushälterin zu mir zu nehmen, die nicht nur für Sauberkeit und Ordnung sorgte, sondern auch in meiner Abwesenheit zur Stelle war, um Briefe, Besuche, Bestellungen entgegenzunehmen und abzufertigen. Wo aber sollte ich eine Behausung finden, die diesen Wünschen gerade entsprach? Da geschah etwas Wunderliches. An einem kalten Winterabend gegen Ende November ging ich, ohne mich viel umzusehen, vom Potsdamer Tor die Leipziger Straße herauf. Plötzlich stand vor meinem inneren Auge der Sommernachmittag, an dem mich vor langen Jahren mein Vater verstohlenerweise in den Garten des gräflich Vossischen Palais am Wilhelmsplatz geführt hatte, der als der größte und schönste Berlins berühmt war. Dreizehn Morgen sollte er ja groß sein – so hatte mein Vater erzählt – und den berühmten Weinberg mitten drin hatte ich selbst gesehen. Der Gedanke durchfuhr mich wie im Übermut: »es wäre nicht schlecht, da zu wohnen!« Und jetzt waren es nur wenige Schritte bis zur Ecke der Wilhelmstraße, wo ich links einzubiegen hatte, um in zwei Minuten an Ort und Stelle zu sein. Irgendwann glaubte ich gehört zu haben, daß Offiziere dort irgendwie Unterkunft gefunden hätten. Die Frage mußte gewagt werden, wie es mit diesem Gerücht stand. Links neben der breiten vornehmen Front mit der Freitreppe, die zum Haupteingang des Palais führte, lag ein mächtiger Torweg. Ein hohes und breites Holzportal, an dessen Seite zur Rechten sich auch eine kleine Pforte für Fußgänger befand, verschloß den Eingang. Ich zog die Klingel; es wurde geöffnet, und ich befand mich in einem lang sich hinziehenden gepflasterten Hofraum. Ein alter Mann sah aus einem niederen Fenster heraus und fragte, was ich wolle. »Ist hier vielleicht eine kleinere Wohnung für einen einzelnen Herren zu vermieten?« lautete meine etwas zaghafte Frage. »O ja!«, hieß es, »dahinten im Hofe bei den Ställen sind ein paar Zimmer zu haben; der Offizier, der da wohnte, ist gerade jetzt eben ausgezogen«. Schon jubelte ich im Stillen; aber es gab noch manches Bollwerk zu überwinden, ehe ich zum Ziel kam. Vorerst wurde ich an den Herrn Rechnungsrat im oberen Stock des Palais gewiesen, der dergleichen Geschäfte für den Herrn Grafen zu besorgen habe, und fand in ihm einen alten verknöcherten, griesgrämigen Urberliner, der auf meine Anliegen wegen der Hofwohnung barsch erwiderte »Ist schon vermietet«. Damit ließ ich mich jedoch nicht ins Bockshorn jagen. Durch verschiedene Kreuz- und Querfragen brachte ich heraus, daß das Quartier keineswegs fest vergeben, sondern nur von irgendeiner alten Dame besichtigt und begehrt worden sei. Eine feste Abmachung war nach keiner Seite hin getroffen. Ich teilte das große Erlebnis meinen Eltern mit, die natürlich mit mir der Meinung waren, daß mir voraussichtlich nichts Besseres auf der Welt geschehen könne, als im Vossischen Garten zu wohnen. Mein Vater beschloß, sich ins Mittel zu legen. Der alte Graf Voss stand in so hohen Jahren, daß man ihn selbst mir irgendwelchen Anliegen nicht mehr belästigen durfte. Sein Neffe »Graf Finkenstein«

erledigte an seiner Statt alle geschäftlichen Angelegenheiten. Ihm mußte denn also auch der schlimme Herr Rechnungsrat den Brief meines Vaters vorlegen, in dem dieser bat, seinem Sohn womöglich in der Bewerbung um die sehr erwünschte Wohnung den Zuschlag zu erteilen. Als der Graf die Unterschrift meines Vaters sah, rief er aus; »Das ist ja mein alter Lehrer! Natürlich soll der Sohn die Wohnung haben!« Finkenstein hatte als Student im Kolleg zu Füßen meines Vaters gesessen, und bewahrte ihm ein herzliches Andenken.

Meine zukünftige Residenz, die ich natürlich erst persönlich in Augenschein genommen hatte, ehe ich ernstliche Schritte zu ihrer Eroberung tat, befand sich in einem alten einstöckigen Gebäude mit behaglich hohem und breitem ziegelbedeckten Dach. Ursprünglich war der Bau als Pferdestall gedacht gewesen, dann aber zu einer menschlichen Behausung umgemodelt worden, da an Stallungen auch sonst noch Überfluß war. Die eine der Breitseiten lag nach dem Hof zu; in ihrer Mitte befand sich die Eingangstür. Die andere sah in den Garten; prachtvolle alte Kastanienbäume überschatteten hier mit ihren Ästen und Kronen das Ganze. Im Inneren lag vom Flur aus zur Rechten ein großes Zimmer, dessen Fenster auf den Hof sahen, daneben eine Kochgelegenheit; dies beides also wie gemacht, um eine Haushälterin zu beherbergen. Geradeaus trat man in einen länglich einfenstrigen Raum, von dem aus Türen zur Rechten in ein großes zweifenstriges, zur Linken in ein einfenstriges Zimmer führten. Sämtliche Fenster sahen in den Garten. Diesen selbst erreichte man durch eine versteckt liegende kleine schmale Pforte zur Rechten des Hauses.

Es handelte sich nun noch darum, eine passende Persönlichkeit für die Besorgung meines kleinen Haushalts ausfindig zu machen. Nach manchen vergeblichen Bemühungen wurde eine solche in Gestalt einer Witwe mit zwei noch unerwachsenen Söhnen entdeckt, deren verstorbener Mann Namens Kath Polizist gewesen war. Meine Mutter war mir bei der Unterbringung und Verteilung aller Möbel, Bilder und Gerätschaften mit Rat und Tat behilflich, und am 1. Januar 1870 konnte ich meinen Einzug in das neue Quartier halten.

Ich hatte in der Tat das große Los gezogen; das wurde mir von Tag zu Tag immer klarer. Schon die Lage der Wohnung, auf halbem Wege einerseits zu meinen Eltern und andererseits zur Hochschule, war so bequem gerade für mich, wie nur möglich. Sie wäre es schon gewesen, wenn ich den Weg zur Hochschule durch die Wilhelmstraße und das Brandenburger Tor hätte nehmen müssen. Der Garten aber erstreckte sich ja in seiner unglaublichen Länge bis zur Königgrätzstraße; dort gab es eine mächtige eiserne Ausgangspforte, zu der mir der Schlüssel eingehändigt wurde, und ihr lag bereits der Tiergarten gegenüber. So konnte ich also, fast ohne Straßenpflaster zu berühren, die Stätte meiner Amtstätigkeit erreichen. Ein anderer Vorzug war die tiefe, für Berlin geradezu unerhörte Stille, die mich umgab, sobald ich in mein Reich zurückgekehrt war. Von keiner Seite her konnte Straßenlärm mich belästigen. Von der Wilhelmstraße war ich durch den langen Hofraum so weit getrennt, daß kein Laut von daher zu mir zu dringen vermochte. Südlich begleitete ja die Leipzigerstraße mit ihren Hinterhäusern und Höfen in einiger Entfernung die ganze Längsseite des Gartens. Aber eine hohe Scheidemauer war hier aufgerichtet, und zwischen ihr und mir lag außerdem noch ein breiter Streifen Landes, mit so viel hohen Bäumen und dichtem Gebüsch bewachsen, daß man im Sommer von dem Vorhandensein einer dahinterliegenden Straße nicht das mindeste bemerkte. Im Westen und Norden gab es nur Gärten und wieder Gärten. An den Vossischen schloß sich nebenan zuerst der des Fürsten Radziwill (später des Reichskanzlers), dann folgten die Hofbuchdruckerei, das Hausministerium und endlich Prinz Friedrich. Dies die praktischen Vorteile, die mit meinem Umzug verbunden waren. Das eigentlich Beglückende aber bei der Eroberung gerade dieser Wohnung lag für mich doch in der poetischen Schönheit alles dessen, was mich von nun an täglich umgab. Daß sich diese in ihrer ganzen Fülle erst mit dem Erwachen des Frühlings offenbaren mußte, braucht nicht gesagt zu werden.

Dem greisen Besitzer aller dieser Herrlichkeiten, dem alten Grafen Voss konnte ich meine Aufwartung seiner Kränklichkeit wegen nicht machen; dagegen ließ ich mich bei der Gräfin melden, und fand in ihr eine sehr feine, gütige Dame. Ich wünschte, mir die Wohnung auf möglichst lange Zeit durch einen festen Kontrakt zu sichern, mußte aber begreifen, daß der Zustand des alten Herrn hier eine Grenze zog. – Außer mir gab es noch einen anderen Mieter auf Vossischem Grund und Boden: der Diplomat Robert von Keudell, der damals unter Bismarck am Auswärtigen Amt tätig war, bewohnte im ersten oder zweiten Stock eines Seitenflügels des Palais eine Anzahl von Zimmern. Keudell galt in gewissen Berliner Kreisen als der bedeutendste musikalische Dilettant der Gegenwart. Und vielleicht mit Recht. Ich hatte ihn vor kurzem eines Nachmittags bei Adele Dorn kennengelernt, die den dringenden Wunsch hatte, uns beide miteinander bekannt zu machen. Er spielte uns damals das d-Moll-Konzert von Mendelssohn vor, wobei er alles Passagenwerk freilich nur in sehr summarischer Behandlung zum besten gab, aber die gründlich musikalische Natur empfand man durch alle Nebelflecke hindurch als etwas Unverkennbares und wohltuend Erwärmendes. Als wir nunmehr Hausnachbarn geworden waren, besuchten wir uns gegenseitig und Keudell schickte mir eines Tages zwei Liederhefte eigener Komposition zu, worauf ich mit Chorliedern erwidert. Leider war die eben angeknüpfte Beziehung vorderhand nicht von langer Dauer. Noch im Januar verheiratete er sich mit Fräulein von Patow und gab damit natürlich seine Wohnung in meiner Nähe auf. In späteren Jahren begegneten wir uns aufs neue, und nun entspann sich ein wahrhaft freundschaftliches Verhältnis zwischen uns und unseren beiderseitigen Familien, das, auf innerster Übereinstimmung beruhend, durch keine äußere Trennung mehr beeinträchtigt werden konnte.

Ich hatte mich entschlossen, um etwas mehr Zeit zum Arbeiten zu gewinnen, nunmehr nur zwei Abende in der Woche bei einen Eltern zuzubringen, sonst aber zu Haus zu bleiben, wo ich mir ja jetzt eine einfache Abendmahlzeit von meiner Frau Kath bereiten lassen konnte. Und noch etwas anderes richtete ich mir ein. Gemeinsame Lektüre hatte für mich immer etwas Anziehendes gehabt. Jetzt forderte ich einige junge Leute auf, an je einem Abend in der Woche sich bei mir für ein paar Stunden einzufinden, um irgend etwas Belehrendes, vielleicht ein größeres historisches Werk, miteinander zu lesen. Die Gesellschaft, die sich infolgedessen bei mir einfand, bestand aus den drei Oriollaschen »Kaffeesöhnen« – Arnim, Eichhorn und Goltz, ferner aus Janitsch und Hans von Wolzogen. Diesen letzteren hatte ich seit Jahren – während er auf der Schulbank saß und ich mich zumeist außerhalb Berlins aufhielt – nicht zu Gesicht bekommen. Jetzt war er Student der Philologie geworden, wohnte nach wie vor bei seiner Tante Susanne Schinkel, und so machte es sich ganz von selbst, daß die alten Fäden wieder aufgenommen wurden. Mir war von guter Seite »die Geschichte der Stadt Rom« von Reumont[25] als ein sehr lesenswertes Buch empfohlen worden. Nachdem wir während einiger Abende mit kleineren Sachen begonnen hatten, brachte ich dies Buch für unsere Zusammenkünfte in Vorschlag. Meine Gäste waren mit der Wahl einverstanden, und wenn wir das umfangreiche, etwas breite Werk auch nicht zu Ende brachten, so verdanken wir ihm doch manche anregende Stunde. Arnim gewann bei diesem häufigeren Verkehren immer mehr meine Sympathie. Wolzogen las vortrefflich vor, wobei sein volltönendes Organ die schönste Wirkung tat Im übrigen sagte er wenig. Von früh auf schon hatte er etwas Verschlossenes, Rätselhaftes in seinem Wesen gehabt. Wenn er sich jedoch einmal entschloß, seinen Mund aufzutun, so empfand man freilich, daß ein stilles Feuer in dieser Seele brannte. Und diese Seele war adelig bis auf den Grund. Ein paar Monate waren unter diesem neu wieder angeknüpften Verkehr mit ihm vergangen, als ich eines Tages seiner Tante Susanne einen Besuch machen wollte. Beim Eintreten in die noch leere Stube sah ich auf dem Notenpult des Flügels den Klavierauszug von Richard Wagners »Walküre« liegen. Auf dem Titelblatt standen, von der Hand Alfreds von Wolzogen geschrieben, die Worte: »Hans von Wolzogen dem Kinde seiner Zeit«. Ich war auf das Höchste erstaunt; denn ich hatte von der Richtung, die sein Wesen – nach diesem Anzeichen zu urteilen – genommen hatte, keine Ahnung. Wohl war mir erinnerlich, wie er schon als Knabe schweigend mit gespannter Aufmerksamkeit dagesessen hatte, wenn ich aus Gluckschen oder Weberschen Opern dieses oder jenes Bruchstück spielte. Allein ich hatte schon damals mich überzeugt, daß bei ihm von eigentlich musikalischer Begabung keine Rede sein konnte. Seine poetisch angeregte Fantasie war es, die ihn hier Wunderbares, Großes ahnen ließ und ihm vortäuschte, daß er die Musik als solche verstehe. Nachdem er seine Studien auf der Universität beendet hatte, fand er Beschäftigung bei der Herstellung des von den Brüdern Grimm begonnenen großen deutschen Wörterbuchs.[26] Bald aber hörte ich, daß er diese Tätigkeit abgebrochen habe und nach Bayreuth übergesiedelt sei, um sich ganz dem Dienst der Wagnerschen Sache hinzugeben. Wie sehr ich diese Wendung, die seine Entwicklung genommen hatte, beklagte, das bedarf keiner weiteren Worte. Ich konnte und kann sie auch heute nur auffassen als hervorgegangen aus einer ungeheuren Selbsttäuschung. Das angeborene Organ für musikalisches Verstehen fehlte ihm von Hause aus. In dem Wagnerschen System der Leitmotive aber trat ihm ein Etwas entgegen, das ihm wie der eigentliche Schlüssel für das Verständnis der Musik erschien. Daß dieser Wagnersche Krückstock dem Wesen der Musik geradezu ins Gesicht schlägt, das konnte er nicht begreifen, weil er eben das innerste Wesen, die Sprache der Musik nicht verstand. Hinzu mag ohne Zweifel gekommen sein, daß Wolzogen ein tiefes Interesse erfüllte für die Vorzeit der Germanen mit ihren Mythen und mythischen Dichtungen. Diese glaubte er, in den Wagnerschen Werken wieder aufleben zu sehen, und mit der ganzen Begeisterungsfähigkeit seiner Natur gab er sich der Aufgabe hin, für Bayreuth und den Bayreuther Meister in die Schranken zu treten. Wenn es trotzdem möglich gewesen ist, daß zwischen ihm und mir eine wahre Freundschaft – wenn auch nach Jahren des Schweigens – sich als in der Tiefe Unberührtes und Unzerstörbares erhalten hat, so weiß ich dafür nur die eine

Erklärung, daß die herrlich reine und hohe Natur Wolzogens niemals geahnt hat, welchen Mächten bedenklichster Art er sich lebenslang tatsächlich in Dienst gegeben hat. –

Ich lasse hier ergänzend einige Tagebuchnotizen folgen.

»FREITAG D. 31. DEC. 69
Morgens in die neue Wohnung gegangen, wo meine Aufwärterin die Fenster putzt. Ein Bote kommt von Grimms, bringt einen anmuthigen Amorkopf in Gips; dazu folgende Zeilen von Herman:

›Amor an Ernst Rudorff
Ob Mozart, Wagner oder Liszt,
Mich kann das nicht geniren;
Und wenn du nicht mein Schüler bist
Kannst du nichts profitiren.‹

SONNABEND D. 1. JANUAR 1870
Visite bei Mühlers. Sehr kühler Empfang seitens der Ministerin. Mühler selbst erträglich freundlich.

D. 5TEN JANUAR. Morgens an Gade geschrieben, um ihm endlich für seinen lieben Brief zu danken.«

Hierzu die folgende Bemerkung: Ich hatte im Sommer an Gade, den ich persönlich nicht kannte, aber als Komponisten auf das Innigste verehrte, einige Zeilen geschrieben und ihm daneben die Partitur meiner Ouvertüre zu »Otto der Schütz« zugeschickt. Darauf erhielt ich die folgende Antwort:

»Copenhagen 12. October 1869.

Lieber Herr Rudorff!
Als ich Ihren Brief und Ihre Ouverture – die mir in nicht gewöhnlichem Grade zugesprochen – empfing, war meine Zeit aber durch die verschiedenartigsten Geschäfte dermaßen aufgenommen, daß ich die zur Correspondenz jeglicher Art nöthige Muße nicht erhalten konnte und deshalb die Beantwortung Ihrer freundlichen Zeilen bis auf Weiteres aufschieben mußte. Leider trifft meine Beantwortung nun so spät ein, daß Sie völlig berechtigt gewesen wären zu denken, entweder sei Ihr Brief garnicht in meine Hände gelangt, oder ich hätte denselben gleichgültig bei Seite gelegt. Daß aber Keines von beiden der Fall ist, davon wird Ihnen der Anfang dieses Briefs überzeugen können. Eine große Composition, mit der ich beim Empfang Ihres Briefes beschäftigt

war, so wie eine Masse von Geschäften, machten mir jede Stunde kostbar. Ich habe nun aufs Neue Ihre Concertouvertüre durchgesehen. Es ist mir eine Freude, Ihnen bezeugen zu können, daß dieselbe mir s e h r wohl gefallen hat, sowohl in Bezug auf das Formelle, als auf die Erfindung der Motive; sie zeugt vom ausgebildeten und formfesten Künstler. Da Sie meine Compositionen kennen und wissen, wie großen Werth ich Klarheit und Faßlichkeit in den Motiven sowie in der Ausführung beilege, werden Sie leicht inne werden, wie wohlthuend es mir gewesen sein mag, meine Prinzipien bei Ihnen mit so gutem Erfolg durchgeführt zu sehen.

Von Ihren Compositionen kenne ich nur die mir zugesandte; aber ich sehne mich danach, auch andere Arbeiten von Ihnen zu sehen und freue mich auf die gelegentliche Zusendung einiger derselben. Ich hoffe, daß ich unserem Concertprogramm für Ihre Ouverture oder eine sonstige Composition von Ihnen einen Platz abgewinnen werde. Haben Sie keine Gesangssachen für Chor und Orchester geschrieben? Für solche haben wir besonders Gebrauch.

Schließlich empfangen Sie noch einmal meinen herzlichen Dank für Ihre freundliche Gesinnung mir gegenüber! Behalten Sie stets in freundlichem Andenken Ihren

mit Hochachtung ergebenen

Niels W. Gade.«

»SONNTAG D. 9TEN JANUAR.

Nachmittags mit Janitsch und Carl Heymann zu Susanne Schinkel, wo wir uns die herrlichen Entwürfe ihres Vaters zum Schloß Orianda, und zu einer Anzahl von Theaterdekorationen zeigen lassen. Abends Gesellschaft bei Joachims. Graf Harrach mit Frau, Gräfin Pourtalès, die Olfer'schen Damen, Yorck, Scholz und die Schwestern Asten sind anwesend. Joachim spielt mit Scholz Bachs A dur Sonate und eine Romanze von Scholz. Anna v. Asten singt mit viel Geschmack Canzonetten von Gordigiani und Lieder von Schubert und Schumann. Ich spiele mit Scholz vierhändig die Schubert'sche f moll Fantasie, während Joachim die Partitur meiner Instrumentirung liest. Stern hat das Stück neulich wieder nach meinem geschriebenen Notenmaterial in seinen Symphonieconcerten gebracht.

D. 11TEN JANUAR

Vormittags nach drei Conservatoriumsstunden zu Joachim; mit ihm meine Schubert-Instrumentirung durchgesehen. Er lobt meinen Sinn für Klangwirkung, macht aber zugleich auf Dieses und Jenes aufmerksam, das auch geändert werden könnte. Zu Tisch bei Joachims geblieben; beide von großer Liebenswürdigkeit. – Abends erster Leseabend. Wir nehmen Georg Rosens Broschüre über das Grab Abrahams vor.

D. 14TEN JANUAR
Concert von Rubinstein in der Singakademie. Eine neue Fantasie von ihm in C dur für Klavier und Orchester macht den Anfang. Dann die As dur Sonate von Weber, die er mit bezaubernder Eleganz spielt. Schumanns Kreisleriana dagegen weniger erfreulich. Auch scheint er das Stück längere Zeit nicht angesehen zu haben. Im 2ten Mittelsatz der zweiten Nummer fördert er eine Strecke lang lauter Dinge zu Tage, die nicht dastehen. Der Eindruck im Ganzen ist entschieden bedeutend, wenn auch freilich sehr ungleich. – Ich gehe vor dem Ende fort, um bei den Eltern den Geburtstag meiner Mutter mit Klärchen Baumeister und Vetter Alberti feiern zu helfen.

SONNABEND D. 15. JANUAR.
Abends letzte Quartettsoirée, ehe Joachim seinen Urlaub für England antritt. Beethoven F dur, Es dur, A moll.

D. 17TEN JANUAR
Morgens an der Schubert'schen Fantasie gearbeitet. Saldern kommt gegen Mittag, fordert mich auf, zu Keudells Polterabend die Musik zu liefern. Ich lehne ab, weil ich den Entschluß gefaßt habe, einstweilen keine Abendgesellschaften mehr mitzumachen. Heute Abend aber zum vorläufigen Abschluß noch einer Einladung zu Alexander Mendelssohns gefolgt, wo Joachim Quartett spielt (Es dur Beethoven, G dur Haydn). Der Klang in dem großen Musikzimmer dort ist wundervoll. Ich erlebe die Freude hier Paul Mendelssohn, meinem alten Privatstundengenossen, zum ersten Mal seit jenen Knabenjahren wieder zu begegnen. Er gefällt mir ganz ausnehmend. Die Gesellschaft löst sich um Mitternacht auf. Als es 12 Uhr schlagen will, kommt mir Paul damit zuvor, mir zu meinem eben anbrechenden Geburtstag zu gratuliren, der ja auch der seinige ist. Franz Mendelssohns fordern ihn und mich und Schapern auf, noch für eine Weile unten bei ihnen einzutreten. Es wird Punsch gemacht zur Feier des Doppelgeburtstags, und Frau Enole schenkt mir Scheffels »Ekkehard«, ein Buch das sie sehr liebt, in einer Pfefferkuchenatrappe als Angebinde.

DIENSTAG D. 18TEN JANUAR 1870
Mein dreißigster Geburtstag. Also kein Jüngling mehr! Ein paar Blumen von den Eltern begrüßen mich am Morgen auf meinem Tisch; auch ein Brief aus Wienrode und dazu Boisserée's Leben.[27] Von 10 – 1 habe ich in der Hochschule zu unterrichten. Als ich aber wieder nach Haus gekommen, tritt die Maxe bei mir ein, bringt mir ihre Photographie in blaugoldnem Rähmchen, sammt einem Maiblumentopf, besieht sich meine Wohnung und ist so reizend liebenswürdig, wie sie es eben nur sein kann. Zu Tisch dann endlich bei den Eltern, die mir unter Anderem Ranke's Geschichte der Päpste[28], und die neuen Magelonenlieder von Brahms[29] schenken. Nach Tisch wieder in der Hochschule zu thun. Abends bei den Eltern mit Janitsch, Schaper, Clärchen Baumeister und der Maxe, die trotz Erkältung mit größter Lebendigkeit eine Menge unterhaltender Dinge erzählt.

MITTWOCH D. 19TEN JANUAR
Von 6 – 8 letzte Orchesterstunde unter Joachims Leitung. Meine Schülerin Eugenie Schumann spielt g moll Concert von Bach. Dann trete ich auf Joachims Wunsch statt seiner ans Pult, und dirigire, während er am ersten Pult mitspielt, die D dur Symphonie von Haydn, und die Fuge aus dem C dur Quartett von Beethoven, die Joachim schon mehrfach in orchestraler Besetzung hat üben lassen. Auch Schaper spielt mit, und begleitet mich darauf in meine Wohnung.

D. 20TEN JANUAR
Um 5 Uhr zum Mittagessen bei Gräfin Pourtalès, mit Harrach's, Yorks, Joachim's, Berg's. Harrach in seinem Ernst und seiner Schlichtheit ist mir sehr sympathisch. Nach Tisch wünscht man Musik von mir. Ich spielte E moll Prael. und Fuge für Orgel von Bach in der Art, wie ich sie mir für Klavier zurecht gemacht habe. – Abends Arnim, Goltz, Janitsch, Wolzogen bei mir; wir lesen Rosens Patriarchengräber zu Ende; dann Goethe und Suleika von Herman Grimm.[30]

D. 22TEN JANUAR
Zu Simrock, dem ich meine Orchesterübertragung von Schuberts f moll Fantasie für 6 Frd. d'or und sämmtliche bei ihm erschienenen Werke von Brahms in Verlag gebe.[31] Ich treffe Stern dort, der am Requiem von Brahms Vieles auszusetzen hat.

SONNTAG D. 23TEN JANUAR
Matinée bei Kiel. Er spielt eigene Compositionen: Klavier-Variationen und mit Joachim, Schiever, Müller zwei Klavierquartette. Alles ernstgemeinte im Aufbau meisterliche Musik, aber leider in der Erfindung reizlos. Hollwegs, die Pourtalès, Yorks unter den Zuhörern. Nachmittags mit den Eltern und Carl zu Buttmanns nach dem Gesundbrunnen heraus gefahren, wo Onkel Philipps Geburtstag im gewohnten gemüthlichen Freundeskreis gefeiert wird. Auch Rudolf und Guste Grimm sind gekommen. Es wird natürlich sehr viel musicirt.

MONTAG D. 24TEN JANUAR
Vormittags zu Joachim, der die Schüler zu sich bestellt hat, um ihnen vor seiner Abreise nach England noch einmal vorzuspielen. Als ich ankomme, hat er eben mit Bach's Chaconne begonnen, die ich aus der Nebenstube bei halb geöffneter Thür anhöre. Dann begleite ich ihm die Gesangsscene und das Beethoven'sche Concert. Ich hatte mich in diesen Tagen viel mit seinem Ungarischen Concert beschäftigt, weil ich glaubte, er würde es auch den Schülern mit mir vorspielen wollen, was denn nicht geschah. Aber ich weiß aufs Neue, daß dies Stück mir die liebste neueste Musik ist, trotz Brahms. Nachmittags zu Grimm, mit Herman auf dem Sopha gesessen in ernsthaftem Gespräch. Unter Anderem äußert er: Künstlerisches Produziren richte sich in der Jugend immer an einzelne Personen, im reifern Alter an die Allgemeinheit. In Beziehung auf meinen Vorsatz, alle Einladungen zu Abendgesellschaften abzulehnen, ist er – und wohl mit Recht – der Meinung, daß ich bei aller Geselligkeit im Kreise von Fachgenossen eine Ausnahme machen müsse. Abends auf den

Bahnhof, um Joachim bei seiner Abfahrt nochmals zu begrüßen. Frau Joachim, Berg und Müller dort getroffen.

D. 25TEN JANUAR
Im Leseabend mit Reumont's Geschichte der Stadt Rom begonnen.

D. 26TEN JANUAR
Vormittags höre ich mit der kleinen Janotha Rubinstin's Probe zum Hummel'schen Septett an. Nachmittags Orchsterstunde gehalten: Symphonie Es dur von Haydn. Abends mit Spengel in Rubinsteins Concert. Er beginnt mit Beethovens E dur Sonate op. 109, spielt sie – verhältnißmäßig – recht schön. Auf einige sehr überreife Lieder, von Frl. M. gesungen, folgen dann von Mendelssohn die Variations sérieuses von Schumann ›Abends‹, und D moll Romanze, von Chopin C moll Notturno und G moll Ballade, Alles höchst gewissenlos und blasirt abgethan.

D. 27TEN JANUAR
Auf Wunsch der Frau Janotha, – einer ächten Polin: schmeichlerisch, ruhmbegierig und unzuverlässig – suche ich Rubinstein auf, um ihm die kleine Natalie persönlich und musikalisch vorzuführen. Rubinstein ist liebenswürdig und lobt ihre Leistungen. Gegen Abend zu den Eltern, bei denen ich die liebe Gräfin Schwerin treffen soll. Seit vielen Wochen bestand unsererseits die Absicht, mit ihr ein Zusammensein zu verabreden, aber die Zeit wollte sich nicht finden. Nun wurde ihr reichlich vormusicirt. Ich spielte allerlei allein, dann mit Carl die Brahms'schen Vierhändigkeiten, und Alles verlief aufs Schönste. Auch Clärchen Baumeister war anwesend.

SONNABEND D. 29. JANUAR
Concert von Tausig. Beethovens C dur Sonate op. 53 wie auf der Drehorgel heruntergeleiert; die große Steigerung vor dem letzten Prestissimo mit Seelenruhe in gleichmäßigem k a u m m f gespielt; vielleicht reicht seine physische Kraft nicht mehr aus, das forte, sempre più forte herauszubringen; dann soll er das Stück überhaupt nicht spielen. Die Kreisleriana geradezu empörend, No 2 und 8 in unglaublicher Weise im tempo vergriffen. Am besten eine Mazurka von Chopin in fis moll.

SONNTAG D. 30TEN JANUAR
Goltz besucht; er setzt mir Ungarwein vor, zeigt mir eine Ballade, die er gedichtet, ist überhaupt äußerst liebenswürdig. Dann zu einer matinée bei Eckerts, in der Frl. A. H. ihre Compositionen vorträgt. Schreckliches, affektirtes Frauenzimmer! Alle Welt dort versammelt. Mit Saldern und Radeckes zusammen fort.

MITTWOCH D. 9TEN FEBRUAR
In der Orchesterstunde lasse ich die D dur Symphonie Nr. 4 von Haydn auflegen. Aber alle Welt ist krank. Schriever fehlt, und sämmtliche Klavierspieler bleiben aus, so daß Blasinstumente und Contrabass fortfallen müssen. Zwar Herr Peiniger setzt sich an das Klavier, um auszuhelfen, giebt aber nur einige falsche Bläsernoten zum Besten.

DONNERSTAG D. 10. FEBR.
Ich gebe Natalie J. eine Privatstunde. Sie spielt das G moll Concert von Mendelssohn und ist sehr lebendig bei der Sache.

DONNERSTAG D. 17TEN FEBR.
Natalie kommt zur Stunde. Der Racker findet das Es dur Rondo von Weber nicht gut genug, um es zu studieren. – Ein Lied ›Die Liebe saß als Nachtigall‹ für Frauenchor und Orchester in Gedanken und vorläufig skizziert.

DONNERSTAG D. 3TEN MÄRZ
Zu Bruch. Er giebt mir für meine Violoncell-Romanze ein paar vortreffliche Instrumentationswinke.

SONNTAG D. 6TEN MÄRZ
Mit Janitsch und Bruch vergeblich versucht, Billets zum Lohengrin zu bekommen. So gehen wir anstattdessen in ein Bilse'sches Orchesterconcert. Greuliches Durcheinander von Musik. Einige Walzer vom neuen Strauss anziehend. Viel Talent, aber ebenso viel Sinnlichkeit. Hinterher mit Bruch allein bei Wegener zu Abend gegessen. Gespräch über Haydn. Er meint, Haydn habe ihm Nichts mehr zu sagen. Bei einer anderen Gelegenheit behauptete er, Haydn habe keine symphonischen Gedanken. Da bin ich denn freilich durchaus entgegengesetzter Meinung.

DIENSTAG D. 8TEN MÄRZ
Abends außer Arnim, Eichhorn, Wolzogen, Janitsch, auch Bruch zum Lesen bei mir. Wir stehen in Reumonts Buch[32] bei dem Kapitel ›Kunstentwicklung der Republik von den punischen Kriegen bis Augustus‹. Bruch spielt nachher seinen Römischen Triumphgesang Salamis und Waldpsalm. Er ist in sehr antibrahmsischer Laune, spielt zwar mit mir die Walzer, schimpft aber fortwährend darauf.

DONNERSTAG D. 10TEN MÄRZ
– Bruch Abends bei mir, erzählt von dem ersten Akt seiner geplanten Oper Hermione, die Hopffer im Gedicht vollendet hat.

SONNABEND D. 12TEN MÄRZ
Stockhausen bittet mich telegraphisch, ihm die Dichterliebe in Königsberg zu begleiten. Ich lehne ab.

MONTAG D. 14TEN MÄRZ
Abends kommen Bruch und Leonhard Wolff zu mir. Bruch spielt mir zwei Sätze einer neuen Symphonie in f-Moll vor, von denen namentlich der erste sich durch schönen Aufbau und großen Schwung auszeichnet. Er beichtet mir von vorn herein eine Reminiscenz an meine Ballade, die freilich unverkennbar ist. Das erste Motiv seines ersten Satzes ist im Grunde eine Wiederholung des Anfangsgedankens in dem ersten langsamen Stück der Ballade, Bruch hat meine Musik viel in Sondershausen

aufgeführt, und es ist begreiflich, daß ihm unbewußt Etwas davon hängen geblieben ist.

Der Monat März brachte mir zweimal Gelegenheit, mich in einem Berliner Konzert als Dirigent zu betätigen. Für Sonnabend den 12. hatte Stern in einem jener Orchesterkonzerte, die er mit der Berliner Symphoniekapelle in der Singakademie gab, meine Ekbert-Ouvertüre auf das Programm gesetzt und mich zur Direktion des Stücks aufgefordert. Am Dienstag den 8. sollte abends um halb sieben Uhr die erste Probe mit dem Orchester beginnen. Zu meinem nicht geringen Erstaunen erhielt ich kurz vorher seitens des Ministers von Mühler die Aufforderung, mich bei ihm um sechs Uhr desselben Abends einzufinden. Ich erschien, und Seine Exzellenz eröffnete mir, daß es meine Pflicht gewesen wäre, ihm zuvor Anzeige davon zu machen, daß ich in Berlin ein Werk von mir öffentlich dirigieren wolle. Zum Glück konnte ich noch rechtzeitig in der Singakademie eintreffen, um meine Probe abzuhalten. Die Aufführung am 12. nahm den besten Verlauf. Das Programm des Konzerts enthielt außer meinem in der Mitte auftretenden Ekbert die Abenceragen-Ouvertüre von Cherubini, die F-Dur-Symphonie von Beethoven, Die Gesangsszene von Spohr, das f-Moll-Konzert von Chopin, und eine Mozartsche Arie, also eine nur allzu durchlauchtige Gesellschaft.

Mehr Arbeit als diese Ouvertüren-Aufführung brachte mir ein Konzert mit Orchester zum Besten der Gustav-Adolfs-Stiftung, um dessen Vorbereitung und Leitung mich wieder einmal Fräulein Adele Dorn im Namen des Frauenvereinsvorstandes gebeten hatte. Hier hatte ich nun ziemlich freie Hand, selbst ein mir wohlgefälliges Programm aufzustellen. Mir war zu Ohren gekommen, daß Brahms neun von seinen Liebesliederwalzern – darunter »Am Donaustrande« und »Nein es ist nicht auszukommen« instrumentiert habe[33], und ich entschloß mich rasch, nach Wien hin die Frage an ihn zu richten, ob er mir die Sachen zu einer ersten Aufführung in Berlin gütigst überlassen wollte. Nach wenigen Tagen traf die kleine Partitur auf zierlichem Notenpapier etwa in Briefbogenquartformat geschrieben bei mir ein. Frau Joachim hatte ihre Mitwirkung für den Abend zugesagt, und ich bewog sie dazu, die große Szene aus dem ersten Akt von Glucks Alceste – Rezitativ und 2 Arien – zu singen. Stellenweise lag ihr die Partie etwas hoch, aber die wundervoll ergreifende Musik übte beim Durchnehmen am Klavier ihre Gewalt auf sie so unwiderstehlich aus, daß sie sich entschloß, Ja zu sagen. Nun mußten Orchesterstimmen ebensowohl für die Walzer wie für die Alcestenszene ausgeschrieben werden, und die Korrektur zu besorgen, fiel mir natürlich zu. Während alles im besten Gange zu sein schien, erkrankte Frau Joachim an einer katarrhalischen Entzündung, und schon schien das Gelingen des ganzen Plans gefährdet. Aber sie erholte sich noch rechtzeitig, und Sonnabend den 19. März fand unter Mitwirkung der Berliner Symphoniekapelle das Konzert mit schönstem Gelingen statt. Näheres über den Verlauf des Abends sagen die folgenden Zeilen die ich am nächsten Tage an Brahms richtete:

»... Sie werden sich gewundert haben, daß so lange Zeit vergangen ist, ohne daß Sie von unserem Konzert Nachricht bekommen haben. Gestern ist es endlich von Stapel gelaufen und sehr gut gelungen, nachdem wir eine Masse Nöte damit gehabt hatten. Frau Joachim wurde vor nun bald drei Wochen, kurz nach der ersten Orchesterprobe, krank; wir mußten alles abkündigen und bis zu gestern hinausschieben. Da sah es am Donnerstag noch einmal so aus, als würde sie nicht singen können, und Sie können sich denken, wie groß der Schrecken war. Glücklicherweise beruhigte sie ein berühmter Halsdoktor gänzlich über den Zustand ihrer Kehle, die uns allen wirklich Sorge machte, ganz abgesehen von der augenblicklichen Verlegenheit, und zum Dank dafür war sie gestern so disponiert, wie ich sie nur je gehört. Unser Programm war: Coriolan[34], Arie aus Figaro (Frl. von Asten), eine Romanze für Cello und Orchester von mir, (W. Müller), Szene und Arie aus Alceste, 1. Akt (Frau Joachim), Cellostücke von Bach, dann Ihre 9 ›Walzer‹ (Frl. von Asten, Frau Joachim, Herr Borchardt, Herr Putsch), Pause und Sinfonie B-dur von Haydn (Finale

Ich hoffe, Sie wären mit der Ausführung der ›Walzer‹ zufrieden gewesen; wir hatten am Klavier sehr gründlich probiert (die Herren waren viermal gekommen), dann zwei Proben mit Orchester, kurz, jeder sang sie ungefähr auswendig; das Orchester spielte mit Schwung und offenbarer Freude an den Sachen, und der in c-moll wirkte im Konzert so elektrisierend, daß wir ihn da capo machen mußten, für Berlin bei Novitäten ein unerhörtes Ereigniß. Die vier ersten machten wir attaca, dann Nr. 5 und 6 ebenso und 7, 8, 9.

Daß alle wirklich musikalischen Leute ganz entzückt über die Musik sind, versteht sich von selbst; mir scheint, daß es gerade bei diesen Sachen fast unmöglich ist, sie mißzuverstehen und sich ihnen nicht ganz hinzugeben, wenn man überhaupt die Organe dafür hat. So haben Sie denn nochmals sehr vielen Dank, daß Sie mir die große Freude bereitet haben, die Stücke mit Orchester zum ersten Male aufführen zu dürfen. Ich sehe es als eine ganz besondere Freundlichkeit an, daß Sie mir das überließen, ehe Sie selbst eine Aufführung davon veranstaltet haben. Im ›Donaustrand‹ habe ich an den bewußten Stellen Kontrabaß spielen lassen statt Fagott; ich glaube, es würde Ihnen auch so besser geschienen haben. Da Sie mir nun einmal früher erlaubt haben, in Beziehung auf Ihre Musik alles zu sagen, was ich denke, so will ich Ihnen nicht verschweigen, daß ich mir manche von den ›Walzern‹ als reine Instrumentalstücke noch schöner denke als mit Gesang. Damit soll nicht gesagt sein, daß es nicht so, wie es ist, reizend wäre und sehr eigenthümlich, aber ich meine, manches Feine in dem Instrumentalen, das doch zu einem wesentlichen Theil der Erfindung gehört, käme noch vollkommener zur Erscheinung, wenn die Aufmerksamkeit nicht durch den Gesang davon abgelenkt würde. Es wäre also schön, wenn man, wie beim Klavier, auch das Vergnügen haben könnte, die Walzer mit Orchester allein aufzuführen, und da müßten Sie sich denn die doppelte Arbeit machen, sie auch für diesen Zweck zu instumentiren. Wollen Sie sich die Sachen in Wien vorspielen und singen lassen, so lassen Sie mich das wissen; dann schicke ich Ihnen meine Stimmen. Ihr kleines hübsches Manuskript schicke ich Ihnen morgen (mit etwas schwerem Herzen) durch Simrock wieder zurück. …«

Nach wenigen Tagen kam folgende Antwort zurück:

»… Ganz selbstverständlich schicken Sie mir die Kopie und behalten die kleine Partitur. Ich muß mich fast schämen, daß Ihnen etwas anderes als das zierliche Format Freude machen sollte.

Ebenso muß ich lachen, daß mir bei der Gelegenheit andere Manuskripte einfallen: Ich wollte aber doch erzählen, daß ich seit Jahren nach ›Schubert‹ für Sie umschaue, ohne daß es mir gelingen will, etwas zu erwerben. Man hält eben jetzt derlei Sachen fest; ich selbst habe in letztern Jahren nichts bekommen außer kürzlich von den Schubert'schen Liedern die alten Original-Ausgaben und namentlich die der Müller-Lieder (deren Existenz Rietz in Frage stellte.)

Jetzt jedoch ist hier die Handschrift vom ›Titus‹ zu verkaufen. Täte denn die Berliner Bibliothek keinen Versuch darum? oder ein titel- oder ordensbedürftiger Preuße, um sie der Bibliothek zu schenken? Oder irgend ein vernünftiger Mann?

Schließlich besten Dank für Ihren vorigen freundlichen Brief. Man kann aber doch nicht zwei Partituren von den ›Walzern‹ stechen lassen? Und doch die Partitur auch nicht danach einrichten, mit und ohne Gesang gespielt zu werden? Ich glaube, dieser Versuch müßte unserer kleinen Partitur schon zu ihrem Schaden anzumerken sein. Wollen Sie doch Sopran u. Alt dankbar von mir grüßen. …«

Meine Aufführung der neun Walzer im orchestralen Gewand ist die einzige geblieben. Wie ich nachmals erfuhr, hat sich Brahms die Bearbeitung einmal gelegentlich einer Orchesterprobe in Pest vorführen lassen und ist von dem Eindruck nicht befriedigt gewesen. Er hat deshalb von einer Veröffentlichung abgesehen, und so verbietet es sich natürlich auch für mich, die in meinem Besitz befindliche Partitur zum Druck herzugeben.[35]

Der erste April brachte ein bedeutsames künstlerisches Ereignis: die erste Aufführung von Wagners »Meistersingern« im Berliner Opernhaus. Eckert hatte mir und Bruch Einlaßkarten zu den beiden letzten Proben und zur Aufführung zugestellt, und so war mir die sehr erwünschte Gelegenheit geboten, das vielberedete Werk von vornherein etwas gründlicher kennenzulernen. Waren doch die Meistersinger die erste Oper Wagners, auch seiner späteren Epoche, in der das natürliche Verhältnis der Singstimmen zum Instrumentalen, von wenigen lyrischen Partien abgesehen, in sein Gegenteil verkehrt ist, die ich zu hören bekam.

Mein Tagebuch berichtet

»SONNABEND D. 26$^{TEN}$ MÄRZ:
Um 5 Uhr holt mich Bruch zur Meistersingerprobe ab. Dauer bis 11 Uhr. Das Haus sehr besetzt; Saldern, Radeckes u.s.w. dort. Der Anfang wird mehrmals repetirt. Hübsche Stelle der Magdalene, später Lied des Walter sich heraushebend, und schöne Dekoration. Am Schluß des Aktes aber doch das Gefühl einer Ungeheuerlichkeit gegenüberzustehen. Im 2ten Akt wieder herrliche Dekoration, links anmuthige Nürnberger Häusergruppe. Die Mallinger recht gut; hübsche Stelle im Dialog mit Hans Sachs. Dann die Keilerei mit Nachtwächtergetute u.s.w., unglaublich geschmacklos in ihrem Realismus. Nur der Mondschein tröstlich. Im dritten Akt Lied von Walter in C dur mit sehr schönen Ansätzen, ferner ein kurzes Stückchen in Ges dur (sogenanntes Quintett) reizend; Schlußdekoration, Nürnberg und Aufzug der Meistersinger geben ein entzückendes Bild. Choreinsatz mit dem Motiv des Walter'schen Liedes sehr wirkungsvoll. – Während der Probe fast immer der König

zugegen. Hülsen schreit einmal im dritten Akt sehr vernehmlich seine Wuth über die Musik aus, und schlägt dann die Logenthür zu.

DIENSTAG D. 29TEN MÄRZ
Gestern Klavierauszug der Meistersinger mir von Eckert geholt. Nachmittags Generalprobe zu den Meistersingern im Kostüm. Dauer von halb 6 bis halb 12. Die Ermüdung und der Unmuth über die Widersinnigkeit der künstlerischen Behandlung fast noch stärker als beim ersten Hören. Den Bassisten Fricke gesprochen, er sagt, daß mit Ausnahme von Betz alle Sänger entrüstet über die Oper seien.

FREITAG D. 1TEN APRIL
Bruch holt mich zur Aufführung der Meistersinger ab. Das Parquetbillet hat am Mittag 16 Thaler gekostet. Unglaubliches Menschengedränge vor dem Theater. Herman Grimm, Achim v. Arnim, Radecke, Frau Joachim, Frau Viardot-Garcia im Parquet. Im ersten Rang die Oriolla, die Gisel u.s.w. Vorspiel und erster Akt beginnen, das Publikum verhält sich vollkommen still, bis zu dem kurzen ersten Lied Walters (›Herr Walter vor der Vogelweid‹, der ist mein Meister gewesen‹[36]) wo dann plötzlich ein Beifallssturm losbricht, der das gleichzeitige Zischen übertönt. Am Schluß des ersten Aktes Klatschen und Zischen im Gleichgewicht. Im zweiten Akt bei Beckmessers Lied steigert sich das Durcheinander der gegensätzlichen Äußerungen zu einem so tollen Skandal, daß Einige, unter ihnen Scholz, Bruch und ich energisch ›Ruhe‹ rufen. Die ganze Prügelscene am Schluß des Aktes verläuft unter unaufhörlichem Zischen, das die Oberhand über alle Gegenbestrebungen behält. Im dritten Akt nach dem ›Quintett‹, nach Walters Lied, und ebenso am Schluß mäßiger, ziemlich oppositionsloser Beifall, dem sich das Hervorrufen sämmtlicher Ausführender einschließlich Eckerts und des Regisseurs Hein anschließt.«

Ich sehe davon ab, im Anschluß an die Aufzählung von Tatsächlichkeiten mich des näheren in künstlerische Erörterungen über die Meistersinger im besonderen einzulassen, möchte aber im allgemeinen aussprechen, was sich mir in der Erinnerung an jenen Abend aufdrängt. Mit welcher Begeisterung im Herzen war ich von früher Jugend an nach jedem Erleben einer Gluckschen, Mozartschen, Weberschen Oper oder gar des »Fidelio« zu meinen Eltern heimgekehrt. Alles Geringe, Unedle lag weit unter mir, der Atemzug einer höheren herrlichen Welt voll olympischer Schönheit hatte mich berührt, mich über mich selbst hinausgehoben, und gleichsam gefeit gegen alles Geringe und Gemeine. Nichts von alledem empfand ich heute. Im Gegenteil: ich fühlte mich aufgeregt, aufgereizt und doch zugleich erschlafft. In dieser Musik lag ein Etwas, das entnervt, das die sittliche Spannkraft lähmt, anstatt sie wachzurufen und zu höchstem Leisten zu befeuern. Das Schlimmste aber ist: sie tritt auf, in den Mantel der Größe und Erhabenheit gehüllt, und erreicht es damit um so sicherer, die Seelen zu fangen und zu verführen.

Das erste Halbjahr meiner Tätigkeit an der Berliner Hochschule hatte nun seinen Abschluß erreicht, und es lag nahe, einen Rückblick zu tun. Hatte ich recht gehandelt, Joachims wohlmeinender und in vieler Beziehung verlockender Aufforderung zu folgen, oder wäre es besser gewesen, auf andere Möglichkeiten zu warten? – Ich mußte mir gestehen, daß die Erwägungen und Hoffnungen, die im entscheidenden Augenblick mich zum Ja bewogen hatten, keine trügerischen gewesen waren. Die künstlerischen Ziele, die sich die Hochschule gesteckt hatte, waren die edelsten und vornehmsten, der ethische Geist, der hier waltete, kam ganz dem entgegen, was mir als Ideal künstlerischer Erziehung vorschwebte. Mein persönliches Verhältnis zu Joachim hatte an Herzlichkeit nur noch gewonnen, und immer aufs neue bestätigte und verstärkte sich in mir das Gefühl von der vollkommensten Übereinstimmung unseres künstlerischen Empfindens. Dazu alles sonst mich Beglückende: die Nähe meiner Eltern, der erneute Verkehr mit lieben alten Freunden, die reichen Anregungen der großen Stadt und was an Annehmlichkeiten sonst noch sich anführen ließe! Aber dennoch: die alten Stimmen auf dem Grunde der Seele, die die laute unruhige Gegenwart eine Weile übertönt hatte, sie machten sich erst leise und dann immer deutlicher wieder vernehmbar. Was wollte ich denn eigentlich? Hatte ich mich nicht vor vier Jahren, im Grunde gegen meinen innersten Willen, von Hiller fangen lassen, eine Stellung als Klavierlehrer am Konservatorium anzunehmen? Ferner: was hatte mich in den letzten Kölner Jahren getrieben, mir einen anderen Wirkungskreis zu suchen? War es nicht wieder nur das Widerstreben gewesen, noch länger den größeren Teil meiner Kraft mit Klavierstundengeben und Schüler erziehen zu verzetteln? Und jetzt: was hatte ich bei dem Wechsel erreicht? Wieder mußte ich vor allem Klavierunterricht erteilen und Schüler ausbilden. Der Unterschied war nur der, daß die Sache in dem großen Berlin, an einer Staatsanstalt und unter ungleich vorteilhafteren äußeren Bedingungen vor sich ging. Wäre mein Klavierspiel von frühester Jugend an durch strenges Studium bis zur vollendeten Virtuosität entwickelt worden, so hätten die Dinge freilich anders gelegen. Ich durfte mir zwar ohne alle Selbstgefälligkeit vor meinem künstlerischen Gewissen sagen, daß ich als Klavierspieler Eigenschaften besaß, die manchem in der Öffentlichkeit gefeierten Virtuosen abgingen. Musikalisch fein organisierte Leute, die mich in kleinem Kreise gehört hatten, empfanden dies lebhaft, bedauerten immer aufs neue, daß man mich so selten höre, und konnten meine Scheu vor der Öffentlichkeit nicht begreifen. Ich selbst aber begriff sie nur leider um so besser. Was mir Frau Schumann gesagt hatte, als ich siebzehnjährig für ein paar Stunden ihr Schüler wurde, das hatte sich als nur allzu wahr erwiesen. Ihre Worte klingen mir immer wieder in den Ohren: »die vollkommen gleichmäßige Entwickelung sowohl beider Hände wie der einzelnen Finger untereinander kann nur durch die strengste regelmäßigste Zucht in den frühesten Lebensjahren erreicht werden.« Und ferner: »Wenn man ein Stück öffentlich spielen will, so muß man es so vollkommen beherrschen, daß auch für den Fall, daß man es vor Aufregung 100 mal schlechter spielt, als man es eigentlich kann, noch immer genug übrig bleibt, um die Leute nichts davon merken zu lassen.« Frau Schumann hatte schwer unter ihrer eigenen Nervosität vor dem Publikum zu leiden, sie sprach also auch in dieser Beziehung aus Erfahrung. Ich aber war ihr an nervöser Erregbarkeit, wenn nicht überlegen, so doch mindestens ebenbürtig. Was also sollte im Konzertsaal aus mir werden, dem jene strenge Fingerzucht in den frühesten Lebensjahren gefehlt hatte, wenn ich nicht mit der größten Vorsicht in der Auswahl dessen verfuhr, was ich öffentlich vortragen wollte.

Niemand konnte diese Tatsachen zeitweise schmerzlicher empfinden als ich selbst. Welche Seligkeit würde es mir gewesen sein, den Leuten Bach, Mozart, Beethoven, Schumann, Chopin so vorzuspielen, wie ich sie empfand, – wenn ich mich frei hätte hingeben können! Sahr hatte schon recht gehabt, wenn er in Leipzig zu mir sagte: »Sie spielen mit Leidenschaft. Deshalb ist es Ihre Pflicht, rastlos zu studieren und dann öffentlich aufzutreten.« Leider nur war es eben damals schon für die Folgerung, die er aus dem Vordersatz zog, ein für alle mal zu spät.

Wichtiger als alle reproduktive Tätigkeit war mir von Anfang an das eigene Schaffen gewesen. Um zu komponieren, hatte ich mich entschlossen, Musiker zu werden. Und so ging es denn auch, sobald meine Studienzeit ihren Abschluß gefunden hatte, dahin, eine Stellung zu erhalten, die mir genügend freie Zeit für das eigene Arbeiten lassen, zugleich mich aber auch in meiner Kenntnis des gesamten Ausführungsapparates fördern würde. Das wäre so gewesen, auch wenn ich als Klavierspieler die höchste Meisterschaft besessen hätte; um wieviel mehr, wo ich auf diesem Gebiet mit so vielen Schwierigkeiten zu ringen hatte. Kein Wunder war es daher, wenn immer wieder ein Unbefriedigtsein in meiner Seele auftauchte. Mußte ich jede Hoffnung begraben, doch noch in eine Lage zu kommen, die jenem innersten Verlangen besser genugtat als meine gegenwärtige? Bruch hatte jetzt den festen Entschluß gefaßt, seine Sondershausener Stellung mit dem Ende des Jahres aufzugeben. Er wollte für eine Weile durch keinerlei äußere Verpflichtungen gebunden sein, mit seiner Schwester nach Berlin übersiedeln und hier seine Oper »Hermione« vollenden. Sollte ich mich dann vielleicht um die von ihm aufgegebene Position in Sondershausen bewerben, wie mir ein solcher Gedanke als Möglichkeit schon früher durch den Kopf gegangen war? In meinem Berliner Kontrakt war ausdrücklich vorgesehen, daß ich vorläufig nur immer auf Jahresfrist gebunden sein solle. So lag äußerlich kein unüberwindliches Hindernis im Wege. Die Sache war wohl, wie mir schien, sehr der Überlegung wert.

Mittlerweile war das Osterfest herangenaht und mit ihm für mich die Aussicht, mit den rheinischen Freunden ein Wiedersehen zu feiern. Die Mitglieder meines Bachvereins hatten, wie schon erwähnt, beschlossen, beieinander zu bleiben, und unter Leitung des Assessoren Bitter während des Winters eine Anzahl von Chorstücken zu studieren, die geeignet waren, das Programm eines österlichen Kirchenkonzerts zu bilden. Dann sollte ich von Berlin herüberkommen und die Leitung der Aufführung übernehmen. Daß dieser Plan nicht nur eine in der Abschiedsstimmung auftauchende hübsche Phantasie blieb, sondern Wirklichkeit wurde, das gab ein schönes Zeugnis, ebensowohl für die Treue meiner kölnischen Freunde wie für die persönliche Selbstlosigkeit und große musikalische Tüchtigkeit des Herrn Bitter.

An die Eltern

»Cöln Taubengasse d. $9^{ten}$ April 1870

Ihr werdet gern hören wollen, ob ich noch lebe, und wie es mir geht, und so schreibe ich wenigstens einige Worte. Auf meiner Nachtreise schlief ich zum großen Theil recht gut, fand es gegen Morgen ein wenig kühl, dann aber machte sich die Sonne auf, und wie sehr warm es bei Tage wurde, werdet Ihr selbst erlebt haben. Ich kam durch unbekannte Gegenden mit meinem Bergisch-Märkischen Zug: ein Stück Westphalen, das viel Reizendes bot, besonders in der Gegend von Hagen, dann interessirte mich Elberfeld, das eigenthümlich auf hügeligem Terrain, von der Wupper durchströmt, sich ausdehnt; endlich schimmerte die große niederrheinische Ebene herauf und bald ließ sich auch der Dom in der Ferne blicken. ... Im neuen Königslöw'schen – mir freilich noch fremden – Hause wurde ich natürlich auf das Herzlichste empfangen, und das Gewohnte der menschlichen Umgebung ließ mich auch das

Neue in den Dingen weniger empfinden. Das hübsche alte Gartenhaus, auf das ich aus meinen ehemaligen Fenstern die Aussicht hatte, ist niedergerissen, der Garten zerstört; eine Straße wird eben frisch angelegt mitten durch die ehemaligen Beete hindurch. Das Alles sieht man vom neuen Hause aus. Dafür kannten mich die Kinder – den Kleinsten ausgenommen – noch alle, und es ist, als wäre ich kaum gestern fortgegangen. Dies Gefühl, und auf der anderen Seite das Erstaunen, daß ich nun wirklich wieder unter all den alten Umgebungen leibhaftig umherwandle, dieselben Menschen und Häuser und Stellen wiedersehe, die seit einem halben Jahr für mich entschwunden waren, bekämpfen sich eigentlich fortwährend; das Resultat des Kampfes ist aber doch eine höchst wohlthätige Empfindung, und ich will unter keinen Umständen bereuen, hergekommen zu sein, sollte auch das Concert nicht so glänzend ausfallen, wie es zu wünschen wäre. Der Schwierigkeiten sind natürlich noch viel mehrere, als ich dachte. Erstlich ist das Streichquartett (Königslöw, Japha, u.s.w.) gerade in der Osterwoche auf einer Concertreise begriffen, an der Königslöw nichts ändern konnte, da die Anderen die Sache durchaus durchsetzen wollten; zweitens sind Ferien, und deshalb alle guten Geiger unter den Conservatoriumsschülern nicht zu haben, drittens wird es Künste kosten, den schwachen Rest des Orchesters von seinen Theaterverpflichtungen frei zu machen, viertens giebt Gernsheim am Sonntag nach Ostern ein Concert mit dem Sängerbund, und macht uns damit die singenden Herren für die Proben müde oder abspänstig; fünftens ist der alte Heuser, mein guter Freund seit den ersten Cölner Tagen, in Rom plötzlich gestorben, und am nächsten Dienstag wird hier musikalische Todtenfeier für ihn sein, so das unsere Probe ausfallen muß u.s.w. u.s.w. Dagegen war unsere Probe gestern Abend wirklich sehr hübsch, der Herren waren zwar nicht zu viele, doch der Damenchor höchst zahlreich und von begeisternder Frische. Die freudige, sehr angeregte Stimmung, in der wir musicirten, ließ wirklich vergessen, daß noch so viele Steine im Wege liegen, die fortgeräumt werden müssen, bis das Ziel glücklich erreicht werden kann.

Mein erster Besuch gestern war bei Hiller, der mich geradezu mit Zärtlichkeit empfing. Heute bin ich bei ihm zu Tische. Gestern Nachmittag holte mich Budde zum Stadtgarten ab, Frau von Königslöw mit den Kindern kam auch, und wir tranken im Freien Cacao. Sehr groß ist der Unterschied in der Vegetation dieses Jahr zwar nicht zwischen hier und dem Osten, aber doch immer bemerkbar: die Gebüsche haben zum großen Theil einen leisen grünen Schleier und ein Aprikosenbaum stand in Blüthe. …

Cöln d. 13$^{ten}$ April

›Haben Sie vielen Dank‹ – so fange ich eben an, weil Frau Schmalbein und Frau v. Königslöw mich mit ihrem Zwiegespräch gänzlich verwirren – also habe vielen Dank für deinen lieben Brief, beste Mutter, der mir so ausführliche Nachrichten brachte. ... Mein Leben verläuft hier in einem Gemisch von Eindrücken heiterer Gegenwart und Erinnerungen vergangener Zeit. Zuweilen meine ich, ich wäre nie fortgewesen, und werde dann doch wieder deutlich genug an die Unbestreitbarkeit dieser Thatsache gemahnt. Daß ich mit Freundschafsbeweisen aller Art überschüttet werde, muß ich vor Allem mit Dank anerkennen; überall giebt es freundliches Wiedersehen, und als ich neulich Abend bei der Matthäuspassion im Gürzenich war, konnte ich mich fast nicht retten vor Begrüßungen mit näheren und ferneren Bekannten. Die Aufführung selbst war nicht sehr erbaulich, so feierlichen Eindruck mir auch der Anblick des Saals mit dem großen Chor machte, als ich Sonnabend Abends zuerst in die Probe kam, und gerade das herrliche C moll Stück aus dem ersten Theil gesungen wurde. Diese Freude war nur flüchtiger Art, nachher machten sich zu viel Mängel, Verstimmung der Orgel gegen das Orchester, der Bläser gegen die Streichinstrumente, Unreinheit und Unsicherheit des Chors, Mattheit des Klanges fühlbar, um rechten Genuß von dem Werke zu haben. Dagegen fand gestern Abend – wieder im Gürzenich – eine Trauerfeier für den alten Heuser statt, – Choral von Bach ›Ach wie nichtig‹, Terzett aus Elias, Chor aus Paulus ›Wir preisen selig‹ und Symphonie Eroica ohne Scherzo – die so gelungen, so ergreifend war, wie ich Ähnliches lange nicht erlebt habe. Der schon an sich ernste Saal war theilweise schwarz drapirt, die Kronenleuchter dunkel, nur an den Seiten und über dem Orchester Beleuchtung, und der ganze weite Raum bis auf den letzten Platz gefüllt. Der Chor klang wunderschön, brauchte sich nicht anzustrengen bei den leichten und bekannten Sachen, und so weiß ich, daß mir der Paulus-chor z. B. niemals einen so herrlichen, edlen, versöhnenden Eindruck gemacht hat, als gestern. Ich hörte so recht unbefangen zu, und sagte mir hinterher, daß man Sünde thut, wenn man Mendelssohn so behandelt, wie das jetzt an manchen Orten Mode geworden ist.

Der Frühling wird wohl auch bei Euch sich mächtig regen; wie laue Luft wir hier dieser Tage gehabt haben, wie schöne duftige Ferne, wie lebendig ferner sprossendes Grün, das könnt Ihr denken. Ich bin viel spazieren gewesen und schicke einliegend Veilchen vom Klettenberg. – Carl wird demonstriren, wo und was das ist. Gestern war gemüthlicher Abend bei Ernsts, vorgestern interessante Vorlesung von Hanslick über

Beethoven; bei Tage besuchte ich 101 Leute, und werde Nachmittags von Freunden und Freundinnen zu gemeinsamen Promenaden abgeholt. Eben ereignet sich dieser Fall mit Dumont, und ich muß nun nur eilig vor dem Schluß das Wichtigste erzählen: daß ich nämlich gestern Joachim um eine Woche Urlaub gebeten habe, weil es unmöglich ist, mit dem Conzert am 21ten zu Stande zu kommen. Wir sind mit dem Orchester und mit dem Chor geradezu geliefert, wenn wir das durchsetzen wollen, und da ich nicht Lust habe, nur um einer Blamage willen hergekommen zu sein, so ist das Conzert nun auf den 28ten angesetzt, und wir haben bei Frau Joachim angefragt, ob sie (natürlich gegen Honorar von 20 Frd. d'or) singen will. Von Joachim hatte ich gestern eine Antwortsdepesche, in der es heißt ›ist Ehre im Spiel (Nachsatz fehlt, dann also Ja), sonst geht Berlin vor‹, er überläßt mir am Schluß ›kollegialisch die Entscheidung‹. Diese habe ich nun nach Berathung mit Königslöw und Hiller dahin getroffen, daß ich den Urlaub annehme, und bleibe. Die Aufnahmeprüfung in Berlin hat ja eigentlich garnichts zu bedeuten, denn Joachim weiß eben so gut wie ich, wer von Klavierschülern aufzunehmen ist, wer nicht.

Carl grüße herzlich, und erzähle ihm, ein Leierkasten spiele hier folgendermaßen:

er soll das Prinzip von dieser wunderbaren Combination herausfinden; nach demselben Rezept wird nämlich Alles abgespielt ... Morgen ist Probe, dann gehe ich Charfreitag nach Rheineck und bleibe dort wohl bis Montag oder Dienstag (von einer Probe abgesehen, zu der ich hereinfahre).

Janitsch wird, wie ich von Gräbe höre, heute oder morgen Berlin verlassen; seht Ihr ihn noch, so bitte ich ihn herzlich zu grüßen, und ihm zu danken für seinen Brief. ... Sage Carl, sein Freund Winterscheidt hätte gestern hübsch in der Prüfung die c-moll Variationen von Beethoven gespielt; ich saß wieder neben Hiller am Lehrertisch wie sonst im kleinen Gürzenich...«

Aus einem Brief meiner Mutter

»Berlin d. 10. April 70

... Am Freitag Morgen 8 Uhr – zum Glück war ich schon fertig angezogen – kam plötzlich Stockhausen die Treppe zu mir herauf und wollte dich hier aufsuchen. Ich freute mich doch sehr, ihn wiederzusehen und wir sprachen ziemlich lange miteinander; er war äußerst herzlich und bedauerte sehr, dich nicht zu sehen. Augenblicklich kam er von Petersburg und reiste denselben Abend zurück nach Stuttgart. Seine Stellung dort scheint er noch zu haben. Mitte Mai geht er nach England. Nächsten Dienstag singt er in der Passion in Basel, die sein Bruder Franz dort dirigiert...«

An meine Eltern

»Rheineck d. 18ten April 1870 Ostermontag.

... Meine Hierherkunft hat sich etwas verzögert. Joachim schrieb mir nämlich, daß er Freitag Abend durch Cöln kommen werde und so verschob ich meine Fahrt hierher bis gestern. Er kam zu der verabredeten Stunde (Charfreitag Abend um 11) zwar nicht mit dem Zuge an, überraschte mich dagegen Sonnabend früh ½ 7 im Bett bei Königslöws, nachdem ich am Abend vorher noch von seiner Frau die Nachricht erhalten, daß diese in Hamburg krank geworden sei, und in meinem Bachconcert keinesfalls singen könne. Meine Auseinandersetzungen überzeugten ihn denn schließlich auch, daß es mir unmöglich sei, das Concert jetzt fallen zu lassen, und so habe ich seine Urlaubsbewilligung definitv erhalten... Donnerstag und Sonnabend Abend habe ich zwei gutbesuchte und sehr hübsche Proben mit dem Verein gehalten und je größere Freude ich an dem Ernst und Eifer habe, mit dem von dieser kleinen Schar jetzt studiert wird, um so ernstlicher ist auch das Bedauern, daß ich den schönen Anfang tüchtigen musikalischen Lebens jetzt einer ganz unsicheren Zukunft überlassen muß. Ich kann ohne Selbstüberhebung sagen, daß der Bachverein musikalisch der gesundeste und kräftigste Fleck in dem Cölner Musiktreiben ist, daß die Versumpfung an allen übrigen Instituten höchst bedauerlich ist, und wahrscheinlich immer ärger wird, und so kann ich nicht ohne Schmerz daran denken, daß voraussichtlich das eben zum Leben Erweckte doch wieder sterben wird, weil, wenn Bitter nicht weiter aushilft, im Augenblick kaum eine passende Persönlichkeit zu finden ist, die weiterarbeitet, wie begonnen worden ist.

Am Charfreitag war ich in Bonn, Mittags und Abends bei der Klingemann, die mich auf das Herzlichste empfing, und zum Abend Jane[37] und Frl. Thormann meinetwegen zu sich lud, dabei selbst Dienstmädchen spielte, da sie gerade von dem ihrigen in Stich gelassen war. Ich besuchte auch Böckings, fand aber den Alten geistig wie körperlich sehr trostlos. Er scheint wirklich am Ende seiner physischen Kräfte zu stehen, und ist dabei in einer so freudlosen, tief mißmutigen Stimmung, daß man nicht ohne aufrichtiges Mitleid mit ihm und auch mit der Tochter diesen Zustand ansehen kann. Er schickt Euch Grüße und gute Wünsche, und ich dachte mit Dank daran, daß es doch bei aller Langwierigkeit deines Unwohlseins, lieber Vater, noch ganz anders hell und freundlich bei Euch aussieht, als hier.

Gestern früh also, kam ich hier in Rheineck bei trübem, rauhem Wetter an; die Sonne brach aber am Nachmittag durch, und schenkte uns den schönsten, wärmsten Frühlingsabend; Schiffe auf dem Rhein, leichte grüne Wellen, schöne duftige Ferne, grüne Spitzen an den Büschen, und Frühlingsblumen überall am Boden. Das Wiedersehen mit Heymanns war, wie Ihr denken könnt, das allerherzlichste. Carl hatte, wie Ihr wißt, geschrieben, und deinen Brief, liebe Mutter, eingelegt. Frau Heymann zeigte mir auch den seinen, und ich will Euch doch erzählen, wie überströmend von Dankbarkeit und Liebe für Euch er sich darin ausläßt. ... Morgen Dienstag fahre ich nach Cöln zurück, habe am Abend schon wieder Probe dort, und erwarte bald wieder – hoffentlich recht gute – Nachricht von Euch ...

Cöln d. 23ten April 1870

... Der letzte Tag in Rheineck war besonders herrlich. Seitdem kommt das Grün an Kastanien und Linden mit Macht heraus, Pflaumen und Kirschen blühen, und der heute eingetretene Regen wird noch mehr heraustreiben. Vom Königslöw'schen Balkon aus sieht man die Kronen der Bäume jenseits der Stadtmauer, und kann daran recht die Fortschritte beobachten.

Mit unserem Concert hören die Nöthe noch nicht auf. Der Generalvikar ließ vor einigen Tagen dem Oberbürgermeister sagen, er protestiere gegen die Benutzung der Cäcilienkirche zum Zweck einer Musikaufführung. So waren wir wieder in Äußerster Sorge. Der Oberbürgermeister hat aber auf vorgestern Abend den Stadtrath zu einer besonderen Sitzung zusammengetrommelt, und gestern uns die Mittheilung gemacht, daß die einmal ertheilte Erlaubniß von der Stadt dennoch aufrecht erhalten werde, daß wir also die Kirche benutzen können. Was nun geschehen wird, ob die Geistlichkeit uns die Kirchthüren verrammelt, oder mit Spießen auf uns losgehen läßt, wenn wir eindringen wollen, das wissen die Götter. Jedenfalls habe ich an den Proben große Freude, es wird mit großem Eifer studiert, und ich bin immer aufs Neue entzückt über die göttlichen Stücke aus der H-Moll Messe, die sich je mehr und mehr verklären, je länger wir daran studieren.

Vorgestern habe ich leider einen dummen Streich gemacht, und bin dadurch in der ganz freien Verfügung über mein Dasein gehemmt. Dr. Gehring besuchte mich am Nachmittag, ich stand mit ihm und Frau von Königslöw im Gespräch an die Thür gelehnt, rutschte plötzlich aus, und schlug so gründlich auf die Erde, daß ich mich am Abend entschloß, nachdem ich dennoch eine Damenprobe abgehalten, doch lieber Dr. Bruch, den Onkel von Max, zu Rathe zu ziehen. Der Fleck, der den Hauptstoß empfangen hatte, war nämlich die unterste Rückenparthie, (os sacrum[38] nennt es Dr. Bruch) und die Erschütterung deshalb natürlicherweise sehr groß. Übel bin ich zum Glück nicht geworden, dagegen konnte ich mich nur mit großen Schmerzen bewegen; Bruch verordnete Einreibungen von Ammoniak und Arnica, und am nächsten Morgen, als er noch wenig Besserung fand, 6 Blutegel an der betreffenden Stelle. Diese haben denn gründlich gesogen, die Nachblutung dauerte noch über 12 Stunden, und seitdem wird mir Gehen und Sitzen viel leichter. Ich fuhr gestern Abend in die Probe, und konnte dort ohne eigentliche Beschwerden agieren. Nun aber halte ich mich, um ganz wieder zurecht zu kommen, zwei Tage ganz still zu Hause.

Eine recht hübsche Nebenbeschäftigung vertreibt mir dabei die Zeit. Die goldene Hochzeit von Hollwegs nur mit einem Briefe zu feiern, erschien mir nämlich doch zu nüchtern, und so kam ich neulich auf einem Spaziergang mit Frau Heymann auf den guten Gedanken, ihnen 12 Bachsche Choräle für den Gebrauch in der Rheinecker Capelle abzuschreiben, und Frl. Waldmann zu bitten, mir bei der Ausschmückung dieses kleinen opus behülflich zu sein. Natürlich sagte sie mit immer bereiter Liebenswürdigkeit Ja, und ich bilde mir ein, daß wir etwas Hübsches zu Stande bringen. Den Anfang bildet ein Trauungschoral ›So wandelt froh auf Gottes Wegen‹, den Schluß ›Wenn ich einmal soll scheiden‹, dazwischen dann verschiedene im Text passende oder musikalisch hervorragende Lieder, unter Anderm die beiden Choräle, die der Bachverein in der Rheinecker Capelle gesungen. Jeder Choral wird einzeln auf ein Cartonblatt geschrieben, die Notenlinien habe ich mit dem Rastral[39] roth (in altertümlicher Weise nach Frl. Waldmanns Vorschlag) gezogen; dann schreibe ich die Musik, und Frl. Waldmann mit reizender Frakturschrift den Text; Randlinien, Überschriften und Titel macht sie ebenfalls. Das Tröstliche bei dem Annehmen diese großen

Gefälligkeit liegt theils in der aufrichtigen Freude, mit der sie andern Leuten behülflich ist, und dann darin, daß sie diese Dinge wirklich spielend macht. Wir haben ausgemacht, daß ich ihr für jeden Buchstaben, den sie schreibt, einen Takt vorspielen soll. … Wie liebevoll und gemüthlich ich hier aufgenommen bin, wie gänzlich häuslich ich mich fühle, brauche ich wohl kaum zu erwähnen; gerade in solchen Tagen, wo man auch körperlich für sich zu sorgen hat, empfindet man das doppelt angenehm. Erzählen muß ich noch, wie sehr lieb ich Bitter in dieser Zeit gewonnen habe. Ich bedaure beständig, daß wir in der Zeit meines früheren Aufenthaltes hier nicht mehr miteinander verkehrt haben, denn er ist ein Mensch von so viel feinem Sinn, so ächtem Gemüth, daß es mir etwas Großes gewesen sein würde, wenn ich ihn hier öfters gesehen und gesprochen hätte. Wollte er nur den Bachverein wieder übernehmen! …

Cöln d. 25ten April 1870.

Es geht mir recht gut, und das will ich gleich melden, um dich liebe Mutter über meinen Zustand nach Kräften zu beruhigen. Ich schone mich, sitze auf bequemen Stühlen, liege auch einmal auf dem Sopha, um eben Alles zu thun was zur schleunigen Beseitigung aller Unbequemlichkeiten gethan werden kann. Ausgegangen wird aber heute Abend in die Probe, und vielleicht ein bischen in den Garten; gerade das Gehen macht mir aber schon wieder so wenig Mühe, daß ich glaube, eine etwas größere Portion davon würde auch nicht schaden. Bis Donnerstag ist es hoffentlich noch wieder ein gutes Stück besser, ich soll dann aber nach dem Concert auf Bruchs Befehl noch gründlich ausschlafen, und erst Freitag Abend reisen. …

Cöln d. 29ten April 1870.

Nur in Eile die Nachricht, daß gestern mein Concert sehr schön abgelaufen ist; zwar mußten schließlich noch andere Solisten eintreten, und überhaupt war das Maß der Hindernisse fast zu groß, aber ich hatte dafür auch die Freude, daß der Chor ganz besonders wundervoll sang. Es lag wie ein Heiligenschein über dem Adoramus von Corsi und den Sachen aus der H-moll Messe. Alles Nähere erzähle ich Euch mündlich, auch von einem sehr hübschen Mittag bei Dumonts mit einem prächtigen katholischen Geistlichen.

Daß mir das Fortgehen schwer wird, versteht sich von selbst. Ich hoffe aber dafür, bei Euch in Berlin im Ganzen den Zustand besser zu finden, als ich ihn verlassen. Mir selbst, d. h. meinem Rücken geht es recht gut, und ich kann ohne Sorgen heute Abend reisen. Bis dahin brennt mir der Boden unter den Füßen vor der Menge von Dingen, die noch gethan sein sollen. ... Ich füge das Programm des Concerts bei, das also lautete:

1) Cantate ›Du Hirte Israel höre‹ für Solo, Chor, Orchester und Orgel von Joh. Seb. Bach.
2) ›Adoramus‹ für Chor a capella von Corsi
3) Altarie mit Chor aus ›Samson‹ von Händel
4) Choral für Chor a capella aus der Motette ›Jesu meine Freude‹ von Joh. Seb. Bach
5) Altarie aus ›Messias‹ von Händel
6) ›Incarnatus, Crucifixus und Resurrexit‹ aus der H moll Messe von Joh. Seb. Bach.«

Den Rückweg mußte ich über Lauenstein nehmen, wo es Geschäftliches zu erledigen gab. Mein Vater hatte dort ein kleines unansehnliches Haus gekauft, das vor einem Teil unseres Besitztums an der Straße lag, offenbar wohl an einer Stelle, die ehemals zum Areal der Knabenburg gehört hatte. Der Besitzer namens Rathjen, Inhaber eines kleinen Ladengeschäfts, hatte viele Schwierigkeiten gemacht, bis endlich der Kauf perfekt geworden war. Nun sollte das Gebäude auf Abbruch verkauft werden, und diese Sache vor allem mußte ich zum Abschluß bringen. Am Sonnabend Vormittag war ich nach einer Nachtfahrt eingetroffen, am Sonntag Mittag brach ich wieder auf, begrüßte in Hannover meinen jüngeren Vetter Otto und war am nächsten Morgen wieder in Berlin zur Stelle. So kurz die Stunden in Lauenstein gewesen waren, sie hatten doch gereicht, um einen schönen und mir neuen Eindruck von dort mitzunehmen. In dieser frühen Jahreszeit war ich noch niemals dort gewesen. Primeln, Anemonen und Veilchen blühten und der Buchenwald stand im ersten zarten Grün.

Ein paar Wochen waren seit meiner Rückkehr vom Rhein ins Land gegangen, als ich zu meiner Überraschung von dem Vater meiner ehemaligen Privatschülerin Gräfin Clara Kalkreuth den folgenden Brief erhielt:

»Weimar d. 18$^{\text{ten}}$ Mai 1870

Mein sehr verehrter Herr Musikdirektor!
Bei der herannahenden Beethovenfeier in unserer Stadt ist mir der Gedanke gekommen, ob es Ihnen vielleicht Freude machte der Feier beizuwohnen. In dem Fall würde es uns eine große und wahre Freude sein, Sie in unserem Haus als Gast zu sehen. Wir würden Ihnen sehr dankbar sein, wenn Sie unsere herzlich gemeinte Einladung annehmen wollten. Ihre Schülerin Clara, die vor etwa 6 Wochen schwer erkrankte, würde allerdings auf die Freude verzichten müssen, Sie hier zu sehen, da sie, eben erst aus dem Bett aufgestanden, sofort aufs Land in besonders sorgsame Pflege muß. Einer freundlichen d. h. zusagenden Antwort entgegensehend zeichne ich mit herzlicher Hochachtung Ihr aufrichtig ergebener

Kalckreuth.«

Beethoven ist bekanntlich am 16. Dezember 1770, also mitten im Winter und kurz vor Jahresschluß geboren; und so hatten beispielsweise die rheinischen Städte beschlossen, die Jahrhundertfeier seiner Geburt erst im Laufe des Jahres 1871 in Bonn durch Veranstaltung eines großen Beethovenfestes zu begehen. In Wien dagegen hielt man an der Jahreszahl 70 fest, plante eine Jubelfeier für die Tage vom 16. bis 20. Dezember, berief Liszt und Wagner als Festdirigenten, und forderte unter anderem auch Joachim auf, das Beethovensche Violinkonzert bei dieser Gelegenheit vorzutragen. Joachim lehnte ab und äußerte sich in einem an Brahms gerichteten Brief vom 24. Mai 1870 über die Gründe, die ihn zum Fernbleiben bewogen, mit Worten, die ich hier zu wiederholen mir nicht versagen mag. Er sagt:

»Soeben habe ich an den Vorstand für die Beethoven-Feier geschrieben, um meine Mitwirkung abzulehnen. Man möchte schamrot werden – Männer wie Grillparzer, Karrajahn an der Spitze der Wiener Kunst- und Wissenschaftsgenossen, Leute, die doch wohl wissen, was der einsame, heilige Beethoven zu bedeuten hatte – und der Abbé Liszt als Dirigent der Missa solemnis von ihnen gewählt! Der Rossini-Kultus zu Beethovens Lebzeiten, der ihn verbittert haben soll zuzeiten, ist nichts gegen diese frivole Komödie. Ich hoffe, Du hast nie anderes erwartet, als daß ich fernbleiben würde, wenn Du von der Einladung vernommen haben solltest. Ich hatte Mühe maßvoll zu bleiben, und habe den Brief ans Komité dreimal abgeschwächt in immer neuen Abschriften. Es ist aber schließlich der auch in seiner milden Fassung noch verständliche Satz stehen geblieben: daß mir persönlich durch die Berufung der beiden berühmten Männer (Liszt und Wagner) das Bild von der hehren, einfachen Größe Beethovens gestört wird, welche sich in schlichter, sittlicher Majestät nach und nach den Erdkreis unterworfen hat, und daß ich deshalb wegbleibe, um den Einklang des Jubels nicht zu stören...«

Auch in Weimar hatte man, wie Kalckreuths Brief berichtet, eine Beethovenfeier in Aussicht genommen, und diese zwar bereits für die letzten Maitage des Jahres 1870. Liszt war hier natürlich die treibende Kraft, und an die Ehrung Beethovens, dessen Missa solemnis aufgeführt werden sollte, schloß sich die Jahresversammlung des »Allgemeinen deutschen Musikvereins«, der, von Liszt gegründet, den Sammelplatz für alle der sogenannten Neudeutschen Schule angehörenden jungen Musiker bildete: An dieser Jahresversammlung wurde bekanntlich stets eine Auswahl von Kompositionen der Mitglieder aufgeführt, und der Genuß des Anhörens war, wie sich denken läßt, oft genug ein sehr zweifelhafter. Daß auch ein Mann wie Kiel zu den Mitgliedern zählte, dessen künstlerische Gesinnung in diametralem Gegensatz zu den Anschauungen Liszts und seiner Anhänger stand, ist verwunderlich genug. Für das diesmalige Weimarer Fest hatte man Ferdinand David aufgefordert, als Konzertmeister die Führung des Orchesters zu übernehmen, und David, dessen künstlerisches Gewissen weniger empfindlich war, als das Joachims, hatte zugesagt. Es erübrigt sich für mich zu versichern, daß ich mit Joachims Verhalten dem Wiener Komitee gegenüber von Grund aus einverstanden war. Trotzdem trug ich, wie man begreifen wird, keinerlei Bedenken, meinerseits die freundliche Einladung Kalckreuths anzunehmen, die mich in Weimar nicht als Mitwirkenden bei dem Musikfest, sondern nur als beinahe zufällig anwesenden Zuhörer auftreten ließ. Ich hatte Liszt niemals gesehen, und so war es mir von großem Wert, endlich einmal einen unmittelbaren Eindruck seiner vielbesprochenen, unter allen Umständen höchst ungewöhnlichen Persönlichkeit erleben zu sollen. Ich sagte also zu und begab mich am Donnerstag, den 26. Mai, um sechs Uhr morgens auf die Reise.

### An die Eltern

»Weimar Freitag d. 27. Mai 1870

Ich will Euch nun rasch erzählen, daß ich hier lebe wie Gott in Frankreich, und wahrscheinlich noch viel besser und gemüthlicher. Erstlich fuhr ich in sehr guter Gesellschaft her; ich hatte nämlich den zweiten Band des Schiller-Goetheschen Briefwechsels eingesteckt, und saß mit diesen beiden Leuten ganz allein im Coupé, war denn auch so erfüllt von alle dem Interessanten, was ich gelesen hatte, daß ich bei meiner Ankunft in Weimar eigentlich nur an Goethe und garnicht mehr an Liszt dachte. Liszt war aber wunderlicher Weise das erste menschliche Wesen, von einigen Dienstmännern und Ähnlichem abgesehen, dem ich auf der Straße begegnete. Schon auf 100 Schritt Weite erkannte ich ihn, noch mehr an seiner großen Nase und dem höchst charakteristischen Schnitt des Gesichts, als an dem freilich auch sehr bezeichnenden Abbékostüm, das ihn zugleich nicht hinderte, an jedem Arm eine Dame hängen zu haben. Daß überhaupt nicht viel Leute in Weimar auf der Straße zu sehen sind, werdet Ihr selbst gefunden haben. Die Stille und fast dörfliche Ruhe der kleinen Residenz hatte ich mir aber doch so in die Augen springend, nicht vorgestellt, und ich mußte immer wieder mit Erstaunen daran denken, daß ein so ungeheurer Mensch wie Goethe in diesen ganz kleinen Verhältnissen sein Leben zugebracht hatte. Der Empfang bei Kalckreuths, die ganz am anderen Ende von Weimar in einem herrlichen alten Garten mit großen Bäumen und blühenden Gebüschen wohnen, war denn der herzlichste, den man haben kann. Ich bin selten mit Leuten gleich so ganz heimisch und ungeniert geworden, wie mit ihnen in den ersten paar Stunden. Mein Zimmer sieht in den alten Garten, und zwischen den Bäumen durch auf eine grüne Anhöhe mit Feld und Gebüsch; an den Wänden hängen alle möglichen Skizzen von Kalkreuth, unter Anderem kleine Alpenlandschaften, wo die Sonne die Spitzen der Berge bescheint, so daß ich mir heute Morgen beim Aufwachen einbilden konnte, die Sonne ginge nun wirklich auf, und beleuchtete die Alpen; auf dem Tisch steht ein großer Fliederstrauß von den verschiedensten Arten zusammengebunden, und die Stille draußen ist so vollkommen, wie wenn man ganz auf dem Lande wohnt. Gleich nach meiner Ankunft wurde gegessen. Schlicht[IV], der mich recht liebenswürdig begrüßte und Herr von Haase, der Bräutigam meiner Schülerin, ein gescheuter und angenehmer Geistlicher, waren außer den Eltern und 3 Töchtern (ebenfalls Riesinnen) mit am Tisch. Dann mußte Kalkreuth in sein Atelier, – nachdem er mit mir eine Karte bei Liszt abgegeben hatte –, und die Gräfin führte mich mit den Töchtern durch ein Stück des großartigen Parks vor der Stadt, zu der Goethe auf Anlaß des Herzogs den Plan entworfen hat. Ich wußte garnicht, daß die weit-

IV Von Schlicht – der Sohn des mit meinen Eltern befreundeten Eckenbrecherschen Schwagers von Schlicht – hatte, nachdem er eine Zeitlang Offizier gewesen, den militärischen Beruf aufgegeben, um Maler zu werden.

läufige Beschreibung der Parkanlagen in den Wahlverwandtschaften einen so realen Hintergrund hat, wie ihn dieser Park offenbar lieferte. Dann ging es an Goethes reizendem Sommerhäuschen vorbei, in dem die Veilchen, die er selbst sich aus Wald und Flur dort zusammengetragen hat, noch immer so wuchern und stark duften sollen, daß die ganze Umgebung davon mitgenießt. ... Während die Damen nach Hause zurückkehrten, schlug ich den Weg zu Goethes Stadtwohnung ein, die gerade gestern ausnahmsweise geöffnet war. Als ich im ersten Stock an einer der kleinen weißgestrichenen Thüren eine Visitenkarte mit dem Namen ›Ottilie von Goethe‹ angeheftet fand, durchfuhr es mich doch ganz seltsam. Da lebte also noch wirklich und wahrhaftig ein Rest aus der großen Vergangenheit. Anwesend freilich war augenblicklich Niemand von der Familie. Die Mutter war mit beiden Söhnen nach Jena gereist. Nachträglich hörte ich leider, daß sie garnicht liebenswürdig sei und ihre Söhne in ganz unglaublicher Weise tyrannisiere. Von den Räumen der Goethe'schen Wohnung waren nur die beiden Empfangszimmer mit Kunstsammlungen sichtbar. Interessanter als diese war mir der alte Garten, der ganz unverändert geblieben ist, und in dem der Buchsbaum so üppig an den Rabatten in die Höhe und Breite gewuchert ist, daß er fast die halben Wege bedeckt. An den Garten stoßen Goethes Arbeits- und Schlafzimmer, die mit Läden verschlossen waren, und nie gezeigt werden. Dort ist er gestorben, und die Gräfin erzählte mir, daß die Familie sie nicht zeige, weil sie sich der großen Einfachheit schäme, mit der sie ausgestattet seien!! – Um 5 begann die große D-dur Messe von Beethoven in der Kirche, nicht unter Liszt's, sondern unter Riedels Leitung, es ging nicht schlecht, aber auch nicht gut, und der kleine Raum drückte auf das gewaltige Werk; das Kyrie klang ganz winzig, während man sonst gewohnt ist, den ganzen Himmel darüber offen zu sehen. Über Liszt's Art zu dirigieren erzähle man mir unter Anderem, daß er einmal in einer Probe gesagt habe: ›Meine Herren, spielen Sie blauer! viel blauer!‹ – Nachher machte ich einen mißglückten Versuch, mich Liszt vorzustellen, fand aber dafür endlich David, begleite ihn nach Haus, und hatte eine sehr hübsche gemütliche halbe Stunde mit ihm. Abends war ich wieder bei Kalkreuths, und außer Schlicht traf ich zwei Maler-Schüler der Kunstakademie, von denen der eine, Herr von Gleichen, ein Enkel Schillers ist, der im Profil, in der langen weitvorgestreckten Nase und der geraden Linie von der Stirn an, sehr an seinen Großvater erinnert. Es war mir wunderbarer, als ich sagen kann, ihn zu betrachten. Er ist ein einfacher, sehr angenehmer, treuherziger Mensch von etwa 36 Jahren, und er sowohl wie der Andere, ein Herr von Schrenk, ließen mich recht empfinden, ein wie großer, ja ungeheurer Unterschied – von glänzendsten Ausnahmen natürlich abgesehen – zwischen Malern und Musikern in Bezug auf Bildung und gesellschaftliche Form besteht. Das Verhältnis zwischen Kalkreuth und den jungen Malern macht einen ganz beneidenswert angenehmen Eindruck.

Heute morgen war eine ziemlich schauderhafte Vorführung zukünftlicher Kammermusikwerke; außer Klavier-Variationen von Kiel machte mir nur das Oktett von Svendsen einen talentvollen Eindruck; im Übrigen war mir zu Muthe, als müßte ich beständig Staub schlukken; es versetzt den Athem, diese Quälerei mit anzuhören. Das Publikum war wenig zahlreich, Großherzogs vorn in der Mitte saßen unmittelbar vor mir, Liszt in einer Stuhlreihe ebenfalls ganz vorn, die rechtwinklig auf die unsere zustieß; leider kann ich die Mienen und Gesten nicht auf das Papier schreiben, mit denen er als ›gesehenwerdender‹ Zuhörer die Musik begleitete. Sobald er ein so oder so abgestuftes Zeichen der Anerkennung, Verwunderung oder Bewunderung durch das Spiel seiner Gesichtszüge blicken ließ, – wofür ich niemals einen objektiven Grund zu entdecken vermochte – so reagierte der Großherzog gehorsam durch irgend eine zustimmende Gebärde. Liszt hat Etwas von einem Krokodil oder Basilisken im Gesicht; er macht verteufelte Augen, – süß oder sauer, beides gleich verteufelt! Trotzdem muß man die Komödie immer ansehen, und interessiert sich für den wunderbaren Menschen. David stellte mich ihm heute vor, und ich hoffe noch auf irgend eine Weise mehr von ihm zu sehen oder gar zu hören zu bekommen.

Einstweilen empfehle ich mich Euch für heute, um mit Kalkreuths einen Spaziergang zu machen. …«

Meinen Tagebuchnotizen entnehme ich über den weiteren Verlauf des Weimarer Aufenthaltes noch das Folgende:

»Freitag Abend im Theater ein Concert mit nachstehendem Programm: Psalm von Schulz-Beuther, Ouvertüre von Damrosch, Es-dur Concert von Liszt von Mary Krebs gespielt, Schumanns Violoncellconcert von Grützmacher vorgetragen, und endlich einige Lieder komponirt und gesungen von Frau Viardot-Garcia. Viel Freude war nicht dabei herausgekommen. Lustiger verlief ein geselliges Zusammensein bei Kalkreuths, bei dem sich unter Anderem nach Schluß des Concerts zwei talentvolle jüngere Musiker einfanden, Georg Henschel und Xaver Scharwenka. Henschel hatte in der Matinée einige Lieder vorgetragen, wobei die Schönheit seiner Baritonstimme in überraschender Weise zu Tage trat. Es reizte mich, mehr von ihm zu hören, und dazu fand sich jetzt die beste Gelegenheit. Ich begleitete ihm Lysiart[40] und Sarastro[41] und hier gab er sich zugleich als vollbürtiger Musiker zu erkennen. Mit Scharwenka spielte ich die vierhändigen Walzer von Brahms, die ihm noch kaum bekannt zu sein schienen. Am Vormittag Orchesterprobe unter Lassens Leitung. Er hat eine ›Beethoven Ouvertüre‹ für das Fest komponirt, die man jetzt zu genießen bekommt. Aus dem leeren Getümmel tauchen allerlei Beethoven'sche Motive auf, die man halb mit Freude, halb mit Wehmuth über die Gesellschaft, in die sie gerathen sind, genießt. Die Sache langweilt mich, und ich entfliehe zu Goethe's Haus und Garten, wo mir wohl wird. Lange allein dort im Garten; Maiblumen blühen in Fülle. Ein Treppchen am Hinterhaus herauf, wo eine alte anscheinend vergessene und verwahrloste Steinsammlung steht. Ich stehle mir ein Steinchen. Nach vorn zurückkehrend treffe ich ein altes Dienstmädchen, das den ›Herrn Geheimrath‹ noch gekannt hat. Sie erzählt, wie sie mit der Fräulein Alma habe spazieren gehen müssen, wo sie dann den alten Herrn oft gesehen habe. Während wir sprechen, bringt der Postbote einen Brief aus Florenz ›An Frau Ottilie von Göthe‹. Endlich findet sich noch eine zweite alte Person Namens ›Lena‹ bei mir ein, die ehemals Dienstmädchen bei der ›Fräulein Seidler‹, der Malerin, gewesen war. Sie berichtet, wie Goethe das Fräulein in der Dresdener Galerie getroffen und sich um ihrer Bescheidenheit willen für sie interessirt habe. Die alte ›Lena‹ kennt auch Herman Grimm und Gisela, die ich von ihr grüßen soll. Herman habe sie immer der ›Nachtwächter‹ genannt, und das sei so gekommen: Fräulein Seidler habe sie oft mit einem Strauß oder sonst etwas Hübschem zu ihm geschickt, dies aber immer zu so früher Morgenstunde, daß Herman noch im Bett gelegen habe. Dafür heiße sie nun bei ihm ›der Nachtwächter‹. Noch einmal mit der Alten in den Garten, die Treppe in der Mitte hinauf, wo man in das Gartenzimmer sieht.

Zu Kalkreuths zurück. Mit der Gräfin in das Atelier ihres Mannes. Er malt jetzt für eine silberne Hochzeit an einer Landschaft ›Weg nach Mürren bei Sonnenuntergang‹. ... Nach Tisch mit der Gräfin und anderen Damen durch den Wald auf verbotenen Fasanenwegen nach Tiefurth. Um 7 Uhr Concert im Theater Programm nur Beethoven. F dur Quartett op. 135 (Hellmesberger, David u.s.w.) ›Liederkreis an die ferne Geliebte‹ von Wallenreiter unleidlich vorgetragen, die c-moll Variationen von Saint Saëns schwunglos gespielt. Tausig sitzt neben mir, ich stelle mich ihm vor, worauf er geradezu ungezogen erwiedert. Ich will David in der Künstlerloge aufsuchen, begegne Liszt, der meinen Besuch morgen früh um 8 Uhr erwartet. – Zum Schluß Cis-moll Quartett. ...

SONNTAG D. 29TEN Morgens gegen 8 Uhr zu David, der mit mir zu Liszt gehen wollte, und es mir zur Pflicht gemacht hatte, irgend eine Klavierkomposition von mir mitzunehmen, um sie ihm zu überreichen. Nun war er bereits vorausgegangen. In Liszt's Garten eine Militärkapelle versammelt, die ihm Allerlei aus seinen Compositionen vorspielt. Er selbst oben in seiner Wohnung. Schon im Vorzimmer begegne ich ihm. Ohne Weiteres nimmt er mir gleich meine Brahms gewidmete Fantasie ab, die ich unter dem Arm trage. Viele Leute anwesend; außer David nur noch Heckmann mir bekannt. David hatte mir im Voraus gesagt, Liszt werde mich auffordern, ihm mein Stück vorzuspielen, darauf solle ich dann bescheiden ablehnenden mit der Bitte erwiedern, er selbst möge die Güte haben, mir die Musik vorzuspielen.

Ich verhielt mich nach Vorschrift, und Liszt setzte sich, nachdem ich auch abgelehnt hatte, die Anfangstakte zu spielen ›um ihn in Zug zu bringen‹ an das Klavier. Die Unfehlbarkeit und Bravour, mit der er das Figurenwerk im Scherzo las uns spielte, war fabelhaft. Alles Melodische aber ließ er fallen. Das Anfangsstück mit seiner ausdrucksvollen Stelle zog flau und blasirt vorüber. Mir war Katzenjämmerlich zu Muth dabei. Der junge Scharwenka erscheint, um sich bei Liszt als Schüler anzumelden, wird mit außerordentlicher Liebenswürdigkeit empfangen. Es ist an der Zeit aufzubrechen. Mit David in den Park und zu Goethes Sommerhäuschen. Der Garten ist offen; entzückend stiller poetischer Eindruck. Dann zu Kalkreuths; ich spiele der Gräfin das erste Stück meiner Fantasie vor, um mich wieder etwas auf den Damm zu bringen. Sie erzählt mir, wie unverstanden sich ihr Mann in Weimar fühle. Endlich zur matinée bei Frau Merian-Genast, wo in unglaublichem Gedränge alles mögliche Berühmte und Unberühmte sich zusammenfindet, das zur Fahne Liszt' schwört. Eine ältere Frauengestalt in salopper Toilette fällt mir durch einen Zug von Verlebtheit in Gesicht und Haltung auf, wie mir Ähnliches noch nicht vorgekommen. Ich frage Jemanden, wer das sei. ›Es ist die comtesse d'Agoult‹. Kann ich das wirklich glauben? – Chopins Etüden op. 25 ›dediées à la comtesse d'Agoult‹ steigen vor mir auf, wie ich sie als Junge mit nicht enden wollendem Entzücken bei Bargiel spielte. Welch ein überirdisches Wesen mußte diese junge Gräfin sein, der Chopin die As dur Etüde und die f moll und in F dur und Des dur u.s.w. gewidmet hatte! – Jetzt taucht auch Herr Otto Lessmann aus Berlin auf, eifrigster Vorkämpfer für Liszt und Wagner in der Presse, und es giebt ein Händedrücken von und nach allen Seiten, eine Cordialität, eine überschwängliche Ungezwungenheit, daß mir etwas schwül zu Muthe wird. Aber auch Frau von Milde ist anwesend, an deren schönem Gesang ich mich oft erfreut habe. Ich stelle mich ihr vor, und spreche auch mit Frau Viardot. Hier ist Liebenswürdigkeit und ächte Genialität. Liszt erscheint und spielt mit Hellmesberger eine Geigensonate von Raff. Ich wende ihm dabei die Noten um, und beobachte sein Spiel, das in seiner Herrschergewalt etwas unsagbar Imponirendes hat. Daneben freilich macht er fortwährend Mätzchen, setzt Triller und sonstige Fiorituren hinzu, spielt statt:

etwa

[sic!]

und wirft mir dabei mephistophelisch lächelnde Seitenblicke zu.

Mit Saint Saëns spielt er auf zwei Flügeln ein Arrangement seiner eigenen Symphonischen Dichtung ›Festklänge‹. Über dem Allen ist die Zeit herangekommen, bei meinen sehr liebenswürdigen Wirthen das Mittagessen einzunehmen, und dann unverzüglich heimzureisen. Zum Abschied schenkt mir Kalkreuth sein Bild. Abends gegen 9 Uhr bin ich wieder in Berlin.‹

Als ich später einmal Joachim von meinen Erlebnissen in Weimar erzählte und unter anderem erwähnte, daß Liszt alles Ausdrucksvolle, Innige in meiner Fantasie durchaus farblos gespielt habe, sagte er: »Das war Absicht«. Ich selbst hatte eher eine innerste Blasiertheit in Liszts Wesen als Grund für seine Art, meine Musik abzufertigen, angenommen. Joachim aber war im Recht mit seiner Behauptung. Wenn man bedenkt, wie tief der ehemalige Freund und Gönner Joachims sich gekränkt darüber fühlen mußte, daß dieser nicht einen seiner zahlreichen in der Öffentlichkeit bekannten Schüler als Lehrer, sondern den als Pianisten obskuren, dem konservativen Lager angehörenden Ernst Rudorff als Lehrer an die Berliner Hochschule berufen hatte, so liegt der Verdacht allzu nahe, daß ein Übelwollen hier im Spiel gewesen war. Immerhin: Liszt hatte mich mit weltmännischer Höflichkeit empfangen und so lange ich in seiner Nähe war im übrigen freundlich behandelt. Das war immer ein Etwas, und ich will es ihm nicht allzu sehr verargen, wenn er die Temperatur seiner Liebenswürdigkeit um viele Grade mit dem Augenblick in die Höhe schnellen ließ, als der etwa um zehn Jahre jüngere Xaver Scharwenka statt meiner vor ihn hintrat, der sein Schüler werden wollte.

Sieben Jahre waren vergangen, als sich mir noch einmal Gelegenheit bot, Liszt zu sehen, zu hören und mit ihm ein paar Worte zu wechseln. Ich hatte die Pfingstfeiertage 1877 zu einem Ausflug nach Lauenstein benutzt, erfuhr hier irgendwie, daß in Hannover Tonkünstlerfest unter Liszts Mitwirkung gefeiert werde und beschloß, meinen Rückweg so zu nehmen, daß ich bei der besonders bedeutsamen Aufführung, die unter Liszts persönlicher Beteiligung am 22. Mai im königlichen Theater stattfand, zugegen sein konnte. Das Programm enthielt außer einem Psalm von Rebling und zwei Nummern mit Liedern verschiedener komponierender Vereinsmitglieder nur Sachen, bei denen Liszt, sei es als Spieler oder als Komponist oder in beiden Eigenschaften zugleich, beteiligt war. Bronsart, entgegenkommend wie immer, stellte mir und meinem Schüler Johannes Schulze, der von seiner Heimat Celle herübergekommen war, zwei Plätze in seiner Intendantenloge zur Verfügung. Hier saß Liszt, wenn er nicht selbst aktiv war, vor uns in der ersten Reihe, und neben ihm rechts und links je eine Dame, die er mit Liebenswürdigkeiten jeder Art überschüttete. Wieder kam er mir freundlich entgegen und wieder stand ich ganz und gar unter dem Bann seiner genialischen Persönlichkeit. Nachdem der Rebbingsche Psalm und die erste Liederreihe überstanden waren, stieg er zur Bühne hinauf und spielte mit Frau von Bronsart auf zwei Flügeln die Saint Saënsschen

Variationen über ein Beethovensches Thema. Weitere Lieder folgten, und nachdem auch seine Legenden von der heiligen Cäcilie für Chor und Harfe verklungen waren, kam das Hauptstück an die Reihe: sein Concerto pathétique für zwei Klaviere, abermals von ihm und Frau von Bronsart vorgetragen. Ich hatte mich auch meinerseits auf die Bühne geschlichen und zwischen den Seitendekorationsstücken einen Platz gefunden, wo ich stehend, selbst ungesehen, Liszt sehen, sein Spiel, die Bewegungen seiner Hände und Finger beobachten konnte. In der Tat, es war etwas geradezu Rätselhaftes, Unglaubliches in der Art, wie er mit dem Klavier umging. Erstaunliche technische Leistungen gab es ja auch anderswo. Rubinsteins Kraftproben waren gewiß verblüffend, die Modulationsfähigkeit seines Tons bewunderungswürdig. Aber das blieb doch immer nur eine äußerste Steigerung natürlichen Vermögens. Hier schien etwas Magisches, schlechthin Unbegreifliches zu walten. Jemand machte darauf aufmerksam, wie Liszt Legato-Oktaven spielte. Es war, als ob die Töne sich aneinanderschmiegten, ohne daß ein Finger die Tasten herabdrückte. Und ähnlich war es mit allem, was er anfing. Liszt hatte mich in eine Art von Rausch versetzt. Ich war unersättlich und bestürmte ihn, als sein Duo zu Ende war, er möge noch mehr, noch irgend etwas allein spielen. Doch er war nicht zu bewegen. – Was aber hatte mich denn eigentlich so toll gemacht? Die Musik war es jedenfalls nicht gewesen. Weder die leeren Phrasen des Concerto patétique noch die Grimassen, mit denen sie in Szene gesetzt wurden, hatten mir im mindesten das Herz bewegt; der Eindruck aber einer elementaren Begabung ohnegleichen, einer unbegrenzten Beherrschung des Stoffs als solchem, hatten mich für den Augenblick ganz und gar bezwungen.

Es war das letzte Mal gewesen, daß mir eine persönliche Begegnung mit Liszt vergönnt war. Nur zu einer Berührung aus der Ferne zwischen ihm und mir kam es noch einmal, und zwar war Joachim hier die Mittelsperson. Jahrzehnte waren dahingegangen, seitdem, wie bekannt, die Unvereinbarkeit der Gegensätze in Liszts und Joachims Naturen zum Bruch zwischen beiden geführt hatte. Endlich war eine Aussöhnung angebahnt worden und Joachim, gelegentlich einer vorübergehenden Anwesenheit in Wien, entschloß sich, den einstmals leidenschaftlich verehrten Freund den er für den Augenblick in Pest anwesend wußte, dort aufzusuchen. Seitens der Verlagshandlung von in Pest war einige Monate vorher ein Rundschreiben an alle möglichen Komponisten, insbesondere natürlich an Liszt und seine bedeutenden Schüler, erlassen worden, mit der Aufforderung, Konzertetüden für Klavier einzusenden, die dann im Rahmen einer Sammlung veröffentlicht werden sollten. Auch an mich war eine Einladung zur Beteiligung ergangen, und ich hatte eine Etüde in h-moll[42] an die Pester Firma geschickt. Als Joachim bei Liszt eintrat, lag der vor kurzem erschienene Sammelband[43] auf dem Flügel. Die Begegnung verlief unter herzlicher und lebhafter Unterhaltung. Infolge irgendeiner Wendung des Gesprächs griff Liszt nach dem Rozsavölgyischen Notenband, schlug meine Etüde auf und spielte Joachim das diesem noch unbekannte Stück so vor, wie er eben spielen konnte, wenn er wollte. – Es war das letzte Mal gewesen, daß die beiden einander begegneten. Nicht lange darauf starb Liszt.

Joachim hatte mir gegenüber einmal die Äußerung getan: »Auch in der Zeit meiner höchsten Schwärmerei für Liszt habe ich ihn niemals so spielen hören, daß nicht im geheimsten Winkel meines Inneren die Stimme des Gewissens Einspruch dagegen erhoben hätte.« Als ich Joachim später einmal daran erinnerte, behauptete er: »Das kann ich nicht gesagt haben, denn ich weiß z. B., daß Liszt einmal mit Cossmann und mir zusammen das B-Dur-Trio von Beethoven so herrlich gespielt hat, wie ich es nur jemals in meinem Leben gehört habe. Freilich, da musizierten wir drei ganz allein miteinander. Sobald nur irgendeine Dame auftauchte, war es natürlich aus mit dem künstlerischen Ernst, und die Schauspielerei begann«. Trotz dieser seiner Einwände blieb für mich die Tatsache bestehen, daß er jene Äußerung getan hatte, und wenn die Ausnahme mit dem B-Dur-Trio wirklich stattgefunden hat, woran ich nicht zweifeln darf, so würde sie ja nur die Regel bestätigen. Gewiß ist es verständlich, daß Liszt mit seinem schlechthin unvergleichlichen Klaviergenie, seinem blitzartig unmittelbaren Erfassen jeder Musik den um viele Jahre jüngeren Joachim einstmals ganz und gar sich hatte zu eigen machen können. Aber so nahe sich hier die Talente berührten, so grundverschieden waren die Charaktere. Es war eine kurze Täuschung, daß beide glaubten, einander von Grund aus anzugehören; die Wege, die sie ihrem innersten Wesen nach einschlagen mußten, führten sie diametral auseinander. Liszt, von früh auf das Urbild eines Virtuosen im weitesten und verwegensten Sinn des Wortes, suchte und fand bei allem, was er leistete, lediglich die Triumphe seines Ichs. Kein künstlerisches Bedenken hielt ihn in seiner Jugend ab, die Musik des Don Juan zu zerpflücken, um aus den Brocken ein frivoles Effektklavierstück zusammenzubrauen[44], und wiederum Meyerbeer war ihm für solche Zwecke ebenso recht wie Mozart oder Mendelssohns »Sommernachtstraum«[45]. In Berlin spielt er in einem seiner Konzerte Beethovens cis-Moll-Sonate mit so unerhörten Tempoverzerrungen, daß die Masse zwar unbändig klatschte, alle musikalischen Leute aber empört waren. Ein paar Tage darauf trug er dieselbe Sonate einem kleinen Kreise von Musikern vor, und dieses Mal zwar in ganz angemessenem Zeitmaß. Als die Zuhörer ihre Verwunderung darüber laut werden ließen, erwiderte er ohne Scheu, dem Publikum gegenüber müsse man andere Saiten aufziehen als vor Kunstgenossen, um Eindruck zu erzielen. Seinen Schülern prägte er dann in späterer Zeit die Lehre ein, erstes Gebot beim Öffentlichspielen sei, keinen Augenblick vorübergehen lassen, ohne irgendwie das Publikum auf sich aufmerksam zu machen. Mit anderen Worten also: zu verblüffen um jeden Preis ist die vornehmste Aufgabe des Künstlers, oder auch: der Triumph der Person ist der alleinige Zweck aller Reproduktion. Nun aber vergegenwärtige man sich dem gegenüber Joachim mit all seinem Fühlen, Tun, Streben und Wirken lebenslang, das nur darauf gerichtet war, mit der eigenen Kraft dem Echten, Bleibenden, wahrhaft Schönen in der Kunst unermüdlich zu dienen, seiner Überzeugung treu zu bleiben, auch im Kampf mit mächtigsten und gewissenlosesten Elementen, und man wird begreifen, daß dieser Joachim, der lebenslang mit seiner Person hinter der Sache zurücktrat, die ihm heilig war, unmöglich im Bunde mit Liszt bleiben konnte.

Schleiermacher hat bei irgend einer Gelegenheit den Ausspruch getan: »Große Gaben des Geistes ohne sittliche Gesinnung sind ohne Wert«. Es liegt mir gewiß fern, die gewinnenden ethischen Züge in Liszts Persönlichkeit, seine Ritterlichkeit, seine unbegrenzte Hilfsbereitschaft jeder Bedürftigkeit gegenüber irgendwie herabsetzen oder verkennen zu wollen; aber darum bleibt es doch leider wahr, daß jenes strenge Wort auf die Künstlerschaft des vielgefeierten Mannes Anwendung findet. Der jugendliche Liszt hat auf seinem Triumphzug durch die Welt die Leute in einen Rausch taumelhaften Entzückens versetzt wie kaum je ein anderer Sterblicher. Aber bei dem Rausch des Augenblicks hatte es auch sein Bewenden. Erhoben, ergriffen, getröstet, mit Frieden erfüllt, wie es die echte Kunst unserer Meister in unverfälschter Wiedergabe tut, hat er die Menschen nicht. Und wie der Meister so seine Gefolgschaft. Liszt hat eine Schule der Willkür, der Affektation, der effektvollen Pose hinterlassen, der es leider gelungen ist, Boden im Überfluß zu gewinnen. Das Rüstzeug, dessen man sich hier bedient, um aufzufallen und geistreich zu erscheinen, besteht in unmotivierten Temporückungen, in Übertreibungen der Stärkegrade nach oben und unten hin, Übertreibungen der Kontraste sowohl in dynamischer wie in rhythmischer Beziehung, ungebührlicher Anwendung der Verschiebung und ähnlichen Dingen.

Daß Liszts Vorbild und Unterweisung auf dem Gebiet der rein technischen Seite des Klavierspiels außerordentlich fördernd sein mußte, versteht sich von selbst. Um die Bildung des Anschlags scheint er sich weniger bemüht zu haben.

Liszt hat eine außerordentliche Menge von Kompositionen niedergeschrieben. Daß es ihm – ganz abgesehen von den Bedenklichkeiten seiner Harmonik und seines Aufbauens – an eigentlicher musikalischer Erfindung so gut wie ganz gefehlt hat, wird wohl heute nur von einer kleinen Minderheit bestritten werden. Wirklich erfinderisch dagegen war er auf dem Gebiet der klavieristischen Wirkungen. Ganz ungetrübte Freude kann man an diesen Zeugnissen seines Genies in allen den Fällen haben, wo er ein fremdes, für andere Mittel erfundenes Stück ohne irgendwelche eigene Zutaten zu einem Klavierstück umschafft. Meisterwerke dieser Art sind namentlich seine Übertragungen Paganinischer Capricen für das Klavier.[46] Auch eine Reihe Schubertscher Lieder gehören hierher. Es ist unverkennbar, daß Brahms in seinen Klavierkompositionen rücksichtlich des Klaviersatzes mit großem Erfolg bei Liszt in die Lehre gegangen ist.

Doch ich kehre von dieser zeitlich weit hinausführenden Abschweifung zum Mai 1870 zurück. Meine Existenz auf Gräflich Vossischem Grund und Boden war jetzt, wo der Frühling alle seine Reize über die Welt einschließlich des Berliner Tiergartens und der Wilhelmstraße ausgeschüttet hatte, in der Tat beneidenswert. Wenn ich mein Zimmer verließ und durch die kleine Pforte in den Garten trat, unter das dunkelgrüne Dach der mächtigen Bäume, so konnte ich mir einbilden, irgendwo in schöner Gegend als Rittergutsbesitzer meinen eigenen Park zu betreten. Die betagten gräflichen Herrschaften ließen sich nur auf der Terrasse zuweilen blicken, die im unmittelbaren Anschluß an die Rückseite des Palais in der ganzen stattlichen Breite des Gebäudes sich ausdehnte. Einige Stufen führten hier in einen Ziergarten mit regelmäßig abgezirkelten Blumenbeeten, der dann wieder bald einen gradlinigen Abschluß fand. Dies alles aber – Palais samt Ziergarten – nahm von der mächtigen Tiefe des ganzen Grundstücks einen so geringen Bruchteil ein, daß meine eigene Behausung bereits weiter von der Wilhelmstraße entfernt lag und tiefer in den Park hineinreichte als jene ganze hochherrschaftliche Partie. Soweit ich mich irgend erinnern kann, habe ich kaum zwei oder drei Mal erlebt, daß über die Ziergartengrenze hinaus irgend jemand, etwa einer der Neffen des Grafen, den Park vorübergehend betreten hätte. Alles übrige Terrain gehörte also sozusagen mir allein.

Rasenplätze oder vielmehr Wiesen, weit ausgedehnte Baumpartien und blühende Gebüsche gaben im Wechsel ein malerisches Bild nach dem anderen. Von Häusern war nichts zu spüren; bis zum Tiergarten, zum Brandenburger Tor und den Linden hin gab es nur Gärten, Bäume und wiederum Bäume. Freunde und Bekannte, die mich besuchten, staunten über so viel Schönheit inmitten der Straßen Berlins, und niemand würde die Poesie des ganzen feiner und inniger empfunden haben als mein Vater. Allein sein Befinden erlaubte ihm kaum ein oder zwei Mal, den Weg bis zu meiner Behausung zu machen. Schon bald nach Weihnachten hatten sich in kurzen und immer kürzeren Zwischenräumen Zustände eingestellt, die ihn an das Haus und zeitweise an das Bett fesselten und deren Ursache bald in der Leber oder Galle, bald in falscher Diät und Überarbeitung gesucht wurde. Im Lauf des Februar hatte sich schließlich so starke Erschöpfung eingestellt, daß er sich zu seinem Kummer entschließen mußte, seine Vorlesungen an der Universität abzubrechen und für das Sommersemester Urlaub zu nehmen. Wenn volle Sommerwärme eingetreten war, sollte er mit meiner Mutter nach Lauenstein übersiedeln und dort in der kräftigen Waldluft neue Stärkung suchen. In diese Lage der Dinge fiel ein Familienereignis, an dem wir alle drei den herzlichsten Anteil nahmen Mein ältester Vetter Adolf Rudorff hatte eine Amtsrichterstelle in Sulingen, einem hübsch gelegenen hannoverschen Heideort erhalten, und war nun endlich nach acht Jahren des Wartens imstande, seine ungemein anmutige und liebenswerte Braut Anna Hausmann, die älteste Tochter aus der Lauensteiner »Papiermühle«, heimzuführen. Die Verlobung des jungen Paares war freilich abenteuerlich genug gewesen. Meine beiden Vettern besuchten seinerzeit das Gymnasium Andreanum in Hildesheim und waren dort in eine Pension gegeben, der man nicht nachrühmen konnte, daß ihre Inhaber besonders sorgsam auf das Treiben der ihnen anvertrauten Zöglinge geachtet hätten. Nur die Ferien brachten sie in der Lauensteiner Knabenburg zu, wo ihnen nach dem 1857 erfolgten Tode des Vaters von ihrer Stiefmutter Marie Rudorff die Heimat gewährt wurde. Adolf war von Natur ein kräftiger, unbändiger Bursche. Er schloß sich als Primaner einer Schülerverbindung an, die das Biertrinken reichlich betrieb, und so geschah es, daß er eines Abends, stark berauscht von einem Zechgelage heimkehrend, in eine Schlägerei verwickelt wurde, bei der er einen ehrsamen Bürger gehörig durchprügelte. Dieser machte von dem Geschehenen bei dem Direktor des Gymnasiums Anzeige und die Folge war, daß dem Übeltäter der weitere Besuch des Gymnasiums untersagt wurde. Doch wurde ihm gestattet, sich privatim für das Abiturentenexamen vorzubereiten und die Prüfung vor einer besonderen Kommission ab zulegen. Beschämt begab sich der Delinquent zur Mutter nach Lauenstein, voll der besten Vorsätze, nunmehr das seinige zu tun, um wenigstens der Gefahr eines Durchfallens vor seinen zukünftigen Richtern vorzubeugen. In der Tat gab er sich zeitweilig redliche Mühe, seinen Kopf mit allen erforderlichen Kenntnissen zu füllen, aber unablässig konnte doch nicht von früh bis spät gearbeitet werden. In Lauenstein gab es die schönste Gelegenheit für ihn, freie Stunden in angenehmem Verkehr hinzubringen. Zwischen den Rudorffs auf der Knabenburg und den Hausmanns in der Papiermühle war ja das Kommen und Gehen hin und wieder von alters her an der Tagesordnung gewesen, und dieser gute Brauch grünte und blühte in der jüngsten Generation ebenso lebendig, wie das bei Eltern und Voreltern der Fall gewesen war. Ja, Adolf, der gerade um ein Jahr älter war als Anna Hausmann, hatte schon als kleiner Knirps keinen besseren Freund gehabt als das Annchen von der Papiermühle. Der Vater Karl Hausmann lebte nicht mehr, aber seine Witwe, die prächtige Tante Emma, stand dem Hause, zu dem auch noch drei jüngere Kinder gehörten, in musterhafter Tüchtigkeit vor. Unermüdlich tätig in der Wirtschaft im Garten wie im Geschäft, war sie doch auch eine gesellige Natur, übte Gastfreundschaft, soweit es ihre bescheidenen Mittel gestatteten und machte jedem, der bei ihr eintrat, das Herz warm durch die tiefe Güte, die ihr aus den Augen strahlte. Kein Wunder, daß Adolf jetzt zur Winterszeit, wo es in Lauenstein ohnehin überall still genug herging, vollends aber in der Knabenburg wenig Abwechslung zu finden war, seine Schritte Tag für Tag wenigstens einmal nach der Papiermühle lenkte. Vorzugsweise geschah dies gegen Abend nach getaner Arbeit, und das innige Einvernehmen zwischen ihm und dem Annchen trieb dabei immer neue Blüten. Da ereignete sich eines Tages etwas Außerordentliches. Die Dämmerung war schon eingetreten, es sollte in der Mühle Feierabend gemacht werden, als plötzlich jemand rief: »Es brennt in der Scheune!« Nun lief alles zusammen, um beim Löschen und Retten zu helfen, Adolf war anwesend und griff kühner und gewandter ein als alle Übrigen. Er kletterte bis in die gefährlichsten Höhen, um dem wütenden Element auch hier den Garaus zu machen, und als er endlich rußbedeckt, mit glühendem Angesicht, nach vollendetem Werk wieder auf der Diele des Hauses stand, da wußte jeder, daß ihm vor allem die Rettung zu verdanken war. Kann man sich wundern, daß in solchem Augenblick ein Funke anderer Art, der bisher nur im Verborgenen glimmte, plötzlich als Flamme hervorbrach? Anna lief dem jungen Helden mit jubelnder Begeisterung entgegen. Der Jüngling fing sie in seinen Armen auf und ihre Lippen stammelten den Schwur, einander für alle Ewigkeit angehören zu wollen! – Ein von der Schule ausgewiesener Primaner mußte nun freilich als wenig wünschenswerter Schwiegersohn erscheinen. Die Mutter Emma aber war eine tapfere Frau. Als die beiden ihr gestanden, was geschehen war, fiel sie weder in Ohnmacht noch gab es Scheltworte und Strafpredigten. Wohl empfand sie den Ernst der Lage; allein, der Rudorffsche Sprößling war ihr von klein auf wie ein eigener Sohn gewesen, sie liebte ihn von Herzen und vertraute seinem ehrlichen Wollen. Natürlich mußte das Verlöbnis noch auf lange hinaus vor der Welt geheimgehalten werden und das Verkehren von beiden miteinander große Beschränkung erfahren. Im Übrigen aber ließ sie die Dinge sich entwickeln wie Gott es fügte und behielt guten Mut. Nun stand vorerst das Schulexamen bevor. Es wurde trotz aller die Vorbereitung störenden Zwischenfälle glücklich bestanden. Im April siedelte Adolf auf Veranlassung meines Vaters nach Berlin über, um dort an der Universität seine juristischen Studien zu beginnen. Natürlich lebte er als Haussohn während seines ganzen Aufenthalts bei meinen Eltern. Als er in Berlin Ostern 1862 eintraf, stand ich gerade im Begriff, nach Bonn abzureisen, um dort zum ersten Mal einen Sommer zuzubringen. Es steht mir noch lebhaft vor Augen, wie er mich bei meiner Abreise auf die Bahn brache und mir beim Scheiden sein großes Geheimnis anvertraute. Bald machte er auch meine Mutter zur Mitwisserin, und endlich entschloß er sich mit nicht geringer Angst, dem Onkel das Geschehene zu beichten. Freilich sah dieser die Gesamtlage etwas nüchterner an als sein Sohn, aber er war doch eine zu milde und idealistisch gerichtete Natur, um nicht auch hier zu verstehen, zu entschuldigen und zu hoffen. Die gegebenen Verhältnisse sorgten schon ohne weiteres dafür, daß die Verlobten lange Strecken des Jahres räumlich voneinander getrennt waren. Der junge Jurist brachte drei Vierteile des Jahres auf Universitäten zu und später noch längere Zeit als Referendar und Assessor bei irgendwelchem Amtsgericht, also jedenfalls fern von Lauenstein. Außerdem sollte auch Anna nicht immer wartend in Lauenstein sitzen. Auf Anregung meiner Eltern wurde sie von Hoffmeisters veranlaßt, in den Jahren 1864 und 1865 längere Zeitstrecken bei ihnen zu Gast und zur Hilfe im Haus zu sein, wo sich ihr nicht nur neue Freuden und Lebensansichten auftaten, sondern auch das herzlichste Freundschaftsverhältnis zwischen allen Beteiligten je länger je tiefer Wurzel faßte. So vergingen die Jahre, bis endlich die ersehnte Stunde schlug, die alle Treue der Harrenden belohnte und ihnen gestatte, ein eigenes Haus zu gründen. Die Hochzeit sollte um Mitte Juni in Lauenstein stattfinden. Natürlich wünschte mein Vetter vor allem die Gegenwart seines Onkels, der nach dem Tode des eigenen Vaters durchaus väterlich an ihm gehandelt hatte. Allein, an Festlichkeiten teilzunehmen, daran war für meinen Vater unter den obwaltenden Verhältnissen trotz leise beginnender Besserung seines Zustandes nicht zu denken. Meine Eltern überließen es also mir, sie in Lauenstein zu vertreten, und verschoben ihre Abreise dorthin bis auf die Zeit, wo wieder Stille im Lande eingekehrt war. Dagegen entschloß sich August Hoffmeister – so ungern er sich auch von Wienrode entfernte – der lieben ehemaligen Haustochter die Freude seiner Gegenwart an ihrem Ehrentage zu schenken, und da gerade das Pfingstfest mit Ferientagen an der Hochschule vor der Tür stand, so nahm ich Carl Heymann mit auf die Reise und machte vorerst mit ihm wieder einmal einen Besuch bei Hoffmeisters.

An die Eltern

»Wienrode Pfingstmontag d. 5ten Juni 1870

Man wird zwar in Wienrode so faul, daß man auch kaum dazu kommt, Briefe zu schreiben, doch will ich melden, daß wir da sind, und daß es uns sehr gut geht. Es war vernünftig daß wir Freitag Abend reisten, denn der einzige warme schöne Tag war der Sonnabend, den wir ohne dies so ziemlich verloren haben würden... In Halberstadt war genügende Zeit in die Stadt zu gehen und den Dom zu besuchen. Auch im Innern waren wir. Einige andere Fremde wollten auch hinein, so wurde also bei dem Küster Lärm geschlagen, und wir schlossen uns den Übrigen an. Gegen 9 Uhr landeten wir in Thale, gaben die Sachen bei Reineckes ab, und gingen zu Fuß durch das Thal die Schurre hinauf zur Roßtrappe. Wunderbarer Weise gab es noch nicht viel Menschen, und so hatte man eine verhältnismäßig ungetrübte Freude an den herrlichen frühlingsgrünen Hängen und schroffen Felswänden, auf denen das Licht der Morgensonne lag. Nach kurzem Frühstück auf der Roßtrappe machten wir uns wieder auf den Weg, und kamen durch den Wald in einer Stunde noch gerade zum Mittagessen in Wienrode an. Ich finde Tante Marie dieses Mal ganz besonders wohl aussehend, im Gesicht stärker geworden und rosiger als seit Jahren. Gestern und vorgestern haben wir sie zu kleinen Ausfahrten im Rollwagen mit unserer Beihülfe veranlaßt; eine beabsichtigte größere Tour in der Kutsche mußte wegen des kalten unsicheren Wetters unterbleiben. Die Ungarischen Tänze haben auch vor diesen kritischen Ohren Glück gemacht; ich war nur damit nicht zufrieden, daß wir sie zum ersten Male spielen mußten, als gerade Frau von V. Besuch machte, eine wenig anziehende Zuhörerin. Wahrscheinlich werden wir schon morgen Dienstag Mittag von hier aufbrechen, bis Kreiensen fahren und dort übernachten, um Mittwoch nicht erst zu später Stunde in Lauenstein anzukommen. Eine neue Nachtfahrt scheuen wir, weil wir für den Polterabend hinterher zu müde sein würden. Onkel August ist soeben wegen einer Amtshandlung nach Altenbrak gefahren, wir denken nach Blankenburg zu wandern und diesen Brief mitzunehmen. …

Von meiner Mutter

Berlin d. 7ten Juni 1870

… Hier geht es, Gott sei Dank mit jedem Tage besser, und Vaters Kräfte nehmen zusehends zu. Morgens trank er seine Milch schon im Garten und blieb dann in der Sonne sitzen bis 12 Uhr, was ihm sehr wohl that. Dann kamen noch einmal beide Ärzte, waren sehr zufrieden, und Brüger rieth, Vater möge so lange er irgend möchte, womöglich den ganzen Sommer hindurch bei seiner jetzigen Diät bleiben. Er verbot aber jegliches Mitnehmen von juristischen Arbeiten, und so mußte sich Vater denn entschließen, ein paar Bücher, die er schon zum Einpacken zurecht gelegt hatte, wieder an ihren Platz zu stellen. …«

An die Eltern

»Lauenstein d. 10ten Juni 1870

Es ist wirklich schade, daß ich Euch die beiden vergangenen Tage beschreiben muß, statt daß Ihr sie hier selbst miterlebt hättet; da das Unheil aber nicht mehr zu redressieren ist, so will ich Euch wenigstens nicht lange warten lassen, und die ersten ruhigen Stunden hier benutzen, um über den Hergang der Dinge in Kurzem zu berichten. – Onkel August hatte Dienstag Morgen Wienrode verlassen, um über Lehndorf zu reisen; wir beiden folgten Nachmittag, freuten uns sehr an der neuen Eisenbahn von Halberstadt nach Vienenburg, die ununterbrochen die herrlichste Aussicht auf das Brockengebirge gewährt, und kamen um ½ 11 in Kreiensen an. Im Gasthause war großes Tanzvergnügen für den dritten Pfingstfeiertag, und kein Platz zum Schlafen, wie man zuerst behauptete. Doch ergab sich schließlich, daß ein bestelltes Zimmer unbesetzt blieb, und so konnten wir von 12 – 4 unsere Glieder recht erwünschter Maßen ausstrecken. Die Wirthin war eine prächtige gute Frau, hatte für vortreffliches Abendbrot gesorgt, machte uns am Morgen Kaffee und forderte für das Alles nicht mehr als 1 Th. 12 Gr. In

Elze fanden wir einen höchst sommerlich angethanen Omnibus im Stÿl eines Charlottenburger Kremsers, und fuhren bei herrlichstem Wetter mit einer gehörigen Anzahl Passagieren nach Lauenstein herauf. Ich war verwundert, daß nicht schon in Elze einige Hochzeitsgäste wimmelten, hatte aber nicht bemerkt, daß bei Temme zwei Herren auf den Bock gestiegen waren, die zu dieser Gattung gehörten. In Hemmendorf plötzlich ergab sich, daß wir schon über eine Stunde mit Hermann Eckels und dem netten Vetter Bunnemann zusammen fuhren. Schon um 9 waren wir in Lauenstein; unsere Knabenburg duftete von frischen Eichenkränzen, mit denen Vorplatz, Thüren u.s.w. reichlich geschmückt waren. Natürlich standen die Dinge im Übrigen ziemlich auf dem Kopf, und der Eindruck der gewöhnlichen Behaglichkeit war gründlich gewichen; aber man mußte Tantes Geschick sehr bewundern, die die Räume für den vorliegenden Zweck wirklich sehr gut hergerichtet hatte. Im Saal war Theater aufgeschlagen, und die Jugend hielt von 11 Uhr an ihre Proben, denen wir, um des Abend die volle Überraschung zu haben, nicht beiwohnen durften. Adolph und Anna – letztere im Morgenhäubchen – konnten wir gleich nach der Ankunft begrüßen; sie suchte sich allerlei Blüthen und Zweige, die in unserem Garten jetzt in einer Reichlichkeit vorhanden sind, wie sie eben nur der Juni giebt. Unser Rotdorn prangt in vollster Blüthe, und ist mit dem Goldregen dahinter entzückend anzusehen. Überhaupt strahlte Lauenstein – besonders am Mittwoch – in einer Schönheit, die wirklich Jeden ganz gefangen nehmen mußte. Carl war denn auch so entzückt von dem Eindruck, wie ich es garnicht erwartet hatte, und auch Onkel August, der am Nachmittag mit Tante Lotte Eckels eintraf erging sich auf dem Krähenberg in lebhaften Lobpreisungen des schönen Thals; er behauptete eine solche Fülle von Grün nie gesehen zu haben. Hausmanns hatten am Morgen so viel zu thun, daß es besser war sie nicht zu stören, und ich mich lieber damit beschäftigte, Euren schönen sposalizio und meine Vase gehörig auszupacken. Am Nachmittag aber ging ich mit meinen anderthalb Herren hin, und allerseits gab es die herzlichsten Begrüßungen. Nur immer wieder und wieder wurde beklagt, daß Ihr nicht da waret und damit hatte es bis gestern Abend kein Ende. Ich bereue denn auch keinen Augenblick, schon zum Polterabend gekommen zu sein, im Gegenteil ich bereue fast, daß ich jemals andere Ansichten hatte, nicht nur, weil das Fest ein so reizendes und besonders gelungenes war sondern auch um des Brautpaares willen, dem ich damit einen kleinen Kummer gemacht habe. Freilich war das nun Alles durch die Gegenwart wieder ausgelöscht. Drei Kuntzesche Kinder eröffneten den Reigen mit einem recht netten Gedicht ihres Vaters, dann trat Soestmann als [...][47] auf, deklamierte plattdeutsch, etwas länglich aber zum Theil mit gutem und liebenswürdigem Humor, und nachdem ich in gelinde Besorgnis gerathen, er möchte bis vor Sonnenaufgang die Anderen nicht an die Reihe kommen lassen, fand er endlich einen glücklichen Abschluß, und der Vorhang erhob sich, um Ottos selbstverfaßte Komödie sich abspielen zu lassen. Diese war auch ein klein bischen zu lang gerathen, aber voll hübscher Einfälle und Anspielungen im Einzelnen und Ottos Schauspielertalent hat mich ganz und gar überrascht. Am Besten war eine von den kleinen Scenen, die dem Stück nachfolgten: Hectors Abschied von Andromache. Fritz Hausmann mit Schlafrock, Pfeife und Pickelhaube als Hector und Otto in weiblichem griechischem Costüm mit entblößten Schlachterarmen, und zwei riesigen blonden Zöpfen als Andromache. Als solche erhob er dann ein ganz unglaubliches Geheul, als er seinem Hector in die Arme fiel, und der ganze Auftritt war so urkomisch, daß man vor allgemeinem Gelächter kaum die Worte verstehen konnte. Vier Kinder, die vier verschiedne Rosen darstellten, und ein Gedicht von Tante Marie hersagten, machten auch einen sehr allerliebsten Eindruck. Das eigentlich Poetische aber folgte erst jetzt: alle Hochzeitsgeschenke, deren wirklich eine mächtige Fülle war, standen und lagen sehr hübsch arrangiert in der neuen Stube neben der Treppe, der sposalizio in der Mitte über dem Sopha prangend, und nach der Vorstellung trat das Brautpaar in das erleuchtete Zimmer, während ich ihnen den Hochzeitsmarsch aus dem Sommernachtstraum spielte. Die Anderen hielten sich noch eine Weile zurück, und so war es ein ganz rührender und reizender Anblick, die beiden in voller Seligkeit halb träumend neben einander stehend zu sehen, versunken in ihr Glück, und den Glanz, der sich vor ihnen aufthat. Im Garten waren bunte Lampen in großer Anzahl aufgehängt (Otto hatte sie besorgt, Onkel August, Carl und ich die Befestigung übernommen), und von der Treppe herunter setzte sich der ganze große Zug der Gäste in Bewegung, die Beleuchtung zu sehen. August Hausmann hatte daneben für die wundervollsten bengalischen Flammen gesorgt, für Raketen, Leuchtkugeln und Feuerräderwerk, und so war es denn zauberisch geradezu, durch den Garten zu gehen. Wir haben uns ja ein ähnliches Vergnügen vor Jahren hier gemacht, und so habt Ihr eine Vorstellung davon; nur war dieses Mal Alles beiweitem glänzender und großartiger. Souper und Tanz machten natürlich den Beschluß, und Soestmann gedachte Eurer in einer sehr herzlichen Rede. Erst gegen 4 Uhr, also bei hellem Tage kam ich zu Bett. Dann ging das Treiben natürlich schon früh genug am anderen Morgen wieder an; ich hatte versprochen, Hausmanns bei der Dekorierung ihres Saals etwas zu helfen, und lieferte für Anna ein kleines Brautbouquet aus Myrthen, Immergrün, weißen Champagnerröschen u.s.w.; um ½ 2 versammelte man sich bei Hausmanns (43 Gäste im Ganzen), Carl ging voraus in die Kirche, um die Orgel zu spielen, und beim Eintritt des Brautpaars bereit zu sein. Der Brautzug begann mit den Kindern, zuerst die Jugend, dann die Mädchen paarweise, dann kam Anna von ihren Brüdern geführt, ganz in ihren weißen Schleier gehüllt mit dem einfachen grünen Kranz, blaß, aber wie ein weißes Röschen so anmuthig und lieblich anzusehen, 6 Brautjungfern folgten, nach ihnen Adolph zwischen Otto und mir, hinter uns die beiden Mütter, Tante Emma und Tante Marie, und endlich alle übrigen Gäste in bunter Reihe. So zogen wir den Flecken hinunter, zu beiden Seiten ganz Lauenstein als Zuschauer; aus den Fenstern flogen Blumen, überall vor den Häusern waren Blüthen und Blätter gestreut, und vor dem Brautpaar krachten Freudenschüsse. Onkel Georgs Rede am Altar war sehr schön und eindringlich, durchaus einfach und schon darum wohlthätig. Anna fiel nicht in Ohnmacht, wie ich prophezeit, sondern war in Allem, in ihrem Aussehen und Benehmen die reizendste Braut, die man sich denken konnte, glücklich und ernst und sehr bewegt, aber nirgends zu heftig in ihren Gefühlsäußerungen. Zum Ansehen das Hübscheste war wohl die Rückkehr des Zuges, die durch unseren Garten und dann über den Krähenberg eingeschlagen wurde; Ihr glaubt nicht, wie schön es aussah, als alle die bunten Paare den Berg hinaufstiegen, und dann wieder die Reihe sich zu den Wiesen bei Hausmanns herunterbog. Von dem langen diner erwähne ich nur, daß ich neben Tante Emma saß, und neben ihr das Brautpaar, daß Eure Depesche gerade zu rechter Zeit in Begleitung einer gleichen von Tante Marie Hoffmeister und Adele ankam, und daß Onkel Georg im Anschluß daran in Euerm Namen das Brautpaar hoch leben ließ. Nach 7 Uhr fuhr eine Extrapost vor, Anna wurde ein rosa Häubchen aufgesetzt, und nach echt schwerem Abschied, besonders von Tante Emma, fuhren die beiden lieben Leute von dannen, so Gott will ihrem Glück entgegen.

Ein ruhiger Abend hier im Hause war ganz erwünscht, denn des Wirrwarrs war fast zu viel geworden. Heute Morgen ist Onkel August mit Soestmann abgereist, heute Mittag reist Tante Lotte, die übrigens recht nett und ganz besonders herzlich ist, und so verlaufen sich allmählig wieder die Wogen. …«

Nach Ablauf der Pfingstwoche mußte ich wieder in Berlin zur Stelle sein, um meinen Pflichten an der Hochschule nachzukommen. Gleich nach meinem Eintreffen aber brachen wiederum meine Eltern auf, um in Lauenstein den Sommer zu verbringen, woraus sich dann die Fortsetzung der Korrespondenz in umgekehrter Richtung ergab.

## An die Eltern

»Berlin d. 18ten Juni 1870

Mit großer Freude habe ich samt Carl gestern gelesen, wie gut Ihr in Lauenstein gelandet seid, und wie wohl Ihr Euch dort fühlt. Es war ganz der richtige Augenblick zum Reisen, denn mit dem Mittwoch ist die Sonnengluth mit einer Heftigkeit hereingebrochen, die Berlin durchaus nicht mehr als den wünschenswertesten Aufenthalt erscheinen läßt, wenn ich auch für mich selbst gern zugebe, daß ich in meinen schönen kühlen Zimmern und Abends in meinem herrlichen Garten wohl genug geborgen bin. Es ist freilich eine merkwürdige Empfindung, ohne Euch in Berlin zu sein, und gar Friedrichstr. 226 zu Mittag zu essen. Am ersten Tage sahen sich die Dinge besonders einsam an, doch sitze ich recht dick in der Arbeit, und fühle mich wohl dabei. Albertine, die herzlich grüßt, und auch mit Teilnahme von Eurer glücklichen Überkunft gehört hat, sorgt vortrefflich für uns, ich mache ihr alle Mittage mein Kompliment für die auserlesenen Schönheiten, die sie uns auftischt, junge Gemüse und Klöße in der Suppe und Stachelbeerkompott und was dergleichen mehr ist. Auch an Besuch hat es nicht gefehlt. Vorgestern Abend war ich mit Spengel und Heymann zum Baden, fand mich trotz der etwas dumpfigen Luft, die über dem geschlossenen Bassin lag, recht erfrischt durch das Wasser, und nahm beide Jungens hinterher mit zu mir; gestern wollte mich Wolff besuchen, und ich lud Hausmann dazu, um mit ihnen ein Trio von Brahms[V] zu probieren, das Joachim mich am Mittwoch einmal anzusehen bat. Diese soirée war denn besonders hübsch und gelungen; die beiden lasen vortrefflich vom Blatt, und es interessierte uns Alle sehr, das geistvolle Stück kennen zu lernen. Draußen hatte sich das halbe Vossische Haus, soweit es aus dienstbaren Geistern besteht, auf dem Rasen gelagert, und bildete in der Dunkelheit unsichtbares Publikum, durch Frau Kaths stets geschäftige Zunge verrathen. – Das Stück von Brahms wird ihnen schwerlich ganz durchlauchtig vorgekommen sein aber solche Leute hören wohl überhaupt kaum etwas Anderes, als ob es laut oder leise geht, und an diesen

V Gemeint ist das Trio für Klavier, Violine und Horn.

Schattierungen ist ja nirgends Mangel. Nachher, als wir im Schuß waren, machten wir uns noch an das B-dur Trio von Schubert, und spielten den ersten Satz mit gehörigem Enthusiasmus; dazu fing es draußen ebenso gehörig an zu gewittern, die Blitze leuchteten fortwährend durch das Fenster und der Donner bildete einen obligaten Paukenwirbel, der von Schubert nicht beabsichtigt war, aber sich zuweilen recht gut machte. Leider verjagte der Regen unser Publikum gerade, als sein Weizen etwas mehr zu blühen anfing. Nächstens wollen wir aber noch einmal musizieren, und ich freue mich sehr darauf; Hausmann spielte seinen Part im Schubert'schen Trio wirklich wunderschön, und ich war recht erstaunt darüber, wie viel er für seine Jahre schon leistet.

Heute um 4 denken wir (Carl und ich) nach Charlottenburg zu fahren, um dort unseren Mittag bei Mendelssohns einzunehmen; ich habe uns vorgestern bereits angemeldet und hoffe, daß wir gelegen kommen. Um nun bis dahin noch einiges Nützliche zu verrichten, empfehle ich mich für heute, liebe Mutter, und grüße Dich wie Vater, Tante Marie, Großmama Wendt und Hausmanns auf das herzlichste. ...«

### Von meinem Vater

»Lauenstein, 20. Juni 1870

Mein liebster bester Ernst!
Dieser Brief soll nur diejenigen Punkte ausführlicher besprechen, die unsere liebe Mutter entweder gar nicht, oder nicht erschöpfend berührt hat.

Ich erwähne darunter zunächst die unaussprechlich schönen Schlußtage des scheidenden Frühlings. Der herbe Winter hat die Vegetation etwas zurückgehalten, so daß die rothen Pfingstrosen noch in voller Blüte stehen und die weißen eben anfangen ihre Pracht zu entfalten. Daneben kommen jedoch auch schon einzelne Rosen zur Geltung, dunkelrothe, weiße, gelbe einfache in unglaublicher Menge, deine Cölner Mairosen, Schlingrosen und andere. Draußen aber blüht die wilde Rose und der wilde Schneeball in ungeheurer Menge und das ist gerade was mich von jeher fast noch mehr als der schöne Mai in der Baumblüte entzückt hat. Auf meinem ersten Spaziergange in den Krähenberg in der Nähe der zerstörten Frankschen Bank, von der man die schöne Waldsicht hat, entdeckte ich eine wunderschöne weißblühende in das Orchis- und Satyriongeschlecht gehörige mir völlig unbekannte Blume, die ich Dir ausgraben würde wenn sie nicht schon bis in die obersten Spitzen verblüht wäre. Und nachher denke ich meinen Stab nach dem Lauenborn zu setzen und zu sehen was dort an Orchisarten blüht.

Das feine Leben in dieser unaussprechlich schönen Umgebung entzückt und stärkt mich in gleicher Weise. Und das danke ich hauptsächlich dir, mein geliebter Ernst! meine Pflichtnatur und die 45jährige Gewohnheit hätten mich wahrscheinlich zurück gehalten, und wenigstens noch ein Publikum im Rest des Semester versuchen lassen.

Rathjen ist katzenfreundlich, weil er Alles ausgegraben und mitgenommen hat bis auf die Remontantrose, die ich ausdrücklich vorbehalten hatte. Aprikosen, Weinstöcke, kleine perenierende[48] Gewächse, Alles ist fort. Natürlich lassen wir den Kerl laufen.

Eine bessere Nachbarschaft bekommen wir zur Linken bei Knoke an Göbens.[VI] Der alte Major freut sich auf den sonnigen Winkel in unserem […][49], des alten Mauerzimmers der ritterlichen Knabenburg, den ich ihm gern gönnen will. …

Meine Stube nebst Kabinet ist ganz reizend. Erstere habe ich jedoch zur Eßstube hergegeben und zwar nicht blos wenn Freunde kommen. Die kleine Eßstube ist zu eng und zu kalt und die braunen Stühle passen vortrefflich zu dem braunen Sopha. …

Wenn Clärchen Baumeister kommt, so grüße sie herzlich; der armen Seele gönne ich das grüne Thüringen auch von Herzen. Sie hat es treu und theilnehmend mit mir gemeint in meiner Krankheit. Ebenso grüße unsern lieben Karl, der hier durch sein feines Benehmen und sein Talent ein gutes Andenken gelassen hat. Namentlich hat Onkel August in einem ganz reizenden Briefe voll Entzückens über Lauenstein wie er es selten so lebhaft ausdrückt, seine Freude über Karl überaus freundlich hervorgehoben und zugleich sein Wiederkommen in Aussicht gestellt. Vor Allem aber sei Du selbst gegrüßt, mein geliebter Ernst und laß Dir die Zeit nicht lang werden bis zum frohen Wiedersehen …«

## An die Eltern

»Berlin d. 25. Juni 1870.

Habt vielen Dank für Eure beiden lieben Briefe, die ja so gute Nachricht brachten, wie man sie nur irgend wünschen konnte. Wir haben unsererseits auch nicht zu klagen, und Carl wird von den verschiedenen Heiterkeiten bereits berichtet haben, mit denen unser Leben geschmückt war während der verflossenen Woche. Ich empfinde eigentlich jetzt erst ganz welch einen Schatz ich an meiner herrlichen Wohnung besitze, wo ich sie so wenig verlasse, und weiß, daß der Grundzug

VI Die Eltern des bekannten Generals von Göben wohnten in Lauenstein zur Miete bei unserem Nachbarn, einem wohlhabenden Bauern Namens Knoke.

von Behaglichkeit, der mein augenblickliches Dasein auszeichnet, darin seine Wurzel hat. Wie greulich würde mir in anderen Jahren Berlin im Sommer und gar ohne Euch gewesen sein! Jetzt bin ich ganz froh, wenn ich zu Haus sitze, und zu thun habe, und Morgens und Abends in meinen schönen Garten spazieren kann. Das übrige Berlin sähe ich gern womöglich garnicht, freue mich sehr, wenn Abends Dieser oder Jener zu mir kommt, gräme mich aber auch garnicht, wenn alle Geselligkeit außer dem Hause mich ungeschoren läßt. Heute sollten wir wieder nach Charlottenburg kommen, ich habe aber des Regens und vieler Arbeit wegen abgeschrieben. Morgen werden wir Mittags bei Joachims sein, und eine so angenehme Unterbrechung der häuslichen Zurückgezogenheit läßt man sich natürlich mit Vergnügen gefallen. Auch in Albrechtshof war ich neulich mit Carl und Spengel gleich nach Tisch, und fand es in dem Garten, der so hübsch unverändert ist mit der Masse von rötlich schimmernden Kirschbäumen recht gemütlich. Ich weiß nicht, was Carl Alles berichtet hat, und werde also wohl Einiges doppelt sagen. Bei Mendelssohns war es etwas klapprig vor 8 Tagen; Schaper mit ausgestrecktem Bein, noch wenig im Stande zu gehen, Frau Mendelssohn, wie eine mulstrige[50] Katze, in Schnupfen und Kopftücher vergraben, auf einen andern Sessel hingestreckt, Carl ebenfalls mit starkem Schnupfen und Kopfweh behaftet, und ich mit dem einen Fuß etwas lahmend, und im Begriff, etwas geschwollene Mandeln zu bekommen. – Das Quartett war also vollständig, und die Laune, obgleich durchaus nicht schlecht, doch auch nicht gerade animiert. Das Beste war, daß sich unser Unwohlsein bald wieder in Wohlgefallen auflöste; auch mein Fuß ist ganz wieder auf gutem Zuge, und ich habe nicht mehr nöthig, mein Vermögen in Droschkenmarken anzulegen. Ein wirklicher großer Genuß war am Sonntag, das Aquarium zu sehen; das Wetter und unsere kleinen Indispositionen hinderten an größeren Unternehmungen, und ich bin sehr zufrieden, auf diese Weise endlich dazu gekommen zu sein, dies höchst merkwürdige Institut kennen zu lernen. Es ist noch viel mehr der Mühe werth, das zu sehen, als ich mir vorher dachte; schon die Einrichtung an sich hat etwas Erstaunliches, ein rechtes Produkt des neunzehnten Jahrhunderts, und einer modernen großen Stadt, aber eines von der besten Sorte, das Einem die größte Bewunderung vor dem Scharfsinn des menschlichen Geistes abnöthigt. Die Thiere selbst könnte man Stunden und Tage lang beobachten; es ist geradezu fabelhaft, den Hummern und Seesternen, und alle den wunderlichen Fischen zuzusehen.

Gestern hatte ich wieder musikalische Soirée bei mir mit Wolff und Hausmann. Wir spielten noch einmal das Trio von Brahms und dann seine Cellosonate. Carl und Spengel bildeten Publikum. Wenn sich die Zeit findet, wollen wir auch noch beide Clavierquartette und das Quintett in diesen Wochen probieren, also einen gehörigen Brahmscultus zu unserer eigenen Förderung aufrichten. Mir macht diese Art von Musizieren die größte Freude, und es scheint, daß die Übrigen auch gern dabei sind. Am Dienstag endlich las Hans Wolzogen die Hermannsschlacht von Kleist, ein theilweise sehr bedeutendes, wenn auch nicht immer schönes Stück, und regte damit zu allerlei lebhaften Disputen über politische Moral und dergleichen an, die uns bis spät in die Nacht zusammenhielten. Ferdinand Schumann und Carl verschwanden früher; leider erzählte der Erstere das Traurigste von einem Besuch bei seinem Bruder Ludwig; es scheint, daß Körper und Geist in gleicher Weise so gänzlich zerrüttet sind, daß man nur noch auf eine ganz kurze Lebensdauer zählen kann. –

Soweit der Bericht über unsere Erlebnisse; nun habe ich noch von einer Angelegenheit anzufangen, die mir den Kopf jetzt sehr einnimmt, und über die ich gern bald Eure Meinung wüßte. Die Sondershäuser Stellung erscheint mir nämlich mit jedem Tage annehmbarer, und nachdem ich zuerst, wie Ihr wißt, des Theaters wegen, das wieder dazu kommt, ganz davon abgesehen hatte, brachte mich Joachim selbst, ohne es freilich zu wollen, auf andere Gedanken durch seine etwas besorgte Frage, ich ginge wohl nun nach Sondershausen, da Bruch die Stellung aufgegeben habe. Seitdem ließ mir die Geschichte keine Ruhe mehr, und ich sprach dann neulich mit dem jungen Himmelstoß (Sohn des Sondeshäuser Kammermusikers, Sondershäuser Kind, und Kapellmitglied seit mehreren Jahren, dessen Namens Ihr Euch wohl erinnert; Bruch hat Alles in Bewegung gesetzt, um ihm hier noch einige Monate Studiums bei Joachim zu verschaffen). Dieser Himmelstoß hat mir nun die Verhältnisse ganz genau auseinandergesetzt: Meine Verpflichtungen bestehen im Theaterdienst vom 1.[ten] Januar bis Ende März; in der Woche ist etwa 2 Mal Oper, und habe nur das Gute zu dirigieren, alles Andere übernimmt der zweite Kapellmeister. Er sagt mir, daß Bruch sich nur durch seine gar zu prätensiösen Forderungen, und die oft brüske Art sie vorzubringen, geschadet habe; ohne das könne man Alles haben, alles Fatale des Dienstes sich vom Leibe halten, und noch viel mehr Freiheit haben, als die Stellung schon an sich giebt. Von Anfang April bis Anfang Juni ist Urlaub, dann kommen die Sommer-Orchesterconcerte bis Ende September und dann wieder 3 Monate Urlaub bis zum 1.[ten] Januar. Das Theater in dieser homöopathischen Dosis geniert mich jetzt garnicht mehr; im Gegenteil ich verspreche mir eine Menge von Erfahrung davon, sowohl für die Direktion, für die eine Oper ja eine Schule ist, wie garnichts Anderes, als auch für die Behandlung des Orchesters und der Stimmen. Außerdem finde ich es sogar herrlich, einmal Fidelio und Figaro etc. zu studieren. Der Verkehr mit der vorzüglichen Kapelle aber, über die man ebenso wie über alle Programme unumschränkter Herrscher ist, die man zu Proben kommandieren kann, soviel man will, ist etwas ganz und gar Unbezahlbares, und 5 Monate Urlaub bei inclusive des Theaters 1000 Thaler Gehalt auch nicht zu verachten. Ich habe an Bruch und Spitta geschrieben, und mir Notizen ausgebeten, was ich eventuell für die Meldung für Schritte zu thun habe. Vielleicht ist auch schon Alles zu spät, ich habe aber das Gefühl, ich muß einen Versuch noch machen, und bin ein Narr, wenn ich ohne eine Hand zu rühren, eine Position mir entgehen lasse, die eigentlich ganz das ist, was ich für die nächsten Jahre zu meiner Entwickelung brauche. – Meine übrigen Gedanken für den Fall dieser Wendung wäre etwa die: meine hiesige Wohnung zu behalten, eingerichtet zu lassen, und Oktober, November, December in Berlin darin zuzubringen; es sieht das wie ein großer Luxus aus, ist es aber genau besehen nicht. In Sondershausen würde ich dann, wie Bruch es auch zuletzt immer gethan hat, während Januar, Februar, März einfach in der ›Tanne‹ wohnen, wo ich gleich Alles beisammen habe, möbliertes Zimmer, Essen, Bedienung u.s.w. April und Mai theils in Berlin theils auf Reisen; Juni bis September ein Sommerhäuschen, wie es Bruch jetzt für 16 Thaler in Sondershausen gemiethet hat. Ich kann dann leicht einmal 2 Sonntagsconcerte an den zweiten Kapellmeister abgeben, und auf drei Wochen nach Lauenstein reisen; auch besucht Ihr mich einmal in Sondershausen auf ein paar Wochen. Carl bliebe den Winter bei Euch, und auf der Hochschule; im Sommer nähme ich ihn mit nach Sondershausen, unterrichtete ihn musikalisch, und Spitta sorgte für seinen wissenschaftlichen Unterricht. – Ich muß schließen, die Hand thut mir vom Schreiben weh, und das Essen wartet Friedrichstraße 226. …

Joachim muß ich morgen beichten – mit schwerem Herzen; … Eben habe ich eine Einladung von dem Beethoven-Festkomitée in Bonn bekommen, Ehrengast zu sein. Das hat mir wirklich Freude gemacht, und ich denke nun doch jedenfalls zum 11[ten] September hinzugehen. Das Programm ist fabelhaft schön. … Neulich wollte ich dir schon schreiben, lieber Vater, du möchtest nicht vergessen, deine Fliegenorchis[51] zu suchen; ich fand sie vor 6 Jahren nicht am Lauenborn, sondern auf der Wiese, die sich gleich links hinaufzieht, wenn man den Krähenberg entlang nach dem Stieghagen geht, jenseits des kleinen Rückens, über den man hinüber muß, also schon im Anfang des Stieghagens. ...

Clärchen ist braun und sehr munter, vor Allem höchst bezobert[VII] von ihrer Tour zurückgekehrt, und freut sich der guten Nachrichten von Euch. Frau Hausmann hat mich neulich auch freundlicher Weise besucht, und hatte ihre hübsche Tochter – Sängerin am Carlsruher Theater – mitgebracht; leider ist sie aber nicht so hübsch wie ihr Bruder. ...

Berlin Sonnabend 2. Juli 1870

Ich habe heute Abend musikalische soirée bei mir, und komme nicht mehr dazu einen ordentlichen Brief an Euch zu schreiben, wie eigentlich für den Sonntag meine Absicht war. Nun werde ich also meinen Wochenbericht am Sonntag selbst verfassen, und lege heute nur Bruchs Brief ein, der Euch über den Stand der Sondershäuser Angelegenheit orientiert. Ich sehe danach die Sache nicht als aufgehoben, sondern nur als vertagt an bis etwa zum nächsten Sommer oder Herbst, denn Bruchs geringe Sympathie für die verlassene Stellung macht mir keinen Eindruck. Er hat das Seinige davon genossen, den Rahm mit vielem Behagen 4 Jahre lang davon abgeschöpft, und vergißt, daß ich eben noch nichts der Art zu essen bekommen habe, also hungrig bin.

Heute Abend spielen wir das F moll Quintett von Brahms; beim Durchspielen für mich allein gestern und heute hat mich das Stück schon ganz toll gemacht, ich freue mich also sehr auf den Abend. Nur, daß es so grausam schwer ist, und daß ich es quasi vom Blatt spiele, ist nicht erfreulich, aber diese Art von Musizieren bringt in Fluß, und das thut mir gut. Hausmann, Stiehle, Himmelstoß, Wolff werden wohl Spieler sein; Courvoisier und Schaper habe ich dazu geladen zuzuhören, ebenso Herrn Schwiedam aus Gebweiler (Musikdirektor) den ich längst verpflichtet war einmal bei mir zu sehen; Heymann und Spengel sind Stammgäste. Also großer Spektakel in meinen vier Wänden!

... Eine Hiobspost, die ich lieber nicht schriebe, ist die, daß Ponge Euch um 100 Thlr. steigert; bei dem jetzigen Stand der Miethen ist es nicht zu verwundern, aber es ist mir leid, wenn ich denke, du, lieber

VII Bei Baumeisters hatte ein neuer jüngerer Arzt Namens Zober die Hauspraxis übernommen, sich als sehr tüchtig bewährt und alle Herzen gewonnen.

Vater, machst dir Sorgen darüber. Grund ist jedenfalls nicht dazu vorhanden, auch wenn du keine Vorlesungen halten solltest. …

d. 4. Juli 1870.

Gestern bin ich einmal wieder nicht dazu gekommen, den Brief zu Ende zu bringen, und so hole ich es heute nach. Es bleibt nur übrig, den Wochenkalender des Kladderadatsch[52] nachzuliefern. Dieser hat dieses Mal von ebenso viel Spektakel zu berichten, als der vorige von Stille, denn die Einladungen rissen nicht ab. Sonntag vor 8 Tagen waren Carl und ich, wie Ihr wißt, Mittags bei Joachims, nur Fräulein Otten außer uns beiden noch als Gast dort. Es war so gemüthlich wie nur möglich, Joachim in der liebenswürdigsten Laune, und vor 8 Uhr Abends kamen wir nicht fort. Spengel hatte er eines Zeugnisses wegen, aber sicher auch mit der Nebenabsicht auf Carl zum Nachmittag bestellt, und so blieb auch dieser bis 8. Nach Tisch wurde Allerlei musiziert, Frau Joachim sang herrliche mir unbekannte Schubert'sche Lieder (Totengräbers Heimweh, Der Unglückliche u.s.w. ganz großartige geniale Sachen), Spengel und ich spielten 2 vierhändige Fantasieen von Mozart, und schließlich verübte ich mit Joachim eine neue Violinsonate von Hopffer vom Blatt, die nur leider außerordentlich häßlich war. Von Sondershausen versuchte ich vergeblich anzufangen, doch Joachim ließ mich geradezu nicht zu Worte kommen; wenn ich etwas darüber sagen wolle, stopfte er mir gleich mit dem gutmüthigsten Humor ›er wolle garnichts davon hören u.s.w.‹ den Mund, und lief womöglich weg. Aus Bruchs Brief habe ich ihm nur mitgetheilt, daß augenblicklich Alles sistiert sei. Er wollte mich schon wieder von vornherein zudecken, als ich nur das Wort Sondershausen aussprach; als ich dann aber so glimpflich fortfuhr, so war er zufrieden. –

Dienstag war natürlich wie gewöhnlich Leseabend, den wir dieses Mal mit den ›Schroffensteinern‹ vom Kleist feierten.

Zum Donnerstag Abend lud mich Berg mit Carl zu einer kleinen Gesellschaft ein, in der Rudolf Grimm photographische Bilder durch eine eigenthümliche Vorrichtung mit einer Laterne auf eine ausgespannte Leinewand reflectiert zeigte. Dann gab es Gesellschaftsspiele bei Tisch, bei denen nur der gute Carl sich etwas unbehaglich zu fühlen schien, die aber sonst sehr amüsant waren. Joachim entwickelte den besten und unschuldigsten Humor. Am Freitag war ich bei der Oriolla (ohne Carl) sie schickte mir die Einladung, als gerade von mir ein wirklich sehr hübscher Strauß an sie unterwegs war, eine Art Gebüsch von Moosrosen, Weinranken, Akazienblüthen, Gräsern u.s.w., aus deren

Mitte ein allerliebstes Vogelnest heraussah. Spengel hatte es im Garten lang auf dem Boden liegend gefunden, eine hübsche kleine Eierschale hatte ich selbst zufällig entdeckt, und konnte nicht widerstehen, das Ganze so zu benutzen. An jenem Abend waren nur Arnims, Eichhorn, Frl. von Lützow und Graf Carl Schwerin (der junge Schwerinsburger) dort, und die Maxe las zwei alte Frankfurter Späßchen vor, die uns Alle sehr ergötzten. Am nächsten Tag besuchte ich sie dann noch einmal auf eine Stunde allein, und feierte da vollkommene Versöhnung, da zu den gehörigen Auseinandersetzungen am Abend doch keine Gelegenheit war.

Sonnabend war meine bereits erwähnte soirée, zu der Schaper nicht erschien (er behauptete am nächsten Tage schriftlich, meine Aufforderung zu spät bekommen zu haben). Wir Erschienenen waren aber äußerst animiert, spielten das Quintett von Brahms zwei Mal, und zwar mit der allergrößten Freude und Begeisterung. Das Stück ist so unglaublich großartig und besonders in den drei ersten Sätzen von solcher Unmittelbarkeit, daß nur eine Stimme des Jubels unter uns Allen war. Bis nach 1 Uhr blieben meine Gäste, und trugen auf das Energischeste darauf an, am nächsten Sonnabend noch eins von den Clavierquartetten zu probieren. Das wird dann auch wahrscheinlich geschehen, und das Quintett bei der Gelegenheit wiederholt werden.

Sonntag früh war ich mit Carl zu Joachim beschieden, eine Quartettprobe mitanzuhören, wobei es A-moll von Beethoven, die Variationen aus dem D-moll Quartett von Schubert, und ein mir unbekanntes Haydn'sches Quartett gab. Die beiden ersten Sachen wurden für das Rostocker Musikfest studiert, und gingen wundervoll; man kann das A-moll Quartett nicht schöner und eindringlicher hören. Mittags hatte ich Spengel zu uns geladen, und nach Tisch begaben wir drei uns per Omnibus nach dem Gesundbrunnen, in der Absicht, dort seinem Wunsche gemäß Buttmanns zu überfallen. Aber siehe da, es war Niemand zu Hause, sie waren (etwa um 5 Uhr) gerade kurz vor unserm Eintreffen zu Freunden gefahren, und werden Ende der Woche verreisen. So trösteten wir uns und tranken in dem Rutschbahnlokal Kaffee, Spengel und Carl probierten das Carroussel und betrachteten mit kindlicher Inbrunst alle die übrigen Herrlichkeiten, die es zu sehen gab, bis wir uns gegen Abend wieder nach Berlin wandten. Carl und ich waren wieder zu Joachims eingeladen, und hörten dort allerlei schöne Musik, besonders wieder herrliche Schubertsche Lieder. Anna von Asten, die jüngere der Schwestern ist jetzt öffentlich verlobt, und war mit dem Bräutigam dort, außer ihr noch eine Menge anderer Leute, der junge

Paul Mendelssohn, Ferdinand Schumann, Guste Grimm, Hausmann, der sehr gut mit Scholz und Joachim spielte u.s.w. u.s.w.

Gestern hatte ich letzten Lesedienstag, an dem Arnim bereits fehlte, da er am Morgen nach Wiepersdorf abgesegelt war. Hans Wolzogen las Penthesilea von Kleist, ein Stück von rasender Leidenschaftlichkeit, fast ein Ungethüm, aber doch ein geniales Ding. …

… Kalkreuth hat mir dieser Tage durch Saldern eine wunderhübsche Oelskizze zu dem Bilde, das er während meines Weimarer Aufenthaltes vollendet, zugeschickt, und mich sehr dadurch beglückt. Sie stellt die Jungfrau bei Sonnenuntergang dar, links vorn der schwarze Abgrund des Lauterbrunner Thals, rechts der Fußweg nach Mürren an einem steilen Abhang hin. Natürlich ist das Format nur klein, etwa 14 Zoll hoch, und 10 breit, aber der Eindruck doch sehr poetisch. Ich habe das Bild gleich einrahmen lassen, und es hängt schon meinem grünen Stuhl am Fenster der mittleren Stube gerade gegenüber.

Nun lassen Euch noch verschiedene Leute grüßen, die Frege, die mir schrieb, und Hiller, dessen sehr melancholischer Brief über den Tod des Sohnes mich recht bewegt hat, und Spitta, der mich durch sehr freundschaftliche Zeilen erfreute. Ich schicke Euch morgen den Brief, heute möchte ich ihn noch der Sondershäuser Notizen wegen an Wolff zeigen, der mich Abends wieder besuchen will. …

Hotho bin ich zuweilen nach Tisch im Thiergarten begegnet; er erkundigt sich immer mit viel Theilnahme nach Euch. …

Berlin den 10. Juli 1870.

In diesen Tagen haben mir allerlei schöne Reisepläne viel Schwulitäten bereitet, ich bin sie aber nun so ziemlich wieder los. Saldern wollte mich verführen, mit ihm am nächsten Mittwoch Abend nach München zu reisen, Donnerstag dort Rheingold und am Sonntag die Walküre von Wagner zu hören, darauf 8 Tage in das bairische Gebirge zu gehen, und Sonntag d. 24$^{ten}$ mit Ansehen des Passionsspiels im Oberammergau den verlockenden Ausflug zu beschließen. Neben allem übrigen Schönen reizte mich die Aussicht, Rotenhan in München wiederzusehen, und ich bekam schon auf eine telegraphische Anfrage meinerseits die Antwort von ihm, daß er jedenfalls in München sei, und mich sicher erwarte. Auch Joachim will zur Walküre kommen und ins Oberammergau, und machte Pläne mit mir zu rendez-vous. Ich aber habe mich schließlich doch entschlossen, zu verzichten, weil ich bei diesem schönen Anfang kein recht gutes Gewissen habe; ich wollte so sicher meine Ferienzeit zum Beseitigen von vielem Arbeitswust benutzen, daß mir die Vorstellung von diesem schlechtgehaltenen Vorsatz ein Stück der Freude verderben würde. Dazu kommt, daß mir heute der gute Joachim mittheilt, die Ferien begännen erst mit dem Sonnabend, während er mir neulich auf meine ausdrückliche Frage ganz ausdrücklich versichert hat, der Freitag sei bereits ein freier Tag. Ich gebe nun mit seiner Zustimmung meine Freitagsstunden am Donnerstag, und vertrete ihn außerdem am Mittwoch in der Orchesterstunde, da er selbst schon Dienstag reist. Sein kleiner Hermann hat die Masern bekommen, und um die anderen Kinder vor Ansteckung zu schützen, reist er mit ihnen so schleunig als möglich nach Salzburg; die arme Frau bleibt einstweilen mit dem Patienten hier, und folgt wohl erst in drei Wochen.

Von Tante Marie höre ich, daß Schwerins nun doch bereits in Rogätz gelandet sind; auch die Pourtales, bei der ich gestern zu Mittag im Harrach'schen Hause war, bestätigte, daß Gräfin Hildegard durch Berlin gereist sei. Ich weiß nun nicht recht, was thun, ob die Krankheit des Grafen, die zwar wohl überwunden ist, mich unwillkommen macht, oder ob mein Ausbleiben unfreundlich aussehen würde. Mir scheint das Beste, Fritz in ein paar Zeilen um offene Erklärung anzugehen; wollen sie mich dann haben, so fahre ich Donnerstag Mittag nach Rogätz und treffe Freitag Mittag den Schnellzug in Magdeburg, um damit Abends noch in Lauenstein zu Lande zu schlagen. Erhalte ich von Schwerins abschlägigen Bescheid, so bin ich wohl schon Freitag Morgen bei Euch, keinesfalls später als Sonnabend Morgen. Es ist ja aber wohl nicht nöthig, daß ich über diese Entweder – Oder noch schriftlichen und bestimmten Bescheid gebe?

Heute Mittag waren Carl und ich zu Beselers eingeladen; eigentlich hatte ich die Absicht, mit Carl und Spengel nach Potsdam zu fahren, aber es war mir doch zu unangenehmem, Beselers abermals einen Korb zu geben. So gingen wir dann hin und verlebten einige recht hübsche gemüthliche Stunden dort. …«

Es war im Februar gewesen, daß ich durch einen längeren Brief meines Freundes Fritz Schwerin erfreut wurde. Etwa zwei Jahre mochten verflossen sein, seit er bei der Gesandtschaft in Konstantinopel tätig war. Er hatte von dort Ausflüge nach Kleinasien und in letzter Zeit auch nach Athen unternommen, worüber er mir interessant berichtete. Am Schluß seines Briefes standen die Worte: »Spiele meiner Mutter in meinem Namen eine Beethovensche Sonate vor; ich weiß, daß du ihr damit eine große Freude machst«. Diese gütige Mutter aber sorgte dafür, daß es mir durch den Einblick in seine an sie selbst gerichteten, sehr viel ausführlicheren Mitteilungen vollends ermöglicht wurde, an den begeisternden Eindrücken jener griechischen Wanderungen teilzunehmen. Im Mai trat dann eines Morgens Schwerin in Person in mein Zimmer. Er hatte Urlaub für mehrere Monate erhalten, die er in der Heimat verleben wollte. Später sollte Konstantinopel mit Kairo vertauscht werden, wohin die Regierung ihn als Konsul schicken wollte. Wir sahen uns mehrfach im Hause seiner Eltern. Er war zugänglicher geworden als in früheren Jahren, und seine groß angelegte Natur übte aufs neue ihre Macht über mich aus. Besonders wert ist mir die Erinnerung an einen Nachmittag, an dem sich Gräfin Schwerin mit ihrem Fritz und meine Mutter als Gäste bei mir einfanden, sich eine Weile Beethoven und andere Musik von mir vorspielen ließen und dann im Garten mit mir umherwanderten. Bald darauf verließen die Eltern Schwerin und Fritz mit ihnen die Stadt, um die warme Jahreszeit in Putzar und später in Rogätz zuzubringen. Beim Abschied wurde ich aufgefordert, auf der für meine Ferienzeit bevorstehenden Reise nach Lauenstein nicht an Rogätz vorüberzufahren, ohne mindestens einen Tag dort zuzubringen. Ich versprach, mich einzufinden und fragte, als nach eineinhalb Monaten die Zeit gekommen war, am 11. Juli kurz an, ob ich willkommen sei. Die bejahende Antwort traf sofort ein, und am 14. Juli Mittags trat ich mit der Potsdam-Magdeburger Eisenbahn meine Reise an. Ich hatte einige Tage vorher in der Zeitung gelesen, ein Prinz von Hohenzollern sei als Kandidat für den spanischen Thron vorgeschlagen worden;[53] eine Nachricht, die damals meinem politischen Laienverstand eher erfreulich, jedenfalls ganz unbedenklich erschienen war. Wie sehr geriet ich also in Erstaunen, als ich auf meiner Eisenbahnfahrt zwei mir gegenüber sitzende Herren sehr erregt über die Möglichkeit, ja Wahrscheinlichkeit eines Krieges mit Frankreich, zu dem jene Thronkandidatur die erste Veranlassung gegeben haben sollte, sprechen hörte. In Magdeburg erfuhr ich weiter von einer soeben eingetroffenen Depesche, die die Nachricht gebracht hatte von einem beleidigenden Auftreten Benedettis unserem Könige gegenüber,[54] und so traf ich bereits beladen mit aufregenden Gerüchten in Rogätz ein. Der alte Graf empfing mich zu meiner Verwunderung selbst und allein mit dem Wagen am Bahnhof. Fritz war irrtümlicher Weise nach Burg gefahren, um mich dort abzuholen, hatte übersehen, daß der Schnellzug, in dem ich saß, dort nicht anhielt. Nun stand er, soeben wieder heimgekehrt, mit der Mutter am Eingang des Hauses, und das Wiedersehen hatte ein sehr anderes Gesicht als wir erwartet hatten. Ein schwerer Druck lag auf allen. Luise, jetzt Gräfin Kanitz, war mit ihrem Mann zum Besuch anwesend. Zur Zeit war Kanitz Kommandeur des Zweiten Garderegiments, mußte im Fall eines Krieges natürlich sofort mit seinem Regiment ausrücken. Die junge Frau war zu allem übrigen im Augenblick körperlich leidend. Man verschwieg ihr für ein paar Stunden die neueste besorgniserregende Nachricht; schließlich mußte sie ihr dennoch mitgeteilt werden. Wir Jüngeren gingen nach Tisch spazieren, hinunter zu der großen Wiese an der Ohre mit ihrem schönen Blick in weite Fernen; aber man sah die Welt mit anderen Augen als noch vor wenigen Stunden. Nach dem gemeinsamen Abendessen begleitete mich Fritz in das für mich hergerichtete Zimmer und blieb bis zu später Stunde. Er war der Meinung, Bismarck habe im Stillen das Seinige getan, um den Konflikt mit Frankreich auf die Spitze zu treiben und durch die wachgerufene vaterländische Begeisterung die Einheit Deutschlands zu vollenden. Ich höre noch seine Worte: »Kann denn der Mann nicht warten, bis die Zeit von selbst dafür sorgt, daß Nord und Süd bei uns völlig eins werden?« Auf seinen Zügen lag ein so tiefer Ernst, wie ich es noch nie erlebt hatte. Mit jugendlichem Ungestüm war er 1864 und 1866 in den Kampf gezogen. Jetzt schien es, als lehne sich ein dunkles Etwas in ihm auf gegen neue, ohne Not heraufbeschworene Katastrophen. Am nächsten Morgen wurde das gemeinsame Frühstück im Garten eingenommen; die Gräfin las ein Kapitel aus dem Johannesevangelium. Dann wurden die Zeitungen gebracht, der alte Graf durchblätterte sie und teilte das wichtigste daraus mit. Fritz veranlaßte eine Spazierfahrt im Einspänner mit Kanitz und mir durch ein großes, zu Rogätz gehöriges Waldrevier. Auch zu etwas Musizieren kam es; nach Tisch ging man bald zu zweien bald zu mehreren miteinander im Gespräch durch den Garten oder darüber hinaus zum Kapellenberg. So verstrichen die Stunden unter dem Druck der Lage, der Spannung ohnegleichen, bis gegen Abend die Stunde des Aufbrechens und Abschiednehmens für mich gekommen war. Der Wagen, der mich zur Station fortbringen sollte, hielt vor der kleinen Eingangstür des alten Wohngebäudes. Fritz und seine Mutter folgten mir bis in den schmalen niedrigen Hausflur. Die Gräfin war sehr bewegt, Fritz, dem alles Äußern von tieferen Empfindungen ganz und gar gegen die Natur war, gab mir stumm die Hand und sah mit fast strengem Blick in das Leere. – Eine Stunde später las ich beim Aussteigen in Magdeburg als Maueranschlag die Worte: »Frankreich hat Preußen den Krieg erklärt.«

Meine Fahrt ging durch die Nacht weiter mit der Bahn nach Kreiensen und Elze. Mitreisende aus Berlin erzählten von dem begeisterten Empfang, den die Bevölkerung dem von Ems zurückkehrenden König bereitet hatten. In Kreiensen wieder hörte man von den Ovationen, die ihm in dem hessischen Kassel und dem hannoverschen Göttingen auf der Durchreise dargebracht worden wären. Von Elze aus ging die Reise damals noch mit der Post nach Lauenstein. Die Mobilmachungsorder war zugleich mit mir dorthin unterwegs. Meine Eltern begrüßten mich in großer Erregung. Von der Kriegserklärung Frankreichs wußten sie noch nichts. Ich aber konnte zu gleicher Zeit mitteilen, daß einem Extrablatt zufolge Bayern sich entschlossen habe zu mobilisieren und mit gegen den Feind zu ziehen.

In den nächsten Tagen, ja Wochen hatten die Zeitungen begreiflicherweise noch nichts über kriegerische Ereignisse zu melden. Desto reichlicher wußten sie zu berichten von dem begeisterungsvollen Eifer, mit dem in allen Schichten der Bevölkerung Jung und Alt bemüht war, sich irgendwie in den Dienst des Vaterlandes zu stellen. Auch Lauenstein stellte seinen Mann in dem jüngsten Sohn August des Hausmannschen Hauses, der als Offizier bei einem Artillerieregiment des Siebten Armeekorps stand. So ließ mir denn auch der Gedanke Tag und Nacht keine Ruhe, daß ich in einer solchen Zeit der höchsten allgemeinen Erregung und Opferwilligkeit meine Tage in der Abgeschiedenheit von Lauenstein hinbringen sollte, ohne in irgend einer Form dem großen Ganzen zu dienen. Die Ersatzreserve erster Klasse, der ich früher angehört hatte, war gleich in den ersten Tagen der Mobilmachung einberufen worden. Daß man auch die zweite Klasse heranziehen werde, in die ich nunmehr eingereiht war, schien zur Beruhigung meiner Eltern vorderhand ausgeschlossen. Dagegen stieg mir der Gedanke auf, mich bei einer Sanitätskompanie melden zu wollen. Die Eltern waren zuerst mit diesem Plan nicht einverstanden. Aber ihr Widerstand währte nur einen halben Tag. Dann verstanden sie meine Empfindungen wie meinen Entschluß vollkommen und ließen mich gewähren. Ich schrieb sofort an meinen Freund Schaper, der mir, wie ich hoffte, ohne weiteres zur Erfüllung meines Wunsches verhelfen konnte. Aber ich wartete tagelang vergebens auf die Antwort. Nun wandte ich mich an den Fürsten Pleß, um mich diesem als der obersten Instanz in Sachen der Lazarettpflege zur Verfügung zu stellen, und erhielt den Bescheid, daß man mich der Provinz Hannover zugewiesen habe. Am nächsten Tage fuhr ich, da der Eisenbahnverkehr für Privatpersonen eingestellt war, mit einem Wagen nach Hannover, um mich persönlich bei dem dortigen Zentralbüro für Lazarettpflege zu melden. Ich wurde zwar sehr freundlich empfangen, mußte aber hören, daß für mich an Ort und Stelle kein Platz mehr sei, weshalb man mich der Rheinprovinz überwiesen habe.

Endlich erklärte auch das Rheinische Komitee, für mich keine Verwendung zu haben, und damit war meine Neigung, mich bei irgendeiner staatlichen Stelle zu bemühen, erschöpft. Mittlerweile waren auf dem Kriegsschauplatz große Dinge geschehen. Auf den ersten billigen Triumph Louis Napoléons bei Saarbrücken, der natürlich als Einleitung niederschlagend genug bei uns gewirkt hatte, waren die siegreichen Schlachten von Weissenburg und Wörth gefolgt. Man jubelte und wartete doch immer aufs neue in fieberhafter Erregung der weiteren Entwicklung der Dinge. Wie viele Male lief ich tagsüber zum Postbüro, um zu hören, ob nicht eine neue Nachricht eingetroffen sei! Nun fielen die Würfel in den drei blutigen Kämpfen um Metz, am 14. bei Borny[55], am 16. bei Mars la Tour und endlich am 18. August in der furchtbaren Schlacht vor Gravelotte. Wohl versuchte ich, meine Gedanken abzulenken, mich musikalisch in irgendeiner Weise zu beschäftigen oder die Unruhe in den Wäldern bergauf bergab auszulaufen, aber das alles gab keine Befriedigung. Es hielt mich nicht mehr in Lauenstein. Am frühen Morgen des 23. setzte ich mich in die Post, fuhr nach Elze und vorderhand wollte ich mit der Bahn weiterreisen nach Sondershausen, um Spitta aufzusuchen. In Elze aber fand ich eine Aufforderung an die Bevölkerung angeschlagen, verwundete Soldaten in Privatpflege zu nehmen, da die Zahl derselben infolge der letzten Kriegsereignisse ins Ungeheure gewachsen sei. Jetzt änderten sich meine Pläne. Ich gab Sondershausen auf und fuhr mit dem nächsten Zug nach Berlin, um dort ein paar pflegebedürftige Soldaten in meiner Wohnung aufzunehmen. Ein großer Transport Verwundeter war in Jerxheim eingetroffen; einige leicht Verwundete aus der Schlacht am 18. wurden in den Zug überführt, in dem ich saß, und zum ersten Mal hörte ich Berichte von Augenzeugen über die großen Geschehnisse samt allem Entsetzlichen, das ihre unausbleibliche Begleitung hatte sein müssen. Am Morgen nach meiner Ankunft gab ich meiner Haushälterin Anweisung, eines meiner Zimmer für die Aufnahme von ein paar etwa eintreffenden Soldaten herzurichten und erhielt nach vergeblicher Wanderung zum Barackenlazarett auf dem Tempelhofer Felde schließlich im Kriegsministerium die Zusicherung, daß man mir demnächst zwei Verwundete zusenden werde.

Meine innersten Gedanken wurden indes infolge der letzten Ereignisse von Metz bald auf andere Wege gelenkt! Das Schicksal Fritz Schwerins machte mir ernste Sorge. Er war, wie erwähnt, zum Konsul in Kairo ernannt worden, und sollte sein Amt im Lauf des August antreten. Ohne weiteres hätte er sich deshalb beim Kriegsausbruch für unabkömmlich erklären lassen können, davon aber wollte er nichts wissen. Hinsichtlich seiner militärischen Stellung gehörte er, da er im 30. Lebensjahre stand, bereits zur Landwehr ersten Aufgebots, würde also einstweilen nicht vor den Feind gekommen sein, sondern weiter rückwärts im Lande Verwendung gefunden haben. Doch sein Schwager Kanitz, der als Kommandeur des Zweiten Garderegiments sofort auszurücken hatte und ihn gern in seiner Nähe haben wollte, redete ihm zu, sich zur Reserve zurückversetzen zu lassen und zu seinem Regiment überzutreten. Schwerin hatte eingewilligt, war als Offizier mit Kanitz ausgerückt, und da gerade die Garde in erster Linie bei der Schlacht von Gravelotte nicht nur beteiligt gewesen war, sondern auch den Gerüchten nach besonders schlimme Verluste erlitten hatte, so drängte es mich zu erfahren, wie es um ihn stand. Er war mit Max Beseler befreundet, der wie er der Garde angehörte. Ich suchte die Eltern Beseler auf in der Meinung, hier vielleicht auch über ihn irgend etwas hören zu können. Sie hatten am Vormittag von beiden Söhnen noch keinerlei Nachricht erhalten. Am Nachmittag wiederholte ich meine Anfrage. Die Söhne waren unverletzt geblieben, über Schwerin aber gingen beängstigende Gerüchte um. Auf dem Potsdamer Bahnhof wurde ein neuer Transport Verwundeter erwartet. Lange Zeit stand ich vergeblich wartend in der Halle; endlich mußte ich, ohne die Ankunft erlebt zu haben, zu später Stunde nach Hause zurückkehren. Am nächsten Tage setzte ich meine Bemühungen fort. Weder auf dem Erkundigungsbüro noch in der Kaserne des Zweiten Garderegiments konnte man mir Auskunft geben. Endlich zwei Tage später sehe ich auf der Straße eine mir vom Ansehen bekannte Dame eilig auf mich zukommen; es war eine Verwandte der Schwerinschen Familie, die mich erkannt hatte. Aus ihrem Munde mußte ich dann hören, Kanitz habe man schwer verwundet nach Berlin zurückgebracht, Fritz aber sei in St. Marie aux chênes seinen am 18. empfangenen Verletzungen erlegen. Ich wollte der Mutter schreiben und fand keine Worte. Dann wieder rang ich mit der Frage, ob ich es wagen dürfe, die Eltern jetzt in ihrem frischen Schmerz in Rogätz aufzusuchen. Kanitzens wohnten ganz in meiner Nähe, in der damaligen Schulgartenstraße. Ich lief hinüber, mochte mich nicht melden lassen sondern nur hören, wie es da stand. Ein Soldat öffnete mir; es war Fritz' treuer Bursche, der in der Schlacht ihm zur Seite geblieben war und der an seinem Sterbelager gestanden hatte. Am späten Abend wurde ich ruhiger und wußte nun auch, was ich zu tun hatte. Ich fuhr am nächsten Morgen mit der Bahn nach Magdeburg und weiter nach Rogätz, ging zu Fuß von der Station zum Gutshaus, sah die Gräfin am Fenster stehen, begegnete ihr auf der Treppe und konnte mich einige Minuten lang allein mit ihr aussprechen. Später im Garten teilte ich ihr meinen Entschluß mit, den Freund aus der fremden Welt in die Heimat abzuholen, wenn sie und der Vater damit einverstanden wären. An diesem Einverständnis fehlte es nicht. Ein schweigsames Mittagessen folgte, dem nur ein Pastorenehepaar beiwohnte. Nach Tisch ging ich hinauf zum alten Grafen, der sich bei einem Fall verletzt hatte und mit verbundenem Arm im stillen Schmerz auf seinem Lehnstuhl saß. Dann verabschiedete ich mich. Noch am selben Abend nach meiner Rückkehr suchte ich Kanitzs auf, sprach auch Luise und schrieb dann meinen Eltern, denen ich die Nachricht vom Tode Schwerins schon am Tag vorher mitgeteilt hatte, wie folgt: »Ich habe jetzt eine Aufgabe in dieser Zeit gefunden, deren Erfüllung, so unendlich wehmüthig sie ist, mir doch eine wirkliche Befriedigung giebt. Die Todesnachricht von Fritz mit Allem, was an Leid für Schwerins in ihrer Begleitung aufgetreten ist, ließ mir keine Ruhe, und ich fuhr heute hinüber nach Rogätz. Einen rührenderen, ergreifenderen Eindruck als den der beiden armen Eltern in ihrem stillen tiefen Schmerz und der unbedingten Ergebung auf der anderen Seite habe ich kaum je gehabt. Ich stellte mich ihnen zur Verfügung in jeder Weise, ins besondere auch für den Fall, daß sie den Wunsch haben sollten, die Leiche von Fritz in die Heimath geschafft zu haben. Da ergab sich denn, daß die Mutter während all dieser Tage das sehnlichste Verlagen gehabt hatte, es möchte das doch möglich sein, und nur nicht gewußt hatte, wie sie es anfangen sollte. Jetzt schien ihr mein Kommen und Anerbieten wie ein Geschenk, und ich kann nicht dankbar genug dafür sein, wenn es mir gelingt, dieses Stück Trost, so gering es immerhin ist, in all den unaussprechlichen Kummer hineinzutragen. Ich war soeben, gleich nach meiner Rückkehr bei Kanitz, der mich trotz seines fieberhaften Zustandes an sein Lager kommen ließ, um mir nähere Auskunft über Mittel und Wege zur Erreichung meines Ziels zu geben. Eine schriftliche Ausfertigung, von ihm unterzeichnet, wird mich von einem Johanniter zum anderen führen. Hoffentlich wird es nicht zu schwierig sein, das Grab und den Körper zu finden. Kanitz hat noch selbst in St. Marie aux chênes Bestimmungen über die Beerdigung getroffen, ohne aber freilich ihre Ausführung mehr zu erleben, da seine Verwundung, indem sie die Transportierung zuließ, ihn zugleich zwang, das Lazareth zu verlassen, sobald Fritz die Augen geschlossen hatte. Ein gewissenhafter Oberstabsarzt ist aber damit beauftragt worden, und man darf wohl annehmen, daß er Wort gehalten hat. …

Für meine Verwundeten sind die Betten aufgeschlagen, aber bei erneuter Erkundigung erfahre ich, daß die Bestimmung getroffen ist, nur Privatlazarethe von 20 Betten für eigentliche Verwundete zu benutzen. Unsereiner würde nur Rekonvaleszenten bekommen; sollten deren in diesen Tagen eintreffen, so sind die Vorbereitungen so getroffen, daß Frau K.[ath] sie besorgen kann. ... Wenn ich daran denke, daß Fritz an dem Morgen starb, wo wir die Metzer Depesche mit Jubel empfingen, so begreife ich kaum, wie das möglich war. Aber auch wenn man nicht so nahe persönlich berührt wäre, eine unbefangene Siegesfreude ist nach den Verlusten der letzten Schlachten und bei der Aussicht auf so viel neues Blutvergießen nicht mehr möglich. Man sehnt sich nur nach dem Ende. Daß dies zugleich der Sieg sein muß, versteht sich von selbst, denn sonst wäre es kein Ende. ...«

Ich schalte hier noch das Nachstehende ein: Wenige Tage nach Ausbruch des Krieges fand in Berlin – ich weiß nicht, von welcher Seite angeregt – ein großes öffentliches Mittagessen statt, an dem eine Reihe der hervorragendsten Persönlichkeiten der Stadt teilnahmen. Auch Fritz Schwerin, der sich noch in Berlin befand, gehörte zu den Anwesenden. Mehrere Reden waren bereits gehalten, als auch er sich zum Sprechen erhob. Und was der Schweigsame sagte, war so voller Geist und Feuer, übte, weil es aus der Tiefe der edelsten, echtesten Natur hervordrang, eine so überwältigende Macht aus, daß sein Wort die ganze Versammlung hinriß. Alle waren voller Bewunderung für den unerwartet auftretenden jugendlichen Redner, vornehmlich auch Theodor Mommsen, gewiß der schärfste Kritiker unter allen Anwesenden. Der Eindruck, den Mommsen in jener Stunde von Schwerins Persönlichkeit empfangen hatte, war ein so starker gewesen, daß er nach dem Kriege einmal die Äußerung tat: »Einer der größten Verluste, die Deutschland erlitten hat, ist der Tod des jungen Grafen Schwerin.«

Kurz ehe die Garde ins Feld rückte, versammelte der Minister von Mühler noch einmal die näheren Familienangehörigen zu einem häuslichen Abschiedsmahl für die ausziehenden Krieger. Außer Graf Heinrich Schwerin, der seit drei Jahren mit einer Mühlerschen Tochter verheiratet war, gehörte auch Fritz zu den Geladenen. Als man nach einem Toast auf die Scheidenden mit den Gläsern anstieß, zersprang das Glas, das er in der Hand hielt. Trotz allen Abwehrenwollens abergläubischer Vorstellungen konnten sich die Anwesenden eines peinlichen Gefühls nicht erwehren.

Am Donnerstag den 18. August bald nach vier Uhr nachmittags führte er dann bei dem Sturm auf St. Privat, in der vordersten Reihe stehend, seine Kompagnie ins Feuer. Der Feind war 1400 bis 1500 Schritt entfernt. Bei der ersten Salve, die die Franzosen abgaben, wurde er in den Unterleib getroffen und sank in die Arme seines Burschen zurück mit den Worten: »Also doch!« Er wurde fortgetragen nach St. Marie aux chênes und lag dort im Lazarett stumm auf seinem Lager. Kanitz, etwas später von der Kugel getroffen, wurde neben ihn gebettet. Am Sonnabend den 20. August Morgens um neun Uhr tat Fritz Schwerin den letzten Atemzug.

Als ich Luise Kanitz zum erstenmal nach Eintreffen der Trauerbotschaft wiedersah und wir unsere Empfindungen für den Abgeschiedenen austauschten, schloß sie mit den Worten: »Und welch eine Erscheinung! Ich sah in ihm die Idealgestalt eines Jünglings. Auch jetzt, mitten in meinem Schmerz, ist es mir Wohltat, mit meinen Gedanken mich in die wundervolle Schönheit seines Anblicks zu versenken.«

Meine Vorbereitungen für die Reise zum Kriegsschauplatz waren bald getroffen. Man riet mir, jemanden mitzunehmen, der mir in praktischen Dingen behilflich sein könnte. Meine gütigen Gräflich Vossischen Wirtsleute gestatteten, daß ihr Gärtner, ein tüchtiger junger Mann, mit mir reiste, und am Abend des 29. August trat ich in dieser Begleitung meine Fahrt an.

An die Eltern

»Bingerbrück Bahnhof d. 30ten August

Mit dem Courierzug gestern Abend bis Kreiensen. Durch Sturm verspätete Ankunft hinderte den Frankfurter Zug noch zu benutzen; also nach Cöln. Von da über Coblenz nach Bingerbrück. Im coupé angenehmer junger Militärarzt, mit dem ich für die Reise bis Pont à Mousson gemeinschaftliche Sache machen werde. Alle Eisenbahnfahrten ganz frei. Von hier an hört die Zuverlässigkeit des Bahnverkehrs auf. Zug mit Deutschen, die von Paris über Belgien in den Regierungsbezirk Trier zurückkehren, mit vielem Militär u.s.w. wird uns in einiger Zeit wahrscheinlich sehr langsam weiter führen. Die Eisenbahn bis Pont à Mousson ist zum Glück fertig. …

Bingen d. 31ten August

Unser Zug fuhr gestern nach vierstündigem Warten Abends um 8 Uhr nach Langenlonsheim (Station vor Kreuznach) und mußte dort liegen bleiben bis heute um 11 Uhr Vormittags. Alles nach Saarbrücken Abgehende ist so gestopft voll, daß man so gut wie gar nicht von der Stelle kommt. Außerdem ist die Bahn von Courcelles nach Pont à Mousson entgegen allen Versicherungen nicht fertig, und so werden wir über Mainz Hagenau Nancy nach Pont à Mousson fahren. …

Donnerstag d. 1[ten] September

Im coupé zwischen Neustadt an der Hardt und Weissenburg. Wir haben Aussicht heute noch bis Nancy zu kommen und sind sehr durchdrungen von der vortheilhaften Veränderung unserer route. Eben treffe ich auf dem Bahnhof von Neustadt Ferdinand Schumann, der mit dem Ersatzbataillon des 2ten Garderegiments ebenfalls nach Nancy geht, freilich mit einem anderen Zug – Militärtransport – während wir hier den Personenzug benutzen können. Wie gern schriebe ich ausführlich! Doch es fehlt gänzlich an Zeit. Wir sind munter und wohlauf.

Weissenburg d. 1[ten] Sept.

Ich sitze einmal wieder im Eisenbahnwagen auf der Lauer, und kann auf die Weiterfahrt nach Hagenau und Nancy noch lange vielleicht warten. Nun will ich versuchen wenigstens etwas ausführlicher von dem Erlebten zu berichten und meiner Correspondenzkarte, die ich heute früh einem freundlichen Herren vom coupé aus zur Besorgung übergab, diese Zeilen nachsenden. Von Bingerbrück nach Saarbrücken geht nur ein Geleis. Unser Transport hatte schon Mittags abgehen sollen, war aber um 8 Uhr erst so weit sich in Bewegung zu setzen fuhr dann bis Langenlonsheim vor Kreuznach, wo wir die Nacht mit Hülfe von etwas Stroh in einem erbeuteten schmutzigen französischen Wagen mit sehr vielen Flöhen erträglich zubrachten. Aber bis 11 Uhr des anderen Vormittags dauerte es, ohne daß es weiter ging. Die Unmöglichkeit einigermaßen vom Fleck zu kommen lag auf der Hand. Dazu sollte in Remilly und Courcelles die Ruhr in besonders hohem Grade herrschen, endlich die Landfahrstrecke von Courcelles nach Corny höchst schwierig zu passiren sein: kurz ein schneller Entschluß, zu dem alle Sachverständigen riethen, die südliche, weitere Bahn zu wählen, war das einzig Gescheute. Eine hübsche Fahrt in offenem Wagen bis Bingen, dann mit der Eisenbahn bis Mainz und über Darmstadt bis Mannheim brachte uns um Mitternacht an letzteren Ort. Der nächste Morgen führte von Ludwigshafen nach Weissenburg. Ich war schließlich eingeschlafen und wachte mit einem wunderbaren Gefühl auf, als mich die Nachricht weckte, wir seien in Weissenburg. Der erste französische Ort und dazu der Schauplatz so denkwürdiger fast in unmittelbarer Vergangenheit geschehener Dinge. Der ganze Bahnhof war mit Truppen besetzt; die Bevölkerung verhielt sich in der Stadt natürlich ruhig, aber wie sie gesinnt ist, konnte man daran sehen, daß gerade vor unserer Ankunft auf einen unserer Soldaten gestochen worden war, und ebenso muß man mit dem Genießen aller Eß- und Trinkwaren vorsichtig sein. Man thut am Besten sich immer an unsere offiziellen Quellen zu halten und Vorrath für den Fall mitzunehmen, daß solche gerade nicht da sind. Die Zerstörungen im Ort sind übrigens nicht bedeutend, nur an den ersten Häusern vor der Stadt und am Thor sehr sichtbar. Auch liegt die Stadt keinesweges auf einem Berge, wie ich gedacht, sondern auf ebenem Boden am Fuß von Reben- und Waldhügeln.

Man lebt ein Leben, so ganz von allem Gewohnten abweichend, da man zuweilen nicht weiß, ob nicht Alles nur ein wirrer Traum ist. Zum Glück kann der Mensch seiner Natur nach nicht immer nur nach einer Seite hin empfinden, und so vergesse ich zuweilen den tieftraurigen Anlaß zu dieser Reise. Ohne dies würde man auch nicht gut fertig. Die Menge äußerer Eindrücke, die Aufforderung seine Gedanken zusammen zu nehmen, um hier und dort das Richtige zu thun, kommt dabei sehr zu Hülfe.

Freitag d. 2ten September, Mittags.

Wir haben in unserem Zug – einem bayrischen sogenannten Spitalzug, der uns mitnahm – bei Bischweiler übernachtet. Als wir gestern ankamen, schrie uns die Stadtjugend entgegen: ›ce n'est pas Bischweiler, c'est Bischwiller‹. Es wurde verboten in den Ort zu gehen. Unsere bayrische Gesellschaft, – darunter besonders zwei liebenswürdige zur Landwehr eingezogene Intendanturbeamte (sonst Juristen) – wollte zuerst mit uns, den Revolver in der Tasche mit sich führend, an das nächste Wirthshaus gehen, da wir für den Abend so gut wie nichts zu verzehren hatten. Wir fanden aber in einem Bahnwärterhaus einen alten gutmüthigen Kerl, deutschen Blutes, den wir veranlaßten, uns Eier und Rothwein herauszubringen. Diese Mahlzeit verzehrten wir im Freien bei Mondschein, während der Kanonendonner von Strassburg herüberdröhnte und oft auch der Feuerschein aufblitzte. Jetzt liegen wir vor Zabern (Saverne) mit der abermaligen Hoffnung, Abends noch bis Nancy zu kommen.

Nancy Bahnhofsrestauration d. 3ten September Abends 9 Uhr
Soeben hier bei Regen und Dunkelheit angekommen. Sehr großartiger Bahnhof, der mit Soldaten Kopf an Kopf gefüllt einen merkwürdig imposanten Eindruck macht.

In Saverne gestern hatten wir zwar ein gutes Mittagsbrod in dem ersten Gasthof, wo ein würtembergischer Etappenkommandant logirt, und dazu den schönsten französischen Rothwein zu ½ Franken die halbe Flasche. Die Gegend am Abhang der Vogesen entzückte mich. Dafür aber verleidete Einem die Stimmung der Bevölkerung die Freude ganz gehörig. Drei deutsche Soldaten sollten in der Nacht vorher vergiftet sein; auf einen anderen war gestochen worden. Als unser kolossal langer Zug am nächsten Morgen sich in Bewegung setzte, gab es bei den letzen Wagen einen Krach. Es wurde angehalten, zwei Leute waren verwundet, und man rief nach den Ärzten. Ein Franzose hatte das Unglück angerichtet; er war, als der Zug sich eben in Bewegung setzte, herbeigesprungen und hatte die Weichen umgestellt. Dabei wimmelte der Bahnhof von Militär, das Stadtthor war stark besetzt und man begriff nicht, wie der Kerl es fertig gebracht hatte, den Unfug anzurichten. Natürlich gab es nun doppelte Vorsicht. In den Vogesenpässen standen an jedem der vielen Tunneleingänge Posten; hin und wieder erschienen Patrouillen, und es ging auch sehr langsam vorwärts. Die Gegend war, sobald man sie zu sehen bekam, wundervoll. Überall die herrlichsten Waldabhänge, Thäler und Ruinen; dazu der Marne-Rhein-Kanal, der sich in malerischen Windungen durch diese Bergwildniß hinzieht. Als wir bei Pfalzburg aus dem Tunnel herauskamen – die Festung selbst ist ganz nahe, aber durch einen Berg verdeckt – winkte auf dem Perron ein Beamter, der Zug möchte halten. Schon waren wir weit voran, aber endlich standen wir still. Aus dem letzten Wagen, wo Ersatz vom 2ten Garderegiment saß, erscholl donnerndes Hurrah. Athemlos liefen die Leute den Zug entlang auf uns zu, und riefen die Nachricht aus, Mac Mahon und Napoléon hätten sich ergeben. Es war ein Augenblick der Begeisterung, den keine Worte schildern. Ein Parlamentär sollte eben abgesandt werden um die Festung Pfalzburg zur Übergabe aufzufordern. Wir hatten aber nicht Zeit, das Ereigniß abzuwarten. Als wir dann wieder aus den Bergen westlich auf flaches, wenn auch hochgelegenes Land kamen, hörte das deutsche Element vollkommen auf. Der Pöbel von Lunéville empfing uns mit einem wahren Geschwirr französischer Redensarten, und wenn die Leute nicht deutsch sprechen, so ist es in diesem Theil Lothringens keine Affektation. Auf der eisernen Brücke, die die Bahngeleise überspannt, stand eine Menge von widerlichen

Weibern. Schmutzig, unordentlich, mir wirren Haaren, in einem Kostüm, als wären sie eben aus dem Bett aufgestanden, sahen sie frech blickend auf uns herab. Dafür machte ich bald darauf eine andere Erfahrung unter den Franzosen, die in stärkstem Gegensatz zu diesem üblen Eindruck steht. Wir mußten bei Blainville in Gemeinschaft mit mehreren anderen unabsehbaren Zügen für längere Zeit halt machen. Die ganze Gegend war ausgesogen, unser eigener Vorrath fast bis auf den letzten Bissen verzehrt. Vor unseren Augen wurde ein Ochse geschlachtet, von dem wir schließlich auch unser Theil würden abbekommen haben, aber erst nach welchen Durchgängen. Da erfuhren wir, daß in einer nicht zu fern gelegenen Farm Leute wohnten, die uns Eier und Milch geben würden. So zogen wir denn in einem kleinen Trupp mit unseren Bayern und zwei Trainsoldaten auf das Gehöft los. Bei unserer Ankunft kehrten uns drei Männer, die vor dem Hause standen, den Rücken zu. Als wir aber ›bonjour messieurs‹ riefen, wandten sie sich um, und fragten nach unserem Begehr. Auf unsere Frage hin, ob Eier und Milch zu haben wären, schienen sie uns fast zu freundlich; sie verlangten von uns durchaus Eintritt in das Haus – nicht ganz behaglich, da wir vorangehen sollten – und sie folgten. Aber die Gastfreundschaft war ächt; die Leute gaben, was sie unter der Seele hatten, und wollten nicht einmal Geld nehmen, so daß ich schließlich einige Münzen pour les pauvres hinterließ. Mit mir schlossen sie besondere Freundschaft; ich sollte einem ihrer Bekannten monsieur Ledut sehr ähnlich sehen, und des Händedrückens beim Abschied war kein Ende. Dabei erzählte mir die Frau im Stillen, daß einer der jungen Franzosen, die im Zimmer waren, neulich von unseren Soldaten mit dem Säbel angegriffen worden sei, da er Nichts gehabt habe, was er ihnen hätte geben können. Leider, leider hört man hier von allen Seiten, daß sich unsere Leute zum Theil recht abscheulich benommen haben; nicht die Franzosen nur sagen es, sondern auch unsere Johanniter und Offiziere! –

Schloß Corny d. 5ten Sept. Morgens

Gestern früh in Nancy traf ich zu meiner Überraschung Siegmund von Rotenhan, Wolframs zweiten Bruder als Johanniter an, der mir als solcher behülflich sein konnte. Ich bestellte einen Sarg, den Rotenhan mir heute hierher nachschicken wird. Nachdem dies besorgt, ging die Fahrt weiter durch das Moselthal nach Pont à Mousson, wo, abermals völlig überraschend, drei Cölner Bekannte auftauchten: der junge Pfarrius (Sohn des Dichters), der junge Meubach, Mitglied des Bachvereins, und ein ihm befreundeter Jurist. Diese Rheinländer überboten sich in Liebenswürdigkeiten gegen mich, und ihre Gegenwart wirkte erheiternd. Meubach suchte den Prinzen Reuss, Chef der dortigen Johanniter, mit mir auf, um mir durch dessen Vermittelung einen Wagen für die Weiterfahrt nach St. Marie aux chênes zu verschaffen. Aber so freundlich und entgegenkommend der Prinz war, er mußte mir abschlägigen Bescheid geben, da alles Geschirr sammt Pferden im Augenblick für die neuen Transporte Verwundeter in Beschlag genommen war. Die ganze Stadt ist jetzt Nichts als Feldlager und Lazareth; ihre Lage aber ist reizend. Von der Moselbrücke hat man den Blick auf die eigenthümlichen Ufer zu beiden Seiten: langgestreckte kegelförmige Hügel, Ortschaften auf den Höhen oder an den Abhängen, Weinberge, Obstbäume und einzelne Waldparthieen. Die Häuser sind ziemlich flach gedeckt; die Wände grau, die Fenster mit meist geschlossenen hellen Jalousieen versehen. Fast in jedem Dorf ein verfallener Thurm und verfallene Mauern; zwischen dem allen aber sich hinziehend der schöne, malerische Fluß. Auch eine ächt französische gothische Kirche giebt es in Pont à Mousson, auf der jetzt die Lazarethfahne weht. Die Freunde riethen uns, hier, als in dem größeren Ort, wo sich immer am ersten Gelegenheit finden würde ein Gefährt zu bekommen, Station zu machen. Mir aber schien es richtiger, baldmöglichst nach Corny auf der Bahn weiterzufahren, wo man jedenfalls wiederum 2 Stunden näher an St. Marie wäre. Nachdem also die guten Cölner uns mit Sodawasserflaschen und Bordeaux vollgestopft hatten, stiegen wir in den nächsten Courierzug, fanden in einem der Güterwagen auf Stroh neben einigen freiwilligen Krankenpflegern einen bequemen Platz, und kamen in einer halben Stunde in Novéart an, von wo eine leicht hängende Brücke über den Fluß nach Corny hinüberführt. Von den Johannitern war im Augenblick Niemand anwesend, dagegen fand ich auf dem Etappenkommando, das im Schloß eingerichtet ist, den Major von Dittfurth, der mir sofort einen Wagen für heute versprach. Bedeckung giebt es nicht, weil die Straße nach St. Marie wie man sagt, so gespickt mit deutschen Truppen ist, daß man auch ohne solche ganz sicher fahren kann. Nun galt es, Quartier und Verpflegung zu suchen. Ich kehrte zum Depot der Johanniter zurück und fand jetzt Herrn Dr. Cossmann anwesend, den ich zuweilen in Cöln bei Gernsheim gesehen, und der mir, so wenig anziehend er mir sonst gewesen, unter den augenblicklichen Umständen doch als bekanntes menschliches Wesen immer eine erfreuliche Erscheinung sein mußte. Später erschien noch Herr von Zedlitz, ein prächtiger alter Mann, der mich auf das Freundlichste mit Empfehlungen für St. Marie versah. Wir wurden mit Lebensmitteln, Kaffee, Wein,

Käse u.s.w. für Abend und Morgen versehen, wegen des Quartiers aber an das Etappenkommando verwiesen. Da es nun kein Vergnügen ist, etwa durch den Zufall für die Nacht an einen rabbiaten französischen Bauern verwiesen zu werden, so wandte ich mich nicht an die oberste, sondern an die unterste Instanz, nämlich an den Burschen des Generals von Malotki. Auf mein Ansuchen, uns nur einfach Stroh zum Schlafen in der Wachtstube anzuweisen, machte er ein ganz verschmitztes Gesicht und gab uns ein kleines unbenutztes Zimmer im Schloß mit zwei Betten, – ehemals offenbar Schlafzimmer eines gräflich Cornyschen Kindes, – und so kamen wir unversehens dazu, zum ersten Male wieder seit der Abreise – wenn auch der Reinlichkeit wegen halb angezogen – unsere Glieder eine Nacht lang ausstrecken zu können. Wie wohl das that, nachdem wir die Nächte bis jetzt nur im vollbesetzten Eisenbahncoupé dritter Klasse, aufrechtsitzend zugebracht, läßt sich denken. Aber nicht nur um des bequemen Nachtquartiers willen ist hier gut sein. Unser Fenster geht auf den alten fast unabsehbar großen Park, der sich am Ufer der Mosel hinzieht. Gestern Abend, als der Mond auf die weiten Rasenflächen und die mächtigen Bäume schien, konnte man wirklich für Augenblicke vergessen, welche Dinge hier in nächster Nähe geschehen sind und noch geschehen können. Der Graf Corny ist mit seiner Familie geflohen, hat dann erlaubt, seine ganzen Besitzungen zur Pflege der Verwundeten zu benutzen, giebt selbst dazu in großartigster Weise die Mittel, und hat dafür unsererseits die Zusicherung erhalten, daß man sein Eigenthum mit größter Schonung behandeln werde; das Schloß ist einstöckig, in altfranzösischem Styl erbaut und macht einen höchst behaglichen Eindruck. Heute Morgen lag ein dichter Nebel über dem Garten; allmählig dann tauchten die Baumgruppen, und auf den Rasenplätzen die Zelte mit Verwundeten daraus hervor, und als wir hinuntergingen, klärte sich allmählig Alles zum schönsten Wetter auf. Die Zelte scheinen musterhaft eingerichtet zu sein; an den Eingängen stehen die schönsten Gewächse aus den Treibhäusern, auch drinnen sehen wir theilweise zwischen den Betten wundervolle Blumen. Barmherzige Schwestern und deren Gehilfinnen besorgen die Pflege. Ein Leichtverwundeter sagt mir, man könne garnicht besser geborgen sein. Die Lage des Orts ist natürlich ähnlich wie die von Pont-à-Mousson; der Charakter des Thals: Rebenhügel, Kalkfelsen, Baumgruppen und malerische Ortschaften, die fast alle wie ein Stück Mittelalter aussehen, bleibt derselbe. Doch ist die Umgebung von Corny, wie mir scheint, noch reicher an herrlichen Einzelheiten. In der Nähe hier befindet sich ein Hügel, von dem aus man die Lage von Metz übersehen soll. Man darf aber der Bauern wegen nicht allein durch die Weinberge hinaufgehen, wie uns gestern aufs Neue gepredigt wurde, und zu einem Spaziergang in Gesellschaft findet sich kaum Gelegenheit. …

Pont-à-Mousson d. 7. September.

… Wir haben, Gott sei Dank, erreicht, was wir wollten, und sind auf dem Rückweg. Hoffentlich ist er rascher zu ermöglichen, als der Hinweg. Alle Rücktransporte gehen schneller, als die nach dem Kriegsschauplatz zu befördernden. Ich bin wohl und grüße herzlichst. …

Cassel d. 9. September.

Von Pont-à-Mousson bis Frankfurt nahm ein großer Transport Verwundeter und Gefangener uns und unseren Trauerwagen mit. In Frankfurt stand mir die Wahl offen, ob ich mit dem Schnellzug fahren und 140 Thaler für den Transport zahlen, oder mit dem langsamen Personenzug für 70 Thaler reisen wollte. Ich wählte das Letztere, da es mir doch nicht angemessen schien, dermaßen um meiner Bequemlichkeit willen in das Geld zu greifen, und habe nun hier seit heute Vormittag um 9 Uhr Aufenthalt. Um 6 geht es weiter nach Kreiensen, dort bleibe ich von 9 bis 1 Uhr in der Nacht, und hoffe morgen früh 10 Uhr in Berlin zu sein. Es ist mir schwer, so nahe bei Euch zu sein und Euch nicht sprechen zu können nach so ernsten Eindrücken. Dafür habe ich denn telegraphirt, und weiß, daß Ihr heute Abend beim Theetisch an mich denkt. –

Am Montag Mittag traf der bestellte Sarg von Nancy her in Novéant ein, und ich schickte mich an, auf meinen Schein hin einen Wagen bis St. Marie aux chênes zu requiriren. Alle Straßen und Orte wimmeln von Pferden, und doch ist keines zu haben; Alles hat zu thun. Meine ersten Wege waren vergeblich, endlich bekam ich mit Hülfe eines Artillerieoffiziers einen passenden Leiterwagen mit einem deutschen Kutscher, der in dem Fuhrpark der Artillerie noch zu haben war. Doch hatte das Bestellen viel Zeit genommen und es war fast 5 Uhr, als wir Corny verließen. Ein hessischer, nicht sehr angenehmer und wie mir schien ziemlich bummeliger Arzt, begleitete uns, und verlangte absolut den Abend noch bis zum Ziel zu kommen. Schon der Weg bis Ars-sur-Moselle war bedeckt mit militärischen Transporten, aber doch nicht so, daß sie das Fortkommen hinderten. Eine große Römische Wasserleitung, von deren colossalen Bögen eine ziemliche Anzahl auf beiden Moselufern erhalten sind, durchschneidet das Thal noch vor Ars, und erhöht den malerischen Reiz der Landschaft. In Ars selbst ist man nur fünfviertel Stunden vor Metz, man sieht die Cathedrale von einem kleinen Hügel neben der Mosel deutlich vor sich liegen; das Fort St. Quentin ist so nahe, daß man die Besatzung darauf erkennen kann, und der Ort liegt in dem Bereich sowohl der französischen als unserer Kanonen, die theils oberhalb theils unterhalb auf den Bergen aufgepflanzt sind. Kaum fortzukommen war vor Gedränge von Truppen in den Straßen. General Göben sprengte an der Spitze einer Schar höherer Offiziere an mir vorüber. Nach August Hausmann fragte ich vergeblich, nachdem ich schon Tags zuvor ebenso vergeblich versucht hatte, ihm eine Karte zukommen zu lassen. Man erwartete sogar den Durchzug von Artillerietruppenteilen des 7ten Armeekorps. Es war aber höchste Zeit für mich zum Aufbruch, und ich durfte nicht warten. Der Weg biegt jetzt links in eine ziemlich enge Thalschlucht ein, und führt unter gewöhnlichen Verhältnissen in etwa einer Stunde hinauf nach Gravelotte, wo die Hochebene und mit ihr das Schlachtfeld des 18ten beginnt. Schöner Wald bedeckt die Abhänge; die Sonnenstrahlen aber fielen schon schräg über den westlichen Rand zum östlichen hinüber. Plötzlich hieß es, wir würden kaum durchkommen, denn die ganze Hälfte des 8ten Armeekorps zöge uns in der Schlucht auf dem nicht zu breiten Wege entgegen. Die Richtigkeit dieser Nachricht bestätigte sich bald genug. Ungeheure Massen strömten uns fortwährend entgegen, Cavallerieregimenter, Artilleriezüge, Proviantcolonnen, ein Gedränge, von dem man sich keine Vorstellung macht. Die Infanterie lag marschbereit an den Abhängen, und setzte sich dazwischen auch in Bewegung. Fortwährend mußte von uns gehalten, oder ganz langsam gefahren werden; im glücklichsten Fall konnte man einmal seitwärts über holpriges Terrain ausbiegen und so einen Vorsprung gewinnen. Dazu kam, daß man für den Abend einen Ausfall Bazanie's, eventuell einen letzten entscheidenden Kampf an der Mosel erwartete. Die Situation war also peinlich genug, da ein Zurückgehen nach Ars und Corny ebenso schwierig als unrathsam gewesen wäre, und ich mir auf der andern Seite sagen mußte, daß ich für den Fall einer Schlacht während der nächsten Tage in St. Marie abgeschnitten und nicht im Stande sein würde, Euch Nachricht zu geben. Glücklicherweise bestätigten sich diese Vermuthungen am nächsten Tage nicht, und bis zu unserer Abreise kam es zu keinem kriegerischen Ereignis vor Metz. Ein sehr hübscher Zwischenfall war der, daß ich unter den lagernden Rheinischen Infanterietruppen plötzlich Fritz Heymann entdeckte, der denn auch sofort auf mich zugesprungen kam, und bei der allgemeinen Stopfung, die im Augenblick im Vorrücken eingetreten war, Zeit genug hatte, mir zu erzählen und sich erzählen zu lassen. – Es war fast Dämmerung, als wir oben auf dem Schlachtfeld ankamen, und dann bald das Dorf Gravelotte erreichten. Um vorwärts zu kommen, mußten wir theilweise quer herüberfahren ohne Weg und Steg; der Kutscher verlor dabei die Richtung, und als wir uns vergeblich bemühten, einem Infanterieregiment entgegenzufahren, entdeckten wir, daß wir uns auf der Straße nach St. Hubert, also auf Metz zu, befanden, und nur durch ein abermaliges Querüberfahren die chaussée nach Malmaison erreichen konnten. Hierbei gingen wir zum Theil zu Fuß, da das Terrain zu bös war. Wir erreichten die Straße unmittelbar neben dem berüchtigten Gehöft, hinter dem die Franzosen sich verschanzt hatten, das mit 250 französischen Verwundeten angefüllt gewesen, und dann von uns ganz und gar in Brand geschossen war. Ein furchtbarer Anblick noch immer! Die ganze Strecke von der Stelle an, wo der Weg aus dem Wald tritt, bis St. Marie, ist mit sehr geringen Unterbrechungen Stätte des schrecklichen Kampfes gewesen, und der Eindruck der Verwüstung ist nicht zu beschreiben. Fast kein Halm mehr auf Stunden weit, Alles zerstampft, brauner durchwühlter Lehmboden, und überall zerschossene Tornister, Blechgeschirre, Helme, Patrontaschen, vereinzelt oder in Haufen zusammengekehrt; dazwischen oft kleine Lehmhügel, die die Gräber bezeichnen, ja sogar noch aufgetrocknete Blutlachen. Es war so dunkel geworden, daß nichts Anderes übrig blieb, als in Malmaison ein Unterkommen zu suchen; die Posten lassen nach 9 Uhr nichts mehr durch; die Straße war öder geworden, und die Gefahr beschossen zu werden, größer. Erst vor Kurzem hatte man sogar eine Proviantcolonne Abends hinter St. Marie stark beschossen, und in einem Gehölz waren 15 bewaffnete Bauern festgenommen worden; ich bestand also mit Entschiedenheit darauf, lieber in Malmaison mit dem schlechtesten Unterkommen vorlieb zu nehmen, als weitere fruchtlose und gefährliche Versuche zu machen. Malmaison ist ein ganz kleines, natürlich vollkommen ausgesogenes Dörfchen mit wenigen Häusern, die voller Verwundeter liegen. Unsere erste Anfrage war vergeblich; die zweite war an einen Sanitätssoldaten gerichtet, der mit 4 anderen auf dem engen Flur eines Bauernhauses eine Streu hatte. Der gute Mensch räumte uns dreien wirklich noch Plätze neben sich auf dem Stroh ein, auch das alte französische Bauernehepaar zeigte sich willfährig. Die Soldaten gaben uns etwas von ihrem Brot und ihrer Suppe ab, und die armen Wirthsleute waren ganz zufrieden, sich einmal mit einem Fremden auf französisch verständigen zu können. Vor dem Schlafengehen waren wir mit den Soldaten noch einmal draußen, und hörten, ob bei Metz nicht geschossen würde; es blieb aber still, und nur unzählige

Wachtfeuer bezeichneten den Ring, den die Bivouaks unserer Truppen um die Festung schließen. Am anderen Morgen brachen wir um 6 auf; es waren noch etwa 1 ½ Stunden bis St. Marie, und wieder ging es, wie gesagt, nur mit geringen Unterbrechungen, immer über das Schlachtfeld. Die Straße führt nach Vernéville, wo ein schönes altes chateau, das von einem großen Garten umgeben ist, einen merkwürdig wohlerhaltenen und erfreulichen Eindruck mitten in der allgemeinen Öde macht. Durch die steinernen Gartenmauern sind überall Löcher gebrochen, die von den Franzosen als Schießscharten benutzt wurden, hier sowohl wie in den übrigen Dörfern; größere Lücken bezeichnen dann die Zerstörungen der Artillerie. Wo ein Stück Wald zu sehen ist ist es wie zerhackt, Bäume und Büsche, die brauchbar sind, gefällt, um für die Bivouaks benutzt zu werden; an anderen Stellen liegen die trockenen Büsche aufgeschichtet und bezeichnen die Lagerplätze. Ein chassepot-Gewehr lag im Chaussengraben, doch wollte ich es nicht ohne Erlaubnis mitnehmen, um keine Unannehmlichkeiten damit zu haben. Tote Pferde, freilich offenbar auf späteren Märschen verendete, fanden wir 6 – 8 am Wege; von einem andern stand das Bein aus der Erde; zum Glück strich ein frischer Wind über die Hochebene, sodaß der Leichengeruch nur zuweilen an Stellen zu empfinden war, wo Gräber in unmittelbarer Nähe lagen. So kamen wir durch die trostlose Gegend endlich nach St. Marie, und damit freilich zu dem beiweitem traurigsten Fleck. Gleich nach den ersten paar Schritten ins Dorf fand ich einen alten Johanniter Herrn von Scheliha, der mir bestätigen konnte, daß das Grab, das wir suchten, kenntlich sei. Dagegen sollte ein Herr von Marwitz mit Fritz zusammen begaben sein, und der Vater des Ersteren wollte für beide Leichen Särge schicken, um in dem einen sicher seinen Sohn zu haben. Herrn von Scheliha rieth mir deshalb, einen Tag zu warten, ich ließ mich aber nicht darauf ein; es ergab sich, daß die Gräber vollkommen getrennt genug von einander lagen, und sollte eine Verwechselung vorgefallen sein, so war ja meine Pflicht doch unter allen Umständen, zu sehen, was zu sehen war und danach zu entscheiden; kurz ich bat mir 5 Husaren zur Hülfe bei der Ausgrabung zu geben, erhielt von einer prächtigen barmherzigen Schwester Alles, was sonst nötig war, Chlor, Tücher u.s.w. und machte mich an das traurige Amt. Ein Holzkreuz mit dem Namen stand an der Stelle, ein kleines Lorbeerbäumchen, dessen Dasein in solcher Umgebung fast unbegreiflich schien, daneben, und sehr bald, nachdem das Graben begonnen, stießen wir auf einen rohen Holzkasten. Er wurde ganz herausgenommen, und dann die Decke gehoben. Man hatte mich von allen Seiten so auf das Entsetzlichste gefaßt gemacht, daß ich nicht mehr überrascht war, das zu sehen, was ich sah. Freilich war es über die Maßen furchtbar, von einer Ähnlichkeit der Züge keine Spur mehr, die Farbe vollkommen schwarz; ich trat drei Mal heran, um sicher zu sein, daß ich nicht irrte – dann war ich aber gewiß, die Haare gaben den ersten Anhalt, endlich auch die Stelle der Verwundung, die kenntlich war, und ich konnte das Umlegen in den bereit stehenden Sarg mit vollkommener Gewißheit vollziehen lassen. Die Soldaten benahmen sich musterhaft, selbst unter den Franzosen, deren Hilfe ich in irgend einer Weise in Anspruch nehmen mußte, gab es Theilnahme; mir selbst aber war von allen persönlichen und allgemeinen Eindrücken zu Muthe, als sollte ich nie wieder froh werden. Gerade, als wir den Sarg aus der Erde nahmen, fragte einer der Husaren, wie alt der Tote gewesen sei, und in dem Augenblick fiel mir ein, daß wir den 6. September hatten, Fritz's 30. Geburtstag! Der Lorbeer ist ihm in den Sarg mitgegeben. – Es ist eine besondere Gnade, daß es gelungen ist, zu erreichen, was wir wollten: ohne Kanitz und den Oberstabsarzt Wolff, der sein Versprechen sehr treu gehalten hat, wäre es unmöglich gewesen; nach einem Obersten wurde während wir da waren, gänzlich vergeblich gefragt und gesucht, und wie muß es sein, von einer solchen Reise ohne Erfolg umkehren zu müssen! Die Rückfahrt, zum Theil bergab, ging schnell von Statten, es war sehr schwül, und drohte mit Gewitterregen, doch kamen wir trocken durch; an der Straße lasen wir erst vor Vernéville zwei, dann bei Ars noch einen kranken Soldaten auf, die alle nicht mehr weiterkonnten, und in die Lazarethe wollten, besonders Einer von ihnen eine jammervolle Gestalt! Welch ein Zustand es sein muß, jetzt in St. Marie oder einem dieser Orte zu wohnen, das kann man sich kaum vorstellen, ohne daß man einen Blick in das gräßliche Elend gethan hat! Eine Frau soll gesagt haben: ›d'abord nous avons la guerre, alors la faim, et enfin la peste‹, und eigentlich haben sie schon jetzt alles dreies zusammen. – Eine sehr große Wohlthat war es, daß wir gleich bei der Ankunft in Novéant (Corny gegenüber) einen liebenswürdigen Etappen-Offizier fanden, der für unsere sofortige Beförderung per Eisenbahn nach Pont-à-Mousson sorgte. Dort aber fand ich meine Cölner Freunde, mit denen ich um 6 ordentlich zu Mittag aß, und die mir eine Nacht mit wirklichem Schlaf verschafften. Pfarrius nahm mich zu seinen freundlichen Wirthsleuten mit, quartierte sich selbst in ein kleineres Bett, gab mir sein vortreffliches großes, und erwies mir damit einen wahren Liebesdienst; denn vollkommen ausgezogen in einem ordentlichen Bette gelegen hatte ich seit Berlin nicht; in Corny mußte man doch immer das Zeug halbanbehalten. – Der nächste Morgen führte mich in der Eisenbahn mit einem jungen Schweizer zusammen, der Lazarethgegenstände nach Pont-a-Mouson gebracht hatte, sich bald als Baseler Theologe und Schüler von Stockmeyer erwies, Arnold von Salis hieß, und mir bis Mannheim die angenehmste Gesellschaft blieb. Wir fuhren, wie schon gesagt, mit einem ungeheueren Transport Verwundeter und Gefangener; zweite Classe gab es nur für einige verwundete Offiziere, und so blieb uns nichts als ein Güterwagen mit zwei Holzbänken ohne Lehne und etwas Stroh, in dem wir die 24 Stunden Tag und Nacht bis Mannheim zubrachten. Unsere Gesellschaft bestand aus verwundeten, kranken und gesunden abkommandierten meist Bayrischen Soldaten, die zum Theil einen so liebenswürdigen und gesunden Humor entwickelten, daß man sie von Herzen gern haben mußte. Mein Baseler erzählte mir dann auch, daß er in Pont-à-Mousson mit netten Cölner Ärzten Namens Dumont und Langen etc. zusammen getroffen sei, kurz mit all denen, die als Einquartierung in Lauenstein waren; natürlich war es mir sehr leid, daß ich das Wiedersehen mit ihnen versäumt hatte. Ich habe aber von Ferdinand Schumann und Wilhelm Niemeyer an bis heute, wo ich Professor Schöne aus Leipzig am Casseler Mittagstisch entdeckte, so viel Bekannte und Freunde getroffen, daß ich wohl zufrieden sein muß. Gestern las ich die erste Zeitung wieder – auf dem Kriegsschauplatz hört man nämlich garnichts, außer was einige vereinzelte offitielle Telegramme melden – das war aber ein so verfluchtes socialdemokratisches Blatt (die neue Badener Landeszeitung), daß ich sie bald wieder fortwarf. Heute finde ich hier die ›Norddeutsche Allgemeine‹ mit dem schönen Brief des Königs an die Königin. Dieser prächtige Alte hat auch für einen Kerl, wie Napoléon, wenn er im Unglück ist, noch ein mildes Gefühl. Wilhelmshöhe anzusehen, mit dem Gedanken ›da sitzt Napoléon‹ war heute ein merkwürdiges Gefühl.

Ich schließe und fahre Euch bis auf 6 Meilen entgegen, um dann wieder abzubiegen, leider! Sehr viel Geld haben wir nicht gebraucht, obgleich wir die freie Verpflegung natürlich nur da angenommen haben, wo für Geld nichts oder doch nichts Zuverlässiges zu haben war. Dafür kostet der Transport des Sarges nun Enormes.

Herzlich grüße ich Euch Alle, Hausmanns mit eingerechnet und bin in der lebhaften Hoffnung, bald Etwas nur Gutes von Euch zu hören

Euer Ernst.

Auch nach einem Wort von Tante Marie H. verlangt mich sehr.

Berlin, d. 15. September 1870.

… Eure sehr lieben Briefe … thaten doppelt wohl, wo ich mich nach allen Eindrücken der letzten Woche beim Zurückkehren doch des Gefühls der Abspannung und der Einsamkeit zuerst nicht erwehren konnte. … Gleich bei meiner Ankunft, die Sonnabend Mittags um 12 erfolgte, traf ich auf dem Bahnhof einen Diener von Schwerins, der den Auftrag hatte, die Leiche bis Putzar mit dem Nachtzug zu bringen; ich trug ihm einstweilen nur Grüße an die Gräfin auf, weil ich das Bedürfnis hatte, mich erst körperlich etwas zurecht zu bringen, ehe ich zu Schwerins ging, und auch der Meinung war, ihnen selbst gegenüber sei es richtiger, nicht unmittelbar von der Bahn kommend in allem Reiseschmutz bei ihnen vorzusprechen. So wurde es denn einschließlich des Mittagessens, (das ich beiläufig gesagt mit Herman u. Gisela Grimm im Bellevue-hôtel unter freundschaftlichem Gespräch einnahm), ½ 4 Uhr Nachmittags, bis ich zu Schwerins kam. Das Wiedersehen war schmerzlich genug; ich hielt die liebe kleine schwarze Gestalt der Mutter in meinen Armen, bis sie sich nach den ersten heftigen Thränen beruhigt hatte, und da ich sah, mit wie banger Erwartung sie meiner Ankunft entgegen gesehen hatte, so bereute ich fast, nicht gleich gekommen zu sein, obgleich ich in der besten Absicht gewartet hatte. Dann kam auch der Vater, und ich mußte beiden berichten, was zu berichten war. Am nächsten Morgen erschien die Jungfer der Gräfin mit einem sehr lieben Briefchen ihrer Hand, in dem sie mich bat, Montag Mittag bei ihnen zu essen; zugleich schickte sie rührender Weise eine Flasche starken Rothweins zu meiner Kräftigung. Dann am Montag Mittag war ich mit den beiden Eltern allein, mußte ausführlich Alles erzählen, was ich auf der Reise erlebt hatte, auch abgesehen von dem traurigen Ziel derselben, und blieb mehrere Stunden unter ruhigem Gespräch dort. Nach Tisch wurden die Sachen von Fritz geholt, seine Reisetasche, Bilder von ihm und Anderes. Wir lasen in seinem Notizbuch die Marschroute, wie er sie bis zum 15. aufgezeichnet hatte; ich erhielt ein Panorama von Constantinopel, das er von dort mitgebracht, eine Brieftasche mit allerlei Kleinigkeiten, die er schon als Student fortwährend getragen, endlich ein Etui mit sehr schönen goldenen Hemdsknöpfen, die er von Weihnachten an bis jetzt immer benutzt hatte; Dinge, deren Anblick mich immer wieder wie etwas Unbegreifliches berührt. – Gestern war ich Nachmittags noch einmal bei Schwerins, erlebte auch wieder eine schöne Stunde mit beiden, fand aber die Gräfin doch recht angegriffen. Sie hat sich mit zu großer Anstrengung während dieser Zeit dem Mann zu liebe aufrecht erhalten, und da sie nun auch eine Menge von Besuchenden empfangen mußte, die nicht immer zu den Nächststehenden gehörten, und immer wieder das Schreckliche in frische Erinnerung brachten, ohne dabei besonders wohlzuthun, so ist es nur zu natürlich, daß ihre Kräfte jetzt erschöpft sind. – Über die Leiche ist einstweilen die Bestimmung getroffen, daß sie in Putzar in einem Gewölbe beigesetzt wird, um dann später in Gegenwart der Eltern eingesegnet zu werden. Dazu soll ich dann auch mit herüberkommen.

Bei Beselers war ich Montag Abend, als ich von Schwerins kam, um mich zu erkundigen und wurde dortbehalten zum Thee. Ihr werdet schon wissen, daß die Nachrichten von beiden Söhnen gut lauten, und ich füge nur hinzu, daß ich die Art, wie alle Familienmitglieder die beständige Sorge ertragen, bewunderungswürdig finde. Ich durfte alle Briefe von Max und Hans lesen und hatte einen recht lebendigen Eindruck von ihren Schilderungen, zumal da mir bei Manchem die persönliche Anschauung von der Lokalität zu Hülfe kam. Hans bin ich l e i d e r sehr nahe gewesen, ohne ihn zu sehen. –

Bei Mendelssohn's war ich Dienstag Abend in Charlottenburg, nachdem ich zuvor eine Karte von Herrn Mendelssohn hier vorgefunden hatte; es war schon spät, und ich erschrak, als ich beim Eintreten ein Krankenlager erblicke; Frau Enole neben einer kleinen Lampe auf einem Stuhl sitzend, um Wache zu halten. Robby hat ein gastrisch nervöses Fieber, und die Eltern sind in großer Sorge. Doch war augenblickliche Gefahr nicht vorhanden. Von Schaper fehlten seit 10 Tagen die Nachrichten; ich bekam auch dort alle Briefe zu lesen, die er geschrieben; für mich selbst hatte ich hier eine Karte vom 25$^{\text{ten}}$ August aus Doncourt von ihm vorgefunden und hatte daraus den vollen Eindruck von der ungeheueren und unbeschreiblich traurigen Arbeit, die ihm obliegt. – Wie so viele Menschen die Strapazen dieses Krieges ertragen, ganz abgesehen von allen Gefahren, das ist mir, seit ich selbst in das Elend hineingesehen, vollends ein Rätsel. Ich fürchte, wenn Alles vorbei ist, werden die Nachwirkungen bei Manchen noch sehr übel sein. Und das Traurige ist, daß man noch immer kein Ende sieht. Wie glückselig war man unmittelbar nach der Schlacht bei Metz, in dem Gedanken, es sei nun aus mit dem Kriege! Und dann kam der hinkende Bote nach. Nach Sedan glaubte man auch, jetzt könne nichts Ernstliches mehr kommen, und jubelte abermals zu früh. Wer weiß, ob selbst die Einnahme von Paris, – wenn sie, was Gott bald gebe, erfolgt ist, – das Ende aller Noth bringt.

Unsere Schule hat wirklich wieder ihren Anfang genommen, und ich habe meine ersten Stunden am Dienstag gegeben – mit weniger Stimmung als je in meinem Leben. Die Geiger und Cellisten sind ziemlich alle da, nur Hausmann fort, dessen Bruder gefallen ist, und dessen Mutter seine Nähe wohl auch auf einige Tage wünschen wird. Von meinen Damen fehlen noch mehrere, und so bin ich auf ihrer drei und Spengel beschränkt. Für die Partiturstunde habe ich einen neuen Schüler; für das Klavier zwei neue Damen, die aber erst später eintreffen. Die Arbeit ist also vorläufig nicht groß, aber auch gänzlich reizlos, da die Schüler selbst sich zwingen müssen, bei der Sache zu sein. Spengels Anwesenheit ist mir natürlich lieb und erfreulich, auch Wolff ist da, und besuchte mich gestern Abend, aber demnach ist Alles so zerfahren, daß man inmitten so vieler Bekannten und Freunde nicht das Gefühl hat, recht zu Hause hier zu sein. Nur das Zusammensein mit den Allernächsten kann in solchen Zeiten die Empfindung von Alleinstehen verscheuchen. Eine böse Erfahrung habe ich mit Mühlers wiederum gemacht; ich habe aber den festen Vorsatz, dieses Päckchen in der Stille zu tragen, und bitte daher, daß Ihr außer Hoffmeisters gegenüber nicht darüber schriftliche Äußerungen macht. Schon aus Joachims ersten Andeutungen merkte ich, daß Etwas nicht in Ordnung sei; Mühlers, sagte er, hätten sich beklagt, daß ich nicht zum ersten September wieder hier gewesen, worauf er ihnen dann vergeblich versichert habe, daß mein Urlaub kontraktlich bis zum 15ten dauere. Vorgestern endlich sagte mir Joachim, ich möge doch Mühlers gegenüber nichts von meiner letzten Reise erwähnen, denn sie seien sehr ungehalten darüber – aus welchem Grunde, das mögen die Götter wissen. Mich empörte der Gedanke, daß ein Mensch bei einer Angelegenheit wie diese überhaupt Empfindungen gehässiger Art gegen irgend einen der dabei Betheiligten haben konnte, mehr, als ich sagen kann. Ich wollte mir aber die reine Erinnerung an das, was geschehen ist, nicht vergiften lassen, ging also mit dem festen Vorsatz zu Mühlers, dort vollkommen ruhig zu bleiben und über Fritz, wie das auch Joachim mir rieth, kein Wort zu verlieren. Dagegen eröffnete ich absichtlich meine Unterhaltung Frau v. Mühler gegenüber mit der Bemerkung, ich sei noch vor Ablauf meines Urlaubs, also etwas zu früh, in Berlin eingetroffen, hätte mich aber durch dies und das dazu bewogen gefunden und bekam darauf zur Antwort: meine Schuldigkeit sei im Gegentheil gewesen, am ersten September hier zu sein, und wenn in meinem Contract ein zweimonatlicher Urlaub festgesetzt sei, so sei es ein Fehler der Organisation, daß dieser Urlaub so verkehrt gelegt worden. Darauf wurde ich gefragt, wie es mir gehe, und ich fing, um die Gegenwart möglichst zu umgehen, davon an, daß ich mich im Anfang des Krieges zur freiwilligen Krankenpflege gemeldet habe. Diese meine Bemerkung wurde seitens Frau v. Mühler mit der zornigen Entgegnung beantwortet, davon möge ich nur ganz stillschweigen, denn es sei so völlig ungehörig von mir gewesen, solche Dinge ohne vorherige Erlaubniß ihres Mannes unternehmen zu wollen, daß sie gar keine Worte für dieses mein Benehmen habe. Ich machte einen schwachen Versuch zu erwidern, daß ich in den Ferien doch mein eigener Herr sei; sie aber stierte, offenbar mit einem Anfall von Wuth innerlich ringend in eine Ecke, und ich schwieg während einiger peinlicher Augenblicke, um den völligen Ausbruch ihrer Leidenschaft zu verhindern. Dann lenkte sich das Gespräch auf etwas Anderes, und endlich rückte sie – worauf mich Joachim schon vorbereitet hatte mit dem Antrag heraus, ich möge ihrer Tochter wöchentlich eine Privatstunde geben; sie wolle dies Ziel erreichen, und setze dabei alle anderen Rücksichten bei Seite. Ich erwiderte, daß ich nicht eigentlichen Privatunterricht gebe, wie sie wisse, aber natürlich ihr gegenüber keine Opposition zu machen habe, worauf sie dann erklärte, daß sie für diesen Fall bereits Vorsorge getroffen habe, und mir anbiete, als eine Art von Belohnung, es anzunehmen, daß sie eine Freistelle von der Hochschule bezahle, für deren Besetzung ich dann nach eigenem Ermessen Sorge zu tragen habe. Natürlich mußte ich das mit Dank acceptieren, und die Stunden für Liese werden von October ihren Anfang nehmen. Ich habe mir aber gelobt: wie ich jetzt Alles schweigend und freundlich hinnehme, was mir an entwürdigender Behandlung geboten wird, so will ich auch keinen Augenblick zögern, wenn mir Gelegenheit geboten wird, das verhaßte Joch abzuwerfen. Ich werde deshalb am ersten Oktober darauf antragen, daß mein Engagement nur halbjährig wird, um vorkommenden Falls meine Stellung hier ohne Weiteres lösen zu können. – Während meiner nächsten freien Tage, d. h. also von morgen Freitag Nachmittag an bis Montag will ich mit meiner jetzt fertig abgeschriebenen verbesserten Ballade nach Sondershausen fahren, um mir dort das Stück vorspielen zu lassen. Es ist nöthig, daß ich damit zu Stande komme; der Verleger wartet seit Juni darauf, und es dauert nur noch bis höchstens Ende dieses Monats, daß ich durch Bruch die Gelegenheit haben kann, das Stück dort zu hören. So ist es eine Art von Pflicht, daß ich hinüberreise, mag meine Theilnahme beim Hören auch eine so nüchterne sein, wie sie will. Außerdem möchte ich mir die Sondershäuser Verhältnisse ansehen. Wolff sagt mir, daß Bruch der Prinzeß viel von mir gesprochen habe, daß Bruchs Verhältniß dort jetzt endgültig gelöst ist, und daß er es für wahrscheinlich halte, man werde mir die Kapellmeisterstelle antragen. Man muß das abwarten; jedenfalls kann aber auch in dieser Hinsicht die Reise nur zur Klärung beitragen. –

Gestern gegen Abend war ich einen Augenblick bei der Oriolla und fand sie ganz erschöpft von einem Lazareth zurückkehrend, in dem sie jetzt von Morgen bis Abend arbeitet. Die Gute thut wohl fast zu viel für ihre Kräfte; es ist so wunderbar, wie kindlich und mit Humor sie alle auch die tragischesten Dinge anfaßt; der Gegensatz ihrer Natur zu der der Schwerin kam mir gestern dabei recht lebhaft zum Bewußtsein; man kann kaum etwas Verschiedeneres denken, und doch muß man auch die Maxe so von Herzen lieb haben in ihrem rastlosen und unbeschreiblich gutmüthigen Wesen. –

Habt Ihr einen Nachruf an Fritz Schwerin in der Nationalzeitung etwa vom 1. September gelesen, der sehr schön sein soll? Vielleicht schneidet Ihr ihn für mich aus; ich läse ihn gern. –

Berlin d. 22ten Sept. 1870

... Bei meiner Rückkehr von Sondershausen Dienstag früh empfingen mich alle Zeichen Eurer Liebe und erfreuten mich auf das Lebhafteste. ... Ich bin recht zufrieden die Reise unternommen zu haben. ... Freitag kam ich nur bis Halle, der anschließende Zug nach Nordhausen war eingestellt; Nordhausen erreichte ich somit erst am nächsten Mittag, und abermals gab es keinen Zug, der nach Sondershausen weiterführte. Da entschloß ich mich rasch, nahm einen offenen Einspänner und fuhr in etwa 2 Stunden bei frischem nicht schlechtem Wetter über den Berg hinüber. Der ganze Harz lag mir beim Zurücksehen in schönem langem Zug vor Augen, und ich bedauerte, nicht über Ilfeld nach Wienrode entschlüpfen zu können. Die Stille und Abgeschiedenheit der kleinen Schwarzburgischen Residenzstadt macht einen fast fabelhaften Eindruck; kein anderes Getümmel als das einiger krähender Hähne bei der Einfahrt, und die Leute auf den Straßen so ruhig, als wenn nichts in der Welt draußen vor sich ginge. Der Gegensatz gegen Alles, was ich noch so kurz zuvor erlebt, war geradezu unglaublich. Aber es war ganz wohlthätig, einmal in Eindrücken der Natur und Kunst – äußerlich wenigstens – auszuruhen, wenn auch der dunkle Hintergrund in der Seele blieb. Bruchs, Bruder wie auch Schwester, waren von der größten Liebenswürdigkeit von Anfang bis zu Ende meines Aufenthalts, und ich hatte recht das Gefühl, bei Freunden zu sein. Gleich am ersten Abend machten wir einen Spaziergang zu den beiden reizenden Sommerhäuschen, die am Bergesabhang liegen, vom Hochwald auf der

Höhe des Gebirgskammes überragt, und dann spielte mir Bruch bis nach Mitternacht aus seiner Oper[56] vor. Der Sonntag Morgen verging unter allerlei Gespräch und mit der Erfüllung der Aufgabe, die Stimmen zur Ballade zu revidieren; am Nachmittag waren wir bei Spitta, dessen Frau ein kleines Söhnchen hat. Abends musizierten wir wieder bis tief in die Nacht. Dann am Montag Morgen war die bewußte Probe. Ich ließ die Ballade erst in allen Einzelheiten gründlich durchnehmen, dann noch einmal im Ganzen spielen, und hatte die Freude mich zu überzeugen, daß meine Arbeit nicht umsonst, sondern wirklich nöthig gewesen. Die neue Instrumentation läßt das Stück zur doppelten Wirkung kommen, bringt Vieles, was vordem nur halb zur Erscheinung kam, erst wirklich heraus. So habe ich also nach dieser Richtung den Zweck meiner Reise vollkommen erreicht, und konnte das Stück gestern bei Simrock fertig abliefern. Er giebt mir 25 Frd. d'or Honorar. – Über meine eventuelle Bewerbung um die Kapellmeisterstelle hat Bruch jetzt auch seine Ansichten geändert. Zwar findet er immer noch die geselligen Verhältnisse, den gänzlichen Mangel an geistig anregendem Verkehr außer Spitta schwer zu ertragen, er gesteht aber doch selbst, daß er dies im ersten Jahr über der Menge von Gelegenheit, musikalisch zu lernen, kaum empfunden habe, und begreift, daß ich mich aus der Berliner Thätigkeit heraussehne. ... Da am Montag wiederum die Hallesche Bahn von Sondershausen aus per Zug nicht zu erreichen war, so nahm ich Nachmittags einen Wagen nach Heringen, Bruchs setzten sich beide mit hinein und wir fuhren bei schönstem milden Herbstwetter anderthalb Stunden größtentheils durch herrlichen Buchenwald bis an die Station. Der Kyffhäuser war dunkelblau, überhaupt über der ganzen Landschaft ein Zauber herbstlicher Beleuchtung und Farbenschöne ausgegossen, wie ich ihn selten gesehen. Nach einem abermaligen Nachtquartier in Halle, das ich morgens um 4 verlassen mußte, um den Schnellzug zu fassen kam ich Dienstag früh um 9 Uhr hier an, und fand wie gesagt, deine Kiste, deine beiden lieben Briefe, und außerdem sehr herzliche Zeilen von der Schumann vor. ... Zu Dienstag Mittag hatten mich Beselers freundlicher Weise eingeladen; es war nur Wilhelm Mendelssohn mit Frau (geb. Julie Beseler) dort, und das Zusammensein recht hübsch und ungezwungen. Beselers benahmen sich wirklich sehr freundschaftlich in dieser Zeit gegen mich, und ich bin gern dort. Der Alte trug mir spezielle Grüße und Wünsche für Euch auf, auch von der Schumann soll ich grüßen, und von vielen anderen Leuten, die ich vergessen habe. Joachim habe ich endlich meine Gedanken an Sondershausen ausgesprochen, nach dem er mich im Sommer immer nicht hatte zum Reden kommen lassen. Er macht jetzt selbst seine Erfahrungen mit Mühlers, und scheint – unter uns gesagt – die Freude an der Anstalt deshalb und wegen des Mangels an Geldmitteln zu aller Erweiterung in nächster Zeit etwas eingebüßt zu haben…

Berlin d. 27ten Sept. 1870

… Ich habe wenig Muße zum Schreiben, und berichte nur, daß ich die ganze letzte Woche fast in Hetzjagd und Aufregung verbracht habe. Hin und Herschreiben nach und von Sondershausen, wo die Prinzeß[57] meine Übernahme der Kapellmeisterstelle wünscht, während das Hofmarschallamt noch eine zweifelhafte Position einnimmt. Ferner beunruhigt mich meine augenblickliche Lage dem Minister gegenüber, dem ich doch mittheilen mußte, daß ich mich nicht fest wieder auf ein Jahr binden könne, und von dem ich noch keine Antwort habe. Was mich aber mindestens ebensosehr wie alle eigenen Angelegenheiten beschäftigte, war ein Vorfall, der Joachim betraf, und den ich ganz mit ihm durchlebt habe. Ich darf nichts Näheres darüber äußern, sage nur so viel, daß die Dinge in diesen Tagen so standen, daß die ganze Existenz der Hochschule, wenigstens in ihrer jetzigen Gestalt mit Joachim an der Spitze, in Frage gestellt war. Joachim hat Erfahrungen mit Mühlers gemacht, die es mir eingetragen haben, daß er mich nachträglich vollkommen in allen vorjährigen Conflikten begreift. Augenblicklich scheint es zwar, als wolle sich die Sache noch einmal zurecht ziehen; sicher ist der Boden aber noch nicht. … Morgen kommen die kleinen Joachims, und wollen in meinem Garten Kastanien suchen. Hermännchen ist mein besonderer Freund und überhäuft mich mit Zärtlichkeiten. Ich habe in diesen Tagen fast gewohnt bei Joachims, so viel war ich Mittags, Abends und Nachmittags mit ihnen. Noch eben waren wir gegen Abend zusammen unter den Linden, um die freudig erregten Menschen und etwaige Illumination für die Kapitulation von Strassburg zu sehen. Doch gab es von letzterer so gut wie nichts, dagegen prangte die Stadt den ganzen Tag mit zahllosen Fahnen; ein stolzer wunderschöner Anblick. Gott sei Dank, daß das Elend von Straßburg wenigstens ein Ende hat, und daß man sich dem Gedanken nun freier hingeben darf: die alte poetische Reichsstadt ist endlich wieder unser nach 2 Jahrhunderten der Entfremdung. … Frau Schumann kommt in diesen Tagen nach Berlin, und wird 2 Monate bleiben; ich freue mich sehr, daß sie diesen Entschluß gefaßt hat, die arme Frau war mit ihrer Sorge um den Sohn im Felde ja zu einsam in Baden, und große Concertreisen jetzt sind ein trauervoller Gedanke in ihrer Lage. Brahms denkt jedenfalls zwischen jetzt und Weihnachten auf längere Zeit nach Berlin zu kommen. …

Berlin d. 5. Okt. 1870.

… Auf der Straße traf ich heute mit Beselers zusammen und es war mir rührend, mit wie herzlicher Freude der Alte die Nachricht von Vaters entschieden besserem Befinden begrüßte. Daran erkennt man doch ächte Freundschaft. – Auf übermorgen Abend hat mich die Gräfin Schwerin gebeten, allein zum Thee zu ihr zu kommen; heute ist Taufe bei Kanitzens. Von Mühlers ist an Joachim der offizielle Bescheid eingelaufen, daß man meinen Vorschlag acceptiere, also den Contrakt mit mir auf ein Jahr erneuere, wobei mir offenstehe, am 1. November für den ersten Januar zu kündigen. Alles, was man verlangen kann! aber freilich gab es auch kaum einen andern Ausweg für den Minister. Von Frau von Mühler bekam ich auf meine heutige schriftliche Anfrage, zu welcher Stunde sie morgen mein Erscheinen zum Beginn des Unterrichts ihrer Tochter wünsche, die Antwort, sie sei unwohl, und könne mich nicht empfangen, werde mir aber Näheres melden. Ich bin begierig, was. … Gestern nahm ich Spengel mit in die neue Oper von Scholz (Zietenhusaren), die zum ersten Male gegeben wurde. Sie enthält viel hübsches feines détail, ohne leider dabei im Ganzen eine lebendige Wirkung zu erzielen. …

Berlin d. 9. Okt. 1870
Sonntag Vormittag

… Heute Mittag bin ich bei Joachims; gestern Abend war ich mit ihnen zusammen bei Simrock, Freitag Abend ganz still und sehr erquicklich bei den alten Schwerins, Donnerstag in einer Gesellschaft bei Beselers mit Bendemanns und Droysen. Ich hörte viel zu, was klügere Leute über die politischen Verhältnisse sagten, und lernte allerlei Interessantes. Eine Kleinigkeit will ich nicht zu erwähnen vergessen, da wir so oft darüber sprachen: ›Nancy‹ ist ursprünglich französisches Wort wie Droysen versichert, Nanzig also eine von uns gemachte Übertragung; hoffentlich werden wir nicht verrückt sein, und die Mosellinie fordern. Die gestrigen Depeschen, die gerade von der Division Kummer als besonders im Gefecht engagiert sprachen, machen mich für Wilhelm Wedding besorgt. Die Menge kleiner Metzeleien jetzt, bei denen garnichts herauskommt, sind gar zu trostlos; es fehlt so alles Begeisternde, das bei einer großen Schlacht und einem großen Erfolg über den Jammer hinweghilft. … Schließlich noch die Notiz, daß man, wie ich in den

Signalen[58] lese, in Wien im 8. Philharmonischen Concert meine Ekbert-Ouvertüre aufführt. ...«

Um die Mitte des Oktobers kehrten meine Eltern nach Berlin zurück, und mein Vater, dessen Gesundheit sich aufs neue gekräftigt zu haben schien, nahm seine Vorlesungen an der Universität mit dem Beginn des Wintersemesters wieder auf. Meine eigenen Angelegenheiten trieben indessen einer Katastrophe entgegen. Über die Lage der Dinge in Sondershausen wurde ich wiederholt brieflich unterrichtet, und was ich vernahm, klang so wenig ermutigend, daß ich mich endlich entschloß, meinerseits ein Ende zu machen und meine Bewerbung zurückzunehmen. Ich hatte Joachim sofort von diesem Schritt unterrichtet und hielt mich nun für verpflichtet, das Nötige zu tun, um den von Frau von Mühler mir abgeforderten Klavierunterricht ihrer Tochter baldigst in Gang zu bringen. Am 8. November schrieb ich ein paar höfliche Zeilen an Ihre Exzellenz, in denen ich sie bat, mir eine Zeit zu bestimmen, zu der ihr mein Erscheinen zum Zweck näherer Verabredungen über den Gegenstand genehm sein würde. Den ältesten Sohn meiner Haushälterin schickte ich als Boten mit dem Briefchen in das Ministerium und wies ihn an, dort auf Bescheid zu warten. Bei seiner Rückkehr berichtete der Bursche, ein Antwortbrief sei ihm nicht gegeben worden, die Frau Ministerin habe nur durch den Diener sagen lassen, sie könne den Herrn Professor nicht empfangen, wünsche auch keinen Klavierunterricht von ihm für ihre Tochter; sie habe ihm das ja schon durch ihren Mann und Herrn Professor Joachim sagen lassen. Ich hatte wohl manchen üblen Auftritt im Verkehr mit der leidenschaftlichen Frau erlebt; daß sie aber bei ruhigem Blut in solchem Maß alle Grenzen der Schicklichkeit würde beiseite setzen können, das hatte ich doch nicht für möglich gehalten. Ich war in dem Augenblick, als der junge Kath vom Ministerium zurückkehrte, nicht zur Hand gewesen, hörte seinen Bericht also erst zu später Stunde. Meine Aufregung aber war so groß, daß ich noch zwischen neun und zehn Uhr abends Joachim aufsuchte, um ihm mitzuteilen, was geschehen war, und durch ihn selbst zu erfahren, ob er in der Tat davon unterrichtet gewesen sei, daß mein Unterricht für Frl. von Mühler nicht mehr gewünscht werde. Er wußte gar nichts von der Sache und traute seinen Ohren kaum bei meinem Bericht über das Geschehene. Eine Behandlung, wie sie mir zuteil geworden war, ließ sich nicht stillschweigend hinnehmen. Ich setzte also am nächsten Morgen ein kurzes Schreiben an Frau von Mühler auf, das meinem beleidigten Gefühl Ausdruck gab, war aber vorsichtig genug, dasselbe vor der Absendung meinem väterlichen Freunde, dem alten Herrn von Bethmann Hollweg vorzulegen, zu dessen Urteil in dergleichen Fällen ich das unbedingteste Vertrauen hatte. Er begriff meine Entrüstung vollkommen, billigte auch meinen Brief im allgemeinen, sorgte aber doch für Abschwächung einiger zu energischer Wendungen. Die verbesserte Fassung wurde zur Post gegeben und der nächste Tag verlief noch ohne einen neuen Zwischenfall. Am anderen Morgen jedoch trafen die folgenden Zeilen von Joachim bei mir ein: »Liebster Rudorff, der Fall, den ich gestern für unmöglich hielt, ist zufolge eines Mühler'schen Schreibens wirklich eingetreten, d. h. man überträgt Privatsachen auf Schulangelegenheiten!! Ich kann heute unmöglich ausgehen, da meine Frau erkrankt ist, das Bett hüten muß und ich sie nicht verlassen will. Sie finden mich also den ganzen Tag…«

Im Gegensatz zu Joachims gutem Glauben hatte ich selbst gleich am ersten Abend, als mir der grobe Bescheid von der Ministerin geworden war, das Gefühl gehabt, daß die Sache mit meiner Absetzung enden würde. Joachim wies diese meine Annahme damals als undenkbar zurück, fügte aber hinzu »sollte es dazu kommen, so kündige ich natürlich sofort meinerseits«. Jetzt hatte der Minister ihm geschrieben, er bedürfe für die Leitung der Hochschule für Musik der Mitwirkung seiner Frau und seiner Familie und müsse deshalb von den Lehrern die Aufrechterhaltung geselliger Beziehungen zu seinem Hause fordern. Da mein Verhalten die Fortdauer solchen Verkehrs unmöglich gemacht habe, so beauftragte er ihn, mir meine Stellung an der Hochschule für den ersten Januar zu kündigen. Der Erfolg war, daß Joachim noch am selben Tage seine eigene schriftliche Kündigung bei Herrn von Mühler einreichte.

Daß die Aufregung über diese unerwartet eingetretenen Ereignisse bei Schülern und Lehrern der Hochschule keine geringe war, bedarf keiner besonderen Versicherung. Aber auch weit über die engeren Kreise der irgendwie Zugehörigen hinaus erregten die drastischen Vorgänge das Publikum. Das Ministerium Mühler mit seinen auf weiblichen Einfluß hindeutenden Willkürlichkeiten war längst im Munde der Leute, und der Kladderadatsch[59] insbesondere ließ keine sich bietende Gelegenheit vorübergehen, um die Schale seines Spottes über Frau »Adelheid« auszugießen. So erschien denn auch in einer der nächsten Nummern des Witzblattes die folgende Leistung:

»Concert
zum Beßten verschämter Cultusminister,
veranstaltet von der Akademie der Künste in Berlin.

Programm.

1., Ouvertüre zu ›Kabale und Liebe‹.
2., Variationen auf der Geh-Seite über ein unbekanntes Motiv – vortragen von Herrn Joachim.
3., Adelaide. Für Brummstimmen arrangirt und vorgetragen von dem Senat der Akademie.
4., Mädle, ruck', ruck', ruck' von meiner grünen Seite! Ode des Heiligen Antonius an Fräulein Kelliste[Kallisto?] von Schauß[60], gesungen von dem Kastellan, Herrn Müller, mit Quartettbegleitung der Hänge-Commission
5., ›Wenn ich ein Vöglein wär' und auch zwei Flügel hätt'‹. Etüde für die linke Hand mit Pedal, auf zwei Flügeln gespielt von Herrn Rudorff.
6., Wer hat die Hosen an? Deklamation von den Akademikern des Kladderadatsch.
7. ›Mein! Lied von Schubert. Der Refrain ›die geliebte Mühlerin[VIII] sie ist mein‹ – gesungen von den gesammten Königlich Preußischen Cultus-, Unterrichts- und Medicinalangelegenheiten.«

Leider brachten die nächsten Wochen neben solchen Ergötzlichkeiten auch eine Erfahrung der unerfreulichsten Art. Im »Börsenkurier«[61] erschienen ein paar Artikel über die Vorfälle in der Hochschule, die sich dermaßen in haßerfüllten Schmähungen nicht nur meiner Person und Künstlerschaft sondern auch der Joachims ergingen, daß sie allgemeines Aufsehen erregten. Ein Zufall fügte es, daß man ihrer Urheberschaft auf die Spur kam. Der Redakteur der Zeitung hatte zunächst versucht, bei den Schwestern von Asten und dem Musiklieber Martin Levi näheres über die Angelegenheit zu erfahren. Dann aber war von ihm der Bescheid eingetroffen, er bedürfe ihrer Beihilfe nicht, da er bereits durch Frau Ministerin von Schleinitz und Carl Tausig über alles genau unterrichtet sei. Tausig also und Frau v. Schleinitz hatten den giftigen Trank zusammengebraut. Mit größter Anerkennung denke ich der durchaus ehrenhaften Haltung, die damals der Berliner Tonkünstlerverein der ganzen Angelegenheit gegenüber einnahm. Ich war weder Mitglied des Vereins noch teilte ich sein künstlerisches Glaubensbekenntnis, das in der vergötternden Verehrung der Kunstwerke Liszts und Wagners gipfelte. Dessenungeachtet berief Alsleben, der damalige

VIII »Anmerk. des Setzers. Statt des obigen durch die Eile veranlaßten Druckfehlers bitte ich, gefälligst ›Müllerin‹ lesen zu wollen.«

Vorsitzende, eine Versammlung, zu der 40 Mitglieder erschienen, verlas die Schmähartikel unter Nennung des Verfassernamens und veranlaßte in dieser Form eine öffentliche Verurteilung der Angriffe, die von Seiten Tausigs gegen mich gerichtet worden waren. Kurz darauf geschah das Durchgreifendste. In der Kölnischen Zeitung[62] erschien von unbekannter Hand eine längere Besprechung meiner persönlichen und künstlerischen Eigenschaften, die so einleuchtend die über mich verbreiteten Verleumdungen widerlegte, daß sofort mehrere Berliner Zeitungen einen Abdruck des hier Gesagten brachten. Mein Vater schickte zwei Exemplare des Aufsatzes nach Wienrode und schrieb dazu folgende Worte:

»Berlin den 1 Dezemb. 1870.

Lieber August!
Der Lügenartikel über Ernsts Affaire, den du in der Magdeburger Zeitung gelesen hast, ist aller Wahrscheinlichkeit nach derselbe, welcher im Börsen-courier, einem Schmutzblatt vom unreinsten Wasser stand. In diesem Falle ist er von Herrn Tausig und Frau von Schleinitz inspirirt, und das edle Motiv des Ersteren der Brotneid, daß Ernst und nicht Er Tausig die Stellung als Klavierlehrer an der Hochschule erhalten hatte.

Ernsts Ehre ist zwar durch den Kölner und andere Artikel bereits einigermaßen hergestellt, und ich hoffe, sie wird goldrein aus der Geschichte hervorgehen; vorläufig haftet aber immer noch der Flecken auf ihm, den die Präsumtion einer verschuldeten Entlassung zu erzeugen pflegt, und diese Präsumtion soll jetzt dadurch noch verstärkt werden, daß Frau von Mühler sein Ausbleiben über den Urlaub als Motiv angiebt, um durch diese Lüge das wahre Motiv, ihre Wuth über seine Absicht, sich dem unerträglichen büreaukratischen Druck zu entziehen, einigermaßen zu vertuschen. Gestern sollte deshalb im Cultusministerium eine Conferenz abgehalten werden, um ein vom Minister entworfenes nach Versailles zu sendendes Exposé anzuhören, und Joachim nebst Ernst waren dazu eingeladen. Sie haben aber zuvor die schriftliche Mittheilung des Inhalts verlangt, um ihre Vertheidigung gegen die präsumtiven Unwahrheiten vorzubereiten, und dadurch scheint der Plan sie zu fangen und zu düpiren ins Wanken zu gerathen. Mittlerweile ist ihr eigenes Exposé nach Versailles in das Hauptquartier abgegangen; auch ist die Königin durch den Kabinetssekretär von der Sache unterrichtet, und Joachim, der als Mensch so groß dasteht wie als Künstler, hält fest.

Da nun aber die Sache die Runde durch alle öffentlichen Organe macht, so liegt mir daran, daß auch in der Magdeburger Zeitung die Wahrheit an den Tag käme. Du würdest mir daher einen ungemeinen Gefallen thun, wenn du die große Güte haben wolltest, eines der beiden hierneben erfolgenden Exemplare der Kölnischen Zeitung an die Redaktion mit der Bitte um Aufnahme des wirklichen Sachverhalts zu adressiren.

Das eigentliche Motiv der Protektion und Verfolgung, der Liebe und des Hasses der Frau v. M. mag Gott wissen; ich vermag in die Abgründe dieser weiblichen Seele nicht hinabzusteigen, und wage nicht zu entscheiden, ob Herrschsucht oder Liebe, eigene oder töchterliche die entscheidende Triebfeder gewesen sein mögen. …

Heute Abend ist das Concert der Schumann und Joachims. Kein Apfel wird zur Erde fallen können. Leider kann aber auch ich nicht hin, obgleich ich kein Apfel bin, doch habe ich einen Theil der Probe gehört. Den lieben Onkel Hotho begrüßte ich gestern zum ersten Mal. Er gedachte Euer sehr herzlich.

Mit meiner Gesundheit geht es bei fortdauernder Milchdiät Morgens und Abends vorwärts, wenn auch langsam; ich scheine wirklich zu früh entwöhnt zu sein, und muß das in meinen alten Tagen nachholen. … Die Vorlesungen gehen und bekommen vortrefflich, nur f a h r e ich hin. …«

Allerlei Pläne wurden gefaßt und Ratschläge gegeben von Freunden und Bekannten, wie die Hochschule – das heißt das Zusammenwirken Joachims mit ihm sinnesverwandten Lehrkräften an einer Unterrichtsanstalt – in neuer Form erhalten werden könne, denn schon hatte sich in den Besten die Überzeugung befestigt, daß hier etwas in besonderer und ungemeiner Weise Wertvolles vorläge, das nicht wieder verloren gehen dürfe. Einige meinten, Joachim solle selbst eine Musikschule gründen und vielleicht versuchen, zu dem Zweck mit dem Sternschen Konservatorium eine Verbindung einzugehen. Anderen, unter ihnen Joachim selbst, schien sich ein Ausweg zu bieten, wenn die Angelegenheiten der Hochschule der unmittelbaren Beaufsichtigung durch den Kultusminister entzogen werden und ein Kuratorium als vermittelnde Instanz eingesetzt werden könnte. In diese Überlegungen hinein aber fiel ein an Joachim gerichtetes Schreiben des Kabinettsrats aus Versailles, das allem weiteren Denken und Reden über mögliche Modalitäten ein Ende machte, indem es in allen Hauptfragen die Entscheidung brachte. Der König ließ sagen, er wünsche, daß Joachim seine Stellung als Direktor der Hochschule nicht aufgebe, und er stelle ihm zugleich frei, mit der Besetzung des Postens eines ersten Klavierlehrers ganz so zu verfahren, wie es ihm genehm sei. Außerdem habe der König, – wie der Kabinettsrat erwähnte – geäußert, die Hochschule solle demnächst nicht mehr unmittelbar dem Kultusministerium sondern etwa einer Kommission unterstellt werden. Joachim veranlaßte natürlich zum 1. Januar, also zu demselben Termin, für den mir gekündigt worden war, meine Wiedereinstellung als erster Klavierlehrer an der Hochschule, und damit hatte die Tragikomödie, soweit sie meine Person betraf, ihren Abschluß gefunden. Für das Ministerium Mühler verging ungefähr noch ein Jahr, ohne daß Entscheidendes geschah. Dann aber mußte die ebenso reichlich verwöhnte wie unbarmherzig geschmähte Frau ihrem Gemahl folgend den Schauplatz ihrer Herrschaft für immer verlassen.

Daß die Geschichte meiner durch Frau v. Mühler veranlaßten Absetzung und ihr zum Trotz erfolgten Wiederanstellung ein gutes Stück dazu beigetragen hatte, ihren Sturz, wenn nicht herbeizuführen, so doch zu beschleunigen, daran konnte ich nicht zweifeln. Und ich darf sagen, daß mir das aufrichtig leid tat. Denn, mochten die Schattenseiten in dem Charakter dieser ehrgeizigen Frau einen noch so breiten Raum einnehmen, ja mochte ihr Eingreifen in meinen Lebensgang vielleicht in gewissem Sinn verhängnisvoll gewesen sein: ohne Zweifel hatte sie doch von Anbeginn nur die Absicht gehabt, mein Bestes – so, wie sie es verstand – zu fördern. Und dafür war ich ihr Dank schuldig. Peinlich genug für mich, daß ich ihr so lohnen mußte! – Es lag ohne Zweifel ein Zug von Ursprünglichkeit in dieser Natur. Frau v. Mühler besaß Begeisterungsfähigkeit und ein hohes Maß von zäher Energie. Musikalisches Feingefühl war ihr unleugbar angeboren. So hatte sie auch, sobald sie mich kennenlernte, mit instinktiver Sicherheit das Besondere meines Klavierspiels erkannt, während die blendenden Leistungen immerhin berufenster Virtuosen sie nicht über den Mangel an Vertiefung hinwegzutäuschen vermochten. Mit ihrer Schulung dagegen sah es freilich in jedem Betracht desto bedenklicher aus. Ihre Briefe waren für eine Dame aus der besten Gesellschaft in Stil und Handschrift von geradezu verblüffender Unvollkommenheit. An irgendwie gründlicher Kenntnis fehlte es ihr auf sämtlichen Bildungsgebieten. Schlimmer aber als das alles war die Verwilderung und Verworrenheit ihrer Natur in ethischer Beziehung. Während sie auf der einen Seite mit fanatischer Konsequenz an den Äußerlichkeiten eines streng orthodoxen Christentums festhielt, fiel es ihr auf der anderen niemals ein, ihren Leidenschaften, ihrer

Herrschsucht und Eifersucht einen Zügel anzulegen. So mußte sie endlich das Opfer ihrer Taten werden.

Was meine eigenen bösen Erlebnisse mit ihr anlangt, so bin ich der Meinung, daß es hier vor allem Eifersucht war, die sie zu dem törichtesten Verhalten verführte: die Eifersucht auf zwei edle Frauen, die Ministerin von Bethmann Hollweg und die Gräfin Schwerin. Der ersteren zuliebe sollte ich mich wahrscheinlich allzu lebhaft für Carl Heymann interessiert haben, und mit meiner Fahrt zum Kriegsschauplatz hatte ich der Mutter meines gefallenen Freundes einen Liebesdienst erwiesen. Beides konnte sie mir nicht vergeben; denn gegen beide Frauen, vor allem aber gegen die Gräfin Schwerin nährte Frau von Mühler einen tiefen Haß. Bekanntlich gehörten Bethmann Hollweg und Graf Schwerin-Putzar zu den Ministern der liberalen Ära, die durch Bismarck beseitig wurden. Mühler trat an Hollwegs Stelle und politische, namentlich auch kirchenpolitische Gegensätze waren dementsprechend vorhanden.

Allein, Frau von Hollweg und Gräfin Schwerin waren an Geistesbildung und vor allem an Seelenadel der neuen Kultusministerin sehr weit überlegen; und[63] so wenige diese einen solchen Tatbestand jemals zugegeben haben würde, sie argwöhnte doch, daß jene ihre Nebenbuhlerinnen einen stärkeren Einfluß auf mich auszuüben imstande wären als sie selbst. Das konnte sie weder ihnen noch mir vergeben, und da es in ihrer Macht stand, mich zu schädigen, so sollte ich für meinen Fernal büßen. Ich verzichte darauf, über ihr Verhalten der Gräfin Schwerin gegenüber, das an das Unglaubliche grenzt, weiteres zu sagen.

## Aus dem Tagebuch

### Freitag d. 11ten November (1870)

Ich theile meinen Schülerinnen mit, daß ich abgesetzt worden bin. Sie wollen alle sofort kündigen und schreien um die Wette: ›Kein Schüler darf bleiben‹. Ich dämpfe vorderhand diesen heroischen Muth. Um 7 Uhr Abends erscheint Joachim in der Schule zur ›Abendunterhaltung‹. Er hat die Einrichtung getroffen, daß (ähnlich wie am Leipziger Conservatorium und doch in Manchem abweichend) von Zeit zu Zeit in der Schule musikalische Vortragsabende stattfinden sollen, an denen sich nicht nur Schüler sondern auch Lehrer als Ausführende betheiligen. Heute lautet das Programm: Beethoven E moll Quartett, mit Stiehle als erstem Geiger. Dann Klavier: Novelette von Schumann und mein D dur Stück von Natalie Janotha nach vieler Anstellerei vortrefflich gespielt. Hinterher theilt Joachim den anwesenden Lehrern mit, daß er infolge meiner Absetzung auch seinerseits gekündigt habe.

MONTAG D. 14TEN NOV.
Mittagessen um 5 Uhr bei Franz Mendelssohns. Frau Enole erzählt wie sie als junge Frau nach Deutschland gekommen sei mit den schönsten Vorstellungen von deutscher Häuslichkeit und Einfachheit. Dann aber habe sie in Berlin bei ihren Schwiegereltern einen so steifen höfischen Ton gefunden, daß es sie Anfangs geradezu beengt habe.

DIENSTAG D. 15TEN NOV.
3–5 Orchesterstunde D dur Symphonie von Beethoven. Alle Schüler halten Volksversammlung ab, beschließen ihren Austritt zu erklären.

DONNERSTAG D. 17TEN NOV.
Abends halb 8 Uhr Quartettsoirée in der Singakademie. Quartett von Mozart; dann Sextett von Brahms das warm aufgenommen wird; vielleicht ist etwas Demonstratives dabei mit im Spiele; schließlich E moll Quartett von Beethoven. Auf Wuerst's Veranlassung suche ich mit ihm eine Restauration auf, die von der Kritikern besucht wird; sie wollen etwas über den Stand der Mühler-Affaire hören. Später noch mit Simrock, Bruch, Barth und Graf Seckendorf zusammen bei Habel Wein getrunken.

FREITAG D. 18TEN NOV.
Abendunterhaltung in der Hochschule. F moll Quartett von Beethoven, Himmelstoss an der ersten Geige; Sarastroarie von Georg Henschel[IX] gesungen; dann Es dur Trio von Beethoven: Natalie Janotha, Joachim und Müller; Schumann ›Ich grolle nicht‹ von Henschel vorgetragen; die Janotha spielt E moll Walzer von Chopin, und ›um nicht in Moll zu schließen‹ fügt Joachim E dur Präludium und Gavotte von Seb. Bach für Violine allein hinzu.

SONNABEND D. 19TEN NOV.
Frau Schumann kommt und spielt lange Zeit bei mir: Italiänisches Concert von Bach, B dur Sonate von Beethoven op. 106 und Stücke aus Schumanns ›Bunten Blättern‹. Dann mit ihr im Garten umher. Zu Kiel, der sehr naive Vorschläge macht für Vermittelungsversuche zwischen Joachim und dem Minister. Abends bei den Eltern. Onkel Tiecks gute alte Friederike[64] getroffen.

DIENSTAG D. 22TEN NOV.
10 – 1 Stunden in der Hochschule. Eugenie Schumann erzählt, daß Brahms von der Aufführung meiner Ekbert-Ouverture in Wien berichtet hat, die Wiedergabe sei gut gewesen, und das Werk habe die Musiker interessiert. Bruch reist nach Leipzig zur ersten Aufführung seiner f moll Symphonie im Gewandhaus.

IX Henschel war Schüler der Hochschule geworden, nahm bei Kiel Unterricht im Kontrapunkt, bei mir im Klavierspiel und später bei Adolf Schulze im Gesang.

MITTWOCH D. 23TEN NOV.
Nach Tisch zu Frau Schumann, die mir Brief von Brahms vorliest. Er klagt, daß, wenn er eine frische Stunde gehabt habe, viele muthlose ihr nachfolgten. – Henschel erzählt von einem neuen Schmähartikel in dem es heißt, ich habe die Stellung ›des verstorbenen Organisten Max Bruch‹ in Sondershausen annehmen wollen. Doppelt Bosheit gegen Bruch und mich. Ich fahre gegen Abend nach Leipzig, um die Aufführung von Bruchs Symphonie zu erleben. In der ›Stadt Dresden‹ wie gewöhnlich übernachtet.

DONNERSTAG D. 24TEN NOV.
Bruch kommt um 10 zu mir, mit ihm zu Reinecke, wo ich zum ersten Male die Berliner Affaire erzählen muß. Dann zu Senff, wo ich dem gleichen Schicksal nicht entgehe. Zu David; dort Beudel getroffen. Zu Freges Frau Livia nicht zu Hause; Veilchenduft in der bekannten Stube, wo ich ihre Rückkunft von einer Spazierfahrt erwarte. Dann kommt sie, und ich werde zum Mittagessen dabehalten, muß natürlich abermals die ganze Berliner Geschichte ausführlich vortragen und werde vom Professor, wie sich erwarten ließ, zur ›Milde‹ gemahnt. Nachher mit der Frege allein; das Gespräch reißt nicht ab; sie erzählt von Arnold's Verlobung und allem Möglichen sonst; schließlich musicieren wir nach alter Weise: sie singt Mendelssohn ›Leise zieht durch mein Gemüth‹ und Schumann ›Ich sende einen Gruß wie Duft der Rosen‹. Ich liefere einige Präludien von Chopin, und veranlasse, daß wir auch die Magelonenlieder von Brahms vornehmen. Aufgebrochen, eine Weile still im café français gesessen, dann zu Holsteins, wo ich den vierten Vortrag über die Berliner Vorgänge zu halten habe; und endlich Gewandhausconcert. Ouvertüre zu Oberon und Arie aus Oberon machen den Anfang. Beethovens Es dur Concert folgt, von Herrn Beudel unter aller Kritik gespielt; der Flügel von Bechstein klingt außerdem sehr schlecht. Alles dieses höre ich von oben an, im alten wohlbekannten ›Verließ‹ oder vom Vorsaal aus. Dann zur Bruch'schen Symphonie[65] gehe ich in die Fregesche Loge. Er dirigirt selbst, und der Arme erlebt gegen alle meine Erwartung ein vollkommenes Fiasko. Zum Theil durchaus mit Unrecht. Soweit ich die Symphonie vom Lesen der Partitur und auch von Bruch's Vorspielen am Klavier her kannte, hatte ich namentlich vom ersten Satz einen bedeutenden Eindruck. Er übertrifft an Vertiefung und ernster thematischer Arbeit ohne Zweifel manches andere Stück von Bruch. Im 2ten Satz ist die Mittelparthie namentlich schön erfunden; nur der letzte Satz erschien mir immer etwas seicht. Daß das Publikum so arg mit der Symphonie umgeht, ist ohne Zweifel ungerecht, aber das Eine muß ich freilich selbst zugestehen; daß eine gewisse breite Manier, eine Monotonie der Stimmung durch das Ganze geht, die in sehr viel stärkerem Maße ermüdend wirkt, wenn man die Symphonie hintereinander im Concertsaal anhört, als wenn man die Partitur zu Haue durchliest, oder hineinsieht, während der Componist das Stück am Klavier vorspielt. Stände ein munteres Scherzo zwischen Adagio und Finale, so würde schon das der Totalwirkung zu Gute kommen. Die Frege meint, es fehlten Farrenkräuter und blaue Gartenblumen. – Beudel will von mir wissen, wie er gespielt habe; ich entgegne der Flügel sei abscheulich; Reinecke, den ich noch im Künstlerzimmer treffe, theilt diese meine Ansicht. Mit Volkland, Emil Hegar, dem Cellisten, Bruch und Horn zu

Abend gegessen. Hegar wiederzusehen freut mich sehr; leider hat er, der Deutschschweizer französische Sympathieen, womit wir ihn aufziehen Bruch sitzt sehr niedergeschlagen da. Vor der Wahrheit verschließt er sich; auch aus dem befreundetsten Munde will er keinen Tadel hören. Mit Volkland gehe ich etwas hinaus auf den Platz vor der Theaterrestauration. Langes Gespräch mit ihm über Bruch. Wir sind sehr einer Meinung über alles Gute und auch leider Bedenkliche seiner Natur. Bis halb 2 Uhr bleiben wir zusammen.

FREITAG D. 25TEN NOV.
Rückkehr nach Berlin.

SONNABEND D. 26TEN NOV.
Frau Schumann kommt gegen 12 Uhr zu mir, spielt Beethoven Es dur Concert, Allegretto aus der Es dur Sonate, C moll Variationen und Chorfantasie. Wir sprechen über allerlei Klaviertechnisches bei Beethoven. Abends Frau Schumann mit Marie und Eugenie bei den Eltern. Angenehmstes Beisammensein. Nach dem Thee spielt sie zuerst die Es dur Variationen von Mendelssohn darauf Italiänisches Concert von Bach, versieht sich ein paar Mal im ersten Satz und wiederholt ihn dann prächtig; darauf Schumann'sches, ein paar Stücke aus den ›Bunten Blättern‹ und E dur Novelette. Ich bringe sie nach Haus.

SONNTAG D. 27TEN NOV.
Mittags bei den Eltern, Hollweg hat sich in Abwesenheit seiner Frau zu Tisch angemeldet. Sehr hübsches Beisammensein. Gespräch über die Pastoralsymphonie. Nach Tisch kommt Bruch, der von Leipzig zurückgekehrt. Mit ihm zu Joachim, der Saiten aufzieht, dabei die liebenswürdigste Unterhaltung führt, und unter Anderem mittheilt, daß Berg der Verfasser des in der Kölnischen Zeitung anonym erschienenen Artikels ist. Abends mit Bruch bei den Eltern.

DONNERSTAG D. 1TEN DECEMBER
Abends im Opernhaussaal Concert mit Orchester zum Besten der Verwundeten von Joachim und Frau Schumann gegeben. Ouvertüre zu Coriolan dann Klavierconcert C moll von Beethoven, mit vortrefflicher Cadenz von Frau Schumann. Leider ist der Flügel und das Orchester schlecht. Lysiartarie[66] von Schelper sehr wenig schön gesungen. Bei Joachims Erscheinen eine enorme Demonstration. Er spielt zuerst die Romanze aus seinem Ungarischen Concert. Dann folgt sein C dur Marsch für Orchester, leider vom Dirigenten zu langsam genommen. Sein Spiel des Beethovenschen Violinconcerts, das den zweiten Theil eröffnet, ist wieder von wundervollster Schönheit. Frau Schumann spielt unter ihren Solostücken auch das ›Schlummerlied‹ ihres Mannes, und zwar zu meinem Erstaunen ziemlich steif und nüchtern Ich sage ihr nach dem Concert, wie wenig schön ich ihren Klemm'schen Flügel gefunden habe, und verstimme sie dadurch zu meinem Leidwesen in hohem Grade.

FREITAG D. 2TEN DECEMBER
Abends mit Carl bei Simrocks; Bruch, Joachims und Frau Schumann sind dort. Man probiert ein Arrangement Mendelssohn'scher Lieder ohne Worte für Violine und Klavier. Dann lasse ich durch Carl aus meiner Wohnung die Schumann'sche d moll Sonate holen, die dann von Joachim und Frau Schumann gespielt wird. Es wird ½ 2 Uhr Nachts bis ich nach Haus komm.

SONNABEND D. 3TEN DECEMBER
Zu Bruch, wo ich Henschel und Leonhard Wolff treffe; wir schwärmen zu vieren in allen Tonarten über Joachim. – Nach Tisch in das Lazareth der Oriolla, die die von mir mitgebrachten Cigarren an Preußen und Franzosen vertheilt. Sie erzählt schreckliche Dinge von dem Zustand der Franzosen, die fast verhungert und von Ungeziefer zerfressen von Metz her angekommen seien.

SONNTAG D. 4TEN DECEMBER
Joachims Orchestermarsch in C dur zu 4 Händen arrangirt.

DIENSTAG D. 6TEN DECEMBER
Der Klavierspieler Heinrich Barth, Bruch, und Leonhard Wolff bei mir zum Abend. Mit Barth die beiden Serenaden von Brahms[67] vierhändig gespielt. Barth allein trägt Ges dur Etüde und Fis moll Polonaise von Chopin vor und schließt mit Schumann's Symphonischen Etüden. Von dem Wesen des Schumann'schen Stückes hat er noch wenig Ahnung. Er läßt sich aber über Alles sehr bescheiden die Meinung sagen. Die Nacht bringt er auf meinem Sopha zu, da er den letzten Zug nach seinem Wohnsitz Potsdam verpaßt hat.

FREITAG D. 9TEN DEC.
Um 7 Uhr Abends Quartettprobe von Joachim im Schulsaal: D dur Haydn, a moll Kiel (recht dürr und voller Anklänge an letzten Beethoven) zum Schluß Quintett B dur von Mendelssohn, ein mir unbekanntes frühes, sehr anmuthiges Werk.

FREITAG D. 16TEN DEC.
Abends bei Simrock, – Bruch spielt seine ganze Hermione, Henschel singt die Parthie des Leontes. Später giebt Henschel Proben seiner unglaublichen Virtuosität im Pfeifen. Er bringt Bachs E dur Prael. für Violine in ganz vollendeter Weise pfeifend zu Gehör. Schließlich pfeifen wir 4 Männer den Anfang des Lohengrin-Vorspiels.

SONNABEND D. 24TEN DEC. HEILIGER ABEND.
Eine der in unserem Besitz befindlichen autographen Cantaten von Bach an Joachim geschenkt. Ich beauftrage Berg, sie ihm am Abend in unserm Namen aufzubauen. Abends bei den Eltern die Weihnachtsfeier in gewohnter Weise. Onkel Tieck's alte Friederike, Wendts, Spengel und natürlich Carl nehmen daran Theil. Zum brennenden Baum spiele ich ›Vom Himmel hoch da komm' ich her‹. Später kommt mein alter Lehrer Kürten, dem ich die ganze Mühler-Historie erzählen muß.

MONTAG D. 26TEN DEC
Abends bei Joachims mit Schumann's, Astens, Berg und Scholz's. Joachim spielt mit Frau Schumann die Schumann'schen Bratschenstücke.

DIENSTAG D. 27TEN DEC
Abends bei Scholz's. Frau Schumann, ihre Töchter Marie und Elise, Radeckes und Bergs sind anwesend. Scholz spielt seine Klaviersonate, deren beide ersten Sätze viel hübsches enthalten.

MITTWOCH D. 28TEN DEC
Abends die Schumann bei den Eltern. Ich spiel mit ihr zu 4 Händen die d moll Symphonie von Dietrich, in der mir Manches recht gut behagt. Dann sie allein die ›Humoreske‹ mit allem Zauber, der an dem entzückenden Stück herauszulocken ist. Sie klagt leider sehr über ihr Gehör.

DONNERSTAG D.29TEN DEC.
Mutter kommt Nachmittags mit Carl und Spengel zu mir, um den Garten zu sehen, wo eine dicke, weiße reine Schneemasse den großen Rasenplatz bedeckt, eingerahmt von den zurzeit mit Rauhfrost überzogenen Bäumen und Büschen; besonders schön und zierlich eine sich niederbeugende Lärche. Zu Franz Mendelssohns zum Mittagessen, wo Frau Schumann mit Töchtern. Die Janotha hat ihr vorgespielt, und will im Sommer nach Lichtenthal, um bei ihr zu studieren; für den Winter kommt sie dann wieder zur Hochschule und zu mir zurück. Mir ist diese Abmachung ganz recht. Abgesehen davon, daß ich der Kleinen das Glück gönne, einige Monate in der Nähe der prächtigen Frau zuzubringen, sie wieder und wieder spielen zu hören, und von ihr zu lernen, bin ich froh, daß der Mutter Janotha endlich der Mund gestopft wird. Die alberne Person mit ihrer Sucht nach einem berühmten Virtuosennamen für die Ausbildung ihrer Tochter, würde sonst doch keine Ruhe gehabt haben, ehe sie diese nicht in den Armen Rubinsteins oder irgend eines sonstigen Lisztianers geborgen gewußt hätte.

SONNABEND D. 31TEN SYLVESTER
... Nachmittags noch einmal zu den Eltern; dann um 6 Uhr nach Haus und eine Kleinigkeit am Schlußchor meines ›Aufzug der Romanze‹ geändert. Um halb 10 Uhr zu Joachims, wo ich de Ahna's, Rob. Radecke's, August Meinecke, Bergs und Astens versammelt fand. Man beschäftigt sich mit Post- und Reisespiel. Thörichter Brief von Mühler, in dem er meine Wiederanstellung genehmigt. Ich sitze zwischen Joachim und Julie von Asten. Anna von Asten hat sich mit einem jungen Professor Schulzen verlobt. Mit diesem bei starker Kälte durch den Thiergarten nach Hause, um den Neujahrstrubel zu vermeiden. Durch die Hinterthür des Vossischen Gartens kehre ich in meine Behausung zurück.

Es war kaum die erste Woche des neuen Jahres 1871 ins Land gegangen, als ich vom Minister in Sondershausen ein Schreiben erhielt, in dem dieser mir nunmehr die dortige Hofkapellmeisterstelle anbot. Wochen und Monate waren im Herbst dahingegangen, in denen ich nicht darüber klar werden konnte, ob man in Sondershausen an mich als Nachfolger Bruchs denke oder nicht. Nun traf die Anfrage zu einer Stunde ein, in der sie für mich bedeutungslos geworden war. Denn wie konnte ich daran denken, gerade jetzt Berlin zu verlassen, nachdem Joachim soeben im Kampf mit Mühler das Äußerste gegeben hatte, um mich der Hochschule zu erhalten.

Ich war für den Augenblick besonders stark durch die Erfüllung meiner Amtspflichten in Anspruch genommen. Joachim mußte zwar des Kriegszustandes wegen davon absehen, seinen im Januar beginnenden dreimonatlichen Urlaub sofort zu Konzertreisen zu benutzen, aber er stellte doch seine Schultätigkeit vorderhand ein, um für eine Weile sich selbst zu gehören, und so lag es mir ob, ihn in den Orchesterstunden zu vertreten. Dazu kam, daß die Zahl der Schüleranmeldungen für den Eintritt in die Hochschule sich seit der Gründung des Instituts vor 15 Monaten ständig gesteigert hatte. Nicht nur für die Violinklasse war der Zudrang ein außerordentlich großer, auch in der Klavierabteilung gab es keinen Platz mehr für neue Aufnahmen. Schon im November hatte Joachim deshalb Schritte getan, um eine neue Lehrkraft für das Klavierspiel zu gewinnen. Leipzig durfte mit seinem stark besuchten Konservatorium und seinen 20 Gewandhauskonzerten mit Recht noch immer als der Ort gelten, an dem man am besten Bescheid wußte über den Stand der Dinge im gesamten Musikleben. Joachim wandte sich also an Reinecke mit dem Anliegen, uns Persönlichkeiten vorzuschlagen, die für die Besetzung der Stelle in Frage kommen könnten. Reinecke nannte neben einem jungen Pianisten, dessen Name mir nicht mehr erinnerlich ist, den 24-jährigen Heinrich Barth, einen Schüler Hans von Bülows, der damals in Potsdam lebte. In ihm fand ich bei der ersten Begegnung vor allem einen jungen Mann, dem die Rechtschaffenheit auf dem Gesicht geschrieben stand. Mehr oder weniger flüchtige Berührungen folgten. Wie ein längerer Besuch verlief, den er mir machte, darüber berichtet die bereits mitgeteilte Tagebuchnotiz vom 6. Dezember. Der neue Kollege hatte mir durch sein durchaus hervorragendes technisches Können in hohem Maße Achtung abgewonnen. Mag dasselbe durch sein Studium bei Hans von Bülow wesentlich gesteigert worden sein, die Grundlage seiner Leistungsfähigkeit verdankte er der Erziehung, die ihm seit seinen Knabenjahren an anderer sehr bescheidener Stelle zuteil geworden war. Früh verwaist, nahm sich seiner und seiner noch jüngeren Schwester das Ehepaar Steinmann in Potsdam an, das sich hier durch Erteilen von Klavierunterricht eine Existenz gegründet hatte. Diese sehr achtbaren Leute hatten in dem kleinen Heinrich ein entschiedenes musikalisches Talent entdeckt, und fanden nun die erwünschteste Aufgabe darin, den Pflegesohn zum Klaviervirtuosen auszubilden. In der Steinmannschen Ehe schien der weibliche Teil der tonangebende zu sein; wenigstens trat der Gatte für die Außenwelt selten in die Erscheinung. Die »Tante Steinmann« dagegen zeichnete sich ersichtlich durch sehr vortreffliche Eigenschaften aus. Sie war es auch, die als die eigentliche Lehrerin Barths genannt werden muß. Erbarmungslos sorgte sie dafür, daß der gute Junge täglich viele Stunden am Klavier saß und die langweiligsten Fingerübungen ungezählte Male wiederholte. Damit legte sie den Grund zu seiner unfehlbaren Technik. Es erscheint wie eine Grausamkeit der Natur, daß einem so ausgezeichneten Rüstzeug, wie es Barth sich in seinem Klavierspiel erworben hatte, keine Innerlichkeit entgegenkam, die es drängte, sich in Tönen auszusprechen.

Barth war kein Künstler von Gottes Gnaden; seiner ungemein tüchtigen aber nüchternen Natur nach hätte er besser für einen praktischen Beruf gepaßt; er würde gewiß einen vortrefflichen Landwirt oder Offizier abgegeben haben. Mit desto größerem Nachdruck jedoch muß es ausgesprochen und bewundernd anerkannt werden, daß er dieser Ungunst seiner Begabung zum Trotz ständig und mit Erfolg bemüht war, die seinen Leistungen anhaftenden Mängel soweit es ihm irgend möglich war vergessen zu machen. Er suchte nicht allein unablässig von den Leistungen anderer, deren Künstlerschaft er als eine überlegene erkannte, zu lernen, sondern er war auch bescheiden genug, um es dankbar hinzunehmen, wenn ein Berufener ihn auf diese oder jene Unvollkommenheit seines Vortrags aufmerksam machte. Die Folge war, daß sein Spiel an Abrundung und innerer Lebendigkeit von Jahr zu Jahr gewann. Es wird nicht viele Künstler heutzutage geben, die sich rühmen könnten, Barth in dieser edlen und fruchtbringenden Bescheidenheit gleich zu kommen.

Fast zur gleichen Zeit, in der ich Barth kennen lernte, machte ich die Bekanntschaft eines anderen jungen Mannes, der später auf meine Veranlassung hin ebenfalls als Klavierlehrer an der Hochschule angestellt wurde; Friedrich Grabau, ein Neffe des mir von Leipzig her bekannten Violoncellisten Grabau, hatte, ich weiß nicht auf welcher Universität, Philologie studiert und war im Herbst 1870 nach Berlin übergesiedelt. Wenn er hier eine Empfehlung an Frau Schumann, und diese wiederum eine Beziehung zwischen ihm und mir vermittelte, so hatte das seinen besonderen Grund. Obgleich es ihm an Begabung und Interesse für die Wissenschaft keineswegs fehlte, so lag doch die Musik seinem Herzen viel näher, und er quälte sich ab mit beständigem Schwanken, ob es geraten oder doch zu viel gewagt sei, noch jetzt einen Berufswechsel vorzunehmen. Man konnte sich kaum einen stärkeren Gegensatz denken, als den zwischen dem körperlich robusten, durch keine Gefühlsschwärmereien beschwerten Barth und dem etwas kränklichen, aber an Gemüt und Geist reich begabten, äußerst fein besaiteten und fein gebildeten Grabau. An verblüffender Virtuosität konnte Grabau sich mit Barth freilich nicht messen; wohl aber war er ein vortrefflicher, auch technisch gewandter Spieler, der die Musik erlebte, die er vortrug. Lange Zeit währte bei ihm das Abwägen hin und her, nach welcher Seite er sich entscheiden sollte. Den Entschluß selbst konnte ihm niemand abnehmen. Als ich ihm aber nach fünfviertel Jahren den Vorschlag machte, ob er als dritter Klavierlehrer bei uns eintreten wolle, schlug er ein und bewährte sich in der leider nicht langen Dauer seiner Tätigkeit als ein ebenso streng gewissenhafter wie in seinem pädagogischen Leisten ausgezeichneter Kollege. Einstweilen brachte mir sein Erscheinen in Berlin den angenehmsten Zuwachs an jugendlichem Umgang.

AUS DEM TAGEBUCH

»SONNTAG D. 1TEN JANUAR 1871
Kälte von minus 17 ½ Grad Reaumur[68]. ... Abends bei den Eltern. Vater liest aus dem alten niederdeutschen Original von ›Reinecke de Voss‹[69] die Geschichte von Hintze und Braun vor.

MITTWOCH D. 4TEN
Nachmittags heitere Orchesterstunde; Meine Vertretungszeit nimmt vorschriftsmäßig ihren Anfang; ich dirigire also, lasse die B dur Symphonie von Beethoven aufschlagen, und Joachim setzt sich ins Orchester, um am Bratschenpult mitzuspielen.

DONNERSTAG D. 5TEN
Ich besuche Frau Schumann, die auf der Durchreise von Breslau, – wo sie konzertiert hat – nach London für einen Tag bei Franz Mendelssohns Station macht. Frau Enole hat einen Brief von Schaper aus dem Felde, den sie mir zu lesen giebt. Der Vater eines verwundeten Franzosen, der als Gefangener von Schaper behandelt wird, hatte gehört, daß dieser Wohlthäter seines Sohnes ein ausgezeichneter Violoncellspieler sei, und es sehr vermisse, kein Instrument zu haben. Da macht der Alte sich auf den Weg, holt aus Versailles ein Violoncell, und bringt es für Schaper bis zu dessen Standquartier in Villiers le bel. Abends bei Bergs Gesellschaft; Scholzens, Radeckes, der Maler Menzel, Joachims, Brandes etc. Nach dem Essen ›Fibelversemacherei‹ gespielt, wobei ich nichts Gescheutes zu Stande bringe. Nach Tisch mit

Julie Asten 3 vierhändige Märsche von Schubert gespielt. Joachim spielt mit Scholz B dur Sonate von Mozart, (die mit der Introduktion).

FREITAG D. 6TEN
Brief von Reinthaler, der mich auffordert ›Otto den Schütz‹ in Bremen zu dirigiren. Von 3–7 Uhr Klavierstunden in der Hochschule. Abends bei den Eltern. Sehr guter Aufsatz von Herman Grimm über ›Voltaire und Frankreich‹[70] vorgelesen.

SONNABEND D. 7TEN
Mit Carl Heymann und Spengel Abends ins Opernhaus, um ›Jessonda‹[71] zu hören. Der erste Akt und die Hälfte des zweiten machen mir große Freude. Frau Mallinger leider sehr mittelmäßig.

SONNTAG D. 8TEN
Carl bringt mir einen Artikel, den Mühler über die Hochschulangelegenheit in der Zeitung veröffentlicht, und der, ohne evident zu lügen, durch Verschweigen alles Wesentlichen doppelt lügt. Um 12 Uhr matinée bei Scholz, in der er eigene Compositionen vorführt. Ein Klavierquintett gefällt mir am besten. Frau von Olfers mit Töchtern, Joachim, Bartsch und Grabau sind anwesend. Um 5 Uhr bei Alexander Mendelssohn zu Tisch. Ich sitze neben Frau Enole, sie erzählt von ihrem ersten Kommen nach Deutschland, und zeigt mir ein ganz ausgezeichnetes Portrait, das Magnus in jener frühen Zeit von ihr gemalt hat. Es steht seinem wundervollen Portrait von der Lind, nicht nach. Abends treffe ich bei den Eltern Herman Grimm, der wie gewöhnlich sehr amüsant ist, aber äußerst graue Ansichten über die augenblickliche Stimmung der Menschen der Kunst gegenüber entwickelt. Er wolle Nichts mehr schreiben, was ästhetisch sei u.s.w. Nachdem er fort ist, spiele ich den Eltern und Clärchen Baumeister meinen Aufzug der Romanze vor.

MONTAG D. 9TEN
Brief von Frau Baumgardt aus Potsdam, die mich auffordert dort zum Besten der Verwundeten zu spielen. Ich hoffe, später vielleicht ihrem Wunsch zu willfahren.

DIENSTAG D. 10TEN
Gedicht von Eichendorff ›Die Jungfrau‹ für Frauenchor, Sopransolo und Orchester komponirt.

DONNERSTAG D. 12TEN
Ein Lied für unbegleiteten dreistimmigen Frauenchor komponirt. Gedicht von Rückert ›Das eine Lied‹. Urban hat mich dazu angeregt.

FREITAG D. 13TEN
Das gestern komponierte Lied aufgeschrieben; ferner Eichendorffs Gedicht ›Abendständchen‹ für gemischten Chor komponiert. Zu Clärchen Baumeister, mit der ich den Plan bespreche, das Frauenchorlied vielleicht morgen meiner Mutter zu ihrem Geburtstag vorzusingen. Abends bei den Eltern. Vorher nochmals zu Clärchen

Baumeister, genauere Verabredung des Liedes wegen; die beiden Schwestern wollen singen, ich aber soll den Alt fistulirn. Bei dieser Gelegenheit äußert sich die treue Freundin mal wieder sehr energisch über die Verkehrtheit meiner derzeitigen Arbeitshetze, bei der das Beste und Wichtigste was ich zu leisten habe, nicht gedeihen könne.

Sonnabend d. 14ten Januar
Morgens um 9 Uhr zu Baumeisters, mit den beiden Schwestern mein kleines Lied probirt. Dann gehen wir drei hinüber zu den Eltern, und während diese in der Mutter kleinen Stube mit Carl ihr Frühstück einnehmen, schleichen wir durch die Mittelstube in die große Wohnstube, und singen hier, wo auf dem Tisch die von Vater geschenkten 12 Paar Handschuhe, umgeben von allerlei Blumen aufgebaut sind, unser Lied. Als wir geendet haben, tritt die Mutter ganz bewegt herein, und Alles freut sich der gelungenen kleinen Überraschung.

Mittwoch d. 18ten Januar
Proklamation des neuen deutschen Kaiserreichs!
Mit etwas Schönerem konnte mein Geburtstag freilich nicht gefeiert werden. Vormittags kommt die Mutter, und dann auch zu meiner Überraschung der liebe Vater; leider ist er sehr erschöpft von der Anstrengung des Gehens. Viele Briefe. Telegramm von Frau Schumann. Zu Kiel; bei ihm liegt die Depesche mit der Proklamation des Kaiserreichs auf dem Tisch. Morgens gratulirten die Minister bereits bei der Königin. Große Sorge wegen General Werder, der mit seiner kleinen Schar schon Tage lang sich gegen Übermacht bei Belfort behaupten muß, um den Durchzug der Franzosen nach Deutschland zu verhüten. – Abends bei den Eltern.

Donnerstag d. 19ten
Depesche von Werder, vor dem sich Bourbaki wirklich zurückgezogen hat nach dreitägiger Schlacht. Werder hatte 60.000, Bourbaki 160 000 Mann. Ein Wunder der Tapferkeit. – Abends um 8 Uhr zu Mendelssohns, um mich zu erkundigen, ob die gestern bei mir eingetroffene anonyme Gratulationskarte ›von verlassenen aber treuen Freunden‹ Frau Enole zur Urheberin hatte. Ich trete in die Stube, und sehe zu meinem Erstaunen Schaper, der ganz plötzlich heute Morgen aus Villers le bel hier angekommen ist. Man hat ihn als Stabsarzt an das hiesige Friedrich-Wilhelms Institut berufen.

Freitag d. 20ten
Morgens kommt Bruch, der in Sondershausen gewesen, und erzählt, Prinzeß Elisabeth[72] bedaure sehr, daß ich nicht komme. Bruch spielt mir die Ouvertüre zu seiner Oper ›Hermione‹ vor, die mir wenig zusagt. Matinée bei Kiel; er spielt mit Joachim seine deutschen Reigen und E moll Sonate. Gegen Abend zu Joachims. Frau Joachim singt mit fast schönerer Stimme als je ein Heft Lieder von Brahms (op. 19.)[73], dann die Rhapsodie ganz ergreifend. Es kommt ein Herr Brinkmann, alter Freund von Joachims aus Hannover. Ihm singt sie ›Dunkel wie dunkel‹ von Brahms und ›Wohin‹ von Schubert vor. Dann gehe ich, trinke zu Hause meinen Thee. –

Depesche, daß auch die Französische Nordarmee bei St. Quentin wieder geschlagen ist. Werder verfolgt Bourbaki.

Sonnabend d. 21ten
Skizze meiner Komposition des Eichendorff'schen Gedichts ›Die Jungfrau‹ niedergeschrieben. Wolff auf der Straße getroffen. Wir sind ganz darüber einig, daß Bruchs Ouvertüre ziemlich verfehlt ist. Wolff hat sie gestern von ihm gehört, findet wie ich das Ganze gestaltlos, die Modulationen fast alle zu schwach motivirt, die Durchführung dick und ohne eigentlichen Nerv der Steigerung.

Dienstag d. 24ten
Der Norweger Arzt Axel Holst – Verwandter von Onkel Steffens – tritt überraschend wieder einmal bei mir ein. Er soll auf dem Kriegsschauplatz ärztliche Erfahrungen sammeln, ist noch ganz derselbe gute phlegmatische Seehund wie früher. – Die Janotha behauptet um 5 Uhr in den ›Sommernachtstraum‹ gehen zu müssen, der um 7 Uhr angeht; sie will deshalb die Ensemblestunde versäumen, was ich ihr nicht gestatte.

Mittwoch d. 25ten
Aus London Depesche, daß Jules Favre Bedingungen für die Kapitulation von Paris vorgeschlagen habe, unter Anderem freien Abzug der Armee. Natürlich unannehmbar. Doch läßt der Vorgang als solcher endlich hoffen, daß es in einigen Tagen wirklich zum Abschluß kommen wird. Die Herren haben doch wenigstens überhaupt angefangen zu Kreuz zu kriechen.

Donnerstag d. 26ten
Mittags Depesche mit Capitulationsbedingungen unsererseits an die Pariser Regierung, die zugleich die Friedensbedingungen involvieren.

Freitag d. 27ten
Spät Abends zwei Depeschen; die erste meldet Revolution in Paris, die zweite besagt, daß Favre heute wegen der Capitulationsbedingungen in Versailles ist.

Sonnabend d. 28ten
Seit gestern ist mit ganz Frankreich der Waffenstillstand abgeschlossen.

Sonntag d. 29ten
Depesche über die Capitulation der Pariser Forts und dreiwöchentlichen Waffenstillstand. Nachmittags beginnen sich mehr und mehr Fahnen zu entfalten. Anfangs kein rechter Jubel, weil man vielleicht schon auf den Einzug in Paris und den Wortlaut der Friedensbedingungen gerechnet hatte. Schneidende Kälte, –10 Grad R[74], der Schnee liegt in großen Massen. Mutter erzählt nach Tisch von einem im Lazareth der Max liegenden jungen Franzosen, dessen Vater hierher gereist sei, um ihn zu besuchen; der Vater habe ihm 2 Äpfel aus seinem Garten und Wein mitgebracht; Allen hätten bei dieser Scene die Thränen in den Augen gestanden. Nach Tisch mit Carl

durch die geschmückte Stadt. Abends Freund Dumont aus Cöln bei den Eltern. Carl und ich spielen ihm Vierhändigkeiten vor: die Brahmsschen Liebesliederwalzer, die f moll Fantasie von Mozart und die f moll Fantasie von Schubert. Vater, der seit einiger Zeit leider wieder unter vielen Beschwerden zu leiden hat, ist heute ausnahmsweise recht aufgeräumt, erzählt von seiner Schulzeit in Hildesheim, seiner Freundschaft mit dem katholischen Mitschüler Koch, wie er mit diesem in die Frühmesse gegangen sei und zuweilen auch dessen alten Vater besucht habe, der in der Nähe auf dem Lande Hirt gewesen sei; bei diesem wurden dann Puffer gegessen.

MONTAG D. 30TEN

Klares eisiges Wetter. Dumont besucht mich, ich gehe mit ihm in den tief verschneiten Garten. Später kommt Bruch. Zu meiner Überraschung finde ich ihn Abends am Theetisch meiner Eltern wieder. Gespräch über das ›Ewig-Weibliche‹ am Schluß von Göthe's Faust, das ich als unbedingte Hingabe an das Gute, das Wahre, innerlich Beseligende, ohne alle Beimischung von Verstandesklügelei und selbsterwähltem Thun verstehe.

DIENSTAG D. 31TEN JANUAR

Ein paar Zeilen von Bruch, die melden, daß heute Abend seine Schwester Mathilde hier eintrifft, um von nun an mit ihm in Berlin dauernden Aufenthalt zu nehmen. Abends bei Joachims eingeladen. Die Kälte ist so arg, daß ich den Pelz anziehe, um hinzugehen. Die Gesellschaft besteht aus Astens, Bergs, Hausmann, dem Maler Hertel, dem Architekten Prof. Lucae und dem Geiger Rappoldi. Joachim spielt die Gesangsscene, Frau J. singt 3 Lieder aus der Winterreise. Darauf zu Tisch gegangen, wo Hertel und Lucae sich in Anekdoten überbieten. Später ernsteres Gespräch: über Italiänische Gothik, über den märchenhaften Eindruck des Mailänder Doms trotz schmählicher Facade u.s.w., über die Hirten in der Römischen Campagna, deren eigenthümliches Geblase Hertel vortrefflich wiedergiebt, über die Feier der großen Feste in der Peterskirche, über das Herumtragen des Pabstes, der beim Segenvertheilen aussehe, als dächte er nur daran, nicht herunterzufallen. Nach Tisch singen Frau Joachim und Anna v. Asten Duette von Händel. Frau Joachim schließt mit Schumanns ›Löwenbraut‹. Heimweg gemeinsam mit Hausmann.

MITWOCH D. 1TEN FEBRUAR.

Zu Kiel, ihm meine Orchesterballade vorzuspielen. Er findet das Scherzo sehr gut, auch die langsame Introduktion angemessen, den letzten Satz zu wenig organisch, die einzelnen kleinen Perioden in sich wohlgebaut, aber nicht eigentlich auseinander hervorwachsend; das Alles empfinde ich als berechtigten Tadel; dagegen widerspricht er Joachims Ansicht, daß die Wirkung des Ganzen in feinem detail beruhe. Kiel findet eher zu viel Stoff, der nicht verarbeitet sei, und sich sehr wohl zur Verarbeitung eignen würde. Auch die Instrumentation erscheint ihm gesund, nicht nach Effekten suchend. Alles dies ist mir erfreulich. – Nachmittags in der Orchesterstunde dirigiert Joachim die Pastoralsymphonie[75]; ich höre mit großem Genuß zu. Zwei Trompeter blasen dann Joachim und mir Piston und Naturtrompete vor; wir können fast keinen Unterschied entdecken, nur etwa den, daß der Klang der Naturtrompete ein klein wenig heller erscheint. Später am Concerthaus in der Leipzigerstraße, um ein Bilse'sches Concert zu hören. Er macht gerade auch die Pastoralsymphonie; ich halte aber nur den ersten Satz aus, nachdem ich soeben einen so idealen Eindruck von dem Werk empfangen; das haltlose Tempo, die Prosa der gelangweilt dasitzenden Ausführenden, des Raumes, der Zuhörerschaft ist mir unerträglich. Ich will dankbar dafür sein, daß ich die Fähigkeit habe, Musik so zu genießen, wie z. B. heute die Pastoralsymphonie unter Joachim, und mich daran über manches Andere getröstet. – Zum Abend zu den Eltern; dann Depesche gelesen, daß Bourbaki's Armee, 80.000 Mann stark, über die Gränze nach der Schweiz über getreten, also für Frankreich verloren ist. – Brief an Frau Eckert, die mich heute Vormittag durch Radecke für morgen Abend zu sich hatte einladen lassen. Ich sage ab, da mich Joachims bereits aufgefordert haben, zu ihnen zu kommen.

DONNERSTAG D. 2TEN FEBRUAR
Abends bei Joachims, wo die Pourtalès, und auch zu meiner großen Überraschung und Freude Elisabeth Dobeneck. Joachim spielt mit den Quartettisten ein interessantes unbekanntes Quartett in g moll von Haydn. Dann begleite ich der Joachim ›Frauenliebe und Leben‹ und Joachim läßt das Streichtrio in c moll von Beethoven folgen. Nach dem Essen giebt es noch c dur Quartett von Haydn. Frau Joachim behandelt mich schlecht, weil ich erst zu Eckerts hatte gehen wollen, – einfach aus dem Gefühl heraus, es sei wohl meine Pflicht der selteneren und formelleren Einladung zu Eckerts zu folgen, statt zu Joachims zu gehen, wo ich fast zum täglichen Brod gehöre. Am Ende aller Enden ist Frau Joachim wieder versöhnt.

FREITAG D. 3TEN FEBR.
vormittags Probe im Concerthaus mit der Bilse'schen Kapelle für ein Wohlthätigkeitsconcert, bei dem Joachims ihre Mitwirkung zugesagt haben. Er spielt Spohr Gesangsscene und sein Ungarisches Concert, sie singt Weltliche Kantate von Marcello. In den Signalen[76] lese ich, daß meine Orchestration von Schuberts f moll Fantasie in Frankfurt am Main mit Erfolg aufgeführt worden ist.

SONNABEND D. 4TEN FEBR.
Um 5 Uhr bei Franz Mendelssohns mit Schaper und einem liebenswürdigen alten Herrn aus Bordeaux, der den deutschen Namen Michelsen trägt, zu Tisch. Es wird ganz besonders schöner Weißwein getrunken, der in Anice, einem Gautierschen Weingut in der Nähe von Yquem[77] gewachsen ist. um ½ 7 in das Opernhaus, um Don Juan zu hören. Ich sehe und höre die Lucca zum ersten Mal auf der Bühne. Sie zieht die Zerline durchaus in eine raffiniert zweideutige Sphäre herab; schon ihre Stimme hat ein gewisses knarrendes, freches Element an sich, aber Genialität ist bei alledem nicht abzuläugnen. Regie und Dekorationen sehr gut. Die Musik macht mir aufs Neue einen Eindruck, für den jedes Wort zu gering ist.

SONNTAG D. 5TEN
In der Singakademie Generalprobe des Kotzoltschen Vereins, der mein Chorlied ›Es schienen so golden die Stern‹ recht gut vorträgt. Dann zu Frau Joachim, um mit ihr

und dem Maler Hertel Duette von Brahms durchzunehmen. Hertel ist sehr musikalisch und hat eine schöne Baritonstimme. Leider lassen verschiedene Besuchende, die Sängerin Frl. Orgeni, Franz Mendelssohn u.s.w. nicht viel zum Musiciren kommen.

Montag d. 6ten Febr.
Zweite Orchesterprobe zum Joachimschen Concert. Fräulein Orgeni singt Arie aus Semiramis von Rossini mit vortrefflicher Schule und hübscher Stimme, leider aber im Vortrag so affektiert, daß dadurch für mich der Eindruck jener guten Eigenschaften vollständig paralysiert wird. Auf 7 Uhr Abends ist der Beginn des Joachimschen Concerts festgesetzt, das ich mit Mutter und Carl besuchen will. Da aber Thauwetter eingetreten ist, sind die Straßen von den flüssig gewordenen kolossalen Schneemassen ganz und gar überschwemmt, und der gesamte Verkehr gerieth ins Stocken. Die Reihe der Wagen steht die ganze Leipzigerstraße entlang von der Wilhelmstraßenecke an bis zum Concerthaus. An keiner Querstraße ist es möglich durchzukommen. So verspätet sich natürlich der Beginn des Concerts. Das erste Stück ist die große Leonoren-Ouvertüre, von Bilse ohne jede Spur von rythmischem Gefühl vorgeführt. Dann folgt die Kantate von Marcello und Joachims Ungarisches Concert, später Spohrs Gesangsscene, ein patriotisches Lied von Taubert von Frau Joachim gesungen u.s.w. Den Schluß bildet der zweite Marsch für Orchester von Joachim, während dessen alle Welt herausgeht. Nach Überwindung vieler Schwierigkeiten bei dem greulichen Zustand der Straßen treffe ich endlich draußen bei Joachims ein. Herzlicher Empfang als ich komme. Nur Astens und Bergs sind da, Frau Joachim besonders lebendig. Berg erzählt Interessantes aus einem Brief von Abeken; der über das diner in Versailles berichtet, das Bismarck gegeben habe, als Jules Favre ihn aufgesucht. Bismarck habe zuerst von seinen Jagden gesprochen, das habe nicht recht verfangen, dann von unseren militärischen Einrichtungen, die ja Frankreich nun auch zur Genüge durch eigene Anschauung kennen gelernt habe; endlich sei er auf die Politik gekommen, und habe nach manchem Hin und Her gesagt, in politischen Dingen müsse man allen Egoismus aufgeben ›la patrie doit être servi, pas dominé‹, worauf Favre erwidert habe: ›c'est très profond‹.

Mittwoch d. 8ten
Nachmittags im Arnim'schen Saal Probe zu Kiels Requiem, das der Stern'sche Verein aufführt. Vieles überrascht mich doch nach anderen Eindrücken von Kiel'scher Musik. Das ›Benedictus‹ ist ein schönes wohlthuendes Stück; im ›Confutatis‹ sind bedeutende Momente. Übrigens wurden heute nur Einzelheiten probirt.

Donnerstag d. 9ten
Morgens bei unglaublich scheußlichem Wetter (12 Grad R. Kälte) zur Bahn, um Joachim abreisen zu sehen. Auch Frau Joachim verschwindet für 10 Tage nach Frankfurt u.s.w. Joachims 2ten Marsch 4händig arrangirt.

Freitag d. 10ten
Simrock kommt zu mir, bleibt eine Stunde, holt sich mein Arrangement der Joachim'schen Märsche, sieht meine Autographen an, klagt über Barths zu philister-

haftes Wesen. Nach Tisch Generalprobe zu Kiels Requiem. Ein meisterliches Werk. Zum alten Hollweg, mit dem ich eine sehr hübsche halbe Stunde verplaudere; er äußert unter Anderem, daß er jetzt nur noch nach Behagen arbeite, ohne sich Termine für das Fertigwerden zu setzen. Er erzählt dann von hübschen Erinnerungen zwischen den hungrigen Parisern und unsern Soldaten.

SONNABEND D. 11TEN
Zwischen 18 und 19 Grad Kälte. Die Stube nicht zu erwärmen. Abends Aufführung des Kielschen Requiems. Ich sitze neben Bruch, der viel hin und herrückt, und nicht sehr warm urtheilt. Darauf Bruchstücke aus Judas Makkabäus[78]. Das Ganze viel zu lang. In der Norddeutschen Allg. Zeitung[79] Proklamation Napoléons an die Franzosen.

SONNTAG D. 12TEN
Morgens kommt Carl zu mir, klagt mir von seinen Leiden vor, und jammert mich sehr. Um 5 bei Franz Mendelssohns zu Tisch. Familie da. Ich sitze zwischen Schaper und dem Maler Passini, spreche später mit Schaper über Carls Zustände. Er räth, ihn für ein Jahr auf das Land zu schicken. Abends bei Bruchs mit Leonhard Wolff. Max parodirt singend und sehr komisch gestikulierend Meyerbeer'sche Musik, vertheidigt aber den 4ten Akt der Hugenotten. Er will mir seine erste Symphonie im Autograph schenken; ich soll ihm dafür meine Ballade geben.

MONTAG D. 13TEN
Morgens erscheint Musikdirektor Schröder, zeigt mir fast 2 Stunden lang seinen Apparat zum Klavierstimmen und liest die Recensionen über Leistungen seiner Söhne vor. Abends bei Beselers. Ich begleite Anna B. verschiedene Lieder, unter Anderem den Liederkreis von Beethoven. Gespräch mit Droysen über Felix Mendelssohn, mit dem er in jungen Jahren viel verkehrt. Er erzählt von einem Brentano'schen Buch mit eingestreuten Gedichten, das damals erschienen sei, und Mendelssohn sehr zum Komponiren der Lieder angeregt habe. Ein junger Herr von Maltzahn berichtet, daß einer unserer Offiziere verrückt geworden sei, weil er einen jungen franktireur, der um Schonung seines Lebens gebeten, habe erschießen lassen müssen.

DONNERSTAG D. 16TEN
Morgens Lied für Frauenchor im Kopf. Text ›Wiederhall‹ aus des Knaben Wunderhorn. Ludwig Deppe besucht mich; ich spiele ihm die fertigen Frauenchorlieder vor; er will diese und meine Lieder für gemischten Chor in Hamburg aufführen. Dann zeigt er mir eigene Chorlieder, die mir theilweise recht gut gefallen. Abends bei den Eltern schreibe ich mein neues Lied auf.

FREITAG D. 17TEN
Morgens Contrapunkt gearbeitet. Zu Kiel. Mit ihm vierhändig seine Orgelfantasieen gespielt.

SONNABEND D. 18TEN
Mittags finde ich Vater leider wieder im Bett liegend, weil er sich ungemein angegriffen fühlt.

SONNTAG D. 19TEN
Ich finde Vater w i e d e r in sehr traurigem Zustand. Mutter erzählt, wie friedlich er nach Tisch über die Möglichkeit seines Todes gesprochen, wie er sich von ihr habe Lieder vorlesen lassen, auch meiner liebevoll erwähnt habe. Abends sitzen wir in seiner Stube, um in seiner Nähe zu sein.

MONTAG D. 20TEN
Gestern erhielt ich ein paar Zeilen von Frau Joachim, in denen sie mich bittet, für sie die Altarie aus Bachs Pfingstkantate zu instrumentiren. Ich gehe zu Robert Radecke, um mit ihm über die Sache zu sprechen. Lotte erzählt mir von den fortgesetzten Lügen der Frau von Mühler, die diese über mich verbreitet, was mich dann ganz wild macht. Auf der Straße treffe ich Elisabeth Dobeneck, die mit ihrem Kinde vor dem Hause ihrer Eltern spazieren geht. Sie räth mir auf den Fall Mühler das Lavater'sche Gedicht ›Ich will tragen‹ anzuwenden. Am Nachmittag besuche ich Schwerins. Ich bin erst mit der Gräfin allein, dann gehe ich auch zum Grafen hinein, der mit völlig gelähmten Beinen im Stuhl liegt; sein Aussehen finde ich im Übrigen erträglich. Frau von Griesheim ist anwesend. Ich gehe in die Nebenstube, um mir nochmals das Oelbild von Fritz anzusehen, das die Eltern nach seinem Tode – unter Benutzung von Photographieen haben machen lassen. Das Bild befriedigt mich auch heute wieder sehr wenig; doch man muß schweigen, da die nächsten Angehörigen sich hineingelebt haben und dankbar für diesen Besitz sind. Sehr viel mehr giebt mir eine Photographie, die nach einem Daguerrotyp aus der Zeit angefertigt ist, in der er bei Eysenhardts in Pension war, also ein Bild aus seinem 19ten Jahr. Hier tritt mir der volle Zauber seiner damaligen Erscheinung wieder vor die Seele. Wedding erzählte mir einmal, er habe eines Abends im Parkett des Opernhauses gesessen, als Schwerin in einer Loge des ersten Ranges erschienen sei. Das ganze Publikum habe noch ein paar Sekunden die Blicke nur auf ihn, den völlig Arglosen, gerichtet. – Von Schwerins aus gehe ich noch zu meinem alten Lehrer Wehrenpfennig, von dem ich mir mein Exposé über die Angelegenheit Mühler wieder abhole. Er erzählt mir lange und sehr interessant über die Hessische Kirchenfrage, die Ablehnung der Vorlage im Abgeordnetenhause, bei der Klerikale und Radikale im Bunde wirkten, und die ganze Unbildung der Gesellschaft in kirchlichen Dingen sich erschreckend offenbart habe. Er sagt mit Recht, daß es unter den Protestantenvereinlern keine einzige Persönlichkeit, keine Kraft mehr gebe, Schenkel sei nicht nur ein eitler Mensch, sondern ein Fälscher, wie ihm bei Herausgabe der Rothe'schen Vorlesungen offenkundig nachgewiesen worden. Die Materialisten nennt er die commis voyageurs der Wissenschaft; sie repräsentierten geradezu die Unwissenschaftlichkeit, und weil die Orthodoxie beides vermag, ächte und scheinbare Wissenschaft, so werde der Riß immer ärger.

DIENSTAG D. 21TEN
Morgens die Instrumentierung der Arie aus der Pfingstkantate begonnen Abends kommt Leonhard Wolff, Gespräch über Don Juan, in dessen Bewunderung wir uns ergehen.

MITTWOCH D. 22TEN
Morgens die Instrumentirung der Bach'schen Arie beendet. Nachmittags in der Orchesterstunde sind die ersten Geigen so schwach besetzt, daß ich aussetzen muß. Abends bei den Eltern etwas besserer Zustand. Vaters Befinden läßt zwar noch immer genug zu wünschen übrig, aber er kommt doch nach dem Thee in Mutters Zimmer herüber, so daß man ihm etwas Musik machen kann. Ich spiele erst unter Carls Beihülfe, der die Singstimme in höherer Octave übernimmt, die Arie aus der Pfingstkantate, dann allein allerlei aus der Matthäuspassion: den Choral ›Was mein Gott will‹, das Tenorsolostück mit Chor aus dem ersten Theil. Die gute Mama bringt noch ein Klavierstück aus einer Bach'schen Geigensonate, das sie seit 30 Jahren nicht gespielt, leidlich zu Stande, und wir beide lassen später noch 2 andere Sätze in c moll und Es dur aus den Sonaten folgen, wobei sie die ihr vertraute Klavierparthie spielt, und ich dazu in der höheren Oktave die Violinparthie liefere.

DONNERSTAG D. 23TEN
Morgens Anschlag für die Schule geschrieben wegen unregelmäßigen Stundenbesuchs der Geiger bei de Ahna u.s.w. Wenn Joachim nicht anwesend ist, so ist es bei den jungen Herren mit der Disciplin zu Ende. Die Schule gilt ihnen nur als die Lokalität in der sie von Joachim Violinunterricht erhalten, und weil sie sich fürchten, dieses Unterrichts verlustig zu gehen, wenn sie durch Nichterscheinen in den Orchesterstunden seinen Zorn erregen, so spielen sie gnädigst im Orchester mit, so lange Joachim am Dirigentenpult zu finden ist. Andere Dirigenten und Joachim vertretende Violinlehrer sind für sie Luft. So wenigstens denkt ein starker Bruchtheil der Gesellschaft.

FREITAG D. 24TEN
Vormittags halte ich mit dem Bilse'schen Orchester eine Durchspielprobe meiner Ballade, um das Stück einigen Bekannten vorzuführen. Kiel, Simrock, Bruchs, Grabau, Leonhard Wolff, Hausmann sind anwesend, natürlich auch meine liebe Mutter. Leider ist das Orchester durch seinen Dirigenten gründlich demoralisiert; die Leute haben keine Spur von Rhythmus mehr im Leibe. Abends höre ich im Opernhause den Figaro. Die Lucca macht aus dem Pagen einen schnodderigen Jungen, die Mallinger (Susanne) in Toilette und Spiel herausfordernd, die Stimme verbraucht und unfest, die Voggenhuber als Gräfin ohne jeden Reiz, der Klang der Stimme derb und gewöhnlich, nur Betz gesund und sehr erfreulich. Alles in Allem ein übler Eindruck von der heutigen Theaterwirthschaft: viel zu viel Aktion machen wollen beim Gesang, Realismen wo sie nicht hingehören, so z. B. Spielereien mit dem Falten des Billets bei dem Briefduett und ähnliche Dinge; dazu, was den Figaro im Besonderen anbelangt, das offensichtliche Bestreben, die Zweideutigkeit der Handlung nach

Möglichkeit hervorzuheben, statt sie über der wundervollen Schönheit des musikalischen Kunstwerks vergessen zu machen.

SONNABEND D. 25TEN
Ich höre in der Symphoniesoirée unter Tauberts Leitung Bruchs f moll Symphonie. Schöner Orchesterklang; der Eindruck besser als in Leipzig, das Publikum erträglich gnädig. Bruch ist nicht anwesend. Dann folgt Ouverture zu ›Tausend und eine Nacht‹ von Taubert, die mir recht gut gefällt; es sind hübsche feine Sachen darin.

SONNTAG D. 26TEN
Matinée im Opernhaussaal unter Eckerts Leitung. Die a moll Symphonie von Mendelssohn beginnt. Ich hatte vorher fast garnichts vom Programm gewußt; nun berührt mich der Eindruck des Stücks, das ich zudem sehr lange nicht gehört hatte, doppelt frisch. Erster Satz, Scherzo und letzter Satz (so lange er in moll geht) sind wirklich von wundervollster Poesie. Ein Prolog von Berndal gesprochen und eine Ouvertüre von Emil Naumann folgten zu meinem Ergötzen. Dann erschien Frau Joachim und sang die Arie aus Bachs Pfingstcantate, mit der von mir gelieferten Orchesterbegleitung, die sich als angemessen erwies. Ein Violoncellconcert von Eckert, gespielt von Herrn X[80] (Frosch der auf Stelzen geht) konnte nur als Strafe empfunden werden. Nochmals erschien Frau Joachim, sang ›An die Leier‹ und ›Die linden Lüfte sind erwacht‹. Bei dem ersten Lied sieht sie mich bedeutungsvoll an, da sie zuerst nicht daran gewollt, es zu singen, ich aber sie dazu beredet hatte. – Ein Telegramm meldet, daß Thiers und die 15 Herren der Friedenskommission die Friedensbedingungen angenommen haben. Morgen erwartet man die Ratifikation durch die Nationalversammlung in Bordeaux.

DIENSTAG D. 28TEN
Morgens bei greulichem Wetter auf dem Potsdamer Bahnhof gefahren, um dort von Carl Abschied zu nehmen, der für längere Zeit zu seinen Eltern nach Rheineck zurückkehrt, um seine Gesundheit zu kräftigen.

MITTWOCH D. 1TEN MÄRZ
Bei den Eltern Tante Bertha Buttmann zu Tisch. Ich nehme sie mit in die Orchesterstunde, wo ich die Janotha das c moll Concert von Beethoven spielen lasse. Dann Scherzo nebst Gewitter aus der Pastoralsymphonie. – Abends spät Depesche des Königs, daß heute Morgen unser Einmarsch in Paris ohne Störung begonnen habe.

DONNERSTAG D. 2TEN MÄRZ
Morgens die Nachricht aus Bordeaux, daß die Nationalversammlung den Frieden angenommen habe. Die ganze Stadt in schönstem Fahnenschmuck.

FREITAG D. 3TEN
Wahl zum ersten deutschen Reichstag. Ich wähle im Thiergartenhotel Graf Bredow gegen Jakobi. – In den Signalen[81] lese ich, daß Epstein in Wien meine Variationen für 2 Klaviere spielt, ferner daß ›Otto der Schütz‹ in Bremen guten Erfolg gehabt habe.

Ich bringe Taubert die Partitur dieser meiner Ouverture und finde ihn sehr empört über Bruchs Benehmen. Dieser hat nämlich an Wuerst einen wutherfüllten Brief darüber geschrieben, daß Taubert ihm abgeschlagen habe, bei den Proben zu seiner f moll Symphonie anwesend zu sein, und Wuerst hat den Brief an Taubert weitergegeben. Daß Bruch bei der Aufführung seiner Symphonie nicht zugegen war, ist schon erwähnt. Abends holen Bruch und Spengel mich ab, die Illumination zu besehen. Zu meiner großen Überraschung finde ich beim Heraustreten aus meinem dunkeln Hof auf den Wilhelmsplatz diesen schon glänzend erleuchtet. Wir holen Grabau ab, verlieren ihn aber in der Menschenmasse schon unter den Linden. Bis zum Schloßplatz kommt man erträglich vorwärts. Auf der Kurfürstenbrücke aber und in der Königstraße, wo der Wagen der Kronprinzeß, gefolgt von vielen anderen Hofequipagen die Menge durchfährt, wird das Gedränge so arg, daß man fürchtet erdrückt zu werden. Bruchs bleiben an eine Hauswand gelehnt stehen, ich werde fortgequetscht, warte an der Poststraße, wo sie nach langer Zeit endlich auch anlangen. Wir geben dann das Rathaus auf, begnügen uns mit dem rotherleuchteten Thurm von fern gesehen und kehren mit großem Umweg über Molkenmarkt, Stralauer Brücke, Wallstraße, Leipziger Straße endlich heim. Um ½ 10 Uhr gehe ich noch zu den Eltern. Noch immer wogen die Menschenmassen vor dem fabelhaft erleuchteten Kriegsministerium hin und her. Dicker Qualm von den großen Feuerbränden auf dem Dach; an der ganzen Facade eine Menge reizender, glänzender Einzelheiten. Der Totaleindruck ganz großartig. Bei den Eltern Gespräch über die Frankreich auferlegte Kriegssteuer, die uns doch fast zu hart erscheint; 5 Milliarden Franken! Seit Christi Geburt ist noch nicht eine Milliarde Minuten verstrichen!

SONNABEND D. 4TEN MÄRZ
Wiederholung des Kiel'schen Requiems mit Frau Harriers und Frau Joachim als Solisten. Wuerst sitzt neben mir und macht bissige Randglossen.

SONNTAG 5TEN MÄRZ
Ein Frauenchorlied ›Grün war die Weide‹ von Eichendorff im Kopf. Nach Tisch mit Spengel weiten Spaziergang durch den Thiergarten gemacht.

MONTAG D. 6TEN
Das Lied aufgeschrieben. Ein zweites ›Kinderlust‹ von Wilhelm Müller im Kopf und begonnen aufzuschreiben.

DIENSTAG D. 7TEN
›Kinderlust‹ fertig geschrieben. Wieder ein anderes Frauenchorlied im Kopf: ›Wo noch kein Wanderer gegangen‹ von Eichendorff. Es geht in f moll und ich schreibe es gleich auf. Dann noch ein anderes Lied Es dur im Kopf. ›Der verschwundene Stern‹, das ich Abends aufschreibe. Vormittags ein herrliches Lied von Brahms durchgespielt, das ich der Joachim begleiten soll Sonnett As-dur op. 14.[82]

MITTWOCH D. 8TEN
Ein dreistimmiges Frauenchorlied (B-dur) ›Tanzlied‹ von Wilhelm Müller im Kopf. Abends bei Bergs, nur mit Frau Joachim, Astens, (nebst Fräulein Anna's Bräutigam) und Lucae. Sehr gemüthlich. Mit Frau Joachim eine Menge Schubert'scher Lieder: Suleika, Geheimes, Nonne, Nacht und Träume, Ellens Gesang (in Es), Heliopolis, Donau Schiffer, endlich auch das Sonnett von Brahms. Mit Lucae und Schultzen bei klarster Mondnacht, mildester Frühlingsluft nach Hause.

DONNERSTAG D. 9TEN
Morgens die 2 Frauenchorlieder von gestern aufgeschrieben (Schnitterin in Es, Tanzlied in B). Nachmittag zu Schwerins, um Abschied zu nehmen, sie reisen zur Kur für den Grafen nach Wiesbaden. Die Gräfin ist an Grippe erkrankt und liegt auf dem Sopha. Ich sehe beide nur auf wenige Augenblicke.

FREITAG D. 10TEN
Zur Joachim, mit ihr die beiden ersten Hefte der bei Simrock erschienen Lieder von Brahms durchgenommen; große Freude daran, Dann ›Rastlose Liebe‹ von Schubert, das sie nicht kannte, während mir gerade dies Lied seit langen Jahren lieb ist. Zu Haus geht mir ein Lied (vielleicht mit Klavier- und Violoncellbegleitung zu setzen) durch den Kopf. Tonart A dur, Text von Rückert.

SONNABEND D. 11TEN
Brief von Frau Heymann, sie theilt mit, daß es Carl besser geht, und beschreibt die Friedensfeier am Rhein mit Bergfeuer und Glockengeläut.

SONNTAG D. 12TEN
Abends bei Grimms, eine kleine hübsche Gesellschaft. Frl. Metzell singt zu meiner Begleitung recht gut eine Arie aus Figaro, und Lieder von Schubert und Schumann. Bruchs, Marquardts, Wehrenpfennig und Frl. Heinrich sind außerdem anwesend. Grimm schimpft auf Schubert, was mir gar keinen Eindruck macht außer dem, daß es mir leid thut, wie er die Leute durch seine Paradoxieen vor den Kopf stößt.

MONTAG D. 13TEN
Morgens Lied für vierstimmigen gemischten Chor in C dur aufgeschrieben. Text ›Es blies ein Jäger wohl in sein Horn‹. Dann Brief an Herman Grimm geschrieben, den ich überreden möchte, eine Biographie seines Vaters zu schreiben. Abends Grabau und Spengel bei mir. Ich spiele mit Spengel zwei symphonische Dichtungen von Liszt, Prometheus und Orpheus, in vierhändigem Arrangement, wobei wir fast bersten vor Lachen. Darauf Ouvertüre zu ›König Lear‹ von Berlioz und die vierhändigen Stücke von Bennett und Weber. Gespräch über Grimms und ihre Sonderbarkeiten. Ein Beispiel: Die Gisel hat neulich Paul Heyse ins Gesicht gesagt: ›Ihre Produktionen sind alle wie faule Apfelsinen‹.

DIENSTAG D. 14TEN
Herrliches warmes Wetter. Bei den Eltern die Gisel getroffen, die in liebenswürdigster Laune ist. Sie macht über Bruchs ›Hermione‹, die sie vom Klavier her kennt, die nicht unrichtige Bemerkung, daß im dritten Akt das meiste individuelle Gefühlsleben, in den anderen zu materielles Theaterleben sei. Zur Joachim, um Abschied zu nehmen, sie reist heute nach England ab. Abends sind die Geschwister Bruch und Leonhard Wolff bei mir. Ich spiele mit Max seine f moll Symphonie in vierhändigem Arrangement aus dem Korrekturenexemplar. Dann spielt er noch das erste Finale aus seiner Oper Loreley. – Brief von Herman Grimm; er sagt, das Leben seiner Eltern zu schreiben, sei ihm eine zu große und zu schmerzliche Aufgabe.

MITWOCH D.15TEN
Lied von Rückert (Sonnenuntergang) für Frauenchor im Kopf.

DONNERSTAG D.16TEN
Ein talentvoller Junge Namens Ziegler spielt ein Rondo von Chopin vor, um sich für die Hochschule vorläufig von mir prüfen zu lassen. Abends mit Spengel in ein Concert von Herrn Oscar Raif, der Klavier paukt à la Tausig. Er spielt Faschingsschwank von Schumann und Hornsonate von Beethoven mit seinem Vater als Hornisten.

FREITAG D. 17TEN
Die Ankunft unseres Kaisers von Frankreich her wird für heute Nachmittag am Potsdamer Bahnhof erwartet. Am Ausgang des Gartens nach dem Thiergarten zu sind bei uns auf der Straße Bänke für die Hausbewohner aufgestellt, um von hier aus die Vorbeifahrt der Herrschaften zu erleben. Auch die alte Gräfin Voss findet sich ein. Nach einigem Warten fängt es an in der dicht gedrängten Menge, die sich auf der Straße angesammelt hat, unruhig zu werden, ein Zeichen, daß der Bahnzug eingetroffen. Endlich ist der große Augenblick da. Der verehrungswürdige alte Herr mit der Kaiserin fährt im offenen Wagen an uns vorüber, von den Tausenden zu beiden Seiten mit Tücherschwenken und brausenden Hurrahrufen begrüßt. Kronprinz und Kronprinzessin folgen,[83] dann Großherzog und Großherzogin von Baden,[84] später Moltke und endlich Bismarck. Später durch die wieder glänzend illuminirten Straßen zu den Eltern. Sie haben auch illuminirt; die Lichter zwischen den Blumen am Fenster sehen sehr hübsch aus. Leider ist der arme Vater wieder an das Bett gefesselt! Ich bewege Mutter noch mit mir durch ein paar Straßen zu gehen um das schöne Schauspiel zu sehen. Mir ist der Gedanke aufgestiegen, Händels prachtvolles ›Seht er kommt‹ aus Judas Makkabaeus zur Nationalhymne zu machen, und Herman Grimm um ein Gedicht dafür zu bitten. Zu Haus angekommen schreibe ich auch an Keudell, ihn um seinen Beistand in der Angelegenheit zu bitten.

SONNABEND. 18TEN
Zu Tisch bei Mendelssohns. Frau Enole und Schaper spielen eine Violoncellsonate von Chopin vor.

SONNTAG D. 19TEN

Zu Berg. Ich sehe ein paar Bilder von ihm. Er stellt die Behauptung auf, daß es im Allgemeinen für einen producierenden Künstler schädlich sei, zugleich auch eine reproducierende Thätigkeit auszuüben.

MONTAG D. 20TEN

Abends um 8 Uhr zu Bruchs, wo bald auch der neue Sondershauser Kapellmeister, Herr Erdmannsdörfer, erscheint, ganz gutmüthiger netter Mensch aus Nürnberg.

DIENSTAG. 21TEN MÄRZ

Morgens im Garten ein paar Zweige mit grünen Knospen gepflückt, um sie Vater zu seinem Geburtstag zu bringe. Wir tragen ihm einen Tisch ganz mit Blumen bestellt vor sein Bett, und ich spiele ihm bei geöffneten Thüren Bachs H moll Präludium. Nach Haus zurückgekehrt, werde ich durch einen Besuch der Gisel überrascht. Sie will sich für eine Enkelin Gneisenaus einen Veilchenstrauß bei dem Gärtner holen, ist sehr liebenswürdig und mittheilsam, setzt sich zu mir und windet die Veilchen, während ich ein paar Briefe couvertiert. Nachmittags kommt Leonhard Wolff. Gespräch über Bruch, seine Verachtung Haydn'scher Musik, sein Verkennen und Überschätzen von der Stellung, die er selbst in der Kunst einnimmt; Eigenschaften, die ihn dazu verführen, sich oft aufzublasen, statt einfach zu geben, was ihm natürlich ist. Abends Qurtettsoiré von Schiever, Franke, Leonhard Wolff und Hausmann im Hotel de Rome. Sie spielen vor zahlreichem Publikum, mit vielem Beifall und sehr hübsch A dur Quartett von Haydn und Es dur Quartett von Mendelssohn.

MITTWOCH D. 22TEN

Wegen Königsgeburtstag fällt der Unterricht an der Hochschule aus. Im Garten höre ich die festlichen Kanonenschüsse; die Stadt flaggt wieder. Spaziergang mit Spengel durch den Thiergarten; wilde Taube auf der Spitze einer Kiefer.

DONNERSTAG D. 23TEN

Um 12 zur Asten, um für das Wohlthätigkeitsconcert zu probiren, das ich – Frau Baumgarts Anregung folgend – in Potsdam geben will. Wir entscheiden uns für 3 Schubert'sche Lieder, und drei Schumann'sche und den Eichendorff'schen Liederkreis[85]. Um 2 Uhr zum Mittagessen bei Simrock mit Bruch und Brahms, der auf der Durchreise nach Bremen für einen Tag hier ist. Ich muß schon bald nach 3 Uhr aufbrechen, um in der Hochschule meine Stunden zu geben. Abends zu Franz Mendelssohns, wo Astens und Bethels. Mit Robi[86] in Bier Brüderschaft getrunken. Ich spiele mit Schaper die D dur Violoncellsonate von Beethoven. Frau Enole singt Arie von Stradella, und aus der Entführung die schöne Arie der Constanze in g moll[87], an deren Stelle auf der Bühne die nachkomponirte Coloraturarie gesungen zu werden pflegt,[88] schließlich auch mein Lied mit Violoncell[89]. Anna v. Asten singt ›Geheimes‹ von Schubert und ›Schöne Fremde‹ von Schumann. Hülsen will die Asten für Potsdam nicht freigeben, weil er sie an dem Abend für die Afrikanerin[90] braucht. Sie will versuchen, sich Stellvertreterin zu schaffen.

Freitag d. 24ten
Mutter erzählt mir Mittags, daß soeben die Geschwister Bruch bei ihr gewesen seien, und mit vielem Entsetzen über die Art gesprochen hätten, in der sich Brahms gestern bei Simrocks benommen habe. – Zu Keudell, der meinen Plan mit der Händel'schen Hymne sehr gut findet.

Sonnabend d. 25ten
Morgens Probe mit Schiever u. Hausmann für Potsdam. – Bruch kommt zu mir, ist höchst erregt über Brahms' neuliches Benehmen, über das starke Hervortreten derber Sinnlichkeit bei ihm, über den Hohn, mit dem er der ganzen Welt gegenübertrete, und allem Idealismus ins Gesicht schlage. Bei Tausig hat er gewohnt! – Später kommt Saldern zu mir, hat eine Anstellung in Lothringen, ist auf einige Tage hier. Lied ›Mädchenräthsel‹ (von Kleist) für vierstimmigen Frauenchor im Kopf, und im Lauf des Tages aufgeschrieben.

Sonntag d. 26ten
Probe zum Schumann'schen Quintett mit Schiever, Franke, Wolff, Hausmann. Nachher spielen wir noch das A dur Klavierquartett von Brahms. Nach dem Mittagessen bei den Eltern Spaziergang mit Spengel in den Thiergarten. Als wir zurückkehren, finden wir Bruch Kaffee trinkend in Mutters Stube. Gespräch über die traurigen Kunstzustände der Gegenwart: wie Unsereiner sich durchquälen muß zwischen den Zukünftlern auf der einen und den Philistern auf der anderen Seite; und daneben wiederum Brahms mit seiner hohen künstlerischen Bedeutung und zugleich seinem wüsten Treiben!

Montag d. 27ten
Heute soll das Concert in Potsdam sein, und ich habe noch keine Sängerin, da die Asten leider keinen Urlaub von Hülsen bekommen, Frl. Metzel, die sie als Ersatz vorgeschlagen, ist heiser geworden, ich fahre also zu Frl. Brandt, die sich bereit erklärt zu singen, und wir probiren gleich einige Lieder. Zu Haus übe ich noch ein bischen, mache Toilette und fahre in das Bellevuehotel, um mit meinen Spielgenossen und deren Bekannten dort zu Mittag zu essen. Dann bei wärmstem heitersten Wetter mit der Bahn nach Potsdam. Frl. Brandt finden wir bereits im coupé sitzend, als wir auf dem Berliner Bahnhof ankommen. In Potsdam werden wir von Ali Buttmann, Frau Baumgardt und deren netten jüngstem Sohn empfangen. Zuerst fahren wir zum Palast Barberini, um dort unser Concertlokal zu besehen, dann besteigen wir jungen Leute zwei offene Droschken und fahren nach Babelsberg. Auf der Brücke entzückender Blick auf die Landschaft nach beiden Seiten hin. Überall schon ein leiser grüner oder gelblicher Frühlingsschimmer an Bäumen und Büschen. Die Anderen gehen ins Schloß, ich bleibe draußen und besehe mir die Aussicht. Die Damen Baumgardt, Brandt u.s.w. sind uns nachgekommen, und im Glienicke giebt es großes gemeinsames Kaffeetrinken. Um ½ 8 Beginn des Concerts. Während des Trio's abscheuliche Angstzustände, so daß ich am Schluß des ersten Satzes an Aufhören denke; Gottlob ohne demgemäß zu handeln. Während des Trio's und der folgenden Schubert'schen Lieder – Nonne, Frühlingsglaube, Post - entwickelt sich

ein Gewitter. Die Blitze leuchten durch die Fenster, und zu den entsprechenden Worten der Nonne rollt der Donner in Wirklichkeit. Dann spielen die 4 Quartettisten sehr hübsch die Variationen aus Schubert's d moll Quartett. Drei Schumann'sche Lieder: ›Er der Herrlichste von allen‹, ›Schöne Fremde‹ und ›Waldesgespräch‹ folgen, und den Schluß bildet das Schummann'sche Quintett, das ich mit freierem Gemüth spiele und das sehr gut geht. Der Saal fast ausverkauft. Mein alter väterlicher Freund Herr von Schlicht sehr liebenswürdig, nicht minder Ali und Philipp Buttmann. Frau Baumgardt will uns zum Abend haben, ich lehne aber ab, um mit den Anderen zusammenzubleiben. Sehr lustiger Abend. Ein junger Pole traktirt uns mit [...][91]. Ein par hübsche musikalische Hochs werden ausgebracht. Um Mitternacht mit dem Zuge nach Berlin zurückgekehrt. Das Gewitter hat schmählich abgekühlt.

DIENSTAG D. 28TEN

Als ich gegen Mittag zu den Eltern komme, finde ich Frau Enole und Schaper dort, die liebenswürdiger Weise unter [...][92] Vater etwas vormusiciren wollen. Sie singt Duett ›Mira la bianca lava‹ von Rossini, wobei Schaper auf dem Violoncell die Unterstimmen übernimmt, dann von Händel ›Töne sanft‹, von Mozart die g moll Arie aus der Entführung[93], und schließlich mein Lied mit obligatem Violoncell[94]. Abends Concert von Alice Hundt, die in eigener Person eine von ihr komponirte Symphonie dirigirt. Widerwärtiger Anblick! Ich gehe mit Scholz fort; Gespräch mit ihm über Brahms und den Widerspruch, in dem sein Wiener Leben zu seinem künstlerischen Ernst steht. Zu Grimms, wo Bruchs, Hoppfers u.s.w. Frl. Heinrich spielt sehr hübsch Fis dur Impromptu von Chopin und Stück aus Schumanns Humoreske. Mit Dilthey Gespräch über Wagner, dessen Wirkung er dadurch erklärt, daß er eine eigenthümliche Empfindungsweise habe, die als etwas ihm persönlich Eigenes wie alles Genialische imponire. Ich lasse mich leider verleiten, in zu starken Ausdrücken meine Meinung über die ganze Wirthschaft auszusprechen.

MITTWOCH D. 29TEN

Saldern besucht mich, kehrt heute Abend nach Lothringen zurück; auf seinen Wunsch spiele ich ihm noch einige Musik. Brief von Reinthaler, der mich bittet, dem Sänger Schelper die Baritonparthie aus dem Requiem von Brahms einzustudieren. Abends bei Franz Mendelssohns mit Alexanders, und Pauls und Frl. Betsy Thormann. Ich begleite eine Reihe von Liedern, was mir erwünschten Anlaß giebt, Paul einmal auszusprechen, wie sehr ich gewisse Lieder seines Bruders auf altdeutsche Texte (z. B. ›Es ist in den Wald gesungen‹, oder ›Leucht't heller als die Sonne‹ u.s.w.) bewundere und liebe.

DONNERSTAG D. 30TEN

Morgens mein Lied in A dur (›Deine Liebe hat mich beschlichen‹) für Anna Asten abgeschrieben und ihr gebracht. Sie singt es mir gleich drei Mal vor. Abends zu Bruchs, wo Max mit Georg Henschel, Leonhard Wolff und den Damen Brandt, Matzell, und Asten seine Hermione am Klavier probirt, so weit sie fertig ist. Grimm, Hoppfers und Frl. Heinrich als Zuhörer anwesend. Wir alle sind lebhaft erfreut über das Werk. Am schwächsten ist der erste Akt, in dem zu viel Recitativisches im Vergleich zu den weniger musikalisch strömenden Sachen, der zweite baut sich vortrefflich auf, der dritte aber enthält wirklich reizende Sachen; auch im vierten ist manches Gute. – Henschel erzählt mir, daß meine Variationen für 2 Klaviere in Plotz[?][95] gespielt worden seien.

FREITAG D. 31TEN

Morgens um 6 Uhr erscheint Wilhelm Wedding aus Frankreich zurückkehrend vor meinem Bett; aufgestanden, obgleich noch sehr müde, und mit ihm in die Askanische Badeanstalt. Dann bei mir gemeinsam gefrühstückt, und zu den Eltern, wo wir Vater auf dem Sopha liegend finden. Später zu Schelper, um mit ihm Brahms durchzunehmen; die Stimme ist prachtvoll. In den Zeitungen die schlimmsten Nachrichten über die anarchischen Zustände in Paris.

SONNABEND D. 1TEN APRIL

Gegen Mittag zu Hollwegs. Frau v. H. erzählt, wie lebhaft der prächtige Alte mit seinen wissenschaftlichen Arbeiten beschäftigt und ganz vertieft sei in das Studium einer Schrift, die sein neues Buch[96] eingehend, theilweise auch oppositionell kritisire. Nachmittags zu Grabau; Gespräch über Brahms, dessen Zweinatur auch ihm viel zu schaffen machte.

SONNTAG D. 2TEN APRIL

Am frühen Morgen meine Osterferienreise angetreten. Keine Droschke und kein Dienstmann ist zu finden, also mit dem Jungen meiner Frau Kath die Sachen durch den Garten geschleppt bis zum Thiergartenausgang, wo wir dann einen Träger finden. Ein Viertel vor 9 fährt der Zug ab, der mich nach Thale bringt.«

## An die Eltern

»Wienrode d. 2. April 1871.

Mit einer Feder, die den deinigen, liebe Mutter, an nähnadelhaftem Charakter fast ebenbürtig ist, versuche ich die Meldung meiner glücklichen Ankunft dir auf diesen Bogen einzukratzen. Ich hoffe, daß du mit meiner Eiligkeit in dieser Beziehung zufrieden bist, denn ich bin kaum zwei Stunden an Ort und Stelle. Gestern Abend habe ich mit und ohne Frau Kath noch bis ½ 9 Gewirthschaftet, große Aufkrämung gehalten, mehrere Bilder umgehängt, gepackt, und mir so einen Zustand geschaffen, der eine reinliche Basis für die Reisegefühle abgeben konnte. Unterwegs hatte ich auch noch eine kleine Arbeit zur Hand (die Regelung meiner Notizbücher) und so verging die Zeit ziemlich rasch bis zur Ankunft auf dem Thaler Bahnhof. Der Weg zu Fuß nach Wienrode, einem frischen aber angenehmen Aprilwind entgegen, that sehr wohl. An der Bode blühten Anemone und Himmelschlüssel, an den Felsen der kleinen Schurre[97] gelbe Artemisia[98]; später, wo der Weg umbiegt,

Veilchen. Hier im Hause ist alles so behaglich, als wäre man garnicht fortgewesen; dabei haben wir aber ausgerechnet, daß ich innerhalb dreier Jahre, d. h. seit dem Osterbesuch 1868, nicht mehr als etwa 6 Tage im Ganzen in Wienrode zugebracht habe. Höchst unglaublich!

Ich schließe diesen inhaltreichen Brief, um ihn gleich in die vorüberfahrende Post zu werfen. Möchte es gut bei Euch stehen!«

### Von Marie Hoffmeister an meine Mutter

»d. 2. April 1871.

Liebe Betty!
Mit ein paar Worten will ich dir aussprechen, welche Freude für uns Ernsts Erscheinen war. Er kam überraschend, denn er war zu Fuß gegangen und trat ganz unbemerkt ins Haus.

Ich finde ihn sehr wohl aussehend und frisch und es ist nicht zu sagen, wie mich der lang entbehrte Anblick erquickt, ihn hier an unserm Tisch sitzen zu sehen wie in alter Zeit. Er hat auch gleich eine Masse Arbeiten ausgekramt und will fürchterlich arbeiten. Darin werden wir ihn nicht stören. ...

Tausend Grüße von uns Allen dem geliebten Patienten, dem ich so gern etwas frische Harz- und Frühlingsluft mit in den Brief packte. Möchte es ihm doch leidlich gehen.

Deine treue Marie.«

### An die Eltern

»Wienrode d. 4. April 1871.

Wir erwarten die vorbeifahrende Post, und ich will eilig noch ein paar Worte hinein werfen. Erstlich vielen Dank liebe Mutter, für deinen Brief mit verhältnismäßig guten Nachrichten und erwünschter Einlage! Dann die Bemerkung, die freilich wohl zu spät kommt, aber doch noch versuchsweise ausgesprochen werden soll, daß Tante Marie nämlich Jahn's Leben Mozarts[99] nicht besitzt, und sehr gern lesen möchte, daß es also eigentlich sehr hübsch wäre, ihr dieses Buch zum Geburtstag zu schenken...

Das Wetter, das gestern sehr grau war, und sorgte, daß die ganze Gegend sich aufs Neue mit dicker weißer Schneedecke überzog, ist heute wieder freundlicher, die Luft wunderschön, so daß der Schnee fast weggeschmolzen, nur den Boden als eine freilich sehr pampige unergründliche Masse zurückläßt. Gestern und heute habe ich Morgens um 8 zu Onkels Passionsvorlesung in der Kirche den einleitenden Choral auf der Orgel gespielt, und mich daran erfreut. Nach Tisch fuhr

Tante im Rollwagen bis nach Cattenstedt, und die leidtragenden Anverwandten trabten durch den Schnee neben und hinter ihr her. Abends gab es Musik. Ich spielte einigen Bach und Beethoven, und darauf mit der Tante vierhändig Brahms'sche Walzer und Ungarische Tänze. Auch gearbeitet wird wie bisher, und so geht das Leben sehr anmuthig vorwärts.

Möchte es bei Euch gut stehen!«

Von meinem Vater an Marie Hoffmeister

»Berlin, Mittwoch 5. April 1871.

Liebe theure Marie!

Zuvörderst meinen herzlichen Glückwunsch zu Ihrem übermorgen – anscheinend bei dem obligaten schlechten Wetter – wieder kehrenden Geburtstag. Mögen Sie daheim und innerlich desto heller und heiterer sein und das kommende Lebensjahr Ihnen fortdauernde Kräftigung Ihrer Gesundheit bringen. Was die meinige betrifft, so hatte ich mich im Herbst in der Schätzung meiner Kräfte und der Kälte im Januar und Februar verrechnet. Da ich mich, einigen Luftmangel abgerechnet vollkommen wohl fühlte, nahm ich nicht nur alle Lasten meines Lehrberufs, sondern auch neue wissenschaftliche Arbeiten wieder auf. Am 17. Februar waren aber die Kräfte gänzlich aufgezehrt und ich sah mich genöthigt, nicht allein die Vorlesungen abzubrechen, sondern auch das Bett zu hüten, doch so, daß ich, um nicht ganz von den Beinen zu kommen, einige Stunden aufstand, die ich freilich fast ausschließlich auf dem Sopha zubringe. Die wissenschaftlichen Arbeiten habe ich ganz liegen lassen bis auf eine die fast abgeschlossen ist und die ich im Laufe dieses Monats zu erledigen hoffe. Nächsten Sommer und Winter denke ich nun nicht wieder zu lesen, ausgenommen ein Mal die Woche ein Publicum, welches ich nach Belieben aussetzen kann, und die Encyclopädie für abgehende Primaner auf dem Gymnasium, die ich vor Weihnachten schließen kann.

Daß ich in diesen Tagen den Jubel unserer Illuminationen, die prachtvoll gewesen sein sollen, und den erwachenden Frühling entbehrt habe, ist freilich betrübend, jedoch bei meiner großen Schwäche theils unvermeidlich theils leichter zu ertragen, da die absolute Ruhe bisher das Wohlthätigste und Erquicklichste für mich war. Das Eisen, welches ich voriges Jahr nicht vertrug, in diesem Jahr dagegen ohne Beschwerde vertrage, weil die Leber vorher curirt ist, ersetzt mir hoffentlich die Milch, welche theils die Natur theils der Arzt beseitigt hat. Dieses und die frische Luft draußen ist jetzt meine Hoffnung für mein äußeres

Leben. Das innere ist daneben, einzelne Schmerzensstunden mit Schüttelfrost und anderen Beschwerden etwa abgerechnet, nicht nur zufrieden, sondern selbst heiter und bewegt und von dem Gefühl zu hoffender nochmaliger Genesung begleitet. Denn trotz aller Schwäche scheint mir der Rückfall noch nicht zum Tode. Wein und Fleisch sind mir ganz zuwider. Mit dem ersteren ist mir freilich entzogen was sonst stärkend wirkte und in froher Geselligkeit des Menschen Herz erfreut, das Letzte ertragen ist leicht, da es ja Vegetarier aus Princip giebt. Trendelenburg, der nicht gelesen hat, ist fast ganz genesen; wäre ich so klug gewesen, so stünde es mit mir anders und ich feierte mit August[100] das Friedensfest in Blankenburg. Das nächst Mal werde ich aber klüger sein. Herzlichen Dank für Eure köstlichen Briefe und Geschenke zu sagen gestattete der Krankenbericht erst jetzt. Durch Eure Güte bekomme ich meinen Lieblingsdom[X] von allen Seiten und in seiner weiteren mir ebenfalls besonders lieben kleinstädtischen Umgebung. Ich erwiedere Eure Liebe mit dem ähnlichen und gut gelungenen Königsbild. … Es freut mich, daß ich hoffen darf, damit einem Wunsch von Ihnen zu begegnen; der Charakterzug der Hohenzollern sich unterschätzen lassen zu können, den Wilhelm schon bei seinen Ahnherren mit den Potsdamer Grenadieren geerbt hat, ist so fern von aller Eitelkeit, daß er wohl eine Anerkennung verdient. Was hat der Mann ertragen und welche Verantwortung hat er auf sein Gewissen laden müssen! Seine genaue Kenntniß der wirklichen Kräfte Preußens und Frankreichs haben freilich sein Gewissen beruhigen müssen, sonst wäre die Aufgabe für einen einzelnen Menschen geradezu unerschwinglich gewesen.

Schließlich noch meinen Dank für das Glück welches Sie meinem lieben Jungen bereiten. Lassen Sie sich das h moll Orgelpräludium von Bach vorspielen, bei gewissen Productionen aber, die mich manchmal an Vieprecht mit seinem Chor von 900 in der Garnisonkirche erinnerten, gefälligst den Deckel des Flügels schließen. Sie können Sich dagegen nicht wie ich damals hinter einen Pfeiler retiriren, den Mund aufmachen und die Ohren zustopfen. Bei alledem möchte ich aber doch dabei sein. …

In alter Treue Ihr

A. Rudorff.«

---

X Der Halberstädter ist gemeint, von dessen Äußerem Hoffmeisters eine Fotografie gesandt hatten.

## An die Eltern

»Wernigerode d. 8. April 1871.

ich habe mich heute früh mit einem Wagen hierher aufgemacht, und will Euch in aller Kürze einen Gruß aus der Brockenstube schicken, wo man mich allein gelassen hat, um diese Zeilen zu schreiben. Es schien mir in diesen Tagen, als sollte ich die Gelegenheit, den alten Onkel Radecke noch einmal zu sehen, nicht wieder vorübergehen lassen; Tante Marie gab mir Recht darin, und so habe ich den Gedanken ausgeführt. Den Umständen nach ist denn auch Alles gut gelungen. Der liebe Alte ist zwar sehr schwach, und sitzt mit seiner blauen Brille still im Lehnstuhl; doch nimmt er Antheil am Gespräch, ist sehr liebevoll und freundlich wie immer, und macht auch noch ganz zuweilen einen kleinen Scherz. Freilich sagt Tante Dorette, es sei heute ganz ausnahmsweise gut mit ihm, und wie sehr groß die Abnahme der Kräfte, die Veränderung in der ganzen Erscheinung ist, kann man sich nicht verhehlen.

Das Wetter ist prachtvoll, freilich Morgens kühl, aber jetzt an der Sonnenseite herrlich warm, und die dunkeln Berge mit dem Schnee dazwischen sehen schön aus.

Eure Briefe, die ich hier finde, geben davon Zeugnis daß es Dir, lieber Vater, besser geht, und bestätigen die Wienröder Nachrichten. Das ist ja das Beste, was man wünschen kann, und ich zweifle nicht, daß der Frühling weiteres Fortschreiten bringt.

Unsere Geburtstagsfeier gestern in Wienrode war sehr hübsch, der Aufbau auf einem aparten Tisch mit dem Bilde des Königs im Hintergrunde, Blumen zur Seite, hübschen Handarbeiten im Vordergrunde sah bunt und festlich genug aus. Deine Decke, liebe Mutter, fand vielen Beifall. Nach Tisch war ich mit Onkel und den beiden jüngsten Mädchen auf der Roßtrappe, wo noch zum Glück keine Menschheit zu sehen war. Der Jammer über all die parkartigen Herrichtungen in der sonst so schönen Wildnis verläßt mich leider trotzdem nicht.

Ich schließe, um die kurzen Stunden bei Radeckes nicht noch mehr abzukürzen. Nach fünf habe ich meinen Wagen zum Zurückfahren bestellt…«

ZUR ERGÄNZUNG NOCH EIN PAAR WORTE AUS DEM TAGEBUCH:

»Am 8. April über Kloster Michelstein nach Wernigerode gefahren. Von Malchens[101] Haus auf den Schloßberg zu Fuß heraufgegangen. Tante Dorette[102] empfängt mich in ihrer Stube unten zur Rechten. Nachdem ein anderer Besuch entlassen, führt sie mich hinüber zum Onkel. Seine Augen mit blauer Brille bedeckt fast erloschen.

Sprache und Bewegungen sehr langsam, doch geistiger Antheil an Allem noch vorhanden. Man läßt mich allein zur schönen lieben Brockenstube hinaufgehen. Der Schnee in großen weißen Feldern am Brocken liegend; die Tannenwälder bläulich und dunkel erscheinend. Bei Tisch spricht Onkel das Tischgebet, wie sonst. Er erwähnt dann, daß heute Hollwegs Geburtstag sei, darauf und auf die Tante Marie Hoffmeister, die gestern ihren Geburtstag gefeiert habe, müsse man anstoßen. Ich opponire, und sage, zuerst müsse man heute auf seine eigene Gesundheit anstoßen. Er wehrt ab; endlich aber giebt er nach mit den Worten: ›Nun so will ich gern der Jugend folgen‹. Nach Tisch allein auf den Wall und den Agnesberg. Nochmals auf die Brockenstube, um einige Worte an die Eltern zu schreiben. Zum Kaffee kommt der Onkel in die Stube der Tante hinüber. Ich erzähle von den Erlebnissen des Winters und er hört mit Antheil zu. So kommt der Abschied herbei; der Wagen holt mich um 5 ¼ Uhr. Der liebe Onkel sieht noch mit seinem Käppchen zum Fenster hinaus, bis ich fortfahre, und ruft mir Lebewohl zu!«

## Von meiner Mutter nach Wienrode

»Berlin den 10ten April 1871
2ter Ostertag.

Mein liebster Ernst! Diesen Morgen kamen, als schönstes Ostergeschenk, dein lieber Brief aus Wernigerode, und einer der lieben Tante Marie Hoffmeister, sodaß mein Herz recht dankerfüllt ist. Daß du nach Wernigerode gefahren, ist mir eine wahre Herzensfreude. Dasselbe soll ich dir von Vater mit allerherzlichsten Grüßen sagen. Das liebe Wernigeröder Pfarrhaus mit den beiden geliebten Menschen darin steht mir als eine der schönsten segensreichsten Erinnerungen meines Lebens vor der Seele, und noch das letzte Mal, als ich vor mehreren Jahren mit dir und Onkel August von Wienrode aus dort war, hatte ich dieselbe innerlichst wohlthuenden Frieden bringende Empfindung von dem stillen traulichen Pfarrhaus in der überaus herrlichen großartigen Natur. Wie freue ich mich, liebster Ernst, daß du dort warest, wenn auch jetzt im Vergleich mit früher manche wehmütige Empfindung in deinem Herzen aufgestiegen sein mag. Der liebe Onkel geht wohl still und sanft seinem seligen Ende entgegen…«[XI]

---

XI Nach des Großonkels Radecke Ableben, das im Januar 1873 erfolgte, mußte die Witwe natürlich die Wohnung räumen. Der Nachfolger im Hofpredigeramt des Verstorbenen hielt dessen Andenken in Ehren und ließ im Hause so viel wie möglich alles unverändert. Später wurde das Hofpredigeramt mit der städtischen Superintendentur vereinigt und dem amtierenden Geistlichen wurde seine Wohnung unten in der Stadt angewiesen. Als ich nach vielen Jahren einmal wieder den Wernigeroder Schloßberg hinaufstieg, fand ich das erinnerungsreiche anmutige Radeckesche Haus äußerlich noch unverändert vor. Im Innern aber hatte der neue Bewohner, ein gräflich Stolberg-Wernigeroderscher Beamter, gründlich mit dem alten aufgeräumt. In die reizende »Brockenstube« mit der

AUS DEM TAGEBUCH

»OSTER SONNTAG D. 9TEN APRIL.
... Um 8 Uhr Abends gehen wir Alle (die Tante fahren wir im Rollwagen) die Timmenröder Chaussee herauf, um die Osterfeuer zu sehen. Die Wienröder Jugend umschwärmt mit zahllosen brennenden Fackeln und umgekehrten Besen die große Feuersäule, die in der Nähe des Dorfes emporzüngelt; im Hintergrunde der dunkle Eschenberg. Auf der anderen Seite leuchten in der Ebene allerorten, bis in weite Fernen die Osterfeuer der verschiedenenen Dorfschaften auf. So war es schon zu Heinrich des Voglers Zeiten. – Nach Haus zurückgekehrt, machen wir noch etwas Musik. Die Tante spielt mit mir die As dur Variationen von Schubert, und die ›huit pièces à quatre mains‹ von Weber, die ich 1846 als ihr sechsjähriger Schüler zuerst mit ihr gespielt.

OSTERMONTAG D. 10TEN APRIL
Abschied genommen. Um 7 Uhr früh zu Fuß nach Blankenburg. Von dort im Wagen nach Halberstadt, dann mit der Bahn über Kreiensen nach Elze, und von dort wieder zu Fuß nach Lauenstein...«

## An die Eltern

Lauenstein d. 13ten April 1871.

Ein kurzes Lebenszeichen möchte ich doch noch von hier aus geben, wenn die Zeit auch sehr drängt. Die Gartenarbeit dieses Mal ist kein Spaß, wir sind von Morgen bis Abend fast ununterbrochen dabei beschäftigt, und wissen kaum, ob wir fertig werden. Die gute Auguste Küchenthal steht mir treulichst bei, gräbt und pflanzt und räth und steht mit in Wind und Wetter. Daß es aber s e h r hübsch wird, davon sind wir ganz durchdrungen; natürlich muß Alles erst anwachsen, um die gewünschte Wirkung hervorzubringen, und dazu gehört Zeit, aber die Anlage an sich scheint nach vielem Besinnen nun die richtige und die Sachen, die Schiebler geschickt hat, sind vortrefflich, so gute Exemplare, wie noch nie. Meine Reise am Montag über Blankenburg und Halberstadt per Wagen, dann bis Kreiensen mit 2 französischen Offizieren, die aus der Gefangenschaft zurückkehrten, und mit denen ich eine lange Unterhaltung führte, endlich von Elze aus zu Fuß hierher, war recht hübsch; ich erzähle noch einige Einzelheiten mündlich. Gegen Abend kamen einige Sonnenblicke, und Lauenstein sah mich freundlich an; Vetter Otto empfing mich gleich im Garten, ebenso der alte Knoke mit der Amtsmiene des Garteninspektors, und ein heiterer

---

wirklich gerade hier unvergleichlich schönen Aussicht auf das Gebirge hatte man die ehedem im Erdgeschoß befindliche Küche verlegt, und die anstoßende »Brockenkammer« war gar zur Badestube hergerichtet worden.

Abend bei Hausmanns mit Fritz, Emmchen, Guste und Otto ließ uns trotz der Abwesenheit der verschiedenen Mütter und Eltern unser Dasein recht behaglich erscheinen. Dann folgte ein wunderschöner Frühlingstag am Dienstag, von strahlendem Glanz wirklich, der unsere ersten Arbeiten im Garten sehr begünstigte; Nachmittags trank die ganze Gesellschaft hier auf dem Epheuplatz Kaffee, nachdem sie sich Mittags wieder bei Hausmanns zusammengefunden hatte; es war so warm, daß man sich ohne Überzieher höchst angenehm befand. Abends mußte leider Otto wieder nach Hannover zurück; es war mir so besonders heimathlich, ihn hier zu finden und zu haben, doch rief ihn die Pflicht, und wir konnten mit Bitten nichts bei ihm ausrichten. Dann kam ein – Kinderball, zu dem Goeben's ihrem kleinen August zu Ehren auf dem Keller eingeladen hatten; die Wirthe machten Rodenburgs, da der General bereits wieder fort, die Generalin hoffnungslos krank darniederliegt. Abgesehen von diesem traurigen Hintergrund verlief das kleine Fest ganz lustig; man hatte mich gleich mit eingeladen, und so wollte ich nicht durch Ablehnen unfreundlich erscheinen, hatte auch wirklich Spaß an manchen drolligen Scenen, die unter den Kindern passierten. Potts waren von Halle da (außer Richard, der noch in Frankreich ist) und die ganze alte Gesellschaft saß in einer Art Loge, die neben und halb über dem Tanzsaal angebracht ist, eine bauliche Einrichtung, die ich noch nicht kannte, so recht zu einem Dorfwirthshaus gehörig.

Gestern war nun sehr veränderte Scenerie, schauderhaftes Regenwetter; aber wir ließen uns nicht dadurch geniren, und die gute Guste war ebenso tapfer wie eine Mannsperson in allem Patsch, den das Wasser im Garten anrichtete. Zum Abend kam ein besonderes kleines Vergnügen, das sich die Anderen wirklich sehr hübsch und freundlich ausgedacht hatten. Auf unserer Musikstube wurde nämlich der Thee gemacht, und von Hausmanns und Küchenthals Alles hergeschleppt, was zu des Leibes Nahrung, Notdurft und Ergötzung gehört; dazu kam auch die gute alte Pastorin, der ich noch nicht einmal einen Besuch gemacht hatte, sammt ihrer Tochter Line Schwering, und Alles war in der nettesten Laune. Eurer wurde viel gedacht; das einzige Unglück war nur das, daß sich meine mich bewirthenden Gäste auf Musik von mir gespitzt hatten, und daß in dem Flügel so viel Töne stockten, daß es unmöglich war, zu spielen. Das that mir wirklich sehr leid; in Beziehung auf den Flügel bin ich nicht so besorgt, die Wärme wird ihn curieren mit Hülfe eines Instrumentenmachers.

... Daß es dir, lieber Vater, wieder einmal schlechter gegangen, lasen wir Alle mit Bedauern; alle Leute erkundigen sich mit Theilnahme nach dir, und hoffen, du kommst bald her. Freitag (morgen) Abend denke ich in Berlin einzutreffen, und breite Euch dann den ganzen Gartenplan vor Eurer Fantasie aus...«

Aus dem Tagebuch

»Freitag d. 14ten April
Morgens um 6 Uhr in Lauenstein aufgestanden, gepackt, und in Küchenthals Wiese Schlüsselblumen für Vater gepflückt, dazu in unserem Garten Veilchen und Anderes. Knoke arbeitet schon. Um halb 8 Uhr im offenem Postbeiwagen nach Elze und weiter mit der Bahn nach Hannover, wo ich Biedenwegs aufsuche und mit Otto zu Mittag esse. Um 2 Uhr mit Schnellzug nach Berlin. Schönstes Wetter. Hinter Magdeburg ist noch immer der Brocken zu sehen; glänzender Wasserspiegel, darüber die blauen sanften Hügellinien der Elbufer, dunkles Abendroth und Spiegelung der Bäume im stillen Wasser. Rogätz in der Ferne liegend lange betrachtet. In Berlin gleich zu den Eltern. Vater ist entschieden wohler als er vor meiner Abreise war. Noch lange erzählt. Um 11 ½ Uhr zu Haus.

Sonnabend d. 15ten
Um 10 Uhr wieder Hochschule. Aufnahmeprüfung, Joachim nach seiner Reise zuerst wiedergesehen. Ziegler unter den für Klavier Gemeldeten durch Talent hervorragend.

Sonntag d. 16ten
Um 11 Uhr Stundenplanvertheilung in der Hochschule, durchgesetzt, daß Barth[103] als Klavierlehrer engagiert wird. In Sommers Salon höre ich Nachmittags Joachims Instrumentierung des herrlichen Schubert'schen C-dur Duos, von der Berliner Symphoniekapelle ausgeführt. Abends Pastor Hanne bei den Eltern, den ich seit 3 oder 4 Jahren nicht gesehen. Er ist unverändert in seiner Liebenswürdigkeit und großen Lebendigkeit. Gespräch über Luther, der in der ersten Zeit so geistig und liberal gewesen, dann nach dem Bauernkrieg so eng und starr geworden sei.

Montag d. 17ten
Mittags mit Hanne bei den Eltern. Gespräch über die Ehe. Er redet mir sehr zu mich zu verheirathen, meint die Leidenschaft käme noch, wenn man auch zuerst aus besonnener Schätzung der Persönlichkeit seine Wahl getroffen habe.

Mittwoch den 19ten
Morgens kommt Spengel mit seinem älteren Bruder zu mir, und wir gehen weithin in den Garten. Unvermuthet taucht in einiger Entfernung eine kleine mir räthselhafte Gestalt auf, ich gehe auf sie zu, und erkenne zu meinem größten Erstaunen Carl Rose. Er ist mit seiner Frau, der Theatersängerin ›Parepa-Rosa‹ von London aus nach Berlin gekommen, um einer Kur willen, die die Frau brauchen soll. Bis auf ein bischen Bart ist er in seinem gänzlich unreifen Aussehen noch ganz derselbe geblieben, bekennt sogleich, daß er sich uns gegenüber unverantwortlich benommen

habe, und verläßt mich nach kurzer Zeit wieder, um allein meine Eltern aufzusuchen. - Abends finde ich bei den Eltern Buttmann und die Maxe. Wir sind in Vaters Stube, der nebenan im Bett liegt, und recht jammervoll aussieht.

Donnerstag d. 20ten April
Vormittags im hotel de Rome Frau Parepa besucht, in der ich eine recht gutmüthig erscheinende, ganz angenehme Dame finde. Abends im Opernhaus Hopffers Oper Frithiof erlebt. Bruch in der Nebenloge. Höchst öde, langweilige Musik; die Ausstattung vortrefflich. Bruch erzählt mir, daß Richard Wagner am Montag in Berlin erwartet wird.

Freitag d. 21ten April
Bruch spielt mir den 4ten Akt seiner Hermione mit den hinzukomponirten Stücken vor. Dann kommt Spengel, mit dem ich mein mittlerweile fertig gebrachtes vierhändiges Arrangement meiner Ekbert-Ouvertüre probire. Abends holt mich Joachim zur Symphoniesoirée ab. B dur Symphonie von Haydn beginnt, das Menuett zu schnell genommen. Dann spielt Taubert recht zimperlich Beethoven's Es dur Concert.

Sonnabend d. 22ten April
Leonhard Wolff kommt, erzählt, daß Graf Hochberg das Schieversche Quartett in dem er als Bratschist mitwirkt, auf jährlich 3 Monate für 600 Thaler engagirt hat. Carl Rose kommt, ich stöbere mit ihm in den Partituren von Armide[104] und Wasserträger[105] herum mit Rücksicht auf etwaige Aufführungen durch seine Operngesellschaft. Rose erzählt, daß er jetzt ein Vermögen von etwa 160.000 Thalern besitze. Zu Tisch bei Miss Metialfe im hotel du Nord, die von einer Anzahl junger Pensionärinnen begleitet von London nach Berlin gekommen ist, um sich von mir eine Musiklehrerin für ihr Institut beschaffen zu lassen. Bei meiner Ankunft im oberen Stock des hotels finde ich alle die hübschen blühenden jungen Engländerinnen heiter und anmuthig auf den Treppenstufen hin und hersitzend. – Gegen Abend das Ehepaar Rose im hotel abgeholt, um mit ihnen im Opernhaus Jessonda[106] zu hören. Die reizende Oper gefällt mir noch mehr als neulich; nur der letzte Akt fällt recht sehr ab. Radecke nimmt bessere tempi.

Sonntag d. 23ten
Morgens zu Frl. Heinrich, ihr die Englische Stellung anzubieten. Sie lehnt ab. Dann zu den Eltern, wo ich das Ehepaar Rose finde. Sie erzählen höchst interessant von Amerikanischen Zuständen, Heraufschrauben der Häuser mit hydraulischen Pressen, Pflugmaschinen u.s.w., besonders anziehend aber von der tropischen Natur in Panama und von der Mexikanischen Küste. Abends Gesellschaft bei Beselers, namentlich eine Anzahl von Reichstagsmitgliedern anwesend.

Montag d. 24ten April
Vormittags ins hotel de Rome, um von Roses Abschied zu nehmen, die im Begriff sind abzureisen. Gespräch mit ihnen über Meyerbeer und Verdi. Frau Parepa ist

empört über meine Ablehnung dieser beiden Komponisten, will mich mit offenen Ohren an einen Stuhl binden, um mir als Wehrlosem beständig dort verschmähte Musik vorzusingen. Sie laden mich dringend ein, nach London zu kommen. – Abends um 8 ½ zu Joachims, wo Bruchs, Astens, Bergs und ein Wiener Vetter von Joachim. Anna Asten singt Lieder von Brahms und Bruch, Joachim spielt Adagio von Spohr und Sonate von Händel. Frau Joachim ist noch heiser von der Reise, ich sitze neben ihr bei Tisch und sie ist ganz besonders liebenswürdig. Nach Tisch wird von mir und Joachim und Bruch allerlei Wagnerei auf dem Klavier geklimpert. Joachim findet selbst bei gewissen nach meiner Meinung schönen Stellen im Lohengrin noch immer einen Zug, der an Patschuli[107] erinnere statt an Waldesduft.

Dienstag d. 25ten April
Morgens zu Miss Metialfe, die morgen abreist, und der ich Frl. Glückselig empfehle, da alles andere fehlschlägt. – In meinem Garten schlägt eine Nachtigall, und ein Pflaumenbaum blüht.

Freitag d. 28ten
Vormittags kommt Joachim, will seinem Vetter meinen Vossischen Garten zeigen. – Leonhard Wolff erzählt, daß im Tonkünstlerverein Liszt und Wagner, die zu Ehrenmitgliedern vorgeschlagen waren, durchgefallen sind. Abends große Gesellschaft bei Paul Mendelssohn, wo Joachim Quartett spielen sollte. Er ist aber plötzlich zum Kronprinzen geladen, und kommt erst um 11 Uhr. So muß ich aushelfen, spiele B.'s D dur Trio mit Schaper und Brode, begleite der Asten Lieder, und mit Frau Leo Mendelssohn'sche Duette. Frau Joachim anwesend aber heiser. Endlich erscheint Joachim und spielt noch 2 Quartette. Als ich nach Hause komme, schlägt die Nachtigall vor meinem Fenster.

Sonntag d. 30ten
Vor Tisch zu Hollwegs; die beiden Alten sind bereits nach Rheineck abgereist. Ich treffe Gräfin Pourtales, die mir den von den Grillen der Kronprinzeß erzählt. Die neuste sei ihre Passion für Seb. Bach, die mit ihrer Freundschaft für den Sohn des Prinzen Albrecht zusammenhänge. – Abends Gesellschaft bei Joachims mit viel Musik. Astens, Radeckes, das Ehepaar Scholz, sind geladen, außerdem Tenorist Otto und der Domsänger Putsch, um mit den Damen Asten und Joachim ein Gesangsquartett beisammen zu haben. Das Spanische Liederspiel von Schumann macht den Anfang, dann folgen die Gesangsquartette am Klavier von Brahms; beide Sachen mit meiner Begleitung. Darauf setzt sich Scholz an das Klavier um das Quartett ›Mir ist so wunderbar‹, und das erste Terzett aus dem Fidelio[108] zu begleiten. Bei der Stelle ›Ich gab die Hand zum süßen Band‹ bricht Frau Joachim plötzlich in Thränen aus, muß aufhören, und erst nach geraumer Zeit ist sie im Stande wieder neu zu beginnen. Welche Saiten hier in ihrem Inneren berührt wurden, wer kann es sagen! Ich weiß nur das Eine, daß der Fidelio die Oper war, mit der Frau Joachim Abschied von der Bühne nahm. Es war Joachim gestattet worden, an diesem Abend an Stelle von Scholz die Oper zu dirigiren. Kann diese Thatsache auf die Spur führen? und auf welche?«

In dem von Bernhard Scholz veröffentlichten Buch »Verklungene Weisen«[109] findet sich eine Stelle, die auf Menschen und Verhältnisse Bezug nimmt, von denen hier die Rede ist; da das in einer Weise geschieht, die nicht unwidersprochen bleiben darf, so sehe ich mich veranlaßt, das dort Gesagte wörtlich anzuführen; Scholz schreibt: »In die Frühlingsmonate des Jahres 1871 fällt ein Erlebniß, das jahrelang einen Schatten auf meine Stimmung warf: das Zerwürfniß mit Joachim. Ein Kreis begeisterter Anbeter umschloß ihn nach seiner Ankunft in Berlin und steigerte sein Selbstgefühl in einer Weise, daß der kameradschaftliche Ton, den ich beibehielt, ihm nicht mehr recht zu behagen schien. Während er von anderer Seite als unfehlbar angesehen und behandelt wurde, wahrte ich mir in künstlerischen Dingen das Recht der eigenen Meinung. Ich habe gewiß auch meinerseits gefehlt, denn ich war infolge erlittener Enttäuschungen damals besonders empfindlich. Wie dem auch sei, es fielen scharfe Worte hinüber und herüber, und das Ende war der Bruch unserer Freundschaft, den ich tief schmerzlich empfinde, da ich Joachim wie einen Bruder geliebt hatte.« – Hierzu ist das folgende zu bemerken: Scholz und Joachim waren beiderseits während der Jahre 1859 bis 1866 in Hannover künstlerisch tätig. Joachim als Konzertmeister am Hoftheater, Scholz als Leiter einer Anzahl von Konzerten, die er während der Wintermonate mit dem Königlichen Orchester zu geben hatte. Diese sich stetig berührende Wirksamkeit dauerte an bis zum Verschwinden des Königreichs Hannover. Da die beiden Musiker sich im wesentlichen gut verstanden, so ergab sich schon infolge dieser Sachlage bald ein freundschaftlicher Verkehr. Zweierlei jedoch darf bei der Beurteilung dieses Verhältnisses nicht übersehen werden. Das eine ist der Umstand, daß Joachim in dem damaligen Hannover – abgesehen etwa von dem Ehepaar Detmold, wo die geistreiche Frau, eine Nichte der Bettina von Arnim, das verbindende Element ausmacht – fast ausschließlich auf den Verkehr mit der Familie Scholz angewiesen war. Dazu aber kam als zweites, daß hier die Sängerin Fräulein Amalie Weiß zu finden war, die, am Hoftheater angestellt, sich bei der Familie Scholz in Pension gegeben hatte, und mit der Joachim sich alsbald verlobte. Ich verkenne weder die große Tüchtigkeit, die Scholz als Musiker auszeichnet, noch manche andere gute Eigenschaft, die man ihm nachrühmen mag. Daß aber bei allem Einvernehmen, das seinerzeit zwischen Joachim und Scholz bestand, an eine tiefere Gemeinschaft jemals zu denken gewesen wäre, scheint mir ausgeschlossen zu sein. Scholz war aus zu derbem Holz geschnitzt, um einer Natur wie der Joachims im Innersten nahetreten zu können. Sehr bald nach der Hannoverschen

Katastrophe siedelte der bisherige Hofkapellmeister nach Berlin über, wo er eine Zeitlang versuchte, mit der Berliner Symphoniekapelle bedeutsamere Orchesterkonzerte zu geben, ohne daß jedoch seine Bemühungen, Dauerndes zu schaffen, von Erfolg begleitet waren. Joachim verlegte erst ein oder zwei Jahre später seinen Wohnsitz nach Berlin, wo er nach weiteren zwei Jahren vom Kultusminister für die Leitung der neu zu begründenden Hochschule für Musik gewonnen wurde. Hier nun soll Joachim, wie Scholz behauptet, durch einen Kreis von blinden Anbetern zu einem sich für unfehlbar haltenden Musikpapst umgewandelt worden sein. Der Vorwurf ist zu plump und töricht, als daß nicht jeder, der Joachim persönlich gekannt hat, darüber lächeln müßte. Wer wie er von seinen Knabenjahren an Jahrzehnte hindurch Bewunderung, ja Vergötterung seiner Kunst wie seiner Person von Ungezählten allerorten im Übermaß erfahren hat und dabei immer derselbe schlichte, anspruchslose Mensch geblieben ist, der fällt nicht als gereifter Mann plötzlich eitler Selbstüberhebung zum Opfer. Joachim war ein zu ernster, einsichtsvoller Mensch, um sich vom Schein irgendwelcher Art blenden zu lassen, viel zu groß, um nicht zugleich auch bescheiden zu sein. Dazu kommt, daß es auch ihm wie jedem hervorragenden Menschen keineswegs erspart geblieben ist, von Neidern und Hassern begeifert zu werden. Gerade in Berlin hat er es sich ja von Anfang an gefallen lassen müssen, daß nicht nur eine Schar von offenkundigen Feinden in der Presse gegen ihn zu Felde zog, sondern daß auch Leute, die ihm von Angesicht zu Angesicht schmeichelten, und die verehrungsvoll Ergebenen spielten, hinterrücks über ihn herfielen und seine Leistungen herabzusetzen bemüht waren. Nein: hinter dem Vorwurf, den Scholz dem Freunde macht, verbirgt sich etwas ganz anderes, eine Gereiztheit persönlichster Art. Scholz war eifersüchtig, und dies zwar auf mich, auf die Freundschaft, die mich mit beiden Joachims verband, die persönliche und künstlerische Stellung, die mir mehr und mehr im Joachimschen Hause eingeräumt wurde. Wenn es sich hier nur um eine Vermutung meinerseits handelte, so würde ich mich vorsichtiger äußern. Allein dies ist durchaus nicht der Fall. Freilich hatte ich lange Zeit nur in der Stille das Gefühl, daß mir Scholz nicht wohlwollte, daß es ihn verdroß, wenn er mich oft genug im Joachimschen Hause als Gast finden und empfinden mußte, daß ich beiden Joachims als Begleiter reichlich ebenso willkommen war wie er. Endlich aber am Abend des 30. April brach Frau Joachim das Schweigen. Sie enthüllte mir die Tatsache, daß Scholz im äußersten Maße empfindlich sei über die Aufnahme, die mir im Joachimschen Hause zuteil geworden sei, über mein häufiges Verkehren dort und namentlich auch darüber, daß sich beide Ehegatten mit Vorliebe von mir am Flügel begleiten ließen. Wochenlang habe sie mit dem Eifersüchtigen Briefe über die Angelegenheit gewechselt, allein alles Bemühen, ihn zu beruhigen, sei vergeblich geblieben. Weitere vierzehn Tage vergingen dann, bis dieser ersten Eröffnung die zweite folgte. Es war zwischen Joachim und Scholz bei einer höchst erregten Unterredung zum vollständigen Bruch gekommen. Was hier im einzelnen zur Sprache gebracht wurde und entscheidend gewirkt hat, weiß ich nicht zu sagen. Bedeutungsvoll aber ist eine Äußerung, die Joachim später einmal mir gegenüber in Beziehung auf Scholz tat. Wie bekannt warben seinerzeit Herman Grimm und Joachim gleichzeitig um Gisela von Arnim. Die Beziehung zwischen Grimm und ihr war die ältere, und der Freund ihrer frühen Jugend trug den Sieg davon. Hieran anknüpfend sagte Joachim ungefähr folgendes: Als die Verlobung Grimms mit der Gisel Tatsache geworden war und der Sieger bei der Mitteilung des Geschehenen hinzufügte, er gestatte mir, die Freundin nach wie vor »du« zu nennen, war ich so überwältigt von Dankbarkeit für diesen Beweis des Vertrauens, daß ich mir gelobte, alles zu tun, was in meinen Kräften stand, um die Heiligkeit und Schönheit meines Verhältnisses zu der Frau des Freundes auf das Vollkommenste zu wahren. Im Andenken an dieses Erlebnis entschloß ich mich nach meiner eigenen Verlobung, Scholz gegenüber, dessen Leidenschaft für meine Braut mir bekannt war, ähnlich zu verfahren. Wie aber hat er mir dafür gedankt!! In großer Gesellschaft scheute er sich nicht, laut über Tisch zu ihr herüber zu rufen: »Du Olle«! Zur Erklärung gerade dieses Ausdrucks verweise ich auf die veröffentlichte Korrespondenz Joachims[110], aus der man erfährt, daß man seinerzeit in dem engeren Bekanntenkreise, der sich in Hannover bei Scholz zusammenfand, den nicht gerade geschmackvollen Scherz trieb, sich im gegenseitigen Verkehr komisch sein sollende Namen beizulegen. So erhielt Scholz z. B. den Namen »Bär«. Amalie Weiß aber, die sich bereits selbst »Ursi« statt Amalie zu nennen und nennen zu lassen pflegte, figurierte unter der Bezeichnung »Olle«. Daß sich Scholz später bei dem beklagenswerten Zerwürfnis in der Joachimschen Ehe auf die Seite der Frau Joachim stellte, ist bekannt.

### Aus dem Tagebuch

»Mittwoch d. 3ten Mai.
Abends Konzert im Opernhaus, Gedächtnißfeier für die im Krieg Gefallenen. Auf einen Prolog folgte die Eroica unter Tauberts Direktion leider mit allerlei Mätzchen

ausgestattet; dann Arie aus Messias, Frau Joachim, Adagio von Spohr, Joachim, der sich ein Mal versieht, offenbar ärgerlich über Tauberts mangelhaftes Begleiten, dann Bachs Arie ›Erbarme dich‹, Frau Joachim singend und er das Violonsolo spielend; endlich Requiem für Männerchor von Cherubini, in dem manche schöne Züge; das Ganze aber wirkt etwas monoton. Der Bühnenraum des Opernhauses ist für alle diese Dinge recht unpassend. Im ersten Rang sitzt Frau Cosima Wagner-Bülow.

Freitag d. $5^{\text{TEN}}$

Vormittags Probe zu Richard Wagners Concert im Opernhaus. Der Zuhörerraum völlig dunkel, so daß man im Parkett Niemand erkennen kann. In Beethovens c moll Symphonie verlangsamt Wagner bei dem $2^{\text{ten}}$ Thema des ersten Satzes das tempo; im letzten Satz ignoriert er das diminuendo beim Wiederauftreten des Scherzo: [XII]

Trotz dieser und anderer Willkürlichkeiten reißt er die Leute mit sich fort, weil in der Persönlichkeit ein packendes Element steckt. Das Lohengrinvorspiel in sehr langsamem Tempo genommen, klingt wunderschön. Im ›Feuerzauber‹ aus der Walküre widern mich die Parthieen an, in denen das gewisse, für Wagner charakteristische Element verschwommener, auf verbotenen Wegen dahinschleichender Harmonieverbindungen hervortritt; gegen die dazwischen soundso viele Male sich wiederholende E dur Melodie ist an sich Nichts einzuwenden, aber sie gehört nicht Wagner an, sondern Schumann, bei dem sie im Mittelsatz des Klavier-Stückchens ›Kind im Einschlummern‹ unverkennbar, und zwar ebenfalls in E dur stehend, zum erstem Male auftritt. Zum Überfluß ist auch in beiden Fällen vom Einschlummern die Rede. Daß die orchestrale Behandlung des thematischen Stoffs bei Wagner von großem Reiz und außerordentlicher Wirkung ist, braucht nicht gesagt zu werden Wagner macht Musik für unmusikalische Leute, denen er mit äußeren Mitteln die Absicht so deutlich unter die Nase reibt, daß sie wohl merken müssen, was gemeint ist. Den Schluß des Concerts bildet das Finale aus dem ersten Akt des Lohengrin, in dem mich gewisse Stellen wie immer so auch jetzt wieder gefangen nehmen. Abends werden dieselben Dinge im Concert nochmals erlebt. Den Anfang aber bildet der ›Kaisermarsch‹[111], den ich noch nicht gehört hatte. Neben manchem Wust sind schöne Momente in dem Stück. Beethovens c moll Symphonie findet warmen Bei-

XII Bei einer späteren Gelegenheit, wo ich ebenfalls einer Probe der Beethovenschen c-moll-Symphonie unter Wagners Leitung beiwohnte, nahm er im letzten Satz die Takte

erheblich breiter, dann die nächsten zwei Takte wieder im Anfangstempo und die Takte

abermals breit. Das heißt die Backen voll nehmen und großtun. Wahre Größe aber ist straff. Natürlich folgt seitdem die ganze Reihe moderner Dirigenten fast ausnahmslos jenem Beispiel Wagners.

fall. Nach dem Lohengrinfinale fällt ein Regen von Blumensträußen auf Wagner herab. Das Concert sollte damit abschließen, aber das Publikum verlangt den Kaisermarsch da capo, und bekommt seinen Willen. Der Kaiser und viele Leute vom Hof sind anwesend. Mit Joachims, die gerade vor mir im Parkett sitzen, wird über alle Eindrücke geredet. Nachher mit Bruch, Leonhard Wolff, Hausmann, Hänflein, und Schiever in der Schloßbrauerei zusammen. Mit Bruch lebhafter Disput, der, nachdem er noch vor 14 Tagen auf allen Wagner so arg gescholten, daß ich hier und da für Wagner gegen ihn Parthei nehmen mußte, nun umgewandelt erscheint. Er staunt die ›ungeheure Naturkraft‹ in Wagner an, stellt ihn über Mendelssohn u.s.w. Nachher lenkt er wieder etwas ein; er, Wolff und ich gehen noch eine lange Strecke auf der Straße miteinander.

Sonnabend d. 6ten Mai

Gegen Abend zu Mendelssohns. Schaper anwesend. Gespräch über Wagner, dem Frau Enole nicht einmal eine gewisse genialische Potenz einräumen will.

Donnerstag d. 11ten

Hans Bürgers, der vorgestern von Cöln angekommen, sucht mich in der Hochschule auf. Abends mit ihm bei den Eltern zum Thee. Ottilie[112] ist anwesend; auch Spengel kommt. Bürgers gefällt Allen in hohem Grade. Ich spiele mit Spengel den Kaisermarsch vierhändig, dann allein das Preislied aus den Meistersingern, und im Gegensatz dazu Allerlei aus der Euryanthe. Es freut mich, daß Spengel genug gesunden Musiksinn hat, um nicht nur im Kaisermarsch an sich, sondern auch in dem Tausig'schen Klavierarrangement des Stücks das hier waltende Element der Rohheit zu empfinden.

Freitag d. 12ten Mai

Am Vormittag Bürgers bei mir. Abends große Gesellschaft bei Joachims: Keudell, Abeken, die Pourtales, die Oriolla, Hausmanns Mutter, Leonh. Wolff mit Vater und Paul Mendelssohn. Das Musiciren beginnt mit dem B dur Sextett von Brahms. Dann singt Walter aus Wien einige Lieder. Darauf C dur Quintett von Schubert. Pause und Büffet. Nach Tisch singt Frau Joachim 3 Lieder: ›Suleika‹ von Schubert, ›Jägerlied‹ und ›Gruß‹ von Mendelssohn. Es ist noch nicht sehr lange her, daß sie auf meinen Vorschlag, doch einmal den ›Gruß‹ von Mendelssohn zu singen, garnicht eingehen wollte; sie meinte diese Art von Lyrik sei Nichts für sie. Dann hatte ich sie schließlich doch überredet, und als ich ihr das Lied zum ersten Male im Concert begleitete, erregte es so stürmischen Beifall, wie kaum etwas Anderes. – B dur Quartett von Haydn macht den Beschluß.

Sonntag d. 14ten

Mit einem Glückwunschbrief meines Vaters zum alten Friedrich von Raumer, der heute seinen 90ten Geburtstag feiert. Mittags bei Simrocks mit Joachims und einigen Rheinländern, Farina, dem jungen Ehepaar Kyllmann u.s.w.

MONTAG D. 15TEN

Mit Joachims um 6 Uhr Abends zur Hochzeit von Marquardt. Prediger Lisko hält eine recht gute Rede. Später bei Tisch spricht Lisko sehr hübsch über Kindererziehung; wie man dem Kinde den Vater im Himmel von Anfang an mitgeben könne und müsse, ohne – wie Marquardt behauptet – dabei Gefahr zu laufen, ihm seine Vorstellungsweise für die Zukunft zu beschränken.

DIENSTAG D. 16TEN

Morgens Barth bei mir; mit ihm allerlei klaviertechnische Besprechungen. Abends im Schauspielhaus ›Phädra‹ von Prinz Georg erlebt. Die beiden ersten Akte sind über das Glaubliche hinaus kindisch; später wird's besser. Die Ziegler macht mir einen sehr materiellen Eindruck, wirkt durch üppige Erscheinung mächtiges Organ u.s.w. Von Innerlichkeit ist wenig zu spüren.

FREITAG D. 19TEN

Gesellschaft mit Musik bei Gräfin Pourtales. Ich spiele mit Joachim die H moll Sonate von Bach. Frau Joachim singt Lieder von Rappoldi, worunter eines ›Vineta‹ recht schön. Die Pourtales spielt mit Joachim Es dur Sonate von Beethoven. Dann Lieder von Schumann und Schubert u.s.w. Die Olfers'schen Damen, Bergs, Keudells, die Oriolla u.s.w. sind anwesend.

SONNTAG D. 21TEN

Ich entschließe mich, aus verschiedenen Gründen, nicht zum Musikfest nach Cöln zu reisen, schreibe deshalb mehrere Absagebriefe. Vater hat sich in letzter Zeit so weit erholt, daß er heute zum ersten Mal nach Tisch eine kleine Ausfahrt unternehmen durfte.

DIENSTAG D. 23TEN

Drei Briefe kommen aus Cöln, von Gräbe, Frl. Almenräder und Hans Bürgers, die mir so eindringlich zureden, zu Pfingsten herüberzukommen, daß ich nicht widerstehen kann. Bürgers lädt mich im Namen seiner Eltern ein, bei ihnen in dem schönen Haus am stillen Platz Maria in Capitolio gegenüber zu wohnen. Ich widerrufe also meinen Verzicht und denke Ende der Woche zu reisen. – Abends bei Grimms, wo ein hübsches Schattenspiel Marquardt zu Ehren aufgeführt wird. Die Gisel singt Arie der Vitellia aus Titus und Lieder von der Mathieux mit großem Pathos. Sie ist aber ganz außerordentlich liebevoll, läßt sich zum Abschied einen Kuß von mir geben, weil ich nachdem die Eltern schon meiner beschränkten Zeit wegen für mich abgesagt hatten, nun doch gekommen bin.

MITTWOCH D. 24TEN

Vater kommt Vormittags zum ersten Mal und zwar zu Fuß wieder zu mir, bleibt eine Stunde im Garten. Abends bei Joachims G dur Sextett von Brahms, F dur Quartett von Schumann, C dur Quartett Haydn. Frau Joachim singt das Wiegenlied mit Bratsche von Brahms[113]. Franz und Enole Mendelssohn, Schaper, die Pourtales, Simrocks und Rappoldi hören zu.

DONNERSTAG D. 25TEN
Die Nachricht bestätigt sich, daß die Tuilerieen, der Louvre, Luxembourg, hotel de ville etc. von der Kommune angezündet und theilweise schon in Asche gelegt sind.

FREITAG D. 26TEN
Der Flieder ist im Betgriff, sich zu voller Blüthe zu entfalten. Rappoldi besucht mich, spielt mir Ouvertüre von sich vor; manche feine Einzelheit vorhanden, aber keine Totalwirkung. Mutter und Spengel gegen Abend bei mir im Garten. Dann kommt v. d. Goltz, der heute aus dem Felde zurückgekehrt ist. Er trinkt bei mir Thee und erzählt sehr interessant über die Schlachten im August. – Um 10 ¼ Abends reise ich mit dem Courierzug nach Cöln ab.«

## An die Eltern

»Cöln d. 28ten Mai 1871 Pfingstsonntag.

Der Skandal ist so groß, daß ich wirklich mit Mühe und Not diese paar Minuten herausfinde, von meinem Dasein Nachricht zu geben. In einer Viertelstunde ist Matinée bei Hiller, eben sucht mich Saldern auf, seit einer halben Stunde ist Carl Heymann bei mir, und gestern dauerte das freundschaftliche Beisammensein bis 2 Uhr Nachts. Ich bin aber ganz in meinem Fahrwasser, und seit heute Morgen die Sonne wieder scheint, noch doppelt zufrieden, einmal wieder am Rhein zu sein.– Unser Zug kam etwas sehr verspätet an, so daß Hans Bürgers, der mich mit dem ersten Courierzug erwartet hatte, nicht mehr an der Bahn war. Hier im Hause seiner Eltern fand ich dann die behaglichste Aufnahme; die schönste Mischung von äußerer Fülle und innerer Gemüthlichkeit, kein übertriebener Luxus, sondern die materiellen Dinge nur im Dienste einer reinen und feinen Gesinnung. Mutter und Sohn gefallen mir beide aufs Neue ganz ausnehmend. Einige Besuche wurden dann gleich Vormittags noch gemacht; bei Königslöw's die Eltern nicht zu Hause, die Kinder höchst selig in der Badewanne getroffen; nach dem Essen um 4 begann die Generalprobe für heute, und da gab es denn der Begrüßungen kein Ende. Abends von 9 – 10 war ich noch allein mit Frau Joachim bei Schnitzlers, dann mit Bürgers, Bitter, Gräbe und Anderen zusammen verabredeter Maßen in unserer alten Stammkneipe. Für die nächsten Tage ist Alles fast schon besetzt, und zwar womöglich doppelt und dreifach; einzelne Menschen zu sehen ist kaum möglich, da der gemeinsamen Verabredungen zu viele sind. Heute mußte ich bei Schnitzlers zu Mittag absagen, da hier im Hause ein kleines Freundschaftsessen mit Anna Ernsts arrangiert ist, zu dem die gute Frau Bürgers auch Carl eingeladen hat. – Die Luft ist herrlich nach dem Regen, und ich freue mich, sie jetzt gleich auf der Rheinbrücke zu genießen, wohin ich Saldern zu einem rendez-vous vor der Hiller'schen matinée bestellt habe.

Von der Musik gestern war mit das herrlichste die Bach'sche Cantate ›Ein feste Burg‹, allein der Schlußchoral wäre die Reise werth. Gerade in solchen Sachen haben die Musikfestmassen etwas überwältigend Schönes. Stockhausen's Stimme hat sehr verloren, gesprochen habe ich ihn noch wenig.

In Eile muß ich schließen, wünsche euch nur noch heitere Festtage und mir bald gute Nachricht von Euch.

Rheineck d. 1ten Juni 1871.

Der Dank für deinen lieben Brief beste Mutter kommt erst heute, und du hast ihn wohl kaum eher erwartet. Den schönen Rausch der vergangenen Tage zu beschreiben, ist unmöglich, wenn ich nicht ein Buch verfassen will, und so muß ich mich auf das Allgemeinste beschränken, um von den kurz gemessenen Stunden hier noch Etwas zu genießen. Ich war auf viel trouble gefaßt, daß es aber so arg sein würde, meinte ich doch nicht vorher, und ich bin nur über das Eine erstaunt, daß ich trotz täglichen Zubettgehens zwischen 2, 3 und 4 Uhr, trotz aller Fluthen von Maibowle, Vanilleeis und Majonnaise (der Rehbraten und Spargelregimenter garnicht zu gedenken) noch am Leben bin und zwar verhältnismäßig recht wohlauf. Für jeden Mittag und Abend fast waren der Einladungen oder Verabredungen drei bis vier, von denen man sich für eine entscheiden mußte, und eigentlich wächst das Gefühl des Behagens, in der rheinischen Atmosphäre zu sein, immer mehr, je länger man sie athmet. Wie viel Antheil daran die Fülle herzlichen freundschaftlichen Entgegenkommens, entzückender poetischer Natur und musikalisch festlicher Stimmung hat, das ist nicht abzurechnen, das Resultat ist aber jedenfalls da, daß man mit etwas schwerem Herzen an den Abschied denkt.

Unter den musikalischen Momenten waren die schönsten die Bach'sche Cantate am ersten Abend, die allein die Reise werth war, dann im Josua der dritte Theil mit dem Chor ›Seht er kommt‹[XIII], der so überwältigend großartig klang, daß er da capo verlangt wurde und Joachim und ich die Kühnheit hatten, dabei das Zeichen zum Aufstehen im Publicum zu geben, endlich aber am dritten Abend das Spohr'sche Concert und die Lieder von beiden Joachims. Die Leute waren voll-

XIII Der Chor »Seht er kommt« tritt bei Händel bekanntlich nicht nur im »Judas Maccabäus«, sondern in der gleichen Fassung auch im »Joshua« auf.

kommen toll nach der ›Suleika‹ von Schubert und dem ›Gruß‹ von Mendelssohn; nicht genug, daß der Saal von Klatschen und Tusch fast zusammenbrach, und daß Blumen über Blumen aus dem Chor geworfen wurden, sondern eine meiner jungen Bachvereinsdamen, die der Joachim einen großen Strauß gebracht hatte, kehrte plötzlich noch einmal um und fiel ihr um den Hals. Nach der Freischütz Ouvertüre am Schluß des Ganzen strömte dann ein ganzes Heer junger Mädchen herbei, bat um Blumen aus dem Strauß der Joachim, fiel endlich über sie her und erdrücke sie fast mit Umarmungen und Küssen. Dieser Jubel in seiner Unmittelbarkeit und Natürlichkeit hatte etwas so Reizendes, wie es eben nur bei einem rheinischen Fest möglich ist, und die Joachim ließ ihn sich denn auch mit Vergnügen gefallen. Wie die Frau sang und aussah, das ist aber auch nicht zu beschreiben; eigentlich war der ganze Saal verliebt in sie, und ich erlebte an mir das Merkwürdige, daß ich, während ich beim Herreisen an Joachims als an mein tägliches, freilich sehr köstliches, Brot kaum gedacht hatte, nun doch so ganz und gar überrumpelt von Beiden war, wie ich es kaum je vorher erlebt. Hinterher gab es dann noch ein großes Festessen im casino, bei dem es an vielen amüsanten Toasten nicht fehlte. Gestern fuhr ich früh nach Bonn, besuchte Kyllmann und Miss Wight, und traf dann um 1 Uhr verabredetermaßen auf der Bahn mit Schnitzlers, Joachims, Königslöws, Bruch zusammen um mit dieser nicht unliebenswürdigen Gesellschaft nach Rolandseck zu fahren und dort zu Mittag zu essen. Wir machten in heiterster Laune einen Spaziergang auf den Rolandsfelsen, bei welcher Gelegenheit Frau Joachim mir einen Maiblumenstrauß schenkte, und kehrten dann zurück zum Rhein hinunter, wo ein Nachen bereit stand uns aufzunehmen. Ohne viel Besinnen steige ich mit ein; im Augenblick aber, wo er abstößt, erfahre ich erst, daß er nicht wie ich meinte, nach Nonnenwerth, sondern nach Königswinter hin sich in Bewegung setzt. Ich springe also heraus, lasse meinen Hut in den Rhein fallen, er wird patschnaß wieder herausgezogen, Joachim wirft mir seinen Maiblumenstrauß nach, Alle quälen mich, doch mitzufahren, ich bleibe aber fest, der Nachen entfernt sich, Schnupftücher und Hüte winken noch ein Mal, dann eile ich zum Bahnhof, wo ich gerade noch den nächsten Zug treffe, und um halb 5 Uhr bin ich in Niederbreisig. So war es denn gerade noch Zeit, daß ich oben in Rheineck zum Abendspaziergang mit den alten Hollwegs eintraf, und die prächtigste Abendbeleuchtung auf den schönen bekannten Wegen gleich zum Empfang erleben konnte.

Carl, der seit Dienstag früh zurückgekehrt war, grüßt Euch sehr, und sieht vor Allem sehr gut aus. Ich habe jetzt wirklich Hoffnung für ihn, und er selbst sieht auch wieder mit hellerem Gemüth in die Zukunft. Die Mama Hollweg trägt mir eine Liebeserklärung nebst Grüßen für Euch Beide auf, deren ich mich hiermit entledige. Die Clausen ist als einzige Gästin außer mir da; ich schwärme nicht für ihre etwas schleichende und schönrednerische Art, übersehe aber ihre Anwesenheit mit ziemlicher Virtuosität.

Morgen früh um 7 denke ich wieder nach Cöln zurückzukehren. – Dann ist wieder jede Stunde besetzt: zuerst eine Verabredung mit Hiller, darauf eine bei Ernsts, Mittag bei Königslöw's, Spaziergang mit Gräbe, Bitter etc. Besuche bei Schnitzlers u.s.w., endlich Abend bei Bürgers. Erst um ½ 12 mit dem zweiten Nachtschnellzug werde ich reisen und somit nicht vor Sonnabend um 12 Uhr Mittags in Berlin sein. Ich komme dann bald zu Tisch zu Euch, und gehe nach Tisch wieder in die Strohdrescherei. Auf Euch und auf meinen Garten freue ich mich. Über eine interessante Begegnung mit Gevaërt, dem ehemaligen Direktor der großen Oper in Paris, mit dem ich durch alle Tonarten für Gluck geschwärmt habe, und der ein ausgezeichneter liebenswürdiger Künstler ist, erzähle ich Euch mündlich. Nur noch so viel, daß er Montag Abend bei einem hübschen geselligen Zusammensein mit holländischen und belgischen Musikern im Tonkünstlerverein einen Toast auf die ›fraternité‹ der Nationen ausbrachte. Merkwürdig genug im jetzigen Augenblick; wenn man an Padeloup's ähnlichen Toast zurückdenkt, den dieser vor 3 Jahren hielt! – Und so auf Wiedersehen übermorgen! …«

## AUS DEM TAGEBUCH

### DONNERSTAG D. 1TEN JUNI

Morgens um 8 Uhr wie sonst kurze Andacht in der Kapelle. Nach dem Frühstück mit Carl etwas spazieren zum Lützinger Feld; schönes, frisches und dabei sonniges Wetter. Nach dem Mittagessen über die Rautersley zum Lohschlag, wo Carl zur Stählung seines Körpers zu thun hat. Später wollen der Papa Hollweg und die Clausen ihren gewohnten Spaziergang antreten; ich begleite sie, und es giebt interessante Gespräche. Erst wird über Herder geredet; dann spricht Hollweg über Kant, der eine Entscheidung der Menschenseele zum Bösen oder Guten schon mit der Geburt angenommen habe: über Arnold, den Rektor der Schule in Rugby, dessen Buch Tom Browns Schuljahre[114] mich in der deutschen Bearbeitung vor Jahren so lebhaft anzog,[115] und den Hollweg persönlich gekannt hat; über Clemens Brentano, der von den Gerlachs so schlecht behandelt worden sei, daß es ihn immer empört habe; über Savigny, dessen Unglück es gewesen sei, eine für ihn unpassende Frau gewählt zu haben. Hollweg ist mit dem Ordnen seiner Briefe beschäftigt und ist in Anknüpfung daran unerschöpflich in anziehendem Erzählen. Anekdote vom alten Nöggeroth, der auf einer Reise in Frankfurt einmal Goethe's Haus gesucht, und einen Vorübergehenden um Auskunft gefragt habe. Von diesem, der wahrscheinlich ein Makler gewesen, habe er die Antwort bekommen, das Haus müsse wohl fallirt haben, oder verzogen sein. Hollweg selbst hat seiner Zeit in Frankfurt auch im Hirschgraben gewohnt, und aus seinem Zimmer dieselbe Aussicht als Kind gehabt, die Goethe im Wilhelm Meister (offenbar seinen Frankfurter Erinnerungen nachgebildet) beschreibt. – Abends nach dem Thee liest und zeigt uns der Alte sein Märchen in Bildern ›Amelius und Amious‹ das er seiner Frau als Braut gedichtet und gezeichnet. Vorher noch Gespräch über Schinkel, über dessen ›Wache‹ am Opernplatz in Berlin er sehr entzückt ist; er bewundert an ihr die glückliche Verbindung der Facade mit dem eigentlichen Bau: die Vollendung des Schauspielhauses habe seiner Zeit in Berlin Enthusiasmus erregt, man habe Schinkel ein Fest gegeben. Dann protestirt er dagegen, daß Schinkel sich nicht um das Technische der Architektur gekümmert habe, er habe oft über kleine technische details mit großem Interesse gesprochen, freilich auch oft diese Dinge Anderen überlassen. – Abschied von den beiden lieben Alten Abends, da morgen der Aufbruch zu früh.

FREITAG D. 2TEN JUNI

Morgens bei ziemlich schlechtem Wetter nach Cöln zurück. Bei Bürgers gemüthliche Kaffeestunde, Hans liest hübsche Gedichte von Scheffel vor. Besuch bei Hiller, mit dem ich seinen Ausstellungsmarsch spiele; er erzählt komisches Eisenbahnerlebniß und ist sehr liebenswürdig. Dann zu Ernsts. Zum Mittagessen mit Gräbe bei Königslöws. Bürgers und Bitter holen mich nach Tisch ab, gehen mit mir in den Stadtgarten, und breiten allerlei Pläne vor mir aus für mein eventuelles Zurückkommen nach Cöln. Besuche bei Schnitzlers, Almenräders, Dumonts. Schöne Abendstunde bei Bürgers; als ich meinen Koffer schließen will, finde ich die Scheffel'schen Gedichte darin, aus denen Hans vorgelesen, und ein Päckchen Eau de Cologne. Er bringt mich zum Zug 11 ½ Uhr auf die Bahn.

SONNABEND D. 3TEN JUNI

Um halb 12 Uhr Mittags in Berlin angekommen. Spengel empfängt mich in meiner Wohnung. Im Garten Kastanien und Flieder in höchster Blüthe. Um 2 Uhr zu den Eltern. Gegen Abend nach den Orchesterstunden zu Mendelssohns. Sie laden mich freundschaftlicher Weise ein, während der Abwesenheit meiner Eltern 4 Male in der Woche bei ihnen Mittag zu essen.

SONNTAG D. 4TEN JUNI

Joachim kommt Vormittags, holt mich ab, um bei ihm die Probe eines Quartetts von Meinardus anzuhören. Frau Ursi und ich lachen bei einem etwas verfehlten Schluß, wofür wir ein böses Gesicht bekommen. Dann wird ein Arrangement der Schubert'schen Klaviersonate in a moll als Pianofortequintett zum Theil durchgespielt, das sich als sehr überflüssig erweist. Bei den Eltern zu Mittag, zum letzten Male vor ihrer Abreise. Sie bekommen viel freundliche Besuche zum Abschied. Dann zu Frau

Enole und zu Hermann Grimm, ihn an das Gedicht zur Händel'schen Hymne zu mahnen. Später treffe ich ihn und die Gisel nochmals bei den Eltern, sie bleiben zum Abendessen. Nachdem sie fort, spiele ich den Eltern noch ein paar Lieder von Schubert vor, ehe der Schlüssel vom Flügel abgezogen wird.

MONTAG D. 5TEN
Früh auf die Bahn, um von den Eltern Abschied zu nehmen; sie reisen gegen 9 Uhr ab nach Lauenstein. Herman Grimm kommt, bringt mir seine Nationalhymne. Ich gehe zu Baber[?][116], der die Stadtverordneten für die Sache interessieren soll. Abends beim Nachhausekommen aus der Hochschule Franz Mendelssohn und den Maler Passini getroffen, die mit mir in den Garten gehen.

DIENSTAG D. 6TEN
Morgens schreibe ich die Nationalhymne auf. Dr. Fuchs musikalischer Aesthiker kommt dazu, trägt mir seinen Wunsch vor, als solcher an der Hochschule angestellt zu werden.

FREITAG D. 7TEN
Zu Herrn Lorenz, Feuerwehrmusikdirektor, der die Instrumentierung der Hymne für Militärmusik besorgen soll. Mittagessen bei Mendelssohns. Nach Tisch etwas Semiramis von Rossini durchgespielt. Um 7 Uhr zu Bergs, wo für den Asten'schen Polterabend probirt wird. Berg hat ein hübsches Gedicht für den Zweck verfaß wozu die Joachimschen Kinder lebende Bilder stellen. Joachims beide und ich machen hinter der Scene Musik.«

## An die Eltern[117]

»Berlin d. 5. Juni 1871.

Einliegendes Geschäftliche erhalte ich soeben zur Weiterbeförderung an Euch nach Lauenstein und will doch einen kurzen Gruß beipacken, obgleich ich Euch kaum erst die Hand zum Abschied gegeben.

Herman Grimm war soeben bei mir, und hat mir ein vortreffliches Gedicht gebracht. Wollte doch nur mein schöner Plan gelingen! Die Worte passen wie ausgesucht zu der Händel'schen Melodie, und ich hoffe, Keudell macht Ernst damit, die Sache in Scene zu setzen. …«

Grimms Gedicht lautete wie folgt:

Deutschlands Krieger seht sie ziehn
Deutschlands Kaiser zieht voran
Deutschlands Siegesfeuer glühn
Allerorten himmelan.

Wo im Süd die Alpe glänzt
Wo des Nordmeers Wogen gehen

Wo im Elsaß frischbekränzt
Wieder Deutschlands Fahnen wehn

Heil dem Volk mit Jubelschall
Neu erstand die alte Macht
Einig sind wir überall
Und der Kaiser ist erwacht.

Heil dem Heere dreifach Heil
Das das neue Reich erweckt
Den gefallnen Brüdern Heil
Die die fremde Erde deckt.

Deutschlands Krieger seht sie ziehn
Deutschlands Kaiser zieht voran
Deutschlands Siegesfeuer glühn
Allerorten himmelan.

Sollte das andere sich nicht auf die Melodie einrichten lassen? die vielen männlichen Schlußreime ergeben nichts rechtes.

Zum Einzuge den 16. Mai.

Deutschlands Krieger ziehn zusammen
Deutschlands Kaiser zieht voran
Deutschlands Siegesfeuer flammen
Allerorten himmelan.

Wo im Süd die Alpen glänzen
Wo des Nordmeers Wogen gehen
Wo an unsre alten Gränzen
Wieder Deutschlands Fahnen wehn

Heil dem Volk in Jubelschalle
Heil dem Mann der es erdacht
Einig sind wir wieder alle
Und der Kaiser ist erwacht.

Heil dem Heer in Dankesliedern
Das das neue Reich erweckt
Heil auch den gefallnen Brüdern
Die die fremde Erde deckt.

Deutschlands Krieger ziehn zusammen
Deutschlands Kaiser zieht voran
Deutschlands Siegesfeuer flammen
Alleroten himmelan.«

Es braucht kaum erwähnt zu werden, daß nur die erste Fassung des Gedichts für eine Verbindung mit Händels Melodie in Frage kommen konnte.

Von meiner Mutter

»Lauenstein d. 6. Juni 1871.
Mit einigen Worten möchte ich Dir, liebster Ernst, doch gleich heute sagen, daß wir gut und wohlbehalten gestern Abend um 7 ½ Uhr hier angelangt sind, und daß vor allen Dingen Vater durch die Reise garnicht angegriffen war. Dieselbe ging trotz des kalten regnigen Wetters viel besser von statten als im vorigen Jahr. Bis Lehrte fuhren wir mit dem liebenswürdigen Max Reden zusammen, und unterhielten uns aufs Beste mit ihm über alle längst vergangene und neue Zeiten. Es war mir so lieb und rührend, durch ihn einmal wieder von so vielen Gliedern seiner Familie zu hören, mit denen wir einst hier so glückliche Tage verlebt haben. Freilich die meisten davon sind schon hinüber, uns vorangegangen; aber es ist ja so das Natürlichste, von Gott Geordnete und je älter man wird, um so mehr lebt man sich in den Gedanken der Vergänglichkeit alles Irdischen ein, und streckt sich nach dem, was vor uns liegt. …«

Von meinem Vater

»Lauenstein 7. Juni 1871.
Mein lieber Ernst! Es ist Dir hoffentlich nicht unangenehm zwischendurch auch einmal von Deinem alten Papa ein directes Lebenszeichen zu erhalten. In dieser Voraussetzung benutze ich die Nachmittagsstunde von 6 Uhr um von meinem Sopha aus das Vergnügen der Unterhaltung mit Dir, wenn auch nur von Einer und meiner Seite, zu genießen.

Unsere Reise mit Max Reden und einer netten Oldenburger Familie, die in dem schönen Wetter den Thüringer Wald bereisen wollte, hat Dir Mutter beschrieben. Ich bemerke daher nur, daß auch sie über den ›Seewind‹ klagten und ihn auf zerschmolzene und verschobene Eisberge! zurück zu führen suchten.

Heute Morgen ließ der feine Nebelregen einen Augenblick nach. Ich benutzte ihn sofort um in meinem Überzieher bei 4 Grad Wärme Deine und meine Anlagen zu zerlustieren.

Und da drängt mich nur mein Gewissen und mein Herz Dir vor Allem abzubitten, daß ich im ersten Anfange Deine Pläne als phantastisch und unreif zurückgewiesen habe. Ich ahnte damals noch nicht, welche ästhetische und zugleich praktische Begabung in Dir steckt. Jetzt, nachdem Du Dich in beiden Richtungen so glänzend wie möglich legitimiert hast, will ich meinen Fehler dadurch wieder gut machen, daß ich mein Urteil dem Deinigen, des nun zum vollen Mannesalter gereiften Sohnes, wenn nicht ganz unterordne – das würde Deinem sittlichen Sohnesgefühl nicht einmal recht sein – doch nie wieder ohne Dein Mitwissen und Deine Zustimmung – ›ohne der Erben Laub‹ sagten unsere Vorfahren – geltend mache. Es begegnet den Vätern oft, daß sie nicht rechtzeitig merken, wie weit die Kinder gereift sind und aus der väterlichen Zucht entlassen werden müssen. Auch mir ist dies begegnet, aber unbewußt, so bald ich den Mißgriff erkannt hatte, ist er mir Leid gewesen und ich habe ihn zu vermeiden gesucht. ›Mei Kinner erziehe m i c h‹ sagte Bettine Arnim.

Um spezieller Deiner Anlagen und Maßnahmen zu gedenken, so finde ich erstere nicht nur vollkommen zweckmäßig sondern geradezu reizend; du glaubst nicht, wie sich der Hof ausnimmt, so wohl wenn man ihn betritt als wenn man von oben an der Bank der zweiten Terrasse auf ihn heruntersieht. Das Wetter begünstigt übrigens das Anwachsen auch der amputierten Obstbäume, nur eine Weide neben der Tanne ist ausgegangen und soll anderweit ersetzt werden wie es Dir angemessen scheint. Besondere Freude hat mir gemacht, daß Du in den Ausgaben Maß und besonnene Rücksicht auf unsere Verhältnisse zu halten gewußt hast. Wer sich nicht nach der Decke streckt, schläft nicht gut. Deine Anordnungen im Hause, im Garten und in den Rechtsverhältnissen der ganzen Besitzung halten eine glückliche Mitte zwischen der verschwenderischen Genialität deines mütterlichen Großvaters und der ängstlichen Beschränkung die mir von der Enge geblieben ist, in der ich aufgewachsen bin.

Eine häßliche Anlage haben die Nachbarn Knokes und Göbens auf unserer oder vielmehr i h r e r Mauer gemacht, eine stereoscopartige Bretterbude à la Ponge, die aber die Aussicht auf die Straße gefälligst frei läßt und der armen Generalin herzlich gern gegönnt ist.

Was meine eigenen Anlagen betrifft, so ist die Mauer nahezu fertig und wäre es ganz, wenn die Maurer arbeiten könnten. …

Mein Befinden ist erwünscht und der Aufenthalt trotz des scheußlichen, hoffnungslosen Sommers (wie es scheint) urbehaglich. …«

An die Eltern

»Berlin d. 10. Juni 1871.

Liebe Eltern!
Für Eure beiden Briefe vielen Dank! Es erinnert mich zwar immer an die Briefe des Füsiliers so und so in der Zeitung, der ›an seine Eltern‹ Kriegsberichte schickt, wenn ich diese gemeinsame Anrede brauche, doch weiß ich mir heute nicht anders zu helfen, und will also einmal zur Veränderung einen Füsilier vorstellen. Das gute Wetter heute, die Wärme und der Sonnenschein, der zwar noch nicht vom ewig klaren Himmel, aber doch wenigstens zwischen einzelnen Wolkenballen kräftig herniederscheint, freut mich in Eurem Interesse ganz besonders. Es scheint doch, als wollte es allmählig mit dem Sommer Ernst werden, und das ist für alle Leute, insonderheit für Patienten wünschenswerth. – Mein Leben in dieser Woche bewegte sich größtentheils zwischen Polterabend und Nationalhymne, und wenn ich mit der zweiten nach allen Anstrengungen gründlich ins Wasser gefallen bin, so muß ich mich damit trösten, daß wenigstens der Polterabend vortrefflich gelang. In Beziehung auf die Hymne schien alles schon fast erreicht, Keudell hatte die Druckkosten für die 100.000 Exemplare bewilligt, die Instrumentation des Militärmusikdirektors war fertig, die Stadträthe hatten beschlossen, die Schuljugend mit der Absingung des Liedes zu betrauen, und ihrerseits die dazu nöthigen Kosten zu bestreiten, da giebt S. Majestät, als Herr von Wurmb ihm den Vorschlag macht, bei der Enthüllung des Denkmals von Fr. W. dem 3ten die Händel'sche Musik anstimmen zu lassen, den Befehl, es müsse ›Heil dir im Siegerkranz‹ nach alter Weise gesungen werden, und der Oberesel von Stadtschulrath, an dessen Genehmigung der Beschluß der Stadträthe hing, bestimmt die elende ›Wacht am Rhein‹[118], da die Jugend in einem so unruhigen Moment nicht die Sammlung haben würde, ein neues Lied zu singen. Es ist ein gräßliches Ding um die Borniertheit der Menschen, wenn es sich um die geringste Neuerung handelt, und man sollte sich geloben, sich um Nichts der Art mehr zu bekümmern. Bahn[XIV], der die ganzen Besorgungen mit mir machte, ist auch nicht sehr entzückt über alle vergeblichen Mühen; gerade bei der Stadt hatte er die meisten Schritte gethan, interessierte sich lebhaft dafür, und glaubte sicher zum Ziele zu gelangen.

Um Euch über den Schultze-Astenschen Polterabend zu orientieren, schicke ich Euch in einem zweiten Briefcouvert das Gedicht von Berg

---

XIV Bahn: Derzeitiger Inhaber der Trautweinschen Musikalienhandlung.

mit Glossen. Die Joachim'schen Kinder stellten die Bilder, und sahen natürlich reizend aus, ›Er und Sie‹ wurden von Rudolf Grimm und Frl. Schultzen gelesen, hinter der Scene die Gesänge von Frau Joachim ausgeführt, wobei ich zu begleiten hatte. Dann folgte ein allerliebstes Gedicht von Marie Olfers, von der kleinsten York[119] und der Olfers'-schen Pflegetochter[120] mimisch dargestellt, darauf eine komische Scene von 3 Ärzten ausgeführt, die wir nicht sehen konnten, weil wir uns unterdessen in unser Bauerncostüm werfen mußten, und endlich das Bauernsextett von Mozart, in dem Joachim den köstlichsten Humor entwickelte, und ich als Dirigent höchst simpel ohne irgend welche schauspielerische Eigenschaften zu producieren, fungierte. Nachher kam dann noch eine ganz große Freude für mich; Frau Joachim zog mich nämlich nebst ihrem Mann an den Bowlentisch, und leitete durch Füllung der Gläser den Akt ein, daß Joachim mir das ›du‹ anbot. Es wird mir natürlich noch Künste kosten, mich daran zu gewöhnen in praxi, aber daß es geschehen ist, macht mir doch großes Vergnügen. Ich war wie gewöhnlich mit dem Bräutigam der Letzte, der das Haus verließ, und zwar war es dieses Mal bald ½ 3 Uhr; der Morgen dämmerte nicht nur am Horizont, sondern schon mitten über unseren Häuptern, die Nachtigallen schlugen, der frischeste Luft zog durch den Thiergarten, und schade war nur das Eine, daß man noch einmal ins Bett steigen mußte. Heute um ½ 4 ist nun Hochzeit, dann morgen Abend eine Lesegesellschaft bei Grimms, und damit hoffe ich, soll wenigstens für einige Tage einmal die Hetzjagd zu Ende sein.

Donnerstag Mittag verbrachte ich recht gemüthlich bei Bruchs; Mittwoch wurde die Geburtstagsvisite bei Beselers mit einem sehr schönen Rhododendron angetreten, und Max, der gerade am Morgen angekommen war, begrüßte mich sehr wohl aussehend an der Hausthür. Er besuchte mich heute Morgen; Wilhelm Wedding ist seit mehreren Tagen hier, wir haben uns aber beständig verfehlt. Die Maxe war einen Abend, wie sie mir gestern sagte, zu Euch gegangen, und ganz erstaunt gewesen, daß Ihr schon fort waret. Frau Joachim behauptete sogar, böse zu sein, daß ich ihr nichts von Eurer Abreise gesagt, was natürlich ganz zufällig in dem Gedanken geschehen ist, sie wisse längst davon. Sie wäre so gern noch einmal zu Euch gekommen, Euch zu sehen. …

Berlin d. 17. Juni 1871.

Dur wirst begreifen, liebe Mutter, daß es nicht zeitgemäß erschien vor dem Einzug der Truppen noch einmal zu schreiben; nun ist er vorüber, und ich will mich gleich heute früh hinsetzen, wenigstens Einiges davon zu erzählen. Beschreiben wollen wäre vergebliche Mühe; die Zeitungen werden den äußerlichen Hergang genau schildern, sodaß ihr Euch danach ein Bild machen könnt; von dem eigentlichen Eindruck läßt sich aber kaum eine Vorstellung geben, wenn man diese Tage nicht miterlebt hat, und darum kann ich zuweilen garnicht über den Kummer fortkommen, daß Ihr und andere Menschen, die man lieb hat, nicht dabei waren. Vorgestern, als es überall immer bunter und großartiger wurde, war ich wirklich mehrere Male in Versuchung, noch an Otto[121] und Carl[122] zu telegraphieren. Jeder der gewußt hätte, wie es hier aussah, hätte nicht widerstehen können, sondern wäre trotz aller Geld- und Zeitnöthe auf und davongegangen, um den durchaus einzigen Eindruck an sich zu erfahren.

Schon seit Dienstag fing Berlin an, ein anderes Aussehen anzunehmen, als man es gewohnt ist; die ungeheuern Zurüstungen in der Siegesstraße vom Halleschen Thor bis zum Brandenburger und von diesem bis zum Schloß wuchsen stündlich mächtiger aus der Erde, und damit hielt das Leben auf den Straßen gleichen Schritt. Schon Mittwoch Nachmittag waren die Wagenreihen und das Wogen der Menschenmassen so stark, daß man nur langsam in jenen Gegenden von der Stelle kam. Am Donnerstag Morgen machte ich mit Spengel zu Fuß die ganze Tour, und die Wagen waren so dicht, daß man ganz gut mit ihnen Schritt halten konnte. Herman und Gisela Grimm saßen in einer der Droschken, die Gisel mit einem großen wunderschönen Eichenzweig in der Hand, und wir unterhielten uns in Pausen auf das Schönste bis zum Potsdamer Thor, wo ausgestiegen und gemeinsam gefrühstückt wurde; am Halleschen Thor eröffnete eine colossale Berolina (etwa in der Höhe der Victoriasäule auf dem Belle-Alliance-Platz) die Reihe der monumentalen Ausschmückungen (die Tribünen zogen sich noch bis zum Kreuzberg hin) und nun ging man zwischen zwei ununterbrochenen Reihen von Fahnenstangen, die mit Laubgewinden untereinander verbunden waren und hoch oben weiße Wimpel mit Adlern trugen; in halber Höhe war dann außerdem ein Strauß von Fahnen angebracht, die irgend ein Schild, ein Wappen eines deutschen Staats, oder den Namen eines Gefechtsorts in ihrer Mitte trugen. Allein die langen Reihen wehender weißer Wimpel und grüner Festons[123] anzusehen, war etwas Reizendes. Vor dem Potsdamer Thor stand eine weiße Victoria auf ungeheurem Postament, umgeben mit eroberten Kanonen und Fahnen, das Ganze etwa haushoch, zu beiden Seiten ebenfalls in Gips colossale symbolische Figuren, die Metz und Straßburg bedeuten sollten, von hinten freilich etwa aussahen, wie Frau Kellemann im Umschlagetuch, aber doch im Ganzen den beabsichtigten Effekt machten. Ganz pompös waren rings umher vier große Wimpel von purpurrother Seide, auf denen in Gold die Namen der Schlachten von Gravelotte u.s.w. leuchteten. Von hier bis zum Brandenburger Thor und dann bis zu Friedrich dem Großen stand Kanone an Kanone; das Brandenburger Thor überstrahlte an sich selbst und durch allen Schmuck, der ihm angethan war, noch alle übrigen; um sechs Fahnenstangen, die an ihrer Spitze schwarze Adler mit goldenen Kränzen trugen, waren jedesmal vier große modellierte Bären angebracht, die mit goldenen Ketten an die Stangen festgebunden waren; und dem Thor gegenüber am Anfang der Linden umschloß ein ungeheurer Triumphbogen von Purpur mit goldenen Wappen, wie eine Art Baldachin die Tribünen für den Magistrat, über ihm an den 4 Ecken 4 Sieges- und Friedensgöttinnen, die weit über die Bäume hingwegsahen. Ähnliche Triumphbögen wiederholten sich bis zu Friedrich dem Großen 4 Mal, und zu dem Allen denke man sich Tribüne neben Tribüne mit Roth ausgeschlagen, die beiden colossalen Tribünen auf dem Pariser Platz, von denen jede eine ganze Seite des Platzes einnahm, mit den prachtvollsten Bannern umgeben, die wie der bunteste Kranz den ganzen weiten Kreis umrahmten. –

Ich werde fortwährend unterbrochen und gestört, und muß mich kürzer fassen, wenn ich noch einigermaßen zu Rande kommen will. Eben war der gute Eckenbrecher mit seiner Frau hier, sie haben gestern den Einzug ihres Sohnes Hans mitangesehen, wohnen bei Taschner und lassen Euch herzlich grüßen. Obgleich mir der Moment ihres Kommens nicht sehr angenehm war, so freut es mich doch beide gesehen zu haben, man hat bei ihnen so sehr den Eindruck von treuen alten Freunden, und gründlichster Herzensgüte. Um ½ 2 erwarte ich ›die Kuhlweinen‹[XV], diese nicht oberschlaue Cousine wohnt wie Ihr wißt, seit Donnerstag in Euern Räumen; Tante Marie Knobelwutsch[XVI] hatte sich im Voraus an den größeren Theil aller beherzter Bürger Berlins unter und über 80 Jahren schriftlich gewandt, mit der Bitte, das seltene Kind vor jeder Fährlichkeit zu schützen, unter Anderem auch an meine Wenigkeit, an Anton[XVII] und den alten Grell, Mendheims u.s.w.; daß nicht für jeden Schritt, den sie aus dem Hause thun wollte, bereits 5 Droschken mindestens im Voraus bestellt waren, von denen 4 für den Fall eines

XV Agnes von Kuhlwein geb. von Knobelsdorff.

XVI Marie von Knobelsdorff geb. von Zschock aus Wutschdorff.

XVII Ehemaliger Zschockscher Bedienter.

Unglücks leer hinterherfahren konnten, verwundert mich sehr. Gestern sagte sie mir nun nicht ohne Absichtlichkeit, wie mir schien, daß sie für heute noch Nichts Bestimmtes vorhabe, (nachdem ich gesorgt, daß erst Mendheims und Beselers abgegrast wurden), und so hielt ich mich für verpflichtet, sie heute zu mir als Mittagsgästin in das Bellevuehotel einzuladen. Einen Apotheker, der untersucht, ob die Speisen auch nicht vergiftet, finden wir vielleicht unterwegs. Gestern früh nun um ½ 8 versammelte sich bei mir außer ihr noch Clärchen Baumeister, Kurd Bauer, Emma Wendt, Tante Agnes Alberti geb. Tieck, und Friederike[124]. Letzterer gab ich einen von meinen Plätzen in der Akademie, die ich als Hochschulprofessor bekam, Spengel hatte seinen eigenen Schülerplatz, Bruchs die Akademieplätze von Vater, und so war ich sehr froh, neulich Tante Agnes, als sie mich zu meiner großen Überraschung und Freude hier aufsuchte, anbieten zu können, ich wolle sie in die Universität mitnehmen. Auch sie grüßt Euch sehr, und ich hatte rechte Freude, einmal wieder mit ihr zu verkehren. – Unser Trupp setzte sich, wie gesagt, etwa um 8 Uhr in Bewegung, das Gedränge war noch nicht sehr stark unter den Linden, da erst um ½ 10 für Fußgänger gesperrt wurde, und so gelangten wir, von einem unbekannten Fräulein abgesehen, als die ersten in die Peters'sche Wohnung.[XVIII] Ich glaube, daß dieser Überfall die Frau Professorin in nicht gelindes Erstaunen versetzte, wir setzten uns aber dreist und gottesfürchtig auf die vordersten Stühle (ich zwischen Emma und Tante Agnes, Clärchen übernahm die Kuhlweinen) und fühlten uns nicht veranlaßt, diese Eroberung später aus Höflichkeit wieder herauszugeben. So sahen wir Alles vortrefflich und hielten die 8 Stunden bis 4 Uhr tapfer aus. Wir waren auch ordentlich wie zu einer Reise mit Feldflasche und Proviantbeuteln ausgezogen, ja ganz Berlin machte am Morgen den Eindruck einer ungeheuren Reisegesellschaft, die Haus und Hof verläßt, und sich auf die Wanderschaft begiebt, so wären wir also auch ohne das Angebot Peters'schen Frühstücks durchgekommen. Die Stunden der Erwartung gingen rasch genug hin; theils war das Stadtbild, die Tribünen die sich immer dichter mit Menschen füllten, die Palais und öffentlichen Gebäude, die mit Guirlanden und Emblemen von oben bis unten bedeckt waren, endlich die Brücken vor dem Schloß, wo unzählige Laubgewinde mit ebenso unzähligen Wimpeln und Fähnchen über den Fluß

XVIII Professor Peters hatte jetzt die ehemalige Lichtensteinsche Wohnung in der Universität inne. Er durfte sich wohl meinem Vater gegenüber verpflichtet fühlen, da dieser sich seiner Zeit viel Mühe gegeben hatte, ihm die Wohnung nach Lichtensteins Tode zu verschaffen.

und zwischen den Masten sich hinzogen, ein so entzückender Anblick, daß man nicht satt wurde, sich daran zu freuen; dann gab aber auch die Menschenmenge auf dem Platz, die sich erst in unglaublicher Fülle angesammelt hatte, und dann von den Schutzleuten wie ein Meer, das eingedämmt wird, zu Paaren getrieben wurde, immer neuen Stoff zur Unterhaltung; man saß beständig zwischen Mitleid und Lachen, wenn die Einen glaubten, sie hätten nun einen sichern Platz, und plötzlich erbarmungslos aus ihren Himmeln herausgejagt wurden, oder Andere querüberliefen, um neue Zonen zu erobern, und dann wiederum von der andern Seite zurückgetrieben, garnicht mehr wußten, wohin. Gegen 12 Uhr war es, als alle Glocken der Stadt zu läuten begannen, und damit das Zeichen gegeben wurde, daß der Zug am Halle'schen Thor angekommen war; dann dauerte es noch etwa 5/4 Stunden, bis die Suite aller Generalitäten erschien, nach einer Pause Bismarck, Moltke und Roon und endlich allein der Kaiser. Das war ein unbeschreiblicher Moment, und als sich hinter ihm die ersten Colonnen der Truppen quer über den Platz formierten und ihren Marsch antraten, da brach der Jubel in Strömen hervor. Besonders warm wurde später das kombinierte Bataillon der süddeutschen Truppen empfangen, dann wieder die Ulanen[125] mit stürmischen Hochs, u.s.w. bis sich die Lungen und die Herzen etwas erschöpft hatten. Bis nach 4 Uhr dauerte der Vorbeimarsch; ich räumte während der letzten 2 Stunden meinen Platz einer Dame ein, ging ab und zu, besah die Aussicht aus den beiden Eckstuben (wir selbst waren im Saal) und erging mich auch zwischendurch in Lichtensteinischen Erinnerungen; den alten Kinsting'schen Flügel begrüßte ich gleich von außen als alten Bekannten. Herr Professor Peters trug mir alles erdenkliche Freundliche für Euch auf, und doch kann ich mir weder zu ihm noch zu seiner Frau ein Herz fassen, die so steif einherwandelt wie eine ägyptische Priesterin.

Die Kuhlweinen brachte ich schließlich zu Mendheims, per pedes, da eine Droschke trotz aller Anstrengung der männlichen Bevölkerung Berlins nicht aufzutreiben war. Man sagt, es seien 150.000 bis 200.000 Fremde hier gewesen; kein Wunder, wenn es da keine Droschke mehr giebt. Um 6 Uhr aß ich bei Mendelssohns zu Mittag, und wir tranken in Champagner das Wohl des Vaterlandes; ich wollte darauf in meiner Wohnung zur Illumination mit den Brüdern Spengel zusammentreffen, sie kamen aber nicht, und so machte ich mich allein noch etwas auf. Es ließ sich sehr Bequem gehen, da dieses Mal alle Hauptstraßen für Fuhrwerke gesperrt waren, manches Einzelne war brillanter als jemals, vor Allem das Brandenburger Thor, wo über dem Siegeswagen ein elektrisches Licht mit solchem Glanze die Linden hinableuchtete, daß man es noch vom Lustgarten aus wie blendenden Vollmond sah, und die Statue Friedrichs des Großen geisterhaft aus den weißen Strahlen sich heraushob. Das Thor selbst war beständig bengalisch roth erleuchtet, auf den Stufen oben standen Reihen von Pechflammen, noch darüber sprützte Feuerregen auf, und Schaaren von Raketen und Leuchtkugeln hoben sich dazwischen in die Luft. Die Baumreihen unter den Linden waren durchweg durch Festons[126] verbunden, an denen bunte Lampen hingen, alle 10 Schritt etwa durch Candelaber gestützt, auf denen Flammen brannten; an den größten Candelabern der Reihe nach sämtliche Depeschen vom Kriege angeschlagen. Auf dem Dönhoffsplatze war wirklich ein Theil des Terrains zu einem großen Tanzzelt hergerichtet, doch hatte das bei der ungeheuren Menschenmasse nicht viel zu bedeuten. Im Allgemeinen hatte die erste Illumination zur Friedensfeier, die quasi improvisiert war, noch größeren Zug; einzelne Häuser waren dieses Mal an mehreren Stellen dunkel. –

Es ist schon eine Weile wieder Nachmittag, und mein Mittag mit der Kuhlweinen ist glücklich vorüber. Wir trafen Frau Bargiel, Frl. Cäcilie Bargiel und beide Schumann'sche Söhne[127], setzten uns mit ihnen zusammen, und dieser Zusatz mache das Ganze recht heiter und hübsch. Es ist nicht zu leugnen, daß die gute Agnes sträflich langweilig und abgeschmackt ist, doch ist sie ein gutmüthiges Geschöpf, und da sie heute Abend ›mit Leonarden‹ zu Renz geht, morgen früh aber abreist, so will ich dankbar ihrer gedenken, und nicht weiter über sie schimpfen. –

Von den übrigen Ereignissen dieser Woche zu berichten, ist nun nicht mehr Zeit. Nur das, daß die Freundschaft mit Grimms sehr blüht, ich war zwei Mal Abends bei ihnen, einmal las Gisela einen ›Barbarossa‹ von sich vor, worin viel Poetisches neben manchem zu Phantastischen oder zu Naiven; ein ander Mal machte ich mit Joachim dort Musik. – Da große Noth nach Quartieren für die Soldaten war, und die Stadt dringend um Meldungen bat, so habe ich mich auch gemeldet, drei Soldaten mit Pferden auf drei Tage zu nehmen und zu beköstigen; statt dessen schicken sie mir erst drei Infanteristen auf 11 Tage, und dann 2 Garde du corps mit 5 Pferden auf drei Tage. Das kostet nun ein Heidengeld, und ich wollte anfragen, ob es wohl erlaubt wäre, daß ich einen Theil der 25 Thaler, die von Euerm Gelde am 1. Juli übrig bleiben, mir aneignete, um meinem Säckel damit wieder aufzuhelfen. Ich hatte die Leute erst gestern erwartet, und es war eine herrliche Überraschung, als ich Montag Abend um 10 mit Schaper zu Haus ankommend, drei lange Kerls mit der Pike im Regen vor meiner Thür stehen sehe, welche ›Frau Professorin Rudorff‹ Wilhelmstraße 78 suchen, für die sie einen Quartierschein hätten. Natürlich konnte man die Armen nicht mehr fortschicken, und so mußten für die erste Nacht in meinen Stuben 3 Lager auf Sopha und Fußboden improvisiert werden, bis andern Tages die Betten in einer leeren Vossischen Kutscherstube eingerichtet waren.

Schicke diesen Brief doch an Carl, liebe Mutter, und schicke ihm die einliegende Photographie von Dir, die ich hier habe abziehen lassen; er wird gern etwas vom Einzuge wissen wollen, und man kann das nicht zwei Mal schreiben. Wie herrlich war es, daß das Wetter so wunderschön zu dem Tage wurde! Wirklich so viel Segen kommt uns jetzt von oben, daß man nicht dankbar genug dafür sein kann. Für Dich, lieber Vater, die Bemerkung, daß Mommsen sich sehr liebenswürdig bemüht hat, mir die Akademieplätze zu verschaffen; er schrieb mir auf meine Anfrage zwei Mal deshalb. Die Kath habe ich auf die Universitätstribüne geschickt, und damit sehr beglückt. Grüßen läßt Euch alle Welt, unter Anderen Sydow, der leider eine sehr langweilige Hochzeitspredigt für die Asten hielt und Radeckes, wo Robert eine Augenentzündung hatte, und Grimms, und Carl, der neulich in seinem Brief meinte, Ihr wäret noch in Berlin.

Lebt wohl, genießt das schöne Wetter, und seid mit Tante Marie und Hausmanns herzlich gegrüßt von Euerm Ernst.«

### Von meiner Mutter

Lauenstein d. 19. Juni 71.

»... Wir haben den 16ten hier auch auf unsere Manier schön gefeiert, und das herrliche Wetter recht genossen. Am Morgen pflückten wir einen Großen Strauß aus unserem Garten und sandten ihn der armen Göbens herum, die den Tag nicht so freudig verlebten, wie es die großen Thaten des braven Generals wohl verdient hätten. Er ist seit 14 Tagen hier und war natürlich nicht zum Einzug nach Berlin gereist, da seine arme Frau so unsäglich leidet. Gerade in den letzten Tagen waren ihre Schmerzen so arg, daß sie fortwährend in Wimmern und Schreien dalag; der arme General soll den ganzen Tag geweint haben. Vor einiger Zeit ging es ihr etwas besser, da sprach ich sie einen Moment, als sie an ihrem offenen Fenster nach unserem Garten hin stand. Ich fand sie in ihrem Aussehen viel weniger verändert, als ich erwartet hatte...«

An meine Eltern

»Berlin d. 25. Juni 1871.

Es ist Zeit, liebe Mutter, Dir für Deine verschiedenen freundlichen Briefschaften zu danken, und Du denkst wahrscheinlich schon heute, es soll eine Antwort in Lauenstein anlagen. Daß es Vater wieder schlechter gegangen, lese ich mit Betrübnis; hoffentlich ist vollkommene Erholung von dem Anfall schon jetzt wieder eingetreten, aber wer erfindet ein Mittel, ihn wirklich zur Schonung seiner Gesundheit zu bewegen! es ist niederschlagend, daß es jedem Einzelnen gerade immer so schwer wird, das zu thun und zu lassen, was er thun oder lassen soll; bei dem Andern verwundert man sich, daß er es nicht gleich fertigt bringt. …

Mir ist es gut gegangen in dieser Woche. Ich habe seit Sonntag den energischen Entschluß gefaßt und durchgeführt, des Abends nicht mehr auszugehen; denn bei dem späten Zubettgehen und späten Aufstehen kommt man rein zu garnichts und das demoralisiert den ganzen Menschen. Leider läßt sich das nicht zu jeder Zeit in Berlin durchführen, doch in diesem sauern Saurengurkenmonat geht es allenfalls, und kurz und gut es geschieht jetzt. Das hat denn zur Folge gehabt, daß ich ziemlich viel Clavier gespielt und auch endlich gestern meine Correktur zu Stande gebracht habe, so daß ich sie Simrock abliefern konnte; einige andere Lasten, die schon lange auf meinem conto stehen, hoffe ich auch noch bis zur Reise abzuwälzen. Gestern Mittag (d. h. um 5) war ich zu Keudell eingeladen mit Joachims, Bergs, der Maxe und Herrn von Obernitz. Eine sehr hübsche kleine Gesellschaft, die nur dadurch etwas getrübt war, daß Frau Joachim nicht kommen konnte; Mariechen[128] liegt seit vorgestern an einer Lungenentzündung darnieder, und obgleich die Sache den regelrechten Verlauf zu nehmen scheint, so ist sie doch immer ernst genug, um beide Eltern in großer Sorge zu erhalten. Die Maxe, die ich lange nicht gesehen hatte, grüßt Euch herzlichst, und bittet auch ihrerseits, Vater möchte vorsichtig in seiner Diät sein. Sie war sehr munter, und belebte die Unterhaltung, die freilich auch ohnehin nicht stockte. Frau von Keudell mag ich besonders gern; sie hat Etwas von einer guten einfachen Hausfrau, das in diesen Sphären sehr angenehm auffällt. Nach Tisch mußte ich Etwas spielen – natürlich lauter alte Schlachthengste – Joachim war schon fort, so brauchte man sich nicht zu genieren, ihn zum tausendsten Mal mit Beethoven'schen Symphoniesätzen zu unterhalten, und mein Publikum schien sehr befriedigt. Auch bei Beselers war ich einmal gegen Abend, um Max noch einmal zu sehen, und ihrer freundlichen allgemeinen Aufforderung, sie zu besuchen, Genüge zu leisten. Ich mußte zwar meine Tasse Thee noch da schlürfen, verschwand aber gleich danach um ½ 10 und wurde so meinem Gelübbde nicht untreu. Grimms haben, glaube ich, nach allem Himmelhochjauchzen der letzten Zeit einen kleinen Groll gegen mich; die Gisel wollte mir durch Hopffer nämlich vor 8 Tagen (Sonntag) ein Billet zur Festvorstellung im Opernhaus mit Festspiel von Eckert aus ›Barbarossa‹ von Hopffer verschaffen; da es aber so heiß war, daß jeder Stein Gluth auspustete, und ich viel mehr Lust hatte ins Freie zu gehen, außerdem die Vorstellung nach Allem, was man hörte, höchst mäßig war, so bestellte ich Tags zuvor mein Billet ab, und – ward nicht mehr gesehen – von Grimms nämlich. – Nun ist es mir ganz recht, daß ich heute einmal mit dem Brief von Tante Marie hinziehen kann, und nachsehen, ob sie mir die Theilnahmslosigkeit an dem heiligen Hopffer verziehen haben. – Ich war an jenem Sonntag Abend mit Mendelssohns in Charlottenburg, ging mit Schaper etwas nach Witzleben spazieren, und fand es in dem märkischen Sande viel hübscher, als in dem heißen Theater, obgleich es freilich abgekühlter war, als Tags zuvor. Seitdem ist es nun mit der Hitze wieder gründlich vorbei; es war aber die beiden letzten Tage doch hübsches Wetter hier, mäßig warm, und hin und wieder Sonnenschein zwischen Gewölk; ich möchte wohl wissen, ob dies ins Lauenstein'sche übersetzt nun schon dicker grauer Himmel und Nebel an den Bergen heißt. – Von Robert Hausmann hatte ich dieser Tage einen Brief aus Cadenabbia, der freilich noch aus einer anderen Tonart geht; dieses Jahr möchte ich ja keine großen Reisen machen, obgleich mir Joachim immer von einer gemeinschaftlichen 14 tägigen Fußreise in Tirol vorpredigt, die wir in den Ferien machen müßten, – aber in einem späteren Jahre einmal diese Dinge wiedersehen, das, hoffe ich, wird gut thun, und um so besser, je länger die Pause war.

Nun muß ich noch von zwei hübschen Besuchen erzählen, die uns in Lauenstein bevorstehen, und gegen die Ihr schwerlich etwas einzuwenden habt. Daß Frau Mendelssohn kommen wollte, wißt Ihr ja im Allgemeinen, sie denkt aber nun statt an einen Tag an 14 Tage, und fragte mich, ob man sich nicht in Lauenstein auf 14 Tage in einem Gasthaus einmiethen könne. Dies Gasthaus, erwiderte ich, könne kein anderes sein als unsere Behausung, und so wird sie wahrscheinlich vom 1. bis 15. September mit Schaper und den Kindern bei uns ihren Wohnsitz aufschlagen. Bei der ganz häuslichen, ungezwungenen Art, in der ich jetzt bei ihr verkehre, denke ich mir das kaum störend für Euch; sie will wirklich nichts Anderes, als die besten und geistigsten Dinge vom Zusammensein, und ist fern von jedem albernen Werthlegen auf Äußerlichkeiten trotz allen Reichthums, in dem sie lebt. – Der zweite – aber der Zeit nach der erste – Besuch wird Ottilie[129] sein, die von Mitte bis Ende Juli zu kommen denkt, gern mit mir reisen möchte, um Begleitung zu haben, jedoch darauf verzichtet, wenn Du wünschest, mich vorher 2 Tage allein zu sehen. Dies bezweifele ich nun bei unserem Verhältniß zu Ottilie sehr, und so denke ich, wir werden am 14. Abends gemeinschaftlich die Reise antreten, wenn nichts Unerwartetes dazwischen kommt. Ottilie gönne ich die Ausspannung bei uns, nachdem sie fast ein Jahr lang mit all ihrem großen Schmerz in beständiger nervöser Aufregung bei der kranken Mutter hat leben müssen. ...

Heute Mittag bin ich wieder bei Mendelssohns, dann morgen noch ein mal, und Mittwoch reist Frau Enole nach Nenndorf von dannen. Ob ich dann mit Franz und Schaper allein weiteressen werde, darüber verräth die Geschichte noch nichts. Vom ersten Juli an wird Spengel bei mir wohnen. Er und sein Bruder ziehen aus und Julius wollte nicht für die 14 Tage ein neues Quartier miethen; er schläft dann in meiner mittelsten Stube wie ehedem Janitsch, und geht gleich früh Morgens in Eure Wohnung, um dort zu üben und zu arbeiten. So werde ich ihn am Tage wenig sehen, freue mich aber recht sehr, beim Thee und beim Frühstück seine Gesellschaft zu haben, die die Einsamkeit aufhebt, und durchaus nicht stört. – Von Janitsch hatte ich einen sehr betrübten Brief, weil man ihn am Ende aller Enden jetzt plötzlich als Nicht-Mecklenburger nicht zum Examen in Rostock zulassen will; ich war in seiner Angelegenheit bei Wiese, der mich mit außerordentlicher Freundlichkeit aufnahm, ob aber seine Schritte Erfolg haben, steht dahin. ...«

## An meine Mutter

»Berlin d. 2. Juli 1871.

Das Ereignis der Woche ist, daß der alte Graf Voß gestern Morgen um 4 Uhr seinen Leiden erlegen ist, und daß, wie mir der alte Willrich sagt, eine Garantie für Wohnenbleiben nur noch bis zum Oktober gegeben werden kann. Gerade in diesen Tagen ist ein Angebot auf das Grundstück von 1.200.000 Thaler gemacht worden, da mögen wohl die Erben nicht übel Lust haben, zuzugreifen. Ihr könnte Euch denken, wie mir dabei zu Muthe ist! Ungefähr wie Adam und Eva, als sie aus dem Paradiese herausgestoßen wurden. In Berlin zu leben, und nicht in meinem wundervollen Asyl, nachdem ich diese Herrlichkeit einmal anderthalb Jahre genossen, das will mir so garnicht in den Sinn, daß ich am liebsten in die weite Welt zöge. Nun bleibt zwar noch die Möglichkeit, daß die alte Gräfin wohnen bleibt, und die Erben sich gedulden müssen; doch sagt man auf der anderen Seite, sie wolle ganz nach Madlitz übersiedeln und dem Verkauf nicht weiter im Wege sein. Die nächsten Tage werden wohl Gewisses darüber bringen.

Dieser Donnerschlag kommt nun, nachdem mir kurz zuvor noch einmal recht zum Bewußtsein gekommen war, durch eigene und fremde Freude, wie unvergleichlich ich es hier habe. Am vorigen Sonntag nämlich, wo ich sehr viele Besuche abmachte, (bei Tante Agnes in Schöneberg, bei Bruchs u.s.w.) war ich auch bei Grimms, um nachzusehen, ob sie keinen heimlichen Groll gegen mich hätten, und sie hatten ihn so garnicht, daß im Lauf unserer Unterhaltung ausgemacht wurde, sie wollten mich einmal Abends mit der Oriolla, Achim Arnim und Lujo Brentano (der gerade zu Mittag da war) besuchen, wobei dann die Gisel lesen und ich musizieren sollte. Dieses Stück wurde am Dienstag in Scene gesetzt, und es ist nicht zu sagen, wie eigenthümlich reizend und poetisch es ausfiel. Alle kramten die beste Liebenswürdigkeit aus, und wurden in echt Arnim'scher Weise nicht müde, sich an Allem zu freuen, das eine Art von aparter Anmuth hatte. Der Garten, das alterthümliche Palais und das Haus, in dem die alte Bettine gewohnt, waren natürlich die Hauptstücke, dann aber wurde auch jedes alte Tante-Minesche Stück, das auf dem Tisch stand, bewundert, der crême, den ich für den Schluß von Albertine hatte machen lassen, als Betty'sches Unicum gepriesen, und ich fand schließlich meine Gesellschaft so schön, daß ich dringend bat, die Fortsetzung des Stücks, über dessen zwei erste Akte wir abermals nicht hinauskamen, möge abermals bei mir gelesen werden. Leider hinderte der Tod des alten Grafen die Ausführung, denn bei den patriarchalischen Zuständen hier im Hause hätte es etwas Widerstrebendes gehabt, wenn wir hier gemeinschaftlich lustig gewesen wären, während die Leiche uns so nahe noch über der Erde stand. –

Ich wurde gestern in meiner Schreiberei unterbrochen, und schreibe schon eine Zeit lang Montags, muß also von unserer zweiten Lesegesellschaft, die gestern Abend bei Grimms statt bei mir stattfand in der Vergangenheit berichten. Zu den vormaligen Gästen kam noch Spengel hinzu, der seit vorgestern mein angenehmer Hausgenosse ist, und drei Frl. von Gablenz. Grabau, den ich neulich mit bei mir hatte, und den die Gisel gleich in moralische und körperliche Kur nehmen wollte, wie gewöhnlich, war auch eingeladen, und bis zum Morgengrauen saßen wir versammelt, die drei letzten Akte Barbarossa zu vernehmen, deren Länge Richard Wagner noch ein ganzes Stück weit hinter sich läßt. Die Gisel träumt von Aufführungen ihres Gedichts, und meint, es sei sehr bühnengerecht. Davon ist nun keine Rede, obgleich es einzelne dramatisch darstellbare und wirksame Momente hat. So viel Unmögliches aber darin ist, so viel Abgeschmacktes auch hin und wieder, so viel Unkraut mit einem Wort, das mit Urbehagen wie im wildesten Wald aufschießt, so hat man doch eine w a h r e Freude an der Lichtseite, die mit dieser natürlichen Verworrenheit verbunden ist. Es ist eben wirkliche echte Poesie mitten darunter; eine durchaus naive Natur, wie sie heutzutage selten ist, die sich giebt, wie sie ist; und zuweilen kommt es zu Blitzen der Begeisterung, des Humors, feinster, anmuthigster Empfindung, wie sie in der Art Niemand weiter mehr leuchten lassen könnte. Dann fehlt ihr auch nicht der Ausdruck, der an anderen Stellten oft unglaublich trivial und ungeschickt ist, sondern es strömt eine Zeitlang in den schönsten, feurigsten, blühendsten Versen dahin. Mit Lujo Brentano, der uns noch nach Haus begleitete, hatte ich ein langes Gespräch über den merkwürdigen Eindruck; er ist ein grundgescheuter Mensch, und, was ich früher nicht so geglaubt hätte, auch eine gemüthvolle, warme Natur, in der ein Zug von dem alten romantischen Familienwesen bewahrt geblieben ist, aber geläutert von alle den unglaublich verwirrenden Zuthaten, die die Übrigen zu halben Fabelmenschen machen.

Ich will nun nur heute einmal hier abbrechen, und lieber bald wieder schreiben, damit der Brief endlich fort kommt. Ein ganzes Register von kleinen Mitteilungen steht noch auf der Rückseite Deines Couverts, die ich mir für Dich notiert habe: aber meine Zeit geht zu Ende, und so muß ich den Rest aufschieben. Um 12 habe ich nämlich etwas Hübsches vor; eine gemeinsame Landparthie mit meinem (n i c h t Grimm'-schen) Lesezirkel[XIX] war längst projektiert, und immer nicht ausgeführt; nun wollten wir heute nach Potsdam (Spengels, Burkhardt, Wolff und Grabau) und Schaper wird uns wahrscheinlich begleiten. Frau Mendelssohn ist nämlich gestern mit den Kindern nach Nenndorf abgereist, und so habe ich fast den ganzen Sonntag mit ihm verbracht, und ihm sehr zugeredet uns heute zu begleiten. Gestern Mittag aßen wir im Bellevuehotel im Freien mit Grabau und Spengel zusammen, und machten nachher einen Spaziergang durch den prächtig frischen Thiergarten bis zum Hippodrom, der uns Alle in jeder Beziehung sehr befriedigte. Kurz, an netten Leuten fehlt es auch jetzt noch nicht in Berlin, obgleich

XIX Seit kurzem hatte ich die nachbenannten jungen Leute wöchentlich ein Mal bei mir versammelt, um »Siebenkäs« von Jean Paul zu lesen. Wir fanden das Buch aber bald so unerträglich, daß wir es beiseite legten.

die halbe Stadt alle Morgen mit Koffern auf die Bahnhöfe zu fahren scheint. Mariechen Joachim ist Gott sei Dank vollkommen auf der Besserung. Vielen Dank für Deinen Brief beste Mutter, und die schönsten Grüße an Euch Alle von Eurem

Ernst.

Berlin d. 10. Juli 1871.

Es ist eine gute Einrichtung, daß es nun nur noch nach Tagen zählt, bis zu meiner Abreise, und daß ich wohl kaum noch einmal vor dem Wiedersehen mit Euch einen Brief nach Lauenstein zu senden haben werde. Der Sommer, der lange genug hat auf sich warten lassen, meint es jetzt ernstlich, und so lebhaft mich das freut, besonders auch in Euerm Interesse, so sehr rechtfertigt es doch auch den Wunsch, Berlin mit ländlicheren Lüften zu vertauschen. Gestern Nachmittag war ich noch einmal bei Buttmanns draußen, und Tante Bertha wird Dir wohl mit mir zugleich davon erzählen. Es war zwar große Familienversammlung, doch freute es mich, die gute kleine Frau Göschen einmal wiederzusehen, die Euch herzlich grüßt und mit dem jungen Dryander zu verkehren einem einfachen, angenehmen Theologen, dem die Orthodoxie noch nicht den Kopf verdreht zu haben scheint.[XX] Zu Mittag war ich bei Joachims gewesen mit der gewöhnlichen Berg-Asten'schen Gesellschaft, und vorher hatte Joachim in unserem Schulsaal seinen Schülern und einigen anderen Leuten eine Sonate von Händel und die Concerte von Beethoven und Mendelssohn vorgespielt, wobei ich begleitete – so war also wieder der Tag von A bis Z so ziemlich untergebracht. Ein wirklich hübsches Intermezzo in dem Berliner Leben bildete unsere Parthie nach Potsdam heute vor 8 Tagen. Schaper hatte sich breit schlagen lassen, und erschien um 12 mit den Andern, den beiden Spengels, Wolff, Grabau und Burkhardt[XXI] auf dem Bahnhof. Die allgemeine Laune war die lustigste, sodaß man uns in Bausch und Bogen für Studenten des ersten Semesters hätte halten können, und bis zur Rückfahrt um Mitternacht bewähre sich die gute Zusammensetzung der Gesellschaft. Nach einem frugalen Mittagsmahl im Voigt'schen Garten fuhren wir zum Orangeriehaus über Sanssouci, besahen die Aussicht von der Galerie, deren Reize mich aufs Neue ganz überraschten, und tranken in Glienicke Kaffee. Fast das hübscheste war darauf eine Fahrt mit dem Nachen, den wir Babelsberg gegenüber eroberten, und der uns über die

XX Gemeint ist der spätere Oberhofprediger Dryander.

XXI Zweiter talentvoller Schüler von Joachim.

wundervollen Wasserflächen erst bis bei Sacrow, der Pfaueninsel gegenüber, und dann zur Meierei trug. Wir ließen ihn halten, aßen zu Abend; Grabau machte den Vorschlag, es solle ein Abendlied für Männerquartett komponiert werden; ich begab mich wirklich an die Arbeit und gerieth dabei, als ich einsam auf einer Bank des neuen Gartens saß und schrieb, bei einigen umherwandelnden Kellnerinnen noch gar in den Verdacht tiefer Melancholie. Als wir dann um ½ 9 wieder auf dem Nachen saßen, wurden die Stimmen des Liedes auf Zettelchen mit Dampf abgeschrieben, und das Ganze, ehe wir heimkamen, noch vier Mal gesungen. Natürlich hat das musikalisch nichts zu bedeuten, es machte uns aber für den Augenblick Freude, und darauf kam es an.

Eine Geschichte aus der vergangenen Woche muß ich Euch auch noch erzählen, die Euch belustigen wird. Das Neueste ist nämlich, daß ich für Auber passioniert bin, oder um ernsthaft zu reden, bei Frau Mendelssohn in Klavierauszügen Auber'scher Opern so manches Feine und Geistreiche fand, daß mich die Lust anwandelte, einmal eine Auber'sche Oper zu hören, da meine ganze Erfahrung auf diesem Gebiet in einigen Vorstellungen der ›Stummen‹[130] bestand, die ich vor Jahren gesehen.

Als ich also eine Abends mit Spengel aus der Schule komme, und an der Littfaßsäule im Réuniontheater ›Des Teufels Antheil‹[131] von Auber angezeigt sehe, so entschließe ich mich rasch, nehme eine Droschke und fahre mit dem Jungen in dies merkwürdige Winkeltheater, dessen Bekanntschaft zu machen mich außerdem lockte. Beim Eintritt verwunderte mich schon die eigenthümliche Einrichtung des Lokals, das in einem sehr großen bunten Salon mit etwas verdächtiger Eleganz bestand, nur nebenher eine kleine Bühne enthielt, etwa von der Größe einer Droschke erster Classe, und außerdem alle möglichen Restaurationsgeschichten, Billardspiel u.s.w., vor Allem auch sehr bedenkliche Wandgemälde. Der erste Akt war vorüber, und obgleich Gesang und Spiel unter dem Affen war, so hatte mich doch mancher feine musikalische Zug interessiert; da sehe ich einen Herrn, den ich oberflächlich kenne, drücke ihm meine Verwunderung aus, daß man in solch einem Winkeltheater einen Bekannten fände, und er erwiderte mir: ›Wissen Sie denn nicht, wo Sie sind? Sie sind im Orpheum.‹ – Ihr könnt Euch denken, wie verdonnert ich war, denn Schöneres konnte es doch nicht geben, als daß ich einen Schüler von mir ins Orpheum führte. Doch nahm ich die Sache bald sehr von der komischen Seite, und da im Augenblick wirklich nur das Lokal das bedenkliche war, auf der Bühne aber sowohl wie unter dem Publikum nichts Übles passierte, so hielten wir bis zum

Ende der Oper aus, verschwanden dann schleunigst, und kamen ebenso heil aus dem Orpheum, wie wir hineingegangen waren. Ich könnte nun noch von allerlei Kleinigkeiten erzählen, die ich erlebte, will mich aber doch lieber beschränken, und sehen, was davon für gelegentliche Erzählungen in Lauenstein übrig bleibt. Daß Frau Enole seit 8 Tagen fort ist, schrieb ich; Mathilde Bruch reiste vorgestern, Max folgt ihr am Sonnabend oder später, und beide lassen grüßen. Überhaupt bleibt mit Ende dieser Woche kaum noch Etwas von Berlin übrig. Tante Agnes Tieck war noch einmal zu meiner großen Freude bei mir, um Lebewohl zu sagen, und trug mir die herzlichsten Grüße für Euch auf. Von ihr habe ich dieses Mal eine besonders angenehme, liebe Erinnerung. …

Spengel geht zu seinem und meinem großen Bedauern nicht zu Saldern nach Lothringen, da dieser im Begriff steht, versetzt zu werden. Ich hätte dem Jungen so sehr die interessanten Eindrücke gegönnt; er trägt aber seine Enttäuschung ohne einen Mucks, und komponiert dabei recht hübsche eigenthümliche Lieder, die man ihm kaum zutrauen sollte. …«

Nach nächtlicher Eisenbahnfahrt von Berlin über Kreiensen bis Elze und anschließender Fahrt im offenen Wagen traf ich am Morgen des 15. Juli in Lauenstein ein. Kaum ein Tag war vergangen, als ein Brief von Frau Enole mich schon wieder zum Aufbrechen nach Nenndorf verlocken wollte. Sie rühmte die Reize ihres dortigen Aufenthalts, berichtete, daß die Nenndorfer Quelle die stärkste sei, die sie je gesehen oder gerochen oder geschmeckt habe, weshalb auch Schaper als Arzt notwendigerweise sie einmal hier aufsuchen müsse, und schickt als Einlage eine sie selbst neben ihren beiden Söhnen in Lippescher Tracht vorstellende kolorierte Photographie. Der Commentar zu dieser Sendung aber lautete: »Um Ihnen zu zeigen wie die Landleute hier gesund aussehen, und Ihnen Lust zu machen hierher zu kommen, schicke ich anbei Ihrer Frau Mama die Photographie einer hiesigen Bauernfamilie, die vielleicht später einen kleinen Ausflug nach Lauenstein machen wird und die ich gern Ihrem Wohlwollen empfehlen möchte. Kommen Sie bald hierher, vielleicht nächsten Sonntag oder in der nächsten Woche und ich werde sie Ihnen vorstellen.« Zwar hatte ich die ernstliche Absicht, meine Ferienzeit nicht nur zur Erholung, sondern auch wesentlich zu eigenen Arbeiten, zum Klavierspielen und zum Niederschreiben zweier Serenaden für Orchester zu benutzen, die ich seit geraumer Zeit in meinem Kopf mit mir herumtrug, doch wollte ich auch nicht Nein sagen zu so freundlicher Einladung, meldete mich also auf nur ganz kurzen Besuch in Nenndorf an und reiste am Sonntag, den 23. dorthin ab. Frau Mendelssohn hatte geschrieben: »Wenn Sie sich entschließen mit der Eisenbahn zu kommen, was vielleicht doch am wenigsten umständlich ist, so schreiben Sie mir vorher mit welchem Zuge aus Hannover, und wir holen Sie von Haste ab.« Ich folgte diesem Vorschlag und wurde Nachmittags in Haste auf da Freundlichste empfangen. Noch am selben Abend aber schrieb ich die folgenden Zeilen nach Haus:

»Nenndorf d. 23. Juli
Sonntag Abend

Du wirst dich wohl sehr wundern, liebe Mutter, überhaupt einen Brief von mir zu bekommen, noch mehr aber, wenn Du erfährst, daß ich einen so papiernen Rock anhabe, mich hier noch bis zum Freitag halten zu lassen. Frau Mendelssohn, die mich mit den Kindern auf dem Bahnhof in Haste erwartete, hielt mir gleich von Robi unterstützt im Wagen eine so lange liebenswürdige, mütterliche Rede, ich müsse häuslich bei ihnen bleiben, und dürfe mich keinesfalls Dienstags wieder aus dem Staube machen, daß es schwer war, dem zu widerstehen. Ich würde aber doch auf alles Zureden nicht gehört haben, wenn mir nicht versprochen und bis ins Einzelne ausgemalt worden wäre, daß ich hier arbeiten solle, ganz wie in Lauenstein. Um ½ 6 wird allerseits aufgestanden, dann übe ich auf Frau Enoles Instrument, während diese mit den Kindern im Bade ist, 2 Stunden; nach dem gemeinsamen Frühstück ist abermals das Zimmerchen von 10 – 11 für meine technischen Studien frei, von 11 – 1 habe ich Muße zu schreiben, – Notenpapier sogar Partiturpapier ist mir in genügender Menge zur Disposition gestellt –, und Nachmittags bleiben mir abermals 1 ½ Stunden zum Spielen. Dagegen ließ sich denn wirklich nichts einwenden, und da der Stundenplan gleich von morgen an praktisch exerciert werden soll, so gewinne ich dabei an Zeit eher, als ich verliere, da bei kürzerem Bleiben der morgende Tag doch jedenfalls ganz der Geselligkeit geopfert werden würde. Ich denke nun am Freitag – vielleicht ganz zu Fuß – nach Lauenstein zurückzukommen, um Sonnabend Ottilie zu empfangen. Frau Enole wünscht zwar, daß ich bis Sonntag bleibe, weil Sonnabend ihr Mann kommt, doch würde ich das nur thun, wenn ich von dir erführe, daß Ottilie ihre Ankunft verschoben hat. ... Die Gegend hier ist reizend, über alle meine Erwartung lieblich und frisch; dazu kam heute das schönste Wetter, die prächtigste Beleuchtung besonders bei sinkender Sonne; die Lippeschen Trachten bilden überall eine wunderhübsche Staffage…

Nenndorf d. 27. Juli 1871.

Um Euch weiter über mein Dasein, meine Thätigkeit und meine Rückkunft zu Euch zu unterrichten, erzähle ich, daß ich erstens lebe, und zwar sehr angenehm und zufrieden, daß ich viel arbeite, nicht allein ebenso viel, sondern noch etwas mehr als in Lauenstein, und endlich beschlossen habe, am Sonnabend Mittag, per Eisenbahn wieder von hier abzusegeln; auf diese Weise feiere ich am Morgen hier Fränzchens Geburtstag noch etwas mit, was Mendelssohns sehr zu wünschen scheinen, schenke ihm eine Botanisiertrommel[132], die mir Otto in Hannover besorgt, und habe den Vortheil, am Vormittag noch meine gewöhnlichen Arbeiten verrichten zu können die ausfallen würden, wenn ich mit Menschen- oder Postpferdebeinen die Reise über Lauenau und Münder machte. Abgesehen davon, würde es mich freilich reizen, diesen unbekannten, und fast schnurgerade durch das Land führenden Weg einmal zu probieren…

Unser Leben hier ist sehr behaglich; der Wechsel von tüchtiger Arbeit und angenehmem Verkehr hält das Gefühl immer in wohlthätiger Spannung, und die Probe des täglichen Zusammenseins ohne irgend eine Zuthat von anderer Geselligkeit belehrt in letzter Instanz – wenn dies auch durchaus nicht mehr erforderlich war, – daß wir an Frau Enole eine echte Freundin haben. Ich sage ›wir‹, denn ich weiß, daß Ihr in Lauenstein, wenn sie kommt, denselben Eindruck haben werdet. Die gänzliche Abwesenheit von Phrase und unnützem Ballast jeder Art giebt von vornherein eine gesunde Grundlage für den Austausch, auf der sich das Beste aufbauen läßt. – Das Wetter ist nicht gerade schön, im Gegentheil seit vorgestern so grau und naß, daß wir ganz auf das Zimmer angewiesen sind; doch haben wir in den ersten Tagen sehr hübsche Spaziergänge gemacht, und ich bin entzückt über das schöne fruchtbare, waldreiche Land, das mit seinen Bewohnern in Bauart, Trachten und Sitten noch so viel kräftige, deutsche Eigenthümlichkeit bewahrt hat. Ein Abendessen frugaler und doch vortrefflicher Art mit dicker Milch, ausgezeichnetem Brot, ebensolchem Schinken und Käse in einem echten alten westfälischen Bauernhause würde Vater sehr [?][133]

Als Gegenstück dazu einige Erzählungen von Frau Enole über ihr heimatliches Gascognerland machte das Ganze doppelt anziehend.

Wenn das ›unendliche Wetter‹[XXII] endlich einmal aufhört, so fahren wir vielleicht noch nach Stadthagen und besehen dort die alte Kirche. – Von Berliner Insekten sind der alte Cellobrummer Hahnemann und die Staatsfliege Jeanette Girard am table d-hôte zu sehen, – leider auch zu sprechen; aber ich will ehrlich sein und gestehen, daß, so wenig sympathisch mir Frl. Girard ist, ich doch derjenige war, der sie gestern auf der Promenade zuerst anredete, weil mir die Lichtenstein'sche Reminiscenz in der Fremde bei alledem etwas Anziehendes hatte.

Um meine Wäsche mache Dir keine Sorge, liebe Mutter, mit Hülfe der hiesigen Wäscherin komme ich vortrefflich aus; schon im Wagen auf der Herfahrt wurde dieser casus mit Frau Enole gründlich überlegt und erledigt. – Vielleicht treffe ich Sonnabend Nachmittag in Elze mit Ottilie zusammen, das wäre ja dann sehr gut…«

AUS DEM TAGEBUCH

»SONNTAG D. 23TEN JULI
… Frau Enole bringt mich schon auf der Wagenfahrt von Haste nach Nenndorf dazu, mein Bleiben bis Freitag zu versprechen, da sie mir die Aussicht auf regelmäßige Arbeit eröffnet. Mittagessen im Freien an der Straße. Spaziergang durch den schönen Park. Dann Fahrt nach Rodenberg, wo an einem schattigen Platz dicke Milch gegessen wird. Zurück über ein anderes Dorf. Sehr malerische Holzbrücke über einen starken Bach. Wir steigen aus, denken bei diesem Anblick an die petite Fadette der George Sand und die dort so poetisch geschilderte Brücke ganz ähnlichen Charakters. Herrliches Abendgewölk.

MONTAG D. 24TEN
Bei Tisch mit Frau Enole Gespräch über Anlage zum Bösen, über den vor 8 Tagen gestorbenen Tausig, der als Kind auffallend boshaft gewesen sein soll. Sie hält solche Instinkte für unvertilgbar durch Erziehung; ich bin entgegengesetzter Meinung.

DIENSTAG D. 25TEN
Nach dem Abendessen geschwatzt über die Möglichkeit einer Sympathie für Freunde, die untereinander sehr ungleich sind; später über Heirathen. Meine zukünftige Frau wird nach ihrer Meinung einer kleinen zierlichen Madonna ähnlich sein, wogegen ich energisch protestire.

MITTWOCH D. 26TEN
Italienische Volkslieder mit Frau Mendelssohn durchgesehen.

---

XXII Ausdruck unseres alten Dienstmädchens Charlotte.

DONNERSTAG D. 27TEN
Nach anderthalbstündigem Klavierüben stellen sich einmal wieder Schmerzen im linken Arm bei mir ein, so daß ich genötigt bin abzubrechen. Nachmittags 5 Uhr mit Mendelssohns Spaziergang, Buchenallee und Weg zu den Tannen. Bis zum Grund begleiten mich Mendelssohns, dann allein weiter. Schöner Wiesenraum mit einzeln stehenden Buchen, weiterhin dichter Wald. Bei den Tannen prächtige Aussicht. Die Landschaft bildet einen Übergang von dem Charakter unserer Lauensteiner Waldgebirgsgegend zur Hoya'schen oder ostfriesischen Art; viele Mühlen im Lande, Waldstrecken zwischen den Feldern, in der Ferne das Steinhuder Meer. Die Sonne bricht zuweilen durch, wirft Lichtstreifen auf die Gegend. Nach dem Abendessen Disput mit Frau Enole. Sie verlangt gründlichere Bildung für die Frauen, Gelegenheit für unverheirathete irgend welche Aemter zu bekleiden, die ihnen eine gesellschaftliche Stellung geben. Mit diesen Forderungen geräth sie schließlich in starke Übertreibungen, und, als ich widerspreche prophezeit sie mir, daß ich entweder eine Pute oder einen Racker heirathen würde.

FREITAG D. 28TEN
Nachmittags die Straße nach Kleinnenndorf gegangen. Später erzählt mir Frau Mendelssohn von ihrem Leben in Italien, von dem Verkehren mit dem Volk, das natürlich nur möglich sei, wenn man mit den Leuten in ihrer Sprache reden könne. Wie sie als Französin das Deutsche bis zur vollkommenen Beherrschung sich zu eigen gemacht habe, so ist sie auch mit dem Italiänischen und Spanischen gründlich vertraut. Sie sagt aber, daß es ihr bei diesen beiden romanischen Sprachen zuweilen passire, von der einen aus Versehen in die andere zu gerathen. Wenn sie eine Weile viel Spanisch gelesen oder gesprochen habe, und solle nun plötzlich Italiänisch reden, so komme ihr das Spanische immer wieder dazwischen in den Mund, und umgekehrt. Das Thema der Sprachen bringt sie darauf, folgende lustige Geschichte zu erzählen: bei ihrem Schwiegervater, dem alten Alexander Mendelssohn erschien eines Vormittags ein junger Franzose, der einige Zeit in Deutschland zubringen wollte, und einen Empfehlungsbrief an ihn mitbrachte. Als der junge Mann sich verabschiedete, sagte Mendelssohn zu ihm: ›Wenn Sie nichts Besseres vorhaben, so kommen Sie heute Abend wieder zu uns!‹ ›Ich werde Sie zum Besten haben!‹ lautete die besonders höflich gemeinte Antwort.«

Dem Ausflug nach Nenndorf folgten drei Wochen in Lauenstein, die durch den Besuch unserer Freundin Ottilie besondere Färbung empfingen. Sie trauerte um ihren Gatten, den Major von Lüdinghausen, der vor Jahresfrist in der Schlacht von Wörth schwer verwundet Wochen hindurch von ihr selbst im dortigen Lazarett verpflegt worden war, um endlich dennoch seinen Verletzungen zu erliegen. Zwei Knaben hatte er ihr hinterlassen, mit denen sie nunmehr im Hause ihrer Eltern Zuflucht suchte. An ihrem Vater, dem alten prächtigen General von Eberstein, fand ihr Gemüt wohl eine Stütze, auch die ältere Schwester Marie stand ihr tapfer zur Seite, die Mutter aber war beständig leidend, seelisch bedrückt und hilfsbedürftig, dazu die äußere Lage beschränkt genug – so war es denn kein Wunder, wenn das Dasein oft schwer auf ihr lastete. Jetzt tat ihr die veränderte Umgebung, das Verkehren mit meinen Eltern, die stille Schönheit des Lauensteiner Tals mit seinen Buchenwäldern, ersichtlich wohl, und wir wiederum freuten uns von Herzen der feinen Empfindung, mit der ihre ungemein empfängliche Natur alles aufnahm, was ihr geboten wurde. Zwei Male während ihrer Anwesenheit wurde eine gemeinschaftliche Tagesausfahrt in die fernere Umgebung unternommen; zuerst in das Wesertal, wo der Ohrberg mit seinem Bestand wundervollster alter Bäume und der malerischen Aussicht auf die nahen und ferneren Gebirgszüge das Ziel bildete, das andere Mal durch die »Obere Börde«, jene Talmulde zwischen Ith und Thüster Berg, hinauf nach Kapellenhagen und den Ithwiesen, denen unmittelbar gegenüber der Bergrücken des Hilses aufragt. Drei Wochen waren mir so zwischen Arbeit, Verkehren und Naturgenuß geteilt dahingegangen, als ich Veranlassung hatte, Lauenstein aufs neue und dieses Mal für längere Zeit zu verlassen. Die Stadt Bonn, in der einstmals die Wiege Beethovens gestanden hatte, rüstete sich für die um des Krieges willen um ein Jahr hinausgeschobene Hundertjahrfeier seiner Geburt. Ende Juli hatte ich von dem alten Herrn Kyllmann in Bonn eine Einladung erhalten, als Gast seines Hauses dem Fest beizuwohnen, und wenn ich auch bereits einmal in diesem Jahr ein Rheinisches Musikfest genossen hatte, so sagte ich mir doch nach einigem Schwanken, daß die Gelegenheit eine zu außerordentliche sei, um hier abzulehnen. Es kam dazu, daß es mich drängte, Schwerins Eltern am 18. August, dem Jahrestage seiner tödlichen Verwundung, in Wiesbaden aufzusuchen; da ließ sich dann der Besuch des Bonner Festes gut anschließen, und am 17. August mache ich mich abermals auf die Reise.

## An meine Mutter

»Wiesbaden d. 18ten August 1871

Ich will doch noch von hier aus ein paar Worte an dich richten, obgleich es spät ist, und deshalb wenig mehr dabei herauskommen wird; aber in Bonn, fürchte ich, wird anfangs erst recht keine Zeit sein. Die gemeinschaftliche Reise mit Ottilie bis Kreiensen verging unter angenehmem Gespräch ganz nach Wunsch; dann traf ich zu meiner Freude in Cassel den guten Himmelstoß aus Sondershausen, und fuhr mit diesem und einem andern Sondershäuser Musiker bis Gießen, von wo aus beide sich durch das Lahnthal seitabwärts direkt zum Bonner Fest schlugen. Marburg machte mir beim Vorüberfahren wieder große Freude, auch Münden und manches andere Stück Landschaft. Bei Frankfurt war es schon Nacht und in Wiesbaden kamen wir erst gegen 11 an, ein Dienstmann von sehr guter, derber, oberrheinischer Art trug mir das Gepäck und wollte mir einen guten billigen Gasthof verschaffen; aber erst nach 5 vergeblichen Versuchen kamen wir endlich an einen, der noch Platz hatte und sich wirklich als ein nettes bürgerliches Haus erwies, in dem nur zu viel mit frischer Ölfarbe herumgestrichen war. Die Wirthsstube mit einem Schoppen Weißen und einem Prachtexemplar von Neufundländer Hund war aber recht gemüthlich.

Heute morgen gab es dicken Nebel und später fast ununterbrochen Regen, auch hatte meine Fantasie unglaublicherweise eigentlich die weiland Nassauische Residenz über den Badeort Wiesbaden ganz vergessen, und ich war daher nicht wenig erstaunt, Alles so städtisch zu finden. Es kostete viel Umhersuchen nach der Schwerinschen Wohnung, bis ich sie endlich in einer sehr hübschen in dichtem Grün gelegenen Villa entdeckte. Der Eintritt war recht beweglich, der Graf noch krank zu Bett, die Gräfin allein vor Fritzens Bild sitzend, das sie mit einem frischen Lorbeerkranz geschmückt hatte. Ich hatte den Eindruck, als wenn sie es fast erwartet hatte, daß ich in dieser Zeit einmal käme, und freue mich von Herzen, meinen Gedanken ausgeführt zu haben. Den Grafen fand ich, nachdem er aufgestanden und in das Zimmer getragen worden war, freilich etwas gedunsen und fahl aussehend, aber geistig von einer Frische, wie ich es garnicht erwartet hätte. Wir zogen uns oft in ein Nebenzimmer zurück, um ihm Ruhe zu lassen, er wollte uns aber immer wieder um sich haben, und nahm in der liebenswürdigsten, freundlichsten Weise an der Unterhaltung theil. Nach einem gemeinsamen zweiten Frühstück entfernte ich mich gegen Mittag, um eine Pause eintreten und gerade bei dieser Mahlzeit den alten kranken Herrn ganz ungeniert zu lassen. Ich benutzte die Zeit zu einem simpeln aber desto teureren kleinen Beefsteaksimbiß im Kursaal, und zur Besichtigung der Spielsäle. Dieselbe Gesellschaft wie in Baden-Baden, eine wahre Menagerie von allerlei modernem Ungeziefer. An eigentliches Spazierengehen war um des Regens willen nicht zu denken, und so blieb ich gänzlich desorientiert über die Lage von Wiesbaden, die mir aus der Ferne von der Mainzer Brücke her immer so idealisch erschienen war. Höchst unangenehm war mir der Eindruck der Luft; sie ist so schwül, treibhausähnlich feucht und warm, daß ich es kaum lange darin aushalten könne. Ich freue mich ordentlich, morgen wieder Rheinluft zu athmen. Auf einem Gang zur heißen Quelle begegnete ich Axel Holst, mit dem ich mich recht gut unterhielt, und den ich auch wegen meines Armleidens um Rath fragte. Er hält die Sache für ganz unbedenklich, räth aber entschieden zu einem Nordseebad mit neben herlaufenden Schreberschen Übungen[134], und antwortete auf meine Frage, ob nicht eine Fußreise in den Bergen dasselbe thun würde, in einem Ton, den Ihr Euch vorstellen könnt: ›Nein, garnicht.‹! Nun will ich sehen, in Bonn einen Cumpan für die Nordsee zu finden. Entzückt bin ich nicht von der Aussicht, aber die Gräfin Schwerin redete mir auch sehr zu, diesem Rath zu folgen, wenn er durch Dr. Rühle in Bonn bestätigt wird. Von 5 bis nach dem Abendessen war ich wieder bei Schwerins, und möchte wohl Manchen den Eindruck gönnen, den die Gräfin in ihrem Schmerz und ihrer Ergebung macht. Ein ähnliches Verklärtsein ist mir doch noch nicht vorgekommen. Ein schönes Gedicht von Curtius über die Metzer Schlachten bringe ich Euch mit oder schreibe es ab, um es zu schicken. Morgen geht es mit dem Dampfboot weiter. …

Bonn den 25. Aug. 1871.

Eben habe ich mit einigen Schmerzen vom Balkon das schönbewimpelte Festdampfschiff vorüberfahren sehen, das unter zahllosen Salutschüssen mit einer Menge lieber Menschen den Rhein herauf nach Rolandseck fuhr. Ich reise um 6 Uhr ab nach Hamburg und von da nach Sylt; die Dampfboote von Husum nach Sylt gehen nur zwei mal in der Woche, Freitags und Montags, und bei dem schlechten Anschluß der Züge blieb keine andere Wahl, als die Restfahrt aufzugeben. Es schadet aber nichts, denn die vergangenen Tage haben mir so viel Wunderschönes, Unvergeßliches gebracht, daß ich zufrieden damit sein kann. Ich begreife jetzt kaum, wie ich je daran denken konnte, das Beethovenfest zu versäumen. Um mit der Musik anzufangen, so gab es Momente, wie man sie schöner wohl kaum je erleben wird. Die neunte Symphonie, besonders den Schlußsatz habe ich niemals in ähnlicher Vollkommenheit und Begeisterung gehört; es war der Schluß der drei Orchesterabende, dem heute nur noch eine Kammermusikmatinée folgte, und wie in Glanz vom Himmel schwebte es über der wirklich wunderbar schönen Aufführung. Manches Verfehlte war freilich vorhergegangen, z. B. das Es-dur Concert, von Hallé mehr als mittelmäßig im Styl von Francois Hünten gespielt, – eine Schande, da man so gut hätte Frau Schumann dafür haben können –; dann aber kam der Geist über die Leute. Schwierigkeiten schien es nicht mehr zu geben, es war, als wenn der Sopran nur so flöge nach allen hohen A's und H's. Das Soloquartett war absolut vollkommen; eine Intonation, wie sie sonst nur in der Vorstellung lebt, und das Orchester, aus den ersten Kräften Deutschlands zusammengestellt, wie ein brausendes Meer. Auch die Missa solemnis am ersten Tag war theilweise, besonders in den ersten Sätzen unvergleichlich; in der C-moll Symphonie und Eroica gab es manche Hillersche unglaublich langsame Tempi, die allen Aufschwung hemmten, auch Joachim war durch die Hitze gehemmt, die jeden Flaum vom Klang des Instruments herunterstreifte, – nicht g a n z wie sonst, natürlich aber immer noch herrlich genug. Der Enthusiasmus kannte keine Grenzen, die Stadt war bis in die kleinsten Gassen dicht beflaggt, und halb Bonn lag auf den Straßen, um alle die fremden Leute zu den Proben und Concerten fahren zu sehen. Nichts Minderes, als der rein musikalische Gewinn war der des Zusammentreffens mit den besten Künstlern aus Deutschland, Holland, Belgien, England, Dänemark, das auf den gewöhnlichen Musikfesten nicht annähernd in dem Grade zu finden ist. Freilich wurde man fast aufgefressen von Musikern und guten Freunden, aber es war doch eine wahre Freude zu sehen, daß die Sache der echten Kunst noch eine so große Anzahl prächtiger, tüchtiger Vertreter hat. Fast am meisten beglückt mich, daß ich, um mit deinen Worten, liebe Mutter, zu reden, von Gade wirklich ›Etwas gehabt habe‹, so viel, wie außer mir, glaube ich, nur Wenige. Ich wurde ihm gleich am ersten Abend von Hiller vorgestellt, und er begrüßte mich um unserer Correspondenz willen, ganz als Bekannten. Am Montag Morgen besuchte er Joachims, gerieth mit mir und Breunung in ein eingehendes Gespräch, ließ dann die Anderen in die Probe fahren, und ging mit mir allein am Rhein entlang zur Beethovenhalle; dort war gerade Nichts zu holen für uns, und so begleitete ich ihn wieder nach Haus, so daß wir im Ganzen gute 2 Stunden mit einander waren. Er wohnte bei Gehring. Am Nachmittag vor dem Concert, als ich von einem Gang nach Haus komme, finde ich ihn ganz gemüthlich auf meiner Stube sitzen, und auf meinem Briefpapier Briefe schreiben. Dann bat er sich gestern von Breunung, Grimm u. mir unsere Photographieen aus, und schenkte uns heute die seinige. – Du wirst Dich nun nach dem Allen schon garnicht wundern, wenn ich ganz und gar für den Mann schwärme; aber auch ohne diese persönlichen Liebenswürdigkeiten würde ich hoffentlich denselben Eindruck gehabt haben von seiner in hohem Grade anziehenden Persönlichkeit. Er hat eine Physiognomie, die stark an Mozart erinnert, ein prächtiges feines Profil, schönes volles Haar, die lebhaftesten, freundlichen blauen Augen und eine jugendliche Frische, die ganz vergessen läßt, daß er die 50 überschritten hat; dazu spielt der Schalk bei ihm oft in die ernsthaftesten Gespräche, und die

Äußerungen echtester Güte hinein, und dies Gemisch von Gemüth und geistvollem Wesen bringt es zuwege, daß man nie müde wird ihm zuzuhören. Bei einem Gespräch über Wagner sagte er unter Anderem: ›bei Wagner soll Alles etwas bedeuten, also ist es nichts.‹ Die Frage, ob und wo man bei Bach'schen und Händelschen Werken Ergänzungen durch Orgel oder Klavier hinzuzufügen habe, erledigte er mit den Worten: ›wo es uns bei ihnen leer erscheint, da fehlt ganz gewiß ein Etwas, das als Ergänzung gedacht war; denn wenn wir schon Leere empfinden, so haben Bach und Händel es sicher erst recht gethan, die ja viel feiner empfanden, als wir‹. Auch Sterndale Bennett aus London, den Komponisten der Najaden-Ouvertüre und der reizenden, mir besonders lieben vierhändigen Klavierstücke habe ich zu meiner Freude kennen gelernt und einen sehr sympathischen, freundlich ernsten Menschen in ihr gefunden. Ich sprach mit Gade über ihn und sagte, ich fände, Bennett erinnere in seiner Musik an ihn. Gade erwiderte: ›Bennett ist älter als ich, wenn also eine Ähnlichkeit besteht zwischen seiner und meiner Musik, so habe ich Etwas von ihm angenommen, nicht er von mir‹. Auch mit Bargiel habe ich erfreuliche Momente gehabt, mit Julius Otto Grimm wirklich Freundschaft geschlossen, mit allen alten Kölner Freunden die hübschesten Stunden verlebt, und hier im Kyllmannschen Hause mit Joachims und Breunung eine Aufnahme gefunden, die an Güte, Liebenswürdigkeit und äußerer Behaglichkeit nichts besseres denken läßt. – Als Nordseebad habe ich Sylt gewählt, weil man mir sagt, daß es sich um seiner Mannigfaltigkeit willen besser zum längeren Aufenthalt eigne als Borkum…

Seebad Westerland auf der Insel Sylt d. 26. Aug. 1871.

Es war eine sehr freudige Überraschung, schon heute einen Brief von dir hier vorzufinden, und ich begreife bei der Umständlichkeit der Beförderung kaum, wie du es ermöglicht hast, mir diese Freude zu machen. Habe also vielen Dank dafür! Die Ankunft deines Briefes beweist, daß ich auch mit meiner zuerst angegebenen Adresse durchaus zufrieden bin; willst du sie aber genau machen, so schreibe ab, was ich oben hingesetzt habe. Sehr merkwürdig erscheint mir die Veränderung, die um mich vorgegangen ist, seit ich Bonn verlassen habe; eine völlig andere Welt! ich hätte mich nicht so zu beeilen brauchen, da täglich Dampfschiffe gehen, nur Montags und Freitags die besten. Doch bin ich zufrieden, am Ziele zu sein, und will meine versäumte Rheinische Festfahrt allenfalls verschmerzen. – Breunung reiste mit mir bis Köln; auch in ihm habe ich mir jetzt einen Freund gewonnen; er ist eine so zurückhaltende Natur, daß es Jahre gedauert hat, ehe es zu unserem jetzigen wirklich sehr herzlichen Verhältnis gekommen ist; aber ich weiß nun, was ich an ihm habe. Die rheinische Bahn war an dem Tage so überfüllt, und verspätete sich deshalb so bedeutend, daß ich darauf gefaßt war, in Köln keinen Anschluß mehr zu finden. Gerade in der letzten Minute lief der Zug in den Bahnhof, und ich kam noch glücklich in den Courierzug. So ging es denn weiter über Minden-Hannover bis zum nächsten Morgen um 8, wo ich in Harburg das Dampfschiff bestieg, um an den wirklich reizenden Elbufern vorüber dem prächtigen Hamburger Hafen zuzusteuern. Dies Alles, was ich bis dahin nur vom Winter her und aus Omnibusfahrten über gefrorene trockene Erde kannte, machte mir großen Eindruck. Man kann nichts Stolzeres sehen, als den Wald von Masten und Takelwerken großer Seeschiffe, wie sie solch ein großer Hafen in sich beherbergt und fortwährend aussendet oder empfängt. Die paar Stunden Aufenthalts in Hamburg benutzte ich nach einiger Verschönerung meiner Person natürlich zu einem Besuch bei Spengels. Julius war am Morgen abgereist zu seinem Berliner Examen für den Einjährigendienst und ich war recht ärgerlich über dieses besondere Mißgeschick einer verfehlten Überraschung. Dagegen fand ich den Bruder und die Mutter, und in dieser eine sehr angenehme, feine kleine Frau, mit der sich hübsch sprechen ließ. Einen Brief an Frau Kath verfaßte ich sofort dort, um Julius in meinen Räumen gute Aufnahme zu sichern. Die Fahrt Nachmittags durch Holstein und Schleswig, die ich theilweise verschlief, die aber doch meine Geographie ganz gut aufkramte, da ich bis dahin nur eine sehr mangelhafte Vorstellung von der Lage der einzelnen Punkte gehabt hatte, ist, offen gestanden, im Ganzen ziemlich langweilig. Wenigstens, als Fahrt, weil der Charakter ewig derselbe bleibt, und man doch nie Zeit hat, ihn in einer einzelnen bestimmten Scenerie festzuhalten. Wiesen, Hecken, kleine Waldstriche, Moor und Heide, je weiter nach Norden immer mehr von den beiden letzteren Dingen, und fast gar kein Anbau. Eine angenehme Abwechselung bringen Rendsburg mit der Eider, und Schleswig mit der Schlei. Ja, die Lage von Schleswig, in dessen Nähe auch ziemlich viel Wald die kleinen Hügelzüge bedeckt, ist sogar sehr malerisch. Ich dachte viel an Hansens, die von hier aus in 4 stündiger Dampfschifffahrt zu erreichen sind, und die ich doch nicht Zeit finden werde zu besuchen. Doppelt leid war es mir, als ich heute hier in dem Fremdenbuch meines Gasthauses las, daß Hansen mit einer seiner beiden Töchter vom 11ten August an auf ein paar Tage hier gewesen ist. Vielleicht entschließt sich Tante Anna H., auch einmal nach Sylt zu gehen, und mich mit den anderen auf ein paar Tage zu besuchen. – Auf der letzten Strecke bis Husum saß ich in einem Saloncoupé dritter Klasse mit einer ganzen Heerde von Doubletten des alten Beseler zusammen, tüchtige stramme Bauern, die in ihrem unverfälschten Dialekt, und den sehr charakteristischen nüchternen Physiognomieen sich die schönsten Wahrheiten sagten und sich dabei köstlich amüsierten. Husum ist eine alte Stadt, deren wunderliche Giebelhäuser Vater interessiren würden; aber man hat das Gefühl, als befände man sich geradezu am Ende der Welt, wenn man dabei auch in einem recht ordentlichen Wirtshaus bei sehr ordentlichen Leuten untergebracht ist. Am nächsten Morgen blies der Sturm, daß gar kein Halten mehr war. Das Dampfschiff sollte um ¾ 6 gehen, aber die Schleusen des Hafens konnten wegen der Sturmfluth nicht geöffnet werden. Zwei Passagiere, denen es zu lange dauerte, verließen das Schiff, und ich blieb mit einem kleinen tapferen Jungen von 12 Jahren als einzige Passagierschaft zurück, auf den Kapitän mich verlassend, der einen vortrefflichen Eindruck machte, und nach Versicherung meines Wirthes das Unmögliche nicht wagen würde. Endlich um ½ 11 öffneten sich die Schleusen und es wurde beschlossen, zu fahren. Ich war überzeugt, daß ich gründlich seekrank werden würde, aber zu meiner großen Verwunderung blieb ich höchst munter, obgleich die Wellen und die Schwankungen immer größer, und der Sturm immer rasender wurden. Ja, es machte mir geradezu Vergnügen, mich auf den Wellen wiegen zu lassen, nachdem ich einmal gemerkt, daß ich es vertragen konnte, und als mir dann später der Kapitän eine Kappe gab, die so fest saß, daß ich sie im Sturm nicht zu halten brauchte, saß ich auf meinem Deck recht vergnügt, und sah mir die fremde Welt an. Es ging an verschiedenen größeren Inseln, und an einer Menge der kleine Halligen vorüber, die den wunderbarsten Eindruck machten, und die man zeichnen möchte mit ihren paar seltsamen Häuserlinien auf der weiten Wasserfläche. Nichts haben die Leute, als ein paar Schafe und Fischfang, und Zeit, im Winter zu spinnen oder sonst still zu arbeiten. Dann kommen sie im Herbst und im Frühling einmal an das Festland, verkaufen ihre Wolle und ihre Arbeiten, und holen sich Proviant für je ein halbes Jahr wieder zurück. Gleich an einem der ersten der öden Inselspitzen saß eine große Gesellschaft Seehunde, die allmählig ins Wasser schlüpfte, als wir uns ihr näherten. Gegen Mittag mussten wir in der Nähe einer Hallig Anker werfen, weil die Elbe das Fahrwasser stellenweise zu seicht machte; dann nach 2 Stunden ging es weiter zur Insel Föhr, wo einige Passagire an Bord genommen wurden, und endlich um ½ 8, nach einer neuen sehr stürmischen Fahrt, auf der uns ein Segelboot begegnete, das fast mit der Seite im Wasser zu liegen schien, landeten wir an der einsamen Ostspitze von Sylt, wo uns sehr primitive offene Wagen erwarteten, um uns in 2 Stunden quer über die Insel an den westlichen Strand des recht eigentlichen offenen Meeres zu bringen. Dort liegt der Badeort ›Westerland‹ hinter einer mannigfaltig geformten kahlen Dünenkette, die den Ausblick auf das Meer abschneidet. Die Insel ist vollkommen baumlos, und doch hat die Landschaft mit den schweren strohbedachten Bauernhäusern inmitten der weiten Flächen ihren Reiz, besonders an Stellen, wo man zugleich einen Theil des Meeres übersieht. Ich hatte mit einem sächsischen Apotheker und einem Ehepaar einen Wagen gemeinsam genommen; als wir im Ort ankamen, was fast nirgends Platz, und ich mußte mich entschließen, mit dem guten aber recht sehr langweiligen Apotheker fürs Erste ein gemeinsames Logis zu nehmen, was heute wenigstens so weit verbessert ist, daß wir Jeder ein eigenes Zimmer bewohnen und nur auf einen gemeinsamen Ausgang angewiesen sind. Das Meer donnerte so furchtbar hinter den Dünen herüber, daß wir uns noch um 10 Uhr entschlossen, den kurzen Weg bis zur nächsten Erhebung zu machen, um hinunterzusehen und zu wissen, wo wir waren. Das war denn ein Eindruck über alles Erwarten. Der Sturm war so übermächtig, daß man es kaum auf der Höhe aushalten konnte, er schüttete den scharfen Sand wie Pfeile dem Gesicht entgegen; die Großartigkeit der Brandung selbst aber spottet jeder Beschreibung, sie hat etwas Überwältigendes, und ich will nicht leugnen, daß es mir in dem Augenblick ein schauerlicher Gedanke war, mit diesen weißen und schwarzen Wellenungetümen in näheren Verkehr kommen zu sollen. Heute Morgen, wo der Sturm noch immer fortwüthete, wollte ich erst mit einem Arzt sprechen, da mir schon mehrfach gesagt war, die Gewalt der Wellen besonders bei Sturm, sei gerade hier eine so ungeheure, daß nicht Jeder sie ertragen könne. Als ich aber an den Strand kam, und sah, wie die Andern sich hineinbegaben, wurde ich des Zögerns müde, und entschloß mich, ganz einfach zu versuchen. Dieser Versuch gelang dann sehr gut; ich fand das Bad trotz der augenblicklichen ganz besonderen Stärke durchaus nicht unangenehm, das Anschlagen der Wellen vielmehr wohlthätig für die unmittelbare Empfindung, und so sehe ich dem Weiteren mit Behagen entgegen. Daß man bei solchem Wetter natürlich nur in der ersten Brandung bleibt, versteht sich von selbst, und ich verspreche noch ganz besondere Vorsicht. … Ein Oberst Rudorff[XXIII] aus Dresden ißt hier mit

XXIII Gemeint ist [Franz Friedrich von Rudorff,] ein Vetter zweiten Grades meines

an der table d'hôte; es wird der ›Graf‹ sein, denke ich; ich habe ihn aber noch nicht angeredet. …«

## Von meinem Vater

»Lauenstein 29. Aug. 1871.

Lieber Ernst!
Dein Brief über deine Fahrten hat uns in hohem Grade interessiert und ich beeile mich neben Mutter sitzend, oder vielmehr ihr gegenüber und mit einer ihrer Schreibnadeln bewaffnet, dir auch meinerseits Dank und Gruß zu senden, während sie am Hauptwagen rüstet, der um 12 Uhr an dich abgehen soll.

Wenn du zurück reisest oder zu einem Ausfluge Zeit und Gelegenheit hast, so versäume doch nicht dir den berühmten geschnitzten Altar im Dom zu Schleswig anzusehen, der ein Meisterwerk der Holzbildnerei enthält.[135]

Ferner wäre es sehr erwünscht, wenn du das herrliche Lübeck nur einen Tag lang sehen könntest. Es liegt so aus der Kehr, daß es unsicher ist, ob es dir wieder so nahe geboten wird. Mit Entzücken denke ich der Zeit, als ich es zum ersten Male sah, zu Fuß von Winsen kommend die altertümlichen Thürme und die Geißblatthecken und Wälder bis Travemünde sah. Vielleicht erlaubt dir die Stärke der Bäder einen Tag heraus zu schlagen, er würde dich nicht gereuen, denn außer Nürnberg und Cöln hat Deutschland nichts Größeres aufzuweisen als das ehrwürdige Haupt der Hansa, das 40.000 Mann ins Feld stellte, in Dänemark die Könige ein- und absetzte und dessen Bürgermeister Kaiser Carl der Vierte ›Ihr Herrn von Lübeck‹ anredete.[136]

Daß du den Sturm so gut überstanden hast, ist ein Beweis für deinen guten Magen und deine großväterliche Erbschaft.

---

Vaters, Enkel des Blumenthaler Oberamtmanns Rudorff, der wie die meisten von dessen männlichen Nachkommen hannoverscher Offizier wurde. Bei dem Ausbruch der Feindseligkeiten zwischen Preußen und Hannover hatte er den Mut, dem König Georg bei Langensalza den Rat zu geben, er möge keine Schlacht wagen, da die Niederlage der Hannoveraner mit Sicherheit vorauszusehen sei. Er wurde nicht gehört, und das Verderben nahm seinen Lauf. Nach Friedensschluß trat er in die Sächsische Armee ein, zeichnete sich 1870 durch seine soldatischen Leistungen in hohem Grade aus und brachte es zu hohen Ehren. Man sagte ihm in jungen Jahren nach, daß er etwas allzuviel Wert auf vornehme Geburt lege, und gab ihm deshalb den Spitznamen »der Graf Rudorff«. Mein Vater wußte davon, und als der ihm bis dahin persönlich unbekannte Vetter ihn eines Tages in Berlin aufsuchte, trat er ihm mit den Worten entgegen: »Sie sind ja wohl der Graf Rudorff?«

Den Grafen Rudorff grüße von mir, wenn du ihm näher kommst ohne dich zu compromittieren, indem du seinem Stolze gegenüber den ersten Schritt thust. Ein tüchtiger Militair ist er jedenfalls, denn er war schon damals als ich ihn in Berlin sah zum Bundescommissair erwählt. Morgen steht mir wieder die interessante Reise durch Mehle nach Elze bevor, um Frau Enole nebst Söhnen und Jungfer abzuholen. Ich denke mich aber später durch eine Fahrt nach Grohnde oder Pyrmont und nach Hildesheim mit ihr schadlos zu halten. Ob sie Schaper hier erwarten wird werden wir sehen. Hildesheim wird sie jedenfalls interessieren, hoffentlich auch unsere Gegend, so viel Schönes sie auch gesehen hat[XXIV]. Es geht mit dem Naturschmecken wie mit dem Vaterlande, welches überall ist ubi bene oder wie Buttmann übersetzte wo man die Beene hat. Buttmann filius schwelgt Natur am Fuß der Bernina und des Piz Canguard und ist entzückt über die mächtigen Eindrücke.

Nun will ich schließen, wie mein Pathchen Käthchen Mommsen ›ich weiß nichts mehr.‹ Laß dich nicht von den Haifischen und Seehunden auffressen und bade nicht bei, auch nicht kurz vor der Ebbe. Mögest du gestärkt wieder kehren und künftig das Üben maßvoller betreiben. Was hilft dir alle Kammermusik ohne Gesundheit. Entschuldige diese Einmischung in deine Angelegenheiten, es ist eine väterliche Ermahnung, die gut gemeint ist.

Leb wohl bis zum Gott gebe frohen Wiedersehen.
Dein treuer Vater A. Rudorff.«

### Von meiner Mutter

»Lauenstein d. 29. Aug. 1871.

Eben kam zu meiner größten Beruhigung und Freude dein lieber Brief, der ja, Gott sei Dank, trotz Sturm und Fährlichkeiten aller Art doch nur Gutes über dich selbst und dein Befinden enthält. Am Freitag, als es hier auch den ganzen Tag stürmte, dachte ich so viel deiner, und wie es dir wohl auf den stürmischen Wellen ergehen möge. Daß du auf der Fahrt nicht seekrank geworden, war mir wunderbar zu hören, es bewies mir von neuem, wie deine Natur entschieden Pistosch[137] ist, denn mein Vater war auf einer Fahrt nach England in furchbarsten Sturm der einzige nicht seekranke Passagier gewesen, wo das Schiff am Untergang

XXIV Frau Enole Mendelssohn mußte aus unvorhergesehenen Gründen für den Augenblick die Reise nach Lauenstein aufgeben; ihr Besuch verschob sich aber nur für kurze Zeit.

war, und ich hatte auch, wie du, bei der Fahrt von Wageroge, wo es auch sehr stürmte, nur eine angenehme Empfindung.«

An meine Mutter

»Sylt, c. 29. Aug. 1871.

So geht es, wenn man an öden Nordseeufern sitzt: nun schreibe ich dir gar, ohne deinen Antwortbrief abzuwarten. Täglich kommen aber wenigstens Adressen deiner Hand auf fremden Briefen, aus denen sehe ich, daß Ihr in der Welt seid. – Hier ist es sehr einsam; freilich sind Leute genug da, auch der und Jener, mit dem man einmal ein paar Worte spricht, aber von einer eigentlichen Anknüpfung ist einstweilen nicht die Rede. Bei Tisch habe ganz angenehme Nachbarn, einige Deutschrussinnen, von denen besonders eine junge Frau, die hier ihren Mann erwartet, eine liebenswürdige, gescheute und anziehende Persönlichkeit ist. Mein Apotheker ist heimlicher Weise gestern Morgen wieder abgereist; ich glaube, er hatte auf intimeren Verkehr mit mir, gemeinsame Touren und dgl. gerechnet; dazu konnte ich mich aber nicht entschließen, er war zu langweilig. Zuerst war mir das Alleinsein unbequem; jetzt habe ich mich schon ganz gut darein gefunden, und genieße, was es an Schönheiten zu genießen giebt, für mich. Dabei bleibt nicht ausgeschlossen, daß ich mich freue, wenn meine Zeit um ist, und ich kann freundlicheren Gefilden wieder zusegeln.

Sehr große Freude und Erquickung habe ich an den Seebädern; es ist mir immer leid, wenn ich wieder aus dem Wasser muß, und nicht diese oder jene große Welle noch abfangen kann. Das Bild am Strande hat sich nun seit gestern völlig verändert; die See ist glatt bis auf ein paar Brandungswellen am Ufer, und so ist auch das Baden ein anderes geworden; während sich zuerst das Wasser nur so überstürzte, muß man jetzt auf die Jagd gehen, und sich die schönen Wellen aussuchen. Dafür gab es gestern einen prachtvollen Sonnenuntergang, den ich vom Leuchtthurm aus, eine Stunde von hier, beobachtete, und einen ebenso herrlichen Abend hinterher beim Zurückgehen über die braune blühende Heide, wo rechts das Meer bläulich silbern zwischen den malerischen Linien der Dünen hervorsah. Auch Hünengräber giebt es, wie bei der alten Tante, und manches Andere, was an Vilsen erinnert. – Eine Art von Naturalienkabinett habe ich mir natürlich schon wieder auf meiner Kommode angelegt, Schalen von Taschenkrebsen, auch eine Versteinerung und dgl.; doch giebt es am Strande keine allzu große Auswahl; ich weiß nicht, woran das liegt, vielleicht an der zu starken Brandung. – Wie sieht es im Lauensteiner Garten aus? blüht Espartero[138]? und was bringt er für Dinge hervor? Ich hatte erst daran gedacht, mir noch einige Bücher und mein contrapunktisches Arbeitsheft kommen zu lassen, doch gebe ich das jetzt auf; man muß doch so viel Zeit auf Baden und Laufen verwenden, daß man den Rest ganz gut mit Briefschreiben und kleinen anderen Beschäftigungen ausfüllt. Schiller existiert im hôtel, und so fülle ich die Lücken meiner Bildung aus, indem ich die Räuber ›mirabile dictu‹ zum ersten Male lese…

Sylt d. 30. Aug. 1871.

Du wirst dich nicht wenig wundern, gar zwei Briefe an einem Tag zu bekommen, (denn leider weiß ich, daß mein gestern begonnener und heute Vormittag geschlossener noch ganz ruhig im Briefkasten zu Sylt liegt, statt die Reise zu Euch bereits angetreten zu haben) aber ich wollte doch gern meinem Andenken an den 2. September[XXV] noch Ausdruck geben, und wenn das nicht heute noch geschieht, so bekommt ihr den Gruß erst post festum. Es ist recht dumm, daß ich den Tag abermals nicht mit Euch feire; im vorigen Jahre war ich unterwegs nach Frankreich, und jetzt bin ich einsamer Insulaner, und durch Meer und Land von Euch getrennt, statt mit Euch und Hausmanns auf den Möchenstein gehen zu können, wie in früheren Jahren. Mein Andenken soll bei Euch sein. …

Heute Nachmittag machte ich wieder einen ganz hübschen Spaziergang nach Keitum zu (alle Ortsnamen endigen hier auf um: Keitum, Rantum, Morsum, Tinnum etc. und alle Menschen auf sen: Petersen, Classen, Hansen, Mummsen, Lorenzen). Die Bauart der Häuser ist hübsch und eigenthümlich, Backstein, einstöckig mit schwerem dunkelen Strohdach darüber; die Fenster meist umrahmt mit einem weißen und einem farbigen Streifen; aber, was von Sträuchern oder Bäumen in den festummauerten Gärten angepflanzt ist, sieht unglaublich verkrüppelt, vom Westwind gebeugt und halb wie zu Asche gebräunt, aus. Dagegen ist der Menschenschlag vortrefflich; überall, wo man eine Unterhaltung anknüpft, findet man gebildete Sprache, und hat den Eindruck gründlicher Tüchtigkeit. Unter sich sprechen die Leute friesisch, ein merkwürdiges Mittelding zwischen plattdeutsch und englisch.

Ich schreibe Euch das Gedicht von Curtius über Metz ab, das die Gräfin Schwerin mir in Wiesbaden zeigte, und das ich damals für mich copirte. Du schickst es vielleicht einmal an Ottilie, die gewiß auch einen schönen Eindruck davon hat.

---

XXV Am Hochzeitstag meiner Eltern.

Nochmals herzliche Grüße von Eurem Robinson Crusoe
genannt Ernst Rudorff.

Sylt d. 1. Sept. 1871

Gestern Abend, als ich von einem hübschen Spaziergange nach Keitum zurückkehrte, fand ich deinen und Vaters Brief, und danke Euch beiden herzlich für die Freude, die Ihr mir bereitet habt. Die briefliche Verbindung ist nur zwischen hier und civilisierten Ländern gar zu langsam; sechs Tage auf Brief und Antwort, das ist man jetzt nicht mehr gewohnt, und wenn man so allein sitzt, wie ich hier, so kommt Einem die Pause erst recht lang vor. …

Gestern habe ich am Strande beim Betrachten einer colossalen Seequalle, die das Meer ausgeworfen hatte, die Bekanntschaft eines jungen Candidaten der Theologie gemacht, mit dem ich dann eine Stunde spazieren ging, und der mir ganz gut gefällt. Auch mit einem jungen Kaufmann aus Oberschlesien, einem gutmüthigen aber recht sehr oberflächlichen Patron, verkehre ich zuweilen. Wenn nichts Besseres da ist, so benutzt man doch die Gelegenheit, wenigstens einmal seinen Mund etwas aufzuthun, und sich als Glied der menschlichen Gesellschaft zu fühlen. Eine sehr andere Unterhaltung finde ich in einem Band ›Schiller‹, den ich mir von unten heraufgeschleppt; ich sehe bei der Gelegenheit, wie ungenau ich noch die schönsten und bedeutendsten Schiller'schen Gedichte kenne, und habe die größte Freude daran. …

Nun Lebewohl für heute! es ist der dritte Brief in zwei Tagen, das wird Euch wohl ziemlich reichlich vorkommen. …

Sylt d. 4. Sept. 1871.

Du kannst dir denken, mit wie viel Freude ich deine verschiedenen Briefe begrüßt habe; daß gestern Abend schon die Antwort auf meine Doppelbriefsendung da war, erstaunte mich aber ganz besonders. Habe nun vielen Dank, daß du so reichlich geschrieben, und mir damit die fehlende mündliche Unterhaltung zu ersetzen gesucht hast. … Von Janitsch habe ich übrigens auch einen sehr liebenswürdigen Brief gehabt; er gehört doch wirklich zu den Menschen, von denen man am meisten hat, und auf deren echte Freundschaft man am sichersten zählen kann. … Mein Leben hier hat eine kleine Variation dadurch erfahren, daß ich gestern endlich zwei Menschen kennen gelernt habe, bei denen mir wirklich recht warm zu Muthe geworden ist; nur ist leider der Eine eben schon wieder abgereist. – Ein alter guter recht langweiliger Fabrikant aus Westphalen, der meinen ehemaligen Schüler Blomberg nebst Familie kennt, forderte mich auf, Nachmittags mit ihm nach Munkmarsch zu gehen; ich ging mit, hauptsächlich, weil ich nicht gerade ›Nein‹ sagen wollte, und weil ich die Lage von Munkmarsch, – einige Häuser mit einem kleinen malerischen Hafenplatz am Binnenmeer, rechts und links in weitem Halbkreise Dünen, die die Bucht begrenzen – von einer früheren ersten Bekanntschaft her gern leiden mochte. Dort sitzt man auf einem Perron, dicht am Meer, die Schiffe mit ihren Segeln und Masten vor sich, die Dünen mit steilen Abfällen und blühenden Haidekrautgewändern zur Seite, genießt die Luft, trinkt Kaffee oder ißt Austern, und läßt so die Zeit behaglich verstreichen. Gestern also setzte sich mein Westphale an einen Tisch mit zwei Leuten, von denen des Einen anziehende Persönlichkeit mir schon öfter aufgefallen war, ohne daß ich gerade unbescheidene Angriffe auf seine Bekanntschaft hatte machen wollen. Nun ergab sich erst von vornherein, daß beide Leute waren, mit denen man gleich von der Oberfläche der Dinge ab zu fruchtbareren Tiefen kam, dann aber, im Lauf des Gesprächs, daß Jener, – der Jüngere, – ein leidenschaftlicher Musikliebhaber ist, der nur unter großen Kämpfen dazu gezwungen wurde, den Musiker dem Kaufmann zu opfern. Er ist ferner Braunschweiger von Geburt, hat eine Braut in der Nähe von Kreiensen, da gab es also der Anknüpfungen genug. Sein älterer Begleiter, den übrigens nur eine gemeinsame Badekur hier mit ihm zusammengeführt hatte, war mir als Persönlichkeit fast noch sympathischer, so sehr, daß ich heute, trotz der kurzen Bekanntschaft, es nicht unterlassen konnte, ihn im Wagen mit dem Andern abermals nach Munkmarsch zu begleiten, von wo aus er mit dem Schiff heimwärts ging. Dieser ist Rechnungsrat in Cassel, schon ein Mann von 52 Jahren, aber eine Natur, der so sehr das Gemüth, der Ernst der Gesinnung an den Augen abzulesen ist, daß man in den ersten Minuten des Gesprächs schon von ihm eingenommen wird. So war es denn kein Wunder, daß die Schleusen der Unterhaltung, nachdem ich mich lange genug als Papageno mit dem Schloß vor dem Mund gefühlt hatte, so gründlich aufgezogen wurden, daß mir hinterher fast zu Muthe war, als hätte ich eigentlich zu viel ausgekramt. Mit dem Pseudomusiker, Namens Lehfeld, werde ich noch die ganze Zeit hier zubringen; er hat, wie ich, die Absicht, morgen Dienstag über 8 Tage Sylt zu verlassen, und so werden wir die Reise bis Hamburg oder sogar bis Hannover wohl gemeinsam machen. … Recht das Gegenteil von ihm ist der Oberschlesier, mit dem ich neulich meinen ersten Gang nach Munkmarsch machte; er ist ein Mensch von derbstem Realismus, nicht ohne anziehende, kecke und humoristische Züge, aber ein toller

Kerl, der mit wahnsinnigem Ungestüm auf sich selbst losrast, und schließlich mit dieser Selbstverschwendung sich ruinieren wird. Daß es da zu einer tieferen Beziehung nicht kommen kann, versteht sich von selbst. Den Candidaten theol., dessen ich ebenfalls schon erwähnte, mag ich nicht ungern, aber so gut man mit ihm reden kann, ein bischen süßsauerer Beigeschmack von ›christlichem Gethue‹ klebt ihm leider an, und ich kann nicht sagen, wie zuwider mir dergleichen ist. Übrigens giebt es hier eine ganz zahlreiche schwarze Gesellschaft von protestantischen Geistlichen, die theilweise zum Erschrecken heilig aussehen wie gewisse indische Priester, und die Eigenschaft haben, gemeinsam Choräle singend, in den Dünen umherzuwandeln. Kann es etwas Geschmackloseres und Affektierteres geben, als diese Vermischung von Naturgenuß und Kirchlichkeit?! K. – ist auch hier, und springt alle Morgen wie ein langer Sperber ins Wasser; ich kann mir nicht helfen, daß ich auch von ihm einen jesuitischen Eindruck habe. Was soll nur aus all den Gegensätzen werden! Dem crassesten Materialismus in allen Schichten der Gesellschaft, und diesem dunkeln Volk auf der andern Seite, das sich der einfachen Menschlichkeit und dem frischen Leben so sehr entfremdet, daß es die Brücke zu den Übrigen garnicht mehr findet, und ihnen wie eine Herde von Butzemännern erscheinen muß?! – Eine andere herrliche Zugabe für den zoologischen Garten der Insel bildet die so zu sagen Badekapelle, die alle Morgen auf Raub ausgeht, und an den Häusern herumschleicht, ob es nicht einen neuen Badegast zu fischen giebt, der sich ein ›Ständchen‹ bringen lassen könnte. Neulich überfiel mich das Haupt der Bande, ein langer Kerl schon Morgens um 7 im Bette, mit der bescheidenen Bitte, die durch ein Subscriptionsheftchen in der Hand unterstützt wird, ob ich nicht ein ›Ständchen‹ zu haben wünsche. Ich habe sie nun schon zum dritten Male abziehen lassen, trotz der Kollegenschaft, und nur meinen Pflichtbeitrag von 1 ½ Thalern bezahlt, den ich ganz hinreichend dafür finde, daß man seine Ohren täglich mit dem Jammergedudel abstrafen lassen muß. …«

Während der vorstehende, vom 4. September datierte Brief von mir unterwegs war, hatte Frau Enole Mendelssohn sich mit ihren beiden Söhnen zum Besuch bei meinen Eltern in Lauenstein angemeldet. Zugleich hatte sie Schaper brieflich veranlaßt, ebenfalls nach Lauenstein zu kommen, um am Sonntag, den 10. September, seinen Geburtstag dort in befreundeter Umgebung zu feiern. Auf einen Brief meiner Mutter, die von dem allen Mitteilung machte, antwortete ich, wie folgt:

»Sylt d. 7. Sept. 1871.

Dein Brief gestern, der in Sachen des Mendelssohnschen Besuchs abermals eine neue Wendung der Dinge anzeigt, ging mir schon vielfach im Kopf herum; nun kommt eben Vaters Depesche, und ich weiß garnicht, was ich thun soll: hierbleiben, gewissenhaft die 18 Bäder ausnehmen und dabei denken, daß Ihr mit Frau Mendelssohn und Schaper höchst behaglich in Lauenstein sitzt, um des Letzteren Geburtstag zu feiern, oder den Augenblick beim Schopf fassen, abreisen und die letzten 4 Bäder fahren lassen? Wollte doch der Herr Doktor med. so gut sein, und selbst entscheiden, was ich thun soll! ... Zum Schreiben ist nun auch wenig Laune vorhanden, da mir der Boden unter den Füßen spazieren geht. Also nur das Allgemeine, daß der zweite Aufzug meiner Sylter Badesaison eine ganz andere Färbung anzunehmen beginnt, als der erste. Die Einsamkeit ist verschwunden, und allerlei hübsche Beziehungen sind an ihre Stelle getreten, die den Tag fast ausfüllen. Damit soll nicht gesagt sein, daß nicht die vollkommene Abgeschiedenheit auch ihre großen Vorzüge gehabt hätte, ich kam einmal wirklich zu innerer Sammlung, gewann auch die Insel, die eigenthümliche Natur mit der Zeit lieber, und so hätte ich meine Zeit ohne Verkehr ganz gut bis zu Ende ausgehalten. Allein, es war anders beschlossen, und sowohl an interessanter Tischunterhaltung mit zwei österreichischen Generälen und einer geistvollen Frau aus Stettin, als auch an einem sich dauernder aneinander schließenden Bekanntenkreis hat es nicht gefehlt. Zu meinem kleinen Lehfeld und dem Oberschlesier fanden sich noch zwei junge Mecklenburger Reserveoffiziere, die den Krieg mitgemacht hatten; der Eine eine prachtvolle Gestalt, wenn auch etwas vierschrötig, beide gute und nette Menschen, die sich eines Abends mit Todesverachtung aus freier Faust mir und Lehfeld vorstellten. Seitdem bringen wir nun die halben Tage miteinander zu, verabreden gemeinsame Badestunden und dann hinterher irgend eine Tour. Gestern waren wir nach dem Bade auf den ganzen Tag nach List, der nördlichsten Spitze der Insel gefahren, zu heute war eine Austernfahrt verabredet, die aber nicht stattfindet, und sich in einen Spaziergang nach Keitum zu einem Schullehrer auflösen wird, der allerlei Merkwürdigkeiten der Insel zeigt. Vorgestern waren wir zu dreien in einer Hünenhöhle, die fälschlich Hünengrab genannten wird, einer menschlichen Wohnung aus Riesenfeldsteinen unter einem Erdhügel, deren Alter auf 3000 Jahre geschätzt wird. Von all diesen Dingen kann noch gelegentlich mündlich Vieles berichtet werden...

Lehfeld und die Mecklenburger wollten am Dienstag mit mir reisen, ja die letzteren wollten zum besten der gemeinschaftlichen Reise sogar ihre Kur abkürzen, und hätten mich gerne nach Schwerin mitgeschleppt, worauf ich mich natürlich nicht eingelassen hätte. Nun laufe ich ihnen womöglich noch früher weg. Ich schreibe noch nichts bestimmtes, bitte aber doch, daß Ihr auf diesen Brief nicht wieder schreibt, wenn ich nicht telegraphisch Anderes melden sollte. …«

Das Ende all dieser Wirrnisse war, daß der Plan, der im Kopf unserer liebenswürdigen Freundin entsprungen war, ausgeführt wurde und aufs beste gelang. Ich verließ Sylt am Sonnabend Vormittag und traf nach ununterbrochener Fahrt zu Wasser und zu Lande am Sonntag Nachmittag mit dem Postwagen in Lauenstein ein. An der Gartenmauer hatte sich die ganze Hausgesellschaft: meine Eltern, meine Tante, Frau Enole, Robi, Fränzchen und Schaper zum Empfang aufgestellt; dann wurde im Garten auf dem Efeuplatz Kaffee getrunken, ein Spaziergang auf den Krähenberg und die Burg unternommen, und endlich abends von den drei anwesenden Musikanten singend, cellostreichend und klavierspielend ein schönes Stück nach dem anderen dem häuslichen Publikum vorgeführt. Mendelssohns waren auch schon seit dem Donnerstag, dem Tage ihrer Ankunft, von meinem Vater reichlich in der Umgebung Lauensteins umhergeführt worden. Am Montag früh wurde noch ein gemeinsamer Spaziergang auf den Knickbrink unternommen und damit fand die anmutige Episode ihren Abschluß. Um elf Uhr Vormittags brachen die Gäste auf, um in einem Zuge nach Berlin zurückzukehren.

Auch mein eigener Aufenthalt in der Heimat war jetzt nur noch kurz bemessen; am 18. Oktober mußte ich nach Berlin zurückkehren, um meine Tätigkeit an der Hochschule wieder aufzunehmen. Auf den letzten Tag aber dieser letzten Lauensteiner Woche fiel ein Ereignis, das eine Anknüpfung auf Lebenszeit für mich bedeutete. Ein junger Mann Namens Johannes Schulze suchte mich auf, mit der Absicht, mir vorzuspielen und von mir zu erkunden, ob seine musikalischen Leistungen genügen würden, um an der Berliner Hochschule für Musik als Freischüler aufgenommen zu werden. Er war der Sohn eines Schullehrers und Kantors in Celle, hatte als einjährig Freiwilliger den Krieg 1870/71 mitgemacht, war bei Spichern im Arm verwundet aber allmählich so weit wieder hergestellt worden, daß keine üblen Folgen für sein Klavierspiel zurückgeblieben waren, und wünschte nun, seine während kurzer Zeit bereits in Leipzig aufgenommenen Studien in Berlin fortzusetzen. Der Aspirant brachte einen Empfehlungsbrief von einem Mitglied der uns befreundeten hannoverschen Familie Soestmann mit; eine viel bessere Empfehlung aber war der Eindruck, den seine eigene Persönlichkeit machte. Schon die auffallend schöne, echt niedersächsische Erscheinung des bescheidenen Jünglings, die Güte und Redlichkeit, die aus seinen Zügen sprach, mußten unmittelbar für ihn einnehmen. Sein musikalisches Talent aber trat so deutlich in seinem Spiel und auch in einem Klavierstück eigener Komposition zutage, daß ich kein Bedenken tragen durfte, ihm mit Gewißheit die Erfüllung seiner Wünsche vorauszusagen. Unser Besuch war eine große Strecke des Weges nach Lauenstein zu Fuß gewandert und erst nachmittags bei uns eingetroffen. Er beabsichtigte, von hier aus abermals zu Fuß nach Münder weiterzugehen, um dort Verwandte zu besuchen, hatte aber doch ganz und gar die Entfernung unterschätzt. So behielten wir ihn für die Nacht als Logiergast bei uns, und am nächsten Morgen gab ich ihm das Geleit bis zum Ende des Stieghagens, von wo er dann seine Fußreise über den Ith nach Coppenbrügge und weiter bis nach Münder fortsetzte.«

An meine Mutter

»Berlin d. 20. Sept. 1871.

Gestern blieb kein freier Moment zum Schreiben, am Abend war ich totmüde, und so mußt du entschuldigen, wenn meine Nachrichten länger als gewöhnlich auf sich warten lassen. ... Meine Eisenbahnnachtfahrt habe ich so ziemlich als Murmelthier hingebracht, selbst als 6 Leute im Wagen zusammen waren, und ich mich mit Sitzen behelfen mußte; der Zug war ohne Ende lang, und der ›planmäßig verspätete‹ Courierzug, wie Kladderadatsch sagt, kam glücklich wieder um starke 1 ½ Stunden zu spät in Berlin an. Es war Niemand auf dem Bahnhof; Spengel traf erst gegen Mittag ein. Meine Wohnung hatte Frau Kath vortrefflich in Ordnung gebracht; sie machte beim Eintritt den hellsten und freundlichsten Eindruck, der Garten hat unter den letzten trockenen Wochen gelitten, die Gebüsche sind welk, der Rasen sehr dürr, aber bei dem Allen ist es eine Wohlthat, ihn zu haben. Mein erster Ausgang war zu Baumeisters, wo ich leider Niemanden fand, dagegen präsentierte sich Berlin in der unvorteilhaftesten Weise, wie eine loddrige, abgetakelte Mamsell sah es aus mit seinen bestaubten Straßen und Plätzen; allerlei schöne Rinnsteindüfte wechselten mit Desinfektionsparfüms, die hie und da aus den Häusern drangen, und was auf den Straßen wimmelte, kam Einem so verbraucht vor, daß man zuweilen hätte meinen sollen, ein gesundes vernünftiges Menschenantlitz sei garnicht mehr darunter zu finden. So schlimm ist es ja, Gott sei Dank, in der That, nicht; aber es vereinigte sich gestern Vieles, um den Eindruck des großstädtischen, blasierten Wesens recht eindringlich zu machen; zum Glück kam nach Tisch etwas Regen, und sorgte für Aufmunterung in Pflanzen und Menschen; in meinen vier Pfählen sieht es frisch und heiter aus. Gleich nachdem ich im Bellevue zu Mittag gespeist, war ich bei Joachims, fand beide schon anwesend und Avé aus Hamburg bei ihnen; über das Weiterbestehen der Hochschule ist noch immer nichts bestimmt, und so schwebt man einstweilen ganz munter am Seile zwischen Himmel und Erde. Meine 4 Unterrichtsstunden, die dann folgten, halfen die Müdigkeit nach der Nachtfahrt gründlich zu verstärken, und bei Mendelssohns, wo ich die letzten Abendstunden zubrachte, beschäftigte ich mich hauptsächlich mit Gähnen. Sonst war es sehr hübsch da, und ich habe auch schon einige Schritte vorwärts für unseren Herrn Schulze gethan. Erstlich will sich Frau Enole für ihn bei Herrn Friedberg (Victoria-Invalidenstiftung) bemühen, und dann will sie mir mit einigen Mobilien aushelfen, für den Fall, daß ich es erreiche, für ihn vorläufig von der Gräfin Voß eine der vielen leeren Kommoden und Stuben zu erbetteln, die hier auf den Bodenräumen des palais oder der verschiedenen Stallgebäude sich herumtreiben. – … Heute Mittag um 5 Uhr esse ich bei Mendelssohns, Abends gehe ich vielleicht zu Joachims. Das Wetter ist wieder schön, wenn auch kalt, und Lauenstein wird das sonnige Aussehen der vorigen Woche wieder gewonnen haben. Übrigens ist es mir ganz recht, daß ich wieder im alten Stall sitze, und mir die regelmäßige Thätigkeit aufs Neue einrichten kann. Alles im Hause bei uns und bei Hausmanns grüße ich, wie sich von selbst versteht.

Berlin d. 24. Sept. 1871.

Ich bin kaum 5 Tage hier, und habe dir vor vieren geschrieben, und doch häuft sich der Stoff schon so, daß ich nur immer wieder ein paar Worte sagen muß, damit Ihr über mein Treiben auf dem Laufenden bleibt. Es ist etwas Merkwürdiges, was solch eine große Stadt beständig an Eindrücken, Begegnungen, Anforderungen producirt, und gegen mein Erwarten berührt mich einstweilen mehr die angenehme, als die unangenehme Seite dieser Thatsache. Ich habe noch nicht viel geradezu gearbeitet, sondern mich erst allmählig mit Dingen und Menschen wieder eingelebt, um dann mit morgen die regelmäßigen Arbeitswochen zu beginnen. So bin ich denn auch zwei Mal im Theater gewesen, habe ›Norma‹[139] – zum ersten Male – und die ›Grille‹[140] gesehen, und werde mich demnächst aufmachen, um Cosi fan tutte[141] zu hören. An der Norma hatte ich teilweise wirklich Freude; ich bin über die Zeit der extremen Antipathieen hinaus, und kann mich an der liebenswürdigen edleren Sentimentalität einiger Stellen, die dann doch immerhin von einer Natur und von großem Talent zeugen, rückhaltlos erfreuen; der erste Chor vor Allem und dann das Meiste aus dem langsamen Theil der ›casta diva‹[142] haben etwas bestrickendes durch ihre sanft strömende Melodik; dafür muß man sich dann mehrere Waschkörbe voll Trivialitäten gefallen lassen. – Als ich am nächsten Abend im Schauspielhaus vor dem Vorhang saß, bekam ich es fast mit der Angst, der einzigartige Eindruck, den mir die Goßmann dereinst als Grille gemacht, möchte mir verwischt werden, und ich ginge dann mit stillem Katzenjammer nach Hause. Doch nichts von alledem! im Gegentheil, ich war mit solcher Theilnahme, solchem Entzücken stellenweis bei dem Stück, daß ich mich fast schämte, mich von der Birkpfeiffer dermaßen packen zu lassen; aber es ist ja nicht die Birkpfeiffer, die packt, sondern die George Sand, der unbeschreibliche Reiz des von ihr erfundenen Stoffes, der trotz aller Gemeinplätze im Einzelnen der Bearbeitung, doch durch die geschickte Bühnenübertragung im Allgemeinen, an Unmittelbarkeit und Lebendigkeit gewinnt, was er an künstlerischer Feinheit einbüßt. Fräulein Kühle reichte freilich nicht von fern an die Goßmann aber im Ganzen war die Darstellung vortrefflich, père und mère Barbeaud (Herr Siegrist und Frau Frieb) bis zur Täuschung wahr und lebendig, Herr Robert als Landry sehr anziehend, so daß ich Euch sehr rate, Euch auch einmal einen hübschen Abend mit der Grille zu machen, wenn Ihr wieder zurück seid. –

Bei Joachims war ich mehrfach, nach der Norma noch mit Herrn Avé zusammen, und dann einmal Vormittags, wo ich mit der Frau ein ganzes Stück Armide und Iphigenie[143] durchnahm. Eben kehre ich von einem Besuch bei Grimms in Lichterfelde zurück, die mich mit großer Herzlichkeit empfingen, und eigentlich für heute nicht wieder loslassen wollten. Da sind mir denn allerlei Pläne aufgestiegen, die ernstlicher Überlegung werth sind, und die wir noch mündlich besprechen müssen. Sollte es nämlich geschehen, daß ich im nächsten Jahre aus meiner Wohnung heraus müßte, was sehr möglich ist, und daß Eure Ponge's auch am Ende wieder steigerten, oder gar verkauften, so scheint es mir gerathen, daß wir uns zusammen ein Haus in Lichterfelde bauen. Das Ganze nimmt sich dort e n o r m auf, und rein als Spekulation thut man gut, sich dort anzukaufen, selbst wenn man nicht gleich baut. Der Morgen ist in 3 Jahren von 1000 bis zu 2000 und 3000 Thl. gestiegen, das

Kadettenhaus wird demnächst in Angriff genommen, und die Potsdamer Bahn richtet außer einem neuen näheren Bahnhof auch Züge zu jeder Stunde hin und zurück und Abonnementbillets ein, die täglich bei beliebig wiederholter Hin und Rückkehr im Ganzen nur 5 Sgr. kosten. Ein Haus mit Platz ist jetzt noch für 10.000 Thl. zu haben, nimmt man größeres Terrain, etwa zu 12.000; dann hat man aber so viel Platz, daß nicht allein Ihr und ich, sondern eventuell auch meine Zukünftige nebst Kindern darin wohnen könnten. Das Grimmsche Haus ist wunderhübsch, mit allem modernen Komfort, Gas, Wasserleitung u.s w. versehen und viel zu groß für sie. Wenn ich nun denke, daß wir zusammen 900 Thl. Miethe jetzt geben, während wir dann, da man dort noch dazu keine Miethssteuer zahlt, etwa 600 Thaler an Zinsen opfern würden, so scheint mir, man könnte, nach abgebrochenen Brücken für die bisherigen Berliner Existenzen, nichts Gescheuteres thun, als sich in Lichterfelde ankaufen. Das beste Geschäft für den Fall des Wiederverkaufs ist sicher in Aussicht und wie angenehm, ein eigenes Haus im Garten ohne fremde Leute zu haben, alle Vortheile von Berlin in 8 Minuten erreichen zu können, und den ganzen Skandal samt ungesunder Stadtluft dahinten zu lassen! – Cosi fan tutte ruft mich, ich breche also für heute ab, und liefere nächstens mehr. …

Berlin, Freitag d. 29. Sept. 71.

Deine Lauensteiner Rosen sollten eigentlich noch nicht verblüht sein, ehe ich dir den Dank dafür gesagt, aber wenn sie auch noch im Glas stehen, so ist ihre Schönheit dennoch dahin und kehrt nicht wieder; sie war dafür unvergleichlich! wirklich bezaubernd sah der Strauß aus, als ihn Alwine mir brache, wie üppigster Sommer, keine Spur von Verwelken, und dazu der herrlichste Duft; es war der Mühe werth, mich darum zu besuchen, und doch konnte sich Keiner so daran freuen, wie ich. Daß nun weder diese reizende Sendung, noch dein lieber Brief mir Worte des Dankes ohne alle Säumnis entlocken konnten, das liegt wieder an Berlin, an der ungeheuren Menge von Dingen, die vorgehen und den Menschen fordern, und an meinem Wunsch, mir doch womöglich die tägliche Arbeitszeit ungeschmälert zu retten, ihr also die Pflichten und Freuden der Correspondenz lieber einmal aufzuopfern. Im Ganzen komme ich auch mit meinen Vorsätzen der Zeit-Eintheilung und Nutzung auch so ziemlich durch, und so bin ich einstweilen mit meinem Dasein ganz zufrieden. – Was aber soll ich nun zuerst erzählen! Es ist zu Vielerlei. Nur um Euch wegen meiner extravaganten Pläne zu beruhigen, will ich voranstellen, daß ich den Gedanken an Lichterfelde für

Euch wenigstens aufgegeben habe, weil ich einsehe, daß Ihr im besondern Euch behaglicher in Berlin fühlen müßt, als dort draußen. Allein für mich selbst denke ich doch noch daran, wenn es möglich sein sollte, eine Miethswohnung da zu bekommen; denn hier fängt es an mit Preisen und unangenehmen Raumverhältnissen unglaublich zu werden. Ich hatte gerade gestern Gelegenheit, eine Probe davon kennen zu lernen; Spitta, der mir schrieb, daß er den ganzen Monat Oktober hier für Bachstudien zubringen wolle, bat mich zugleich, ihm eine kleine möblierte Wohnung zu besorgen, und auf dieser Jagd machte ich Erfahrungen, die mich für die Zukunft, für meine eigenen Wohnungsnöthe ganz und gar niederschlugen. Man denke, ein möbliertes Zimmer mit Cabinet in der Friedrichstraße – 50 Thaler monatlich, andere zu 30 oder 26 u.s.w. Ein Zimmer zu 10 Thl. war so gut wie ungenießbar. Nun heißt es, übermorgen werde uns für den April gekündigt werden, und wenn nicht der Reichstag das Grundstück für seinen großen Parlamentsbau kauft, und uns vor der Hand wohnen läßt, so sind wir von der Judengesellschaft, der im andern Fall der Zuschlag ertheilt ist, am ersten April an die Luft gesetzt. Ich denke mit wahrem Kummer daran, auch ganz abgesehen von meinen persönlichsten Vortheilen; es ist zu jämmerlich, sich einen so wundervollen Park niedergemetzelt zu denken, an dem die Natur über 100 Jahre in der Stille gearbeitet hat, und der nun mit ein paar Schlägen in wenigen Stunden auf Nimmerwiedersehen vernichtet werden soll. Es freut mich, daß ich meine Photographieen davon habe; auch eine Ansicht vom Haus fand ich hier noch vor, und ein besonders reizendes Bild von dem Innern meines großen Zimmers, das Euch sehr gefallen wird. Der gute Günther hat Nichts für alle diese Bilder genommen, und mich damit fast in Verlegenheit gesetzt; aber ich hätte ihn beleidigt, wenn ich noch mehr in ihn gedrungen wäre, Geld zu nehmen, und so trage ich ›das Unvermeidliche mit Würde‹[144]. Ich habe ihm im Sommer seinen Flügel ausgesucht, und dafür scheint er mich unverhältnismäßig fürstlich belohnen zu wollen. – Nun hat mich der Strom der Rede oder der Tinte von Spitta abgeführt, ohne daß ich gesagt, wie sehr ich mich der Aussicht freue, ihn einmal für längere Zeit in meiner Nähe zu haben. Er hat mir einen wunderhübschen Brief über meine Ballade geschrieben, den ich vielleicht hier einlege, wenn das Ganze nicht zu dick wird. Andere Besuchsüberraschungen brachte mir am Dienstag die plötzliche Erscheinung von Hans Bürgers, der auf 2 Tage hier war, um Geschäfte zu regeln, und mit dem ich Mittwoch Abend ›Joseph in Ägypten‹[145] hörte. Es war ein sehr hübsches, erfreuliches Zusammensein, und ein anderer Cölner, der Cellist Rendsburg, der mich auch aufsuchte, und mit mir einen Abend im Leipziger Garten verbrachte, war mir insofern ein recht angenehmer Gast, als er mir durch sein ganzes Benehmen bewies, daß er ungleich besser ist, als die gewisse schwarze Schaar, Cölner Collegen vom Conservatorium, die es sich angelegen sein ließ, mir das Leben dort zu verbittern. Heute Morgen kam dann endlich Herr Schulze aus Celle an; ich hatte in der Erwartung seiner, Frau Kath anempfohlen, ihn vor ½ 1 einzulassen, während sonst alle Leute jetzt stramm bis dahin abgewiesen werden. Er kam direkt vom Bahnhof, und sein Eintritt in Berlin mußte ihm sonderbar genug vorgekommen sein, da ich gerade Grabau und Spengel um 12 zu einer gemeinsamen Turnübung bestellt hatte, und er nun als ehemaliger Einjähriger gleich damit antreten mußte, als Turnlehrer zu fungieren, was er denn ausgezeichnet verrichtete. Nachher gingen wir alle vier zu gemeinsamem Mittagessen in die akademische Bierhalle, wo wir für 5 Silbergroschen – sage 5 Silbergroschen – à Person s e h r g u t speisten. Spengel und Graben essen jetzt immer dort, und ich habe mich ihnen seit gestern angeschlossen, nachdem ich mir vorher einige Male an den Mendelssohnfreien Tagen mein Essen aus dem Leipziger Garten auf Frau Kaths Rath hatte holen lassen. Schulze habe ich nun für die ersten Nächte bei Euch auf Carls Stube einquartiert, und hoffe, daß Ihr über diese eigenmächtige Handlungsweise nicht ungehalten sein werdet; auch Frühstück soll ihm Alwine Morgens geben; der arme Kerl ist gar zu sehr auf Nichts gesetzt, als daß man es über das Herz bringen könnte, ihn jetzt in Hôtels Geld ausgeben zu lassen, bis er eine passende Wohnung gefunden hat. …

Den alten Hollweg traf ich neulich zufällig auf der Straße; er war auf der Durchreise, und ich ging gleich ein ganzes Stück Weges mit ihm bis zu seiner Wohnung, wobei wir ein sehr hübsches Gespräch hatten. … Die Dorn schrieb mir, ich möchte sie einmal besuchen in ihrer neuen Wohnung, und meine Folgsamkeit wurde dadurch belohnt, daß ich wirklich einen recht angenehmen Eindruck von ihr hatte. Sie freute sich offenbar aufrichtig mich zu sehen, und die alte Freundschaft thut wohl. Natürlich fehlen auch wieder die Grüße an Euch nicht, die sie mir mit ganz besonderer Energie auftrug. Sie erinnerte mich auch wieder dringend, einen Chorverein zu gründen; sie wisse, daß der Zulauf groß sein werde; und da dieselbe Aufforderung auch noch von anderer Seite an mich herantrat, so machte ich wirklich ernstlich Anstalten, dachte mir ein passendes Comité aus, sprach bei Mendelssohns darüber, um Ernst Mendelssohn, mit dem ich jetzt recht gut stehe, für Annahme eines Comitéamtes zu interessieren, und ging dann zu Joachim, um seine

Einwilligung zu holen, ehe ich definitive Schritte thäte. Aber, siehe da, diese blieb aus; er war wegen der zukünftigen Chorunternehmungen, die von der Hochschule ausgehen sollen, entschieden dagegen, meinte, es dürfe nicht wieder ein neuer Dilettantenchor gegründet werden, sondern nur ein Verein, dessen Stamm aus geschulten Sängern bestände, und hielt mir endlich eine Vorlesung darüber, daß ich über Zeitmangel klage, und mich noch mehr zersplittern wolle. Es ließe sich ja Manches gegen diese Bedenken wiederum von meiner Seite her einwenden; da er aber einmal seine Meinung so entschieden und dabei doch so freundschaftlich geäußert hat, so verstummt natürlich jede Opposition und ich bin nun auch mit dem negativen Resultat, keine neue Art der Arbeit hinzubekommen zu haben, ganz zufrieden. Unsere Hochschulangelegenheit steht, wie seit einigen Tagen verlautet, sehr gut, Mühler soll beim Kaiser garnichts erreicht haben, und so werden wir nun wohl bald Positiveres erleben. Hausmann, Wolff u.s.w. ›Das junge Quartett‹ kamen gleich am Tage nach meiner Ankunft zu mir, um mich zu veranlassen, mit ihnen im Oktober in Dresden, Braunschweig, Göttingen, Soiréen zu geben; ich hätte gern Ja gesagt, war aber doch im Augenblick nicht dazu im Stande; vielleicht kommt Februar – März noch einmal Gelegenheit; sie gehen übermorgen auf ihre erste Tour, dann nach Schlesien, so daß man sie kaum vor Februar wiedersehen wird.

Recht freundlich benimmt sich Deppe, der jetzt die Berliner Sinfonie Capelle an Sterns Stelle übernommen hat, gegen mich und meine Musik. Er hat die Schubertsche Fantasie mehrfach in seinen Concerten aufgeführt, und ersuchte mich neulich, zuerst Otto den Schütz, dann die Ballade, und noch später den Ekbert ganz nach meinem Geschmack seinem Orchester einzustudieren, damit er die Sachen dann in meinem Sinn aufführen könne. Am Dienstag werde ich somit Probe für Otto den Schütz halten, und denke, daß die erste Aufführung der Ballade etwa daran kommen wird, wenn Ihr zurück seid. – Gestern hatte ich unerwartet einen sehr freundlichen Brief von Brahms, der mir für die Partitur der Euryanthe[146] dankt, die ich im Jahre 1867 der Schumann für ihn zuschickte, und die er erst jetzt in ihrem Notenschrank entdeckt. Es ist doch hübsch von ihm, daß er sich entschließt, mir darüber noch jetzt zu schreiben.

Ich schließe nun endlich und grüße die ganze Lauensteiner Gesellschaft (d. h. nicht ›den großen Cirkel‹) aber Euch und Hausmanns und Küchenthals…«

## An meine Mutter

»Berlin d. 8. Okt. 71.

Ich hatte mir vorgenommen, dir heute als am Sonntag Vormittag einen recht langen Brief zu schreiben, und nun mußte ich schon früh in einer Schulangelegenheit zu Joachim, blieb da sitzen, weil er mir vorschlug, sein eben erschienenes Arrangement der ungarischen Tänze für Geige und Klavier mit ihm zu spielen, komme nach Haus und bin gleich eines Überfalls von Frl. Schlegel gewärtig, die mir vorspielen will; dann soll ich zum alten Alexander Mendelssohn kommen, der sehr krank ist, und sich zu seinem Trost erzählen lassen will, wie schlimm es mit Vater stand, und wie gut es mit ihm wieder geworden ist, muß endlich auch zu Mittag essen und fahre gegen 3 hinaus zu Grimms nach Lichterfelde. Da wird nichts oder sehr wenig nur aus meinen Schreibeplänen werden.

Vor Allem das Allgemeine, daß es mir gut geht, und daß mir mein Berliner Leben einstweilen ausnehmend gut gefällt; möchte es so bleiben! Freilich giebt es schon immer wieder Unruhe genug, aber seit Spittas Anwesenheit hat sich ein kleiner Kreis, außer ihm und mir noch Grabau, Spengel, Deppe, Schulze so hübsch aneinander geschlossen und befestigt, daß man wirklich Etwas von diesem Zusammensein hat, und bei jedem Auseinandergehen Mittags oder Abends mit Freuden an die nächste Mahlzeit denkt, zu der man sich wieder zusammenfindet. Spitta ist ein Prachtmensch, bedeutend nach jeder Richtung hin, eminent musikalisch und in der Musiklitteratur so bewandert, daß er es in dem letzteren Punkt nicht allein mit jedem Musiker aufnehmen kann, sondern die meisten beiweitem übertrifft; dazu ein Charakter wie Gold so rein und durchsichtig und fest, und von feinstem zartestem Gemüthsleben neben allen diesen energischen Eigenschaften. Er ist Jahn wohl in vieler Beziehung sehr verwandt, nur halte ich ihn für noch glücklicher und harmonischer begabt. – Da er bis Ende des Monats bleibt (von einem kleinen Ausflug abgesehen, den er heute auf einige Tage unternimmt), so hoffe ich sicher, daß Ihr ihn hier noch kennen lernt. – Probe und Aufführung von Otto der Schütz fanden unter meiner freundschaftlichen Theilnahme statt; besonders machte mir Deppe's Vergnügen an dem Stück viel Freude; er ist einer von den wenigen selbstlosen Musikern, die nach nichts Anderem fragen, als dem, was sie für gut und richtig in der Kunst halten, zu seinem Recht zu verhelfen, und so schimpft er gehörig auf die Mißgunst der Kapellmeister, die die Verbreitung von einem Stück so schön zu verhindern wissen, das ohne solche Machinationen ganz gut seinen Weg durch die Welt finden würde. Ich hatte die Probe selbst geleitet, und mußte mich nun entschließen, das erste Mal auch bei ›Sommer‹ selbst zu dirigieren, weil das Orchester an mich gewöhnt war. Es war mir nicht angenehm, doch kommt schließlich nichts darauf an, da der Name des Dirigenten nicht auf dem Zettel stand, und man so incognito fast passieren kann. Verschiedene Schüler und Schülerinnen waren freilich unter den Zuhörern. –

Am Montag hatten wir Aufnahmeprüfung, und zwar eine so starke, daß unsere Schülerzahl sich auf 70 vermehrt hat, speziell die der Klavierschüler auf 30. Ich habe manches hübsche Talent bekommen, und einiges weniger Vorgerückte für Barths Stunden ausscheiden können. Auch die Janotha kommt wieder, nachdem sie sehr dumme Hin und Herschreibereien aufgeführt, die mir fast Lust gemacht hätten, ihr die Wiederaufnahme zu verweigern. Schulze hat sich sehr hübsch introduciert bei der Prüfung und erhält eine Freistelle. Gestern habe ich es erreicht, daß die Oriolla ihn ganz in Kost und Logis nimmt vom 5. November an, wofür er dann den ganzen Musikunterricht der Kinder besorgt. … Er ist ein so von Grund aus tüchtiger, strebsamer Mensch, und von so entschiedenem Talent, daß ich meine, es müßte ihm trotz des schwierigen Terrains bei der Oriolla gelingen, sich dort unentbehrlich zu machen. Schade, daß ich nicht Zeit habe, ausführlich von der schönen Situation zu erzählen, in der ich meinen Plan der Oriolla vortrug: eine gänzlich ausgeräumte Wohnung mit nur noch einigen Kisten und Kasten, auf denen sie abends um 7 nebst einem Stearinlicht thronte, das auf eine Selterwasserflasche gesteckt war. Jommel mit gebrochenem Fuß, der Gott sei Dank ganz wieder auf der Heilung ist, als letzter Einwohner in seinem Bettchen, und alles Übrige auf dem Wege in die neue Wohnung. … Ich schreibe mit einer überaffenartigen Geschwindigkeit, und habe es dann glücklich bis hierher gebracht. –

Abends: Gerade in diesem Momente klingelte Frl. Sch., und so hat sich der Tag bis zum Augenblick ohne Pause abgewickelt. Was ich in Lichterfelde erfahren, berichte ich ein anderes Mal; Schulze und Spengel sind hier zum Thee, und so mag ich sie nicht lange damit amüsieren, daß sie still sitzen, während ich schreibe. – Gestern war ich, um dies wenigstens noch zu erwähnen, mit Spitta und Grabau im Lohengrin; der erste Akt, der wirklich genial angelegt ist, und dramatisch zu dem Wirksamsten gehört, was es giebt, verfehlte seinen Zauber nicht trotz mancher musikalischer Unthaten, die zwischen vielem Guten und Poetischen zum Vorschein kommen. Im Anfang des zweiten Aktes wird es dann freilich gleich sehr schlimm, und des abspannenden, planlosen Gewürges giebt es allmählig so viel, daß man am Schluß bei aller Freude an schönen Einzelheiten doch sehr froh ist, fertig zu sein. Man hat die

Empfindung: für die nächste Zeit ist es nun wieder genug von dieser Farbe. Von der Schumann hatte ich einen sehr lieben Brief, in dem Sie auch Euch herzlich grüßt. Endlich hat mir der schwarze Heymann aus Amsterdam[147] der auf 8 Tage hier ist, eine Freude damit gemacht, daß er mir die beiden ersten Sätze meiner Fantasie teilweise sehr hübsch vorspielte. Der Mensch ist über die Maßen begabt, aber nervös schon so ruiniert, daß ich fürchte, ein abermaliger Gang zum Irrenhaus wird das Ende sein! Es ist gar zu tragisch. – Wann reist Ihr? und welchen Tag denkt Ihr zurückzukommen? Ich berichte wohl morgen über Lichterfelde, sage aber gleich, daß Ihr kein Haus kaufen sollt. …«

Von meinem Vater

»Lauenstein 11. Oktober 1871.

Lieber Ernst!
Mutter macht ihren Dauerlauf und kann dir erst von Wienrode aus antworten, ich vertrete also vorläufig ihre Stelle.

Wir haben Deine Lichterfelder Projekte mit der Tante und unter einander berathen, und sind im Allgemeinen gar nicht dagegen, daß Du vor Berlin ein Grundstück erwirbst, magst Du nun über kurz oder lang nach Cöln oder einen andern Ort übersiedeln oder dort bleiben wollen. Daß die Grundstücke zwischen Berlin und Potsdam nicht fallen werden, darf man voraussetzen, ferner bist Du jung, das halbe Leben liegt noch vor dir und deine Verhältnisse sind nicht so gedrückt wie die meinigen waren als ich in deinen Jahren war. … Gestern war ich nach Hemmendorf um Zwieback zu holen. Die Nebel hatten sich verzogen und in der heitern Bläue über mir war keine Schwalbe mehr zu sehen. Aber ein Keil Kraniche etwa 50 an der Zahl hielt gerade über meines Häupten Revue, um sich zu orientieren, zog drei Mal einen großen Kreisbogen und steuerte dann gegen Süden über Flächen über Seen – zunächst über die schöne grünen Eggerser Wiesen mit ihren Heuhaufen – der Heimat zu. Unsere Wälder werden falb und gelb und es wird Zeit in die Winterquartiere einzurücken. Tante Marie L. klagt auch über die rauhe Luft. Was dann Gott über mich ferner beschließen wird im Lauf und gegen Ende des Winters will ich ihm anheimstellen, was er thut das ist wohlgethan.[148] …

Unser wilder Wein ist lauter Rothwein geworden. An der schönen Mittagsseite unter Ottos Stube mußt Du ihn ganz wegnehmen und noch irgendwelches Obst oder zahmen Wein pflanzen. ›Unser Fritz‹ hat 3 wundervolle blühende Rosen zu guter Letzt.

Nun Adieu geliebter Sohn, jetzt und allezeit

Dein treuer Vater

A. R.«

Meine Eltern nahmen den Rückweg nach Berlin über Wienrode, wo sie sich mehrere Tag aufhalten wollten. In dieser Voraussicht richtete ich die nachfolgenden Zeilen an meine Patin Marie Hoffmeister.

»Berlin d. 12. Oct. 1871.

Dein Brief, liebe Tante, den du mir nach Bonn schriebst, steckt noch immer unbedankt in meiner Tasche: Gern hätte ich ihn jetzt mündlich beantwortet, wollte aber nicht gern Urlaub auf ein paar Tage nehmen, da erst eben der neue Kursus begonnen hat, und versagte mir deshalb die Freude. Nun kommt soeben Joachim mit der Aufforderung, morgen mit ihm und seiner Frau auf drei Tage an den großherzoglichen Hof zu Strelitz zu gehen, wo beide musicieren und ich begleiten soll. Da mochte ich doch nicht abschlagen, und bin nun doppelt verhindert, meinen heimlichen Plänen für Wienrode nachzugeben. Diese Strelitzer Reise macht mir Spaß; Henselt wird dort sein, den ich gern kennen lerne, und in Joachim'scher Gesellschaft sein ist immer erfreulich. Mein Benehmen bei Hofe wird wohl herrlich werden: umgeknickte Füße, mehrfach gebrauchte Taschentücher, Hände in den Hosentaschen, […][149] bürgerliche Anreden und dergleichen stehen mir ahnungsvoll vor der Seele; ich will mich aber anstrengen menschlich zu sein. Anbei erhältst Du den eben erschienenen vierhändigen Klavierauszug meiner Ekbert-Ouvertüre. Ich bin etwas bange für sein Seelenheil, wenn meine liebe Mama es unternehmen sollte, prima vista den Baß zu trommeln, da sie aber 8 Tage Zeit zum Üben hat, so studiert sie vielleicht die Noten vorher einmal durch, ehe sie sich mit dir auf die Vierhändigkeit einläßt. Grüße die Eltern herzlichst, und erzähle ihnen von meiner plötzlichen Kunstfahrt…«.

An meine Mutter nach Wienrode

»Remplin d. 14. Oktober 1871.

Es wäre doch zu schade, wenn ich das großherzogliche Briefpapier nicht verwenden wollte, das man mir auf mein Zimmer gelegt hat, und so benutze ich einige unbesetzte Morgenaugenblicke, dir über mein Dasein Bericht zu erstatten. Das Datum besagt, daß wir nicht in Strelitz sind, sondern auf einem Lustschlosse des Herzogs Georg, Bruders des regierenden Großherzogs von Mekl. Strelitz[150], der mit seiner Frau[151], der Tochter der Großfürstin Helene von Rußland[152] hier einige Sommermonate zubringt. Das gänzlich Neue aller Verhältnisse, sowohl der geographischen als der gesellschaftlichen macht mir sehr viel Spaß, und obgleich es bequemer ist, für alle Tage nicht mit kaiserlichen Hoheiten zu verkehren, so ist es doch interessant, einmal einen Blick in diese Sphäre hineinzuwerfen. Nach einer Eisenbahnreise von 5 Stunden, die durch das Zusammensein mit Joachims und manchem hübschen Blick hinaus auf herbstlich gefärbte Buchenwälder oder kleine Städte mit mittelalterlichen Backsteinbauten angenehm genug war, langten wir in Malchin an, wohin uns ein Wagen entgegengeschickt worden war. Nach einer klein halben Stunde Fahrt durch anmuthige etwas hügelige Landschaft mit Wiesen und Wäldern ließ sich das Schloß Remplin zwischen den Bäumen des weiten uralten Parks blicken, und bald empfing uns eine Schaar von Lakaien, an deren Spitze ein recht liebenswürdiger Kammerherr die honeurs machte, uns unsere Zimmer anzuweisen. Das meinige ist durchaus beneidenswerth; denkt Euch die Aussicht etwa so, als wenn man in Potsdam vom neuen Palais aus gegen den Park von Sanssouci sieht; ich wohne Parterre, etwas zur linken, und sehe auf einen prachtvollen großen Rasen, der im Halbrund von den herrlichsten Linden und Buchen umsäumt ist, ein Apoll von Belvedere sieht mir gerade ins Fenster, und im Hintergrund thun sich die Bäume zu einer Allee auseinander, deren Ende ich aus meiner seitlichen Position nicht absehen kann. – Bald nach unserer Ankunft wurde uns Frühstück serviert und als wir eben den letzten Bissen verschluckt hatten, erschien der Herzog um uns zu begrüßen; dann kam Henselt, – der leider heute wieder abreist, – ein Mann mit grauem Haar, sehr schlichten Manieren und freundlichem guten Gesichtsausdruck, dessen Erscheinung man sich durchaus nicht mit dem pôeme d'amour und der Des-dur Etüde Nr. 2 zusammenreimen kann; aber wenn von dem Schimmer des zartesten vom zartesten auch nichts mehr an ihm zu entdecken ist, das seine Werke für seine Persönlichkeit voraussetzen lassen, so waren doch Joachim und ich auf das Angenehmste überrascht, in ihm keine Spur eines abgelebten, vornehmen Weltmannes zu finden, wie wir gefürchtet hatten, sondern, wie gesagt, einen grundeinfachen, gutmüthigen, ein klein bischen vergrellten Mann, der eher einem einsamen Sonderling ähnlich sieht, als einem Petersburger Virtuosen. Er führte uns in den Salon oben, um dort die Instrumente zu probieren, wollte absolut selbst Nichts spielen, sondern tractierte uns nur mit einem Es-dur Arpeggio, um zu beweisen, wie schlecht der Flügel sei, blieb dann dabei, während wir spielten, und versprach endlich, er wolle uns am nächsten Morgen früh noch Etwas zu hören geben. Mitten in der Probe erschien die Großfürstin in der Thür, begrüße uns recht freundlich, und verschwand nach kurzem Gespräch wieder. Um ½ 6 war Tafel; man versammelte sich in einem wirklich idealisch angelegten Salon, in dessen Mitte eine prachtvolle Venus von Milo in Marmor steht, und der durch große Scheiben hinuntersieht in eine offene Säulenhalle, deren Bögen wiederum die Durchblicke in den Park umrahmen. Etwa 16 Personen mochten im Ganzen die Gesellschaft bilden; außer den beiden genannten Herrschaften eine alte recht angenehme Herzogin von Cambridge, zwei Kinder des Herzogs eine Prinzeß von 16, ein Prinz von 12 Jahren, der junge Prinz Gortschakoff, und verschiedene Hofdamen und Kammerherren. Ich saß bei Tisch zwischen Henselt und dem Erzieher des Prinzen, einem recht angenehmen jungen Russen; eine bildhübsche junge russische Hofdame war dann jenseits Henselts die nächste Nachbarin; noch interessanter in der Unterhaltung erscheint eine andere, die schon etwas passiert ist, aber einen äußerst gescheuten, liebenswürdigen Eindruck macht.

Sonntag Morgen.
Hier wurde ich gestern durch die Nachricht unterbrochen, daß Henselt uns vorspielen wollte und bin seitdem nicht wieder zu mir selbst gekommen. Henselts Spiel war eine wirklich große Freude; freilich sehen hier und da einige veraltete Virtuosenmätzchen heraus, aber man vergißt und verzeiht sie gegenüber dem unbeschreiblichen Reiz seines Anschlags und der oft bezaubernden Grazie, mit der er eine zarte harmonische Wendung oder eine feine Passage wiedergiebt. Es ist echte Eleganz in seinem Spiel, die aus einem in Anmuth webenden Gemüthsleben hervorquellt (siehe Göthe; ›es giebt eine Höflichkeit des Herzens, sie ist der Liebe verwandt‹[153]) und das thut so wohl, alle dem kalten gedunsenen modernen Wesen gegenüber. Wie interessant es mir war, seine eigenen Sachen, die ich so oft gespielt, die Des-dur und Fis-dur Etüde u.s.w. von ihm zu hören, oder das Conzertstück, das C-dur Rondo u. die E-dur Polonaise von Weber, deren Vortrag durch ihn so weltberühmt geworden, das könnt Ihr Euch denken. Auch As-dur Mazurka und As-dur Etüde von Chopin waren entzückend.

Um 12 reiste er ab, zugleich auch die Herzogin von Cambridge, die die Etikette am Tag vorher etwas sehr steif gemacht hatte, und um ½ 1 Uhr wurden wir im Morgenanzug zum déjeuner zu den Herrschaften befohlen. Von da an bis zu diesem Augenblick ging es dann crescendo in der Annehmlichkeit und Ungezwungenheit des Verkehrs. Der Herzog hatte uns vorgestern selbst durch sein prachtvolles Schloß geführt, das theils im Roccocostyl aus alter Zeit erhalten ist, theils von ihm erweitert und verschönert wird; gestern Mittag forderte er uns dann zu einem weiteren Spaziergang auf, an dem Prinz Gortschakoff, ein sehr liebenswürdiger Kammerherr von Ströber u. ein Graf Fredroco außer uns Theil nahmen, und der wirklich überraschend schön war. Man sieht von einer Anhöhe, deren Rücken mit den herrlichsten alten Buchen bestanden ist auf den Rempliner Park herab, darüber hinweg auf weite Wiesenflächen, und endlich auf einen See, der in der Sonne golden durch den feinen herbstlichen Duft hervorschimmerte. Die Freude, mit der der Herzog sein Eigenthum zeigt, ist auch Anderen erfreulich. Mit dem Prinzen Gortschakoff, der in meinem Alter ist, vertrage ich mich besonders gut, er hat keine Spur von cermoniellem Wesen, ist amüsant in der Unterhaltung, weil er unglaublich viel an allen möglichen Höfen erlebt hat, und hat auch verhältnismäßig ganz gesunde Ansichten. Nach der Tafel, die wieder außerordentlich glänzend war, blieb nur noch eine kurze Pause bis zum Musizieren. Der Herzog hatte darauf gerechnet, daß wir heute noch bleiben würden; da das aber nicht anging, so hatte er in der Eile auf gestern allen möglichen Adel aus der Gegend zusammengebeten, der dann bis auf drei Leute nicht erschien. Für uns war das gerade gemüthlich, denn nun, wo man gegenseitig bekannter wurde, schmolzen beiderseits die Eisrinden mehr und mehr, und man wurde warm beim Musizieren; Joachim spielte das Conzert von Mendelssohn unvergleichlich; wir hatten Programm gemacht, und die Großfürstin hatte so mehrfach vorgestern gewünscht, ich solle auch Etwas allein spielen, daß Joachim verlangte, ich müsse es thun. So geschah es; ich nahm sichere Gäule, meine Orgelfuge und das Armidenballet, das zwischen Alcestenarie und Orpheusscene[154] gut hineinpasste, und habe die Genugthuung, wenigstens einen ersten Schritt zur Überwindung gethan zu haben. Alles war gestern hübscher, als vorgestern, auch der Klang im Saal erschien schöner, und die Herrschaften überboten sich so sehr in Güthe und Liebenswürdigkeit, daß man wirklich den Boden zu vergessen anfing, auf dem man sich befand. Nach dem Musizieren nahm mich der Prinz Gortschakoff bei Seite, und bat mich im Auftrag des Herzogs, ihm zu sagen, was Joachims angenehmer anzunehmen sein würde, Geld oder ein Geschenk. Das war nun ein kitzlicher Punkt; ich nahm mit J.[Joachim] Rücksprache, und er meinte, gefragt könne man doch nur ein Geschenk wählen, besonders da unsere Aufnahme eine so freundschaftliche gewesen sei. Mir wäre Geld recht bequem gewesen, da man ja Kosten genug von dem Spaß hat, doch finde ich es auch fatal, welches anzunehmen; so bin ich denn begierig, auf welcher Schnupftabaksdose man hängen bleiben wird. Ich schließe, weil noch allerhand zu thun ist; um 12 reisen wir ab, die Herrschaften wollen uns noch sehen, ich muß dem Prinzen noch Antwort bringen, muß noch packen, will noch in den Park u. s. w. Es ist schade, daß ich nicht eine von den beiden russischen jungen Damen heirathen kann; aber es wäre doch vielleicht nicht ganz passend.

Wie freue ich mich des schönen Wetters für Euch in Wienrode! An Tante und Onkel die herzlichsten Grüße von

Euerm Ernst.

Berlin d. 18. Okt. 1871.

Meine Hofnachrichten aus Remplin werdet Ihr erhalten haben, und ich möchte Euch nun noch schriftlich für Eure beiden lieben Briefe danken, da es wieder genug zu berichten und zu erwidern giebt. Ein sehr freundlicher Abschied von den Herrschaften und Hofdamen beschloß die Rempliner Tage. Unsere Rückreise hatten wir gemeinsam mit dem Prinzen Gortschakoff, der wirklich für seine Verhältnisse ein sehr angenehmer, zugänglicher junger Mensch ist. Er geht jetzt nach Baden auf 14 Tage, und sagte mir, er werde mich nach seiner Rückkehr einmal besuchen. Was wird nun Frau Kath anstellen, wenn sie einen Prinzen empfängt! Schade, daß unsere alte Charlotte für diesen Zweck nicht zu haben ist.

Hier begrüßte mich bei meiner Ankunft die Nachricht, daß endlich der Verkauf des Vossischen Grundstücks abgeschlossen ist; der Bankverein hat es für 1.500.000 Thaler bekommen, und wird das Ganze zu Villen parzellieren, wo dann die Quadratrute Terrain allein auf 750 Thaler zu stehen kommt!!!![XXVI] In Lichterfelde kostet sie 15 Thaler. Nun ist es beschlossene Sache, daß ich zu Ostern spätestens mein Quartier zu räumen habe, und so drängt Alles zu einem neuen Entschluß. Ich gebe Euch darin vollkommen Recht, daß ein Bau mir zu viel Zeit in meinen jetzigen Verhältnissen kosten würde, und habe mich durch Euch also zum [...][155] Ankauf eines fertigen Hauses bestimmen lassen. ... Am Sonnabend Abend ist erste Quartett Soirée; in der nächsten

XXVI Der Plan änderte sich später dahin, daß die Vossstraße, die eine Verbindung zwischen dem ehemaligen Schulgarten – jetziger Königgrätzstraße – und dem Wilhelmsplatz herstellt, auf dem Terrain angelegt wurde.

Woche kommt Hiller auf einige Tage und spielt im ersten Deppeschen Akademie-Konzert; am Sonntag soll Otto der Schütz in der Villa Colonna vor dem Studentenpublikum einen lebhaften Erfolg erlebt haben; heute höre ich meine Schubertfantasie bei Sommer, in der nächsten Woche habe ich Probe zum Ekbert zu halten. Daß Ihr Spitta hier noch seht, freut mich ganz besonders; er ist ein ganz seltener ausgezeichneter Mensch. …«

Am Tage nach meiner Rückkehr von Remplin schrieb ich einige Zeilen an Henselt und schickte ihm zugleich meine Fantasiestücke op. 10. Am 3. November erhielt ich aus Petersburg die folgende, in großen, wunderlichen, schwerleserlichen Buchstaben geschriebene Antwort: »Werthgeschätzter Herr Rudorff. Daß Sie ein vortrefflicher Musiker habe ich wohl gleich gemerkt, daß sie dabei auch ein so talentvoller Componist ist eine Überraschung für mich. Ich habe indeß noch nicht so genaue Bekanntschaft mit Ihnen gemacht als ich wünschte denn Ihre liebenswürdige Sendung kam an als ich in Moskau (im Dienste) war, und lag mindestens schon 12 Tage hier ehe von dort zurück kam. Was mußten Sie also von mir denken? um also nicht noch länger bei Ihnen in übler Meinung zu stehen eile ich so gut ich kann mit diesen Zeilen um Ihnen meinen verbindlichsten Dank für diese freundliche Aufmerksamkeit zu sagen. Hoffentlich wird es mir vergönnt Sie noch näher kennen zu lernen. Empfehlen Sie mich dem unvergleichlichen Joachim und dessen Gemahlin und empfangen Sie die Versicherung der größten Hochachtung von Ihrem ganz ergebenen Diener

Ad. Henselt.«

Nach Jahren erfuhr ich einmal gelegentlich eines Gesprächs mit Lienau, dem Verleger meiner oben erwähnten Fantasiestücke, daß das erste derselben auffallend viel in Rußland verlangt und gespielt werde. Vielleicht verdanke ich diese Verbreitung des Stückchens einer ersten Anregung von Seiten Henselts.

AUS DEM TAGEBUCH

MONTAG D. 16TEN OCTOBER.
Gegen Abend kommt Spitta; ich spiele ihm meine Lieder für gemischten Chor und die Frauenchöre vor. Um 10 Uhr gehen wir noch in die Restauration von Kuhn wo wir mit Deppe zusammentreffen. Wir preisen in coro die Schumannschen Symphonieen, die trotz aller kleinen Dilettantismen doch so genial und poetisch berühren.

MITTWOCH D. 18TEN OCT.
Nachmittags in Sommers Salon meine Orchestrirung der Schubertschen f moll Fantasie angehört. Deppe nimmt das tempo des Hauptsatzes viel zu langsam. Joachim, Heinefetter und Ignatz Brüll aus Wien sind anwesend. Ich gehe mit Spitta in meine Wohnung, trinke mit ihm dort Thee und spiele ihm Gluck und Schumann vor. Dann treffen wir uns wieder mit Joachim, Deppe und Brüll im Leipziger Garten. Brüll sagt mir Gutes über die Aufführung meiner Ekbert-Ouvertüre in Wien. Er ist ein feiner angenehmer Mensch, der in Beziehung auf Liszt und seine Genossen gesund empfindet.

FREITAG D. 20TEN OCTOBER
Um 6 Uhr bei Mendelssohn zu Tisch. Um halb 8 Uhr die Eltern am Potsdamer Bahnhof empfangen. Ich fahre mit ihnen zur Friedrichstraße, und es giebt lebhaftestes Gespräch namentlich auch über die Wohnungsfragen. Vater ist recht frisch, hat sich offenbar gut erholt.

SONNABEND D. 21TEN OCTOBER
Zu Tisch bei den Eltern. Abends in der Singakademie erste Joachim'sche Quartettsoiree. Auch Vater und Mutter hören zu. Es gibt Haydn Quartett d moll, Mozart Quintett g moll, dann Beethoven Es dur Quartett op. 127, das mir nur theilweise Eindruck macht, nachdem die Genußfähigkeit an den beiden ersten Sachen, und ihrer unbeschreiblich schönen Ausführung sich erschöpft hatte. Nachher bei Joachim - der augenblicklich Strohwittwer ist - Zusammensein mit Spitta, Schaper, Grabau, Deppe, Radecke, Berg; Rappoldi, Stiehle, Skalytzki, de Ahna, und Müller. Heftiger Streit über Tisch zwischen Rappoldi und mir. Er tadelt die Musiker, die selbst nichts leisten und über Verdi und Meyerbeer schimpfen, worauf ich erwidere, daß ich lieber vergessen sein will, als einen Meyerbeer'schen Ruhm mit ins Grab nehmen, der mit Schmutz besudelt im Wesentlichen Schaden heißen sollte für allen Ruin des Geschmacks und des edlern Gefühls in den er das Publikum hinabgezogen. Spitta bietet mir Hinterher das ›du‹ an.

SONNTAG D. 22TEN
Mittags bei den Eltern. Um 4 Uhr kommt Spitta. Lebhaftes Gespräch über Römische Inschriften, über Tieck, Mendelssohn u. s. w. Dann gehe ich mit Spitta ins Opernhaus um den Templer von Marschner zu hören, für den er einstmals sehr geschwärmt hat. Ich finde manche schöne reizvolle Züge neben vielen gewöhnlichen Parthieen, schauderhafter Roheit in der Istrumentierung und großer Unklarheit der dramatischen Anlage. Die Aufführung mit Ausnahme von Betz unter aller Kritik.

MONTAG D. 23TEN
Morgens hole ich mir im Opernhaus billet zur Symphoniesoiree der königlichen Kapelle, schleiche dann zu wiederholten Malen – da Taubert dem Komponisten eines Werkes keinen Eintritt zur Probe desselben gestattet – an die Thüren des Concertsaales um mich zu überzeugen in welchem Tempo er meine Ouvertüre zu ›Otto der Schütz‹ nimmt. Ich verfehle trotz dieser Bemühungen mein Stück, und

spreche nur einige Musiker beim herauskommen, die mich beruhigen, endlich auch Taubert selbst. Dann gehe ich in die königl. Bibliothek, um Spitta zu treffen, lese eine Weile in den Partituren der Opern ›Ruslan und Ludmilla‹ von Glinka, und der ›Abenceragen‹ von Cherubini. Schließlich mache ich Besuch bei Waagens, die behaupten, mich seit einem Jahr nicht gesehen zu haben. Abends mit Mutter in die Symphoniesoiree ›Friedens-Ouvertüre‹ von Reinecke, g moll Symphonie von Mozart, ›Otto der Schütz‹, - der bis auf die gewöhnlichen Mängel der Kapelle, schlaffen Rythmus, Taubertsche ritardandos etc. recht gut geht -, und D dur Symphonie von Beethoven.

DIENSTAG D. 24$^{TEN}$ OCT.
Der neue Steinweg'sche Flügel kommt am Morgen bei mir an. Später Besuch von Arnold Krug und Ignaz Brüll, der auf dem Instrument einige eigene Sachen spielt. Der Ton noch etwas hart. Nach meinen Hochschulstunden gegen Abend zu Taubert, ihm zu danken. Zu Haus spiele ich auf meinem Flügel As dur Mazurka von Chopin; der Ton ist merklich schöner als kurz nach dem Auspacken. Krug und de Haan besuchen mich zum Thee, spielen mir ihre Sachen vor, Normanenzug, Lieder u. s. w., in denen manches Hübsche und Tüchtige.

MITTWOCH D. 25$^{TEN}$ OCT.
Abends mit Spitta, Gustav Alberti und Johannes Schulze bei den Eltern. Hinterher Spitta noch mit zu mir; bis spät in die Nacht ihm vormusicirt, namentlich viel Chopin gespielt.

DONNERSTAG D. 26$^{TEN}$ OCT.
Morgens als ich gerade anfangen will Klavier zu üben, überrascht mich Hiller, der soeben von Cöln angekommen ist, um in Berlin zu concertiren. Er übt bei mir C moll Concert von Beethoven und ist entzückt über meine Wohnung. Abends probirt er seine Ouverture zu Demetrius in der Singakademie; Deppe und Joachim anwesend, sonst Niemand. Hinterher mit Deppe und Spitta zusammen in eine Restaurtion von Kühne. Spitta reist morgen nach Hause zurück.

FREITAG D. 27$^{TEN}$
Hiller übt Vormittags eine Weile auf meinem Flügel. Später erfreut mich Vater durch seinen Besuch, bringt mir eine große Summe für den möglichen Ankauf eines Hauses in Lichterfelde, und wandert mit mir durch den fast entblätterten Garten.

SONNABEND D. 28$^{TEN}$ OCT.
Mit Hiller allein bei Joachim zu Tisch. Abends Symphonieconcert unter Deppe's Leitung in der Singakademie. Hiller spielt C moll Concert von Beethoven, und dirigirt seine Demetrius-Ouverture. Dann Symphonie F dur von Zellner, orchestral gedacht, hübsches Scherzo, aber starke Anklänge an die F dur Symphonie von Beethoven. Nachher Zusammensein mit Hiller, Joachim, Radecke, Brüll, Deppe, Martin Levi und Gesangslehrer Otto im Keller des hôtel des Princes. Otto berichtet von guter Recension meiner Ouverture in der Vossischen Zeitung.

SONNTAG D. 29TEN OCT.
Morgens Begräbniß des vortrefflichen alten Alexander Mendelssohn. Hiller und Schaper kommen nach der Feier mit zu mir. Um 12 Uhr mit Vater nach Lichterfelde herausgefahren. Schöner Herbsttag, der Alles in bestem Licht erscheinen läßt. Mit Hermann Grimm und Baumeister Otzen (Schwager von Robert Hausmann) zusammengetroffen. Abends bei Radeckes mit Joachim, Berg, Brüll, Hiller und Deppe, die theilweise aus dem Theater kamen. Hiller und Joachim erzählen amüsante Geschichten von Molique und Lipinski, Joachim unter Anderem Folgendes: Lipinski war von der Euterpe in Leipzig[156] aufgefordert, in einem ihrer Concerte zu spielen. Jemand macht ihm die Bemerkung, die Euterpe sei doch ein Institut zweiter Ranges, er dürfe in Leipzig nur im Gewandthaus auftreten. Lipinski erwidert: ›Wo ich spiel, ist immer Erschte.‹

MONTAG D. 30TEN OCTOBER
Bei Hiller mit Joachim zusammengetroffen. Gespräch mit diesem über Manieriertheit bei Componisten. Joachim erklärt nur Beethoven, Haydn, Mozart, Bach und Händel für nicht manierirt. Ich protestire in Bezug auf die beiden Letzten. In Bachschen Arien ist nicht nur Formalismus sondern auch oft Manier, erst recht aber in Händelschen Arien und Chören.

Während Hiller am 30. Oktober seine Rückreise nach Köln antrat, traf von dorther bei mir der folgende Brief von Hans Bürgers ein:

»Lieber Rudorff! Viele Herren des Bachvereins haben mich ermuthigt bei Ihnen anzufragen, ob sie geneigt sind, - falls Ihnen der Vorschlag gemacht würde - gegen einen jährlichen fixen Gehalt von 600 (sechshundert) Thalern, welcher eventuell für drei Jahre garantirt werden könnte, die Stelle eines Dirigenten des Bachvereins zu übernehmen, und um welchen Zeitpunkt Sie Ihre Funktionen beginnen könnten. Können Sie in dieser Beziehung mir Bejahende Antwort geben, so wird Bitter bis zu Ihrem Antritt die Sache halten und leiten. Mit anderen Künstlern in Beziehung zu treten haben wir wenig Lust, und können Sie meine Anfrage für ein Zeichen halten sowohl dafür, wie ernst wir es mit der guten Sache meinen, als für das große Vertrauen, welches Sie hier genießen.

Die Verhandlungen sollen gegenseitig geheim bleiben bis der Vorschlag von Ihnen acceptirt, d. h. Ihnen gemacht wird. Es wird Sie interessiren, daß weder Bitter noch Servaes noch ich auch die geringste Anregung gegeben haben, daß das Projekt, Sie gegen besoldung hierherzuziehen, ganz von selbst bei der Betrachtung sich ergab, daß ohne einen größeren Fond der Verein nicht zu halten sein werde, und daß der Vorschlag wegen Ihrer Person von einer Seite gemacht wurde, die von den früheren Unterredungen zwischen Ihnen und mir nichts wissen konnte. Der Verein - erlaube ich mir aus meiner Person redend beizufügen - ist entschieden im Steigen, das Interesse der Einzelnen so groß wie irgend möglich. Die anderen Vereine sind gründlich unten durch. Wenn Sie kommen, so zweifle ich nicht, daß der Verein, der Sie wie ein Kind seinen Vater mit Herzlichkeit und unbedingter Ergebenheit empfangen würde, in Kurzem so gedeihen wird, daß nach verhältnismäßig geringer Zeit Sie die hiesigen Verhältnisse beherrschen i. e. sie verbessern werden. Letzteres thut wahrhaftig Noth; und das ist schade wegen des herrlichen Materials, welches hier ist. Die letzte Choraufführung, in mancher Beziehung unter aller Würde, zeichnete sich wiederholt durch gemeinen schlechten Chorgesang aus.

Mit der Bitte um Diskretion, reifliche Erwägung und Antwort bis Mittwoch Morgen hier

Ihr Ergebenster

Hans Bürgers.«

Ich brauche nicht zu schildern, wie groß die Aufregung war, in die mich dies für den Augenblick ganz unerwartet eintreffende Anerbieten versetzte, wie stark die Versuchung, hier einzuwilligen, um endlich das Klavierstundegeben über Bord werfen, schöne Musik schön aufführen und im übrigen unbeschwert dem eigenen Schaffen leben zu dürfen. Meine Eltern, selbstlos wie immer, ließen jeden eigenen Wunsch schweigen und bedachten nur, was für mein persönliches und künstlerisches Gedeihen das Beste sein würde, gehen oder bleiben. Mein Vater sagte: »So schön hier dein gemeinsames Wirken mit Joachim ist, du bist der jüngere Baum, stehst unter dem Schatten des älteren, und kommst deshalb nicht zu einer völlig freien selbständigen Betätigung deiner Kräfte; deshalb mag es das Beste sein, du nimmst an, was dir jetzt geboten wird, und gehst nach Köln.« Mit den nächsten Freunden wurde der Fall wieder und wieder besprochen, fast alle redeten zu, das Kölner Anerbieten anzunehmen. Nur Joachim wollte nichts hören von solchen Plänen. So verging eine volle Woche, ohne daß ich mich zu entscheiden vermochte. Endlich, am 6. November, entschloß ich mich, an Bürgers zustimmend zu schreiben und zugleich Joachim von meiner Tat Mitteilung zu machen. Kaum aber hatte dieser meine Worte gelesen, als er in Person bei mir erschien und so lange, so energisch auf mich eindrang, daß ich endlich mich für überwunden erklären mußte. Was er an äußerlichen Besserungen meiner Berliner Amtsverhältnisse zu bieten hatte, würde allein mich kaum umzustimmen vermocht haben. Er berichtete, daß am gestrigen Tage der König endlich seine Vorschläge für die Gründung eines Chorvereins an der Hochschule genehmigt habe, daß mir eventuell die Abhaltung der Chorübungen und in seiner Abwesenheit auch die Direktion eines der Chorkonzerte würde übertragen werden können, daß dann meine wöchentliche Klavierstundenzahl auf acht vermindert und endlich mein Sommerurlaub auf zweieinhalb Monate erhöht werden solle. Vor allem aber appellierte er an mein Gewissen, das mir sagen müsse, ich tue Unrecht, wenn ich mich nicht entschließen wolle, Neigungen der Pflicht zum Opfer zu bringen. Als meine Pflicht aber der Kunst gegenüber stellte er es hin, ihn nicht zu verlassen in dem Kampf, den er als Leiter der Hochschule gegen die immer mächtiger werdenden Elemente des künstlerischen Umsturzes aufgenommen habe. Nichts tue heute mehr Not, als die Heranbildung junger Künstler im Sinn der großen Meister, denen die Kunst ein Heiligtum gewesen sei. Ich mußte einsehen, daß die Lage im Augenblick ernst genug war. Wenn der einheitliche Charakter der Hochschule gewahrt werden sollte, auf den hin sie gegründet worden war, so brauchte Joachim auch für die Leiter der Klavierabteilung einen Künstler, der nicht nur in seiner Bewertung der Kunstwerke den gleichen Standpunkt einnahm wie er, sondern auch über die Ansprüche, die an eine mustergültige Reproduktion zu stellen seien, durchaus eines Sinnes mit ihm war. – Wo aber sollte er einen solchen Kollegen finden, wenn ich ihm den Rücken wandte. Alle Klaviervirtuosen, deren Ruhm zur Zeit die Welt erfüllte, gehörten mit mehr oder weniger Physiognomie der Lisztschen Schule an. Nur Clara Schumann stand seitab, und wäre freilich eine unvergleichliche Genossin gewesen. Allein abgesehen davon, daß sie zur Zeit noch jede Zumutung, sich als Lehrerin an eine öffentliche Unterrichtsanstalt zu binden, abgelehnt haben würde: Es bleibt als dauerndes Hindernis die Tatsache, daß sie eben eine Frau war und als solche sich ebensowenig zur Leiterin eines großen Klavierschulapparates wie zur Vertretung Joachims in der Leitung der Orchesterstunden und der Übernahme von allerlei Direktorialamtsgeschäften geschickt haben würde. So mußte ich mir denn gestehen, daß unter allen, von denen etwa für die Besetzung meiner Stelle an der Hochschule die Rede sein konnte, kein einziger sich befand, der in allen Fragen, um die es sich hier handelte, so vollkommen eines Sinnes mit Joachim war, wie es bei mir zutraf. Ich gab also nach, und blieb schließlich nicht dabei stehen, mich nur als den Resignierenden fühlen zu wollen, sondern bemühte mich auch, mir alles zum Bewußtsein zu bringen, was mir mein Berliner

Dasein wert machen und eine Annahme des Kölner Anerbietens aber gewagt erscheinen lassen müßte.

AUS DEM TAGEBUCH

MITTWOCH D. 8TEN NOVEMBER
Zu Kiel, er gratulirt mir zum Hierbleiben. Nachmittags in der Orchesterstunde zeigt mir Joachim einen Brief von Keudell, der ebenfalls seine Freude über mein Hierbleiben ausspricht.

Noch in einer anderen Angelegenheit kam es gerade jetzt zur Entscheidung. Der allgemeine Gedanke eines Ankaufs in Lichterfelde, für den ich schon schriftlich bemüht gewesen war, die Billigung meiner Eltern zu gewinnen, hatte sich schließlich dahin verdichtet, daß ein von Baumeister Otzen entworfenes, im Bau fast völlig fertiggestelltes Haus als Wohnsitz für mich erworben werden solle. Das Haus, in der frisch gepflasterten und getauften Wilhelmstraße belegen, enthielt drei Zimmer im Erdgeschoß und ebenso viele im ersten Stock, dazu Keller und Dachräume und einen kleinen Garten. Für meinen eigenen Gebrauch sollten die unteren Zimmer dienen, die oberen müßte man zu vermieten suchen. Otzen war als Architekt sogenannter ›Gothiker‹; von der Gothik war freilich bei seinem Bau nichts übriggeblieben, als ein steiles Dach und äußerlich sichtbares Holzgebälk im oberen Stockwerk. Im Übrigen bestand das Material aus bräunlich rotem Backstein. So manches hier einzuwenden war, immerhin machte das Ganze einen freundlichen Eindruck. Und dazu kam, als das für mein Gefühl bei weitem Wertvollste, die Lage des Grundstücks. In der jugendlichen Wilhelmstraße gab es nur erst ganz wenige – vielleicht 3 oder 4 – Häuser, dafür aber rings umher unendlich viel freies Feld, zum Teil ganz brach liegend, oder aber mit etlichen Sträuchern bepflanzt, die den Stamm für zukünftige Gärten bei zukünftigen ›Villen‹ abgeben sollten. Da war frische Luft und Stille zur Genüge vorhanden, ja auch landschaftlicher Reiz fehlte nicht, denn das Stück märkischer Natur, das mir vor Jahren bei dem ersten Besuch der Villa Grimm in Lichterfelde das Herz erwärmt hatte, die große feuchte Wiese mit den Kibitzen, die hier nisteten, das Dorf Giesendorf mit seinen altersgrauen Strohdächern, dies Alles lag dem Ausgang der Wilhelmstraße ganz nahe. Nachdem meine Eltern von Lauenstein heimgekehrt waren, veranlaßte ich alsbald, daß sie sich selbst einmal den eventuellen zukünftigen Schauplatz meiner Lebensführung ansahen. Sie empfingen den besten Eindruck, allerlei Unterredungen mit Otzen befestigten ihre gute Meinung von dem Plan, und nur der formelle Abschluß stand noch aus. In diesem Augenblick traf der Brief von Bürgers ein, der mich nach Köln entführen wollte, und stellte plötzlich noch einmal alles in Frage.

Kaum jedoch war dann nach einer Woche des Schwankens mein ablehnender Bescheid an den rheinischen Freund abgegangen, als mein Vater sofort die Vollziehung des Kaufkontraktes für das Lichterfelder Grundstück geschehen ließ. Damit aber war mein zukünftiger Wohnsitz für Lebenszeit festgelegt.

Donnerstag d. 9ten November
Aus [...][157] ist eine Brillanttuchnadel für mich bei Joachims angekommen. Ich hole sie mir Abends dort ab, und musicire mit Frau Joachim viele Schumannsche und Brahms'sche Lieder.

Freitag d. 10ten November
Abends Grabau bei mir. Gespräch mit ihm über Klaviertechnisches. Ich spiele ihm allerlei Chopin, Bach und Anderes vor; endlich gerathen wir an das reizende A dur Concert von Mozart, das er nicht kennt. Es ist arg, daß man sich heutzutage um die Mozart'schen Klavierconcerte so gut wie garnicht mehr kümmert! die aus spätererer Zeit stammenden sind sämtlich derart, daß sie nicht vergessen werden dürften.

Sonnabend d. 11ten Nov.
Visite bei der alten Gräfin Voss, der ich ein Exemplar der Photographieen geschickt hatte, die ich von den schönsten Parthieen des Gartens habe machen lassen. Sie wünschte mich zu sehen, um mir ihren Dank dafür auszusprechen. Noch ein letztes Mal genieße ich bei dieser Gelegenheit und den hohen Fenstern des palais den herrlichen Blick über den weiten Rasen des Parks. Schon werden die Gebüsche überall herausgerissen; morgen sollen die Bäume jenseits des Zaunes fallen, den man zum Schutz der nächsten Umgebung des palais in der vorletzten Woche aufgeführt hat. Abends Gesellschaft bei Joachim; Helmholz, Radeckes, Bergs u.s.w. Frau Joachim ist gefallen und hat sich den Fuß verletzt. Sie singt Einiges vom Stuhl aus.

Dienstag d. 14ten
Morgens Rauhfrost. Nach Lichterfelde hinausgefahren. ... Zur Gisel, die eben im Begriff ist, in ihr Berliner Winterquartier zurückzukehren. Ich werde mit Bouillon traktirt.

Mittwoch d. 15ten
Mit Grabau Abends ins Schauspielhaus zur ersten Schillervorstellung: Prolog, Glokke; Wallensteins Lager. Herrlicher Eindruck.

Donnerstag d. 16ten Nov.
Besuch bei Graf Tystiewicz. Er ist an den Pocken erkrankt, und in ein Krankenhaus transportirt worden. Abends ›die Piccolomini‹ im Schauspielhause. Gute Aufführung, nur Robert entwickelt als Max zu viel Theatergeschrei, auch die Erhardt etwas sentimental; Kahle als Illo ausgezeichnet, auch Karlowa als Octavio gut.

Freitag d. 17ten Nov.
Joseffy, Schüler von Tausig, besucht mich; unangenehmer Judenjunge. Abends mit Grabau in ›Wallensteins Tod‹. Ergreifender Eindruck. Die Erhardt heute vorzüglich. Wunzer als Wallenstein nicht schlecht, die Jackmann sehr gut.

SONNABEND D. 18TEN
Abends Deppe'sches Symphonieconcert. Ouvertüre von Deppe, tüchtige orchestermäßige Musik. Ignaz Brüll spielt das Klavierconcert und die symphonischen Etüden von Schumann sehr brillant, aber ohne allen Mittelton, entweder paukend oder säuselnd, nach Rubinstein'scher Weise. ... Die Leonoren-Ouverture in recht guter Aufführung. Unter den Sachen für Chor Ave Maria von Brahms reizendes Stück; Chor von Reinecke ganz hübsch; Wüllner langweilig. Hinterher bei Lentsch zusammengesessen mit Grabau, Henschel, Brüll, Deppe, Spengel.

SONNTAG D. 19TEN
Nach Tisch mit den Eltern und Carl Heymann nach Lichterfelde gefahren. In meinem dortigen Garten sind einige junge Bäume, die ich aus dem Vossischen Garten mir habe geben lassen, schon eingepflanzt. Nachdem wir zur Friedrichstraße zurückgekehrt, erscheint die Oriolla bei uns. Mit ihr zu Grimms, wo Joachim, Lujo Brentano, Rudolf Grimm und zu meiner Überraschung auch Julius Eckardt, der anziehend ist wie immer, aber noch resignirter als sonst. Auf Grimm's neuem Lippeschen Flügel musicirt. Ich spiele mit Joachim die F dur Sonate von Beethoven und sein Arrangement der Brahms'schen Ungarischen Tänze für Klavier und Violine.[158] Nach Tisch spielen wir noch Adagio und Rondo aus der A dur Sonate op. 31 von Beethoven[159].

MONTAG D. 20TEN
Abends Concert des Kotzoltschen Gesangvereins. Der Chor singt schön, aber zum größten Theil uninteressante Sachen. Nur ein Lied von Prätorius und ›Tage der Wonne‹ von Mendelssohn sind erfreuend. Frl. Breidenstein Schülerin von Liszt spielt äußerst langweilig.

DIENSTAG, D. 21TEN
Concert von Joseffy in der Singakademie. Er spielt das E moll Concert von Chopin technisch ganz eminent, ebenso die Toccata von Schumann und die Campanella von Liszt. Das abscheuliche Es dur Concert von Liszt bildet den Schluß. – Joseffy ist schon jetzt fast derselbe wie Tausig, ebenso fabelhaft im Mechanismus, ebenso kalt und blasirt im Vortrag. Grabau und Carl hinterher bei mir zum Thee.

MITTWOCH D. 22TEN NOV.
Morgens kommt Carl, spielt mir neue, theilweise sehr hübsch und zart erfundene Klavierstücke von sich vor, die er Ottilie gewidmet hat. In den Signalen[160] stand neulich eine ganz niederträchtige Kritik von Bernstorf über Frau Joachims Gesang. Ich hatte an Hiller geschrieben, ob er nicht eine Entgegnung veröffentlichen wolle. Heute antwortet er, daß er dergleichen überflüssig finde. Er mag Recht haben, daß Ignorieren das Angemessenste ist. – Fahrt nach Lichterfelde. Der Bauführer Urban meint, es werde unmöglich sein, bis zu Neujahr mit dem Bau des Hauses ganz fertig zu werden. Hoffentlich wird man mir für diesen Fall gestatten, noch einen Monat länger in meiner vossischen Wohnung zu bleiben. In der Bahn mit Senfft-Pilsach zusammengetroffen, der böse Geschichten von Joseffy erzählte. In der Hochschule

führen Kosleck und Philipps Nachmittags uns eine Probe der alten Trompeten vor, deren Klang in der That außerordentlich schön und charaktervoll ist. Helmholtz und Keudell hören zu.

FREITAG D. 24TEN NOV.

Vormittags zu Kiel. Gespräch mit ihm über die mehr und mehr materielle Richtung der Zeit, für die auch eine so öde Erscheinung wie Joseffy sehr bezeichnend ist.

SONNABEND D. 25TEN NOV.

Morgens zu Frau Schumann, die gestern in Berlin angekommen. Nach Haus zurückgekehrt erhalte ich den Besuch von Herrn Offergeld aus Cöln, dem eifrigen Mitglied meines alten dortigen Bachvereins. Ich setze ihm auseinander, daß ich es für allzu gefährlich halten müsse, mit dem Verein den Kampf gegen die Gürzenichconcerte aufzunehmen, wie man dies thun würde, wenn man den Umfang der Bestrebungen des Vereins so beträchtlich erweitern wolle, wie das jetzt mit meiner Berufung als Dirigent beabsichtigt gewesen sei. Kaum ist Herr Offergeld verschwunden, so erscheint Frau Schumann, um auf meinem Flügel zu üben, und spricht mir aus, wie sehr sie ihrerseits bedaure, daß ich Cöln ausgeschlagen habe. – Gegen Abend zu Lujo Brentano, der mir schon neulich aussprach, er denke daran, bei mir in Lichterfelde zu miethen, und dessen Lust zur Sache im Wachsen begriffen zu sein scheint.

SONNTAG D. 26TEN NOV.

Mit Frau Schumann zur Singakademie, wo sie üben will, aber den Schlüssel zum Flügel nicht findet. Wieder mit ihr über die Vortheile und Nachtheile der Berliner und Cölner Stellung für mich hin und her gesprochen. Sie theilt mir unter Anderem mit, daß der Hamburger Gesanglehrer Adolf Schulze, den Joachim zum Leiter der demnächst an der Hochschule zu begründenden Gesangabtheilung ausersehen hat, mit Sicherheit darauf rechne, die Direktion der Chorübungen in die Hand zu bekommen.

Nachmittags mit Brentano nach Lichterfelde herausgefahren. Es gefällt ihm gut dort, und er denkt schon an geblümte Tapeten für seine Kammer. Auch der junge Architekt Vollmer, der bei meinem Bau in Otzens Auftrag als Bauführer beschäftigt ist, denkt daran, bei mir zu miethen. Mittags und Abends zum Thee bei den Eltern. Gustav Alberti dort. Vater liest vortrefflichen Artikel aus der Nationalzeitung[161] vor über moderne Formen der Arbeit und des Müßiggangs (Aktienspekulation); dann noch einen Aufsatz von Mommsen über die germanische Eroberungspolitik des Augustan.

MONTAG D. 27TEN NOV

Abends Concert von Frau Schumann und Frau Joachim. Die erstere vortrefflich disponirt; sie spielt Sonate op. 101 von Beethoven und Gavotte von Gluck im Brahms'schen Klaviersatz. Frau Joachims Gesang dagegen heute etwas farblos; nur die Brahms'schen Lieder ganz vollendet. Nach dem Concert mit Joachims, Schumanns und Julie Asten im Hilles'schen Restaurant.

DIENSTAG D. 28TEN NOV.
Morgens zu Frau Schumann, mit ihr das Programm für ihr zweites Concert entworfen. Abends bei Joachims mit Frau Schumann, Keudells, Bergs und Frau Souchay. Wir machen das schöne geistliche Wiegenlied von Brahms für Altsolo, Bratsche und Klavier, das unbegreiflicher Weise Frau Schumann wenig gefällt. Dann spielt sie mit Joachim die Schumann'sche Fantasie für Violine und Orchester. Bei Tisch zwischen Frau Schumann und Marie Schumann gesessen.

MITTWOCH D. 29TEN NOV.
Joachim'sche Quartettsoirée. Frau Schumann abgeholt, neben ihr auf der Estrade gesessen. Es giebt Mozart C-dur und letztes B dur Quartett von Beethoven; zum Schluß Haydn G dur mit reizendem Menuett. Frau Schumann bricht nach den beiden ersten Stücken auf; ich will sie begleiten, aber der Joachim'sche Diener erscheint und übernimmt es mich zu vertreten.

DONNERSTAG D. 30TEN
Frau Joachim schickt mir als Vielliebchen eine selbstgestrickte Fußdecke. Frau Schumann kommt, übt bei mir die Schumannsche C dur Fantasie. Grabau erscheint und hört zu. Abends suche ich Brüll auf, esse mit ihm bei Kühn zu Abend und spreche ihm aus, was ich an seinem Anschlag auszusetzen habe. Zu meiner Freude nimmt er das freundlich auf, und versteht, daß meine Aufrichtigkeit wirklicher Theilnahme für seine Künstlerschaft entsprießt.

FREITAG D. 1TEN DECEMBER.
Zu Joachims mich bei Frau Ursi zu bedanken; sie ist unwohl, kommt aber doch zum Vorschein, und es ergiebt sich ein hübsches Zusammensein zwischen uns dreien. Wir besprechen unter Anderem den Gedanken, Frau Schumann zu einer Übersiedelung nach Berlin und zur Übernahme einiger Stunden an der Hochschule zu veranlassen. Joachim hat ihr gestern eine erste Andeutung darüber gemacht, ist aber offenbar in gereizter Stimmung ihr gegenüber; ich mache ihm das zum Vorwurf. Er erwiedert, es schmerze ihn, daß alle ausgezeichneten Menschen mit der Zeit dahin kamen, in ihrem Benehmen nicht mehr einfach zu sein, sondern den Anderen gegenüber unter Umständen in kleinlicher Weise eine Pose anzunehmen. So sei es mit Grimms, mit Brahms und auch mit Frau Schumann. Abends mit Joachim im Schauspielhaus, um die Ristori in ›Pia de Tolommei‹[162] zu sehen. Ich empfange besonders im dritten Akt die mächtigsten Eindrücke. Die Persönlichkeit ist voller Adel, die Wahrheit des Ausdrucks in manchen Momenten ganz und gar hinreißend. Leider kann ich nur 3 Akte bleiben, weil Frau Schumann mit ihrer Marie bei den Eltern zum Abend erwartet wird. Es giebt dann aber dort das hübscheste Zusammensein. Frau Schumann spielt die G moll Sonate ihres Mannes und ist in liebenswürdigster Stimmung. Von der Lügenhaftigkeit und Undankbarkeit der Janotha hat sie freilich leider das Übelste zu berichten. – Als ich in später Nacht nach Haus komme, sehe ich ein Eichhörnchen vor meinem Gartenfenster im Mondschein durch den Schnee laufen.

SONNABEND D. 2TEN DECEMBER
Abends bei Simrocks mit Joachim und der Schumann. Sie spielen zusammen die d moll Sonate von Schumann. Georg Henschel, G. v. Adelson, meine liebenswürdige Schülerin Miss Arnold[XXVII] und Juli Asten anwesend.

SONNTAG D. 3TEN DECEMBER.
Mittagessen bei den Eltern wozu Hollweg, Mommsen, Beseler, Bruns und Haupt geladen sind. Ich sitze zwischen Hollweg und Bruns. Abends gehe ich abermals zu den Eltern, treffe Adele Dorn die auf ihre alten Tage die a moll Fuge von Bach und die Barcarole von Henselt studiert hat und uns vorträgt.

MONTAG D. 4TEN DECEMBER.
Vormittags zu Frau Schumann. Nur Marie getroffen, die meint, die Mutter könne sich jetzt wegen Übersiedlung nach Berlin nicht entscheiden. Abends 2tes Concert der Schumann und der Joachim. Meine Mutter ist mit mir dort. Frau Sch. [Schumann] spielt Italienisches Concert von Bach, die C dur Fantasie von Schumann, H dur Notturno Chopin, F moll Impromptu Schubert, und mit Joachim die Kreutzer Sonate. Frau Joachim singt unter Anderem das Ständchen von Schubert für Altsolo mit Frauenchor. Hinterher bei Frau Schumann mit der Bargiel, Joachims und Randeckes. Robert R. ist Hofkapellmeister geworden.

DIENSTAG D. 5TEN DEC.
Zur Schumann, Abschied zu nehmen vor ihrer Abreise. Zu Frau Joachim, Iphigenie in Tauris mit ihr durchzunehmen im Gedanken an ein bevorstehendes Gustav-Adolf-Concert.

DONNERSTAG D. 7TEN DEC
In der Kunsthandlung von [...][163] die Melusine von Schwind[164] gesehen, schönes poetisches Werk, eine Wohlthat gegenüber den Effekten des modernen Realismus. Abends versammelte ich eine kleine Gesellschaft junger Musiker bei mir: Arnold Krug, de Haan, Spengel, Johannes Schulze, Carl Heymann, Burkhardt, Högg, den ich auch geladen, erscheint nicht, ist wahrscheinlich schon abgereist. Es giebt lauter Vierhändigkeiten. Zuerst spielen Krug und de Haan Walzer von Krug und vierhändige Stücke von de Haan, dann ich mit Spengel f moll Fantasie und Variationen von Mozart, 2 Stücke von Bennett, Ungarisches divertissement von Schubert, Orgelpräludium C moll von Bach und die Liebesliederwalzer von Brahms. Sehr gemüthliches Beisammensein.

FREITAG D. 8TEN
Die Ristori in Maria Stuarda[165] gesehen. Ihr Spiel ist namentlich im dritten Akt überwältigend. Die Sprache mir verständlicher als neulich bei Pia de Tolommei[166].

---

XXVII Miss Margaret Arnold, die Nichte des Rektors der Schule in Rugby, Verfassers von Tom Browns »Schooldays«.

Fast alle Übrigen unter der Kritik; zum Überfluß verliert Talbot auch noch auf der Bühne seinen Bart und muß ihn beständig mit der Hand festhalten.

SONNABEND D. 9TEN
Seit einigen Wochen schon kommen in Berlin ziemlich häufige Fälle von Pockenerkrankungen vor. Heute früh theilt mir Frau Kath mit, daß anscheinend auch ihre Tochter von der Krankheit befallen ist. Da ich ohnehin um Neujahr ausziehen und zu meinen Eltern übersiedeln muß, bis das Haus in Lichterfelde bewohnbar geworden ist, so entschließe ich mich gleich heute auszuwandern und meine Sachen nach der Friedrichstraße schaffen zu lassen. Zwei Möbelwagen werden bestellt, und um 6 Uhr Abends ist der ganze Umzug erledigt. Mein Vetter Otto Rudorff hat heute hier sein Assessorexamen bestanden.

MONTAG D. 11TEN
Abends Concert von Brüll. Er spielt sein eigenes Klavier-Concert, das c moll Concert von Beethoven und den Carneval von Schumann; leider Alles sehr aufgebauscht. – Carls Befinden ist wieder sehr schlecht, die Ärzte rathen zur Aufgabe des musikalischen Berufs. Welch eine Tragödie! –

DIENSTAG D. 12TEN
Abends kommt Goltz zu uns, denkt auch daran nach Lichterfelde herauszuziehen.

MITTWOCH D. 13TEN
Bei Eisregen nach Lichterfelde, wo ich mit Goltz zusammentreffe. Ich besehe mit ihm und Vollmer die kleine Villa in der Nähe des Bahnhofs, finde sie äußerst praktisch und preiswürdig. Goltz wird sie wahrscheinlich kaufen. Nachmittags in der Orchesterstunde Serenade in d moll von Volkmann, die sehr viel Reizvolles enthält. Abends Gesellschaft bei Paul Mendelssohn's, wo der Geburtstag von Ernst M. gefeiert wird. Joachim spielt Quartette von Haydn G dur (mit dem C dur Andante) und G moll; dann auf Ernsts Wunsch das Es dur Quartett von Mendelssohn. Auch mein Freund Paul (Felix's Sohn) anwesend. Joachim äußert sich ganz empört über Joseffy's und auch Brülls Klavierspielerei; ein Volkslied von 2 Bauern gesungen sei ihm lieber als alle diese äußerlichen Kunststücke bei innerer Blasirtheit, und ein vollkommen gearbeiteter Spitzenkragen ein werthvolleres besseres Ding, als diese Ausmeißelei in Tönen.

DONNERSTAG D. 14TEN DEC.
Abends die Max bei uns zum Thee. Sie erzählt wie liebenswürdig der Kaiser bei seinem Besuch der Malerinnenausstellung gewesen sei.

FREITAG D. 15TEN DEC.
Bei Kiel. Er sagte, daß man sich in meinem Alter für Eins im künstlerischen Beruf entscheiden müsse; Spielen, Unterrichten, Componieren, Dirigiren, das Alles zusammen sei unmöglich. Ich bin theoretisch ganz seiner Meinung und sehe doch

leider für meine Person durchaus nicht ab, wie ich es anders machen soll, als diese vier Dinge nebeneinander besorgen so gut oder schlecht es eben geht.

SONNABEND D. 16$^{TEN}$ DEC.
Johannes Schulze bei uns zu Tisch. Quartettsoiree. D dur Haydn, f moll Beethoven, Sextett B dur von Brahms. Bei den beiden letzten Sätzen genügt mir das Klangvolumen im Saal nicht. Wenn diese Stücke so energisch wirken sollen, wie sie gedacht sind so müßten sie in solchem Raum in mehrfacher Besetzung gegeben werden.

SONNTAG D. 17$^{TEN}$
Mit Gustav Alberti bei greulichem Wetter nach Lichterfelde gefahren; draußen die Max und Goltz. Beide besehen auch meine Villa, nachdem sie die von Goltz in Ansicht genommen und prüfend betrachtet haben. Zum Mittagessen Alberti in Berlin bei uns. Abends kommt Goltz und Familie Wendt.

MONTAG D. 18$^{TEN}$ DEC.
Gegen Abend zu Schwerin, der Gräfin allerlei vorgespielt, unter Anderem die E dur Sonate op. 109 von Beethoven. Dann in der Singakademie Concert mit Orchester von Barth unter Mitwirkung von Joachim. Barth spielt A moll Concert von Schumann und Es dur von Beethoven – technisch vortrefflich, auch verständig, aber nichts weiter. Joachim spielt das g moll Concert von Bruch.

DIENSTAG D. 19$^{TEN}$ DEC.
Abends allein bei Grimms, um Herman, der nach einem Erkältungsanfall rekonvalescent ist, etwas vorzuspielen. Ich spiele ihm auch die E dur Sonate von Beethoven. Herman zeichnet mir mein Lichterfelder Haus aus der Erinnerung.

MITTWOCH D. 20$^{TEN}$ DEC.
Nachmittags 3 – 5 letzte Orchesterstunde vor Joachims Urlaubsantritt. Er dirigirt die Serenade von Volkmann, dann ich das g moll Concert von Moscheles, von meiner talentvollen Schülerin Frl. Schichau leider mit nicht besonderem Gelingen gespielt. Zum Schluß dirigirt Joachim C dur Symphonie von Mozart und hält eine sehr hübsche Abschiedsrede. Mit Grabau fortgegangen, der fürchtet, daß er krank wird. Bei Mendelssohns zu Tisch; Schaper kommt um halb 8 Uhr, erzählt, daß Joachims Schüler Stiehle durch seinen Kollegen Rampelmann[167] angesteckt, nun auch an den Pocken daniederliege. Die Krankheit fängt an in Berlin epidemisch zu werden. Um 9 Uhr zu den Eltern, wo Joh. [Johannes] Schulze zum Thee sich eingefunden hat. Ich spiele mit ihm C dur Sonate und Variationen von Mozart zu 4 Händen. Er liest vortrefflich vom Blatt.

MONTAG D. 25$^{TEN}$ DECEMBER
Brief von Bürgers, der trotz Allem noch von der Möglichkeit eines erneuten Cölner Anerbietens spricht.

DIENSTAG D. 26TEN DECEMBER
Zu Tisch bei Joachims mit Bergs, Müller und Skolitzky. J. [Joachim] sehr abgespannt. Später mit ihm etwas im Mondschein spazieren; er klagt, daß er zu keiner eigenen Arbeit mehr komme von allen anderen Geschäften. Er giebt mit das Schicksalslied von Brahms mit, dessen Adagio er auch zu modern findet, mehr durch Klang und harmonische Folgen wirkend, als im melodischen Kern bedeutend. Zu Hause lese ich die nach Lakritzen schmeckende Musik von Frl. H. durch, schreibe Briefe, und nehme endlich zum Trost das Schicksalslied von Brahms vor, das mir schön erscheint.

Der Weihnachtsabend wurde in gewohnter Weise bei meinen Eltern gefeiert; an den Festtagen gab es allerlei Zusammensein mit Joachims, und endlich, am 27. Dezember, fand im Dom die Trauung meiner Kusine Anna Waagen mit dem Pariser Architekten Hittorf statt. Bei meiner Rückkehr von dem dieser Feier folgenden Hochzeitsdiner empfing mich zu meinem Schrecken die Nachricht, mein Vater sei erkrankt und liege mit hohem Fieber zu Bett. Am nächsten Morgen wurde ich von meiner Mutter in aller Frühe mit der Nachricht geweckt, es stehe sehr schlimm. Ich fand den Kranken fast völlig bewußtlos, veranlaßte nun vor allem das Herbeirufen von Ärzten. Schaper, Dr. Körte und ein Vertreter des von meinem Vater wiederholt konsultierten Dr. [...][168] erschienen, fanden die Sache äußerst bedenklich, sahen einen apoplektischen Zufall[169] voraus oder vermuteten eine Trombose des Gehirns, die Aphasie bewirke, waren also in der Tat einstweilen nun völlig ratlos. Noch ein Tag verging, ohne Klarheit zu bringen. Da, am nächsten Morgen, zeigte sich ein Ausschlag, und am Mittag konstatierte Dr. Körte, daß der Patient von den Pocken befallen sei. Es folgten nun die üblichen Maßnahmen, um Ansteckung zu verhüten, Impfungen, Desinfektionen und Verhaltensvorschriften. Nur meine Mutter durfte mit einer Wärterin in unmittelbarer Nähe des Kranken sein, während ich mich samt Carl Heymann darauf beschränken mußte, durch die halb geöffnete Tür des Krankenzimmers von Zeit zu Zeit mit meinem Vater zu verkehren. Freunde und Bekannte verhielten sich je nach ihrem Temperament mehr oder weniger furchtlos. Wohl als die tapferste bewährte sich unsere treue Freundin Clara Baumeister, die täglich für eine Weile bei uns einkehrte, um zu sehen, wie es stand. Andere wiederum schlugen Umwege ein, wenn sie auf der Straße in Gefahr gerieten, mir zu begegnen. Die Krankheit verlief normal. Nach zwei Wochen durfte mein Vater zum ersten Male wieder aus dem Bette aufstehen. Weiterhin erholte er sich zusehends; ja in solchem Grade, daß man glaubte, annehmen zu dürfen, es habe mit der akuten Erkrankung eine Art von allgemeinem Reinigungsprozeß eingesetzt, der auf den ganzen Organismus verjüngend wirken müsse. Auch ein hübsches Nachspiel zu dem ernsten Erlebnis blieb nicht aus. In den Sitzungen der Akademie der Wissenschaften hatte mein Vater vor Jahren die Bekanntschaft des Altertumsforschers Gustav Parthey, eines Enkels des bekannten Berliner Buchhändlers Nicolai, gemacht. Die beiden Männer pflegten bei solcher Gelegenheit, ihre Plätze nebeneinander einzunehmen, und unterhielten sich in den Pausen der Vorträge, ja auch während derselben, wenn der Stoff sie nicht besonders interessierte, auf das beste. Parthey hatte ein hübsches Zeichentalent und viel Humor. Er pflegte, seiner Kritik der Dinge, die um ihn vorgingen, mit ein paar kecken Bleistiftstrichen Ausdruck zu geben, und fand in meinem Vater ein nicht nur hierfür dankbares Publikum, sondern auch überhaupt einen Gesinnungsgenossen auf manchem Gebiet menschlicher Interessen. Zu einem geselligen Verkehren zwischen den beiden Kollegen und ihren Familien war es indessen niemals gekommen. Im Herbst 1871 reiste Parthey mit seiner Tochter Veronika nach Rom, um dort den Winter zu verbringen. Um die gleiche Zeit erschienen seine »Jugenderinnerungen« als Manuskript für Freunde im Druck[170], und Parthey schickte ein Exemplar des Buchs an meinen Vater. Während aber meine Eltern noch mit der Lektüre dieser liebenswürdigen Schilderungen des alten Berlins beschäftigt waren, erkrankte nicht allein mein Vater an den Pocken, sondern es traf auch die Nachricht ein, daß Parthey in Rom an derselben Krankheit darniederliege. Gottlob genasen beide, und nun wurden zwischen ihnen die folgenden Briefe gewechselt:

Mein Vater an Parthey

»Berlin d. 23. Januar 1872

Verehrtester Freund, College und Pockenbruder!
In dieser dreifachen Anrede könnte das erste Glied einigermaßen anmaßend und sans façon erscheinen, wenn mir nicht Ihr über die Maßen liebenswürdiges und reizendes Geschenk ein Recht gäbe, Sie so nennen zu dürfen. Denn einem Fremden und Gleichgültigen schenkt man kein Buch, dessen Wärme und Innigkeit ein altes Berliner Herz auf das Köstlichste amüsieren und daneben im Andenken an eine selige mit der guten alten Zeit für immer verschwundenen Vergangenheit und Einfachheit im Innersten ergreifen und bewegen muß. Es ist ein Schatz, der, wie dem Uz sein Horaz, mein Freund und Begleiter aufs Land werden soll, um dort ungestört und mit erhofftem Behagen von mir und meiner Frau zum zweiten Male gelesen werden. Seien Sie tausend-

mal bedankt in unser Beider Namen, daß Sie uns unsere Jugend zurückgezaubert haben.

Das zweite Glied der Anrede betreffend haben Sie neulich durch Ihre Schilderung der biedern edlen ägyptischen Könige, welche Kirchhoff in der Akademie las, meine Sehnsucht nach der schönen Sitte Ihrer Sitzungsprotocolle so lebhaft angeregt, daß mir auf einmal klar wurde was mir während der ganzen Zeit Ihres Nichterscheinens an meiner aisance gefehlt hatte. Wohin sind sie entschwunden die köstlichen Bilder und Illustrationen des Mommsenschen Geschichts- und anderer Zöpfe, gegen welche Domenach als Zeichner verschwindet, um nur noch als Festredner in Pariser Todtenfeiern wieder aufzutauchen und zu glänzen.

Es bleibt noch das dritte Glied der Apostrophe: die Pockenbrüderschaft. Zu meiner Freude höre ich durch Mommsen, daß Sie die Kinderkrankheit gleich mir leicht überstanden haben und sich nun ihrer blutreinigenden Wirkung und der zehnjährigen Lebensverlängerung erfreuen dürfen, denn dieses und zwar in voller Gesundheit ist noch die geringste Abschlagszahlung, welche sie garantieren soll. Dabei ist aber doch nicht zu versäumen, daß man sich alle fünf Jahre wieder impfen läßt, denn dann verliert der Zauber seine Kraft.

Übrigens sind die Pocken – von einzelnen betrübenden Todesfällen, wie kürzlich der des trefflichen Oberstaatsanwalt Sethe abgesehen – bei Weitem nicht das ärgste der Uebel, die uns die neue Zeit gebracht hat. Unendlich viel schlimmer ist der ungeheure Umschwung, den das schwer zu ertragende Glück uns eingetragen hat. Die Zeit kommt mir vor wie Rom nach dem zweiten punischen Kriege seit dem kein Carthago mehr zu fürchten war und der scheußlichste Luxus, Prostitution, Gelddurst und wie die Uebel alle heißen mögen die Sitten vergifteten und die alte Einfachheit untergruben. Es ist die alte Welt, das alte Berlin und das alte Deutschland nicht mehr. Die Miethen und Steuern steigen dermaßen, daß überall in der Umgegend Villen entstehen – mein Sohn baut sich eben eine in Lichterfelde – die Arbeiter streiken, die Toiletten sind geschmack- und schamlos, die Künste sinken während Alles genießen will, wo möglich ohne zu arbeiten. Die Corrective werden nicht ausbleiben, aber ich fürchte sie werden schlimm. Einstweilen ist mit Einem Wort im Lande nicht gut sein, das alte Sprichwort müßte jetzt heißen: Bleibe in Rom und nähre dich redlich.

Möge der erwachende Frühling, dessen Vorboten sich dort bald zeigen müssen, Ihnen neue Kräfte und volle Genesung bringen – denn wenn man zum ersten Male wieder aufsteht, ist man doch zu Muthe, als ob man auf Dornen träte; es giebt sich aber mit der Zeit, wenn auch in unsern Jahren nicht mehr so schnell wie früher. Und mögen die Zustände sich hier gebessert haben wenn Sie zu uns zurück kehren! Unsere Akademie erfährt auch viel Trübes. Trendelenburg kämpft mit den Folgen der Ueberarbeitung und des zu hoch gespannten Pflichtgefühls – ich fürchte hoffnungslos. Droysen liegt an der Lungenentzündung darnieder, doch ist hier Hoffnung auf Besserung. Leben Sie wohl und seien Sie auf das Herzlichste gegrüßt von Ihrem dankbaren

A. Rudorff«

»Rom, 18. Febr. 1872
Via di Monte Caprino 131.

Verehrungswürdiger Freund und Kollege!
Da wir beide die Pocken überstanden haben, so kann ich nicht hinzufügen ›und Pockenbruder‹, erwidre aber dennoch den mir bewiesenen Antheil mit dem lebhaftesten Danke. Doch weiß ich in der That nicht, wie ich mich den ungemessenen Lobsprüchen gegenüber verhalten soll, mit denen Sie mein Curriculum Vitae überhäufen. Ich würde darüber ganz beschämt sein, wenn ich Ihnen nicht offen gestehen wollte, daß mir dasselbe auch schon von anderen Lesern begegnete; ich bin also gegen Lob dickfellig geworden, und Ihr Brief hat den Callus[171] noch vermehrt.

Bei Gelegenheit dieser Pocken habe ich wieder gesehen, daß Niemand seinem Schicksale entgehen kann; ich war bereits bei dem Dr. Valentiner, um mich impfen zu lassen. Als er mich fragte, wann ich denn zum letzten Male geimpft sei und als ich erwiderte: vor 74 Jahren[XXVIII], so meinte er, da sei es wohl Zeit, an eine Revaccination zu denken; allein er hatte keine Lymphe mehr, und drei Tage darauf hatte ich die Pocken. Nachdem er dies nun mit größter Schonung meiner Tochter Veronika erklärt, sagte er zu mir: nun brauchen Sie sich nicht mehr impfen zu lassen!

Das Gemälde, was Sie mir von der Zukunft Berlins entwerfen, ist wahrhaft schaudervoll; fast muß ich fürchten, daß Sie Pessimist geworden sind; ich bin und bleibe aber Optimist, und graule mich gar nicht vor der kommenden Zeit, weder für mich, noch für unsere Söhne und Enkel. Welche herrliche Aussicht haben Sie, auf der Villa Ihres Sohnes in Lichterfelde zu residieren, während mein Sohn mit seinen 9 Ablegern die Brüderstraße nicht verlassen kann! In meiner Krankheit

XXVIII Parthey war am 27. Oktober 1798 geboren.

habe ich den Livius nach langer Zeit wieder in die Hand genommen, und bin jetzt im 39. Buch; aber ich konnte keine Ähnlichkeit zwischen Rom und Berlin finden. Es kann freilich Niemand in die Zukunft sehen, aber das Unglück für Italien begann doch erst mit den Bürgerkriegen, und zu denen ist doch bei uns – absit invidia – keine Aussicht.

Unseres Trendelenburgs Tod hat mich aufs tiefste geschmerzt; ich war bei seiner Doktor-Disputation zugegen, als Gustav Rosen ihm opponierte, und bin seitdem immer mit ihm verbunden geblieben. An seiner Statt werden wir wohl Niemand anderen in den Schlummerkreis unserer Akademie aufnehmen können, als den unbewußten Ilf. v. Hartmann; als Philolog würde Hercher recht passend sein, und Anstandshalber hätten wir Gregorovius schon längst zum Korrespondenten wählen müssen.

Mit einem herzlichen Lebewohl und mit den besten Grüßen an alle Freunde

Ihr ganz ergebenster
G. Parthey«[XXIX]

In dem Widerstreit der Ansichten beider Korrespondenten über den gegenwärtigen Zustand und die voraussichtliche Gestaltung der nächsten Zukunft Deutschlands erwies sich der Optimismus Partheys leider als trügerisch. Nur allzu sehr war mein Vater im Recht, wenn er das Überhandnehmen materialistischer Bestrebungen in allen Schichten des Volkes, das Schwinden jeder edleren Lebensauffassung, jedes feineren und tieferen Gefühls für die höchsten ethischen und ästhetischen Güter des Daseins beklagte. Die mit dem Friedensabschluß gewonnenen Milliarden trugen die bedenklichste Frucht. Reich werden wollen um jeden Preis, und zu diesem Zweck die Gründung von Genossenschaften aller Art, das wurde mehr und mehr die Losung des Tages: Eine maßlose Steigerung des Verkehrs trat ein, Eisenbahn über Eisenbahn wurde gebaut, mochten darüber die herrlichsten Naturschönheiten zugrunde gehen oder nicht. Niemand kümmerte sich darum; und in den Städten [...][172] kleinen wie großen setzte eine Bauspekulation ein, die vor keiner Rücksicht auf geschichtlich Gewordenes, auf Schönheit und Erinnerung Halt machte. Überall wurde das Alte, Bedeutungsvolle niedergerissen, um massigen Protzenbauten ohne Geschmack und Würde Platz

XXIX Parthey starb in Rom am 2. April 1872, also kaum 6 Wochen nachdem er den Brief an meinen Vater geschrieben.

zu machen. Gewiß: Es gab und gibt in Deutschland Städte, hinter deren Reichtum an geschichtlich und ästhetisch bedeutsamen Baudenkmälern Berlin weit zurücksteht. Aber auch die preußische Hauptstadt hatte doch einstmals ihren besonderen Reiz, und mein Vater war vollauf im Recht, wenn er die Rohheit, mit der auch hier gewirtschaftet wurde, schmerzlich empfand. Hätte zu jener Zeit die Stadtverwaltung ihre Aufgabe begriffen und von einer höheren Warte aus der Entwicklung der Dinge die Richtung vorgezeichnet, es würde möglich gewesen sein, die Hauptsache zu retten. Das Berlin Friedrichs des Großen trug mit seinen schönen Adelssitzen, seinen stattlichen öffentlichen Gebäuden und der Gemütlichkeit seiner im Stil des achtzehnten Jahrhunderts erbauten Bürgerhäuser den Charakter einer schlichten Vornehmheit. Ein solcher konnte und mußte ihm gewahrt bleiben, indem man Verordnungen erließ, die diesen Kern der Stadt vor der Errichtung von vielstöckigen Mietskasernen und öden Geschäftshäusern schützten. Aber der Augenblick, in dem es noch möglich war, mit Erfolg einzugreifen, ging ungenutzt vorüber, und das Resultat war, daß sich nunmehr die vollkommenste Verschandelung der schönsten Straßen und Plätze Berlins vor aller Augen vollzog, ohne daß es mehr möglich war dem Verkehr irgendwie Einhalt zu tun. Allein nicht vornehmlich das Verschwinden der äußeren Gestalt des alten Berlins war es, das mein Vater in seinem Brief beklagt. Dies Verschwinden setzte erst später in vollstem Maße ein. Die Sinnesrichtung aber eben der Generation, die jetzt in seinen Mauern wohnte, schien wirklich über Nacht eine andere geworden zu sein, so sehr, daß sie in der Tat nichts mehr gemein hatte mit den Stimmungen, Anschauungen und Gewohnheiten, in denen meine Eltern groß geworden waren. In den Jahren und Jahrzehnten, die den Freiheitskriegen folgten, beschäftigten vorzugsweise ethische und ästhetische Fragen die Gemüter. Und diesem Zustand entsprach Art und Form der Geselligkeit. Goethe wirkte damals nicht nur in Weimar bestimmend ein. Der Ton, auf den hier die Geselligkeit gestimmt war, fand mehr oder weniger in Berlin ein Echo. Man kam zusammen, in erster Linie nicht, um eine Gasterei zu veranstalten, sondern um mit Gleichgesinnten sich auszusprechen, sei es über persönliche oder allgemein interessierende Angelegenheiten, über eine neue literarische Erscheinung, über Eindrücke, die jemand von einer Reise mitgebracht hatte, oder was dergleichen mehr war. In Berlin nahm die Musik hierbei vielfach eine bedeutsame Stelle ein. Es kamen die sogenannten Singetees auf, d. h. Abendgesellschaften, zu denen sich in diesem oder jenem Hause eine Anzahl musikalischer und stimmbegabter

Freunde zusammenfand, um die eine oder andere Oper von Mozart oder sonst einem geschätzten Komponisten am Klavier singend durchzunehmen, zur Freude einiger Zuhörer, vor allem aber zu eigenem Ergötzen. Natürlich ging man nicht hungernd und durstend auseinander. Allein, die Naturalverpflegung galt hier, wie auch bei anderen Gelegenheiten, als ein Ding von durchaus untergeordneter Bedeutung. Man erzählt, daß bei Fouqué, wo nicht musiziert, sondern nur geistreich gesprochen wurde, die Abendgäste ausschließlich mit je einem rohen Apfel und einer Tasse Tee traktiert wurden. Doch dies war freilich nicht die Regel. Wie es in den Kreisen zuging, in denen meine Eltern verkehrten, davon ist zu Genüge die Rede gewesen. Das Jahr 1848 brachte insofern eine Veränderung, als die Politik nicht nur im geselligen Verkehr die Unterhaltung beherrschend in den Vordergrund trat, sondern auch unter Umständen zersetzend auf die Beziehungen der Einzelnen zueinander wirkte. Allein, die Einfachheit der Sitte blieb von diesen Zuständen durchaus unberührt. Jetzt jedoch, nach der Besiegung Frankreichs und der Wiedererstehung des deutschen Reiches, hatte eine neue Zeit eingesetzt. Leute, von denen ehedem niemand in den Kreisen der Gebildeten etwas gewußt hatte, begannen plötzlich, eine große Rolle zu spielen. Sie hatten, Gott weiß wo und wie, glänzende Geschäfte gemacht, hatten es verstanden, Gelegenheiten zum Reichwerden zu benutzen, an deren mögliches Auftauchen bis dahin niemand hatte denken können, und beanspruchten nun, als mit in der ersten Reihe stehend angesehen zu werden. Sie buhlten um den Verkehr mit Leuten, deren Name irgendwie Klang hatte, mochten es Persönlichkeiten von adliger Geburt, oder hohe Beamte, Generäle oder berühmte Gelehrte und Künstler sein. Sie wußten sich Titel und Empfehlungen zu verschaffen, machten ein großes Haus, lebten in prächtig nach neuester Mode ausgestatteten Räumen und endlich: Sie gaben die feinsten Diners, bei denen die ausgesuchtesten Leckerbissen in Fülle auf der Tafel erschienen, und die kostbarsten Weine in Strömen dahinflossen. Das Spiel im ganzen und großen, die Mehrzahl derer, um deren Gunst die Emporkömmlinge buhlten, widerstand den Lockungen nicht, mit denen man sie zu fangen suchte. Sie erschienen bei den Festen, die ihnen zu Ehren gegeben wurden, und konnten natürlich nunmehr nicht unhin, auch ihrerseits entsprechende Erwiderung folgen zu lassen. So hatte denn das Wort »gebildete Geellschaft« in verhältnismäßig kurzer Zeit seine bisherige Bedeutung verloren, und das, was man sonst unter Geselligkeit verstanden hatte, hörte, von Ausnahmefällen abgesehen, auf zu existieren.

Auch mich beschäftigten und beunruhigten die Gärungen und Zwiespältigkeiten, von denen die neue Zeit erfüllt war. Ich hatte irgendwie von einer neu zu begründenden Zeitschrift gehört, die mir eine gesunde Tendenz zu verfolgen schien. Sie sollte unter dem Namen »der Rheinische Pionier«[173] erscheinen, und ihre Absicht war, alle diejenigen Elemente unter ihrer Flagge zu vereinigen, denen es um Bewahrung und Geltendmachung einer idealistischen Lebensauffassung zu tun war, mochten sie im übrigen kirchlich und politisch denken, wie sie wollten. Eine Probenummer war mir zugeschickt worden, und ich ließ mir daraufhin noch eine Anzahl weiterer Exemplare derselben kommen, um diese meinerseits wiederum an alle möglichen Adressen zu schicken, und so dem Blatt Abonnenten zu verschaffen. Eine Weile hielt mein guter Glaube an die Vortrefflichkeit des Unternehmens stand; dann aber mußte ich mir mehr und mehr gestehen, daß dem schönen Aushängeschild die tatsächlichen Leistungen doch allzu wenig entsprachen, und so zog ich mich schließlich enttäuscht zurück. Ehe es so weit kam, hatte ich jedoch selbst einmal einen kurzen Artikel im Pionier erscheinen lassen. – Mir war die kleine Schrift von Emil Frommel[XXX] zu Gesicht gekommen, und ich fand die darin ausgesprochenen Gedanken so sehr meiner eigenen Empfindung entsprechend, daß ich mich gedrungen fühlte, mit einigen irgendwo zu veröffentlichenden Worten auf sie aufmerksam zu machen, zugleich aber auch Dinge auszusprechen, die mir selbst besonders zu schaffen machten und mich hier leicht anschließen ließen. Mein Referat lautete wie folgt: »Die zweite Auflage, die die genannte kleine Schrift vor Kurzem erlebt hat, gibt den Beweis, daß es ihr an Theilnahme im Publikum nicht gefehlt. Aber die Theilnahme könnte noch eine beiweitem lebendigere sein, und wer ein Herz hat für die großen Schäden und wachsenden Gefahren unserer gesellschaftlichen Zustände, sollte nicht versäumen, sich die Verbreitung des vortrefflichen Buches ernstlich angelegen sein zu lassen. Der Verfasser, dessen Name in weitesten Kreisen geschätzt und geehrt genug ist, steht seiner Aufgabe mit ebenso viel Feinheit angebornen aesthetichen Sinnes, als mit dem ganzen Reichthum praktischer Lebenserfahrung gegenüber. Er will zum Bewußtsein führen, ein wie unendlich bedeutsames Element die Kunst ist für die Kräftigung und Läuterung oder andererseits für die Verflüchtigung und Zersetzung des

XXX »Von der Kunst im täglichen Leben«. Ein Streifzug (?) von Emil Frommel Berlin, Verlag von Wiegand und Grieben.« [Emil Frommel: Von der Kunst im täglichen Leben. Ein Sreifzug, Bremen. 1867; 2. Aufl. Berlin 1871]

innersten Lebens im Einzelnen wie in der Gesamtheit der Nation, und wie diese Bedeutung eine umso schwerer wiegende ist, je argloser die Mehrzahl der Menschen künstlerischen Eindrücken sich hingiebt. Man rechnet die Kunst unter die sittlich indifferenten Dinge, meint, der Geschmack sei frei, und es stehe in Jedermanns Belieben zu genießen, was dem Gaumen behagt; so hat der vergiftende Einfluß leichtfertiger unwahrer Bilder, lüsterner, hohler, gezierter Musik, schlechter Romane um so freieren Spielraum. Dem Verfolger dieses Grundgedankens durch alle seine mannichfaltigen Erscheinungsformen in Haus und Kirche, auf Straße und Markt, in Ton und Bild, geht der Nachweis voraus, wie tief nach jeder Richtung hin das künstlerische Bedürfen der menschlichen Natur eingeboren ist, wie verflochten die Frage nach dem Schönen in die einfachsten, scheinbar nur das Nützliche berührenden Fragen des täglichen Lebens. Der letzte Abschnitt endlich giebt eine Reihe von Vorschlägen, wie man es anzufangen habe, den immer tiefer eingreifenden, zerstörenden Elementen durch Aufbauen, wenn auch nur in stiller und allmähliger Art, zu begegnen; es wird neue Belebung der künstlerischen Seiten des Gottesdienstes empfohlen, Pflege des Volksgesanges, Heranbildung in Schulen und Vereinen zu gutem, gesunden Geschmack u.s.w. - Das Buch ist im Jahr 1866 geschrieben. Vielleicht, daß es heute eine noch schärfere Sprache führen würde, wo die Schamlosigkeit auf allen Gebieten der Kunst, Üppigkeit ohne jeden Adel der Schönheit, gedankenloses, übermüthiges Hingegebensein an den Genuß als solchen die erschreckendsten Fortschritte gemacht haben. Vielleicht auch, daß man wünschen könnte, die Bühne möchte nicht gar so ohne Berücksichtigung geblieben sein; denn, wenn sie freilich nicht im strengsten Sinne zur Kunst im täglichen Leben gehört, und für einen großen Theil des Volkes unmittelbar weniger in Betracht kommt, so ist sie doch an sich ohne Frage die gewaltigste unter allen künstlerischen Mächten ebenso im Guten wie im Bösen, und sollten wir, was uns erspart bleiben möge, dahin gelangen, wohin man es in Frankreich gebracht hat, daß die öffentliche Meinung die Unsittlichkeit gleichsam zu Recht erklärt, so werden daran die zahllosen Aufführungen Offenbach'scher Opern und ähnlicher Produkte nicht zum geringsten Theil die Schuld tragen. Hat sich die Gesellschaft erst recht daran gewöhnt, sich ungeniert gemeinsam der ›schönen Helena‹ und des ›Pariser Lebens‹ zu freuen, und das als ein unschuldiges Vergnügen anzusehen, so ist der Schritt bis zur offenen Billigung des Lasters auch in praxi nicht mehr weit. Natürlich würde man über Beeinträchtigung der ›Freiheit‹ schreien, wenn die Regierung es etwa unternähme, Obscönitäten wie die Offenbachschen Operetten von der deutschen Bühne ausschließen zu wollen, – warum, ist freilich nicht einzusehen, denn, so gelockert alle äußeren Bande sein mögen, eine Art von polizeilicher Aufsicht über öffentlichen Anstand gesteht man doch nicht entbehren zu können, – aber es ist so; der Skandal gegen eine Verordnung dieser Art würde kein Ende nehmen, und so lange man darauf verzichten muß, in der Absperrung einen Schutz gegen die Seuche zu finden, da soll man wenigstens versuchen, den gesunden Sinn der Besseren zu stärken, und von innen heraus dem Schaden entgegen zu arbeiten. Das Frommelsche Buch trägt das Seinige dazu bei, die Augen zu öffnen, und zu ermahnen; es thut es in freundlichster gewinnendster Form; möchte es ihm beschieden sein, reichen Segen zu stiften!«

Zu meinem Geburtstag erhielt ich in diesem Jahr nachstehenden Brief meiner Patin.

»Wienrode den 15ten Januar 1872

Mein liebster Ernst!
So Gott will, sieht es heiter und gut bei Euch aus, wenn diese Zeilen zu Euch gelangen und Euer Haus ist wieder zugänglich für die Freunde, die Ihr so lange entbehrt habt. Dann wirst du, was ich dir so von Herzen wünsche, deinen Geburtstag in froher Stimmung feiern können und möge Gott ihn den Anfang eines guten schönen Jahres für dich sein lassen.

Da du nun in demselben ein Haus für dich einrichtest, so schien es uns zeitgemäß und passend, dir als Gabe ›Ein Stück in die Wirtschaft‹ darzubringen. Möchte es dir angenehm und nützlich sein, wenn du deine Jugend zum Thee bei dir siehst. Die Berzelius'sche Lampe ist das neueste, was Frau von Pawel in dieser Art in Braunschweig auftreiben konnte und scheint uns höchst zweckmäßig in ihrer Einrichtung, da sie mit möglichster Sparung an Spiritus sehr schnell erhitzt und in kurzer Zeit das Wasser ins Kochen bringt.

So sehr ich mich freue liebster Ernst, daß du jetzt Besitzer und Bewohner eines hübschen Hauses nebst Garten wirst, so sehr bedaure ich, daß du von niemand andres als von deiner alten Doris begleitet da einziehen wirst und in der Villa dein Junggesellenleben fortführen willst. Mein Hauptwunsch für dich ist also der, daß diejenige Auserwählte, dir Bestimmte bald möglichst vom Himmel herabregnen und in dein Haus zu dir einziehen möge. Du hast jetzt das richtige Alter zum heirathen erreicht und wenn du die 15 bis 20 Kinder, auf die du schon mit 17

Jahren spekuliertest, noch groß ziehen willst, so darfst du nicht mehr allzu lange zögern. Aber neugierig bin ich freilich wo das wundersame Wesen herkommen soll, das das Kieselherz meines verwöhnten Pathen zu rühren im Stande wäre. Nun, Gott wird sie wohl noch irgendwo verborgen halten, denn ›sitzen bleiben‹ darfst du mir nicht, das sage ich dir.

Dein letzter Brief, für den wir herzlichst danken, brachte uns die angenehme Nachricht, daß dein Vater Sonnenabend in ein Bad sollte. Wir sehen der Bestätigung dieser Nachricht mit Sehnsucht entgegen und wünschen von Herzen, daß die völlige Genesung nicht mehr lange auf sich warten lasse. Unsere Pocken-Impfung hat Freitag stattgefunden. ...

Den Pionier haben wir doppelt erhalten und ich packe ihn mit in die Kiste, da du in Berlin wohl mehr Gelegenheit hast zu seiner Verbreitung zu wirken als wie hier. Mit seiner Richtung und seinen Absichten wären wir ja wohl ganz einverstanden und wenn er nun ein geringes Theil von dem erreicht was er intendiert, so wäre es schon ein sehr preiswürdiges Unternehmen. Ich für mein Theil hätte aber nicht Lust, alle Tage dies Blatt zu lesen, trotzdem daß sehr viel Gutes und Beherzigenswerthes darin enthalten ist. Wer der Gefahr ausgesetzt ist dem Materialismus zu verfallen, dem mag es je sehr nützlich sein. Aber wird es der lesen? - Hier wissen wir kaum wen, von dem wir glauben, daß er es halten möchte. Wir wollen indeß ein Exemplar behalten für den Fall, daß uns noch Jemand einfällt.

Lebe wohl mein liebster theurer Pathe, Gott möge dich beschützen in dem kommenden Jahr!

Weißt du nichts von Schwerins? Hildes letzten Brief ließ das Schlimmste fürchten und ich sehe mit Sehnsucht neueren Nachrichten entgegen.

Wie immer deine treue Pathe Marie.«

An Hoffmeisters.

»Berlin d. 22. Januar 1872.

Ich richte meinen Dankbrief an Euch Beide zugleich, um nicht zwei Mal dasselbe zu sagen, und doch auch nicht den Einen unangeredet zu lassen. Es sieht fast so aus, als wäre ich eine von den verqueren Seelen, die oppositionell werden, wenn man ihnen etwas Gutes anthut; denn jedes Mal, wenn ich Euch für etwas besonders Schönes zu danken habe, schweige ich erst einmal eine halbe Woche, während ich gerade da am liebsten gleich antwortete. Legt die Schweigsamkeit also nicht so übel aus, sondern nehmt die Versicherung heute ebenso gläubig an, wie wenn sie von Freitag datierte, daß Ihr mir die allergrößte Freude mit Euerm wunderschönen höchst geschmackvollen Geschenk und den brieflichen Zeichen Eurer Freundschaft bereitet habt. Wäre nicht alles Mögliche in diesen Tagen von Obliegenheiten zusammengelaufen, so wäre sie Euch auch längst schon ausgesprochen. Es ist wahr, daß es fast traurig ist, so viele schöne Dinge für seine häusliche Einrichtung zu bekommen, und dabei eine Frau noch immer ausbleiben zu sehen. Aber was soll man machen! Ich sehe hier kaum junge heirathsfähige Damen, oder sie gehören zu der bemoosten Schar der Mutterschen Dienstagsmusen; so bliebe mir also höchstens ›der nicht mehr ungewöhnliche Weg‹, den ich doch lieber nicht einschlüge. Im Ernst: was man hier kennen lernt, macht wenig Lust zum heirathen; so viel angelernt fertiges Urtheil und so wenig Natur, so viel Sentimentalität und Geziertheit und so wenig frisch poetisches Gemüth, so viel Hagerkeit und Blässe, und so wenig weibliche Anmuth. Dazu bin ich verwöhnt durch Freunde und ältere Freundinnen, und harre deshalb vergebens auf den Anbruch eines neuen schöneren Tages. Vielleicht, daß alle guten Wünsche, die mir zum 18. einliefen, um fast alle auf ein Ziel hinauszulaufen, etwas Gutes zusammenbringen. …

Was Ihr über den Pionier sagt, verstehe ich sehr wohl; auch mir sagt im Einzelnen der Ausführung Vieles nicht zu; es ist ein gewisser Zug von Gewöhnlichkeit in der Ausdrucksweise, der mich, so zu sagen, etwas verlegen macht; aber doch scheint es mir Pflicht, um der Tendenz willen daran festzuhalten, für die Verbreitung des Blattes zu sorgen, und ihm womöglich immer bessere und zahlreichere Mitarbeiterschaft zuzuführen. Ein Aufsatz von Wolzogen (dem Schweriner Intendanten) über Reform des Bühnenwesens war vorzüglich. – Mutter grüßt herzlichst; Vater hat selbst geschrieben, und ich wünsche allezeit Eurer Liebe empfohlen zu sein

als Euer dankbarer
Ernst R.

Schon vor vielen Wochen hatte Adele Dorn mich wieder einmal aufgefordert, die Leitung eines der vier für den Winter in Aussicht genommenen Abonnementskonzerte zum besten des Gustav-Adolf-Vereins zu übernehmen. Frau Joachim war gewonnen worden mitzuwirken, die Berliner Symphoniekapelle sollte mir zur Verfügung stehen, ebenso auch ein Chor, für dessen Zusammenbringung jedoch erst gesorgt werden mußte. Meine Neigung ließ mich vor allem wieder an Gluck denken. »Orpheus« und Bruchstücke aus »Alceste« hatte ich bei solcher Gelegenheit bereits in der Singakademie zu Gehör gebracht. Jetzt fiel mein Gedanke auf »Iphigenie in Tauris«. Allein, hier war die Sache insofern schwieriger, als die hohe Sopranlage der Hauptpartie mit dem Organ der Sängerin sich allzuwenig vertrug. Ich nahm die Oper mit Frau Joachim durch, und sie teilte so vollkommen meine Begeisterung für die wundervolle Musik, daß wir zu dem Entschluß kamen, durch Transposition der wichtigsten Arien in eine etwas tiefer liegende Tonart die Aufführung von zwei Akten der Oper zu ermöglichen. Ich ließ die Partitur unter Veränderung der Tonart bei den Stücken, die eine Transposition erforderten, abschreiben, was denn wiederum auch das Ausschreiben neuer Orchesterstimmen nötig machte. Das alles kostete die Vereinskasse von Frl. Dorn Geld, brachte aber auch mir als Korrektor ziemlich viel Mühe und Zeitverlust.

## AUS DEM TAGEBUCH

### DIENSTAG D. 2TEN JANUAR 1872
Nach Tisch nach Lichterfelde gefahren. Auf dem Baubureau Erkundigungen eingezogen. Herrlicher Sonnenuntergang: aus dunkelm grauen Himmel tritt die Sonnenscheibe plötzlich wie eine Feuerkugel, aber ohne noch irgend einen Strahl zu senden (nur der Wiederschein auf dem Eise der Wiese röthlich glänzend), hervor, um dann gleich darauf wieder zu verschwinden.

### MONTAG D. 8TEN JANUAR
Simrock schenkt mir das Schicksalslied von Brahms. Nachmittags Fuge und Choralvorspiel von Bach durchgespielt, das Spitta von einer alten (nicht autographen) Handschrift aus unserem Besitz sich hatte kopieren lassen. Dann ein paar Sachen von Rheinberger (Humoreske, Klaviervorträge und Sonate), wobei die Freude sehr gemischt ist. Endlich mit Carl vierhändig ein paar reizende Ländler, und einige Polonaisen von Schubert.

### DIENSTAG D. 9TEN JANUAR
Durch Clara Baumeister kommen gute Nachrichten über den Verlauf der Krankheit bei der kleinen Radecke. Dabei entwickelt sich ein Gespräch über Gebetserhörung, das leider nicht ohne Leidenschaft bleibt. Mutter greift Nitzsch an zu Gunsten von Müllensiefen; ich aber kann mich zu keiner anderen Ansicht bekennen, als dazu, daß das Gebet dazu dienen soll, unseren Willen dem göttlichen Willen unterzuordnen, nicht aber – oder wenigstens viel mehr als – auf den göttlichen Rathschluß einen Einfluß auszuüben.

Mittwoch d. 10ten Januar
Vollmer sucht mich auf. Ich begegne mich mit ihm in der Bekanntschaft mit Hameln und Hildesheim, vor Allem aber in der Liebe für die niedersächsische Architektur. Es spricht aus ihm eine warme, echt künstlerische Natur.

Freitag d. 12ten Januar
Nach Tisch nach Lichterfelde. Die Maler sind in meiner Villa mit Aufkleben des Papiers beschäftigt. Herrlicher Sonnenuntergang: purpurne Streifen und dazwischen hellgrünliche Tinten. Um halb fünf Uhr zurück. Abends mit Carl Vierhändiges von Schubert durchgespielt; zuerst ein mir ganz unbekanntes reizendes Rondeau in H, dessen Anfang sich zu meiner Überraschung buchstäblich mit dem 5ten Akt meines vierhändigen As dur Stücks ›Nachklang‹ deckt. Dann Variationen in B, die etwas Rossinisch angehaucht sind.

Sonntag d. 14ten
Zu Bruch, der nach längerer Abwesenheit nach Berlin zurückgekehrt ist. Er liest mir Odysseusdichtung vor, die er komponieren will. – Abends mit Carl vierhändig gespielt. Schubert Variationen über Thema aus ›Marie‹ von Herold[174]. Reizende Musik.

Montag d. 15ten
Abends nehme ich die Partitur von Cherubini's Medea vor, spiele Arie des Jason, dann großes F dur Ensemble und Arie der Medea mit Entzücken durch. Namentlich das F dur Ensemble ganz grandios. Später mit Carl vierhändig Andantino varié in h moll von Schubert; feinfühligste, bezaubernde Musik. –

Dienstag d. 16ten Januar
Nach der Absperrungszeit zum ersten Male wieder meine Unterrichtsstunden an der Hochschule gegeben. Auch die Janotha erscheint als neuer Gast nach dem Sommerunterricht bei Frau Schumann. Sie spielt sehr gut die h moll Novelette von Schumann und Bachvariationen von Reinecke. – Abends in der Nationalzeitung[175] definitive Nachricht über Mühlers Rücktritt; das Blatt widmet ihm einen nicht schmeichelhaften Abschiedsartikel.

Dienstag d. 23ten Januar
Vormittags mit Fräulein Dorn zu Mantius, ihn aufzufordern, die Parthie des Pylades im Gustav Adolfconcert zu übernehmen. Er nimmt an, singt uns die schöne Arie des Pylades[176] vor, mit der er einstmals so große Triumphe gefeiert; noch immer gut, aber freilich mit spröder Stimme und vieler Anstrengung. – Vater macht zum ersten Male nach seiner Krankheit eine Spazierfahrt. – Nach Tisch 4 Stunden in der Hochschule. Dann nach dem Gesundbrunnen herausgefahren, Onkel Buttmann zum Geburtstag zu gratulieren. Ich finde 35 Menschen versammelt, unter ihnen auch den jungen Dryander, Familie Delbrück und Rudolf und Guste Grimm. Fräulein Schmidtlein singt sehr schön ›An die Musik‹ von Schubert.

MITTWOCH D. 24TEN JANUAR
In der Orchesterstunde 3 – 5 nehme ich Symphonie D dur Nr. 4 von Haydn und Cherubinis Abenceragen-Ouvertüre durch. Dann zum Mittagessen bei Hollwegs mit Bergs und H. v. Sommerfeld. Sehr behagliches Zusammensein im kleinen Zimmer unten; der Alte prächtig in der Unterhaltung. Abends zu den Eltern von Leonhard Wolff wo Bruch zum ersten Male seine Odyssee vorspielt. Großgedachte breite Anlage; im Seesturm und auch im Gastmahl schöne Entwicklung im Chorischen; die Erfindung scheint mir jedoch an anderen Stellen etwas matt, die Unterweltscene zu weit ausgedehnt, das Heimathlied des Odysseus zu wenig prägnant, um drei Mal wiederholt zu werden und einen Angelpunkt für das Ganze zu bilden.

DONNERSTAG D. 25TEN
Ich besuche Franz Mendelssohn, der heute seinen Geburtstag feiert, zum ersten Mal seit der Absperrungszeit. Dann zu Janke, Vorstand der Berliner Symphoniekapelle, um mit ihm wegen der Tage für Proben und Aufführung Verabredung zu treffen. Die Kapelle will am 24ten Februar in ihrem Concert meine Ballade aufführen. In meiner Vorspielstunde Nachmittags spielt die Janotha Mendelssohns fis moll Fantasie ganz vortrefflich.

SONNTAG D. 28TEN
Um 5 Uhr zum diner bei Simrock, mit Bruch, Deppe, Adelson, Julie von Asten und meiner Schülerin Miss Arnold, mit der ich mich sehr gut unterhalte.

MONTAG D. 29TEN JANUAR.
Nachmittags zur Joachim, die von Devrient aus Carlsruhe eine neue deutsche Übersetzung des französischen Iphiegenientextes bekommen hat. Von da in das Concert des Kotzolt'schen Gesangvereins. Der Chor singt das Mendelssohn'sche Jagdlied ganz vortrefflich. Schumanns a moll Sonate für Klavier und Violine von Barth und Rappoldi vorgetragen, macht im Saal wenig Wirkung. Kiels Variationen werden von Barth sehr gut gespielt. Ein kunstvolles Werk, wenn auch die Zone, in der es sich bewegt, etwas entlegen und eisig erscheint.

MITTWOCH D. 31TEN JANUAR
Carl macht sein schriftliches Freiwilligenexamen. Abends spiele ich mit ihm Schubertsche Ländler, die Variationen über das Thema von Herold und das reizende A dur Rondeau.

DONNERSTAG D. 1TEN FEBRUAR
Vater liest Abends nach dem Thee aus der Abhandlung eines jungen Theologen vor, über Schleiermachers Ansichten von der Vorsehung u.s.w. gegenüber denen der alten Dogmatiker. Sehr interessantes, nur allzu stark zum Denken anregendes Kapitel.

Freitag d. 2ten Februar
In Concertangelegenheiten zum Domsänger Knorr. Der Weg führt mich durch das Hallesche Thor und draußen am Kanal entlang an dem ehemaligen Haus meines alten Lehrers Kürten vorüber. Wohl seit 14 Jahren sehe ich diese Gegend zum ersten Male wieder und staune über die enormen Veränderungen, die sich hier vollzogen haben; die Stadtmauer ist weggerissen, ganze Stadttheile sind neu entstanden. – De Ahna erzählt mir, daß er mein Sextett in der Quartettstunde gemacht habe. – Adele Dorn zum Thee bei uns; allerlei Unterhaltung über das bevorstehende Concert. Der verehrte Vereinsvorstand klagt über die Kosten; ich verlange zwei Proben mit dem Orchester für die Iphigenie; die Damen meinen, andere Dirigenten würden das mit einer machen u.s.w.

Sonnabend d. 3ten Februar
Frau von Hollweg besucht uns, ist sehr frisch und liebenswürdig. Johannes Schulze bei uns zu Tisch. – Die gute alte Gräfin Voss verläßt Berlin und zieht nach Frankfurt a. O. – Von 5½ – 7½ erste Chorprobe zur Iphigenie im Saal der Hochschule. Zahlreicher Besuch seitens der Damen, die gut und eifrig singen, aber nur 4 Herren! – Dann ins Opernhaus, um dort von 8 – 9 zwei Akte Norma[177] anzuhören, und Frl. v. Bretfeld als Adalgisa kennen zu lernen, die mir von der Joachim gerühmt wird.

Sonntag d. 4ten Februar
Ich schreibe an die Dorn, höre einen Aufsatz an, den mir Vater vorliest, lese die Trauerode von Bach, mache Besuch bei Arnim, den ich treffe, und bei Keudell, den ich nicht treffe. – Nach Tisch zu Grabau, der mir zu meiner großen Freude seine Verlobung nebst Vorgeschichte mittheilt. Mit ihm in die Villa Colonne, um Raffs Symphonie ›Im Walde‹ anzuhören. Leider treffen wir in Deppe's Loge mit dem Ehepaar Langhans zusammen. Der gute Mann ist natürlich von Allem entzückt. Mir behagt der erste Satz zum großen Theil ganz wider Erwarten, dann aber folgt ein phrasenhaftes, mit Instrumentationsschaum aufgestutztes Andante, ein pikant klingendes Scherzo und ein vielfach greuliches Finale. – Wieder Brief von Bürgers über die Cölner Pläne.

Montag d. 5ten Februar
Morgens zu Kotzolt und Rudolf Radecke[XXXI], um Herren für meinen Chor zu werben. Ich treffe beide nicht zu Hause, und schreibe ihnen deshalb.

Mittwoch d. 7ten Februar
Der neue Kultusminister Falk bestimmt, daß Adolf Schulze aus Hamburg als Gesangslehrer an der Hochschule angestellt werden soll.

XXXI Rudolf Radecke, der früh verstorbene begabte Bruder von Robert Radecke, leitete damals einen kleinen Gesangsverein.

DONNERSTAG D. 8TEN FEBRUAR
Zur Joachim mit ihr zu probiren; den Traum und die erste Arie der Iphigenie singt sie vollendet. Abends Gesellschaft bei Frau Joachim; Eckerts, Radeckes, Paul Mendelssohns, Bergs, Levis u.s.w. anwesend. Frau Joachim singt Eckert'sche Lieder. Nach dem Essen Gesellschaftsspiele.

FREITAG D. 9TEN FEBRUAR
Abends Gesellschaft bei Radeckes. Gäste: Ernst und Hermann Jonas, Frau v. Benda, Delbrücks, der Baritonist Bähr, Bergs, Leos, und Frau Joachim, die prachtvoll singt: von Schubert Suleika (mit meiner Begleitung) von Schumann, ›Gedenke mein‹ (E-dur) und das Wanderlied aus den Myrthen[178]; vorher mit Bähr und einem jungen Tenor (Schwarze?) Terzett aus Fidelio, und später vierstimmig von Brahms Tanzlied und Es dur Lied. Zum Schluß singt Frau Joachim noch Schumann ›Es weiß und räth es doch keiner‹[179], ›Gruß‹ von Mendelssohn und ›Wiegenlied‹ von Brahms.

SONNABEND D. 10TEN
Vormittags mit Mutter im Sacke'schen Raum die Schwind'sche Melusine betrachtet. - Nachmittags von 5 bis nach 8 Uhr Chorprobe für Iphigenie in der Hochschule. Die Herren recht zahlreich und gut. - Abends finde ich unerwarteter Weise Hanne aus Greifswald angekommen bei den Eltern. Er klagt über den zunehmenden Mangel an Unsterblichkeitsglauben, an dem der Pantheismus, Materialismus und die Schopenhauer'sche Philosphie vereint rüttelten.

DIENSTAG D. 13TEN FEBRUAR
Prächtiger Brief von Spitta, er schickt mir seinen Aufsatz über das Oratorium und außerdem ein Briefautograph von Eichendorff. Ferner Brief von Rose, der Cherubinis Wasserträger in Amerika zum ersten Male und mit schönem Erfolg aufgeführt hat.

MITTWOCH D. 14TEN FEBRUAR
Soloprobe für Iphigenie bei Frau Joachim mit Fräulein Schmidtlein, Henschel und Putsch, der grausam krächzt und nichts herausbringt. Joachim ist von Russland zurückgekehrt; sehr frisch und voller Liebenswürdigkeit. Ich gehe nach der Probe etwas mit ihm heraus und bleibe dann zum Mittagessen dort. Nachmittags führe ich ihm in der Orchesterstunde den ersten Satz der Haydn'schen Symphonie Nr. 4 und die Abencaragen-Overtüre vor. Dann zu Krolop, ihn an Stelle von Putsch zum Thoas aufzufordern; er ist recht liebenswürdig, stellt mich seiner Frau (der Voggenhuber) vor, kann aber leider nicht singen, weil ihm die Parthie zu hoch liegt.

DONNERSTAG D. 15TEN
Morgens um halb 10 Uhr Soloprobe bei Mantius mit ihm und Henschel. Wir beklagen gemeinsam, dass die edle Plastik der Bewegungen auf der Bühne so gut wie verloren gegangen ist. Dann in der Hochschule mit 6 Streicherschülern (Petri, Holländer, Burkhardt, Meyer, Mahr, Päpke) Correkturprobe der ausgeschriebenen Iphigenienstimmen. Alle sind recht nett und eifrig. Zwei der Jünglinge in der

Droschke mit mir genommen, um sie rasch zur Mittagsmahlzeit zu befördern. Abends zu Joachims; Gespräch über die bevorstehende Schulkonferenz mit dem Verwaltungsrath. Julie von Asten ist da. Nach dem Abendessen musicirt. Ich begleite Joachim eine Tartini'sche Sonate und das E-moll Concert von Spohr.

FREITAG D. 16TEN
Nachmittags um 4 Uhr in der Singakademie erste Probe mit dem Orchester zur Iphigenie. Manche Fehler noch in den Stimmen, Mantius, Putsch und Henschel lassen viel zu wünschen übrig, die Joachim aber unvergleichlich. Erst nach 7 Uhr Ende der Probe. Ich fahre sehr müde nach Hause, ziehe mich um, und fahre zur Joachim in eine Gesellschaft, zu der Simrocks, Henschel, Heyes, Bergs, Julie Asten u.s.w. geladen sind. Henschel lässt alle seine bekannten Canons und Pfeifteufel tanzen. Frau Joachim singt Lieder von Brahms.

SONNABEND D. 17TEN
Abends um ½ 8 Uhr mit Grabau in ein Concert von Hans von Bülow. Anfangs beim h moll Scherzo von Chopin schien es mir, als wenn er sich als Spieler gebessert hätte. Aber auf Disteln wachsen keine Feigen. Es war Alles trostlos kalt. Manches äußerlich korrekt in der Auffassung und technisch vollkommen. Anderes wiederum empörend zerhackt: so vor Allem der Faschingsschwank von Schumann und auch das h moll Präludium von Bach. Zu meiner größten Überraschung treffe ich Freges [XXXII] im Concert; sie wollten nur Bülow hören, reisen morgen Abend wieder zurück nach Leipzig. – Nach dem Concert Soirée bei Paul Mendelssohns, wo ich erst um halb elf Uhr eintreffe. Man ist entsetzt, dass ich nach Lichterfelde herausziehen will.

SONNTAG D. 18TEN FEBRUAR
Morgens von halb 10 bis 1 Uhr in der Singakademie Generalprobe zur Iphigenie. Die Frege ist unter den Zuhörern. Der Männerchor recht gut besetzt. Viel Freude und viel Strapatze, aber wohlthätige Strapatze. Nachher mit Mutter und Angelika Palmie bei schönstem lauen Frühlingswetter, das von allen Dächern den Schnee thauen macht, nach Haus gegangen. Nach Tisch zu Wolffs, wo ich den Alten allein anwesend finde. Er theilt meine Ansicht über Bülow. Später erscheint Leonhard und es kommt die Rede auf die zunehmende Manierirtheit in Bruchs Sachen. Abends liest Vater uns einen Aufsatz aus den preußischen Jahrbüchern über das Verhältniß zwischen Goethe und Herder vor.

MONTAG D. 19TEN
Abends mein Gustav-Adolf Concert. Cherubinis Medea Ouverture beginnt. Dann Violinconcert von Mendelssohn von de Ahna gespielt. Er macht so viel rubato's, das

XXXII Die Mutter des Professors Frege war eine Schwester der Mutter von Hans von Bülow. Als dieser sich zu den Ansichten der Weimarer Schule bekannte und namentlich Mendelssohn mit Schmähungen überhäufte, brachen Freges allen Verkehr mit ihm ab. Jetzt aber hatte er die Farbe gewechselt und in Leipzig Mendelssohnsche Musik öffentlich vorgetragen; es wurde also Friede geschlossen, und Freges taten ihm die Ehre an, von Leipzig nach Berlin zu reisen, um auch sein hier stattfindendes Concert anzuhören.

ich fast den Eindruck habe, er möchte mich in Verlegenheit bringen. Endlich die beiden ersten Akte Iphigenie. Das Meiste geht sehr gut. Einigen in den Proben nicht dagewesene Chormitglieder bitte ich nicht mitzusingen. Trotzdem lässt sich eine Dame nicht zum Stillbleiben bewegen, und haut vor. Die Joachim ganz ausgezeichnet. Höchst ledern aber ist das sehr protestantische aber dafür auch gründlich unmusikalische Publikum. Ich sage der Dorn hinterher, unter ihren Abonnenten befänden sich eine entsetzliche Menge von Ochsen.

DIENSTAG D. 20TEN
Morgens erhalte ich einen Brief der Dorn voller Ingrimm über meine gestrige Ochsenäußerung. Ich gehe zu ihr, um sie zu beschwichtigen. Abends bei Keudell Conferenz in Angelegenheiten der Hochschule; es wird unter Anderem die Anschaffung eines neuen Flügels bewilligt. Nachher noch im Hotel de Rome ein Quartett von der jungen Genossenschaft Schiever, Franke, L. Wolff, Hausmann angehört.

MITTWOCH D. 21TEN
Frau Joachim erfreut meine Mutter durch ihrem Besuch. Die Janotha spielt in der Orchesterstunde das g moll Concert von Mendelssohn so unrythmisch, daß ich beschließe, sie jetzt noch nicht öffentlich spielen zu lassen.

DONNERSTAG D. 22TEN
Abends Gesellschaft bei Bergs. Brandes, Heyes, Hertels Julie Asten etc. anwesend. Ich begleite Frau Joachim die sämmtlichen Müllerlieder. Bei Tisch sitze ich neben ihr, sie gedenkt meiner Mutter in der herzlichsten Weise. Von sich selbst sagt sie, daß sie oft aus Verlegenheit sich so benähme, dass sie dem Anderen abweisend erscheinen müsse.

Nachdem in den letzten Wochen das von mir zu beziehende Haus in Lichterfelde so weit fertiggestellt war, daß es bewohnt werden konnte, fand am 24. Februar meine Übersiedlung dorthin statt. In den drei unteren Zimmern, in denen ich selber hausen wollte, gab es für meinen Besitz an Möbeln, Bildern und sonstigem Schmuck reichlich Platz. Für die drei Räume im ersten Stock hatte ich in dem jungen Architekten Vollmer und in Lujo Brentano, dem später vielgenannten Nationalökonomen, zwei angenehme Mieter gewonnen, deren Einziehen ich in nächster Zeit erwarten durfte. Brentano ließ sich einstweilen von einem Tischler, den er in Gemeinschaft mit Herman Grimm irgendwo aufgestöbert und besonders tüchtig befunden hatte, eine Anzahl von Möbeln in gebeiztem Eichholz anfertigen, mit denen er seine beiden nach der Straße zu belegenen Zimmer ausstatten wollte. Auch Vollmer, der sich mit nur mit einem Zimmer begnügte, sorgte in der Hauptsache selbst für sein Ameublement. Meine bisherige Haushälterin, Frau Kath, mochte sich nicht entschließen außerhalb der Mauern Berlins ihr Leben zu führen, aber eine bei weitem sympathischere Persönlichkeit trat an ihre Stelle: die prächtige alte Doris Söhlke, die in meiner Knabenzeit Jahre lang unserem Hause die treueste Dienerin, ja geradezu eine feinfühlige Freundin gewesen war, hatte uns seinerzeit verlassen, weil sie ihrem vereinsamten Vater in Lauenstein den Lebensabend gemütlich machen wollte. Als dann hier der Tod des Alten ihrer Aufgabe ein Ziel gesetzt hatte, siedelte sie zu einer ihr von früh auf befreundeten Familie über, die zur Zeit in bescheidenen Verhältnissen in Berlin lebte. Meine Mutter wandte sich an die gute, nunmehr auch ziemlich alte Doris mit der Frage, ob sie sich entschließen würde, mir und meinen beiden Mietern in Lichterfelde die Wirtschaft zu führen. Sie willigte sofort mit der größten Freude ein, und erfüllt von nun an ihre neue Aufgabe so vollauf, daß mir nur die einzige Sorge blieb, ob sie nicht zuweilen in ihrem Drang, alles Denkbare mir zuliebe zu tun, ihren Kräften zu viel zumuten würde. Im übrigen mußte ich bald lernen, daß die Vorzüge eines Wohnhauses nicht ausschließlich auf dem Gebiet des architektonischen Geschmacks und der landschaftlichen Umgebung zu suchen sind.

Montag d. 26ten Febr.
Morgens beginne ich damit meine Bücher einzukramen. Vieles andere folgt. Gegen Mitternacht werde ich im Wesentlichen mit allen Plackereien fertig.

Dienstag d. 27ten
Vollmer kommt, ich hänge mit ihm Bilder in der für ihn bestimmten Stube auf. Um 1 Uhr zur Stadt gefahren, Mittagessen bei den Eltern. Dann Stunden in der Hochschule, und wieder zurück zur Friedrichstraße, wo ich Mutter mit ihren Dienstagsmädchen tagend finde.

Ich will um 8 Uhr mit der Anhalter Bahn herausfahren, aber der Zug ist schon um 7 ¾ abgegangen. Also zur Potsdamer, die sich um halb 9 Uhr in Bewegung setzt.

Mittwoch d. 28ten
Morgens ›Israels Siegesgesang‹ von Hiller durchgespielt. Der Ofen in der Kammer raucht fürchterlich aus allen Fugen, obgleich in ihm gar nicht geheizt ist. Wir haben viele Noth damit; ich lasse Urban und den Maurermeister kommen. Um ¾ 1 nach Berlin. Probe mit dem Tenoristen Otto, der in der Wiederholung der Iphigenie den Pylades singen soll. Bei den Eltern zu Tisch. Dann Hochschule. Von da aus zu Schwerins; ich spiele allerlei vor, der Alte von großen Schmerzen geplagt hört in der Nebenstube liegend zu und läßt mich dann für einige Minuten zu sich kommen.

Donnerstag d. 29ten
Vollmer trinkt Abends als mein Miether zum ersten Male bei mit Thee; wobei ich aufs Neue den angenehmsten Eindruck von ihm empfange. Gespräch über moderne

Malerei. Er zieht gehörig und größtentheils mit Recht über den Realismus der jetzigen Landschaftsmalerei her.

Freitag d. 1ten März
Von Cöln habe ich die Aufforderung erhalten, dort mit dem Bachverein ein Charfreitagsconcert zu geben. Ich schreibe darüber an Bitter einen langen Brief. Der Südwestwind steht auf meinem Arbeitsfenster pustet durch die Ritzen und mach das Dasein ungemüthlich. Draußen zwar regnerisch aber sehr warm. Ein beständiges Lerchengeschmetter.

Sonnabend d. 2ten März
Morgens zu Urban wegen der Öfen. Hübsche Aussicht aus seinem Fenster. Die wilden Gänse ziehen über unseren Häuptern südwärts und auf der Wiese schreien die Kiebitze. Um halb 2 Uhr kommt Brentano, ist sehr angethan von dem hübschen Aussehen der Wohnung, mustert oben in seinen Räumen Alles aufs Genaueste und mißt mit Urbans Hülfe, den wir herbeiholen, die Wände. Dann leistet er mir bei meinem Mittagbrod mit Urban Gesellschaft, wird mit Anice- Wein[XXXIII] traktirt und läßt sich unsere hannoverschen Puffer gut schmecken. Nach 6 Uhr zur Stadt, vergeblich versucht Frau Joachim zu sprechen. Ich trinke bei den Eltern Thee, schreibe Briefe und schlafe oben in meiner alten Stube, die zu einem etwas öden Fremdengemach umgewandelt ist.

Sonntag d. 3ten
Vormittags Generalprobe zum abermaligen Iphigenieconcert; der Herrenchor lückenhaft und viel Ärger im Orchester. Die Joachim ist so empört über die Niederträchtigkeit der Kritik, jetzt auch in den Signalen[180], daß sie daran denkt, sich morgen heiser zu melden, damit wir uns nicht noch einmal beide abschlachten lassen müssen. – Schönstes Frühlingswetter. Ich mache Besuch bei der alten Gräfin Voss, die mich recht liebenswürdig empfängt, gehe dann auch noch einmal in den lieben alten Garten, soweit er noch am Leben ist. Zu Tisch bei Paul Mendelssohns mit der Joachim, Julie Asten, meinem alten Genossen dem Dr. Paul Mendelssohn, Schaper und Franz Mendelssohns. Recht gemüthliches Beisammensein. Der alte Paul M. bietet mir an mir morgen das neue Rathhaus und die Börse zu zeigen.Abends bei den Eltern. Die Maxe kommt zum Thee.

Montag d. 4ten
Nach 12 Uhr zur Stadt. Bei herrlichem Frühligswetter zu Paul Mendelssohn, der mich samt Schaper in die Börse und ins Rathhaus führt. Der Aufgang und die Sitzungssääle gefallen mir besonders. Bei den Eltern zu Mittag gegessen. Abends um ½ 8 beginnt mein 2tes Iphigenienconcert in der Singakademie. Gleich die Wasserträ-

---

XXXIII Frau Mendelssohn bezog von dem Weingut ihrer Eltern in Anice unweit Bordeaux regelmäßig reichliche Quantitäten des schönsten süßen Weißweins, der, in unmittelbarer Nachbarschaft von Yquem gewachsen, dem berühmten château d'Yquem in keiner Weise nachsteht. Sie teilte mit Vorliebe nähere Freunden von ihren Schätzen mit und hatte auch mich mit einer Anzahl von Flaschen des ausgezeichneten Getränks bedacht.

gerouvertüre geht sehr gut, dann Iphigenie ungleich besser als neulich. Mit dem Eindruck eines gelungenen Abends nach Hause zu den Eltern.

MITTWOCH D. 6TEN
Nachmittags im Concertsaal des Schauspielhauses Chorprobe für Hiller abgehalten, der in Berlin ein Concert geben und darin unter Anderem eine Cantate von sich aufführen will, um deren Einstudierung er mich gebeten hat. Dann 6 Briefe geschrieben.

DONNERSTAG D. 7TEN
Abends Hiller im Hotel de Rome aufgesucht, der heute angekommen ist. Ich treffe ihn nicht zu Hause.

FREITAG D. 8TEN
Abends nach meinen Hochschulstunden ins Schauspielhaus, wo Hiller schon allein eine Stunde lang Probe gehalten hat.

SONNABEND D. 9TEN
Vormittags mit Urban zur Teltower Straße, um wegen möglichen Ankaufs einer Parzelle dort zu überlegen. Herman und Gisel Grimm erscheinen und rufen schon von fern. Ich gehe dann mit ihnen in ihr Haus und ihren Garten, wo die Hasen die Baumrinden abgefressen haben. Zu Mittag esse ich bei mir, und Grimms kommen dazu. Herman trinkt mit vielem Behagen 3 Glas Anice. Um 3 Uhr hole ich die Eltern nebst Tante Marie Rudorff, die bei ihrer Mutter in Berlin zu Besuch ist und Emma Wendt von der Bahn ab. Alle 4 trinken bei mir Kaffee, und sind von Haus samt Umgebung sehr entzückt.

SONNTAG D. 10TEN
Um halb 9 Uhr nach Berlin. Probe mit Hiller im Schauspielhause. Mit ihm zum Theaterbureau um zu fragen, ob die Voggenhuber, die am Sonnabend zum ersten Mal in Bruchs Hermione auftritt, Freitag bei ihm singen kann. Im Hotel du Nord läßt er mich einen Artikel von sich über Bülow lesen.

MONTAG D. 11TEN
Keudell schickt Bericht an den Minister wegen eines neuen Hochschulgebäudes, den ich, da Joachim abwesend ist, an seiner Statt zu unterzeichnen habe.

DIENSTAG D. 12TEN
Morgens begonnen eine Orgelstimme zu Bachs Cantate »Ihr werdet weinen und heulen« zu schreiben, und Angaben für die Stimmenausschrift der Bach'schen ›Trauerode‹ da ich die Franz'sche Bearbeitung für die Aufführung in Cöln nicht brauchen kann.

Donnerstag d. 14ten
Abends mit Johannes Schulze und Spengel für kurze Zeit in Hillers Generalprobe. Carl Heymann hat sein Examen für den Einjährigen Dienst gut bestanden.

Freitag d. 15ten
Vormittags gegen 11 Uhr mit Mutter und Anna Beseler in der Generalprobe von Bruchs Hermione. Wir sitzen im ersten Rang, vor uns Grimms neben uns Radeckes, gegenüber Mathilde Bruch, der Dr. Bruch aus Cöln, Simrocks u.s.w. Fast keiner der Sänger singt mit voller Stimme, der Chor ist erbärmlich, das Orchester unsicher und ohne Nerv, also der Eindruck sehr geschmälert, trotzdem an vielen Sachen Freude, besonders im 2ten und 3ten Akt. - Nach meinen Hochschulstunden Abends in Hillers Concert, das zum größten Theil höchst unerquicklich verläuft; am erträglichsten ›Israels Siegesgesang‹, unglaublich dagegen ›Soldatenleben‹ für Klavier, und ein Duo über Lützows wilde verwegene Jagd[181] für zwei Klaviere. Bei den Eltern hinterher Thee getrunken. Es ist Carls letzter Abend in unserem Hause. Nach allen immer wieder auftretenden unerträglichen Zuständen hat der Arme auf ärztlichen Rath sich entschlossen, den Musikerberuf - wenigsten vor der Hand - aufzugeben, und Gärtner zu werden. Er siedelt nach Potsdam über, wo er in der Gärtnerlehranstalt als Lehrling eintritt. Da die alten Ebersteins und mit ihnen Ottilie, für die Carl eine besondere Verehrung hat, auch nach Potsdam gezogen sind, so findet er dort wenigstens eine Zufluchtsstätte für seine seelischen Bedürfnisse.

Mittwoch d. 18ten
Gegen 3 Uhr zur Stadt gefahren. Zur Hochschule, wo ein Ministerialreskript wegen Anstellung von Adolf Schulze meiner wartet. Zu Keudell, der mit seiner Frau bei Tisch sitzt, mich aber dennoch annimmt und mit zu Tisch kommen läßt. Über Adolf Schulze und die Chorangelegenheit hin und her gesprochen. Dann zu den Eltern, wo ich Janitsch treffe, der soeben in Berlin angekommen ist. Ich nehme ihn für ein paar Tage als Logiergast zu mir nach Lichterfelde.

Donnerstag d. 19ten
Mittagessen mit Janitsch bei den Eltern. Dann Hochschule. Abends um halb 9 Gesellschaft bei Keudells. Moltke (der Neffe) ist da; ein junger Offizier läßt sich mir vorstellen, wobei natürlich des Weiteren nichts herauskommt. Keudell spielt Beethovens große f moll Sonate recht gut. Dann singt Herr von Senfft Pilsach sehr musikalisch.[182] Um 10 Uhr verschwinde ich schon nach Lichterfelde heraus, treffe im coupé August Meinecke, der nach Rom reist, esse noch etwas bei mir und spiele Janitsch Einiges vor.

Mittwoch d. 20ten
Morgens starker Rauch in meiner Wohnstube, und überall wo man sonst zu heizen versuchte, giebt es dasselbe Elend. Janitsch und ich bleiben schließlich in meiner kalten aber nun doch rauchlosen Arbeitsstube sitzen. Große Verlegenheit, weil ich Bruchs und den Schriftsteller Graff zu Mittag erwarte. Um 11 Uhr aber nimmt der Rauch zum Glück Abschied; wir verbreiten Wohlgerüche, um 12 erscheinen die

Gäste und ein sehr heiteres Mittagsmahl entschädigt für alle Sorge vorher. Nach Tisch zur Stadt. Janitsch hört in der Orchesterstube zu, ich lasse die Janotha das g moll Concert von Mendelssohn spielen. Um den Quälereien der Mutter ein Ende zu machen habe ich mich entschließen müssen ihrer Natalie außer den Schulstunden wöchentlich je eine Privatstunde zu geben. Gegen 8 Uhr mit Janitsch nach Lichterfelde zurück. Ich spiele ihm meine neuesten Lieder, den ›Aufzug der Romanze‹, die G-dur Serenade und Frauenchorlieder vor.

DONNERSTAG D. 21TEN
Mittags zur Stadt gefahren mit Veilchen und Maiblumen, die ich Vater zu seinem Geburtstag bringe. Ich spiele ihm aus seinem Lieblingsstück vor: Bachs Cantate Ihr werdet weinen und heulen, aber die Welt wird sich freuen. Zu Tisch ist Tante Marie Rudorff unser Gast. Abends erste Vorstellung von Bruchs Hermione. Der erste Akt wirkt besser, als ich erwartet hatte; nach dem 2ten wird Bruch gerufen, ebenso nach dem 3ten und 4ten. Er nimmt sich im schwarzen Rock drollig genug zwischen seinen griechisch kostümierten Sängern und Sägerinnen aus. Vieles ist an dem Werk zu loben, aber ich kann mich zuweilen doch nicht des Eindrucks eines zu langsamen Fortschreitens erwehren. Hinterher großes Festessen woran die Damen Voggenhuber, Brandt, Grossi, ferner Hiller, Radecke, Wolff, Graff, Janitsch, Dr. Bruch mit Töchtern, Adelson etc. theilnehmen. Bruch ist glückselig: Hiller bringt sein Wohl aus, worauf Bruch herzlich erwiedert, und so ist der frühere Riß zwischen den beiden damit einigermaßen wieder zugekittet. Später erhebt sich Hiller nochmals und zwar dieses Mal um einen sehr drolligen Toast auszubringen. Er führt alle die guten Lehren auf, die das Schicksal der Hermione uns gegeben habe: man erlebe, ein wie thörichtes Ding die Eifersucht sei, man erfahre ein Mittel um seine Gattin 16 Jahre lang unverändert zu konservieren, zugleich aber auch ein anderes um seine Tochter mit 14 Jahren an den Mann zu bringen; auch werde man darauf aufmerksam gemacht ein wie gefährliches Ding es sei einen Hausfreund zu haben. Die Hauptsache aber sei daß alle diese Ehestandsgeschichten ihm Veranlassung gaben, derer zu gedenken, die noch nicht in den glückbringenden Hafen der Ehe eingelaufen seien, er trinke also auf das Wohl der vielfach hier anwesenden schmachtenden und angeschmachteten Jünglinge und ihrer zukünftigen Gattinen: also auf Herrn und Frau Bruch, Herrn und Frau Rudorff etc. Um 3 Uhr Ende des Festes. Ich übernachte sammt Janitsch bei den Eltern.

SONNABEND D. 23TEN
Janitsch kehrt Nachmittags über Wismar nach Rostock zurück, um seine philologischen Studien dort fortzusetzen. Abends 10 Uhr reise ich selbst nach Cöln ab, um dort der Aufforderung des Bachvereins folgend, mit den alten Freunden zu concertiren.«

## An die Mutter

»Cöln d. 26. März 1872
Nachmittag ½ 6 Uhr

ich komme eben mit Bürgers von Bonn zurück, und schreibe auf dem Cölner Bahnhof diese paar Zeilen, die dich über meine glückliche Landung beruhigen sollen; der Courierzug nimmt sie gleich mit, und so sind sie wohl morgen früh in deinen Händen. Die Nacht bei geheiztem und wenig besetztem coupé war bequem genug; ich schlief einen großen Theil der Reise und kam unverfroren, nur sehr staubig und kohlenberußt hier an. Der Empfang bei Bürgers war der herzlichste wie immer, und auch mit Bitter, den wir gleich aufsuchten, gab es ein sehr erfreuliches Wiedersehen. Leider ist nur die Kirchen- und Saalfrage noch nicht erledigt; die Geistlichkeit macht aufs Neue Schwierigkeiten, und wenn alle Stricke reißen, so denken wir daran, hier nur eine Art öffentlicher Generalprobe im Gürzenich am Tage zu geben und in Bonn in der Beethovenhalle das eigentliche Concert abzuhalten. Um dieser Umstände willen fuhr ich dann auch heute nach Tisch gleich mit Bürgers nach Bonn hinüber, zuerst wurde der Saal in Augenschein genommen, dann ging B. zu einem der dortigen machthabenden Herren, und ich suchte meinerseits Otto[XXXIV] auf. Ich fand ihn auf dem Stuhl mit ausgestrecktem Bein liegend, doch im Übrigen munter und so entschieden auf der Besserung, daß er an Ausgehen in den nächsten Tagen denkt. Mit seiner Wirthin ist er sehr zufrieden und über seinen rheinischen Aufenthalt, wie selbstverständlich, ganz entzückt. Einliegende Blätter kommen als Zeichen, wie weit der Frühling schon den Kopf an den Hecken heraussteckt. Land und Luft sind einzig, das ist wahr.

Nun muß ich zur Probe und hoffe auch da Freude zu finden. Euch Beiden alles Gute in Eueren einsamen Festtagen! Wie gern zauberte ich Euch herüber zu gemeinsamen Freuden!

Cöln Marienplatz 26, d. 30ten März 1872

Morgen als am Ostersonntag sollst du doch wieder ein paar Worte von mir in den Händen haben, und wenn es nur eben ein paar sind, so wirst du das mit der Art meines hiesigen Daseins entschuldigen. Es geht mir sehr gut, ich wandere wie ein Viergroschenstück von einer Hand in die andere, erfreue mich an der unveränderten Wärme der alten freundschaftlichen Beziehungen, und genieße die Frühlingstage, die wenn auch zuweilen mit Wind und Wolken verbrämt, doch mit ihrer sanften Wärme und allem Lieblichen, das sie hier insonderheit bringen, den Menschen erquicken. In Bonn, wo ich neulich Vormittag wieder allerlei zu besorgen hatte, auch Otto drei Mal besuchte, und nicht fand, blüht und grünt es noch mehr als hier; in Kyllmanns Garten standen Tulpen und Hyacinthen im Flor, und die Gebüsche bekleiden sich immer

XXXIV Mein Vetter Otto Rudorff hatte sich als Assessor in Bonn anstellen lassen.

dichter mit grünen Schleiern. Auch die größere Gesundheit und Natürlichkeit aller Verhältnisse fällt Berlin gegenüber höchst wohlthätig auf. – Nun werde ich morgen wohl nach Rheineck gehen, und bis Montag morgen oder Abend dort bleiben. Das Hochbergsche Quartett ist hier; gestern Abend war ich mit Wolff, Hausmann und Gräbe zusammen, Montag ist matinée bei Hiller, wo sie sich präsentieren; vielleicht daß ich mich dazu wieder einfinde, vielleicht auch, daß mich das Wetter, wenn es schön wird, noch nicht so bald wieder oben losläßt.

Gestern Charfreitag früh führte mich Frau Bürgers in Maria in capitolio umher, und ich hätte gewünscht, mein lieber Papa hätte das Alles auch gesehen. Alle Welt skandalisiert sich über die Ausmalung der Kirche, die der Kaplan nach Vorlagen von Essewein aus Nürnberg größtentheils selbst besorgt; Vollmer aber hatte mir schon vorher gesagt, daß es Nichts Vortrefflicheres in dieser Art gäbe, als die malerische Restauration der Marienkirche, die von dem besten Künstler dieser Richtung in Deutschland, der auch Godehard in Hildesheim ausgemalt hätte, besorgt würde. Zur großen Freude von Frau Bürgers war ich denn auch ganz erfüllt von dem schönen mystischen Eindruck, und zwar nicht nur als Nachbeter dessen, was mir von Vollmer gesagt war, sondern vielmehr aus der Überzeugung heraus, daß es das allein Richtige, Würdige und Charaktervolle ist, wenn man die Gestalten in dieser strengen, durchaus symbolischen und nicht realistischen Weise ausführt, wie es hier geschehen ist. Einige Winkelstellen, an denen versucht war, moderne Figuren in Glas oder Fresko anzubringen, machen dem gegenüber einen ganz widerlichen Eindruck. Auch meine Sympathie für das Schöne in der katholischen Kirche fand wieder allerlei Nahrung, so gründlich meine Feindseligkeit andrerseits gegen die klerikale Parthei und die ganze dogmatische Wirthschaft ist. Aber es bleibt ein Schatz von Innigkeit und Naivität, von Ehrwürdigkeit und Wahrheit im tiefsten verborgensten Grunde, dem man sich nicht verschließen kann, wenn man nicht absichtlich die Augen zumacht. In der Crypta der Cäcilienkirche, in die ich später gelegentlich einiger Concertbesorgungen einen Blick warf, fand ich eine Reihe von Kindern ganz still vor dem Altar knieen, ein Crucifix mit einem schwarzen Schleier bedeckt lag auf den Stufen, zwei kleine Chorknaben in Schwarz mit großen Kerzen knieten daneben, und Niemand gab einen Laut von sich. Man spottet so viel über das Sinnliche im Katholicismus, und doch möchte ich einen Menschen von Gemüth sehen, dem ein solches Bild nicht rührend und feierlich gewesen wäre.

Der musikalische Theil meiner Freuden ist übrigens nicht der geringste. Dienstag, Mittwoch und Donnerstag hatte ich Probe; heute Abend giebt es wieder eine; aber die Leute sind mit einem Eifer und einem Schwung dabei, daß man nicht ein Mal ermüdet. Als sie mir das erste Mal die Cantate ›Ihr werdet weinen und heulen‹ sangen, mußte ich ihnen meine Überraschung und Freude über die prachtvolle Frische, mit der sie das anpackten, kaum auszusprechen. Die Cäcilienkirche haben wir nun doch für Freitag über 8 Tage; der Bonner Plan ist uns Allen aber so zu Kopf gestiegen, daß wir Sonntag d. 7ten dort das Concert als matinée wiederholen wollen. Damit fallen alle Pläne für Lauenstein und Wienrode.

Für Deinen Brief schönsten Dank, liebe Mutter, und Euch beiden alles Herzliche

Von Eurem Ernst.

Die Königslöwischen Kinder sind ganz und gar meine Freude, gar zu lieb und nett.

Cöln d. 5.April 1872.

Du wirst dich wundern, daß du gar nichts von mir hörst, aber die letzten Tage waren so besetzt, daß nur mit Mühe einmal ein ruhiger Moment sich herausstehlen ließ. Wir haben abscheuliche Nöthe mit unserem Concert. Auf heute war es angesetzt, da verwies uns die Geistlichkeit auf gestern, zu gestern aber hatten wir kein Orchester; schon dachten wir an Verschieben über 14 Tage, und ich hätte dann wiederkommen müssen, was abgesehen von allen Unbequemlichkeiten und Kosten eine ganz schlechte Politik dem fertig eingeübten und deshalb bei längerem Aufschub erlahmenden Chor gegenüber gewesen wäre. So entschloß ich mich,von Joachim Urlaub für die Aufnahmeprüfung zu erbitten, habe ihn erhalten, und damit war eine Hauptschwierigkeit erledigt. Sonntag früh haben wir Generalprobe, Montag (Mariä Verkündigung) um 11 matinée in Bonn, Dienstag Abend Concert hier; Donnerstag Morgen oder Abend denke ich zurückzureisen. Nun saßen wir seit vorgestern wieder in der Angst wegen unserer Solosängerin Frl. Gips, die zuerst behauptet hatte, sie könne in nächster Woche nicht; in dieser Strick um den Hals-Situation entschloß ich mich gestern zu einer dicken Primadonna des hiesigen Theaters zu wandern, die ich um ½ 1 Uhr Mittags quasi im Hemde in der Thür stehend fand, die dann beim Durchsingen Töne von sich gab wie ein bockiger Esel - Alles so geeignet wie möglich um Bachsche Musik in der Kirche würdig aufzuführen – und die unter normalen Verhältnissen sich durch ein beständiges

Tremolo auszeichen soll. Gott sei Dank kam heute früh mit dem blauen Himmel nach allem Regen auch ein Telegramm von Frl. Gips, das uns ihre Mitwirkung wider Erwarten danach auch für Montag und Dienstag zusichere, und damit scheint nun die Reihe der tötlichen Verlegenheiten erledigt. Doch, wer weiß, was morgen kommt. Die Unruhe ist nicht erfreulich, die mancherlei Arbeit an Laufereien, Stimmenbezeichnung etc. auch nicht, aber das übrige Dasein hier, die Liebenswürdigkeit der Freunde, der Frühling, wenn Zeit und Himmel erlauben, einmal die Nase herauszustecken, endlich mein prächtiger Chor und die herrliche Musik, die mir womöglich mit jeder Probe herrlicher erscheint, - das Alles hilft doch darüber hinweg. Am Sonntag hatte ich mit Otto der Nachmittags mir nachkam, einige Stunden schönster Art in Rheineck; Heymanns behielten ihn zur Nacht mit mir dort, und der Morgen krönte mit seiner wundervollen Frische erst recht die gelungene Fahrt. An Frau Heymanns besonnenem Urtheil über den Sohn würdest du deine Freude haben. Sie ist eine seltene Frau. - Montag Abend war äußerst lustiges Beisammensein mit Gräbe und dem Hochberg'schen Quartett bei gutem rheinischen Wein, das bis spät in den Morgen hinein dauerte. Dienstag besuchte mich Otto hier. Mittwoch Abend war ich bei Ernsts. Donnerstag gab es einen gemüthlichen Mittag bei Königslöws, bei denen ich noch immer das vollste Heimatsgefühl habe, und heute kam Janitsch, den Frau Bürgers wegen einer eventuellen Stellung bei ihrem jüngsten Sohn Paul von Darmstadt citiert hatte, hier an, so daß unsere alte Gesellschaft in einer Vollzähligkeit bei einander ist, die fast die Kluft der Jahre vergessen lassen könnte.

Schönsten Dank für deinen Brief, liebste Mutter! Willst du mich bei Doris[183] für Sonntag gütigst abmelden? Ich wünschte, ich hätte Euch bei dem Concert hier, die Musik würde Euch die allergrößte Freude machen, und vieles Andere auch.«

1872.
Geistliche Musik – Aufführung
des
Bach-Vereins.
Bonn: Beethoven-Halle am 8. April
Morgens 11 Uhr.
Köln: Cäcilienkirche am 9. April,
Abends 7 Uhr.

Dirigent:

Herr Professor Ernst Rudorff aus Berlin
Solisten:
Fräulein Wilhelmine Gips aus Dortrecht (Sopran);
Fräulein Jenny Niethen aus Köln (Alt;
Herr Musik-Director Ferdinand Breunung aus Aachen (Orgel);
Herr A. Peltzer aus Köln (Bass).

Programm:

1. Chor und Choral aus der Cantate »Ihr werdet weinen und heulen«, von Joh. Seb. Bach.
2. »Ecce quomodo moritur«, vierstimmig a capella von Gallus.
3. Sopran-Arie aus Messias von Händel, »Ich weiss dass mein Erlöser lebet«.
4. Crucifixus, achtstimmig von Lotti.
5. Trauer-Ode für Soli – Chor, Orgel und Orchester von Joh. Seb. Bach.

»Cöln d. 9ten April 1872

Dieses Programm, dessen Rückseite ich als Briefbogen benutze, soll dich in der Fantasie zu unserem Zuhörer machen. Es fehlt nur noch das G-moll Prael. von Bach, das Breunung als Einleitung spielen wird. In Bonn haben wir gestern Lorbeeren geerntet, nachdem noch ein Moment zu überstehen gewesen war, der an Peinlichkeit alles vorangegangene übertraf: Als wir anfangen wollten, stellte sich nämlich heraus, daß trotz aller gegenteiligen Versicherungen, die uns vorher gegeben waren - die Orgel um einen halben Ton zu tief stand, und Breunung behauptete mit Recht, außer Stand zu sein, Cantate und Trauerode ohne Probe transponieren zu können. Einige Minuten der bösesten Art vergingen, bis wir endlich den Entschluß faßten, das Quartett herunterstimmen zu lassen, und Oboen u. Clarinetten durch Violinen zu ersetzen; die Flöten, die ihre Stimmung etwas besser verändern können, schroben sich hinunter so gut es ging, und dann stürzten wir uns in die Schlacht. Natürlich litt die Reinheit der Intonation und die Farbe im Orchester bedeutend unter diesen Manipulationen, aber es ging doch im Großen und Ganzen, und der Chor war über alles Lob erhaben vortrefflich. Die a capella-Sachen hättet Ihr hören müssen, der Eindruck war ganz ergreifend. Hier in Cöln sind nun unsere Vorbereitungen der Art, daß wir hoffen auf ein noch ungetrübteres Gelingen heute Abend rechnen zu dürfen, aber nach allen Erfahrungen ist man noch immer auf irgend einen Wandeinsturz oder Gott weiß welches malheur gefaßt. Nach der Bonner matinée, in der ich viele Bekannte sprach, auch Bergs, und die vor Allem auch unser lieber Otto mit anhörte, versammelte sich der

Verein zum Mittagessen im Stern, und es entfaltete sich einmal wieder alle rheinische Heiterkeit, wie sie eben nur hier zu Haus ist. Nach Tisch wurde ohne Noten ›Seht er kommt‹ aus dem Josua[184] angestimmt, dann Mendelssohn'sche Lieder und Volkslieder, die man auswendig wußte, und das klang so wundervoll frisch, so natürlich aus dem Herzen heraus, daß es schwer war, ein Ende zu finden. Heute Abend giebt es wieder eine Festivität nach dem Concert, und wenn ich Freitag Morgen nach Haus komme (d. h. einstweilen zu Euch), so werden mir wohl noch viel Mühlräder im Kopf herumgehen. Könntest du in der Hochschule beim Portier anfragen lassen, wie Joachim meine Stunden gelegt hat? Ich erfahre das dann b e i  E u c h früh genug. Laß auch zugleich dort sagen, daß ich mit Freitag Vormittag wieder da wäre. Schönsten Dank für Deinen Brief und für den der lieben Tante Marie, den ich zugleich empfing.

Cöln d. 10ten April 1872

Mit zwei Worten muß ich dir doch noch von hier aus sagen, daß wir gestern ein ganz glänzendes Concert gehabt haben. Es war um Vieles schöner als in Bonn, Alles klappte, die erleuchtete Kirche stimmte so schön zu der großen ernsten Musik, und der Eindruck war ein allgemeiner. Wir selbst meinten, der Bachverein hätte noch keine so ganz gelungene Aufführung erlebt. Nachher war Souper, wobei alle Liebenswürdigkeit losgelassen wurde, die man sich nur denken kann. Erschrick nicht, wenn ich anstatt des Calabresers mit einem Lorbeerkranz in Berlin einziehe. Alle Einzelheiten berichte ich mündlich; nur das noch, daß Otto auch noch einmal herübergekommen war, sich sehr an dem Concert erfreute und einen Theil des Soupers mitmachte. Leider erlebte er die Hauptscenen, die 4 stimmigen Lieder u. s. w. nicht mehr, da er mit dem letzten Zug nach Bonn zurückwollte. Heute reist er in seine neue Heimath Baumholder bei Saarbrücken.

Das Wetter hat in der letzten Zeit viel zu wünschen übrig gelassen, und doch kehre ich ganz erfüllt von den Reizen des rheinischen Lebens, von der erquicklichen Wärme, die mich hier umgeben hat, zurück. Man wird getragen von den Wellen, und das fehlt gar zu sehr an anderen Orten. Aber auf Ruhe, auf Euch und auf Lichterfelde und vieles Andere freue ich mich von Herzen.«

## AUS DEM TAGEBUCH

»FREITAG D. 12TEN APRIL
Um 8 Uhr früh in Berlin eingetroffen. Zu den Eltern, die mir beide bis auf den Hausflur entgegenkommen. Ich frühstücke mit ihnen und erzähle. Dann Hochschule von 9 bis 12. Gräfin Voss schickt mir eine Photographie des palais, das sie mir ihrerseits hat photographiren lassen. Man ist jetzt dabei, es abzureißen! – Besuche gemacht. Erst Abends nach Lichterfelde.

SONNABEND D. 13TEN APRIL
Herman Grimm und Brentano kommen am Vormittag. Ich besehe Brentano's hübsche Einrichtung seiner oberen Zimmer. Grimm kehrt nach Berlin zurück. Brentano ißt bei mir zu Mittag. Nach Tisch kommen die Eltern, trinken bei mir Kaffee; Brentano ist auch zugegen, und begleitet sie sammt Vollmer um 7 Uhr nach Berlin. Um 11 Uhr kehren die beiden zurück. Brentano in bester, tollster Laune. Er schläft zum ersten Male hier im Hause. Nachdem wir unten bei mir noch zusammengegessen, folgt eine zweite Station bei Brentano, eine dritte bei Vollmer, endlich ›Gute Nacht‹ auf dem Flur.

SONNTAG D. 14TEN APRIL
Rappoldi giebt eine matinée mit eigenen Compositionen, zu der ich mich einfinde. In seiner Musik ist nichts geradezu unbedeutend, aber Vieles ungenießbar. Mittags bei den Eltern. Nachmittags zu Joachims, wo ich Johannes Schulze und Sekretär Müller treffe. Die Frau erkältet, hütet das Bett. Gespräch über Bruch, über den Mangel an Prägnanz in seiner Musik.

MONTAG D. 15TEN
Abends Hollweg bei mir. Wir kommen überein, daß man eher ein Jahr in schöner Natur ohne Menschenverkehr aushalten könne, als ohne alle Natur in einer Stadt eingeschlossen nur auf Umgang mit Menschen angewiesen zu sein. Brentano, der Mittags bei der Maxe war, kommt um 11 Uhr zurück, und kramt seine Philosophie über das Heirathen aus. Er meint, gewisse sehr bedeutende Menschen dürften überhaupt nicht heirathen; je bedeutender aber Jemand sei, je längere Zeit er also für seine Entwicklung brauche, um so später müsse er heirathen; denn mit der Heirath schließe die Entwicklung – wenigsten im Großen der Anschauungsweise – ab; im detail freilich wohl nicht.

DIENSTAG D. 16TEN
Der alte Wolff holt mich Abends in der Hochschule ab, um mit ihm die ›Meistersinger‹ anzuhören. Der erste Akt packt mich stellenwise dermaßen, daß ich fast an meinen Prinzipien irre werde. Später bringt die Ermüdung, die das unglaubliche Überwuchern des detail, die Planlosigkeit, das ewig Zerrissene der Musik hervorruft, mich gänzlich zur nüchternen Besinnung zurück.

Mittwoch d. 17ten

Infolge eines Auftrags von Brahms, gehe ich vormittags auf die königliche Bibliothek, um in den dort aufbewahrten Beethoven'schen Skizzenbüchern nach etwaigen kontrapunktischen Arbeiten zu suchen. Nichts derart ist in den Heften zu finden.

Donnerstag d. 18ten April

Frl. Sethe, alte Feundin meiner Mutter, sucht mich mit ihrem Neffen Professor Häckel auf, um meine Hülfe beim Suchen eines etwa zu kaufenden Lichterfelder Hauses in Anspruch zu nehmen.

Sonnabend d. 20ten

Nachmittags besuchen mich die Eltern und das Geschwisterpaar Bruch. Ich spiele ihnen die Trauerode und Anderes von Bach vor. Die Eltern kehren früh nach Berlin zurück. Bruchs aber bleiben länger und Max spielt Einiges aus seiner Odyssee vor. Der Lärm, den er dabei macht, ist so groß, daß ich thatsächlich etwas matt davon werde, und mich bis zum späten Abend nicht recht von dem Gefühl nervöser Abspannung erholen kann. Nachdem Bruchs fort sind, erscheint Brentano und liest mir geistreiche Kritiken von Lassalle über Julian Schmidt[185] vor.

Sonntag d, 21ten

Früh halb 9 Uhr kommt Carl Heymann zum ersten Male seit seiner Gärtnerschaft in Potsdam recht frisch und gekräftigt aussehend hier bei mir an. Gemeinsames Frühstück. Dann ihm Bach vorgespielt. Mittags mit ihm zu den Eltern. Nachmittags Condolenzbesuch bei der armen alten madame Ponge, deren Mann seinen Leiden erlegen ist. Die Eltern betrauern sehr ihren alten Hauswirth, mit dem sie ein Viertljahrhundert lang in bestem Einvernehmen gestanden haben. Hoffentlich wird das Haus nicht verkauft, so lange die Wittwe noch lebt.

Montag d. 22ten

Nach Tisch mit der alten Doris Spaziergang zum Teltower See, den wir beide über Erwarten hübsch finden. Schöner Abend. Mit Vollmer durch den eben zart belaubten Park. Mondschein und heller Abendhimmel. Die Birken spiegeln sich in den Wässern.

Dienstag d. 23ten

Brentano erhält die Nachricht, daß er nach Breslau versetzt ist.

Freitag d. 24ten

Brentano und Vollmer Abends unten bei mir zum Thee, ersterer wie gewöhnlich höchst drollig. Einige Italiänische Volksmelodien, die ich spiele, veranlassen, daß die Rede auf Volksmusik überhaupt kommt. Vollmer holt ein Buch, in dem sich eine reizende schottische Volksmelodie findet. Brentano zeigt mir in des Knaben Wunderhorn ein anmuthiges Gedicht über die Rose.

Sonnabend d. 27ten

Morgens zeigt mir Brentano ein schönes Gedicht von seinem Onkel Clemens. Ich nehme das Buch mit herunter und komponiere daraus vierstimmig ›Ich wollt' ein Sträußlein finden‹. Um 2 Uhr mit den Eltern in Steglitz zusammengetroffen, um gemeinsam nach Potsdam zu fahren. Sehr warmes schönes Frühlingswetter, nur etwas windig. Ottilie[186] empfängt uns; mit ihr zur Meierei. Das junge Grün, das dunkle Wasser, die Fülle der Obstblüthen entzückend. Im Wagen über den Pfingstberg zum Eingang von Sanssouci. Von dort gehe ich allein durch den Park nach Charlottenburg, um Carl in seiner Gärtnerwohnung aufzusuchen, die dann öde genug ist, aber freilich reizend gelegen. Mit ihm zu Ebersteins, wo ich mit den Eltern wieder zusammentreffe.

Montag d. 29ten

Nachmittags zur Bahn, um Eugenie Schadow abzuholen, die mich gebeten hat, mit ihr Lichterfelder Bauplätze zu besehen. Die Eltern treffen mit ihr zugleich ein, und nachdem ich Frau Schadow herausgeführt, findet sich Alles zum Kaffee bei mir zusammen. Abends Vollmer bei mir; wir lesen etwas Devrient-Mendelssohn, und treten dann auf die Veranda heraus, gelockt durch einen sanften Regen, der wohlthätig auf die durstige Erde herabfließt. Schließlich mit Vollmer auf sein Zimmer, um Zeichnungen von Ludwig Richter zu betrachten.

Dienstag d. 30ten April

Vormittags in der Hochschule. Zusammenkunft mit Joachim, der sich von der Janotha die Mendelssohn'sche fis moll Fantasie und von Spengel und Frl. Schichow die Mozart'sche Sonate für 2 Klaviere vorspielen läßt. Er macht ihnen viele hübsche Bemerkungen. Dann sagt er mir im Nebenzimmer, daß von Gründung eines Chors im October noch keine Rede sein könne, und versetzt mich mit dieser Mittheilung wieder mitten in das Meer der Schwankungen. – Abends erst um 8 Uhr wieder nach Lichterfelde. Brentano führt beim Thee schnoddrige Reden, schimpft über das Schreien der Kuckuke, das ihm beim Arbeiten die Gedanken verwirre, droht, er wolle Kuckuk und Nachtigall mit Steinwürfen traktiren, wenn sie nicht aufhören wollen, ihm ewig vorzududeln. Gegen 10 Uhr geht er auf sein Zimmer. Er hat morgen in der Universität seine erste Vorlesung zu halten.

Mittwoch d. 1ten Mai

Brief an Joachim, in dem ich ihm ausspreche, daß ich bestimmt darauf gerechnet habe, die Direktion der Choraufführungen werde mir übertragen werden. – Spengel bezieht heute ein Zimmer in Lichterfelde, das er gemiethet hat. Nachmittags mit ihm Spaziergang nach Marienfelde, wo die Kirschen in vollster Blüthe stehen. Das Dorf ist reizend. Wir lassen uns in der Schenke 2 Glas Milch und ein Stück Brod geben, bezahlen dafür 2 Silbergroschen. Auf dem Teich hinter der alten Kirche schwimmen die Enten umher, die Kinder patschen mit aufgehobenen Röcken durchs Wasser. Über den Gutshof, auf dem Puterhähne umherstolziren, gelangen wir in den schönen Garten, in dem der Flieder eben zu blühen beginnt. Ein Birkenwäldchen im ersten Frühlingsgrün prangend macht den Beschluß.

FREITAG D. 3TEN MAI
Um 7 Uhr früh erscheint Herman Grimm, trinkt mit mir, Brentano und Vollmer Kaffee. Um 8 fahre ich zur Stadt, um in der Hochschule meine 3 Stunden zu geben. Hier aber treffe ich mit Joachim zusammen und es entwickelt sich ein sehr erregtes Gespräch über meine persönliche Angelegenheit, über den mir Joachim in Aussicht gestellten Stellungswechsel, der mir eine Bethätigung als Chordirigent bringen sollte, von dem aber nach der nunmehrigen Lage der Dinge kaum mehr die Rede zu sein scheine. Joachim will einen Concertchor bilden, dessen Grundstock aus Leuten besteht, die an der Hochschule Gesangsunterricht empfangen haben. Gegen diesen Gedanken ist ja an und für sich Nichts einzuwenden; als natürliche Folge aber ergiebt sich, daß dem zukünftigen Gesangmeister der Hochschule das heißt Adolf Schulze die Leitung der Chorproben übertragen werden würde. Dazu kommt, daß nach Joachims Meinung noch Jahre vergehen können, bis ein solcher Chor die genügende Stärke und Leistungsfähigkeit erreicht hat, um in der Öffentlichkeit aufzutreten und vor Allem, daß Joachim die entschiedenste Abneigung hat, die Direktion der Concerte, die mit diesem Chor zu geben sein würden, aus der Hand zu geben. Ich habe das Gefühl, daß dies Alles mich bestimmen muß, auf ein längeres Bleiben in Berlin zu verzichten. Wir werden im Gespräch unterbrochen, und ich schließe kurz mit den Worten, daß ich nunmehr einen Strich unter dieses Kapiel setzten wolle. Die Eltern, bei denen ich zu Mittag esse, sind mit mir der Meinung, daß ich mich unter diesen Umständen zur Übersiedelung nach Cöln entschließen solle. Nachmittags habe ich wieder in der Hochschule zu thun. Ich begegne Joachim, und es giebt ein abermaliges Gespräch. Er lehnt es ab, sich auf mein Strichmachenwollen einzulassen, gesteht mir zu, daß ich mich nicht für alle Zukunft damit begnügen kann, nur Klavierstunden zu geben, behauptet, nur noch nicht klar zu sehen, in welcher Weise wir beide uns in Zukunft hinsichtlich der Concertleitung arrangieren wollten, in nächster Zeit aber solle das festgestellt werden. So würde ich denn also darauf rechnen können, daß mir seiner Zeit die Direktion eines Theiles der zu veranstaltenden Hochschulconcerte zufallen würde. Ich gehe zu den Eltern finde sie nicht mehr zu Haus. Sie sind schon fortgefahren nach dem Gesundbrunnen, um Buttmanns zu besuchen. Ich lasse ihnen also ein paar Zeilen zurück, die sie von der Wendung der Dinge unterrichten sollen.«

Diese meine Mitteilung lautete:
»Ich bin Joachim soeben wieder begegnet und habe lange mit ihm gesprochen. Vor Allem dürft Ihr ihm nicht zürnen, denn er verdient das wirklich nicht. Meine Äußerung, daß ich einen Strich durch die Sache machen wolle, hatte ihn sehr erregt und ich verstehe ihn in dem Gang, den seine Gedanken und Empfindungen seit meiner […][187] genommen hatten. Die kategorische Art, in der ich die Leitung der Choraufführungen in ihrer Gesammtheit verlangte, hatte ihn plötzlich vor die Frage gestellt, ob er für Lebenszeit darauf verzichten wolle, Händel, Bach, neunte Symphonie u.s.w. persönlich aufzuführen oder nicht, und ich wiederhole, wie sehr ich es begreife, daß er zu einem solchen Ver-

zicht sich nicht entschließen konnte. Er giebt mir zu, daß es mir nicht genügen könne, an der Schule zu bleiben ohne Aussicht auf Direktionsthätigkeit, verlangt aber, daß wir uns gegenseitig in Freundschaft darüber verständigen, wie diesem Wunsch meinerseits genügt werden könne, ohne daß das Opfer seinerseits zu groß werde. …«

Am nächsten Morgen erhielt ich von meinem Vater die folgenden Zeilen, die er noch am späten Abend nach seiner Rückkehr vom Gesundbrunnen niedergeschrieben hatte:

»Geliebter Sohn! Du kannst dir wohl denken, daß deine Übersiedlungsfrage uns und Buttmanns heute beinahe ausschließend beschäftigt hat. Bis gegen Abend wagten wir auf dein persönliches Erscheinen dort zu hoffen und bedauern um so mehr, uns getäuscht zu haben, je lieblicher und erquicklicher der blühende Garten und der ungestörte Austausch mit den theuren alten Freunden uns anmuthete. Buttmanns versprachen uns am Himmelsfahrtstage nach Tisch zu uns hereinzukommen. Er wollte selbst noch mit dir sprechen und seine verständige Auffassung deiner Lage wird dir wohlthun. Einstweilen will ich nur Folgendes referiren: Der erste Punkt welcher ihm bedenklich erschien war der Austausch einer festen – hoffentlich wenigstens von Michaelis an festen – Staatsanstellung gegen ein bloßes Privatverhältniß, welches der willkürlichen Beendigung durch beliebige Auflösung des Vereins durch Kündigung durch mangelhaften Erfolg preisgegeben sei. Er fand diesen Punkt um so disputabler, als es deine Art zu sein pfleget, immer nur einen Punkt ins Auge zu fassen und dann weder rechts noch links zu sehen – eine Eigenschaft, die du leider von mir geerbt zu haben scheinst und die Klenze bei mir den Schuß zu nennen pflegte. Eine zweite Schwierigkeit bot ihm das Bedenken, einen so alten Baum, wie ich jetzt bin, aus dem lebenswichtigen einzigen Wirkungskreise noch so spät am Lebensabend in fremden Boden umzupflanzen. Endlich drittens hob er hervor, daß du die Brücken abbrechest, Berlin ganz fremd werdest, und an eine Rückkehr nie und unter keinen Umständen zu denken sei, während nach Cöln noch später eine Übersiedlung möglich bleibe. Ich kann nun nicht läugnen, daß mir keins dieser Bedenken entscheidend sein würde, wenn ich die feste Überzeugung hätte, daß du durch den Umzug wirklich in dein rechtes Fahrwasser, zur Ruhe und Zufriedenheit und so Gott will zu einem gesegneten Hausstande gelangtest. Allein nach deinem Briefe kommt mir das keineswegs so sicher vor, als es mir nach deiner kategorischen Erklärung gegen Joachim erschienen war.

Statt diese jetzt auszuführen scheinst du eher geneigt mit einer billigen Quote der Concertleitungen gegenüber progressiven Verminderung deiner Klavierstunden dich abfinden zu lassen. Deine Erklärung scheint dir selbst zu brüsk vorzukommen und Joachim dir in seinem Rechte zu erscheinen, wenn er nur auf eine Theilung der Direktion eingehen will. Natürlich enthalte ich mich jeder maßgebenden Äußerung und stelle dir anheim, vor keinem Trennungsschmerz zurückzuschrecken, wenn Cöln zu deiner inneren Befriedigung dir nothwendig erscheint und die Bedingungen, die man dir von dort anbieten wird, anständig und sicher sind. Da wir dich morgen nicht sehen, drängt es uns, dir dieses zu schreiben, damit du den Trost hast zu wissen, daß deine Nöthe von treuen Elternherzen getheilt und getragen werden. Mutter grüßt tausendmal. Wie immer und allezeit

Dein treuer Vater.«

Es geht aus diesen Zeilen hervor, daß meine Eltern ernstlich daran dachten, für den Fall, daß ich mich für Köln entscheiden sollte, mir dorthin zu folgen. Die Tatsache, daß ihr alter Hauswirt Ponge gestorben war, und daß man nicht wußte, ob und wie lange dessen Witwe das Haus noch unverkauft lassen würde, nötigte ja freilich, mit der Wahrscheinlichkeit eines baldigen aufgedrungenen Wohnungswechsels zu rechnen. Immerhin hätte die Unannehmlichkeit eines Wohnungswechsels innerhalb Berlins außer allem Vergleich gestanden mit der grundstürzenden Umwandlung aller äußeren Lebensbedingungen, wie sie der Umzug in eine fremde Stadt mit sich gebracht haben würde. Schon das Wählenmüssen zwischen solchem Wagnis oder einer schmerzlichen Trennung wäre eine schlimme Beigabe gewesen, wenn ich mich für Köln entschieden hätte. Doch das war ja nur eines unter dem Vielen, das in die eine oder die andere Schale der Waage fiel. Kurz und gut: Ich entschloß mich in Berlin zu bleiben und hatte damit, wie ich glaubte, zum letzten Mal die Möglichkeit aus der Hand gegeben, zu meinen rheinischen Freunden zurückzukehren. Dies jedoch war freilich ein Irrtum.

AUS DEM TAGEBUCH

»SONNABEND D. 4TEN MAI

Natalie Janotha kommt zu mir zur Privatstunde; ich nehme mit ihr das E moll Concert von Chopin durch und schreibe an Skarynski, der ihre polnischen Landsleute bewegen soll, ihr einen Flügel zu schenken. Abends beruhigt sich der Wind, der den ganzen Tag getobt hatte und ich mache einen einsamen Spaziergang. Während ich einmal still stehe, kommt ein Häschen heran, und beschnuppert meine Stiefel. Von allen Seiten ruft der Kukuk. Nachdem ich zurückgekehrt, begieße ich meinen Garten. Vollmer kommt und hilft mir dabei. Nach dem Thee gehen wir noch ein Stück des Teltower Weges.

Sonntag d. 5ten Mai
Die Eltern kommen mit dem alten Geheimrath Baumeister und Clärchen zu mir zum Mittagessen. Auch Brentano ist zugegen. Nach Tisch erscheint Mommsen, der sich wegen eines Ankaufs in Lichterfelde orientiren will, und mit ihm Herman Grimm, der mir den Vorschlag macht, ich solle doch in meinem Garten zwischen die Erbsen gleich auch Fleisch und Klöße säen. Kleiner gemeinsamer Spaziergang zur Teltower Straße, dann Kaffeetrinken und Abzug der Gäste bis auf Brentano, der mich dazu bringt, meinen Schreibtisch der vielen Kleinigkeiten zu entkleiden, die sich auf ihm herumtreiben. Große vortheilhafte Revolution; auch das Epheugeländer wird kassiert und der Epheu an das Haus gepflanzt. Nachdem dies besorgt, musicire ich ihm allerlei vor und er recitirt dazwischen verschiedene hübsche Gedichte. Damit aber die Sache nicht zu schön wird, läßt er als Intermezzo seine gewöhnlichen Spottteufelchen tanzen. Um 11 Uhr kommt Vollmer; ich gehe mit ihm noch fast eine Stunde spaziren. Schöne, weiche, feuchte Luft, bedeckter Himmel

Mittwoch d. 8ten
Nachmittags um 3 Uhr Probe zum Schülerconcert der Hochschule: Concert für Streichorchester in g moll von Händel, Sonate D dur für 2 Klaviere von Mozart, Schichau und Spengel. Air von Bach in D-dur von sämmtlichen Geigern gespielt. Concert für 2 Violinen von Bach (die beiden besten Schüler von Joachim), fis-moll Fantasie von Mendelssohn von der Janotha und zum Schluß die beiden letzten Sätze des Beethovenschen C-dur Quartetts.

Donnerstag d. 9ten Mai
Um 12 Uhr Mittags erstes Concert der Hochschule im Saal des Wilhelmsgymnasiums. Auserlesenes Publikum: Moltke, Curtius, Keudell, Lepsius, die Pourtales, die Oriolla, Olfers, Mendelssohns u.s.w. Alles geht vorzüglich; die Janotha macht mit der Mendelssohn'schen fis moll Fantasie Sensation, auch Spengel und Frl. Schichau spielen ihre Mozartsche Sonate für 2 Klaviere ganz vortrefflich. Daß das Streichorchester unter Joachims Führung das Ausgezeichnetste leistete, versteht sich von selbst. Die Beethovensche Fuge wirkte so hinreißend, daß man das Gefühl hatte, erst jetzt den vollen Eindruck des Stücks empfangen zu haben. Es gehört wirklich der orchestrale Klangkörper dazu, um die Macht gerade dieses musikalischen Bauwerks ganz zur Erscheinung zu bringen. Das Allerschönste aber war vielleicht das Air von Bach von den sämmtlichen Geigern in wundervollster Nuancirung vorgetragen. – Mein Eindruck von dem hohen Beruf des Instituts, zugleich auch meine Freude an dem Gelingen der Leistungen meiner Schüler bewegen mich Joachim das Versprechen zu geben, daß ich hier bleiben will.

Freitag d. 10ten Mai
Nachmittags zu Janothas, die von Glückseligkeit und Dankbarkeit überströmen, sich bemühen mich mit Süßigkeiten zu Tode zu füttern u.s.w. Dann zu den Eltern. Es ist der letzte Abend vor ihrer Abreise. Morgen brechen sie auf nach Süden. Der Arzt hat Vater verordnet, zu weiterer Hebung seiner Kräfte eine Kur in Wildbad zu gebrauchen.

Sonnabend d. 11ten Mai
Morgens bei Sturm und Regen an der Potsdamer Bahn, um die Eltern im Schnellzuge vorbeifahren zu sehen. Um 12 kommt die Janotha zur Privatstunde, spielt bei mir das g moll Concert von Mendelssohn, und ißt mit mir zu Mittag. Ärger über die geflissentlich mich ignorierenden Kritiken. Abends liest Brentano mir und Vollmer eine gute Übersetzung von Amor und Psyche vor. Reizender Eindruck.

Sonntag d. 12ten Mai
Morgens kommt Vollmer zu mir, um mir aus Grimms Michelangelo Einiges über Rafaels Amor und Psyche vorzulesen. Herman Grimm und Dr. Meitzen erscheinen, um Brentano nach Berlin zu entführen. Ich fahre Nachmittags mit Spengel nach Potsdam.

Montag d. 13ten Mai
Morgens komme ich endlich dazu, mit der Niederschrift der Partitur meines Aufzugs der Romanze den Anfang zu machen.

Dienstag d. 14ten Mai
Nach meinen 4 Stunden in der Hochschule (9 – 1) bis gegen zwei gefrühstückt und dann allerlei Besorgungen. Ich gehe auch in die Wohnung der Eltern, um nach etwa angekommenen Briefen zu sehen. Ehe ich fortgehe, thue ich durch die Thür bei der Kurtz'schen Wohnung einen kurzen Blick in den lieben alten Garten, aus dem die Gestalt des alten Ponge nun auf Nimmerwiedersehen verschwunden ist. Die Ahornbäumchen die wir als Kinder dort neben die alten Nußbäume pflanzten, sind schon zu ganz großen Stämmen herangewachsen. Von 3 – 5 wieder Hochschule. Um 6 Uhr bei Mendelssohns zu Tisch. Um 8 nach Lichterfelde zurück. Vollmer an der Bahn. Brentano mit zum Thee. Dann Briefschreiberei.

Mittwoch d. 15ten
Mittagessen bei Joachims. In der Orchesterstunde spielt die Janotha sehr gut das g moll Concert von Mendelssohn, zuerst unter Joachims dann unter meiner Direktion. Alle Joachims fahren im Wagen mit mir nach Lichterfelde. Sie reist in den nächsten Tagen zur Schumann nach Baden.

FREITAG D. 17TEN
Abends bei Joachims. Die Oriolla und die Pourtales anwesend. Joachim spielt mit seinen Quartettisten auf meinen Wunsch das Quartett in G dur von Haydn, das so anfängt:

Er hat gerade dies Quartett immer ignorirt, und ich muß zugeben, daß es im Ganzen hinter anderen Haydn'schen Quartetten zurücksteht. Der langsame Satz in C dur aber ist eigenthümlich reizend; Tante Marie Hoffmeister machte mich einmal darauf aufmerksam, und so freue ich mich ihn einmal vom Quartett gehört zu haben.

MONTAG D. 20TEN MAI
Mit Vollmer Gespräch über eine im ›Pionier‹ abgedruckte Stelle von Lessing, des Inhalts, daß jede Kunst sich darauf beschränken müsse, nur das darzustellen, wozu gerade ihr a l l e i n die Fähigkeit innewohne. Nachdem Vollmer fort ist, suche ich im Laokoon nach dieser Stelle, um den Zusammenhang zu übersehen, in dem sie auftritt, finde sie nicht, lese aber dabei das halbe Buch mit größtem Interesse durch.

MITTWOCH D. 22TEN
Mittagessen in der Stadt mit Grimm, Eggers, Julius Meyer aus München. Gespräch über die undeutsche Gesinnung der Kronprinzeß, ihre Abneigung gegen Bismarck, über die Thorheiten des Königs von Bayern, hauptsächlich aber über die Zukunft der von Wehrenpfennig neu übernommenen Spener'schen Zeitung, an der Grimm, Eggers und Meyer als Mitarbeiter sich betheiligen wollen. Ich soll Grabau als Musikkritiker für das Blatt engagiren.

SONNABEND D. 25TEN
Morgens meine Arbeit gefördert. Herman Grimm kommt auf ein paar Augenblicke. Zum Mittagessen Brentano anwesend. Nachmittags wieder gearbeitet; die Gisel kommt und stört mich über eine Stunde.

Nachmittags kommt Grimm; ich gehe mit ihm zu seiner Villa, wo er mir seine neuen Baupläne auseinander setzt.

SONNTAG D. 26TEN
Nachmittags mit Vollmer in der Stadt zusammengetroffen. Wir besehen in der Akademie die Entwürfe zum Parlamentsgebäude. Der Entwurf eines Engländers Scott sehr fantasievoll; gothischer Styl. Ferner gefällt mir ganz besonders der Plan eines Gothaer Architekten Namens Bohnskelb; dagegen finde ich Gropius etwas langweilig.

MITTWOCH D. 29TEN
Brief von der Janotha und Bericht über glänzenden Erfolg ihres Concerts in Baden.

FREITAG D. 31TEN

Nach meinen drei Hochschulstunden um 12 Uhr zu Joachims. Die Pourtales ist dort, spielt mit Joachim, Rappoldi und Hausmann die beiden Klavierquintette von Brahms.

DIENSTAG D. 4TEN JUNI

Nach meinen Hochschulstunden von 9 – 2 ½ gehe ich zu Joachims, nehme von Frau Joachim Abschied, die heute abreist. Mittagessen mit Grabau bei Zernig. Gespräch über den Mangel an Klangsinn in den Brahms'schen Quintetten, über das Orchestrale mancher Stellen.

MITTWOCH D. 5TEN JUNI

Zur Orchesterstunde fahre ich zur Stadt. Joachim studiert Cherubinis schöne Ouvertüren zu Anacreon und Faniska. Herman Grimm ist anwesend. Zu Stehely Vollmer dort zu treffen, mit dem ich Geibels Brunhild mit der Ziegler in der Titelrolle sehen will. Joachim hat zuerst die Absicht uns zu begleiten, läßt sich aber dann von Grimm beschwatzen nicht mitzugehen. Die Billets bei den Aufkäufern nur für sehr theures Geld zu haben. Die Ziegler imponirt durch Organ, Gestalt und oft gewaltiges Spiel. Trotz alledem ist sie mir nicht sympathisch. Das Stück ist oft zu sentimental, klein und modern für den ungeheuren Stoff; doch fehlt es nicht an schönen Einzelheiten und die Handlung an sich ist und bleibt erschütternd.

FREITAG D. 7TEN

Bei Joachim zu Mittag gegessen. In meiner Ensemblestunde hinterher lasse ich das mir besonders liebe Es-dur Trio von Beethoven spielen. Zu Mendelssohns. Mit Frau Enole und Schaper nach dem Plötzensee gefahren, den ich noch nicht kannte. Schöne Kiefern am Ufer zur Linken. Man bringt mich im Wagen bis zur Beseler'schen Wohnung, wo ich zur Geburtstagsfeier von Tante Emilie erwartet werde. Ich sitze neben Frau Eugenie Schadow, die beabsichtigt, sich in Lichterfelde ein Haus zu bauen, und von mir allerlei Aufschluß zu haben wünscht.

SONNTAG D. 9TEN

Mittags verzehre ich mit Brentano die ersten grünen Erbsen, die in meinem Garten gewachsen sind. Nach Tisch ist Vollmer eine Weile bei mir. Es kommt die Rede auf Grimm und Brahms, die sich gegenseitig unerträglich finden, beiderseits mit einem starken Maß von Hochmuth behaftet sind, und doch in den Äußerungen dieser Eigenschaft wiederum die größten Gegensätze zu Tage fördern. Gegen 4 Uhr kommt der alte Tischler Niemann aus Berlin, bei dem Brentano sich seine sehr soliden eichenen Möbel hat machen lassen, und von dem ich selbst mir noch Einiges arbeiten lassen will. Er trinkt bei uns Kaffee und es entwickelt sich dabei ein lebhaftes Gespräch. Der prächtige Alte hat die solidesten Anschauungen, klagt über die Ungründlichkeit der Lehrlinge, über die Scheu der jungen Leute sich geistig irgendwie anzustrengen. Lediglich mechanisch wollten sie arbeiten, dann das Geld dafür einstecken und bummeln.

MONTAG D. 10TEN
Um ½ 6 Uhr Nachmittags Frau Schadow an der Bahn empfangen mit ihr zur Vollmer und später zu Otzen, um verschiedene verkäufliche Parzellen zu besehen. Sie denkt daran sich hier anzusiedeln. Um 8 Uhr bringe ich sie wieder zur Bahn.

MITTWOCH D. 12TEN JUNI
Joachim erzählt mir, daß mein Sextett gestern von den Schülern gespielt worden sei und spricht mir seine Sympathie für die beiden ersten Sätze aus.

DONNERSTAG D. 13TEN JUNI
Brentano kramt Abends beim Thee wie so oft schon seinen Skepticismus aus. Das Gespräch beginnt mit dem Thema Achim von Arnim junior, dem nach seiner Meinung der Muth des Zweifels fehlt. Schließlich tritt das gesammte Unbehagen seines eigenen beständig sich selbst ironisierenden Wesens zu Tage. In ihm verkörpert sich wieder einmal der Conflikt einer im Grunde gemüthvollen edlen Natur mit allen Satansanlagen des Spottens, Verachtens, Nichtglaubenkönnens, die in der Familie stecken.

MONTAG D. 17TEN JUNI
Nachmittags von einem Gang mit Vollmer nach Haus zurückkehrend erfahre ich, daß Joachim und Adolf Schulze bei mir gewesen sind. Ich suche sie vergeblich auf dem Bahnhof zu treffen, finde sie endlich im Pavillon, gehe mit ihnen durch den Park, und nehme sie dann mit zu mir. Während Brentano Vollmer und Spengel mit mir zu Abend essen, traktire ich die beiden bereits im Pavillon Gespeisthabenden mit Wein. Es kommt auf Beethovens Vortragsbezeichnungen die Rede, über deren wunderbare Prägnanz Joachim und ich uns in Bewunderung überbieten.

DIENSTAG D. 18TEN
Abends bei Grimm mit Joachim, Boretius, Tobler, und Marineoffizier Dittmann. Mit Joachim Sonaten von Tartini a moll und Händel A dur gespielt. Um 10 Uhr verschwinde ich trotz Protestirens vonseiten Grimms.

DONNERSTAG D. 20TEN
Während ich gegen Abend noch mit Instrumentiren von Nr. 3 meiner A dur Serenade beschäftigt bin, stört mich Frau Schadow in Begleitung von 2 Kindern. Sie wird wahrscheinlich auf einem Vollmer jetzt gehörenden Grundstück nahe der Anhalter Bahn bauen. – Spengel spielt mir Lieder von Heymann vor, unter denen eines sehr hübsch ist.

SONNABEND D. 22TEN JUNI
Nachmittags in der Hochschule die erste Chorübung angehört, die Adolf Schulze leitet. Abends Spaziergang in den Wiesen zwischen Giesensdorf und dem Teltower See.

FREITAG D. 28TEN JUNI
Joachims Geburtstag, bei ihm zu Tisch mit Bergs, Julie Asten und deren Schwester Schultzen aus Dorpat, die interessant von einer Seefahrt an der westlichen Küste von Schottland erzählt.

SONNTAG D. 30TEN JUNI
Allein zu Mittag gegessen. Zu den hannoverschen Kartoffelpuffern citire ich mir aber Vollmer herunter. Er liest mir nachher sehr hübsche Sachen aus Riehl ›Land und Leute‹ vor. Zum Kaffee und Abend sind Grabau, Leonhard Wolff und Johannes Schulze bei mir. Ich spiele ihnen meinen Aufzug der Romanze vor.«

## Briefwechsel mit den Eltern

### Von meiner Mutter

»Fulda d. 13ten Mai Sonnabend Abend

Ich möchte dir doch gern gleich von hier aus einen Gruß sagen, da ich weiß, du wirst dich freuen bald von unserem Ergehen zu hören. Soeben um halb acht Uhr komme ich von einem herrlichen Spaziergang zurück, den ich mit Vater nach dem nahen Michaelskloster gemacht. Vater ist noch in die Stadt gegangen, um sich einige Bilder zu kaufen und ich benutze die Zeit bis zum Thee zum Schreiben. Abgesehen von anfänglich kaltem regnerischem Wetter verlief die Fahrt bis hierher ganz angenehm. Unsere Gesellschaft bestand aus drei recht liebenswürdigen Herren, und am Nachmittag klärte sich auch das Wetter auf. Jetzt ist der Abend sogar ganz entzückend schön. Fulda ist eine weitgebaute Stadt mit schönen Plätzen und prächtigen alten Lindenalleen; die Stille, die hier herrscht, fällt natürlich doppelt auf, wenn man aus Berlin kommt. Unser Gasthof ist behaglich und seine Umgebung anmuthig. Der Weg, den wir eben gemacht, führt durch eine der Lindenalleen zu einer hochgelegenen Kirche, von der aus man die herrlichste Aussicht hat auf die herrlichste üppigste Landschaft, deren Hintergrund das Rhöngebirge bildet. Wie sehr würdest du dich an der alten klösterlichen Stadt und ihrer Umgebung erfreuen; Wir haben nun beschlossen morgen nach Gelnhausen und übermorgen nach Aschaffenburg zu fahren, von dort aus aber uns erst einmal für mehrere Tage nach Heppenheim bei Heidelberg zu begeben, wo es reizend sein soll. Die Herren die mit uns fuhren, riethen auch dringend ab, schon jetzt gleich nach Wildbad zu gehen, da es dort noch zu kühl sein werde. … Gestern Abend auf dem Berliner Bahnhof lasen wir noch die Recensionen von Gumprecht und Engel über die Aufführung der Hochschule, und ärgerten uns recht sehr über die erstere, während die Engelsche Besprechung mir recht angemessen zu sein schien. Es ist gut, daß das Publikum über die Klavierleistungen anders urtheilte als Herr Gumprecht.«

## An die Mutter

»Lichterfelde d. 14[ten] Mai

Das Wetter bemüht sich in anerkennungswerther Weise, sowohl Euren als meinen Wünschen gerecht zu werden: es regnet bei Nacht und ist heiter bei Tage, vermeidet starke Kälte, aber auch ebenso große Hitze, also was verlangt man mehr! Mich freut es, daß Ihr nach Eurem wirklich entsetzlich grauen ersten Reisemorgen schon gleich am Abend durch Sonnenschein und Anmuth getröstet worden seid, und an den neuen Eindrücken Freude habt. Daß Wildbad jetzt zu früh sei wegen der von Bergen eng eingeschlossenen Lage wurde mir auch hier von mehreren Seiten gesagt, und so ist ein vorheriger Aufenthalt in Heppenheim und Heidelberg gewiß anzurathen. Hoffentlich wird ja Wolfram[XXXV], dem ich den Vorschlag machte, Euch in Wildbad zu besuchen, nicht schon in den nächsten Tagen dorthin pilgern. –

Am Sonntag Nachmittag habe ich mich auch auf Reisen begeben. Das Haus war leer, und Spengel fuhr nach Potsdam; so begleitete ich ihn, traf Carl bei Ebersteins, verlebte dann eine unvergeßliche Stunde bei der Schwerin, die ich mit Luise zu Hause traf, noch gehoben von den Eindrücken am Sterbebett des Grafen, und fand mich gegen 6 Uhr mit meinen Jünglingen und Ebersteins in Sanssouci wieder zusammen. Eine Fliederblüthe hier, wie man sie selbst am Rhein nicht schöner sehen kann!

Von Joachim bekam ich einen sehr lieben Brief, worin er mir neben Anderem des Langen und Breiten auseinandersetzt, weshalb er am Freitag nicht mehr habe zu Euch kommen können; eine plötzliche Verlegenheit bei seinen Bauberathungen[XXXVI] und anderes mehr habe ihn nicht von Haus kommen lassen; außerdem sei seiner Frau Geburtstag gewesen. Er schließt dann: ›es betrübt mich, daß sie am Ende denken, ich hätte nur eine ›Höflichkeit sagen wollen‹.«

---

XXXV Rotenhan war zur Zeit bei der Regierung in Straßburg angestellt.

XXXVI Joachim baute sich zur Zeit ein eigenes Haus gegenüber dem Gebäude, in dessen zweiter Etage er bis jetzt zur Miete gewohnt hatte. Eine neu angelegte Querstraße, die zwischen beiden Häusern herführte, sollte Meyerbeerstraße getauft werden, ein Name, der hier seine Berechtigung gehabt haben würde, da das alte Meyerbeerhaus nicht weit davon gelegen war. Joachim aber setzte es durch, daß die Straße den Namen Beethovenstraße erhielt.

Einliegend findet Ihr einige Rezensionen, die aus anderm Ton singen, als die Eulen in der National- und Vossischen Zeitung. Ein so geflissentliches Ignorieren der Klavierleistungen, wie Herr Gumprecht es zu Wege bringt, ein so offenkundiges Durchschauenlassen gemeiner Gehässigkeit gegen meine Person, hätte ich doch kaum erwartet; doch macht es nichts aus; die Sache selbst wird schon ihren Weg sich bahnen. Die Annonce des Grafen Tyskiewicz lege ich um ihrer Ergötzlichkeit willen auch mit ein; es ist sehr angemessen, daß er sie gleich mit einem schwarzen Trauerrand umgiebt, um seine Schule würdig zu bestatten.

Gestern Mittag besuchte mich Frau Enole mit den Kindern und Schaper. Alle recht guter Laune, und ganz befriedigt von der Einrichtung meines Hauses. Fränzchen verrichtete im Stehen und auswendig die Begleitung zum Heideröslein von Schubert, wozu die Mama sang: wirklich eine allerliebste und dabei drollige Scene. Heute Mittag war ich bei ihnen zu Tisch, und soll morgen nach der Orchesterstunde wiederkommen. Donnerstag haben wir wider Erwarten schon Ferien, und das kommt mir sehr gelegen. Tante Marie's Einladung für Wienrode werde ich ablehnen, und mich nur auf eine Tour nach Baumgartenbrück mit Vollmer und Spengel beschränken. Daß ich von den beigefügten Briefen die Couverts entfernt und die der beiden Tanten gelesen habe, werdet Ihr richtig finden.

Vor Allem wünsche ich Euch schließlich alles Behagen an Leib und Seele, und bin in der Hoffnung auf baldige gute Nachricht

Euer getreuer Ernst.«

### Von meiner Mutter

»Heppenheim d. 14. Mai 1872.

In der Hoffnung, daß du meinen Brief aus Fulda richtig erhalten und daß ich bald auf Nachricht von dir hoffen darf, fange ich immer meine Epistel an dich über unsere ferneren Reiseerlebnisse an. Zuerst will ich nur sagen, daß unser hiesiger Aufenthalt vollkommen nach unserem Geschmack ist; ein einfaches, sehr behagliches Gasthaus, mitten in einem sehr hübschen Garten liegend, ähnlich wie unser einstmaliger Aufenthalt in Auerbach. Es behagt uns hier so sehr, daß wir die Pfingsttage hier zu bleiben gedenken, und erst am dritten Festtag, wenn es dann wieder draußen wärmer geworden, nach Wildbad gehen wollen. Nach dem herrlichen Abend in Fulda, der wirklich strahlend schön war, kam dann am Sonntag wieder recht rauhes Wetter, doch regnete es nicht, und wir fuhren Mittags ab nach Gelnhausen. Hier schlugen wir einen Zug über, und hatten in den drei Stunden reichlich Zeit, uns die herrlichen Ruinen der Kaiserburg und die wundervolle alte Kirche aus dem 12. Jahrhundert anzusehen. Vater wünschte dich immer zu uns, und konnte nicht genug sagen, wie du dich über alles freuen würdest. Dazu war die Fahrt durch das Kinzigthal über alle Beschreibung schön, die herrlichsten Wälder und Wiesen, alles im üppigsten Grün, der Mai und der kurz vorher niedergefallene Regen thaten dabei das Ihre, alles in wahrem Glanz erscheinen zu lassen. Wir fuhren dann Abends noch bis Hanau, wo wir die Nacht blieben. Gestern Morgen gab es dann wieder Regen und Kälte, wir fuhren bis Aschaffenburg; dort sahen wir das pompejanische Haus, von König Ludwig erbaut, dann das schöne alterthümliche Schloß und die sehr interessante Kirche. Vater ging schließlich zu Frau Brentano, die ihn mit äußerster Liebenswürdigkeit empfing. Ich ging nicht mit, da ich sehr durchkältet und vom vielen Gehen durch Wind und Kälte ganz müde war, auch wollten wir um 12 Uhr schon wieder weiter. Wir wünschten beide möglichst bald hierher und in Ruhe zu kommen. Dies haben wir nun auch in angenehmster Weise erreicht. Noch gestern Abend wurde das Wetter wieder klar; heute ist es zwar noch kühl, aber der herrlichste Sonnenschein. Wir haben hier ein nettes einfaches Stübchen, ganz behaglich eingerichtet. Ich kramte schon gestern Abend alles nett ein, während Vater noch einen Gang machte, und wir fühlen uns schon ganz heimisch. An der einen Seite des Hauses liegt der schöne große Garten; da giebt es unter großen rothen Kastanien Tische und Sitzplätze, und ich werde mich hier viel, wenn es noch wärmer wird, mit der Arbeit und mit einem Buche aufhalten. Vater war schon diesen Morgen früh auf der alten Ruine, die in einer Höhe etwa wie des Mönchensteins dicht über Heppenheim liegt. Dann machten wir nach dem Frühstück noch einen Gang, du siehst also, Vater kann schon wieder tüchtig marschieren. …

Grüße Brentano und erzähle ihm, dass Vater sehr erbaut von seiner Mutter sei.«

Von meiner Mutter.

»Heppenheim d. 17^ten^ Mai 72.

… Das war gestern eine große Freude als dein lieber Brief mit allen Einlagen hier ankam, und ich danke dir recht von Herzen dafür. Vater und ich haben uns einen schönen Vormittag mit lesen der Briefe und Recensionen gemacht. Letztere sind freilich aus ganz andrem Ton als die Gumprecht'sche, ich glaube dieser Mann ist nur eitel und verlangt Besuche; die Joachim hatte ja deshalb auch ihrem Mann zugeredet, zu ihm zu gehen. …

Die Verpflegung und alles hier im Hause ist vortrefflich, einfach und behaglich, und die Familien, die hier mit ihren Kindern logiren, sind sämtlich entzückt von dem Aufenthalt. Wir blieben auch noch gern länger hier, Vater kann hier die schönsten weiten Spaziergänge machen, und findet dabei überall alte historische Anklänge, Inschriften etc., auch eine alte Geschichte des Klosters Lorsch lesen wir hier, aber wir denken doch am Dienstag nach Wildbad überzusiedeln, da es ja wieder schönes warmes Wetter ist, und wir auch nicht gern in die Hauptbadesaison in Wildbad hineingerathen möchten, die Mitte Juni beginnt …«

Von meinem Vater.

»Heppenheim 18. Mai 1872.

Eben um 6 Uhr kommen wir von einem Ausfluge nach Weinheim zurück, da empfängt uns der schönste Willkommen, dein lieber Brief, in welchem du uns Joachims reizenden Besuch und deinen soliden Entschluß bezüglich deiner Pfingstreise mittheilst. Wir billigen denselben vollkommen und sind überzeugt, daß du von dem so naheliegenden und wunderhübschen Baumgartenbrück, einem meiner Lieblingspunkte in unserer Mark mehr Genuß für dich und auch für deine Kasse haben wirst als von dem Schweifen in die Ferne: zumal in so netter Gesellschaft liebenswürdiger Jugendgefährten. Diesen eine Freude zu machen und mitzutheilen scheint dir ein Bedürfnis zu sein, welches eben so sehr deiner lebhaften Natur und deinem guten Herzen zusagt als es den wohl verdienten Lohn in sich selbst trägt.

Dagegen ist nun das Schweifen in die Ferne mit den Jahren mein Loos geworden und ich muß mir immer vergegenwärtigen, daß das Leben hinter mir liegt und meine Gesundheit die Ausspannung bedingt hat, um mich über den geschäftslosen Genuß nicht zu quälen. Wie es nun aber einmal Gott gefügt hat, nehme ich mit eben so viel Dankbarkeit als Beschämung das mir gewordene Loos aus seiner Hand entgegen. Denn es ist wahrlich kein geringes Entzücken, in einem Mai wie diesem den Garten Deutschlands zu durchziehen, und so laß mich denn nach meiner Weise dir Einiges von den Reiseeindrücken erzählen.

Der erste helle Punkt war Fulda. In den Nachmittagsstunden war die Sonne durchgedrungen und wenn auch in dem Kranze der Rhöngebirge, besonders an der Wilseburg und dem Dammersfeld noch Schneefelder lagen, so war es doch ein rechter kühler Maiabend, an dem wir nach dem Franziskanerkloster die dunklen Kastanienalleen hinaufstiegen, unter uns das reizende Wiesenthal der Fulda, in der Ferne die Vorder- Mittel- und Hohe Rhön die jetzt ein Lieblingsausflug der Touristen geworden scheint. Die klösterliche Stille der durch und durch klerikalen Stadt, in der Winfrieds Grab ist, that uns überaus wohl. Ich zeichnete die uralte Michaeliskirche, ein dreifaches Octogon aus dem 9ten Jahrhundert. Unser Gasthof ließ an geistlicher Gemächlichkeit, Stille und Geräumigkeit nichts zu wünschen und so genossen wir denn den Gegensatz gegen den Berliner Wirrwarr mit großem Behagen.

Es folgten als zweiter Hauptpunkt der Kinzigsee, ein satter saftiger Wiesengrund, von Wächtersbach ab bis Gelnhausen und Alten-Haslach zwischen den herrlichsten dichtesten Laubwaldungen, die einst das kaiserliche Kammergut des salischen Hauses bildeten und Friedrich dem Rotbart so wohl gefielen, daß er hier das Grafenschloß zum Kaisersitz erkor. Denn erbaut hat er die Burg nicht, die Behauung der Steine deutet auf eine frühere Zeit. Nachdem an dem herrlichen Bau Jahrhunderte lang aller mögliche Vandalismus geübt, sind endlich die Reste gesäubert und verschlossen; das steinerne Bild Barbarossas schaut mit dem Bart – nicht von Füchsen sondern von Feuersglut – bis hinter die Ohren mit Humor einer bessern Zukunft entgegen. Die Burg liegt im Wiesengrunde der Kinzig am Fuße der Reichsstadt, die sich den steilen Berg hinanzieht. Die Indolenz und Dummheit der hessischen Regierung hat sie der Thore, des Petersdoms und der herrlichen romanischen Begräbniskapelle beraubt. Aber noch steht in der Dreifaltigkeitskirche ein Juwel allerersten Ranges, welches nur der Entfernung der Tünche und der Reclame der gestohlenen Glasfenster aus der Löwenburg bei Kassel bedarf, um von unbeschreiblicher Herrlichkeit zu den Nachkommen zu reden.

In Aschaffenburg war das Pompejanum, das Schloß und vor Allem die prächtige große Collegiatkirche nebst Kreutzgang in hohem Grade anziehend, Frau Brentano die Liebenswürdigkeit selbst, ihr Haus und Empfang reizend, nur leider die Zeit zu kurz.

Das Schönste von Allem ist aber bis jetzt die Bergstraße, zumal wenn man sie aus einem so gemüthlichen Dasein genießen kann, wie wir es hier in Heppenheim gefunden haben, dem Mittelpunkt des ungeheuren Markendistrikts den Karl der Große der Stadt und Heinrich der Heilige der Abtei Lorsch überwies.

So schwelgt man eben in Natur und Geschichte und es bekommt mir recht wohl. Also möge es nur so weiter gehen, so haben wir Gott genug zu danken. Für heute Lebewohl von

Deinem treuen Vater.«

Von meiner Mutter

»Wildbad d. 22ten Mai 72.

Ich will dir doch gleich mit einigen Worten sagen, daß wir gestern Nachmittag hier wohlbehalten angelangt sind, wenn auch in strömendem Regen, der auch die Nacht über angehalten hat. Zum Glück fanden wir hier gleich eine nette Wohnung, von 2 kleinen, sehr freundlich und sauber möblierten Zimmern, so daß wir nicht erst in ein Hotel ziehen mußten. Vater ist jetzt eben etwas ausgegangen, um den Arzt zu sprechen, worauf ich drang, damit er weiß, wie oft, wie lange er baden darf u.s.w.; er ist übrigens sehr munter und frisch, und die weiten Spaziergänge in Heppenheim haben ihm sehr gut gethan, dabei hat er immer den besten Appetit. – Das süße freundliche Heppenheim, in dem wir uns so unendlich wohl gefühlt, zu verlassen, ward uns gestern ordentlich schwer, um so mehr, als das Regenwetter nicht einladend zum Reisen war. Hier ist die Gegend nun vollständig anders, viel weniger lieblich und freundlich, dagegen großartig und ernst. Wildbad liegt in einem engen Thal, von hohen dicht mit Tannenwald bestandenen Bergen umgeben; es hat nur zwei parallel laufende Straßen, in deren einer, der kleineren, wir wohnen. Vor unserem Hause rauscht die Enz vorbei, die in dieser Nacht durch den Regen bedeutend angeschwollen und gelb geworden ist. Hinter den gegenüber liegenden Häusern steigen die schönen, dicht bewachsenen Berge auf. Wenn erst wieder die Sonne freundlich scheint, muß die Lage von Wildbad entzückend sein; für heute, bei dem Regen, bin ich froh, hier ein nettes Daheim zu haben und nicht ausgehen zu dürfen. Unsere Wirthsleute sind nette, einfache Schwaben, deren Sprache mich fortwährend an Frau Bruns erinnert. Wir bekommen hier im Hause Morgens und Abends unseren Thee, und Mittags wollen wir die verschiedenen Gasthäuser ausprobieren. Gut, daß ich unseren eigenen Thee mitgebracht habe, von dessen Bereitung hier die Leute keinen Begriff haben; ich richte mir nach und nach alles ein. – Gestern war die Gegend bis Pforzheim weniger schön als die Heppen- und Weinheimer, dann aber begann der rechte Gebirgscharakter, der mich sehr an den Harz und Thüringerwald erinnerte.«

Von meinem Vater

Wildbad 22. Mai 1872.

Mutter hat dir eine Beschreibung von Wildbad gegeben, wie ich sie nur bestätigen kann und so poetisch aus ihrer Feder noch nie gelesen habe. Darum nur einige wenige Nachträge.

Ich komme nämlich eben von meinem Brunnenarzt D. Burkhard zurück. Er bewohnt eine große mit allem Luxus und Geschmack decorierte Villa einer so prachtvollen Aussicht auf die rings emporstarrenden himmelhohen Fichtenwälder wie ich sie kaum jemals gesehen habe. Mutter hat ganz Recht mit ihrer Erinnerung an Thüringen und den Harz, aber Alles ist großartiger und wilder. In einem süddeutschen Rechtsbuch heißt es auf die Frage: welches die 4 Wälder seien: Thüringer Wald, Schwarzwald, Böhmer Wald, Scharnitz. Auch die Enz ist ein so wildes und kräftiges Gebirgswasser, daß sie Bode und Oker weit übertrifft.

Leider hat der Hagel alles im Württemberger Land zusammen geschlagen und eiskaltes Wetter zurück gelassen. Aber die Sonne kommt schon wieder durch und dann wird sich die Lage erst in ihrer ganzen Herrlichkeit entpuppen.

Ich soll täglich 20 Minuten, ohne aussetzen zu dürfen baden, die Wärme der Quelle ist 29 Grad, des Trinkwassers 30. Nach dem Bad 1 Stunde ins Bett aber nicht schlafen. Der Arzt fragte hauptsächlich nach kalten Füßen und Congestionen. Da ich nur an ersteren, nicht in Folge besonderer Krankheitszustände sondern meines Alters leide, ist keine besondere Vorsicht nöthig. Der Arzt fragte nach meinem Alter und da ich das 70. Jahr nannte, sagte er, er habe mich für jünger gehalten.

Die Stadt, Gebäude und Einrichtungen lassen an Sauberkeit und Eleganz nichts zu wünschen übrig. Da die Regierung Alles gethan hat, um das großartige Naturbad zu heben. – Etwas Entzückenderes als die Bahn von Pforzheim hierher kannst du dir nicht denken. Ich denke sie nächstens zu benutzen um die herrlichen Denkmäler der Markgrafen in der dortigen Kirche zu sehen und zu zeichnen.

Am zweiten Pfingsttage Nachmittags machte ich dem Herrn Dechanten und Stadtpfarrer Krehmer in Heppenheim meinen Besuch, um Etwas über das Ritual bei der Hagelfeier zu erfahren, fand einen feinen gebildeten katholischen Geistlichen, der Onkel Tieck sehr ähnlich sah und verlebte in seinem Hause eine nette Stunde. Dann ging ich noch nach Lorsch hin und zurück, zeichnete die Kapelle und genoß beim Rückwege die schöne Aussicht auf die Bergstraße.

Durch die Abkürzung der Badekur gewinnen wir nun noch Zeit für Badenweiler, Elsaß und Otto, den wir zu überraschen denken, der also nichts erfahren darf. Heute hofften wir auf einen Brief von dir, es war aber einer von – Markart, der uns in Lauenstein besuchen will! Nun Adieu hoffentlich bist Du von Baumgartenbrück befriedigt zurück.

Dein treuer Vater.«

## An die Eltern

»Lichterfelde d. 23. Mai 1872.

Ihr lieben Alten! Für drei Briefe habe ich Euch zu danken, oder gar für vier, wenn ich den heutigen, an dem Ihr Beide mitgewirkt habt, doppelt rechne, und so will ich, obgleich es spät ist, doch nicht noch länger mit Dank und Antwort zögern. Theils mangelte mir die Zeit, früher zu schreiben, theils wollte ich eine Nachricht aus Wildbad abwarten, ehe ich dorthin schrieb, da Vaters letzter Brief keine Andeutung über den Tag der Abreise von Heppenheim enthielt. Ihr wartet nun etwas über das gewohnte Maß hinaus, habt aber hoffentlich noch nicht Sorge deswegen gehabt, und so werdet Ihr mich entschuldigen. An allen Euern schönen Erlebnissen nehme ich natürlich lebhaften Antheil, und würde nicht unzufrieden sein, wenn mich Nachmittags einmal irgend eine unmögliche Fahrgelegenheit auf 3 Stunden einen Blick in das Wildbader Thal thun ließe; doch ist die Sehnsucht ins Weite im Vergleich mit früheren Jahren für diesen Sommer bedeutend gezähmt, und daß daran mein angenehmes Lichterfelder Dasein einen Hauptheil der Schuld, um nicht zu sagen, die ganze Schuld trägt, das versteht sich von selbst. Ich will dann auch bei dieser Gelegenheit gleich noch einmal meinen Dank aussprechen, daß Eure Güte es mir ermöglicht hat, mich so wohlthuend und behaglich zu betten.

Unsere Pfingsttour zählt zu den reizendsten Erlebnissen ähnlicher Art, deren ich mich überhaupt erinnere. Schulze[XXXVII] nahm nicht daran Theil, weil er Sonnabend noch Stunden zu geben hatte; dafür fand es sich aber in Potsdam, daß Carl wider Erwarten von Herrn Niedner für den Pfingstsonntag freizubitten war, und ich hatte so die beiweitem größere Freude, den guten Jungen an unserer kleinen Festexcursion Theil nehmen zu sehen, was er mit außerordentlichem Vergnügen zu thun schien. Wir konnten um Vollmers willen erst Sonnabend Mittag fortkommen, fuhren dann von Potsdam gleich per Wagen über Charlottenhof, durch den Wildpark nach Baumgartenbrück, und verlebten einen Frühlingsabend bei der Kirche und im Park von Petzow, wie er sich nicht idyllischer denken läßt. Wir Alle waren ganz überrascht von der ungemein anmuthigen, wechselvollen Landschaft, die mir so schön doch auch garnicht mehr in der Erinnerung stand. Am nächsten Morgen lagen wir Stunden lang im Hause, schon ganz früh erlebten wir, wie

XXXVII Johannes Schulze, dessen große Tüchtigkeit als Spieler und Musiker ich, während er mein Schüler war, in hohem Grade schätzen gelernt hatte, wurde Ostern 1872 auf meine Veranlassung als Hilfslehrer für Klavierspiel an der Hochschule angestellt.

die dörflichen Kirchgänger sich auf dem grünen Hügel versammelten, und dann konnten wir uns wieder vom Park garnicht trennen, versuchten endlich, um nicht fortzumüssen, an Ort und Stelle Mittagessen zu bekommen, und erlangten in einem Bauernhause eine Mahlzeit von großen Quantitäten schöner Milch, Eierkuchen, Brot und Butter, die wir à Person mit 5 Silbergroschen bezahlten. Dies und die gänzliche Abwesenheit der Berliner gab zu allem Übrigen noch das angenehme Gefühl, daß es doch immer noch einige Orte ohne Gründungsschwindel giebt, selbst eine Meile weit von Potsdam. In der Meierei verlebten wir den Nachmittag, der durch drei aufeinanderstoßende Gewitter mit allen daraus sich entwickelnden Beleuchtungen ganz eigenthümlich interessant war. Seitdem ist das Wetter etwas kühler geworden; das graue Gewölk verschwindet nur selten, und täglich giebt es ein paar Regenschauer. Diese Wetterumstände sind für uns die günstigsten, wenn es mit der Kälte nicht ernstlicher wird, und so steht einstweilen im Garten Alles vortrefflich. Heute haben wir das erste Gericht selbstgezogenen Spinat gegessen, der natürlich – obgleich Spinat – wie eine auserlesene Delikatesse von mir verzehrt wurde. Die Erdbeeren setzen trotz erneuten Umpflanzens eine ganze Reihe von Früchten an, die Erbsen blühen, der Salat bekommt Köpfe, und selbst die alten umgepflanzten Bäume scheinen sich zu erholen. Eure Sophie ist heute bei uns eingezogen, und hat gleich im Garten mit Jäten und Kartoffelhacken debütiert; ich bin sehr zufrieden, daß wir sie haben.

Gestern war ich zu Wehrenpfennig[188] zum Mittag geladen, und verlebte dort sehr angenehme Stunden im kleinsten Kreise mit ihm, der Frau Grimm, Eggers, und Julius Meyer aus München. Er hat die Redaktion der Spenerschen Zeitung neuerdings übernommen, und wird ohne Zweifel ein ganz hervorragendes Blatt daraus machen, das auch künstlerisch und wissenschaftlich Etwas zu bedeuten hat. Grimm, Eggers, Heyse u.s.w. sind als Mitarbeiter gewonnen, mir ist der Auftrag geworden, im Einverständnis mit Joachim für einen tüchtigen Musikkritiker zu sorgen; ich denke Grabau vorzuschlagen, und bin sehr froh, daß auf diese Weise ungerufen Hülfe kommt für die anständigen Leute in der Musik, denen doch eigentlich ein ordentlicher Anwalt in der Tagespresse durchaus fehlte. Nun abonniert nur wieder auf Onkel Spener! Vom 1. Juni ab wird wahrscheinlich schon Abend- und Morgenausgabe eingerichtet werden, und in einem der Feuilletons eine Heyse'sche Novelle erscheinen.

Abgesehen von diesen Extratouren bin ich übrigens auch an die Arbeit gekommen, und das ist mir besonders lieb. – Der Himmel ist klar heute Abend, und so hoffe ich für Euch auf Sonnenschein und Wärme, auch hier schadet es nichts, wenn es einmal wieder recht hell wird. Nächstens wird auch der Bau des kleinen Stalles anfangen, und Doris ist jetzt in high spirits im Gedanken daran, kann die Zeit nicht abwarten, bis sie ihre Ziege füttert, und ihr täglich 100 Kannen Milch abmelkt. Einzelheiten darüber später. – Bei der Max war ich gestern. Sie ist v o r Eurer Abreise noch bei Euch gewesen, hat trotz Schellens Niemanden erreichen können, hat endlich unten bei dem Buchhändler einen Zettel an Euch geschrieben, und auch der scheint verloren.

Schönsten Gruß und Dank für Eure Briefe von

Euerm Ernst.«

Von meiner Mutter

»Wildbad d. 26. Mai
Sonntag Morgen 72.

Das war eine rechte Sonntagsfreude, als diesen Morgen, eben als wir frühstücken wollten, Dein lieber Brief uns gebracht wurde. Ich hatte schon rechtes Verlangen danach zu hören, wie es dir in den Pfingsttagen ergangen, und wir freuen uns nun von Herzen, daß alles so wohlgelungen ist, auch daß der gute Carl mit dabei war, dem ich so von Herzen diese seltene Freude gönne. Heute Morgen scheint einmal wieder die Sonne ganz besonders hell und freundlich, während gestern den ganzen Tag der Regen in Strömen vom Himmel goß; Vater ist eben zum Bade gegangen, und ich benutze die Zeit, dir, mein bester Ernst, ein wenig von uns zu erzählen. Das Wetter war in diesen Tagen, nur gestern nicht, gewöhnlich Nachmittags schön und klar, und da haben wir denn immer herrliche Spaziergänge gemacht. Die Gegend ist über alle Beschreibung schön und romantisch; wo man hinsieht, ist der Blick auf die hohen mit Tannen bewachsenen Berge, auf die Bergwiesen, die mit unzähligen kleinen Holzhäusern zur Bergung des Heus bedeckt sind, entzückend. Vorgestern machten wir einen Gang nach einer Mühle im Thal; Der Weg dahin war so wundervoll, daß wir immer von neuem dich zu uns wünschten, w i e würdest gerade du dich an alledem erbauen. …

Das Bad scheint Vater übrigens sehr wohl zu thun, er ist frisch und munter und hat immer den besten Appetit. …«

## Von meinem Vater

»Im Bette mit Bleistift will ich nur noch hinzufügen, daß ich heute Nachmittag ›Wind und Wetter dienend‹, wie die Seeleute sagen nach Pforzheim und zurück zu fahren denke, um mir zwischen 6 und 8 Uhr die Grabmäler der Markgrafen in der Schloßkirche anzusehen. Eine andere Excursion denken ich und Mutter heute über 8 Tage nach Kloster Hirsau per Einspänner zu machen. Es ist ein Kloster, aus dessen Kreuzgang in Glasfenstern die berühmte biblia pauperum[189] stammt (ich declinire nach dem deutschen, wie du siehst) und wo Graf Eberhard der Greiner bei dem Abte nach Uhland den kühlen Klosterwein trank. – Daß du Petzow besucht hast und in unserer lieben Mark festwurzelst, ist mir in der Seele lieb.

Dein Alter.«

## An meine Eltern

»Lichterfelde d. 29. Mai 1872.

Dieses Mal will ich Euch nicht wieder so lange warten lassen, sondern meinen Dank für Eure erfreulichen Briefe schon heute aussprechen. Wie schön muß die Gegend von Wildbad sein! Auch der übrige Schwarzwald wird ihr wahrscheinlich in Nichts nachgeben. Ich rede Euch dringend zu, doch noch Mehreres davon zu sehen, Badenweiler und auch Basel mit Stockmeyers nicht aufzugeben, ebensowenig Baden-Baden fahren zu lassen, von wo mir heute Frau Schumann schreibt, wie sehr sie sich freuen würde, Euch dort zu begrüßen …

Am Sonntag Abend war ich bei Joachims, und, da ich vor 8 Tagen sehr viele Schelte über mein Fortgehen um 10 hatte erleiden müssen, – das das ganze Gesangsprogramm von Frau Joachim für den Abend umstieß –, so hatte ich mich dieses Mal eingerichtet in Eurer Wohnung zu übernachten, wo Alwine mir Alles sehr gut hergerichtet hatte. Hiller war auf der Durchreise von Königsberg da, vermöbelte einige Bach'sche Sonaten mit Joachim dergestalt, daß dieser gegen mich seinen heimlichen Ingrimm darüber ausließ. Frau Joachim versöhnte dann durch ›Memnon‹ und ›Suleika‹[190] die Gemüther. Gestern Nacht blieb ich abermals in der Stadt und zwar bei Mendelssohns; die Brunhild von Geibel mit der Ziegler war angesetzt, und Vollmer, Spengel, Burkhardt und ich wollten sie sehen; da erschienen im letzten Augenblick rothe Zettel, und ich entschloß mich mit meinem grauen Hausrock in eine geladene Abendgesellschaft von Mendelssohns zu fallen, in der Joachim Quartett spielte, Enole, die Joachim, Leonhard Wolff und Schaper vierstimmige Lieder von Mendelssohn sangen, und einige 20 – 30 Leute zuhörten. Der gute Franz Mendelssohn überhäufte mich aber mit Liebenswürdigkeiten dafür, daß ich uneingeladen kam, und als Joachim das Es-dur Quintett von Mozart, besonders auf meine Anregung hin, spielte, und der letzte Satz um ¼ 11 erst zu Ende ging, ließ ich mich halten, und nahm das Anerbieten, Logiergast zu sein, für die Nacht, an. Um $6^{45}$ Morgens fuhr ich dann schon wieder heraus, und fand zum Empfang eine ganze Schar von Briefen, erstlich die Janotha, die von einem ganz glänzenden Erfolge ihres Concerts in Baden berichtet, dann die Schumann, die mir darüber und über andere Dinge sehr ausführlich und liebenswürdig schreibt, dann Tante Bertha Buttmann, die sich auf morgen mit Onkel Philipp ansagt, und endlich eine große Kiste mit Hemden von Herrn Rösicke. Für diese sage ich nochmals den allerschönsten Dank, liebe Mutter, und wünsche zu deinem und meinem Besten, daß sie nicht so bald wieder aus dem Leim gehen mögen, wie die früheren. …«

Von meiner Mutter

»Wildbad d. 1. Juni 1872.

… Wir denken Mitte nächster Woche von hier abzureisen, und auf der Tour von hier nach Baden noch das berühmte Kloster Maulbronn mitzunehmen, worauf sich Vater unendlich freut. In Baden werden wir dann wohl 2 Tage bleiben und in Lichtenthal logieren, ich freue mich recht auf die Schumann. Von dort wollen wir dann nach Straßburg gehen, und du könntest uns dorthin einen Brief durch Rotenhan senden; seine Adresse, die er uns schrieb, ist: Kreisassessor am Kaiserlichen Bezirkspräsidium des Unterelsaß zu Straßburg. – Von dort beabsichtigen wir über Hagenau und Kusel, nach Baumholder zu gehen und hier mehrere Tage bei dem guten Otto zu bleiben. Er schrieb uns neulich einen rührenden Brief mit der Bitte, daß wir kommen möchten, auch Marie Rudorff bat, wir möchten hingehen, während wir schon längst beschlossen hatten, es zu thun. … Unser Lieblingsweg führt uns hier Nachmittags nach dem kühlen Brunnen, einem reizend gelegenen kleinen Gasthaus; wie oft, wie oft wünschen wir dich dann im Stillen zu uns. Bei einem besonders schönen Blick auf die Landschaft rief Vater neulich aus: Ach hätte ich doch meinen Jungen hier. …

Baden d. 5. Juni 72.
Lichtenthal

Obwohl wir Frau Schumann noch nicht gesehen haben, will ich doch immer schon meinen Brief an dich beginnen, da ich gerade stille Zeit dazu habe. Vor 2 Stunden etwa sind wir hier angelangt, haben zu Mittag gegessen und nun ruht Vater etwas oben in unserer Stube auf dem Sopha. ... wir wohnen hier in einem sehr reizenden einfachen Gasthofe ganz im Garten gelegen, wo du auch wohl gewohnt hast, als du zuletzt hier warest; es ist der Gasthof zum Bären. Wäre das Wetter warm und sonnig, statt daß es regnet, so müßte es hier entzückend sein; es ist ganz traurig, daß es nicht endlich warm und sommerlich werden will. Auch die letzten Tage in unserem schönen Wildbad sind uns fast ganz verregnet, und Vater hat zu seinem größten Kummer die beiden schönen Touren nach den alten Klöstern Hirsau und Maulbronn deshalb aufgeben müssen ... diesen Morgen als wir Wildbad verließen, wurde es uns fast schwer uns zu trennen, da wir trotz des in letzter Zeit wirklich recht schlechten Wetters, uns doch zu wohl und auch so gemüthlich mit unsern netten Wirthsleuten gefühlt hatten; dazu nun diese herrliche Natur, die uns Wildbad zu einem unvergeßlichen Aufenthalt machte! Wir denken morgen Vormittag zu Frau Schumann zu gehen und vielleicht auch noch Freitag hier zu bleiben. Wenn nur das Wetter endlich einmal mit regnen aufhören wollte! Ein Herr, der hier mit uns am Tische saß, sagte, es sei hier bereits seit 6 Wochen unaufhörlich Regenwetter. Nun ist morgen Neumond, und das giebt mir Hoffnung, wenn auch Vater mich auslacht. – Donnerstag Vormittag. Soeben kommen wir von einem vergeblichen Gang zur Schumann nach Hause; sie ist mit ihren Töchtern in Carlsruhe, kommt aber heute Abend wieder. Wie ich schon hörte, hat sie Dienstag in Carlsruhe ein Concert mit Stockhausen gegeben, wird auch wohl das Abschiedsfest für Levi mitmachen. Von Brahms, der hier anwesend ist, soll dabei auch ein größeres Werk aufgeführt worden sein. Wir haben dem Mädchen gesagt, wir kämen morgen wieder, ohne unsere Namen zu nennen ... Vater grüßt dich sehr herzlich, er freut sich mit mir dieser reichen schönen Gegend und möchte am liebsten alle Höhen besteigen. ...«

An die Mutter nach Straßburg

»Lichterfelde d. 6. Juni 1872.

Wenn ich nicht in diesen Tagen allzu viel Korrespondenz zu erledigen gehabt hätte, so wäre vielleicht schon nach Baden-Baden hin ein Wort an dich abgegangen; so aber beschränkte ich mich darauf, dich in Straßburg zu begrüßen. Ich brauche nicht zu versichern, daß ich bei dieser Stelle Eurer Reise noch insbesondere bedauere, nichts in Person abzubekommen, aber es ist mir schon eine große Freude zu denken, daß Ihr Rotenhan zu sehen bekommt und mit ihm ein paar hoffentlich schöne Stunden erlebt, von denen Ihr mir berichten könnt. Auch Janitsch wird sich sehr freuen Euch zu sehen, und ich grüße ihn durch Euch bestens. ... Buttmanns waren neulich sehr der Meinung, daß Ihr Euch noch länger in der Welt umhertreiben solltet, und als ich deinen Brief vorlas mit der Stelle ›Mitte Juni werden wir wohl, so Gott will, nach Lauenstein kommen‹, murmelte Onkel Philipp in den Bart ›Gott wird's wohl nicht wollen‹. Doch ist das nun beschlossene Sache, und aus diätetischen Rücksichten für Vater mag es ja auch ganz wünschenswerth sein. Um einen Tag könnt Ihr Eure Reise noch verlängern, wenn Ihr Frau Joachim in Kreuznach besucht, die vor einigen Tagen dorthin abgereist ist, und sich gewiß freut, Euch zu sehen. Jeden Dienstag und Freitag Mittag in der Woche soll ich jetzt bei Joachim essen, um ihn in seiner Strohwittwerschaft zu trösten; mir paßt das in der Zeit auch viel besser als bei Mendelssohns, da ich gern um $5^{15}$ wieder herausfahre, und ich kann dann allenfalls Mittwochs nach der Orchesterstunde zu Mendelssohns gehen. In der Stadt bin ich vom Nothwendigen abgesehen, seit 8 Tagen nicht viel gewesen; nur gestern Abend sah ich mit Vollmer die Brunhild von Geibel[191], die zum ersten Male mit der Ziegler in der Titelrolle gegeben wurde, und die trotz mancher Schwächen doch immerhin schon durch die Gewalt des Stoffes einen ergreifenden Eindruck macht. Dagegen hat es an Besuchen, persönlichen und schriftlichen, nicht gefehlt. Buttmanns waren wirklich von einer solchen Liebenswürdigkeit, das Zusammensein mit ihnen so bis ins Innerste behaglich, daß ich mich noch immer in der Erinnerung daran erfreuen kann. Sie blieben von 3 – 8, besahen meine ganze kleine Wirthschaft mit der größten Theilnahme, freuten sich über die märkische Natur mit allem Gezwitscher und Geschwirre von Vögeln und Insekten, das gerade vollauf im Gange war, und ließen recht empfinden, wie viel alte treue Freunde werth sind, die gern die Freuden des Andern von Herzen theilen. Eine Stunde vor ihrem Fortgehen kamen Frau Hausmann und Robert, und es ergab sich, daß die Hausmannsche Familie in früherer Zeit die lebhaftesten Beziehungen zu der Göschenschen gehabt hatte, so daß der gegenseitigen Erzählungen und Freudeversicherungen kein Ende war. Auch dieses Intermezzo, das ich Anfangs als nicht ganz glücklich ansah, löste sich also in äußerstes Wohlgefallen auf. Freitag nach meinen Stunden waren dann Wolff Vater und Sohn da; am Dienstag zu minderem plaisir der Dr. Marquardt (nicht der Lauensteiner, sondern der Grimmsche) und an einigen Stippvisiten von Herman Grimm u.s.w. hat es auch nicht gefehlt. …

Am Sonntag hoffen wir unser erstes Gericht Schoten zu verzehren; gestern ist die erste große Erdbeere reif geworden; alles höchst denkwürdige Ereignisse! Die Zeitungsbestellung habe ich Eurer Alwine übertragen, und bei der Gelegenheit auch die arme alte Frau Ponge einmal wiedergesehen; sie kam auf den Flur heraus und machte einen ganz jämmerlichen Eindruck. Welch eine trostlose Existenz, in solchem Alter ganz allein in der öden Wohnung zu sitzen! Übrigens war sie voller Herzlichkeit für mich, und ich hätte ihr gern etwas Freundliches angethan, aber womit soll man ihr beikommen! …«

Von meiner Mutter

Straßburg d. 8. Juni 72.

Soeben sind wir hier wohlbehalten und bei schönstem Wetter angelangt. Wie wunderbar ist einem zu Sinne, wenn man hier einfährt und dabei denken darf, daß Straßburg nun wirklich wieder eine deutsche Stadt ist. Es ist ein neues, ganz wunderbares Gefühl, wenn man diese Mauern mit eigenen Augen sieht. Die große Zeit der letzten Jahre wird lebendiger als je zuvor. – Vater ist gleich etwas ausgegangen, sich in der Stadt umzusehen, ich hatte aber erst etwas zu kramen und zu ordnen und will nun gleich dir noch ein wenig über unser Zusammensein mit der Schumann erzählen, das so hübsch wie möglich verlief. Zuerst muß ich aber noch vom Donnerstag berichten, wo wir Nachmittags bei dem herrlichsten Wetter uns entschlossen nach der Burg Eberstein bei Baden zu fahren. Das war eine ganz entzückende Fahrt und ein Ersatz für die letzten Regentage in Wildbad. In offenem Wagen fuhren wir 1½ Stunden, einen ganz herrlichen Weg durch den schönsten Wald, immer wundervolle Blicke auf die Berge und Thäler des Schwarzwaldes genießend, bis die im alten Styl erhaltene Burg Eberstein vor uns lag. Ganz entzückt und erquickt kamen wir von dieser Tour wieder in unser sehr behagliches Logis in Lichtenthal zurück. Freitag gingen wir dann zur Schumann und wurden von ihr auf das liebenswürdigste und herzlichste empfangen. Sie lud uns gleich zu Tisch, wo wir dann noch Brahms und zwei recht nette Wiener Damen fanden. Es war mir sehr interessant, endlich einmal Brahms kennen zu lernen, und zwar erschien er mir ganz anders als ich erwartet hatte. Er war von einer Liebenswürdigkeit und Freundlichkeit zu uns, die mich ganz in Erstaunen setzte. Bei Tisch gab es die hübscheste ungezwungenste Unterhaltung, wir mußten der Schumann und ihm viel von deinem Lichterfelde erzählen, und wir Alle wünschten dich zu uns. Vater brachte die Gesundheit der Schumann und Brahms aus und letzterer die deinige. Dazu gab es eine einfache aber vortreffliche Naturalverpflegung. Nach Tisch zog sich jeder etwas zurück und beim Kaffee waren wir wieder beisammen. Wie allerliebst ist das Häuschen der Schumann! Sie hat mich durch alle Räume desselben geführt. Nach dem Kaffee begleitete sie der Frau Eppner aus Wien einige Lieder, dann spielte sie noch Einiges sehr schön. Diesen Morgen vor 10 Uhr kam die gute Frau noch zu uns, um uns Lebewohl zu sagen und Brahms kam ebenfalls! ist das nicht außerordentlich? Mit Vater hat sich Brahms aufs freundlichste und angelegentlichste unterhalten und sie schienen sich gegenseitig zu gefallen. Er trug mir herzliche Grüße für dich auf. Gestern Abend fanden wir beim nach Hause kommen eine Karte der Janotha vor, und dabei einen Teller mit Erdbeeren; da ich sie nicht mehr sehen konnte, schrieb ich ihr einige dankende Zeilen. – Diesen Vormittag hatten wir dann noch eine herrliche Fahrt auf das alte Schloß in Baden, aßen dort oben zu Mittag und fuhren um 3 Uhr mit der Bahn hierher. Von der Schumann soll ich dich nun ganz besonders grüßen und dir danken für deinen Brief. Sie möchte sehr gern, daß du sie einmal länger in Baden besuchtest. ... Wir haben nun heute auch deinen lieben Rotenhan gesehen; er kam gerade, als wir Thee tranken, brachte mir zu meiner größten Freude deine lieben Briefe; wir haben eine äußerst angenehme Stunde mit ihm gehabt, er grüßt dich herzlich und wird dir sobald er Zeit hat einmal ordentlich schreien. Er sieht sehr frisch und munter aus, ist auch stärker geworden, sonst ganz der Alte. Morgen will er uns um 10 Uhr abholen und mit uns in das Münster gehen, da wird er wohl Janitsch mitbringen. Wir denken dann am Dienstag früh von hier nach Baumholder zu reisen. ... Noch muß ich dir sagen, daß wir doch wieder ganz überwältigt vom Anblick des Münsters sind, diesen Abend waren wir noch einen Augenblick im Inneren.

Aber nun gute Nacht mein liebster Ernst; Vater ist bereits zu Bett, er grüßt dich sehr und läßt dir sagen, im Münster hätte er dich wieder gar zu gern hier gehabt, ich nicht minder ... »

## Von meinem Vater

»Baumholder, Donnerstag 13. Juni 1872.

Liebster Ernst!
Während die Morgennebel verziehen, will ich die Zeit benutzen um dir von Straßburg und der Fahrt hierher durch die Gegenden zu erzählen, welche dir unbekannt sind. In Straßburg trafen wir noch im letzten Augenblicke mit Adalbert Delbrück und seiner liebenswürdigen Frau, geb. Jonas zusammen. Er hatte dort mit den ersten Firmen über eine Bodencreditverbindung mit Berlin in deutscher Sprache unterhandelt und war eben so sehr mit der Form als dem politischen Erfolg zufrieden. Der Eindruck der Stadt ist total deutsch, es wird stark gemanisirt, nur nicht immer glücklich, rue St. Maur ist nicht ›Mohrenstraße‹ u.s.w. Rotenhan hatte ein ganzes Register von Verstößen, die zum Theil so arg waren wie die Französischen. Der Abschiedsabend mit Rotenhan und Janitsch war über die Maßen traulich. Beide sind deine wahren Freunde. Sie freuten sich, daß dir nun an Luft, Stille und relativer Muße Alles gewährt sei, um ohne einen weiteren Reiseapparat Gesundheit und Arbeit verbinden und deine Conceptionen zu Papier bringen zu können; nur bemerkte Rotenhan, daß Mendelssohns Fleiß ohne äußere Noth eine seltene Ausnahme bilde.

Eine andere herrliche Straßburger Abschiedsscene war der unbeschreibliche Abend auf der Plattform mit wechselnder Beleuchtung der Vogesen und des Schwarzwaldes. Das Odilienkloster war deutlich zu erkennen. Wir beiden Alten kamen mit großer Leichtigkeit hinauf und herunter, so daß Mutter sich über sich selbst wunderte. Dagegen hatte der Gottesdienst im Münster ihr wieder den Eindruck der Übelkeit (wie weiland Herrn Schwarz Mohrenstraßen-Ecke im Kölner Dom) gemacht. Freilich hatte sie den schönen Anfang versäumt, um auf Rotenhan zu warten, ebenso den Schluß. Dadurch entgingen ihr sowohl die herrlichen Lichteffekte wie die vortrefflichen Psalmodieen, welche ein Chor von vielleicht 100 Sängern in priesterlichem Costüm in tadelloser Reinheit ausführte. Sie genoß nur noch den Lärm der Procession, welche nach Napoleons Gesetz von 1805 *in* der Kirche abgehalten werden mußte und durch Orgel, Gesang, Schellen und alle Münsterglocken allerdings nicht sehr harmonisch begleitet wurde. Wir entfernten uns, weil sie ein trostloses Gesicht machte. Rotenhan erzählte uns aber, daß das Lärmen der eingelegten Procession bald aufgehört habe und der Schlußakt für Auge und Ohr gleich befriedigend gewesen sei, obgleich der französische Ritus theatralischer ist als der deutsche, in

Cöln auch Demonstrationen mit den französischen Farben nicht ausblieben.

Ein französisch gesinnter Racker, mit dem wir über das Schlachtfeld bei Weißenburg fuhren, meinte, der Franzosen seien da nur 2000 gewesen, Bitschweiler sei durch die deutsche Concurrenz völlig verarmt u.s.w. u.s.w.

Die Fahrt, die Vogesen mit den phantastischsten Bergformen zwischen Landau und Neustadt a. d. Haardt entlang war reizend, besonders in der Gegend von Trifels. Die Forstwirtschaft aber wollte nach den Edeltannen des Schwarzwaldes nicht recht munden und so entschlossen wir uns in Neustadt nur Mittag zu machen und mittels der pfälzischen Bahn, die sich den Speierbach hinauf durch das Gebirge windet hierher zu fahren; die Wälder wechselten zwischen Buch- und Kieferwald, schöne Ruinen von Burgen und Kapellen krönten die Berggipfel, unter ihnen die Remigiuskapelle bei Theisberg-Stengen (von Ziu = Mars) in der Klodwig das Gelübde that, als er von der sieg auszog, um das römische Gallien zu erobern.

In Kusel war die Bahn zu Ende, wir nahmen einen Wagen und erreichten bald die Preußische Gränze, wo wir das Vergnügen hatten, in Thal-Lichtenberg das Chausseegeld wieder in Silbergroschen zu bezahlen. Den Berg krönten die mächtigen Ruinen des Fürstenthums Lichtenberg, welches unkluger Weise 1815 an Coburg und erst 1835 an Preußen fiel. Die neue Straße ging im Zickzack den Berg hinauf, ich stieg aus und nahm einen Richtweg, so daß ich dem Wagen zuvor kam. Die Drosseln und Amseln pfiffen ihr Abendlied und eine Turteltaube flog im Walde über mir weg ihrem Neste zu. Oben auf der Höhe erblickten wir Baumholder mit seinen saubern hellgrauen Schieferdächern von fern. Die Eichenwälder am Ort sind freilich abgeholzt, aber die Schluchten, die ein paartausend Schritt vom Ort beginnen, haben die herrlichsten Buchen-, Tannen- und Eichenwälder, Wiesengrund-Bäche und reichen Vogelgesang, so daß Mutter sogar ihr vorläufiges Urteil zurück nimmt und die Durchblicke nach dem Trierer Hochwalde sogar entzückend findet, wie sie mit Dank über deinen hübschen gestrigen Brief ausdrücklich sagen läßt.

Wie erfreulich unser Wiedersehen und Leben mit unserem geliebten Otto ist, kannst du dir denken. Heute schließt er mit Betty's Hülfe die Miethe über ein ganzes Haus mit 5 Zimmern, 2 Mansarden, Waschküche, 2 Keller, Speicher, Garten und Hofraum um 80–100 Taler ab. Der Kaufpreis würde 2000 Th. sein. Die Zustände sind hier noch primitiv, der Aufenthalt bei Herrn Heintze vortrefflich und billig, so daß wir uns bis Sonnabend oder Sonntag ausruhen und dann mit Otto nach Oberstein, Sponheim, Bingen zu fahren denken. …«

An meine Mutter

»Lichterfelde d. 17. Juni 1872.
nach Lauenstein

Beifolgend sende ich Euch zum Empfang in Lauenstein meine erste kleine Erdbeerernte, die zwar durch Quantität nicht hervorragend, aber doch in den einzelnen Exemplaren ansehnlich genug ist, um als Erstlingsprodukt zu erfreuen. Schoten und Radieschen als Garnierung nur zum Zeichen, daß sie da sind! Gestern hatte ich hier diner; doch kam nicht Alles was geladen war; Ottilie schrieb mir ab, Vollmer hatte schon vorher eine Einladung in Berlin angenommen, Carl dagegen erschien, war sehr angenehm und liebenswürdig, und Johannes Schulze fand sich als Mittagsgast von ungefähr ein, so fehlte es also nicht an tüchtigen Essern. … Neulich hat Joachim mein Sextett in der Quartettstunde spielen lassen, und überraschte mich damit, daß er mir sehr Freundliches über die beiden ersten Sätze sagte. …«

Letzte Aufzeichnungen (1916 geschrieben)[192]

Während solchermaßen die Tage in viel äußerlicher Unruhe anscheinend heiter dahingingen, bereitete sich in der Stille jene große Trauer vor, um deren möglicherweise baldiges Eintreten meine Mutter und ich schon oft genug – nur gerade jetzt nicht – in schwerer Sorge gewesen waren. Mein Vater hatte die gefährliche akute Erkrankung, von der er im Anfang des Jahres befallen wurde, nicht allein glücklich überwunden, sondern er erschien in der Tat nach dieser Katastrophe wie ein um zehn Jahre Verjüngter. Die Sommerreise hatte er mit der gleichen Frische genossen, wie in seinen besten Jahren, und als er wieder in häusliche Umgebung zurückgekehrt war, drängte es ihn, sich der Ausführung einer großen wissenschaftlichen Arbeit hinzugeben, die ihm längst in besonderem Maß am Herzen lag, die tatsächlich in Angriff zu nehmen ihm jedoch bisher die physischen Kräfte gefehlt hatten. Im Lauf der Jahre war ihm klar geworden, daß seine »Römische Rechtsgeschichte« in der Gestalt, wie er sie nach dem ersten Entwurf hatte erscheinen lassen, an gewissen Mängeln litt, die den Wert des Ganzen beeinträchtigten. Er sehnte sich danach, diesem Schaden abzuhelfen, und so begab er sich jetzt mit allem Eifer daran, dem Werk durch gründliche Umarbeitung eine höhere Vollendung zu geben. Da geschah das Unerwartete, daß etwa um Mitte Dezember (1872) einer der Verleger, bei denen Puchtas juristische Werke erschienen waren, von meinem Vater die Vorbereitung einer neuen Auflage verlangte. Zu keiner ungelegeneren Zeit konnte diese Forderung sich einstellen. Sollte ihr Genüge geschehen, so mußte die gesamte einschlägige juristische Literatur, die seit Erscheinen der letzten Auflage auf den Markt gebracht worden war, durchgesehen und in ihren Resultaten berücksichtigt werden. Dies bedeutete ein nicht geringes Stück für den Augenblick höchst unwillkommener Arbeit. Allein, hier abzulehnen oder auch nur vorläufig hinauszuschieben, erschien ihm unmöglich. Das Gefühl der Verpflichtung dem dahingeschiedenen Freunde wie der Sache gegenüber ließ ihm keine Wahl: alles andere mußte beiseite geschoben werden, bis dieser Forderung Genüge geschehen war. Anstatt nun aber wenigstens das Tempo der gewohnten Arbeitszeit innezuhalten und sich die nötigen Ruhepausen zu gönnen, übermannte ihn ganz und gar der Drang, die unliebsame Aufgabe möglichst rasch zu erledigen, um zur ersehnten eigenen Arbeit zurückkehren zu dürfen. Tag für Tag stand er bis tief in die Nacht an seinem Schreibpult und schrieb. Es wurde zwei oder gar drei Uhr Morgens, bis er endlich sein Lager aufsuchte. Angstvoll mußte meine Mutter von Minute zu Minute harren, ob nicht endlich das Licht der Lampe gelöscht werde. Sie bat und flehte, er möge seiner Natur nicht das Unmögliche zumuten, aber hier war nichts von ihm zu erreichen, bis es zu spät war und die Erschöpfung Einhalt gebot. Die alten Leiden, Appetitlosigkeit und Schwächegefühl, das sich namentlich in Atemlosigkeit äußerte, kehrten wieder und wollten nicht weichen. Am 13. November hatte er noch in unbefangener Stimmung die folgenden Zeilen nach Wienrode gerichtet:

»Meine liebe theure Marie!
Ich bin drei Wochen hier und lese kein Privatcollegium mehr sondern nur ein zweistündiges Publikum und ein Gymnasialcolleg und doch habe ich Ihnen noch mit keinem Wort gedankt für die unaussprechliche Wohlthat, die Sie und der geliebte August durch Eure gränzenlose Güte uns und mir im Besonderen erwiesen habt. Vergönnen Sie also mir denn, noch einmal auszusprechen, von welchem Dank meine Seele erfüllt ist für die goldenen Tage der Ruhe und Erquickung, die sie in dem theuren alten Freundeskreise in der lieblichen Häuslichkeit, der gesunden Luft und Wohnung, beides im natürlichen wie figürlichen Verstande, genießen durfte. Ich empfinde diesen Schatz um so dankbarer, je mehr mir auf dem Rückzuge aus dem Beruf und dem Leben selbst unter dem unerhörten Umschwung aller Lebensverhältnisse das frühere

Lebensgefühl relativer Sicherheit entschwunden ist. Während sich Alles dreht und ändert, Ihr seid uns noch geblieben, und was noch mehr sagen will, Ihr habt ein Herz behalten für uns zwei alte […][193] einer ganz anderen Zeit. Seid tausendmal bedankt und erhaltet es uns für den Rest unserer Tage. – Heute auf der Universität sah ich Onkel Henri (Henri Hotho) sehr frisch und heiter und bringe Euch seine herzlichen Grüße, da ich ihm sagte, daß ich Euch schriebe. Es that doch wohl die alten Collegen wieder zu sehen und zu versuchen, wie weit es nach den schweren Krisen mit dem Lehren noch fort will. Es geht noch einigermaßen. Homeyer habe ich noch nicht wiedergesehen, auch ihn hat der Schlag gerührt, er schickte mir aber ein gedrucktes Lebenszeichen und ich schreibe Ihnen dies, weil Sie sich für Parthey interessieren, dessen specieller und sehr gleichartiger Freund er war. Übrigens soll die Universität nach Steglitz und Zehlendorf transportirt und dort für Professoren und Studenten Villen gebaut werden. Alles wird Berlin. Alles baut, Alles jagt nach schnellem Reichthum. Frau Meineke hatte vor 20 Jahren den gescheidten Einfall 6 Morgen auf dem Gesundbrunnen für 1000 Thaler zu kaufen, jetzt sind ihr 50.000 geboten, sie wartet nur noch bis die 100.000 voll werden. – Die Kunstausstellung hat einige sehr schöne Sachen, ein Portrait einer Gräfin Arnim, aber nicht der Maxe, einen Leichenzug auf dem Lande und drei Bilder aus dem Kriege von Hollwegs Schwiegersohn, dem Grafen Harrach; im Übrigen aber viel Mittelmäßiges und Gemeines. – Es nimmt nicht Wunder, wenn man sieht, wie es auf dem sittlichen und kirchlichen Gebiete aussieht, David Strauss' ›alter und neuer Glaube‹ [194] arbeitet wider Willen den Schwarzen und Rothen in die Hände. Sydow und Lisko[XXXVIII] werden, wie Ersterer mir neulich bei der Gustav Adolf Feier sagte, richtig von den Behörden abgesetzt; Minister Falk solle aber gesagt haben, er wisse schon, was dagegen zu machen sei, und sie bleiben beide im Amte. Der alte Büchsel[XXXIX] soll kürzlich auf der Kanzel das Herrenhaus belobt haben. Schuster bleib bei deinem Leisten. – Frau Schumann erlebt den Schmerz ihre verheiratete Tochter Julie am Bluthusten und falschen Wochen zu verlieren. Dabei muß die arme Frau dennoch mit Frau Joachim in Wien concertiren.

Nun Adieu, ›ich weiß nun nichts mehr‹ schreibt mein Pathchen Käthchen Mommsen. Heute und allezeit Euer stets getreuer

A. Rudorff«

---

XXXVIII Lisko neben Sydow freisinniger Prediger an der Neuen Kirche in Berlin.
XXXIX Orthodoxer Prediger an der Matthäikirche.

Fünf Wochen später schreibt meine Mutter nach Wienrode: »Rudorff geht es im Ganzen gut, nur läßt sein Appetit zu wünschen übrig, er hat wieder zu viel gearbeitet.« Dann am ersten Weihnachtstag berichtet sie: »... Gestern Nachmittag waren wir einmal wieder zu der schönen Müllensiefen'schen Christmette in der Marienkirche, die wir in den letzten Jahren wegen Rudorffs schlechten Gesundheitszustands nicht besuchen konnten. Es war mir recht beweglich dabei zu Muthe; wir alle drei waren sehr erbaut von der Feier, trafen auch mit den lieben Buttmanns dort zusammen, die sich mit uns freuten, daß Rudorff wieder so weit war. Mein Dankgefühl war freilich wieder nicht ganzu ohne Sorge, denn Rudorff ist immer noch nicht wieder recht wohlauf; der Appetit fehlt meistens ganz und gar; auch war er diesen Vormittag, als wir der Schumann einen Besuch machten einmal wieder recht athemlos. Gott gebe, daß es bald wieder besser wird ...«

Mein Vater fährt mit eigener Hand fort:

»Der vorstehenden Lebensbeschreibung und Danksagung, meine geliebte theuren Freunde! schließe ich noch einige Worte meinerseits an. Euer Geschenk ist reizend und macht mir große Freude; ich muß mich aber hüten, in Wienrode irgend etwas zu loben, sonst bekomme ich es dank Eurer Güte unfehlbar geschenkt und bleibe stets Euer doppelter Schuldner - Sydows[XL] Sache wird wohl in diesen Tagen entschieden werden, vielleicht durch Brückner's Intervenßion gegen den Magistratsbeschluß. Die Russen haben seine Schrift gegen ihre θεοτόκος[195] verboten; daß aber bei uns eine Absetzung auch nur möglich ist, das ist doch entsetzlich. Wenn ich mich auch bei Müllensiefen mehr erbaue, verdanke ich doch Sydow an Schriftverständnis vielfache Anregung und Förderung: Neulich schickte er mir durch seine Marie seine Vertheidigung. Falk soll gesagt haben, die Remedur gegen die Absetzung sei schon gefunden; der König hat ihn auch persönlich zu lieb. – In Wehrenpfennigs Preußischen Jahrbüchern ist ein hübscher Aufsatz über die Petrussage, den ich dir schicken möchte. Das waren doch andere Streitigkeiten in der ältesten Kirche. – Adieu für Heute und ein gesegnetes Neujahr von Eurem treuen

A.R.«

XL Der Oberkirchenrat hatte Sydow's Entfernung aus dem kirchlichen Amt beantragt, weil dieser in einem öffentlichen Vortrag die Jungfrauschaft der Maria in Zweifel gezogen hatte.

Am zweiten Weihnachtsfeiertage und ebenso am darauffolgenden Sonntag freuten sich die Eltern, noch einmal gemeinsam bei mir zum Mittagessen zu sein, und mein Vater unternahm, wenn auch nicht ohne Anstrengung, in Lichterfelde kleine Spaziergänge. Nun aber war es das letzte Mal gewesen, daß ich ihn in meinen Räumen begrüßen durfte. Über den weiteren verhängnisvollen Verlauf, den die tückische Krankheit nahm, lasse ich die nach Wienrode gerichteten Berichte meiner Mutter reden. Nachdem sie am zweiten Januar erwähnt, daß ihr Sohn trotz Katarrh und ruheloser Konzerttätigkeit frisch und munter sei, fährt sie fort: »Von Rudorff kann ich leider nicht dasselbe sagen; er geht zwar täglich aus, ist auch jetzt eben spazieren und hat Freude an den Concerten, aber sein Appetit ist ganz schlecht ...« Am achten schreibt sie: »Rudorff hat heute große Freude an dem lieben Besuch der Schwerin gehabt, und sich viel mit ihr unterhalten, sein körperliches Befinden ist aber leider nicht besser, die Athemlosigkeit oft recht arg und der Appetit miserabel. Gestern konnten wir nur ein wenig auf der Straße bei dem schönen Wetter auf- und abgehen, es wurde ihm gleich zu viel. Heute hat er zwar eine Stunde sein Publicum auf der Universität gelesen, ist aber hin und zurück gefahren. Er ist wie Ihr und wir Alle durch die Sydow'sche Sache sehr aufgeregt und läßt August sagen, diesen Morgen habe er zwei Eingaben an den Magistrat und an den Oberkirchenrath unterzeichnet, worin um Beseitigung der Verfügung gebeten wird.«

den 16^ten^ Januar
»Rudorff ging es an meinem Geburtstag leidlich, so daß er doch öfter herüberkam und sich heiter unterhielt. Seine Hauptleiden, Mangel an Appetit und Athemlosigkeit sind zwar unverändert und er geht nun garnicht mehr an die Luft, weil das Treppensteigen ihm zu schwer wird... Unser lieber Dr. Zober hat ihn heute gründlich untersucht; er hält den Zustand durchaus nicht für bedenklich und für lange nicht so schlimm, wie vor 2 Jahren. Gott möge geben, daß er Recht hat!

Am Morgen des 14^ten^ bauten mir Rudorff und Ernst, – der die Nacht hier geschlafen hatte, da er schon um 9 Uhr in der Hochschule sein mußte – mit Geschenken und vielen Blumen auf... Abends waren wir mit ihm und Clärchen Baumeister allein; Rudorff war munter und gesprächig, und unser Zusammensein verlief in alter Weise sehr erquicklich.«

d. 25ten
»Ich sitze in Rudorffs Stube dir zu schreiben, um in meines lieben Patienten Nähe zu sein, der heute einmal zu Bett geblieben ist. Er fühlte sich so matt und müde, daß Dr. Zober es auch so für besser fand. Dieser liebe sorgsame Arzt kommt immer schon Morgens nach 10 Uhr zu uns und giebt in jeder Beziehung Verhaltungsmaßregeln. Wenn nur der Appetit sich ein wenig heben wollte! Aber es schmeckt ihm eigentlich Nichts. ... Er sieht oft jämmerlich elend aus, und mir ist oft recht bange und sorgenvoll ums Herz, doch sagte noch heute Zober: ›Ich bin über jeden Tag zufrieden, der keine entschiedene Verschlimmerung bringt‹, und so ermahnte er zur Geduld.«

d. 25ten
»... Könnte ich dir nur Besseres über Rudorffs Befinden melden! Aber leider Gottes ist der Zustand fast immer derselbe, die Mattigkeit und der gänzliche Mangel an Appetit bleiben unverändert. Diesen Morgen trank er einmal etwas Selterwasser mit Milch, aber das ist Alles, und Mittags ihm ein wenig Brühsuppe mit Reis einzubringen ist schwer. Gegen Fleisch und alles Kräftige hat er Widerwillen. Heute ist er wieder im Bett geblieben, und ich schreibe dies in seiner Stube nebenan; er schläft oder schlummert sehr viel und mag nicht gestört werden. Abends habe ich ihm in diesen Tagen aus einem sehr anziehenden, spannenden Buch vorgelesen, das auch ihn sehr interessirt. Es heißt ›Carl von Francois, ein Soldatenleben herausgegeben von seiner Tochter Frau von Schwarzkoppen‹.[196] Ich bitte Euch dringend dies Buch auch miteinander zu lesen. –«

d. 5ten Februar
»Ich sitze wieder in Rudorffs Stube dir Nachricht zu geben und dir zu danken für deinen lieben theilnehmenden Brief. – Ich schreibe im Übrigen jetzt an Niemanden, aber du theure geliebte Marie lebst ja so ganz mit uns fort, daß es mir innerstes Bedürfnis ist, dir zu sagen, wie es hier steht. Könnte ich dir nur Besseres berichten! Aber der Zustand ist und bleibt derselbe. Ach, du denkst dir wohl nicht, wie schwach er ist, daß du meinst, das Stilleliegen würde ihm schwer! Es wäre ihm ja jetzt kaum möglich aufzustehen. Er ist auch meistens recht theilnahmslos und schlummert viel. Diese letzte Nacht hat er besser geschlafen, auch schmeckte ihm sein Selterwasser mit Milch leidlich; doch stellt sich fast nach Allem, was er genießt, Übelkeit ein. Du kannst denken, wie schwer mir dabei ums Herz ist. – Ernst nimmt mich dann zuweilen

etwas mit in die Luft, lange kann ich aber nicht fortsein. Auch meine Mädchen kommen immer noch Dienstags, da gehe ich dann immer von Zeit zu Zeit hinüber zu meinem Kranken; es ist mir aber lieb, mich einmal etwas auszusprechen ...«

So standen die Dinge, als Umstände mich leider nötigten, für eine Woche zu verreisen. Ich war im Sommer endlich dazu gekommen, mein Chorwerk »Der Aufzug der Romanze« in Partitur fertig niederzuschreiben, und Simrock hatte sich bereit erklärt, das Stück in Verlag zu nehmen. Ehe ich mein Werk jedoch zum Stich gab, wünschte ich natürlich, es zu hören. Ich wandte mich an Breunung in Aachen, sandte ihm die Partitur zur Ansicht, und er erklärte sich bereit, meine Musik in einem seiner Abonnementskonzerte, das auf den 13. Februar angesetzt war, zur Aufführung zu bringen. Hier lag also ein zwingender Grund zur Reise vor. Es traf sich aber außerdem, daß einige Tage früher in Barmen die erste öffentliche Aufführung von Bruchs »Odysseus« stattfinden sollte, und da Barmen geradezu auf dem Wege von Berlin nach Aachen liegt, so hätte es unfreundschaftlich erscheinen müssen, wenn ich die sich zufällig bietende Gelegenheit, hier Zuhörer zu sein, nicht hätte benutzen wollen. Ein Drittes kam zum Überfluß hinzu meine Freunde vom Bachverein in Köln, die wie erwähnt, nochmals mit neuen Plänen sich an mich gewandt hatten, wünschten dringend eine mündliche Aussprache mit mir. So setzte ich denn meine Abreise nach Westen auf den 7. Februar abends fest. Daß mir nicht recht wohl bei dem Gedanken werden konnte, mein Elternhaus gerade jetzt mehrere Tage verlassen zu sollen, ist begreiflich. Allein, ich sah die Lage durchaus nicht für so aussichtslos an, wie sie meiner Mutter mehr und mehr erscheinen wollte. Mir gab der Gedanke Mut, daß mein Vater schon mehr als einmal von den gleichen Leidenszuständen heimgesucht worden war, ohne ihnen zu erliegen. Der Arzt aber hatte außerdem gesagt, daß der gegenwärtige Anfall zweifellos minder heftig sei, als der letztvergangene im Jahr 1871, da hatte ich also wohl allen Grund, hoffnungsvoll zu sein. Am Abend des 7. stellte ich mich bei meinen Eltern ein, um Abschied zu nehmen, ging an das Bett meines Vaters, um ihm mit möglichst unbesorgtem Gesicht Lebewohl zu sagen verabschiedete mich in freilich sehr viel ernsterer Aussprache von meiner Mutter und bestieg die vor unserem Hause wartende Droschke, um mit ihr zum Potsdamer Bahnhof zu fahren. Wir hatten unser Ziel beinahe erreicht, als ich plötzlich zu meinem Schrecken gewahr wurde, daß ich vergessen hatte, meinen Reisesack mitzunehmen. Die Zeit war schon so weit vorgerückt, daß es fraglich erschien, ob es möglich sein würde, zurück zu meinen Eltern zu fahren und dann wieder umkehrend den Bahnhof dennoch rechtzeitig zu erreichen. Es war, als sollte ich nicht fortkommen. Doch das Wagnis gelang, der Zug hielt noch, und in der letzten Minute vor der Abfahrt konnte ich meinen Platz im coupé einnehmen. Ich lasse die Briefe folgen, die nunmehr fast täglich zwischen mir und meiner Mutter gewechselt wurden:

»Barmen d. 8. Febr.

ich benutze einige Herausgestohlene Momente, um dir zu sagen, daß ich gestern trotz aller Querfahrten doch noch rechtzeitig zur Bahn kam. ... Meine Nachtreise in geheiztem und ziemlich leerem coupé war so bequem wie möglich; ich habe fast ununterbrochen geschlafen und war nur stellenweise durch die zu heiße trockene Luft, die sich entwickelte, gestört. Etwas Fensteröffnen kurirte den Schaden. Hier lag bei meiner Ankunft Alles dicht voll Schnee; im Hotel Vogeler war im ersten Augenblick kein Zimmer zu haben, theilweise wegen starken Zuzuges zum Concert. Ich trank im Gastzimmer Kaffee und ging dann etwas durch die eigenthümliche Stadt. Fast nur Häuser mit dunkelgrauem Schiefer an den Wänden bekleidet, schneeweiße Fensterrahmen, ganz kleine Scheiben und grüne Jalousien geben dem Ganzen ein sehr charakteristisches aber mir nicht besonders sympathisches Gepräge. Alles ist höchst sauber; die Leute ebenso knapp, reinlich und verständig aussehend wie ihre Behausungen, aber doch etwas frostig und gar zu protestantisch. Dabei die Lage hübsch. Ich stieg eine sehr steile Straße herauf und übersah von oben das reich angebaute Thal der Wupper, ringsum von bewaldeten Höhen umrahmt, die vom Schnee weiß waren, zu denen aber die dampfenden Fabriken unten recht unangenehm kontrastiren. –

Bei meiner Rückkehr ins Hotel war es lebendig geworden. Herr Sebes von der Concertdirektion in Bonn begrüßte mich und bat mich ihm in Aachen ein Billet zu bestellen, da er mein Stück hören wolle. Anna Ernsts, die gestern zur Probe hierher gekommen war, schickte ein paar Zeilen, die mich auf heute zum Mittag nach Elberfeld zu Freunden von ihr einladen. Dann citirte mich Simrock, der ebenfalls hier im Hotel wohnt, und von meiner Ankunft erfahren hatte. Endlich erschien Hans Bürgers, der seit einigen Monaten hier am Gericht angestellt ist, und so bewährt sich die alte Erfahrung, daß die ganze Rheinprovinz eigentlich wie ein einziger großer Ort ist; überall findet man sich zusammen. Ich muß nun in eine Soloprobe, um Bruch und Musikdirektor Krause zu sprechen und schließe eilig. Hoffentlich steht es bei Euch gut! ...«

## Anmerkungen der Herausgeberin zu Teil VIII

1 Auf dem Umschlagbogen von Teil VIII findet sich die Anmerkung Elisabeth Rudorffs: **Der hierin am Schluß beigelegte Bogen mit Auszügen aus Konzertprogrammen der Hochschule für Musik (in Melusine's Handschrift) soll wohl einen Eindruck geben von den hohen Leistungen der Schule, dem Material wertvollster Musik, das den Schülern damals vermittelt wurde. E. R.** – Dem Manuskript von Teil VIII vorangestellt sind zwei Zettel von Elisabeth Rudorff mit folgendem Text: **Bemerkungen zu Teil VIII: (Lauenstein d. 14. Juni 1932) So viel ich weiß, beabsichtigte Vater seine »Erinnerungen« mit dem Tode seines Vaters (14. Febr. 1873) zu beschließen. Die Aufzeichnungen, die er in den letzten Tagen vor seiner letzten Krankheit (kurz vor Weihnachten 1916) gemacht hat, erreichen schon beinahe das Datum des Todestages seines Vaters; ich habe diese letzten Aufzeichnungen, die noch auf dem Schreibtisch lagen (in der Mappe) in einen besonderen Umschlag gethan, er muß dem Teil VIII angegliedert werden. Es fand sich noch ein Aktenbogen auf dem Vater notiert hatte: »Theil ... Rückkehr nach Berlin. Thätigkeit an der neu gegründeten Hochschule für Musik in Berlin. Tod meines Vaters. Verlobung und Heirath. 1869-1876.« Der Schrift nach scheint er diesen Bogen später als den Anfangsbogen von Theil VIII, der betitelt ist: Theil VIII, »Rückkehr nach Berlin. – Fragmente« geschrieben zu haben – er hat wohl im Augenblick nicht genau gewußt, der wievielte Teil es war und ließ deshalb »VIII« aus -, also beabsichtigte er später doch vielleicht noch, die Erinnerungen bis zu seiner Heirath fortzusetzen. Nun aber ist er ja nicht so weit gekommen! Jedenfalls wollte er aber noch »Fragmente«, die man dann wohl besser als Theil IX bezeichnen würde, in Gestalt von Einzelartikeln, von denen er leider nur wenige fertig schrieb – über Brahms, Mendelssohn, Henselt, seine Kompositionsstudien bei Kiel u.a. – und ferner auch Tagebuchstellen und Briefe verschiedener Menschen folgen lassen. Auch eine Reihe von Bildern wünschte er einzufügen, darunter auch Photographieen von Wienrode, etwa die Straße hinauf nach dem Pfarrhause, die man so aufnehmen konnte, daß der große Grashof'sche Hof gegenüber dem Pfarrhause als Hauptsache wirkte und man vom häßlichen Pfarrhause garnichts sah. Er wünschte noch 1916, als Melusine und ich im Juni (?) mit ihm von Wernigerode aus eine Fahrt nach Wienrode bis zu dieser Stelle machten, daß ich noch einmal nach Wienrode fahren und Aufnahmen von dieser und anderen Stellen, etwa der Wiese, dem Kirchhof u.s.w. machen möchte. Bis jetzt mußte dies leider verbleiben! Leider hat Vater über Richard Wagner keinen besonderen Artikel geschrieben; er meinte einmal im Gespräch, daß er sich darüber an anderen Stellen genugsam geäußert habe. Trotzdem ist das Fehlen einer zusammenfassenden Darstellung über R. W, sehr bedauerlich. Man muß nun aus den Tagebüchern, aus Briefen (etwa an Bruch, Janitsch u.s.w.) und aus zurückbehaltenen Kladden (auch einige wohl im Kopiebuch) Stellen über Wagner ausziehen u. aneinanderfügen. – Das Ende der »Aufzeichnungen« kann aus den noch bis**

**zum 14. Febr. 1873 folgenden Briefen Vaters an s. Mutter und aus seinem Tagebuch vom 25. August 1872 bis zum 19. Febr. 1873 ergänzt werden. Elisabeth Rudorff.**

2 Anmerkung Ernst Rudorffs in Kopierstift: **Alle die hier folgende angegebenen Briefe vollständig abzudrucken aus dem Buch »Briefe von und an Joachim« Band 3 Seite 14–16.** Dies wurde so von Elisabeth Rudorff im Typoskript durchgeführt.

3 Ingeborg Bronsart von Schellendorf (1840–1913).

4 Herman Grimm: Goethe und Suleika, in: Preußische Jahrbücher 24 (1869), S. 1–21.

5 Liebesliederwalzer op. 52 (1869) von Johannes Brahms.

6 Moritz Hauptmann: Aufgaben für einfachen und doppelten Contrapunct zum Gebrauch beim Unterricht aus Studienheften seiner Schüler zusammengestellt von Ernst Rudorff. Leipzig: Senff, [ca. 1873]

7 Ernst Rudorff, Ballade für großes Orchester op. 15.

8 »La Reine Mab, ou La Fee des songes«. Scherzo aus der dramatischen Symphonie »Roméo et Juliette« op. 17 von Hector Berlioz.

9 Berliner Börsenzeitung: Tageszeitung, gegründet 1855, 1944 mit der Deutschen Allgemeinen Zeitung fusioniert.

10 In Braunschweig gab es ein älteres Quartett der »Gebrüder Müller«, das aus vier Söhnen des Hofmusikus Ägidius Christoph Müller bestand. Als sich dieses durch den Tod des Cellisten Theodor Müller 1855 zerschlug, gründeten die vier Söhne des Violinisten Karl Friedrich Müller (1797–1873) ein neues »Gebrüder Müller-Quartett«. Cellist war Wilhelm Müller, geb. 1834, durch dessen Anstellung als Lehrer der Hochschule für Musik in Berlin und als erster Cellist der königlichen Kapelle das Quartett wiederum gesprengt wurde.

11 Gemeint sind wahrscheinlich der Dirigent Bernhard Scholz, enger Freund Joseph Joachims, und seine Frau.

12 Anmerkung Ernst Rudorffs im Manuskript: **vielleicht die Häkchen und das Wort »dringendes« fortlassen, da die Anspielung auf eine gewisse Anekdote nicht verstanden wird, und auch wohl nicht zur Veröffentlichung taugt.**

13 Die »Berliner National-Zeitung«, eine liberale Tageszeitung, gegründet am 1. 4. 1848, und die »Vossische Zeitung«, im Volksmund »Tante Voss« genannt, eine Berliner Tageszeitung mit wechselnden Titeln, gegründet 1617, seit 1785 »Königlich Privilegirte Berlinische Zeitung von Staats- und gelehrten Sachen«, 1806 kam der Kopfvermerk »Im Verlage Vossischer Erben« hinzu.

14 Vgl. Anmerkung 5.

15 Johannes Brahms, Walzer für Klavier op. 39 zu vier Händen.

16 Johannes Brahms, Neue Liebeslieder-Walzer op. 65 (1874).

17 Ludwig van Beethoven, Sonate A-Dur op. 47 für Violine und Klavier.

18 Die älteste Tochter Nina von Olfers heiratete Ludwig Graf York von Wartenburg (1805–1865).

19 Hedwig Abeken (Hrsg.): Hedwig von Olfers, geb. v. Staegemann 1799–1891. Ein Lebenslauf. Bd 1: Elternhaus und Jugend 1799–1815, Berlin 1908. Bd 2:

Erblüht in der Romantik, gereift in selbstloser Liebe. Aus Briefen zusammengestellt. 1816–1891, Berlin 1914.

20 Weyertor, Stadttor nach Luxemburg, Trier.

21 Stoff aus dem anonymen altspanischen Heldenepos »El Cantar de mío Cid« (1180), Vorbild für Johann Gottfried Herders Romanzenzyklus »Der Cid« (1806).

22 Die Oper »Frithjof« von Bernhard Hopffer, Libretto von Emil Hopffer, wurde 1871 in Berlin erstaufgeführt.

23 Bruchs Oper »Hermione«, Libretto von Emil Hopffer, wurde 1872 in Berlin erstaufgeführt.

24 Bernhard Hopffer.

25 Alfred von Reumont: Geschichte der Stadt Rom, 3 Bde gebunden in 4, Berlin 1867–1870.

26 Jacob und Wilhelm Grimm: Deutsches Wörterbuch, Leipzig, Stuttgart 1854–1960, Quellenverzeichnis 1971.

27 Gemeint ist wahrscheinlich: Sulpiz Boisserée. Zusammengestellt von Mathilde Boisserée. Enthält seine Tagebücher und Briefwechsel, Stuttgart 1862.

28 Leopold von Ranke: Die römischen Päpste, ihre Kirche und ihr Staat im 16. und 17. Jh., 3 Bde, Berlin 1834–1836.

29 Johannes Brahms: 15 Romanzen aus Ludwig Tiecks Magelone op. 33.

30 Vgl. Anmerkung 4.

31 Franz Schubert: Fantasie f-Moll, DV 940 (op. 103; 1828) für Orchester gesetzt von Ernst Rudorff, Simrock Berlin 1870.

32 Vgl. Anmerkung 25.

33 Johannes Brahms: [9] Walzer aus den Liebesliedern op. 52 und op. 65 für Orchester arrangiert.

34 Ludwig van Beethoven.

35 Die Partitur ging nach Rudorffs Tod mit der Rudorffschen Sammlung an die Musikbibliothek Peters in Leipzig. Vgl.: Jahresbericht und Mitteilung über die Erwerbung der Rudorffschen Sammlung, in: Jahrbuch der Musikbibliothek Peters für 1917, hg. von Rudolf Schwartz, Leipzig 1918, S. V–X, hier: S. IX. Sie wurde erst 1938 von Wilhelm Weismann beim Verlag C. F. Peters in Leipzig herausgegeben. [Brahms: Liebeslieder-Walzer aus Opus 52 und 65. Ausgewählt und mit einer Instrumentation für Orchester versehen vom Komponisten. Nach dem Manuskript herausgegeben von Wilhelm Weismann. Erstausgabe 1938.] Vgl. zu diesem Komplex auch: Johannes Brahms: Thematisch-Bibliographisches Werkverzeichnis, hg. von Margit L. McCorkle, München 1984, S. 215–217 und S. 220.

36 Richard Wagner: Die Meistersinger von Nürnberg, 1. Aufzug 3. Szene: »Am stillen Herd in Winterszeit [...] Herr Walther von der Vogelweid', der ist mein Meister gewesen«.

37 Jane Wight.

38 os sacrum (lateinisch): Kreuzbein.

39 Aus Messingblech gefertigtes, spitzes, fünfzinkiges Werkzeug zum Ziehen von Notenlinien.

40 Graf von Lysiart, in Carl Maria von Webers Oper »Euryanthe«.
41 In Wolfgang Amadeus Mozarts Oper »Die Zauberflöte«.
42 Ernst Rudorff: Concertetude für Pianoforte op 29 Nr. 1.
43 Capricen, Etüden und Klavierstücke verschiedenen Charakters. Rozsavölgyi und Comp, Budapest. [Rudorffs Etüde op 29 Nr. 1 in: 1954, S. 90–95].
44 Franz Liszt: Réminiscences de »Don Juan« (1841; W. A. Mozart).
45 Franz Liszt: Felix Mendelssohn Bartholdy, Hochzeitsmarsch und Elfenreigen aus der Musik zu Shakespeares Sommernachtstraum, Bearbeitung für Klavier (1849–50).
46 Franz Liszt: 6 Études d'exécution transcendante d'après Paganini (1838; Neufassung 1851).
47 Wort nicht ermittelt.
48 perennierend (lat.): mehrjährig.
49 Wort nicht ermittelt.
50 mulstrig: mulsterig: faulig, schimmlig (Grimm, Deutsches Wörterbuch).
51 Fliegenorchis: Fliegenragwurz, eine Orchideenart.
52 Berliner Satirezeitschrift (1848–1944).
53 Nach Königin Isabellas Flucht nach Frankreich setzten sich die Anhänger einer konstitutionellen Monarchie gegen die Republikaner durch und versuchten, die spanische Krone Prinz Leopold von Hohenzollern-Sigmaringen anzutragen. Sie scheiterten aber am Widerstand Frankreichs, das in einem möglichen spanisch-preußischen Bündnis eine Störung des europäischen Kräftegleichgewichts und eine Gefährdung der Interessen Frankreichs sah.
54 Vincent Graf Benedetti, französischer Botschafter in Berlin 1864–1870, hatte den Auftrag, den preußischen König aufzufordern, Prinz Leopold zur Rücknahme seiner Kandidatur zu bewegen. Sein Auftritt in Bad Ems im Juli 1870 veranlaßte Bismarck zur Emser Depesche, die schließlich die Kriegserklärung Frankreichs provozierte.
55 Französische Bezeichnung für die Schlacht bei Colombey-Nouilly.
56 »Hermione«.
57 Wahrscheinlich Elisabeth Prinzessin von Schwarzburg-Sondershausen.
58 Signale für die musikalische Welt. Berlin: Verlag der Signale 1842, Nov. (Probenr.); 1.1843–99.1941.
59 Vgl. Anmerkung 52.
60 Name nicht eindeutig ermittelt.
61 Berliner Börsen-Courier, moderne Tageszeitung für alle Gebiete. Berlin [1.]1868 – 66.1933, 609 (31. Dez.)
62 Kölnische Zeitung, mit Wirtschafts- u. Handelsblatt. Köln 1802/03, 1–182 (22. Sept.); 1803, 6. Okt. – 50 (31. Dez.); 1804, 1 (25.Sept.) – 1809, 19. Juli; 1814, 17. Jan. – 1945, 11. März[?]. Verfasser der erwähnten Besprechung nach Rudorffs Tagebuch: Berg
63 Hier ist im Manuskript ein Notizblatt von Ernst Rudorff mit ein paar Stichworten und Tagebucheintragungen eingelegt, an den ein Zettel Elisabeth Rudorffs geheftet ist: **dies Notizenblatt lege ich hier zwischen 2 zusammengehörige, also im ganzen Theil VIII bildende Bogenpakete, die ich getrennt**

**umbunden vorfand, da es vielleicht bei Bearbeitung resp. Abschreibung des Ganzen noch dienlich sein kann. (Ich thue nun Alles zusammen.) Juli 1939 (Elisabeth).**

64 Friederike Schwabhäuser, Tiecks Haushälterin.
65 Sinfonie Nr. 1 op. 28 (1870).
66 Arie des Lysiart aus Carl Maria von Webers Oper Euryanthe.
67 Nr. 1 op. 11 D-Dur; Nr. 2 op. 16 A-Dur.
68 Temperaturskala des französischen Naturwissenschaftlers René A. F. de Réaumur. –17,50 R sind ca. –22°C.
69 Reyneke de Vos, niederdeutsche Volksdichtung von 1498, vermutlich in der Ausgabe Johann Christoph Gottscheds von 1752.
70 Herman Grimm: Voltaire und Frankreich. Ein Versuch, in: Preußische Jahrbücher 27 (1871), S. 1–25, 565–613.
71 Oper von Louis Spohr.
72 Elisabeth Prinzessin von Schwarzburg-Sondershausen.
73 Fünf Gedichte op. 19, 1858–1859.
74 –10° Réaumur, das entspricht –12,5 °C.
75 6. Symphonie von Ludwig van Beethoven.
76 Vgl. Anmerkung 58.
77 Das Château d'Yquem ist ein berühmtes Weingut südöstlich von Bordeaux.
78 Judas Makkabäus, Oratorium von Händel (1746).
79 Norddeutsche Allgemeine Zeitung, Berlin 1861,1 (1. Okt.) – 1864,270 (17. Nov.); 4.1864,271 (18. Nov.) – 58.1918,576 (10. Nov.)
80 Im Manuskript gestrichen: **de Swert**
81 Vgl. Anmerkung 58.
82 Ein Sonett, op. 14 Nr. 4: »Ach, könnt' ich, könnte vergessen sie«.
83 Friedrich Wilhelm von Preußen und dessen Gemahlin Victoria.
84 Friedrich I. Großherzog von Baden und dessen Gemahlin Luise Marie Elisabeth.
85 von Robert Schumann.
86 Robert von Mendelssohn, Sohn von Franz und Enole Mendelssohn.
87 Wolfgang Amadeus Mozart: »Die Entführung aus dem Serail«, Zweiter Aufzug, zweiter Auftritt, Nr. 10: »Traurigkeit ward mir zum Lose«.
88 Mozart schreibt in einem Brief an seinen Vater vom 26. September 1781: »die aria von der konstanze habe ich ein wenig der geläufigen gurgel der Mad$^{elle}$ Cavallieri aufgeopfert.«
89 »Rose, Meer und Sonne« (Rückert), in: Ernst Rudorff, Vier Lieder für eine Singstimme mit Begleitung des Pianoforte, Nr. 4 auch mit Begleitung des Violoncell op. 17, Bote & Bock Berlin, Nr. 4.
90 Oper von Giacomo Meyerbeer.
91 Wort nicht ermittelt.
92 Zwei Wörter nicht ermittelt.
93 Vgl. Anmerkung 87.
94 Vgl. Anmerkung 89.
95 Wort nicht eindeutig ermittelt.

96 Im Jahr 1871 erschien in Bonn bei Marcus von Moritz August von Bethmann-Hollweg: Der germanisch-romanische Civilprozess im Mittelalter vom 8. bis 11. Jh., Abt. 1 [2], in der Reihe: Der Civilprozess des gemeinen Rechts in geschichtlicher Entwicklung, Bd 5. Unklar, ob dieses gemeint.
97 Steiler Zickzackweg zur Roßtrappe.
98 Beifuß.
99 Otto Jahn: Wolfgang Amadeus Mozart, 4 Teile, Leipzig 1856–1859.
100 August Hoffmeister
101 Unklar, wer gemeint ist.
102 Dorette Radecke.
103 Heinrich Barth.
104 Oper von Chrisoph Willibald Gluck.
105 Oper von Luigi Cherubini.
106 Oper von Louis Spohr.
107 Patschuli: Lippenblütler, dessen ätherisches Öl zur Herstellung von Parfums verwendet wird.
108 Nr. 5: »Gut, Söhnchen, gut«.
109 Bernhard Scholz: Verklungene Weisen, Mainz 1911.
110 Joachims veröffentlichte Korrespondenz: Joseph Joachims Briefe an Gisela von Arnim. 1852–1859, hg. von Johannes Joachim, Göttingen 1911, sowie: Johannes Brahms im Briefwechsel mit Joseph Joachim. hg. von Andreas Moser. Berlin 1908 [Johannes Brahms: Briefwechsel, hg. von Max Kalbeck, Bd. 2].
111 Richard Wagner, Kaisermarsch B-Dur, WWV 104 (1871, Revision 1871), Uraufführung 14. April 1871 in Berlin, Revision 23. April 1871 in Leipzig.
112 Ottilie von Lüdinghausen-Wolf, geb. Eberstein.
113 Geistliches Wiegenlied für Altstimme, Viola und Klavier ( Zwei Gesänge op. 91, Nr. 2).
114 »Tom Brown's Schooldays«, Novelle von Thomas Hughes (1857). Arnold ist nicht Autor, sondern u. a. Figur des Buches.
115 Rudorff berichtet über die Lektüre einer freien Übersetzung des Werks ins Deutsche, »Die Erziehung der oberen Klassen in England«, erschienen in mehreren Nummern der »Protestantischen Monatshefte«, in einem Brief an die Eltern vom 4. 11. 1867. Vgl. Teil 7.
116 Name nicht eindeutig ermittelt.
117 Die hier folgenden Briefe Rudorffs an die Eltern sind nur im Typoskript vorhanden und fehlen im Manuskript (Bögen 90 bis 98). Auf Bogen 99 des Manuskripts steht der handschriftliche Vermerk: **In der Kopie Teil VIII Blatt 202.** Im Typoskript endet die erste Kopie mit den ersten Sätzen des Bogens 99 auf Blatt 201, den Anschluß bildet die zweite Kopie, die neu mit Bogen 99 auf Blatt 202 beginnt. Diese Hinweise lassen darauf schließen, daß die betreffenden Bögen bereits zu Zeiten Elisabeth Rudorffs dem Manuskript entnommen und nicht wieder zurückgelegt wurden. Sie werden hier nach dem Typoskript wiedergegeben, abgesehen von typographischen Eigenheiten.
118 Die »Wacht am Rhein«, 1840 von Max Schneckenburger (1819–1849) gedichtet, 1854 von Karl Wilhelm (1815–1873) komponiert. Bei Ausbruch des Deutsch-

Französischen Krieges von 1870/71 wurde die »Wacht am Rhein« zur deutschen Volkshymne.

119 Vielleicht eine Tochter Nina Gräfin Yorks von Wartenburg, geb. von Olfers.

120 Anna Richter.

121 Otto Rudorff, Cousin von Ernst Rudorff.

122 Vermutlich: Carl Heymann.

123 Bogenförmig verlaufende und an beiden Seiten nach unten hängende Ziergebinde aus Blüten und Blättern, manchmal aus Obst.

124 Vermutlich: Friederike Schwabhäuser.

125 Mit Lanzen bewaffnete Kavallerie.

126 Vgl. Anmerkung 123.

127 Ludwig und Ferdinand Schumann.

128 Marie Joachim.

129 Ottilie von Lüdinghausen-Wolf.

130 »La Muette de Portici« (Die Stumme von Portici, 1828), Oper von Daniel François Esprit Auber.

131 »La part du Diable« (1843).

132 Behälter zum Sammeln von Pflanzen zu Studienzwecken.

133 Das Satzende im Manuskript konnte nicht entziffert werden.

134 Daniel Gottlieb Moritz Schreber (1808–1861), Leipziger Arzt (Orthopäde) und Pädagoge, Wegbereiter der Kleingartenbewegung (»Schrebergarten«), der zur Gesundheitsförderung gymnastische Übungen und viel Bewegung an frischer Luft empfahl. Als Pädagoge verfolgte Schreber ein Erziehungskonzept, das Macht und Herrschaft der Eltern über die Kinder forderte und zu deren Durchsetzung physiologische wie psychologische Gewaltanwendung empfahl.

135 Der aus der Klosterkirche Bordesholm 1666 in den Schleswiger Dom überführte Bordesholmer Altar des Hans Brüggemann, der größte spätgotische Schnitzaltar Norddeutschlands.

136 Mit »Herren von Lübeck« redete Kaiser Karl IV. die Ratsmitglieder der Stadt Lübeck 1335 an, nachdem sie 1370 durch den einen zehnjährigen Krieg mit Dänemark beendenden Frieden von Stralsund ihre Herrschaft über die Ostsee gefestigt hatten, und überhöhte damit ihren Stand ins Fürstengleiche, denn auf diese Anrede hatte nur die Oberschicht einiger ausgesuchter Städte ein Anrecht.

137 »pistorisch«; nach dem Familiennamen der Mutter (Pistor).

138 Esparto-, Alfa- oder Halfagras.

139 Oper von Vincenzo Bellini.

140 »Die Grille«. Ländliches Charakterbild. Schauspiel von Charlotte Birch-Pfeiffer nach dem Roman »La petite Fadette« von George Sand.

141 Oper von Wolfgang Amadeus Mozart.

142 Arie aus Vincenzo Bellini: »Norma«.

143 Opern von Christoph Willibald Gluck.

144 »Man muß das Unvermeidliche mit Würde tragen«: Zitat aus dem Gedicht »Denkspruch« des deutschen Dichters und Übersetzers Karl Streckfuß (1778–1844).

145 Oper von Étienne Nicolas Méhul.

146 Oper von Carl Maria von Weber.
147 Der schwarzhaarige Carl Heymann, ehemaliger Schüler Gernsheims in Köln, Namensvetter des Rudorffsche Schülers, dessen Karriere früh in der Irrenanstalt endete (vgl. Kap. VII, Rudorffs Anmerkung VIII).
148 Zitat eines Chorals von Samuel Rodigast (»Was Gott tut, das ist wohl getan«, 1675).
149 Wort nicht ermittelt.
150 Friedrich Wilhelm Großherzog von Mecklenburg Strelitz (1819–1904) und dessen Bruder Georg (1824–1876).
151 Katharina Michailowna (1827–1894).
152 Helene Paulowna (1807–1873), Gattin des Michail, Großfürst von Russland (1798–1849).
153 Zitat aus Goethe: Wahlverwandtschaften (1809), 2. Teil, 5. Kapitel.
154 »Armide«, »Alceste«, »Orpheus«: Opern von Christoph Willibald Gluck.
155 Wort nicht ermittelt.
156 Euterpe: Muse der Lyrik; hier: nach ihr benannter Musikverein in Leipzig (1824–1874).
157 Wort nicht ermittelt.
158 Ungarische Tänze nach Johannes Brahms, für Violine und Pianoforte bearbeitet von Joseph Joachim, Heft 1 (Nr. 1–5) u. 2 (Nr. 6–10), Berlin 1871.
159 Angaben stimmen so nicht.
160 Vgl. Anmerkung 58.
161 Vgl. Anmerkung 13.
162 »La Pia de' Tolommei«, Tragödie von Carlo Graf Marenco (1800–1843).
163 Wort nicht ermittelt.
164 Moritz von Schwind (1804–1871). Zu seinen letzten Arbeiten gehören Aquarelle zu Tiecks »Märchen von der schönen Melusine«.
165 »Maria Stuarda«: Gemeint ist wahrscheinlich »Maria Stuart« von Friedrich von Schiller. »Maria Stuarda« ist eine Oper von Gaetano Donizetti.
166 Vgl. Anmerkung 162.
167 Name nicht eindeutig ermittelt.
168 Name nicht ermittelt.
169 apoplektisch (griechisch): Vom Schlagfluß getroffen.
170 Gustav Parthey: Jugenderinnerungen. Handschrift für Freunde. 2 Bde, Berlin, 1871.
171 Callus: lateinisch Schwiele.
172 Wort nicht ermittelt.
173 Der Pionier: Tageszeitung für Wissenschaft, Politik, Kunst & Leben. Düsseldorf: Spiethoff & Krahe, [1.]1872; 2.1873,1(Jan.) –26(27. Juni); damit Erscheinen eingestellt. Hauptsachtitel 1872,1(2.Jan.) –151(30.Juni): Rheinischer Pionier. Periodizität: anfangs täglich, später wöchentlich.
174 »Marie«, Oper von Louis Joseph Herold.
175 Vgl. Anmerkung 13.
176 Aus Christoph Willibald Gluck: »Iphigenie auf Tauris«.
177 Oper von Vincenzo Bellini.

178 Es gibt kein »Wanderlied« in Schumanns Liederkreis »Myrthen« op. 26.
179 Robert Schumann, Liederkreis op. 39, Nr. 4.
180 Vgl. Anmerkung 58.
181 Gedicht von Theodor Körner (1813), vertont von Carl Maria von Weber (1814).
182 Theodor Fontane schreibt in »Von zwanzig bis dreißig«, Berlin 1898, in dem Kapitel über Georg Hesekiel über einen jungen Baron von Senfft-Pilsach: »Er war weit über allen Dilettantismus hinaus ein vorzüglicher Sänger und im Vortrag Löwescher Balladen damals unerreicht.«
183 Doris Söhlke, Haushälterin in Lichterfelde.
184 »Joshua«, Oratorium von Georg Friedrich Händel.
185 Ferdinand Lassalle: Herr Julian Schmidt, der Literaturhistoriker, Berlin 1862.
186 Ottilie Eberstein.
187 Wort nicht ermittelt.
188 Bleistiftanmerkung im Manuskript: **Eine frühere Stelle, wo von Wehrenpfennig die Rede ist, aufsuchen und etwa doppelt vorkommendes ändern.**
189 Armenbibel, Bilderbibel für Analphabeten.
190 Lieder von Franz Schubert.
191 Emanuel Geibel: »Brunhild«, Tragödie (1857).
192 Die letzten Aufzeichnungen sind im Manuskript in einen separaten Bogen eingeschlagen, mit der Aufschrift: **Letzte Aufzeichnungen (1916 geschrieben) (Teil VIII anzugliedern?) enthalten letzte Lebenstage des Vaters u.s.w. In der Kopie S. 301–307.**
193 Wort nicht ermittelt.
194 David Friedrich Strauß: Der alte und der neue Glaube. Ein Bekenntnis, Leipzig 1872.
195 Theotokos, griechisch: Gottesgebärerin.
196 Karl von François: Ein deutsches Soldatenleben. Nach hinterlassenen Memoiren von Clothilde von Schwartzkoppen, Schwerin 1873.

# Verzeichnis der Werke von Ernst Rudorff

*Stefanie Twiehaus*

## Werke mit Opuszahl

op. 1 ARIATIONEN E-DUR für zwei Klaviere zu 4 Händen
*Frau Clara Schumann in innigster Verehrung zugeeignet*
Verlag Breitkopf & Härtel, Leipzig [vor 1867]

op. 2 SECHS LIEDER für eine Singstimme mit Begleitung des Pianoforte
*Fräulein Clara Baumeister zugeeignet*
Verlag Bartholf Senff, Leipzig [o. J.]
1. Im April: »Du feuchter Frühlingsabend« (Emmanuel Geibel)
2. »Ein Fichtenbaum steht einsam« (Heinrich Heine)
3. Herbstlied: »Feldeinwärts flog ein Vögelein« (Ludwig Tieck)
4. »Stand ein Mädchen an dem Fenster« (Joseph von Eichendorff)
5. Erster Verlust: »Ach, wer bringt die schönen Tage« (J. W. von Goethe)
6. Bitte: »Weil auf mir, du dunkles Auge« (Nikolaus Lenau)

op. 3 SECHS GEDICHTE VON JOSEPH VON EICHENDORFF
für Singstimme mit Begleitung des Pianoforte
*Frau Livia Frege in treuster Verehrung gewidmet*
Verlag Bartholf Senff, Leipzig [1863]
1. Auf einer Burg (»Eingeschlafen auf der Lauer«)
2. Wanderlied ( »Ich reise übers grüne Land«)
3. Abendlandschaft (»Der Hirt bläst seine Weise«)
4. Der stille Freier (»Mond, der Hirt, lenkt seine Heerde«)
5. Liebe in der Fremde (»Dort über die beglänzten Gipfel«)
6. Vorbei (»Das ist der alte Baum nicht mehr«)

op. 4 SECHS VIERHÄNDIGE KLAVIERSTÜCKE
*Woldemar Bargiel zugeeignet*
Verlag Breitkopf & Härtel, Leipzig [1863]
1. Nachklang
2. Stimmen im Winde
3. Primula veris
4. Spanisch

5. Elfe
6. »Durch schwankende Wipfel/ Schiesst güldener Strahl, / Tief unter den Gipfeln/ Das neblige Thal!« (Joseph von Eichendorff)

op. 5 SEXTETT für drei Violinen, Viola und zwei Violoncellos
*Herrn Concertmeister Ferdinand David in dankbarer Verehrung zugeeignet*
Verlag Bartholf Senff, Leipzig [1865]

op. 6 VIER LIEDER für gemischten Chor
(Zwölf Lieder für gemischten Chor, Heft 1)
*Frau Agnes von Pawel geb. von Bülow zugeeignet*
Verlag Aug. Fr. Cranz, Bremen [ca. 1870]
1. Sehnsucht (Joseph von Eichendorff)
2. An mein Vaterland (Nikolaus Lenau)
3. Juchhe! (Robert Reinick)
4. In der Ferne! (Ludwig Uhland)

op. 7 ROMANZE für Orchester
Verlag Schlesinger, Berlin [1871]

op. 8 OUVERTÜRE ZU LUDWIG TIECK'S MÄRCHEN »DER BLONDE EKBERT« für Orchester
*Seinem Freunde Robert Radecke in dankbarer Erinnerung gewidmet*
Verlag Simrock, Bonn 1868, Neue Ausgabe Simrock, Berlin 1882.

op. 9 SECHS LIEDER für drei- und vierstimmigen Frauenchor ohne Begleitung
*Frau Betty von Königslöw und ihren musikalischen Freundinnen V.W., J.N., W.A., J.S., M.V., M.B., A.E., T.L., E.F., A.G., A.H. zugeeignet,*
Verlag N. Simrock, Bonn [vor 1871].
*Heft 1 (3stimmig)*
1. Herab von den Bergen zum Thale (Emanuel Geibel)
2. Frühlingswanderung (Joseph von Eichendorff)
3. Abendlich schon rauscht der Wald (Joseph von Eichendorff)
*Heft 2 (4stimmig)* [nicht eingesehen]

op. 10 ACHT FANTASIESTÜCKE für Pianoforte
*Frau Marie Hoffmeister, geb. Lichtenstein zugeeignet*
Verlag Robert Lienau, Berlin [um 1900]

op. 11 VIER LIEDER für gemischten Chor
(Zwölf Lieder für gemischten Chor, Heft 2)
*Frau Gräfin Max von Oriolla, geb. von Arnim, zugeeignet*
Verlag Aug. Fr. Cranz, Bremen [ca. 1870]
1. Wenn die Vögel aufwärts steigen (aus dem Auerhahn von Achim v. Arnim)
2. Lustig Blut und frische Lieder (Paul Heyse)
3. Altdeutsches Frühlingslied (aus Des Knaben Wunderhorn)
4. Dein Herz so mild (Paul Heyse)

op. 12 OUVERTÜRE zu »Otto der Schütz« für Orchester
*Frau Elisabeth v. Dobeneck, geb. Bethmann-Hollweg zugeeignet*
Verlag Robert Seitz, für Klavier 4hdg.: Leipzig 1868, [Orchesterpartitur: vor 1870]

op. 13 VIER LIEDER für gemischten Chor
(Zwölf Lieder für gemischten Chor, Heft 3)
*Frau Baronin Ottilie von Wolf geb. von Eberstein zugeeignet*
Verlag Aug. Fr. Cranz, Bremen [ca. 1870]
1. Klang um Klang (Joseph von Eichendorff)
2. Die Nacht (Joseph von Eichendorff)
3. An jedem Abend geh' ich aus (Ludwig Uhland)
4. Der Schalk (Joseph von Eichendorff)

op. 14 FANTASIE für Pianoforte
*Herrn Johannes Brahms in Verehrung zugeeignet*
Verlag Simrock, Bonn [1868]

op. 15 BALLADE (Introduction, Scherzo und Finale) für großes Orchester
*Herrn Dr. Ferdinand Hiller in dankbarer Verehrung zugeeignet*
Verlag Simrock, Berlin 1872

op. 16 VIER LIEDER für eine Singstimme mit Begleitung des Pianoforte
*Julius Janitsch zugeeignet*
Verlag Bote & Bock, Berlin [vor 1879]
1. Romanze aus Quentin Durward von Walter Scott
2. Frische Fahrt (Joseph von Eichendorff)
3. Den Herbst, den wir gewandelt (H. Dumont)
4. Herbstlied (Joseph von Eichendorff)

op. 17 VIER LIEDER für eine Singstimme mit Begleitung des Pianoforte, Nr. 4 auch mit Begleitung des Violoncell
*Frau Enole Mendelssohn, geb. Biarnez zugeeignet*
Verlag Bote & Bock, Berlin [vor 1879]
1. Deine Liebe hat mich beschlichen (Friedrich Rückert)

2. Das macht, es hat die Nachtigall (Theodor Storm)
3. Drüben geht die Sonne scheiden (Nikolaus Lenau)
4. Rose, Meer und Sonne (Friedrich Rückert)

op. 18 Der Aufzug der Romanze
Eine Frühlingsfeier nach Worten aus der gleichnamigen Dichtung Ludwig Tiecks
für Chor, Solostimmen [Sopran, Bariton] und Orchester
*Max Bruch zugeeignet*
Verlag Simrock, Berlin [1873]

op. 19 Zwei Gesänge (Solo: Sopran, Alt; Chor: Sopran, Alt; Orchester)
Verlag Bote & Bock, Berlin 1886
1. Die Liebe saß als Nachtigall (Emanuel Geibel)
2. Romanze (Emanuel Geibel)

op. 20 Serenade Nr. 1 A-Dur für Orchester
*Joseph Joachim zugeeignet*
Verlag Simrock, Berlin 1875

op. 21 Serenade Nr. 2 G-Dur für Orchester
*Seinem Freunde Philipp Spitta zugeeignet*
Verlag Bote & Bock, Berlin [1874]

op. 22 Sechs Lieder für Frauenchor ohne Begleitung
*Fräulein Mathilde Bruch zugeeignet*
Verlag Bote & Bock, Berlin [1877]
I. »Wo noch kein Wandrer gegangen« (Joseph von Eichendorff)
II. Ländliches Lied (Wilhelm Müller)
III. Die Schnitterin (Wilhelm Müller)
IV. Der Hirt (Friedrich Rückert)
V. »Grün war die Weide« (Joseph von Eichendorff)
VI. Kinderlust (Wilhelm Müller)

op. 23 Sechs Lieder für vierstimmigen Frauenchor ohne Begleitung
*Fräulein Virginie Waldmann gewidmet*
Verlag Bote & Bock, Berlin [1877]
I. »Mailied« aus Des Knaben Wunderhorn
II. »Zu Koblenz auf der Brücken« aus Des Knaben Wunderhorn
III. Der verschwundene Stern (Matthias Claudius)
IV. Mädchenrätsel (Heinrich von Kleist)
V. Bei Sonnenuntergang (Friedrich Rückert)
VI. »Wiederhall« aus Des Knaben Wunderhorn

op. 24 VARIATIONEN ÜBER EIN EIGENES THEMA für Orchester
Verlag Breitkopf & Härtel, Leipzig 1876

op. 25 VIER LIEDER für sechsstimmigen Chor ohne Begleitung
(Sopran I und II, Alt, Tenor, Bass I und II)
*Dem Bachverein in Cöln zugeeignet*
Verlag Breitkopf & Härtel, Leipzig [1878]

1. »All meine Herzgedanken« (Paul Heyse)
2. Herbstlied (Joseph von Eichendorff)
3. Frühlingsmarsch (Joseph von Eichendorff)
4. An die Sonne (Friedrich Rückert)

op. 26 GESANG AN DIE STERNE (Friedrich Rückert)
für sechsstimmigen Chor und Orchester
*Dem Bachverein in Cöln zugeeignet*
Verlag Breitkopf & Härtel, Leipzig [1878]

op. 27 SECHS LIEDER für vierstimmigen Chor ohne Begleitung
(Sopran, Alt, Tenor und Bass)
*Dem Bachverein in Cöln zugeeignet*
Verlag Breitkopf & Härtel, Leipzig [1878]

1. »Es blies ein Jäger wohl in sein Horn« (Des Knaben Wunderhorn)
2. Verloren (Joseph von Eichendorff)
3. Abendständchen (Joseph von Eichendorff)
4. Frühlingseinzug (Wilhelm Müller)
5. Der Regenbogen (Friedrich Rückert)
6. Jäger Wohlgemuth (Des Knaben Wunderhorn)

op. 28 DREI GEDICHTE für eine Singstimme mit Begleitung des Pianoforte
*Julius Stockhausen zugeeignet*
Verlag Bote & Bock, Berlin [1882]

1. An die Entfernte (H.W.S.)
2. Einsamkeit (Nikolaus Lenau)
3. An die Wolke (Nikolaus Lenau)

op. 29 Nr.1 CONCERTETUDE für Pianoforte
*An Friedrich Grabau*
veröffentlicht in: Capricen, Etüden und Klavierstücke verschiedenen Charakters.
Verlag Rozsavölgyi und Comp., Budapest [Nachdruck 1954, S. 90–95]

op. 29 Nr.2 CONCERTETUDE für Pianoforte
*An Heinrich Barth*
Verlag Bote & Bock, Berlin [o. J.]

op. 30 Vier Lieder für gemischten Chor
*Carl Graebe freundschaftlich zugeeignet*
Verlag Bote & Bock, Berlin [1887]
[1] Du liebe treue Laute (Joseph von Eichendorff)
[2] Abendlied (Julius Altmann)
[3] Morgenlied (Wilhelm Müller)
[4] Angedenken (Joseph von Eichendorff)

op. 31 Sinfonie B-Dur für Orchester
*Herrn Niels W. Gade verehrungsvoll zugeeignet*
Verlag Bote & Bock, Berlin 1883

op. 32 Drei Lieder für eine Singstimme mit Begleitung des Pianoforte
*Frau Auguste Leo, geb. Löwe zugeeignet*
Verlag Bote & Bock, Berlin [o. J.]
[1] O meine müden Füße (Georg Büchner)
[2] Droben, wo die Linde steht (F. Hornfeck)
[3] Im Gartenhause (Carl Leberecht Immermann)

op. 33 Vier Lieder für eine Singstimme mit Begleitung des Pianoforte
*G. R. zugeeignet* [Gertrud Rudorff]
Verlag Bote & Bock, Berlin [o. J.]
[1] In dem Himmel ruht die Erde (Robert Reinick)
[2] O mein Stern (Friedrich Rückert)
[3] Im November (Immanuel Stockmeyer)
[4] Veilchen (Hoffmann von Fallersleben)

op. 34 Drei Duette für zwei Frauenstimmen mit Begleitung des Pianoforte
*Fräulein Anna Baumeister und Anna Beseter zugeeignet*
Verlag Schlesinger, Berlin [o. J.]
1. Die Glocken (Georg Scheurlin)
2. Die Schifferinnen (Wilhelm Müller)
3. Gold'ne Brücken (Emanuel Geibel)

op. 35 Drei Duette für zwei Frauenstimmen mit Begleitung des Pianoforte
*seinem Freund Immanuel Stockmeyer zugeeignet*
Verlag Schlesinger, Berlin [o. J.]
1. Am Staubbach (Immanuel Stockmeyer)
2. Auf dem Gebirg (Neugriechisches Gedicht)
3. Die Heimath (Karl Altmüller)

op. 36 VIER LIEDER für gemischten Chor
*Julius Spengel zugeeignet*
Verlag Breitkopf & Härtel, Leipzig [o.J.]
1. Frühlingsnetz (Joseph von Eichendorff)
2. An der Bergeshalde (Theodor Storm)
3. An den Mond (Max von Schenkendorf)
4. »Es pirscht ein Jäger durch den Hain« (Paul Heyse)

op. 37 FÜNF LIEDER VON HOFFMANN VON FALLERSLEBEN
für eine Singstimme mit Klavierbegleitung
Verlag Albert Stahl, Berlin [o. J.]
1. Was mir wohl übrig bliebe
2. Ueber Gräbern
3. Wo ist mein Liebster blieben
4. Vögleins Frage
5. Leb wohl! Ich scheide

op. 38 [18] KINDERWALZER für Klavier zu vier Händen
Verlag Bote & Bock, Berlin

op. 39 TOSKANISCHE LIEDER gedichtet von [Ferdinand]Gregorovius
für eine Singstimme mit Klavier
*Seinem Freunde Wolfram Freiherrn von Rotenhan zugeeignet*
Verlag Robert Lienau (Schlesinger)
1. Verfolgung
2. Rosenschlingen
3. Das Hündchen
4. Die Turteltaube
5. Sehnsucht
6. Das Seufzerhaus
7. Die Morgenschwalbe
8. Verschwiegenheit

op. 40 ZWEITE SINFONIE G-MOLL für großes Orchester
*Ernst Curtius in grösster Verehrung zugeeignet*
Verlag Schlesinger, Berlin [o. J.]

op. 41 ROMANZE für Violine und Orchester
Verlag Bote & Bock, Berlin [1897]

op. 42 Drei Lieder von Robert Reinick
für eine Singstimme mit Begleitung des Pianoforte
*Frau Anna Schulze zugeeignet*
Verlag Simrock, Berlin [o. J.]
1. Auf der Wanderschaft
2. Ständchen
3. Frühlingsaugen

op. 43 Herbstlied (Klaus Groth)
für 6stimmigen Chor und Orchester
Verlag Albert Stahl, Berlin [1909]

op. 44 Drei Lieder für eine Singstimme mit Begleitung des Pianoforte
*Frau Lili Wach geb. Mendelssohn-Bartholdy zugeeignet*
Verlag Albert Stahl, Berlin [o. J.]
1. Der Kühne (Joseph von Eichendorff)
2. Im Walde, im Walde, da wird mir so licht (Achim von Arnim)
3. Die Nacht (Joseph von Eichendorff)

op. 45 Romantische Ouvertüre
*dem Andenken Robert von Keudells gewidmet*
Verlag Albert Stahl, Berlin [o. J.]

op. 46 Drei Lieder für eine Singstimme mit Begleitung des Pianoforte
*Fräulein Marie von Olfers zugeeignet*
Verlag Albert Stahl, Berlin [o. J.]
1. »Heimweh« (Joseph von Eichendorff)
2. »Auf dem Wittwald« (Immanuel Stockmeyer)
3. »Vergissmeinnicht« (Hoffmann von Fallersleben)

op. 47 Vier Lieder für eine Singstimme mit Begleitung des Pianoforte
*Fräulein Auguste Grimm zugeeignet*
Verlag Albert Stahl, Berlin [o. J.]
1. Der schöne Traum (Hoffmann von Fallersleben)
2. Trauer (Nikolaus Lenau)
3. Frühlingswanderung (Heinrich Wolfgang Seidel)
4. Ich weiß zwei Blümlein blau (Hoffmann von Fallersleben)

op. 48 Drei Romanzen für Pianoforte
Verlag Albert Stahl, Berlin [o. J.]

op. 49 Capriccio appassionato für Klavier
Verlag Albert Stahl, Berlin [o. J.]

op. 50 SYMPHONIE NR. 3 H-MOLL für großes Orchester
Verlag Simrock, Berlin 1910

op. 51 IMPROMPTU für Pianoforte
Verlag Albert Stahl, Berlin [o. J.]

op. 52 SECHS KLAVIERSTÜCKE
*Frau Alexandra von Keudell zugeeignet*
Verlag Albert Stahl, Berlin [o. J.]

[op. 53 LIEDER für gemischten Chor,
nicht veröffentlicht]

op. 54 VIER VIERHÄNDIGE KLAVIERSTÜCKE
*Fräulein Marie Schumann und ihren Schwestern zugeeignet*
Verlag Albert Stahl, Berlin [o. J.]

op. 55 VARIAZIONI CAPRICCIOSE für Pianoforte
*Fräulein Marie Bender zugeeignet*
Verlag Albert Stahl, Berlin [o. J.]

ohne Opuszahl
CADENZEN ZUM 22TEN KLAVIER-CONCERT (ES DUR) VON W.A. MOZART, KV 482
Verlag Simrock, Berlin 1902

## Bearbeitungen (Auswahl):

FRANZ SCHUBERT: FANTASIE F-MOLL OP. 103
für großes Orchester eingerichtet,
Verlag Simrock, Berlin 1870
Neuauflage: Musikproduktion Höflich 2003 (Study Score 259).

IGNAZ MOSCHELES: CONCERT G-MOLL mit Begleitung des Orchester op. 58
Neue Ausgabe mit unterlegtem 2. Pianoforte von E. Rudorff.
Verlag Steingräber, Leipzig [ca. 1900]

MORITZ HAUPTMANN: AUFGABEN FÜR EINFACHEN UND DOPPELTEN CONTRAPUNKT.
Zum Gebrauch beim Unterricht aus Studienheften seiner Schüler zusammengestellt.
Verlag Bartholf Senff, Leipzig [ca. 1873]

unveröffentlicht:

op. 53 LIEDER für gemischten Chor
op. 56 ZWEI BALLADEN für Klavier
op. 57 VIER LIEDER für eine Singstimme mit Klavier
op. 58 »AVE MARIA AM RHEIN« (Geibel) für Sopransolo, Frauenchor und Orchester
op. 59 INTERMEZZO in Form von Variationen (E-Dur) für Orchester (nach den Variationen für 2 Klaviere op. 1 bearbeitet).
op. 60 ZEHN LIEDER für 3- und 4stimmigen Frauenchor mit Begleitung des Klaviers (neu bearbeitet nach a-capella-Frauenchören)

## Benutzerhinweise

In ihrer Veröffentlichung von Rudorffs Erinnerungen aus dem Jahre 1938 hatte Elisabeth Rudorff im Anhang eine Doppelseite mit Rudorffs Werken (Opuszahl, Werktitel, Besetzung und Verlag) aufgeführt.

Diese Werkliste wurde nun überprüft und um weitere Informationen ergänzt. Es konnten (bis auf op. 9, Heft II) alle der weit verstreuten Notendrucke aufgefunden und eingesehen werden, was auch detailliertere Angaben zu den Werken ermöglichte: So geben z.B. Widmungsträger Aufschluss über Rudorffs persönliches Umfeld und bieten die notierten Liedanfänge einen Überblick über die von ihm zur Vertonung ausgewählten Gedichte.

Die Aufführung der Werktitel ist vom Titelblatt der jeweiligen Notenausgaben übernommen und dadurch uneinheitlich, wie z.B. »Zweite Sinfonie« und »Symphonie Nr. 3«, ebenso die Numerierung und Anführung der Liedanfänge. Lediglich die Dichternamen wurden einheitlich zum vollständigen Vor- und Zunamen ergänzt. (Zwei Dichter konnten allerdings bislang nicht identifiziert werden: H. Dumont aus op. 16, Nr. 3 und H.W.S. aus op. 28, Nr. 1)

Da bei einer Vielzahl der Notendrucke keine Jahreszahl vermerkt ist, bedarf es für die Bestimmung des Druckdatums oftmals detektivischer Recherche. Sofern ein Datum rekonstruierbar, aber nicht zweifelsfrei nachweisbar ist, ist es in eckigen Klammern verzeichnet. Hierbei wurden auch die Recherchen der jeweiligen besitzenden Bibliotheken berücksichtigt.

Rudorffs zahlreiche Bearbeitungen reichen von Volksliedbearbeitungen über umfangreiche Orchestrierungen bis zu Etüdensammlungen. Da sie in ihrer Vielzahl bislang nicht erfasst sind, kann hier nur eine sehr subjektive Auswahl geleistet werden, die gedruckt vorliegende, selbständige Werke aufführt. Sie erhebt nicht den geringsten Anspruch auf Vollständigkeit.
Die zu Rudorffs Zeit üblichen Bearbeitungen von Orchesterwerken als Klavierfassungen für den Privatgebrauch sind nicht erfasst worden.

*Stephanie Twiehaus*

# Danksagung

Die vorliegende Edition entstand im Laufe mehrjähriger Recherchearbeit und Manuskriptlektüre. Mein Dank gilt zunächst Herrn Thomas Neiss, der dieses Projekt angeregt und beständig unterstützt hat. Ohne seine Überzeugung vom Wert und Nutzen dieser Ausgabe sowie seine Beharrlichkeit in der Durchsetzung hätte dieses Werk nicht erscheinen können. Des weiteren danke ich dem Ministerium für Umwelt und Naturschutz, Landwirtschaft und Verbraucherschutz des Landes NRW und dem Bundesverband Beruflicher Naturschutz e. V., welche die Drucklegung dieser Memoiren finanziell ermöglicht haben.

Familie Gottberg, den Erben des Nachlasses von Ernst Rudorff, danke ich ausnehmend für die Bereitstellung des Typoskripts und des Manuskripts der Rudorffschen Lebenserinnerungen.

Zunächst musste das gesamte Typoskript in den Computer eingegeben werden. Ich danke Frau Bärbel Lieb und Frau Marianne Doblaski für ihre ausdauernde Hilfe dabei. Frau Doblaski unterstützte mich zudem rastlos und bis an die Grenzen der Belastbarkeit in der Schlussphase, in der es galt, die Register fertigzustellen.

Frau Stephanie Twiehaus danke ich sehr für die wertvolle wissenschaftliche Unterstützung.

Über die Jahre hinweg geduldig begleitet wurde meine Arbeit von Dr. Hans-Werner Frohn. Er war unentbehrlich für das Gelingen des Projekts, stand mir mit wissenschaftlichem Rat sowie organisatorischer Hilfe beharrlich zur Seite und koordinierte erfolgreich zwischen mir und allen anderen Beteiligten. Ihm danke ich ganz besonderes für seinen freundschaftlichen Beistand.

Schließlich danke ich den Mitarbeitern der Stiftung Naturschutzgeschichte, all jenen, die mir schnell und bereitwillig innerhalb meiner Recherchearbeit wertvolle Auskunft gegeben haben sowie ganz herzlich meinem Vater Dr. Hansgünther Schmidt für unermüdliches Korrekturlesen des Textes.

*Katja Schmidt-Wistoff*

# Ortsregister

## Band 1

# Band 2

## Band 3

# Personenregister

Das Personen- und Werkregister verzeichnet eine Vielzahl der in Ernst Rudorffs Lebenserinnerungen erwähnten Personen. Ein alle 2.118 Personen, die in der Autobiografie Erwähnung finden, aber auch die hier erwähnten 1.080 musikalischen und literarischen Werke umfassendes Register kann im Archiv der Stiftung Naturschutzgeschichte in Königswinter zusätzlich eingesehen werden. Nicht enthalten sind die in der Einführung erwähnten Personen. Es wurde versucht, die Lebensdaten und Berufe der Personen, ihr Verhältnis zueinander und zu Ernst Rudorff so weit als möglich zu erfassen, wobei kein Anspruch auf Vollständigkeit erhoben wird.

Die Seitenangaben zum Personenregister ermittelte Marianne Doblaski.

## Band 1

## Band 2

## Band 3

# Aus den Tagen der Romantik

Reihe »Geschichte des Natur- und Umweltschutzes«, Band 6
herausgegeben von Franz-Josef Brüggemeier, Hans-Werner Frohn, Thomas Neiss und Joachim Radkau im Auftrag der Stiftung Naturschutzgeschichte, Königswinter

*Ernst Rudorff* (1840–1916) gilt als der Begründer des deutschen Natur- und Heimatschutzes.
*Katja Schmidt-Wistoff*, Dr. phil., Germanistin und Musikwissenschaftlerin, ist zur Zeit DAAD-Lektorin in Peking.

Ernst Rudorff

# Aus den Tagen der Romantik

## Bildnis einer deutschen Familie

Band 2

Herausgegeben und mit einer Einführung von
Katja Schmidt-Wistoff

Campus Verlag
Frankfurt/New York

Diese Publikation wurde durch die freundliche Unterstützung des Ministeriums für Umwelt und Naturschutz, Landwirtschaft und Verbraucherschutz des Landes NRW und des Bundesverbandes Beruflicher Naturschutz e.V. ermöglicht.

Ministerium für Umwelt
und Naturschutz, Landwirtschaft
und Verbraucherschutz des
Landes Nordrhein-Westfalen

NRW.

Bibliografische Information der Deutschen Nationalbibliothek
Die Deutsche Nationalbibliothek verzeichnet diese Publikation in der Deutschen Nationalbibliografie; detaillierte bibliografische Daten sind im Internet unter http://dnb.d-nb.de abrufbar.
ISBN 978-3-593-38162-6


Gedruckt auf säurefreiem und chlorfrei gebleichtem Papier.
Printed in Germany

Besuchen Sie uns im Internet: www.campus.de

Kontakt: Werderstr. 10, 69469 Weinheim, info@campus.de

# Inhalt Band 2

# Inhalt Band 1

## Teil II: »Familie und Jugend meiner Mutter«



## Teil III: »Verlobung, Ehe und Freundeskreis meiner Eltern«



## Teil IV: »Meine Kindheit und Jugend im Elternhause«

*Zweiter Teil: Mein Elternhaus*

## Editorische Notiz

Das Inhaltsverzeichnis vereinigt die Kapiteleinteilung des 1938 publizierten Buches »Aus den Tagen der Romantik« (kursiv) mit derjenigen des zum Teil unveröffentlichen Manuskripts Ernst Rudorffs (recte). In Teil IV nahm der Verleger des Buches »Aus den Tagen der Romantik« eine größere Umstellung vor (Kapitel 4 – Kapitel 5). Das vorliegende Buch folgt dem Manuskript (Kapitel 5 – Kapitel 4).

# Inhalt Band 3

# Teil V: »Studienjahre in Leipzig« 1859–1862

Es war am 15. Oktober 1859, als mein Vater mit mir von Lauenstein aus die bedeutungsvolle Reise nach Leipzig antrat, die in ihren Folgen über mein ferneres Leben entscheiden sollte. Am frühen Morgen um einhalb fünf Uhr brachen wir auf. Der Mond schien noch hell vom Nachthimmel herab, als wir den Wagen bestiegen, der uns nach Elze bringen sollte. Allmählich dann während der Fahrt breitete sich die Morgendämmerung aus, bis endlich der herrlichste Sonnenaufgang einen heiteren Tag verkündete. Als das Ziel der Wagenfahrt erreicht war, trennten wir uns von der Mutter, die über Hannover nach Berlin zurückkehrte, während wir beiden anderen mit der Bahn zuvörderst nach Göttingen fuhren, um dort die uns von Lauenstein her befreundete Familie des Amtmanns Zachariae zu besuchen. Am nächsten Morgen ging es weiter über das schöne Münden nach Kassel und Eisenach. Mein Vater wollte vor seiner Rückkehr in das Berliner Joch noch ein paar erfrischende Eindrücke mitnehmen, und auch hier in Eisenach wurde wieder haltgemacht, um die Wartburg zu besteigen. So herrlich es aber war, von dort oben die Blicke über die Waldgebirge Thüringens bis zur fernen Rhön hin schweifen zu lassen, und so viel ehrfürchtige Empfindungen es erweckte, das kleine Stübchen betreten zu dürfen, in dem Luther einst die Bibel übersetzte, der Gedanke an die nächste Zukunft ließ mich doch im Grunde meines Herzens nicht mehr die Ruhe finden, um diese Dinge unbefangen auf mich wirken zu lassen. So war ich denn froh, als der nächste Morgen uns in einem raschen Zuge ohne Unterbrechung nach Leipzig brachte. Das Wetter war trübe geworden, und auf unserer Droschkenfahrt zur »Stadt Dresden«[1] machten die Bäume an der Promenade mit ihrem spärlichen letzten Herbstlaub ein keineswegs ermunterndes Gesicht. Dafür entschädigte später, als die Dunkelheit hereingebrochen war, ein Spaziergang durch die Grimmaische Gasse zum altertümlichen Marktplatz, der mir mit seinen hell erleuchteten Häusern, den vielen Erkern und den engen Seitenstraßen zuerst die Ahnung gab, daß ich mich hier würde wohlfühlen können. Auch Auerbachs

Keller wurde betreten und dann der Abend in der Familie des Buchhändlers Hirzel zugebracht, zu dem mein Vater in vielfachen Beziehungen stand. Am nächsten Morgen sollte vor allem eine passende Wohnung für mich gesucht werden. Gute frische Luft erschien bei der Wahl als eine der vornehmsten Bedingungen; also wanderten wir von unserm Gasthause aus nicht stadteinwärts, sondern die Dresdener Straße herauf bis hinaus vor das Tor, wo denn bald nach kurzer unbebauter Straße der kleine Vorort Reudnitz begann. In einem der ersten Häuser dort war im zweiten Stock eine möblierte zweifenstrige Stube nebst Kammer zu mäßigen Bedingungen zu haben. Das noch ziemlich neue Haus war zwar nichts weniger als anmutig, die Bauart dürftig; die Lage eines Gartengrundstückes, von dem gegenüber abgesehen, kahl. Da aber die Wirtsleute anständig und gefällig erschienen, so griff mein Vater zu und mietete zum 1. November. Ich entsinne mich, daß ich im Verlauf der nächsten Monate einmal auf der Reudnitzer Landstraße einem Studenten begegnete, der mit schöner frischer Stimme zu meiner freudigsten Überraschung Schumanns Lied »Du meine Seele, Du mein Herz«[2] vor sich hinsang. Dies aber blieb auch das einzige poetische Erlebnis, das sich mit dem Anblick dieser wenig unterhaltsamen Gegend in meiner Erinnerung verbunden hat.

Mein Vater hatte den Wunsch, mich bei einigen Leuten in eigener Person einzuführen. Damit war am vorhergehenden Abend bei Moscheles und bei Hirzels der Anfang gemacht worden. Nun kamen noch Julius Rietz, der Doktor Härtel und der Buchhändler Tauchnitz an die Reihe, und nachdem dies alles erledigt war, fuhren wir, im ganzen von dem Erreichten befriedigt, nach Berlin weiter. Meine eigentliche Übersiedlung nach Leipzig mit Sack und Pack konnte nämlich erst von dort aus vor sich gehen. Es gab noch viel Vorbereitendes für die große Veränderung zu besorgen, und zwei volle Wochen vergingen, bis es für mich zum wirklichen Scheiden kam. Eine Reihe unerwarteter Geschehnisse drängte sich zu allem übrigen in diese erwartungsvolle Spanne Zeit zusammen. Von anderem abgesehen, fand gerade jetzt auch die schon erwähnte, seltsam heimliche Eheschließung Herman Grimms mit Gisela von Arnim statt. Tief und ernst griff aber in die ohnehin bewegte Stimmung der tragische Tod der alten Rose, der treuen Hüterin meiner Kinderjahre. Nachdem ich längst ihrer Aufsicht entwachsen war, lebte sie noch nach wie vor als wertgehaltene Dienerin in unserm Hause. Man betrachtete sie so sehr als zur Familie gehörig, daß niemand daran dachte, es könne jemals anders damit werden. Da – ich weiß den Zeitpunkt nicht genau anzugeben – erschien sie eines Tages vor meiner

Mutter mit der Meldung, sie wolle sich verheiraten. Ein alter Junggeselle, seines Zeichens ein Schildermaler, von hagerer Gestalt, mit sonderbar kalten Fischaugen in dem dürren Gesicht, hatte es verstanden, der reichlich Fünfzigjährigen den Kopf zu verdrehen. Alle Vorstellungen meiner Eltern, daß der schlaue Bewerber zweifellos nur nach ihren ersparten Groschen schiele, und daß sie aller Voraussicht nach einem elenden Dasein entgegengehe, fruchteten nichts. Sie antwortete auf jedes gut gemeinte Wort mit ungebärdiger Heftigkeit und beharrte wie behext auf ihrem Beschluß. Natürlich ließ die Reue, nachdem die Ehe Tatsache geworden war, nicht lange auf sich warten. Das Zusammenleben mit dem herzlosen, vertrockneten Genossen, der ihr im Grunde völlig fremd blieb, wurde ihr von Tage zu Tage unerträglicher, und dazu stellten sich Nahrungssorgen ein, weil der alte Patron keine Arbeit tat oder keine Aufträge mehr erhielt. Nun flüchtete sie zu meinen Eltern als zu der einzigen Stelle, wo ihr wieder wohler werden könnte, und klagte ihnen ihre Not. So bereit diese aber immer wieder aufs neue waren, ihr nicht nur ermutigend zuzureden, sondern auch ihrem äußeren Mangel abzuhelfen, ihr Trübsinn nahm mehr und mehr zu, so daß ihr Wesen anfing, bedenklich zu erscheinen. Einige Tage nachdem ich jetzt mit meinem Vater in Berlin eingetroffen war, kam sie wieder einmal hilfesuchend zu uns, und mein Vater gab ihr eine so reichliche Unterstützung, daß sie erheiterter fortgehen konnte. Acht Tage später meldete unser Hausarzt, daß die arme Alte in ihrer Verzweiflung sich durch Gift den Tod gegeben habe. Am Tage ehe ich Berlin und das Elternhaus verließ, begleiteten mein Vater und ich sie zur letzten Ruhestatt. Niemandem hatte sie in ihrem Leben mehr Liebe geschenkt als mir: Wie sollte mich ihr Hinscheiden und nun gar ein so trostloses Ende nicht auf das tiefste erschüttern! Die goldenen Jahre der Kindheit hatten nun wirklich und völlig ihr Ende gefunden, und es war, als sollte diese ernste Erfahrung einem immerhin wehmütigen Abschluß das Siegel aufdrücken.

Am zweiten November brachte mich der Abendzug nach Leipzig. Da es schon späte Zeit war, als ich ankam, so übernachtete ich noch einmal in der »Stadt Dresden« und wanderte erst am nächsten Morgen um acht Uhr nach meiner neuen Behausung in Reudnitz. Ganz ohne Empfindungen von Vereinsamung in der fremden Umgebung ging es natürlich anfänglich nicht ab. Aber des Neuen und Interessanten gab es vom ersten Tag an so viel zu erleben, daß kaum Zeit blieb, solchen Gefühlen nachzuhängen, und sehr bald ließ ich mich von dem Strom des neuen Lebens dankbar und freudig dahintragen.

Es bleibt trotz aller modernen Fälschungen eine unbestreitbare, von den Besten bezeugte Tatsache, daß eine Blüte des öffentlichen Musiklebens, wie sie Leipzig in den Jahren 1835 bis 1847 durch Mendelssohns Wirken erlebte, schlechthin ohnegleichen in der Musikgeschichte dasteht. Niemals und nirgends sind die größten Werke unserer klassischen Meister mit so hinreißender Lebendigkeit in ununterbrochener Folge zu Gehör gebracht worden, wie in den damaligen Gewandhauskonzerten, wenn Mendelssohn am Pult stand, und durch die Genialität, den Adel, den Zauber seiner Persönlichkeit alles zu seinen Füßen zwang, auch aus dem sprödesten Material Funken zu schlagen wußte. Und nicht nur die Schätze der näheren und ferneren Vergangenheit wurden gehoben, sondern auch neues schöpferisches Leben blühte und grünte in reicher Fülle empor. Neben Mendelssohn schufen Schumann und Gade ihre herrlichsten Werke, und der Gewandhaussaal war der Raum, in dem alles Bedeutende, Reizvolle, was die musikalische Romantik hervorbrachte, zum ersten Male klingendes Leben gewann. Dazu dann die Reihe größter ausübender Künstler, die in den Abonnementskonzerten auftraten; in erster Linie wieder Mendelssohn selbst am Klavier, daneben Clara Schumann, Chopin, Liszt, Jenny Lind, Livia Frege, und wie manche andere!

Freilich: Diese Wunderwelt, deren Mittelpunkt Mendelssohns Person bildete, lag weit rückwärts, als ich in die gepriesene Musikstadt einzog. War aber auch mit Mendelssohns Tode die alles belebende Sonne untergegangen, so schien doch noch immer ein schönes leuchtendes Abendrot über dem Musikleben Leipzigs zu liegen. Und dieser Schimmer war nicht etwa nur ein leerer Wahn. Das Konservatorium war Mendelssohns Schöpfung. Noch wirkten hier zum großen Teil dieselben Männer, die er seinerzeit als Genosse und Mithelfer an dem Werk reiner edler Kunstpflege in seine Nähe berufen hatte. Moscheles vertrat als vornehmster Lehrer das Klavier, Moritz Hauptmann gab Unterricht im Kontrapunkt, Julius Rietz unterwies in der freien Komposition und war Leiter der Gewandhauskonzerte, Ferdinand David stand ihm als Konzertmeister zur Seite und besorgte mit Dreyschock die Schulung der Geiger. Die Oberleitung der Schule lag nach wie vor, wie zu Mendelssohns Zeiten, in den Händen seines musikalisch sehr begabten Freundes, des Advokaten Schleinitz. Das Fregesche Haus aber, in dem Mendelssohn als vertrautester Freund sich so heimisch gefühlt hatte wie in keinem anderen, war noch immer der Sammelplatz aller bedeutenden Künstler, die in Leipzig lebten oder vorübergehend sich dort aufhielten, eine Pflegestätte der Hausmusik in des Wortes vornehmster und weitester Bedeutung. In der ganzen älteren Generation der Musiker nicht nur, sondern ebenso der Musikfreunde und Dilettanten, lebte das Gedächtnis der großen Zeit in ungeschwächter Lebendigkeit fort, und so atmete man gleichsam mit der Luft eine poetisch-musikalische Stimmung ein.

Doch ich greife zu weit und spreche aus, was ich erst allmählich in seinem ganzen Wert zu empfinden und zu würdigen lernen konnte. Das Wichtigste, was ich an jenem ersten Morgen nach meiner Ankunft zu besorgen hatte, war, daß ich mir meine Aufnahme in das Konservatorium angelegen sein ließ. Zuerst aber suchte ich Rietz wieder auf, zu dem ich ein besonderes Zutrauen gefaßt hatte, weil er meine Mutter von seiner Jugend her kannte und ihr ein herzliches Angedenken bewahrte. Er gab mir ein Billet zu dem am selben Abend stattfindenden Gewandhauskonzert und ließ mich zu Schleinitz weiterwandern. Die Anmeldung war damit geschehen; aber erst am nächsten Morgen sollte ich mich von Moscheles und noch später von Hauptmann prüfen und in ihre Klassen aufnehmen lassen.

Mit gespannter Erwartung stieg ich am Abend die Treppe hinauf, die in den berühmten Saal des Gewandhauses mündete. Es fiel mir beim Eintreten auf, daß der Raum kleiner war als die damaligen Berliner Konzertsäle. Aber gerade diese sehr mäßigen Verhältnisse bewirkten eine Macht und zugleich eine Präzision, eine Intimität des Klanges, die einzig in ihrer Art war. Von der Wand über dem Orchesterpodium sah das überlebensgroße Reliefbild von Felix Mendelssohn herab mit der Umschrift: »Res severa est verum gaudium«. Nicht wahrer und bezeichnender konnte der Weihe, die über dieser Stätte lag, Ausdruck gegeben werden. Ein »Wahrzeichen« in der vollen Bedeutung des Wortes! Es war der dritte November, das Konzert fiel also auf den Vorabend von Mendelssohns Todestag, und das Programm war als Gedächtnisfeier gedacht. Im Anfang Requiem von Mozart; dann Beethovens große C-Dur-Ouvertüre op. 124 und zum Schluß Mendelssohns Psalm »Wie der Hirsch schreiet nach frischem Wasser«. Alles, die Musikstücke an sich wie die herrlich schwungvolle Aufführung, machte mir den größten Eindruck, obwohl der Platz, von dem aus ich zuhörte, nicht gerade der günstigste war. Über dem unteren Raum lief in Stockwerkshöhe eine Galerie mit Sitzplätzen an beiden Seitenwänden her, und dem Orchester gegenüber vertiefte sich dieselbe zu einem größeren Balkon. Dadurch wurden zwei Eck-Zwickel gebildet, in denen beträchtliche Dunkelheit herrschte, während zum Sitzen nur ein paar Bänke ohne Platznummern vorhanden waren, auf denen sich dann niederließ wer zuerst kam, um die später erscheinenden Nebenmenschen erbarmungslos stehen zu lassen. Für den einen dieser Zwickel, den linksseitigen, lautete mein Billet. Natürlich hatten derartige Plätze den Vorzug der Billigkeit. Sie wurden so gut wie ausschließlich von jungen Musikern benutzt und wohl zumeist sogar als Freiplätze. So elend aber der Aufenthalt in einem solchen Kasten war, ich habe doch seligere Stunden in ihm erlebt, als nachmals auf manchem Polstersitz im strahlendsten Licht eines modernen Riesenkonzertsaales. Daß die numerierten Sitzplätze des Gewandhaussaales sich sämtlich in den Händen fester Abonnenten befanden, bedarf kaum der Erwähnung. Dieser Zustand hatte wohl seine Schattenseiten, denen aber wenigstens in jenen frühen Zeiten reichlich ausgleichende Vorzüge gegenüberstanden. Im Gewandhaussaal saß alles beisammen, was in Leipzig sich ernsthaft mit Musik befaßte, und seine Kleinheit hatte dafür gesorgt, daß im wesentlichen nur solche sich hier zusammenfanden, denen die Musik Lebensbedürfnis war. Es blieb eine kleine Gemeinde und mußte eine solche bleiben. Jahraus jahrein hörten nur dieselben Leute die beste Musik in bester Ausführung, und alle acht Tage im Winter fand ein Konzert statt. Wie viele Gesichter sah man da, von denen man wußte, sie gehörten einer Person an, die alle Beethovenschen Symphonien und die Schumannschen und Mendelssohnschen dazu auswendig kannte! Hier konnte sich Geschmack und Urteil mehr und mehr bilden, und deshalb gab es hier auch wirklich einmal ein Publikum, das diesen Namen verdiente und dessen Stimme von einer gewissen Bedeutung war.

Mit Moscheles hatten sich bereits Beziehungen angesponnen, ehe ich nach Leipzig kam. Seine zweite Tochter Serena hatte sich – wenn ich nicht irre im Frühjahr 1859 – mit einem Vetter meines Vaters, Dr. Georg Rosen, verheiratet[I], der damals als preußischer Konsul in Jerusalem angestellt war. Das junge Paar kam auf der Hochzeitsreise nach Berlin und besuchte meine Eltern. Man wünschte, daß ich etwas vor-

I Der Kanzler Ballhorn-Rosen in Detmold heiratete in zweiter Ehe Sophie Rudorff, eine Tochter des Blumentaler Oberamtmannes Rudorff (siehe oben), also die rechte Kusine meines Großvaters Friedrich Rudorff. Aus dieser Ehe stammte Georg Rosen und außer ihm Sophie Rosen, die sich im Jahre 1845 mit Karl Klingemann, dem Freunde Mendelssohns und auch meines Vaters verheiratete. Söhne aus der ersten Ehe des Kanzlers Ballhorn-Rosen sind der in dem Briefwechsel zwischen Klingemann und Mendelssohn vielfach erwähnte Orientalist Friedrich Rosen und Gisbert Rosen, der Jugendfreund Robert Schumanns.

spielte, und Frau Serena überhäufte mich, nachdem ich ein Notturno von Chopin vorgetragen, mit den außerordentlichsten Lobsprüchen: Ich müsse durchaus nach Leipzig kommen, meinte sie, und der Schüler ihres Vaters werden. So war ein wohlwollender Empfang bei den Eltern Moscheles vorbereitet. Ohne allzu große Ängstlichkeit machte ich mich am nächsten Vormittag auf den Weg nach dem Konservatorium, um mich im Klavierspiel prüfen zu lassen. Ein vielstöckiges, verwittertes, rußiges Haus, das in einer Art von Hofraum hinter dem Gewandhaus lag, beherbergte damals die Musikschule. Nicht minder verwittert sah der alte Kastellan Quasdorf aus, der die Ankommenden seiner Würde bewußt zurechtwies: Ein ebenso gutmütiger als drolliger echter Sachse. Zwischen einer Schar unbekannter jugendlicher Gestalten beiderlei Geschlechts wanderte ich auf dem halbdunkeln Flur hin und her, bis die Stunden beendet waren und Moscheles aus seinem Unterrichtszimmer trat. Er begrüßte mich freundlich wie einen bereits Bekannten und forderte mich auf, mit ihm auf das Härtelsche Instrumentenlager zu gehen, wo er einen Flügel probieren und bei der Gelegenheit mich anhören wollte. Ich hatte die e-Moll-Sonate op. 90 von Beethoven vorbereitet, und das Alleinsein mit ihm, die Abwesenheit alles Zeremoniells, machten mich so unbefangen, daß ich mit Freiheit spielte. Mehrfach warf er beifällige Äußerungen dazwischen und lobte, als ich geendet hatte, zu wiederholten Malen Vortrag und Anschlag. Dann setzte er sich selbst an den Flügel, hieß mich dableiben und spielte die mir damals noch unbekannte fis-Moll-Fantasie von Mendelssohn, die er am Abend im Konservatorium zu Gehör bringen wollte, wo am Todestage Mendelssohns eine Feier stattfand. Endlich nahm er noch einige Manuskripte zur Hand, die er mitgebracht hatte: kleine Klavierstücke eigener Komposition, die er noch einmal durchspielte, um aus ihnen eines zum Eintragen in ein Album auszuwählen. Er forderte mich auf, auch meinerseits zu sagen, was mir am besten gefiele, und schließlich wurden statt eines einzelnen zwei Stückchen, die einen hübschen Gegensatz bildeten, für den Zweck geeignet befunden. Die liebenswürdige Anspruchslosigkeit, die sich in seinem Wesen in dem allen offenbarte, gewann ihm meine Zuneigung und machte den Prüfungsakt zu einem nur angenehmen, gemütlichen Erlebnis.

Moscheles hatte mir gesagt, ich solle am Abend der Aufführung im Konservatorium beiwohnen. Ich ging also hin, kam um vieles zu früh und hatte nun gründliche Gelegenheit, meine nach und nach eintretenden künftigen Kollegen und Kolleginnen bei Lamenperlicht in Augenschein zu nehmen. Hier und da tauchte ein anziehenderes Gesicht auf;

aber auch an langhaarigen affektierten Kunstjünglingen fehlte es nicht. Englisch hörte ich fast mehr um mich herum sprechen als Deutsch. Die Musik begann mit einem kurzen geistlichen Chorstück von Mendelssohn. Dann folgte sein e-Moll-Quartett – das für mich neu war –, von Ferdinand David und Genossen ausgeführt, und nach einer Sopran-Arie betrat Moscheles das Podium, um die fis-Moll-Fantasie zu spielen. Leider mußte ich mir hier gestehen, daß die Leistung des alten Herren keinesfalls einwandfrei genannt werden konnte. Er übte schon seit Jahren nicht mehr, die Kraft hatte nachgelassen und die Passagen klangen oft verwischt. Den Schluß machte ein Satz aus dem Requiem von Cherubini, der mich in hohem Maß entzückte. Bei den Gesangstücken hatte ein junger Mann am Klavier sich betätigt, dessen scharfes Profil und kühl vornehme Haltung den Engländer verriet. Es war John Francis Barnett, den ich später als tüchtigen, wenn auch nüchternen Spieler und charaktervollen Menschen schätzen lernte.

Ein im Grunde meiner Seele schlummerndes Heimweh nach meinem geliebten Harz hatte mir den Gedanken eingegeben, sobald als möglich einmal auf den Turm der Thomaskirche zu steigen, um von dieser Höhe aus nach Nordwesten zum Petersberg bei Halle hinüber zu sehen. Denn der Petersberg war der letzte felsige Ausläufer jener großen Erhebung, der im Oberharz gipfelt, und man hatte mir gesagt, daß von ihm aus schon die fernen Umrisse des Brockengebirges bei gutem Wetter zu erkennen seien. Diese mögliche Vorstellung allein genügte, um den Anblick des Petersberges der jugendlichen Phantasie als eine Art von Befriedigung für die sehnsüchtige Stimmung erscheinen zu lassen, die das Herz erfüllte. Ich schickte mich also am nächsten Nachmittag an, den Thomasturm aufzusuchen und zu erklettern. Bei dieser Gelegenheit geriet ich zuerst in das Schiff der Thomaskirche und hörte unvermutet die Klänge der Orgel, auf der einst Sebastian Bach gespielt haben mußte. Nun wurde mir doch andächtig zu Sinne. Es fand gerade die übliche Sonnabend-Nachmittagsmusik statt, und ich setzte mich auf eine Bank, um die Motette anzuhören, die oben auf dem Orgelchor von den Thomasschülern gesungen wurde. Das war wohl recht schön. Als aber die Töne verstummt waren, mahnte der Petersberg um so nachdrücklicher, die Forschung nach dem Aufgang im Turm fortzusetzen. Unten an der verschlossenen Pforte hatte ich zu klingeln, dann warf die Türmersfrau von oben den Schlüssel herab, und sobald ich geöffnet hatte und eintrat, schlüpfte allerlei neugierige Schuljugend hinter mir her und die Treppenstufen hinauf. Natürlich wurde die kleine Bande von der Türmerin wieder in die Flucht geschlagen. Oben aber erlebte auch ich eine Enttäuschung. Der Sturm wehte heftig, der Horizont war düster, vom Petersberg ließ sich keine Spur entdecken. Dafür gefiel mir dann freilich die seltsame enge und altertümliche Behausung in der luftigen Höhe sehr wohl, die Leute waren nett und freundlich, und mit ebensoviel Staunen als Befriedigung vernahm ich, daß zuweilen bei ganz ausgezeichnetem Wetter nicht allein der Petersberg, sondern sogar der Brocken selbst in dämmernder Ferne sichtbar wurde. Das gab Hoffnung für die Zukunft.

Als ich unten zu ebener Erde wieder anlangte, gab es der Zufall, daß mir der alte Quasdorf begegnete, der soeben den Auftrag erhalten hatte, mich zu Hauptmann zu bestellen. Passender konnte es sich nicht fügen. Denn Hauptmann wohnte in der Thomas-Schule unmittelbar neben der Kirche. Es fing schon an zu dunkeln, als ich mit ehrfürchtigen Empfindungen die Räume betrat, in denen der alte Bach Jahrzehnte hindurch gelebt und geschaffen hatte, und die nun nach einem Jahrhundert noch seinem dermaligen Nachfolger zur Wohnung dienten. Hauptmann begrüßte mich in seinen ersten Worten als den Sohn meines Vaters, der der Bachgesellschaft durch Herleihen vieler wertvoller Handschriften große Dienste geleistet hatte. Daran knüpfte sich weiteres Gespräch über meine eigenen Angelegenheiten und schließlich die Prüfung meines Wissens und Könnens in der sogenannten »Theorie«. Ich mußte zu einem gegebenen Baß einen vierstimmigen Satz schreiben, was zur Zufriedenheit gelang. Dann sollte ich denselben Baß beziffern, geriet aber hierbei in Verlegenheit. Bargiel hatte mich sonderbarerweise über dieses doch eigentlich elementare Kapitel niemals gründlich aufgeklärt. Doch legte Hauptmann der Sache keinen Wert bei, da von einem musikalischen Menschen ja nichts leichter nachgeholt werden kann als die Handhabung einer solchen Rechenkunst, und so war auch dieser Engpaß glücklich durchschritten. Die ganze Begegnung war kurz verlaufen, aber sie genügte, um mich begreifen zu lassen, daß ich hier einem seltenen Menschen gegenübergestanden hatte. Von Geist zeugte alles was er sagte, und aus seinen Augen strahlte aufrichtiges Wohlwollen. Hauptmanns Persönlichkeit hatte mich für alle Zeit gewonnen

Die offizielle Aufnahme als Schüler des Konservatoriums erfolgte aufgrund der Prüfungen am folgenden Montag durch Schleinitz, dem ein Inspektor zur Seite stand. Nachdem meine Nationale aufgenommen war, hatte ich meinen Namen eigenhändig in ein großes Buch einzutragen, das eine seit der Stiftung der Anstalt geführte Schülerliste enthielt. Mit der Zahl 801 begann ich das neunte Hundert. Einige Stunden später[3] erhielt ich meinen Stundenplan. Es bestand in Leipzig die Einrichtung, daß man im Klavier bei zwei Lehrern Unterricht nehmen mußte. So wurde ich zu Moscheles als zur obersten Autorität geschickt, und außerdem auf meinen Wunsch zu Plaidy, der mit als tüchtigster Pädagoge auf technischem Gebiet genannt worden war. Orgelstunden sollte ich bei Richter nehmen. Bei demselben Richter ferner gab es Unterweisung in der Harmonielehre, bei Hauptmann im Kontrapunkt, bei Rietz in der freien Komposition. David endlich hielt Stunden für Quartett und Orchesterspiel ab, in welchem letzterem aber nur Streichinstrumente in natura fungierten. Die Partie der Blasinstrumente in den zu übenden Symphonien oder Ouvertüren wurde abwechselnd von diesem oder jenem der gewandteren Klavierschüler auf dem Flügel ausgeführt. Auch ich wurde hierzu bestellt. Gelegentlich legte David seinen Taktstock in die Hand eines solchen Schülers, was dann die besonders erstrebte Gelegenheit gab, sich im Dirigieren zu versuchen. Diese Stunden zogen mich vor allen anderen von vornherein an, und gleich der Besuch der ersten, die schon am Nachmittag nach meiner Aufnahme stattfand, verschaffte mir ungeahnte Freuden. Vier Schüler spielten ein Streichquartett von Mozart; am ersten Pult saß ein noch sehr junger blonder Geiger, Carl Rose aus Hamburg, dessen warm empfundenes Spiel mir im hohem Grade gefiel. Vor allem aber entzückte mich die Musik selbst. Streichquartette waren mir bis dahin nur selten in meinem Leben vorgekommen, und so war mir auch dies Mozartsche – es war das in C-Dur – völlig unbekannt. Die Ouvertüre zu »Faniska« von Cherubini folgte, und eine Symphonie von Haydn machte den Beschluß.

Nun war noch die Aufnahme in die Universität zu besorgen, die mein Vater von vornherein zur Bedingung für meinen Leipziger Aufenthalt gestellt hatte. Ich fand mich also am nächsten Tage gegen Mittag bei dem Universitätsrichter ein, um mich als Studiosus inskribieren zu lassen. Herr von Wächter hielt mir und sechs Leidensgefährten eine kurze Rede, und alles ging so rasch vor sich, daß ich nicht einmal Zeit fand, die Empfehlungen auszurichten, die mir mein Vater für ihn aufgetragen hatte. Bei Professor Kahnis beschloß ich pflichtschuldigst, ein Kolleg für »Kirchengeschichte« zu belegen, das von diesem täglich von acht bis neun Uhr morgens gelesen wurde. Doch erfuhr ich bald von verschiedenen Seiten, daß an dieser Stelle wenig zu holen sein würde, und folgte dem Rate eines Hirzelschen Sohnes, die Vorlesungen über englische und französische Geschichte zu besuchen, die ein sehr genialer junger Professor, Heinrich von Treitschke, angekündigt habe.

Zum Mittagessen desselbigen Tages war ich auf vier Uhr bei Herrn von Tauchnitz eingeladen. Mir war nicht sehr wohl bei dem Gedanken, auf einem großen eleganten Diner mit vielen unbekannten Leuten erscheinen zu sollen. Der Frack war mir noch ein ungewohntes Kleidungsstück, und ein gutes Stück Verlegenheit hatte ich meiner Natur nach bei solchen Anlässen zu überwinden. Tauchnitz, der als Verleger mancher Arbeiten meines Vaters sehr bemüht war, ihm gefällig zu sein, hatte mir schon sofort nach meiner Ankunft allerlei Aufmerksamkeiten erwiesen. Nun stellte er mir gar eine seiner Equipagen zur Verfügung, die mich durch die halbe Stadt und dann durch herbstlich braune Eichenwälder nach seinem Landsitz in Zschocher beförderte. Das Haus, die ganze Einrichtung erschien mir über die Maßen luxuriös, ohne daß die letztere sich durch besonderen Geschmack ausgezeichnet hätte. Frau von Tauchnitz empfing mich mit wohltuender Freundlichkeit; es lag ein Zug von Schlichtheit und Güte in ihrem Wesen, der mich sympathisch berührte. Etwa vierzig Personen hatten sich eingefunden, und die Damen, die in der damals herrschenden Tracht der ins Riesenhafte ausgedehnten Reifröcke auftraten, nahmen so viel Raum ein, daß jede einzelne für zweie gelten konnte. Als zu Tisch gegangen wurde, stellte sich zu meiner Beruhigung heraus, daß für mich keine zu führende und zu unterhaltende Nachbarin übriggeblieben war. Ich kam also neben einen Herrn zu sitzen, und dieser Herr war der Dr. Frege, juristischer Professor an der Universität. Sobald er bei der Vorstellung meinen Namen erfuhr, konnte er sich gar nicht darüber beruhigen, daß mein Vater, mit dem er doch seit Jahren in den besten kollegialischen Beziehungen gestanden habe, ihn nicht aufgesucht und mich nicht ihm zugeführt habe. Bald waren wir im lebendigsten Gespräch, wozu die mannigfachen gemeinsamen Beziehungen zu dritten Personen, wie zu Savignys, Arnims und anderen reichen Stoff lieferten. Dann aber kam die Musik an die Reihe, und nun gab es vollends kein Ende der Berührungspunkte. Mir war mittlerweile deutlich bewußt geworden, daß meine Mutter mir einstmals erzählt hatte, Frau Livia Frege in Leipzig sei eine ausgezeichnete Sängerin, und Mendelssohn habe von niemandem – die Lind etwa ausgenommen – seine Lieder sich lieber vorsingen lassen, als von ihr. Etwa zehnmal wiederholte der Professor seine Aufforderung an mich, ihn und seine Frau baldmöglichst aufzusuchen, und ich war natürlich gern bereit, dazu Ja zu sagen. Welch ein Reichtum mir aber aus diesem Besuch erwachsen würde, das ahnte ich freilich noch nicht von ferne.

Um siebeneinhalb Uhr, nachdem eine wahrhaft lukullische Mahlzeit mit entsprechenden Weinen überstanden war, ging die Gesellschaft auseinander, und wieder stand der Wagen für mich bereit. Nicht aber nach Hause hatte er mich zu fahren, sondern nochmals in eine Gesellschaft. Ich war vom Doktor Härtel eingeladen, den Abend in seiner Familie zuzubringen. Der Gegensatz zwischen den beiden Buchhändlerhäusern war auffallend. Auch hier großer Reichtum und behagliche Breite der Existenz. Üppig aber durfte man weder die Ausstattung des Hauses noch die Bewirtung nennen. Dagegen schmückten schöne Bilder und andere Kunstgegenstände die Zimmer. Nur eine kleine Anzahl von Freunden war geladen, darunter Professor Weber, Stadtrat Zichorius und eine junge Dame, die zu mir bekannten Berliner Familien nahe Beziehungen hatte. Man trank Tee und unterhielt sich, besah dann eine Reihe interessanter römischer Photographien und nahm endlich etwas kaltes Abendbrot in einem Nebenzimmer ein. Das war eine Art der Geselligkeit, wie ich sie etwa aus meinem Elternhause kannte. Verkehr mit wissenschaftlich und künstlerisch gebildeten Menschen, Herzlichkeit und Gemütlichkeit, mit einem Wort: eine echt deutsche bürgerliche Häuslichkeit.

Wenige Tage später, am Donnerstag den zehnten November, feierte ganz Deutschland den hundertsten Geburtstag Schillers, und auch in Leipzig waren große Veranstaltungen getroffen, das nationale Fest würdig zu begehen. Sogar das Gewandhaus-Konzert wurde zu Ehren Schillers von Donnerstag auf den Freitag verlegt, was jedem guten Leipziger doch eigentlich als eine Versündigung gegen die Natur erscheinen mußte. Die Sache fing am Donnerstagmittag mit einem großen, unabsehbar langen Festzug an, bei dem alle Korporationen und alle Gewerke vertreten waren, und zu dem man sich, ich weiß nicht mehr wo, um einhalb zwölf Uhr versammelte. Natürlich nahm auch das Konservatorium teil, und der alte Moscheles trabte durch alle Pfützen, die sich nach voraufgehendem Regenwetter gebildet hatten, unerschrocken vor mir her. Von der Rede, die der Rektor der Universität auf dem Königsplatze hielt, wo vor der Kolossal-Büste des Dichters haltgemacht wurde, verstand ich nichts als von Zeit zu Zeit das Wort »Schiller«. Mehr als vier volle Stunden dauerte es, bis die Aktion zu Ende war. Am Abend folgte ein Fackelzug, den ich aus einem Fenster in der Grimmaschen Straße ansah. Am Freitagabend gab es Festkonzert im Gewandhaus, wozu am Vormittag die Generalprobe stattfand. Rietz, der zum Begräbnis Reissigers hatte nach Dresden reisen müssen, war erst in letzter Stunde zurückgekehrt, um den Taktstock zu führen. Eine eigens für den Zweck von ihm komponierte Festouvertüre stand am Anfang des Programms. Dann folgte eine sehr langweilige Kantate von Richter und – abends – eine Festrede. Das eigentliche Ereignis aber war Beethovens neunte Symphonie, die den Schluß bildete, und deren letzter Satz mit dem »Hymnus an die Freude« denn freilich die größte Huldigung ist, die dem Genius Schillers jemals gebracht worden ist und überhaupt gebracht werden kann. Die Aufführung war herrlich, und ich schwamm in »feuertrunkener« Begeisterung. Leider hatte ich mich bereden lassen, an einem großen Festessen teilzunehmen, das im »Hotel de Pologne« hinterher stattfand. Der Gäste waren ungefähr 700, aber was von mir bekannten Menschen dabei war, hatte feste Plätze weit entfernt von mir. Da saß ich denn, verlassen unter fremden Gesichtern bei schlechtem Essen, auf meinem Rohrstuhl; um mich herum ein Geschwirr von Menschenstimmen, Tellerklappern, Gabelklirren, durch das die Töne der Jubelouvertüre sich vergeblich Bahn zu brechen suchten. Der Katzenjammer nach den Freuden des Elysiums konnte nicht ärger sein!

Kaum zehn Tage waren nun in Leipzig dahingegangen, und ich hatte eine so bunte Menge von Eindrücken empfangen, so viel für meine junge Seele Bedeutsames erlebt, daß es mir schien, als lägen schon Monate zwischen diesem »heute« und dem Abend, wo ich Berlin und meine Eltern verließ. Das eigentliche Leben und besonders das Tun sollte aber doch erst beginnen!

Meine häusliche Existenz hatte sich bisher leidlich angelassen. Besonders hatte es die Frau Wirtin an liebenswürdigen Redensarten nicht fehlen lassen. Bald aber stellten sich doch Übelstände heraus, an denen ich merkte, daß ich nicht gerade ein Eldorado gefunden hatte. So ließen die Heizungsverhältnisse viel zu wünschen übrig, und was ebenso schlimm war, gerade unter meinem Zimmer betrieben die Mietsleute des ersten Stockwerks ihre musikalischen Studien, die mich gelegentlich zur Verzweiflung brachten. Tag für Tag hatte ich unter anderem die »Lotosblume« von Schumann, zu vier Händen arrangiert, in endlosen Wiederholungen zu genießen, und Tag für Tag trat sie mit denselben unerbittlich wiederkehrenden falschen Noten auf.

Wenn ich nicht von irgendeiner bekannten Familie eingeladen war, brachte ich meine Abende zu Hause zu. Tee oder Roggenkaffee mit etwas Brot und Butter daneben waren dann ebenso wie am Morgen die übliche Mahlzeit. Das Mittagessen nahm ich in »Äckerleins Keller« nahe dem Marktplatz ein, und als mein täglicher Tischgenosse erschien dort der Musiker Heinrich von Sahr. Diesem war ich durch Woldemar Bargiel und Robert Radecke empfohlen worden, die beide vor Jahren gemeinsam mit ihm das Leipziger Konservatorium besucht hatten und ihm freundschaftlich nahegetreten waren. Ich suchte ihn gleich am ersten Tage meines Leipziger Aufenthaltes in seiner Wohnung auf, und wie er alles ernstzunehmen gewohnt war, so faßte er es auch als eine ernste Pflicht auf, dem von den Freunden ihm zugewiesenen unerfahrenen Ankömmling nach Kräften zur Hand zu gehen. Die beste Grundlage dafür war durch eine solche Einrichtung, sich regelmäßig bei Tisch zu sehen und zu sprechen, gegeben.

Sahr mochte damals etwa dreissig Jahre alt sein. Seine Gestalt war hager und dürftig; auf dem schmalen, unjugendlich faltigen Gesicht lag ein trüber, fast mürrischer Ausdruck. So konnte sein Äußeres keineswegs anziehend genannt werden, und ein Gefühl davon, daß es so sei, mag ihm selbst bewußt und drückend gewesen sein. Sein auffallend scheues, zurückhaltendes und zugleich reizbares Wesen machte das Zusammensein zuweilen unbehaglich. Je länger ich aber mit ihm verkehrte, um so höher lernte ich ihn schätzen und ihm vertrauen. Seine innerste Natur war ebenso vornehm wie menschenfreundlich und gütig. Er gehörte zu denen, die sich lieber die Zunge abbeißen, ehe sie eine leere Phrase über die Lippen bringen. Wohl mußte man dafür hier und da ein übellauniges oder befremdliches Wort hinnehmen, aber ich erkannte doch bald, wie wertvoll für mich der Umgang mit einem Manne war, der so viel mehr Erfahrung besaß als ich. Daß er aus aufrichtigstem Wohlwollen sich bestrebte, mir mit gutem Rat beizustehen, darüber durfte ich nicht im Zweifel sein.

Wenige Tage nach meiner Aufnahme erhielt ich die erste Klavierstunde bei Plaidy. Sahr hatte mir den Rat gegeben, mich für ihn und nicht für Wenzel zu entscheiden, da dieser den Schüler nichts tun lasse als allerlei Musikstücke oberflächlich durchspielen, während Plaidy wirklich guten Unterricht im Technischen erteile. Nun stand ich vor einem untersetzten, dicken älteren Mann mit breitem wulstigem Gesicht, aus dem die kleinen Augen zwischen den Lidern kaum sichtbar heraussahen, und sollte ihm vorspielen. Ich hatte die Ballade in g-Moll von Chopin vorbereitet und brachte sie, wie ich glaubte, recht gut heraus. Die Kritik bestand in Schweigen über diese Leistung und in der Aufforderung, eine C-Dur-Tonleiter zu spielen. An dieser wurde dann eifrig herumgearbeitet und mir zum Schluß anbefohlen, während der nächsten Wochen nur langsame Skalen und einige Fünffingerübungen zu spielen. Ich war auf vieles gefaßt gewesen; diese Behandlung aber ging mir doch über den Spaß. Kein Wort über Musik und Auffassung derselben! Nichts als Fingermuskeln! Sehr niedergeschlagen berichtete ich Sahr, was ich erlebt hatte. Dieser jedoch war nicht im mindesten erstaunt, sondern versicherte, das sei nun einmal nicht anders: Plaidy sei bar aller poetischer Gefühle, eine nüchterne Kreatur vom Kopf bis zur Zehe, und sein Interesse beschränke sich ganz ausschließlich auf das Gymnastische des Klavierspiels. Hiervon verstehe er aber etwas Gründliches und er rate mir, mit Geduld gewappnet davon nach Kräften Nutzen zu ziehen. Ich sah wohl ungefähr ein, daß der Freund recht haben könne, ließ es jedoch sehr lange anstehen, bis ich seiner Ermahnung mit der vollen Tatkraft nachkam.

Angenehmer verlief die erste Stunde bei Hauptmann. Mehrere andere Schüler nahmen außer mir daran teil, die, wie ich, zu einer gegebenen Stimme einen vierstimmigen Satz zu schreiben hatten. Hauptmanns Korrekturen waren überzeugend, und der liebenswürdige, natürliche Humor, den er überall in seine Bemerkungen hineinspielen ließ, sorgte dafür, daß der Stoff unter seinen Händen niemandem trocken erschien.

Nun stand für das Klavierspiel noch Moscheles bevor, bei dem die erste Stunde ausgefallen war, weil sie auf den Tag der Schillerfeier fiel. In der zweiten – die acht Tage später stattfand – hatten andere ältere Schüler so viel vorzutragen, daß ich nur auf das Zuhören angewiesen war. Endlich, wiederum eine Woche später, kam ich selbst an die Reihe, und spielte einen oder zwei Sätze aus der G-Dur-Sonate op. 31 von Beethoven. Darauf setzte Moscheles sich selbst an das Klavier, um das Adagio uns vorzutragen. Dabei aber trat das Manirierte seines Spiels so empfindlich zutage, daß ich, der ich damals sehr geneigt war, das Kind mit dem Bade auszuschütten, für den Augenblick allen Respekt vor seiner Künstlerschaft und alle Lust verloren hatte, bei ihm zu studieren.

Mittlerweile war in Herrn Plaidys Verhalten mir gegenüber ein merkwürdiger Umschlag eingetreten. Es mußte ihm wohl irgend jemand begreiflich gemacht haben, daß er mich nicht ganz richtig eingeschätzt habe. Als ich zum zweiten Male zu ihm ging, teilte er mir mit, er habe mich in eine andere Klasse versetzt. Während ich zuerst mit einem persönlich recht angenehmen, aber in seinen Leistungen minderwertigen jungen Amerikaner zusammengespannt war, sollte ich nun in Gemeinschaft mit John Francis Barnett und Arthur Sullivan Unterricht erhalten. Und nicht nur das. Er eröffnete mir, daß er es doch für angemessener halte, wenn ich jetzt gleich schon Musikstücke neben den Fingerübungen studiere, und er rate mir deshalb, die Es-Dur-Sonate quasi una fantasia op. 27[4] vorzunehmen, die ich dann wohl bald in einer der an jedem Freitag stattfindenden Abendunterhaltungen des Konservatoriums vortragen solle. Das alles gefiel mir recht gut; nur hatte ich nicht die mindeste Lust, gerade diese Beethovensche Sonate, die mir noch fremd war, nachdem ich sie kaum eingeübt, vor versammeltem

Publikum zu spielen. Ich schlug also vor, man möge mir gestatten, zu meiner Einführung erst einmal die mir sehr vertrauten Variationen für zwei Klaviere von Schumann für die Abendunterhaltung zu wählen. Diese Bitte wurde gewährt, und Domenico Barnett, der Vetter des John Francis, mir zum Partner bestimmt. Allerlei Umstände jedoch kamen zusammen, um immer wieder einen Aufschub eintreten zu lassen, und so vergingen ein paar Monate, bis ich mit dem schönen Schumannschen Stück tatsächlich in der Abendunterhaltung auftrat.

Mehr als alles übrige lag mir das Komponieren am Herzen, und besonders erwartungsvoll sah ich dem Unterricht in der freien Komposition bei Rietz entgegen. Er wollte zuvörderst sehen, was ich bisher an eigenen Versuchen zuwege gebracht hatte, und da ich meine wenig sauberen ersten Niederschriften nicht gern zeigen mochte, so mußte ich mir erst dieses und jenes von Freunden kommen lassen, denen ich irgendwann eine vernünftige Abschrift geschenkt hatte. Darüber verging Zeit. Als ich ihm aber schließlich die Sachen eingehändigt hatte, fand er wiederum zu Hause keine Muße sie durchzusehen. Ich hatte mich also in der ersten Stunde darauf zu beschränken, nur Zeuge zu sein, wie erbarmungslos seine Kritik die Schöpfungen meiner Mitschüler zerzauste. Von Anfang an hatte ich jedoch reichliche Gelegenheit, Rietz als Dirigenten kennen und schätzen zu lernen. Und dies zwar nicht nur in den Konzerten, auf die ich natürlich abonniert hatte. Zu den Proben für die Gewandhaus-Konzerte hatten wir Konservatoristen freien Zutritt, und hier war ich der regelmäßigste und eifrigste Zuhörer. Als Rietz dann einmal David in der Leitung der Orchesterstunde zu vertreten hatte, konnte ich vollends aus der Nähe gewahr werden, welch eine Herrschergewalt er besaß. Wohl war seine Persönlichkeit aus etwas derbem Holz geschnitten, und es mag zugegeben werden, daß er für gewisse zartere musikalische Empfindungsgebiete nicht das volle Verständnis hatte. Desto mächtiger griff er hinein, wo es sich um Kraft, Größe und Leidenschaft handelte. Es lag trotz aller Grenzen, die ihm namentlich als Komponisten gesteckt waren, doch ein genialer Zug in seiner Natur, der unwiderstehlich wirkte. Freilich äußerte sich sein impulsives Wesen gelegentlich auch in einer gehörigen Portion von Grobheit. Er besaß schlagenden Witz und legte seinem beißenden Sarkasmus, wenn dieser irgendwie herausgefordert wurde, keinen Zügel an. Als einmal in einer Orchesterprobe eine Sängerin hartnäckig um eine Schwebung zu tief sang, klopfte er auf und rief ihr zu: »Ach bitte Fräulein, geben Sie uns einmal Ihr A an, damit wir danach einstimmen können!« In einer anderen Probe spielten zwei junge Damen die Schumannschen Variationen für zwei Klaviere. Die eine war auffallend hübsch, aber musikalisch uninteressant. Die andere spielte vortrefflich Klavier, konnte aber nicht gerade schön genannt werden. Als das Paar das Stück zu Ende gespielt hatte, sagte Rietz mir ironischem Lächeln: »Nun, es wird schon gehen! Was der einen an Musik abgeht, ersetzt sie durch hübsche Erscheinung; bei der anderen ist es umgekehrt.« Natürlich fühlten sich beide auf das Bitterste gekränkt: die Häßliche wollte vor allem hübsch sein und die Talentlose vor allem talentvoll. – Die Orchestermitglieder mußten sich unter Umständen noch Schlimmeres gefallen lassen. Ein unglücklicher Fagottist verfehlte einen wichtigen Einsatz. Sofort flog ihm ein »Ochse« an den Kopf.

Von den Konzerten, die ich in jenem ersten Quartal erlebte, möchte ich hier noch eines herausheben, das am ersten Dezember stattfand. Spohr war vor kurzem gestorben, und so galt es, sein Gedächtnis zu feiern. Außer Beethovens »Eroica«, die in herrlicher Aufführung mich sehr begeisterte, gab man nur Spohrsche Kompositionen: Ouvertüre, Introduktion und Duett der beiden Männer aus »Jessonda«, mehrere Bruchstücke aus seiner Oper »Faust«, darunter die weltbekannte Polonaise, und eines der Violinkonzerte, von David gespielt. Wohl hatte ich hin und wieder einzelne Sachen von Spohr gehört; an diesem Abend aber ging mir ein neues Licht über das Wesen des liebenswürdigen Meisters auf, und seine Musik gewann einen sicheren Platz in meinem Herzen. Es ist ja kein großes Reich, sondern nur eine fest- und wenn man will engbegrenzte Provinz, die er beherrscht; aber diese ist dafür ganz und ausschließlich sein Eigentum. Wenn es auch Strecken darin gibt, die man nur etwa einem gleichförmigen Wiesenplan vergleichen dürfte, dazwischen treten die anmutigsten Hügelgelände auf, mit Bäumen und blühenden Gebüschen, deren süßer Duft die Luft erfüllt; daß neben diesem reichen Gemütsleben, das aus seiner Musik spricht, ein gewisses konventionelles Element sich bemerkbar macht, ist nicht zu leugnen. Wie tief dieser sonderbare Gegensatz in seiner ganzen Persönlichkeit begründet war, darüber erfuhr ich später Bezeichnendes aus Hauptmanns Munde. Dieser, der bekanntlich jahrelang unter Spohrs Zepter an der Kasseler Oper fungierte und im vertrautesten Verkehr mit ihm stand, erzählte ein drolliges Beispiel von seiner Pedanterie. Hauptmann hatte einige Sonaten für Klavier und Violine geschrieben, die sich in der Art und Weise etwa den kleineren Beethovenschen anzuschließen versuchten, und brachte sie Spohr zur Ansicht. Als dieser nach ein paar Tagen Hauptmann die Stücke wiedergab, sagte er nach einigen freundlich anerkennenden Worten: »Ich werde jetzt auch ein paar Violinsonaten komponieren; aber, wie sich's gehört, mit Passage und Triller.« Das Schema der damals üblichen Konzertsätze sah er als ein unverbrüchliches Gesetz an, dem ein rechtschaffener Musiker sich unter allen Umständen unterzuordnen habe.

Nach jener ersten Begegnung mit dem Professor Frege auf dem Tauchnitzschen Diner in Zschocher hatte ich nur wenige Tage verstreichen lassen, bis ich seiner nachdrücklichen Aufforderung, ihn und seine Frau zu besuchen, nachkam. Das damalige Fregesche Haus, das bedauerlicherweise schon seit Jahren vom Erdboden verschwunden ist, um einem ebenso langweiligen als anspruchsvollen Neubau zu weichen, lag an der äußeren Seite der Promenade, ungefähr dem sogenannten Schwanenteich gegenüber, zu dessen Seite später das neue Theater Platz gefunden hat. Es war ein in schönem Ebenmaß gehaltenes, durchaus prunkloses, aber höchst stattliches Gebäude, das etwa aus der Zeit des Empire stammen mochte. Über dem niedrigen Erdgeschoß trug es noch zwei Stockwerke, so daß die breite Straßenfront zur Höhe im besten Verhältnis stand. Jene setzte sich nach beiden Seiten hin in einer hohen Mauer fort, hinter der der große Garten sich beinahe bis zur Querstraße hin ausdehnte. Das Wohnhaus lag also nach allen Seiten völlig frei da, und mochte man kommen, von welcher Seite man wollte, immer traf der Blick auf Fenster, die mit den sie einrahmenden grünen Jalousien eine behagliche Existenz ahnen ließen.

An einem Sonntagvormittag klingelte ich zum ersten Male an der verschlossenen Haustür. Ein Diener führte mich die breiten steinernen Treppen hinauf bis zum obersten Stock, wo die Wohnräume des Ehepaares lagen, und meldete mich bei dem Professor. Dieser begrüßte mich mit den Worten, seine Frau habe zwar, von Kopfschmerzen geplagt, bis vor kurzem noch das Bett hüten müssen, trotzdem aber wolle er mich zu ihr führen. In ihrem schönen, sonnigen Eckzimmer, das die Aussicht nach den Bäumen der Promenade und dem Augustusplatz hin hatte, empfing mich die liebenswürdige Frau, deren schlanke Gestalt und fein geschnittene Gesichtszüge noch immer genugsam dem schönen Ölbilde an der Wand glichen, das ihre anmutige Erscheinung in der Blüte der Jugend darstellte. Sehr bald kam das Gespräch in lebhaften Fluß, und der herzlichen Aufforderung, zum Mittagessen dazubleiben, setzte ich keinen Widerstand entgegen. Zur Tischgesellschaft gehörte nur noch der etwa fünfzehnjährige Sohn Arnold, ferner die Mutter des Professors, die verwitwete Kammerrätin Frege, die das erste Stockwerk des Hauses bewohnte, deren Gesellschafterin, Fräulein Heckstädt, und endlich der Hausarzt Dr. Schmieder. Die Stunden vergingen im ungezwungensten und zugleich anregendsten Gespräch, und als ich endlich aufbrach, wurde mir bedeutet, wenn ich abends uneingeladen kommen möge, um etwas Musik zu machen und häuslich mit der Familie Tee zu trinken, so sei ich stets willkommen.

Dies ließ ich mir nach der Aufnahme, die ich hier gefunden hatte, nicht zweimal sagen, sondern stellte mich nach Verlauf von zehn Tagen eines Abends wieder im Wohnzimmer der Frau Professorin ein. Nur ein Neffe von ihr, ein junger Maler, war auch erschienen, und nachdem man sich eine Weile am Teetisch unterhalten hatte, schritt man zum Musizieren in das anstoßende Musikzimmer.

Es war ein kleiner rechteckiger Raum, dessen Fenster an der einen Längsseite nach der Promenade hinaussahen. Der Flügel hatte seinen Platz in der freien Mitte. Zwei Notenschränke standen an der Wand den Fenstern gegenüber, dazwischen und an den Ecken Rohrstühle und andere Sitzgelegenheiten. Die dunkelrote Farbe der Wände bildete den Hintergrund für einige Büsten und Reliefs in Gips. Ohne weiteres mußte man sich in dieser Umgebung behaglich und zum intimen Musikmachen aufgelegt fühlen. Aber über dem Sichtbaren lag noch der Zauber eines Unsichtbaren, das ihm eine Weihe ohnegleichen gab. Hier hatte Mendelssohn unzählige Male am Flügel gesessen, Beethovensche und Bachsche Musik gespielt, oder Frau Livia begleitet, wenn er sich von ihr seine Lieder vorsingen lassen wollte. Und wie oft hatte auch Schumann hier still in einem Winkel sitzend zugehört, wenn seine Clara spielte, oder Frau Frege ihm etwas von seinen eigenen Sachen sang![II]

Doch die Gegenwart behauptete jetzt ihr Recht. Ich mußte mich selbst an den Flügel setzen und ein Stück nach dem anderen, das ich etwa in den Fingern hatte, auskramen. Immer mehr wollte man hören. Ich spielte die b-Moll-Romanze von Schumann, die e-Moll-Sonate von Beethoven, eine Reihe Chopinscher Präludien und Notturnos, das Adagio aus dem g-Moll-Quintett von Mozart, das ich aus besonderer Leidenschaft mir für Klavier zurechtgemacht hatte, und was dergleichen mehr war. Frau Frege hatte sich zu meiner Rechten dicht an den

II Wahrscheinlich haben auch die Gesänge der Peri hier zum ersten Male in lebendigem Klang Schumanns Ohr berührt. Livia Frege sang bekanntlich in den beiden ersten Aufführungen, die von »Paradies und Peri« in Leipzig am 4. und 11. Dezember 1843 stattfanden, die Peri, und so muß sie auch die erste gewesen sein, mit der Schumann die Partie durchnahm. Frau Schumann zeigte mir einmal in Lichtenthal das Autograph des Werkes und erzählte dabei, ihr Mann sei in der ersten Aufführung so entzückt über die Leistung seiner Perisängerin gewesen, daß er sich nach dem Konzert die weiße Kamelie zum Andenken ausgebeten habe, die sie an dem Abend im Haar getragen; die sorgsam getrocknete Blume durfte ich damals selbst noch sehen.

Flügel gesetzt, und schon ihren Zügen, um die ich bei der ersten Pause ein Lächeln freudiger Überraschung spielen sah, durfte ich die innere Teilnahme ablesen, mit der sie meinem Spiel gefolgt war. Eine aufmerksamere Zuhörerin hatte ich ohne Zweifel kaum jemals gehabt. Als ich endlich aufstand, lohnten mir Worte so warmer Anerkennung, daß ich stolz darauf sein durfte. Auch der Professor, der viel musikalisches Verständnis besaß, lobte mich in herzlicher Weise.

Nun aber kam an mich die Reihe zum Zuhören und damit zum reinsten Genießen. Frau Frege ließ sich mehrere Schumannsche Lieder von mir begleiten, und ich mußte mir sagen, daß ich in solcher Vollendung Lieder noch niemals hatte singen hören.[III]

Wohl hatte die Stimme nicht mehr die volle Frische der Jugend, und aus dem hohen Sopran der einstmaligen Bühnensängerin war ein Mezzosopran geworden. Aber wie bewunderungswürdig verstand diese Frau ihr Organ zu behandeln! Und von welcher Feinheit des Verstehens und Empfindens zeugte ihr Vortrag, dem jede leiseste Spur von gemachtem Wesen fremd war! So sang nur eine Meisterin!

Das vierte oder fünfte Lied mochte vorüber sein, als sie mich fragte, ob ich nicht selbst komponiere, und auf mein Ja mich aufforderte, ihr etwaige Lieder, die ich gemacht habe, bei nächster Gelegenheit zu bringen. Jetzt mußte ich gestehen, daß ich an die Möglichkeit einer solchen Frage schon im Stillen gedacht habe. Ich hatte ein paar Lieder von mir, die nicht mit zu Rietz gewandert waren, weil ich sie in doppelter Abschrift besaß, für alle Fälle in die Tasche meines Überziehers gesteckt. Sie wurden herbeigeholt, um mir vorgesungen zu werden. Ich erinnere mich nur von einem einzigen mit Bestimmtheit, daß es sich unter den mitgebrachten befand. Es war das Lied »Im April«, das ich später als erstes in meinem ersten Liederheft op. 2 veröffentlichte. Es fand entschiedenen Beifall und eine Wiedergabe, wie ich sie mir anmutiger nicht wünschen konnte.

So schloß dieser ereignisreiche Abend. Mit dem beglückenden Doppelgefühl im Herzen, eine große Künstlerin nicht allein kennengelernt zu haben, sondern auch von ihr in meinem Talent erkannt und gewürdigt worden zu sein, ging oder sprang ich durch die Dresdener Straße nach meinem Reudnitz hinaus. Es war aber noch ein anderes als nur die musikalischen Erlebnisse, das mich mit Dank erfüllte. Zum erstenmal hatte ich mich in einem Leipziger Hause auch als Mensch von Grund

III Daß ich als Zwölfjähriger in einem Konzert ein paar Lieder von Jenny Lind gehört hatte, zählt natürlich um meiner eigenen Unreife willen nicht mit.

aus wohl und verstanden gefühlt. Die Ahnung dämmerte mir auf, daß diese Stätte mir zu einer Art von Heimat in der Fremde werden könnte.

Schon zum nächsten Sonntag Abend erhielt ich wieder eine Einladung zu Freges. Ich mußte aber zu meinem Bedauern ablehnen, weil das Ehepaar Moscheles bereits Beschlag auf mich gelegt hatte. Der Geburtstag einer befreundeten Dame, Frau Leonore G., sollte mit Quartettgesang, bei dem meine Stimme zu brauchen war, und mit lebenden Bildern gefeiert werden. Der Name »Leonore« gab Veranlassung, die Leonoren aus Goethes »Tasso« und Beethovens »Fidelio« bei dieser Gelegenheit auftreten zu lassen, und Moscheles lieferte am Klavier die begleitende Musik dazu. Meine Respektsgefühle für ihn als Musiker waren schon aufs neue durch ein Trio seiner Komposition bedeutend herabgestimmt worden, das ich am Freitag in der Abendunterhaltung des Konservatoriums hatte anhören müssen, und das wenig geschmackvolle Gesäusel, das er bei den Bildern zum Besten gab, trug keineswegs dazu bei, sie wieder neu zu beleben. Dafür brachte mir der Abend durch die Begegnung mit David eine unerwartete Freude. Ich hatte bisher, ungekannt von ihm, seinen Orchesterstunden beigewohnt; nun erfuhr er meinen Namen, und die Entdeckung, daß ich der Sohn von Betty Pistor sei, entfesselte mit einem Schlage alle Liebenswürdigkeit seiner beweglichen Natur. Er erzählte, gerade vor wenigen Tagen habe er meiner Mutter lebhaft gedacht, als ihm wieder einmal die Handschrift eines Mendelssohnschen Quartetts in die Hand gefallen sei, das der junge Felix dermaleinst für die Freundin seiner Jugend komponiert habe. Ich war nicht wenig erstaunt über diese Worte; denn niemals hatte ich von einer solchen Widmung gehört, und so konnte auch meine Mutter nichts davon wissen, die mir doch sicher so Hübsches nicht verschwiegen haben würde. Jetzt wurde ich weiter belehrt, daß es sich um das Es-Dur-Quartett op. 12 handele, das Mendelssohn im Jahre 1829 komponiert und in England beendet habe.[5] Die handschriftliche Partitur, auf deren erster Seite geschrieben stehe: »An B. P.«, sei ihm – David – von Mendelssohn geschenkt worden, und er besitze nicht nur diese, sondern zugleich einen Brief von dem Freunde, in dem dieser von der Widmung und von der Verlobung meiner Mutter mit dem Dr. juris Rudorff schreibe.[6] Ich solle nur baldigst einmal kommen und mir das alles ansehen. Übrigens reise er in acht Tagen, um in einem Konzert zu spielen, nach Berlin und werde meine Eltern, wenn es sich irgend möglich machen lasse, besuchen. Diesen Plan führte er in der Tat aus und erzählte die Geschichte von dem Mendelssohnschen Quartett meiner Mutter, die denn auf solche Weise, nachdem ein volles Menschenalter dahingegangen war, zum erstenmal mit Staunen und Rührung erfuhr, welch eine Auszeichnung ihr von dem lieben Genossen ihrer Mädchenzeit zugedacht gewesen war. Bei einem späteren Aufenthalt Davids in Berlin brachte er das Manuskript und den zugehörigen Brief Mendelssohns meiner Mutter zum Geschenk mit.[7]

Am 28. November traf Frau Schumann für etwa zehn Tage in Leipzig ein, um im Gewandhauskonzert zu spielen und eine eigene Soiree zu geben. Ich hatte mich im voraus lebhaft auf das Wiedersehen mit ihr gefreut und durfte dann während ihrer Anwesenheit so viel mit ihr zusammensein, wie mir bisher noch niemals geschehen war. Sie wohnte wie gewöhnlich als Logiergast bei Freges, und gleich am ersten Morgen nach ihrer Ankunft ließ mir Frau Frege sagen, Frau Schumann sei da, und ich möge mich baldigst blicken lassen. Gegen Abend stellte ich mich ein, fand den herzlichsten Empfang, und fast kein Tag verging von da ab, ohne daß ich irgendwie ein paar Stunden mit ihr verkehrte. Am nächsten Morgen war Probe zum Gewandhauskonzert. Frau Schumann spielte das g-Moll-Konzert von Mendelssohn mit hinreißendem Schwung. Am Abend gab es ihr zu Ehren eine musikalische Soiree im Fregeschen Hause, zu der so ziemlich alle musikalischen Leute Leipzigs geladen waren. Für solche Gelegenheiten besaßen Freges außer dem erwähnten kleinen Musikzimmer einen großen Musiksaal, in dem für gewöhnlich alle Mittwoche Übungen für gemischten Chor stattfanden. Seit Jahren versammelte sich hier auf Anregung von Frau Frege eine Gesellschaft von etwa sechzig singenden Damen und Herren, die unter Leitung des Universitäts-Musikdirektors Langer größere und kleinere Werke bester Art studierten, um sie von Zeit zu Zeit vor geladenen Gästen zur Aufführung zu bringen. In diesem Raum sang nun auch heute der Chor eine Reihe Schumannscher Chorlieder; darauf spielte David mit seinen Genossen das große B-Dur-Quartett von Beethoven, und den Schluß bildete ein Schumannsches Trio mit Frau Schumann am Klavier. Das Gewandhauskonzert am Donnerstag brachte außer dem Mendelssohnschen Konzert eine Haydnsche Symphonie und die Genoveva-Ouvertüre von Schumann. Für den Sonnabend nachmittag wurde ich von Frau Schumann zum Vierhändigspielen bestellt. Brahms hatte ihr seine vor kurzem erst komponierte, noch nicht gedruckte, D-Dur-Serenade im Arrangement für vier Hände zugeschickt, und Frau Schumann wünschte, sie Frau Frege mit mir vorzuspielen. Sie hatte mir das Manuskript zwar zur Ansicht mitgegeben, aber ich hatte kaum Zeit gefunden, mich damit zu beschäftigen, und so war es nicht gerade eine angenehme Aufgabe, nach den geschriebenen Komponistennoten so gut wie vom Blatt das Stück mit ihr zu spielen. Die Sorge, vor ihren Ohren unter solchen Umständen einigermaßen zu bestehen, nahm einen guten Teil meiner Gedanken in Anspruch. Doch ich kannte noch keinen Ton von Brahmsscher Musik und war nach allem, was ich darüber hatte reden hören, zu sehr auf den Eindruck gespannt, den sie mir machen würde, als daß nicht das sachliche Interesse sehr bald alle anderen Empfindungen hätte überwiegen müssen. Soll ich heute sagen, wie mir dabei zumute war, so ist es schwer, dafür das rechte Wort zu finden. Ich war darauf gefaßt, etwas in hohem – vielleicht zu hohem – Grade Verwickeltes zu hören. Dieser Erwartung gegenüber erschien mir die Musik eher einfach. Sie war jedenfalls übersichtlich in der Form und hatte doch auch nichts Konventionelles. Der Respekt vor der außerordentlichen Wertschätzung, die Brahms, wie ich wusste, bei Robert und Clara Schumann gefunden hatte, gebot mir, mich einem so schwerwiegenden Urteil zu unterwerfen; ich war also redlich bemüht, die Serenade schön zu finden. Die Worte, die ich meinen Eltern darüber schrieb, geben davon Zeugnis. Dennoch: eigentlich gefallen, so daß mir von Herzen dabei wohl geworden wäre, hatte mir das Stück nicht. Und Frau Schumann muß empfunden haben, daß es so bei mir stand; denn sie hat in ihr Tagebuch[IV] zu der Notiz über dieses Vierhändigspielen die Worte geschrieben: »Wie schwer wird doch etwas Neues den Menschen zugänglich!«

Freges erschöpften sich in Freundlichkeiten gegen mich. Nach der Serenade mußte ich dableiben, und Frau Schumann spielte uns nach dem Essen eine Reihe Bachscher Sachen vor. Für den nächsten Abend luden sie mich abermals zu einer kleinen Gesellschaft ein, und zum Montag Mittag erhielt ich eine Einladung bei der alten Kammerrätin Frege. Immer wurde, wenn es sich irgend tun ließ, dafür gesorgt, daß ich meinen Platz bei Tische neben Frau Schumann erhielt. Von ihrem Spiel empfing ich am Sonntag einen besonders tiefen Eindruck. Sie begann mit der E-Dur-Sonate op. 109 von Beethoven und schloß mit den Schumannschen »Davidsbündlern«. Diese kannte ich noch kaum, und sie versetzten mich in einen solchen Rausch des Entzückens, daß ich mich, sobald ich die Noten in den Händen hatte, selbst mit an das Studium der reizenden Musik begab. Daß ein so häufiges Verkehren mit der ausgezeichneten Frau, wie es mir in diesen Tagen geboten wurde, meine Verehrung für sie zur Schwärmerei steigerte, ist natürlich. Sie brachte mir herzliches Wohlwollen entgegen, zeigte mir, daß meine

IV Nach einer Mitteilung von Fräulein Marie Schumann.

Nähe ihr angenehm war, und ich war glücklich über alle Anregung, die sie mir nicht nur durch ihr Spiel, sondern auch durch ihr Gespräch gab. Sie beglückwünschte mich, daß mein Vater endlich dareingewilligt habe, mich nach Leipzig zum musikalischen Studieren zu schicken, fand es aber durchaus verkehrt, daß ich in das Konservatorium als Schüler eingetreten war. Was ich denn da wolle? Moscheles sei zwar vor Jahrzehnten ein großer Klavierspieler gewesen; jetzt aber könne er weder als Muster gelten, noch als Lehrer fördernd wirken. Daß ich nun gar bei Plaidy Unterricht nähme, sei geradezu lächerlich. Ich bedürfe keines Klavierlehrers mehr, sondern möge für mich allein spielen und üben. Für meine Ausbildung als Musiker solle ich bei Hauptmann und Rietz Privatstunden nehmen. – In dem allen hatte sie von ihrem Standpunkt aus durchaus recht. Wenn ich ihr trotzdem nicht folgte, und es für meine besondere Lage für richtiger hielt, eine Weile noch Schüler des Konservatoriums zu bleiben, so waren dafür im wesentlichen Momente entscheidend, die in der Eigentümlichkeit meines persönlichen Entwicklungsganges begründet waren. Ich hatte so lange Zeit dahingelebt, ohne im Verkehr mit Gleichaltrigen Verständnis für die musikalische Seite meines Wesens zu finden, daß ich es jetzt als eine Wohltat empfand, einem Kreise jugendlicher Genossen anzugehören, die mit mir den gleichen Zielen zustrebten. Und ferner: Eine Einrichtung wie die Orchesterstunde, in der ich Gelegenheit hatte, nicht nur durch das Spielen der Blasinstrumente auf dem Klavier in unmittelbarer Weise in den Organismus des Orchesters einzugreifen, sondern auch von Zeit zu Zeit den Taktstock selbst zu führen, erschien mir, dem das Zusammenspielen der Instrumente noch eine so fremde Welt war, als etwas dermaßen Erwünschtes, daß ich mich schwer entschlossen haben würde, auf die Teilnahme daran sofort wieder zu verzichten. Ich blieb also vorderhand Schüler des Konservatoriums und hatte kaum Ursache, dies zu bereuen.

Es nahte nun das Weihnachtsfest und damit die erste Ferienzeit, die ich wieder bei meinen Eltern verbringen konnte. Was konnte ich ihnen als Leistung aufweisen? Zum Klavierüben war ich nicht viel gekommen. Es gab wenig Neues in meinem Repertoire. Dagegen hatte ich für die Kompositionsstunden ganz ordentlich gearbeitet, so daß ich mit einem Trio in g-Moll für Klavier, Violine und Violoncell im Dezember zum Abschluß kam. Rietz verstand es, durch die witzige Art, mit der er seine Kritik in den Stunden vorbrachte, die ganze Schülergesellschaft bei gespanntester Aufmerksamkeit zu erhalten. Alle paar Minuten gab es schallendes Gelächter. Ich hatte selbst so oft eingestimmt, wenn das

Lachen auf Kosten anderer ging, daß ich es mir nun auch gefallen lassen mußte, selbst auf dem Mokierstuhl zu sitzen. Das Finale meines Trios war etwas gar wild und ungebärdig geraten. »Sie wollen wohl in Musik setzen, was Schumann geahnt hat?« meinte Rietz, indem er mich spöttisch ansah. Und meine Kollegen antworteten durch stürmische Heiterkeit. Dann jedoch wurde er ernsthaft, blätterte zurück, machte bei dem Adagio Halt und sagte: »Da aber steckt doch Kraft und Fantasie! Und so wird es schon ganz gut werden mit Ihnen, wenn Sie fleißig sind.« Als mein Vater im Lauf des Sommers zu dem Entschluß gekommen war, mich zum Winter nach Leipzig zu schicken, sollte damit ja noch keineswegs gesagt sein, daß der Musikerberuf nun für mich eine beschlossene Sache sei. Die Meinung war vielmehr, ich solle Gelegenheit bekommen, die Dinge gründlich kennenzulernen, um mich selbst gewissenhaft prüfen zu können. Dann, nachdem ich Erfahrungen gemacht, möge über die Berufswahl endgültig entschieden werden. Viel schneller als ich selbst irgend gedacht, hatte sich jedoch dieses Provisorium in ein Definitivum verwandelt. Im November schon schrieb mir mein Vater nach Leipzig: »Die väterliche Einwilligung in deinen musikalischen Beruf wird mir noch immer von verschiedenen Seiten verargt und vorgeworfen. Steinmeier[V] meinte, du hättest als musikkundiger Theolog die hymnologischen Schätze noch besser heben können und brauchtest dich künftig mit keiner Privatstellung zu begnügen. Ich habe ihm geantwortet, man dürfe den Vogel nicht ins Wasser, den Fisch nicht an die Luft setzen, und jene verborgenen Schätze würdest du auch vom inneren Heiligthum der Kunst aus heben können. Eine öffentliche Stellung könnest du aber auch durch ein Lehramt einnehmen, zu dem die aufblühende wissenschaftlich-musikalische Litteratur die Aussicht eröffnet, sobald du deine höhere wissenschaftliche Entwicklung nicht versäumst und dich nicht auf die niedere Sphäre des bloßen Technikers beschränkest. … Unsere hannöversche Verwandtschaft wird durch andere Familienglieder getröstet werden, deren gröbere Besaitung sie die enge Pforte des Hannöverschen Verwaltungsbeamtenhimmels nicht verfehlen lassen wird. Ich aber habe mit allen ererbten Vorurtheilen abgerechnet, und vertraue auf deinen guten Geist, der dich dahin führen wird, wozu Gott dich auf Erden berufen hat. Fühlst du seinen Zug, nun so gehe in Gottes Namen vorwärts.«

V Steinmeier, theologischer Professor an der Berliner Universität, dessen Vorlesungen ich im Sommer 1859 mit Interesse besucht hatte.

Man sieht zwar an dem Hinweis auf »die höhere wissenschaftliche Entwicklung«, die ich »nicht versäumen« solle, daß mein Vater den Gedanken an das philosophische Doktorexamen für mich noch nicht aufgegeben hatte. Es dauerte noch ein gutes Jahr, bis dies Luftgebilde auch für ihn aus dem Gesichtskreis verschwand, wo er denn doch schließlich einsehen mußte, daß ich viel zuviel für meine musikalische Ausbildung zu tun und nachzuholen hatte, um daneben die nötige Zeit für eine derartige wissenschaftliche Leistung zu erübrigen. Zugestanden hatte er schon jetzt, daß der Ausgangspunkt für mein ganzes ferneres Tun jedenfalls die Musik sein müsse. Ich selbst aber war noch schneller mit mir fertig geworden. Sobald ich nur ein paar Tage die Leipziger Luft geatmet hatte, war alles Überlegen mit einem Schlage verschwunden. Mit unwiderleglicher Gewißheit sagte mir die innere Stimme, wohin ich mich zu wenden hatte.

Die letzte Schulwoche vor den Weihnachtsferien war vorüber, und ich durfte abreisen. Mein Weg führte mich vorerst nach Wienrode, wo in dem geliebten Pfarrhause ein paar Tage Station gemacht wurde, ehe es nach Berlin weiterging. Ich hatte oft und ausführlich nach Haus geschrieben, und meine Briefe waren regelmäßig von meiner Mutter weiter an meine Patin geschickt worden, damit auch diese von meinem Treiben und Tun genau erführe. Mein Vater schrieb ihr, während ich dort war, einen Brief, dessen Anfang von dem Schleifen eines schönen Rauchtopases handelt, den sie ihrem Manne als Geschenk von ihm zu Weihnachen aufbauen sollte. Dann fährt er fort: »Mittlerweile schleifen Sie nur meinen Jungen recht ordentlich, damit die Zukunftsmusik[VI], die Schnellfertigkeit der Jugend mit dem Wort, und was sonst als Schlacke ihm anhaftet, heruntergehen. Sie sind doch einmal seine zweite geistige Mutter in Liebe und Strenge, und Beides gehört zusammen, um einen jungen Hund zu dressiren, so lange er noch Leder kaut. Es ist durch den geschichtlichen Gang unseres Lebens so geworden, und wir haben für diese Fügung schon oft von ganzem Herzen Gott gedankt.«

Kurz vor dem Weihnachtsfest traf ich in Berlin ein; glücklich, wieder daheim zu sein, aber doch auch durch das, was ich draußen erlebt, in meinem Daseinsgefühl gefestigt und gehoben. Am ersten Weihnachtstag aß Radecke bei uns zu Mittag. Von meinem Trio hatte ich

VI Die Anführung der Zukunftsmusik bezieht sich darauf, daß ich noch als Gymnasiast »Tannhäuser« und »Lohengrin« gehört und davon einen starken Eindruck empfangen hatte.

wohl zu meinen Eltern gesprochen, aber noch keinen Ton davon hören lassen. Nun nach Tisch wollte es Radecke sehen. Ich mußte es ihm geben; er setzte sich an das Klavier und spielte das Stück nach der geschriebenen Partitur vom Blatt, wie es eben ging, herunter. Was dabei herauskommen mußte, kann sich jeder denken. Nur den besonders schwierigen letzten Satz spielte ich selbst. Das abscheuliche Chaos, als welches mein Opus in dieser Vorführung erschien, erregte den höchsten Unwillen meines Vaters, und ich schlich ohne weitere Worte niedergeschlagen aus der Tür, um in freier Luft mein Gleichgewicht wiederzugewinnen. Als ich nach ein paar Stunden wieder heimkehrte, war Radecke verschwunden, und ich bat, das Stück meinerseits noch einmal vorspielen zu dürfen. Das gab denn eine andere Vorstellung von der Musik, und mein Vater fing an, nicht allein sich zu beruhigen, sondern sogar Freude an einigem zu haben.

Auch Frau Schumann war, nachdem sie Leipzig verlassen, mit einem Umweg über Hannover nach Berlin gekommen, um hier mit ihren Kindern das Weihnachtsfest zu feiern. Sie hatte noch dieselbe Wohnung in der Dessauerstraße inne, in der ich vor 1 ½ Jahren als Primaner bei ihr Klavierstunden genommen hatte. Nach den Festtagen suchte ich sie auf, um ihr mein Trio zu bringen. Sie ließ es sich von mir vorspielen, hatte Gefallen an manchem Einzelnen, und äußerte, sie würde gerne dabeisein, wenn ich es einmal mit den Saiteninstrumenten probierte. Die Stimmen hatte ich schon ausschreiben lassen, Radecke war bereit, die Violine zu übernehmen, Dr. Bruns, ein tüchtiger, in Berlin sehr geschätzter Dilettant, das Violoncell, und es wurde festgesetzt, am Abend des 6. Januar das Stück bei meinen Eltern zu Gehör zu bringen. Außer Frau Schumann waren nur wenige musikverständige Freunde geladen: Frau Lichtenstein, ihr Bruder, der Professor Hotho, Fräulein Adele Dorn und Fräulein Baumeister. Frau Schumann setze sich zu meiner Rechten an das Klavier, um mit in die Noten zu sehen, und ihre liebenswürdige Teilnahme half mir über die Aufregung einigermaßen hinweg, die die Sicherheit meiner Finger in bedenklicher Weise zu beeinträchtigen drohte. Die Ausführung war nichts weniger als vollkommen; namentlich ließen die Saiteninstrumente viel zu wünschen übrig. Bruns hatte eine vorherige Probe beantragt, zu der Radecke aber keine Zeit finden konnte, und war nun sehr ärgerlich über alle falschen Noten und sonstigen Versehen, die die Zuhörer mit in Kauf nehmen mußten. Trotzdem machte das Ganze dem kleinen, von den besten Vorurteilen für mich beseelten Publikum einen guten Eindruck, und auch Frau Schumann ließ es an anerkennenden Worten für diesen und jenen graziösen oder ausdrucksvollen Zug nicht fehlen. Daneben verschwieg sie mir keineswegs, was sie auszusetzen hatte. So riet sie, namentlich den letzten Satz, dessen Motive ihr zusagten, dem es aber durchaus an vernünftiger Entwicklung fehlte, gründlich umzuarbeiten.[VII]

Ehe ich nach Leipzig zurückkehrte, machte ich ihr natürlich noch meinen Abschiedsbesuch und erlebte eine Überraschung. Brahms und Joachim waren unvermutet von Hannover für ein paar Tage herübergekommen, um sie zu besuchen. Sie hatte veranlassen wollen, daß am Nachmittag des vorhergehenden Tages Joachim mein Trio bei ihr mit mir spielte, damit er und Brahms das Stück kennenlernten und mir ihre Meinung darüber sagten. Joachim aber war anderweitig in Anspruch genommen gewesen, und jetzt war er schon wieder fort. Dagegen sah ich nun zu meiner nicht geringen Freude Brahms in Frau Schumanns Zimmer zum ersten Male in Person vor mir stehen. Über den Eindruck, den ich von ihm empfing, gab ich nach Wienrode hin erstaunlicherweise den folgenden brieflichen Bericht: »Brahms ist ein liebenswürdiger, einfacher, blonder Mensch, der nicht gerade bedeutend aber angenehm aussieht.« Gewiß: Man kann in der Charakterisierung der Brahmsschen Persönlichkeit nicht gründlicher vorbeischießen, als es diese Schilderung tut. Doch mag sie, abgesehen von der jugendlichen Unreife des Schreibers, einigermaßen entschuldbar erscheinen, wenn man sich vergegenwärtigt, wie sehr der Jüngling Brahms mit seiner nicht großen Gestalt, seiner Blondheit und seiner damals eher zarten rosigen Gesichtsfarbe auch andere, erfahrenere Leute über sein wahres inneres Wesen getäuscht hat, so daß sie meinten, er sei einer von denen, die kein Wässerchen zu trüben vermögen. In späteren Jahren blieben ihm die freie, breite und hohe Stirn, die fein geschnittene, ungewöhnlich schöne Nase, während im übrigen die Züge sich freilich sehr erheblich und nicht zum Vorteil veränderten.

Der Blick der auffallend hellen blauen Augen war von durchdringender Schärfe. Er ließ einen überragenden Geist fühlen. Dagegen kann ich im Gegensatz zu den Beschreibungen anderer nicht der Meinung sein, daß »groß« und »schön« im landläufigen Sinne die ganz entsprechenden Beiwörter für diese Augen gewesen wären. Der Augenstern selbst ist mir vielmehr immer eher etwas klein erschienen und der Aus-

VII Ich hielt das nachmals nicht für der Mühe wert und legte das Stück beiseite. Damit war denn das Trio abgetan und sie spielte noch vier Stücke aus der »Kreisleriana«, durch die sie alle Anwesenden auf das höchste beglückte.

druck zwar ungemein lebendig und bedeutend, aber mehr fernhaltend als gewinnend.

Die erste Hälfte des Januar 1860 hatte ich verstreichen lassen, ehe ich nach Leipzig zurückkehrte. Ich erlebte in Berlin noch eine schöne Aufführung von Glucks »Armide« und am Abend vor meiner Abreise eine Soiree, die Frau Schumann in der Singakademie gab. Sie spielte die »Kreisleriana« ihres Mannes, Es-Dur-Variationen von Beethoven, Sarabande und Gavotte in e-Moll von Bach, Rondo capriccioso von Mendelssohn und h-Moll-Scherzo von Chopin.

In Leipzig stand eine große Veränderung bevor. Rietz war zum 1. April an Stelle Reissigers als Hofkapellmeister nach Dresden berufen worden. Er hatte angenommen, und die Luft schwirrte schon seit vielen Wochen von Gerüchten über diesen oder jenen möglichen Nachfolger. Vor allem wurde an Gade gedacht; man glaubte aber kaum, daß er sich entschließen werde, sein heimatliches Kopenhagen zu verlassen, wo man ihn mit Huldigungen überschüttete. So stand es vor meiner Berliner Reise. Jetzt, als ich zurückkehrte, hatte sich die Nachricht verbreitet, es sei dennoch Aussicht vorhanden, ihn für Leipzig zu gewinnen. Es traf sich, daß für das nächste Gewandhauskonzert die c-Moll-Symphonie von Gade auf das Programm gesetzt war. Schon in der Probe fühlte ich mich durch viele Einzelheiten der Musik lebhaft angezogen. Die Aufführung aber versetzte mich in volles Entzücken. Ich hatte bis dahin so gut wie nichts von Gade gehört. Nun tat sich mir eine neue Welt ganz eigentümlicher poetischer Stimmungen in diesen nordischen Klängen auf, und ich wünschte nichts mehr, als daß Gade kommen möchte, damit ich ihm nahe sein, ihm meine Verehrung bezeugen und von ihm lernen könnte. Noch ein anderes bedeutsames Erlebnis brachte mir das Gewandhauskonzert. Ich hörte zum ersten Male Julius Stockhausen singen. In einer Arie von Händel und einer anderen aus der »Gazza ladra« von Rossini[8] gab er Proben seiner außerordentlichen Virtuosität im kolorierten Gesang, wie er sie sich als Garcias Schüler erworben und an der Pariser Oper eine Zeitlang verwertet hatte. Er wohnte während seines Besuchs in Leipzig bei Freges, und hier lernte ich ihn ein paar Tage später auch persönlich kennen. Es war am Nachmittag. Ich hatte in Kürze einiges mit Frau Frege besprechen wollen, brachte ihr auch ein Lied von mir, und da ich einmal mit meinen Klavierspielerhänden da war, so fiel es den beiden ein, rasch zu meiner Begleitung zwei reizende Duette von Schumann zu singen. Das war ein Glas Champagner im Vorbeigehen! Zugleich aber planten Freges eine große musikalische Soiree, in der Stockhausen singen und ich mit einigen jüngeren Musikern Kammermusik spielen sollte. Ich hatte Carl Rose als Geiger empfohlen, der mir seither künstlerisch und persönlich immer lieber geworden war. Friedrich Hegar, damals ebenfalls Schüler von David, überragte ihn vielleicht an technischer Gewandtheit. Er war der Ältere und trat mit großem Selbstgefühl auf. In seinem Spiel aber wie in seinem Wesen lag etwas Kühles, während Rose, der Sechzehnjährige, die Herzen durch die Wärme seiner musikalischen Natur unmittelbar gewann. Die Soiree, zu der 60 bis 70 Personen geladen waren, fand am Montag, den 30. Januar statt. Als ich schon zu früher Stunde bei Freges erschien, fand ich Robert Franz anwesend, der von Halle herübergekommen war und Frau Frege besuchte. Zur Abendgesellschaft blieb er nicht. Doch hatte ich wenigstens Gelegenheit, seine Bekanntschaft zu machen und eine Weile über allerlei mit ihm zu reden. – Bald hatten sich die Gäste vollzählig versammelt, und die Musik konnte ihren Anfang nehmen. Rose und ich begannen mit der h-Moll-Sonate für Klavier und Violine von Bach. Stockhausen sang mehrere Sachen von Pergolesi und andern altitalienischen Meistern. Dann spielte ich das Quintett von Schumann, und zum Schluß gab es Zwiegesänge von Frau Frege und Stockhausen. Es war das erste Mal, daß ich mich in Leipzig vor einem größeren Kreise hören ließ. Alles gelang, und ich erntete reiches Lob ein. Auch der gute alte Moscheles gehörte zu den Zuhörern, und obgleich ich mich wenig genug in seinen Stunden hatte blicken lassen, kam er doch an mich heran und sagte mir schöne Dinge. Sahr hielt es erst beim Wiedersehen an einem der nächsten Tage für angebracht, seinen Mund zu öffnen. Er redete nachdrücklich in mich hinein, wie es meine Pflicht sei, mein Klavierspiel nicht als Nebensache zu behandeln. »Sie spielen mit Leidenschaft« sagte er, »das hat nicht jeder! Packen Sie die Sache gehörig an! Machen Sie viel technische Studien nach Plaidys Angaben! Nehmen Sie jetzt erst einmal die sämtlichen Sonaten von Beethoven vor, und studieren Sie sie von der ersten bis zu letzten so gründlich, daß Sie sie vollkommen beherrschen!« Leider befolgte ich diesen guten Rat nicht, sondern gab mich alsbald daran, das e-Moll-Konzert von Chopin zu üben, das eine Dame mit wenig Verständnis im Gewandhaus gespielt hatte. Das mir unbekannte Stück hatte mich trotz des schlechten Vortrags gereizt. Ich kaufte es mir und verliebte mich bei näherer Bekanntschaft so gründlich in die Musik, daß ich Plaidy erklärte, er müsse es mich studieren lassen.

Als eine besondere Freude empfand ich, daß Rose nicht nur große Anerkennung für sein schönes Spiel, sondern auch persönlich die freundlichste Aufnahme im Fregeschen Hause gefunden hatte. Frau Frege besaß das Talent, jemanden, der ihr zum ersten Male gegenübertrat, binnen kurzem unbefangen zu machen, wenn seine Person ihr ernsthafterer Beachtung wert schien. Roses Schüchternheit schwand vor ihrer Liebenswürdigkeit wie Schnee vor der Sonne, und der kleine rotbäckige, kaum dem Knabenalter entwachsene Mensch gab sich freimütig von seiner besten Seite.

Am nächsten Freitag kam es endlich dazu, daß ich mit Domenico Barnett die Variationen für zwei Klaviere von Schumann in der Abendunterhaltung des Konservatoriums spielte. Mein Partner war ein guter fleißiger Mensch, und in technischer Beziehung leistete er ganz Leidliches. Als ich aber drei Tage vor der Aufführung das Stück in der Plaidyschen Stunde zum ersten Male mit ihm zusammen probierte, erschrak ich dermaßen über das, was ich zu hören bekam, daß ich nahe daran war, ihm den Handel aufzukündigen. Zum Glück besann ich mich eines Besseren und bestellte ihn mir für den nächsten Morgen in das Härtelsche Instrumentenlager zu einer Privatprobe Dieses Verfahren wurde noch ein- oder zweimal wiederholt. Ich sagte ihm über seinen barbarischen Vortrag mit Sanftmut, aber doch ohne ein Blatt vor den Mund zu nehmen, meine Meinung, und übte in erbarmungslosen Wiederholungen alle für das Zusammenspiel bedenklichen Stellen, bis sie mit Sicherheit herauskamen. Die von mir sehr geliebten Variationen bildeten den Schluß des Programmes, gelangen bei der Aufführung recht gut und machten den besten Eindruck. Einige Wochen später spielte ich abermals in der Abendunterhaltung. Mit Rose wiederholte ich die Bachsche h-Moll-Sonate und im weiteren Verlauf des Abends brachte ich mit Albrecht an der Violine und Maszkowsky als Bratschisten die »Märchenerzählungen«, ein selten gehörtes Werk aus späterer Zeit von Schumann zum Vortrag.

Im Fregeschen Chorverein wurde jetzt die »Johannespassion« von Sebastian Bach studiert. Ich sang regelmäßig in den Übungen als Bassist mit und lernte so zum ersten Male ein großes Bachsches Chorwerk ganz aus dem Grunde kennen. Wohl hatte ich die »Matthäuspassion« in früheren Jahren ein paarmal in Berlin von der Singakademie aufführen hören. Aber abgesehen davon, daß diese Aufführungen, die damals Grell leitete, in ihrer unglaublichen Unvollkommenheit und Nüchternheit kaum eine Ahnung von der Herrlichkeit der Musik zu geben vermochten, war ich selbst noch zu wenig fähig, ihre Größe wahrhaft zu erfassen. Jetzt stand ich als ein anderer einem solchen Ausdruck gegenüber, und von Probe zu Probe steigerte sich meine Bewunderung für den Tiefsinn, die Hoheit, die sich mir überall offenbarten. Darüber empfand denn auch mein Vater eine besondere Genugtuung, der mit Recht immer aufs neue gepredigt hatte, ich müsse mich vor allem in Sebastian Bach vertiefen. Zur Aufführung, die um die Mitte des März stattfand, wurde [ein] Orchester in kleiner Besetzung hinzugezogen. Frau Frege sang einen großen Teil der Arien. Auch die besonders herrliche, eigentlich für Baß bestimmte Arie in Es-Dur hatte sie sich nicht nehmen lassen mögen. Daß Ihr Vortrag unübertrefflich war, versteht sich von selbst. Leider aber reichte die Kraft des Organs für eine solche Aufgabe nicht mehr überall aus.

Viele für mich neue musikalische Eindrücke lösten daneben einander ab. Im Theater erlebte ich zum ersten Male eine Marschnersche Oper, »Der Templer und die Jüdin«. Im Gewandhaus gab es die »Ossian«-Ouvertüre[9] und die B-Dur-Symphonie von Gade, zwei Werke, deren Bekanntschaft meinen Enthusiasmus für den Komponisten der c-Moll-Symphonie noch weiter steigerten. Als Novität erschien die »Ocean«-Symphonie von Rubinstein, die mir zum Teil sehr wohl gefiel. Auch Ouvertüre, Scherzo und Finale von Schumann und die »Weihe der Töne« von Spohr lernte ich in diesem Winter kennen. Mehr aber als alles griff eine Aufführung von »Paradies und Peri«[10] in mein ganzes Empfindungsleben ein. Franz von Holstein, mit dem ich durch Sahrs Vermittlung in Beziehung getreten war, hatte mir vorher einmal gesagt: »Wenn Sie ›Paradies und Peri‹ nicht kennen, so steht Ihnen noch ein großes Erlebnis bevor. Denn dies Werk ist doch eigentlich wie der Zusammenklang alles Schönsten, was Schumann nur je in seinen Liedern ausgesprochen hat.« Damit war kaum zuviel gesagt. Frau Frege hatte mir den Klavierauszug zur vorläufigen Einführung geliehen, und schon diese hatte mich begeistert. Dann kamen im Gewandhaus zwei Proben für Chor und Orchester und endlich die Aufführung. Frau Bürde-Ney sang die Partie der Peri und ließ trotz großer Stilmittel und tüchtigen Könnens recht viel zu wünschen übrig. Mochte ihr Vortrag aber so prosaisch sein wie er wollte, ich hörte doch nur Schumann und die wundervolle Poesie seiner Musik. Wohl mußte ich mir trotz allen Entzückens gestehen, daß der dritte Teil Längen hat, daß er nicht ganz auf der Höhe des Voraufgegangenen steht. Dafür aber hatten mich die beiden ersten Teile um so mehr hingenommen. Ich wußte sie bald von vorn bis hinten auswendig und träumte und dachte tagelang nichts anderes als diese Musik. An einem der nächsten Sonntagabende, den ich wie gewöhnlich bei Freges zubrachte, entschloß sich Frau Frege, zu meiner Begleitung die Arie der Braut zu singen, mit der sie vor Jahren im Gewandhaus einen so stürmischen Jubel entfesselt hatte. Schöner konnten diese Begeisterungstage für mich nicht ausklingen als mit diesem Eindruck.

Der erste Leipziger Winter hatte nun sein Ende erreicht. Ich hatte unendlich viel und vielerlei Musik gehört, mehr Neues in den wenigen Monaten kennengelernt als ehedem in Jahren. Schon das gab Unruhe genug. Aber auch das gesellige Leben hatte mir viel Zeit genommen. Nicht nur mit Einladungen zu Gesellschaften war ich reichlich gesegnet worden, auch tiefergreifende Anknüpfungen hatten sich gefunden, die mein inneres Leben wahrhaft bereicherten. Kaum konnte ich mir große Vorwürfe darüber machen, wenn ich unter solchen Verhältnissen zu strammem und anhaltendem Arbeiten wenig gekommen war. Aber das war doch wünschenswert, daß ich wenigstens lernte, den geselligen Verkehr, soweit es sich tun ließ, auf die irgendwie wertvolleren Beziehungen zu beschränken. Was mir das Fregesche Haus bot, ließ sich mit allem übrigen nicht vergleichen. Doch dies ist schon so reichlich ausgesprochen worden, daß ich an dieser Stelle mit keinem Wort darauf zurückzukommen brauche. Auch von Moscheles und den Seinigen erfuhr ich viel Freundlichkeit. Ich muß dies um so dankbarer anerkennen, als ich mir gestehen muß, daß mein Benehmen gegen den vortrefflichen alten Mann, soweit es meine Schülerschaft ihm gegenüber anlangt, eine Zeitlang unerhört rücksichtslos war. Die Affektation in seinem Klavierspiel, die Äußerlichkeit und Leere mancher seiner Kompositionen, die ich hatte anhören müssen, hatten mich dermaßen abgeschreckt, daß ich, nachdem ich ein paar seiner Stunden besucht, hartnäckig viele Wochen hindurch gänzlich ausblieb. Inzwischen hatte er zuhören müssen, wie ich die Schumannschen Variationen in der Abendunterhaltung und das Schumannsche Quintett bei Freges vortrug. Als er mich nach einiger Zeit wiederum in irgendeiner Gesellschaft traf, kam er auf mich zu und sagte nach einigen einleitenden Worten: »Das romantische Genre spielen Sie ja sehr gut; aber Sie sollten sich jetzt an die klassischen Meisterwerke von Beethoven und Mozart und an die meinigen wagen!« Diese denkwürdige Äußerung, die mir noch heute in den Ohren klingt, belustigte mich leider in sehr viel höherem Grade, als daß sie mein Gewissen aufgerüttelt hätte. Aber allmählich wurde es doch anders. Als ich nach wie vor von Frau Moscheles zu allerlei größeren oder intimeren geselligen Freuden eingeladen wurde, begann ich dieser Gutherzigkeit gegenüber doch endlich Reue zu fühlen. Und nicht das allein! So empfindlich auch meine Lachmuskeln zuckten, wenn der gute Alte am

Klavier auftrat und jedes sforzato durch eine Gebärde des Entsetzens, jede zarte, ausdrucksvolle Stelle durch die unglaublichsten Windungen der Arme illustrierte: ich mußte in der Tat anerkennen, daß neben diesen Unarten, die das Alter gewiß immer übertriebener hatte werden lassen, dennoch Reste eines großen Klavierspiels zu spüren waren. Ich erinnere mich z. B., daß er eines Abends bei sich seine E-Dur-Etüde vortrug, und daß mir die vollendet ebenmäßige Schönheit seines Arpeggienspiels die größte Bewunderung einflößte. So kam es denn, daß ich den Entschluß faßte, mich wieder bei seinen Unterrichtsstunden im Konservatorium einzufinden. Ich begann, seine mir von früher Zeit her vertrauten Etüden bei ihm aufs neue zu studieren. Für manche dieser Stücke hatte ich eine aufrichtige Zuneigung und konnte ihm das durch die Art, wie ich sie wiederzugeben versuchte, beweisen. Auch eines seiner wenig bekannten Allegri di bravura, »La forza«[11] betitelt, hatte ich in irgendeiner Musikalienhandlung aufgestöbert, und es freute ihn, als ich ihn mit dem Vortrag dieses technisch nicht uninteressanten Stücks überraschte. Sehr drollig war es zu erleben, mit welchen Umständen es verbunden war, Moscheles, wenn er selbst Klavier spielen wollte, eine Sitzgelegenheit vorzubereiten, die ihm vollständig genügte. Alle möglichen dünnen und dicken Notenbände wurden herbeigeschleppt, aufeinandergetürmt, wieder entfernt, ehe man glücklich damit zustande kam, den Klavierstuhl seinen Wünschen entsprechend herzurichten. »Bitte noch ein Chopinsches Notturno!« war ein oft wiederkehrender Schlußeffekt, mit dem er sich dann selbst ironisierte. Drollig war überhaupt die ganze Erscheinung des alten Herrn mit seinem wunderlichen weißen Haargewölk. Der semitische Typus war unverkennbar, vor allem auch in seiner Figur und seiner Gangart. Unwillkürlich mußte man an einen gutmütigen Tanzbären denken, wenn er, die Knie etwas eingeknickt, trippelnd daherkam. Stellte man sich dann aber vor, daß diese Augen noch Beethoven gesehen hatten, und wurde man bei einem Blick in sein großes Album gewahr, mit welchen Leuten erster Ordnung dieser Mann sein langes Leben hindurch verkehrt hatte, so wußte man allerdings[12], mit wem man es zu tun hatte. Ein schlimmes Ding war es, daß er auf den Einfall gekommen war, zu mehreren Präludien aus Bachs »Wohltemperiertem Klavier« Musik für ein zweites Klavier hinzuzukomponieren. Das böse Beispiel Gounods, der mit seiner süßlichen Melodie zum C-Dur-Präludium[13] so haarsträubenden Erfolg gehabt hatte, trug diese Früchte. Moscheles hatte bei sich in den sehr hübschen Gesellschaftszimmern zwei Flügel stehen, und ich wurde zitiert, auf dem einen derselben je eins der Bachschen Originale zu spielen, während er auf dem anderen die von ihm bereitete Brühe hinzufließen ließ. Überhaupt wurde oft auf zwei Flügeln bei ihm musiziert. Auch seine achthändige Komposition »Les Contrastes«, die in ihren verschiedenen Sätzen verschiedene musikalische Stilarten zu charakterisieren beabsichtigt, erschien auf dem Plan, und ich hatte dabei mitzuwirken. In diese und andere ähnlich saure Äpfel aber biß ich nunmehr ohne Widerstreben, weil mich die Herzensgüte, die den Grundzug von Moscheles' Natur bildete, ein für allemal überwunden hatte. Ich wollte ihm soweit es in meinen Kräften stand zu Willen sein und denke mit Freuden daran zurück, daß meine Beziehungen zu ihm bis an sein Ende die freundlichsten geblieben sind.

Zu den Leuten, denen ich um gewisser Rücksichten willen einen Besuch hatte machen müssen, gehörte auch Julian Schmidt, der Literaturhistoriker. An dem ersten Abend, den ich in seinem Hause zubrachte, wurde mir nicht gerade sehr wohl zumute. Ich hörte fast nichts als Äußerungen negativer Kritik. Und zwar wurde nicht nur über Dichter zu Gericht gesessen, sondern auch die Musik mußte es sich gefallen lassen, seziert zu werden, während ich zugleich deutlich genug erkennen konnte, daß für ein eigentliches musikalisches Verständnis hier die erforderliche spezifische Begabung durchaus fehlte. Nichtsdestoweniger war ich mir bewußt, daß ich es mit einem interessanten Mann zu tun hatte, dessen Gespräch zum Nachdenken anregte. Wenn man eingeladen wurde, fand man höchstens noch einen oder zwei andere Gäste, und so ließ ich mich blicken, wenn man mich haben wollte. Julian Schmidt behandelte bekanntlich die Romantiker, denen er ihre Verherrlichung des »Unsichtbaren« und der »Nachtseiten der Natur« zum Vorwurf macht, mit der äußersten Geringschätzung. Lassalle hat ihn dafür einmal in irgendeiner Schrift durch die Anrede ausgezeichnet: »Sie unsichtbares Licht! Sie Nachtseite der Natur!« So grausam dies Verhöhnen der wenig anziehenden Persönlichkeit des strengen[14] Kritikers genannt zu werden verdient, man muß doch auch zugeben, daß die Anmaßung, mit der unproduktive Gelehrsamkeit zuweilen über schöpferische Geister herzufallen beliebt, zu solchem Spott herausfordert.

In der Hirzelschen Familie verkehrte ich gern. Die Frau des Hauses nahm schon durch die Anmut ihrer Erscheinung für sich ein. Sie sagte wenig, aber wohltuende Herzensgüte lag in ihrem ganzen Wesen. Der älteste Sohn, ein frischer, tüchtiger junger Mann, hatte neben seinen kaufmännischen Berufsinteressen auch Sinn für Musik und für geschichtliche Studien. Ihm verdankte ich die Anregung, Treitschkes ausgezeichnete Vorlesungen zu hören, die er selbst eifrig besuchte. Im Hirzelschen Hause lernte ich Gustav Freytag kennen. Zu wiederholten Malen traf ich ihn dort in größerem oder kleinerem Kreise. Er trat damals in Begleitung seiner Frau, einer ältlichen polnischen Gräfin, und eines Sohnes derselben aus erster Ehe auf, dessen welkes, blasiertes Aussehen wenig Sympathie einzuflößen vermochte. Meine Eltern hatten »Soll und Haben« mit Begeisterung gelesen, und ich durfte mir nach ihren Lobesergießungen über das Buch die schönsten Vorstellungen von der Person des Verfassers bilden. Der wirkliche Gustav Freytag entsprach jedoch keineswegs einem solchen Gebilde meiner Phantasie. Er war zwar groß und ansehnlich von Gestalt, aber ich erinnere mich, kaum jemals regungslosere Züge gesehen zu haben als die seinigen. Diese Starrheit war um so auffallender, als seine besonders frische Gesichtsfarbe einen lebhaften Ausdruck geradezu zu bedingen schien. Man hätte denken können, dieser Kopf sei eine aufs beste rot und weiß angestrichene Maske. Über sein Wesen darf ich im übrigen nichts sagen, da ich kaum Gelegenheit gehabt habe, selbst mit ihm zu sprechen. Nur das, daß dem Zuhörenden und Beobachtenden eine Kühle entgegentrat, die wenig Lust machte, sich zu nähern. Vielleicht wurde dieser Eindruck bei mir noch verschärft durch einen Bericht, den mir gelegentlich Frau Frege über eine Begegnung mit ihm gab. Sie hatte dem berühmten Mann zu Ehren, bald nachdem er seinen ersten Besuch gemacht, eine große Gesellschaft gegeben, in der vor allem viele und schöne Musik gemacht wurde. Natürlich war sie auch selbst singend dabei beteiligt. Als sie sich dann von ihm hatte zu Tisch führen lassen, eröffnete er die Unterhaltung mit der Erklärung, daß ihm Musik etwas recht Unangenehmes sei.

Der junge Hirzel verließ schon im Sommer 1860 Leipzig, um nach England zu gehen, und damit schränkte sich der Verkehr im Hause seiner Eltern von selbst wesentlich ein. Auch bei Tauchnitz' ließ ich mich wenig mehr blicken, obgleich man mich zu wiederholten Malen eingeladen hatte. Überrascht war ich eines Abends, wo ich fast als einziger Gast zu ihnen geladen worden war, in Frau von Tauchnitz eine vortreffliche musikalische Dilettantin kennenzulernen. Sie bat mich, einiges mit ihr vierhändig zu spielen, und diesem gemeinsamen Musizieren verdanke ich die erste Bekanntschaft mehrerer der schönsten Kompositionen zu vier Händen von Franz Schubert.

Die Osterzeit brachte ich natürlich wieder im elterlichen Hause zu. Zum 21. März, dem Geburtstage meines Vaters, traf ich in Berlin ein.

Nach den Festtagen stieg der Gedanke auf, noch zu dreien für einige Tage nach Wienrode zu reisen. Es wurde nicht lange überlegt, und ein frohes Wiedersehen mit den geliebten Freunden gab den Ferien den schönsten Abschluß.

Meine äußere Lage in Leipzig hatte inzwischen eine vorteilhafte Änderung dadurch erfahren, daß ich meine erste Wohnung bei Wiedemanns am 1. März aufgab und in ein kleineres neues Haus übersiedelte, das in der Heinrichstraße unmittelbar im Rücken meiner bisherigen Behausung lag. Die Verhältnisse bei Wiedemanns waren mit der Zeit unerträglich geworden. Das Musizieren in der Etage unter mir nahm kein Ende. Zu jeder Tageszeit mußte ich gegenwärtig sein, aus allem Arbeiten dadurch herausgerissen zu werden, und immer aufs neue erhoben meine Wirtsleute Anspruch auf gesellschaftlichen Verkehr mit mir, auf dessen Befriedigung ich mich unter keinen Umständen einlassen konnte. So mußte abgeschnitten werden, und ich war froh, eines Tages in allernächster Nähe ein Quartier zu finden, das den besten Ersatz versprach. Mein neuer Wirt hieß Nietzschmann. Er war Zimmermeister und zugleich Holzhändler, hatte, selbst noch jung an Jahren, eine wesentlich ältere Frau aus Elberfeld geheiratet, die dort beinahe zwei Jahrzehnte im Dienst einer vornehmen Familie gestanden hatte, und lebte mit dieser in kinderloser, aber sehr glücklicher Ehe. Beide waren grundehrliche Leute, denen die Güte und Treuherzigkeit aus den Augen sah. Der Mann hatte sich das Häuschen vor erst ganz kurzer Zeit selbst zusammengezimmert: Im Erdgeschoß enthielt es drei Zimmer und Küche für den eigenen Gebrauch; darüber lag ein Giebelzimmer mit zwei Fenstern und ein Kämmerchen unter schrägem Dach, die zum Vermieten bestimmt waren. Ein kleines Gärtchen unmittelbar am Hause fehlte nicht. Die weitere Umgebung aber bildete ein Hofraum, auf dem Bauholz aller Art in Fülle aufgeschichtet lag. Die gute Frau Nietzschmann kannte kein eifrigeres Bestreben als das, mir das Dasein so angenehm wie möglich zu machen, und alle erfüllbaren Wünsche mir mit freundlichstem Gesicht und ebenso freundlichen Worten in ihrem »Elberfelder« Dialekt zu erfüllen. Ich konnte in der Tat nicht besser aufgehoben sein als hier und dachte daher, solange ich in Leipzig blieb, niemals mehr an einen Wohnungswechsel.

Jetzt geschah es auch eher einmal, daß ich einen oder den andern meiner jungen Kollegen für den Abend zu mir einlud; nicht nur zum Musizieren, sondern auch zu bescheidenstem Abendbrot. Carl Rose blieb nach wie vor derjenige unter ihnen, der meinem Herzen am nächsten stand, dem ich am unbedingtesten vertraute und an dessen Musik ich die meiste Freude hatte. Er war eine durch und durch aufrichtige Natur, im Leben wie in der Kunst, und ein gesunder Menschenverstand ersetzte in vieler Hinsicht, was ihm an Bildungselementen fehlte. Rafael Maszkowski, ein Pole aus Lemberg, besaß alle Vorzüge und Schattenseiten seiner Nationalität. Ich meine, er sei einige Jahre älter gewesen als ich. Jedenfalls hatte er sich schon mannigfach in der Welt umgetan; und da er in seinen Mitteilungen über diesen Punkt sehr sparsam war, so schien uns etwas Geheimnisvolles über seiner Vergangenheit zu liegen. Seine Gestalt war schlank und beweglich, das Gesicht schmal und von jener fahlen Färbung, die den S[?][15] zu eigen ist. Er konnte höchst liebenswürdig, aber auch ebenso argwöhnisch und empfindlich sein. Seine große geistige Regsamkeit ließ ihn an den verschiedensten Dingen Anteil nehmen, dagegen Beharrlichkeit war nicht seine Sache. Über allem übrigen stand ihm natürlich die Musik, für die er eine bedeutende angeborene Begabung besaß. Er war Geiger, und niemand konnte lebhafter musikalisch empfinden, leidenschaftlicher bemüht sein, dieser Empfindung vollen Ausdruck zu geben, als er. Leider nur ließ sein technisches Können allzuviel zu wünschen übrig. Am ehesten noch war er damals als Bratschist im Quartett zu gebrauchen. Er war mit Leib und Seele dabei, ohne es doch wie ein gewisser musikalischer Dilettant zu machen, der auch mit Vorliebe Bratsche im Quartett spielte, bei schwierigen Stellen aber vor Entzücken den Bogen rechts, die Geige links in die Höhe streckte, d. h. so lange pausierte, bis die Gefahr vorüber war. Maszkowskis Enthusiasmus, namentlich der musikalische, kannte keine Grenzen, und die Art, in der dieser sich äußerte, war in einem solchen Grade überschwenglich, daß sein Gebaren zuweilen an das Komische streifte. Als ich ihm einmal ein ihm unbekanntes Stück aus den Schumannschen »Davidsbündlern« vorspielte – es war das überschäumende letzte aus dem ersten Heft, bei dem es »Florestan schmerzlich um die Lippen zuckt«[16] – geriet er in eine solche Ekstase, daß er wie besessen in der Stube herumraste. Ich sehe und höre ihn noch, wie er auf einem Spaziergang, als die Rede auf Beethovensche Musik kam, plötzlich stehenblieb und, die Augen mit verzücktem Blick gen Himmel gerichtet, den Namen »Beethoven« feierlich aussprach, wobei er wie alle Österreicher den Akzent auf das dunkel gefärbte »o« in der Mitte fallen ließ. Bezeichnend für ihn war es auch, daß er ein anderes Mal, als wir miteinander im ersten Frühlingsgrün auf der Leipziger Promenade hin- und herschlenderten, die Frage aufwarf, was man wohl tun sollte, wenn man vor die Wahl gestellt würde, entweder auf die neun Symphonien zu verzichten oder den Frühling aus der Welt zu streichen. Wir kamen schließlich beide überein, daß dann doch der Frühling noch unentbehrlicher sein würde. In starkem Gegensatz zu dem Schwärmer Maszkowski stand Paul David, der einzige Sohn Ferdinand Davids, in dessen Wesen ein skeptischer und trüber Zug leicht hervortrat. Über dem Davidschen Hause schwebte ein Schatten. Die Mutter, eine geborene Liphart, lag seit Jahren an quälender Krankheit darnieder; von unbefangen heiterer Geselligkeit konnte also unter diesen Umständen dort nicht die Rede sein. Paul war, nachdem er das Gymnasium mit dem Zeugnis der Reife verlassen hatte, nach Erlangen gezogen, um dort der eigensten Neigung folgend Theologie zu studieren. Nach ein oder zwei Semestern jedoch wurde er anderen Sinnes; er erklärte seinem Vater, die Liebe zur Musik sei so viel stärker in ihm als die zum Predigtamt, daß er sie nicht mehr zurückzudrängen vermöge, und um Ostern 1860 fand er sich wieder in Leipzig ein, um als Geigenschüler in das Konservatorium einzutreten. An feiner musikalischer Empfindung fehlte es ihm nicht; auch besaß er eine hübsche, wenn auch kleine Tenorstimme, an der man im Zimmer sich gern erfreuen mochte; seine Leistungen als Geiger dagegen waren so wenig bedeutend, daß er wohl von Anfang an sich gestehen mußte, seine Zukunft als Musiker könne keinesfalls eine glänzende werden. Das drückende Gefühl, in vielem Betracht resignieren zu müssen, kam seinem natürlichen Hang zur Ironie entgegen, und dieser wiederum machte das Verkehren mit ihm oft genug nicht gerade erquicklich. »Der Paul ist ganz zerfressen von Kritik«, pflegte sein eigener Schwager Julis Eckardt zu sagen[VIII]. Und dies Wort war leider Wahrheit. Nichtsdestoweniger verkannte ich durchaus nicht die vielen schätzenswerten Eigenschaften, die, neben der »zerfressenden Kritik« einhergehend, den Umgang mit dem blassen, gescheiten und bei besserer Laune auch liebenswürdigen ehemaligen Theologen interessant machte. Er hatte eine gründliche Schulbildung genossen. Schon das empfand ich als eine Wohltat, wo bei der übrigen männlichen Jugend im Konservatorium fast ausnahmslos tabula rasa in allen Gegenständen zu finden war, die nicht Musik hießen. Und er hatte mich gern, schloß sich an mich an; was ja dann eine Erwiderung in den meisten Fällen selbstverständlich macht. Diese drei, Rose, Maszkowski und Paul David bildeten mit mir bald eine Art von engerer Genossen-

VIII Julius Eckardt ist der Verfasser des Buches über Ferdinand Davids Beziehungen zu Felix Mendelssohn Bartholdy. [Julius Eckardt: Ferdinand David und die Familie Mendelssohn-Bartholdy. Aus hinterlassenen Briefschaften zusammengestellt. Leipzig 1888, S. 36.]

schaft unter den Konservatoristen. Etwas später traten noch Franz Stockhausen, der jüngere Bruder des Sängers, ein lieber, edler, bescheidener Mensch, und Emil Hegar, der Violoncellist, unserm Bunde bei. Wir alle waren in künstlerischen Dingen der Hauptsache nach von gleichem und, wie wir glaubten, gutem Geschmack und erlaubten uns, auf die große Mehrzahl der übrigen mit ziemlicher Geringschätzung herabzublicken. Unter uns aber herrschte der beste kollegialische Ton, und Stunden der reinsten Freude brachte uns unser gemeinschaftliches Musizieren. Ich erinnere mich eines Abends, an dem in der Abendunterhaltung des Konservatoriums uns irgend etwas in sehr animierte Stimmung versetzt hatte. Ich schwärmte den anderen von der »Euryanthe«[17] vor, von der sie nur die Ouvertüre kannten. Sie trabten mit mir nach Reudnitz heraus, und ich spielte ihnen am Klavier die ganze Oper von der ersten bis zur letzten Note vor, worüber es dann natürlich später als ein Uhr nachts wurde. – Das war die Jugend mit ihrer unerschöpflichen Aufnahmefähigkeit!

Recht freundschaftliche Beziehungen unterhielten wir zu der sogenannten »Englischen Clique«. Die talentvolleren unter den Engländern, die das Konservatorium besuchten, fanden einen geselligen Mittelpunkt, ja eine Art von gemeinsamer Häuslichkeit bei der Familie Barnett, und so mußten sie sich einen solchen Sammelnamen gefallen lassen. Der Vater Barnett, selbst Musiker, ging für gewöhnlich in England seinen Berufspflichten nach und trat nur selten für kurze Zeit in Leipzig als Gast auf. Die Mutter dagegen war mit einem Sohn Domenico und zwei Töchtern Rosamund und Clara für mehrere Jahre ganz nach Deutschland übergesiedelt, um diesen ihren drei Kindern in Leipzig eine gründliche musikalische Ausbildung zuteil werden zu lassen. Zur Familie gehörte ferner ein Neffe, der schon erwähnte John Francis Barnett, und zu den regelmäßigen Besuchern oder gar Kostgängern gehörten neben Arthur Sullivan eine große Reihe anderer achtbarer Jünglinge, deren Namen aufzuzählen überflüssig sein würde. Miss Rosamund und Miss Clara Barnett waren beide recht talentvoll. Sie hatten hübsche Stimmen, spielten mit anerkennenswerter Fertigkeit Klavier und waren sehr gewandt im Vomblattlesen. Vor allem aber zeichnete sich die ganze Familie Barnett durch große Gutmütigkeit aus. Die jungen Damen gaben uns Nichtengländern bei jeder Gelegenheit deutlich zu erkennen, daß ihnen eine Annäherung willkommen war, und so entwickelte sich nach und nach ein hübsches Verkehren im Barnettschen Haus, das zu diesem und jenem musikalischen Zusammenwirken Anlaß gab, ohne doch allzu intim und dadurch zeitraubend zu werden. Daß

Arthur Sullivan sich aus dem ganzen Kreise seiner Landsleute durch seine Begabung merklich hervorhob, versteht sich von selbst. Er war als Stipendiat der englischen Mendelssohn-Gesellschaft nach Leipzig geschickt worden und zeichnete sich in seinen Kompositionen schon damals durch Gewandtheit im Beherrschen der Mittel vorteilhaft aus. Ich hielt gute Kameradschaft mit ihm, und wir begegneten einander bis zu einem gewissen Punkt auch in unsern künstlerischen Ansichten. Hier aber war doch die Grenze bald zu spüren. Was nicht äußerliche Rundung und Glätte besaß, interessierte ihn nicht. So reichte beispielsweise seine Verehrung für Schumann nur etwa bis zu einem Stück von der Klarheit der »Genoveva«-Ouvertüre. Für phantastischere Sachen wie die »Kreisleriana«, die C-Dur-Fantasie und Ähnliches aus früherer Zeit war er nicht zu haben. Auch den »Manfred« verstand er nicht. Ich darf an dieser Stelle nicht unterlassen zu erwähnen, daß auch der Norweger Edvard Grieg zu jener Zeit als Schüler das Konservatorium besuchte. Mit seinem älteren Bruder, einem hübschen kräftigen Burschen, der mit wenig Talent Violoncell spielte, war der schmächtig und kränklich aussehende Knabe aus seiner skandinavischen Heimat nach Leipzig geschickt worden, um hier eine bessere musikalische Schulung zu erhalten, als sein Vaterland sie ihm geben konnte. Man sprach hier und da von seinem entschiedenen Talent, aber der scheue kleine Fremdling wurde von uns Jünglingen wenig beachtet. In den Entwicklungsjahren genügt eben oft schon ein geringer Altersunterschied, um voneinander fernzuhalten. Begabt war auch der Däne Hornemann. Doch sorgte hier das etwas wunderliche Wesen des empfindlichen und selbstbewußten Nordländers dafür, daß man wenig Neigung empfand, seinen Umgang zu suchen. In einem späteren Semester tauchte im Konservatorium noch ein anderer Schüler auf, der in der Folge bedeutenden Ruf erlangte: Es war der damals sechzehnjährige Geiger Wilhelmi. Sein geradezu verblüffendes technisches Talent versetzte seinen neuen Lehrer David in helles Entzücken. Ein Löwenhaupt krönte seinen jugendlichen kräftigen Körper, und nichts schien näherzuliegen, als daß dieser Erscheinung auch eine geistgewaltige Natur entsprechen müsse. Dies jedoch war leider eine irrtümliche Voraussetzung. Sowohl sein persönliches Wesen wie die Art seines Musizierens enttäuschten sehr bald mich und meine Freunde. Daß wir nicht ungerecht in unserem Urteil gewesen waren, davon überzeugte mich nach vielen Jahren ein Abend in der Berliner Philharmonie, an dem Wilhelmi Bruchs erstes Konzert vortrug. Ich habe niemals ein Violinspiel von seiten eines berühmten Virtuosen gehört, das mir einen ähnlich brutalen Eindruck gemacht hätte, niemals eine Art den Ton zu geben erlebt, die so bar alles geistigen und seelischen Lebens, so reinesweges nur materiell gewesen wäre. Es ist bezeichnend für Richard Wagner, daß er sich diesen Geiger zum Konzertmeister erkor und ihn mit Lobpreisungen überschüttete.

Der Kampf zwischen Mendelssohnianern und Schumannianern, der vor anderthalb Jahrzehnten so heftig entbrannt war, daß er fast das ganze musikalische Leipzig in zwei feindliche Lager spaltete, loderte schon längst nicht mehr in hellen Flammen empor. Völlig erloschen war die Glut deshalb noch keineswegs. Die Besten hatten freilich jederzeit, dem Beispiel folgend, das die beiden Männer Mendelssohn und Schumann selbst gaben, über dem leidenschaftlichen Treiben der Parteien gestanden. Dennoch ließ sich eine mehr oder weniger stille Vorliebe für den einen oder den anderen auch bei ihnen durchfühlen, und so neigte sich zum Beispiel bei Freges das Zünglein der Waage leise zu Mendelssohn hinüber. In der unbegrenzten Verehrung für ihn waren und blieben die beiden sonst so verschiedenen Ehegatten ihr Leben hindurch eins. Diese Verehrung ging weit über das hinaus, was man Kultus der Berühmtheit nennt. Auch beschränkte sie sich nicht nur auf den außerordentlichen Künstler. Sie wurzelte vielmehr in dem tiefen Gefühl für den hohen inneren Wert von Mendelssohns ganzer Persönlichkeit, dessen Freundschaft besessen zu haben ihnen als das höchste Lebensglück erschien. Es war geradezu erbaulich, sie über Mendelssohns Häuslichkeit, über seine Ehe mit der holden Frau Cécile sprechen zu hören, deren Seele von gleicher Schönheit gewesen war wie ihre Erscheinung.

Aber so tief diese Hochschätzung für den Einen, von ihnen unvergleichlich Erscheinenden, in ihren Seelen wurzelte, sie tat der Liebe für Robert und Clara Schumann, ihrer Begeisterung auch für Schumannsche Musik nicht den geringsten Abbruch.

Anders stand es bei anderen Leuten. Und zwar nährte wohl kaum einer im Stillen so sehr eine mißgünstige Gesinnung gegen Schumann als Schleinitz, der in ihm den überschätzten Nebenbuhler seines großen Freundes erblickte und über das beständige Wachsen der Schumannverehrung gründlich verstimmt war.

Schleinitz hatte mich von Anfang an mit besonderer Freundlichkeit behandelt. Als ich ihm meinen ersten Besuch machte, behielt er mich längere Zeit bei sich, zeigte mir das Autograph des »Paulus«, das ihm Mendelssohn geschenkt hatte, und kramte allerlei Erinnerungen aus. Meine musikalischen Leistungen lobte er bei jeder Gelegenheit. Wenn er mir irgendwo begegnete, so knüpfte er fast stets ein Gespräch an und ließ mich nicht so bald wieder los. »Er muß aufs Land« war seine stehende Neckerei, wenn er mit mir in einer Gesellschaft zusammentraf und ich mich meines weiten Heimweges wegen etwas früh verabschiedete. Kurz, ich durfte glauben, bei ihm in Gunst zu stehen. Da geschah es, daß ich eines Abends mit ihm bei Freges zu Gaste war und daß Frau Frege, nachdem sie mehreres Andere gesungen hatte, auch das »Reiselied« von Mendelssohn, »Bringet des treusten Herzens Grüße«, aufschlug. Dies Lied liebte ich durchaus nicht, und als sie geendet hatte, machte ich aus meiner Abneigung keinen Hehl. Ich war unvorsichtig genug, laut zu verkünden, daß die Musik nach meiner Meinung sehr trivial sei. Schlimmeres hätte ich nicht tun können. Das an sich schon gelbliche Antlitz des Herrn Schleinitz wurde noch gelber, und in höchst gereiztem Ton hielt er mir eine Rede, die ungefähr darauf hinauslief, daß ich ein bedauerungswürdiger Mensch sei, wenn ich nicht zu fühlen vermöge, wie herrlich wahr und warm z. B. die Schlußstelle »Ach es war wohl schöne Zeit« empfunden sei.

Heute muß ich gestehen, daß er mit dieser besonderen Bemerkung ganz im Recht war, während ich – ebenfalls heute – noch nicht imstande bin, den ersten Teil des Liedes ganz ohne Widerspruch hinzunehmen. Doch dies nebenbei! Die Tatsache aber war, daß die gute Meinung, die Schleinitz bis dahin von mir zu haben schien, durch meine vorwitzige Kritik einen starken Stoß erlitten hatte. Und der böse Anfang führte mehr und mehr zur völligen Entfremdung.

Mußte ich denn nicht selbst bekennen, ein Schumannianer zu sein, wenn man mich damals auf Ehre und Gewissen vor ein Entweder – Oder gestellt hätte? Gewiß, ich gehörte niemals zu den Verächtern Mendelssohns. Wohl war ich des h-Moll-Capriccios und des d-Moll-Trios durch zu vieles Spielen in Berlin zeitweilig überdrüssig geworden, und auch an einer Überempfindlichkeit gegen gewisse gewohnheitsmäßige Wendungen, wie sie in schwächeren Kompositionen Mendelssohns vorkommen, fehlte es nicht. Das alles jedoch verlor seine scheinbare Bedeutung, als mir in Leipzig die »Walpurgisnacht«, die Konzertouvertüren und die Symphonien wieder in überwältigend frischer Schönheit entgegentraten. Und dennoch: Meine Empfindung für Mendelssohn ließ sich mit meinen damaligen Gefühlen für Schumann nicht vergleichen. Liebe und Leidenschaft sind eben zwei verschiedene Dinge. Mendelssohn liebte ich in vielen seiner Werke und sollte ihn noch viel mehr lieben und verehren lernen. Schumann dagegen hatte meine ganze Seele gefangengenommen. Seine Musik erschien mir wie der Ausdruck meines eigenen innersten Wesens. Und immer neue, mir noch fremde Schöpfungen seines Genius durfte ich kennenlernen! Und jede dieser Bekanntschaften versetzte mich in reines Entzücken! Kurz, ich befand mich ihm gegenüber in dem Zusand berauschender Schwärmerei. Nun erfuhr ich eines Tages, daß in allernächster Zeit, am 8. Juni, die fünfzigste Wiederkehr von Schumanns Geburtstag bevorstehe, und wie sehr diese Nachricht mich erregte, wie sehr es mich in solcher Gemütsverfassung drängte, dies Ereignis nach besten Kräften mitfeiern zu helfen, braucht nicht gesagt zu werden. Der 8. Juni fiel auf einen Freitag, und da im Theater für diesen Abend eine Aufführung der Oper »Genoveva«[18] angesetzt war, so mußte sich Schleinitz wohl oder übel dazu verstehen, die Abendunterhaltung auf den Sonnabend zu verlegen. Die Feststimmung begann für mich mit dem Anhören der Generalprobe zur »Genoveva«, die am Donnerstag stattfand. In den Klavierauszug hatte ich mich im Voraus vertieft, und in kritikloser Bewunderung ließ ich das Ganze in Probe und Aufführung auf mich wirken. Für die Abendunterhaltung im Konservatorium am Sonnabend hatten zwei andere Klavierschüler, bereits ehe ich überhaupt von dem bevorstehenden fünfzigsten Geburtstag etwas erfahren hatte, das Es-Dur-Quartett und eins der Schumannschen Trios vorbereitet. Jetzt wurde ich in letzter Stunde von Plaidy aufgefordert, einige Schumannsche Solostücke zu spielen. Ich wählte die b-Moll-Romanze und zwei der Phantasiestücke. Aber damit hatte ich mir keineswegs genuggetan. Ich kam auf den Gedanken, das »Spanische Liederspiel«, das im Konservatorium noch ein fremdes Ding war, müsse auf dem Programm erscheinen, trommelte in aller Eile für die vier Singstimmen die beiden Misses Barnett, Paul David und Franz Stockhausen zusammen, studierte ihnen das reizende Werk in kürzester Zeit ein, wanderte mit ihnen am Freitag morgen zu Frau Frege, die unsere Absicht wie unsere Leistung sehr lobte, und übernahm es am Nachmittag allein, bei Schleinitz um die Erlaubnis zur Aufführung zu bitten. Freilich war es etwas Unerhörtes, daß Schüler, ohne durch irgendeinen die Sache vorbereitenden oder doch gutheißenden Lehrer dazu autorisiert zu sein, in der Abendunterhaltung Musik zur Aufführung bringen wollten. Doch ich lebte noch des guten Glaubens, in diesem außerordentlichen Fall müsse es nicht schwer sein, eine Ausnahme zu erwirken. Wie sehr hatte ich mich verrechnet! Mein Anliegen erregte das höchste Mißfallen des Herrn Direktors, und mit der Begründung, daß erstlich das spanische Liederspiel in mehreren Teilen ein geradezu widerwärtiges Stück sei, und daß zweitens die Sänger und Sängerinnen, die ich ihm da nenne, gänzlich außerstande seien, diese Musik genügend auszuführen, wurde ich auf das Ungnädigste verabschiedet. Nachdem ich meinen Genossen diesen Bescheid zu ihrer nicht geringen Empörung mitgeteilt, verbreitete sich das Gerücht von dem Geschehenen natürlich wie ein Lauffeuer weiter. Wenzel, der Schumannapostel erster Ordnung am Konservatorium, schnaubte Wut, zwischen Herrn von Schleinitz und Frau Frege kam es zu einer sehr erregten Auseinandersetzung, die Sympathie aber aller Unbefangenen war auf unserer Seite. Nun war unser Streben darauf gerichtet, wenigstens zu erreichen, daß auf dem Programm der Abendunterhaltung kein anderer Komponistenname zu lesen wäre als der Schumanns. Allein auch diese Bemühung war vergeblich. Ich weiß nicht mehr, welcher stupide Jüngling sich mit welchem Stück eines anderen Autors für den Abend angemeldet hatte. Schleinitz ergriff mit Freude die Gelegenheit, neben lauter Schumannschen Kompositionen diese eine nicht Schumannsche spielen zu lassen, und damit hatte er soweit möglich den Verdacht aus der Welt geschafft, das Konservatorium könne eine Schumannfeier veranstaltet haben. Desto gründlicher schwelgten wir Bundesgenossen in Schumann weiter. Nachdem die Abendunterhaltung beendet war, kamen wir bei Paul David zusammen, ließen uns von ihm Schumannsche Lieder vorsingen und trieben es unermüdet mit Schwärmen so fort bis tief in die Nacht hinein. Für den nächsten Morgen hatte uns der Geiger Albrecht zu sich beschieden, um zwei Schumannsche Streichquartette anzuhören, die er mit seinen Freunden einstudiert hatte. Am Sonntag abend endlich wurde bei Barnetts musiziert und damit die für uns viertägige Schumannfeier beschlossen. Am 8. Juni selbst aber hatten wir uns zum Teil gegenseitig mit Schumannschen Werken beschenkt, um einen Gegenstand der Erinnerung an den geheiligten Tag zu bewahren. Paul David schenkte mir den »Carnaval«, ich ihm die »Märchenerzählungen«, und wir beide in Gemeinschaft verehrten den Barnettschen Damen das »Liederspiel«. Es paßte zum übrigen, daß ich ein paar Tage später in der Orchesterstunde mein Dirigentendebüt mit der »Manfred«-Ouvertüre gab.

Bei Freges hatte man nach der Aufführung der »Johannespassion« den Entschluß gefaßt, für den Musiksaal eine Orgel anzuschaffen. Das Fehlen dieses für Bachsche Kirchenmusik so unentbehrlichen Klangkörpers war zu fühlbar bei jener Gelegenheit geworden, als daß nicht der Wunsch hätte entstehen müssen, diesem Mangel für die Zukunft abzuhelfen. Der Professor, der, wenn es sich um Dinge handelte, die mit der Kirche zu tun hatten, auch für ein bedeutendes Geldopfer zu haben war, traf Anstalten, daß sofort Hand ans Werk gelegt wurde, und binnen kurzem war eine stattliche Orgel an passender Stelle in dem großen Raum aufgerichtet. Mit einer Wiederholung der »Johannespassion« wurde sie am Montag, dem 14. Mai eingeweiht. Alles gelang vortrefflich, und die Steigerung der Wirkung des Werkes im Vergleich zu der ersten orgellosen Aufführung wurde allgemein empfunden. Als der letzte Ton verklungen war, erfuhr ich, daß Joachim[IX] im Nebenzimmer ungesehen zugehört hatte. Er war vorübergehend in Leipzig gewesen, hatte Frau Frege gegen Abend einen Besuch gemacht, war dann, um die Musik anzuhören, geblieben, hatte aber kurz vor dem Schluß sich wieder entfernt. Ich hatte gleich im Anfang meinen Platz im Chor aufgesucht und war bekümmert genug, ihn nicht gesehen zu haben. Die Tatsache, daß im Fregeschen Hause jetzt eine Orgel zu finden war, gab Veranlassung, daß ich aufgefordert wurde, zuweilen dort statt in irgendeiner Kirche etwas Orgel zu spielen, was ich gern annahm, da der Saal von den Wohnzimmern durch das Eßzimmer getrennt war, so daß ich meine Übungen vornehmen konnte, ohne irgend jemanden zu stören. – Nach wie vor war ich mittags und abends ein oder ein paar Male in der Woche als Gast auf das herzlichste aufgenommen.

Ich hatte im Lauf des Winters einige Lieder komponiert, darunter eines in D-Dur[X]. Dies fand bei Frau Frege besondere Zustimmung, und sie hatte es mir allein wiederholt vorgesungen. Eines Abends, als eine kleine gewählte Gesellschaft sich eingefunden hatte, und nachdem sie zu meiner Begleitung ich weiß nicht was alles von Schubert, Schumann und Mendelssohn gesungen hatte, legte sie schweigend meinen »Stillen Freier« auf das Pult. Halb erfreut und halb bestürzt fragte ich: »Das wollen sie jetzt singen? nach soviel Schönem?« »Jawohl, das will ich jetzt singen. Spielen Sie!« lautete die Antwort. Ohne den Gästen ein Wort über Titel und Komponist zu sagen, ließ sie mich beginnen und sang das Lied so wundervoll, daß die Zuhörer in lebhaftesten Beifall ausbrachen. Als sie den einen Teil desselben mit Erfolg auf mich abzulenken versucht hatte, flüsterte sie mir zu: »Sehen Sie wohl, daß ich recht habe? Ich wollte einmal versuchen, was das Stück vertragen kann.«

In der zweiten Hälfte des Juni zogen Freges für die Sommermonate auf ihr Landgut Abtnaundorf hinaus, das etwa eine Stunde von der

IX Vgl. den Briefwechsel von Brahms und Joachim Bd. 1 Seite 277, Brief Joachims vom 15. Mai 1860. [Johannes Brahms im Briefwechsel mit Joseph Joachim, hrsg. von Andreas Moser, Bd. 1, zweite, durchgesehene Auflage, Berlin 1912, S. 280–283, hier: S. 282.]

X Veröffentlicht in op. 3, zu Eichendorffs phantastischem Gedicht »Der stille Freier«. [Sechs Gedichte von Eichendorff für 1 Singstimme op. 3, Leipzig: Simrock 1863]

Stadt entfernt war. Das sehr große, aber höchst behagliche alte herrschaftliche Wohnhaus lag inmitten eines ausgedehnten Parkes mit großen Wiesenflächen und herrlichen Gruppen alter Bäume. Ein kleines Flüßchen, zwischen dichtem Gehölz lautlos dahingleitend, bildete nach der einen Seite hin die Grenze. Auf der anderen lag das zugehörige Dorf. Ich lernte diesen reizenden Landsitz noch vor den Sommerferien bei einem Nachmittagsbesuch kennen.

Einmal hatte es mich schon früher während der Frühlingszeit gelockt, mir außerhalb der Mauern Leipzigs die Welt anzusehen. In dem nahen Halle wohnten mehrere meinen Eltern befreundete Familien, die einmal besucht werden sollten, und an einem schönen Maimorgen machte ich mich früh auf den Weg zum Bahnhof, um auszuführen, was längst beabsichtigt war. Der an der Hallenser Universität dozierende Professor der Philologie, Bergk, war mit der ältesten Meineckeschen Tochter Ida verheiratet, die durch ihre Mutter mit meiner Mutter verwandt und uns allen sehr wert war. Ihr galt vor allem mein Besuch. Aber nicht ihr allein, sondern auch der Familie des Professors Pott, mit dessen beiden Söhnen ich von Lauensteiner Begegnungen her befreundet war. Jeder wollte sich mir freundlich erweisen, und es wurde verabredet, am Nachmittag gemeinsam nach Giebichenstein zu wandern. Nichts konnte mir erwünschter sein; denn so lernte ich endlich einmal den Ort kennen, den ich von meiner Großmutter und allen Tanten aus der Familie meiner Mutter seit meiner frühesten Kindheit als ein Paradies hatte preisen hören. Und ich wurde nach solcher Vorbereitung jetzt nicht etwa enttäuscht, sondern fand meine Erwartungen durch die Wirklichkeit eher übertroffen. Der steil zur Saale abfallende umbuschte Fels, der rasche Fluß, die verwitterten Reste der alten Burg überraschten mich. Denn von diesen Dingen hatte ich kaum reden hören. Das eigentliche Thema war immer nur das Reichardtsche Haus, der Garten, die Lieder, die hier erklangen, und die Besuche Goethes gewesen. Dieser Garten war aber in der Tat von ungewöhnlicher Schönheit. Seine Größe, seine Lage auf malerisch bewegtem Terrain hoben ihn über das hinaus, was man in der Regel von einer solchen Anlage erwartet. Und es war Frühling! Das Grün war durch einen Regenguß prächtig erfrischt; überall blühten und dufteten die Fliedergebüsche, und leuchtender Sonnenschein lag über der Welt. Noch stand das Reichardtsche Haus unverändert da.[XI]

---

XI Erst im Jahre 190... [um 1908; genaues Datum nicht ermittelt] wurde das Haus abgebrochen. Der damalige Stadtbaumeister von Halle, Rehorst, hatte sich alle erdenkli-

Die Räume waren vermietet. Ich aber konnte nicht widerstehen, durch die offenstehende Tür in den Gartensaal einzutreten, dessen Wände noch mit den alten verblichenen Tapeten im Geschmack des achtzehnten Jahrhunderts geschmückt waren! Niemand begegnete mir. Auch die schmale steile Treppe stieg ich ungesehen hinauf zu den oberen Räumen. Endlich tauchte ein erstauntes Dienstmädchen auf und ich fand es geraten, mich zu entfernen, wie ich gekommen war.

Als ich am nächsten Tag wieder in meinem Reudnitzer Stübchen saß, drängte es mich, meiner Großtante Friederike von Raumer in Erlangen, der einzigen noch lebenden Reichardtschen Tochter, ein paar Worte über meine Erlebnisse und Eindrücke zu schreiben. Ich hatte sie noch niemals von Angesicht zu Angesicht gesehen. Nach wenigen Tagen aber erhielt ich als Anwort von der Siebzigjährigen die folgenden, mit feiner, zierlicher Hand geschriebenen, die Anmut ihres Wesens widerspiegelnden Zeilen: »Mein lieber Ernst! Als ich Deinen Brief las, wodurch du mich so sehr erfreut hast, dachte ich dir einen recht ordentlichen Brief darauf zu schreiben, aber noch an dem nämlichen Abend kamen Tochter, Schwiegersohn und Enkel an, und so muß ich mich entschließen, dir blos in wenigen flüchtigen Worten meinen Dank auszusprechen für Deinen schönen Brief und die zarte, liebevolle Aufmerksamkeit, die du deiner alten unbekannten Großtante damit bewiesen. Es ist wohl etwas sehr Schönes, daß die herrlichen Erinnerungen unserer Kindheit so in den Urenkeln fortleben, und daß die liebliche Gegend noch von ihnen gesehen werden kann; daß aber in dir, lieber Ernst, auch die Kunst wieder lebt, die das Hauptelement des schönen geistigen Lebens in Giebichenstein war, das freut mich ganz besonders; zumal du auch das mit dem Urgroßvater gemein hast, daß durch Sinn für alles andere Schöne und Herrliche, und Ausbildung auch dafür, die Musik immer die geistig lebendige Rolle bei dir behaupten wird, die weit über allem blos äußerlichen eiteln Treiben ist, wodurch sie so oft herabgezogen wird. Raumer, der dich und deine theuren Eltern mit mir auf das Herzlichste grüßt, und ich, wir haben deinen Lebensgang von früh an mit warmer Theilnahme begleitet, und so wenig wir darüber hören ließen, dich aus der Ferne nie aus den Augen gelassen; du hast

che Mühe gegeben, das anmutige, denkwürdige, durch Erinnerungen geweihte alte Gebäude zu erhalten. Aber es lag mit seiner Front unmittelbar an der Giebichensteiner Dorfstraße. Das übliche Fortschrittsbedürfnis hatte in den Köpfen der Ortsbehörde den Plan entstehen lassen, eine elektrische Bahn durch die enge Straße führen zu lassen. Diese mußte zu dem Zweck verbreitert werden, und um Platz zu gewinnen, ließ man das Haus niederreißen.

uns schon manche Freude gemacht, ohne es zu wissen; wie würde ich mich freuen, wenn auch ich dich noch persönlich kennen lernte. Am allerschönsten wäre es, wenn Ihr, im Fall wir den Tag erleben unsere goldene Hochzeit mit uns feiern könntet, was denn, soweit Menschen vorausbestimmen können, in dem kleinen Winterhausen sein würde. Noch einmal herzlichen Dank. Gott segne dich lieber Ernst. Deine alte Großtante F. v. Raumer geb. Reichardt. Erlangen d. 9ten Mai 1860.«

Kurz vor dem Schulschluß überredete ich meine Freunde noch zu einer etwas abenteuerlichen Unternehmung. Der Petersberg mit der Möglichkeit, von ihm aus vielleicht den fernen Harz zu erblicken, ließ mir keine Ruhe. Wie prachtvoll mußte es sein, hier die Sonne aufgehen zu sehen! An einem Sonnabend abend trafen wir vier – Rose, Maszkowski, Paul David und ich – verabredetermaßen auf dem Bahnhof zusammen, bestiegen um zehn Uhr den Zug nach Halle und wanderten von da zu Fuß auf chaussierter, also nicht zu verfehlender Straße dem Petersberge zu.

Die Juninacht war warm, und ein letzter Dämmerungsstreifen erhellte selbst noch um Mitternacht den Horizont. Ein paar Dörfer, durch die wir kamen, lagen in tiefem Schweigen da. Nur ein Hund schlug hier und da einmal an. Kein Mensch, außer etwa ein Nachtwächter, ließ sich blicken, und zwischen den dunkeln, toten Häuserreihen erschien die Stille und Leere der Landstraße doppelt leer und still. Drei starke Stunden hatten wir in rüstigem Trab marschiert, bis wir unser Ziel erreichten. Je mehr wir uns diesem aber näherten, um so schärfer hoben sich die dunkeln Umrisse des einsam aus der Ebene aufragenden Felshügels mit der alten Kirche vor dem lichter werdenden Morgenhimmel ab. Ein Anblick von so erhabener, eigenartiger Poesie, wie wir ihn uns nicht hatten träumen lassen. Es war kalt geworden, und als wir endlich die letzten Schritte bergauf getan hatten, ließ der Sonnenaufgang noch immer auf sich warten, so daß wir uns weitere Bewegung machen mußten, um uns das Frösteln zu vertreiben. Schlimmer aber war, daß die Sonne eigentlich überhaupt nicht recht aufgehen wollte. Denn als die Scheibe endlich die Linie des Horizonts überschritt, hatte sie sich durch so dichten Dunst durchzuarbeiten, daß sie nicht etwa strahlte, sondern höchstens wie ein gelblicher Eierkuchen aussah. So war von dem wunderbaren Glanz, den wir bei ihrem Erscheinen erwartet hatten, nichts zu spüren. Von fernen Gebirgen ließ sich ebenfalls nicht das mindeste erkennen, und die Aussicht in der Nähe bot wenig Anziehendes. Dafür betrachteten wir jedoch die Kirche von außen und von innen, freuten uns an allen Einzelheiten des schönen romanischen Baues und ließen uns einstweilen die gute Laune nicht verderben. Allein die Prüfungen hatten ihren Höhepunkt noch nicht erreicht. Der Magen forderte sein Recht, und es war schwierig, hier seine Ansprüche an Essen und Trinken in einigermaßen menschenwürdiger Weise zum Schweigen zu bringen. Dazu waren wir müde nach der durchwachten Nacht und wären für das härteste Lager dankbar gewesen, auf dem wir uns hätten ausstrecken können. Die Sonne hatte zwar den Nebel überwunden, brannte aber nun mit so erbarmungsloser Glut vom Himmel herab, als ob der Petersberg in der Nähe des Äquators läge. Und jetzt sollte bei ermüdeten Gliedern der dreistündige, völlig schattenlose Rückweg angetreten werden! Offenbar eine viel schlimmere Aufgabe, als alles Waten durch Feuer und Wasser, das Pamino und Pamina in der »Zauberflöte« zu leisten haben. Hier jedoch blieb keine Wahl. Wir mußten zu dem Mittagszug um ein Uhr in Halle sein, weil wir unsern Engländern versprochen hatten, bei ihrer Sonntagabendmusik freundschaftlich mitzuwirken, und so trabten wir mit Ergebung vorwärts. Daß wir aber über unserem Triospielen im Hause Barnett nicht vollständig, sondern nur zu drei Vierteln einschliefen, war und bleibt ein Wunder.

Die Sommerferien dauerten vom ersten bis zum letzen Juli. Dann sollte etwa sieben Wochen lang wieder unterrichtet werden, bis um Michaelis noch vierzehn freie Tage die letzte Ruhepause vor der Winterarbeit brachten. Tatsächlich jedoch wurde es während des Monats August nicht allzu ernst mit dem Unterrichten und Studieren genommen. Mehrere der hauptsächlichsten Lehrer nahmen Urlaub und verlängerten ihren Sommeraufenthalt um zwei oder drei oder vier Wochen über den Schulanfang hinaus. Von Kindesbeinen an hatte ich gelernt, die Universitätsferien meines Vaters als das auch mir gebührende Maß von Erholungszeit anzusehen, und war, nachdem ich im vorhergehenden Jahr wiederum als Student dieselben drittehalb Monate Freiheit gekostet hatte, keineswegs erbaut von dem neuen Schulzwang. Moscheles und vor allem Hauptmann wollten, wie ich wußte, erst in der dritten oder vierten Woche des Augusts heimkehren; so durfte ich mir also wohl erlauben, auch meinerseits die erste Hälfte des August auszubleiben. Dann aber mußte ich mich wohl oder übel darein finden, in dem rauchigen Leipzig meiner Pflicht nachzugehen. Den Juli verlebte ich einmal wieder bei den Freunden im Harz. Mit dem späten Abendzuge hatte ich in Gesellschaft meines Freundes Rose, der nach Hamburg wollte, Leipzig verlassen. Eine herrlich helle Sommernacht und die

Wonne, dem Staub der Stadt zu entfliehen, ließ uns wenig schlafen. In Oschersleben trennten wir uns. Bis Halberstadt gab es für mich noch Eisenbahn. Von dort aber, wo der Postanschluß zu lange hätte auf sich warten lassen, wanderte ich zu Fuß durch die einsame Gegend links vom Hoppelnberge nach Blankenburg und dann den gewohnten Weg wieder nach Wienrode. Hier fand ich die alte Liebe, teure Menschen und den alten Zauber poetischer Umgebung. Es trieb mich jetzt noch mehr wie früher zu weiteren Fußwanderungen. So hatte ich denn, als ich inzwischen Radeckes besuchen wollte, meinen Weg von Wienrode nach Wernigerode über Rübeland, Elbingerode, Schierke und den Brocken genommen, und als der Aufenthalt im Hoffmeisterschen Pfarrhause sich mit den letzen Julitagen zum Ende neigte, kam ich auf den Gedanken, von hier ganz zu Fuß nach Lauenstein zu marschieren. Am ersten Tage wollte ich Clausthal erreichen, schlug von Elbingerode aus mir unbekannte Wege ein, die mich zum Torfhause und zur »steilen Wand am Bruchberge« führten. Die wilde Großartigkeit dieser damals nur wenig besuchten Partie des Gebirges entzückte mich, und die dreizehn Stunden Weges, die ich hinter mir hatte, als ich endlich in Clausthal mich an den Abendtisch des Wirtshauses setzte, würden mir nichts ausgemacht haben, wenn ich sie bei gutem Wetter hätte zurücklegen können. Leider aber setzte der Regen schon gegen Mittag ein und blieb andauernd so heftig, daß ich vor Nässe triefend mein Ziel erreichte. Auch der nächste Tag brachte keine Besserung; ich ging über Wildemann bis Grund, kletterte hier noch etwas auf den nächsten Höhen herum und hoffte, morgen sollte der Sonnenschein wiederkommen. Aber er kam noch immer nicht. Ich trabte einigermaßen resigniert über die Anhöhe, die hier nach Westen den Abschluß des Harzes bildet, nach Ildehausen und weiter nach Gandersheim, besah mir die schöne romanische Kirche aus dem neunten Jahrhundert mit ihren ehrwürdigen Erinnerungen an die Sächsischen Kaiser, und zog noch zu Fuß bis Kreiensen. Damit aber war meine Lust, bei schlechtem Wetter in der Welt umherzulaufen erschöpft, und der letzte Rest der Reise bis Lauenstein wurde mit Hilfe von Eisenbahn und Post zurückgelegt. Sehr ergötzlich war es, nach meiner Ankunft zu vernehmen, welchen Eindruck die Nachricht, daß ich Musiker geworden sei, in den Kreisen der Lauensteiner Ackerbürger gemacht hatte. Namentlich die Frauen konnten sich über diese merkwürdige Tatsache nicht recht zufriedengeben. Die eine hatte eine voraussichtlich besser Unterrichtete gefragt: »Is' et denn nu wirklich wohr, dat düsse Professorssohn Musiiker[XII] wohrn ist?« »Jo, wohr is et,« lautete die Anwort, »awerst he hätt' et nich nödig!« Eine andere wollte näheres erfahren und war zu meiner Lauensteiner Tante gekommen, um ihr die Frage vorzulegen: »Is he denn nu so wie Fricke ußß'n Solte?« Fricke in Salzhemmendorf nämlich war der Leiter einer Genossenschaft von sechs bis acht blechblasenden und kontrabaßstreichenden Mitbürgern, die auf den Dörfern der Gegend zum Tanz aufspielten, wenn es Freischießen oder sonst eine Festlichkeit gab.

Mittlerweile waren auch fast zugleich mit mir meine Eltern in Lauenstein eingetroffen. Noch vierzehn Tage schönsten Wetters und besonders harmonischen Zusammenseins verlebte ich mit ihnen in der geliebten Heimat. Dann aber um Mitte August mußte ich allein nach der Stätte meiner Studien zurückfahren. Es mag wunderlich genug klingen, wenn ich bekenne, daß die kurze Spanne von nicht einmal anderthalb Monaten, die ich jetzt in Leipzig zuzubringen hatte, mich in einen Zustand unbezwinglicher, quälender Sehnsucht nach meinen Lauensteiner Bergen versetzte. Aber es war so. Ich erfuhr zum erstenmal, was Heimweh in seiner ganzen Schärfe zu bedeuten hat. Wer dergleichen nicht am eigenen Leibe erfahren hat, der ahnt nicht, in welchem Maße das Gemüt unter solchen Umständen leidet, wie machtlos alles vernünftige Erwägen der Gewalt des Gefühls gegenüber bleibt. Aber er weiß auch nicht, daß diesem Gefühl, so schmerzlich es ist, eine Kraft zum Guten innewohnt. Heimweh ist eine Reinigungskur für den inneren Menschen. Es fegt die Seele gründlich aus, säubert sie von dem Staub und Rest übler Gedanken, läßt sie das Kleine klein, das wirklich Wertvolle doppelt wertvoll sehen, und stählt das Pflichtgefühl. Ganz von selbst stellt sich das Bedürfnis ein zu arbeiten, denn Tätigkeit allein bewahrt vor dem Versinken in die Pein der eigenen Empfindungen.

So griff ich denn nach dieser und jener Seite hin tüchtig an, nahm mir die h-Moll-Messe von Bach vor, um sie gründlich kennenzulernen, übte eifrig Klavier, spielte in einer der nächsten Abendunterhaltungen die B-Dur-Partita von Bach und arbeitete eifrig für Hauptmann. Freilich wurde daneben das Briefschreiben nach Haus, mit dem ich dem gepreßten Herzen Luft machen durfte, keineswegs vernachlässigt. Meine Mutter versorgte mich wie immer mit regelmäßigen ausführlichen Berichten. Aber auch von meinem Vater, der in Berlin selten dazu kam, mir zu schreiben, erhielt ich mehrere liebevolle Briefe. Er hatte sich in den letzten Monaten vollends mit meinem Musikerberuf ausgesöhnt

XII Anmerkung Elisabeth Rudorffs: **mit zwei »i« (wegen der Betonung.)**

und entbehrte auch seinerseits ungern meine sonst gewohnte Gegenwart in Lauenstein. Auf meinen ersten Brief aus Leipzig schrieb er mir: »Deine junge Seele scheint noch wund von Heimweh nach dem verlorenen Paradiese zu sein, dessen Sitz in diesem Jahre vom Harz nach Lauenstein verlegt ist; darum will ich dir auch ein Wörtchen Heimathstrost mit einlegen. Es war auch mir weh genug ums Herz gestern und eh gestern in der tiefen Stille des Hauses, die durch Deine Fröhlichkeit nicht mehr unterbrochen wird. Ich mußte mich auf und davon machen und ging nach dem Hohenstein, um mich zu trösten in Gottes freier Natur. Die Aussicht von seinem Fuß in die schöne Landschaft ist so wundervoll. Ich gedachte der vergangenen Geschlechter, meines Bruders, meiner Mutter, meines Großvaters (Heldberg), die sie so geliebt und überließ mich der Hoffnung, daß es auch dir, nach meiner Zeit, auf dieser väterlichen Scholle noch recht wohl werden wird, zu der die Liebe dir mit dem Blute angeboren ist.«

Dann eine Woche später: »Montag den 27. Aug., Abends 9 Uhr. Geliebter Sohn! Ich komme eben von Adam und Eva[XIII] zurück, wohin ich unseren lieben alten Flentje[XIV] zurück begleitet hatte. Er war hier, um uns zu besuchen und unsere Interessen wegen der Gränzsteine unseres Landes wahrzunehmen. … Ich ging mit dem alten Nachbar Cervius, wie ihn meine selige Mutter nach Horaz (Germ. 2.6.)[19] zu nennen pflegte, hinter dem Krüllbrink auf dem Kamm entlang über den Mönchenstein bis zu Adam und Eva. ›Tief unter sich im Nebelmeer‹ sah man die Erde zu seinen Füßen nicht mehr. Das Nebelgetümmel hob sich … eine helle Abendröthe markierte die Umrisse einer Bergkette, die wir für die Lippesche hielten. Die Wolken veränderten sich; ein Streifen Abendroth spiegelte sich in der Weser. Bei Adam und Eva trennten wir uns; ein Fuhrweg führte in das Eichenholz und durch die alten Buchen hinter dem Saubrink; beim Illiesborn traten Kanstein und Harzgebirge im Mondschein hervor, am Krähenberge leuchteten die Glühkäfer und um 9 Uhr erwartete mich der Theetisch in der wohlbekannten Stube oben.«

An einem der Abende, die ich meinerseits unterdessen auf meiner Leipziger Stube am Flügel sitzend verbrachte, wachte in meiner Erinnerung plötzlich eine Melodie auf, die ich in früher Kindheit oft von meinem Vater hatte spielen hören, ohne jemals danach zu fragen, wohin

XIII Adam und Eva sind die Namen zweier Felsen auf dem Kamm des Ith.

XIV Flentje, ein Bauer aus dem Dorf Bessingen im Braunschweigischen jenseits des Ith, der in seiner Jugend auf der Universität studiert hatte und zu meinen Großeltern wie zu meinem Vater in ein nahes freundschaftliches Verhältnis getreten war

diese Musik gehöre und in wessen Seele sie entstanden sei. Es war offenbar ein Lied, und ich spielte mir im dämmernden Halbdunkel vor, was ich davon im Gedächtnis behalten hatte. Dabei empfand ich, daß hier nicht nur das Andenken an fernste Zeit mich innig rührte, sondern daß diesen Klängen auch an und für sich ein eigentümlicher Zauber innewohne, der durch die aufsteigenden Bilder der Vergangenheit nur verstärkt wurde. Ich schrieb meinem Vater die dem Ritornell folgenden Anfangstakte des Gesanges auf:

und fragte ihn, was das sei. Bald kam die Antwort: »Das Lied aus E-Dur, welches dir als Reminiszenz so lieb geworden, hat mich ebenso tief bewegt, wenn deine Mutter es sang am Abend vor dem Abschied aus unserem kleinen Lauensteiner Paradiese, wie Buttmann es nennt. Es ist von Ludwig Berger, einem stillen, tiefen, ernsten Musiker, dessen wenige gestochene Lieder du dir empfohlen sein lassen wollest.«

Ich füge hinzu, daß es dem Zyklus der »Müllerlieder« von Wilhelm Müller angehört, den Berger[XV] früher als Franz Schubert komponierte und veröffentlichte[20], und zwar ist es das Gedicht »Die liebe Farbe« mit dem Refrain »Mein Schatz hat's Grün so gern«, um das es sich zwischen meinem Vater und mir handelte. Berger stand persönlich dem poetisch angeregten Kreise nahe, der sich in dem zweiten Jahrzehnt des neunzehnten Jahrhunderts in Berlin um Wilhelm Müller versammelt hatte. Ihm gehörte unter anderem auch Hedwig von Staegemann, die spätere Frau von Olfers, an, und soviel ich weiß, ist sie die Schöpferin gerade jener anmutigen Verse.[21] Noch heute liebe ich diese Bergersche Komposition von ganzem Herzen und stehe nicht an zu behaupten, daß sie an Innigkeit und eigenartigem Reiz der Erfindung manchem gepriesenen Liede unserer besten Meister nicht nachsteht. Brahms schätzte, wie mir bekannt ist, die Klavieretüden von Berger um ihres musikalischen Wertes willen sehr hoch. Eine bedeutsame Mahnung, die Musik dieses feinsinnigen Künstler nicht gänzlich der Vergessenheit anheimfallen zu lassen!

Zwei Wochen waren seit meiner Rückkehr nach Leipzig verstrichen, als ein Naturereignis, ein Hagelwetter von unerhörter Gewalt, den

XV Ludwig Berger, Pianist, geb. 18. April 1777 zu Berlin, gest. daselbst 16. Februar 1839. Er war Lehrer Mendelssohns.

gleichmäßigen Fluß der Tage unterbrach. David, der Vater[22], hatte mich aufgefordert, eine Anzahl kleiner Stücke für Violine und Klavier, die er in den Sommerwochen komponiert hatte, mit ihm durchzuspielen.[XVI] Unsere Probe war am Vormittag angenehm verlaufen, und ich mußte als Gast am Mittagessen teilnehmen. Außer Paul und seinen beiden hübschen Schwestern Bella und Helene gehörte nur noch der Bräutigam der ersteren, der schon einmal erwähnte Julius Eckardt, zur Gesellschaft. David war in der liebenswürdigsten Laune. Er führte das Gespräch in Scherz und Ernst so lebhaft und anregend, daß unvermerkt die Zeit herangerückt war, zu der er um der Orchester- und Quartettstunde willen im Konservatorium sein mußte. Wir jungen Leute begleiteten ihn, hörten eine Weile zu und begaben uns später in das Café Français am Augustusplatz, um dort eine Kleinigkeit zu genießen. Da verdüsterte sich plötzlich der Himmel; unheimlich drohende, gelblich angeschienene Wolkenmassen zogen herauf, und da es unmöglich schien, unsere ziemlich entfernten Wohnungen noch trocken zu erreichen, so beschlossen wir, in das nahe gelegene Konservatorium während des Unwetters zurückzukehren, wo wir uns am Klavier die Zeit vertreiben konnten. Kaum jedoch hatten wir ein paar Schritte auf die Grimmasche Straße hinaus getan, als die ersten unglaublich großen Wassertropfen fielen und uns nötigten, in einen Hausflur zu flüchten. Noch zwei Sekunden und es brach ein Geprassel los, als wenn um uns alles in Grund und Boden stürzte. Der Flur war sofort überschwemmt, so daß wir in einem etwas höher gelegenen Seitenraum Schutz suchen mußten. Hier standen wir, während fast völlige Dunkelheit hereinbrach, etwa elf Minuten, ohne daß das donnerartige Getöse auch nur einen Augenblick nachgelassen hätte. Das einzige Fenster, das den Raum spärlich erhellte, blieb unversehrt, weil das Wetter uns von der Rückseite her kam. Durch die Scheiben sahen wir nichts als eine einzige unterschiedslose weißgraue Masse, die den Luftraum füllte, zur Seite aber auf dem Flur schwammen zahllose Eisstücke von Walnußgröße im Wasser umher. Endlich ließ das furchtbare Wüten der Elemente nach, und man konnte sich wieder in das Freie hinauswagen. Freilich nur, um durch Wasser und endlose Eismassen zu waten. Der Anblick, der sich überall bot, die Veränderung, die sich in kaum einer einzigen Viertelstunde vollzogen hatte, war unglaublich. Auf der Wetterseite der Straßen war keine Scheibe mehr heil; kaum saßen an den Ständern der leeren Fenster-

XVI Diese Stücke erschienen bald darauf unter dem Titel »Bunte Reihe«. [Ferdinand David: Bunte Reihe. 24 Stücke für Violine und Pianoforte op. 30, Leipzig <o. J.>]

quadrate noch ein paar Glasscherben. Gardinen und Vorhänge hingen in Fetzen herunter. In der ganzen Stadt hatten die unmäßig großen Hagelkörner die Dächer zertrümmert. Haufen von zerborstenen Ziegeln und Schieferplatten bedeckten in wirrem Durcheinander mit Glassplittern und Eismassen den Boden. Auf der Promenade sah es aus wie im späten Herbst und noch schlimmer. Die Bäume starrten kahl und zerzaust gen Himmel, eine Menge Laub und unzählige Zweige waren heruntergeschlagen und bedeckten die Erde. Nach der drückenden Schwüle war fast winterliche Kälte eingetreten; ein weißlicher Dampf, der sich dem strengen Geruch zerquetschter Blätter beimischte, stieg vom Boden auf. Wir versuchten, um abzukürzen, durch Davids Garten, der nach der Promenade hin mündete, sein in der Georgstraße gelegenes Haus zu erreichen. Aber es war unmöglich, die mächtigen nassen Trümmerhaufen, die hier auch die gesamte heruntergeworfene Obsternte enthielten, zu übersteigen. So schlugen wir den Weg durch eine der Seitenstraßen ein und fanden zu unserer Freude, daß es in der Davidschen Wohnung doch wenigstens noch einige Räume gab, in denen die Fenster um ihrer Lage willen nicht gefährdet gewesen, also heil geblieben waren. Nach Reudnitz aber weiterzuwandern wäre für mich sinnlos gewesen; denn ich konnte mit Sicherheit annehmen, daß ein Aufenthalt in meinen Zimmern vorderhand unmöglich sein würde. So wurde beschlossen, daß ich für den Rest des Tages bei Davids bleiben und zur Nacht mit Eckardt zusammen in der nahegelegenen »Stadt Dresden« Quartier nehmen solle. Nach allen aufregenden Tageserlebnissen gab es noch einen hübschen heiteren Abend, an dem David besonders gut aufgelegt die Variationen aus der Kreutzersonate und zwei Sätze des Mendelssohnschen Violinkonzerts mit mir spielte. Am nächsten Morgen aber, der mich in aller Frühe meine Schritte nach Reudnitz lenken ließ, stellte sich heraus, daß noch für mehrere Tage meines Bleibens hier nicht sein könne. So entsetzlich war meine Behausung von dem Unwetter mitgenommen, daß namentlich an eine Benutzung meiner Schlafkammer, die unmittelbar unter dem zerstörten Dach lag, nicht zu denken war. Ein mir bekannter junger Buchhändler, Charles Westermann, der tagsüber im Kontor beschäftigt war, besaß ein unversehrtes Zimmer und ein Instrument. Hier konnte ich einige Stunden Klavier spielen und Briefe schreiben. Nachts schlief ich bis gegen Ende der Woche in der »Stadt Dresden«.

Auch bei den übelsten Ereignissen pflegt es nicht auszubleiben, daß irgend eine Nach- oder Nebenwirkung sich ergibt, die erfreulich ist. Im gegenwärtigen Falle muß ich eine solche für mich in dem Umstand erkennen, daß mir das Wohnen im Hotel Gelegenheit gab, mit Eckardt, der ständig dort logierte, häufiger zusammenzukommen und ihm auf solche Weise persönlich näherzutreten. Eckardt war Livländer von Geburt. Er hatte in Deutschland Jura studiert, hatte es trotz seiner großen Jugend bereits erreicht, in Riga eine Anstellung als Konsistorialsekretär zu erhalten und stand nun unmittelbar vor seiner Verheiratung mit Bella David. In hohem Grade besaß er jene Eigenschaften, durch die sich seine Landsleute so oft auszeichnen: Vielseitigkeit der Bildung und Umgangsformen, die ebenso gewandt wie natürlich erscheinen. Von gewinnender Offenheit des Wesens veranlaßte er, ohne indiskret zu sein, daß auch andere ihm wiederum leicht ihr Vertrauen schenkten. Über Nichtigkeiten Konversation zu machen war nicht seine Sache; unvermerkt wußte er stets, das Gespräch auf bedeutende Gegenstände zu lenken. Daß er außerdem angeborenes Verständnis für Musik hatte, steigerte meine Neigung, mit ihm zu verkehren; und so entwickelte sich in den wenigen Tagen und Wochen, die wir noch vor seinem Abschied von Leipzig miteinander zu verbringen hatten, ein freundschaftliches Verhältnis, dessen ich nicht ohne Wärme gedenken kann.

Auf Mittwoch, den 12. September war die Hochzeit des Eckardt-Davidschen Paares angesetzt, die für die Braut bei aller Liebe für ihren Verlobten doch auch eine schwere Trennung vom Vaterhause und von der Heimat bedeutete. Freunde und Freundinnen sahen sie ungern nach dem fernen Rußland ziehen, und viele Hände regten sich, ihr einen letzten Liebesbeweis vor dem Scheiden zu geben. Am Montag abend schon begann das Feiern. Franz von Holstein hatte in seinem schönen geräumigen Hause eine musikalisch-dramatische Festlichkeit vorbereitet, zu der ungefähr das halbe Gewandhauspublikum geladen war. Ein von ihm gedichteter Prolog eröffnete das Ganze. Hinter der Szene wurde die hier und da einfallende Musik, die Holstein ebenfalls zusammengesetzt hatte, von mir und meinen Freunden besorgt; d. h. Rose, Maszkowski, Sullivan und Emil Hegar bildeten das Streichorchester und ich spielte dazu auf dem Klavier die Blasinstrumente. Im einzelnen erinnere ich mich nur des Schlusses, den die Tieckschen Verse bildeten:

»Mondbeglänzte Zaubernacht,
Die den Sinn gefangen hält
Wundervolle Märchenwelt
Steig' auf in der alten Pracht!«[23]

Dazu erklangen – ein wirklich hübscher Gedanke – die vier ersten Akkorde der Sommernachtstraum-Ouvertüre.

Sehr passend war damit die Überleitung zum Folgenden gegeben. Auf der kleinen improvisierten Bühne führte man das von Tieck so anmutig dramatisierte Märchen »Rotkäppchen«[24] auf, wobei Paul David in der Rolle des Wolfs auftrat und reichlich beklatscht wurde. Nachdem dann auch das Geibelsche Lustspiel »Meister Andrea« die Gesellschaft erfreut hatte, begann das Tanzen und hielt die Jugend bis weit über Mitternacht beisammen.

Der nächste Abend, also der eigentliche »Polterabend«, sollte still begangen werden. Hierfür aber hatte ich mir eine kleine Überraschung ausgedacht. Aus den talentvolleren Schülern und Schülerinnen des Konservatoriums ließ sich leicht ein kleiner gewandter Chor zusammenbringen, der dem Brautpaar ein Ständchen singen konnte. Ein paar Kleinigkeiten – ein Volkslied, dann das Mailied aus der »Euryanthe« mit der Zugrundelegung passenderer Textworte, und als Haupt- und Schlußstück arrangierte ich den »Jungfernkranz«[25] für gemischten Chor a cappella, schrieb mit Hilfe der Freunde rasch die Stimmen aus, teilte mich mit Sullivan, der in besonders naher Beziehung zum Davidschen Hause stand, in die Direktion und fügte dem Programm noch ein Chorlied von Mendelssohn ein. Eine letzte Probe wurde noch am Dienstag nachmittag um sechs Uhr abgehalten, und alles ging vortrefflich. Es war Eckardts Wunsch gewesen, mich noch einmal in einiger Ruhe bei sich zu sehen, und so saß ich bis neun Uhr abends mit ihm und seiner Bella am Davidschen Teetisch. Dann verschwand ich unter irgend einem Vorwand in dem Garten, wo sich schon meine Leute in aller Stille bei dem Schein bunter Lampen versammelt hatten, und der Gesang begann. Nichts ahnend war die Familie im oberen Zimmer vereinigt, durch dessen geöffnete Fenster nun die Töne vom Garten her einzogen. Die Überraschung war so vollkommen gelungen, der Eindruck so ganz unsern Wünschen entsprechend wie möglich. Alle waren während der Musik zu uns heruntergestiegen; die Braut an der Hand ihres alten Vaters mit Tränen der Rührung in den Augen, und auch Eckardt tief bewegt. – Die Trauung am nächsten Vormittag fand nicht in Leipzig, sondern in dem reichlich eine Stunde von der Stadt entfernten Dorf Thekla statt. Die alte auf einem Hügel gelegene Kirche nahm eine ansehnliche Versammlung auf. Heute mußte das Konservatorium ex officio sich einfinden, um auf der Orgelempore unter Richters Leitung einige Chöre zu singen. In mehreren Omnibussen fuhr die gesamte Schülerschaft zu der Feier hinaus, bei der Ahlfeldt die Traurede hielt. Ich hatte schon darauf verzichtet, Eckardt noch einmal vor der Abreise zu begrüßen, und im stillen von ihm Abschied genommen. Da hörte ich, daß David mich suche. Er lud noch in letzter Stunde mich und Sullivan ein, am Hochzeitsessen teilzunehmen, und damit war denn der Freudenbecher bis zum Grunde geleert.

Nur kurze Zeit lag jetzt noch vor uns, bis die ersehnte Stunde schlug, die mich wieder nach Lauenstein brachte. Aber es gab noch allerlei zu erledigen, ehe ich von dannen gehen konnte. Carl Reinecke war mittlerweile zum Nachfolger von Rietz erwählt worden. Er hielt sich bereits seit einigen Wochen in Leipzig auf. Schleinitz wünschte, ihm eine Aufmerksamkeit zu erweisen, und ich bekam den Auftrag, für eine Abendunterhaltung, in der er wahrscheinlich als Zuhörer erscheinen würde, seine Variationen über eine Sarabande von Bach einzustudieren. Das Stück gefiel mir damals sehr wohl, und zwei Tage nach der Eckardtschen Hochzeit trug ich es dem Publikum vor. Der Komponist aber war vergeblich erwartet worden. Sehr viel weniger angenehm war mir die Erfüllung einer anderen, ähnlichen Aufgabe. Richter bat mich, eine neue Klaviersonate von sich ebenfalls im Konservatoriumsabend zu Gehör zu bringen. Hauptmann in seiner liebenswürdigen Bosheit hatte einmal nach dem Anhören einer ihm unbekannten Musik gesagt: »Das klingt so sehr nach Mendelssohn, daß es von Richter sein muß.« Wäre die Sonate nun nur ein dünner Aufguß auf Teeblätter gewesen, die Mendelssohn in seiner Tasse zurückgelassen, so mochte das noch hingehen. Aber das Stück war in der Tat ungewöhnlich nüchtern. Es wurde mir schwer, mich in dem Maße eingehend damit zu befassen, wie es doch immerhin nötig ist, wenn man etwas vor Leuten spielen soll. Hier jedoch gab es kein Ausweichen. Richter war ein zu braver, schätzenswerter Mann, und insbesondere mir gegenüber ein zu wohlwollender Lehrer, als daß ich imstande gewesen wäre, ihm seine Bitte abzuschlagen. Übrigens verzögerte sich die tatsächliche Vorführung der Sonate aus allerlei Gründen noch geraume Zeit. Schließlich tat ich meine Pflicht und hatte wenigstens Genugtuung, dem Komponisten Freude bereitet zu haben. Dafür spielte ich dann in der letzten Abendunterhaltung vor den Ferien ein Stück, dem ich mich mit ungeteilten Empfindungen hingeben konnte: Die variations sérieuses von Mendelssohn. Ich hatte zwar, wie mehr oder weniger bei jedem Auftreten, einen harten Kampf mit meiner nervösen Befangenheit zu bestehen. Aber ich vermochte doch, diese Schwäche so weit zu überwinden, daß die Leistung selbst nicht wesentlich darunter litt. Den lebhaften allgemeinen Beifall, der mir zuteil wurde, durfte ich als Beweis dafür annehmen.

Eine Reihe goldener Lauensteiner Herbsttage lag hinter mir, als ich gegen die Mitte des Oktober wieder in Leipzig eintraf.

Meine Eltern waren gleichzeitig nach Berlin heimgereist, wohin die am 15. Oktober stattfindende fünfzigjährige Jubelfeier der Universität alle Professoren etwas früher als gewöhnlich hatte zurückkehren lassen. Zwar gehörte mein Vater nicht zu der Zahl der Männer, die – wie der damals fast allein noch lebende Savigny – mitgeholfen hatten, die Berliner Universität in der Zeit schwerster vaterländischer Bedrängnis zu begründen und diesem Bollwerk deutschen Geisteslebens den ersten, weit hinausleuchtenden Ruhmesglanz zu verleihen. Aber er war schon in früheren Jahren, als der Hauch jener heroischen Zeit noch in einer Reihe bedeutender Persönlichkeiten lebendig nachwirkte, mit ihr in Berührung getreten, und länger als ein Menschenalter hindurch hatte er in unermüdlicher Pflichttreue seine Kräfte in den Dienst der Aufgaben gestellt, deren Erfüllung sein Lehramt ihm auferlegte. So nahm er mit dem ganzen Herzen an der Feier teil, die den schönsten Verlauf nahm. Meine Mutter sorgte durch schriftliche Mitteilungen und Übersendung von Zeitungsberichten dafür, daß ich aus der Ferne die festlichen Vorgänge nach Kräften miterlebte. Eine Wiederholung dieser Dinge in aller Ausführlichkeit gehört nicht hierher. Doch mögen einige Worte aus einem Briefe meines Vaters mitgeteilt sein, den er in jenen Tagen an die Freundin in Wienrode richtete, und die namentlich deshalb nicht ohne Interesse sind, als sie die herzliche Sympathie widerspiegeln, die man schon damals der Person des Prinzregenten, des späteren ersten deutschen Kaisers, entgegenbrachte. Mein Vater schreibt: »Ich kann den festlichen 15$^{ten}$ October … nicht beschließen, ohne Ihnen von Ihrer lieben Vaterstadt, der Universität und ihrer Feier und der schönen Weise, in welcher Trendelenburg Ihres lieben Vaters dabei gedachte, Einiges zu erzählen … Hätten Sie doch die Aula und die alte Nicolaikirche sehen können in ihrem Blumen- Kerzen- und Fahnenschmuck, die Vorstellungen und Festgaben aller Deputationen deutscher, schweizerischer, ausländischer Universitäten, den Festzug, den Gottesdienst, und könnten Sie den Fackelzug sehen, den morgen die Studenten unserm lieben Wilhelm … darbringen und bei dem wir tüchtig mitschreien wollen, damit er sieht, wie lieb man ihn hat. Denn was er heute den Deputationen gesagt hat ist doch die Krone gewesen von allen Festen, obgleich das Festmahl diesen Mittag von endlosem Jubel war, und der Ball heute Abend bei Kroll … gewiß Alles vereint, was Berlin an Anmuth und Eleganz aufzuweisen hat. Anknüpfend an Boeckh's Rede hat der Prinzregent in seiner schlichten und ehrlichen Weise den Deputierten gesagt: den Dank für ihre Theilnahme an unserm Feste habe ihnen Boeckh beredter ausgesprochen, als er es vermöge. Das aber wolle er hinzufügen: er hoffe zwar in dieser bewegten Zeit eine blutige Entscheidung wie 1813 fern zu halten; sollte sie aber nöthig werden, so glaube er, gleich seinem seligen Vater auf den Geist der Jugend rechnen zu dürfen, den die Universitäten in ihr pflegten und der hinter den Waffen stehen müsse um sie unüberwindlich zu machen. Die ältesten und kältesten Leute waren bewegt von diesen seinen Worten. Man sagt: ›der Regent dürfe nicht hitzig, witzig und altfritzig sein‹ um gut zu regieren und alles Dreies trifft bei Wilhelm zu.«

Dem Jubiläum der Universität folgte nach kurzer Zeit noch eine zweite Jubelfeier, die meinen Vater nicht minder persönlich in Anspruch nahm: das sechzigjährige Doktorjubiläum seines teuren Lehrers und Freundes Savigny, das dieser am 31. Oktober beging. Savigny hielt sich schon seit längerer Zeit mit seiner Frau bei seinem Sohne Karl – damals preußischer Gesandter am sächsischen Hofe – in Dresden auf. Man hatte gehofft, er werde zu der Feier nach Berlin kommen. Frau von Savigny aber durfte um eines leichten Schlaganfalls willen, der sie kurz zuvor getroffen, die Reise nicht wagen, und so blieb auch er in Dresden. Die juristische Fakultät wählte meinen Vater zum Deputierten, der dem Jubilar die von ihm selbst verfaßte Gratulationsschrift und daneben die Programme überbringen sollte, die jedes einzelne Mitglied für die Gelegenheit geschrieben hatte. Karl von Savigny – meines Vaters einstmaliger Schüler – hatte ihn als Gast in seine Häuslichkeit eingeladen, und am Tage vor der eigentlichen Aktion fuhr er mit dem Morgenzuge nach Dresden. Ich gebe seine eigene Schilderung der dortigen Erlebnisse, wie sie sich in einem ebenfalls nach Wienrode gerichteten Briefe finden, wie folgt: »… In Dresden kam ich Dienstag 12 Uhr Mittags bei herrlichstem Wetter an. Das Gesandtschaftshotel liegt in der Nähe des ›großen Gartens‹ mitten in einem prächtigen Garten gegenüber der Höhe, auf der Moreau aus eben jenem Garten die tödliche Kugel empfing.[26] Gundel's[XVII] kräftige Natur hatte alle Schlaganfälle glücklich niedergeschlagen, Karl war liebenswürdig, ja herzlich, und gegen meine Erwartung seine Frau nicht minder: die 4 allerliebsten

XVII Gundel (Frankfurterisch statt »Kunigunde«) pflegte Frau von Savigny in Freundeskreisen genannt zu werden.

Kinder sollten in den Farben der 4 Fakultäten gratulieren, es wurde dafür der Anfang des Faust gewählt, und mir ward die Aufgabe, während der Spazierfahrt nach Webers herrlichem Monument von Rietschel (der übrigens im Sterben liegt) jenen Faustanfang der Bedeutung des Tages zu akkommodiren. Ich verwandelte also die ›Juristerei‹ in ›Artillerie‹ (weil nach einer Savigny'schen Anekdote eine artilleristische Schrift mit der Phrase anfängt: Die höchsten Interessen der Menschheit sind Philosophie und Artillerie) und änderte dann den Schluß in eine Apotheose der Juristerei auf Kosten der Theologie, wie folgt: ›Und die (nämlich die Theologie) hat mir erst garnicht gefallen können: drum hab' ich mich dem Jus ergeben.

Um meinem Ahnherrn nachzustreben
Und auf des Rechtes lichter Bahn
Zu steigen zu seiner Größe hinan.

Um 5 Uhr wurde dann gegessen statt wie gewöhnlich um 6 und 4 Akte von Meyerbeers Propheten[27] glücklich ausgehalten ohne die erwartete Bürde-Ney[28] und Tichatscheck[29], mehr um der Sonne, Schlittschuh und Münsterschen Kathedrale willen, als aus Achtung vor der gemeinen Judenmusik[30], die ganz der Gesinnung des Johann von Leyden würdig ist, der seine eigene Mutter verläugnet[31] ... Die Reihe der Glückwünschenden am Mittwoch eröffneten Ihre Majestäten von Sachsen[32] durch ihren Oberhofmeister. Folgten das Oberappellationsgericht, die Ministerien der Justiz und des Innern (?), die 4 Universitäten Marburg, Leipzig, Halle (Göschen[33], Merkel), Berlin. Den Schluß machten die obigen 4 Fakultäten. Bei Tafel (20 Personen) saßen Savigny und Gundel in der Mitte einander gegenüber, Wirth und Wirthin an den entgegengesetzten Enden desgleichen, neben Gundel Präsident von Langen (?), der die Gesundheit Savigny's ausbrachte, neben Savigny ich selbst, der sie mit seinen Worten zu beantworten gebeten war. Diese Worte schreibe ich Ihnen ab, als ein Zeugniß seiner geistigen Frische und edlen Einfachheit: ›Im hohen Alter schwinden die Kräfte, eine nach der anderen. Eine Kraft ist mir geblieben, für die ich sehr dankbar bin. Es ist die warme Liebe zu den Vielen, die mir in meinem langen Berufsleben nahe getreten sind, als Schüler und Freunde, Einige auch als Genossen meines Berufs. Diese sehe ich hier, schön vertreten, um mich unter ihnen auch meine geliebten Söhne. Ich danke ihnen für alle Liebe, die sie mir bewiesen haben, auch für die große Freude des heutigen Tages. Ich bitte sie, mir ihre Liebe, auch in der kurzen noch übrigen Zeit meines Lebens zu bewahren.‹ Göschen konnte es dann nicht lassen, Gundels[XVIII] Gesundheit, als ihr Zögling, auszubringen, und das katholische Haus- und Hofkaplänchen streckte unter dem Toast auf den ewigen ›Besitz‹[XIX] sein Pfötchen nach Savigny's sterblichem Theil aus, denn vor dem Entfliehen des unsterblichen kriegen sie ihn doch nicht« …

Von Dresden aus entschloß sich mein Vater, für einen Tag nach dem nahen Leipzig zu fahren, um seinen Sohn zu besuchen und zugleich, da es gerade Donnerstag war, ein Gewandhauskonzert anzuhören. Freges, die von Abtnaundorf wieder in ihre Stadtwohnung übergesiedelt waren, hatten gehört, daß ich meinen Vater erwartete, und luden uns beide zu Tisch ein. So hatte ich zu allem übrigen die Freude, daß er nicht allein die Häuslichkeit aus eigener Erfahrung kennenlernte, die mir Leipzig vor allem heimisch gemacht hatte, sondern auch am Nachmittag von Frau Frege einige Lieder singen hörte. Zu Mittag war außer den nächsten Angehörigen, wozu auch der Hausarzt Dr. Schmieder zu rechnen war, nur Schleinitz als Gast geladen. Seine Stimmung mir gegenüber hatte sich seit den Gewittern im Sommer gelegentlich des Schumannschen Geburtstages wieder merklich gebessert. Namentlich nachdem er die »Variations sérieuses«[34] von mir gehört hatte, machte ihm mein künstlerisches Seelenheil wohl weniger Sorge. Er lobte nicht nur mein Spiel, sondern ließ es sogar geschehen, daß Paul David ein paar Lieder von mir in der Abendunterhaltung sang, und drückte mir hinterher sein Wohlgefallen daran aus. Trotzdem war mir etwas schwül zumute, als ich ihn und meinen Vater zu beiden Seiten von Frau Frege sitzen sah, geraume Zeit kein einziges Wort miteinander wechselnd, Schleinitz mit einem Gesicht so regungslos wie das einer Mumie. Endlich brach das Eis, und nach Tisch gerieten beide vollends in eine lebhafte Unterhaltung. Ich beobachtete aus einiger Entfernung den Vorgang, zog aus ihrem heiteren Mienenspiel die besten Schlüsse und fühlte mich beruhigt. Schleinitz hatte meinem Vater auseinandergesetzt, was er an gründlichen Studien für wünschenswert und unerläßlich halte, wenn mein musikalisches Talent zur vollen Entfaltung kommen solle, und da das, was er sagte, durchaus den Ansichten meines Vaters entgegenkam, so schieden beide als die besten Freunde.

---

XVIII Frau von Savigny war als geborene Brentano katholisch geblieben, während Savigny selbst bekanntlich Protestant war.

XIX Gemeint ist Savignys berühmtes Buch vom »Besitz« [Friedrich Carl von Savigny: Das Recht des Besitzes; eine civilistische Abhandlung, Gießen 1803], das hier das nachfolgende Wortspiel veranlaßt hat.

Ganz im Sinne meines Vaters war es, daß ich für das Wintersemester wiederum ein Kolleg bei Heinrich von Treitschke belegt hatte. Treitschke las dieses Mal über deutsche Geschichte seit Friedrich dem Großen, und es war nicht zu verwundern, wenn dieser Gegenstand, der der allgemeinen Teilnahme und zugleich dem innersten Wesen des jungen Dozenten so besonders nahe lag, eine noch größere Masse von Hörern anlockte, als seine früheren Vorträge über englische und französische Geschichte. Von Woche zu Woche steigerte sich der Zudrang, das sehr große Auditorium war bald nicht allein bis auf den letzten Sitzplatz gefüllt, sondern bis in die geöffnete Tür und den Gang draußen stand die hörbegierige akademische Jugend. Und freilich, was man hier erlebte, war etwas durchaus Außergewöhnliches. Nie wieder habe ich jemanden öffentlich sprechen hören, dessen lodernde Begeisterung in ähnlichem Maße alles um sich her fortgerissen hätte. Schon die edle, kraftvolle Erscheinung dieses wunderbaren Menschen, der noch nicht die Schwelle des Mannesalters überschritten hatte, mußte die Herzen gewinnen. Man wußte, daß Treitschke nicht nur schwerhörig, sondern schon damals fast ganz taub war. Wenn man sich bei ihm einschreiben ließ, so zog er sein Hörrohr hervor, um die Worte des anderen zu verstehen. Ja, sein Ohr war selbst nicht mehr imstande, die Laute des eigenen, merkwürdig vollen, gewaltigen Organs durch sichere Kritik zu zügeln. Die Worte brachen oft überlaut hervor, bald stockend, bald sich überstürzend. Und doch hatte sein Vortrag nicht nur etwas Überwältigendes, sondern zugleich durch diese Beimischung einer leisen Unbeholfenheit etwas doppelt Ergreifendes. Wie er aber dem Inhalt nach sprach, wie ihm das Wort zu Gebote stand und von welcher Herrlichkeit des inneren Lebens seine Rede Zeugnis gab, das wird jeder ermessen können, der liest, was er an Schriften hinterlassen hat. Sein ungebrochener Idealismus, die Leidenschaft und die Glut seiner Vaterlandsliebe, der reine Atemzug strenger sittlicher Forderungen und dazu eine Darstellungsgabe ohnegleichen: dies alles gab seiner Persönlichkeit eine Leuchtkraft, der auch die Blödesten kaum sich zu entziehen vermochten. Als ich nach vielen Jahren dem völlig gereiften Mann einmal wiederbegegnete und ihm mit Bewegung von jenen Leipziger Eindrücken sprach, erwiderte er: »Oh! Erinnern Sie mich nicht an diese Jugendsünden!« Mochte in manchem Einzelnen seine Erkenntnis mit den Jahren noch gewachsen sein, ich wußte doch, daß er mir mit jenen »Jugendsünden« Unvergängliches in die Seele gepflanzt hatte.

Die Konzertflut hatte, wie es die Regel war, etwa um die Mitte des Oktober begonnen und brachte wiederum eine Menge von Musik, die mir neu war. David, der mir mehr und mehr ein herzliches Interesse entgegenbrachte, war bemüht, auch abgesehen von den öffentlichen Vorführungen, die Lücken meiner Kenntnisse auf dem Gebiet der Kammermusik auszufüllen. Er setzte nicht nur in den Quartettstunden Werke an, von denen er erfuhr, daß sie mir unbekannt waren, sondern erschien auch mehrfach, wenn ich seinen Sohn besuchte, auf dessen Stube, um mit mir zu musizieren. So geschah es einmal, daß er sogar ein Beethovensches Quartett mit mir aus der Partitur vierhändig spielte, damit ich seine Bekanntschaft machte. Wenn aber Paul die Freunde Rose, Maszkowski und Hegar bei sich zum Quartettspiel versammelte – wobei ich als Publikum nicht fehlte – so trat er zuweilen unvermutet ins Zimmer, hörte eine Weile zu und setzte sich dann selbst zu allgemeiner Freude an das erste Pult, um mit etwas Besonderem, wie etwa einem der letzten Beethovenschen Quartette, fortzufahren.

Im November wurde die Klavierspielerin Frau Szavàdy in Leipzig erwartet, die mich einmal, als sie noch Fräulein Wilhelmine Klaus war, in Berlin durch ihr Spiel des As-Dur-Impromptus von Chopin entzückt hatte. Sie spielte jetzt – bei verschiedenen Gelegenheiten – das fis-Moll-Konzert von Hiller, die Es-Dur-Polonaise von Chopin, die Symphonischen Etüden und das Es-Dur-Quartett von Schumann, die Sonate op. 111 von Beethoven und eine Reihe kleiner Chopinscher Sachen. In einer Gesellschaft bei Holsteins lernte ich die liebenswürdige Frau auch persönlich kennen. Bei ihrem ersten Auftreten wirkte noch bei mir die Erinnerung des früheren Eindrucks nach, bald aber mußte ich mir gestehen, daß die bestechende Eleganz ihrer Technik mich doch über den Mangel an tieferem Erfassen hinweggetäuscht hatte. Vor allem die großen ernsten Werke, die sie vortrug, ließen das empfinden.

Das eigentliche künstlerische Ereignis des Winters brachten die nun folgenden Wochen. Brahms, Joachim und Frau Schumann kamen gleichzeitig nach Leipzig. Frau Schumann trat zu wiederholen Malen auf, Brahms dirigierte als Novität seine A-Dur-Serenade und Joachim spielte an demselben Abend zum ersten Male in Leipzig sein Ungarisches Konzert, mit dem er im Sommer auf dem Niederrheinischen Musikfest einen durchschlagenden Erfolg errungen hatte, und das auch hier den Höhepunkt aller Eindrücke dieser bedeutungsvollen Tage bildete.

Ich suche vergeblich nach einem Ausdruck, um die Seligkeit des Zustandes zu schildern, in den mich diese Musik, von ihrem Schöpfer unmittelbar in schlackenloser Vollendung mitgeteilt, versetzte. Hier war alles: blühende Erfindung, Größe und Anmut, innigstes Gefühl im Gestalten wie im Beherrschen der Mittel. Er aber, der noch nicht Dreißigjährige, der so Herrliches geschaffen, stand vor uns in der schlichten Hoheit und dem heiligen Ernst seiner Erscheinung, die Augen wie nach innen gerichtet, versenkt in sein Instrument, – sein Spiel kein Spielen mehr, sondern nur die wunderbarste Seelensprache, die mit greifbaren Dingen nichts zu tun zu haben schien. Schon in der Probe war ich völlig überwältigt von solcher Schönheit. Das Verlangen brannte in mir, ihm meine Empfindungen auszusprechen; dann wieder wagte ich es nicht, zu ihm zu gehen, fürchtete unbescheiden zu sein, fühlte mich vor allem unvermögend, in Worte zu fassen, was in mir jubelte. Da begegnete ich ihm in einem der Seitengänge des Konzertsaales, die Freude des Augenblickes überwand die Scheu und ich stolperte ein paar Worte heraus, die gewiß nichts weniger als wohlgesetzt waren. Er aber verstand, wie ich es meinte, blieb einige Augenblicke mit mir im Gespräch, behandelte mich mit der gewinnendsten Freundlichkeit, und von dem Augenblick an gehörte ich ihm mit dem ganzen Herzen für alle Zeit.

Sehr anders erging es mir mit der Brahmsschen Serenade. Als ich nach der Probe mit Maszkowski zusammentraf, gestanden wir uns beide, daß wir uns in unseren Erwartungen etwas getäuscht fühlten. Der Gedankeninhalt erschien uns blaß, die Klangwirkung stumpf und ermüdend. Das Letztere war erklärlich. Wie bekannt hält diese Serenade in ihrer Instrumentierung gewissermaßen die Mitte zwischen Orchester- und Kammermusik. Den Holzblasinstrumenten sind die wichtigsten Dinge anvertraut, die Geigen fehlen gänzlich. Dadurch ist an und für sich eine ungewöhnlich gedämpfte Färbung bedingt, die nur dann anziehend zu wirken vermag, wenn eine meisterhafte Ausführung für lebensvollen Wechsel sorgt. Im damaligen Leipziger Orchester aber standen gerade an den Bläserpulten keineswegs lauter Virtuosen und so läßt sich denken, daß – zumal in einer ersten Probe – sehr viel an einer vollkommenen Wiedergabe des Stückes fehlte.

Das Konzert fand ausnahmsweise an einem Montage, dem 26. November 1860 statt. Während das Joachimsche Violinkonzert einen Sturm der Begeisterung entfesselte, wurde die Serenade lau aufgenommen. Zwei Jahre früher hatte Brahms bereits mit seinem ersten Klavierkonzert, das er selbst als Spieler dem Gewandhauspublikum vorführte, ein vollständiges Fiasko erfahren. Als die Leute damals nach Beendigung des Stückes in Eiseskälte verharrten und ihn, ohne daß eine Hand sich rührte, die Stufen des Podiums zwischen den Orchesterpulten heraufsteigen ließen, soll er in gerechtem Ingrimm vor sich hingemurmelt haben: »Wer ist denn hier in dem Saal, der solch ein Stück machen kann?! –« Nur David hatte ihm in jenen Tagen die größte Anerkennung ausgesprochen. Nun mußte er an derselben Stelle abermals erleben, daß man seine Musik, wenn auch in etwas höflicherer Form, so doch mit genügender Deutlichkeit ablehnte.

Mir persönlich hatte die Serenade bei der Aufführung schon um vieles mehr gefallen als in der Probe. Sie wurde wesentlich schöner gespielt und ich hörte sie eben zum zweitenmal. Nichtsdestoweniger fand ich den Anfang des ersten Satzes ziemlich nichtssagend, das zweite Motiv an gewisse Händelsche Wendungen erinnernd, vor allem aber das Hauptthema des Finales bäurisch, ja beinahe albern. Am nächsten Morgen gab es vor einem kleinen Kreise Geladener, wozu auch die Schüler gehörten, Musik im Konservatorium. Joachim spielte mit den Leipziger Quartettgenossen zwei neue Sextette für Streichinstrumente. Über das eine, das von David komponiert war, will ich schweigen; das andere war das B-Dur-Sextett von Brahms. Am Nachmittag wurde das Musizieren bei Freges fortgesetzt. Frau Schumann spielte die C-Dur-Fantasie ihres Mannes und mit Brahms vierhändig die gestern so übel behandelte Serenade. Das Brahmssche Sextett hatte mir am Morgen gewaltig imponiert, nun erschien mir auch die Serenade, bei deren Ausführung an die Stelle minderwertigen Blasens das ausgezeichnetste Klavierspiel getreten war, wie umgewandelt. Für den Augenblick war ich ganz gefangen. Der Abend brachte eine neue musikalische Bekanntschaft sehr anderer Art. Im Euterpekonzert[35] wurde die symphonische Dichtung »Les préludes« von Liszt aufgeführt, und ich schloß mich der Gesellschaft von David, Joachim, Brahms und Frau Schumann an, die die Sache erleben wollten. Ich hatte noch keines der Lisztschen Orchesterwerke gehört, kann aber versichern, daß es nicht der Einfluß meiner Umgebung war, der mir etwa diese Musik verleidete. Auf eine Reihe harmonischer Häßlichkeiten, die genial sein sollten, war ich gefaßt; viel schlimmer aber erschien mir die Leere und die Gewöhnlichkeit des Ganzen, der nur die Ostentation gleichkommt, mit der diese Ansammlung von Nichtigkeiten zu etwas Verblüffendem aufgebauscht wird.

Brahms hatte an Frau Frege eine Reihe von A-cappella-Chören kleineren Umfanges auf geistliche Textworte geschickt, an denen wir seit einigen Wochen in ihrem Verein studierten. Anfangs konnte sich niemand mit der Musik befreunden, auch Frau Frege nicht. Ihr wie mir kamen sie zwar sehr kunstvoll, aber kalt und gemacht vor. Die schwierigsten Aufgaben des Kontrapunkts waren hier gelöst. So z. B. gab es da einen Satz, der einen Doppelkanon in der None darstellte. Daß dabei nicht gerade viel von inniger religiöser Lyrik zu spüren war, ist ja nicht verwunderlich. Mit der Zeit merkte ich jedoch, daß der Zwang strenger Formen nicht innere Lebendigkeit auszuschließen braucht, und einige der Chorsätze wurden mir allmählich recht lieb. Am Mittwoch abend sollten die Sachen unter Leitung des Komponisten im Fregeschen Saal gesungen werden. Schon am frühen Morgen erlebte ich die angenehmsten Dinge. Um neun oder zehn Uhr begann die Probe zum Donnerstagkonzert, in der Frau Schumann das a-Moll-Konzert ihres Mannes spielte. Dann begleitete ich sie zu Freges, wo Joachim noch einmal sein »Ungarisches Konzert« mit Klavierbegleitung spielte. Brahms war natürlich auch da, und nach gemeinsamem Mittagessen sollte im Saal die Orgel probiert werden, weil unter den Brahmsschen Chorstücken sich eins befand, bei dem die Mitwirkung der Orgel vorgesehen war. Ich spielte die E-Dur-Fuge von Bach aus dem »Wohltemperierten Klavier«, die auf der Orgel vortrefflich zur Geltung kommt, und Frau Schumann, mit der ich zuerst allein im Saal war, machte das herrliche Stück in dieser Gestalt so besondere Freude, daß sie Brahms und Frau Frege herüberholte, um es auch anzuhören. Am Abend entstanden für die Ausführung der Orgelpartie zu dem Brahmsschen Stück einige Schwierigkeiten. Ich war nicht gewandt genug als Orgelspieler, um die Sache vom Blatt zu wagen, vollends nach geschriebenen Noten. Brahms aber konnte auch nicht mit Manual und Pedal zugleich fertig werden und Frau Schumann noch weniger. So entschloß man sich zu geteilter Arbeit. Ich mußte links auf der Orgelbank Platz nehmen, um von da aus das Pedal zu besorgen, während zuerst Brahms zur Rechten neben mir das Manual spielte und dann bei der Wiederholung Frau Schumann für ihn eintrat. Zu wieviel komischen Gliederverrenkungen diese Einrichtung Anlaß gab, kann man sich denken.

Joachim war bereits am Nachmittag abgereist; Brahms hielt sich noch einige Tage länger in Leipzig auf. Daß am Donnerstag Frau Schumann mit dem a-Moll-Konzert[36] die größten Triumphe feierte, versteht sich von selbst. Am Freitag abend kam sie mit Brahms in die Abendunterhaltung und spielte endlich vier Stücke aus der »Kreisleriana« – zufällig dieselben, die ich vor zwei Wochen an derselben Stelle vorgetragen hatte. Carl Rose gewann an diesem Abend ihre Sympathie durch den Vortrag des schönen frühen Es-Dur-Quartetts von Mendelssohn, was er zur Einleitung mit einigen Genossen zu Gehör brachte.

So interessant und begeisternd all dieses Musizieren war, am meisten beglückte es mich doch, daß ich dabei mehr und mehr in näheren persönlichen Verkehr zu der herrlichen Frau treten durfte. Ehe sie dieses

Mal nach Leipzig kam, war sie einige Zeit in Berlin gewesen, um ihre Kinder zu sehen und zwei Konzerte zu geben. Sie hatte meine Eltern aufgesucht, hatte auch mit ihrer ältesten Tochter Marie, die ihre ständige Begleiterin war, einen Mittag bei ihnen zugebracht, und diesen gegenüber so viel warme Teilnahme für mich geäußert, daß sie sehr beglückt dadurch waren. Ich wußte nur durch die brieflichen Mitteilungen meiner Mutter, daß es ihr in der Tat lieb war, wenn ich sie während ihres Leipziger Aufenthalts möglichst häufig besuchte, ihr auch vorspielte oder mir von ihr vorspielen ließ, und so kam es, daß ich in jener Zeit fast täglich einige Stunden in ihrer Nähe zubrachte. Natürlich logierte sie wieder wie gewöhnlich bei Freges. Am Tage nach ihrer Ankunft war vormittags im Gewandhaus die bedeutungsvolle Probe gewesen, in der Joachim und Brahms mit ihren neuen Werken zum ersten Male auftraten. Abends waren beide zu Freges geladen; um einhalb sieben Uhr sollte im kleinsten Kreise musiziert werden. Mir hatte Frau Frege sagen lassen, ich möge schon um sechs Uhr kommen, um vorher Frau Schumann allein zu begrüßen. Sie brachte mir frische Nachrichten von meinen Eltern und ließ mich durch die Herzlichkeit ihres Empfanges gewiß werden, daß ich ihr willkommen war. Dann versammelte man sich im schönen roten Musikzimmer und Frau Schumann spielte mit Joachim zusammen drei Sonaten: Zuerst zwei Mozartsche, dann die in d-Moll von Schumann. Ich weiß heute, daß gerade diese Sonate nicht frei ist von den Spuren der Ermüdung, die manche der späteren Schumannschen Werke aufweisen. Damals spürte ich nichts von der Atemlosigkeit des Rhythmus, dem Übermaß in der Anwendung von Synkopen und anderen Dingen, die hier leider stellenweise peinlich wirken können. Ich empfand nur die Leidenschaft des Ganzen, die schmerzliche Innigkeit des Gefühls, die oft so rührend hervortritt. Die Vollendung aber, die mächtig dahinströmende Glut der Wiedergabe ließ vollends keinen Gedanken an Kritik aufkommen. Niemals wieder habe ich von dem Stück einen so tiefen Eindruck empfangen.

Was dieser Einleitung bedeutsamer musikalischer Ereignisse in der nächsten Woche folgte, ist bereits erwähnt. Persönlich wichtig für mich war eine Unterredung, zu der mich Frau Schumann am nächsten Sonntag vormittag auf zehn Uhr in ihr Zimmer bestellt hatte. Ganz eigens, um mit mir über die Einrichtung meiner ferneren Studien zu beraten. Sie wiederholte, was sie schon früher gesagt, daß mir nach ihrer Ansicht das Leipziger Konservatorium gar nichts wahrhaft Förderndes zu bieten habe und riet dringend, wenn nicht sofort, so doch wenigstens zu Ostern abzugehen. Brahms kam dazu und meinte, er begreife überhaupt nicht, wie jemand, der komponieren wolle, einen Leipziger Winter mit allen den zahllosen Konzerten aushalten könne. Da fehle doch jede Sammlung, um den Stimmen im eigenen Innern nachzugehen. Demgegenüber machte Frau Schumann die Einwendung, er müsse bedenken, daß ich noch so gar wenig Musik gehört habe, daß es also für mich einstweilen ganz nötig gewesen sei, die Ohren aufzumachen und möglichst viel Gutes kennenzulernen. Dies wurde für die abgelaufene Frist von ihm zugegeben. Für die Zukunft aber hatte ich schon selbst mich mit dem Gedanken getragen, vielleicht auf einige Zeit zu Gade nach Kopenhagen zu gehen, und diese Absicht billigte nicht nur Frau Schumann, sondern zu meiner Verwunderung auch Brahms, von dem ich im stillen und nicht ohne Grund witterte, daß ihm an Gadescher Musik nicht allzuviel gelegen sein möchte. Er behauptete, er wisse in diesem Augenblick keinen Künstler, der so geeignet sei, einen jungen Musiker fördernd anzuregen, wie Gade. Beide jedoch kamen auch dahin überein, daß Hauptmanns Unterricht trotz aller unleugbaren Vorzüge nicht recht fruchtbringend sein könne, weil er sich lediglich darauf beschränke, die Theorie des reinen Satzes zu lehren, ohne sich im geringsten darum zu bekümmern, in welcher Weise der Schüler jene abstrakten Vorschriften bei freiem Schaffen lebensvoll anzuwenden vermöge. Auch von Reineckes Kompositionsunterricht erwarteten sie zu wenig, als daß sie mir raten mochten, mich für längere Zeit ihm anzuvertrauen, wenn dieses mein Verweilen am Konservatorium bedingte. So hatte ich denn genug wohlgemeinte kluge Worte von berufenster Stelle gehört, und dennoch brachte es später der Gang der Dinge mit sich, daß ich ihnen nur zu einem Teile folgte. Allein das eine stand mir jetzt fest, daß ich am Konservatorium nicht viel mehr zu suchen hatte und am besten tat, auf Ostern 1861 meinen Austritt anzumelden.

Brahms reiste am Abend nach dieser Unterredung ab. Ich hatte vielfach Gelegenheit gehabt, mit ihm zusammenzutreffen, war auf einem Mittagessen bei Härtels sein Tischnachbar gewesen, und bei irgendeiner Gelegenheit traf es sich, daß ich eine halbe Stunde ganz allein mit ihm zubrachte. Natürlich interessierte mich alles was er tat und sagte auf das lebhafteste, und so zurückhaltend er im allgemeinen auftrat, ich konnte mich nicht über einen Mangel an Freundlichkeit mir gegenüber beklagen. Dennoch kam ich niemals über ein gewisses Gefühl von Unbehagen in seiner Nähe hinweg. Mochte ich auch noch so sehr bemüht sein, diese Empfindung zu unterdrücken, es gelang mir nicht, mich ihm gegenüber völlig frei zu fühlen, und die selbstverständliche Folge war, daß ich ebensowenig imstande war, mich ihm gegenüber frei zu geben.

Frau Schumann hatte für zwei Tage Leipzig verlassen, um in Erfurt zu konzertieren. Am Mittwoch war sie wieder da, und am Abend sang ihr der Fregesche Chor abermals etwas Neues von Brahms vor, nämlich die schönen Frauchenchöre mit Begleitung von Harfe und Horn[37], die dann im Gegensatz zu den oft herben kontrapunktischen Verschlingungen der früher gesungenen geistlichen Chöre allgemein den besten Eindruck machten. Nichts hatte mich bisher von Brahms so unmittelbar berührt, wie das ungemein poetische »Fingals«-Stück aus diesen Frauenchören[38]. Nachdem der Chor das Seinige geleistet, spielte Frau Schumann das c-Moll-Trio von Mendelssohn vor. Rose war der Geiger, der alte Grabau der Cellist, und ich hatte wiederum die Freude zu erleben, daß sie Roses Spiel sehr warm lobte. Sie erklärte ihn mir gegenüber für den Talentvollsten unter all den jungen Geigern, die sie am Konservatorium kennengelernt habe. Am Freitag vormittag mußte ich ihr einiges von meinen eigenen Kompositionen vorspielen. Am Abend wurde damit in Gegenwart von Frau Frege, die mehrere Lieder von mir sang, fortgefahren. Ich hatte im Laufe des Sommers unter anderem eine Anzahl von Gesangsquartetten mit Klavierbegleitung komponiert, die ich nun so gut es ging auf dem Klavier allein den beiden vorspielte. Die Musik an sich fand Beifall, obgleich sie – teilweise angeregt durch die Gesangsquartette im Spanischen Liederspiel – ziemlich stark Schumannsch gefärbt waren. Meine grausam rücksichtslose Behandlung der Singstimmen jedoch erregte stellenweise große Heiterkeit. »Wie haben die Leute schon geschrieen«, sagte Frau Schumann, »über die Dinge, die mein Mann unter Umständen den Stimmen der Sänger und Sängerinnen zugemutet hat! Aber was will das bedeuten gegen Ihre Missetaten!« Dann gab es ernste Ermahnungen, mich zu bessern und von Mozart oder Mendelssohn zu lernen, wie man für Gesang schreiben müsse. Aber trotz alledem blieb meine Stimmung die ruhigste; denn in der Hauptsache hatte meine Musik gefallen. Frau Schumann bat sich aus, ich solle ihr das eine der Quartette, »Primula Veris«[XX] was ihr besonders zusagte, als Klavierstück arrangieren, und das ließ mich wirklich allen Tadel, den ich hatte einstecken müssen, verschmerzen. Ein paar Tage später sollte ich mich als Klavierspieler vormittags bei ihr präsen-

XX Drei dieser Gesangsquartette, darunter auch »Primula Veris«, sind später zu Klavier zu vier Händen arrangiert unter den vierhändigen Klavierstücken op. 4 erschienen. [Ernst Rudorff: Sechs Klavierstücke zu vier Händen op. 4, Leipzig, Breitkopf & Härtel <o. J.>]

tieren. Ich war niemals völlig unbefangen, wenn ich ihr vorspielte; doch gelangen mir die Mendelssohnschen »Variations sérieuses« recht gut. Wieder nach einigen Tagen hatte sie mich vormittags zu sich beschieden in der Absicht, mir ihrerseits vorzuspielen. Sie begann mit dem langsamen Satz aus dem »Italienischen Konzert« von Sebastian Bach. Ich kannte das Stück noch nicht und war ganz hingerissen von der Innigkeit und Tiefe der Musik, die sie mit aller Hingabe der Seele unvergleichlich schön gespielt hatte. Nachdem ich reichlich meinem Staunen und Entzücken Ausdruck gegeben, fragte sie: »Nun, was wollen Sie jetzt noch hören?« »Nichts als noch einmal dasselbe Stück!« lautete meine Antwort. »Ach was!«, rief sie ärgerlich aus, »das ist so recht, wie Sie. Wenn Sie einmal von etwas gepackt sind, so sehen Sie nicht rechts noch links, und sind wie versessen auf das Eine! Wie kann und mag man ein solches Stück wiederholen, wenn man es eben mit dem ganzen Herzen gespielt hat!« Sie hatte recht, und nach einer Weile war ich sehr zufrieden, als sie zu etwas anderem überging.

Eine unbedingte Wahrhaftigkeit gehörte zu den großen Eigenschaften dieser groß angelegten, freimütigen und doch so wahrhaft weiblichen Natur. Sie war außerstande, ihre Empfindungen, namentlich Freunden gegenüber, zu verbergen, und äußerte ihr Mißfallen unverhohlen, sobald sie an ihnen etwas nach ihrer Meinung Tadelnswertes bemerkte. Ich hatte einmal bei irgendeiner Gelegenheit von einer früheren Beethovenschen Sonate – ich weiß nicht mehr welche es war – etwas geringschätzig gesprochen. Da blitzte ihr Zorn auf: »Wie können Sie junger Mann es wagen«, an einem Werk von »Beethoven Kritik zu üben! Alles was Beethoven gemacht hat, muß für Sie ein Heiligtum sein, vor dem Sie sich in Ehrfurcht zu beugen haben!« Wohl erschrak ich im Augenblick, und doch wie gern ließ ich mich von dieser Frau zurechtweisen! Wie dankbar war ich für ihre Freundschaft, die auch aus solchem Unwillen sprach!

Ein bezeichnender Zug ihres Wesens bestand auch in einem besonders stark ausgeprägten Sinn für die Beobachtung des Gehörigen in allen menschlichen Verhältnissen. Nicht etwa nur für sich verlangte sie, daß man die gebührenden Rücksichten nahm. Sie vertrat mit derselben Strenge auch die berechtigten Ansprüche anderer. Als ich ein paar Jahre später eine Weile ihrem zweiten Sohn Ferdinand etwas Klavierunterricht gab, fehlte ihm ein Etudenheft, das ich besaß und dessen Studium ich verlangte. Ich sprach mit der Mutter über die Sache, sagte, daß er die Noten von mir geliehen bekommen könne und daß ich sie ihm zuschikken würde. »Was denken Sie«, fuhr sie ganz erregt auf, »das geschieht unter keinen Umständen. Es ist die Pflicht des Jungen, die Noten von Ihnen abzuholen. Er muß doch lernen, was sich gehört!‹

Am Montag, den 10. Dezember hatte Frau Schumann mit einer eigenen Soiree für dieses Mal von der Leipziger Öffentlichkeit Abschied genommen. Sie spielte das große Es-Dur-Trio von Beethoven, eine Sonate mit Violoncell von Mendelssohn, die g-Moll-Ballade von Chopin und die »Kreisleriana«. Der Rest der Woche gehörte dann dem intimeren Verkehr mit ihren Freunden. Am Sonnabend, den 15. reiste sie nach Düsseldorf ab, um dort das Weihnachtsfest zu erleben. Ich nahm am gleichen Tage für meine Ferienreise zu den Eltern den Umweg über Wienrode und durfte infolgedessen die Strecke bis Oschersleben in ihrer Gemeinschaft zurücklegen.

Als ich vor mehr als Jahresfrist mein Elternhaus verlassen hatte und mich während der ersten Wochen in den fremden Leipziger Verhältnissen noch einsam fühlte, fiel mir eines Tages ein Zeitungsartikel in die Hand, der von Ludwig Tieck handelte. Das Bild des geliebten alten Onkels trat mir mit allen kleinen Erinnerungen, die sich an ihn knüpften, wieder vor die Seele, und während ich mich in die schöne ferne Vergangenheit vertiefte, erwachte lebhafte Sehnsucht in mir, wieder einmal in die Märchen des »Phantasus« einen Blick zu tun, die mich in meinen Knabenjahren so seltsam und unwiderstehlich angezogen hatten. Ich schrieb meiner Mutter, sie möge mir den Band Tieck zuschikken, in dem sie zu finden wären[39], und bald hielt ich sie in Händen. Zu keiner Zeit habe ich mich zu unbedingter Bewunderung der dichterischen Werke Tiecks verstehen können, die »liebe Albernheit« und die »zünftige Ironie« der älteren literarischen Romantik waren mir im Gegenteil von jeher unsympathisch. Eine Poesie, die lediglich in der Verspottung des Philistertums sich erschöpft, ohne selbst eine poetische Welt schaffen zu können, ist keine Poesie. Aus diesem unfruchtbaren Gelände aber ragen die Märchen in Tiecks »Phanthasus« wie paradiesische Gebilde hervor. In Carl Maria von Webers Opern erklingt plötzlich ein Ton, den bis dahin noch niemand vernommen hatte. Gerade so wie im »Freischütz« werden auch in Tiecks »Runenberg«, in den »Elfen« und vor allem im »Blonden Eckbert« Stimmen wach, die von der Entdeckung einer neuen Welt Zeugnis geben: der geheimnisvollen Wunderwelt der Natur. Die Benennung »Märchen« ist keine eigentlich zutreffende. Wirkliche Märchen entstehen nur im Volk, wachsen gleich dem Mythos aus geheimen Wurzeln wie ungewollt hervor. Diese Schöpfungen Tiecks sollten etwa »symbolische Dichtungen« genannt werden. In Köpkes »Leben Ludwig Tiecks«[40] sind ein paar bedeutsame Äußerungen zeitgenössischer Poeten über den »Blonden Eckbert« zu lesen, die hier eine Stelle finden mögen. »A. W. Schlegel sagte, wem die größeren Dichtungen Tieck's zu lang seien, dem müsse man die Verse von der Waldeinsamkeit im ›blonden Ekbert‹ zu lesen geben: diese seien die Quintessenz seiner Poesie und der wahre Inhalt seines Wesens.«[41] Ferner: »Unter den Märchen stellte Jean Paul den ›blonden Ekbert‹ allen anderen voran. Er sprach seine volle Bewunderung aus, und schloß endlich mit der Frage: ›Gestehen Sie es nur, wo haben Sie die Geschichte her?‹ Auf Tieck's Versicherung, er habe sie erfunden, antwortete er: ›Nein, Nein! Sagen Sie, was Sie wollen! Dergleichen erfindet sich nicht! Das muß schon vorher dagewesen sein!‹«[42]

Es bedarf keiner Versicherung, daß mir Betrachtungen wie die vorstehenden in jenen Leipziger Jünglingsjahren völlig fern lagen, und was Schlegel oder Jean Paul über Tieck gesagt hatten, war mir erst vollends verborgen. Ich las wieder, was meine Kindesseele einstmal gefangengenommen hatte und wurde aufs neue gefangen. Und wieder war es wie früher. Der »Blonde Eckbert«, der mir immer das Liebste gewesen war, gewann auch heute vor allem mein Herz. Die zauberische Wehmut der Dichtung ergriff mich mit einer Gewalt wie nie zuvor, und schon während des Lesens begann Musik in mir lebendig zu werden, die gern Verwandtes ausgesprochen hätte.

Ich habe bereits einmal erwähnt, daß ich von früh auf die Gewohnheit hatte, nicht am Klavier, sondern im Kopf zu komponieren. Schumanns Vorschrift[XXI], an einem Stück, das man schaffen wolle, keinen Ton auf dem Klavier zu spielen, ehe es im Kopf dem Gange nach vollkommen fertig sei, hatte mir so starken Eindruck gemacht, daß ich sie auf das strengste befolgte. Leider aber hatte ich außerdem die bedenkliche Eigenschaft, wenigstens bei größeren Werken auch das Aufschreiben anstehen zu lassen und sie lange Zeit fertig im Kopf mit mir herumzutragen, ohne daß eine Note von ihnen auf dem Papier stand. Ich war meines Gedächtnisses in musikalischen Dingen so sicher, daß ich es

XXI Merkwürdigerweise hat Schumann diesem Rat, den er in seinen »Musikalischen Lebensregeln« [Robert Schumann: Musikalische Haus- und Lebensregeln. Hamburg <u. a.> 1850. Aus: Robert Schumann: 43 Clavierstücke für die Jugend] anderen erteilt, keineswegs selbst stets Folge geleistet. Robert von Keudell, der als Student in Leipzig fast täglich Schumann auf seinem Spaziergang um die Promenade begleiten durfte, wußte, wie er mir erzählte, aus seinem Munde, daß er die sämtlichen Klaviersachen seiner Jugendjahre am Klavier komponiert habe und erst später zu dem Entschluß gekommen sei, lediglich im Kopf schöpferisch zu arbeiten.

wagen durfte, so zu verfahren. Fördernder wäre es jedoch ohne Zweifel gewesen, wenn ich die Ausarbeitung im einzelnen, zu der ich natürlich des Papieres bedurfte, unmittelbar nach der Konzeption vorgenommen hätte. Mein Entwicklungsgang, der bisher der eines Dilettanten gewesen war, brache es mit sich, daß gerade dieses Ausarbeiten mir noch viel Mühe machte und Zeit kostete. Zu tun gab es stets genug andere Dinge, nützliche und überflüssige, wie der Anspruch des Tages sie eben bringt. Und so geschah es, daß wichtigere aber weit aussehende Arbeit auf die lange Bank geschoben wurde.

Im Lauf des Jahres 1860 war, neben verschiedenen kleineren Sachen, die sofort niedergeschrieben wurden, ein Quintett für Streichinstrumente in a-Moll und eine Konzertouvertüre für Orchester entstanden, die den Namen von Tiecks »Blondem Eckbert« tragen sollte[43]. Auf dem Papier stand von beiden Werken so gut wie nichts; aber im Kopf war die Musik dem Gang nach fertig, und meinen Eltern spielte ich sie in den Weihnachtsferien zum ersten Male auf dem Klavier vor. Ich hatte seit dem Herbst am Konservatorium in der freien Komposition Unterricht bei Reinecke. Persönlich kennengelernt hatte ich ihn bereits im Sommer, wo er bei kurzer Anwesenheit in Leipzig mit mir zusammen bei Freges zu Tisch geladen war. Der blonde, noch in jungen Jahren stehende, bescheiden auftretende Herr hatte mir einen sympathischen Eindruck gemacht. Als ich dann im Herbst sein Schüler wurde, bewies er mir und der Musik, die ich ihm brachte, viel liebenswürdige Teilnahme. Er war ausgesprochenermaßen ein großer Verehrer von Schumann, und dieser Umstand ließ ihn mir als einen wahlverwandteren Lehrer erscheinen, als es Rietz gewesen war.

Endlich hatte ich nun von meiner Ouvertüre nicht allein eine Skizze auf zwei Systemen zu Papier gebracht, sondern auch mit der Instrumentierung begonnen. Als ich damit zu Reinecke kam, fand er so großen Gefallen an der Musik, daß er mir sagte, er wolle sorgen, daß das Stück in der öffentlichen Prüfung mit Orchester, die am Schluß des Wintersemesters stattfinden sollte, zur Aufführung gebracht werde. Diese Aussicht setzte mich natürlich in Feuer und Flamme. Ich hatte mir bereits vorgenommen, das Konzert von Schumann in dem besagten Prüfungskonzert vorzuschlagen. Nun durfte ich mich also voraussichtlich sowohl als Spieler wie auch als Komponist vom Konservatorium feierlichst verabschieden.

Jetzt begann die Zeit angestrengtester Tätigkeit. Wenn ich auch lebhaften Sinn für die Mannigfaltigkeit der orchestralen Wirkungen, für den Reiz der verschiedenen Klangfarben der Orchesterinstrumente besaß, es fehlte mir doch durchaus an praktischer Übung im Anwenden solcher Mittel. Wohl hatte ich oft genug in den Gewandhausproben mit der Partitur in der Hand gesessen und nachgelesen, was ich zu hören bekam. Auch vor und nach den Proben vergegenwärtigte ich mir angesichts der Noten den sinnlichen Klang, aber das eigene Tun war doch etwas ganz anderes. So kostete mich denn das Instrumentieren meiner Ouvertüre viel Zeit, und daneben sollte doch auch täglich tüchtig Klavier geübt werden, um die Finger für mein Auftreten als Spieler geschmeidig zu erhalten. Doch das war noch nicht alles. Bei Freges wurde eifrig an Mendelssohns »Paulus« studiert, wobei ich das Begleiten am Klavier zu besorgen hatte, und vor allem: Es stand im Februar Davids 25jähriges Jubiläum seiner Wirksamkeit am Konservatorium bevor, für dessen würdige Feier mich zu bemühen mir als Pflicht erschien. Mit Rose, Maszkowsky und einem Geiger Payne zusammen stand ich an der Spitze der Bewegung für das Ereignis. Ein hübsches Programm für eine musikalische Feier hatten wir entworfen, Chöre wurden von unsern Mitschülern und -schülerinnen eingeübt, und als Geschenk sollte dem Jubilar ein Album überreicht werden, das die Bildnisse seiner sämtlichen Schüler vom ersten bis zum letzten enthielt. Photographien waren in jener Zeit noch etwas Neues und ein Photographiealbum galt als große Herrlichkeit. Nun mußten unzählige Briefe verfaßt werden, und mir fiel ein ansehnlicher Anteil an diesem Geschäft zu. Auch an Joachim hatte ich ein Briefschreiben gerichtet. Ich wußte damals noch nicht, daß er seine ganze Ausbildung als Geiger in Wien erhalten hatte und bereits als Virtuose nach Leipig zu Mendelssohn gekommen war, nahm also an, daß er Davids Schüler gewesen sei. Der erste, der mit antwortete war er. Der Brief – der erste, den ich persönlich überhaupt von seiner Hand empfing und den ich hiermit vollständig gebe – lautete:

(Hannover d. 10. Februar 1861)

»Lieber Herr Rudorff
Denken Sie, daß ich heute durch Leipzig kommen werde ohne nur irgend einen meiner Freunde dort zu sehen. Ich muß am 9$^{ten}$ in Wien mein erstes Concert geben, und da hier das letzte vorgestern war, können Sie ermessen, wie knapp mir die Zeit zugemessen ist. Ich hoffe Mitte März auf der Rückreise glücklicher zu sein, und es versteht sich

von selbst, daß ich Ihren und der Frau Dr. Frege Protegé[XXII] mit Vergnügen musikalisch kennen lernen will.

Daß ich mit Bereitwilligkeit dazu beitrage, die so zart ausgesonnene Überraschung für Meister David mit zu kompletiren, kann ich leider für heute nur auf eine sehr blasse Art zu erkennen geben. Inliegendes Exemplar ist hoffentlich kein Abdruck meiner Empfindungsweise, aber das einzige, was ich bieten kann, da die Zeit nicht mehr langt, einen neuen Abklatsch zu fertigen! Ich schlage vor, es interimistisch mit aufzunehmen, und es nach einiger Zeit zu vertauschen, da ich in der Sammlung nicht fehlen möchte. Dankbar erkenne ich, viel Anregung und Nutzen von dem Umgang mit David und aus seinem Unterricht geschöpft zu haben.

Nun eiliges Lebewohl, und lassen Sie mich bei meiner Rückkehr nicht vergebens auf die Ouvertüre warten!
Ihr aufrichtig ergebener
Joseph Joachim.«

Das war Joachim in seiner großen Güte, die ihn völlig ignorieren ließ, daß bei ihm von einer Schülerschaft David gegenüber eigentlich nie die Rede gewesen war.

Am 15. Februar feierte nun das Gewandhaus seinen Konzertmeister; am 16. kamen im Saal des Konservatoriums wir Schüler mit unsern Veranstaltungen an die Reihe. Das Doppelquartett aus dem »Elias« begann, der Chor »Siehe der Hüter Israels« folgte. Payne hielt eine Ansprache, Rose trug ich weiß nicht mehr welches Solostück vortrefflich vor, und mit ihm zusammen spielte ich die F-Dur-Sonate von Beethoven. Natürlich gab es vor allem auch ein Streichquartett, um die Kammermusik in ihrer bedeutsamsten Gestalt auftreten zu lassen. Der Hauptspaß aber war irgendein Stück für Violine allein das von sämtlichen vorhandenen Davidschen Schülern unisono auswendig vorgetragen wurde. Im Gänsemarsch zogen sie auf, der Kleinste voran, der Größte zuletzt, und diese Vorführung erregte so stürmischen Beifall, daß sie wiederholt werden mußte. Als Nachspiel wurde dann dem Gefeierten ein Schlüssel übergeben mit dem Auftrag, herauszufinden, zu welchem Gegenstand er passe. Des Rätsels Lösung bestand in einem kleinen Wandschrank, den wir in Davids Unterrichtszimmer hatten aufstellen und mit Zigarren füllen lassen. – Für das alles wurde uns die Genugtuung zuteil, daß ganz Leipzig unsere Feier pries. Das allgemeine

XXII Gemeint ist Karl Rose.

Urteil lautete, dies sei der hübscheste Abend gewesen, den das Konservatorium jemals zuwege gebracht habe.

Nach solchen Scherzen forderte jetzt freilich der Ernst des Lebens, soweit er in dem bevorstehenden Prüfungskonzert bestand, zu doppelter Kraftentwicklung heraus. Die Instrumentierung der Ouvertüre war etwa um Mitte März fertig geworden, und ich legte das Resultat Reinecke vor. Er fand vieles unpraktisch und deshalb unwirksam, anderes zu schwierig, ließ mich aber im Unklaren darüber, wie ich es anders machen solle, so daß ich entmutigt und ratlos von ihm ging. Jetzt kam mir der Gedanke, daß mir David vielleicht helfen konnte, dem es ja an Geschick und Erfahrung in der Behandlung des Orchesters sicherlich nicht fehlte. Am nächsten Morgen machte ich mich mit meiner Partitur auf und spielte ihm das Stück vor. Er war sehr eingenommen von der Musik, meinte auch, daß vieles vortrefflich klingen würde; bei einer großen Reihe von anderen Stellen dagegen gab er mir Ratschläge, in welcher Weise ich etwa die Instrumentierung zu ändern habe, damit die gewünschte Wirkung erreicht werde. Mit Feuereifer begab ich mich aufs neue an die Arbeit. So viel war umzuackern, daß mir schließlich nichts übrig blieb, als die ganze Partitur von 88 Seiten abzuschreiben, da es einem Kopisten nicht möglich gewesen wäre, sich in dem Labyrinth der ersten Niederschrift zurechtzufinden. Daß ich unter diesen Umständen nicht Klavier üben konnte, ist begreiflich. Auf das Spielen des Konzerts von Schumann wurde also verzichtet.

Am Sonnabend, den 30. März war die erste Orchesterprobe für die eventuell aufzuführenden Schülerwerke sowie für Konzerte, die mit Begleitung gespielt werden sollten, angesetzt. Sullivan hatte Musik zu Shakespeares »Sturm« komponiert und einige Stücke daraus gehörten zum Programm. Schon früh hatte er Gelegenheit gehabt, mit dem musikalischen Handwerk vertraut zu werden, und im Hantieren mit den Orchestermitteln war er mir ein gutes Stück voraus. Was er machte, verriet eine geschickte, leichte Hand. Um fünf Uhr etwa kam mein »Blonder Eckbert« an die Reihe, und David, der am Dirigentenpult stand, gab sich die erdenklichste Mühe, das Stück zu guter Erscheinung zu bringen. Freilich bestand das Orchester bei dieser Gelegenheit wesentlich aus Schülern, die wenig geübt waren, vom Blatt zu spielen, und ein Teil der Verworrenheiten, die zutage traten, kam wohl auf Rechnung ihres Ungeschicks. Doch diese Erklärung reichte nicht überall aus, wo die Dinge durchaus nicht klingen wollten. Das Übel lag in der Hauptsache tiefer. So vorteilhaft manche Partien sich ausnahmen, anderes war offenbar verfehlt, weil der Komponist mit allzu wenig Erfahrung ausgerüstet ans Werk gegangen war. Im Besonderen ist mir noch erinnerlich, welch ein Unheil eine unglückliche Tenorposaune anrichtete, der ich die bösesten Dinge zugemutet hatte, und die sich wie ein Leviathan durch die Wogen wälzte, wo nichts weniger beabsichtigt war als der Eindruck des Ungeheuerlichen. Endlich legte David, nachdem das Ganze zweimal durchgespielt und vielfach geübt worden war, den Taktstock schweigend nieder, und ich ahnte, was mir bevorstand. Schleinitz kam mit der Miene eines Richters der Unterwelt an mich heran und sagte: »Wir können Ihre Ouvertüre im Prüfungsconcert nicht geben. Gehen Sie morgen zu Hauptmann! Er wird Ihnen seine Meinung sagen.« Ich leugne nicht, daß ich im ersten Augenblick die Enttäuschung, das Zusammenstürzen meiner nächsten Hoffnungen, sehr bitter empfand. Mein Vertrauen zu meinem Stück aber war trotz allem und allem nicht erschüttert.

Am nächsten Morgen ging ich gehorsam zu Hauptmann und trat mit den Worten vor ihn hin: »Herr Schleinitz schickt mich zu Ihnen; ich soll mich von Ihnen ausschelten lassen.« »Wieso ausschelten?« erwiderte er. »Ich will Sie durchaus nicht ausschelten! In Ihrer Musik ist zwar noch einiger harmonischer Gestank zu spüren. Dafür weht aber auch mehr poetischer Duft in ihr, als in all den übrigen Sachen, die da gestern probiert worden sind. Seien Sie fleißig! Arbeiten Sie von jetzt ab mit mehr Ernst und Stetigkeit als bisher! Die Früchte werden nicht ausbleiben.«

Das waren Worte, die mich wohl aufrichten durften. Am Montag sollte das Prüfungskonzert vom Stapel laufen. Daß ich die Lust verloren hatte, dabeizusein und zuzuhören, war nicht mehr als natürlich. Ich packte meine Sachen und reiste noch Sonntagabend ab nach Berlin zu meinen Eltern.

Eine Angelegenheit, die mir sehr am Herzen lag, war die Entwicklung und die Zukunft meines um mehrere Jahre jüngeren Freundes Carl Rose, der jetzt im Begriff stand, Leipzig zu verlassen. Seine Eltern waren brave, aber ungebildete Leute. Der Vater besaß eine Holzhandlung in Hamburg, und das hervorragende musikalische Talent seines Sohnes interessierte ihn vorzugsweise insoweit, als er hoffte, mit Hilfe desselben in nicht ferner Zeit goldene Berge gewinnen zu können. Deshalb sollte sein Carl vor allem sorgen, baldmöglichst berühmt zu werden, einerlei auf welchem Wege und durch welche Mittel. Schon vor Jahren war der Alte mit seinem kleinen Sprößling nach England gereist, um ihn dort als Wunderkind auftreten zu lassen. Das hatte Geld eingebracht, und Carl hatte bei dieser Gelegenheit gelernt, ziemlich geläufig Englisch zu sprechen. Im übrigen jedoch war es mit seiner Bildung schwach bestellt. Allein, er besaß nicht nur bedeutendes musikalisches Talent, sondern war auch im übrigen ein aufgeweckter, gescheiter kleiner Mensch. Sein Geigenspiel verschaffte ihm den Eintritt in viele reiche Hamburger Häuser; in solchem geselligen Verkehr hörte er von den verschiedensten Dingen reden, die sein Interesse weckten, und mühelos eignete er sich so viel Lebensart an, daß man bei oberflächlicher Begegnung nicht gewahr wurde, wie wenig eigentliches Wissen und Verstehen, eine wie mangelhaft entwickelte Innerlichkeit diese hübsche Außenseite verbarg. Schon in den Pfingstferien 1860 hatte ich meinen Schützling für einige Tage nach Berlin zu meinen Eltern gebracht. Zum Weihnachtsfest nahm ich ihn abermals mit mir dorthin und erlebte die Freude, daß nicht nur er sich in der neuen Umgebung sehr wohl fühlte, sondern daß auch meine beiden Eltern ihn wahrhaft liebgewannen. Da keimte denn in der Stille der Wunsch in mir auf, Rose möchte einmal eine längere Zeit, vielleicht ein halbes Jahr, in meinem Elternhause zubringen können, das Geigenstudium währenddessen für sich fortsetzen, einigen wissenschaftlichen Unterricht nehmen, vor allem aber aus der Geistesluft, die er dort täglich und stündlich einatmen würde, Nahrung ziehen für seinen inneren Menschen. Wie empfänglich er war, nicht allein für Musik, sondern auch für andere gute und hohe Dinge, dafür stand mir, abgesehen von seinem ganzen Wesen im täglichen Umgang, noch ein besonderer Beweis zu Gebote. Ich hatte ihn in Treitschkes Vorlesungen mitgenommen, und er war jedesmal so erfüllt von dem, was er da zu hören bekam, daß seine Begeisterung trotz aller mangelnden Vorbildung mit der meinigen völlig gleichen Schritt hielt. Als ich mich im Februar mit einigem Zagen entschloß, meine Ideen und Wünsche schriftlich meiner Mutter vorzutragen, erhielt ich zuerst einen ablehnenden Bescheid. Doch es dauerte nicht lange, bis es mir gelang, meine gütigen Eltern zu überzeugen, daß sie nicht allein einem Menschen, der es wert war, gefördert zu werden, mit ihrer Einwilligung in meine Vorschläge einen großen Dienst leisten, sondern auch sich selbst eine Lebensfreude machen würden. Musik zog ja dann wieder in ihr Haus ein, und die Lücke, die mein Fortsein für ihr tägliches Leben bedeutete, musste, wie ich meinte, auf diese Weise sich nahezu schließen. Nun war es soweit, daß ich Rose, hinter dessen Rücken ich bis jetzt gehandelt, sagen durfte, was für ihn geplant wurde. Dies geschah, indem ich ihm einen sehr liebevollen Brief einhändigte, den meine Mutter persönlich an ihn gerichtet und mir zum Weitergeben zugeschickt hatte. Er war im höchsten Grade erstaunt, aber auch ebenso rasch und freudig entschlossen, die gebotene Hand dankbar zu ergreifen. Da kam ein gänzlich unerwartetes Hindernis. Roses Vater, dem es fern lag, an fleckenlose Uneigennützigkeit bei seinen Mitmenschen zu glauben, witterte Gott weiß welche versteckten Absichten und sah in dem Anerbieten meiner Eltern vor allem ein unbefugtes Durchkreuzenwollen seiner eigenen, wie er meinte, wohlerwogenen Pläne für das Glück seines Sohnes. Nach manchem fruchtlosen Hin- und Herkorrespondieren zwischen Hamburg und Leipzig entschloß sich mein Vater, in eigener Person an den alten Holzhändler zu schreiben. Diese Tat hatte einen durchschlagenden Erfolg. Der Vater Roses war gänzlich überwunden. Er gab nicht allein in den dankbarsten Worten seine uneingeschränkte Zustimmung zu allem, was von meinem Vater beabsichtigt war, sondern gab seiner Verehrung für diesen dadurch Ausdruck, daß er seinen Brief unter Glas und Rahmen setzen ließ und das Dokument in seinem Zimmer aufhängte. Carl Rose aber zog wohlgemut für den Sommer nach Berlin in die Friedrichstraße 226, und alle Hoffnungen, die ich auf die Ausführung meines Planes in dieser Richtung gesetzt hatte, gingen vorläufig auf das schönste in Erfüllung. Mein Vater ließ ihm von einem sehr tüchtigen Lehrer wöchentlich einige Privatstunden geben, die ihm den wichtigsten literarischen Bildungsstoff zuführten und ihm namentlich durch Aufsatzübungen die vollkommene Beherrschung der sprachlichen Ausdrucksweise geben sollten. In Begleitung zweier mir befreundeter junger Männer, die zur Zeit an der Berliner Universität studierten, Wilhelm Wedding und Max Beseler[XXIII], besuchte er die Vorlesungen des Historikers Droysen. Bei dem durch große Virtuosität ausgezeichneten Geiger Ferdinand Laub[XXIV] nahm er noch ein paar Violinstunden. Mein Vater schrieb mir am zweiten Mai über den Pflegesohn nach Leipzig: »Der Kleine ist ganz allerliebst und bildungsfähig im höchsten Grade, und da ich sein volles Vertrauen besitze, kann ich auf das reine, offene Gemüth in vollem Maße wirken und das geschieht denn auch nach Kräften durch Wort und Vorbild.« In einem Briefe meiner Mutter heißt es einige Tage später: »… Du siehst also, daß die Bildungsmaschine für Rose in bestem Gange ist, dazu ist der kleine liebe Mensch so gewissenhaft fleißig, steht immer schon um 6 Uhr auf und übt dann gleich los, so daß wir in Wahrheit unsere Herzensfreude an ihm haben.

XXIII Sohn von Professor Georg Beseler, späterer Preußischer Justizminister.
XXIV Ferdinand Laub, 1832 bis 1875.

Er ist überhaupt eine prächtige Natur, und ich begreife immer mehr wie dein Herz mit solcher Liebe ihm zugethan sein muß.«

Wenn es Kämpfe gekostet hatte, um für den Freund das Wünschenswerte zu erreichen, so bereitete die Entscheidung, was aus mir selbst in der nächsten Zeit werden sollte, nicht mindere, wenn auch andersartige Schwierigkeiten.

Frau Schumann und auch Brahms – der mich freilich damals noch so gut wie gar nicht kannte – hatten mir geraten, mich zu Gade in die Lehre zu begeben. Ich hatte große Neigung, diesen in vieler Hinsicht verlockenden Weg einzuschlagen. Aber abgesehen davon, daß es noch fraglich war, ob Gade überhaupt sich entschließen würde, einen Kompositionsschüler anzunehmen: – war es denn wirklich das rechte, wenn ich mich im gegenwärtigen Augenblick gerade ihm anvertraute? Ich war darüber schwankend geworden infolge eines ernsten Gesprächs, das ich in den letztvergangenen Wochen einmal mit David gehabt hatte. Er fand den Gedanken, nach Kopenhagen zu gehen, durchaus verkehrt für mich. »Was Gade Ihnen geben kann«, sagte er, »poetische Anregung, das bedürfen gerade Sie garnicht. Sie sind selbst so ein kleiner Gade[44]! Was Ihnen jedoch nottut, strenge Zucht, dafür ist wiederum er nicht der rechte Lehrmeister. Verlassen Sie das Conservatorium, aber bleiben Sie in Leipzig! Nehmen Sie bei Hauptmann Privatunterricht, und lassen Sie sich von ihm in allen kontrapunktischen Künsten gründlich schulen! Daneben würde ich an Ihrer Stelle noch einige Klavierstunden bei Reinecke nehmen. Er ist doch ein sehr tüchtiger Spieler, und Sie können in technischer Beziehung noch manches von ihm lernen.« Diese Rede leuchtete mir ein. Ich konnte mich, so stark auch die Lust nach Kopenhagen lockte, dem Eindruck nicht entziehen, daß er die Wahrheit sprach. Meine Eltern waren von Anfang an wenig erbaut von dem Gedanken gewesen, mich nach Dänemark ziehen zu sehen. Sie pflichteten dem, was ich ihnen von Davids Äußerungen mitteilte, durchaus bei, und ich entschied mich endlich für ein weiteres Jahr in Leipzig.[45]

Hier hatte sich meine Lage freilich in mancher Hinsicht verändert. Daß die Verpflichtungen, die meine Zugehörigkeit zum Konservatorium mir auferlegten, nunmehr gelöst waren, empfand ich im ganzen als Wohltat. Aber es war auch einsamer um mich her geworden. Barnetts waren schon Anfang des Jahres nach Berlin übergesiedelt, wo die eine der Töchter bei Hans von Bülow Klavierunterricht nahm, Sullivan kehrte nach der Osterprüfung dauernd nach England zurück und Rose saß im warmen Nest bei meinen Eltern in Berlin. Die Lücken waren fühlbar, aber ohne Frage hatte damit auch die Zahl der Gelegenheiten abgenommen, Zeit auf angenehme Weise totzuschlagen.

Mein geselliges Leben war einstweilen im wesentlichen auf den Verkehr bei Freges und Moscheles beschränkt. Mit Paul David las ich regelmäßig einmal in der Woche ein Stück Homer im griechischen Text und mit Franz Stockhausen trieb ich Französisch. Im übrigen jedoch nutzte ich die eingekehrte Stille für meine musikalischen Studien und arbeitete mit mehr Beharrlichkeit, als ich dies bisher jemals in meiner Eigenschaft als Musiker fertiggebracht hatte. Die Klavierstunden bei Reinecke interessierten mich lebhaft. Er ließ mich namentlich eigentliche Virtuosenstücke spielen, wie die »Don Juan«-Variationen von Chopin, die »Somnambula«-Fantasie von Thalberg, die »Sommernachtstraum«-Paraphrase von Liszt, und da mir diese Dinge zum Teil völlig neu waren, so machte es mir Spaß, die Schwierigkeiten, die sie boten, zu überwinden. Auch das As-Dur-Konzert von Field empfahl mir Reinecke zum Studium. Einzelheiten daraus waren mir durch meinen Vater bekannt, der sie oft in seinen Fantasien am Klavier verwandt hatte. Ich fand namentlich den ersten Satz sehr reizvoll und bedauerte nur, daß gewisse sterile Partien in der Mitte den Eindruck des Ganzen stark beeinträchtigten. Reinecke schlug mir vor, eine Umarbeitung des Werks zu versuchen und es in dieser Gestalt dann öffentlich zu spielen. Abgesehen davon, daß ich dafür nicht die Zeit fand, würde auch eine solche Flickerei an sich ihr Bedenkliches gehabt haben. Doch bleibt es unter allen Umständen beklagenswert, daß ein Stück von soviel Anmut der Erfindung, von so großem Zauber der Klangwirkung mehr und mehr der Vergessenheit anheimgefallen ist. In der Klavierbehandlung ist hier der erste Schritt getan, der zu Chopins Welt hinüberführt. Field ist in diesem Sinn ohne Zweifel eine genialere, produktivere Erscheinung als Hummel und Moscheles, wenn er diesen beiden auch leider in der Beherrschung des Formalen doch weit nachsteht.

Neben den Stunden für Reinecke machte ich mit Konsequenz täglich ein bis zwei Stunden Plaidysche Fingerübungen und hatte die Genugtuung, Kraft und Geschicklichkeit meiner Gliedmaßen merklich zunehmen zu sehen. Die Langeweile dieser tugendhaften Turnübungen versüßte ich mir durch Lektüre. Frau Frege hatte mir ein hübsches Buch von Otto Speyer über Italien[46] geliehen. Dies wurde zum Lesen auf das Notenpult gelegt, während die Finger auf den Tasten ihre Schuldigkeit taten. Wichtiger noch war die Zucht, die mir durch die viel häufigere und viel ausgiebigere Unterweisung von Hauptmanns Seite zuteil wurde. Wenn ich es meiner eigenen schlechten Zeiteinteilung zuschreiben mußte, daß ich früher so oft die Hauptmannschen Stunden versäumt hatte, weil ich nicht dazu gekommen war, dafür zu arbeiten, so ist es doch auch unleugbar, daß bei dem Klassenunterricht im Konservatorium für den einzelnen unmöglich so viel herauskommen konnte wie in Privatlektionen. Jetzt saß ich dem ausgezeichneten Mann allein gegenüber, und die Stunden, die ich bei ihm verbrachte, wurden mir mehr und mehr zum Genuß. Mir war ja gesagt worden, daß das Gebiet, das Hauptmann als Lehrer beherrsche, ein begrenztes sei, und in späteren Jahren wurde mir erst vollends klar, wieviel schwerwiegende Wahrheit in diesem Urteil lag. Er ließ mich kontrapunktische Übungen aller Art machen, allein nur im strengsten Stil, lediglich im Hinblick auf abstrakte Korrektheit der Stimmführung. Daß dabei Musik heraus kommen könnte oder sollte, die irgendwie erfreulich wäre, davon war nicht die Rede. Trotzdem waren diese »Knaupeleien«, wie er sie selbst nannte, in hohem Maße interessant. Und was er gab, war in sich durchaus vollkommen. Er wollte nichts, als dem Schüler die unverrückbaren Naturgesetze zu lebendigem Bewußtsein bringen, die in allen harmonischen und rhythmischen Verhältnissen walten. Wie er das vermochte, war meisterhaft, und die Sicherheit meines Gefühls in diesen Dingen verdanke ich ohne Frage ganz wesentlich seinem Einfluß.

Natürlich fand der nun beginnende Privatunterricht nicht im Konservatorium, sondern in seiner Wohnung statt, und zwar in demselben Zimmer, in dem Sebastian Bach dermaleinst gearbeitet hatte. Jetzt hingen schöne Kupferstiche an den Wänden, und ein paar zahme Rotkehlchen durften in dem kleinen Raum frei umherfliegend ihr Wesen treiben. So ernst die Stunden genommen wurden, es kam doch auch oft genug daneben zu einem Gespräch, dessen Thema nicht unmittelbar in den Rahmen des Unterrichtsgegenstandes gehörte. So hatte ich einmal eine Aufführung des »Don Juan«[47] erlebt und konnte in der nächsten Stunde nicht widerstehen, ihm von der Herrlichkeit der Musik vorzuschwärmen. »Nun, das freut mich recht, daß Sie so erwärmt von der Oper sind!« meinte er. Ich war verdutzt über diese wunderlich laue Äußerung und sagte: »Ist es denn überhaupt möglich, über den Don Juan nicht entzückt zu sein?« »Nun«, erwiderte er, »ich bin es ja gewiß im höchsten Grade. Aber Sie gehören einer anderen Generation an, und der Geschmack für Opernmusik ist wandelbar.« Als ich dazu ungläubig den Kopf schüttelte, fuhr er fort: »Ja sehen Sie, ein Streichquartett von Mozart ist ein unvergängliches Ding; unvergänglich, weil sein kunstvoller Aufbau ebenso wie ein Werk der Architektur auf Gesetzen von ewiger Dauer und Gültigkeit beruht. In der Oper aber dient die Musik nur dem Ausdruck der Empfindung, und das Empfindungsleben ist eine Sache von so weichem Stoff, daß es im Laufe der Jahre und Jahrhunderte bei den Menschen seine Gestalt wie seinen Inhalt in unberechenbarer Weise verändert.« Als ich mich auch bei dieser Beweisführung keineswegs beruhigen wollte, machte er der Debatte mit den Worten ein Ende: »Ich gebe zu, alles, was jemals jung gewesen ist, trägt Lebenskraft und darum eine gewisse Bürgschaft dauernder Jugend in sich.« Der Zufall hatte es gefügt, daß Hauptmann mit diesen gelegentlichen Äußerungen mir sein innerstes künstlerisches Glaubensbekenntnis enthüllte. Meine eigene Überzeugung stand im entschiedensten Widerspruch zu demselben, aber ich fand nun eine Erklärung für manche seiner Urteile, die mich überrascht hatten, namentlich für sein verhältnismäßig kühles Verhalten Gluck und Weber gegenüber. So feinfühlige Bemerkungen er im einzelnen über alle möglichen musikalischen Erscheinungen machen konnte: im allgemeinen hatte doch der Verstand das Übergewicht über das unmittelbar auffassende Gefühl. Er übersah, daß für die bleibende Bedeutung eines Kunstwerks in erster Linie nicht irgend eine technische Vollkommenheit, sondern das Maß und die Qualität der schöpferischen Kraft entscheidend ist, die sich in ihm offenbart, gleichviel welcher Mittel und Formen sie sich bedient. Wenn nun aber auch kühl abstraktes Denken einen breiten Raum in Hauptmanns Natur einnahm, daneben stand eine so tiefe Menschenfreundlichkeit und Liebenswürdigkeit seines Wesens, daß das Verkehren mit ihm dennoch nie etwas Beengendes haben konnte. Dafür sorgte auch schon sein prächtiger Humor, der Sonnenschein über die Unterhaltung verbreitete. Als mich einmal irgendein Gerede über den Niedergang der Kunst seit Beethoven sehr verstimmt hatte, sagte er lächelnd: »Trösten Sie sich! ich kenne einen Musikgelehrten, der den Verfall der Musik von Palestrina an datiert, weil bei diesem zum ersten Male ein Septimenakkord vorkomme.« Er wußte, daß ich für Webersche Musik und namentlich für die »Euryanthe« sehr begeistert war. Zu meiner Verwunderung fing er eines Tages an, seiner Anerkennung für Webers dramatisches Talent Ausdruck zu geben. Er pries als ganz besonders bewunderungswürdig das »Weh mir!« der Eglantine, wo diese im dritten Akt bei dem plötzlichen Anblick Adolars in Wahnsinn verfällt. In dem Cis-H statt Cis-D zu dem Dominant-Septimenakkord auf G erblickte er eine ganz ungemein geniale Wiedergabe des seelischen Vorgangs. Auch auf mich hatte diese Stelle stets tiefen Eindruck gemacht, aber ich würde niemals darauf verfallen sein, sie vor so unzähligen anderen Herrlichkeiten als einen äußersten Höhepunkt herauszuheben.

Sehr wichtig war es mir zu erfahren, wie er über Brahms dachte, da ich selbst über dessen Musik, soweit ich sie kennengelernt hatte, noch immer nicht recht mit mir ins reine kommen konnte. Ich sprach ihm aus, daß meine Empfindung hier zwischen großem Respekt, stellenweisem Angezogensein und dann wieder entschiedener Abneigung hin- und herschwanke. Es ergab sich, daß auch er selbst nur sehr bedingt in die begeisterte Bewunderung einstimmte, die der Brahmsschen Kunst von Joachim und Frau Schumann entgegengebracht wurde. Er gebrauchte in seiner Beurteilung den Ausdruck: »es ist ungefällige[XXV] Musik«. Freilich war diese Musik nichts weniger als das, was man im landläufigen Sinne »gefällig« zu nennen pflegt. Aber natürlich wollte er damit noch etwas anderes sagen. Als ich die Rede auf das Hauptmotiv des Finales der A-Dur-Serenade und ähnliche Stellen brachte, die mir geradezu mißfielen, sagte er: »Ich finde das alles zu prätentiös naiv!« Darin lag ein gutes Stück Wahrheit. Man braucht nur an irgendein Menuett oder Finale von Haydn zu denken, um zu wissen, daß hier eine naive Natur sich vor übermütiger Fröhlichkeit, vor Lust an drolligen Späßchen nicht zu lassen weiß, während man bei Brahms das Gefühl hat, daß er bei einem Stück, wie z. B. jenes Finale es ist, gleichsam bewußtermaßen das Gebiet des Humors betritt. Mag dies an sich seine volle Berechtigung haben, so läßt sich doch nicht leugnen, daß überhaupt in beiden Serenaden ein Element der Absichtlichkeit zu spüren ist, ein gewolltes Zurückgreifen auf die Ausdrucksformen einer früheren Kunstepoche. Der entschiedene Gegensatz aber, in den er sich damit zu seinen unmittelbaren Vorgängern setzt, war es wohl vor allem, der mich fremdartig berührte und mich an einer unbefangenen Hingabe hinderte. Die Stimmung der Zeit und meine eigene war aber beherrscht von der Romantik Schumanns, Gades, Chopins, Mendelssohns und Webers. Mir war bei Brahmsscher Musik zumute, als würde ich aus der Wärme eines blühenden und duftenden Frühlingsgartens in die herbe Luft eines hellen Wintermorgens versetzt.

Wenn ich auch keineswegs beabsichtige, an dieser Stelle irgendwie die Frage »Richard Wagner« aufzurollen, so mag doch eine Kleinigkeit hier stehen, die Hauptmann mit Bezug auf die Persönlichkeit des Mannes erzählte: Mendelssohn hatte sein Trio in c-Moll kürzlich vollendet und spielte es gelegentlich einer Vormittagsmusik, ich weiß nicht ob in

---

XXV Eine wirklich sehr »ungefällige« Stelle, die ich auch heue noch bei dem besten Willen nicht anders als geschmacklos finden kann, ist z. B. das pizzicato der letzten zehn Takte im ersten Satz des B-Dur-Sextetts.

seinem eigenen Hause oder in welchem anderen intimen Raum, einer kleinen Gesellschaft zum ersten Male vor. Zu den Geladenen gehörte auch Wagner. Hauptmann sagte, dieser habe beim Zuhören ein Gesicht gemacht wie gewisse Leute, denen unwohl zumute wird, wenn eine Katze im Zimmer ist.

Mit dem Juli begannen wiederum die Ferien im Konservatorium, und da Hauptmann und Reinecke sich auf ihre Sommerreisen begaben, so hatte ich im Augenblick keine Veranlassung, länger in Leipzig zu bleiben. Reinecke empfahl mir beim Abschied, mich als Klavierspieler vorderhand einesteils auf das Studium von rein technisch bildenden Sachen wie Hummel, Thalberg usw., anderenteils auf Bach, Mozart und Beethoven zu beschränken. Wenn man zu viel und einseitig sich mit Chopin und Schumann beschäftigt, so liegt die Gefahr nahe, daß man in eine gewisse Verschwommenheit des Spiels verfällt, die anderen Sachen schlecht ansteht. Ohne Frage traf dies für meinen augenblicklichen Zustand zu, und so war Reineckes Rat ein guter und wohlbegründeter.

In Berlin traf ich Rose noch anwesend und konnte mich durch den eigenen Augenschein überzeugen, wie schön und herzlich das Verhältnis war, das sich zwischen ihm und meinen Eltern entwickelt hatte. Rose war ein fleißiger und höchst gewissenhafter Mensch, im Frühaufstehen und regelmäßigen Üben geradezu ein musterhaftes Vorbild; so diente also seine Anwesenheit keineswegs dazu, meiner etwaigen Lässigkeit Vorschub zu leisten. Wir nahmen die Gelegenheit wahr, gemeinschaftlich zu musizieren und spielten miteinander namentlich Mozartsche Sonaten für Klavier und Violine eine nach der anderen vom Blatt. Im allgemeinen aber tat jeder vor allem in seiner Ecke seine Schuldigkeit. Ich hatte mir eine Arbeit vorgenommen, deren Ausführung mich auf das lebhafteste interessierte: die Instrumentierung der Fantasie in f-Moll zu vier Händen von Franz Schubert[48]. Das schöne Werk ist ja so orchestral gedacht, daß es geradezu die Übertragung in die Farben des Orchesters zu fordern scheint, und so bildete ich mir denn auch ein, die vierhändige Gestalt sei wahrscheinlich nur ein Arrangement, zu dem sich Schubert entschlossen habe, weil er für ein Orchesterwerk keinen Verleger gefunden haben würde. Mit Freude wurde ich, als ich ans Werk ging, gewahr, wieviel sicherer ich mich in der Behandlung des Orchesters schon fühlte, als vor wenigen Monaten. Das Anhören meiner eigenen Ouvertüre mit all ihren Mängeln und Mißgriffen hatte gute Dienste getan. Was alles einsame Nachdenken, alles Ratgeben anderer nicht fertigbringt, das besorgt oft eine einzige Erfahrung am eigenen

Leibe. Nach einigen Wochen war meine Orchestrierung der Schubertschen Fantasie fertig niedergeschrieben, ich zeigte sie Taubert, er war, von einigen geringfügigen Einzelheiten abgesehen, mit der Arbeit einverstanden, und so gab ich die Partitur einem alten, mir von Taubert empfohlenen Kopisten namens Patschke zum Abschreiben und Ausschreiben der Stimmen. Patschke war von früher Jugend an auch Mitglied der königlichen Kapelle gewesen und ließ sich gern bereitfinden, von vergangenen Zeiten zu berichten. Dabei kam dann unter andrem zutage, daß er auch bei den ersten Aufführungen des »Freischütz« und der »Euryanthe« unter Carl Maria von Webers Leitung mitgespielt hatte. Ich ward nicht müde, ihn nach allem auszuforschen, was er bei diesen Gelegenheiten erlebt hatte, und es klang seltsam genug, wenn er seine Erzählungen mit den Worten anfing: »Der Mari-e Weber«, als wolle er von einem guten Bekannten von vorgestern sprechen. Als der gute Alte das Notenmaterial meiner Schubert-Orchestrierung fertiggestellt, bat ich den Musikdirektor Liebig, mir einmal die Sache von seinen Leuten vorspielen zu lassen. In den letzten Tagen des Juli wurde ich in den Garten von Sommers Salon beschieden[XXVI], wo am Abend das Orchester für eine Probe des Stücks bereitstehen sollte. Einige Enttäuschung erlebte ich auch bei dieser Gelegenheit, aber es war doch wiederum ein Schritt vorwärts getan durch die neue Erfahrung, und daran ließ ich mir genügen.

Mit dem Anfang des August verließ Carl Rose das Haus meiner Eltern, um vorläufig zu seinen Eltern nach Hamburg zurückzukehren. In seinem ersten Brief, den er nach der Trennung an meine Mutter richtete, stehen die Worte: »Nie in meinem Leben, ohne Ausnahme, ist mir ein Abschied so schwer geworden wie der von Ihrem Hause, und doch bin ich oft, sehr oft von meinen Eltern und lieben, lieben Freunden fortgegangen.«

Um Pfingsten war ich mit Rose in Wienrode bei Hoffmeisters zusammengetroffen, und wir hatten dort einige Tage, bald den lieben Wirten vormusizierend, bald in den schönen Harzwäldern umherstreifend, zugebracht. Meine geliebte Patin, die seit nunmehr sechs Jahren nicht allein an ihr Dorf, sondern fast unausgesetzt auf ihre Stube, ja an das Bett oder das Sofa gefesselt ihr Leben dahinbringen mußte, war glücklich, einmal wieder ein schönes Violinspiel zu hören. Abgesehen von den bescheidenen Leistungen eines Violinisten namens Hohnstock, der damals in Blankenburg lebte und zuweilen kam, um ein bißchen mit ihr

---

XXVI Potsdamer Straße 9, den Hauptschauplatz seiner damaligen Tätigkeit.

zu musizieren, hatte sie nie wieder Gelegenheit gehabt, einen Geigenton zu vernehmen. Bald aber stand ihr eine Freude bevor, die nicht nur Carl Rose, sondern alles überstrahlen sollte, was sie seit den Tagen ihrer Jugend an musikalischen Eindrücken erlebt hatte. Am Montag, den 22. Juli[49] schrieb sie mir den folgenden Brief:

»Mein lieber Ernst! Vorgestern Abend war Joachim hier und hat uns die Chaconne vorgespielt. Stelle dir vor, was für ein Glück das für mich war. Es ist mir heut wie ein Traum. Und die liebenswürdige Gisel und ihr Hermann waren es, die Joachim zu uns brachten und deren Wiedersehen mir eine Freude gewährt hat wie ich sie dir kaum beschreiben kann. Es war fast zu viel Schönes auf einmal und ich wußte nicht, wo ich zuerst hinsehen und hinhören und wie ich die Freude genugsam empfinden sollte, die mir so auf einmal vom Himmel regnete. Das liebenswürdige feine Antlitz der Gisel zu sehen, das mich so sehr zugleich an Max und Armgard erinnerte, war ein unaussprechlicher Genuß für mich; dazu ihr gutes, herzliches Wesen, ihre schöne, echt Arnimsche Ungezwungenheit, die uns alle sogleich in ein Behagen setzte, als wäre Joachim, Grimm, August und wir Frauen Freunde von Alters her, – du glaubst nicht, wie wohl uns mit ihnen war. Auch August merkte ich es an, wie ihm die Menschen zusagten, denn ich habe ihn selten gesprächiger gesehen. Welch ein einfacher schlichter Mensch ist Joachim, wie entfernt von alle dem, was an einem Künstler wie Liszt so unangenehm hervortritt! Nicht ein Funken von Prätension, und der ganze Mensch erscheint so echt wie sein Spiel. Von dem Spiel aber will ich gar nichts sagen, es wäre alles nur leerer Wortkram, was ich darüber vorbrächte; es überwältigt ganz und gar. Das Imposante ist die großartige Ruhe bei der tiefsten, feinsten Empfindung und daß man garnicht merkt, daß es irgend schwer ist, was er spielt. Das ist die vollendetste Künstlerschaft und etwas Ähnliches an Vollendung ist mir außer ihm nur an der Rossi vorgekommen, so wenig sich ihr und sein genre vergleichen läßt.

Wenn ich nun jetzt einen Zeitungsbericht über Joachim lese, so brauche ich nicht mehr zu seufzen, daß ich keine Ahnung von den Wundern hätte, die ich da beschrieben finde; ich kenne sie nun und werde sie nie vergessen. Wie unerreichbar schien mir die Erfüllung des Wunsches Joachim zu hören, ich hatte mich schon darauf resignirt für diese Welt und auf jene gehofft. Nun auf einmal stand der Mann, wie aus einem Wunderland herabgekommen, vor mir, und so einfach, natürlich und herzlich, daß ich noch heut darüber in Staunen bin.

Von Dir und Rose haben wir viel geredet und, damit ich es nicht vergesse, will ich nur gleich erzählen, was er mir über letzteren gesagt hat. Ich theilte ihm mit, daß Rose so furchtbar fleißig übe, um die Laub'sche Art des Spielens zu erlernen, und darüber sich fast zu viel thue. Da sagte Joachim, es sei n i c h t gut, mehr wie 4–5 Stunden täglich zu üben; 4 Stunden seien genügend, 5 aber das Höchste, und was darüber thue mehr Schaden, als daß es fördere; auch für das Technische sei es schädlich und mache die Finger eher steif als gelenkig abgesehen davon daß der ganze Mensch nicht gedeihen könne bei einer zu großen Anstrengung und oft auch seiner Kunst eher Schade als Vortheil geschähe. Sag das ja deinem Kleinen! auch das, daß sich Joachim für ihn zu interessiren scheine, da ihm Rose auch von Hamburg sehr empfohlen ist. Eine liebenswürdige Theilnahme scheint er überhaupt für andere Künstler zu haben – so war es ihm sehr leid daß er nicht Hohnstock besuchen könnte, der nun erfahren würde, daß er hier war; es sei so ein guter nobler Mensch. Entzückt war er von dem Tannenwinkel, in welchem er uns sitzend fand bei seiner Ankunft und Gisel und er erinnerten auch an deine Eltern und dich, die auch immer so zufrieden sind und es bei Anderen behaglich finden. Gespielt hat Joachim die Fdur Sonate von Beethoven, die Chaconne und ein Adagio von Bach, dasselbe, das in Grimm's ›Landschaftsmaler‹ die versöhnende Rolle spielt.[50] Das letzte war ebenso unbeschreiblich schön als die Chaconne, wenn auch nicht so großartig, eine Ruhe, Empfindung und Weisheit darin, die mich noch jetzt in der Erinnerung erfreuen. Gisela behauptete, der Charakter des Stücks sei die Bescheidenheit; ich habe ein unendlich friedliches Gefühl davon als Eindruck behalten. Wie liebt man den alten Seb. Bach, wenn man diese Herrlichkeiten hört! Ein wahres Entzücken empfind ich, indem ich dir davon schreibe und mir wieder recht vergegenwärtige, was ich gehört habe. Das einzige Tröpfchen Galle, was mir in den Freudenbecher des vergangenen Abends gefallen, ist daß ich die Fdur Sonate accompagniren mußte, und du kannst denken, w i e v i e l dabei zu wünschen blieb, da du weißt, wie ich ganz aus aller Übung bin und ich die Sonate vielleicht seit 20 Jahren nicht angesehen hatte. Nun bin ich nicht so ganz frei von Empfindlichkeit, daß es mir nicht leid thäte, Joachim ein so schlechtes Accompagnement zu liefern. Ich ärgerte mich so sehr über mich selbst. Hätte ich es gleich recht bedacht, daß ja J. genug Sachen o h n e Accompagnement zu spielen hatte, so hätte ich mich geweigert; ich glaubte aber, es sei nöthig, daß Einer ihm zur Hand sei und opferte mich. Es ist nebenbei das erste Mal, daß ich eine ganze lange Sonate hintereinander weg gespielt habe seit meiner

Krankheit und ich bin ganz froh, daß ich dabei die Erfahrung gemacht habe: es schadet mir nicht. Ich befand mich den anderen Morgen sehr gut. Die Freude hatte der Anstrengung das Gleichgewicht gehalten.

Von Hermann Grimm muß ich noch sagen, daß er mir einen sehr lieben, angenehmen Eindruck hinterlassen hat; er war auch so herzlich und wir hatten nun eben hier seinen Michelangelo den ich mit dem größten Genuß lese. … Es ist ein schönes Buch, das du hier lesen kannst. Sehr liebenswürdig schien mir Hermann auch der Gisel gegenüber und sie nicht minder gegen ihn.

War es nicht reizend von der Gisel, daß sie dafür gesorgt hat, mir disen Genuß zu verschaffen, den Joachim mitzubringen, seine Violine dazu, und ihn gleich so zu uns zu stellen, daß er sich auch hier behaglich fühlte? Ich weiß, lieber Ernst, du kannst dich ganz in meine Empfindung versetzen und deshalb schreibe ich dir so gern von der schönen Überraschung. Ich habe nun ferner nie mehr nöthig dich um deine musikalischen Genüsse zu beneiden, da ich in unserer bescheidenen Pfarre um Pfingsten schon so viel Herrliches gehört, jetzt aber das unerreichbar scheinende genossen habe. Wie stolz darf das kleine Nest jetzt sein!

Viel viel Grüße hat mir Joachim an Rudorffs aufgetragen und es wäre schändlich, wenn ich sie nicht richtig ablieferte. … Ich muß noch sagen, daß Grimms von Suderode aus uns besuchten, wo Joachim 8 Tage lang bei ihnen war. Er wollte gestern weiter reisen, und Grimms erwarteten Friedmund[XXVII] von seiner Hochzeitsreise heimkehrend an demselben Tage in Suderode. Sie haben versprochen noch einmal wieder zu kommen.

Adieu lieber Ernst! Alles Weitere mündlich!

Deine Pathe Marie.«

Ich lasse im Anschluß an diesen Bericht einige Worte aus einem Briefe folgen, den Frau Schumann am 20. August desselben Jahres aus Luzern an mich richtete. »… Ich kann Ihnen nicht sagen, wie sehr ich mich gefreut, daß Joachim Ihre liebe Tante neulich überrascht hat! ich kann mir ihre Freude denken, nach so langer Zeit des Leidens solch eine Überraschung! er schrieb mir darüber, und daß der Dank dieser Menschen ihm lieber gewesen sei, als all das Beifallsjauchzen des Publikums. Mir kamen die Thränen, als ich es las. Ich habe es mir vorgenommen, im September oder Oktober auch zu ihr zu gehen – nicht als ob ich

XXVII Friedmund von Arnim, Bruder von Gisela.

dächte, ihr eine ebensolche Freude bereiten zu können, aber doch vielleicht eine kleine, und somit mir eine große. Grüßen Sie sie herzlichst, wenn Sie ihr schreiben, oder bei ihr sind!…«

Für die Herbstferien hatte mein Vater in diesem Jahr besondere Pläne. Er wollte von Lauenstein aus für einige Wochen nach Paris reisen, um in der dortigen Bibliothek Handschriften einzusehen, von denen Kenntnis zu nehmen ihm für eine wissenschaftliche Arbeit von größtem Nutzen war. Er bot mir an, mich mitzunehmen, und ich tat, was einem Dritten unbegreiflich erscheinen wird: Ich lehnte dankend ab. Einmal lockte es mich wenig, einen Teil meiner sommerlichen Ferien wieder zwischen Stadtmauern statt in den heimatlichen Buchenwäldern zuzubringen, dann aber beschäftigte mich ein musikalischer Plan, den ich gern in ländlicher Stille reifen lassen wollte. Geibels für Mendelssohn gedichteter Operntext »Loreley« hatte mich begeistert, und wenn ich auch kaum daran zu denken wagte, die ganze durch Mendelssohns Beginnen gleichsam unantastbar gewordene Oper zu komponieren, so wollte ich doch vorerst wenigstens eine Ouvertüre schreiben, in der ich meiner durch den Stoff angeregten Phantasie Luft machen konnte. Die Arbeit wurde während des Lauensteiner Aufenthalts vollendet, genügte mir aber später nicht mehr, und so blieb sie unveröffentlicht.

Ehe mein Vater seine französische Reise antrat, hatte es noch allerlei Freundesbesuch gegeben. Zuerst erschien für ein paar Tage der Jurist Georg Beseler, von seiner ältesten Tochter Sophie begleitet. Mein Vater schätzte den Kollegen nicht nur als ausgezeichneten Gelehrten, sondern vor allem als charaktervollen, im höchsten Maße zuverlässigen Freund. Frau Emilie Beseler, eine geborene Karsten, gehörte wie ihre ältere, an den Sanitätsrat Rosenstiel verheiratete Schwester Marie zu den Jugendfreundinnen meiner Mutter. So verknüpfte ein doppeltes Band die Familien. Beselers Interessen lagen, von dem wissenschaftlichen Gebiet abgesehen, ganz auf dem der Politik. Die Welt des Schönen, namentlich auch die Musik, galt ihm als ein mehr oder weniger gleichgültiges Ding. Er war wortkarg, und vollends widerstrebte es ihm, irgendwelche Empfindungen zu äußern. Am Morgen nach der Ankunft der beiden Gäste wollten wir ihnen die Reize Lauensteins zeigen und machten mit ihnen einen Rundgang um das Tal mit seinen von malerisch vorspringenden Waldecken umrahmten Wiesen, aus deren jeder ein neuer schöner Blick in die Landschaft sich auftut. Die einzige Äußerung, zu der Beseler sich aufschwang, bestand in den Worten: »Das Grün der Wiesen ist dem Auge noch wohltätiger als das Grün des Waldes.« Eine

Naturbetrachtung, wie sie sich allenfalls von einem Augenarzt hätte erwarten lassen. Dazu geschah es, daß Sophie – im übrigen aus frühesten Kindertagen meine sehr gute Freundin – das Unglück hatte, das Wort »niedlich« zur Charakterisierung der Gegend zu verwenden. Ich war gekränkt und empört, und mußte doch meinen Verdruß mit Liebenswürdigkeit hinunterschlucken. Sehr viel befriedigender verhielt sich hinsichtlich der Anerkennung landschaftlicher Schönheit der zweite Gast, der in der Person Sydows bei uns einkehrte. Als er vom Krähenberg aus zum ersten Male auf das waldumschlossene Tal herniederblickte, sagte er: »Es ist nicht groß, und doch wiederum so groß, daß man es unmöglich klein nennen könnte.« Dies Urteil ließ ich mir schon gefallen.

Mein Vater trat am 15. September seine Reise an, erlebte in Köln eine prachtvolle Illumination, die die Stadt dem Besuch des neuen Königspaars Wilhelm und Auguste zu Ehren in Szene gesetzt hatte, blieb längere Zeit in Paris, sah Rouen, Laon und Reims[51] und ließ uns durch lebendige, oft begeisterte Schilderungen, die seine Briefe enthielten, an allen neuen Eindrücken teilnehmen, die sich ihm boten.

Nach etwa 3 Wochen traf er wieder in Lauenstein ein.

Ganz still gesessen hatte auch ich nicht. Ich wollte die liebe alte, jetzt 88-jährige Melusine einmal wiedersehen und reiste für ein paar Tage nach Vilsen. Als ich abends spät in ihre kleine Wohnstube trat, fand ich sie auf ihrem Sofa sitzend, den Tisch mit der Lampe vor sich. Erstaunt rückte sie die Brille in die Höhe. »Wo kommst Du denn her?« rief sie. »Willst Du Dich mit mir kopulieren lassen?« Ganz unverändert fand ich die merkwürdige Frau mit ihren prachtvollen braunen Augen, dem liebewarmen Herzen, dem bei jedem Anlaß hell aufblitzenden Humor. Ebenso unverändert wie ihr kleines Häuschen mit den unendlich bescheiden ausgestatteten und doch so traulichen sauberen Stübchen! Jahrzehntelang hatte sie hier mit dem alten Onkel gelebt, und nun war schon wieder so manches Jahr dahingegangen, seit sie in denselben Räumen mit ihrer jetzt auch alternden Dienerin, dem treuen Hannchen, wirtschaftete, das sich ihr Leben lang mit einem Höcker auf dem Rükken herumschleppen mußte. Wenn dieser kleinen vortrefflichen Person einmal etwas Menschliches passierte, so brummte die Tante wohl vor sich hin: »Ole schewe Düwel!« im Grunde aber liebte sie dieser Düwel wie ein eigenes Kind. Alle guten Dinge, die sich in Speisekammer und Garten etwa vorfanden, mußten jetzt durch Hannchen aufgestöbert werden, um sie mir zu opfern und mich damit zu verziehen. Dafür tat ich denn der Tante auch den Gefallen, die Nachbarschaft zu begrüßen und mit ihr einer Einladung der Frau Superintendentin zum Nachmittagskaffee zu folgen, bei welcher Gelegenheit ich auf einem urweltlichen Klapperkasten alle Musik hinunterrasselte, die mir für das damalige Pubikum allenfalls einleuchtend erschien. Einen Hauptspaß machte es ihr, das Gebaren der beiden nicht gerade schönen jugendlichen Haustöchter zu beobachten, ihre Unbeholfenheit, ihr ebenso eifriges wie geschmackloses Bemühen, sich durch Komplimente bei mir liebenswürdig zu machen. Sie war zu klug, um ihre Umgebung nicht zu übersehen, und doch wieder zu gütig, um sie ihre Überlegenheit fühlen zu lassen. In ganz Vilsen gab es, von zwei oder drei scheelsüchtigen Frauenzimmern abgesehen, keinen Menschen, der für die Frau Hauptmannin mit ihrem freundlichen Wesen, ihrem feinen Anstand nicht ein verehrendes herzliches Gefühl gehabt hätte. Sie war recht eigentlich die Hauptperson im Orte, so wenig sie, äußerlich genommen, zu sagen und zu bedeuten hatte. Trotzdem wurzelte sie im Grunde nicht hier, wohin sie einstmals die Heirat mit einem ungeliebten, nur geachteten Mann verschlagen hatte.[52] Wohl besaß sie ihr kleines hübsches Anwesen, hatte ihre gewohnte Pflegerin, das gute buckelige Hannchen, und eine einzige ihr wahrhaft nahestehende jüngere Freundin. Auch der vortreffliche Pastor Meyer, der zweite Geistliche des Orts, war ihr lieb geworden. Allein das Tiefste ihrer Seele gehöre ihren Blutsverwandten, und ein beständiges Verlangen trieb sie, fortzukommen zu den Kindern und Enkeln ihrer Brüder, vor allem zu den ihrigen in Lauenstein. Doch es war ja längst zu spät, den alternden Baum noch einmal verpflanzen zu wollen.

Mir selbst hatte die Gegend um Vilsen vor Jahren einen fremden und traurigen Eindruck gemacht; jetzt nahm sie mein ganzes Herz gefangen. Man brauchte nur den alten langgestreckten Garten der Tante bis ans Ende zu gehen, wo das Dickicht von Bäumen und Gebüsch die Gemüse- und Blumenbeete ablöste, um in eine seltsam stille, träumerische Welt zu blicken. Zur Linken ein Stück Eichenwald, zur Rechten auf ansteigendem Hügel der alte verwachsene Friedhof, geradeaus nichts als blühende braune Heide und vereinzelte uralte, von Bäumen überschattete Gehöfte. Wanderte man weiter über den welligen Boden, so entdeckte man, daß ein Bach im Grunde lautlos dahinfloß, durch dessen klares Wasser der weiße Sand heraufschimmerte. Hier standen auch ein paar Buchen, und auf dem grünen Grasboden wurde Linnen gebleicht. Ringsumher aber nichts als schweigende tiefe Einsamkeit.

Nicht weit von Vilsen liegt Mehringen, der Geburtsort meines Vaters. Ich war niemals dort gewesen, und ein lebhaftes Verlangen ergriff mich, diesen Schauplatz schöner, wenn auch freilich noch mehr tragischer Familienerinnerungen mit eigenen Augen zu sehen. Auf der Rückfahrt von Lauenstein berührte ich ohnehin Hoya, und von hier war es kaum eine Stunde Weges bis ans Ziel. Zu Fuß wanderte ich an der Weser entlang dem Gehölz alter Eichen entgegen, unter deren Kronen das Dorf mit seinen zerstreuten Gehöften verborgen liegt. Nichts Altertümlicheres konnte man sehen, als diese mächtigen hochgiebeligen Bauernhöfe mit ihren breiten, oben offenen Eingangstüren, der stattlichen Diele, den Viehstallungen zur Seite und der offenen Feuerstelle am Ende, über der in der Höhe an geschwärzter Wand die Schinken und Würste im Rauch hingen. Auf verschlungenem, schattigem Wege, zwischen Hekken, Büschen und Baumgehegen, fand ich mich zum Siebenmeyerhofe durch. Das alte Haus, in dem meine Großeltern einstmals gewohnt hatten, war sicher zu seiner Zeit das stattlichste unter allen Nachbarn gewesen. Aber sie hatten es ja selbst in Feuer aufgehen sehen müssen, und nun stand ein Neubau an seiner Stelle, der, in unruhvoller, bedrängter Zeit errichtet, keineswegs einen genügenden Ersatz bildete. Bei den neuen Bewohnern aber, deren Eltern vor einem halben Jahrhundert den Besitz meiner Großeltern erworben hatten, fand ich, soweit sie anwesend waren, die freundlichste Aufnahme. Es hatte angefangen zu regnen und ich lehnte ab, daß die Hausfrau mich außerhalb des Hauses umherführe. So ging ich allein hinaus, betrat den von Stallungen umgebenen Hof, den Garten mit seinen alten Obstbäumen, den weit sich ausdehnenden Eichenkamp, an dessen Grenze herrliches Wiesenland beginnt. Einige Immergrünstauden nahm ich mir aus dem Boden, um sie in den Lauensteiner Garten zu verpflanzen, wo sie denn vortrefflich gediehen und reichlich vermehrt noch heute das Andenken an Mehringen lebendig erhalten. Wie vieles seitdem in dem sonst weltfernen Ort sich verändert hat, davon zu reden, gehört zum Glück nicht hierher.

In der zweiten Hälfte des Oktober ziehen in der Regel die Kraniche aus kälteren Regionen nach Süden. Die einzelnen Schwärme immer die gleiche Ordnung innehaltend: den spitzen Winkel bildend, an dessen Scheitel eine kurze und eine längere Linie von hintereinander herfliegenden Vögeln zusammentreffen. Ich meine, es sei in meiner Jugend kein Herbst vergangen, ohne daß zwei oder drei solcher Wanderschwärme, hoch in Lüften am blauen Himmel schwebend, über unser

Tal dahingezogen wären, nördlich auftauchend, südlich wieder in dämmernder Ferne verschwindend. Es war, als wäre ihnen der Auftrag geworden, mit ihrem Erscheinen zu rechter Zeit an den Aufbruch zu mahnen. So hatten sie sich wohl auch in diesem Jahr gemeldet. Meine Eltern kehrten am 18. Oktober nach Berlin zurück, während ich mich meinerseits wieder nach Leipzig wandte. Kaum war eine Woche seitdem vergangen, als meinen Vater ein schmerzlicher Verlust traf. Sein geliebter alter Lehrer Savigny schloß am 25. Oktober nach kurzer Krankheit die Augen. Meine Mutter, der ein Stück Jugend mit ihm dahingegangen war, ließ mich durch ihre Briefe an allen Eindrücken, die das Ereignis mit seinen Folgen brachte, teilnehmen. Auch nach Wienrode hatte sie berichtet. Mein Vater schrieb dorthin erst nach einigen Wochen die folgenden Worte: »Ich denke mir, meine beste Marie, daß Sie gern von mir ein Wort über den liebsten alten Savigny hören werden, da er fast in meinen Armen verschieden ist. Nun, sein Tod war so schön und edel, wie sein ganzes Leben. Ich traf ihn schon in der Agonie, aber er achtete der Forderung der Natur kaum und hatte nur Fragen der Liebe nach mir, Betty und Ernst auf den sterbenden Lippen: ›Geben Sie mir einen Kuß‹ waren seine letzten Worte; die alte Gundel, die er hinaufgezogen, sagte händefaltend unter den bittersten Thränen: ›Kein Mensch weiß, wie gut er gewesen ist.‹ Jetzt hat der abnehmende Geist und das hohe Alter ihr Ruhe gebracht. Die Vorarbeiten zu seiner mir von der Akademie übertragenen Gedächtnißrede, die mich (nach meiner Weise) schon jetzt beschäftigen, weil ›die ersten Gedanken‹, wie Savigny zu sagen pflegte, ›des Teufels Gedanken sind‹, und eine Arbeit daher ruhen muß, gewähren mir einen Genuß, wie ich ihn lange nicht gehabt. Auch ich erfahre erst jetzt, wie gut und groß er gewesen ist. Darin hat seine Seele Ähnlichkeit mit Augusts Seele, daß er ebenfalls nie ein Wort, wie die Savigny sagt, ›unterstrichen‹, d. h. heftiger betont hat, selbst gegen Domestiken nicht, oder als ihm in Paris sein Koffer mit allen Papieren abgeschnitten wurde. Er wurde nur traurig.«

Für mich hatte währenddessen das dritte und letzte Leipziger Winterhalbjahr begonnen. Äußerlich gebunden durch irgendwelche regelmäßigen Verpflichtungen war ich kaum mehr. Nur der Privatunterricht bei Hauptmann und zeitweilig auch bei Richter, den ich wieder aufnahm, nötigte mich noch, gewisse Stunden innezuhalten, und diese Fessel war eine Wohltat. Ich arbeitete mit besonderem Eifer und empfand immer deutlicher, wie aufhellend die Belehrung wirkte, die ich hier empfing. Doch auch im übrigen gab es genug zu tun. Bald nach meiner

Rückkunft wurde mir unerwartet ein sehr willkommener Auftrag zuteil. Reinecke forderte mich bei dem ersten Besuch, den ich ihm machte, auf, für das übernächste Gewandhauskonzert, das in der zweiten Novemberwoche stattfand, die Begleitung eines Frauenchors aus der Oper »Blanche de Provence« von Cherubini zu instrumentieren. Von dem letzteren war nur ein Klavierauszug irgendwo erschienen, während die Partitur der ganzen Oper in Leipzig nicht aufzutreiben war. Schon am nächsten Abend hatte ich meine Arbeit beendet und konnte sie Reinecke am Mittag darauf vorlegen. Da sie zu seiner vollen Zufriedenheit ausgefallen war, vertraute er mir auch die Orchestrierung des bekannten Schubertschen Psalms »der Herr ist mein Hirt« an, der mit dem Cherubinischen Stück zusammen eine Programmnummer bilden sollte. Wieder hatte ich in kurzer Zeit die Aufgabe nach Wunsch gelöst. Mittlerweile aber war ein kühner Plan in meiner Seele aufgestiegen, und die schönsten Hoffnungen wurden genährt. Ich hatte im Sommer das kleine »Ave Maria« aus dem Geibelschen Loreleygedicht für Frauenchor, Solo und Orchester komponiert; Reinecke hatte ich jetzt das Stück vorgespielt, und ohne daß ich selbst eine Frage oder gar Bitte aussprach, sagte er, die kleine Komposition gefalle ihm so gut, daß er sie gern als dritte Nummer den beiden anderen im Konzert hinzufügen möchte. Die Entscheidung stehe freilich bei der Konzertdirektion, er werde aber für die Sache eintreten und hoffe, sie in der Sitzung durchzusetzen. Doch er hatte sich geirrt. Die Konzertdirektion entschied, ohne die Musik gesehen oder gehört zu haben, der Komponist sei zu jung und namentlich erst seit zu kurzer Zeit vom Konservatorium abgegangen, als daß ihm die Ehre widerfahren dürfe, im Gewandhauskonzert gehört zu werden. Die beiden anderen Sachen fanden bei der Aufführung großen Beifall, ja der kleine reizende Chor von Cherubini mußte wiederholt werden. Wenn an diesem Erfolg mein Verdienst sich auch darauf beschränkte, durch meine Instrumentation den Eindruck schöner Musik nicht beeinträchtigt zu haben, so beglückte mich die Tatsache dennoch. Sie bestätigte mir, daß ich seit dem Frühjahr etwas gelernt hatte. Mehrere Konzertinstitute in anderen Städten wünschten jetzt Notenmaterial des Cherubinischen Stücks für eine Aufführung zu leihen oder irgendwie zu erwerben. Der Verleger Rieter-Biedermann wollte die Partitur drucken. Dies jedoch konnte mit Rücksicht auf das in Paris sicher vorhandene Original nicht zugestanden werden. Während ich hier abschlagen mußte, willigte ich gern ein, als ein anderer Verleger auf Reineckes Veranlassung mich ersuchte, eine Konzert-Arie von irgendeinem (ich weiß nicht mehr welchem) wenig bekannten

Komponisten zu instrumentieren. Zum ersten Male bekam ich hier für eine derartige Leistung ein kleines Honorar, wenn auch nur in Gestalt von allerlei mir etwa erwünschten Musikalien, die Eigentum des Verlags waren. Kaum war die Konzert-Arie erledigt, als sich die Aussicht auf eine neue, um vieles interessantere Arbeit auftat, deren Zuwendung ich abermals Reinecke verdankte. Am 5. Dezember sollten zur Erinnerung an Mozarts Todestag Stücke aus seiner unvollendeten Oper »L'oca del Cairo« aufgeführt werden. Die vorhandenen Skizzen von seiner Hand enthalten nur die Singstimmen, den Instrumentalbaß und hier und da einige Takte der ersten Violine. Diese Andeutungen sollten zu einer vollständigen Partitur ergänzt werden. Reinecke hatte selbst die Arbeit begonnen, war aber durch andere Verpflichtungen so stark in Anspruch genommen, daß er mich bald bat, ihn abzulösen. Der immerhin noch recht bedeutende Rest fiel also mir zu, und ich hatte im Konzert abermals Gelegenheit, durch eigenes Hören zu erfahren, wie meine Noten in lebendigen Orchesterklang übersetzt wirkten. So fördernd nun aber auch alle diese Dinge gewesen sein mochten, ich war doch recht zufrieden, mich wieder eigenen Arbeiten zuwenden zu können. Vor allem beschäftigte mich die Vollendung eines Variationenwerkes für zwei Klaviere. Die ersten Anfänge reichten weit hinauf; sie hatten zuerst die Gestalt eines Stücks zu vier Händen angenommen. In diesem Zustand unterbreitete ich die Musik einmal den Augen von Frau Schumann; sie hatte Freude daran, riet aber zu einer Umarbeitung für zwei Flügel. Es leuchtete mir ein, daß sie im Recht war. Ich tat nach einiger Zeit, wie sie anempfohlen hatte, komponierte noch einige Variationen hinzu, ließ dann die Sache eine Weile ruhen, und hatte jetzt nur das Ganze aufs neue niederzuschreiben. Wieder einmal wurde Frau Schumann in Leipzig erwartet. Wenige Tage ehe sie am 10. Dezember eintraf, war ich mit der Arbeit fertig, ließ rasch vom Kopisten die beiden Klavierstimmen ausschreiben und hoffte nur auf eine Gelegenheit, ihr das Stück in der neuen Gestalt vorzulegen. Am 12. spielte sie im Gewandhaus das c-Moll-Konzert von Beethoven; dann an einem der nächsten Tage ging sie mit mir in das Härtelsche Magazin, um hier auf zwei schönen neuen Flügeln die Variationen mit mir zu probieren. Schöner, feiner empfunden konnte ich meine Musik nicht spielen hören, als es die Finger dieser Frau besorgten, und daß sie mit Freude, mit herzlicher Zustimmung bei der Sache war, beglückte mich am meisten. Am 20. Dezember reiste sie zum Weihnachtsfest mit ihrer anmutigen dritten Tochter Julie, die sie dieses Mal auf ihren Konzertfahrten begleitete, nach Berlin. Ich durfte der dritte im Bunde sein, und niemals ist mir die an sich nicht allzu abwechslungsreiche Fahrt kurzweiliger erschienen als bei dieser Gelegenheit. Auch meine Eltern bekamen nun ihr Teil Freude. Frau Schumann brachte mit ihren Töchtern Marie und Julie einen Mittag und Nachmittag bei ihnen zu, und einige Tage später hatte sie die Liebenswürdigkeit, im Bechsteinschen Instrumentenlager ihnen die Variationen mit mir vorzuspielen. Nach Jahresfrist etwa erschien dann das Werk mit ihrem Namen an der Spitze als op. 1 bei Breitkopf und Härtel. In Wien brachte sie es zum ersten Male mit Julie von Asten öffentlich zum Vortrag.

Zu den Weihnachtstagen war Brahms nach Berlin gekommen, um im Verkehr mit Frau Schumann einige Zeit zuzubringen. Es war ihr offenbar daran gelegen, uns beide einander zu nähern und mich durch seinen Einfluß künstlerisch zu fördern. Zwei Male wurde ich zum Abend eingeladen, um mit Brahms bei ihr zusammenzutreffen. Das erstemal hatte sie auch das Ehepaar Herman und Gisela Grimm dazugebeten. Diese aber erschienen nicht, und so bestand die Gesellschaft immer nur aus Frau Schumann mit ihren Töchtern Marie und Julie und uns beiden. Brahms spielte allerlei Musik. Sehr schön namentlich einige Schubertsche Sonaten und Fantasien. An einem der Abende hatte ich die »huit pièces« betitelten vierhändigen Stücke von Carl Maria von Weber mitgebracht, um sie mit Frau Schumann, der sie unbekannt waren, zu spielen. Es verdroß mich, daß Brahms, der dabeisaß, keine Silbe über die reizende Musik äußerte. Auf dem Tisch lag ein soeben veröffentlichtes großes Variationswerk für Klavier von Friedrich Kiel. Brahms zeigte darauf mit den Worten: »Was sind nun meine Händelvariationen anderes als dies Stück?!« Frau Schumann warf ein paar unwillige Worte hin. – Man mag begreifen, daß ihm das Erscheinen des Kielschen Werks, dem alle tiefere Lebenskraft abging und das doch den Anspruch erheben durfte, als tüchtige Arbeit geschätzt zu werden, um der scheinbaren Nebenbuhlerschaft willen lästig war. Die Art aber, in der er seinem Mißbehagen Ausdruck gab, war ganz Brahms.

Ich sah ihn während jener Tage auch sonst noch bei verschiedenen Gelegenheiten und fand mich allmählich mehr in sein wenn auch nicht unfreundliches, so doch oft erkältend zurückhaltendes und ironisches Wesen hinein. Sobald er sich einmal entschloß, in der Unterhaltung etwas aus sich herauszugehen und über einen ernsten Gegenstand ernst zu sprechen, war natürlich alles, was er sagte, bedeutend und apart. Mich aber in seiner Nähe völlig frei und unbefangen zu fühlen, wollte mir noch immer nicht gelingen.

Sahr hatte mir einmal gesagt, nicht nur für Gade und Mendelssohn, sondern auch für Weber und Schumann habe Brahms nicht allzuviel übrig. Das hieß mit anderen Worten: an der ganzen Romantik ist ihm wenig gelegen. Wenn auch diese Auffassung weit über das Ziel hinausschoß, so war doch ein gutes Stück Wahrheit darin. Mir aber lag romantisches Empfinden so sehr im Blute, daß mein Urteil über Menschen und Dinge mehr oder weniger dadurch bestimmt wurde. Ich begriff zwar durchaus, daß das B-Dur-Sextett und die beiden Serenaden Kunstwerke von ungemeiner Bedeutung waren, bewunderte das Studium, das solchem Schaffen vorausgegangen sein mußte, und die Meisterschaft des Aufbaus, die alles auszeichnete, was Brahms schrieb; ja, ich war auch von Einzelheiten unmittelbar und stark berührt. In der Totalität jedoch trat mir der Gegensatz unserer beiderseitigen Naturen so unabwendlich entgegen, daß ich ein Gefühl der Fremdheit nicht überwinden konnte. Fremdheit künstlerisch wie persönlich!

Im Laufe dieses Winters lernte ich einen anderen hervorragenden Musiker kennen, der bald viel von sich reden machte: den damals noch nicht 24jährigen Max Bruch. Mir war, ich weiß nicht wo und wann, eine Musikzeitung in die Hände gefallen, in der der rheinische Musikkritiker Bischoff in den überschwenglichsten Ausdrücken über das große Talent und die ersten ungewöhnlich interessierenden Werke dieses jungen Kölner Komponisten sprach. Es war hierbei so viel von gewinnender Anmut, blühender Jugendfrische, Natürlichkeit und dergleichen die Rede, daß ich diese Beschreibung seiner Musik unwillkürlich auch auf die Vorstellung von seiner Persönlichkeit übertrug und mir lebhaft wünschte, baldmöglichst einmal die Bekanntschaft eines anziehenden, mitstrebenden Genossen zu machen. Bei einem der verschiedenen Besuche, die ich im November in Sachen des Cherubinischen Chors[53] oder des Mozartschen Opernfragments[54] bei Reinecke zu machen hatte, fand ich beim Eintreten einen fremden Herren ihm gegenüber auf einem Stuhl sitzend. Er war ziemlich hager, seine Gesichtsfarbe blaß, die Züge nichts weniger als schön; er trug eine Brille und ich glaubte, etwa einen Handlungsreisenden in ihm zu sehen, der den Hausherrn mit Anpreisungen seiner Ware belästigte. »Darf ich die Herren miteinander bekannt machen«, sagte Reinecke, »Herr Rudorff aus Berlin, Herr Max Bruch aus Köln«. Mein Erstaunen war so groß, daß ich kaum glauben mochte, richtig verstanden zu haben. Es wurden nur noch wenige Worte gewechselt, bei denen mir der ausgetauschte »frische, blühende Jüngling« nicht einmal sehr liebenswürdig vorkam, und der wirkliche Max Bruch entschwand sich verabschiedend meinen Blikken. Im Januar darauf kam meine Mutter für einige Tage nach Leipzig, um mir zu meinem Geburtstage als beste Gabe ihre Anwesenheit zu schenken und zugleich die Verhältnisse kennenzulernen, in denen ich hier lebte. Bei Freges wurde sie auf das herzlichste willkommengeheißen, erlebte zwei angenehme Mittage dort und hörte Frau Frege singen. Auf einem musikalischen Nachmittagskaffee aber, den Moscheles' ihr zu Ehren gaben, tauchte abermals Max Bruch auf. Ich kam sehr bald mit ihm in ein Gespräch über ernste Dinge, und nun erschien er mir als ein völlig anderer. Ja, wir redeten uns so fest, daß wir, wie ich später von meiner Mutter zu hören bekam, die übrige Gesellschaft in etwas ungebührlicher Weise vernachlässigt hatten. Bruch blieb jetzt noch einige Zeit in Leipzig, und wenige Tage später trafen wir gegen Abend aufs neue bei Moscheles' zusammen. Wir waren die einzigen Gäste, und der alte Herr zeigte uns seine kostbaren musikalischen Schätze: unter anderem die Partitur der Ouvertüre zur »Fingalshöhle« in ihrer ersten Gestalt, wie sie der Jüngling Mendelssohn in Rom niedergeschrieben hatte.[55] Mit höchstem Interesse blätterten wir in dem reizend sauberen Manuskript, staunend über so viel Unbekanntes, das uns hier aufstieß, über die starken Abweichungen von der späteren endgültigen Fassung, die uns lebendig gegenwärtig war. Und um wieviel vollkommener, schlagender, schöner erschien diese letzte veröffentlichte Gestalt des Werkes, als der uns hier vorliegende erste Entwurf! Das Wort des Horaz: »nonum prematur in annum«[56], das mein Vater so oft zitierte und nach dem Mendelssohn hier, wenn auch nicht gerade buchstäblich, gehandelt hatte, war also doch nicht zu verachten! Uns beide durchdrang das Gefühl, eine sehr beherzigenswerte Lehre empfangen zu haben.

Um dieselbe Zeit hatten die »Reisebriefe«[57] des jugendlichen Felix Mendelssohn, von seinem Bruder Paul herausgegeben[XXVIII], großes Aufsehen erregt. Alle Welt sprach davon. So geistreich, so unwiderstehlich liebenswürdig hatte man sich Mendelssohns Persönlichkeit doch nicht gedacht, und obwohl er Berlinisches Wesen mit seinem Spott nicht verschonte, so waren doch auch die Berliner in der Mehrzahl entzückt. Ich hatte die Briefe nicht gelesen, wohl aber von ihnen begeistert reden hören. Immerhin mochte das, was ich darüber erfuhr, veranlaßt haben, daß ich mich wieder lebhafter der nahen Beziehungen erinnerte, in denen meine Mutter in ihrer Jugend zum Mendelssohn-

XXVIII Paul Mendelssohn Bartholdy war in Gemeinschaft mit seinem Vetter Alexander Mendelssohn Chef des Bankhauses Mendelssohn.

schen Hause gestanden hatte. Da fiel mir denn auch eines Tages ein, daß sie von einer Porträtzeichnung erzählt hatte, die einst Mendelssohns Schwager Hensel von ihr gemacht und die sich wahrscheinlich noch im Besitz der Mendelssohnschen Familie befinden mußte. So erwachte in mir der lebhafte Wunsch, dieses Bildes habhaft zu werden, um die Mutter eines Tages damit zu überraschen, daß ich es ihr überreichte. Ich faßte den kühnen Entschluß, Herrn Paul Mendelssohn persönlich aufzusuchen, und ihm meine Sache vorzutragen. In den Weihnachtsferien führte ich, ohne irgend jemandem etwas davon zu verraten, meinen Plan aus, und es ist mir unvergeßlich, wie mir zumute wurde, als ich nun diesem Mann, den ich niemals gesehen hatte, Auge in Auge gegenüberstand. Die Ähnlichkeit der Züge mit denen seines Bruders, wie ich sie aus Bildern kannte, erschien mir so groß, daß mich für einen Augenblick geradezu ein Gefühl durchschauerte, als stünde ich diesem selbst gegenüber. Ich wurde sehr freundlich empfangen und erhielt die Zusicherung, daß alle Nachsuchungen vorgenommen werden sollten, um meinen Wunsch erfüllen zu können. Nach kurzer Zeit jedoch trafen ein paar Zeilen ein, des Inhalts, daß alles Fragen und Suchen vergeblich gewesen sei. Inzwischen hatte meine Mutter, der ich nunmehr von meinen vergeblichen Bemühungen erzählte, die Reisebriefe gelesen. Mir selbst wurden sie von ihr zum Geschenk gemacht, und wir wetteiferten jetzt brieflich in Äußerungen des Entzückens über diese reizenden Ergüsse eines von jugendlicher Frische des Auffassens, von Geist und Laune überströmenden Naturells. Da kam es zu einer persönlichen Begegnung meiner Mutter mit Paul Mendelssohn. Ein paar Jahrzehnte waren vergangen, seit sie ihn zum letzten Male gesehen oder doch gesprochen hatte. Jetzt mußte es der Zufall fügen, daß sie in einem Radeckeschen Orchesterkonzert Beethovens 9. Symphonie anhören wollte und beim Betreten des Singakademiesaals mit ihm und seiner Frau zusammentraf. Es drängte sie auszusprechen, mit welchem Genuß sie die Briefe gelesen, und so ergab sich das hübscheste Wiedersehen, der herzlichste gegenseitige Austausch. Nach langer Pause waren endlich die alten freundschaftlichen Beziehungen wieder aufgenommen, und es währte nicht lange, bis diesem Anfang ein neues, wenn auch indirektes, durch mich vermitteltes Aufblühen erfolgte.

Doch ich kehre nach Leipzig und zu meinem dortigen Treiben zurück, das nun bald genug sein Ende erreichen sollte. Die Arbeit, die mich jetzt hier beschäftigte, galt dem Stück, das im vergangenen Jahr in der Probe zum Prüfungskonzert Schiffbruch gelitten hatte. Ich machte mich daran, meine Ouvertüre zum »Blonden Eckbert« nicht allein neu zu instrumentieren, sondern auch teilweise umzugestalten. Im Lauf des März konnte ich die Partitur zum Abschreiben und Ausschreiben der Stimmen dem Kopisten übergeben.

Es gibt Augenblicke im Leben, in denen die Wahrnehmung mit besonderer Deutlichkeit in das Bewußtsein tritt, daß man selbst unvermerkt ein anderer geworden ist. Man könnte sie Stationen auf der Lebensfahrt nennen. An einer solchen Station war ich jetzt angelangt. Nicht allein indem ich, jene Arbeit mit früheren Bemühungen vergleichend, erkannte, daß die Raupe sich gehäutet hatte; auch mein Urteil war ein freieres und reiferes geworden. »Ich bin nicht mehr das, was man einen Schumannianer nennt«, konnte ich meinen Eltern mit Aufrichtigkeit schreiben. Der Überschwang schwelgerischer Schwärmerei, das Gefangen- und Befangensein in Schumanns Eigenart hatte einer innigen, vorurteilsfreien Liebe für ihn Platz gemacht. Es war mir eine Weile schmerzlich, mir zugestehen zu müssen, daß nicht alles ganz meisterlich war, was er geschaffen. Wie viel aber hatte ich dafür gewonnen, an offenerem Blick, an besserem Verständnis für Anderes, für Großes und Größtes! Und nicht etwa nur Dinge wie Beethovens »Missa solemnis«, die ich jetzt zum ersten Male hörte, wollen hierunter verstanden sein. Auch die reine Schönheit einer Haydnschen Symphonie konnte mich so beglücken, daß ich zuweilen dachte, ich möchte wohl diesem oder jenem Anderen die Fähigkeit mitteilen können, an dieser Musik so herzliche Freude zu haben. Wie jeder Leipziger Winter, so brachte auch dieser nicht nur sehr viel, sondern eigentlich zu viel Musik, die angehört werden sollte. Und, wie es nicht anders sein kann: mit dem Verständnis für das Schöne hatte sich zugleich auch die Empfindlichkeit gegen Mangelhaftes, Schwaches, Gewöhnliches bei mir gesteigert. So mußte ich denn erkennen, daß die Wiedergabe der Orchesterwerke im Gewandhaus nicht mehr auf der Höhe stand, wie das der Fall war, als Julius Rietz noch das Zepter führte. Alle Ursache hatte ich ja, Reinecke nicht allein für sehr viel Freundlichkeit, sondern auch für manche fördernde Belehrung aufrichtig dankbar zu sein. Und er war ein Künstler, der durch seinen rastlosen Fleiß, seine erstaunlich vielseitige Tüchtigkeit der größten Hochschätzung würdig erscheinen mußte. Aber ich konnte doch nicht hindern, daß ich sah, was ich eben sah: daß ich also auch die Grenzen erkannte, die seinem Leisten gesteckt waren. Als Dirigent war er äußerst sorgsam und gewissenhaft. Aber es fehlte dagegen an souveräner Beherrschung des Stoffes, an jener instinktiven Sicherheit im Erfassen des Zeitmaßes mit seinen unmerklich leisen Abwandlungen, wie der Fortgang sie hier oder dort unausgesprochen fordert; vielfach auch an Schwung, an Leidenschaft und Größe. Dazu kam in jener Zeit, daß seine nicht glücklichen, etwas eckigen Bewegungen beim Taktschlagen eher den Fluß des Vortrags hemmten als animierend wirkten. Am ersten Violinpult saß seit einem Vierteljahrhundert Ferdinand David. Er war der geborene Konzertmeister, und als solcher hatte er mit seiner großen inneren und äußeren Lebendigkeit, seinem scharfen Aufmerken, seinem Verstehen und Sich-Anschmiegen, jahrelang unter Mendelssohns Führung das Ausgezeichnetste geleistet. Hier sah er den Meister ohnegleichen über sich und folgte blindlings seinem Willen. Auch Rietz wurde gut mit ihm fertig. Mochte ein noch so großer Abstand sein Auffassungsvermögen von der genialen Intuition Mendelssohns trennen: er war eine Kraftnatur, ein Herrschertalent, das sich durchzusetzen wußte und keinen Widerspruch duldete. Reinecke aber mit seiner Jugend und seinem bescheidenen Auftreten hatte schon um deswillen dem viel älteren, erfahreneren und verwöhnten Mann gegenüber keinen leichten Stand. Dazu kam leider ein gutes Teil wirklichen Ungeschicks auf seiten des neuen Führers, das den äußerst erregbaren David zu rücksichtslosem Widerstand reizte. Hatte Reinecke ein Stück zu langsam angefangen, so fuhr David im zweiten Takt mit so ungestümem Bogenstrich, so nicht mißzuverstehenden Bewegungen das Tempo beschleunigend darein, daß das ganze Orchester ihm folgen mußte und von Herzen gern folgte. Ebenso auffallend gab er der Sache einen gewaltsamen Ruck, wenn er einem zu flüchtig genommenen Zeitmaß den Hemmschuh anlegen wollte. Daß er bei solchen Anlässen oft auch im Eifer des Gefechts des Guten zu viel tat, ist unleugbar. In der Hauptsache aber war er im Recht. So wurde denn der Kriegszustand zwischen Konzertmeister und Dirigenten ein chronischer, und die schönen Symphonien von Beethoven und anderen großen Leuten mußten darunter leiden. Auch mit seinen Kompositionen hatte Reinecke in diesem Winter kein Glück. Ein Klavierkonzert, Manuskript von ihm selbst vorgetragen, ermüdete das Publikum. Es erschien zu lang und zu wenig interessant. David pflegte bei solchen Anlässen zu sagen: »In der ungeheuren Weite reget kein Gedanke sich.« Noch minderen Beifall fand eine Kantate »Belsazar.« In diese unerquicklichen Zustände fiel ein Ereignis, das im Gegensatz zu ihnen wie ein erfrischender Luftzug wirkte. Wilhelm Taubert kam gegen Ende Februar von Berlin herüber, um seine unlängst vollendete Musik zu Shakespeares »Sturm« zum ersten Male im Gewandhaus zur Aufführung zu bringen. Der vortreffliche, einst mit Schumann befreundete Herr Voigt, in dessen

Behausung Taubert abgestiegen war, gab zu Ehren seines Gastes am Tage des Konzerts ein großes Mittagessen, zu dem er eine stattliche Anzahl musikfreundlicher Herren – darunter auch meine Wenigkeit – eingeladen hatte. Indem er sein Glas erhob, um auf den »Sturm«-Komponisten anzustoßen, erklärte er mit erschreckender Aufrichtigkeit, daß er die Versammelten zu sich beschieden habe, um sie für das Werk seines Freundes Taubert günstig zu stimmen. Doch dies wurde weder übel vermerkt, noch wäre eine solche Maßregel vonnöten gewesen. Tauberts Musik enthielt, ohne bedeutend zu sein, manche hübsche Stelle, und ihre Wirkung wurde wesentlich gesteigert durch eine geschickte, abwechslungsreiche, oft glänzende Instrumentierung. Was aber geradezu in Staunen setzte, war die Frische, der Schwung, die Vollendung der Ausführung. Nicht nur der Komponist, auch der Dirigent Taubert feierte einen unbestrittenen Triumph. Alles klappte, alle Nuancen wurden lebendig nachempfunden und schlagend wiedergegeben, kurz, das Orchester schien mit einem Male wieder das alte Gewandhausorchester geworden zu sein.

Es versteht sich zwar von selbst, mag aber doch ausdrücklich ausgesprochen sein, daß mit dem hier Erzählten, auf einen einzelnen Vorfall Bezüglichen nichts weniger beabsichtigt ist, als etwa im allgemeinen Taubert gegen Reinecke auszuspielen oder die gesamte Direktionstätigkeit des Letzteren damit charakterisieren zu wollen. Je mehr Reinecke von Jahr zu Jahr in die Bewältigung seiner Aufgabe hineinwuchs, um so seltener wurden die Differenzen zwischen ihm und seinem Konzertmeister, bis sie endlich ganz verschwanden und die Konzerte einen neuen Aufschwung erlebten.

Für den 1. April hatte ich mich als Einjährig-Freiwilliger zum Eintritt in die Armee zu melden. Für den Fall, daß ich angenommen wurde, wollte ich mein Militärjahr bei dem Zweiten Garderegiment in Berlin absolvieren, wo ich Aussicht hatte, in die Kompanie des Hauptmanns von Eberstein aufgenommen zu werden, mit dessen Familie meine Eltern in freundschaftlichen Beziehungen standen. Doch es konnte leicht sein, daß man mich bei der Untersuchung wenigstens vorläufig für untauglich erklärte, da die Nachwehen der kontagiösen Augenentzündung, die mich als Primaner befallen hatte, noch nicht überwunden waren. Mochte nun der eine oder andere Fall eintreten, es war schon seit einigen Monaten beschlossene Sache, daß ich nicht wieder nach Leipzig zurückkehren sollte. Was Leipzig mir an künstlerischer Erziehung geben konnte, hatte es gegeben; es war an der Zeit, daß ich mich auf die eigenen Füße stellte. Und nicht nur das. Das allzuviele Musikhören und noch mehr das unablässige Hin- und Herreden über Musik, das Kritisieren und Theoretisieren um mich her, in das ich immer aufs neue hineingezogen wurde, hatte schließlich ein Gefühl der Ermüdung und des Unbehagens in mir erzeugt. Ich wollte nicht unaufhörlich mit Reflexionen über Kunst gequält werden, sondern nun einmal unbefangen frischem Leben hingegeben aufnehmen, empfinden und künstlerisch arbeiten. Trotz alledem: je näher der Abschied rückte, um so schwerer wurde mir das Scheiden. Ich hatte zu viel unvergeßlich Schönes in diesen Mauern erlebt, um sie mir nicht für alle Zeit teuer zu machen, zu viel feine und starke Fäden hatten sich angesponnen, die nun durchschnitten werden sollten. An keiner Stätte aber war mir heimatlicher zumute geworden als im Fregeschen Hause. Alles zog noch einmal wieder am inneren Auge beweglich vorüber, was diese Menschen, diese Räume mir geschenkt hatten. Wieviel echte Güte hatte ich hier erfahren, seit ein glücklicher Zufall mich, den kaum in Leipzig Angekommenen, am fremden Tisch mit dem guten Professor, dem Kollegen meines Vaters, zusammenführte. Und wie wohl war mir geworden an jenem ersten Abend, der mich von vornherein nur das lauterste Wohlwollen für meine Person und das lebendigste Verständnis für mein künstlerisches Wesen finden ließ. Eine Kette der schönsten, für meine ganze Entwicklung bedeutsamsten Erlebnisse schloß sich an. Und ich durfte mir sagen, daß ich nicht ganz ausschließlich der Empfangende gewesen war, daß auch ich eine Lücke zurückließ. So glänzend und glücklich diese Existenz erschien, so reich geschmückt sie war durch die edelsten Gaben der Kunst, es fehlte ihr doch keineswegs an Schatten. Den Professor durfte man nicht allein einen gütigen, von Charakter vortrefflichen Mann nennen, er besaß auch Geist und Witz und zeichnete sich durch ungemein feines musikalisches Verständnis aus. Ich erinnere mich, wie er von Chopin und seiner Musik einmal den höchst bezeichnenden Ausdruck brauchte: »schwärmerische Eleganz«. Gelegentlich war er auch zu sarkastischem Scherz aufgelegt. Als Reinecke, der auf sein Oratorium »Jephtas Tochter« etwa allzu große Stücke hielt, vor Jahren nach längerem Aufenthalt Leipzig verließ, hielt Frege auf einem Abschiedsfestmahl eine Rede in Versen, in der die Zeilen vorkamen:

»Für was focht er?
Für Jephta's Tochter!
Auf was pocht er?
Auf Jephta's Tochter!

Ins Gespräch was flocht er?
Jephta's Tochter.«

Eine tiefe, stark orthodox gefärbte, aber durchaus echte Religiosität bildete den Grundzug seines Wesens. Leider aber nahm diese seine Frömmigkeit mehr und mehr einen durchaus krankhaften Charakter an. Skrupel und Bedenklichkeiten, völlig sinnlose Verpflichtungsgefühle beschwerten sein Gemüt und steigerten sich oft zu quälender Beunruhigung. Nicht nur er, sondern auch seine nächste Umgebung litt unter diesen Zuständen, vor allem die eigene Frau, die immer bereit sein mußte, ihm mit beschwichtigenden Worten zu Hilfe zu kommen. In der Musik fand sie die beste Erfrischung, und so tat es ihr auch wohl, ein- oder zweimal in der Woche gegen Abend mit mir zu musizieren. Sie wußte, daß es mir die größte Freude machte, sie zum Gesang zu begleiten, und daß ich zur Abwechslung gern bereit war, ihr dieses oder jenes vorzuspielen. Zuweilen kamen der Professor und der brave Hausarzt Schmieder dazu, der täglich einmal im Hause zu erscheinen pflegte, um zuzuhören. Oft aber machten wir auch nur zu zweien Musik, bis man sich zur Teestunde in der Nebenstube mit den anderen zusammenfand. Wohl kannte ich schon seit geraumer Zeit einen großen Teil der Schumannschen und Mendelssohnschen Lieder, aber die Wiedergabe, die sie durch diese Frau erfuhren, rückte sie mir in ein neues Licht. Andere Lieder waren mir bis dahin völlig fremd geblieben. Unter diesen wurden mehrere unsere beiderseitigen besonderen Lieblinge. Ich nenne beispielsweise unter den Schumannschen die kleine, zauberisch anmutende Ballade in E-Dur »Loreley« mit den Anfangsworten »Es flüstern und rauschen die Wogen«, dann das einem späten Heft angehörende, Jenny Lind gewidmete »Herbstlied« in cis-Moll zu Worten von Wilfried von der Neuen. Von Mendelssohn aber vor allem das ebenfalls spät komponierte, erst nach seinem Tode veröffentliche Goethesche Sonett[58], das meines Erachtens zu seinen schönsten, innigsten Gesängen gehört. Alle diese Musik ist mir mit der Erinnerung an die edle Frau so in eins verwoben, daß ich sie nicht wieder hören, nicht an sie denken kann, ohne ihr Bild vor mir erstehen zu sehen. Livia Gerhard mochte kaum das zwanzigste Lebensjahr erreicht haben, als sie ein Engagement in Berlin am Königsstädter Theater annahm, um dort eine Zeitlang in Gemeinschaft mit der Schröder-Devrient als Sängerin aufzutreten. Sie hatte damals hohen Sopran und entzückte das Berliner Publikum durch ihre Stimme, ihr großes musikalisches Talent und endlich auch durch ihre reizende Erscheinung. Der junge Doctor juris Frege hielt sich zur gleichen Zeit in Berlin auf, sah und hörte sie auf der Bühne, lernte sie persönlich kennen und wurde von der heftigsten Leidenschaft für sie erfaßt. Man erzählte, daß er ihr zweimal vergeblich seine Hand angeboten und erst beim dritten Male das Jawort erhalten habe. Auf der anderen Seite entschlossen sich die Eltern Frege nur mit größtem Widerstreben, zu der Heirat ihres Sohnes mit einer Theaterprinzeß ihre Einwilligung zu geben. Das Bankhaus Frege repräsentierte die höchste Geldaristokratie Leipzigs, und der Üppigkeit und Eleganz entsprach ein unbegrenztes Selbstgefühl. Ich erinnere mich, wie Frau Livia eines Abends, nachdem ich ihr ein paar Lieder begleitet hatte, schweigend an den Notenschrank ging, einen schweren Band herausnahm und ihn auf das Pult legte. Es war der Klavierauszug der »Euryanthe«. Dann schlug sie die rührend schöne zweite Kavatine auf »Hier dicht am Bach wo Weiden stehen« und sagte: »Die Partie der Euryanthe war das letzte, was mir am Theater übertragen worden war, ehe ich heiratete. Niemals hatte ich mich mit ähnlicher Seligkeit in das Studium einer Musik, einer Rolle versenkt wie hier. Da kam meine Verlobung dazwischen und ich durfte nicht wieder auftreten. So mußte ich denn scheiden, ehe mein sehnlichster Wunsch, die Euryanthe zu geben, erfüllt war. Im allgemeinen rühre ich nicht gern an diese Musik, aber Ihnen will ich die Cavatine singen, weil ich weiß, wie innig Sie Weber und seine ›Euryanthe‹ lieben.« Das war das einzige Mal, daß jene nun weit zurückliegende Epoche ihres Lebens im Gespräch zwischen uns von ihr berührt wurde. Anderes sich hinzuzudenken lag nahe genug. Der Schmerz, einer mit aller Begeisterung der Jugend kaum begonnenen Laufbahn plötzlich entsagen zu müssen, für die die Natur durch reichste Begabung sie bestimmt zu haben schien, konnte nicht so bald überwunden werden. Nimmt man dazu, mit wie verletzender Kälte die unwillkommene Schwiegertochter in dem Hause empfangen worden sein mag, das ihr nunmehr Heimat werden und die berauschende Welt der Bühnenkunst ersetzen sollte, so kann es nicht wundernehmen, wenn ein solches Geschick Spuren hinterließ. Es hatte sich ein Doppelwesen in ihr ausgebildet. Der Mehrzahl der Menschen erschien Livia Frege als eine ungewöhnlich gewandte, elegante und vornehme Weltdame. In ihren Salons wußte sie meisterhaft zu repräsentieren, und wo sie erschien, beherrschte sie die Gesellschaft. Zu dieser Virtuosität hatte sie die Rolle erzogen, die sie Jahre hindurch in ihrer neuen Lebenslage hatte spielen müssen. Aber das war nicht ihr eigentliches, besseres Ich. Die schlichte, geistvolle und warmherzige Frau lernten nur die Wenigen kennen, denen sie ihre Freundschaft schenkte, und ich bin von ganzem Herzen dankbar dafür, daß ich mich zu diesen Bevorzugten rechnen durfte.

Es war an einem Vormittag im März, als ich auf ihren Wunsch im roten Musikzimmer den Gluckschen »Orpheus« mit ihr durchnahm. Kaum hatten wir begonnen, so erschien das Gesicht ihres Mannes in der Tür zum Nebenzimmer, und sie brach ab, um zu ihm zu gehen. Das wiederholte sich im Lauf der beiden nächsten Stunden, ich weiß nicht, wie viele Male. Endlich öffnete sie den Mund, um mir eingehender mitzuteilen, um welche Form krankhafter Erscheinungen es sich in diesem Augenblick handele. Nun aber begann sie nicht etwa, sich über eigene Beschwerlichkeiten hierbei zu beklagen, sondern nur zu betonen, daß das, was sie selbst etwa zu tragen habe, nichts sei im Vergleich zu dem, was ihr durch ihren Mann an wahrem Segen geschenkt worden sei. Er habe es verstanden, ihre ganze Lebensauffassung umzuwandeln und zu vertiefen, und niemals könne sie genug rühmen, was sie ihm an echten Lebensgütern verdanke.

Am 19. März fand im großen Fregeschen Musiksaal die Aufführung des ganzen »Orpheus« statt. Ich saß am Klavier, um das Orchester zu vertreten, und hier fühlte ich mich ganz in meinem Element. Die Chöre gingen vortrefflich, und Frau Frege sang die Partie des Orpheus so ergreifend, so vollendet, daß ich mir sagen mußte, ich habe nie eine bewunderungswürdigere Leistung von ihr erlebt. Da die Stimme sich im Lauf der Jahre allmählich zur Altlage hinabgesenkt hatte, so hatte sie hier keinerlei Schwierigkeiten in der Höhe zu überwinden, und sie, deren eigentliches Element ehedem das anmutig Lyrische gewesen war, vermochte jetzt, diese hoch tragische Musik mit einer Leidenschaft, einer inneren Größe zu erfassen, daß das Staunen allgemein war.

Wenige Tage später stand ich ihr und ihrem Mann in dem schönen vertrauten Eckzimmer bewegt gegenüber, um Abschied zu nehmen. Ich durfte von beiden Worte der Freundschaft hören, die mich fühlen ließen, daß ich unvergessen sein werde. Sie aber küßte mich auf die Stirn, zum Zeichen, daß ich mir hier etwas wie Sohnesrechte erworben hatte.

Jetzt waren nur noch meine Sachen zu packen, und das alte Leipzig mit allem Guten, das es mir gebracht hatte, lag hinter mir. Ich fuhr nach Berlin, wo sich bald mein Schicksal für den Sommer entscheiden mußte.

## Anmerkungen der Herausgeberin zu Teil V

1 Hotel in Leipzig, in welchem Rudorff des öfteren übernachtete.
2 Robert Schumann: »Widmung« (Rückert), in: Ders.: »Myrthen« op. 25, I.
3 Anmerkung im Typoskript: **»Bald darnach« ist vielleicht besser zu sagen, um das Wort »Stunden« einmal zu vermeiden.**
4 Die »Mondschein-Sonate«.
5 Zur Geschichte dieser Widmung Mendelssohns vgl. auch: Ernst Rudorff: Aus den Tagen der Romantik 1, Teil 2, S. 322–325.
6 Brief Felix Mendelssohn-Bartholdys an Ferdinand David vom 13.4.1830, in: Julius Eckardt: Ferdinand David und die Familie Mendelssohn-Bartholdy, S. 35.
7 Die nur teilweise von Mendelssohn erstellte handschriftliche Partitur des Streichquartetts op. 12 vom 14. September 1829 mit vermutlich von Mendelssohns Hand stammenden Korrekturen sowie die Handschrift des Briefes befinden sich im Rudorff-Archiv, Familie Gottberg, Salzhemmendorf – Lauenstein. (Vgl. Nancy Reich: The Rudorff Collection, S. 251 f., Julius Eckardt: Ferdinand David und die Familie Mendelssohn-Bartholdy, S. 35: »David schenkte das Manuscript Frau Rudorff«.)
8 Gioachino Rossini: »La gazza ladra« (»Die diebische Elster«), Oper in zwei Akten, 1817.
9 Niels Wilhelm Gade: »Efterklang af Ossian« (»Nachklänge aus Ossian«), Ouvertüre, 1840.
10 Robert Schumann: »Das Paradies und die Peri«, Werk für Soli, Chor und Orchester op. 50.
11 Ignatz Moscheles: Allegri di bravura für Pianoforte op. 51: La Forza, la Leggerezza, il Capriccio.
12 Wort nicht eindeutig lesbar.
13 Charles Gounod: »Méditation«: (1er »Ave Maria« 1859), nach J. S. Bachs 1. Präludium aus dem »Wohltemperierten Clavier« für Sopran-Solo, Orgel, Klavier und Orchester.
14 Wort nicht eindeutig lesbar. Zuvor stand im Manuskript das jetzt gestrichene Wort »kühlen«.
15 Wort nicht ermittelt.
16 Robert Schumann: Davidsbündlertänze op. 6, 18 Charakterstücke. Gemeint ist hier Nr. 9, C-Dur, mit der Überschrift: »(Hierauf schloß Florestan und es zuckte ihm schmerzlich um die Lippen)«.
17 Oper von Carl Maria von Weber.
18 Oper von Robert Schumann.
19 Cervius: ein Nachbar des Horaz. In: Horaz, Satiren II,6. [Horaz (Quintus Horatius): Sämtliche Werke, lateinisch und deutsch, hg. von Hans Färber, München 1957, S. 113–121, hier: S. 117.]
20 Ludwig Berger: Gesänge aus einem gesellschaftlichen Liederspiele »Die schöne Müllerin« op. 11 (1816), Berlin o. J. [1819]. In dieser Publikation sind allerdings nur zehn der Lieder aus dem Liederspiel enthalten, darunter nicht das Lied »Die liebe Farbe«. Vgl. Dieter Siebenkäs: Ludwig Berger. Sein Leben und seine Werke

unter besonderer Berücksichtigung seines Liedschaffens, Berlin 1963, S. 251 und 262 ff.

21 Die ersten Gedichte des späteren Zyklus »Die schöne Müllerin« entstanden im Winter 1816/17 für ein Liederspiel unter dem Motto »Rose, die Müllerin«, das von verschiedenen jungen Leuten, u. a. Wilhelm Müller, Achim von Arnim, Wilhelm Hensel, Ludwig Rellstab, Hensels Schwester Luise und Hedwig von Staegemann, bei regelmäßigen Zusammenkünften im Hause des Staatsrats von Staegemann zusammengestellt wurde. Inspiriert wurden die jungen Künstler durch Paisiellos opera buffa »La Molinara«. Jeder der Anwesenden erhielt eine Rolle, für die vom Spielenden selbst die Gedichte zu verfassen waren. Vgl. ebd., S. 17 ff.

22 Ferdinand David.

23 Anfangsverse von Ludwig Tiecks Gedicht »Wunder der Liebe«, in: Gedichte von Ludwig Tieck. Neue Ausgabe, Berlin 1841, S. 201f.

24 Ludwig Tieck: Leben und Tod des kleinen Rotkäppchens. Eine Tragödie. In: Ludwig Tieck: Schriften in zwölf Bänden, hg. v. Manfred Frank u. a., Bd 6, Phantasus, Frankfurt 1985, S. 362–384.

25 Lied aus »Der Freischütz« von Carl Maria von Weber.

26 Der französische General Jean Moreau wurde am 27.8.1813 bei der Schlacht um Dresden tödlich verwundet.

27 Die Oper hat fünf Akte.

28 Jenny Bürde-Ney, Sängerin in Dresden.

29 Joseph Aloys Tichatscheck, Sänger in Dresden.

30 Im Manuskript Anmerkung mit Bleistift: **Vielleicht nur »Musik« setzen statt »Judenmusik«.**

31 Anspielung auf das Ende des vierten Aktes der Oper »Der Prophet« von Meyerbeer, in dem Johann von Leyden, der Titelheld der Oper, auf seinem Krönungszug seine Mutter verleugnet.

32 König Johann von Sachsen und Königin Amalia Auguste, Prinzessin von Bayern.

33 Gemeint ist Otto Göschen.

34 Felix Mendelssohn-Bartholdy: Variations sérieuses op. 54.

35 Die Euterpekonzerte in Leipzig im Winter 1860 dirigierte der Liszt-Schüler Hans von Bronsart (1830–1913).

36 Von Robert Schumann.

37 Johannes Brahms: Gesänge für Frauenchor mit Begleitung von zwei Hörnern und Harfe op. 17.

38 Nr. 4 der Gesänge für Frauenchor op. 17: Gesang aus Fingal (Ossian).

39 In: Ludwig Tieck's Schriften, Teil 1+2 (Bd. 4+5), Berlin 1828.

40 Rudolf Köpke: Ludwig Tieck. Erinnerungen aus dem Leben des Dichters nach dessen mündlichen und schriftlichen Mittheilungen. Erster Theil. Zweiter Theil, Leipzig 1855.

41 Zit. nach ebd., Tl. 1, S. 250. In Einzelheiten abweichend. Möglicherweise ist hier nicht August Wilhelm Schlegel, sondern Friedrich Schlegel gemeint.

42 Ebd., S. 264f.

43 Ernst Rudorff: Ouvertüre zu »Der blonde Eckbert« für Orchester op. 8, Leipzig: Simrock [o. J.].

44 Handschriftliche Anmerkung im Typoskript: **s. Zettel nebenbei liegend!** Handschriftliche Anmerkung im Manuskript: **Die Worte »Sie sind selbst so ein kleiner Gade« hat David wörtlich zu mir gesagt. Es fragt sich aber, ob ich selbst sie hier wiederholen darf und soll. ...** [? – Wort nicht ermittelt] **können sie ... wegbleiben.** (Bogen 51, S. 4, Bleistift.)

45 Handschriftliche Anmerkung im Typoskript: **Herbst 1861.**

46 Otto Speyer: Bilder Italienischen Landes und Lebens. Beiträge zur Physiognomik Italiens und seiner Bewohner in zwei Bänden. Berlin 1859.

47 »Don Giovanni«, Oper von W. A. Mozart.

48 Franz Schubert: Fantasie f-Moll [für Klavier 4 H. op. 103, D 940], für gr. Orch. eingerichtet von Ernst Rudorff, Berlin: Simrock, [1868].

49 1861.

50 In Herman Grimms Novelle »Der Landschaftsmaler« erscheint als versöhnendes Motiv ein Stück für Violine von Johann Sebastian Bach. [In: Novellen von Herman Grimm. Dritte, vermehrte Aufl., Berlin 1897, S. 247–357.]

51 Hier im Manuskript eine Anmerkung mit Bleistift, vermutlich von Rudorffs Hand: **Vielleicht sind hier Auszüge aus den Briefen meines Vaters und** [... – Wort nicht ermittelt] **einzuschalten. Es müßte in diesem Fall so fortgefahren werden: »und ließ uns durch seine Briefe an den neuen** [... – Wort nicht ermittelt] **Eindrücken theilnehmen die sich ihm boten. Ein Auszug aus seinen schriftlichen Mittheilungen möge hier eingeschaltet sein«. Fortgefahren werden muß dann hinterher bei * neu** [... – Wort nicht ermittelt] **anzusetzen wäre »mein Vater«.**

52 Hier im Manuskript eine Anmerkung mit Bleistift, vermutlich von Rudorffs Hand: **Nachsehen, ob ich bei der früheren Erwähnung von Vilsen (in meinen Kinderjahren) die hübsche Geschichte erzählt habe, wo bei einer unerwarteten Ankunft meiner Eltern um die Mittagszeit die befreundeten Nachbarn gegenüber, die aus ihren Fenstern das Ereigniß beobachtet hatten, rasch den Kalbsbraten von ihrem eigenen Eßtisch fortnahmen und hinübertrugen zur Tante, um ihr bei der Bewirthung der plötzlich eingetroffenen so lieben Gäste aus der Verlegenheit zu helfen. Eventuell also das Gastliche dort nachtragen.**

53 Gemeint ist der von Rudorff zu instrumentierende Frauenchor aus der Oper »Blanche de Provence« von Cherubini.

54 Es geht um die Instrumentierung von Mozarts »L'oca del Cairo«.

55 Die Entstehungsgeschichte der Hebriden-Ouvertüre op. 26 von Felix Mendelssohn-Bartholdy umfaßt mehrere Jahre. Im August 1829 schrieb er die erste Skizze nieder, am 10. Dezember 1830 teilt er in einem Brief aus Rom an seinen Vater mit, daß er dabei sei, seine Ouvertüre »zur ›einsamen Insel‹« abzuschließen. Vom 16. Dezember 1830 datiert ein Autograph »Die Hebriden«, das Mendelssohn ein Jahr später in London noch einmal überarbeitete. Das Partiturautograph vom 16. Dezember 1830 schenkte er am 1. Mai 1832 Ignatz Moscheles. Dieses liegt seit 1947 als Faksimile vor. Das Original befindet sich in der Pier-

pont Morgan Library New York. (Vgl. Andreas Eichhorn: Felix Mendelssohn Bartholdy. Die Hebriden Ouvertüre für Orchester op. 26, München 1998, besonders das Kapitel zur Entstehungsgeschichte, S. 7–18.

56 Aus Horaz: De arte poetica liber, Vers 388: »siquid tamen olim/scripseris, in Maeci descendat iudicis auris/et patris et nostras nonumque prematur in annum/ membranis intus positis: delere licebit,/quod non edideris, nescit vox missa reverti« (V. 386–390; »Hast du jedoch einmal etwas ›geschrieben‹, so mag Mäcius der Kunstrichter sein, dem du es vorträgst, und dein Vater und ich; neun Jahre halte es unsichtbar und laß die Handschrift eingeschlossen liegen: noch kannst du tilgen, was du nicht herausgabst; entfahrnes Wort kennt kein Zurück.« In: Horaz, Sämtliche Werke, Teil II [Sermones et Epistulae, übers. u. zus. mit Hans Färber bearbeitet von Wilhelm Schöne], S. 252f.)

57 Reisebriefe von Felix Mendelssohn Bartholdy aus den Jahren 1830 bis 1832. Hg. Von Paul Mendelssohn Bartholdy, Leipzig 1861.

58 Gemeint ist vermutlich das von Mendelssohn am 9. August 1841 vertonte Gedicht »Ach, wer bringt die schönen Tage« von Johann Wolfgang von Goethe, veröffentlicht als op. 99, Nr. 1 unter dem Titel »Erster Verlust«, Leipzig 1852.

# Teil VI: »Wanderjahre 1862–1865«

Meine Militärangelegenheit erledigte sich in den nächsten Tagen nach meiner Ankunft in Berlin dahin, daß ich wegen noch vorhandener »Granulationen in der Bindehaut der Augen« vorläufig für ein Jahr zurückgestellt wurde.

Was sollte nun in der nächsten Zeit aus mir werden? Es lag ja nahe, daß ich einfach bei meinen Eltern in Berlin blieb und hier für mich weiterarbeitete. Aber dazu verspürte ich vorderhand sehr wenig Neigung. Alles mögliche hatte mir im Kopf gespukt: vor allem Wien, durch dessen Straßen einst Gluck, Haydn, Mozart, Beethoven, Schubert gewandelt waren, und wohin Brahms jetzt seinen Wohnsitz verlegt hatte; Frau Schumann redete zu, ich solle, um mit Joachim zu verkehren, eine Zeitlang nach Hannover gehen. Auch Kopenhagen und Gade hätte jetzt aufs neue in Frage kommen können, nachdem ich lange genug in Leipzig streng gearbeitet hatte. Aber das alles führte doch zu keiner Entscheidung. Da war es meine gute Mutter, die die Sehnsucht meiner Jugend nach einem neuen Stück Welt begriff und in der Stille das Rechte für ihren Sohn herausfand. Der theologische Professor Beyschlag in Halle hatte kürzlich zum Gedächtnis seines jung verstorbenen Bruders ein Buch geschrieben und veröffentlicht, das den Titel führte: »Das Leben eines Frühvollendeten«[1]. Ich weiß nicht, welcher Zufall es ihr in die Hände gespielt hatte. Sie las es von Anfang an mit großem Wohlgefallen; sie sympathisierte mit den Menschen und Gesinnungen, die ihr im Elternhause bei den beiden Beyschlags entgegentraten. Als sie aber an das Kapitel Bonn kam, an die Schilderung des poetischen Lebens, das der junge Student hier, umgeben von den herrlichsten landschaftlichen Eindrücken, führte, da wurde es ihr klar, daß dies der Boden sei, der auch mir gedeihlich sein würde. Sie hatte es mit der instinktiven Sicherheit weiblichen und vor allem mütterlichen Gefühls erkannt, daß es mir guttun würde, jetzt einmal nicht in einer eigentlichen Musikstadt zu leben. Nicht nur das allzu viele Musikhören, noch mehr fast das beständige Verkehren in einer geselligen Umgebung, bei der das musikalische Interesse alle übrigen bei weitem überwog, hatten eine gewisse Überreizung in mir hervorgebracht. Ich war es müde geworden, beständig alle möglichen künstlerischen Fragen mit anderen durchzusprechen, ohne Unterlaß Kritik über dieses oder jenes Musikstück anhören zu müssen, und dadurch angesteckt selbst zu reflektieren und zu kritisieren. Frisch leben und frisch arbeiten, ohne allzuviel Theorie und allzuviel Geschwätz, das war es, wonach mich im Innersten verlangte. Mein Vater hatte gegen den Gedanken eines Sommersemesters in Bonn für mich nichts einzuwenden, und so wurde beschlossen, daß ich in einigen Wochen mich dorthin auf den Weg machen solle.

Vorderhand aber stand noch in Berlin ein Erlebnis in Aussicht, dem ich mit nicht geringer Spannung entgegensah. Gegen Ende April sollte im Saal der Singakademie, in einem sogenannten »Gustav-Adolfs-Concert«[2], meine Ouvertüre zum »Blonden Eckbert« aufgeführt werden. Adele Dorn, die rastlos Pläne schmiedete, hatte vor einigen Jahren ein größeres Wohltätigkeitskonzert-Unternehmen ins Leben gerufen, dessen Einnahmen wiederum den ihr so sehr am Herzen liegenden Interessen des Gustav-Adolf-Vereins zugute kommen sollte. Für jeden Winter waren je vier Aufführungen in Aussicht genommen, die bei möglichst geringem Kostenaufwand einen möglichst großen Geldbetrag zu erzielen hatten. Alle irgendwie erreichbaren Virtuosen, Instrumentalisten wie Sänger und Sängerinnen, die besten und vornehmsten wie unter Umständen auch recht fragwürdige, wurden gepreßt, ihre Leistungen unentgeltlich zur Verfügung zu stellen. Zum Teil behalf man sich mit Kammermusik, Klavier und Gesang. Um aber der Sache das gehörige Ansehen zu geben, wurde auch mehrfach die Mitwirkung des Orchesters in Anspruch genommen. Ja, bis zu Aufführungen großer Chorwerke verstieg man sich in besonderen Ausnahmefällen. Mendelssohn, der für die Kehrseiten des Berlinischen Wesens bekanntlich ein scharfes Auge hatte, spricht einmal in einem seiner Briefe mit Ingrimm von dem »unpoetischen Streben nach äußeren Erfolgen«, das die Berliner Musikmacherei kennzeichne. Die Gustav-Adolfs-Konzerte lieferten leider einen besonders handgreiflichen Beleg dafür, daß er nicht unrecht hatte mit seiner Kritik. Es ist und bleibt ein bedenkliches Ding, Musik und praktische Bestrebungen vor denselben Wagen zu spannen. Die erstere wird immer mehr oder weniger der leidende Teil dabei sein, sei es auch nur deshalb, weil in Konzerten zum besten dieser oder jener Sache selbst den ausgezeichnetsten künstlerischen Leistungen eine Zuhörerschaft sich gegenüberstellt, die in der Hauptsache nicht durch musikalisches Interesse, sondern durch die Rücksicht auf den zu fördernden humanen Zweck in den Konzertsaal getrieben worden ist.

Doch diese Erwägungen beschwerten mich für den Augenblick durchaus nicht. Fräulein Dorn, die mir allezeit großes Wohlwollen entgegenbrachte, hatte den Wunsch, im letzten Gustav-Adolfs-Konzert des Winters irgend etwas von mir Komponiertes auf das Programm zu setzen. Eine Aufführung mit Orchester und Chor war in Aussicht genommen, Robert Radecke sollte sie leiten. Als ich von diesem Sachverhalt hörte, schickte ich die Partitur meiner Ouvertüre an den erwählten Dirigenten, und sein günstiges Urteil entschied dafür, daß das Stück gemacht wurde. Nichts war mir hierbei natürlich wichtiger als die Aussicht, mit eigenen Ohren erleben zu dürfen, ob meine Musik jetzt so klingen werde, wie ich sie mir gedacht. Die erste Probe beruhigte mich darüber auf das vollständigste, die Klangwirkung war in der Tat eine sehr gute. Am Sonnabend, dem 26. April, fand das Konzert statt. Das Programm enthielt außer meiner Ouvertüre, die in den Anfang gestellt war, Spohrs Gesangsszene und Ernsts »Othello-Fantasie«[3], von Laub gespielt, »Zigeunerleben« von Schumann, und als zweiten Teil Mendelssohns »Walpurgisnacht«. Eine harmonischere Gesellschaft konnte ich mir nicht wünschen. Von der »Othello-Fantasie« etwa abgesehen war der romantische Ton den ganzen Abend hindurch festgehalten, den ich selbst in meiner Weise versucht hatte anzuschlagen. Mit der Aufnahme der Ouvertüre vonseiten des Publikums durfte ich zufrieden sein, und auch die Zeitungen ließen sich in der Hauptsache beifällig vernehmen. Bei weitem die bedeutsamste aber aller Besprechungen, die mir zu Gesicht kamen, hatte Richard Wuerst zum Verfasser. Sie war nicht nur sehr wohlwollend, sondern verriet durch ihr verständnisvolles Eingehen auf Einzelheiten den wirklich urteilsfähigen Musiker. Natürlich war ich glücklich, von dieser Seite eine solche Behandlung zu erfahren. Ich hatte keinerlei persönliche Beziehungen zu Wuerst, wußte nur, daß er als tüchtiger Künstler geschätzt wurde, und so wäre es nicht mehr als natürlich gewesen, wenn ich nunmehr versucht hätte, die Bekanntschaft des Mannes zu machen, der mir völlig aus freien Stücken so viel Sympathie entgegengebracht hatte. Doch wie weit war ich damals davon entfernt, an dergleichen Schritte von meiner Seite zu denken! Das hätte ja, wie ich meinte, nach Gunstbuhlerei ausgesehen. Nein, einen Rezensenten aufzusuchen, war ein Verbrechen, dessen ich mich nicht schuldig machen durfte!

Es vergingen mehr als sechs Jahre, ehe ich die Ouvertüre zugleich mit einigen anderen Werken im Simrockschen Verlag veröffentlichte.[4]

Inzwischen hatte ich mehrfach noch Besserungen in der Instrumentierung vorgenommen und unter meiner eigenen Leitung war sie ein paarmal mit Erfolg ausgeführt worden, so am 19. März 1867 im Kölner Gürzenich-Konzert und kurz darauf auch in Hamburg im Wörmerschen Saal. Nach dem Stich hörte ich bald von einer Aufführung durch die Philharmoniker in Wien. Hanslick soll das Stück damals übel behandelt haben.[5] Ich habe seine Worte nicht gelesen. Daß er aber mit seinen Abstraktionen vom musikalisch Schönen[6], die zwar ein gutes Stück Wahrheit enthalten, keineswegs jedoch die ganze Wahrheit geben, dieser Musik nicht gerecht werden konnte, verwundert mich nicht im geringsten. Poetische Stimmung und durch sie bedingter Klang müssen vom Hörer nachempfunden werden können, wenn hier von einem Verständnis für das Ganze die Rede sein soll. Hanslick aber negiert ja diese Dinge und reduziert die ganze Musik auf Bewegungsformen. Bei alledem stieg nach und nach in mir dennoch ein Gefühl auf, das mir sagte, im Aufbau der Ouvertüre sei noch immer etwas nicht in Ordnung; und dies Gefühl verstärkte sich mit der Zeit in unangenehmer Weise. Die Mitte namentlich genügte mir nicht mehr. Auf der anderen Seite vermochte ich mich von dem Hauptinhalt der Musik nicht zu trennen, ich hatte den Glauben an diesen zu keiner Zeit eingebüßt. Was nun tun? Sollte ich nochmals ändern? Nach Jahren brachte ich einmal bei einem Zusammentreffen mit Brahms das Gespräch auf die Frage des Umgestaltens eigener, schon einmal abgeschlossener Arbeiten. Ich glaube kaum, daß ich ihm gestand, in welcher Bedrängnis ich mich selbst gerade meiner Ouvertüre gegenüber befand; jedenfalls aber war diese für mich die innere Veranlassung, ihn zum Reden über das »Ändern« im allgemeinen zu veranlassen. »Ach, was heißt ›ändern‹? sagte er, »man muß ein Stück neu g e b ä r e n, wenn aus der Sache was Rechtes werden soll. Um aber dazu imstande zu sein, um das Ding ganz frei von außen ansehen zu können, dazu braucht es lange Zeit!« Ich begriff vollkommen, daß er die Wahrheit gesprochen hatte. Noch ein paar Jahre wartete ich also ab. Dann war ich in der Tat soweit, um mit voller Frische an die Umarbeitung des Jugendwerks gehen zu können. Als sie beendet und gestochen war, ließ ich bei Simrock die alten Partituren und Stimmen einstampfen, und am 25. Januar 1883 dirigierte ich die neue alte Ouvertüre[7] zum ersten Male im Leipziger Gewandhaus.

Ich kehre zum Frühjahr des Jahres 1862 zurück. Noch ganz erfüllt von dem beglückenden Gefühl, als Komponist einen ersten Erfolg in der Öffentlichkeit errungen zu haben, trat ich am letzen April meine Reise nach dem Rhein an. Dies zwar nicht auf ganz geradem Wege. Zuerst wurde in Wienrode bei Hoffmeisters, dann in Wernigerode bei Radeckes Station gemacht und endlich auch noch die Großtante Melusine in Vilsen besucht. Es war Montag, der 12. Mai geworden, als ich früh morgens von hier aufbrach, um über Hoya und Eystrup rechtzeitig in Wunstorf zum Schnellzug einzutreffen, der mich nach Köln bringen sollte. In Düsseldorf fing es an dämmerig zu werden; der Kellner in der Bahnhofsrestauration sagte »merci«, als ich ihm mein Trinkgeld verabfolgte – bekanntlich das sicherste Zeugnis, daß man sich in der Rheinprovinz befindet – und Dreiviertelstunden später war das Ziel erreicht. Langsam rollte der Zug über die lange Rheinbrücke, in der Tiefe der dunkle Strom, dessen mächtige Breite mich staunen machte, und am jenseitigen Ufer die zahllosen Lichter der Stadt. Kurz vor der Einfahrt in den Bahnhof trat plötzlich der Mond zwischen den Strebebogen des Doms hervor. Ein phantastisch überwältigender erster Eindruck des wunderbaren Gebäudes!

Am nächsten Morgen suchte ich meinen alten Lehrer Woldemar Bargiel auf, der jetzt in Köln an der Niederrheinischen Musikschule angestellt war, und fand bei ihm den herzlichsten Empfang. Gleich war er bereit, mich in der Stadt etwas herumzuführen, mir wenigstens das Hauptsächlichste, also vor allem den Dom zu zeigen. An seinem Ausbau wurde seit Jahren eifrig gearbeitet, aber die Vollendung lag noch in weitem Felde. Wohl war das von Zwirner entworfene südliche Seitenportal fast fertig. Aber noch stand der Kran – das mittelalterliche Wahrzeichen der Stadt Köln – auf dem Unterbau des unvollendeten südlichen Turmes, den die jahrhundertelange Verwitterung völlig schwarz gefärbt hatte.[8] Der nördliche Turm fehlte gänzlich. Überall standen jetzt die Bauhütten umher und in unmittelbarer Nähe des Haupteingangs befand sich ein altes Gebäude, in dem der neue Dombaumeister[9] seinen Wohnsitz hatte. Im Inneren trennte eine provisorische Wand den Chor, der damals allein in gottesdienstlichem Gebrauch stand, von dem übrigen unfertigen Raum. In aller Frühe hatte ich mich schon allein auf den Weg gemacht, um die brennendste Neugier zu befriedigen, und stand eine Weile wie geblendet vor dem unermeßlichen Reichtum dieser Architektur. Als ich dann ein paar Stunden später mit Bargiel wiederkehrte und mit ihm überall außen und innen herumstieg, überkam mich das Gefühl, daß mir noch nie bei einem Kunstwerk so zumute gewesen sei. Hier war mehr als das Werk eines einzelnen; es war zugleich die Arbeit, die Tat eines ganzen Volkes. Und der einzelne, so klein er war, durfte stolz sein, diesem Volk anzugehören. Merkwürdig war mir auch das, daß dieser Riesendom als Ganzes durchaus nicht den Eindruck des Kolossalen machte. Die Vollkommenheit der Verhältnisse ließ das Gefühl sinnlicher Größe vor dem der harmonischen Schönheit, der geistigen Erhabenheit verschwinden.

Nach gemeinsamem Mittagessen verabschiedete ich mich von Bargiel, der mich auch noch zu St. Gereon und zur Apostelkirche geführt hatte, und fuhr mit der linksrheinischen Bahn nach Bonn. In dem jetzt verschwundenen, reizenden »Hotel Kley«, das, an der Koblenzer Straße unmittelbar neben dem »Alten Zoll« gelegen, viele Jahrzehnte hindurch der Lieblingsaufenthalt unzähliger fremder und einheimischer Gäste war, stieg ich vorderhand ab. Die Fahrt von Köln her mit der Eisenbahn, die, weitab vom Rhein geführt, nicht das geringste von den Schönheiten ahnen läßt, die den in Bonn Eintreffenden erwarten, hatte mich doppelt empfänglich gemacht für die Dinge, die da kommen sollten. Schon der Weg zum Hotel durch den Hofgarten mit seinen prachtvollen alten Baumalleen, vorüber an der Universität und den üppig blühenden Syringengebüschen[10], die ihren Vorgarten schmücken, ließ meine Pulse höher schlagen. Aber das war doch nur das Vorspiel. Nachdem ich meine Sachen rasch in einem kleinen Seitengebäude untergebracht hatte, ging ich in den Garten des Hotels hinunter bis zu der Terrasse, die ihn zum Rhein hin abschloß. Und da lag nun wie mit einem Zauberschlage die ganze vielgepriesene Landschaft vor mir hingebreitet, die die Lage von Bonn zu einer so einzigartig bevorzugten macht: der mächtige, in seinem Lauf sanft geschwungene Strom und darüber das Siebengebirge, dessen klassische Linienschönheit in Deutschland ohnegleichen ist. Es schien mir eine Weile, als wäre es Barbarei, diese Stelle, auf der man in den schönsten Anblick versunken bis in alle Ewigkeit dasitzen und träumen konnte, jemals wieder zu verlassen. Schließlich aber zog ich doch vor, zum Rhein hinunterzugehen und an seinem Ufer ein gutes Stück aufwärts zu wandern, während das Bild vor mir sich leise verschob. Darüber rückte der Abend heran, und ich stieg durch eine der Seitengassen wieder zur Koblenzer Straße herauf, um in mein Hotel zurückzukehren. Kaum aber hatte ich mein Zimmer erreicht, als mich der bläuliche Schimmer, der sich vor meinem Fenster ausbreitete, ahnen ließ, daß sich neue Wunder vorbereitet hatten. Wieder ging es die Treppe hinunter und weiter zu meiner Terrasse. Silberglänzend war vor wenigen Augenblicken der Vollmond hinter dem Siebengebirge aufgestiegen. Die wundervoll geschwungenen Linien hoben sich in mattem Dunkelblau ab von dem hellen Nachthimmel. Vor diesem Hintergrund aber warf der Mond in schräger Richtung über den

Strom bis zu meinen Füßen hin einen breiten Streifen des leuchtendsten Silbers, der in leisen Wellen zitterte. Von Zeit zu Zeit zog ein Nachen still darüber hin, und seine schwarzen Umrisse zeichneten sich so scharf auf dem silbernen Grunde ab, daß man jede Bewegung der Schiffergestalten, ja jeden Ruderschlag in der weiten Ferne erkennen konnte. Dazu duftete der Garten von Blüten und eine Nachtigall schlug in den Zweigen.

Und in diesem Zauberlande sollte ich nun drei Frühlings- und Sommermonate hindurch leben dürfen! Ich glaubte, noch niemals so glückselig gewesen zu sein.

Am nächsten Tag war kirchlicher Feiertag. Bargiel hatte mir versprochen, von Köln herüberzukommen, um mit mir einen Ausflug zu machen, und er hielt Wort. Wir fuhren mit der Bahn nach Mehlem, setzten über nach Königswinter, umgingen den Drachenfels und stiegen durch blumige Wiesen und Buschwald zur Löwenburg hinauf. Dort hielt uns die prächtige Aussicht auf Nähe und Ferne so lange fest, daß wir erst mit dem letzen Dampfschiff, das sich obenein um zwei Stunden verspätet hatte, in tiefer Nacht in Bonn wieder eintrafen.

Noch einmal übernachtete ich in dem schönen Hotel Kley, dann aber mußte doch dem reinen Schlaraffenleben ein Ende gemacht werden, und ich machte mich auf, eine Wohnung zu suchen. – Bonn war damals eine kleine Stadt im Vergleich zu der gewaltigen Ausdehnung, die es heute genommen. Dem bescheidenen Bahnhofsgebäude gegenüber zog sich ein Rest des tiefen Wallgrabens entlang, der von alters her den Kern der Stadt nach außen hin abgegrenzt hatte. Dieser Kern hatte in seinen Bauten noch ganz den Charakter vergangener Jahrhunderte bewahrt: schmale Giebelhäuser mit steilem schiefergedecktem Dach und zahlreichen schmalen Fenstern, oder, wie namentlich in der Nähe der herrlichen spätromanischen Münsterkirche, stattliche breite Patrizierbauten aus dem 17. und 18. Jahrhundert. Auch das von Breuningsche Haus, in dem der junge Beethoven einst aus- und eingegangen war, zählte noch zu ihnen. Vor dem Koblenzer Tor und der Landstraße, die nach Godesberg führt, hatten sich nach und nach eine Anzahl reicher Privatleute angebaut, und die eleganten neuen Häuser, die so entstanden waren, bildeten den Anfang der heute sich weit hinausziehenden Koblenzer Straße. Ebenso befanden sich zu beiden Seiten der vierfachen Kastanienallee, die vom Universitätsgebäude nach dem Poppelsdorfer Schloß führt, eine Reihe vornehmer Privathäuser. So blieb – abgesehen davon, daß zwischen dem Hofgarten und dem Eisenbahnstrang die neue evangelische Kirche[11] samt ein paar bescheidenen Bürgerhäusern Platz gefunden hatte – in der Tat die ganze übrige Umgebung der damaligen Stadt als unbebautes Land übrig. Von der Koblenzer Straße bis zum Vorgebirge gab es nichts als Felder, Wiesen und Obstgärten.

So viel altertümlich malerische Reize nun auch die innere Stadt bot, ich wünschte doch sehr, womöglich irgendwo draußen im Grünen zu wohnen. Nichts schien lockender als die Koblenzer Straße mit der Nähe des Stroms, dem Hofgarten und allen schönen großen Privatgärten, die hier die Blicke auf sich zogen. Es fehlte nicht an Mietgelegenheiten, an Stuben und Kammern, die etwa an Studenten abgegeben werden konnten. Aber überall, wo ich anfragte, waren die Preise für meine Verhältnisse zu hoch. So wanderte ich denn die schöne Allee hinunter nach Poppelsdorf, um hier mein Glück zu versuchen. Gleich jenseits des Schlosses im Anfang der Dorfstraße zur linken Hand fand ich alles, was ich suchte. Hier stand ein altes, großes, gemütliches Haus, von der Witwe Räder und ihrem Sohn bewohnt, und diese Besitzer waren bereit, mir im oberen Stock ein ziemlich geräumiges Mansardenzimmer, mit Bett und den nötigsten Möbeln ausgestattet, für den bescheidenen Preis von fünf Talern monatlich abzulassen. Dazu hatte ich für Bedienung noch 20 Silbergroschen zu zahlen. Hinter dem Hause zog sich ein großer, langgestreckter Garten hin, in dem ich nach Belieben mich aufhalten durfte. Das Beste aber war die Aussicht, die sich aus meinem nach Süden hin gelegenen Fenster bot. Hier sah ich über einen Vordergrund von unzähligen Obstbäumen hinweg, aus denen das Dorf Kessenich und der Turm der Godesberger Ruine hervorragten, das Siebengebirge in seiner ganzen Ausdehnung vor mir liegen. Zur Linken gab der Garten des Poppelsdorfer Schlosses mit seinen alten Bäumen den Rahmen zu dem Bilde, zur Rechten schlängelte sich ein Fußweg am Vorgebirge hinauf, der durch Wald zum Venusberg und zur Kessenicher Höhe führte. Von meiner alten Wirtin, hinter deren runzeligem Gesicht ich mehr und mehr ein wohlwollendes Gemüt entdeckte, erfuhr ich gelegentlich, daß einstmals Gottfried Kinkel als junger Theologe mit seiner Schwester in ihrem Hause gewohnt habe.

Ich sah nun für die nächsten drei Monate einer Zeit völliger äußerer Ungebundenheit entgegen. Grund genug, um unter solchen Umständen aus freiem Entschluß den Plan einer regelmäßigen Zeiteinteilung festzulegen. Dieser Plan lautete: nach dem ersten Frühstück ein halbstündiger Spaziergang, dann technische Studien auf einem erträglichen Piano, das ich mietweise in der Stadt aufgetrieben hatte, dann schriftliches

Arbeiten und um ein Uhr Mittagessen an einer Studententafel im »Jägerhof«, der meiner Wohnung gerade gegenüberlag. Die Nachmittage in der Woche sollten frei sein für Wanderungen in der Nähe und Baden im Rhein, die Sonntage aber von früh bis spät für Ausflüge in die weitere Umgegend. Natürlich fehlte es nachträglich keineswegs an kleinen und großen Abweichungen von diesem Programm. Im allgemeinen aber gelang es mir doch einigermaßen, meine löblichen Absichten durchzuführen. Ich kam unter anderem endlich dazu, mein Sextett für Streichinstrumente[I], das mich schon im Winter beschäftigt hatte, niederzuschreiben, und vor allem auch, einige neue Dinge zu komponieren.

Heute, wo nicht nur das alte Rädersche Haus verschwunden, sondern die ganze Feldmark zwischen der Koblenzer Straße und dem Vorgebirge samt dem Dorf Kessenich der Bauspekulation des modernen Bonn zum Opfer gefallen ist, kann sich kaum jemand mehr eine Vorstellung von dem Reiz meiner einstmaligen Poppelsdorfer Existenz machen. Schon die allernächste Umgebung bot genug des Schönen. Mit wenigen Schritten war ich in dem zum botanischen Garten umgeschaffenen großen Park des Poppelsdorfer Schlosses, dessen prachtvolle Baumgruppen die Aussicht südlich bis zum Siebengebirge hin völlig frei ließen. Hier konnte ich, ohne fast nur einem einzigen Menschen zu begegnen, meinen Gedanken nachgehen, oder mich der Freude an der immer wieder neu erscheinenden Schönheit des Landschaftsbildes hingeben. Nicht minder einsam war es in der Regel auf dem schmalen Fußwege, der zuerst über Wiesen, zwischen Obstbäumen, dann aber durch Buschwald zur Höhe des Venusberges mit all seinen wechselnden Aussichten hinaufführte. Anfangs wolle mir die rheinische Forstwirtschaft im Gegensatz zu dem Buchenhochwald meiner Lauensteiner Heimat nicht recht behagen. Doch bald genug lernte ich begreifen, daß auch das niedere Eichendickicht mit den blühenden Weißdornen und wilden Rosenbüschen dazwischen seine besonderen Reize hatte. Ausnahmsweise dehnte ich auch einmal meine Nachmittagswanderung über die Kessenicher Höhe hinweg bis nach Godesberg hin aus, von wo ich dann Gelegenheit hatte, mit der Eisenbahn in wenigen Minuten nach Bonn zurückzufahren. Godesberg war damals im Vergleich mit heute noch ein sehr kleiner Ort. Nur eine mäßige Anzahl eleganter Landhäuser, in denen zur Sommerszeit reiche Kölner Familien residierten, ließen von fern eine bedenkliche Weiterentwicklung in dieser Richtung ahnen. Die Reste der abseits liegenden alten Burg, im Grün versteckt,

I Nicht veröffentlicht.

lockten in der Stille, zwischen ihnen herumzuklettern. Der Pastor des Ortes, Schubring, war der älteste Sohn der alten Freunde meiner Eltern dieses Namens, und als ich ihn einmal gegen Abend aufsuchte, ließ ich mich so lange von ihm und seiner vorübergehend anwesenden Mutter aufhalten, daß schließlich der letzte Zug verpaßt war und ich zu Fuß in der Dunkelheit nach Bonn zurückwandern mußte. Auf der Landstraße war es einsam. Ich begegnete kaum einem einzigen Menschen, und die Zeit fing an mir lang zu werden. Da endlich überraschte mich der unverkennbare Geruch von Reseda. Noch war kein Haus zu sehen; aber die Gärten der Koblenzer Straße hatten mir durch die laue Luft ihre Blumendüfte entgegengesandt, um mir die Nähe der Stadt zu verkünden. Der Rhein war von meiner Wohnung etwas weit entfernt, allein, ich setzte es doch durch, ziemlich regelmäßig gegen Abend mit dem Nachen zur Schwimmanstalt am anderen Ufer überzusetzen und mich dort als Schwimmschüler an die Leine nehmen zu lassen. Leider verhinderte ungewöhnlich kaltes Wetter, daß ich das gewünschte Ziel, mich freizuschwimmen, erreichte.

Wenn ich während des letzten Winters oft gewünscht hatte, eine Weile möglichst wenig durch geselligen Verkehr in Anspruch genommen zu werden, so schien es jetzt anfänglich fast, als sollte dieser Wunsch etwas überreichlich in Erfüllung gehen.

Meine Tischgenossen im Jägerhof waren, wie gesagt, Studierende, und zwar in der Mehrzahl solche, die sich entweder dem landwirtschaftlichen oder pharmazeutischen Beruf widmen sollten.[II] Zu meiner Rechten saß eine Gesellschaft von Polen, die lebhaft miteinander und durcheinander in ihrer Landessprache schnatterten. Zur Linken und mir gegenüber hatte ich zwar germanische Nachbarschaft, aber jeder Versuch meinerseits, ein Gespräch mit dem einen oder dem andern in Gang zu bringen, scheiterte an der Sandbank der Interesselosigkeit und Gewöhnlichkeit dieser Jünglinge. So mußte ich mich denn bescheiden, stumm mein Essen hinunterzuwürgen. Mein Vater hatte mir Empfehlungen an seinen alten Freund Böcking, an den Philologen und Mozartbiographen Otto Jahn sowie an den Kurator der Universität, Wilhelm Beseler, den Bruder seines Berliner Kollegen, mitgegeben. Ich machte an allen drei Stellen meinen Antrittsbesuch, fand aber niemanden zu Hause. Später entwickelte sich ein hübsches, unbefangenes Verkehren mit der Beselerschen Familie. Außer den Eltern und zwei Töchtern war der jüngere Sohn anwesend, der, in meinem Alter stehend, jetzt auf der

II In Poppelsdorf befindet sich bekanntlich eine Akademie für Landwirtschaft.

Poppelsdorfer Akademie sich für den Beruf des Ökonomen vorbereitete, aber wesentlich anders geartet war als seine Kollegen, zu deren Nachbarschaft mich mein Mittagstisch verdammt hatte. Als Kurator hatte der Vater im ersten Stock des Universitätsgebäudes die schönste Wohnung inne, die man sich wünschen konnte. Ein Sommerabend in diesen behaglich prächtigen, ehemals fürstbischöflichen Gemächern, zu denen durch die weit geöffneten Fenster der Duft der Blüten aus dem Garten heraufströmte, war an und für sich ein Genuß, und wie von selbst teilte sich die schöne Harmonie dieser Umgebung der Stimmung mit, die das gesellige Zusammensein beherrschte. Jahn begegnete mir bei der Wiederholung meines Besuchs mit einer Liebenswürdigkeit, die mich überraschte und sofort meine vertrauensvolle Zuneigung erweckte. Er stellte mir frei, seine höchst bedeutende literarische und musikalische Bibliothek ganz nach Belieben zu benutzen, gab mir vorderhand ein paar dicke Mozartsche Opernpartituren mit, forderte mich auf, so oft ich wolle, ihn abends allein zu besuchen oder mich bei Tage in sein musikalisches Bibliothekszimmer zu setzen, um dort zu studieren, kurz, ich fühlte mich überschüttet mit Wohlwollen. Von allen diesen Erlaubnissen machte ich gelegentlich dankbaren und bescheidenen Gebrauch, und verließ den geistvollen, warmherzigen Mann niemals ohne die Empfindung, irgendwie gefördert und zum Nachdenken angeregt zu sein, wenn ich auch nicht imstande war, seine Ansichten mir unbedingt zu eigen zu machen. Unvergeßlich ist mir eine Abendstunde bei ihm, in der er mit flammender Begeisterung über Beethovens Fidelio sprach. Nachdem viel einzelnes berührt worden war, kam er auf das Duett im zweiten Akt zwischen Leonore und Florestan und auf die wunderbare Stelle darin zu sprechen, wo vor der Rückkehr in das Hauptthema auf zwei Takte A-Dur (»O namen-, namenlose Freude«) zwei Takte in a-Moll (»nach unnennbaren Leiden«) folgen. »Gibt es eine Kunst, außer der Musik,« rief er aus, »die das kann? Die uns so überwältigend und unmittelbar fühlen läßt, wie nahe beieinander in der Menschenbrust höchste Freude und tiefster Schmerz wohnen?«

»Lust ist nur tieferer Schmerz«, sagt in der Magelone Ludwig Tieck, und will damit dasselbe aussprechen. Aber das Wort lehrt eben nur eine Wahrheit; in der Musik erleben wir sie.

Noch muß ich erwähnen, daß eine ältere Engländerin, Miss Jane Wight, die sich in Bonn als Lehrerin der englischen Sprache niedergelassen hatte, mir viel Freundlichkeit erwies. Sie stand in den innigsten Beziehungen zu unserer Freundin Clara Baumeister, und wußte genau von mir Bescheid, ehe sie mich gesehen hatte. Sie wiederum führte mich bei einer Familie Berthel ein, in der die Musik eifrig gepflegt wurde; freundlichen Leuten, die in einem reizenden gartenumgebenen Haus wohnten.

Mit ungleich nachhaltigerer Wirkung jedoch als alle diese immerhin mehr vorübergehenden Beziehungen griff eine andere in mein Leben ein, die der rheinische Aufenthalt, wenn nicht anknüpfen, so doch sich zur Blüte entfalten ließ. Man wird sich erinnern, daß zu den Gelehrten, vor denen mein Vater im Jahr 1825 sein juristisches Doktorexamen absolvierte, auch Moritz von Bethmann Hollweg gehörte. Dieser war 1795 in Frankfurt am Main geboren, hatte als juristischer Student sich für Savigny begeistert, wurde im Jahr 1820 Professor in Berlin, folgte 1829 als solcher einem Ruf an die Universität Bonn und wurde später zum Kurator der letzteren ernannt. Schon in jenen frühen Jahren des gemeinsamen Berliner Aufenthalts hatte sich ein herzliches kollegiales Verhältnis zwischen dem um acht Jahre älteren Mann und meinem Vater entwickelt, das später durch brieflichen Austausch über wissenschaftliche Dinge lebendig erhalten wurde. Dann, als im Jahr 1859 der spätere Kaiser Wilhelm als Prinzregent die Regierungsgeschäfte übernahm, wurde Hollweg, der bei allem Ernst seiner monarchischen und religiösen Gesinnungen doch zu den gemäßigt Liberalen gehörte, nach Berlin berufen, um das Kultusministerium zu übernehmen. Mein Vater, dem nichts mehr widerstand, als den Schein zu erregen, als wolle er sich an einflußreicher Stelle vordrängen, ließ sich bei dem neuen Minister weder sehen, noch von sich hören, bis denn eines Tages der Zufall eine Begegnung herbeiführte, und Hollweg, der einen politischen Antagonismus witterte, ihn mit den vorwurfsvollen Worten anredete: »Was muß ich erleben! Alle Welt sucht mich auf, auch die mir fremdesten Leute, und Sie, alter Freund, wollen nichts von mir wissen?!« Nun war in wenigen Sekunden das Mißverständnis aufgeklärt, und bald darauf folgte der erste Besuch meines Vaters in dem schönen, damals noch nicht durch einen prunkvollen Neubau verdrängten Ministerialgebäude, das aus der Zeit Friedrichs des Großen stammte. Bekanntlich war die sogenannte liberale Ära nicht von langer Dauer. Schon gegen Ende des Jahres 1861 suchte Hollweg selbst um seine Entlassung nach, während die übrigen Minister bald darauf ihrer Ämter von oben her entsetzt wurden, und Otto von Bismarck an die Spitze eines neuen Ministeriums trat. Als mein Vater eines Abends im Anfang des Jahres 1862 mit mir einer Einladung zu Hollwegs folgte, hatten diese schon die Ministerwohnung geräumt und waren in ein Haus gezogen, das nahe dem Tiergarten in der Victoriastraße lag. Wir fanden nur den kleinsten Kreis, den Vater, die Mutter und die jüngste, noch unverheiratete Tochter Elisabeth.[III] Ich mußte allerlei Musik spielen, erfreute mich der dankbarsten Zuhörerschaft, und fühlte mich so wohl in der Nähe dieser ebenso schlichten und gütigen wie innerlich vornehmen Menschen, als hätte ich längst zu ihnen gehört. Als es dann feststand, daß ich für den Sommer nach Bonn gehen sollte, wurde ich aufgefordert, unter allen Umständen mich einmal auf Schloß Rheineck, dem Sommersitz der Familie, sehen zu lassen.

So standen die Dinge, als ich in Poppelsdorf bei meiner Frau Räder eingezogen war und mir überlegte, ob es aufdringlich erscheinen möchte, wenn ich sehr bald mich bei den neuen Freunden einfände, oder aber ob längeres Warten als Gleichgültigkeit ausgelegt werden könne. Endlich entschied ich mich dafür, die Sache nicht zu weit hinauszuschieben, und machte mich am zweiten Sonntag meines Bonner Aufenthalts auf die Reise. Ich benutzte einen frühen Zug, um am Vormittag noch in Remagen die Fahrt zu unterbrechen und die Apollinariskirche zu sehen, deren modernisierte Gotik mich jedoch nicht zu erwärmen vermochte. Nach kurzem Aufenthalt, bei dem ich noch ein ordentliches zweites Frühstück zu mir genommen hatte, fuhr ich weiter bis Niederbreisig und stieg zu Fuß in der Windung des Fahrweges den Berg hinauf nach Rheineck. Der Blick, der sich hier zur Rechten in das enge, von bewaldeten Höhen umschlossene Wiesental auftut, weckte Erinnerungen an heimatliche Gegenden. Dann, bei der letzten Biegung, öffnete sich die Aussicht auf das Rheintal, und nach wenigen Schritten zwischen efeubewachsenem Gemäuer stand ich vor dem Eingang des Schlosses. Die Herrschaften, hieß es, hätten sich soeben erst zu Tische gesetzt. Ich bat, nichts von meiner Anwesenheit zu sagen, und begab mich in den kleinen Blumengarten, der in einer zum Rhein steil abfallenden Terrasse seinen Abschluß findet. Hier alleingelassen, konnte ich mich ganz ungestört dem Eindruck der Umgebung hingeben. Die blaue Schwüle des Mittags lag über den Bergen und Wäldern. Überall regungslose Stille, mochte ich zum Schloß mit den dunklen Mauern und geschlossenen Fenstern hinaufsehen, oder zur Linken hinunter auf das weite, in der Sonne brütende Rheintal. Kaum, daß einmal ein Segel auf dem Strom langsam vorüberglitt. Aus dem wachen Traum, in den diese Zauberwelt mich versenkt hatte, wurde ich nach etwa einer Stunde durch einen Diener geweckt, der meldete, das Mittagessen sei jetzt vor-

III Später verheiratet mit dem Rittergutsbesitzer von Dobeneck.

über. Nun ließ ich mich anmelden und wurde von allen mit einer Herzlichkeit begrüßt, die mich sofort jede Befangenheit vergessen ließ, wie sie den Umständen nach am Ende natürlich gewesen wäre. Fräulein Elisabeth führte mich in die achteckige, eigentümlich schöne Schloßkapelle, die, aus dem 12. Jahrhundert stammend, das bedeutsamste noch erhaltene Stück der ehemaligen Burg Rheineck bildet. Über dieser Kapelle hat der Architekt, der seinerzeit die Burgruine zu einem bewohnbaren Schloß für den neuen Besitzer ausbaute, ein zweites Stockwerk aufgesetzt, und damit einen, ebenfalls achteckigen, bewohnbaren Raum hergestellt, der in seiner Art unvergleichlich ist. Zu diesem sogenannten »Kapellensaal« stieg meine Führerin nun auch mit mir hinauf, ließ mich durch die von romanischen Säulen umrahmten Fenster sehen, deren jedes einen anderen Blick in die schöne Welt draußen eröffnete, und wies endlich auf den Flügel zur Seite, um mir zu bedeuten, was ich unter Umständen demnächst hier zu tun haben würde. Dann versammelte sich die Familie – zu der heute außer den mir schon bekannten drei Mitgliedern auch die älteste Tochter, die verwitwete Gräfin Pourtalès gehörte – im Garten, um hier den Kaffee einzunehmen. Die lebendigste, ungezwungenste Unterhaltung hatte sich bald angesponnen, und fast hätte ich den Augenblick vergessen, an dem ich aufbrechen mußte, um den Zug zur Rückfahrt zu erreichen. Zum Abschied aber wurde ich mit so großer Herzlichkeit aufgefordert, mich demnächst für einen Aufenthalt von mehreren Tagen wieder anzumelden, daß mir das Scheiden von dem schönen Ort dadurch wesentlich erleichtert wurde.

Drei Wochen ließ ich vergehen, ehe ich mich wieder, nach vorausgegangener Anfrage, die sich mit einer erneuten Einladung für drei Tage kreuzte, an einem Sonntag in Rheineck einfand. Während ich in der Morgenfrühe den Berg heraufstieg, zogen helle Streiflichter mit dunkeln Wolkenschatten wechselnd über den Rhein und ließen die ganze Landschaft in einer mir neuen Stimmung erscheinen. Oben aber war ich kein Fremder mehr und lernte mich hier allmählich so wahrhaft geborgen fühlen, daß ich nun wußte, hier hatte ich für alle Zeit Wurzel gefaßt. Während meiner Anwesenheit kamen und verschwanden wieder einige Tagesgäste; zuerst der Geheimrat Löbell aus Bonn, dann der Bildhauer Afinger, der Schöpfer des Arndt-Denkmals auf dem »Alten Zoll«, endlich der Maler Bendemann aus Düsseldorf, der mir sehr wohl gefiel. Eine feste Hausordnung regelte das Verkehren der Familie unter sich wie zugleich mit den Gästen, deren Anzahl im Lauf des Sommers ansehnlich genug zu werden pflegte. Damit war in der wohltätigsten Weise dafür gesorgt, daß auf keiner Seite Erschlaffung eintrat. Zu früher Stunde fand man sich zuerst in der Kapelle zusammen, wo der alte Herr eine kurze, schlichte Hausandacht hielt. Nachdem man darauf gemeinsam das Frühstück eingenommen, trennte man sich wieder, und bis zum Mittagessen ging jeder für sich seiner Beschäftigung nach. Hollweg hatte mir die »Ansichten der Natur« von Humboldt[12], die kennenzulernen längst mein Wunsch war, mit auf mein Zimmer gegeben, und wenn ich nicht allein in der Natur herumstreifen wollte, so war ich damit jedenfalls in der besten Gesellschaft. Der Rest des Tages gehörte, abgesehen von kurzer Ruhepause nach der Mahlzeit, dem geselligen Beisammensein. An die Kaffeestunde im Garten schloß sich ein gemeinsamer weiterer Spaziergang und endlich, nach dem Abendessen, in der Regel irgendwelche Lektüre. Die Spitze nicht nur, sondern die Krone des ganzen Kreises war der Hausherr. Bethmann Hollweg galt nicht nur in seinem Fach als ein hervorragender Gelehrter, er besaß daneben eine in so seltenem Maß umfassende allgemeine Bildung, daß sein Gespräch, um was es sich auch handeln mochte, im höchsten Grade anziehend und belehrend war. Er gehörte zu der Zahl jener immer seltener werdenden Männer, in denen der Satz: »nil humani a me alienum puto«[13] Fleisch geworden ist. Teilnahme und Verständnis für alle Erscheinungen des menschlichen Geisteslebens war ihm Gebot und Bedürfnis. Man empfand, daß dieser milde, reich gebildete Geist noch in den Traditionen der Goetheschen Zeit wurzelte. Als Goethe starb, zählte Hollweg 37 Jahre. Wohl mag es nicht ohne Einfluß auf seine Entwicklung geblieben sein, daß er, in Frankfurt am Main geboren, von früh auf die Luft einatmete, die immer noch irgendwie durchtränkt schien von den Erinnerungen an die Jugendzeit Goethes. Er war erfüllt von begeisterter Verehrung für diesen seinen großen Mitbürger; freilich aber vornehmlich für den Goethe der jungen und mittleren Zeit. An einem der schönen Nachmittage, die die Gesellschaft in der Veranda des Gartens vereinigte, brachte er einen Band Goethe mit herunter, um uns den herrlichen, mir noch unbekannten ersten Aufsatz über das Straßburger Münster[14] vorzulesen. Mit Begeisterung pries er, nachdem er geendet, die übermächtig hervorbrechende Kraft des Gefühls, die hier den kaum zwanzigjährigen Jüngling ohne Besinnen das Rechte treffen lassen, während in späteren Jahren kühle Reflexion den Ernüchterten zu einer entgegengesetzten, völlig verfehlten Beurteilung des großen Bauwerks verführt habe. »In Goethe ist ein großes Herz mit den Jahren erkaltet«, fügte er bedauernd hinzu. Ein anderes Mal sagte er: »Von einem Mann von der Größe Goethes darf man verlangen, daß er niemals etwas Geringes, seiner nicht Würdiges veröffentlicht. Sachen wie

›der Großkophta‹[15], ›die Erzählungen der Ausgewanderten‹[16] und noch manches andere hätte er nicht herausgeben dürfen! Rafael hat nur Ausgezeichnetes hinterlassen!«

Mochte nun über Goethe oder über irgendeine andere Erscheinung in Literatur, Kunst und Geschichte oder auch über allgemeine Probleme gesprochen werden, immer wußte er Anregendes, Treffendes zu sagen. Ich gestand einmal, daß ich nicht recht wisse, ob ich mich mit der Lektüre abstrakter philosophischer Werke beschäftigen solle oder nicht. Er erwiderte, wenn man nicht geradezu ein großes Studium aus der Sache machen wolle, sei es besser, sie ganz beiseite liegenzulassen. »Die Philosophie«, sagte er, »ist ein Dornengehege; wer nicht genügend scharfe Waffen besitzt, um sich durchzuhauen, kommt darin um.« Durch die humanistische Richtung aber in Hollwegs Wesen würde doch nur ein Bruchteil seiner Natur gekennzeichnet sein. Ausschlaggebend für sein ganzes Tun blieb die tiefe Religiosität, von der er durchdrungen war, und die in einer unerschütterlichen Überzeugung von dem Ewigkeitswert des Christentums begründet war. Nichts lag ihm ferner, als seine Frömmigkeit in irgendwie aufdringlicher Weise hervorzukehren; wohl aber hielt er fest an den Ordnungen der Kirche und ließ durch seine ganze Lebensführung den Ernst seiner sittlich-religiösen Anschauungen deutlich erkennen. Nach dem allen sollte man wohl meinen, er sei durch die Anlage, Bildung und Gesinnung wie zum Kultusminister geschaffen gewesen. Wenn die Tatsachen dem dennoch nicht zu entsprechen scheinen, so kann der Grund nur darin zu suchen sein, daß ihm vielleicht eine einzige Eigenschaft fehlte, die an sich von nur bedingtem Wert, für den praktischen Politiker doch freilich unerläßlich ist: die Weltklugheit. Daß der liebe, prächtige Herr von dieser niemals viel besessen haben konnte, mußte jedem einleuchten, der einmal ein paar Stunden in seiner Gesellschaft hatte zubringen dürfen. Schon seine Unbeholfenheit kleinen äußeren Anforderungen des Lebens gegenüber, das kindliche Erstaunen, mit dem er diesen oder jenen Bericht eines anderen über irgendwelche alltäglichen, ihm unbekannten Dinge anhörte, genügten, um darüber zu belehren. Mir ist kaum jemals in meinem Leben ein Mensch begegnet, dem in solchem Maße die schöne Tugend der Arglosigkeit eigen gewesen wäre, wie ihm. Ganz anders in dieser Beziehung geartet war die von ihm erwählte Lebensgefährtin. An Weltklugheit fehlte es Frau von Hollweg nicht. Sie besaß einen kräftigen, fast männlichen Geist und regierte im Hause mit bewunderungswürdiger Umsicht, zuweilen vielleicht mit etwas zu unnachsichtiger Strenge. Für die Vorteile und den Glanz einer bevorzugten äußeren Stellung war sie nicht unempfindlich. Doch die kluge Frau verband mit sicherem Selbstbewußtsein so viel Liebenswürdigkeit der Formen, daß eine Unterhaltung mit ihr jederzeit eine Freude war. Wohl mußte man sie im Vergleich zu der Unbekümmertheit um die Dinge dieser Welt, die ihren Gemahl auszeichnete, eine Realistin nennen. Aber sie hatte einen zu klaren Blick, war gegen sich selbst zu ehrlich, um nicht zu wissen, daß dieser Mann das bessere Teil erwählt hatte. Sie sah mit bewundernder Liebe zu ihm empor und gestand nicht nur sich selbst, sondern auch anderen, wie sehr sie seine Natur mit ihrer durch keinen Alltagsstaub zu befleckenden Reinheit, ihrem unerschütterlich den idealen Zielen zustrebenden Ernst, als etwas hoch über dem eigenen Wesen Stehendes empfand. Wo eine solche Selbsterkenntnis vorhanden ist, schweigt jede Kritik. Ich persönlich habe in den manchen Jahren meines Verkehrens mit Frau von Hollweg nie etwas anderes als immer neue Güte empfangen und gedenke ihrer dankbarsten Herzens.

Dem Vater im Naturell sehr ähnlich war Fräulein Elisabeth. Sie teilte seine Gesinnung wie seine Interessen. Anlage und vielleicht auch eine leicht anfechtbare Gesundheit gaben ihrem Wesen etwas Ernstes und gleichsam Gedämpftes. Sie war mir im Alter nur um wenige Jahre voraus, erschien aber wesentlich älter, als sie tatsächlich Jahre zählte. Ohne schön oder auch nur eigentlich hübsch zu sein, hatte ihre Erscheinung doch etwas außerordentlich Sympathisches; Milde und Wohlwollen las man aus ihren Zügen. Innerlich aber war sie offenbar früh gereift, und so bescheiden, zurückhaltend sie in größerer Gesellschaft auftrat, so wenig Wesens sie von ihren Talenten machte, man wurde im näheren Verkehr doch bald gewahr, welche Schätze hier verborgen lagen. Sie hatte nicht nur Vieles und das Beste aller Literatur gelesen, sondern noch mehr über das Gelesene selbständig nachgedacht; dazu besaß sie ein hervorragendes Talent zum Zeichnen und auch musikalisch leistete sie Erfreuliches. Als ich sie am ersten oder zweiten Vormittage jener meiner ersten längeren Anwesenheit in Rheineck nach ihren etwaigen musikalischen Leistungen fragte, und sie gestand, daß sie sowohl Klavier spiele wie auch etwas singen könne, begleitete ich ihr ein paar Lieder und war erstaunt, wie anmutig sie sie vortrug. Sehr bald wurden wir uns vielfacher Übereinstimmung in unseren Gesinnungen und Neigungen bewußt, und es bahnte sich mehr und mehr ein freundschaftliches Verhältnis an, in dem sie gleichsam wie eine ältere Schwester dem jüngeren Bruder beratend und fürsorgend gegenübertrat. Sie schenkte mir vor dem Abschied die Sammlung Goethescher Aussprüche, die unter dem Titel »Geistesworte aus Goethe's Werken« von Lancizolle[17] veröffentlicht ist. Jahre hindurch begleitete mich dies kleine Buch, wohin mich auch meine Wege führen mochten. Aus der Fülle von Lebensweisheit, die ich hier auf wenige Seiten zusammengedrängt fand, schöpfte ich immer aufs neue in mutlosen oder ernsten Stunden Kraft, Ermunterung, Beruhigung und Trost. Auch auf Nitzsch machte sie mich aufmerksam, dessen im Druck erschienene Predigten[18] ihr mit Recht um ihrer Gedankentiefe und ihres ethischen Gehalts willen alle anderen ähnlichen Sammlungen zu überragen schienen. Als ich dann Abschied genommen hatte und nach Bonn zurückgekehrt war, erhielt ich eines Tages durch einen Boten ein Paket, in dem sich zwei vortreffliche Zeichnungen ihrer Hand befanden. Sie stellten zwei der schönsten Landschaftsbilder aus der nächsten Umgebung von Rheineck dar. Die eine gibt die Aussicht, die man von oben nahe dem Schloß stromaufwärts genießt, wo die Ruine Hammerstein zur Linken und die Türme von Andernach rechts dem Rheintal den Rahmen geben; das andere Blatt aber führt in das einsame Waldtal im Rücken des Schloßberges, das mich schon bei meinem ersten Aufstieg besonders angezogen hatte. Zwischen bewaldeten Abhängen sieht man in weiter Ferne ein Stück der Eifel herüberragen: auf kahlem Hügel den mächtigen Turm der Ruine Olbrück.

In jener Zeit fiel mir eines Tages ein, daß meine neugewonnene Freundin eigentlich ungefähr dem Bilde gleiche, das ich mir in meiner Phantasie von der Prinzessin Leonore in Goethes »Tasso« gemacht hatte, und diese Gedankenverbindung blieb haften. Es ist bekannt, daß Goethe der Gestalt der Prinzessin im wesentlichen die Züge der von ihm angebeteten Frau von Stein verliehen hat. Als ich sehr viel später zum ersten Male die Briefe Goethes an die Stein[19] zur Hand nahm, fiel mein Blick auf die Worte, mit denen Knebel diese Frau charakterisiert. Er sagt von ihr: »Reines, richtiges Gefühl bei natürlicher, leidenschaftsloser und leichter Disposition haben sie bei eigenem Fleiß und durch den Umgang mit vorzüglichen Menschen, der ihrer äußerst feinen Wißbegierde zu Statten kam, zu einem Wesen gebildet, dessen Dasein und Art in Deutschland schwerlich oft wieder zu Stande kommen dürfte. Sie ist ohne alle Prätension und Ziererei, gerad, natürlich, frei, nicht zu schwer und nicht zu leicht, ohne Enthusiasmus und doch mit geistiger Wärme, nimmt an allem Vernünftigen Antheil und an allem Menschlichen, ist wohl unterrichtet und hat feinen Takt, selbst Geschicklichkeit für die Kunst.«[20] – Dicht hinter diesem Urteil steht, was Schiller an Körner zu ihrer Charakterisierung schreibt: Er nennt sie »eine wahrhaft eigene, interessante Person. Schön kann sie nie gewesen sein, aber ihr Gesicht hat einen sanften Ernst und eine ganz eigene Offenheit. Ein gesunder Verstand, Gefühl und Wahrheit liegen in ihrem Wesen.«[21] – Ich war geradezu verblüfft, als ich diese Schilderungen las, die fast in allen Einzelheiten so klangen, als redeten sie über Elisabeth von Bethmann Hollweg. Nur eins fehlte: jede Erwähnung eines religiösen Elements. Bei Hollwegs Tochter aber nahm freilich gerade dieses einen so breiten Raum ihres innersten Wesens ein, daß dadurch auch wohl ihre Gesamtpersönlichkeit im Eindruck auf andere irgendwie, wenn auch noch so leise, anders gefärbt erscheinen mußte.

Zwischen meinen ersten und zweiten Besuch in Rheineck war Pfingsten gefallen, und damit das Niederrheinische Musikfest, das in diesem Jahre unter Ferdinand Hillers Leitung in Köln stattfand. Es braucht nicht gesagt zu werden, daß diese Rheinischen Feste vor fünfzig Jahren, wo es neben ihnen nichts Ähnliches in Deutschland gab, mehr zu bedeuten hatten, als bei den heutigen Zuständen der Überfütterung mit Musikaufführungen in jeder halbwegs größeren Stadt. Für mich war es vollends ein Ereignis, dergleichen zum ersten Male zu erleben. Einige Tage vorher hatte mich Bargiel veranlaßt, Hiller mit ihm aufzusuchen. Wir bekamen ihn nicht zu Gesicht, da er ausgegangen war. Am Pfingstsonntag dann hatte ich schon den Neun-Uhr-Zug morgens benutzt, um nach Köln zu fahren, war in den Dom gegangen, um einmal ein feierliches Hochamt an dieser Stelle zu erleben, hatte mich auch noch im Museum aufgehalten und wanderte endlich zu Bargiel. Hier fand ich das Zimmer leer, aber eine Karte von Hiller auf dem Tisch liegen, die mich gerade für diese Vormittagsstunde zu zwanglosem Zusammensein in seinem Hause einlud. Was mußte ich nachmals erfahren und was war mir entgangen! Brahms hatte den versammelten Künstlern und anderen Gästen seine noch kaum veröffentlichen Händel-Variationen[22] als Novität vorgespielt!

Der erste Abend brachte den »Salomo« von Händel. Schon der Eintritt in den ungewöhnlich großen Saal des Gürzenich mit seiner gotisch-ernsten Pracht, dem Lichterglanz, dem Gewoge festlich geschmückter Menschen machte mich staunen. Der Vollklang aber des Chors und Orchesters bei mehr als 700 Sängern und Spielern brachte gerade Händels Musik zu einer Wirkung, wie ich sie mir nicht annähernd so gewaltig vorgestellt hatte. Am Montag gab es Sanctus und Hosanna aus Bachs h-Moll-Messe, Szenen aus »Iphigenie in Aulis« von Gluck und Beethovens neunte Symphonie. Ich hatte mich für die Nacht wieder zurückbegeben, hörte aber am nächsten Vormittag schon wieder die Probe zu diesem zweiten Konzert an.

Am Sonntag bei meinem verfehlten Besuch in Bargiels Wohnung hatte ich erfahren, wo dieser mittags zu finden sein würde. Ich begab mich also in das Hotel Royal, wo ich nicht allein ihn, sondern eine ganze Schar jüngerer Musiker antraf, denen er sich angeschlossen hatte. An der Spitze Brahms mit seinen beiden besonders ergebenen Freunden: Dietrich und Julius Otto Grimm; dann von Perfall, von Norden und andere. Nun war ich plötzlich mitten in den Strudel geraten, fühlte mich aber von vornherein nicht recht behaglich dabei. Alle übrigen waren mir etwa um ein Jahrzehnt im Alter voraus und dazu in der Mehrzahl längst miteinander bekannt; ich dagegen sah die meisten von ihnen zum ersten Mal. Eine sehr merkwürdige Figur machte Martin Blumner, der damalige Adjunkt Grells an der Berliner Singakademie, in dieser übermütigen Gesellschaft. Er nahm sich aus wie ein Dorfkantor auf einer Studentenkneipe. Aber auch dem guten Bargiel war offenbar nicht behaglich zumute. In den Ton, den Brahms anschlug, vermochte er nicht einzustimmen, und so kam es ihm anscheinend gut zustatten, daß er nach dem geräuschvollen Mittagessen vor Anfang des Konzerts noch eine Stunde mit mir allein in seine Wohnung verschwinden durfte. Natürlich traf ich in den nächsten Tagen immer aufs neue mit der ganzen jungen Künstlergesellschaft oder einzelnen daraus zusammen, und es fehlte nicht an kleinen Erlebnissen, die mir hinterher im stillen zu schaffen machten.

In der Probe am Montag früh hatte ich mich während der Pause nach den Bachschen Messesätzen eine Weile im Korridor aufgehalten. Als ich bei den ersten Tönen der Aulidischen »Iphigenie« in den Saal zurückkehren wollte, stieß ich auf Brahms, der mit den Worten: »O! Nur das nicht!« durch dieselbe Tür sich aus dem Staube machte, durch die ich eben eiligst einzutreten bemüht war, um nur ja nichts von der Musik zu versäumen. Hatte ich wirklich recht gehört? Konnte ein ernsthafter Musiker solche Worte gebrauchen einem Heros wie Gluck gegenüber? – Die Sache ließ sich einfach genug erklären: Brahms wollte eine Musik nicht zweimal am selben Tage hören, die er natürlich längst kannte, auch wohl schon in den Vorproben gehört hatte, die aber namentlich seinem Kunstverstand durch keinerlei interessante Kombinationen Beschäftigung bot, sondern sich lediglich an das Gefühl wandte. Freilich war das bezeichnend genug für seine Persönlichkeit. Ich aber sah in seinem Verhalten eine Geringschätzung des großen Meisters, wie sie in dem Grade keinesfalls vorhanden sein konnte, und war als begeisterter Verehrer Gluckscher Musik in tiefster Seele verletzt. Es kam dazu, daß ich mir Urteile seitens anderer junger Musiker anhören mußte, die freilich meinen Widerstand mit Recht herausforderten. Bei allem schuldigen Respekt, meinten sie, könne man doch nicht leugnen, daß Mozarts Auftreten Gluck völlig überflüssig gemacht habe. Der »Idomeneo« gebe alles, was Gluck gewollt habe, und dazu noch vieles mehr, was diesem versagt sei. Obgleich ein solches Raisonnement schon an sich widersinnig ist, – weil unter keinen Umständen eine bedeutende Individualität durch eine andere überflüssig gemacht wird – kann man trotzdem dergleichen Behauptungen auch heute wiederholen hören. Niemandem wird es je einfallen zu bestreiten, daß das rein musikalische Genie Mozarts als solches alles vorher Dagewesene – Bach ausgenommen – überstrahlte. Ebenso gewiß aber ist es auch, daß sein »Idomeneo« trotz aller musikalischen Vollkommenheit dem innersten Wesen nach nicht entfernt an die Tiefe und Gewalt des tragischen Ausdrucks hinanreicht, die Glucks dramatische Musik so ergreifend macht. Der »Idomeneo« ist und bleibt bei allen seinen Ansätzen zu feierlicher Größe doch immer nur das Meisterwerk eines zwar verschwenderisch begabten, aber vom Ernst des Lebens noch unberührten Jünglings, dessen ganze Natur überdies nicht Pathos, sondern Anmut ausstrahlt. Weshalb man nun gerade die »Iphigenie in Aulis« ausgewählt hatte, um Bruchstücke daraus auf dem Musikfest aufzuführen, ist mir nicht recht erfindlich. Freilich gibt der erste Akt dem Chor Gelegenheit, sich sehr eindrucksvoll zu betätigen, und die rezitativische Szene der Klytemnästra im zweiten Aufzug ist von gewaltigster Wirkung. Diese letztere aber doch vornehmlich im Rahmen der Bühne. An Reichtum herrlichster musikalischer Erfindung dagegen sind die vier anderen größten Opern Glucks: »Orpheus«, »Alceste«, »Armide« und vor allem »Iphigenie in Tauris« weitaus der Aulidischen Iphigenie überlegen. Sehr charakteristisch ist es, daß sich dieser letzteren gerade mit ihrem mehr deklamatorischen Wesen Richard Wagner tatkräftig angenommen hat, der sie bekanntlich überarbeitete und in den 40er Jahren in Dresden aufführte.[23]

Auch über Carl Maria von Weber mußte ich in den Kölner Tagen eine Äußerung anhören, die mich verdroß. Natürlich galt jedes Wort, das Brahms gesagt hatte, seinen jungen Freunden als Orakel. So kam denn auch Julius Otto Grimm bei irgendeiner Gelegenheit ganz erfüllt von einer neuen Weisheit herangestürmt, die ihm von Brahms übermittelt war, und die er nun uns anderen brühwarm zu verkünden sich beeilte. Das Orakel hatte gesagt: Das Beste, was Weber gemacht habe, sei die Musik zur »Preziosa«. Ich hatte erst wenige Monate vorher die »Preziosa« auf dem Leipziger Theater zum ersten Male gesehen und gehört, und war durch die Mischung von Waldesfrische und Wehmut, die der reizenden Musik eigen ist, auf das innigste berührt worden. Jener echt Webersche Zug, der wie Heimweh nach fernem verlorenem Paradies die Seele ergreift, tritt hier vielleicht um so eindringlicher hervor, je anspruchsloser das Ganze sich gibt. Daß aber die »Preziosa« an die Spitze aller Weberschen Schöpfungen gestellt werden, daß sie mehr sein sollte als der »Freischütz« und gar die »Euryanthe« mit ihren hinreißenden Schönheiten, das ging mir doch über den Spaß. Ich hätte auch hier nicht nötig gehabt, die Sache allzu tragisch zu nehmen. Brahms konnte kaum etwas anderes gemeint haben, als daß die kleinen Gebilde, aus denen sich die »Preziosa«-Musik zusammensetzt, sämtlich vollendete Meisterwerke genannt werden müssen, während freilich nicht geleugnet werden kann, daß sich in der Durchführung weit angelegter Sätze hier und da Spuren von mangelnder strenger Schulung bei dem großen Romantiker bemerkbar machen. Wer aber denkt bei dem Anhören einer Weberschen Oper an dergleichen Handwerksangelegenheiten, wo die sprühende Genialität der Erfindung den ganzen Menschen gefangennimmt und über alles Nebensächliche hinwegsehen läßt. Wie Brahms in späteren Jahren urteilte, geht daraus hervor, daß er einmal nach Anhören einer der großen Weberschen Ouvertüren (ich weiß nicht mehr, ob zu »Euryanthe« oder »Oberon«) zu jemandem sagte: »Ja, wer heute *so Etwas* machen könnte!« Ein anderes Mal tat er mir gegenüber die Äußerung: »Frau Schumann behauptet immer, das viele Passagenwerk in Webers Klaviersachen langweile sie. Ich weiß nicht, was sie damit eigentlich will! Wenn man für ein Instrument schreibt, so muß man es doch seiner Natur gemäß behandeln! Die Passage aber gehört gerade ganz und gar zur Natur des Klaviers.«

Nun stand am Dienstag nur noch das dritte und letzte Konzert des Musikfestes in Aussicht. Am Montagabend hatte mich Blumner gefragt, ob ich vielleicht am nächsten Vormittag mit ihm einen Ausflug in das ihm unbekannte Siebengebirge unternehmen wolle. Ich war etwas erstaunt, daß der mir bis dahin persönlich fremde, um dreizehn Jahre ältere Mann mir einen solchen Vorschlag machte; aber es kam mir ganz gelegen, dieses Mal, anstatt die Probe anzuhören, mich im Freien zu ergehen, und so sagte ich ja. Zur Nacht war ich wieder nach Bonn zurückgekehrt, holte Dienstag früh um sechs Uhr Blumner von der Bahn ab, führte ihn in das Hotel Kley, zeigte ihm die prachtvolle Aussicht von der Terrasse des Gartens und bestieg mit ihm den Drachenfels. Er hatte nach seiner Art Freude an der Natur, und wenn diese Art auch die des unverfälschten Berliners vom alten Schlage war, so flößte mir doch die Tüchtigkeit seiner Gesinnungen Hochachtung ein, während seine Gutmütigkeit mein Herz gewann.

Das Programm des Abends lautete: Symphonie von Haydn, Konzert-Arie von Mozart, Ouvertüre zu »Genoveva« von Schumann, Kantate von Hiller, Arie aus »Jessonda« von Spohr, Mozartsches Klavierkonzert, von Hiller vorgetragen, und »Ruy-Blas«-Ouvertüre von Mendelssohn. Es war etwas viel des Guten und auch minder Guten – denn die Hillersche Kantate vermochte trotz Wohlklangs und guten Aufbaus einen wirklich Verstehenden wohl kaum zu erwärmen; der Enthusiasmus des Publikums, der schon alle die Tage hindurch hinreichend gewesen war, kannte jetzt gegen das Ende hin vollends keine Grenzen. Hiller war schon jedesmal bei seinem Auftreten mit donnerndem Applaus und Tusch empfangen worden, nun aber, nach seiner Kantate, wollte der Saal fast brechen vor Spektakel. Mochte auch das Musikstück als solches dies Übermaß stürmischer Ovationen keineswegs verdienen, dem Leiter des Ganzen gebührten sie, und vor allem sie gehörten zum rheinischen Volkscharakter und zum Rheinischen Musikfest. Nur eines verdroß mich in der Reihe der vielfachen Überschwenglichkeiten gründlich: der geradezu wahnwitzige Kultus, der mit der Sopransolistin des Festes, Frau Dustmann-Meyer getrieben wurde. Diese berühmte Wiener Primadonna hatte das ganze Fest hindurch keinen einzigen Ton gesungen, ohne auf das Unerträglichste zu tremolieren. Ihre Partie aber in Händels »Salomo« behandelte sie, als ob sie etwa die Fides in Meyerbeers »Propheten« darzustellen hätte. Urteilsfähige Leute habe ich freilich mehrfach von ihrem eminenten dramatischen Talent Wunderdinge erzählen hören. Ich persönlich jedoch vermochte niemals mir vorzustellen, daß ich eine reine Freude an ihrer Kunst hätte haben können.

Das Wetter war für eine Weile kalt und unfreundlich geworden. Dann besserte es sich wieder, wollte aber nicht recht beständig werden. Bei Wechsel von Regen und Sonnenschein, der ja oft besonders schöne Beleuchtungen hervorzaubert, unternahm ich gegen Ende Juni einen Ausflug weiter rheinaufwärts bis Koblenz und zur Lahn. Jetzt tat sich mir erst die recht eigentlich romantische Welt des Rheintals mit seinen verfallenen Burgen und den kleinen mittelalterlich ummauerten Ortschaften in aller Fülle auf.[IV]

Andernach mit seinen Warttürmen und Stadtmauern brachte mir im Vorbeifahren die erste mich entzückende Überraschung. Stolzenfels war schon damals ein modernes königliches Schloß geworden. Die Ruine der alten Burg muß, nach erhaltenen Abbildungen zu urteilen, zu den schönsten in Deutschland gehört haben. Der gelb angestrichene, geleckte und überzierliche Neubau jedoch machte mir einen unerfreulichen Eindruck. Dafür tat sich aber, als ich den Burgberg erstiegen hatte, die prächtigste Aussicht auf. Gegenüber Lahneck – in jenem Augenblick noch so altersgrau, wie es einst Goethe im Vorüberfahren gesehen hatte – und zur Rechten davon die völlig erhaltene Marxburg. Der Anblick von Oberlahnstein am Eingang des Lahntals ließ schon aus der Ferne ahnen, was meiner hier wartete. Wo heute der Bahnhof der damals noch nicht vorhandenen rechtsrheinischen Eisenbahn mit seiner Restauration, seinen Schuppen, Schienen, Drähten, Stangen und sonstigen Häßlichkeiten sich breit macht, zog sich am Rheinufer die alte Ringmauer her. Fast um die ganze kleine Stadt herum war sie samt ihren zinnengekrönten Warttürmen noch erhalten. Und nicht nur dies: auch das Innere der Stadt erschien wie ein Stück lebendigen Mittelalters. Überall, in allen Gassen und Gäßchen, die ich durchkroch, anmutige Giebelhäuser, groß und klein, mit braunem Fachwerk, bescheidenen Fenstern, Holzschnitzereien und Erkern, bald sauber und wohlerhalten, bald schief und krumm vor Alter. In dem schönsten und stattlichsten der Warttürme, die die Umfassungsmauer schmücken, fand ich das unterste Stockwerk bewohnt. Einfache Leute hatten den Turm sich zum Eigentum erworben. Ich kletterte die Basaltstufen der engen uralten Treppe im Dunkeln hinauf bis zu einer ersten Überdachung im Inneren. Dann wurde es heller. Durch schmale Luken zur Seite fielen Lichtstreifen in das zum Bodenraum benutzte Gemäuer, und bald stand ich oben im Freien. Ein starker Pflaumenbaum, reich mit Früchten bedeckt, hatte hier Wurzel gefaßt, Farnkräuter, Eisgewächs, blühende

---

IV Diese Welt ist seitdem in der Hauptsache verschwunden. Die Burgruinen hat man ausgebaut oder, wie man zu sagen pflegt, restauriert, d. h. man hat moderne Landsitze mit mittelalterlicher Maske daraus gemacht; und in den Flecken und kleinen Städten sind bis auf verschwindende Reste die malerischen alten Giebelhäuser niedergerissen worden, um Villen oder neuzeitlichen Mietskasernen Platz zu machen. Manche Orte, wie z. B. Boppard, sind ja durch ihre neu gewonnene Ausdehnung bis zu völliger Unkenntlichkeit verändert worden. Der Rhein ist kanalisiert, das freie lebendige Ufer vermauert, und die Automobile rasen neben der Eisenbahn auf beiden Seiten des Stroms herauf und herunter.

wilde Nelken sproßten aus allen Fugen und Ecken hervor. Unmittelbar zu Füßen lag der ehemalige Stadtgraben, jetzt ein Gewirr von Weingärten, Nußbäumen und allem möglichen Grün; dann die Stadt mit ihren steilen Dächern, und über der ganzen weiten, reich geschmückten Landschaft das blaue Himmelszelt.

Jetzt war es fünf Uhr nachmittags geworden, und nun sollte doch noch ein Blick ins Lahntal geworfen werden. Ich fuhr nach Ems, übernachtete dort und drang am nächsten Morgen bis zum kleinen Dorf Nassau vor. Damit aber war für dieses Mal das äußerste Ziel erreicht. Ich stieg durch den Wald zur alten Stammburg des Fürstengeschlechts hinauf. Niemand begegnete mir, und die schweigende grüne Einsamkeit zwischen den großartigen Trümmern hoch über dem Tal wollte mich lange Zeit nicht wieder loslassen. Endlich mußte geschieden werden. So erfüllt aber war ich von allen empfangenen Eindrücken, daß ich mich fast zu meiner Überraschung schon um zehn Uhr abends wieder auf meinem Poppelsdorfer Mansardenstübchen befand.

Frau Schumann hatte sich auf dringende Aufforderung hin entschlossen, Anfang März für zwei Monate nach Paris zu gehen, um dort zu konzertieren. Wie glänzend sie aufgenommen wurde, ist bekannt.[24] Sie hatte die Liebenswürdigkeit, mir etwa zwei Wochen nach ihrer Ankunft einen längeren Brief von dort zu schreiben, in dem zu meiner Freude unter anderem auch die folgenden Worte standen: »Ihren Freund Rose sah ich mehrmals; zu einem längeren Zusammensein aber fand sich noch nicht Zeit. Ich habe ihn sehr gern, er scheint mir ein lieber frischer Mensch. Ich denke nächstens einmal mit ihm zu musiciren.« Tatsächlich geschah dies bald darauf, und Frau Schumann gewann lebhaftes Interesse für sein Talent. Im Mai war sie dann für ein paar Tage nach Berlin gereist, erfuhr hier von meiner Mutter, daß ich in Bonn sei, und ließ mir vorläufig durch sie sagen, sie gehe demnächst für mehrere Wochen mit ihren Töchtern nach Münster am Stein, wo sie bestimmt meinen Besuch für einige Tage erwarte. Allerlei Musiker hatten sich bereits mittlerweile bei ihr angesagt und zum Teil, wie Brahms und Dietrich, schon gleich nach dem Kölner Musikfest eingefunden. Dann etwas später war auch Bargiel erschienen, um seine Sommerferien bei der Schwester zuzubringen. Zuviel der Gäste auf ein Mal war keinesfalls erwünscht; ich wartete also ab, bis die beiden ersten Ankömmlinge wieder verschwunden waren, und meldete erst dann meine Ankunft auf Sonntag, den 6. Juli, an. Darauf traf von Bargiel der folgende Brief ein: »Lieber Ernst, meine Schwester hat heut Deinen Brief erhalten, worin du uns dein Kommen auf Sonntag Abend anzeigst. Wenn wir uns gleich darüber freuen, so hatten wir doch noch eine bessere Nachricht gehofft, nämlich, daß du viel eher kommen würdest. Meine Zeilen haben nur den Zweck, dich womöglich zu bewegen, gleich herzukommen, da sonst dein Aufenthalt sehr kurz sein würde[V], und meine Schwester, und ich auch, dich so lang wie möglich genießen möchten. Ich muß dir übrigens im Vertrauen sagen, daß du hier ganz billig leben kannst, und auch sehr gut fleißig sein. Bringe deine Arbeiten mit, und richte dich ein, wenigstens 8 Tage hier zu sein und mache uns die Freude dich schon morgen hier zu sehen. Von Herzen dein W. Bargiel.«

Diese guten Worte gaben mir die Gewißheit, daß ich nicht ungelegen kommen würde; früher aber als Sonntag zu reisen, war mir aus irgendwelchen äußeren Gründen dennoch nicht möglich. Ich fuhr also sonntags am frühen Morgen mit der Bahn bis Koblenz und siedelte dann in das Dampfschiff über, um die mir noch unbekannte Strecke bis Bingen aus dem vollen genießen zu können. Jetzt setzte zwar ein starkes Gewitter ein, und von den Ufern war eine Weile fast nichts zu sehen. Von Bingen jedoch, wo sich nach aller Felsenenge der wundervolle Blick auf die weiten lachenden Gefilde des Rheingaus auftut, brach die Sonne, alles vergoldend, durch das Gewölk, und kaum eine Stunde später saß ich an Frau Schumanns Teetisch, umgeben von lauter lieben bekannten Menschen, und mitten im Strom musikalischen Verkehrens. Mir war fast zumut, als wäre ich plötzlich wieder nach Leipzig versetzt. Ehe wir auseinandergingen, spielte Frau Schumann noch einen Teil der f-Moll-Sonate ihres Mannes, denn irgendetwas lebendige Musik mußte doch noch erklungen sein. Dann verschwand ich in meine Herberge. Die liebe, in allen Dingen gewissenhafte Frau hatte für meine Unterkunft ganz so gesorgt, wie es meinen Neigungen und Verhältnissen entsprach. Auf dem anderen Ufer der Nahe lag zu Füßen der Ebernburg ein ganz einfaches Landwirtshaus, in dem ich ein sauberes Zimmer für mich hergerichtet fand. Aus meinem Fenster sah ich rechts den Rheingrafenstein und zur Linken die mächtige Wand der Rotenfelsen. Nur fünf Minuten hatte ich zu gehen bis zu dem Häuschen, in dem Frau Schumann sich eingerichtet hatte. Um zwölf Uhr mittags durfte man täglich kommen, um ihr zuzuhören. Sie spielte dann eine Stunde lang aus eigenem Bedürfnis und freute sich, wenn ein oder der andere

V Weil die Abreise von Frau Schumann nach Rigikaltbad in ziemlich naher Zeit bevorstand.

musikalische Freund zugegen war. So hörte ich in jenen Tagen Beethovens große B-Dur-Sonate op. 106 von ihr mit der höchsten Begeisterung und Vollendung spielen. Auch ihr Vortrag der Schumannschen C-Dur-Fantasie ist mir von daher in besonderer Weise unvergeßlich geblieben. Gegen Ende der Woche fand in Kreuznach ein Konzert der Kurkapelle statt, in dem Frau Schumann auf vieles Bitten zugesagt hatte, das g-Moll-Konzert von Mendelssohn zu spielen. Am Morgen war sie von mir begleitet zur Probe hinübergefahren, am Abend kamen die Töchter und Bargiel nach, um zuzuhören. So Mäßiges auch das Badeorchester leistete, der Schwung, mit dem die Solistin das unverwüstlich frische Stück zu Gehör brachte, wirkte wie immer hinreißend. Während Frau Schumann mit den Mädchen sich rüstete, im Wagen nach Münster zurückzufahren, machten Bargiel und ich uns bei Mondschein zu Fuß auf den Weg. Wir wollten den vorbeifahrenden Wagen abpassen, um die Königin des Abends mit energischem Klatschen abzufangen, vergriffen uns aber das erstemal, und applaudierten zwei unglücklichen fremden Damen, die wahrscheinlich annahmen, es gelte einen Anfall auf ihr Leben.

Die Tagesordnung war in der Regel die, daß man sich um ein Uhr zu gemeinsamem Mittagessen in das große Gasthaus begab, zum Abendessen fand man sich unter allen Umständen wieder in der Schumannschen Wohnung zusammen. In den Nachmittagsstunden wurde bei gutem Wetter zunächst gemeinschaftlich eine kleine oder größere Wanderung unternommen. Am lebhaftesten steht mir der letzte Nachmittag und Abend vor meinem Scheiden in der Erinnerung. Wir waren das Alsenztal heraufgegangen bis an den Fuß der Altenbaumburg, die hoch auf waldigem Bergesrücken liegt. Frau Schumann war eine ganz tapfere Fußgängerin und stieg rüstig mit uns Jüngeren zum Gipfel hinaus, wo sich die prächtigste Aussicht bis zum Donnersberg hin auftut. Auf dem Rückweg an der rauschenden Alsenz entlang zwischen Wiesen und Wald wurde die Stimmung immer überschäumender, je mehr die Dämmerung herniedersank. Zuerst wurden die jungen Mädchen mit Waldblumen geschmückt, wofür mir wieder ein Eichenblätterkranz um den Hut [gewunden] wurde. Dann mußte es sich auch Frau Schumann gefallen lassen, daß einer nach dem anderen ihr Blütenzweige auf den Hut steckte, und endlich setzte ich ihr mitten in das Grün hinein ein großes Glühwürmchen, das, im Waldesdunkel wie Diamant und Smaragd funkelnd, das Abzeichen unserer Königin darstellte.

Ich hatte mir vorgenommen, den Rückweg nach Bonn über Trier zu nehmen, und Bargiel wollte mich am ersten Tag das Nahetal aufwärts bis Oberstein begleiten, um dann selbst noch wieder nach Münster zurückzukehren. Seine Eigenheiten, die ich ja seit Jahren kannte, sein reizbares, leicht mißtrauisches Wesen, waren während des Zusammenseins mit seiner Schwester und deren ersten Gästen besonders auffallend hervorgetreten. Frau Schumann fand ihn so gedrückt und erregbar, daß es sie oft nicht nur verstimmte, sondern vor allem um seinetwillen beunruhigt hatte. Auch ich empfand diese Dinge, aber er brachte mir als seinem ehemaligen Schüler so viel fürsorgendes Wohlwollen entgegen, daß ich besser mit ihm auskommen konnte als mancher andere und mich seines Anerbietens, ein Stück mit mir zu reisen, herzlich freute. Wir unterbrachen schon in Staudernheim die Fahrt, um zu den Ruinen des alten Klosters Disibodenberg hinaufzusteigen; das eigentliche Ziel des Tages aber war Oberstein. Ich hatte von Kindesbeinen an in der Arbeitsstube meines Vaters die schönen Scheurenschen Stahlstiche an der Wand hängen sehen, die Landschaften aus dem Nahetal wiedergaben. So waren mir schon der Rheingrafenstein und die Rotenfelsen als alte Bekannte entgegengetreten. Nichts aber hatte von jeher meine Phantasie in solchem Maße beschäftigt, wie dies Oberstein mit seinen beiden phantastischen Burgen, seiner in den Felsen hineingebauten Kirche und all den seltsamen alten Häusern und Häuschen am Ufer der Nahe. Nur war die Wirklichkeit noch hundertmal schöner als alle Ahnungen vorher, und selbst der mit Worten sparsame Bargiel gestand, daß dieser Fleck Erde über alle Begriffe schön sei. Dank der Mißhandlung, die die Folgezeit dem vielleicht eigentümlichsten aller deutschen Städtebilder hat zuteil werden lassen, ist der Reiz des Ganzen völlig zerstört. Es ist gut, daß wenigstens Scheurens Zeichnung Zeugnis gibt von dem, was einstmals war und nicht mehr ist.

Mein Weg führte nun weiter nach Saarbrücken und von dort über Saarburg, dessen Lage mich überraschte, zur Mosel. In Trier machten mir die gewaltigen Reste römischer Bauten den tiefsten Eindruck. Zum ersten Male sah ich lebendige wahrhaftige Zeugen des Altertums vor mir stehen. Diese Pfeiler gehörten noch der Brücke an, auf der Cäsar mit seinen Legionen den Fluß überschritten hatte. Diese Mauern hatten Konstantin den Großen und die Kaiserin Helena gesehen. Zwischen den Bogenöffnungen der porta nigra schienen die Schatten römischer Wachen zu wandeln.

Mein Vater hatte mir nach Bonn hin geschrieben: »In Trier grüße mir den prächtigen alten Präsidenten Bautz aufs Wärmste. Er ist das

Haupt der protestantischen Gemeinde, ich besuchte ihn 1828 und fand ihn erst jetzt 1861 bei Heffter wieder. Sag ihm, ich hätte mit Schmerz auf ihn gewartet und Böcking aus Trarbach[VI] habe mir gesagt, daß er krank sei. Ich lasse mich nach seinem Befinden angelegentlich erkundigen. Vergiß nicht Ausonius Mosella[25] zu dir zu stecken, wenn du ›auf der Mosel‹ bist. Es ist ein eigener Reiz die Gegend zu schauen, wie sie einem Römer erschien, der sie im 4. Jahrhundert sah.« Gehorsam wollte ich den Weisungen meines Vaters folgen und begab mich, nachdem ich die ersten Eindrücke der Umgebung in mich aufgenommen, am Tage nach meiner Ankunft gegen ein Uhr mittags etwa auf den Weg zur Wohnung des Herrn Präsidenten. Daß ich gerade diese Zeit für meinen Besuch auswählte, hatte einen triftigen Grund. Trotz billigen Wohnens in Münster und obwohl ich unnötigerweise kein Geld ausgegeben hatte, war doch meine Kasse in bedenklicher Weise zusammengeschmolzen, und ich fing an zu berechnen, wie ich mir etwa unter Verzicht auf eine oder die andere Wirtshausmahlzeit durch Einkauf von Brot, Käse und dergleichen für die letzten noch übrigen Tage durchhelfen könnte. Da fiel mir plötzlich als tröstlicher Gedanke ein, daß der Freund meines Vaters mich doch sicher zum Mittagessen bei sich behalten würde, wenn ich mich zu geeigneter Zeit kurz vorher einfände. Ich war überzeugt, die Essensstunde müsse ein Uhr sein, und eine Viertelstunde vorher zog ich die Klingel an der Haustür des Präsidenten. »Die Herrschaften sind eben noch am Essen« lautete der Bescheid des öffnenden Dienstmädchens. »Aber wenn der Herr vielleicht so lange im Garten warten wollen ...« Sehr enttäuscht war ich doch immerhin bereit zu warten, und wandelte nun nicht allein zwischen Blumenbeeten, sondern auch an einer sonnenbeschienenen Wand einher, wo die dicksten, saftigsten Aprikosen in Fülle am Spalier hingen. Wie abscheulich, hier nicht zugreifen und sich satt essen zu dürfen! Nach einigen Minuten wurde ich vorgelassen, freundlichst empfangen, und vom Herrn Präsidenten aufgefordert, ihn um sechs Uhr abends zum Kasino abzuholen. Dieser Abend entschädigte dann reichlich für die fehlgeschlagene Mittagsattacke. Wieder wurde ich in den Garten eingelassen. Hier aber erwartete mich jetzt der wohlwollende alte Herr, nötigte mich, während er sich mit mir unterhielt, immer aufs neue und stets mit Erfolg, mich mit Aprikosen zu versorgen, setzte mir im Kasino den schönsten Moselwein vor und nahm mich endlich noch wieder mit nach seinem

VI Wahrscheinlich ist ein Bruder von Eduard Böcking gemeint.

Hause, um, wie er sagte, »à la fortune du pot«[26] im Kreise der Seinigen zu Abend zu essen.

Am anderen Morgen sollte in aller Frühe – um fünfeinhalb Uhr – die Rückfahrt auf der Mosel nach Koblenz angetreten werden. Vorher mußte leider die Gasthofsrechnung bezahlt werden, und als der Kellner sie mir vorlegte, wurde mir mit erschütternder Gewißheit klar, daß der Rest meiner Barschaft nur mit genauer Not reichen werde, mich glücklich bis Bonn zu befördern. Natürlich nahm ich auf dem Dampfboot ein Billet zweiter Klasse, hungerte bis zum Mittag, nahm nicht an der table d'hôte[27] teil, sondern bestellte mir nur ein Schnitzel, das ich auf dem Verdeck verzehrte. Mittlerweile zogen die reizendsten Landschaftsbilder an mir vorüber, und ich ließ mir anfangs durch meine höchst bedenklichen Geldverhältnisse die Freude daran nicht verkümmern. Ausonius' »Mosella« hatte ich, wie mein Vater gewünscht, in der kleinen Ausgabe von Eduard Böcking[28] zu mir gesteckt, und es war wirklich hübsch, von Zeit zu Zeit einen Blick hineinzuwerfen, um mit der Gegenwart die Schilderungen zu vergleichen, die der römische Dichter vor anderthalb Jahrtausenden von demselben Strom, denselben Ufern, ja zum Teil noch denselben Ortschaften in seinen eleganten Versen niedergelegt hatte. Da stets auf der Nebenseite die ebenso anmutig geformte Übersetzung Böckings zu finden war, so war keine besondere Weisheit und Anstrengung meinerseits vonnöten, um in der Hauptsache den Fortgang zu verfolgen. Endlich ermüdete mich dennoch diese immerhin etwas künstliche Doppelbetrachtung, und vor allem begann mehr und mehr die Sorge mich zu beschäftigen, ob ich auch wirklich mit meinem Gelde noch glücklich bis Bonn auskommen werde. Die Rechnung lautete einfach genug: Kamen wir in Koblenz früh genug an, um das Rheindampfschiff noch zu treffen, das abends nach Bonn fuhr, so hatte ich gewonnenes Spiel. War aber das Schiff bereits abgedampft, so saß ich in Koblenz fest und mußte vielleicht meine Uhr versetzen, denn für die Bezahlung der Dampfschiffahrt reichten gerade noch meine letzten Groschen. Die Eisenbahn aber war teuer, und ich hatte nicht mehr so viel, um ein Billet bezahlen zu können. Unser Moseldampfer beeilte sich nicht im mindesten, und mit Schrecken sah ich eine Minute nach der anderen verstreichen, ohne daß Koblenz in Sicht kam. Doch zum Glück war es mit der Pünktlichkeit des Rheindampfers auch nicht besser bestellt. Ich hatte gerade noch Zeit, vom einen Schiff zum anderen hinüberzulaufen, und traf endlich, wenn auch mit leerem Portemonnaie und leerem Magen, so doch reich beglückt bei später Nacht in Bonn wieder ein.

Auf einen Brief, den ich bald nach meiner Rückkehr an Frau Schumann richtete, schrieb diese mir unter anderem: »Wie sehr interessant muß Trier sein, wohl hätte mir Ihre Beschreibung Lust machen können, es mir 'mal anzusehen, aber, wenn man so große Reise noch vorhat, da muß man seine Kräfte zusammenhalten ... Daß Sie aber nicht länger in Trier blieben, finde ich unrecht, da es Sie so sehr interessirte. Ich halte eine solche Zeit, wo Geist und Herz gleich mächtig angeregt werden, nie für verloren, im Gegenteil glaube ich, daß beim Schaffen nachher die Pulse nur um so kräftiger schlagen.« Auch an Bargiel hatte ich geschrieben und erhielt darauf von ihm aus Köln den folgenden Brief:

»Lieber Ernst, habe Dank für Deinen Brief; es freut mich herzlich, daß die Reise nach Trier so belohnend war, und wünsche dir, daß du recht viel Schönes noch mögest zu sehen bekommen, da dein Sinn ihm so offen steht. Wie gern wäre ich mit dir weiter gefahren; allein ich sah schon voraus, daß diese ganze Gegend so fesselnd sein würde, daß sie so rasch durchfliegen mir nur hätte leid thun können. Du mußt mir noch viel von Trier erzählen, und ich freue mich recht, wenn du Sonnabend herkommst. Willst du mir nicht deine Variationen[VII] schicken, daß ich sie mir etwas ansehe? Hoffentlich ist Sonnabend möglich sie im Conservatorium noch einmal zu probiren. Willst du mir nicht auch den letzten Satz vom Sextett zeigen? Deine lieben Eltern[VIII] wieder zu sehen freut mich schon jetzt. Du bist doch recht glücklich, daß dich eine Freude nach der anderen erwartet, ich zweifle aber auch nicht, daß du's erkennst. In Münster war es recht schön; ich habe hier auch Grund, mich recht lebhaft daran zu erinnern. Nachdem wir uns getrennt, blieb ich noch den folgenden halben Tag in Münster und ließ mir von der Clara die Bdur noch einmal vorspielen, dann fuhr ich per Eisenbahn hierher. Bei Stolzenfels sah ich ein Gewitter über den Rhein in das Lahnthal ziehen; Wolken, Wasser und Berge gaben ein merkwürdiges Bild, weil der Himmel auf der einen Seite ganz klar war und sich im Wasser spiegelte.

Wenn ich in Münster nicht immer ganz heiter war, mußt du mir verzeihn. Es liegt schon ein ganzer Theil auf mir; ich kann nicht nur an meine Entwicklung als Künstler denken, ich habe auch für die äußere Existenz zu sorgen, was in der Musik vom ersteren sehr geschieden ist; dazu kommt manches Familienkreuz, meine Schwester in England sehr

VII Die Variationen für zwei Klaviere.

VIII Deren baldige Ankunft in Bonn bevorstand.

leidend, dadurch die Mutter traurig. Dem gegenüber gilt es den Kopf oben behalten; wenn mir das nicht immer so gelingt, denn ich bin empfindlich, trotz der besten Absicht mir das dicke Fell anzuschaffen, so müssen meine Freunde Geduld haben, und du auch. Schließlich werde ich doch solcher Stimmungen Herr, da das Bewußtsein, recht zu streben, in mir wieder wach wird.

Fürchte Dich nur nicht, mich Sonnabend triste zu finden, es geht mir jetzt wieder gut, und ich freue mich herzlich drauf dich zu sehen. Weißt du nicht wo Dietrich[29] steckt?

Dein Freund Woldemar B.«

Köln 23.7.62.

Wer mag, wenn er diesen Brief gelesen hat, mit dem Schreiber über die Schwierigkeiten rechten, die seine Natur ihm selbst und so auch zuweilen anderen bereitete!

Während ich in diesem Sommer die Schönheiten des rheinischen Landes in vollen Zügen genoß, hatten meine Eltern bescheiden in ihrer Berliner Friedrichstraßen-Wohnung gesessen, mein Vater zumeist vom Morgen bis zum späten Abend rastlos arbeitend. Zuweilen hatten sie sich einen Feiertagsausflug in die nächste Umgebung gestattet. So schreibt einmal meine Mutter nach Wienrode: »Am Sonnabend vor Pfingsten haben wir beide in stiller Waldeinsamkeit am Schlachtensee unsere Festfreude recht genossen. Wir fuhren um 8 Uhr Morgens per Eisenbahn bis Zehlendorf und von dort mit einem netten Bauernwägelchen auf Säcken nach dem Förster am Schlachtensee. Dort haben wir den Tag im stillen Walde – es war Niemand dort – zwar etwas heiß, aber sehr reizend verlebt, und Rudorff war ganz glücklich einmal seiner Arbeiten entledigt recht gründlich Natur schmecken zu können. Um 10 Uhr kamen wir hier sehr befriedigt von unserer Tour wieder an.« So idyllisch sah es noch damals in der nächsten Nähe von Berlin aus! – Nun aber, nachdem die Vorlesungen Anfang August geschlossen waren, wollten sie mich von Bonn abholen und mit einem Umweg über Franken, wo allerlei Verwandtschaft aufgesucht werden sollte, nach Lauenstein mitnehmen. Ich fuhr den Eltern bis Düsseldorf entgegen, brachte einen Tag mit ihnen in Köln zu und erlebte dann die Freude, ihnen in und bei Bonn einiges vom Schönsten zu zeigen, was Lage und Umgebung bieten. Schon die Existenz im Hotel Kley entzückte sie. Vormittags wurden Besuche gemacht. Mein Vater suchte seine alten Freunde, die Professoren Böcking und Blume auf, und meine Poppelsdorfer Existenz mußte natürlich von beiden Eltern in Augenschein genommen werden. Nachmittags fuhren wir zusammen einmal nach Heisterbach, das andere Mal nach Rolandseck, und endlich wurde ein ganzer Tag dem Besuch von Rheineck gewidmet, wozu schon längst von Hollwegscher Seite die Anregung gegeben war. Hier aber wehte Höhenluft, nicht nur im äußerlichen, sondern ebensosehr im geistigen Sinn. Das empfanden meine Eltern, wie ich es von der ersten Stunde an dort empfunden hatte, und der wundervoll harmonische Eindruck dieses Erlebnisses bildete den schönsten Abschluß der gemeinsamen rheinischen Tage. Nun kam die Weiterreise, diese aber bedeutete für mich das Ende meines Bonner Aufenthalts, das Abschiednehmen von einem Stück Leben, wie ich es bis dahin noch nicht gekannt hatte. Wenn ich heute, nach einer Reihe von Jahrzehnten, darauf zurückblicke, so will es mir scheinen, als wenn ich niemals wieder eine Zeitstrecke durchlebt hätte, in der mich in ähnlicher Weise das reinste, dankerfüllteste Glücksgefühl über alles Geringe, Niedrige und Widrige des Daseins hinausgehoben hätte. So war es denn kein Wunder, daß mir das Scheiden damals sehr naheging. Doch die Jugend sieht vorwärts, und da jeder der nun folgenden Tage eine Fülle des Neuen brachte, das gesehen, kennengelernt und erlebt werden sollte, so ließ ich keineswegs den Kopf hängen, sondern war mit allen Sinnen der Gegenwart aufgeschlossen. Ich habe gesagt, daß meine Eltern beabsichtigten, an die Fahrt rheinaufwärts einen Besuch bei Verwandten anzuschließen, und zwar handelte es sich um Reichardtsche Verwandtschaft. Karl von Raumer, der Erlanger Professor[IX] und die »Tante Riekchen« hatten im vorhergehenden Jahr ihre goldene Hochzeit gefeiert, und meine Eltern dringend gebeten, ihnen bei dieser Gelegenheit ihren Besuch zu schenken. Irgendwelche Umstände hatten es damals unmöglich gemacht, dieser Einladung zu folgen. Nun aber sehnte sich meine Mutter danach, das Versäumte nachzuholen und die Zeit nicht vorübergehen zu lassen, die ihr erlaubte, die letzte noch lebende Schwester ihrer Mutter nach langen Jahren einmal wiederzusehen. Die sämtliche Raumersche Nachkommenschaft war in Franken heimisch, und so gab es Gelegenheit zu vielem Wiedersehen und Neukennenlernen. Wir hatten in Boppard und in Bingen Station gemacht, hatten in Mainz, Oppenheim und Worms die mittelalterlichen Dome gesehen und fuhren nun im Wagen mit Aufent-

IX Karl von Raumer, Mineralog und Pädagog, Professor in Erlangen, geb. 1783, gest. 1865. Seit 1811 verheiratet mit Friederike Reichardt. Vergl. im Abschnitt »Leipziger Zeit« Bogen 29. [Oben S. 58]

halten in Auerbach und Erbach durch den Odenwald in das Maintal. In Kleinheubach nahe bei Miltenberg amtierte als Pfarrer der älteste der Raumerschen Schwiegersöhne, und in seinem kinderreichen Hause wurde für ein paar Tage der erste Aufenthalt genommen. Weiter aufwärts am Main nahe bei Würzburg liegt Winterhausen, ein kleines altertümliches Dörfchen, und hier hatten die alten Raumers bei dem zweiten Schwiegersohn, dem Pfarrer Hansen, für die Sommermonate Aufenthalt genommen. In Winterhausen war auch vor Jahresfrist die goldene Hochzeit gefeiert worden. Meine Mutter hatte mir oft erzählt, wie Karl von Raumer als jung verheiratateter Professor im Jahr 1813 Katheder und Frau verlassen hatte, um von Breslau aus mit Steffens zur Befreiung des Vaterlandes in den Krieg zu ziehen. Später war er nach Erlangen berufen worden, und hier faßte er für sein ganzes ferneres Leben mit den Seinigen Wurzel. Welche Liebe und Verehrung das Raumersche Ehepaar sich an dieser Stelle zu erwerben gewußt hat, davon konnte man allerorten hören, wo ein ehemaliger Erlanger Student anzutreffen war. Populärer ist wohl kaum jemals ein Professorenhaus gewesen, als in Erlangen das Raumersche. Bei einer reichen Kinderschar und verhältnismäßig kärglicher Einnahme verstand es sich doch von selbst, daß jeder Student, der eine Empfehlung von Freundeshand mitbrachte oder auch sich selbst empfahl, mit entgegenkommendster Freundlichkeit aufgenommen wurde. Und diese unbegrenzte Gastlichkeit, dieses aufrichtige Wohlwollen waren bald eine so stadtbekannte Sache, daß es namentlich unter den jungen Philologen und Theologen als etwas ganz Selbstverständliches galt, das Raumersche Haus aufzusuchen. Es konnte keine Gastfreundschaft geben, die im materiellen Sinne bescheidener gewesen wäre. Aber an bedeutender geistiger Anregung, an Herzlichkeit des Verkehrens, fehlte es niemals, und an den regelmäßig wiederkehrenden offenen Abenden konnten die kleinen bescheidenen Räume kaum die Zahl der Gäste fassen. In der Beliebtheit stand keines der Eheleute dem anderen Teil nach. Wenn der Mann schon als solcher in der Öffentlichkeit stehend die allgemeine Anerkennung genoß, so war daneben die Frau Professorin bei sämtlichen Musensöhnen als »die liebe Mama« bekannt. Und dieser Titel war ein so offizieller geworden, daß der Brief eines Studenten, der nur die Adresse trug »An die liebe Mama in Erlangen« ohne weiteres in die richtigen Hände gelangte.

Und nun hielt unser Reisewagen vor dem Winterhäuser Pfarrhaus, und ich durfte die beiden lieben prächtigen Alten, von denen ich so viel hatte berichten hören, mit eigenen Augen sehen und ihrer Güte und Liebe froh werden. Ihre Geistesfrische, die Lebendigkeit ihrer Teilnahme an allem, was ihnen nahegebracht wurde, war geradezu bewunderungswürdig. Und rührend war es, wie sie beide ganz und gar miteinander verwachsen erschienen. Auch ihre Handschriften waren sich so gleich geworden, daß man kaum eine von der anderen zu unterscheiden vermochte. Die Begeisterung für die Ideale der Freiheitskriege, für die Ehre, die Größe des Vaterlandes, für deutsche Treue, Mut, Sittenreinheit und Frömmigkeit erfüllte sie noch heute, wie sie ihre Jugend erfüllt hatte, und so waren sie innerlich jung geblieben, jünger als so viele des jungen Geschlechts, das sie jetzt umgab. Freilich, die Zustände der Gegenwart wollten ihnen deshalb in vielem Betracht nicht behagen.

Hansen, der Schwiegersohn, war ein von Charakter vortrefflicher Mann und ein tüchtiger Geistlicher. An vielseitiger Begabung überragte ihn seine Frau, die Raumersche Tochter Anna. Zwei halbwachsene Enkelinnen, sehr eigenartige, gescheite, feinsinnige Mädchen, besorgten die häuslichen Geschäfte mit einer Geräuschlosigkeit, als ob sie nicht gingen, sondern nur schwebten.

Natürlich wurde auch gewünscht, daß ich etwas musizierte, und mit der größten Freude spielte ich, so mangelhaft auch das vorhandene Klavier war, alles, was man haben wollte und ich geben konnte. Beethoven war den beiden Alten noch fremd, Gluck aber und vor allem Bachs Chromatische Fantasie und Fuge beglückten sie im höchsten Maße. Auch, von Mendelssohn einiges kennenzulernen, von dessen Persönlichkeit sie viel Rühmendes gehört hatten, war ihnen lieb. Im nächsten Frühling erhielt ich einmal in Berlin zu meiner großen Freude einige Zeilen von der Hand des »Papa Raumer«. Sie lauteten: »Mein liebster Ernst! Darf ich dir wohl mit einer Bitte beschwerlich fallen? Ich hatte der Konsistorialräthin von Gerlach eine Nachricht zu geben, weiß aber nicht, wo sie wohnt. Möchtest du ihr wohl meinen Brief zukommen lassen? Ich setze voraus, du weißt ihre Wohnung oder kannst sie leicht erfahren.

Durch Anna L. haben wir uns recht viel von Berlin erzählen lassen. Sie ist dir und deinen lieben Aeltern h ö c h s t dankbar für die große ihr erwiesene Güte. Und wir danken Euch herzlich mit ihr. Sie nahm von Euch ein musikalisches Kapital mit, das sie nicht im Schweißtuch bewahren sondern anlegen wird. Wie sie von dir sprach, will ich aus Diskretion verschweigen.

In einer Zeit, da die ›Ungerechtigkeit überhand nimmt und die Liebe in vielem erkaltet‹ thut es mir und meiner Frau so wohl Eurer (3) in ungetrübter Liebe als treuer Verwandten zu gedenken. Es giebt gar keine Menschen mehr, sondern nur Parteiatome.

Könnten wir Euch bald wiedersehen und hören! Wir gehen wieder nach Winterhausen.

Wer kann nähere Pläne machen? Am wenigsten einer, der am 9ten April seinen 80ten Geburtstag feierte. Gott behüte Euch und uns und Europa und die ganze Welt.«

Wieder ein Jahr später berührte ich auf einer Reise nach Süden Erlangen und empfing zum ersten Mal persönlich einen Eindruck von der so oft mir geschilderten Häuslichkeit der alten Raumers. Damit hatte ich den Großonkel auch zum letzten Mal gesehen. Am 2. Juni des nächsten Jahres 1865 wurde Karl von Raumer durch einen sanften Tod hinweggenommen. Seine Gattin überlebte ihn um vier Jahre.

Die Herbstwochen in Lauenstein erhielten dieses Mal einen besonderen Schmuck durch den Besuch von Susanne Schinkel, der begabten, feinsinnigen Jugendfreundin meiner Mutter. Sie hatte große Freude an den malerischen Schönheiten unserer Landschaft und saß bald hier, bald dort mit ihrem Farbenkasten, um irgendeine Einzelheit aufzunehmen. So entstanden nach wenigen Wochen eine Reihe reizender Aquarellskizzen, uns und anderen zu bleibendem Genuß. Für den Winter 1862 auf 63 war ich dann nach Berlin zurückgekehrt und hatte wieder meine alte geräumige Mansardenstube im Dachgeschoß über der Wohnung meiner Eltern bezogen. Mit so inniger Liebe ich aber auch am Elternhause hing, ich konnte doch nicht hindern, daß ich in musikalischer Beziehung den Abstand zwischen Berlin und Leipzig stark empfand. Was mir Leipzig im Überfluß, ja so reichlich geboten hatte, daß es mir schließlich fast zuviel geworden war: Gelegenheit zu anregendem Austausch mit Kunstgenossen, gleichaltrigen, mitstrebenden Jünglingen oder gereiften Männern – von dem war in Berlin so gut wie nichts zu finden. Und im geselligen Verkehr mit den Freunden meiner Eltern war ich als Musiker nicht der Empfangende, sondern der Gebende. Ich trug mit meinem Klavierspiel zu ihrer Unterhaltung bei. Nur eine Ausnahme freilich gab es. Wenige Häuser von uns entfernt in der Besselstraße wohnte der Geheimrat Baumeister mit seiner Familie, die aus einer andauernd kranken bettlägerigen Frau und zwei unverheirateten Töchtern bestand. Die ältere von diesen beiden, Clara, besaß ein ganz hervorragendes musikalisches Talent und eine nicht große, aber ungemein wohllautende, klare Sopranstimme, deren vortreffliche Ausbildung sie dem Opernsänger Eduard Mantius verdankte. Sie hatte einmal als jüngeres Mädchen in einer Kirche gelegentlich eines Wohltätigkeitskonzerts die Arie »Jerusalem« aus Mendelssohns »Paulus« mit solcher

Vollendung gesungen, daß sie allgemeines Aufsehen erregte. Aber an eine Tätigkeit als Konzertsängerin zu denken, war ihr von vornherein sowohl durch den Widerstand des Vaters wie durch die Krankheit der Mutter verwehrt, deren Pflege sie sich tagaus tagein widmen mußte. Vielleicht wäre auch das Organ zu zart gewesen, um große Konzertsäle zu füllen und durch anhaltende Anstrengung nicht zu rasch abgenutzt zu werden. Als meine Eltern etwa im Jahr 1858 sie zufällig in einer Abendgesellschaft bei Freunden trafen, mochte sie dreißig Jahre zählen. Mit ihrem Gesang wie mit ihrer edlen, feinen Persönlichkeit eroberte sie die Herzen meiner Eltern im Sturm, und dieser Eindruck führte zu einer schönen, dauerhaften Freundschaft, an der auch ich mehr und mehr teilnahm. Jetzt aber war Clara Baumeister diejenige, der ich alles vorspielte, was ich an Kompositionen zustande gebracht hatte, deren feinfühligem Urteil ich vertraute und von der ich mir namentlich meine Lieder vorsingen ließ. Sie besaß nicht die Vielseitigkeit der Frege, die neben der zartesten Empfindung für Schumannsche und Mendelssohnsche Lyrik auch die Größe, die dramatische Kraft besaß, um Glucks »Orpheus« ergreifend wiederzugeben, aber in ihrem kleinen, die Grenze des Innigen, Zarten nicht überschreitenden Gebiet war auch sie eine Meisterin. Mein erstes Liederheft, das im Stich erschien,[30] widmete ich ihr, das zweite[31] trägt den Namen von Livia Frege.

Von den jungen Freunden aus früherer Zeit war kaum einer mehr zur Stelle. Wedding hielt sich Studierens halber, d. h. hauptsächlich mit Bummeln beschäftigt, in irgendeiner Universitätsstadt auf. Schwerin, der ich weiß nicht mehr wo und wie ständig tätig war, suchte mich einmal gegen Weihnachten auf, ließ sich sogar zum Abendessen halten, und zeigte sich zu meiner Freude zugänglicher als früher. Doch das war nur eine vorübergehende Begegnung. Dafür tauchte am Horizont ein anderer Altersgenosse auf, der mir allmählich nicht nur näher trat als jene beiden, sondern dem ich mich überhaupt innerlich so verwandt und verbunden fühlte, wie mir das in der Freundschaft nur dies eine Mal zuteil geworden ist.

Der Schweizer Immanuel Stockmeyer war der älteste Sohn des Baseler Pfarrers Stockmeyer, späteren Antistes und ersten Geistlichen am Münster zu Basel. Dieser sein Vater hatte die Eltern früh verloren und wurde infolge irgendwelcher mir unbekannten Verhältnisse als kleiner Knabe nach Erlangen in das Raumersche Haus geschickt, um dort erzogen zu werden. Als Student der Theologie besuchte er dann die Berliner Universität und verkehrte, von Raumers angelegentlich empfohlen, häufig im Hause meiner damals jung verheirateten Eltern.

Zwanzig Jahre später suchten meine Eltern den nunmehr längst Verheirateten und als Pfarrer Fungierenden gelegentlich ihrer Durchreise durch Basel für ein paar Stunden auf, und das gemeinsame Interesse für Schmetterlinge bildete den ersten Berührungspunkt zwischen mir, dem Dreizehnjährigen, und dem elfjährigen Männi. Wieder war fast ein Jahrzehnt vergangen, als zur goldenen Hochzeitsfeier der alten Raumers Vater und Sohn Stockmeyer in Winterhausen erschienen. Dieser Sohn aber hatte einen so starken Eindruck bei allen Gliedern der Raumerschen Familie hinterlassen, daß, als wir im folgenden Jahr dort zur Nachfeier anlangten, alt und jung sich nicht genugtun konnten, ihn zu rühmen und von ihm zu schwärmen. Es hieß, er werde im Winter nach Berlin kommen, um dort zu studieren, und werde uns gewiß dann aufsuchen. Und wirklich, an einem Novembervormittag betrat er in eigener Person das Zimmer meiner Mutter, um seinen Antrittsbesuch zu machen. Er sprach nicht viel, aber seine Erscheinung redete genug. Wer so aussah, in dem mußte eine schöne, lautere Seele, ein reicher Geist wohnen. Er spiele etwas Violine sagte er; vielleicht konnte man miteinander einige leichtere Sonaten von Mozart oder Beethoven vornehmen. Daß er vor allem die lebhafteste, wahrste Empfindung für Musik besaß wurde mir klar, als ich ihm zum ersten Male etwas vorspielte.

Er hatte sich in der Nähe der Universität eingemietet, wo er mit zwei anderen Studierenden, mit denen er in Basel Freundschaft geschlossen hatte, gemeinsam in ein paar bescheidenen Zimmern wohnte. Auch diese jungen Leute, den Theologen Hansen und den Historiker Steindorf, lernte ich bald kennen. Stockmeyer selbst studierte wie Hansen Theologie. Kaum 17 Jahre alt hatte er das Baseler Gymnasium mit dem Reifezeugnis verlassen und sich, wie es für den Sohn seines Vaters das Selbstverständliche zu sein schien, dem theologischen Studium zugewandt. Bei seiner großen Jugend war von vornherein in Aussicht genommen, daß er länger, als es der gewöhnliche Brauch vorschreibt, auf Universitäten studieren solle. Jetzt als 20-jähriger stand er schon im fünften oder sechsten Semester. In der Tat aber konnte man sich noch immer keineswegs einen zukünftigen Kandidaten, ja kaum überhaupt einen rechten Theologen unter ihm denken. Wohl war er im Grunde eine tiefreligiöse Natur, aber noch spielte ihm der Frühlingswind des Lebens um die Schläfen; die Welt lag vor ihm wie ein blühender Garten, und die Schönheitswunder des Daseins erfüllten seine Phantasie. So war es kein Wunder, daß ihn der Gedanke an die Enge einer zukünftigen pastoralen Existenz zuweilen erschreckte und er im geheimen zu zweifeln anfing, ob er denn auch den richtigen Beruf erwählt habe. Stockmeyer hatte mit mir einen Abend verabredet, an dem ich mich mit den dreien auf ihrem Zimmer zu gemeinsamer Lektüre zusammenfinden solle. Man hatte beschlossen, Eichendorffs Novelle »Der Taugenichts«[32] miteinander zu lesen. Ich kannte die reizende Dichtung noch nicht und war in allen Wonnen über die phantastische Welt, die sich mir hier auftat. Je weiter wir aber lasen, um so mehr überkam mich das Gefühl, daß in der Gestalt meines neuen Freundes eigentlich der leibhaftige »Taugenichts« dicht neben mir sitze. Denn dieser ungewöhnlich anmutvolle Jüngling war in seinem Wesen ebenso träumerisch in sich versunken und dann wieder enthusiastisch aufblitzend, wie man sich etwa Eichendorffs poetischen Gärtnerburschen vorstellen mag, der zwischen Blumenbeeten halb nachtwandelnd Sträuße bindet, und dem dabei plötzlich wie aus Versehen die schönsten Verse einfallen. In der Tat: Stockmeyer war ein echtes lyrisches Talent. Schon früh hatten sich die ersten deutlichen Spuren dichterischer Begabung bei ihm gezeigt, jetzt lebte und webte er in poetischen und literarischen Interessen, und wenn nicht später ungeahnte Hemmungen eingetreten wären, so würde die Zahl schöner, wahr und eigentümlich empfindender Gedichte, die er hinterlassen hat, nicht eine verhältnismäßig so geringe geblieben sein. In der kurzen Einleitung, die der Schweizerische Pfarrer Carl Sarrasin den von ihm herausgegebenen und ausgewählten Gedichten des Jugendfreundes vorausschickte, finden sich die folgenden Worte: »Schon in früher Jugend zeigte Immanuel Stockmeyer außerordentliche Gaben für schriftstellerische und dichterische Darstellung, und als er von 1857–1860 das Basler Pädagogium durchlief, war er ohne Zweifel der beste Schüler Professor W. Wackernagels, des ausgezeichneten Germanisten, und seine Aufsätze wie seine Gedichte erhielten vonseiten des edlen Meisters immer hohes Lob. Stockmeyers Freunde erinnern sich auch, wie er, um sie und sich selber zu ergötzen, mit spielender Leichtigkeit die anziehendsten Dichtungen, etwa Lustspiel nach Tieck'schem Muster, niederschrieb; und vielen mag seine Abiturientenrede noch im Gedächtnis sein, da der siebzehnjährige Jüngling bei Anlaß des 100jährigen Geburtstags Hebels diesen Dichter mit überraschend feinem Verständniß charakterisirte. Zugleich war für seine Freunde in aesthetischen Fragen Stockmeyers Urteil unbedingt maßgebend, da er ein Schönheitsgefühl besaß, welches kaum irre führte. Er war aber auch imstande, lange und immer wieder die Blumen vor seinem Fenster liebend und sinnend zu betrachten und mit derselben Freude die weite Fernsicht von einem der Gipfel unseres Jura oder des ihm so lieben Schwarzwaldes; oder er konnte, wenn sich die Gelegenheit bot, im Anblick des

Strassburger Münsters oder eines Gemäldes der Dresdener Gallerie sich völlig verlieren und vergessen. Allem Schönen brachte er volle Genußfähigkeit und ein Verständniß entgegen, wie es nur wenigen beschieden ist, um dann das Empfundene in das richtigste mitunter melodisch süßeste Wort zu fassen.«[33]– Ich füge hinzu, daß Stockmeyer freilich im vertrautesten Verkehr sich in bedeutenden und treffenden, schönsten und innigsten Worten zu äußern vermochte, und dann stets unendlich anziehend erschien. Im allgemeinen aber gehörte auch er zu den nicht leicht sich gebenden, oft in Schweigsamkeit sich zurückziehenden Menschen. Ich erinnere mich, daß er einmal sagte: »Die rechte Freundschaft ist erst dann da, wenn man miteinander auch schweigen kann.« Sein Stummsein unterschied sich aber fühlbar von dem unzugänglichen Wesen Schwerins. Bei diesem war es die stolze und herbe Unnahbarkeit einer heroischen Natur, die ihn die Zugänge zu seinem eigensten Seelenleben verschließen ließ; bei Stockmeyer die Scheu eines tiefen keuschen Gemüts vor jedem Preisgeben innerer Heiligtümer. Einen bezeichnenden Zug erzählte mir einmal seine ausgezeichnete Mutter. Als halbwachsener Bursche hatte er mit seiner älteren Schwester einen Ausflug in das Berner Oberland unternommen. Als diese sich beim Anblick des Rosenlaui-Gletschers in Ausdrücken der Bewunderung und des Entzückens erschöpfte, rief er ärgerlich aus: »Wie kann man so viel schwätze, wenn's so schön ist!« – Stockmeyer vorzuspielen war ein Genuß. Vorbehaltlos gab er sich beim Hören dem Eindruck hin. Von irgendwelcher Reflexion war nicht die Rede, nur sein unmittelbares Gefühl ließ er walten. Dieses aber war freilich ebenso fein wie stark. Wenn ihm etwas gefiel, so war es, als ob er die Musik tränke, einsöge, wie man balsamische Luft einatmet. Dann war er still beseligt. Bei schwieriger verständlichen Werken blieb er vorderhand reserviert. Aber ob etwas im allgemeinen wertvoll oder gering war, erkannte er bald.

Vier Semester studierte Stockmeyer in Berlin. In dreien davon sah ich ihn zwar nur wenig, da die Verhältnisse mich selbst fast die ganze Zeit von Berlin fernhielten. Aber die Wochen und Monate, während deren wir miteinander verkehren konnten, hatten vollauf genügt, das Freundschaftsband so fest zu knüpfen, daß nichts es wieder zerreißen oder schlaff werden lassen konnte. Noch manches Wiedersehen folgte in weiteren Jahren. Dazwischen aber sorgte schriftlicher Verkehr dafür, daß wir einander nicht fremd wurden. Mochte auch nicht allzuhäufig hin- und hergeschrieben werden, Stockmeyers Briefe waren so ungewöhnlich gehaltvoll, daß einer für viele gelten konnte, die von geschwätzigeren Leuten zu Papier gebracht werden. Man darf von ihm behaupten: Er sagte kein unnützes Wort, weder mündlich noch schriftlich.

An einem der ersten Dezembertage 1862 erschien Frau Schumann in Berlin. Sie kam zum letzten Mal hier in die eigene Wohnung. In Lichtental bei Baden-Baden hatte sie sich ein kleines Haus gekauft, und im Frühling sollte der Berliner Haushalt aufgelöst werden, um dorthin überzusiedeln. Jetzt aber stand sie im Begriff, für einige Tage nach Leipzig zu fahren, um dort eine Aufführung der Schumannschen Faustmusik[34] im Gewandhaus zu erleben, und ich wurde von ihr aufgefordert, sie zu begleiten. Da meine Eltern einverstanden waren, so willigte ich mit Freuden ein und erlebte aufs neue eine schöne Zeit des Zusammenseins mit der verehrten Frau. Zugleich gab es das erste unverhofft baldige Wiedersehen mit Leipzig und den Leipziger Freunden. »Bin ich's oder bin ich's nicht«: so wunderlich gemischt war mir zumute, halb noch heimatlich und doch schon fremd geworden. Das mir von Freges beim Abschied für zukünftiges Wiederkehren verheißene Fremdenzimmer konnte ich nicht beziehen, da jetzt Frau Schumann natürlich den Vorrang hatte. Ich wohnte also wieder einmal in der »Stadt Dresden« und erschien desto häufiger bei Tage in den vertrauten Räumen des Fregeschen Hauses, wo dann Frau Schumann eines Morgens mir so viel und so herrlich vorspielte, daß dies allein schon gelohnt hätte, nach Leipzig zu reisen. Der Schumannsche »Faust« kam, wenn ich nicht irre, als Ganzes zum ersten Male bei dieser Gelegenheit zur Aufführung.[35] Mir selbst war die Musik von der ersten bis zur letzten Note völlig neu. Gleich am Abend, nachdem wir soeben in Leipzig eingetroffen waren, fand Probe für die Solisten statt; anderen Tages Generalprobe und am Donnerstag die Aufführung. An reichlicher Gelegenheit, das Werk wirklich kennenzulernen, fehlte es also nicht. Bargiel und andere Musiker aus dem engeren Schumannschen Kreise sahen in der Faustmusik die Krone sämtlicher Schöpfungen Schumanns, und so brachte ich dem Ereignis des Hörens die höchstgespannten Erwartungen entgegen. Uneingeschränkt entsprach der Eindruck dieser Erwartung nicht. Namentlich der erste Teil – der bekanntlich zuletzt und in der letzten Lebenszeit des Meisters entstanden ist – enttäuschte mich fast durchweg, ja die Szene im Dom erschien mir schon durch ihren Mangel an Plastik in peinlicher Weise verfehlt. Auch im zweiten Abschnitt fand ich neben sehr schönen Partien manches weniger Erfreuliche. Die Szene im Himmel dagegen, die den dritten Teil bildet, und die Schumann einst allein zur Komposition begeistert hatte, wirkte durch die Fülle reizendster Erfindung so hinreißend, daß ich alle müden Strecken des Vorausgegangenen vergaß und von ganzem Herzen in den allgemeinen Jubel einstimmen konnte. Freilich, dieser Jubel galt, wenn auch ganz vorwiegend, so doch auch nicht ganz ausschließlich der Musik selbst. Die Leistung Julius Stockhausens, der die Baritonpartie übernommen hatte, war eine so außerordentliche, daß es nicht möglich war, den Sänger über dem Komponisten völlig zu vergessen.[36] Ich hatte vor drei Vierteljahren kurz vor meinem Abschied von Leipzig an derselben Stelle Schuberts Müllerlieder von ihm singen hören und war schon damals sehr begeistert gewesen. Jetzt begriff ich noch anders, was dieser Mann mit seinem wundervoll modulationsfähigen Organ, seiner beispiellosen Herrschaft über das Technische, der Unfehlbarkeit seiner Intonation und seines rhythmischen Gefühls, vor allem aber mit seiner ebenso schlichten wie widerstandslos gefangennehmenden Vortragskunst zu bedeuten hatte. Hier war eine Vollkommenheit, an die auf dem Gebiet des Gesanges nichts anderes hinanreichte.

Frau Schumann kehrte nach einigen Umwegen nochmals nach Berlin zurück, um das Weihnachtsfest mit ihren Kindern, soweit diese nicht anderweitig untergebracht waren, zu feiern. Meine Eltern hatten sie mit den ältesten Töchtern für einen der Feiertage zu Tisch geladen, und beim Musizieren am Nachmittag fand sie unseren Härtelschen Flügel so ungenießbar geworden, so dumpf im Ton und übermäßig schwer im Anschlag, daß sie meinem Vater sehr zuredete, ein Erardsches Instrument anzuschaffen, das sie gern bereit sei, bei ihrem demnächstigen Aufenthalt in Paris für mich auszusuchen. Ich hörte wohl ihren schönen Vorschlag mit an, erfuhr aber einstweilen nicht, daß mein Vater tatsächlich sich entschlossen hatte ihm Folge zu leisten. Erst an meinem Geburtstag wurde ich mit seinem Jawort überrascht, und im März erschien in der Tat der herrliche Flügel, auf dessen Holzwerk innen Frau Schumann ihren Namen geschrieben hatte. Etwa gleichzeitig traf der folgende Brief von ihr an mich ein:

»Paris d. 12ten März 1863
Lieber Herr Rudorff! Sie waren wohl schon recht ungeduldig über mich, dachten vielleicht gar, ich gedächte Ihres Auftrages und Ihrer Sehnsucht nicht, aber das glauben Sie ja nicht! Seit ich von Lyon zurück bin, habe ich fast jeden Tag Instrumente probirt, aber jedes Mal, wenn ich dachte ›dies‹, so wurde es mir den andern Tag wieder leid, und ich ging wieder andere probiren. Es ist schrecklich schwer für Jemand eine Wahl treffen, und gar eine so kostspielige. Aber schließlich habe ich

doch Eines gefunden, auf das ich immer wieder zurückkam, weil es mir so schön erschien; ich ließ in der Höhe noch Einiges ändern, und bin nun eigentlich sehr entzückt davon, finde es weit schöner als meines in Berlin. Ich habe weniger auf brillanten als weichen vollen Ton gesehen, dann auch nicht von zu leichter Spielart genommen, was ich, eingedenk des Komponisten-Feuers für besser hielt. Dennoch aber bitte ich Sie sehr, seyn Sie recht sanft mit dem Instrument, behandeln Sie es wie eine Geliebte, immer streichelnd! es ist so eigen mit den Erard's, sie kommen mir oft vor, als hätten sie Leben wie eine zarte Pflanze, die keine unsanfte Berührung, nicht einmal einen kalten Hauch verträgt. Ach, wenn's Ihnen nur gefällt! Ich konnte es leider nie in einem ungünstigen Zimmer hören, sondern nur im Saale, wo weder Vorhänge noch Bilder noch sonst etwas war. Noch muß ich Ihnen sagen, daß Sie sich nicht täuschen lassen, wenn es die ersten Tage nicht gleich so schön klingt, es ist oft, daß nach einer Reise das Instrument erst nach und nach schöner klingt, wenn es mehrere Tage gespielt ist – ich erfuhr dasselbe vorigen Winter in Hamburg an meinem Erard. Es geht heute ab, und wollen Sie das Geld 2400 Fr. per Wechsel auf irgend ein beliebiges Haus hier gehen lassen, und Herrn Schäffer (Schwager der Mad. Erard, der das ganze Geschäft führt) 13 Rue du Mail, maison Erard, nach Empfang des Instruments senden. Stimmen lassen Sie es nicht unter 4 Tagen, es muß sich von selbst erst ziehen; und dann eine wichtige Sache, halten Sie darauf, daß es immer nach der beifolgenden Gabel steht. Sie sehen, jetzt haben Sie für ein Wesen mehr als Sich Selbst zu sorgen! –

Jetzt geht mein Bogen zu Ende, und noch habe ich nicht für Ihren letzten Brief gedankt, Ihnen noch nichts von mir erzählt, und was das Schlimmste nur sehr wenig Zeit noch! Doch zu einem zweiten Blatt muß ich noch greifen. In Ihrem lieben Brief hat mich manches herzlich erfreut, daß Ihnen meine paar Zeilen zum Geburtstag Vergnügen bereitet, dann daß das Klavier Ihnen behagt, und besonders auch, daß Sie gern mit Elisen spielen. Wie sehr leid tut es mir, daß sie bald diese schöne Anregung nicht mehr hat!

Von mir kann ich Ihnen nicht gerade das Beste sagen, ich halte diesmal schwer hier aus, Vieles, genauer besehen, ekelt mich an, die Musiker sind ebenso Handwerker hier, wie in allen großen Städten, und ein Concertchaos ist hier, daß man wünschte, man wäre je eher je lieber wieder heraus. Lassen Sie sich von Elisen Weiteres von mir sagen, ich kann nicht mehr, alle Augenblicke kommt jemand.

Rose sehe ich selten, er sehnt sich aber auch fort. Nächstens giebt er ein Concert, und wird's wohl machen wie all die anderen hiesigen

Künstler, den Leuten, wo er den Winter hindurch gespielt, Billete ins Haus schicken etc.; wie leid kann mir das thun, für so einen frischen jungen Künstler! Hoffentlich kommt er nach Hamburg ganz; Sie wissen Stockhausen ist dort Musikdirektor.

Adieu, lieber Herr Rudorff. Grüßen Sie die verehrten Ihrigen, sagen Sie Ihrer Mutter 1000 Dank, daß sie Felix beherbergen will und für Vieles sorgt, und halten Sie sich immer versichert der herzlichsten Ergebenheit Ihrer Clara Schumann.«

Zur zweiten Hälfte dieses Briefes, die nicht mehr vom Erardschen Flügel handelt, noch ein paar erklärende Bemerkungen! Das »Klavier«, von dem Rede ist, war ein gutes tafelförmiges Instrument aus dem Besitz von Frau Schumann. Bei ihrem Umzug nach Lichtental hatte sie es nicht mitnehmen wollen und war gern bereit, es meinem Vater als Übungsinstrument für mich zu mäßigem Preis zu überlassen. Für so wichtig sie es hielt, daß ein Klavierspieler ein wirklich schönes Klavier regelmäßig unter den Händen hatte, um auf solche Weise seinen Klangsinn zu entwickeln, so verkehrt fand sie es auf der anderen Seite, wenn der Erardsche Flügel durch das Trommeln von Fingerübungen abgenutzt werden sollte. Für technische Studien mußte also ein zweites, robusteres Instrument angeschafft werden. Unser alter Härtel aber wanderte nach Lauenstein, wo wir bis dahin nur ganz dürftig versorgt waren. – Elisen, der zweitältesten Schumannschen Tochter[X], war in den letzten Jahren die Aufgabe zugefallen, während der langen Abwesenheiten der Mutter in der Berliner Wohnung hauszuhalten und für einen Teil der jüngeren Geschwister zu sorgen. Sie verkehrte viel in unserem Hause und gewann durch ihre große Tüchtigkeit die herzliche Zuneigung meiner Mutter. Mit ihr zuweilen vierhändig zu spielen war mir ganz recht, weil sie nicht nur ein achtbares technisches Können, sondern auch lebhaftes musikalisches Verständnis besaß. Die Aussicht, die Auflösung des Haushalts allein in die Wege leiten zu müssen, bereitete ihr, wie begreiflich, nicht geringe Sorge. Ihr wie der Mutter war es daher eine Beruhigung, daß der kleine Felix während der Umzugstage bei uns Unterkunft finden konnte. Ich denke noch mit besonderem Vergnügen daran zurück, mit wie drolliger Mischung von Ernsthaftigkeit, Schüchternheit und kindlichem Übermut der allerliebste kleine Kerl bei uns sein Wesen trieb.

X Spätere Frau Sommerhoff.

Ich durfte nun einen der schönsten Flügel, die es zu jener Zeit gab, mein eigen nennen, und zugleich war mir bessere Gelegenheit geboten, ungestört mein Klavierspiel fördern zu können, als dies jemals vorher im Hause meiner Eltern der Fall gewesen war. Denn das einzige Instrument, das sie besaßen, der Härtelsche Flügel, stand im Wohnzimmer meiner Mutter, wo ich beständig gewärtig sein mußte, durch das Erscheinen irgendeines Besuches unterbrochen zu werden, während ich jetzt in meiner Mansardenstube meine Finger auf dem Schumannschen Tafelklavier dressieren oder auch ohne Zuhörer fantasieren konnte soviel ich wollte. Ich hatte übrigens auch vor dieser vorteilhaften Neuerung seit meiner Rückkehr nach Berlin eifrig Klavier geübt, und eine Anzahl unerwarteter Anlässe hatte sich geboten, mich auch vor einer größeren Zuhörerschaft hören zu lassen.

Auf der Rückreise von Leipzig war ich in der Eisenbahn mit einer bekannten Berliner Persönlichkeit, der Frau Auguste Leo geb. Löwe zusammengetroffen. Sie war wie ich zur Faustaufführung in Leipzig gewesen und fand sich zufällig mit mir im selben Coupé zusammen. Von ihrer mächtigen Altstimme hatte ich schon oft reden hören. In Berliner Dilettantenkreisen galt sie als musikalische Autorität, war eine der Hauptstützen des Sternschen Gesangvereins und gehörte zu dessen Vorstandsdamen. Der Austausch über alles soeben gemeinsam Genossene, der gleiche Enthusiasmus für Schumanns Musik und Stockhausens Gesang, näherten uns einander rasch, so daß ich beim Abschied das Versprechen geben mußte, mich einmal zum Musizieren bei dem Leoschen Ehepaar einzufinden. Die besondere Einladung ließ nicht lange auf sich warten, und in einer kleinen Abendgesellschaft, zu der nur Musiker und musikverständige Leute geladen waren, führte ich mich mit dem D-Dur-Trio von Beethoven zu allgemeiner Befriedigung ein. Die Gäste bestanden zu einem großen Teil aus Mitgliedern der Mendelssohnschen Familie. Paul Mendelssohn Bartholdy, der Ältere, der selbst als junger Mann eifrig Violoncello gespielt hatte – die eine der Violoncellsonaten seines Bruders ist ihm bekanntlich gewidmet[37] –, besaß wirkliches künstlerisches Urteil, und ich freute mich der guten Worte, die er mir über mein Spiel sagte, nicht wenig. Aber nicht nur als Musiker, sondern offenbar auch als Sohn meiner Mutter behandelte er mich mit mehr als gewöhnlicher Freundlichkeit, und das Ende war, daß er mich aufforderte, ihn bald wieder einmal aufzusuchen. Als ich nach einiger Zeit dieser Aufforderung folgte, zeigte er mir die interessantesten Sachen. Er beherbergte Schätze musikalischer Handschriften bei sich, wie wohl kaum ein anderer Privatmann.[XI] Da lag neben Mozarts eigenhändiger Partitur von »Figaros Hochzeit« Beethovens Autograph der A-Dur-Symphonie, und dann noch eine zweite Mozartsche Oper und noch eine zweite Beethovensche Symphonie und wer weiß wie viel anderes von den größten Leuten. Natürlich nahm der Nachlaß seines Bruders Felix einen besonders breiten Raum ein, und hier zwar nicht nur aus musikalischen Handschriften, sondern ebenso aus Briefen und anderen Andenken bestehend.

Auf den Besuch meinerseits folgte erst einmal seinerseits eine Einladung zum Ball in seinem Hause. Später schlossen sich musikalische Abende an, bei denen allerlei Kammermusik zu Gehör gebracht wurde. Ich spielte unter anderem Mendelssohns d-Moll-Trio und ließ mich dabei gern von ihm auf dieses und jenes aufmerksam machen, was er aus dem Vortrag seines Bruders in Erinnerung hatte. Auch die Bekanntschaft des schönen Es-Dur-Trios von Mozart für Klavier, Violine und Viola verdanke ich seiner Anregung, es bei ihm zu spielen. Wer meine Partner bei diesem Musizieren waren, kann ich nicht mehr sagen. Wahrscheinlich geigte der Konzertmeister de Ahna und die Violoncello-Partie wurde von dem vortrefflichen Dilettanten Dr. Bruns ausgeführt.

Noch eines kleinen Erlebnisses möchte ich an dieser Stelle erwähnen, obwohl es einer späteren Zeit angehört. Joachim und Frau Schumann gaben in der Singakademie ein Konzert und spielten unter anderem Beethovens Kreutzersonate. So Unübertreffliches sie leisteten und so innig meine Verehrung für die Künstlerschaft der beiden war, ich konnte mich in das Tempo nicht finden, in dem sie den zweiten Satz

XI Paul Mendelssohns Autographensammlung wurde später von seinem Sohn Ernst von Mendelssohn Bartholdy der königlichen Bibliothek in Berlin geschenkt. [Ernst von Mendelssohn Bartholdy stiftete die Sammlung fremder Autographen aus dem Besitz seines Vaters und Onkels 1908 der Staatsbibliothek zu Berlin. Diese Sammlung umfaßte 18 Autographe von Beethoven (darunter die Sinfonien 4, 5 und 7), 7 Autographe von Joseph Haydn, 2 Autographe von Mozart (darunter »Die Entführung aus dem Serail«, aber nicht der »Figaro«, der 1901 aus dem Nachlaß des Verlegers Simrock erworben wurde) und 2 Autographe von J. S. Bach. Hinzu kam das Autograph des Violinkonzerts von Felix Mendelssohn Bartholdy. Der größte Teil dessen kompositorischen Nachlasses war bereits 1878 in den Besitz der Bibliothek übergegangen. Die Stiftung Ernst von Mendelssohn Bartholdys ist heute nicht geschlossen aufgestellt, da die einzelnen Bände in die schon vorhandenen Autographenbestände der jeweiligen Komponisten eingereiht wurden. Einige Bände aus der Stiftung Ernst von Mendelssohn Bartholdys befinden sich außerdem infolge Kriegsbedingter Auslagerung derzeit in der Biblioteka Jagiellonska in Krakau (Polen). Ich danke der freundlichen Auskunft von Herrn Roland Schmidt-Hensel, Staatsbibliothek zu Berlin – Musikabteilung mit Mendelssohn-Archiv.]

der Sonate nahmen. Ich hatte das Variationenthema von jeher ruhiger und getragener empfunden, so daß es mir jetzt unmöglich war, zum vollen Genuß dabei zu kommen. Als das Konzert zu Ende war, wollte ich die beiden im kleinen Cäciliensaal persönlich begrüßen. Während ich die Stufen des Podiums hinaufstieg, klopfte mir jemand, der hinter mir ging, auf die Schulter! Es war Paul Mendelssohn. »Hören Sie mal«, sagte er leise zu mir »und merken Sie sich das! Das Variationenthema in der Kreutzersonate war entschieden zu rasch. Felix hat es immer langsamer genommen.« Man mag sich denken, wie sehr ich mich freute, durch eine solche Autorität mein eigenes Gefühl bestätigt zu sehen.

Außer dem Ehepaar Paul Mendelssohn hatte ich in der Leoschen Gesellschaft auch Herrn Franz Mendelssohn[XII] mit seiner Gattin kennengelernt. Frau Enole geb. Biarnez stammte aus der Umgegend von Bordeaux. Ihre außerordentlich große musikalische Begabung hatte sie von der Mutter geerbt, die – wunderbar genug für eine Südfranzösin – aller oberflächlichen Musik ihres Vaterlandes abhold die Tochter mit Beethoven, Schubert und Gluck erzog und so ihre Entwicklung von Anfang an in die besten Wege leitete. Frau Enole Mendelssohn war jetzt eine ausgezeichnete Sängerin, eine vortreffliche Klavierspielerin und eine so durchgebildete Musikerin, daß sie sich z. B. mit den Partituren Cherubinischer Messen beschäftigte. Ihr Gedächtnis wurde allgemein ebenso bewundert wie die Raschheit und Sicherheit ihrer Auffassung. Schon ehe ich an jenem Abend ihr zum ersten Male begegnete, hatte ich von ihrem ungewöhnlichen Talent, zugleich aber auch von ihrem scharfen, leicht absprechenden Urteil gehört, vor dem nicht allein in musikalischer Beziehung, sondern auch im übrigen andere Menschen selten Gnade zu finden pflegten. Es erschien mir unter diesen Umständen wenig behaglich, ihr gegenübertreten zu sollen. Komischerweise hatte man ihr von meiner Person gleichzeitig eine ähnliche Schilderung entworfen, so daß auch sie wiederum mir ein unbequemes Vorurteil entgegenbrachte. Nun erblickten einander Monostratos und Papageno von Angesicht zu Angesicht. Aber dieses Mal fand keiner, daß der andere der Teufel wäre, sondern im Gegenteil, die gegenseitige Sympathie war von diesem ersten Sehen und Hören an für alle Zeit besiegelt. Ich war entzückt von der echten Musik, die mir aus ihrem Vortrag einer Gluckschen Arie entgegenklang, und sie wiederum fand sich von meinem Beethovenschen Trio sehr befriedigt. Daß Frau Enole nicht nur

XII Franz Mendelssohn, Sohn von Alexander Mendelssohn, der wiederum ein Vetter von Felix und Paul Mendelssohn war.

eine der begabtesten Musikerinnen, sondern auch eine der prächtigsten, gütigsten Frauen, eine »Natur« mit einem Wort, war, das konnte ich von nun an viele Jahre hindurch immer aufs neue im wahrhaft freundschaftlichen Verkehr mit ihr erfahren.

Im Franz Mendelssohnschen Hause verkehrte, fast wie ein Sohn, ein junger Militärarzt, Dr. Hermann Schaper, der als Dilettant so ausgezeichnet Violoncello spielte, daß er Künstlerrang beanspruchen durfte. Mochte er an technischem Vermögen den eigentlichen Virtuosen nachstehen, an Schönheit des Vortrags, an Adel und Wärme des Tons übertraf er manchen Violoncellisten von Fach. Zum ersten Male kam ich mit Schaper in Berührung, als ich für die erste Durchspielprobe meines bald zu erwähnenden Streichsextetts einen zweiten Violoncellisten suchte. Der Doktor Bruns, den ich um Übernahme des ersten Violoncello gebeten hatte, empfahl mir, mich für Übernahme des zweiten an seinen ehemaligen Schüler, den jungen Dr. Schaper zu wenden, den ich dann in seinem bescheidenen Stübchen in der Pepinière aufsuchte, und der sofort bereit war, mir zu helfen. Einige Wochen oder Monate später trafen wir bei Mendelssohns aufs neue zusammen. Es sollte Trio gespielt werden, und Schaper legte das B-Dur-Trio von Schubert auf das Klavierpult. Ich kannte das Stück noch nicht und weigerte mich zuerst, es vom Blatt zu spielen. Dann gab ich nach, das Ganze gelang sehr gut, und die gewonnene Schlacht gewann mir auch das Herz des Cellisten.

Doch die Pflege angenehmer Geselligkeit ist ein zweischneidiges Schwert. Wenn ich auch fühlte, daß mein Klavierspiel durch das regelmäßige Studium und das häufige Spielen vor Leuten an Sicherheit gewann und wenn ich daran die – leider vergebliche – Hoffnung knüpfte, daß allmählich auch meine leidige nervöse Ängstlichkeit sich werde überwinden lassen – es war doch etwas zu viel des Guten. Zu den angeführten größeren Gesellschaften kamen noch andere, z. B. bei Bethmann Hollwegs, die auch von Zeit zu Zeit einen musikalischen Abend bei sich veranstalteten, und endlich die vielfachen Zusammenkünfte mit diesen oder jenen alten Freunden meiner Eltern; kurz, die Zeit ging dahin, ohne daß ich recht zu mir selbst kam und etwas Vernünftiges zustandebrachte. Eine Gesanglehrerin, Frau Doktorin Seiler, die ich in Leipzig kennengelernt hatte, war im Herbst nach Berlin übergesiedelt und bat mich, sobald auch ich hier eingetroffen war, die Leitung eines kleinen Frauenchors zu übernehmen, dessen Grundstock ihre Schülerinnen bildeten, an dem dann aber auch allerlei musikalische Damen aus den Kreisen ihrer und meiner Bekanntschaft teilnehmen sollten. So bescheiden dieses Amt war, ich übernahm es doch gern, weil es mir Gelegenheit bot, mich wenigstens einigermaßen im Dirigieren zu üben. Richteten sich doch, soweit es das praktische Musizieren anging, meine innersten Wünsche für die fernere Zukunft auf eine größere Direktionstätigkeit. Zum Komponieren kam ich während des Winters fast gar nicht. Im Sommer hatte ich in Bonn, nachdem ich mein erstes Sextett zu Papier gebracht[38], ein zweites in A-Dur begonnen[XIII] und bis auf einen kleinen Rest vollendet. Diesen Rest schrieb ich jetzt nieder und schickte Ende Mai das Ganze an Ferdinand David nach Leipzig. Nach einiger Zeit erhielt ich die folgende, vom 1. Juni datierte Antwort: »Mein lieber guter Rudorff! Vor einer Stunde bekam ich Ihr Sextett, habe es gleich durchgelesen, und will Ihnen nur sagen, daß es mir ganz absonderlich gut gefällt, daß es höchst spielbar und gewiß von bester Klangwirkung ist, daß ich es Mittwoch Vormittag um 10 Uhr bei mir probire und zwar

V. I. ich
V. II. Wilhelmi
V. III. Paul (der morgen kommt)
Viola Röntgen
Violoncello I. Davidoff (der gerade hier ist)
Violoncello II Lübeck (unser neuer höchst vortrefflicher Cellist).

Sie sollen gleich Nachricht haben, wie es mir und den Anderen gefällt. Ich zweifle nicht, daß es sich vorzüglich zum öffentlichen Vortrag eignen wird, und bitte Sie mir den Vorrang in dieser Hinsicht zu lassen. – Herzlichsten Dank für die Variationen[XIV], die ich mir nächstens vorspielen lasse; die Exemplare an Schleinitz und Reinecke sollen besorgt werden. Und nun flehe ich Sie an, liebster Rudorff, seien Sie furchtbar fleißig; Ihr Talent klärt sich so prächtig und es wird Ihnen so leicht, es kommt so gar nichts Gescheidtes Neues, daß es für Sie gar nichts Dankbareres giebt als nur immer fort zu arbeiten, der Erfolg kann nicht ausbleiben. Aber nun genug für heute, ich hoffe Ihnen Mittwoch nur Gutes über das Sextett schreiben zu können; Ach wie selten hat man jetzt das plaisir von einem neuen Stücke! …

---

XIII Erschienen als op. 5 bei Bartholf Senff. [Ernst Rudorff: Sextett für drei Violinen, Viola und zwei Violoncellos op. 5, vierhändiger Klavierauszug vom Komponisten, Spielpartitur, Leipzig, Senff [ca. 1865].]

XIV Die kürzlich bei Breitkopf & Härtel als op. 1 erschienen Variationen für zwei Klaviere.

Mich Ihnen und Ihren lieben Eltern herzlichst empfehlend bleibe ich stets in Liebe und Freundschaft Ihr Ferd. David.«

Auf der Rückseite fährt der Schreiber am 29. Juni fort. »So lange ist der Brief liegen geblieben, weil ich damals doch noch den Erfolg der Probe abwarten wollte. Es (das Sextett) hat uns allen sehr gefallen und ich gedenke es nächsten Winter öffentlich zu spielen.« – Wie und wann David dieses sein Versprechen einlöste, davon wird später die Rede sein.

Es dauerte nicht lange, bis ich in Bartholf Senff einen Verleger für das Stück gewann. Vor dem Druck aber verübte ich noch einen Schwabenstreich, dessen Folgen zu tilgen mir nachmals viel Unbequemlichkeit verursachte. Mir war, ich weiß nicht wie, eines Tages eine Periode im Variationenthema des zweiten Satzes verdächtig geworden. Sie schien mir nicht gewählt genug zu sein und ich setzte an ihre Stelle eine Anzahl neu erfundener Takte, die ich dann in der letzten Variation unscheinbar wieder bringen konnte, während ich die übrigen Variationen unverändert lassen mußte, wenn ich sie nicht völlig zerstören wollte. Nun aber paßten diese wiederum natürlich nicht mehr überall zum Thema, und so hatte ich aus törichter Skrupulosität den langsamen Satz, der mir im übrigen das Beste vom Ganzen zu sein schien, geradezu geschädigt. Später sah ich mehr und mehr ein, was ich angerichtet hatte, ja auch, um wieviel natürlicher und empfundener die ursprüngliche Version gewesen war. Anfangs beeilte ich mich, wo ich von einer geplanten Aufführung des Sextetts hörte, den Spielern diese zuzuschicken und um ihre Einfügung zu bitten. Endlich entschloß ich mich zur Radikalkur, verlangte vom Verleger Neustich der betreffenden Platten und Vernichtung der alten Exemplare. Daß diese Operation auch einen empfindlichen Aderlaß für meinen Geldbeutel bedeutete, versteht sich von selbst.

Doch ich kehre noch einmal zum Frühling 1863 zurück, der mir unvermutet eine Freude eigener Art bescherte. Von den drei Arnimschen Töchtern war mir die älteste, »die Max«, bisher am fremdesten geblieben. Ich mochte etwa 10 Jahre zählen, als meine Mutter eines Tages Frau von Savigny einen Besuch machen wollte und mich mit auf den Weg nahm. Savignys wohnten damals in dem ursprünglich von Sackenschen Palais, dem jetzigen Hausministerium, dessen Erdgeschoß, wie schon erwähnt, einstmals Schleiermacher eine Zeitlang bewohnt hatte. Meine Mutter ließ mich hier in einem länglichen Vorzimmer zurück, um allein zu Frau von Savigny hineinzugehen. Während ich dort, an der

Längswand auf einem Stuhl wartend, saß, ließ der Diener eine Dame ein. Ohne mich zu beachten, schritt die schlanke jugendliche Gestalt an mir vorüber, hochaufgerichtet, in hellem, langem Kleide, und so auffallend in ihrer vornehmen Schönheit, daß ich noch heute glaube, sie vor mir zu sehen, wie sie mir damals erschien. Als meine Mutter zu mir zurückkehrte, wollte ich wissen, wer das gewesen war. »Das war die Max Arnim«, lautete die Antwort, »die zu ihrer Tante gehen wollte.« Ein paar Jahre darauf verheiratete sie sich mit dem Grafen Oriola, der in einer hohen militärischen Stellung zuerst eine Zeitlang in Koblenz seinen Wohnsitz hatte, dann nach Breslau versetzt wurde. Während eines kurzen Berliner Aufenthaltes erschienen beide einmal bei meinen Eltern, um sich ihnen als Ehepaar vorzustellen. Jetzt aber war der Graf Oriola im Lauf des Winters plötzlich gestorben, und der jäh hereinbrechende Schmerz hatte die leidenschaftliche Natur der Vereinsamten eine Weile ganz und gar überwältigt. Es war dann im Juni, als an einem Vormittag gänzlich unerwartet die Witwe in tiefer Trauer das Zimmer meiner Mutter betrat. Ihre Schwester Armgard begleitete sie, und so ernst das Wiedersehen war, so wohltuend blieb doch für alle Teile das Wiederfinden der alten Freundschaft. Die Armgard lebte seit ihrer Verheiratung mit dem Grafen Flemming, preußischem Gesandten am Badischen Hofe, in Karlsruhe oder im Sommer in Baden-Baden. So hatte man sich also allerseits lange genug nicht mehr gesehen, und es gab von allen Seiten Unzähliges zu berichten. Die beiden Schwestern waren vor kurzem in Berlin zusammengetroffen, wohin die ältere zum Winter ganz übersiedeln wollte.

Vorderhand aber stand diese im Begriff, mit ihren fünf Kindern ihre Schwester Armgard, die auch ein erstes Töchterchen bei sich hatte, nach dem Flemmingschen Gut Buckow in der Mark zu begleiten und dort mit ihr zusammen mehrere Monate zu bleiben. Mit meiner Mutter wurde ein Abend in unserem Hause für gemütliches Zusammensein verabredet, und zu diesem fand sich auch der Graf Flemming ein, der als gewandter Dilettant auf dem Violoncell bekannt war. Ich spielte mit ihm die B-Dur-Sonate von Mendelssohn, Clara Baumeister sang einige Lieder von mir, die Armgard aber mit unverwüstlichem Übermut sorgte dafür, daß trotz aller vorausgegangener Trauer die heiterste Laune Platz griff. Sie besaß das Brentanosche Talent, das Einfachste so zu erzählen, daß es ganz absonderlich amüsant erschien, das Unglaublichste glaubhaft zu machen und tapfer darauflos zu lügen, ohne daß man ihr bös sein konnte. Dabei hatte sie jedoch auch ein Herz. Als sie beim Abschied zu meinem Vater von diesem Wiederzusammenkommen sagte: »Das war noch einmal vom alten Zaubertrank!« da klang doch ein Ton hinein, den nur echtes Gemüt wecken kann.

Die Armgard war immer meine gute Freundin gewesen, jetzt fing auch die Max ihrerseits an, mir ihr Wohlwollen zu schenken, und im Lauf des Gesprächs hatten beide Schwestern meinem Vater das Versprechen abgenommen, daß er mich demnächst nach Buckow schicken werde, um ihnen dort für einige Zeit Gesellschaft zu leisten.

Wirklich ging die Sache etwa um die Mitte des Juli vor sich. Mit der Eisenbahn nach Buckow fahren zu können, davon war damals noch nicht die Rede, ja auch Postverbindung gab es nur bis Müncheberg, und zwar fuhr man in der Nacht. Ich begab mich also im Dunkeln nach dem Hauptpostgebäude im Zentrum der Stadt, bestieg mit ein paar anderen die sechssitzige Postkutsche und versank alsbald trotz der drangvollen Enge in den schönsten Schlaf. In Dahlwitz wurde für einen Augenblick ausgestiegen und der nächtliche Duft der Dorflinden eingesogen. Um sieben Uhr morgens war Müncheberg erreicht. Das Schlafen setzte ich auf einem Sofa im kleinen märkisch bescheidenen Gasthof fort, trank ebenso dünnen wie billigen Kaffee, besah einen mittelalterlichen Wartturm und verbrachte so die Zeit, bis nach acht Uhr der Gräflich Flemmingsche Kutscher mit dem offenen Wägelchen erschien, um mich abzuholen. Nach einstündiger Fahrt dem frischen Morgenwind entgegen, der mich zwang, die Hutkrempe wie zu immerwährendem Gruß mit der Hand festzuhalten, bogen wir in den Vorhof des stattlichen Buckower Schlosses ein. Als wir vor dem Portal Halt machten, war drinnen alles noch still. Der Bediente führte mich in meine Gemächer, und beim Vorübergehen an den Zimmern des Grafen bewillkommnete mich dieser im Schlafrock durch die Türspalte, hielt lange Entschuldigungsreden über den unwirtlichen Empfang, kam aber nach einiger Zeit fertig angekleidet zum Vorschein, zeigte mir viele schöne Ölbilder, trank allein mit mir Tee und erklärte, seine Frau erschiene stets erst um halb elf Uhr. Plötzlich jedoch hörte ich ihre Stimme an der Tür: ich möge hinaufkommen in den Saal, der kleinen Armgard Oriola werde zum Geburtstag beschert, ich müsse notwendig von Anfang an dabei sein. Und nun war ich mit einem Schlage mitten in der Aktion. Die sechs »Hellbälger«, fünf Oriolasche Kinder und ein Flemmingsches, machten einen solchen Heidenlärm, daß jeder Gedanke an Regeln gesellschaftlichen Anstands ein für alle Male damit zu Tode gebrüllt wurde, und ich mich unversehens wie längst eingewohnt und zugehörig fühlte. Der Graf mußte es sich gefallen lassen, auch in Gegenwart anderer Sterblicher von Frau und Schwägerin mit »Flambo« oder »Flamingo« angeredet zu werden. Er ließ überhaupt über sich ergehen, was nun einmal, nachdem er der Mann seiner Gattin geworden, unvermeidlich war. Im Grunde stand er mit seinem innersten Wesen im stärksten Gegensatz zu der Arnimschen Ungebundenheit, und es ist kein Wunder, wenn sich dieser Gegensatz im Lauf der Zeit wohl immer fühlbarer machte. Ohne ihm irgendwie nähergetreten zu sein, muß ich sagen, daß er es in jenen Tagen an Freundlichkeit gegen mich nicht fehlen ließ, und mit ihm zu musizieren machte mir Freude. Außer der Mendelssohnschen B-Dur-Sonate spielten wir nicht allein die herrliche A-Dur-Sonate von Beethoven, sondern auch dessen beide Sonaten op. 102 miteinander, die mir damals noch unbekannt waren. Ein weiteres nicht Arnimsches Element im häuslichen Kreise bildete die unverheiratete Schwester des verstorbenen Grafen Oriola, Gräfin Luise Oriola. Sie war Palastdame der späteren Kaiserin, damals noch Königin Augusta[39], und gab sich durch ihre Haltung wie durch das Vornehm-Müde ihrer Sprache als unzweifelbares Mitglied der Hofgesellschaft zu erkennen. Verkehrte man jedoch länger und näher mit ihr, so traten allmählich hinter dieser Maske Züge von Ernst und Milde hervor, die verborgene Trauer und ein edles Herz ahnen ließen, so daß man ihr gut sein mußte. Die Hauptsache aber war und blieb, daß die beiden Arnimschen Schwestern mit ihrer Natürlichkeit, ihrer Verachtung aller leeren Konvenienz keinerlei Steifheiten in ihrer Nähe aufkommen ließen. Sie überragten allzusehr das Durchschnittsmaß der Menschen, um nicht überall ohne weiteres ihre Umgebung zu beherrschen. Wie die Bettina mit meinen Großeltern Pistor und meine Mutter wieder mit den Arnimschen Töchtern sich »Du« genannt hatten, so verstand es sich auch von selbst, daß in derselben Tonart fortgefahren wurde. Als Kind war ich von allen Arnims »Du« genannt worden, während ich natürlich »Sie« sagte, und so blieb es auch jetzt. Die Max, die mir bisher die fremdeste gewesen war, wurde mir nun bei vertrauterem Verkehr die liebste und verehrteste von allen. Noch lastete die Trauer auf ihr, aber der Schmerz trug nur bei, ihr ganzes Wesen zu verklären. Dazwischen regte sich denn auch schon wieder der ihr angeborene reizende Humor. In ihrer ganzen Persönlichkeit, in Erscheinung wie Naturell glich sie mehr dem Vater als der Mutter. Die tiefe großmütige Herzensgüte Achim von Arnims war vor allem ihr Erbteil geworden. Wohl hatte auch sie ein gutes Teil Übermut und Brentanosche Schelmerei im Blut, aber das alles hielt sich bei ihr in den Grenzen bezaubernder Anmut. Mit wie großem Talent sie zeichnete, davon erlebte ich eine Probe, die mich staunen machte. Es war soeben die Erfindung aufgetaucht, ganz dünne Holzscheiben herzustellen, um darauf zu zeichnen. Irgendeine Handlung hatte eine Anzahl solcher hellbräunlicher Holzblätter zur Probe an die Flemmingsche Adresse geschickt, und im Garten am Kaffeetisch wurden die Sachen ausgepackt und betrachtet. Während wir anderen uns unterhielten, hatte die Max ein Blatt genommen, um mit dem Stift zu probieren, ob man etwas damit anfangen könne. Es war noch kaum eine gute Viertelstunde vergangen, als uns eine reizende Landschaft in italienischem Charakter fertig vorgelegt wurde. Ich bat mir das Blatt aus und bewahre es noch heute als Andenken an die liebe, edle Frau.

Die Armgard sorgte mit ihrer sprudelnden Lebendigkeit dafür, daß im Zusammensein stets die beste Laune herrsche. Es wurde auch damit begonnen, »Katzenbergers Badereise« von Jean Paul gemeinsam zu lesen. Aber die Wirklichkeit bot bessere Unterhaltung als die mit vielen Unappetitlichkeiten gewürzte Komik dieses Romans. Erstaunlich war die Unbefangenheit, mit der die Armgard von ihren eigenen Vorzügen sprach. So verkündete sie unter anderem, ihr Gesang sei von Natur so herrlich gewesen, daß sie nie daran gedacht habe, Gesangunterricht zu nehmen. Jeder Unterricht hätte nur die angeborene Vollkommenheit verderben können. Die Lehre der zünftigen Romantischen Schule von der Unübertrefflichkeit der Natur und dem Schaden, den alle Bildung anrichte, konnte nicht überzeugter vorgetragen werden, als es hier geschah. Ein Stück Wahrheit war aber doch in dem Aberwitz. Wenn die beiden Arnims zusammen Volkslieder sangen, mit selbsterfundener Zweistimmigkeit, so war das freilich ebenso bezaubernd und in seiner Art vollkommen, wie es der Gesang der Nachtigall und der Amsel im Frühlingsgebüsch ist. Sie hatten auch beide angeborene Koloratur und konnten jede einzeln nach Herzenslust in die Welt hinaustrillern und jubilieren. Nur durfte man nicht daran denken, daß es daneben auch Schubertsche Lieder und Arien von Gluck und Mozart gab, die gesungen, d. h. verstanden und vollkommen vorgetragen werden wollen. Übrigens fehlte es der Armgard auch nicht an Selbsterkenntnis von der Kehrseite her. Eines Tages sagte sie: »Ja, das is nun mal so mit dene Arnims: Schrulle habbe se alle! Die Gisel aber hat eine von dene größte!« Damit sprach sie eine freilich unbestreitbare Wahrheit aus. Ein schöner Zug ihres Wesens war neben vielen anderen die Selbstlosigkeit, die sie in ihrem Verhältnis zur älteren Schwester offenbarte. Sie erkannte sie ohne Umschweife als die ihr überlegenere, höher veranlagte Natur an und war unermüdlich in dem Bestreben, ihr Liebes zu erweisen, sie zu erheitern, ihr bei ihrer so jäh hereingebrochenen Witwenschaft mit Rat und Tat beizustehen.

Merkwürdig war es, wie auffallend verschieden geartet die Oriolaschen Kinder gegenüber dem kleinen Töchterchen der Armgard erschienen. Dieses höchst zierliche anderthalbjährige Geschöpfchen war die geborene kleine Prinzess. Sobald man ihr nahte und sie nur leise berühren wollte, zirpte sie mit ihrem feinen Stimmchen »Nein, nein!« und es bedurfte vieler Künste, um sich mit Späßen und Spielereien endlich nur einigermaßen bei ihr in Gunst zu setzen. Wie leicht eroberte man dagegen die Herzen der fünf Oriolas! Mit dieser übermütigen, lustigen Herde stand ich bald im schönsten kameradschaftlichen Verhältnis. Von den drei Buben war es besonders der Älteste, Waldemar, ein begabter schöner Junge von neun Jahren, der sich sehr an mich anschloß. Jeden Morgen nahm ich mit ihm und seiner Mutter zusammen um acht Uhr das erste Frühstück ein, während die ganze übrige Gesellschaft erst um halb elf Uhr auf dem Plan erschien. Hinterher machte ich mit dem kleinen Kerl einen kurzen Spaziergang. Da der Ortspastor, von dem er für gewöhnlich unterrichtet wurde, für kurze Zeit verreist war, so bat mich die Mutter, währenddessen mich täglich eine Stunde mit ihm belehrend abzugeben. Dies geschah denn, nachdem wir vom Spaziergang heimgekehrt waren. Der Schüler war bei dieser Gelegenheit ein Quecksilber und es konnte nicht ausbleiben, daß es zuweilen einen kleinen Krach gab. Solch ein Gewitter brachte ihn dann aber zur Fügsamkeit, und wenigstens für eine Weile konnte man vernünftig mit ihm verkehren.

Die Armgard hielt endlich darauf, daß ich Zeit behielt, um für mich etwas zu tun, und insbesondere vormittags meine Klavierstudien zu erledigen. Das wäre nun ganz schön gewesen. Aber der Flügel stand im großen Saal, und hier pflegten sich auch die Palastdame, die Max und sämtliche Kinder am Vormittag aufzuhalten. Die Damen behaupteten zwar, durch meine Arpeggien und Oktaven nicht gestört zu werden, und dies glaubte ich gern, denn die Kinder verübten schon so heidenmäßigen Spektakel, daß es auf das bißchen Klavierbegleitung dazu nicht mehr ankam. Bald schob Waldemar dicht neben mir Kegel, oder es lag auch einmal die ganze Bande unter dem Flügel und trat mit den Händen Pedal, wenn ich keins haben wollte. Nun blieb unter solchen Umständen für mich nichts anderes übrig, als die Beschränkung auf rein mechanisches Trommeln; von Musik konnte nicht die Rede sein.

Es war vielfach ungünstiges Wetter, so daß der Aufenthalt im Freien, das Unternehmen größerer Wanderungen sich dadurch oft verbot. Unter anderen Umständen würde mir das sehr unangenehm gewesen sein. Hier aber waren die Menschen so interessant, daß ich mich leicht darein ergab, auch einmal einen Sommertag fast ganz im Zimmer zu verbringen. Natürlich gab es auch bessere Zeit dazwischen, und auf mehreren weiteren Spaziergängen lernte ich die reizende Gegend mit ihren schönen Wäldern, ihren vielen Seen liebgewinnen. Ganz überrascht war ich durch die Färbung des Wassers im Scharmützelsee und in den Tornowseen. Ein Alpensee kann kaum grüner sein als diese seine märkischen Vettern. Auf dem Rückweg von Wanderungen, wenn es anfing dämmerig zu werden, pflegte ich meinem kleinen Freund Waldemar Märchen zu erzählen. Dann war er so zahm, daß er nicht einen Augenblick von meiner Seite ging und nur gespannt auf jedes Wort horchte, was ich sagte.

So waren denn 14 Tage im Umsehen vergangen, und es mußte doch auch dieser Aufenthalt im Schlaraffenlande leider sein Ende haben. Als ich zum erstenmal von Fortgehen sprach, lachte die Armgard mich aus und meinte, sie würde mich einfach überlegen, wenn ich solche Reden führe, und so lange schlagen, bis ich sagte: »Noch nicht « Ein Aufschub ließ sich damals noch ermöglichen, aber im Lauf der dritten Woche wünschten meine Eltern doch mit Entschiedenheit meine Rückkehr, da der Beginn der Universitätsferien vor der Tür stand und sie mit mir nach Lauenstein abreisen wollten. So nahm ich denn am 31. Juli Abschied von Buckow, und das leider, um es unter ähnlichen Verhältnissen niemals wiederzusehen.

Noch ehe die beiden Arnimschen Schwestern im Frühling dieses Jahres sich in Berlin zusammengefunden hatten, war hier im Mai ihre Tante Savigny, die einstmalige »Gundel Brentano«, in hohem Alter gestorben. Es liegt nahe, in diesem Zusammenhang einen Brief einzufügen, den mein Vater nach ihrem Tode an Marie Hoffmeister richtete. Er lautet:

»Berlin 18ten Mai 1863.

Liebe Marie!
Gestern vor 8 Tagen war ich mit Ernst bei der alten Gundel. Sie war überaus liebenswürdig, zeigte und erzählte alle alte Erinnerungen aus ihrer Jugend, alle Bilder in ihrer Wohnung, selbst in den innersten Räumen derselben, erklärte aber bestimmt, wir sähen sie zum letzten Mal, sie fühle sich nicht mehr heimisch auf der Erde, obgleich sie es so gut habe und die Julie[XV] ein Engel sei, aber sie wolle und müsse zum Savigny, mit dem sie den Himmel auf Erden gehabt, und der sie hinauf

XV Julie, die Gattin ihres jüngsten Sohnes Leo von Savigny.

gezogen. Die Barduaelchen[XVI] hätten ihr zu ihrem letzten Namenstag ein Gedicht mit einem Strauß gesandt:

›ich grüße dich geliebte Gundel
aus diesen ewig lichten Räumen,
ich denk an dich in Seligkeit,
von der der Mensch sich nichts läßt träumen.
Gott segne dich und unsre Kinder;
die hier sind senden dir den Strauß,
und kommst du einst zu mir nach Haus,
blüht dir noch ein ganz andrer Kranz
in diesem Paradiesesgarten,
wo Mann und Kinder, Schwestern, Brüder
in Himmelsliebe dich erwarten.‹

Ich redete ihr die Gedanken aus und verwies sie an ihre lebhaften braunen Augen, die noch an keinen Abschied denken ließen, sie versprach auch noch einmal mit der Julie vorzufahren, um Ernst's schönen Flügel zu hören, aber sie wiederholte doch: wenn ich wieder käme und nach ihr fragte, so sei sie nicht mehr hienieden.

Heute Nachmittag meldete der Bediente, daß sie gestern Morgen um drei Uhr sanft entschlafen sei. Sie hatte sich auf einer Spazierfahrt im Thiergarten ein wenig erkältet, kam aber bald in Transpiration und der Arzt erklärte das Übel beseitigt; da ist sie in den Armen ihrer Kinder plötzlich sanft verschieden, gerade wie ihr Savigny, der ihre Hand in der seinigen hielt und wie sie ihn anblickte war er todt. Von dem heutigen Treiben des Weltlaufs hat sie lange schon nichts mehr wissen wollen, sondern sich aus ihren Evangelien- und den Gebetsbüchern, die sie besonders liebte, auf das Jenseits vorbereitet.

Karl, den ich dort traf, war tief bewegt. Er führte mich zu ihrem Sarge. Seit dem Tode meiner alten Lotte[XVII] habe ich kein friedlicheres ruhigeres Todtengesicht gesehen. Außer der Blässe war es völlig unverändert. Es ist mir recht von Herzen wehmütig zu Muthe, daß das alte liebe Savigny'sche Haus nun ganz geschlossen ist. Ein Stück Welt, ein Stück der eigenen Jugend und Geschichte sinkt jetzt in die Vergangenheit. Wissen Sie noch wohl, wie es uns oft so wohl dort gewesen ist? Ich bin es gewohnt, solche Ereignisse mit Ihnen zu besprechen; wie vor 6

XVI Gemeint sind die in Marie Lichtensteins Tagebuch oft erwähnten Schwestern Bardua.

XVII Seine Schwiegermutter Lotte Pistor ist gemeint.

Jahren[XVIII], so ist mir noch heute diese Mittheilung Bedürfniß. Darum verzeihen Sie mir, daß ich mich gleich an Sie, meine liebe alte Herzensfreundin damit wenden mußte. Ihr Mutterchen war diesen Abend bei uns und hat uns in liebenswürdigster Weise aufs Eis[XIX] geführt, wie Ihr seliger Vater weiland nach Australien! Wie schön, daß wir sie noch haben!

Leben Sie wohl, meine traute liebe Marie, grüßen Sie Ihr Herzblättchen und gedenken Sie freundlich Ihres alten Freundes A. Rudorff.«

Nach den Erfahrungen des letzten Winters mit seiner allzu reichlichen, zerstreuenden Geselligkeit war es mir durch den Kopf gegangen, ob es nicht ratsam wäre, meine Eltern im Oktober allein nach Berlin zurückkehren zu lassen, selbst aber bis Weihnachten in Lauenstein zu bleiben und still für mich zu arbeiten. Meine Tante Marie Rudorff, die Witwe meines verstorbenen Onkels[40], blieb den Winter über mit zwei – zum Überfluß recht uninteressanten – jungen Pensionärinnen in der Knabenburg wohnen; für meine äußere Existenz war also auf das beste gesorgt. Auch außer dem Hause fehlte es an Ruhe und Abgeschiedenheit nicht; denn abgesehen von den Gliedern der uns nahe befreundeten Hausmannschen Familie war niemand am Orte, der Ansprüche auf Umgang mit mir erhoben hätte. Als ich mit diesem Plan meinen Eltern gegenüber herausrückte, stieß er anfangs bei ihnen als abenteuerlich auf starken Widerspruch. Allmählich aber wurden sie anderen Sinnes, gaben ihre Einwilligung und reisten am 20. Oktober ohne mich nach Berlin zurück. So schien denn eine ganz stille, einsame Winterszeit voll fruchtbringender Tätigkeit vor mir zu liegen, und ich war glücklich, damit der Erfüllung eines längst im geheimen gehegten Wunsches entgegenzusehen.

Doch die Hinfälligkeit menschlicher Pläne sollte mir nur allzu bald handgreiflich gepredigt werden. Noch nicht zwei Wochen waren vergangen, als das Schicksal ungeahnt in das Gewebe meiner Träume eingriff, und zwar tat es dies im vorliegenden Fall in der Person von Julius Stockhausen.

Wie sehr ich Stockhausen als Künstler bewundern gelernt hatte, ist zur Genüge erwähnt worden. Auch persönlich war ich im Fregeschen Hause mehrfach mit ihm in Berührung gekommen, und endlich wußte

XVIII Er denkt an das Jahr 1857, in dem sein Bruder Valdec starb und Marie Hoffmeister gleichzeitig ihren Vater verlor.

XIX Die Tante Lichtenstein hatte überraschend Eis zu unserm Abendessen mitgebracht, wie einstmals ihr Mann Austern.

er, daß mich mit seinem jüngeren Bruder Franz eine herzliche Freundschaft verband, ja daß dieser einmal mit mir die Osterferien im Hause meiner Eltern zugebracht hatte und von ihnen liebevoll aufgenommen worden war. Es konnte nun zwar nichts Verschiedeneres geben als diese beiden Brüder, den stillen, sanften Franz und den ruhelosen Julius, der wie ein Wirbelwind bald nach dieser, bald nach jener Seite hinstürmte, heute dieses, morgen jenes ergriff, um es nach einigem Besinnen wieder fallenzulassen, kurz, ebenso leidenschaftlich und unzuverlässig war wie der andere stetig und treuherzig. Es war dann im Mai diesen Jahres geschehen, daß eines Tages zu meiner größten Überraschung Julius Stockhausen in der Friedrichstraße 226 auftrat, um mir in der Wohnung meiner Eltern seinen Besuch zu machen. Er war nur für wenige Tage nach Berlin gekommen – ich weiß nicht auf welche Veranlassung hin –, ließ sich natürlich auch meinen Eltern vorstellen und wurde von ihnen für einen der nächsten Tage zum Mittag eingeladen. Bereitwillig sagte er zu, erschien pünktlich und entwickelte im Gespräch die größte Liebenswürdigkeit. Niemand würde natürlich daran gedacht haben, ihn um diese Tageszeit zum Singen aufzufordern. Nach Tisch aber regte er selbst mit der Einleitung, daß er gern unseren neuen Erardschen Flügel kennenlernen möchte, zum Musizieren an. Nachdem ich den Anfang gemacht, setzte er mit einem Schumannschen Lied ein, das ich ihm begleiten sollte. Und nun war der Damm gebrochen. Er sah, wie echt das Verständnis war, das ihm hier begegnete, und ließ fünf der schönsten Lieder aus Schumanns Eichendorffschem Liederkreis folgen, die ich ihm sämtlich transponieren mußte, da sie ihm in der Originaltonart zu hoch lagen. Ich hatte ja zur Genüge erlebt, was Stockhausen zu leisten vermochte, hatte auch ein paar Male ihm und Frau Frege ein Duett akkompagniert, aber so intim und ausgiebig hatte ich doch noch nicht mit ihm Musik gemacht. Ganz von Bewunderung erfüllt war ich aufs neue über seine wundervolle Kunst. Wie meisterhaft behandelte er neben allen übrigen Vollkommenheiten den dichterischen, den sprachlichen Teil der Aufgabe! Jeder Laut, jede Silbe war schön und verständlich wiedergegeben, jedes Wort belebt und nach seiner Bedeutung gefärbt, die poetische Stimmung ergreifend zum Ausdruck gebracht, und doch dies alles der Hauptsache, der musikalischen Forderung, wie selbstverständlich ein- und untergeordnet! Ein Abgrund trennte seinen Vortrag von dem unleidlichen Sprechgesang unserer Tage, der von dem Musikdrama Richard Wagners ausgehend nach und nach das ganze Gebiet der Gesangsmusik überschwemmt, alle eigentliche musikalische Lyrik ertötet hat! Ich werde nie die Begeisterung vergessen, die dieser Eindruck bei meinen guten Eltern hervorrief. So hatten sie doch noch niemals Lieder singen hören! Und die treue Freundin Clara Baumeister, die als einziger Gast geladen war, durfte die unverhoffte große Freude miterleben! Stockhausen selbst aber hatte sich bei dieser Gelegenheit vergewissert, daß er mich zu gelegener Stunde brauchen konnte.

Fast ein halbes Jahr war seit jenem Nachmittag vergangen, als von dem »Sänger«, wie er selbst sich zu nennen liebte, der aber mittlerweile auch Musikdirektor in Hamburg geworden war, ein Brief an mich in Lauenstein eintraf mit dem folgenden Inhalt:

»Hamburg d. 30ten October 1863

Mein lieber Herr Rudorff,
Vor vielen Tagen schon wollte ich Ihnen den Vorschlag machen, den Winter bei uns in Hamburg zuzubringen, mit unseren jungen Kräften zu musiziren, und wohl ab und zu ein Gesangwerk mit Orchester und Soli zu dirigiren. Ich sprach mit Rose[XX] über den Plan und überlegte mir die Sache. Es müßte für Sie nicht ohne Interesse sein, für uns, und für mich speziell, der ich Sie jetzt besser kenne, eine große, große Freude! Aber das Schicksal scheint es anders zu bestimmen. Dietrich, Kapellmeister in Oldenburg, ist erkrankt, und so ernstlich, daß er in eine Anstalt, eine Stunde von Oldenburg, gebracht werden mußte. Schon im Sommer klagte mir seine Frau über seinen Zustand, und ich erbot mich die Winterconcerte für ihn zu leiten. Nun ist aber auch ein Gesangverein zu dirigiren, und die Kapelle soll wöchentlich zwei Proben haben, und Dietrichs Schüler und Schülerinnen haben keinen Unterricht mehr; die Frau Großherzogin[41] kann nicht musiciren. Ich schrieb also vor 10 Tagen an Frau Dietrich, daß ein Herr Rudorff aus Berlin gegen mich den Wunsch geäußert hätte, eine Stelle wie die Oldenburger zu übernehmen und dieselbe hat dem lieben vortrefflichen Intendanten Herrn von Dalwigk Nachricht gegeben.

Vor 5 Minuten bekam ich von ihm einen Brief. Er fragt, ob ich Ihnen schreiben will, ob Sie kommen werden, bemerkt aber dabei, daß diesen Winter alles Geld des Gehalts an die unglückliche Familie Dietrich zufließen werde, und der junge Stellvertreter ein unabhängiger Mann sein müßte, der höchstens einige Stunden gäbe, wenn es ihm daran läge. Nun glaub' ich zu wissen, mein lieber Herr Rudorff, daß Sie

XX Carl Rose war vor kurzem als Konzertmeister des Philharmonischen Orchesters nach Hamburg berufen worden.

ein solcher sind, und da es Ihnen gewiß darum zu thun ist, das, was Sie können und liebhaben an Musik, Anderen beizubringen, so würde ich Ihnen sehr rathen, die kleine aber g u t e Kapelle und den Gesangverein (wovon übrigens im Briefe nichts erwähnt ist) zu übernehmen. – Wollen Sie irgend eine Probe ablegen, kommen Sie nach Hamburg, ich schaffe Ihnen Gelegenheit, und braucht' es einiger Winke, was die Praxis betrifft, so bin ich gerne bereit. Schlagen Sie den Vorschlag nicht aus. Ich kenne kein Nestchen in Deutschland, wo die Verhältnisse, namentlich dem C h e f und dem Hofe gegenüber so angenehm wären. Es läßt sich reizend musiciren ... Es wäre zu lieb von Ihnen, wenn Sie den Winter dort dirigirten. Sie machen nicht allein einen Fortschritt, Sie thun wirklich ein g u t e s Werk. Bitte schreiben Sie mir bald, womöglich umgehend, ob Sie frei sind, ob Sie Lust haben, ob Sie wollen!

Es grüßt Sie herzlich
Ihr ergebener
J. Stockhausen.«

In welche Aufregung mich dieser Brief, dieser Blitz aus heiterem Himmel versetzte, brauche ich nicht zu sagen. Es war zwar ein kühnes Unterfangen, bei meiner sehr geringen praktischen Vorbildung zum Taktschlagen im Umsehen als Hofkapellmeister in Oldenburg aufzutreten. Aber der Gedanke, ein schönes Orchester, einen großen Chor zu meiner Verfügung haben zu sollen, mit großen Mitteln nach Herzenslust wirtschaften zu dürfen, reizte mich so sehr, daß er alle Bedenken niederschlug und ich, so weit es an mir lag, kurz entschlossen war, das Wagnis zu unternehmen. Nun mußte eiligst den Eltern die Sache mitgeteilt, ihre Zustimmung eingeholt, dann aber vor allem an Stockhausen geschrieben werden, und der Kopf brannte. So schnell als möglich war mein Annahme-Brief nach Hamburg abgeschickt worden und gern hätte ich auch gleich nach Oldenburg an Herrn von Dalwigk einen Brief voll von Bereitwilligkeit verfaßt, damit nur ja nichts versäumt werde. Da kam drei Tage später zuerst ein abwiegelndes Telegramm und kurz darauf der zweite Brief aus Hamburg. Stockhausen hatte vom Oldenburger Intendanten die Nachricht erhalten, daß man dort sich bereits an Herrn von Sahr in Leipzig mit der Aufforderung gewandt habe, Dietrich zu vertreten, und schrieb mir nunmehr Folgendes:

»Mein lieber Herr Rudorff,
Es ist das größte Glück, daß Sie nicht gleich an Herrn von Dalwigk geschrieben haben. Die Depesche sagt warum. Ist das nicht eine fatale

Geschichte? Doch Geduld! Sahr ist ein sehr gentiler, lieber Mann, aber ich glaube nicht, daß er je dirigiren wird; das habe ich offen an v. Dalwigk geschrieben. Haben Sie aber nur etwas Geduld! Auch habe ich geschrieben, daß ich mich nie entschließen würde mit einem so ängstlichen Begleiter bei Hofe die Müllerlieder zu singen, und das habe ich im Frühjahr der Großherzogin versprechen müssen. Also nochmals Geduld! Sahr zittert und bebt am Klavier wie eine junge Dilettantin! Wie soll er einem Orchester kommandieren? Er müßte sich andere Nerven angeschafft haben, aber ich kenne noch keinen solchen Verlag. Wollen Sie mir eine Hoffnung erlauben? – ›Hoffen darf man immer!‹ – Gut! – Dann machen Sie mir die große Freude nach Hamburg zu ziehen! Meine Singakademie ist im besten Gange; ich möchte noch vor meiner Abreise nach Wien (10ten December) ein Concert mit den jungen Kräften geben. Die Cantate von Bach ›Wachet auf‹ (Winterfeld) steht ziemlich fest, ›Chorfantasie‹ von Beethoven wird einstudiert, Lieder von Schumann ohne Begleitung, auch für Doppelchor können gemacht werden, dazu eine schöne Symphonie. Ich muß aber in der Cantate zwei Duette singen und Sie müssen dirigiren und während meiner Abwesenheit die Akademie (während 4 Wochen) mit Zustimmung des Comité, übernehmen, und mit mir öffentlich Kammermusik spielen, und Ihr Sextett, wovon David schreibt, einstudiren und ein neues Orchesterwerk dirigiren, kurz in eine musikalische Thätigkeit sich stürzen, die Sie, glaube ich, noch nicht gehabt haben. Das Alles im Fall aus Oldenburg Nichts wird, aber ich glaube nicht an Sahr, sondern an den frischen kräftigen Herrn Rudorff und rufe dem also nochmals zu, – wie ein liebes Mädchen mir im Frühjahr – ›Haben Sie mit mir Geduld!‹ –

In Eile, mit Ärger geschrieben, aber mit ganzem Herzen

Ihr ergebener J. Stockhausen.«

Die Vermittlerrolle, die Stockhausen in dieser Angelegenheit übernommen hatte, ließ, wie man sieht, an Konsequenz und Klarheit zu wünschen übrig. War er wirklich von Oldenburg her bevollmächtigt, mich zu befragen, ob ich die Vertretung Dietrichs übernehmen wolle, so gebührte mir jetzt der Vorrang, da ich meinerseits mich eher bereit erklärt hatte zu kommen, als noch von anderer Seite irgendein zustimmendes Wort eingetroffen war. Stockhausen hätte also in diesem Sinn ohne weiteres für mich eintreten müssen. Da er dies von sich aus nicht getan hatte, so widerstrebte es mir durchaus, selbst ein solches Vorrecht geltend zu machen, doppelt einem Manne gegenüber wie Sahr, der so viel älter war als ich und der sich immer als mein aufrichtiger Freund bewiesen hatte. Ich schrieb also an Stockhausen, daß ich seiner Vorschrift gemäß Geduld haben und abwarten werde, wie Sahr sich entscheide. Darauf verging eine Woche dann in unerquicklicher Spannung und am 4. November traf die Nachricht ein, Sahr habe die Berufung nach Oldenburg angenommen.

Nun lag ja noch die Möglichkeit vor, auf den zweiten Vorschlag Stockhausens einzugehen, der darauf abzielte, mich für den Winter zu gemeinsamer musikalischer Tätigkeit nach Hamburg zu ziehen. Anfänglich verdarb mir das Scheitern der Oldenburger Aussichten, deren Verwirklichung ich mit Leidenschaft herbeigesehnt hatte, alle Stimmung für neue Pläne. Aber Stockhausen ließ nicht ab, in mich zu drängen, und ich war bald so weit einzusehen, daß meiner in Hamburg vielleicht ebensoviel Förderung wartete, als in dem immerhin abgelegenen Oldenburg. Meine Stimmung zugunsten Hamburgs war also bereits die beste. Ein besonderer Umstand kam hinzu. Carl Rose war im Sommer von Paris nach seiner Vaterstadt zurückgekehrt, und Stockhausen hatte veranlaßt, daß ihm für den Winter die Stellung eines Konzertmeisters bei den Philharmonischen Konzerten übertragen würde. Nicht nur die Aussicht auf ein gemeinsames künstlerisches Wirken mit dem vortrefflichen, mir vertrauten Musiker war mir verlockend; ich wußte auch, daß ich an dem Freunde, dessen Aufrichtigkeit ich erprobt hatte, unter allen Umständen einen festen Rückhalt haben würde. Ehe jedoch die Situation sich wieder geklärt hatte, so daß ein bestimmter Entschluß gefaßt werden konnte, ließ ich nicht ungenutzt vorübergehen, was der Augenblick bot. Von alten Lauensteiner Freunden, die jetzt in Hannover lebten, war ich aufgefordert, sie einmal für ein paar Tage zu besuchen. Ich folgte der Einladung am 20. November, suchte am nächsten Tage Joachim auf, der sich verheiratet hatte, seitdem ich ihn zum letzten Male gesehen, hörte abends ein Konzert unter seiner Leitung und durfte hinterher einige Abendstunden in seiner Häuslichkeit zubringen. Noch ein paar andere Gäste waren anwesend. Kapellmeister Scholz nebst Frau, Reinecke, der aus Leipzig gekommen war, um seine Ouvertüre »Dame Kobold« zu dirigieren und Frau von Bronsart, die im Konzert Solo gespielt hatte. Das eigentliche Ereignis aber war für mich gewesen, unter Joachims Leitung eine vollendete Aufführung der a-Moll-Symphonie von Mendelssohn zu erleben, seine Frau singen zu hören und ihre persönliche Bekanntschaft zu machen. Die Anmut ihrer Erscheinung, die Schlichtheit ihres Wesens gewannen ihr von vornherein meine Zuneigung, ihr Gesang aber, die prachtvolle Schönheit ihres zwischen Alt und Sopran schwebenden Organs, der Adel, die Wahrheit ihres

Vortrags übertrafen alle meine Erwartungen. Im Konzert hatte sie im ersten Teil mit Orchester eine Arie aus »Herakles« von Händel gesungen. Im zweiten begleitete ihr der junge Ehemann Joachim am Klavier ein paar Lieder von Schubert und Mendelssohn. Seine pianistische Leistungsfähigkeit hielt sich freilich in den bescheidensten Grenzen; für die hier vorliegenden, sehr einfachen Begleitungen aber reichte sie aus, und es hatte etwas Herzgewinnendes, die beiden ausgezeichneten Menschen in aller Einfachheit wie im Familienzimmer miteinander Musik machen zu hören und zu sehen. Das Publikum klatschte denn auch so hartnäckig, daß schließlich noch ein Lied zugegeben werden mußte, und die Wahl fiel auf den Schubertschen »Lindenbaum«. Für diese Ansprüche reichten aber freilich Joachims Klavierfinger nicht mehr aus, und Reinecke hatte als Ablösung eintreten müssen.

Kaum war ich von diesen Eindrücken noch ganz erfüllt nach Lauenstein zurückgekehrt, als ich von Stockhausen folgenden, für die damaligen Hamburger Musikzustände wie für die Eigenart des Schreibers gleichermaßen bezeichnenden Brief erhielt.

»Hamburg d. 27ten Nov. 1863.

Was fällt Ihnen denn ein, mein lieber Herr Rudorff, mich immer Kapellmeister zu betiteln? Ich muß immer lachen, wenn ich Ihre Briefe seh'. Wir haben ja gar keine Kapelle hier, kaum ein ordentliches Orchester! Leute, die leider zu Tanz um das tägliche Brod spielen müssen, und das ist es eben, was wirklich vollendete Aufführungen hindert. Otten's Conzerte sind zum Glück nicht mehr erstanden, Grund hat auch wenig mehr zu sagen (er dirigirt den ersten Theil des nächsten Concerts um ihm eine Freude zu machen – ich singe nämlich ein Stück und Wilhelmi spielt) aber die Tanzmusik-Orchester sind, wie man mir sagt, sehr zahlreich und nicht selten kommen die musici Morgens 6 Uhr nach Hause, sind um 9 in der Orchesterprobe, um 1 Uhr in Altona zu einer anderen Probe und Abends bereit ein Concert zu spielen. Wie sollen da der Ansatz und die leichte Bogenführung gepflegt werden? Darum auch müssen wir uns doppelte Mühe geben mit dem Orchester und nach Neujahr möglichst oft Orchesterconcerte veranstalten. Und dafür sind ihrer drei nicht zu viel. Maszkowski ist nämlich auch da. Lange ließ er nichts von sich hören und heute früh 5 Uhr kam er von Galizien.

Es ist keine kleine Ehre für den angehenden Sänger-Dirigenten, daß zwei so tüchtige Musiker sich unter seiner quasi-Leitung im Dirigiren üben wollen, und ich schmunzle sehr, indem ich das schreibe. Aber mein Gott, und Dank Ihm für die Gabe, es scheint mir angeboren zu sein, denn ich brauche garnicht zu taktiren, und es geht doch. Nur kleine Winke mit dem Kopfe oder dem Finger! aber wie wird auch genau einstudiert! Heute halte ich die fünfte Probe zur Eroica! Es muß auch schön gehen! Kommen Sie Anfang nächster Woche, oder mindestens zum Freitag (Conzerttag) und sehen Sie sich die Sache an. Die Ferien geben jetzt bald dem Musik-Publikum Ruhe und uns leider auch, denn es giebt keine Säle, wo man nicht für Weihnachten baut. Am 4ten December findet das letzte Concert vor Neujahr statt; am 7ten die letzte Akademieprobe, und da möchte ich Sie gerne an der Seite haben, denn Grund wird schwerlich den dritten Theil des Faust ordentlich einstudiren können, und muß Jemanden zur Seite haben. Ich muß aber am 10ten spätestens nach Dresden und Wien, und kehre am 6ten Januar erst zurück (unter uns). Das Concert der Akademie ist aber schon am 12ten Januar und werden aufgeführt: Cantate von Bach, Chorfantasie von Beethoven, 3 Theil des Faust. Das erste Stück werde ich wahrscheinlich selbst dirgiren, sowie die Chorfantasie. Aber im Faust gilts einen tüchtigen Musiker am Pulte haben, und da wären Sie gerade der Mann; ich glaube nicht, daß man das Werk und die schlecht gedruckte Partitur Grund anvertrauen kann. Er hat das Werk nie gehört, nie gesehen und ist 73 Jahre alt, und – ein Bummler von jeher. Kurz, kommen Sie! Wir besprechen die Sache weit besser, als man es brieflich machen kann. Morgen reise ich nach Bremen, singe dort am 1ten Dec. Elias wozu Sie höflichst eingeladen sind, und am 2ten kehren wir subito nach Hamburg zurück. Wollen Sie mich in Bremen überraschen? Ich wohne in Hillmann's Hotel. Seien Sie ganz ruhig in Betreff Ihres Kommens! Sie kommen nicht zu spät, und nie zu früh.

Mit herzlichem Gruß
der Ihrige J. Stockhausen.«

Obwohl dieses Schreiben das beredteste Zeugnis für die Unklarheit der Verhältnisse ablegte, die mich in Hamburg erwarteten, so brachte es dennoch meinen Entschluß zur Reife, ja zu sagen und mein Kommen für den 7. [Dezember][42] bei Stockhausen anzumelden.[43] Allein ein Unerwartetes trat ein, das mich bestimmte, nicht auf geradem Wege, sondern über Leipzig nach Hamburg zu reisen. David telegrafierte, er spiele am 4. Dezember mein Sextett in der Kammermusik und ich müsse kommen, um zuzuhören. Frau Schumann sei auch da! Da gab es kein Besinnen. Rasch packte ich meine Siebensachen, fuhr die Nacht hindurch mit einem Bummelzug nach Leipzig und war am Donnerstag, den 3., morgens an Ort und Stelle. Zuerst wurde David im Konservatorium aufgesucht, dann ging es zu Hauptmann und endlich zu Freges, wo Frau Schumann in gewohnter Weise logierte. Abends spielte sie im Gewandhaus das G-Dur-Konzert von Beethoven und Freitag fand die Kammermusiksoiree unter ihrer Mitwirkung statt. Mein Sextett begann, dann folgten F-Dur-Trio und A-Dur-Streichquartett von Schumann und endlich Beethovens c-Moll-Variationen. Bereits in der Probe am Vormittag hatte ich mein Stück angehört und zum ersten Mal einen vollen Eindruck davon empfangen. So vortrefflich aber schon hier die sechs Herren David, Röntgen, Balland, Hermann, Lübeck, ?[44] spielten, am Abend übertrafen sie sich selbst. Die Ausführung war ungemein schwungvoll, das Publikum sehr animiert und ich selbst, der ich als Zuhörer an der Seite meines alten Lehrers Hauptmann sitzen durfte, bei aller Erregung doch nicht wenig durch das ganze Erlebnis beglückt. Für ein paar Augenblicke betrat ich noch zum Abschiednehmen das Fregesche Haus, dann ging es eilig ins Hotel und um zehn Uhr saß ich wieder im Eisenbahnwagen, um abermals im langsamsten Tempo die Nacht zu durchfahren. Ich konnte nicht widerstehen, einen Abstecher nach Wienrode zu machen, blieb Sonnabend und Sonntag dort, fand mich rechtzeitig zum Zwei-Uhr-Nachtzug in Thale ein und glaubte fest, am nächsten Morgen zu guter Stunde in Hamburg ankommen zu sollen. Stattdessen hatte die Eisenbahnverwaltung ohne mein Vorwissen eine Fahrplanänderung beliebt. Auf dem Bahnhof in Thale herrschte zu meinem Schrecken tiefste nächtliche Ruhe, und es blieb nichts anderes übrig, als zu warten bis zum nächsten Morgen, d. h. für die Abendprobe zu spät in Hamburg einzutreffen. Doch Stockhausen hatte recht gehabt mit seinem »Sie kommen nicht zu spät«. Die versäumte Probe war keineswegs die letzte gewesen, die vor Weihnachten in seiner Gegenwart stattfinden konnte, sondern für den übernächsten und den dann folgenden Abend hatte er abermals Chorproben angesetzt, bei denen er womöglich selbst anwesend sein wollte. So blieb also noch reichliche Gelegenheit, die nötigen Vereinbarungen zu treffen.

Carl Rose hatte mich am Morgen vergeblich am Bahnhof erwartet. Als ich zwölf Stunden später – abends um halb neun Uhr – endlich Hamburg erreicht hatte, war es das erste, daß ich auf gutes Glück mit der Droschke zur Wohnung seiner Eltern fuhr, weil ich glaubte, den Freund dort vielleicht beim Abendessen anzutreffen. Wirklich, er war noch dort, und wir machten uns den Spaß, sofort nach dem Konzertsaal zu wandern, um dort von der Galerie aus ungesehen noch ein Stück Probe zu erleben. Stockhausen saß allerhöchstselbst am Klavier. Er hatte sich entschließen müssen, den Begleiter zu spielen, Maszkowsky schwang neben ihm am Pult den Taktstock, und mir wurde bei dieser plötzlichen Versetzung aus dem dunklen Eisenbahnzug in den glänzend erleuchteten Saal fast zumute, als sei das ganze bunte Schauspiel da unten nur ein Traumbild. Am nächsten Morgen folgte die nüchterne Realität; doch sie enttäuschte nicht; ich fand vielmehr Stockhausen in der besten Stimmung, und die Hauptsache war, seine schönen geschriebenen Worte waren keine Redensarten gewesen. Er wiederholte, daß für den 12. Januar die Aufführung des Schumannschen »Faust«, Dritter Teil, fest angesetzt sei, daß er die Baritonpartie singen werde, und daß ich das Glück haben solle, das Ganze zu leiten.[45]

So hatte denn ein neuer Lebensabschnitt für mich begonnen, der, so wenige Monate er auch währte, doch im Gang meiner Entwicklung von wesentlicher Bedeutung war. Er gab mir nicht nur die erste Gelegenheit, mich als Dirigent in der Öffentlichkeit zu versuchen, sondern er ließ mich auch zugleich in nahe künstlerische Beziehungen zu Stockhausen treten, was denn wiederum ungeahnte Folgen nach sich zog.

Am ersten Tage nach meiner Ankunft in Hamburg gab es musikalisch noch nichts für mich zu tun. Ich wanderte mit meinem Freund Rose in der Stadt umher und sog die neuen Eindrücke begierig ein. Das Alsterbecken und vor allem der Hafen mit seinem Wald unzähliger Schiffsmasten imponierten mir gewaltig. In Altona, wo damals noch die Grenze zwischen Deutschland und Dänemark durch einen Straßendamm gebildet wurde, tranken wir nachmittags unseren Kaffee. Es war die Zeit unmittelbar vor dem Ausbruch des Krieges zwischen dem »Deutschen Bund« unter gemeinsamer Führung von Preußen und Österreich auf der einen und Dänemark auf der anderen Seite. Die Stimmung war gedrückt und der Ort sah öde genug aus. Dänische Soldaten liefen überall vereinzelt auf den Straßen umher; sie waren im Begriff, sich infolge eines Marschbefehls eiligst aus dem Staube zu machen, und das Gerücht ging, daß am übernächsten Tage Sachsen und Hannoveraner statt ihrer schon hier einziehen würden. So sehr aber diese Dinge uns für den Augenblick in Aufregung versetzten, sie mußten bald genug wieder in den Hintergrund treten, weil unsere rein persönlichen Angelegenheiten allzu gebieterisch Aufmerksamkeit und Kraft in Anspruch nahmen. Rose wohnte damals ziemlich weit entfernt von der Behausung seiner Eltern auf dem »Neuen Wall« im zweiten Stock. Hier war noch ein zweites, bei aller Nähe doch durchaus abgesondert liegendes Zimmer frei, das ich für mich mieten konnte, und so ließ sich ein gemeinsames Hausen ohne gegenseitige Störung einrichten. Dies geschah, und da die braven Eltern Roses es durchaus nicht anders zulassen wollten, so aß ich wenigstens in den ersten Wochen für gewöhnlich mit dem Sohn bei ihnen zu Mittag. Außer Maszkowski hatte sich auch noch Emil Hegar, der Cellist, auf Stockhausens Veranlassung in Hamburg eingefunden; das machten mit mir zusammen vier ehemalige Leipziger Konservatoriumsfreunde, die gleich ein Streichquartett hätten bilden können, wenn die Bratsche anstatt des Klaviers mein Instrument gewesen wäre. Die Schaffung eines Quartetts aber ließ sich Rose nicht entgehen. Ein tüchtiger junger Hamburger Musiker namens Beer, der schon nennenswerte Gewandtheit im Ensemblespiel besaß, wurde von ihm als Bratschist gewonnen, und bald hatten die vier Jünglinge sich so gut eingespielt, daß ihre Leistungen allgemeine Anerkennung fanden.

Für den zweiten Abend nach meiner Ankunft war Chorprobe für die Damen allein angesetzt. Ich nahm zum ersten Mal meinen Platz am Klavier ein, während Stockhausen am Dirigentenpult stand. Vormittags hatte er mich aufgesucht, war ein paar Stunden lang geblieben und hatte mit mir den »Faust« durchgenommen, wobei er ganze Strecken lang prachtvoll sang. Gleich am folgenden Tag erschien der ganze Chor zur Übung. Die Art, mit der Stockhausen mich der Versammlung vorstellte, konnte nicht liebenswürdiger sein. Überraschend aber war mir gleich bei diesen ersten Gelegenheiten die ungemeine Meisterschaft, mit der er seine Absichten bei den Singenden zu erreichen verstand. Hier war er unermüdlich. Er beschränkte sich nicht darauf zu sagen, w a s er verlangte, sondern beschrieb auch den Leuten, wie sie es zu machen hätten, um die von ihm gewünschte Wirkung zu erreichen. Und wiederum: er redete nicht bloß, sondern veranschaulichte gelegentlich seine Forderung auch durch eigenes Vorsingen. So gab er denn geradezu dem Chor Gesangunterricht, und wenn er hierin vielleicht etwas mehr tat als unbedingt nötig war, so kann ich doch nicht genug rühmen, wie sehr viel ich durch dieses sein Verfahren gelernt habe.

Am nächsten Nachmittag verließ er für mehrere Wochen Hamburg, um auswärts – namentlich in Wien – zu konzertieren, und bis nach Weihnachten war an kein weiteres Studieren mit dem Chor zu denken, weil tatsächlich um diese Zeit alle sonst verfügbaren Räume durch Weihnachtsausstellungen und andere Veranstaltungen in Beschlag genommen wurden. War ich nun auch vorläufig nicht durch bestimmte äußere Verpflichtungen an Hamburg gebunden, so hatte ich doch Grund genug, nicht etwa gleich wieder Ferien zu machen und den Ort zu wechseln. Ich beschränkte meinen Weihnachtsbesuch bei den Eltern auf wenige Tage und fand in dem eben begonnenen neuen Dasein genug zu tun und zu erleben. Vor allem beschäftigte ich mich gründlich mit der Schumannschen Partitur. Ich kannte bis vor wenigen Tagen den »Faust« nur von der einen Leipziger Aufführung her, der ich vor Jahresfrist beigewohnt hatte. Nun galt es, das Werk in allen Einzelheiten mir zu eigen zu machen. Die damals einzig vorhandene, einige Zeit nach Schumanns Tode erschienene erste Partiturausgabe war ein unglaublich verfehltes Ding. Um überhaupt eine Veröffentlichung zu ermöglichen, hatte man sich dazu verstanden, dem Verleger die Art der Herstellung ganz zu überlassen. Von gestochenen Platten war nicht die Rede gewesen, von jeder möglichen Raumersparnis hatte man Gebrauch gemacht, den ungeschicktesten Arbeitern schien das Kopieren überlassen worden zu sein; kurz, es gab nichts Unsaubereres, Unklareres, Verwirrenderes als diese Partitur. So war es doppelt geboten, sich mit der Musik bis zum vollkommenen Auswendigwissen vertraut zu machen. Doch die Versenkung in die herrliche Schöpfung war zugleich Genuß, und so wenig ich meiner Naturanlage nach zu den ganz ausschließlich in ihrer Kunst aufgehenden Musikanten gehörte, ich war doch sehr froh, nach einem Jahr der Entbehrung wieder einmal mitten unter die Musiker geraten zu sein und namentlich auch mit gleichaltrigen Zunftgenossen reichlich verkehren zu dürfen. Abgesehen von den vier Quartettisten, deren Proben ich mit großem Anteil beiwohnte, fand ich auch in einem jugendlichen Klavierspieler namens Smith[XXI] einen sympathischen Kollegen. Smith war ein wohlhabender junger Mann. Als ich ihn zum ersten Male besuchte, fand ich ihn im Besitz von zwei Flügeln, die auf seinem Arbeitszimmer standen, und ich war nicht wenig erfreut zu erfahren, daß meine als op. 1 erschienenen Variationen für zwei Klaviere bereits den Weg bis hierher gefunden hatten. Mit Fritz Brahms, dem jüngeren Bruder des Komponisten, hatte er sie mehrfach bei sich gespielt. Dieser zweite Brahms hatte eine mich verblüffende technische Fertigkeit als Klavierspieler. Er glich im Äußeren auf den ersten Blick unverkennbar seinem großen Bruder. Aber bei dieser äußeren Ähnlichkeit hatte es auch sein Bewenden. Mir ist kaum jemals ein so trockener, hölzerner Mensch vorgekommen, wie es dieser Fritz Brahms damals war. Von Musik ließ sich trotz aller stupenden Fingerfertigkeit eigentlich nichts an ihm spüren. Noch in ziemlich jungen Jahren ging er nach Amerika, wo er vermutlich ganz am rechten Platz war. Ich habe ihn kaum jemals später wieder nennen hören. –

---

XXI Oscar (?) Smith starb bereits in jungen Jahren.

Ehe Stockhausen auf die Reise ging, hatte er mich den verschiedenen Herren von der Konzertdirektion persönlich vorgestellt. Unter ihnen war der Musiker Theodor Avé-Lallement der wichtigste. Er hatte als Sachverständiger eine besonders schwerwiegende Stimme bei den Beratungen, lebte mit seiner Familie in sehr guten Verhältnissen, besaß ein eigenes Haus und war ein liebenswürdiger, gutmütiger Mensch, der mir sehr bald sein Wohlwollen zuwandte. Leider nur fehlte es ihm bei wichtigen Entscheidungen oft am nötigen Rückgrat. So war es nach Joachims Ansicht seinem Mangel an energischem Eintreten für Brahms wesentlich zuzuschreiben gewesen, wenn vor Jahresfrist nicht dieser zum Leiter der Hamburger Konzerte berufen worden war[XXII], sondern Stockhausen. Auch ich mußte bald genug mit seiner Schwächlichkeit Erfahrungen machen. Auf den 28. November war die erste Chorprobe angesetzt, deren Leitung ich in Stockhausens Abwesenheit übernehmen sollte. Mir war offiziell die Vertretung Stockhausens übertragen worden, alle Welt wußte, daß ich bei der Aufführung des »Faust« dirigieren sollte, während Stockhausen sang, und weder Chor noch Konzertdirektion weinten dem alten Grund eine einzige Träne nach, aber auch niemand hatte ihm völlig reinen Wein über die Lage der Dinge eingeschenkt. Endlich versprach Avé, persönlich zu Grund zu gehen und ihn um seine Nichtmitwirkung zu ersuchen. Offenbar jedoch hatte es dem guten Mann trotzdem wieder an Mut gefehlt, von Angesicht zu Angesicht die volle Wahrheit zu sagen. Denn Grund erschien in der Probe, und obwohl er sich auf meine höfliche Bitte bereit erklärte, mir das Einstudieren zu überlassen und nur am Schluß der Probe bei der Repetition des Ganzen Takt zu schlagen, ergriff ihn doch bald aus alter Gewohnheit das Dirigentenfieber und er fragte mich zur Einleitung, ob er mir nicht vielleicht umwenden solle. Da ich dies nicht abschlagen konnte, so blieb es nicht aus, daß wir nun beide um die Wette den Chor anschrieen. Natürlich war es mir peinlich genug, dem dreimal älteren Mann beständig in die Rede zu fallen, aber die Sache forderte es, und ich hatte die Genugtuung, daß mir nach Schluß der Probe von allen Seiten ausgesprochen wurde, ich hätte nur noch viel rückhaltloser eingreifend meine Meinung äußern sollen. Dies ließ ich mir nicht zweimal sagen. In der nächsten Probe, die wenige Tage später stattfand, trat ich mit gesteigertem Selbstvertrauen auf, und Grund verhielt sich fast ganz schweigsam.

---

XXII Vgl. Briefe von und an Joseph Joachim, Band II, [Berlin 1912], an Th. Avé-Lallemant, Hannover am 31. Januar 1863.

Am 3. Januar kehrte Stockhausen von seiner Reise zurück. Rose und ich empfingen ihn am Bahnhof. Während seiner Abwesenheit hatte er mir freigestellt, in seinem Zimmer auf dem dort stehenden schönen Erardschen Flügel nach Herzenslust zu spielen und auch seine musikalische Bibliothek zu benutzen. Jetzt tat er noch mehr: als ich ihn am Tage nach seiner Rückkehr vormittags aufsuchte, verlangte er zu meiner Überraschung, ich solle ihm ein paar Töne vorsingen. Er fand meine Stimme gar nicht so übel und befahl mir, täglich Skalen zu üben: Er wolle mich dann von Zeit zu Zeit etwas in die Schule nehmen. So wenig in der Tat aus diesem projektierten Gesangunterricht wurde, immerhin war es genug, um mich einen Blick in ein Gebiet tun zu lassen, das mir bisher fremd war. Und eine merkwürdige Erfahrung machte ich bei dieser Gelegenheit: Stockhausen hatte sein Organ so vollkommen in der Gewalt, daß er ohne jedes Besinnen mit der Stimme das bisher übliche A und dann das A der neuen Pariser Stimmung[46] angeben konnte. Es war, als habe er in der Kehle eine Art von Tastatur, auf der er nur die fertigen auf das feinste differenzierten Töne anzuschlagen brauche. Zugleich aber war er beim Anhören irgendwelcher ihm unbekannten Musik nicht imstande, mit Sicherheit die Tonart des Stückes anzugeben. Er beneidete mich darum, daß mir das sogenannte »absolute Tonbewußtsein«, das ihm trotz allem fehlte, als angeborener Besitz zugefallen war. Ich dagegen fühlte mich wiederum unsicher, wenn ich plötzlich, – sozusagen aus freier Faust – einen bestimmten Ton mit der Stimme angeben sollte. Es bedurfte irgendwelcher von außen kommender festumrissener Instrumentaltöne, um mir gleichsam sicheren Boden unter die Füße zu geben. Sobald mein Ohr solche vernahm, war es sofort unfehlbar orientiert.

Nach Stockhausens Rückkehr häuften sich die Proben, und zwischen die Vorbereitungen für die Choraufführung fielen andere für ein Instrumentalkonzert, das auf den 15. Januar angesetzt war. Hier dirigierte Stockhausen unter anderem die A-Dur-Symphonie von Mendelssohn, die er sehr fein einstudiert hatte, und auch ich mußte das Konzertpodium besteigen, um der damals sehr gefeierten, mit einer mächtigen Sopranstimme begabten Sängerin Fräulein Tietjens einige Lieder zu begleiten. Am Vormittag desselben Tages hatte ich zum ersten Mal den Taktstock in die Hand bekommen, um mit dem Orchester die Faustmusik durchzunehmen. Andere Proben folgten, und am 18. Januar durfte ich meinen Geburtstag mit meinem ersten Dirigentendebüt vor der Öffentlichkeit feiern. Als ich am Vormittag in der Generalprobe meine Arbeit getan hatte, behauptete Stockhausen, ich sei auch als Dirigent über Nacht um ein Jahr älter geworden. Das hob natürlich meinen Mut. Während der Probe aber war auch Frau Schumann im Saal erschienen, die den Klavierpart in Beethovens Chorfantasie übernommen hatte, und nichts freute mich mehr, als die herzliche Begrüßung, die auch sie mir zuteil werden ließ.

Das Programm des Konzerts lautete:

A) Kantate von J. S. Bach, »Wachet auf ruft uns die Stimme«,

B) Chorfantasie von Beethoven,

C) Dritter Teil des »Faust« von Schumann.

Es stand ein guter Stern über dem Abend, alles gelang vortrefflich, und ich durfte für meinen Teil herzliche Anerkennung von allen Seiten erfahren. Stockhausen sang, nachdem er die beiden ersten Sachen dirigiert, im »Faust« so herrlich, daß die allgemeine Begeisterung keine Grenzen kannte. Und freilich: diese seine Leistung war eine unvergleichliche. Wer die Stelle: »Hier ist die Aussicht frei, der Geist erhoben. Dort ziehen Fraun vorbei, schwebend nach oben«[47] jemals von ihm gehört hat, der wird sich schwer entschließen mögen, sie sich von einem anderen Sänger wiederholen zu lassen. Da war nichts von Pose, von gesuchtem Effekt; es konnte nicht anders sein, es schien, als seien die Töne und Worte selbst in überirdische Lüfte verwandelt, die der Hörer nun einatmen dürfe.

Am nächsten Tag lief eine schriftliche Adresse bei Stockhausen ein, in der um eine Wiederholung des Konzerts gebeten wurde. Die Bitte wurde gerne gewährt, und zwar ward beschlossen, die Einnahme dieses Mal den Schleswig-Holsteinern zukommen zu lassen. Freilich mußte man auf die Mitwirkung von Frau Schumann verzichten. Fräulein Sarah Magnus trat an ihre Stelle. Mir persönlich aber wurde dafür eine Freude zuteil, die mir die Erinnerung an dies zweite Konzert ganz besonders wert macht: ich durfte meine gute Mutter unter den Zuhörern wissen. Auf meine dringende Bitte hatte mein Vater darein gewilligt, sie trotz starker Winterkälte und sonstiger Bedenken allein nach Hamburg reisen zu lassen. Während ihrer Abwesenheit berichtete er nach Wienrode: »Betty ist nach Hamburg um Ernsts zweite Direktion des Faust anzuhören und – anzusehen, denn das Schwingen des Taktstocks wird ihrem mütterlichen Herzen ohne Zweifel noch mehr imponieren als die wundervolle Musik. Obgleich Ernsts Eintritt in das bürgerliche Leben nicht gerade kostenfrei ist und auch anders woher manche Ansprüche an meine Kasse gemacht werden, so konnte ich es doch nicht über mich gewinnen, Mutter und Sohn diese Freude zu versagen, die beiden ja ein

Andenken für das ganze Leben ist. – Zur Belohnung meines Edelmuths versicherte Frau Schumann, die am Sonntage hier eintraf, die erste Aufführung des Faust sei vortrefflich gewesen und sie würde nur zu gern der zweiten beiwohnen, Ernst habe mit Freiheit und Energie dirigirt und auch in diesem Punkte ein Talent entwickelt. Das will in ihrem Munde allerdings etwas sagen, denn es ist bekannt, wie schwer sie durch eine Aufführung eines Werks ihres Mannes zufrieden zu stellen ist …«

Der mehrtägige Aufenthalt meiner Mutter brachte ihr wie mir eine Reihe der hübschesten Erlebnisse. Herr Avé, der von ihrer bevorstehenden Ankunft gehört hatte, fand sich auf dem Bahnhof ein, um sie zu empfangen und zugleich auf den Abend zu sich einzuladen. Auch das jugendliche Rosesche Quartett hatte er aufgefordert, bei ihm zu erscheinen, und so gab es einen ordentlichen kleinen Kammermusikabend: zuerst zwei Streichquartette von Haydn und Beethoven, dann zum Schluß ein Beethovensches Klaviertrio unter meiner Mitwirkung. In den nächsten Tagen feierte meine Mutter allerlei Wiedersehen mit alten Freunden und Freundinnen. Ein Abend wurde bei Otto Beneke[XXIII] zugebracht, der einstmals als Student im Hause meiner Eltern ein gern gesehener Gast gewesen war. Fräulein Ludendorff gab der alten Freundin von der Berliner Singakademie ein Austernfrühstück. Das interessanteste Erlebnis aber bestand in einer kleinen Abendgesellschaft bei dem Eisenbahndirektor Wolff, der in zweiter Ehe mit der höchst geistvollen Witwe Immermanns, Marianne geb. Niemeyer verheiratet war. In Berlin hatte diese vor Jahren viel mit meiner Mutter verkehrt, und als sie von meiner Anwesenheit in Hamburg erfuhr, benutzte sie die nächste Gelegenheit, die sich im Konzertsaal bot, mich zu einem Besuch bei ihr aufzufordern. Nun kam ihr zu Ohren, daß meine Mutter von mir erwartet werde, und sofort erfolgte eine Einladung zum Abend für uns beide. Außer der Familie, hieß es, würden wir nur noch einen einzigen Gast finden, und zwar sei dieser kein geringerer als Emanuel Geibel. Wenn auch die Schwärmerei, mit der ich als halberwachsener Jüngling mich in Geibelsche Gedichte vertieft hatte, nicht mehr ganz so glühend war wie vor einem halben Jahrzehnt – Eichendorff hatte seitdem mit noch tiefergreifender Macht von meiner Seele Besitz genommen – die Aussicht, Geibel kennenlernen zu sollen, ließ

XXIII Otto Beneke, Jurist, Verfasser des Buches »Alte Hamburgische Geschichten«. [Es sind zwei voneinander unabhängige Bände der »Hamburgischen Geschichten« von Otto Beneke erschienen: Hamburgische Geschichten und Sagen, Hamburg 1854; Hamburgische Geschichten und Denkwürdigkeiten, Hamburg 1856.]

meine Pulse hoch genug schlagen. Er war nur für einige Tage nach Hamburg gekommen und verkehrte vor allem im Wolffschen Hause. Mit großer Freundlichkeit kam er meiner Mutter, der er vor Jahren einmal in Berlin begegnet war, und auch mir von Anfang an entgegen. Wenn ich nicht irre, so hatte der Wunsch, den Schumannschen »Faust« kennenzulernen, ihn veranlaßt, gerade jetzt die Hamburger Freunde zu besuchen. Jedenfalls bat er mich, ihm womöglich einiges aus der Musik zu spielen, damit er irgendwie vorbereitet die für den nächsten Abend bevorstehende Aufführung genießen könne. Diese Aufforderung kam mir gerade sehr gelegen; denn ich lebte ja für den Augenblick ganz und gar in den Schumannschen Klängen und fand eine Art von Wonne darin, nach meiner eigensten Weise auf dem Klavier wiederzugeben, wie ich die Musik empfand. So spielte ich denn fast den ganzen dritten Teil und hatte die Genugtuung, daß die ganze[48] Zuhörerschaft, Geibel voran, von dem poetischen Zauber des Werks entzückt war.

Im Lauf des Gesprächs kam später die Rede auf Geibels Operntext »Loreley«, dessen Komposition Mendelssohn bekanntlich begonnen, aber unvollendet gelassen hat. Ich gestand endlich, daß auch ich einmal den allzu kühnen Gedanken gehabt habe, mich ans Werk zu machen, um die Lücken – die mehr als drei Vierteile des Ganzen betragen (!) – auszufüllen, daß ich aber nach Vollendung der Ouvertüre und des kleinen »Ave Maria« mich von der Vermessenheit meines Unternehmens allzu sehr überzeugt habe, um nicht halt zu machen und von allem weiteren abzusehen. – Nun aber wollte Geibel durchaus mit eigenen Ohren hören, was ich zustandegebracht habe, und ließ nicht nach, in mich zu dringen, daß ich ihm doch die Sachen vorspielen möge. Schließlich machte er folgenden Vorschlag: ich solle mit der Ouvertüre beginnen, dann wolle er den ersten Akt seines Gedichts vorlesen, und an der rechten Stelle müsse ich wiederum mit dem »Ave Maria« einsetzen. – Wie sollte ich wohl einem so verlockenden Anerbieten gegenüber standhaft geblieben sein! – Also, ich spielte und Geibel las seinen wirklich in hohem Grade poesievollen ersten Akt. Wie vielbewundert Geibel als Vorleser war, ist bekannt. Meiner Ouvertüre wurde mehr Beifall gezollt als sie verdiente. Ich habe sie später für immer beiseitegelegt, weil sie mir nicht mehr genügte. Daß ich sie aber an jenem Abend unter so ganz besonderen Umständen nicht unterdrückte, freut mich noch heute. Die Stimmung jener Stunde ließ das Unvollkommene des Erreichten über der Reinheit der Absicht vergessen.

Es geschieht wohl nicht selten, daß das persönliche Kennlernen berühmter Männer, deren Werken man, ehe man sie selbst gesehen, Liebe und Bewunderung entgegenbrachte, enttäuscht. Emanuel Geibel gehörte nicht in diese Reihe. In der Unterhaltung erschien er mehr hochgesinnt und interessant als geistreich; sein ganzes Wesen aber, das von innerer Schlichtheit, Reinheit und Herzensgüte zeugte, mußte bei jedem Unbefangenen Verehrung und Vertrauen wecken. Er war mit einem Wort echt als Mensch wie als Dichter. Sein Andenken sollte besser geehrt werden, als es in unseren Tagen leider der Fall ist. – Begegnet bin ich ihm nach jenem schönen Abend niemals wieder. Doch bewahre ich ein paar Briefe von ihm, die mir als Zeichen seiner freundlichen Gesinnung von großem Wert sind.

Auf den nächsten Morgen war Orchesterprobe angesetzt; hauptsächlich wohl, um Fräulein Magnus Gelegenheit zu geben, die Klavierpartie in der Chorfantasie mit ihren vielen Pausen und kleinen Einsätzen einmal wenigstens im Zusammenhang mit der Begleitung durchzuspielen. Stockhausen hatte mich eines Tages aufgefordert, mir die Orchesterstimmen zu meiner Eckbert-Ouvertüre aus Berlin kommen zu lassen; er beabsichtigte, das Stück in einem späteren Konzert zur Aufführung zu bringen. Jetzt aber überraschte er mich damit, daß er die Ouvertüre in der Probe auflegen ließ. Ich dirigierte sie zum erstenmal selbst und durfte sie zweimal hintereinander durchspielen lassen. Daß meine Mutter auch hier meine Zuhörerin sein konnte, machte die Freude natürlich zu einer doppelten.

Nur wenige Tage waren seit dem Erleben aller dieser künstlerischen und geselligen Freuden dahingegangen, als der Ernst der politischen Lage für den Augenblick jedes andere Interesse in den Hintergrund drängte.[49]

Einige Auszüge aus Briefen mögen über die nächsten Wochen berichten.

An die Eltern.

»Hamburg d. 30ten Jan. 1864

... Wie sehr meine Gedanken jetzt durch die Holstein'sche Angelegenheit in Anspruch genommen werden, das könnt Ihr Euch denken! Den ganzen Tag über währt der Durchmarsch der Truppen, und die Sache bekommt ein so ernstes Gesicht, daß man sich fast schämt so unwichtige – wenigstens für den Augenblick unwichtige – Dinge zu treiben wie Klavierüben und in Soireen spielen u. s. w. Morgen wird Preußische Garde 30.000 Mann erwartet. Ist da wohl Wilhelm Beseler[XXIV] dabei oder gar Fritz Schwerin? Max Beseler[XXV] ist doch wahrscheinlich noch in Lübeck? ...«

Von der Mutter.

»Berlin d. 31. Jan.

... Ich kann mir denken, daß dir in dieser Zeit Concerte und Klavierspielen als klein erscheinen und doch wollen wir Gott danken, der dich vor dem Mitgehen in diesen Krieg bewahrt hat. Max Beseler ist jetzt schon von Lübeck fort, die Eltern haben aber keine Nachricht, wo er ist. Wilhelm B. wird wohl auch dorthin sein, da er ja ebenfalls zum 2ten Garderegiment gehört. Wilhelm Wedding ist nicht einberufen; ich glaube, Kavallerie brauchen sie wenig. Heute wird unser Kronprinz[50] in Hamburg sein; gestern Abend ist er mit den Truppen abgegangen, ich wollte du sähest ihn! Heute gehen wieder 20.000 Oesterreicher hier durch; es wird ein gewaltiges Heer! ...«

An die Mutter.

»Hamburg d. 3ten Febr.

... Wolffs schickten etwa um ½ 7 zu mir, und forderten mich auf, etwas zu ihnen zu kommen und mit Balans[XXVI] zusammen zu sein, die auf der Durchreise von Kopenhagen nach Berlin begriffen sind. Eigentlich wollte ich zwar in diesen Wochen nichts von Einladungen annehmen, aber Balans zu sehen war mir aus persönlichen und politischen Gründen so interessant, daß ich nicht Nein sagte, sondern mir vornahm es nun mit diesem Mal das letzte Mal sein zu lassen, und von jetzt an mein Klosterleben zu beginnen, in dem das vierhändige Arrangement des Sextetts, um das mein Verleger Senff dringend bittet, sowie das Einstudieren der beiden öffentlich zu spielenden Trios fertig gebracht werden soll.

Sehr hübsch, aber wirklich s e h r  h ü b s c h hat neulich Abend Fräulein Friedchen Wagner[XXVII] bei sich gespielt. Du weißt, daß wir zum Sonntag eingeladen waren. Sie spielte drei Klavierquartette: das

XXIV Sohn des Bonner Universitätskurators Wilhelm Beseler.

XXV Max Beseler, Sohn des Berliner Professors Georg Beseler, später Preußischer Justizminister.

XXVI Herr von Balan, damals Preußischer Gesandter in Kopenhagen; das Ehepaar Balan war seit Jahren mit meinen Eltern befreundet.

XXVII Vortreffliche Klavierspielerin und Lehrerin, Schülerin von Clara Schumann; spätere Frau Sauermann.

g moll von Mozart, das Es dur von Beethoven, und das Schumann'sche. Vor der könnten sich verschiedene Leute, die öffentlich spielen, sehr schämen, denn sie steckt an poetischer Auffassung die meisten in den Sack. Dein Wohl wurde beim Abendessen ausgebracht, und du siehst daran, daß man Deiner mit Wärme gedenkt ...«

Von der Mutter.

»Berlin d. 5ten Februar.

... Morgen Abend ist bei uns die seit langem projektirte Gesellschaft: Beselers, Bruns, Mommsens und Göschens kommen ... Mir war es in den letzten Tagen wenig nach dergleichen zu Muthe, die Nachrichten vom Kriege benehmen die Lust zu heiterer Geselligkeit. Besonders waren wir alle um Max Beseler sehr besorgt, da er an dem Treffen von Missunde[51] betheiligt war. Eben haben wir nun gehört, daß Beselers Nachricht aus Kiel über ihn haben. Er ist Gott sei Dank nicht verwundet, obgleich um ihn herum mehrere gefallen sind; jetzt ist er in Kiel bei seinen Verwandten für einige Tage. Er war von seiner Krankheit, die er sich auf den anstrengenden Märschen zugezogen, noch so angegriffen, daß ihn sein Feldwebel ins Lazareth schicken wollte. Da haben ihn Karstens bei sich aufgenommen. Er selbst schreibt aber, er wolle in zwei Tagen wieder zu den Truppen. Die arme Frau Hellwig hat noch keine Nachricht von ihren Söhnen. Wie anders greift dieser Krieg in unser aller Herzblut, als die Kriege der letzten Jahre, und wie viele Opfer wird er noch fordern! Freilich, je furchtbarer er wird, um so weniger ist Aussicht, daß die Dänen je wieder Macht in Schleswig bekommen. Gneist hat neulich an Vater erzählt – und dessen Nachrichten sind ziemlich sicher – in der letzten Ministersitzung, wo Bismarck für die Untheilbarkeit Dänemarks gesprochen, habe unser König erwidert, das sei alles ganz gut, er habe sich aber persönlich für Deutschland engagiert, und seine Ehre erlaube ihm nicht anders zu handeln, als Deutschlands Wohl es fordere. Wenn das wahr ist, so könnte man den ehrlichen Wilhelm[XXVIII] noch einmal wieder lieb gewinnen! ...«

An die Mutter.

»Hamburg d. 11ten Febr.

Du wirst es begreifen daß dem Menschen bei so beständiger Aufregung, wie sie die vergangenen Tage brachten, die Lust zum Schreiben ausgeht,

XXVIII Der König hatte bekanntlich damals, weil er das verhaßte Ministerium Bismarck nicht fallen ließ, alle Sympathien, die er früher besaß, eingebüßt.

und mich deshalb entschuldigen, wenn meine Briefe seltener sind, als gewöhnlich. Es kommt mir so wunderbar vor, jetzt über seine eigenen täglichen Erlebnisse zu berichten, wo so Großes und Wichtiges in nächster Nähe geschieht und das ganze Interesse in Anspruch nimmt. Man kann ja freilich nicht immer mit seinen Gedanken dort sein, sondern muß auch arbeiten und für sich weiter leben; hat man aber bei dieser Gelegenheit die große allgemeine Sache für eine Weile vergessen, so fühlt man nachher fast etwas wie Vorwurf darüber in sich.

Dein Brief am Sonnabend machte mir nun auch ganz besonderen Eindruck. Ich hatte immer in den Zeitungen nach dem Standort des 2ten Garderegiments gesucht, weil mir eine Empfindung von Zugehörigkeit dazu aus den vergangenen Jahren doch noch geblieben ist[XXIX], fand aber nirgends eine Nachricht, las nur vom 4ten Gardegrenadierregiment und anderen, und war deshalb ganz erstaunt zu hören, daß Max Beseler mit vor Missunde gewesen ist. Mich ergriff die ganze Sache so, daß ich gerade im Begriff war, Euch um Erlaubniß zu bitten, nach Kiel gehen und dort wenigstens in der Weise helfen zu dürfen, wie es die Studenten thun. Aber noch ehe ich dazu kam, die Feder in die Hand zu nehmen, trat Avé in meine Stube mit der Nachricht, Schleswig sei genommen.[52] Das war natürlich zuerst ein großer Jubel, dann kamen alle die Zweifel wieder über die Ehrlichkeit der Preußisch-Oesterreichischen Handlungsweise und verbitterten die Freude in etwas ... Wie mag nur die Stimmung in Berlin sein, wo die nächsten persönlichen Interessen jetzt aufgeregt werden, in so vielen Familien Angst um die Angehörigen herrschen muß! Daß Ihr dabei eine Gesellschaft gebt und Beselers einladet, besonders aber daß diese kommen, ist mir nicht ganz verständlich. An Max denke ich oft genug, und wenn er zurückkommt, beneide ich ihn um die Erfahrung, um die er reicher geworden ist ... Du wirst nun auch etwas Anderes wissen wollen, und so will ich erzählen, daß am Montag Morgen hier mein Sextett probirt wurde. Avé, Stockhausen und Andere hörten zu; es ging nicht besonders, gefiel aber sehr. Von meinen beiden Liederheften op. 2 und 3[53] habe ich die erste Correktur erhalten und mich am hübschen Stich gefreut. Dienstag Mittag war ich allein zu Beneke's geladen und fand es sehr gemüthlich dort. Das sind wirklich prächtige Menschen und sie gehören außerdem glücklicherweise nicht zu den Blutsaugern, die immer Musik als Bezahlung verlangen, wenn sie einen Musiker bei sich haben.

---

XXIX Wie erinnerlich, hatte ich mich beim 2. Garderegiment wiederholt um Eintritt als Einjährig-Freiwilliger gemeldet, um freilich stets zurückgewiesen zu werden.

In nächster Woche geht es nun wieder mit allerlei Proben zum Pensionsfond-Concert an, wo ich wahrscheinlich den zweiten Theil des Faust zu dirigiren habe; Stockhausen denkt daneben die Sommernachtstraummusik[54] und den ersten Satz der Ocean-Symphonie von Rubinstein zu machen. Ferner wird Joachim in der nächsten Woche erwartet, und am Mittwoch spiele ich C moll Trio von Beethoven in einem Concert, das ein Musiker (Geige) namens Ballin giebt, der mich um meine Mitwirkung bat. Endlich soll ich Stockhausen Schuberts Winterreise in einem Liederabend begleiten, den er irgendwann hier geben will. Kurz es liegt genug vor, aber man hat zu Nichts rechte Lust, wird innerlich immer hin und her gezerrt ...«

Von meinem Vater.

»Berlin, 12. Febr. 1864

Du bist wohl so gütig, einliegenden Brief gelegentlich meinem lieben Freunde Otto Beneke einzuhändigen, zu dem du zu meiner Freude dich ja ebenfalls hingezogen fühlst, so daß die alte Freundschaft zwischen unsern Häusern nun schon die dritte Generation durchlebt. Denn sein Vater hatte mit meiner Mutter in Bremen Tanzstunde und sein alter noch lebender Onkel Fritz half meinem Onkel Wilhelm durch, als die Franzosen dort einen Preis auf seinen Kopf gesetzt hatten.[55]

Max Beseler ist, nachdem er in Kiel auskuriert ist, längst wieder zu seinem Regiment abgegangen. Mit bekannter Beseler'scher Gemüthsruhe schreibt er natürlich kein Wort und sein Vater findet dies ganz in der Ordnung, da er irgendwo auf dem Dorfe liege, von wo nichts Merkwürdiges zu berichten sei. Er und sein Bonner Onkel[56], zwei gleichgeschaffene Seelen, die einander bis zur Schwärmerei lieben, suchen dieser Liebe ebenfalls durch unverbrüchliches Stillschweigen Ausdruck zu geben. Aber mit Entzücken erzählt jeder von der Zeit, in der sie auf einem Zimmer gewohnt und jeder mit schweigendem Wohlgefallen zugesehen hat, wenn der andere von dem gemeinschaftlichen Schinken einen tüchtigen Runken herzhaft herunterschnitt ...

Über den Streit mit Dänemark habe ich mit Balan gesprochen, der auch Deiner sehr freundlich gedachte. Unser Prinz Friedrich Carl hat sich als tüchtiger pontifex maximus bewiesen und wenn er dem fliehenden Feinde goldene Brücken baut, so darf man nicht vergessen, daß auch dieser zu den Menschen und sogar zu den christlichen Völkern gehört.[57] In seinen Proclamationen hat mir sogar die Ermahnung an seine Truppen, menschlich und christlich an dem Feinde zu handeln, besser als alles Andere gefallen. Ist die Sache militärisch durchgearbeitet, so muß sie auch noch erst moralisch durchgearbeitet werden. In dieser Richtung wirst Du vielleicht in nächster Zeit manches vernehmen, was deinen patriotischen Gefühlen wehe thun wird. Es wird sich aber schon abklären.

Die eigentliche Gefahr aber liegt in dem Rückschlage unserer Erfolge in Schleswig. Der Muth der Dänen ist ungebrochen und das kleine Volk schreit nach Rache. Für den Augenblick sind ihre begeisterten Freunde, England und Frankreich, unter sich uneins. Sollten sie sich aber verständigen, so könnte die Schleswigsche Pfandnahme das Vorspiel einer sehr ernsten Zeit werden. Als wir neulich von Ali Buttmanns Geburtstag aus Potsdam heimkehrten, fuhren wir mit einem prächtigen alten Obristen, der sehr verständig über unsere Lage sprach und die Meinung aussprach[58], daß die Gefahr eines französischen Kriegs noch nicht vorüber sei. Friedrich der Große hat gesagt, wenn er König von Frankreich wäre, dürfe in Europa kein Kanonenschuß ohne seine Erlaubniß abgefeuert werden und Napoleon bemerkte neulich in demselben Sinn: man schlägt sich, ohne uns zu fragen. Es ist zu fürchten, daß Frankreich für die Vergrößerung Deutschlands eine entsprechende Vergrößerung Frankreichs am Rhein fordern wird.

Gott wirds versehen. Einstweilen arbeiten wir fort und schaffen mit unseren Händen, denn es ist genug, daß jeder Tag seine eigene Plage hat. Gott behüte dich, lieber Sohn; ich mußte dir doch auch einmal schreiben.«

An die Mutter.

»Hamburg d. 21ten Februar

Wenn auch nicht formell so ist doch faktisch ein Waffenstillstand in Schleswig eingetreten, und das hat denn seine Rückwirkung bald genug auch auf die Gemüther der Einzelnen. Leider ist der Mensch so leichtsinnig, daß er das Ernste und Schwere bald wieder aus dem Sinn verliert, wenn es ihm nicht gar zu arg auf den Leib rückt, und so wirst du meinen heutigen Brief in sehr starkem Widerspruch mit dem vorigen finden. Hätte ich jedoch gestern und vorgestern nicht von ganzem Herzen begeistert sein wollen, so wäre das recht thöricht ja geradezu unrecht gewesen. – Wie soll ich es Euch nur begreiflich machen, bis zu welchem Grade hinreißend Joachim's Spiel war! und nicht nur sein Spiel, sondern ebenso sein wundervolles Ungarisches Concert! Vor Allem aber: welch eine edle, schlichte, liebenswerthe Persönlichkeit steht hinter dieser Kunst! Es ist nun wohl drei Jahr her, daß ich ihn nicht gehört habe; und so sehr ich damals entzückt war, die Erinnerung erscheint mir doch blaß im Vergleich zu dem neuen Eindruck. Ich weiß geradezu nichts von Kunstleistungen, was so vollendet, so über alles Ahnen schön und ergreifend wäre, wie er – ich mag garnicht sagen: sein Spiel. Es ist wohl wahr – leider wahr, daß es mit Stockhausens Gesang etwas Ähnliches ist; man erlebt eben hier, daß die ausübende Kunst in ganz anderer Weise von der Persönlichkeit sich trennen läßt als die schaffende. Und doch bleibt es nicht völlig gleichgültig – auch für den künstlerischen Eindruck –, daß man hinter den Kulissen in Joachim immer denselben großen Menschen wiederfindet ohne alle Pose, alle Eitelkeit und falschen Schein, während in Stockhausen neben mancher guten und liebenswürdigen Eigenschaft der Schauspieler steckt, dem man nie so nahe zu treten vermag, daß man ihm bedingungslos vertraute. Bei Joachim bekommt man je näher man ihm tritt, nur tiefer in die Begeisterung, bei Stockhausen muß man eine ganze Reihe von kalten Wasserbädern mit in den Kauf nehmen. Joachim wohnte bei Avé, und da dieser gute Mann uns jungen Leute fast zu jeder Mahlzeit einlud, so haben wir ihn ausgenossen, so sehr es nur anging. Am Donnerstag früh langte er nach durchfahrener Nacht in Hamburg an; gleich von der Eisenbahn her kam er in die Probe, und spielte sein Concert, als wäre Nichts passirt. Einige Stunden später, um 2 Uhr war die Generalprobe zum ganzen Concert. Es gab Euryanthen-Ouvertüre[59], die sehr vollendet ging, große Leonore, Finale des ersten Akts aus Fidelio, Einleitung des zweiten Akts aus Spohr's Jessonda (hauptsächlich auf meine Bitten) und Joachim. Stockhausen hat sich dieses Mal nicht in gewohnter Weise als Dirigent ausgezeichnet. Ich hatte mit ihm vorher allerlei Sträuße über tempi, Vortrag u. s. w., und er war sehr obstinat. Nun kam Joachim und war überall ganz meiner Meinung; die Sachen waren aber schon zu fest einstudiert, um in der Kürze noch anders zu werden, und so gingen sie vielfach ohne Schwung. Das ließ sich wohl bedauern, denn Joachim hätte bei anderer Gelegenheit einen besseren Begriff von der Leistungsfähigkeit des hiesigen Orchesters unter Stockhausens Führung bekommen können. Auf der anderen Seite aber ist eine kleine Herabstimmung der Stockhausen'schen Prätensionen auch nicht schädlich. – Donnerstag Abend war Gesellschaft bei Avé, und Joachim spielte – mein Sextett. Auf eine Anfrage Avé's hatte er schon von Hannover aus geschrieben, daß er das Stück spielen wolle. Die Anderen hatten deshalb Abends zuvor bei mir probirt. Joachim aber spielte vom Blatt. W i e das war, w i e er die Musik las, um sie sofort vollendet wiederzugeben, das ist wieder garnicht zu sagen. Er urtheilte sehr freundlich, besonders über den ersten Satz, und ich war begreiflicherweise glückselig. Dann spielte er das zweite Quartett von Beethoven in G dur, und dann saß ich neben ihm bei Tisch, und er war so frisch und gesprächig, als hätte er einen recht bequemen Tag gehabt.

Freitag Mittag waren wir wieder bei Avé's. Ich mußte etwas früher kommen, um mit Joachim die Tartini'sche Sonate zu probiren, die ich ihm Abends im Concert begleiten sollte. Wieder drei herrliche Stunden! Dann eine kurze Ruhepause, und um 7 Uhr das Concert. Maszkowski, der sich die ganze Partitur des Ungarischen Concerts[60] abgeschrieben hat, dirigirte zur Belohnung, und zwar sehr gut. Das Stück selbst ist mir ohne Frage die liebste Musik, die seit Schumann geschrieben ist, und ich freue mich, meine frühere Ansicht nicht nur bestätigt, sondern in noch viel höherem Grade gerechtfertigt zu finden. Nach dem Beethoven'schen Violinconcert[61] kommt für mich zuerst das Joachim'sche[62]; an Tiefe und Großartigkeit ist es wenigstens dem Mendelssohn'schen[63] überlegen, womit ich dem letzteren natürlich nichts anhaben will, sondern nur die Thatsache konstatiere, daß das genre des Joachim'schen ein größeres ist. Ein Meisterwerk im Gestalten ist es daneben auch, und so versteht man nur nicht, daß ein solcher Mensch nicht viel mehr so herrliche Sachen schreibt. Jetzt ist übrigens ein neues Concert fertig[64] und im nächsten Monat soll es in Hannover probirt werden, (was bis jetzt ein Geheimniß ist). Dazu möchten wir gar zu gern hinüberfahren, er will es aber erst allein anhören, und so half unser Quälen Nichts. Die Tartini'sche Sonate spielte er so, daß das Publikum mit Beifallsbezeugungen kein Ende fand, und er das Abendlied von Schumann zugab, das ich ihm zum Glück auswendig begleiten konnte. Für den Nothfall hatten wir es bei Avé einmal zusammen durchgespielt. Nach dem Concert waren wir noch einmal geladen, nach Hühnerposten No. 2[XXX] zu wandern, und wateten natürlich für Joachim mit Wonne durch den hohen Schnee hinaus. Um 12 Uhr war es vorbei, und heute morgen ging der Katzenjammer an, daß er nicht mehr da war ... Am Montag habe ich Akademieprobe für Stockhausen zu halten, weil er heute auf acht Tage nach Cöln u.s.w. gereist ist, und da er für das Akademieconcert Bach'sche Cantaten einstudiert, die ich noch garnicht kenne, so bedarf es ernstlicher Vorbereitung. Dazu rückt das Pensionsfondconcert mit dem 2ten Theil des Faust immer näher heran, und ich weiß noch lange nicht genug in der Partitur Bescheid ...«

---

XXX Avé's Wohnung.

An dieselbe.

»Hamburg d. 28ten Febr.

… Am Donnerstag spielte ich in Ballins Concert das Beethoven'sche c moll Trio, und habe unnützerweise so arges Kanonenfieber vor dem Abend gehabt, daß ich alle Kraft nöthig hatte, um es einigermaßen zu überwinden. Desto mehr freute ich mich als es vorbei und Alles gut gegangen war. Wie reichlich zu Schrullen geneigt meine Natur ist, habe ich bei dieser Gelegenheit leider wieder einmal erfahren. Als ich das Trio neulich an einem Abend bei Wagners spielte, wandte mir Maszkowski um. Das traf im letzten Satze gerade mitten in die große chromatische Tonleiter, die die rechte Hand solo auszuführen hat; ich stieß in diesem Augenblick mit meinem Arm an den seinigen an, und blieb infolgedessen natürlich stecken. Dieser Schreck aber machte mich so verdutzt, daß ich mir von der Stunde an einbildete, ich müsse nun auch im Concert an derselben Stelle stecken bleiben. Alles Andere in dem Concert war übrigens so ledern, und das Publikum von so geringer Bildung, daß Beethoven viel zu schade war für diese Leute.

Gestern hatte ich allein Probe mit dem Orchester für den 2ten Theil des Faust. Die Musik gefällt mir viel mehr als vor einem Jahr in Leipzig. Mit Ausnahme von zwei längeren, etwas öden Strecken ist Alles im Einzelnen bedeutend, interessirt und erfreut. Nur fehlt die Abrundung zu einem schönen Ganzen, und dieser Mangel an plastischem Element namentlich bei erstem Hören muß die Wirkung sehr beeinträchtigen. Der Sommernachtstraum hinterher wird eine Wohlthat für das Publikum sein, erstlich weil die Musik so viel praktischer ist und deshalb ohne viel Mühe zehn Mal so gut gehen wird, und zweitens weil hier Alles Gestalt hat und glänzt, während es bei den grauen Weibern und Lemuren[65] doch immer etwas dämmerig zugeht. Übrigens enthält gerade diese letztere Scene namentlich im Anfang höchst poetische bedeutende Musik, die auch im Orchester hoffentlich gut gehen wird! …«

Während ich die vorstehenden Worte schrieb, fühlte ich mich bereits recht sehr erkältet. In den nächsten Tagen entwickelte sich unter heftigen Zahnschmerzen eine starke Backengeschwulst, und da Fieber damit verbunden war, mußte ich das Zimmer hüten. Ich ließ schließlich den Arzt rufen, der durch einen Schnitt Erleichterung brachte. Natürlich hatte ich Stockhausen von meinem Zustand sofort unterrichtet, und die letzten Proben zum Pensionsfondkonzert nahmen ohne mich ihren Lauf. Maszkowski wurde die Leitung des zweiten Faustteils für Proben und Konzert übertragen. So lagen die Dinge, als wenige Stunden nachdem der Arzt seine Arbeit getan ein Bote von Stockhausen bei mir erschien. Der »Sänger« war einmal wieder in letzter Stunde anderen Sinnes geworden und hatte beschlossen, im Programm den Rubinsteinschen »Ozean« zu streichen, um dafür abermals den dritten Teil des »Faust« anzusetzen. Diesen aber – ließ er mir sagen – müsse ich dirigieren, denn Maszkowski habe keine Zeit mehr, sich völlig damit vertraut zu machen, an mich dagegen sei Chor und Orchester durch zwei Aufführungen gewöhnt, es bedürfe dann nur eines einzigen Durchspielens, kurz, er beschwöre mich, morgen Vormittag zur Probe zu erscheinen. Die Lage war schwierig genug, da ich mich noch durchaus nicht wirklich hergestellt fühlte. Doch glaubte ich es Stockhausen und der Sache schuldig zu sein, zu versuchen, was möglich war, und sagte ja. Am nächsten Morgen fuhr ich wohl verpackt mit der Droschke zum Probensaal und war zu der bestimmten Stunde an Ort und Stelle. Stockhausen stand am Pult und dirigierte den Sommernachtstraum; er warf mir kopfnickend einen Gruß zu, ließ sich aber im Weiterstudieren nicht stören. Unterdessen saß ich im ungeheizten Saal fröstelnd auf einem Rohrstuhl und wartete mit steigender Ungeduld des Augenblicks, in dem Stockhausen sich entschließen würde, den Taktstock niederzulegen und mich mit dem »Faust« beginnen zu lassen. Endlich kam er zu mir herunter. »Ach, Sie sind da?« sagte er. »Ja, denken Sie, Maszkowski war nicht zu bewegen, den zweiten Teil des Faust zu dirigieren, wenn ihm nicht auch der viel dankbarere dritte überlassen würde. Ich konnte es ihm wirklich nicht abschlagen. Sie werden das begreifen! Nicht wahr?« – Ich weiß nicht, was er noch alles schwatzte. Wohl aber weiß ich, daß mir die Empörung über dies unglaubliche Benehmen die Zunge lähmte und daß ich ohne viel weitere Worte zitternd vor Frost und Aufregung den Saal verließ, um eine Droschke zu suchen und nach Hause zu fahren. Kaum war ich hier wieder eingetroffen, als die Wirkung des ganzen Erlebnisses auf meinen körperlichen Zustand sich deutlich spüren ließ. Jetzt wurde ich erst wirklich krank. Neues Fieber trat ein, eine heftige Halsentzündung entwickelte sich und geraume Zeit hindurch mußte ich Zimmer und Bett hüten. Alle möglichen Freunde und Bekannte kamen, sich nach mir zu erkundigen, der gute Herr Avé schleppte eine große Flasche Kirschsaft oder Himbeeressig nach der anderen zur Bereitung nützlichen Getränks herbei, und auch Stockhausen erschien, um mit einigen flüchtigen Worten sein Bedauern auszusprechen, im übrigen aber zu tun, als sei nicht das mindeste vorgefallen. Was blieb mir übrig, als gute Miene zum bösen Spiel zu machen und zu schweigen! Auch meinen Eltern gegenüber schwieg ich, so lange ich ihnen fern war, über den Vorfall im Probensaal, und von meiner Erkrankung machte ich nur in möglichst sanften Farben Mitteilung. Im stillen jedoch war ich entschlossen, nach meinem bevorstehenden Osterbesuch bei den Eltern nicht wieder nach Hamburg zurückzukehren. Als ich vor meiner Abreise diese Absicht aussprach, wollte niemand glauben, daß das mein Ernst sei! Stockhausen und sämtliche Freunde taten ihr möglichstes, mich anderen Sinnes zu machen. Ich aber blieb fest. Viel Nützliches hatte ich gelernt, viel Anregendes und Beglückendes erlebt. Aber es war doch etwas Halbes um meine Stellung in dem Hamburger Musiktreiben, das mir das längere Bleiben verleidete. Den anderen jungen Musikern, die sich von Stockhausen hatten in seine Nähe ziehen lassen, erging es früher oder später nicht anders. Namentlich Rose mußte so viele üble Erfahrungen machen, daß er, obgleich ja Hamburg seine Vaterstadt war, doch bald vorzog, wieder in der Fremde sein Glück zu versuchen. Hauptsächlich in seinem Interesse schrieb ich noch von Hamburg aus einen längeren Brief an Joachim und erhielt darauf die folgende Antwort:

»Hannover am 16ten März 1864. [XXXI]

Lieber Herr Rudorff!
Vor allen Dingen den aufrichtigsten Dank für Ihre vertrauensvollen Zeilen, die überhaupt keiner ›Entschuldigung‹ bedürften, wären sie auch nicht für Rose, an dessen Weiterschreiten ja auch mir herzlich gelegen ist! Auch hätte ich, trotz meiner Reise nach Leipzig schon geantwortet, wäre ich nur selbst zur Klarheit über einen guten Rath gekommen – aber ich bin wirklich in einiger Verlegenheit, wie ihm zu dienen sei! Daß es besser für seine Zukunft sei, sich ab und zu die Anregung einer Reise nach London zu verschaffen, als Jahr aus Jahr ein in Hamburg Stunden zu geben, ist richtig. Hat er aber, bei all seinem unläugbaren Talent, schon jetzt das Zeug, mit den bedeutendsten Geigern, die sich alle um Engagements in London während der Season bewerben, um die Wette zu spielen? Darauf können Sie und die Hamburger Freunde, die ihn in der Nähe beobachteten, eigentlich besser antworten als ich, der ihn nun seit anderthalb Jahren, wo er mir im Zimmer einige abgerissene kurze Sätze spielte, nicht gehört hat. Daß er neulich recht musikalisch sekondirte, ist zu dem vorliegenden Zweck nicht genügend. Soll es wirklich auf meinen Rath ankommen, so müßte ich Freund Rose

XXXI Der Brief ist auch abgedruckt in »Briefe von und an Joseph Joachim«, Band 2, [Berlin 1912], S. 336[f.].

auf einige Tage mindestens hier wieder in aller Muße hören könne. Empfehlungen nützen nur dann, wenn es gilt, Andere mit aller Ueberzeugung auf Leistungen aufmerksam zu machen, die sich dann selbst weiter den Weg zum Herzen bahnen. Eine Illusion scheint es mir, wenn Rose meint, einstweilig Bekanntschaften machend, in dem rauschenden London der Season weiter arbeiten zu können. Dazu gehört Concentration und das fördernde Interesse liebender Freunde, wenn Gott solch' seltene Gunst bescheert.

Ihre Ansicht trifft im Allgemeinen mit meiner Erfahrung zusammen – wie weit sie auf Rose angewendet werden muß, werde ich erst entscheiden können, wenn er es der Mühe werth erachtet, mir vollen Einblick in sein Können zu gönnen. Er wird mir um seiner selbst willen immer herzlich willkommen sein!

Daß Sie meines Besuchs in Hamburg noch gerne gedenken, ist mir eine wahre Freude; ich verdanke ihm den Glauben an einen ächten, warmen Künstler mehr, der sich dem Höchsten mit voller Kraft zuwendet. Unser lieber Stockhausen scheint nun an Hamburg mit dem schönsten Band gefesselt; es wird Ihnen lieb sein. – Für Ihre Sorgfalt, die mich noch im Eisenbahn-Coupé warm hielt, den freundlichsten Dank! Das Pelzwerk lauerte eingepackt schon lange Ihrer Adresse, nun haben Sie mir gar die Mühe abgenommen, sie zu schreiben. Ist wohl eine Stichelei auf mein Faulpelzwerk!

Mit herzlichem Gruß

Joseph Joachim.

Schönste Grüße ans Quartett R(ose), M(aszkowski), B(eer), H(egar)[66].«

Stockhausen hatte sich, wie Joachims Brief andeutet, im Lauf des März verlobt.[67] Acht Tage sollte die Sache Geheimnis bleiben; mich aber hatte er von Anfang an ins Vertrauen gezogen. Während ich meiner Erkrankung wegen das Haus nicht verlassen durfte, sang er in einem Konzert drei Schumannsche Lieder, den »Nußbaum«, die »Widmung« und »Du bist wie eine Blume«. Alles natürlich für »sie«! Man berichtete mir hinterher, das Publikum sei wie besessen gewesen vor Entzücken.[68] Wenige Tage später, am 19. März, verließ ich Hamburg, um nach Berlin zurückzukehren. Die Spuren der überstandenen Krankheit waren noch nicht verwischt, als ich bei meinen Eltern eintraf. Und nicht nur sie, sondern auch alle alten Freunde, denen ich unter die Augen trat, stimmten ein Lamento an über meine blassen, eingefallenen Wangen. Doch die mütterliche Pflege ließ mich jetzt bald wieder zu Kräften kommen, und Stockhausen sorgte dafür, daß es nicht zu lange währte, bis ich wieder ins Geschirr ging. Eines Tages kam ein Telegramm von ihm des Inhalts, er wolle Sonnabend am 9. April Schuberts Müllerlieder in der Berliner Singakademie singen und bitte mich, sie ihm zu begleiten, sowie die praktischen Vorbereitungen für das Konzert zu besorgen. Mein Vater gibt von dem bevorstehenden Ereignis seiner Freundin Marie Hoffmeister gelegentlich seiner Geburtstagsgratulation mit den folgenden Worten Bericht:

»Berlin Montag d. 4ten April 1864[69]

Meine Absicht war, heute nach der Einsegnung[XXXII] bei Ihnen einzutreffen: das Schicksal hat es anders beschlossen –, eine nothwendige Fakultätssitzung morgen Abend macht es unmöglich. Da wurde der Plan geändert: ich wollte Mittwoch bei Ihnen ankommen, bis Sonntag bleiben und am Montag über Wernigerode zurückkehren. Das Schicksal hatte wieder eine andere An- und Absicht, denn wie Buttmann sagt: Der Mensch lenkt und Gott denkt. Stockhausen hatte beschlossen am Sonnabend die Müllerlieder hier zu singen, beglitten von Ernst. Ich hatte also nur die Wahl zwischen einer Hetzparthie mit dem obligaten schlechten Wetter, welches sich zu Ihrem Wiegenfeste regelmäßig unverhindert einzustellen pflegt oder zwischen Hierbleiben. So werde ich denn wohl auf die große Freude Sie und August zu sehen und alles Liebliche und Poetische was darum und daran hängt, auf Roßtrappe und Treseburg, auf alle die Poesie des Pfarrhofes und des lieben Hauses bis zu den kleinen Scheiben des Schlafstübchens und den runden des oberen Flurs, verzichten müssen und stattdessen den festlichen Tag bei Ihrem lieben Mütterchen mit den Meinigen und Klärchen Baumeister zu begehen: so wenigstens lautet das höheren Orts beschlossene Festprogramm der »stillen Majorität«! Aber meine Gedanken werden nichtsdestoweniger bei Ihnen sein, meine beste liebste Marie. Ich wünsche Ihnen ein gesegnetes Jahr voll Gesundheit und Sonnenschein, Gott erhalte Ihnen Ihr häusliches Glück, Ihr kleines, aber paradiesisches Erdenwinkelchen, und wenn einmal ein Regenschauer kommt, so schenke er Ihnen guten Mut und Geduld, um die Fatalitäten mit Gelassenheit, ja mit Dankbarkeit zu ertragen, die nun einmal mit dem Futteral, in dem wir stecken, mit seinem Werden, Wachsen und Vergehen

XXXII Am Tage vorher war August Hoffmeister durch die Konfirmation der Wienröder Jugend in Anspruch genommen. Am Donnerstag den 7. stand der Geburtstag von M. H. [Marie Hoffmeister] bevor.

unzertrennlich verbunden sind ... Um diesen Geburtstagsbrief nicht durch Einmischung fremdartiger Stoffe zu verunstalten, sage ich Ihnen Lebewohl und füge nur noch einen Gruß an den liebsten kleinen Pfarrherrn hinzu, der nach Quasimodogeniti[70] so behaglich auf seinem Lorbeer ruht und den Hühnern große Frösche tranchirt ... Dies Jahr, nächstes Jahr und alle noch übrigen Jahre unseres kurzen Lebens immer derselbe alte Freund R.«

Am 10. April schreibt er abermals an die Freundin:

»Meine beste Marie!
Schon wieder eine Epistel vom alten Rudorff werden Sie sagen. Aber ich ›muß doch loben‹, wie weiland der alte Bötticher[71], ich kann nun einmal mir und Ihnen (oder richtiger umgekehrt) nicht helfen, es ist Ihrer zu viel und herzlich gedacht worden. Zuerst an Ihrem Geburtstage bei Ihrem liebsten Mütterchen, wo es urgemüthlich, eng und wohl war ... Dann gestern Abend im Stockhausenschen Concert; und darüber wollte ich eigentlich berichten, denn auch dazu haben wir Sie fast mit Schmerzen hergewünscht. Schon am Abend vorher probirte Stockhausen bei uns mit Ernst. Es war Niemand weiter da; Adele Dorn, die sich dazu angemeldet hatte, war glücklich abparirt, und sitzt jetzt anscheinend im Schmollwinkel bis sie wieder gut ist: mein Anerbieten, von meiner Stube aus zuzuhören hatte ihr nicht genügt. In der Pause beim Thee kamen aber zu Ernsts großer Ueberraschung die beiden Freunde Hegar und Maszkowski, die Stockhausen mitgebracht und in liebenswürdiger Weise herbestellt hatte. Taubert war nicht zu bewegen gewesen, die Symphoniesoirée (am üblichen Sonnabend) auszusetzen, hatte auch wohl nicht anders gekonnt, aber Sie kennen auch Berlin[XXXIII], der Zopf der hängt ihm hinten, und die pedantische Moral der Gewohnheit grassirt fürchterlich. Trotzdem war der Saal der Singakademie zum Erdrücken voll und das Publikum vortrefflich, alle musikalischen Capacitäten anwesend. Unsere Nachbarn waren Gräfin Hildegard Schwerin und Frau Illaire, die beiden Baumeisterschen Schwestern und

XXXIII Vor ein paar Monaten hatte mein Vater nicht ohne Grund geschrieben: »Berlin ist jetzt von allen Künstlern ersten Ranges in Verruf gethan, weil es für das Ungemeine kein Herz und überhaupt nur Negation und Kritik hat. Unsere Speise ist Margarethe und unsere Schwärmerei die Lucca, die für ihre 8000 Thaler immer heiser und eigensinnig ist.« In der Tat hatte z. B. Frau Schumann für eine Weile fast die Lust verloren in Berlin zu konzertieren, weil die Teilnahmslosigkeit des Publikums bei ihrem Auftreten sie gründlich verdrossen hatte.

ringsum unzählige Bekannte. Es ging vortrefflich, Ernst hat in Hamburg etwas vor und hinter sich gebracht; er hatte seinen herrlichen Erard, den wir hintransportiren liessen: Gesang und Begleitung war Ein Guß, auch die Deklamation der nicht komponirten Gedichte von Herrn Friedrich Eggers sehr hübsch. Der Beifall stieg nach jedem Liede und erreichte auf dem Höhepunkt »die geliebte Müllerin ist mein, ist mein« einen wahren Sturm; dabei wartete das Publikum jedesmal bis zum Schluß der Begleitung. Nur am Ende des Ganzen applaudirte es nach Berliner Art nicht ordentlich: sonst hätte er die geliebte Müllerin noch einmal gesungen. Heute singt er vielleicht noch bei Hofe, von welchem aber Königin[72] und Kronprinzessin[73] im Concert nicht anwesend waren, sondern nur Prinzessin Friedrich Carl[74] und Carl[75].

Das ist die Geschichte vom gestrigen Abend, die ich natürlich nicht aus väterlicher Schwäche, sondern deshalb berichte, weil ich weiß, daß Sie mit uns empfinden, wie der liebe Gott es so wohl gemacht und gemeint, und weil Sie an Ernsts Entwickelung und Richtung den Antheil einer zweiten Mutter haben, worauf denn Clärchen Baumeister als ältere Schwester folgen mag. Einige Müllerlieder singt sie trotz Stockhausen ebenfalls in nicht zu verachtender Weise; das Ganze kann natürlich nur ein Mann von so enormer Energie ausführen.

Der Frühling lacht in den Garten, wie freue ich mich, daß er Ihnen Sonnenschein und Muße gewährt ihn zu genießen! Ich bin an die Hobelbank gebannt, denn die Kunst ist zu lang, und das Leben zu kurz …«

Der außerordentliche Erfolg, den Stockhausen mit den »Müllerliedern« gehabt hatte, bestimmte ihn ein paar Wochen später – trotz der vorgerückten Jahreszeit – am Montag, den 2. Mai, noch ein zweites Konzert mit mir als Begleiter in Berlin zu geben. Das Programm versprach: neun Lieder aus Schuberts »Winterreise«, den ganzen Zyklus »Dichterliebe« von Schumann und zwischen diesen beiden Gesangsvorträgen mein Sextett. David war gebeten worden, die erste Geige zu übernehmen, mußte aber absagen, da er anderweitig beschäftigt war. Der damals in Berlin als Konzertmeister an der Oper fungierende de Ahna trat an seine Stelle. Robert Radecke hatte sich liebenswürdigerweise zur zweiten Geige angeboten. Maszkowski und Hegar, der Cellist, waren von Stockhausen mitgebracht worden, um sich an der Ausführung des ihnen schon geläufigen Stückes zu beteiligen. Am Sonnabendnachmittag und Sonntagvormittag fanden im Hause meiner Eltern die Proben zum Sextett statt. Das Stück ging schon in der zweiten Probe vortrefflich und hatte bei der wohlgelungenen Aufführung den besten Erfolg. Der Saal der Singakademie war wiederum bis auf den letzten Platz gefüllt. Stockhausen feierte womöglich noch größere Triumphe als bei seinem ersten Auftreten vor vier Wochen. Aber auch ich ging als Begleiter nicht ganz leer aus. Die »Dichterliebe« schließt bekanntlich mit einem langen, sehr zart gehaltenen Nachspiel für Klavier allein. Ich war darauf gefaßt, daß währenddessen alles aufstehen und nach den Mänteln hinauslaufen würde. Aber es blieb mäuschenstill im Saal, niemand rührte sich von seinem Platze, bis der letzte Ton verklungen war. Und daß meine Leistung am Klavier in der Tat gewürdigt worden war, das durfte ich hinterher in reichlichem Maß erfahren.

Wenn ich heute an diesen Abend zurückdenke, so ist mir am lebhaftesten sein allererster Anfang in der Erinnerung geblieben. Noch nie war mir so schlagend zu Bewußtsein gekommen, wie wunderbar Stockhausen es verstand, mit den ersten Tönen schon in Stimmung zu versetzen, als bei jenem ergreifenden ersten Liede der Winterreise, »Fremd bin ich eingezogen«. Niemals werde ich vergessen, wie das klang. So einfach alles schien, so unwiderstehlich war die Macht, die er mit Ton und Wort ausübte. Ich hatte das Gefühl, als senke sich etwas wie ein Trauerschleier auf die Versammlung leise herab. – Im April 1890, also 26 Jahre später, schrieb Theodor Krause in einer Zeitschrift über jenes erste Auftreten Stockhausens in Berlin, das er selbst miterlebt hatte, wie folgt: »Bei dieser Gelegenheit sollte Rudorff zum ersten Male als Künstler vor den Berlinern musiciren und that das in bedeutungsvoller Weise an einem jedem Zuhörer unvergeßlich gebliebenen Abend in der Singakademie. Stockhausen sang Schuberts Müllerlieder, Friedrich Eggers las Prolog, Intermezzo und Epilog, und Rudorff saß am Klavier. Man darf behaupten, daß weder vorher noch jemals nachher das Werk in so fleckenloser Schönheit vorüberzog, und einen so reinen, tiefen Enthusiasmus entzündete. Von des Müllers Lust und Leid kann überzeugend nur ein Mann singen; und wie sang dieser Sänger! Aus jeder Silbe des feinsinnigen Vorlesers sprach der erlesene Geist; Singen und Sagen woben den gleichen Zauber. Rudorffs Spiel aber – obwohl oder besser, weil es bescheiden zurücktrat, für sich selbst nichts bedeuten wollte, sondern lediglich der führenden Singstimme sich anschmiegte, wie der Ton dem Worte sich gesellt, um die höhere Einheit zu bilden – gewann sich sofort die Bedeutung einer reformatorischen That für die Liedbegleitung. An diesem Abend erschien letztere als Sonderkunst, für welche der Pianist als solcher nicht ausreicht. Zwar hatten Wilhelm Taubert, Ludwig Berger, Felix Mendelssohn u. a. vorher ähnliche Befriedigung erweckt, aber immer nur an verstreuten Stellen des Programms. Das Lied als ausschließliche Aufgabe des Concerts fordert wie vom Sänger, so vom Spieler technisch und gedanklich das ganze Rüstzeug des Künstlers, den gleichen Reichthum, die gleiche Nachhaltigkeit der gestaltenden Kraft wie etwa das Klavierkonzert, darüber hinaus aber noch die Fähigkeit der Akkomodation, welche die völlig freie Position über dem Stoff, die souveräne Herrschaft über denselben zur Voraussetzung hat.«[76]

Von Hamburg erging nach jenem Konzert die Aufforderung an mich, dort am 7. Juni in der Michaeliskirche den »Elias« zu dirigieren, wobei Stockhausen die Hauptpartie zu singen übernommen hatte. So lockend die Aussicht war, sie durchkreuzte doch meine Pläne, die darauf ausgingen, in Lauenstein die nächsten Monate still zu leben und zu arbeiten. Ich war deswegen halb und halb entschlossen abzulehnen, als mir das Schicksal die Wahl ersparte. Der ganze Hamburger Plan zerschlug sich. Gegen Mitte Mai verließ ich Berlin, um zuvörderst in Wernigerode und Wienrode einzukehren. Frau Clara Schumann hatte, seitdem ich sie in Hamburg zuletzt gesehen, eine längere Konzertreise nach Rußland unternommen und kehrte jetzt nach Deutschland zurück. Nach Wernigerode schon wurde mir der folgende Brief von ihr durch meine Mutter nachgeschickt.

»Petersburg d. 10. Mai 1864. Morgens

Lieber Herr Rudorff,
soeben von Moskau zurückgekehrt erhalte ich Ihren Brief, wofür 1000 Dank. Nun muß ich Ihnen aber in aller Eile sagen, daß ich längst es mir vorgenommen, diesmal Ihre liebe Tante zu besuchen; ich wollte Sie damit in Berlin überraschen, nun muß ich es Ihnen aber jetzt schon mittheilen, damit ich, sobald ich nach Berlin komme, genauere Nachrichten von Ihnen finde. Ich reise übermorgen, also Donnerstag Morgen hier ab, und hoffe Sonnabend Morgen in Berlin einzutreffen – gebe es der Himmel! Das Herz schlägt mir jetzt schon hoch bei dem Gedanken! Sprechen Sie aber nicht davon, daß ich gerade an dem Tage komme, weil ich am Sonntag d. 15ten die Mutter zu ihrem Geburtstag überraschen will. Ich bleibe dann den 15ten 16ten, vielleicht auch 17ten, und komme am 18ten nach Wienrode. Ich bin todtmüde nach 20stündiger Fahrt, daher die wenigen kritzlichen Zeilen. Alles Weitere bald mündlich und nochmals vielen Dank für alles Liebe in Ihrem Briefe. Schönste Grüße den theuren Ihrigen. Wie immer Ihre getreue Clara Schumann.«

Am Donnerstag, den 19. Mai, mittags traf die liebe Frau mit ihrer Tochter Marie in Wienrode ein. So wurde endlich also Wirklichkeit, was ich seit Jahren gewünscht und unzählige Mal mir in der Phantasie ausgemalt hatte. Fast feierlich war mir zumute, als sie aus dem Wagen stieg und durch die schmale Pforte in der alten dicken Mauer den ländlichen Hof betrat. Zwar Jahrzehnte waren vergangen, seit die beiden Frauen sich zum letzten Male gesehen hatten, und so ging denn Nachmittag und Abend in nicht endenwollendem Austausch hin. Am nächsten Vormittag kam es zum Musizieren. Frau Schumann war unermüdlich im Erfüllen aller Wünsche und spielte zum Entzücken der Zuhörer namentlich eine große Anzahl von Kompositionen ihres Mannes. Am Nachmittag wurde eine Ausfahrt in das Bodetal unternommen. Da nach den Pfingsttagen mit ihrer Flut von Ausflüglern wieder stillere Zeit eingekehrt war, so zeigte sich der Harz in aller seiner Schönheit und Frühlingsfrische. Noch ein zweiter Tag verging in ähnlicher Weise, dann am Sonntag früh mußte wieder geschieden werden. Auch mit dem Hausherrn hatte Frau Schumann sich bald in das beste Vernehmen gesetzt. Sie war eine zu echte Natur, um nicht bald zu erkennen, welch einen Reichtum an Schätzen des Geistes und Gemüts dieser kleine, äußerlich unscheinbare und nicht leicht zugängliche Mann in seinem Inneren barg.

Während sich in Wienrode so viel Erfreuliches zutrug, war in Berlin mein Vater erkrankt. Ein Anfall seines immer von Zeit zu Zeit sich bemerkbar machenden Unterleibsleidens bereitete ihm heftige Schmerzen und zwang ihn, längere Zeit das Bett zu hüten. Auf der Durchreise durch Halberstadt hatte mir der Dom von außen und innen so großen Eindruck gemacht, daß ich nicht widerstehen konnte, mir eine große Photographie des hohen Chors mit dem Lettner davor zu kaufen. Als ich von der Erkrankung meines Vaters erfuhr, schickte ich ihm das Bild zu, um damit für einige Augenblicke die Richtung auf etwas Erfreuliches zu geben. Wenige Tage darauf schrieb er mir: »Du hast mir eine unsägliche Freude gemacht mit Deinem Halberstädter Dom. Ich habe ihn, um ihn stets vor Augen zu behalten, vor meinem schwarzen Schränkchen aufgestellt und jeder Aufblick zu ihm versetzt mich in die Zeiten zurück, als ich Essen und Trinken vergessend, von 6 Uhr Morgens bis 8 Uhr Abends den Lettner für Savigny zeichnete, bis mir die Küsterfrau aus Mitleid ein Glas Bier brachte, das ich dann freilich mit Dank annahm. Die Zeichnung hängt noch in Leo's[XXXIV] Zimmer und ist

XXXIV Leo, der jüngste Sohn von Savigny.

wenigstens sauber und korrekt und mit Fleiß gearbeitet, wenn auch ohne die erleichternde Hülfe einer durchgebildeten Technik. Seitdem sind 40 Jahre verflossen und mit Schrecken gewahre ich auf Deinem Bilde, wie Vieles von dem fehlt, was damals noch da war, z. B. der bronzene Adler und die Krone auf den beiden Seitenspitzen am Frontispiz des Lettners. Und dennoch ist dies der besterhaltene mittelalterliche Dom; wie muß er erst gewesen sein, als noch der ganze Schmuck der Pfeiler und Seitenaltäre, der jetzt auf dem Rittersaale ist, den ich aber noch in der Kirche selbst gesehen habe, das Dombild von Johann Rappkoken[77], der alte Hochaltar und die Pracht aller Glasfenster noch da waren, als bei der mitternächtigen Hora um den ganzen hohen Chor die Wachskerzen brannten, und zu der gefrorenen Musik der Baukunst die flüssige der Orgel, die Wärme der Weihrauchwolken und des ganzen katholischen Ritus hinzutrat, um ein wundervolles Ganzes zu bilden, wo heute nur noch Trümmer sind. Daß sich der letztere in Meßgewändern, Bischofsmützen und so weiter so viel erhalten hat, wie außer dort und in Chur in der ganzen Christenheit nicht, lag besonders an dem Umstande, daß das Halberstädter Kapitel ein gemischtes war, so daß katholische und evangelische Domherrn sich in den Gottesdienst theilten. Also nochmals tausend Dank! Ich stelle aber die ausdrückliche Bedingung, daß du dir augenblicklich das Blatt wieder anschaffst …«

Es war Anfang Juni geworden, als ich Wienrode verließ, um nach Lauenstein überzusiedeln, das ich bisher ja nur in den großen Universitätsferien meines Vaters, also im Hochsommer und Spätsommer und Herbst gesehen hatte. Jetzt gab es statt der gelben Ährenfelder grüne Saat, über die Laubwälder ausgegossen noch die wundervollen tiefblauen Farbentöne des Frühlings, überall üppiges Blühen und Grünen, dazu balsamische Düfte und Vogelgesang – kein Wunder, daß dies ganze mir unbekannte Gewand der bekanntesten und geliebtesten Landschaft nicht aufhörte, mich immer von neuem in Entzücken zu versetzen. Zum häuslichen Kreis gehörten wiederum drei junge Mädchen, die unter der Leitung meiner Lauensteiner Tante sich dem Studium wirtschaftlicher Künste widmeten. Zwei von ihnen waren wenig unterhaltsam, die dritte aber zeichnete sich durch so viel Anmut und Lebendigkeit des Wesens aus, daß sie mir wie die menschliche Verkörperung eines schlanken Zweiges wilder Rosen erschien. Alle Mahlzeiten wurden bei gutem Wetter im Freien an verschiedenen Plätzen des Gartens eingenommen, bald unter dem großen Walnußbaum, bald auf dem »Efeuplatz« oder in der großen alten Laube an der Grenze des Pastorengartens. Die Umgebung, die ich mir ausgesucht hatte, um meinen

Studien zu leben, trug freilich keineswegs asketischen Charakter. Dennoch brachte ich es fertig, mit ziemlicher Regelmäßigkeit vier Stunden täglich am Klavier zuzubringen und mich dabei vorzugsweise mit Fingerturnübungen zu beschäftigen.

Allerlei besondere Versuchungen sorgten von Zeit zu Zeit dafür, daß die Tugend nicht zu weit getrieben wurde. Unter anderem schien es mir wünschenswert, den 21. Juni, den Höhepunkt des Jahres, durch eine größere Unternehmung zu feiern. Am frühen Morgen brach ich auf, überschritt den Ith und wanderte jenseits unter seinem klippengekrönten Kamm durch die schönen alten Braunschweigischen Dörfer dem Fuß des Voglergebirges zu, nach dessen blauen Höhen ich oft genug vom Poppenstein her verlangend hinübergesehen hatte. In Kirchbrak kehrte ich bei einem Förster ein, verzehrte ein vortreffliches Mittagsmahl, das nicht mehr als fünf Silbergroschen kostete, sah dann von der Königszinne in das Wesertal hinab, mit seinen Wiesen und Buchenwäldern, und zog unten stromaufwärts weiter am linken Flußufer her bis zur Steinmühle, deren Schönheit mir mein Vater besonders warm gepriesen hatte. Ein überraschend starker Bach bricht hier aus steiler felsiger Bergwand unvermittelt hervor, um sich sofort auf das Rad der Mühle und von da weiter in die nur wenige Schritte entfernte Weser zu stürzen. Blühende wilde Rosen, in Felsspalten wurzelnd, hingen über den schäumenden Fall herab. Es war spät geworden, und ich wollte noch vor Nacht das drei Stunden entfernte Amelunxborn erreichen. In der Familie des Müllers hatte eine Trauerfeier stattgefunden, der Küster aus dem gegenüberliegenden Pegestorf schickte sich gerade zur Heimkehr an und nahm mich in seinem Nachen mit an das andere Ufer. Der Himmel hatte sich mittlerweile mehr und mehr bezogen, schon grollte der Donner, und ich trabte so rasch vorwärts, als es mir möglich war. Endlich um zehn Uhr tauchten die Häuser von Amelunxborn auf. In demselben Augenblick, in dem ich das einzige Wirtshaus erreicht hatte und unter Dach und Fach stand, brach das Unwetter los. In der Gaststube saß der Wirt mit zwei besoffenen Bauern um einen Tisch, auf dem ein armseliger Trankübel[78] brannte. Rings umher in den Ecken alles leer und dunkel. Der Anblick war nicht ermutigend. Bald aber erschien zu meiner Bewirtung ein annehmbarer Pfannkuchen und auch eine reinliche Kammer mit einem reinlichen Bett war für meine Aufnahme vorhanden. Am nächsten Morgen hatte die Sonne die Güte, wieder hell und warm vom heiteren Himmel herabzuscheinen, und ich machte mich bald auf, um die herrliche uralte Klosterkirche zu betrachten. Offizielle Fremdenführer gab es gottlob hier noch nicht. Ein Rademacher, der die Schlüssel zur Kirche besaß, begleitete mich und zeigte mir eine in Stein gehauene Figur mit der Inschrift »Reineke de Voss«, wobei er erläuternd hinzufügte, daß dieser Mann in der Geographie »Reinecke der Fuchs« heiße. Es war acht Uhr morgens, als ich wieder von dannen zog, meinem nächsten Ziel, der alten »Homburg« entgegen. Und dies zwar mit besonderer Spannung. War doch die »Homburg« einst der Stammsitz jener »Edlen Herren von Homburg« gewesen, die später auch »dat Hus tom Lauensteine« erwarben, und deren »Knaben« auf derselben Stelle gehaust hatten, wo jetzt unsere Lauensteiner »Knabenburg« stand. Uralte Eichen und Buchen umsäumen den Fuß des schönen Waldgebirges, zu dem ich jetzt hinaufstieg und auf dessen Höhe in grüner Wildnis verborgen die Trümmer der Burg lagen. Wie ergrimmt aber war ich, als ich hier oben, wo ich der vollkommensten Abgeschiedenheit versichert zu sein glaubte, plötzlich einen gewöhnlichen Sterblichen auftauchen sah! Ein Bürger des benachbarten Städtchens Stadtoldendorf hatte sich gerade diesen Tag ausgesucht, um zum ersten Male in seinem Leben zur alten Homburg hinaufzusteigen. Endlich ging er seiner Wege und ließ mir noch Muße, mich für einige Augenblicke allein in die Wunder der schönen Waldeinsamkeit zu vertiefen. Nun jedoch mußte ich mich beeilen, denn um Mittag erwartete mich meine Tante mit ihren drei Pflegetöchtern in Grünenplan. Der Abstieg von der Homburg gen Osten führte durch ein schönes Bachtal in kurzer Zeit nach Wickensen hinunter. Dann begann jenseits der Talmulde wieder die Steigung zum Hils hinauf, und weiter die Wanderung durch dichten Wald über den Kamm des Gebirges. Ein Trupp Zigeuner begegnete mir, und ein schwarzhaariges, braunhäutiges Weib ergriff ungebeten meine Hand, um mich mit ihrer Wahrsagekunst zu beglücken. Ich war zu neugierig auf ihre Aussprüche, um sie nicht gewähren zu lassen. Trotz dieses Aufenthaltes erschien ich rechtzeitig zum gemeinsamen Mittagessen im Gasthaus zu Grünenplan. Nach Tisch wurde der höchste Gipfel des Hils erstiegen, wo sich der herrlichste Blick auf eine Fülle malerisch sich verschiebender Waldgebirge auftut. Auf steilem Pfade ging es hinunter nach Coppengraben. Hier wartete unser der Wagen, mit dem die Damen den Ausflug unternommen hatten, und in spätester Stunde landeten wir wieder in Lauenstein. – Noch war keine Woche vergangen, als sich eine neue verlockende Gelegenheit bot, die regelmäßige Tagesarbeit mit gutem Grunde zu unterbrechen. Auf den nächsten Sonntag und den darauffolgenden Montag fiel die Feier des »Freischießens«. Ich hatte bisher nie Gelegenheit gehabt, dies alte Volksfest mitzuerleben, das in niedersächsischen Landen den Sommer hindurch die Runde durch sämtliche Dörfer und Flecken macht. Jetzt war ich einmal zur richtigen Stunde am Ort und wollte mich von dem allgemeinen Jubilieren nicht ausschließen. Am frühen Morgen rüttelten Böllerschüsse von den Bergen her alles, was Ohren hatte, höchst unsanft aus dem Schlafe. Am Vormittag folgte der große Aufzug, für den die Leute sich dieses Mal besonders angestrengt hatten, mit allem möglichen Hokuspokus von Pferden, Uniformen, »Scherfen« (worunter man hierzulande Schärpen versteht) und mächtigen Fahnen. Man hatte mich feierlichst eingeladen, an dem Zug teilzunehmen, und so marschierte ich samt Fritz Hausmann zwischen zwei Bauernburschen, zur Seite der gelbweißen und schwarzweißen Flaggen, durch den Ort, bergauf, bergab, bergab, bergauf, und so immer weiter, so lange es noch irgendein Haus gab, vor dem man noch nicht gewesen war. Der Schlächter Busse, der den General vorstellte, hatte viel Not mit seinem kühnen Roß, das durchaus ganz anders wollte als er selber. Es war nicht gerade majestätisch anzusehen, wie der dicke, semmelblonde Mann immer wider Willen von einer Seite zur anderen schwankte, Angst und Anstrengung in den Mienen, dem mächtigen Dreimaster zum Trotz, den er ehrfurchtgebietend auf dem Kopf trug. Ein anderer ehrsamer Rossebändiger war ihm als Begleitung zu Fuß beigegeben, indes auch er bemühte sich vergeblich, dem Pferde den richtigen Trab beizubringen. Hübsch aber war es bei dem allen, wie ernsthaft alt und jung dies Spiel nahm, und noch mehr, wie anständig es späterhin beim Tanzen zuging. Vor den Häusern des Amtmanns, des Amtsrichters, des Pastoren und anderer amtlicher Persönlichkeiten wurde Halt gemacht, »Heil Dir im Siegerkranz« gesungen und »Hoch« ausgebracht. Dieses Mal zogen sie ausnahmsweise auch auf unseren Hof, ließen mich und unsere ganze Familie leben, und mir blieb nichts übrig, als aller meiner Verlegenheit zum Trotz auch meinerseits den Mund aufzutun, um mich mit einigen Worten höflichst zu bedanken. Es sah aber prächtig aus, als die acht Pferde hereinsprengten und der ganze Zug in weitem Bogen um den großen Rasen vor dem Hause schwenkte. Auf dem Krähenberg unter den Eichen waren drei große Zelte erbaut, wunderhübsch mit Eichen- und Buchenlaub geziert; durch die Öffnungen sah die lachende Frühlingslandschaft herein, und das allgemeine Vergnügen machte sich in immer wiederholten Böllerschüssen, in Jubelrufen, Tanzen und Springen Luft. Dazu Geigenstreichen, Klarinetteblasen und Kontrabaßbrummen in unaufhörlichem Hin und Her von der Tonika zur Dominante und von der Dominante zur Tonika – wer sollte da nicht glauben, daß er den leibhaftigen »Freischütz« erlebte! Ich tanzte nicht nur mit den jungen Damen aus der Honoratiorenklasse, die natürlich ebenfalls vollzählig vorhanden waren, sondern vor allem mit allen möglichen Bürgermädchen. Hätte es nicht angefangen zu regnen und wären nicht die Dielen infolgedessen allzu bald durch Lehmklöße verunglimpft worden, die die Tänzer, wenn sie von draußen kamen, an ihren Sohlen hereinschleppten, es hätte kaum ein lustigeres, hübscheres Fest geben können, als dies Lauensteiner Freischießen.

Im Juli erfuhr unsere kleine häusliche Gemeinschaft eine Erweiterung. Carl Rose kam für einige Wochen als Hausgenosse zu uns. Er hatte sich in Hamburg durch aufreibende Tätigkeit, namentlich auch durch Stundengeben müde gearbeitet, hatte dazu mancherlei Verdruß in seinen Beziehungen zu Stockhausen erlebt und sehnte sich nach frischer Luft. Viel zu sehr war er von früh auf an Tätigkeit gewöhnt, als daß es ihm hätte gefallen können, eine längere Zeit hindurch planlos bummelnd in den Tag hinein zu leben. So machte es sich ganz von selbst, daß seine Anwesenheit mich keineswegs von eigenem Arbeiten abhielt. An den Vormittagen war jeder für sich allein beschäftigt; nur der Nachmittag gehörte mehrfach gemeinsamen Spaziergängen oder irgendwelchem anderen geselligen Verkehren. Er blieb bis zum Anfang des August, wo ich selbst Lauenstein für einige Wochen verließ, um meine Eltern auf einer Reise nach Oberitalien zu begleiten. [XXXV]

Schon seit vielen Jahren trug sich mein Vater aus wissenschaftlichen Gründen mit dem Wunsch, einmal nach Verona zu kommen, um die in der dortigen Bibliothek aufbewahrte älteste Handschrift des »Gajus«[XXXVI] einsehen zu können[79]. Aber immer wieder glaubte er, auf die weite und kostspielige Reise vernünftigerweise verzichten zu müssen. Er wollte warten, bis er sie ohne allzu triftige Bedenken hinsichtlich seiner Kasse einmal in Gemeinschaft mit seiner Frau und seinem Sohne unternehmen, also eine größere Ferienreise zu dreien mit der Erfüllung seines Privatwunsches verbinden könnte. Dieser Augenblick war jetzt gekommen. Er durfte seinem Geldbeutel die große Ausgabe zumuten und beschäftigte sich zwischen aller rastlos angestrengten Berufstätig-

---

XXXV Carl Rose siedelte nochmals nach England über, vertauschte den Geiger mit dem Dirigenten, ging als solcher mit der verwitweten Theatersängerin Frau Parepa und ihrer Truppe nach Amerika, heiratete die Primadonna, und gründete mit ihr eine deutsche Oper in London, ein Unternehmen, das Jahre hindurch die größten Erfolge aufzuweisen hatte. [Carl Rose gründete die noch heute aktive »Carl Rosa Opera Company« zunächst unter dem Namen »Carl Rosa's English Opera« 1873 in London.] Der Tod seiner Frau erschütterte ihn tief. Auch seine Gesundheit hatte gelitten. Nach einiger Zeit schritt er zu einer zweiten Ehe, starb aber wenige Jahre später am 30ten April 1889.

XXXVI »Gajus«, altrömischer Jurist.

keit in Augenblicken der Muße nun schon seit Wochen mit Entwerfen eines genaueren Reiseplans.

Am 30. Juni schrieb er mir: »Die Modifikation unseres Reiseplans, welche die Mutter vorläufig angedeutet hat, besteht darin, daß wir das Engadin aufgeben, welches ohnehin für dieses Jahr zu kalt sein wird, und dafür über die Reschen-Scheideck durch das Vintschgau nach Verona gehen, da ich gern Salvotti in Mori bei Trient besuchen und in Verona den Gajus sehen möchte, dann die Fahrt zwischen den Karnischen Alpen und den Euganeischen Gebirgen, die nur vier Stunden kostet, hin und zurück bis und von Venedig nicht scheuen und mithin über Verona nach Mailand fahren. In Bellaggio am Comer See ruhen wir von den städtischen Genüssen aus und kehren dann über den Splügen und Hinterrhein, Via mala und Chur, also über den schönsten aller Alpenpässe nach der Schweiz und dem deutschen Vaterlande zurück. In Schaffhausen würden wir uns dann wohl trennen müssen, wenn du nicht vorziehst, schon vorher von Trübbach aus über Zürich deinen Baseler Freund zu erreichen. Ich hoffe, daß diese Änderungen deinen Beifall finden; für uns Alte wird es nachgerade Zeit, wenn wir noch ein Stück Italien genießen wollen. Einige reizende Tiroler Abstecher und Aufenthalte z. B. in Finstermünz und von Prad nach Trafoi bleiben natürlich vorbehalten, auch möchte ich gern von Venedig aus noch den uraltchristlichen Dom von Torcello besuchen, was in 5 Stunden hin und zurück per Gondel zu erreichen ist. Als Vorbereitung gebe ich anheim, mit Hülfe von der Tante tüchtigem Lerneverstand und Sprachtalent und an der Hand Fornasari's[80] noch etwas Italienisch zu treiben, damit du, wenn nicht maraviglicsamente[81] doch con leggerezza[82] auftrittst, wenn wir zwischen Mezzo tedesco und lombardo die alte Sprachgränze überschritten haben. Über die Zeit unserer Abreise erfährst du noch Genaueres, namentlich ob wir mit dem neuen Eilzuge bei Tage über Leipzig oder mit dem Nachtzuge über Eisenach fahren. Das aber will ich gleich hier bemerken, daß von Biessenhofen an der Augsburg-Lindauer Bahn die Post nach Füssen am Lech (fauces Lic.) an der Tiroler Gränze abgeht, wo wir uns dann in der Post, eventuell im Mohren treffen würden … In Nürnberg versäume nicht, den Kirchhof mit den wundervollen Peter Fischer'schen[83] Denkmälern zu besuchen, ebenso im Bamberger Dom die Sakristei; es ist sehr der Mühe werth; und beachte auch an dem ungeknitterten Faltenwurf des Sebaldusgrabes, daß Fischer vorher in Italien war und dort Antike und Renaissance studiert hatte, die er in seinen Magdeburger und Berliner Werken noch nicht gekannt zu haben scheint … Übrigens kann ich mittheilen, daß Berlin und der Thiergarten in diesem kühlen Sommer zum Entzücken ist, während Perz mir sagt, daß Italien unter drückender Hitze schmachtete. ... Die Stadt prangt heute wegen der Eroberung von Alsen im schwarzweißen Fahnenschmuck, 100 Kanonensalven verkünden den neuen Sieg und die eroberten Kanonen im Lustgarten beweisen seine Bedeutung. Berlin nimmt im Guten und Schönen, im Glanz und Luxus, aber freilich auch in den bedenklichsten Erscheinungen immer mehr den Charakter der Metropole Deutschlands an. Die Pracht der Rosen auf den Plätzen am Opernhause und Wilhelmsplatz ist unbeschreiblich, und die frische politische Seeluft wirkt überall belebend und erhebend ein. Selbst unser altes Schloß macht mit seinen goldenen Wappenschildern und sonstigem Putz ein neu verjüngtes Gesicht als fühle es mit, daß der Staat, dem es als Mittelpunkt angehört, endlich einmal sich wieder männlich und zu sittlicher That emporgerafft hat und seiner hohen Mission getreu von Neuem die führende Macht in Deutschland geworden ist ...«

Nachdem ich meinem Vater Dank und Freude über diesen Brief mit so bedeutungsvollem Inhalt ausgesprochen, erhielt ich zu meiner Überraschung nochmals vor der Abreise einige Zeilen von ihm. Er schrieb mir am 29. Juli elf Uhr morgens:

»Mutter, die Visiten macht, hat mir deinen lieben Brief auf den Schreibtisch gelegt und er hat mich so angeregt, daß ich dir noch vor dem Wiedersehen ein paar Worte schreiben muß. Die Schönheit dieses unvergleichlichen Sommers erstreckt sich über Gottes ganze Welt diesseits der Alpen – denn jenseits soll es sehr heiß sein – namentlich über unsere liebe brandenburgische Heimath: Thiergarten, Stralau, Schlachtensee, Schönhausen, Potsdam sind so schön, daß es mir weh thut sie zu verlassen ... Wir haben nicht nur nichts entbehrt, sondern dich tausendmal bei unseren Ausflügen zu uns gewünscht, wüßten wir nicht, daß du es in anderer Weise auch dort gut hast. – Die Tour durch Val Sugana über Treviso, auf die du aufmerksam machst, habe ich natürlich auch im Auge, nur müßte ich dann den Besuch bei Salvotti in Mori bei Roveredo aufgeben und wahrscheinlich würden wir dann auch nicht am 17ten mit dem Vollmond auf dem Canale grande und Giudecca eintreffen. In Trient wollen wir die Sache überlegen und in Verona den Catull nicht vergessen, dem einst ein Theil des Gardasees gehörte. Einen Lieblingswunsch werde ich opfern müssen! Ravenna. Seitdem in Rom San Paolo fuori le mura[84] abgebrannt ist, hat Italien keine alte Basilica mehr, die sich mit San Apollinare in classe[85] auch nur von fern vergleichen ließe; die jüngsten Veränderungen sind von Joannes Argentarius[86] aus dem 6[ten] Jahrhundert und von den Bischöfen, die im 7[ten] den Päpsten den Primat bestritten. Des Grabes der Galla Placidia[87], Theodorichs[88], San Vitale[89] und aller anderen Herrlichkeiten dieses wunderbaren Bodens nicht zu gedenken. Die Fahrt bis Pontelagoscuro kann ich aber Mutter nicht zumuthen und die ganze Küste ist sumpfig und ungesund, obgleich äußerst fruchtbar. So werden wir uns wohl auf Venetien und die Lombardei beschränken und uns an den landschaftlichen Schönheiten über den Verlust des historischen Genusses trösten müssen. Das Werk von Quast über Ravenna[90] habe ich aber angeschafft und schicke es nach Lauenstein. Es bleibt doch noch etwas Großes und Schönes um unsere Reise und tiefen Dankes gegen den gütigen Himmlischen Vater werth, dessen Liebe sie uns gestatten will. Wie oft denke ich an Mendelssohns »Wem Gott will eine Gunst erweisen«[91]! Wie sehr hat er namentlich uns begnadigt durch unsere beneidenswerthe Stellung in der freien Seeluft der Wissenschaft und Kunst! Wie werden die Menschen verengt, verzeichnet, kleinlich in den engen Verhältnissen des Standes, Amts, Berufs oder eines kleinlichen Staatswesens, welches nicht nur den politischen sondern leider auch den sittlichen und religiösen Blick einengt, verfälscht und verkümmert. Darum denke ich: die neuen Anschauungen, die dir bevorstehen, werden die Unterbrechung deiner Arbeit aufwiegen, und diese Reise, vielleicht selbst dieser Brief dir eine Lebenserinnerung bleiben, wenn die Hand, die ihn schreibt, längst im Grabe ausruht …«

In einem am gleichen Tage geschriebenen Brief meiner Mutter finden sich die Worte: »Daß wir in der letzten Zeit hier auch schönes Wetter haben, deutet Vater in seinem Briefe an Dich an, über den Du Dich gewiß freuen wirst. Er muß rechte Herzenslust gehabt haben, Dir zu schreiben, denn er ist sonst in dieser letzten Zeit so überbürdet mit Arbeiten und Vorlesungen, daß ich ihn eigentlich nur bei den Mahlzeiten sehe …«

Am ersten August verließ ich Lauenstein, um südwärts zu fahren, brachte, wie früher bereits erwähnt, einen Tag in Erlangen bei den prächtigen alten Raumers zu, sah Nürnberg und traf dann in Füssen mit meinen Eltern zusammen. Auch die alten Freunde Philipp und Bertha Buttmann hatten sich hier eingefunden und in der Nähe, im sogenannten »Weißen Haus«, für einige Zeit niedergelassen. Mit meinem Paten Buttmann bestieg ich die über 6000 Fuß hohe Füssener Alp und erlebte es bei dieser Gelegenheit, zum ersten Male in einer unverfälschten Sennhütte zu übernachten. Die Schönheit des nahen Hohenschwangau bezauberte uns alle. Ein guter Zufall fügte es, daß uns in der Nähe des

Schlosses einmal ein leichter eleganter Wagen begegnete, in dem die noch immer schöne Königin Marie mit ihrem damals etwa 17jährigen bildschönen Sohn, dem Prinzen Otto von Bayern saß. Noch gab es keine Eisenbahn, die über die Tiroler Alpen nach Welschland geführt hätte. Mein Vater traf mit einem Lohnkutscher die Verabredung, daß er uns in acht Tagen über die Reschen-Scheideck bis nach Bozen bringen solle, wobei ein Abstecher nach Trafoi eingeschlossen und im übrigen volle Freiheit gelassen war, wo und wie lange hier oder dort Aufenthalt zu machen sei. An einem herrlichen Sommermorgen hielt der große offene Wagen mit reichlicher Vorrichtung für Unterbringen des Reisegepäcks vor unserem Gasthaus und es begann die schönste Gebirgsfahrt, die ich je erlebte. Wie nüchtern, gebunden und geschäftsmäßig erscheint das heute übliche Durchqueren der Alpen im Eisenbahncoupé im Vergleich zu einer solchen Wagenreise mit aller Freiheit des Erlebens, allem Reichtum der Eindrücke!

Über den schönen Paß Fern, an den kleinen smaragdgrünen Seen vorüber, ging es dem Inntal zu. Wie ein Raubvogelnest schienen die Trümmer von Landeck an der fast senkrechten Felswand zu hängen. Immer enger wurde dies Flußtal, immer steiler die Hänge. Hoch oben sahen wir die braunen Holzhäuser von Obladis am Berge liegen. Mein Vater erinnerte daran, daß Schinkel einmal dort einen Sommer mit den Seinigen zugebracht und gern davon erzählt habe. Am zweiten oder dritten Abend erreichten wir Hochfinstermünz. Meine Eltern sandten ein paar Zeilen nach Wienrode. »Es war unsere Absicht«, schrieb mein Vater an Marie Hoffmeister, »der Feier Ihres Hochzeittages einen sichtbaren Ausdruck zu geben, aber in Hohenschwangau waren wir nicht unsere eigenen Herren und so blieb es bei dem stillen Andenken. Dafür sollen Sie nun einen Gruß von einem Punkt der Centralalpen haben, wie er garnicht romantischer und großartiger erdacht werden kann. An dem herrlichsten Punkte der neuen Straße, welche Oesterreich mit kaiserlicher Munificenz durch die Schlucht des Rhätisch-Tirolischen Engpasses geführt hat, liegt ein reizendes Schweizerhaus nebst Kapellchen und Nebengebäuden; – wie die ganze Straße über die Reschen-Scheideck nach Meran von wenigen Fremden besucht. In diesem Hause befindet sich gegenwärtig die Familie Rudorff, im äußersten Behagen die Gegenwart genießend und den Genuß durch das Andenken an die fernen Freunde noch erhöhend. Könnten wir Sie herzaubern! Es ist halb zehn Uhr Abends. Vom Balkon unseres Zimmers sehen wir hinunter in die schwarze Tannenschlucht von Alt-Finstermünz, gerade aus die Schneeberge des Engadin, der Mond spiegelt sich in dem leuchtenden Silberbande des Inns, der sich durch die enge Felsenpforte den Weg gebahnt hat. Der Abend ist kühl, die ganze Luft voller Tannenduft, es ist ein unbeschreiblicher Eindruck. So großartig habe ich mir den Übergang nach Italien nicht vorgestellt. ›Kennst du den Berg und seinen Wolkensteg?'[92] würde Mignon sagen, und hätten wir nicht so himmlisches Wetter nach dem gestrigen Schneesturm, so könnten wir auch sans comparaison[93] hinzusetzen, daß das Maulthier im Nebel seinen Weg suche. Morgen früh gehen wir, Ernst und ich, zur alten Finstermünz hinab, die gleich allen Pässen Tirols verlassen ist und nur noch von Landleuten bewohnt wird, dann suchen wir mit dem Fernrohr die Gemsen auf dem Grat, der das Engadin von Vorarlberg scheidet, und um 9 Uhr geht es weiter nach Italien zu. …«

In Trafoi, das jetzt ein vielbesuchter Fremdenort ist, gab es damals nur ein einziges bescheidenes Gasthaus, von ein paar Hütten umgeben. Nichts störte den Frieden dieser gewaltigen Hochgebirgseinsamkeit, in der sich kaum ein Laut hören ließ außer dem Rauschen der drei heiligen Quellen und etwa dem Schrei eines Geiers in den Lüften. Mein Vater stieg mit mir zur Höhe des Stilfser Jochs hinauf, die Windungen der Fahrstraße oft durch Einschlagen eines Fußweges abkürzend. Nur ganz selten begegnete uns ein Wanderer oder ein Gefährt. Der Winterkälte der Gletscherwelt folgte am nächsten Tag das Etschtal mit glühendem Sonnenschein, Rebengeländen, Feigen und echten Kastanienbäumen. Dann in Meran zweitägiger Aufenthalt und in Bozen Abschiednehmen von unserem braven Kutscher samt Wagen, um die Reise nach Verona, Venedig, Padua und Mailand mit der Eisenbahn fortzusetzen. Welche Empfindungen steigen auf nur beim Nennen dieser Namen! Alle Welt kennt heute die Herrlichkeiten, die es hier zu sehen, zu erleben, zu genießen gibt, tausendfältig sind sie beschrieben, besprochen, gezeichnet und gemalt worden: Grund genug also, sich mit ihrer Aufzählung und Schilderung an dieser Stelle nicht aufzuhalten. Eine Kleinigkeit aber will ich dennoch erwähnen, die sich an den Namen Meran knüpfte, das damals übrigens noch ebenso wenig wie Trafoi sich zu einem Sammelplatz für die elegante Lebewelt aus aller Herren Länder entwickelt hatte, sondern nur als ein wirksamer und freilich auch schön gelegener Kurort gelten wollte für ernstlich Kranke. Es fiel meinem Vater auf, daß die grünen Bergabhänge rings um Meran bis hoch hinauf mit zahlreichen zerstreut liegenden, weißschimmernden kleinen Gehöften bedeckt waren. Sie schienen zu weit voneinander entfernt zu liegen, als daß man den Zusammenschluß zu einer Dorfschaft voraussetzen mochte. Auf seine Frage erhielt er die Antwort, das seien die »Sommerfrischen« der Meraner, zu denen sie in der heißen Jahreszeit hinaufzögen, weil es dann kühler sei da oben als unten im Tal. Das Wort »Sommerfrische« war zu jener Zeit im Norden noch völlig unbekannt, bald aber wurde es verallgemeinert und durch die Übertragung auf das modische Touristen- und Reisewesen in fataler Weise banalisiert, bis endlich auch die schöne Bildung des Substantivs »Sommerfrischler« das Licht der Welt erblickte. Einem Süddeutschen ist der Ausdruck »Mädel« oder »Mädele« natürlich und klingt deshalb in seinem Munde anmutig; nichts widerwärtiger aber, als wenn ein Berliner naiv sein möchte und von einem hübschen »Mädel« spricht, oder wenn er gar, nachdem er vier Wochen in Oberbayern gewesen, die Leute auf der Leipziger Straße mit »Grüß Gott« anredet. In dieselbe Reihe gehören denn auch die Alpenstöcke, die heute allerorten in Deutschland bei städtischen Ausflüglern Mode geworden sind, um Maulwurfshügel damit zu besteigen.

Der Rückweg aus der lombardischen Ebene wurde, wie von Anfang an beabsichtigt, über den Comer See – an dessen Ufer wir in Bellaggio ein paar unvergleichlich schöne Tage verlebten – und dann über den Splügen genommen. Eine Abänderung dagegen des ursprünglichen Plans war es, daß meine Eltern sich entschlossen, von Schaffhausen nicht direkt und allein nach Lauenstein zu reisen, sondern mich vorerst nach Basel zu begleiten, um auch ihrerseits nach vielen Jahren die Stockmeyersche Familie wieder zu begrüßen. Mein Vater verschwieg dem Dienstmädchen, das die Tür öffnete, seinen Namen, und trat dem Hausherrn mit den Worten gegenüber »Kennen Sie uns noch?« Der Herr Pfarrer sah ihn forschend an und sagte nach einigem Zögern fragend »Rudorff?« – »Mit dem ersten Buchstaben: Ja!« erwiderte mein Vater. Stockmeyer begriff den Spaß nicht, sah den Gast verdutzt an, und es entstand eine verlegene Pause. Im nächsten Augenblick war natürlich alles aufgeklärt, und es folgten Stunden der schönsten, herzlichsten Gemeinschaft. Meine Eltern wohnten im Hotel und blieben nur zwei Tage; ich aber war länger als eine Woche für Tag und Nacht Gast des Hauses. Der Vater Stockmeyer bekleidete damals noch nicht die Stelle des Antistes[94] am Münster, sondern war Pfarrer an der St. Martinskirche. So stattlich sich auch die spätere Behausung im Antistitium am Münsterplatz ausnahm, »heimeliger« erschien mir das kleine anmutige Pfarrhaus hoch über dem grünen, rasch dahinfließenden Rhein, das mit dem sonnigen Gärtchen an den Chor der Martinskirche lehnte. Der Wein rankte hier zu den hohen gotischen Fenstern hinauf, Blumen und Früchte gediehen, dufteten und reiften am stillen, geschützten Ort wie kaum irgendwo anders. Jetzt lernte ich meinen Freund – den »Männi«, wie ihn seine Mutter von früh auf genannt hatte – erst bis auf den Grund kennen und verstehen, wo mir seine Heimat und sein Elternhaus vertraut wurden und wo ich eine Weile mit ihm von früh bis spät unter einem Dache leben durfte. Nun wußte ich vollends gewiß, daß mir keiner unter meinen Freunden so wesensverwandt war wie er. Der Vater Stockmeyer war eine ehrfurchtgebietende Persönlichkeit. Er erschien fast unnahbar, wenn man zum ersten Mal dem Blick seiner Augen begegnete. Sein scharfer Verstand, der Zug zum Dialektischen, der ihm eigen war, ließen an seinen Lehrer Schleiermacher denken. Auch die kristallene Reinheit der Seele, die sittliche Strenge gegen sich selbst hatte er mit Schleiermacher gemein. Lernte man ihn aber näher kennen, so begriff man bald, daß die Kühle seines äußeren Verhaltens nur Schein war, daß vielmehr gerade die Tiefe, mit der er empfand, ihn zurückscheuen ließ vor jeder Entweihung, vor jeder vielleicht unangebrachten Äußerung des Gefühls. Hierin schien sein ältester Sohn ihm zu gleichen; im übrigen aber hatte er doch die Eigenart der lebhaften, reich begabten, aus Schwaben stammenden Mutter geerbt. Mit ihr lebte er im Innersten ein gemeinsames Leben. Sie war wie er der höchsten Begeisterung fähig, alle Poesie des Daseins bis in die feinsten Adern empfindend und dann auch wieder ebenso leicht verletzt durch den leisesten Mißklang. Es konnte kaum anders sein, als daß die Freunde des Sohnes zugleich auch der Mutter in besonderer Weise nahe traten, und so darf ich sagen, daß auch mir die edle Frau in jenen unvergeßlichen Tagen ihre vertrauende Freundschaft für alle fernere Zeit schenkte. Im Hause gab es noch zwei jüngere Schwestern und einen allerliebsten übermütigen Buben von sieben Jahren, der in Temperament, Wesen und Anlagen das vollkommenste Gegenteil seines Bruders zu sein schien. Eine ältere Schwester war verheiratet an einen jungen Geistlichen namens LaRoche, dessen Pfarrei Ziefen nicht weit von Basel in einem reizenden Wald- und Wiesental des Schweizerischen Jura lag. Von Liestal aus wanderten wir beiden Freunde dorthin zu Fuß und brachten ein paar heitere Tage dort zu. Ein anderer Ausflug galt dem Rötheler Schloß im Wiesental. Stockmeyer hatte mich schon in Berlin mit Hebels alemannischen Gedichten bekannt gemacht. Er las sie ausgezeichnet vor, ebenso lebendig und mit Humor wie ohne jede Spur von Affektation. Auch aus dem Gedächtnis vermochte er eine ganze Anzahl zu rezitieren. Mit der Zeit hatte ich gelernt, den einem Norddeutschen nicht leicht zugänglichen Dialekt ausreichend zu verstehen und die Sprache ebenso wohl wie den Dichter von Herzen liebzugewinnen. Jetzt lernte ich Hebels Heimat aus eigener Anschauung kennen, und der Freude an der schönen Landschaft gab das Andenken an den Dichter eine besondere Färbung.

Am 13. September feierte Frau Schumann ihren Geburtstag in ihrem Lichtentaler Häuschen. Das gab eine dienliche Mahnung, an den Aufbruch zu denken. In Baden-Baden geriet ich in einen wahren Strudel von bekannten und unbekannten Menschen. Frau Schumann war umgeben von zahlreichen glückwünschenden Freunden und Verehrern. Unter ihnen Brahms und Levi.

Bei der Gräfin Flemming hielt sich die Gräfin Oriola als Gast auf, und auch Gräfin Hildegard Schwerin war in Baden anwesend; diese freilich eines Leidens wegen, für das sie Heilung suchte, und das mir nur gestattete, sie für wenige Minuten zu sehen. Am wohlsten wurde mir unter den obwaltenden Umständen bei den beiden Arnimschen Schwestern zumute. Ihre Herzlichkeit und Frische, die völlige Ungebundenheit des Verkehrens mit ihnen tat wohl. Man führte mich in das Schlafgemach der Kinder, wo das jüngste Flemmingsche Töchterchen wie ein Elfchen im zierlichsten Korbbettchen lag. Die Mutter bewunderte die »kohlschwarzen« Haare, die es habe – leider konnte ich jedoch beim besten Willen überhaupt keine Haare entdecken. Ich war im Reisekostüm erschienen, und meine Toilette, die unterwegs manchen Sturm erlebt hatte, mochte sich fragwürdig genug ausnehmen. Das hinderte aber die Armgard keineswegs, ihren Arm in den meinen einzuhängen und solchermaßen mit mir abends den Kursaal zu betreten, in dem die eleganteste Gesellschaft bei strahlendster Beleuchtung sich hin- und herdrängte. Zwei Tage hielt ich mich in Baden auf, erlebte auch noch ein Konzert, in dem Frau Viardot sang und Frau Schumann das Konzertstück von Weber mit dem Kurorchester spielte; dann aber fuhr ich ohne weitere Unterbrechung nach Lauenstein.

Noch während meines Aufenthaltes in Basel hatte ich einen Brief von Reinecke erhalten mit sehr unerwartetem Inhalt. Er schrieb aus Ragaz am 11. August: »… Schwerlich werden Sie sich des Erstaunens erwehren, wenn Sie gesehen haben, was mich veranlaßt, an Sie zu schreiben, denn es ist wirklich etwas Absonderliches, und wenngleich ich beinahe fest überzeugt bin, daß ich umsonst an Sie schreibe, und daß ich Sie vergeblich um Antwort, die ich schon zu kennen glaube, bemühe, so mag ich dennoch die Anfrage nicht unterlassen. … Doch genug der Vorrede! In Kürze also: daß die Frau Großfürstin Helene Paulowna von Rußland mich ersucht hat, ihr einen jungen Musiker zu empfehlen, welcher geneigt wäre, ihr mindestens für einen Winter nach

Petersburg zu folgen um in ihren Soiréen den musikalischen Theil zu arrangiren, zu leiten und auch als Klavierspieler in denselben thätig zu sein. Die Lichtseiten dieser Stellung würden wohl sein, daß der Betreffende in angenehmer und bequemer Weise Petersburg kennen lernte, eine anständige Einnahme bei vieler Mußezeit hätte, Connexionen anknüpfte, die vielleicht in der Zukunft manches Ersprießliche mit sich bringen könnten und möglicherweise auch manche Erfahrung nach musikalischer Seite hin machen würde; endlich würde derselbe in der Großfürstin und ihrer nächsten Umgebung wirklich anziehende, vom besten Willen beseelte Persönlichkeiten finden, welchen wirklich daran gelegen sein würde, ihm seine Wirksamkeit und das Leben in Petersburg angenehm zu machen. Daß ich Sie als eine äußerst passende und der Frau Großfürstin äußerst wünschenswerthe Persönlichkeit bezeichnet habe, will ich Ihnen sofort bekennen, doch auch nicht verschweigen, daß ich ihr zu dieser Acquisition noch wenig Hoffnung gemacht habe. Auf die Schattenseiten Sie aufmerksam zu machen halte ich nämlich auch für meine Pflicht. Zu leugnen ist nämlich nicht, daß das Leben am Hofe für unsereins immerhin etwas Demüthigendes hat, es sei denn, daß man philosophisch genug ist, um in der äußeren Form und allem Etiquettenwesen nur eine menschliche Albernheit zu erblicken, die einen Menschen, der sich seines Werthes bewußt sein darf, ebenso wenig tangiren kann, wie den Gebildeten die Grobheit eines Rohen oder eines Betrunkenen. Schlimmer als dies würde es den wahren Künstler jedenfalls berühren, wenn er sich öfter gezwungen sieht – und das kann nicht aus bleiben – seine Perlen vor die Säue zu werfen, oder auch dem schlechten Geschmack des Publikums Conzessionen zu machen. In den Soireen der Großfürstin sind meistens 120 – 130 Personen versammelt; in dem Salon, in dem musicirt wird, finden sich nur mit der Großfürstin diejenigen Personen zusammen, welche wirkliche Freude an der Musik haben, aber daß die Übrigen, welche im Nebenzimmer bleiben, laute Conversation machen, kann nicht verhindert werden; die Großfürstin selbst findet das traurig, meint aber – und wohl mit Recht – daß sie doch ihren Gästen, und namentlich nicht dem Kaiser und der Kaiserin den Mund verbieten kann. – Die Bedingungen sind folgende: freie Wohnung im Palais der Großfürstin mit Holz und Licht und 100 – 120 Rubel monatlicher Gage. Vom November bis April oder Mai würde das Engagement gelten; circa alle 3 Wochen wäre ein Concert zu arrangiren und einmal in der Woche müßten Sie der Großfürstin außerdem zur Disposition stehen. – Wie gesagt wüßte ich der Großfürstin für das, was sie wünscht, keine geeignetere Persönlichkeit zu nennen als eben Sie, aber ich glaube nicht, daß Sie Lust haben werden, eine solche Episode in Ihr Leben einzuschalten. Könnten Sie mir aber vielleicht eine geeignete Persönlichkeit nennen? – Die sociale Bildung käme freilich neben der musikalischen mit in Frage und die Kenntniß der französischen Sprache ist kaum erläßlich …«

So verlockend mir auch für den ersten Augenblick die Vorstellung war, in solch eine mir ganz fremde und interessante Umgebung versetzt zu werden, ich war doch nach kurzem Besinnen entschlossen, ein Anerbieten abzulehnen, dessen Annahme mich nur vom Verfolgen meiner innersten Absichten abgelenkt haben würde. Bis zum Weihnachtsfest wollte ich in Lauenstein bleiben und dort weiter in Ruhe für mich arbeiten. Mit der Ruhe und Stetigkeit des Tuns war es nun freilich nicht allzu weit her. Allein die Unterbrechungen, die eintraten, waren doch durchaus nicht bedauerlicher Art. Meine Eltern hatten kaum in den ersten Oktobertagen Lauenstein verlassen, um über Wienrode nach Berlin zurückzukehren, als ein Brief von Stockhausen eintraf, mit der Bitte, ihm einige Wochen später, d. h. am 29. Oktober in Braunschweig die Müllerlieder zu begleiten. »Und Sie?« heißt es dann in dem Schreiben weiter, »Warum wollen Sie durchaus nicht nach Hamburg kommen? Rose und Maszkowski sind überein gekommen, daß sie abwechselnd die Soli in Concerten dirigiren werden, wenn ich zu singen habe. Außerdem hat Maszkowski die Orchesterwerke, wenn ich gesanglich thätig sein muß. Und vor Allem hat er seine Frau[XXXVII], die ihn viel beschäftigt; er wird wohl nicht mehr so sanguinisch auf Chordirektion sein. Ihnen blieben also diesen Winter die ›Schöpfung‹[95] mit der Tietjens, damit ich den Adam im dritten Theil singen könnte, ›Walpurgisnacht‹[96] oder ›Acis und Galathea‹[97] im Pensionsfondkonzert … u. s. w.«

Ich wußte ganz genau, daß und warum ich mich durch die vorgeführten Lockvögel nicht für Hamburg einfangen lassen wollte, war dagegen gern bereit, mich auf die Reise zu begeben, um abermals die Müllerlieder zu begleiten. Stockhausen gab in Braunschweig kein eigenes Konzert, sondern folgte einer Aufforderung des dortigen »Vereins für Konzertmusik« dessen Vorsitzender ein Herr Adolph Schmidt war. Dieser hatte die Liebenswürdigkeit, nicht nur Stockhausen sondern auch mich einzuladen, bei ihm zu logieren. Doch zog ich es vor, in dem nahen Lehndorf bei den guten alten Freunden Rhamms[XXXVIII] zu woh-

XXXVII Maszkowski hatte sich im Lauf des Jahres verheiratet.

XXXVIII Pastor Rhamm, Schwager von August Hoffmeister.

nen, die meinem Besuch mit Freuden entgegensahen. Zum Konzert kamen Joachim und Scholz von Hannover herüber und begrüßten Stockhausen und mich vor dem Beginn der Musik im Künstlerzimmer. Man suchte jemanden, der mir am Klavier umwenden könne, während ich selbst wenig nach einem solchen verlangte. Ich hatte mich so ausgiebig mit den Müllerliedern beschäftigt, daß jeder Ton, jede Nuance der Singstimme wie der Begleitung mir im Gedächtnis gegenwärtig war. Es wäre mir unter diesen Umständen eher störend als nützlich gewesen, irgendeinen Unbekannten zum Blattumwenden neben mir sitzend zu haben, und so sehr ich im allgemeinen mit Befangenheit zu kämpfen hatte, es reizte mich dennoch, das Auswendigbegleiten vor der Öffentlichkeit einmal zu versuchen. Ich fragte Joachim, was ich tun solle; er redete energisch zu, ich entschloß mich, und das Wagnis gelang vollkommen. Ja, ich hatte die Genugtuung, daß Stockhausen, der natürlich auswendig sang, zweimal sich versah – was ihn aber nicht im mindesten anfocht –, während ich meinerseits ohne Unfall glücklich das Land erreichte.

Joachim reiste gleich nach dem Konzert in der Nacht nach Hannover zurück, nachdem er mir ernstlich zugeredet hatte, von Lauenstein aus zuweilen zu irgendwelcher Musik nach Hannover herüberzufahren. Ich blieb noch den nächsten Tag in Braunschweig und ließ mich dann durch die Nähe des Harzes verlocken, für ein paar Tage in Wienrode einzukehren. Hierher wurde mir ein Brief nachgeschickt, auf dessen Adressierung ich Joachims Hand erkannte.

»Lieber Rudorff!
Auf dem nächsten Blatt finden Sie das Programm unseres 1ten Concertes, das am 5ten Nov. stattfindet. Wenn Sie nicht zu sehr in Arbeit vertieft sind, und Lust haben mein Concert zu hören, so wird das mich natürlich besonders erfreuen. Schreiben Sie mir dann ein Wort, damit Sie ein Billet finden. Probe Freitag früh um 10. Eiligst aber immer herzlich der Ihrige Joseph J.

P r o g r a m m
1), Ouverture (die Fingalshöhle) von Mendelssohn
2), Ave verum für Chor von Mozart
3), Violin-Concert G dur Mscrpt von Joachim
4), Wiegenlied von Cherubini für Chor
5), Recitativ und Adagio aus dem 6ten Concert von Spohr
6), Sinfonie (Eroica)«

Hier gab es kein langes Besinnen. Die Zeit reichte zwar nicht, um noch zur Probe in Hannover zu sein, am Konzerttage aber war ich schon früh zur Stelle. Auch Stockhausen, Maszkowski und Hegar waren eingetroffen, um der ersten öffentlichen Aufführung von Joachims neuem Konzert beizuwohnen. Man mag sich vorstellen, mit welcher Spannung ich dem Kennenlernen dieses Stückes entgegensah, nachdem mich das Ungarische Konzert so ganz und gar erfaßt hatte. Freilich, mit diesem ließ sich das jüngere Werk an Bedeutung nicht vergleichen. Durch Eigenart und Reichtum der Erfindung, durch hinreißenden Schwung und bezaubernde Poesie nimmt das Ungarische Konzert einen so überragenden Platz – auch im Vergleich zu den meisten Violinkonzerten anderer Meister – ein, daß es eben schwer ist, ihm nahezukommen. Immerhin ist auch Joachims G-Dur-Konzert eine Schöpfung von hoher Vornehmheit und gewinnender Anmut, meisterlich im Aufbau wie in der Gestaltung des einzelnen. Von einer eigentlichen Enttäuschung konnte also nicht die Rede sein. Am unmittelbarsten berührte mich beim ersten Hören der zweite Satz.[XXXIX]

Die Orchesterleistungen des Abends übertrafen alle meine Erwartung. Wohl hatte ich vor einem Jahr schon zum ersten Male ein Orchesterkonzert in Hannover angehört, aber außer Mendelssohns a-Moll-Symphonie bot das Programm damals kein anderes Orchesterwerk unter Joachims Leitung. Nun erlebte ich die »Fingalshöhle« und Beethovens »Eroica«, und es wurde mir klar, nicht allein, daß die Bläser des Leipziger Gewandhauses in ihren Leistungen keineswegs an die Virtuosität der Hannoverschen Orchestermitglieder hinanreichten, sondern vor allem, daß weder Rietz noch Reinecke als Dirigenten irgendwie mit Joachim zu vergleichen waren. Und wie konnte es anders sein! Wer das Beethovensche Violinkonzert so spielte wie Joachim, und wer selbst das Ungarische Konzert komponiert hatte, in dem lebte eben eine andere Hoheit, Tiefe und Feinheit des Empfindens und Nachempfindens als in minder hervorragenden Geistern.

Nach dem Konzert hätte man wohl gewünscht, mit Joachim noch persönlich zusammensein zu können. Doch er war genötigt, in Gesellschaft zu gehen. Stockhausen dagegen lehnte ab, ihn zu begleiten, und blieb mit uns jungen Leuten bis in die späte Nacht zusammen. In sei-

XXXIX Es mag hier ausdrücklich erwähnt sein, daß die sämtlichen Motive des Ungarischen Konzerts nicht etwa der ungarischen Volksmusik entlehnt, sondern von Joachim frei erfunden sind, nur im Charakter sich der ungarischen Empfindungsweise nähernd. Ganz anders bei Liszt, der in seinen Ungarischen Rhapsodien lediglich fremden Stoff verwertete.

nem aufrichtigen Entzücken über die Musik, die wir eben zusammen genossen hatten, kam das Beste seines Wesens zutage, sein rastloses und unverbrüchlich ernstes künstlerisches Streben, und ich freute mich, daß er mir einmal wieder so gut gefiel.

Am nächsten Morgen um sechs Uhr setzte ich mich auf die Bahn, um die alte, nun schon einundneunzigjährige Großtante Melusine in ihrem Vilsen für ein paar Tage zu besuchen. Die liebe Alte aß ihr Mittagssüppchen, als ich in die Stube trat. Sie erschien mir um nichts weniger frisch als bei dem letzten Sehen. Teilnahme und Liebe waren ganz die gleichen geblieben, auch ein hübscher Rest ihres liebenswürdigen Humors ließ sich noch immer vernehmen. Ich hatte allerlei Fotografien mitgebracht, um sie ihr zu zeigen, und mit dem eingehendsten Interesse hörte sie an, was ich ihr dabei zu erzählen und zu erklären hatte. Ihre Fähigkeit, sich mit der Phantasie lebendig in Fremdes hineinzuversetzen, seien es Menschen oder Ansichten der Natur, machte mich erstaunen. Für den Abend waren wir bei dem Superintendenten Apel eingeladen, der Schneiders »Weltgericht« mit Auslassung alles Hauptsächlichen bei sich singen ließ. Er schlug selbst Takt und sang dabei zu gleicher Zeit Baß. Eine dicke Bürgermeisterin saß brillenbewaffnet vor dem mir schon bekannten Tafelklavier und spielte mit wurstartigen Fingern im mäßigsten Tempo etwas kaum Hörbares, das die Begleitung vorstellen sollte. Drei Leute standen außerdem umher und waren bemüht, den Eindruck eines vollzähligen Chors zu machen. Dieser Vorgang, die sehr vielen falschen Noten, die Spießbürgerlichkeit der Ausführenden, die so schön im Einklang stand mit der ebenfalls bürgerlich prosaischen Schneiderschen Musik, das alles wäre überwältigend komisch gewesen, wenn nicht das redliche Bemühen und das ungeheure Vergnügen, was die Leute selbst an ihrer Produktion empfanden, zugleich etwas Rührendes gehabt hätte. So ließ ich mir denn den seltsamen Genuß ganz anständig, ohne eine Miene zu verziehen, gefallen. Wohl aber konnte ich merken, daß nicht nur die Tante, sondern auch ihr »Hannchen«[98] und ihre Freundin Sophie Hoppe im stillen sich entrüsteten über die schlimmen musikalischen Leistungen, die man mir vorsetzte, und noch mehr über die Naturalverpflegung, die freilich auch ihrerseits zu wünschen übrig ließ. Ärger fand ich es, daß man mich nach dem Abendessen erbarmungslos nötigte, auf dem wahrhaft scheußlichen Klavier, das im Lauf der Jahre vollends in die Brüche gegangen war, auch noch selbst zu spielen. Denn der ganze Kasten trommelte und klirrte mit bei jedem Forte, das Pedal ächzte grausam in jedes Piano, nur wenige Töne waren reingestimmt, und wenn ich fünf Minuten auf den Tasten gewirtschaftet hatte, so waren der Verwundungen, der stockenden Töne so viele, daß immer eine Reparatur von einer Viertelstunde vor dem Fortfahren eintreten mußte. Ich fragte mich im stillen, wer denn nur von solcher Hantierung eigentlich Vergnügen haben konnte; der Hauptteil der Gesellschaft empfand, wie mir schien, Mitleid, aber die Begeisterung des Superintendenten blieb unerschütterlich, so daß ich nicht imstande war, mich zu entschuldigen, sondern geduldig in den sauren Apfel biß. Ich hatte mich auf Bitten der Tante entschlossen, noch einen Tag zuzugeben, und der nächste Abend, den wir in der Familie Hoppe zubrachten, entschädigte für alle erlittene Unbill. Hier war ein ungleich besseres Instrument vorhanden, ich machte den freundlichen Wirten so lange Musik vor, wie sie es nur irgend wünschten, und sie tischten dafür die schönsten Dinge auf, die Haus und Garten irgend bargen. Allein, das beste bei dem allen war wie immer das Dasein und das feine herzgewinnende Wesen der prächtigen Alten. Sie ging für gewöhnlich schon seit ein paar Jahren nicht mehr in Gesellschaft zu anderen Leuten. Jetzt jedoch, wo einer ihres Blutes sie besuchte, mußte eine Ausnahme gemacht werden. Sie erschien nicht nur, sondern sie hielt auch tapfer und freudig aus bis zum Ende. Als es schließlich am nächsten Morgen an das Abschiednehmen ging, wurden mir alle Taschen vollgestopft mit Quitten und Birnen, Kuchen und Hühnerbraten; die Nachbarn hatten Mantel und Fußsack geschickt für die Fahrt im offenen Wagen, und des Lebewohlwinkens war kein Aufhören.

Als ich in Eystrup die Bahn erreicht hatte und vom Schaffner in ein beliebiges Coupé gesteckt wurde, fand ich darin zu meiner freudigsten Überraschung als einzigen Passagier Joachim sitzen. Er war in Bremen gewesen, wo er im Konzert gespielt hatte, und ich konnte nun mit ihm zusammen bis Hannover zurückfahren. Er erzählte, daß jetzt am Theater Cherubinis »Wasserträger« von Scholz einstudiert werde und versprach, es mich wissen zu lassen, wenn die erste Aufführung stattfinde. Vom »Wasserträger« führte das Gespräch weiter zu anderer Cherubinischer Musik und so auch zur »Anacreon«-Ouvertüre. Ich erinnere mich, wie Joachim damals von dem herrlichen Beginn des Allegros sagte: es sei, als gieße jemand eine Schale duftenden Weines aus. Wie poetisch und zugleich wie wahr ist dieser Vergleich! Wie triff er das Wesen Cherubinischer Musik überhaupt! Ihr geistsprühendes Leben, das Würzige ihrer Harmonik, der Goldglanz des Orchesterklanges, die bezaubernde, aber eher herbe als weiche Anmut, die ihr eigen sind!

Es war kaum eine Woche vergangen, als die versprochene Botschaft aus Hannover bei mir in Lauenstein anlangte. Joachim schrieb: »Eben erfahre ich, lieber Rudorff, daß der Wasserträger definitiv am Donnerstag d. 17ten Nov. zum ersten Mal gegeben wird. Kommen Sie? Kommen Sie. Am Morgen des Donnerstag halte ich Orchesterprobe zu Ouvertüre, Scherzo und Finale von Schumann und zur Cdur mit Fuge von Mozart[99]. Mit herzlichem Gruß Joseph J.« Natürlich kam ich, setzte mich bei dunkler Morgenfrühe um fünf Uhr in den Postwagen, der damals noch die einzige Verbindung mit Elze repräsentierte, genoß Orchesterprobe und Oper und war in später Nacht wieder im Lauensteiner Nest. Ganz besonders interessierte mich Joachims Einstudieren der Orchestersachen am Vormittag. Frau Joachim erschien am Schluß der Probe. Man nahm mich mit zum einfachen häuslichen Mittagstisch, und abends saßen wir zusammen im Parkett, um zum ersten Male schöne Musik gemeinsam anzuhören. Die Aufführung war gut, namentlich der Bassist Bletzacher als Wasserträger vortrefflich. Als wir nach dem Theater mit den Ehepaar Scholz zusammen in einer nahen Restauration zu Abend aßen, erschien auch der Wasserträger in Person an unserem Tisch. Allein, der derbe, biedere Arbeitsmann von einigen 40 Jahren hatte sich zu meiner größten Verwunderung im Umsehen in einen hübschen, eleganten jungen Mann verwandelt von nur 26 Jahren.

Noch einmal gab es am Schluß meines Lauensteiner Aufenthaltes ein musikalisches Ereignis in Hannover, das ich miterleben durfte: eine Beethovenfeier am 17. Dezember. Das Programm lautete:

Ouvertüre zu Coriolan
Violinconcert, gespielt von Joachim
Neunte Symphonie.

Am Montag, den 12. schrieb Joachim: »Es bleibt beim Samstag, die Generalprobe zur ›Neunten‹ ist Freitag um 10 Uhr Morgens. Billete sind reservirt, und ich freue mich aufs Wiedersehen.« Ich hatte Fräulein von Bethmann Hollweg[100] brieflich mitgeteilt, welche Dinge bevorstanden, und sie bestellte vier Plätze für sich, ihre Eltern und Gräfin Pourtalès. Außer diesen kamen auch Frau Enole Mendelssohn und ihr Gatte herübergereist. Aus Bonn aber erschien Otto Jahn. Am Sonnabendvormittag spielte Joachim zu Ehren der angekommenen Gäste in seiner Wohnung mit den Hannoverschen Genossen einige Quartette, darunter das in f-Moll von Beethoven. Ich hörte das gewaltige Stück zum ersten Male und meine, von einem Streichquartett niemals einen ähnlich ergreifenden Eindruck erlebt zu haben. Der alte Jahn saß stumm in einer halbdunkeln Ecke des Zimmers, vergeblich bemüht, die Zeichen seiner tiefen Erregung niederzukämpfen. Über die Herrlichkeit des Konzertabends will ich kein weiteres Wort verlieren.

Ohne noch einmal nach Lauenstein zurückzukehren, setzte ich am nächsten Tage meine Reise über Braunschweig nach Berlin fort und traf noch rechtzeitig zu den hübschen letzten Vorbereitungen für das Weihnachtsfest ein. Trotz aller Arbeitsunterbrechungen, an denen es ja nicht gefehlt hatte, kehrte ich doch nicht mit ganz leeren Händen zu den Eltern zurück. Ich brachte eine neue Ouvertüre, »Otto der Schütz«, in fertig geschriebener Partitur, und ein größeres Orchesterwerk mit, das vorläufig freilich nur in meinem Kopf existierte. Es bestand aus drei Sätzen: einem Adagio, dem ein Scherzo und dann ein leidenschaftliches Finale folgten. Mein erster Gedanke war, das Ganze um seines durchaus romantischen Charakters willen »Romanze« zu nennen. Allein, ich mußte mir doch sagen, daß man im allgemeinen allzu sehr gewohnt sei, unter »Romanze« ein liedartiges Gebilde zu verstehen und entschloß mich deshalb schließlich zu der Benennung »Ballade«. Unter diesem Namen führte ich meinen Eltern die Musik am Klavier vor, ließ aber ein paar Jahre vergehen, ehe ich dazu kam, das Stück instrumentiert zu Papiere zu bringen.[101] Auch nur den Gang des ganzen in Form einer Skizze zu notieren, fiel mir damals nicht ein. Ich war meines Gedächtnisses sicher und wartete ohne Sorgen eine Zeit ab, wo ich genügend zusammenhängende Muße haben würde, um in einem Zuge die Orchestration niederzuschreiben. Keineswegs will ich dies Verfahren loben; doch wird man es mit Rücksicht auf meine späte berufsmäßige Schulung erklärlich finden, wenn ich einstweilen noch nicht flott genug mit den Mitteln des Orchesters zu hantieren verstand, um von vornherein eine Partitur mit allen Details der Instrumentation im Kopfe zu haben, so daß das Aufschreiben nur noch eine mechanische Arbeit gewesen wäre.

Fast hätte sich der Besuch bei meinen Eltern nur auf die Weihnachtstage beschränkt, denn unvermutet hatten sich in den letzten Wochen für mich Aussichten auf eine selbständige Stellung außerhalb Berlins aufgetan. In Braunschweig, gelegentlich des Stockhausen-Konzerts, hatte das Kennenlernen meiner Künstlerschaft und meiner Persönlichkeit die Herren von der Konzertdirektion auf den Gedanken gebracht, mir eventuell die Leitung der dortigen Singakademie zu übertragen, an deren Spitze damals der bekannte Liederkomponist Abt stand. Die Lässigkeit, mit der dieser alternde, auf seinen Männergesangslorbeeren gemächlich ruhende Herr die Angelegenheiten des Gesangvereins betrieb, hatte mehr und mehr Mißstimmung in den musikalischen Kreisen der Stadt hervorgerufen, und man wünschte lebhaft, eine jüngere Kraft von ernsterer künstlerischer Gesinnung den verwahrlosten Posten einnehmen zu sehen. Schon während meiner ersten Anwesenheit mit Stockhausen in Braunschweig waren Andeutungen mir gegenüber gefallen. Briefliche Anfragen und Vorschläge folgten. Endlich veranlaßte man mich, gelegentlich meiner Rückkehr von Hannover nach Berlin auf der Durchreise in Braunschweig Halt zu machen, um mündlich die Sache erschöpfend zu besprechen. An Neigung meinerseits, für einige Zeit in Braunschweig Chordirigent zu sein, fehlte es nicht; wohl aber gebrach es den Braunschweiger Herren durchaus an Mut, mir freie Bahn zu schaffen, indem sie ihrerseits vorerst den Kontrakt mit Abt lösten. Sie wünschten, ich solle mich aus freien Stücken in Braunschweig niederlassen, auf eigene Hand einen Chorverein gründen – wobei sie mir jede irgend mögliche Hilfeleistung zusagten – und durch diese, wie sie meinten ohne Zweifel erfolgreiche Konkurrenz Abt moralisch zwingen, selbst niederzulegen. Natürlich konnte ich mich auf solche in der Luft schwebenden Zumutungen nicht einlassen, und so zerschlug sich die ganze Sache, nachdem sie noch manches Hin- und Herschreiben gekostet hatte.

Ich blieb nun vorderhand bei meinen Eltern in Berlin, und noch war das neue Jahr kaum angebrochen, als auch Stockhausen schon sich wieder blicken ließ. Am Sonnabend den 7. Januar gab er mit Frau Schumann zusammen ein Konzert in der Singakademie, dem acht Tage später ein zweites folgen sollte. Im ersten Konzert begleitete ihm Frau Schumann den Eichendorffschen Liederkreis ihres Mannes, während ich in zwei großen Schubertschen Liedern, »Die Waldesnacht« und »Colmas Klage«, den Klavierpart übernahm. Am zweiten Abend sollte ich ihm fünf Lieder von Schubert, den Harfner von Schumann und zum Schluß Beethovens Liederkreis »An die ferne Geliebte« begleiten. Zwei oder drei Tage vor dem Konzert aber glitt Frau Schumann auf der Straße aus, fiel zu Boden, und verstauchte sich so ernstlich die Hand, daß an Klavierspielen auf absehbare Zeit für sie nicht zu denken war. Sie hatte begreiflicherweise angenommen, er werde nun das gemeinsam von ihnen beiden verabredete und angekündigte Konzert auch seinerseits absagen. Stockhausen aber tat dies nicht, behauptete, abkündigen zu so später Stunde sei unmöglich und bat telegrafisch Frau von Bronsart, an die Stelle von Frau Schumann zu treten. Die Aufgeforderte sagte zu; Frau Schumann aber fühlte sich gekränkt und ließ den treulosen Genossen das deutlich fühlen, als er kam, sich nach ihrem Befinden zu erkundigen. Bleich und erregt trat er mir abends im Künstlerzimmer der Singakademie entgegen. Sein Sprechen klang belegt und matt. »Ich werde schlecht singen« sagte er. »Unangenehme Aufregungen sind ein unfehlbares Mittel, mich heiser zu machen.« Nachdem Frau von Bronsart die erste Nummer in dem wieder bis zum Brechen gefüllten Saal absolviert hatte, folgten die herrlichen Schubertschen Lieder. Sie gingen noch glücklich vorüber, ließen nur einen gewissen Mangel an Kraft des Organs spüren. Wieder spielte Frau von Bronsart. Sie hatte geendet und ich begann mit den ersten Tönen der Schumannschen Ballade. Die Stimme setzte energielos ein und ich hörte mit Schrecken, wie sie von Takt zu Takt ohnmächtiger wurde. »Spielen Sie so stark, als wäre nichts geschehen«, flüsterte er mir zu, in der Hoffnung, sich damit noch einigermaßen über Wasser halten zu können. Aber die Natur versagte. Er brach plötzlich ab und die peinlichste Bestürzung bemächtigte sich des Publikums. Zum dritten Mal erschien die unglückliche Frau von Bronsart am Flügel, um durch ihr [?][102] Auftreten für den Augenblick die Ruhe wenigstens äußerlich wiederherzustellen. Währenddessen aber hatte Stockhausen hinter der Szene mich gebeten, an seiner Statt zu reden. Nachdem das Klavierspiel verstummt war, mußte ich vortreten und dem Publikum mitteilen, Herr Stockhausen sei für den Moment außerstande weiterzusingen und bitte unter diesen Umständen die Anwesenden, sich an der Kasse ihre Eintrittskarten zurückgeben zu lassen. – So peinlich der ganze Vorgang gewesen war, so ärgerlich die Enttäuschung für die versammelten Berliner, bis hierher konnte doch niemand dem Konzertgeber aus seinem Verhalten einen Vorwurf machen. Natürlich erwartete man, daß in kürzester Zeit die Stunde kommen werde, wo die zurückgegebenen Eintrittskarten Anwendung finden durften. Allein Woche auf Woche, ja Monat auf Monat verging, ohne daß das leiseste Anzeichen für eine beabsichtigte Entschuldigung sich blicken ließ. Jetzt begann man, in den bösesten Ausdrücken über den Pflichtvergessenen herzuziehen. Ich erinnere mich nicht mehr, ob ich selbst zuerst Stockhausen von der Stimmung der Leute unterrichtete oder ob ihm von anderer Seite bereits mitgeteilt war, daß allgemeiner Unwillen über sein Benehmen herrsche. Der Erfolg aber war, daß er sich seinerseits höchst entrüstet anstellte über die Unverschämtheit des Publikums und endlich nur mit ingrimmigstem Widerstreben sich entschloß, in der Zeitung eine Ersatzmatinee anzukündigen, zu der die im Januar gelösten Billets Gültigkeit haben sollten. Er bat mich, in gewohnter Weise die Begleitung zu übernehmen. Dieses Mal aber schlug ich meine Mitwirkung ab. Er gewann Theodor Kirchner für das Klavier und machte mit ihm in der Singakademie eines Mittags um zwölf Uhr so viel Musik, daß das Ganze gerade eine halbe Stunde dauerte. Der im Januar-Konzert ausgebliebene Liederkreis von Beethoven sowie die Schumannsche Ballade wurden nachgeliefert und Kirchner spielte zwei kleine Klavierstücke eigener Komposition. Ich saß mit meinen Eltern unter der offenbar übelgelaunten Zuhörerschaft und wüßte nicht, ein unfroheres Musizieren jemals erlebt zu haben.

Im Anfang des Januar, als ich mich entschlossen hatte, die Unterhandlungen mit Braunschweig abzubrechen, war in mir der Wunsch aufgestiegen, während meines nunmehrigen längeren Aufenthalts in Berlin meine beiden Ouvertüren zu »Loreley« und »Otto der Schütz« einmal von den Instrumenten zu hören, für die sie gedacht waren. Es hatte sich damals in Berlin eine neue Orchestergenossenschaft aufgetan, deren Leiter Oertling hieß, und deren pekuniäre Ansprüche verhältnismäßig bescheiden waren. Mein Vater war damit einverstanden, daß ich mit den Leuten wegen einer Probe Verabredungen treffe. Ich ließ die Orchesterstimmen so rasch wie möglich ausschreiben, saß dann ein paar Tage von Morgen bis Abend mit der Korrektur beschäftigt im Hause und am 9. Februar vormittags ging die Sache vor sich. Der alte Grell hatte die Güte gehabt, mir stillschweigend den Saal der Singakademie unentgeltlich zur Verfügung zu stellen, meine Eltern und ein paar Freunde saßen als Zuhörer im Saal, und wenn auch die Leistung des Orchesters viel zu wünschen übrig ließ, sie genügte doch, um mich darüber aufzuklären, was so bleiben konnte, wie ich es geschrieben und was in der Instrumentierung oder sonst irgendwie noch gebessert werden mußte. Auch die Eckbert-Ouvertüre hatte ich abermals auflegen lassen, weil mir bei dem Durchspielen in Hamburg ein paar Stellen aufgefallen waren, die mir in der Klangwirkung nicht genügten. Jedes der drei Stücke ließ ich zwei Mal durchspielen. Dem Orchester gefiel die Loreley-Ouvertüre am besten, und als die Leute sie zum zweiten Mal zu Ende gespielt hatten, machten sie einen großen Beifallsspektakel. Mir aber genügte gerade diese Ouvertüre am wenigsten, und obgleich ihre äußere Wirkung nicht viel zu wünschen übrig ließ, legte ich sie ganz und gar beiseite. Von wesentlichem Nutzen dagegen war mir gerade diese Probe für die beiden anderen Ouvertüren. Meine Gedanken wurden nicht durch ein irgendwie unliebsames Publikum abgelenkt, ich konnte mich ganz der aufmerksamsten Kritik meiner Musik hingeben, und der Erfolg war, daß ich eine ganze Reihe von Stellen entdeckte, an denen in der Instrumentierung noch etwas zu bessern war. Ohne neue Niederschriften ließ sich das kaum bewerkstelligen.

Diese Arbeit aber sofort in Angriff zu nehmen, machten verschiedene Umstände unmöglich. Fräulein Adele Dorn hatte, als mein Bleiben in Berlin für die Wintermonate gesichert erschien, einen Plan ersonnen, mit dem sie nicht nur Gustav Adolf zu dienen bemüht war, sondern auch meinen innersten Wünschen entgegenkam. Ich sollte im letzten ihrer Vereinskonzerte den »Orpheus« von Gluck mit Frau Johanna Jachmann-Wagner als Orpheus in der Singakademie aufführen. Einige Kürzungen waren für den Konzertsaal erwünscht, und so blieb Zeit genug, ein Orchesterwerk im Programm voraufgehen zu lassen. Hierfür wurde die von mir instrumentierte Schubertsche f-Moll-Fantasie[103] bestimmt, von deren Existenz Fräulein Dorn gehört hatte. Diese mußte beendet und die Stimmen ausgeschrieben werden. Das Unglück wollte, daß ich, als kaum die letzten Takte der Partitur standen, ernstlich erkrankte. Starkes Fieber stellte sich mehrere Tage hindurch ein, und der Arzt wußte nicht recht, ob er den Zustand nur für Grippe oder für ein verkapptes Scharlachfieber halten sollte. Der Gustav Adolf-Verein jedoch war so menschenfreundlich, nicht an meiner Statt einen anderen Dirigenten zu wählen, sondern die Aufführung um mehrere Wochen – bis Ende April – zu verschieben. Schon am Anfang diesen Monats hatte ich die Krankheit in der Hauptsache überwunden und durfte wieder anfangen, an Musik zu denken. Jetzt mußten ein Dilettantenchor zusammengesucht, das Notenmaterial von der königlichen Oper entliehen und die Partitur studiert werden. Die Theaterstimmen befanden sich in einem unglaublich verwahrlosten Zustand, und es gab viel lästige Arbeit. Schließlich aber gelang alles aufs beste, der von mir zusammengebrachte Chor und das Liebigsche Orchester leisteten überraschend Gutes und die Freude, mit Frau Jachmann, die mich so oft von der Bühne herab als Orpheus begeistert hatte, nun gemeinsam musizieren zu dürfen, machte mir den Abend zu einem wahren Fest. Am nächsten Tag, dem 1. Mai, erstattete Adele Dorn nach Wienrode hin den folgenden Bericht:

»Liebe Marie, ich kann es mir nicht versagen, Ihnen nach dem gestern so glücklich abgelaufenen Gustav Adolf-Concert ein paar Worte zu schreiben! Sie haben natürlich mit liebevollstem Sinn sich hirher gewünscht, und Ihnen ward auch von allen unseren Freunden Rudorffs lebhaft gedacht; da ist es also natürlich daß ich also zu Ihnen spreche:

Der kleine Ernst, der im Flügelkleide, an der Hand seiner alten Rose einst von der Leipzigerstraße nach der Universität zu Ihnen wallfahrtete, mit Logier'schem Notenheft und Notentafel bekleidet – dieser Nähmliche stand in etwas veränderter Gestalt gestern am Dirigierpult im Orchester der Singakademie und stand seinen Mann. Die Schubert'sche Fantasie ging vortrefflich – über die Instrumentation etwas zu sagen geziemt mir nicht – und wurde mit Lust executirt. Orpheus wurde ebenfalls in gelungener Weise ausgeführt. Ernst hatte sich in den Proben sehr viel Mühe gegeben; er hatte alles sorglich und präzise einstudiert er ließ immer wieder und wieder streichen, blasen und flöten, bis die schwierigen Stellen gelingen wollten, und benahm sich bei allem Eifer und aller Strenge doch sehr freundlich und bescheiden. Auch verfiel er nicht in den Fehler so mancher Dirigenten-Anfänger, aus Plaisir sich sprechen zu hören, unnütze Worte zu machen. Nein! er sprach grade nur das Nöthige und lobte, wo er konnte. Ich hatte eigentlich gefürchtet, er werde etwas kurz angebunden und mitunter rücksichtslos sein: aber keine Spur davon. – Er dirigirte übrigens – trotz allen scharfen Markieren des Taktes – sehr ruhig und anständig – ohne irgend Wippchen zu machen! Finalmente: Er hat sich Liebe und Anerkennung erworben und Sie dürfen sich mit seinen Eltern über sein Berliner Debüt freuen. Liebenswürdig ist seine reine Freude an allem Guten und Schönen und für ihn selbst diese Fähigkeit sich freuen zu können eine Quelle reichen Glücks.

Nun müßte ich eigentlich schließen! Aber ich thue es nicht ohne Ihnen liebe Marie ein Wörtchen von mir selbst gesagt zu haben. Der Egoismus bildet gewöhnlich den Train. Hier will er sagen: Bewahren Sie mir ein freundliches Andenken und in Ihrem Herzen ein ganz kleines Plätzchen! – Adele Dorn.«

Zwei Wochen später schrieb mir mein Vater nach Wienrode hin: »Ich komme eben Abends 10 ½ Uhr vom Concertgarten vor dem Schönhauser Thor zu Hause, wohin ich mir einen Abendspatziergang gemacht, um deine Schubert'sche Phantasie zu hören. Als ich die Brücke passirte und in getheilter Bewunderung der Flieder- und Baumpracht von Monbijou und der edlen Architektonik der neuen Börse vertieft, der Begegnenden wenig achtete, redet mich Onkel Hotho an, fragt wohin? und da ich ihm Ziel und Zweck nenne, faßt er mich unter und sagt, er werde mich begleiten, ich solle aber nicht glauben, daß er ein Opfer bringe. Im Concertgarten fanden wir ein sehr anständiges Publikum zahlreich versammelt. Die Beethoven'sche Symphonie war vorüber und eben große Pause. Meyerbeers trommelreiche und gedankenarme ›Feldlager‹-Ouvertüre bildete eine Folie, wie du sie dir nicht besser wünschen konntest. Die reizende Melodie des Themas von Schubert klang erquickend nach dem Spektakel. Deine Liebig'sche Kapelle machte ihre

Sache vortrefflich, selbst die Pausen wurden noch eben so lange und empfunden gehalten, wie du sie ihnen einstudiert, das Tempo war genau das Deinige. Am Schluß erfolgte eine dreimalige lange Beifallssalve, die dem Publikum alle Ehre machte, und dem Gustav-Adolfspublikum alle Schande. Hotho sagte mir Dank, daß ich ihn mitgenommen. Als er von Dresden zurückgekehrt, sei Gumprechts Rezension das erste gewesen, was ihm in die Hände gefallen wäre. Gumprecht sei sonst ein billiger Mann, aber er habe sich jetzt überzeugt, daß Gumprecht mit seinem Urtheil: die Phantasie dieser Fantasie reiche für ein Orchester nicht aus, völlig im Unrecht sei! Er, Hotho, kenne das Klavierstück nicht, aber er finde deine Rollenvertheilung, namentlich im Scherzo so reizend, daß er überzeugt sei: daß das Stück erst durch sie zu seinem Recht und seiner vollen Geltung komme ... An deinem Entwicklungsgang hatte er große Freude; deine gute Natur werde auch den Mangel an Muth, der dir fehle und Andere groß gemacht habe, überwinden. Eine ununterbrochene Produktivität, wie Mendelssohn sie immer geübt und gefordert, halte er keineswegs unbedingt für gut ...«

Der diesmalige Aufenthalt bei meinen Eltern bescherte mir neben anderen guten Dingen noch einmal das Glück einer neu aufblühenden Jugendfreundschaft. Ein Menschenalter früher, als mein Vater noch junger Dozent war, hatten sich zwei Brüder Freiherren von Rotenhan als Studenten bei ihm mit der Bitte gemeldet, ihnen ein juristisches Privatissimum zu erteilen. Die prachtvoll ritterlichen Erscheinungen dieser beiden aus einem der ältesten und vornehmsten bayrischen Adelsgeschlechtern entsprossenen Jünglinge flößten ihm von vornherein große Sympathie ein, und es entwickelte sich ein herzliches Verhältnis zwischen Lehrer und Schülern. Im Baunachgrund bei Ebern und Bamberg waren die Rotenhans seit einem Jahrtausend ansässig. Der ältere jener Brüder, Hermann, bekam nach dem Tode des Vaters das eigentliche Stammgut Rentweinsdorf, der jüngere, Julius, das Schloß Eyrichshof mit dem zugehörigen Areal. In späteren Jahren hörte man einmal von einem Vorfall in der bayrischen Kammer, der im Lande Aufsehen erregt hatte. Bei irgendeiner Gelegenheit, vermutlich bei einer Debatte über Volksernährung, wobei es an gehässigen Angriffen gegen die Großgrundbesitzer nicht zu fehlen pflegt, erhob sich ein Abgeordneter mit den Worten, er fühle sich verpflichtet, an dieser Stelle einmal eine Tatsache mitzuteilen, von der wohl niemand etwas wisse, die aber nach seiner Meinung nicht verschwiegen bleiben dürfe. Bei der letzten großen Mißernte und Teuerung der Lebensmittel in Deutschland seien zwei Rittergutsbesitzer nicht nur nicht bemüht gewesen, die für sie günstige Konjunktur auszunutzen, sondern sie hätten vielmehr in aller Stille im Ausland große Massen von Getreide für teures Geld aufgekauft, um es den ärmeren Leuten in ihrer Gegend zu billigen Preisen wieder abzulassen. Diese beiden Männer aber seien die Freiherren von Rotenhan im Braunachtal.

Eine Schwester der Brüder, Bertha von Rotenhan, hielt sich zur Zeit, als meine Eltern jung verheiratet waren, lange Zeit bei Verwandten in Berlin auf. Sie war eine begeisterte Anhängerin Schleiermachers und trat nicht nur zu der damaligen Marie Lichtenstein sondern auch zu meiner Mutter in freundschaftliche Beziehungen.

Jetzt hatte sie ihrem von ihr besonders geliebten Neffen Wolfram, einem der jüngeren Söhne ihres Eyrichshofer Bruders, einen Empfehlungsbrief an die Professorin Rudorff mitgegeben, und mit diesem bewaffnet betrat der damals neunzehnjährige juristische Student im Herbst 1864 das Haus meiner Eltern. Sie hatten den liebenswürdigen jungen Mann bald herzlich liebgewonnen, so daß schon die Briefe meiner Mutter an mich voll seines Lobes waren. Als ich dann um Weihnachten selbst heimkehrte, überzeugte ich mich mit dem ersten Blick, daß mir nicht zuviel geschrieben worden war, und alles nähere Kennenlernen diente nur dazu, diese Überzeugung zu vertiefen. Es ist mir kaum jemals wieder ein junger Mann aus den Kreisen der Aristokratie vorgekommen, der mit der höchsten inneren Vornehmheit ein solches Maß von Anspruchslosigkeit des Auftretens verbunden hätte. Wolfram von Rotenhan war nicht groß und eher zart gebaut; Güte und Milde standen auf seinem Gesicht geschrieben, ein unschuldiger Humor umspielte leicht die nicht schönen, aber doch anmutigen Züge. Von früh auf war er etwas kurzsichtig und dabei nicht selten zerstreut gewesen: Eigenschaften, die sich in späteren Jahren bedenklich steigerten, lange Zeit hindurch aber von seinen Freunden nur als untrennbar von der Liebenswürdigkeit seines ganzen Wesens empfunden wurden. Daß er die Diplomatenlaufbahn einschlagen wollte, schien fast mit seiner grundehrlichen optimistischen, überall das Beste voraussetzenden Natur im Widerspruch zu stehen. Doch freilich, bei der untadeligsten Lauterkeit der Seele besaß er zugleich ein merkwürdig sicheres Gefühl für die Grenzen, die einer vertraulichen Mitteilung durch die Umstände gesteckt waren. Abgesehen von der allgemein menschlichen Sympathie, die uns beide so rasch einander näherte, daß wir uns schon nach wenigen Wochen mit »Du« anredeten, verband uns ganz vornehmlich die Liebe zur Musik. Mit seinem Klavierspiel konnte Rotenhan als Dilettant sich sehen lassen. Wie er in allem, was er angriff, gewissenhaft und pflichttreu war, so nahm er es auch ernst mit seinen musikalischer Studien. Er übte regelmäßig und rastete nicht, ehe er die Schwierigkeiten eines Stücks, das nicht überhaupt das Maß seines technischen Könnens überschritt, gründlich überwunden hatte. Sein Vortrag zeichnete sich durch größte Sauberkeit, zugleich aber auch durch Geschmack und modulationsfähigen schönen Anschlag aus.

Während der Erkrankung, die mich im März befiel und wochenlang an das Zimmer fesselte, vermieden es die Bekannten im allgemeinen, sich mir zu nähern, da Scharlachfieber befürchtet wurde. Rotenhan aber ließ sich trotz der Vorstellungen meiner Mutter nicht fernhalten, sondern stieg täglich die alte steile Treppe zu meiner Mansardenstube herauf, um mir für eine halbe Stunde Gesellschaft zu leisten. Ein erstes Freundschaftsstück, dem viele andere im Lauf der Jahre nachfolgten!

Im Mai, bald nach dem Orpheuskonzert, unternahm ich mit Rotenhan eine kurze Harzwanderung. Natürlich wurde im Wienröder Pfarrhause eingekehrt, und mein neuer Freund fand nicht nur als Neffe seiner Tante Bertha die freundlichste Aufnahme, sondern wurde auch bald um seiner selbst willen geschätzt.

Noch einer anderen, etwa in die gleiche Zeit fallenden Anknüpfung muß ich hier erwähnen, die in ihren Anfängen ganz nebensächlicher Natur zu sein schien, später aber die schwerwiegendsten Folgen für mich nach sich zog. Es war in einem der beiden ersten Konzerte gewesen, die Stockhausen mit mir im Frühling 1864 in der Berliner Singakademie gab, als nach dem Schluß ein Diener mir meldete, Ihre Exzellenz, die Frau Ministerin von Mühler, wünsche mich zu sprechen. Ich kehrte noch einmal aus dem Künstlerzimmer in den Saal zurück, sprang die Stufen des Podiums hinab und fand an der Balustrade stehend eine mittelgroße Dame in einfacher schwarzseidenen Toilette, deren auffallend schöne, ungemein feingeschnittene Züge mich überraschten. Sie wollte nichts weiter, als mir in den schmeichelhaftesten Worten ihre Freude an meinem Klavierspiel ausdrücken. Als ich dann zum Anfang des nächsten Jahres für längere Zeit nach Berlin zurückgekehrt war, wurde eines Tages meine Mutter von ihrer Freundin Susanne Schinkel aufgesucht, die im Auftrage von Frau von Mühler anfragen sollte, ob ich mich nicht geneigt finden lassen würde, ihrer jüngsten Tochter Liese, deren außerordentliche musikalische Begabung gerühmt wurde, Klavierunterricht zu geben. Meine Mutter erwiderte, ich habe von verschwindenden Ausnahmen abgesehen, niemals Privatunterricht erteilt, und sei jedenfalls jetzt durch andere Tätigkeit so reichlich in Anspruch genommen, daß ich mich auf Klavierstundenerteilen nicht einlassen würde. Nach Ablauf einiger Wochen wiederholte sich dasselbe Stück in neuer Variation, nur jedoch mit dem Unterschied, daß dieses Mal Clara Baumeister als Abgesandte erschien. Noch ein dritter Angriff erfolgte, wenn ich nicht irre, durch Adele Dorn. So waren drei Attacken standhaft abgeschlagen. Doch die energische Frau ließ sich durch alle diese Mißerfolge nicht abschrecken. Eines Tages hielt eine elegante Equipage vor unserem Hause; Frau von Mühler in Person stieg aus und ließ sich bei meiner Mutter melden. Sie entfaltete alle Liebenswürdigkeit, die ihr, wenn sie wollte, in hohem Maße zu Gebote stand, ich selbst wurde zu der Unterredung herbeigerufen, und das Ende war, daß ich zwar ablehnte, regelmäßige und bezahlte Stunden zu geben, dagegen mich bereit erklärte, von Zeit zu Zeit als Besuch zu erscheinen und mit der Fräulein Tochter zu musizieren. Diese Besuche in den schönen Räumen des damaligen alten Kultusministeriums, die sich in den Frühlingsmonaten des Jahres 1865 vielleicht sechs bis acht Male wiederholten, verliefen in durchaus angenehmer Weise. Meine Schülerin hatte in der Tat musikalisches Talent und besaß als Klavierspielerin schon ein nicht unbedeutendes Können; poetisch und anziehend war zwar ihr Spiel ebensowenig wie ihre ganze Persönlichkeit, aber sie hatte viel Verstand, faßte, soweit das mit dem Verstande allein in musikalischen Dingen möglich ist, rasch und lebendig auf, war außerordentlich fleißig und in ihrem Verhalten mir gegenüber von großer Bescheidenheit. Alle übrigen Glieder der Familie aber, einschließlich des Herrn Ministers, erwiesen mir so offensichtliches Wohlwollen, daß ich nicht bereute, mich haben fangen zu lassen.

Wie sehr mich Carl Maria von Webers »Euryanthe« schon in frühen Jahren begeistert hatte, ist genugsam berichtet worden. Die hohe Meinung, die ich von der herrlichen Oper nach wie vor hatte, ließ es mir unverantwortlich erscheinen, daß von einem solchen Kunstwerk noch keine gestochene Partitur existierte. Inzwischen veröffentlichte Max von Weber die Biographie seines Vaters[104], die ich mit größtem Interesse las, und jetzt reifte der Entschluß in mir, meinerseits alles zu tun, was in meinen Kräften stand, um den Stich einer »Euryanthen«-Partitur durchzusetzen. Schon während meines Hamburger Aufenthaltes versuchte ich, durch Stockhausen angeregt, den Verleger Cranz für den Gedanken zu gewinnen. Doch die Verhandlungen führten zu keinem Resultat. Besser erging es mir in Berlin! Bekanntlich hatte Weber die meisten seiner Kompositionen dem Berliner Musikhändler Schlesinger in Verlag gegeben. Er wurde miserabel von ihm bezahlt und mußte es sich gefallen lassen, daß die Herstellung des Stichs und Drucks stets zum Verzweifeln minderwertig ausfiel. Man vergleiche ferner, wie Felix Mendelssohn in einem seiner Briefe über die Behandlung schreibt, die er an dieser Stelle erfahren.[105] Diese Vorgänge wären nun nicht gerade aufmunternd gewesen, hier wieder Anknüpfung zu suchen. Indessen gerade jetzt war der Schlesingersche Verlag in andere Hände übergegangen, und zwar in solche, denen zu vertrauen ich alle Ursache hatte.[106] Robert Lienau, der neue Chef der Handlung, hatte mit mir gleichzeitig das Leipziger Konservatorium besucht, und war mir von daher als tüchtiger, wohlgesinnter junger Mann bekannt. Ich weiß nicht, ob er das musikalische Studium von Anfang an nur als Vorbildung für den Beruf des Musikalienhändlers betrieben hatte; jedenfalls vertrat er nunmehr das Haus Schlesinger. Da ich glaubte, annehmen zu müssen, daß der Stich der »Euryanthen«-Partitur weniger ein gutes Geschäft als vielmehr ein mit Opfern verbundenes Werk der Pietät sein würde, so erbot ich mich von vornherein, die gesamten Vorarbeiten für die Herausgabe unentgeltlich zu übernehmen. Unter diesen Umständen erklärte sich Lienau bereit, die Sache in Angriff zu nehmen, und es handelte sich nun darum, die Erlaubnis zur Benutzung des Weberschen Autographs zu erhalten, das im Besitze Sr. Majestät des Königs von Sachsen[107] sich befand. Friedrich Wilhelm Jähns war damals in den musikalischen Kreisen Berlins als Weber-Verehrer von Profession bekannt. Er leitete einen kleinen Gesangverein, mit dem er hier und da eine bescheidene Aufführung zustande brachte, gab Gesangunterricht, ließ Webersche Lieder singen und schwärmte den Leuten von Weber vor. Als Lehrer wie als Dirigent und gar als Komponist kam er nicht über liebenswürdigen Dilettantismus hinaus, und so belächelte man seinen anscheinend unfruchtbaren Enthusiasmus. Allein, man hatte ihn doch unterschätzt. Das trat zutage, als er gegen das Ende seines Lebens sein großes verdienstvolles Werk, das chronologisch-thematische Verzeichnis sämtlicher Weberscher Kompositionen, herausgab.[108] Ich hatte schon in früher Zeit Jähns im Hause meiner Eltern kennengelernt, als er damals in ihren Bach-Handschriften kramte, und beschloß jetzt, ihn persönlich aufzusuchen, da ich annahm, er könne mir am ehesten, als eine Art von Statthalter Webers auf Erden, bei der Erlangung des »Euryanthen«-Autographs behilflich sein. Bei meinem Besuch traf ich ihn nicht zu Hause. Doch ließ man mich in sein Zimmer eintreten, wo ich eine Weile wartete und die Muße benutzte, mich in dem bescheidenen Raum umzusehen. An allen Ecken wimmelte es von Dingen, die auf Weber Bezug hatten. Auf einem Postament stand eine gußeiserne

Gedenktafel, die bestimmt war, an Webers Sommerhäuschen in Hosterwitz angebracht zu werden. Am selben Abend noch wollte sie Jähns, wie man mir sagte, selbst nach Dresden transportieren. Auf Pult und Deckel des Klaviers lagen in angenehmer Zerstreuung mehrere Webersche Kompositionen und zwei sehr häßliche Bilder des Meisters umher; ein Blatt Oberonskizzenmanuskript unter Glas und Rahmen und ein eigenhändiger Brief Webers, ebenfalls eingerahmt, hingen an der Wand; auf dem Tisch aber lag ein großes Album, das Jähns für Hosterwitz gestiftet hatte, um die Namen der Besucher des besagten Sommerhäuschens aufzunehmen. Aus irgendeinem Grunde hatte er es für den Augenblick mit nach Berlin genommen. Hier fand sich neben wenigen anderen Namen auf jeder Seite etwa drei Mal vom Jahr 1838 an der Name »Friedrich Wilhelm Jähns« eingetragen. Ich war gerade fertig mit Betrachten, als der Hausherr zurückkehrte. Der schöne stattliche Mann begrüßte mich mit überschwenglicher Freundlichkeit, versicherte wiederholt, wie außerordentlich gern er mir helfen würde, wenn er nur könnte; aber er könne eben nicht, denn es fehle ihm durchaus an den erforderlichen Beziehungen zu den maßgebenden Dresdener Persönlichkeiten.

Unter diesen Umständen entschloß ich mich, am nächsten Morgen den Oberbibliothekar der Berliner königlichen Bibliothek, Geheimrat Pertz, aufzusuchen, und kam hier vor die rechte Schmiede. Ich erhielt die Zusage, daß man um leihweise Überlassung des Autographs an die Bibliothek bitten werde, was dann freilich für mich die Nötigung einschließe, meine Arbeit in den Räumen derselben vorzunehmen. Es vergingen Wochen, ehe die Zusage vonseiten der Dresdener Hofbibliothek und endlich die tatsächliche Zusendung erfolgte. Aber ich benutzte die Zeit, um vorderhand die Partitur aus der Kopie kennenzulernen, die mir als Unterlage für meine Arbeit dienen sollte, machte mich ganz und gar mit dem Gegenstand vertraut und vertiefte mich mit dem größten Genuß in die Schönheiten der Instrumentierung, die an sich schon wie lauter Poesie erscheint. Von der zweiten Hälfte des Juni an bis etwa zur Mitte des Juli saß ich dann täglich vormittags mehrere Stunden angesichts des kostbaren Autographs in den stillen kühlen Räumen der Bibliothek und machte meine Eintragungen in die Stichvorlage. So auffallend schön und klar Webers Handschrift beim ersten Anblick erscheint, näher besehen weist sie leider manche Flüchtigkeiten und infolgedessen auch gelegentlich Widersprüche auf, die den Herausgeber in Verlegenheit setzen. Von vornherein hatte ich mir vorgenommen, nachdem ich meine Arbeit in Berlin getan, für einige Tage mit dem

Manuskript nach Dresden zu reisen, um hier, wo am Theater noch das gesamte Stimmenmaterial zu finden war, das Weber selbst bei der Einstudierung der »Euryanthe« hatte benutzen lassen, in Gemeinschaft mit Julius Rietz die letzten Entscheidungen zu treffen. Auf meine schriftliche Anfrage stellte dieser sich mir, soweit es seine Zeit erlaubte, freundlicherweise zur Verfügung, und ich brachte nun fünf Tage des anregendsten Verkehrens mit ihm in Dresden zu. Er war nicht allein durch Theaterdienst, sondern auch durch ein bevorstehendes riesenhaftes Sängerfest, das er zu leiten hatte, stark in Anspruch genommen. Dennoch richtete er es so ein, daß wir fast täglich mehrere Stunden hintereinander zusammen am Arbeitstisch saßen, um die »Euryanthe« zu fördern. Ich erkannte mit Dank, wie fruchtbringend diese Gemeinschaft sich erwies, denn eine Menge von zumal praktischen Fragen, die mir Kopfbrechen gemacht hatten, erledigte ein alter erfahrener Herausgeber, wie Rietz es war, im Umsehen. Während der Arbeit fiel kein Wort, das nicht zur Sache gehörte. Dagegen fehlte es gelegentlich nicht an kleinen Kratzbürstigkeiten, wie ich dergleichen bereits in Leipziger Zeiten zur Genüge kennengelernt hatte. Alles in allem aber erwies mir mein alter Lehrer nur Güte und Liebenswürdigkeit. Meiner Mutter bewahrte er noch immer das treuste Andenken, sprach mit Bewegung von ihrer Herzensgüte und lobte ein über das andere Mal ihr schönes, echt musikalisches Klavierspiel. Rietz hatte ein Leben voll bitterer Erfahrungen im engsten Kreise seiner Familie hinter sich, und die Tragödie seines Daseins hatte, wie es nicht anders sein konnte, seinem ganzen Wesen deutliche Spuren eingeprägt. Vornehmlich am Vormittag erschien er leicht mißmutig und trübsinnig. Wenn dann das Mittagessen kam, an dem ich ein oder das andere Mal in seinem Hause teilnahm, und wenn er bei dieser Gelegenheit nach und nach mehrere Gläser Wein geleert hatte, besserte sich zusehends seine Stimmung. Er behandelte mich dann fast mit Zärtlichkeit. Zwei Male hörte ich abends im Theater eine Oper unter seiner Leitung: zuerst »Figaros Hochzeit«[109], dann »Die Stumme von Portici«[110]. Alles in allem vorzügliche Aufführungen: herrlicher Orchesterklang, größte Präzision und lebendigste Auffassung der Werke. Aber freilich, gegen das Ende der Vorstellungen trat mehr und mehr eine bedenkliche Beschleunigung der Tempi ein. Die in den Zwischenakten genossenen Getränke wirkten schließlich allzu befeuernd auf den Dirigenten. Ich wartete jedesmal am Ende, bis Rietz im Zuschauerraum erschien, um unter meiner Begleitung nach Hause zu gehen. Dann hängte er sich in meinen Arm ein und ich fühlte die leisen Pendelbewegungen, in denen die mächtige Gestalt neben mir hin- und herschwankte.

Einer meiner ersten Eindrücke war, daß ich auf dem Theaterzettel »Armide« von Gluck angezeigt las, mit dem Tenoristen Ludwig Schnorr als Rinald. Ich wußte, daß dieser noch jugendliche Sänger in dem Ruf stand, an Schönheit der Stimme und Adel des Vortrags alles hinter sich zu lassen, was seit Menschengedenken von deutschen Bühnensängern sich hatte hören lassen. So war ich nicht wenig beglückt, die Aufführung einer meiner Lieblingsopern unter solcher Mitwirkung erleben zu sollen. Allein, leider erschien in den nächsten Tagen ein roter Zettel, der die »Armide« wegen Erkrankung des Herrn Schnorr wieder abkündigte. Kaum war ich nach Berlin zurückgekehrt, als die erschütternde Nachricht eintraf, daß der Tod den ausgezeichneten jungen Künstler abgerufen habe.

In der Auberschen Oper hörte ich den einst um seiner glänzenden Tenorstimme übermäßig gefeierten Tichatschek als Masaniello. Jetzt war er alt geworden. Die Stimme klang zwar noch merkwürdig klar, und die Intonation war rein. Doch Abwesenheit aller Innerlichkeit und dazu eine Erscheinung, die nie schön gewesen, jetzt aber gänzlich aufgetrocknet war, hinterließen einen halb trübseligen, halb lächerlichen Eindruck.

Daß mir neben aller Musik auch Zeit genug blieb, mich an Dresden zu erfreuen, versteht sich von selbst. Die Lage der Stadt erschien mir viel schöner als vor sieben Jahren, wo ich sie zum ersten Male sah. Über die Höhen auf dem rechten Elbufer, wo jung und alt damit beschäftigt waren, die herrlichsten Kirschen einzuernten, wanderte ich nach Loschwitz, in dessen reizende Kleinbürgerlichkeit noch kein einziges modernes Haus einen Mißton getragen hatte. Die Galerie besuchte ich mehrere Male mit größtem Genuß, und vor Rietschels Weberstatue stand ich mit Bewegung und Bewunderung.

Nach Berlin zurückgekehrt, hatte ich noch ein paar Tage zu tun, um meine »Euryanthen«-Partitur völlig stichreif zu machen. Dann aber brachte ich sie persönlich nach Leipzig in die Rödersche Stecherei. Meinen Eltern schrieb ich ein paar Tage später von Braunschweig aus das Folgende: »Bei häßlichem Wetter kam ich in Leipzig auf dem Berliner Bahnhof an, legte nur die Sachen in der Stadt Dresden ab und ging dann zur Röder'schen Offizin. Meine Unterhandlungen dort waren nicht so schnell abgethan, ich mußte nach Tisch noch einmal wiederkommen, um die einzelnen Herren zu sprechen und es gab vielerlei zu bedenken. Endlich erledigte sich Alles zur Zufriedenheit und man führte mich durch die großartige Druckerei, die 120 Menschen beschäftigt und mich als etwas ganz Neues sehr interessirte: Überhaupt waren die Leute sehr freundlich, und vor Allem machte das ganze Geschäft einen so durchaus zuverlässigen tüchtigen Eindruck, daß man das Beste von der Ausgabe hoffen darf. Leipzig sah mich im Übrigen etwas trübselig an; die Meisten, die ich aufsuchte, waren verreist, und man fühlt überhaupt bei solchem Wiedersehen, wie fremd man einem Ort und einer Zeit geworden ist, von der drei volle Jahre trennen. Recht warm wurde es mir erst in Abtnaundorf wieder zu Sinn, wohin ich Abends nach 7 Uhr hinausfuhr. Ich hatte meine Sachen nicht mitgenommen, weil der Professor Frege, den ich in der Stadt aufsuchte, nichts von Dortbleiben hatte verlauten lassen, sondern im Gegentheil von doppeltem Logirbesuch erzählte, der draußen sei. – Auf der Veranda vor dem Hause trank man Thee, als ich ankam, und ich erkannte die wohlbekannten Gesichter der Frege, der Frl. v. d. Pfordten und Frl. Kistner schon längst, ehe man mich erkannte. Dann aber kam mir die Frege entgegen, und empfing mich mit so großer Herzlichkeit und wirklicher Freude, daß ich mich auch von Neuem freute, meinen Plan ausgeführt zu haben. Sie ordnete gleich an, daß meine Sachen noch herausgeschafft würden, und nun verging der Abend im schönsten behaglichen Verkehr. Zuerst ein längerer Spaziergang durch den herrlichen Park, der ganz frisch geblieben ist trotz der argen Hitze, und mit seinem Grün wie Balsam erquickte, und dann eine Stunde am Flügel, die die alte Zeit ganz wieder auferweckte. Die Frege sang wunderschön, die Stimme kehrte mehr und mehr wieder bei jedem neuen Lied; alle alten Freunde wurden hervorgesucht: das Sonnett[111] und das Schilflied[112] von Mendelssohn, die Cavatine aus der Euryanthe, die Loreley von Schumann, auch mein Eichendorff'sches ›Mond der Hirt lenkt seine Heerde'[113] und das D dur Lied von Taubert[114], das ich ihr einmal abgeschrieben hatte, – die Zuhörer waren sehr erbaut, und es hatte mir etwas Rührendes, wie der schöne Augenblick wirklich auch die physischen Mittel mitbelebte, und die Stimme klingen ließ, wie in besserer Zeit. – Am anderen Morgen mußte ich viel spielen, dann wurde noch etwas gesungen, und wir nahmen Abschied mit dem schönen Schumann'schen ›Es rauschen die Wipfel und schauern‹[115]. Mir that es wohl, von Frau Frege zu hören, daß sie mein Spiel vortheilhaft verändert finde, und da ich nicht an Selbstüberschätzung zu leiden glaube, so empfinde ich eine solche Anerkennung nur als etwas Gutes und Dienliches. – Viel sprachen wir über Musik und Künstler, und in Allem verstanden wir uns so wohl, daß die längere Trennung nicht dazwischen zu liegen schien. Der Professor brachte mich noch auf den Bahnhof, und war in Allem sehr gütig, Frl. v. d. Pfordten durchaus unverändert liebenswürdig ...«

Zu den Leuten, die sich seinerzeit am eifrigsten bemüht hatten, mir in Braunschweig für den Fall einer annehmbaren Berufung die Wege zu ebnen, gehörte vor allem Frau von Pawel geb. von Bülow. Ihr Mann hatte als höherer Offizier eine Reihe von Jahren in Blankenburg am Harz gestanden, und hier entwickelte sich bald eine Beziehung zum Wienröder Pfarrhause. Zwischen den Männern zwar fehlte es einigermaßen an Berührungspunkten; um so entschiedener aber näherten sich einander die Frauen. Frau von Pawel gehörte zu den in Niedersachsen nicht seltenen Naturen, die viel und tief empfinden, aber nur selten die Scheu überwinden, den Schleier zu lüften und ihrem Gefühl Worte zu leihen. Ihr Gatte war ein von Charakter vorzüglicher Mann, allein der Kreis seiner Interessen lag ihr fern. Nun trat ihr in Marie Hoffmeister eine Persönlichkeit entgegen, wie sie ihr noch nie vorgekommen war. Hier wußte sie, daß sie in allem Verständnis finden würde, was sie bewegte, und gab sich rückhaltlos hin. Was an geistigen, namentlich auch künstlerischen Bedürfnissen und Anlagen ungestillt und ungefordert in ihr geschlummert hatte, fand jetzt Nahrung, und ein neues reiches Leben blühte ihr auf. Natürlich hatte ich bei meinen verschiedenen Besuchen in Wienrode vollauf Gelegenheit, die edle Frau mit ihrer zarten, anmutigen Erscheinung kennenzulernen und ihr auch näherzutreten. Dann erging der Ruf an ihren Gemahl, Blankenburg mit Braunschweig zu vertauschen, und mit schwerem Herzen trennte sie sich von der neuen Freundin.

Während meiner verschiedenen kurzen Anwesenheiten in Braunschweig hatte ich sie natürlich aufgesucht, und schon in meiner Eigenschaft als Hoffmeisterscher Pflegesohn war ich ihr stets willkommen. Es war ihr wirklich leid, daß ich trotz aller ihrer Anstrengungen die Verhandlungen mit den Herren von der Konzertdirektion schließlich abbrechen mußte. Damals nahm sie mir das Versprechen ab, daß ich einmal als Hausbesuch für einige Tage mich bei ihr einfinden wolle, und dies Versprechen löste ich jetzt ein. Meinen Weg von Leipzig nach Lauenstein nahm ich über Braunschweig und wohnte während der letzten Julitage bei Pawels. »Meine kleine Residenz hier«, schrieb ich meiner Mutter, »würde dir gefallen, das Haus ist gar zu hübsch winkelig und alt, hat nach der Straße gar keine Front, sondern liegt zwischen einem stillen Hof mit großem Nußbaum und einem ebenso stillen kleinen Garten; einige gothische Chorfenster von einer alten Stiftskirche sehen seitwärts hinein, und die Wand ist dicht mit Wein überzogen.

Trotzdem sehnt sich Frau v. Pawel wohl sehr nach der ehemaligen Blankenburger Heimath zurück, und ich verdenke es ihr nicht.«

Frau von Pawel führte mich in das Museum[116], wo mich namentlich zwei Ruisdaelsche Bilder – zwei prachtvolle Wasserfälle in einsamer Waldgebirgsgegend – in hohem Grade entzückten. Das Klavier in ihrem Hause ließ viel zu wünschen übrig. So zogen wir in das Steinwegsche Magazin, wo ich ihr auf einem der herrlichen neuen Flügel eine Menge Musik vorspielte. Endlich war ihr auch daran gelegen, daß ich eine, wie sie sagte, ungewöhnlich musikalisch begabte Familie kennenlernte. Dies war die Familie Hausmann, und der jüngste Sproß – damals ein bildhübscher blonder Junge von 14 Jahren – war Robert Hausmann, der später allgemein hochgeschätzte Violoncellist. Von seiner Mutter am Flügel begleitet spielte er mir Verschiedentliches vor, und wenn man sein Können nach Maß der Verhältnisse erstaunlich nennen durfte, so bot das Zusammenwirken von Mutter und Sohn zugleich für die Augen das liebenswürdigste Bild.

Schnell hatte ich mich bei Pawels eingelebt; ich durfte dankbar empfinden, daß ich von allen Seiten gern in den häuslichen Kreis aufgenommen war. Als ich nach zwei Tagen mich verabschiedete, wollte man mich nicht fortlassen. Kurd, der einzige Sohn, ein gutherziger Kadett oder Fähnrich, versteckte mir meine Stubenschlüssel, damit ich nicht meine Sachen zusammenpacken konnte. Es kostete Mühe, konsequent zu bleiben.

So lebhaft mir bei dem allen aufs neue zum Bewußtsein gekommen war, daß es mir in Braunschweig an aufrichtigen Freunden nicht gefehlt haben würde, ich bedauerte doch nicht, daß ich mich auf halbe Anerbietungen hier nicht eingelassen hatte. Jedoch der Wunsch, überhaupt eine feste Anstellung als Dirigent zu bekommen, Gelegenheit zu finden zu ständigem Verkehr mit Orchester und Chor bei genügend freier Zeit zu eigener Arbeit – dieser Wunsch war nur mehr und mehr dringend in mir geworden. Und wirklich: es tat sich eine neue Aussicht auf: In Basel war der dortige städtische Musikdirektor ein schon ältlicher Herr. Man fand, daß die Konzerte unter seiner Leitung immer mehr zu wünschen übrig ließen, und nahm als nicht nur höchst erstrebenswert, sondern auch wahrscheinlich an, daß er zum nächsten Winter den Dirigentenstab niederlegen werde. Für diesen Fall hofften meine Baseler Freunde es durchzusetzen, daß die Wahl des Nachfolgers auf mich falle.

Allein, während auch dieser Plan sich als ein Luftbild erwies, stieg am Horizont ein drittes auf, das zwar meinen innersten Hoffnungen durchaus nicht vollkommen entsprach, das jedoch den Vorzug hatte, völlig ungesucht und in greifbarer Gestalt an mich heranzutreten.

Hollwegs hatten mich eingeladen, sie im Lauf des Sommers einmal für einige Tage in Rheineck zu besuchen. Ich hielt mich in Lauenstein vorläufig nur einige Tage auf und machte mich dann mit Umwegen auf die Reise an den Rhein. Ein paar Briefe nach Haus mögen das Nähere berichten.

»Rheineck d. 15t August

… Am Montag Morgen machte ich mich von Lauenstein auf, fuhr über Hannover und Eystrup nach Hoya in gewohnter Weise und bestellte mir hier einen Wagen. Der Kutscher ließ, nachdem er versprochen hatte in einer Viertelstunde zu kommen, nicht länger als 2 Stunden auf sich warten. Zuletzt wandte ich mich an einen anderen Fuhrherrn, und war sehr ungehalten, so spät bei der Tante in Vilsen ankommen zu müssen. Es war halb 10 und natürlich völlig Nacht, als der Wagen vor dem kleinen wohlbekannten Haus hielt. Ich wollte nur Hannchen sprechen und dann vielleicht in das Gasthaus gehen; aber sobald ich erkannt war, half kein Sträuben mehr; ich mußte bleiben und die Tante kam mir in vollster Freude auf der Kammertreppe entgegen. Sie war wieder aus dem Bett gestiegen, hatte sich selbst ihr Kleid übergeworfen und wollte es sich nicht nehmen lassen, noch eine Stunde mit mir beim Thee zu plaudern. Mir war es zuweilen wie ein Wunder, sie so sitzen zu sehen und sprechen zu hören, und ich mußte mich immer besinnen, daß das wirklich noch immer Wahrheit und Leben und nicht Traum sei. Auf Augenblicke war sie dann zwar ein bißchen stumpfer, das Gedächtniß verwirrte sich und auch die Taubheit war um Weniges fühlbarer; bald aber kam auch wieder ganz die alte Frische, und ich habe selten eine so reizende Stunde mit ihr verlebt als am letzten Morgen, wo sie die alten Jugendgeschichten wieder hervorsuchte, und in frischester Erinnerung, wie stets mit Geist und Laune erzählte. Ich las ihr Briefe vor, von denen ich denken konnte, sie nähme Antheil daran, erzählte ihr von der vorigjährigen Reise, die auch mir gerade jetzt in den Jahrestagen besonders lebhaft vor die Seele trat und am Mittwoch Nachmittag, als ich abfuhr, führte ich sie zu Hoppe's, wo sie Kaffee mit uns trank und die Post zum Abschied vorbeikommen sehen konnte. Ich wollte schon Dienstag mit der Nachtpost reisen, fand aber alle vier Plätze bereits belegt, als ich mich einschreiben lassen wollte, und bereue nun nicht geblieben zu sein, wenn es mir auch erst quer durch meine Pläne ging. Auch ein Spaziergang nach Heiligenberg, zu dem mich Sophie Hoppe veranlaßte, machte mir rechte Freude, sowohl um der eigenthümlichen Landschaft willen, als auch durch das angenehme Gespräch mit der guten Sophie, die der Tante wirklich ein Schatz ist. Pastor Meyer ist von den Männern am Ort ganz zweifellos der bedeutendste und liebenswürdigste, und es freute mich, wie fein die Tante ihn und die Übrigen beurtheilt.

Von 4 ½ Uhr Nachmittags bis 4 ½ des anderen Morgens brachte ich auf der wenig erquicklichen Reise bis Hamm zu, war etwas zerschlagen vom Fahren und Nichtschlafen, mochte aber doch auch nicht mehr zu Bett gehen, und so trieb ich mich in Sophaecken auf dem Bahnhof, dann später in den Hammer Straßen einen Barbier suchend, endlich in einer Conditorei frühstückend umher. Darüber war es gegen 10 Uhr geworden und ich wanderte hinaus zu Hans Niemeyer[XL], den ich schließlich für den Pabst von Hamm halten mußte, da jedes menschliche Wesen auf der Straße mir die genauste Auskunft über seine Wohnung u. s. w. zu geben wußte. Unterwegs – er wohnt nämlich weit von der Stadt – hielten mich noch Steinhaufen mit Petrefakten[117] auf, und als ich endlich ankam, fand ich ihn längst ausgegangen, die Mutter aber dort, und so lebendig, so athemlos redend und von Hans erzählend, daß mir selbst fast der Athem ausging. Nach Hans wurde ausgeschickt, er kam wirklich, ließ gleich seine Stunden absagen, und beschloß mit mir weiter bis Cöln zu fahren, da ich nicht länger als bis zum Mittagszug bleiben konnte … In Cöln traf ich Bargiel, einen Brief von Frau Schumann auf der Straße lesend; die Schriftzüge waren auf zehn Schritt Entfernung erkennbar; er war aber sehr verwundert und weniger au fait als ich, als er mich so plötzlich vor sich stehen sah. Das Erste, was er mir mittheilte, war die Nachricht, daß er eine Anstellung in Rotterdam mit 2000 Gulden unter den angenehmsten Verhältnissen bekommen habe, und im Begriff sei, sich in den nächsten Tagen dorthin auf den Weg zu machen. Welche Freude ist das für ihn und die Mutter! und wir Alle wollen uns mitfreuen, wenn es ihm dort recht schön gelingt! Er hatte nun noch Besuche zu machen, in einer Stunde aber bestimmte er mir und Hans ein rendezvous im Dom. So hatte ich eine schöne stille Zeit, mich dort niederzulassen und das unbeschreiblich herrliche Gebäude zu genießen. Die Wand zwischen Chor und Schiff ist, wie Ihr

XL Hans Niemeyer, Enkel des Juristen Göschen, Neffe von Frau Bertha Buttmann geb. Göschen, der nahen Freundin meiner Mutter. Er verkehrte in Berlin als juristischer Student sehr viel in unserem Hause, war musikalisch so hervorragend begabt, daß er eine Weile daran dachte, Musiker zu werden, und schenkte mir, dem um mehrere Jahre jüngeren, herzliche Freundschaft. Augenblicklich lebte er als Assessor (?) mit seiner Mutter in Hamm. Er war ein höchst temperamentvoller, aber etwas ruheloser Mensch.

wißt, erst nach meinem Bonner Sommer fortgenommen, und ich hatte jetzt zum ersten Male den vollen Eindruck des Inneren. Darüber läßt sich Nichts weiter sagen. – Drüben in Deutz verbrachten wir drei dann auf einer Terrasse am Rhein den Abend, und ich merkte, daß dieser Rhein doch etwas breiter ist als die Elbe bei Dresden. Prächtig sah bei Sonnenuntergang die Stadt aus mit den vielen Kirchen und kleinen alten Häusern! Was mich jedoch bei diesem Zusammensein ernstlich erregte, war ein Gespräch über zwei Rheinische Stellungen, um deren eine mir Bargiel rieth mich zu bewerben. Es handelt sich um die vor Kurzem erledigte Musikdirektorstelle in Coblenz, und um seine Nachfolgerschaft an der Cölner Musikschule. Zu wünschen schien e r, ich solle in s e i n e Fußtapfen treten, und um der Gründe willen, die ihn dabei leiten, war mir das ja recht erfreulich. Aber Klavierstunden am Conservatorium geben wäre doch am wenigsten mein Geschmack, und so sehr ich seine freundschaftliche Gesinnung für mich nicht zu verletzen wünschte, so mußte ich ihm doch bekennen, daß mich die Coblenzer Stelle viel mehr anzog. Freilich sind dort die Mittel nicht glänzend, während in Cöln das musikalische Leben unter den Künstlern mir viel bieten würde … Übrigens muß ich vor Allem erst noch einmal in Basel anfragen wie die Dinge dort stehen, ehe ich mich entscheide. Auf Bargiels Rath ging ich, um unter allen Umständen nichts zu versäumen, mit Bargiel zu Hiller; er war recht entgegenkommend, so daß ich glaube, es würde nicht große Schwierigkeiten haben, ihn zu gewinnen, wenn ich mich auf Bewerben und vielleicht irgend eine musikalische Probe einließe …

Von Bargiel nahm ich herzlich Abschied, Hans war schon am Abend vorher noch bis Düsseldorf zurückgereist, und nun ging es nach dem lieben Bonn. Ich aß im Hotel Kley zu Mittag, das Siebengebirge stand schön und klar über dem Rhein, als ich auf den Balkon des Gartens trat, und ich konnte es nicht begreifen, daß mir das seit 3 Jahren nicht mehr vor Augen gewesen war, so nahe schien die ganze Zeit, so vertraut die Landschaft. Gleich nach Tisch suchte ich Miss Wight auf. Sie war nicht zu Hause und ich ging ihr nach zu Professor Ritschl, um sie dort abzuholen. Sie machte sich sofort auf, um ihre Stunden abzusagen, wollte mich so gründlich haben, wie möglich, und war empört, als ich nur einen Augenblick zweifelte, ob sie vernünftiger Weise ihre Stunden aufgeben dürfe.

Jetzt ging es zuerst unter ihrer Begleitung zu Frau Klingemann[XLI]; und daß ich diese Bekanntschaft gemacht habe, wird wohl meinen Vater besonders interessiren. Mit einer Herzlichkeit die mich wirklich sehr angenehm überraschte, nahm mich die liebenswürdige Frau auf. Sie überhäufte mich zuerst mit englischen Bewillkommnungsreden, die ich zum Glück verstand; noch deutlicher war es, daß sie mich gleich unterfasste, und so als ihren Vetter mit verwandtschaftlicher Ungenirtheit ins Zimmer führte. Von unserer ganzen Familie wußte sie den genausten Bescheid, liebte und verehrte die Tante Melusine aus der Entfernung, zeigte mir ihren Stammbaum mit dem Namen ihrer Mutter der geborenen Rudorff, und ließ nicht nach, bis wir ihr versprachen, später wiederzukommen, wo sie einige Leute hatte, und wir außerdem zu Ritschl's und zu Bertels eingeladen waren. Wenn ich nun sage, daß wir sämmtliche drei Einladungen nicht nur annahmen sondern ihnen auch Folge leisteten, so wirst du, liebe Mutter, mich für einen Narren oder für einen Lügner halten. Ich lüge aber nicht. Mit Ritschl's, wo die Mutter mir höchst gescheut und anziehend erschien, und wo sich gleich die lebhafteste Unterhaltung über Arnims und Gott weiß was entwickelte, machten wir den Anfang. Dann kam wieder Frau Klingemann an die Reihe, bei der es einen ganz englischen Thee gab; eine Miss spielte Klavier – sehr tugendhaft, und natürlich nur Mendelssohn – es war wirklich nicht schlecht, nur so englisch, daß man glaubte jenseits des Canals zu sein. Das Wiedersehen mit Bertels machte den Beschluß. Mit Herrn Concertmeister Koning aus Mannheim wurden zwei Beethoven'sche Sonaten im Schlaf gespielt, und die Sache fing an, mir etwas über den Spaß zu gehen. Koning kannte und lobte übrigens mein Sextett und will es in Mannheim nächsten Winter spielen.

Eine heiße Nacht erlaubte mir wenig Schlaf. Um 5 war ich wieder wach, und ging bald nach meinem lieben Poppelsdorf, ohne jedoch Frau Räders Haus zu betreten. Ich hatte versprochen, mit Miss Wight um 8 Uhr auf dem Bahnhof für den Morgenzug rheinaufwärts zusammenzutreffen, und die Zeit reichte nicht zu Mehrerem. Einige stille Morgenstunden in Rolandseck waren nach dem unruhigen Treiben des vergangenen Tages sehr erquicklich; die Wolkenschatten zogen prachtvoll über das Siebengebirge, und ich hätte mich noch mehr in den Anblick vertieft, hätte nicht das Gespräch mit Miss Wight auch seinen

XLI Sophie Klingemann geb. Rosen war nach dem Tode ihres Mannes Karl Klingemann, des nächsten Freundes von Felix Mendelssohn, von London fortgezogen und nach Bonn übergesiedelt. Ihre Mutter war eine geborene Rudorff, die Kusine meines Großvaters Rudorff.

Anspruch an Zeit und Sinn gemacht. Ein anregender Mittag bei Ritschl's beschloß die Bonner Stunden und mit einigen entzückenden Rosen, die mir dasselbe hinkende Blumenmädchen gegeben hatte, der ich vor drei Jahren oft einen Strauß abkaufte, bestieg ich das coupé, um nach Rheineck zu fahren …

Rheineck d. 18ten Aug.

… Hier habe ich schon die schönsten Tage erlebt. Das Wetter war bis auf gestern und heute so günstig, wie es nur sein kann. Zwar kam hin und wieder ein Regenguß, aber das erhöhte eigentlich nur den Reiz. Es gab die wechselndsten Beleuchtungen; viel Wolkenschatten auf dem Rhein, bald die Ferne hell, und die schroffen zackigen Felswände im Vordergrund dunkel, bald umgekehrt ein Schleier über den entfernteren Gebirgen und in der Nähe hier und da ein Sonnenblick; dann auch wieder vollkommene Klarheit, nur tiefe blaue Schatten und glänzendes Licht. Mein Fenster sieht rheinabwärts: die Kuppen des Siebengebirges am Horizont und Thalrheineck zu Füßen. Mit Hollwegs lebe ich mich mehr und mehr ein, und gewinne alle drei (die Eltern und Elisabeth) immer lieber. Die Mutter muß man erst so im Hause und täglich sehen, um sie recht hochzuschätzen und liebzuhaben. Übrigens ist sie viel leidend und begleitet uns selten auf unseren Spaziergängen. Theodor reiste gleich am Sonntag Morgen ab. Jetzt ist außer mir nur der alte General Gebser, Bruder von Frau von Hollweg, hier. Er kennt Lauenstein, und führt dort im Herbst wieder Truppen durch. Morgens vor dem Frühstück mache ich meistens meine Klavierstudien auf dem Kapellensaal, wo die Musik herrlich klingt; dazu die edlen Verhältnisse des Raumes und nach allen Seiten der schönste Blick durch die Rundbogenfenster! Im Übrigen ist die Tageseintheilung wie ich sie ja schon kenne. Um halb 9 ist Andacht unten in der Kapelle, wozu ich die Orgel spiele, dann geht Jeder an seine Arbeit. Um 3 wird zu Mittag gegessen. Wird man vorher hungrig, so geht man zu Frau Heymann – der sehr feinen, liebenswürdigen und natürlich gebildeten Frau des Kastellans – und läßt sich ein Butterbrot schmieren. Nach Tisch etwa um 5 Uhr wird der gemeinsame Spaziergang angetreten, wobei ich zwischen allem Gespräch meistens eine Menge großer Steinpilze zusammenschleppe. Nach dem Thee gehen wir entweder zum Musiciren hinauf, oder wir bleiben am Theetisch zusammen, lesend, plaudernd, die Damen arbeitend, ich die Pilze (als Strickzeug) verarbeitend. Oft spiele ich auch dem oder Jenem zwischendurch etwas vor; der Alte kommt einmal hinauf, hört zu oder auch die Mutter und vor Allem Elisabeth. Selten habe ich so gern musicirt.

In diesen Frieden nun schlug neulich unvermuthet der Blitz ein, in Gestalt eines freundlichen Briefes von Hiller. Er forderte mich auf, ihn am Mittwoch auf ein paar Stunden in Cöln zu besuchen und bei ihm zu Mittag zu essen. Weiter stand Nichts in dem Briefe. Natürlich jedoch nahm ich die Einladung an, Weiteres ahnend. Hiller empfing mich am Bahnhof und eröffnete mir sehr bald, welche Pläne er mit mir habe. Meinen Einwand, daß ich eigentlich daran gedacht hätte, mich um Coblenz zu bewerben, schlug er sofort mit der Nachricht todt, daß die Coblenzer Stelle bereits vergeben sei; man habe Max Bruch dort zum Musikdirektor gewählt. Vor Allem wünscht er mich an Bargiels Stelle als Lehrer am Conservatorium zu haben (täglich 2 Stunden Klavier und Harmonie, Gehalt jährlich 300 Thaler); dann hofft er mir die Leitung der Aufführungen zu verschaffen, die die ›Musikalische Gesellschaft‹, eine Vereinigung musikalischer Dilettanten, halböffentlich ohne Proben, aber unter Mitwirkung eines Theils des ersten Cölner Orchesters veranstaltet, und endlich soll ich bei den Übungen des Concertchors, die er selbst leitete die Begleitung am Klavier übernehmen, sowie für den Fall seiner Verhinderung ihn hier auch in der Direktion vertreten. Ich mußte nun mein sonst so streng bewahrtes Schweigen brechen und ihm sagen, daß noch von Basel her eine andere Möglichkeit vorliege, daß ich deshalb also jetzt noch keine bestimmte Antwort geben könne. Doch werde ich umgehend nach Basel schreiben, um Erkundigungen einzuziehen, und ihm dann Nachricht geben. Unter allen Umständen will ich das erst von Lauenstein aus thun. Realisirt sich jedoch alles, was Hiller mir als möglich in Aussicht gestellt hat, so glaube ich wohl, daß es Pflicht sein wird ›Ja‹ zu sagen, wenn ich es auch nicht mit großer Neigung thue. Daß dieser Platz mir angeboten ist, daß ich mich also nicht um ihn beworben habe, wird dir liebe Mutter nach dem Herzen sein. Ergiebt sich aber, daß ich die Direktion bei der Musikalischen Gesellschaft nicht bekomme, so glaube ich, ich lehne dennoch ab. Hollweg gab mir den Rath, dies als Bedingung zu stellen. – Mein übriges Verkehren mit Hiller war recht angenehm. Er spielte mit mir vierhändig seine mir unbekannte ›Operetta‹[118]; ich mußte oben spielen und ich glaube, er war zufrieden. Dann spielte er mir eine neue Suite[119] von sich vor, sprach mit mir über alles mögliche Musikalische, stellte mich seiner Frau vor, mit der wir zu Mittag aßen, und wünschte zum Abschied, es möchte aus Basel Nichts werden. So darf ich also vermuthen, daß von Cölnischer Seite nicht wieder zurückgezogen wird …

d. 19ten

Heute Mittag kam aus Basel ein Brief vom Pfarrer Stockmeyer, der mir sagt, daß die Concertdirektion noch immer auf mich hoffe, aber auch noch immer nicht mit R.[120] auseinander sei, daß also vorläufig nichts geschehen könne.«

Wenige Tage nachdem der vorstehende Brief nach Lauenstein abgegangen war, fand ich mich selbst dort wieder ein, besprach die schwebende Angelegenheit mit meinen Eltern und teilte Hiller mit, daß ich auf Basel keine Rücksicht mehr zu nehmen habe, ohne doch zugleich mich in irgend einer Weise ihm gegenüber zu binden. Seine Antwort lautete:

»Cöln d. 25ten Aug 65

Werther Herr Rudorff

Ich fange gleich damit an von unserer Angelegenheit zu sprechen. Auf morgen Abend ist eine Konferenz angesetzt für den Vorstand des Conservatoriums, wo ich Sie in Vorschlag bringen werde, was natürlich ohne Weiteres für gut geheißen werden wird. Die Lehrerstelle aber und die mithelfende Thätigkeit an meinem Conzertchor ist Alles, was ich Ihnen mit mathematischer Sicherheit anbieten kann. Nicht als ob ich den geringste Zweifel hätte, daß Sie die Direktion der musikalischen Gesellschaft erhalten werden! Denn die Herren im Conservatorium sind zum Theil dieselben, die dort die Hand im Spiele haben, und jedenfalls dabei sehr einflußreich. Aber die Stelle wird jedes Jahr durch allgemeine Wahl der Mitglieder vergeben, in einer sogenannten Generalversammlung, die um die Zeit des Cäcilienfestes Statt hat. Man könnte freilich in einem besonderen Nothfall auch jetzt eine solche Generalversammlung einberufen, aber die meisten Mitglieder sind auf dem Lande oder verreist, und es würde keinen guten Eindruck machen Ihre Wahl so gleichsam zu eskamotiren. Auch würde das Interesse für Sie jetzt ein viel geringeres sein als später, wenn man Sie einmal persönlich kennt, und es würde auch der erste Fall sein, wo man einen nicht hier ansässigen Künstler zu dieser Würde erhoben hätte. Der einzige Concurrent, den Sie haben könnten, würde Gernsheim sein – aber erstens werden Viele nicht für ihn stimmen, weil man es nicht für in der Ordnung halten wird so viele Kronen auf ein Haupt zu häufen, zweitens werde ich selbst Gernsheim mittheilen, daß ich in dieser Sache gegen ihn bin und er sich mit der Vicedirektion begnügen soll – er ist mir aber zu viel Dank schuldig und auch ein zu braver Mensch, um nicht auf meine Ansichten einzugehen, vollends wenn es sich darum handelt einen Künstler wie Sie in unseren Kreis zu ziehen.

Ich würde Ihnen nun rathen, wenn Sie, was dieser Tage erfolgen wird, einen Ruf an das Conservatorium bekommen, denselben vorläufig anzunehmen, sich aber ausgesprochener Weise nur auf ein halbes Jahr zu binden. Wenn Sie etwa in der zweiten Hälfte des September herkommen, und sich mit den Leuten ein wenig bekannt machen, im October Ihre Thätigkeit beginnen, wird im November Alles für das neue Kaiserthum, ohne coup d'état reif sein.

Ich hoffe, Sie befolgen meinen Rath – es soll mir eine herzliche Freude sein, Sie in unserer Nähe oder vielmehr Mitte zu haben. Im allerschlimmsten Falle werden Sie es auch schwerlich zu bedauern haben, einmal einen Winter in Cöln zuzubringen.

Mit den besten Grüßen von mir und meiner Frau

Ihr ergebener Ferdinand Hiller.«

Dieser Brief räumte alle Bedenken hinweg, und als der Ruf an das Conservatorium eintraf, erklärte ich mich bereit, ihn anzunehmen.

Ehe ich Lauenstein verließ, wartete meiner hier im Familienkreise noch eine große Freude. Ich hatte, während ich in Vilsen war, der alten Tante mit jugendlicher, vielleicht unbesonnener Dringlichkeit zugeredet, uns in diesem Sommer noch einmal in Lauenstein zu besuchen. Der Funke, den ich in ihr altes, noch immer begeisterungsfähiges Herz geworfen, hatte im ersten Augenblick gezündet; dann wurde sie wieder schwankend; doch die Vilsener Freunde redeten zu, und nachdem ich – noch ungewiß, was das Endergebnis sein würde – abgereist war, hatte sie alle aufsteigenden Bedenken überwunden und meldete sich bei meinen Eltern an. Hier jedoch fand die Nachricht keineswegs enthusiastische Aufnahme. Man tadelte mich, daß ich die arme alte Tante mit meinen Vorspiegelungen auf das Eis gelockt habe, sah die schrecklichsten Folgen für sie voraus und konnte sich doch auch wieder nicht entschließen, ihr geradezu abzureden. Mit Angst und Bangen wurde den Dingen, die da kommen sollten, entgegengesehen, und erwartungsvoll standen wir in der entscheidenden Stunde am Gartentor. Als dann aber ein Reisewagen unten an der Straße sich blicken ließ, als er endlich Halt machte und die geliebte Tante Melusine frisch und munter samt ihrem Hannchen herausstieg, da waren Freude und Rührung so überwältigend, daß kein Auge trocken blieb. Die reizendste Zeit des Beisammenseins folgte. Als auch sie wieder dahingegangen war, schrieb meine Mutter nach Wienrode: »Das Hiersein unserer lieben alten Tante ist glücklicher ausgefallen, als wir irgend bei ihrem hohen Alter hoffen konnten, und sie war so glückselig, noch einmal mit uns Allen zusammen sein zu können, daß wir nur Ursach haben Gott zu danken, der uns diese seltene Freude noch einmal geschenkt. Wie ein Wunder war es mir immer, wenn ich sah, wie sie mit Ernst und Otto scherzte und lachte, ihre Dankbarkeit aber für Alles war wahrhaft rührend. Für alte Zeiten ist ihr Gedächtniß noch merkwürdig klar, während es bei späteren Begebenheiten manchmal aussetzt. Zwölf Tage ist die liebe Tante hier bei uns gewesen, und in der letzten schönen Zeit haben wir immer mit ihr im Garten Kaffee getrunken, gestern haben wir sie sogar einmal auf den Krähenberg hinaufgeführt; gestützt auf ihre beiden Großneffen Ernst und Adolf ging es besser als ich für möglich gehalten. Jetzt bleibt sie noch mehrere Tage bei ihrer Nichte Biedenweg in Hannover und denkt Mitte nächster Woche nach Vilsen heimzukehren. Möge nur Gott geben, daß dann keinerlei üble Folgen nachkommen!«

# Anmerkungen der Herausgeberin zu Teil VI

1 Willibald Beyschlag: Aus dem Leben eines Frühvollendeten, des evangelischen Pfarrers Franz Wilhelm Traugott Beyschlag; ein christliches Lebensbild aus der Gegenwart. Berlin 1858.

2 Rudorff bezieht sich hier auf Konzerte des Gustav-Adolf-Vereins, eines Vereins zur Unterstützung evangelischer Christen in der Diaspora, der 1832 in Leipzig gegründet wurde und 1843 einen Ortsverein in Berlin eröffnete.

3 Heinrich Wilhelm Ernst: Othello-Fantasie für Violine mit Begleitung des Pianoforte op. 11.

4 Ernst Rudorff: Ouvertüre zu Ludwig Tieck's Märchen Der blonde Eckbert für Orchester op. 8, Partitur, Bonn: Simrock 1868. Von Rudorff wurden mehrere Werke bei Simrock in Bonn verlegt. Ebenfalls um 1868 erschien hier u. a. Rudorffs Fantasie für Pianoforte op. 14.

5 Eduard Hanslick schrieb über Rudorff und dessen Ouvertüre: »Der Componist gehört zu jenen zahlreichen, an Schumann lehnenden jüngeren Tondichtern, welche mit größtmöglichem Aufwand von Geist und Geschicklichkeit uns doch möglichst wenig Freude bereiten. Von allen seinen Stylgenossen hat Ernst Rudorff sich am auffallendsten Schumanns Manieren angeeignet, ohne entfernt dessen musikalische Natur und Triebkraft zu besitzen…« Es folgt eine Auseinandersetzung über die Jung-Schumannianer, an deren Werken er eine »›distinguirte‹, d. h. krankhafte Physiognomie« zu erkennen meint, und deren »Mißbrauch« von Synkope, Vorhalt und Dissonanz den »gesunden Athem der Harmonie und Modulation« vergifte. Hanslick schließt: »Eine Reproduction des Eckhard-Märchens vermochten wir aus Rudorffs Ouvertüre nicht herauszuhören; abgesehen von ihrem Titel, ist sie ein an Schumann und Mendelssohn stark erinnerndes, mit lauter gebrochenen Farben und kleinen Strichen gemaltes Bild, das den Beschauer halb unverständlich, halb unerfreulich anblickt. Die Instrumentirung bietet dem Musiker vieles Interessante; die melodische Erfindung hingegen nur ein charakteristisches Zeichen mehr von der eigenthümlichen Unfruchtbarkeit unseres musikalischen jungen Deutschland.« In: Concerte, Componisten und Virtuosen der letzten fünfzehn Jahre. 1870–1885. Kritiken von Eduard Hanslick. 3. Aufl., Berlin 1896, S. 7–9.

6 Eduard Hanslick: Vom musikalisch Schönen; ein Beitrag zur Revision der Ästhetik der Tonkunst, Leipzig 1854.

7 Ernst Rudorff: Ouvertüre zu Ludwig Tieck's Märchen Der blonde Eckbert für Orchester op. 8, Partitur, Neue Ausgabe, Bonn: Simrock 1882.

8 Der Kran auf dem Südturm des Domes wurde am 29. 2. 1868 abgebaut.

9 Richard Voigtel (1829–1902).

10 Flieder.

11 Die Kreuzkirche, erbaut 1866 bis 1871.

12 Alexander von Humboldt: Ansichten der Natur, erster und zweiter Band, in: Ders.: Studienausgabe in 7 Bdn, hg. von Hanno Beck u. a., Bd 5, Darmstadt 1987.

13 Zitat nach Terentius: »Homo sum; humani nihil a me alienum puto« (»Ich bin ein Mensch; nichts Menschliches ist mir, glaub' ich, fremd«), in: Ders.: Heauton Timorumenos (»Der Selbstquäler«), Komödie in 1068 Versen, I, 1, V. 77.
14 Siehe Johann Wolfgang von Goethe: Von deutscher Baukunst, in: WA [I. Abtheilung:] Bd 37, Weimar 1896, S. 137–151, hier: S. 144ff.
15 Johann Wolfgang von Goethe: Der Groß-Cophta. Ein Lustspiel in fünf Aufzügen, in: WA [I. Abtheilung:] Bd. 17, Weimar 1894, S. 117–250.
16 Johann Wolfgang von Goethe: Unterhaltungen deutscher Ausgewanderten, in: WA [I. Abtheilung:] Bd. 18, Weimar 1895, S. 93–273.
17 Geistesworte aus Goethe's Werken. Hrsg. von Ludwig von Lancizolle. Berlin 1852.
18 Vgl. Karl Immanuel Nitzsch: Predigten aus der Amtsführung der letztvergangenen Jahre, Bde 1–6, Bonn 1833–1848 sowie Ders.: Predigten in den Kirchen Wittembergs gehalten, Bonn 1848 und andere Veröffentlichungen.
19 In verschiedenen Ausgaben erschienen, unter anderem: Göthe's Briefe an Frau von Stein aus den Jahren 1776 bis 1826, hg. von Adolf Schöll, 3 Bde, Weimar 1848–1851.; 2. vervollständigte Ausg., hg. v. Wilhelm Fielitz, Frankfurt/M. 1883–1885 (2 Bde).
20 Nicht ermittelt.
21 Vgl. Friedrich Schiller an Theodor Körner, Weimar den 12. [und 13.] August 1787, in: Schillers Werke, Nationalausgabe, Bd. 24: Briefwechsel. Schillers Briefe 17.4.1785–31.12.1787, in Verbindung mit Walter Müller-Seidel hrsg. von Karl Jürgen Skrodzki, Weimar 1989, S. 128–132, hier: S. 131.
22 Johannes Brahms: Variationen und Fuge über ein Thema von Händel, B-Dur op. 24 (1861), Leipzig: B&H 1862.
23 Richard von Wagners Bearbeitung von Glucks »Iphigenie in Aulis« wurde am 22. Februar 1847 in Dresden aufgeführt.
24 Clara Schumann wurde im März 1862 in Paris enthusiastisch gefeiert. Vgl. auch Karla Höcker: Das Leben von Clara Schumann, geb. Wieck, Berlin 1975, S. 120 sowie Veronica Beci: Die andere Clara Schumann, Düsseldorf 1997, S. 209f.
25 Des Dec[imus] Magnus Ausonius Mosella. Lateinisch und deutsch. Nebst einem Anhange, enthaltend einen Abriß von des Dichters Leben, Anmerkungen zur Mosella, die Gedichte auf Bissula. Von Eduard Böcking, Berlin 1828.
26 Un dîner à la fortune du pot (französisch): ein zwangloses Mittagessen.
27 Tisch für Stammgäste.
28 Vgl. Fußnote 23.
29 Albert Dietrich (1829–1908), Komponist.
30 Ernst Rudorff: Sechs Lieder für eine Singstimme, op. 2, Leipzig: Senff [o. J.].
31 Ernst Rudorff: Sechs Gedichte von J. v. Eichendorff für 1 Singstimme mit Begleitung des Pianoforte componiert, op. 3, Leipzig, Senff [1863].
32 Joseph von Eichendorff: Aus dem Leben eines Taugenichts. Novelle.
33 [Carl Sarrasin (Hg.):] Gedichte von Immanuel Stockmeyer [S. 1f. (Vorwort)], Basel 1895.

34 Robert Schumann: Szenen aus Goethes Faust (1844–53), UA: Köln 1862. Die Aufführung in Leipzig fand am 4. Dezember 1862 statt. (Vgl. Julia Wirth: Julius Stockhausen. Der Sänger des deutschen Liedes, Frankfurt/Main 1927, S. 223.)

35 Die Uraufführung des vollständigen Werks fand bereits im Januar 1862 in Köln statt.

36 Stockhausen selbst berichtete über die Aufführung in seinem Tagebuch und sandte die Aufzeichnungen an die »Niederrheinische Musikzeitung«, wo sie am 16. Mai 1863 unter dem Titel »Aus der Mappe eines reisenden Enthusiasten« erschienen, vgl.: Julia Wirth: Julius Stockhausen, S. 223.

37 Es handelt sich um die Variationen op. 17 (Variations concertants pour le Pianoforte et Violoncelle) von Felix Mendelssohn Bartholdy.

38 Es handelt sich hier vermutlich um das nicht veröffentlichte Sextett für Streichinstrumente; vgl. oben, Rudorffs Fußnote I.

39 Augusta Marie Luise Chatarine von Sachsen-Weimar-Eisenach, deutsche Kaiserin (1871) und Königin von Preußen (1861), Gemahlin Wilhelms I.

40 Marie Rudorff geb. Wendt, zweite Frau Valdec Rudorffs.

41 Elisabeth Pauline Alexandrine von Sachsen-Altenburg, seit 1852 verheiratet mit Nikolaus Friedrich Peter, Großherzog von Oldenburg.

42 Rudorff schreibt hier versehentlich »September«. Anmerkung im Manuskript: **Muß Dezember heißen!**

43 Stockhausen schreibt dazu am 5. Dezember 1863 an seine Eltern: »[...] Als Hilfe für die Akademie werde ich einen ganz jungen und als Musiker noch stärker [als Maszkowski] begabten Künstler namens Rudorff erhalten ... Er ist ein reizender Mensch, unabhängig durch sein Vermögen, der uns behilflich sein wird dadurch, daß er sich im Dirigieren üben möchte.« In: Julia Wirth: Julius Stockhausen, S. 257.

44 Handschriftliche Anmerkung im Typoskript: **Balland! Bogen 50 4. S. nicht zu ermitteln (30. 10. 33)** [Wort nicht ermittelt].

45 Rudorff feierte mit diesem Konzert erfolgreich sein Dirigentendebüt. Vgl. Stephanie Twiehaus: Ernst Rudorff und die Familie Schumann, in: Schumann Studien 6, Robert Schumann- Gesellschaft Zwickau, hg. v. Gerd Nauhaus, 1997, S. 165–178, hier: S. 170.

46 Die Festlegung einer bestimmten Tonhöhe als Stimmton hat sich im Lauf der Jahrhunderte immer wieder gewandelt. Mitte 19. Jh. lag das $a^1$ bei einer Schwingungsfrequenz von 452 Hz (= alte Stimmung). 1858–59 trat eine französische Kommission zusammen, um einen Standard für den Stimmton festzuschreiben. Man entschied sich für $a^1$ = 435 Hz (= neue Pariser Stimmung).

47 Robert Schumann: Szenen aus Goethes Faust, Dritte Abteilung, Nr. 7: Fausts Verklärung, 5: Doktor Marianus, Bariton-Solo.

48 Anmerkung im Typoskript: **lieber »gesamte« sagen.**

49 Im Zuge des Deutsch-Dänischen Krieges von 1864 beginnt nach der Besetzung Holsteins im Januar 1864 der Einmarsch Preußens und Österreichs in Schleswig.

50 Friedrich Wilhelm, Sohn Wilhelms I., 1888 Kaiser Friedrich III.

51 Bei der Besetzung Schleswigs durch Preußen und Österreich versuchte das preußische Korps am 1. Februar 1864 bei Missunde die Schlei zu überqueren, wurde aber durch Dänisches Artilleriefeuer gestoppt.
52 Am 5. Februar besetzten das III. Corps und Österreich die Stadt Schleswig.
53 Sechs Lieder für eine Singstimme op. 2, Leipzig: Senff [o. J.] sowie Sechs Gedichte von J. von Eichendorff für eine Singstimme mit Begleitung des Pianoforte op. 3, Leipzig: Senff [1863].
54 Von Felix Mendelssohn Bartholdy.
55 Vergleiche die Schilderungen Adolf Rudorffs in: Ernst Rudorff: Aus den Tagen der Romantik Bd 1, S. 84.
56 Wilhelm Beseler.
57 Friedrich Karl, Prinz von Preußen leitete 1864 im Deutsch-Dänischen Krieg den Sturm auf die Düppeler Schanzen.
58 Im Typoskript: »äußerte« und der Vermerk: **Änderung, weil doppelt »sprach« vorkam.**
59 Von Carl Maria von Weber.
60 Gemeint ist das Violinkonzert op. 11 »In ungarischer Weise« von Joseph Joachim.
61 Rudorff meint hier vermutlich das Violinkonzert D-Dur op. 61 (1806) von Beethoven.
62 Joseph Joachim, Violinkonzert op. 11 »In ungarischer Weise« (1861).
63 Felix Mendelssohn Bartholdy schrieb zwei Violinkonzerte: Das Konzert für Violine und Streicher d-Moll (1822) und das Konzert für Violine und Orchester e-Moll op. 64 (1844). Rudorff meint hier vermutlich op. 64.
64 Joseph Joachim, Violinkonzert in g-Moll.
65 Die grauen Weiber (Mangel, Schuld, Sorge und Not) treten auf in Robert Schumann: Szenen aus Goethes Faust, Zweite Abteilung, Nr. 5: Mitternacht, die Lemuren in Nr. 6: Fausts Tod.
66 Der Cellist Emil Hegar.
67 Über die Verlobung Stockhausens vgl. Julia Wirth: Julius Stockhausen, S. 260ff.
68 Das Konzert fand am 11. März 1864 statt. Vgl. ebd., S. 263.
69 Im Manuskript stand ursprünglich »1912«. Dies wurde mit Bleistift zu »1864« korrigiert.
70 Erster Sonntag nach Ostern (Wie die neugebornen Kinder).
71 Anspielung auf Ludwig Tieck: Der gestiefelte Kater, 3. Akt, 7. Szene.
72 Augusta, deutsche Kaiserin (1871) und Königin von Preußen (1861), Gemahlin Wilhelms I.
73 Viktoria, Gemahlin des Kronprinzen Friedrich Wilhelm von Preußen, Sohn Wilhelms I.
74 Marie Anne, Prinzessin von Anhalt-Dessau, Gemahlin von Prinz Friedrich Karl, Schwiegertochter des Prinzen Karl.
75 Prinz Karl, Bruder Wilhelms I., Sohn Friedrich Wilhelms II.
76 Nicht ermittelt.
77 Nicht ermittelt.
78 Tranküsel: plattdeutsch, ugs. für »Funzel«.

79 Barthold Georg Niebuhr hatte in der Bibliothek des Domkapitels zu Verona auf einem Pergament Passagen aus einem Lehrbuch des römischen Rechtsgelehrten Gajus (2. Jh. n. Chr.) entdeckt, ein sensationeller Fund. 1816 reiste Johann Friedrich Ludwig Göschen auf Vorschlag Savignys im Auftrag der Berliner Akademie der Wissenschaften mit dem Philologen Immanuel Bekker nach Verona, um eine Kopie der Handschrift anzufertigen. Savigny selbst war Jahre später ebenfalls nach Verona gereist, um die Handschrift einzusehen.

80 Andreas Josef Fornasari-Verce: Theoretisch-praktische Anleitung zur Erlernung der italienischen Sprache in einer neuen und fasslicheren Darstellung der auf ihre richtigen ... Grundsätze zurückgeführten Regeln, 2. mit einem neuen praktischen Theile verm. Originale-Ausgabe, Wien 1819. [Dieses Werk ist in vielen weiteren Auflagen erschienen.]

81 maravigliosamente (italienisch): wunderbar.

82 con leggerezza (italienisch): mit Leichtigkeit.

83 Gemeint ist der Erzgießer Peter Vischer d. Ä. (um 1455–1529).

84 San Paolo fuori le mura in Rom wurde 1823 durch einen Brand zerstört, anschließend im historisierenden Stil des 19. Jh. wieder aufgebaut. Ein Großteil der Innenausstattung ging jedoch verloren.

85 San Apollinare in Classe (535–549), Basilika in Ravenna mit weltberühmten Mosaiken.

86 Julianus Argentarius, Architekt der Basiliken San Apollinare in Classe und San Vitale in Ravenna.

87 Mausoleum der Galla Placidia in Ravenna (525–530).

88 Grabmal des Ostgotenkönigs Theoderich, Ravenna.

89 Ebenfalls für ihre Mosaike berühmte Basilika in Ravenna, erbaut um 527–547.

90 Alexander Ferdinand von Quast: Die altchristlichen Bauwerke von Ravenna, Berlin 1842.

91 Felix Mendelssohn Bartholdy: Der frohe Wandersmann (»Wem Gott will rechte Gunst erweisen«, Joseph von Eichendorff), Lied für Männerchor op. 75/1.

92 Johann Wolfgang von Goethe: Mignon, erster Vers der dritten Strophe.

93 Sans comparaison (französisch): ohne Vergleich.

94 Antistes: lat. »Vorsteher«. Ehrentitel für katholische Bischöfe und Äbte. In der Schweiz früher Titel eines Oberpfarrers der reformierten Kirche.

95 Oratorium von Josef Haydn.

96 Ballade für Chor und Orchester von Felix Mendelssohn Bartholdy.

97 Oper von Georg Friedrich Händel.

98 Die Dienerin von Melusine Tiensch.

99 Gemeint ist die Sinfonie Nr. 41 C-Dur KV 551 (Jupiter-Sinfonie), die im 19. Jahrhundert als »die große Sinfonie aus C-Dur mit der Fuge« bezeichnet wurde.

100 Gemeint ist vermutlich Elisabeth, spätere von Dobeneck.

101 Es handelt sich vermutlich um die Ballade (Introduction, Scherzo und Finale) für großes Orchester op. 15, Berlin: Simrock 1872.

102 Wort nicht ermittelt.

103 Diese Instrumentierung hatte Ernst Rudorff im Juli 1861 in Berlin ausgeführt. Vgl. Ernst Rudorff: Erinnerungen und Ansichten Teil V.

104 Max Maria von Weber: Carl Maria von Weber. Ein Lebensbild, Leipzig 1864.
105 Nicht ermittelt. Zu Mendelssohns Abneigung gegen Schlesinger vgl. Felix Mendelssohn Bartholdy: Briefe an deutsche Verleger, gesammelt und hg. von Rudolf Elvers, Berlin 1968, S. 277.
106 Zum 2.6.1864 veräußerte Heinrich Schlesinger, der Sohn des Firmengründers, seine Firma an Robert Emil Lienau. Vgl. Reinhard Würffel: Lexikon deutscher Verlage von A – Z, Berlin 2000, S. 510f.
107 Johann von Wettin, König von Sachsen (1801–1873).
108 Friedrich Wilhelm Jähns: Carl Maria von Weber in seinen Werken: chronologisch-thematisches Verzeichniss seiner sämmtlichen Compositionen [...], Berlin 1871.
109 »Le nozze di Figaro«, Oper von Wolfgang Amadeus Mozart.
110 »La Muette de Portici«, Oper von Daniel François Esprit Auber.
111 Nicht ermittelt.
112 Schilflied: Felix Mendelssohn Bartholdy, op. 71, Nr. 4.
113 Ernst Rudorff: Sechs Gedichte von J. von Eichendorff für eine Singstimme mit Begleitung des Pianoforte op. 3, Nr. 4: »Der stille Freier«.
114 Nicht ermittelt.
115 Das Lied »Schöne Fremde«, Nr. 6 aus dem Liederkreis op. 39 von Robert Schumann, nach Gedichten von Joseph von Eichendorff.
116 Das Herzog Anton Ulrich-Museum Braunschweig.
117 Versteinerungen.
118 Wort nicht eindeutig lesbar.
119 Nicht ermittelt.
120 Nicht ermittelt.

# Teil VII: »Cöln 1865–1869«[1]

Zwei Tage nach meiner Ankunft in Köln schrieb ich den ersten Brief nach Haus.[I]

»Cöln d. 30ten Sept. 1865
Neumarkt No 17.

Dieses ist der fünfte Brief, den ich heute Morgen schreibe. Die langweiligen Leute habe ich alle erst abgefertigt und den Bericht an Euch bis zuletzt aufgespart. Nachher habe ich noch 9 Besuche zu machen. Gestern auf dem Conservatorium empfing mich gleich ein ganzes Regiment aufgespeicherter Briefe, auch Vaters Hand dabei und das Postzeichen Lauenstein, doch leider und natürlich nichts im Couvert als der Brief von Lienau, der mich bittet, weil die Garcia, Lachner, Vieuxtemps, auf des guten Jähns Gebrüll mitbrüllen, doch die Einrichtung des Anfangs bei der Euryanthe zu ändern. Ich sprach mit Hiller, er ist der gleichen Meinung; im tiefsten Grunde bin ich es selbst, und so muß Rietz[2] dieses Mal sich zufrieden geben, wenn ich seinem Rath nicht folge.[II] Das gab nun gleich zwar Briefe an Lienau und Röder, der mir das Manuskript sofort wieder zuschicken muß. Ferner bittet eine freundliche Dame aus Düsseldorf um eine Besprechung am vergan-

---

I Ich bemerke hier ein für allemal, daß ich meine für beide Eltern bestimmten brieflichen Berichte in der Anrede an meine Mutter zu richten pflegte, wie diese auch ihrerseits in der Regel die Beantwortung übernehmen mußte. Mein Vater war fast beständig mit Arbeiten so überhäuft, daß er nicht Zeit zum Briefschreiben fand, und so richtete ich auch nur in besonderen Fällen meine Anrede an seine Person.

II Rietz hatte mich dazu bewogen, in der laufenden Partitur die Euryanthe so gekürzt zu geben, wie Weber selbst die Oper aufgeführt hatte, die ursprünglich ausgedehntere Form aber, namentlich die Szene zwischen Euryanthe und Eglatine im ersten Akt sowie zwischen Euryanthe und Adolar im Anfang des dritten Akts, in den Anhang zu verweisen. Natürlich war das umgekehrte Verfahren das richtige, da Weber, nur durch äußere Verhältnisse bestimmt, ganz gegen seine Neigung sich zu den Kürzungen entschlossen hatte. Demgemäß ist denn auch schließlich in der gedruckten Partitur verfahren worden. Vgl. die von mir daselbst eingefügte Vorrede.

genen Dienstag wegen Stunden, was ich natürlich umgehend und abschläglich zu beantworten hatte; endlich will Herr Scott ein divertimento von Mozart vierhändig arrangirt haben, und bekommt darauf noch mehr abschlägigen Bescheid … Der einzige rein erfreuliche Brief war einer von Frau Schumann, die mir für meinen Geburtstagsbrief dankt und mich hier mit ihrem Gruß empfangen will; ich schicke ihn einliegend, gewiß habt Ihr Freude daran, mich hat er sehr beglückt.

Der ganze Morgen ging mit Wohnungsjagd hin; ich habe gewiß 20 besehen, manche allerliebst und billig, aber fast alle nur mit Höhenstiegen anstatt Treppen versehen, so daß man merkte, diese Häuser waren vor Crinolinen[3] und Flügeln erfunden. Um der Crinolinen willen hätte ich ja nicht Abschreckung darin zu finden brauchen, es war aber eben glatterdings unmöglich, ein Instrument dahinauf zu schaffen und so mußte ich (besonders bei der einen unter ihnen) recht ungern verzichten. Zuletzt fand ich auf dem Neumarkt in hübscher freundlicher Gegend – die Apostelkirche begränzt den von Bäumen umgebenen großen Platz auf der einen Seite – etwas Gutes. Freilich ist es theuer dort, ich bezahle für die Wohnung mit Frühstück 14 Thaler monatlich, habe aber dabei ein sehr stilles Haus, das unten verschlossen ist, eine offenbar wohlwollende freundliche Wirthin (Wittwe) zwei sehr hübsche Zimmer, eines mit drei, das andere mit zwei Fenstern, beide nach vorn heraus im zweiten Stock, und so habe ich zugesagt, da man doch vor Allem zu Haus es behaglich haben muß und jedenfalls vorläufig gut geborgen ist. Hiller meint übrigens, es wäre nicht zu theuer. Das einzige Üble ist Militärmusik Mittags um 12 auf dem Platz; wahrscheinlich wird mir aber Hiller deshalb meine Stunden, die auf 9 – 11 täglich angesetzt waren, auf 11 – 1 verlegen. Einziehen kann ich erst heute Nachmittag, weil der jetzige Mieter augenblicklich noch darin ist. Gestern Nachmittag war ich etwas im Dom, dann auf der alten Rheinbrücke, von der man doch einen wundervollen Blick stromaufwärts hat. Der Rhein ist so grün, wie ich ihn nur je gesehen, über dem ferneren Ufer mit Bäumen, Thürmen und Mühlen lag zarter Duft, ein Kahn mit bunten Gestalten trieb hinunter, besonders malerisch, weil das Nähere sich so scharf von der halbnebligen Ferne abhob. Hiller hat seine Behausung am Gereonsplatz verlassen und wohnt jetzt unmittelbar neben der Schiffbrücke im sogenannten ›Rheinbey‹, um seiner schönen Aussicht willen ist er zu beneiden. Ich ging zu ihm hinauf; er empfing mich höchst freundlich, bat mich etwas später noch einmal zu kommen, und ging dann mit mir gewiß anderthalb Stunden lang auf der Rheinbrücke spazieren, über allerlei Musikalisches schwatzend. Der Mond schien prächtig dazu auf dem Strom. Zu heute Mittag hat er mich eingeladen; gestern Abend lehnte ich ab zu bleiben, weil ich todtmüde war, auch lieber um halb zehn ins Bett ging. Heute Abend ist »musikalische Gesellschaft«, bei der Gelegenheit will er mich den Herren dort vorstellen…

Über meine Herreise habe ich nun noch garnichts gesagt, und muß wie der Krebs rückwärts gehen. Bei Vetter Adolf in Hannover war es sehr hübsch. Abends hörte ich mit ihm Mehul, ›Joseph in Egypten‹. Die Musik die mir so gut wie neu war, ist doch herrlich. So edel, ausdrucksvoll und unschuldig im schönsten Sinn! Niemann als Joseph war ausgezeichnet. Bei Joachim hatte ich eine schöne halbe Stunde. Er wollte, ich sollte später noch einmal wiederkommen und ihm sein Konzert begleiten; es war aber bei dem Zeitgedränge ganz unmöglich, und so sagte er mir denn selbst ab. Am 17ten October kommt er hierher nach Cöln und spielt im Gürzenich. Die Hannoverschen Concerte hat er wirklich aufgegeben, und sie suchen eigentlich nur einen ganz zusagenden Wohnort, um dann Hannover endgültig zu verlassen. Brahms hat als Pathengeschenk für den prächtigen kleinen Johannes[4] ein wunderschönes Wiegenlied[5] komponirt für Altstimme, Viola und Klavier. Das sollte ich noch kennen lernen. Frau Joachim sang, er spielte Viola und ich begleitete am Flügel. Nach diesem Liede muß man Brahms lieb haben, ich meine: auch seine Person.

Von Minden bis Cöln nahm ich zweite Klasse Nichtraucher-coupé, weil es geradezu unerträglich war in der dritten vor Hitze, Staub und unzähligen Cigarrenschornsteinen. In der zweiten Classe führte ich dann lebhafte – erschreckt nicht – französische Conversation. Eine Engländerin, Mutter von zwei Töchtern, die seit 10 Jahren in Paris lebt, unterhielt sich eifrig mit mir. Es ist gut, daß ich die Schüssel von Fälschlichkeiten nicht aufzuessen habe, die ich dabei ohne Zweifel zu Tage förderte; aber die Sache machte mir Spaß, und wenn ich mich einmal so verhaspelt hatte, daß ich garnicht mehr weiter konnte, und natürlich Niemand etwas verstanden hatte, so sagte sie ›Oui, monsieur‹ und dann waren wir gleich wieder im Reinen. Dafür versuchte sie ›Scharrglöckchen‹ auszusprechen, und machte dazu so krampfhafte Anstrengungen, daß wir Alle fast starben vor Lachen…«

»Cöln d. 4ten October 1865

… Mit Allem, was mir bis jetzt begegnet ist, habe ich eigentlich nur Grund recht zufrieden zu sein. Alle Leute sind sehr freundlich, Hiller an der Spitze, er sogar in solchem Grade, daß ich zuweilen Angst habe, es könnte bei irgend einer Gelegenheit einmal ein Rückschlag kommen.

Meine Herren Collegen sind wohl im Ganzen nicht sehr anziehender Natur, und es wird nöthig sein, mit der Mehrzahl sich äußerlich gut zu stellen, innerlich aber garnicht mit ihnen zu stehen. Besser gefällt mir ein zwar ziemlich subalterner aber offenbar gutmüthiger junger Klavierlehrer und auch wohl Gernsheim, der obgleich sehr jüdisch aussehend doch einen günstigen Eindruck macht. Königslöw kommt erst am Freitag von seiner Reise zurück; von dem ist natürlich garnicht die Rede; ich freue mich sehr auf seinen Verkehr. Am Montag Morgen um 10 Uhr war Aufnahmeprüfung neuer Schüler im Conservatorium, zu der Lehrerkollegium und Vorstand erscheinen mußten. Einer der Vorstandsherren, Herr Häuser, – ein sehr reicher Cölner Kaufmann, Wittwer, höchst gutmüthig, Besitzer des bekannten alten Hauses mit den Pferdeköpfen[6] mir gegenüber – lud mich bei dieser Gelegenheit ein, bei ihm zu Mittag zu essen, obgleich ich noch keinen Besuch bei ihm gemacht hatte. Da er aber zwischen dem Conservatoriums-Akt und dem Mittagessen noch Geschäfte hatte, so bot sich ein anderer Vorstandsherr an, mich einstweilen nach dem Hause des Herrn Häuser zu führen, um mich hier dem Sohn vorzustellen. Dieses war Herr Farina – die allersiegreicheste[7] Eau de Cologne – ein prächtig aussehender alter Herr mit langem schneeweißem Bart, ganz wie ein Venetianischer Doge von Tizian. Bei Häuser fand ich neben einem anderen Gast noch Herrn Leo aus Berlin (den Bruder des verstorbenen Gatten von Frau Auguste Leo, Schwager von Carl Reinecke) der mich bereits am Sonntag früh, als ich noch todtmüde im Bette lag, aufgesucht hatte. Nach Tisch wurde zum zoologischen Garten gefahren wo wir neben allem Übrigen auch die berühmte Hündin, Amme des Tigers, sahen, die wirklich mit ihm zusammen in einem Käfig logirt, und viel mehr knurrt und raisonnirt als dieser.

Schließlich kam die Rede auf meine augenblickliche Verlegenheit wegen eines Instruments, und Herr Häuser, der immer liebenswürdiger wurde, bot mir unversehens an, mir vorläufig einen seiner eigenen Flügel auf mein Zimmer zu stellen. Gütiger kann man wirklich nicht behandelt werden.

Heute um 3 Uhr war Stundenplanvertheilung. Morgen gebe ich meine ersten Stunden. Ich habe Klavierstunden täglich von 11 – 1, die beiden Harmoniestunden hat mich Hiller gebeten noch extra zu geben und zwar Nachmittags. Ich bin freilich nur zu 12 Stunden verpflichtet, mag mich aber doch nicht weigern, da er sagt, es ginge schwer anders einzurichten. Die ›Musikalische Gesellschaft‹, die am Sonnabend Abend im Conservatoriumssaal unter Gernsheims Leitung Statt hatte, spielte eine neue häßliche Symphonie von einem Mülheimer Dilettanten und die Hebriden-Ouvertüre[8]. Das Orchester war nicht ganz vollzählig, aber doch recht tüchtig; wenn ich sie nur erst habe, will ich sehen, ob es nicht möglich ist, auch zuweilen Proben anzusetzen. Am Montag Abend war im selben Raum schwach besetzte erste Concertchorprobe nach den Ferien, bei der ich mich noch passiv verhielt...«

Von meinem Vater

Lauenstein, 7. Oct. 1865

... Der Abschied von hier wird mir etwas schwer. Denn der Herbst ist noch zu schön um die Sehnsucht nach dem Winterquartier aufkommen zu lassen. Die Kühe weiden über der Burg und dem Lauenborn, die Schafe am Knickbrink, die Schweine knuspern die Eckern am Krähenberge auf, der Wald fängt an sich leise zu färben, ist jedoch noch merkwürdig grün, trotz der Nachtfröste und der furchtbaren Dürre. Da genösse man die schönen Tage, die abendlichen Kartoffelfeuer zwar gerne noch länger. Aber das kurze Leben ist nicht blos zur Lust gegeben, und wenn ich auch nicht ganz erholt bin, so fühle ich mich doch so weit erfrischt, um einen neuen Winterfeldzug, wenn auch mit abnehmenden Kräften, anzutreten. Darum also frisch ins Geschirr! – Auch dir muß ich noch aussprechen, wie mich dein Eintritt in den festen dir von Gott und nach freier Wahl gegebenen Beruf gefreut hat. Das giebt den richtigen Gegenhalt gegen die geistige Nasch- und Lasterhaftigkeit, die sich bei zu viel freier Zeit einstellt, gegen die peinlichen Versprechungen mit Fleisch und Blut und Stimmungen. Danke also der freundlichen göttlichen Fügung, die dich mit dem kanonischen Alter, also jetzt zu rechter Zeit ins Amt gerufen hat...

Eben war Dr. Ebeling hier und erzählte, daß der schöne Eichwald am Osterwalde niedergesäbelt, das Holz zur Eisenbahn von Elze nach Hameln, die Weide zur Abfindung der Gemeinde verwendet werde. Die Vögel aus unseren Wäldern hätten sich nach dem Kanstein verzgogen, weil der Wald dort stiller sei und an den Hils gränzt, wo Braunschweig noch das Wild schone. Am Ende wird sich die Poesie und Gemüthlichkeit noch in die kleinsten Staaten zurückziehen müssen...«

An die Eltern

»Cöln d. 12ten October 1865

... Heute sind es 8 Tage her, daß ich meine ersten Stunden gab, und es kommt mir schon höchst natürlich vor, daß ich um 11 Uhr auf das Conservatorium gehe und zwar in umgekehrter Funktion als vor 4

Jahren in Leipzig. Meine Schüler sind persönlich eigentlich alle umgänglich, wenigstens gutwillig und anständig; ein kleiner 15jähriger Bursche aber hat entschiedenes Talent, und macht mir Freude. Es ist doch etwas Schönes, in solch einem kindlichen Gemüth die erste noch ganz wolkenlose Frühlingsbegeisterung für die Kunst aufblühen zu sehen und nach seinen Kräften dazuzuthun, daß sie nicht verkümmert sondern wirklich gedeiht und Früchte bringt. Der Junge ist sehr anhänglich, und da er nicht von starker Gesundheit zu sein scheint, so habe ich ihn gestern Nachmittag mit spazieren genommen, wie es scheint zu seinem größten Vergnügen. Er ist ein Cantorssohn aus Hagen in Westfalen und heißt Blomberg! Dann habe ich zwei beafs, die mich sehr amüsiren mit ihrem etwas unbeholfenen englischen Wesen. Der Eine hat Tatzen für zwei, und technisches Talent, der Andere ist ungeheuer folgsam, aber ziemlich überfordert. Die meiste Noth macht mir ein soeben erst angekommener Holländer von polizeiwidrigem Phlegma, der kaum eine C dur Tonleiter spielen kann, und meint, das wäre in Holland immer noch viel. Als ich ihn fragte, was er denn eigentlich werden wolle, hieß es: »Oh, Kapellmeister!« …

Mein besetztester Tag ist der Freitag wo ich außer den beiden Klavierstunden am Vormittag und der Harmonielehre Nachmittags auch am Abend noch Chorübung mitzumachen habe. Am letzten Freitag, als der Concertchor zum ersten Mal zimlich vollständig versammelt war, hat mich Hiller vorgestellt, und ich habe meistens begleitet. Mit 4 neuen, d. h. mir unbekannten Werken mußte ich mich vorher bekannt machen, C dur Messe und König Stephan von Beethoven, Semele von Händel und einem Stück von Reinthaler. Am Sonnabend machte Gernsheim in der Musikalischen Gesellschaft die g moll Symphonie von Mozart und die Lustspiel-Ouverture von Rietz. Hinterher aßen die Mitglieder dort zu Abend und Gernsheim und ich wurden aufgefordert zu bleiben. Der alte Farina war wieder äußerst liebenswürdig, überhaupt ist Alles sehr gemüthlich, nur zu gemüthlich, und darunter leidet die Musik ein bischen. …

Cöln Sonntag d. 15$^{\text{ten}}$ Oct. 1865

… Über meine ›Anstrengungen‹, beste Mutter, brauchst du dich nicht zu beunruhigen. Vorläufig wenigstens fühle ich mich so frisch wie ich es nur je gewesen bin, und wünsche nur immer noch mehr zu Stande zu bringen; denn das, was der äußere Beruf an Pflichten auferlegt, darf man doch kaum zur eigentlichen Arbeit rechnen, wenn dabei auch Zeit genug konsumirt wird. … Gestern Abend spielte ich in der Musikalischen Gesellschaft mit Gernsheim die Variationen für 2 Klaviere von Schumann. Daß ich mich vor diesem debut wie gewöhnlich fürchtete, versteht sich von selbst. Zu den Proben ging das Stück wirklich sehr gut, Gernsheim ist ein vortrefflicher Soloroutinirter Klavierspieler, dabei ein wirklicher Künstler, und ich war in diesem Stück auch gut zu Hause. Die a moll Symphonie von Gade eröffnete den Abend, zu dem ein sehr zahlreiches Publikum erschienen war, dann kamen die Variationen, gingen zwar meinerseits aus Unruhe weniger glatt als vorher, machten aber doch guten Eindruck, und den Beschluß bildete die Oberon-Ouvertüre[10], die wie Blitz und Donner einschlug. Hiller sagte uns hinterher, er werde uns beiden ein Stück für zwei Klaviere komponiren und zueignen; wir wollen sehen, ob er Wort hält. Dann empfing ich noch Joachim auf der Bahn, und werde ihn jetzt gleich wiedersehen, da bei Hiller ihm zu Ehren matinée ist.

Um nun auch einmal auf Gernsheim zurückzukommen, so muß ich sagen, daß mir der Verkehr mit ihm wirklich Freude macht, und daß ich zufrieden sein kann ihn hier zu haben. Täglich lernt man ihn nicht nur künstlerisch, sondern auch persönlich mehr schätzen. Er ist ein sehr tüchtiger gewissenhafter Mensch, der für seine Familie mit Aufopferung der eigenen Kräfte auf das Thätigste besorgt ist und durch uns nicht mit den übrigen Jünglingen in das selbe Horn oberflächlicher Lebensauffassung stößt. Diese Entdeckung ist nun sehr viel werth; musikalisch harmoniren wir in den meisten Punkten; in allen praktischen Dingen ist er recht ausgezeichnet – er war mit 12 Jahren auf dem Leipziger Conservatorium, dann 5 Jahre in Paris, hat also die vollkommenste routine im Spielen, öffentlichen Auftreten u.s.w. – und dies Beispiel, das mir in mancher Beziehung Scham giebt, ist mir darum nützlich. Neulich hat er mich aus freien Stücken gebeten ob wir nicht einen Abend in der Woche etwas Geschichtliches lesen wollten; natürlich gehe ich gerne darauf ein. ... Heute vor 8 Tagen war ich in Rheineck. Ich bekam kurz vorher ein paar allerliebste Zeilen im Kabinetsorderstyl von Frau von Hollweg, die umgehend Auskunft über mein Dasein forderte. Zugleich lud mich ein kleiner Brief von Elisabeth definitum ein. Ich war gebeten, möglichst früh zu kommen und so fand ich die Familie um 9 noch beim Frühstück, dann plünderten wir im Weinberg einige herrliche Trauben, dann machte ich allein einen Spaziergang oben an der Thalwand entlang durch den bunten Wald, und zur Kirche, um 2 Uhr war Alles wieder beisammen. Auch der Bildhauer Wittig aus Düsseldorf war gekommen. Ich hätte allenfalls die Nacht bleiben und mit dem ersten Morgenzuge Montags zurückfahren können, zog es aber doch vor noch am selben Abend wieder in Cöln zu sein.

Montag d. 16ten

In der matinée gestern spielte Joachim ein Violinconzert von Bach, und Hiller mit wirklich vortrefflicher Technik seine neue Klaviersuite. Ich denke mir etwa Hummels Spiel ähnlich, so perlend, höchst sauber und im Anschlag wohlthuend. Der arme Joachim mußte dann noch recht unerfreuliche Hiller'sche Variationen mit ihm spielen, und that mir dabei leid mit seiner vornehmen edlen Geige. Der Baßist Behr, den ich in Leipzig bei Frege's oft gesehen, sang ein Schumann'sches Lied; er ist jetzt hier wieder am Theater egagirt und wird für mich auch ein angenehmer Umgang sein. Im Ganzen hatte die matinée etwas Frostiges und ich empfand wieder, wie es kein häßlicheres Musiciren giebt als das in einem g r o ß e n Privatkreise, und vor Allem bei hellem Sonnenschein.

Joachim aber war wie immer, höchst liebenswürdig und ich war zufrieden mit ihm zusammen sein zu dürfen. Er kommt nun demnächst nach Berlin, giebt erst ein eigenes Concert mit Orchester, und dann eines oder mehrere mit Frau Schumann. Darauf könnt Ihr euch freuen!

Der matinée folgte eine sehr gemüthliche Episode. Königslöws hatten mich zu Mittag eingeladen, um bei ihnen mit Miss Jane Wight und ihrer Schwester zusammenzutreffen und dieser mein erster Besuch dort dauerte gleich bis zum Abend halb zehn Uhr, wo die beiden Englischen Damen fortfuhren. Königslöws sind prächtige Leute, ächt norddeutsche Naturen, zuverlässig, tüchtig und gemüthlich. Gewiß werde ich da immer gern sein; auch die Frau ist angenehm und der ganze Ton so einfach, anspruchslos und doch fein, daß mir gleich wohl ward, als wäre ich längst eingebürgert. Das einzige Intermezzo war, daß Miss Wight mit mir Nachmittags den kleinen Weg nach meiner Wohnung unternahm, sie besah, sehr hübsch fand, und dann auf dem Rückweg, als schon starke Dämmerung eingetreten war, mit mir das Innere der Apostelkirche betrat. Nach eben beendigter Vesper wurden die Lichter und Lampen gelöscht und der herrlich harmonische Bau versank in immer mystischeres Halbdunkel. …«

Fortsetzung vom 22ten Oct.

Am nächsten Abend, also Montag, war erste Probe zum Gürzenichconcert. Hinterher ging ich mit zu Hiller, wo Joachim wohnte. Bei der zweiten Probe am Dienstag Morgen traf ich unter Anderem den liebenswürdigen Professor Bendemann, dann am Abend folgte die Aufführung. Leider muß ich bekennen, daß ich nicht unbedingt begeistert war. Der Saal, dessen Anblick freilich so entzückend ist, daß ich jetzt wieder beim ersten Eintritt wie bezaubert dastand, ist doch zu groß für die gewöhnlichen Concerte. Das Orchester zählt 80 Mann ist also um 30 Mann stärker als die Liebig'sche Kapelle in Berlin, und dennoch klingt es winzig in dem Raum. Auch das Solospiel berührt nicht so warm, wie in engerer Umgränzung; es ist, als würde der Klang auf der langen Reise bis zu Ohr und Herzen kühler. Ferner ließ die Stimmung der Bläser an Reinheit zu wünschen übrig, und endlich war der Chor höchst leichtsinnig von Hiller einstudiert. So kam es daß die Wirkung nicht so bedeutend war, wie man sie erwarten sollte. Joachim's G dur Concert habe ich noch lieber gewonnen als beim ersten Hören im vorigen Jahr. König Stephan von Beethoven interessirte mich, und Mozarts C dur Symphonie, die in der Ausführung am vollendetsten war, ist und bleibt natürlich unwiderstehlich.

Nach dem Concert fanden sich zu Joachims Ehren einige sich unterschrieben habende Leute mit ihm in den unteren Räumen des Gürzenich zu gemeinsamem Essen zusammen. Dazu gehörten außer Hiller und den Herren des Concertvorstands unter Anderem noch Königslöw, Max Bruch, Gernsheim, Breunung[III] und ich. Hiller brachte unter Anderem auch u n s e r e Gesundheit aus, d. h. die von Gernsheim, Breunung, Bruch und mir als jugendlichen Rheinischen Musikern. Joachim sprach sehr hübsch und ernst nach Hiller, und je später es wurde, um so mehr wurde gesundheitet und gewitzelt, so daß es zuletzt beinahe des Guten zu viel ward.

Mit Joachim habe ich am genußreichsten verkehrt auf einer gemeinschaftlichen Fahrt nach Bonn am nächsten Nachmittag. Herr Salvatore Marchesi, der Mann unserer neuen Gesanglehrerin am Conservatorium, stieg zufällig auch in unser coupé. Er ist ein gutmüthiger, langweiliger Schwätzer und sein Erscheinen war mir nichts weniger als angenehm, doch störte er in geringerem Maß als ich fürchtete, und ich habe über vieles Musikalische und Nichtmusikalische mit Joachim sprechen können. In Bonn besuchten wir Frau Klingemann, fanden dort die beiden Miss Wights und zwei sehr behagliche Stunden flogen wie der Wind vorüber. Um 7 Uhr kamen wir in Cöln wieder an, und liefen im Galopp ins Theater, wo der ›Wasserträger‹[11] gegeben wurde; dank Behr's vortrefflicher Regie im Spiel wenigstens recht lebendig; freilich sonst – von

III Breunung war in Köln Gernsheims Vorgänger gewesen und jetzt Musikdirektor in Aachen.

Behr in der Titelrolle abgesehen – mittelmäßig genug. Wunderlicher Weise hörte ich nun gerade den Wasserträger zum zweiten Male in Gemeinschaft von Joachim; im 3ten Akt mußte er leider fort, da er noch die Nacht zum Reisen brauchte.

Gestern Abend habe ich in der Musikalischen Gesellschaft meine Schubert'sche Fantasie[12] aufgeführt und natürlich selbst dirigirt. Sie hatte Beifall, und das comité hatte auch eine Probe vorher erlaubt, was leider sonst so gut wie nie geschieht. Das Orchester ist sehr freundlich und willig, aber doch recht wenig meisterlich, dazu der Klang schlecht im Saal. Natürlich ist die Besetzung viel schwächer als im Gürzenich, und dann streichen auch noch einige ebenso eifrige wie tölpelhafte Dilettanten mit, die für die gehörige Quantität falscher Noten sorgen. Kurz dieses Institut ist nicht idealisch, wie ich das vom ersten Male an sehr empfand, aber doch will ich zufrieden sein, wenn ich die Direktion bekomme, denn man lernt immer dabei. – An meinem Restaurationstisch ißt Gernsheim nun leider nicht mehr mit, seine Mutter ist mit ihm hergezogen und so bleibt er natürlich mit ihr zu Haus. Sie ist immer bei dem Sohn gewesen, auch in Paris, und das Verhältniß zwischen beiden scheint vortrefflich zu sein. Heute Nachmittag war ich dort; es war auch ein Berliner, Dr. Cossmann, bei ihnen, den sie von Saarbrücken her kennen. Wir nahmen den Frithjof von Bruch, und hinterher die zwei ersten Hefte Magelonenlieder[13] von Brahms durch, die ich neulich schon einmal mit Gernsheim angesehen hatte. Diese Lieder sind nun derart, daß ich fast Lust hätte, Brahms darüber zu schreiben, wie sehr sie mich begeistern; es ist das Wärmste, was ich von ihm kenne, und zum Theil von einer solchen Schönheit und Poesie, daß man innerlichst jubelt, wie seit Schumann nicht mehr. Einige Schroffheiten laufen mit unter, aber das Schöne überwiegt beiweitem; es ist herrliche Musik! Auch die Gedichte sind zumeist wundervoll, fast die schönsten, die ich von Tieck kenne…

Cöln c. 28ten Oct. 1865

… Am Dienstag war ich bei Königslöws mit Herrn Dr. Bernays aus Bonn zu Mittag und musicirte nach Tisch mit Königslöw. Das war sehr erfreulich. Wir spielten eine Bach'sche und eine Beethoven'sche Sonate, und ich bin entzückt von seiner ganzen Art, die Sache anzufassen. Er ist ruhig und haltungsvoll und doch nichts weniger als nüchtern; dabei hat er prächtig vollen edlen Ton auf seiner Geige, und Alles ist durchaus meisterlich. Ich kann mit Überzeugung sagen, daß ich – Joachim natürlich zehn Mal ausgenommen – noch mit keinem Geiger musicirt habe, der mir so lieb wäre, wie er. David, den ich sonst wohl nennen müßte, hat ja leider die Neigung zur Koketterie, die den Eindruck nicht selten beeinträchtigt...

Cöln d. 8[ten] Nov. 1865

... Gestern war Concert von Marchesis. Auf dem Programm war zu lesen ›historisches Concert. Alte Italiänische Schule. Entstehung und Entwicklung der Arie und des Duettes von 1600 bis 1730.‹ Erster Theil 17tes Jahrhundert, (6 Nummern). Zweiter Theil 18tes Jahrhundert, (wieder sechs Nummern). Das war etwas Neues und blieb wichtig genug. Von vorn bis hinten hatte ich alle Gesangsnummern zu begleiten. Hiller spielte nach Noten eine Suite von J. S. Bach und eine Sonate von Ph. Em. Bach; ich mußte ihm umwenden und zwar stehend, weil kein zweiter Stuhl auf dem Podium Platz hatte. Im Übrigen war ich bei jeder Nummer, d. h. 2 ½ Stunden lang am Klavier beschäftigt und zuletzt ganz abgespannt von allem Aufpassen. Natürlich wimmelt es bei solchen Italiänern von ritardandis und Gott weiß was für Freiheiten, dazu sind sie selbst kaum recht schön, also es gilt beständig auf der Hut sein, daß nichts Übles passirt. – Die Leute habe ich nun bei dieser Gelegenheit d. h. bei den sehr vielen Proben, – außerdem auch Sonntag vor 8 Tagen bei Frau Klingemann – ziemlich genau kennen gelernt. Er ist ein ächter Italiäner, sehr schwarz, ziemlich trivial, aber gutmüthig, sie eine Frankfurterin, nicht ohne Anmuth, aber durch das Herumtreiben in Paris und London, überhaupt in der großen Welt, gründlich veräußerlicht und als Künstlerin kokett. Am letzten Sonntag sang der Mann hier den Don Juan im Theater, und die Frau bat mich, sie ins Theater zu begleiten. Das war nun deshalb eine böse Aufgabe, weil er seine Sache, abgesehen vom Aussehen, sehr wenig schön machte, gar keinen Beifall hatte, und ich doch gewissermaßen die Verpflichtung fühlte, die arme Gattin etwas zu beruhigen. Ich saß wie Butter an der Sonne, und freute mich, als die Sache überstanden war.

Heute vor 8 Tagen wurde die Oper ›Loreley‹ von Bruch gegeben. Ich hörte sie natürlich mit gemischten Empfindungen – eingedenk früherer eigener Pläne – an. Es ist manches Schöne in der Musik, aber das Gedicht ist noch tausendmal schöner. Die Aufführung war die miserabelste, die man nur haben konnte, und doch hatte der poetische Eindruck etwas Unwiderstehliches...

Über meinen kleinen Blomberg habe ich die größte Freude. Der Junge ist so begabt, daß er mich neulich mit ein paar von ihm komponirten Klavierstücken wirklich in Erstaunen gesetzt hat. Mit den Fingern will es noch nicht recht. ... Am Sonntag vor 8 Tagen hatte ich ihn und einen anderen Schüler Kühne zum Abend zu mir geladen und ihnen etwas vorgelesen. Die Jungens sind so dankbar und empfänglich dafür, daß ich das heute wiederholen werde.

In unserem letzten Concert interessirte mich besonders die schöne C dur Messe von Beethoven. Mit der Missa solemnis darf man sie natürlich nicht vergleichen wollen. Aber wieviel Wunderbares hat auch sie an herrlichem Klang und erquickender Stimmung! Die Iphigenieouverture[14] nahm Hiller in einem mich befremdenden tempo. Schumanns B dur Symphonie ging nicht schlecht und nicht gut. Mozarts d moll Concert von Fl. Zimmermann aus London gespielt hätte gut sein können, wenn man vor dem Einläuten des Allerseelentages, das mit Macht eine halbe Stunde lang in den Concertsaal herüberklang, überhaupt etwas Zusammenhängendes hätte hören können... Wenn es möglich ist, will ich es bei Hiller durchsetzten, daß wir einmal im Gürzenich den Morgengesang von Reichardt machen. Er ist nicht abgeneigt, und ich machte Tante Riekchen[IV] so sehr gern die Freude, abgesehen davon, daß ich das Stück wirklich würdig und schön finde.

Meine vierhändigen Stücke[V] haben bei Hiller und Gernsheim Beifall gefunden. Als ich verabredeter Maßen zu Hiller kam, um sie mit ihm zu spielen, fand ich Fl. Zimmermann anwesend. Die Folge war, daß diese statt seiner an die Reihe kam meine Partnerin zu sein. Sie machte ihre Sache ganz vortrefflich. Ich habe selten bei Damen so gutes Notenspielen erlebt...«

Ich füge hier ein, daß das nicht das erste Mal war, wo ich Gelegenheit hatte, Hiller mit irgendwelcher Musik von mir bekannt zu machen. Sehr bald, nachdem ich in Köln eingetroffen war, forderte er mich auf, ihm etwas von meinen Sachen zu zeigen. Ich brachte ihm den vierhändigen Klavierauszug meines Sextetts, und er setzte sich hin, das Stück

IV Friederike von Raumer war jetzt die einzige noch lebende Tochter Reichardts. Bezüglich des »Morgengesangs« vergl. Mendelssohns anerkennende Worte an ... in seinem Brief vom ... [Vgl. den – bezügl. des »Morgengesangs« neutralen – Brief Felix Mendelssohn Bartholdys an seinen Vater vom 28.12.1833, in: Briefe aus den Jahren 1833 bis 1847 von Felix Mendelssohn Bartholdy, hg. Von Paul Mendelssohn Bartholdy u. a., 2. unveränderte Aufl., Leipzig 1864, S. 17–23, hier: S. 20 sowie einen bezüglich einiger Lieder Reichardts anerkennenden Brief an Geheimrätin Steffens geb. Reichardt vom Februar 1847 ebd., S. 477–479. Für diesen freundlichen Hinweis danke ich Frau Dr. Reiser, Leipziger Ausgabe der Werke von Felix Mendelssohn Bartholdy.]

V Sechs Klavierstücke zu 4 Händen, als op. 4 bei Breitkopf & Härtel erschienen.

mit mir zu spielen. Als wir den ersten Satz beendet hatten, wandte er den Kopf zu mir herum, und sagte: »Nun! Sie müssen komponiren!«

»Cöln d. 15ten Nov. 1865

…Gestern hatten wir ein im Ganzen recht gelungenes Gürzenichconcert. Eine gute Aufführung der B dur Symphonie von Beethoven, die mich an alte Zeiten erinnerte, wo die Musik mich zuerst im Concertsaal des Berliner Schauspielhauses entzückte; die England-Ouverture von Gade ein wiegendes, poetisches Stück, das mir fast neu war, so lange hatte ich sie nicht gehört, ein schmähliches Serow'sches Violoncellconcert von Schmitt ausgezeichnet gespielt, dann die Fidelioarie von Frl. Tietjens mit unvergleichlich schöner Stimme gesungen und endlich das Mendelssohn'sche Loreleyfinale. Das Bild der Köster stieg bei den Fideliotönen lebhaft in mir auf, aber wie weit steht die Tietjens hinter ihr an seelisch ergreifender Macht zurück! – Über eine Concertouverture von Hiller mitten inne schweigen die Annalen.

Sonntag Abend hatte Gernsheim mit seinem prächtigen Männerchor große Liedertafel im kleinen Gürzenichsaal. Er hatte mich gebeten, den Bacchuschor aus der Antigone[15] zu begleiten, da Taktschlagen außerdem nöthig war. Die Stimmen klangen prachtvoll, und auch am Freitag vorher, wo wir (Hiller und ich) zum Loreleyfinale und zur Semele (die über 14 Tage in Aussicht steht) sehr stark besuchte Chorprobe hatten, bewährten die Rheinischen Stimmen ihren großen Ruf. Übrigens hat mich die Semele veranlaßt, nun doch Abonnent auch der Händelgesellschaft zu werden. Hiller war in Verlegenheit wegen eines zweiten Partiturexemplars, das bei der Aufführung gebraucht wird und so kam ich auf den Einfall, diese gelegentliche Mahnung als des Schicksals Stimme anzusehen. Bei Händel und den Händelanbetern von Profession fällt mir Etwas ein, das ich in der Vossischen Zeitung heute las. Da war nämlich ein Concert angezeigt, das so wunderhübsch das ganze Berliner Philisterthum auf einen Haufen zusammenbrachte, daß man sich darüber entsetzen müßte, wenn es nicht noch viel mehr komisch wäre. Es wechselten in dem Programm nur Compositionen von Blumner, Succo und Bellermann, und selbst die Aufführung lag nur in den Händen keuscher Schülerinnen dieser drei sehr reinlich komponierenden Männer, zu deren Bunde nur noch Rust fehlte. Ist es zu glauben, daß man in Berlin solch einen Opferdienst für die Langeweile errichtet, und daß sich auch gar eine Gemeinde zum Anhören dazu findet?

Übrigens soll damit nicht gesagt sein, daß es hier nicht auch Langeweile giebt; denn wenn auch freilich lebendiger und ungebundener musicirt wird, so ist dafür die Geselligkeit unter den reichen Cölnern – wenigstens soweit sie mir bis jetzt zu Gesicht gekommen – von einer wahrhaft erschreckenden Oede. Sonntag Mittag waren Gernsheim und ich von dem guten Herrn Heuser zum Thee geladen. Der alte Heuser selbst ist nicht nur gutmüthig sondern besitzt auch Verstand und Erfahrung, so daß man gern mit ihm redet. Die übrige Gesellschaft aber von Damen und Herren, die wir versammelt fanden, war eigentlich unglaublich. Das ganze Verkehren in diesen Kreisen scheint auf einen so niedrigen Ton gestimmt zu sein, ist so unangenehm formlos, so jeder geistigen Würze baar, daß ich es jetzt begreife, wenn über den Cölnischen Materialismus so hart geurtheilt wird, wie wir davon einmal ein Beispiel in Wienrode erlebt haben. Hiller ist natürlich dem Durchschnitt der Leute aus dieser Sphäre weit überlegen, und ein Kreis von Männern, die sich auf seine Veranlassung Donnerstag Abend in einer Kneipe versammeln, besteht aus angeregteren Elementen. Zusagend ist mir der hier herrschende Ton zwar auch nicht, ich werde aber doch zuweilen hingehen, da mich Hiller dazu aufgefordert hat.

Mit Gernsheim dauert das gute Einvernehmen fort, auch mit Seiss stehe ich wenigstens ganz freundlich; feindlich Gottlob bis jetzt mit Niemandem. Nur fürchte ich mich etwas vor der Angelegenheit der musikalischen Gesellschaft, die jetzt zur Entscheidung kommt, und über die mir Königslöw neulich im Vertrauen nicht ganz erfreuliche Eröffnungen machte. Die dortigen Vorstandsherren nämlich – zu denen Hiller nicht gehört – sind auf diesen sehr ärgerlich gewesen, daß er sich angemaßt habe, über die Musikalische Gesellschaft zu disponiren und mir Versprechungen zu machen, ohne daß er sie auch nur mit einem Wort gefragt hätte. Königslöw sagte, sie würden mir aus diesem Grund die Direktion entschieden geradezu entzogen haben, wenn sie mich nicht persönlich gern hätten, und deshalb das Rachegelüst gegen Hiller unterdrückten. Nun hat aber Gernsheim, der auf dem Punkt des Mein und Dein doch sterblich zu sein scheint, neulich gegen einen der Herren heftig remonstrirt: es sei Unrecht, ihm die Direktion jetzt ganz zu entziehen, da er sie zwei Monate lang interimistisch gehabt habe, und es also so aussehen würde, als sei man nicht mit ihm zufrieden gewesen. Kurz es wird wohl darauf hinauskommen, daß wir uns in die Sache theilen und abwechselnd dirigiren. Ich finde das nicht angenehm, und fürchte, daß der Dualismus oft zu kleinen Konflikten Anlaß geben wird; aber andererseits muß ich zugestehen, daß es von Seiten der Vorstandsherren eigentlich billig gedacht und gehandelt ist, nur von Gernsheim nicht ganz so, wie man es wünschen möchte, denn er könnte mit seinen zwei Gesangvereinen, die er ganz selbständig leitet und dann mit der Vicedirektion der Musikalischen Gesellschaft zufrieden sein...

An Brahms habe ich neulich wirklich geschrieben, weil mir seine Lieder[16] wieder gar zu große Freude gemacht hatten. ...«

Joachim gab am 17. November in der Berliner Singakademie ein Konzert mit folgendem Programm:

1. Ouverture zur Heimkehr – Mendelssohn
2. Konzert in ungarischer Weise – Joseph Joachim
3. Arie aus Hans Heiling – Marschner; gesungen von Herrn Stägemann
4. Konzert – Beethoven
   a) Das Frühlingsfest – Schumann
   b) Die beiden Grenadiere – Schumann; gesungen von H. Stägemann

Meine Mutter schrieb am nächsten Morgen: »Gestern haben wir dann einen herrlichen unvergeßlichen Abend erlebt. Der Saal der Singakademie war freilich nicht übermäßig voll, dafür aber hatte sich ein ausgesuchtes Publikum versammelt. Ich habe fast nie einen solchen Applaus erlebt. Drei Mal mußte Joachim nach jedem Concert wieder herunterkommen. Vor uns saßen alle Hollwegs und alle Mendelssohns; Hollweg und Vater riefen immer ganz laut bravo, und auf allen Gesichtern strahlte das reinste Entzücken. Es war ein wahrer Jubel. – Da wir auf der 7ten Bank, gerade in der Mitte saßen, so konnte ich neben allem Entzücken über Joachims Spiel auch immer sein liebes, kindliches Gesicht betrachten. So einfach, so ohne jegliche Gemachtheit wie seine Erscheinung ist auch sein Spiel; in jedem Ton spiegelt sich die Seele dieses reinen edeln Menschen...«

Wenige Tage später traf Frau Schumann in Berlin ein, und mit ihr zusammen gab Joachim noch zwei Soireen in der Singakademie.

An die Eltern

»Cöln d. 23ten Nov. 1865

... Natürlich erlebe ich Alles, was Ihr jetzt an Joachim und Frau Schumann genießt in Gedanken mit Euch. Möchte doch das Publikum sich auch in Bezug auf die Stärke des Besuchs endlich einmal benehmen, wie es sich gebührt. Aber das Unglück ist, daß die Leute noch immer kein echtes Bewußtsein davon haben, wie ein solches Concert etwas ganz Anderes ist, als Alles, was die übrigen Herren und Damen zu Tage fördern, die den Singakademiesaal gemiethet haben. ...

Mir ist es recht gut ergangen in dieser Zeit. Hiller war in Coblenz, wo er ein Concert spielte, und so hatte ich die letzte Chorprobe allein. Die ganze Semele wurde durchgenommen, und das machte mir Freude. Auch hatte ich eine Stunde Musikgeschichte statt seiner zu halten, und da mir die Wahl freigestellt war, zu lesen was ich wollte, so nahm ich den zweiten Theil von Webers Leben und las den versammelten deutschen Mädchen und Jünglingen die Geschichte von der ersten Freischützaufführung und dann Webers prächtigen Brief an Benedict[17] vor. Für gewöhnlich mußten sie sich Griechische Musik und neuntes Jahrhundert vortragen lassen, und so gefiel ihnen die Abwechselung wahrscheinlich ganz gut.

Aus Düsseldorf habe ich wieder einen Brief bekommen mit dem Antrag zu mehreren Privatstunden. Es war mir wirklich beinahe leid hier abzuschlagen, denn zu Düsseldorf, wo doch ein anderes geistiges Leben sein muß als hier, hätte ich gern Beziehungen gehabt, und ich weiß kaum, ob es klug ist, sich den Dilettantenkreisen so ganz fremd gegenüber zu stellen, wie das das beständige Stundenabweisen mit sich bringt. Hätte ich Alles angenommen, was mir bis jetzt angeboten ist, so könnte ich mich vollkommen gut ohne irgendwelchen Zuschuß allein ernähren. Einer von meinen Abgewiesenen, ein junger Herr M(eurer) hat mich neulich zum Dank dafür, daß ich ihm keine Stunden geben will, zum Ball eingeladen. Gestern Abend war das Zauberfest; die Familie ist eine der reichsten hier, und Alles war unendlich üppig, Räume, Toiletten und Naturalverpflegung. Im Cotillon bekam ich eine allerliebste Visitenkartentasche, die mir gerade gelegen war, da meine alte im buchstäblichsten Sinn auf dem letzten Loche pfeift. Das Vergnügen ist aber doch hohl, und würde es noch mehr gewesen sein, wäre nicht Max Bruch dazu von Coblenz herüber gekommen, mit dem sich immer lebendig reden läßt. Seine Cousinen sind nette Mädchen, und seine Schwester ist sehr gescheut, freilich zugleich nicht gerade merklich anmuthig. In hohem Grade unpoetisch ist auch er eigentlich in Erscheinung und Wesen, und doch muß mehr in ihm stecken, denn im Frithiof sind wirklich schöne stimmungsvolle Sachen. Jedenfalls ist er ein ausgezeichneter Musiker, und da reißt der Faden schon mir ab.

Ein allerliebster Mensch ist der junge Leonhard Wolff, von dem ich wohl neulich schon schrieb. Er ist sehr begabt, macht wenigstens formell recht tüchtige Musik und ist dabei erst 18 Jahre alt. Außerdem hat er die lobenswerthe Eigenschaft, ein geborner Halberstädter zu sein, also natürlich für den Harz zu schwärmen, und die vielleicht tadelnswerthe, mit viel Theilnahme sich meine Sachen von mir vorspielen zu lassen; aber ich bekenne, daß es mir doch Freude macht, einmal ein bischen fremde Freude daran zu erleben. Hiller hat mir liebenswürdiger Weise angeboten in einer Dienstag über 8 Tage stattfindenden soirée von Auer (Concertmeister in Düsseldorf, sehr tüchtiger Geiger) einige von meinen vierhändigen Stücken mit mir zu spielen; zwei Tage später spiele ich wahrscheinlich mit Gernsheim die f moll Fantasie von Mozart in einem zweiten Marchesi'schen Concert. So ist also wieder allerlei Kleinigkeit in Aussicht, das mir leider Gottes doch immer noch ein ›Elend‹ ist, weil ich zu wenig an die Öffentlichkeit gewöhnt bin. Das Begleitungsamt bei Marchesi's habe ich aber dieses Mal abgelehnt.

Über die Musikalische Gesellschaft fällt am nächsten Sonnabend die Entscheidung. Einer der Vorstandsherren hat neulich mit mir gesprochen, und es wird nach allen Anstrengungen Gernsheims wohl nicht anders werden, als daß wir f a k t i s c h vollkommen gleichberechtigt im dirigiren abwechseln, daß er aber außerdem den Ehrentitel des ersten Direktors davon trägt zum Dank für sein bisheriges Dirigiren. Übrigens hat diese Geschichte ihm manches Mißfallen eingetragen: Hiller, Königslöw und Andere verdenken es ihm sehr, daß er so verfahren ist, wie er es gethan, und ich selbst bin in unangenehm getheilter Stimmung gegen ihn, weil mich sein unaufrichtiges eigennütziges Benehmen einerseits verdrießt, und ich doch wieder Vieles an ihm schätzen muß, was den meisten Anderen hier abgeht. – Am Dienstag gab Königslöw mit seinem Quartett die erste Soiree und ich finde, daß er unvergleichlich viel edler und künstlerischer die Seele anfaßt als Gebrüder Müller oder das Pariser Quartett, die wir bis jetzt hier genossen haben. Die Müllers sind mir aber noch unausstehlicher mit ihren Wippchen als die Franzosen...

Cöln d. 29ten November 1865

... Einliegend findet Ihr auf rosa Papier ein rosafarbenes Gedicht in Cölnischer Mundart, eines der Lieder, die am Sonnabend Abend bei dem großen Stiftungsessen der Musikalischen Gesellschaft gesungen wurden. Ihr seht daraus, wie freundlich es die Herren meinen, und wie sich nun Alles zu allgemeiner Zufriedenheit gefügt hat. Vom ersten und zweiten Direktor ist nicht mehr die Rede, sondern wir gelten beide als Gleichberechtigte; und so sei das Vergangene vergessen!

Das Essen, das nach der Wahlversammlung um 9 Uhr begann, und zu dem wir Eingeladenen natürlich erst um diese Stunde erschienen, umfaßte etwa 150 Herren und war nach Rheinischer Weise sehr heiter. Die Leute hier haben eine Leichtigkeit, etwas Nettes, Lustiges zu sagen, die erstaunlich ist, und so war denn der Toastreden kein Ende. Auch mancherlei andere Scherze wurden getrieben und die Tafelmusik spektakelte dazwischen so fürchterlich, daß man ohne Gnade mit in Schwung kam, mochte Einem dabei auch zu Muthe sein, als würde der Kopf entzweigetrampelt. Natürlich mußte auf alle freundliche Bestürmung doch auch unsererseits irgend etwas Dankbares gesagt werden, und da weder Gernsheim noch ich glänzend gesprochen haben würde, außerdem aber es nicht gut möglich war, daß wir der Parität halber zu gleicher Zeit redeten, so baten wir Hiller uns beide zu vertreten, und das that er in recht hübschen Worten.

Am Sonntag Abend war ich zu Herrn Bel, einem nicht zur allerersten Gesellschaft gehörenden aber desto angenehmeren Geschäftsmann mit liebenswürdiger Familie eingeladen, wo musicirt werden sollte. Schumanns »Bilder aus Osten« wurden gespielt, und bei dieser Gelegenheit fing Herr Marchesi an, so unverschämt und dumm über Schumann zu raisonnieren, daß es mich in innerster Seele empörte. Ich widersetzte mich heftig, und hoffte auf Hillers Beistand. Doch offenbar hat auch er leider im Grunde keinen rechten Sinn für die Zartheit und Tiefe des Gemüths, die Schumanns Wesen ausmachen, und so hatte ich an ihm einen schlechten Hülfsmann. Ja eher vielleicht einen zweiten Gegner, der nur anstandshalber nicht so ganz ins Zeug ging, wie er wohl gemocht hätte! Das Schönste ist, daß ich nun trotz alledem Marchesi den Gefallen thun muß, wenigstens das halbe Concert zu begleiten, Gernsheim übernimmt die andere Hälfte; die Leute sind so in Verlegenheit, daß wir es ihnen schließlich nicht abschlagen konnten. Künstlerisch hat man natürlich keine Spur von Gemeinschaft mit ihnen…

Mit welchem Interesse ich Alles gelesen habe, was Du mir über Euer musikalisches Zusammensein mit Frau Schumann und Joachim schreibst, kannst du dir denken. … Gestern war Semele im Concert. Vieles recht schön, aber das Ganze doch zu lang und stellenweise nüchtern, um andauernd zu fesseln.

Cöln d. 7ten December 1865 Abends

… Am Sonntag früh war matinée bei Hiller. Auer spielte, Marchesi's sangen, und Hiller hatte mir vorgeschlagen, ein paar von meinen vierhändigen Stücken auch schon bei dieser Gelegenheit zu spielen. Er war bei dem Allem sehr liebenswürdig gewesen, stets bereit zu probiren, und auf die Musik mit Wohlwollen eingehend. Wir spielten ›Nachklang‹, ›Stimmen im Winde‹ und das Jagdstück; ich war zwar nicht ruhig dabei, aber es passirte doch nichts Übles. Am Dienstag Abend in Auers Concert ging es dafür desto besser. Hier passirte denn das für mich Unerhörte, daß ich nach dem dritten Stück gerufen wurde. Freilich kein so besonderes Ereigniß, weil einen großen递ttheil der Versammlung das Conservatorium ausmachte, das bei solchen Gelegenheiten seinen Lehrern die übliche Liebeserklärung erweist. Kurz aber es geschah, und die Mehrheit ist, daß die Stücke gefallen haben. Hiller spielte prächtig seinen Baß; er hat einen herrlichen, weich-kräftigen Anschlag. Das kam dem ersten Stück besonders zu gut. Als im zweiten Theil die Sängerin fehlte – die heiserkeitshalber schon im ersten Theil sich in einen Sänger hatte umwandeln lassen – mußte ich auf Hillers Gebot noch einmal daran glauben. Wir spielten ›Spanisch‹ und wiederholten das Jagdstück. Auer ist ein Violinspieler ersten Ranges, 21 Jahr alt, im Besitz der wundervollsten Technik, eines klaren festen edlen Tons, dem auch große Weichheit nicht fehlt – kurz Alles in Allem ein ausgezeichneter Künstler. Ich blieb noch mit ihm zusammen, bis er um ½ 11 nach Düsseldorf zurückfuhr. Persönlich macht er keinen besonders tiefen, doch auch nicht gerade einen unangenehmen Eindruck, und wenn man Joachim nicht hat, so wüßte ich nicht, wen man als S o l i s t e n mehr schätzen sollte. Joachim ist natürlich noch eine v ö l l i g a n d e r e Sache; das Warum liegt eben im Innersten.

In der Marchesi'schen Soiree, aus der ich soeben heimkehre, hatte Gernsheim den ersten Theil zu begleiten übernommen, und ich den zweiten. Um Primo und Secondo in der unvergleichlich schönen Mozart'schen F moll-Fantasie zu 4 Händen die Gernsheim und ich vortrugen hatten wir gelost, und ich bekam Primo. Die Fantasie ging wirklich sehr gut, und wir wurden gerufen. Seiss spielte seine Solosachen (c moll Variationen von Beethoven und kleine Stücke von Scarlatti und Mendelssohn) technisch ausgezeichnet und erregte stürmischen Applaus, mußte zwei Mal wiederkommen, Etwas zugeben und das Alles sehr mit Recht. Solche Anlässe wecken die etwas trübselige Empfindung, daß man nicht auch so g a n z kann, wie man möchte: hineingreifen in alle mögliche schöne Musik und sie nach Herzenslust spielen! Besonders wenn man fühlt, daß innerlich Einiges da doch noch anders sein würde! Aber es ist wohl heilsam, daß die Flügel immer kurz gehalten werden. Gernsheim hat ähnliche Empfindungen wie ich, wenn er auch eine ungleich sicherere und größere Technik besitzt. Er leidet jetzt auch an Unruhe, und kann nicht das, was er von sich fordert. Dabei ist er ein ganz anderer Mensch als Seiss, demgemäß also auch das, was er künstlerisch geben könnte, etwas viel Höheres, als Alles, was Seiss leistet. Es freut mich sehr, daß die Angelegenheit der Musikalischen Gesellschaft, die sich eine Zeit lang so übel anließ, nun doch gar keinen Riß in unser Verhältnis gebracht hat. Ich lerne Gernsheim täglich mehr schätzen, künstlerisch und persönlich und so muß man das bischen zu viel Ambition eben ertragen. Daß ich seine Compositionen – wenigstens was ich davon kenne – sehr gern mag, schrieb ich wohl noch nicht; ich muß sagen, daß ich die Sachen für talentvoller halte, als die meisten anderen, die jetzt geschrieben werden, Brahms und Joachim natürlich ausgenommen…

Einen sehr hübschen Mittag habe ich Sonntag bei Behr verlebt. Es will etwas heißen, wenn Einer seit so vielen Jahren auf dem Theater als Sänger und Regisseur fungirt, und hält immer noch an der ächten Kunst, an der Begeisterung für das Ideale, wie zu schönen Leipziger Mendelssohn'schen Zeiten, an deren Andenken er noch mit ganzem Herzen hängt. … Zu Neujahr wollen übrigens Gernsheim und ich bei Professor Böhme Gesangunterricht nehmen. Es scheint uns beiden der Chorleitung wegen und aus 10 anderen Gründen nothwändig, und so wollen wir wirklich Ernst damit machen. … Übermorgen in meiner ersten ›Musikalischen Gesellschaft‹ um ¾ 8 Uhr Abends führe ich meine erste Beethoven'sche Symphonie, die D dur, auf, und hinterher die Ouverture zum Freischütz. Da könnt Ihr an meine Freude denken!…

Cöln Donnerstag d. 14ten Dec. 1865

… Nun zu dem, was mich dieser Tage am meisten in Beschlag genommen hat, nämlich zur Anwesenheit von Brahms, die schon seit October für diese Woche erwartet wurde! Am vorigen Freitag Morgen saß ich am Klavier, nicht ahnend, daß Brahms schon da sein könnte, und dachte gerade daran, wie schade es sei, daß nicht über 8 Tage die Reihe an mir zur Musikalischen Gesellschaft sei, damit ich Brahms denn bitten könnte, dort Etwas zu spielen! In demselben Augenblick sah ich plötzlich seine wohlbekannte Gestalt auf meine Hausthür losschreiten, und kurz darauf saß er neben mir. Nun muß ich sagen, daß er mich allmählig so fesselt, und mir künstlerisch so u n g e m e i n imponirt, daß das Gefühl seiner eminenten genialen Natur allen Widerspruch in einzelnen Dingen überwiegt. Übrigens ist er persönlich sehr liebenswürdig gegen mich, und da er nicht von sehr vielen Seiten in Anspruch genommen ist, so habe ich genug Gelegenheit mit ihm zusammen zu sein, und ihn dadurch ganz anders kennen zu lernen, als das bisher der Fall sein konnte. Er wohnt bei Königslöws, und da Königslöw an jenem ersten Tag in Bonn war, so verabredeten wir zwei ein Zusammensein für den Nachmittag, gingen durch die Stadt, sprachen über recht vieles, und trafen uns dann nach der Chorprobe wieder bei Hiller. Sonnabend Nachmittag kam er abermals zu mir, und spielte mir fabelhaft vor, seine neuen Paganini-Variationen, Stücke von Schumann und Bach u.s.w. Für den Abend hatte er mir zugesagt, in der Musikalischen Gesellschaft zu spielen, und so trug er denn zwischen D dur Symphonie von Beethoven und Freischütz-Ouverture eine Bach'sche Orgelfuge und zwei Stücke von Schubert vor. Sonntag Mittag war ich mit Gernsheim zu Königslöws auf ihn eingeladen. Abends sind wir mehrere Male in Restaurationen zusammen gewesen, zuweilen mit Hiller und stets mit Gernsheim und Königslöw, ein paar Mal auch mit Max Bruch, der von Coblenz herübergekommen war, und Ihr könnt denken, daß es an angenehmem musikalischen Gespräch nicht fehlte. Sonntag früh und Montag Abend waren Concertprobe im Gürzenich, Dienstag Concert, in dem Brahms das Es dur Concert von Beethoven spielte, und seine Serenade in D dur aufführte. Der äußere Erfolg des Stückes war leider nicht bedeutend, aber das ist bei dem Cölner Publikum, dem viel zu großen Saal und unseren schlechten Bläsern, die gerade bei dieser Musik Alles zu verderben geeignet waren, anders zu erwarten. Daneben will ich nicht läugnen, daß es dem Werk an einem Etwas fehlt, das nach außen wirkt; etwas Monotones in der Farbe, hier und da ein nicht glücklicher Schluß, das macht bei den Leuten viel aus. Für mich thut das wenig, und ich gestehe, daß mich Vieles nach öfterem Hören so entzückt hat, wie es eben nur die beste Musik im Stande ist. Das Adagio ist vor Allem schön, und ich wünschte, es wäre so herausgekommen, wie es gedacht und empfunden ist. Sein Spiel ist nicht eigentlich für den Concertsaal; er spielt Alles, was man will, mit einer in ihrer Art außerordentlichen Technik und so innerlichster Überzeugtheit, daß das im Zimmer nothwendig packen muß; aber es fehlt manchmal an der letzten Feile, ist oft hart im Anschlag, und das macht, daß es nicht öffentlich wirkt. Alles in Allem: Der Mensch ist ein außerordentlicher, und mag man an ihm aussetzen, was man will, man wird doch diesem Eindruck im Herzen nicht widerstehen können, wenn man ihm nur einigermaßen näher tritt.

Heute Nachmittag waren wir theils bei Hiller, theils in seiner Wohnung zusammen, und er hat mir herrliche Lieder von sich vorgespielt, einige auch darunter, die mir wieder nicht besonders gefielen, aber die Mehrzahl ist doch schön und ergreifend. – Die Magelonenlieder haben bei mir das Eis gebrochen, und während ich sonst für das Meiste von seinen Sachen vorwiegend Respekt empfand, so muß ich sagen, daß das jetzt mehr und mehr anders wird. Es geht bei der Kunst wie bei den Menschen: ist erst einmal irgendwo Sympathie angeknüpft, so ist damit auch der Schlüssel für das Ganze und für unzähliges Einzelne gefunden, das man bis dahin übersehen hat. – Wenn du Frau Schumann siehst, so kannst du ihr vorläufig davon sagen, wie es in diesen Tagen hier gewesen ist; ich werde sie wohl kaum mehr in Berlin treffen, denn am nächsten Dienstag ist noch Quartettsoiree mit Brahms und so werde ich nicht vor Freitag d. 22ten Abends bei Euch ankommen. Mittwoch früh habe ich abzureisen, dann bin ich Abends um 9 Uhr in Wienrode, und bleibe dort anderthalb Tage bis Freitag Mittag. Am Dienstag im Concert hatte ich noch eine hübsche Überraschung. Nach der Serenade gingen Brahms und ich auf dem Corridor hin und her, und plötzlich sehe ich Paul Davids bärtiges Antlitz, das im Augenblick von London angekommen war, meine Adresse auf dem Conservatorium erfragt, aber gehört hatte, ich sei im Gürzenich. Wir blieben Alle des Abends bei einander und waren sehr heiter …«

Dem vorstehenden brieflichen Bericht füge ich noch einiges Ergänzende aus der Erinnerung hinzu.

Die Schumannschen Stücke, die mir Brahms bei seinem ersten Besuch vorspielte, waren ein paar Variationen über das Thema der Symphonischen Etüden, die Schumann bei der Herausgabe ausgeschieden hatte. Brahms hatte sie über Schumanns hinterlassene Handschriften entdeckt, und veranlaßte später ihre Herausgabe.[18] In der Musikalischen Gesellschaft spielte er von Schubert die beiden prachtvollen vierhändigen Märsche in C-Dur 6/8 Takt, die er sich zu zwei Händen arrangiert hatte.[19] Im Gürzenichkonzert ließ er die Noten des Es-Dur-Konzerts[20] auf das Klavierpult legen und bat mich, ihm umzuwenden. Daß er trotzdem tatsächlich auswendig spielte, versteht sich von selbst, er fürchtete aber vielleicht, daß er zerstreut sein könnte, und wirklich passierte es ihm, daß er sich in der Mitte des letzten Satzes vor dem Eintritt des Hauptthemas in D-Dur versah und mit der langen vorbereitenden Passage auf den Dominantseptakkord um einen Takt zu früh fertig wurde. Der Akt des Spielens vor dem Publikum war ihm an sich fatal, er verachtete die geputzte Masse und saß so mißmutig vor dem Flügel, als ob er sagen wollte: »Da habt Ihr's, Ihr Hornochsen!« Kein Wunder, daß er in solcher Gemütsverfassung nicht gerade hinreißend auf die Leute wirkte. Wenn ich in meinem Brief den äußeren Erfolg, den denn hinterher seine Serenade hatte, als »leider nicht bedeutend«

bezeichnete, so war dieser Ausdruck ein äußerst gelinder. Tatsächlich rührten sich am Schluß nur einige wenige Hände in den vordersten Reihen, um Beifall zu klatschen und baldigst wieder zu verstummen. Die Ablehnung war so unbarmherzig wie möglich. Ohne eine Miene zu verziehen, stieg der Komponist und Dirigent vom Podium herab, traf mich auf einem der Stühle der vordersten Reihe[21] und sagte nach einigen Minuten[22]: »Kommen Sie, wir wollen etwas herausgehen.« Die Tatsache, daß wir auf dem Korridor durch das unerwartete Erscheinen Paul Davids überrascht wurden, ist mir ganz und gar aus der Erinnerung entschwunden. Wohl aber haben sich Einzelheiten aus dem Gespräch, das Brahms zu dieser Stunde mit mir führte, so unauslöschlich meinem Gedächtnis eingeprägt, daß sie mir noch heute bis auf den Wortlaut gegenwärtig sind. Die letzte Nummer des Programms war die A-Dur Symphonie von Mendelssohn, deren Klänge gedämpft von drinnen her unsere Unterhaltung begleiteten. Brahms wollte ehe das Publikum den Saal verließ das Freie erreicht haben. Während wir die Treppe hinunterstiegen, begann aber das Saltarello-Finale der Symphonie. »Das ist ein ganz geniales Stück!« sagte er halb vor sich hin, halb zu mir gewendet. Ich aber war nicht wenig beglückt, ihn über ein Mendelssohnsches Stück in solchem Ton reden zu hören. Unten angekommen ging er mit mir noch eine geraume Zeit in den Straßen hin und her, über Ernstes ernsthaft redend. Dabei kam er endlich auf Schumann zu sprechen. »Obenan«, sagte er, »stehen doch seine Klaviersachen aus der frühen Zeit!« – und als ich nicht ganz einstimmen konnte: »Nun ja, Sie denken an die Symphonieen? Aber da haben wir doch die Beethoven'schen! Oder an den Manfred? Freilich ich weiß ja sehr gut, daß die Manfred-Ouverture noch etwas Anderes zu bedeuten hat als Kreisleriana u.s.w. Aber ich will nur sagen: etwas so ganz Neues, noch gar nicht Dagewesenes, nur Ihm Eigenes wie alle diese ersten Klaviersachen hat er doch niemals wieder gemacht.«

Was Brahms in der Quartettsoiree spielte, weiß ich nicht mehr zu sagen. Wahrscheinlich aber wird es eines seiner ersten Klavierquartette gewesen sein, das in A-Dur oder das in g-Moll. Er beabsichtigte am nächsten Morgen nach Detmold abzureisen, während ich zu gleicher Zeit meine Weihnachtsferien über den Harz nach Berlin anzutreten beabsichtigte. So wurde also gemeinsame Fahrt verabredet. Wir saßen einander in einem Coupé zweiter Klasse gegenüber und hatten keinerlei störende Gesellschaft. Kaum jemals wieder habe ich so unbefangene, durchaus wohltuende Stunden längeren Zusammenseins mit dem gewaltigen, aber schwer zu enträtselnden Menschen erlebt, als bei dieser

Gelegenheit. Im Besonderen erinnere ich mich nur, daß er die Rede auf das Ehepaar Herman und Gisela Grimm brachte. Er äußerte unverhohlen, daß er sich nicht wohl im Verkehr mit ihnen fühle; man wisse bei beiden niemals, woran man eigentlich mit ihnen sei. Ich mußte ihm ganz darin beistimmen, daß ein beständiges Hin- und Herschillern zwischen Ernst und Scherz, wie dies bei Grimms eigentlich fast unausgesetzt den Grundton der Unterhaltung bilde, etwas Unbehagliches habe, dachte aber daneben für mich, wie seltsam es sei, daß gerade Brahms sich über diese Eigenschaft bei anderen beklage; denn wenn ich auch gerade in diesem Augenblick und überhaupt während meines diesmaligen Verkehrens mit ihm eine andere höchst wohltätige Erfahrung gemacht hatte, ich wußte doch nur zu gut, wie drückend und peinigend oft sein eigenes Benehmen sein konnte, und das zwar gerade deshalb, weil er seine innerste Meinung und Empfindung hinter Worten zu verbergen pflegte, von denen man nicht wußte, wie man sie verstehen sollte. Freilich die Tonart Brahms' war immer wieder eine andere, als die des Grimmschen Ehepaars. Aber ich möchte nicht untersuchen, welche von beiden unter Umständen die unerträglichere hätte sein können. Übrigens war die Abneigung gegenseitig. Frau Gisela hatte für Brahms den Ausdruck erfunden: »Der Elephant mit der Kanarienvogelstimme.«

Brahms verließ in Herford den Zug, um nach Detmold abzubiegen. Ich selbst fuhr weiter über Hannover, Braunschweig und Halberstadt nach Wienrode, blieb dort, wie ich mir vorgenommen, anderthalb Tage, und verlebte dann bei meinen Eltern eine bunte un[d] gesellige, freudenreiche Weihnachtsferienzeit. Natürlich wurden neben anderen Freunden vor allem auch Hollwegs besucht. Den breitesten Raum aber nahm das musikalische Verkehren mit Franz Mendelssohns ein. Einmal waren sie samt Schaper bei meinen Eltern, an zwei Abenden wir bei ihnen, und am ersten derselben überraschte mich Frau Enole damit, daß sie mir mein Sextett vorspielen ließ. Zu meinem nicht geringen Erstaunen stand am Weihnachtsabend unter dem Tannenbaum die Schwanthalersche Mozartbüste, mit der mich Frau Ministerin von Mühler erfreuen wollte.

Der erste Mensch, der mich nach durchfahrener Nacht bei meiner Rückkunft nach Köln am frühen Morgen begrüßte, war der Konzertdiener. Er brachte mir mein Quartalsgehalt im Betrage von 88 ½ Taler. So hatte man doch wegen meiner zwei Mehrstunden mein Jahresgehalt auf 350 Taler erhöht. Dafür aber mußte ich nun auch Einkommensteuer entrichten, und kam mir in dieser bürgerlichen Würde als Steuerzahler sehr merkwürdig vor. Dem ersten Brief, den ich nach Haus schrieb, folgte bald ein zweiter:

»Cöln d. 11ten Jan. 1866

Um sicher nicht zu spät zu deinem Geburtstag zu erscheinen – wenigstens brieflich zu erscheinen – fange ich schon heute am Donnerstag meine Epistel an, die dir die besten Wünsche zum 14ten zu Füßen legen soll…

Daß ich dir Musik zum Geburtstag schenke, sieht wohl eigentlich wie die verkehrte Welt aus, ich finde es aber garnicht verkehrt und hoffe, du hast Freude an den reizenden Mozart'schen Sonaten à quatre mains, die nach meinem Gefühl zu den Schönsten dieser Gattung gehören. Einiges davon wirst du selbst mit Vater bewältigen können, das Meiste wohl nur mit Clara Baumeister oder Adele Dorn, jedenfalls aber sollst du sie spielen und die Passagen sehr schön üben, und sehr zierlich herausbringen, damit du vor Rietz und anderen Leuten wie ehedem ehrenvoll bestehen kannst. Im Ernst, liebe Mutter, es wäre deinem Ernst ein großer Spaß, wenn dir die Stücke Anlaß gäben, das Instrument wieder ein bischen häufiger, regelmäßiger und gründlicher zu traktiren, und wenn du dich wirklich dazu entschließen kannst, so schenke ich dir im nächsten Jahr auch gar noch Plaidy's ›Technische Studien‹.[23] … Im Ganzen fühle ich mich sehr wohl und so frisch zum Klavierspiel, wie seit langer Zeit nicht. Ist das nun die Nachwirkung vom Bummeln in Berlin, oder von dem angenehmen Musiciren dort, oder hat auch auf das Spiel selbst das bischen Üben auf dem schwereren Instrument bei Euch Einfluß gehabt? Mein hiesiger Flügel ist allzu leicht.

Bei Frau Schumann, die mich, wie ich Euch schrieb auf Sonntag Mittag nach Düsseldorf eingeladen hatte, bin ich nicht ein Mal sondern zwei Mal gewesen. Es war am Sonntag so behaglich, und sie spielte mir so wundervoll vor (Humoreske von Schumann, E dur Sonate op. 109 von Beethoven und Anderes), daß ich mir zureden ließ – und zwar sehr gern – am nächsten Tag, wo sie auch Joachim für ein paar Stunden von Elberfeld aus erwartete, wiederzukommen. Am Sonntag Nachmittag besuchte ich Bendemanns mit ihr, und fand diese wieder äußerst liebenswürdig. Am Montag ließ ich denn meine Harmoniestunde einmal zum Teufel gehen – d. h. ich verlegte sie auf den Mittwoch – und hatte dafür die herrlichsten musikalischen Stunden bei Joachim und Frau Schumann. Sie spielten mit dem Cellisten de Swert das d moll Trio von Schumann und einen Satz des B dur Trio von Beethoven. Beide sprachen noch sehr hübsch von dem Mittag, den sie bei Euch zugebracht hatten. …«

Von meinem Vater erhielt ich an meinem Geburtstag den folgenden Brief:

»Berlin d. 15$^{\text{ten}}$ Januar 1866.

… Heute für deinen Geburtstag muß die Zeit zwischen den kreutzenden Arbeiten heraus, um dir den Gruß und Glückwunsch deines alten Vaters zu bringen.

Du bist in die zweite Hälfte der Zwanziger, in das bürgerliche Leben getreten, mit dieser reichen[24] Lebensbasis hast du eine größere Ruhe gewonnen, als früher, wo sich die beginnende Selbständigkeit des aufblühenden Geschlechts zuerst in einer Reaktion gegen das abtretende kund zu geben pflegt.

Mit Freude und Rührung bin ich dieser deiner inneren Entwicklung gefolgt, die sich in deinem Zuge nach den Vorfahren und ihren Heimatsitzen, nach dem eigenen Vaterhause immer herzlicher und liebenswürdiger offenbarte und sich selbst in deinem Mozartgeschenk für deine Alten in sinnigster Weise ausspricht. So freue ich micht doppelt, daß meine – einen Husten nicht gerechnet – mehr und mehr sich kräftigende Gesundheit diesem deinem Älternhause noch einigen Bestand zu versprechen scheint, daß es nicht – wie es in Angelika Talwie's köstlicher Wendischer Leichenrede (die sie uns ehgestern brachte) eindringlich und beweglich dem Verständniß der Wendischen Bauern dargelegt wird, ›zusammenstürzt, wie eine alte Scheune, die inwendig ausgebrannt ist‹.

Wie du aber in Liebe und Pietät rückwärts schaust zu deinem Ursprung und den Alten, die Gottes Ordnung vor dir und über dir berufen hat, so schauen wir in gleicher Liebe auf dich und deine Zukunft, und nur auf dieser Zusammengehörigkeit beruht unser höchstes Lebensglück.

An einem Lebensabschnitt mag es gestattet sein auszusprechen, daß ich es noch erleben möchte, wie du dein Haus gründest in einer Ehe, wie meine und deine Eltern sie geführt haben, in einer Wahl, welche ebensowenig durch den Zauber des Idealismus als den des Realismus bestimmt wird, mit dem es ohnehin bei dir nicht Noth hat, sondern durch den angeborenen, einer sittlichen Veredelung zugänglichen Adel einer herzensvoll ächten dauernden Liebe und Hingebung. Mit einem solchen möchte ich die Ärnte, die mein Leben dir trägt, den Vatersegen, den ich dir hinterlassen kann, getheilt wissen. Die Erfüllung liegt in Gottes Hand, der die rechte Stunde weiß, aber es war mir ums Herz, den Wunsch auszusprechen.

Den vorgestrigen Geburtstag beschreibt dir Mutter. Das Beste, deinen Brief, haben wir in stiller Stunde, am Tage vorher für uns genossen. Meine alten Finger sind zwar ungefügig und mit Takt und Notenlesen ist es auch schlechter bestellt, dennoch will ich dir zu Ehren mein Möglichstes thun, um den Mozart herauszubringen, trotzdem daß Bach'sche Orgelsachen für mich reizender und lohnender sind…

Und nun behüte dich Gott, mein lieber guter alter Ernst! Ach könnten wir am 18^ten^ beieinander sein, was sollte das für einen frohen Geburtstag geben…«

»Cöln d. 19^ten^ Januar 1866

… Heute schändlicher Weise nur zwei Zeilen, die sagen, daß ich s e h r wohlauf und s e h r dankbar bin für den Reichthum an Freude, der mir gestern durch Eure Briefe und Gaben geworden ist; aber einen vernünftigen Brief zu schreiben, ist mir ganz unmöglich. Hiller ist krank zurückgekehrt und ich habe, wie schon heute vor 8 Tagen, so auch eben jetzt statt seiner wieder Chorprobe gehalten, dazu tausenderlei Anderes, was gethan werden muß. Kurz es brennt an allen Ecken und die Kräfte müssen zusammengehalten werden. In einigen Tagen hole ich Alles nach und fange vor Allem erst ordentlich an zu danken…

Cöln d. 26^ten^ Januar 1866 Sonntag Abend

Heute Abend habe ich meine Jungens Blomberg und Kühne abbestellt, die gewöhnlich Sonntag zu kommen pflegen, und will nun versuchen meine Versäumniß nachzuholen, die Ihr ja wohl entschuldigt haben werdet. … Übermorgen habe ich in der Cammermusik das Quintett von Schumann zu spielen, und muß dafür meine Finger in Gang halten. … Musikalisch habe ich eine wirklich große Freude durch Bruch's Frithiof erlebt, der am letzten Dienstag hier den zweiten Theil des Gürzenichconcerts bildete. Bruch war selbst da und dirigirte, Stegemann sang die Parthie des Frithiof vorzüglich und der Erfolg war glänzend, das Beste aber ist, daß man diese Aufnahme durchaus gerecht finden darf, denn das Werk ist voll ächter Poesie, frei und breit angelegt, meisterlich in der Beherrschung aller Mittel und von prächtigem, zum Theil wirklich zauberischen Klang. Man braucht sich mit dem Urtheilen dabei nicht zu besinnen, weil Einem das Herz unmittelbar sagt, daß das schön und ächt ist. Theile das doch ja Radecke mit liebe Mutter, und rede ihm zu, am Theater auch für die Loreley[25] zu wirken, die freilich lange nicht auf der Höhe des Frithiof steht. Ich habe Bruch immer gern gehabt um der Lebendigkeit des künstlerischen Verkehrs willen, die er überallhin mitbringt, wo er erscheint; jetzt aber ist er mir doch noch ein Anderer geworden, und ich entschuldige nun auch manche Eigenheit, die ihm Andere zur Last legen und als Arroganz deuten. Heute vor 8 Tagen war ich Nachmittags für ein paar Stunden bei ihm in der Familie. Seine Mutter und die sehr gescheute, talentvolle Schwester wohnen hier am Ort. Auch Gernsheim, die Mutter und der Sohn waren anwesend, und außerdem auch Frau […][26] aus Saarbrücken, jung, hübsch aber etwas affektirt. Es wurde nett musicirt, meine vierhändigen Stücke mußten wieder herhalten. Gernsheim spielte seine Suite und ich befand mich gut dort. Der Künstlerverkehr ist die Lichtseite des Cölner Lebens. … Daß man von Rose nun bereits seit Ewigkeiten nichts mehr weiß, ist doch eigentlich schmählich! …

Cöln d. 1ten Febr. 1866 Donnerstag Nachmittag

… Ich hätte wohl schon am Montag oder Dienstag geschrieben, wäre da nicht unerwartet ein Anmeldebrief von Paul David und bald darauf er selbst einpassirt, so daß ich bis gestern Mittag, wo er verreiste, meine freie Zeit ihm ziemlich ausschließlich zu opfern hatte. Natürlich wohnte er im Hotel; wir waren aber doch sehr viel zusammen, und ich habe in vieler Hinsicht rechte Freude an dem Wiedersehen gehabt. … Er ist sehr der Alte in allem Guten und auch im minder Vollkommenen, wozu ich die Unstetigkeit und dennoch Entschiedenheit seines Urtheilens rechne; aber auch gerade darum, weil er so ganz unverändert ist, machte mir das erneute Verkehren Freude, das unmittelbar die alte Zeit wieder heraufbrachte. Mit recht schwerem Herzen ging er wieder nach England und darin verstehe ich ihn. … Ist es nicht merkwürdig, daß kurz nach dem Absenden meines letzten Briefes, in dem ich über Rose klagte, eine Amerikanische Zeitung (aus Boston) einpassirt, die ihn recht lobte, und deren Adresse doch wenigstens einmal wieder seine höchst eigenhändigen Krakelfüße sehen läßt! So weiß man doch, wo er ist. Daß er mir keinen Brief schreibt, will ich verzeihen, denn wo sollte er da anfangen und aufhören? Außerdem wird er ein Gefühl davon haben, daß ich für alle diese Amerikanischen Abentheuer keine Sympathie in mir trage.

Von der vorigen Woche wäre nun auch über das Schumann'sche Quintett zu berichten; die Hauptsache aber ist freilich mit dem erschöpft, was Ihr schon durch meinen Brief an Wedding wißt: daß es recht gut ging und tüchtigen Beifall hatte, daß ich aber innerlich nicht besseren Sinnes war, als meistentheils. Überraschend war mir, daß der alte Bischoff[VI], von dessen feindlicher Haltung wegen mangelnder wiederholter Visiten ich überzeugt war, am Schluß zu mir auf das Podium kam und sich auf das Freundlichste äußerte. Die Rezension wiederholt etwa das selbe. Vielleicht spiele ich das Stück nächstens auch einmal in Bonn und bin dann hoffentlich ruhiger. Außer dem Klavierquintett gab es noch zwei Streichquintette, E moll von Gade, Es dur von Mozart. Königslöw spielte in allen drei Sachen vortrefflich. ... In der Musikalischen Gesellschaft hatte ich letzten Sonnabend Gade's erste Symphonie in c moll, die ich ganz besonders liebe und dann Zauberflöten-Ouverture, die 3 ersten Sätze der Symphonie sind wirklich von einer entzückenden poetischen Frische und ich kann mir denken, welche Freude sie Mendelssohn gemacht haben.

Sonntag war ich Mittags und Nachmittags in Bonn. Es war idealisches Wetter, wie wenn der Frühling käme oder schon da wäre; bei Bertels im Garten blühte rother pirus[27], und die Luft war wundervoll warm und durchsichtig. Hauptsächlich suchte ich natürlich Miss Wight auf, ging aber auch einmal zu meiner alten Wirthin, der guten Frau Räder in Poppelsdorf. Sie ist jetzt so kupfern, daß sie sich mit Haut und Haaren an der Münze verkaufen könnte, um zu Dreiern oder zu Kesseln verarbeitet zu werden, sieht urkomisch aus, war aber offenbar recht erfreut mich zu sehen. Schließlich besuchte und traf ich Frau Professor Mendelssohn[VII] mit Frl. Betzy Thormann, ihrer Gesellschaftsdame.[28] Frl. Thormann finde ich in ihrer Erscheinung außerordentlich anziehend. Ich wurde gleich auf nächsten Sonntag zu Tisch eingeladen, und freue mich recht auf das Dortsein...

...Im Chor soll zum nächsten Concert noch in aller Eile ein Stück Cherubini'scher Messe einstudiert werden. Reichardts Morgengesang ist durchaus nicht beiseite geschoben doch haben wir so sehr viel mit der Messe von Schubert und der Matthäuspassion zu thun – an letzterer ist noch fast gar nichts gethan und doch soll sie am Palmsonntag aufgeführt werden (!) – doch ich fürchte, es kommt in diesem Winter nicht mehr dazu...

VI Bischoff, angesehener Musikkritiker der Kölnischen Zeitung.

VII Der Professor (Hermann?) [gemeint ist: Georg Benjamin] Mendelssohn in Bonn war ein Vetter von Felix Mendelssohn Bartholdy.

Cöln Mittwoch d. 7ten Feb. 1866

… Mehrere Brieffreuden habe ich in diesen Tagen gehabt, am überraschendsten die erste, bestehend in einigen liebenswürdigen Zeilen von Frau Schumann, in denen sie mir mittheilt, daß sie in Wien im Concert meine Variationen für 2 Klaviere mit Frl. Julie von Asten gespielt hat, und daß sie dem Publikum recht gefallen haben. Die Geschichte machte mir so große Freude, daß ich mich umgehend daran begab, ihr dafür und für ihren noch unbeantworteten Brief zu meinem Geburtstage zu danken…

Der Sonntag bei Prof. Mendelssohn in Bonn war sehr hübsch. Außer Miss Wight war noch ein sehr musikalischer Genfer Student und Prof. Ruhle mit Frau geladen. Beim Ankommen hörte ich Fräulein Thormann von draußen eine Chopin'sche Etüde sehr hübsch spielen, nachher wollte sie nicht wieder vors Brett, und ich mußte allein herhalten. Ich kam recht bald in gute musikalische Laune, und obgleich der Flügel widerspänstig war, machte mir das Musiciren Freude, und wie es schien den Übrigen auch. Das feinste Verständniß besitzt natürlich Fl. Thormann. – Zum gestrigen Gürzenichconcert war Reinecke nach Cöln gekommen und trug sein fis moll Concert vor. Er war recht liebenswürdig und spielte meisterhaft. Auch das Stück verdient Anerkennung, klingt schön und hat manche sehr hübsche Momente. Reinecke hat ehedem lange Zeit hier in ähnlicher Stellung wie ich gelebt, und so wurde er sehr freudig aufgenommen. Ganz besonders freute es mich, von ihm zu hören, daß im vorigen Gewandhausconcert zwei Reichardt'sche Lieder ›Der König von Thule‹ und ›Rastlose Liebe, von Marchesi gesungen, warmen Beifall gefunden haben. Das will ich nun demnächst der Rieckchen schreiben, mit Erwähnung der Morgengesangsangelegenheit, wie sie jetzt steht. Es macht ihr doch Freude, und daß sie nächsten Winter noch lebt, das kann man ja leider nicht mit Bestimmtheit voraussetzen…

Am Sonnabend geht nun hier der Karnevalsschwindel an und dauert bis Mittwoch. Die Geschichte wird hier in einer Ausdehnung betrieben, die an das Fabelhafte gränzt. Von Montag bis Mittwoch sind alle Läden, wie viel mehr also alle Unterrichtsinstitute geschlossen; am Montag ist der berühmte große Maskenzug, an den enorme Summen Geldes verschwendet werden, und dann dauert der Skandal auf den Straßen so weiter fort, bis Alles am Mittwoch in Asche und Katzenjammer liegt, und natürlich deshalb noch ein Mal feiern muß. Beinahe alle Menschen sollen während der zwei Haupttage auf den Straßen maskirt gehen, und an ein vernünftiges Dasein ist nicht zu denken. Bis zu dem Zuge die

Sache mitzuerleben, darauf freue ich mich; dann aber noch drittehalb Tage Narrheit und Jammer ist etwas reichlich, und ich denke zuweilen daran, ich möchte am Montag Abend nach Rheineck auskneifen, um dort zwei Tage Luft zu schöpfen und still zu arbeiten. Elisabeth redete mir sehr zu, im Winter einmal hinüberzugehen, weil der Eindruck dann so eigenthümlich schön sei. Heymanns sind natürlich oben, und bei gutem Wetter ist der Gedanke sehr verlockend...

Schloß Rheineck d. 15ten Februar 1866 Donnerstag Mittag

Aus dieser Überschrift ist schon abzunehmen, daß ich ein angenehmes Dasein führe, denn Rheineck ist unter allen Umständen ein erquicklicher Ort, selbst ohne Sommer und ohne Hollwegs. Ich hatte an Frau Heymann geschrieben, ob es möglich wäre, eine Nacht oben zu dieser Jahreszeit ohne viel Umstände zuzubringen, und darauf bekam ich einen so feinen liebenswürdigen Brief mit entschiedenstem Ja von ihr, daß ich beschloß Ernst mit meinem Plan zu machen. Unterdessen hatte sich herausgestellt, daß das Conservatorium nicht nur bis heute sondern die ganze Woche hindurch Ferien macht, ich packte also Arbeit ein, die ›Matthäuspassion‹ und den ›Sommernachtstraum‹, die ich beide für Chorproben und Musikalische Gesellschaft, besonders aber für mich selbst studiren will, dann den Ekbert[29], den ich fast zur Hälfte neu niedergeschrieben habe und der nun lustig dem Ende zuschreitet, endlich einige Bücher und Klaviermusik.

Das Karnevalsspektakel war von Sonntag an unglaublich heftig gewesen: fortwährend gab es Umzüge und an allen Ecken etwas Neues, die Hälfte der Menschen maskirt, Herren im Damenkostüm und umgekehrt, dazwischen die abentheuerlichsten Bestien, Dominos[30] in allen Farben, ganze Schaaren in sogenannten Schüler- und Bauernkostüm, Buben in Schiffertracht u.s.w. – Alles klapperte und tütete und pfiff, wie es nur eben anging; hier wurden [...][31] eingetrieben dort warfen sich die Jungens den Leuten vor die Füße, so daß sie nicht weiterkonnten; man wurde bei Namen gerufen und konnte nicht antworten, weil man die Leute in den Masken nicht erkannte; dazu ein Gedränge in der Schildergasse und Hochstraße, daß kein Apfel zur Erde konnte. An Wagen, Pferden und Eselreiten fehlte es natürlich auch nicht, und die verschiedensten komischen Auftritte zogen bald dahin bald dorthin die Aufmerksamkeit. Das Hübscheste ist die Allgemeinheit der Theilnahme, die Jeden etwas Apartes thun läßt, wodurch denn die größte Lebendigkeit und Mannigfaltigkeit entsteht. – Montag Mittag fand der große, wirklich glänzend ausgestattete Festzug statt, zu dem die Theilnehmer sich auf dem Neumarkt versammelten. Meine Fenster waren also gesuchte Waren: Königslöws sämmtlich mit Kind und Kindermädchen, ferner Gernsheim mit Onkel und Vetter, eine Schülerin von mir Fl. Rothschild mit ihrer ganzen Familie hatten mich gebeten, kommen zu dürfen und kamen. Der große Platz mit der ungeheuren, bunten, dicht gedrängten Menschenmasse sah prächtig aus. Die mächtigen offenen Festwagen, mit ihren Insassen und ihrem sei es prahlendem oder höhnendem symbolischem Aufputz hatten sich zuerst in der Mitte versammelt. Dann auf ein Zeichen setzten sie sich in bestimmter Ordnung, von Musikchören in den verschiedensten Trachten geführt, in Bewegung, zogen um den Platz herum, und setzten dann ihre Wanderung von dichtestem Menschengewühle begleitet mehrere Stunden lang durch die ganze Stadt fort. Nach Tisch hatte ich versprochen zu Familie Almenräder zu kommen. Der Vater – Musikhändler – ist der Bruder von Bruch's Mutter, und bewohnt mit den Seinigen eines der schmalen hochgiebeligen altkölnischen Häuser in der Schildergasse. Hier konnte man aus dem Fenster des ersten oder zweiten Stocks dem Treiben der Masken in der engen gewundenen Straße auf das Schönste zusehen, ohne irgendwie selbst belästigt zu werden. So höchst ergötzlich aber und wahrhaft volksthümlich das Ganze ist, schließlich wurde mir doch müde und wirr zu Muthe. Man hat das Gefühl, als stünde die ganze Welt sammt der eigenen Person auf dem Kopfe. Freilich ist das ja auch der Effekt, den die Sache haben soll.

Den Dienstag Vormittag mußte ich noch in der Stadt bleiben. Hiller hatte es mir zur Pflicht gemacht, das sogenannte ›Divertissementchen‹, eine Liebhabervorstellung im Theater, mitanzusehen, weil nirgends so wie hier der ächtkölnische Humor seine Blüthen treibe. Um 11 Uhr Morgens sollte die Sache angehen, und das Drängen nach Billets war so arg, daß kaum noch ein Stehplatz zu haben war. Liebe Mutter, du beneidest mich gewiß sehr wenig um alle diese Freuden Aber ich kann dir nicht helfen, die Sache war wirklich sehr der Mühe werth! Die Leute haben eine Schlagfertigkeit des Witzes und ein Talent zur Darstellung, die geradezu erstaunlich sind. Was irgend an Verkehrtheiten im verflossenen Jahr ans Tageslicht gekommen ist, wird hier gegeißelt ohne alle Gnade. Obenan die Politik! Vor Allem im vorliegenden Fall also das Abgeordnetenfest im Sommer; dann eine Menge rein lokale Dinge: die große Floralotterie, die sich durch schäbige Gewinne blamirt hatte, gewisse Weinhändler, die ihre Waren mit Wasser zu fälschen pflegen u.s.w. Endlich kam auch die Kunst an die Reihe. Zuerst wurden Marchesis arg mitgenommen, dann travestirte man die die Afrikanerin, –

wobei Herr […][32] als Selika auftrat, – endlich mußte Niemann herhalten, der im Gounod'schen Faust aus irgend einer Laune das Publikum hatte vergeblich auf sich warten lassen. Das Alles aber wird in so geistvoller und dabei doch im Grunde harmloser Weise zu Tage gefördert, daß die Wirkung nur die der ungeheuersten allgemeinen Heiterkeit ist.

Um 2 ¾ ging mein Zug, ich aß also nur noch eilig zu Mittag und stieg in die Eisenbahn, um mitten aus dem Wirrwarr heraus in eine vollkommen andere Welt getragen zu werden. Das Frühlingswetter, das während der ganzen letzten Wochen Alles herausgetrieben hatte, wenn es auch dazwischen zuweilen entsetzlich stürmte und tobte – drei Mal hatten wir Gewitter – schien Anfangs meine Fahrt sehr zu begünstigen. Allmählig rückten aber dicke weißgraue Wolkenzüge heran, die bis auf die Erde herabhingen, und so begann ein Schneegestöber, das nicht aufhörte, bis ich oben auf dem Schloßberg anlangte und in Frau Heymanns warme Stube trat. Später wurde es ruhig, und so hatte ich am anderen Morgen wirklich den Anblick einer Schneelandschaft, wie sie während des ganzen Winters noch nicht ein einziges Mal dagewesen war. Gegen Mittag leckte die Sonne das Weiß hinweg und ich machte einen prächtigen Spaziergang durch die Berge mit so herrlichen Beleuchtungen des Rheinthals auf- und abwärts, daß man die Farben des Sommers kaum vermißte. Die völlige Stille in der Natur hat doch auch ihren ganz besonderen Zauber, und wie wohlthätig es überhaupt ist, einmal aus dem Stadttreiben in diese Luft, diese Einsamkeit und Frische versetzt zu werden, das ist nicht zu sagen. – Heymanns sind prächtige nette Leute, vor Allem Frau Heymann. Abends und Mittags esse ich unten mit ihnen in ihrer kleinen hübschen Wohnung. Oben aber habe ich in der Bibliothek mein schönes warmes Zimmer zum Arbeiten, und zum Schlafen die Kammer nach dem Rhein heraus gerade über dem Schloßthor. Eben habe ich denn auch nach Cöln hin Bescheid gegeben, daß ich noch bis Sonntag ausbleibe. Frau Heymann redet mir so freundlich zu, und die ganze Art des Daseins ist so erquicklich, daß ich denke, Hollwegs wird es recht sein, wenn ich von ihrer Erlaubnis so ausgedehnten Gebrauch mache. Morgen oder heute Abend schreibe ich an Elisabeth[33] ein paar Zeilen…«

Es war nicht allein ein selbstverständliches Verpflichtungsgefühl, das mich trieb, als Gast auf Hollwegschem Besitz ein dankbares Wort an die feinen Wirte zu richten. Frau von Hollweg hatte mich im Herbst gebeten, ich möge mir bei einem etwaigen Besuch auf Rheineck einmal den jüngsten Heymannschen Sohn ansehen, der viel musikalisches Talent zu besitzen scheine. Falls ich finden sollte, daß man die Sache ernst nehmen müsse, würde sie bereit sein, ihm die Mittel zur künstlerischen Ausbildung auf dem Kölner Konservatorium zu gewähren und ihn meiner Leitung anzuvertrauen. So hatte ich also einem Auftrag zu genügen und über das Resultat nach Berlin zu berichten. – Der kleine Carl Heymann zählte damals dreizehn Jahre. Er war ein blasses, sehr schmächtiges Jüngelchen, das die Eltern zu einer Verwandten, einer Jungfer in Andernach in Pension gegeben hatten, damit er dort am Schulunterricht teilnehme. Jetzt brachte er die Karnevalsferien auf Rheineck zu, und ich nahm ihn eines Morgens mit mir auf den Kapellensaal, um mir hier auf dem Flügel etwas von ihm vorspielen zu lassen. Die Noten konnte er noch nicht; er spielte nach dem Gehör, was ihm ein junger Mensch in Andernach zuweilen vorgespielt hatte, und zwar war das Stück, das er mit seinen kleinen Fäusten vermöbelte, nichts Geringeres als der Trauermarsch aus der As-Dur-Sonate von Beethoven. Natürlich ließ die klavierspielerische Leistung als solche sehr zu wünschen übrig, aber sie genügte dennoch, um deutlich erkennen zu lassen, daß hier im Innern ein starkes instinktives musikalisches Leben pulsierte. Ich war keinen Augenblick im Zweifel darüber, daß ich mit dem besten Gewissen dazu raten konnte, den Jungen nach Köln zu schicken und ihn Musiker werden zu lassen. So wurde denn Carl Heymann zum Sommersemester des Jahres 1866 als Schüler in der Musikschule aufgenommen. Er trat mir im Lauf der Jahre persönlich so nahe, wie kaum ein anderer meiner Schüler. Seiner ursprünglichen Begabung nach war er vielleicht das feinsinnigste produktivste Talent, das mir jemals zur Ausbildung anvertraut worden ist. Leider aber schwächte Krankheit bald die ohnehin äußerst zarte und reizbare Konstitution, so daß der Reichbegabte mehr und mehr sich gewöhnen mußte, auf ein vollkräftiges Leisten zu verzichten. Daß es ihm trotzdem gelungen ist, als Spieler, als Lehrer und vor allem als Komponist, wenn auch in beschränktem Maß, Erfreulichstes zu leisten, das verdankte er lediglich der unbeugsamen Kraft seines Willens und einer ihm neben allem Krankhaften angeborenen Zähigkeit seiner Natur.

»Cöln, d 25ten Febr. 1866

… Gestern Abend machte ich in der Musikalischen Gesellschaft die Figaro Ouverture und aus der Sommernachtstraummusik Ouverture, Scherzo, Elfenmarsch, Intermezzo, Notturno und Hochzeitsmarsch. Dazwischen spielte ein junger Mann aus Düsseldorf das Konzertstück von Weber. Dieser Herr L. musicirte zwar nichts weniger als schön; der

Sommernachtstraum aber, für den ich vorher eine Probe von 1 ½ Stunden angesetzt und verschiedene Geiger zur Verstärkung des sonst etwas spärlichen Streichquartetts hinzugezogen hatte, ging verhältnißmäßig sehr gut und das Publikum war animirt. Unter dem letzteren befand sich auch der Pariser Opernsänger Roger; leider habe ich ihn in seiner Gastrolle hier nicht zu hören bekommen. An der reizenden, vollends schönen Musik habe ich wieder große Freude gehabt. Auch der Hochzeitsmarsch überraschte mich fast durch seinen pompösen Klang, und das Notturno, wo zum Schluß hin alles leise um den Gesang im Horn herum[…][34] ist für mich in seiner Totalwirkung die schönste blaue Mondnacht, die jemals in Musik gesetzt worden ist. Am meisten geübt hatte ich an der Ouverture, aber nicht nur sie, auch das Übrige ging ganz erfreulich, zu sagen zuweilen mit Freiheit des Ausdrucks und das ist unter den obwaltenden Umständen viel. Dabei habe ich denn zu meiner Beruhigung gefühlt, daß ich als Dirigent einmal zu brauchen sein werde und ferner mich überzeugt, wie nützlich mir die Thätigkeit in der Musikalischen Gesellschaft schon gewesen ist, und noch immer mehr sein wird. Ich hatte mir den Sommernachtstraum tüchtig angesehen, die Partitur bei der Gelegenheit sozusagen auswendig gelernt, und das ist ja für den Dirigenten ebenso nöthig wie für den Solospieler, wenn man die Sache wirklich in der Hand haben will. – Viel Zeit habe ich mit dem Studium der Matthäuspassion zugebracht, zu der wir am Freitag die erste Chorprobe hatten und die ich wirklich dieses Mal, ich möchte fast sagen mit Anbetung in mich aufgenommen habe. – Dieser Tage ist zu allem Übrigen auch plötzlich die ganze Euryanthenpartitur eingetroffen und wünscht von mir korrigiert zu werden: ein erschrecklicher Arbeitsstoß, den ich unmöglich so schnell abthun kann, wie die Stecherei es gerne möchte! Die neue Niederschrift des Ekbert ist in Rheineck fertig geworden; ich habe das Stück Hiller gezeigt, und er hat mir Gutes darüber gesagt, was mir in Beziehung auf das Technische von Werth ist (im Übrigen nicht). Zur Aufführung wird es in diesem Winter schwerlich noch kommen und vielleicht ist es gut so; der Gürzenich ist doch kein günstiger Raum für diese Musik. Jetzt nehme ich meinen ›Otto‹ vor, von dem ich mir einbilde, daß er um vieles hübscher wird, als er war, und der wird mit seinen 3 Posaunen besser knallen, wenn er in späterer Zeit einmal hier an die Reihe kommen sollte.

Im letzten Concert am Dienstag hatten wir 2 Stücke aus Schuberts Messe in Es, von denen das erste, das Kyrie, herrlich ist und prächtig klang. Auer spielte ein Concert von Spohr sehr ausgezeichnet; der Marsch aber als solcher ist mir seit dem Nachmittag in Düsseldorf mit

Joachim so zuwider, daß ich immer erst zu überwinden habe, wenn ich ihn höre, um nicht ungerecht zu sein. Königslöw kommt vielleicht nach Berlin um dort in einem Concert zu spielen, doch ist es mit dem Engagement noch nicht sicher. Ich wünschte recht, Ihr hörtet und sähet ihn; ich habe ihn sehr gern. … Gehört, im Hause will die gute alte Dienstmagd, Lena, die schon seit 17 Jahren bei Frau Meyer ist, von dannen ziehen, und ich fürchte, Frau Meyer ist die Schuldige bei der Sache. Lena sagt: ›Ja jlöbe mich, wat dat for ene Karrefatter[35] is‹. Ich aber wünsche doch in gutem Einvernehmen mit dem Karrefatter zu bleiben und halte mich nach Kräften außerhalb der kämpfenden Partheien…

Cöln d. 4ten März 1866

Eine freie Stunde vor dem Mittagessen will ich zum Schreiben benutzen, obgleich draußen auf dem Neumarkt die übliche Militärmusik abgehalten wird und mir mit ihrem Trompeten- und Paukenskandal alle Gedanken zerschmettert. Über den Eintritt des kleinen Heymann in das Conservatorium, für den ich ja freilich die Verantwortung übernommen habe, bin ich selbst sehr ruhig. Es kann dem Jungen keinesfalls schaden, bei seinen entschiedenen Anlagen einmal ein halbes Jahr der Musik geopfert zu haben. Macht er dann wieder Kehrt, so ist er im Übrigen vorgerückt genug, daß man die Pause nicht zu beklagen hat; er wird aber nicht Kehrt machen. Wunderlicher Weise heißt unser talentvollster Schüler am Conservatorium gerade so wie er »Carl Heymann« bis auf das gleiche Ypsilon. Das ist sehr komisch und wird zu allerlei Spaß und Scherz Anlaß geben. Unser bisheriger Carl Heymann, ein kleiner schwarzhaariger Bursche jüdischer Abkunft, Schüler von Gernsheim, spielte gestern in der Musikalischen Gesellschaft ein Concert von Hiller mit Orchester in einer Vollendung, die uns Alle staunen machte. Er ist 14 Jahr alt und so fertig im Technischen wie im Musikalischen, daß man bei dem großen Erfolg, den er natürlich hat, nur immer Angst bekommt, die Bäume möchten in den Himmel wachsen und dann umpurzeln. Aber der Junge hat einen zu fanatischen Fleiß und Ernst bei der Sache, als daß man das recht eigentlich zu fürchten hätte. In Blomberg steckt ebenso viel innere Musik wie in ihm, ja der kleine Westfale hat vielleicht eine feinere innigere Natur, aber die Leistungen der beiden stehen in gar keinem Vergleich. Blomberg hat zu spät mit der Musik angefangen und Kränklichkeit, angeborene Flüchtigkeit, Unregelmäßigkeit der Entwicklung sind ihm allzu große Hemmnisse.[VIII] ... Im Allgemeinen bin ich augenblicklich höchst munter; nur habe ich an der linken Hand eine Unbequemlichkeit, die mich schon seit 14 Tagen beim Spielen genirt. Plötzlich tritt mitten in der Aktion ewa auf eine halbe Minute eine vollkommene Unfähigkeit ein, die Finger, so wie ich will, zu regieren. Vielleicht habe ich die Sache daher bekommen, daß ich einige Male kalte Finger durch sehr energisches Anstrengen beim Üben zu überwinden suchte; denn es scheint mir Nichts zu sein, als eine Art von Abspannung der Muskeln und Sehnen. Nun wäre es wohl das Gescheuteste, ich spielte einmal eine oder zwei Wochen garnicht, um der Hand Ruhe und Zeit zur Kräftigung zu lassen; aber ich habe so viel schöne Sachen vor, an denen ich studieren möchte, daß es mir ganz sauer wird zu pausiren. ... Gernsheim spricht immer mit mir über eine gemeinschaftliche Fußreise, die wir etwa in den Pfingstferien irgendwohin machen könnten. Aber leider spreche ich garnicht m i t  i h m darüber. Der gute Mensch ist mir gerade für dergleichen nicht im Geringsten anziehend, wenn ich ihn auch sonst gern habe und hochschätze und es mir sauer wird, immer so sehr neutral seinen freundschaftlichen Anträgen gegenüber zu bleiben. Die Juden haben es, wie mir scheint, häufiger an sich als andere Leute, daß sie so Etwas nicht merken, sondern sich immer wieder ungenirt aufs Neue antragen. ... In der nächsten Woche singt hier Frau Dustmann aus Wien die »Iphigenie«[36]. Ich denke mit getheilten Empfindungen ans Hingehen; denn es wird mir wehmüthig sein, ohne die Köster und die herrliche große Berliner Bühne gerade diese Oper zu erleben. Gluck in kleinen Räumen ist ein Unding; dennoch werde ich es nicht lassen können, dabei zu sein. Die schwächliche »Afrikanerin« macht denn doch wahrhaftig wieder einen Lärm in der Welt, daß man toll werden möchte. Lauter verhimmelnde Rezensionen und gedrückt volle Häuser, so daß man glauben möchte, Meyerbeer bestäche die Presse noch aus dem Grabe heraus! – Wenn mich dergleichen ärgerlich macht, so habe

VIII Carl Heymann, der Gernsheimsche Schüler, erregte bald in der Öffentlichkeit Aufsehen; er machte Konzertreisen, hatte gute Erfolge als Klavierspieler und wurde z. B. bei seinem Auftreten in Wien von Hanslick in überschwenglicher Weise gefeiert. Sein technisches Können war bis zum Außerordentlichen gesteigert, dazu besaß er ungemein musikalische Intelligenz und spielte mit Leidenschaft; leider aber beeinträchtigte ein starkes Maß an Affektation im Vortrag den Eindruck aller dieser Vorzüge. Sein Ehrgeiz verführte ihn schon früh, das technische Studium zu übertreiben, ein tolles Leben, dem er sich später zeitweise ergab, wohl weiter dabei seine Gesundheit zu untergraben, und so endete die glänzend begonnene Laufbahn damit, daß er noch im Jünglingsalter stehend völlig überreizt und erschöpft einer Anstalt für Geisteskranke übergeben werden mußte, um niemals wieder daraus emporzutauchen.

ich dafür manche Freude an guten Sachen mittleren Ranges, die man durch das Unterrichten kennen lernt. Man kann doch nicht immer Mozart und Beethoven spielen lassen und würde in arger Verlegenheit sein, wenn es keine Sonaten von Clementi, kein Concert von Hummel u.s.w. gäbe. Am sympathischsten ist mir aus dieser Gesellschaft eigentlich Field; der hat sich doch viel Hübsches, Poetisches ausgedacht, besonders auch für die Klangwirkung auf dem Klaviere. Wie sehr haben sich die Schüler das gemerkt! Auch Hummel habe ich theilweise sehr gern; Clementi ist im ganzen freilich recht dürr und Dussek nicht minder. Aber es ist doch immer ein guter Ton in den Sachen, die Schüler lernen Klavier spielen, und ihr Geschmack wird nicht verdorben. …

Cöln d. 11[ten] März 1866

… In diesen Tagen habe ich meines Handübels wegen den Dr Bruch (Onkel von Max Bruch) aufgesucht. Alle Leute riethen mir, ich solle doch vorsichtshalber einmal einen Arzt in der Sache zu Rathe ziehen, und so entschloß ich mich dazu. Dr. Bruch hält die Sache für rheumatisch, wenigstens angeregt durch eine Erkältung, empfiehlt mir vollkommenes Aussetzen des Klavierspielens für einige Tage (ich weiß aber, daß Wochen daraus werden) und ferner das Vornehmen von gymnastischen Übungen…«

Von meinem Vater

»Berlin d. 26[ten] März 1866

Wenn ich dir noch vor unserem gehofften baldigen Wiedersehen einige Zeilen schreibe, so geschieht es, theils um dir für deinen lieben Brief und deinen prachtvollen Groß-Martin[IX] meinen besten Dank zu sagen, theils um deinen Wunsch in Betreff St.'…s noch […][37] zu erfüllen. …

Über den heutigen Festtag sage ich nur, daß der alte Meineke, Baumeister mit Annchen und Weddings in Person, von Clärchen Baumeister, Miss Wight, dem lieben alten Radecke, Hoffmeisters, Otto Biedenweg Briefe eintrafen. Gestern Abend 9 ½ Uhr erschien Eckenbrecher und dröhnte bis 12, worauf ich bis 1 noch corrigieren mußte. Heute habe ich Max Beseler[X] opponirt, der im fließendsten Latein glänzend disputirt hat zur strahlenden Freude seines Alten.

IX Fotografie der Martinskirche in Köln, die ich als Geburtstagsgeschenk geschickt hatte.

X Im juristischen Doktorexamen Max Beseler, der spätere Justizminister.

Am Sonnabend habe ich Staatsexamen, morgen zwei Mal Königs Geburtstag in der Universität und Akademie. Du siehst, die Zeit ist hier auch für die nöthigen akademischen Arbeiten zerrissen zugemessen und die eigenen Lieblingsarbeiten müssen ganz in den Hintergrund treten. Könnte ich abkommen, so ginge ich auf einige Tage nach Wernigerode, ich werde aber wohl nicht können.

...In diesem Augenblicke, da ich Dir wiederschreibe, kommen reizende Briefe von der alten Tante Melusine, die mir die Hand küßt mit einer prachtvollen gepökelten Ochsenzunge, ferner von ihrem Hannchen und von Marie Rudorff. Dazu bringt mir mein Pathchen Käthchen Mommsen ihr Porträtchen. Diesen Abend sind Angelika Talwie, Tante Lichtenstein und Buttmanns hier. Die Zwischenzeit will ich benutzen, um der alten Tante Sonnenblumensamen zu kaufen.

Nochmals vielen Dank für deine prächtigen Photographieen! Groß-Martin hat mir unglaublichen Spaß gemacht. Meine Sammlung ist so schön und reich, daß Mommsen neulich seine Bewunderung aussprach, was ich für Schätze hätte. In der Hoffnung baldigen frohen Wiedersehens

Dein treuer Vater«.

Das erste Halbjahr meiner Kölner Tätigkeit hatte sein Ende erreicht; die kurzen Osterferien wurden bei den Eltern zugebracht, und am 9ten April reiste ich wieder zurück, dem Rhein entgegen. Je weiter die Fahrt gen Südwesten vorrückte, um so entschiedener meldete sich der Lenz. Anemonen und Himmelsschlüssel in Menge blühten in den Wäldern. Ich kehrte gern in meine neue Heimat zurück. Der Frühling, den ich 1862 in Bonn verlebte, war mit seinem Zauber unvergessen; er hatte mir die Liebe zum Rheinland für immer ins Herz gepflanzt. Ein besonderer Umstand kam hinzu, mir die nächste Zukunft angenehm erscheinen zu lassen. Dr. Hermann Schaper, der vortreffliche junge Violoncellist, war als Militärarzt von Berlin nach Köln versetzt worden, und ich freute mich auf die Fortsetzung des im Franz Mendelssohnschen Hause angeknüpften vielversprechenden Verkehrs. Als ich in den großen Kölner Hauptbahnhof einfuhr, sah ich Schaper bereits mich erwartend am Zuge stehen. Gleich in den ersten Tagen waren wir viel zusammen. Es traf sich, daß im Hause meiner Wirtin ein Zimmer im Erdgeschoß frei geworden war und noch keine Woche war vergangen, als der Freund schon seinen Einzug hielt. Da ich im zweiten Stock wohnte, so konnten wir uns durch unser Musizieren gegenseitig nicht stören; es blieb also nur die Annehmlichkeit, sich beständig leicht erreichen zu können, übrig. Fast immer aßen wir in einer Restauration gemeinschaftlich zu Mittag und machten dann nach Tisch einen gemeinsamen Spaziergang. Abends trieben wir, wenn keinerlei Abhaltung vorlag, zusammen Französisch, d. h. wir lasen miteinander einen Roman der George Sand. Schaper beteiligte sich mit dem größten Vergnügen als Cellist an den Klängen der Musikalischen Gesellschaft und sein prachtvoller Ton auf dem Instrument, sein lebendiger, ausdrucksvoller Vortrag kamen den Leistungen des Orchesters fühlbar zu Gute. Der Violoncellist Schmitt, der als Führer am ersten Pult saß, ein bedeutender Virtuose auf seinem Instrument, war leider zugleich ein ebenso lässiger wie blasierter Mensch. Schaper wurde sein Nachbar im Orchester, und diese Nachbarschaft stachelte den Übermütigen an, sich doch auch seinerseits einige Mühe zu geben. So war denn im Umsehen das Violoncell zu einer Glanzpartie im Orchester der Musikalischen Gesellschaft geworden. Die schöne, gesangvolle Melodie, die in der Introduktion der Weberschen Jubel-Ouverture den Violoncellen zuerteilt ist, konnte man nicht schöner hören als hier. Zu gemeinsamem häuslichen Musizieren kam es leider meines Handübels wegen selten genug; doch spielte mir Schaper zuweilen eine oder die andere der kürzlich in der Bachgesellschaft veröffentlichten schönen Violoncellsonaten von Johann Sebastian Bach vor, wobei ich die hinzugefügte sehr einfache Klavierbegleitung ohne Anstrengung zu liefern vermochte.

Die Kölner kennen in der Nähe ihrer Stadt kaum einen anderen Spaziergang als die Straße stromabwärts, am Rheinufer entlang bis zum Zoologischen Garten. Daß es damals auch noch andere hübsche und zwar anheimelndere Stellen vor den Toren gab, hatte ich noch nicht entdeckt. Wir folgten also mit unserem Nachmittagsspaziergang dem allgemeinen Beispiel; ja, wir nahmen auch, wie so viele andere, ein Abonnement für den Besuch des Zoologischen Gartens, wodurch uns ein für alle Male eine angenehme Ruhepause am Ziel der Wanderung ermöglicht wurde. Der Blick auf den breiten, gewaltigen Strom mit seiner bald sanft, bald heftig bewegten Wasserfläche, auf Mühlheim am jenseitigen Ufer und weiter zu den fernen Höhen des Bergischen Landes hinüber ist gewiß schön. Aber die andere Seite der Straße, wo über hohe verschwiegene Gartenmauern die Wipfel prachtvoller alter Bäume herübersahen, zog uns bald fast mehr an als die große offene Landschaft gegenüber. Jetzt, um die Mitte des April, war der Frühling mit seinen Wundern eingezogen, Mandeln, Pfirsich und Kirsche standen in Blüte, namentlich aber war es die Krone eines im Schmuck der herrlichsten weißen Dolden prangenden Magnolienbaumes, die wir stets aufs neue bewunderten. Immer lebhafter wurde der Wunsch, einmal in das geheimnisvoll verschlossene Paradies einzudringen, um mehr, um alles zu sehen, und eines Nachmittags beschlossen wir in der Tat, unser Glück zu versuchen. Da befand sich an einer Stelle der Mauer eine schmale, undurchsichtige Tür, und ihr zur Seite hing ein Klingelzug; wir läuteten lang; alsbald öffnete sich die Pforte, und ein junger Gärtner erschien, der uns ohne weiteres einließ. Haus und Garten, berichtete er, stünden den ganzen Sommer hindurch leer, weil die Erben des Grundstücks miteinander in Streit lägen, wir möchten also nach Belieben hin und her wandern wie, wo und so lange wir wollten. Ein angenehmerer Antrag konnte uns nicht gemacht werden. Der Garten war in der Tat der schönste, größte und älteste, den Köln damals besaß; seine Ausdehnung überraschte uns ebenso sehr wie die Fülle der blühenden Bäume und Büsche, die alles übertraf, was sich von außen hatte ahnen lassen; dazu schlugen die Nachtigallen um die Wette in der grünen Pracht, und was das Beste war, diese ganze Herrlichkeit gehörte uns allein. Vertraulich gelobten wir uns, keinem anderen Sterblichen von unserer Entdeckung zu sagen. Ein paar Tage später fuhr ich einmal nachmittags mit einigen Schülern nach Bonn, zeigte ihnen den alten Zoll, und ging nach vier Jahren zum ersten Male wieder den mir so lieb gewordenen Weg über den Venusberg, die Kessenicher Höhe und Friesdorf nach Godesberg. Die Dörfer unten lagen wie eingeschneit in der weißen Fülle der Obstblüten, dazu der Rhein, wie ein großes blaustrahlendes Band sich bis nach Köln hinunterschlängelnd, die Luft so klar, daß man vom Godesberger Turm aus den Dom ganz nah zu sehen glaubte, und endlich gegenüber das frisch ergrünende Siebengebirge im Abendschein. Wenn ich bei dieser Gelegenheit Bonn selbst nur flüchtig besucht hatte, so wurde dagegen meine nächste Fahrt dorthin nur unternommen, um mit Freunden und Bekannten zu verkehren. Bei der Familie des Professor Mendelssohn war ich zu Tisch eingeladen, und das zwar vorzugsweise, um die jüngste Tochter von Felix Mendelssohn, Lili, die ich vor Jahren als reizendes Kind bei Freges in Leipzig kennengelernt hatte, wiederzusehen. Zu den Mittagsgästen gehörte auch die Tante Klingemann, und diese lud wiederum die ganze versammelte Gesellschaft ein, den Abend bei ihr zuzubringen. Lili Mendelssohn zählte damals 21 Jahre und nahm mich ebenso sehr durch die Anmut ihrer Erscheinung wie durch die Schönheit ihrers Wesens ganz und gar gefangen. Wir wurden während dieses Abends im Gespräch bald inne, daß eine tiefe Gemeinschaft der Anschauungen und Empfindungen uns verband. Jahre vergingen dann, ehe wir – von einem flüchtigen Zusammentreffen auf einer Eisenbahnstation abgesehen – uns wieder begegneten. Mittlerweile hatte sie sich mit dem Professor Wach[38] in Leipzig verheiratet. Doch die Sicherheit des gegenseitigen Vertrauens war geblieben; jedes auch noch so seltene Wiedersehen bestätigte uns die Fortdauer einer inneren Gemeinschaft. So ist mir denn die Freundschaft, die mich mit der edlen Frau verband, deren ganzes Wesen Adel der Gesinnung und feinstes innigstes Empfinden war, bis zu ihrem allzu frühen Tode der schönste Besitz geblieben.

Max Bruch hatte im Lauf des Winters sein erstes Violinkonzert geschrieben. Am 24ten April wollte er es zum ersten Mal mit Königslöw als Solisten in Koblenz zur Aufführung bringen, und ich hatte ihm versprochen zuzuhören. Als ich nachmittags bei schönstem Sonnenschein in Koblenz eintraf, entzückte mich die Lage der Stadt dermaßen, daß ich anfing, Bruch um seine Stellung in solcher Umgebung zu beneiden. Doch das wurde anders, als ich bald darauf im Konzertsaal saß und mich überzeugen mußte, wie minderwertig das Orchester war, mit dem der Freund sich für seine Aufführungen abzufinden hatte. Die Streicher und Bläser, die mir in Köln in der musikalischen Gesellschaft zu Gebote standen, waren ja Virtuosen im Vergleich zu diesem Geschlecht von Stümpern. Natürlich hatte sich der Komponist die erdenklichste Mühe gegeben, sein eigenes Werk mit den vorhandenen Mitteln so gut als irgend möglich zur Erscheinung zu bringen, und Königslöws vortreffliche Ausführung der Solostimme sorgte vollends für eine lebhafte Wirkung. Ich hatte von der Komposition den besten Eindruck, und vor allem gefiel mir der langsame Satz. Hier und da fehlte es noch an dem völlig harmonischen Verhältnis zwischen Solostimme und Begleitung, das Orchester erdrückte zuweilen den Solisten. Diese Mängel wurden natürlich beseitigt, ehe das Werk durch den Stich seine endgültige Gestalt erhielt.

Zu jener Zeit lebte der Vater meines Freundes Schaper als Medizinalrat in Koblenz. Ich suchte ihn am Morgen nach dem Konzert auf und fand in ihm einen hochgewachsenen ältlichen Mann, der mir mit dem größten Wohlwollen entgegenkam. Wenige Tage später hatte er in Köln für einen Tag zu tun, und bei dieser Gelegenheit nahmen Vater und Sohn gemeinsam eine gründliche Untersuchung meines Armleidens vor. Beide waren sofort darin einig, daß es sich um eine sogenannte rheumatische Lähmung handele, die ich mir durch eine Erkältung zugezogen haben müsse. Wahrscheinlich hatte mein Februaraufenthalt in Rheineck zu dieser die Veranlassung gegeben. Denn dort saß ich oft lange Zeit in dem nicht heizbaren, sehr kalten Kapellensaal am Flügel, spielte mit Leidenschaft die anstrengendsten Sachen, und geriet dabei natürlich in eine Erhitzung, zu der die Temperatur des Zimmers in stärkstem Gegensatz stand. Das Endurteil lautete, um die Sache zu beseitigen sei vor allem gründliche Nervenruhe, Aufenthalt in guter Luft und viel Marschieren notwendig, dann aber noch womöglich völlig beruhigt Nerven eine Badekur in Kreuznach[39]. Ein paar Wochen vergingen noch mit halben Maßregeln. Doch stellte sich allzu deutlich heraus, daß weiland Hinhalten mit einem Gemisch von Schonung und wieder anstrengender Berufstätigkeit zu gar nichts führen könne, und so mußte ich mich entschließen, für die noch folgende Zeit bis zu den Sommerferien um Urlaub einzukommen. Das zu Pfingsten bevorstehende Musikfest in Düsseldorf versäumen zu müssen, in dem Jenny Lind unter anderem die Peri[40] singen sollte, erschien mir hart genug. Doch das war ja nur ein Nebensächliches gegenüber dem peinlichen Gefühl, daß ich meine Schüler nach verhältnißmäßig so kurzer Zeit der Einwirkung schon wieder verlassen und ihre Weiterbildung irgend einem Vertreter anvertrauen sollte. Die Freunde in Wienrode waren wie schon so oft gern bereit, mich vor der Hand bei sich aufzunehmen, und am 18. Mai abends traf ich bei ihnen ein. Ein wohltuenderer Aufenthalt als dieser konnte mir unter den obwaltenden Umständen nicht geboten werden.

Während meine persönlichen Verhältnisse diese Wendung nahmen, hatten sich im politischen Leben die Gegensätze bis zum äußersten zugespitzt. Das Beunruhigendste dabei war, daß ein zwiefacher Konflikt vorlag: die zum Kriege drängende Spannung zwischen Preußen und Österreich, und im Innern die leidenschaftlich, schließlich den völligen Bruch herbeiführende Gegnerschaft, die Bismarcks Vorgehen bei der Landesvertretung fand. Es konnte unter solchen Umständen nicht ausbleiben, daß sich wieder einmal, wie im Jahr 1848, je nach den Grundanschauungen der einzelnen innerhalb der gesamten Bevölkerung, eine Trennung in zwei Lager vollzog. Mein Vater gehörte zu den wenigen innerhalb seines Bekanntenkreises, der dem Minister Bismarck von Anfang an Sympathie entgegengebracht hatte. Das rücksichtslos tapfere Eintreten dieses Mannes für ein strenges Regiment, für die Rechte der Krone, vor allem aber für die Ehre Preußens, erweckten in ihm unbedingtes Vertrauen und Sympathie. Hier waren nach seiner Meinung Kraft und Genialität. Nicht nur Leute wie Beseler, Mommsen und ähnliche verfochten ihm gegenüber die entgegengesetzte Anschauung, auch eine so konservative Natur wie Bethmann Hollweg mißbilligte mehr und mehr das Vorgehen des neuen Ministerpräsidenten; wie sehr aber steigerte sich endlich die allgemeine Erbitterung, als die Ablehnung der Militärvorlage zur Auflösung der Kammer geführt hatte!

Doch je näher jetzt die Wahrscheinlichkeit eines Krieges mit Österreich rückte, um so mehr ließ bei den Besonneneren die Frage, wie hier der Ausgang sein werde, alles übrige in den Hintergrund treten. Noch nach Köln hin schrieb mir mein Vater am 7. Mai:

»... Was die Politik betrifft, so meinen die, welche die Sachen oberflächlich ansehen, daß die wüste Zerrüttung der Finanzen Österreich treibe, den Bankerott durch einen Krieg zu maskiren. Die tiefer in die Geschichte blicken – und dies ist die Überzeugung Buttmanns, Sydows, [...][41] und auch die meinige – sind dagegen der Ansicht, daß der Geist, welcher den 30jährigen und 7jährigen Krieg heraufbeschwor, auch diesen wagt, und in der gegenwärtigen isolierten Lage Preußens mit Glück zu bestehen hofft. Es ist der Geist des römisch-jesuitischen Katholicismus, der deutsches und protestantisches Wesen nicht neben sich dulden kann, weil er keine öffentliche Moral und keine Freiheit der Völker kennt. Ihm huldigen Tausende in unserer eigenen Mitte, denn es ist gut vorgearbeitet für diese neue Auflage. Aber auch drüben stehen Viele zu uns; und Italien, wenn ihm auch Venetien verkauft wird, geht nicht mit Österreich. Unser König hat die Geistlichen unserer Stadt um sich versammelt und ihnen gesagt, noch hoffe er den Frieden zu erhalten, obgleich die Aussicht täglich schwinde, aber wenn es unmöglich sei, werde er aufstehen mit seiner ganzen Macht und erwarte, daß die Geistlichen dem Volke sagen sollen, um was es sich handle. Unsere Väter haben um diese Güter mit Österreich kämpfen müssen, was sind wir besser als sie! Schon im 16ten Jahrhundert und im 17ten noch mehr bestanden seine Herrn nur aus Kroaten, Ungarn und Italienern, die Deutschen standen fast alle auf der anderen Seite. Um Berlin gegen einen Stoß zu retten gehen 2 Armeekorps an die Sächsische, und Schlesien zu decken 2 an die Schlesische Gränze, auch die Landwehr beider Aufgebote wird mobil gemacht. In 2 Monaten wird die Sache entschieden sein, denn die Würfel fallen heute rasch und die Weltgeschichte geht mit Dampfkraft...«

Während mein Vater in diesem Sinn von Berlin her schrieb, erlebte ich freilich in Köln Dinge, die aus einer sehr anderen Tonart klangen. Die Rheinprovinz war damals noch immer nicht recht von Herzen preußisch. Die alte Sympathie mit Frankreich glomm im Stillen weiter, und der überwiegend stark katholische Teil der Bevölkerung widerstrebte mehr oder weniger der Zugehörigkeit zu einem protestantischen Staat. Und nun sollte es einen Krieg mit Österreich geben! Die Aufregung in der Stadt war ungeheuer. Überall hörte man Äußerungen der Entrüstung über das »unverantwortliche Vorgehen der Regierung«, über den »[…][42] heraufbeschworenen Krieg«; bei den Aushebungen kam es zu […][43], ja in massenhaft besuchten Volksversammlungen wurden Hochs auf Österreich ausgebracht. So fern ich denen war, mit unseren Feinden zu sympathisieren, ich muß doch gestehen, daß auch ich zu denen gehörte, die sich im Innersten gegen die Wege auflehnten, die Bismarck eingeschlagen, um endlich einen Krieg zwischen Deutschen und Deutschen unvermeidlich zu machen.

Nun hatte ich Köln verlassen, und um mich her war plötzlich tiefe Stille. Auf dem Pfarrhofe zankten sich wohl Hühner und Tauben um das Futter, das der »kleine Pastor« ihnen morgens hinstreute, im übrigen aber schien es keinen Streit in der Welt zu geben. Das liebe alte Harzdorf lag nach wie vor im tiefen Frieden, seine Bewohner gingen wie immer mit aller Gemächlichkeit ihrer ländlichen Arbeit nach, und ihren Gesichtern sah man keinerlei Aufregung an. Im Hause sah es freilich schon anders aus. Immer wieder kehrte das Gespräch der Sorge um die allgemeine Lage zurück, und die Zeitungen, die der Postbote brachte, wurden verschlungen. So kam der 14. Juni heran: Der Tag, an dem in der Bundestagssitzung Bismarck nach Ablehnung seiner Vorschläge für eine neue Bundesverfassung durch Österreich und fast sämtliche Mittel- und Kleinstaaten den Austritt Preußens aus dem Bunde erklärte, um auf Nimmerwiedersehen den Sitzungssaal zu verlassen. Wie ein Blitzschlag wirkte die Nachricht von diesem Ereignis! Die Luft schien plötzlich gereinigt. Jetzt war der Krieg gewiß, ebenso gewiß aber auch, daß Preußen und um seinetwillen Bismarck im Recht war, mit einem so völlig hoffnungslosen Zustand endlich aufräumen zu wollen. Die mißgünstige Erbärmlichkeit der übrigen deutschen Regierungen lag allzu offen am Tage. Die Eröffnung der Feindseligkeiten ließ noch auf sich warten. Aber alle Vorbereitungen waren längst im Gange. Schaper in seiner Eigenschaft als Militärarzt hatte schon am 7. Mai den Befehl erhalten, von Köln aufzubrechen, um sich vorderhand nach Westfalen zu begeben. Später rückte er mit seinem Regiment nach der Provinz Sachsen vor. Eines Tages erhielt ich in Wienrode von ihm die Nachricht, er liege augenblicklich in Delitzsch im Quartier und werde noch zwei Tage, den 7. und 8. Juni, dort bleiben, die Reise vom Harz dahin sei ja nicht so weit, ob ich ihn nicht für ein paar Stunden besuchen wolle. Ich hatte vor nicht langer Zeit gehört, daß die Stellung der Ärzte im Kriege gefährlicher sei, als man denke; die Lazarettluft morde viele; im letzten italienischen Kriege seien 20% Offiziere, aber 40% Militärärzte ums Leben gekommen. So sagte ich mir, daß es sich möglicherweise um ein letztes Wiedersehen handeln könne, und entschloß mich rasch, dem Ruf zu folgen. Halle konnte ich mit der Bahn noch am selben Tage erreichen, übernachtete dort, fuhr um fünf Uhr morgens mit dem ersten Zug weiter nach Brehna und wanderte dann zu Fuß in schöner Morgenfrühe durch die endlose sächsische Kornebene mit ihren ebenso endlosen Kirschalleen in anderthalb Stunden bis Delitzsch. In der Stadt hatte ich Mühe, den Freund aufzufinden; schließlich gelang es, und wir verlebten miteinander einen guten Tag. Wahrhaft erfreulich war der Eindruck, den das Verhalten der Leute im Ort gegen ihre Einquartierung machte. Man empfand, wie es der Segen einer ernsten Zeit ist, daß das Mitgefühl mit dem Nächsten erstarkt und zur Betätigung drängt.

Noch einige Wochen vergingen bis zum tatsächlichen Ausbruch des Krieges. Dann folgten jene gewaltigen, binnen beispiellos kurzer Zeit erfochtenen Siege der Preußischen Armeen, die rasch zum Frieden führen mußten. In der dörflichen Abgeschiedenheit meines Aufenthalts genügte es mir bald nicht mehr, nur immer auf das eine Zeitungsblatt zu warten, das uns die Post ins Haus brachte. Ich wanderte also Tag für Tag einmal oder gar zweimal nach dem eine gute halbe Stunde entfernten Blankenburg, um hier mich in das Lesezimmer des Offizierkasinos zu begeben, wo stets die neuesten Zeitungen in stattlicher Anzahl zu finden waren. Beladen mit den frischen Nachrichten kehrte ich dann heim, um meinen Hausgenossen mitzuteilen, was ich erfahren hatte. So viel Zeit das aber auch ausfüllte, so starkes Begehren dadurch gestillt wurde, ich empfand dennoch bedrückend den Mangel einer eigentlichen Tätigkeit. Namentlich das Verzichten auf alles Musizieren war mir peinlich. So fing ich denn an – da Klavierspielen mir im Mindestmaß gestattet war – trotz aller Eingenommenheit durch die Weltereignisse, mich innerlich wieder mit Musik zu beschäftigen. Ich komponierte eine Romanze für Violoncello mit Begleitung des Orchesters[44], die meinem Freunde Schaper gewidmet sein sollte, und begann auch bald mit der Niederschrift des kleinen Stückes.

Über dem allen war der Waffenstillstand abgeschlossen worden, und nach Schluß der Vorlesungen an der Universität konnten meine Eltern wieder daran denken, für die Ferienzeit Berlin zu verlassen. In gewohnter Weise sich nach Lauenstein zu wenden, erschien durchaus untunlich. Die Kluft, die sich in Folge der Annexion des Königreichs Hannover zwischen den Anschauungen meines Vaters und denen unserer Hannoverschen Verwandten und Bekannten aufgetan hatte, war zu groß, als daß man nicht vorziehen mußte, für den Augenblick ein Wiedersehen mit ihnen, namentlich aber ein tägliches Zusammenleben mit meiner Lauensteiner Tante zu vermeiden. Für mich persönlich war es das Gebotene, jetzt nach Kreuznach zu gehen, um die dortigen Bäder zu gebrauchen, und so entschlossen sich meine Eltern, mich dorthin zu begleiten. Sie holten mich in Wienrode ab, blieben mehrere Tage noch mit mir bei den Freunden, und dann wurde die Reise gen Westen angetreten. Da man bekanntlich, anstatt in der Stadt Kreuznach zu bleiben, ebenso gut in dem benachbarten stilleren und schöner gelegenen Münster am Stein sich niederlassen und Bäder nehmen kann, so beschlossen wir, hier ein Unterkommen zu suchen. Die Erinnerung an den Sommer 1862 ließ mich versuchen, ob nicht in dem hübschen Häuschen ein paar Stuben zu bekommen sein sollten, in dem damals Frau Schumann wohnte, und das den einfachen Namen trug »Wirtschaft bei Baum«. Wirklich, mehrere Zimmer standen leer, wir zogen ein, und es fand sich bald, daß wir hier sehr wohl geborgen waren. Als Arzt wurde ein Dr. von Frantzius für meine Kur zu Rate gezogen. Er war ein liebenswürdiger, vielseitig gebildeter jüngerer Mann, mit dem sich bald ein freundschaftliches Verhältnis entwickelte. Die Bäder übten anfangs eine aufregende, verschlimmernde Wirkung aus; doch mir wurde bedeutet, daß dies keineswegs als ein ungünstiges Zeichen anzusehen sei. Frantzius hielt es für notwendig, den geschwächten linken Arm außerdem durch Elektrisieren zu kräftigen, und so wanderte ich täglich zu ihm, um diese nicht gerade angenehme Prozedur über mich ergehen zu lassen. Eines Morgens befiel mich plötzlich eine heftige Halsentzündung, die mich mehrere Tage im Bett hielt und darüber hinaus eine weitere Unterbrechung der Kur veranlaßte. Auch an seelischen Aufregungen fehlte es nicht. Schon vor Ausbruch des Krieges war mehrfach davon die Rede gewesen, daß auch die Ersatzreserve, der ich selbst bei meiner letzten Stellung zugewiesen war, sofort zum Kriegsdienst herangezogen werden solle. Allein, alle Nachrichten, die dauernd von den Zeitungen in dieser Richtung gebracht wurden, erwiesen sich als verfrüht. Im August jedoch, während der Friedensverhandlungen, tauchte plötzlich das Gerücht auf, der Kaiser Louis Napoléon stelle in bezug auf das Schicksal Luxemburgs Forderungen an Preußen, denen dieses keinesfalls nachkommen könne, und da die Möglichkeit eines Krieges mit Frankreich infolgedessen nahe liege, sei der Befehl ergangen, die Ersatzreservisten unverzüglich einzuberufen. Natürlich brachten meine Eltern infolge dieser Nachrichten mehrere Tage in nicht geringer Sorge über das ihrem Sohn etwa bevorstehende Schicksal zu, und ich leugne nicht, daß auch ich selbst mich in großer Aufregung befand. Doch das drohende Gewölk, das am politischen Himmel aufgestiegen war, verschwand wieder nach kurzer Zeit und die Ruhe kehrte zurück. Trotz aller dieser Zwischenfälle ließen die Wochen in Münster am Stein bei uns dreien im ganzen eine schöne Erinnerung zurück. Erstlich gab es auch angenehme Unterbrechungen der gewöhnlichen Tagesordnung. In Kreuznach selbst war Frau Szavadÿ zur Kur anwesend. Max Bruch, der mit ihr befreundet war, suchte sie dort auf und kam während der Wochen, die er in Kreuznach zubrachte, fast täglich nach Münster herüber, um mit mir ein paar Stunden zusammen zu sein. Bei dieser Gelegenheit kam auch ich wiederum mit Frau Szavadÿ in neue Berührung und lernte die liebenswürdige Künstlerin auch als Persönlichkeit wahrhaft schätzen.

Das Beste aber schenkte uns die schöne anmutige Natur, die uns umgab, und in der wir, so weit es Zeit und Gesundheitszustand erlaubten, reichlich umherstreiften. Namentlich meinen Vater beglückte es, jene Gegenden des Oberrheins einmal wieder mit lebendigem Auge zu sehen, deren Anblick ihn einst in jungen Jahren mit innigster Begeisterung erfüllte. Damals hatte er sich die kleinen Stahlstiche nach Zeichnungen von Scheuren angeschafft, denen dieser poetisch empfindende Maler die Reize der Nahetalgegenden, wie sie einstmals bestanden, für alle Zeit das schönste Denkmal gesetzt hat. Die Ansichten der Ebernburg, des Rheingrafensteins, der Rotenfelsen und Obersteins hingen, solange mein Vater lebte, in seiner Arbeitsstube über seinem Schreibtisch[45], so daß sein Blick ihnen oft genug begegnete. Jetzt schrieb er am 5. September an Hoffmeisters:

»… Nach einigen stürmischen Tagen ist der heutige wieder ein heißer und sonniger, und da ist das Nahethal mit seinen rothen Porphyrfelsen, dem raschen Fluß und dem grünen Eichenaufschlag von eigenthümlicher Schönheit. Ich habe mich von einem Unwohlsein wieder erholt und, wenn auch nur nach wenigen Tagen Unterbrechung, die Gabe Gottes, den Naturgenuß von Neuem empfunden. Höher hinauf vom Rheingrafenstein, von einem Vorwerk der Domäne der Herzogin von Ossuna, geborenen Prinzessin Solm ist die Aussicht das ganze Thal hinab auf den Niederwald, Bingen, Johannisberg geradezu entzückend. Das Stilleben in dem ländlichen Münster, in keinem der großen Hotels, sondern der gemüthlichen ›Wirthschaft bei Baum‹ ist überaus wohlthuend, arbeiten läßt sich prächtig und die Tage verfließen nur zu schnell. Bis zum 22ten bleiben wir ruhig hier. Dann denken wir aber noch Oberstein, Saarburg, Conz, Trier und die Mosel zu besehen, Ernst nach Cöln zu bringen und dann auch einige Tage in Bonn und Rheineck zu verleben. …« Die Pläne auf weitere Umwege, bis nach Trier hinauf, kamen nur zu einem Teil zur Ausführung. Auf der Rückreise jedoch wurde von Bingen aus noch die Rochuskapelle besucht, und dann schloß sich eine vom herrlichsten Wetter begünstigte Eisenbahnfahrt durch das bunte im Schmuck der Herbstfarben prangende Rheintal.

Bei alledem konnte ich selbst nicht Herr werden über eine gedrückte Stimmung. Ich saß die meiste Zeit still in meiner Ecke und ließ alle Herrlichkeiten der Landschaft fast teilnahmslos an mir vorüberziehen. Ja, jetzt mußte sich doch bald entscheiden, ob nicht vielleicht dennoch das ganze Kurieren vergeblich gewesen! Oder war ich wirklich wieder ein leistungsfähiger Mensch mit zwei gesunden Armen geworden? Solche Grübeleien mochten es wohl vor allem sein, die mich niederdrückten! – Je einsilbiger aber mein eigenes Verhalten war, um so lebendiger und freudiger gab sich mein Vater den beständig wechselnden Eindrücken der Landschaft hin. Bald entzückte ihn bei einer Wendung des Stroms ein neu auftauchendes malerisches Bild, dann wieder regte irgendein altes Gemäuer seine Phantasie an, oder es tauchten an einer anderen Stelle Erinnerungen an ferne Jugenderlebnisse in ihm auf – kurz, nichts entging ihm, alles hatte ihm etwas zu sagen.

In Bonn stiegen meine Eltern aus, um im Hotel Kley noch für eine Woche vor der Rückkehr nach Berlin Wohnung zu nehmen. Sobald sich aber mein Vater bei seinem alten Jugendfreund Böcking hatte blicken lassen, ruhte dieser nicht, bis beide in sein schönes Haus am Rhein übersiedelten, um hier mit ihm und seinen Töchtern von früh bis spät zusammenzusein. Ich selbst fuhr nach Köln weiter, wo das Wintersemester für das Konservatorium in den nächsten Tagen seinen Anfang nehmen sollte. Ein Herr in mittleren Jahren war während der ganzen Fahrt von Bingen an unser einziger, aber völlig stummer Reisegefährte gewesen. Nun saßen wir beide allein einander gegenüber, und plötzlich fing er an zu reden. »Welch eine Freude ist es«, begann er, »einen älteren Herren kennen zu lernen, wie der es war, der soeben uns verlassen hat. Welch eine Kraft der Begeisterung hat er sich trotz seiner weißen Haare bewahrt. Mit welcher Frische der Liebe faßt er die Natur auf! Welch eine Gedankenwelt erfüllt ihn, und treibt ihn, sich beständig anregend mitzutheilen! Daran sollte sich die heutige Jugend ein Beispiel nehmen!« Die Absicht konnte nicht deutlicher sein! Mir aber blieb nichts übrig, als einigermaßen beschämt mit ein paar zustimmenden Worten zu erwidern.

Die Prüfung neuer Aspiranten für die Aufnahme in die Musikschule war die erste Amtspflicht, die ich nach meiner Rückkehr in Köln zu erfüllen hatte. Dann folgte das Wiedersehen mit den alten Schülern und Schülerinnen. Überall verlief es freundlich; bei denen, die in mir eine ernstlichere Teilnahme erweckt hatten, natürlich um mehrere Grade herzlicher. Zu den letzteren gehörten außer dem begabten Blomberg und dem braven Kühne auch ein paar junge Damen. Fräulein Michiels interessierte mich um ihres Talents willen, das namentlich in technischer Beziehung recht bedeutend war. Fräulein Therese Lambert, eine liebenswürdige, musikalisch sehr warm empfindende Natur, suchte durch unermüdlichen Fleiß zu ersetzen, was ihr an angeborener Fingergewandtheit abging. Geist, lebhaftes Temperament und vielseitige Bildung aber zeichnete Fräulein Anna Ernsts in ganz ungewöhnlichem Maße aus. Sie war die älteste von drei Töchtern eines Arztes in Düsseldorf, der dort schon im besten Mannesalter gestorben war, die Seinigen in dürftigen Verhältnissen zurücklassend. Um die mißliche Lage der Familie zu verbessern, entschloß sich Fräulein Anna, eine Stellung im Ausland anzunehmen. Sie wurde Gouvernante in einer der vornehmsten Familien Frankreichs, die, zum Hause Bourbon gehörig, ihre Abstammung von Heinrich IV. herleitete und ein Schloß in der Normandie bewohnte. Die aufregendsten und fatalsten Erlebnisse nötigten die Bedrängte nach nicht langer Zeit, ungesäumt abzubrechen und nach Deutschland zurückzukehren. An entschiedenem Talent und leidenschaftlicher Liebe für Musik fehlte es ihr nicht, und so beschloß sie, sich zur Musiklehrerin auszubilden. Die Mutter zog mit den drei Töchtern nach Köln, Fräulein Anna trat in das Konservatorium ein und wurde hier meine Schülerin. Wohl hatte sie von früh auf Klavier gespielt, von systematischem Unterricht jedoch war keine Rede gewesen, und jetzt, wo die Mitte der zwanziger Jahre bereits überschritten war, ließ die Elastizität und Gelehrigkeit der Finger schon recht viel zu wünschen übrig. Trotz alledem war es mir eine Freude, eine solche Schülerin zu unterrichten, deren Intelligenz und Feingefühl das Durchschnittsmaß ihrer Kolleginnen weit hinter sich ließ.

Den kleinen Carl Heymann hatte ich, als er im Frühling nach Köln kam, bei der bereits erwähnten Familie des Musikalienhändlers Almenräder als Pensionär untergebracht. Dann verschwand ich ihm bald genug, und er mußte sich ohne mich behelfen. Schüchtern und verschlossen wie er war, verhielt er sich beim Wiedersehen stumm genug; dennoch fühlte ich deutlich, wie froh er war, mich wieder in der Nähe zu wissen, kannte ich doch sein Rheineck und seine Eltern und Geschwister. Natürlich brachte er von nun an die Sonntagabende mit seinen beiden nunmehrigen Mitschülern Blomberg und Kühne regelmäßig bei mir zu. Wie vortrefflich der kleine Mensch im übrigen bei der Almenräderschen Familie aufgehoben war, das bestätigte sich mir immer mehr und mehr. Hier war Tüchtigkeit, kleinbürgerliche Schlichtheit und das echte gemütliche altkölnische Wesen. Bescheidenere Räume konnte es freilich nicht geben. Das Haus war kaum breiter als die Türe eines niedersächsischen Bauernhauses. Im Erdgeschoß links der schmale Eingang; rechts daneben ein beinahe eben so schmales Lädchen, in das man vom Gang aus eintrat und in dem die Schätze der kleinen Musikalienhandlung hinter dem Ladentisch aufgespeichert lagen. Weiter hinten rätselhafte Räume: ein dunkles Kabinettchen, in dem Licht angesteckt wurde, wenn man nachmittags kam, um dort Kaffee zu trinken, eine dunkle Treppe und eine geheimnisvolle Küche. Auch ein Hof mußte ja vorhanden sein, aber man ahnte ihn nur, wenn man in die lichteren oberen Zimmer trat, aus denen doch durch ein Fenster nach der Rückseite hin ein Stück Luft zu sehen war, von sehr merkwürdigem altersschwarzem hohem Mauerwerk eingekerkert. Ein Kloster, hieß es, sei dahinter gewesen. Wie viel Stockwerke übereinander die Schildergasse Nr. 26 enthielt, weiß ich nicht anzugeben; aber wie lustig es war, vorn heraus aus den Fenstern auf die enge Straße und ihr Treiben hinunterzusehen, das vergesse ich niemals. Die Seele dieser kleinen Welt war die älteste Tochter Fräulein Mina, die damals etwa 36 Jahre zählen mochte. Der Vater stand im Greisenalter und kümmerte sich wenig mehr um die Angelegenheiten des bescheidenen Musikalienbetriebs. Die Mina also besorgte den Laden, das Verkaufen, das Verleihen, das Anschaffen. Wenn nun auch eine jüngere Schwester mit der betagten Mutter die Sorgen des Haushalts teilte, so ging doch auch hier nichts recht vorwärts ohne die Mina. Sie war es, die in allen Dingen nach dem Rechten sehen mußte. Und sie tat dies nicht nur mit hellem Verstand und strenger Gewissenhaftigkeit, sondern zugleich mit einem Humor, der ebenso unwiderstehlich wie unverwüstlich war. Man konnte nicht ein paar Minuten mit ihr zusammen sein, ohne von ihr angesteckt zu werden und in die heiterste Laune zu geraten. Wenn ich nun noch hinzufüge, daß Mina Almenräder als die firmste Sängerin und Musikantin von Hiller im Konzertchor zur Führerin des Soprans auserlesen worden war, so mag man sich vorstellen, wie viel Sympathie ich bald dieser vortrefflichen Kollegin entgegenbrachte. Es war ein Mißgeschick, daß mich schon wieder einmal eine starke Erkältung befiel, und mich zu meinem Verdruß zwang, unter anderem das erste Gürzenichkonzert zu versäumen, zu dem eine Reihe guter Freunde, Hollwegs, Dr. von Frantzius mit Braut und die meisten Bonner Bekannten sich angemeldet hatten, um zugleich Wiedersehen mit mir zu feiern. Zum Glück war der Anfall schnell überwunden und, was wichtiger war, mein linker Arm schien sich in der Tat gebessert zu haben. Nach einigen häuslichen Versuchen auf dem Klavier entschloß ich mich, in einer meiner Schulstunden einmal mehrere Sachen hintereinander vorzuspielen. Keinerlei Hemmung trat hier ein, und bald hatte ich die Gewißheit erlangt, daß das Übel vollkommen beseitigt war.

Bruch kam in jener Zeit einmal von Koblenz herüber, besuchte mich und spielte mir einen neuen großen Männerchor mit Orchester vor, den er kürzlich vollendet hatte. Es war die Komposition des Linggschen Gedichts »Siegesgesang der Griechen nach der Schlacht bei Salamis«[46]. Das poetisch empfundene und außerordentlich wirkungsvoll aufgebaute Stück machte mir gleich beim ersten Hören die größte Freude, und der Eindruck schwächte sich nicht ab, ja eher steigerte er sich noch bei einem späteren Wiederhören. Es ist etwas von griechischer Meeres- und Himmelsbläue in der Musik, das über den dithyrambischen Jubel der Sieger den Schimmer der Verklärung wirft.

Für eines der nächsten Gürzenichkonzerte hatte man Stockhausen engagiert. Die letzten Erfahrungen, die ich mit ihm gemacht, konnte man ja wieder einmal nicht gerade angenehm nennen. Aber seitdem war Zeit genug verstrichen, um die Sache als abgetan zu empfinden, und so befand ich mich durchaus in der Stimmung, mich über ein Wiedersehen mit ihm zu freuen. Meiner Unbefangenheit entsprach die große Liebenswürdigkeit, mit der er mir vom ersten Augenblick an entgegenkam. Er lud mich zu sich zu Tisch ein, stellte mich dem Kunstenthusiasten Herrn Kyllmann aus Bonn vor und veranlaßte, daß dieser mich wiederum zur Teilnahme an einem gemeinsamen Abendessen im kleinsten Kreise aufforderte. Endlich entwickelte er auch wieder Pläne, die darauf hinausliefen, mich aufs neue nach Hamburg zu ziehen. Doch auf dergleichen mich einzulassen, hatte ich vorderhand nicht die mindeste Lust. Im Konzert sang er eine italienische Arie, Balladen von Schumann und schließlich in Mendelssohns Walpurgisnacht den Druiden. Dies alles, wie sich von selbst versteht, im Technischen wie in der Auffassung unvergleichlich. Leider nur empfand man, daß die stimmlichen

Mittel für einen Raum von der Größe des Gürzenich nicht vollkommen ausreichten. Er mußte sein immerhin zartes Organ übermäßig anstrengen, und die Empfindung davon gab gegen den Schluß hin dem Eindruck etwas Peinliches. »Wie schad!« füge ich in meinem Bericht noch heut bedauernd hinzu, und fahre dann fort: »Die Chöre aber sangen wie gewöhnlich lodderig, ohne doch wiederum ganz fiasco zu machen. Mir reißt zuweilen innerlich die Geduld, wenn ich in den Proben so ohnmächtig neben Hiller dasitze, und zusehen muß, wie grenzenlos oberflächlich die Geschichte abgemacht wird. Zu ändern ist daran nichts; denn die Schuld trägt ebenso Hillers Eigentümlichkeit, der das Studieren zu langweilig ist, wie überhaupt die Art der Kölner Verhältnisse, die vielen Gesangvereine, die zum Vergnügen brüllen, ohne je eine vernünftige Aufführung zustande zu bringen, und die damit den Leuten den frischen Nerv zum wirklichen Studieren eines Werks nehmen.«

Während dieser und anderer musikalischer Erlebnisse, zu denen etwa zu rechnen wäre, daß Schmitt meine im Sommer komponierte Romanze für Violoncello an einem Abend der Musikalischen Gesellschaft vortrug – bereitete sich eine bedeutsame Veränderung meiner äußeren Existenz vor. Es hatten sich gelegentlich meines letzten Unwohlseins gewisse häusliche Übelstände herausgestellt, die mich dermaßen in Verlegenheit setzten, daß mir das Wohnen bleiben bei Frau Meyer nicht ratsam erschien. Schaper war nach dem Kriege nicht wieder nach Köln zurückgekehrt man hatte ihn zuerst nach Göttingen, dann nach Hildesheim versetzt – die Annehmlichkeit des Zusammenwohnens mit ihm im gleichen Hause hatte also auch ihr Ende erreicht. So ging es mir denn ernstlich durch den Kopf, ob ich nicht versuchen sollte, ein anderes, besseres Unterkommen zu finden. Ich hörte zufällig, daß bei Königslöws, die ein eigenes kleines Haus besaßen und ein paar Zimmer an einen einzelnen Herrn vermietet hatten, dieser Mitbewohner gekündigt hatte. Gleichzeitig wurde mir von anderer Seite verraten, daß beide Eheleute es besonders gern sehen würden, wenn gerade ich bei ihnen einzöge. So war denn die Sache bald in Ordnung gebracht, und es begann mit der Übersiedelung nach der Frankstraße Nr. 11 ein Zusammenleben mit meinen neuen, prächtigen Wirtsleuten, wie es harmonischer nicht sein konnte. Die Frankstraße, in der Nähe der Mauritiuskirche gelegen, an der einen Seite begrenzt von dem großen ummauerten Besitztum der Alexianer Bruderschaft, war erst vor nicht langer Zeit mit Gebäuden besetzt worden. Die ganze Gegend dort hatte noch etwas Stilles und

Einsames. Königslöw hatte sich eines der einfachen, erst vor wenigen Jahren gebauten Häuser gekauft, wohl auch in dem Gedanken, daß hier der Wert der Grundstücke noch eine Steigerung versprach. Nach Art der im Rheinland üblichen Einfamilienhäuser hatte es drei Stockwerke und nur eine schmale Frontseite. Das Erdgeschoß enthielt die Eßstube und daneben das Musikzimmer, in dem Königslöw unterrichtete oder selbst seine Studien vornahm. Das erste Stockwerk mit seinen Wohnräumen sorgte in erwünschter Weise dafür, daß kein Schall von dort das oberste erreichte, in dem die für mich bestimmten Räume sich befanden: eine einfenstrige Schlafkammer nach der Straße heraus und nach der Rückseite ein geräumiges Wohnzimmer mit zwei Fenstern. Hier sah ich über einfache Gärten, in deren einem ein kleines, altkölnisches Häuschen mit schuppigem Schieferdach und grünen Jalousien stand, zu der hohen mittelalterlichen Stadtmauer hinüber, über die mächtige Baumkronen von jenseits herüberragten. Der frühere Mieter hatte seine eigenen Möbel mitgebracht. Da Königslöws jedoch wußten, daß es mir nun gerade um eine möblierte Wohnung und zugleich auch um Beköstigung zu tun war, so hatten sie die für mich bestimmten Zimmer mit allem Nötigen ausgestattet und sich auch mit größter Bereitwilligkeit dazu verstanden, mich als Pensionär bei sich aufzunehmen. Einen Flügel brachte ich natürlich mit; und auch ein Bild ließ ich mir von Haus kommen, um die Wand, die zwar hübsch tapeziert war, der es aber sonst an jedem Schmuck fehlte, zu beleben. Aus dem Nachlaß ihrer Mutter, der lieben alten Frau Lichtenstein, die vor nicht langer Zeit gestorben war, hatte mir meine Patin den schönen Stich von Schinkels »Blüte Griechenlands«[47] als Andenken gegeben. Dies von mir sehr geliebte Bild sollte nun über meinem Sofa prangen.

Im übrigen wurde beschlossen, daß ich morgens auf meinem Zimmer frühstücken, die Mittagsmahlzeit aber unten am Tisch meiner Wirte einnehmen solle. Abends hatte Königslöw oft bis zu sehr später Stunde in der Stadt zu tun; dann mochte ich allein oben meine Mahlzeit einnehmen. Auch am Sonntagabend, wo ich gern ein paar Schüler nach wie vor bei mir versammelte, blieb ich natürlich in meinen Räumen. Im übrigen aber war ich stets unten willkommen.

Es dauerte unter solchen Umständen nicht lange, bis ich mich ganz und gar als Mitglied der Familie fühlte. Zu dieser Familie zählten zu der Zeit, als ich meinen Einzug hielt, drei Kinder, zwei allerliebste Bürschchen von etwa 6 und 4 Jahren und ein Mädchen, das noch kein Jahr alt war; alle drei eher zierlich als kräftig, aber reizend anzusehen. Während meines Bleibens im Hause wurde ein dritter Sohn geboren, bei dem ich

Pate wurde, und in späterer Zeit folgte noch der vierte und letzte. Während der drei Jahre meines Zusammenlebens mit diesen lieben, vortrefflichen Menschen, erinnere ich mich nicht eines einzigen heftigen Wortes, das zwischen den Eheleuten gefallen wäre. – Königslöw hatte in seinem Wesen bei aller Freundlichkeit eher etwas Zurückhaltendes; enthusiastisch sich äußernd habe ich ihn niemals gesehen. Wohl aber war er gütig, treu, zuverlässig und gerecht bis zur Peinlichkeit; ein Ehrenmann durch und durch. Als Spieler konnte er wohl bei höchsten Aufgaben Überschwang und Leidenschaft vermissen lassen; völlig sicher aber war der Zuhörer vor jeder Entgleisung in Geziertheit oder andersartiger Gewöhnlichkeit, seine vornehme Natur ließ ihn unfehlbar die Grenze des reinsten Geschmacks innehalten. Frau von Königslöw besaß eine so tiefe Herzensgüte, wie mir ähnliches – wenn ich von meiner eigenen Mutter absehe – kaum jemals wieder vorgekommen ist. Dabei aber fehlte es ihr keineswegs an feinem und sicheren Urteil über Menschen und Dinge. Durch ihr ungemein lebendiges musikalisches Aufpassen erschien sie wie dazu ausersehen, die Frau eines Musikers zu werden. Immer wieder hörte man sie im Hause irgendeine schöne Stelle aus dieser oder jener Symphonie oder Sonate vor sich hersummen; die halbe klassische Literatur lebte und klang ihr in den Ohren und im Herzen. Sie war geborene Hamburgerin und hatte mit ihrer ebenfalls sehr musikalischen Schwester Marie Völkers einst vor einem Jahrzehnt dem kleinen Frauenchor angehört, den der jugendliche Brahms damals in seiner Vaterstadt um sich versammelte. Jene reizenden kleinen Chöre »Fidelin«[48], »Der Holdseligen sonder Wank«[49] u.s.w. waren unter den Augen der beiden entstanden, und man begreift, wie sie immer aufs Neue in den Erinnerungen an jene goldene Zeit schwelgten. Übrigens verkehrte Brahms auch persönlich häufig im Völkersschen Hause; von seiner Hochachtung für den Vater Völkers gibt die Tatsache Zeugnis, daß er eines seiner beiden frühen Klavierquartette dem alten ehrwürdigen Mann zueignete.[50] Die musikalische Begabung hatten die Töchter von dem Vater geerbt, der von Jugend auf für Musik, und zwar für die beste, begeistert war. Er besaß eine schöne kräftige Stimme und sang bis in sein hohes Alter mit Leidenschaft. Eines Abends hatte sich, wie Frau von Königslöw erzählte, eine Gesellschaft von jungen Leuten, zu denen auch Brahms zählte, im Völkersschen Hause versammelt. Es wurde musiziert, gesungen und gespielt, und endlich schickte sich auch der hoch in den siebziger Jahren stehende Hausvater an, ein Lied vorzutragen. Mehrere junge Mädchen kicherten, und Brahms, der seinerseits aufmerksam zuhörte, bemerkte mit Unwillen, was um ihn her vorging.

Als der Gesang schwieg, nahm er die Dämchen beiseite, verwies ihnen ihr Benehmen und führte ihnen zu Gemüte, wie bewunderungswürdig es sei, wenn ein Mensch bis in das höchste Alter so viel Kraft und Jugendfrische sich bewahrt habe, um wie dieser verehrungswürdige Greis noch immer mit Lust und Mut ein schönes Lied zu singen.

Ehe ich noch vom Neumarkt in die Frankstraße übersiedelte, hatte ich schon öfter als Gast einen Abend oder Mittag bei Königslöws zugebracht, wo ich dann in der Regel noch irgend jemanden antraf, den man außer mir eingeladen hatte. Bei solcher Gelegenheit lernte ich Michael Bernays kennen, der sich damals in Bonn aufhielt, viel nach Köln herüberkam und durch seine bewunderungswürdigen Leistungen als Vorleser und Rezitator in Privatkreisen Aufsehen erregte. Er war von Erscheinung auffallend häßlich, hielt sich schlecht und schielte. Doch das vergaß man völlig, sobald er anfing, etwas vorzulesen oder, wie er sich auszudrücken pflegte, zu »sagen«. Er besaß ein ungemein wohlklingendes, volltönendes Sprechorgan, ein bedeutendes Vortragstalent und vor allem bei gründlichster Literaturkenntnis ein geradezu unglaubliches Gedächtnis. Das erste, was ich von seinen Leistungen erlebte, war eine Vorlesung von Shakespeares »Was Ihr wollt«. Königslöws hatten dazu einige Freunde eingeladen, zu denen auch ich gehörte, und ich mußte mir sagen, daß man von der Bühne herab nur selten einen ähnlich lebendigen Eindruck des Stücks empfangen würde. Einige Wochen später las er in gleicher Vollendung in einem größeren Saal vor einer immer noch bescheidenen Anzahl von Zuhörern den ersten Teil von »Heinrich dem Vierten«[51]. Das Erstaunlichste jedoch war sein aus dem Gedächtnis »Sagen« von aller möglichen Poesie. In Goethes Dichtungen lebte und webte er vor allem. »Iphigenie«, »Tasso« und »Faust« schien er beinahe ganz und gar auswendig zu wissen; halbe Akte trug er ohne Buch vor, wenn man ihn dazu anregte. Nicht minder gegenwärtig war ihm eine Fülle von lyrischen Gedichten, nicht nur von Goethe sondern auch z. B. von Novalis und Eichendorff. Wo man nur anklopfte, fand man ihn wohlbeschlagen. Bernays hatte ein lebhaftes Verständnis für Musik und war, wenn ich abends bei Königslöws musizierte, der dankbarste Zuhörer. Namentlich Gluck versetzte ihn in die höchste Begeisterung. Auch aus Schumanns Musik zu Byrons »Manfred« spielte ich gelegentlich das eine oder andere. Er empfand den Zauber und die Macht dieser Klänge so tief, daß er mehrfach äußerte, er wünsche nichts mehr, als einmal bei einer Aufführung des ganzen Werkes das Gedicht sprechen zu dürfen.

Dies war vorausgegangen, als ich in den ersten Dezemberwochen erfuhr, daß Frau Schumann für das letzte Gürzenichkonzert vor dem Weihnachtsfest als Solistin erwartet werde. Wie eine Offenbarung fuhr es mir durch den Kopf: Jetzt müßtest du den »Manfred« mit Barnays aufführen und Frau Schumann auf solche Art feierlich begrüßen. Der Gedanke begeisterte mich. Noch niemals war die »Manfred«-Musik, dies in gewissem Sinn bedeutendste oder doch ergreifendste Werk Schumanns in Köln zur Aufführung gebracht worden; ein besserer Rezitator als Bernays ließ sich wohl nirgends finden, einen schöneren Anlaß endlich, als Frau Schumanns Anwesenheit feiern zu wollen, konnte es nicht geben, mithin: Alles mußte versucht werden, um die Sache durchzusetzen. Freilich ein Heer von Schwierigkeiten war zu überwinden! Die erste Frage lautete natürlich: Woher das Geld nehmen, um die sicher recht bedeutenden Kosten des ganzen Unternehmens zu bestreiten? Seit meinen ersten Eindrücken von der Oberflächlichkeit der obersten Kölner Geldaristokratie hatte mich doch weitere Erfahrung belehrt, daß aller Grund vorhanden war, dies summarische Urteil wesentlich einzuschränken. Ich hatte unter anderem in den Familien Wendelstadt, Deichmann und Schnitzler eine Reihe der vortrefflichsten und liebenswürdigsten Menschen kennengelernt, durfte es also wohl wagen, an diesen Stellen meine Pläne und Wünsche vorzutragen. Herr Wendelstadt war einstmals Schüler von Chopin gewesen, seine anmutige Frau spielte ausgezeichnet Klavier, und mit beiden Eheleuten stand Frau Schumann in freundschaftlicher Beziehung. Mein erster Besuch galt also Herrn Wendelstadt. Ohne weiteres erklärte er sich bereit, mit einer stattlichen Summe den festen Grund zu legen, andere Herrschaften folgten, und für den Rest war mir nicht bange. Nun handelte es sich darum, das Theaterorchester für Proben und Chor zu gewinnen und den Chor überhaupt zusammenzubringen. An die tüchtigsten Mitglieder der verschiedenen Kölner Chorvereine wurden Aufforderungsschreiben gerichtet; Königslöw studierte mit den besseren Geigenschülern des Konservatoriums die Violinstimmen der »Manfred«-Musik, um mit diesem Material das Theaterorchester wirksam zu verstärken. Zugleich entschied ich mich, als Raum für die Feier den schönen kleinen Isabellensaal des Gürzenich zu mieten, der etwa für 700 einzuladende Zuhörer Platz hatte, akustisch für Deklamation viel geeigneter war als der große Saal und ganz dem intimen Charakter entsprach, den das ganze haben sollte. Meine Chorproben am Klavier hatte ich bald begonnen, aber noch konnte ich keinen Tag für die Aufführung ansetzen, weil Frau Schumann durch eine Reihe von Engagements so stark in Anspruch genommen war, daß sie auf meine briefliche Anfrage zuerst außerstande war, einen bestimmten Bescheid zu geben. Und welche Schwierigkeiten ergaben sich weiter, als die gemeinsamen Proben für Chor und Orchester angesetzt werden sollten! Diese »Manfred«-Aufführung fuhr ja wie eine Rakete in den geregelten Gang der ständigen musikalischen Veranstaltungen. Konnte der Chor, so konnte das Orchester nicht, konnte das Orchester, so waren die Herren vom Chor nicht zu haben, und dann wieder war an dem einen Abend Quartettsoiree, am anderen Städtischer Gesangverein, am dritten Gürzenich-Konzert, am vierten Oper. Endlich traf von Frau Schumann die Nachricht ein, daß sie sich für den 19. Dezember – also den Abend nach ihrem Auftreten im Gürzenich-Konzert – frei machen wolle. Nun sah ich Land, und mit jeder Probe wuchs bei allen Mitwirkenden mehr und mehr der Enthusiasmus für das Werk, der Eifer, das Beste zu leisten. Von der Stimmung, die dann an jenem Abend des 19. Dezember durch den Isabellensaal wehte, von der Andacht, die alle, Mitwirkende wie Zuhörende, ergriffen hatte, läßt sich schwer mit Worten reden. Nicht nur die Musik und das Gedicht allein wirkten mit unwiderstehlicher Gewalt; da saß ja vorn in der ersten Reihe die herrliche Frau mit ihren wunderbaren Augen, aus denen alle Wonne und alles Weh zu sprechen schien, das in Schumanns Tönen lebt – wie konnte es anders sein, als daß ihre Gegenwart die Stimmung aller Versammelten zu schwärmerischer Begeisterung steigerte![52]

Was es an wirklich musikalischen Leuten in der Stadt gab, war bei der Aufführung, sei es mitwirkend oder zuhörend, beteiligt gewesen. Von Bonn war eine Auswahl der Besten geladen und erschienen. Max Bruch hatte sich von Koblenz aufgemacht, um das ganze mitzuerleben und überall hatte das Werk selbst wie seine Wiedergabe einen starken Eindruck hinterlassen.

Für den Augenblick konnte Hiller eine gewisse Empfindlichkeit darüber nicht unterdrücken, daß ich es gewagt hatte, auf eigene Hand, ohne ihn zu fragen, mich an die Spitze von Chor und Orchester zu stellen und ganz Köln damit in Bewegung zu setzen. Doch er war zu klug und dachte zu billig, um nicht bald wieder einzulenken. Nachhaltiger verstimmt war Gernsheim. Der alte lahme Konzertdiener Fritz, der Unentbehrliche bei sämtlichen Veranstaltungen musikalischer Vereine, vertrat selbstverständlich auch die Stelle eines wandelnden Nachrichtenbüros. Ein paar Tage nach dem 19. erschien er morgens an dem kleinen Ladentisch bei Almenräders. »Fräulein Mina«, rief er »ich kann

Ihne sage: De Manfred lähst dene Jersheim nit schlafe!« – Nichts konnte bezeichnender sein für die Situation als diese Stimme aus der Unterwelt.

Für mein weiteres künstlerisches Wirken in Köln aber war das Ereignis von entscheidender Bedeutung. Ohne es zu ahnen, hatte ich ein Samenkorn hingeworfen, das alsbald anfing zu keimen und zu treiben, um endlich die erfreulichsten Blüten und Früchte zu zeitigen.

Das Weihnachtsfest hatte ich in gewohnter Weise bei meinen Eltern verlebt und war mit dem Umweg über Wienrode in den ersten Januartagen nach Köln zurückgekehrt. Frau Schumann hielt sich noch am Rhein auf. Sie hatte für ein paar Wochen bei alten Freunden in Düsseldorf Station gemacht, so daß ich noch Gelegenheit fand, sie wiederzusehen. Einige Briefstellen mögen über die nächste Zeit berichten.

An die Eltern

»Cöln d. 9ten Januar 1867.

... Königslöw war bei meiner Ankunft auf einer kleinen Reise begriffen, die Frauen aber zu Haus und noch mit dem Thee bereit mich zu empfangen, obgleich der Zug sich bedeutend verspätet hatte. Der kleine Otto begrüßte mich auch im Nachtröckchen mit seinem allerliebsten freundlichen Gesicht; er war aufgewacht und hatte nicht wieder zu Bett gehen wollen, da er hörte, daß ich ankommen sollte... Gleich Montag Nachmittag nach absolvirten Stunden fuhr ich zu Frau Schumann nach Düsseldorf hinüber; Bruch war auch drüben, wie ich schon wußte, und wir hatten ein paar schöne Stunden; sie spielte herrlich die C dur Fantasie ihres Mannes, die sie Euch auch vorgespielt hat, Bruch seine Ballade »Schön Ellen«, die in neuer Umarbeitung noch sehr gewonnen hat, und dann nahmen wir drei spielend und singend (!) einige Stücke aus dem neuen deutschen Requiem von Brahms durch, das wirklich ganz grandiose Sachen enthält. Gestern in Cöln kam Bruch noch auf eine halbe Stunde zu mir, und reiste dann gleich nach Coblenz zurück. ...

Cöln Sonnabend d. 12ten Januar 1867.

... Eben habe ich einen kleinen Korb gezeichnet und expedirt, der zum 14ten in deinen Händen sein soll, liebe Mutter. Oben findest du eine Schachtel mit allerlei spezifischem Gebäck, von dem ich zwar nicht weiß, ob es in Hinkel, Gockel und Gackeleia[53] mit Namen aufgeführt ist, das aber jedenfalls diese Auszeichnung verdiente. Die rundlichen Dinger sind sogenannte ›Mändelchen‹ ein beliebtes Carnevalsgebäck, auch als Klöße in der Theetasse zu benutzen, die verschieden figurirten Geschöpfe heißen ›Spekulazius‹, und sind das Cölnischeste der Cölnischen Produkte, du mußt sie recht warm neben den Ofen oder eine Zeit lang in den Ofen stellen, damit sie wieder knusperig werden, dann sind sie wirklich sehr empfehlenswerth. Die viereckigen Täfelchen sind ›Aachener Printen‹; sie sind nicht viel anders als kommune Pfefferkuchen, doch hat sie Frau von Königslöw hinzugethan, und deshalb mußt du sie auch probiren. Unter der Schachtel findest du Rosenkohl, und ich fürchte, er sticht bei dir die Süßigkeiten sehr aus, doch ist Spekulazius nicht gar zu süß, und findet vielleicht auch Gnade... Liebe Mutter, was ich dir schenke, sind keine Andenken für die Ewigkeit, sondern zählt zum Vergänglichsten unter dem Vergänglichen, ich wußte aber nichts Besseres, und weiß, du issest doch wenigstens die gute Absicht mit ... Am Donnerstag Abend gab es etwas recht hübsches bei Schnitzlers; Mendelssohns ›Heimkehr aus der Fremde‹ wurde am Klavier aufgeführt; Hiller leitete das Ganze, Müller von Königswinter las das Gedicht, und die Soli waren recht gut besetzt. Was ist das für anmuthige, freundliche, jugendliche Musik! Du kannst denken, daß ich dabei auch oft an dich dachte, liebe Mutter, und bei der betreffenden Stelle an das Lied des Jägers, das dir Mendelssohn gerade jetzt vor 37 Jahren als Geburtstagsgeschenk abschrieb.[54] Das Reizendste und Schwungvollste scheint mir ein Terzett zu sein, in dem auch zu meiner Überraschung die von Vater als zu süß gerügte Stelle vorkam: ›ich wollt' dir so viel Liebes sagen‹; das klingt aber da im Zusammenhang garnicht sentimental, sondern nur so, wie es zu den Worten gerade paßt ... Heute Nachmittag habe ich den Damen wieder meinen neuen Flügel vorgeritten, und bekomme beim Spielen auf dem prächtigen Instrument solche Übelust, daß ich gern immer davor sitzen bliebe ... Hiller verreist in nächster Woche nach Leipzig u.s.w. und ich werde dann wohl mehrere Chorproben für ihn zu halten haben. Das ist mir recht lieb, noch lieber aber, daß alle Gereiztheit seinerseits wirklich vollkommen überwunden scheint ... Von Lienau hatte ich neulich einen sehr freundlichen Brief mit der Bitte gegen Honorar die Revision der Weber'schen Klavierkonzerte zu übernehmen; das ist eine leichte und sehr hübsche Arbeit, und ich habe unbedenklich Ja gesagt ...«

Von meinem Vater

»Berlin 15 Januar 1867

Mein lieber Sohn!

Als weiland Georg Ludwig Böhmer Professor juris und Ordinarius der Juristenfakultät in Göttingen und nebenbei einer der größten Pedanten seiner Zeit, im Begriff stand das Zeitliche zu segnen, rief er seine einzige Tochter zu sich und sprach, indem er ihr seine goldene Repetiruhr überreichte: ›Meine Tochter! ich tradire dir hiermit eine Uhre.‹ Da die Tochter hierauf in Thränen ausbrach, fuhr er fort: ›Mein Kind, störe nicht durch Einmischung fremdartiger Dinge die erforderliche Einheit des von mir intendirten Rechtsgeschäfts, welches man in jure eine donationem usufructuarium nennt. Du cedirst mir nämlich an dieser dir nunmehr eigenthümlich gehörigen Uhre den usumfructum, will sagen den lebenslänglichen Nießbrauch. Selbiger erlischt mit meinem Tode, und erlangest du sodann plenam proprietatem.‹

Um einen ähnlichen thränenreichen Auftritt zwischen uns zu vermeiden übergebe ich dir beifolgende vortreffliche Tiedesche Ankeruhr zum vollen Eigenthum und bemerke über ihre edlen Eigenschaften, daß sie nie geöffnet, ohne Schlüssel durch bloßes Drehen nach rechts an dem Zapfen im Ringe aufgezogen und nachdem das Zäpfchen links eingedrückt gleichfalls durch bloßes Drehen des Zapfens nach rechts und links vor- und rückwärts gestellt wird. Tiede meint, wenn du dich an diese Uhr erst gewöhnt hättest, würdest du meinen altenglischen Chronometer und Ankeruhr nie mehr in die Hand nehmen. So will ich denn diese Zeitmesser mir reserviren und zur Angabe meiner noch übrigen Lebenszeit verwerthen.

Dir aber, mein geliebtes einziges Kind wünsche und erflehe ich mit allem Vatersegen nicht allein für dieses, sondern für alle deine kommenden Lebensjahre, deren diese Uhr dir die längste Reihe menschlichen Daseins zeigen möge, Gottes reichsten Segen, wie ihn gute Kinder verdienen, die der Eltern Stolz und Freude sind, nach der alten Verheißung: Auf daß dirs wohlgehe und du lange lebest auf Erden!

Es ist ein schönes Familienfideicommiß, nach dessen Erhaltung ich immer gestrebt habe und welches eine Generation der anderen zu überliefern hat. Du wirst es weiter vererben, wie du es von deinen Eltern empfangen hast. Möchte ich doch noch erleben, daß du deinen häuslichen Heerd gründetest, wie glücklich würde das mich und die Mutter machen. Eine Weile halten wir wohl noch vor, aber nach und nach bricht der Lebensabend doch herein. Es ist ja Gottes Ordnung so und

›so lang du das nicht hast, dieses Stirb und Werde, bist du nur ein trüber Gast auf der dunklen Erde.‹[55]

Wie gern feierte ich deinen Geburtstag in deiner kleinen Häuslichkeit mit. Daß dir dein Flügel Freude macht ist ja sehr erfreulich und mit deiner alten Uhr kannst du nun vielleicht ein armes Wesen unter deinen Schülern glücklich machen. Im Geiste werden wir natürlich den ganzen Tag bei dir sein. – Gestern kam ein ganzer Stoß lieber Briefe aus Bonn, die lieblichsten von der Cousine Klingemann, die sich so sehr unserer Verwandtschaft freut. Außerdem von allen drei Böckings. Wir haben da wirklich sonnige Tage verlebt, freilich auch zum Theil weil wir etwas Neues waren, denn wenn wir da lebten, würden wir schon etwas von unserer Anziehungskraft einbüßen …

Herrn und Frau von Königslöw bitte ich auf das Herzlichste zu grüßen. Ich denke jetzt mit wahrer Beruhigung an deine Häuslichkeit. Und nun leb wohl, und gedenke in Gutem

Deines treuen Vaters.«

An die Eltern.

»Cöln d. 20ten Januar 1867.

… Zur Beschreibung meines ›Weihnachtens‹, wie der kleine Otto meinen Geburtstag nennt, wäre unter Anderem das Folgende zu sagen. Früh Morgens erschien eine kleine Sandtorte und ein wundervoller Blumenstrauß zum Theil von Fliederblüthen, die ganz wie Frühling dufteten, natürlich von den Königslöw'schen Damen mir aufgebaut. Nicht lange darauf brachte ein Freiwilliger eine große längliche weiße Schachtel, die beim Öffnen einen schönen Taktstock von Ebenholz mit weißer Spitze und geschmackvollem Griff zeigte, umwunden von einem dichten Lorbeerkranz, den ein Veilchenstrauß in der Mitte zusammenhielt. Der Griff ist von oxydirtem Silber und trägt vergoldet meinen Namenszug und in ganz kleinen Buchstaben den 19ten December 1866. Nun ging das Rathen an: von wem? Die Damen unten thaten selbst so überrascht, spielten so herrlich Komödie, daß ich nicht ahnte, sie könnten Mitwisser oder gar Mitschuldige sein. Als ich nach Tisch von der Post nach Hause komme und mit Vaters vielversprechendem Wertpacket unter dem Arm voller Neugier im Sturmschritt die Treppe hinauf in meine Stube laufe, finde ich allda versammelt Frl. Ernsts, Frl. Mathilde Bruch, Frl. Hartock (eine meiner Schülerinnen) und die Damen des Hauses, alle ganz behaglich mit Kaffee um den Tisch sitzend und in ein schallendes Gelächter über mein verdutztes Gesicht ausbrechend. Schließlich ergab sich, daß diese 5 Manfreddamen mir die schöne

Taktstocküberraschung bereitet hatten, und dafür versuchte ich nun mich mit Berliner und Cölner Torte und allerlei Musiciren liebenswürdig zu machen. Die Sache dauerte etwa anderthalb Stunden, dann lösten meine Kontrapunktschüler die Damen ab, und um 7 Uhr hatte ich für Hiller Chorprobe zu Davidde penitente von Mozart zu halten, die mich recht interessirte, obgleich ich auch an dem Abend recht gern zu Haus geblieben wäre ... Neulich habe ich mir, durch Hollweg angeregt, die von Geltzer herausgegebenen ›Protestantischen Monatshefte‹[56] hier bestellt; nun wollte ich dich, lieber Vater, fragen, ob du nicht vielleicht dafür auf die ›Preußischen Jahrbücher‹[57] abonniren und gleich den vorigen unvergleichlich interessanten Jahrgang mit dazu nehmen willst; wir könnten dann in Lauenstein gegenseitig Austausch halten ... Ganz gerührt hat mich Frau Schumann, die mir von Edinburg mitten aus aller Reiseunruhe heraus einen vier Seiten langen Geburtstagsbrief schreibt; schon daß sie daran denkt, finde ich bei ihrem bewegten Leben sehr viel, noch mehr, daß sie Zeit findet, dem Gedanken Ausdruck zu geben...«

## Aus einem Brief meiner Mutter

»Berlin d. 20ten Januar 1867

... Du wirst schon durch einen Brief von Frau Enole wissen, daß wir den Abend des 18ten bei Mendelssohns zubrachten. Es war wirklich überaus liebenswürdig von ihnen, des Tages in so freundlicher Weise zu gedenken. Wir sollten dort einige Streichquartette hören; die Herren hatten aber abgesagt. Dafür sang nun Frau Enole so viel und so schön, wie ich sie kaum jemals gehört: Außer einigen Liedern zwei Arien aus der Aulis-Iphigenie[58], dann eine Arie aus Orpheus[59], und aus dem Figaro ›Heilige Quelle‹[60]. Doch das Schönste war Clärchens Lied aus dem Egmont ›Freudvoll und leidvoll‹[61]; ich habe es niemals so herrlich im Vortrag gehört; sie mußte es zwei Mal singen ... Gestern Abend waren wir bei der Max Oriola zu einer größeren Gesellschaft geladen, in der von Herrn Ehrlich, Herren v. Fabeck und v. Saldern (Violinspieler) musicirt wurde. Ehrlich begann mit Beethovens Cis moll Sonate, deren Vortrag mir aber nicht besonders gefiel. Nachher begleitete Ehrlich dem Herrn v. Fabeck mehrere Lieder, unter Anderem Schuberts ›Lindenbaum‹ und Schumanns ›Frühlingsnacht‹, die letztere aber so langsam, daß ich es garnicht begriff, wie ein solches Vergreifen des Tempos möglich war. Ehrlich ist übrigens ein merkwürdiger Mensch. Vater saß bei Tisch in seiner Nähe, und war erstaunt über seine vielseitigen Kenntnisse ...«

An die Eltern.

»Cöln d. 28ten Januar 1867

... Ich sprach wohl schon in Berlin von dem Plan, den die Familie Bel mir – im Anschluß an mein Einstudieren der Manfredchöre – vorgelegt hatte: ich möchte in ihrem Hause Donnerstags Abends von 7 – 9 mit einem kleinen Chor Bach'sche Cantaten und altitaliänische Sachen durchnehmen. Dieser Plan nun gewann am vergangenen Donnerstag zum ersten Mal Gestalt. Aller Anfang bringt Schwierigkeiten mit sich, dieser als erste die mancherlei Lauferei zu den Leuten, die aufgefordert werden sollten, und so war das allein schon eine ziemlich zeitraubende Geschichte. Es scheint aber sehr hübsch zu werden, und ich verspreche mir ebensoviel Freude als Nutzen von der Sache. Außer den vielen singenden Damen aus dem Hause Bel sind Fräulein Mina Almenräder, Fl. Bruch, Frau von Königslöw und andere weibliche Elemente dabei; auch an tüchtigen Herrenkräften fehlt es nicht, und neulich zur Eröffnung haben wir mit großem Genuß an Bach's Cantate ›Gottes Zeit ist die allerbeste Zeit‹ studiert. Wir üben gründlich ein, und denken dann etwa alle sechs Wochen das Durchgenommene mit oder ohne ein halbes Dutzend Zuhörer aufzuführen. Nun suche ich allerlei passende Sachen, und habe neulich in meinen Bach'schen Cantatenbänden einen Chor entdeckt, der so wundervoll ist, daß ich gleich alle möglichen Leute hätte herbeirufen mögen, um ihnen das zu zeigen. ›Weinen, Klagen, Sorgen, Zagen‹ sind die Worte, und das Ganze erinnert stark an das Crucifixus aus der H moll Messe; leider ist mir dies aber nicht so genau gegenwärtig, um im Einzelnen vergleichen zu können.[XI] Am Freitag Abend hatte ich allein Probe mit dem Konzertchor für Davidde penitente; Hiller ist noch verreist, kommt erst morgen wieder und ich bedaure nur, daß er nicht ein paar Tage länger bleibt, so daß ich die letzte Probe auch halten könnte. Die Leute haben das letzte Mal so gut studiert, und waren so eifrig und freundlich, daß es mir große Freude machte, und ich gern zu Ende gebracht hätte, was so guten Anfang gehabt hat. Die Chöre sind zum Teil ganz großartig, die Solosachen sehr viel geringer, und es ist gut, daß alle außer der Sopranarie gestrichen werden. ... Gestern am Sonntag Abend hatte ich meine 3 Jungens bei mir, las mit ihnen, und musicirte ihnen zum Schluß Einiges vor. Heymännchen[62] macht mir viel Freude; alle drei wollen jetzt immer gern etwas Musik haben, wenn sie Sonntag Abends hier sind – bei kei-

XI Das Crucifixus aus der H-moll-Messe ist eine spätere Umarbeitung jenes Kantatenchors.

nem macht mir die Sache aber so viel Spaß wie bei dem Kleinen, weil er eine so feine und intensive Natur ist. Er spielt jetzt das Es dur Lied von Mendelssohn, und beweist dabei, daß er wohl Ausdruck zu geben vermag, wenn er nur Musik zu spielen hat, die seinem Gefühl verständlich ist. Dabei entwickelt sich sein Anschlag vortrefflich und ich bin nur um das körperliche Gedeihen bei ihm besorgt. Ich habe wohl noch nicht erzählt, daß Herr Wendelstadt mir das Geld, das er für die Saalmiethe beim Manfred bestimmt hatte, und auf das die Stadt jetzt generöser Weise verzichtet hat, zu beliebiger Verwendung für junge Musiker überlassen hat. Nun werde ich vieren von meinen Schülern Noten dafür anschaffen, und freue mich sehr auf die überraschten Gesichter. Ein kleines Opfer muß ich dafür bringen: Frau Wendelstadt hatte nämlich durch Schnitzlers bei mir anfragen lassen, ob ich ihr nicht wöchentlich eine Stunde à quatre mains geben würde. Unter dieser Form mußte ich das natürlich ablehnen, um mein Prinzip zu wahren; aber ich habe versprochen, ohne Honorar zuweilen zu kommen und thue das bei solchen Leuten auch gern. Ich habe übrigens bei der Direktion des Conservatoriums jetzt den Antrag gestellt, daß man mir 4 Theoriestunden statt zwei in der Woche ansetzt und auch bezahlt; tatsächlich gebe ich doch stets 4 Stunden und komme ohne das nicht aus, wenn ich meine Schüler nicht unverantwortlich vernachlässigen will; also sehe ich nicht ein, warum ich dem Conservatorium Geschenke machen soll. Eine wirkliche Privatstunde ohne Geld habe ich mir nun aber doch wieder zugelegt. Ein junger Mann Namens Janitsch, bisheriger Schüler von Seiss, hat die Musikschule verlassen, um bei mir privatim Klavierunterricht zu nehmen. Da er ein gebildeter tüchtiger und sympathischer Mensch ist so mochte ich nicht abschlagen, und gebe ihm nun wöchentlich eine Stunde. Fräulein Michiels, meine vorgerückteste Schülerin, hat heute vor 8 Tagen in der letzten Soirée des Konservatoriums ganz vortrefflich das g moll Concert von Moscheles gespielt; freilich muß sie mich auch für viele unverbesserliche Wesen entschädigen…«

Mitten in diesen ruhigen Gang der Dinge fiel urplötzlich ein völlig Unerwartetes in Gestalt eines Briefes von der Hand meines Freundes Fritz Schwerin. Als Reserveoffizier hatte dieser im Sommer des vorigen Jahres den Krieg gegen Österreich mitgemacht, hatte sich, wie nicht anders zu erwarten war, in jeder Weise ausgezeichnet und war endlich mit seinem Corps bis in die Nähe von Pressburg vorgedrungen, als hier um die Mittagsstunde des 22. Juli die eintretende Waffenruhe allem Kämpfen ein Ziel setzte. So heldenhaft Schwerins Gestalt erschien, dem

Übermaß der Strapazen, denen er sich rücksichtslos aussetzte, war doch sein kräftiger Körper nicht gewachsen gewesen. Heftige Erkältungen hatten die Atmungsorgane stark angegriffen, so daß er in dem nachfolgenden Winter, der im übrigen mit den Vorbereitungen zum Assessorexamen ausgefüllt war, immer aufs neue an Katarrhen erkrankte. Schließlich hatte er sich entschlossen, im Februar Berlin, wo er bei seinen Eltern lebte, zu verlassen und für etwa drei Monate eine Reise nach Italien anzutreten. Sein oben erwähnter Brief lautete wie folgt:[63]

»Berlin d. 31.1.1867.

Mein lieber Ernst!
Die Veranlassung dieser Epistel ist ein Vorschlag, den ich dir zur Erwägung anheimgeben möchte. Ich habe die Absicht, nachdem ich mich in diesen Tagen von den Examensnöthen befreit habe, meine Freiheit dazu zu verwerthen, mir die Welt etwas weiter als in den nächsten vier Pfählen anzusehen. Wenn ich nicht irre, hast du früher auch Reiseabsichten ausgesprochen; wie wäre es, wenn wir uns zu diesem löblichen Zwecke vereinigten? Mir ist der Gedanke außerordentlich lockend, mit dir zusammen ein Stück Welt zu durchstreifen und dir kann es am Ende nicht so wesentlich darauf ankommen, ob du jetzt oder zu einer anderen Zeit deine Reisepläne ausführst, während für mich die jetzige Zeit vielleicht vorläufig die einzig mögliche sein wird. Mein Gedanke war der, etwa gegen den 10. Februar hier aufzubrechen und direct nach Neapel durchzureisen, um von da durch Italien langsam zurückzugehen. Meine Zeit ist in sofern beschränkt, als ich Anfang Mai zur Hochzeit meines Bruders[64] zurück sein möchte, sonst bin ich aber allen etwaigen anderen Vorschlägen durchaus zugänglich. Die Zeit ist kurz, aber ich habe mich erst eben und ganz rasch entschlossen, wie wäre es, wenn du es eben so machtest? Den Gedanken finde ich ganz ausgezeichnet und großer Vorbereitungen bedarf es ja am Ende auch nicht. Das Beste würde dann wohl sein wenn du mich hier abholtest; jedenfalls bitte ich um möglichst baldige Antwort, wenn du dich nicht sofort schlüssig machen kannst, wenigstens darüber, ob Aussicht zu einer zustimmenden Erklärung vorhanden ist. Schön wäre es und schnelle Entschlüsse sind ja

bekanntlich immer die besten. In der Hoffnung auf baldige zustimmende Antwort

Dein Freund

Graf von Schwerin.«[XII]

Daß die Versuchung, hier ja zu sagen, für mich im ersten Augenblick eine fast übermächtige war, ist begreiflich. Italien sehen sollen, und das in Gemeinschaft mit einem Freunde, dessen Persönlichkeit nach wie vor einen Zauber ohnegleichen auf mich ausübte – was konnte mir anziehenderes geboten werden! Mein Vater, ohne dessen Beistand ich freilich nichts derart hätte unternehmen können, war gütig genug, die Bedeutung, die ein frühes Kennenlernen des klassischen Bodens für die Entwicklung meiner Künstlerschaft haben könnte, ernstlich hervorzuheben, und sich eventuell zu dem Geldopfer bereit zu erklären, das er bringen mußte, wenn ich wirklich reisen wollte und konnte. Dazu gehörte natürlich das Weitere, daß mir die Direktion der Musikschule abermals einen dreimonatigen Urlaub bewilligte, nachdem ich im vergangenen Jahr bereits meiner Erkrankung wegen so ausgiebig pausiert hatte. Mehrere Tage währte das Schwanken. Dann am 6. Februar schrieb ich nach Haus: »Mein Entschluß ist seit einer Stunde gefaßt; er lautet Nein! und ich will mich nun nicht länger besinnen, ihn definitiv zu machen. Diese Tage, besonders der heutige, waren nicht ganz leicht, und da ich nun mal innerlich so weit gekommen bin verzichten zu wollen, so bitte ich Euch, mir nicht noch einmal durch Eure Güte und freundliches Zureden die üblen Zustände des Schwankens zurückzurufen. – Ehe Euer Brief kam, hatte ich bereits fast entsagt; die Rücksichtslosigkeit gegen manche meiner Schüler, besonders den kleinen Heymann, der sich wie ein krankes Pflänzchen ohne Sonne hinquält, wenn nicht Jemand mit wirklicher Liebe sich um sein Tun bekümmert, lag mir schwer auf der Seele, und Almenräders, deren einfache sittliche Gesinnung ich so hochschätze, redeten mir ernstlich ab. Nun kam Euer Brief und fachte das Feuer noch einmal heftig an. Ich war bei Schnitzlers[XIII], – die mich gleich sehr freundlich zu Tisch behielten – um die Sache zu überlegen. Schnitzler versprach mir, am Freitag das Comité einzuberufen, um zu hören, ob die Herren ihre Zustimmung zu dem Urlaub ertheilen würden, – eine Frage, deren günstige Beantwortung

XII Der Schreiber hatte die seltsame Gewohnheit, alle seine Briefe, auch die an die eigene Mutter gerichteten, nur mit »Graf von Schwerin« zu unterzeichnen.

XIII Schnitzler, Vorsitzender im Direktorium der Musikschule.

doch nicht so selbstverständlich sicher war, wie ich das nach Hillers Ausspruch glaubte. Doch hatte ich mich schon, ohne Weiteres abzuwarten, anders besonnen, hauptsächlich in Anregung eines Briefes aus Wienrode von der lieben Tante Marie, der mir noch einmal die ganze Schwere der Verantwortung zu Gemüth führte. Es wurde mir dabei besonders klar, wie verkehrt es auch gegen meine eigene gedeihliche Entwickelung wäre, wenn ich nach eben wieder begonnener stetiger Thätigkeit aufs Neue auf Reisen ginge. Ich würde das Gefühl haben wie Jemand, der mit Nichts fertig wird, und immer außer Athem ist. Freilich kommt mir das, was mir jetzt geboten wird, niemals wieder, wenigstens wird sich ein solcher Gefährte nicht wieder finden; aber ich will auch nicht gar zu selbstbedauerlich sein und nicht damit sagen, daß mir Italien auf ewig verloren sein müsse; man soll die Zukunft sich selbst überlassen und im Augenblick thun, was die Vernunft fordert …

Cöln d. 10ten Februar 1867

… Es war fast komisch, wie in den nächsten Tagen, nachdem ich meinen Entschluß gefaßt und zu Papier gebracht hatte, Alles bemüht schien, ihn mir wieder leid zu machen. Erstlich wurde mir einer von meinen Schülern als ernstlich krank gemeldet, so daß ich für Wochen wohl auf sein Fehlen im Unterricht zählen kann. Dann war in meiner Klasse für drei Sängerinnen, die ich überhaupt wie eine Vorschule zum Fegefeuer betrachte, Niemand in der Stunde anwesend; wenn sie kommen, ist es freilich noch schlimmer, denn sie lernen und üben alle doch nichts, aber das gänzlich Nichtvorhandensein war jedenfalls für den Augenblick effektvoller. Am Abend bei Bels endlich, wo ich gehofft hatte ›Gottes Zeit‹ recht hübsch mit den Solis aufzuführen, pfiffen wir auf einem Tenor und einem halben Baß, – denn der alte Bel, der nur als Landsturm eintritt, zählt wirklich kaum für einen halben – und so war die Singerei recht traurig …

Cöln d. 18ten Februar 1867

… Das Reisen von hier nach Berlin scheint um sich zu greifen: außer Königslöw will auch Hiller in etwa 8 Tagen sich dorthin aufmachen, um die große Zahl seiner alten Freunde einmal wiederzusehen und er sprach schon neulich davon, daß er Euch besuchen wolle. Für den Fall, daß Ihr ihn dann einmal einladen möchtet (er bleibt 14 Tage) schlage ich vor Mendelssohns dazu zu bitten, sei es Mittag oder Abend; dann wird er Euch sehr schön auf dem Erard vorspielen – bittet ihn nur um seine Gavotte – und er und Frau Enole werden sich gegenseitig anziehen. Glücklicherweise ist mein persönliches Verhältniß zu ihm, wie bereits erwähnt, wieder das allerbeste; der Manfred ist vergessen, ich bin wieder mehrere Male Abends bei ihm gewesen, wo er wie sonst sehr liebenswürdig und mittheilsam war, und mit meinem Aufgeben der Italiänischen Reise ist er recht zufrieden. Ich selbst bin noch mehr zufrieden, daß es so gekommen ist; immer klarer wird es mir, daß es eigentlich garnicht anging zu reisen, und käme das Anerbieten jetzt noch einmal, so würde ich mich keinen Augenblick besinnen es abzuweisen. ... Der junge Janitsch, dem ich wie bereits erwähnt auf seinen Wunsch jetzt eine Klavierstunde wöchentlich gebe, ist ein höchst strebsamer Mensch. Ich habe ihm angeboten, ob wir zusammen Italiänisch treiben wollten, und er ist mit großem Eifer darauf eingegangen. Nun lesen wir auf Bernays‹ Anraten ›storie Fiorentine‹ von Macchiavelli[65], lernen dabei Sprache und Geschichte zugleich, und ich bin sehr froh endlich einmal mit einem solchen Studium Ernst zu machen ... Noch einen anderen Entschluß habe ich gefaßt: ich nehme nämlich bei dem Professor Böhme Gesangstunde. Mein Verein bei Bels, der übrigens das letzte Mal prächtig war, hat mir das Bedürfniß fühlbar gemacht, und ich halte es für gut, nun einmal nach dieser Seite hin für meine Ausbildung etwas Gründliches zu thun. Wir haben herrliche Sachen von Palestrina, Lotti, Vittoria u.s.w. aus der Singakademie und alten Dombibliothek zu unserer Verfügung, und daran kann man singen lernen. Man muß aber auch noch mehr Technisches verstehen, als ich, um den Anderen ganz beizubringen, was man haben möchte. Deshalb habe ich schnell mit Böhme eine Stunde verabredet, und in dieser Woche wird die Geschichte ihren Anfang nehmen. Letzten Donnerstag hatten wir einen vorzüglichen Herrenchor; wir Stammmitglieder alle hatten uns Mühe gegeben, passende Elemente zu werben, und wenn diese Leute uns bleiben, was wir hoffen, so ist unser Verein eine wahre Freude. ›Gottes Zeit‹ wurde noch einmal im Zusammenhang gesungen, und begeisterte uns Alle. Dazu wurde studiert ›Du Hirte Israel höre‹, und das Stimmenverhältnis war so vortrefflich, daß die wunderbar volle reiche Wirkung des ersten Chors ganz herauskam, wie man es wünscht. ... Frau Heymann hat mich neulich überrascht durch einen schönen Bisquit, umgeben von einem frischen Mooskranz den sie mir mit ein paar freundlichen Zeilen zuschickte. Das ist eine merkwürdig feine Natur, und es ist kein Wunder, daß der Kleine von seiner Mutter etwas abbekommen hat. Wäre er nur etwas weniger sensibel! überall sucht er sich einen Anlaß zur Muthlosigkeit, und jedes ernstere Wort hält er für eine große Strafpredigt ... Habe ich neulich geschrieben, wie große Freude mir das Vierhändigspielen mit Frau Wendelstadt macht? Das ist eine Frau von ganz seltener musikalischer Begabung! Wir spielten die As dur Variationen von Schubert, und ihre feine etwas schüchterne Individualität sprach sich so anmuthig in der Musik aus, daß mir wohl wurde, wie bei den meisten Klavierspielern von Profession nicht; daneben hat sie eine sehr bedeutende technische Fertigkeit ...

Cöln d. 27ten Februar 1867

... Hiller reist nun morgen ab und besucht Euch gewiß bald. Während seiner Abwesenheit habe ich die 9te Symphonie, ein Stück Schubert'sche Messe und daneben auch die Matthäuspassion mit dem Chor zu studieren ... Im nächsten Concert mit der Neunten zusammen kommt dann mein blonder Ekbert zur Aufführung, den ich vorgestern noch einmal in einer Durchspielprobe gemacht habe Hauptsächlich war diese angesetzt für die Harold-Symphonie von Berlioz[66], die dieser in Person heute Abend im Gürzenich aufführt. Sonntag Nachmittag war ich mit ihm zusammen zu Hiller geladen, Sonntag Abend zu Schnitzlers. Der Mann hat einen sehr schönen, feinen, geistvollen Kopf, dazu volles weißes Haar; die Erscheinung erinnert etwas an Hotho, nur daß diesem die eigentlich schönen Linien fehlen. Bei Schnitzlers war nur ein ganz kleiner Kreis geladen, die Conversation Berlioz zu Ehren, der kein Wort Deutsch versteht, vorzugsweise französisch, und so hatte ich nicht den Muth recht mitzureden. Desto mehr habe ich zugehört, und fand die Persönlichkeit des vielgenannten und viel angefochtenen Mannes äußerst interessant und anziehend. Das Letztere kann man von seiner Musik nicht sagen: sie krankt an einer Zerfetztheit, Gestaltlosigkeit, Gedankenöde, die in der Hauptsache nur verstimmen und mißmuthig machen kann. Doch empfindet man überall aufrichtiges Wollen und poetische Absicht, leider nur sind diese guten Dinge selten genug von eigentlichem Können begleitet. So ist denn der Eindruck mehr ein tragischer als daß er Unwillen erregte. Nur der grausame letzte Satz der Symphonie, die ›orgie des brigands‹, ist so durchaus schauderhaft, mit so furchtbar drastischen Instrumentaleffekten gespickt, daß man wüthend oder elend werden muß. Berlioz's Kunst besondere Klangeffekte zu erfinden ist ja anerkannt genug und so sind denn zum Beispiel im zweiten Satz, im Pilgermarsch, ganz merkwürdige Dinge, freilich sehr raffinirt, aber doch reizvoll und poetisch. Ohne Einschränkung ansprechend ist ein kleines Frauenduett, das neben der Symphonie noch gegeben wird, und dessen Coda im Orchester so fabelhaft klingt, daß man beide Ohren weit aufsperrt, um herauszubringen, wie das Ding zugeht. Neben Berlioz enthält das Programm ein Fragment aus dem Alexanderfest von Händel, und diese beiden Sorten von Musik nehmen sich zusammen freilich sehr wunderlich aus. Herrlich aber sind die 4 Chöre, die Hiller zur Aufführung ausgewählt hat. …

d. 28ten

Das Vorstehende hatte ich gestern nach dem Eindruck der Proben geschrieben. Das Concert am Abend dauerte bis ½ 10 Uhr. Dann folgte ein souper im Gürzenich zu Ehren von Berlioz, das bis gegen 2 Uhr währte. Noch einmal muß ich wiederholen, eine wie außerordentlich liebenswürdige, ja geradezu bezaubernde Persönlichkeit Berlioz ist. Man hatte mich gestern Abend ihm gerade gegenüber gesetzt und ich faßte mir endlich ein Herz, auf französisch mitzuschwatzen. Dabei kamen wir auf Gluck zu sprechen – seine Begeisterung für Gluck ist ja bekannt – das Thema war also ein solches, in dem wir uns sehr gut begegneten, so gut, daß Hiller einmal dazwischen fragte: ›dans quel acte êtes-vous arrivé?‹ Über seine Musik jedoch hat das wiederholte Hören mein Urtheil nicht verändert. Das Duett und der zweite Satz der Symphonie gefielen mir wieder sehr gut. Von Herzen wollte ich mich gefreut haben, wenn ich auch das Übrige hätte erträglicher finden können; von wenigen Einzelheiten abgesehen aber war mir das leider nicht möglich. Otto Jahns Kritik über die Harold-Symphonie, die ich dieser Tage aufs Neue gelesen habe, finde ich freilich trotz aller Wahrheit im Großen und Ganzen doch zu hart, ja stellenweise sogar unbegreiflich. Vielleicht würde er heute über Einzelnes anders denken …

Rheineck d. 4ten März 1867

… Wie Du siehst, liebe Mutter, bin ich in Rheineck, und hier ist es in diesen frischen hellen Tagen ganz unvergleichlich schön. Vom Frühling giebt es schon Spuren genug. Die Scilla's[67], die an dem ganzen Waldabhang nach dem Rhein hin in Menge wachsen, sehen überall mit ihren blauen Blüthen aus dem Boden heraus, auch Veilchen sind schon da, doch ist augenblicklich infolge der Nachtfröste ein Stillstand eingetreten, der hoffentlich nicht allzuviel Nachtheil bringt. Es war bis dahin Alles schon so merkwürdig weit vorgerückt. Ich wohne dieses Mal auf Elisabeths[XIV] Zimmer; meinen kleinen Schüler habe ich den Eltern mitgebracht, und Frau Heymann pflegt mich wieder so vortrefflich, daß es

XIV Elisabeth von Bethmann Hollweg hatte sich inzwischen mit Herrn … von Dobeneck verheiratet.

fast zu viel des Guten wird. Ich wäre schon ganz zufrieden, wenn es eine Woche so fortginge, doch in diesem Jahr sind die Fastnachtsferien an der Schule kürzer bemessen, als im vorigen, am Donnerstag fängt der Unterricht wieder an …

Cöln d. 14ten März 1867

… Heute ist Frau von Königslöws Geburtstag, und da sie es so nett eingerichtet hat, daß alle ihre jungen Freundinnen musikalisch sind und fast alle hübsche frische Stimmen haben, so habe ich ihnen – 10 an der Zahl – 3 kleine Lieder für dreistimmigen Frauenchor a capella[68] einstudiert, die ich vor einiger Zeit komponirt habe, und die uns Allen jetzt eben viel Spaß gemacht haben. Heute Morgen um halb 9 hatten wir noch letzte Probe bei Fräulein Ernsts; ich stahl mich dazu aus dem Hause, und ungesehen kam dann eine halbe Stunde später der ganze Choros, Apollo mit 10 Musen, wieder durch die Thür hereingeschlichen. Wir verfügten uns in die Stube neben dem eigentlichen Aufbauzimmer und ließen das Geburtstagskind aus irgend einem beliebigen Grunde in das letztere herunterrufen. Dann ging der Gesang hinter der Scene an, und das Ganze gelang vollkommen. Auch Bernays war dazu von Bonn herübergekommen und ich wünschte, Ihr hättet auch zugehört! – Ursprünglich wollte ich Vater die Sachen als Gruß zum 21ten März vorsingen lassen. Clärchen Baumeister als Dirigentin und ersten Sopran hatte ich dabei natürlich vor Allem, leider aber fast allein im Auge, und wußte damals außerdem noch nicht einmal, ob sie von ihrer Verwandtenreise nach Prenzlau zurückgekehrt sein würde. Hinterher aber kam mir zu deutlichem Bewußtsein, daß man mit einem einzigen Sopran nicht dreistimmige Frauenchöre singen kann, und da deine Dienstagsmädchen[XV], liebe Mutter, zumeist nicht zu den Singvögeln, sondern zu nützlicheren Vogelgeschlechtern gehören, so wußte ich die Lücken nicht zu besetzen … Am nächsten Dienstag kommt der blonde Ekbert im Concert an die Reihe; dazu ›Schön Ellen‹ von Bruch, ein reizendes Werk für Soli, Chor und Orchester, ferner das ›Sanctus‹ aus Schuberts Messe in Es-dur und endlich die neunte Symphonie; also gute Gesellschaft, hoffentlich nicht zu gute! Meine Ouvertüre dirigire ich natürlich selbst …

---

XV Meine Mutter versammelte schon seit Jahren an den Dienstag-Nachmittagen eine Anzahl junger Mädchen aus dem Kreise ihrer Verwandten und Freunde um sich, zu gemeinsamer Lektüre und sonstigem heiteren Beisammensein. [Anmerkung mit Korrekturstift: **Sollte dies schon an anderer Stelle erwähnt sein, so ist natürlich diese Anmerkung zu streichen.**]

Cöln d. 20ten März 1867

Zur Vorfeier deines Geburtstages, lieber Vater, spanne ich hier zehn Damen an, die dreistimmige Lieder singen und lasse den blonden Ekbert im Gürzenich spielen; das Unpassende ist nur, daß du von dem Allen nichts zu hören bekommst, und das ist mir leid genug. Das Programm vom gestrigen Abend lege ich bei. Meine Ouvertüre ging vortrefflich; Hiller hatte mir die reichlichste Zeit zum Studieren gelassen, und so kam denn endlich Alles so heraus, wie ich es mir dachte. Das Ganze klingt gut, und die Hauptsache war mir, die Empfindung zu haben, daß es nun wohl so bleiben kann. Der Beifall war ganz hübsch aber nicht rauschend, wie das ja auch garnicht anders zu erwarten stand. Erstlich fordert der leise verhallende Schluß keinesweges zum Klatschen heraus; ferner aber konnte die Stellung im Programm, zu Anfang des Concerts, wo noch ein Viertel der Zuhörer fehlt, und Alles noch nicht recht warm ist, eher eine noch geringere Aufmerksamkeit und Theilnahme voraussetzen lassen, als sich thatsächlich kundgab. Endlich aber ist es mein Grundsatz: ›Wer nicht die Welt in seinen Freunden sieht‹ u.s.w., und meine Freunde haben Freude an dem Stück gehabt.

Ein gehöriges Musiciren gab es in den letzten Tagen. Hiller (der übrigens mit großem Vergnügen an den Abend bei Euch zurückzudenken scheint) hatte noch nicht Lust gehabt, zur Sonntagsprobe zu kommen, und ließ mir sagen, ich sollte mit dem Orchester auch die 9te Symphonie studieren. Das war mir gerade eine gefundenes Fressen, und so ließ ich nach langem Probiren am Ekbert und nachdem Bruch sein ›Schön Ellen‹ selbst durchgenommen hatte, den letzten Satz mit den Solisten vom Orchester durchspielen. Montag Abend in der Hauptprobe mußte ich mein Zepter für die Neunte mit etwas schwerem Herzen wieder an Hiller abtreten, machte aber meine Ouvertüre noch zwei Mal und gestern Vormittag in der letzten Orchesterprobe noch ein Mal. Es ist merkwürdig, was es thut, ob die Leute ein Stück gründlich kennen, oder nicht. Es war nicht wieder zu erkennen gestern Abend im Vergleich zu den ersten Durchspielproben, und abgesehen davon, daß an dem Stück selbst Manches geändert und gebessert ist, habt Ihr es doch auch in der Ausführung nicht annähernd so gut gehört.

Sonntag Mittag kam Bernay's aus Bonn zu uns, nachmittags Bruch und Stockhausen, der aus der Nähe von Crefeld für einen Tag herübergekommen war. Er war sehr liebenswürdig und blieb den Abend, wo Bernays den Prinzen von Homburg[69] sehr schön las. Montag und Dienstag habe ich bekanntlich immer je vier Stunden zu geben, dazu 2 Proben und das Concert, kurz es war genug, ich kann aber nicht sagen, daß es mir irgendwie zu viel geworden wäre.

Nun aber endlich zum 21ten zurück, den ich noch kaum erwähnt habe! Ich hätte Dich so gern in diesem Jahr mit etwas Musik gefeiert, um aber wenigstens nicht aufs Neue zur Photographie zurückzukehren, schicke ich dir ein Buch, das mir von so mancher und höchst verschiedener Seite – z. B. ebensosehr von Stockhausen als von Hector Berlioz – gerühmt worden ist, daß ich hoffe, es macht Dir Freude. Erkmann-Chatrian[70] behandelt die Zeit der Napoléonischen Kriege vom Standpunkt eines jungen Elsässischen Rekruten aus betrachtet und steckt den Franzosen in französischer Sprache ein Licht über die wahre Beschaffenheit der Napoleonischen Größe auf. Das Buch soll in Paris enormen Erfolg haben und ebenso schön in der Darstellung, wie sittlich und gemüthlich anregend sein…

Große Freude hat hier allgemein die gestrige Nachricht aus Bayern[XVI] erregt, die durch Extrablatt mitgetheilt wurde. Wie vortrefflich, daß wir schon so weit sind mit unseren Beziehungen zum Süden! ich denke, allmählig muß doch auch dem Verstocktesten dort die Wahrheit einleuchtend werden. Bismarck ist kein Geringerer als Friedrich der Große! …«

## Von meinem Vater

»Berlin d. 22ten März 1867.

Lieber Sohn! Ich habe gestern viele Blumen, Glückwünsche und Briefe als weit über Verdienst gefeiertes Familienhaupt erhalten, aber unter allen keinen lieberen als deinen mit der schönen Nachricht über deine Ouverture, deren Aufführung wir im Geiste mit dir durchlebt haben. Um dir nun dafür wieder – wie ich mir denke – eine Freude zu machen, habe ich für dich das Sakramenthaus in der alten Stiftskirche zu Wunstorf (Wuotan's-dorpe) im Hannoverschen Lande nach 40 Jahren ausgezeichnet, welches ich bei einem Besuch bei Mandelslch's in Dündorf bei Wunstorf – ob im Jahre 1826 oder 1827 weiß ich nicht mehr genau – aufgenommen hatte. Amsler und Ruthard[71] haben es hübsch aufgezogen und sollen es dir zusenden. Dündorf liegt auf dem Wege zu der lieben alten Tante Melusine, die mir in ihrem 97ten Jahre, wie sie sagt, – es ist aber erst das 94te – einen eigenhändigen Brief, begleitet von einem

---

XVI Gemeint ist wohl das Zustandekommen der Zollvereinsverträge zwischen Bayern und dem Norddeutschen Bund.

Huhn und Zuckerkrengeln sendet. ... Wendt[XVII] gewinnen wir immer lieber; es ist doch ein tüchtiges Pflichtgefühl in ihm. Und wie schnell kommen diese Hannoveraner – bis auf die Junkerparthei – herum. Erst schimpfte er auf Alles hier, jetzt hat er schon Blut geleckt, und es gefällt ihm immer besser. Die großartige offene Politik Bismarcks gewinnt nach und nach alle Herzen. Noch nie hat ein Staatsmann und Diplomat so offen und gerade durch gesprochen, wie er gegen die Polen und Hannoverschen Junker. Alle diplomatischen Kniffe hören auf, und wenn Jemand ihm mit den alten Umwegen kommt, so sagt er ihm: ›Sie wollen mich doch nicht vom Wetter unterhalten. Was ist dahinter?‹

Dein Erkmann-Chatrian kommt eben an und ich bin sehr begierig darauf. Jetzt aber komme ich noch nicht dazu. Ich habe nominell freie Zeit, aber wie? Morgen Kammergerichtsexamen, Dienstag Doktorprüfung. Vielleicht kommt später etwas Ruhe um es zu genießen. Aber erst noch viele Spruchsachen...

Tante Marie Hofmeister freut sich zum ersten Male politisch ganz mit uns einig zu sein und sich als loyale Preußin fühlen zu können. Sie erkennt es an, daß die Regierung wirklich ihr Möglichstes gethan habe. ... Gestern berichtete Fräulein L. R., die jetzt hier ist und Nachrichten aus unserer hannoverschen Heimath bringt, mit Befriedigung, daß sämmtliche Bauermeister und Schulzen des Amts Lauenstein der neuen Regierung den Eid verweigert hätten, den der Amtmann und Superintendent geleistet haben. Wendt kurirte sie mit der Bemerkung, das thäten die egoistischen Bauern blos um das lästige Baumeisteramt bei dieser guten Gelegenheit los zu werden...«

## Von Clara Schumann

»London d. 14ten April 1867

Lieber Herr Rudorff, ich wollte Ihnen doch mittheilen, daß ich nächsten Sonnabend Nachmittag (gegen 6 Uhr glaube ich) von Brüssel nach Cöln komme, um von dort noch am selben Abend nach Düsseldorf zu reisen, wo ich die Feiertage jedenfalls bleibe. Es würde mich herzlich freuen Sie zu sehen, und dann müßten Sie mir erzählen von Ihrer Ouverture, die, wie ich zu meiner Freude hörte, so gut aufgenommen wurde, auch ›Schön Ellen‹ von Bruch soll sehr gefallen haben. Ich hoffte immer, mal von Einem von Ihnen eine direkte Nachricht zu

---

XVII Adolf Wendt, Bruder meiner in Lauenstein lebenden Tante Marie Rudorff geb. Wendt, geborener Hannoveraner, als Verwaltungsbeamter von Preußen 1866 übernommen und nach Berlin in das Finanzministerium berufen.

erhalten – es hätte mich so gefreut, hätten Sie Beide daran gedacht, welch Interesse ich an dem guten Erfolg Ihrer Werke nehme…«

Ich muß hier zeitlich eine Strecke zurückgreifen, um von einer Angelegenheit, die mich seit Wochen lebhaft beschäftigte, im Zusammenhang zu berichten. Von Stockhausen erhielt ich im Februar den folgenden Brief:

»Hamburg d. 20ten Febr. 1867

Lieber, verehrter Freund! … Ich habe meine Stellung hier aufgegeben und will wieder reisen, singen. Man läßt mir keine Freiheit. Ich muß jeden Montag, jeden Mittwoch am Klavier sitzen, und dabei ›heischen die kleinen Kinder Brod‹ u.s.w. Urlaub aber habe ich während des Monats März und ein Anderer [soll] das Philharmonische Concert am 15ten dirigieren. Ich wollte die Wahl träfe Sie; vorgeschlagen habe ich Sie allzuerst; was draus wird, weiß ich nicht. Weiß ich doch nicht einmal, ob Sie gerne kämen. Heute ist Comité-Sitzung, und ich werde Ihre Ouvertüre erwähnen. Den Brief schließe ich erst nach Beendigung derselben. Conkurrenten zeigen sich schon, bitten aber alle um Discretion, also – still! … Nachschrift: Das Philharmonische Comité frägt an, ob Sie am 5ten April im Abschiedsconcert Ihre Ouverture dirigiren wollen. Am 15ten März dirigirt von Bernuth. Kennen Sie ihn?«

Von dem Inhalt dieses Briefes setzte ich meine Eltern in Kenntnis, fügte hinzu, daß auch Königslöw mir den Rat gegeben habe, mich um die von Stockhausen aufgegebene Hamburger Stellung zu bewerben, und fuhr dann fort: »Es ist ja die große Frage, ob man sie mir bei meinen 27 Jahren geben würde, doch ist es auch nicht unmöglich, da man mich dort kennt und mir von mancher Seite her wohl will. Übrigens muß ich gestehen, daß ich sehr ungern hier schon zum nächsten Winter fortginge; je länger ich hier bin, um so mehr lerne ich Menschen und Dinge kennen, die mir werth sind.«

Am 4. März hatte ich meinen Eltern über einen neuen Zwischenfall zu berichten: »Mittwoch Abend suchte ich Max Bruch auf, der auf der Durchreise in Cöln war und mir im Vertrauen einen Brief von Stockhausen mittheilte, in dem dieser ihm anzeigt, daß er ihn (Max) und mich zu der Hamburger Stelle vorgeschlagen habe. Das ändert nun die ganze Situation, und fast hätte ich gleich völlig zurückziehen mögen, weil ich für Bruch die Stelle so höchst wünschenswerth finde, und der Ansicht bin, daß er um seiner so viel entwickelteren Leistungen und Erfolge in der Composition willen den ersten Anspruch darauf hat. Doch das war im ersten Augenblick der Erregung. Jetzt scheint es mir das einfach Richtige für mich zu sein, den Gang der Dinge abzuwarten. Ich dirigire meine Ouverture am 5ten April, er seinen Frithiof hinterher im letzten Concert und Herr von Bernuth, den das Comité sich selbst vorgeschlagen hat, kommt schon am 15ten März um ein ganzes Concert ohne eigene Composition zur Probe zu dirigiren. Ich habe an Stockhausen geschrieben, und ihm gedankt für seine Freundlichkeit, sein Vertrauen, habe dem Comité ohne weitere Randglossen mitgetheilt, daß ich zum Dirigiren kommen würde, und werde nun weiter nichts dafür oder dawider unternehmen. Bruch und ich behandeln die Sache so aufrichtig und freundschaftlich unter uns, daß ich nicht fürchte, der eine oder andere Ausgang könnte unser Verhältniß stören. Ich bin ziemlich überzeugt, daß man ihn wählt, und wünsche es ihm um seinetwillen; nebenbei kann ich aber auch nicht einmal sagen, daß ich mir um meinetwillen entschieden das Gewähltwerden für die Stelle ersehne. Ich gehe ungern von Cöln fort, und sehe es mehr als meine Pflicht an, etwas so Vortheilhaftes, wie die Hamburger Thätigkeit nicht von der Hand zu weisen.«

Mittlerweile hatte Herrn von Bernuths Auftreten als Probe-Dirigent in Hamburg stattgefunden, und die Zeitungskritik über seine Leistungen, die mir Stockhausen zuschickte, pries ihn in so überschwenglichen Tönen, daß man sich wohl sagen durfte, weitere Bemühungen seien überflüssig. Nichts desto weniger machte ich mich am Montag den 1. April ganz wohlgemut auf den Weg nach Hamburg. Stand mir doch immer wenigstens die Freude bevor, meine Ouvertüre dort selbst vorführen zu können. Stockhausen hatten mich eingeladen, bei ihnen zu logieren, und ihre Gastfreundschaft war so herzlich, daß ich mich recht wohl in ihrer jungen Häuslichkeit fühlte. Das Programm des Konzerts lautete: Ouvertüre zu Figaro, Arie aus Aetio[72] von Händel, gesungen von Stockhausen, Poppers Violoncellkonzert gespielt von […][73], Lieder (Nachtlied von Mendelssohn, Widerschein von Schubert, Geständnis von Schumann) gesungen von Stockhausen. Solosachen für Violoncell. Ouvertüre vom blonden Ekbert. Den zweiten Teil bildete die C-Dur Symphonie von Schubert. Abgesehen von den Solostücken, die Konzertmeister Boje dirigierte, hatte ich alle Werke für Orchester zu leiten. Dienstag Vormittag und ebenso Mittwoch war Probe, und nach dreistündigem Studieren zogen wir, d. h. eine Gesellschaft von etwa 20 Musikern und meine Wenigkeit, zum Frühstück in irgend einen

Austernkeller. Die Musiker waren sehr liebenswürdig gegen mich und bewiesen mir durch Applaus bei der zweiten Probe und verschiedene Privatäußerungen, daß mein Stück ihnen wirklich zusagte. In der halböffentlichen Generalprobe am Donnerstag nachmittag war auch das Publikum recht freundlich. Zwischen all diesen Proben lag natürlich eine Flut von Besuchen bei alten Freunden und Bekannten, die ich wiedersehen wollte, und dazu sollte auch die mir noch fremde Königslöw-Völker'sche Verwandtschaft aufgesucht werden, die draußen vor den Toren in Hamm wohnte. Frau Wolff-Immermann lud mich nach der Generalprobe zu sich ein; der liebenswürdige Architekt Andreas Meyer war wieder, wie ehemals so oft, mit mir gemeinsam dort zu Gaste, und in diesem anregenden Kreise wuchs mir plötzlich die Lust zu der Hamburger Stelle. Auch Avé lud mich zu Mittag ein und beteuerte, wie sehr er meine Wahl wünschte. Vielleicht war das ernst gemeint, so lange das Mittagessen währte, länger aber gewiß nicht, denn hinterher mußte er sich besinnen, daß sein Herz, d. h. seine Stimme, schon vergeben war. Im Konzert verlief alles vortrefflich, bis auf das schmähliche Violoncellkonzert, das stellenweise aus den Fugen geriet, das ich ja aber gottlob nicht zu dirigieren hatte. Mit seiner Langweiligkeit aber verdarb es vielleicht für den Augenblick etwas die Frische der Stimmung im Publikum. Trotzdem mußte Stockhausen, dem ich natürlich am Flügel begleitete, das herrliche Schumannsche Lied aus dem Spanischen Liederspiel »Also lieb' ich Euch Geliebte« wiederholen, und dann gab er noch auf stürmisches Verlangen Mendelssohns »Leise zieht durch mein Gemüt« zu. Es wäre mir ganz recht gewesen, wenn es nun eine Weile noch so fortgegangen wäre; wir hätten noch manches schöne Lied aus dem Stegreif liefern können; aber die Zeit drängte, und es war schon zu viel Musik hintereinander gemacht worden. Meine Ouvertüre wurde gut aufgenommen, die Ausführung jedoch war in Köln schöner gewesen. Hamburg verfügte nicht über so ausgezeichnete Mittel wie die rheinische Musikhauptstadt. Stockhausens hatten mich mehrere Male gefragt, wen ich nach dem Konzert eingeladen haben wollte; ich hatte wiederholt abgewehrt, schließlich aber fand ich dennoch einen kleinen Kreis versammelt: Avés, Wolffs, Grädener und einige junge Leute, Auer, der jetzt als Konzertmeister in Hamburg fungiert, den Cellisten Albrecht und Andreas Meyer. Die größte Freude aber machte es mir, daß Stockhausens jüngster Bruder Franz, mein lieber Freund aus der Leipziger Zeit, zur Stelle war. Seine Anwesenheit machte mir das ganze Zusammensein von Anfang an gemütlich.

Eine Woche nachdem ich Hamburg verlassen, traf Bruch hier ein, dirigierte seinen Frithiof und beschloß damit die Schaustellung der drei »Probedirigenten«. Daß Herr von Bernuth als Sieger aus dem sogenannten Wettbewerb hervorgehen werde, hatte man ja längst mit [...][74] Gewißheit vorausgesehen. Allein, von einem »Wettbewerb« war in der Tat garnicht die Rede gewesen. Der Gewählte war der intime Freund des einen der Herren, die das Komitée der Philharmonischen Konzertgesellschaft bildeten, und dieser Herr hatte von vornherein sich der Stimmen seiner sämtlichen Kollegen so fest versichert, daß wir beiden anderen Bewerber nur als Puppen aufzutreten hatten, um den Schein einer Konkurrenz zu wahren. Ich hatte, als ich Musikschüler in Leipzig war, Herrn von Bernuth wohl zuweilen im Vorbeigehen gesehen, ohne ihn jedoch eigentlich kennenzulernen. Er war damals ein hübscher, stattlicher junger Mann, im Anfang der dreißiger Jahre stehend, hatte vor Jahren Jura studiert und bereits sein erstes Examen absolviert, als er sich entschloß, Musiker zu werden und das Leipziger Konservatorium zu besuchen. Während meiner Anwesenheit fungierte er hier als Dirigent eines Dilettantenorchesters. Wir übermütigen Konservatoristen nahmen ihn deshalb als Musiker nicht ernst, ohne jedoch im mindesten über seine Leistungen orientiert zu sein. Später wurde er unter anderem Leiter der Leipziger Euterpekonzerte und hatte als solcher ohne Zweifel vor Bruch und mir den Vorzug einer längeren Erfahrung im Ausüben einer regelmäßigen Dirigententätigkeit. Von seiner späteren Wirksamkeit in Hamburg habe ich niemals einen persönlichen Eindruck empfangen, enthalte mich also in dieser Hinsicht jeder Kritik.

### An die Eltern

»Cöln d. 6ten Mai 1867

... Eine sehr angenehme Ueberraschung wurde mir am Freitag Nachmittag. Beim Nachhausekommen vom Conservatorium fand ich ein paar Zeilen von Fritz Schwerin aus Paris vor, die mir seine Ankunft für den Abend meldeten, und denen zufolge ich mich umgehend auf den Bahnhof begab, ihn zu empfangen. Wir blieben dann sammt Ernst Jonas[XVIII] und einem mit diesem befreundeten Bonner Studenten den Abend über zusammen und ich freute mich sehr, Fritz so durchaus wohlaussehend, so frisch und liebenswürdig zu finden. Er erzählte von der Reise stellenweise mit so viel Aufschwung, wie man nicht gewöhnt

XVIII Schwerin hatte für die beabsichtigte Reise nach Italien, nachdem ich abgelehnt ihn zu begleiten, seinen Vetter Ernst Jonas aufgefordert, sein Gefährte zu sein.

ist, solchen äußerlich an ihm wahrzunehmen. Auch seine politischen Berichte über die Stimmung in Frankreich, die in letzter Zeit so passionirt friedlich ist, waren sehr interessant...

Cöln d. 12ten Mai 1867

... Als dein Brief kam, liebe Mutter, in unsere Julihitze hinein und von Kälte sprach, da machte das einen ganz absonderlichen Eindruck und führte mir recht zu Gemüthe, wie ungeheuer und sehr plötzlich der Umschwung der Temperatur gewesen war. Jetzt habt Ihr ja natürlich auch längst Hitze und der Frühling geht aller Orten im Sturmschritt vorwärts. Um ihn bei dieser Gelegenheit noch vor dem Abschied ein bischen abzufangen, setzte ich mich Freitag Nachmittag nach meinen Stunden mit meinem Schüler Peyer auf die Bahn, dem eine solche Aufforderung willkommen war, und der den Vorzug vor den Anderen besitzt, seinen Part selbst bezahlen zu können und zu wollen. Wir fuhren bis Godesberg, gingen durch den Wald von blühenden Fliedergebüschen, Goldregen und Weißdorn zur Ruine, hatten dort den bekannten immer aufs Neue entzückenden Ausblick und machten uns nach halb 8 Uhr auf den Weg nach Plittersdorf, das hart am Rhein liegt, Dondorf gegenüber, und wo wir zu übernachten gedachten. Das allerliebste kleine Wirthshaus nimmt aber Niemanden zur Nacht auf und so blieb uns die Wahl, entweder noch nach Dondorf überzusetzen oder den Weg bis Mehlem auf dem linken Ufer fortzusetzen. Die Nachen zum Übersetzen waren bereits auf der anderen Seite, und so entschlossen wir uns zum Letzteren. Der scheinbare Queerstrich brachte uns gerade das Schönste und Eigenthümlichste an unserer ganzen Tour, denn der Gang bis Mehlem den Rhein herauf, immer hart am Strom bei schönstem Mondschein und in Wellen von Blüthenduft, die der Wind uns aus den Gärten zutrug, konnte nicht herrlicher sein. In Mehlem fanden wir ein sehr hübsches gemüthliches Wirthshaus, vom Dorf eine Strecke abgelegen, noch ganz im althreinischen Styl mit hohen Giebeln und mit einem Garten zur Seite; wir waren die einzigen Gäste, hatten zwei schöne geräumige Zimmer, das eine mit einem Balkon gerade über dem Rhein, und so war es schwer zu Bett zu finden, wo der Drachenfels und Königswinter vom Mond beschienen unmittelbar vor uns lagen, die Nachtigallen beständig über das Wasser her schlugen und der Strom ebenso beständig um den Kiel eines Schiffes rauschte, das zu unseren Füßen Anker geworfen hatte. Vor 6 Uhr Morgens waren wir schon wieder auf den Beinen, fuhren hinüber, stiegen auf den Drachenfels und die Wolkenburg, lagen dort lange Zeit im Grünen, die prächtige Landschaft auf- und abwärts betrachtend, setzten endlich wieder von Röhndorf nach Rolandseck über, aßen dort zu Mittag und waren um halb 6 Uhr in Cöln.

Hätte ich nicht in der Musikalischen Gesellschaft zu dirigiren gehabt, so wäre es verführerisch gewesen, länger auszubleiben; doch setzte das Muß dem Dinge ein Ziel, und es ist ganz gut so, denn heute ist das Wette weniger schön. Die Musikalische Gesellschaft bringt mich nun auf die Musikalische Gesellschaft, wie das einfach zu begreifen ist, und da sollte ich jetzt den ganzen schönen Tanz erzählen, der seit 8 Tagen im Gange und sehr viel weniger poetisch ist als eine Wanderung auf den Drachenfels. Ich will versuchen mich möglichst kurz zu fassen: Vorigen Sonntag hatte ich die ›Meeresstille‹ von Mendelssohn, meine Schubert'sche Fantasie[75] und die Abenceragen von Cherubini[76] angesetzt. Als ich ankam, fand ich mindestens die Hälfte der Orchesterplätze von unbekannten Leuten eingenommen. Beide Oboisten, beide Fagottisten, drei Hornisten, beide Trompeter, ein Klarinettist und zwei Posaunisten hatten Stellvertreter geschickt, weil sie im Sommertheater zu spielen hatten, wo sie mehr Geld verdienten als hier; außerdem fehlten die einzigen tüchtigen Elemente am Contrabass, an der Bratsche und dem Violoncell. Die ›Meeresstille‹ verlief derart, daß ich es kaum ertrug; doch ließ ich die Dinge hingehen, in der Voraussicht, die Fantasie würde noch schlimmer werden. Das geschah dann auch. Nach dem ersten Abschnitt klopfte ich auf, um mit dem Stück abzubrechen und ließ die Noten zur G moll Symphonie von Mozart auflegen. Schon dieser Akt hatte eine ziemliche Sensation hervorgerufen. Als aber von der Symphonie etwa 40 Takte gespielt waren und hier die Fagotte es vorzogen, in G dur statt in G moll zu blasen, während im Übringen fast sämmtliche Bläser sich verzählt hatten, klopfte ich abermals auf, sagte, auf diese Weise musicire man nicht, und verließ das Pult. Das war den alten Philistern noch nicht geboten worden und der Teufel war los. Ich ging zu einem der Vorstandsherren und sagte, es sei kein Wunder, daß dergleichen vorkäme, wo man die Musiker so schlecht bezahle, daß sie es vorziehen mußten, im Theater zu spielen. Unterdessen machten sich die verschiedenen Meinungen Luft, alle musikalischen und jüngeren Elemente nahmen meine Parthei, das Orchester, soweit es aus den gewohnten Leuten bestand, ebenfalls, und vor Allem Königslöw, dem es gerade recht war, daß die Sache einmal zum Platzen kam, wo der Schlendrian schon seit langer Zeit in unleidlicher Weise eingerissen war. Die eigentlichen Mitglieder der Gesellschaft aber, denen es auf die Musik als solche garnicht ankommt, sondern nur auf die Wahrung des alten Herkommens und auf das Essen und Trinken hinterher, waren über meine Kühnheit ganz und gar empört. Sie wollten absolut ihre vorschriftsmäßige Portion Musik haben, wenn es auch die G moll Symphonie in G dur war. Allein es war und blieb aus damit für diesen Abend. Zwei Tag darauf bekam ich ein schönes Schreiben vom Vorstand, das mich zu einer genugthuenden Erklärung aufforderte, und im Übringen eine Fülle von Ungereimtheiten enthielt. Ich antwortete daß ich vielleicht in der Form gefehlt habe, in der Sache mich aber zu keiner anderen Ansicht bekennen könne. Man müsse die brauchbaren Musiker besser bezahlen; denn mit Tanzbodenmusikanten könne man keine Symphonieen vom Blatt spielen. Zufällig mußte ich gestern Abend schon wieder dirigiren, da Gernsheim verreist war. Der Staatsprokurator Heymer, das einzige echt musikalische Element im Vorstand, dabei ein liebenswürdiger billig denkender Mann, empfing mich mit einer mündlichen Auseinandersetzung. Er versprach das Mögliche zur Abwendung ähnlicher Vorkommnisse zu thun, ließ besonders deutlich den Wunsch durchblicken, die Sache möchte nunmehr als beigelegt zu betrachten sein, und so will ich mich mit diesem Ausgang zufrieden geben, da ein vollständiger Bruch mir doch jedenfalls sehr unangenehm sein würde…

Cöln d. 3ten Juni 1867

… Zum Himmelfahrtstag waren wir, Königslöws und ich von Deichmann's vom Rath eingeladen, bei ihnen auf ihrer wunderschönen Besitzung in Rolandseck zu Mittag zu essen. Auch die Kinder waren mit eingeladen, außer uns aber Niemand. Deichmanns – bei denen ich schon im Winter mehrfach mit Frau Schumann zusammen zu Gaste war – sind mit Wendelstadts verwandt und in ähnlicher Weise wie diese ungemein liebenswürdige Menschen. Mit dem Mann habe ich außerdem den Berührungspunkt, daß wir mit den gleichen Heimathsgefühlen an den Wesergegenden hängen. Er ist aus Rinteln gebürtig und hat seine Jugend auf der Schaumburg zugebracht. So war denn alles Persönliche bei der Sache äußerst angenehm. Die landschaftliche Umgebung aber ist von einer ganz unvergleichlichen Schönheit. Das Wohnhaus liegt am Bergesabhang, mit der Rückseite gegen prächtigen Laubwald gelehnt, und die Aussicht umfaßt Alles, was man von den schönsten Punkten bei Rolandseck nur irgend sehen und zu sehen wünschen kann. Gegen Abend gingen wir durch den Garten hinunter an den Rhein und setzten nach Nonnenwerth über. Auch dies war anziehend und brachte eigenthümliche Eindrücke. … In ganz anderer Art, aber mindestens ebenso schön, ja noch um Vieles poetischer verlebten wir den gestrigen Sonntag. Schon seit einiger Zeit hatte unser kleiner Chorverein einen Ausflug geplant und als Ziel Königsdorf in Aussicht genommen, das etwa eine gute Meile von Cöln entfernt in der Richtung nach Aachen zu liegt. Gestern nun gleich nach Tisch wurde Ernst gemacht und aufgebrochen. Wir waren im Ganzen etwas über 30 Personen, darunter 26 singende: unter all diesen recht verschiedenen Leuten aber war kein einziges Element, das gestört hätte, ja bei den meisten konnte man sagen, daß sie in ihrer Besonderheit ganz nothwendig erschienen für die Harmonie des Ganzen und bei aller ächt Rheinischen Lustigkeit und Ungebundenheit war und blieb der Grundton völlig ungetrübt durch irgendwelche Gewöhnlichkeit. In gemeinsamer Abstimmung war entschieden worden, daß die Eisenbahnfahrt nach der Station Königsdorf in der dritten Klasse vor sich gehen solle. So füllte unsere Gesellschaft etwa einen ganzen Wagen, und trotz unglaublicher Hitze in den coupé's fing das Stück gleich sehr lustig an. Von der Station aus hatten wir noch einen halbstündigen Weg in grellem Sonnenschein zu Fuß zurückzulegen. Dann aber war das ›Kloster‹ und damit das eigentliche Ziel erreicht. Dieses Kloster ist jetzt in ein Wirthshaus verwandelt, liegt in einem großen Garten unter herrlichen alten Bäumen versteckt, und unmittelbar hinter der Gartenmauer beginnt der prächtigste weitausgedehnte Wald, wie man ihn ähnlich nicht allzu oft in der Rheinprovinz antreffen wird. Nach einer Stärkung in verschiedenen Getränken nebst Zuthaten wurde in den Wald gegangen und ein Platz zum Singen ausgesucht. Der erste, der uns annehmbar erschien, war noch nicht der schönste, er lag in einer Lichtung, die etwas zu viel Sonne durchscheinen ließ. Dann aber entdeckten wir einen anderen ›in einem kühlen Grunde‹ (ohne Mühlenrad) wo der Boden, mit Farren und Moos und allem möglichen anderen Grün bedeckt, zu beiden Seiten sanft anstieg, der Wald den herrlichsten Schatten gab, und die ganze Gesellschaft in anmuthigem Durcheinander sich terrassenförmig lagern konnte. Das war schon zum Ansehen hübsch genug: alle die luftigen Gewänder und frischen Gesichter, mit Schwarzröcken untermischt in dem glänzenden Grün! Das Anhören ließ aber vollends nichts zu wünschen übrig. Ich hatte ein paar kleine Proben in den letzten Tagen angesetzt, und neben mehreren Mendelssohn'schen Liedern auch 4 Euch zum Theil unbekannte Lieder für gemischten Chor von mir[77] mit meinen Leuten studirt. Wie sehr wünschte ich, daß Ihr mit noch ein paar verstehenden Menschen in aller Stille hättet zuhören können! Stattdessen bestand unser Publikum in der Hauptsache aus Bauernjungen, die uns nachgelaufen waren. Hier und da zogen auch ein paar erwachsene Leute, vom Schall angezogen, vorüber und klatschten Beifall. Wir sangen von Mendelssohn das Lerchenlied, Frühlingsahnung, Primel und die drei Heine'schen Volkslieder; von mir die Nacht, die sehr gut klingt, das sechsstimmige ›Es ist ein Klang gekommen‹ von Eichendorff, ein vierstimmiges von Arnim ›Wenn die Vögel aufwärts steigen‹, das Ihr nicht kennt, und ein neues sehr lebendiges ›Lustig Blut und frische Lieder‹, das drei Mal auf Verlangen der Singenden wiederholt wurde. Dann sangen die Damen ganz vortrefflich meine kleinen Frauenchöre[78], die sie in der Mehrzahl auswendig wissen, und die Herren gaben einige Männerchorlieder von Mendelssohn und Silcher ex tempore zum Besten. Dazwischen trampelte einmal irgend ein Rüpel von Junge mit möglichst viel Geräusch durch die trockenen Blätter und besah dafür von den Herren Tenören eine Reihe von gehörigen Ohrfeigen, die ihm nach dem Takt der Musik verabfolgt wurden. Gegen 7 Uhr erhielten zwei Sänger den Auftrag eine große Maitrankbowle anzusetzen. Das Getränk wurde sammt allem Zubehör in den Wald geschafft, und als es seine anregende Wirkung gethan hatte und die Stimmung immer übermüthiger geworden war, hielt es vollends schwer aufzubrechen. Endlich mußte aber doch zum Kloster zurückgekehrt werden. Als nun Einem unter uns beim Betreten der Eingangshalle der merkwürdig schöne Klang auffiel, den hier jeder Laut weckte, erwachte in Allen die Lust zum Singen aufs Neue, und ohne weiteres Besinnen intonirte der Chor noch ein Mal mein Lied ›Wenn die Vögel aufwärts steigen‹. Wie wundervoll das klang, könnt Ihr euch nicht vorstellen. Alles gerieth in ein solches Entzücken über die ganz unbegreifliche Schönheit dieser Wirkung in diesem Raum, daß wir beinahe die Eisenbahn verpaßt hätten, wenn nicht Königslöw Vernunft gepredigt und die Damen insbesondre zum Schweigen gebracht hätte, die gleich alle durcheinander das nächste Lied anfingen und überhaupt nicht mehr aufhören wollten…«

Mein Freund Wolfram von Rotenhan hatte mich schon mehrfach aufgefordert, ihn in seiner fränkischen Heimat zu besuchen. Ich entschloß mich, in den bevorstehenden Pfingstferien seiner erneuten Einladung zu folgen, wobei sich auch Gelegenheit fand, die Raumer'sche Verwandtschaft aufzusuchen, und berichtete dann meinen Eltern über die Reiseerlebnisse wie folgt:

»Schloss Eyrichshof bei Ebern und Bamberg am zweiten Pfingsttag
d. 10ten Juni 1867

... Donnerstag früh um 4 Uhr schwang ich mich auf eigne Faust – d. h. ohne Wecker – in Cöln aus dem Bett, um 6 Uhr fuhr mein Eilzug ab, um 7 sauste er an Rheineck vorüber, und ich sah einen Augenblick Heymännchen's Taschentuch winken – der Junge war seinem Vorsatz getreu zu diesem Zweck vom Schloß in das Thal bis an die Bahn hinabgestiegen – dann kam Coblenz, St. Goar, Bingen u.s.w. Alles bei schönstem Sonnenschein, Mainz, das sich von der Eisenbahnbrücke prächtig ausnimmt, Darmstadt, Aschaffenburg, die schönen Wälder und Wiesen des Spessart, und um 2 ½ Uhr Mittags war ich in Würzburg angelangt. Der Zug nach Winterhausen ging gegen meine Erwartung erst um 8 Uhr Abends weiter, und so trieb ich mich bis dahin am Main auf- und abwärts, bald gehend, bald sitzend umher, bestieg zum Schluß die alte Burg und dachte mit Unglauben daran, daß im vorigen Jahr zu fast derselben Jahreszeit unsere Preußischen Truppen auf die guten Baiern ihre Kanonen abfeuern mußten. Den Platz, wo die Preußen gestanden hatten, ließ ich mir von einem herumführenden Soldaten zeigen, und war zufrieden, daß es jetzt nicht wieder so aussieht, wie damals. Dies Süddeutschland ist doch ein so reizendes Land und die Leute sind so grundfreundlich, daß man ihnen für alle ihre Korrectheit kaum böse sein kann. Säßen sie nur erst mit im Nordbund! –

Mein überraschendes Ankommen bei Hansens verlief sehr hübsch. Die Großtante Rikchen[79] ist leider noch in Erlangen; ich versuche vielleicht auf dem Rückweg von Bamberg aus, sie dort noch zu sehen. Natürlich wandte sich das Gespräch bald genug zur Politik, und mit einiger Convenienz auf beiden Seiten kamen wir ganz gut zurecht. In allem Übringen bedurfte es gar keiner Convenienz; mein ganzer Aufenthalt verlief in wohlthuendster Weise. Hansen selbst hat mir dieses Mal ganz besonders gut gefallen. Daß Tante Anna neben so viel Geist auch so große Liebenswürdigkeit besitzt, ist gewiß auch zum Theil seinem Einfluß zu verdanken. Die Erzählungen von den Truppendurchzügen und Einquartierungen im vorigen Sommer hättet Ihr anhören müssen. Was da in dem allgemeinen Gewirr dem Einzelnen zuweilen zugemuthet worden ist, das übersteigt doch das Glaubliche. Auf dem kleinen Pfarrhofe bei Hansens haben in einer Nacht 20 Pferde, 20 bis 30 Soldaten und mehrere Offiziere gelegen. Dabei war die Hausfrau krank u. ihre Mutter als Gast im Hause. Nur eine Stunde in der Nacht konnten die Unglücklichen mit Kaffeekochen aussetzen, und das letzte Brot mußten sie auf dem Taubenschlag verstecken, um für den nächsten Tag noch irgend Etwas zu haben. Am Freitag Nachmittag machten wir nach kurzem Gewitter alle zusammen einen sehr hübschen Spaziergang, den Berg hinauf durch lauter Gebüsche von blühenden wilden Rosen, die hier in einer Üppigkeit und Mannigfaltigkeit der Arten gedeihen, wie ich es noch nie gesehen. Es geht nur allzu rasch jetzt mit der Blüthe; am Rhein waren schon bei meiner Abreise die Gartenrosen in schönstem Flor und neulich in Bamberg aß ich die ersten Kirschen. Die beiden Cousinen sind merkwürdig herangewachsen, Sophie sehr anmuthig, Helene vortheilhaft verändert. …

Sonnabend früh um halb 9 Uhr fuhr ich zurück nach Würzburg und weiter nach Bamberg, wo ich Wolfram mit seiner guten Tante Bertha und seinen ältesten Bruder Hermann, der hier in Garnison ist, an der Bahn meiner wartend fand. Die beiden Ersteren hatten sich ausgedacht an dem Tage in Bamberg Einkäufe zu machen und dann dort mit mir zusammenzutreffen. In Breitengürzbach der nächsten Station nach Lichtenfels zu erwartete uns der Wagen, und meine beiden freundlichen Begleiter bedauerten nur sehr, daß das Wetter und die Beleuchtung während der hübschen zweistündigen Fahrt nicht heiterer sein wollten. An Rentweinsdorf[XIX], das tief im Schatten alter Bäume liegt, ging es vorüber, immer an der Baunach einem kleinen Nebenflüßchen des Mains aufwärts, das dem weiten, grünen, freundlich angebauten und waldreichen Thal den Namen Baunachgrund giebt. Schloß Eyrichshof liegt im Thal, und sieht so mittelalterlich und mächtig aus, daß man bei der Einfahrt glaubt, man käme auf irgend eine Walter Scott'sche Burg, und wäre um 500 Jahre zurückverzaubert. Der älteste mittlere Theil stammt aus dem Jahr 1323. Hier führt die Eingangspforte zunächst in einen Thurm mit schwerer steinerner Wendeltreppe, und es gehörte ganz zur Scenerie, daß ein großer ernsthafter Jagdhund vor den dunkeln Mauern saß, uns zu empfangen. Die beiden ein Stück hervortretenden sehr stattlichen Seitenflügel sind in späterer Zeit hinzugefügt, der ältere, der den größeren Theil der Wohnräume enthält etwas um 1530; zwei große dicke Eckthürme flankiren ihn, und ein hoher Erker schmückt die Mitte. Es gehört Zeit dazu, ehe man sich im Innern des ganzen weitläuftigen Gebäudes zurechtfindet. Als Wolfram mich am nächsten Morgen überall umherführte, eine Menge alter Treppen auf und ab, durch Gänge bald schmal bald breit, zu allen möglichen Wohnzimmern, Kämmerchen und Sälen, da war ich am Ende gerade so klug wie im Anfang, und verlief mich immer aufs Neue.

XIX Rentweinsdorf: Wohnsitz der älteren Linie der Rotenhans.

Fortsetzung Mittwoch d. 12ten Juni.

... Der alte Herr von Rotenhan, dessen schöne hohe Gestalt von vornherein imponirt und einnimmt, kam uns bei unserer Ankunft in der weiten Halle entgegen, die fast den ganzen mittleren Raum des Schlosses ausfüllt, und durch die Niedrigkeit der Decke bei so großer Ausdehnung einen besonders alterthümlichen Eindruck macht. Die Gesellschaft im Hause besteht außer den schon Genannten nur noch aus zwei unverheiratheten Schwestern Hoffmann, von denen die ältere seit Hausfreundin ist. [sic!] Sie war die treue Pflegerin von Wolframs Mutter bis zu deren Ende. Bei aller Vornehmheit herrscht die vollkommenste Schlichtheit und Ungezwungenheit des Verkehrens; Wolfram's Bescheidenheit und Neigung sich unterzuordnen überschreitet ja bekanntlich zuweilen fast das Maß, in der Anspruchslosigkeit des Benehmens aber sind sich alle gleich.

Noch am Sonnabend Abend, als die untergehende Sonne die Regenwolken durchbrach, ging der Vater mit uns beiden und Frl. H. zur Ruine der alten Stammburg ›Rotenhan‹, die gleich oberhalb des Schlosses auf einer Anhöhe in dichtem Walde versteckt liegt. Ähnliches habe ich noch nicht gesehen, die Lippoldshöhle vielleicht ausgenommen. Der Kern der Burg ist ganz und gar in den Felsen hineingehauen, und nur von diesem sind Reste erhalten, während Alles was ihm an Mauerwerk vorgebaut war, im Jahre 1323 in einer Fehde mit dem Bischof von Würzburg von dessen Mannen zerstört wurde.[80] Ein schöner malerischer Thorbogen, einige Treppenstufen, ein Brunnen und andere Trümmer sehen aus dem Grün hervor. Die Gründung der Burg fällt in so frühe dunkle Zeit, daß man Nichts mehr darüber weiß.

Am Sonntag Morgen war Pfingstgottesdienst; die Kirche, die sammt dem Pfarrhaus mit auf dem Schloßhof liegt, ganz und gar mit Maien geschmückt, die Frauen in prächtig altherthümlicher Tracht, mit hohen schwarzen thurmartigen Hauben, von denen breite Bänder über den Rücken herabfallen. Am zweiten Pfingsttag fuhren wir nach Fischbach, einem anderen Rotenhanschen Gut, zur Kirche. Der Prediger, ein einfacher, sehr angenehmer Mann war für den Abend mit seiner allerliebsten feinen kleinen Frau zum Thee geladen. An beiden Feiertagen aßen die Verwalter Mittags mit am Tisch. Bis zur Botenfrau herab ist der Ton sämmtlichen Bediensteten gegenüber ein durchaus gemüthlicher und herzlicher. Am Sonntag Nachmittag setzte Regen ein, so daß es zu reichlichem Musiciren kam. Wolfram hat im Klavierspiel Fortschritte gemacht, überhaupt finde ich ihn gereifter. Daß er der liebenswürdigste, aufmerksamte Wirth ist, den man sich nur vorstellen kann, versteht sich von selbst.

Montag und Dienstag Nachmittag unternahmen wir bei schönstem Wetter zwei weitere Ausflüge nach Lichtenstein und Altenstein. Am Montag wanderten wir zu Fuß nach Lichtenstein. Zuerst durch Feld und Wiesengelände, dann durch prächtigen Wald, endlich durch einen Thalgrund, der mich lebhaft an eine Parthie unterhalb Hüttenrode im Harz erinnerte. Der ›Lichtenstein‹ besteht aus zwei Schlössern, von denen das eine als Ruine erhalten werden soll und als solche von großer Schönheit ist, das andere aber noch von einem Förster bewohnt wird. Ein paar Bauernhäuser, eine kleine Kirche auf Wiesengrund, mächtige zerstreut umherliegende Felsblöcke und herrlicher Wald gaben im Verein mit der Doppelburg das herrlichste Gesammtbild. Ich mußte an Rheinische Ruinen denken, und es fiel mir auf, wie merklich diese fränkischen sich von ihnen im Charakter unterscheiden. Hier ist Alles massiver, der Sandstein scheint auch weniger zu verwittern, als das dortige Material, und so entstehen zwei verschiedene Typen, von denen keiner den Vorzug vor dem anderen zu beanspruchen hat. Das Eine aber ist nicht zu läugnen, daß die vollkommene Unberührtheit der hiesigen Landschaft von Touristenwesen und allem damit verbundenen Unfug unendlich wohlthut. Hier giebt es keine ›Verschönerungen‹, keine eingekritzelten Namen an Gemäuer und Bäumen. Alles bleibt wie Natur und Geschichte es gemacht und gelassen haben.

Nach Altenstein fuhren wir vorgestern im offenen Wagen; der Weg ist um ein bedeutendes Stück weiter als nach Lichtenstein. Wir nahmen die drei Pfarrerssöhne, allerliebste Bürschchen von 8 bis 10 Jahren mit, und wenn es schon für uns beide ein Genuß war bei dem herrlichen Wetter mit zwei Schimmeln durch die Welt zu fliegen, so wußten die drei kleinen Kerle vollends nicht, was sie vor Vergnügen anfangen sollten, daß sie auch von der Parthie sein durften. Dabei wurden sie nicht müde, in ihrem hübschen fränkischen Dialekt von ›Vaterle‹ und ›Mutterle‹ und allem Möglichen zu erzählen, was ihnen in den Sinn kam. Die Burg Altenstein ist noch großartiger als der Lichtenstein. Unten im Thale in einem kleinen Schlößchen zwischen hohen Bäumen wohnt der letzte Sprößling des Geschlechts, und kann sich nicht entschließen, die Trümmer seines Stammschlosses an die Rotenhans zu verkaufen, obgleich diese seinen ganzen übrigen Grundbesitz bereits erworben haben und so gern etwas für die Erhaltung der Ruine thäten. Freilich man begreift den Mann, wenn man diese Herrlichkeit sieht: die wundervolle gothische Kapelle, deren Fensterbögen frei in die Luft hinausragen, die

Unzahl von wohlerhaltenen Gewölben, die drei großen dicken Thürme am Eingang, zu denen eine Brücke hinüberführt und dazu die Lage des Ganzen auf nußbaumbewachsenem Hügel mit freiem Blick nach allen Seiten: hier hinab in ein grünes Thal mit freundlichen Dörfern und waldigen Hügeln bis nach Bamberg hin, dort hinauf zum fernen blauen Rhöngebirge, zum Feldberg auf waldigem Kegel, endlich über alle Wälder und Hügelzüge hinweg zu den Kuppen der ›Gleichen‹ und des Thüringer Waldes! ... Wolfram ist übrigens ein raffinirter Führer, und so kamen wir immer von einem schönen Platz auf einen anderen noch schöneren...

Fortsetzung d.13ten Juni.

... Gestern Nachmittag fuhren wir beide mit dem alten Herrn von Rotenhan nach Rentweinsdorf, wo dieser Geschäftliches zu besorgen hatte. Auch Frl. Bertha begleitete uns. Das Rentweinsdorfer Schloß, das im 18ten Jahrhundert an Stelle früherer Gebäude aufgeführt worden ist, übertrifft noch das Eyerichshofer an Größe. Eine breite Terrasse, mit Orangenbäumen besetzt, die in den Park führt, giebt dem Ganzen einen fast fürstlichen Charakter. Schöne alte Bäume zu malerischen Gruppen vereinigt bilden von Gebüsch umgeben bald hier bald dort auf dem weiten Wiesenplan ein undurchdringliches Dickicht. Dazu war die Heuernte mit ihrem bunten Treiben gerade im Gange und die Abendsonne vergoldete das Bild. – Heute ist nun der erste grauere Tag. Am Vormittag habe ich viel musicirt, Chopin'sche Etüden, Schumann u.s.w. Für den Abend erwarten wir eine alte Dame Frl. Pfeuffer aus München, von der Herr von Rotenhan sehr ergötzlich erzählte, wie sie im vorigen Jahr bei ihrem Besuch hier in beständiger Todesangst vor den Preußen geschwebt habe; sie habe sich geberdet, als ob der ganze Krieg nur angefangen wäre, um gerade sie zu fangen...«

Mein Aufenthalt in Eyrichshof währte bis zum Ende der Woche. Einen Spaziergang, den ich mit dem Freunde noch am Nachmittag vor dem Abschied nach der Ruine Raueneck machte, möchte ich nicht unerwähnt lassen. Die Trümmer des alten Rittersitzes liegen ganz einsam an einem Bergabhang von Hochwald rings umgeben. Nicht nur mächtige Eichen und Tannen, sondern auch uralte wilde Birnbäume ragen aus dem dichten Gebüsch hervor, verstecken oder umrahmen das verwitternde Gemäuer. Kaum findet sich hier und da eine Stelle, von der aus man in das Land hinaus sieht, und auch der Talgrund hat gerade hier einen abgeschiedeneren, einsameren Charakter. Ein bewölkter Himmel vollendete die elegische Stimmung des ganzen Landschaftsbildes.

»Cöln d. 19ten Juni

... Am Sonnabend Morgen voriger Woche brach ich zu sehr früher Stunde in Eyrichshof auf, fuhr nach Bamberg zurück, wanderte bei Regenwetter durch die Straßen bis zum Dom, dessen Schönheiten im Inneren ich mit Muße bewundern konnte, und langte noch am Vormittag in Erlangen an. Hier fand ich Tante Rikchen ganz wohlauf in ihrem behaglichen Zimmer und Hansen bei ihr, der mir schon in Winterhausen gesagt hatte, daß er einen Besuch in Erlangen beabsichtige. Zu Tisch kam Onkel Rudolf[XX], und zum Nachmittag und Abend wurde beinahe das halbe Erlangen zusammengetrommelt. Das gab recht ein Bild von der Gemüthlichkeit des Verkehrens in solch einer kleinen Universitätsstadt. Was ich an dem Nachmittag zusammenmusicirt habe auf dem altersschwachen aber wenigstens reinlichen Flügel der Tante, das weiß der Himmel. Dazwischen wurde auch von Frl. Scheurl und Frl. Schmidtlein recht musikalisch gesungen. Eine Menge von Leuten lernte ich kennen, deren Namen ich oft genug gehört hatte, darunter auch Professor Scheurl[81]. Tante Rikchen noch einmal zu sehen und in so unveränderter wirklich erstaunlicher geistiger Frische, das war natürlich die Hauptfreude und schon allein die Reise werth. Ihre ganze Umgebung, ihr Gespräch, ihr Wesen erinnerte mich bei aller großen Verschiedenheit ihrer Individualität an die ihrer Schwestern, – doch so lebhaft an die Großmutter Pistor und die Tante Mine Alberti, daß es mir zuweilen so vorkam, als kehrten längst vergangene Stunden wieder. Onkel Rudolf ist offenbar ein ganz ausgezeichneter Mann, und wenn ich mich schon vor 3 Jahren für ihn begeistert habe, so hat die nähere Bekanntschaft den ersten Eindruck nur verstärkt. Politisch stimmten wir sehr überein. Ihr würdet keine Spur einer beschränkten Auffassungsweise an ihm finden; von allen unseren dortigen Verwandten hat er wohl den weitesten Blick, und zu aller Schärfe des Urtheils, aller Klarheit des Geistes gesellt sich bei ihm Anmuth und Wärme. Mit seiner sehr lieben Frau habe ich gleich Duzbrüderschaft geschlossen, und seine vier Buben sind meine besten Freunde geworden. Eine Photographie von ihnen sammt der Schwester Adelheid bringe ich mit, und möchte nur, Ihr könntet sie alle in Person sehen. ... Erst um Mitter-

XX Rudolf von Raumer, der jüngere Sohn von Karl und Friederike von Raumer, Germanist, Professor an der Universität in Erlangen.

nacht gingen wir ganz und gar auseinander; die Fremden hatten sich schon früher entfernt. Dann schlief ich mit Hansen in Tante Rikchens Fremdenstube und am anderen Morgen war die 77jährige gegen alle unsere Bitten schon um 5 Uhr wieder aufgestanden, um uns den Kaffee zu machen. Der große Zug, der in ihrer Natur liegt, bricht noch immer wieder leuchtend hervor. Man hat die Empfindung, daß sie innerlich auch jetzt noch im Fortschreiten und Sichklären begriffen ist. Hansen fuhr mit mir noch bis Fürth; ich aber setzte mich im Angesicht des schönen alten Nürnberg, das mit seinen Thürmen und seiner Burg so nahe herüberwinkte, in den Courierzug, und war nach zwölfstündiger Fahrt um 7 Uhr Abends in Cöln. … Heute Morgen gab es hier große Frohnleichnamsprozession, deren Auszug aus dem Dom ich mit ansah. Dann wurde an zwei Stellen, bei dem Wallrafsplatz und auf dem Altermarkt, an eigens dazu errichteten Altären im Freien Gottesdienst gehalten. Das Ganze machte einen ungemein glänzenden, poetischen Eindruck. Der Zug weißgekleideter Mädchen mit Kränzen, der die Eröffnung bildete, wollte schon kein Ende nehmen; darauf folgten die Übrigen mit prächtigen Fahnen und einer Menge von silbernen und goldenen Cruzifixen, die in der Sonne blitzten. Es vereinigen sich für diese Feier sämmtliche Pfarrgemeinden der Stadt, und das giebt dem mit Priestern, Nonnen, Schulen und freiwilligen Mitgängern schon eine gute Schaar von Menschen, Kleidern und Kleinodien. …«

## Von meinem Vater

»Berlin den 26 Juni 1867

… Hierneben sende ich dir unter Kreuzband zu deiner Herzstärkung eine wunderschöne Rede von Haupt[XXI] am Geburtstage unseres so lange unterschätzten Königs.[82] Sie ist nicht nur ausgezeichnet durch den Adel und die Tiefe der Auffassung, sondern auch psychologisch merkwürdig. Die gewaltige Zeit und ihr sittlicher Ernst hat ihn vollständig bekehrt und seinen Ingrimm gegen die Fürsten gerichtet, die sich durch sie nicht ins Gewissen haben reden lassen, sondern ihres Herzens Gelüsten leben wollen und nicht ihrer Pflicht. König Ludwig der Baier[83], der auf der restaurirten Wartburg Wagner'sche Tannhäuser-Romantik schlürft und die Frau Venus im Hörselberge besucht, soll jedoch durch den fehlenden blauen Mantel im Lohengrin und die fehlende Jugend Tichatscheks mit Wagner zerfallen sein und kehrt viel-

XXI Moritz Haupt: Klassischer Philologe, Professor an der Berliner Universität.

leicht zu anderen Pflichten seines Königlichen Berufs zurück, als der der Beschützung der Zukunftsmusik[84]. Der blinde Georg ist aber so verrückt, daß alle Unterhandlungen mit ihm abgebrochen sind. Ein Glück, daß diese aus den Jesuiten, Orthodoxen, Particularisten und Demokraten bestehende Parthei nur negativ im Preußenhasse zusammenhält, sonst aber sich unter einander bekämpft und negirt.

Als wir neulich in dem einfachen und doch so schönen alten Schlosse zu Wusterhausen waren, das unser König hat herstellen lassen, gemahnte es mich recht, welch ein anderes Fürstengeschlecht unsere Hohenzollern sind, die ihren Beruf aus dem Gesichtspunkt der Pflicht auffassen. Es ist etwas Großes, daß Friedrich Wilhelm I sich von der ganzen Welt für einen Korporal halten läßt, der für Nichts Sinn hat als für große Grenadiere, während er unterdeß eine Armee von 73.000 Mann und einen Schatz zusammenbringt. Und unser König ist sein richtiger Urenkel und kein bloßer Soldatennarr…

Nun geht der heiße Juli an mit Examen und Doublirungen aller Art. Es ist jedoch mit der äußeren Hitze noch nicht schlimm, und dann winken die Ferien. Es ist doch etwas Schönes um unseren Lehrerberuf. Nicht wahr? Ich schreibe in der Laube in unserem Garten und es wird dunkel, darum für heute Adieu von Deinem treuen Vater.«

An die Eltern.

»Cöln d. 29ten Juni 1867

… Heute habe ich mir vorgenommen mich ganz in Tinte und Feder und Packpapier und Bindfaden zu begraben d. h. alle die vielen Briefe und Packete in die Welt zu setzen, für die ich seit Wochen oder Monaten gute Vorsätze gefaßt habe. Unter letzteren soll sich denn auch die übliche Sendung von Wäsche an dich, liebe Mutter, befinden, bei der es stets auf einen vortheilhaften Tauschhandel für den Unterzeichneten herauszukommen pflegt. Soll ich vielleicht einige Ananaserdbeeren zwischen die Wäsche packen, um auch meinerseits einmal liebenswürdig in Packeten zu sein, wie Ihr es immer seid? Ich thäte es wirklich gern, wenn die Nachbarschaft nur empfehlenswerther wäre, denn ich habe kaum jemals dermaßen in wundervollen Erdbeeren gewüthet, wie in diesem Jahr hier am Rhein. Die allerschönsten gab es neulich draußen ›am Nippes‹ – Nippes ist, um dem Conversationslexicon vorzugreifen, eine Vorstadt von Cöln – wo Herr […][85], der Vater von Frau Schmalbein – welche beide Ihr überhaupt nicht im Conversationslexicon findet – ein hübsches Haus und einen schönen großen Garten besitzt. Vor 8

Tagen am Freitag waren wir dort zum Mittag geladen und ich habe seit meinen Kinderjahren bei der Großmutter Pistor keine solche Diebesernte in den Feldern wieder gehalten, wie dort. Habe ich niemals von Frau Schmalbein erzählt? Es wäre möglich, obgleich ich sie hier täglich sehe. Seit 3 Monaten wohnt sie nämlich sogar ganz mit im Hause, und trägt immer von Zeit zu Zeit darauf an, noch 14 Tage zu bleiben, obgleich Niemand sie darum bittet. Sie ist jedoch eine Person so nichtssagend, wenn auch sehr geschwätzig, daß es mir wohl passirt sein kann, auch nichts über sie gesagt zu haben trotz des langen Nebeneinanderwohnens. Zur weiteren Erklärung nur noch das, daß Königslöw als junger unverheiratheter Mann hier die ganze Zeit bei ihrer Familie zur Miethe gewohnt hat. Seit mehreren Jahren ist sie nun eine ältliche Wittib, hat Mann und Kinder verloren, läßt es aber ihren Schwestern wie ihrem Vater gegenüber leider nicht an einer sehr unpartheiischen Beurtheilung fehlen, und so zieht sie es vor, ab und zu bei Königslöws als Schmarotzergewächs zu vegetiren. Mit ihrer sich aufdrängenden Freundschaft ist sie der armen Frau oft recht sehr zur Last. Doch muß man zugestehen, daß sie eine große Gutmüthigkeit besitzt, im Hause sich hier und da nützlich macht, und um ihrer Dürftigkeit und Bedürftigkeit willen dazu auffordert, ihre unerquicklichen Eigenschaften mit Geduld und Sanftmuth zu ertragen. Zu allem Übrigen hat sie die Tugend, Erdbeeren und jede andere Sorte von Obst aus ihres Vaters Garten in das Haus zu liefern. Und draußen in Nippes ist es wirklich recht hübsch. Den Garten mit seinen Magnolienbäumen und allerlei sich ablösenden ›Floren‹ von Hyacinthen, Tulpen, Aurikeln, Ranunkeln, Nelken, die des alten Herrn Steckenpferd sind, durchwandert man mit Vergnügen, und diesen Alten selbst, der beinahe 80 Jahre zählt, habe ich recht gern. Er ist gescheut und nach Kölnischer Art jovial. Früher besaß er eine Apotheke, die ihn zum sehr wohlhabenden Mann gemacht hat; jetzt beschäftigt er sich fast nur noch mit seinen Blumen. Das Ganze hat etwas Gemüthliches, und Ihr würdet auch seinen guten Seiten gerecht werden.

Gestern Morgen erschien bei mir plötzlich zu meiner größten Überraschung Frl. ›Mathülde‹ von E. aus Berlin, die hier einige Wochen in der Familie ihres Neffen zubringt, und die Liebenswürdigkeit hatte, mich aufsuchen zu wollen. Ich freute mich recht, ihr meine Zimmer, meinen Flügel u.s.w. zu zeigen, die sie denn auch pflichtschuldigst bewunderte. Sie war wirklich sehr gut und freundlich und obgleich die Berlinerin in corpore kaum schöner vorgestellt werden könnte nach Sprache, Geberde und Gethue, so steckt doch auch ein Stück vom guten

Berlin in ihr, und wenn mir zuweilen die Lachmuskeln zuckten, so schluckte ich es herunter, und dachte, das gehört nun einmal zum Ganzen.

Sonnabend und Sonntag war ich bei Hollwegs in Rheineck. Ich kam Nachmittags an und fand die Bonner Mendelssohns[86] bereits als Besuch eingetroffen; außerdem Gräfin Pourtalès nebst Contessina. Am nächsten Morgen erschienen auch Herr von Dobeneck und Elisabeth, die letztere etwas verändert aussehend. Dobeneck selbst machte mir einen recht sympathischen Eindruck. Freilich ist er sehr verschieden von Elisabeth, ja so verschieden, daß man trotz seines gutherzigen, schlichten Wesens doch kaum begreift, wie diese beiden Menschen zusammengekommen sind. Allein das Heirathen und das Füreinanderpassen ist ein Kapitel, von dem nur die unmittelbar Betheiligten Bescheid wissen. Wollten doch die anderen Leute das in jedem einzelnen Fall sich wiederholen und einsehen! …

Cöln d. 8ten Juli 1867

… Ich habe wieder Allerlei zu erzählen, womit ich jedoch schlecht fertig werden werde wenn der Brief noch heute Abend fortkommen soll. Fünf Conservatoriumsstunden lassen bis dahin nicht mehr viel Zeit übrig. Gestern vor 8 Tagen fuhr ich nach Tisch nach Bonn; das Wetter war zu schön, um zu Haus zu bleiben, und nebenher wollte ich Miss Wight und Böckings nach so langer Zeit einmal wiedersehen. Die erstere traf ich nicht, machte mich also allein auf an den Rhein zu gehen, trieb mich dort sehr lange herum, und setzte mich endlich gegen Abend in einen Nachen, der mich stromauf und stromab und querüber bei sanftestem Segelwind fast eine Stunde lang durch die herrlichen Wogen trug. Seit ich in Bonn vor fünf Jahren zu Hause war, habe ich dieses Vergnügen nicht wieder so genossen. Hinterher war ich bei Böckings zum Abendessen. Als das erste Wiedersehen mit Fl. A. nach dem merkwürdigen Benehmen glücklich überstanden war – wozu mir Gott wie gewöhnlich in solchen Fällen eine gute Portion Unbefangenheit schenkte – ging das Verkehren wieder vortrefflich von Statten. Mit dem Vater versteht sich das überhaupt von selbst. Im Garten um den schönen Platz herum, der auf den Rhein hinaus sieht, blühten die Rosen in üppigster Fülle, und der Alte machte sich gleich dabei, mir einen Strauß davon abzuschneiden. Solch eine Freundlichkeit von ihm ist mir jedes Mal wirklich rührend, weil er für gewöhnlich so garnicht sentimental im Umgang mit Menschen ist. …

Eine neue Anknüpfung fand sich am letzten Sonnabend. Die Eltern einer Schülerin von mir hatten mich aufgefordert, sie einmal in ihrem Landhaus in Lindenthal zu besuchen. Man geht zu Fuß in etwa drei viertel Stunden bis dorthin. Das Haus hat ein paar pseudogothische Thürmchen, die ich oft genug von der Promenade aus jenseits der Stadtmauer gesehen hatte. Mein College Hompesch und einige Söhne und Töchter von Gymnasiallehrern bildeten mit der Familie des Hauses die anspruchslose Gesellschaft. Schön ist der Blick von einem der Thürme zur Stadt zurück mit ihren vielen Kirchen und dem Hintergrund des sauerländischen Gebirges. In der Nähe liegt eine uralte frühromanische Dorfkirche[87], die wir in ihrer Abgeschiedenheit aufsuchten; drinnen waren einige wenige Leute zum Ave Maria versammelt. Das wäre nun Alles recht hübsch gewesen, wenn die Leute es nur nicht für ihre Pflicht gehalten hätten, ihre Gäste mit Essen und Trinken zu Tode zu peinigen. Das Nöthigen ist hier in gewissen Schichten der Gesellschaft wie eine Art Spießruthenlaufen an der Tagesordnung, in das man sich mit Fassung und einem Sack voll Geduld ergeben muß. Von welch einer Ungebildetheit giebt das Zeugniß! –

Gestern Nachmittag, als am Sonntag, waren Königslöws sämmtlich ausgeladen, und nachdem ich den Morgen mit allerlei Nützlichkeiten verbracht hatte, empfand ich doppelt lebhaft die Sonntagsnachmitagsverpflichtung, irgend etwas Hübsches auszuüben. Ich trommelte Heymännchen, Kühne und Janitsch (meinen Italiener) zusammen – Blomberg war auf einer Parthie nach Heisterbach – und wir setzten uns nach 3 Uhr in Bewegung. Wie gewöhnlich, wenn ich aus der Stadt gehe, schlug ich die Richtung der alten Römerstraße ein, deren äußerstes Ziel Zülpich, deren nächstes aber – am Weißen Haus und Efferen vorüber – ein sauberes Dorf am Fuß des Vorgebirges ist, Hermülheim genannt. Anderthalb Stunden ist es von Cöln entfernt, und in der That seinem ganzen Charakter nach schon so fern davon, daß man die Stadt vollkommen vergessen hat. Beim Eintritt sah ich aus einem Bauernhaus ein nettes Frauengesicht herausgucken, und erinnerte mich, daß es mir im Winter bei einem Zwetschgenkauf unten im Königslöw'schen Hause schon einmal vorgenommen war. Auf diese Erinnerung berief ich mich, wurde erkannt, und auf unsere Anfrage bekamen wir das schönste Vesperbrod, das wir uns wünschen konnten. Zwei große irdene Töpfe mit herrlicher frisch gemolkener Milch wurden uns aufgetragen, und dazu Schwarzbrod und süßes Weißbrod (›Blatz‹) in bester Qualität. Die Hühner sahen vom Dach des Stalles zum Fenster herein, und Alles im Zimmer und in der kleinen Küche war so sauber, so sonntäglich, wie es mir in so bescheidenen ländlichen Verhältnissen noch kaum vorgekommen ist. Dann kam die alte Großmutter mit dem Rosenkranz von der Prozession heim, und unsere Wirthin versicherte, wie die Krankheit unter dem Vieh gleich nachgelassen habe, seit sie zum ersten Male hinaus beten gegangen wären. Endlich, als wir uns reichlich gesättigt hatten, frug ich nach der Rechnung, und die Frau wollte es absolut nicht anders haben, als daß wir bei ihr zu Gaste gewesen wären. Das ging natürlich nicht an und wir bezahlten nach eigenem Gutdünken. Es ist aber doch hübsch, daß solche Gesinnung, solche Einfalt noch zu finden ist, und das in solcher Nähe einer großen Stadt. Die Chaussee, die nun den Hügel sanft hinansteigt, führt zuerst zu einer prächtigen Aussicht über die weite Ebene mit den Cölner Thürmen und der Menge freundlicher Ortschaften. Alles dies kannten wir schon von unserer Februarparthie her. Nun aber kam uns die Lust, auf der Zülpicher Straße weiter zu gehen. Sie senkte sich bald wieder, und wir kamen in einen Grund mit dem schösten Buchenhochwald. Das gab großen Jubel und verführte eine Weile zum Seitabwärtsgehen in das Grün hinein. Eine Schaar von Jungens, mit Heidelbeersaft im Gesicht tätowirt wie die Südseeinsulaner begegnete uns, und weiterhin auf der Straße kamen uns immer ganze Trupps von Burschen und Mädchen mit Heidelbeersträußen entgegen, wahrscheinlich von irgend einem Dorf her, in dem Kirmeß war. Der Wald wurde niedriger und weniger dicht, und wenn wir nicht sehr genial sein wollten und uns auf Nachtwanderschaften einlassen, so mußten wir links schwenken und uns mit Hülfe der Karte nach Brühl durchfinden. Dies gelang denn auch sehr gut. Zuerst wurde noch Mahlzeit in den Heidelbeeren gehalten, und dann ging es vorwärts. Allmählig hörte der Wald auf, die Kuppen des Siebengebirges stiegen über dem Rand des Plateaus auf, dann die Berge vom Siegthal und hier & da ein Stück Rhein in der fernen Ebene, Alles schon im ungewissen Grau der Abenddämmerung, endlich Park und Schloß und Häuser von Brühl, und damit war der Spaß zu Ende. Um 10 Uhr hatte uns die Eisenbahn hier wieder abgeliefert. …

Frau Schumann schreibt mir: ›Von Ihrer theuern Mutter trenne ich mich immer so schwer; ich wollte, ich könnte sie recht viel sehen.‹ Dieser Ausdruck ihrer Freundschaft für dich, liebe Mutter, freute mich zu sehr, um ihn dir verschweigen zu mögen. …

Cöln d. 16ten Juli 1867

In letzter Zeit bin ich recht reich mit Briefen bedacht worden, die mir Freude brachten, und deine letzte Sendung solcher, die an dich gerichtet sind, liebe Mutter, machte nicht den geringsten Theil davon aus. … Ich selbst hatte einen besonders schönen Brief von Elisabeth v. D.[88] Er war die Ergänzung zu dem Wiedersehen in Rheineck, das doch zwischen so vielen Menschen recht flüchtig verlief. Man fühlt Allem, was sie schreibt, die Befriedigung ab, die ihr in der Ehe geworden ist. Je mehr ich darüber nachdenke, um so begreiflicher erscheint es mir, daß eine Natur wie sie, die mit Allem, was in das Gebiet des Geistreichen und Interessanten gehört, von früher Jugend auf vollauf gesättigt ist, jetzt von einem Mann in erster Linie etwas Anderes verlangt; daß also Dobenecks Charakter, sein Gemüth und seine Tüchtigkeit im praktischen Leben gerade die Eigenschaften sind, die ihren Wünschen entgegenkommen. …

Das Wetter war in den letzten Tagen ziemlich unleidlich; aber trotz der vielen Wolken und Regenschauer fand sich am Sonntag Nachmittag bei mir eine ziemlich große Gesellschaft von Jünglingen zusammen, die mit mir spazieren zu gehen wünschte: außer dem Unterhaus, das aus Blomberg, Kühne und Heymann besteht, auch die beiden Brüder Schrattenholz, der Dichtende und der Musiker, ferner Janitsch, der junge Leonhard Wolff, der nachdem er von Paris nach Crefeld zurückgekehrt jetzt hier für einige Tage zu Besuch war, und endlich ein Freund des letzteren, Namens Carl Gräbe, der mir ganz besonders gefiel: ein kleiner völlig verwachsener Mensch aus Rinteln, der augenblicklich bei Deichmann vom Rath im Comtoir beschäftigt ist. Er macht einen so grundguten und innerlich feinen Eindruck, daß man darüber sofort seine winzige, wunderliche Gestalt vergißt. Mit dieser ziemlich großen Schaar zog ich aus, nicht nach Egyptenland, aber zum ›todten Juden‹, welcher ein Wirthshaus ist an der Chaussee nach Brühl. Als wir dieses passirt hatten, zog ein Wetter auf und wir machten Halt mit Kaffee und Blatz[89] in einer allerliebsten sauberen Landschenke zur ›Arnoldshöhe‹. Gegen Abend klärte sich der Himmel allmählig auf, und wir hatten die wunderbarsten Beleuchtungen: auf der einen Seite blauen Himmel und große weiße Wolkenberge, auf der anderen von der Eifel her aufziehend eine dunkle, fast schwarze Gewitterwand, vor der sich die gelben Korngarben im Sonnenschein grell abhoben. Die Zacken des Siebengebirges standen schon im Bereich des dunkeln Schleiers, aber gegen einen schmalen Streifen blauen Himmels, der ihn unterbrach, traten sie trotzdem scharf hervor. Doch das war nur eine einzelne Scene in dem großen Schauspiel. Beständig wechselte das Bild. Als wir bald darauf nach Rodenkirchen an den Rhein kamen, schimmerte das Wasser bald in blauen, bald in silbernen Tönen, von der schwarzen Wand aber war Nichts mehr zu sehen. Sehr malerisch liegt der Ort mit seiner kleinen romanischen Kirche[90] auf einem Vorsprung hart am Strom; das Ufer entlang viel Gebüsch und einzelne Bäume, in der Ferne die Thürme von Cöln, aufwärts die Linien der verschiedenen Gebirgszüge. Der jüngere Theil der Gesellschaft warf mit großer Geschicklichkeit Seejungfern, und es war hübsch zuzusehen, wie die Steine weithin über den glänzenden Wasserspiegel tanzten. …

Für den Herbst in Lauenstein möchte ich schon heute eine Bitte aussprechen, liebe Mutter, nämlich die, einen oder zwei Theile von ›des Knaben Wunderhorn‹ mitzubringen. Neulich hatte Jemand zufällig einen Band davon in meiner Stube liegen lassen. Ich sah hinein und hatte ganz große Freude daran; auch an dem, was Arnim und Goethe dazu und darüber sagen. Welche Weisheit, wie goldene Worte bei Goethe! Das nennt man Kritik, wenn ein solcher Genius wie dieser anfängt seine Gedanken über etwas Schönes auszusprechen. Wie heißt doch das Buch über Boisserée und Goethe, über das Tante Marie Hoffmeister so oft schrieb? Ich möchte es wohl einmal lesen…«

Bei meinem Pfingstbesuch in Eyrichshof war Rotenhan und mir der Gedanke aufgestiegen, einmal gemeinsam eine gehörige Fußwanderung in den Alpen zu unternehmen. Wir verhandelten des weiteren brieflich miteinander über die Angelegenheit, ich versicherte mich der Zustimmung meines Vaters, ohne dessen pekuniäre Beihilfe ich dergleichen Außerordentlichkeiten natürlich nicht unternehmen konnte, Rotenhan, der zur Zeit in der Nähe der Seinigen in dem kleinen Städtchen Ebern am Gericht angestellt war, nahm Urlaub für die ersten drei Augustwochen, und auch ich, dessen offizielle Sommerferien erst mit dem 15. des Monats beginnen sollten, kam mit Erfolg bei der Direktion der Musikschule um die Erlaubnis ein, schon am 1. August das Weite suchen zu dürfen. Vorerst fuhr ich nach Eyrichshof, um den Freund abzuholen, blieb dort einen Tag, und dann zogen wir weiter. Natürlich wurde über München bis Kufstein die Eisenbahn benutzt; dann begann das Marschieren.[XXII] Ich gebe in Kürze die Hauptstationen unserer Wanderung: Hohe Salve, Salzburg, Golling, Pass Lueg, Berchtesgaden, Königssee, Ramsau, Hintersee, Hirschbühel, Zell am See, Ferleiten, über die Pfandelscharte nach Heiligenblut, Lienz, Gastein, St. Johann, Pass Lueg,

XXII Eventuell wären hier anstatt der kurzen Angaben über die Reise mit Rotenhan meine an die Eltern gerichteten Briefe über unsere Wanderung – mit einigen Kürzungen – einzufügen.

wieder Salzburg. Noch einmal bestiegen wir hier gemeinsam die Eisenbahn, fuhren zusammen bis Augsburg und nahmen dann in dankbarstem Rückblick auf alle gemeinsam genossenen Herrlichkeiten voneinander Abschied. Wir hatten uns auf der ganzen Reise vortrefflich vertragen, unsere Freundschaft hatte also die Probe dreiwöchentlichen unausgesetzten Beisammenseins auf das beste bestanden. Nur über einen Punkt waren und blieben wir verschiedener Ansicht. Rotenhan hatte das Bedürfnis, mit jedem zufälligen Reisegefährten, sei es auf der Bahn oder im Gasthaus oder wo sonst, irgendeine Anknüpfung zu suchen; er behauptete, das sei erstens christlich und zweitens süddeutsch, ich dagegen fand diese beständigen Liebenswürdigkeiten nur sehr langweilig. Doch diese Differenz wurde nicht tragisch genommen, sondern diente nur zu gelegentlicher Erheiterung. Rotenhan fuhr zurück nach seiner Heimat. Ich aber wandte mich südwestwärts, nochmals den Alpen entgegen, um in Brestenberg am Hallwiler See meinen schweizerischen Freund Stockmeyer aufzusuchen, dem es, seitdem wir uns zum letztenmal gesehen hatten, nicht gut gegangen war. Eine ernste Erfahrung, die er gemacht, hatte sein ganzes Wesen so tief erschüttert, daß sich eine krankhafte seelische Depression entwickelte, die sich auch in körperlichem Leiden äußerte. Seit vielleicht einem Jahr hatte er eine Anstellung als Geistlicher in Schiers, einem kleinen abgelegenen Ort Graubündens gefunden, wo die Einsamkeit, die ihn umgab, ungünstig auf seinen Gemütszustand wirken konnte. Für den Augenblick aber hatte ihm der Arzt geraten, eine Kur in der Kaltwasserheilanstalt Brestenberg zu versuchen. Schon längst verlangte mich danach, den Freund wiederzusehen, und so verabredete ich brieflich mit seiner Mutter in Basel Zeit und Stunde meines Eintreffens in Brestenberg. Bei strömendem Regen erreichte ich die Eisenbahnstation Wildegg, von der aus man in zweistündiger Postwagenfahrt nach dem kleinen Badeort gelangt. Es war spät geworden, und von der Gegend war buchstäblich nichts zu sehen als von Wasser triefende Chausseebäume und hier und da die erleuchteten Fensterscheiben eines Bauernhauses. Diesen schlechten Auspizien entsprach der Eindruck, den ich von dem Aussehen und Wesen des Patienten bei meiner Ankunft empfing, gottlob nicht. Ich fand ihn äußerlich unverändert, und bald überzeugte ich mich, daß er auch seelisch frischer war, als ich gefürchtet. Ein Brief seiner Mutter, den diese während jener Tage an meine Mutter nach Lauenstein richtete, lautet wie folgt:

»Brestenberg d. 29ten August 1867

Liebe theure Frau! Eben habe ich die lieben Söhne auf die Station begleitet und komme heim um Ihnen zu sagen, wie glückliche Tage wir mit Ihrem Ernst verlebt haben und wie dankbar wir sind, daß Sie uns den Sohn Ihrer Liebe so uneigennützig überlassen haben. Seit Jahren habe meinen Männy nicht mehr so heiter, so harmlos und kindlich froh gesehen und das warf auch auf mich einen solchen Strahl voller Freude, daß ich das Leid der vergangenen Zeit wie hinter mich gelassen habe. Wenn Ernst und Männy Arm in Arm und Auge in Auge in heiterem Gespräch sich vergnügen und ich das schallende Lachen der Freunde hörte, so war es mir, als erwachte ich aus einem schwerem Traum, riebe mir die Augen und schaute in den fröhlichen Morgen hinein! Ich kann es nicht aussprechen, wie wohlthätig dieser Besuch für uns Beide war! Gott allein weiß es, der uns diese Freude gönnte und bescheerte.

Ernst ist ganz die geforderte Farbe für Männy und seinen Seelenzustand. Sie haben sich trefflich verstanden, und sind sogar über die Klippen der politischen Verschiedenheiten ohne Anstoß hinübergeschifft.

Ich erhielt Samstag einen Brief von Ihrem Sohne: ich möchte ihn Sonntag Abend in Wildegg treffen, wir wollten Männy in Brestenberg überraschen – das ging aber nicht so leicht und ich zog es vor Männy zu telegraphiren, er solle den Freund selbst abholen. Montag Mittag erschien ich nun selbst und war nicht wenig erstaunt, als mir Ernst als bärtiger Mann, größer, fester, stämmiger als ich erwartete, entgegen kam. ... Das innere Erkennungszeichen, die Liebe, kam aber gleich im ersten Augenblick zum Bewußtsein unser beider und so durfte ich in diesen Tagen unausgesetzt der dritte im Bunde sein. Das Wetter einzig war unserem Beisammensein nicht günstig, Regen, Sturm und Wolken hatten einen trüben Mantel um unsere Aussicht geschlagen, so daß Ernst nie die Alpen und unser liebliches Fleckchen Erde in seinem wahren Glanze gesehen hat. Am Montag Abend konnten wir noch eine kleine Seefahrt machen, sonst haben wir das Zimmer viel gehütet und uns bei Chocolade, Lektüre und traulichem Gespräch die Zeit aufs Angenehmste verkürzt, daß die Tage mit Windesschnelle vorüber eilten, die wir aber in der Erinnerung um so fester halten wollen. Heute Morgen hat Ernst zum Abschied dem sehr mangelhaften Instrumente noch die seelenvollsten Töne entlockt, worüber eine junge Italiänische Signora[91] so entzückt war, daß sie ihn in ihren Palast zu Genua dringend einlud. Das Schlummerlied von Schumann hat sie den ganzen Morgen beharrlich nachprobirt und sich Mühe gegeben die Melodie hervortreten zu lassen, wie sie es gehört hatte. Um 10 Uhr sind die beiden Söhne verreist, sie wollten den Abend bei der Schwester Esther in Ziefen[92] zubringen und morgen früh noch den Vater und Bruder Carlchen in Basel besuchen. Dann schifft sich Ernst für Deutschland ein und Männy kehrt in die Fluthen des Vollbades zurück. Bis Sonntag Abend wird er wohl in seinem lieben Lauenstein sein wo die Eltern den gekräftigten von der Sonne verbrannten, freudig heimkehrenden Sohn mit Verlangen erwarten. Trifft er Frau Schumann in Baden nicht, so könnte er auch früher eintreffen. – Ich will noch einige Zeit bei Männy hier bleiben, ehe er in seine winterliche Einsamkeit in Schiers zurückkehrt. Dann müssen ihn die Erinnerungen des Sommers für manche Entbehrung entschädigen. Ende October holen wir Marieli[93] heim, das unter den Franzosen nur noch deutscher gewordene Kind, welches wir so sehr entbehrt haben. …«

Eine Woche später berichtete ich selbst über die letzten Reiseerlebnisse in einem Brief an meine Patin in Wienrode:

»Lauenstein d. 5ten September 1867

… Mein Aufenthalt in Brestenberg war nicht das Schlechteste von der Reise; ja selbst Regen und Sturm hörte man mit Vergnügen draußen toben, da man nach so langer Zeit zum ersten Male wieder dabei in einem behaglichen Zimmer mit lieben Menschen saß. Mama Stockmeyer kam am Montag Mittag, also einen halben Tag nach mir an. Am Nachmittag fuhren wir ›beiden Söhne‹, wie sie uns nennt, mit ihr auf den See hinaus; es war die herrlichste warme sonnige Luft geworden, so daß wir in Hemdsärmeln ruderten, das grüne Wasser spiegelglatt, die Ferne ganz mit Dunst überzogen, und in solcher Umgebung ließ sich schön miteinander reden, besonders wenn der Kahn einmal auf der weiten Fläche stillstand. Am Dienstag Nachmittag wurde es dann wieder schlechtes Wetter; aber Frau Stockmeyer ließ das Abendessen auf ihr Zimmer besorgen; Männi und sie lasen mir abwechselnd reizende Gedichte von Hebel vor, und so wünschte man es garnicht anders. Wir hatten der Frau Laroche in Ziefen geschrieben, sie möchte unseren kleinen Kreis durch ihre Gegenwart verschönern; am Mittwoch Abend aber, als wir von einem weiten Spaziergang am Seeufer zurückkamen fanden wir einen abschlägigen Brief vor, und so reifte schnell der Entschluß, am nächsten Morgen schon aufzubrechen und sie selbst zu besuchen. Ein Intermezzo, das uns beinahe zu spät hätte abfahren lassen muß ich auch noch erzählen. Ich hatte eines Morgens, während fast die ganze Gesellschaft zu Sitzbädern oder Abreibungen in die geheimen

Gemächer verschwunden war, Männi auf sehr mittelmäßigem Pianino etwas vorgespielt. Das war ruchbar geworden, und einige Damen unternahmen es im Namen der Übrigen, erst durch Männis Vermittlung, dann in dem sie mir selbst lange französische Reden hielten, in die Unterhaltungsöde eine Bresche zu schießen. Ich hatte aber gar keine Lust, dem hier versammelten Publikum, das fast nur aus Franzosen und Italiänern, sicher aber aus gründlich unmusikalischen Menschen bestand, auf einem unzurechnungsfähigen Klavier gute, d. h. für sie langweilige Musik vorzumachen, und zog mich endlich damit aus der Affaire, daß ich der einen der bittenden Damen, die wirkliches Interesse zu haben schien, versprach, ihr am nächsten Morgen, während die meisten Übrigen mit Wasserpantschen beschäftigt waren, allein etwas vorzuspielen. Diese Dame war eine marchesa Doria aus Genua, eine recht liebenswürdige junge Frau; ihrem Mann gehört der große palazzo Doria in Genua, sie sind also unmittelbar aus dem Fiesco[94] entsprungen, und schon um dieser Äußerlichkeiten willen amüsirte es mich, ihr gefällig zu sein. Schlimm war es nur, daß sie etwas schwer hörte, und daß ich mein schönes Französisch zu allem übrigen Unglück noch dazu schreien mußte; auch daß der Wagen bereits angespannt wurde, während ich noch beim Musiciren war, war nicht gemüthlich. Trotz alledem aber machte es mir wirklich Freude, eine Italiänerin so hübsch musikalisch, mit Schumann, Beethoven, Bach bekannt zu finden, und als ihr Mann, der zum Schluß auch dazu kam, nach einer Chopin'schen Polonaise sehr bedeutungsvoll sagte: ›Avez-vous vu? elle a pleuré! elle a pleuré!‹ so war ich standhaft und lachte nicht. Sie selbst rezensirte mit den Worten: ›Ah, ca me fait presque du mal!‹ was Stockmeyer hinterher übersetzte ›das macht mir beinahe Bauchgrimmen!‹ Das Ende vom Liede aber war, daß sie mich einluden, sie in ihrem palazzo in Genua zu besuchen, und so kann das Abentheuer noch abentheuerlichere Consequenzen haben.

Stockmeyer begleitete mich auf der Reise zur Schwester und dann zum Vater nach Basel, die Mutter fuhr nur im Wagen mit uns bis zur Eisenbahn. Über das reizende Pfarrhaus im Jura habe ich dir oft genug erzählt, und gerade wie vor 3 Jahren gingen wir am Abend unserer Ankunft mit der lebendigen kleinen Frau zur Kirche hinauf, die von einem sanften grünen Hügel auf das Thal hinabsieht, standen und saßen dort lange, und sprachen über Vergangenes und Gegenwärtiges, ohne ein Ende zu finden. Es war mir recht leid, am nächsten Morgen wieder weiter zu müssen, und auch in Basel nur wenige Stunden zu haben, um den Vater zu sehen, der mir so besonders anziehend ist. Doch wollte ich Frau Schumann in Baden nicht übergehen, den 2ten September, den Hochzeitstag der Eltern in Lauenstein nicht versäumen, und so war es der letzte Termin am Freitag Nachmittag nach Baden zu fahren. Die Familie Stockmeyer müßtest Du wirklich kennen lernen. Als mir die Mutter im Vertrauen sagte, daß ihr Mann im vorigen Jahre einen Ruf an die Universität Bonn ausgeschlagen habe, that es mir sehr leid, daß ich nicht die Entscheidung darüber in der Hand gehabt hatte. Dann wären sie uns Allen näher, und die Hoffnung der Mama Stockmeyer, dich noch einmal in Wienrode zu besuchen, hinge nicht gar so sehr im Blauen. Meinen Freund fand ich im Wesentlichen unverändert, und ich glaube, es fehlt nur am äußeren Anlaß, um allmählig wieder das Alles flüssig zu machen, was augenblicklich durch allerlei Hindernisse ins Stocken gerathen schien. Er ist ein ganz seltener Mensch, reich an Geist und poetischer Begabung bei tiefem sittlichem Ernst.

Frau Schumann sagte ich noch ›Guten Abend‹, als ich gegen 10 Uhr an ihrem Hause in Lichtenthal vorüberging. Julie stand am Fenster, erkannte mich zuerst nicht, und gerieth in große Angst, als ich zu so später Stunde ziemlich dringend noch Einlaß begehrte. Dann aber löste sich Alles in Wohlgefallen auf, und den nächsten Tag, den Sonnabend, habe ich so angenehm mit Frau Schumann zugebracht, wie nur jemals einen. Es war wirklich einmal Ruhe in ihrer Atmosphäre, kein Dutzend Musiker als Trabanten, und auch keine Prinzessinnen, die Blumen und Früchte über Geburtstagstische ausstreuen lassen. Ich machte einen prächtigen weiten Spaziergang mit ihr allein, im Angesicht der schwarzen Wälder des Schwarzwaldes, und sie spielte mir allein eine Menge schöner Sachen von Bach, Schubert und Brahms vor. Eine Suite von Bach in G dur war mir ganz neu; ich glaube, sie gehört zu den Englischen und man sollte sich schämen, etwas so Wunderschönes noch nicht zu kennen. Auch bei Flemmings war ich und wollte bei der Anmeldung auf meine Karte schreiben ›Straßenräuber‹; denn mein alpines Fußreisekostüm wurde mir doch Angesichts der gräflichen Villa sehr bedenklich. Zu meiner Beruhigung kam mir die Armgard mit einem aufgelösten Haarzopf in der Hand entgegen, stupste mich dann für eine Viertelstunde zu Flemming in dessen Zimmer, und war hinterher so wundervoll amüsant und gemüthlich, daß mir ganz vergnügt zu Sinne wurde. So viel Humor und Ursprünglichkeit ist doch auch etwas Herrliches, und ich nehme dafür einen ganzen Frachtwagen voll kleiner Untugenden gern mit in den Kauf. Eine Einladung zu Tisch mußte ich ablehnen, da ich bei Frau Schumann sein sollte. Dagegen war es mir sehr bequem, Abends um halb zehn zu Flemmings zu gehen, wo Frau

Schumann sich doch gern zur Ruhe begiebt, mir aber noch lange freie Zeit blieb, bis ich, wie beabsichtigt, um 1 Uhr in der Nacht mit dem Schnellzug abreiste. Wozu ich aber eingeladen wurde, das war von ganz besonderer Art. Die Armgard hatte sich vorgenommen, zu so später Stunde einmal in das Kurhaus zu gehen, um sich die unglaublichen Toiletten anzusehen, die die Pariser demi-monde dort vollführt. Sie war noch nie um diese Zeit dagewesen, und der Aufwand ist wirklich so fabelhaft, daß es der Mühe werth ist, in dieses Babel einmal einen Blick zu thun. Stelle Dir aber vor, daß ich zwischen diesem Gefunkel von Brillanten, zwischen gelben Atlasschleppen von 6 Fuß Länge und Gott weiß was für Zeug in Alpenstiefeln mit 3 Reihen Nägeln beschlagen umhertapste, in der Hand einen Filzhut, auf dem neben etwas vertrocknetem Edelweiß die schönsten Flecken in allen Farben schimmerten, und am Arm die Gräfin Flemming. Die Armgard war nämlich so liebenswürdig, für eine Weile ihren sie begleitenden Herrn von So und So abzudanken und sich von mir führen zu lassen. Das Ganze war ganz und gar das Maskenfest im Don Juan[95], und wir die tugendhaften Schwarzgekleideten, die als stumme Beobachter durch das bunte Gewirr schreiten, wobei Flemming den leibhaftigen Don Octavio abgab. Um 12 Uhr hörte die Wirthschaft an den Spieltischen auf. Flemmings hatten sich schon vorher entfernt. Es war sehr ergötzlich, wie die Armgard dagegen protestirte, eher forzugehen als ihr Gatte, und dieser wiederum etwas gereizt behauptete, für eine anständige Dame sei es unmöglich, länger zu bleiben. Endlich gingen sie zusammen nach Hause, und ich begab mich in meine dunkle Eisenbahn. Am anderen Morgen wurde zum ersten Male wieder in Silbergroschen gerechnet, beim Frühstück gesalzene Butter aufgetragen, und norddeutsch geredet. Das war mir fast verwunderlich, und wieder hier zu sein, unter so bekannten Umgebungen, nach so langer Trennung von Lauenstein, in den ersten Tagen noch verwunderlicher. Ich bin aber garnicht blasirt, sondern finde die Heimath wunderschön, und habe es auch schon fast ganz aufgegeben, die Alpen hinter den Bergen zu suchen...«

An dieselbe

»Lauenstein d. 30ten September 1867

Liebe beste Tante!

Deine Aufforderung, dir noch einmal von hier aus zu schreiben, habe ich beherzigt, besonders in dem Gedanken, daß ich von Cöln aus, wo die regelmäßigen Berichte an die Eltern wieder beginnen, wieder auf längere Zeit schwer dazu kommen werde, mich dir unmittelbar mitzutheilen. Wäre es nicht zu gewiß, daß die Zeit anders genutzt werden muß, so hätte ich es auch lieber, dieser direkte Verkehr ginge so weiter; er ist doch anderer Art, als wenn es immer erst um die Ecke geht. Daß du mir aber auf geradem Wege schreiben sollst, wenn ich es nicht thue, darf ich ja nicht verlangen; es kann eben nur sehr ausnahmsweise einmal geschehen.

Der Herbst macht sich arg bemerklich in diesen letzten Tagen, und mahnt daran in die Winterquartiere zur Arbeit zurückzukehren. Zu meiner Schande muß ich bekennen, daß ich hier, von etwas regelmäßigem Klavierüben abgesehen, wenig zu Stande gebracht habe. Wir sind selten ohne Besuch gewesen, mancher schöne Tag wollte auch genossen sein, und so ist das Ding wohl erklärlich. Ich gehe ungern fort, wie immer, verzichte auch ungern darauf, Euch noch einmal vor dem Winter aufzusuchen. Doch weiß ich, daß mir die regelmäßige Thätigkeit gut schmecken wird, wenn ich einmal angebissen habe, und der Abschied selbst wird mir ja dieses Mal durch das Mitreisen der Eltern sehr erleichtert.

Mutter wird dich über die Vorkommnisse der letzten Wochen hier genau unterrichtet haben. Mir ist fast das wesentlichste Erlebniß die Bekanntschaft mit Herman Grimm's ›Unüberwindlichen Mächten‹[96], die mich in solchem Grade hingenommen haben wie lange kein Buch. Alles was in letzter Zeit der Art geschrieben worden ist, von Auerbach und Anderen ja selbst von Gustav Freytag, kommt mir gewaltig nüchtern und mager dagegen vor, wie das Literatenthum der ächten lebendigen Poesie gegenüber. Mir scheint, daß seit den Goethe'schen Romanen unsere Literatur auf d i e s e m Gebiet nichts von solcher Bedeutung aufzuweisen hat. Die Gestalten alle l e b e n, und nehmen wie leibhaftige ganze Menschen auch wieder den ganzen Menschen gefangen. Ich hoffe, daß das Buch tüchtig Epoche macht, und je mehr Schafsköpfe darüber schimpfen, desto besser. Bei dem Lesen und nachher dachte ich oft, ich möchte versuchen, Grimms persönlich wieder näher zu treten; denn von dem kalten, ironisirenden Wesen, das mir im Verkehr mit ihnen in den letzten Jahren meistens Muth und Lust dazu benommen hat, finde ich nur sehr geringe Spuren in dem Buch. … Was ich etwa aussetzen möchte, sind mehr äußerliche Dinge; aber es wundert mich, daß sie einem so kritischen Menschen wie Herman Grimm passiren können. Giebt es etwas Manierirteres als die Consequenz, mit der er überall in den Sätzen die Adverbien nachstellt, wie er das besonders im ersten Theil mit ›bisweilen‹, ›manchmal‹, oder gar ›selbstverständlich‹ thut? Auch der Tagebuchstyl, Sätze ohne Hülfszeitwort zu bilden, kommt allzu oft vor, und zuweilen ganz und gar an der falschen Stelle. Diese Unarten werden ihm nun gewiß gehörig aufgenutzt werden, und das mit um so mehr Recht, als sie stark nach Absichtlichkeit aussehen. Joachim, mit dem ich neulich darüber sprach, meinte, Grimm müsse das Buch in dieser Richtung geradezu noch einmal umarbeiten. Daß er aber im Übrigen ebenso begeistert war wie ich, kannst du dir denken.

Nun wirst du verwundert sein, daß ich mit Joachim über Grimms Buch geredet habe, und das ist so zugegangen, daß ich am Sonnabend zu einer Quartettsoiree nach Hannover hinüberfuhr. Ich hatte die Anzeige in der Zeitung gelesen, und erlebte den genußreichsten Abend. Zuerst ein mir unbekanntes Quartett von Haydn in F dur von bezaubernder Anmuth, im Scherzo so schäumend und sprudelnd fast wie Beethoven dann 2 alte Bekannte, C dur von Mozart und Es dur von Beethoven, die aber unter Joachims Händen natürlich eine Art von Wiedergeburt erfuhren...«

Das erste musikalische Ereignis im Kölner Wintersemester war ein Konzert, das Hiller zum Besten des Frankfurter Dombaus im Gürzenich veranstaltete. Das Programm enthielt neben vielem Anderen mehrere achthändige Klaviervorträge, darunter auch ein Arrangement von Webers »Aufforderung zum Tanz«. Hiller, Gernsheim, Seiss und ich saßen zu dem Zweck vor zwei Flügeln und machten mit dieser Vorführung den Leuten ohne viel Anstrengung sehr viel Vergnügen. Meine Eltern, die von Lauenstein aus mich zum Rhein zurückbegleitet hatten, wohnten einige Tage wieder bei Böckings in Bonn, und mein Vater kam von dort nach Köln herüber, um sich die Sache anzuhören.

### An die Eltern nach Berlin

»Cöln den 19ten October 1867

... Wie hübsch nach deinem Bericht, liebe Mutter, Eure Ankunft in der Friedrichstraße 226 war, sehe ich lebhaft vor mir im Andenken an frühere Zeiten, wo Großmutter Pistor die großen Körbe mit dicken Birnen und Trauben aus ihrem Garten und was sonst noch Schönes auf den Tisch zu stellen pflegte. Ich erlebte das oder doch Ähnliches gern noch einmal mit Euch. Die Räume selbst sehen auch immer so besonders frisch aus bei der Rückkehr im Herbst. – Hier geht das Leben lebendig vorwärts. Am Mittwoch nach meinen 5 Stunden hatten wir unseren ersten Leseabend im Hause mit Janitsch und Fräulein Ernsts, und ich erlebte wieder, wie die ›Unüberwindlichen Mächte‹ gleich von Anfang an die ›unwiderstehlichen‹ heißen könnten; es genügten schon die ersten Seiten um zu fesseln.[97] Donnerstag Abend war ich zu einer Gesellschaft nach Nippes eingeladen, an der das einzig Interessante die Anwesenheit von Themistocles von Eckenbrecher war. Er erschien in blauer Husarenuniform als eben eingetretener Freiwilliger, sah sehr gut aus, aber viel eher, als ob er Husar bleiben wollte, als nach einem verkleideten Maler. Seine Sprache verläugnete den Havelländischen Ursprung nicht, und ebenso wenig sein Phlegma die Verwandtschaft mit seinem guten Onkel Adolf. Von etwas Poetischem bemühte ich mich vergeblich eine Spur zu entdecken; dagegen begoß er mich von oben bis unten mit einem Glas Rothwein, und war sehr nett und gutmüthig behülflich, die Abtrocknung auszuführen.

Für gestern Morgen hatte mich eine Depesche von Freges aus Paris in aller Frühe auf den Bahnhof citirt. Ich traf den Professor mit Sohn schon um halb 7 Uhr am Dom lustwandelnd, während Frau Livia mich im Wartesalon empfing. Wir hatten fast eine Stunde zu ungestörtem Gespräch, und ich denke mit der größten Freude an das kurze aber schöne Wiedersehen zurück. Vielleicht führt mich eine Gelegenheit im Winter nach Leipzig. Das wünschte ich mir sehr, abgesehen von Anderem auch um einmal wieder recht warm zu werden in jenen Umgebungen, die mir für alle Zeit theuer bleiben. ... Heute weiß ich Euch in Joachim's Concert und beneide Euch. Möchtet Ihr recht zum Genießen aufgelegt sein! ...«

### Aus einem Brief meiner Mutter

»Berlin d. 21ten October 1867

... Im Concert am Sonnabend habe ich dich tausend Mal an meine Seite gewünscht. Joachims Spiel war gar zu herrlich! Die Chaconne glaubte ich noch nie so wundervoll von ihm gehört zu haben. Ganz merkwürdig berührte mich dieses Mal dabei die athemlose Stille im ganz gefüllten Saal. Wenn ich die Augen schloß, war es, als stünde Joachim ganz allein im Saal und ließe die Töne dahinfließen...«

### An die Eltern

»Cöln d. 27ten October 1867.

... Gestern begruben wir unsern Collegen Schmitt, der endlich am Donnerstag Morgen der Schwindsucht erlegen ist. Die arme Mutter, die Wittwe ist, war von Moskau gekommen, um den einzigen Sohn noch einmal zu sehen. Auch das ist höchst tragisch, und wenn mir Schmitt bei allem Talent persönlich nicht sympathisch war, so vergißt sich das in solchen Augenblicken. Die Musik spielte den Trauermarsch aus

Beethovens As-dur Sonate und den von Chopin, dessen erster Theil im Orchester würdiger klang, als ich es ihm zugetraut hätte. Draußen die katholischen Formalitäten am Grabe waren nichts weniger als feierlich, eine Reihe herunter geplapperter Ave Marias und anderer Gebete kann unmöglich erbaulich wirken. …«[98]

Während der vergangenen drei Vierteljahre hatten sich allmählich so viel Teilnehmer für unsere Chorübungen eingefunden, daß die immerhin sehr beschränkten Räume im Hause des Herrn Bel nicht mehr ausreichten, um der stattlicher gewordenen Zahl der Singenden angemessenen Platz anzuweisen. Ich berief meine Mitgliederschar zu einer beratschlagenden Versammlung und wurde von ihnen autorisiert, ein passendes Lokal für unser Musizieren ausfindig zu machen. Ein solches fand ich bald bei dem Instrumentenhändler Obladen, der in einem ziemlich großen Saal einige Flügel zum Verkauf ausgestellt hatte, neben denen noch genug Raum für uns blieb.

An die Eltern.

»Cöln d. 4ten November 1867

… Gestern Nachmittag von 5 bis 7 Uhr hatte ich zum ersten Male nach dem Sommer wieder Probe mit unserem kleinen Verein, und dies zwar in dem Instrumentenmagazin von Obladen. Obgleich noch nicht Alles wieder beisammen war, so genügte doch die Besetzung für eine gleichmäßige Wirkung vollkommen. ›Du Hirte Israel höre‹ von Bach und ein hübsches vierstimmiges Lied von Hauptmann machte uns Allen große Freude. Doch wird uns das Leben noch sauer gemacht; nicht von Gernsheim persönlich, mit dem ich jetzt wieder ganz freundschaftlich stehe, aber vom Vorstand seines ›Städtischen Gesangvereins‹, der mir gestern in der Person des Herrn Steinberger rund abschlug, uns weiterhin Noten zu leihen, weil man eine Conkurrenz in unseren Zusammenkünften erblickt. Nun müssen wir sehen, wie wir uns durchschlagen; gerade aber durch diese Weigerung uns mit Leihen zu unterstützen tritt die Frage einer wirklichen Vereinskonstituirung viel näher an uns heran, als sie uns ohne das gelegen hätte…

… Die Wahl für die Sonntagsabendlektüre mit meinen drei ›Söhnen‹ machte mir kürzlich einige Schwierigkeit. Nun habe ich angefangen einen längeren durch mehrere Lieferungen gehenden Aufsatz aus den ›Protestantischen Monatsheften‹[99] mit ihnen zu lesen: ›Die Erziehung der oberen Klassen in England‹ eine freie Uebersetzung von Tom Browns schoolday's[100]. Diese Schilderung des Englischen Schullebens ist, soweit wir bis jetzt gelesen haben, ganz außerordentlich hübsch. Für später bitte ich mir das Leben ›Friedrich des Großen‹ von Kugler zu schicken. Ich dachte einen Augenblick daran ein Buch ›Griechenland, Sage und Geschichte für die reifere Jugend‹[101] zu dem Zweck anzuschaffen, merkte aber beim Ansehen, daß es mir nicht gut möglich sein würde, diese Dinge im reiferen Jugendpathos stylisirt vorzulesen. Friedrich der Große dagegen wird beiden Theilen zusagen. ... Morgen haben wir als zweites Gürzenichconcert den ›Elias‹. Der Chor ist etwas besser besetzt als im vorigen Jahr; es geht aber doch nicht glänzend.

Cöln den 13ten Nov. 1867

... Gestern war ich in Bonn. Die Reise galt den Stimmen zu den bewußten Bach'schen Cantaten[XXIII], die der Städtische Gesangverein nicht mehr herausrücken will. Ich war bei Prof. Heimsoeth, der viele alte Musik besitzt und ehemals bei sich singen ließ, auch sehr bereit war zu jedem Verleihen; nur gerade das Gewünschte hatte er nicht zur Hand. Beim Musikdirektor Brambach ließ sich solche Musik noch weniger erwarten und so ging ich zu Simrock, wo die Sachen erschienen sind, und bekam achtfache Besetzung in allen Stimmen zu etwa 3 Thaler, also billig genug. Bei Böckings hatte ich zu Mittag gegessen und die gute Thusnelda[XXIV] begleitete mich als wegweisender Dienstmann auf meinen Wanderungen, lief auch bei Simrocks, wo ich hoffte, sie würde vor der Thür umkehren, ganz lustig mit in das Comtoir hinein, pflanzte sich dort geduldig auf einen Stuhl und ließ die Leute denken, was sie wollten. Der alte Böcking war liebenswürdig wie immer und läßt sagen, in Bonn wäre Einer, der grüßen ließe.

Mein kleiner Chor war am vorigen Donnerstag vorzüglich. Er ist stärker als im vorigen Semester, wir haben einen prächtigen Solotenor vom Theater, der sich eine Freude daraus macht, Die Sachen kennen zu lernen und mich nebenbei gebeten hat, ihn mit Schumann'schen und Schubert'schen Liedern bekannt zu machen. Alles ist willig gründlich zu studieren, und so hätte ich nur gewünscht, Manchen zuhören zu lassen, als wir dieselben Sachen wie am ersten Abend, nur mit noch größerer Sicherheit und Liebe durchsangen. Das Lokal bei Obladen reicht leider doch nicht mehr aus. Um das Übermaß von Gerede zu vermeiden hätten wir so gern einen P r i v a t saal; aber wo soll der her-

XXIII Gemeint sind die sechs von Marx seiner Zeit herausgegebenen Kantaten [BWV 101 bis 106 in: Kirchen-Musik von Johann Sebastian Bach, 2 Bde., herausgegeben von Adolf Bernhard Marx, Bonn: Simrock 1830].

XXIV Thusnelda, die älteste Tochter von Böcking.

kommen?! Wollten sich doch Wendelstadts anbieten! Das wäre gerade das Rechte.

In der Musikalischen Gesellschaft hatten sich wieder einmal die Leute vom Theaterorchester als verhindert für den Sonnabend abgemeldet. Der Vorstand hatte mich darauf gebeten Kammermusik zu arrangiren, und das Quintett von Schumann mit Königslöw und seinen Collegen zu spielen. Ich jagte Ja, Königslöw aber Nein, weil er noch gereizt war von der vorigen affaire her. Er will den Leuten zeigen, daß sie ihn mit einem eigentlichen Anspruch an solche Extraleistungen nicht kommen dürfen, natürlich wäre er nach seiner Art ebenso gern in den Rhein gesprungen, als daß er um auszuhelfen sich dennoch im letzten Augenblick hätte breit schlagen lassen, nachdem einmal abgelehnt. Nun verabredete ich mit Gernsheim, wir wollten auf dem neuen Amerikanischen Flügel vierhändig das Ungarische Divertissement von Schubert und die Walzer von Brahms spielen; zum Schluß sollte Marchesi etwas singen. Da kam plötzlich die Nachricht, das Theater wolle für dieses Mal auf das Orchester verzichten und so konnten wir in gewohnter Weise musiciren. Schleunigst setzte ich obenein eine Probe an, studierte Ouverture Scherzo und Finale von Schumann, ließ Marchesi die D dur Arie des Leporello[102] mit Orchester singen und schloß mit Onslow's Ouverture zum ›Hausirer‹. Das Schmumann'sche Stück war mir eine wahre Erquickung, es ist wirklich wie der schöne Maimorgen mit Blüthen und Blüthendüften an allen Enden. Sie spielten es erträglich, obgleich natürlich genug fehlt bis zur Vollkommenheit. Neulich setzte ich auch einmal Spontinis Ouvertüre zur ›Vestalin‹ auf das Programm und amüsirte mich über die berühmte Schlußsteigerung, die nun einmal, man sage, was man will, etwas hinreißendes hat. ... Die Aufführung des Elias am Dienstag war mittelmäßig, die Chöre nicht ganz schlecht, aber fern davon gut zu sein, immer nur halb sicher, und ohne allen Nerv. Hill sang den Elias, und ich gebe dir ganz Recht, l.[iebe] M.[utter], wenn du sagst, daß er zu viel Theaterpathos hat; überhaupt wird er mir immer unsympathischer, erscheint mir immer gewöhnlicher, je öfter ich ihn höre. Das Werk selbst machte mir zu meiner Freude trotz aller Mängel der Aufführung doch wieder großen Eindruck; so gleich der wunderschöne Anfang mit dem Recitativ und die ebenso ernste edle Ouverture mit dem anschließenden Chor ›Hilf, Herr!‹ Das ist doch in seiner Art auch groß, und ich habe bei der Menge wirklich bedeutender Musik, die in dem Werk steckt, wieder rechte courage bekommen, den Leuten gegenüberzutreten, die es heute herunterreißen wollen. ... Zwei erfreuliche Briefe hatte ich in dieser

Woche, einen langen, in seiner Art sehr schönen von Stockmeyer, nur etwas zu herb und ernst, und einen von der guten Frau Heymann, die mir Rheinecker Trauben schickt, und von ihrem Carl das ›Nähere‹ wissen möchte. Dieses Nähere habe ich ihr mitgetheilt: es geht dabei nicht ganz ohne Klage ab, denn durch Zerstreutheit, Faseligkeit auf der einen und gereiztes Wesen auf der anderen Seite macht der kleine Mensch, daß man ihn nicht unbedingt loben kann. Es bleibt aber genug zu loben, und wenn nicht Blombergs unvortheilhafter Einfluß ihm immer zur Seite bliebe, so glaube ich, es ginge schneller mit ihm moralisch vorwärts. … Gestern die Quartettsoiree – G dur Haydn, großes F dur Quartett von Beethoven

und Clarinettenquartett von Mozart war sehr schön. Unser Clarinettist bläst vortrefflich; Königslöw spielte besonders die anmuthigen Sachen sehr fein und geschmackvoll. Der erste Satz aber vom F dur Quartett, auf den ich mich fast am meisten gefreut, wurde leider gänzlich verdorben durch obligates Versperläuten von der St. Albanskirche…«

Von meiner Mutter

»Berlin d. 11ten Nov. 1867 Montag

… Wenn dein Brief kommt, habe ich dir immer mancherlei zu antworten, und so möchte ich dir gern schon heute in Ruhe einen Auftrag von der Ministerin Mühler (!!!) vortragen. Sie kam gestern gegen Mittag mit ihrer Tochter Liese zu meinem Erstaunen hier vorgefahren und ich hatte wieder einmal ein l a n g e s mich recht an- und aufregendes Gespräch mit ihr. Seit vorigem Weihnachten hatte ich so gut wie Nichts von ihr vernommen. Sie trat auch gleich mit den Worten ein: ›Sie werden mich nicht los! ich muß Sie einmal wieder sprechen!‹ Nach allerlei Fragen von meiner Seite nach ihrer Tochter[XXV], nach Schwerins u.s.w. kam sie dann auf das Hauptthema zu sprechen, dessen Gegenstand du warst. Nachdem sie mir im t i e f e s t e n Vertrauen alle ihre möglichen und unmöglichen Pläne mitgetheilt, von denen ich Dir n i c h t schreiben sollte, trug sie mir auf dir zu sagen, daß ihr Mann noch immer f e s t den Plan verfolge, den er im vorigen Jahr mit dir besprochen habe. Um nun

XXV Eine Tochter von Frau v. Mühler hatte sich mit Graf Heinrich Schwerin, dem älteren Bruder von Fritz Schwerin verlobt. [Handschriftl. Anmerkung im Typoskript: **v e r h e i r a t e t ? Weil Fritz Schw. im März an Vater schrieb, er müsse zur Hochzeit seines Bruders im M a i zurück sein.**]

aber darin etwas fortzuschreiten, sei es durchaus nöthig daß einige Leute dich hier einmal wieder hörten oder doch Etwas von deinen Leistungen erführen. Ob du deshalb nicht zu Weihnachten etwas länger bleiben, etwa für eine Woche nach Neujahr noch Urlaub nehmen könntest und wenn du hier nicht öffentlich ein Concert geben wolltest, dann wenigstens in ihrem neuen großen Saal vor eingeladenen Zuhörern eine matinée oder dergleichen arrangiren könntest. Etwas spielen müßtest du dabei jedenfalls; sie würde dir, wenn du Kammermusik wünschtest, auch Begleitung dazu schaffen, de Ahna u.s.w. Selbst den Domchor könnte sie dir zur Verfügung stellen; es sei nur schwer, in so kurzer Zeit Etwas mit ihm einzustudieren, und dies Einstudieren müßtest du doch eben selbst thun. Was du nun zu dem Allen sagen wirst, weiß ich durchaus nicht. Willst du ihr nicht selbst schreiben, so schreibe mir! aber so, daß ich es ihr vorlesen kann. …«

Von derselben

»Berlin den 17ten Nov. 1867 Sonntag

… Am Freitag Nachmittag kam die liebe Frau Schumann zu uns. Sie war erst Donnerstag Abend angekommen, und war wie immer gar zu liebenswürdig und nett. … Ich habe denn auch mit ihr ganz im Vertrauen den Mühler'schen Plan besprochen … sie sagt, wenn man dir hier nicht etwas Bestimmtes bieten könne, sondern du dir erst selbst hier Bahn brechen und Alles zusammenbringen solltest, so könne sie nicht dazu rathen. Dergleichen sei für einen so jungen Mann wie du eine schwere Sache.«

An die Eltern

»Cöln d. 28ten Nov. 1867 Montag

Dein Brief, liebe Mutter giebt zu so vielerlei Gedanken Anlaß, daß ich mich aufrichtig gestanden, noch nicht recht mit ihnen abzufinden weiß. Ich werde hierbei ein paar Zeilen an Frau v. Mühler einlegen, die du ihr wohl selbst bringen wirst, wie ich aus deinen Andeutungen schließe, und so kann ich mich dir gegenüber frei äußern. Du eher kannst, was du davon für gut hältst und was nicht in dem Brief an Frau v. Mühler ausgedrückt findest, mündlich hinzufügen.

Im Grunde ist mir die ganze Sache nicht angenehm vor Allem, weil sie mir höchst problematisch, fast unmöglich ins Werk zu setzen erscheint, und ferner weil sie mich aus meinem jetzigen guten Boden herausreißt, ohne mir zu garantiren, daß ich mich, Alles in Allem genommen, in dem neuen annähernd ähnlich wohl fühlen werde. Um einen solchen ›königlichen Dilettantenchor‹ (denn darauf laufen die Mühler'schen Pläne hinaus) in Scene zu setzen, müßte ich, um auf natürlichem Wege zu gehen, ein paar Jahre in Berlin sein, mir selber einen Chor allmählig heranbilden, und diesen dann zum ›königlichen‹ erheben lassen. Diesen Weg schlage ich keinesfalls ein aus naheliegenden Gründen, und es fragt sich nun, ob der von Frau v. Mühler gewollte ein überhaupt möglicher ist. Es sollen plötzlich doch mindestens zwei- bis dreihundert Leute zusammengetrommelt werden, um unter einem Dirigenten zu singen, den sie fast garnicht persönlich, und nur wenig par renommée kennen, angelockt also lediglich durch die Aussicht, mit dem königlichen Orchester zu singen, und vielleicht kein Eintrittsgeld zu bezahlen. Welche Minen werden da von sämmtlichen bestehenden Gesangvereinen gelegt werden, um dem unerwarteten Nebenbuhler von vornherein das Dasein abzuschneiden. Die projektirte matinée kann ferner auch nur e i n e n Zweck haben, nämlich den, mich dem König persönlich zu präsentiren; dem Publikum gegenüber ist sie gleich Null, und wie sie meine Direktionsfähigkeit beweisen soll, ist mir vollends ein Räthsel. Es ist ja geradezu ein Unding, einem fertigen Institut, wie der Domchor es ist, zuzumuthen, daß er plötzlich unter einem fremden Dirigenten singen soll, und mag es damit noch so gut gehen, mögen auch selbst einige Proben mehr unter meiner Leitung gewesen sein, so beweist das Alles für mich garnichts; denn der Domchor ist ein in seiner Art vollkommener Organismus, an dem ich nur im besten Falle Nichts verderben könnte. Kurz damit geht es nicht, und so sehr ich die freundlichen Absichten von Frau von Mühler erkenne, so glaube ich doch meinerseits, daß sie mir nach einem kurzen Gespräch Recht geben würde. Urlaub ohne besonderen Grund zu Weihnachten zu nehmen, würde schwer halten; jedenfalls würde ich es nicht von vornherein thun, sondern erst zusehen, ob sich wirklich etwas einigermaßen Zweckentsprechendes in Berlin zu jener Zeit zu Tage fördern läßt...

Dienstag Morgen.

Gestern hatten wir hier großes Fahnenschwenken im Conservatorium. Die Königin[103] hatte von Coblenz aus gemeldet, sie wolle die Anstalt besuchen, und sich etwas vormusiciren lassen von den Schülern. So wurden von Sonntag früh an in aller Eile die Dinge vorbereitet. Es passirten dabei allerlei Dummheiten, so z. B. daß Hiller Anfangs nicht einen einzigen Jüngling zur Mitwirkung herangezogen, sondern wie gewöhnlich den Schwerpunkt auf die Marchesi'schen Schülerinnen gelegt hatte. Schließlich studierte ich noch Sonntag Nachmittag in Königslöws Abwesenheit 4 Schülern einen Quartettsatz von Mozart ein, erwirkte auch die Erlaubniß, daß Blomberg Etwas spielte und so beruhigte sich die männliche Bevölkerung, die in ihrer Empörung schon beschlossen hatte, garnicht zu erscheinen. – Gegen 1 Uhr Mittag versammelte sich gestern die ganze Schule, Vorstand, Lehrer und Schüler im Saal und um 1 ¼ Uhr fuhren die Großherzogin von Baden[104], die Prinzeß Wilhelm von Baden[105] und der Großherzog von Weimar[106] mit einer Heerde von Hofdamen und Kammerherren vor. Die Großherzogin ist eine reizende Persönlichkeit, und schien unter dieser Gesellschaft auch entschieden die am meisten musikalische zu sein. Mit zwei Frauenchören von Hiller, die sehr gut gingen, wurde begonnen; dann kam verschiedener Sologesang und das Auftreten von vier Klavierspielerinnen, unter ihnen meine Schülerin Michiels, die das C dur Lied von Mendelssohn sehr hübsch spielte. Ich aber war dazu verdammt, einigen Sängerinnen abwechselnd mit Gernsheim zu akkompagniren. Endlich, fast eine Stunde später während des Quartettsatzes erschien die Königin. Sie wurde abermals mit zwei Sängerinnen und zwei Hillerschen Chören traktirt und trat dann mit der Frage an uns heran, ob wir die Herren Lehrer seien, worauf sie die unerhört neue Bemerkung hinzufügte, daß ›dergleichen Institute höchst förderlich für das Gedeihen der Kunst seien, ja höchst förderlich!‹

Hiller hatte die unbegreifliche Taktlosigkeit, uns Keinem von den Herrschaften vorzustellen, und selbst in diesem letztem günstigstem Moment nur Marchesi zu präsentiren. So war es denn immer liebenswürdig genug, daß der Großherzog von Weimar zu Königslöw und mir herantrat, und einige unpassende Bemerkungen machte, wie z. B. daß der Saal sehr schön sei, der bekanntlich ein Scheusal ist und dergleichen mehr. Auch Blomberg hatte man nicht zum Spielen kommen lassen. Wir sind alle über das ganze Verfahren einigermaßen aufgebracht. Man mag ja Hiller nicht ernsthaft auf den Leib rücken, weil man es nicht mit ihm verderben will. In der That ist aber die Nachlässigkeit, mit der er gelegentlich gegen andere Menschen verfährt, so ärgerlich, daß man wohl einmal ein Exempel statuiren sollte. Heute Abend ist drittes Gürzenich-Concert: Ouverture zu Iphigenie, Arie und Chor aus Iphigenie, F moll Concert von Chopin und eine ganze Serie Schubertscher Sachen, Kyrie aus der Messe, die ganze lange C dur Symphonie u.s.w., um seinen Todestag zu feiern. Wo soll man aber mit all der Musik hin! Man ist nach der ersten Hälfte schon satt. – Bruch ist hier, und wir haben schon mehrfach angenehm miteinander verkehrt…«

Aus einem Briefe meiner Mutter

»Berlin d. 24ten Nov. 1867

... Am Mittwoch, nachdem ich meinen Brief an dich abgesandt, kam Abends hier plötzlich die Max[107] durch die Küche in unsre kleine Stube, in Begleitung ihres Neffen des Malers Achim von Arnim[XXVI]. Beide ließen sich ganz gewöhnlich bei uns nieder und blieben zum Thee; die Max in gewohnter Liebenswürdigkeit, und Du kannst denken, daß es an lebhaftem Gespräch und Erzählen von beiden Seiten nicht fehlte, da wir uns seit Juni nicht gesehen hatten. Die Max wollte auch Vaters Rath und Hülfe haben bei Beschaffung eines Hauslehrers für Waldemar[108], dessen Erziehung ihr viel Noth macht...«

An die Eltern

»Cöln d. 27ten Nov. 1867

... Ich schicke einliegend ein Zeitungsblatt mit einem Inserat irgendeines Mannes aus dem Rheingau, das sich bitter über die dort vorzunehmenden Rhein-Einengungen, besonders über das Wegschwemmen der Inseln beklagt. Mag seine Ausdrucksweise auch etwas zu pathetisch sein, so bin ich doch in der Sache ganz mit ihm einverstanden, und wenn es möglich wäre, möchte ich gern praktisch dazu beitragen, daß eine so abscheuliche Spekulationswirthschaft nicht ihr Ziel erreicht. Du siehst sicher in dieser Zeit Frau v. Mühler wieder, und könntest ihr dann den kleinen Artikel geben. Aufrichtig gesagt, würde ich mich viel unbefangener freuen, wenn sie in dieser Angelegenheit Etwas durchsetzte, als wenn sie mich zum Musikdirektor in Berlin macht... Rechte Freude hat es mir gemacht, neulich am Sonntag meinem kleinen Heymann zu seinem 15ten Geburtstag meine alte silberne Uhr zu schenken, in hübschem neuen Uhrkästchen und mit einer ganz netten Stahlkette. Der Junge war sehr glücklich. Seine Mutter war von Rheineck herübergekommen und freute sich auch. Abends mußte ich bei Almenräders bleiben und mit feiern helfen. Hauptsächlich dem kleinen Almenräder'schen Neffen zu Liebe wurde etwas Tivoli[109] gespielt, woran die Großen zur Erhöhung des Vergnügens theilnahmen. Mich aber versetzte diese Scene in alte Zeiten, wo der 18te Januar und andere hohe Festtage mit dergleichen Herrlichkeiten begangen wurden, und schon deshalb machte ich gern mit. ... Wegen Hillers Versäumnis bei Gelegenheit des königlichen Besuchs hatten wir Lehrer uns nun doch in

---

XXVI Achim von Arnim, Enkel des Ehepaares Achim und Bettina von Arnim, Sohn des ältesten Sohnes derselben, Freimund von Arnim.

corpore bei dem Vorstand beschwert und dieser hatte ihm unsere Meinung mitgetheilt. Ich fürchtete, es würde zu schlimmen Erörterungen kommen, doch hat der Angeklagte sich zu meiner Freude nicht in die Brust geworfen, sondern sich damit entschuldigt, daß die Königin ihn beim Vorstellen unterbrochen habe. Mag dem nun sein, wie es will, Hiller möchte wenigstens einlenken und das ist genug. Gegen mich persönlich ist er unverändert liebenswürdig. Am vorigen Freitag war ich in gewohnter Weise bei ihm. Am Montag hatte der Maler Sohn aus Düsseldorf, der ihn besuchte, nach Tisch in seiner Wohnung einen Schlaganfall bekommen, und war kurz darauf verschieden. Während dessen begann im Conservatorium die erste Abendunterhaltung, und es war wirklich eine schwere Aufgabe für Hiller, dafür zur Stelle zu sein. Er blieb denn auch nur kurz und der Rest vollzog sich ohne seine Anwesenheit. Fräulein Walchner, eine technisch recht tüchtige Schülerin von mir, spielte den letzten Satz des Hummel'schen H moll Concerts, der bekanntlich recht schwierig ist, sehr gut, und Blomberg brachte die große C dur Sonate von Beethoven merkwürdig gut zu Stande. Er ist jetzt wohler, sieht besser aus, und ich habe ihn nochmals bei Dr. Schneider gründlich untersuchen lassen. …

Hier grassirt jetzt Carl Vogt. Er predigt fast in allen Rheinischen Städten seine schöne Weisheit, daß der Mensch vom Affen abstamme u.s.w. Man sollte ganz traurig werden, wenn man diesen Gedanken ein bischen nachgeht. Wie es aber möglich ist, daß die Menschen mit wahrem Vergnügen sich dergleichen vordociren lassen können, dafür hört bei mir das Verständniß ganz und gar auf. …

Cöln d. 6ten Dec. 1867

Ein Brief von dir, liebe Mutter redet immer von so viel interessanten Menschen, die Ihr gesehen habt, daß man ganz neidisch werden könnte. Es ist doch sehr hübsch, daß der Verkehr mit der Max die alten Beziehungen zu Arnims nicht aussterben läßt, und wenn der junge Herr Achim sich von seiner Tante durch die Küche zu Euch bringen und in den Thee stippen läßt, so muß er auch ein ganz vernünftiger Mensch sein. … Sehr verwunderlich ist es mir, wenn ich von Leuten lese, die für Marie B. Freundschaft empfinden; ich kann es immer noch nicht begreifen, daß aus ›Punk‹ allmählig ein Mensch geworden ist, und muß das nun wirklich zu Weihnachten einmal untersuchen. Diese Zeit rückt mit Riesenschritten näher, und so erfreulich das auf der einen Seite ist, so sehr erschrecke ich fast davor auf der anderen. Ein halber Winter ist gar zu schnell herum, und man kommt sich immer vor, als hätte man garnichts in all der Zeit fertig gebracht. Gestern sah ich den Kalender an, und machte die greuliche Entdeckung, wie die Zeit fliegt. ... Lade mich nur nicht zu gar zu vielen Menschen im Voraus aus, liebe Mutter; am liebsten ginge ich in gar keine Gesellschaft, sondern sähe meine Eltern wieder, und dazwischen diesen oder jenen der nächsten Freunde. Auf Clärchens Baumeister freue ich mich besonders. ... Aus Frau von Mühlers Plänen wird natürlich Nichts. Ich müßte doch nun endlich bestimmte Nachricht haben, wenn man daran denken sollte, das Alles bis Januar zusammenzubringen, was für eine große Aufführung mit Chor und Orchester erforderlich ist. Die Dilettanten, vor Allem weibliche, haben eben keine Ahnung davon, was dazu gehört, ein Concert zu geben, es sei denn, daß sie wie Adele Dorn zwei Jahrzehnte lang vor Gustav Adolfs Karren gespannt gewesen sind[110]; das hilft freilich etwas, wenn auch immer noch nicht genug. Dafür nun, daß die Pläne von Frau von Mühler wahrscheinlich zu Wasser werden, – wie gewöhnlich, – ist mir in diesen Tagen hier ein Antrag gemacht worden, der mich höchlich erfreut, und von dem ich nur das Eine lebhaft wünsche, daß er wirklich zu einem Resultat führen möchte. Dr. Gehring, einer der musikalischen faiseurs[111] in Bonn, hat mir nämlich den Vorschlag gemacht, mit dem Gürzenichorchester, – dessen Besetzung in den Geigen natürlich um des kleinen Saales willen etwas herabgemindert werden würde – drei Mal im Winter Sonntags nach Bonn zu kommen, und dort von 12 – 2 Uhr ein Concert nach Art der Berliner Symphonie-Soiréen zu geben. Zu jedem Concert würde ich hier in Cöln 2 Proben zu halten haben. Mit dem Orchestervorstand habe ich bereits gesprochen, und es handelt sich nun darum, ob sich in Bonn im Publikum die nöthige Betheiligung findet, um auf die Kosten zu kommen. Ich hoffe es! obwohl Brambach auch seine Parthei hat, die in dem ganzen Plan wahrscheinlich eine Art von Mordversuch auf ihn erblickten, und wühlen wird, um die Leute am Abonniren zu verhindern. Gestern Abend gab Königslöw drüben Quartettsoirée und völlig unvermuthet wurden dort plötzlich im Publikum Zettel vertheilt, die das ganze Vorhaben höchst preislich ankündigen, und unter Anderem die Mitwirkung von Königslöw, Japha, Derkum und Rendsburg ohne Vorwissen derselben in sichere Aussicht stellen. Das ist nun ein unbegreiflich voreiliger Streich des guten Gehring. Dazu steht mein Name fettgedruckt oben an, so daß es aussieht, als hätte ich die Sache auf eigene Faust in Scene gesetzt. Die Möglichkeit einer solchen Auslegung muß den Leuten benommen werden, und ich fahre heute Nachmittag zu Gehring hinüber, um ihn zur Anfertigung eines gründlich aufklärenden Schrifstücks zu veranlassen.

Wünscht mir guten Erfolg bei der Sache! es ist der angenehmste, auch nach außen hin wirksamste Zuwachs an Thätigkeit, der mir werden könnte. … Morgen geht Fritz Schwerin nach Constantinopel! Es thut mir doch leid, daß damit nun jeder Rest eines Verkehrs für lange Zeit abgebrochen wird. …

d. 11ten Dec. 1867 Mittwoch Abend

Am Ende eines Vierteljahres drängt sich immer theils aus Zufall, theils der Natur der Dinge nach so viel zusammen, daß man nicht recht fertig zu werden weiß. … Am Freitag Abend habe ich in Hillers Abwesenheit die Chorprobe für die Beethoven'sche Chorfantasie und Paradies und Peri[112] allein zu halten: ein schlechtes Geschäft, da alle Mühe bei den gänzlich dissoluten Verhältnissen dort nichts nützt. Am Sonntag Vormittag hat mir Hiller gestattet, in einer Extraorchesterprobe meine Ouvertüre zu Otto der Schütz durchspielen zu lassen: vorher müssen die Stimmen wenigstens oberflächlich korrigirt sein, die mir vom Copisten bis jetzt noch nicht einmal gebracht sind. Außerdem liegen Tisch und Flügel bei mir immer so voll von Weberianis, die auf Erlösung, d. h. auf Revision warten, daß es mich ordentlich angst und bange macht, das anzusehen. – So viel weiß ich, daß ich nie wieder eine solche Revisionsarbeit übernehme, außer bei meinen eigenen Sachen. Der Mensch kann was Gescheuteres thun, und wenn mich die Euryanthe nicht reut, weil dieser Fall ein wirklich außerordentlicher war, so reuen mich doch die Concerte sehr[XXVII]. Gestern habe ich lebhaft an dich gedacht, liebe Mutter. Es war Quartettsoirée, und sie spielten unter Anderem Mendelssohns frühes Es dur Quartett. Königslöw saß leider nicht am ersten Pult sondern X mit seiner abgeschmackten nüchternen Kokettерie, die ihn mir immer wie eine männliche alte Jungfrau erscheinen läßt. Trotzdem erwärmte mich das Stück von Neuem, und ich sage dir, du freust dich noch gar nicht genug darüber, daß ein so reizendes, poetisches und jugendlich anmuthendes Werk dir gewidmet ist, – freilich nur im Stillen, – es ist aber so fast noch hübscher. Ein divertimento von Mozart mit zwei Hörnern und Contrabass wollte mir nach dem F dur Quartett op. 18 von Beethoven mit dem göttlichen Adagio in d moll nicht recht munden; es erschien mir etwas länglich und zum Theil etwas gar naiv. Zu gleicher Zeit hättet Ihr durch Frau Schumann und Stockhausen

XXVII Im Widerspruch zu jenen Vorsätzen habe ich in späteren Jahren ein reichliches Maß von Revisionsarbeiten sowohl für die Gesamtausgabe der Mozartschen und Chopinschen Werke wie auch für die Urtextausgabe klassischer Musik übernommen.

noch idealischere Genüsse haben können, aber leider lese ich aus Deinem Briefe, daß Ihr nicht dort waret. Ich bedaure das wirklich, und zwar in doppeltem Sinn, denn auch Frau Schumann wird Euch vermißt haben. Grüßt sie herzlich, wenn sie Euch besucht. Am Montag sehe ich sie voraussichtlich selbst, und darauf freue ich mich nicht wenig. Das nächste Concert an Beethovens Geburtstag mit lauter Beethoven und den beiden Leuten dazu wird herrlich werden. Dafür ließ das vorige freilich viel zu wünschen übrig. Über die Hälfte nahm Ver sacrum von Hiller ein, und obgleich man bei guter Absicht manches Gute darin entdecken kann, so langweilt man sich doch noch mehr ohne alle Absicht. Das Beethoven'sche Violinconcert von Königslöw gespielt wurde stark durch anhaltendes Geläut von Draußen beeinträchtigt...

Cöln Sonnabend d. 14ten Dec. 1867.

... Ich dachte in diesen Tagen daran, ob ich nicht meinen kleinen Heymann einmal zu Euch nach Berlin mitnehmen sollte, habe ihm aber kein Wort davon gesagt, damit Eure Entscheidung ganz frei ist. Ihr kennt den Jungen, und wenn Ihr ihn natürlicherweise nicht so gern habt wie ich, so glaubt Ihr mir doch, daß er seiner ganzen Natur nach eine solche Freude verdiente. Er ist nicht danach angethan im Geringsten zu geniren, und ich habe nicht nöthig, ihm ausnahmsweise Zeit in Berlin zu opfern. Was er sehen soll, sieht er bei meinen Wegen gelegentlich. ... Geld habe ich noch genug, um ihm die Reise zu schenken, und ich denke, so ein junges Gemüth ist etwas Hübsches am Weihnachtstisch. Er sagt zwar nicht viel, ist aber nichts weniger als kühl, sondern von wirklich feiner und lebhafter Empfindung. ... Von Bonn brachte Königslöw gestern die Nachricht, daß auf einige 90 Karten bis jetzt subskribirt worden ist. Doktor Gehring hofft noch immer ziemlich sicher auf das Gelingen, obgleich wir im Ganzen 250 Abonnenten brauchen. Königslöw dagegen, der freilich der Geist ist, der stets verneint, weissagt das Ende dieser Dinge, bevor sie in die Welt gekommen sind. ... Seiss spielte in seinem Concert am Donnerstag mit vortrefflicher Technik, und im Übrigen wie ein Affe. Solche Eindrücke machen mich vorzugsweise melancholisch. ...

Wienrode d. 21ten Dec. 1867

Vor dem Einzug der Truppen in die Hauptstadt ist es doch wünschenswerth noch einen Armeebefehl auszugeben, und so melde ich, daß ich hier mit meiner Truppe, bestehend in einem Hey-Mann zu Fuß wohlbehalten angelangt bin, und morgen Sonntag Mittag nach Berlin aufzubrechen denke. – von allen Ereignissen der letzten Woche als da sind: Probiren meiner Chorlieder anstatt Bach'scher Cantaten am Sonnabend Abend, wohlgelungene Probe von Otto dem Schütz Sonntag früh, angenehmer kleiner Abendgesellschaft bei dem Bruch'schen Geschwisterpaar mit Königslöws Frl. Ernsts und Frl. Almenräder, ferner von allem schönen Zusammensein mit Frau Schumann erzähle ich das Nähere mündlich. Das Concert am Dienstag war herrlich, nur etwas zu lang, aber abgesehen davon begeisternd. Selbst zum Musikfest war der Andrang nach Eintrittskarten noch nie so groß gewesen; 550 Plätze waren allein im Saal extra verkauft, 160 Personen hatten abgewiesen werden müssen. So zog Beethovens Geburtstag, die Aussicht nur Beethoven zu hören und die Namen Clara Schumann und Julius Stockhausen. – Frau Schumann kam Montag Abend an, und reiste Mittwoch früh wieder ab. Zu allen Mahlzeiten luden mich Deichmanns, bei denen sie wohnte, ein, und so war ich fast unausgesetzt mit ihr zusammen. … Donnerstag Abend um 9 Uhr kamen wir hier an. Die Nacht war so dunkel, daß man auch nicht die leiseste Ahnung von den Dingen haben konnte, die um uns herum waren. Ich mußte daran denken, wie wunderlich dem Jungen das Alles vorkommen mußte. Gestern wurde es etwas lichter und wir gingen nach Blankenburg, heute ist es der klarste schönste Wintertag, die Bäume oben auf den Bergen mit Rauhfrost überzogen, die ganze Fläche unten weiß und so war ein Morgenspaziergang auf den Eschenberg eine wirkliche Erquickung. Sehr behaglich ist es im Hause, wie immer, und man wünschte, man hätte mehr Zeit, sich in dieser Ruhe niederzulassen! …«

Meine Eltern waren immer bereit gewesen, diesen oder jenen jungen Verwandten für längere Zeit ihr Haus gastlich zu öffnen. Sie hatten Otto Biedenweg, den Sohn der Kusine meines Vaters anderthalb Jahre ganz bei sich beherbergt. Später teilte eine seiner Schwestern für ein halbes Jahr ihre Häuslichkeit. Dann wieder wurden meine beiden Lausteiner Vettern[113], einer nach dem anderen, jeder für mehrere Semester ihre Hausgenossen. Daß ich den stets Gütigen seiner Zeit auch meinen Freund Carl Rose zur Beherbergung zugeschickt hatte, ist ausführlicher erwähnt worden. Jetzt aber war die Verwandtschaft meiner Mutter an die Reihe gekommen. … Eine ihrer zahlreichen Nichten, und zwar die jüngere der beiden Töchter aus dem Winterhäuser Pfarrhaus, war aufgefordert worden, den Winter 1867–68 bei ihnen in Berlin zuzubringen, um die mannigfaltigen Bildungselemente in sich aufzunehmen, die sich ihr hier boten. Sophie Hansen war damals ein hochaufgeschossenes Mädchen, dessen auffallend schönen dunkelblauen Augen lebendigen Geist und verschwiegene Leidenschaft verrieten. Ihr scharfer Verstand ließ sie überall stillschweigend Beobachtungen machen, wobei sie ihren Gesichtskreis ohne Zweifel erweiterte, ihre Erfahrungen und Kenntnisse bereicherte. Nur hinderte ihre Neigung zu negativer Kritik leider recht häufig eine unbefangene Hingabe an die Eindrücke, die ihr in Personen und Verhältnissen entgegentraten. Diese Tatsache erschwerte meiner guten, überall zu wohlwollendem Anerkennen geneigten Mutter das Verkehren mit der sehr anders gearteten Hausgenossin, und ich würde mich nicht gewundert haben, wenn diese letztere auch über meinen Schützling Heymann die Nase gerümpft hätte. Allein zu meinem großen Erstaunen schenkte die junge Dame dem kleinen Bürschchen ihre Zuneigung, und immer wieder hatten die beiden etwas miteinander zu bereden oder vorzunehmen.[114] Übrigens muß hier, um nicht ungerecht zu sein, nachdrücklichst auf ein Moment hingewiesen werden, das für die Beurteilung von Sophie Hansens damaligem Gesamtverhalten auf das Schwerste ins Gewicht fällt. Und dies zwar ist die damals noch herrschende tiefe Erbitterung der Süddeutschen gegen Preußen und alles Preußische. Die Wunden waren noch keineswegs vernarbt, die der unselige Bruderkrieg von 1866 vor allem dem bayrischen Empfinden geschlagen hatte, und die junge Bayerin war gesättigt mit Empörung über das ihrem engeren Vaterlande zugefügte Leid. Am Schwierigsten wohl gestaltete sich, und zwar wohl auch gerade infolge der politischen Gegensätze, das Verhältnis zwischen ihr und meinem Vater. Er, der mit seiner Lebendigkeit und seinem liebenswürdigen Mitteilungsbedürfnis sich gefreut hatte, der Nichte alles mögliche zu zeigen und sie an seinem Gefühl für jede Art des Schönen und Interessanten teilnehmen zu lassen, mußte erleben, daß er beständig auf stillschweigenden Widerstand stieß. Das reizte und erregte ihn, veranlaßte auch wohl, daß er im Leben irgend einer Einzelheit ins Übertreiben geriet und so hatte schließlich alle Unbefangenheit des Verkehrens zwischen den beiden ihr Ende erreicht. Übrigens kann ich hinzufügen, daß Sophie nach Jahren trotz allem und allem ihren damaligen Berliner Aufenthalt im besten Lichte sah und voller Anerkennung über alle geistige Anregung sich äußerte, die ihr jene Zeit gebracht habe. Mit besonderer Freude erinnerte sie sich des Verkehrens mit unserer vortrefflichen Freundin Clara Baumeister, die sich damals des jungen Mädchens auf das Liebevollste annahm, ihr freundschaftlicherweise Gesangunterricht erteilte und es verstand, alles Beste und Tiefste aus ihr herauszulocken.

War schon der häusliche Kreis um Weihnachten 1867 ein erweiterter im Vergleich zu dem gewöhnlichen Zustand, so strömte von außen vollends Leben in Hülle und Fülle hinzu. Rotenhan trat eines Abends überraschend bei uns ein; er war von seinem Freunde von Massow für die Weihnachtszeit nach Berlin eingeladen und kam nun fast täglich für ein paar Stunden in unser Haus. Ebenso häufig erschien Schaper, der seit einiger Zeit in seiner militärärztlichen Eigenschaft nach Berlin versetzt worden war. Einladungen hatten meine Eltern für die Zeit meiner Anwesenheit überall abgelehnt mit einer einzigen Ausnahme, einem häuslichen Mittagessen bei Bethmann-Hollwegs, zu dem außer uns allen nur noch das Buttmann'sche Ehepaar geladen war. Dafür aber verging freilich bei uns im Hause kein einziger Abend, an dem nicht eine Anzahl von Gästen, geladene oder ungeladene, erschienen wären.

Dies alles wäre ein harmloses Treiben gewesen, wenn nicht im Hintergrund ein ernsthafteres Etwas gestanden hätte, zu dem meine Gedanken immer wieder zurückkehren mußten. Ich hatte in meinem oben erwähnten Schreiben an Frau von Mühler, um nicht von vornherein ihren zwar fantastischen aber doch wohlgemeinten Plänen mit entschiedener Ablehnung zu begegnen, einen Vorschlag gemacht, der mir verhältnismäßig am ehesten durchführbar erschien. Er lautete: Aufführung der Faustmusik von Schumann mit Stockhausen in der Baritonpartie zu irgend einem wohltätigen Zweck für die zweite Hälfte des Januar. Der »Faust« wäre für Berlin etwas Neues gewesen; man wußte ferner hier in musikalischen Kreisen nicht nur von der ganz ausgezeichneten Leistung Stockhausens in der Wiedergabe des Doktor Marianus, sondern auch von meinen nahen künstlerischen Beziehungen zu dem gefeierten Sänger; so konnte es also nicht allzu sehr auffallend erscheinen, wenn man gerade mich dazu auserwählte, diese Aufführung zu leiten, die wiederum, da sie zu wohltätigem Zweck gegeben werden sollte, nicht als Konkurrenzunternehmen den bestehenden Vereinen gegenüber aufgefasst werden mußte. Endlich wäre die zweite Hälfte des Januar als Zeitpunkt für die Aufführung ebenso wohl möglich wie erwünscht gewesen, denn die Beteiligung des Chors ist in dem Schumannschen Werk keine so ausgedehnte, daß das Einstudieren desselben nicht in drei bis vier Wochen geleistet werden könnte, während zugleich ein Drittel dieses Zeitraums noch in meine Weihnachtsferien gefallen wäre, so daß ich nur um zwei bis drei Wochen Urlaub in Köln hätte einkommen müssen.

Doch auf diese meine Unterbreitungen war die Antwort ausgeblieben. Dagegen empfing mich in Berlin die Nachricht, daß Frau von

Mühler nunmehr eine Aufführung von Bachs ›Matthäuspassion‹ mit Stockhausen unter meiner Direktion in Aussicht genommen habe. Die Sache sollte gegen Ende Februar in der Garnisonkirche vor sich gehen, und der Ertrag, wie ich vorgeschlagen, einem wohltätigen Zweck dienen. Zu dieser ersten Überraschung kam die zweite, daß mir am Weihnachtsabend der Professortitel aufgebaut wurde. Der Minister hatte von Hiller ein Gutachten über meine künstlerischen Fähigkeiten und Leistungen eingefordert, und dieses lautete so günstig, daß er sich daraufhin für befugt hielt, mir den besagten Titel zu verleihen. Eine Kopie des in den Ausdrücken wärmster Anerkennung gehaltenen Hillerschen Schreibens war dem Diplom beigefügt. Natürlich freute ich mich über diese gänzlich unerwartete Auszeichnung, wie man sich ja auch etwa über einen Blumenstrauß freut, mit dem man überraschenderweise beschenkt wird. Allein die rechte, große Freude ist doch nur da, wo sie die Erfüllung eines im Stillen längst genährten Wunsches ist. Mir aber war es niemals auch nur von ferne eingefallen, nach irgend einem Titel Sehnsucht zu empfinden. Daß andere Leute anders denken, sollte ich freilich bald genug erfahren. Vorderhand war mir von Frau von Mühler der Auftrag geworden, in ihrem Namen Stockhausen schriftlich um seine Mitwirkung in dem Passionskonzert zu bewegen. Stockhausen hatte die große Liebenswürdigkeit, nicht allein zuzusagen, obwohl er bereits ein Engagement in Petersburg für dieselbe Zeit angenommen hatte, das er nun rückgängig machen mußte, sondern verzichtete auch auf jedes Honorar. Die nächste Aufgabe war, nun den Chor zusammenzubringen. Ich besuchte die Dirigenten der beiden großen Berliner Gesangvereine, der Singakademie und des Sternschen Vereins, und fand sowohl bei dem alten Grell wie bei Julius Stern das erwünschte Entgegenkommen. Beide versprachen, in ihren Versammlungen eine Liste auszulegen, in welche sich diejenigen ihrer Mitglieder einzeichnen sollten, die geneigt wären, in meinem Konzert mitzuwirken. Über dem allen hatte sich mehr und mehr in meiner eigenen Stellung zu dem ganzen Unternehmen ein Umschwung vollzogen. Ich hatte Feuer gefangen und fing an, der weiteren Entwicklung der Dinge mit Begier entgegenzusehen. Doch die Nackenschläge blieben schon jetzt nicht aus. Die Verleihung des Professortitels an meine noch sehr jugendliche und verdienstlose Person hatte in der Berliner Kollegenschaft böses Blut gemacht und die guten Freunde, namentlich weiblichen Geschlechts, wie z. B. Adele Dorn und Frau Zwicker, fühlten kein dringenderes Bedürfnis, als meine unschuldige Mutter mit aufregenden Mitteilungen zu überschütten, die alle darauf hinausliefen, ihr und uns allen die entsetzliche Kränkung gleichsam zum Vorwurf zu machen, die der Berliner Musikerschaft, soweit sie noch ohne Titel das Dasein ertragen mußte, durch meine Ernennung zum Professor angetan worden sei. Ich begriff damals kaum, wie es möglich war, über eine Titelverleihung so viel Aufhebens zu machen, hatte aber auch wieder auf der anderen Seite genügendes Selbstgefühl, um nicht gerade mit allzu großem Respekt zu der Mehrzahl meiner Berliner Fachgenossen emporzublicken. In späteren Jahren jedoch lernte ich, billiger über dergleichen Dinge zu urteilen.

Als ich nach anderthalb Jahrzehnten als Senator an den Sitzungen der musikalischen Abteilung der Akademie teilnahm und die hohen Forderungen kennenlernte, die nach den Statuten an die Leistungen der Männer gestellt werden sollten, denen der Professortitel verliehen werden durfte, und als ich ferner erlebte, eine wie große Anzahl von mehr oder weniger tüchtigen Künstlern sich infolge jener strengen Bestimmungen vergeblich um die Verleihung dieser Würde bemühte, da mußte ich wohl verstehen, wie in manchem unter ihnen der Unmut sich regen wollte, wenn er erfuhr, wie das mühsam und dennoch vergeblich von ihnen Erstrebte einem anderen als freies Geschenk in den Schoß geworfen wurde.

Es war nun Januar geworden, und ich mußte zur Erfüllung meiner Schulpflichten nach Köln zurückkehren. Zwei Wochen gedachte ich, dort meine Stunden zu geben, dann für sechs Wochen zu den Konzertvorbereitungen wieder nach Berlin zu fahren und Ende Februar hier die Matthäuspassion zu dirigieren. Allein, ich hatte die Rechnung ohne den Wirt gemacht. Als ich bald nach meiner Ankunft in Köln Hiller aufsuchte, um mir den nötigen Urlaub von ihm zu erbitten, lautete die Antwort »Nein«. Ich mußte nicht jung und tatendurstig gewesen sein, wenn mich diese Enttäuschung nicht im ersten Augenblick hätte niederschlagen sollen. Aber der Unmut war bald genug wieder überwunden. Lag mir doch im Grunde anderes viel mehr am Herzen als die Leitung eines Konzerts in Berlin, das Frau von Mühler in Szene setzen wollte.

## Von meiner Mutter an Marie Hoffmeister

Berlin d. 2ten Januar 1868.

… Diesen Morgen um 7 Uhr sind unsere beiden lieben Jünglinge wieder nach Cöln abgereist in der harten Kälte, und ich denke mit einiger Sorge an sie. Sie sind zwar gut mit warmen Sachen versehen, denn Rudorff hatte zu Weihnachten außer Schillers Werken dem kleinen Heymännchen einen großen warmen Fußsack geschenkt, der ihm bis oben hinauf geht. So kann nun Ernst seinen Pelz anziehen, was er bei der Herreise nicht gethan, sondern nur denselben über sich und den Kleinen gedeckt hatte. ... Die Absicht von Frau von Mühler, Ende Februar die Bach'sche Passion mit Stockhausen, Königlichem Orchester, Orgel u.s.w. in der Garnisonkirche zum Besten der Ostpreußen aufzuführen, scheint sich ja nun zu verwirklichen. ... Nur muß Ernst aber volle 6 Wochen zum Einstudiren haben und es ist ihm eigentlich seiner Schüler wegen sehr schwer, schon wieder Urlaub zu nehmen. Doch will der Minister selbst darüber an Hiller schreiben; für Ernst ist es unmöglich die Sache abzulehnen. ...«

An die Eltern

Cöln d. 3 Januar 1868

In der Hoffnung, liebe Mutter, daß diese Zeilen nicht erst am Montag früh bei dir eintreffen mögen, theile ich mit, daß wir beide gestern Abend unverfroren im eigentlichsten Sinn des Wortes hier angelangt sind. Wir waren durch Eure Güte, die sich bei mir bereits im Plusquamperfectum, bei Heymännchen im eben vollzogenen Perfectum offenbart hat, so von allen Einflüssen der Kälte geschützt, daß wir trotz des argen Frostes, wirklich gänzlich ohne zu frieren die 13 ½ Stunden Eisenbahn zurückgelegt haben. Dabei bildeten sich an den Fensterscheiben schon in derselben Minute wieder neue Eisblumen, wo man sie eben mit der warmen Hand abgethaut hatte; man kann es also nicht besser verlangen. ... Königslöw habe ich noch nicht gesehen; er war gestern Abend, wie gewöhnlich am Donnerstag nicht zu Haus, kam erst um 12 Uhr, und fuhr heute Morgen in aller Frühe nach Bonn; nur durch die Wände aus dem Bett heraus haben wir einige freundliche Worte gewechselt. Dafür hat mir die gute Frau desto mehr erzählt, und vor Allem bin ich froh zu vernehmen, daß Königslöw nicht minder empört ist über die schöne Lügenerklärung des Orchestervorstands, als ich.[XXVIII] Ich habe mich heute bei allen Einzelheiten, die ich über die Sache hörte, noch bitter geärgert, und denke, daß man nicht gut ganz stumm dabei bleiben kann. Wie man sich wehren soll, das muß man erst sehen. Sophie wird finden, daß man die Bosheit der Leute ignoriren soll; allmählig legt sich ja auch das echauffement. Aber so Etwas muß

XXVIII Einige mit Brambach befreundete Mitglieder des Kölner Orchesters hatten eine den Tatbestand in unerhörter Weise fälschende Erklärung über die Pläne des Dr. Gehring in die Zeitung setzen lassen.

erst erfahren sein, ehe man es überwindet. Früher hätte ich die Menschen doch kaum für so katzig gehalten. ...«

»Cöln d. 4ten Januar 1868
Dieser Brief ist der zweite, liebe Mutter, seiner Geburtsstunde nach. Den ersten schrieb ich in aller Unbefangenheit gestern Abend, diesen schicke ich per Express, und es kann sein, daß er früher ankommt, als der andere. – Gestern traf ich Hiller bei meinem Besuch nicht, heute habe ich ihn gefunden, und der Urlaub ist mir entschieden abgeschlagen worden. Ich habe sofort an Frau von Mühler telegraphiert, und eben per Express geschrieben mit dem dringendsten Wunsch, sie möchte bei dem König noch nicht um das Orchester gebeten haben. Ist das bereits geschehen, so bleibt nichts übrig, als einen anderen Dirigenten zu wählen. Wie unvorsichtig, daß ich nicht erst mich des Urlaubs vergewisserte! Es kann die peinlichste Situation geben. Daß Hiller mir diese Anwort ertheilt hat, kann ich ihm vom Standpunkt der Schule aus eigentlich kaum verdenken. Ich hatte mich nur so in den Gedanken, das Conzert zu geben, hineingelebt, daß ich kaum mehr ein Fünkchen von Besorgniß in mir spürte, man könnte mir den Urlaub abschlagen. Es kam aber, wie ich früher in besonneren Tagen fürchtete. Er sagte: ›Entweder Sie müssen jetzt bleiben, oder Sie geben Ihre Stellung auf, denn man kann den Schülern nicht zumuthen, daß sie mitten im Winter in der besten Arbeitszeit anderthalb Monat verlieren.‹ Das Alles ist unwidersprechlich, auch das, daß keine Stellvertretung im Stande ist, ein Ersatz zu sein, da jeder Lehrer eine andere Methode hat; daß außerdem augenblicklich selbst die Stellvertretung an sich Schwierigkeiten haben würde, hatte ich kaum vorausgesetzt. Ich kann jetzt nicht gut weiterschreiben, die Briefe müssen fort, für die musikalische Gesellschaft ist noch etwas zu thun, und so schließe ich mit herzlichen Grüßen. Meine Hauptempfindung bei der Sache ist, daß man das Treiben und Zerren müde wird. Schreibt bald Euerm Ernst.«

Von meinem Vater

»Berlin 5 Januar 1868
Mein lieber Ernst!
Die Aussicht welche dein zweiter Brief eröffnet, daß nämlich aus dem hiesigen Monstre Conzert unter deiner Leitung nichts wird, hat mich um deinetwillen gefreut und beruhigt.

ich habe schon hier Frau von Mühler gesagt, sie möge dich in deinem Lehrerberuf nicht stören, der dein solides Lebenselement und dein

Talent sei und für dessen Verlust die hiesigen wirren Verhältnisse dir keinen Ersatz bieten würden, selbst wenn du eine Professur mit 500 rth Gehalt an der Akademie erhalten könntest. Sie wird sich schwer beruhigen lassen, besonders weil du schon in die Sache eingegangen bist und selbst Stockhausen wird nachdem er Petersburg abgesagt, nicht leicht wieder zurück ziehen. Dennoch wünsche ich dir, daß dir der Kelch, den du hier zu kosten bekämst, erspart würde und rathe dir, dazu das Deinige zu thun.

ich bin mit Arbeiten überhäuft da ich am 13. Febr. in der Academie lesen soll und die Abhandlung noch nicht angefangen habe. Darum sage ich dir Lebewohl und stelle alles dem anheim, der es so versehen wird wie es für dich am besten ist.

Dein treuer Vater.«

Von Livia Frege

»Leipzig d. 31. Dezember 1867.

Mein sehr lieber, verehrter Freund!

Wenn man einen argen Fehler begangen, trägt man ja in der Regel auch die schmerzlichen Folgen davon am härtesten und darf nicht klagen über selbst verschuldetes Leid! So ist's nun bei mir, Ihnen gegenüber! Ich kann wohl sagen unzählige Male habe ich mir gesagt ›Morgen schreibst Du!‹ und des Abends mußte ich wieder sagen – ›nun vielleicht morgen!‹ Plötzlich war da eine so lange Zeit vergangen, daß ichs ganz begreiflich fände, Sie hätten mich ganz aus Herz und Sinn verbannt. Wenn ich aber nun recht inständig bitte, verzeihen Sie mir diese lange scheinbare Undankbarkeit und Vergeßlichkeit, so rechne ich hoffentlich nicht vergebens auf Ihr gutes warmes Herz, was ja immer gern Geduld und Nachsicht ausübt. Gönnen Sie mir den beruhigenden Gedanken, daß Sie nicht böse sind und trotz allem Schweigen doch manchmal zu uns hergedacht haben? – Mein Leben spinnt sich in den gegebenen Verhältnissen ab, ohne besondere Höhepunkte, und Alpenglühen kommt eigentlich nicht vor. Leider aber doch viel Zeitverlust an dem Auf- und Absteigen der täglichen Leiter geselliger und häuslicher Pflichten. Mit jedem Lebensjahre verbraucht man mehr Kräfte und Mittel für die tagsläufigen Ereignisse und leistet doch von Tag zu Tag weniger. In der uns Beiden näher liegenden Sphäre der Kunst ist manches Gute, doch wenig Berauschendes an mir vorübergezogen. Claras Spiel steht als einzig da und Stockhausens Gesang als eminent meisterhaft, doch bei Letzterem denkt man übers Machwerk nach, während bei Claras Spiel das Dasein in dem Gewandhaussaal endlich vergessen wird und selige Gefilde uns umwehen! Auf Ihre Ouverture warte ich in jedem Conzert und fürchte, so lange Sie nicht Berichterstatter über Kompositionen von X. oder dergl. werden, wird sie nicht aufgeführt. Hillers Buch hat mir an einzelnen Stellen viele herzliche Freude bereitet; er besitzt doch eine reizende Gabe des Ausdrucks. Im Augenblick ist hier Alles mit dem neuen Theater beschäftigt was in einigen Wochen eröffnet werden soll. Wer singt oder spielt, fragt man nicht, nur wo man gut sehen und sitzen kann. Während meiner stillen Abendstunden habe ich mich viel mit Cöln und dem einzig schönen Dom beschäftigt; ich las Boisserées Briefe[115] und habe viel dabei gelernt und mich an manchen Persönlichkeiten darinnen ergötzt. Unter Anderm guckt manchmal aus den Briefen von Dorothea Schlegel ein Stückchen Felix Mendelssohn heraus und so Vieles ist in dem Buch, was schön ist! Wie steht es denn? Haben Sie noch kein dramatisches Werk begonnen? Möge doch 1868 ein recht glückliches, reiches Jahr für Sie werden und mir auch einmal wieder etwas Musik mit Ihnen und von Ihnen gewährt werden! Strafen Sie mich nicht durch längeres Schweigen, bitte lassen Sie bald etwas von sich hören, was die Fortsetzung unseres reizenden Morgenplauderstündchens auf dem Cölner Bahnhof bilden kann. Gott behüte Sie, lieber sehr werther Freund! Alle die Meinen incl. Gustchen Heckstedt, der Doktor, Herr von Görne grüßen herzlichst und wir Alle denken Ihrer in treuster unveränderter Gesinnung.

Ihre ergebene Livia Frege.«

An die Eltern

»Cöln d. 7ten Januar 1868

... Über Bonn bin ich sehr viel ruhiger geworden, und werfe es mir vor, daß ich zuerst so gerast habe. Ich werde auch nichts entgegnen, sondern die Sache auf sich beruhen lassen. Sollte sich die genügende Anzahl von Abonnenten finden, so kann noch immer etwas aus dem Unternehmen werden. Ich höre, daß die große Majorität des Orchesters dafür ist, in Bonn mitzuwirken; bei einer Generalversammlung entscheidet die Mehrheit, und die Übrigen sind dann gezwungen, mitzuspielen. ...

... Mittwoch Nachmittag. Recht betrübt hat mich in diesen Tagen die Nachricht vom Tode des lieben theuern alten Hauptmann. Ein Brief von Frau Frege, der übrigens einer der herzlichsten, freundschaftlichsten ist, den ich je von ihr empfangen, – enthielt noch nichts über seine Krankheit, und dann kam die Todesanzeige drei Tage nachher in der Zeitung. Ich habe seiner lieben, vortrefflichen Frau gleich geschrieben, und ihr gesagt, wie sehr ich mir vorwürfe, in der letzten Zeit so gar kein Zeichen meines treuen Andenkens mehr gegeben zu haben. Wenn Ihr könnt, so verschafft Euch doch das zweite Blatt der kölnischen Zeitung von gestern Dienstag d. 7. Januar; Hiller schreibt ihm einen kurzen Nachruf, der so ganz und gar sagt, was man empfindet, daß man dem Schreiber recht dankbar sein, und sein Talent, das Rechte hübsch zu sagen bewundern muß. – Gestern Abend war sehr schöne Quartettsoirée, Streichtrio von Beethoven in C moll, Sextett von Brahms und das göttliche Quintett in C dur von Schubert. ... Zum Schluß noch eine schöne Neuigkeit, die hier verbreitet wird: Die fama sagt, Hiller habe mir den Professortitel besorgt, weil ich seine Tochter heirathen wolle!! Es muß doch Alles einen Grund haben. ...

Cöln d. 12ten Januar 1868

Der 14te Januar ist wieder einmal vor der Thür, liebe Mutter, und so soll es denn das Erste in diesem Briefe sein, daß ich dir meine herzlichsten Wünsche sage, an deren weitester Bedeutung du so wenig zweifeln kannst, daß ich wohl am besten thue, wenn ich nichts Näheres hinzufüge. ...

Ganz entzückt bin ich über den Antinous[XXIX], der vorgestern hier wohlbehalten anlangte. Der Bildhauer Fuchs ist unser Nachbar; es war mehrere Male zu freundlichen Begrüßungen zwischen ihm und mir gekommen, und so nahm ich keinen Anstand, seine Hülfe für Auspackung und Aufstellung der Büste in Anspruch zu nehmen. Er schickte mir einen sehr freundlichen, angenehmen Gehilfen aus seinem Atelier, der mit großer Sorgsamkeit Löcher in die Innenseite der Console grub, um den Haken einen ganz festen Anhalt zu bieten. Dann nach ziemlich langer Arbeit konnte die Büste aufgesetzt werden. Die ›Blüthe Griechenlands‹[116] wurde gegenüber, gerade in der Mitte über dem Sopha angebracht. Da unten im Hause zufällig Frl. Ernsts und Frl. Bruch anwesend waren, so konnten sie die fertige neue Einrichtung gleich bewundern. Ich glaube, ich lerne an diesem Kopf erst ganz begreifen, was antike Kunst ist; wie ich einstmals durch Tante Mine's angeerbte Kupferstiche den ersten tiefen Eindruck von den Italiänischen Malern bekam. Es ist etwas ganz Anderes, ein Kunstwerk immer um sich haben, oder es nur alle halbe Jahr einmal im Museum sehen. ...

---

XXIX Meine Eltern hatten mir zu Weihnachten den Kopf des Antinous geschenkt, dessen Original im Capitolinischen Museum zu Rom steht.

Einliegenden Brief bitte ich dich an Stern besorgen zu lassen. Er enthält die Bitte um Stimmen zur H moll Messe, die wir jetzt in unserem Verein, den wir jetzt ›Bachverein‹ getauft haben, vornehmen wollen. … Haben wir auch durchaus nicht genügende Mittel, das Werk aufzuführen, wie es eigentlich nöthig wäre, so lernen wir es doch Alle gründlich kennen, und singen es nach besten Kräften. …«

Von meinem Vater

»Berlin d. 15ten Januar 1868

ich grüße dich mein geliebter Ernst mit meinem besten väterlichen Gruße und Segen zu deinem neuen Lebensjahre und knüpfe daran einen doppelten Glückwunsch. Der erste betrifft dein persönliches Ergehen: Gott erhalte dich in dem anscheinend festern Gesundheitszustande, der dir als bester Ertrag deiner Reise zu unserer größten Freude geworden scheint und beschenke dich mit einer Fülle lieblicher und neuer musikalischer Schöpfungsgedanken in dieser Zeit deiner Lebenshöhe.

Der andere Wunsch gilt dir als Rheinländer und dadurch mittelbar uns übrigen Norddeutschen mit. Er besteht darin, daß die eitlen und kriegslustigen Franzosen sich zugeben mögen, damit wir ein Friedensjahr behalten und unsere Verwaltung der neuen Provinzen, die eben anfängt durch Stolberg beliebt zu werden, Boden gewinne. Das Uebrige schreibt dir unsere Mama, die ja unser beider lieber Correspondent und Sekretair ist. Ihr Geburtstag war so, daß außer dir, – freilich einer Hauptperson – uns nichts gefehlt hat. Fünfzehn Briefe, Glückwünsche von allen Seiten und was das Beste war ihre 60 sah ihr Niemand an. Auch mir geht es ja leidlich, obgleich ich recht vorsichtig sein muß. Therese Biedenweg scheint sich auch noch einmal herauszurappeln, obgleich der Arzt nicht traut und wenn sich bei unserer alten Tante[117] auf einem Auge der graue Staar ausbildet, so hat das im 95. Jahr nicht mehr die Bedeutung wie früher, da man das Wichtigste doch schon im ersten Jahrhundert des Lebens zu sehen pflegt. Jämmerlich wäre es freilich, wenn auch das andere Auge ergriffen würde. Davon ist aber Gottlob noch nicht die Rede. Dein Vetter Adolf hat einen Hasen geschossen und dabei einen sehr netten Brief geschrieben. Am 25. Januar 1768 wurde mein seliger Vater geboren, es sind also in diesem Jahr 100 Jahre, er war 5 Jahr älter als die Tante Melusine. … Eine besondere Freude war es uns, daß Sydow und seine Marie kamen und beide überaus liebreich und liebenswürdig waren. … Nun behüte dich Gott, mein geliebter Sohn, empfiehl mich Königslöws, Hiller u. Heymännchen. Im

Böcking'schen Hause hat der Alte deine Ernennung in gar zu netter liebenswürdiger Weise allen versammelten jungen Damen verkündet. Er ist mit der Zeitung in den Kaffeesalon getreten, in Schlafrock und Pantoffeln mit gelbem Taschentuch um den Hals weil es ihm nicht Zeit gelassen, sich anzuziehen und hat gerufen: ich weiß was u.s.w.

Nochmals Lebewohl von Deinem
treuen Vater.«

Von Livia Frege

»Leipzig d. 16. Januar 1868.

Mein lieber theurer Freund!
zu Ihrem nahenden Geburtstag will ich nicht fehlen und Ihnen von mir und dem ganzen alten Haus an der Bahnhofstraße die treusten herzlichsten Glückwünsche senden. Gott schenke Ihnen ein schönes, gesegnetes Jahr reich an Gesundheit, Glück und Freuden der edelsten Art! Er erhalte Ihnen Ihre lieben Eltern in ungeschwächter Kraft und stehe Ihnen bei, dieselben recht glücklich zu machen! ... Daß ich bei Hauptmanns Tod so ganz besonders gleich Ihrer gedachte und es auch gleich aussprach, können Sie denken! Wir Alle haben an dem trefflichen, wahrhaft edlen Mann, ungeheuer viel verloren, auch wenn er in letzter Zeit immer mehr für die Welt verschwand. Mir ist jede halbe Stunde mit ihm eine festliche gewesen; wie oft ging man ganz ermuthigt von ihm, traf man im innersten Eindruck über Kunst mit ihm zusammen und fühlte man sich doch so geborgen, durch sein Urtheil, seinen Geschmack; dabei ist mir seine Milde und Geduld geradezu anbetungswerth gewesen. Ohne nachahmen zu wollen, ging doch viel Göthesches durch sein Wesen; er hatte die höchste Stufe der Bildung erlangt, das bewies seine Einfachheit! Er kann nicht ersetzt werden und nur der Gedanke, daß es droben immer schöner wird, tröstet Einen, denkt man an die unausfüllbare Lücke, die er hier hinterlassen. – Es wäre mir eine herzinnige Freude, wenn Sie das beifolgende Bild noch nicht hätten und ich die Genugthuung hätte, Ihnen damit wohlzuthun. Wir finden das Bild Alle trefflich, seine Frau hat es gemacht. Der liebe einzige Mann hatte Sie herzlich lieb, möge sein Segen Sie begleiten durchs ganze Leben!

Nun nochmals von allen den Meinen liebe gute Wünsche. Erhalten Sie mir Ihre treue Gesinnung; ich werde immer einsamer und bin gewiß von Grund des Herzens Gott dankbar, daß Er mir in der neuen Generation eine so schöne Entschädigung für viel Verlorenes aufgespaart hat! Gott behüte Sie!

Ihre treu ergebene Livia Frege.«

Von Maria Hoffmeister.

»Wienrode den 15ten Januar 1868

Bester Ernst! Es war mir eine liebe Ueberraschung, als neulich dein ausführlicher Brief ankam; er erfüllte ein lebhaftes Verlagen, von dir selbst ein Zeichen zu erhalten, daß unser letztes Zusammensein im Dezember noch nicht ganz vergessen war. Der erste Brief deiner Mutter an uns nach dem Weihnachtsfest war verloren gegangen. Ich erfuhr also erst am 4. Januar, daß du überhaupt glücklich in Berlin angekommen warst und die ganze Geschichte vom Professortitel und andere Dinge blieben mir deshalb dunkel. Ich erhielt dann aber am 11ten einen neuen Brief deiner Mutter mit allen Aufklärungen und deinen eigenen drei Episteln an sie; am 13.ten kamen deine Zeilen direkt von Cöln an uns und so sind wir ungefähr wieder au fait deiner Erlebnisse und der vielen Bewegungen, die du durchgemacht hast, seit wir uns trennten. Wie du uns kennst, so wird es dir nicht zweifelhaft sein, daß wir mit dem Ausgang der großen Geschichte zufrieden sind; um so mehr da wir wissen, daß du selbst, – so unangenehm für dich das Hin- und Herzerren war, – zuletzt doch gern angenommen hast was das Schicksal in Person von Hiller über dich bestimmt hat. Ich muß nun sagen, daß Letzterer nach unserer Ansicht gar nicht anders entscheiden konnte als er gethan hat und daß mir, als ich von deiner Mutter von dem ganzen Plan hörte, gleich das gewaltsame Herausreißen aus deiner eigentlichen Thätigkeit, das durch ein besonderes Schreiben des Ministers an Hiller bewirkt werden sollte, sehr mißfiel. Denn das Vierteljahr war für die Schüler so gut wie verloren, wenn gerade mittendrein 6 Wochen ausfallen sollten und ich sehe nicht, wie du das mit der Pflicht gegen sie vereinigen wolltest. Ueberhaupt ist die eigenmächtige Art der Frau von Mühler in diesem Fall mir kaum etwas erfreuliches für dich. Sie will künstlich etwas zu Stande bringen, was sich besser auf natürlichem gesundem Wege entwickeln sollte. All so etwas gemachtes ist für den, welcher davon der Gegenstand ist nicht wünschenswerth. Ich glaube es ist ein recht gütiges Geschick, das dich aus dieser Geschichte herausgezogen hat, denn wer weiß wie viel Aerger und Aufregung du gehabt hättest, wäre Frau von Mühlers Plan ganz in Erfüllung gegangen. Ich wollte nur, sie hätte dich mit all dem verschont, was sie dir jetzt aufgeregt hatte – es scheint in der Frau ihrem Kopf ein Wespernest zu stecken, das ihr keine Ruhe läßt, sondern sie dazu bringt, sich in allerlei Dinge zu mischen, die sie lieber ihrem Manne überlassen sollte. Herr von Mühler kommt mir vor, als ließe er sich zu viel von seiner Frau regieren. Und nun, nachdem ich meines Herzens Meinung gesagt, ist es mein besonderer Wunsch zu deinem Geburtsfeste, daß all die unangenehmen Eindrücke der letzten Zeit verwischt sein mögen, wenn der 18te naht und dein Gemüth nichts anderes empfindet als Wohlwollen für die, welche es gut mit dir meinen und Dank gegen den himmlischen Vater, der Seine Hand mit Segen über dir offen hält und es dich ohne Aufhörens fühlen läßt, wie gnädig Er dich behütet. Wenig Menschen sind so wie du während ihres jungen Lebens vom Sonnenschein der Gnade angeleuchtet gewesen – möge sie fort und fort über dir sein und dich zu immer neuem Dank anregen. Ich weiß, daß dein Gemüth garnicht fähig wäre, Groll und Aerger lange in dir zu tragen. Ich weiß also auch, daß das schöne Gleichgewicht sehr bald in dir wieder hergestellt sein wird und du trotz mancher unangenehmer Erfahrung keine Bitterkeit gegen die »katzigen« und intriganten Menschen in dir Wurzel fassen läßt. Sehr fatal sind solche Erfahrungen jedenfalls und ich begreife wohl, daß sie ein lebhaftes Gemüth heftig erregen. Herzlich wünsche ich dir übrigens, daß aus den Conzerten in Bonn noch etwas werde. Es scheint ja als sei dazu noch nicht alle Hoffnung verloren.[XXX] – Sehr gerührt hat mich jetzt deine gute Mutter. Gewiß war es doch eine große Enttäuschung für sie, daß sie sich vergeblich auf dein Kommen und das längere Zusammensein mit dir gefreut hat. Aber keine Klage darüber ist ihr entschlüpft, sie schreibt mir nur, sie sei doch eigentlich zufrieden mit der Wendung der Sache, weil sie glaube, du entgehest dadurch vielem Unangenehmen. Solch eine Mutter denkt wirklich nie an sich. … Lieber Ernst! was würde ich in diesem Brief nicht gern noch mit dir besprechen, wenn ich nicht wüßte, daß er doch nur ein Monolog wird und ich keine Antwort darauf erhalte! … Daß du Schaper wiedergesehen und so liebenswürdig wie ehemals gefunden hast, ist mir eine große Freude. … Auch daß du Rotenhan gesehen, freut mich und daß dein kleiner Heÿmann zwischen den Allen her so gut seinen Weg gegangen, Euch nicht gestört hat, sondern überall hinpaßte. Auch uns ist der Junge in sehr guter Erinnerung und ich begreife, daß du ihn so lieb hast. Die Mutter muß eine ausgezeichnete Frau sein und so kann man sich denken, wie der Sohn so geworden, daß man ihm nicht anmerkt, er sei nicht in einer Sphäre wie der unsrigen groß geworden. Grüß ihn sehr von uns und schreib auch einmal in deinen Briefen an die Eltern von ihm. …

Von Herzen deine treue Pathe Marie qui t'aime.«

---

XXX Die von Dr. Gehring geplanten Orchesterkonzerte in Bonn kamen nicht zu Stande.

An die Eltern.

»Cöln d. 21ten Januar 1868.

Ich bin dieses Mal wirklich verlegen um den Anfang, liebe Mutter, weil ich gern Alles auf ein Mal sagen möchte, wie dankbar ich Euch und so vielen anderen Leuten bin, wie geplagt ich war in den letzten Tagen, so daß ich wirklich nicht eher schreiben konnte, und wie angenehm ich meinen Geburtstag verlebt habe. Am Freitag kamen Eure Briefe, und einer aus Wienrode, ich trug sie aber beide ungelesen bis zum Sonnabend Morgen mit mir herum und auch Eure Kiste, die bereits Freitag erschien, blieb uneröffnet. … Unter Allem was von anderer Seite kam hat mich fast am meisten überrascht und gefreut ein großes Bild von Hauptmann in schönem goldenen Rahmen die photographische Nachbildung einer vortrefflichen Kreidezeichnung von der Hand der Frau Hauptmann. Daß dies Geschenk von Frau Frege gesandt war, könnt Ihr Euch denken. Wie liebenswürdig ist der Gedanke, mir gerade jetzt dieses Bild zu schicken! … Auf den Nachmittag hatte ich mir meine Jugend zur Chokolade eingeladen; sie kam mit Vergnügen, auch Frl. Ernsts fand sich mit einem Blumentopf ein, und verschiedene andere junge Damen erschienen, wie sie behaupteten, mehr oder minder zufällig. Das versammelt Regiment war aber vollzählig genug, um eine ganz nette Bresche in die Kuchenmauer zu schießen, die vor ihm aufgeführt war; auch die Bilder wurden gemeinsam bewundert, und die Zeit zu musikalischer Gesellschaft war wieder da, ehe man sichs versah. Ich hatte einem netten jungen Dilettanten zu Liebe, der mich darum bat, die Preissymphonie von Würst[118] angesetzt, und du kannst Herrn Würst, wenn du ihn auf der Straße siehst, erzählen, daß ich seine Symphonie mit vielem Beifall aufgeführt hätte. Sie hat ihre Verehrer unter den Dilettanten, und ist unläugbar ein gut gearbeitetes meistens sehr wohlklingendes Stück, weiter aber auch freilich nichts. Als der Coriolan[119] hinterher kam, war es, als flöge man plötzlich auf, nachdem man eine Stunde lang ohne eine Miene zu verziehen, am Boden still gesessen hätte. Auch Königslöw gerieth merklich ins Feuer, und riß die übrigen durch sein vortreffliches Spiel mit fort. … Meine Gesangstunden habe ich einstweilen aufgegeben; ich habe jetzt zu viel Anderes zu thun, und außerdem fürchte ich, der gute alte Böhme verlangt etwas Unnatürliches von mir, wenn er mich zum Tenor machen will. Marchesi wäre technisch sicher überhaupt ein besserer Lehrer, aber ich kann mich noch nicht entschließen, zu ihm überzugehen, weil ich weiß, wie sehr das Böhme kränken würde. …

Cöln d. 8ten Februar 1868

... Gestern war ein etwas strapaziöser Tag. Am Morgen spielte ich mir ein Trio von Rubinstein durch, was Königslöw und Rendsburg heute gern mit mir probieren wollten, um morgen in der kurzen Probe mit Rubinstein selbst, schon etwas bekannt mit dem Stück zu sein; dann hatte Janitsch seine Stunde bei mir, dann kamen zwei Klavierstunden im Konservatorium, Nachmittags deren noch eine, und vor und nachher hatte mich die Lust gepackt, eine Cadenz zum A-dur Conzert von Mozart zu machen, die ich endlich gegen Abend fertig aufschrieb, während unten von Frau v. Königslöw und Frl. Ernsts Brahms'sche Variationen verübt wurden. Das Alles war mir etwas viel geworden und ich bin nun heute desto mehr in der Luft umhergelaufen, die trotz Sprengregens etwas außerordentlich Erfrischendes hatte. Leider bin ich zum Abend wieder zu Hiller auf eine Sängerin (Frl. Mallinger aus München) eingeladen, und morgen Mittag zu Marchesis auf Rubinstein; Abends ist dann Rubinsteins Soirée. Es geht also bunt genug her. Was Rubinstein anlangt, der der Löwe des letzten Abonnementsconcerts war, so imponierte mir in der Probe, wo er sein eigenes Concert mit der unglaublichsten Bravour spielte, die Totalität seiner entschieden bedeutenden, genialen künstlerischen Persönlichkeit in hohem Maß. Leider kann ich aber nicht sagen, daß ich einen Schritt weiter am nächsten Abend gekommen wäre. Es bleibt bei dem Frappieren, und wenn ich zugebe, daß in seinen Sachen neben vielen öden und schwülstigen Trivialitäten manches wirklich Ursprüngliche ist, daß auch sein Spiel viel mehr bedeutet, als das eines gewöhnlichen Virtuosen, so komme ich doch bei dem Allen nicht über einen Hauch von Blasirtheit und Aufgeblasenheit fort, der das Ganze durchzieht, und der es mir unmöglich macht, mich bei irgend einer von seinen Leistungen eigentlich zu erwärmen. Erstaunlich ist aber sein Klavierspiel gewiß, und ich höre es auch gern morgen zum dritten Mal; ob ich dann noch weiteres Verlangen haben würde, das weiß ich nicht. Der Bechstein'sche Flügel, auf dem er spielt, ist nach meinem Geschmack ein herzloses Geschöpf, aber er ist freilich nicht unpassend für die Art, die Melodie herauszuknallen oder zu stechen, und die Begleitungsfiguren mit Verschiebung auf das Aeußerste zu säuseln, wie das die moderne Manier ist. ... Sowohl ›Ekbert‹[120] als ›Otto‹[121] sind übrigens in dieser Zeit nach Leipzig gereist, und ich bin begierig, ob man einen von beiden zur Aufführung annehmen wird. ... Ich habe, glaube ich, einen guten Plan, nämlich den, Hauptmanns sämtliche Schüler durch die Signale aufzufordern, mir ihre Contrapunktbässe aus seiner Hand einzusenden, und diese dann herauszugeben. Es giebt nichts ganz Genügendes der Art in der ganzen Literatur, und Hauptmann war darin unübertrefflich, so daß ich hoffe, das kleine Heftchen würde Vielen willkommen sein. …

Cöln, d. 16. Februar 1868 Sonntag früh.

… Das Neueste ist, daß ich in dieser Woche ein Tänzer geworden bin, und das ging so zu. Hiller hatte mich gestern vor 8 Tagen, wie ich schon schrieb, zum Abend auf Frl. Mallinger eingeladen. Diese kam nicht; dagegen wurde etwas getanzt unter den jungen Leuten, wobei ich mithalf. Als Hiller das sah, hielt er mir eine Rede, ich müßte hier jedenfalls etwas von der Geselligkeit mitmachen. Da ich im vorigen Winter infolge meines Unwohlseins ganz herausgekommen sei, so wolle er mich nun wieder hineinschmeißen. Ich protestierte etwas. Am Dienstag früh aber bekam ich schon eine feierliche Einladungskarte von der Familie Rantustranch, die ich garnicht persönlich kenne, zu dem nämlichen Abend zum Ball mit folgendem Begleitschreiben: ›Lieber Rudorff, auf Ihr Erscheinen zählt Ihr Ferdinand Hiller.‹ Dies Alles war nun von Hiller so liebenswürdig eingerichtet, daß ich nicht Nein sagen konnte, mich Abends in mein feinstes Costüm warf, und mich auf dem ziemlich glänzenden festival recht gut amüsierte. Diese böse That gebar aber fortzeugend Böses; denn kaum hatten mich Deichmanns dort gesehen, so hieß es ›Ach, Herr Rudorff, Sie tanzen und machen Bälle mit? Dann müssen Sie auch am Freitag zu uns kommen.‹ Ich kam also am Freitag zu Deichmanns zu großem souper und Tanz hinterher, und amüsierte mich abermals recht gut. Endlich stellte mich Hiller dann auch Frau Abraham Oppenheim[122] vor, einer kleinen ziemlich ergrauten Jüdin, deren Mann aber bekanntlich der Geldkönig von Cöln ist. Ich wurde veranlaßt, dort Visite zu machen, und habe bereits meine Einladung zu großem Ball am nächsten Donnerstag. Die Geschichte dort wird natürlich sehr großartig, und durch den enormen Luxus ganz interessant sein; wäre das aber auch nicht, so habe ich doch das Gefühl, daß es besser war, einmal den Schritt zu thun, den ich gethan. Ich stehe den Leuten von der sogenannten Gesellschaft hier gar zu fremd und isoliert gegenüber, und das ist nicht gut; auch ist es mir lieb, da ich ein Mensch bin, einmal auch mit Menschen in dieser Weise zu verkehren, z. B. junge Herren kennen zu lernen, wenn sich auch nichts als eine oberflächliche Beziehung daraus ergiebt, da ich im Hause hier abgesehen von meinen jüngeren Freunden nur Damen zu sehen bekomme. Das Schönste ist, daß ich nach dem Deichmannschen Souper um Mitternacht sogar mit einigen netten jungen Leuten (worunter mein Schüler

Mohr und der Sohn vom Dichter Pfarrius) zu Biere ging. Das Alles wird Dir, liebe Mutter, nun sehr komisch vorkommen, bei meiner gewöhnlich recht zurückgezogenen Lebensweise; es ist aber wirklich besser, nicht immer Nein zu sagen bei solchen Dingen, wenn sie so durchaus unschuldiger Art sind. – Gestern Nachmittag habe ich noch eine Extratour gemacht. Es war nämlich in Bonn ein Dilettantenconcert, worin unter Anderem auch ein Fräulein Steus (Ensembleschülerin von Königslöw) spielte, für die mich verschiedene Leute schon immer zum Lehrer wünschten. Es interessierte mich, sie zu hören; ich wollte längst einmal nach Bonn, – Mendelssohns hatten neulich schon gefragt, ob ich noch lebte, – und so fuhr ich um 3 Uhr herüber, besuchte Miss Wight und Mendelssohns, und fuhr mit Königslöw, der das H-moll Rondo von Schubert mit Fräulein Steus spielte, wieder zurück. Das Concert war nicht übel, besonders die Chorleistungen, – nicht unter Brambachs, sondern unter Professor Heimsöths Leitung – sehr hübsch. Fräulein Steus ist in erster Linie eine ganz reizende Erscheinung, war aber so ängstlich, daß sie die f moll Sonate von Beethoven gänzlich verpudelte. Sie versteht überhaupt vom eigentlichen Klavierspielen noch wenig, und da sie nie ordentlichen Klavierunterricht gehabt hat, so ist das nur natürlich; daß sie aber wirklich musikalisch ist, hört man durch alle Angst und falsche Noten doch deutlich heraus. – Große Freude hat mir mein kleiner Heymann am Mittwoch auf der soirée des Conservatoriums im kleinen Gürzenichsaal gemacht. Er spielte das Es dur Rondo von Weber, hatte als Erster zu beginnen, und war so befangen, daß er den Anfangstakt wiederholen mußte. Als das aber überwunden war, ging es vortrefflich. Hiller war sehr zufrieden; es war die beste Leistung des Abends. Viel besser spielte er das Stück, als Ihr es von ihm gehört, und vor Allem viel besser, als in Wienrode. Frl. Michiels dagegen hatte Unglück; sie spielte die Es dur Polonaise von Chopin, war unbegreiflicher Weise besonders unruhig, und verdarb das Stück gründlich, nachdem sie es bald ein Jahr lang studiert, und oft ganz hübsch gespielt hatte. – An dem Abend hatte ich noch eine zweite Freude. – Hiller empfing mich nämlich mit dem Antrag, Joachim um 9 auf der Bahn zu empfangen, da er selbst bis zum Ende der soirée bleiben mußte. Darnach war ich eine Stunde mit ihm zusammen allein bei Hiller, und begleitete ihn auch wieder allein zur Bahn zurück. Er fuhr um ½ 11 weiter nach Aachen. Sehr liebenswürdig war er wie immer, und man bedauerte nur, ihn nicht länger zu haben. Jetzt wird er bereits in London sein. – … Der Mittag bei Marchesis mit Rubinstein heute vor 8 Tagen war äußerst behaglich und interessant. Es waren nur Hillers und Gernsheim außer den Genannten dort, und Rubinstein gefiel mir sehr. Er hat etwas durchaus Einfaches im Wesen, so daß ich davon zurückgekommen bin, ihm bewußte Affektation irgendwie zuzutrauen. Am Abend in seiner soirée spielte er wieder erstaunlich, und Manches z. B. den Anfang der symphonischen Etüden von Schumann wirklich ganz gewaltig. Dann wieder ärgert man sich stellenweise ebenso gründlich, z. B. über das Herauspauken der Melodie, die dadurch allen Adel einbüßt; aber das Ganze ist und bleibt etwas Geniales, dem man die Theilnahme, – sei es im Ärger oder im Staunen – keinen Augenblick versagen kann. Er hält die Leute geradezu in Aufregung, so lange er am Clavier sitzt.

Meine Hauptmann'sche Angelegenheit geht gut vorwärts.[123] Senff hat eingewilligt, und von Frau Hauptmann habe ich einen so freundlichen, schönen Brief, daß es mich ganz bewegt hat. Sie fragt auch, ob ich Briefe von ihrem Mann hätte, und bittet mich, sie ihr zu etwaiger Herausgabe zuzuschicken. Nun besitze ich einen sehr liebenswürdigen, er liegt in einem Paket von Künstlerbriefen, wie ich glaube mit David und Moscheles zusammen. Würdest Du die Güte haben, eine Nachsuchung anzustellen, liebe Mutter und mir den Brief zu schicken?…[XXXI]

Von meiner Mutter.

»Berlin d. 16ten Februar 1868. Sonntag Morgen.

… Gestern Abend war ich mit Sophie[124] wieder in einem der von Bernhard Scholz dirigirten Philharmonischen Concerte, wo es aber außer der Coriolan-Ouvertüre[125] und einem Männerchor von Schubert ›der Gondelfahrer‹ wenig Anziehendes gab. Ein Herr Richard Schmidt spielte das E moll Concert von Chopin mit guter Technik jedoch leider recht langweilig. Eine Symphonie von Scholz gefiel mir auch nicht. Es war ziemlich leer in dem Concert. Neulich brachte die Zeitung die vorläufige Anzeige, am 2ten März würden Brahms und Stockhausen hier ein Concert geben. Da wünschte ich wohl, daß Vater mir und Clärchen Baumeister Billets dazu schenkte. Ich möchte Brahms doch endlich einmal sehen und hören, und Clärchen interessirt sich auch sehr für ihn. Stockhausen singt übrigens am 26ten auch wirklich einmal im Gustav-Adolf Concert. …

XXXI Der Brief ist in der Sammlung Hauptmannscher Briefe abgedruckt worden.

d. 24ten Februar

… Clärchen ist jetzt fast immer durch Kranken pflege im Hause in Anspruch genommen. Ich wünsche nur sehr, daß sie sich heute über acht Tage einmal losmacht, und mit mir in das Brahms'sche Concert geht. Ich lege dir das Programm bei. Vater besorgt heute 2 Billets für zusammen 3 Thaler. Ob es wohl bei den theuren Preisen voll werden wird? …«

Das Programm lautete:

Montag den 2ten März Abends 7 ½ Uhr im Saale der Singakademie
Concert von Johannes Brahms und Julius Stockhausen.

| | | |
|---|---|---|
| 1.) | a. Fantasie op. 77 | Beethoven |
| | b. Fantasie | Bach |
| 2.) | Waldesnacht von Schlegel | Schubert |
| 3.) | Symphonische Etüden (theils ungedruckt) | Schumann |
| 4.) | Air ›Jai longtemps parcouru le monde‹ (aus Jaconde) | Nicolo |
| 5.) | Variationen über ein Thema von Händel | J. Brahms |
| 6.) | Aus Eichendorffs Liedercyklus | |
| | a., In der Fremde b., Intermezzo | Schumann |
| | c., Waldesgespräch d., Die Stille | |
| | e., Mondnacht f., Schöne Fremde« | |

An die Eltern.

»Remagen d. 23ten Febr. 1868 Sonntag Nachmittag

Das Datum oben wird dich überraschen liebe Mutter. Wenn du auch vielleicht ahnst, daß ich die Fastnachtsferien wieder in Rheineck zubringe, so wird dich doch Remagen in Erstaunen setzen. Miss Wight, die hier in diesen Tagen ihren Bruder besucht, forderte mich neulich zu einem rendez vous von Rheineck aus auf, und nun bin ich da, und zwar bei scheußlichem Wetter. … Die Leute wohnen hier reizend, unmittelbar am Rhein, und es könnte hübsch sein, wenn nicht eben Alles grau in grau gemalt wäre. …

Ich habe in den letzten Wochen arg in Saus und Braus gelebt. Am Sonntag Nachmittag war ich mit den anderen Musikern auf David zu Hiller eingeladen, Montag Abend war Concertprobe nach allen Conservatoriumsstunden, Dienstag Abend Festessen für David nach dem Concert, Mittwoch Mittag Diner bei Schnitzlers, endlich Donnerstag Abend Ball bei Oppenheims. …

David war sehr liebenswürdig und ich habe persönlich wieder rechte Freude an ihm gehabt. Um so mehr thut es mir leid, daß ich für sein Spiel so wenig Parthei ergreifen kann; es ist allzu manierirt, und machte nicht für einen wohlwollenden Beurtheiler eine gewisse Lebendigkeit Einiges wieder gut, so wäre es ganz schlimm. Meine Ouverturen waren ihm in Leipzig noch immer nicht zugeschickt, obgleich er einer der drei Richter der Unterwelt ist, und da nur noch ein Concert in Aussicht steht, worin eine von ihnen gemacht werden könnte, so ist es wohl für diesen Winter nicht anzunehmen, daß es noch dazu kommt. …

Daß du Aussicht hast Brahms zu hören, liebe Mutter, freut und interessirt mich sehr. Wenn man ihm doch irgendwo in Berlin recht freundlich entgegenkäme! es hängt bei ihm auch für seine Leistungen so sehr davon ab, wie ihn die Leute behandeln. …

Rheineck d. 29ten Februar 1868

… In den ersten schlechten Tagen hier habe ich glücklich die Revision von zwei Weber'schen Concerten zu Stande gebracht, um die Lienau sehr drängte. Nun wurde am Mittwoch der Himmel höher, die Wolken flockiger, und am Nachmittag machte ich mit Carl[126] einen wunderschönen weiten Gang nach Burgbrohl, einem alten etwas baufälligen schloßartigen Gebäude im Brohlthal ziemlich weit aufwärts gelegen, das von einer alten Jungfer Frl. Ewich und deren Mutter, bewohnt wird. Das Fräulein hatte ich einmal vor Jahren hier gesehen, als sie zur Kirche gekommen war, und schon damals ihre Vorzüge, die in dem non plus ultra altjüngferlicher Narrheiten bestehen, schätzen gelernt. Nun war die Versuchung zu groß, der Dame eine Visite zu machen, und den Kopf ihr noch ein klein bischen mehr zu verdrehen. Die Existenz der beiden Frauenzimmer ist das Wunderlichste, das man sich denken kann; die Mutter, die die 80 eben überschritten, ist wirkliche eine angenehme, rüstige alte Frau; die Tochter aber, die seit einigen Jahrzehnten ihren Taufschein nicht mehr verräth, macht ihr gewiß mehr Noth, als mancher Mutter ein dreijähriges Kind und ich bedauere, kein Novellist zu sein, um die beiden Wesen in ihrer von aller Welt abgeschiedenen burgartigen Einsamkeit gehörig abzukonterfeien. Wir wurden mit Johannisbeerwein, den ich bis dahin nur aus dem vicar of Wakefield[127] kannte und Kaffee mit Zubehör traktiert, dann mußten wir auch im Garten oder ›Wäldchen‹ Alles bewundern, was der Jahreszeit nach noch nicht da war, und ein erstes Stiefmütterchen wurde mir überreicht mit dem besonderen Bemerken, daß es kein Stiefmütterchen, sondern ein ›Je länger je lieber‹ sei. Das Schönste aber kam noch. Das Fräulein ließ es sich nicht nehmen, in Pantoffeln mit uns durch allen Schmutz den Berg hinunter zu waten bis in den kleinen Ort am Fuß, um uns von dort aus einen näheren Weg zu zeigen, und als wir schließlich rührenden Abschied genommen, eröffnete sie ein Taschentuchwinken, so endlos, daß ich bei dem Heraufklettern am gegenüberliegenden Abhang fast umkegelte vor Lachen. Carl, dem das Fell schon die ganze Zeit gejuckt hatte, band sein Tuch als Fahne an den Regenschirm, und hörte nicht auf zu wedeln, bis ich es endlich über mich gewann, ernsthafter zu werden, und ihm den Scherz zu verbieten. Darauf drückte sie gegenüber, – nun schon bald eine Viertelstunde entfernt, – das Taschentuch in abwartender Stellung an ihr Herz; sobald aber Carl in seiner Tollheit nur die geringste Miene machte, sein Tuch wieder zu ziehen, so antwortete uns von drüben ein ganzer Hagel von Schwenkungen. – Der Blick in die Eifel von dem Fußweg oben, besonders auf Olbrück, brachte uns dann wieder in andere Stimmung. Die Landschaft hat etwas ganz Großartiges und dabei höchst Eigenthümliches. – Donnerstag – auch wieder bei bedecktem Himmel, doch bei milder Luft – setzten wir uns über nach Rheinbrohl, und gingen von dort nach Schloß Argenfels. Es war zum ersten Male, daß ich das andere Ufer hier betrat. Argenfels ist unvergleich viel eleganter als Rheineck, aber so unwohnlich, so eitel und im Grunde nüchtern dabei, daß man ordentlich mit Sehnsucht nach dem grauen, ehrwürdigen Rheineck hinübersieht. Der Blick dorthin ist das Schönste, und er war besonders herrlich bei der Rückfahrt im Nachen, die wir uns durch Helfen im Rudern wärmer machte. Wie liebenswürdig und begabt Carl ist, erfahre ich immer zu neuer Freude, und so nimmt man gern alle Verzwicktheiten und Mangelhaftigkeiten mit in den Kauf. Hier hat er drei vierhändige Schubert'sche Märsche ein paar Mal mit mir gespielt, und zwar nach wenigem Üben gleich allerliebst musikalisch; jetzt kann er seine linke Hand schon wieder bis auf einige Kleinigkeiten auswendig. Nur etwas mehr Fleiß wünschte ich ihm, er weiß noch garnicht, was Arbeiten ist! ... Trifft dich dieser Brief noch, liebe Mutter, ehe du in das Concert von Brahms gehst, so vergiß nicht, ihn, wie Stockhausen herzlich von mir zu grüßen. Die symphonischen Etüden und seine Variationen spielt er gewiß herrlich. Klatscht nur gehörig, damit er warm wird! ...

Von meiner Mutter

»Berlin, d. 3. März 1868 Dienstag Morgen

... Bis zu diesem Morgen verschob ich den Dank für deinen lieben heitern Brief. ... Ich wollte dir doch noch von gestern Abend berichten. Das Konzert war recht gefüllt, ein sehr dankbares Publikum anwesend, so daß dein Brahms sich nicht beklagen kann; er mußte immer wiederkommen. Den Hauptbeifall hatte zwar, und mit Recht, Stockhausen, der wundervoll sang, sich selbst übertraf und nach dem Schluß die Frühlingsnacht zugab. Brahms hat mir nur theilweise gefallen, ich kann dir nicht helfen, er läßt mich ziemlich kalt, so fein er manches spielt. Bei der Phantasie von Bach hob er immer das Pedal, das klang sehr unschön, und Radecke[128] sagte, er habe gehörig gesudelt. Einiges in den symphonischen Etüden, die ich übrigens nun einmal nie besonders lieben werde, spielte er herrlich, und auch die ersten seiner Variationen gefielen mir, der Schluss ist zu toll. … Der gute alte Hollweg und die Pourtales sagten mir nachher, sie hätten nur dir zu Liebe bei Brahms tüchtig geklatscht, da ich ihnen deinen darauf bezüglichen Wunsch mitgeteilt habe. …«

An die Eltern

»Cöln, d. 8. März 1868

Wahrscheinlich damit ich meinen Wochenbericht an Euch heute fertig bringe, liebe Mutter, ist es so greuliches Wetter, daß man nicht gut einen Fuß vor die Thür setzen kann. … Vor 8 Tagen waren wir zu Frau Heymanns Geburtstag noch in Rheineck versammelt, und erlebten, obgleich auch da der Himmel nicht das beständigste Wetter sandte, doch einen wirklich sehr erquicklichen Tag. Wie wunderhübsch das Familienleben bei Heymanns ist fiel mir dieses Mal erst recht auf. Auch Janitsch war für 2 Tage dort. … Am Dienstag war dann hier Quartettsoirée. Ein Schumann'sches Quartett genügte mir nicht recht in Königslöws Auffassung; er hat ganz u. gar nichts Romantisches in seiner Natur, u. das ist einmal bei Schumann die conditio sine qua non. Wo es auf Geschmack und edle Anmuth ankommt, ist er immer zu Hause. … In unserm Leseabend mit Janitsch und Ernst's haben wir neulich die Schleiermacher'schen Briefe angefangen, u. ich gestehe, daß mich der Anfang mit aller der herrnhutischen Süßlichkeit fast übel gemacht hat. Auch gefällt es mir garnicht, daß ein Junge von 15 Jahren keine Spur von einem Jungen hat, sondern wie ein Greis spricht. Allein das ist freilich bei der Umgebung in der er lebt nicht zu verwundern. Man athmet erst auf, wo er mit 17 Jahren anfängt, Opposition zu machen, und überhaupt allmählig in den Ton hineinwächst, mit dem er zur Welt gekommen zu sein scheint. – Auf das Weitere freue ich mich ungemein, war nur auf solchen Anfang nicht gefaßt, und deshalb etwas begossen. – Heute Morgen war ich in der Kirche, und hörte eine dem Inhalt nach ganz gute Predigt von Pastor B., der Carl am 29ten einsegnen soll. Ich empfinde aber leider in der Seele des Jungen, wie ein gewisser Kanzelpathos sammt abgebrauchten fromm klingenden Redensarten den man mit verdauen muß, einer so feinen und geraden Natur wie der seinen zu wider sein und ihn hindern muß, sich mit dem ganzen unmittelbaren Gefühl an den Mann hinzugeben. ... Deine musikalischen Berichte haben mich sehr interessiert, u. obgleich ich sowohl die symphonischen Etüden als auch den Schluß der Brahms'schen Variationen unbedingt gegen dich in Schutz nehmen muß, so gebe ich dir doch in manchem Andern, was du sagst, Recht. Alles was du mir von Hollwegs schreibst, ist mir immer eine wahre Wohlthat. Was wird man entbehren, wenn die beiden prächtigen Menschen nicht mehr sind! Daran denke ich oft mit wahrem Schmerz.«

Von meiner Mutter

»Berlin d. 9ten März 1868

... Clärchen Baumeister war am Sonnabend mit Frau v. Merkel in dem 2ten Concert Brahms-Stockhausen. Sie sagt gestern, Brahms habe ihr doch einen mächtigen Eindruck gemacht. Sein Spiel sei zwar durchaus nicht schön, wie auch seine Persönlichkeit nicht angenehm, aber es sei etwas Gewaltiges in Allem. Den Flügel habe er förmlich maltraitirt, und so maltraitire er auch wohl die Menschen. Stockhausen ist ihm gegenüber wie eine zarte Braut, und macht ihm förmlich den Hof. ... Heute schrieb mir Adele Dorn, daß Stockhausen – den sie wie üblich um eine Eintragung in das Album der Gustav Adolfconcerte gebeten hatte – unter seine wohlgelungene Photografie das folgende Motto aus dem Elias gesetzt habe:

Deutlicher konnte er sich nicht ausbitten, daß der Gustav Adolfverein ihn fernerhin in Frieden lassen möge. ...«

An die Eltern

»Cöln den 16ten März 1868

... Vorgestern habe ich eine recht große Freude gehabt. Es war verabredet, daß unser kleiner Bachverein bei Maurers zwei Kantaten singen sollte. Der Plan schwebte schon seit Monaten in der Luft. Als es endlich zum Klappen kommen sollte, ließ Frau Maurer wegen Unwohlseins absagen. Das Ganze fallen zu lassen, war mir zu ärgerlich, und so entschloß ich mich zu Frau Wendelstadt zu gehen, die einen noch viel schöneren Saal hat, und meine Bitte gewährte, nicht als ob sie mir damit einen Gefallen thäte, sondern als wenn sie uns zum größten Dank verpflichtet wäre. Ich hatte dann noch Lauferei über Lauferei, um alle Solisten zusammenzutrommeln, vor Allem Frl. Scheuerlein von der Oper fest zu machen, und der Tag ging in lauter Hobelspänen von Proben, Notenbezeichnungen und persönlichen Mahnvisiten hin. … Endlich, als es eben angehen sollte, ließ mir die Scheuerlein absagen weil sie 7 Stunden Fidelioprobe gehabt hatte und halb todt war. Es mußte also ein neuer Sturm versucht werden, und nachdem so die Eroberung wirklich zum zweiten Mal und nun definitiv gemacht war, hatte ich endlich die Genugthuung meinen Chor so schön singen und in dem prächtigen Raum klingen zu hören wie noch nie zuvor. Förmlich eingeladene Zuhörer hatte ich nicht gewünscht; Hiller war es gesagt, der konnte aber nicht; die nette Frau Julie Deichmann vom Rath kam von Frau Wendelstadt aufgefordert; im Übringen saßen nur einige ›Mitgebrachte‹ an den Wänden herum, und das Ganze hätte nicht gelungener, behaglicher und gehobener zugleich sein können. Zuerst hatten wir ›Herr gehe nicht ins Gericht‹ und die Scheuerlein sang die unvergleichliche Arie in Es dur ›Wir zittern und wanken‹ zu allgemeinem Entzücken. Dann folgte ›Gottes Zeit‹, und machte den zuhörenden Damen als Ganzes noch größeren Eindruck; Frl. Niethen sang die Arie in B-moll mit sehr sympathischer Stimme und edlem warmen Ausdruck. Nachher blieb ich allein zum Abendessen dort, saß neben Frau Wendelstadt, und unterhielt mich vortrefflich. Eine bessere Art Musik zu machen giebt es eigentlich nicht, wenigstens ist es selten, daß bei größeren Mitteln Räumen und Menschenmassen eine so rein musikalische Stimmung zu Stande kommt, und wenn man das bedenkt, so sollte man ganz zufrieden sein mit dem, was man vorläufig hat. Doch bleibt das Bedürfnis nach Mehr und Größerem nicht aus, und ich bin begierig, ob sich nicht auch das allmählig aus dem vorhandenen Keim entwickelt.

Gestern als am Sonntag Morgen machte ich in der Frühe einen längeren Spaziergang und ich denke, es müßte Euch in Berlin neidisch machen, wenn Ihr von der milden Sonnenluft, die seit einigen Tagen weht, den Veilchen in den Gärten, und dem immer zunehmenden grünen Schimmer an den Gebüschen eine ganz deutliche Vorstellung hättet. – Dann gegen Mittag war matinée bei Hiller, – ich entschloß mich nur schwer, in die engen menschen- und musikgefüllten Zimmer zu kriechen; doch spielte Davidoff, den ich seit meiner Leipziger Zeit nicht gesehen, so herrlich, daß ich nicht bereue, anständig gewesen zu sein. Er ist ohne Frage der erste lebende Cellist, und dabei ein so angenehmer, gebildeter Mensch. Wir erneuerten gleich unsere alten Leipziger Beziehungen, Hillers waren so freundlich, mich aufzufordern, mit ihm gemütlich zu Tisch zu bleiben, und schließlich verabredeten wir, Abends zusammen den fliegenden Holländer[129] zu hören, den wir beide noch nicht kannten. Die Musik ergötzte uns zwar wenig; das Meiste ist entsetzlich gedankenarm, und die übliche chromatische Heulerei, die hier nun auf Rechnung von Wasser und Sturm noch ungenierter als gewöhnlich bei Wagner betrieben wird, bringt halb zur Verzweiflung. Doch lassen sich einige schöne musikalische Momente, besonders im zweiten Akt, und ein gewisses Etwas, womit er das poetische Interesse erregt, nicht abläugnen, und so ist es interessant, das Werk gehört zu haben, – noch mehr als es zu – hören. Die Handlung ist ja anziehend in ihrer Art; aber bei Licht besehen, steckt doch etwas Überreiztes in dem Ganzen, das mich an Victor Hugo denken läßt. –

Soeben werde ich durch einen kurzen freundlichen Brief von David unterbrochen, der mir anzeigt, daß ›Otto der Schütz‹ am Donnerstag im Gewandhaus gemacht wird. Soll ich hinüberreisen? Ich schließe nun in aller Eile, weil ich zu Vieles zu thun und zu bedenken habe. – Geld zur Reise ist da. Ich werde an Reinecke telgraphieren und fragen, ob er mir gestatten würde, die Ouvertüre zu dirigieren. Sagt er darauf Ja, so reise ich morgen früh, und wohne, denke ich, bei Freges. Bekommt Ihr morgen im Lauf des Tages keine telegraphische Depesche, so könnt Ihr annehmen, ich gehe nach Leipzig; es wäre hübsch, wenn Ihr beiden Eltern am Donnerstag zur Aufführung hinüberkämet. ...«

An die Eltern

»Leipzig d. 20. März 1868.

Meinen Glückwunsch, lieber Vater, wirst du morgen früh zwar in Gestalt eines Ruisdael'schen Wasserfalls auf deinem Geburtstagstisch erblicken, ich möchte aber doch nicht, daß das Bild ganz ohne Worte bliebe, und benutze deshalb die erste Morgenstunde heute dazu, dich herzlich und ausdrücklich zu begrüßen. Meine Wünsche kennst du, und was ich dir Gutes wünsche, ist so sehr unser eigenes Beste, daß ich aus doppeltem Grunde nichts weiter darüber sagen möchte. Ich will Euch aber erzählen von meinen Erlebnissen in den letzten Tagen, und da diese nur die erfreulichsten sind, so passen sie auch auf deinen Geburtstagstisch. – Gestern Abend ist ›Otto der Schütz‹ unter meiner Leitung im Gewandhaus ›abgeschossen‹, wie David sagt, und es ist das erste Mal in meinem Leben, daß ich einen entschiedenen Erfolg mit einem Stück gehabt habe. Schon nach der Probe am Mittwoch hatte sich allseitig eine günstige Stimmung vorbereitet. Das Orchester applaudierte nach dem ersten Durchspielen. Frau Frege war nicht mitgegangen, nur damit gewisse eifersüchtige Leute nicht sagen sollten, was sie ehedem zu sagen pflegten; aber Frau v. Holstein war gleich zu ihr gelaufen, und hatte ihr erzählt, wie der Wind wehte. Gestern Abend war das Programm noch so geändert, daß meine Ouvertüre vom Anfang des ersten Theils fortgenommen und an den Anfang des zweiten gestellt war; das war ein entschiedener Vortheil. Eine langweilige Suite von Esser begann und verlief spurlos, dann sang Frl. Seehofer mit hübscher aber beständig tremulierender Stimme eine Arie aus Gounod's ›Faust‹ ziemlich effektlos; dann spielte ein Geiger Besekinsky höchst meisterhaft ein eigenes Concert, und hatte glänzenden Erfolg; damit war die Stimmung gut vorbereitet, und nach meiner Ouvertüre klatschten sie im Orchester und Publikum so lange, daß ich wiederkommen und mich zum zweiten Mal bedanken mußte. Ich fuhr mit Freges nach Haus, um mich für eine kleine Gesellschaft bei Reinecke etwas umzuziehen; ehe ich aber wieder fortging, kam Frau Frege noch einmal im Mantel in mein Zimmer und brachte mir einen frischen Lorbeerkanz. – Diese Dinge mußte ich erst einmal vorweg schreiben, weil sie Euch doch vorzugsweise interessieren. Welche Freude mir aber das ganze alte Leipzig macht, das ist ein so langes Capitel, daß ich kaum die Zeit finden werde, es jetzt zu erledigen. Ich hatte es wirklich fast vergessen, wie Einem hier zu Muthe wird, und als ich am Mittwoch Morgen in den Saal trat, und die ersten Takte im Orchester hörte, durchfuhr es mich geradezu, obgleich sie nur die Esser'sche Suite spielten. Es ist eine Präzision in den Leuten, und ein Klang im Saal, wie man es nicht so leicht wiederfindet, besonders nicht bei uns, wo ein eigentliches Forte außer beim Musikfest zu den unmöglichen Dingen gehört. Einzig aber wirklich in seiner Art ist der musikalische Zug, der durch das Orchester geht; überall ist ein Gesicht, dem man es ansieht, oder von dem man weiß, dahinter steckt ein ganzer Musiker, jede leise Schwankung im Tempo fühlen sie mit, ohne daß man ein Wort darüber zu verlieren braucht, und einen Concertmeister wie David, der jeder Melodie in den Geigen durch das, was er hineinbringt, einen durchaus subjektiven Ausdruck zu geben weiß, giebt es auch nicht wieder. Es überraschte mich ganz und gar, wie schön, mit welchem Schwung und welcher Grazie sie manche Stellen spielten.

Nun habe ich mich von David noch bereden lassen, bis heute Abend zu bleiben, um die Quartettsoiree mitanzuhören, und ich mochte seinem Zureden nicht widerstehen; er ist von ganz väterlicher Liebenswürdigkeit gegen mich, und war so vergnügt über alles gute Gelingen gestern Abend, wie es nur ein rechter Freund sein kann. Deshalb mag ich auch garnicht davon hören, wenn die Leute über ihn schimpfen; ich weiß ja leider, was man an seinem Spiel wegputzen möchte, aber es ist doch eine Frische und Ursprünglichkeit in seiner ganzen musikalischen Natur, daß man darüber wegsehen, und sich an das viele Vortreffliche halten soll. – …«

Von meiner Mutter an Marie Hofmeister.

»Berlin den 21ten März 1868

Liebste Marie! Ich muß dir durchaus noch heute einliegenden Brief von Ernst schicken, der uns diesen Morgen so sehr beglückte und für Rudorff natürlich die schönste Geburtstagsfreude war. … Nachdem wir heute früh diesen Brief erhalten hatten, gaben wir die leise Hoffnung Ernst hier zu sehen natürlich auf. Da um halb ein Uhr tritt er plötzlich ins Zimmer, und du kannst dir nun unsere Freude denken. Er sieht wohl und frisch aus, und ist ganz glücklich über die Tage in Leipzig, die er unendlich froh da verlebt hat. Denke dir, noch am Concertabend ist ein junger Verleger Seitz zu ihm gekommen, und hat von ihm die Ouverture für 10 Friedrichs'dor gekauft. Sie wird nun sofort gedruckt; das beste Zeugniß, daß sie gefallen hat! In den Signalen[130] ist schon gestern eine günstige Recension erschienen. …«

Von meinem Vater an Marie Hofmeister.

»Berlin den 26ten März 1868

Meine geliebte theure Marie! Es läßt mir keine Ruhe, Ihnen noch vor unserem Wiedersehen in den Ostertagen meinen Dank für alle Liebe und Güte zu sagen, mit der Sie und der geliebte August und ma petite amie française[XXXII] mich an meinem Geburtstage überschüttet haben.

Von den schönen Kirchen im Bilde, die Betty für mich auf Ihren Befehl ausgesucht, will ich garnicht einmal reden, denn so schön sie sind, sie verschwinden gegen die unsichtbare Kirchengemeinschaft, in der wir uns mit Ihnen verbunden fühlen. Der Segen unserer alten innigen Freundschaft ist mir auch schon tausendmal als eines meiner schönsten Erdengüter vor die Seele getreten, und je älter wir werden, um so mehr und um so inniger empfinde ich ihn. So freue ich mich denn auch in diesem Frühling wie ein Kind auf die Gemeinschaft mit Ihnen und

XXXII Die älteste Tochter des in Marseille lebenden Bruders von Marie Hoffmeister, Gustav Lichtenstein, lebte seit einiger Zeit als ständige Hausgenossin im Wienröder Pfarrhause.

die ländliche Stille und unsere Spaziergänge und vertraue deiner Versicherung, lieber August, daß ich dir zu dem Salat, aus dem deine Thätigkeit in dieser österlichen Zeit zusammengesetzt sein wird, wenigstens kein störendes Ingrediens sein werde.

Das Bewußtsein unserer Welt- und Lebensanschauung ist uns doppelt lebendig geworden durch den Gegensatz, welchen Betty's Nichte[131] dazu bildete. Wir hatten die innere Wärme eines frommen Pfarrhauses zu finden gehofft und von dem Segen geträumt, den eine innerlich fromme und liebreiche Pfarrerstochter bei aller äußeren Armuth als reiche Mitgift in eine Familie bringen könne. Von dieser idealen Ansicht sind wir jedoch völlig zurückgekommen. Ein eisiger und eiserner Rigorismus und Particularismus hat uns nicht warm werden lassen und wir fühlen uns von einem Alpdruck befreit, seitdem unsere kleine Häuslichkeit nicht mehr unter den Argusaugen und Berichten dieses scharfen und moquanten ›Beobachters an der Spree‹ steht. Das einzige weibliche Wesen, dem sie sich angeschlossen hat, ist Clärchen Baumeister gewesen, die sie unterrichtet und mit ihrer überströmenden Liebesfülle in Besitz genommen hat. Allen anderen jungen Mädchen ist sie fremd geblieben. Fremd ist sie eingezogen, fremd zieht sie wieder heim, denn innerlich ist sie doch voll leidenschaftlicher Abneigung gegen das preußische Wesen und würde keinen Preußen heirathen – wenn sich Einer finden sollte. Ueber Alles, was sie hier Schönes gesehen und gehört, Fidelio und Cherubinis Requiem, Mausoleum und Bildergallerie, ist nicht eine Äußerung des Wohlgefallens oder Mißfallens von selbst über ihre Lippen gekommen, außer ein Ja oder Nein wenn man sie fragte. Kurz es war ein närrisch Mädel. Wie viel näher fühlt man sich Ihrer Nichte Marie, die uns doch durch Konfession und Nationalität so viel ferner steht! Aber man lernt erkennen, welch ein erbärmliches Ding es um das ist, was in unserer Zeit ›gläubig‹ und ›fromm‹ genannt wird, und wie groß Schleiermacher, der uns zu der Person dessen hingeführt, der nicht auf den Glauben sondern auf die Liebe als das Höchste hingewiesen hat, ohne die der Glaube ein tönendes Erz und eine klingende Schelle bleibt.

Welche Freude mir Ernsts Erfolg und Eintritt bei uns gewesen, können Sie denken. Seit mein seliger Bruder 1857 zum 21ten März uns überraschte, habe ich eine solche Geburtstagsfreude nicht wieder erlebt…«

An die Eltern

»Cöln d. 30ten März 1868

Wir sind seit heute wieder in der Prüfungsnoth, und die letzten Tage vorher haben reichlich zu thun gegeben. Erst morgen kommen meine Schüler an die Reihe; doch habe ich heute früh drei Stunden lang mir Alles noch einmal vorspielen lassen, resp. selbst auf einem zweiten Flügel begleitet, das ist dann auch kein großes Vergnügen. ... Am Donnerstag hatten wir Aufnahmeprüfung. Die drei Talentvollsten – eigentlich die Einzigen, die man begabt nennen konnte – hatten sich schon vorher bei mir gemeldet, und sind deshalb mir zugewiesen worden: Zwei Damen und ein Jüngling jüdischer Abkunft, wie es scheint, ein zäher energischer Kerl. Das ist denn eine Entschädigungsfreude für einen nicht geringen Ärger, den ich am Conservatorium gehabt. Als ich in die Aufnahmeprüfung ging, begegnete mir Hiller, sprach mit mir in gewohnter Liebenswürdigkeit, und ich theilte ihm mit, daß ich noch unschlüssig sei, ob ich zum Conservatoriumsjubiläum als alter Schüler nach Leipzig reisen solle oder nicht. Da hieß es plötzlich ›Sie können überhaupt nicht vor dem Mittwoch nach Palmsonntag reisen‹, während er mir selbst vor einigen Wochen wie etwas Selbstverständliches gesagt hatte, ich könne gleich nach der Passion abreisen. Von ihm selbst, das wußte ich, kam dieser Bescheid nicht, denn er ist nichts weniger als pedantisch, und eigentlich unausgesetzt freundlich gegen mich. Nun aber erzählte er mir, er habe von einem Vorstandsmitglied (Heuser) einen Brief, der sich dermaßen über meine Unpünktlichkeit beklagte, daß er mir die Erlaubniß jetzt nicht geben könne. Wie mich das verdroß und überraschte, kann ich nicht sagen, denn ich habe in keinem Semester meine Stunden so regelmäßig gegeben wie gerade in diesem; selbst von den jetzt während der Leipziger Reise versäumten hatte ich gleich einen Theil nachgegeben, so daß für das ganze halbe Jahr sich nur ein einziger versäumter Tag ergiebt, eine so geringfügige Sache, daß unter allen anderen Umständen auch nicht ein Hahn danach gekräht haben würde. Es war nun keine Zeit mehr zu weiterer Unterhaltung über den Gegenstand; die Prüfung begann und während der ganzen Ceremonie saß ich wie auf Kohlen mit meinem Verlangen von Hiller des Näheren zu erfahren, was mir denn eigentlich vorgeworfen werde. Schließlich fand sich der passende Augenblick. Er gab mir den Brief von Heuser und dieser enthielt nichts Geringeres als die Beschuldigung, daß ich Stunden in das Präsenzbuch eintrüge, die ich nicht gegeben habe. Der Schlüssel zu der Geschichte war bald gefunden. Zwei neue Vorstandsmitglieder waren mehrere Male zu der Zeit im Conservatorium gewesen, wo meine Theoriestunden angesetzt sind, hatten mich natürlich nicht gefunden, da ich diese Stunden bei mir im Hause gebe. Der Esel von Kastellan aber hatte sich nicht aufgelegt gefunden, die Herren darüber aufzuklären. – Königslöw fand das Ganze so empörend, daß er meinte, ich müsse mir einen feierlichen Widerruf erbitten, mit der Drohung, sonst meine Entlassung einzureichen. Doch bin ich nicht so heißer Natur, und beruhige mich dabei, daß erstlich Hiller gleich bei dieser Auseinandersetzung auf das Energischeste meine Parthei ergriff, daß ferner jetzt jeder Schatten eines Verdachts beseitigt ist, und daß der alte Heuser, der den Kohl eingerührt hatte, bei aller seiner Bärennatur doch im Grunde ein gutmüthiger Mensch ist, dem man nur nicht Etwas abtrotzen darf, der aber ohne Reizung seines Eigensinns von selbst wieder freundlich wird.

Ich bin beim Schreiben unterbrochen worden, und befinde mich schon eine Weile am ersten April. So ist also seitdem gestern die Prüfung meiner Schüler gewesen und zwar so vortrefflich abgelaufen, daß Hiller sich veranlaßt sah, mir seinen besonderen Dank auszusprechen und auch Herr Schnitzler mir Complimente machte. Frl. Michiels spielte das E moll Concert von Mendelssohn wirklich sehr gut, Heymännchen den ersten Satz der B dur Sonate von Beethoven, Blomberg die Variationen über das Thema aus der Eroica. Alle drei bekamen No. 1, und ich glaube, daß auch Frl. Walchner für ihr sehr schweres Fis moll Capriccio von Mendelssohn diese Auszeichnung zu Theil geworden ist…

Blomberg reist nun über 8 Tage ab, um nach seiner Heimath dauernd zurückzukehren. Er scheint zu guter Letzt noch alle Sünden, so weit es geht, wieder gut machen zu wollen. Er hat für die Prüfung an den Beethoven'schen Variationen enorm geübt, brachte mir neulig Contrapunkt von jeder Sorte, nachdem er einige Monate in den Stunden gefehlt hatte, sang Freitag sogar im Concertchor mit und wirkte am Samstag in der Musikalischen Gesellschaft als Cellist im Orchester, kurz er tritt noch einmal als Mädchen für Alles auf, um mit Ehren abzugehen. Daß mich das aber wirklich anderen Sinnes über ihn machte, kann ich nicht sagen. Es thut mir nur ein bischen mehr leid, daß er so wenig fleißig und ordentlich war, und daß ein Stück, von dem man sich viel Gutes versprochen, verhältnismäßig lau zu Ende geht.«[XXXIII]

---

XXXIII Blomberg ließ sich zuerst in seiner Vaterstadt Hagen, dann in Bonn als Klavierlehrer nieder und starb in noch jungen Jahren.

Die Osterferien verlebte ich in Gemeinschaft mit meinen Eltern bei den Freunden in Wienrode. In einer müßigen Stunde schrieb ich einige Zeilen an Frau von Bethmann-Hollweg nach Berlin. Ich wollte ihr mitteilen, daß Carl Heymann in der Prüfung die Nr. 1 erhalten habe, legte eine kleine Fotografie bei, die mich in Gemeinschaft mit ihrem Schützling darstellte, und entschuldigte mich, daß ich wieder einmal von ihrer Erlaubnis, mich gelegentlich in Rheineck einzuquartieren, ausgiebigen Gebrauch gemacht habe, ohne vorher bei ihr besonders anzufragen. Darauf traf die folgende Antwort von ihr ein:

»Berlin d. 15ten April 1868

Recht freudige Ueberraschung brachte Ihr Brief, lieber Ernst, den ich – nachdem ich die Photographie lange betrachtet, Carl sehr gut, Sie nicht genügend gefunden hatte – mit innerster Hingebung las. Wollen Sie wissen, was ich dabei dachte, lieber Ernst? Zuerst mußte ich lächeln, dann aber denken, er weiß doch nicht, wie ich zu ihm stehe, hat nicht begriffen, daß ich ein so mütterliches Herz zu ihm habe, daß ich es in die Worte fassen könnte, was mein ist, das ist dein! – Daraus können Sie sich nun die Antwort auf Ihre bedenkliche Frage, ob Sie unangemeldet nach Rheineck gehen dürften, zusammensetzen, und sollen mich dann still bitten, daß ich sie Ihnen verzeihe, was dieses Mal noch geschehen soll. Studieren Sie aber die Liebe besser, damit Sie auch darin einst Professor werden.

Ich hatte schon mit rechter Theilnahme der Vereinigung in Wienrode gedacht, als Ihr Brief kam, mich über den Osterschnee betrübt und nach Frühling geseufzt. Heute scheint die liebe Sonne gewiß in Ihre Fenster und in Ihr Herz hinein, und die guten Menschen am schönen Ort freuen sich der Natur in ihrer Vereinigung. …

Nun muß ich mich noch mit Ihnen über Ihren Schüler freuen, dessen No. 1 ich Ihnen zuerst gönne, dann den Eltern und uns. Lieber Ernst, Sie sind für den Jungen wie eine brütende Henne und wenn was aus ihm wird, sind Sie die Ursache davon. Sie können es sich nicht denken, welches gerührte Herz ich für Sie mit mir herumtrage.

Nun rasch ein freundlichstes Lebewohl! Es schlagen die Berliner Lebenswellen einmal wieder über meinem Haupt zusammen. Verwandte aus allen Himmelsgegenden auf der Durchreise, Diners und Abendgesellschaften u.s.w. Durch Alles hindurch aber herzlichen Gruß für Sie und Ihre Eltern, auch für ›Marie Lichtenstein‹, wie ich sie vor langen Jahren am Flügel sitzen sah

Aubh.«[132]

Auf der Rückreise nach Köln hielt ich mich einen halben Tag in Braunschweig auf. Die Eltern Hausmann hatten mir durch Frau von Pawel den Wunsch aussprechen lassen, gelegentlich nochmals über die Zukunft ihres begabten Sohnes mit mir Rücksprache zu nehmen. Der junge Robert spielte mir mit seiner Mutter die Violoncellosonate op. 102 in D-Dur von Beethoven vor, und zwar so ausgezeichnet, daß ich mit dem besten Gewissen dazu raten durfte, ihn Musiker werden zu lassen. Es wurde auch erwogen, ob man ihn vielleicht schon jetzt nach Köln auf das Konservatorium schicken solle, wo er in Rendsburg einen tüchtigen Lehrer für sein Instrument und dazu alle mögliche künstlerische Anregung gefunden haben würde. Doch entschied man sich schließlich, noch mit einem solchen Schritt zu warten. Ein Jahr später fand die Eröffnung der Berliner Hochschule statt, und nun wurde Robert Hausmann erster und bedeutendster Schüler.

An die Eltern

»Cöln d. 23ten April 1868.

... Von Hiller bekam ich gestern ein allerliebstes freundliches Billet, worin er mich offiziell auffordert, ihn bei den Chorproben zum Musikfest zu unterstützen, und dann fortfährt, zur Belohnung für alle geopferte Zeit und Mühe, stelle er mir eine Erholungsreise in Aussicht, die ich nicht ausschlagen würde. Ob er damit nun Urlaub zu Pfingsten, oder Honorar oder beides meint, weiß ich nicht; jedenfalls war aber seine ganze Art zu schreiben wieder äußerst liebenswürdig. Gestern Abend war erste Messiasprobe[133] für das Fest, und der Chor klang prächtig; es ist nun einmal Alles beisammen, was Cöln an Stimmen hat, und da muß es wohl knallen; es thut mir doch echt leid, daß Ihr zum Fest nicht kommen wollt; der Eindruck ist ein zu schöner und eigenthümlicher. Hinterher auf einem souper bei Aragons, zu dem ich geladen war, gratulierte mir ein junger Franzose zu meinem Leipziger Erfolg, was an sich gleichgültig wäre; er sagte aber dabei, Hiller hätte damals, als er die Nachricht bekommen, allen möglichen Leuten auf einem Ball mit Freuden davon erzählt, und dieser Beweis seines Wohlwollens ist mir wirklich etwas werth. ...

Cöln d. 30ten April 1868.

... Drei Mal in der Woche ist jetzt Musikfestprobe, Montags, Mittwochs und Freitags, und da ich offiziell engagiert bin, so halte ich mich auch für doppelt verpflichtet, pünktlich zu erscheinen; das giebt dann aber an diesen Tagen jedes Mal 7 Stunden Arbeit; zwischen 6 und 7

Abends bleibt nur gerade so viel Zeit, um vom Conservatorium nach Haus zu gehen, sich etwas zu verschnaufen und dann in den Gürzenich zu wandern. ... Dienstag Abend war ich im Lohengrin, zu dem Walter aus Wien als Gast engagiert war; unsere ganze Clique war dort, Königslöws, Ernst's, Frl. Bruch, Janitsch u.sw., freilich leider Alles an verschiedenen Plätzen. Ich wollte jetzt aber noch einmal etwas vom Theater haben, da es menschlich zu werden versprach, und ich den ganzen Winter über fast nichts gehört hatte. Walter fand ich nicht hervorragend, schon sein jüdisches Profil störte mich am Schwanenritter; die Scheuerlein als Elsa war recht gut; vor Allem aber interessierte es mich, das Werk selbst wieder zu hören, das mir nicht wieder zu Gesicht und Ohren gekommen war, seit ich es vor nun bald 10 Jahren mit einer Art von Trunkenheit verschlang. Die Gefahren, die es damals für mich hatte sind begraben, und werden nicht wieder erstehen, aber der zu heftige Rückschlag zur Opposition ist auch überwunden; ich hatte an Vielem wirkliche Freude, theils an dem poetischen Hauch, der besonders über dem ganzen Anfang bis zur Ankunft des Schwans liegt, theils auch an rein musikalischen Einzelheiten, die nur leider gar zu sehr Einzelheiten bleiben. Wie froh ist man, wenn nur ein einziges Mal 12 Takte in einem ruhigen Fluß weitergehen, so daß man das Gefühl hat, Musik und nicht beständig Deklamation zu hören! Solcher erfreulicher Momente giebt es ja eine ganz hübsche Anzahl, sie sind aber grausam kurz, und schwimmen wie ein paar Fettaugen auf der dünnen Suppe herum; wenn man nach Hause kommt, weiß man so ziemlich Alles auswendig, was der Rede werth ist. Doch steht es mir aufs Neue entschieden fest, daß der Lohengrin das Beste ist, was Wagner gemacht hat, und daß er bis dahin in der Noblesse und Poesie der Erfindung im Fortschritte gewesen ist; hinterher kommt dann wohl die vollkommene Sündfluth, wie man nach dem, was man davon hört glauben muß. Wollt Ihr nicht doch zum Musikfest kommen? Ich frage noch einmal, weil ich voraussehe, wie schön das Ganze werden wird; der Chor ist prachtvoll, und Hiller gegen alle Gewohnheit eifrig im Studieren. Bis zum 19ten müssen die Billets bestellt sein; bis dahin besinnt Euch also. Frau Frege hat die bestimmte Absicht, zu kommen; ich habe ihr eben Billets besorgt. Am Montag war ich nach der Probe bei Hillers zum Thee, und er schenkte mir nicht nur ein neues Chorstück eigener Composition, sondern fing auch ganz aus freien Stücken davon an, er habe eine Menge vierstimmige Lieder liegen von einem ehemaligen Düsseldorfer Gesangkränzchen her, die wolle er mir für meinen Verein geben. Heute bekam ich denn drei Hefte Mendelssohn, 2 Hefte Hauptmann, 1 Gade, jede

Stimme in vierfacher Besetzung, also eine ganz mächtige Schaar von Liedern, die auf unseren nächsten Landparthien so willkommen sind, wie möglich. …

Cöln, d. 22. Mai 1868

Heute bin ich zum ersten Male wieder meine Verpflichtungen für die Chorproben ledig, liebe Mutter, weil von jetzt an im großen Saale mit Begleitung von Streichquartett probiert wird, und so benutze ich diese freie, wenn auch ziemlich schwüle Abendstunde dazu, dir zu schreiben. … Von Blomberg sind gute Nachrichten durch dritte Hand eingelaufen; er hat ein Concert in seiner Heimat Hagen gegeben mit bestem Erfolg, hat 120 Thaler eingenommen, die er immer in der Tasche herumträgt, ist der Löwe des Tages, geht in einem neuen Rock, und kommt im Gefühl seiner Würde zum Musikfest her. … Bruchs erneute Anwesenheit hier ist mir recht erfreulich, obgleich ich dir in deinem Urtheil über ihn ganz Recht gebe, und auch ernstlich fürchte, die raschen, brillanten äußeren Erfolge möchten sein ganzes Wesen noch mehr in die Äußerlichkeit treiben, als das immerhin schon der Fall ist. Er ist aber ein amüsanter, sehr anregender und wirklich sehr talentvoller Mensch, darüber läßt sich im Augenblick des Verkehrens Manches vergessen. Seine neue Symphonie[XXXIV], die er mir vorgespielt hat, enthält ein geist- und schwungvolles Scherzo; der letzte Satz ist äußerst feurig und brillant, wohl mitunter ein bißchen zu sehr, und das Ganze wird die Leute packen, daß es eine Freude sein wird. Vielleicht wäre es besser, der Spektakel und der Weihrauch käme in etwas geringeren Quantitäten; doch sind die Dinge einmal, wie sie sind, und an dem rechten Zuchtmeister für seine Kunst wird es ja hoffentlich auch nicht fehlen. Das Dasein von Brahms ist zum Beispiel so einer. Gestern als am Himmelfahrtstag hatte uns das Bruch'sche Geschwisterpaar zu einer Parthie mit Frl. Waldmann, Frl. Ernsts, Frl. Fuess und Frl. Niethen aufgefordert, die wirklich nicht hübscher sein konnte, und uns Alle ihnen verpflichtet. Unser Ziel war Gladbach im Bergischen, jenseits des Rheins etwa drei Stunden landeinwärts von Cöln gelegen; dort hat Bruch während des größten Theils seiner Jugend die Sommermonate zugebracht, und bei seinen sehr liebenswürdigen Freunden dort, einer Familie Zanders sollten wir Alle einmal vorgeritten werden, wie uns wiederum das reizende Land mit den netten Leuten vice versa. Wir fuhren Morgens in einem eigens dazu gemiethetem Omnibusartigen

XXXIV Bruchs erste Symphonie in Es dur.

Wagen bis Bensberg, das ich seit 3 Jahren nur mit seinem fernen Schloß von Cöln aus habe herüberwinken sehen, ohne es zu erreichen, stiegen dort aus, sahen zurück über die schöne zum Theil waldbedeckte Ebene bis Cöln hin, und gingen dann zu Fuß nach einem Försterhaus im Wald, wo Mittag gemacht, und zwischen den Bäumen geschlendert wurde. Es ist ganz auffallend, wie der Charakter der Landschaft von dem eigentlich rheinischen absticht; überall schöne Strecken Hochwald, herrliche alte Bäume, Wiesen dazwischen, ganz sanfte Thalabhänge, dann wieder Kornfelder, die jetzt mit ihrem bläulich-grünen Wogen besonders schön anzusehen sind, und allerliebste Fachwerkhäuser zwischen Gärten zerstreut. Der Weg nach Tisch bis Gladbach, den wir in der ersten Hälfte zu Wagen, dann zu Fuß zurücklegten, war in dieser Art das Lieblichste von der Welt. Der Frühling ist noch nicht soweit vorwärts, wie bei uns, und so konnte man sich noch einmal ganz satt an Maiblumen pflücken, die bei uns leider schon vorbei sind. Um fünf kamen wir bei Zanders an; die Leute sind äußerst wohlhabende Fabrikbesitzer, der Mann wollte ursprünglich studieren, wurde durch ein Augenleiden daran gehindert; die Frau ist die Gesundheit in Person, geistig und körperlich, die ganze äußere Existenz äußerst behaglich, ohne irgendwie störend elegant zu sein, ein altes sehr freundlich eingerichtetes Wohnhaus, ein schöner parkartiger Garten, und zwischen Allen der ungezwungenste Verkehr. Unsere Damen sangen ihre Lieder auf dem Hausflur, in allen Ecken wurde gut gegessen und getrunken und so gab das einen sehr fröhlichen Abschluß für den fröhlichen Tag. …«

Aus einem Briefe meiner Mutter.

»Berlin d. 24ten Mai 1868 Sonntag Morgen

… Am Dienstag besuchte mich die alte Frau von Wolzogen, blieb fast drei Stunden und erzählte mir unendlich viel von Niebuhrs und von ihrem Sohne Alfred[XXXV], dem es jetzt in Schwerin sehr gut geht. Am Mittwoch Abend kam sie dann mit ihrer Tochter Pauline, Susanne Schinkel und Hans, der jetzt hier studiert, zum Thee bei uns, und es war ein ganz netter Abend. Von Allen soll ich Dich sehr herzlich grüßen. Es rührt mich immer, daß die alte Frau von Wolzogen so gern bei uns ist und jede Freundlichkeit so dankbar empfindet. Sie wünschte dieses Mal besonders, Vater möchte Hans dazu bewegen, auch einige

XXXV Alfred von Wolzogen, der Vater von Hans von Wolzogen, war zur Zeit Intendant des Hoftheaters in Schwerin.

ernste, praktische Collegien auf der Universität zu hören, statt sich ebenso wie sein Vater so sehr viel mit dem Theater zu beschäftigen. In Schwerin hat er schon einen ganzen Stoß von Theaterrezensionen geschrieben…«

## An die Eltern

»Cöln d. 27ten Mai 1868

… Gestern kamen Brahms und Reinthaler aus Bremen[XXXVI] hier an und eröffneten so den Reigen der fremden Künstler, die zum Musikfest eintreffen. Heute sind sie noch einmal Rheinaufwärts verschwunden. Wenn man sich aber vorstellt, welche Fluth von Menschen und zwar von bekannten Menschen in den nächsten Tagen über uns hereinbricht, so könnte Einem ein bischen schwindelig zu Muthe werden, und ich freue mich, daß die Verpflichtung für Einen oder Zweie, nämlich für Rotenhan und Frau Frege mich bei dem Heer der Übrigen etwas entschuldigt. Mit jenen beiden habe ich meine Karte (die natürlich frei ist) zusammen verloosen lassen und wir haben herrliche Plätze bekommen. Uebriges freue ich mich noch auf Gräfin Pourtalès. … Für Sonnabend hatte ich mit Janitsch, Kühne und Carl eine größere Tour verabredet. Wir wollten mit dem ersten Zug nach Düren fahren und von dort durch das Roerthal nach Nideggen gehen. Als wir uns aber zusammen fanden, war der Himmel so bedeckt, daß es uns gerathener schien, bis Sonntag zu warten und nur einen kleinen Morgenspaziergang in den Stadtgarten zu machen. Während dessen bekam das Wetter eine bessere Laune, unser Entschluß reute uns, und da es für die Eisenbahn zu spät war, kam ich mit einem anderen Plan zum Vorschein, der mir längst im Sinn gelegen hatte, und eigentlich viel lieber war: nämlich am ersten Tag auf der Römerstraße bis Zülpich zu gehen, und von dort am nächsten nach Nideggen weiter zu marschiren. Um 10 Uhr kamen wir nun freilich erst dazu aufzubrechen, und unser Tagesziel war 8 Stunden entfernt. In unserem bekannten Hermülheim machten wir den ersten Halt mit etwas frischer Milch. Dann kamen wir bei Kranzmar in den Wald und hatten nun bis Liblar den herrlichsten Weg, gewiß eine Stunde lang fortwährend zwischen großen Strecken herrlichen Hochwalds, nur hin und wieder mit niederem Bestand wechselnd. So lockend war es sich hier ganz niederzulassen, daß uns fast die Lust zum Weitergehen verging. Mit dem Ende des Waldes jedoch hatten wir zugleich den jenseiti-

XXXVI Um Ostern hatte in Bremen die erste öffentliche Aufführung des Deutschen Requiems von Brahms unter Reinthalers Leitung stattgefunden.

gen Abhang des Vorgebirges erreicht, und eine ganz neue Aussicht that sich auf: Über einer weiten grünen Ebene die Höhen der Eifel, die uns von Cöln her nur in ihren herüberragenden höchsten Spitzen bekannt waren. Es war schon 4 Uhr Nachmittags, und wir Alle, besonders der Junge, ziemlich müde; so beschlossen wir denn, von hier aus die alte Römerstraße zu verlassen, die nun nicht weiter mit der neuen Fahrstraße zusammen fällt, sondern grasüberwachsen ganz öde und einsam daliegend ohne einen einzigen Ort zu berühren, in drei Stunden gerade aus nach Zülpich führt. Wir folgten der neuen Chaussee und hielten uns so die Möglichkeit offen, von irgend einer Stelle an ein Fuhrwerk zu nehmen. Die nächste größere Ortschaft war Lechenich. Schon von Weitem zog es uns durch kolossale Thürme an, denen wir keine Bedeutung beilegen konnten, da wir ein so mächtiges Stück Mittelalter kaum in ihnen vermuthen mochten. Allein beim Näherkommen stellte sich mehr und mehr heraus, daß das räthselhafte Bauwerk[134] alt und halb verfallen war, und ich bin selten so überrascht worden, wie durch den fabelhaft fantastischen Anblick, der sich uns darbot, als wir nun wirklich dicht vor den Umfassungsmauern standen. Durch ein großes wohlerhaltenes Thor gelangten wir auf einen weiten mit Gesträuch und Blumen bedeckten Schloßhof; rechts ein ziemlich verwittertes neueres Gebäude, wo, wie wir später erfuhren, eine Art von Verwalter wohnte; gerade aus ein zweites Thor, zu dem der Weg über eine Brücke führt und dahinter endlich die ganze gewaltige Ruine: drei dicke hohe Thürme mit gothischen Zinnen, ein vierter noch massiger, viereckig, dem die obersten Stockwerke abhanden gekommen sind, und zwischen diesen Ungethümen mächtige Mauern, die die Verbindung herstellen. Um die ganze Burg führt ein breiter mit Entengrütze überwachsener Graben, an seinen Ufern sproßt zwischen hohen Bäumen dichtes Gebüsch. Da stand nun Alles in üppigster Blüthe, Nachtigallen schlugen ohne Unterlaß bald hier bald dort, eine Schaar von Fröschen quakte im Wasser, und die ganze übrige Welt schien in weiter Ferne zu liegen. Es war schwer sich loszureißen. Als wir uns endlich entschlossen hatten, den Rückweg wieder anzutreten, trafen wir am Ausgang einen alten dicken Herrn, der bereit war, uns einigen Aufschluß über die Geschichte der Stätte zu geben, an der wir standen. Die Burg hat ursprünglich den Grafen von Jülich[135] gehört, dann später dem in Bonn residierenden Kurfürsten von Cöln[136]. Endlich ist sie an einen Herrn verkauft worden, dessen in Cleve lebender Schwiegersohn sie noch jetzt besitzt.[137] Der vorletzte Eigenthümer, ein wunderlicher Kauz, hat sich den Spaß gemacht, allerlei Figuren und Köpfe in die Thürme zu setzen, auch eine Anzahl von

Vogelgerippen an das Schloßthor zu nageln, um den Eindruck noch abentheuerlicher zu machen, als er ohnehin ist. So viel Schönes wir aber auch weiterhin auf unserer Wanderung erlebten, etwas so Wunderbares wie die Entdeckung dieser Lechenicher Burg kam nicht wieder.

Wir hatten sehr viel Zeit in dem Gemäuer versessen und nun war es doppelt nöthig den Rest unserer Tagesaufgabe fahrend zu lösen. Wir nahmen einen Einspänner, der uns in anderthalb Stunden für ziemlich billiges Geld nach Zülpich brachte. Hier übernachteten wir, besahen am anderen Morgen die dortige ebenfalls gräflich Jülich'sche Burg, stiegen in die Krÿpta der Kirche hinab, in der Chlodwig sich zum christlichen Glauben bekannt haben soll[138], und brachen dann gegen Mittag nach Nideggen auf. Ein sehr langsam bergan steigender Weg führte uns in drei Stunden auf die Höhe. Wüßte man nicht durch Beschreibungen über die Lage von Nideggen ungefähr Bescheid, so würde man fern davon sein auch nur zu ahnen, welchem Anblick man entgegengeht. Aber mag man selbst einigermaßen vorbereitet sein, so täuscht doch der lange scheinbar fast völlig ebene Weg dermaßen das Gefühl, daß trotz aller Wissenschaft die Ueberraschung nicht ausbleibt, wenn endlich Blicke in ein tiefes Thal sich öffnen, herrliche Laubwälder jenseits zum Vorschein kommen, und auch diesseits prächtige Felskuppen auftauchen, die die Spitzen von Bogen krönen, deren Fuß noch unsichtbar ist. – Nideggen wäre ein Ort nach deinem Geschmack lieber Vater, und bei Eurer nächsten Reise an den Rhein müßt Ihr es wirklich sehen. Am Schönsten war es, oben zwischen den Trümmern der Erzbischöflichen Burg zu liegen und durch die ›leeren Fensterbögen‹ nach allen Seiten in das wundervolle Thal hinabzusehen. Das genossen wir denn auch bis zum Abend. Am nächsten Morgen ganz früh brachte uns die Post nach Düren, die Eisenbahn von da bis Cöln, und in meinen Stunden, die ich hinterher noch vor Tisch zu geben hatte, mußte ich gewaltsame Anstrengungen machen nicht zu entschlafen. Einmal war ich auf dem besten Wege, aus einem Halbtraum auffahrend meine Schülerin mit den Worten zu erschrecken: ›Der Erzbischof Balduin‹ worüber ich dann zum Glück selbst erschrak.

Wie es nun mit meiner Pfingstreise wird, weiß ich noch nicht. Hiller meint, es sei ebensogut, wenn ich mir die 14 Tage Urlaub, die ich mir mit meiner Hülfleistung im Probenhalten verdient habe, einmal mitten im Sommer nähme, und dann bin ich vorläufig aus der Qual der Wahl heraus. … Eigentlich wollte ich noch von gestern Nachmittag erzählen, wo Hiller vor Brahms, Reinthaler, Bruch und mir seine Passion, ein neues Werk mit gleichzeitiger Benutzung der Matthaeus- und Johannesevangelien, am Klavier produzirte. Es war eine ganz bittere Geschichte, und im Grunde ebenso tragisch wie komisch. Wie kann man nur nach Bach nochmals eine Passion komponiren!!! Zu Näherem fehlt die Zeit…«

An die Eltern

»Sayn bei Coblenz d. 5. Juni 1868.

Endlich finde ich einmal einen ruhigen Vormittag, um meine Gedanken zu sammeln, und über die vergangene Pfingstwoche Bericht zu erstatten. Wie weit ich damit komme, weiß ich nicht, denn wie ein wahres Chaos sehen mich alle die Dinge an, die ich erlebt habe; doch wird es nur ärger, je länger ich warte, und so will ich wenigstens in den Umrissen versuchen, von dem Geschehenen mitzutheilen. Wenn ich vorher bedauert habe, daß Ihr nicht zum Musikfest gekommen seid, so muß ich hinterher sagen, daß ich in Eurem Interesse Euer Dortsein doch kaum wünschen konnte. Nicht, daß nicht Vieles ganz außerordentlich schön und begeisternd, das Ganze überhaupt berauschend gewesen wäre; aber wie ich Euch kenne, würde es doch nicht das gewesen sein, dessen Ihr für den Augenblick bedurft hättet; der Rausch war etwas stark, selbst für meine Begriffe, und ich bin ganz zufrieden, daß die Tage vorüber sind. Am Freitag begannen die Proben mit Orchester, Morgens eine und Nachmittags eine, ebenso Samstag. Man hätte sie versäumen können, um sich den Magen empfänglich zu halten, mochte es dann aber doch wieder nicht thun, und so gab es ein beständiges Hin und Herwandeln in den Gürzenich und aus dem Gürzenich und wieder in den Gürzenich. Zu allem Übrigen war die Hitze erstickend, man hatte eigentlich nirgends Ruhe als im Wasser, und ich habe denn auch bis zu den eigentlichen Festtagen, wo die Zeit es nicht mehr erlaubte, keinen Tag unterlassen, mich in den Rhein zu stürzen. Am Freitag Abend kam Rotenhan, und mitten aus der Hauptprobe zum Messias, die Sonnabend Nachmittag von ½ 6 bis gegen 10 Uhr dauerte, liefen wir beide fort, weil es kaum mehr auszuhalten war, und begaben uns in die Badeanstalt. Frau Frege erschien Freitag Morgen, und ich wie Rotenhan haben fast täglich mit ihr zu Mittag gegessen. Am ersten Tag war ich noch allein, sie lud mich zu Tisch, nachdem ich sie Morgens am Bahnhof empfangen hatte, und nach dem Essen fuhren wir in die Flora, wo es ganz hübsch still und schön war. Abends kam dann Rotenhan, am anderen Morgen der gute T., der mich erst um Billet und Wohnung gebeten, dann nachdem ich beides besorgt, wieder abbestellt hatte, und nachdem ich beides wieder abbestellt hatte, mich abermals telegraphisch aufforderte, ihm das Verlorene wiederzuerobern. Am ärgsten wurde es erst, als allmählig alle fremden Künstler einpassierten, und man im Saal nicht zwei Schritt gehen konnte, ohne einem bekannten Gesicht zu begegnen. Man kam sich vor wie ein blinder Dreier, der aus einer Hand in die andre läuft, und zuletzt so abgegriffen ist, daß er gar kein Gesicht mehr hat. Mit Keinem oder doch nur mit den Wenigsten kam man zu einer mehr als flüchtigen Berührung, und es ist nicht zu sagen, wie diese Art des Verkehres von Morgen bis Abend, dazu melodramatisch begleitet, von einem Stück neunter Symphonie, oder Bach'scher Kantaten, das probiert wird, abspannt und mürbe macht. Die Meisten blieben dann Abends noch bis ins Aschgraue oder eigentlich bis ins Morgenröthliche beisammen; das wollte ich aber nicht mitmachen, sondern ging meistens wenn es aus war, d. h. um ½ 11 mit in Rotenhans Hotel, wo wir ganz einfach zu Abend aßen, um von dort aus jeder in seine Coje zu kriechen. Carl, dem ich einen Platz zwischen uns beiden in den Concerten geschenkt hatte, vertrug sich wie immer vortrefflich mit Rotenhan, und war auch Abends der Dritte im Bunde, da er zu Haus zu so später Stunde nichts mehr zu essen fand. … Sehr angenehm habe ich mit Sahr verkehrt; ich fand ihn viel frischer, als ich erwartet hatte, und äußerst herzlich. Mit Bargiel[139] habe ich mich leider verschiedene Male gezankt; er war gar zu wunderlich. Unter Anderem behauptete er nach dem Messias, der Schlußchor sei gerade ebenso schön, wie das Hallelujah. Darin konnte ich ihm nun nicht beistimmen und sofort war der Krach da. Bruch stand daneben und sekundirte mir lebhaft, so daß das Ende vom Liede eine Dutzbruderschaft zwischen ihm und mir wurde. Später machte ich dann auch mit Bargiel Alles wieder gut; man darf ihm seine Absonderlichkeit und Reizbarkeit nicht zur Last legen; es ist eben leider Naturanlage. Brahms war ziemlich murksig, und ich habe nicht viel von ihm gesehen, Joachim liebenswürdig wie immer, und die Frau[140] nach meinen wie nach allgemeinen Begriffen bezaubernd. Wie sie über die anderen Solisten herausragte, das ist nicht zu sagen; Alles ist schön an ihrem Gesang, zuerst die wundervolle, sympathische, große Stimme, dann der herrliche Ansatz, die tadellose Intonation, die Fülle der Empfindung und das Maß im Ausdruck, endlich, was auch mit dazu gehört, die Poesie ihrer ganzen Erscheinung, die so ächt weiblich, so voll Anmuth und Adel zugleich ist, daß man garnicht müde wird, sie anzusehen. Der Messias am ersten Tag war im Großen und Ganzen wirklich ergreifend, die Chöre gingen fast ohne Ausnahme wundervoll, und das Hallelujah war mit diesen mächtigen Klangmassen so hinreißend, daß es stürmisch da capo verlangt und wirklich zwei Mal gesungen wurde. Am zweiten Tag waren es besonders die Altarie aus der Pfingstkantate und die ersten Sätze der neunten Symphonie, die mich ganz befriedigten; der Psalm von Mendelssohn gelang auch, doch war das Tempo nicht immer nach meinem Sinn, die Vestalin[141] (2. Akt) machte einen unerquicklichen Eindruck, theils weil sie nicht in das Concert paßt, wo die Action nicht so gütig ist, Manches musikalisch sehr Gemeine zu bemänteln, theils weil Frau Dustmann-Meyer in jeder Beziehung unerträglich ist; eine gänzlich abgesungene Theaterdame, die keinen Ton mehr halten kann, und nun, wo das Publikum nicht mehr klatschen will, zu den extremsten Mitteln der Affektation greift, um nur à tout prix einmal wenigstens einen Beifall zu erhalten. Am dritten Tag freute ich mich über die hübsche, alte a-dur Ouverture von Rietz, und über Joachim, der Bruch und Spohr spielte, natürlich vollendet schön. Das meiste Übrige stand nicht auf der Höhe, auch die d-moll Symphonie von Schumann ging, dank Hillers Sorglosigkeit nicht so, wie man es verlangen konnte. Hübsch war es am Sonntag Mittag, wo wir mit Joachims, Brahms, Frau Frege, Reinthaler, J. O. Grimm u.s.w. zusammen im Hotel Royal aßen, und plötzlich an der Thür des Salons Stockhausen erschien, eben von der Reise ankommend, und nicht ahnend, daß er uns gerade hier Alle zusammen finden würde. Er ist jetzt in Neuenahr mit Frau und Kindern, und bleibt dort 5 Wochen; so werde ich ihn also wohl noch öfter sehen. Ein anderer hübscher Mittag war am Dienstag, wo Frau Frege Rotenhan und mich mit Frl. Schoenerstedt und Comtesse Kalkreuth (meiner Schülerin) die sie von Weimar her kennt, zum Essen eingeladen hatte.[XXXVII]

---

XXXVII Die junge Gräfin Clara von Kalkreuth war die Tochter des Landschaftsmalers Stanislaus Grafen von Kalkreuth, der zur Zeit Direktor der Kunstschule in Weimar war. Die Eltern hatten die damals etwa 16jährige Tochter für längere Zeit zu einer befreundeten Dame, Fräulein Schoenerstedt in Düsseldorf, in Pension gegeben. Sie sollte hier namentlich musikalisch gefördert werden. Fräulein Schoenerstedt, eine Schülerin von Clara Schumann, überwachte ihre Übungen im Klavierspiel, wünschte aber in Einverständnis mit den Eltern, daß sie zugleich von mir Unterricht und Anregung empfinge. Obwohl ich grundsätzlich wie schon erwähnt keine Privatstunden gab, so mochte ich doch in dem vorliegenden Fall, wo auch Frau Schumann die Sache befürwortete, nicht nein sagen. Ich willigte also ein, daß die junge Dame von Fräulein Schoenerstedt begleitet, allwöchentlich einmal zu mir nach Köln herüberfuhr, ließ mir vorspielen und gab ihr auch, wenn ich mich recht erinnere, etwas theoretische Unterweisung. Meine Schülerin besaß nicht gerade hervorragendes musikalisches Talent, allein sie war doch begabt genug, um leichtere Klavierkompositionen ganz hübsch spielen zu lernen. Das Beste taten ihr Fleiß, ihre Gewissenhaftigkeit und Bescheidenheit. Wenn ich aber von diesen guten Eigenschaften zu einer gebührenden Schilderung ihrer Gesamtpersönlichkeit übergehen soll, so fehlen mir eigentlich die Worte. Nie wieder ist mir ein Mädchen vorgekommen,

Auch mit Gräfin Pourtales habe ich eine hübsche Stunde im Hôtel, und manche angenehme Minute im Saal erlebt, und entdeckt, daß Contessina[XXXVIII] noch immer reizend ist, wirklich sehr wenig angesteckt von den üblen Hofmanieren. Dienstag Abend war großes Festessen, und das mußte mitgemacht werden, Königslöw hatte im Voraus für uns und allerlei Bekannte einen ganzen Tisch belegt, und so hätte es hübsch sein können, wäre man nicht gar zu sehr außer Athem von aller Unruhe gewesen. Mein Platz war aber äußerst angenehm, Frau v. Königslöw, Marie Völkers, Frl. Ernsts, Comtesse Kalkreuth und Frl. Waldmann die nächstliegenden resp. nächstsitzenden Damen. Frau Frege paradierte neben Joachim obenan. Um ½ 2 gingen wir fort, bis 3 hatte ich noch im Hause bei mir zu kramen, es war also Tag, als ich ins Bett stieg, und um 7 Uhr saßen wir, Rotenhan und ich schon in der Eisenbahn, um Cöln so rasch als möglich zu entfliehen. Leider bin ich schon seit gestern früh ohne ihn, der ohne Gnade am Donnerstag zurückkehren mußte, und so nützten wir den Mittwoch trotz jammervollen Wetters noch nach Kräften aus. Bis Rolandseck fuhren wir mit dem Jungen[142], der dann weiter nach Rheineck reiste, – stiegen aus und wanderten zum Rolandsbogen hinauf, fuhren um 11 nach Remagen, trieben uns dort hinter der Apollinariskirche in Gebüsch und Wald umher, besahen in Sinzig die alte schöne Kirche und kletterten endlich noch nach Rheineck hinauf, wo wir heimlich außen herum Alles betrachteten und mit glücklicher Vermeidung der lieben Hollwegs, die wir nicht beunruhigen wollten, den Rückweg nach Breisig fanden. Abends mußten wir wieder in Remagen sein, weil Frau Frege auch dorthin kommen wollte, der wir ein rendez-vous versprochen hatten. – Gestern früh fing dann die Lage an für mich sehr zweifelhaft zu werden: mit Frau Frege nach Neuenahr zu Stockhausen zu gehen hatte ich keine Lust, weil ich alles Musikreden und alle Höflichkeit satt hatte;

---

von dessen Erscheinung man in solcher Wahrheit sagen konnte, sie ist das vollendete Ideal echt germanischer weiblicher Schönheit. Und dieses Bild höchster Anmut war nicht nur ein Bild: In der schönen Form wohnte eine wahrhaft schöne Seele voller Unschuld, Reinheit und Herzensgüte, die von ihrer eigenen Herrlichkeit nichts wußte. Zu vollster Entwicklung herangewachsen, ließ ihre ungewöhnliche Größe sie vollends wie eine Germania erscheinen. Sie heiratete später den Konsistorialrat Dr. Hase und starb, als sie kaum die Höhe des Lebens erreicht hatte. Felix Dahn widmete ihrem Andenken die folgenden Worte: »Wenn man dich sah in deiner lichten Schöne / Und kannte deiner Seele zarte Töne / Und deine mitleidvolle Herzensgüte / Und dein im Glauben friedefromm Gemüthe / Dann mocht' ein Heide selbst der Meinung werden, / Daß heut noch Engel wandeln auf der Erden.«

XXXVIII Comtesse Pourtalès später vermählt mit dem Maler Ferdinand Graf Harrach.

Rotenhan war mir mit dem Schnellzug ganz früh entflohen, nach Rheineck wollte ich nicht, weil ich nicht so unmittelbar nach der eigenen Ankunft Hollwegs überfallen mochte; den Gedanken aber, mich nach Tönisstein zurückzuziehen hatte ich aufgegeben, weil ich mich vor der gänzlichen Einsamkeit auch wieder fürchtete, obgleich ich mich nach Ruhe mit Leidenschaft sehnte. So fuhr ich denn einstweilen mit der Bahn bis Breisig, wollte von da zu Fuß erst einmal bis Brohl wandern, dann aber vielleicht mich auf die Reise nach Horchheim begeben, wohin mich die Bonner Mendelssohns oft genug eingeladen hatten. Während ich so am Rhein auf der Chausée entlang schlenderte, rollte plötzlich Gräfin Pourtalès mit Contessina an mir vorüber, erkannte mich, ließ halten und nahm mich im Wagen mit nach Brohl. Sie war, wie ich wußte, auf einen Tag in Rheineck gewesen, wollte nun nach Paris, und redete mir sehr zu, doch wenigstens Sonnabend und Sonntag bei ihren Eltern zuzubringen, die ganz allein in Rheineck wären und in ihrer Einsamkeit sich freuen würden mich zu sehen. Das werde ich denn auch wohl morgen thun. Gestern aber fuhr ich wirklich nach Coblenz, traf dort Sahr gleich auf dem ersten Platz in der Stadt, – denn am ganzen Rhein ist man jetzt seines Lebens nicht mehr vor Musikern sicher – ging mit ihm über die schöne Brücke und dann allein weiter zu Fuß nach Horchheim. Hier ergab sich daß Professor Mendelssohn und Frau noch in Wiesbaden waren, obgleich mir beide gesagt hatten, sie würden zu Pfingsten wieder zurück sein; nur die alten Alexanders[XXXIX] aus Berlin waren anwesend. Ich wolle Kehrt machen, wurde aber heraufgenöthigt, sehr freundlich gleich zu Tisch behalten, und aufgefordert Nachmittags mit ihnen in ihrem schönen Wagen hierher nach Sayn zu fahren. Heute soll ich wieder bei ihnen zu Mittag essen, erklärte aber gleich, daß ich die Nacht hier bleiben werde, um endlich einmal in Ruhe zu sein. Daß ich dies gethan habe, freut mich sehr, denn Sayn ist ein ganz herrlicher Ort. Ich schließe in Eile, weil die Post nach Coblenz gleich abgeht, die den Brief mitnehmen soll, und ich mein Leben noch einen Augenblick genießen möchte. …

Cöln d.10 u. 11ten Juni 1868

… Ich bin später nach Rheineck gekommen als ich dachte, und so ist denn auch der versprochene Brief von dort ungeschrieben geblieben. … Nun sollt Ihr aber hören, wie es dem Ritter Ernst weiter auf seinen Irrfahrten ergangen ist, und ich wünschte nur, ich hätte die ganze Ge-

XXXIX Alexander Mendelssohn, Bruder des Professors Mendelssohn in Bonn, Vater von Franz Mendelssohn in Berlin.

schichte schon zu Papier gebracht, da sie immer noch bunt genug ist. Bei ›Saÿn oder Nicht Saÿn« blieb ich stehen. Ich war wirklich schwankend, ob ich nach dem diner in Horchheim noch einmal in die schöne Stille zurückkehren sollte, oder nicht; doch überlegte ich, daß es zu wenig vernünftig wäre, wenn ich anderen Tages doch wieder weiter wollte nach Rheineck, packte also in Sayn gleich meine Sachen mit auf, und fuhr mit der Post, auf dem Bock sitzend in anderthalb Stunden nach Coblenz zurück, den Rhein von Vallendar ab immer zur Rechten, und das schöne, reiche Coblenzer Land mit den unzähligen alten Nuß- und Obstbäumen rings um mich herum. In Coblenz verabredete Sahr mit mir, ich solle nach dem Horchheimer diner nach Stolzenfels herüberkommen, um dort mit ihm und Joachims zusammenzutreffen. Der Mittag bei Mendelssohns verlief ganz hübsch, wenn auch ohne besondere Höhepunkte, und gegen 6 machte ich mich zu Fuß auf nach Niederlahnstein, um von dort aus überzusetzen. Kaum war ich aber an der Lahnmündung, als ein ganz gewaltiger Platzregen sich entlud, der gar kein Ende nehmen wollte, und es mir erst um ½ 8 möglich machte, mit dem Nachen über den Rhein zu setzen. Ich fand natürlich Niemand mehr dort, hatte aber noch einen schönen Sonnenblick nach der Marxburg hin, und eine frische Rückfahrt auf dem Dampfschiff. In Coblenz im Riesen, wo ich meine Sachen deponiert hatte, und Sahr zu finden hoffte, kam mir zwar nicht dieser, dafür aber der Bediente von Freges gleich an der Thür entgegen. Die Gesellschaft fing also wieder an, sich zusammenzufinden, und als ich nach einem hübschen Gespräch mit der Frege mich zur Ruhe begeben hatte, und eben einschlafen wollte, rasselt es an der Thür. Sahr und Joachim treten herein, und verkünden, daß eben eine Depesche Frau Schumann auf den nächsten Vormittag angemeldet habe; ich müsse also dableiben, und auch Frau Frege bereden, nicht gleich Morgens nach Ems weiterzufahren, damit wir Alle etwas hübsches Gemeinschaftliches unternehmen könnten. Unter diesen Umständen ließ sich natürlich nichts abschlagen, und so machten wir uns Alle, Freges, Joachims, Sahr, auch Bruch, der ebenfalls unverhofft eingetroffen war, am nächsten Vormittag auf, die Schumann an der Bahn zu empfangen. Der Telegraph ist aber zum Unglück für Frau Schumann und ihre Freunde erfunden, wie es scheint, denn statt ihrer kam eine neue Depesche, die uns darauf vertröstete, daß sie erst Abends kommen würde. Auch Stockhausens wollten von Neuenahr kommen, und diese hatte sie thörichter Weise uns abspänstig gemacht, weil sie selbst sich bei ihnen angemeldet hatte. Um allem Quirl die Krone aufzusetzen, schwebte dann auch plötzlich Hiller als Sternschnuppe vorüber, auf einer Reise nach Wiesbaden begriffen, und man wußte vor allem Kommen und Gehen und Nichtkommen nicht mehr recht, wo Einem der Kopf stand. Endlich rette ich mich mit Freges und Sahr wieder in das Hôtel, um einem Mittag bei Joachims Coblenzer Verwandten zu entfliehen; wir vier beschlossen, nach Oberlahnstein zu fahren und dort zu essen, und das Ehepaar Joachim versprach mit Bruch dorthin nachzukommen. Dieser Mittag, den wir in aller Behaglichkeit im Hôtel Weller mit sehr schöner Erdbeerbowle verbrachten, und bei dem die Frege so lustig war, wie ich sie eigentlich nie gesehen, dann der Nachmittag mit Joachims und Bruch, und eine reizende Nachenfahrt auf dem Rhein hinüber und herüber, bei strahlendster Beleuchtung der herrlichen Landschaft und im ungezwungensten Verkehr – dies Stück Pfingstfeier war fast das Hübscheste von Allem, was ich in der Woche erlebt. – Gegen Abend stieg ich dann noch in meinen Zug, der mich nach Brohl brachte. Frau Frege fuhr nach Ems, und Frau Schumann, die ich, ohne daß sie mich bemerkte, auf der Kreuzung in Andernach vorbeirutschen sah, hatte wenigstens in Beziehung auf uns beide das Nachsehen. In Rheineck wurde ich mit der größten Herzlichkeit von den beiden alten Hollwegs empfangen, verlebte einen schönen ruhigen Sonntag dort oben, und fuhr dann Abends – nicht erst Montag früh – mit Carl und seinem Cumpan Winterscheidt nach Cöln zurück.

Nun denkt Ihr, die liebe Seele hat endlich Ruhe, und ich kann versichern, daß mir nach nichts mehr zu Muthe war, als in meinen vier Pfählen zu bleiben und dort etwas zu thun. Frau Klingemann aber hatte mich schon vor 8 Tagen auf Moscheles‹ zu Montag Mittag nach Bonn eingeladen, ich hatte meiner Stunden wegen abgeschlagen, nun schrieb sie per Express, Moscheles‹ blieben noch über den Dienstag, und ich müßte jetzt jedenfalls Dienstag Mittag kommen. Daß Joachim mich aufforderte, am Dienstag mit ihm und Frau Schumann am Laacher See zusammenzutreffen, und daß Stockhausen von Neuenahr aus, wo er fünf Wochen bleibt, an mich und Königslöws telegraphierte, wir möchten ihn am Mittwoch dort besuchen, erwähne ich nur, um das Repertoir auch inclusive der verhinderten Vorstellungen vollzählig zu machen. Nach Bonn ging ich aber wirklich, und befand mich recht wohl dort. Es war Niemand außer Moscheles‹ und den beiden Miss Wights bei der Klingemann; nach Tisch fuhren wir mit dem Wagen nach Godesberg, und Abends begleitete ich die alten Moscheles‹ nach hierher, von wo aus sie mit dem Courirzug nach London weitersegelten. Eine Masse von details habe ich nun, wie sich von selbst versteht, verschluckt, und da bei dem detail eigentlich erst das Gute anfängt, so werdet Ihr an diesem Windbuch des Hasseswürdigsten[XL], das ich Euch hier liefere, keinen besonderen Geschmack finden, es ließ sich aber nicht anders machen. …«

Von meiner Mutter.

»Berlin d. 19ten Juni 1868

… Daß Ihr am Rhein so von Gott verlassen seid und durch die Zeitungen Nichts von den kirchlichen Streitigkeiten bei uns erfuhrt, begreife ich nicht. Ich werde Dir die sehr vortreffliche Schrift von Lisko schicken, die den ersten Anstoß zu seiner Verfolgung gab.[143] Da Lisko Prediger an der Neuen Kirche ist, und Vater hier zum Gemeindevorstand gehört, so war dies auch für ihn Veranlassung sich bei dem Protest zu betheiligen. Soeben bekam Vater einen sehr schönen dankbaren Brief von Gleichgesinnten aus Jena. …«

An die Eltern

»Cöln d. 26ten Juni 1868

… Mein Leben ist in dieser Woche im Ganzen simpler verlaufen als gewöhnlich. Am Sonnabend kam plötzlich Brahms zu mir, der sich auf einige Wochen in Bonn niedergelassen hat. Auf meinem Tisch lag gerade ein Heft der Gelzer'schen ›Protestantischen Monatshefte‹[144], die seit einiger Zeit ihren Titel in ›Monatsblätter für innere Zeitgeschichte‹[145] umgewandelt haben. Brahms warf einen Blick darauf und sagte mit spöttischer Miene: ›Das sieht ja sehr nach Innerem aus.‹ Offenbar witterte er ›Innere Mission‹. Im Übrigen war er ganz liebenswürdig, spielte mir und Frau von Königslöw seine Händel-Variationen und ein Stück von Schubert vor, und wollte mich schließlich mit in das Sommertheater nehmen. Ich zog aber die Schwimmbahn vor und überließ ihn seinem Vergnügen allein. – Sonntag Vormittag, nachdem ich meinen Emser Brunnen im Stadtgarten getrunken, sah ich zu, wie Carl drüben im Rhein ›abschwamm‹, freute mich, daß er es sehr vorzüglich machte, und ging dann nach einem Frühstück in Deutz direkt nach Nippes,

XL Lachmann erfand diese Wortverdrehung beim Erscheinen eines Buches, das den Titel führte »Handbuch des Wissenswürdigsten aus der Naturgeschichte«. [gemeint ist vermutlich Johann Paul Harl: Allgemeines alphabetisches Repertorium des Neuesten, Wissenswürdigsten und Anwendbarsten aus den gemeinnützigsten und wichtigsten Wissenschaften der Statistik, Polizei, Staats-, Nazional- und Privat-Oekonomie, politischen Arithmetik, Finanz, ökonomischen Natur-Geschichte, Land- und Forstwirthschaft, Technologie, des Handels, wie auch der Geld- und Wechselwirthschaft. Ein allgemeines Hand- und Hülfsbuch für Geschäftsmänner und gebildete Leser. Erlangen, 1818–1825.

wohin wir Alle zu Tisch eingeladen waren, um Frau Schmalbeins Namenstag zu feiern. Während meiner Abwesenheit war leider eine Depesche an mich von Stockhausen aus Neuenahr gekommen, die Königlöw uneröffnet mitbrachte, und die uns seinen Besuch am selbigen Tage – nun natürlich vergeblich ankündigte. In nächster Woche denken Königslöw und ich dafür nach Neuenahr zu fahren; denn erstlich hat er uns einmal telegraphisch eingeladen wo wir nicht konnten, nun meldet er sich telegraphisch an, wo wir nicht da sind, und kommt mitsamt der Frau vergeblich an unser Haus; da ist es also nöthig, daß wir ihm auch unsererseits einen Beweis unseres guten Willens geben. …«

Von meinem Vater

»Berlin d. 29ten Juni 1868

Mein geliebter Ernst!
Es ist mir ein lange ersehnter Genuß, einmal direkt und nicht blos durch das Medium unserer geliebten Alten mit Dir zu verkehren. Die äußere Veranlassung giebt die beifolgende Quartalsendung, welche hoffentlich für die Erreichung der Knabenburg auf nicht zu weiten Umwegen reichen wird. Wir beiden Alten werden uns auch nur den Thüringer Heimweg erlauben; doch wünscht Mutter einen kleinen Abstecher von Weimar nach Schwarzburg und über Rudolstadt, Arnstadt nach Gotha zurück, da sie mich durchaus nicht gleich an die Arbeit in Lauenstein lassen will.

Gestern hatten wir einen entzückenden Sonntag bei Buttmanns im Gesundbrunnen, die ihren Besuch in Lauenstein für Ende September zusagten. Vielleicht kommt auch Sophie Klingemann mit ihren Kindern auf ihrer Reise von Hannover aus, noch hin und so dürfen wir einer angenehmen Herbsterholung entgegensehen, wenn Gott Gesundheit und gutes Wetter giebt.

In die kirchlichen Angelegenheiten bin ich hineingezogen durch die Aufforderung des Vorstandes der Stadtverordneten und die Nothwendigkeit unsere Geistlichen nicht ohne die Versicherung zu lassen, daß ihre Gemeinden hinter ihnen stehen. Zugedrängt habe ich mich nicht, aber nachdem ich aufgefordert war, habe ich mich nicht weigern zu dürfen geglaubt, mit meinem Namen einzutreten. Die Behörden möchten den Streit gern vertuschen, aber es handelt sich um nichts Geringeres, als das ächte Christenthum des Herrn und der apostolischen Kirche gegen den falschen Dogmatismus zu vertheidigen, der aus den Umarmungen des heidnischen Staats mit der christlichen Kirche seit

Constantin hervorgegangen ist. Das war Luthers Auffassung, wie Schleiermachers und die ächte protestantische und die soll man nicht aus der Kirche herausdrängen. Freilich legt sie uns schwerere Pflichten auf als das bloße Dogma, sie fordert die Liebe, die Heiligung des Herzens durch den Verein mit dem allein reinen und sündlosen Erlöser. Aber ohne diese ist auch aller Glaube, alles Kirchenthum nur ein tönend Erz und eine klingende Schelle. An ihren Früchten sollt ihr sie erkennen sagt der Herr. Aber in Berlin, dem Sitz des Protestantismus kann man hören, daß Sydow und Lisko die reinsten edelsten Persönlichkeiten, aber Ungläubige, Steffan dagegen ein schmutziger Charakter aber ein gläubiger Christ sei. Da ist es doch wohl Zeit, die Begriffe etwas zu klären. Was die Wunder betrifft, so hat Lisko nur berichtet, was die Ansicht der Berliner sei, ohne seine eigene Ueberzeugung auszusprechen. Den persönlichen Gott zu läugnen, der die Naturgesetze durchbrechen könne ist ihm nicht eingefallen. Aber eine andere Frage ist, ob Er, der Gott der Ordnung, sie durchbrochen habe, wo man bei mangelhafterer Erkenntnis dies annahm. Daß man also nicht mehr beten könne bei besserer Erkenntnis der Natur ist unwahr, denn Alles was Er thut, auch im Lauf der natürlichen Ordnung, um so mehr der sittlichen, ist Wunder: das größeste von Allem, daß er Christum geboren werden ließ von zwei sündigen Eltern und doch ohne Sünde. Augustin also hat doch wohl nicht so recht, daß das Ebenbild Gottes im Menschen ganz zerstört sei, sonst wäre dies unmöglich gewesen. Pélogius ist wohl zu viel geschehen von den orthodoxen Theologen.

Da ich aber kein orthodoxer Theologe sondern ein einfacher protestantischer Laie bin, so will ich Dich im Geist an mein Herz drücken als

Dein treuer Vater A. Rudorff.«

An die Eltern

»Cöln d 30ten Juni 1868

... Gestern und vorgestern war ich in Rheineck. Wir hatten nämlich gestern als am Montag hier katholischen Feiertag, Peter und Paul; das trifft sich nicht so bald wieder, und so fuhr ich mit Carl Samstag Abend ab, kam bei schönem Mondschein oben an, und bin geblieben bis gestern Abend. Angemeldet hatte ich mich vorher; es wird mir aber so oft gesagt, daß ich zu jeder Zeit willkommen sei, daß ich das Ding auch ohne Anmeldung risquieren könnte. Zu Gast war nur die Professorin Clausen oben, und gestern auf ein paar Stunden der Konsistorialrath Hundeshagen, der mich um Hannes‹ Erzählungen wollen über seinen

›deutschen Protestantismus‹ interessierte, Abends mit mir zurückfuhr, und recht lebendig über das Wormser Fest[XLI] erzählte, von dem er eben herkam. Frau Professorin Clausen ist wohl ein bischen zu klug, doch im Gespräch anregend. – Meine Hauptfreude war der Alte, mit dem ich die eingehendsten Unterhaltungen hatte; ich war recht erstaunt wie jugendlich frisch er dieses Mal in der Mittheilung war, und erbaute mich wahrhaft an seiner Persönlichkeit. Eines unserer Hauptthemata bildete die Berliner theologische Angelegenheit über die er nun freilich anderer Ansicht ist, als Ihr (und ich bei oberflächlichem Eindruck). Natürlich hörte ich mehr zu, was er sagte, und ließ mich belehren, als daß ich meine Ansichten unverhüllt auskramte, die doch überhaupt noch zu unsicher sind, als daß ich sie weitläuftig auseinandersetzen und begründen könnte. Er bedauerte, daß Vater sich an dem Protest betheiligt habe, vor Allem, weil doch nichts dabei herauskäme, und die Geschichte auf beiden Seiten verkehrt sei. Mag das nun immer sein, Vater hat den Schritt jedenfalls in der besten Gesinnung gethan, und so finde ich, man soll sich nicht viel darüber mehr hin und herbedenken. In dem, was H. über die streitigen Punkte selbst sagte, mußte ich ihm zum Theil Recht geben; vor Allem war er aber in jedem Stück milde und seine Worte athmeten so sehr die Wärme der ächtesten, christlichen Frömmigkeit, daß man nur mit innerer Freude und wahrem Gewinn zuhören konnte. …«

### Von meiner Mutter

»Berlin d. 1ten Juli 1868

… Vor einigen Tagen besuchte uns sehr unerwartet der gute Huschke[XLII] aus Breslau, dessen Wiedersehen mich recht bewegte und mir tausend Erinnerungen an Klärchen Steffens und alte längst vergangene Zeiten wachrief. Huschke ist sehr leidend, an einem Herzübel, und geht von hier aus in ein Bad; wahrscheinlich ist er unheilbar. Vater bat ihn zu heute Mittag und hatte dazu diesen Morgen noch beide Mommsens Mann und Frau geladen; da mußte ich denn in aller Eile ein kleines diner zu Stande bringen. Es ging aber Alles gut, und die Sache war sehr nett und gemüthlich. Beide Männer, so verschieden sie sind, lieben sich und sind grundgelehrt; es war sehr interessant ihnen zuzuhören.

XLI Enthüllung des Rietschel'schen Lutherdenkmals.

XLII Philipp Eduard Huschke, juristischer Professor damals in Breslau; Altlutheraner. Er war längere Zeit verlobt mit Klärchen Steffens, der Kusine meiner Mutter; schließlich ging die Verlobung auseinander, lediglich wegen konfessioneller Differenzen.

Huschke ist ein gar zu lieber Mann; er ist viel milder geworden, sprach viel von Klärchen, und rührte mich tief. …«

An die Eltern

»Cöln d. 9ten Juli 1868

… Seit zwei Stunden ist Frau von Königslöw mit den Kindern nach Hannover und Hamburg unterweges und die guten Wünsche der Zurückgebliebenen begleiten sie. Es ist nun plötzlich still im Hause, und nach der Unruhe der letzten Tag mit endloser Packerei ist das ganz wohlthätig. Anfang nächster Woche wird es noch stiller werden, da Königslöw, der sehr überarbeitet ist, für 14 Tage zu seinem Freunde P. nach Königswinter übersiedeln will. …

Eine Schulangelegenheit beschäftigt mich jetzt recht sehr, von der ich nur hoffen will, daß sie erträglich abläuft. Der brave Kühne dem es immer mehr dämmert, wie wenig er eigentlich zum Musiker begabt ist, hat seit Ostern bei Marchesi Gesangunterricht, und dieser setzt ihm – wie das seine und seiner Frau Gewohnheit ist die Leute zu beschwatzen – in den Kopf, er werde ›eine sehr hübsche lyrische Tenore‹ werden. Nun will er im Herbst vom Conservatorium abgehen und nur noch privatim die theuren Stunden von Marchesi nehmen; er hat mir aber neulich vorgesungen, und ich finde, daß ein alter Hahn es ungefähr ebenso schön macht, an Selbstsingen scheint mir also gar kein Gedanken zu sein. Dagegen begreift er das Methodische gut, wie das in seiner Natur liegt, giebt sich entsetzlich viel Mühe, trifft sicher, und so habe ich gedacht, einmal am nächsten Sonntag mit ihm zu Stockhausen zu fahren und den zu fragen, ob er vielleicht zum Gesanglehrer zu brauchen sein könnte. Stockhausen ist in diesen Dingen zum Erschrecken ehrlich, die Wahrheit bekommt er also zu hören, und das ist unter den obwaltenden Umständen das Erste. – Vor 8 Tagen, wo ich mit Königslöw in Neuenahr bei ihm war, hatten wir einen recht angenehmen Tag; eine hübsche Fahrt Morgens im offenen Wagen von Remagen durch das breite Thal an der Landskrone vorüber, dann einen 2stündigen Spaziergang mit dem Stockhausen'schen Ehepaar über die Berge und durch Buschwald nach dem schönen alten Ahrweiler, dort Mittagessen, und endlich wieder Kaffee in Neuenahr, zu dem auch zwei Gesangschülerinnen, unter ihnen Fräulein Hausmann aus Braunschweig[XLIII] geladen waren. Stockhausen war wirklich sehr liebenswürdig, und daß er mir

XLIII Schwester von Robert Hausmann, eine Zeit lang Sängerin an der Oper in Karlsruhe.

gestern einen Brief schrieb, nur aus Besorgniß, ob uns ein Gewitter bei der Rückfahrt auch nicht mehr im offenen Wagen getroffen und etwa krank gemacht habe, fand ich besonders freundschaftlich. Euch beiden schickt er herzliche Grüße; gestern erinnerte er noch einmal schriftlich daran. Das besagte Gewitter traf uns übrigens, als wir längst in der Eisenbahn saßen; wir waren schon um 4 fortgefahren, um von Mehlem bis Bonn zu Fuß und Dampfschiff zu gehen (Königslöws heimliche Absicht) und in Bonn einen längst versprochenen nothwendigen Besuch bei Brahms abzumachen. Nun prasselte der Regen so arg, daß in Mehlem an Aussteigen garnicht zu denken war, und in Godesberg ein erneuter Versuch an den Rhein zu kommen an neuen Donnerschlägen und Platzregen scheiterte. Brahms trafen wir nicht, wie wir schon vorher vermuthet hatten, und kamen dann mit dem Bewußtsein, unsere Pflicht gethan zu haben, schon mit dem vorletzten Zug nach Haus. …

Am Sonntag war ich bei Wendelstadts in Godesberg zu Tisch, und traf auf der Fahrt alle möglichen Bekannten in oder am Zuge. Zuerst Alphons Rievier[XLIV], mit dem ich das coupé auf der Hinfahrt theilte, und der nicht enden wollte mit herzlichen Empfehlungen an Euch. Ich wurde gleich von ihm nach Lausanne eingeladen, was mir nur vorläufig nichts nützt; bei dir, lieber Vater, soll ich ihn entschuldigen, daß er noch nichts Neues an Büchern wieder producirt habe, seine Collegien in Brüssel nähmen ihm jetzt alle Zeit. Beim Einsteigen zur Rückfahrt sah ich zu meinem Erstaunen Leo v. Savigny mit Frau und Kind auf dem Perron stehen, der, wie er sagt, jetzt für einige Monate in Godesberg sich eingenistet hat. Endlich erschien in Bonn Professor Blume, der mich mit außerordentlicher Freundlichkeit überschüttete, während ich mich recht sehr schämte, seit einiger Zeit nicht bei ihm gewesen zu sein. Er kannte meinen Bart noch nicht aus persönlicher Anschauung, und das ist ein untrügliches Moment für die Zeitrechnung. …

### An die Eltern

Cöln d. 11ten Juli 1868

… Gestern suchte mich Brahms auf – er ist für einige Tage hier in Cöln – und blieb Nachmittags ziemlich lange bei mir. Es that ganz wohl, daß sich einmal ernsthaft mit ihm reden ließ, während für gewöhnlich das Verkehren mit ihm ja nur in einem ironischen Halbdunkel verläuft. Auch spielte er mehrere sehr bedeutende ungedruckte Variationen aus Schumanns Symphonischen Etüden wirklich schön auf meinem schö-

XLIV Alphonse Rivier aus Lausanne, juristischer Professor, Schüler meines Vaters.

nen Flügel.[XLV] Das Instrument behagte ihm, und das ist keine Kunst, denn es ist so herrlich im Klang, daß man nicht aufhört, Freude daran zu haben. Der Ton entwickelt sich durch den Gebrauch vorläufig immer noch zum Vortheil.

Heute Abend habe ich Musikalische Gesellschaft und Brahms will leider auch hinkommen. Wie schauderhaft die Bläser sind, und wie sehr Einem alles Vergnügen an dieser Sorte von Musikmachen verleidet wird, das ist nicht zu sagen. Ich würde die Sache an den Nagel hängen, wäre es nicht um der äußeren Stellung willen hier nöthig, mit den Wölfen zu heulen. …«

»Cöln d. 19ten Juli 1868

… Am Dienstag fuhr ich mit Kühne zu Stockhausen nach Neuenahr. Schon um 6 Uhr früh bestiegen wir den Schnellzug, und frühstückten um halb 8 Uhr in Remagen angesichts des Rheins. Die ganze Landschaft in den Duft des Morgens getaucht, noch keine Hitze, kurz Alles sehr erquicklich. Stockhausens waren außerordentlich liebenswürdig. Ich hatte den Wagen zum Abholen noch vor Tisch bestellt um nicht Mittags lästig zu fallen, und anstatt ein Stück Ahrthal weiter aufwärts zu sehen; wir wurden aber nicht fortgelassen und der gute Kühne war ganz selig über diese Aufnahme, besonders da Stockhausen – ganz gegen mein Erwarten – auch die Stimme als solche durchaus der Ausbildung werth fand und allerlei Andeutungen machte über späteres Selbstübernehmen des Unterrichts. Leider erklärte er nur, wie mir das als vollkommen richtig einleuchtet, die Dressur auf den Tenor für gänzlich verkehrt; das Organ ist durchaus Bariton. Nach Tisch, während Stockhausen unterrichtet, setzten wir unsere Fahrt bis Ahrweiler und Walporzheim und sogar noch etwas weiter fort. Es war schön, nur die Hitze so kannibalisch, daß man auf Augenblicke glaubte toll zu werden. In Ahrweiler löschte ein Gewitter mit furchtbarem Knallerballer die entsetzliche Gluth. In Cöln aber war kein Tropfen gefallen. – Erwähnen muß ich noch, daß ich bei Stockhausen ein wirklich reizvolles Lied aus Wagners neuer Oper ›Die Meistersinger‹ kennen lernte. Stockhausen hat sich den Klavierauszug kommen lassen und machte mich mit dem Liede bekannt. Das Meiste des Übrigen scheint seinen Äußerungen nach Wust zu sein. …«

---

XLV Mein Flügel in Köln stammte aus der Fabrik von Lipp in Stuttgart, der damals Instrumente nach Amerikanischem System baute. Der Ton derselben war voll und weich, von wirklich ungewöhnlicher Schönheit! Leider aber stellte sich später heraus, daß die Haltbarkeit zu wünschen übrig ließ.

»Cöln d. 25ten Juli 1868 Samstag Mittag

... Die Hitze war in den letztvergangenen Tagen so fabelhaft, daß man zuweilen meinte, es ginge nicht mehr; es geht dann freilich doch. aber wie! Vorgestern hatten wir endlich ein Gewitter (26 Grad im Schatten war es, als es losging) und seitdem ist Lebensluft zurückgekehrt. Die Vegetation hat aber furchtbar gelitten; draußen auf dem glacis[146] ist es theilweise geradezu Herbst, gelbe und halbentlaubte Bäume, Massen trockener Blätter auf dem Boden und gänzlich verdorrtes gelbbraunes Gras, wie an den kahlen Abhängen des Etschthals. Das Obst reift mit unerhörter Geschwindigkeit. Die vielen Aprikosen an den Straßenecken, besonders der Duft, der von all den Obstkörben in der Sonnengluth aufsteigt, erinnert mich lebhaft an Venedig, wo es auch überall nach Aprikosen, Pfirsichen und Melonen roch. Man sagt, seit 1811 sei keine so andauernde Hitze gewesen, und der Wein, der an der Mosel schon anfängt zu reifen, verspricht glänzend zu werden. – Meinen vierhändigen Klavierauszug zu ›Otto der Schütz‹ habe ich vorgestern fertig gebracht, und zum Stich fortgeschickt.[147] Nun muß noch ein Trio von Weber revidirt werden, und dann gehe ich gleich (endlich!) an das Instrumentiren und Aufscheiben meiner Orchesterballade[148], wenn ich nicht vorher noch auch anfange, den Ekbert vierhändig zu arrangiren[149]. Die Ballade spielte ich neulich Janitsch und Frl. Ernsts vor, und hatte an den Beiden ein verstehendes und sehr dankbares Publikum. Ihre Freude an dem Stück beglückte mich wirklich. Daß mir Carl H. in der letzten Zeit eigentlich nur Freude macht, muß ich doch auch wieder einmal erwähnen. Sein wissenschaftlicher Lehrer, der ganz vortrefflich ist, besuchte mich neulich und lobte ihn sehr. Auch im Spielen ist er fleißig und ordentlich. Neulich erfuhr ich zufällig von einem anderen Schüler, daß er ein paar Klavierstücke komponirt habe. Natürlich gab es Bockstänze, bis er sich entschloß, diese Dinge mir vorzuspielen, als hinge Leib und Leben davon ab. Schließlich that er es aber, und Ihr glaubt nicht, wie hübsch und fein die Stückchen erfunden sind. Für 15 Jahre immer gut genug!

Dienstag Abend war ich bei Hiller und traf dort Brahms, der schließlich noch mit dem letzten Zug nach Bonn zurückfuhr. Ich fand ihn abermals recht liebenswürdig und würde also Unrecht thun, wenn ich mich über sein Benehmen gegen mich beklagen wollte. Auch Hiller scheint dieses Mal sehr angethan von ihm zu sein. Andere Leute sind es wieder nicht. Es ist etwas Räthselhaftes in dem Menschen; neben so viel sehr Bedeutendem und Interessantem allerlei unwegsame Gegenden, in denen mir nicht heimlich zu Sinne wird. Deshalb sehne ich mich nie nach seiner Gegenwart, nehme es aber dankbar hin, wenn das Zusammensein mit ihm einmal gut verläuft.«

Ich lasse hier aus der Erinnerung noch das Nachstehende folgen: Die Unterhaltung an jenem Abend bestand eine ganze Weile darin, daß Hiller und Brahms sich im Erzählen von allerlei wenig sauberen Geschichten überboten, während ich stumm dabeisaß und zuhörte. Plötzlich brach Brahms ab und schlug einen anderen Ton an. Er erzählte, wie eines Tages eine leicht verschleierte junge Dame zu ihm gekommen sei, mit den Worten, sie habe längst den lebhaften Wunsch gehabt einmal die Räume zu betreten, in denen er wohne und arbeite; wenn er sie ganz glücklich machen wolle, so möge er ihr auf seinem Flügel etwas vorspielen. Das habe er denn getan, und mit dankbarem Gruß sei die schöne Gestalt wieder verschwunden. »So etwas ist doch viel hübscher«, fügte er hinzu, »als alle Schmutzereien!« Offenbar hatte er damit meine im Elternhaus an Zweideutigkeiten nicht gewöhnte Jugend schonen wollen. Das war ein Zug echter Güte, der sich nicht wieder vergißt.

In der Zeit seines Bonner Aufenthaltes im Sommer 1868 muß es auch gewesen sein, daß Brahms die Geschwister Bruch in Köln aufsuchte, und sich von Max seine vor kurzem entstandene, oben bereits erwähnte erste Symphonie in Es-Dur vorspielen ließ. Die Schwester erzählte mir bald darauf von dem Ereignis, und daß Brahms nach dem Schluß gesagt habe: »Bruch, das hätte ich nicht von Ihnen erwartet!« Eine in ihrer Doppeldeutigkeit echt Brahms'sche Äußerung! Die Schwester hatte sie als außerordentliches Lob aufgefaßt; ich fürchtete dagegen, daß sie umgekehrt, z. B. im Hinblick auf gewisse Trivialitäten im Finale, in einem keineswegs schmeichelhaften Sinn gemeint war. Bei einer anderen ähnlichen Gelegenheit hatte Brahms, als der Spieler geendet hatte, nur gesagt: »Bruch, wo kaufen Sie Ihr Notenpapier?« In noch späterer Zeit aber, nach dem Vorspielen der Oper Hermione, lautete die Kritik: »Und nun steigt die Hermione vom Postament und fällt dem Verleger in die Arme!«

An die Eltern

Cöln d. 2ten August 1868 Sonntag Mittag

... Vor mir steht ein reizender Strauß von Fräulein Anna Ernsts gebunden, den mir Janitsch gestern auf den Tisch gestellt hatte. Ernsts waren nämlich für ein paar Wochen hier ganz in der Nähe bei Verwandten auf dem Lande. Das kleine Gut, das diesen gehört, liegt Rheinaufwärts nicht weit vom Bayenthor, ist leicht zu erreichen, und doch schon still und ländlich genug. Seit gestern sind die drei Damen wieder in die Stadt zurückgekehrt. Am Donnerstag war ich noch einmal mit Janitsch und Heymann draußen, herrlicher Mondschein beleuchtete uns den Rückweg durch die Felder und an den glacis vorbei; kurz es ist schade, daß die Möglichkeit zu einer Wiederholung dieses Stückes nun abgeschnitten ist.

Man erzählt doch von den Dingen, die man wie das tägliche Brod genießt, und die gerade darum zu der wesentlichsten geistigen Lebensnahrung gehören, oft am wenigsten. Das fällt mir z. B. in Beziehung auf Janitsch ein, der so viel bei mir ist, in den letzten Wochen fast täglich einmal zu irgend einer Zeit sich einstellte und dessen ich kaum einmal erwähnt habe. Er ist seit dem Winter, wo er Ernsts durch die Leseabende kennen lernte, auch dort ganz heimisch geworden, ein sehr viel häufigerer Gast bei ihnen, als ich; mit mir liest er Giesebrecht[150], theilt alles Musikalische, und einen großen Theil des Menschlichen, das mich bewegt, in wirklich treuer Mitempfindung, und wenn er nicht gerade ein Freund ist, wie es Andere Gleichaltrige waren und in der Ferne noch immer sind, so muß ich doch auch für ihn, für die ganze sanfte freundschaftliche Atmosphäre, mit der er und das Ernstsche Haus mich umgiebt, recht dankbar sein. Gründlich gemüthlich und doch auch geistig in feiner Weise angeregt würdet Ihr einen solchen Abend bei Ernsts finden: Die alte prächtige Mama und Fräulein Toni sorgen vornehmlich für das Behagen, Fräulein Anna und Janitsch für den spiritus. Deshalb braucht Ihr leider immer noch nicht zu denken, daß ich Heirathsgedanken habe; ich bin fern davon, und denke nur das, was ich hier ausspreche. …

Morgen ist das Jubiläum der Universität Bonn;[151] Böckings luden mich neulich ein, bei ihnen während der Festlichkeiten zu wohnen; das halbe Conservatorium geht hinüber, Hiller an der Spitze; er führt eine Festcantate von sich auf, wozu er die sämmtlichen streichenden Lehrer, und Alles, was singen kann an der Schule, braucht; wir drei Klavierlehrer haben keinen Urlaub, Hiller hat es mir freilich angeboten, ihn mir zu verschaffen, ich habe aber keine rechte Lust, in den Wirrwarr zu steigen, und so bleibe ich, wo ich bin. Vorgestern Abend nach neun Uhr erschien plötzlich ein dienstbarer Geist aus dem Hôtel du Nord mit dem Auftrag, ich möge mich womöglich noch selbigen Abends dorthin begeben, da Excellenz von Mühler mit Familie mich zu sprechen wünschten. Das war auch eine Frucht des Bonner Jubiläums! – Natürlich ging ich, da ich nichts weiter vorhatte, fand die ganze Familie beim Thee, den Minister sehr gut und freundlich, und die Damen in bekannter Weise lebendig, redselig, liebenswürdig u.s.w. – Eigentlich wollten Sie Alle am nächsten Morgen nach Bonn, – der Minister mußte jedenfalls –. Uneigentlich ließen sie sich aber sehr gern darauf ein, mit mir die Stadt zu besehen, und so habe ich denn gestern ziemlich den ganzen Tag zu Fuß und zu Roß – d. h. im Wagen – mit Frau v. Mühler und Töchtern Kirchen durchstreift. Der Freitag war ihnen ganz verloren, da in ihrem Koffer eine Rothweinflasche entzwei gegangen war, und die sämmtliche höchst kostbare Damentoilette rothgefärbt hatte. So blieb nichts übrig, als von Morgen bis Abend allerhöchstselbst zu waschen, und Leute und Mittel kommen zu lassen, die alle nichts halfen. Fabula docet, daß du liebe Mutter dir in deinen Koffer nach Thüringen hin keine Rothweinflasche packst. – Im Dom gestern trafen wir Graf Itzenplitz, der sich offiziell umherführen ließ, und dessen Gegenwart mir denn auch den Einblick in mancherlei Dinge verschaffte, die ich noch nicht kannte, z. B. in die Bauhütten, die wirklich höchst interessant sind, in die Schatzkammer mit den Särgen der heiligen drei Könige, zu Altarbildern, die sonst verschlossen bleiben, und dergleichen mehr. Die Bauhütten waren aber fast das hübscheste. Der Dombaumeister Vogtel erzählte, daß eigentlich die ganze Steinmetzkunst durch die Arbeit am Cölner Dom erst wieder zum Leben erwacht sei. Die Geschicklichkeit, ja die Freiheit in der Erfindung selbst mancher details, die junge Leute von 18 Jahren bei der Bearbeitung der einzelnen Stücke entwickeln, ist erstaunlich. … Auf Sonntag Abend (d. 9ten) bin ich von Wendelstadts zu einem Ball nach Godesberg eingeladen, und denke mir das Zauberfest so reizend in der wundervollen Umgebung, daß ich keine Lust hatte abzuschreiben. Ein Extrazug – steht auf der Einladung zu lesen – fährt sämmtliche Gäste in der Nacht zurück. Das ist Kölnische Opulenz und Rheinische Beweglichkeit. Wem würde es bei uns einfallen, in Großkreutz einen Ball zu geben, und sich die Leute dazu von Berlin kommen zu lassen! – Um Rudolstadt aber oder vielmehr um Schwarzburg beneide ich Euch fast. Es muß wunderschön dort sein, nur vielleicht etwas voll Berlinern, die doch nun einmal neben den Engländern die unerträglichsten Leute auf Reisen sind. … Gestern bin ich mit meinem Brunnen fertig geworden. Ich habe grausam lange getrunken, von Anfang Juni bis Ende Juli. Doch der Arzt hielt es für dienlich und so gehorchte ich. Als ich heute als Freigelassener in den Stadtgarten kam, erschien ich mir selbst wie ein Abiturient nach dem Examen, wenn er seinen Gymnasialstall wiedersieht.

Ich lege einen Brief von Bruch[XLVI] ein, der von einer sehr gelungenen Aufführung des Ekbert spricht, und dessen freundschaftlicher Ton Euch freuen wird. ...«

Von meiner Mutter

»Berlin den 3ten August 1868

... Freitag früh, so Gott will, reisen wir ab. Ich sehne den Augenblick herbei, da Vater noch 3 Doktorexamina zu absolvieren hat, dazu Vorlesungen, Sitzungen u.s.w. Und leider ist er wieder garnicht wohl. Gott gebe, daß die Reise ihm gut thue! Heute ist großes Rektordiner bei Beselers. Zum Glück hat Vater abgesagt. Am Donnerstag Abend waren hier noch einmal 6 Studenten bei uns im Garten zum Thee; am Himmel standen Gewitterwolken nach einem glühenden Tage, so daß ich immer glaubte, wir müßten hinauf. Doch es kam nicht zum Regnen. Unter den Studenten war ein Italiäner, der wenig Deutsch konnte, und ein sehr netter Rumäne, der wiederum sehr gut Deutsch sprach. Alle aber waren begeisterte Verehrer des Römischen Rechts, und nahmen Vater immer fast die Worte von den Lippen, was mich recht freute. ...«

An die Eltern
nach Schwarzburg in Thüringen gerichtet.

»Cöln den 13ten August 1914[152]

Der Gedanke, daß Ihr in diesen Tagen oft vergeblich auf einen Brief von mir gewartet haben werdet, ist mir ganz peinlich und doch war es mir kaum möglich daran etwas zu ändern. ... Ich habe ein bewegtes Leben in diesen Tagen geführt, dazwischen auch viel gearbeitet. Die heiße Schulzeit hier neigt sich allmählig ihrem ersehnten Ende zu, und da drängt sich alles Mögliche zusammen. Montag kam meine Ouvertüre in Partitur zur letzten Revision hier an, sie mußte eilig zurückexpedirt werden, ich saß also bis Dienstag um 12 Uhr Nachts dabei, bekam sie glücklich fertig und konnte sie gestern verpacken und abschicken. Dies und Schapers Besuch, den ich gestern früh mit dem ersten Zug von Aachen[XLVII] her empfing und zum Nachtcourierzug zurückbegleitete, waren die Hauptgründe, daß ich nicht gleich antworten konnte. Königslöw, der jetzt wieder hier ist, und seine Stunden am Conservatorium giebt, hatte am Morgen frei, und bot sich liebenswürdiger Weise

XLVI Bruch war zur Zeit Hofkapellmeister in Sondershausen.
XLVII Schapers Vater war als Medizinalrat nach Aachen versetzt. Hier besuchte ihn der Sohn für einige Zeit.

an mit uns zu musiciren. So spielten wir bis 11 Uhr das B-dur Trio von Schubert. Dann mußte ich in die Schule. Mittags aßen wir zusammen hier im Hause, von 3 bis 4 hatte ich abermals zu unterrichten, dann aber benutzten wir die übrige Zeit, Janitsch und Heymann, die wir zum Kaffee geladen hatten gründlich vorzuspielen. Sonate mit Violoncell in E moll von Brahms, Sonate D dur op. 102 von Beethoven, Adagio für Violoncell von Bach, Adagio aus der Violinsonate in A dur von Beethoven und endlich zwei Kleinigkeiten für Violoncellsolo bildeten das Programm. Wir waren beide auf gutem Zug, und das ganze vierblättrige Kleeblatt war in animirtester Stimmung.

Auch mein eigener Besuch in Aachen war sehr erfreulich. Ich fuhr zwar erst Freitag Abend hinüber und konnte nur bis Sonntag früh bleiben; immerhin genügte die Zeit um Aachen einigermaßen kennen zu lernen und sich bei Schapers behaglich zu fühlen. Begeistert bin ich von der schönen interessanten Stadt und der reizenden landschaftlichen Umgebung. Der Charakter des Ganzen ist in jeder Beziehung schon wieder anders als bei uns hier; man fühlt in viel höherem Grade die Nähe von Belgien und Frankreich, die Architektur hat eine andere Nüance, selbst das Straßenpflaster deutet auf eine veränderte Gebirgsformation. Vor Allem aber merkt man es draußen, daß man nicht mehr bei Cöln und am Rhein ist. Die Frische der vielen Waldstrecken und Wiesenflächen, die sanften Hügelformen, der Reichthum an freundlichen Niederlassungen aller Art erfreut durch den Gegensatz. … Von den Baulichkeiten machte mir der Krönungssaal den meisten Eindruck; ich finde die schweren gothischen Wölbungen ganz imposant, und der Gedanke, daß an dieser Stelle – wenn auch zum Theil noch nicht in demselben Raum – sämmtliche Kaiser von Karl dem Großen an bis 1530 gestanden haben, muthet wunderbar genug an. – Der alte Schaper wohnt sehr hübsch in der Nähe des Thors und bei angenehmen guten Leuten. Er hatte am Samstag Abend eine kleine Gesellschaft geladen, und da besorgte die seit Kurzem verwittwete Mutter mit einer Schaar von Töchtern ganz patriarchalisch die Bewirthung. Unter den Gästen war auch Breunung[XLVIII], und gefiel mir dieses Mal, wo ich ihn zuerst etwas näher kennen lernte, recht gut; besonders auch deshalb, weil der sonst so einsilbige und kühl erscheinende Mensch geradezu mit Begeisterung von Schapers musikalischem Talent sprach. Ich war übrigens selbst an dem Abend von Neuem ganz angethan von der Schönheit,

XLVIII Breunung, damals städtischer Musikdirektor in Aachen, vortrefflicher Orgelspieler.

dem Adel und der Wärme seines Spiels. Es giebt wirklich auch unter Künstlern nur wenige, die mit solcher Hingebung, so gänzlich unblasirt, und dabei mit so ächtem Verständniß Musik machen, wie er. Das war freilich längst meine Meinung; sie aber aus solch einem Munde wie Breunungs, bestätigt zu hören, der so nüchtern an die Dinge herantritt, war mir eine ganz besondere Freude. Man denkt doch leicht, die gute Freundschaft könnte das eigene Urtheil etwas verblendet haben.

Am Sonntag gegen Mittag kam ich hier wieder an und aß mit Königslöw. Gegen Abend fuhr ich nach Godesberg zum Wendelstadt'schen Ball. Für die ganze Einrichtung dort und alle Veranstaltungen zu dem Fest giebt es nur den Ausdruck ›fürstlich‹. Mir ist in Privatkreisen nie etwas Ähnliches Vorgekommen. Die Beleuchtung des Gartens mit bunten Lampen, und später in einer Pause des Tanzens mit allem möglichen Feuerwerk war zauberisch. Auf der Terrasse vor dem Saal hatte man das Ganze vor sich; Feuerregen fiel von den Säulen des Gartengitters herab und unter den Bäumen und Büschen, unter Trauerweiden und Ibiscus brannten rothe und grüne strahlend helle bengalische Flammen, während hinter der kleinen Fontaine gegenüber eine Rakete nach der anderen emporstieg und Leuchtkugeln herabsendete. Zwischen 200 und 300 Menschen mochten anwesend sein, und das bunte Gedränge in dem weißen glänzenden Saal, an dessen Wänden sich ein Kranz grüner Gewächse hinzog, überraschte jedes Mal aufs Neue, so oft man aus dem Park zurückkehrte.

Eine andere auch sehr geschmackvolle Beleuchtung sah ich am Mittwoch vor 8 Tagen Abends im Zoologischen Garten mit Carl, der nie dergleichen erlebt hatte. Sie fand zur Nachfeier des Bonner Universitätsjubiläums statt. Von den übrigen Festlichkeiten habe ich Nichts mitgemacht. Dagegen las ich in der Zeitung Herrn von Sybels Festrede und ärgerte mich – obwohl sie mir im Allgemeinen gefiel, und durch ihren rhetorischen Schwung etwas Blendendes hat – recht von Herzen über die gänzliche Verachtung und ungerechte Schmähung des Mittelalters, die aus jeder Ecke heraussieht, und die in dieser Weise vorgetragen etwas ebenso Verletzendes hat, als wenn Jemand beständig über seine Eltern schimpft. Es ist eben bei Sybel Alles Partheistandpunkt und Leidenschaft; vor lauter Haß und Furcht jeder leisesten reaktionären Bewegung gegenüber, wird er blind gegen alles Gute und Große der Vorzeit. … Nun will ich aber endlich einmal nicht nur von mir erzählen, sondern mich mit Euch freuen, daß Ihr in dem schönen Thüringen seid und Euch dort wohl fühlt. … Wenn Ihr über die Schmücke auf der Weiterreise geht, so ist nichts natürlicher, als von dort nach Suhl zu fahren, und an irgend einer Station, Hildburghausen oder Thermar, die Coburger Eisenbahn zu treffen. Von dort fahrt Ihr in 2 ½ Stunden bis zu Rotenhan's Eisenbahnstation Breitengüssbach, und so beseht Ihr Euch einmal Eyrichshof und Rentweinsdorf. Mutter, die liebe, gute, für Geniestreiche nicht allzusehr eingenommene Mama, zieht natürlich erst einmal ein höchst bedenkvolles Gesicht; darauf aber schreibt sie hoffentlich ein paar Zeilen an Bertha Rotenhan, und wenn dann Platz für Euch vorhanden ist, so geht Ihr dahin und freut Euch recht bis auf den Grund des Herzens an den prächtigen, einfachen Menschen und der stillen, poetischen, altherthümlichen Gegend, ehe Ihr nach Lauenstein heimkehrt…«

Der vorstehende Brief war der letzte ausführlichere, den ich vor Antritt meiner Ferienreise an die Eltern richten konnte. Einige noch nachfolgende flüchtige Zeilen vom 17. August enthalten die kurzen Worte: »Gestern war ich Morgens in Bonn bei Brahms, der sehr freundlich war«, ohne leider irgendwie Näheres über den Besuch hinzuzufügen. Ich erinnere mich jedoch dieser – für den Sommer 1868 letzten – Begegnung mit ihm besonders lebhaft. Brahms hatte sich in Bonn, wie er das liebte, ein bescheidenes, abgelegenes Quartier ausgesucht. In einem kleinen Häuschen inmitten eines großen einfachen Gartens bewohnte er ein oder zwei zu ebener Erde gelegene Stübchen. Die ganze Gegend zwischen der Koblenzer Straße und dem Damm der Rheinischen Eisenbahn, in der das Grundstück lag, war damals noch völlig unbebaut, einsam und ländlich. Dementsprechend war auch der Zuschnitt der wenigen Baulichkeiten dort der primitivste. Ich meine mich zu erinnern, daß man aus dem Freien durch eine kleine Tür sofort in das Zimmer trat, in dem Brahms sich aufhielt. Ein Tisch und ein paar Stühle waren vorhanden, vor allem aber stand ein Pianino an der Wand, und daneben auf dem Boden ein Koffer oder Kasten, der, wie ich bald erleben sollte, so wenig kostbar er auch aussah, doch das Allerheiligste enthielt. Nachdem einige Worte gewechselt waren, die natürlich bald genug zur Musik führten, fing er an in dem Koffer zu kramen, und zog einen Stoß beschriebenen Notenpapieres hervor, um mir daraus vorzuspielen. Es waren ausschließlich Gesangssachen am Klavier, die zum Vorschein kamen. Eine ganze Reihe von jenen Liedern, die in 4 Heften später bei Simrock erschienen, erklangen mir nun zum ersten Male. In besonderem Maß entzückte mich damals das reizende, etwas an Schumann ahnende »An die Nachtigall«. Noch tieferen Eindruck machten mir die beiden Gesangsquartette am Klavier »An die Heimat« und der

»Der Abend«. Hier war ich sofort ganz und gar gefangen, und kann noch heute die Musik nicht wieder hören, ohne die Umgebung vor mir zu sehen in der sie zum erstenmal mein Ohr traf, die Stimmung nachzufühlen in die sie mich damals versetzte.

Die letzte Amtspflicht, die ich in Köln vor Beginn der Sommerferien zu erfüllen hatte, war das Vorführen meiner Schüler in der halbjährigen Prüfung des Konservatoriums. Aus Lauenstein konnte ich Gutes darüber nach Wienrode berichten: »Dieses Jahr habe ich besondere Freude an meiner Prüfung gehabt. Vier meiner Schüler bekamen No. 1, die übrigen No. 2, keiner eine schlechtere Nummer. Heymännchen, der ein ganz langer Strick geworden ist, schoß den Vogel ab, spielte auswendig den ersten Satz des g-moll Concerts von Moscheles ganz vortrefflich, mit Feuer und Sicherheit, so daß er allgemeines Wohlgefallen erregte. Frl. Michiels mit dem ersten Satz des Chopinschen E-moll Concerts hätte dir auch Spaß gemacht. Dieser Schluß des Semesters war denn noch ganz tröstlich, nachdem ich vorher unter Hitze und Abspannung sehr gelitten hatte.«

Am 24. August feierte die liebe alte Tante Melusine ihren 95. Geburtstag. Am 21. war ich frei und reisefertig, konnte ihr und mir also die Freude machen, sie mit meinem Besuch in Vilsen zu überraschen. Noch immer erschien sie mir wie ein Wunder geistiger Frische; aber freilich war es nun das letzte Mal gewesen, daß ich eines Wiedersehens mit ihr froh werden durfte. – Mit meinen Eltern fast zu gleicher Zeit traf ich in den nächsten Tagen in Lauenstein zusammen, und allerlei Ansprüche des praktischen Lebens traten jetzt an mich heran, denen ich, nachdem ich einmal angebissen hatte, auch gern genügte.

Seit dem Tode meines Onkels Valdec Rudorff waren jetzt 11 Jahre verflossen, und noch immer war der alte Zustand in den Lauensteiner Besitzverhältnissen aufrecht erhalten geblieben. Die Knabenburg mit den zugehörigen Ländereien gehörte nach wie vor meinem Vater und den Nachkommen seines Bruders zu gleichen Teilen. Es lag auf der Hand, daß dieser Zustand auf die Dauer vernünftigerweise nicht aufrecht erhalten werden konnte. Mein ältester Vetter war majorem geworden, der jüngere konnte sich durch seinen Vormund vertreten lassen; beiden war es erwünscht, über Barvermögen verfügen zu können, und so kam es zur Auseinandersetzung. Mein Vater zahlte den beiden Neffen die ihnen gebührende Hälfte des Wertes aus und wurde nunmehr alleiniger Eigentümer des alten Familienerbes. Tante Marie Rudorff geb. Wendt, die Witwe meines verstorbenen Onkels, behielt für Lebenszeit ihre im unteren Geschoß belegenen Wohnräume. Sie war eine durch lebendigen Geist, reiches Wissen und große Tüchtigkeit ausgezeichnete Persönlichkeit, die uns während des immer wiederkehrenden Zusammenlebens mit ihr in den Herbstferien bis zu ihrem Tode eine liebe Hausgenossin blieb.

Daß die Veränderung des Besitzstandes zu allerlei Umgestaltung in der Einrichtung des Hauses Anlaß geben mußte, liegt auf der Hand. Es war wünschenswert mehrere der nunmehr uns ausschließlich zufallenden Zimmer neu zu tapezieren. Noch vor meiner Abreise von Köln besorgte ich hier eine Anzahl geschmackvoller Tapeten. Da ferner ein Teil der in der Knabenburg vorhandenen Möbel bei der Teilung in den Besitz meiner Vettern übergegangen war, so mußte auch hier für Ersatz gesorgt werden. Da gab es denn Allerlei zu tun, worüber in den nachfolgenden Briefen hier und da Näheres gesagt ist:

Von meine Vater an Marie Hoffmeister

»Lauenstein d. 28ten August 1868

… Wie könnte ich Goethe's Geburtstag besser feiern als durch eine Unterhaltung mit Ihnen, meine treue beste Freundin! Lange habe ich mich danach gesehnt, aber drei Correkturen auf ein Mal sind so zeitraubend, daß für die liebsten Herzensergüsse, die Feierstunde des Lebens, nicht viel Zeit übrig bleibt.

Goethes Wesen umschwebt uns noch immer nachklingend, denn Thüringen hat an ihn und Luther überall Erinnerungen. Auf dem Gickelhahn hat er 1782 mit Bleistift das unsterbliche Abendlied ›Ueber allen Gipfeln ist Ruh‹ eingeschrieben und kurz vor seinem Tode hat er die geliebten Stätten nach 50 Jahren noch einmal besucht. Beim Anblick der Schriftzüge an der Einfassung des kleinen Fensters im Jägerhäuschen mag auch ihm das ›Warte nur, balde schlummerst auch du‹ das Herz bewegt haben. Luther dem Reformator, nicht dem Theologen, der seit dem Bauernkriege umkehrte zur buchstäblichen Schriftauslegung, danken wir die Anfänge der modernen Bildung, die Lessing, Schleiermacher, Goethe weiter geführt haben. Wir wollen sie uns nicht nehmen lassen, so viele auch der finstern Larven auskriechen, denn wo der Geist ist, da ist Freiheit!

Doch wo gerathe ich hin? Ernsts Spiel auf dem Saal über meinem Arbeitszimmer reißt mir die Phantasie fort und ich wollte Ihnen doch eigentlich von ganz anderen Dingen erzählen.

Zuerst von unserem Bau hier, an dem Sie Ihre Freude haben würden. Der Gedanke gebührt Ernst und ist wirklich vortrefflich, die

Ausführung danken wir den hiesigen wirklich soliden Arbeitern. Die Sache ist, daß in der hohlen Gasse, welche zwischen dem alten Hause und dem späteren Anbau hinlief, eine Treppe aufgeführt ist, welche der jetzigen gegenüber liegt. Dadurch ist die Dachtraufe und die hohle Gasse welche alles Holzwerk verfaulen ließ, beseitigt. Ferner sind für für Küche, Speisekammer, Waschhaus und drei reizende Fremdenstuben bequeme Räume gewonnen. Letztere zu möblieren, haben Ernst und Marie in voriger Woche eine geniale Fahrt in die Heide, nach dem Groteschen Gute Brese unternommen, wo eine Auktion prächtiger aller Rococo-Möbel abgehalten wurde, und glücklich Einiges erstanden, obwohl ihnen das Schönste, ein nußbaumner Tisch, mit Silberfäden ausgelegt, dennoch entgangen ist. Am Montag will Ernst nach Hannover, um die Sachen zu holen. Sie sehen, daß wir jetzt Platz bekommen um liebe Gäste zu logieren. In diesem Jahre muß freilich erst noch Alles austrocknen und ich habe deshalb der Klingemann, die uns besuchen wollte, abschreiben müssen. Ein zweiter Versuch, auf der Durchreise nach Detmold mit ihrem netten Töchterchen vorzusprechen, wurde freilich nur durch unser verspätetes Eintreffen vereitelt…«

Ich hatte meiner Freundin Elisabeth von Bethmann Hollweg, jetziger Frau von Dobeneck, oft von meiner Patin Marie Hoffmeister erzählt und den Wunsch ausgesprochen, ein gegenseitiges Kennenlernen möchte sich einmal ermöglichen lassen. Jetzt erhielt ich von Frau von Dobeneck den folgenden Brief:

»Thale d. 11ten September 1868

Nun kann ich Ihnen mit gutem Gewissen unter die Augen treten, lieber Herr Rudorff, denn – ich habe Ihre Tante Hoffmeister kennen gelernt! – Was das heißen will, brauche ich Ihnen nicht erst zu sagen, und doch muß ich's aussprechen, daß ich ganz hingenommen und in tiefster Seele erquickt bin von dieser wunderbaren Persönlichkeit. So viel wärmer und expansiver als ich sie mir vorgestellt, thaute sie gleich die Befangenheit, welche sich über mich legen wollte, weg und ich fühlte mich so wohl so unter Geistesverwandten wie seit lange nicht, ausgenommen Gräfin Hildegard Schwerin.

Sie wissen wohl, daß diese jetzt in Wernigerode ist und ich habe sie während einiger bei meiner Tante dort zugebrachten Tage oft und zu innigster Herzens- und Geistesbefriedigung gesehen.

Doch zurück zu Ihrer Tante, welche kennen gelernt zu haben meiner Harzreise die Krone aufsetzt. Nach viel einsamem Naturgenuß war dieser Menschengenuß, um mit Lavater zu sprechen, für meine hungrige Seele köstlich. Und sie war so leuchtend freundlich, Geist und Gemüth ausstrahlend, ich konnte so ganz meine eigne Sprache reden, ohne das Uebersetzen, was man so oft im Leben thun muß. Das ›sich in einem Dritten finden‹ bewährte auch hier seine verbindende Kraft, und das gemeinsame Interesse für die Familien Rudorff und Schwerin gab mir gleich ein Gefühl als kännten wir uns schon lange. – Wie wohlthuend war auch die ganze Umgebung, ihre ästhetische Gestaltung um so sichtbarer als die Bedingungen des Raumes etc. nicht günstig! Der Flügel[XLIX] ist herrlich! Ich war nämlich so unbeschreiblich muthig und unbescheiden Ihre Tante zu bitten, daß sie mit Etwas vorspiele, was sie mit der liebenswürdigsten Bereitwilligkeit that, und wie schön! Auch dies war eine lang entbehrte Erquickung. – Ihr Mann hat mir auch sehr gefallen und ich kann mir trotz der großen Verschiedenheit doch vorstellen, daß er sie glücklich macht, was ja auch Gräfin Schwerin so sehr bestätigt.

Nun sollte ich Ihnen wohl noch von meinem Aufenthalt in Harzburg, der Tour vorher mit meinem Mann erzählen, wo ich (denken Sie!) auch schon Wienrode passierte und aussteigen wollte, mich aber gerade den Tag nicht wohl genug fühlte; das Alles sollte Ihnen verheimlicht werden, weil ich zu sehr Ihren Zorn und noch mehr Ihre Betrübniß fürchtete. Nun aber kann ich's sagen, da sich's durch günstige Umstände doch noch machen ließ. Ich sollte meinen Mann hier in Thale treffen, und bin nun statt über Halberstadt, wo ich den Dom gern sehen wollte, über Wienrode gefahren; ein Mensch ist doch noch mehr als ein Dom, nicht wahr? …«

## Von Maria Hoffmeister an meine Mutter in Lauenstein

»Wienrode den 18ten Sept. 1868

Meine liebste Betty!
Täglich warte ich jetzt auf einen Brief von Euch um dann gleich meinen Bericht über den Besuch von E. von Dobeneck abzusenden, und sehe nun eben, daß ich sehr thörichterweise schon wieder die Prätension auf einen Lauensteiner Gruß mache, da Deine letzten Zeilen vom 6ten datiert sind. Hoffentlich hast Du meinen Brief vom 7ten und meine darauf folgende Depesche vom 10ten richtig erhalten und diese letzte noch zur

XLIX Auch dieser Flügel, der damals noch ganz neu war, stammte aus der Fabrik von Lipp.

Zeit um Freitag Morgen zwischen 10 – 12 Uhr einmal hierher zu denken. Du sollst nun aber die Geschichte dieses Besuchs gründlich hören. Mittwoch Nachmittag wurde ich durch das Erscheinen einer telegraphischen Depesche etwas in Schrecken gesetzt, dann als ich erfuhr, sie sei aus Wernigerode, beruhigte ich mich, denn ich dachte an Hildegard, sie wolle mir ihr Kommen melden. Natürlich verlangte der Postbote erst Geld für seinen Weg und die Bescheinigung, daß ich zur rechten Zeit das Ding erhalten, ehe ich daran gehen konnte, den Inhalt zu erforschen. Nicht wenig war ich erstaunt den Namen Dobeneck darunter zu finden und die Worte: ›Umstände wegen komme ich statt Donnerstag erst Freitag.‹ Ich setzte gleich voraus, daß die Depesche sich auf einen vorangegangenen Brief bezog, den ich aber noch nicht erhalten hatte und dieser Brief kam dann auch am Abend durch August von der Stadt. Ich freute mich, daß Letzterer sich durch diesen annoncierten Fremdenbesuch garnicht unangenehm berührt zeigte, sondern am Freitag, als Frau Elisabeth hier war ein paar Mal erschien und die Beiden sich auch miteinander unterhielten. …

Frau v. Dobeneck traf um 10 ½ Uhr mit ihrer Jungfer hier ein. Es war ein spannender Moment als sich sie vorfahren hörte, denn da ich sie mir so oft in der Phantasie vorgestellt nach Euren Erzählungen und nach Bildern, so war ich höchst begierig ob die Wirklichkeit mit meiner Vorstellung zusammenstimmte. Einen höchst liebenswürdigen Eindruck hat mir die ganze Erscheinung nun hinterlassen, mit dem Verlangen gemischt, die 1 ½ stündige Bekanntschaft fortsetzen und etwas mehr in die Tiefe dieser schönen Seele hineinblicken zu können. Auf den ersten Moment wo ich sie sah, frappierte mich die Aehnlichkeit mit ihrer Mutter, wie ich sie vor etlichen 20 oder 30 Jahren zuletzt gesehen. Ich sprach es ihr aus und sie sagte, die Bemerkung würde ihr oft gemacht. Ich habe natürlich keine ganz klare Erinnerung von Frau von Hollweg und keine Ahnung, ob sie auch so schöne Augen hat wie ihre Tochter. Das sind wohlthuende liebenswürdige Augen. Ich weiß nicht, warum ich die ganze Zeit wo sie hier war, daran denken mußte, ob ihr Mann wohl ein solcher wäre, um die innern seltenen Eigenschaften dieser Frau gehörig zu erkennen u. zu würdigen und ob sie ganz glücklich und befriedigt wäre. Das kann ich Dir aber sagen, liebste Betty, daß sie mir entschieden den Eindruck gemacht hat, als wäre sie unfähig, aus ganz gewöhnlichem Hochmuth X. den sonderbaren Empfang bereitet zu haben, von dem Du im Frühjahr erzähltest, daß ich vielmehr glaube, sie könnte es aus Verlegenheit gethan haben, denn so etwas liebenswürdig verlegenes erschien mir in ihrem Wesen. Es zeugt von einer großen inneren Bescheidenheit, wenn eine Frau in der Stellung wie der ihren, einen Mangel an sicherm Auftreten verräth, und mir kommt das so liebenswürdig vor, wenn ich es mit der Art vergleiche, die ich an manchen jungen Mädchen von höchst beschränkten Gaben gekannt habe. Wir sprachen zuerst von Hildegard als wir uns gegenüber saßen, denn sie brachte mir Brief und Kistchen von dieser. Sie erzählte mir dann von Luise Kanitz[L] als ihrer liebsten Freundin, dann von ihrem Leben in Rehdorf, ihrer Krankheit, und sie fragte nachher sehr eindringlich nach Euch. Du kannst denken, daß dabei ein Strom von beiden Seiten losging, der nur zuerst durch einige Reserve zurückgehalten war. Leider konnten wir uns aber in keine Sache sehr vertiefen, denn bald nachdem sie Chokolade und Obst genommen, mußte sie wieder fort. Sie wollte am Bahnhof in Thale zur Ankunft ihres Mannes um 1 Uhr sein und verlangte vorher noch unsern schönen Flügel zu hören. Ich spielte ihr das Beethovensche d-moll Adagio aus der Sonate op. 10 u. der neue Flügel klang herrlich. Dann fuhr sie gleich darauf fort. …«

An Marie Hoffmeister

»Lauenstein d. 20.ten September 1868.

… Nachdem ich mich Wochenlang hier mit Catarrh geplagt habe, fühle ich mich nun endlich besser, bin recht versessen auf meine Arbeit, und bedaure nur, daß die ruhige Zeit so bald ihrem Ende entgegengeht. … Mit fortwährenden Unterbrechungen schreibe ich; es ist längst Montag früh, aber auch heute Morgen habe ich zwischen jeden zwei Zeilen etwas Anderes vor. Mutter behauptet, ich wäre möbeltoll. Gestern entdeckte ich nämlich in der Kirche auf der Beamtenprieche[153] eine ganze Schaar uralter, ehemals prächtiger morscher Stühle, die bei einer vernünftigen Restauration ein sehr gutes, geschmackvolles Ansehen bekommen werden. Heute habe ich mir die Erlaubnis verschafft, anstatt ihrer recht langweilige, solide, neue, eschene Stühle aus unserem Besitz hinüberstellen zu dürfen, und ich lasse nun die alten Schabraken heimlich als Überraschung für Vater aufarbeiten. Er ist heute Morgen mit Otto Biedenweg abgereist, um die alte Tante Melusine zu besuchen. Diesen glücklichen Moment habe ich benutzt, um die Schlepperei zu vollziehen, und so bin ich mit dem Dienstmädchen einige 20 Mal Trepp auf Trepp ab zwischen Spinnenweb und Staub umhergewandelt, bis Alles stand, wie es sollte. Vaters Freude über das hübsche Stück Alterthum, das zum Theil ein Vermächtnis des alten Oberhauptmann von

L Luise Gräfin Kanitz, geb. Gräfin Schwerin.

Lenthe aus Eggersen ist, male ich mir sehr glänzend aus. Clavier habe ich in den letzten Tagen garnicht gespielt; die Instrumentation meiner Ballade hat mich jetzt einmal gefaßt, und da ist es schwer, immer abzuspringen, und sich andere Musik vorzupauken. Dagegen war gestern Abend hier Volksversammlung auf dem Rathskeller, Debatte über das Abschlagen unserer herrlichen alten Eichen am Krähenberge dicht über unserem Hause, und diese Affaire hat mich dermaßen aufgeregt, daß ich die halbe Nacht nicht schlafen konnte. Du begreifst das vielleicht nicht; wärest Du aber so mit diesen Dingen hier verwachsen, wie ich, so würdest Du mich doch verstehen. Vater hielt eine vortreffliche, ruhige, eindringliche Protestrede, ich gab zuweilen auch einige empörte, weniger wohlerzogene Laute von mir, und es scheint, als sei die Mehrzahl der Bürger jetzt für unsere Sache gewonnen. Gott gebe es!

Frau von Hollweg schrieb mir in diesen Tagen, und es steht folgende Stelle in ihrem Briefe: ›Was Elisabeth über die Tante sagt, ist so schön, daß ich es abschreiben würde, wüßte ich nicht, daß Sie von ihr selbst über diese Begegnung gehört haben. Ich wünsche von Herzen, daß dies Erkennen gegenseitig war, und damit ein Band für die Ewigkeit geschlossen wurde.‹ Wie sehr es mich innerlich befriedigt, von Euch beiden über Euch beide solche Worte zu lesen, kannst du dir vorstellen, und ich habe auch nur den einen Wunsch, Ihr könntet eingehender mit einander verkehren…«[LI]

An die Eltern, nach Lauenstein.

»Cöln d. 6. Okt. 1868.

Mir brummt der Kopf von allen den Dingen, die ich zu thun habe, thue, und thun werde! Ein Tag in Cöln, besonders wenn man eben zurück kommt, ist ein anderes Ding, als einer in Lauenstein; ein Erlebnis, eine Anforderung jagt in diesen ersten Stunden die andere, und doch möchte ich gern von Allem berichten. Vor Allem erzähle ich, daß es mir sehr gut geht. Nachdem mit dem, was nicht zu ändern, abgeschlossen ist, fühle ich mich hier sehr wohl, empfinde die mancherlei erfreulichen, angenehmen, gemüthlichen Eindrücke mit netter Frische, und mache auch die Entdeckung, daß mir der Ferienaufenthalt trotz aller Arbeit körperlich sehr gut gethan hat. Alle Leute schreien mich auf mein vortreffliches Aussehen an, und ich fühle wirklich ganz andere Spannkraft,

LI Anfang Oktober kehrte ich nach Köln zurück, während meine Eltern erst eine Woche später Lauenstein verließen, um über Wienrode wo sie sich noch einige Zeit aufhielten, nach Berlin zurückzukehren.

als im August. Möchte sie nachhaltig sein! Dein lieber Brief liebe Mutter, ist eben eingetroffen, und erfreut mich sehr. Ich dachte neulich Nachmittag von meinem Coupé aus lebhaft daran, wie hübsch und wohnlich Ihr gerade in diesem Augenblick wohl bei Hausmanns sitzen würdet; nun bestätigt Dein Brief die Gedanken. ... Bruch schreibt mir aus Sondershausen sehr liebenswürdig über die Aufführung meiner Ouverture, so voll warmer Zustimmung zu dem Werk, daß ich meine rechte Freude daran hatte; gestern kam hier der vierhändige Clavierauszug an, ich probierte ihn gleich mit Janitsch und fand zu meiner Beruhigung, daß sich das Ganze auch auf dem Clavier viel besser macht, als ich anfänglich fürchtete. ...

Hier fand ich Alles beim Alten. Königslöws hatten mit dem Abendessen gewartet, und am andern Morgen weckte mich ein sanftes Klopfen der Kinder, die eigentlich durchaus hatten aufbleiben wollen, und nun schon ganz früh an mein Bett kamen. Sie untersuchten meine Sachen auf das Genaueste, ich versicherte bei jeder Nachforschung über den Inhalt eines Packets, es seien alte Hemden darin; bei dem Apfelkorb sagte ich, ich wüßte nicht was er enthielte. ›Otto glaubt, auch alte Hemden‹ hieß es darauf; unten hatte der Schelm aber gesagt, ›aus dem einen Korbe riecht es so fein, da sind gewiß Aepfel in‹. Dieser scharfe Geruchssinn wurde denn auch später belohnt, und ein Kuchen dazu gekauft, der das Mitgebrachte vorstellte. Viel artiger sind die Jungens geworden, und wirklich ganz allerliebst; sie saßen gestern Morgen lange auf meinem Zimmer und amüsierten sich und mich. Stunden hatte ich noch nicht zu geben, dagegen war um 11 Stundenplanvertheilung und ich beeilte mich, Hiller noch vorher zu Haus abzufangen um ihn dorthin abzuholen. Er war sichtlich erfreut, daß ich seinem Rath gefolgt war, nicht später einzutreffen, und ich selbst sehe immer mehr ein, daß er Recht hatte. ... Eine mir neu zugewiesene Schülerin, Fräulein Bartings soll äußerst talentvoll sein, Hiller war entzückt von ihrem Spiel des Cis-moll Impromptu von Chopin; außerdem habe ich einen prächtigen netten kleinen Hamburger, mit Namen Julius Spengel, bekommen; ich kann also mit der neuen Aera nur sehr zufrieden sein.

Janitsch, der seit einer halben Woche hier ist, besuchte ich gleich gestern Morgen, dann kam er nach Tisch wieder; ich probierte wie gesagt mit ihm den Clavierauszug von »Otto der Schütz«, b e i d e Königslöws hörten zu, und zum Schluß mußte ich meine Ballade[154] spielen. Königslöw las die Partitur und schien mit den beiden letzen Sätzen sehr einverstanden; in Bezug auf den ersten mache er eine sehr richtige Bemerkung, die mich veranlaßte, gleich heute Morgen ein ganzes Stück davon anders zu instrumentieren. Für den Abend hatte Janitsch ein rendezvous mit Gräbe in einer Restauration verabredet und bewog mich mitzugehen. Er wollte vorher noch zu Haus eine Kleinigkeit besorgen, und während er fort war, trat unvermuthet Heymann in das Zimmer, den ich nun wieder meinerseits mitnahm. Wir trafen Gräbe, wie verabredet worden und außer ihm den jungen Leonhard Wolff, der zu meiner Freude das erste Wintervierteljahr bis Weihnachten hier in Cöln zubringen will. So waren wir eine recht hübsche Gesellschaft, unterhielten uns lebhaft über Musik, Erlebnisse und andere Dinge, und ich fühlte mich in einer warmen behaglichen Atmosphäre«

An die Eltern nach Lauenstein

»Cöln d. 7ten October 1868

Einliegend findest Du liebe Mutter den schon erwähnten Brief von Bruch und ein sehr langes Schreiben von Frau v. Mühler. Die letztere fügt außerdem ein Exposé über ihre Pläne für ein zu gründendes Königliches Concertinstitut bei, das von orthographischen Fehlern strotzt, und mir, ohne Ruhm zu melden, stylistisch eine Verballhornung des Entwurfs zu sein scheint, den ich auf ihren Wunsch über den Gegenstand abfassen mußte. Doch mag Manches wirksamer darin hervorgehoben sein; Einiges hinzugefügt, was nöthig war, Anderes wiederum weggelassen. Unbegreiflich äußert sie sich dabei über Mendelssohn, und ich werde versuchen, in vorsichtiger Form ihr einen Wink darüber zu ertheilen. …

Die Scheußlichkeit des Wetters läßt auch hier nichts zu wünschen übrig. Dagegen habe ich mich heute noch mehr überzeugt, daß Frl. Bartings hervorragend begabt ist, und daß ich an dem kleinen Spengel nicht nur einen äußerst angenehmen, talentvollen, von Gemüth mir sympathischen Schüler, sondern zugleich auch einen sehr erwünschten Freund für Carl gewonnen habe. Wenn schließlich aus der Freundschaft doch Nichts wird, so kann ich wenigstens nicht dafür.«

An die Eltern nach Wienrode

»Cöln d. 12ten October 1868 Montag Morgen.

Liebe Mutter, ich schreibe an dich und adressire der Bequemlichkeit halber an Tante Marie, das wird wohl bei der bereits seit Jahren bestehenden Gütergemeinschaft in Bezug auf Briefe Nichts auf sich haben. Euch Beiden habe ich außerdem für freundliche Zeilen zu danken, und so kann auch dieses gleich in einem Athem geschehen. – Ihr werdet augenblicklich wohl sehr angenehm und behaglich in Tante Marie's

Zimmer zusammensitzen und schwatzen, während draußen der Harznebel mindestens ebenso dick ist wie der, der vor meinen Fenstern die Aussicht schon bis zur Stadtmauer hin verdeckt. Ich wäre gern unter Euch, und redete mit, doch ist es auch schon eine Freude, sich vorzustellen, wie hübsch Ihr jetzt Alle beieinander seid.

Die Ouvertüre[LII], die hierbei vierhändig in zwei gedruckten Exemplaren erfolgt, hätte ich früher absenden sollen, damit deine Vorstudien für die linke Hand liebe Mutter, die du ohne Zweifel jeden Tag auf 8 Stunden angesetzt haben würdest, gründlicher hätten sein können. Ich bedaure, diesem Fleiß hinderlich zu sein; doch hatte ich es nicht recht genau überlegt, daß das Packet so spät ankommen würde, wenn ich es erst heute abschickte. – Was machen übrigens deine Entwürfe für die Umgestaltung der Geographie Europa's, deine neuen Hypothesen über die natürlichen Verhältnisse der Hunde u.s.w.? Trim liefert Stoff zu fortgesetzten Studien und des Abends würde es dir auch an einem dankbaren Publikum für freie Vorträge nicht fehlen! Darüber hoffe ich also Erfreuliches zu hören.[LIII] – Um nun aber nicht ganz in den Styl des höheren Blödsinns zu verfallen, will ich in Kurzem ernsthaft berichten, was ich die letzten Tage angefangen habe. – Erstlich ist die Ballade gestern Morgen fix und fertig geworden. Nun bin ich sehr froh, daß ich glücklich so weit bin. In den Signalen lese ich, daß ›Otto der Schütz‹ auf das Programm der Dresdner Kapellconcerte angesetzt ist. Das freut mich auch, und umsomehr, als Rietz[155] der Thäter ist. Am Sonnabend hatte ich Musikalische Gesellschaft: Die letzte etwas schwache Symphonie von Gade[156], und die hübsche, frische Faustouvertüre von Spohr. Das Orchester war etwas besser als im Sommer, und so wollen wir erst einmal abwarten, ob wir damit auskommen können, ohne große Revolution anzuzetteln.

Zuweilen habe ich in diesen Tagen mit Janitsch, Wolff und Gräbe in einer Restauration zu Abend gegessen; die Abwechslung thut sowohl um des Gesprächs willen wie auch in rein materieller Beziehung ganz gut…«

---

LII Zu »Otto der Schütz«.

LIII Die etwas mangelhaften Kenntnisse meiner Mutter in Geographie und Naturgeschichte gaben ebenso wie ihre Abneigung gegen regelrechtes Klavierüben immer aufs neue erwünschten Anlaß zu Neckereien. – Trim, der kleine Hoffmeistersche Wachtelhund.

An die Eltern nach Wienrode.

»Cöln d. 13ten Oktober 1868

Deine lieben Zeilen, beste Mutter, treffen eben ein, und da ich mir danach bewußt werde, daß ich über allem Übrigen die Mühler'sche Angelegenheit in meinen Briefen eigentlich viel zu obenhin berührt habe, so schreibe ich gleich, wie ich der Ministerin geantwortet habe. – Das Exposé enthielt viel Gutes und Praktisches, wie mir bei wiederholtem Lesen noch deutlicher auffiel; die Rücksicht auf den Erfolg beim Könige[157] hatte aber unter Anderem Frau v. Mühler auch veranlaßt, das Scheitern des ähnlichen Planes vom Jahr 1842 allein Mendelssohn zur Last zu legen, und zwar in Ausrücken, die mir ganz empfindlich waren. Darüber schrieb ich ihr erstlich offen meine Meinung; dann veranlaßte ich sie, Einiges zu ändern, was sie aus Unbekanntschaft mit den im eigentlichen Sinne musikalischen Dingen hineingesetzt hatte, und sagte ihr schließlich mit aller Entschiedenheit, ich sei zwar gern bereit, wenn sie später bei Ausführung des Planes an mich denken sollte, eine fertige Stellung anzunehmen; auf irgend ein Projekt vorläufiger Natur, wie das mit der Matthäuspassion im vorigen Winter würde ich mich jedoch keinesfalls einlassen. Ich sei zu der Überzeugung gekommen, daß nichts verkehrter wäre, als schon jetzt, ehe die Sache selbst geboren sei, die Aufmerksamkeit auf meine Person zu lenken. An ein einzelnes Experiment die Erwartung zu knüpfen, daß es theils entschieden gelingen, theils das Publikum und die Kritik günstig für mich stimmen solle, sei etwas in sich Widersinniges. Im Gegentheil würden durch ein solches Concert, sobald man im Publikum die Witterung von dem bekäme, was sich in der Folge daran knüpfen solle, alle üblen Leidenschaften des Neides und Hasses im Voraus geweckt werden, und dies um so lebhafter, als die Leute bei der Unfertigkeit des Planes noch Aussicht hätten, wirklich mit Erfolg ihre Bosheit loszulassen. Die Ministerin schreibt im Übrigen, das Gebäude der Akademie solle umgebaut werden, ein ganz großer Concertsaal hineinkommen, und außerdem würden gleich die Unterrichtsräume für ein zukünftiges königliches Conservatorium darin vorgesehen werden...

Eben holt mich Leonhard Wolff ab, um mit ihm zu Marchesi zu gehen. Wir haben uns nämlich entschlossen, dort zusammen Gesangstunde zu nehmen. Wolff ist durch und durch musikalisch, hat ganz dieselben Absichten wie ich bei der Sache, und so schien mir die Einrichtung ebenso vortheilhaft wie angenehm...«

An die Eltern nach Wienrode

Cöln d. 14ten Oktober 1868.

Hier kommt Frau v. Mühler in zweiter Auflage. Sie ist etwas aufregenderer Natur, da sie das ins Leben treten der großen Sache viel näher in Aussicht stellt, als ich geglaubt. In einem Jahr scheint es Ernst werden zu sollen. Wenn dich Frau von Mühler besucht, so darfst du sagen, daß ich dich ganz von Allem unterrichtet habe; ich werde es ihr selbst schreiben. Doch ist es besser, andere Mitwisser zu verschweigen. Die Soirée, die sie geben, und in der sie mich dem König als Klavierspieler vorführen will, ist mir greulich, doch wird sie kaum zu vermeiden sein. Sage ihr, daß mein Besuch zu Weihnachten nur ein ganz flüchtiger sein wird; es ist mir lieber, wenn ich erst zu Ostern bei ihr spiele, dann habe ich einige Winterpraxis hinter mir, bin mehr im Zug, und sie selbst ist mit ihren Plänen hoffentlich ganz im Reinen.

Ich bin in großer Eile. Also nur noch das Eine, daß mir gestern Heymann zwei neue Clavierstücke von sich vorgespielt hat, so reizend und fein empfunden, daß ich ganz erstaunt war. Welch eine Freude, daß er auch nach dieser Seite hin so entschiedenes Talent zeigt, während ich mir früher absichtlich alle Gedanken und Hoffnungen darauf fernhielt. Immer sicherer wird mir der Entschluß, mich keinesfalls von ihm zu trennen, mag werden, was will. Seine Entwickelung ist mir eine zu große Lebensfreude, und ich kann sie nicht andern Händen überlassen. … Stockhausen besuchte mich heute Morgen auf der Durchreise und war sehr liebenswürdig. …«

An die Eltern nach Berlin

»Cöln d. 20ten Okt. 1868.

… Um 11 Uhr hat Frau Schumann mir versprochen, mich zu besuchen und meinen Flügel zu probieren, und ich wünsche nur, vorher meinen Brief postfertig erledigt zu haben. … An die Möglichkeit eines baldigen Fortgehens von hier zu denken, ist mir vorläufig noch so schwer, daß ich fast meine, es wäre nicht möglich, daß es dazu kommt. Ist es nicht thöricht, Alles Gute was ich hier habe aufzugeben, um mich in Berlin von jedem Alfanz von Musiker oder Recensenten und Gott weiß was für Cliquen im Publikum beschimpfen zu lassen? Doch ich will darüber heute nicht viele Worte machen. Handeln läßt sich doch kaum anders, als ich gethan, und so bleibt das Übrige abzuwarten. Am Sonntag wollte ich eigentlich nach Rheineck, und sehnte mich recht danach, die alten Hollwegs einmal wieder zu sehen und zu sprechen; da kam am Freitag ein eiliger, freundlicher Brief von Marie Schumann in der Mutter Namen, der mich bat, nach Düsseldorf zu ihnen zu kommen, und so tauschte ich das eine Gute gegen das Andere ein. Frau Schumann war so liebenswürdig, wie ich sie nur je gesehen, der letzte Rest von Mißverständnis war bald durch ein paar Worte beseitigt, und so habe ich ihre Gegenwart recht in jeder Beziehung genossen. Sie spielte herrlich, unter Anderm auch das C-moll Concert von Beethoven, wozu ich die Contrabässe und andere gute Dinge zuweilen mitlieferte, endlich spielten wir noch Ouverture, Scherzo und Finale von Schumann vierhändig. Sie wohnt dieses Mal bei Bendemann's, weil Frl. Jungé (die Gesellschafterin von Frl. Leeser) in den letzten Wochen viel unwohl war. Auch diese sehr angenehmen, prächtigen Leute wiederzusehen, war mir eine Freude, und die schöne, künstlerische Einrichtung, die vielen vortrefflichen Stiche, die mich auch an unsere Berliner Häuslichkeit erinnerten, that mir wohl. …

Ich schließe, weil ich Frau Schumann jeden Augenblick erwarte. Heute Abend ist erstes Abonnementsconcert, mit einem großen langweiligen Chorstück von Hiller, und einigen guten bekannten Sachen außerdem. Die Schumann kommt zum Zuhören. …

Cöln d. 28ten Oct. 1868

… Gestern vor 8 Tagen schrieb ich zuletzt und zwar in Erwartung von Frau Schumann; mein Bericht hat also Grund unmittelbar da wieder anzuknüpfen. Ich wollte eigentlich gleich am nächsten Morgen von dem Besuch erzählen, weil ich wirklich lange keinen so schönen, glücklichen Musiktag gehabt habe. Doch damals fand sich keine Zeit. Die Schumann kam allein, war in der liebenswürdigsten Stimmung, und nachdem wir ein paar Worte gesprochen hatten, fing sie an den Flügel mit einer solchen Gründlichkeit zu probieren, daß ich bei allem eigenen Genuß nur immer bedauerte, nicht alle die Freunde neben mir zu haben, die das hätten von Herzen mitgenießen können. Zwei Balladen von Brahms machten den Anfang; sie lagen zufällig auf meinem Tisch, und das gab den Anstoß; dann folgte das H-moll Präludium für Orgel von Bach, dann das B moll Scherzo von Chopin, dann ein reizendes lebendiges Stück von Bennett, darauf noch eins, ›the lake‹ genannt, das besonders poetisch ist, und endlich spielte sie auf meine spezielle Bitte die symphonischen Etüden von Schumann, die doch das Großartigste sind, was man von moderner Claviermusik hören kann. Wie sie diese Musik wiedergab, das ist nicht zu sagen; Frau v. Königslöw und Fräulein Fuess hatten sich heimlich draußen auf der Treppe niedergelassen, und hörten wenigstens in dieser Situation zu. Am Abend war Abonnementsconcert: zum Anfang Meeresstille von Mendelssohn, zum Schluß A-dur Symphonie von Beethoven. Auch dies genoß ich mit rechter Frische; die ersten Orchestereindrücke im Winter sind immer wieder besonders lebhaft. Hillers Chorstück, vor dem ich Furcht hatte, macht sich im Ganzen besser; eine Baßarie ist wirklich recht hübsch. Dann nach der Musik ging die Schumann zu Wendelstedts, und ich wurde freundlich eingeladen, mitzukommen; es war Niemand außerdem da, als die Schönerstedt mit meiner netten Comtesse Kalkreuth; leider war nicht viel Zeit, da die Schumann um ½ 11 nach Düsseldorf zurückfuhr, doch immer genug, um sich behaglich zu fühlen. Ich begleitete sie an den Bahnhof, und ging dann noch in die Kneipe zu Janitsch, Gräbe u. Consorten, die versprochen hatten, auf mich zu warten, um die Ereignisse des Tages zu besprechen. Am nächsten Morgen kam mir ein kleines Clavierstück[LIV] zwischen die Finger, das ich vorigen Sommer schrieb; Frau Schumann hatte mich nach Claviersachen vorn mir gefragt, ich machte also kurzen Prozeß, schrieb ihr das Ding gleich ab, und schickte es nach Düsseldorf. Gestern hatte ich einen sehr lieben Brief darauf, der mir sagt, daß ihr das Stück bis auf einige details, die sie sich ändert, sehr gefällt, und daß sie es öffentlich spielen will. – Am 4ten November kommt sie auf ein paar Tage nach Berlin, und möchte gern eine ruhige Stunde wissen, wo sie Euch beide allein sicher treffen kann; ich habe ihr gesagt, sie möchte sich nur einfach anmelden, vielleicht auf einen Mittag, da sie Abends der Kinder wegen nicht ausgehen will; hoffentlich seid Ihr beide einverstanden.

Wie viel habe ich nun noch von meinem übrigen Leben hier zu berichten! Erstlich, daß ich an dem kleinen Spengel große Freude habe. Der Junge ist ganz gründlich musikalisch, und hält in den theoretischen Stunden Heymann vollkommen die Stange, wenn ich auch diesen für entschieden genialer halte. Beide ergänzen sich in ihrem Wesen ganz prächtig, und haben zu meiner Freude die lebhafteste Freundschaft für einander gefaßt. Ich habe sie denn auch beide neulich in den Fidelio mitgenommen, dann einmal den Abend nach der Stunde bei mir behalten und mit ihnen musiziert, fuhr am vorigen Donnerstag, wo ein herrlicher Herbstnachmittag war, mit ihnen und Janitsch nach Brühl, um noch einmal alle Farbenschönheit in dem alten Park zu genießen, und setzte dem Vergnügen die Krone damit auf, daß ich sie am Sonntag nach Rheineck mitnahm, oder vielmehr schon am Samstag Mittag dahin voraufreisen ließ, da ich selbst den Abend musikalische Gesellschaft

LIV Es erschien später als Nr. 1 der Phantasiestücke op. 10.

hatte. Ich hatte Carl gegenüber im Voraus gelegentlich geäußert, daß so Etwas vielleicht passieren könnte, und habe den Jungen beinahe nie so aufgehend in Liebenswürdigkeit und Dankbarkeit gesehen, als am Freitag, wo ich ihm auf eine schüchterne Mahnung seinerseits die sichere Gewährung seines Wunsches in Aussicht stellt. Er hat eine Passion für seinen neuen Kameraden, und von wie guter Natur diese ist, das sieht man daran, daß sie auf sein ganzes Wesen nur vortheilhaft wirkt. Auf eine glücklichere Art konnte es garnicht dazu kommen, der alten wenig förderlichen Beziehungen überdrüssig zu werden, als durch die Freundschaft für eine so grundgute, gescheute, aufrichtige, harmonische Natur, die Verwandtes und Verschiedenartiges genug hat, um ihn anzuziehen. Der Sonntag in Rheineck war in jeder Beziehung eine Erquikkung. Nach einem Wiedersehen mit den beiden Alten sehnte ich mich schon längst, und alle Saiten, die mit ihnen berührt wurden, gaben harmonischen Klang; auch über die Mühlersche Angelegenheit – natürlich im tiefsten Vertrauen – mit ihnen zu reden, war mir Bedürfnis, und ich freute mich, sie in Allem ganz zustimmend zu finden. Vormittags wider Erwarten schien die Sonne wundervoll, sogar windstill war es an den geschützten Stellen, während die Nacht über der Sturm rasend gewüthet hatte, und um nichts zu vergessen, auch die Weintrauben waren unwiderstehlich. Wo wären sie das hier freilich nicht, besonders nach einem solchen Sommer! …

Sehr eingenommen bin ich von der Gesangstunde bei Marchesi; ich sehe ein, daß der gute alte Böhme garnichts verstand, und daß man hier wirklich Vortreffliches lernt. Außer Wolff hat sich noch ein Theilnehmer in einem jungen, componierenden Musiker Bungert gefunden, der im Sommer aus Paris zurückkehrte. Wir amüsieren uns in der Stunde wundervoll über unsere weitaufgesperrten Mäuler, und Marchesi's göttliches Deutsch, und lernen dabei gewiß in jeder Viertelstunde mehr, als bei einem Gesanglehrer der gewöhnlichen deutschen Sorte in einem halben Jahr. …

Cöln d. 5ten November 1868

… Heute Abend haben wir zum ersten Mal wieder eine ordentliche Bachvereinsprobe, nachdem es vor 8 Tagen nur zu allerlei Berathungen aber zu keinem Gesang gekommen war. Wir beginnen mit einer neuen Kantate ›Ihr werdet weinen und heulen aber die Welt wird sich freuen‹. Dieser Text klingt für den Anfang nicht gerade ermuthigend, die Musik aber ist ganz gewaltig, von einer Energie und Tiefe, daß man staunen muß, dabei nicht zu komplicirt, um unmittelbar zu wirken. Vorgestern war zweites Abonnementsconcert; unter Anderem einige Chöre aus einem großen Chorwerk von Händel ›Der Sieg der Zeit und der Wahrheit‹. Ich würde es nach diesen Proben lieber ›Der Sieg der Langeweile und des rechtschaffenen Contrapunkts‹ taufen. Abgesehen von einem Chor in pastoralem Charakter schien mir die Sache äußerst nüchtern. Dieser Chor geht aus Es-dur und ist mit einem Sopransolo verbunden; Hiller hatte mich gebeten etwas Ausfüllung am Flügel zu übernehmen, und da ich hier und außerdem in den Recitativen zu begleiten hatte, so fiel mir auch das Akkompagnement der Lieder zu, die ein Fräulein Valesca von Favius aus Berlin sang – der Name sehr römisch, doch die Energie des Vortrags kaum für den Müllerburschen ausreichend, den sie in der ›bösen Farbe‹[158] vorstellen sollte. Max Bruch erschien plötzlich in der Pause als deus ex machina, und machte mir mit seinem Dasein große Freude. Er saß freilich von da ab neben mir, zappelte beständig als ob er Quecksilber in den Adern hätte, und erzählte ohne Unterlaß während der Musik, was ich jedem Andern übelgenommen hätte, doch ihm in diesem Augenblick nicht übel nahm, weil ich seine Natur zu gut kenne, und seine Unruhe nach der Reise begreife. – Herr Saint-Saëns aus Paris, von dem mir Schaper neulich schrieb, spielte ein eigenes Concert[LV] mit wundervoller, französisch glatter Technik, etwas sehr kühl, aber gechmackvoll und durchaus vornehm. Das Concert ist in seiner Weise immer interessant, freilich nicht viel mehr als Feuerwerk, doch hübsches, feines Feuerwerk.

Von Hiller bekam ich in diesen Tagen das nunmehr im Stich erschienene Duo für 2 Klaviere, das er mir und Gernsheim zugeeignet hat. Bei Allem, was man an der Musik selbst aussetzen mag, konnte ich ihm doch recht warm und herzlich danken; denn ohne Zweifel bleibt es mir für alle Zeit eine liebe Erinnerung, daß er mir ein solches Zeichen seiner freundlichen Gesinnung gegeben hat. Natürlich müssen wir das Stück nun demnächst spielen, in der Musikalischen Gesellschaft oder in einer der Kammermusiksoireen. Diese beginnen am nächsten Dienstag und zwar wieder mit Klavier. Hiller hat sich in der Honorarangelegenheit, die ja viel Staub seiner Zeit aufwirbelte, sehr hübsch benommen, er hat ein Comité zusammengebracht, das jedem der Geiger 80 Thaler, jedem von uns 4 Klavierspielern 40 Thaler für den Winter sichert, mögen wir nun ein Mal, zwei Mal oder kein Mal spielen, und damit sind alle Dissonanzen ausgeglichen.

---

LV Das erste Konzert von Saint-Saëns in g-moll [op. 22, 1868. Dieses war sein zweites Klavierkonzert.]

Ich schließe in Eile da die Zeit drängt. Nur noch das: Lilly Mendelssohn ist in Berlin bei ihrem Bruder Paul; suche doch sie dir einmal anzusehen, liebe Mutter, es ist der Mühe wert. Ernst Mendelssohn, der junge Sohn von Paul Mendelssohn senior[159] hat mich hier während meiner Abwesenheit durchreisend aufgesucht. Diese Liebenswürdigkeit überrascht mich.

Von meiner Mutter

»Berlin d. 5ten Nov. 1868

... Eben hat uns Frau Schumann verlassen, um ›Joseph in Egypten‹[160] anzuhören. Wir haben einen reizenden gemüthlichen Mittag mit ihr und ihren beiden Töchtern gehabt. Marie schrieb mir aus Oldenburg, daß sie sehr gern heute bei uns essen, und auch Eugenie mitbringen würden, die hier die wenigen Tage mit ihnen verlebte. Wie sehr wünschte ich dich zu uns! Die Schumann war gar zu liebenswürdig und herzlich. Bis Montag früh bleibt sie hier, geht dann nach Breslau und Wien. Morgen früh habe ich die Freude, sie noch einmal zu sehen und auch zu hören. Sie will auf unserem Erard üben, da sie hier für die wenigen Tage kein eigenes Instrument hat, und das G dur Concert von Beethoven für Breslau vorbereiten muß. Zu meiner Freude fand ich das Concert unter unseren Noten, was ihr sehr lieb war. ... Daß Rubinstein hier jetzt Concerte giebt, hast Du wohl aus den Zeitungen erfahren. Lotte Radecke, die mich heute besuchte, war sehr entzückt von seinem Spiel, Frau Enole M.[endelssohn] dagegen ist nicht so begeistert von ihm. Wir werden ich nicht hören, da uns ohnehin in nächster Woche mehrere Concerte bevorstehen. Sonnabend giebt Stern mit seinem Verein[161] das Requiem von Mozart, dazu spielt Reinecke, und auch ein Psalm von Mendelssohn kommt zur Aufführung. Darauf freue ich ich mich...

d. 6ten Freitag Nachmittag

Dein lieber Brief kam diesen Morgen gerade als die Schumann mit Üben fertig war. ... Es war eine wahre Wonne für mich, nebenan in der kleinen Stube zu sitzen, und ihrem herrlichen Spiel zuzuhören. Nach dem G dur Concert studierte sie am G-moll Scherzo aus dem Sommernachtstraum[162], und ich muß sagen, daß mir dies reizende Stück, selbst vom Orchester nicht so gefallen hat wie heute von ihr mit äußerster Grazie gespielt. Zuletzt kam das b moll Scherzo von Chopin. ... Zu meiner Freude will sie Sonntag Vormittag noch einmal hier üben, und da hoffe ich soll Vater sie auch hören, der heute nicht zu Hause war. ...«

An die Eltern

»Cöln d. 13ten Nov. 1868

Es ist Zeit, daß ich Dir antworte, liebe Mutter, und da außergewöhnliche Dinge passirt sind, hätte ich eigentlich schon früher schreiben können. Am Sonntag um halb 2 Uhr Mittags ist die gute Frau von Königslöw sehr schnell und glücklich von einem Jungen entbunden worden, und der erfreulicherweise normale Zustand von Mutter und Kind dauert fort. Mir war eine solche Katastrophe noch niemals so nahe getreten, und ich empfand mit Königslöw recht sehr die Sorge und den Ernst der Lage, ehe Alles überstanden war. Er hatte an dem Morgen Quartettprobe, und ahnte nicht, daß das Ereigniß so nahe bevorstünde. Während dessen aber wurde mir von den dienstbaren Geistern bereits anvertraut, daß nach sicheren Anzeichen binnen der nächsten 24 Stunden Alles erledigt sein müsse. Ich machte mich schon darauf gefaßt, vielleicht für die Nacht aus dem Hause gehen zu müssen, da die unmittelbare Nähe meiner Schlafkammer geniren könnte. Da, als wir uns eben an das Mittagessen begeben wollten, trat plötzlich Königslöw mit der Botschaft herein, daß Alles glücklich vorüber sei. Ich habe nie eine solche Zuneigung zu ihm empfunden, als in diesem Augenblick schöner, reiner Freude. Ganz prächtig war er während der ganzen Zeit, und ich hatte wieder einmal den vollen Eindruck, wie wahrhaft glücklich und gesund dies Familienleben ist. Nachmittags machte ich mich bald fort, trank bei Ernsts mit Janitsch Kaffee, und blieb auch den Abend aus. Als ich nach Hause zurückkehrte, fand ich Königslöw noch meiner wartend, und wurde von ihm mit der Bitte empfangen, in einigen Wochen bei dem Kinde eine Pathenstelle anzutreten. Ihr könnt Euch denken, daß mir das eine große Freude war.

Am Montag Morgen war ich nach Rheinischer Sitte als Zeuge mit auf dem Rathaus, und sah die Namen Ernst Hugo in das Register eintragen. Auf Montag Mittag hatte ich die gute Doktorin Ernsts wieder eingeladen, auch Mittwoch Abend war ich mit Janitsch und Heymann dort um ›Hefenküchelchen‹ zu verzehren; auf Dienstag Abend hatten mich Bruchs geladen, so thaten also die guten Freunde alles Mögliche, um mir mein Wochenbett amüsant zu machen.

Am Montag hatte ich gleich nach Tisch meiner schönen, grundguten liebenswürdigen comtesse Kalkreuth die erste Stunde nach der Sommerpause zu geben. Fräulein Schönerstedt hatte mich dringend gebeten, ihre diese Zeit zu gewähren, und außerdem auch die Stunde bei Wendelstadts im Hause – also in der Nähe des Bahnhofs – zu geben, weil es ihnen mit ihrer Reise von Düsseldorf her und allen Obliegenheiten hier sonst nicht gut möglich wäre fertig zu werden. … Es stellte sich nun aber heraus, daß diese Einrichtung für mich eine geradezu unerträgliche Hetzparthie bedeutete, und so war ich nicht wenig erfreut, als Frau Wendelstadt mir anbot, ich möchte dann immer Montags bei ihnen zu Mittag essen. …

Cöln d. 16ten Nov. 1868

… ›Otto der Schütz‹ kommt in diesen Tagen, wie ich lese, in Dresden an die Reihe. Auch in Crefeld wird er wahrscheinlich von Stapel laufen. … d. 17ten. Gestern Abend war Probe zum Orpheus mit Frau Joachim, und zu einer neuen Suite von Lachner unter dessen eigener Direktion. Ich sah beide Joachims schon neulich Sonntag Nachmittag bei Hiller, fand sie in gewohnter Weise liebenswürdig und assistirte dann noch eine Zeit lang, während Hiller Joachim einige boshafte Clavierstücke eigener Composition vorspielte. Joachim nickte nach jedem Schluß schweigend und bedeutungsvoll mit dem Kopf, zu mehr konnte er es nicht bringen; ich verhielt mich ganz passiv, da ich erstlich mich durch Joachims Gegenwart des Redens überhoben glaubte, und zweitens die Stücke schon zu kennen das Glück hatte. So hatte ich also doppelten Freipaß. …

Später ging ich in eine Gesellschaft bei Bels, zu der wir sämmtlichen Cölner Musikanten geladen waren, und die durch Joachims und Lachners Anwesenheit wirklich interessant war. Joachim spielte mit Königslöw u.s.w. das B dur Quartett von Haydn und das F-moll von Beethoven; daß das ein ganz auserlesener Genuß war, versteht sich von selbst. Besondere Freude machte es mir, daß Joachim hinterher zu mir in den wärmsten Ausdrücken über Königslöws Spiel sprach, welches ich denn nicht zögerte, auf dem Heimweg diesem selbst wieder mitzutheilen. … Fast ebenso sehr wie die Musik fesselten mich aber die Erzählungen des alten gemüthlichen Franz Lachner, der mit Schubert 6 Jahre lang zusammengewohnt hat, Beethoven kannte, und alles Bedeutsame jener wunderbaren Wiener Zeit in nächster Nähe miterlebt hat. Man hätte nur immer fragen und zuhören mögen. Lachner hatte damals über Tag von früh bis spät in der Stadt zu thun, während Schubert zu Hause blieb und arbeitete. Wenn er dann Abends nach Hause zurückkehrte, lag stets eine Menge Notenpapier frisch beschrieben auf dem Tisch. Als Schubert die Gedichte zu den Müllerliedern in die Hand bekommen hatte, waren täglich immer 3 oder 4 Stück Abends fertig. Auch die vierhändigen Märsche kamen gleich zu zweien oder dreien auf die Welt. Seine Berichte über Schuberts Persönlichkeit waren herzbewegend. Ich erzähle Euch mündlich noch eine Menge von Einzelheiten. Lachner selbst hat in seinem Wesen etwas so Grundgutes, süddeutsch Naives, daß man den alten Mann ganz liebgewinnt. ... An demselben Abend wurde mir ein Buch ›Erinnerungen an Felix Mendelssohn‹ von Eduard Devrient[163] zugeschickt, und ich fand mich von dem, was ich zwischen den unaufgeschnittenen Blättern las, so angezogen, daß ich nicht widerstehen konnte, es zu behalten.

... Am vorigen Donnerstag mußte ich den Bachverein aussetzen, nachdem er 8 Tage vorher so glänzend angefangen hatte, wie eigentlich noch nie zuvor. Wir haben jetzt über 50 Mitglieder, und ohne meine Anregung sind die Leute zusammengetreten, eine Kasse zu bilden, von der wir Noten u.s.w. bezahlen. Dies und der Zuwachs an vortrefflichen Stimmen macht mir große Freude. Den Grund zum Aussetzen gab ein Musikabend des Konservatoriums, in dem einige meiner Schüler spielten. ... Fast hätte ich nun das Beste vergessen, nämlich Frau Joachim gestern als Orpheus. Ich hatte viel erwartet, aber das, was sie gab, war w e i t über meiner Erwartung. Ich habe im Concertsaal eine Frau n i e so singen hören, und fühlte mich von dem ersten Ton der F-dur Arie an[164] ganz und gar in meinem eigensten schönsten Lebenselement. ... Um so schneidender war der Gegensatz zwischen ihr und allem Übrigen bei der Aufführung. Chor und Orchester und Amor und Hiller, Alles war so mattherzig, daß ich ganz in Harnisch gerieth. ...

Cöln d. 24. November 1868.

... Augenblicklich geht es mir nicht ganz gut; ich hatte Sonnabend Nachmittag ein leises Gefühl von Druck oder Stich in der Brust, und Sonntag Morgen beim Aufwachen verlor ich o h n e H u s t e n beim Räuspern eine kleine Quantität Blut. ... Für meine Ballade[165] will Hiller so gut sein, mir eine ganze Probe zu überlassen, – Sonntag Vormittag über 8 Tage –; dann solle auch im nächsten Conzert am Dienstag meine Schütz-Ouvertüre gemacht werden, die ich aber nun wohl meines Unwohlseins wegen auf einen späteren Conzertabend verschiebe. Sehr liebenswürdig war Hiller in der Behandlung dieser Angelegenheiten, und wenn ich mich einmal recht über ihn geärgert und tüchtig räsonniert habe, so hat er mich hinterher persönlich immer gleich wieder in der Tasche. Ich habe ihn eben im Grunde trotz aller Schattenseiten doch aufrichtig gern. – ...

An Besuch fehlt es mir nicht, und das ist recht erfreulich, da ich doch nichts Rechtes thun soll, und mich mit den Meisten, die zu mir kommen, garnicht zu genieren habe, in Bezug auf Reden u. Schweigen.

Große Freude habe ich an dem Devrient'schen Buch über Mendelssohn; alle alten Geschichten, die ich von dir kenne, erhalten dadurch eine neue lebendige Illustration, und ich bin wieder ganz verliebt in den prächtigen interessanten Menschen. Daneben sehe ich dann hin und wieder eine Nummer aus dem Requiem von Brahms durch, und staune über die Größe und Genialität dieses Werkes. …

Cöln d. 26. November 1868

Liebste Mutter! Habe den schönsten Dank für deine lieben, warmen und zugleich ruhigen Worte. Wenn es nicht für den Sohn unpassend wäre, seiner Mutter Zeugnisse auszustellen, so würde ich Dir sagen, daß es eine bessere nicht geben kann! – Deine Vorschriften befolge ich alle, und habe sie bereits befolgt im Voraus; durch dich erhält nur mein Verhalten die Sanctionierung. Ich werde die Woche über das Zimmer noch hüten müssen, und liege seit vorgestern auf dem Sopha, weil mir die Ruhe beim Liegen besser thut. Der Arzt wünscht das Gleiche, und ich werde auch weniger sprechen, als in den ersten Tagen, wo die vielen, freundlichen Besuche mir zu einer Verführung wurden. Hiller hat mir Dienstag vor seiner Abreise nach Brüssel noch einen so reizenden, liebevollen Brief geschrieben, in dem er mir alle Bitten, die ich etwa ihm hätte aussprechen mögen in geschäftlichen Dingen von vornherein unausgesprochen erfüllt, daß ich ganz erfreut von seinen Worten und der wirklich warmen Gesinnung bin, die sie ihn hatte schreiben lassen. … Von Cranz hatte ich endlich einen Brief über meine vierstimmigen Lieder. Alle drei Hefte erscheinen bald,[166] und ich habe der Maxe deshalb nun auch meine Widmungsabsichten für das eine der Hefte mit dem schönen Gedicht ihres Vaters[167] schriftlich vorgetragen. …

Cöln d. 28. November 1868.

… Der Doktor ist beständig zufrieden und unbedenklich. Heute soll ich aufhören zu medizinieren. … Ausgehen soll ich bei dem schlechten Wetter noch nicht, auch die erste Hälfte der nächsten Woche noch mit Stunden aussetzen, dann hoffe ich aber fertig mit der Geschichte zu sein, und wieder ein ganzer Mensch zu werden. Clavierspielen hat er mir leider noch vorläufig verboten. …

Heute Morgen mit Deinem Brief zugleich kamen die liebenswürdigsten Worte von Frau ›Max‹, wie sie zu meiner Freude auf dem Titel des Liederheftes heißen will; ich finde diese Abkürzung so viel charakteristischer als das lange ›Maximiliane‹, und wollte doch nicht ohne ihre Erlaubniß den Schwanz abschneiden. …

Vorgestern Abend, als eigentlich Bachverein sein sollte, und natürlich nicht war, – erschienen auf einmal zwei Gläser mit Eingemachtem in reizender Dekoration; das eine war mit frischen Rosenknospen umwunden, und auf dem Deckel stand in zierlicher Schrift zu lesen,

›Zum Wunder‹

JohanniS Beer Fantasie.

›Zum Wunder‹ ist ein Schweizer Ausdruck anstatt ›zum Spaß‹, womit ich Fräulein Waldmann, die Schweizerin, zu necken pflege. J.S.B. (Joh. Seb. Bach) die chiffre, unter der wir unsere Bachvereinsanzeigen in die Zeitung zu rücken pflegen. Das andere Gläschen war mit Farrenkraut, Epheu, kleinen Tannenzweigen bekränzt. … Die ganze Ausführung verrieth ohne jede Andeutung die talentvolle Hand und das poetische Gemüth von Frl. Waldmann. …

Cöln d. 4. Dez. 1868.

… ich habe gestern zuerst wieder Bachverein gehalten. Wir sangen mit Entzücken Crucifixus von Lotti, und dies, wie die ersten vier Stunden heute haben mich nicht sonderlich angegriffen. Ich übe vorläufig noch nicht, habe jedoch manches Andere zu thun, und deshalb nicht viel Zeit übrig. … Übermorgen früh ist Probe zur Ballade, deren Widmung ich heute Hiller in einem kleinen Billet mitgetheilt habe. …‹

In Berlin hatte Bernhard Scholz während zweier Winter den Versuch gemacht, mit der Berliner Symphoniekapelle – dem ehemals Liebigschen Orchester – eine Anzahl von Konzerten mit gemischtem Programm nach Art der Gürzenichkonzerte im Saal der Singakademie zu geben. Scholz gab die Sache wieder auf, da die Kosten des Unternehmens die Einnahmen wohl allzu weit überstiegen. Julius Stern – der als Direktor des längst bestehenden und sehr geschätzten Sternschen Gesangvereins stets die besten Chorkräfte zur Verfügung hatte – griff den Gedanken von Scholz seinerseits auf und gab im Winter 1868/69 sechs Abonnementskonzerte der erwähnten Art, ebenfalls im Saal der Singakademie. Meine Mutter schreibt am 6. Dezember: »Ich war gestern Abend in einem Stern'schen Concert, dessen Programm ich Dir einlege. Die Sachen aus Cherubini's Abenceragen, ferner Beethovens Musik zu den Ruinen von Athen und seine Chorfantasie haben mir große Freude gemacht. Das Orchester spielte vortrefflich, namentlich würdest Du mit den Bläsern zufrieden gewesen sein. Eine Hornvariation in den Abenceragen wurde entzückend vorgetragen. – … Ich muß dir doch auch erzählen, daß soeben bei der Oper hier eine bedeutsame Änderung eingetreten ist, von deren Bevorstehen mir schon Schaper neulich sprach. Taubert und Dorn sind als Hofkapellmeister an der Oper mit Pension entlassen, Taubert bleibt jedoch Dirigent der Hofconcerte und der Symphonie-Soireen. An seine Stelle im Theater tritt Carl Eckert aus Wien, an Dorn's Stelle Robert Radecke. Mit Eckerts Anstellung soll Hülsen sehr unzufrieden sein. Man sagt, die Königin[168] und die Viardot-Garcia hätten Eckert's Berufung durchgesetzt. Clärchen Baumeister behauptet, sie sei hauptsächlich den Bemühungen der Ministerin [...][169] zu verdanken, die damit den Schöpfungen Richard Wagners hier den Boden bereiten wolle...«[170]

An die Eltern

»Cöln d. 11ten Dec. 1868

... Am Mittwoch bekam ich einen Brief von Stern, mit der Aufforderung in seinem Concert am 9ten Januar ›Otto der Schütz‹ zu dirigiren. Das nahm ich natürlich mit Freuden an. Ich weiß nur nicht, ob ich nicht um dieser Aussicht willen nun hier meinen Stundenschluß bis zum 23ten als dem letzten offiziellen Stundentag hinausschieben muß, damit ich nach Neujahr getrost etwas länger bleiben kann. ...

Cöln d. 16ten Dec. 1868

... Gestern hatten wir hier die Schöpfung[171] in recht guter Ausführung; Hiller hatte mich aufs Programm gesetzt als Begleiter der Recitative am Flügel. Dies Geschäft war nicht sehr interessant, besonders weil ich nun beide Hauptproben von Anfang bis zu Ende mitmachen mußte; doch saß ich so recht mitten in dem Wogen des vollen Klanges, und hatte große Freude an dem schönen Werk. Es geht mir mit manchen von den populärsten Sachen so, daß ich gerade sie nicht so genau kenne, und nicht so oft gehört habe. Die Schöpfung habe ich nur einmal, und das vor vielen Jahren aufführen hören, so war mir der Eindruck also ein fast ganz neuer und sehr frischer. Die Soli waren vortrefflich besetzt: Frau Peschka-Leuttner und Herr Vogl, Tenorist aus München mit schönen kräftigen Stimmen, guter Schule und musikalischem Verständnis wenn auch nicht gerade von poetischem Reiz, und Stägemann, den ich in jeder Beziehung gern habe. Königslöw bemerkte sehr richtig, daß die Geschichte langweilig wird, wenn die Menschen auf die Welt kommen; bis dahin, besonders im ersten Theil ist die ›neue Welt‹[172] aber ein reizendes Institut, und man läßt sich mit rechtem Behagen darin nieder...«

An Marie Hoffmeister.

»Cöln d. 19ten Dec. 1868

Liebe Tante! Dies stellt meinen Weihnachtsbrief vor; da er aber einer von 22 ist, die ich dieser Tage bis zur Abreise noch in Gott weiß was für Angelegenheiten zu schreiben habe, so mußt du schon verzeihen, wenn er ledern und mager wird. Als Beigabe erhältst du ein Heft von 8 Klavierstücken, die dir zu ewigem Eigenthum bestimmt sind, wenn du bei ihrem dereinstigen Erscheinen die Widmung nicht ausschlägst. Wie viel du davon aber jetzt wirklich zu sehen bekommst, weiß ich noch nicht, denn ich sitze mit der Abschrift noch am ersten. Alle sind dir unbekannt, die meisten datiren aus allerneuster Zeit, nur das kleine in G-dur aus frühester Zeit sehr Schumannisch, will ich doch auch in die Sammlung einschmuggeln.[173] Außer dieser Gesellschaft habe ich eine Fantasie für Klavier in 3 Sätzen komponirt und aufgeschrieben,[174] eine Cantate nach schönen Worten von Tieck für Chor, Orchester, Bariton und Sopransolo komponirt und nicht aufgeschrieben,[175] und da die Eltern in Berlin von allen diesen Unthaten Nichts wissen, so macht es mir Spaß, sie am heiligen Abend damit zu überraschen. Wäre nur erst die Cantate nicht bloß sauberes unbeschriebenes Notenpapier mit Titel!! … Gestern bekam ich von einer Dame aus Aachen, die neulich zu mir gekommen war, um mir Einiges vorzuspielen und meine allerhöchste Meinung darüber zu vernehmen, 6 Flaschen spanischen Weins (Malaga, Malvasier und Priorato) zugeschickt. Da kam ich mir doch beinahe vor wie Mendelssohn, dem ein dankbarer Vater neues Tuch zu einem ganzen Anzuge verehrte. Es macht mir aber großen Spaß! …«

Hinsichtlich der erwähnen »Cantate« füge ich Folgendes hinzu. Als ich eines Tages durch eine der abgelegensten, engsten Gassen Kölns schlenderte, sah ich im Schaufenster eines winzigen Lädchens zu ebener Erde zwischen allem möglichen Gerümpel ein schlecht eingebundenes, altes Buch stehen, auf dessen Rücken ein Zettel geklebt war mit den Worten »Kaiser Octavianus von L. Tieck«[176]. Das war wie ein Gruß aus fernsten Kindertagen. Ich ging hinein und erstand den Schatz. Als ich dann zu Haus zu lesen begann, gefiel mir der Anfang des Vorspiels, das den Titel führt »Der Aufzug der Romanze«, ganz ungemein. Mit seinen Chören von Kriegern und Schäferinnen fordert er ja geradezu die Musik zur Mitwirkung heraus, und sofort erwachte die Lust zum Komponieren. Weiterhin erscheint die Dichtung ja vielfach zu breit, allerlei Gestalten treten auf, bald scherzhafte bald ernste; unter ihnen auch die des Dichters. Auf lange Strecken aber wird das Ganze für musikalische

Illustration völlig untauglich. Erst gegen das Ende hin tauchen die Krieger, die am Morgen zum Kampf ausgezogen waren, aufs neue singend auf, wo dann die Worte: »Mondbeglänzte Zaubernacht, die den Sinn gefangen hält, wundervolle Märchenwelt, steig' auf in der alten Pracht«[177], den Schluß des Vorspiels bilden. Leider ließ sich auch diese Partie nicht für meine Zwecke verwerten; denn man kann doch der Morgenfrühe nicht ohne weiteres den Abend folgen lassen. So kam ich auf den Gedanken, das Auftreten des Dichters beizubehalten und in Tiecks Gedichten nach Worten zu suchen, die sich diesem in den Mund legen ließen. Sie waren bald gefunden in einigen schönen Versen, die in einem hymnischen Preis der Liebe ausklingen. Trotz aller Abänderungen glaubte ich mich berechtigt, den schönen Titel »Aufzug der Romanze« für mein Chorwerk beibehalten zu dürfen.

Von meiner Mutter.

»Berlin d. 18. Dezember 1868.

... Gestern gegen Abend als ich ganz allein war, kam plötzlich Frau v. Mühler vorgefahren. ... Natürlich war ihre erste Frage nach dir, und wann du kämest; dann theilte sie mir mit, daß gestern Vormittag der König ihrem Mann in der bewußten Sache Alles bewilligt habe, und daß nun nur noch die schriftlichen Formalitäten zu erledigen seien. Dein Exposé hat seit zwei Monaten beim König gelegen, und zwar befinden sich dabei, was ich garnicht wußte, außer dem Hiller'schen Zeugnis auch noch solche von der Schumann und Stockhausen über deine Künstlerschaft. ...«

Nach den in dem vorstehenden Brief meiner Mutter wiedergegebenen Äußerungen von Frau von Mühler ließ sich mit Bestimmtheit annehmen, daß es sich nunmehr nur noch um die Frage handele, an welchem der nächsten Tage der König seinen Namen unter die bereitliegende Kabinettsordre setzen werde. Daß in der Tat noch erhebliche Schwierigkeiten zu überwinden waren, ehe es möglich war, die Entscheidung an allerhöchster Stelle zu erlangen, davon konnte keiner unter uns etwas ahnen.

Von Marie Hofmeister an meine Eltern und mich nach Berlin gerichtet

»Wienrode d. 26ten Dec. 1868

... Ich denke so viel an Euch, doppelt jetzt, wo ich weiß, daß sich so Großes für Ernst in dieser Zeit entscheiden wird. Könnte ich mich nur ein ganz klein bischen freuen in der Aussicht und Möglichkeit, daß Frau v. M.s Plan sich verwirklicht. Es ist mir aber nicht möglich und ich sehe mit eben so viel Bedauern, daß Ernst den Rhein verlassen soll, als ich ohne Zuversicht bin, daß eine Sache, die von Frau v. M.s Hand bereitet ist, ihm und dem Ganzen zum Segen werden kann. Ich habe das Herz voll Sorgen, und glaube, daß Ernst ein Dornenweg bevorsteht, wenn er in die Stellung eintritt, von der die Rede ist. In meine Sorgen hinein kam gestern ein Brief von Hildegard[178], in dem sie mir, ohne die geringste Ahnung von dem, was für Ernst bevorsteht, sagt, wie sehr sie sich immer wieder für ihn freue, daß er der für junge Künstler verderblichen Luft von Berlin fern sei. …«

Von meinem Vater an Hoffmeisters

»Berlin d. 28ten Dec. 1868

… Der Weihnachtsabend mit W's war nicht ohne höhere Momente, so wenig auch A's Äußerlichkeit hineinpaßte. Ein prachtvoller Tannenbaum aus den Sudeten mit verhältnißmäßig wenig Lichtern und ohne allen sonstigen Schmuck wurde mit dem Choral ›Allein Gott in der Höh' sei Ehr‹[179], den Ernst spielte, begrüßt, und dann erst trat die Hausgemeinde an den Tisch und freute sich der reichen Gaben. Leider fehlte Herr Kürten, Ernsts alter Lehrer, den eigener Besuch fern hielt. Dagegen war unsere Jugend durch den Sohn, den Neffen Otto und Vetter Theodor Rudorff aus Stade reich vertreten. So hatten wir den vollen schönen Festeindruck. Mir in specie sind die Augenblicke immer besonders feierlich, wenn ich als Hausvater den Baum angezündet habe, und in dem höhern Lichte das in diesem Augenblick aufleuchtet und im nächsten erlischt, der Vergangenheit und Zukunft, der lieben Alten und der kommenden Geschicke und Geschlechter gedenke. Das nächst bevorstehende ist das unseres lieben Ernst. Ich sehe es ebenfalls mit weit mehr Sorge als Freude an. Mich jammert die junge frische Pflanze hier im Märkischen Sande und Mendelssohns Vorgang ist nicht ermuthigend. Aber abzuschlagen war das fertige Anerbieten einer solchen Stellung nicht. … Ich hatte gehofft, der Kelch werde vorübergehen und selbst den Minister gebeten, Ernst in Cöln zu lassen; da er nun doch gekommen ist ohne unser Zuthun, so wollen wir ihn demüthig annehmen. Die Emolumente[180], in denen die plebs urbana die Motive erblikken wird, haben uns glücklicher Weise sehr fern gelegen. Vielleicht kommt für die versumpfte und verzopfte Berliner Musik etwas Frisches und Gutes heraus. …«

Von meiner Mutter an Marie Hoffmeister

»Berlin d. 28ten Dec. 1868

... Wie sehr mich und uns Alle jetzt die Wendung in dem Schicksal unseres Ernst beschäftigt, fühlst du mit uns, und ich kann dir sagen, daß eigentlich kein Augenblick ist, wo ich nicht innerlich damit beschäftigt bin. So groß für uns das Glück ist, die Aussicht zu haben, Ernst herzubekommen, so habe ich doch eigentlich noch keinen Moment reiner Freude darüber gehabt. Alles liegt vor mir wie ein hoher Berg, der überstiegen werden muß, und wenn die Kabinetsordre, die in nächster Zeit unterschrieben werden soll, infolge irgend welcher Hindernisse nicht zu Stande kommt, so weiß ich nicht, ob ich mich nicht am Ende darüber freuen würde. Schwere Kämpfe, Anfeindungen, Ärger aller Art stehen dem Jungen bevor, und doch war die Sache, wie sie nun einmal gekommen ist, nicht mehr abzulehnen. Das sagen Alle, die ins Vertrauen gezogen sind. ...«

Von mir an Maria Hoffmeister

»Berlin d. 28ten Dec. Abends

... Ich komme aus dem ›Nachtlager in Granada‹[181] – auf welchem sich übrigens ganz bequem schlafen läßt, besonders wenn Herr Concertmeister Z.[182] sein Geigensolo so schön und poetisch spielt, daß man eine Knarre auf dem Weihnachtsmarkt noch viel hübscher findet. Diese Introduktion beweist, daß es eigentlich in jeder Hinsicht Schlafenszeit ist, und doch beginne ich meinen Brief an dich, weil ich das lebhafteste Bedürfniß fühle mit dir zu reden, und dies zwar in viel ernsthafterem Tone, als ich da oben angefangen. ... Wenn nun meine Rede sich gleich wieder zu der Angelegenheit wendet, die mich jetzt am meisten beschäftigt, so verzeihst du das wohl. Mir wird so rathlos, so übel zu Sinne beim Gedanken an die mir drohende hiesige Anstellung, daß ich nicht mehr aus noch ein weiß. Was du schreibst, spricht nur zu sehr mein innerstes Gefühl aus, weniger freilich in Beziehung au das Dornengehege, dem ich entgegengehe, als in Hinsicht auf das, was ich aufgebe, und auf die Öde, die meiner hier wartet. Es ist mir entsetzlich zu denken, daß ich an einem Ort, der mir so antipathisch ist wie Berlin, mein ganzes zukünftiges Leben verbringen soll, daß ich nach einem so kurzen Ausflug in die Welt nun schon wieder herunterplumpsen soll in die Sandgrube, aus der ich eben herausgekrochen. Alles ist hier so garnicht künstlerisch, so unfrisch, so blasirt, daß man meint, man müßte innerlich krank werden von der Luft, die man einathmet, und allmählig ebenso wässerig, süßlich, konventionell, verbraucht aussehen, wie die

Leute auf der Leipziger Straße. Rechenschaft kann ich mir eigentlich kaum darüber geben, warum ich so empfinde. In Cöln sind am Ende die Leute in der Mehrzahl ungebildeter, oberflächlicher als hier, im Orchester ist auch viel Mangelhaftes, viel Philistertum, in dem ganzen Musikleben giebt es Mißstände, deren Beseitigung man dringend wünscht, und doch beengt das Alles nicht; man lebt ruhig weiter und findet das Ensemble der alten Stadt, des schönen Landes, des Volks mit seinem urwüchsigen Humor trotz Allem und Allem anziehend, erfrischend und heiter. Hier aber ist umgekehrt trotz ausgezeichneter einzelner Menschen, und anderer Einzelvorzüge gerade das Ensemble unausstehlich, und ich habe das Gefühl, als wenn Jeder, der hierher käme, in einen ungeheuren Breikessel springen müßte, worin er verschwindet und ungeachtet aller Bemühung, auf die Verhältnisse belebend zu wirken, nur sich selbst verbraucht und aufgiebt. – Wollte Gott, ich irrte mich, und der vorliegende Fall machte eine Ausnahme! Tröstlich ist das Eine, daß ich erstlich, so lange ich hier bin, an Amtsgeschäften bedeutend weniger zu besorgen und im Ganzen viel Angenehmeres zu thun haben werde, als jetzt, und daß mir im Sommer 5 Monate Urlaub von Mitte April bis Ende September, zugesichert sind. Das bedeutet ein reichliches Maß von Freiheit für eigenes Arbeiten! Vier Concerte und die nöthigen Proben dazu, also den ganzen Winter hier auch Chorübungen, und dann etwa zu jeder Aufführung 4 Orchesterproben – darin besteht meine Aufgabe. Das Gehalt soll vorläufig 1000 Thaler betragen. Das Alles nimmt sich also recht sehr gut aus, und wenn ich jene Dinge an einem anderen Orte verrichten sollte, der nicht Berlin hieße, und an dem ich neben allen anderen angegebenen Lichtseiten nicht voraussetzen müßte, von Mißgunst und Widerwilligkeit zerfressen, von Pedanterie, Zopf, Königlichkeit überall behindert zu werden, so könnte ich mir freilich auf der ganzen Welt keinen besseren Posten wünschen. – Bei Gräfin Hildegard Schwerin war ich gleich am ersten Feiertag Morgen, weil ich bei ihr volles Verständniß und das unbefangenste Urtheil erwartete. Sie war denn auch ganz, wie ich es mir gedacht, kam aber freilich im Endresultat auch darauf hinaus, daß ich, nachdem ich alle Vorsicht in den Präliminarien gebraucht, die f e r t i g e Stellung nicht mehr ablehnen könne. Meistens bin ich derselben Ansicht; zuweilen denke ich aber dennoch, man hätte ›Nein‹ sagen sollen, ohne alle Umschweife. Vor Allem bin ich der Ungewißheit satt; ich wünschte, die Kabinetsordre läge endlich unterschrieben vor mir, oder statt ihrer die Nachricht, daß der König bei näherem Besehen anderen Sinnes geworden sei. Ist mir im ersten Fall nicht Alles ganz nach

Wunsch, so kann ich wenigstens anfangen zu remonstriren, und brauche nicht eher anzunehmen als bis man mir gewährt hat, was ich haben will...«

Von meiner Mutter an Marie Hoffmeister

»Berlin d.11ten Januar 1869

... Heute will ich dir endlich wieder eines schreiben um dir zu sagen, wie die Sachen stehen. Ernst wollte bestimmt gestern Abend abreisen, nachdem am Sonnabend im Stern'schen Concert seine Ouverture unter seiner Leitung glücklich abgelaufen war, und das Orchester sie über Erwarten gut gespielt hatte. Gerade am Sonnabend hatte Mühler die wichtige Audienz beim König, und da an dem Tage kein Bescheid an uns gekommen war, so glaubten wir die Sache mißglückt. Da kam gestern Morgen ein wirklich sehr liebenswürdiger Brief von Frau v. Mühler an Ernst, der nun doch eine günstige Entscheidung erwarten läßt. Ernst fuhr darauf nochmals zu Mühlers und hörte dort sehr hübsche Einzelheiten über das Gespräch des Ministers mit dem König, der auf alles Einzelne mit Interesse und Verständniß eingegangen sei. Wenn der König auf die Rücksprache mit Hülsen verzichtet, so wird wahrscheinlich heute noch die definitive Entscheidung eintreffen. Ernst bleibt deshalb heute noch hier, und hat nach Cöln telegraphirt, daß er erst morgen früh dort eintreffen könne. ...«

Der König verzichtete, wie das bei seiner strengen Gewissenhaftigkeit nicht anders zu erwarten war, keineswegs auf eine Rücksprache mit seinem Generalintendanten Herrn von Hülsen, und da der Letztere für einige Zeit verreist war, ferner aber auch von Rechts wegen der Hausminister von Schleinitz noch gehört werden mußte, so zog sich die Entscheidung über die ganze Angelegenheit aufs neue hinaus.

Von meinem Vater

»Berlin d. 12ten Januar 1869

Mein geliebter Ernst! Mein erster Gang nach deinem Abschied war heute zu den lieben alten Hollwegs. Der Weg durch den Thiergarten, im hellen Frostwetter und Sonnenschein, die sich nach dem langen trüben und feuchten Wetter über Nacht eingestellt hatten, stimmten die Seele so, daß die Aufregung der jüngst vergangenen Zeit wie ein verworrener Traum verflogen ist und man wieder vertrauensvoller der Zukunft entgegen geht.

Dieser Stimmung entsprach die Unterhaltung mit beiden lieben alten Freunden. Er läßt dir sagen, Berlin wäre ein gefährlicher Posten, seine Größe würde dir einen mächtigen Impuls gegeben haben, aber es fehle aller künstlerische Sinn, es achte nur, was ihm imponirt, nicht was schön ist. Sie wünschte dir Leipzig oder einen anderen Ort, wo du deine Jugend erst noch genießen könntest. In Beziehung auf den möglichen, aber doch sehr problematischen Ausgang der Mühlerschen Bemühungen mögest du festhalten: Gott befohlen! Die Hauptsache sei, daß du ein unabhängiger Mann seiest, der die Entwicklung abwarten könne. Dir diese Unabhängigkeit zu wahren, so lange ich arbeiten kann, sehe ich für meine theuerste Lebensbestimmung an.

Die beifolgende hübsche Recension[183] schickt Dir Hollweg mit der Bemerkung, daß sie völlig seiner Empfindung entspräche. .. Auch Onkel Spener ist sehr lobend, nur nennt er unter deinen Mustern auch – Wagner. Sollte aus der Tannhäuser-Periode wirklich ein Rest geblieben sein? Ich glaube kaum.

Klärchen Baumeister war hier um uns zu trösten. In der Nacht, erzählte sie, hätte die Mutter im Halbwachen gesagt: ›Ob er jetzt wohl schläft?‹ Das Wer verstand sich von selbst.

Nun wirst du deine 5 Stunden hinter dir haben und in gewohnter Umgebung dich der Ruhe und dann der Freude an deinem Beruf und deinem lieben alten Cöln hingeben dürfen. Nur in dem Berliner Sand und Sumpf verarbeitet zu werden, scheinst du Hollweg und mir zu gut, und Ersterer läßt dir noch sagen, von deinen Bedingungen mögest du kein Jota ablassen, du könnest Durch deine Festigkeit nur gewinnen und imponiren. …«

## An die Eltern

»Cöln d. 15ten Januar 1869

Liebste Mutter! Mein erster Brief ist zugleich ein Geburtstagsbrief und so will ich denn auch mit dem herzlichen Glückwunsch anfangen. Meine kleine Sendung kommt leider einen Tag zu spät, ich konnte gestern nicht damit zu Stande kommen, du mußt also morgen mit dem Brief vorlieb nehmen. …

Mir geht es recht gut; es ist mir viel ruhiger zu Sinne, seit ich hier bin, und mich nicht mehr ausschließlich mit Warten beschäftige. Auch sehe ich unbefangener das Vortheilhafte von beiden Möglichkeiten, und so mag denn kommen, was kommen will. Vaters lieber Brief überraschte und erfreute mich heute lebhaft. Es scheint danach, als wenn bei uns Allen ein ähnlicher Stimmungswechsel eingetreten wäre. … Gestern

Abend war Gürzenichconcert mit ziemlich langweiligem Programm, und ich schlief bei einem Cellosolo ganz gemüthlich ein. Der sehr schwache Klang im Saal überraschte mich nach der Singakademie aufs Neue. Dafür spielten sie aber die D dur Symphonie von Beethoven ganz vortrefflich. Auch Hillers kleines altes Chorstück ›O weinet um sie‹ machte mir aufrichtige Freude. Es ist ein eigenartiger, ich möchte sagen: in schönem Sinn ›hebräischer‹ Zug der Klage darin, der mich an gewisse Parthien im Elias erinnerte. Als ich Hiller das aussprach, sagte er: ›Dann erinnere nicht ich an Mendelssohn, sondern er an mich, denn der Elias ist später, als mein Stück.‹ Gernsheims Klavierconcert[184] ist sehr achtbar, läßt mich aber durchaus kalt. – Nach dem Concert ging ich, eingedenk deiner Vorschrift, liebe Mutter – o weh! gleich in die Kneipe. Es war mir doch zu sehr Bedürfniß, mit Janitsch, Wolff und Gräbe noch zusammenzusitzen, und ich habe jetzt auch die Letzteren in das Vertrauen gezogen, da ich sowohl ihrer lebhaftesten Theilnahme, als auch ihrer Verschwiegenheit gewiß bin. Ueberdies scheint mir das Ganze, mag der Ausgang sein, welcher er will, so durchaus nicht kompromittirend für mich, daß ich übertriebene Vorsicht wirklich nicht nöthig finde. – Hiller war sehr liebenswürdig; er hatte schon durch seinen Sohn Felix von dem guten Erfolg meiner Ouverture gehört. Alle Leute behaupten, ich sehe auffallend wohl aus; das macht wohl die Nachwirkung von Mutters Flottpott! ... Gestern las ich, daß ›Otto der Schütz‹ neulich auch in Schwerin gemacht worden ist. Es macht mir doch Freude, daß das Stück sich so fortkrabbelt...

Von meiner Mutter.

»Berlin d. 15ten Januar 1869

... Ehe ich von meinem Geburtstag erzähle, will ich dir sagen, daß ich vorgestern bei dem schönen klaren Winterwetter hinausging zur lieben Hildegard Schwerin. Ich traf sie vor ihrer Thür im Begriff zu Kanitzens zu gehen, begleitete sie dorthin, und hatte mir ihr, während wir uns unterfaßten, ein erquickliches Gespräch. Sie war ganz glücklich, von mir noch über die letzten abschließenden Vorgänge zu hören, und glaubt jetzt ebenso wie Hollwegs, Baumeisters und wir selbst, daß an ein Gelingen der Sache kaum mehr zu denken ist. Dir läßt sie mit innigem Gruß sagen, so gern sie dich hier hätte, würde sie doch keine Thräne um das Scheitern der ministeriellen Pläne weinen. Ein großes Glück sei es jedenfalls, daß nach dem Willen des Königs Hülsen und Schleinitz vor der endgültigen Entscheidung befragt werden würden.

Wäre deine Ernennung hinter ihrem Rücken erfolgt, so würden sie dir sicher die größten Unannehmlichkeiten bereitet haben...«

## Von meinem Vater

»Berlin d. 15ten Jan. 1869

... Vor Allem meinen Glückwunsch für dein neues Lebensjahr. Es ist das dreißigste, in das du eintrittst, die Zeit des kräftigsten Schaffens mit männlichem Ernst ist da, möge dir keine Störung ihren freien Genuß verkümmern. Deine Ouverture, welche die Wanderung durch Deutschland macht und überall wohl aufgenommen wird, ebnet dir die Bahn für das, was du weiter in dir trägst, und immer vollkommener ausgestalten wirst, je mehr du dem Talent, das dir Gott verliehen, durch stärkende Arbeit die Fähigkeit des Ausdrucks zuführst, und je weiter überhaupt die Reife und Klärung deines ganzen inwendigen Menschen fortschreitet.

Als Angebinde zu deinem Geburtstage erhältst du von mir in Partitur deinen geliebten Orpheus[185], der Larven und Bestien mit seiner Musik zu bändigen verstand. Ich hoffe, er wird dir Freude machen.

Den gestrigen Festtag hat dir Mutter beschrieben. Rührende Briefe sind eingelaufen, und der Abend war sehr gemüthlich, da Alles fortging, was nicht innerlich in die Harmonie paßte, und nur der reine Dreiklang, unsere beiden lieben alten Buttmanns[186] und Klärchen aushielt...«

## An die Eltern

»Cöln d. 21ten Januar 1869 Morgens

Eben krame ich meinen Geburtstagstisch etwas auf, und von den Briefen, die darauf Bezug haben, sind noch jetzt, nach 3 Tagen, nicht alle gelesen. Daraus mögt Ihr abnehmen, daß es mir wirklich nicht möglich war, eher zu schreiben...

Nachmittags

Und nun ist schon wieder der halbe Tag vergangen, ehe ich noch mit meinem ersten Gedankengespräch zu Ende gekommen bin. Frau Schumann war am Sonntag hier, spielte in Hillers matinée sehr schön, und lud mich ein, gerade mit Rücksicht auf den 18ten, andern Tages zu ihr nach Düsseldorf hinüber zu kommen. Es war mir nicht gerade gemüthlich, Briefe, Geschenke und hiesige Freunde wie ein angebissenes Stück Brod hier im Stich zu lassen, denn fast alle Sendungen kamen erst um halb elf, um 11 aber mußte ich in das Conservatorium, um 1 schnell zu Mittag essen, vor 2 Uhr dann eilig in den Zug steigen, um erst um

10 Uhr Abends zurückzukehren. Doch ließ sich eine so freundliche Aufforderung nicht abschlagen und an sich war mir der Nachmittag mit Frau Schumann ja natürlich sehr erfreulich. Sie hatte mir eine wunderhübsche Brieftasche mit einem freundlichen Widmungswort ihrer Hand aufgebaut und Gespräch wie Musiciren, Alles that wohl. Nun ging es aber am nächsten Tag so weiter: am Morgen hatte ich Trioprobe für die Kammermusik am Abend, dann unfreiwilliger Besuch bei Hiller einer Besprechung wegen, dann eine Stunde im Conservatorium, nach Tisch Probiren des Flügels im Saal, Präliminarien für den Abend, endlich das Concert selbst. Kurz zu einem rechten Besinnen kam ich nicht, und gestern war es fast am ärgsten. ... Brahms schreibt mir heute einen in Anbetracht seiner zurückhaltenden Eigenart wirklich sehr lieben Brief, den ich nächstens einmal an Euch einlegen werde. ...

Cöln d. 24ten Januar 1869

... Über mein Trio (D-dur von Beethoven) in der Kammermusiksoiree, das in allen Proben wirklich sehr gut ging, habe ich nicht gerade Schlechtes zu berichten; da es aber im Saal eiskalt, die Tasten selbst wie Eisstücke waren, und der Erard'sche Flügel, auf dem wir nicht hatten zusammen probiren können, mir etwas sehr Ungewohntes hatte, so fühlte ich mich – einschließlich Concertaufregung – recht unbehaglich, und spielte nicht so, wie ich es kann. Doch behaupten die Zuhörer, die ich gesprochen, es wäre gut gewesen, und so will ich mich über meinen persönlichen Eindruck von der Sache recht gern beruhigen, wenn es wirklich so ist.

Paul David, der, als er neulich hier war, mit Kühne in Unterhandlung trat wegen Übernahme eine Musiklehrerstelle an der Schule in Uppingham, ist jetzt mit ihm im Reinen. Am 6ten Februar reist der gute Mensch nach England ab. So sehr ich mich freue, daß er ein solches Ziel erreicht hat, so ist es mir doch recht leid ihn scheiden zu sehen. Auch Gräbe verläßt uns wahrscheinlich, um eine Stellung in Frankfurt anzunehmen. Das wäre ein noch größerer Verlust...

Hierneben schicke ich eine neue Kritik der ›Signale‹ über meine Ouverture[187]; du kannst sie aufbewahren, denn für die Signale ist sie ein Meerwunder; ich bin da noch nie so herausgestrichen worden. Von allen angekommenen Briefen lege ich nur den von Brahms ein und rekommandire, damit dieses Aktenstück nicht verloren geht. Ich habe wirklich große Freude über den Brief gehabt, und bilde mir ein, du wirst aus der feinen und herzlichen Art, wie er schreibt, doch auch ein Stück Persönlichkeit heraus fühlen, daß man Ursache hat zu lieben –

nicht nur zu bewundern. In der Chorprobe neulich, wo Hiller mit äußerster Leichtfertigkeit das deutsche Requiem durchnahm, habe ich trotzdem die Musik mit wahrhafter Begeisterung innerlich erlebt, und das will für eine Chorprobe etwas heißen, für eine Chorprobe unter Hiller noch mehr. …«

Zu den Sachen, die ich in letzter Zeit komponiert hatte, gehörte, wie oben erwähnt, auch eine Fantasie für Klavier[188]. Um Neujahr etwa hatte ich noch von Berlin aus das Manuskript an Brahms geschickt mit der Frage, ob ich ihm das Stück, wenn es einstmals im Stich erschiene, zueignen dürfe. – Über meine Kompositionen aus früher Zeit hat Brahms einem anderen Musiker gegenüber einmal die Äußerung getan: »Seine Variationen für 2 Klaviere und sein Sextett sind hübsche frische Musik; er und Joachim müßten nur mehr schreiben.« Freilich erfuhr ich von dieser Tatsache erst in späterer Zeit. Immerhin beweist sie, daß es an und für sich damals nicht zu gewagt war, ihm ein Stück widmen zu wollen. Wohl aber habe ich mich später darüber gewundert, daß ich gerade mit diesem Stück, das als Ganzes betrachtet und mit dem Titel »Fantasie« versehen offenbar einen breiter angelegten und durchgeführten Schlußsatz vermissen läßt, dem Namen Brahms habe verbinden mögen. – Ich erhielt von ihm den folgenden Brief:

»Wien (d.19ten) Januar 1869

Werther Herr Rudorff! Unter allen Umständen scheint mir nun die Widmung eines Werkes das ehrenvollste und freundlichste Geschenk das gegeben und empfangen werden kann. Da jeder hier nach seinem Maß und ein anständiger Mensch immer sein Bestes giebt, so kann wohl eigentlich von einer Würdigkeit nicht die Rede sein. Ich sage das wohl, damit ich gerade bei dieser Gelegenheit Ihrem Werk nicht durch Lob zu schmeicheln und zu danken brauche. Meine Bitte um Mittheilung Ihrer Musik hatte jedenfalls einen so guten Grund und Willen als Ihre Sparsamkeit hierin. Um nun besagtem Lob über so viel Inniges und Ausdrucksvolles in Ihrem neuen Werk noch einmal auszuweichen, will ich ein Bedenken mittheilen, das mir, wie ich glaube, schon sonst bei Ihren Sachen vorgekommen. Denn leider kenne ich diese nur, soweit es die Liberalität der ausleihenden Musikhändler erlaubt. Mir scheint, Sie behandeln den Rhythmus etwas rücksichtslos oder sorglos. Ich muß bekennen, daß ich dem Versuch nicht widerstehen kann, gleich das erste Stück Ihrer neuen Phantasie – ohne seine sanft-träumerischen Charakter zu vergessen – in etwas regelmäßigere Taktzahl zu bringen;

z. B. wird es mir schwer, den ersten Takt einer Melodie gelegentlich als zweiten gelten zu lassen. Doch weiß ich nicht genug, wie weit das Ihre sonstigen Sachen angeht. Diesmal erlaubt ja der Titel ›Phantasie‹ alles mögliche, und fügen Sie diesem meinen Namen hinzu, so machen Sie mir die größte Freude. – Frau Schumann sprach mir von Ihrem Interesse für mein ›Requiem‹. Ich wäre Ihnen dankbar, wenn Sie derlei an die richtige Adresse, d. h. an mich schrieben, auch die ›aber‹ nicht fehlen ließen. Sind Ihnen meine ›Lieder‹ bei Simrock und Rieter-Biedermann schon vorgekommen? – Ich meine, Ihre Berliner Adresse galt für einen bessern Briefschreiber, Sie werden wieder in Köln sein? Soll ich Ihnen auch dorthin die ›Phantasie‹ zurückschicken, damit Sie dieselbe recht bald nach Leipzig befördern können?
Mit herzlichem Gruß Ihr sehr ergebener

J. Brahms.«

Frau Schumann, der ich schon seit der Leipziger Zeit oft genug meine Kompositionsversuche mitgeteilt hatte, tadelte wiederholt das häufige Vorkommen unregelmäßiger Rhythmen. Schließlich äußerte sie bei besonders auffallender Gelegenheit: »Ich werde Brahms bitten, daß er Ihnen einmal darüber seine Meinung sagt.« So sind die Worte, die dieser hier in der Angelegenheit an mich richtet, ohne Zweifel auf eine Anregung von Frau Schumann zurückzuführen, womit jedoch wiederum nicht gesagt sein soll, daß der Fall, der Brahms zu seiner Mahnung veranlaßt, nicht ein besonders auffallender wäre. – Die Worte »innig« und »ausdrucksvoll«, die er anwendet, beziehen sich offenbar ganz vorzugsweise auf den ersten Satz der »Fantasie«. Als ich nach vielen Jahren das zweite Klavierkonzert in B-Dur von Brahms kennenlernte, wurde ich im dritten Satz durch einen auffallenden Anklang an eigene Musik überrascht: Die Melodie, mit der nach dem ersten Ansturm des Klavieres die Violinen mit der Bratsche in Oktaven »tranquille e dolce« einsetzen, entspricht vom fünften Takt an fast Note für Note dem Anfang meiner Fantasie. Wahrscheinlich ist die Erinnerung an diese Stelle in Brahms' Seele unbewußt haften geblieben und hat nach Jahren nachklingend sich dem eigenen Schaffen eingefügt.

Kaum war es mir gelungen, über die täglichen Erlebnisse in Köln die Berliner Möglichkeiten einigermaßen zu vergessen, als am 28. Januar ein Brief meiner Mutter eintraf, in dem die Worte standen: »Eben geht Frau v. Mühler von mir; sie brachte uns die Nachricht, daß der König diesen Morgen die Kabinettsordre unterschrieben habe. Damit also ist die Sache entschieden. Mit Hülsen hat Mühler gesprochen, ihn aber ganz und gar gegen den Plan eingenommen gefunden. Schleinitz soll sich zustimmend geäußert haben. An Hülsen wird sich weiter nicht gekehrt. Der König hat die Mitwirkung der Kapelle in den Concerten bewilligt, wenn es sich mit der Rücksicht auf die Oper einrichten lasse.« Am nächsten Tag erhielt ich das folgende Schreiben des Ministers

»Berlin d. 28ten Januar 1869

Verehrter Herr Professor! Von meiner Frau erhalten Sie heute einen Brief, der Sie über den günstigen Ausgang der hier gethanen Schritte unterrichtet. Es liegt mir nun sehr daran Sie sobald als irgend möglich zu sprechen, um alles Weitere in Gang zu bringe, zugleich wäre es mein Wunsch, daß Sie in der Woche vom 12 – 18ten Februar in meinem Hause an einer kleinen Musikaufführung vor den höchsten Herrschaften Sich betheiligen. Darüber ist viel vorher zu reden. Am liebsten würde ich Sie am nächsten Montag d. 1ten Febr. sehen. Ich bitte, mir telegraphisch anzuzeigen, wann Sie kommen werden, damit nicht erst offizielle und Privatbriefe sich mit Ihnen kreuzen

v. Mühler.«

Natürlich blieb mir nichts anderes übrig, als baldigst von Köln abzureisen, um am 1. Februar zur gewünschten Zeit mich bei dem Minister einzufinden. Bei den nun folgenden mehrfachen Unterredungen mit dem Minister und der Ministerin wurde es mir allmählich zur Gewißheit, daß ich keineswegs vor dem Anerbieten einer »fertigen« Stellung, sondern vielmehr vor der Gefahr stand, mich auf die Mitwirkung an einem nicht nur unfertigen sondern geradezu in sich unmöglichen Unternehmen einzulassen. Hierdurch aber fühlte ich mich zugleich innerlich befreit von der angeblichen Verpflichtung, durch eine Zusage meinerseits gebunden zu sein. Alle Vorbedingungen für das Einlösen dieser Zusage fehlten. Nicht ich, sondern Herr von Hülsen sollte zu bestimmen haben, wann mir das Orchester zur Verfügung stehen, wann ein Konzert stattfinden, wann und wo ich Probe halten könne. Was sollte unter solchen Umständen werden, wenn er mir z. B. zum Probieren auf der einen Seite den Schauspielhaussaal verweigerte, weil er französisches Theater darin ansetzte, auf der anderen den Opernhaussaal, weil er vielleicht nebenan ein Ballett geben wollte? Vielleicht sollte ich unter Umständen auch Beethovensche Symphonien in der Garnisonkirche aufführen und die Leute dabei frieren lassen?! Das Schlimmste von allem aber war, daß Herr von Hülsen überhaupt zu bestimmen befugt sein sollte, an welchen Abenden er das Orchester entbehren könne, auf welche Tage im Jahr also die Konzerte anzusetzen wären. – In Beziehung hierauf machte Frau v. Mühler den Vorschlag, von vornherein diejenigen Abende zu wählen, die als solche theaterfrei wären: d. h. der 2. Januar – (als Todestag Friedrich Wilhelm IV.) – den Silvesterabend und den Karfreitag. Ein vierter theaterfreier Abend existierte wohl nicht. Wenn noch etwas fehlte, so war es die für jeden Einsichtigen offenbare Unsinnigkeit dieses Gedankens, die mir endlich vollends die Gewißheit gab, daß jeder weitere Versuch einer Verständigung nutzlos sein würde. Frau v. Mühler hatte alle ihre leidenschaftliche, an Trugschlüssen reiche und darum gefährliche Beredsamkeit aufgeboten, um mich für ihre Absichten zu gewinnen. Sie hatte das Gegenteil erreicht. Ich brach ab und verabschiedete mich mit dem stillen Entschluß, daß diese Unterredung die letzte in der Angelegenheit gewesen sein sollte. Bei meinen Eltern fand ich volle Zustimmung, schrieb ein paar vorläufige Zeilen an den Minister, in denen ich ihn bat, mich zu entschuldigen, wenn ich mich außer Stande fühle, mich von der Durchführbarkeit seiner Pläne zu überzeugen, verabschiedete mich zugleich schriftlich bei ihm und fuhr am nächsten Morgen zuerst nach Wienrode, um mich im Austausch mit den Freunden etwas zu sammeln und zu beruhigen. In Köln angelangt, richtete ich am 11. Februar das nachfolgende Schreiben an Herrn von Mühler. (Ein kurzer Brief von ihm, in dem er nochmals versuchte, mich anderen Sinnes zu machen, kreuzte sich mit jenem Schreiben. Nachdem er dies letzere jedoch gelesen, ließ er nur eine »Verfügung« an mich ergehen, durch die meine Absage angenommen wurde.)

»Cöln d. 11. Februar 1869.

Ew. Excellenz werden nicht daran zweifeln, wie dankbar ich alles Wohlmeinende, das die mir zuletzt von Ew. Excellenz zugegangene Zuschrift enthält, zu würdigen weiß. Um so mehr bedauere ich, daß es mir nicht möglich ist, in der Sache selbst eine andere Anschauung dadurch zu gewinnen. Mögen es Ew. Excellenz meiner Unerfahrenheit in organisatorischen Dingen, und, wenn ich so sagen darf, meiner Bescheidenheit zu Gute halten, daß ich in wesentlichen Punkten weder in mir selbst sobald zu einer ganz deutlichen Vorstellung des Richtigen und Nöthigen gelangen konnte, noch oft den Muth fand, Ew. Excellenz entschieden zu widersprechen wo es vielleicht meine Pflicht gewesen wäre, dies zu thun. In meiner Zusage vom 5.ten Februar d. J. wagte ich nicht auf die Frage wegen Mitwirkung der Königlichen Kapelle und Bestimmung der Tage noch einmal zurückzukommen, da Ew. Excellenz in der voraufgegangenen mündlichen Besprechung am 3ten in so bestimmer Weise jede Verantwortlichkeit meinerseits darüber abgelehnt hatten, daß ich auch in der That glaubte, hiervon ganz absehen zu müssen. Erst als Ew. Excellenz am Abend des 5.ten, nachdem ich meine schriftliche Antwort eingereicht, auf die Besprechung der Einzelheiten übergingen, begann sich mir das Gefühl aufs Neue aufzudrängen, daß das Unternehmen keineswegs auf so sicherem Grund ruhte, wie ich nach den letzten Versicherungen von Ew. Excellenz mir selbst vorzustellen bemüht war. Gerade darin, daß so vieles ganz Wesentliche meiner Verantwortlichkeit und damit meiner Bestimmung entzogen werden sollte, schien mir jetzt das Gefährliche zu liegen. Am nächsten Tage erfuhr ich dann, wie Ew. Excellenz wissen, aufs Neue und nur noch in bestimmterer Form, wie wenig der Herr Generalintendant von Hülsen geneigt und nach seiner Ansicht im Stande sei, das Ganze durch sein Entgegenkommen zu unterstützen, und so steigerte sich der Gedanke zur unabweislichen Gewißheit, daß ich im Begriff sei, eine Aufgabe zu übernehmen, für deren mögliche Durchführung mir keinerlei sichere Gewähr gegeben worden. Ich würde mir sagen, daß ich mich vielleicht auch jetzt täusche; doch bestätigt mir das Urtheil Sachverständiger nur zu sehr die eigene Meinung. Soll man, abgesehen von allen den großen Schwierigkeiten – die ja ohnedies bei der Ausführung eines solchen Unternehmens nie ausbleiben und deren Bekämpfung ich nicht scheuen würde – mit einiger Sicherheit auf ein Gelingen rechnen können, so müssen vor Allem sichere Grundlagen in Beziehung auf die zu Gebot stehenden Mittel gegeben und die Bestimmung über diese ersten Vorbedingungen ebenso wenig von der Gunst oder Ungunst einzelner Persönlichkeiten, als überhaupt von der Entscheidung einer nicht fachlichen Autorität abhängig sein. Ich kann mich aber leider der Einsicht nicht verschließen, daß in dem vorliegenden Fall eine solche objektiv feste Grundlage durchaus fehlt. Die Intendanz des Theaters hat die Freiheit, Orchester und Räumlichkeiten zu verweigern, wie es ihr beliebt, und die Conzerte, wie mir die eigenen Äußerungen von Ew. Excellenz dies erst ganz anschaulich machten, auf Tage zu beschränken, an denen eine, den Erwartungen entsprechende Aufführung mehr oder weniger unmöglich ist. Dies könnte nur anders ein, wenn der Übermacht der Ansprüche gegenüber, die das Theater seiner ganzen Anlage nach zu erheben hat, die Stellung der academischen Conzerte eine ganz freie wäre, wenn dem Direktor derselben die Bestimmung der Tage und Stunden, an denen er das Orchester braucht, sowie der Räume, die er benutzen will, – natürlich mit aller möglichen Rücksichtnahme seinerseits auf das Theater, aber doch unbedingt – zustände. Erst darauf würde sich auch für ihn eine wirklich freie Verfügung über die Programme ergeben, die mir – was ich nur nebenbei erwähne – auch schon dadurch beeinträchtigt erscheint, daß bei der geringen Anzahl der Concerte zwei von ihnen der Aufführung großer Oratorien bestimmt zugewiesen sein sollen.

Schließlich erlaube ich mir die gewisse Hoffnung auszusprechen, Ew. Excellenz werden meine vorläufige Erklärung auf ein vorläufiges Anerbieten nicht als etwas Bindendes angesehen haben, und mir verzeihen, wo ich übereilt und ohne genügende Umsicht gehandelt habe. Nichts wäre gewiß verkehrter, als wenn ich nicht wenigstens jetzt meinen Fehler zu bessern suchte, indem ich auf das Übernehmen einer Aufgabe verzichte, die ich unter den gegebenen Umständen keinesfalls zur Zufriedenheit seiner Majestät des Königs ausführen zu können glaube, und bei der ein erfolgloses Versuchen, ebensowohl der Sache, als meiner eigenen Zukunft schaden würde.

Darf ich Ew. Excellenz bitten, das vorstehend Geschriebene Seiner Majestät dem Könige mit dem allerunterthänigsten, ehrfurchtvollsten Dank für die Gnade mittheilen zu wollen, die er mir zu erweisen gesonnen gewesen ist.

In ausgezeichneter Hochachtung verharre ich
Ew. Excellenz
gehorsamster dankbar ergebener Diener
Ernst Rudorff.

### Von meinem Vater

»Berlin, 12. Februar 1869.

Ich wünsche dir und uns Glück zu deinem Briefe. Dein fester männlicher Entschluß hat uns die Ruhe wiedergegeben und wird dir gewiß zum Segen gereichen.

Beseler hat große Freude an deinem Briefe gehabt, der eben so geschickt und klug, wie klar ist. ›Den lassen Sie nur gehen, meinte er, er wird seinen Weg schon machen. Nun aber halten Sie sich die Weiber vom Leibe und sagen Sie ihnen, sie hätten nichts mehr mit der Sache zu schaffen.‹

Mommsen, mit dem ich gestern ausführlich auf dem Rückwege von der Academie die Sache besprach, hatte auch die größesten Bedenken gegen die Annahme einer unhaltbaren, bodenlosen, durch die Gemeinheit und den Brotneid der ältern Musiker noch dornenvollern Stellung. Er wird sich freuen, wenn ich ihm übermorgen neben deinem Brief mein ihm dediziertes Ediktsexemplar[LVI] mittheile – denn heute ist die Sendung angelangt. Es ist ein wunderliches Kehrichtfaß das alte Berlin. Neben der plattesten ordinärsten Gemeinheit, wie sie R's und Frl. D. ganz unbefangen zur Schau tragen, stehen die nobelsten edelsten Menschen: Eine solche Elite enthält der Kern der Universität und unsere lieben Freunde Buttmanns, Clärchen u.s.w. Bei dieser Gelegenheit haben wir beide Kategorieen unterscheiden lernen! … Was dich gerettet hat, ist deine Wahrheitsliebe und Einfachheit. …«

Von demselben

»Berlin, 13. Februar 1869.

Diesen Nachmittag erhalte ich von Herrn v. Mühler nebst der an dich ergangenen Verfügung in Abschrift folgendes Handschreiben:

Ew. Hochwohlgeboren
Wollen aus der in Abschrift hier beiliegenden Correspondenz ersehen, welchen Ausgang die Verhandlungen wegen Berufung Ihres Sohnes an die hiesige Academie der Künste genommen haben. Sie werden verstehen, daß es mir schmerzlich ist, einer mit Liebe aufgefaßten und mit Eifer verfolgten Hoffnung meinerseits entsagen zu müssen und es ist mir Bedürfnis Ihnen gegenüber dieses auszusprechen.

Die Sache selbst gebe ich darum nicht auf, wenn ich auch jetzt meinen Blick auf andere Personen richten muß. Um so mehr liegt mir daran zu erfahren, welches die authentischen Quellen sind, durch deren Mittheilungen Ihr Sohn bestimmt worden ist, zurückzutreten, damit ich bei den weitern Schritten nicht mit unbekannten Faktoren zu rechnen habe, sondern aus den Originalquellen schöpfen kann. Ich ersuche Sie daher, Sich von den betreffenden Personen die Autorisation geben zu lassen, mir ihre Namen zu nennen. Mit unwandelbarer, meinem alten Lehrer gewidmeter, dankbarer Hochachtung

Ew. Hochwohlgeboren
ergebenster
Mühler«

Was sagst du zu diesem Gemisch inquisitorischer Schreckschüsse und freundlicher Worte? … Ich antworte natürlich: ich sei nicht in der Lage, seinen Wünschen entsprechen zu können. …

LVI Arbeit meines Vaters über das »Edictum perpetuum«.

… Clärchen hat mit Stern gesprochen. Er ist voller Anerkennung und Freude über deinen Schritt gewesen und hat gesagt: du würdest hier in ein Wespennest gerathen sein und bald genug erkennen, an welchem Abgrunde du gestanden habest. Sonst ruft man die Personen, wenn die Sache fertig ist, hier ist für die Sache nichts geschehen und man hat mit der Person angefangen. …

Hülsen soll gesagt haben: ›Das ist ein wackerer junger Mann.‹ Und Trendelenburg: ›nun kommt er gewiß hierher.‹ Imponieren müßte deine Ablehnung der ordinären Gemeinheit, der um 1000 Thl. Alles feil ist, Ehre und Reputation, wenn sie fähig wäre, dergleichen zu verstehen. …«

Von Minister von Bethmann Hollweg

»Berlin 16. Febr. 1869.

Mein lieber Rudorff!
Unmöglich kann ich zu der glücklichen Entscheidung, die Sie mit eben so viel Einsicht als Entschlossenheit getroffen haben, schweigen, und zwar um so weniger als Sie nach meinen letzten Äußerungen glauben konnten, ich sei nicht einverstanden. Nein, gerade daß Sie ganz selbständig, ja gegen die Ansicht wohlmeinender Freunde Ihre Freiheit gerettet haben, ist mir eine doppelte Freude. Es giebt eben keine noch so verwickelte oder schiefe Stellung, aus der nicht ein reines Gewissen und der Muth, den dieses giebt, zu retten vermöchte. Auch die Form Ihres Briefes an den Minister ist vortrefflich. Es ist wahr, es war ein Fehler, daß Sie sich auf diese Sache ohne die Garantien, die Ihnen nicht geboten werden konnten, einließen und Sie werden sich erinnern, daß Ihre besten Freunde Sie sofort gewarnt haben. Aber eben so wahr ist es, daß Sie rechtthaten, in der letzten Stunde den begangenen Fehler zu verbessern, wie ich stets der Meinung war, ein Mädchen, das ihren Bräutigam nicht lieben kann, thue wohl, noch vor dem Altar zurückzutreten, um nicht fürs Leben unglücklich zu werden und unglücklich zu machen. Schon jetzt findet auch Ihr Entschluß allgemeine Billigung; durch den Verzicht auf eine Stelle mit 1000 Thl. haben Sie bewiesen, daß es Ihnen nur um die Sache zu thun war, Sie sind dadurch in der Achtung der Menschen nur gestiegen, und der schönen Laufbahn, die Gott Ihnen mit Ihrem Talent eröffnet hat, kann daraus nur Förderung erwachsen.

Welchen Antheil ich und die Meinigen, die vor Ihrer Zukunft auf dem dornigsten Pfade zitterten, an Ihrer Befreiung nehmen, brauche ich Ihnen nicht zu sagen.

In treuer Freundschaft

Ihr Hollweg.«

An die Eltern.

»Rheineck d. 13ten Febr. 1869

… Hier bin ich seit gestern Abend. Als ich den Schloßberg heraufstieg, glaubte ich zuweilen ich würde heruntergeweht. Es war ein Sturm, ein Getöse, als wenn alle Höllengeister über die Erde dahinrasten. Nachts flogen die Schiefer – die Layen, wie sie hier sagen – immer prasselnd von den Dächern auf das Hofpflaster nieder, und das Haus war mit Allem was es beherbergte, in beständiger Bewegung. …

Sonntag Nachmittag.

Heute Morgen kam ein Reskript vom Minister, das in sehr kurzen Worten meine Ablehnung annimmt, da es ›nicht möglich sei, die unbedingte Mitwirkung des Orchesters‹, wie ich verlangt, zu gewähren. Nun bin ich also frei, und danke meinem Schöpfer, der mich erstlich aus der beständigen Unruhe der letzten Monate und dann von der Aussicht auf eine Position voller Halbheiten und unwürdiger Abhängigkeiten erlöst hat. … Soeben kommen Eure Briefe, die mir durch ihr volles Zustimmen zu meiner Handlungsweise erst die rechte Befriedigung geben. … Jetzt noch eine Frage: soll ich an Frau von Mühler ein paar freundliche Worte schreiben, um die persönliche Höflichkeit zu wahren? Ich glaube, es wäre das Richtige…«

Ich füge abschließend hinzu: wenn der Minister meinem Vater schrieb: »Die Sache selbst gebe ich darum nicht auf, wenn ich auch jetzt meinen Blick auf andere Personen richten muß«, so liegt es auf der Hand, daß sein Suchen nach einer entsprechenden Persönlichkeit vergeblich bleiben mußte. Kein gewissenhafter Künstler würde sich zur Übernahme einer Aufgabe bereit gefunden haben, die wie diese von vornherein jede Aussicht auf Gelingen ausschloß. Freilich aber ließ sich der Tatendrang der Frau Ministerin bei solcher Erkenntnis nicht beruhigen. Wenn es ihr nicht gelungen war, ein neues königliches Konzertinstitut mit den gegebenen Mitteln ins Leben zu rufen, so faßte sie nun den Plan zu einer anderen Schöpfung, zur Gründung einer königlichen Musikschule größten Stiles ins Auge. Daß und wie sie es erreichte, diesen Gedanken zu verwirklichen, davon wird später die Rede sein.

An die Eltern

»Cöln d. 22ten Februar 1869.

… Gestern war ich zu Tisch zu Bürgers eingeladen. Ich habe von diesen Leuten, die hier zur ersten Aristokratie gehören, und sehr zurückgezogen leben, wohl nie erzählt. Die Mutter ist eine ausgezeichnete Frau, und ihr Sohn, der ohne Zweifel der interessanteste der hiesigen vornehmen jungen Herren ist, giebt das beredteste Zeugniß von der vortrefflichen Erziehung, die er genossen. Frl. Ernsts steht seit langer Zeit in sehr regem Verkehr mit Frau Bürgers; Hans Bürgers meldete sich im Herbst zum Bachverein, ist ein sehr getreues Mitglied, und daß die Mutter mich kennen lernen wollte, wußte ich auch längst. Nun war ich gestern dort, und bin ganz und gar eingenommen von der aparten, geistvollen, feinen Frau; sie ist eine Natur, die im Einklang steht mit den Empfindungen, die die alten kölnischen Kirchen reden, himmelweit verschieden von dem oberflächlichen gewöhnlichen rheinischen Ton. Sie hat den Gedanken, daß unser Chor einmal in Maria in capitolio singen müsse. Bürgers wohnen der Kirche unmittelbar gegenüber, und gehören mit ihrer ganzen Familie schon Generationen hindurch ›zur Pfarrei‹, wie sie mir gestern sagte. …

Heute Nachmittag fuhr ich nach Crefeld, um ein neues Chorstück von Bruch zu hören, das er dort aufführt. Seine Symphonie hat mir theilweise neulich große Freude gemacht, theilweise auch nicht. Das Requiem von Brahms ging abscheulich, so daß man nirgends einen eigentlichen Eindruck empfing. Hätte ich das Stück selbst gemacht, so wäre ich in Verzweiflung gewesen weil ich mir eingebildet hätte, die Musik sei daran Schuld; bei einem Andern ist man objektiver, und weiß doch, was man an der Sache hat. …

Cöln d. 28. Februar 1869.

… Heute Morgen habe ich eine große Freude gehabt. Gräfin Schwerin hat mir nämlich eine wundervolle große Photographie von Fritz geschickt, von der sie mir neulich ein Exemplar versprach, und dabei so liebenswürdig geschrieben, daß ich kaum weiß, worüber ich mich mehr freuen soll, über den Brief oder über das Bild…

Wir hatten hier während der verflossenen Woche ein Conzert nach dem andern, und man fängt an, musiksatt zu werden. Alles ist wohlthätig für die Abgebrannten vom Theater; dazu war ich am Montag in

Crefeld; kurz, es ist genug des Guten. Die Crefelder Reise hat mir viel Spaß gemacht; Bruchs neues Chorstück ist recht schön, besonders die zweite Hälfte, und dann muß ich wieder eine Lobrede auf die kleinen rheinischen Städte halten, in denen so vortrefflich, frisch und anregend musiziert wird, daß es eine Freude ist. Der Chor ist ausgezeichnet, das Orchester sehr hübsch, wenn auch nicht brillant, der Saal akustisch, daß es nur so wettert, und dann alle die Leute mit eben so voller Theilnahme dabei, wie sie hier meistentheils nicht dabei sind. …

Cöln d. 3. März 1869.

Das beifolgende Programm bezeugt, daß gestern ›Otto der Schütz‹ wider Erwarten das Abonnements conzert hier eröffnet hat. Schon in voriger Woche hörte ich, während Hiller nach Bremen verreist war, sein Stück werde noch nicht gemacht werden; dann wurden Partitur und Stimmen meiner Ouvertüre telegraphisch von der Conzertdirektion bestellt; doch konnte das ja nur immer eine Maßregel ›für den Fall‹ sein, und ich wollte mich keinen unnützen Illusionen hingeben. Endlich erfuhr ich vorgestern 3 Stunden vor Beginn der Hauptprobe die günstige Entscheidung, und Hiller, der zurückgekehrt war, redete mich selbst mit den Worten an, er habe ein schlechtes Gewissen gegen mich gehabt, u. deshalb die Änderung abermals abgeändert. … Im hiesigen Concertkomité ist – unter uns gesagt – eine starke Parthei, die die Absicht hat, und zwar mit Hillers Einverständnis, mich im nächsten Jahr als Chordirektor für die Conzerte förmlich anzustellen. …«

Unter den Mitgliedern des Bachvereins hatte sich Gedanke und Wunsch immer lebendiger geregt, mit unseren Leistungen einmal an die Öffentlichkeit zu treten. Ich glaubte es wagen zu dürfen, mit meiner tapferen Schar, die einschließlich einiger nicht regelmäßiger Teilnehmer jetzt auf 120 Sänger und Sängerinnen angewachsen war, ein Kirchenkonzert zu geben, und bald fand sich eine Anzahl besonders tatkräftiger Herren und Damen bereit, in Gemeinschaft mit mir die nötigen Vorbereitungen zu treffen. Ortskundige schlugen vor, als geeignetsten Raum die Pantaleonskirche zu wählen: eine Silmutankirche, in der für die Soldaten der Kölner Garnison Gottesdienst gehalten wurde, und über deren Benutzung der Stadtkommandant zu verfügen hatte. Wir kamen bei der Militärbehörde um Erlaubnis für Ausführung unserer Pläne ein, sie wurde gewährt, und so konnten wir in die Zeitungen die Anzeige ergehen lassen mit folgendem Programm:

Bachverein
Charfreitag den 26ten März 1869
Abends 6 Uhr.
Geistliches Concert für Chor, Soli, Orchester und Orgel
Zum Besten der hiesigen Armen ohne Unterschied der Confession in der Pantaleonskirche
unter Leitung des Herrn Professor E. Rudorff und unter freundlicher Mitwirkung von
Herrn Musikdirektor Breunung aus Aachen (Orgel), Herrn Concertmeister Otto von Königslöw (Violine), Fräulein Anna Strauss aus Basel (Sopran), Fräulein Jenny Niethen (Alt), Herrn Peetz (Tenor), Herrn Borkowski von der hiesigen Oper (Berlin) sowie geehrten Dilettanten und Musikern.

---

Programm.

1) Präludium in C moll für Orgel von Joh. Seb. Bach.
2) Cantate für Chor, Soli, Orchester und Orgel »Herr gehe nicht ins Gericht« von Joh. Seb. Bach.
3) Arie für Alt mit obligater Violine »Erbarme Dich« aus der Matthäuspassion von Joh. Seb. Bach.
4) Crucifixus für achtstimmigen Chor ohne Begleitung von Lotti.
   Arie für Sopran »Ich weiß, daß mein Erlöser lebt« aus dem Oratorium »der Messias« von Händel
6) Cantate für Chor, Soli, Orchester und Orgel »Gottes Zeit ist die allerbeste Zeit« von Joh. Seb. Bach.

## An die Eltern

»Cöln d. 27ten März 1869.

Gestern Abend ist unser Concert nach vielen Nöthen mit Glanz vom Stapel gelaufen. Es war eine große Freude, und alle sehr reichliche Arbeit und Aufregung der letzten Tage, wird dann doch aufgewogen durch so schöne Augenblicke und die Freude am vollen Gelingen, die hoffentlich auch eine nachhaltige ist. Daß die Sache vorbei ist, bedauere ich zwar nicht, denn man wird zuletzt mürbe von den tausend Dingen, die bedacht werden müssen und so quer und kreuz durch den Kopf schwirren, daß man zuweilen fürchtet, für die eigentlich musikalische Aufgabe selbst die Spannkraft zu verlieren. Doch findet sich diese, Gott sei Dank, immer wieder, wenn es darauf ankommt. In das Einzelne aller Schwierigkeiten und Hindernisse, mißlingender und gelingender Vorbereitungen einzugehen, würde zu weit führen. Ich erwähne nur Einiges: z. B. daß, als ich am Sonntag mit dem Oboisten in die Kirche ging, um die Orgelstimmung zu probieren, sich herausstellte, daß es unmöglich war, diese der Stimmung der Bläser auf irgend eine Weise anzupassen. Es blieb also nichts übrig als auf die Holzblaseinstrumente in den Bach'schen Cantaten zu verzichten, der Orgel ihre Parthie mit zu überweisen, und recht schönes, starkes Streichquartett allein dem Chor zur Seite zu stellen. Dadurch ergab sich mir die Mühe, eine neue Orgelstimme zu ›Gottes Zeit‹ zu schreiben. In der Arie ›Wir zittern und wanken‹ ersetzte ich die Solooboe durch eine Sologeige, d. h. durch Königslöw, und das war im vorliegenden Fall nicht ein Nothbehelf, sondern eine entschiedene Verbesserung. Dagegen blieb der große Übelstand, daß bei der Stellung, die wir einnahmen, (wir standen auf einem nicht sehr hohen Podium unten im Mittelschiff, während die Orgel etwa 30 Fuß höher angebracht ist) manche Solosachen mit beziffertem Baß nun gar keine andere Unterstützung in der Nähe hatten als Contrabaß und Celli, während alle Ausfüllung, die sonst den Bläsern zugedacht war, oben von der Orgel herab tönen mußte. In der Generalprobe vorgestern Abend gab es zu alledem noch aus einem anderen Grunde große Verzweiflung; es schallte nämlich so ungeheuerlich in dem weiten leeren Gewölbe, daß Alles durcheinanderwogte, weil die Töne der Orgel unten bei mir immer zu spät ankamen. Etwa 500 Karten hatten wir damals bereits sicher abgesetzt, das war aber lange nicht hinreichend, den Raum zu füllen, und da Menschen das einzige Mittel waren, den Klang zu dämpfen, so ging ich gestern früh zum Stadtkommandanten (General-Major von Frankenberg) und bat ihn – unter der Form von angebotenen Freibillets – 400 Soldaten in die Seitenschiffe zu Stehplätzen zu kommandieren, was denn gewährt wurde, und schließlich die beste Wirkung that. In den Nachmittagsstunden vor der Aufführung nahm der Billetverkauf noch einen großen Aufschwung, so daß etwa 800 – 900 Karten im Ganzen abgesetzt sein mochten. Freibillets waren etwa 100 vertheilt; kurz als ich um ¾ 6 in die Nähe der Kirche kam, zogen die Menschen in langen Zügen herbei, und bald war im Mittelschiff nirgends mehr Platz zu finden. Schließlich rückten auch die 400 Soldaten in donnerndem Paradeschritt ein und füllten die Leere zu beiden Seiten. Um 6 sollte angefangen werden; es wurde aber über allen Vorbereitungen ½ 7, sodaß innen kaum noch ein Schimmer von Tageslicht zu spüren war. Die Beleuchtung, die wir selbst mit Kerzen hatten besorgen müssen, war sehr geschickt angebracht, wirkte feierlich, ohne brillant zu sein, und als der erste Akkord des herrlichen C moll Präludiums erklang, den ich mit Zagen erwartete, hatte ich endlich die Beruhigung, daß der Klang durch die Menschenmasse vollkommen genügend abgedämpft war. Welche Angst ich und mit mir der halbe Chor hatte, ehe wir wußten, ob die Akustik gut geworden sei und das Musiciren ermöglichte, könnt Ihr denken. Nun aber war sie wirklich wundervoll, und fast Alle, die ich sprach, sagten, es hätte bis hinten zum Chor der Kirche hin so unglaublich schön geklungen, wie man das in unseren Concertsälen mit ihrer mangelhaften Resonanz gar niemals erlebt habe. Frl. Strauss sang die Arie ›Wir zittern und wanken‹ – die mir neben ›Erbarme Dich‹ wohl die liebste aller Bach'schen Arien ist – unübertrefflich; es klang ganz verklärt mit der leisen Bewegung in den Geigen und der durchsichtigen Sopranstimme darüber; auch die Orgel, die ich zuweilen mit einigen Pedaltönen den sonst beständig hochliegenden Baß der Bratsche unterbrechen ließ, machte eine ganz besonders schöne Wirkung. Dies und das Crucifixus von Lotti, bei dem nicht um die leiseste Schwebung gesunken wurde, schienen mir die Höhepunkte des Abends. Wie lieb man diese Musik gewinnt, das ist mir fast räthselhaft. Das Stück von Lotti ist mir eigentlich mit jedem Mal lieber geworden und der Klang der reinen menschlichen Stimmen in dem Auf und Ab aller Steigerungen zwischen pp und ff hat allein der Kirche etwas so Bezauberndes, daß auch die gewöhnlichsten Leute davon ergriffen werden. Für ›Gottes Zeit‹ wären einige Bläser am meisten erwünscht gewesen, doch ging es auch ohne das recht gut, und der f moll Chor konnte im Sopran nicht schöner sein. Breunung – der nebenbei gesagt, die Orgelparthie auf das Allermeisterhafteste ausführte – sagte mir hinterher, daß er bei der Stelle ›Ja, komm Herr Jesu, komm‹ ganz verwundert hinuntergesehen und gedacht habe, was das denn wohl für eine herrliche Stimme sei; der Chor machte ganz den Eindruck einer einzelnen Sängerin. Bei solchen Dingen hätte ich Euch nun gern da gehabt, und beklage lebhaft, daß Ihr mir so oft fehlt, wenn ich Musik aufführe, an der Ihr Freude haben würdet. – Der Stadtkommandant, der bei der ganzen Angelegenheit die Liebenswürdigkeit selbst war und vornan saß, sagt mir am Schluß: ›Ich stelle Ihnen die Kirche ganz und gar zur Disposition. Lassen Sie sich Alles darin einrichten, was Ihnen für Musikaufführungen bequem ist! Ich gebe zu Allem meine Zustimmung.‹ Die Orgel will er auf Kosten des Ministeriums repariren lassen, weil ich ihm sagte, daß einige Dinge – gekoppeltes Pedal, zu hohe Stimmung u.s.w. – eine Abänderung dringend wünschenswerth machten. Für Beleuchtung, hohe Tribüne u.s.w. müssen wir selbst suchen, die Mittel zusammenzubringen. Dieses Mal haben wir unseren Überschuß für die Armen ausgesetzt, behalten aber vielleicht einen Theil für die Kircheneinrichtung zurück. Sehr neugierig bin ich auf die Berechnung: 150 – 200 Thaler werden unsere Kosten betragen, 400 Thaler haben wir aber mindestens Einnahme, da das Billet 15 Groschen kostete, und damit können wir zufrieden sein, da wir noch vor 8 Tagen und überhaupt von Anfang an kaum mehr beanspruchten, als auf die Kosten zu kommen. Wie freundlich Ebersteins[LVII] bei dieser Gelegenheit sich wieder einmal benommen haben, muß ich doch ganz besonders rühmen. Der gute Mann hat eine Liste kursiren lassen, und gegen 100 Billets untergebracht! – …

Etwas wirklich sehr Hübsches ist die Begeisterung, die in unserem Chor herrscht. Unter den Damen besonders setzt jede ihre ganze Kraft ein, aber auch der Mehrzahl der Herren ist das Gedeihen des Bachvereins eine Ehrensache; sie waren gestern ganz und gar in Aufregung über den Erfolg. Hinterher gingen auch Königslöw und Breunung mit in die Kreutzer'sche Restauration, und außer unserem Tisch, der ganz gespickt war mit Getreuen und Getreusten, saßen noch an allen möglichen Ecken Mitwirkende, die den Himmel voller Geigen hatten. Hans Bürgers amüsirt und erfreut mich ganz besonders; er ist der Einzige aus der ganz reichen vornehmen Gesellschaft, der dabei ist, und fast der Eifrigste von Allen. Neulich nach der Generalprobe mußte ich noch mit kommen zu seinen Eltern und dort zu Abend essen; gestern wollte ihn seine Mutter abfangen und mit nach Haus nehmen; er schwindelt sich aber glücklich durch und kam mit zu uns. Dieser Umgang – Mutter und Sohn – ist ein schöner Zuwachs zu meinen bisherigen Beziehungen. – Aber auch mit Julius Dumont und dem jungen Dr. Budde hat mich die letzte Zeit in nähere Berührung gebracht…

Ueber die Bosheit der Menschen könnte ich übrigens daneben auch ein langes Lied singen. Es ist nicht zu glauben, welche Machinationen gewisse liebe Herren Collegen anstellten, um unserem Verein entgegen zu arbeiten. Doch geht man über solche Unergötzlichkeiten am besten still und schweigend hinweg. …«

LVII Max von Eberstein, der bereits erwähnte jüngere Sohn des Generals von Eberstein in Berlin, stand jetzt verheiratet als Major in Köln. Seine Schwester Ottilie, früh verlobt mit Baron von Lüdinghausen-Wolff und nach kurzer Ehe wiederum verwitwet, war schon in jungen Jahren meiner Mutter besonders nahe getreten. Als eine edle, gemütvolle Persönlichkeit vermochte sie, in der Liebesfülle die Freuden und Leiden anderer in einem Maß zum eigenen Erlebnis zu machen, wie es mir ähnlich kaum sonst vorgekommen ist. Nicht nur meiner Mutter, sondern auch mir blieb sie lebenslang die treuste Freundin.

An die Eltern

»Rheineck d. 3. April 1869.

Wenn nicht so fabelhaft schöne Frühlingstage wären, so lange ich hier bin, und vorher so manches Andere mich in Beschlag genommen hätte, so müßtest du und Vater längst Dank und Antwort haben auf Eure lieben Briefe und Sendungen. …

Der Berliner Osterkuchen hat mich theilweise mit hierher begleitet, und ist mir nicht nur ein culinarischer, sondern ein viel höherer Genuß gewesen, weil er mich so lebhaft an Euch und älteste Zeiten erinnerte. Es ist etwas Merkwürdiges mit Geruch und Geschmack, wie ganz besonders intensiv beide die Erinnerung anregen. –

Mein Osterfest war zwar anfänglich etwas einsam, doch auch wieder nicht ohne Freuden. Am ersten Ostertage suchte ich mir vergeblich Erbauung aus einer evangelischen und einer katholischen Kirche zu holen. Die erstere war überfüllt und ich hörte nur am Schluß der Liturgie von draußen durch die geöffnete Thür den Prediger gewaltig deklamieren, was mir wenig Lust machte, mich durchzudrängen; in der Apostelkirche sah es wenigstens feierlich aus, der unreine Gesang dort wollte mir aber auch nicht behagen. … Zu Mittag hatten mich Ernsts eingeladen, während Frau v. Königslöw in Nippes war, und Königslöw selbst auf 8 Tage verreist; Abends entwarf ich mit Dumont Statuten für unsern Verein, der am Dienstag darauf in einer Generalversammlung sich förmlich mit Vorstand u.s.w. constituiert hat. Daß unser Conzert uns so weit geführt hat, ist doch eine große Freude; das Urtheil des Publikums ist allgemein günstig, und wie die Presse urtheilt, könnt Ihr aus der kölnischen Zeitung, Mittwoch den 31ten, 2. Blatt, ersehen. Bekommt Ihr das nicht leicht in Berlin, so schicke ich Euch den Ausschnitt. …

Hier erlebte ich zuerst die schönsten Frühlingstage, die man sich nur denken kann; überall blüht es am Boden, und ohne Überzieher konnte man spazieren gehen. Gestern kam unerwartet Leonhard Wolff an, wurde von Heymanns gleich sehr freundlich aufgenommen, obgleich er eigentlich beabsichtigt hatte, mich von hier zu kleineren Ausflügen abzuholen; heute Nachmittag werden Dumont und Budde erscheinen. und wir Alle haben vor, noch ein Stück aufwärts etwa bis St. Goar zu gehen, wenn das Wetter so bleibt. Leider macht sich nur jetzt der Wind stark auf, und ich fürchte einen Umschlag. Am Dienstag kehre ich noch einmal hierher zurück, und muß dann am Abend wieder in Cöln sein, da Ebersteins Mittwoch Taufe haben, wozu ich geladen bin. Wenn wir nicht draußen waren, so beschäftigten wir uns hier meistens mit eben erschienen Ungarischen Tänzen, echten Zigeunermelodieen, die Brahms sehr geschickt vierhändig arrangiert hat, und die von ganz berauschender Schönheit sind. Die Schumann spielte sie mir theilweise zu Weihnachten mit Marie aus dem Manuskript, und zweifelte damals an der Thunlichkeit der Herausgabe, da das Ganze so äußerst frei im Tempo vorgetragen werden müsse, daß man kaum die Bezeichnungen dafür finden könne. Nun ist es zum Glück doch geschehen, und ich bin überzeugt, daß die Sachen den ungeheuersten Erfolg haben werden. Wie gesagt, man wird etwas toll davon; so wundervoll sprudelnd, genial und hinreißend ist die Musik. Unbegreiflich scheint es, wie sich die Kerle dergleichen haben selbst ausdenken können, und doch sagt mir die Schumann, daß Brahms fast Nichts zugesetzt hat, daß man in Pest überall auf den Straßen die Dinger hören kann. …

Cöln d. 11ten April 1869

Hoffentlich hast du meine kleine botanische Sendung aus Bacharach noch in einem leidlichen Zustande erhalten, liebe Mutter, und weißt jedenfalls, daß ich Eurer auch unterweges gedacht habe. Unsere Rheinfahrt, die vom Sonntag Abend bis Mittwoch früh währte, war eine der schönsten und gelungensten, die ich je gemacht, und wir sahen und erlebten so viel in den drei Tagen, daß uns Allen am Schluß zu Muthe war, als seien wir mindestens eine Woche unterweges gewesen. Die Reisegesellschaft bestand, wie ich schon schrieb, aus Wolff, Dumont, Budde und mir. Gleich der erste Abend auf Rheineck von schönem Wetter begünstigt, war eine sehr gute Introduktion; Carl und ich spielten den Gästen die Ungarischen Tänze vor, die wir schon recht hübsch in den Fingern hatten, und um 9 Uhr fuhren wir noch mit der Bahn bis Coblenz. Die erste Dampfschiffahrt am nächsten Morgen bis Boppard schien denn unseren guten Muth etwas herabstimmen zu wollen, es regnete und wehte sehr stark, und sah kaum danach aus, als wollte es bald besser werden. Doch schon während wir in Boppard unser Gabelfrühstück einnahmen, klärte sich der Himmel. Wolff, der im vorigen Sommer eine Zeit lang in Boppard gewohnt hatte, führte uns auf einen herrlichen Aussichtspunkt, von dem aus man den Rhein an 4 verschiedenen Stellen auftauchen sieht; und von nun an ging es beständig aufwärts mit dem guten Wetter wie mit dem allgemeinen Behagen. Um 3 Uhr fuhren wir mit dem Schiff nach St. Goar, bestiegen Rheinfels und setzten über nach St. Goarshausen. Am andern Morgen wurde von dort aus durch das Schweizerthal auf den Loreleyfelsen gewandert und über die Katz mit gehöriger Kletterei zurückgekehrt.

Die Ruine ist fast unzugänglich; nur an einer Stelle kann man bequem hinein kommen, wenn man nämlich den Schlüssel zu dem Pförtchen hat. Diesen hatten wir nicht und versuchten nun unser Glück über Mauern und Geröll. Ganz fantastisch sieht die Burg an dieser Stelle aus mit ihren schwarzen verwitterten Thürmen und dem schroffen Absturz in den Rhein. Nach Tisch führte uns wieder das Schiff bis Bacharach. Wir bestiegen Stahleck, und gingen in das Steeger Thal, um den berühmten Wein an einer Quelle zu probiren, wo er wirklich rein fließt. Dumont, der ein Jahr in Bacharach gelebt hat, konnte uns auf das Beste dazu verhelfen. Überall blühten die Pfirsichbäume im Grund und an den Hängen. Abends in Bacharach saßen wir dann in der niedern durchaus bäuerlichen Wirthsstube an einem aparten Tisch, von der übrigen Gesellschaft sehr angestaunt ob unserer guten Laune. Der Wirth stand behaglich daneben, und setzte uns mit berechtigtem Selbstgefühl von dem wundervollen Wein eigenen Gewächses vor, der mir geschmeckt hat, wie noch kaum je ein Rheinwein. Das Ganze hatte Etwas an sich, wie man es zuweilen in Büchern beschrieben findet, aber selten selbst erlebt. Vorher hatten wir in der schönen gothischen Kirche die Orgel mit einigem Bach und anderer Musik probirt. – Für den nächsten Tag war eine Tour in den Hunsrück geplant. Doch dann wieder als zu weit aufgegeben. Wir setzten über nach Lorch, und gingen über die Berge nach der einsamen Burg Sickingen, dann hinunter in das Sauerthal und so nach Lorch zurück. Das Dampfboot zur Rückfahrt nach Cöln war auf diese Weise verfehlt und so mußten wir uns mit der Eisenbahn begnügen. …

Von allen Seiten kommen vortreffliche Rezensionen über unser Concert, auch in Zeitungen, wo wir es garnicht erwartet hatten. Hiller, den ich gestern besuchte, äußerte sich ebenfalls sehr freundlich. – Noch Eins: ich will in diesem Sommer einmal ein paar Wochen Urlaub nehmen, – vielleicht im Anschluß an die Pfingstferien – ich möchte Stockmeyers dann besuchen, und von da irgendwie weiter wandern.«

Von meiner Mutter.

»Berlin den 16. April 1869.

Ich muß dir durchaus diesen Nachmittag einen Extrabrief schreiben, da wir eben ein allerliebstes Mittagessen gehabt haben mit Leuten, die dir so nahe stehen, daß ich fortwährend dich zu uns wünscht. Wir Alle haben lebhaft deiner gedacht und auf deine Gesundheit getrunken. Diese Leute waren das Fregesche Ehepaar aus Leipzig, Joachim und Klärchen Baumeister; Frau Joachim kam leider nicht mit, da sie ihr kleinstes Kind nicht verlassen konnte.[LVIII] Am Dienstag besuchten uns Freges, und ich freute mich unendlich, deine liebe treue Freundin wiederzusehen. Wir luden sie gleich zu heute Mittag ein, baten Joachims, die wir längst schon gern einmal bei uns haben wollten dazu und forderten endlich auch unser treues Klärchen auf, theilzunehmen. Alle waren sehr heiter und ungeniert, das Gespräch verlief in fortwährender Lebhaftigkeit, und selbst der alte Frege erwies sich als so liebenswürdig, wie ich ihn früher garnicht gekannt. Mein diner war gut gerathen; über unser schönes Porzellan aber konnte sich der alte Frege garnicht genug freuen; er meinte, ob du auch wohl wüßtest, was das für ein Schatz wäre. Klärchen und die Frege waren gleich wie alte Bekannte miteinander – du warst wohl das geistige Bindungsmittel zwischen ihnen – sie wollen sich gegenseitig ihre Photographieen senden, kurz es war reizend und nur du fehltest. Joachim wird dir übermorgen Grüße von uns bringen, wo er für ein paar Tage nach Cöln kommt und dich recht oft zu sehen hofft. …«

An die Eltern.

»Cöln d. 19. April 1869.

… In unerwartete Aufregung hat hier die ganze musikalische Welt Hillers Entschluß versetzt, seine Stelle aufzugeben. Eines Abends stand die Nachricht plötzlich in der kölnischen Zeitung. Ich ging am andern Morgen zu ihm und er sagte mir, er wolle fort und Kunstreisen machen, da seine Stellung nach 20jähriger Wirksamkeit hier doch keine solche geworden sei, daß er für die Zukunft seiner Familie eine Sicherheit habe. Im Publikum vermuthet man, daß das Ganze nur ein Schreckschuß sei, den er abgefeuert habe, um womöglich eben diese Sicherheit für seine Familie in klingender Münze zu erlangen. . . Jedenfalls steht man vor der großen Frage, was nun werden wird. Es würde mir doch sehr leid thun, bei Allem, was man zu tadeln und auszusetzen hat, wenn Hillers Persönlichkeit aus dem Cölner Leben verschwände, und wer dann statt seiner das Scepter schwingen würde, das steht bei der Urtheilslosigkeit unserer Concertdirektion ganz und gar dahin. Von uns jungen Leuten nimmt man natürlich Niemanden, und das ist auch in der Ordnung, da wir eben wirklich zu jung sind für solch einen Platz. Ob man aber nicht etwa auf Rubinstein oder eine Persönlichkeit von ähnlicher Farbe verfällt, das mögen die Götter wissen. – Unab-

LVIII Joachim war mit seiner Familie im Oktober 1868 von Hannover nach Berlin übergesiedelt.

hängig von diesen Ereignissen und Möglichkeiten ist in diesen Tagen bei mir ein Plan fest zur Reife gediehen, der nunmehr Euerm Urtheil unterbreitet werden soll. – Ich möchte nämlich meine Stellung am Conservatorium aufgeben, und mich auf die Thätigkeit bei meinem Verein, bei der musikalischen Gesellschaft und auf das Ertheilen von Privatunterricht beschränken. Aufgeregt wurde diese mich längst innerlich quälende Frage aufs Neue durch Gespräche mit Wolff, der es völlig verkehrt fand, daß ich meine beste Lebens- und Arbeitszeit an das Conservatorium setzte, ohne davon weder äußerlich noch innerlich einen irgendwie entsprechenden Gewinn zu haben. Vorgestern, wo ich bei Frau Schumann in Düsseldorf war, besprach ich mit ihr dasselbe Thema auf das Eingehendste, und fand sie durchaus der gleichen Ansicht. ... Was ich von der Thätigkeit am Conservatorium haben konnte, – die Beförderung meines guten künstlerischen Rufes hier – das habe ich gehabt; durch Privatstunden verdiene ich in dem vierten Theil der Zeit mit Leichtigkeit das, was ich jetzt aufgebe. Meine übrige Thätigkeit bleibt mir und dabei bin ich ein freier Mann, der nicht mit Ketten an den Ort gebunden ist, und der den Haupttheil seiner Zeit für sich hat zu eigenem Studium und Arbeiten. ...

Erzählen will ich noch, daß ich in nächster Zeit das Honorar meiner 3 Hefte Chorlieder zu erwarten habe, die Herr Cranz für 12 Frd‹ d'or gekauft hat. ...

Cöln d. 26. April 1869.

... Hier beschäftigt die Hillersche Angelegenheit noch alle Gemüther. Das Concert, das er mit Joachim gab, war verhältnismäßig wenig besucht, und ich kann auch nicht sagen, daß ich in der rechten Stimmung zum Hören war. Die Jahreszeit ist schon zu weit vorgerückt, man ist musiksatt und dazu war das Programm so ellenlang, daß ein Stück nach dem andern mit Extrapost abgefertigt werden mußte. Mozart und Haydn spielte Hiller wie immer sehr rund und anmuthig, bei der Kreutzersonate fehlte es aber gänzlich am besten; seine Gränze ist gleich da, sobald es an etwas Ernstes und Großes geht. Eigentlich entzückt haben mich nur zwei kleine Solostücke für Violine von Spohr, die Joachim so fabelhaft schön spielte, daß es wie Zauber auf die Seele wirkte. Nach dem Concert war ich mit Wolff noch ganz gemüthlich bei Hiller; Joachim wohnte dort, und es gab ein hübsches anregendes Gespräch. Nur lag auf Allen das Gefühl der Katastrophe, die in der Luft schwebt, und ich muß sagen, daß ich an jenem Abend ganz besonders das aufrichtigste Mitleiden für Hiller, empfand. Es hat etwas so Unglaubliches, daß der alte Mann sich auf Kunstreisen begeben will; man sieht ja die Tragödie vor sich, die das abgeben wird, und zu der er die Fäden in unbegreiflicher Übereilung selbst geschlungen hat. Ich glaube nicht mehr, daß er im eigentlichen Sinn einen coup de théâtre hat machen wollen. Er hat sich im Winter über Manches geärgert, ist die Sache hier satt geworden, und hat gedacht, er wollte es auf biegen oder brechen ankommen lassen. Nun bricht es aber wirklich allem Anschein nach; denn die allgemeine Stimmung in den maßgebenden Kreisen scheint garnicht danach angethan, Anstrengungen zu seinen Gunsten zu machen; im Gegentheil, man will ihn, fürchte ich, lieber los werden, als behalten, und so werden auch Wendelstadts und ein paar Andere mit persönlichem Wohlwollen und persönlichem Opfern schwerlich etwas ausrichten.

Daß Ihr mit meinem Entschluß, das Conservatorium zu verlassen, einverstanden seid, freut mich natürlich sehr. Hiller, dem ich neulich davon sprach, war es nicht, weil er meinte, für zukünftiges Erlangen von Stellungen sei meine Position am Conservatorium gerade ein günstiger Moment. Die Schumann aber und alle übrigen Freunde beharren auf ihrer Meinung. …

Ich habe eben das Gefühl, daß ich bei der Menge von Musikstunden am Conservatorium – die mir bei meiner Individualität vielleicht ein Größeres an Abspannung körperlich und geistig bringen als anderen Leuten – nicht zu dem komme, was doch mein eigentlicher Beruf zu sein scheint und mir allein rechte innere Befriedigung giebt: zum Componiren. Ja auch im Klavierspiel thue ich zu wenig für mich selbst. Andere begreifen es nicht, wie ich über ein nach ihrer Ansicht geringes Maß von Unterrichtsstunden Unbehagen empfinden kann. Ich selbst aber weiß dagegen, daß gerade dieses Maß hinreicht, um eben m i r die innere Frische zu eigenem Arbeiten zu nehmen. … Toni Hiller hat sich gemeldet, in den Bachverein einzutreten, und so wenig ich mir von ihren Leistungen verspreche, so sehr ist mir doch die Sache an sich erfreulich, weil sie beweist, wie garnicht oppositionell Hiller meinem Verein gegenüber steht.

Cöln d. 5ten Mai 1869

… Ob ich Pfingsten zum Musikfest nach Düsseldorf gehe, weiß ich noch nicht; das Ganze mache ich keinesfalls mit … höre ich überhaupt Etwas, so würde es die Generalprobe zum ›Josua‹[189] sein, die Samstag Abend stattfindet; da ist die Karte weniger theuer, und vielleicht auch eher noch ohne vorherige Bestellung ein Unterkommen in den Wirthshäusern zu finden. … Ganz leid ist es mir, daß ich Euch nicht mit

Carl[190] einmal die Ungarischen Tänze vorspielen kann. Ich will nicht sagen, daß Manches bei uns beiden technisch nicht noch besser studirt sein könnte; wir haben sie aber so viel miteinander gespielt, daß wir uns ganz verstehen bei allem Vorwärtsstürmen und Zurückhalten, und das ist die Hauptsache. Neulich haben wir sie Frau Wendelstadt vorgespielt; Hiller war zufällig dort, und es freute mich, daß er den Jungen recht gehörig lobte für sein Spiel. Ganz elektrisirend sind die Sachen, und jedes Mal, wenn man sie in der richtigen Gesellschaft vorträgt, stellt sich der Enthusiasmus von Neuem wieder ein. Glücklicherweise wissen wir sie auch alle 10 – bis auf den letzten – auswendig, und haben sie so ohne Noten immer bei uns…

Cöln d. 12ten Mai 1869

… Durch Wendelstadt hörte ich, daß gar keine Aussicht ist, Hiller fernerhin hier zu halten. Niemand will einen Finger für ihn rühren, weil die Art seiner Abschiedseinreichung überall gar zu sehr verletzt hat, und man mancher seiner Eigenschaften müde ist. Mir thut er dabei ganz außerordentlich leid. …

Von Stockmeyer hatte ich ein par sehr liebe Antwortszeilen. Ich hatte seiner Mutter –nicht ihm – geschrieben, er hat aber den Brief zugeschickt bekommen und schreibt gleich in aller Eile, wie sehr wir beide – Carl und ich – ihm willkommen seien. Drei Zimmer in seinem Hause stünden uns zur Disposition. Wie wunderhübsch ist diese Aussicht! Marielis Hochzeit ist in der Woche nach Pfingsten…«

Stockmeyer war seit etwa Jahresfrist in Fontaines im Val de Ruy Canton Neuchâtel als Pfarrer angestellt. Seine zweite Schwester Marie hatte längere Zeit in Berlin als Gast im Hause des Predigers Müllensiefen gelebt und damals auch viel bei meinen Eltern verkehrt. Nach Basel zurückgekehrt siedelte sie bald zu ihrem Bruder über, um diesem in seiner einsamen Pfarrei oben in den Bergen des Neuchateler Jura die Wirtschaft zu führen. Jetzt aber sollte diese geschwisterliche Gemeinschaft ihr Ende finden. Marie war schon seit längerer Zeit verlobt mit einem Freunde ihres Bruders, dem jungen Theologen Stähelin, und da dieser nunmehr eine Anstellung als Pfarrer in Arlesheim,Canton Baselland gefunden hatte, stand ihre Hochzeit unmittelbar bevor.

Von meinem Vater (nach Rheineck adressiert)

»Falkenberg d. 15ten Mai 1869

Du wirst zwar heute den Brief unserer lieben Mama in Cöln noch erhalten haben, du nimmst es aber gewiß nicht übel, wenn noch ein zweiter von deinem alten Papa dazu kommt.

Den nächsten Anlaß giebt mir der Dank, den ich dir für dein Weingeschenk schuldig bin. Der Steger liegt zwar noch im Keller, um sich von der Fahrt zu erholen, die er durchgemacht hat, ich freue mich aber sehr drauf, da mein jetziges Befinden der Art ist, daß ich auch ein Glas weißen Weins wieder vertragen kann und ich den Steger von alten Zeiten her besonders geliebt habe.

Demnächst möchte ich auch die Ereignisse der letzten Zeit in unserer Familie mit dir besprechen, um unsere Empfindungen darüber auszutauschen.

Mit Wehmuth aber auch mit Dank blicke ich zunächst auf den Heimgang meiner alten Tante Melusine zurück, die mich 66 Jahre hindurch durch das Leben begleitet hat. Die Last des Lebens wurde ihr zuletzt selbst zu schwer und sie hat sich nach dem Ende gesehnt, trotz ihres Ausrufs ›Hopsasa ich lebe noch‹, den sie that, als sie einmal Morgens beim Aufwachen ihr Hannchen besorgt am Bette stehen sah. Darum sei Gott der Herr gepriesen, der sie ohne langen Todeskampf so sanft von den Banden des Leibes erlöst hat. Eine große Freude ist es mir, daß ich ihr zuletzt noch die schönsten Hiacynthen ausgesucht habe, die ich finden konnte. Sie sind ihre letzte Winterfreude gewesen. Ferner freut es mich, daß ich ihren Erben den Nachlaß des alten Onkels conservirt habe, damit ihr nicht nachgesagt werden kann, sie habe Alles aufgezehrt, wovon sie doch nur den Nießbrauch hatte. Endlich hatte ich ihr versprochen, Hannchen zu belohnen, dies habe ich mit dem von Doris erworbenen Papier gethan und damit ist für uns dieses liebe alte Leben aus. Denn nun zieht ein anderer Geist dort ein, vom Stamme Nimm, und wir haben außer von Hannchen, die ihn bereits zu fühlen bekommen hat, noch keine Silbe von dort vernommen.

Von dem dürren Zweige des Familienstammes gehe ich zu dem frischen grünen, unserer geliebten Anna[LIX] über. Sie hat unsre alten Herzen erwärmt und gewonnen, als wäre sie unsere leibliche Tochter und so denn auch wir das ihrige. Leider ist die schöne Zeit schon vorüber, Anna hat sie aber auch so genossen und sich so angeschlossen, daß sie

LIX Anna Hausmann, die älteste Tochter aus der »Papiermühle« in Lauenstein, hatte sich mit meinem älstesten Vetter Adolf Rudorff bereits in früher Jugend verlobt.

mit Thränen und Heimweh an den Abschied dachte und Adolf ordentlich eifersüchtig auf uns geworden ist. Sie hat sich Aller Herzen erobert, mit Clärchen B. feste Freundschaft geschlossen und unserer Mutter den Trost hinterlassen, daß es nicht ihre Schuld ist, wenn sie früher mit den kalten Mädchenherzen nicht warm werden wollte.

Gestern sind wir hier eingerückt in unser altes Nest. Die liebe Dörthe, die sich deiner noch dunkel erinnert, empfing uns schon unterwegs, ihre Nichte sogar auf dem Bahnhofe. Pfingsten ist einen ganzen Monat früher als voriges Jahr, in Berlin ist Pferderennen und darum noch keine Menschheit hier und die märkische Maipracht über alle Beschreibung. Ich sitze auf dem Balkon, vor mir der grüne Buchenwald, unten der Bach und ringsum ein Vogelconcert, in welchem die Solisten Kukuk, Turteltaube, Nachtigall, Heidelerche, Drossel und Grasmücke nicht zu wünschen übrig lassen. Gestern war ich schon auf und über alle Berge, heute wollen wir nach Freienwalde, dort Mittag essen und den Majorsweg zurück fahren, der durch den schönsten Buchenwald, älter wie der Lauensteiner, an den Abhängen gegen das Oderbruch entlang führt. Bei meiner Vorliebe für die märkische Natur ist mir hier unbeschreiblich wohl, ich komme aus dem Entzücken nicht heraus und freue mich, weder nach Wienrode noch nach Lauenstein gegangen zu sein. Die schönen Gegenden unserer Provinz sind so leicht zu erreichen und haben als Oasen in der kümmerlichen, aber den menschlichen Fleiß und Scharfsinn herausfordernden Natur etwas Rührendes. Dazu die ächte, dörfliche, bäuerliche Ländlichkeit, wie sie die Flecken, die ›unseligen Mitteldinger zwischen Stadt und Land‹ wie meine selige Mutter zu sagen pflegte, nicht darbieten. Kurz, man muß hier prosperieren und sich erholen, man mag wollen oder nicht.

Wie du uns fehlst, kannst du denken. Ach wie anders würde ich mit dir mich freuen, statt daß ich so einsam durch die Wälder gehe und mit den Heimgegangenen, namentlich mit Onkel ›Valdek‹ am Wasser und am Hügelrande stilles Zwiegespräch halte. Aber du bist ein treuer Sohn, der uns durch geistigen Verkehr stets nahe bleibt und wir wissen dich wohl geborgen. So läßt sichs ertragen.

Deinem verehrten Hausherrn habe ich gestern einen litterarischen Gruß gesandt. Heute sende ich ihm und den Seinigen einen einfachen aber herzlich dankbaren für alle Güte gegen dich. Auch deinem Carl und seinen Aeltern einen herzlichen Gruß. Allen aber wünsche ich mit dem Rietzer Kaudernest[191] ›ein fröhliche Pfingste gebe Sie Gott, eine fröhliche Pfingste, eine fröhliche Zeit, die Sie Gott Vater hat bereit.‹

Dein treuer Vater.«

An die Eltern.

»Rheineck, d. 18. Mai 1869.

Ich will doch meinen Brief so einrichten, daß er Euch morgen bei Eurer Ankunft in Berlin empfängt, und darum lieber kurz schreiben, als länger zögern. Vielen Dank sage ich Euch beiden vor Allem für Eure lieben Briefe, die – der eine unerwartet, der andere erwartet – mir beide die größte Freude brachten. Hoffentlich habt Ihr in Falkenberg nicht schlechteres Wetter gehabt, als wir hier oben, dann war es immer schön genug. Der Morgen versprach an beiden Tagen nicht das Beste, nachher wickelte sich die Sache aber heraus, und wir hatten zwei prachtvolle Nachmittage und Abende. Heute ist es stürmisch und weniger einladend. In Rheineck zu sein ist aber unter allen Umständen eine Erquikkung, und noch eben komme ich von einem Gespräch am Frühstückstisch, das so anregend und belehrend war, daß man es gern für einen Spaziergang draußen eintauscht. Frau Clausen ist da, und zwei ältere unverheirathete Damen, Frl. von Lancizolle und Frl. v. Sommerfeld, beide sehr gescheut, und die zweite mir darum angenehm, weil sie aus Wernigerode kommt. Natürlich sind es aber diese nicht, die den Hopfen zum Bier geben, sondern wie immer der Alte, der ebenso interessant erzählt, wie er auf spekulativem Gebiet mittheilsam ist. – Gestern Abend kam Janitsch auf der Rückfahrt von Bingen hier vor, blieb die Nacht, und ist noch bei Heymanns. Wie sehr gönnte ich ihm das Zuhören zu solcher Stunde! ich habe ihm aber von vornherein gesagt, daß ich ihn Hollwegs nicht präsentieren würde, weil ich nicht unbescheiden sein will, und so ist eben davon keine Rede. Am Samstag wird Königslöw durchreisend auf einige Stunden erscheinen; auf ihn freuen sich Hollwegs lebhaft, und haben mir aufgetragen, ihn noch einmal ausdrücklich einzuladen.

Am vergangenen Samstag war ich zur Generalprobe in Düsseldorf; es zog eine ganze Schar gen Damascus, nämlich Frau v. Königslöw, Frl. Almenräder, Frl. Bruch, Fuess u.s.w.; auch Spengel wurde mitgenommen. So gab es lustige Gesellschaft und das Ganze machte mir Freude, wenn ich auch nicht sagen kann, daß die Musik an sich sehr ausgezeichnet war. Die A-dur Symphonie begann unter Rietz' Direktion, und ging mit Schwung, doch nicht immer sehr präcis von Stapel; das Blech übertönte außerdem – wahrscheinlich in Folge unpraktischer Aufstellung – in unglaublicher Weise die große Schar der Geigen; dem Ganzen fehlte die Noblesse und Großartigkeit, die in Cöln die Schönheit und Poesie des Saals schon von selbst giebt. Im ›Josua‹ langweilte mich Vieles sehr; nur zwei Theile konnten wir hören, da um ½ 9 der Zug nach

Cöln abfuhr, aber ich hatte, aufrichtig gestanden, kein Verlangen nach mehr; abgesehen von einigen schönen großartigen Chören ist das Übrige, besonders die vielen Arien und Recitative, so schablonenmäßig und öde, daß man ungeduldig wird und sich nach dem Ende oder nach anderer Musik sehnt. Joachim bestätigte mir zu meiner Beruhigung diese Empfindung. Er bleibt noch einige Zeit in Düsseldorf und wünscht entschieden, mich in nächster Woche einmal zu sprechen – wahrscheinlich, denke ich mir – wegen der Cölner Stellung und Hillers möglichem Abgang. …

Rheineck, d. 22. Mai 1869.

Für deinen lieben Brief, beste Mutter, danke ich dir schon heute, weil hier oben gerade so hübsche Zeit dazu ist. …

Vor Allem muß ich ein Wort erwidern auf eine Stelle in Deinem Briefe, die mich ganz überrascht hat. Hast Du denn wirklich daran gedacht, daß ich Hillers Stellung bekommen könnte?? Meine Äußerungen in meinem letzten Brief müssen sehr unklar gewesen sein, daß du Ähnliches auch meinerseits hast herauslesen können. Ich habe kaum den Gedanken jemals gedacht, geschweige denn, daß ich mich der Hoffnung hingegeben hätte. Theils wäre es wirklich unpassend, einem Menschen meines Alters die Direktion eines Conservatoriums zu übertragen, an dem sehr viel ältere Leute als Lehrer fungieren, theils gehört eine Art von Repräsentation zu der ganzen Stellung, wie ich sie augenblicklich nicht geben könnte; theils endlich wünsche ich sie mir noch garnicht. Mein Gedanke war der, daß Reinecke vielleicht nach Cöln, Bruch dann nach Leipzig, und ich eventuell nach Sondershausen kommen könnte; das lag nicht ganz fern, und eine Stellung wie die Sondershauser, hätte für mich, der ich eine Zeit lang noch vor Allem Freiheit haben will zu eigenem Studieren und Arbeiten, viel Wünschenswerthes gehabt. Kommt dagegen Joachim nach Cöln, so fällt dies ganze Gebäude zusammen, und während ich sonst mich doch vielleicht noch nach anderen Dingen (Bonn oder Coblenz) umgesehen hätte, so verändert die Aussicht, mit Joachim zusammenzuleben und zu wirken die Sachlage, und giebt ein neues Moment für die Überlegung. Für Cöln, ja für die Musikzustände von ganz Deutschland finde ich es unberechenbar wichtig, wenn er die Stellung annimmt, und nach dieser Richtung hin kann ich nur das eine Gefühl lebhaftester Freude haben…«

Aus einem Briefe an Marie Hoffmeister.

»Cöln d. 29ten Mai 1869

... Was Händel anlangt, so muß ich vor Allem energisch dagegen protestiren, daß ich ›Händel‹ langweilig fände. Seine großen, wirklich bedeutenden Sachen verehre ich nicht nur mit dem schuldigen Respekt, sondern habe die vollste Begeisterung dafür. Nur bin ich der Meinung, daß kein anderer großer Componist neben seinen unsterblichen Werken so viel nach der Schablone gearbeitet hat, wie er, und daß man entweder Nichts verstehen oder lügen muß, wenn man auch alle die Stöße von Stroh anbetet, die er hinterlassen hat. Zu den Leuten der ersten Ordnung, zu den Nichts verstehenden, gehört offenbar der große Gelehrte Gervinus. Was soll man nur thun, um ihn und Chrysander und die übrigen Händelnarren, die diesen Beiden mit noch minderem Menschenverstand nachbeten, unschädlich zu machen! Das Buch von Gervinus[192] wäre um seiner Wahnwitzigkeit willen lächerlich, wenn nicht eben ein im Übrigen bedeutender Mann es geschrieben hätte, der – ohne einen Funken von musikalischem Verständniß zu haben – doch Geist genug besitzt, um für eine auf grundfalschen Prämissen aufgebaute Theorie bei der blöden Masse mit Erfolg Propaganda zu machen. Aus diesem Grunde halte ich das Buch für ein Unglück und zugleich für eine nationale Schmach; denn eine Schmach ist es, wenn ein solcher Mann sich an dem Größten versündigt, was unser Volk künstlerisch hervorgebracht hat: an Beethoven und unserer gesammten Instrumentalmusik von Sebastian Bach bis Schumann. Ich schicke dir hierneben einen Aufsatz, den Hiller in der Kölnischen Zeitung gegen das Buch geschrieben hat. Ich finde Alles, was er sagt, vortrefflich; besonders schlagend das Eine, daß auch das, was die Vokalmusik bedeutend mache, etwas ganz vom Worte Losgelöstes sei, mit einem ganz anderen Sinn unmittelbar erfaßt und verstanden werden müsse, als Wort und Poesie. Von diesem Sinn aber hat Gervinus nicht die leiseste Ahnung, und weil er persönlich ohne das Organ geboren ist, mit dem Musik wirklich hört und versteht, so meint er, ›reine Musik‹ – d. h. in Wahrheit überhaupt ›Musik‹ – gebe es nicht. Alles was er von der Musik predigt, geht an dem Kern der Sache vorbei; er begreift im Grunde Nichts als Deklamation...«

An die Eltern

»Cöln d. 27ten Mai 1869

... ich komme schon wieder mit einem Briefe, weil es mir doch zu wichtig ist Euch das, was mir Joachim nunmehr gesagt hat, sofort mitzutheilen; natürlich mit der Bitte um Verschwiegenheit! Ich war nicht bei ihm in Düsseldorf, sondern er kam seinerseits am Dienstag Vormittag nach Cöln, wo wir uns denn in Deutz in einem am Rhein gelegenen Gasthofsgarten zusammenfanden, in dem sich völlig ungestört reden ließ. Joachim denkt nicht daran, in Cöln der Nachfolger Hillers zu werden, hat auch keinerlei Aufforderung dazu erhalten, sondern will vielmehr mich bewegen nach Berlin überzusiedeln. Noch ein Mal spukt Frau von Mühler! Sie hat neue große Pläne. Joachim soll eine Klasse für Soloviolinspiel an der Akademie der Künste gründen; daraus soll allmählig eine Orchesterschule, und endlich ein ganzes Orchester erwachsen, das die Königliche Kapelle als Concertorchester übertreffen und ganz selbständig dastehen würde. Joachim ist sehr eingenommen von der Idee, und würde natürlich in Zukunft die Leitung der zu erwartenden Concerte bekommen. Gleichzeitig soll eine Klasse für Sologesang, und eine dritte für Klavier errichtet werden. Alles in Allem als ein königliches Conservatorium in großem Styl. Für die Klavierklasse wünscht man mich zu gewinnen – ich bin erstaunt, daß Mühlers mich nicht aufgegeben haben – und zugleich soll mir die Leitung des Chorgesangs, resp. eines allmählig sich daraus entwickelnden Concertchores übertragen werden. Ferner soll ich Unterlehrer für meine Klasse vorschlagen, kann Urlaub fordern in ziemlichem Umfang. Auch würde mir Joachim später die Direktion einiger größerer Gesangswerke überlassen, und in seiner Abwesenheit soll ich ihn in der Orchesterklasse vertreten. Er verlangte nun dringend eine entschiedene Antwort; ich aber konnte sie ihm so rasch nicht geben, so freundlich er auch zuredete. Verwundert bin ich, daß Mühlers eine so wenig rachsüchtige Gesinnung mir gegenüber zeigen. Das verdient jedenfalls Anerkennung. Wohl ist der Gedanke an ein Zusammenwirken mit ihm sehr lockend und der Plan im Ganzen, wie man ihn jetzt ins Auge faßt, hat offenbar eine andere Aussicht auf Gelingen, als die früheren Fantastereien. Doch zweierlei schreckt mich ab: erstlich der Ort Berlin, und zweitens der Gedanke, daß ich mir damit die Aussicht, jemals zu einer selbständigen Stellung zu gelangen, wahrscheinlich abschneide. Zu wechseln wird später immer schwieriger, da das Ganze auf ein allmähliges Sichentwickeln und Wachsen angelegt ist; und überhaupt scheint es mir, als sei es schwer möglich aus so großen Verhältnissen wie die Berliner wieder loszukommen, wenn man sich erst einmal hineinbegeben hat. So neigt sich mein Gefühl doch wieder auf die Seite des Abweisens – Gestern Abend ist hier Wahl eines neuen Direktors an Hillers Statt gewesen; das Resultat weiß ich noch nicht. Ist Reinecke der Auserwählte und wird das Gewandhaus an Bruch gegeben, so habe ich wohl Aussicht auf Sondershausen, und würde damit viel zufriedener sein als mit jener Möglichkeit. Auch Bonn wäre mir lieber. Ich höre, daß man, nachdem Brambach – durch die Verhältnisse enthmuthigt – dort niedergelegt hat, dennoch einen neuen Direktor wählen will, und daß man dabei mich nicht außer Acht läßt. Vor Allem hätte ich an beiden Orten Raum und Zeit zu meiner eigensten Entwickelung, zu freier Thätigkeit für mich selbst; dies und eine Umgebung, die mich künstlerisch nicht beengt, ist mir vor der Hand doch die Hauptsache. Joachim liebt Berlin, ich aber kann mich des Gefühls nicht entschlagen, daß die Luft dort ausdörrend und tödtend für alles poetische Leben ist. Dazu kommen die eben entwickelten Gründe, die triftig genug sind. Ich bin nicht hochmüthig, glaube ich, und wüßte keinen Menschen in der ganzen Musikwelt, dem ich mich freudiger unterordnen würde, als Joachim; und doch würde ich es schwer ertragen, aller Aussicht auf selbstständiges Leisten als Dirigent zu entsagen. Für jetzt ginge das noch eine Weile mit Vergnügen; aber die Hoffnungslosigkeit für die weitere Zukunft ist das Schlimme. …«

## Von meinem Vater

»Berlin d. 28. Mai 1869

Lieber Ernst! In der neuen Krisis, die dir bevorsteht, will ich dir meine väterliche Meinung nicht vorenthalten, so sehr ich mit Arbeiten überhäuft bin.

Der neue Plan hat gegen sich: Die Urheberin, die Abhängigkeit von ihr, das Schicksal aller Berliner Entwürfe: ungeheure Conception, mangelhafte Ausführung, schneidende Kritik. Man will durch die Persönlichkeiten die Sachen schaffen, wie es durch Hofmann mit dem chemischen Laboratorium der Akademie so brillant gegangen ist, statt umgekehrt erst die Institute zu gründen. Joachim hat aber gewiß nicht die organisatorische Begabung und Charakterfestigkeit, die Hofmann hat. Die Sache hat ferner gegen sich, daß Berlin den ganzen Menschen in Anspruch nimmt, daß du nichts als Akademischer Klavierlehrer bist und daß du in untergeordneter Stellung auf das Gelingen des Ganzen nur einen untergeordneten Einfluß ausüben kannst.

Sondershausen, der entgegengesetzte Pol, hat gegen sich, daß das ganze musikalische Agens in dir allein liegt, daß du von den engsten Verhältnissen eines klimperkleinen Hofes abhängst, daß du hinter dem Souffleurkasten die Opernmusik dirigiren mußt, die Dir zuwider, ihnen aber recht ist. Im Theater wurde sonst geraucht.

Deine innere Neigung sagt dir, daß für dich ein anderer Weg der passende ist. Du stehst im Zenith des Lebens und künstlerischen Schaffens von Innen heraus; was in dir schlummert, muß sich jetzt entwickeln, und deine Lebensstellung ist dazu angethan, dir den deiner Bestimmung entsprechenden freien Raum in seltener Weise zu gewährleisten. So lange ich lebe, kann ich dir den bisherigen Zuschuß ohne Beschwerde gewähren; im Gegentheil das Aufhören würde mich betrüben und ängstigen. Wenn du nach meinem Tode diesen Zuschuß verlierst, kannst du dich mit unserer Mama einrichten, wie es dann den Verhältnissen entspricht. Also würde ich in Cöln mit oder ohne Conservatorium bleiben und die Gedanken ausgestalten, die in deiner Seele liegen. Mit den Jahren nimmt die Poesie ab. Goethe's Faust zweiter Theil ist nicht mehr der erste ›da er noch selbst im Werden war‹[193], so wenig wie der Juli dem Mai gleicht, der übermorgen auch zu Ende geht.

Das ist mein Rath. Er ist idealistisch, aber das ist das ächt Praktische. Die Vortheile einer festen Stellung, die Zucht des subjektiven Beliebens und der maßlosen Freiheit, ist zwar recht schön, aber sie kann auch von innen heraus ohne äußere Nöthigung ersetzt werden. Die äußeren Emolumente sind noch untergeordneter Natur.

Hollweg hat mir einen reizenden Brief geschrieben über dich und mich ... Die Übersiedelung nach Bonn sagt mir ... wegen der kleinen elenden musikalischen Verhältnisse nicht zu.
Dein treuer Vater.«

Von meiner Mutter

»... Ich glaube mit dir, daß es kein schöneres Zusammenwirken mit einem Anderen für dich geben könnte, als ein solches mit Joachim; ob du aber bei alledem hier dich glücklich fühlen, ob du Zeit genug zum freien Schaffen haben würdest, das ist die große Frage. ... Soeben bringt mir Vater seinen Brief an dich, dem ich ganz und gar zustimme. Ganz und gar eingenommen bin ich gegen die Sondershäuser Stellung; Du würdest dich dort, wo du keinen Menschen hast, der dir irgend geistig genügen könnte, gründlich unglücklich fühlen; du brauchst Liebe und Menschen, und könntest auch, wenn die Stimmung fehlt, nichts Gutes schaffen können. ...«

Von Clara Baumeister.

»Berlin d. 28ten Mai 1869

... Ihre liebe Mutter brachte uns eben Ihren letzten Brief. Lieber Ernst, ich kann Ihnen nicht zur Annahme einer solchen Stellung hier rathen trotz Joachim. Es liegt darin keine Zukunft für Sie und ich theile ganz die instinktive Abneigung, die Sie ergriffen hat. Sie wären doch auch im Grunde nur Klavierlehrer hier. Jede selbständige Stellung, und wäre sie am kleinsten Ort, halte ich für Ihre Zukunft, auf die es doch hier ankommt, für günstiger, wenn ich auch an und für sich gegen eine augenblickliche Abhängigkeit nichts einzuwenden hätte. Ich glaube, man sieht Sie mehr, wenn Sie irgendwo und irgendwie allein stehen, als wenn Sie auch der ausgezeichnetste Hebel an einer großen Maschine sind. Hier darf's uns nicht auf die gute Sache ankommen, sondern nur darauf, daß Sie zur rechten Zeit auf ihre rechte Stelle kommen. Ich meine nicht, daß Sie Cöln nun aus diesem Grunde gleich aufgeben sollten, aber nochmals so anfangen, wie Sie's doch dort bisher eigentlich schon hatten, und hier, dazu kann ich nicht rathen.

Ich wünsche von ganzem Herzen, daß Sie den rechten Entschluß fassen. Man soll sich ja nicht zu sehr und nicht allein von seiner Neigung leiten lassen, aber ein gewisses Recht hat doch die unwillkürliche Regung auch. …«

An die Eltern

»Cöln d. 31ten Mai 1869

Eure Worte haben dem, was schon in mir so ziemlich feststand, das Siegel aufgedrückt, und ich bin sehr glücklich, daß Ihr Alle so urtheilt, wie Ihr gethan. Gestern war ich in Rheineck und gewann auch Hollwegs vollständig für meine Ansicht, nachdem mir der Alte zuerst einen langen sehr lieben Brief geschrieben, der mehr die Bedenken in der Totalität des Plans als in meiner Position sah, die er für eine kurze Zeit ganz annehmbar fand. Er wußte nicht, was ich ihm gestern auseinandersetzte, daß bis zu Concertaufführungen mit dem Orchester noch mindestens 5 Jahre vergehen würden, daß ich also bis dahin Nichts als Klavierlehrer sein könnte. … Hiller theilte ich am Freitag die Sache mit, und seine energische Art, mit der er mir auseinandersetzte, wie gänzlich ungenügend diese Berliner Wirksamkeit für mich sein würde, wie ich im allerbesten Fall des Gelingens doch immer nach vielen Jahren nur eine sekundäre Position einnehmen könnte, that mir sehr wohl. Er fügte hinzu: ›Hier sind Sie am Strom! man kennt Sie und schätzt Sie, Ihre Sachen werden gemacht, und der Strom trägt Ihren Namen weiter. In den Städten am Rhein ist überall ein reges Musikleben. Berlin aber kommt mir vor wie ein großer Trichter; wer einmal hineingerutscht ist, kommt nicht wieder heraus.‹ … In Beziehung auf Bonn und Sondershausen bin ich etwas anderer Ansicht als Ihr. In Bonn würde z. B. der

Chor sehr gut werden, ich hätte 400 Thaler nur für Direktion der Concerte und Leitung des Chors, viel freie Zeit, angenehme Existenz durch Natur und Menschen, und dabei läßt sich leben. ... Vorgestern früh war ich in Bonn um den jungen Fritz Simrock zu sprechen. Ich spielte ihm meine Fantasie für Klavier vor[194], und er hat sie für 10 Frd.d'or gekauft. Außerdem erscheinen in nächster Zeit 3 Hefte Lieder für gemischten Chor und ein Heft Frauenchöre im Druck. ...«[195]

Aus einem Brief meiner Mutter

»Berlin d. 1ten Juni 1869

... Sehr erfreut und beruhigt hat uns dein lieber Brief, und ich bin nun ganz glücklich und zufrieden, daß du durch eigene Überzeugung und in Übereinstimmung mit dem Urtheil Aller, die es wohl mit dir meinen, aus dem Dilemma heraus bist. ... Mir und der lieben Hildegard Schwerin, die ich am Sonnabend besuchte, um sie noch vor ihrer Carlsbader Reise zu sehen, scheint die ganze Mühler'sche Unternehmung vollständig unhaltbar. Was gehört dazu ein solches Orchester zu gründen, welche enorme Geldmittel! Und selbst, wenn nun einst wirklich das Orchester zu Stande käme, womit soll es dann beschäftigt werden? etwa mit 10 Concerten im Winter? ...«

An die Eltern

»Cöln d. 8ten Juni 1869

Mit vor Hitze feuchten Händen schreibe ich diesen Brief, während noch vor 3 Tagen Kälte und Nässe so unfreundlichen Eindruck machten, daß ich schon an ein Verschieben unserer Schweizerfahrt bis über 8 Tage dachte.

Das Ereigniß der Woche ist nun dies, daß Hiller in Cöln bleibt. Nachdem man kurz zuvor in allen Kreisen der Stadt Unterschriften für eine Adresse gesammelt hatte, in der Hiller um Zurücknahme seiner beiden Absagebriefe ersucht wird, begab sich am letzten Dienstag eine Deputation zu ihm, bestehend aus mehreren Herren der Geldaristokratie unter Führung des Herrn Seligmann, und zwei Musikern, Königslöw und mir. Hiller war darauf vorbereitet, daß wir kommen würden und empfing uns in großer Erregung. Er sagte auf eine kurze Ansprache des jungen Herrn Stein, daß der eigentliche Grund abzudanken für ihn der gewesen sei, daß er bei den Cölnern die Theilnahme und das Wohlwollen vermisse, das er nach Allem, was er für die Stadt gethan, erwarten zu dürfen glaube, ja das er früher besessen habe. Die Verstimmung, die er längst gehegt, habe dann ihren Höhepunkt erreicht, als die Stadt ihm die unentgeltliche Benutzung des Gürzenichsaales bei seinem eigenen Concert, das er unter Mitwirkung Joachims gegeben, abgeschlagen habe, und dieses – nicht aber die Rücksicht auf die Zukunft seiner Frau – habe ihn thatsächlich bestimmt, den entscheidenden Schritt zu thun. Das Ende vom Liede war, daß er der in unserem Cirkular ausgesprochenen Bitte nachgab, und daß darauf Herr Seligmann, dessen Physiognomie die Mitte zwischen Huhn und Eule hält, einige sehr unpassende Worte sprach, deren etwas klägliches Ende durch verschiedene um so heftigere Händedrücke unschädlich gemacht wurde. – Mich freut es von Herzen, daß der Alte bleibt. Zuerst für ihn selbst, wenn er auch sagt, die Aussicht auf eine neue Lebensart mit Concertreisen und Componiren habe etwas sehr Anziehendes für ihn gehabt. Dann aber auch für Cöln – trotz Allem und Allem, – denn so mangelhaft er Einzelnes von seinen Obliegenheiten versieht, so ist seine Persönlichkeit in der Totalität doch schwer zu ersetzen. – Am Donnerstag Abend nach dem Ereigniß ging ich einmal wieder allein zu ihm zum Thee, und verlebte mit ihm und auch den Frauen recht angenehme Stunden.

Gestern war Landparthie des Bachvereins. Rheineck, wo Hollwegs schon angeboten hatten uns zu bewirthen, mußten wir aufgeben, weil wir in diesem Augenblick weder Soprane noch Tenöre genug zu stellen hatten, um in der Kapelle unsere geistlichen a capella Sachen zu singen, die leider alle fünf- oder sechsstimmig sind. So wurde Bergisch-Gladbach gewählt; derselbe Ort, wo ich im vorigen Frühling mit Bruchs und Königlöw die Familie Zanders besuchte. Mit dem Dampfschiff fuhren wir nach Tisch nach Mülheim, dann von da mit der neuen Eisenbahn in kaum 15 Minuten nach Gladbach. Unter den 50 Personen, die wir nebst allen Gästen aus machten, befand sich auch Hiller, der sich angeboten hatte mitzugehen, weil seine Toni unter den Sängerinnen war. Das Wetter war zum ersten Male strahlend sommerlich, und Alles in bester Laune. Nachher bei dem Spaziergang durch Feld und Wald war der Schwarm leider nicht zusammenzuhalten; ungefähr zwanzig kamen uns abhanden, die wir erst später wiederfanden. Dann aber wurden vierstimmige Lieder gesungen; zuerst vor einem Wirthshaus einer kleinen Anhöhe gegenüber; später in einem neuen Zanders'schen Fabrikgebäude, wo es enorm hallte und schallte; endlich in dem herrlichen Park von Zanders, wo die bunte Gesellschaft von den liebenswürdigen Leuten auf das Freundlichste aufgenommen sich Pfirsiche und Maibowle vortrefflich schmecken ließ. Bei dieser Gelegenheit geschah denn auch das Denkwürdige, daß ich in meinem Leben zum ersten Mal einen Toast ausbrachte, und zwar auf Hiller, dem ich dafür dankte, daß er sich unserem kleinen Kreise angeschlossen, und noch mehr, daß er unserem großen erhalten bleiben wolle. Es schien ihn zu freuen, und er hielt darauf eine sehr hübsche Rede über alles Mögliche, die damit endete, daß er Zanders und mich leben ließ. Über den Bachverein sprach er sich dabei sehr liebenswürdig aus, und der Jubel war allgemein. Schließlich wollte man garnicht mehr fort, und es wurde schon beantragt, den Bahnhofsinspektor zu einem späteren Extrazug zu bewegen, weil uns der letzte ordentliche Zug zu früh ging. Doch siegte die Vernunft, und um 10 Uhr landeten wir wieder in Cöln.

Was nun die nächste Zukunft anbelangt, so denke ich mit Carl am nächsten Freitag Morgen in einem Zuge bis Basel zu fahren, dort bei den Eltern Stockmeyer bis Montag früh zu bleiben und dann zum Sohn nach ›Fontaines, Val de Ruy, Canton Neuenburg, Schweiz adr. Pfarrer Immanuel Stockmeyer‹ überzusiedeln. Dort bleiben wir wohl die nächste Woche, es ist also Zeit von dort aus weitere Adressen mitzutheilen. ... Meine Finanzen blühen, und ich hoffe die Ebbe der nächsten Wochen wird nicht zu furchtbar sein, da ich ja Keiner bin, der auf elegante Hotels und Rehbraten resp. Gemsbraten reist. Sehr erfreulich war es mir, daß ich in dieser Woche noch meine Violoncell-Romanze für 8 Friedr. d'or an Lienau verkaufen konnte. ... Über Sondershausen ist ja nun Nichts mehr zu sagen, da Hiller in Cöln bleibt und demzufolge auch die anderen Collegen an ihren Plätzen. Aber erzählen will ich doch noch nachträglich, daß ich dort durch den jungen Dr. Spitta[LX] keinesweges so verlassen gewesen sein würde, wie du meinst, liebe Mutter. Spitta ist in Sondershausen Bruchs einziger Umgang – der einzige zwar, aber ein so interessanter, daß man dafür schon 6 andere Leute hergeben kann. Ich lernte ihn in Düsseldorf auf dem Musikfest kennen. Er ist ganz hervorragend musikalisch begabt, und macht einen so bedeutenden, gediegenen und sympathischen Eindruck, daß er mich in der halben Stunde des Zusammenseins ganz und gar gewonnen hat. ...«

## Aus Briefen meiner Mutter

»Berlin d. 7ten Juni 1869

In der Hoffnung morgen oder übermorgen noch von Cöln aus einen Brief von dir zu erhalten, will ich immer den meinigen beginnen...

---

LX Philipp Spitta (Sohn des Pfarrers und Liederdichters Spitta) war zu jener Zeit als Gymnasiallehrer in Sondershausen angestellt.

Marie Hoffmeister schickte mir neulich deinen Brief über Händel und Gervinus. Merkwürdiger Weise machte ich gerade an demselben Tage mit Anna Beseler der Frau Gervinus einen Besuch, die hier in der Gräfe'schen Klinik eine Augenkur braucht. Die arme Frau jammerte mich sehr in ihrer dunklen Stube. Ich ließ mir geduldig von ihr über Händel erzählen, dachte dabei das Meinige und unterdrückte natürlich jede Äußerung über deinen Brief. Übrigens ist das Ehepaar, wie mir Anna Beseler sagte, doch etwas niedergeschlagen durch den Hagel von Anfechtungen, die die schlimme Schrift des großen Gelehrten erfahren hat. Hier heißt es jetzt nicht mehr, Jemand ›spreche wie der Blinde von der Farbe‹, sondern wie ›Gervinus von der Musik‹…

den 13ten Juni. Montag.

… Am Donnerstag Nachmittag traten überraschender Weise Joachim und Stockhausen bei mir ein, mit denen ich denn ein langes Gespräch über die hiesige Angelegenheit hatte. Ich warnte sie vor Frau von Mühler. Es scheint jedoch der diesmalige Plan wirklich auf soliderer Grundlage aufgebaut zu sein, als der frühere. Sie haben beide ganz feste Zusicherungen vom Minister erhalten, und die beiliegenden Zeitungsmittheilungen bestätigen das von ihnen Gesagte. Beide Männer beklagten nun lebhaft, daß du nicht kommen wolltest, und meinten, dein Widerwille gegen Berlin sei fast krankhaft. Sie sind eben der Meinung, es lasse sich nur in so großen Verhältnissen, wie es die hiesigen sind, etwas Bedeutendes erreichen. … Am Freitag Vormittag kam Joachim noch einmal allein zu Vater, um sich bei ihm wegen einiger juristischer Fragen Rath zu holen, und bei dieser Gelegenheit haben wir wirklich unsere Herzensfreude daran gehabt mit welcher Liebe und Anerkennung er von dir sprach. Er hätte dich außerordentlich gern hier gehabt! die Hälfte der Concerte, meinte er, würde er dir gern überlassen haben. Doch das ist ja nun vorbei; auch kann es noch lange Jahre dauern, ehe es überhaupt zu größeren Aufführungen kommt. Fürs Erste will sich Joachim hier ein Quartett bilden, und damit in die Öffentlichkeit treten. Welch ein Mensch ist doch dieser liebe Joachim! Sein reines, edles Herz, das ihn immer nur unverwandt auf die Sache gerichtet sein läßt, der er dienen will – wie wohlthuend und wie selten ist das! Wohl hätte ich es gern dir gegönnt, mit solchem Menschen gemeinschaftlich wirken zu können! …«

Die diesem Brief beigelegten Zeitungsartikel haben den folgenden Wortlaut:

a.) »Der Errichtung einer Akademischen Musikschule für ausübende Kunst bei der hiesigen Akademie der Künste, zu deren Leitung Prof. Joachim berufen ist, liegt der ›N. A. Zeitung‹ zufolge ein vollständig ausgearbeiteter Plan zu Grunde. Soweit die Mittel zur Ausführung in den Fonds der Akademie nicht vorhanden sind, ist vom König für die ersten drei Jahre ein Zuschuß in Aussicht gestellt. Prof. Joachim ist hier mit demselben Gehalt, das er früher in Hannover bezogen hatte, mit 2000 Thaler angestellt. Derselbe hatte einen Ruf zu einer ähnlichen Stellung in Brüssel früher abgelehnt.«
»b.) »Wie die ›N. Pr. Z.‹ hört, ist es die Absicht, bei der musikalischen Sektion der k. Akademie der Künste, mit welcher bisher nur eine Schule für musikalische Composition verbunden gewesen ist, auch eine Schule für ausübende Tonkunst einzurichten. Zu diesem Ende soll, an Stelle des vor Kurzem verstorbenen Musikdirektors Prof. A. W. Bach, Joseph Joachim in die Sektion berufen sein, um die Leitung der Abteilung für Instrumentalmusik zu übernehmen. Für die Leitung der Abteilung für Vokalmusik ist Professor Julius Stockhausen ausersehen.«

### An die Eltern

»Fontaines. Val de Ruy Dienstag d. 15ten Juni 1869
Vier Reisetage sind erst vorüber, aber es ist mir zu Muhte, als hätte ich seit Monaten Cöln nicht gesehen. Heute haben wir es zwar kalt, trübe und regnerisch, doch war es bis dahin so herrlich (›härlik‹ wie sie in Basel sagen), daß wir immer auf den Beinen sein konnten, und ein schöner Eindruck den anderen drängte. Schon am ersten Nachmittag war die Freude über Schwarzwald und Vogesen groß. Es war bis Darmstadt und Heidelberg ziemlich grau gewesen, dann aber strahlte die Sonne, die Vogesen lagen mit ihren schönen Linien in warmem Duft, die dunkeln Tannenabhänge des Schwarzwaldes, untermischt mit prächtigem Laubwald ließen uns auf der anderen Seite keine Ruhe, und so hätte man immer vier Augen haben mögen. Dazu zog sich zur Seite durch das ganze Badische Land eine große Heuernte als Staffage, und versorgte selbst die Eisenbahnwagen mit schönstem frischen Wohlgeruch. Es ist doch ein Unterschied, ob man vor oder nach den Alpen diese Gegenden sieht. Wie imponirten mir jetzt die Höhen der Berge, die wundervollen Wälder, und endlich die grüne üppige weite Landschaft, in der Basel so malerisch liegt! Der Junge war denn auch äußerst selig, und behauptete, man müsse nie wieder nach Cöln zurückkehren. Daß uns bei Stockmeyers die alte herzliche Freundschaft empfing, bedarf keiner Erwähnung. Es war schon im Voraus ausführliches Programm

gemacht, wie wir unsere Zeit verwenden sollten. Samstag fuhr Frau Stockmeyer mit uns nach Ziefen zu Laroches; Sonntag zogen wir Beide mit Karl Stockmeyer und Karl Stähelin, (dem Bruder von Marielis Mann) – was denn im summa drei ›Kärle‹ ausmacht – nach Arlesheim, dem Wohnsitz des jungen Stähelin'schen Ehepaars, beide Male begünstigt vom herrlichsten Wetter. Arlesheim liegt 1 ½ Stunden von Basel; wir fuhren, nachdem wir im Münster eine Predigt gehört, um 10 Uhr mit der Post hinüber, und ich war überrascht über die wundervolle Lage des Orts. Er ist übrigens auch als das Juwel des Baselbiets berühmt: der Jura senkt sich sanft mit seinen schönen Wäldern zu den Weinbergen und mächtigen Obstgärten des Thals hernieder, Vogesen und Schwarzwald begränzen gegenüber den Horizont und seitwärts erhebt sich die Jurakette in mannigfachen Verschiebungen schon zu ziemlich bedeutenden Höhen; dazu sieht überall wo man es wünschen könnte, eine Ruine aus den Waldabhängen heraus und reiche anmuthige Dörfer beleben die Ebene. Das junge Stähelin'sche Ehepaar macht den glücklichsten Eindruck; ich finde Marie noch liebenswürdiger und zugänglicher geworden als früher; Stähelin scheint ein wirklich hervorragender Mensch zu sein und man könnte neidisch auf das harmonische Dasein werden, das die beiden jungen Leute führen. Zu Tisch waren wir eine durchaus jugendliche Gesellschaft; die Sache hatte beinahe das Ansehen einer Junggesellenparthie, in die sich die eine Dame verirrt hatte. Das Haus ist sehr geräumig, überraschend breitspurig für eine ländliche Pfarrwohnung; die Einrichtung noch etwas der Gemüthlichkeit entbehrend, die erst längeres Wohnen giebt; doch ist das Paar zur Hochzeit von allen Seiten so überreich beschenkt worden, besonders von der sehr begüterten Stähelin'schen Verwandtschaft her, daß es überall ein hübsches Stück zu betrachten giebt. – Am Sonntag Abend versammelte sich dann noch bei den Eltern Stockmeyer eine musikalische Gesellschaft, gegen die ich vergeblich protestirt hatte. Selmar Bagge, Musikdirektor Walter mit seiner jungen Braut, der Sängerin Anna Strauss, – die ich freilich sehr gern wiedersah – und verschiedene andere Leute waren geladen. Die Ungarischen Tänze mußten auch hier herhalten, nachdem wir sie überall bei Kindern und Kindeskindern im halben Kanton Basel stets mit gleicher Sensation vorgetragen hatten. Wir spielen sie bekanntlich auswendig, und daß Carl das im Bass vermochte, überraschte die Leute besonders. Auch persönlich hat er sich bei Stockmeyers die Herzen gewonnen, obgleich er sehr schweigsam in der fremden Umgebung war; sie wollten ihn zu sich nehmen, meinten sie, wenn ich einmal in Basel Musikdirektor würde. Der Junge selbst fand Alles himmlisch, was er erlebte, und vertraute mir seine liebevollen Empfindungen für die neuen Menschen Abends an, wenn Niemand dabei war. Noch Eins habe ich aber vergessen, das noch erzählt werden muß, daß ich nämlich Marie Burkhardt, meine sehr geliebte Gespielin vom Sommer 1853 im Appenzeller Weissbad, mit Frau Stockmeyer besucht habe, und Euch Grüße von ihr bringen soll. Mir kam plötzlich der Gedanke sie aufzusuchen, und Frau Stockmeyer verhalf mir zu seiner Ausführung, obgleich sie eigentlich keine persönliche Beziehung zu der jungen Dame hat. Ganz wunderlich war es mir, dies Gesicht wieder zu erblicken, das ich seit 16 Jahren nicht gesehen, und in dem ich doch noch dieselben Grundzüge erkannte, die uns Allen damals so wohlgefielen. Es liegt etwas sehr Liebenswürdiges, Feines noch immer in der ganzen Erscheinung, und nach dem, was mir Frau Stockmeyer über ihr Leben sagte, hat man recht sehr Ursache, Mitleid mit dem armen Geschöpf zu haben. Die drei verwaisten Schwestern leben noch immer mit ihrer Gouvernante, der alten Mademoiselle Pelletier, zusammen, nur daß diese seit Jahren sehr krank ist, ihre Umgebung tyrannisirt und für sich selbst die größten Ansprüche macht. Sie sind steinreich, sehen aber Niemanden bei sich, und wohnen in ihrem großen alten Patrizierhaus bei meist verschlossenen Läden völlig vereinsamt dahin, wie Nonnen oder verzauberte Prinzessinnen. Wären nicht allzu viele Jahre darüber hingegangen, so hätte man vielleicht eher der Ritter sein mögen, der den Bann bräche und die Prinzessin erlöste. –

Gestern früh nun ging es mit der Bahn durch den Jura, und über Olten Solothurn, Biel nach Neuchatel. Der Himmel sah etwas trübe drein, und so war ich doppelt erstaunt, als plötzlich hinter Herzogenbuchsen einige scharfe Spitzen auftauchten, die ganz wie Alpen aussahen. Der Jura fällt sehr hoch und steil an dieser Seite ab, ich war also einen Augenblick zweifelhaft, ob es sich nicht doch um Juraausläufer handelte; dann verschwanden die zackigen Gebilde; plötzlich aber erschienen sie wieder und nun ihrer eine ganze Reihe, die keinen Zweifel mehr übrig ließ; auch ein Stück Matterhorn oder Jungfrau sah zwischen den Wolken durch; Carl aber, der den Schnee von den Wolken noch nicht unterscheiden konnte, blieb unempfindlich gegen diese Entdeckung. Mittlerweile wurde es auch in der Nähe immer schöner; wir kamen an den Bieler See, an dessen Ufer man hart herfährt, dann an den Neuchateler, dessen ungeheurer glänzend grüner Spiegel mich entzückte, und endlich an die Station Neuchatel, an der Männi uns erwartete. Auf der Terrasse des Bahnhofs hatten wir die erste schöne Viertelstunde miteinander. Die Alpen waren jetzt fast völlig klar geworden und auf unserer

Wanderung nach Fontaines, zwischen uralten Nußbäumen und später mächtigen Tannen- und Eichenwaldungen den Bergabhang hinauf, gab es wiederholt wundervolle Rückblicke auf den See und die fernen weißen Riesen. Auf dem Rücken angelangt, mußte man freilich von ihnen Abschied nehmen; dafür öffnet sich jenseits eine neue Welt. Valangin sehr malerisch mit hohem Schloß am Ausgang einer engen Felsschlucht gelegen macht den schönsten Anfang; das Val de Ruy selbst jedoch, in das man nunmehr hinabsteigt, ist einförmiger und ernster, als ich erwartet hatte. Fontaines liegt auf einer weiten grünen Fläche, auf beiden Seiten eingeschossen von tannenbewachsenen Bergen, die von hier aus gesehen nur mäßig hoch erscheinen. Da jedoch die Thalebene selbst schon in einer Höhe von 2000 bis 3000 Fuß liegt, so sind diese Berge von anderem Standpunkt aus betrachtet natürlich dennoch stattlich genug. Gegen Osten hin liegt die Schlucht von Valangin, und durch diese schimmert ein Stück Alpenwelt herüber. Heute Morgen war Alles grau in grau, die Luft feucht und kalt; jetzt scheint schon wieder die Sonne, und aus dem Fenster neben mir sehe ich eine weiße Kette, freilich ohne Spitzen; doch tröstet das Bewußtsein, daß Montblanc und Dent du midi gerade da vollständig zu sehen sein würden, wenn ein Wolkenstreifen nicht so unhöflich wäre, sie theilweise zu bedecken. …«

Keinem meiner Freunde fühlte ich mich so sehr im Innersten verbunden und wesensverwandt wie dem, in dessen kleine, bescheidene, stille Pfarrwohnung ich jetzt eingezogen war, und gewiß durfte ich den Augenblick des Wiedersehens mit ihm »schön« nennen. Dennoch zeigte dieser Augenblick eine andere Färbung, als sie mir in der Erwartung vorgeschwebt hatte. Als ich mit meinem Zögling in Neuchatel ausstieg und Stockmeyer auf dem Bahnhof unser wartend stehen sah, empfing ich einen fast bedrückenden Eindruck von dem tiefen Ernst, der aus seinen Zügen sprach. Wie ein weltfremd gewordener Einsiedler erschien er mir. Seit wir uns zuletzt am Hallwyler See gesehen, hatte er abermals zwei Jahre in fast völliger Abgeschiedenheit zugebracht; und wenn vordem die Einsamkeit in Schiers hoch oben in der Alpenwelt Graubündens freilich noch bedrückender für ihn gewesen sein mußte, so blieb er doch auch in Fontaines fast von jedem Verkehr mit Menschen gleicher Bildung abgeschnitten. Freilich hatte hier geraume Zeit seine Lieblingsschwester »das Marieli« ihm die Wirtschaft geführt; dann aber wurde sie Braut, verheiratete sich bald darauf, und wieder mußte der Bruder, soweit er nicht seiner kleinen Gemeinde diente, stumm, den eigenen Gedanken ohne Widerhall hingegeben, die Tage zubringen.

Nun war es keine geringe Freude für mich zu erleben, wie allmählich unsere Anwesenheit, unser Gespräch und nicht zum wenigsten unsere Musik den Bann zu lösen vermochte, der das reiche Gemüt des Freundes gefangen zu halten schien. Mit jedem Tage unserer Anwesenheit wurde er heiterer und anteilsamer. Zum Glück hatten die Eltern Stockmeyer dem Sohn ein altes, tafelförmiges Klavier in sein Arbeitszimmer stellen lassen, und soweit nicht das schöne Wetter ins Freie lockte, wurde allen Gebrechen des Instruments zum Trotz bald zwei-, bald vierhändig von uns musiziert. Wieder ließen wir auch die Ungarischen Tänze auftreten. Bei ihrer ersten Vorführung blieb unser Zuhörer stumm, offenbar innerlich ablehnend. Als wir am nächsten Tag die Stücke wiederholten, erwachte wohl allmählich die ihm angeborene tiefe Empfänglichkeit für musikalische Schönheit, aber noch immer schien es, als wisse er nicht, ob er sich gerade hier hingeben könne und solle oder nicht. In Colombier am Neuchateler See lebte die Vorsteherin eines Mädchenerziehungsinstituts, eine Französin, die sich in bereits vorgerückten Jahren mit einem Deutschen verheiratet hatte. Stockmeyers jüngste Schwester hatte das Institut längere Zeit als Schülerin besucht, und freundschaftliche Beziehungen bestanden seitdem zwischen der gesamten Stockmeyerschen Familie und der liebenswürdigen Dame. Es wurde beschlossen, eine Wanderung durch die Gorge du Seyon, ein enges, waldbewachsenes Felsental zum See hinunter und weiter nach Colombier zu unternehmen, um dort die Madame Knüpfer ci-devant Mademoiselle Jacquot zu besuchen, nicht zum wenigsten, weil es dort ein wirklich menschenwürdiges Instrument, ja einen Flügel geben sollte. Als nun aber hier die unvermeidlichen Brahms-Ungara zu allgemeiner Befriedigung erklangen, kam plötzlich auch bei dem Einsiedler von Fontaines die innerste Natur mit Allgewalt zum Durchbruch: Er war hingerissen von der überschäumenden Naturkraft dieser Musik, gab seiner Freude den überschwenglichsten Ausdruck und konnte nun sich nicht genug tun im Rühmen und Bitten um immer neue Wiederholungen.

Die Schwester Marie hatte einmal von ihrem Bruder, dem sie im täglichen einsamen Zusammenleben so nahe getreten war, wie kaum ein anderer Mensch, zur Mutter gesagt: »Der Männi ist ja zuweilen ein wunderlicher Heiliger, aber ein Heiliger ist er gewiß.« Ich selbst schrieb damals über ihn an meine Mutter: »Ein Mensch von seiner Jugend, bei dem man in solchem Maß die Empfindung innerer Reinheit, ja Hoheit haben muß, ist mir doch eigentlich niemals vorgekommen. Es ist wahr, daß er mitunter etwas Strenges und auch Absonderliches haben kann;

von Härte aber kann bei der Zartheit der tiefen Güte und Liebesfülle seines Gemüths niemals die Rede sein.«

Nur eine halbe Woche etwa währte unser Aufenthalt in Fontaines. Aber die Zeit wurde gründlich genutzt. So bestiegen wir denn, von schon Erwähntem abgesehen, auch die beiden bedeutendsten Erhebungen, die diesen Teil des französisch-schweizerischen Jura auszeichnen, den Chaumont und die Tete de Rang. Auf dem höchsten Gipfel der letzteren begrüßte uns neben der schönen gentiana acaulis[196] mit ihren dunkelblauen Blüten auch die kleine braune »Mannstreu«: ein untrügliches Zeichen, daß wir hier schon die Region der Alpenflora erreicht hatten. Von der Schönheit der Aussicht, die sich nach dem Hochgebirge hin an dieser Stelle auftut, ist mir bis heute eine Erinnerung geblieben wie von etwas in seiner Art durchaus Unvergleichlichem: Der Beschauer befindet sich in einer Höhe von über 4000 Fuß, fast also die Mitte haltend von der der gegenüberliegenden Alpenkette, so daß er dieser gleichsam ins Herz sieht. Der Jura fällt steil ab zu einer Talebene in bedeutender Tiefe, die mit den beiden sich aneinanderschließenden Seen von Biel und Neuchatel eine ansehnliche Ausdehnung nach Breite und Länge hin darstellt. So steigt die Masse des Hochgebirges jenseits aus völlig freiem Untergrund in die Lüfte empor, und es ist eine Entfernung zwischen dem Betrachtenden und dem Gegenstand geschaffen, wie sie günstiger für den Eindruck nicht sein kann. Die weißen Riesengestalten der Eiswelt bleiben noch nahe genug, um an Erhabenheit nichts einzubüßen, und doch sind sie schon in eine verklärende Ferne gerückt, die sie wie ein Unirdisches erscheinen läßt, Gebilde aus einer Welt der Träume.

Es war Freitag geworden. Stockmeyer hatte am Sonntag zu predigen, und wenn er uns, wie beabsichtigt, auf einer weiteren Fußwanderung begleiten wollte, mußte er für zwei Wochen Urlaub nehmen, was dann Vertretungen für die Zeit seiner Abwesenheit nötig machte. So wurde beschlossen, ich solle einstweilen mit Heymann nach dem Genfer See vorausreisen, wo dann der Freund uns in der Nähe von Montreux nach einigen Tagen zu Weiterem abholen würde. In dem Dörfchen Glion, zu dem damals von Montreux aus noch keine geradlinige Drathseilbahn sondern nur die schöne alte Fahrstraße zwischen herrlichen uralten Nuß- und Kastanienbäumen hinaufführte, fanden wir im Hotel du Midi angenehmste Unterkunft. Pensionsgeld pro Tag 4 Frcs 20 Cents, wenige Gäste und in der Nähe eine kleine Anzahl hübscher Bauernhäuser. Zuerst gab es schlechtes Wetter. Dann nach wenigen Tagen traf Stockmeyer ein und brachte den Sonnenschein mit. Nun brauchte man nur aus der Tür zu treten und ein paar Dutzend Schritte nach links oder rechts, bergauf oder bergab zu tun, um aus reizendster Nähe über den blauen Spiegel des Sees hinweg zu allen Herrlichkeiten der jenseitigen Gebirgszüge die Blicke schweifen zu lassen. Meine Mutter liebte vor allem das Spazierensitzen, ließ sich auch mit Vergnügen wegen dieser ihrer Vorliebe für bequemen Naturgenuß necken, und so versäumte ich nicht, ihr mitzuteilen, daß ich nunmehr in Glion ein Eldorado ohnegleichen für Erfüllung aller ihrer Wünsche entdeckt habe. Natürlich ließen wir drei Jünglinge uns jedoch nicht am Nächstliegenden genügen, sondern stiegen gleich am folgenden Tage nach Stockmeyers Ankunft auf die 6600 Fuß hohen Rochers de Naye. Morgens vor fünf Uhr wurde aufgebrochen, ringsumher herrliches Licht, Dent du Midi strahlend im Morgenglanz. Allein mit jeder Viertelstunde gab es der Wolken und des Nebels mehr, bis wir auf dem Gipfel, nach dreieinhalb Stunden angelangt, uns ganz und gar im dichtesten Grau befanden. Nur auf Augenblicke zeigten sich die nächstliegenden zerklüfteten Felsmassen und Abgründe zwischen den pfeilschnell vorüberziehenden Nebelmassen. Dreiviertel Stunden waren wir durch tiefen Schnee gewatet. Aber es war zum Glück nicht kalt, so daß wir ein paar Stunden ruhig dort oben bleiben konnten. Rings umher blühte eine Fülle der herrlichsten Alpenblumen, wir wurden nicht müde, bald von dieser bald von jener Art mächtige Sträuße zu pflücken, und im Weitergehen hatten wir unserem kleinen Führer eine solche Masse aufgeladen, daß er mit seiner zierlichen Kiepe auf dem Nacken wie ganz eingehüllt in Alpenrosen und Narzissen erschien. Mit unserer Beute wurden bei der Rückkehr verschiedene freundliche Damen beglückt, die sich außer uns in der Pension befanden, und unser Leben schien für den Augenblick in der Tat zu nichts anderem bestimmt zu sein, als die Blumen ohne Zahl zu pflücken und mitzuteilen, die am Wege blühten. – Da, am nächsten Morgen, trat etwas völlig Unerwartetes ein: Der Postbote brachte mir den folgenden Brief von Joachim:

»Berlin am 18ten Juni 1869

Verehrtester Freund! Den Brief von Frau von Mühler, der diese Zeilen begleitet, habe ich schon einige Tage in Händen. Er ist auf meinen Wunsch geschrieben, weil ich in meinen Gedanken immer wieder auf das Wünschenswerthe für die Sache, ja auch für Sie (verzeihen Sie mir!) zurückkomme, daß Sie sich an unseren Plänen betheiligen. Eine Entschuldigung habe ich dafür zum zweiten Mal zu kommen: was vorigen Monat noch unbestimmte Form hatte, naht Ihnen jetzt in festerer Organisation. Ich bin verpflichtet, eine Klasse für Instrumentalmusik (d. h. für die Reproduktion derselben) zu gründen, habe dafür eine lebenslängliche Anstellung (die ich nicht einmal nachgesucht) und kann sogar mittheilen, daß ich vorläufig De Ahna und den Cellisten vom Müller-Quartett (Wilh. M.) als Mitlehrer gewonnen. Daraus sehe Sie, daß es Ernst ist, wie ich denn den Eifer des Ministers nicht hoch genug anschlagen kann.

Ich würde mich nun außerordentlich freuen, wenn es Ihnen noch nachträglich ersprießlich erscheinen könnte, sich zu uns zu gesellen: als mein Vertreter in den alljährlich wiederkehrenden 3 Urlaubsmonaten für England, als Oberlehrer für das Klavier und Meister für's Partiturspiel. Wir wollten ein gutes kollegialisches Leben führen und auch schöne Kammermusik gemeinschaftlich zu Gehör bringen. Dies vorläufig als positive Anerbietung; aber es wird hoffentlich mit der Organisation eines Concert-Orchesters nicht gar zu lange dauern, und dann findet sich gewiß noch manche anregendere Betheiligung für Sie. – Und glauben Sie mir, daß nicht purer Egoismus mich antreibt, Ihnen ein zweites Mal zu schreiben; ich kann es nicht ohne eine gewisse Besorgniß sehen, daß Sie sich so hartnäckig gegen die Vortheile eines geistigen Mittelpunkts wie Berlin verschließen. Ich will nicht dociren, aber aus Erfahrung mitteilen, wie schmerzlich ich bisweilen bedaure, zu lange in Hannover geblieben zu sein. Zudem würde Ihnen ja durch einen (wir wollen sagen, zweimonatlichen) Urlaub im Sommer Zeit genug zu unabhängigem Einsammeln und Phantasiren geboten.

Und wie würden sich Ihre Eltern, die so rührend ihre Einmischung zu eignen Gunsten von der Hand weisen, freuen! – Aber verzeihen Sie, daß ich so weit mit Zureden gehe; ich werde wenigstens auch das einfachste ›Nein‹ als Beharren bei Ihren Ansichten und Plänen freundschaftlichst verstehen.

Ihr Joseph Joachim

Grüßen Sie Königslöws. Schreiben Sie bald, nur ja oder nein.«

Daß mir auf diesen Brief, der mich trotz meiner früheren Ablehnung nochmals vor die Wahl stellte, nichts übrig blieb, als sofort einen unwiderruflichen Entschluß zu fassen, liegt auf der Hand. Meine Abneigung, mich an Berlin fesseln zu lassen, war ja von Anfang an für die Mühlerschen Pläne allen von dort kommenden Anerbietungen gegenüber so stark gewesen, sie hatte so oft schon für mein Handeln den Ausschlag gegeben, daß es verwunderlich erscheinen muß, wenn ich mich dieses Mal dennoch überreden ließ. Aber es geschah: Ich sagte

»Ja«. Frau von Mühler betonte in ihrem Brief, daß ich nicht sofort für alle Zeit gebunden sein, sondern nur von Jahr zu Jahr verpflichtet werden solle. Das fiel wohl neben anderem für meine Entscheidung auch in die Wagschale; allein, was hatte eine solche Abmachung im Grunde viel zu bedeuten! Hat man einmal in einer weitaussehenden Sache die Hand an den Pflug gelegt, so läßt man nicht so leicht wieder los. Es ist etwas Blindes im Fassen von schwerwiegenden Entschlüssen. Wenn nicht ein deutliches Gebot der Pflicht den Ausschlag gibt, so scheint eine unsichtbare Hand die Würfel fallen zu lassen. Nachdem ich an Joachim und Frau von Mühler ein paar kurze Worte gerichtet hatte, die meine Bereitschaft, das mir Gebotene anzunehmen, ausdrückten, gab ich meinen Eltern in den folgenden Zeilen Rechenschaft über das Geschehene:

»Glion den 25ten Juni 1869

... In diesen Tagen kam von Bonn die Nachricht, daß dort eine Konkurrenz für die Musikdirektorstelle ausgeschrieben sei, und ich stand im Begriff alle Segel anzuspannen, um in diesen Hafen einzulaufen. Der Brief an den Oberbürgermeister war fertig, aber noch nicht abgeschickt, an Hiller, Joachim und Andere wollte ich schreiben wegen der nothwendigen Zeugnisse, – da, noch eben im letzten Augenblicke ehe alle diese Schritte gethan waren, traf die Berliner Post ein, brachte einen Brief von Joachim nebst einer Einlage von Frau von Mühler, deren Inhalt Ihr ahnen werdet: – Man will mich zum dritten Mal dorthin entführen – und das Ende ist: daß ich mich dieses Mal wirklich und ohne Vorbehalt entführen lassen will. – Ich habe das Gefühl, daß es Unrecht wäre, Nein zu sagen; theils um Euretwillen, mit denen ich doch gar zu gern noch ein Stück Leben theilen möchte, theils deshalb, weil ich etwas Besseres in künstlerischer Beziehung augenblicklich weder habe, noch auch von der Bonner Stellung erwarten kann, endlich aber weil Joachim mir so ernst zuredend über die Vortheile einer Geistesgemeinschaft schreibt, wie die sein würde, die mich jetzt dort erwartet, daß ich mich seiner Mahnung nicht verschließen, sondern ihm glauben und folgen will. Auch Frau von Mühlers Brief ist merkwürdig genug, und man muß es anerkennen, daß man dort noch immer nicht die Geduld mit mir verloren hat. Alle Jahr steht mir frei zu kündigen, das ist auch immer eine große Sache. Zusagende Briefe an die Ministerin und an Joachim sind bereits geschrieben, da sie umgehend Antwort haben wollten, und ihre Schreiben durch den Umweg über Cöln ohnehin spät genug an mich gelangt sind. – Das Schwanken ließ sich auch kaum länger ertragen. Seit Weihnachten sitze ich in der Schwebe, überallhin verfolgt mich der Gedanke, daß es so wie bisher doch eigentlich nicht gut mehr weiter geht. Dem muß endlich ein Ende gemacht werden…«

Mit diesem Brief kreuzten sich die folgenden Worte meines Vaters:

»Berlin d. 28ten Juni 1869

Lieber Ernst! ich habe dir längst auch einmal direkt schreiben wollen, obgleich wir via Mutter in ununterbrochener indirekter Correspondenz stehen und du nur nicht, wie der sächsische Gesell in Paris die Anrede machst. Die Veranlassung giebt mir ein liebenswürdiger dankbarer Brief von Frau Heymann mit der Anzeige, daß am 15ten Juni die Stelle in Bonn von Neuem zur Bewerbung ausgeschrieben sei und mit der Aufforderung, dich davon in Kenntniß zu setzen, da sie deinen Aufenthaltsort nicht erreichen könne. Während wir nun aber mit Frau Wedding und Nichte Bertha am Kaffeetisch sitzen und uns Carlsbad beschreiben lassen, kommt der liebe Joachim, um Abschied zu nehmen, da er morgen seiner Frau nach Salzburg nachreist, wo du ihn unter der Adresse ›am äußeren Stein 31 bei Comtesse Mac Caffry‹ brieflich erreichen kannst. Er sagt uns, daß es mit der Bonner Stelle doch nichts sei, da Brambach erklärt habe, den Chor unter keinen Umständen aufzugeben, so daß dir immer nur die klägliche Orchesterpartie bleiben würde. Dagegen erzähle er uns, daß er hier für deine Klasse de Ahna und Müller gewonnen habe, um zunächst das Quartett zu Stande zu bringen. Die Klavierklasse stehe noch jetzt offen und er (Joachim) so wie ›ein Anderer‹ (Stockhausen?) hätten deshalb vor 14 Tagen an dich nach Cöln geschrieben, jedoch keine Anwort erhalten. Du müßtest dir also den Brief nachschicken lassen. – Übrigens wird er meines Erachtens an deinem Entschlusse wohl schwerlich etwas ändern, da dir auch hier nur die Stellung eines Klavierlehrers, dazu mit starker Citronenpresse und nur 6 Wochen Urlaub zugedacht sein würde Es wäre nur zu überlegen, ob du für deinen Eintritt in die bürgerlichen Verhältnisse nicht doch einer solchen festen Pflichts- Berufs- und Arbeitsstellung bedarfst, da sie dir später nicht wieder geboten wird. Es ist aber andererseits Alles in Erwägung zu ziehen, was dir Weihnachten und im Februar das Ganze so widerwärtig machte und doch wohl nicht ganz und allein, wie Joachim meinte, krankhafte Abneigung gegen deine Vaterstadt war. Ich habe mich von jeher auf die nichtberlinische Seite geneigt, wenigstens für dich und für jetzt, obgleich ich meinerseits nirgends anders mehr leben möchte als auf dem wenig liebenswürdigen aber doch großen und durch seine Kulturfähigkeit bedeutenden Arbeitsfelde dieser Stadt. Was den Menschen glücklich macht, ist das was ihm sympathisch ist, wie dem Vogel die Luft, dem Fisch das Wasser ›da ist ihm wohl und ist er still‹ und ein solches Plätzchen wird sich ja auch für dich im weiten Vaterlande noch wohl finden, wo du deinem Berufe leben und dein Nestchen bauen kannst; denn ohne Beides würdest du dich freilich, namentlich wenn du uns nicht mehr hast, sehr unbefriedigt fühlen. Wir wollen das also dem lieben Gott befehlen, der bis hierher geholfen hat.

Eben kommt deine Sendung prachtvoller Alpenblumen in vollkommenster Frische und Schönheit hier an, Alpenrosen, Gentianen, Anemonen, sogar Spiräen vollkommen wohl erhalten. Fräulein Bertha als geübte Blumistin ist eben dabei sie kunstmäßig zu ordnen. Eine Probe werde ich Klärchen Baumeister hinüber bringen, deren Idealismus an so etwas ebenfalls Freude hat. – Zum Lohn wünschen wir Euch besseres Wetter. Es scheint sich ja mit Vollmond und Siebenschläfer zu bessern. Für Berlin und die märkische Heimath ist es freilich unübertrefflich. Der Thiergarten ist von einer Frische und Grüne wie wir ihn nie gesehen, die Eichen dicht belaubt, alle Raupen und Entengrütze überwundene Standpunkte. – Adieu, lieber Ernst! Gott geleite Euch; hütet Euch vor gewagten Parthieen und Schlaglawinen und denkt an Eure Eltern. Tausend Grüße von uns Alten!

Dein treuer Vater.«

Von demselben

»Berlin d. 29ten Juni 1869

Mein geliebter Ernst! Unmittelbar auf meinen gestrigen Brief folgt der heutige aus entgegensetzter Tonart. Also daher Joachims Besuch, und das war die zweite Person, die an Dich geschrieben hatte!

Du wirst deinen Entschluß nicht nach plötzlicher Erregung, der eine ebenso plötzliche Ernüchterung folgt, sondern als gereifter Mann und nach klarem Überblick der Verhältnisse geschrieben haben und so gebe denn Gott seinen Segen dazu. … Daß Berlin seine großen und achtbaren Seiten hat, schrieb ich dir gestern. In Sondershausen wärst du nur fürstlicher Lakai geworden, in Bonn wärst du zwischen die Parteien geworfen, hättest nur ein elendes Orchester von Kneipenmusikern und ein ebenso elendes Gehalt gehabt … hier hast du die Freiheit der Großstadt, die Gemeinschaft mit den Ersten deines Berufs, die Metropole der geistigen Reibung und Arbeit. Ganz besonders muß ich dir danken, daß du dein Elternhaus in die erste Linie stellst. Wir haben zwar im Hinblick darauf, daß Du wüchsest und wir Alten abnehmen, die Einsamkeit unseres Alters gern ertragen. Aber das Vaterhaus, die Gemeinschaft von Eltern und Kind ist doch einmal das Allerheiligste in der ganzen Weltordnung, es wird uns beiderseits wohl thun, noch ein Stück Leben, wenn es Gottes Wille ist, mit einander zu gehen, und Du kannst denken, wie wir uns darauf freuen. … Also segne Gott Deinen männlichen Entschluß! Hollweg schrieb mir so schön, wie viel männlicher du geworden seiest. … Gott segne und behüte Dich! … Wie immer Dein treuer Vater.«

An die Eltern

»An der Laak d. 30ten Juni 1869

… Es ist mir zwar etwas wunderlich, in aller Gemüthlichkeit meine Reisebeschreibung fortzusetzen, während ich noch nicht weiß, wie Ihr meine Entscheidung in so wichtiger Angelegenheit aufgenommen habt; doch da die Reise selbst dabei ihren Verlauf nimmt, so kann es ja auch der Bericht thun, und auf Nachricht von Euch muß ich mich bis Sonntag getrösten. Gestern hatte ich einen Brief von Radecke, den mir Frau Stockmeyer hierher nachschickte, und dessen Schreiber es noch sehr begreiflich und richtig findet, daß ich die Stellung am Berliner Konservatorium abgelehnt. Ich will dem gegenüber hoffen, daß die Annahme das Richtige war; jedenfalls ist nichts mehr daran zu ändern, und ich rechne mir immer wieder die Vorzüge vor, die das Ganze ja unläugbar hat. Unterdessen verstreicht die letzte Woche, wo ich mich hätte für Bonn melden können, und damit sind denn die Brücken hinter mir abgebrochen. Wenn Ihr nur nur zufrieden seid, so will ich es auch sein, und mich vor Allem freuen, daß ich wieder in Eurer Nähe leben soll. Musikalisch ist mir das das Bedeutsamste, daß ich mitten in den Strom und in die Nähe der bedeutendsten Künstler komme; das muß doch seine Früchte tragen. –

Unsere Reise geht recht glücklich von Statten, und im Ganzen konnten wir auch über das Wetter in den letzten Tagen nicht klagen. Wir fuhren Samstag mit der Eisenbahn nach Aigle im Rhonethal, und von dort per Omnibus zu 4 auf dem Bock eine herrliche Alpenstraße hinauf bis nach Sepey, dem Hauptort des Ormonts-dessous. Herrlicheren Tannenwald als dort, kann man kaum sehen, und zwischen beiden Abhängen durch leuchtet thalabwärts ferner und ferner die dent du midi. Von Sepey an gingen wir zu Fuß; die Gegend gehört zwar noch zum Canton de Vaud und ist französisch, aber die rechten Schweizer Holzhäuser fangen doch wieder an, und bedecken die Seitenwände und den Grund des schönen Alpenthals zu Tausenden; da kommt gleich noch ein anderes Element in die Stimmung, und mir war zu Muthe, als käme ich nun erst recht eigentlich in die Alpen. Der Genfer See ist eine Sache für sich, und gewiß nichts Geringeres, aber eben nicht das, was man im Sinne hat, wenn man nach unsern Begriffen an die Schweiz denkt. Es war schöne klare Luft an dem Abend, und die Schneefelder des diablerets, an denen nur hin und wieder eine Wolke hinstrich, sahen näher und näher über die Wälder herüber. Dann zuletzt, wo man um eine Ecke des Thals biegt, liegt die ganze ernste Pracht des Gebirges vor Einem, und das hôtel des diablerets hat gerade den günstigsten Punkt ausgewählt, um dies Bild in aller Vollkommenheit zu fassen. Auch da waren noch sehr wenig Leute, wie denn überhaupt von Reisepöbel gar keine Spur ist; vielleicht hier in diesen abgelegenen Theilen des Berner Oberlandes noch weniger als anderswo, aber sehr viel belebter scheint es doch überall nicht zu sein. Am Sonntag Morgen gingen wir in die Schlucht hinein, deren Ende die schroff abfallenden Wände der diablerets bilden. Es war vollkommen klar, und der Schnee blendete fast von den Gipfeln hernieder. Einige Landleute waren mit Fernröhren ausgegangen, Gemsen an den Felsen zu erspähen, und ließen uns an ihren Beobachtungen Theil nehmen; fast eine Stunde lang geht man durch dichtesten Tannenwald, der von beiden Seiten sich bis zur Thalsohle herabzieht; dann wird es lichter, und man steht der einsamen Hochalpenwelt unmittelbar gegenüber. Männy hatte sein Testament eingesteckt, und hielt uns dort einen kleinen Gottesdienst; er las das Capitel vom Weinstock aus dem Johannes, erklärte es, und sprach zum Schluß ein schönes Lied von Tersteegen.

Nachmittag um 5, also schon etwas spät, machten wir uns auf, über den Col de Pillon nun wirklich in das Berner Oberland hinüberzugehen. Der Paß ist garnicht hoch, kaum 4500 Fuß, und der Weg an sich bequem genug. Doch hatten wir Gewitterregen, das Gras war sehr feucht, auch hielten wir uns unterwegs zuweilen auf, so daß es gegen Ende des Weges schon recht dunkel wurde. Dies Alles trug nicht dazu bei, eine ganz behagliche Stimmung zu geben; aber es war trotzdem schön, und der Anblick eines einsamen Alpendorfes, des ersten auf der deutschen Seite, wo die jungen Leute in der Dämmerung auf der großen Wiese ihr Schwingfest hielten, von großer Poesie. Um halb 10 waren wir unten in Gsteig im Saanenthal, übernachteten in einem ganz ländlichen echt bernerisch gebauten Wirthshaus, und waren Morgens entzückt über das Paradies, in das uns Abends unsere Beine fast unversehens getragen hatten. Gsteig liegt ganz am Ende, oder richtiger gesagt, am Anfang des Saanenthals; die Saane kommt mit einem prächtigen Wasserfall, den man weithin sieht, aus den Bergen heraus, Sanetsch und Oldenhorn steigen fast senkrecht über den malerischen Häusern und dem spitzen Kirchthurm auf, und abwärts zieht sich das Thal in sanften, grünen Höhen der Ebene zu. Um unsere Glieder etwas zu schonen, nahmen wir uns für 8 Franken ein offenes Wägelchen bis Lauenen, fuhren das Saanenthal bis Gstaad hinab, und das des Laubachs, das viel enger und wilder ist, bis Lauenen wieder hinauf. Natürlich möchte man in jedem Ort gern vier Wochen bleiben; im Thal von Lauenen wurde mir aber doch ganz besonders danach zu Mute. Es ist eine idyllische Alpenwelt dort, und die Schneeberge, die das Thal abschließen, das Geltenhorn mit einem großen wundervollen Gletscher, das Wildhorn und der Dungelgletscher, so großartig, daß man nicht begreift, wie solche Dinge so im Verborgenen blühen können. Nachmittags gab es Gewitter, und so war unser Spaziergang an den Dürrensee wiederum etwas feucht. Es kam dann aber zum Schluß ein versöhnender Sonnenblick, der sich immer weiter und wärmer über die Felsen ausbreitete, in die weißen wogenden Schleier eines Wasserfalls hineinleuchtete, und das ganze schöne Bild in dem Spiegel des Sees zum zweiten Male erscheinen ließ. Wie gern wäre man länger da geblieben, und hätte sich ganz hineingesehen in diese sanfte und doch große Landschaft! Statt dessen mußte früh ins Bett gestiegen und früh wieder aufgestanden werden, um noch vor zu hohem Sonnenstand über den Trütlisberg hierher nach der Leuk zu kommen. Der Übergang ist wieder ein sehr bequemer zwischen 5000 und 6000 Fuß, und die Aussicht oben muß bei klarem Wetter ganz imposant sein. Schon rückwärts breitet sich eine ganze Reihe schöner schneeiger Gebirge aus, dann aber auf dem Gipfel ist man überrascht über das Panorama großartiger Bergformen, das sich plötzlich jenseits entfaltet, und nach Osten hin immer gewaltiger zu werden scheint. Nur waren eben leider alle Spitzen bedeckt; nur bisweilen ließen die Wolken eine oder die andere ganz klar erscheinen, und so mußte man sich mit drei Vierteln des Anblicks begnügen. Ganz bedeckt mit gentiana acaulis und herrlichen Violen war unser Berg oben, und wie gern schickte ich das Alles, was auf unserem Tisch in Gläsern in schönstem Blau und Dunkelviolett prangt, zu Euch und Andern, die sich daran freuen würden. Ist es morgen gutes Wetter, so gehen wir zu den sieben Brunnen, und auf eine schöne Alp am Oberlaubhorn; vielleicht schicke ich dann von dort noch einmal Blumen. Hier an der Leuk im Obersimmenthal ist nun abermals ein Ort zur Pension für meine Mama; ein prächtiges grünes Thal mit breitem Wiesengrund, die Abhänge wechselnd mit Rasen u. Tannenwald bedeckt, Alles wie übersäet mit zierlichen Berner Häusern, und im Hintergrund der Einblick in zwei großartige Thalschluchten, die von den steilen grauen Felswänden und Schneefeldern des Wildstrubel und Weißhorns geschlossen werden. Von einer der Wände hängt der Räzligletscher ein Stück in die Tiefe hinab; überall ziehen Wasserfälle weiße Linien in das Gestein. Heute Nachmittag besuchten wir einen der größten, den des Iffigenbachs, der zwischen Tannen in zwei Absätzen eine hohe Felswand prächtig hinabstürzt. Unsere nächsten Pläne sind nun auf Kandersteg gerichtet, wo ich Eure Briefe über Frutigen her erwarte. Dann denken wir auf Mürren mit dem Schmadribach zu gehen, entweder durch das Kienthal oder über Interlaken u. Lauterbrunnen. Dieser Weg durch die abgelegenen Thäler des Berner Oberlandes hat seine ganz besonderen Reize und wäre recht etwas für dich, lieber Vater. Mit Leonhard Wolff mußte ich es aufgeben zusammenzutreffen, da er schon am 21ten zur silbernen Hochzeit seiner Eltern zurückreisen mußte, und von Interlaken aus Touren machen wollte. Männis Gesellschaft ist mir aber doppelt werth; er versteht eben A l l e s, während dem Jungen doch seinen Jahren nach noch die Fähigkeit abgeht, überall voll mitzuempfinden. …

Auf dem Faulhorn 8200 Fuß d. 6. Juli 1869.

auf dem Faulhorn einen Brief anzufangen, hat doch etwas Verlockendes, und so thue ich es, ohne Aussicht, gerade sehr weit damit zu kommen. Gestern Morgen brachen wir mit sehr gutem Führer von Interlaken auf, waren zu Mittag auf der schynigen Platte, einem neuerdings berühmt gewordenen Aussichtspunkt, hatten dann noch einen ziemlich harten Marsch durch Wüsten von Felsentheatern und Schnee, zuletzt ½ Stunde einen schmalen Grat steil hinauf, und saßen endlich zu Abend hier dick in den Wolken. Gestern früh war es herrlich gewesen, die Jungfrau ganz klar von Interlaken aus sichtbar, eigentlich der erste faltenlos schöne Sommermorgen, und so rechneten wir sicher auf gutes Gelingen; doch schon auf der schynigen Platte (gegen 6000 Fuß) von der man in das Lauterbrunner und Grindelwalder Thal zu tiefster Tiefe hinunter, zugleich aber geradeaus mitten hinein in die weiße Welt der Hochalpen sieht, begann das Gewölk Einiges zu verschleiern; dann wurde es immer ärger, und schließlich sah man kaum die nächsten Abgründe. Trotzdem behielten Führer und Wirth hier gute Hoffnung, und wie hat sie sich erfüllt! Um 2 Uhr in der Nacht wachte ich einmal auf, hörte viel Sprechen, und glaubte, der Sonnenaufgang sei bereits nahe;

ich trat an das Fenster, und der reinste Sternenhimmel prangte über der unbeschreiblich großartigen, eisigen Welt. Nun dauerte es noch zwei Stunden, und dann erlebten wir das herrlichste Schauspiel, das man erleben kann. Es ist doch wahr, daß gegen die Großartigkeit dieser höchsten Berner Alpen alles Andere verschwindet, was ich in den deutschen Alpen gesehen. Auch die allernächste Umgebung hat etwas ganz Überwältigendes. Es sind Verhältnisse, Höhen und Tiefen, Einsamkeiten, Erhabenheiten, die durch nichts ihre Gewalt einbüßen, auch nicht durch Engländer und anderen Reisepöbel. Übrigens waren wir gestern Abend fast die einzigen Gäste, erst später kamen vier langweilige Herren, und im Allgemeinen muß ich sagen, daß ich mir den Schwindel der Gasthäuser –, Führerpreise u.s.w. viel ärger vorgestellt habe. Einzelheiten darüber, wie überhaupt über alles Vorhergehende schreibe ich später. Heute also nur noch einen 8000 Fuß hohen Gruß, den freilich ein Lämmergeier über die Abgründe tragen müßte, sollte er hier auf die Post gegeben werden. In Grindelwald wird die Sache besser besorgt werden, und so lege ich für jetzt nur ein paar Alpenblümchen ein, die auf der Spitze, also schon jenseits mancher Schneefelder gewachsen sind. …

Wengernscheideck d. 8. Juli 1869.

Mein Faulhornbrief war nur so sehr ein Erzeugnis des Moments, daß er kaum Anspruch auf den Namen Brief machen kann. Auch jetzt ist nicht gerade die beste Schreibeverfassung, doch will ich versuchen, wie weit ich es bringe, während draußen die Jungfrau in fast greifbarer Nähe mit ihrem wundervollen Silberhorn und ihren riesigen Gletscherströmen in der Sonne strahlt. Ich fange anständiger Weise an, wo ich aufgehört habe, und berichte kurz. Die Leuk verließen wir am Freitag Morgen, nachdem wir Donnerstag noch einen schönen Ausflug zur Quelle der Simmen, der ›sieben Brunnen‹ gemacht hatten, die in prächtiger Hochalpeneinsamkeit unmittelbar aus dem Felsen strömend in malerischem Fall in die Tiefe stürzt. Am Freitag konnten wir fast nicht zum Entschluß kommen, ob wir die lange Wanderung zu Fuß über die Berge machen, oder die noch längere Fahrt mit der Post unten herum wählen sollten. So unsicher und unfreundlich erschien das Wetter. Endlich trabten wir wieder zu Fuß los, stiegen bis gegen 6000 Fuß auf das Hahnenmoos, und von dort hinab in das Thal von Adelboden, eine ganz abgelegene stille Gegend, die bei besserem Wetter gewiß große Reize hat. Vor dem Ort Adelboden selbst, der nicht weit von dem Schluß des Thals liegt, hatten wir denn noch fast vier Stunden bergauf, bergab oberhalb des Engstligenbachs zu gehen, bis wir das freundliche Frutigen am Eingang des Kanderthals erreichten. Am nächsten Morgen gab es strömenden Regen; es war so abscheulich, daß sich keinesfalls nach Kandersteg unter solchen Umständen zu Fuß gehen ließ; doch hatten wir Sachen und Briefe poste restante dorthin bestellt, und so blieb nichts Anderes übrig, als einen Wagen zu nehmen, und das großartige Thal, auf das ich mich so besonders gefreut, hin und zurück zu durchfahren, ohne es eigentlich zu sehen. Männy war sehr müde, und blieb zurück, so unternahm ich also mit Carl die Expedition allein. Natürlich bleibt auch selbst unter solchen Umständen noch Einiges von Schönheit übrig, so z. B. der sogenannte blaue See, ein kleines von Tannen eingeschlossenes Wasserbecken von tiefblauer Farbe, an dessen fast märchenhafter Erscheinung auch ein so grauer Himmel nichts gerade verderben konnte. Unsere Fußwanderung an den Oeschinensee, unmittelbar unter der Blümlisalp (siehe das kleine Schweizerbuch »lac de la Blümlisalp«), die ich nicht aufgeben wollte, da ich einmal in Kandersteg war, verregnete dann aber doch dermaßen, daß das Bedauern die Freude fast überwog. Eure Briefe brachten nun das erwünschteste Intermezzo, und wurden mit vielem Dank studiert. Auch von Hiller fand sich einer, der wie immer sehr freundlich auf meine Angelegenheiten eingeht, mir aber räth, am Conservatorium bis August auszuhalten. Natürlich werde ich dem nicht widerstreben, sondern Sonntag zurückkehren. Meinen Entschluß im Ganzen sehe ich im Wesentlich noch mit denselben Augen an, wie im Anfang, wenn ich auch nicht läugnen will, daß Zeiten gekommen sind, wo ich meinte, ich hätte etwas Dummes gemacht. Doch geht das dann wieder vorüber, wenn ich mir sage, was mich dazu bewog, so zu entscheiden, und besonders wie unmöglich mir das Neinsagen auf der andern Seite erschien. Von détails weiß ich noch nichts. Doch schreibt Joachim von zwei Monaten Urlaub, und sowohl darauf, wie auf 1000 Thaler Gehalt werde ich jedenfalls bestehen. Wüßte ich doch jetzt auch, wie meine liebe Pathin in Wienrode darüber denkt. Es verlangt mich ganz danach, von ihr einmal zu hören.

Und nun weiter im Text: Nach vollendeter Regenwasserfahrt ins Kanderthal nahmen wir noch selbigen Abends einen Retourwagen (den ich schon in Kandersteg aufgabelte) und fuhren direkt nach Interlaken. Jetzt waren wir eine geraume Zeit immer von einem engen Thal ins andere gestiegen, und wie wohl that darauf das sanfte Gelände des Thuner Sees! Es war entzückend, wieder breite Nußbäume und Obstgärten und Dächer und Schlösser zu sehen. Dazu kam die Erinnerung an unsere Reise vor nun 18 Jahren! wieder hatte ein Waldbach die

Straße verdorben, so daß man dabei war, sie zu verbessern, gerade wie damals, und wie bekannt erschienen mir im Großen und Ganzen noch die Berge, die Art der Landschaft! Wir hatten natürlich unsere Gedanken auf eines der einfachsten Gasthäuser, Hotel Reber, gerichtet, in dem auch Wolff mehrere Wochen zugebracht; unser Kutscher aber rückte plötzlich mit dem ganz obstinat festgehaltenen Wunsch heraus, uns nach dem Hotel de la Jungfrau, das heißt in das allervornehmste neben Hotel Victoria zu fahren, und alle unsere Gegenreden fruchteten nichts. Er meinte, heute Morgen habe er von dort eine Herrschaft fortgefahren, und wolle nicht leer zurückkehren, der Wirth sei ein guter Mann, wir sollten es nur wenigstens versuchen mit ihm zu reden, er werde es uns schon billig machen. Schließlich wurde ich ausersehen, die Kastanien aus dem Feuer zu holen, und dem Wirth zu verkündigen, daß wir eigentlich nicht zu ihm wollten, sondern nur auf Befehl unseres Kutschers anfrügen, ob er uns auch zu 6 Franken täglich aufnehmen wolle. Zuerst erschien ein vornehmer Oberkellner am Wagenschlag, der auf diese unverschämte Frage sehr empört erwiderte, das diner koste 3 ½ Franken, Zimmer 3-Franken u.s.w. und so wollte ich dem Kutscher Signal zum Weiterfahren geben. Da trat der Wirth selbst aus dem Haus (aus dem palais könnte man sagen), Männy ließ etwas von seinem Baseldütsch erschallen, und das Ende war, daß der nette Mann auf das Freundlichste auf unsere Billigkeitswünsche einging, daß wir in dem Hôtel gelebt haben wie Fürsten, und außer in der Bauernschenke zu Lauenen nirgends weniger Geld losgeworden sind als hier. Der casus war uns selbst so komisch, daß wir am ersten Abend mit schäbigem Kostüm in dem üppigen Salon sitzend, gar nicht aus dem Lachen herauskamen. Alle unsere Wünsche wurden sofort erfüllt, wie bei Tischchendeckdich, der Wirth erkundigte sich womöglich selbst nach unserem Ergehen, und wir beschlossen allen Leuten, die sparen wollen, den Rath zu geben: ›geht nach Interlaken und dann in das Hôtel de la Jungfrau!‹ Sonntag fuhren wir zum Gießbach, der doch das gewaltigste Schauspiel giebt, das man in dieser Art sehen kann, viel großartiger, als ich es in der Erinnerung hatte. Endlich Nachmittags dann hellte sich das Wetter auf, immer mehr Sonnenblicke fielen über den Brienzer See, und kaum war die Sonne untergegangen, so erschienen die Schneefelder der Jungfrau in voller Klarheit. Es ist kein Wunder, daß alle Welt ins Berner Oberland geht, denn etwas so Großes und unbegreifliche Schönes giebt es nur ein Mal. Über den nächsten Tag schrieb ich schon, wenn auch erbärmlich genug. Vorvorgestern sind wir vom Faulhorn auf dem sehr bequemen Grindelwalder Wege herunter nach Grindelwald, gestern von dort hierher nach Wengernscheideck gewandert, immer bei herrlichstem Wetter, und denken nun mit Trauer an den Abschied. Fast das Größte von Allem ist unsere augenblickliche Aussicht. Wir sind noch eine halbe Stunde von der eigentlichen Wegernalp, die weiter unten liegt, entfernt, haben hier übernachtet, und kommen nicht fort. Ein sehr liebenswürdiger junger Engländer, mit dem wir gestern viel verkehrten, ist in der Nacht mit 2 Führern zum Eiger aufgebrochen, jetzt verfolgen wir seine Spur in den höchsten Regionen. Kaum wie eine Ameise groß sieht man die drei Menschen seit einigen Minuten auf dem letzten Schneefeld, und findet es fast entsetzlich, daß Menschen sich in diese Höhen hinaufwagen. Die Wengernalp müßt Ihr noch einmal sehen; erst hier bekommt man ganz den Eindruck von den riesenhaften Verhältnissen der Alpen, wo die drei Colosse unmittelbar ohne irgend ein Mittelglied vor Einem liegen, und in das Unendliche aufsteigen. Der Blick auf das Wetterhorn von Grindelwald, das dort auch wie mit einem Zug in den Himmel aufragt, ist ähnlich großartig, doch ist die Wand des Eiger hier noch steiler, fast ganz senkrecht, und die Eismassen der Jungfrau noch viel ausgebreiteter. Endlich muß ich noch von einem in seiner Art einzigen Bilde erzählen, das wir beim Herabsteigen vom Faulhorn hatten. Eine ½ Stunde unter dem Gipfel liegt der Bachalpsee, dunkelgrün, nur von kahlen mit spärlichem Pflanzenwuchs überzogenen Felskuppen eingeschlossen; eine Eisdecke schwimmt hier und dort, grün durchschimmert auf seinem Spiegel; nach dem Grindelwalder Thal zu aber ist die Aussicht frei, und Wetterhorn, Schreckhorn und Finsteraarhorn spiegeln sich über den Abgrund hinweg schneeweiß in seinen stillen Fluthen. Etwas Eigenthümlicheres, Erhabeneres habe ich nie gesehen.

Nun aber will ich noch im präsens mit meinen Augen sehen, was zu sehen ist, und schließe deshalb eilig. Heute denken wir nach Lauterbrunnen vielleicht noch nach Interlaken, morgen Abend oder übermorgen früh nach Basel, dann Sonntag nach Köln zu fahren. In Interlaken hoffe ich auf Briefe. …

Cöln, Frankstr. 11. d. 14. Juli 69.

… Für drei Briefe habe ich dir zu danken, beste Mutter; den einen fand ich in Interlaken, der zweite begrüßte mich hier bald nach meiner Ankunft, den dritten sandte mir Frau Stockmeyer von Basel nach. Sie bringen alle einige Steine mehr zu dem Beruhigungsgebäude, daß mein Entschluß der rechte war, und das ist mir sehr viel werth. Natürlich habe ich hier in vieler Beziehung einen schweren Stand; überall drängt sich mir das Bewußtsein von dem auf, was ich verlasse, so viele gute Freunde lamentieren, – besonders thut dies mein lieber schöner Verein, – und Königslöw ist ganz u. gar nicht zufrieden. Doch weiß er keinen rechten Grund anzugeben, außer dem einen freilich recht bedeutungsvollen, daß ich in Berlin abgesehen von der Vertretung Joachims gar keine Direktionsthätigkeit hätte. Andere, und gerade solche von denen ich weiß, daß sie mich am liebsten hier behalten hätten, geben mir in dem Entschluß an sich vollkommen Recht. Hiller ist auf einige Tage verreist, doch sagt mir seine Frau, daß auch er finde, ich habe Recht gethan. Das beruhigt mich dann, und eine große Freude ist mir daneben, daß nicht nur Wolff sondern auch Janitsch sich entschlossen haben mir nach Berlin folgen; Wolff zum Theil, um seine schöne Tenorstimme bei Stockhausen weiter auszubilden, theils um überhaupt die Vortheile des neuen Instituts und der Stadt zu genießen, Janitsch in dem vollkommen richtigen Gedanken, daß er für seine philologischen Studienpläne dort viel mehr Förderung hat, als hier. Beide wollen in Berlin zusammen wohnen. Für deine Bemühungen in Sachen meiner eigenen Wohnung hab ich dir noch nicht einmal gedankt; so gewöhnt ist man, alle Güte der Eltern als selbstverständlich anzunehmen. – Vom Conservatorium verlautet, daß noch zwei Schüler so gut wie entschieden sind, nach Berlin überzusiedeln; das giebt dann also eine ziemliche Auswanderung.

Nun noch einmal mit der Feder in die schöne Schweiz zurückzukehren, ist fast schwierig, ich muß aber doch noch in Kürze berichten, wie ich hierher gekommen bin. Donnerstag gingen wir über die eigentliche Wengernalp nach Lauterbrunnen, übernachteten dort gerade angesichts des Staubbachs, der in dieser Jahreszeit sehr wasserreich, den zartesten, poetischesten Eindruck gab, den ich je von einem Wasserfall gehabt; andern Morgens fuhren wir dann durch das wundervolle Thal nach Interlaken, dinirten noch einmal im Hôtel de la Jungfrau, um zu sparen, fuhren nach Tisch über den Thuner See, nahmen in Bern von Stockmeyer Abschied, und waren Abends in Basel. Unterwegs hatte ich noch eine Angstparthie dadurch, daß Carl in Olten, wo Aufenthalt war, den Zug versäumte, doch ging zum Glück noch ein allerletzter eine Stunde später, und so fanden wir uns um ½ 10 auf dem Baseler Bahnhof wieder zusammen. Wie viel es bei Stockmeyers zu erzählen gab, könnt Ihr denken; wir blieben den ganzen Samstag dort und machten Nachmittags noch eine entzückende Parthie in den Jura mit ihnen, die mir auf das Schlagendste bewies, wie Schönes immer schön bleibt, mag man nun gesehen haben, was man will. Ja es that fast wohl, nach den überwältigenden Eindrücken der letzten Tage, nun einmal sanfter zu empfinden; blos Wiesen und Buchenwälder, freundliche Anhöhen und idyllisches Dasein zu haben. Wir fuhren die Nacht durch, theils um der Hitze zu entgehen, theils um in Rheineck noch Sonntags die Fahrt unterbrechen zu können. Der Junge sah so brillant in Basel aus, daß ich ihn seiner Mutter gern in dieser Variation gleich präsentieren wollte. Nun hatte ihn die ziemlich schlaflose Nachtfahrt zwar wieder etwas gebleicht, doch war der Eindruck immer noch gut genug, und Heymanns freuten sich der Überraschung sehr. Natürlich besprach ich mit ihnen nun auch die Zukunft, und du kannst dir denken, mit welcher Dankbarkeit sie Eure Güte erkennen, die Ihr Carl durch Aufnahme in Eure Häuslichkeit, erweisen wollt. Ihr hättet die liebe Frau dabei sehen müssen, das wäre Euch der beste Beweis ihrer Dankbarkeit gewesen; ich glaube, daß die Worte ihr schwer werden, weil sie findet, es läßt sich damit doch wenig ausrichten. Schreibe mir doch, ob Damen an dem neuen Conservatorium als Schülerinnen aufgenommen werden oder nicht; man wollte es hier wissen. Gestern hatten wir einen hübschen Abend. Wolff war gerade von Crefeld angekommen, Kühne ist zu seinen englischen Ferien wieder hier, und so trafen wir uns mit Janitsch, Heymann u. Spengel, nachdem wir uns Alle theilweise in verschiedenen Badeanstalten im Rhein erfrischt hatten, im Bayernhäuschen zusammen. Dies liegt oberhalb der Stadt am Rhein, hat hübschen Garten, und ist ziemlich still; dort aßen wir dann Pfannkuchen und Salat zu Abend, und tranken Moselwein dazu…«

Da Anfang Oktober die neue Königliche Musikschule in Berlin eröffnet werden sollte, und da ich als selbständiger Mann und Beamter natürlich nicht wie bisher in meiner Mansardenstube bei den Eltern mich einnisten konnte, so mußte freilich schon jetzt nach einer passenden Wohnung für mich gesucht werden. Meine Mutter glaubte, nach vielen Bemühungen eine solche in der Möckernstraße nahe dem Anhaltischen Bahnhof, d. h. in einem damals erst seit kurzem neu sich entwickelnden Stadtteil, gefunden zu haben. Sie lag im Erdgeschoß, hatte vier Fenster nach der Straße hin, schien für meine Junggesellenbedürfnisse nicht zu groß und nicht zu klein, und ließ sich in der Hauptsache mit entbehrlichen Möbeln aus dem Besitz meiner Eltern zur Genüge ausstatten. Für die Bedienung dachte man an eine Aufwärterin, die täglich zu gewissen Zeiten kommen sollte, das Nötige zu besorgen. Die Sache kam zum Abschluß, und mein Vater begleitete den Mietskontrakt mit dem folgenden Brief:

»Berlin 14te Juni 1869

… Beifolgend erhältst du die beiden Exemplare Deines Miethskontrakts, um das von dem Wirth vollzogene zu behalten, das zweite von dir zu vollziehende an mich oder direkt an Herrn M. mit deiner Unterschrift zurück gelangen zu lassen. …

Du bekommst eine nur kleine Entrée und 2 einfenstrige, 1 zweifenstrige Stube. Letztere liegt zwischen den 2 einfenstrigen und hat einen besonderen Eingang, so daß du die einfenstrige, die ebenfalls ihren Eingang vom Flur hat, beliebig als Vorzimmer und als Kabinet benutzen kannst. Außerdem nach hinten, Küche und sehr niedrige und enge Mädchenkammer mit Aussicht in den Hof. Alles etwas eng und knapp, wie in den modernen Häusern überhaupt, aber freundlich und nett. Die Stadtgegend anständig, luftig, breite Straßen, Prinz Albrechts Garten und Askanischer Platz beinahe in Aussicht, gegenüber keine Häuser, sondern Bäume und Schuppen der Anhaltischen Eisenbahn, die Mökkernstraße führt an den Kanal, Allee und Kreuzberg. …

So gebe denn Gott seinen Segen zu deiner Rückkehr in deine Vaterstadt, und lasse uns, so lange es ihm gefällt, die Freude des Beisammenseins noch mit einander genießen. Bald genug wir die Zeit kommen, wo das nicht mehr möglich sein wird, denn Einer nach dem Anderen unter meinen Altersgenossen macht die Bude zu und dann wird es dich noch freuen, dein Elternhaus und deine Vaterstadt, die immer schöner wird, noch genossen zu haben. Jetzt geht es mir übrigens recht gut.

Gestern war ich bei dem alten Herrn Mendelssohn um mich nach der Wohnung des K. G. Raths L. zu erkundigen. Ich fand den alten Alexander und Paul, beide sehr freundlich. Ersterer sagte, in Bonn sei große Trauer über deinen Weggang, aber er sei der Meinung, Berlin bleibe Berlin, die Stellung sei eine anständige und für das Familienleben sei es das größteste Glück, das uns hätte begegnen können.

So mag denn die berühmte Frau bedankt sein, von welcher Kladderadatsch[197] sagt: Der Vicekönig von Aegypten habe die Celebritäten Europas bereisen wollen. Pio nono, Napoléon, Garibaldi, Adelheid u.s.w. …«

## An die Eltern

»Cöln d. 16ten Juli 1869

Liebe Mutter! Auf Deinen Brief antworte ich gleich, um den Kontrakt, den mir Vater gestern zugeschickt, rechtzeitig zurückzusenden, also mit der Bitte, ihn Herrn M. einzuhändigen. Freilich sieht es danach aus, als wäre die Wohnung auf einen Ehemann mit Frau und 6 Kindern,

Köchin, Hausmädchen, Bedienten und zwei Gouvernanten berechnet, welches Anfangs ich mir nicht bewußt bin, und ich besann mich deshalb schon, wie ich die übrig bleibenden salons am besten verwerthen, etwa an Schlafburschen vermiethen könnte. In natura scheint das Stück wie gewöhnlich anders zu sein. Der Kontrakt selbst ist das niederträchtigste Machwerk für den Miether, das man sich ausdenken kann; dieser letztere Unglückliche wird von vorn bis hinten darin behandelt, wie ein verfluchter Kerl, den man am liebsten gleich kopfüber die Treppe herunterspedirte; ich habe fortwährend das Gefühl beim Lesen, als wenn der Wirth mit der Knuthe dabei stände, und brummte ›hörst du wohl, du Esel!‹ und dabei ginge es Knuff, Puff. Aber hoffentlich steht auch dies nur auf dem Papier, und ist ebenso auf die Bosheit der Leute berechnet, wie das Formular der rheinischen Civiltrauung, bei dem Einem auch vor Prügeln angst und bange wird. Im Einzelnen habe ich nur Eins auszusetzen, das ist der passus über die Hausthiere, die ich nicht halten soll. Den habe ich ausgestrichen, und hoffentlich nicht gegen Einverständnis des Wirths. Auf Hunde und Katzen und Schweine reflectire ich nicht, dagegen könnte es sein, daß ich mir einmal irgend einen sanften, schweigsamen Vogel anschaffen möchte, um ihn gelegentlich verhungern zu lassen, und dazu möchte ich doch freie Hand haben. Gott sei Dank, daß ich wenigstens meinen Vorplatz nicht selbst scheuern muß.

… An Joachim habe ich denn wirklich gestern geschrieben, unter Anderem auch gesagt, daß ich auf 1000 – 1200 Thaler Gehalt rechnete, um bei diesem Wechsel wenigstens Euch gegenüber selbständig zu werden. Es ist das wirklich keine unbillige Forderung, da Joachim und Stockhausen 2000 bekommen, und ich doch neben meiner eigenen Klasse auch Joachims dreimonatliche Vertretung zu besorgen habe…«

## Aus einem Briefe meiner Mutter

»Berlin d. 19. Juli 69.

… Wir rüsten nun auch schon gründlich zur Abreise und ich sehne mich sehr hinaus. Vater hat schrecklich viel zu thun, alle Wochen zwei Doktor Examina, doch befindet er sich in letzter Zeit recht wohl. Gestern Nachmittag wo es herrliches Wetter war, kam plötzlich Eckenbrecher auf der Durchreise nach Marienbad, hier an. Wir fuhren dann mit ihm, seiner Frau und Anna Baumeister nach dem zoologischen Garten, wo es sehr hübsch war, kein Staub, die Luft köstlich, kurz sehr wohlthuend. Unsere meisten Freunde sind übrigens verreist, trotz dem haben wir doch viel Besuch, so kam neulich Abend Siegmund Arnim

Excellenz, der noch nie bei uns war; er trank mit uns Thee, erzählte von der Max, die in Wiepersdorf ist, und schwatzte in recht Arnim'scher Weise...«

Ich mag nicht unterlassen, dem vorstehenden Bericht meiner Mutter noch einige Worte folgen zu lassen, zu denen die Nennung des Namens Siegmund von Arnim mich veranlaßt. Dieser zweitälteste Sohn der Bettine hatte als junger Mann die diplomatische Laufbahn eingeschlagen, und lebte jetzt, ohne sich wohl jemals durch etwas anderes hervorgetan zu haben, als durch (mehr oder weniger) amüsante Geschwätzigkeit, verabschiedet und unverheiratet in Berlin. In Bismarcks Gedanken und Erinnerungen[198] findet sich eine einzige Stelle, in der der Verfasser über Savigny spricht, und hier weiß er nichts über den großen Rechtslehrer zu berichten, als daß seine Schwägerin Bettina von ihm gesagt habe, er überschreite keinen Rinnstein, ohne sein Spiegelbild in dem Wasser der Gosse zu betrachten. Jeder, der jemals mit Savigny in nähere Berührung gekommen ist, muß auf das tiefste bedauern, daß über eine Persönlichkeit von dem hohen Seelenadel Savignys überhaupt in solchem Ton gesprochen werden konnte, doppelt aber, wenn es ein so Gewaltiger wie Bismarck ist, der hier redet. Als ich Robert von Keudell gegenüber die Sache einmal zur Sprache brachte, fand ich bei ihm nicht nur volles Verständnis für meine Verstimmung, sondern erhielt noch zugleich unerwartete Aufklärung über die Quelle, aus der Bismarck offenbar geschöpft hat. Keudell versicherte, dieser habe Savigny so gut wie gar nicht persönlich gekannt. Politisch konnte ihm seine ministerielle Betätigung zu Zeiten Friedrich Wilhelms IV. natürlich nicht sympathisch sein, und so möge ein Vorurteil gegen die Person sich von vornherein bei Bismarck eingenistet haben. Für die Gossengeschichte aber sei sicher Siegmund von Arnim verantwortlich zu machen, der mit Bismarck gleichzeitig als Referendar oder angehender Assessor an der Regierung in Aachen beschäftigt gewesen und ihn neben sonstigem Geklatsch ohne Zweifel mit allerlei Schwänken, Torheiten und Bosheiten aus der Vorratskammer seiner genialischen Mutter unterhalten habe. Bettinas Natur mit ihrem Drang nach schrankenloser Ungebundenheit stand im stärksten Gegensatz zu dem ernsten, haltungsvollen Wesen ihres Schwagers Savigny, das ihr nur allzuoft unbequem genug in den Weg getreten sein mochte. Kein Wunder, daß sie dem Gelüst nicht widerstehen konnte, ihrem Unbehagen in einer boshaften Verspottung seiner edlen Würde Luft zu machen.[199]

An die Eltern

»Köln d. 24. Juli 1869.

Ich muß nur einmal wieder anfangen zu schreiben, wenn auch nicht gerade von Faulhornbesteigungen zu berichten ist, und wenn auch der Finger bei der unleidlichen Hitze am Papier klebt. …

Voerst habe ich eine Neuigkeit mitzutheilen, nämlich die, daß Julie Schumann mit einem Grafen Victor Marmorito aus Turin verlobt ist. Frau Schumann schrieb ganz glücklich darüber an Hiller, und es ist der prächtigen Frau aus mehr als einem Grunde zu gönnen, daß ihr gerade diese Freude zu Theil wird. Mein eigenes Leben war ziemlich einfach aber recht hübsch. Königslöws beide waren seit Sonntag nach Schwalbach und Bingen verreist, kamen Donnerstag Abend wieder, und ich habe recht tüchtig während der Zeit geübt; zu thun habe ich noch bis über die Ohren. … Auch der Bachverein hat noch einmal angefangen; der Vorstand wünscht meine Anwesenheit noch zu benutzen, und es wird für eine Parthie nach Rheineck studiert, die Sonntag über acht Tage von Stapel laufen soll. Donnerstag hatten wir erste, sehr gut besetzte Probe, und es that mir ganz wohl, als der herrliche ernste Choral ›Jesu meine Freude‹ von dem vollen Chor erklang. Nach so langer Musikpause ist man doppelt empfänglich, daneben giebt die Aussicht auf das nahe Ende dieser Dinge auch besondere Empfindungen.

Donnerstag früh kam Schaper hier durch, und ich begrüßte ihn auf dem Bahnhof. Seiner Einladung nach Aachen zu seinem Vater für vorigen Sonntag war ich nicht gefolgt, weil ich noch keine Lust wieder hatte zu langen Eisenbahnfahrten und einem ganzen Tag Ausbleiben. Dagegen ließ ich mich bereden, Nachmittags mit Dumont, Budde, Wolff, Janitsch, Heymann und einem 7ten Herrn aus Dumonts Bekanntschaft nach Brühl zu fahren, u. von dort zu Fuß über das Vorgebirge nach Roisdorf zu gehen. Trotz aller Alpen sehr genußreich. Morgen gehe ich auf Schapers Bitte und auch auf eigenen Antrieb zu den Bonner Mendelssohns nach Horchheim; Schaper ist noch dort, ich möchte den Rhein nicht ohne Abschied von Mendelssohns verlassen, und so vereinigt sich das recht gut. Heymann soll auch mitkommen; da werden dann die ungarischen Tänze wieder getanzt werden müssen, wenn es nicht gar zu heiß dafür ist. Die Bäder im Rhein jetzt sind die schönste Erquickung, und man müßte nur eigentlich eine Einrichtung wie im Leuker Bad treffen, wo die Leute schwimmende Arbeitstische mit ins Wasser nehmen. Von Joachim hatte ich einen sehr lieben Brief, der sich mit dem meinigen kreutzte; seitdem habe ich ihm noch zwei Mal mit allerlei Fragen geschrieben, und hoffe lebhaft sowohl auf baldige Antwort von ihm, als auch auf endliche schriftliche Anstellung mit allen Einzelheiten von Berlin. Recht großen Kummer hat mir in diesen Tagen aufs Neue mein Schüler Spengel gemacht, der die dümmsten Dinge treibt, Spielschulden macht, lügt, beständig faulenzt und dessen unglaublichen Leichtsinn man doppelt bedauert, weil er doch im Grunde ein liebenswürdiges Gemüth ist und großes Talent hat. Heute ist er nun ganz windelweich, aber wie lange es dauert, ist auch nicht abzusehen. Ich glaube, daß ich über die frühere Geschichte mit ihm vor meiner Reise garnicht geschrieben habe; es führt auch schriftlich zu weit. …

Von Stockmeyer habe ich zwar noch keinen Brief gerade gehabt, doch ist mir von einer Buchhandlung in Stockmeyer'schem Auftrag ein ganz wunderhübsches Buch zugeschickt ›Ob dem Kernwald‹ von Christ[200]; es beschreibt die Gegend zwischen dem Vierwaldstätter See und dem Berner Oberland ›Obwalden‹, landschaftlich und culturgeschichtlich sozusagen, rühmt die Abgeschiedenheit u. sanfte Schönheit dieser Natur gegenüber den berühmten und überlaufenen Alpengegenden, und zeigt überall einen ganz feinsinnigen, poetischen Verfasser. Mit Hiller haben sich die Dinge noch einmal zurechtgezogen, nachdem bereits die Aussicht auf ein gütliches Arrangement so gut wie geschwunden schien. Ich finde es kaum glücklich, daß es so gekommen ist, nachdem er und das Comité sich beiderseits so viel Bosheiten gesagt haben…«

d. 28. Juli 1869.

… ich will doch jedenfalls noch schreiben, ehe Ihr Berlin mit Carlsbad vertauscht, und fange deshalb noch heute Abend an, mag ich nun fertig werden oder nicht. …

Am Sonntag war ich, wie Ihr schon wißt, in Horchheim und Schaper hat vielleicht jetzt schon davon erzählt. Es war Vieles sehr hübsch an dem Tage, unter Anderem ein Bad in der Mosel, das ich am Morgen um 8 bei der Ankunft in Coblenz nahm, dann das Zusammensein mit Schaper und ein herrlicher Spaziergang nach Tisch auf die Berge zwischen Lahn und Rhein. Dagegen kann ich ›Tante R…‹ nicht leiden, sie ist so gedrechselt, so unwahr, dabei innerlich, wie mir fortwährend vorkommt, so hart, daß ich nicht Lust hätte, gar zu lange ihr Gast zu sein. Den alten Professor[201] und Frl. Thormann habe ich desto lieber. An Hollwegs habe ich heute geschrieben, und hoffe auch, unsere Bachvereinstour wird hübsch. Wenn es nur einmal gründlich vorher Regen geben wollte; es ist doch alle Frische jetzt dahin, und man kann sich kaum mehr ganz an der Landschaft freuen.

Über Spengel muß ich einmal ausführlich erzählen, schriftlich führt das zu weit; ich mache bei der ganzen Geschichte nur die eine merkwürdige Entdeckung, daß ich den Jungen nach allen dummen Streichen eigentlich viel lieber habe, als vorher. Vielleicht ist es die Empfindung, daß er meiner jetzt bedarf, und das bindet immer. Von dem Vater – der ein sehr geachteter Arzt in Hamburg ist – hatte ich gestern einen 8 Seiten langen sehr kummervollen Brief; ich möchte ihn Euch wohl zeigen, denn Ihr würdet den Mann daraus lieb gewinnen. Gott sei Dank ist in dem Jungen trotz Allem und Allem noch so viel Unschuld und Kindlichkeit, daß man an diesen guten Grund immer wieder anknüpfen kann. Auch sind seine Spielschulden –, so reichlich sie immerhin sind – wenigstens nicht durch Spielen um Geld, sondern nur durch die riesenmäßige Benutzung des Billards entstanden, für das man pro Stunde 5 Groschen zahlt. Die Lügen sind das Schlimmste; nachdem nun aber einmal bis auf den Grund ausgefegt ist, hoffe ich, es wird damit zu Ende sein…

d. 3ten August 1869

… Unsere Bachvereinsfahrt nach Rheineck am Sonntag war das Herrlichste, Gelungenste, was ich je in dieser Art erlebt habe: ein Strom ununterbrochener reichster Freude. Freilich nicht ohne eine Beimischung von Wehmuth. Aber Freude und Schmerz berühren sich ja in gewissem Sinn immer im vergänglichen Leben, wo es der Mühe werth ist von Freude überhaupt zu reden. Über unserem ersten Ausflug nach dem Königsdorfer Wald vor drei Jahren lag auch ein unvergeßlicher Zauberglanz; seitdem aber war es nie wieder so schön. Damals war es Frühling, jetzt hoher Sommer – in jeder Bedeutung des Worts. Damit ist Alles gesagt.

Um 6 Uhr Morgens wurde in Cöln mit dem Dampfboot aufgebrochen; trotz bedeckten Himmels hatte Niemand die Zeit verschlafen oder die Lust verloren, und mit Einigen, die in Bonn zu uns stießen, bestand unsere Gesellschaft aus 53 Personen, 40 Sänger und Sängerinnen, die übrigen zuhörende Freunde. Ein Morgenregen, der zwischen hier und Bonn recht lustig auf das aufgespannte Segeltuch niederprasselte, kühlte nur noch einmal die Luft, und erhöhte durch die Sorge, die er uns eine Weile machte, die spätere Freude an dem tadellos schönen Wetter. In Bonn kam eine Schar von 80 Studenten auf das Schiff in buntestem Schmuck, mit Fahnen und Musik, die das Stiftungsfest ihrer Verbindung in Oberwesel feiern wollten; und nun ging das Fest erst eigentlich an. Überall an den Stationen Böllerschüsse; in Unkel, während das Siebengebirge immer mehr aus dem Duft in strahlendes Licht sich verklärte, eine Prozession, die unter Geläute an der Kirche vorüberzog; dann ein Mendelssohn'sches Quartett auf der einen Seite von uns gesungen, darauf die lustige Studentenmusik auf der andern einfallend; dann wieder Lieder und wieder Musik, zuweilen auch an den Schlüssen nicht ganz harmonisch ineinanderpurzelnd, das Alles aber nur zur Erhöhung des allgemeinen Jubels. Die Studenten waren die höflichsten Leute, ließen ihre großen Trinkhörner unter uns herumwandern, und verlangten besonders von allen hübschen jungen Damen, daß sie mittranken. Endlich zeigte sich Rheineck, und zwar im Schmuck von 4 Fahnen, also ein erstes Zeichen daß wir erwartet wurden; Alles ging an den Kiel des Schiffes, und schwenkte mit weißen Tüchern; da brachen auch oben vom Schloß die Böllerschüsse los, aus den Fenstern und von der Terrasse wurde gewinkt – und wir antworteten mit einem lauten Dur-Deiklang zum Gruß, den die Luft wirklich bis ober hinauf getragen hat. In Brohl wurde in einem Garten unter schattigen Bäumen getafelt, allerlei Hochs ausgebracht, und dann in langem, bunten Zug den schönen Waldweg hinaufgewandert, der unter dem Bogen des Schloßthores mündet. Ich ließ meine Heerde gleich auf die Terrasse ziehen, wo Kaffee in Menge ihrer wartete, und große Napfkuchen wie Thürme auf Tischchen aufgepflanzt waren. Allgemeinstes Erstaunen und Entzücken über die Aussicht war selbstverständlich. Unterdeß saß ich eine Zeit lang oben bei Hollwegs, die noch bei Tisch waren, begrüßte Elisabeth, sah in der Kapelle nach, ob der Flügel ordentlich stand, – den wir durch einen vorausgesandten Cölner Instrumentenmacher hatten stimmen und herunterbringen lassen, und fand dann unten im Garten Alles wieder in heiterster Laune versammelt. Bald darauf erschienen hier die alten Hollwegs; er redete die Gesellschaft sehr freundlich an, und beide ließen sich den Vorstand des Vereins vorstellen, sprachen mit den Einzelnen auf das Liebenswürdigste, und hatten mit einem Schlage Alle in der Tasche. Nun ging es hinauf in die Capelle. Wir begannen mit der Motette ›Jesu meine Freude‹[202] und als der erste Choral anfing, war der Klang so wundervoll, so überwältigend feierlich, daß der Wiederschein der Überraschung auf allen Gesichtern zu lesen war. Der Alte kam in voller Freude gleich nach dem ersten Chor zu mir; dann folgte die Arie ›Wir zittern und wanken‹[203] recht gut von einer Sopranistin Frl. Schwarzkopf gesungen, dann das ›Crucifixus‹ von Lotti, und endlich die Cantate ›Du Hirte Israel, höre‹[204]. Wir selbst waren Alle der Meinung, es sei noch nie so schön gegangen, und wirklich trägt und bindet der Klang in der Capelle so merkwürdig, daß, ganz abgesehen von dem Reiz, den er ausübt, Schwankungen viel eher wie von selbst, vermieden werden. Hinterher wurden noch Lieder auf dem Capellensaal verlangt, und der Verein bestimmte selbst die beiden von mir ›Wenn die Vögel aufwärts steigen‹ und ›Lustig Blut‹. Auf der Terrasse wartete nun ein zweiter Aufzug, Erdbeerbowle und Butterbrot; Hollwegs gingen mit in den Garten hinunter, und tranken in der Veranda Kaffee, während unsere Gesellschaft sich wieder auf den Bänken der Terrasse vertheilte, und die immer schöner beleuchtete Aussicht mit obligater Bowle in vollen Zügen genoß. Hans Bürgers brachte in einer sehr hübschen Rede das Wohl der gastfreundlichen Wirthe aus, und der alte Hollweg dankte unmittelbar darauf mit so herzlichen, gemüthvollen Worten, deren Ziel ein Toast auf Cöln und das schöne Rheinland war, daß sich des Entzückens über solche Aufnahme gar kein Ende finden ließ. Nun mußte eilig zum Rhein hinuntergegangen werden, um das Dampfschiff noch zu erreichen, und weil wir kein Lied mehr oben zum Abschied singen konnten, so versammelten wir uns gleich unten wieder am Kiel, und sangen im Vorüberfahren ›O Thäler weit, o Höhen‹[205], während noch einmal die Tücher von allen Seiten wehten, und die Böllerschüsse über den Strom hin dröhnten. – Aber die Begeisterung war noch nicht zu Ende. Nachdem man sich etwas gesammelt, geschwatzt und beruhigt hatte, wurde aufs Neue verlangt zu singen, und so sangen wir bis Bonn hin fast unausgesetzt vierstimmige Lieder. Ich hatte meinen Platz auf einem großen Schiffskasten, der Chor saß unter mir, und darüber hinaus sah ich wieder den Drachenfels, Rolandseck und alle die lieben schönen Berglinien im Abendschein vorüberziehen. Es war fast wunderbar, wie der Klang der Stimmen trotz der großen Anstrengung nicht abnahm, sondern sich immer mehr nur verklärte und vergeistigte; und dabei war keine Spur von Weinlaune, sondern die reinste gehobenste Stimmung. Ein Publikum hatten wir aus jeder Schicht der Gesellschaft, und nach jedem Lied gab es Beifallssalven der ungekünstelsten Art. Sie verlangten sogar mein Lied in B-dur[206] da capo, und geschlossen wurde angesichts von Bonn mit den ›Vögeln, die aufwärts steigen.‹ Erst nun wurde es stumm, und allmählig dunkel, bis nach anderthalb ruhigen Stunden das Lichtmeer von Cöln über dem Wasser, tiefe weite glänzende Streifen hineinmalend, aufstieg. Wir hatten beim Scheiden Alle das Gefühl, daß wir einen der unvergeßlichsten Tage erlebt hatten, und wenn wir müde waren, so waren wir es nur von der Fülle schöner Eindrücke, die einer den andern gedrängt hatten. – Daß es nun aus ist mit dem Bachverein, wenigstens mit meiner Thätigkeit daran, das ist das Schmerzliche an der

Sache, und zuweilen kann ich es kaum glauben, daß das Alles wirklich zu Ende ist; sie trösten mich damit, daß sie sagen, ich müsse alle Jahre wieder kommen, und dann wollten sie immer wieder ein Mal unter mir singen; aber das ist doch etwas ganz Anderes. Man muß zufrieden sein, daß etwas Schönes einen so schönen, idealischen Abschluß gefunden hat, und sich sagen, daß das Beste doch nicht bleiben kann, daß es nur ein vergängliches Gleichnis für noch Höheres und Besseres ist…

Cöln d. 13. August 1869.

Die Zeit ist da, daß ich wieder schreibe, liebe Mutter, aber Zeit zum Schreiben ist eigentlich nicht da. Es ist greulich, wie Eines das Andre in diesen Tagen drängt, und dabei sind noch 40 Abschiedsvisiten zu machen, alle Packereien zu besorgen, Prüfung zu halten u.s w. Heute habe ich 6 Stunden gegeben, um am Dienstag nächster Woche garnichts mehr in der Schule zu thun zu haben; gestern gab ich meinen Contrapunkt von 9 – 11, und machte dann in Bonn, Godesberg und Rolandseck Abschiedsbesuche; jeder Abend ist durch eine Einladung oder einen Besuch besetzt, und das Alles möchte man ja garnicht vermeiden, aber es macht doch so müde, daß man sich sehnt, nun möchte auch das wirkliche Ende da sein. Es wird freilich bald genug kommen. Genaue Berichte kann ich dieses Mal nicht geben, denn meine Zeit ist zu besetzt, auch jetzt muß ich bald fort zu Dumonts, wo sie mich noch einmal zu einer kleinen Abendgesellschaft mit vierstimmigen Liedern geladen haben.

Am Samstag hatte ich zum letzten Male musikalische Gesellschaft. Sonntag früh fuhr ich nach Rheineck, wohin ich schon vor 8 Tagen eingeladen war. Ich hatte die wohlthuendsten Berührungen mit Allen, besonders auch mit Elisabeth, wie in alter Zeit. Niemand war zum Besuch dort, und so konnte ich Menschen und Ort noch einmal recht genießen; den Ort freilich insofern weniger, als das Wetter regnerisch und kalt war, doch macht das nicht so viel aus, wenn man ganz zu Hause in einer Gegend ist. Ich blieb die Nacht, und trank am andern Morgen, da ich ganz früh fuhr, unten bei Heymanns Kaffee, was nun auch lange nicht wieder passieren wird. – Montag Abend war ich bei Hiller, der mir die Handschrift eines rondeau schenkte, das er als 14jähriger Junge componiert, mit köstlichen Randbemerkungen von seinem Lehrer Hummel. Dann am Dienstag Nachmittag kam Jane Wight zu mir. Sie blieb einige Stunden, und währenddessen versammelte sich unten der bekannte Kreis von singenden Freundinnen, die sich heimlich ausgedacht hatten, mir noch einmal meine Lieder für

Frauenchor, gut einstudiert, vorzusingen. Ich war unschuldig genug, von der guten Absicht nichts zu merken, bis ich mit der Nase darauf gestoßen wurde, und mußte dann zum Schluß noch lange oben auf meinem Zimmer vorspielen. Erst um Mitternacht trennte man sich. Am Mittwoch Nachmittag holte mich Hans Bürgers ab, mit ihm seine Mutter auf ihrem Gut Herl bei Mülheim zu besuchen. Der Plan bestand lange, und immer war er nicht zur Ausführung gekommen; nun regnete es zwar, aber das Ganze gelang doch sehr gut. Die Mutter ist eine ungemein liebenswürdige, ausgezeichnete Frau, und so kurz immerhin unsere Bekanntschaft ist, so habe ich doch das Gefühl, daß ich im Innersten ganz vertraut mit ihr bin. Hans ist ein prächtiger Mensch, ein Juwel unter der hiesigen vornehmen Jugend, dabei von so vortrefflichem gesunden Humor, daß er gar keine Verstimmung um sich herum aufkommen läßt, und immer wieder belebt u. anregt. Fräulein Ernsts war auch draußen; sie ist ja die Veranlassung dazu, daß ich Bürgers so genau kennen lernte, hatte mir speziell von Herl immer des Breitesten erzählt, und so freute es mich, nun in ihrer Gesellschaft das gemüthliche, alterthümliche Burghaus kennen zu lernen, das im alten rheinischen Styl gebaut, von jedem lauteren Verkehr abgelegen den Eindruck äußerster Behaglichkeit und wohlthuendster Ruhe macht.

Samstag Vormittag.

Am Donnerstag leistete ich wirklich ziemlich Unglaubliches im Abmachen von Besuchen, dank der guten Einrichtung der rheinischen Bahn. Nach meinen beiden Contrapunktstunden fuhr ich um 11 Uhr 45 Min. nach Bonn, und aß dort bei Frau Klingemann mit Jane zu Mittag. Gleich nach Tisch machte ich Geschäfte bei Simrocks ab, besuchte Beselers, die bei Tisch saßen, und Böckings. … Um 3:45 ging es weiter nach Godesberg, wo ich leider Frau Wendelstadt, auf die der Besuch abgesehen war, nicht traf, sondern nur ihre gute alte hannöversche Schwiegermutter. Dann um 6 fuhr ich nach Rolandseck, fand Frau Deichmann zu Haus, nahm Abschied von ihr, und noch mehr von dem schönen Ort, setzte mich wieder um 7:12 in die Bahn, um noch einmal in Bonn auszusteigen, machte dort bei dem vortrefflichen Professor Heimsoeth und bei Blumes, die mich mit größter Herzlichkeit aufnahmen, Visite, versuchte endlich Bernays vergeblich zu treffen, und war um 10 wieder in Cöln. –

Gestern Abend war die Dumont'sche Gesellschaft sehr hübsch; sie sangen mehrere meiner vierstimmigen Lieder, die ich früher noch nicht einstudiert hatte, und mache mir und wie es schien auch sich selbst viel

Freude damit. Es sind sehr musikalische Leute, und so klappte das Meiste ohne viel Vorrede. – Heute muß nun der Anfang mit Visiten in Cöln selbst gemacht werden, und dann geht es in dem trouble so weiter bis Mittwoch, wo ich hoffe, Abends fortzukommen. Meine Prüfung ist am Vormittag. Ob du mir noch einmal bis dahin schreiben kannst, überlasse ich Dir zur Beurtheilung; ich denke, es wird möglich sein, sonst adressiere nach Lauenstein…

Nun aber noch eine wichtige Nachricht. Joachim schreibt mir, daß Stockhausen plötzlich abgelehnt hat in Berlin. Er hat sich wieder einmal unglaublich benommen, und ich war zuerst ganz unwillig und traurig darüber. Jetzt sage ich mir aber, daß in dem Verhältnis mit ihm voraussichtlich doch kein Bestand gewesen wäre. Ich hoffe, daß Frau Joachim für die Damen gewonnen wird, so ist der Nimbus für die Gesangsklasse wenigstens nach der einen Hälfte hin gerettet…«

Aus einem Brief meiner Mutter

»Carlsbad d. 16. Aug. 1869.

… Daß Stockhausen sich zurückgezogen hat, kann ich eigentlich garnicht bedauern, da ich überzeugt bin, Joachim und du, Ihr würdet einen schweren Stand mit ihm gehabt haben; er ist einmal ein schwieriger Charakter. Schaper sagte mir schon in Berlin, Stockhausen schiene ihm eigentlich nach der Oberleitung des Ganzen zu streben; er hatte ein Gespräch zwischen Joachim und Stockhausen angehört, das ich dir einmal erzählen will; daraus lernt man beide Charaktere kennen.«

An meine Eltern

»Lauenstein d. 22. Aug. 1869.

Seit gestern Nachmittag bin ich endlich hier, liebe Mutter, und versuche nun noch an Euch zu schreiben, vielleicht ohne Euch mehr in Carlsbad zu erreichen.

Die letzten Tage waren unglaublich unruhig, so gestopft mit Eindrücken der verschiedensten Art, daß man kaum zum Aufathmen kam. Zwischen alles Abschiednehmen innerlich und äußerlich, zwischen Packen und Prüfung und Geselligkeit, hagelten Briefe und Depeschen von Joachim, und so mußte auch meinerseits noch immer wieder geschrieben und telegraphiert werden. Alles zu erzählen wird nicht mehr Zeit sein bis zum Abgang der Post, und so greife ich nur eins heraus, das mir das Unvergeßlichste bleiben wird. Ich hatte schon länger gemerkt, daß irgend eine Überraschung im Werke war, daß Zusammenkünfte des Bachvereins stattfanden u.s.w.; endlich am Sonntag verrieth

Hiller zufällig im Gespräch mit mir, daß der Bachverein am Montag Abend noch einmal mit mir essen wolle. Eigentlich hatte ich bis zum letzten Moment nichts davon erfahren sollen. Es waren mir vielmehr allerlei Vorspiegelungen gemacht, als solle bei Königslöws noch Quartett gesungen werden u.s.w., und dann hatte man mich meuchlings forttransportieren wollen. Doch war es ganz gut, daß ich im Allgemeinen über die Pläne Bescheid wußte; was im Einzelnen geschehen sollte, ahnte ich ja doch nicht. Um 7 fuhren die Königlöwschen Damen schon fort, und mir war ordre gegeben, bis 8 zu Haus auf der Lauer zu sitzen. Da erschienen Dumont und Budde in feierlichem Kostüm mit einem Wagen, und holten mich – erste Ueberraschung – zum Gürzenich ab. Unten am Portal mußte ich erst eine Zeit lang im Wagen sitzen, während Dumont sich entfernte, um unsere Ankunft zu melden. Dann ging es die Treppen hinauf, und von beiden in die Mitte genommen, wurde ich in den schönen, erleuchteten Isabellensaal geführt, empfangen von meinem ganzen Verein, und fast allen lieben Freunden, die ich in der Stadt habe. Die Sänger waren zur Rechten, die Zuhörenden zur Linken versammelt. Alles stand auf, als wir hereinkamen, und von unserem Vereinsklavier, das mit Blumen umwunden vor einer Gruppe von Lorbeerbäumen stand, trat Hans Bürgers in die Mitte, und überreichte mir eine Adresse, die von Frl. Waldmann so wundervoll und poetisch in Farben und Arabesken ausgeführt ist, wie ich Ähnliches kaum je gesehen habe. Er las die Worte mit lauter Stimme; neben ihm stand Frl. Almenräder, überreichte mir einen Band der Bach'schen Cantaten, die wir zusammen gesungen, mit unserer ersten heimlichen Vereinschiffre J.S.B. in Gold geziert, und dann baten sie mich, sie den Choral ›Was mein Gott will, das gescheh allzeit‹, singen zu lassen. Es war ein ganz wunderbarer unvergleichlich schöner Klang in dem vollen Chor, und Ihr könnt wohl denken, wie viel Ergreifendes der Augenblick hatte. Sie sangen noch die Motette ›Jesu meine Freude‹ unter meiner Leitung und forderten mich dann auf, abzutreten, und zu den Zuhörern hinüberzugehen. Assessor Bitter, der die Leitung des Vereins für den Winter übernommen hat, nahm meine Stelle ein, und es ertönten in der vollendetsten Ausführung vier meiner Quartette; die beiden letzten (aus dem Wunderhorn und das 8stimmige) mir selbst als gesungene Lieder ganz neu. Das war nun eine ganz große Freude, und zwar eine der eigensten Art. Ich wußte garnicht, daß die Stimmen von den Liedern ausgeschrieben waren, hatte also nie die Spur einer Probe davon machen können, nun standen sie mir fertig und leibhaftig gegenüber. Das 8stimmige hatte ich für schwer gehalten, und mich früher fast davor gefürchtet, es zu hören; jetzt wurde ich belehrt, daß es fast das beste und wirkungsvollste von allen meinen Chorliedern ist. Hätte ich nur für ein paar solcher Augenblicke Euch herüberzaubern können! Es ist doch zu schade, daß Ihr den Verein nie gehört habt, und mehr in blühender Anmuth konnte sich das Ganze garnicht präsentieren, als an diesem Abend. Nun konnte ich mich auch erst allmählig in der Gesellschaft zurecht finden; immer wieder entdeckte ich ein unerwartetes liebes Gesicht. Selbst Frau Bürgers war da, die sich sonst nie unter Menschen wagt ihrer angegriffenen Gesundheit wegen. Hiller fehlte natürlich nicht, Toni war unter den Sängerinnen, auch Felix unter den Gästen. Gezählt habe ich die Leute nicht; ich denke aber, es müssen ihrer zwischen 70 und 80 gewesen sein. Meine drei besten Schüler, Heymann, Spengel und Winterscheidt hatte der Verein als Gäste eingeladen; kurz es war Alles vereint, was mir lieb und werth geworden war, und bei aller Ausdehnung der Gesellschaft hatte man doch nicht den Eindruck eines offiziellen Festes, sondern den einer warmen Vereinigung von Freunden. Von allen Einzelheiten des Abendessens erzähle ich Euch mündlich. Natürlich gab es auch mehrere urkölnische Lieder, die ich Euch nachträglich zeige; und es war eine besondere Freude, zu erleben, wie der kölnische Humor in dieser Gesellschaft zwar sein Recht behauptete, aber doch in feinerer Gestalt, dem Charakter des Ganzen angepaßt, erschien. Natürlich mußte ich mich endlich selbst zu einer längeren Rede entschließen, und machte dabei, so wenig ich früher daran glaubte, daß mir so Etwas möglich sein würde doch die Erfahrung daß es geht, wenn der Augenblick es entschieden fordert. Hiller sprach wunderhübsch im Namen des Conservatoriums, und war überhaupt der liebenswürdigste Freund in jenen letzten Tagen, den man haben kann. Dies Alles im Näheren mündlich. Ich lege den Bericht der kölnischen Zeitung ein, aus dem Ihr auch noch erfahrt, daß zum Schluß getanzt wurde.

Jetzt habe ich keinen Augenblick mehr vor Abgang der Post, sage also nur auf Wiedersehen, und hoffe, daß ein Brief von Euch mir noch das Nähere darüber mitteilen wird. …«

## Von Marie Hoffmeister

»Wienrode d. 8. August 1869

… In Beziehung auf deinen Entschluß nach Berlin scheint mir meine Empfindung sehr mit deiner eigenen übereinzustimmen. Ich finde ihn nämlich durchaus richtig u. vernünftig und sehe es fast wie eine Fügung an, daß der Ruf zum drittenmale an dich gelangte, und solcher Fügung sich zu entziehen, erschiene fast wie Eigensinn. Dennoch habe ich all diese Zeit ein schmerzliches Gefühl gehabt, wenn ich an dich dachte, weil ich vollständig davon durchdrungen bin, daß das Aufgeben deiner rheinischen Beziehungen eine recht schwere Sache für dich ist. Du mußt dir sagen, daß die sorglosere Jugendzeit mit diesem Abscheiden für dich verschwindet und es muß dir zu Muth sein wie Einem, der aus dem Studentenleben ausscheidet und nun die Sorgen eines Beamten und Angestellten über sich nimmt. Ein solcher bist du nun freilich schon lange gewesen, aber doch wird sich dein Leben am Rhein zu dem in Berlin wohl ungefähr so verhalten, wie das des Studenten zu dem des Beamten. Dennoch ist es gut wie es ist – die rosige harmlose Jugendzeit kann nicht immer dauern, einem der sich den 30ger Jahren nähert, werden die Mannessorgen nicht erspart. Dafür kommen auch wieder andere Freuden und daß du mit den Eltern und mitten in einem Kreise geistig angeregter Menschen leben wirst, die nicht blos Musiker sind, daß du mit Joachim in Gemeinschaft ein schönes Ziel verfolgen wirst, ist etwas Herrliches. Wir wollen uns also freuen, wie es gekommen und wenn dir der Übergang nicht ganz leicht wird, so hat das auch sein Gutes und du wirst dich nachher darum nicht schwerer an die neuen Vortheile gewöhnen, die dir Berlin bietet. …

Der Brief von Joachim ist vortrefflich, und überzeugt Jeden, daß du danach kaum anders konntest als seinen Vorschlägen zu folgen. Ich zeigte ihn Hildegard[LXI], die gestern zu unserer Beider Wonne einen ganzen Tag allein hier war, und sie hatte dieselbe Meinung und ist ganz einverstanden mit deinem Entschluß. Du glaubst nicht wie liebenswürdig und rührend Hildegard hier ist. Unser ganzes Haus schwärmt für sie, und dabei hat sie trotz grauer Haare in Wesen und Fühlen noch etwas so Jugendliches. Und wenn wir zusammen sitzen wie gestern einen ganzen Tag und immer sprechen, so ist es als ob von dem ganzen Vorrath unserer Mittheilungen doch kaum ein kleines Tröpfchen abgenommen wäre. Ich erzähle dir heimlich, daß Schwerins vielleicht in Thale das Haus kaufen, in dem sie jetzt wohnen. Es liegt wundervoll auf der Wiese nahe am Walde unter der Roßtrappe und nahe beim Hubertusbade. … Frau von Griesheim ist auch eine liebe reizende Frau, mit der ich viel von Olfers und alten Zeiten reden kann, und die gar zu hübsch beim Musiciren zuhört.

LXI Gräfin Hildegard Schwerin hatte sich mit ihrem Mann für einige Wochen in Thale eingemietet, und kam von dort aus mehrfach nach Wienrode herüber, die Jugendfreundin zu besuchen.

Mit Hildegard sprach ich gestern auch, wie sich dein Leben in Berlin gestalten würde – und wir kamen beide überein zu wünschen, daß du dich von allem Musiciren zum Amüsement großer Gesellschaften fern halten möchtest. Hildegard betheuerte, sie habe im ersten Moment, wo sie von deinem Entschluß gehört, sich an der Hoffnung erfreut, wohl auch manchmal etwas von deiner Musik abzubekommen – aber sie sei bald hinterher zu dem Einsehen gekommen, daß das nichts werde, und daß sie dich kaum würde auffordern können, bei ihr im engsten Familienkreise zu spielen. Ich sagte ihr, so sehr ich deine Abneigung kennte, so als Gesellschaftsamüsement zu dienen, so wüßte ich doch, daß es dir eine Freude sei, *ihr* vozuspielen, und daß du das gewiß bei längerem Verweilen in Berlin einmal ausführen würdest. Aber freilich wie Viele werden sich finden, die so in der Stille durch dich genießen möchten, und du hast gewiß alle Ursache, dir von vornherein eine feste Gränze zu ziehen, um nicht zerrissen und ganz zersplittert zu werden. Daß du mit Joachim recht viel Musik machen wirst, daran denke ich mit Freuden und will Keinen als etwa Frau von Mühler beneiden, daß nicht ich an Stelle derer sein kann, die es hören. …«

An Marie Hoffmeister

»Lauenstein d. 28ten August 1869

… In Beziehung auf meinen Abschied von Cöln sprichst du in deinem Brief ganz die Empfindungen aus, die nunmehr nach vielen Durchgängen auch die meinigen sind. Freilich sage ich mit der Annahme der Berliner Stellung dem eigentlich jugendlichen Leben Lebewohl; aber es wäre doch nur ein künstliches Conservirenwollen gewesen, wenn ich einem unzweifelhaften Ruf des Schicksals, wie er jetzt an mich ergangen ist, hätte ausweichen wollen. Die Dinge vergehen trotz Allem ohne Gnade; da ist es besser, der vollsten Blüthe mit einem einschneidenden Entschluß den Rücken wenden, als es wie die Frau machen, die jeden Tag meint, sie dürfe heute noch das rosafarbene Band[237] tragen, weil sie es gestern getragen hat. Ich erkenne es recht deutlich, daß die Rheinische Zeit, so wie ich sie gehabt habe, nicht nur äußerlich, sondern auch innerlich zu Ende ist. Das letzte Jahr, war freilich in vielem Betracht das reichste und blühendste von allen. Aber was sollte nun weiter werden wenn ich am Ort geblieben wäre?! Gewiß: am Rhein giebt es so viel musikalische Begabung und so viel schöne Stimmen, wie vielleicht nirgend sonst in Deutschland; aber der Mehrzahl der Leute ist die Musik nur ein Vergnügen, nicht zugleich eine ernste Sache, der zu Liebe man sich auch einmal anstrengen muß. In all den Kölnischen Vereinen, dem städtischen Gesangverein, der Singakademie und ebenso ja auch in der Musikalischen Gesellschaft blüht der oberflächlichste Dilettantismus. Um sich zu amüsieren, singt man Jahr aus Jahr ein, Mendelssohn'sche, Bernhard Klein'sche, Haydn'sche, Händel'sche Chorwerke, oder was sonst noch, durch, und legt die Sachen jedes Mal nach ein paar Abenden wieder beiseite, ohne sich im Geringsten um eine wirklich eindringende und möglichst vollendete Ausführung zu bemühen. Es ist mir ja gelungen, eine kleine Minderzahl im Bachverein zu ernstlichem Studiren um mich zu versammeln, und vielleicht hätten sich im Lauf der Jahre noch einige Leute mehr dazu gefunden. Wesentlich aber würden sich die Zustände nicht verändert haben, und daß eine Lebensstellung für mich sich auf diesem Wege hätte entwickeln sollen, daran ließ sich nicht denken. Meine Sänger und Sängerinnen sind vortreffliche, begabte, eifrige, auch opferwillige Leute, aber ihr Geldbeutel ist ein sehr magerer. Mit Mühe und Noth brachten sie die Mittel zusammen, um unsere Uebungen und unsere Aufführung zu ermöglichen. Wie nun sollte eine Summe aufgetrieben werden, um außerdem den Dirigenten einigermaßen anständig zu honoriren?! Mit den Gürzenichconcerten, die ja nicht nur Instrumentalmusik sondern auch Chorwerke zur Aufführung bringen, scheint das Bedürfniß der Kölner nach großen musikalischen Ereignissen gedeckt zu sein. Das eigentlich kunstsinnige Publikum in der Stadt ist nicht zahlreich genug, um daneben noch ein Institut etwa nach Art der Berliner Singakademie groß werden zu lassen. ... Mithin: ich habe hier keine mich befriedigende Zukunft zu erwarten. Meine Herren Kollegen vom Conservatorium haben sich zu guter Letzt noch recht schmählich gegen mich benommen. Hiller hatte sie aufgefordert, sich an dem Bachvereinsfest zu betheiligen, ›da sie selbst ja nicht zahlreich genug seien, um mir ein eigenes Abschiedsfest zu geben‹. Außer Königslöw und Marchesi aber unterschrieb sich kein Einziger auf der Theilnehmerliste. Bei einem gewissen Jemand und seinen Freunden hat offenbar der Mißmuth über die Stellung, die sich mein Verein allmählig den anderen gegenüber errungen hat, diese Blüthe des Hasses gezeitigt. Die Übrigen scheinen erbost darüber zu sein, daß ich mich niemals auf einen näheren Verkehr mit ihnen eingelassen habe. Sie waren und sind mir freilich in der Mehrzahl künstlerisch antipathisch, und persönlich mindestens gleichgültig. Immerhin hätte ich eine so oppositionelle Stellungnahme nicht erwartet. Eines muß ich mir vorwerfen: ich halte meine Zunge zu wenig im Zaum! bin zu unvorsichtig im Reden und Urtheilabgeben. Wohl oft genug mag ich über Leistungen oder persönliche Eigenschaften von Collegen dritten Personen gegenüber mich abfällig ausgesprochen haben, wo ich besser geschwiegen hätte. Da mag es dann an Zwischenträgereien nicht gefehlt haben.

Trotzdem war das Benehmen der Herren unklug genug, weil es in seiner Taktlosigkeit auf sie selbst zurückfiel. Sie erreichten damit nur das Eine, daß unserem Kreis jedes nicht durchaus freundschaftlich gesinnte Element ferngehalten wurde, was natürlich als sehr angenehm empfunden werden mußte.

Besonders liebenswürdig hat sich Hiller in der ganzen letzten Zeit mir gegenüber gezeigt, und ich hatte dafür die Freude, ihm noch am vorletzten Abend, wo ich mit Hans Bürgers allein in seiner Familie war, recht aufrichtig meine Sympathie für ein neues Klavierstück aussprechen zu können, das er vor Kurzem vollendet hatte, und mir vorspielte. Seit Jahren hat mir Nichts so gut von ihm gefallen, wie diese ›moderne Klaviersuite‹, ein sehr lebendiges, charakteristisches Stück in 6 Sätzen, und wo ich sonst so oft in Verlegenheit war, wie ich mich ohne zu lügen auf das Anständigste über etwas Neues, Vorgespieltes ausdrücken sollte, war es mir nun geradezu erleichternd, einmal zu guter Letzt von Herzen loben zu können. Der letzte Packtag war ziemlich schauerlich. Nur ein einziges amüsirliches Intermezzo gab es, als zu einem halben Dutzend Besuchender, die zwischen Koffern und Kisten und Bücherhaufen herumstanden, plötzlich auch der gute Marchesi erschien und mit ächt Italiänischem Feuereifer sich seinen Rock abriß, um eine eben halbfertig gepackte Riesenkiste von Neuem umzuwühlen und nach seiner Methode zu füllen, die sich freilich als höchst vortrefflich und viel praktischer erwies, als die meine. Ohne ihn wäre ich vielleicht garnicht fertig geworden…«

Das Köln, von dem ich jetzt hatte Abschied nehmen müssen, nachdem ich vier schöne, glückliche Jahre in seinen Mauern verlebt, war damals noch eine der besterhaltenen alten Städte, die Deutschland besaß. Der Römerturm legte Zeugnis ab, daß man hier auf dem Boden der Colonia Agrippina der Römer stand, deren Gründung in das erste Jahrhundert der christlichen Zeitrechnung fällt. Eine Reihe der schönsten früh- und spätromanischen Kirchen gab im Verein mit dem weltberühmten, noch unvollendet dastehenden gotischen Dom immer neue Anregung, sich in die Herrlichkeit mittelalterlich-kirchlicher Baukunst zu versenken. Köln war von jeher ein befestigter Ort gewesen. Nach Osten hin schützte der Rhein. Im übrigen umzog die hohe Festungsmauer aus dem 15. Jahrhundert im weiten Halbkreis die Stadt. Eine Reihe prächtiger und mächtiger alter Tore, mit Zinnen und Erkern geschmückt, unterbrach die Mauer und vermittelte den Verkehr der Städter mit dem Lande draußen. Brücken führten über den tiefliegenden, meist grün überwachsenen Festungsgraben und die breite Umwallung, auf der allerlei Bäume und Sträucher herangewachsen waren, bot einen angenehmen stillen Spaziergang für stille Leute, die nicht ausgehen, um gesehen zu werden – wie man dies Vergnügen an dem belebten Rheinufer genießen konnte –, sondern denen es nur um etwas frische Luft und um ein Stückchen grüne Natur zu tun war. Tat man hier noch ein paar Schritte zur Seite ins Land hinaus, so durfte man sich bei hellem Wetter an dem Blick nach Westen hin erfreuen, wo die Linien der Eifelberge in blauer Ferne auftauchten. Eine Fahrt mit der Eisenbahn vom Hauptbahnhof her, in der Richtung auf Brühl die Stadt umkreisend, war damals ein Genuß. Da breitete sich zur Linken über dem Grün des Festungswalles das Meer der Dächer und Giebel aus, darüber die Türme von Gereon, Apostelkirche, St. Martin, Kunibert, usw. Endlich aber alles überragend und beherrschend die Riesengestalt des Doms.

Mittelalterlich wie die Kirchen und die Art der Befestigungsanlagen war auch der Gesamtcharakter der Stadt im Innern. Die Straßen eng, oft winkelig, kaum irgendwo völlig geradlinig; dies Netz verschlungener Verkehrswege aber dreimal unterbrochen durch ansehnlich ausgedehnte Marktplätze. Die Häuser in der weit überwiegenden Mehrzahl schmal, hoch, fensterreich und in spitze, mit schuppigem rheinischem Schiefer gedeckte Giebel auslaufend. So anspruchslos die Mehrzahl dieser Bürgerhäuser auftrat, so charaktervoll und anheimelnd war der Eindruck, den sie weckten. Oft, namentlich an den großen Plätzen, wechselten auch stattlichere, in kostbarerem Material ausgeführte, architektonisch reicher geschmückte Gebäude mit dem bescheideneren Durchschnitt. Von besonderem Reiz waren hier neben allerlei gotischen, ja zum Teil auch romanischen Resten, die Häuser »aus der spanischen Zeit«, wie meine Kölner Freunde sie zu nennen pflegten; d. h. mit anderen Worten: Gebäude aus der Zeit, da die Niederlande noch unter spanischer Herrschaft standen, also aus dem 16. Jahrhundert. Sie zeichneten sich unter anderem durch eigentümliche Behandlung der Fenster aus, die, im einzelnen schmal, zu zweien, dreien oder vieren zusammengekoppelt in hohem Grade malerisch, ja ich möchte sagen fantastisch wirkten. So lag denn über dem Ganzen der Stadt der Hauch einer bedeutenden, tatkräftig schöpferischen Vergangenheit, zugleich aber auch das Gefühl einer Gegenwart, die des überkommenen Besitzes froh sich an bürgerlichem Wohlstand und heiterem Behagen vollauf genügen läßt.

Von diesem poesiereichen, gemütlichen und liebenswürdigen alten Köln, wie es vor dem Kriege 1870 aussah, ist heute so gut wie nichts mehr vorhanden. Zwar die schönen alten Kirchen stehen inmitten einer ihnen völlig wesensfremden Umgebung. Der öde Materialismus der neuen Zeit hat mit allem Übrigen auf Nimmerwiedersehen aufgeräumt.

# Anmerkungen der Herausgeberin zu Teil VII

1 Zwei Zettel am Anfang des Typoskripts enthalten folgende Hinweise: **Aug. 58/An W. v. Keudell nach Kissingen geschickt/2. Kopie des Bandes VII/der Erinnerungen/(Cöln)** sowie **Teil VII 1. Kopie/Blatt 1–53 hieraus in die 2. Kopie, in der diese Blätter fehlten (woher?!) gelegt, weil wir die 2. Kopie wegen leichteren Gewichts an W. v. Keudell schickten. (Die fehlenden Blätter zu finden suchen !!)/(Aug. 1958).** Die 2. Kopie ist verschollen. Der Text der Blätter 1–53 folgt dem Manuskript.

2 Julius Rietz.

3 Reifröcke.

4 Johannes Joachim, erster Sohn Joseph Joachims.

5 Es handelt sich um das »Geistliche Wiegenlied« (Zwei Gesänge op. 91 Nr. 2).

6 Es handelt sich um den Hackeneyschen Hof mit dem Richmodisturm.

7 Wort nicht eindeutig lesbar.

8 Ouvertüre von Felix Mendelssohn Bartholdy.

9 Julius Rietz, Lustspielouvertüre op. 53.

10 Ouvertüre von Felix Mendelssohn Bartholdy.

11 »›Der Wasserträger‹ oder ›Die zwei Tage‹«, Oper von Luigi Cherubini.

12 Gemeint ist Rudorffs Instrumentierung der Fantasie in f-Moll zu vier Händen von Franz Schubert, D 940 op. 103. Diese Instrumentierung hatte Ernst Rudorff im Juli 1861 in Berlin ausgeführt. Vgl. Ernst Rudorff, Erinnerungen und Ansichten Teil V.

13 Johannes Brahms: Romanzen aus L. Tieck's Magelone für eine Singstimme mit Pianoforte op. 33 Nr. 1–15. Julius Stockhausen gewidmet. Entstehungszeit: 1861. Erstdruck: Leipzig und Winterthur: J. Rieter-Biedermann, 1865 und 1869.

14 Oper von Christoph Willibald Gluck.

15 Oper von Tommaso Traetta.

16 Gemeint sind die Magelone-Lieder.

17 Brief an Julius Benedict, einen Schüler Carl Maria von Webers.

18 Robert Schumann: Fünf nachgelassene Sätze zu den Symphonischen Etüden op. 13. Anonym, mit einem Vorwort herausgegeben 1873 bei Simrock in Berlin.

19 Es handelt sich um die Märsche C-Dur op. Posth. 121 D 886 (968b): Deux Marches Caractéristiques (vgl. Margit McCorkle: Johannes Brahms. Thematisch-bibliographisches Werkverzeichnis, München 1984, S. 666). Die Bearbeitung (falls Brahms sie überhaupt je aufschrieb) ist nicht überliefert; daher steht sie in Anhang IIb: Verlorengegangene Bearbeitungen von Werken anderer Komponisten. (Nach freundlicher Auskunft von Dr. Michael Struck, Johannes Brahms Gesamtausgabe e. V., Forschungsstelle: Musikwissenschaftliches Institut der Universität Kiel.)

20 Konzert von Ludwig van Beethoven.

21 In der Handschrift steht hiernach das Wort **sind**, der Zusammenhang ist unklar.

22 **einigen Minuten** ist in der Handschrift gestrichen, aber nicht durch einen anderen Begriff ersetzt worden.

23 Louis Plaidy: Technische Studien, Leipzig 1852.

24 Wort nicht eindeutig ermittelt.
25 Die Loreley, große romantische Oper in drei Akten (1860/61) op. 16 von Max Bruch.
26 Name nicht ermittelt.
27 Lateinisch pyrus: Birnbaum.
28 Betzy Thormann, Adoptivtochter von Benjamin und Rosamunde Mendelssohn.
29 Ernst Rudorff: Ouvertüre zu Ludwig Tieck's Märchen »Der blonde Ekbert« für Orchester op. 8, Bonn: Simrock 1868.
30 Domino, im venezianischen Karneval getragener Maskenmantel.
31 Wort nicht ermittelt.
32 Name nicht ermittelt.
33 Elisabeth von Bethmann Hollweg.
34 Wort nicht ermittelt.
35 Kompositum in Regionalwörterbüchern nicht ermittelt. Im Kontext plausibel wäre eine Kombination aus »karrig« (= geizig, mundartliche Variante zu »karg« im südlichen und zentralen Rheinland; aus: Peter Honnen: Kappes, Knies und Klüngel. Regionalwörterbuch des Rheinlandes, Köln 2003) und »satter« (= Sabber, Geifer; aus: Rheinisches Wörterbuch, Bd 7) und könnte dann so etwas wie »Geizhals« bedeuten. (Nach freundlicher Auskunft von Gitta Odenthal, Mitarbeiterin der Stiftung Naturschutzgeschichte.)
36 Im Manuskript gestrichen: **in Tauris**.
37 Wort nicht ermittelt.
38 Adolf Wach, Rechtswissenschaftler in Leipzig.
39 Satz nicht eindeutig ermittelt.
40 Hauptrolle in Schumanns Werk: Das Paradies und die Peri.
41 Name nicht ermittelt.
42 Wort nicht ermittelt.
43 Wort nicht ermittelt.
44 Romanze für Violoncello und Orchester op. 7.
45 Handschriftliche Anmerkung Rudorffs: **In den früheren Teilen meiner Aufzeichnungen nachsehen, ob ich vielleicht gelegentlich der Rheinreise 1836 (?) meiner Eltern schon einmal Scheuren erwähnt habe. Jedenfalls dort den Raffael von Correggio erwähnen.**
46 Max Bruch: Salamis. Siegesgesang der Griechen op. 25 (Chorwerk, 1868). Für vier Männersolisten, Männerchor und Orchester. Nach Hermann von Lingg.
47 Karl Friedrich Schinkel, »Blick in Griechenlands Blüte« (1825), Gemälde.
48 Wort in der Handschrift schwer entzifferbar. Nach freundlicher Auskunft von Dr. Michael Struck, Johannes Brahms Gesamtausgabe e. V., Forschungsstelle: Musikwissenschaftliches Institut der Universität Kiel, handelt es sich um »Fidelin«, Johannes Brahms, Barcarole: »O Fischer auf den Fluten, Fidelin, …« op. 44 Nr. 3.
49 »Der Holdseligen sonder Wank«, Johannes Brahms, Minnelied op. 44 Nr.1.
50 Nach freundlicher Auskunft von Dr. Michael Struck, Johannes Brahms Gesamtausgabe e. V., Forschungsstelle: Musikwissenschaftliches Institut der Universität Kiel, handelt es sich hier vermutlich um eine Verwechslung. Das 2. Klavier-

quartett A-Dur op. 26 wurde Elisabeth Rösing, der Tante von Betty und Marie Völkers, gewidmet.

51 Gemeint ist: Henry VI (Heinrich VI.). Historisches Drama in drei Teilen von William Shakespeare.

52 Vgl. zu der Aufführung auch Stefanie Twiehaus: Ernst Rudorff und die Familie Schumann [Vgl. S. 264, Anm. 45] S. 171; darin Reaktion Clara Schumanns auf die Aufführung.

53 Gockel, Hinkel, Gackeleia. Mährchen, wieder erzählt von Clemens Brentano, Frankfurt 1838.

54 »Wenn die Abendglocken läuten«. Vgl. Ernst Rudorff, Aus den Tagen der Romantik Bd 1, Teil 2, Anmerkung 127, S. 336.

55 »Und so lang du das nicht hast, / dieses: Stirb und werde! / Bist du nur ein trüber Gast / Auf der dunklen Erde.« Johann Wolfgang von Goethe: Selige Sehnsucht, 5. Strophe, West-östlicher Divan, I. Buch des Sängers, in: Ders.: Werke, hg. im Auftrage der Großherzogin Sophie von Sachsen [Weimarer Ausgabe]. [I. Abtheilung:] Bd 6, Weimar 1888, S. 28. Im folgenden zitiert als: WA.

56 Protestantische Monatsblätter für innere Zeitgeschichte. Studien der Gegenwart für die evangelischen Länder deutscher Zunge. Hrsg. von Heinrich Gelzer. Gotha 1.1852/53 – 28.1866.

57 Preußische Jahrbücher, Berlin, 240 Jahrgänge, 1858–1935.

58 »Iphigenie auf Aulis«, Oper von Christoph Willibald Gluck.

59 »Orpheus und Euridice«, Oper von Christoph Willibald Gluck.

60 »Le nozze di Figaro« (Die Hochzeit des Figaro), Oper von Wolfgang Amadeus Mozart. Arie der Gräfin zu Beginn des 2. Akts: »Porgi, amor, qualche ristoro« – (»Heil'ge Quelle reiner Triebe«).

61 Ludwig van Beethoven: Musik zu Johann Wolfgang von Goethes Trauerspiel »Egmont« für Sopran, Sprecher und Orchester op. 84. 4. Lied: »Freudvoll und leidvoll« (Clärchen) Andante con moto – Allegro assai vivace.

62 Carl Heymann.

63 Der hier wiedergegebene Brief ist dem Manuskript Rudorffs in fremder Handschrift als separates Blatt beigelegt.

64 Vermutlich Heinrich Graf von Schwerin (1836–1888).

65 Niccolò Machiavelli: Istorie fiorentine (dt.: »Geschichte von Florenz«), 8 Bde 1521–1525.

66 Hector Berlioz: »Harold en Italie« (1834).

67 Lateinisch scilla: Blaustern.

68 Erschienen in: Sechs Lieder für drei- und vierstimmigen Frauenchor ohne Begleitung op. 9, Frau Betty von Königslöw und ihren musikalischen Freundinnen […] zugeeignet, Heft 1, Bonn: Simrock [vor 1871].

69 Schauspiel von Heinrich von Kleist.

70 Gemeint ist vermutlich folgendes Buch: Erckmann-Chatrian [Emile Erckmann, Alexandre Chatrian]: Histoire d'un conscrit de 1813 [Geschichte eines Rekruten von 1813], Paris 1864. Siehe auch Anmerkung 97.

71 Amsler & Ruthard: Verlag in Berlin.

72 »Ezio« (1731/32), Oper von Georg Friedrich Händel (HWV 29).

73 Name nicht ermittelt.
74 Zwei Wörter nicht ermittelt.
75 Siehe Anmerkung 12.
76 »Les Abencérages, ou l'étendart de Grenade« (1813), nur unvollständig erhaltene Oper von Luigi Cherubini.
77 In: Ernst Rudorff: Zwölf Lieder für gemischten Chor, erschienen in 3 Heften zu je vier Liedern: Vier Lieder für gemischten Chor op. 6 (1. Heft), op. 11 (2. Heft) und op. 13 (3. Heft), componirt von Ernst Rudorff, Bremen: Cranz [ca. 1870].
78 Siehe Anmerkung 68.
79 Friederike Raumer geb. Reichardt.
80 Die in ihrer Art einmalige Monolithenburg Rotenhan, deren Unterbau und Zugang aus dem blanken Fels herausgemeißelt sind, war Stammsitz des bereits 1190 nachgewiesenen Adelgeschlechts Rotenhan. Sie wurde 1323 in einer Fehde mit dem Würzburger Bischof nach einjähriger Belagerung eingenommen und zerstört. 1324 ging sie in den Besitz der Rotenhans zurück, durfte aber nicht wieder aufgebaut werden.
81 Der Jurist Professor Scheurl war im akademischen Jahr 1867/68 Kanzler und im Jahr darauf Prorektor der Friedrich-Alexander-Universität Erlangen.
82 Wilhelm I.
83 Ludwig II.
84 Anspielung auf Richard Wagners Aufsatz »Zukunftsmusik«.
85 Name nicht ermittelt.
86 Georg Benjamin Mendelssohn, ein Vetter von Felix Mendelssohn Bartholdy, mit seiner Frau Rosamunde und der Adoptivtochter Betzy Thormann.
87 Alt St. Stephan in Kiel.
88 Elisabeth von Dobenan.
89 Vgl. oben: süßes Weißbrot.
90 Alt St. Maternus.
91 Marchesa Doria aus Genua.
92 Hanna LaRoche-Stockmeyer.
93 Die Tochter Maria Stockmeyer.
94 »Die Verschwörung des Fiesco zu Genua«, Drama von Schiller.
95 »Don Giovanni«, Oper von Wolfgang Amadeus Mozart.
96 Unüberwindliche Mächte, Roman von Herman Grimm, 1867.
97 Ein hierauf Bezug nehmender Briefabschnitt ist ohne Einfügungszeichen und von fremder Hand auf einem gesonderten Blatt dem folgenden Bogen beigelegt: **Daß ich für Mittwoch Abend von 7–9 eine gemeinschaftliche Lectüre mit Janitzsch, Frau von Königslöw und Frl. Ernsts arrangiert habe, erzählte ich wohl schon in Bonn. Ich habe an dem Tage dann 6 Stunden hinter mir, 3 Clavierstunden, 2 Harmoniestunden und eine Gesangstunde, die ich nicht gebe, sondern bekomme; da ist man mit den Kräften für eigentliches Arbeiten doch fertig, und diese Art der Erholung thut sehr wohl. Wir lesen jetzt Herman Grimms ›Unüberwindliche Mächte‹ zu allgemeinster Freude, und wollen den Conscrit von Erkmann Chatrian anfangen, sobald wir damit fer-**

**tig sind.** [Erckmann-Chatrian (Emile Erckmann, Alexandre Chatrian): Histoire d'un conscrit de 1813 (Geschichte eines Rekruten von 1813), Paris 1864.]

98 Von diesem Brief an sind große Teile des Manuskripts von fremder Hand geschrieben. Offensichtlich hat sich Rudorff bei der Abschrift der vielen zitierten Briefe helfen lassen. Der Wechsel der Schriftart im Manuskript wird auch hier durch einen Wechsel der Schriftart angezeigt.

99 Siehe Anmerkung 56.

100 »Tom Brown's Schooldays«, Novelle von Thomas Hughes (1857).

101 Rudorff vermischt hier wohl zwei Titel von Gustav Schwab: »Gustav Schwabs Deutsche Volksbücher für die reifere Jugend« (3. Aufl. 1. Bd. Stuttgart 1847) und »Die schönsten Sagen des klassischen Altertums« (1838–1840).

102 Die »Registerarie« des Leporello »Madamina, il catalogo è questo« aus Mozarts Oper »Don Giovanni«, KV 527, erster Akt.

103 Augusta, deutsche Kaiserin und Königin von Preußen.

104 Großherzogin Luise Marie Elisabeth von Baden, Prinzessin von Preußen, Tochter Wilhelms I und Augustas, Gemahlin Großherzog Friedrichs I. von Baden (1826–1907).

105 Maria von Leuchtenberg, Gemahlin Prinz Ludwig Wilhelm Augusts von Baden (1829–1897), des Bruders Friedrichs I von Baden.

106 Carl Alexander August Johann Großherzog von Sachsen-Weimar-Eisenach, Bruder der Königin Augusta.

107 Gräfin Oriola geb. von Arnim.

108 Sohn Gräfin Oriolas.

109 Ein Glücksspiel, bei dem man eine oder mehrere Kugeln eine schräg abfallende Fläche herabrollen läßt, in die in regelmäßigen gitterförmigen Abständen Nägel geschlagen sind. Diese lenken die Kugeln auf ihrem Weg unvorhersehbar ab. Unten fallen sie in Taschen, denen verschiedene Gewinnpunkte zugeordnet sind.

110 Rudorff bezieht sich hier auf Konzerte des Gustav-Adolf-Vereins, eines Vereins zur Unterstützung evangelischer Christen in der Diaspora, der 1832 in Leipzig gegründet wurde und 1843 einen Ortsverein in Berlin eröffnete.

111 faiseur (französisch): Macher, Beweger

112 Robert Schumann: »Das Paradies und die Peri« op. 50.

113 Adolf und Otto Rudorff.

114 Ab hier wechseln die Schriftarten im Manuskript häufig: Diverse Briefe erscheinen in fremder Handschrift, daher treten auch manche Varianten in der Rechtschreibung auf. Gelegentliche Ergänzungen oder Überschreibungen durch Rudorff zeigen, daß er diese Abschriften persönlich überarbeitet hat.

115 Sulpiz Boisserée: Autobiographie, Briefe und Tagebücher, hrsg. von Matthilde Boisserée, 2 Bde, Stuttgart 1862.

116 Stich des Gemäldes von Karl Friedrich Schinkel: »Blick in Griechenlands Blüte« (1825), den Rudorff von seiner Patin Marie Lichtenstein erhalten hatte. Siehe Anmerkung 47.

117 Melusine Tiensch geb. Rudorff.

118 Gemeint ist Richard Wüerst, Komponist in Berlin, von dem im Meyers Konversationslexikon [4]1885–1892, Bd. 16, eine in Köln preisgekrönte Symphonie erwähnt wird. (Vielleicht die Symphonie Nr. 2 d-Moll op. 52, Berlin: Bote & Bock 1870.)
119 Ludwig van Beethoven: Coriolan. Ouvertüre zu H. J. von Collins Trauerspiel, c-Moll op. 62.
120 Ernst Rudorff: Der blonde Ekbert.
121 Ernst Rudorff: Otto der Schütz.
122 Name hier und im folgenden im Typoskript gestrichen und durch ein **X** ersetzt.
123 Gemeint sind die später erschienenen Aufgaben für einfachen und doppelten Contrapunkt von Moritz Hauptmann. Zum Gebrauch beim Unterricht aus Studienheften seiner Schüler zusammengestellt von Ernst Rudorff: Leipzig: Senff [o. J.; um 1873]
124 Sophie Hansen.
125 Carl Heymann.
125 Ouvertüre von Ludwig van Beethoven.
126 Carl Heymann.
127 »The Vicar of Wakefield« (1766; dt.: »Der Landpfarrer von Wakefield«), Roman von Oliver Goldsmith.
128 Der Violinist Robert Radecke, Neffe Ernst Rudorffs.
129 Oper von Richard Wagner.
130 Signale für die musikalische Welt. Berlin: Verlag der Signale 1842, Nov. (Probenr.); 1.1843–99.1941.
131 Sophie Hansen aus Winterhausen.
132 Auguste Bethmann Hollweg.
133 Oratorium von Georg Friedrich Händel.
134 Die kurkölnische Landesburg Lechenich.
135 Das stimmt so nicht. Lechenich war seit dem 12. Jahrhundert landesherrliche Gründungsstadt und Festung des Erzstifts Köln an der Grenze zu Jülich. Schon im 13. Jahrhundert kam es zu Territorialkämpfen zwischen den Erzbischöfen von Köln und den Grafen von Jülich. Graf Gerhard von Jülich zerstörte 1301 die Stadt und die Burg; 1306 begann der Kölner Erzbischof Heinrich von Virneburg mit dem Neubau der kurkölnischen Landesburg.
136 Joseph Clemens von Bayern, Kurfürst und Erzbischof von Köln (1688–1723), der die Bonner Residenz erbauen ließ und sein Nachfolger und Neffe Clemens August I. von Bayern (1700–1761), der von 1723 bis 1761 Erzbischof der Diözese Köln und damit gleichzeitig Kurfürst des Heiligen Römischen Reiches war. Die Bonner Residenz war das Kurfürstliche Schloss in Bonn, heute Hauptgebäude der Friedrich-Wilhelms-Universität in Bonn.
137 In der Säkularisation wurde der gesamte kirchliche Immobilienbesitz, also auch alle Schloßgebäude Lechenichs, als geistlicher Besitz beschlagnahmt und 1805 versteigert. Sie wurden von Andreas Borlatti, dem Sohn des letzten Oberkellners Borlatti, zusammen mit dem Schloßweiher erworben. Einige Bauten, darunter die Reste des Südflügels mit der Schloßkapelle, wurden völlig abgerissen; sie sind nur durch eine Zeichnung, die um 1860 entstanden ist, bekannt.

Die Gebäude blieben in Privatbesitz. Nach Borlatti folgten weitere Besitzer, von denen der bekannteste Baron Bleichröder war. Er erwarb das Schloss 1894. Heute gehört der Komplex den Freiherren von Schmidt-Elmendorff. Die Namen des in Kleve lebenden Schwiegersohns und des »vorletzten Eigenthümers« sind nicht bekannt.

138 Chlodwig I., König der salischen Franken, um 466–511. Getauft um 498 durch Bischof Remigius in Reims.

139 Name hier und im folgenden im Typoskript gestrichen und durch ein **X** ersetzt.

140 Die Sängerin Amalie Weiß, Joachims Frau.

141 Oper von Gaspare Spontini.

142 Carl Heymann.

143 Der evangelische Theologe Emil Gustav Lisco wirkte seit 1859 an der Neuen Kirche in Berlin. Er opponierte gemeinsam mit anderen Berliner Theologen gegen die Staatskirchenpolitik von Friedrich Wilhelm IV. und trat für eine selbständige Verfassung der Landeskirchen ein. Wegen seiner kirchenpolitischen Haltung wurde er von konservativen Theologen angegriffen. 1868 erhielt er die Ehrendoktorwürde der Universität Heidelberg. 1872 beteiligte er sich mit einem Vortrag über legendenhafte Bestandteile im Glaubensbekenntnis an den Auseinandersetzungen des ersten Apostolikumstreits und erhielt einen disziplinarischen Verweis. Er wurde schließlich aus dem Dienst entlassen.

144 Siehe Anmerkung 56.

145 Monatsblätter für innere Zeitgeschichte. Studien der deutschen Gegenwart für den socialen und religiösen Frieden der Zukunft. Gotha 29.1867 – 36.1870.

146 Glacis: Begriff aus dem Militärwesen für die Erdanschüttungen vor den Hindernisgräben. In Köln gab es etwa unter anderem ein Glacis vor dem Eigelsteiner Tor und eines vor dem Sicherheitshafen.

147 Ernst Rudorff: Ouvertüre zu Otto der Schütz für Orchester op. 12, Clavierauszug zu 4 Händen, Leipzig: Seitz 1868.

148 Ballade (Introduction, Scherzo und Finale) für großes Orchester op. 15, Berlin: Simrock 1872

149 Rudorff hat die meisten seiner Orchesterwerke für Klavier bearbeitet.

150 Ludwig Giesebrecht (1792–1873), deutscher Dichter [?] oder Friedrich Wilhelm Benjamin von (1814–1889), Historiker [?].

151 Die Rheinische Friedrich-Wilhelms-Universität wurde am 18. Oktober 1818 von König Friedrich Wilhelm III. gegründet. Gefeiert wurde also der 50. Gründungstag.

152 Die (falsche) Jahreszahl ist im Manuskript mit Bleistift eingeklammert und 1868 daneben geschrieben.

153 Prieche: norddeutsche Bezeichnung für Empore.

154 Ernst Rudorff: Ballade für großes Orchester op. 15.

155 Julius Rietz.

156 Vermutlich ist die 7. Symphonie von 1864 gemeint.

157 Wilhelm I.

158 Aus den »Müllerliedern« von Franz Schubert.

159 Ernst von Mendelssohn Bartholdy (1846–1909) war der Sohn des Bankiers Paul Mendelssohn Bartholdy und ebenfalls Bankier.
160 Oper von Étienne Nicolas Méhul.
161 Dem Sternschen Gesangverein.
162 Von Felix Mendelssohn Bartholdy.
163 Eduard Devrient: Meine Erinnerungen an Felix Mendelssohn-Bartholdy und seine Briefe an mich. Leipzig 1869.
164 »So klag ich ihren Tod«.
165 Ballade für großes Orchester op. 15.
166 Zwölf Lieder für gemischten Chor, vgl. Anm. 77.
167 Op. 6 und op. 13 enthalten keine Widmung an Maxe von Arnim und auch kein Gedicht Achim von Arnims. Es könnte sich also allenfalls um op. 11 handeln, doch dies konnte nicht verifiziert werden. (Nach freundlicher Auskunft von Stephanie Twiehaus.)
168 Augusta von Sachsen-Weimar-Eisenach.
169 Name nicht ermittelt. Im Typoskript: »Ministerin Mühler«; dies aber offensichtlich ein Lesefehler.
170 Karl Anton Eckert war mit Richard Wagner befreundet und brachte einige seiner Opern zur Berliner Erstaufführung.
171 Oratorium von Joseph Haydn.
172 Zitat aus Nr. 2: »Nun schwanden vor dem heiligen Strahle«.
173 Es handelt sich um »8 Fantasiestücke für Pianoforte op. 10«, gewidmet Marie Hofmeister, darin das »kleine in G-Dur« ist Nr. 7 Andantino con moto. (Nach freundlicher Auskunft von Stephanie Twiehaus.)
174 Ernst Rudorff: Fantasie für Pianoforte op. 14, Bonn: Simrock [1868].
175 Ders.: Der Aufzug der Romanze. Frühlingsfeier; für Chor, Solostimmen und Orchester op. 18. Nach Worten aus der gleichnamigen Dichtung Ludwig Tiecks, Berlin: Simrock [1873].
176 Ludwig Tieck: Kaiser Octavianus. Ein Lustspiel in 2 Theilen. Jena 1804.
177 Ludwig Tieck's Schriften, Erster Band, Berlin 1828, S. 33. Diese Worte sind auch die Anfangsverse von Ludwig Tiecks Gedicht »Wunder der Liebe«, in: Gedichte von Ludwig Tieck. Neue Ausgabe, Berlin 1841, S. 201f.
178 Hildegard von Schwerin-Putzar.
179 Choral von Nikolaus Decius (1523).
180 Emolumente: lat. emolumentum: Vorteil, Nutzen; pl. Segnungen.
181 Romantische Oper von Konradin Kreutzer (1780–1849).
182 Im Manuskript gestrichen: **Zimmermann**.
183 Rezension nicht nachgewiesen. Eine ausführliche Rezension der Ouvertüre bietet Chr. [=Friedrich Chrysander?]: Anzeigen und Beurtheilungen [Besprechung der Ouvertüre zu »Otto der Schütz« für Orchester von Ernst Rudorff]. In: Leipziger Allgemeine Musikalische Zeitung 4 (1869), Nr 27, S. 211–213.
184 Friedrich Gernsheim, Klavierkonzert c-moll op. 8.
185 Oper von Christoph Willibald Gluck.
186 Philipp und Bertha Buttmann.
187 »Signale« vgl. Anmerkung 130.

188 Siehe Anmerkung 174.
189 Oratorium von Georg Friedrich Händel.
190 Carl Heymann.
191 Anspielung auf den Komponisten und Dirigenten Julius Rietz. »Kaudernest« – nicht ermittelt; nur schweizerisch: »Kaudernetsch« – Plappermaul (Grimm, Deutsches Wörterbuch, Bd. 11, S. 309).
192 Georg Gottfried Gervinus: Händel und Shakespeare. Zur Ästhetik der Tonkunst, Leipzig 1868. Gervinus und Chrysander gründeten 1856 zur Durchführung einer Händel-Gesamtausgabe die Deutsche Händel-Gesellschaft, die sich vier Jahre später wieder auflöste.
193 Zitat aus Johann Wolfang von Goethe, »Faust«, Vorspiel auf der Bühne.
194 Fantasie für Pianoforte op. 14, Bonn: Simrock [1868].
195 Siehe Anmerkungen 166 und 68. nach Rudorffs Angaben in diesem Brief sind diese Hefte möglicherweise bereits 1869 erschienen.
196 Lateinisch gentiana acaulis: stengelloser Enzian.
197 Kladderadatsch: Berliner Satirezeitschrift, erschienen 1848–1944.
198 Otto Fürst von Bismarck: Gedanken und Erinnerungen, 2 Bde, Stuttgart 1898.
199 Anmerkung im Typoskript: **(Hier das mit +(+)+ bezeichnete möglicherweise einzuschalten.)** Weitere Anmerkung im Typoskript: **Diesen ganzen Passus fortlassen, da er in Teil IV der Aufzeichnungen schon enthalten ist.** [vgl. Kap. IV, Anmerkung 71].
200 Hermann Christ: Ob dem Kernwald. Schilderungen aus Oberwaldens Natur und Volk, Basel 1869.
201 Professor Georg Benjamin Mendelssohn.
202 Motette von Johann Sebastian Bach, BWV 227.
203 Arie von Johann Sebastian Bach aus Cantata Pilgrimage BWV 105.
204 Kantate von Johann Sebastian Bach Bach, BWV 104.
205 Lied von Felix Mendelssohn-Bartholdy, Gedicht von Joseph von Eichendorff.
206 Siehe oben: Lustig Blut.
207 Symbol der Jungfräulichkeit.

Aus den Tagen der Romantik

Reihe »Geschichte des Natur- und Umweltschutzes«, Band 6
herausgegeben von Franz-Josef Brüggemeier, Hans-Werner Frohn, Thomas Neiss und Joachim Radkau im Auftrag der Stiftung Naturschutzgeschichte, Königswinter

*Ernst Rudorff* (1840–1916) gilt als der Begründer des deutschen Natur- und Heimatschutzes.
*Katja Schmidt-Wistoff*, Dr. phil., Germanistin und Musikwissenschaftlerin, ist zur Zeit DAAD-Lektorin in Peking.

Ernst Rudorff

# Aus den Tagen der Romantik

## Bildnis einer deutschen Familie

Teil 1

Herausgegeben und mit einer Einführung von
Katja Schmidt-Wistoff

Campus Verlag
Frankfurt / New York

Diese Publikation wurde durch die freundliche Unterstützung des Ministeriums für Umwelt und Naturschutz, Landwirtschaft und Verbraucherschutz des Landes NRW und des Bundesverbandes Beruflicher Naturschutz e. V. ermöglicht.

Ministerium für Umwelt
und Naturschutz, Landwirtschaft
und Verbraucherschutz des
Landes Nordrhein-Westfalen

NRW.

Bibliografische Information der Deutschen Bibliothek
Die Deutsche Bibliothek verzeichnet diese Publikation in der Deutschen Nationalbibliografie.
Detaillierte bibliografische Daten sind im Internet über http://dnb.ddb.de abrufbar.
ISBN-13: 978-3-593-38162-6
ISBN-10: 3-593-38162-1


Gedruckt auf säurefreiem und chlorfrei gebleichtem Papier.
Printed in Germany

Besuchen Sie uns im Internet: www.campus.de

Kontakt: Werderstr. 10, 69469 Weinheim, info@campus.de

# Inhalt

## Teil II: »Familie und Jugend meiner Mutter«



## Teil III: »Verlobung, Ehe und Freundeskreis meiner Eltern«



## Teil IV: »Meine Kindheit und Jugend im Elternhause«

*Zweiter Teil: Mein Elternhaus*

## Editorische Notiz

Das Inhaltsverzeichnis vereinigt die Kapiteleinteilung des 1938 publizierten Buches »Aus den Tagen der Romantik« (kursiv) mit derjenigen des zum Teil unveröffentlichen Manuskripts Ernst Rudorffs (recte). In Teil IV nahm der Verleger des Buches »Aus den Tagen der Romantik« eine größere Umstellung vor (Kapitel 4 – Kapitel 5). Das vorliegende Buch folgt dem Manuskript (Kapitel 5 – Kapitel 4).

# Vorwort

Der Erlass der »Grundsätze für die Wirksamkeit der Staatlichen Stelle für Naturdenkmalpflege in Preußen« am 22. Oktober 1906 gilt als die Geburtsstunde des behördlichen Naturschutzes in Deutschland. Dieser für die Verwaltungsgeschichte des Naturschutzes bedeutsame Gründungsakt ist gesellschaftlich vorbereitet worden.

Nach dem ersten Entstehen regionaler natur- und denkmalschützerischer Vereine und Verbände in der zweiten Hälfte des 19. Jahrhunderts fand der Gedanke des Natur- und Heimatschutzes reichsweit gesellschaftliche Resonanz.

1899 gründete die ebenso charismatische wie organisatorisch begabte Unternehmersgattin Lina Hähnle aus dem schwäbischen Giengen, Ehefrau des württembergischen Land- und Reichstagsabgeordneten Hans Hähnle, den Bund für Vogelschutz (heute Naturschutzbund Deutschland).

Nach Jahren intensiver publizistischer Vorbereitungen initiierte fünf Jahre später, 1904, der aus Berlin stammende Komponist und Lehrer für Klavier und Komposition an der Königlichen Musikhochschule für Musik in Berlin Ernst Rudorff (1840–1916) den Deutschen Bund Heimschutz (heute Bund Heimat und Umwelt in Deutschland).

Rudorffs Beweggründe, den öffentlichen und gesellschaftlichen Schutz der Natur einzufordern, basierten, so Andreas Knaut, auf der Verbindung einer allgemeinen ästhetischen Zivilisationskritik mit der nationalen Frage. Sein umfassender Heimat- bzw. Naturschutzentwurf wurde im ausgehenden Kaiserreich, in der Weimarer Republik und im »Dritten Reich« zusehends deutsch-völkisch, rassistisch und antisemitisch ideologisiert. Dies erschwert heute einen unbefangenen Umgang mit den kulturgeschichtlichen Wurzeln des Naturschutzes.

Den deutschen Naturschutz aber ausschließlich in eine völkisch-rassistische Tradition einzuordnen, käme einer historisch unzulässigen Vereinfachung gleich und verkennt zudem seine komplexen geschichtlichen Wurzeln. Ich hoffe, dass diese Neuedition einer solch einseitigen

Bewertung des Naturschutzes entgegenwirkt. Denn die Wiederentdeckung der Originaldokumente des von seiner Tochter Elisabeth redigierten Typoskripts der handschriftlichen Lebenserinnerungen Ernst Rudorffs und die historisch-kritische Herausgabe dieses einmaligen Fundes zeigen die Gedankenwelt des Wegbereiters des deutschen Natur- und Heimatschutzes in all ihren Facetten auf.

Die Stiftung Naturschutzgeschichte legt hiermit eine historisch-kritische Edition dieser Quellenfunde in drei Teilbänden vor. Der erste Band umfasst die kommentierte Neuauflage der 1938 nicht in Gänze publizierten Autobiographie »Aus den Tagen der Romantik«. Dieser rekonstruiert Textstreichungen, die im Rahmen einer Selbstzensur vorgenommen wurden und die im Wesentlichen die Kontakte der Familie Rudorff zu Familien des jüdischen Geisteslebens im Berlin von 1800 bis 1850 umfassen. In der Einleitung wird zudem ausführlich Bezug genommen auf den Schriftwechsel Elisabeth Rudorffs mit dem damaligen Lektor, der zu den Textstreichungen führte. Die letzten beiden Teilbände enthalten den noch nie publizierten zweiten Teil der Erinnerungen Rudorffs.

Wir danken zuvörderst dem Erben von Elisabeth Rudorff, Johannes von Gottberg aus Lauenstein am Ith, für die treuhänderische Überlassung dieser wichtigen Dokumente für die wissenschaftliche Auswertung und seine Zustimmung zur Veröffentlichung.

Unser Dank gilt weiter dem Land Nordrhein-Westfalen und dem Berufsverband Beruflicher Naturschutz (BBN) in Bonn, die durch Publikationszuschüsse die Herausgabe dieses Bandes zum Deutschen Naturschutztag 2006 in Bonn ermöglichten. Wir danken auch der Agentur für Arbeit in Bonn, die die wissenschaftliche Bearbeitung dieser Neuedition mit förderte.

Bleibt am Ende für die Herausgeber noch die freudige Pflicht, Katja Schmidt-Wistoff, ihren Einsatz und ihre Leistung würdigend, für ihre detailgenaue Neu- bzw. Erstherausgabe sowie die kritische Kommentierung dieses hervorragenden Zeugnisses der deutschen Naturschutzes als Teil und Erbe der geistigen Traditionen des deutschen Bildungsbürgertums aufrichtig »Danke« zu sagen.

Für die Herausgeber

Thomas Neiss

# Einführung: Ernst Rudorffs Lebenserinnerungen im Kontext ihrer Entstehungs- und Editionsgeschichte

*Katja Schmidt-Wistoff*

## Einleitung

Bis ins 18. Jahrhundert lebte der Mensch in der Natur und von der Natur; sie war ihm aber auch unmittelbare Bedrohung. Erst mit der Entfaltung der modernen Zivilisation im 19. Jahrhundert wandelte sich das Mensch-Natur-Verhältnis grundlegend: Im Zuge der industriellen Revolution expandierten Städte, entstanden Eisenbahnnetze, brauchten die Industrie und die Menschen mehr Energie und Rohstoffe. Zeitgleich wuchs die Bevölkerung explosionsartig. In der Landwirtschaft wurden höhere Erträge notwendig, Maschinen, Kunstdünger und Pflanzenschutzmittel kamen zum ersten Einsatz, Flurbereinigungen ermöglichten die effektivere Bewirtschaftung, indem Hecken entfernt und Flächen zusammengelegt wurden, Ödland und Moore wurden nutzbar gemacht. Das alles veränderte Landschaft und Umwelt in nie dagewesenem Ausmaß. Der Verlust des vertrauten Landschaftsbildes hatte jedoch auch den Verlust von Heimat in ihrer ursprünglichen Schönheit und Vielfalt zur Folge, der vor allem im städtischen Bildungsbürgertum negativ erlebt wurde. Hier entstand aus einem erneuten Wandel im Naturverständnis der Gedanke, dass Natur und Landschaft durch den Staat geschützt werden müssten. Jetzt bedurfte die Natur des Schutzes durch den Menschen – vor dem Menschen. Die Naturschutzbewegung nahm ihren Anfang und entwickelte ihre heutigen Ziele für einen nachhaltigen, ganzheitlichen Schutz der Natur.

Einer der ersten aktiven Naturschützer des 19. Jahrhunderts war Ernst Rudorff (1840–1916). Er wurde zum Initiator sowohl der Naturschutz- als auch der Heimatschutzbewegung[1]. Mit großem Engagement setzte er sich für den Erhalt landschaftlicher Eigenheiten ein. Beweggrund war vor allem eine romantisch geprägte ästhetische Wertschätzung natürlicher landschaftlicher Schönheit[2], gegen deren hemmungslose Zerstörung sowohl aus wirtschaftlichem (Ackerbau, Steinbrüche, Bergbau) als auch aus touristischem Interesse er sich vehement zur Wehr setzte. Mit der »Ausbeutung aller Schätze und Kräfte der Natur«[3] einher geht, so befürchtete Rudorff, der kulturelle Niedergang, und so verband er mit der Betonung ästhetischer Werte ganz in romantischer Tradition die verklärende Rückbesinnung auf die deutschen kulturellen Errungenschaften, die gemeinhin den Ruf nach nationaler Einigung begleitete. Damit führte er »den Heimatschutz über die Grenzen einer bloßen Ästhetikkritik hinaus auf ein politisches, weil nationales Arbeitsfeld«[4]. Es galt, »deutsches Volkstum ungeschwächt und unverdor-

1 Zur Rolle Rudorffs bei der Gründung des Bundes Heimatschutz vgl. Andreas Knaut: Zurück zur Natur! Die Wurzeln der Ökologiebewegung (Supplement 1 [1993] zum Jahrbuch für Naturschutz und Landschaftspflege), Greven 1993, S. 27–39, 65–77.

2 Gegen die Kritik einer solchen Haltung als weltfremdes, irrationales »romantisches Ästhetentum« (Klaus Bergmann: Agrarromantik und Großstadtfeindschaft, Meisenheim/Glan 1970, S. 128) entwickelt William Rollins die These, »daß das landschaftsästhetische Programm des Heimatschutzes keineswegs oberflächlich war«, sondern »daß diese Ästhetik sich immer stärker an naturschonenden Vorstellungen orientierte und somit zu einer ökologischen Ästhetik überleitete.« (William Rollins: »Bund Heimatschutz«. Zur Integration von Ästhetik und Ökologie, in: Mit den Bäumen sterben die Menschen. Zur Kulturgeschichte der Ökologie, hg. von Jost Hermand, Köln u. a. 1993, S. 149–181, hier: S. 152.) Der ästhetische Ansatz war demnach Voraussetzung für die spätere Entwicklung ökologischer Argumente. Auf Rollins Bezug nehmend betont Franz-Josef Brüggemeier explizit die Bedeutung ästhetischer Gesichtspunkte für die Anfänge des Naturschutzes, die allgemein Triebfeder der konservativen Natur- und Heimatschützer gewesen seien, und hebt hervor, daß »die Betonung ästhetischer Aspekte ein Ersatz für heutige ökologische Argumente war, die damals noch nicht zur Verfügung standen. Diese Aspekte erlaubten eine grundsätzliche Kritik, die nicht nur einzelne Elemente oder Schadstoffe heraushob und sich nicht im Gestrüpp der Nachweisprobleme verhedderte. Ästhetische Aspekte waren vielmehr zentrale Elemente alternativer Konzepte, die idyllisierend, rückwärtsgerichtet oder sehr abstrakt ausfallen konnten, jedoch auch unmittelbar praktische Auswirkungen besaßen und gerade konkrete Maßnahmen in Stadtplanung, Pflanzen-, Tier- und Landschaftsschutz oder der Naturdenkmalpflege begründeten«. (Franz-Josef Brüggemeier: Tschernobyl, 26. April 1986. Die ökologische Herausforderung, München 1998, S. 114.)

3 Rudorff: Heimatschutz (Erstdruck 1897), St. Goar 1994 (Neudruck), S. 14.

4 Knaut: Zurück zur Natur, S. 30. Knaut weist darauf hin, dass die »Naturempfängnis [...] einen wesentlichen Teil deutscher nationaler Identität« bildete, »ihr Verlust mußte notwendigerweise auch deren Verlust bedingen, mithin das Deutschtum in seinem Bestand bedrohen. Die Erhaltung des ›Zuges der Seele zur Natur‹ avancierte

ben zu erhalten und [...] die deutsche Heimat mit ihren Denkmälern und der Schönheit ihrer Natur vor weiteren Verunglimpfungen zu schützen«[5]. – Zugleich war Rudorff ein von den größten Künstlern seiner Zeit hochgeschätzter Musiker. Er befreundete sich mit wegweisenden Persönlichkeiten des Geistes- und Kulturlebens der Romantik und Spätromantik, mit Clara Schumann, dem Violinvirtuosen Joseph Joachim, Johannes Brahms, Max Bruch und dem Musikhistoriker Philipp Spitta, um nur einige zu nennen. Seine Eltern bewegten sich im ›inneren Zirkel‹ der Berliner Romantiker um Bettina und Achim von Arnim. Lehrer und Freund seines Vaters Adolf Rudorff war der Jurist Karl Friedrich von Savigny.

Seine Lebenserinnerungen hat Rudorff in den 1890er Jahren niederzuschreiben begonnen. Sie umfassen die Herkunft und das Leben seiner Eltern sowie seine ersten 33 Lebensjahre. Eine erste Veröffentlichung erfolgte im Jahr 1938 unter dem Titel »Aus den Tagen der Romantik. Bildnis einer deutschen Familie«. Die politischen Umstände zur Zeit des »Dritten Reiches« forderten jedoch einen hohen Preis. Im Wege der Selbstzensur wurden, ohne dass die Reichsschrifttumskammer (RSK) formal eingeschaltet war[6], sämtliche Passagen, in denen jüdische Persönlichkeiten Erwähnung fanden, gestrichen. Das hatte rigide Kürzungen zur Folge. So wurden ausführliche Passagen über Felix

---

damit zur nationalen Aufgabe. Rudorff glaubte, daß nur die Geisteskultur eine dauerhafte Überlieferung des deutschen Namen garantieren könne, und daß gerade dem deutschen Genius daher die Treue gehalten werden müsse.« (Ebd.)

5 Rudorff: Heimatschutz, S. 76f. Damit stimmte Rudorff »in den Chor der agrarromantisch gesinnten Schriftsteller ein, die die Nemesis des germanischen Volkstums vorhersagten, wenn nicht endlich das natürliche Leben, die ländliche Heimat geschützt werde.« (Knaut: Zurück zur Natur, S. 33.) – Zum Entstehen der fortschrittskritischen wilhelminischen Reformbewegung um 1900, zu deren Antreten gegen den drohenden »Kulturverfall« Wilhelm Heinrich Riehl (1823–1897) die Fundamente legte, mit ihren Protagonisten Paul de Lagarde (1827–1891) und August Julius Langbehn (1851–1907), vgl. Knaut: Zurück zur Natur, S. 13–18.

6 Eine umfassende Studie zur Reichsschrifttumskammer liegt leider noch nicht vor. Informationen finden sich in folgenden Arbeiten: Volker Dahm: Anfänge und Ideologie der Reichskulturkammer, in: Vierteljahrshefte für Zeitgeschichte, 34. Jg. (1986), S. 53–84. Uwe Julius Faustmann: Die Reichskulturkammer. Aufbau, Funktion und rechtliche Grundlagen einer Körperschaft des öffentlichen Rechts im nationalsozialistischen Regime, Bonn 1990 (Univ. Diss.) sowie Jan Pieter Barbian: Literaturpolitik im »Dritten Reich«. Institutionen, Kompetenzen, Betätigungsfelder. Überarbeitete und aktualisierte Ausgabe, München 1995. Am Institut für Zeitgeschichte in München beschäftigt sich Volker Dahm mit einer Studie über »Die Reichsschrifttumskammer 1933–1945. Nationalsozialistisches Kultur- und Sozialmanagement durch eine berufsständische Zwangsorganisation«, geplanter Abschluss 2005.

Mendelssohn-Bartholdy, über den Zoologen Hinrich Lichtenstein und über Joseph Joachim schlichtweg eliminiert, und da Rudorff mit Letzterem und mit seiner Patentante Marie Lichtenstein, der Tochter des Zoologen und Patentochter Carl Maria von Webers, eng befreundet war, wurde sein eigener Berufsweg, beginnend mit dem Studium an dem von Mendelssohn-Bartholdy gegründeten Leipziger Konservatorium, erst gar nicht veröffentlicht. Die Buchausgabe von 1938 schließt mit der Schilderung von Rudorffs Kindheit. – Mit dem vorliegenden Band werden Rudorffs Lebenserinnerungen erstmals in einer vollständigen kommentierten Fassung vorgelegt, die auch die Streichungen aus der Zeit des Nationalsozialismus erkennen lässt.

## 1. Rudorffs Biographie im Überblick

Ernst Rudorff war Professor für Klavier, Pianist, Dirigent und Komponist der Spätromantik. In der Kindheit erhielt er Klavierunterricht von Marie Lichtenstein und von seiner Mutter, 1850 bis 1857 von Woldemar Bargiel[7], dem Halbbruder Clara Schumanns, außerdem zwei Jahre Violinunterricht bei Louis Ries[8] und 1858 fünf Doppelstunden Klavier von Clara Schumann erhalten hatte. Von 1859 bis 1861 studierte er am Konservatorium in Leipzig sowie von 1861–62 im Privatunterricht bei Carl Reinecke und Moritz Hauptmann Klavier und Komposition. Nach einigen Jahren freien Schaffens, während welchen er unter anderem im Januar 1864 in Hamburg als Dirigent mit dem III. Teil von Schumanns »Szenen aus Goethes Faust« debütierte, war er von 1865 bis 1869 Lehrer für Klavier und Chordirigent am Kölner Konservatorium. Dort gründete er 1868[9] einen Bachverein[10], mit dem er sich

7 Zur Bestätigung dieses von Rudorff in den Lebenserinnerungen selbst genannten, zu Angaben in einschlägigen Lexika differierenden Unterrichtszeitraums vgl. Stephanie Twiehaus: Ernst Rudorff und die Familie Schumann, in: Schumann Studien 6 (1997), Robert Schumann Gesellschaft Zwickau, hg. von Gerd Nauhaus, S. 165–178, hier: S. 167.

8 Ob der bisher in allen Lexika angenommene Zeitraum 1852–1854 zutrifft, scheint mir ungewiss. Rudorff schreibt in seinen Lebenserinnerungen, Teil IV: »So wurde ich, als ich noch nicht ganz zehn Jahre alt war, zu Louis Ries [...] in den Unterricht gegeben.« Die Stunden wurden nach Rudorffs Angaben nach zwei Jahren wieder aufgegeben. Demnach hätte er von 1849/50 bis 1851/52 Violinunterricht gehabt.

9 Die Mitglieder trafen sich bereits seit Anfang 1867 zu Proben und Konzerten unter Rudorffs Leitung.

durch seine Leistungen auch als Chorleiter einen Namen machte. 1869 rief ihn Joseph Joachim als Professor für Klavier an die neu gegründete Königliche Akademische Hochschule für Musik in Berlin, wo Rudorff von 1882 bis 1910 Vorstand der »Abteilung für Klavier und Orgel« und Mitglied des Direktoriums war. Von 1880 bis 1890 übernahm er als Nachfolger Max Bruchs die Leitung des Sternschen Gesangsvereins, dirigierte 1887 als Gast zehn Orchesterkonzerte im Königlichen Theater in Lissabon, leitete seit dem 5. Mai 1882 viele Konzerte des Berliner Philharmonischen Orchesters[11] und gründete 1890 die »Musikalische Gesellschaft«. 1866 erschien die von ihm herausgegebene Partitur von Carl Maria von Webers Oper »Euryanthe«. Später beteiligte er sich gemeinsam mit Brahms an der bei Breitkopf & Härtel erschienenen Gesamtausgabe der Werke Frédéric Chopins. Außerdem war er Mitglied der Kommission zur Herausgabe der »Denkmäler Deutscher Tonkunst« und des Senats der Königlichen Akademie der Künste, an deren Urtextausgaben klassischer Musikwerke er mitarbeitete, wo er vor allem an der Herausgabe der Werke Wolfgang Amadeus Mozarts beteiligt war.[12]

Im Bereich des Natur- und Heimatschutzes trat Ernst Rudorff als eine der ersten Persönlichkeiten in Deutschland für eine gesellschaftliche Organisation des Naturschutzes ein. Mit erheblichem finanziellen und zeitlichen Aufwand galt sein persönliches Engagement besonders seiner Heimat Lauenstein am Ith (Weserbergland), wo er durch den Ankauf von Ländereien und mittels Grundstückstauschs die Lauensteiner Burgruine, Waldränder, Wiesen und Wege dem Zugriff durch Tourismus-Spekulanten sowie geplanten Flurbereinigungen entzog und sie

10 Dieser ist nicht identisch mit dem heutigen Kölner Bachverein.

11 Laut freundlicher Auskunft der Berliner Philharmoniker durch Markus Zint vom August 2003.

12 Zur Biographie des Musikers Rudorff vgl. u. a.: Else Alpers: Ernst Rudorff, in: Niedersächsische Lebensbilder III, hg. von Otto Heinrich May, Hildesheim 1957, S. 238–254; [E. Breslaur]: Ernst Rudorff, in: Mittheilungen von Breitkopf & Härtel in Leipzig, 1896, S. 1541–1545; Imogen Fellinger: Artikel »Rudorff«, in: Die Musik in Geschichte und Gegenwart, Bd 11, Kassel u. a. 1963, S. 1062–1064; dies: Artikel »Rudorff«, in: Rheinische Musiker, 3. Folge, hg. von Karl Gustav Fellerer (Beiträge zur Rheinischen Musikgeschichte, Heft 58), Köln 1964, S. 77–81; Nancy B. Reich: The Rudorff Collection, in: Notes. The quarterly Journal of the Music Library Association vol. 31, Nr. 2 (1974), S. 247–261; Philipp Spitta: Artikel »Rudorff«, in: Grove, George: A Dictionary of Music and Musicians, 1st edition, vol. 3, London 1890, S. 201–203; Stephanie Twiehaus: Artikel »Rudorff«, in: The New Grove Dictionary of Music and Musicians, 2nd edition, vol. 21, London, New York 2001, S. 867–868; dies.: Ernst Rudorff und die Familie Schumann.

in ihrem ursprünglichen Zustand erhielt.[13] Ob es das Wort »Naturschutz« bereits gab, bevor Rudorff es in einer Tagebuchnotiz von 1888 erstmals verwandte[14], ist unklar. In jedem Fall benutzte er es als einer der ersten Deutschen und prägte es inhaltlich.[15] In Artikeln und Vorträgen thematisierte Rudorff seit den späten 1870er Jahren die Zerstörung der Natur, forderte gesetzliche und praktische Maßnahmen zu ihrem Schutz und versuchte, die Öffentlichkeit für die Mitarbeit zu gewinnen.[16] 1910 erhielt er wegen seiner Verdienste für den Natur- und Heimatschutz die Ehrendoktorwürde der Staatswissenschaftlichen Fakultät der Universität Tübingen. Von seinem 29. bis zu seinem 70. Lebensjahr Professor für Klavier an der Musikhochschule Berlin und etwa seit seinem 38. Lebensjahr engagierter Streiter für den Natur- und

13 Vgl. u. a. Knaut: Zurück zur Natur!, S. 28.

14 Vgl. Ernst Rudorff, Tagebucheinträge vom 5. Oktober und 9. November 1888, zit. nach Hans Klose: Ernst Rudorffs Heimatland unter Landschaftsschutz. Mit Auszügen aus seinen Tagebüchern, in: Naturschutz 20 (1939), Heft 6, S. 121.

15 Vgl. Andreas Knaut: Der Landschafts- und Naturschutzgedanke bei Ernst Rudorff, in: Natur und Landschaft 65 (1990), Heft 3, S. 114–118, hier: S. 114.

16 Rudorffs öffentlicher Einsatz für den Naturschutz beginnt 1878 mit dem Brief an einen Freund (vgl. das Nachwort Elisabeth Rudorffs [Rudorff-Archiv, Familie von Gottberg, Salzhemmendorf–Lauenstein]) und einem kleinen, nicht mehr greifbaren Artikel in der »Berliner Post« (vgl. ebd. sowie die in Fußnoten 11 und 16 angegebene Literatur, etwa Alpers, Banke-Rohde u. a.), dem 1880 der Aufsatz »Ueber das Verhältniß des modernen Lebens zur Natur« folgte (in: Preußische Jahrbücher 45 [1880], S. 261–276). Nach der Überwindung vieler Hürden stellte er den »Antrag auf Schutz der landschaftlichen Natur« (in: Korrespondenzblatt des Gesammtvereins der deutschen Geschichts- und Alterthumsvereine, 35. Jahrgang [1887], Nr. 8, S. 86–88). 1892 hielt er einen Vortrag über den »Schutz der landschaftlichen Natur und der geschichtlichen Denkmäler Deutschlands«, der im Druck erschien, aber ebenfalls nicht mehr greifbar ist. (Vortrag gehalten zu Berlin, 30. 3. 1892. Berlin 1892. Vgl. Knaut: Der Landschafts- und Naturschutzgedanke bei Ernst Rudorff, S. 116, Fußnote 19.) Die Veröffentlichung der Schriften »Heimatschutz« (in: Grenzboten, Jg. 56 [1897], Nr. 2, S. 401–414 und S. 455–468) sowie »Abermals zum Heimatschutz« (in: Grenzboten, Jg. 56 [1897], Nr. 4, S. 111–117) führte im Jahr 1904 zur Gründung des »Bundes Heimatschutz«, der 1914 in »Deutscher Bund Heimatschutz«, 1937 in »Deutscher Heimatbund« und 1998 in »Bund Heimat und Umwelt in Deutschland« umbenannt wurde. Vgl. zu diesem Komplex: Hans Klose: Ernst Rudorff und der deutsche Naturschutz, in: Heimatleben 3 (1940), Gedächtnisheft für Ernst Rudorff, S. 7–19; Robert Mielke: Meine Beziehungen zu Ernst Rudorff und die Gründung des Bundes Heimatschutz, in: Brandenburgia 38 (1929), S. 1–16; N.N.: Ernst Rudorff, in: Heimatschutz 6 [1910], Nr. 1, S. 1–7, hier: S. 4., sowie E. O. Rasser: Professor Ernst Rudorff †, in: Blätter für Naturschutz und Heimatpflege 3 [1917], Nr. 2, S. 8–16, hier: S. 12.

Heimatschutz, war Rudorff eine beachtliche Persönlichkeit des 19. Jahrhunderts.[17]

## 2. Die Bedeutung der Rudorffschen Lebenserinnerungen

Die Lebenserinnerungen Ernst Rudorffs sind eine Fundgrube für alle, die sich mit dem gesellschaftlichen Leben im 19. Jahrhundert beschäftigen. Das von seiner Tochter Elisabeth Rudorff (1879–1963) erstellte und 1937 dem Verlag Koehler & Amelang vorgelegte Typoskript, das an den L. Staackmann Verlag Leipzig[18] weitergeleitet wurde, birgt ungehobene Schätze und gibt plastische Einblicke in das Leben und Wirken eines heute nicht mehr sehr bekannten, aber zu seiner Zeit nicht nur von bedeutenden Künstlerpersönlichkeiten hochgeschätzten Musikers. Clara Schumann, Johannes Brahms und Joseph Joachim äußerten sich immer wieder anerkennend und mit großer Zustimmung sowohl über sein Klavierspiel als auch über seine Kompositionen, in Köln erhob er den brachliegenden Chorgesang zu neuer Blüte und machte sich als Chordirigent einen Namen. Sehr geschätzt wurde er auch als Liedbegleiter.

17 Zur Biographie des Naturschützers Rudorff vgl. neben den in Fußnoten 11 und 15 Genannten u. a. Arne Andersen: Heimatschutz: Die bürgerliche Naturschutzbewegung, in: Besiegte Natur. Geschichte der Umwelt im 19. und 20. Jahrhundert., hg. von Franz-Josef Brüggemeier u. a., München 1987, S. 143–157; Sophie Banke-Rohde: Ernst Rudorff (1840–1916), in: Heimatland 1954, S. 90–97; Helmut Fischer: 90 Jahre für Umwelt und Naturschutz. Geschichte eines Programms, hg. vom Deutschen Heimatbund, Bonn 1994; Werner Hartung: Ernst Rudorff und der Heimatschutzgedanke, in: ders.: Konservative Zivilisationskritik und regionale Identität. Am Beispiel der niedersächsischen Heimatbewegung 1895 bis 1919, S. 49–62; Andreas Knaut: Der Landschafts- und Naturschutzgedanke bei Ernst Rudorff; ders.: Ernst Rudorff und die Anfänge der deutschen Heimatbewegung, in: Antimodernismus und Reform. Beiträge zur Geschichte der deutschen Heimatbewegung, hg. von Edeltraud Klueting, Darmstadt 1991, S. 20–49; ders.: Zurück zur Natur!, S. 27–39, 65–77; Joachim Radkau, Frank Uekötter: Ernst Rudorff und die Moderne, in: Naturschutz hat Geschichte, hg. von der Stiftung Naturschutzgeschichte (Veröffentlichungen der Stiftung Naturschutzgeschichte Bd 4), Essen 2003, S. 89–99; Walther Schoenichen: Ernst Rudorff, der Begründer des Heimatschutzes, in: ders.: Naturschutz, Heimatschutz. Ihre Begründung durch Ernst Rudorff, Hugo Conwentz und ihre Vorläufer (Grosse Naturforscher, Bd. 16), Stuttgart 1954, S. 116–157.

18 Zur Firmengeschichte siehe unten, Abschnitt 6.1.

Mit Rudorffs Lebenserinnerungen liegt ein zeitgeschichtliches Dokument vor, das viele Persönlichkeiten der Romantik aus der Perspektive eines Menschen schildert, der ihnen nahe stand, ohne selbst als Berühmtheit in den Vordergrund zu treten. Hineingewachsen in ein Umfeld von Menschen, die das Leben und Denken ihrer Zeit gestalteten und prägten, entwarf Rudorff ein plastisches Bild von deren Erscheinung und Auftreten, von ihrem gesellschaftlichen Umgang miteinander und festigte dieses durch zahlreiche, ihre bislang geläufigen Viten sicherlich bereichernde Anekdoten. Es ist die recht private Perspektive auf historisch und gesellschaftlich relevante Ereignisse und Persönlichkeiten, die einen regen Eindruck des Lebens im 19. Jahrhundert vermittelt und die den Leser mitten in diese Zeit versetzt. Man erhält eine Vorstellung von den individuellen Eigenheiten der Menschen und lernt dadurch manche künstlerische Entwicklung und politische Einstellung besser verstehen. Daneben erfährt man ganz allgemein von den Lebensumständen von Menschen der Kultur- und Bildungselite im 19. Jahrhundert, in einer Zeit, in der Revolution, Kriege, Seuchen, gesellschaftliche und wirtschaftliche Bedrängnisse oder Abhängigkeiten das Leben und die Entwicklung des Einzelnen unmittelbar beeinflussen, manchmal bedrohen.

Ernst Rudorff unternimmt zahllose ausgedehnte Wanderungen, die er in seinen Lebenserinnerungen schildert. Dabei lässt er in ausführlichen Natur- und Landschaftsbeschreibungen das damalige Erscheinungsbild der natürlichen Umwelt, wie sie Dichter und andere Künstler der Romantik geprägt und inspiriert hat, anschaulich lebendig werden. Schon diverse in den Lebenserinnerungen zitierte Briefberichte Adolf Rudorffs über seine Wanderungen vom Studienort Göttingen aus und von Lauenstein durch das Wesertal über Höxter dorthin oder auch über seinen Besuch in Lübeck vermitteln plastische Eindrücke von der landschaftlichen und städtebaulichen Beschaffenheit der beschriebenen Umgebungen zu Beginn des 19. Jahrhunderts. Ernst Rudorff, der von seinem Vater die Liebe zur Botanik und zum Sammeln von Fossilien übernommen hat – auch eine große Schmetterlingssammlung Rudorffs ist noch in Lauenstein erhalten[19] – fährt mit der Tradition der Schilderung unmittelbarer Naturerfahrung fort und gibt umfassende Beschreibungen etwa seines Heimatortes Lauenstein und dessen Umgebung. In der bereits seit Generationen im Besitz der Familie befindlichen Knabenburg in Lauenstein am Ith, einem alten Sattelhof, war sein Vater

19 Rudorff-Archiv, Familie von Gottberg, Salzhemmendorf–Lauenstein.

aufgewachsen, hier fühlte dieser sich eigentlich beheimatet und hierhin zog es ihn, wenn er sich von dem anstrengenden Beruf in Berlin erholte. So wurde Lauenstein Sommerresidenz der Rudorffs, wo man bei ausgedehnten Wanderungen Kraft, Ruhe und Inspiration schöpfte. Ernst Rudorff, in Berlin geboren, doch in Lauenstein beheimatet, bewahrt diese Tradition und führt sie fort, Lauenstein ist ihm Lebenselixier und Katalysator seiner schöpferischen Kraft. Und so ist Lauenstein auch für die Entwicklung der naturschützerischen Konzepte Ernst Rudorffs von zentraler Bedeutung, mit seiner Flora, Fauna und landschaftlichen Struktur, deren er sich mit Wehmut erinnert, nachdem sich seit den 1860er Jahren die Landschaft in Folge von Flurbereinigungen wesentlich zu verändern beginnt. Aber auch Giebichenstein, wie es den romantischen Dichter Joseph von Eichendorff poetisch inspiriert hat, wird ausführlich beschrieben, genauso wie später die landschaftlichen Reize von Rudorffs jeweiligen Aufenthaltsorten und Wanderungen plastische Darstellung finden: Landpartien in die Umgebung Berlins etwa, Wanderungen in und um Wienrode (Harz), dem Wohnort der geliebten Tante Marie Lichtenstein, Wanderungen in der Umgebung Bonns bis nach Koblenz und weiter, Wanderungen im Siebengebirge, Rheinfahrten, Harzwanderungen mit Brockenbesteigung, Italienreise, Reise durch Franken, Alpenwanderungen in der Schweiz und viele mehr werden von Rudorff eingehend und seine Naturauffassung lebendig wiedergebend geschildert.

Die Vielfalt und Ausführlichkeit der Lebenserinnerungen machen das Buch sowohl für den Laien als auch für verschiedene wissenschaftliche Disziplinen wertvoll: Interessant ist es zunächst für Naturschutzhistoriker, die ausführliche Landschaftsbeschreibungen verschiedener Regionen Deutschlands im 19. Jahrhundert und damit auch erste Hinweise auf Rudorffs späteres Naturschutzkonzept erhalten, sowie für Musikwissenschaftler, die von Schilderungen des Musiklebens in verschiedenen Städten und musikalischer Persönlichkeiten der Spätromantik profitieren dürften. Daneben ist es eine Fundgrube für Juristen, die viele Informationen über Rudorffs Vater Adolf, über dessen Lehrer Savigny und ihr juristisches Umfeld erhalten. So liest man unter anderem etwa von der in einem Briefwechsel Adolf Rudorffs mit Friedrich Puchta dokumentierten Diskussion der Nachfolge Savignys, als dieser zum Minister ernannt wird. Es bietet einiges für Soziologen, die ein detailliertes Bild des gesellschaftlichen Lebens im 19. Jahrhundert aus der Perspektive eines Mitglieds des gebildeten Bürgertums erhalten. Und nicht zuletzt ist für Naturschutzhistoriker wie für Musikwissenschaftler die Persönlichkeit Ernst Rudorffs interessant, die sich hier anschaulich offenbart: Man erfährt Vieles über seine moralische, ethische, bürgerlich-konservative Grundeinstellung, seinen Charakter, das Milieu seines Elternhauses, das ihn entscheidend prägte, seine Entwicklung hin zum Musiker, über die Höhen und Tiefen seines musikalischen Werdegangs, über die Menschen, die ihn künstlerisch beeinflusst haben sowie über die Ursachen dafür, dass er als Musiker nicht so bekannt geworden ist und die sicherlich auch in seiner Persönlichkeit selbst begründet sind. Vor allem aber: Es enthüllt sich die tief romantische Geisteshaltung Ernst Rudorffs, die Grundstein ist für das Verständnis seiner musikalischen Ästhetik wie seiner naturschützerischen Ambitionen.

## 3. Die Lebenserinnerungen im Überblick

Ernst Rudorff hielt seine Lebenserinnerungen in acht umfangreichen Teilen fest. In den Teilen eins und zwei beschreibt er Kindheit und Jugend seiner Eltern, Teil drei behandelt deren Verlobung, Ehe und Freundeskreis; erst in Teil vier widmet sich Rudorff seiner eigenen Kindheit und Jugend, und im fünften Teil schließlich beginnt die Darstellung seiner beruflichen Laufbahn mit seinen Studienjahren in Leipzig. Es folgen Berichte über seine »Wanderjahre« ohne berufliche Bindung von 1862 bis 1865 (Teil 6), seine Zeit am Konservatorium in Köln von 1865 bis 1869 (Teil 7) und schließlich seine Zeit in Berlin an der neugegründeten Hochschule für Musik bis 1873 (Teil 8). Mit der Schilderung vom Tod seines Vaters brechen die Lebenserinnerungen abrupt ab.

Die Familie Rudorffs lebte in einem Netzwerk der Beziehungen zu einflussreichen Persönlichkeiten der Berliner Romantik, das Künstler wie Gelehrte, aber auch weniger bekannte Menschen, etwa Pfarrer, Juristen, Philologen und semi-professionelle Musiker umspannte, welche in ihrem Umfeld durchaus bekannt waren und im gesellschaftlichen Kontext eine nicht zu unterschätzende Rolle spielten. Es war ein sehr großer Personenkreis, in dem sich die Rudorffs bewegten, und der auch in ihre verwandtschaftlichen Verhältnisse hineinreichte. Schon von daher erlangten diese Persönlichkeiten für Rudorffs Leben Bedeutung: Ihn beeindruckten der in Breslau politisch tätige Philosoph Henrik Steffens, der sein Großonkel war, der umtriebige Großvater Carl

Pistor, Geheimer Postrat und leidenschaftlicher Mechaniker, Physiker und Astronom, berühmt für seine optischen Geräte, sein Urgroßonkel Ludwig Tieck, der Stief-Urgroßvater und Liedkomponist Johann Friedrich Reichardt sowie der Mineraloge Karl Georg von Raumer, Bruder des Historikers Friedrich von Raumer und ebenfalls Großonkel Rudorffs, um nur einige zu nennen. Ja, eine namhafte Verwandtschaft, die, ganz entfernt, bis zum Chemiker Robert Bunsen reichte, konnte Rudorff für sich verzeichnen. Hinzu kamen die engen Kontakte seiner Eltern zu Mendelssohns, Savignys, Arnims, Brentanos, Schleiermacher, Schinkels, Lichtensteins und vielen mehr. Das Wissen um all diese Beziehungen beeinflusste Rudorff sehr und erfüllte ihn mit dem Gefühl einer besonderen Verpflichtung. Hier hatte sich eine starke Familientradition und Freundschaftsbindung entwickelt, in der Rudorff fest verankert war. Er setzte sich mit den Ideen der Romantiker auseinander, identifizierte sich mit ihnen, fühlte sich der Fortsetzung dieser Tradition verantwortlich und versuchte – auch davon geben die Lebenserinnerungen Zeugnis – das Ideengebäude seiner Eltern- und Großelterngeneration in seine Zeit hinüberzuretten.

Um den Personenkreis des weitläufigen Rudorffschen Beziehungsgeflechts vorzustellen und überschaubar zu machen sowie um den Leser einzuführen in das, was ihn in diesem umfangreichen Buch, besonders in dem bisher unveröffentlichten Teil, erwartet, ihm gleichzeitig die Möglichkeit zu geben, sich darin zurechtzufinden und vielleicht bei der Lektüre auch selektiv vorzugehen, wird im folgenden eine inhaltliche Darstellung gegeben, die wesentliche verwandtschaftliche Beziehungen, persönlich wie beruflich prägende Bekanntschaften und wichtige Stationen der beruflichen Entwicklung Rudorffs ortet und die einstimmen will in sein ganz persönliches romantisches Naturerleben.

Dass hier die musikalische Entwicklung Ernst Rudorffs ausführlich dargestellt wird, hat seinen Grund in Rudorffs Lebensweg. Die Musik war Rudorffs Beruf, die Natur war seine Berufung. Der Zeitraum, den die Lebenserinnerungen umfassen, zeigt Rudorffs Entwicklung zum Musiker. Erst Jahre danach setzte Rudorffs Engagement für den Naturschutz ein. Dennoch zeichnet sich schon früh eine intensive Verschränkung beider Erlebniswelten ab. Ausgedehnte Wanderungen sind nötig, um Kraft zu schöpfen für den Beruf, und die Naturerlebnisse auf diesen Wanderungen sind überwältigend, gehen ein in seine Kompositionen. Über dieses intensive Erleben der Natur schreibt Rudorff auch 1870 in einer Aufzeichnung seines Notizhefts, aus dem Walter Schoenichen zitiert[20], und setzt es in Verbindung mit dem Erleben von Musik: »Berge, Wolken, Ströme, Bäume, Farben und Schatten sind wie die Motive und Klänge, aus denen ein Musikstück sich zusammenwebt, und das unerklärliche Etwas, was als Harmonie über ihrer Verbindung schwebt, ist das, was hier wie dort die Seele bezaubert, fesselt und mit sich fortzieht.« In späteren Jahren steht Rudorff fassungslos vor den Zerstörungen der Natur. Hier beginnt sein ganz persönliches Engagement.

### 3.1. Rudorffs Herkunft

An Ernst Rudorffs Eltern wird ersichtlich, auf welche Weise das gebildete Bürgertum im Berlin des 19. Jahrhunderts in sich verbunden war. Der Vater, Adolf Rudorff, kam nach dem Jura-Studium in Göttingen Ende 1823 an die Berliner Universität, wurde bevorzugter Schüler Karl Friedrich von Savignys und war bald dessen Vertrauter. Durch Savigny und in dessen Haus wurden die ersten gesellschaftlichen Beziehungen geknüpft. Hier lernte er dessen Frau Kunigunde (Gundel) geb. Brentano kennen, deren Schwester Bettina von Arnim sowie Achim von Arnim, der bei Savignys des öfteren eigene Werke las. Auch dem Juristen Moritz August von Bethmann Hollweg, in dessen Residenz auf Schloss Rheineck bei Bonn Ernst Rudorff in seiner Kölner Zeit später häufig zu Gast war, begegnete Adolf Rudorff hier zum ersten Mal. Es entstand ein enger Kontakt zu dem Juristen Clemens August Karl Klenze, der einige Jahre vor diesem in Berlin promoviert worden war. In Klenzes Haus verkehrte Adolf Rudorff häufig und machte dort die Bekanntschaft mit dem Theologen Friedrich Schleiermacher, dem Juristen Eduard Böcking und anderen namhaften Wissenschaftlern, die alle für das weitere gesellschaftliche Leben der Rudorffs von großer Bedeutung waren. Er besuchte Musikabende bei der Familie Mendelssohn, bei der er durch seinen Freund Karl Klingemann, den hannoverschen Legationsrat und Freund Felix Mendelssohn-Bartholdys, eingeführt worden war, sowie die Kosmos-Vorlesungen Alexander von Humboldts.

Ernst Rudorffs Mutter, Elisabeth (Betty) Rudorff, war eine Jugendfreundin Felix Mendelssohn-Bartholdys sowie seiner Schwestern Fanny und Rebekka, mit denen sie seit 1822 wöchentlich die Chorproben der

20 Schoenichen: Ernst Rudorff, der Begründer des Heimatschutzes, S. 135.

damals von Karl Friedrich Zelter geleiteten Singakademie besuchte. Ihr Urgroßvater war der Hamburger Pastor Julius Gustav Alberti gewesen, Freund Klopstocks sowie Lessings, den er in der Fehde mit dem Hauptpastor Johann Melchior Goeze unterstützt hatte. Ihre Großmutter Johanna war in zweiter Ehe seit 1783 mit Johann Friedrich Reichardt verheiratet. Johannas Schwester Amalie ehelichte 1798 Ludwig Tieck, den sie als Gymnasiasten auf Reichardts Berliner Liebhaberbühne kennengelernt hatte. Seit 1795 lebte Reichardt mit Johanna und den Kindern auf Giebichenstein bei Halle in romantisch-schöner Gegend und versammelte bedeutende Persönlichkeiten der Romantik um sich. Dort begegneten einige der Kinder erstmals ihren späteren Gatten. So die gemeinsamen Töchter von Johanna und Johann Friedrich Reichardt, Johanna und Friderike, die Henrik Steffens (1803) und Karl Georg von Raumer (1811) heirateten, und Johannas Tochter aus erster Ehe, Charlotte (Lotte) geb. Hensler, die Mutter Elisabeth Rudorffs und Großmutter Ernst Rudorffs, die sich 1803 mit Carl Pistor ehelich verband. Dessen Studienfreunde in Halle waren Achim von Arnim und Clemens Brentano sowie Friedrich von Raumer. Der Kontakt wurde in Berlin weitergepflegt, Bettina Brentano und die Brüder Grimm traten zu ihrem Bekanntenkreis. 1809 zog Achim von Arnim als Mieter in Pistors Haus in Berlin ein und holte Clemens Brentano nach, mit dem er zwei Jahre dort lebte. Bettina Brentano, die mit ihrem Schwager Savigny und ihrer Schwester Gundel nach Berlin kam, besuchte häufig ihren Bruder Clemens sowie Achim von Arnim im Hause Pistor, wo schließlich auch die Entscheidung zur Heirat Achims und Bettinas fiel. Einmal wöchentlich war »offenes Haus« bei Pistors. Dort erschienen regelmäßig neben anderen Achim und Bettina von Arnim, Savignys, Schleiermachers, Zelter und der Architekt Karl Friedrich Schinkel. Durch ihre Bekanntschaft mit den Mendelssohn-Bartholdyschen Geschwistern wurde Betty Rudorff seit 1825 häufig zu Veranstaltungen bei Mendelssohns eingeladen. Bis Anfang 1828 war der Kontakt sehr eng, Ende 1827 besuchte Felix Mendelssohn-Bartholdy häufig das Pistorsche Haus, um den von Pistor aufgekauften Nachlass Friedemann Bachs zu ordnen.

Die Bekanntenkreise Adolf Rudorffs und Betty Pistors begannen sich zu überschneiden. Bei einer Veranstaltung im Jahre 1826 stellte Bettina von Arnim beide einander vor. Erst 1829 allerdings wurden Betty Pistor und Adolf Rudorff näher bekannt und verlobten sich am 21. März 1830. Bei der Hochzeit am 2. September 1832 war Bettina von Arnim, welche die beiden zusammengeführt hatte, Trauzeugin. Auch nach der Hochzeit Adolf und Betty Rudorffs wurden die gesellschaftlichen Kontakte weitergepflegt, so etwa zu Schleiermacher, der sie getraut hatte, zu der Familie Hinrich Lichtensteins und dessen Tochter Marie, zu Klenzes, Steffens, zu Wilhelm Grimm und vor allem zu Savignys. Und dort, wo der gesellschaftliche Verkehr abgebrochen worden war, wurde doch die Erinnerung daran gepflegt wie ein Kleinod, etwa jene an Felix Mendelssohn-Bartholdy, den Betty Rudorff nach ihrer Hochzeit nicht mehr gesehen hatte, doch dessen Andenken sie in Verehrung wahrte und von früh an ihrem Sohn vermittelte.

### 3.2. Ernst Rudorffs Kindheit und Studienjahre

In dieser Atmosphäre wächst Rudorff auf. Er hört in der Kindheit abendliche Lesungen Tiecks, die ihn tief beeindrucken, erhält Privatunterricht gemeinsam mit den Söhnen Rebecca Dirlichets (geb. Mendelssohn-Bartholdy) sowie Felix Mendelssohn-Bartholdys und geht zu Adolph von Sydow, einem Schüler Schleiermachers, in den Konfirmandenunterricht. Der erwähnte Klavierunterricht ist ebenfalls Bestandteil seiner bürgerlichen Ausbildung. 1854 lernt er Clara Schumann und Joseph Joachim kennen, befreundet sich mit Gisela von Arnim, einer Tochter Bettinas, und deren späterem Mann Herman Grimm, Sohn Wilhelm Grimms. Entscheidend ist außerdem die im Gymnasium entstehende Freundschaft mit Graf Friedrich von Schwerin-Putzar, einem Enkel Schleiermachers. Ihn verehrt Ernst Rudorff sehr. Einem von Ernst Rudorff ersehnten Musikstudium gegenüber ist sein Vater zunächst ablehnend gesinnt. Schließlich willigt dieser jedoch ein, freilich nicht ohne ihm ein paralleles philologisches Studium abzuverlangen. So beginnt Ernst Rudorff nach einsemestrigem Theologiestudium in Berlin 1859 am Leipziger Konservatorium mit dem Musikstudium, wo er von Ignatz Moscheles, Moritz Hauptmann, Julius Rietz, Ferdinand David und Felix Dreyschock unterrichtet wird. Bei Louis Plaidy studiert er zeitweise gemeinsam mit Arthur Sullivan, der sich später als Operettenkomponist einen Namen macht. Außerdem schreibt er sich an der Leipziger Universität ein und hört dort, bis er sich ausschließlich der Musik widmet, bei Heinrich von Treitschke Vorlesungen über englische und französische Geschichte. Seit dem Herbst 1860 hat er Unterricht bei Carl Reinecke, bei dem er sein erstes Orchesterwerk komponiert, die Ouvertüre zu Tiecks Märchen »Der blonde Eckbert« (op. 8).

In Leipzig findet Ernst Rudorff bald Eingang in das Haus der von Felix Mendelssohn-Bartholdy hochverehrten Sängerin Livia Frege. Die von ihr veranstalteten Hausmusiken bilden Zentrum und Sammelplatz aller bedeutenden Künstler Leipzigs. Hier hört Ernst Rudorff seine ersten eigenen Liedkompositionen, gesungen von Livia Frege, hier trifft er häufig mit Clara Schumann zusammen, hier lernt er Brahms und den Sänger Julius Stockhausen kennen. Er musiziert gemeinsam mit diesen Künstlern, begleitet Livia Freges und Julius Stockhausens Gesang und spielt vierhändig mit Clara Schumann und Johannes Brahms. Clara Schumann hört und kritisiert Rudorffs erste Kompositionen, sie gibt ihm Anregungen und Ratschläge für deren Verbesserungen und macht sich Gedanken über seine weitere musikalische Entwicklung. Daneben lernt Rudorff – aktiv wie passiv – viele ihm bisher unbekannte Kompositionen besonders Schumanns und Mendelssohns kennen, gewinnt erste Eindrücke von Kompositionen Brahms' und Liszts. Das Fregesche Haus wird für Ernst Rudorff zur zweiten Heimat; fast täglich hält er sich dort auf.

### 3.3. Auf Wanderschaft

Rudorffs letzte bedeutende Begegnung in Leipzig ist im Winter 1861/62 jene mit Max Bruch, bevor er im Frühjahr 1862 Abschied nimmt, um »auf Wanderschaft« zu gehen und eigene Erfahrungen zu sammeln. So kommt er – nach der erfolgreichen Aufführung seiner Ouvertüre zum »Blonden Eckbert« am 28. April 1862 in Berlin – im Frühjahr 1862 an den Rhein, zunächst nach Köln, wo Woldemar Bargiel inzwischen am »Conservatorium der Musik in Coeln« angestellt ist, dann nach Bonn, wo er vom Garten seines etwa auf der Höhe des Alten Zolls gelegenen Hotels Kley hingerissen und gebannt auf die sich ihm darbietende Rheinlandschaft blickt. Rudorff zieht nach Poppelsdorf und lebt dort für die nächsten drei Monate gänzlich ungebunden und frei.

Anschauliche Landschaftsschilderungen lassen die Umgebung Bonns, wie sie sich um 1860 darbot, lebendig werden. Rudorff denkt später mit Sehnsucht an die Naturschönheiten nahe seiner reizvollen »Poppelsdorfer Existenz«, die bereits um 1900 der »Bauspekulation des modernen Bonn zum Opfer gefallen«[21] sind. Ein erster Ausflug ist jener ins Siebengebirge, von Königswinter aus um den Drachenfels herum

21 Ernst Rudorff: Lebenserinnerungen, Teil VI.

zur Löwenburg hinauf, von wo er gemeinsam mit Bargiel die herrliche Aussicht genießt. Der Drachenfels wurde 1836 als erstes Gebiet in Deutschland unter Schutz gestellt, und Rudorff mag schon zu seiner Bonner Zeit mit den Ideen des Naturschutzes in Kontakt gekommen sein. Der Drachenfels war damals bereits touristisch erschlossen, die Anreise mit dem Dampfschiff seit 1827 möglich, und von Bonn konnte man ihn mit dem Nachen erreichen.[22] Dieses tat auch Rudorff, und er begegnete sicherlich auch den Fremdenführern mit Reiteseln, die in Königswinter die Gäste erwarteten, um sie auf den Drachenfels zu transportieren.[23]

Bei seinem ersten Besuch auf Schloss Rheineck, der Sommerresidenz Bethmann Hollwegs, versenkt Rudorff die »Zauberwelt«, die sich ihm beim Blick auf das Rheintal darbietet, in einen »wachen Traum«. Bethmann Hollweg empfängt ihn, kürzlich von seinem Ministeramt in Berlin zurückgetreten, mehrfach auf seinem Schloss. Hier liest Rudorff, und das zeigt einmal mehr sein großes Interesse am ›Lebensraum Erde‹, die »Ansichten der Natur« von Alexander von Humboldt[24], eine Aufsatzsammlung über das Natur- und Erdbild Mittel- und Südamerikas, in der mit wissenschaftlicher Genauigkeit sowie großer Anschaulichkeit über Landschaften, Tier- und Pflanzenwelt, Klima, Sitten und Gebräuche, Volksstämme und Sprachen berichtet wird. Diese Lektüre mag Rudorffs Auffassung von Natur und Landschaft nicht bloß als »Ort eines rein ästhetischen Genusses, sondern [als] Ausdruck einer jahrhundertelang gewachsenen Verbundenheit des Menschen mit ihr«[25] bekräftigt haben. Sie könnte ferner zu Rudorffs Ansicht von der reinigenden und erhebenden Wirkung der Natur auf den moralischen Menschen beigetragen haben, die er mit Berufung auf Schiller in seinem Aufsatz »Ueber das Verhältniß des modernen Lebens zur Natur« vertritt.[26] Poetisch wie malerisch kann, so Rudorff, Landschaft nur dann

22 Vgl. Hermann Josef Roth: Der Drachenfels, in: Naturschutz hat Geschichte, S. 73–87, hier: S. 77.

23 Vgl. ebd.

24 Alexander von Humboldt: Ansichten der Natur, erster und zweiter Band, in: Studienausgabe in 7 Bdn, hg. von Hanno Beck u. a., Bd 5, Darmstadt 1987.

25 Knaut: Der Landschafts- und Naturschutzgedanke bei Ernst Rudorff, S. 115.

26 Vgl. Rudorff: Ueber das Verhältniß des modernen Lebens zur Natur, S. 269. Vgl. auch unten, Abschnitt 5: Rudorffs Verhältnis zur Natur. Alexander von Humboldt schreibt in der Vorrede zur ersten Ausgabe seines Buches: »Überall habe ich auf den ewigen Einfluß hingewiesen, welchen die physische Natur auf die moralische Stimmung der Menschheit und auf ihre Schicksale ausübt.« (Humboldt, Ansichten der Natur, S. IXf.)

wirken, wenn »ihre Elemente zu zwangloser Mischung verbunden sind, wie die Natur und das langsame Walten der Geschichte sie hat werden lassen.«[27]

Mit Wehmut denkt Rudorff im Rückblick an einen Ausflug rheinaufwärts bis Koblenz und zur Lahn, an das romantische Rheintal »mit seinen verfallenen Burgen und den kleinen mittelalterlich ummauerten Ortschaften«, eine Welt, die, wie er bedauert, seitdem »in der Hauptsache verschwunden«[28] ist. Das Rheintal und Andernach, Stolzenfels, den Blick auf das Lahntal, das mittelalterliche Oberlahnstein, alles erlebt er in einer Zeit, in welcher der mittelalterliche Charme der Orte noch erhalten ist. Rudorff ist beseelt von Natur und Landschaft, wie sie sich ihm darbieten und wie er sie zu Beginn des 20. Jahrhunderts, zur Zeit der Niederschrift seiner Lebenserinnerungen, für immer zu verlieren fürchtet.

Pfingsten 1862 besucht Rudorff erstmals das »Niederrheinische Musikfest« unter der Leitung von Ferdinand Hiller, Direktor des Kölner Konservatoriums, Dirigenten und einflussreichem Brahms-Anhänger. Dieses Fest war in Deutschland seinerzeit eine einzigartige musikalische Veranstaltung, die Musikern die Gelegenheit zum Austausch bot und zu der auch Brahms regelmäßig erschien (Robert Schumann lernte ihn 1853 hier kennen). Im Juli besucht Rudorff Clara Schumann in Münster am Stein. Auch hier gehen musikalisches Erleben und Naturerfahrung ineinander über. Nachmittags werden kleinere und größere Wanderungen unternommen, abends wird gemeinsam musiziert. Woldemar Bargiel begleitet Rudorff im Anschluss an das Treffen durch das Nahetal bis Oberstein. Dieser Landstrich war Rudorff durch Scheurensche Stahlstiche bekannt, doch die Realität, da sind sich beide einig, übertrifft die Ahnung bei weitem. Auch diesen »über alle Begriffe schönen«[29] Ort findet Rudorff traurigerweise zu Ende des Jahrhunderts völlig zerstört. – Er reist allein weiter nach Trier, tief beeindruckt von den römischen Festungsanlagen, und nimmt schließlich den Rückweg mit dem Dampfschiff über Mosel und Rhein nach Bonn.

Den Winter 1862/63 verbringt Ernst Rudorff wieder in Berlin, musiziert viel, hört in Leipzig Schumanns erst in diesem Jahr in Köln uraufgeführte »Szenen aus Goethes Faust« (1844–1853) mit einem beeindruckenden Julius Stockhausen und macht die Bekanntschaft mit Felix'

27 Rudorff: Ueber das Verhältniß des modernen Lebens zur Natur, S. 262.
28 Rudorff, Lebenserinnerungen, Teil VI.
29 Ebd.

Bruder Paul Mendelssohn sowie deren Vetter Franz Mendelssohn, zu dessen Frau Enole, einer Sängerin, sich eine engere Freundschaft Ernst Rudorffs entwickelt. Ferner beendet er sein Sextett in A-Dur (op. 5) und erhält von seinem ehemaligen Lehrer, dem Violinisten und Komponisten Ferdinand David, durchaus positive Kritik.

Es folgt eine weitere Reisephase, der Besuch bei den beiden Arnimschen Töchtern Armgard und Maximiliane von Arnim in Buckow im Juli 1863. Im Herbst arbeitet Rudorff in Lauenstein, zwischendurch besucht er Joachim in Hannover; im Dezember reist er, nach längerem Briefwechsel mit Julius Stockhausen von diesem zu sich geholt, für drei Monate nach Hamburg, wo er mit der Aufführung des dritten Teils von Schumanns »Szenen aus Goethes Faust« erfolgreich sein erstes öffentliches Dirigat übernimmt. Er konzertiert mit Joachim, dem Musiker Theodor Avé-Lallement, Stockhausen, Clara Schumann und anderen namhaften Künstlern, lernt den Dichter Emanuel Geibel kennen; Berichte über vielfältige Konzerterlebnisse wechseln, eindrucksvoll den Widerspruch von Krieg und Kunst spüren lassend, mit Briefausschnitten über den Krieg des Deutschen Bundes gegen Dänemark 1864. Nach einer Auseinandersetzung mit Stockhausen, der sich in der Frage um ein Dirigat unsensibel verhalten hatte, geht Rudorff Ostern 1864 zurück nach Berlin, durch nichts zur Rückkehr nach Hamburg zu bewegen, wo er doch letztlich nur sehr begrenzt im Musikleben mitwirken konnte.

Einem längeren Aufenthalt in Lauenstein folgt im August 1864 eine Italienreise Rudorffs mit seinen Eltern, zu welcher der Vater animierte. Man reist über den Fernpass, die Reschenscheideck, unternimmt einen Abstecher nach Trafoi, fährt weiter nach Meran und Bozen, alles in einem offenen Wagen, da es noch keine Eisenbahntrasse durch die Tiroler Alpen gibt. Gegen seine damaligen Erlebnisse empfindet Rudorff das spätere Durchqueren der Alpen mit der Bahn als »nüchtern, gebunden und geschäftsmäßig«[30]. Noch nichts ist seinerzeit touristisch erschlossen, man genießt überwältigende Eindrücke in der tiefen Einsamkeit der Alpenwelt. Mit der Bahn fahren sie von Bozen nach Verona, Venedig, Padua und Mailand, und der Rückweg führt sie über Bellaggio am Comer See und den Splügenpass nach Basel.

Neben seiner Konzerttätigkeit in Berlin arbeitet Rudorff im ersten Halbjahr 1865 an der Herausgabe der Partitur von Carl Maria von Webers »Euryanthe«. Im August 1865 reist er erneut nach Köln und er-

30 Ebd.

fährt von Bargiel von zwei freigewordenen Stellen: von dessen eigener Nachfolge am Kölner Konservatorium (Bargiel geht nach Rotterdam) und von der Musikdirektorstelle in Koblenz, die dann allerdings Max Bruch erhält. Rudorff wird von Ferdinand Hiller für die Stelle in Köln engagiert, die er bis 1869 innehat.

### 3.4. Köln 1865–1869

Rudorff unterrichtet seine ersten Schüler und gibt sein Kölner Konzertdebut als Pianist, berichtet über seine ersten Eindrücke von Konzerten im Gürzenich. In der Musikalischen Gesellschaft gibt es Uneinigkeiten über deren Direktion. Hiller hatte diese, ohne den Vorstand zu fragen, Rudorff versprochen, der interimistisch eingesetzte Gernsheim will und soll sie aber nicht abgeben. Man einigt sich schließlich auf eine paritätische Doppelbesetzung der Stelle. Brahms erleidet Misserfolge bei Aufführungen seiner Stücke. Rudorff zeigt sich höchst beeindruckt vom Kölner Karneval. Nach einem dreiviertel Jahr anregenden Arbeitens in Köln benötigt er wegen eines rheumatischen Handleidens eine Kur. Er fährt mit den Eltern nach Bad Kreuznach und mietet sich – in Erinnerung an 1862 – in dem benachbarten Münster am Stein in das Haus ein, in dem damals Clara Schumann lebte. Hier genießt die Familie noch einmal die Naturschönheiten des Nahetals, mit der Ebernburg, Rheingrafenstein und dem Rotenfelsen, und reist dann noch einmal über Oberstein an die Mosel und weiter nach Trier. – Die politischen Ereignisse drohen Ernst Rudorff einzuholen: Bismarck erklärt 1866 den Austritt Preußens aus dem Deutschen Bund. Ein Krieg gegen Österreich ist gewiss. Als schließlich auch noch ein Krieg mit Frankreich droht, muss Rudorff fürchten, als Mitglied der Ersatzreserve eingezogen zu werden. Doch die Gefahr geht an ihm vorüber. Er kann sich weiter der Kunst widmen, trifft mehrfach Max Bruch. Zum neuen Semester ist er wieder in Köln. Rudorff schildert einiges über das Kölner Musik- und Gesellschaftsleben, über Missstände und Oberflächlichkeiten, über die Konzertpraxis und die Arbeit am Konservatorium. Manche interessante Bekanntschaft macht er in dieser Zeit. So lernt er hier den Rezitator und späteren Mitbegründer der Neueren Deutschen Literaturwissenschaft, Michael Bernays, kennen, der ihn sehr beeindruckt. Beide kommen in so guten Kontakt, dass sie gemeinsam im Dezember 1866 in Köln zu Clara Schumanns Ehren ein Konzert geben: Rudorff dirigiert Schumanns »Manfred«, während Michael Bernays

Lord Byrons »Manfred« dazu rezitiert. Ein großer Erfolg. Rudorff sucht ein paar Sänger für einen kleineren Chor zusammen, um mit diesem Bach-Kantaten einzustudieren. Aus dem Projekt entwickelt sich ein Jahr später, 1868, ein »Bachverein«. Er lernt in Köln Komponisten und Musiker kennen, Hector Berlioz und Anton Rubinstein, schreibt über Konzerte, Komponisten, Interpreten, Kompositionen von Brahms, Bruch u. a., und immer wieder schaltet er eindrucksvolle Reiseberichte ein, etwa über Landpartien mit dem Gesangsverein, eine Reise durch Franken, Spaziergänge in der Gegend Kölns, Ausflüge in die nähere und weitere Umgebung (nach Bergisch–Gladbach und Aachen, Neuenahr und ins Brohltal, rheinaufwärts bis Koblenz, St. Goar und zur Loreley, nach Bacharach und Lorch) und über zwei weitere Alpenwanderungen.

Im März 1868 wird seine Konzertouvertüre zu »Otto der Schütz« in Leipzig erfolgreich aufgeführt. Ausführlich schreibt er über das Musikfest im Sommer in Köln, wo er viele »alte Bekannte« wiedertrifft, wie Brahms, Bruch, Livia Frege, Bargiel, Joachim und andere. Im März 1869 gibt der Kölner Bach-Verein sein erstes öffentliches Konzert. Aufgrund der seinem Komponieren hinderlichen Belastung durch die Unterrichtsstunden möchte Rudorff seinen Lehrauftrag am Konservatorium beenden. Im Mai beginnt Joachim, ihm die Übernahme der Klavierklasse an einem neu zu gründenden Königlichen Konservatorium in Berlin schmackhaft zu machen; es entspinnt sich ein ausführlicher Briefwechsel darüber. Rudorff berichtet über die konzeptionellen und organisatorischen Schwierigkeiten bei der Gründung der Königlich Akademischen Hochschule für Musik in Berlin sowie über die Machtkämpfe zwischen Konservativen und Neudeutschen, in welche er sich selbst, vehementer Gegner der Musik Wagners und Liszts, immer wieder involviert sieht. In dieser Zeit trifft er auch häufiger mit Brahms zusammen sowie mit Max Bruch und Philipp Spitta. Mit seinem Chor unternimmt er Bachvereinsfahrten nach Königsdorf bei Köln, Bergisch-Gladbach und Rheineck; gesungen wird an sorgfältig ausgewählten romantischen Stätten, wie etwa in einer malerischen Mulde im Wald, in einem Kloster, vor einem Wirtshaus, auch im hallenden Fabrikgebäude, auf dem Schiff im fröhlichen Wechselgesang mit feiernden Studenten, in der Kapelle des Schlosses sowie auf der Rückfahrt mit dem Dampfschiff auf dem Rhein. Dass ihm hier der Abschied von Köln schwer fällt, lässt sich erahnen. Dennoch: Nach vielem Hin und Her nimmt Rudorff die Stelle in Berlin an, wo Ende September 1869 die neue »Akademische Hochschule für ausübende Tonkunst« gegründet wird.

## 3.5. Berlin 1869 –1873

Zu Rudorffs ersten Schülern gehören Eugenie Schumann, die Tochter Claras, und das ›Wunderkind‹ Nathalie Janotha. Joachims Haus wird zum künstlerischen und geselligen Mittelpunkt, es gründet sich das »Joachim-Quartett«. Ein Konzert der Hochschullehrer in der Singakademie in Gegenwart des Königs von Preußen (8. November 1869), dem späteren Kaiser Wilhelm I., wird ein großer Erfolg für Rudorff. Rudorff knüpft neue Kontakte zu den inzwischen reputierten Kindern Arnims und Grimms, insbesondere zu dem Ehepaar Gisela (geb. von Arnim) und Herman Grimm sowie zu Maximiliane (geb. von Arnim), inzwischen Gräfin Oriolla. Er zieht in das Gräflich Vossische Palais in der Wilhelmstraße, in dessen Seitenflügel auch Robert von Keudell wohnt, ein musikbegabter Diplomat. Hier trifft er sich wöchentlich mit dem Schriftsteller und späteren Wagnerianer Hans von Wolzogen und anderen zur Lesegesellschaft. Am 19. März 1870 führt er erstmals neun von Brahms komponierte und für Orchester instrumentierte Liebesliederwalzer auf, der ihm anschließend die Partitur dazu schenkt. In Weimar begegnet er Franz Liszt. – Der Deutsch-Französische Krieg 1870/71 fordert seinen Tribut: Im August fällt Rudorffs Freund der Diplomat Fritz von Schwerin; Rudorff gibt eine beeindruckende Schilderung seiner Reise nach Frankreich, die er unternimmt, um den Leichnam des Freundes heimzuholen, und beschreibt auch hier die Landschaften, die sich ihm unterwegs darbieten, sowie deren Verwüstung durch den Krieg.

Während Rudorffs Tätigkeit in Berlin kommt es immer wieder zu unliebsamen Situationen: Auseinandersetzungen mit Adelheid von Mühler, der Gattin des preußischen Kultusministers, führen bis zur Kündigung Rudorffs und zu einer solidarischen Kündigungserklärung Joachims, es verzögert sich die Gründung eines Chores der Musikhochschule, dessen zeitweise Leitung sich Rudorff bereits bei Stellenantritt ausbedungen hatte. In diesen Zeiten hätte er gern die wiederholten Angebote des Bach-Vereins, nach Köln zurückzukehren, angenommen, doch Joachim vermag es jedesmal, ihn zum Bleiben zu bewegen. Daneben berichtet er aber auch über ein musikalisch erfülltes Leben in Berlin. Das letzte Jahr der Erinnerungen ist geprägt von Tagebuch- und Briefbeschreibungen musikalischer und anderer Ereignisse. Damit verlieren die Berichte an erzählerischer Spannkraft und geraten zunehmend langatmig, doch auch hier finden sich noch einige interessante Gedanken und Schilderungen von Ereignissen im Berlin des 19. Jahrhunderts. Rudorff trägt sich, als aus der Gründung eines Chores an der Musikhochschule immer noch nichts wird, weiterhin mit dem Gedanken an die Annahme einer Stelle in Köln und diskutiert dies mit Joachim. Eine Direktionstätigkeit zu übernehmen, wäre Rudorffs sehnlichster Wunsch, doch dies bleibt ihm in Berlin verwehrt. 1874 schreibt er an Ferdinand Hiller über seine Tätigkeit in Berlin: »Sie wissen, in wieviel Beziehung ich Grund habe, an dem was mir hier in Berlin geboten worden ist, und beständig geboten wird, Freude zu haben. [...] Aber [...] an eigentlicher Befriedigung fehlt es doch, weil ich in dem, was ich meiner amtlichen Stellung nach zu leisten habe, nicht meine eigentliche Lebensaufgabe erblicken kann, und weil ich mit immer unfehlbarerer Gewißheit erkenne, daß hier am Orte niemals ein anderer Wirkungskreis für mich zu erhoffen ist. [...] so treibe ich von meinem eigentlichen Ziel, von einer Direktionsthätigkeit, die zu eigenem Arbeiten Raum und Anregung gäbe, immer weiter ab.«[31] Mit der inständigen Bitte und ohne Joachim etwas davon zu sagen, wendet sich Rudorff an Hiller, dass er sich für ihn einsetzen möge, wenn irgendwo eine Stelle für ihn vakant werde. Doch daraus, wie aus vielen anderen Bemühungen Rudorffs, von seiner Position fortzukommen, wird nichts. Rudorff bleibt zeit seines Lebens in Berlin.

## 4. Das Nachwort Elisabeth Rudorffs

Das Nachwort Elisabeth Rudorffs zum Buch »Aus den Tagen der Romantik« enthält im wesentlichen eine Zusammenfassung der Schrift des Vaters ab Teil V. Darüber hinaus berichtet sie – u. a. anhand der Tagebücher – über die Zeit nach 1873 bis zu seinem Tod und rundet damit das Bild der Persönlichkeit Rudorffs ab: Man erfährt etwas über Beginn, Schwierigkeiten und Erfolge seiner Heimatschutzbestrebungen, über depressive Zustände wegen des Verfalls der ethischen Werte in der Kunst, wegen des öffentlichen Desinteresses an seiner Musik, wegen der Intrigen und Spannungen, welchen er als Gegner der Neuen Musik ausgesetzt war, und wegen des Fehlschlagens seiner unermüdlichen Versuche, eine angesehene Dirigentenstelle zu bekommen. Aber auch ange-

31 Ferdinand Hiller: Aus Ferdinand Hillers Briefwechsel. Beiträge zu einer Biographie Ferdinand Hillers, hg. von Reinhold Sietz (Beiträge zur Rheinischen Musikgeschichte Heft 48), Köln 1961, S. 142f.

nehme Erlebnisse – Reisen, Naturerlebnisse, Konzerttätigkeiten – seien in den Tagebüchern verzeichnet. Als Rudorff in den 1890er Jahren damit begann, seine »Erinnerungen« aufzuschreiben, lehnte er die Anfrage Marie Schumanns ab, eine Biographie ihrer Mutter Clara Schumann zu schreiben, die schließlich Berthold Litzmann übertragen wurde.[32]

## 5. Rudorffs Verhältnis zur Natur

Es wurde deutlich, dass Rudorffs inniges Verhältnis zur Natur seit seiner Kindheit durch persönliche Erlebnisse wie durch gesellschaftlichen Einfluss stetig gewachsen ist, wobei das romantische Gedankengut, das Rudorff durch seine nähere Umgebung empfing, eine große Rolle spielte. Eine besonders intensive Prägung erfuhr Rudorffs Naturliebe durch den Einfluss der Eltern. Sie unternahmen mit ihm schon früh ausgedehnte Wanderungen; schwärmerische Naturbetrachtungen beeindruckten ihn. Die innige Liebe zum Flecken Lauenstein und seiner Umgebung, die schon dem Vater Lebens- und Arbeitselixier war, setzte sich beim Sohn fort und begann sich in Berlin zu festigen. Als ausgesprochenen Naturfreund faszinierte ihn die Schmetterlingssammlung des zoologischen Museums unter Obhut Hinrich Lichtensteins, und die Sammelleidenschaft entfachte den jugendlichen Wunsch, Zoologe zu werden. So ernsthaft war dieser Wunsch, dass eine Zeitlang die naturwissenschaftlichen Interessen in Konflikt mit der Sehnsucht nach einer musikalischen Ausbildung traten. Schließlich vermochte nur Lichtenstein, ihn davon abzubringen. Nach Lauenstein zog Rudorff sich zurück, um, nur unterbrochen von einsamen Wanderungen, an seinen Kompositionen in Ruhe zu arbeiten. Von hier aus begann Rudorffs Kampf für den Naturschutz, als Flurbereinigungen, Industrialisierung und der einsetzende, seinerzeit so empfundene, ›Massentourismus‹ Landschaften überrollten und viele idyllische Welten, wie auch die seiner verträumten Heimat Lauenstein, zu bedrohen begannen. Joachim Radkau und Frank Uekötter vermuten zu Recht in diesem »Erlebniskomplex Lauenstein« (Hans Klose)[33] den unmittelbaren Ausgangspunkt für Rudorffs Natur- und Heimatschutzinitiativen. Durch den in Jahr-

32 Clara Schumann: ein Künstlerleben; nach Tagebüchern und Briefen, hg. von Berthold Litzmann. Nachdruck Hildesheim 1971.

33 Vgl. Radkau, Uekötter: Ernst Rudorff und die Moderne, S. 90.

zehnten der schleichenden Veränderung schmerzhaft erlebten Verlust von Orten in der heimatlichen Umgebung, zu welchen eine emotional starke Bindung bestand, sei schließlich der Wunsch nach dem Schutz dieser konkreten Natur und Heimat aufgekommen. Wobei die Begriffe Natur- und Heimatschutz, durch die Intensität des persönlichen Erlebens motiviert, bei Rudorff wie selbstverständlich zusammenhingen.[34]

Sicherlich war diese ganz persönliche Erfahrung in seiner Heimat Lauenstein direkter Auslöser für Rudorffs öffentliches Handeln. Mittelbar jedoch mögen die Naturerlebnisse auf seinen unzähligen Wanderungen eine nicht geringere Rolle gespielt haben. Anstoß zu Rudorffs erstem öffentlichen Beitrag zum Schutz von Natur und Landschaft »Ueber das Verhältniß des modernen Lebens zur Natur« gaben im wesentlichen Landstriche, die er aus eigener Anschauung kannte, die ihn beeindruckten und die ihm wertvoll geworden waren: Das Bodetal im Harz hat er oft genug auf dem »alten, steilen, steinigen Fußpfad«[35] durchwandert, ehe die kritisierte Idee entstand, Touristenströme auf einem »säuberlichen Promenadenzickzackweg«[36] hinaufzuschwemmen; der Drachenfels, den er vor dem geplanten Bergbahnbau schützen wollte, war ihm von seinem Bonner Aufenthalt her bekannt; und auch die Schweizer Alpen, deren erhabenen Anblick er pervertiert sah, wenn die Touristen im Restaurant auf dem Rigi den Sonnenuntergang zum Nachtisch genossen[37], hatte er bei seinen Wanderungen lieben gelernt. Andreas Knaut spricht Rudorffs erstem Aufsatz »eine Vorreiterrolle in der Kritik am modernen Massentourismus«[38] zu. Für Rudorff zerstörte der ›Massentourismus‹ das poetische Empfinden, das Dichter und Musiker der Romantik zu ihren Schöpfungen inspiriert hatte und das sich nur bei der Naturbetrachtung in großer Einsamkeit einstellen konnte. Seinen ästhetisch-moralischen Ansatz fundiert Rudorff mit dem mehrfach von ihm zitierten Anfang von Schillers Abhandlung »Ueber naive und sentimentalische Dichtung« von 1795/96.[39] Hier entwickelt Schiller den Gedanken, dass die Betrachtung der »einfältigen«, also unberührten und unverfälschten Natur eine Idee von dem »Daseyn nach eignen Ge-

34 Vgl. ebd., S. 91. Vgl. auch Joachim Radkau: Natur und Macht. Eine Weltgeschichte der Umwelt, aktualisierte und erweiterte Fassung, München 2002, S. 265, wo Radkau für Deutschland und Frankreich seit dem Ende des 19. Jh. generell einen engen Zusammenhang von Natur- und Heimatschutz konstatiert.

35 Rudorff: Ueber das Verhältniß des modernen Lebens zur Natur, S. 264.

36 Ebd.

37 Vgl. ebd., S. 265.

38 Knaut: Ernst Rudorff und die Anfänge der deutschen Heimatbewegung, S. 30.

39 Vgl. etwa in Rudorff: Ueber das Verhältniß des modernen Lebens zur Natur, S. 268f.

setzen«, der »ewigen Einheit mit sich selbst«, vermitteln könne, wie sie der Mensch mittels seiner Kultur »auf dem Wege der Vernunft und der Freyheit« wiederzuerlangen bestrebt sein solle. Leisten könne dies allerdings lediglich der für Ideen empfängliche moralische Mensch.[40] Knaut deutet diese Passage als Forderung Schillers »nach einer Kultur, die der Rückführung des Individuums zur Natur dient«[41]. Damit weise sie die Richtung, in der diese Rückführung eine Lösung finde, nämlich in der Vergangenheit. Dies sei auch letztliches, rückwärtsgewandtes Ziel des Heimatschutzes. Schiller freilich geht es nicht um eine »Rückkehr zur Natur«, die er für unmöglich und auch gar nicht erstrebenswert ansieht, sondern in fortschrittlicher Richtung um das zukünftige Wiederherstellen einer höheren Einheit von Natur und Vernunftbestimmung in der verwirklichten Freiheit einer bewusst erstrebten, idealen, »elysischen«, höheren Kultur. Rudorff selbst versteht dieses Zitat Schillers denn auch lediglich als Plädoyer für den Erhalt der »unentweihten, unverfälschten Natur«, denn nur diese könne »moralisch, d. h. reinigend und erhebend wirken«[42], nicht aber ein künstlicher Wasserfall oder ein bengalisch beleuchteter Bach. Rudorff ging es neben dem Schutz der Natur, die unter einem rein gewinnorientierten, naturschützerische Aspekte außer Acht lassenden ›Massentourismus‹ leiden musste, vor allem auch darum, den moralisch-ästhetischen Gewinn durch die Naturbetrachtung zu ermöglichen und damit die unerlässliche Voraussetzung für eine deutsche Geisteskultur zu erhalten, die, so sieht es Rudorff, ihren Ursprung in tiefer Naturverbundenheit hat.[43] Die Erfahrung mit der Natur ist für ihn eine essentielle Erfahrung deutsch-nationaler Bildung. Tief beeindruckt zeigte er sich etwa von der Schilderung Giebichensteins bei Halle an der Saale, wo seine Großmutter aufgewachsen war, durch Joseph von Eichendorff: »Er selbst berichtet, wie der Giebichenstein mit seiner Burgruine und seiner damals noch unberührten, verwilderten Einsamkeit ihn poetisch angeregt habe, vor allem aber, ›wie völlig mystisch der am Gibichenstein

40 Vgl. Friedrich Schiller: Ueber naive und sentimentalische Dichtung, in: Schillers Werke. Nationalausgabe, Bd 20: Philosophische Schriften, erster Teil, hg. von Benno von Wiese u. a., Weimar 1962, S. 413–503, hier: S. 413–415.

41 Knaut: Zurück zur Natur!, S. 29.

42 Rudorff: Ueber das Verhältniß des modernen Lebens zur Natur, S. 269.

43 Vgl. ebd., S. 276. Vgl. auch Knaut: Ernst Rudorff und die Anfänge der deutschen Heimatbewegung, S. 26: »Wie viele andere Vertreter der Heimatbewegung sah Rudorff in der jeweiligen regionalen Umwelt die Vorbedingung für die Ausprägung einer höheren ›idealen Gesinnung‹ bzw. betrachtete sie als den manifest gewordenen Ausdruck einer entsprechend gewachsenen Kultur.«

belegene Reichhardt'sche Garten mit seinen geistreichen und schönen Töchtern‹ erschienen sei, ›von denen die eine Goethesche Lieder komponirte, die andere sogar Steffens' Braut war. Dort‹ – so fährt er fort – ›aus den geheimnisvollen Boskets schallten oft in lauen Sommernächten, wie von einer unnahbaren Zauberinsel, Gesang und Guitarrenklänge herüber, und wie mancher junge Poet blickte da vergeblich durch das Gitterthor oder saß auf der Gartenmauer zwischen den blühenden Zweigen die halbe Nacht, künftige Romane vorausträumend.‹«[44]

Die Motivation wie die Begründung von Rudorffs Bemühen entspringt also einem ganz und gar der Romantik und den Romantikern verpflichteten Geist: »Was haben die letzten Jahrzehnte aus der Welt und insbesondere aus Deutschland gemacht!« ruft er gleich zu Beginn seiner Schrift »Heimatschutz« (1897) aus und setzt die idealisierte Naturerfahrung, wie sie in der ersten Hälfte des Jahrhunderts durch die Romantiker erlebt und poetisiert wurde, der nun empfundenen wirtschaftlichen Ausbeutung und zunehmenden Zerstörung der Natur entgegen: »Was ist aus unserer schönen, herrlichen Heimat mit ihren malerischen Bergen, Strömen, Burgen und freundlichen Städten geworden, seitdem sie Dichter wie Uhland, Schwab und Eichendorff zu unvergänglichen Liedern begeisterte, oder seit Ludwig Tieck, Arnim und Brentano die Wunderwildnis des Heidelberger Schlosses priesen!«[45] – Es ist die Dichtergeneration seiner Eltern und Großeltern, die Rudorff hier für den Kampf um die Naturschönheiten bemüht. Und gerade diese Generation ist ein wesentlicher Gegenstand seines Buches, das einen Eindruck davon vermittelt, wie der von seinen Freunden hochgeschätzte Musiker zum leidenschaftlichen Natur- und Heimatschützer werden konnte: Die Erfahrung, dass ein solches poetisches Naturerlebnis, wie er es selbst auch immer wieder bildhaft entstehen lässt, nun nicht mehr möglich sei, ist die Triebkraft für Rudorffs späteren unermüdlichen Einsatz für den Natur- und Heimatschutz.

Hinzu kommt Rudorffs gesundheitliche Verfassung, die sein Engagement für den Naturschutz möglicherweise begünstigt hat. Radkau und Uekötter verweisen auf den zeitlichen Zusammenhang zwischen der Verbreitung der Naturschutzidee und dem Entstehen der Neurasthenie-Bewegung: »Als der Hauptgrund dieser Nervenschwäche galt das ›Hetzen und Jagen‹ [...] in der modernen Industriegesellschaft. [...] Das Leiden unter der Nervosität war typischerweise mit einer Sehn-

44 Rudorff: Lebenserinnerungen, Teil II.
45 Ders.: Heimatschutz, St. Goar 1994 (Neudruck), S. 13f.

sucht nach Ruhe in der Natur verbunden, der viele Nervenheilstätten nachkamen, die damals wie Pilze aus dem Boden schossen.«[46] Auch Rudorff litt unter extremer Nervosität, lange Zeit bevor er sich für den Naturschutz zu engagieren begann. Bereits in jungen Jahren hatte ihn die übergroße Nervosität am öffentlichen Klavierspielen gehindert, weshalb er nie hauptberuflich Konzertpianist geworden war.[47] Der Pianist Heinrich Barth etwa äußerte sich geradezu euphorisch über Rudorffs Klavierspiel und glaubte, dass Rudorff, hätte er sich überwinden können, als Pianist große Berühmtheit erlangt hätte.[48] Dass dieser selbst einen Zusammenhang zwischen Gesundung und Natur sah, wird deutlich bei seinem Bericht über Meran, dessen Erschließung als Kurort für ernstlich Kranke er im Gegensatz zu touristischen Erschließungen durchaus befürwortete.[49]

Der Gedanke, Heimatschutz als umfassenden Schutz nicht nur von Natur-, sondern auch von Kulturgütern in einem landesübergreifenden Bund zu organisieren, wurde so von einem Musiker erstmals formuliert und zur Umsetzung geführt. Rudorff hatte schon 1886 die Idee, einen Verein zum Schutz von Natur- und Kulturgütern zu gründen, und sprach mit einem Freund darüber.[50] 1888 stellte er auf der Generalversammlung des »Gesammtvereins der deutschen Geschichts- und Altertumsvereine« in Posen den »Antrag auf Schutz der landschaftlichen Natur«[51], worin er den Denkmalschutz auf Landschaft und Brauchtum ausgedehnt sehen wollte, und 1892 hielt er einen Vortrag vor dem Allgemeinen Deutschen Verein in Berlin, in dem er zum ersten Mal sein Konzept zum Heimatschutz vollständig vorstellte.[52] 1903 wurde in Erfurt die Vereinigung »Deutscher Ausschuß für gesundes Bauen in Stadt und Land« gegründet, zu deren Vorsitzendem der Maler und Architekt Paul Schultze-Naumburg (1869–1949) gewählt wurde, den Rudorff

46 Radkau, Uekötter: Ernst Rudorff und die Moderne, S. 92. Vgl. hierzu auch Joachim Radkau: Das Zeitalter der Nervosität. Deutschland zwischen Bismarck und Hitler, München 2000.

47 Vgl. Schoenichen: Ernst Rudorff, der Begründer des Heimatschutzes, S. 133: »Hauptsächlich war es eine gewisse Nervosität, die ihm beim öffentlichen Auftreten hinderlich war. Gelang es, diese zu überwinden, so spielte er mit großem Erfolg, wie z. B. 1873 auf dem Schumann-Fest in Bonn.«

48 Vgl. ebd., S. 134.

49 Vgl. Rudorff: Lebenserinnerungen, Teil VI.

50 Vgl. Knaut: Zurück zur Natur!, S. 28.

51 Vgl. Fußnote 9.

52 Vgl. Knaut: Zurück zur Natur!, S. 34.

wenig später kennen lernte.[53] Ihm schlug Rudorff, als er noch »weltoffener, innovativer Programmatiker«[54] war, eine enge Zusammenarbeit vor und regte an, »das Programm [...] auf Maßnahmen gegen die gesamte Verunstaltung des Landes zu erweitern und dazu einen großen deutschen Bund zu gründen, der am besten den von ihm geschaffenen Namen ›Heimatschutz‹ tragen sollte.«[55] Als schließlich 1904 in Dresden der »Bund Heimatschutz« mit Schultze-Naumburg als erstem Vorsitzenden gegründet wurde, hatte Rudorff auf diese Weise eine erstmalige Zusammenführung von Naturschutz, Denkmalpflege und Volkstumspflege[56], wodurch die bisherigen punktuellen Schutzbestrebungen ausgeweitet werden konnten, durchgesetzt.

Der Naturschützer Rudorff war in seiner Grundstimmung ein der Zeit seiner Eltern verpflichteter Künstler, der nicht aufbegehrte und auf Veränderung, Erneuerung drängte, sondern der die Vergangenheit und deren Errungenschaften ehrte, unter dem achtlosen Wegwerfen des einmal für achtenswert Gehaltenen litt und seine ganze Kraft dem Bewahren und Erhalten eines idealen Naturzustandes widmete, der für das »naive Wohlgefühl der Landbevölkerung«[57] ebenso Voraussetzung sei wie für die Inspiration des romantischen Künstlers. Zugrunde lag diesem Anspruch, Natur möglichst unberührt zu erhalten, ein konservatives Verständnis von Heimat als Ort der Geborgenheit, Sicherheit und Harmonie, mit dessen Zerstörung die soziale Entwurzelung der Landbevölkerung einherging, welche die Abwanderung der ländlichen Unterschichten in die Städte zur Folge hatte. Bezüglich dieser sozialen Perspektive schloss sich Rudorff seinem Vordenker in Sachen Heimat-

53 Vgl. Norbert Borrmann: Paul Schultze-Naumburg 1869–1949, Essen 1989, S. 62. Schultze-Naumburg war von 1904 bis 1913 Vorsitzender des »Bundes Heimatschutz«, Leiter der »Saalecker Werkstätten GmbH« (1904–1930), 1907 Gründungsmitglied des »Deutschen Werkbundes«, stellte sich dann aber in konservativ-reaktionärer Traditionsverbundenheit gegen Bauhaus und Neue Sachlichkeit und wurde Gründungsmitglied des »Deutschen Blocks«. Inzwischen bekennender Nationalsozialist, leidenschaftlicher Antisemit und aktives Mitglied des »Kampfbundes Deutsche Kultur«, wurde er 1930 zum Direktor der Weimarer Kunsthochschule ernannt. Hier verstand er seinen Auftrag als Kampf um die Reinheit der deutschen Rasse und wehrte sich frenetisch gegen internationale Tendenzen und fremdartige Einflüsse in der Kultur. (Vgl. ebd. sowie Friedemann Schmoll: Paul Schultze-Naumburg – von der ästhetischen Reform zur völkischen Ideologie, in: Naturschutz hat Geschichte, S. 101–112.)

54 Schmoll: Paul Schultze-Naumburg, S. 108.

55 Norbert Borrmann: Paul Schultze-Naumburg 1869–1949, S. 62.

56 Vgl. Knaut: Zurück zur Natur!, S. 35.

57 Rudorff: Heimatschutz, S. 35.

schutz, dem Begründer der deutschen Volkskunde Heinrich Riehl (1823–1897) an, der in seiner »Naturgeschichte des Volkes als Grundlage einer deutschen Social-Politik«[58] die Fragen des Naturschutzes bedingungslos mit den sozialen Folgen der Naturzerstörung verband. »Riehl war einer der ersten, der bereits unter dem Eindruck einer sichtbaren Bedrohung der Landschaft schrieb und er formulierte den Antagonismus zwischen Stadt und Land, zwischen krankem Individualismus und gesunder Gesellschaft, zwischen Weltbürgertum und nationaler Identität, zwischen Rationalität und Gefühl, in einer neuen Schärfe.«[59] In seiner »Naturgeschichte« vertrat Riehl eine sozialrestaurative Position, in welcher er die konservativen Bauern und Aristokraten positiv dem fortschrittlichen Bürgertum und Proletariat gegenüberstellte. Er erkannte die soziale und kulturelle Problematik, die eine Verstädterung mit sich brachte, und setzte den »Symptomen einer kulturellen Zersetzung [...] vorbildhaft den organischen Landschaftsbegriff gegenüber, mit deutlich agrarromantischer Betonung«[60]. Innerhalb einer neuen Sozialordnung notwendig sei die Rückkehr zu tradierten Wertvorstellungen. Wenn Rudorff auf die sozialen Gründe für die notwendige Schonung des ländlichen Raumes hinweist, um einem Niedergang von Gesellschaft und ländlicher Kultur entgegenzutreten, beruft er sich daher auch ausdrücklich auf Riehl und zitiert einen längeren Passus aus dessen Buch »Land und Leute«[61], in welchem Riehl unter anderem vor den sozialen Folgen der Waldrodung warnt: »Ein Volk muß absterben, wenn es nicht mehr zurückgreifen kann zu den Hintersassen in den Wäldern, um sich bei ihnen neue Kraft des natürlichen rohen Volkstums zu holen.«[62]

Rudorff beklagte, angeregt durch Riehl, die sozialen Folgen der Entfremdung des Menschen von der Natur durch die Arbeit in den Fabriken, welche die Abwanderung der Landbevölkerung in die Städte nach sich zog, wo die Menschen in Mietskasernen wohnten und kei-

58 Wilhelm Heinrich von Riehl: Die Naturgeschichte des Volkes als Grundlage einer deutschen Social-Politik, Bde 1–4, Stuttgart 1851–1869. Zu Riehl vgl. u. a. folgende biographische Arbeiten: Jasper von Altenbockum: Wilhelm Heinrich Riehl 1823–1897. Sozialwissenschaft zwischen Kulturgeschichte und Ethnographie, Köln 1994; Viktor von Geramb: Wilhelm Heinrich Riehl. Leben und Wirken (1823–1897), Salzburg 1954.

59 Knaut: Zurück zur Natur!, S. 13.

60 Ebd.

61 Riehl: Land und Leute, Stuttgart 1854 (später erster Teil der Naturgeschichte des Volkes als Grundlage einer deutschen Social-Politik).

62 Riehl, zitiert nach Rudorff: Heimatschutz, S. 48.

nerlei Heimatbezug mehr hätten. Resultat dieser Entfremdung seien Abkehr von den Traditionen, Vergnügungssucht, Bequemlichkeit, »Gleichmacherei«[63]; die Menschen seien zu »blinden Götzendienern der Materie«[64] geworden. Werner Hartung sieht in Rudorffs Argumentation eine auffällige Nähe zum marxistischen Entfremdungsbegriff.[65] Doch die Lösung des Problems, so Hartung, lag für Rudorff nicht in einer grundlegenden Veränderung der Klassenverhältnisse, sondern er vertrat entsprechend seiner konservativen, sozial-nationalen Ideologie eine rückwärtsgewandte Position, die bestrebt war, Traditionen in Bauweise, Wirtschaft, Produktion und sozialem Gefüge zu bewahren beziehungsweise wiederherzustellen. Rudorff stand den autoritativen Verhältnissen seiner Jugendzeit in keiner Weise kritisch gegenüber. Er trauerte einer biedermeierlichen Idylle hinterher, in der noch nicht die »Einfachheit und Genügsamkeit der ländlichen Zustände zerstört«[66] waren sowie Halbbildung und materielle Genüsse das Volk verdarben, um es zur Kulturlosigkeit zu verdammen, sondern wo »Familiensinn, bürgerliche Tüchtigkeit, Gemütlichkeit, Schlichtheit, Friede und Freude, Genügsamkeit und Genügen, Humor und Gottesfurcht«[67] herrschten. Dass hier für das einfache Volk auch soziale Härte und Kälte herrschte, empfand Rudorff nicht. Im Gegenteil, harte Arbeit und Entbehrungen hielten das Volk gesund und trügen zur sittlichen Kräftigung bei.[68] Derlei sozialreaktionäre Vorstellungen behafteten den älteren Naturschutz mit dem »Stigma der ›Fortschrittsfeindlichkeit und Rückständigkeit‹«[69], ein Eindruck, der sich zu bestätigen scheint, wo Rudorff bei seiner Natur- und Heimatliebe auch noch nationale Töne anschlägt, wenn er etwa in dem »innigen und tiefen Gefühl für die Natur [...] recht eigentlich die Wurzeln des germanischen Wesens«[70] zu erkennen meint, das in den Sagen des Mittelalters ihren Ursprung habe, in den Liedern Walthers von der Vogelweide anklinge und schließlich in der Lyrik Eichendorffs und Goethes sowie in »unserer herrlichen Musik« den »deutschen Genius«[71] offenbare. Doch so einseitig kann Rudorffs Position nicht abgetan werden. Die Rückbesinnung auf die

63 Rudorff: Heimatschutz, S. 77.
64 Ebd., S. 69.
65 Vgl. Hartung: Ernst Rudorff und der Heimatschutzgedanke, S. 57.
66 Rudorff: Heimatschutz, S. 46.
67 Ebd., S. 25.
68 Vgl. ebd., S. 67.
69 Radkau: Natur und Macht, S. 271.
70 Rudorff: Ueber das Verhältniß des modernen Lebens zur Natur, S. 276.
71 Ebd.

Tradition des Germanentums und Mittelalters ist spezifisch romantisches Gedankengut[72] und als solches nicht ausschließlich Deutschtümelei. Gleichzeitig scheute Rudorff sich nicht, das Vorbild der Franzosen und Engländer sowie der amerikanischen Nationalparks zu bemühen[73], wenn es um praktizierten Naturschutz ging, wobei er seinem eigenen Land nicht gerade das beste Zeugnis ausstellte. Rudorff war auch nicht generell gegen Technik und maschinellen Fortschritt.[74] Es ging ihm vielmehr um eine »freiwillige Selbstbeschränkung«[75] auf ein Mindestmaß an wirklich notwendigen technischen und maschinellen Errungenschaften. Doch gerade hier, in der Definition dessen, wie viel Fortschritt notwendig sei, setzt auch die berechtigte Kritik an Rudorffs reaktionärer Haltung ein, der von der Position des wohlsituierten Bürgers gut Beschränkung und Verzicht, Handwerk und gesundes Arbeiten an frischer Luft fordern konnte.[76]

Friedrich Rückert, Leopold von Ranke, Ludwig Richter, Hoffmann von Fallersleben, Johann Wolfgang von Goethe und Friedrich Schiller einerseits, die Sozialordnung des Mittelalters andererseits [77] standen ihm Pate, und er beklagte die Gleichgültigkeit der Menschen gegen die kulturellen Vermächtnisse der Vergangenheit: »Fahren wir fort, so zu wirtschaften wie bisher, Schönheit, Ursprünglichkeit und Vergangenheit für nichts zu achten, so werden wir bald ein ausgelebtes Volk sein, dessen religiöses Empfinden samt allen übrigen Kräften des Gemüts verdorrt oder verflacht, das keines geistigen Aufschwungs mehr fähig ist, keinen Dichter, keinen großen Künstler, überhaupt keine wahrhaft schöpferische Persönlichkeit mehr hervorzubringen vermag«[78]. In den Erzeugnissen der Geschichte und in der Erfurcht für das »Erbe der Väter«[79] liegen für Rudorff die Wurzeln einer gesunden Gesellschaft. Er bean-

---

72 Vgl. Hartung: Ernst Rudorff und der Heimatschutzgedanke, S. 54.

73 Vgl. Radau, Uekötter: Ernst Rudorff und die Moderne, S. 98, die denn auch in dieser »Beschwörung der alten Germanen« eher eine »Kritik der neuen Germanen, der Deutschen seiner Gegenwart« sehen.

74 Vgl. Knaut: Zurück zur Natur!, S. 29f. und Radkau, Uekötter: Ernst Rudorff und die Moderne, S. 94: »Wenn Rudorff ein Bildungsbürger mit allen üblicherweise damit verbundenen Affekten war, so macht ihn das nicht unbedingt suspekt. [...] Wie so viele umweltbewußte Menschen jener Zeit begrüßte er die Elektrizität, weil sie rauchende Fabrikschlote zu beseitigen versprach. Insofern könnte man sogar sagen, dass er keineswegs gegen alles Moderne war, vielmehr auf eine *neue Moderne* hoffte.«

75 Hartung: Ernst Rudorff und der Heimatschutzgedanke, S. 55.

76 Vgl. ebd., S. 56f.

77 Vgl. Knaut: Zurück zur Natur!, S. 31.

78 Rudorff: Heimatschutz, S. 77.

79 Ebd., S. 18.

spruchte das Wissen darum, was für das Volk gut war und beschwor eine vergangene, agrarromantische Idylle. Mit seiner restaurativen, überwiegend fortschrittsfeindlichen Haltung konnte Rudorff natürlich des Beifalls der bildungsbürgerlichen Elite gewiss sein. Aber gerade diesen Beifall brauchte er auch, um seine Ideen durchsetzen zu können. So stellten Bildungsbürger 1907 den größten Anteil der Mitglieder des Bundes Heimatschutz.[80] Dies alles zeigt: Rudorffs Haltung ist durchaus ambivalent, seine Auffassungen wirken zwiespältig.[81] Wenn man auch seine rückwärtsgerichteten, »deutschtümelnden« und technikfeindlichen Ansichten kritisch beurteilt, muss man doch feststellen, dass diese – paradoxerweise – durchaus auch zu modernen, fortschrittlichen Resultaten führten. So wird Rudorff ein »für die Zeit sehr modernes Ensembleverständnis«[82] zugeschrieben, das gerade in der ästhetischen Einstellung Rudorffs wurzelt, den Blick auf das Ganze richtet und Natur als Prozess begreift.[83] Seine Heimatliebe war nicht nur »deutschtümelnd«, sondern besaß durchaus »etwas Konstruktives, Zukunftsträchtiges«[84], indem sie Movens für naturschützerische Ambitionen war. Und auch in der Kritik an der sozialen Unverträglichkeit der Akkordarbeit in Fabriken stand er durchaus auf der Höhe der Zeit, wenn auch seine Lösungsstrategien rückwärtsgerichtet waren.

Der erste Satz der Lebenserinnerungen Rudorffs kann als ein Leitsatz gesehen werden, der sein ganzes Leben und Schaffen prägte: »*Was der Mensch liebt, das möchte er festhalten, irgendwie vor Vernichtung bewahren.*« Wie ein Fels steht Rudorff in der Brandung der Moderne, die ganze Kraft darauf gerichtet, die Gedanken, moralischen und ethischen Werte, Kultur und Geschichte der Vergangenheit für die Nachwelt zu erhalten. Das war Rudorffs selbstgestellte Aufgabe und Zielsetzung, dahin strebte sein ganzes Tun: Ob im Natur- und Heimatschutz, ob in den eigenen Kompositionen, ob in seinen Editionen der Werke Chopins und Mozarts oder ob in seinen eigenen »Erinnerungen«, in welchen das Bild einer vergangenen Zeit beschworen wird,

80 Vgl. Brüggemeier: Tschernobyl, S. 112.

81 So konnte er sich entschieden gegen die Unterzeichnung des Gründungsaufrufes des Bundes Heimatschutz durch den stellvertretenden Vorsitzenden des Museums für deutsche Volkstrachten, Meyer-Cohn, wenden, weil er es »seltsam« fand, daß ein jüdischer Mitbürger »die deutsche Heimat [...] schützen« wolle, während sein bester Freund Joseph Joachim unter den Unterzeichnern selbstverständlich einen Platz fand. Vgl. Knaut: Zurück zur Natur!, S. 70.

82 Vgl. ebd., S. 31.

83 Vgl. Radkau, Uekötter: Ernst Rudorff und die Moderne, S. 95.

84 Radkau: Natur und Macht, S. 272.

überall in Rudorffs Schaffen offenbart sich sein unbedingter Wille zum Bewahren, und immer wieder begegnet man in seinen »Lebenserinnerungen« zum Teil recht pathetisch formulierter sensibler Empfindsamkeit, wenn er den Verlust landschaftlicher Schönheiten und damit der seiner Sicht verbundenen sozialen und kulturellen Werte beklagt.

So ist dann auch die Art und Weise, wie er seine Lebenserinnerungen formuliert, kennzeichnend für die gesamte Persönlichkeit und ästhetische Grundhaltung Rudorffs: Ausführliche Beschreibungen, häufig etwas umständliche Formulierungen, detaillierte Ausgestaltungen einerseits der historischen Lebensverhältnisse, andererseits der Beschreibung ihm nahestehender Personen, die er am liebsten in langen Zitaten selbst zu Wort kommen lässt, um ein ungefiltertes Bild ihres Charakters zu geben, kennzeichnen seinen Stil. Diese Detailtreue seiner Erinnerungen aber, das Sich-Absichern in umfangreichen Zitaten, zeugen von seinem Bemühen, die Erinnerung an seine Mitmenschen möglichst unverfälscht und ungefiltert zu erhalten und wiederzugeben. Und somit ist der Schreibstil selbst, der es schon aus diesem Grund wert ist, hier ungekürzt wiedergegeben zu werden, Charakteristikum für Rudorffs ›Ästhetik des Bewahrens‹, die ihn geradezu prädestiniert erscheinen lässt, zum leidenschaftlichen Schützer der Natur und der Heimat, zum Erfinder des Begriffes »Naturschutz« und zum Vater der Heimatschutzbewegung zu werden.

## 6. »Aus den Tagen der Romantik« – Die Buchveröffentlichung der Lebenserinnerungen Rudorffs im »Dritten Reich«

Die Neuausgabe der Lebenserinnerungen Ernst Rudorffs ist jedoch noch aus einer ganz anderen historischen Perspektive von großer Bedeutung: Die 1938 im Staackmann Verlag Leipzig erschienene Ausgabe »Aus den Tagen der Romantik« ist wie erwähnt stark gekürzt und beschränkt sich auf die Geschichte der Eltern sowie auf Rudorffs Kindheit und Jugend bis zu seinem Eintritt ins Leipziger Konservatorium. Die Lebenserinnerungen liegen bisher also in einer längst vergriffenen Fassung vor, in der mehr als die Hälfte gestrichen wurde und in der Rudorffs eigene künstlerische Entwicklung und sein Zusammentreffen mit den die Epoche prägenden Spätromantikern gar nicht mehr vorkommen. Ernst Rudorffs Tochter Elisabeth Rudorff entschied sich dennoch während des »Dritten Reiches« gemeinsam mit ihrer Schwester Melusine Schulze-Rudorff (1881–1959) für eine Veröffentlichung der Lebenserinnerungen ihres Vaters in dieser verstümmelten Form. Der Briefwechsel Elisabeth Rudorffs mit dem Verlagslektor Martin Greiner[85], der hier auszugsweise wiedergegeben werden soll, dokumentiert, wie in der Zeit des Nationalsozialismus mit einem Zeitzeugnis umgegangen wurde, in dem für die deutsche Geschichte bedeutende jüdische Persönlichkeiten erwähnt wurden: Sie mussten schlichtweg verschwiegen werden, auch wenn dies der Herausgeberin und dem Verleger zutiefst widerstrebte.

## 6.1. Publikationswesen und Verleger im »Dritten Reich«

Die Verleger und die Lektoren im »Dritten Reich« waren bei ihrer redaktionellen Bearbeitung von Büchern den Direktiven der Reichsschrifttumskammer (RSK)[86] unterworfen, die als Fachkammer der 1933 von Joseph Goebbels eingerichteten Reichskulturkammer angehörte. Diese trat an die Stelle sämtlicher Kulturorganisationen der Weimarer Republik sowie der Gewerkschaften und Verbände der Kulturschaffenden. Ziel der Gleichschaltung der Repräsentanten und Fachverbände aller kulturellen Einrichtungen war die bis ins feinste Glied gehende Möglichkeit einer Überwachung und Lenkung des kulturellen Lebens in Deutschland. Damit richtete sich Goebbels gegen den Freiheitsgedanken der Weimarer Verfassung (Art. 142), die dem individuellen Kunstschaffenden Autonomie gegenüber dem Staat zugestanden hatte, und stellte die Kultur in den Dienst des Staates. Der Künstler sollte sich dem Volk eingliedern und anpassen, nicht aber die Staatsentwicklung kritisch reflektieren.[87] Indem er aber die Kunst des Einzelnen der Ideologie des Staates unterordnete, verfolgte Goebbels das Ziel der absoluten Übereinstimmung zwischen Volks- und Regierungsmeinung:

---

85 Martin Greiner (1904–1959) war Literaturwissenschaftler und wurde in Leipzig promoviert (Titel der Dissertation: Das frühromantische Naturgefühl in der Lyrik von Tieck und Novalis, Diss. Leipzig 1930). Während des Nationalsozialismus arbeitete er als Lektor für den Staackmann Verlag. Nach dem Zweiten Weltkrieg widmete er sich wieder seiner wissenschaftlichen Laufbahn und wurde Professor für Neuere Deutsche Literatur in Leipzig.

86 Literatur zur Reichsschrifttumskammer vgl. Fußnote 6.

87 Vgl. Volker Dahm: Anfänge und Ideologie der Reichskulturkammer, S. 74.

»Es sollten alle Deutschen, die sich die nationalsozialistische Überzeugung noch nicht kompromißlos zu eigen gemacht hatten, mit jedem nur denkbaren politischen Mittel zu einer entsprechenden Haltung gedrängt werden, ›bis sie uns verfallen sind‹«[88].

Am 1. November 1933 wurde die »Erste Durchführungsverordnung des Reichskulturkammergesetzes« erlassen, die eine Pflichtmitgliedschaft in einer der seinem Fachgebiet zugeordneten Einzelkammern[89] für jeden bestimmte, der »bei der Erzeugung, der Wiedergabe, der geistigen oder technischen Verarbeitung, der Verbreitung, der Erhaltung, dem Absatz oder der Vermittlung des Absatzes von Kulturgut mitwirkt«[90]. Wer sich dieser Mitgliedschaft entzog, erhielt faktisch Berufsverbot. Gleichzeitig sah aber § 10 der Durchführungsverordnung vor, dass eine Person nicht aufgenommen oder ein Mitglied ausgeschlossen wurde, wenn sich ergab, »daß die in Frage kommende Person die für die Ausübung ihrer Tätigkeit erforderliche Zuverlässigkeit und Eignung nicht besitzt«[91]. Auch dies führte im Endeffekt zum Berufsverbot. »Zuverlässigkeit« und »Eignung« waren dehnbare Begriffe, und sie wurden von Goebbels 1934 pauschal allen »jüdischen Zeitgenossen« abgesprochen. Ab 1935 begann schließlich unter Bezug auf diesen Paragraphen die Entfernung sämtlicher Juden aus den Kammern.[92] Im wesentlichen dienten die Verordnungen der Reichskulturkammer demnach vor allem dem Zweck, jeden »nicht-arischen« Einfluss und jeden politischen Widerspruch aus der deutschen Kultur zu entfernen.

Dies galt auch für die RSK, der sämtliche das Kulturgut »Buch« betreffenden Belange zugeordnet waren. Hier wurde 1935 mit dem Ziel der Verdrängung jüdischer Schriftsteller vom Büchermarkt eine »Anordnung betr. Listen des schädlichen und unerwünschten Schrifttums« getroffen, die dazu führte, dass »nunmehr sämtliche Werke *vor* ihrer Verbreitung einer politischen Prüfung unterzogen werden konnten«[93]. Eine solche Prüfung drohte auch der geplanten Veröffentlichung von Ernst Rudorffs Lebenserinnerungen. Martin Greiner musste befürch-

88 Uwe Julius Faustmann: Die Reichskulturkammer, S. 48.

89 Diese waren die Reichsmusikkammer, Reichstheaterkammer, Reichskammer der bildenden Künste, Reichsrundfunkkammer, Reichsschrifttumskammer, Reichspressekammer und Reichsfilmkammer.

90 Zit. nach Dahm: Anfänge und Ideologie der Reichskulturkammer, S. 69.

91 Ebd.

92 Vgl. Jan Pieter Barbian: Literaturpolitik im »Dritten Reich«. Institutionen, Kompetenzen, Betätigungsfelder. Überarbeitete und aktualisierte Ausgabe, München 1995, S. 368ff. und Dahm: Anfänge und Ideologie der Reichskulturkammer, S. 78.

93 Faustmann: Die Reichskulturkammer, S. 204.

ten, dass die Erwähnung jüdischer Persönlichkeiten zu einem Publikationsverbot für das Buch führen würde, was für ihn selbst, aber auch für den Verlag, unabsehbare Folgen hätte haben können. Das einzige Mittel, das ihm blieb, wenn er dieses Buch veröffentlichen wollte, war die Selbstzensur.

Wie groß die Gefahr nicht nur für die jeweiligen Buchprojekte, sondern auch für Verlags- und Konzernleitungen war, wenn ein Buch nur den geringsten Verdacht auf die Unvereinbarkeit mit dem nationalsozialistischen Gedankengut weckte, wird deutlich in Thomas Keiderlings Darstellung: »Unternehmer im Nationalsozialismus«[94]. Hier wird am Beispiel des Machtkampfes zwischen dem Verlagsbuchhändler Hermann von Hase (1880–1945) und den Zwischenbuchhändlern Hans Volckmar (1873–1942) und Theodor Volckmar-Frentzel (1892–1973) innerhalb der Konzernleitung des vor dem Zweiten Weltkrieg im Zwischenbuchhandel marktführenden Konzerns Koehler & Volckmar AG & Co. aufgezeigt, wie politische Diffamierung ganz gezielt dafür eingesetzt wurde, um jeweils eigene unternehmerische Interessen durchzusetzen[95]: »Durch Verbreitung von Gerüchten bis hin zur Übergabe von belastendem Material an einflussreiche Partei-, Polizei- bzw. Zensurbehörden wurden unliebsame Konkurrenten denunziert.«[96] Das führte so weit, dass Volckmar-Frentzel im Januar 1937 zeitweilig aus der RSK ausgeschlossen worden war und Berufsverbot erhalten hatte.[97] Sein Adoptivvater Hans Volckmar war bereits 1935 aus der RSK ausge-

94 Thomas Keiderling: Unternehmer im Nationalsozialismus. Machtkampf um den Konzern Koehler & Volckmar AG & Co., Beucha 2003.

95 Ursache für den Machtkampf bei Koehler & Volckmar war das ungleiche Machtverhältnis im Konzern: 75% der Besitzanteile gehörten der Volckmar-Gruppe, in der Konzernleitung vertreten durch Hans Volckmar sowie Theodor Volckmar-Frentzel, der seit 1931 die Gesamtleitung des Konzerns innehatte, 25% der Koehler-Gruppe, vertreten durch Hermann von Hase, Leiter der Koehler-Verlage und Vorstandsmitglied des Koehler-Volckmar-Konzerns. (Vgl. ebd., S. 35.) Hermann von Hase versuchte, seine Macht innerhalb des Konzerns auszubauen und seinen Einfluß in der Konzernleitung zu vergrößern. Er verfolgte das langfristige Ziel, die Leitung der Koehler & Volckmar AG & Co. an sich zu reißen und den »Konzernschmied« Hans Volckmar wie dessen Adoptivsohn Theodor Volckmar-Frentzel aus der Konzernleitung zu verdrängen. (Vgl. ebd., S. 38.) Um dies zu erreichen, nutzte er seine seit 1933 währende Mitgliedschaft in der NSDAP und ließ kein diffamierendes, verleumderisches Mittel unversucht.

96 Ebd., S. 87.

97 Vgl. ebd., S. 64.

schlossen worden, da er mit einer »halbjüdischen« Frau verheiratet war und somit als »jüdisch versippt« galt.[98]

Auch der Staackmann-Verlag, für den Martin Greiner als Lektor arbeitete, war ursprünglich Eigentum der Koehler & Volckmar AG & Co.[99] Dem Vorstand des Verlages, Alfred Staackmann, waren laut dem Verleumdungs- und Anklageschreiben Hermann von Hases gegen Volckmar und Volckmar-Frentzel vom Oktober 1936[100] bereits im Jahr 1933 kaufmännische Fehler, Geschäftsschädigung und Herabsetzung des Ansehens des Verlages vorgeworfen worden, weshalb er »am 31. Dezember 1933 als Geschäftsführer der L. Staackmann Verlag G.m.b.H. ausgeschieden und von der Leitung der Abteilung L. Staackmann Verlag in der Koehler & Volckmar A.G. & Co. zurückgetreten«[101] war. Nach einer Konzernsitzung im April 1934 einigte sich Hans Volckmar mit Alfred Staackmann gütlich und vereinbarte mit ihm, dass er, Staackmann, den Staackmann Verlag »mit Rückwirkung ab 1. Januar 1934 für alleinige Rechnung«[102] übernehme. Gleichzeitig scheide Staackmann aus den Firmen des Volckmar-Konzerns aus.[103] Die eigentliche Geschäftsführung des Staackmann Verlages übernahm sein Neffe Carl Baessler, während Alfred Staackmann nur mehr »hinter den Kulissen

98 Vgl. ebd., S. 266f. Der Konflikt endete 1938 schließlich mit einem Vergleich und dem Ausscheiden Hermann von Hases aus dem Konzern. (Vgl. ebd., S. 83.)

99 Er wurde 1869 von Johannes August Ludwig Staackmann (1830–1896) gegründet und in den folgenden Jahren mit den drei Geschäftszweigen Verlag, Barsortiment und Commissionshandlung ausgebaut, eine Aufgabe, der sich der älteste Sohn Alfred Staackmann (1876–1941) verschrieben hatte. 1906 fusionierte L. Staackmann zunächst mit dem im Zwischenbuchhandel marktführenden Buchhaus Volckmar, dem Kommissionsgeschäft und Barsortiment Albert Koch & Co. und dem C.-F. Amelang Verlag zum Staackmann-Volckmar Konzern. 1918 führten wirtschaftliche Zwänge zur Verschmelzung mit dem Konkurrenzunternehmen K. F. Koehler zur Koehler & Volckmar AG & Co. Der L. Staackmann Verlag entwickelte sich selbständig weiter und wurde 1924 in eine eigenständige GmbH umgewandelt, mit Alfred und Hans Staackmann 1878–1933) sowie Alfred Voerster (1859–1944), Hans Volckmar und Karl Voerster (1893–1966) als Geschäftsführer. Die letzten drei wurden 1926 von Hermann von Hase, dem neuen Mitinhaber des Firmenverbundes, abgelöst. Das Verlagsprogramm bestimmten zeitgenössische österreichische und deutsche Heimatdichter und Volkserzähler, wie etwa Peter Rosegger (1843–1918), die den L. Staackmann Verlag zu einem angesehenen Literaturverlag machten. Zur hier skizzierten Verlagsgeschichte vgl. Reinhard Würffel: Lexikon deutscher Verlage von A – Z, Berlin 2000, S. 833f.

100 Vgl. Keiderling: Unternehmer im Nationalsozialismus, S. 92ff.

101 Ebd., S. 121.

102 Ebd., S. 123.

103 Vgl. ebd., S. 124.

tätig sein«[104] wollte. – Die politischen Machenschaften im Hause Koehler & Volckmar sind den Mitarbeitern der ihm verbundenen Verlage sicherlich nicht unbekannt geblieben. Kein Wunder also, dass Greiner, der nicht Parteimitglied war[105] und dessen Frau »75% nichtarisch«[106] war, der also seinerseits als »jüdisch versippt« galt, bei seiner Bearbeitung des Buches von Ernst Rudorff äußerst vorsichtig verfuhr.

Hinzu kam seine ganz persönliche Verantwortung für den Inhalt des Buches. Dass die erscheinenden Bücher frei von politisch und ideologisch unerwünschtem Gedankengut sind, dafür hatten zuallererst die Verleger und Buchhändler zu sorgen.[107] Damit war auch Greiner als Lektor verpflichtet, die Redaktion der in seinem Verlag erscheinenden Werke gemäß der NS-Ideologie durchzuführen. Zwar wurde erst 1939 die Anordnung getroffen, dass die Verleger »*selbst* die ›Vertretbarkeit‹ geplanter Veröffentlichungen zu überprüfen« hatten, »da sie ›die volle kulturpolitische ... Verantwortung für die Erscheinungen ... (ihres) Verlages‹ trugen.«[108] Aber bereits seit 1934 »wurden die Verleger und Buchhändler herangezogen, um die kammereigenen Bemühungen« einer »lückenlosen Überwachung«[109] der Buchproduktion zu unterstützen. Für Verleger und Buchhändler galt seit 1938 die Ausschlussanordnung der RSK, wenn sie »nichtarisch« oder »nichtarisch versippt« waren.[110] Am 31. März 1939 wurde schließlich eine »Anordnung zum Schutz der verantwortlichen Persönlichkeit im Buchhandel« erlassen, nach der »Personen, ›die für sich und den Ehegatten, mit dem sie zur Zeit des Inkrafttretens dieser Anordnung verheiratet sind oder mit dem sie später die Ehe eingehen, nicht den Nachweis der Abstammung von Vorfahren deutschen oder artverwandten Blutes bis zum Jahre 1800 zurück erbringen können‹, von der Kammer keine Berufszulassung

104 Ebd., S. 123.

105 Laut freundlicher Auskunft des Bundesarchivs in Berlin vom September 2003 kann man anhand des »Fragebogens zur Bearbeitung des Aufnahmeantrages für die Reichsschrifttumskammer« von 1939 mindestens für die Zeit bis 1939 eine Nichtmitgliedschaft Greiners in der NSDAP konstatieren. Da die Kartei vermutlich nicht vollständig ist, kann eine Mitgliedschaft nicht hundertprozentig ausgeschlossen werden. Vgl. die Akte aus der Reichskulturkammer zu Martin Greiner, Bundesarchiv Berlin, in den personenbezogenen Unterlagen des ehemaligen Berlin Document Center, Signatur: BA – RKK (BDC) 2101/0404/14.

106 Vgl. ebd.

107 Vgl. Barbian: Literaturpolitik im »Dritten Reich«, S. 505ff.

108 Faustmann: Die Reichskulturkammer, S. 212.

109 Ebd.

110 Vgl. Barbian: Literaturpolitik im »Dritten Reich«, S. 513.

mehr erhielten.«[111] Greiner stellte seinen Aufnahmeantrag für die RSK im Juni 1939. Wegen der jüdischen Herkunft seiner Frau war dafür eine Sondergenehmigung nötig. Auf einer Karteikarte der RSK zu Greiner ist vermerkt, dass er der Gauleitung Sachsen der NSDAP »als eine politisch sehr wenig interessierte Person erscheint. Der Staatspolizeistelle Leipzig ist Nachteiliges in politischer Hinsicht über Greiner nicht bekannt geworden. Im Schreiben an den Herrn Minister wird um Entscheidung gebeten, ob Dr. Greiner eine Sondergenehmigung erteilt werden soll. Da erst nach Benendigung [sic] des Krieges eine Entscheidung getroffen werden kann, bestehen bis zu diesem Zeitpunkt gegen die weitere Berufsausübung des G. keine Bedenken.«[112] Der Vorgang offenbart, dass Greiner, der in seinen Briefen an Elisabeth Rudorff aus seinem Unbehagen an der nationalsozialistischen Politik keinen Hehl machte und sich ihr gegenüber erstaunlich freimütig äußerte, mit Erfolg darauf bedacht war, nach außen hin politische Neutralität zu zeigen, um sich und seinen Beruf nicht zu gefährden. Denn die »Nichtaufnahme oder der Kammerausschluß« bedeuteten »praktisch den Verlust der beruflichen Existenz«[113]. Der oben skizzierte Fall in der Leitungsebene der Koehler & Volckmar AG & Co. zeigt zudem, dass bereits Gerüchte über eine »genetisch vorbelastete« Person erhebliche berufliche Konsequenzen haben konnten.

## 6.2. Elisabeth Rudorffs Briefwechsel mit dem Verlagslektor

Elisabeth Friederike Melusine Rudorff wurde am 13. Mai 1879 in Berlin-Lichterfelde geboren und wuchs dort mit ihrem zwei Jahre älteren Bruder Hermann (1877–1916) und ihrer zwei Jahre jüngeren Schwester Melusine auf.[114] Von ihrem Vater gemäß der Tradition der Familie in großer Naturverbundenheit erzogen – weiterhin wurden die Sommerfe-

111 Ebd.

112 In: Akte aus der Reichskulturkammer zu Martin Greiner, Bundesarchiv Berlin (vgl. Anm. 105).

113 Faustmann: Die Reichskulturkammer, S. 81.

114 Vgl. zu dem Folgenden die von Lidia Ludwig zusammengestellte Ausstellung »Ernst und Elisabeth Rudorff« des Instituts für Landschaftspflege und Naturschutz an der Universität Hannover sowie folgenden Vortrag derselben: Elisabeth Rudorff (1879 – 1963). Wirken für den Ith im Leinebergland, in: Frauen in der Geschichte der Gartenkultur. 2. Arbeitstagung am 30. September 2000. Tagungsbericht, hg. von Roswitha Kirsch-Stracke u. a., Fachbereich Landschaftsarchitektur und Umweltentwicklung Universität Hannover, Februar 2001 (masch.), S. 27–37.

rien regelmäßig in Lauenstein verbracht –, sah sich Elisabeth Rudorff nach dem Tod ihres Vaters, für den sie bis dahin weitgehend als Sekretärin arbeitete, verpflichtet, sein Werk fortzuführen, und verschrieb ihr Engagement von nun an auch öffentlich dem Natur- und Heimatschutz in Lauenstein am Ith. – Ursprünglich sollte ihr Bruder den Heimatschutzgedanken des Vaters weitertragen, und Ernst Rudorff litt sehr unter dem Verlust desjenigen, in dessen Heimat- und Naturschutzarbeit er so große Hoffnungen gesetzt hatte. – Da ihr die finanziellen Mittel zum Ankauf von Schutzobjekten fehlten, versuchte Elisabeth Rudorff vor allem, durch gezielte Ansprache von Vereinen, Einzelpersonen und amtlich im Naturschutz verantwortlichen Persönlichkeiten die Neuausweisung von Landschafts- und Naturschutzgebieten oder den Erhalt von Naturdenkmalen durchzusetzen. So gelang es ihr, wertvolle Flächen am Ith so lange zu erhalten, bis Schutzgebietausweisungen auch politisch durchsetzbar wurden. Ihrem unermüdlichen, über vierzig Jahre währenden Einsatz folgten weitere Naturschutzinitiativen im Landkreis, die unter anderem das heutige Naturschutzgebiet »Naturwald Saubrink/Oberberg« sowie die Ausweisung des gesamten Ith als Fauna-Flora-Habitat (FFH)-Gebiet erwirkten.

Elisabeth Rudorffs Verhältnis zum Nationalsozialismus war aus der Sicht ihrer Heimat- und Naturschutzbestrebungen zunächst durchaus affirmativ. Sie sah »im Nationalsozialismus die Möglichkeit, dem Werk ihres Vaters zum gesellschaftlichen und politischen Durchbruch zu verhelfen«[115]. In einem Brief an Karl Fuchs, den Leiter des Reichsbundes für Volkstum und Heimat, äußerte sie, dass dem Volke nun endlich ein Führer erstanden sei, der die zwingende Notwendigkeit der Erhaltung der von ihrem Vater in seiner Schrift zum Ausdruck gebrachten höchsten kulturellen Güter erkannt habe und dem Gedanken des Heimatschutzes durch seine besondere Förderung größte Stoßkraft verleihen wolle.[116] Wie sich Elisabeth Rudorffs Einstellung zum Nationalsozialismus weiterentwickelt hat, ist schwer zu deuten. Einerseits äußerte sie sich in dem unten skizzierten Briefwechsel mit Martin Greiner durchaus unwillig über die Notwendigkeit, rigide Kürzungen bei der Veröffentlichung der Erinnerungen ihres Vaters in Kauf nehmen zu müssen, weil jüdische Persönlichkeiten darin vorkommen. Andererseits nutzte sie weiterhin Kontakte zu Behördenvertretern und Fachleuten aus dem Naturschutz, auch wenn diese eingefleischte National-

115 Ebd., S. 28.
116 Vgl. ebd.

sozialisten waren, sobald es ihren Interessen entgegenkam. Sie war seit dem 2. 3. 1934 Mitglied des »Reichsluftschutzbundes« (›R. L. B.‹), seit dem 1. 12. 1934 Mitglied der »Nationalsozialistischen Volkswohlfahrt« (»N. S. V.«) sowie Mitglied des Reichsnährstandes und der Reichsmusikkammer.[117] 1943 wurde ihr »die ›Ernst-Rudorff-Plakette‹ des ›Gauheimatwerkes Südhannover-Braunschweig‹ durch den Gauleiter verliehen.«[118] Mitglied der NSDAP war sie nicht.[119]

Aber auch wenn sie den Nationalsozialismus als positives Signal für den Heimatschutz begrüßte: Dass Elisabeth Rudorff sich 1938 trotz der Herrschaft der Nationalsozialisten um die Herausgabe der Erinnerungen ihres Vaters bemühte, erscheint schwer nachvollziehbar. Immerhin waren viele für Rudorffs Leben entscheidende Persönlichkeiten Juden, wie etwa Joseph Joachim und die Lichtensteins, die eine gewichtige Rolle in den Lebenserinnerungen spielen, sein Kölner Vorgesetzter Ferdinand Hiller sowie Felix Mendelssohn-Bartholdy, und Elisabeth Rudorff selbst stand mit Nachkommen der jüdischen Freunde ihres Vaters in Kontakt. Die Nürnberger Gesetze existierten seit 1935, die Judenverfolgung war in vollem Gang und dennoch drängte Elisabeth Rudorff zur Veröffentlichung des Buches.[120]

Sie fertigte ein Typoskript nach den handschriftlichen Aufzeichnungen ihres Vaters an und wandte sich im März 1937 mit folgendem Brief an den Verlag Koehler und Amelang in Leipzig:

117 Vgl. den »Fragebogen zur Bearbeitung des Aufnahmeantrages für die Reichsschrifttumskammer« in der Akte aus der Reichskulturkammer zu Elisabeth Rudorff, Bundesarchiv Berlin, in den personenbezogenen Unterlagen des ehemaligen Berlin Document Center, Signatur: BA – RK (BDC) 2101/1034/06.

118 Lidia Ludwig: Elisabeth Rudorff (1879–1963). Wirken für den Ith im Leinebergland, S. 28.

119 Laut freundlicher Auskunft des Bundesarchivs in Berlin vom Juni 2004 kann man anhand des »Fragebogens zur Bearbeitung des Aufnahmeantrages für die Reichsschrifttumskammer« von 1938 mindestens für die Zeit bis 1938 von einer Nichtmitgliedschaft Elisabeth Rudorffs in der NSDAP ausgehen. Da die im Bundesarchiv verwahrte NSDAP-Mitgliederkartei als nicht vollständig überliefert gilt, kann eine spätere Mitgliedschaft nicht hundertprozentig ausgeschlossen werden, doch ist sie höchst unwahrscheinlich. Vgl. die Akte aus der Reichskulturkammer zu Elisabeth Rudorff, Bundesarchiv Berlin.

120 Möglicherweise wollte sie ihrem Vater rechtzeitig zum hundertsten Geburtstag ein Denkmal setzen, vielleicht auch schlicht seinen Bekanntheitsgrad für die bessere Durchsetzbarkeit ihrer heimatschützerischen Belange erhöhen und entschied sich deshalb gegen alle voraussehbaren Probleme dafür.

An den
Verlag Koehler und Amelang
Leipzig.

Berlin-Lichterfelde, den 23. 3. 37.
Wilhelmstrasse Nr. [sic]

Meine Schwester, Frau Melusine Schulze-Rudorff und ich, sind im Besitz der umfangreichen, sorgfältig durchgearbeiteten Lebenserinnerungen unseres Vaters, des Musikprofessors Dr. Ernst Rudorff, und denken daran, das Werk, – das in Maschinenabschrift fertig vorliegt, der Oeffentlichkeit zugänglich zu machen. Da wir es gegebenenfalls Ihrer Firma zum Verlage anbieten möchten, würde es uns interessieren zu hören, ob Sie etwa geneigt sind, der Sache näher zu treten. –

In zwei Absätzen beschreibt Elisabeth Rudorff im folgenden das bereits oben dargestellte Netzwerk der gesellschaftlichen Einbettung der Familie Rudorff. Sie fährt fort:

Was bei der Lektüre der Erinnerungen besonders tief und wohltuend berührt ist die Tatsache, dass bei aller hohen geistigen Kultur und bei aller künstlerischen Empfindsamkeit, die besonders meinem Vater eigen war, mein Vater und seine Voreltern nie den Boden unter den Füssen verloren, sondern immer gesund und geradezu heiterurwüchsig mit ihrem Wesentlichsten in Volksleben und Natur verwurzelt blieben.

Neben dem Leben in der Kunst und für die Kunst war es die innige, ja, ich kann wohl sagen, heisse Liebe zur Natur und zur deutschen Heimat, die für die Wesensart und seelische Entwicklung meines Vaters am bestimmendsten geworden ist. Die Kapitel des Buches, die dem Sommerleben auf dem alten Familienbesitz im Weserberglnad [sic] gewidmet sind, gehören zu den poetischsten und tiefempfundensten des Werkes. [...]

Wie ich oben sagte, wären wir nicht abgeneigt, Ihnen das Werk zum Verlage anzubieten, da Ihr Verlag uns am meisten die Gewähr dafür zu bieten scheint, dass das Buch die ihm gebührende Verbreitung findet und ein richtiges Volksbuch wird, wie etwa die »Erinnerungen eines alten Mannes«[121].

Bemerken möchte ich aber gleich, dass wir die Herausgabe des Werkes persönlich und allein leiten wollen. Auch ist es uns besonders wichtig, alle Kürzungen, die etwa in Betracht kommen, selbst und auf eigne Verantwortung vorzunehmen. Nur auf dieser Grundlage kommt eine nähere Verhandlung für uns in Betracht.

Ich wäre Ihnen dankbar, wenn Sie mir gütigst mitteilen würden, ob Sie Interesse haben für das Buch.

Mit deutschem Gruss

Ob es Elisabeth Rudorff bei der Abfassung ihres Angebots schon bewusst war, dass wesentliche Teile aus politischen Gründen gestrichen werden müssten? Ein entscheidender Beweggrund für Martin Greiner,

121 Wilhelm von Kügelgen: Erinnerungen 1802–1867, 3 Bde., Leipzig 1925.

das Werk zu veröffentlichen, war wohl die Vorbildfunktion der Darstellung eines Lebens aus einer für ihn noch nicht lange vergangenen, besseren Zeit. Er bestätigte ein halbes Jahr später den Eingang einer (weiteren) Manuskriptlieferung:

Dr. Martin Greiner — Leipzig S 3, Triftweg 12
d. 9. 10. 37

Sehr verehrtes Fräulein Rudorff!

Mit aufrichtigem Dank bestätige ich Ihnen den wohlbehaltenen Empfang der weiteren Manuskriptbände, auf deren Lektüre ich sehr gespannt bin u. deren Durcharbeitung ich in den nächsten Wochen ohne allzu große Unterbrechungen hoffe vornehmen zu können. Ich kenne ja bisher nur einen Teil des seinerzeit nach Berlin gesandten Manuskripts, aber das bis jetzt Gelesene genügt, um mich erkennen zu lassen, daß es sich bei diesen Erinnerungen um Aufzeichnungen handelt, die es verdienten einem allgemeineren Kreise zugänglich gemacht zu werden. Gerade in Zeiten, die so starken Erschütterungen u. Veränderungen unterworfen sind, wie die unsere, ist das Verlangen besonders stark u. begreiflich, zu klaren u. festgefügten Anschauungen u. Erlebnissen der Vergangenheit zurückzukehren und sich an nahen Vorbildern neu zu orientieren. Jedenfalls kann der Verleger u. Buchhändler sehr wohl die Feststellung machen, daß der Sinn für frühere Lebensformen u. für die Würdigung des Vergangenen keineswegs so gründlich entschwunden ist, wie es heute den Anschein hat. Wir wenden uns deshalb mit unserer Verlagsarbeit mit besonderer Anteilnahme neuerdings der Herausgabe von Lebenserinnerungen u. ähnlichen Arbeiten zu, die über den Rahmen des eigentlich Belletristischen hinausgehen.

Zu den Erinnerungen Ihres Herrn Vaters kann ich Ihnen natürlich erst nach Kenntnis des ganzen Werkes etwas Abschließendes sagen; die verlegerischen Fragen, um die es dabei geht, sind indessen schon sehr bald klar. Das ist einmal die Frage des Umfangs – denn es ist ja natürlich nicht möglich (und mir scheint auch nicht nötig) diese Erinnerungen ohne erhebliche Kürzungen zu veröffentlichen, wenn sie nicht für die meisten unerschwinglich werden sollen –; Das andere, weit heiklere Problem ist politischer Art u. betrifft die Erwähnung u. Hervorhebung von jüdischen Bekannten u. Freunden, etwa Mendelssohn, u. ähnl. Fragen. Dies sind die eigentlichen Sorgen bei der sonst so erfreulichen Lektüre, die aber so anregend u. wertvoll ist, daß es sich schon lohnt, über eine mögliche Lösung zu grübeln.

Doch zunächst bitte ich Sie um einige Wochen Zeit, um mir erst von dem Ganzen ein Bild zu machen [u.] mich auch mit meinen Mitarbeitern zu beraten, Sie dürfen gewiß sein, daß ich schon aus eigenster Neigung mit der Lektüre eile, soweit es irgend möglich ist. Inzwischen bin ich mit den verbindlichsten Empfehlungen u. Grüßen, denen sich meine Frau anschließt,

Ihr sehr ergebener — Martin Greiner

Zwei Gründe für erhebliche Kürzungen sah Greiner schon jetzt, die er in einem weiteren Brief vom 26. November 1937 nach vollständiger Lektüre der Erinnerungen noch einmal darlegte: Den großen Umfang und fragmentarischen Charakter des Ganzen – das Typoskript umfasst 1720 Seiten – sowie »gewisse, inhaltliche Fragen«.

Greiner machte Elisabeth Rudorff mündlich Vorschläge für Kürzungen und bat sie, diese mit ihrer Schwester abzustimmen, damit er in ihrem Sinne mit einer Überarbeitung beginnen konnte. Elisabeth Rudorff, deren Briefe großenteils nicht erhalten sind, machte zuweilen Notizen über ihre Antworten oder legte die handschriftlichen Entwürfe ihrer Briefe bei. Sie notierte am 19. Dezember 1937:

Geantwortet, daß ich glaubte, Melusines Übereinstimmung gewiss zu sein u. daß ich doch unter den obwaltenden schwierigen Umständen es für dringend erwünscht hielte, daß überhaupt etwas von V. Aufzeichnungen veröffentlicht würde. (So, nach m. Erinnerung, etwa ausgedrückt)

Die Notiz mit ihrer vorsichtigen Umschreibung für die Ungeheuerlichkeit, dass kulturgeschichtlich bedeutende Persönlichkeiten allein aufgrund ihrer »Rasse« aus den Lebenserinnerungen ihres Vaters gelöscht werden sollen, zeigt Elisabeth Rudorffs Bereitschaft zu erheblichen Konzessionen bei der Veröffentlichung und ihren unbedingten Willen, diese trotz großer Einschnitte voranzutreiben, wissend, dass sie damit das Berufsleben und wichtige Freundschaften ihres Vaters schlichtweg ausblendet. Andererseits spielt sie aber auch schon mit dem Hintergedanken, sich diese Passagen für eine spätere Veröffentlichung vorzubehalten. Von Beginn an betont sie ihre eigene Verantwortung für die Kürzungen, und später, bei der Ausarbeitung des Vertrages, wird sie darum kämpfen sicherzustellen, dass die letzte Entscheidung über den Textinhalt auch zukünftig in ihrer Hand liegen wird, damit kein Dritter erneut diese so wichtigen Passagen über Joachim, Mendelssohn, die Lichtensteins, aber auch über Richard Wagner u. a. unterschlägt.[122] Die zwischen Elisabeth Rudorff und dem Verleger abgestimmte Strategie wird im folgenden Brief Martin Greiners deutlich umrissen:

122 Vgl. unten den Brief Elisabeth Rudorffs vom 2. 9. 1938.

Dr. Martin Greiner z Zt Feldberg, d. 10.1.38

Sehr verehrtes Fräulein Rudorff!

Zu meiner großen Freude kann ich Ihnen heute mitteilen, daß ich – zunächst freilich nur nach meiner eigenen Meinung – bei meinem Versuch der Zusammenfassung der ersten vier Teile der Erinnerungen Ihres Herrn Vaters zu einem annehmbaren Ergebnis gekommen bin. Ich glaube, daß es mir gelungen ist, das für einen allgemeinen Kreis von Lesern Wesentliche u. Bedeutsame aus diesen Aufzeichnungen so zusammenzuziehen, daß die dazwischen liegenden Kürzungen garnicht empfunden werden und daß – wenn auch nicht für Sie, so doch für Dritte – durch die notwendige Konzentration des Stoffes die Neigung sich damit zu befassen vielleicht sogar gesteigert worden ist. Vor allem aber freue ich mich, daß eine solche Bearbeitung sich durchführbar erwiesen hat, ohne daß dabei dem Originaltext durch Veränderungen od. Zusätze Gewalt angetan worden wäre. Das war natürlich nur möglich durch die strikte Beschränkung bei der Auswahl auf Herkunft, Elternhaus und Kindheit. Die eigene künstlerische Entwicklung u. Leistung Ernst Rudorffs – darüber waren wir uns ja schon in Lichterfelde einig – ließe sich ja nicht einmal aus dem gesamten vorhandenen Material erschöpfend aufzeigen, abgesehen von anderen Gründen, die gegenwärtig gegen eine Veröffentlichung dieser Partien sprechen. Natürlich habe ich nunmehr den lebhaften Wunsch, Ihnen meinen Bearbeitungsvorschlag recht bald vorzulegen; ich möchte indessen zunächst mit meinen Mitarbeitern in Leipzig meine Arbeit durchsprechen, was im Laufe dieser Woche – ich fahre am Mittwoch nach L. zurück – geschehen wird, sodaß ich Ihnen ab 16. od. 17. Jan. für eine Besprechung in Bielefeld, Lauenstein od. Berlin zur Verfügung stehen würde. Ich habe um diese Zeit eine längere Reise anzutreten, die mich nach Dortmund u. dann weiter nach Süddeutschland führt, sodaß ein Besuch in Bielefeld od. Lauenstein in gewissem Sinne »am Wege« liegt. – Ich lege großen Wert darauf Ihnen das bearbeitete Manuskript persönlich zu überbringen und ich nehme an, es ist auch Ihnen erwünscht. Denn ich verstehe nur zu gut die Besorgnis, die Sie, Ihre Frau Schwester u. Ihren Herrn Schwager erfüllt. Sie werden selbstverständlich das Ganze in Ruhe durchsehen müssen, ehe Sie sich endgültig dazu äußern können, aber einige Erläuterungen möchte ich doch gern dazu geben, einige Fragen lassen sich gleich auf den ersten Blick klären, auch denke ich, auf Grund der nunmehr übersehbaren Fassung des Ganzen Ihnen hinsichtlich der Buchausgabe, der Ausstattung, des Vertrags, des Honorars usw. schon konkrete Vorschläge des Verlages mitbringen zu können. Um Ihnen aber genügend Zeit und Ruhe zu gemeinsamer Überlegung und Entscheidung zu lassen, liegt mir eben daran, Sie recht frühzeitig über den Stand der Dinge zu unterrichten. Wenn alles gut geht und das Buch im Herbst erscheinen sollte, muß es ja im Druck möglichst schon im Sommer vorliegen. Die wichtigsten Buchhändler lesen in den stillen Sommermonaten in Druckbogen jene Bücher, für die sie sich dann im Weihnachtsgeschäft mit Eifer und Nachdruck einsetzen. Doch das sind ja – leider! für uns zunächst noch Sorgen zweiten Ranges.

Zum Schlusse möchte ich zu Ihrer aller Beruhigung noch versichern, daß das Manuskript nicht auf dem Operationstisch eines Redakteurs gelegen hat, der ihm mit Rotstift, Kleister und Schere ein vollkommen anderes Aussehen gegeben hat;

lediglich Umrandungen mit leicht ausradierbarem Bleistift geben die Stellen an, die ausgelassen werden sollen. Für den Setzer freilich müßte gegebenenfalls wohl eine Abschrift genommen werden. – Ich möchte nur noch anfügen, welch außerordentliches Vergnügen mir die ganz eingehende Beschäftigung mit den Erinnerungen bereitet hat; ich wünschte mir, jedes Jahr mit einer so angenehmen und anregenden Aufgabe einzuleiten!

Mit der Bitte mich Ihren verehrten Angehörigen zu empfehlen bin ich mit herzlichen Grüßen

Ihr Ihnen sehr ergebener Martin Greiner

Wieder deutete Greiner die gegenwärtige politische Lage an, die eine Veröffentlichung wesentlicher Teile des Buches verhinderte. Durch die Beschränkung auf den ersten Teil versuchte er, das Original möglichst vor ideologisch motivierten Kürzungen zu verschonen. Das, was Elisabeth Rudorff in ihrem ersten Brief als »Hauptteil« des Werkes bezeichnet hatte, wurde erst gar nicht veröffentlicht, das Gewicht verschob sich auf die Darstellung des Rudorffschen Elternhauses und damit auf den Entwurf eines romantischen »Familiengemäldes«. Elisabeth Rudorff zeigte sich damit einverstanden. Sie wollte eine Veröffentlichung auch unter diesen Voraussetzungen, ja sie hielt unter den gegebenen Umständen eine Beschränkung auf die Herkunft und Kindheit ihres Vaters für die ideale Lösung:

Bielefeld am Lothberg 46, den 11. Januar 1938

Sehr geehrter Herr Doktor!

Ihr eingehender Brief vom 10.I.38 hat meiner Schwester und mir große Freude bereitet, wie Sie sich vorstellen können! Ich danke Ihnen herzlichst dafür!

Nach allen so gründlich durchdachten wertvollen Ausführungen in Ihrem Schreiben über die Behandlung der Aufzeichnungen meines Vaters wurden wir von Neuem in unserem Vertrauen, sie bei Ihnen in den richtigen Händen zu wissen und in der Überzeugung bestärkt, daß Ihre Vorschläge unter den obwaltenden Umständen wohl den einzig gangbaren Weg zu einer Veröffentlichung weisen. Ich spare mir jede weitere Erörterung auf bis zu Ihrem uns hochwillkommenen Besuch hier in Bielefeld, das wohl auch hinsichtlich Ihres Reiseplans für Sie am bequemsten gegenüber Berlin oder Lauenstein liegt. Außer dem 24. und 25. Januar paßt uns Ihr Besuch ab 16. oder 17. Januar jeden Tag, wir richten uns in jeder Beziehung nach Ihnen und bitten nur dann um kurze Mitteilung vorher, um welche Zeit wir Sie erwarten dürfen. Meine Geschwister würden sich sehr freuen, Sie als Gast zu Tisch bei sich zu haben, falls Ihnen das möglich ist. Es wird allerdings um ¾ 1 Uhr, also leider etwas früh gegessen, da mein Schwager nur ca 1 ½ Stunden über Mittag nach Hause kommt.

Daß Ihnen die Beschäftigung mit den Aufzeichnungen Vergnügen bereitet hat, beglückt uns sehr, zu hören.

Mit vielen Empfehlungen von den Meinigen grüßt Sie herzlich
Ihre Elisabeth Rudorff

Nachdem sich Verlagslektor und Herausgeberin ihres wechselseitigen Einverständnisses beim Umgang mit dem Manuskript gewiss waren, folgten zunächst Briefe organisatorischer Art, über die Vereinbarung eines Treffens, um offene Fragen und Details zu klären, und über die Bildauswahl für die Buchausgabe, bis der Verleger auf ein neues Problem stieß:

[...] Übrigens hörte ich hier zufällig, daß Prof. Lichtenstein u. also auch Marie L. nichtarisch gewesen wären. Stimmt das? Das würde die Aufnahme dieser Partien natürlich wieder entsetzlich komplizieren. [...] (16. 2. 38)

Marie Lichtenstein nimmt selbstverständlich einen großen Raum in den »Erinnerungen« ein. Zunächst schien sich Greiners Befürchtung nicht zu bestätigen, er fand keinen Hinweis für Lichtensteins »nicht-arische« Herkunft; doch schließlich erhielt er die Gewissheit:

17. März 1938

Fräulein Elisabeth Rudorff
Bielefeld
Am Lothberg 46

Sehr verehrtes Fräulein Rudorff!

[...] Leider muss ich Ihnen heute die unangenehme Mitteilung machen, dass wir inzwischen ganz einwandfrei festgestellt haben, dass Professor Lichtenstein nichtarisch ist, wenngleich er aus einer Familie stammt, die schon im 17. Jahrhundert sich hat taufen lassen. Trotzdem macht sich nun natürlich nach übereinstimmender Ansicht auch der übrigen Herren im Staackmann Verlag die äusserste Zurückhaltung bei der Erwähnung von Professor L. und Marie L. notwendig. Ich bitte Sie heute lediglich, diesen Umstand schon bei der Durcharbeitung des Manuskriptes zu bedenken; alle Einzelheiten wollen wir uns doch wohl am besten bis zu unserer Berliner Unterredung aufsparen.

Mit den herzlichsten Grüßen und Empfehlungen
Ihr Ihnen sehr ergebener Martin Greiner

Diese weitere aus politischen Gründen notwendige Beschränkung schien Elisabeth Rudorff aufzurütteln. Sie plante, amtlich aktiv zu werden, wurde jedoch von Greiner gewarnt:

7. April 1938
Fräulein Elisabeth Rudorff
Berlin – Lichterfelde
Wilhelmstr. 26

[...] Inzwischen möchte ich Ihnen nur noch mit grösstem Nachdruck raten, doch amtlicherseits in der Lichtenstein-Angelegenheit garnichts zu unternehmen. Bitte glauben Sie auch in diesem Punkte unseren Erfahrungen, Sie werden in dieser Form nichts anderes erreichen können, als dass Sie erst die Aufmerksamkeit auf diesen Punkt hinlenken. Der einzige Weg ist wirklich nur der, dass wir gemeinsam versuchen, mit möglichstem Takt so viel von dieser Partie in dem Ganzen zu belassen als ohne Belastung und Gefährdung noch möglich ist. Wir werden uns auch darüber ja noch ausführlich unterhalten können. Inzwischen jedenfalls ist es unbedingt zu empfehlen, garnichts zu unternehmen.

Mit den herzlichsten Empfehlungen und Grüßen
Ihr Ihnen sehr ergebener Martin Greiner

Die Briefausschnitte machen deutlich, mit welcher Vorsicht Greiner bei der Bearbeitung des Buches verfahren musste und wie er sich bemühte, dennoch möglichst viele der in Frage stehenden Partien zu belassen, ohne sich, die Herausgeberin und das gesamte Buchprojekt zu gefährden. Freilich zieht andererseits auch er nicht in Erwägung, auf das Projekt zum gegenwärtigen Zeitpunkt komplett zu verzichten.

Der Vergleich des Manuskripts mit der Buchausgabe zeigt, dass trotz Greiners Ziels, hier möglichst wenig zu kürzen, die meisten Textstellen über Hinrich und Marie Lichtenstein gestrichen wurden. In einigen Fällen wurde lediglich der Name entfernt oder durch eine unpersönliche Wendung ersetzt (etwa durch »ein musikverständiger Freund«), die geschilderte Begebenheit aber blieb bestehen, und nur selten findet sich der komplette Name.

Das Ergebnis der Streichungen und zum Teil erheblichen Umstellungen, die Martin Greiner vorgenommen hat, stellte auch in den anderen Fällen deutlich eine Form von Selbstzensur dar: So wurden die zahlreichen Berichte über Felix Mendelssohn-Bartholdy und dessen Schwester Rebekka vollständig entfernt, ferner die Darstellung der ersten Begegnung Ernst Rudorffs mit Joseph Joachim. Es fehlen die Notizen über Eduard Böcking, Rahel Varnhagen und Theodor Mommsen, ausführlichere Darlegungen über Achim von Arnim, Friedrich Reichardt, Karl Klingemann sowie über die Mitschüler Rudorffs im Privatunterricht: Paul Mendelssohn und Ernst Dirlichet (Söhne von Felix Mendelssohn-Bartholdy und Rebekka Dirlichet, geb. Mendelssohn).

Auch Ausführungen Rudorffs über seine persönliche, kritische Einschätzung Richard Wagners, dessen »Lohengrin« und »Tannhäuser«, und über seine Einstellung zu Franz Liszt, fehlen. Begebenheiten, die gestrichen wurden, betreffen etwa die Gründung der »Christlich Deutschen Tischgesellschaft«, die Verhinderung eines Duells zwischen Kleist und Friedrich von Raumer durch Carl Pistor im Februar 1811, den Bericht über Rudorffs neuen Privatmitschüler Hugo Franck (jüdisch), Neffe des mit Mendelssohn bekannten Musikers Eduard Franck, und dessen Schicksal[123], die Schilderung von Rudorffs Konfirmandenunterricht bei Sydow und Berichte über seinen Jugendfreund Wilhelm Wedding.

Die Überarbeitung durch Greiner stellt sich demnach insgesamt zwar als eine unter belletristischen und ökonomischen Gesichtspunkten notwendige Straffung eines Konvoluts von ca. 750 Schreibmaschinenseiten zu einem gedruckten Buch von 280 Seiten dar, die aber unter historischen Gesichtspunkten insoweit inakzeptabel ist, als die Auswahl der Streichungen politischen, ideologischen Erwägungen folgte. Rassenwahn und ein nationalsozialistischer Kunstbegriff waren Grund für die Streichungen, obwohl der Verlagslektor mit Sicherheit keine Sympathien für den Nationalsozialismus hatte. Deutliches Indiz für die distanzierte Haltung Greiners gegenüber dem NS-Regime ist die Tatsache, dass bereits während Drucklegung und ersten Vertriebs des Buches eine Neuauflage in späterer Zeit ins Auge gefasst wurde, in der die jüdischen Persönlichkeiten wieder aufgenommen werden sollten.[124] – In einem vertraulichen Schreiben der Gestapo an den Präsidenten der Reichsschrifttumskammer vom 20. April 1940 heißt es mit Bezug auf Greiner: »Er soll dem politischen Geschehen gleichgültig gegenüberstehen, jedoch konnte eine gegnerische Haltung nicht festgestellt werden.«[125]

Bevor das Werk veröffentlicht werden konnte, musste Elisabeth Rudorff einen Befreiungsschein von der Mitgliedschaft der Reichsschrifttumskammer beantragen. Über diese Befreiung von der Mitgliedschaft bei nur gelegentlicher oder geringfügiger Betätigung entschieden

123 Das für Hugo Franck geschriebene Tagebuch seines Vaters erschien erstmals 1997: Hermann Franck: Wenn Du dies liest... Tagebuch für Hugo. Mit einer Einführung von Hartmut von Hentig, hg. von Andreas Feuchte, München 2000.

124 Vgl. die unten zitierten Briefe Elisabeth Rudorffs vom 2. 9. 1938 und Martin Greiners vom April 1944.

125 Vgl.: Akte aus der Reichskulturkammer zu Martin Greiner, Bundesarchiv Berlin (vgl. Anm. 105).

die Präsidenten der Einzelkammern.[126] Die Befreiung war nur formaler Art, inhaltlich waren die Befreiten weiterhin der Autorität ihrer Fachkammer unterworfen.

Obgleich sie bereits Mitglied der Reichsmusikkammer und der »N. S. V.« war und als solches den »Ariernachweis« schon erbracht hatte, verzögert sich die Erteilung der Genehmigung sehr. Am 26. Mai 1938 stellte sie folgenden Antrag, der im Duplikat vorliegt:

An die Reichsschrifttumskammer Berlin

Ich beabsichtige, im Verlag L. Staackmann – Leipzig die Lebenserinnerungen meines Vaters Ernst Rudorff unter dem Titel »Aus den Tagen der Romantik. Bildnis einer deutschen Familie« (der endgültige Titel steht noch nicht fest) herauszugeben. Da ich nicht hauptberuflich schriftstellerisch tätig bin, b e a n t r a g e i c h h i e r d u r c h e i n e n B e f r e i u n g s s c h e i n von der Mitgliedschaft der Reichsschrifttumskammer. [...][127]

Ich versichere hierdurch, daß wir arischer Abstammung sind und bin bereit, hierfür, falls Sie es wünschen sollten, den Nachweis zu erbringen.

Heil Hitler! Elisabeth Rudorff

Doch der Befreiungsschein blieb wochenlang aus. Es wurden erneut Fragebogen zur Abstammung an sie gesandt, und erst, als Greiners Kollege Jan Thorbecke einen Berliner Mitarbeiter des Verlages bemühte, sich für die Erteilung einzusetzen, kam Bewegung in die Angelegenheit. Des ungeachtet musste Elisabeth Rudorff den Antrag zum zweiten Mal stellen und weitere drei Monate warten, ehe am 24. August 1938 der Verlag schließlich den Befreiungsschein erhielt. Auch dies zeigt die entwürdigende Willkür, mit der die RSK mit den Antragsstellern verfuhr.

Unterdessen lief ein reger Briefwechsel über die Textredaktion und Bildauswahl für das Buch. Elisabeth Rudorff schrieb schließlich auch noch ein Nachwort. Es geriet jedoch so umfangreich, dass Greiner sich genötigt sah, »in möglichst gedrängter Form dasselbe nochmals neu zu formulieren« (Brief vom 16. Juli 1938), was zu Elisabeth Rudorffs weitgehender Zufriedenheit gelang. Die Korrekturbögen gingen hin und her, es gab noch einige Änderungswünsche, auf die der Verlag umsichtig soweit wie möglich einzugehen versuchte. Ein Beispiel für die Änderungswünsche Elisabeth Rudorffs gibt der folgende handschriftlich

126 Vgl. Barbian: Literaturpolitik im »Dritten Reich«, S. 194; Faustmann: Die Reichskulturkammer, S. 87ff.

127 Es folgen Angaben zu den Personalien ihres Vaters und ihrer selbst.

erhaltene Brief, in dem sie auch eine ganz persönliche Charakterisierung ihres Vaters vornimmt:

an Herrn Thorbecke (12. August 1938) Bielefeld am Lothberg 46
den 12. August 19[38]

Sehr geehrter Herr Thorbecke!

Ihre Zeilen vom 11. August kamen heute Mittag hier in meine Hände und ich ersah daraus, daß inzwischen die Arbeit der Imprimierung sehr vorangeschritten ist, sodaß ich zur Sicherheit durch ein Telegramm die Absendung der Korrektur der Bogen 12 – 15 Ihnen meldete.

[...] In dem auf S. 196 durch Herrn Dr. Greiner eingeschalteten Satze wollte ich den Anschein, als ob meine Großeltern erst n a c h der Begegnung der Hanne Steffens mit dem König Friedr. Wilh. IV. sich von ihr zurückgezogen hätten, zerstören, da sie ja dann unduldsamer als der König gewesen sein würden, was keinen guten Eindruck erweckt und auch nicht zutrifft (d. h. der Verkehr war eben schon v o r h e r zwischen ihnen und Hanne Steffens abgebrochen)

Beim nochmaligen Durchlesen des Nachworts, besonders auch gemeinsam mit meinen Freunden, die es im Übrigen sehr schön fanden, bin ich auf einen Ausdruck aufmerksam geworden, dessen Änderung mir ganz außerordentlich wichtig ist. Sie werden die Stelle auf S. 285 ja inzwischen bemerkt haben, wo bei Erwähnung des 70. Geburtstages mit Bezug auf meinen Vater das Wort »der bescheidene Mann« steht. Dieses Wort paßt garnicht auf meinen Vater und ich muß meinen Freunden ganz zustimmen, daß Jemand, der es liest ohne ihn gekannt zu haben, dadurch ein ganz falsches Bild von ihm bekommt. Mein Vater war bei aller Empfindsamkeit und bei allem Künstlerischen Zartgefühl eine in der äußeren Erscheinung wie im ganzen Wesen durch und durch männliche Natur und bei aller Warmherzigkeit von einer durch nichts zu erschütternden Aufrichtigkeit, im schönsten Sinne selbstsicher und von einem edlen Selbstbewußtsein. Einen tiefen Eindruck hat es mir von früh an gemacht, zu sehen, wie er im Kreise anderer Menschen – oft hervorragender, glänzender und berühmter Menschen – ohne bewußt irgendetwas dazu zu thun, einzig und allein durch das Gewicht seiner Persönlichkeit den Mittelpunkt bildete, oder doch jedenfalls vollauf gleichgeachtet und geehrt neben einer andren in eben dem Sinne bedeutenden Persönlichkeit stand. Ein Zurücktreten, wie man es sich von einem »bescheidenen« Mann vorstellt, kam für seine Wesensart gar nicht in Betracht – er wollte zwar nicht beachtet und geehrt sein, aber er wurde beachtet und geehrt!

Sie lachen vielleicht darüber, daß ich als seine Tochter überhaupt so schreibe und überhaupt so warm und ausführlich darüber werde. Aber Sie und die anderen Herren haben sich so einfühlend und verständnisvoll über das Buch meines Vaters geäußert, daß ich überzeugt bin, so sprechen zu dürfen und ich gewiß bin, daß Sie meine Worte so aufnehmen wie sie gemeint sind.

Bei all den größeren Änderungen auf S. 196, 238 und 285 wird hoffentlich keine Schwierigkeit für die Umstellung vorhanden sein, da keine erhebliche Vermehrung oder Verminderung der Buchstabenanzahl entstanden ist. Daß auf S. 224 Joseph

Joachim als Gast bei Bettina erwähnt ist, wird wohl gestattet sein, Herr Dr. Greiner wird das ja gesehen haben, da ja diese Stelle schon so vor längerer Zeit gedruckt worden ist.

Meine Schwester, die sich, mit mir zugleich, über den so sehr liebenswürdigen, verständnisvollen Brief von Herrn Dr. Baessler vom 8. August herzlich gefreut hat, bittet, diesem ihren warmen Dank dafür zu übermitteln, da sie nach ihrer schweren Krankheit noch nicht imstande ist, selbst zu schreiben. Wollen Sie uns beide bitte Herrn Dr. Baessler angelegentlichst empfehlen!

Mit herzlichen Grüßen auch von meiner Schwester, die vielmals für Ihre freundlichen Wünsche für gute Besserung dankt – es geht nun auch bergauf! – bin ich Ihre ergebene

Elisabeth Rudorff

Ende August ging das Buch schließlich in Druck.

Als Greiner am 24. August 1938 Elisabeth Rudorff um Zusendung des unterschriebenen Vertrages bat, kamen ihr rechtliche Bedenken wegen einer von ihr gewünschten Neuauflage des Buches und sie formulierte in ihrem Antwortschreiben bereits feste Vorstellungen darüber, wie eine solche Neuauflage nach ihrer Meinung auszusehen hatte: Besonders die aus politischen Gründen gestrichenen Passagen müssten wieder aufgenommen werden, und hierbei müsste ihre persönliche »Bestimmungsfreiheit bezüglich des Textinhalts« gewährleistet sein:

Lauenstein (Hannover)
den 2. Sept. 1938

Sehr geehrter, lieber Herr Doktor!

Verzeihen Sie, daß ich nicht schon längst auf Ihre Zeilen vom 24. August antwortete. Aber ich hatte gar zu viel am Schreibtisch und im Haushalt zu erledigen, sodaß ich immer wieder nicht ganz Dringendes zurückschob.

Hoffentlich sind Sie besonders nicht ungehalten darüber, daß ich Ihnen die Verträge nicht schon zurücksandte, denn im Wesentlichen waren wir ja einverstanden bis auf § 8, in dem ich eine Änderung bzw. Einfügung vorschlug, worüber ich Näheres in einem Brief vom 22. Juni an Sie schrieb; Sie haben mir damals hierauf nicht geantwortet. Wir hätten in Bezug auf die Wahl eines Bearbeiters gern eine gewisse Bewegungsfreiheit behalten, denn es könnte doch der Fall eintreten, daß Sie ein andres Arbeitsfeld übernähmen und wir es dann mit einer Persönlichkeit zu thun bekämen, die das feine Verständnis wie Sie für das Buch nicht besäße und uns dann eventuell einen durchaus nicht genehmen Bearbeiter zuwiese. Ferner habe ich die Sorge, ob wir, falls[128] wir noch persönlich in der Lage sein sollten, eine notwendig werdende neue Auflage zu bearbeiten, einigermassen genügende Bestimmungsfrei-

128 Wort nicht deutlich lesbar.

heit bezüglich des Textinhalts[129] haben würden? Ich denke hier daran, daß man die Möglichkeit haben möchte, mancherlei wieder in das Buch zurückzunehmen, was für die erste Auflage gestrichen werden mußte, aber doch seinen dauernden Wert behalten hat. Vor Allem würde ich es z. B. bei einer Änderung der Auffassungen für geraten halten, die Persönlichkeiten von Joachim, Mendelssohn oder Lichtensteins, die für das Werden meines Vaters von so hoher Wichtigkeit gewesen sind, aber auch die von Richard Wagner u.s.w. entsprechend zu berücksichtigen.

Sehr dankbar wäre ich dafür, wenn Sie mir gütigst nur kurz Ihre Meinung mitteilen würden über folgende Fragen: ob die von mir vorgeschlagene Einfügung in § 8 »nach eigenem Ermessen« statthaft ist und ob der Passus »Sach- und zeitgemäße Bearbeitung durch die Erben« für die ungehinderte Ausführbarkeit meiner oben angedeuteten Wünsche genügend Sicherheit bietet. Könnten Sie, falls diese Sicherheit durch den genannten Passus nicht garantiert wird, mir irgend einen andren dahin gehenden Vorschlag – etwa einen Zusatz zu § 8 – machen? – Ich denke, daß diese Fragen solcher Natur sind, daß sie eine neuerliche Erörterung nicht erfordern, da wir ja im Übrigen dem Inhalt des Vertrags zustimmen. Diese würde ja auch, da ich jetzt leider nicht in Berlin bin, sich kaum ermöglichen lassen.

[...] Auf die ersten fertigen Exemplare unseres Buches, deren Zusendung Sie uns zu unserer Überraschung bald in Aussicht stellten, sind wir äußerst gespannt u. freuen uns natürlich darauf. Tausend Dank schon im Voraus!

Mit den herzlichsten Grüßen, auch von meiner augenblicklich hier weilenden Schwester,

Ihre E.R.

Die Form, in der das Buch 1938 erschien, stellte für Elisabeth Rudorff, so wird hier nochmals klar, stets einen Kompromiss dar, war ein Zugeständnis an die aktuelle politische Situation und wurde von ihr immer nur als vorübergehende aufgefasst. Greiner war mit der Änderung des Vertrags einverstanden.

Der weitere Briefwechsel dokumentiert die Bemühungen von Verlag und Herausgeberin, für das Buch erfolgreich zu werben. Sonderwerbungen im musikalischen Bereich und in der Heimatschutzbewegung sollten das Interesse an dem Buch wecken.[130]

Elisabeth Rudorff empfahl Greiner, sich wegen der Werbung für das Buch neben der Anfrage an die damals führende Persönlichkeit des amtlichen Naturschutzes, Hans Klose, auch an Werner Lindner und Hans Kornfeld zu wenden. Klose war 1935–1938 Oberregierungsrat im

129 Wort nicht deutlich lesbar.

130 In einem Brief vom 17. Oktober 1938 bittet Greiner Elisabeth Rudorff um Vorschläge, wie die Werbung in der Heimatschutzbewegung aussehen könnte, und um die Vermittlung des Kontaktes zu einem »führenden Mann« derselben, »etwa Herrn Regierungsrat Klose«.

Reichsforstamt und 1939–1945 Leiter der Reichsstelle für Naturschutz[131], Lindner amtierte von 1914 bis 1933 als Geschäftsführer des »Deutschen Bundes Heimatschutz«, danach als Fachbeauftragter des »Deutschen Bundes Heimatschutz« und als Verbindungsmann zur NS-Kulturgemeinde, und der Landesverwaltungsrat Kornfeldt hatte seit 1936 das Amt des Schrift- und Geschäftsführers des »Rheinischen Vereins für Denkmalpflege und Heimatschutz« (Rheinischer Verein) sowie des Geschäftsführers des »Deutschen Bundes Heimatschutz« (DBH), der 1937 in »Deutscher Heimatbund« umbenannt wurde, inne[132]. Über Kornfeld schrieb Elisabeth Rudorff in diesem Zusammenhang:

(Abschrift) an Dr. Greiner — Lauenstein (Hannover)
den 4. Nov. 1938

Sehr geehrter, lieber Herr Doktor!

Nehmen Sie herzlichen Dank für Ihren Brief vom 24. Oktober. Ich erhielt gestern und heute Antworten von Herrn Dr. Werner Lindner und Herrn Oberregierungsrat Dr. Hans Klose, die ich Ihnen soeben in Eile zusandte, sodaß Sie sie hoffentlich morgen früh in Händen haben. Vielleicht darf ich die Schriftstücke ganz gelegentlich zurückerhalten. Herr Dr. Lindner, der ja nur durch seine Sekretärin schreiben läßt, will ja also in Nr. 1 der neuen Heimatschutzzeitschrift[133] eine Besprechung des Buches bringen. Schade nur, daß es nicht mehr vor Weihnachten sein kann! Im Übrigen rät er ja fast das selbe, was ich Ihnen schon in meinen Briefen vom 19. Okt. schrieb und ich hoffe, daß Herr Dr. Kornfeld bereits von sich hören ließ. Dieser ist im Übrigen – was ich g a n z v e r t r a u l i c h nur Ihnen sage – scheinbar sehr durch die Partei gebunden und direkt dem Vorsitzenden des Bundes, dem Landeshauptmann der Rheinprovinz Heinz Haake unterstellt, der ein »alter Kämpfer« ist. Dr. Kornfeld ist noch nicht lange Geschäftsführer des Bundes und daher mit der ganzen Sache des Heimatschutzes noch nicht so verwachsen, doch hoffe ich, daß er trotzdem Ihnen eingehend dient. Klose rät ja nun auch, sich an einzelne Zweigvereinsblätter zu wenden, so auch an den »Sächsischen Heimatschutz«.

---

131 Vgl. auch Willi Oberkrome: Hans Klose, Walther Schoenichen und der Erlass des Reichsnaturschutzgesetzes, in: Naturschutz hat Geschichte, hg. von der Stiftung Naturschutzgeschichte (Veröffentlichungen der Stiftung Naturschutzgeschichte Bd. 4), Essen 2003, S. 145–162, hier: S. 146.

132 Vgl. Karl Peter Wiemer: Ein Verein im Wandel der Zeit. Der Rheinische Verein für Denkmalpflege und Heimatschutz von 1906 bis 1970 (Beiträge zur Heimatpflege im Rheinland Bd 5), Köln 2000, S. 114 und S. 137.

133 Auf Kornfelds Anregung und Landeshauptmann Haakes Initiative hin erschien seit 1938 wieder ein eigenes Organ des Deutschen Heimatbundes: Heimatleben. Monatsschrift für Heimatschutz und Heimatpflege (1938). Die Besprechung des Buches befindet sich in H. 7 (1938), S. 136.

Heinz Haake war seit 1933 Landeshauptmann der Rheinprovinz und seit 1934 Reichsinspekteur der NSDAP sowie Mitglied des Reichstages. 1933 wurde er in den Verwaltungsrat des Rheinischen Vereins gebeten, seit 1935 war er Vorsitzender des DBH[134] und 1937 wurde er zum Vorsitzenden des Rheinischen Vereins ernannt; der zweite Vorsitzende wurde Hans Kornfeldt[135]. Haake sorgte dafür, den DBH der Unterordnung unter die NS-Organisation »Reichsbund Volkstum und Heimat« zu entziehen und nutzte zu diesem Zweck den Schutz des Reichsleiters Alfred Rosenberg sowie seine Beziehungen zu Joseph Goebbels.[136] Zugleich stellte er eine enge Zusammenarbeit mit NS-Organisationen sicher, veranlasste den Ausschluss jüdischer Mitglieder aus den Vereinen[137] und betrieb gemeinsam mit Kornfeldt »bis zuletzt die Integration des [Rheinischen] Vereins in die Kulturpolitischen Ziele der Partei«[138]. Kornfeldt aber, der auch nach 1945 Geschäftsführer des Rheinischen Heimatbundes (die Umbenennung erfolgte 1939 in Anlehnung an den »Deutschen Heimatbund«[139]) geblieben war und – nachdem er sich auf einer Tagung der Arbeitsgemeinschaft der Westdeutschen Heimatbünde bemüht hatte, »den Bund als ideologisches Opfer erscheinen zu lassen und in scheinheiliger Gewitztheit dem geistigen Widerstand zuzuordnen«[140] – 1952 die »Wiederbegründung des Deutschen Heimatbundes« beantragt hatte, dessen Geschäftsführer er dann wiederum wurde (bis 1960), war »als der lange Arm Haakes anzusehen, der dessen taktische Schachzüge auf übergeordneter Ebene in konkreten Fragen auf regionaler Ebene umsetzte und klärte«[141]. Er betrieb als Verantwortlicher des Rheinischen Vereins die »Wegführung [...] von dessen Heimatbegriff und Hinführung zu einer Blut-und-Boden-Ideologie bis in das Jahr 1942«[142] und war Haake nicht nur als ausführender, sondern als gestaltender Mitarbeiter loyal ergeben.[143]

Dass Elisabeth Rudorff trotz der schmerzhaft erfahrenen Verstümmelung des Werkes ihres Vaters durchaus die Hilfe parteizugehöriger und -konformer Personen für die Buch-Werbung in Anspruch nahm,

134 Vgl. Fischer: 90 Jahre für Umwelt und Naturschutz, S. 39.
135 Vgl. Wiemer: Ein Verein im Wandel der Zeit, S. 116.
136 Vgl. ebd., S. 112 sowie Fischer: 90 Jahre für Umwelt und Naturschutz, S. 39f.
137 Vgl. Wiemer: Ein Verein im Wandel der Zeit, S. 117.
138 Ebd., S. 139.
139 Vgl. ebd., S. 118.
140 Fischer: 90 Jahre für Umwelt und Naturschutz, S. 47.
141 Wiemer: Ein Verein im Wandel der Zeit, S. 137.
142 Ebd.
143 Vgl. ebd.

ist anschauliches Beispiel für die Verbiegungen, denen sich auch integre Personen unterwarfen, um ihren Beruf zu erhalten oder ihre Projekte trotz der »schlechten Zeiten« durchzusetzen. Greiner zweifelte an der Integrität Elisabeth Rudorffs nicht. So schrieb er ihr zum Jahreswechsel den vertraulichen, handschriftlichen Brief:

Feldberg, d. 31. Dez. 38

Liebes Fräulein Rudorff!

Vor einem Jahre saß ich auch hier in Feldberg, und zwar über den Erinnerungen Ihres Herrn Vaters. Der Vergleich stimmt sehr wehmütig. Denn heute ist das Haus voller Umbrüche. Meine Schwiegereltern werden in wenigen Tagen nach England auswandern. Es ist freilich bitter, wenn man sich mit fast 74 Jahren noch eine neue Heimat suchen muß, aber es bleibt kein anderer Weg.

Neulich haben wir hier noch von meinem Schwiegervater die Rudorffschen Variationen über ein eigenes Thema op. 24 aus der Partitur gehört. Welch ein wunderschönes Thema! Und wie schade, daß Sie nicht dabei sein konnten, es hätte Sie von Herzen erfreuen müssen!

Entschuldigen Sie, wenn ich so wenig konzentriert u. sprunghaft schreibe, mit den außergewöhnlichen Umständen; ich wollte Ihnen nur überhaubt [sic] ein Lebenszeichen von mir geben u. Ihnen u. den Ihren alles Gute für das Neue Jahr wünschen, dessen wir alle so sehr bedürfen.

Mit herzlichen Grüßen
Ihr sehr ergebener Martin Greiner

P.S. Sie werden verstehen, daß ich in den geschäftlichen Briefen alle persönlichen Mitteilungen unterlasse, nicht [...] wegen meiner engeren Mitarbeiter, die Sie auch kennen, aber diese Briefe gehen durch viele, fremde Hände.

Trotz seines zeitweise sehr guten Absatzes ist dem Buch eine ausgesprochen rege Rezeption nicht vergönnt gewesen. Elisabeth Rudorffs in einer Notiz vom 16. April 1939 festgehaltene Hoffnung, »daß das Buch weiterhin von Erfolg begleitet sein und sich [...] seinen festen Platz in der deutschen Literatur erobern möge«, erfüllte sich nicht. Während 1939 ein relativ schlechtes Verkaufsjahr für die Erinnerungen war, war der Umsatz in den Jahren 1940/41, vielleicht auch wegen des hundertsten Geburtstages Rudorffs, wieder besser. Auch 1942 lief der Verkauf recht gut.[144] Es werden so viele Exemplare vertrieben, dass die »Vorräte

144 1938 wurden rund 1.700 Exemplare abgesetzt, was nicht ganz den Erwartungen der Verleger entsprochen hat. Elisabeth Rudorff erhielt 575,14 Reichsmark Honorar. [Vgl. den Brief Greiners an Elisabeth Rudorff vom 13. 4. 1939.] Die Honorarabrech-

an gebundenen Stücken jetzt fast wieder erschöpft sind«[145]. Doch der Bombenangriff vom 4. Dezember 1943 führte zur Vernichtung wesentlicher Teile des Verlages und dabei auch der Restbestände der Erinnerungen Ernst Rudorffs. In einem »Rundschreiben an die Autoren« vom Februar 1944 versprachen Greiner und Thorbecke eine Schadensfeststellung und teilten mit, dass der Verlag im übrigen die Produktion auswärts weiterführe. An Elisabeth Rudorff schrieb Greiner im April 1944, dass

> [...] der kostbar gehütete Restbestand der Erinnerungen Ihres Herrn Vaters bei dem Terrorangriff am 4. 12. 43 ein Opfer der Flammen geworden ist. Ich habe selbstverständlich die Absicht, den Band wieder herzustellen, aber ich vermag freilich noch garnicht zu übersehen, wann dies möglich sein wird und wann dafür eine Genehmigung erteilt werden kann. Jedenfalls soll aber dieses schöne Buch nicht überhaupt für alle Zeiten vom Büchermarkt verschwinden, im Gegenteil: ich hege noch immer die stille Hoffnung, dass es in einer besseren Zukunft möglich sein wird, einen Ergänzungsband folgen zu lassen. [...]

Das Buch wurde nicht wieder neu gedruckt. Ein Brief Greiners vom Herbst 1944, in dem er von seinem Bemühen schrieb, den Verlag notdürftig am Leben zu halten, blieb vorerst der letzte. Kurz darauf wurde er von der Gestapo verschleppt.[146] Erst im Februar 1949 nahm Elisabeth Rudorff den Briefwechsel wieder auf, um eine Neuauflage des Buches zu veranlassen. Greiner, inzwischen Professor an der Universität Leipzig, antwortete ihr:

| | |
|---|---|
| Fräulein Elisabeth Rudorff | Prof. Gr./Leh. |
| (20a) Lauenstein [...] Elze (Han.) | 14. Februar 1949 |
| Auf der Knabenburg. | |

Sehr verehrtes Fräulein Rudorff,

---

nung für das erste Halbjahr 1939 »gibt leider kein sehr ermutigendes Bild«. [Vgl. Greiners Brief vom 18. Oktober 1939]. Für das Jahr 1940 überweisen Baessler und Greiner 120,49 Reichsmark an Elisabeth Rudorff und betonen, dass der Verkauf »doch viel besser gewesen ist als sonst« [Brief v. 25. März 1941]. Für das erste Halbjahr 1941 erhält Elisabeth Rudorff 137,03 Reichsmark Honorar [Vgl. den Brief Baesslers und Greiners vom 7. Oktober 1941], im November 1941 ist kein Exemplar mehr auf Lager [vgl. die Karte Baesslers und Greiners vom 13. 11. 1941]. Die Honorarabrechnung für das erste Halbjahr 1942 ergibt einen Betrag von 153,56 Reichsmark.

145 Brief Baesslers an Elisabeth Rudorff vom 11. 9. 1942.

146 Vgl. Greiners im Folgenden zitierten Brief. Nachforschungen zum konkreten Geschehen haben keine weiteren Informationen ergeben.

Ihr Brief vom 4. Februar 49, der soeben hier eintrifft und für den ich Ihnen herzlich danke, ist in der Tat eine ungewöhnliche Überraschung. Was werden dabei nicht alles für Erinnerungen wach, gute und böse! Mein letzter Brief, den Sie erwähnen, war unmittelbar geschrieben, bevor ich schliesslich auch noch von der Gestapo unseligen Angedenkens in ein sogenanntes Zwangsarbeitslager geholt wurde, aus dem ich dann aber glücklicherweise kurz vor dem Zusammenbruch glimpflich davonkam. Nun, das gehört alles längst der Vergangenheit an! Inzwischen hat sich das Wenige, was von dem einstmals so stattlichen Verlag erhalten geblieben ist, auch noch, dem Zuge der Zeit folgend, in zwei Hälften geteilt. Der ehemalige Verlag fristet hier in Leipzig ein mehr als kümmerliches Dasein. Unsere Produktionsmöglichkeiten sind aufs äusserste eingeschränkt. Ich selbst widme den Hauptteil meiner Zeit und Kraft der Lehrtätigkeit an der Universität, wohin ich, einem alten Lieblingswunsche folgend, nun schließlich doch noch zurückgekehrt bin, und habe hier eine Professur für neuere deutsche Literaturgeschichte. Für die Verlagsgeschäfte, die ich als einziger aus dem Staackmannkreise in Leipzig verbliebener nebenher noch weiterführe, bleibt dabei begreiflicherweise nicht allzu viel Zeit. Indessen hat Herr Baessler nach seiner Rückkehr aus norwegischer Gefangenschaft unsere ehemalige Zweigstelle in Bamberg zu einem eigenen Verlagsunternehmen mit amerikanischer Lizenz entwickelt. Auch dort gilt es natürlich zunächst, mehr oder weniger wieder von vorn anzufangen, aber ich habe den Eindruck, dass dort in Verlagsdingen der privaten Initiative doch mehr Spielraum gegeben ist.

Der Staackmann-Verlag in Leipzig hat zwar die Lizenz erhalten, aber es besteht hier wohl kaum eine Möglichkeit, die Erinnerungen Ihres Herrn Vaters in einer Neuauflage wieder herauszubringen. Ein solches Vorhaben wird bei der angespannten Produktionslage in unserer Zone nicht als so dringlich angesehen werden, um auf eine Papierzuweisung rechnen zu können. Ich habe allerdings selbst schon oft bedauert, daß dieses schöne und gehaltvolle Buch so ganz vom Büchermarkt verschwunden ist, zumal es ja jetzt, nachdem der Judenboykott des Nazismus [sic] weggefallen ist, in wesentlichen Stücken bereichert werden könnte. Ich erwarte Herrn Baessler zur Messe in Leipzig und werde die Frage einer Wiederbelebung dieses Buches, die ja meiner Ansicht nach nach Möglichkeit auch mit einer Neubearbeitung in dem angedeuteten Sinne verknüpft sein müsste, besprechen. Ich halte es für möglich, ja für wahrscheinlich, dass auch Herr Baessler für sein wirtschaftlich noch junges Verlagsunternehmen zunächst noch eine Anlaufsfrist benötigen wird, ehe er an die Veröffentlichung eines so verhältnissmässig umfangreichen, aber doch seinem Charakter nach stillen Buches gehen kann, das sich ja in so wirtschaftlich angespannten Zeiten wie heute nicht ganz von selbst trägt und sich verhältnismässig langsam absetzt. Solche Erwägungen müssen ja wohl oder übel immer die Programmgestaltung eines Verlegers bestimmen, wenn er sein Unternehmen im ganzen gesund und tragfähig erhalten will. Dass aber dieses schöne Buch bei uns nicht überhaupt und für immer vergessen sein soll, dessen dürfen Sie gewiss sein. Ich werde Ihnen also darüber nach der Messe erneut berichten oder Herrn Baessler bitten, sich direkt mit Ihnen zu verständigen.

Von den familiären Dingen lassen Sie mich nur noch kurz berichten, dass unsere Familie inzwischen auf 5 Köpfe angewachsen ist. Zu Gottfried und Martina ist im

Mai vorigen Jahres noch ein kleiner Thomas hinzugekommen. Leider haben meine Schwiegereltern, die auch weiterhin sehr zurückgezogen in England leben, alle drei Enkelkinder noch nicht gesehen, und es ist ja leider auch einstweilen von Leipzig aus noch mit großen Schwierigkeiten verknüpft, einen Besuch ins Auge zu fassen. Wir hoffen dennoch, dass es in nicht allzu ferner Zeit einmal möglich werden wird.

Mit den herzlichsten Empfehlungen und Grüßen, auch an Ihre lieben Angehörigen, deren gute Wünsche ich aufs herzlichste erwidere, und mit den freundlichsten Wünschen insbesondere für Sie selbst, bin ich

Ihr Ihnen sehr ergeben Martin Greiner

Indem Greiner – noch darin geübt, Tatbestände, die man nicht nennen durfte, verschleiert auszudrücken – auf das Erfordernis einer Papierzuweisung deutet, deren Verweigerung ein in der »Sowjetischen Besatzungszone« übliches Mittel der Zensur war, impliziert er, dass aus politischen Gründen keine Aussicht bestand, hier eine Druckgenehmigung für ein sozialrestauratives Buch zu erhalten. Deswegen geht er auch unmittelbar zu der Alternative über, das Buch im Westen erscheinen zu lassen. – Elisabeth Rudorff folgte dem Vorschlag Greiners sofort und wandte sich mehrfach an Herrn Baessler in Bamberg, der wie vorhergesehen zwar Interesse an einer Neuauflage des Buches zeigte, dessen Verlag aber wirtschaftlich nicht dazu in der Lage war. Er ermutigte Elisabeth Rudorff, das Buch im Sinne einer Neuauflage zu bearbeiten, musste aber doch zugeben, »daß eine Neuausgabe der Erinnerungen Ihres Herrn Vaters in der gegenwärtigen schwierigen Zeit kaum zu verwirklichen ist«. Mit diesem Brief vom 13. September 1950 endete der Briefwechsel, den Elisabeth Rudorff mit dem Staackmann Verlag Leipzig über die Erstausgabe des Buches »Aus den Tagen der Romantik« führte.

## 6.3. Die Notizen Elisabeth Rudorffs

Aus den dem Typoskript vorangestellten Notizen Elisabeth Rudorffs geht hervor, dass 1958 erneut eine Bearbeitung des Buches geplant war und die Teile I – IV zu diesem Zweck an Liselotte von Reinken[147] geschickt wurden. Damit unternahm Elisabeth Rudorff noch einmal den Versuch, die »Erinnerungen« ihres Vaters neu herauszugeben, der jedoch ebenfalls scheiterte. Weitere, Teil V vorangestellte Notizen zur Neuauflage des Buches enthalten Hinweise auf Wiederholungen und

147 Nicht ermittelt.

Unklarheiten in den Aufzeichnungen Ernst Rudorffs sowie die Mitteilungen, dass sein Tod die Beendigung seiner Aufzeichnungen verhinderte und dass er seine Tagebücher von 1873 bis 1883, in welchen er vor allem über Begegnungen mit Brahms besonders ausführlich berichtet hatte, wegen einer »zu genauen Selbstbetrachtung« vernichtet habe.[148]

## 7. Zu dieser Ausgabe

Bei der Archivierung und Verzeichnung der Bestände des Rudorff-Nachlasses in der Knabenburg in Lauenstein durch die Stiftung Naturschutzgeschichte sind sowohl das Typoskript Elisabeth Rudorffs als auch das Manuskript Ernst Rudorffs wieder ans Licht gekommen, und die Erben, Familie von Gottberg, Salzhemmendorf–Lauenstein, haben sie der Stiftung dankenswerterweise für die Herausgabe einer Neuveröffentlichung[149] überlassen. Damit konnte nun eine vollständige, ungekürzte Ausgabe von Rudorffs Lebenserinnerungen in einer auch wissenschaftlichen Ansprüchen genügenden Edition hergestellt werden, in der sich ein bislang eher unbekannter Komponist, aber ein um so bekannterer Naturschützer in seinem Leben und Wirken der Öffentlichkeit wie der Forschung neu erschließt.

### 7.1. Zum Typoskript

Zu Beginn der Arbeit an der Herausgabe lag zunächst nur das Typoskript vor, das Manuskript wurde erst später entdeckt. Dabei sind sowohl viele editorische Probleme als auch inhaltliche Fragen aufgetreten: Es stellte sich heraus, dass das Typoskript von mindestens zwei Personen erstellt wurde, dass viele Unregelmäßigkeiten in der Schreibweise und in der Zeichensetzung bestanden, dass ein zweifach geschrie-

148 Tatsächlich fehlen die Tagebücher Rudorffs ab 1873 in Lauenstein, erst die Tagebücher ab dem 30. 9. 1883 sind wieder vorhanden. [Vgl. Rudorff-Archiv, Familie von Gottberg, Salzhemmendorf–Lauenstein.]

149 Eine ins Englische übersetzte Teilveröffentlichung der Abschnitte über Betty Rudorff und Felix Mendelssohn-Bartholdy von Nancy Reich erschien 1991: Nancy B. Reich: From the memoirs of Ernst Rudorff, in: Mendelssohn and his world, hg. von Larry R. Todd, Princeton 1991, S. 259–271.

bener Abschnitt gar Divergenzen in der Wiedergabe ganzer Wörter oder gar Sätze zeigte und dass der Vergleich einiger von Rudorff wiedergegebener Quellenzitate mit den jeweiligen Quellen starke Abweichungen aufwies, wobei zweifelhaft war, ob diese auf Eingriffen in den Quellentext durch Ernst Rudorff beruhten oder auf Lesefehlern Elisabeth Rudorffs. Inhaltlicher Klärungsbedarf ergab sich außerdem aus Unklarheiten im Text (Verwendung unüblicher oder mundartlicher Begriffe, Anspielungen, Fragen nach historischen, botanischen, musikalischen Fakten usw.), die auf ihre Richtigkeit überprüft werden mussten und eine kurze Erläuterung für den Leser als unverzichtbar erscheinen ließen. Insgesamt zeigt sich eine gewisse Inhomogenität in Rudorffs Text, in dem rückblickender Bericht sowie Zitate von Briefen, Tagebucheintragungen und veröffentlichten Quellen miteinander vermengt sind. In den letzten beiden Kapiteln nehmen die Zitate deutlich zu und die Berichte, etwa über Brahms, werden immer anekdotenhafter, was mit einem spürbaren Qualitätsverlust einhergeht.

## 7.2. Zum Manuskript

Die Einsicht in das Manuskript zeigte, dass es zwar Abweichungen im Typoskript gibt, dass diese aber nur geringfügiger Art sind: Es handelt sich im Wesentlichen um Flüchtigkeiten bei der Abschrift und orthographische Eingriffe.

Die Bögen des Manuskripts sind halbseitig beschrieben; die rechte Spalte enthält den Text, links wurden Ergänzungen angebracht. Rudorff schrieb mit schwarzer Tinte. Häufiger finden sich aber auch Bleistiftergänzungen am Rand in abweichender Schrift oder Ergänzungen Rudorffs mit Bunt- bzw. Kopierstift. Besonders zu Anfang ist viel gestrichen, wobei das Typoskript diese Streichungen, die ebenfalls mit schwarzer Tinte vorgenommen wurden, häufig unberücksichtigt lässt, manchmal aber auch übernimmt. Bleistiftergänzungen am Rand sind meist nicht in das Typoskript eingefügt, manche der nicht von Rudorffs Hand stammenden Ergänzungen sind aber übernommen. Das Manuskript wurde demnach offensichtlich von Rudorff mindestens zweimal überarbeitet, außerdem aber auch von anderer Hand. In den Kapiteln VII und VIII der Aufzeichnungen übernahm jemand anderes zeitweise die Abschrift der von Rudorff zitierten Briefe. Gelegentliche Ergänzungen oder Überschreibungen durch Rudorff zeigen, daß er diese Abschriften persönlich überarbeitet hat.

Des Weiteren ergab der Vergleich von Manuskript und Typoskript, dass das Typoskript, wie vermutet, etliche, meist kleinere Abschreibefehler oder -ungenauigkeiten (in Schreibweise und Zeichensetzung, manchmal sogar auch Auslassung von Wörtern o. ä.) enthält. Drei durchgehende Veränderungen von der Handschrift zum Typoskript sind diese:

1. Anders als im Manuskript wird »ß« im Typoskript nicht verwendet.
2. Die Endungen auf »-iren« im Manuskript werden im Typoskript meist zu »-ieren«.
3. Die Anrede zweite Person Singular in den zitierten Briefen schreibt Ernst Rudorff fast immer klein, das Typoskript wechselt im Laufe der Abschrift zu groß. In der vorliegenden Ausgabe wird fast ausschließlich die kleine Schreibweise verwendet (nicht immer ist das große »D« vom kleinen »d« eindeutig zu unterscheiden), nur in zweifellosen Fällen die große.

## 7.3. Prinzipien der Edition

Die Arbeit mit dem Manuskript führte bei der Edition zu folgendem Verfahren:

Der bereits 1938 erschienene Text wird von den bei der Erstveröffentlichung unterdrückten Teilen durch zwei Schriftarten unterschieden. Dieses Verfahren verdeutlicht die Verlegereingriffe während des Nationalsozialismus und ermöglicht das Auffinden des bisher unveröffentlichten Materials. Hiermit wird nach 65 Jahren der massive Schaden behoben, welcher der Erstveröffentlichung der Erinnerungen Rudorffs zugefügt wurde. Die jetzt erstmals vollständig veröffentlichten Passagen erscheinen recte, während der bereits 1938 erschienene Text kursiv gedruckt ist. Die Ausgabe folgt nun der von Rudorff selbst vorgenommenen Gliederung. Damit werden von Martin Greiner, dem damaligen Herausgeber von »Aus den Tagen der Romantik«, vorgenommene Textumstellungen zwar nicht dokumentiert, aber diese sind auch weitgehend stilistischer und nicht so sehr inhaltlicher als vielmehr kontextbezogener Art. Auf größere Textumstellungen wird in den Anmerkungen verwiesen. Die Kapitelüberschriften – Rudorff hat in seinem Manuskript verschiedene Kapitel allenfalls mit einer Nummerierung versehen – und andere Ergänzungen durch Greiner werden mit spitzen Klammern (< >) gekennzeichnet und erscheinen ebenfalls kursiv. Die Rudorffsche Kapitelunterteilung wurde, da sie unregelmäßig ist und in manchen Fällen z. T. mit Bleistift, z. T. mit Tinte nachträglich wieder gestrichen wurde, nicht übernommen.

Ernst Rudorff nannte sein Manuskript ursprünglich »Erinnerungen und Ansichten«. Für die vorliegende Edition wurde der Titel der Veröffentlichung von 1938 beibehalten. Die Ausgabe folgt, da die Abweichungen des Typoskripts vom Manuskript nur geringfügig sind, weitgehend dem Typoskript Elisabeth Rudorffs, das damit die erste Quelle für die Neuausgabe darstellt. Auch bei der Entscheidung, welche Streichungen und Ergänzungen aus dem Manuskript Rudorffs in das Buch übernommen wurden, folgt diese Ausgabe dem Typoskript, da nicht mit Sicherheit erkennbar ist, welche Streichungen Rudorff selbst vorgenommen hat. Außerdem hat Elisabeth Rudorff auch Ergänzungen übernommen, die nicht von Rudorffs Hand stammen, die aber auch nicht wesentlich in seinen Text eingreifen. Hier folgt die Ausgabe ebenfalls dem Typoskript. Sämtliche Passagen, die dem Typoskript folgen, wurden in Rechtschreibung und Zeichensetzung gemäß den Regeln vor der Rechtschreibreform modernisiert. In Zweifelsfällen, die den Sinn des Textes berühren würden, bleibt der Status aber unverändert.

Alle sowohl unveröffentlichten als auch veröffentlichten Zitate, die Rudorff für seine »Erinnerungen« verwendet, werden nach dem Manuskript Ernst Rudorffs wiedergegeben und folgen in Schreibweise und Zeichensetzung seiner Handschrift. Auf diese Weise werden hier erstmals veröffentlichte Quellen, die nur vermittelt durch Ernst Rudorff vorliegen, möglichst authentisch bewahrt und inhaltlich und im Tonfall der Zeit möglichst getreu erhalten, selbstverständlich mit dem Wissen darum, dass Ernst Rudorff möglicherweise stilistische Eingriffe in seine Quellen vorgenommen hat. Der Vergleich mit bereits veröffentlichten Quellen Rudorffs ergab solche Eingriffe. Zitate aus bereits veröffentlichten Quellen werden ebenfalls nach Rudorffs Manuskript wiedergegeben und dokumentieren so dessen freien Umgang mit seinen Quellen: Meist zitiert er wörtlich, verfährt aber zwanglos mit der Orthographie und Zeichensetzung, die von Rudorff insgesamt recht frei gehandhabt werden. Auslassungen und Textumstellungen werden von Rudorff nicht immer gekennzeichnet, d. h., was bei Rudorff in einem Satz steht, steht im zitierten Text möglicherweise weiter auseinander. Der Leser erhält hier die Möglichkeit, Eingriffe durch Rudorff im Vergleich mit der Quelle zu verifizieren. Genaue Quellenangaben finden sich im Anmerkungsapparat, wo aber nicht mehr explizit auf Rudorffs »ungenaue« Zitation hingewiesen wird (etwa bei nicht gekennzeichneten Auslassungen oder orthographischen Freiheiten). Wenn vom Wortlaut der Vorlage stark abgewichen wird, wird das Zitat mit dem Hinweis: »Frei nach ...« versehen. Wo nur vereinzelt stilistische Veränderungen vorgenommen wurden, ist das mit dem Zusatz »in Einzelheiten abweichend« vermerkt. Auslassungen oder Ergänzungen, die Rudorff beim Zitieren seiner Quellen vorgenommen hat, sind nicht umklammert: ... oder mit einer runden Klammer versehen: (...) Auslassungszeichen am Zitatbeginn und am Zitatende wurden nicht übernommen. Auslassungen und Ergänzungen im Text oder in den Fußnoten Ernst Rudorffs sowie in den Anmerkungen, welche die Herausgeberin der vorliegenden Ausgabe vorgenommen hat, sind durch eckige Klammern gekennzeichnet: [...]

Es wurde versucht, sämtliche Quellen zu ermitteln. Waren sie nicht ermittelbar, sind sie nicht in jedem einzelnen Fall qua Fußnote als »nicht ermittelt« aufgeführt. Es fehlen dann die Quellenangaben. Das gleiche gilt für Arbeitstitel, die dem Anschein nach nicht publiziert wurden.

Zweifelsfälle im Typoskript, bei denen etwa Elisabeth Rudorff Wörter nicht identifizieren konnte oder wo der Textzusammenhang nicht deutlich wird, wurden am Manuskript überprüft und entsprechend – stillschweigend – geklärt oder kommentiert. Die von Rudorff im Text genannten Zeit-, Orts- und Personenangaben sind nicht immer exakt und konnten nicht sämtlich verifiziert werden. So können etwa genaue Daten von Ereignissen, die Rudorff nennt, durchaus von der Realität abweichen oder Personennamen können durch Ernst oder Elisabeth Rudorff falsch geschrieben worden sein.

Der anschließende Anmerkungsapparat enthält Ergänzungen, Quellennachweise von Zitaten, die Rudorff verwendet hat, Hinweise auf unlesbare Wörter im Manuskript, etc. Handschriftliche Ergänzungen, die Elisabeth Rudorff im Typoskript vorgenommen hat, wurden stillschweigend in den laufenden Text eingearbeitet. Beigefügte »Merkzettel«, handschriftliche Anmerkungen, Kommentare und Überlegungen zur Textgestaltung von Elisabeth Rudorff oder von Martin Greiner wurden nur in bemerkenswerten Einzelfällen fett in den Anmerkungsapparat aufgenommen. Die Anmerkungen sind im Text mit arabischen Ziffern versehen und erscheinen am jeweiligen Kapitel- oder am Buchende. Anmerkungen, die Ernst Rudorff selbst im Text vorgenommen hat, sind mit römischen Ziffern auf der jeweiligen Seite des Buches gesetzt. Namen werden in der Regel nicht erläutert, da sie sich im Personenregister finden.

Bei der Schreibweise von Ortsnamen (z. B. Cöln – Köln) und Titeln (z. B. Friedrich Wilhelm III. – Friedrich Wilhelm der Dritte etc.) wurde, die Zitate ausgenommen, einheitlich verfahren und die Schreibweise der heutigen angeglichen, um die Suche im Personenregister zu vereinfachen, also *nur* »Köln« und *nur* »Friedrich Wilhelm III.« Bei Personennamen (z.B. Carl – Karl) wurde im modernisierten Teil die jeweils gebräuchliche Schreibweise verwendet.

Im Typoskript fehlen 54 Seiten zu Beginn des Kapitels VII, einige Seiten im Kapitel VII sowie eine Seite im Kapitel VIII. Diese fehlenden Seiten wurden von der Herausgeberin nach dem Manuskript ergänzt.

*Ernst Rudorff*

Ernst Rudorff
Erinnerungen und Ansichten

# Teil I: »Familie und Jugend meines Vaters«

## < Erster Teil: Herkunft und Heimat

### *1. Kapitel*

*Mein Vater über seine Vorfahren – Meine Großeltern Rudorff – Die Knabenburg – Jugendjahre meines Vaters – Berufssorgen – Der Entschluß zur Wissenschaft>*

*Was der Mensch liebt, das möchte er festhalten, irgendwie vor Vernichtung bewahren. So geht es etwa mit einem lange gekannten, schönen alten Baum, der der Axt zum Opfer fallen soll. Nicht so sehr vor dem eigenen Verlust bangt die Seele: Die Vorstellung an und für sich, daß etwas Liebes sterben, für immer verlöschen soll, ist das Bekümmernde. Lebt und grünt der Baum weiter für irgendwelche Augen und Herzen, die sich seiner freuen, so mag es darum sein, daß ich selbst ihn vielleicht niemals wiedersehe. Mit den Erinnerungen des eigenen Lebens, zumal der Kindheit und Jugend, mit den Nachklängen noch fernerer Vergangenheit, die der Mund des Vaters oder der Mutter unserem Gemüt zugeführt, ist es nicht anders. Man möchte die Bilder, die im Innern an sich vorüberziehen zu lassen für die späteren Lebensjahre eine nie versiegende Quelle dankbarer Empfindungen, erfrischender tröstlicher Vorstellungen ist, nicht mit dem Beschluß des eigenen Erdendaseins ausgetilgt denken müssen.* Und dazu kommt, daß die Entwicklung der menschlichen Dinge, wie sie sich in unseren Tagen vollzieht, rascher und erbarmungsloser mit der Vergangenheit aufräumt, sich in schrofferen Gegensatz zu der Stimmung stellt, die die Jugendjahre der abtretenden Generation beherrschte, als das vielleicht irgendwann im Verlauf der Geschichte der Fall gewesen ist. Nicht nur der einzelne sieht auf unglaublich viel Entschwundenes zurück, auch das Gesamtbild der Welt ist ein so gründlich verändertes geworden, wird es mit jedem Tage mehr, daß das Gefühl wohl zu Recht besteht: Wer hier und da noch ein paar Halme auf dem alten Erntefeld stehen weiß, tut gut, sie einzuheimsen. *Und so gehe ich ans Werk, aus überkommenen Papieren und eigenen Erinnerungen zusammenzutragen, was ich bewahren möchte – nicht wissend, bis zu welchem Punkt ich dieses Tun werde fortführen können, und ebensowenig um die Frage bekümmert, ob, was ich schreibe, außer bei meinen Kindern Teilnahme erwecken kann –, lediglich aus dem Drang der Liebe heraus, wie ich ihn beschrieben.*

*In meinen Jünglingsjahren schenkte ich meinem Vater ein Buch, das ich nach unserem kleinen ererbten ländlichen Besitztum »die Knabenburg« nannte. Auf seine erste Seite schrieb ich den Vers Joseph von Eichendorffs:*

*»Die fernen Heimathhöhen,*
*das stille hohe Haus,*
*Der Berg, von dem ich gesehen*
*Jeden Frühling ins Land hinaus,*
*Mutter, Freunde und Brüder,*
*An die ich so oft gedacht,*
*Es grüßt mich Alles wieder*
*In stiller Mondesnacht.«*[1]

*Die Absicht aber war, ich wollte meinen Vater damit bitten, in diesem Buche niederzuschreiben, was er über die Vorgeschichte seiner Familie und die Erinnerungen seiner Jugend hier*[2] *und da der Mutter und mir und etwa meinen Vettern mündlich mitgeteilt hatte. Diese Bitte wurde von ihm erfüllt. Ich merkte zuweilen, daß er das Buch zur Hand nahm, um etwas darin aufzuzeichnen, und als ich geraume Zeit nach seinem Tode mich entschloß, es aufzuschlagen und die Blätter zu lesen, fand ich zwar, daß sein Bericht bei den Erlebnissen seiner eigenen frühesten Kindheit leider schon Halt gemacht hatte, zugleich aber auch, daß er mit einer schlichten Anmut von den früheren Zuständen und Ereignissen in der Familie erzählt, die seine Schilderung der einfachen Vorgänge zugleich zu einem Denkmal für sein eigenes Wesen macht. Ich beginne damit, diese seine in den Jahren 1865–1873 niedergeschriebenen Aufzeichnungen in Verbindung mit anderem, das ich selbst über die Vergangenheit der Familie in Erfahrung gebracht, mitzuteilen.*

Mein Vater hatte oft geäußert, daß die letzten Überlieferungen über die Herkunft der Rudorffs sie nach der alten Reichsstadt Duderstadt auf dem Eichsfelde als ihrer früheren Heimat verweist.[3] Hier, hieß es, habe am Ende des 17. und im Anfang des 18. Jahrhunderts der Urgroßvater[4] meines Vaters als Mühlenbesitzer gelebt. Um seines Reichtums willen sei er der »Goldmüller« oder »Dukatenmüller« genannt worden, und seine Söhne habe er von Haus geschickt, um sie studieren zu lassen.[5] Im Sommer des Jahres 1895 entschloß ich mich, in Begleitung meines Sohnes und meines ältesten Vetters an Ort und Stelle selbst einmal Nachforschungen zu halten, die über die weitere Vorgeschichte der Familie etwa einiges Licht verbreiten könnten. An einem schönen Julinachmittag trafen wir in Duderstadt ein. Der noch nicht allzusehr durch moderne Gewinnsucht gestörte Friede der Eichsfeldischen Landschaft, die über Erwarten schön bewahrte Altertümlichkeit der lange Zeit hindurch seitab gelegenen Stadt, ihr Reichtum an reizvollen, malerischen öffentlichen und privaten Gebäuden, deren Ursprung in das 16. Jahrhundert und teilweise noch viel weiter hinaufreicht – dies alles gab dem Gedanken, unser Geschlecht könnte hier seine Wurzeln Jahrhunderte hindurch in den Boden gesenkt haben, einen unerwarteten Reiz. An einem reichen Schatz kirchlicher wie städtischer Urkunden fehlte es nicht. Selbst der Dreißigjährige Krieg hatte diesen stillen Winkel kaum berührt. So ließ sich denn feststellen, daß die Familie eine alt angesessene und namentlich im 16. Jahrhundert reichlich verzweigte in Duderstadt war. Wenn der Name in den Urkunden bald Rudorff, bald Rudolff, ja Roloff und niederdeutsch Rodolves oder latinisiert Rudolfi geschrieben erscheint, so kann das nicht auffallen, da bis zu Goethes Zeiten die deutsche Rechtschreibung, namentlich aber die Schreibweise der Eigennamen, von wechselnder mündlicher Aussprache abhängig, mithin im höchsten Grade schwankend war. Im Jahr 1373 tritt in der Urkunde des Gaugrafen und Richters Simon Rost zu Duderstadt ein »Hans Rodolves« als Beisitzer des Gerichts auf. Theodoricus Rudolfi de Duderstadt findet sich 1403, Ernestus Rodolff de Duderstadt 1511 als Studierender in das Studentenverzeichnis der Universität Erfurt eingetragen. Endlich erscheint ein Johann Heinrich Rudorff in den Duderstädter Kirchenbüchern als Vater zweier Söhne: des im Jahr 1694 geborenen Johann Christoph R. und des 1704 geborenen Otto Sigmundt R. Von beiden ließ sich nachweisen, daß sie studierte Leute waren; denn der letztere wurde Vicarius in Halberstadt, wie das Totenregister ausweist, der erstere aber »Amtsschreiber« (d. h. nach heutigem Sprachgebrauch »Assessor«) in Springe im Hannoverschen und starb pensioniert 74 Jahr alt im Jahre 1769 zu Kloster Zeven. Damit war der Anschluß an die Aufzeichnungen meines Vaters gefunden, und ich lasse nun ihn selbst, wie folgt, weitererzählen.

*»Mein Ältervater*[I] *Johann Christoph Rudorff in Springe«, sagte er, »hatte eine Differenz mit seinem Amtmann Hartmann. Die Regierung gab ihm Unrecht und er forderte seinen Abschied. Allein er war ein tüchtiger loyaler Beamter – mein Vater wußte zu erzählen, daß er seinem jüngsten Sohn, der sich bei einem Gastmahl etwas frei als Student über Georg II. und die Yarmouth geäußert hatte, eine Ohrfeige gegeben hatte um ihm einzuschärfen ›Junge ich will dich lehren, Respekt vor deinem König haben!‹ So gab ihm die Regierung ein halbes Jahr Bedenkzeit um seinen übereilten Entschluß reiflicher zu überlegen. Allein er wiederholte sein Gesuch, advocirte dann in Hannover mit Erfolg und starb als alter Mann bei seinem Sohn in Zeven.* Mein Vater erinnerte sich seiner stattlichen Figur und seiner schönen Zähne noch im hohen Alter, und daß er ihn mit den Worten: ›Fritze laß er das‹ zurückwies, wenn er sich im Garten an seinen Schlafrock hing. Der eben erwähnte älteste Sohn hieß *Friedrich Ludwig Rudorff* und *war verheirathet mit Melusine, geb. de Launay, Tochter des in Hannover als Generalleutnant verstorbenen Marquis de Launay. Er wurde als hannoverscher Amtmann*[II] *nach dem Tod seines Vaters von Zeven nach Rethem an der Aller versetzt. Es ist ein reiches inniges Familienleben gewesen* in dem Hause dieses meines väterlichen Großvaters, *ehe die blutigen Kriege am Ende des vorigen und Anfang des jetzigen Jahrhunderts so schmerzliche Lücken hineingerissen hatten, daß der arme alte Großvater vor Schmerz über den Verlust seiner Söhne gestorben ist,* mit der Klage ›meine Brüder, meine Brüder!‹ Denn auch mein Vater war in den Gefechten bei Fomars 23 Mai 1793, Valenciennes 28 Juli 1793 Landrery 26 April 1794; seine schwere Verwundung und Gefangenschaft hatte auch ihn unter die Todtgeglaubten versetzt. *Den Tod seines jüngsten Sohnes Ernst, der Anfang September 1807 bei Kopenhagen fiel, hat der alte Vater nicht mehr erlebt, er starb schon 1795, aber einer seiner Söhne war todt, zwei gefangen der vierte vermißt; es war genug gewesen um sein Herz zu brechen. Die prächtigen Jungen waren zu gut zum Kanonenfutter, besonders George, sein ›alter Grenadier‹. Mein Vater hatte ihn am Tage vor seinem Tode in dem Kampf bei Hondscote noch besucht, er hatte seinen Nachlaß in der Vorahnung seines Todes geordnet und erobertes Tuch für die Mutter zu Anzügen der jüngeren Brüder Wilhelm und Ernst bestimmt; bei dem Sturm am folgenden Tage dem*

---

I *Nach früherem* sehr guten *Sprachgebrauch,* den auch ich mir zu eigen gemacht habe, *heißt der Vater des Großvaters »Ältervater« und erst dessen Vater »Urgroßvater«* *<oder Urältervater>*.

II Also in ähnlicher Stellung, wie sie heute ein preußischer Landrat bekleidet.

*8[ten] Sept. 1793 schossen er und ein französischer Offizier einander durch die Brust, er lebte noch eine Stunde; unter einem Apfelbaum bei Hondscote liegt er begraben. Er ist ein wissenschaftlich gebildeter Offizier und ein streng sittlicher ernster reiner Mensch gewesen, den Ältern und Geschwister, Freunde und Kameraden überaus hoch gehalten haben. Dem Herrn von der Decken, späteren Feldzeugmeister, borgte er seine Uniform zum Tanz und ging derweilen mit seinem Horaz in die Einsamkeit.«*

*»Ihm (George) voran war noch ein älterer Bruder gegangen, August, ein überaus begabtes Kind, welches aber 12 Jahr alt in Folge eines unglücklichen Steinwurfs in Kloster Zeven, wo mein Großvater damals Amtsschreiber war, verstorben ist. Die Leiche war auf dem Flur des Klosters unter vielen Lichtern aufgestellt, die Brüder weinten bitterlich, es war der erste Schmerz den sie erfahren sollten, besonders Christian, der das Unglück gehabt hatte, den Bruder beim Spielen* aus Versehen *im Rücken zu treffen.«*

»Mein lieber gütiger Onkel Christian, welcher auf George folgte, war 1766 geboren und starb 1824 am 24[ten] Juli[6] als Amtmann zu Winsen an der Luhe.«

*»Auf Christian folgte mein Vater, nach dem Urtheil seiner Schwester Melusine der klügste unter allen seinen Brüdern.* Er war am 25 Januar 1768 zu Zeven geboren. *Der Vater – der kein höheres Ziel kannte, als seine Söhne im Frieden in des Königs verschiedenen Röcken am Hofe zu Hannover zu wissen, wohin er selbst nicht kommen durfte – bestimmte ihn zum Soldaten gegen seine Neigung, aber seine ernste, streng sittliche Führung, seine kriegswissenschaftlichen Studien, und seine nette saubere Erscheinung hätten ihm auch in diesem Stande einen so guten Erfolg gesichert, wie ihn ein bürgerlicher Offizier unter den damaligen hannoverschen Zuständen erwarten durfte. Hatten doch schon auf der école militaire in Hannover Scharnhorst und Spörken ein günstiges Auge auf seine Bestrebungen geworfen. Allein die Kapitulation der hannoverschen Armee bei Lauenberg machte seiner militairischen Laufbahn ein Ende. Glücklich verheirathet zog er sich im Jahre 1801 nach Mehringen auf den ihm von seiner Braut zugebrachten Siebenmeierhof zurück, während seine Brüder und Vettern in England fortdienen mußten.* Da traf ihn die Mehringer Katastrophe[III], das Feuer verzehrte die schöne Einrichtung, die theure Pacht und die Prozeßkosten ruinierten unseren Wohlstand, und der schöne große Siebenmeierhof wurde durch ein

III Näheres hierüber weiter unten.

inappellables Urteil der damaligen Kammer dismembrirt. Wir zogen nach dem Himmelfahrtstag 1805 dem Tage des Brandunglücks nach dem nahegelegenen kleinen Wulzen, dann 1809 nach der Mehringer Entscheidung nach Hannover, 1811 nach Hemmendorf, 1812 nach Lauenstein auf die Knabenburg.«

»Doch zurück zum Rethemer Amthause! In diesem war *mein armer Onkel Wilhelm* meinem Vater gefolgt. Er *war lange nicht so klug wie dieser, auch der Ehrgeiz fehlte ihm, aber die Herzensgüte stand auf dem ehrlichen Gesichte geschrieben. Als kleiner Junge hatte er einmal in kalter Winternacht draußen gewacht, weil sie ihm weiß gemacht, die Schweine würden gestohlen. Aber er mußte fort aus dem häuslichen Kreise, in westfälische, englische, endlich in französische Dienste, um in diesen bei der Erstürmung Girona's sein Grab zu finden auf einem spanischen Kirchhofe.* Einige interessante Züge aus diesem wechselvollen Leben hatte mein Vater aufbewahrt. *Als sie in den Revolutionskriegen gefangen wurden, rettete er die Fahne seines Regiments und warf sie in den Brunnen mit Lebensgefahr; dem Franzosen, der seinem Kameraden die Börse nahm und die Goldstücke zählte, schlug er sie aus der Hand; mit den Henkern disputierte er auf der Guillotine um den alten französischen Grafen zu retten, der, weil er einen kleinen Theelöffel von seinem Silberzeug zurückbehalten hatte, hingerichtet wurde, und als auf Robespierre's Befehl vor dem Kloster in Dijon die Kanonen aufgefahren wurden, um die Gefangenen zu erschießen, briet er, der alte häusliche, kaltblütige Mensch seinen Kameraden ein Kaninchen und verzehrte es schließlich allein, weil allen Anderen der Appetit vergangen war. Zum Glück kam es nicht zum Erschießen, denn Robespierre wurde gestürzt. In der Franzosenzeit warb Wilhelm in Hannover heimlich für England; ein Unteroffizier seiner Compagnie verrieth ihn in Moorburg, und ein Predigersohn, der ihm ähnlich sah, wurde statt seiner erschossen. Auf das Gerücht seines Todes eilt mein Vater nach Hamburg und findet ihn in der ›Stadt London‹ im Gespräch mit dem französischen General, der ihn in solcher Nähe nicht vermuthete. Meinem Vater aber hätte die Geschichte beinahe das Leben gekostet. Wilhelm hatte ihm seine compromittierenden Werbepapiere mitgegeben, ein Detachement französischer Chasseurs holte seinen Wagen bei Soltau ein, sie begleiteten ihn nach Celle, und er wäre sicherlich erschossen, wenn er nicht beim Eintritt in die Wache die gefährlichen Dokumente in die Gosse getreten hätte. Wilhelm aber gelang es seine zersprengte Compagnie wieder zu sammeln, Beneke's in Hamburg, seine Freunde, halfen ihm durch und an einem dunkeln stürmischen Novemberabend gewann er in Beglei-*

*tung meines Vaters das englische Kriegsschiff bei Cuxhaven, welches ihn und seine Mannschaft nach England hinüberführte, wo ihm leider das Parlament seine Versprechungen nicht gehalten hat. Am 11$^{ten}$ December 1809 fiel er bei Girona in Spanien.«*

»Nach Wilhelm wurde am 24$^{ten}$ August 1773 *Melusine* unsere alte liebe jetzt (1868) 95jährige Tante in Zeven geboren, *das einzige Mädchen unter den vielen wilden Jungen, die sie, die einzige Schwester, unendlich geliebt, aber ihr auch manchmal arg genug mitgespielt haben. Als sie 12 Jahr alt auf der Wiese mit ihren Brüdern Schlittschuh läuft und bis unter die Arme einbricht, ruft sie meinem Vater zu ›Fritz, rette mich‹. Dieser kommt auch sofort heran, aber mit einem ›ja warte, Lork, ich will dich retten‹, taucht er sie erst noch dreimal unter, ehe er sie herauszieht. Sie war bildschön nach französischen Begriffen, denn sie sah in das Geschlecht ihrer mütterlichen Vorfahren, der de Launay's, und in der Familie hieß sie ›dat französische Mäken‹. Ihr Haar reichte bis in die Kniebeugen, so daß wir Jungen, mein Bruder Valdec und ich, uns Unterschnirren zu den Dohnen*[7] *daraus machen wollten. Nur am Unterkiefer fehlten einige Meißelzüge, und ihre Zähne hatte sie früh verloren, so daß ihre alte kräftige Großmutter, als sie im 80$^{ten}$ Jahre den ersten ihrer kleinen schönen Vorderzähne verlor, ausrief: ›Wo sehe ick ut, wo seh' ick ut, ick mot mi jo schämen, ick sehe ut as Melosine‹. Natürlich fehlte es nicht an Bewerbern. Der Eine, der sie innig liebte, wurde ihr von ihrer Freundin, die ihn heirathen wollte und später sehr unglücklich machte, verleidet; ein Anderer wurde ihr untreu, und erhielt dafür von den Brüdern die Hetzpeitsche; so blieb sie bei der Mutter im dürftigen Verhältniß einer hannoverschen Beamtenwittwe* im Pfarrwittwenhause in Rethem, dann bei dem Bruder Christian in Wölpe, 1801 in Neuhaus a. d. Oste, endlich in Hoya, wo *sich nach 1817 in Onkel Christians Schwager, dem pensionirten Hauptmann Gottfried Tiensch, ein später Bewerber fand.* Die Ehe blieb kinderlos, die Verhältnisse waren eng und dürftig, das nette Häuschen und Gärtchen in Vilsen bei Hoya nicht recht nach ihrem Geschmack. Aber ihr nobler Charakter, viel Liebe zu den Ihrigen neben manchen starken heftigen Antipathieen, ein guter Schlaf, wenig Essen und ein bischen Kaffee und Thee haben sie über die gewöhnliche Lebensdauer hinaus erhalten, und noch jetzt, nachdem ihr Gatte längst heimgegangen, lebt sie zu unserer Freude, und nimmt an Allem, was uns betrifft, den lebhaftesten Antheil. Auf ihrem Ruf trotz der schwierigen Franzosenzeit, in welcher der Obrist Boudignen[8] sie geheirathet haben würde, wenn er nicht in Frankreich mit seiner Victoire verlobt gewesen wäre, haftete auch nicht der allerkleinste Makel.«

*»Ernst, der jüngste Sprößling, war bei meinem Vater im Münsterlande 1793 in Ancum und auf Hobbers Mühle als Cadet unter strenger brüderlicher Zucht, doch war sie durch seine rührende Bitte ›Fritze, schlag mich nicht‹ gemildert. Dann trat er als schmucker Offizier in das erste englische Husarenregiment. Tollkühn sprengt er bei der Belagerung von Kopenhagen 1807 in ein dänisches Dorf und wird von den fanatischen Dänen vom Pferde geschossen. Als die Nachricht nach Wulzen kam, legten mein Vater und meine Mutter sich in dem Grasgarten unter dem Apfelbaum ins tiefe Gras und weinten bitterlich.* Dies Bild, wie das des Onkels schwebt mir noch vor der Seele, wenn auch nicht so deutlich wie das Bild des Onkels Wilhelm, dessen Abschied in Onkel Christian's Hause in Hoya in Johannisbeerwein gefeiert wurde.«

»Das war das Rethemer Amthaus. Es fehlte natürlich nicht an Jagdgeschichten und lustigen Schwänken, aber es gieng stets sittlich und ehrbar zu, und dieses Familienfideicommiß hat sich zu unserem Segen auf uns vererbt.«

»Der jüngere Bruder meines Großvaters war der nachherige Oberamtmann zu Blumenthal[IV]. Die beiden Brüder waren sehr verschieden, mein Großvater hypochonder, friedsam, talentvoll, namentlich ein vortrefflicher Zeichner und Mathematiker, der Bruder dagegen ein tüchtiger Raufer und guter Jurist, dabei aber stolz und hochfahrend. Dennoch liebten die Brüder einander zärtlich; der jüngere vertheidigte den älteren, als sie in Göttingen mit einander studierten, gegen die Roheiten der damaligen Kurländer, und noch später war es in Rethem gemüthlich, wenn sie im Garten beim Wein saßen und eine zahme Elster allmählig das Glas austrank, dann kreuzweis abmarschierte und an einem langen braunen Kohlstrunk ihren Rausch ausschlief.«

Soweit der Bericht meines Vaters über seine Vorfahren und Angehörigen väterlicherseits.

Das alte, stattliche Rethemer Amthaus steht noch heute mit seinen den geräumigen Amtshof umgebenden Wirtschaftsgebäuden. Auf den Grundmauern eines aus dem Mittelalter herrührenden festen Schlosses um 1723 errichtet, liegt es auf mäßiger Bodenerhebung am linken Ufer der Aller, die hier, nahe ihrer Mündung in die Weser, schon in ansehnlicher Breite den großen Grasgarten bespült und wenige Schritt weiter abwärts von einer Schiffbrücke überspannt wird. Aus den oberen

IV Einer seiner Enkel, der General Franz von Rudorff, ist durch seine Teilnahme an der Schlacht von Langensalza 1866 bekannt geworden.

Fenstern des Wohnhauses schweift der Blick über mächtige Obstbäume hinweg zu den weiten Marsch- und Wiesengeländen hinüber, die der blaue Fluß in malerischem Bogen durchzieht. Größere und kleinere Baumgruppen sind über die grüne Fläche verstreut; hier und da erscheint in der Ferne ein einsames Kirchdorf oder der Saum eines Waldes, der den Horizont abschließt. An der Südseite aber begrenzen die mit Spalieren überzogenen Mauern des schönen, mindestens zweihundertjährigen Stallgebäudes den Gemüse-, Blumen- und Ziergarten, dessen uralte wulstige und wunderliche, dereinst regelmäßig geschnittene Taxusbäume deutlich auf den Geschmack des 17. Jahrhunderts hinweisen. Sie stehen paarweise an den Ecken eines großen Vierecks als die letzten lebenden Zeugen aus der Zeit des alten Herrensitzes.

Von Rethem führt eine alte Landstraße geradeaus in westlicher Richtung, durch Heide und Moor, Wald und ein paar Dörfer in etwa vier Fahrstunden nach Hoya an der Weser. Dreiviertelstunden noch stromabwärts liegt die Dorfschaft Mehringen mit ihrem Siebenmeierhof, d. h. einem siebenfachen Bauerngut, dessen Erbin meinem Großvater die Hand reichte.[9]

*Es gibt wenige Gegenden in Deutschland, die bis in die jüngste Vergangenheit so sehr einen altertümlichen Charakter bewahrt haben, wie dieser an der unteren Weser belegene Teil Niedersachsens, den man ehemals die Grafschaft Hoya nannte. Vereinzelte Gehöfte, unter Eichenkronen versteckt, wechseln mit Dorfschaften, die auch wiederum aus völlig gesonderten, von Eichengehölzen überschatteten Einzelhöfen bestehen. Die Worte des Tacitus: »colunt discreti ac diversi, ut fons, ut campus, ut nemus placuit«*[10] *haben hier noch heute Geltung. Auch das hochragende Bauernhaus hat im wesentlichen noch die ursprüngliche Gestalt bewahrt. Aus Fachwerk aufgeführt, birgt es unter seinem mächtigen, strohbedachten Giebel die Wohnstätten für Menschen und Vieh zu gleicher Zeit. Zu beiden Seiten der breiten Hausdiele liegen die Stallungen, an ihrem Ende, hinter der Feuerstätte, die den idealen und beinahe auch den wirklichen Mittelpunkt des Ganzen bildet, durch eine Querwand abgetrennt die Wohnräume für die Familie. Einen Schornstein gibt es nicht. Über dem Herdfeuer hängen hoch oben an den Balken die Schinken und die Würste, um sich räuchern zu lassen. Der überflüssige Dampf zieht durch den weiten und hohen Haupteingang ab, dessen oberer Teil stets offen bleibt. Nur bis zu dreivierteln Manneshöhe reicht eine schwere Holztür mit Doppelflügeln, deren oberen Rand eine durchbrochen geschnitzte Galerie zu bilden pflegt. Unter den Eichen, die das Haus umgeben, findet das Schwein, »das niedersächsische Tier«, seine Nahrung; auf den Marschen und Angern weiden Kühe und Rinder, und aus den einsamen Heiden ragen die Hügel der Hünengräber auf. Namen wie »Asendorf« deuten unmittelbar auf die »Asen«, die alten Götter der Germanen, hin. So scheint sich hier ein ahnungsvoller Blick zu öffnen in die fernste Dämmerung deutscher Vorzeit. Mehringen selbst aber ist ein wohlhabendes, durch die Nähe der Weser mit ihren fetten Marschwiesen bevorzugtes Dorf, dessen Siebenmeierhof durch Jahrhunderte neben zwei anderen gleich bedeutsamen Bauerngütern in der ganzen Landschaft die erste Stelle dieser Art einnahm.*

*Auf dem Mehringer Siebenmeierhofe wurde mein Vater am 21. März 1803 geboren und erhielt in der Taufe die Namen Adolf August Friedrich.* Ehe jedoch von seinem eigenen Leben die Rede sein kann, muß wiederum der Bericht eingeschaltet werden, den er selbst über die Familie seiner Mutter Elise, geb. Heldberg, gibt. Dieser aber führt zunächst in einen südlicheren Teil des hannoverschen Landes.

*»Mein Urgroßvater mütterlicherseits«,* so erzählt mein Vater, *»Christian Eberhard Niemeyer, dem wir die Knabenburg in Lauenstein verdanken, wurde geboren zu Polle an der Weser <am 7. November 1675>*[11]*, wo sein Vater Amtmann war. Der Vater hatte Schulden hinterlassen, die der Sohn aber bald abzahlen konnte. Schon als Auditor soll er Pachtungen übernommen haben und mit solchem Talent und Erfolg, daß seine Kornwagen die Marktpreise in Hannover bestimmten. In einer Theuerung ließ die Regierung in Holland Getreide aufkaufen und schickte Niemeyer als Agenten dorthin. Im Vorzimmer des reichen holländischen Mynheer geht er auf und nieder und steckt sich eine Stecknadel, welche am Boden liegt, auf den Ärmelaufschlag. Das sieht die Frau durch das Guckfenster der Thür und sagt zu ihrem Eheherrn: ›Manneke, dat kanstu zeker doen, de man is een huysholder.‹ Das glückliche Geschäft machte den Unterhändler zu einer so geachteten Autorität, daß König Georg der Zweite ihn nach Herrenhausen kommen ließ, um sein Gutachten über den Pachtwerth einer pachtlos gewordenen Domäne zu vernehmen. Der neue Pachtpreis sollte aber so normirt werden, daß eine Familie anständig dabei leben könne. Nachdem Niemeyer seine Meinung über einen so ermäßigten Preis ausgesprochen, sagt der König: ›Dafür soll er sie haben.‹«*

*»Durch diese Pachtungen erwarb unser Ahnherr ein sehr ansehnliches Vermögen, und gelangte nach und nach zu Wohlstand und großem Segen an Glücksgütern. Die Rittergüter Bokeloh* [sic] *im Amte Blumenau, Grolland bei Bremen, Emseloh in der goldenen Aue im Thüringer*

*Lande und den freien Siebenmeierhof zu Mehringen Amts Hoya nebst der Knabenburg zu Lauenstein konnte er seinen vier Töchtern überlassen. Die größte Erwerbung aber war das von Ahlefeldt'sche Rittergut Brodau in Holstein, welches fünf leibeigene Dörfer, herrliche Eichenwaldungen und einen Werth von damals 137.000 Thalern*, nach jetzigen Verhältnissen von 480.000 Thalern *hatte. Es ist an der Ostküste im Travemünder Winkel herrlich gelegen; von dem Hügel im Garten, der mit Buchen bestanden ist, hat man den Blick aufs Meer. Dort hatte der frühere Besitzer es am Hochzeitstage auf eine Karte gesetzt und verloren. Es kam dann in Sequester und die holsteinschen Advocaten dachten es in der Subhastation*[12] *für sich billig zu erstehen. Nachdem langsam bis 57.000 geboten sind, bietet mein Urgroßvater 67.000 Thlr. und erhält den Zuschlag. Man bezweifelt seine Zahlungsfähigkeit, weil er einen Flicken auf dem Rockärmel hat. Da legt er die Summe baar in Banknoten auf. Nun verlangt man holstein'sche 2/3 in Silber. Auch diese beschafft er von Lübeck aus und der herrliche Besitz ist sein. Er hinterließ ihn seinem Sohne Heinrich Conrad als freies Eigenthum, schuldenfrei, nur mit einer Rente belastet. Alle übrigen Güter wurden wie dieses zur Conservation der Familie in männlicher und weiblicher Linie mit Fideicommiß belegt, jedoch in ächt bürgerlicher Weise mit gleichen Antheilen aller Descendenten; sie sollen sie nicht veräußern und die Revenüen zu Hülfe nehmen, aber sich nicht darauf setzen, sondern dem Staate dienen.«*

*»In Eggersen*[V]*, wo der Ahnherr als Oberamtmann zu Lauenstein Haus hielt und nur noch zum Gericht auf das alte ›Haus Lauenstein‹ kam, welches dann bald abgebrochen wurde – herrschte strenge Zucht, Ordnung und Frömmigkeit. Es war eine große Vergünstigung, erzählte meine Großtante, wenn die Enkelinnen Abends nach Tisch ohne Reifrock erscheinen durften. Aber Eitelkeit und Überhebung ward nicht geduldet, und als die verheirathete Tochter, die Amtmannin Craushaar, einst über Tisch es als ein Glück preist geadelt zu werden und an den Hof zu kommen, sagt der Ahnherr sehr ernst: ›Wenn ich ein Kind hätte, welches eitel genug wäre, sich seiner Herkunft zu schämen, das könnte ich enterben. Hört Ihrs, Tochter?‹ Es fehlte aber auch an großer Güte und Milde nicht. Den Armen wurde gründlich geholfen; nie litt der Ahnherr die Hungerharke auf den Feldern, – das Buch Ruth hatte sie verboten, – und die alten Leute in Lauenstein wußten nicht genug von*

V Die Domäne Eggersen liegt vor dem Flecken und ehemaligen Schloß Lauenstein, das dem Amtsbezirk den Namen gab, etwa dreiviertel Stunden entfernt.

*seiner Milde, Wohlthätigkeit und Frömmigkeit zu erzählen. Aber auch größere Geldopfer standen bereit, wo es Noth tat. Der Amtmann Heyder in Lauenstein hatte die Kasse angegriffen. Der Regierungscommissar, der die Sache untersuchen soll, tritt beim Oberamtmann in Eggersen ab. Er hat die Gewohnheit, laut mit sich selbst zu reden und der Bediente hört, daß er beklagt, die Familie Heyder ruinieren zu müssen. Niemeyer schickt also einen reitenden Boten nach Lauenstein, um zu fragen, wie viel in der Kasse fehle. In der Angst nennt Heyder 3000 Thaler, die er augenblicklich baar dargeliehen erhält und in die Kasse legt. Bei der Revision am anderen Tage findet sich ein Überschuß, und da ein solches Zuviel damals noch nicht als Unordnung aufgefaßt und dem Zuwenig gleichgeachtet wurde, so bricht der Revisor, der ein geborener Sachse ist, in den verwunderten Ausruf aus: ›Welche Verleimdung, noch driber, noch driber.‹«*[VI]

*»Unser Ahnherr starb am 27ten August 1757, 81 Jahr 9 Monat alt. In seinem Testamente bittet er seine Kinder, ›daß sie mit seinem Körper kein Gepränge vornehmen sondern des Abends in aller Stille mit 6 bis 8 Leuchtern denselben entweder in dem Schurmann'schen Gewölbe zu Salzhemmendorf oder in seinem eigenen Gewölbe unter der Marienauer Kapelle beisetzen‹*. Letzteres ist am 1. September 1757 wahrscheinlich geschehen.«[13]

»Er hinterließ einen einzigen Sohn Heinrich Conrad und vier verheirathete Töchter. Jedes dieser Kinder erhielt ein Gut, der Sohn Brodau in Holstein, die dritte Tochter, die Sekretärin Heldberg, unsere

VI Die Zeitschrift »Niedersachsen« vom 15. April 1899 bringt folgendes: »Vor 150 Jahren lebte auf der Domäne Eggersen bei Salzhemmendorf ein Oberamtmann Niemeyer, der sich durch Gründung des kleinen Dorfes ›Salzburg‹ ein Denkmal gesetzt hat. Im Jahre 1731 vertrieb der Bischof Anton v. Firmian aus den Salzburger Gebirgen viele evangelische Familien. Viele dieser vertriebenen Salzburger suchten im Hannoverschen eine Zuflucht. Im Calenbergischen fanden allein 18 Familien ein Unterkommen, davon sechs Familien oberhalb Marienau am Osterwalde in der Salzburg. Oberamtmann Niemeyer erbot sich, im Auftrage der Hannoverschen Regierung für die Auswanderer zu sorgen. Im sogenannten Bornemanns Kampe lag ein größerer Plan wüstes Zinsland. Dieses Land wurde in sechs Parzellen von je sechs Morgen eingeteilt und jeder der Emigrantenfamilien ein solcher Plan überwiesen. Auch wurde jeder Familie ein Haus erbaut, je zwei Kühe und das nötige Acker- und Hausgerät überwiesen. Alle sechs Auswandererfamilien stammten aus Berchtolsgaden. Ihre Namen waren: Andreas Stangelar, Abraham Ludwig, Bartholomäus Pfiiner, Markus Hirschspieler, Michael Semler, Hans Breidler. Letztere drei Emigranten hatten im Salzburgischen wertvolle Anwesen im Stiche lassen müssen. Es wurde deshalb der Kanzlist Krückeberg als hannoverscher Kommissar nach Salzburg geschickt, der die Güter herausforderte, nach langen Verhandlungen auch erhielt und verkaufte. Die sechs Häuser stehen noch jetzt am Hange des Osterwaldes.« [In: Niedersachsen. Halbmonatsschrift für Geschichte, Landes- und Volkskunde, Sprache, Kunst und Litteratur Niedersachsens, Nr. 14, 15. April 1899. IV. Jahrgang (1898/99), S. 222.]

Ahnfrau Mehringen bei Hoya, die Knabenburg als ein Wittwenhaus für sie, einige Salztheile und eine auf Brodau stehende Rente.«

»Den *Sinn* des Testators *bekunden folgende Bestimmungen seiner ›Dispositio paterna inter liberos‹ vom 8. März 1754.«*

*»›Auch trage meinen Kindern auf das Nachdrücklichste auf, daß von dem reichen Segen, welcher durch Gottes Gnade ihnen zugefallen, ein jedes Kind an dem Orte seiner Wohnung an die Armen, so lange sie, meine Kinder erster Generation, leben, jährlich Funfzig Thaler meinetwegen austheilen. Dieses hört aber meines Kindes Kindern auf* [sic], *jedoch werden dieselben erinnert, des Armen auch nicht zu vergessen, damit sie Gottes Segen dadurch beibehalten mögen.‹*

*›Vor allen Dingen rekommandiere meinen Kindern die Einigkeit und Beherzigung des alten Sprichworts, daß Friede ernährt, Unfriede aber verzehrt und daß bey zustoßenden Unglücksfällen einer des anderen sich annehme und für die Conservation der Familie Sorge trage.‹«*

*»Diese Ermahnung ist am treusten von seiner dritten Tochter, meiner Ältermutter, erfüllt worden.* Sie war am mindesten bedacht und gegen ihren Mann war viel gehetzt worden. Dennoch war sie es, die den Willen ihres Vaters aufrecht hielt, während ihn die Anderen umstoßen wollten. Nicht in gleichem Maße haben sich die Fremden, welche in die Familie einheiratheten um den Ursprung und die Bedingungen des ihnen vererbten Segens gekümmert. Die Folgen sind nicht ausgeblieben. Es sind Familienzwiste entstanden und haben ihn aufgezehrt. So ist namentlich in unserer Linie später Mehringen verloren gegangen.«

*»Meine Ältermutter <Charlotte Ernestine>*[14] *Niemeyer war verheirathet mit dem Sekretär Heldberg am Oberappellationsgericht in Celle. Er wird als ein heiterer, jovialer Mann geschildert, und manche Epigramme und Scherze, die von ihm erzählt wurden, bewiesen, daß es ihm an Witz und Humor nicht gefehlt haben muß.* Diese Jovialität wurde in jener engen Zeit der Familienzwiste jedoch benutzt, um ihn bei seinem Schwiegervater zu verläumden, wovon das Testament desselben noch einige Spuren aufzeigt. *Die Ältermutter*, seine Ehegattin, *war eine ernste, kränkliche, streng religiöse Frau, wie ihre noch vorhandenen geistlichen Lieder zeigen, die sie in ihrer Schwachheit gedichtet. Sie ist, nachdem sie ihm vier Kinder geboren hatte, erst* 42 *Jahr alt an der Auszehrung* wahrscheinlich in Lauenstein[15], *gestorben. Meine Mutter sprach von ihr nur mit der höchsten Verehrung und Mitempfindung ihrer Leiden. Von den vier Kindern* ist das jüngste, ein Knabe, früh gestorben. Zwischen zwei Schwestern, von denen die älteste unverheirathet blieb, stand *mein Großvater Christian Eberhard*

*Heldberg. Er war in Celle 1739 geboren*, und *starb als praktischer Arzt 1795 in Bremen.*«

»Die ältere Heldberg'sche Familiengeschichte ist uns verloren gegangen. Es existierte darüber ein Buch mit Familienbildern, Kanzlern mit goldenen Gnadenketten usw., mein Vater wollte es meiner Mutter mitbringen, hatte aber das Mißgeschick es zwischen Oldenberg und Wulzen zum großen Schmerze meiner Mutter vom Wagen zu verlieren. So ist mir nur das edle Bild des ernsten gewissenhaften tiefreligiösen Vaters geblieben, das sie mir eingeprägt hat, wie es als Gegenstand höchster Verehrung in ihrer Seele lebte. *Sie war am $16^{ten}$ October 1778 in Bremen geboren, also erst 17 Jahr, als sie ihn verlor, aber sein ›Linseböhnchen‹*[VII] *hatte nicht umsonst in seiner Studierstube auf den großen Folianten gesessen, wenn er arbeitete und nicht umsonst an seinem Lager in langer hoffnungsloser Krankheit gewacht.*«

*»Er hatte 1760 in Göttingen studiert, und dann seinem Beruf in Bremen mit seltener Uneigennützigkeit gelebt. Er und der Domprediger Nicolai, der meine Mutter confirmirt hat, begegneten einander stets auf den dunkeln Treppen der Armen, die er umsonst kurierte; denn nach dem Galenos opes*[16] *fragte er nie.* Dort *verheirathete er sich mit* meiner Großmutter, *seiner Cousine, einer geborenen Wiering aus Hannover, die schon 40 Jahr alt und ein armes verlassenes Waisenkind gewesen war, auch an Bildung und geistiger Begabung tief unter ihm stand, aber doch meine liebe*, brave, etwas ängstliche aber *herzensgute alte Großmama war, deren Tischkasten immer voll herrlich duftender Prinzen- und Glockenäpfel lag, an deren Schrank ich König und Königin von Spanien anstaunte, kurz deren Verzug ich war und die ich unendlich lieb hatte. Das einzige Kind aus dieser Ehe war meine Mutter, die auf den Vater artete, und ihm mit schwärmerischer Verehrung anhing. Denn in der ernsten Lebensauffassung, in dem Zuge nach allem Edlen, Höheren, Feinen stimmten beide auf das Vollkommenste überein*, und das an sich so zarte Band zwischen Vater und Tochter war der Art, daß ein Schlag mit der Schlafmütze die einzige Correktion gewesen war, deren sich meine Mutter aus ihrer Kindheit erinnern konnte. *Der eigenen Seelenstimmung entsprach natürlich der Umgang.* Meine Großeltern bewohnten in Bremen ein hohes, stilles, ehemals klösterliches Haus, wenn ich mich recht erinnere an der Osterthorstraße, ehe sie an den Stephanikirchhof zogen, wo mein Großvater starb. *In jenem Hause*

---

VII statt »Liesebethchen«.

*verkehrte Knigge*[VIII]*, damals hannoverscher Resident in Bremen, Unzer*[IX] *aus Altona, mit dem mein Großvater in lebhaftem Briefwechsel stand, und viele andere Notabilitäten.* Der Sommer wurde in Mehringen auf dem Gute oder auf der Knabenburg zugebracht, die mein Großvater schwärmerisch liebte; seltener war eine Reise nach Einbeck zu der verheiratheten Schwester Majorin Quensell. *Einen größeren Wechsel brachte die französische Revolution in die letzten Lebensjahre meines Großvaters. Viele vornehme Emigrantenfamilien zogen nach Bremen, ein Graf de la Croix nebst Frau und Tochter wohnte in dem Hause meiner Großeltern zur Miethe. Die jungen Mädchen gingen mit einander um; wenn meine Mutter drüben bei der Comtesse gewesen war, unterließ der Graf nie, sie über den großen klösterlichen Flur zurückzugeleiten; so bildete sich die Vorliebe für die feinere Sitte der höheren Gesellschaft, die meiner Mutter eigen war. Später im Fortgange der Revolution wurden die Verhältnisse der armen de la Croix sehr traurig, die Güter in Frankreich waren confiscirt, die Revenüen blieben aus, der Graf mußte mit Unterricht oder kleinen Buchbinderarbeiten, die Gräfin mit Waschen ihr Brot verdienen; sie zerrieb sich die feinen solcher Arbeit ungewohnten Hände und antwortete auf das Bedauern der Großmutter in ihrem zuerst in Holland erlernten Deutsch: ›mot leren, mot leren.‹ (ich muß es lernen!)«*

*»Nach dem Tode meines Großvaters lebten Mutter und Großmutter abwechselnd in Mehringen und Wildeshausen 1795–1801. Dies sind die friedlichen und glücklichen Mädchenjahre meiner Mutter.* In Wildeshausen lebte ein entfernter väterlicher Verwandter, der Postverwalter Heldberg, bei dem Mutter und Tochter wohnten. Das Städtchen war theilweise durch die Münster'sche Herrschaft rekatholisiert, die Schweden hatten jedoch den Protestantismus wieder hergestellt und die Katholiken mußten in einem Privathause ihren Gottesdienst halten, die schöne alte von Wigbert [sic] Wittekind's Sohn gestiftete Collegiatkirche gehörte den Lutheranern. Der katholische Pfarrer war ein Pater Wittrock, ein ächt ›Mönsterker‹ alter Priester, dessen buntes Gewand und Cärimonien den jungen Mädchen, mit Ausnahme meiner Mutter, wenn sie aus Neugierde die katholische Kirche besuchten, sehr befremdlich vorkamen, so daß sie das Kichern einmal nicht unterdrückt hatten. Die Predigt aber hielt der Pater Lector aus dem Kloster Vechta;

VIII Adolph Freiherr von Knigge (1751–1796), Schriftsteller, bekannt durch sein Buch »Über den Umgang mit Menschen«.

IX Joh. Christoph Unzer (1747–1809) war Professor und Physikus in Altona; auch Gelegenheitsdichter.

ein junger sehr gebildeter Franziskaner, von dem Pater Wittrock zu sagen pflegte, ›dei preddiget luttersk‹. Er hatte den Unterschied zwischen den jungen Freundinnen wohl bemerkt, denn am andern Tage machte er nur bei dem Postverwalter Heldberg und sonst nirgends Visite. Die feine Anerkennung und Zurechtweisung wurde auf beiden Seiten wohl empfunden, und künftig war die weibliche Jugend ernsthafter. – Schöner aber war die Mädchenzeit meiner Mutter in Mehringen. Das Gut wurde von Kemnis administrirt, der den Frauen Alles zu Gefallen that, und in der Familie war tiefer Friede, das Einvernehmen mit der Tante Heldberg und Quensell noch ungetrübt. Das Schaf, welches meiner Mutter in der Heerde als Favoritschaf gehörte, mußte auch ein freundliches Gesicht haben, die Eulen und Käuzchen, die in der Scheune hausten, wurden von den Knechten hereingebracht und mußten bis Sonnenuntergang, als wären sie ausgestopft, auf der Commode paradieren; zahlreiche Enten wurden gehalten, die über die Teiche schwammen und Kobolz schossen, die Rauchschwalben bauten an und in dem stattlichen Siebenmeierhofe bis in die Cammern hinein, so daß ihr Gezwitscher den Morgen verkündete, und wenn das Abendroth hinter den herrlichen Eichenwäldern verglühte, die vom Wecholder und Uppendorfer Kirchthurm überragt wurden, erklang das Lied ›Über den Wipfeln des östlichen Haines‹. Denn an einer hübschen Stimme fehlte es so wenig, wie an tüchtiger musikalischer Bildung und Schule. Nur die Streifereien in die freie Natur wurden von der Mutter gewöhnlich mit einem ›Kind, es könnte wer Fremdes kommen‹ zurückgewiesen. – So reifte die Jungfrau allmählig heran und ihre feine sittsame Weise, ihr Talent, auch der behagliche Wohlstand in welchem sie aufwuchs, ließ es nicht an Bewerbern fehlen. Die Familie hatte ihre Hand dem reichen Vetter Niemeyer in Brodau zugedacht, der fünf Dörfer und Tonnen Goldes commandirte; Mutter und Tochter machten auch eine Vergnügungsreise nach Holstein, aber die bäurische Plattheit des Vetters hatte für die geistigen Bedürfnisse meiner Mutter so viel Abstoßendes, daß das Projekt aufgegeben werden mußte. Ebenso wenig gelang anderen Mitgliedern der Familie, eine tiefere Empfindung zu wecken. Erst als mein Vater um ihre Hand warb, und die meilenweite Entfernung ihm nur als ›kleine Distanz‹ gelten wollte, die sich immer enger zusammenzog, erwachte auch in ihrem Herzen die Gegenliebe; ›ich konnte – so schrieb er mir im letzten Jahre seiner glücklichen Ehe mit ihr – reichere und schönere Mädchen bekommen, aber ich sah auf Eins, auf die Tugend, und diese habe ich in ihr gefunden; kein böses Wort, nur Liebe hat sie mir gegeben: nur wünsche ich sie nicht zu überleben.‹«

*Abgesehen von einigen kurzen Mitteilungen, die an ihrer Stelle zu benutzen sind, schließen hier die Aufzeichnungen meines Vaters.*

*Meine Großeltern Friedrich August Rudorff und Elise Heldberg heirateten* einander *am 31. Mai des Jahres 1801. Mein Großvater hatte als Offizier seinen Abschied genommen und übernahm nun die Bewirtschaftung des großen Siebenmeiergutes Mehringen. Soweit es die Sorgen und Drangsale zuließen, die der Kriegszustand im Lande mit sich brachte, fehlte es den ersten Jahren ihrer Ehe nicht am Sonnenschein des Glücks. Beide waren musikalisch, namentlich meine Großmutter, die vortrefflich Noten las und fertig Klavier spielte. Ihr Verlobter hatte ihr zur Hochzeit ein in London angefertigtes, kostbares Spinett zum Geschenk gemacht, das sich noch heute in meinem Besitz befindet. Es ist in feinen Holzarten gearbeitet, mit Blumenmalerei geziert und trägt auf einer über der Tastatur angebrachten Porzellantafel die herausfordernde Inschrift: ›Non plus ultra‹. Mein Großvater spielte Violine. Während des Feldzuges in Frankreich, wahrscheinlich während seiner Gefangenschaft in Dijon, hatte er von dem Komponisten der Marseillaise, als den er, entgegen der gewöhnlichen Annahme, einen Franzosen namens Lefranc bezeichnete, eine Tiroler Geige gekauft, auf der er nun seiner jungen Gattin sekundierte. Was an Kammermusik in jener Zeit vom Strom des Modegeschmacks getragen obenauf schwamm, fand seinen Weg auch bis in die Einsamkeit des abgelegenen Hoyaschen Dorfes. Pleyel, Gyrowetz, Sterkel, Steibelt, Kotzeluch, lauter längst verklungene Namen, deren Gedächtnis heute nur noch in musikgeschichtlichen Werken aufbewahrt wird, sind in dem Stoß alter Noten, den die Großeltern besaßen, reichlich vertreten. Von Haydn und Mozart finden sich nur vereinzelte Stücke.*

Die Ältermutter Heldberg blieb bei den Großeltern in Mehringen wohnen. Außer freier Station verlangte sie nur 50 Taler jährlich zu kleinen Ausgaben. Christian, der nur zwei Jahre ältere Bruder meines Großvaters, lebte zu jener Zeit als Beamter in Hoya, also in nächster Nähe. Die Schwester Melusine teilte, noch unverheiratet, nachdem die Mutter 1802 gestorben, Christians Häuslichkeit. Die jüngeren Brüder, Wilhelm und Ernst, beide Offiziere, kamen sooft es ihre dienstlichen Verpflichtungen zuließen zu Gaste. Überdies gehörte zum Siebenmeierhofe Jagd und Fischerei, die sich über ein weites Gebiet erstreckte. Kurz, es gab reichliche Gelegenheit und Veranlassung zu heiterem Verkehren.

*Aber schon begannen die Erbschaftsstreitigkeiten mit den beiden Schwestern des Ältervaters Heldberg ihre Schatten auf das Leben im Hause zu werfen.* Es schien billig und dem Meierrecht entsprechend, dem der Siebenmeierhof unterstand, diese beiden Tanten aus dem Allodium mit zwei Dritteilen des Einkaufspreises abzufinden. Nach dem Testament des Ahnherren aber gebührten ihnen zwei Dritteile des vollen Wertes: Eine Summe, die so hoch war, daß die Belastung des Hofes mit ihrer Verzinsung eine auskömmliche Bewirtschaftung nahezu unmöglich machte. Daß das Rechtsverhältnis kein zweifelloses war, erkannten später selbst die Heldbergschen Miterben dadurch an, daß sie, als es schließlich zum Verkauf von Mehringen kam, meiner Großmutter zur Abfindung ihrer besseren Ansprüche von dem Kaufgelde vorab 3000 Taler gaben, womit sie bewiesen, daß sie ungeachtet der erlangten Kammerverfügung, die zu ihren Gunsten ausfiel, an ein Vorrecht derselben dachten. *Mein Großvater war, wie mein Vater versicherte, von jeder Verschuldung an den Zwistigkeiten frei; aber er war leider unrichtig beraten von seinen Rechtsfreunden, darunter auch seinem eigenen Bruder, und so wurde er in einen Handel verstrickt, der ihm mehr und mehr das Leben verbitterte, seinen Besitz verzehrte, und unter dem meine Großmutter, die von ihrer Familie allmählich völlig losgerissen wurde, unsäglich litt.*

*Da trat ungeahnt ein Unglücksfall ein, der die Lage noch um vieles verschlimmerte. Am Himmelfahrtstage 1806 brach Feuer aus. In einem Nachbarhofe war es durch Unvorsichtigkeit des Besitzers, der Asche auf den Boden geschüttet hatte, entstanden und hatte dann zum Siebenmeierhofe übergegriffen. Alles lief herbei, um zu retten. Im Dorfe lagen einige Franzosen im Quartier; einer von ihnen wollte das Feuer besprechen, rannte von allen Seiten um die Brandstätte herum und kam mit seinem »Beten und Tojuchzen«, wie die Bauern es nannten, den Flammen so nahe, daß er beinahe verbrannt wäre. Aber nicht nur dieses gutgemeinte Bemühen, sondern auch alle ernstlichen Anstrengungen der übrigen, des Brandes Herr zu werden, schlugen fehl, die Gebäude, nach alter Landesart von gewaltigen Eichbäumen erbaut und mit Stroh gedeckt, wurden so schnell von dem Feuer ergriffen, daß fast nichts gerettet werden konnte, und der Großvater nur mit Lebensgefahr seine Windhunde losmachte, die auf der Diele des brennenden Wohnhauses angelegt waren. Mein Vater, drei Jahr alt, wurde, wie er sich deutlich erinnerte, durch die Flammen hinaus ins Freie getragen. Abends lagen alle größeren Gebäude bis auf einen kleinen Speicher in Asche. Mit dem Wohnhaus aber war fast die ganze schöne Einrichtung verbrannt; von den Möbeln hatten nur ein paar bessere Stücke in Sicherheit gebracht werden können. Man zog nun vorläufig nach einem nahegelegenen kleinen Dorfe Wulzen, bis der Prozeß im Jahr 1809 dahin entschieden wurde, daß das Urteil der Kammer die Ansprüche der Tanten Heldberg und Quensell für berechtigt erklärte.* Die infolge des Krieges aus den Fugen geratenen Zustände der Landesverwaltung machten es möglich, daß trotz des Fideikommisses, das die Veräußerung des Gutes an einen nicht zur Familie Gehörigen verbot, der Mehringer Hof an einen rohen Patron namens Beckedorf verkauft wurde, von dem man erzählte, daß er sich im Verkehr mit seinen Nachbarn der Mistgabel zur Austragung von Streitigkeiten zu bedienen pflegte. *Mein Großvater wurde natürlich zur Zahlung der Prozeßkosten verurteilt, die nicht weniger als 11.000 Taler betrugen, und zog mit seiner Familie, die am 17. März 1807 noch einen Zuwachs durch die Geburt eines zweiten Sohnes, Valdec, erhalten hatte, verarmt nach Hannover. Es war ihm nichts geblieben, als die geringen Reste des Kapitalvermögens seiner Frau und deren Anteil an der Knabenburg in Lauenstein, die bis 1812 fest verpachtet war, so daß er vorderhand persönlich nicht haushalten konnte.*

Mein Vater war jetzt sechs Jahre alt. Der Umzug nach Hannover gab Gelegenheit, ihm guten Unterricht zuteil werden zu lassen, und diese wurde benutzt. Man ließ ihn als Schüler in das Thierbachsche Institut eintreten, eine Art von Privatgymnasium, das des besten Rufes genoß und vorzugsweise das Studium der alten Sprachen pflegte. Hier zeigte sich bald, daß der Knabe eher zurückgehalten als angetrieben werden mußte. Die Raschheit und Lebendigkeit seiner Auffassung waren ebenso erstaunlich wie sein Eifer und seine Gründlichkeit im Lernen. Nichts als uneingeschränktes Lob enthielten die Schulzeugnisse. Die Ältermutter Heldberg war inzwischen allein nach Lauenstein gezogen. Ein Brief, den der noch nicht ganz achtjährige Enkel an seine Großmutter dorthin richtete, zeigt, wie entwickelt Handschrift und Ausdrucksweise schon damals waren, während der Inhalt durchaus seinem Alter entspricht. Das kleine Schreiben lautete:

Hannover d. 16ten Februar 1811

»Liebe Großmutter!

Nims nicht übel das ich dir so spät für die Aepfel danke. Weinachten und Neujahr waren wir alle krank, aber den 13ten Jannuar krigten wir unsere Weinachtsbescherung, nemlich eine Burg von Papp, mitten in einen Walde von Fichten und Tannen die unser lieber Vater des Nachts heimlich in der anderen Stube gemacht hatte wenn er bey uns wachte; ferner, unsere Mutter und wir jeder seinen Kuchen mit kleinen Bildern und Landschaften u.s.w.«

»Mutter hatte eine herrliche Hyacinte schon vor drei Wochen in der Blüthe nachher eine Narcisse und bekömmt jetzt noch 3 Hyacinten und 2 Tazetten. – Wir haben auch 6 Enten und einen Entrich der den Poll ganz auf dem linken Ohre sitzen hat. Gestern krigten wir das erste Ey von unsern Hühnern worauf Mutter lange gelauert hat.«

»Wann kommst du denn liebe Großmutter? – vor oder nach Ostern? – Mutter hofft daß gegen dem ihre Hühner fleißig legen und sie dir Rührey und Budding machen kann.«

»Die beykommende Zeichnung wollte ich dir zum Neujahr schicken da war ich aber krank und dorfte nicht schreiben.«

»Lebe wohl liebe Großmutter ich bin dein Adolf.«

Der Schluß des Briefes deutet darauf hin, daß schon damals Neigung und Begabung zum Zeichnen sich in ihm zu regen begann. Die Freude daran begleitete ihn sein Leben hindurch bis in die letzte Zeit.

In demselben Jahr, aus dem jener Brief datiert, *zogen die Eltern von Hannover fort in die Nähe von Lauenstein nach Hemmendorf; und bald darauf, als die Knabenburg pachtlos wurde, hinauf nach Lauenstein selbst. Der Vater, dem der Mangel einer regelmäßigen Tätigkeit in der Stadt ohnehin peinlich sein mochte, hoffte, die erlittenen Verluste durch spekulative Unternehmungen zu ersetzen. Er legte in Hemmendorf eine Seifenfabrik an, doch erreichte er nur, daß zu dem Gefühl von der Dürftigkeit der Verhältnisse noch Spannung und Aufregung um den Erfolg seiner Versuche und schließlich Enttäuschung hinzutraten.*

*Während der jüngste Sohn auf das Land mitgenommen wurde, war der älteste in Hannover zurückgelassen worden, um den Schulunterricht nicht zu unterbrechen. Er war zu dem Direktor Thierbach ganz in Pension gegeben worden, und fand in diesem einen wohlwollenden Erzieher. Ein Brief des letzteren an den Vater vom 1. August 1811, der sich erhalten hat, enthält die Worte: »Adolph ist noch immer recht brav, und nach allen meinen Beobachtungen läßt ihm der Himmel gewiß seine Begeisterung für das Gute.« Vielleicht aber versah man es damit, daß man den begabten und ohnehin fleißigen Knaben durch Erweckung des Ehrgeizes noch zu besonderen Anstrengungen anspornte. Mit neun Jahren saß er in der Sekunda und las den Livius. Die Folgen der Überreizung durch unablässiges Arbeiten blieben nicht aus. Es trat ein Zustand der Erschöpfung ein, und zu allem übrigen eine so ernstliche Erkrankung der Augen, daß auf lange hinaus an Arbeiten nicht zu denken war. Noch im Spätherbst des Jahres 1812 holte ihn der Vater zur Erholung heim nach Lauenstein, das nun seine eigentliche, rechte Heimat werden sollte, wie es die seiner Familie bis auf den heutigen Tag geblieben ist.*

*In »Des Knaben Wunderhorn« findet sich die hochdeutsche Übertragung eines alten niederdeutschen Gedichts vom Ausgang des Mittelalters, des »Henneke-Knecht-Liedes«*[17]*. Henneke Knecht hat die niedersächsische Heimat verlassen, weil ihm das Dienen auf dem Acker nicht behagt, und ist fortgezogen an die See, um sich als Schiffsmann zu verdingen. Da faßt ihn das Heimweh auf dem Wasser, und er klagt:*

*»Is denn nu hie Neimand bekannt –*
*De mek bringt in dat Sassenland*
*Wol tüschen Deister und Leine,*
*Wol to des edlen Fürsten Hus*
*Dat Hus tom Lauensteine«.*

*Dies »Haus zum Lauensteine« war das alte, um die Mitte des 18. Jahrhunderts bis auf weniges Gemäuer abgerissene Schloß Lauenstein, seine Vorburg aber, unten im Flecken in unmittelbarer Nähe der Kirche angelegt, die sogenannte »Knabenburg«, der Sitz der »Knaben« oder Knappen der edlen Herren von Homburg, denen das Amt Lauenstein im Mittelalter zu eigen gehörte.* Ein unterirdischer, jetzt verschütteter Gang, dessen unterer Eingang aber noch vorhanden ist, führte aus ihrem Keller zum Inneren des Schlosses herauf. Die Knabenburg kann nicht vor der Herrenburg entstanden sein, von der die älteste Nachricht in einer Urkunde des Jahres 1247 überliefert ist. Sie sollte den unterirdischen Ausgang decken und die Kirche schützen, die zwischen der unteren und oberen, der vorderen und hinteren Burg mitten inne liegt, wie am Kyffhäuser und der Sachsenburg in Thüringen ein gleiches deutlich zu sehen ist. Die homburgischen »Knapen«, welche die Vorburg als Burgmänner zu verteidigen hatten, waren im 13. Jahrhundert die Herren von Bernrode. Im Jahr 1409 starb das Geschlecht der Herren von Homburg aus, und ihr gesamter Besitz, mit ihm Lauenstein, fiel an die Herzöge von Braunschweig-Lüneburg. Von ihnen hatte später die Familie von Saldern das Amt Lauenstein zu Lehen und bewohnte die Herrenburg. In der Fehde mit dem Bischof von Hildesheim, der sogenannten »Stiftsfehde«, suchte Burchard von Saldern in der Nacht vor Mariä Geburt d. 15. August 1518[18] durch den unterirdischen Gang die Burg wiederzugewinnen. (Hierauf wahrscheinlich bezieht sich die Volkssage, daß eine weiße Frau mit einem Bunde Schlüssel mitternächtlich im Keller der Knabenburg erscheine und zu folgen winke.) Es war vergebens; Statius von Münchhausen, der bischöfliche Vogt auf dem Hause, hatte den Gang aufgefunden und mit Erde verschütten lassen. Nach Vertreibung der Familie von Saldern (1587)[19] und der braunschweigischen Besitzergreifung (1589) wurde auf der Knabenburg eine Mühle errichtet (1599), die als Scheune noch heute steht, während die Mühle weiter talabwärts verlegt ward. *Die Knabenburg war noch im Jahr 1614 im Besitz einer ritterlichen Familie. Die Zeichnung bei Merian zeigt 1654 ungefähr die jetzige Gestalt. Noch 1660 zahlte sie als Burghof – ein sogenannter »Sattelhof« – keine bürgerlichen Abgaben. Im 18. Jahrhundert ging sie an bürgerliche Besitzer über, und nun wurde sie 1709 auch zu den bürgerlichen Lasten herangezogen. Im Jahr 1737* endlich *kaufte sie unser Ahnherr Niemeyer mit den zugehörigen Ländereien für den Preis von 800 Talern.* Die Erwerbung des Eigentums hatte einige Schwierigkeit für ihn, weil die Knabenburg in seinem Verwaltungsbezirke lag, in welchem der Beamte nach gemeinem Rechte sich in demselben ohne höhere Erlaubnis nicht ankaufen und eigene Häuser erbauen durfte. Diese Erlaubnis wurde jedoch nach einigen Verhandlungen erteilt.

*Die Gebäude waren zwar im Brande des Fleckens (1731)*[20] *verschont geblieben, das Wohnhaus aber ergab sich als so baufällig, daß Niemeyer es abreißen und an der Stelle des alten ein neues, das noch jetzt vorhandene, aufführen ließ. Seine Tochter, die Sekretärin Heldberg, wohnte darin bis zu ihrem Tode. Dann war es Jahrzehnte hindurch ganz oder teilweise vermietet und die Ländereien verpachtet, bis meine Großeltern 1811 in die verwaiste Stätte wieder einzogen.*

*Der Garten war sehr verwildert, das Haus hatte Schubfenster mit kleinen Scheiben, die Türen waren von den Forsteleven des Oberförsters Bodecker, der eine Zeitlang als Mieter dort gewohnt hatte, durch Büchsenkugeln durchlöchert. Der Großvater ließ den Garten umarbeiten, die Treppen erneuern, die Obstbäume nachpflanzen und den oberen Teil desselben von dem niederen östlichen durch eine Mauer sondern. Bei dieser Arbeit fanden die Arbeiter altes Gemäuer und darin einen »Pott«, den sie durch die heftigsten Schläge nicht »kort kriegen« (zerschlagen) konnten. Die Großmutter rettete ihn, es war eine altsächsische Totenurne. Vor dem Anbau war das einsame Waldtal am Bachbette nur Begräbnisplatz für die Ansiedelungen im Felde gewesen.*

*Der Poesie des geschichtlichen Hintergrundes entspricht eine landschaftlich reizende Lage. Das Wohngebäude liegt weit zurück seitab von der Straße, der Garten schon zieht sich in Terrassen am Bergesabhang hinauf, jenseits der Mauer beginnt unmittelbar der Wald. Zuerst eine Doppelreihe prächtiger alter Eichen, deren Zwischenräume den Ausblick auf Tal und gegenüberliegende Berge frei lassen, dann höher hinauf Buchenbestand. Der Höhenzug des Ith, ein Teil des östlichen Wesergebirges, der im übrigen sich nur als schmaler felsiger Rücken südlich bis zum Hils hinzieht, weitet sich bei Lauenstein zu einer reicher gegliederten Masse aus. Von drei Seiten senken sich die Berge, mit dichtem herrlichen Buchenwald bedeckt, zu einem Talkessel herab, aus dessen Wiesengrunde, beinahe im Mittelpunkte, sich noch einmal ein Hügel erhebt, der westlich steil abfallend die Trümmer der alten Herrenburg trägt. Ein starker Quell, der »Lauenborn«, entspringt zu Füßen, von den niederhängenden Zweigen mächtiger Buchen überschattet; in malerischen Gruppen lehnen sich die Häuser und Häuschen des Fleckens an die Abhänge oder bilden weiter unten eine Straße, die hier, wo die Berge noch einmal einander näherrücken, als einziger Ausgang aus dem Tal hinaus in die östliche Ebene führt. Aber auch diese durch Dörfer reich belebte Ebene ist wieder durch fernere und nähere Höhenzüge begrenzt. Überall ruht der Blick auf anmutigen Linien, auf schönen und lieblichen Bildern. Ersteigt man endlich den Kamm des Ith, der nach der anderen Seite steil abfällt, so öffnet sich von den Klippen, die die Höhe schmücken, der Blick westlich in das Wesertal mit der Fülle seiner vielverschlungenen, waldigen Bergketten, seinen Dörfern und dem in der Ferne hier und da silbern aufblitzenden Strom.*

*Eine solche Heimat, samt aller Waldesfrische der Luft, konnte schon helfen, gesunkene Kräfte wieder in die Höhe zu bringen und neu zu beleben. Dennoch vergingen drei Jahre, ehe daran gedacht werden konnte, den geschwächten Knaben die unterbrochenen Studien in größerer Ausdehnung wieder aufnehmen zu lassen. Mein Vater erzählte oft, wie traurig er zu jener Zeit mit grünem Schirm vor den kranken Augen im sonnigen Garten still dagesessen habe, während sein jüngerer Bruder sich mit Altersgenossen in übermütigem Spiel tummelte und balgte. Aber allmählich besserte sich seine Gesundheit, und wenn die Entwicklung des Verstandes einstweilen ruhte, so fand das erwachende Gemütsleben im stillen Verkehr mit der Natur um so reichlichere Nahrung. Der Muschelkalk des Ith enthält schöne Versteinerungen, die damals noch wenig beachtet an vielen Stellen in großen Mengen zutage lagen und sein Interesse weckten. Botanischen Neigungen ging er mit Eifer nach, so daß er noch im Mannesalter, als ihm versagt war, die Heimat zu anderer Zeit als im Spätsommer aufzusuchen, genau die Stellen anzugeben wußte, wo er in früher Jugend die schöne seltene Fliegenorchis im Mai hatte blühen sehen. Der wilde Schneeball ent-*

*zückte ihn im Herbst durch seine glänzend scharlachroten Beerenbüschel und die feingeschlitzten purpurnen Blätter. Wenn aber zur Winterszeit hoher Schnee die Erde bedeckte, so freute er sich an den Hirschen und Rehen, die in ganzen Rudeln bis dicht an die Gartenpforte am Krähenberge kamen, um Futter zu suchen. Besondere Erlebnisse brachten endlich die Festzeiten; namentlich das Osterfest. Wie am Harz, so hat sich auch in den Wesergebirgslandschaften die Sitte der »Osterfeuer« erhalten. An die heidnisch-germanische Frühlingsfeier der Walpurgisnacht knüpfte die christliche Kirche an. Das alte Fest der Auferstehung alles Naturlebens blieb in den flammenden Holzstößen lebendig, die am Abend vor der Auferstehungsnacht Christi noch heute auf den Hügeln und in den Feldmarken Niedersachsens angezündet werden. Wie die Zeichen einer geheimnisvollen Gemeinschaft, die in lautloser Feierlichkeit dem verhaltenen Jubel des Herzens Ausdruck gibt, erscheinen diese Feuer dem, der von einer Höhe sie ringsumher bis in weite Fernen aufleuchten sieht. – Da durfte er denn mit der übrigen Jugend in den noch braunen Wald ziehen und trockene Äste sammeln, um sie am Burgberge und auf dem Knickbrink zu zwei mächtigen Scheiterhaufen aufzuschichten. Abends aber, wenn sie in Brand gesteckt ungeheure Feuergarben in die Luft emporwirbeln ließen, wurden sie von der Knabenschar mit brennenden Fackeln in der Hand in wilden Sprüngen umschwärmt, bis die letzten Funken erloschen waren.*

Als der nunmehr Gekräftigte zwölf Jahre alt geworden war, mußte er zum ersten Male erfahren, was ein Sterbelager zu bedeuten hat. Seine liebe Großmutter, die jetzt wieder mit der Familie vereint auf der Knabenburg lebte, erkrankte am Sonnabend den 3. Dezember 1815; die Nacht war unruhig; am Sonntag abend saß ihr Schwiegersohn an ihrem Bette und empfing ihre kleinen Aufträge; am Montag früh neun Uhr, während der Enkel drüben auf der Pfarre zur Konfirmandenstunde war, entschlief sie sanft, und die Mutter führte ihren Sohn an das Totenbett, wo er die lieben, ehrwürdig friedlichen Züge der Großmutter zum letzten Male sah.

*Ein günstiges Geschick fügte es, daß der Geistliche, der damals in der Gemeinde Lauenstein angestellt war und bei dem mein Vater konfirmiert wurde, eine gründliche wissenschaftliche Bildung und Geschick im Unterrichten besaß. Pastor Bückmann, ein in jeder Hinsicht ehrenwerter Mann, ließ sich bereitfinden, dem Knaben wöchentlich einige Stunden in den Hauptfächern zu erteilen und ihn allmählich zum Eintritt in die Prima eines städtischen Gymnasiums vorzubereiten. So konnte er noch ein paar Jahre unter der treuen Pflege seiner Mutter bleiben und*

*Landluft atmen, ohne doch allzuviel Zeit für die Fortsetzung seiner Studien einzubüßen. Als er dann am 13. April 1818, am Tage nach seiner Konfirmation, gesund und kräftig nach Hildesheim zog, um als Primaner in das evangelische Gymnasium Andreanum einzutreten, war er trotz aller vorausgegangenen Störungen und Unterbrechungen noch immer erst soeben 15 Jahre alt geworden.*

Noch am Abend seiner Ankunft in Hildesheim schreibt er der Mutter: »Glücklich und wohlbehalten kam ich um 2 Uhr ohngefähr heute hier an, und wurde von der guten Frau Dr. Henke mit der größesten Freundlichkeit aufgenommen. Um 3 Uhr waren alle meine Sachen auf meine Kammer gebracht und ich war so weit eingerichtet, daß die Koffer leer waren und ich zum Essen gehen konnte. – Um 4 Uhr ging ich zum Herrn Dr. Billerbeck und dann zum Herrn Rektor Seebode, bey dem ich, da er gerade nichts zu thun hatte, über 2½ Stunden blieb, und der mir so gewogen zu werden schien, daß er mich, als er die Treppe mich hinunterbegleitet hatte, bat, ihn doch alle Woche wenigstens ein Mal zu besuchen. – Ein allerliebster Mensch ist mein Mitschüler geworden – Grashof – und es gefällt mir, die schmerzlich süße Erinnerung an gestern und dich beste Mutter ausgenommen, sehr gut. Tausend, tausend Dank für deine mütterliche Liebe und Vorsorge ...«

Die Briefe, die er während der zwei Jahre seiner Hildesheimer Schülerzeit an die Mutter richtete, tragen fast alle die bezeichnende Unterschrift »dein gehorsamer und dich liebender Sohn Adolf«, bezeichnend, weil sie nur ausspricht, was er in Wirklichkeit in vollstem Maß war.

Von seinem damaligen halb kindlichen, halb frühreifen Wesen, von der Bescheidenheit seiner Ansprüche, seinem Fleiß, seinem Bemühen, den Eltern in ihrer bedrängten Lage Ausgaben zu ersparen und der geliebten Mutter kleine Freuden zu bereiten, mögen einige fernere Briefstellen für viele ähnliche erzählen.

Am 6. März 1818 schreibt er unter anderem: »Ausgegeben habe ich fast noch nichts als für eine zerbrochene Fensterscheibe 9 Groschen und mein vierteljähriges Schulgeld mit 3 Th., welches ich im Voraus bezahlen muß. Des Abends nach vollendeter Arbeit gehe ich mit Grashof nach dem Domhofe, der jetzt schon ganz grün ist ... G. ist ein herrlicher Junge voller Gefühl, der viele teutsche Schriftsteller hat und unter anderen neulich Matthisson und Salis noch mitbrachte, den wir des Abends im Garten mit einander lasen. Was macht denn unser guter Vater? ich denke oft an ihn, so wie mir Lauenstein überhaupt seit meinem feierlichen Confirmationstage ein Heiligthum gleichsam wurde.«

Im September desselben Jahres heißt es: »Eben komme ich aus der Schule zurück, theure Mutter, in der ich bei dem exercitio pro loco vom untersten (20te) bis zum achten heraufgekommen bin, und ohne einen Fehler der 2te von oben geworden wäre! ... Ich sitze nun über allen denen, die Ostern nach der Akademie gehen, und muß auch schon sehr oft übersetzen. Bei meinen Arbeiten richte ich mich so ein, daß ich noch um 7 Uhr fertig werde, wo es in den alten Mauern schon dunkel wird. Indeß kann ich doch an Mittwochen, wo ich sehr viel zu thun habe, nie ohne Licht fertig werden; ich habe schon als für 3 Groschen holen lassen. Ich würde diesen Fall ausgenommen bis zu den Michaelisferien, in denen ich zu Haus komme, noch auskommen, und zu diesem Gebrauch mit 4–5 Lichtern id est 5–6 Groschen auch schon ziemlich weit reichen.« Es muß hier eingeschaltet werden, daß ihm, was sich billiger aus Lauenstein beschaffen ließ, von der Mutter zugeschickt wurde, wenn sich eine Boten- oder Fuhrgelegenheit fand: Namentlich auch Brennholz, dessen die Eltern alljährlich einen Vorrat als ihren Anteil an der Waldgerechtsamkeit der Gemeinde geliefert bekamen. Er schreibt später, bei Eintritt des Winters: »Auch habe ich mich noch nicht für die Wäsche und Oel und Dochte bedankt; nur sind diese beiden letzteren Theile über ¾ nebst dem Holze aufgebrannt; was es heißt, weiß ich selbst nicht, daß die Lampe so ungeheuer viel Oel schluckt. Ich bitte dich deswegen, beste Mutter, wenn sich eine Gelegenheit finden sollte, mich mit einer Flasche Oel und 2–4 Döchten zu versorgen, und sollte es ein Wagen seyn, mir etwas Holz auch mitzuschicken, weil es jetzt gar zu kalt wird.« In dem Brief vom September fährt er fort: »Unseren Fürstbischof habe ich vor 8 Tagen zum erstenmal gesehen. Er hatte eine uralte schwarze Mütze auf, einen alten greisen Rock an und einen Stallknecht bey sich. Ob er gleich 180.000 Th. jährlicher Einkünfte hat, so trägt er sich doch nie anders; thut aber desto mehr Gutes im Stillen.«

»Des Abends gehen A. Fischer und ich oft auf den Wall vor Tisch, und schauen hin nach Lauenstein, wovon wir nur die blauen Berge sehen, die uns auch Fischer's Fernrohr nicht deutlicher macht. Dieser Wall ist uns vorzüglich angenehm; alle Abend um 7 läuten die Capuciner in die Spätmette, was denn oft recht melancholisch in unsre Betrachtung einstimmt.«

Zum Beginn des nächsten Jahres 1819 gelang es ihm, Gelegenheit zu etwas eigenem Verdienen zu finden. Ein Dr. Fritz beschäftigte ihn täglich zwei Stunden lang mit irgendwelchen Hilfsleistungen, wahrscheinlich vorzugsweise als Abschreiber. Am 27. Januar teilt er mit: »Von

Herrn Dr. Fritz habe ich für Januar meinen Gehalt, was meinst du wohl mit – 4 Thaler bezahlt erhalten. Das macht also jährlich an 50 Thlr. mit seiner Postrechnung, die ich auch besorge.« Dann im Februar: »Mit Herrn Dr. Fritz werde ich recht vertraut. Er ist ein vielseitig gebildeter und dabei freundlicher Mann. In meinen Schulwissenschaften ists Gottlob beim alten; ich besitze meiner Lehrer Gunst und die Liebe der meisten meiner Mitschüler. Nur habe ich so viel zu thun, daß nur der Sonnabend Nachmittag von 2 – 4 und der Sonntag mir frei ist. Denn von 8 (7) bis 12 und 2 – 4 habe ich Schule, von 4 – 6 nach Fritz und dann ists dunkel. – Ach es waren doch herrliche Tage, die Weihnachtsferien, Gott lasse sie uns froh wiedererleben!« Den 20. März: »Bey Dr. Fritz bin ich nicht als Fremder, sondern als Kind vom Hause angesehen, wenn zum Beispiel jemand ihn besucht und ich gehe so lange zu seiner Frau vorn in die Stube so glaubst du garnicht wie die Kinder um mich herumkommen ihnen etwas zu zeichnen, und alles Rudorff hinten und vorn ist. Auch habe ich jetzt schon 12 harte Thaler erhalten, die ich aber wolweißlich auf Göttingen spare ... [?][21], Yorik[22] und das Harztaschenbuch denke ich dir mitzubringen.« In bezug auf seine Lektüre erwähnt er am 28. Juli: »Vossens Luise hat mir die ersten Tage meines Hierseyns durch die ländlichen Nachklänge und Erinnerungen an meine Ferien und besonders an den letzten glücklichen Abend derselben sehr erheitert. Ich habe oft beim Poggenteiche, wo ich bade, an ›die schreienden Wasservögel und den Hecht der über dem Holm emporsprang‹ gedacht und hoffe durch Fischers Güte dir das Buch vielleicht noch vor Michaelis zum schnellen Durchlesen verschaffen zu können (nur muß mans mehreremal lesen um die Schönheit der Bilder fühlen zu können.) Umso mehr noch als ich das Seldorf, wo Walter des ›hochfreiherrlichen Guts hochwohlehrwürdiger Pastor war‹ auf der Charte ohnweit Brodau gefunden habe. Noch nie gesteh ich hat mich ein Buch so angesprochen, wie die ländliche Natur und die kindliche Einfalt in Voßens Luise ... Gestern bei dem Gewitter und dem magischen orangegelben Sonnenlichte las ich Lafontaine's Harfenstimmen, von der Frau Doktorin geliehen. Es zog mich an, weil du mir davon erzähltest, und willst du, so bringe ich es einmal heimlich mit, das ist ja keine Sünde.«

Sehr beschäftigte ihn auch der Wunsch, seiner Mutter, die am Blumenpflegen ihre besondere Freude hatte, Geraniumstecklinge großzuziehen und mitzubringen. In verschiedenen Briefen kommt er darauf zurück, beschreibt seine Abenteuer, wie er die eine oder andere Art sich zu verschaffen gewußt, und bittet um Verhaltungsmaßregeln bei ihrer

Wartung. Schließlich weiß er nicht, wie er es anstellen soll, um sie in den Michaelisferien nach Lauenstein zu bringen. Am 11. September heißt es: »Ich habe sehr viel schmutziges Zeug und dann meine Geranien 4 Stück, worunter das kleine Muskatgeranium mit einem kleinen hübschen Topfe ist. Die 3 anderen stehen nur in einem so großen Topfe, daß ich sie fast nicht tragen kann und doch wage ich es nicht sie, da sie so schön angegangen sind, umzupflanzen, weiß sie aber auch nicht zu transportiren! rathe mir deshalb, liebe Mutter, was ich machen soll? Heute über 14 Tage (10 Uhr Morgens) fangen die Ferien an, welche 14 Tage dauern. Ich hoffe, sie sollen recht schön seyn als die Nachklänge des Sommers und Anfang des Winters in dem man nun so recht sich aufs Arbeiten legen muß. Ich wünschte von Herzen, daß mein kleiner Valdec mich heute über 14 Tage abholen könnte; sucht das doch womöglich zu bewerkstelligen, liebe Mutter! Er müßte dann am Freitag Nachmittag bis Poppenburg gehen, und wir uns d o r t oder auf halbem Wege von Poppenburg nach Hildesheim treffen.«

Die Entfernung von Hildesheim nach Lauenstein beträgt etwa 32 Kilometer, also mehr als vier deutsche Meilen. Diese Strecke wurde bei den Ferienbesuchen in der Regel ganz zu Fuß zurückgelegt, und dazu kam auf Hin- und Herweg das Tragen des Gepäcks, wenn sich nicht zufällig eine Gelegenheit fand, es vorauszuschicken. In den Sommerferien hatten die Eltern den Sohn im Wagen bis Poppenburg gebracht, das ungefähr auf halbem Wege liegt; dann marschierte er zu Fuß weiter, wurde von strömendem Regen durchwaschen und durfte froh sein, daß er unterwegs jemanden fand, der ihm für vier Groschen wenigstens seine Sachen trug. Jetzt aber mußte er tatsächlich seinen schweren Geraniumstopf die ganze lange Strecke von Hildesheim bis zur Heimat selbst in der Hand tragen: eine Leistung, die seiner Kindesliebe alle Ehre macht.

So stark übrigens seine Liebe zur Lauensteiner Heimat und oft seine Sehnsucht nach ihr war, er besaß doch auch schon damals eine lebhafte Empfindung für die Reize Hildesheims, das noch vollkommen seinen mittelalterlichen Charakter bewahrt hatte. Rings um die Stadt zog sich der alte Wall mit seinen prächtigen Bäumen und dem Blick in die Ferne. Die Hecken und Pforten der kleinen stillen Hausgärten bildeten nach der Stadtseite hin die Grenze, die Türme der Kirchen sahen herüber. Daß er hierher mit Vorliebe seine Schritte lenkte, ist bereits erwähnt. Das Interesse für Architektur war ihm angeboren; schon sein väterlicher Großvater hatte es in hohem Maße besessen. In den Briefen berichtet er wiederholt von baulichen Veränderungen, die am Dom vorgenommen wurden. Gelegentlich eines Ausflugs nach Kloster Marienrode schreibt er über die außerordentlich schöne, im altgotischen Geschmack erbaute Kirche, deren Gemälde und Verzierungen ihn besonders erfreuen; die prächtigen, mit reicher Holzschnitzerei gezierten Giebelhäuser Hildesheims regten ebenso wie die herrlichen romanischen und gotischen Kirchen der Stadt seine Fantasie an. So sog er halb bewußt, halb unbewußt den Duft der Poesie ein, der über diesen wunderbar anheimelnden Plätzen und Straßenbildern lag, und das liebevolle Verständnis für mittelalterliche Baukunst, das ihm später eigen war, wurzelte in den Eindrücken jener Hildesheimer Schuljahre.

Von den Freunden, die er auf dem Gymnasium gewann, blieben ihm zweie, Wilhelm Koch und Carl Meyer, auch über diese Zeit hinaus treu verbunden. Koch, eine treuherzige, grundehrliche Natur, der es auch nicht an gutem Humor fehlte, war Katholik und wurde später katholischer Geistlicher. Mit ihm gemeinsam besuchte er oft den katholischen Gottesdienst, namentlich morgens die Frühmette im Dom, deren geheimnisvoll andächtige Feier vielleicht noch mächtiger auf ein inniges Gemüt wirkte als die Pracht des Hochamts. Aber auch dieses imponierte ihm gewaltig. Das Fest des heiligen Bernward, der im Jahr 993 Bischof von Hildesheim wurde, beging man im November 1819 mit besonderem Aufwand. »Ach wärst du doch am Bernwards Feste hier gewesen!« schreibt er der Mutter; »der Dom war Nachmittags 4 Uhr nach einer herrlichen Predigt des trefflichen Patricius, worin er recht herzlich das Andenken an das fromme Leben des heiligen Bischofs Bernward zurückrief, mit 140 Kerzen erleuchtet und der lange Zug des ganzen noch übrigen Domkapitels mit allen Vicaren nahm sich recht herrlich aus; er war von der vollständigsten Instrumental- und Vokalmusik von der Orgel herab begleitet. Der Weihbischof im Ornate ertheilte auf beiden Seiten den Segen, indem er zum Chor hinaufstieg und die beiden Pfarrer von St. Godehard Brandis und Held trugen ihm den Schlepp. Die Kirche war gewiß mit 3/8 Protestanten angefüllt, die die herrliche Musik herangezogen hatte.« Schon der ehrwürdige Klang der Domglocken, deren tiefe Töne wie aus dem Urgrund aller Dinge heraufquellend dem Geläut der übrigen Kirchenglocken erst den rechten Halt zu geben schienen, drang ihm in die Seele; ja der ganze Reichtum an mystischer Symbolik, den der katholische Ritus entfaltet, nahm ihn mit der Zeit dermaßen gefangen, daß er schließlich nahe daran war, in seinem evangelischen Bewußtsein erschüttert zu werden. Als er jedoch eines Tages anfing, seinem Freunde von der Möglichkeit eines Übertritts zu sprechen, war dieser verständig genug, nicht etwa

Öl ins Feuer zu gießen, sondern im Gegenteil, ihm mit Entschiedenheit zu erwidern: »Bleibe du, was du bist«. So bewahrte er ihn vor einem Schritt, der, von allem übrigen abgesehen, in das Verhältnis zu seinen Eltern einen unheilbaren Riß gebracht haben würde. Koch selbst war dabei auf das Innigste von der Hoheit des priesterlichen Berufs, dem er sich weihen wollte, durchdrungen. Auf die Frage, ob ihm der Gedanke nicht bedrückend sei, auf häusliches Glück um seines zukünftigen Standes willen verzichten zu müssen, antwortete er in begeistertem Ton mit den Worten der Jungfrau von Orleans: »Dies Herz, von Himmelsglanz erfüllt, darf keiner irdschen Liebe schlagen!«[X,23]

Der andere Freund, Carl Meyer, war der Sohn eines tüchtigen lutherischen Geistlichen, der in dem Flecken Sarstedt unweit Hildesheim als Superintendent angestellt war und sich auch schriftstellerisch betätigte. Der Sohn folgte dem Vater im theologischen Beruf. Seine früh verstorbene Mutter war mit der Heldbergschen Familie verwandt. Für die etwas ältere Schwester des Freundes, Franziska, hatte mein Vater schon als Primaner eine jugendlich schwärmerische Neigung zartester Art. Er verschloß sein Gefühl scheu als ein Heiligtum in der Brust; niemals ist es zu irgendeiner Aussprache zwischen den beiden gekommen; nur seiner Mutter teilte er mit, was sein Herz bewegte. Aber die Gestalt des ebenso liebreizenden als gemütvollen und vortrefflichen Mädchens blieb der Engel, der in seinem Inneren während der Göttinger Studentenjahre über der Reinheit seiner Seele und seines Wandels Wache hielt.

Am 20. März 1819 hatte ihm die Mutter den folgenden Brief geschrieben: »Nur mit ein paar Zeilen – oder bald garnicht – dachte ich die beikommenden Strümpfe zu begleiten, als mir einfällt, daß schon morgen, da du dieses Blatt erhältst, dein Geburtstag ist; – da wäre es denn wohl unmöglich dir nur so ein paar unbedeutende Worte zu sagen. – Welch ein gehaltvolles Jahr für dich war es, das du mit diesem Tage schließest! Mit freudigem Bewußtsein kannst du es, hoff' ich, überschauen, da es nun ganz vor deinem Blick liegt und zur Vergangenheit kehrt. Gott gebe dir Kraft am Ende jedes deiner kommenden

X Als ich ein kleiner Junge war, wollte mein Vater auf der Durchreise durch Hildesheim den alten Jugendfreund einmal wiedersehen. Meine Mutter und ich wurden mitgenommen, und in der klösterlichen Behausung des geistlichen Herrn stand ein schönes, appetitliches Frühstück auf sauber gedecktem Tisch zu unserem Empfange bereit. Dieses und die Merkwürdigkeit der ganzen Umgebung würden durchaus nach meinem Geschmack gewesen sein, wenn nicht das Unglück gewollt hätte, daß unser freundlicher Wirt mich aufforderte, vor Beginn der Mahlzeit das Vaterunser zu sprechen. Ich wußte das Gebet noch nicht sicher auswendig, mußte meine Schande bekennen, und damit war natürlich allem Behagen ein Ende gemacht. Zum Glück nur für meine eigene kleine Person! –

Jahre mit gleichem Gefühl dir Rechenschaft davon geben zu können; bist du dann dazu gesund, so habe ich keinen lebhaften Wunsch mehr für dich, weil alles Übrige auf Erden mir dagegen klein zu sein scheint. Nimm hier ein paar Blümchen, die ich eben in der Dämmerung für dich holte; sie sind dir schon lieb, weil du das Plätzchen kennst, wo sie stehen; mir aber sind sie Heiligthum; nie kann ich eine davon zu gewöhnlichem Gebrauch pflücken, nie eine davon bei gewöhnlichen Veranlassungen weggeben, denn mit ihnen war das Geschenk von meinem theuren Vater geschmückt, was ich an meinem Confirmationstage von ihm erhielt. Auch das war der 21e März. Aber als ich meinen Geburtstag in dem Alter, wie du nun, feierte, da hatte der Vater im Himmel ihn von mir auf Erden genommen. Erkenne auch diese Wohlthat, mein lieber Adolf, daß das Geschick hierin freundlicher über dich waltete«. – Seit diesem Brief war ein Jahr verflossen, als mit dem Frühling 1820 der Abschied vom Andreanum herannahte. Am 4. und 5. März fand mündliches und schriftliches Examen statt, wozu er einige Wochen vorher schon seinen Lebenslauf in lateinischer Sprache hatte einreichen müssen. Nachdem die Abgangsprüfung glänzend bestanden war, schreibt er am 21. März 1820, also seinem 17. Geburtstage, zum letzten Male aus Hildesheim an seine Mutter:

»In der frohen Hoffnung, daß du meinen Brief außer Bette zu lesen im Stande seyn wirst, schreibe ich dir, geliebte Mutter, und nicht an Vater. Da mit Ende dieser Woche die Schulferien angehn werden und nach dem ›pro loco‹ auch künftiges Semester mein geliebter Meyer Primus geworden ist, so besuche ich die Schule nicht mehr und hätte denn also gestern, zugleich mit Beendigung meines scholastischen Kursus, in Sarstedt den meines 17. Jahres beschlossen. Als ich ehgestern – es war ein schöner Abend – mit Carl und Franziska am Grabmal ihrer hingeschiedenen Mutter vor der Thür der Sarstedter Kirche stand und die Thränen sah, die von diesen beiden, die sie nicht einmal kannten, ihr nachgeweint wurden, erinnerte ich mich an den Brief, in dem du voriges Jahr an meinem Geburtstage mit den 2 Hepathicablümchen[24], mir schriebst, daß auch dir an deinem Confirmationstage d. 21ten März der ewige Vater aller Welten den irdischen schon dahingenommen hätte und ich des Schicksals freundlicheres Walten über mich dankbar erkennen sollte. Da konnte auch ich mich der Thränen nicht enthalten, sondern dachte an meinen Confirmationstag, den Anfang meines Schulkursus zurück und freute mich, daß ich das, was ich da gelobte, wenigstens hinsichtlich des Wichtigeren bei allen meinen Mängeln und Fehlern gehalten hätte und faßte fester den Entschluß, auf die Zukunft des gleichen zu thun, und mit Carl mich in Göttingen rein und fleckenlos zu erhalten. Einen solchen Augenblick ernster Mahnungen an die Vergangenheit und an Erneuerung seiner Tugendgelübde für die Zukunft – einen solchen Augenblick sehe ich für Gottes Schickung an und Du stimmst mir bei, das weiß ich. – Das Geld, – weh tut mirs immer, wenn ich davon schreiben muß, beträgt:

| | |
|---|---|
| Kostgeld von Michaelis bis Ostern | 57 Th. 18 Gr. |
| Schulgeld | 3 « – « |
| Aufwartung an das Mädchen | 1 « – « |

und für den Schneider, welches ich noch nicht bestimmen kann, zwischen 2 – höchstens denk ich 3 Thaler. Doch um nicht in Verlegenheit zu kommen (es ist fürs Umwenden meines blauen und grünen Rocks) wär es besser etwas mehr, weil ich doch redlich den Rest zurückbringe; also –

| | |
|---|---|
| | 3 « – « |
| | 64 Th. 18 Gr. |

zehnmal so viel als ich werth bin.

Doch mein Brief muß nach der Post; ich sehne mich herzlich zu Euch allen; tausend Grüße von deinem dich stets liebenden

Adolf.«

*Zur Knabenburg gehörten etwa 60 Morgen Ländereien; sie war als Halbmeierhof in das Verzeichnis der Lauensteiner Bürgerstellen eingetragen. Ein Bauer, der selbst den Pflug führt, würde mit seiner Familie ein gutes Auskommen durch sie gehabt haben. Bei meinem Großvater lag die Sache anders. Wollte der Beamtensohn und pensionierte Offizier nicht völlig aus seinem Stande ausscheiden, so mußte er die grobe Arbeit natürlich anderen Händen überlassen. Er konnte wohl als Herr sich um die Wirtschaft bis in alle Einzelheiten hinein bekümmern, was er auch redlich tat, aber für die Besorgung des Ackers, der Wiesen, des Viehs, mußten ein Knecht und eine Magd gehalten werden. Auch das jedoch würde angängig gewesen sein, wenn er der alleinige Eigentümer des Hofes gewesen wäre. Die Heldbergschen Verwandten aber waren auch hier zu zwei Dritteilen Miterben. Der Großvater hatte die Knabenburg nur in Pacht genommen und mußte von dem Preise, zu dem die Pachtung ihm zugeschlagen war, zwei Dritteile alljährlich an jene abliefern.*

*So unendlich einfach und bescheiden daher die Großeltern lebten, von den Einkünften dieses Besitzes und den Zinsen der geringen Kapitalreste die eigene Existenz und die Erziehung zweier Söhne für eine höhere Berufsklasse zu bestreiten, war eine Aufgabe, der nur der opferfreudigste Sinn gewachsen war.*

*An ihrer Lösung hatten die seltenen Vorzüge der Großmutter bei weitem den wesentlichsten Anteil: neben allem übrigen auch dadurch, daß ihr Vorbild den Söhnen eine beständige Mahnung zu treuer Pflichterfüllung und zu großer Genügsamkeit war. Tiefe, lautere Frömmigkeit, Stärke des Charakters im Dulden und Entsagen vereinigte sie mit ungewöhnlicher Intelligenz, reicher Begabung des Gemüts und großem praktischen Geschick, wie sie es in der Führung ihres kleinen Haushaltes bewährte. Mit den geringen Mitteln, die ihr aus dem Garten, dem Hühnerstall, dem Taubenschlag und der übrigen Wirtschaft zu Gebote standen, wußte sie dafür zu sorgen, daß der Mahlzeit, namentlich wenn der seltene Fall eintrat, einen Gast bewirten zu müssen, nie eine gewisse Feinheit der Zubereitung fehlte. Das Kleine und Kleinste wurde beachtet und genutzt. Im Sommer suchte sie sich Steinpilze im Walde und Champignons auf den Wiesen; im Herbst sammelte sie von den wilden Rosenbüschen in den Hecken die Hagebutten ein, um sie zu trocknen; die winzigen Früchte der Berberitzen gebrauchte sie an Stelle des Zitronensaftes. Wenn sie sich gelegentlich ein paar Samenkörner von Gemüsen oder Blumen verschaffen konnte, so bewahrte sie sie in besonderen kleinen Beutelchen, um eine jede Art rechtzeitig zu säen, und unter ihrer sorgsamen Pflege gedieh alles aufs Schönste. Geradezu bewunderungswürdig aber war es, daß sie auch ihrem Bedürfnis, die Armen der Gemeinde nicht darben zu lassen, trotz aller Schwierigkeiten der persönlichen Lage, in reichem Maß zu genügen vermochte. Sie war hochherzig genug, selbst zu entbehren und zu sparen, um anderen zu helfen und im Wohltun eigene Lebensfreude zu finden. Bei den Erweisungen ihrer Güte geriet sie zuweilen mit ihrem Zartgefühl in arge Bedrängnis. So hatte sie einmal einen besonders armen Familienvater namens Ritter bei sich zu Tisch behalten, und das aufgetragene ihm unbekannte Gericht »Arme Ritter« mundete ihm so gut, daß er sich zu ihrem Schrecken nach dem Namen dieser schönen Speise erkundigte. Mit irgendeiner Umschreibung half sie sich aus der Verlegenheit. Einer der Sprüche, die sie meinem Vater einschärfte, lautete: »Kirchengehen säumet nicht, Al*mosengeben armet nicht*, unrecht Gut gedeihet nicht«. Ich selbst habe es noch erlebt, mit wie allgemeiner dankbarer Verehrung von den alten Leuten in Lauenstein, namentlich den armen, der »Frau Leutnan-*

*tin« gedacht wurde, nachdem schon Jahrzehnte vergangen waren, seit sie von der Erde und ihrem geliebten Heimatort geschieden war.*

*Diese Heimat mit ihrer poetischen Schönheit gab ihr oft Trost und Ersatz für die sonstigen großen Entbehrungen ihres einsamen Daseins. Ihr reger Geist verlangte vergeblich nach Nahrung. Von Musik bekam sie nichts zu hören, als was sie selbst mit dem Großvater ausführte, und neue Noten gab es nicht, bis später mein Vater ihr dies und jenes zuführte. Bücher zu kaufen war ebenso ein Luxus, den sie sich versagen mußte. Wenn ihr einmal ein Verzeichnis literarischer Erscheinungen zu Händen kam, so war es schon ein Genuß, die Namen der Geistesschöpfungen zu lesen. Dann schrieb sie sich die Titel ab, die sie besonders anzogen, und stellte sich in der Fantasie vor, was wohl alles hinter ihnen verborgen sein könnte. Weitläufigere Anzeigen mit ungefährer Inhaltsangabe, Besprechungen in irgendeinem Zeitungsblatt, wurden natürlich noch dankbarer begrüßt und mit allerlei Auszügen aus geliehenen Büchern und dergleichen zu einem Paket getan, das sie »Kollektaneen« nannte.*

*Die Wohnzimmer der Knabenburg waren bei dem Umbau des Hauses im Jahr 1750*[25] *mit Leinwandtapeten in Öl gemalt verziert worden; besonders prachtvoll nach dem Geschmack der damaligen Zeit das große Zimmer im oberen Stock, der sogenannte Saal, auf dessen mit Goldleisten eingefaßten Wänden große Bäume mit bunten Papageien, Landschaften mit Schäfern, Schiffe mit Segeln und Stangen und mehr derartiges zu sehen waren. Während der langen Pachtzeit vom Tode der Sekretärin Heldberg, die zuletzt darauf gewohnt hatte, bis zum Jahre 1812, wo die Großeltern die Knabenburg wieder bezogen, hatten diese Raritäten, die früher die Bewunderung der Umgegend auf sich gezogen hatten, nicht die gehörige Sorgfalt und Schonung empfangen und fanden auch an meinem Großvater weder einen Bewunderer noch einen Konservator. Sie verschwanden daher allmählich gänzlich. Die Großmutter benutzte die weiten leeren Räume des Hauses, um eigene im Garten gewonnene Früchte und Gemüse aufzubewahren oder zu trocknen. Ein Gemach mit einer Schlafkammer daneben war eingerichtet, einen Freund gastlich aufzunehmen und zu beherbergen, wenn unter der spärlichen Bekanntschaft der eine oder andere die gewohnte Einsamkeit durch seinen Besuch unterbrach. Das stille Leben der Großeltern selbst aber war auf eine einzige kleine Stube und Kammer im unteren Geschoß beschränkt; sie hatten sich von der Welt fast ganz zurückgezogen.*

*Daß von eigentlich geselligem Verkehr mit nahewohnenden Familien keine Rede sein konnte, verstand sich um der von der Not gebotenen Sparsamkeit willen von selbst. Davon abgesehen aber waren freilich auch die Elemente dünn genug gesät, die eine bedeutendere Anregung hätten geben können. Jenseits des Berges in Neuhaus Harderode war eine Familie von Nolting ansässig; auf der Domäne Eggersen zog Anfang der 20er Jahre der Oberhauptmann von Lenthe ein, der mit einer besonders liebenswürdigen Frau verheiratet war und öfters eine geistvolle Nichte, Fräulein Therese von Wurmb, bei sich zu Besuch hatte. Mit diesen kannte und schätzte man sich wohl, aber eine Begegnung und gar ein geflissentliches Aufsuchen blieb doch selten. Unter solchen Umständen wäre es denn ein großes Geschenk gewesen, wenn man in dem unmittelbar benachbarten Pfarrhause gelegentlich wohltuenden Zuspruch hätte finden dürfen. Pastor Bückmann selbst ließ es an treuer Gesinnung gewiß nicht fehlen; aber die mit Dünkel verbundene Beschränktheit der weiblichen Elemente der Familie hinderte eine wirkliche Annäherung. Nach seinem Tode im Jahr 1822 trat Pastor Goldmann an seine Stelle, eine ungewöhnliche Persönlichkeit. Seinem Beruf mit ganzer Seele ergeben, frei von jeder Engherzigkeit, der Teilnahme an allem Geistesleben aufgeschlossen und selbst gedankenreich, in seiner Empfindung lebhaft, ja leidenschaftlich, wirkte er nicht nur öffentlich mit großem Erfolg in der Gemeinde lebenweckend, sondern übte auch im näheren Verkehr eine bedeutende Anziehung aus. Nun entstanden zwischen den beiden Nachbarhäusern vertraute Beziehungen, die, so lange sie währten, wirklich das Leben der Großeltern, zumal der Großmutter, bereicherten.*

*Wären nur nicht die unseligen Zwistigkeiten mit den Verwandten gewesen, die samt allen Kümmernissen und Aufregungen, die sie im Gefolge hatten, doch den eigentlich bitteren Tropfen in den Kelch der Entbehrungen mischte, den sie zu leeren hatte.* Nicht genug, daß Mehringen verloren war: Auch die Ansprüche auf Anteil an der Knabenburg wurden, wie erwähnt, von der anderen Seite energisch geltend gemacht. Endlos waren die schriftlichen Verhandlungen über die Auseinandersetzung. *Die ältere, unverheiratete der beiden Tanten, Christine Elisabeth Heldberg*, die jetzt in Göttingen lebte, hatte in früherer Zeit der Großmutter, die nicht nur ihre Nichte, sondern auch ihr Patkind war, besonders nahegestanden, *wurde zärtlich von ihr geliebt. Nun mußte diese auf Wunsch ihres Gatten einen Brief nach dem anderen an die Tante schreiben, von dem sie gewiß wußte, daß er jene kränken würde, ja dessen Inhalt oft mit ihrer persönlichen Überzeugung nicht übereinstimmte. Ihre Ansichten aber über die Pflicht der Ehefrau, sich dem Willen des Mannes unbedingt unterzuordnen, waren im Sinne jener Zeit so strenge, daß sie es für ausgeschlossen hielt, Einspruch zu erheben. Ebenso ließ sie es schweigend geschehen, daß der Großvater mit dem noch übrigen Barvermögen sich in Unternehmungen verwikkelte, deren schlimmer Ausgang ihr von vornherein unzweifelhaft erschien.* Als in späteren Jahren einmal meine Mutter, ihre Schwiegertochter, es nicht begreifen wollte, daß sie seinem Geldverschwenden keinen Widerstand entgegengesetzt habe, sagte sie: »Wie konnte ich das thun? Es war ja mein Geld! Übrigens, wenn ich mich wirklich einmal seinem Willen ernstlich hätte widersetzen wollen, so wäre er fortgeritten, um niemals wiederzukommen.« Gerade, weil es ihr Geld war, mit dem so verfahren wurde, sträubte sich ihr feines Gefühl doppelt dagegen, durch Widerspruch gleichsam ein Recht darauf geltend zu machen. *Sie kündigte, weil er es verlangte* und weil sie als dazu Berechtigte es selbst tun mußte, in Person *die kleine Brodauer Rente von 60 Talern,* die sie als sichere Jahreseinnahme gern zur Ausbildung ihrer Söhne behalten hätte, ließ sie sich in Kapital auszahlen und gab die Summe ihrem Mann *zur Anlage einer* Brennerei[26] *auf dem Knabenburger Hofe. Wenn nun auch dieses Unternehmen vollständig fehlschlug, wenn man stets neue Einbuße erlitt, anstatt vorwärtszukommen, so konnte es endlich nicht ausbleiben, daß der ohnehin zur Hypochondrie neigende Großvater immer trüber in die Zukunft sah, und daß der Druck, der auf ihm lastete, sich auch der Umgebung mitteilte. Nichtsdestoweniger würde es ganz falsch sein, schließen zu wollen, daß das eheliche Verhältnis unter all diesen inneren und äußeren Trübseligkeiten ernstlich gelitten hätte. Es blieb nach wie vor ein schönes, in seinem Grunde durchaus ungetrübtes, weil auf beiden Seiten die innerste Natur eine edle war, weil echte, aufrichtige Liebe die Ehe begründet hatte und die Verkehrtheiten in des Großvaters Handlungsweise als Folgen seines sanguinischen Temperaments, die ihm selbst Leid genug bereiteten, eher zum Beklagen als zum strengen Urteilen aufforderten. Die Stellung der Söhne beiden Eltern gegenüber war und blieb darum ebenfalls uneingeschränkt die der innigsten Liebe und Pietät, und wenn das Band, das meinen Vater an seine Mutter fesselte, als ein besonders zartes erscheint, so ist damit nur etwas Allgemeines, in der Natur Begründetes durch den besonderen Fall bestätigt. Daß die Verehrung für den Vater nicht weniger herzlich war, geht aus dem Ton aller seiner an ihn gerichteten Briefe unzweideutig hervor.*

*Nach einigen glücklichen Ferienwochen im Elternhause zog der nunmehr siebzehnjährige angehende Student im April 1820 nach Göttingen. Daß die Rechtswissenschaft studiert wurde, und zwar mit dem Ziel, als hannoverscher Beamter Anstellung und Brot zu finden, war von vornherein abgemachte Sache. Die Rudorffsche Familientradition kannte in den letzten Generationen nichts anderes, als den Beamten- und Offiziersstand. Da die Anlagen des Sohnes dem letzteren durchaus nicht entgegenkamen, so blieb nur der Beamte übrig. Die ganze Natur* aber *des Knaben wies auf rein wissenschaftliche Betätigung hin, wie sich aus seinen Leistungen auf der Schule leicht erkennen ließ. Namentlich seine philologische Begabung trat deutlich zutage. Es war ihm als Primaner eine solche Lust, in der lateinischen Sprache sich herumzutummeln, daß er zu seinem Privatvergnügen mehr lateinische Aufsätze lieferte als verlangt wurde. Auch vom Studium römischer Altertümer, das ihn neben den Schularbeiten beschäftigt, spricht er schon als Schüler in seinen Briefen. Daß es seine Lebensaufgabe sein könnte, diesen Neigungen nachzugehen und Gelehrter zu werden, daran dachte wohl im stillen die Mutter und vielleicht er selbst; doch die pekuniäre Lage der Eltern schloß alle Wagnisse aus, und so war von nichts anderem die Rede als von dem breiten Wege, auf dem die Jugend der besseren hannoverschen Familien einherzuwandeln pflegte, um schließlich in den Himmel des höheren Beamtentums mit seinen auskömmlichen und angesehenen Stellungen einzugehen.*

Die ersten Erlebnisse in der Musenstadt, wo bereits für eine Wohnung im voraus Abmachungen getroffen waren, schildert der Jüngling wie folgt:

»Göttingen d. 25ten April 1820.«

»Liebe beste Mutter! Da ich zu meinem Briefe an dich und Vater, (natürlich meiner angenehmsten Beschäftigung,) gewiß mehrere Stunden verwenden werde, und zur Repetition der Collegia, da es erst 6 Uhr Morgens ist, noch Zeit genug habe, so will ich dir ausführlich meine Ankunft und ganzen Anfang erzählen. Zuvörderst aber noch herzlichen Dank für Vaters außerordentliche Güte und Fürsorge, die er bei meiner Abreise mir bewiesen. Sonnabend Nachts 1 Uhr kamen wir hier an, und da es in der Michaelia zu voll von Burschen war, so pochte ich meinen Wirth heraus, ließ meinen Koffer heraufbringen, Licht anschlagen und legte mich in ein sehr nettes und reinliches Bette. Überhaupt habe ich über meine Wohnung nichts zu erinnern, meine Wirthsleute sind gut und billig und jene ist, wiewol nicht prächtig, doch für 6 Louisd'or so gut, wie sie seyn kann, da bei den jetzt hier anwesenden 1380 Studenten die Logis unter 9 Louisd'or selten loskommen. Am Sonnabend kaufte ich mir mein Zeug und Kappe (eine simple grüne für 2 Thaler, da die rothen Lappen doppelt so theuer und doppelt so delicat sind), ging zum schwarzen Brette und sah, daß Hugo und Heeren schon Montags (24. April) ihre Collegien anfangen wollten. Ich ging also Sonntags zum Pro-Rector – mit welchen Gefühlen kannst du denken, – wurde erst in einen großen Saal geführt, und dann, da noch mehrere immatriculirt zu werden wünschten, fast zuletzt vorgelassen. Er war ein würdiger schwarzgekleideter Mann, der sich wohl zum Stellvertreter des Königs paßte. Er fragte mich sogleich nach meinem Namen, Wohnorte und Testimonium. Um ihn her standen 4 Pedellen mit höchster Ehrerbietung, die mich baten, meinen Namen ins Matrikelbuch und anliegenden Revers den Vorruf und Landsmannschaften betreffend zu unterschreiben, worauf ich 4 Thaler 21 Gr. bezahlte, auf einem ungeheuern Bogen gedruckt die Matrikel nebst dem Gesetzbuche erhielt, und dem Prorektor an Eides Statt in die Hand geloben mußte den Gesetzen als academischer Bürger gehorsam zu seyn. Nachdem ich nun bei Schulze, Hugo[XI] und Bauer[XII] belegt hatte, ging ich Nachmittags zu Bunsen[XIII], der mich abends und anderen Mittags zu Tische bat und mir den Freitisch zusicherte, den ich in 8 Tagen holen lassen kann. Was die Ausgaben hier betrifft, so betragen sie in einiger Hinsicht mehr in anderer weniger, als wir gerechnet haben; worüber ich mir ein vollständiges Diarium halte; was meine Einsamkeit anlangt, so ist sie mir garnicht unerträglich da ich bei 4 Collegiis doch ziemlich zuthun habe, und wenn ich Umgang suche, der Zutritt zum Bunsen'schen Hause (natürlich mit Vorsicht) jederzeit offen steht. Von Bunsen habt Ihr gewiß schon Briefe. Sein Gustav ist ein kluger, gebildeter und freundlicher Junge, mit dem ich künftigen Sonntag eine Tour nach Maria Spring, welches 2 Stunden von hier ist, machen werde. Die Großtante ist noch immer schwach und leidend; doch giebt der Hofrath Stromeyer gute Hoffnung. Gestern war ich zum erstenmale bei Hugo im Collegio,

---

XI Gustav Hugo 1764–1844, berühmter Lehrer des Römischen Rechts, Mitbegründer der historischen Rechtsschule.

XII Anton Bauer 1772–1843, Rechtslehrer, namentlich um das Strafrecht verdient.

XIII Bunsen, Professor an der Universität, war verheiratet mit einer Tochter (Friederike) der in Einbeck lebenden Majorin Quensell, geb. Heldberg. Die weiter unten erwähnte »Großtante« ist die mehrfach genannte ältere, unverheiratete Schwester der letzteren: Christine Elisabeth Heldberg. Einer seiner Söhne war der berühmte Physiker und Heidelberger Professor Robert Bunsen.

welches mir beiweitem nicht so trocken ist, als man die Jurisprudenz gewöhnlich schildert, da sein Vortrag sehr angenehm und populär ist, und auch Kathederspäße in Menge vorfallen. So sagte er z. B. daß jus das Recht und jus die Suppe die größte Ähnlichkeit habe mit dem deutschen Gericht in der Küche, und dem Gericht z. B. dem akademischen, von dem man sich hüten müsse vorgeladen zu werden. Übrigens ist sein Auditorium so voll, (ich hatte Nr. 85,) daß wir morgen in das große Sommerauditorium unter der Bibliothek gehen werden. Was den Ton hier betrifft, so ist er durch die scharfen Gesetze zu den besten vielleicht auf allen deutschen Universitäten umgeschmolzen.[XIV] Im Collegium bekümmert sich niemand um den anderen, auf den Straßen geht alles still zu, und jeder kann tragen, was er zu tragen Lust hat. Das kleinste Vergehen erfährt der Prorektor sogleich und es wird schrecklich geahndet, oft auch nach Hannover berichtet, und das Relegationspatent, wenn jemand damit bestraft ist, wird sogleich an alle Universitäten verschickt. Doch nun muß ich mich ein wenig vorpräpariren, darum für heute genug.

Mittwoch d. 26t. Da ich um 7 Uhr schon ins Collegium muß, indeß schon gearbeitet habe und es erst halb sechs ist, so weihe ich dies Morgenstündchen der Unterhaltung mit dir, theuerste Mutter. – Daß man hier noch Fuchs ist, merkt man gar nicht, denn es sind ihrer über 500, und ich bin so in burschikosem Habitus und gehe so keck mit der Mütze auf dem Kopfe ins Collegium, daß man mich schon öfterer gefragt hat (namentlich Füchse) ob ich schon ein Jahr in Göttingen wäre, oder, ›ich wäre wol schon länger hier.‹ – Mir ist als hätte ich dir noch so viel zu sagen, so viel zu danken, und als wollte das große Collegium- oder Pandectenpapier, auf dem ich schreibe, nicht alles fassen. Meine Lebensweise ist so, wie ihr alle es wünscht; ich habe nur 4 Collegia und zwar sehr wichtige, weil mir von Bunsen und vielen anderen das 5te, nämlich die alte Geschichte bei Heeren widerrathen ist, worin auch andere geschickte junge Männer wenig profitiert haben. Diese studiere ich für mich; Morgens 7 Uhr höre ich Logik, die ich von 8 – 10 repetire, um 10 – 12 gehe ich zu Hugo, esse zu Mittag, (welches so erträglich und viel ist, daß ich mir den Braten immer auf den Abend aufhebe) repetire Hugo, gehe um 2 – 3 zu Bauer, der ein äußerst artiger Mann ist, repetire und präparire bis 6, gehe dann in den botanischen

XIV Im Jahr 1818 war es zu unliebsamen Vorfällen gekommen; 500 bis 600 Studenten waren nach Witzenhausen an der Werra ausgewandert; schließlich blieben von 1400 nur 400 in Göttingen zurück. Die Folge dieser und ähnlicher Streiche war eine drakonische Disziplin.

Garten bis 7, studiere bis 8 oder ½9 und lege mich um 9 zu Bette, stehe aber dagegen schon um 5 und bald um 4 Uhr, wenn ich mich erst daran gewöhnt habe, auf.

Sehnlichst warte ich auf Briefe von Euch und meinen Hildesheimer Freunden; wie vergnügt und heimisch ich übrigens hier bei dieser Lebensweise bin, ist bei dem Heimweh in den ersten Tagen zu verwundern. ... Meine Straße gehört zu den einsamsten und von Studenten am wenigsten besuchten und bewohnten; übrigens ist der letzte Punkt auch hier so schlimm nicht; denn jeder kann hier thun, was er will und braucht nicht einmal seinen Nachbar im Collegio zu kennen, wenn er es selbst nicht will! Hierauf also kommt alles an, und thue ich es nicht, so liegt die Schuld an mir. Schreibe mir nur ja bald und denke noch oft an Brüggen[XV] und seinen Garten, da du den botanischen nicht sehen kannst. In diesem ist das Bosquet sehr schön und besteht aus lauter ausgesuchten, botanisch merkwürdigen Bäumen und Gewächsen; auch das Gewächshaus ist einzig. Blumenbach[XVI], ehe ichs vergesse, hatte seine Vorlesung so angefangen: ›Meine hochgeehrtesten Herren! Die Naturgeschichte und die Gottesfurcht sind zu allen Dingen nütze etc.‹ Pfingsten, da alles nach Kassel macht, will ich die Gleichen besehen und von gekochten Eiern leben. Denn ersteres kostet nicht wenig. Grüß tausendmal Vater und danke ihm für seine viele Güte in meinem Namen. Wenn ich einen Brief von dir habe, soll es an mir sicher nicht fehlen. Küsse Valdec tausendmal und danke ihm für seine Schreibfedern. Sie thun mir gut nebst dem Messer! Noch mal Adieu, behalte recht lieb deinen Adolf, so wird er auch gut bleiben. ...

Dein Euch alle herzlich liebender

Adolf.«

Aus diesem und späteren Briefen geht hervor, daß mit den Heldbergschen Verwandten trotz der fortwuchernden Erbschaftsstreitigkeiten äußerlich sich noch ein leidliches Verhältnis aufrechterhalten hatte. Die hochbetagte Großtante Christine Elisabeth Heldberg fühlte sich persönlich am meisten verletzt und blieb im ganzen zurückhaltend. Sie war daher meinem Vater mehr Gegenstand des Respekts, den ihr heller Verstand einflößte, als der Zuneigung. Wirklich herzlich aber kam ihm Frau Bunsen entgegen, während das Benehmen ihres Mannes in zwiefa-

XV Brüggen ist ein schöner herrschaftlicher Sitz im Leinetal, bis zu welchem die Eltern den Sohn auf der Fahrt nach Göttingen begleitet hatten.

XVI Joh. Friedr. Blumenbach, berühmter Naturforscher 1752–1840.

chem Licht erscheint. Bei großer persönlicher Freundlichkeit verfolgte er im stillen mit kluger Berechnung seine praktischen Ziele, wie das später zutage trat und ihm schließlich auch nicht zu verdenken ist. Im nächsten Briefe von Freitag vor Pfingsten heißt es: »Abends gehe ich wöchentlich 1 – 2mal zu Bunsen – d. h. zu der Professorin Bunsen (da gewöhnlich Bunsen nicht zu Hause ist oder Privatissimum hat) mit der das Verhältniss – glaube nicht, daß dies jugendliche Offenherzigkeit oder Unerfahrenheit, Leichtgläubigkeit, Mangel an Scharfblick etc. wäre – im eigentlichsten Sinn ist, wie es seyn sollte. So wenig dies mein Urtheil über Bunsen ist, so sehr veranlaßt mich Manches, über Friederike gerade das entgegengesetzte zu fällen. Dahin gehören ihr durch die Schule der Leiden geläuterter religiöser Charakter, ihre außerordentliche Anhänglichkeit an ihren Onkel, deinen Vater, von dessen trefflichem Herzen sie mir tausend kleine Züge in einsamen Abendstunden erzählt hat. Oft schon bin ich bei ihr zu Tische gewesen, da dann gewöhnlich eine Schale dicke Milch, Kartoffeln mit der Mondirung, ohne allen Wein unser ganzes frugales Mal ausmachten. Die Liebe der Kinder, die ich auf Spaziergängen mitgenommen habe, habe ich mir längst erworben; mit dem geschickten Gustav lese ich den Persius. Du werde ich von allen schon lange genannt. Oft schon hat sie mir gesagt, wir kennten uns noch nicht, wenn dies erst der Fall wäre, und sie mir erst so Manches gezeigt hätte, so würden wir uns recht lieb haben.« Und ferner: »Ich war 4 Tage nicht dagewesen, als mich Bunsen sehr ernsthaft durch den kleinen Robert zu sich beschied. Als ich hinkam, faßte er mich bei den Ohren, und trieb mich in eine Ecke, wo er mir eine gehorsame Abbitte diktirte und das Versprechen abforderte, nicht wieder so lange zu säumen weil, wenn er mich zu Abend einladen ließe, doch wenigstens Braten und Wein und nicht wie gewöhnlich Kartoffeln und dicke Milch sich präsentiren müßten. Bei den stillen Besuchen des Abends wird mir gewöhnlich das Amt des Vorlesens aus irgend einem schönen Buche, welches mir herrliche Erholungen gewährt.« Die für Pfingsten beabsichtigte Fußwanderung wird wie folgt geschildert: »Ich habe mein Schreiben einige Tage unterbrechen müssen, weil ich gestern (23. May) fast bis nach Duderstadt war. Ich ging nämlich Morgens mit einem der ärmeren und stilleren Hildesheimer, den ich zufällig traf und der mit mir zugleich examinirt und immatrikulirt ist nach der Steinmühle, wo wir eine Schale dicke Milch aßen, die sehr reinlich war und uns trefflich mundete, und dann auf die Gleichen, welche 3 Stunden von hier entfernt sind und von denen wir die Aussicht auf den Hanstein, den Arenstein, den Harz und Brocken, das Eichsfeld, Göttingen und unermeßliche Wälder hatten. Von da ging es nach Seeburg, von dessen Gebirgen wir auf Duderstadt mit seinen Thürmen und der Domkirche, viele andere Städte und den nahen Harz hinschauen konnten. Wir stiegen hinab, aßen wieder eine Satte Milch und begaben uns, von einem schmucken Fischer in einem blauen Camisole, leinener Hose und blauen Strümpfen begleitet auf den spiegelklaren See, der mitten zwischen Wiesen und Kornfeldern hingestreckt, ohne Gebüsch und Schilf – das ausgenommen in welches wir Schiffer die Reusen legend beschäftigt fanden – mit Enten und Wasserhühnern einen herrlichen Anblick gewährt. Er ist etwa eine starke halbe Stunde lang und hat eine kleine Meile (1¾ Stunden) im Umfange. An beiden Seiten liegen zwei Dörfer, aus denen die Musik des Pfingstbiers ertönte. Mitten im See auf einer grandigen Stelle stiegen wir aus, ließen die Kleider im Kahn und badeten uns, da das Wasser sehr warm war. Noch erzählte unser Fischer uns die Sage von dem versunkenen Schlosse. Wir hätten noch Fische essen können, wenn unsere Kasse zugereicht hätte. Aber im Wirthshause war es, obwol sie Alles sehr nett mit Silbersand gestreut hatten, doch etwas theuer, welches auch mit dem Fischer der Fall war. Der Pfarrer des Orts war gerade Pfingsten zum Weihbischof des Eichsfeldes erwählt worden und wollte in einiger Zeit sein Amt antreten. Das Dörfchen war sehr hübsch. Die Alten saßen an der Wiese längs des Sees, an dem sich das Netzgarn ausdehnte, auf Blöcken, die Jüngeren machten sich auf dem Gemeinplatze lustig. Um acht Uhr begaben wir uns ohne einzukehren eilig auf den Rückweg, der uns über die Papiermühle bei Seeburg, über Wauke und Robringen führte. Allenthalben schallte uns in der himmlischen hellen Mainacht der frohe Jubel der Dorfbewohner entgegen, während fern am Brocken eine wetterleuchtende Wolke stand. Durch angenehme Wälder langten wir ziemlich ermüdet um 11 Uhr in Göttingen an.«

Ein paar Male wandert er nach der »Plesse«, kehrt in einem einzeln liegenden Försterhause Düppelshausen ein und genießt von dieser Stelle aus den Anblick der »prächtigen festen Ruinen auf ihrem hohen Felsen. Hier«, schreibt er, »ist noch das Burgthor, die Kapelle, der Brunnen, zwei feste Warten, Keller u. s. w. erhalten, und von der Mauer konnte ich jählings hinab in blühende Holzapfelbäume und den schönsten Wald sehen, durch den die Falken, welche hier oben horsten, umherfliegen.« Im übrigen begnügt er sich mit dem botanischen Garten, den er seine erquickendste Abenderholung nennt. Oder auch er macht einen einsamen Spaziergang ins Leinetal, wie er sagt, »mit dem Bewußtsein, daß hier meine Großväter und mein Onkel gewandelt, daß dieser Fluß unsere Lauensteiner Bäche, die kleine Laue und die Saale aufnimmt, und dahin fließt, wo meine treuen Freunde wohnen.«

Mit diesen Hildesheimer Freunden steht er im lebendigsten Briefwechsel und rühmt ihren Wert seinen Eltern gegenüber in immer neuen Ausdrücken. So ist es begreiflich, daß es ihn vorderhand nicht bekümmerte, in Göttingen noch keinen Kommilitonen zu finden, mit dem er hätte in nähere Beziehung treten mögen. Der rohe Ton, der hier herrschte und der, nachdem ihn strenge Maßregeln für eine Weile gedämpft hatten, sich aufs neue breit und breiter machte, die »Strohrennomisterei« wie er es nennt, ja überhaupt das Verkehren in Massenfreundschaft sagte seiner Natur nicht zu. *Der Charakter seiner beiden Eltern aber, ihre strengen Forderungen an Mäßigkeit und Tüchtigkeit, endlich der tiefe Eindruck, den ihre sorgenvolle äußere Lage schon auf das Gemüt des Knaben gemacht hatte, lassen es vollends begreiflich erscheinen, wenn der junge Student eine ernstere Lebensauffassung auf die Universität mitbrachte, als sie der Mehrzahl Gleichaltriger eigen zu sein pflegt. Der Gedanke, für die Eltern zu sparen und es so weit zu bringen, daß er ihnen ihre Kümmernisse abnehmen, ihren Lebensweg erhellen könnte, zieht sich als treibende Macht durch alle seine Jugendjahre. Einmal spricht er es geradezu aus: »Mein größtes Vergnügen ist für Euch zu sparen, und ich hoffe noch auszukommen, ohne die letzten 5 Louisd'or anzugreifen, die für die Collegia künftiges Semester bestimmt sind.« Es gelang ihm wirklich, diese Summe von der geringen Barschaft, die ihm mitgegeben war, zu erübrigen und sie den Eltern zu den Ferien wieder mitzubringen. Zum Wintersemester bittet er um 90 Taler und verbraucht so im Verlauf eines ganzen Jahres noch nicht ganz 200 Taler. Dabei hatte er sich selbst ein Corpus juris angeschafft und seiner Mutter wie seinem Freunde Carl Meyer je eine kleine Sammlung Riepenhausenscher Bildchen von der Göttinger Gegend geschickt, die freilich das Stück nur 6 Pfennige kosteten. Für die Mutter aber schrieb er außerdem in musterhafter Sauberkeit die sämtlichen Gedichte von Salis ab und ließ sie ihr einbinden. So ernst hiernach sein Wesen, so zurückgezogen sein Leben erscheint, es lag doch niemandem Kopfhängerei und Freudlosigkeit ferner als ihm.* Seine Seele war allem Schönen und Guten, allem edlen Genuß so aufgeschlossen, wie eine Blume dem Sonnenlicht. Nur waren seine Freuden nicht die des großen Haufens. Auch für Humor war er sehr empfänglich. So schreibt er einmal: »Oft mache ich mir den Spaß und gehe, wenn ich eben nichts großes zu thun habe, zu Blumenbach ins Collegium, um mir die Jacke voll zu lachen; seine Witze sind aber auch einzig in ihrer Art, und werden dich gewiß belustigen, wenn ich dir Michaelis einige davon erzähle.« Und später: »Einzig in seiner Art ist Blumenbach, den ich gewöhnlich alle Freitage einmal höre – ein so aufgeweckter alter drolliger Mann, daß man über seine Einfälle, wenn man auch noch so ernsthaft ist, lachen muß. Denke dir z. B. folgenden aus seinem Munde: Er sagte, daß einige glaubten, Jonas sey von einem Hayfisch, der ein Pferd, also auch wohl einen Propheten im Magen lassen könne, verschlungen; allein diesem stimme er nicht bei, sondern dem Professor v. d. Hart zu Helmstädt, der es so erkläre: in Ninive sei ein Wirthshaus gewesen, in diesem sei Jonas abgekneipt, es habe zum Wallfisch geheißen; Jonas habe für einige Zeit auf Puff gelebt, zuletzt habe ihm der Philister die Kneipe aufgesagt, und da er ihn einige Male getreten (gemahnt) er aber nicht hätte bezahlen können, so habe er ihn zum Hause hinausgeworfen – also habe ihn der Wallfisch ausgespieen. Nun denke dir diese Studentenausdrücke in dem Munde eines 70jährigen Mannes.« Die Naturgeschichte des Schweins beschloß er ein anderes Mal mit dem Ausruf: »Dieser kurze Trab, dieser melodische Gesang! Ei ja!« – Über Hugo dagegen heißt es gelegentlich: »er zieht wol ein bischen zu sehr in die Länge und wird wegen mancher Späße und Anwerber für seine Collegia nicht selten ausgescharrt, im Ganzen genommen aber macht er die Sache ganz deutlich, und giebt einen guten Überblick des Rechts.«

Wegen Erlangung eines Freitisches für das nächste Semester mußten noch Zeugnisse der Professoren eingeholt werden. Bei Bauer handelte es sich um das Naturrecht, bei Hugo um Enzyklopädie und Institutionen, bei Gottlob Ernst Schulze um das collegium logicum. Aus dem Wortlaut aller dieser Zeugnisse liest man deutlich heraus, daß der beharrliche Fleiß und die lebendige Aufmerksamkeit des jungen Mannes den Herren aufgefallen war. Über sein eigenes wachsendes Interesse am juristischen Studium schreibt er: »Dem Onkel Christian wird es gewiß auch Freude machen, daß ich meiner Wissenschaft immer mehr Geschmack abgewinne und ein Jurist mit Leib und Seele werde. Wenigstens hoffe ich zwei Erfordernisse so ziemlich zu besitzen, welche die Alten in Ansehung desselben wünschten. Ein eiserner Kopf, ein bleiernes Sitzfleisch und ein goldener Geldbeutel. Ich trachte am ersten nach den ersten beiden, dann wird mir in Zukunft das Übrige wills Gott als Accidens zufallen, wenn es auch nur von Silber wird.«

Die Göttinger Professoren lasen damals, sehr entgegen der heutigen Gepflogenheit, zum Teil bis in die zweite Hälfte des September hinein; doch ließ sich eine etwas frühere Abreise zu den Ferien nach Lauenstein ermöglichen, da Hugo wenigstens schon am 2. schloß. So trat der Jüngling seine Fußwanderung das Leinetal hinunter am 3. September 1820 an und erreichte im Lauf des 4. nach einem Marsch von acht bis neun deutschen Meilen Brüggen, wo seine Eltern ihn mit dem Wagen erwarteten. Das leichte Gepäck trug er im Tornister auf dem Rücken, das schwere war vorausgeschickt. Dem Vater aber brachte er die folgenden Zeilen von Bunsen:

»Lieber Herr Vetter!

Eine wann auch nur kleine Veränderung in dem Reiseplan ihres Adolphs ist die Ursache, daß ich mich in diesen wenigen Zeilen auf ihn allein beschränken muß.

Nehmen Sie denn aus seiner Hand die Versicherung freundlich von mit auf, daß ich ihn von Herzen liebe und schätze; daß ich Ihnen und Ihrer lieben Frau Glück wünsche zu solch' einem Sohne; daß wir alle ihn lieben, und jeder, der ihn kennt, ihn lieb gewinnt; daß ich ihn an Geist zu den vorzüglichsten, an Charakter zu den besten jungen Leuten rechne, die ich jemals habe kennen lernen; und daß ich unter allen diesen ihm Niemanden zur Seite setzen kann, als meinen verewigten Karl, dessen Andenken in dem Umgange und der Unterhaltung mit ihm oft wehmütig in mein Herz zurückkehrt! Gott erhalte ihn; er wird Ihnen beyden nur Freude machen.« ...

So war das erste Semester verlaufen. Er hatte so sparsam in Göttingen gelebt, daß er von seinem an sich schon schmal genug bemessenen Wechsel dem Vater ein paar Goldstücke wieder zurückbringen konnte. In der Hauptsache, in seinem Fleiß, in der Tüchtigkeit seines Wesens, der Reinheit seines sittlichen Verhaltens, änderte sich während der ferneren Studienjahre nichts. Wohl aber läßt sich an der Hand der Briefe verfolgen, wie aus der kindlichen Gebundenheit des Schülers, die in Anschauung und Lebensführung den Anfang der Studienzeit noch kennzeichnet, allmählich die freiere Bewegung des Jünglings sich entwickelte.

Carl Meyer hatte um Michaelis 1820 das Reifezeugnis in Hildesheim erlangt und zog dem Freunde, um Theologie zu studieren, nach Göttingen nach. Schon vor den Herbstferien hatte dieser sich nach einem passenden Quartier umgesehen, wo beide zwei nebeneinanderliegende Zimmer bewohnen konnten, und damit begann eine reichere Zeit. »Mein häusliches Leben ist hier sehr glücklich«, schreibt er im November, »mit meinem Meyer arbeite ich gewöhnlich auf einer Stube, da wir uns nie stören und nur noch Holz und Licht sparen. Am Sonnabend wird ein großes Pandectenrepetitorium mit Freund Wallmann, dem historischen Hausvater, angestellt, welches Alles, was in der Woche geschehen ist, wiederholt. Das Studium ist ungeheuer weitläuftig und ins Detail gehend, doch hoffe ich, mit dieser Beihülfe es gehörig zu penetriren, indem ich mit keinem ganz üblen Vorbegriff aus den Hugo'schen Institutionen hineingekommen bin, und nur auf das Pfand- und Erbrecht mich zu legen habe. ... Das frühe Aufstehen ist jetzt a l'ordre du jour. Aber wie viel Einem auch die Pandekten zu schaffen machen! 30 Stellen im corpus juris täglich nachzuschlagen und 8 Seiten im Collegio so eng wie dies geschrieben zu haben, geht noch gnädig. Aber bei alledem ist es ein angenehmes Studium; und mir wenigstens nicht so trocken, wie es anfangs schien. Der Dr. Ribbentrop bei dem ich Rechtsgeschichte höre, hat mich sehr in amitié genommen und schon mehrmals Abends zum Thee eingeladen. Er ist ein sehr artiger Mann; in seinem Collegium habe ich die Ehre neben seiner Durchlaucht dem Erbprinzen von Salm zu sitzen, dem ich mehrere Male schon mein schönes Heft habe leihen müssen.«

Außer den dreistündigen Pandekten bei Schweppe hörte er Rechtsgeschichte bei dem jungen Dr. Ribbentrop, ferner Deutschen Stil bei Bunsen und Neuere Geschichte bei Heeren. Nicht nur Ribbentrop lud ihn ein, sondern auch Hofrat Bauer, wo er – von einem seiner Bekannten mit seidenen Strümpfen und Schuhen versehen – einen glänzenden Ball mitmachte und wieder mehrere andere Professoren persönlich kennenlernte. Vor allem Schweppe, der, wie sich herausstellte, in Rethem an der Aller erzogen, mit seinem Vater, dem Onkel Christian, der Tante Melusine und dem verstorbenen Onkel Wilhelm als Knabe viel verkehrt hatte.

Dem Treiben der Landsmannschaften blieb er nach wie vor fern; aber er wurde doch einmal in eine kleine Streitigkeit verwickelt, die ein Rapierduell zur Folge hatte. Am 15. Januar schreibt er: »Ich bin recht munter und fidel; nur habe ich gestern mit einem geschliffenen Rappier einen Hieb über Stirn und Nase bekommen, der zugenäht werden mußte, aber, weil er sehr rein ist, keine Narbe hinterlassen wird.«

Im Sommer 1821 erntete er bei einer Preisverteilung wegen seines vortrefflichen lateinischen Stiles reiches Lob ein. Er gewann sein Studium immer lieber, verwandte auf das Römische Recht besonderen Fleiß, repetierte hierin täglich mit Wallmann und behauptete, das Deutsche Recht, das Eichhorn[XVII] geistvoll entwickelte, sei so interessant, daß man es fast spielend in sich aufnehme. Bei Sartorius hörte er Politik und teilte die allgemeine Bewunderung seiner Vorlesungen. Zugleich freilich nahm man nicht Anstand, sich über gewisse Schwächen des Gelehrten

XVII Karl Friedrich Eichhorn 1781–1854, ausgezeichneter Forscher auf dem Gebiet der deutschen Staats- und Rechtsgeschichte.

lustig zu machen. So sagte man ihm nach, er habe, von einem längeren Aufenthalt in Paris zurückkehrend, angesichts seiner Vaterstadt Kassel den Postillion in künstlich gebrochenem Deutsch gefragt: »Wie eißt der klein Landstadt da?«

Etwas später, am 19., schreibt er: »Könnte ich nur Musik oder Pandekten treiben; aber das Criminal-Schwerenötherrecht läßt mir gar keine Zeit ... Es ist wahr, ich verwende ziemliche Zeit auf die Arbeit und weniger aufs Vergnügen, allein es will nicht recht rutschen, ich abstrahire nicht genug und denke gar oft an Allotria ... Meinen juristischen Cursus habe ich schon Ostern ganz beendigt, dann muß ich nur noch das Practicum und Relatorium, Mathematik und Cameralia durchnehmen. An Lust und Liebe fehlt mirs ja nicht, aber die große Menge der Gegenstände erfordert ein umfassenderes Gedächtniß; deshalb bin ich nie vergnügt, weil ich nie genug gethan habe.«

Anfang August aber ließ er doch einmal seine Studien auf sich beruhen und war sehr vergnügt. Franziska Meyer war in Einbeck bei Bekannten für längere Zeit zu Besuch gewesen und sollte von ihrem Vater heimgeholt werden. Eine Zusammenkunft in Einbeck der Familien Meyer und Rudorff wird geplant. Wirklich fahren die beiden Freunde Carl Meyer und er am Vormittage des 4. August in die schöne Welt hinaus. Auch der Superintendent Meyer kommt aus Sarstedt, mit seinem jüngsten Sohn Wilhelm, die Eltern aber aus Lauenstein bleiben aus. Noch am selben Nachmittag schreibt er der Mutter von Einbeck aus: »Liebe theure Mutter! Ach daß du nicht hier bist in dem lieben, freundlichen Einbeck! Ich sitze in einem kleinen Cabinetchen und schreibe mit Franziska um die Wette, aber der Teufel weiß es, daß ich meine Gedanken nicht ordnen kann. Wir haben heute unsere Collegia gehört und sind in 4 Stunden von Göttingen hierher gefahren, und genießen nun das freudige Beisammensein. Nichts fehlt uns, als daß unser guter guter Vater und du auch hier wäret. Auf der Huwe haben wir sehnsuchtsvoll hinabgeschaut, ob nicht 2 Wagen kämen, aber leider kam nur einer! Nur trösten konnte uns die Hoffnung des Wiedersehens und Beisammenseins Michaelis in Lauenstein ... Morgen Abend sind wir wieder auseinander, aber jetzt ist noch Gegenwart ...«

Am nächsten Morgen folgt von Göttingen der zweite Brief. »Noch eine Stunde, meine geliebte Mutter! muß ich, bevor ich ernstlich wieder anfange zu arbeiten, der Erinnerung an das mir immer theurer werdende Einbeck weihen, weil das Herz mir noch so voll ist, daß es mit dem Arbeiten noch garnicht recht wieder ziehen will. Wir fuhren um 9½ Uhr, nachdem ich mit Ausnahme des Criminalrechts alle Collegia besucht hatte, von hier und waren um 2 Uhr in Einbeck, spannten schnell aus und eilten zu Fuß über die Huwe, voll Erwartung ob und wer kommen würde! Daß es kein vollständiges Familienfest werden würde, fürchtete ich freilich längst schon; aber das Andenken an die Nichtgegenwärtigen hat es vervollständigt. Am jenseitigen Abhang der Huwe lagerten wir beide uns an einer natürlichen Rasenbank und verfolgten jeden Wagen auf der fernen Chaussee, bis endlich der ersehnte erschien, dessen Form ihm zum Kennzeichen diente. Am Fuße hielt er und eine Dame stieg aus, die ich gleich für Franziska erkannte. In wenigen Sprüngen waren wir unten und nach einigen herzlichen Bewillkommnungen und Gesprächen ihrerseits mit dem langersehnten Carl, vertiefte sich dieser in Gespräche mit seinem lieben Vater, wozu der Stoff so reichhaltig war, und da Wilhelm sich zum Wagen hielt, so hatte ich das Vergnügen mit Franziska mehrere 100 Schritte voraus über die Huwe zu gehen, wobei sie mir fortwährend mit wahrer Fröhlichkeit von Lauenstein erzählte und ich immer mehr sah, daß sie wirklich unbeschreiblich gern und vergnügt dort gewesen. Sie war äußerst gütig und vertraulich, und ließ auch das »Herr« vor »Vetter« weg, als ich ihr drohte, ich habe sie einige Mal Cousine schlechthin genannt, weil Demoisell Cousine zu lang sei, und werde nun, um dies zu kompensiren, künftig nur Demoisell sagen. Wir sprachen offen und vertraulich über unsere beiderseitigen Familienverhältnisse, über unsere gute Tante Melusine, über das Glück, daß durch Carls und meine Bekanntschaft sie in dir eine mütterliche Freundin gefunden und unsere Familien sich annäherten. Je näher ich sie kennen lerne, um so unerreichbarer scheint mir ihr heller Verstand und die hohe Ausbildung ihres herrlichen Charakters mit ihren zarten Jahren. Wir gingen voraus auf den Einbecker Wall, setzten uns bei der Mühle ins Gras, und Franziska las mir M.'s[27] Gedicht vor. Es war ein himmlischer Abend, der Wall so grün, die Aussicht zu dem blauen Gebirge der Plesse so heiter und das Rauschen der Ilme unter uns so schön! Nun schien die Abendsonne so überfreundlich, nach dem vorhergegangenen Gewitter, daß wir uns sammt und sonders das Gesicht verbrannten, Franziska ausgenommen die ihr Hut schützte. Endlich kamen wir nach Haus schrieben die Briefe, welche du erhalten hast, und dachten viel an dich und deine Jugendfreuden hier ... Nach dem Kaffee am Sonntag Morgen gingen Carl, Wilhelm und der Vater aus, um die Wohnung und den Garten des Superintendenten zu sehen; wir anderen beiden dachten noch nicht, welch ein Genuß uns werden sollte. Wir gingen (wieder voll Erinnerung an dich) in die schöne, herrliche Sankt-Alexanderskirche, und da uns die Vorlesung des Stiftspredigers sehr mißfiel, in die unterirdische, der Hildesheimer Kluft sehr ähnliche Begräbnißkapelle unter dem hohen Chor, wo die Särge der alten Fürsten von Einbeck stehen. Fast zugleich sagten wir beide auf sie hindeutend: ›Die dort sehen die schöne Sonne nicht mehr, die durch die Gitter scheint‹; worauf sie hinzusetzte: ›aber sie sehen ein anderes Licht und mit anderen Augen‹. Recht feierlich und andächtig gestimmt traten wir heraus und unter die Orgel, wo wir die langen gothischen Säulenreihen, den Hauptaltar, und in weiter Ferne dahinter das schöne Chor mit seinem Hochaltar bewundern konnten. Die plärrende Vorlesung war geendet, und nun ließ die herrliche Orgel mit voller Kraft einzelne Akkorde tönen, so daß man in den Pausen das Echo in den Gewölben des Chors wiederhallen hörte. Dann wechselte die sanfteste Phantasie damit ab, und mit kraftvollen Vertönungen schloß das Vorspiel. Lange lange werde ich diese Augenblicke nicht vergessen ... Auf dem Paradeplatze fanden wir uns Alle wieder. Dann wurde das Mittagsmahl eingenommen unter recht ernsten Gesprächen, wie sie des nahen Abschieds würdig waren; zuletzt reichten wir uns Alle die Hände. Der Superintendent nahm Franziska mit sich nach Sarstedt zurück, und wir geleiteten sie alle bis auf die Huwe. Der Abschied selbst war mir wie gewöhnlich leicht; aber nachher kam es nach. Wir winkten uns mit unseren Taschentüchern Lebewohl zu bis der Wagen den Augen entschwand; liefen schnell den Berg hinab, weil wir in Einbeck nicht mehr seyn mochten und fuhren in 4 Stunden wieder nach Göttingen zurück.«

Immer wieder preist er in seinen Briefen die Unvergleichlichkeit des angebeteten Mädchens. Er sieht vollkommen klar, daß er viel zu jung ist, zu unvermögend, ihr in absehbarer Zeit etwas zu bieten, um dem Gedanken Raum geben zu dürfen, daß er sie jemals besitzen könne. Auch gehörte ihre Neigung wahrscheinlich schon damals ihrem späteren Gatten, einem hannoverschen Pastoren. Mit der ganzen Überschwenglichkeit seiner Jünglingsseele ruft er aus: »Im heiligsten Ernst gesprochen, wirst du meine beste Mutter gewiß immer mehr einsehen, daß es keine jugendliche Flirre war, wenn ich sagte, ich könne nie heirathen! Altera non datur.« Aber er hört nicht auf, zu ihr hinaufzublicken als zu einer überirdischen Lichtgestalt, wie ein Minnesänger zu der in unerreichbarer Ferne und Höhe thronenden Dame seines Herzens; und das genügt ihm, ja es beseligt ihn. –

Im nächsten Briefe, am 30. August, hat er von einem wissenschaftlichen Auftrag zu berichten, der ihn sehr erfreut: »Ich werde am 22$^{ten}$ Sept. von hier zu Euch abreisen, und zwar durch das Weserthal, indem ein sehr großes Glück, das mir widerfuhr, mich dazu nöthigt. Der treffliche Hofrath Eichhorn hat, wie Du weißt, 307 Zuhörer, die er fast unmöglich kennen kann, was natürlich Einfluß auf die Zeugnisse hat, und auf das seinige kommt in Hannover viel an. Ich ging am vorigen Sonntage zu ihm um ihm meine Visite zu machen, und hatte das Glück so früh zu kommen, daß ich ihn allein traf, da sonst immer große Cour dort ist. Ich sagte ihm meinen Namen, meldete mich zum Staatsrecht und Kirchenrecht für den Winter und er zeigte mir gleich einen Bogen, worauf er mich schon bemerkt hatte. Wenn ich über ¾ Stunden bei ihm blieb, so geschah dies, weil ich ihm keine bloße Courvisite machte, sondern von der merkwürdigen Handschrift in Corvey von Wiegand, den er kennt, zu sprechen anfing, und ihm von diesem Empfehlungen bestellte. Er lieh mir zur Collation dieser Handschrift sein Georgisches corpus juris germanici, das ich nächstens abholen werde, und ich versprach ihm in Höxter die Handschrift zu vergleichen und das Resultat ihm mitzutheilen. Eichhorn hat einen wiederholten Ruf nach Berlin mit 4000 Thlr. Gehalt und dem Titel Staatsrath erhalten, wird aber wahrscheinlich hier bleiben, da er reich genug und um Orden und Ehren es ihm nicht zu thun ist.«

Der Reiseplan erfuhr insofern eine Abänderung, als zu Beginn der Ferien die gewöhnliche Straße heimwärts innegehalten und erst bei der Rückkehr von Lauenstein nach Göttingen der ziemlich beträchtliche Umweg durch das Wesertal unternommen wurde. Natürlich von Anfang bis zu Ende zu Fuß. Am Tage nach seiner Ankunft in Göttingen, Donnerstag den 25. Oktober 1821, beschreibt er seine Wanderung, die in die damaligen Zustände jener Gegenden einen Blick tun läßt, wie folgt: »Ich bin gestern Abend 8 Uhr sehr gut und wohlbehalten hier angekommen. Als ich am Montag zu dem Pastor Münch[XVIII] kam, erwartete ich kaum die freundliche Aufnahme, die ich dort fand. Nachdem wir einige Stunden geschwatzt, und ich sie auf das Anhören seiner Anekdoten verwendet hatte, aßen wir zu Abend, wie du vermuthet hattest, einen Entenbraten mit Kartoffelsalat und Gurken, Nüsse, Weintrauben, Birnen u. s. f. Am andern Morgen versahen sie mich mit einem tüchtigen Frühstück insbesondere köstlicher Mettwurst, die ich erst im Solling verzehrte, und Münch begleitete mich bis Bodenwerder, da er seiner Confirmanden wegen bald zu Haus seyn mußte. Hier hatte ich den hübschen Anblick, die Weser herab Schiffe kommen zu sehen,

XVIII Wahrscheinlich in dem Braunschweigischen Flecken Halle, der etwa 3 Stunden von Lauenstein und 1 Stunde von Bodenwerder entfernt liegt.

auf denen gekocht wurde, und im Fluß auf freundlichen grünen Inseln wurde Heu gemacht. Ich ging dann die Weser entlang im schönsten Wetter und über den Rühler Berg, mußte aber durch den Unterbusch brechen, weil ich den Weg verlor und gelangte gegen 12 Uhr in Forst an. Hier trank ich mit den netten und mir bekannten Leuten Kaffee, ging um 2 Uhr nach Holzminden zu dem guten Gustav Bunsen, und gegen 5 Uhr unter seiner Begleitung an der Weser hinauf, in der sich das köstlichste Abendroth spiegelte bis Luchtringen. Hier ließ ich mich übersetzen, und langte um 7 Uhr durch die düstere Kastanienallee in Höxter an, wo ich in dem besten Wirthshause, der ›Stadt Bremen‹, wohlfeil und gut logirte und besonders Alles vom feinsten und schönsten Fürstenberger Porzellan fand. Am Abend ging ich zu Wiegand, der seiner Verdienste wegen vom Staatskanzler vor Kurzem nach Berlin berufen wurde und als Staatsrath in Münster die Anordnung der wichtigen Urkunden bekommen wird die in den dortigen Archiven zerstreut liegen. Er nahm mich sehr freundlich auf, und was meine Absicht betrifft, so war ich reichlich mit dem Erfolg zufrieden, und Eichhorn wird sich auch freuen. Wiegand bat mich zu Tisch, ich hatte mir aber schon eine Biersuppe in meinem Wirthshause bestellt. Ich fand Wiegand beschäftigt mit der Ausarbeitung eines Werks über die Vehmgerichte und die ganze altdeutsche Gerichtsverfassung, das in Manchem von Eichhorn abweicht, und über 40 Bogen stark werden wird. Es sind ihm vom Staatskanzler und Savigny in Berlin dazu alle Archiv-Urkunden und Manuskripte mitgetheilt worden. Es that mir leid, von dem freundlichen und gelehrten Manne, der mich vor die Hausthür begleitete, vielleicht auf immer Abschied nehmen zu müssen, doch bewog ich ihn im Frühjahr mit seiner Handschrift nach Göttingen zu kommen um sie dort zu vergleichen. – In Höxter war gerade Jahrmarkt und ich hätte so gern Valdec Etwas geschickt oder ihn mitgehabt. Ich nahm hier einen Boten, setzte über die Weser, da die schöne steinerne Brücke von Tilly zerschossen ward und nur einzelne Bogen noch stehen und ging dann nach Fürstenberg, von wo man die schönste Aussicht in das Weserthal hat. Die große Fabrik besah ich nicht, da ich 13 Stunden bis Göttingen hatte und nicht immer den besten Weg. Corvey mit seinen Thürmen sah von hier am schönsten aus. Nun ging es 4 Stunden ununterbrochen durch den ungeheuren Sollinger Wald (worin noch vor 2 Jahren ein Förster von den Wilddieben todtgeschossen wurde) – bis sich endlich mitten im Gebirge das schöne Amt Nienover rechts zeigte und sich dann ein lachendes Thal öffnete, worin man Uslar mit seinen Eisenwerken von fern liegen sah. Hier entließ ich meinen Boten, dem ich einen Gulden gab und stieg im letzten Wirthshaus am Markte ab. Der Wirth fragte unterthänigst nach meinem Namen und erkundigte sich dann, ob ich etwa ein Verwandter des General Rudorff[28] sey, den er sehr gut gekannt, wie auch seine Söhne. – Ich aß, da es Mittag war, eine Suppe und fand 3 Reisegefährten aus Höxter, mit denen ich den weiteren Weg antrat. Aber ich erlag fast, als es von hier bis Adelepsen wieder 4 Stunden im Solling durch ungeheure Schluchten und dann wieder über hohe Berge ging. Völlig ermattet und am Weiterkommen verzweifelnd, da meine Füße wund waren, erreichte ich im Schweiße meines Angesichts Adelepsen, das in einem tiefen Thale liegt. Adelepsen ist ein großer Flecken, der sich in einer Schlucht hinaufzieht, an deren Ende auf einem schroffen Felsen die alte romantische Burg liegt. Sie besteht aus einem sonderbaren Gemisch von moderner und mittelalterlicher Pracht. Denn an die hohe, mit Gesträuch bewachsene Warte und die gothischen Portale mit ihren spitzen verzierten Fenstern ist das neue Schloß dicht angebaut. In Adelepsen blieben wir 4 Studenten 1½ Stunden, labten uns an einem guten Kaffee und hatten nun noch 3½ Stunden bis Göttingen. Die schmalen Bergwege über die Schäferberge waren von dem eintretenden das alte Schloß bald verhüllenden Regen so glatt geworden, daß man alle Augenblicke zu stolpern fürchten mußte. Herr von Bülow stieg daher vom Pferde und führte es Schritt vor Schritt den Berg hinunter. Dazu wurde es so dunkel und besonders im Holze, daß meine Hintermänner sich immer an der Serviette hielten, womit ich meine Flintenschlösser umbunden hatte. Hätten wir in Elliehausen keinen Boten mit einer Laterne genommen, so wären wir nicht lebendig nach Haus gekommen, denn die Wiesen waren so voll breiter und tiefer Gräben, über die ein schmaler Steg führte, daß es unmöglich gewesen wäre, in der Dunkelheit dies zu finden.«

Die Briefe des Winters 1821 auf 22 sind in der Mehrzahl an den Vater gerichtet und beziehen sich im Gegensatz zum Charakter der früheren mit ihren harmlosen Mitteilungen auf Verhandlungen, die der junge Student im Auftrage der Eltern mit Bunsen wegen der Knabenburg führen mußte. Die Heldbergschen Erben, deren Vertreter Bunsen war, wollten nach Ablauf des bestehenden Pachtkontrakts höhere Pacht herausschlagen, als mein Großvater sie zahlen zu können glaubte, und so stand die Möglichkeit vor der Tür, daß dann bei öffentlicher Verpachtung die Großeltern abermals genötigt sein könnten, von Haus und Hof zu ziehen. In jeder Woche an einem dafür festgesetzten Tage fand bei Bunsen eine Konferenz statt, in der unter anderem die sämtlichen Rechnungen der letzten Jahre verglichen wurden, und die zugleich dem angehenden Juristen eine möglichst unerfreuliche Gelegenheit gaben, sein Wissen und Können zum ersten Male praktisch zu erproben. Das Hin- und Herreden war endlos, und zu Entscheidungen kam es noch lange nicht.

Eine Lichtung in diesem Dornengestrüpp bezeichnet ein Brief an die Mutter, in dem er seiner glühenden Begeisterung für Schiller Ausdruck gibt. Der »Wallenstein« ist ihm irgendwie zu Händen gekommen. Er hatte ihn als Knabe gelesen und natürlich wenig verstanden; seitdem nicht wieder. Nun ist er völlig hingerissen von der Schönheit der Dichtung und entdeckt obenein, als er nach Mitternacht mit Lesen fertig ist und in Püllers Reichsgeschichte einiges Tatsächliche über Wallensteins Person nachschlagen will, daß vor 188 Jahren gerade zu derselben Stunde und am gleichen Datum, den 16. Februar, der gewaltige Mann ermordet worden ist. Am nächsten Tage läßt er in Gegenwart der Großtante seinem Enthusiasmus über das Erlebte die Zügel schießen, und die sarkastische alte Dame schilt ihn um seiner Schwärmerei willen einen »irrenden« Ritter. Er aber läßt sich nicht irremachen, sondern kauft trotz allen Einspruchs seiner mageren Kasse für die Mutter die sämtlichen Schillerschen Werke. »Freilich«, schreibt er, »übersteigt dies Geschenk bei weitem Alles, was meine kindliche Dankbarkeit bisher dir bringen konnte. Jede Stunde aber, die deine häuslichen Geschäfte dir lassen, wirst du gewiß der Lektüre des Einzigen – auch seiner historischen Meisterwerke widmen, denn es wäre eine Schande für eine deutsche Frau, wenn sie den Diamanten unter den deutschen Classikern nicht kennte. Ich selbst darf ihn jetzt nicht lesen, weil meine Theorie des Civilprozesses und meine Pandekten es nicht gestatten, aber in den Ferien behalte ich es mir vor.«

Die Osterferien bringt er wie gewöhnlich bei den Eltern zu und erzählt in seinem ersten Brief nach der Rückkehr, wie schön es auf dem Heimwege durch das Leinetal gewesen sei, wo er zwischen zwölf und ein Uhr bei hellem Mondschein am Fuß der alten romantischen Plesse vorüberzog. Er belegt bei Göschen Erbrecht, bei Ribbentrop, der kein Honorar von ihm nehmen will, Pandekten, bei Elvers ein Zivilpraktikum, bei Sartorius Nationalökonomie, Staatswirtschaft und Finanzwissenschaft und glaubt, damit den Kursus für geschlossen ansehen zu dürfen. Da fällt ihm in der Zeitung »ein neues Reskript der Königl. Kammer vom 22[ten] April 1822 in die Hände, das auf das Hören mehrerer kameralistischer Collegia dringt als früher und zugleich die Amtsauditorenzeit von 2 auf 3 Jahre verlängert.« Er entschließt sich also, auch noch Mathematik bei Thibaut zu belegen, obgleich der eine

Louisdor, den er auf diese Weise mehr verausgabt, seinen Kostenanschlag kreuzt. Kaum aber hat er die Vorlesungen ein paar Wochen besucht, als sich ein Unwohlsein einstellt, das sich allmählich zu einer so ernsten Krankheit steigert, daß das Schlimmste befürchtet werden muß. Bunsen schreibt am 27. Juni an den Vater: »Lieber Herr Vetter! Ihres lieben Adolphs langes Schweigen wird Sie und Ihre liebe Frau beunruhigen; darum halte ich es für Pflicht, Sie mit den Ursachen desselben bekannt zu machen. Er ist krank. Vor etwa 3 Wochen, bald nach seiner Zurückkunft von Cassel fühlte er sich, wahrscheinlich in Folge einer Erkältung, mehrere Tage lang unbehaglich, besuchte jedoch seine Collegia dabey so fleißig, daß ich von seinem damaligen Unwohlseyn nichts erfuhr. Sein Übelbefinden ging indessen vor etwa 14 Tagen in ein starkes Katarrhalfieber über, zu dessen Beseitigung der Leibmedikus Hofrath Stromeyer zu Rathe gezogen ward, und es auch bald so weit wieder hob, daß er Krankensuppe, Gelées, und gekochte Früchte genießen mochte und konnte. Seit dem 21$^{ten}$ aber hat sich der Appetit wieder verloren, das Fieber ist wieder eingetreten, und seit einigen Tagen so viel stärker geworden, daß es, nach Stromeyers Äußerung, gegenwärtig den Charakter eines gutartigen Nervenfibers angenommen hat. Seine gute Natur und seine tüchtige unverdorbene Constitution werden, so Gott will, siegen, sobald das Fieber nur so weit gebrochen ist, daß der Schlaf wiederkehrt, der ihn seit 4 Tagen ganz verlassen hat, wodurch seine Kräfte sehr erschöpft worden sind.«

Am 30. lautet der nächste Bericht: »Mit Freude theile ich Ihnen und Ihrer lieben Frau die Nachricht mit, daß Adolph seit vorgestern früh außer aller Gefahr und auf augenscheinlicher Besserung ist. Am Donnerstage, als ich meinen Brief schon abgeschickt hatte, schien es um unser Aller Beruhigung willen nöthig, im Hofrath Himly einen 2$^{ten}$ Arzt beyzuziehen, obwohl Stromeyer versicherte, daß die Gefahr nicht größer sey, als sie seit 36 Stunden gewesen war. Am Freytage früh trat die Krisis des Fiebers ein, und damit hörten seine bis dahin ununterbrochenen Phantasieen auf.« Eine seiner hauptsächlichsten Wahnvorstellungen war, wie er später oft mit eigenem Ergötzen erzählte, daß er sein weißes Bett für ein ungeheures Stück Speck ansah. »Er kam wieder zum Bewußtseyn und der Schlaf stellte sich Abends wieder ein ... Die Natur sucht nun das Gleichgewicht wieder herzustellen, ... und unsere größte Sorge geht jetzt nur dahin, ihn ruhig zu erhalten und der Natur Zeit zu geben, sich zu erholen.«

Diese Sorge war tatsächlich sehr begründet: Am 3. Juli schreibt Bunsen: »Meyer und die Wärterin müssen sehr auf der Hut seyn, daß er seinem wiederkehrenden Appetit nicht den Zügel schießen läßt, was ihm am Dienstage eine völlig schlaflose Nacht verursacht hat. Überhaupt scheint es mir, als ob ihn seine Sehnsucht nach Arbeit und Beschäftigung bey dem wiederkehrenden Gefühle der Gesundheit auf den Gedanken gebracht habe, daß er in der Geschwindigkeit seine verlorenen Kräfte wiedererlangen könne, seit er sich seiner wieder völlig bewußt ist und Appetit hat.«

Am 7. Juli heißt es: »Ich hoffe ihm nun den Glauben aus dem Kopfe gepredigt zu haben, daß er durch vielen Genuß von Obst und Erdbeeren die verlornen Kräfte am geschwindesten wieder ersetzen könne, und habe ihn zu überzeugen gesucht, daß, wenn Stromeyer ihm in jedem Glase Wasser 3 Eßlöffel voll Wein erlaubt, darunter nicht zu verstehen sey, daß er jetzt schon auf diese Weise in einem Nachmittage ½ Bouteille Rüdesheimer-Bergwein geniessen dürfe.«

Am 9. Juli schreibt der Patient selbst mit zitternder Hand ein paar Zeilen an die Mutter. Dann berichtet Bunsen nochmals am 15. Juli und versichert: »Seine Besserung schreitet täglich vor, ... seitdem er hinsichtlich seiner Studien ruhiger geworden ist, das heißt, seitdem er sich in den Gedanken ergeben hat, daß der Rest dieses Sommers nicht den Büchern, sondern der Gesundheit gewidmet werden muß. Er sieht der Zeit jetzt mit Freuden entgegen, wo wir ihn zur völligen Herstellung, auf erhaltene Erlaubniß von Stromeyer, wieder zu Ihnen senden können, und hat mir heute Morgen noch versprochen, allen Gedanken ans Jus und an Versäumniß, und ans Nachholen vors Erste völlig zu entsagen, und sich lediglich auf die Sorge für sich selbst zu beschränken.«

Am gleichen Tage schreibt er selbst: »Ich bin noch außerordentlich matt, aber die erwünschte Seelenruhe habe ich nach langen hinderlichen Kämpfen endlich erreicht.«

Wider alles Erwarten hob sich von nun an sein Zustand so rasch, daß die Absicht, in drei bis vier Wochen nach Hause zu reisen, schon nach wenigen Tagen stark ins Wanken geriet. Am 26. Juli war sie definitiv aufgegeben. Er schreibt der Mutter: »Ich kann Dir nicht sagen, wie meine Kräfte und meine Gesundheit zunehmen. Als ich am Sonntage mich zum ersten Male galant gemacht hatte und um zehn Uhr aufgestanden war, drückte mir der alte treue Stromeyer 2 Mal vor Freuden die Hand, gratulierte mir von Herzen, erzählte mir mehrere Histörchen und erlaubte mir zum ersten Male auszugehen, und zwar nach Bunsens. Dies geschah in Begleitung meines theuern Carls[29], der mit unendlicher Treue und Sorgsamkeit in den gefährlichen Perioden meiner Krankheit um mich besorgt gewesen ist. Also ich ging zu Bunsens in Carls Begleitung und an meinem Stocke und das wurde mir herzlich sauer; jetzt geht das Gehen, was ich täglich thue, so flink, wie nur jemals; und mir fehlt im Grunde nichts, als noch etwas Kräfte, die aber wohl wieder kommen werden. Daß ich stärker geworden bin, wirst du auch an meiner Hand sehen, die sich gebessert hat. Ich gehe nun täglich aus, mache Besuche, aber ich gehe in dieser Woche noch in kein Collegium; in der künftigen werde ich wieder anfangen und dann haben wir noch 2 volle Monate, also beinahe ein halbes Semester, das ich bei Leibe nicht auf den Schwanz klopfen und zu Hause verdameln werde; sondern ich werde viel spazieren fahren und gehen, für meine Gesundheit sorgen und dabei hübsch fleißig sein ... Meine theuern Aeltern; herzlich freue ich mich denn, daß wir uns noch einmal beide wiedergegeben sind; möchte meine Wiederherstellung nur nicht so viel kosten! Mit vielem Danke erinnere ich mich des gütigen Besuchs meines theuren geliebten Vaters; mit wahrer Sehnsucht und Heimweh habe ich einige Tage nachher ihn noch wieder zu sprechen gewünscht ...

Ach könnte ich Euch die großen Ausgaben abnehmen, dies ist jetzt meine größeste Sorge! Doch bald kommt ja eine Zeit, wo ich Euch weniger kosten werde. Lebt denn herzlich wohl, meine geliebten theuern Aeltern und vergeßt nicht bald wieder Beide zu schreiben Eurem gehorsamen und Euch herzlich liebenden Adolph.«

Die Krankheit war nun bald beinahe vergessen. Im nächsten Briefe vom 16. August erwähnt er nur gegen den Schluß einer gewissen Mattigkeit, die ihn noch immer nicht verlassen wolle. Im übrigen handelt sein Schreiben dieses Mal fast ausschließlich von Musik.

*Mein Vater war eine durch und durch musikalische Natur. Freilich hatte für eine entsprechende Ausbildung seines Talents nach dieser Richtung ebensowenig gesorgt werden können, wie für die seiner Begabung zum Zeichnen. Er hatte zwar in frühen Jahren im Thierbachschen Institut Klavierunterricht bekommen und dann auf dem alten Spinett in Lauenstein unter Aufsicht seiner Mutter etwas Klavierspiel getrieben; aber während der Schulzeit fehlte es an jeder Gelegenheit, sich durch Übung weiter zu fördern*, und so blieb es mit dem Notenlesen und der Fingerfertigkeit schwach bestellt. *Später – schon in Göttingen und dann in Berlin – wurde es besser. Wo sich ihm die Gelegenheit bot, ein Klavier zu benutzen, ließ er sie sich nicht entgehen und erreichte im Laufe der Zeit wenigstens so viel, daß er mit dem Instrument vertraut genug wurde, um sich nach seiner Weise in Erinnerungen und Fantasien darauf ergehen zu können.* Ein schöner, ausdrucksvoller Anschlag war ihm angeboren. *Vor allem aber lebte und webte es in ihm so stark von Klän-*

*gen, daß er oft, namentlich wenn er im Wagen fuhr, in seinem Innern die schönsten musikalischen Offenbarungen zu vernehmen glaubte und nur bedauerte, sie nicht aufschreiben zu können. Er hatte für die Sprache der Musik ein unmittelbareres und tieferes Verständnis als mancher zünftige Musiker;* besonders fein entwickelt war sein Sinn für Harmonik; die Schönheit eines kunstvollen polyphonen Gewebes wußte er ebenso wie die einer einfach innigen Melodie zu würdigen. *Dazu kam, daß, wie sein Gedächtnis auf allen Gebieten ein ausgezeichnetes war, auch auf dem der Musik das einmal innerlich Erfaßte in ihm haftenblieb. »Wo sich der Antheil verliert,« sagte Goethe, »verliert sich das Gedächtniß.«*[30] *Die Wärme des Anteils, den er an den Dingen nahm, war auch bei ihm die Ursache, daß sie in seiner Seele fortdauernd lebendig nachwirkten.*

*Ehe er nach Göttingen kam, hatte er, abgesehen von dem, was ihm durch das Musizieren im elterlichen Hause zugeführt wurde, fast nichts kennengelernt als die Musik bei den katholischen Gottesdiensten im Hildesheimer Dom. Ein einziges Mal während der Hildesheimer Schuljahre berichtet er von einem bedeutenderen Konzert, in dem die Haydnsche »Schöpfung« aufgeführt wurde. In Göttingen gab es schon eher Gelegenheit, hier und da etwas zu hören. So schreibt er einmal von dem »wahrhaft großen Beethoven«, dessen »Adelaide« er von einem sehr geschickten Spieler habe vortragen hören. Dann tritt Carl Maria von Weber in seinen Gesichtskreis. In einem Konzert hört er den Jägerchor aus dem »Freischütz«. Gerade ein Jahr vorher, am 21. Juni 1821, hatte der »Freischütz« in Berlin seine erste, mit beispiellosem Jubel aufgenommene Aufführung erlebt, und dann binnen kurzem die ganze für Musik empfängliche Welt in Entzücken versetzt. Die schwärmerische Jugendlichkeit, die sprühende Begeisterung, die aus dieser Musik spricht, der wunderbare Hauch deutscher Naturstimmung, der über ihr schwebt: Das alles war ganz danach angetan, ein junges, im edelsten Sinn romantisch gerichtetes Gemüt wie das seine gefangenzunehmen, und so eroberte Weber sein Herz im Sturme.*

Die Mutter hatte ihm eine »Charade« geschickt, deren Lösung das Wort »Freischütz« war. Er antwortet, er hoffe, das Rätsel erraten zu haben, wolle die Auflösung aber nicht mit Buchstaben hinschreiben, sondern lieber gleich in Noten übersenden. Er kauft die hauptsächlichsten Nummern der Oper im Klavierauszuge, läßt sie zusammenbinden und schickt sie mit einem sorgsam von seiner Hand geschriebenen Titel versehen der Mutter zu. »Die herrliche Ouvertüre,« schreibt er, »(deren Anfang lauter Hörner haben,) ist nun sehr schwer und enthält eigentlich einen Überblick des Ganzen; (auch die Stelle, wo Samiel erscheint, kommt darin vor); doch belohnt sich das Einspielen herrlich und ich hoffe, Du wirst dies nicht blos mir zu Gefallen thun. Dann mache ich besonders aufmerksam auf die Arien: ›Und ob die Wolke sie verhülle‹ und ›Alle meine Pulse‹. Das tolle Trinklied des Caspar erfordert einen wilden, schauerlichen Ton: die gellenden Triller dazwischen sind die berühmte Stelle, wo Pickelflöten im Orchester das Gelächter der Hölle ausdrücken. Die ganze Oper nahm ich nicht, theils weil manches nur für das Theater paßt, theils weil sie zu theuer ist. Noch einige schöne Arien will ich, wenn ich Zeit habe, aus dem Clavierauszuge des Ganzen abschreiben, an dem, wie du aus dem Texte sehen kannst, nur noch wenig fehlt. Den letzteren, den ich zu einer Kenntniß des Ganzen und zur Erheiterung auf einen einsamen Abend mitsandte, erbitte ich mir in 3–4 Wochen zurück. Die bestellten Noten für die Amtmannin Schär: Aufforderung zum Tanz, Variationen über das Thema aus Mehuls ›Joseph‹ und das Thème originale von unserem unsterblichen Meister habe ich dir mitgeschickt, damit du dich erst daran ergötzen mögest. Was deinen ›Freischütz‹ betrifft, so hat einer meiner Freunde, Kleinschmidt, der ex professo Musik studiert und nächsten Winter zu Weber geht um sich unter ihm auszubilden, die beikommenden Variationen über ein Thema daraus komponirt und mir, da er selbst von dem Verleger seiner musikalischen Schriften 6 Exemplare erhalten, sein eigenhändiges Manuskript geschenkt. Damit du nicht zu viel auf einmal kriegst, will ich eine der schönsten Weberschen Sachen: die Pollacca brillante (die aber auch zu den schwersten gehört), die an Lauske dedicirte Sonate (in As dur) und andere Variationen Michaelis mitbringen. Möge dir Alles Vergnügen machen! Versuch doch einmal zur Probe die 7te Variation aus dem Joseph von Weber! – Gelegentlich rathe Franziska sobald als möglich die verdammte Gitarrenklimperei liegen zu lassen. Denn sobald sie der Geschmack abgewonnen hat, ist sie für wahre Musik verdorben und wird es nie weit bringen.« Schließlich teilt er mit: »Am 21$^{ten}$ Sept. wird die Universität geschlossen; der letzte Katalog, der mich zum Philistranden macht, ist bereits erschienen. Du kannst denken, wie viel ich zu thun habe; und dazu kommen noch 2 lateinische Doktordisputationen mit Wallmann und Wachsmuth, die beide nächstens promoviren und deren Opposition ich übernommen habe.« Und dem Vater schreibt er am gleichen Tage: »Da ich noch immer recht matt bin, so stehe ich lieber des Morgens früh auf, als daß ich in die Nacht sitze; und zu diesem Behufe habe ich mir schon vor 4 Wochen eine Weck-Uhr eigener Art angeschafft, nämlich einen Kreuzschnabel, der vor meinem Bette hängt, und mit seinem Schnabel und Füßen des Morgens 4 Uhr im Bauer einen solchen Spektakel treibt, daß ich davon aufwachen muß ... Mögen die schönen, herrlichen Musikalien, womit ich die gute Mutter zu erfreuen dachte, auch meinem theuren Vater ein kleines Vergnügen gewähren.«

Der soeben erwähnte Kleinschmidt, den er einen trefflichen, biederen, bescheidenen Menschen nennt, wohnte ganz in seiner Nähe und besuchte ihn oft. Es wurde gemeinsam gearbeitet und auch musiziert. Mein Vater studierte z. B. bei ihm eine Sonate in fis-moll von Ries, »l'infortuné«, die er damals sehr schwierig und sehr schön fand. Außerdem verkehrte er seit einem Jahr viel mit einem jungen Herrn von Mandelsloh. Dieser hatte sich ihm mehr aufgedrängt, als daß er seinen Umgang gesucht hätte. Er besaß Lebendigkeit und Liebenswürdigkeit, daneben aber etwas Unstetes in seinem ganzen Wesen, das meinem Vater von Anfang an mißfiel. In Berlin trafen beide sich wieder, und der Umgang wurde fortgesetzt. Nach und nach jedoch stellte es sich immer mehr heraus, daß man es hier mit einer unzuverlässigen und oberflächlichen Natur zu tun hatte, der jeder innere Halt fehlte. Er nahm schließlich ein trübseliges Ende, und mein Vater pflegte an die Erwähnung seines Namens die Warnung vor der Unvorsichtigkeit zu knüpfen, mit der oft junge Menschen es zu Annäherungen kommen lassen, ohne sich vorher ganz klar darüber zu werden, mit wem sie sich einlassen. Mit Recht behauptete er, daß gerade zweifelhafte und lästige Elemente wie Kletten kaum wieder loszuwerden seien, wenn man ihnen einmal eine gewisse Vertraulichkeit gestattet habe.

Eine tiefere, ja enthusiastische Zuneigung verband ihn mit einem anderen *Studiengenossen, von Schreeb, den er erst im letzten Göttinger Semester näher kennenlernte.* Eine reichbegabte, aber widerspruchsvolle Natur trat ihm hier entgegen, die ihn umso mehr anzog, als sie sich in den gewandtesten aristokratischen Formen äußerte. Schreeb war in Oldenburg begütert und hatte von seinem Fürsten bereits den Titel »Legationssekretär« erhalten. Als mein Vater nach den Weihnachtsferien von Lauenstein nach Göttingen zurückgekehrt war, schreibt er am 20. Januar 1823: »Hier traf ich den mir unendlich werth gewordenen Schreeb freilich unpäßlich, aber sehnsuchtsvoll, wie ich auf ihn, schon lange meiner harrend. Was mir Schreeb ist, der herrliche Mensch, der angegafft und bewundert an Fürstenhöfen – sie satt hat, die große Welt, und mit reinem Herzen und unvergeudeter Jugendkraft sich zurückzog – was er mir ist, und wie stolz mich seine Liebe macht, kann ich nicht sagen. Drittehalb Jahre sind wir neben einander hergegangen, ohne uns zu finden; jetzt haben wir uns gefunden und zwar für länger, als das akademische Leben! Es ist nicht Eigennutz, was uns aneinander kettet.« – Leider hielt auch diese Freundschaft für Schreeb nicht ganz die Probe; es war zu viel jugendlicher Most im Spiel gewesen, als sie geschlossen wurde. »Schreeb kommt her von verschroben«, war meines Vaters spätere Kritik über ihn. Immerhin aber bestanden freundliche Beziehungen zwischen den beiden Jugendgenossen bis in die Mannesjahre hinein.

*Die Zeit war nun gekommen, daß in Hannover ein Gesuch um Zulassung zum juristischen Staatsexamen eingereicht werden mußte, nach dessen Absolvierung er »Auditor« geworden sein würde. Von sämtlichen Professoren hatte er die ausgezeichnetsten Zeugnisse erhalten, die er, ehe sie auf Nimmerwiedersehen nach Hannover wanderten, noch einmal dem Vater zur Einsicht zuschicken wollte. Belegt hatte er im letzten Semester ein Practicum relatorium und ein Kolleg über Zivilbaukunst. In letzterem machte er Risse*[31] *und denkt mit Vergnügen daran, zum Schluß auch noch als Prachtstück das Straßburger Münster zu zeichnen. Technologie kann er nicht hören, weil sie nicht gelesen wird, will sich aber zum Examen darin anbieten, wenn sie verlangt werden sollte. Endlich möchte er nach Schluß der Vorlesungen im März Schreeb nach Lauenstein mitnehmen, um mit diesem in der Zwischenzeit bis zur Zitation nochmals Pandekten und Staatsrecht durchzuarbeiten. Im damaligen Königreich Hannover genügte es aber nicht wie heute in Preußen, daß man sich gehörig vorbereitet auf ordnungsmäßigem Wege meldete, um der Auszeichnung einer Staatsprüfung gewürdigt zu werden. Das System der persönlichen Bevorzugung war in der hannoverschen Verwaltung durchaus an der Tagesordnung. Die Beamtenstellen waren im ganzen ausgezeichnet besetzt, und ohne Zweifel rührte dies wesentlich daher, daß man sich die einzelnen Leute genau ansah, ehe man ihnen Vertrauen schenkte. So richtig es jedoch war, nur persönlich zuverlässige, ehrenhafte, tüchtige Beamte zum Staatsdienst zulassen zu wollen, so bedenklich blieb es auf der anderen Seite, daß nicht allein die Tauglichkeit für den Dienst, die moralische Qualität abgewogen, sondern mindestens ebensoviel Wert auf Vornehmheit und Reichtum gelegt wurde. Es ging die Spottrede: Wenn jemand in Hannover Beamter werden will, so handelt es sich um drei Fragen: »het he Geld, het he Konnekschon, is he von Adel?« Können diese Fragen nicht mit Ja beantwortet werden, so heißt es: »Na, denn kann he na'n Düwel lopen.« Schon im zweiten Semester hatte den angehenden Studenten die Sorge wegen dieser Gepflogenheit beschlichen. Er schreibt im November 1820, nachdem er über seine eifrig betriebenen Studien berichtet: »Ab-*

*schreckend mußte freilich die Nachricht seyn, die sich hier allgemein verbreitet, daß nur Offiziere, Beamtensöhne und Adlige zu der Beamtencarriere in Zukunft befördert werden sollen. Allein wenn auch kein Adliger so bin ich doch Beamten-Enkel und -Neffe und Offizirs Sohn, und dazu möchte doch noch wohl des Herrn von Werlhof Fürsprache eine Ausnahme durchsetzen. Übrigens ist es nur rathsam das Seinige zu lernen, dann wird der liebe Gott ja das Übrige von selbst uns schon als Schorteln und Accidenzien zufallen lassen.« Jetzt nun, angesichts der nahen Entscheidung, ist er noch weniger zuversichtlich. Mit der Übersendung der Zeugnisse schreibt er dem Vater: »Wenn du meine Zeugnisse gelesen hast, so schicke sie gleich nach Hannover, weil es die höchste Zeit ist.* Wenn ich wüßte, daß ich nichts damit ausrichtete, so sollte es mir leid seyn, sie hin schicken zu müssen, wo ich sie nicht wiederkriege, denn Schreeb meint, daß, wenn ich diese in Oldenburg produzirte, ich sogleich darauf angenommen würde. Schwerlich werden sie etwas helfen, da nun Alles vom Cabinet bestimmt wird und sich so viele melden, wenn nicht Werlhof's Einfluß das Beste thut; und ich bitte dich, recht dringend und kräftig an diesen für mich zu schreiben.« *Man versuchte, was versucht werden konnte. Der Vater schrieb an den Geheimen Justizrat von Werlhof in Göttingen, dessen Bruder in Hannover Regierungsrat war. Schreeb hatte zu dem letzteren außerdem Beziehungen, wie sich herausstellte, und so belebten sich die Hoffnungen aufs neue. Aber alles Bemühen war umsonst. Im April traf der Bescheid aus Hannover ein, daß dem Gesuch des Studiosus jur. Rudorff um Zulassung zum Staatsexamen keine Folge gegeben werden könne. Man nahm keinen Anstand, einen jungen Mann von bestem Ruf, empfohlen durch die glänzendsten Zeugnisse seiner Lehrer, den Sohn achtbarer Eltern, lediglich deshalb zurückzuweisen, weil er arm war. –*

*Der Eindruck, den die Nachricht auf die Eltern machte, war ein zwiefacher. Die Mutter jubelte im stillen. Ihr erschien es unendlich viel erstrebenswerter, der freien Wissenschaft zu dienen, als in der Beamtenlaufbahn sein Leben zu verbringen. Mit mütterlichem Scharfblick hatte sie erkannt, daß für die Anlagen des Sohnes der Beruf des Gelehrten der gegebene sein würde, und nun war die Aussicht, ihre Wünsche erfüllt zu sehen, um vieles nähergerückt. Der Vater dagegen empfand die Enttäuschung bitter und schmerzlich. Die Behandlung des Sohnes traf ihn selbst als eine persönliche Kränkung, und er wußte nicht, wohin sich jetzt wenden.*

*In dieser peinlichen Lage trat der Onkel Christian helfend ein. Er schlug vor, den Neffen vorderhand zu sich zu nehmen, damit er einst-*

*weilen bei ihm arbeiten und in Ruhe abwarten könne, welchen Erfolg der eine oder andere Schritt haben werde, den man für eine günstige Gestaltung der Zukunft tun könne. Dies Anerbieten wurde angenommen, und im Mai reiste der nunmehr Zwanzigjährige von Lauenstein nach Winsen an der Luhe, wo der Onkel Amtmann war.*

Der Onkel Christian und die Tante Melusine waren die einzigen noch übrigen Geschwister meines Großvaters, nachdem, wie erzählt, drei Brüder, George, Ernst und Wilhelm, – der letzte im Jahr 1809 – auf dem Schlachtfelde den Tod gefunden hatten. Zwischen den drei Überlebenden bestand das herzlichste geschwisterliche Verhältnis. Man stand in regem schriftlichen Austausch und besuchte sich gegenseitig, soweit es sich tun ließ, von Zeit zu Zeit, obwohl man für die damaligen Zustände entfernt genug voneinander lebte. Auch zwischen meiner Großmutter und der Tante Melusine, die jetzt in Vilsen bei Hoya an den pensionierten Hauptmann Tiensch verheiratet war, wurden viele Briefe gewechselt. Beide liebten sich aufrichtig, obwohl ihre Naturen sehr verschieden waren und deshalb hier und da gegenseitige Mißverständnisse vorkamen. Meine Großmutter tief empfindend, gedankenvoll, in ihrem Wesen eher zurückhaltend; die Tante ebenso warmen Herzens, aber beweglicher, leicht sehr niedergeschlagen und ebenso leicht zu heller Freude aufwallend, dann wieder voller humoristischer Anwandlungen, immer aber überströmend in der Äußerung ihres lebhaften Gefühls. Zu einem drolligen Auftritt gab dieser Gegensatz schon bei der ersten Begegnung der beiden zukünftigen Schwägerinnen Anlaß. Melusine, ganz erfüllt von dem Glück, die Verlobte ihres Bruders kennenlernen zu sollen, fliegt ihr entgegen und will sie stürmisch umarmen. Die junge Braut aber, durch ihre bremische Erziehung an strenge Förmlichkeit gewöhnt, bleibt verwundert stehen und sagt nur sehr höflich: »Ich sehe, die Schwester des Lieutnants Rudorff.«

*Der Onkel Christian* war von Hoya aus als Amtmann nach Winsen an der Luhe versetzt worden und *lebte* dort *in so behaglichen äußeren Verhältnissen, wie die Stellung eines höheren Beamten im alten Hannover sie gewährleistete. Die hannoverschen Amthäuser waren durchgehend stattliche Gebäude, sehr oft ehemalige Herrensitze mit großem Amtshof, reichlichen geräumigen Wirtschaftsgebäuden und großem Garten in unmittelbarer Nähe des Hauses. Dazu kam unter allen Umständen so viel Länderei, Acker und Wiese, wie sich für einen ordentlichen Landeshaushalt auf breiter Grundlage schickte. Bis gegen die Mitte des 19. Jahrhunderts war aber sogar in vielen Fällen die Pachtung einer großen Domäne mit der Amtshauptmannschaft verbunden, so z. B. im Amt Lauenstein, wo die Domäne Eggersen nicht nur zur Zeit des Ahnherrn Niemeyer, sondern auch nach ihm noch etwa ein Jahrhundert hindurch dem Amtmann oder Amtshauptmann, der hier Oberhauptmann hieß, in Pacht gegeben war. Und dies gab natürlich besondere Gelegenheit, durch geschickte Verwaltung die persönliche Wohlfahrt zu steigern. War in dieser Weise für äußere Vorteile auf das beste gesorgt, so muß auf der anderen Seite hervorgehoben werden, daß auf dem Beamten eine große Verantwortung ruhte. Verwaltung und Justiz lagen in seinen Händen, er erschien als ein kleiner König innerhalb seines Bezirks; aber er hatte der Regierung Rechenschaft abzulegen, und diese würde nicht viele Umstände mit ihm gemacht haben, wenn sich irgendwelche Überschreitungen seiner Befugnisse, Ungeschicklichkeiten oder gar Unredlichkeiten herausgestellt hätten. Einen unleugbaren Vorzug der ganzen Einrichtung muß man endlich darin erkennen, daß der Beamte auf der einen Seite zwar als solcher naturgemäß die Interessen der Regierung vertrat, auf der anderen aber durch seine Eigenschaft als Landwirt gehindert wurde, dies einseitig zu tun. Ein wesentlicher Teil seines Einkommens bestand, ganz abgesehen von solchen Fällen, wo ihm in früherer Zeit eine Domäne in Pacht gegeben war, unter allen Umständen in den Erträgen der ihm zugewiesenen Ländereien. Alles also, was der vorzugsweise Ackerbau treibenden ländlichen Bevölkerung seines Amtsbezirks zugute kam oder schadete, berührte auch seinen eigenen Vorteil oder Nachteil, und so nahm er eine Mittelstellung zwischen Regierung und Volk ein, die für das Gedeihen des Ganzen von unberechenbarem Wert war.*[XIX]

*Winsen liegt etwa auf halbem Wege zwischen Lüneburg und Hamburg. Das Amthaus, ein ehemaliges fürstliches Schloß, dessen schon im*

XIX In den fünfziger Jahren des 19. Jahrhunderts wurde durch die sogenannte »Neue Reorganisation« die Trennung von Verwaltung und Justiz eingeführt. Nachdem dann Hannover im Jahre 1866 preußische Provinz geworden, ward in den siebziger Jahren die Entscheidung getroffen, daß die alte Ämterverfassung abgeschafft und der Gleichförmigkeit zuliebe durch das preußische Landratssystem mit den um vieles größeren Amtsbezirken und der davon unzertrennlichen schablonenmäßigen Praxis des grünen Tisches ersetzt werden solle. Unter den Einsichtigen nicht nur in Hannover, sondern auch in Altpreußen, herrschte nur eine Stimme darüber, daß diese Maßregel eine schwere Schädigung für das bis dahin so vortrefflich verwaltete Land bedeute. Die Vernichtung so vieler kleiner gesellschaftlicher Mittelpunkte, wie sie ehedem über das Königreich verstreut waren und dafür sorgten, eine Menge von Leuten sowohl aus den niederen als den höheren Ständen an der gewohnten Stelle festzuhalten, hat vor allem in wahrhaft bedauerlicher Weise dazu geführt, das Land immer mehr veröden zu lassen und das städtische Proletariat um große Massen zu vermehren.

*14. Jahrhundert erwähnt wird, auf einem Hügel die Umgegend beherrschend gelegen, ist noch heute im wesentlichen in seiner malerischen Altertümlichkeit erhalten.* Die Luhe, ein kleiner Nebenfluß der Elbe, fließt am Garten vorüber. Emil, der jüngere Sohn des Onkel Christian, ein ungewöhnlich schöner Knabe, geriet, einen Reifen verfolgend, mit dem er spielte, in das stille tiefe Gewässer und ertrank. Victor, der ältere, der einstige Gespiele meines Vaters, während die Großeltern noch in Mehringen lebten und der Onkel in Hoya, starb bald nach dem Tode des Bruders im Januar 1821 am Scharlachfieber. Ein erhaltenes Pastellbildchen zeigt ein liebes Gesicht mit einem blauen und einem braunen Auge. Nur zwei Töchter, Therese und Mathilde, waren am Leben geblieben. Die Eltern hatte der Verlust der Söhne tief gebeugt, namentlich den Vater, dessen Spannkraft überdies infolge körperlicher Leiden während der letzten Jahre nachgelassen hatte. So sah er dem Besuch des Neffen, den er sehr liebte und von dessen Anwesenheit er erheiternde Anregung hoffte, gern entgegen. Er hatte ein gütiges Herz und freute sich, behilflich sein zu können, wie er auch dem Bruder schon wiederholt mit einer kleinen oder größeren Summe ausgeholfen hatte, wenn diesem die Verlegenheiten über den Kopf wachsen wollten.

*Auf der Reise von Lauenstein nach Winsen hielt sich mein Vater einige Tage in Celle und Lüneburg auf, um Freunde der Eltern zu besuchen und fand dann, als er in Winsen eintraf, ein bewegtes Leben im Hause. Herr von Tornay, ein Jugendfreund des Onkels, war für acht Tage mit seiner Familie zu Besuch gekommen, seine Anwesenheit veranlaßte viele Festivitäten, und so kam es kaum zu einem ernsteren Zwiegespräch zwischen Onkel und Neffen. Die Pläne für die Zukunft des letzteren schwankten hin und her. In erster Linie dachte man daran, er solle den Versuch machen, in Lübeck im Staatsdienst anzukommen oder als Advokat sich dort niederzulassen. Die Aussicht auf Schweppes Vermittlung, der jetzt Göttingen verlassen hatte und als Oberappellationsrat in Lübeck eine bedeutende Stellung einnahm, gab hierfür wesentlich die Anregung. Im Grunde seines Herzens aber wünschte der Onkel ihn als seinen Auditor bei sich zu behalten und wollte, um dies zu erreichen, trotz alles Vorausgegangenen abermals in Hannover seine Zulassung zum Examen beantragen.* In einem Brief des Sohnes an den Vater vom 8. Juli 1823 heißt es: »Indem ich für die übersandten Briefe danke, die mich noch hier antrafen, weil ich auf einer Entenjagd in Onkels großen Wasserstiefeln watend, mir die Füße ganz unbrauchbar zum Gehen gemacht habe, kann ich nicht umhin, dich von dem wahrhaft väterlichen Benehmen meines theuren Onkels gegen mich zu benachrichtigen. Nachdem Torney's fort waren, sprach er zuerst recht ernstlich über meine Carriere, und was ich auch werden möchte, Privatdocent oder Advokat, auf 2–300 Thaler jährlich könne ich sicher von ihm rechnen, bis ich mir selbst helfen könnte! Die Thränen traten ihm dabei in die Augen, wie auch bei Lesung meiner Zeugnisse. Dann sagte er mich umarmend: warum nennst du mich eigentlich Sie? Sag doch du, ich habe ja keine Söhne mehr! Herzlich hätte er gewünscht, ich möchte hierher kommen und in Krankheit und Alter seine Stütze seyn; nun sey das Nichts; wenn ich aber in Lübeck nicht ankäme, so möge ich noch einmal die Amtscarriere versuchen und er wolle dann an Schulte und Arnswaldt schreiben, und der Forstmeister von Meding solle sich bei seinem Onkel für mich verwenden. Heute habe ich zu seiner Zufriedenheit ihm geholfen bei seinen Arbeiten und überhaupt, seit ich hier bin, ihn erheitert ... Neulich fuhren wir über die Elbe nach Zollenspieker und auf den ersten Blick hat mir das Hamburgisch-Lübische Gebiet sehr gefallen. Der Reichthum fällt gleich auf.« *Bald darauf reiste er nach Lübeck ab und berichtete am 2. August dem Vater von Winsen aus* über das Resultat *wie folgt: »Meine Reise nach Lübeck hat wenigstens in Beziehung auf eine dortige Anstellung den Erfolg nicht gehabt, welchen ich wünschte und hoffte* – aus Gründen, welche ich gleich erzählen will. Ich trat sie am Freitag vor 14 Tagen, begleitet von Therese bis an die Elbe, zu Fuß an, und war schon am andern Abend in Lübeck. *Am nächsten Morgen (Sonntag) ging ich zu Schweppe, welcher mich über alle Erwartung gütig aufnahm, und mich auf den nächsten Tag zu Tische einlud. Mit großer Freundlichkeit ging er mit mir meinen Plan* und den Zweck meiner Reise *durch, entweder bei den dortigen Gerichten oder der Regierung – oder aber als praktisirender Advocat mich in Lübeck zu besetzen. Ersteres ist deshalb unzulässig, weil bey den Gerichten keine Auditoren angestellt, und diese, wie alle übrigen Collegien, aus dem Senat besetzt werden*, die Senatorwürde aber nur Einheimischen durch Wahl der Bürgerschaft gegeben wird. Da man sie als Ehrenstelle betrachtet, trägt sie nur 1000 Mark ein. Die beiden einzigen fetten Pfründen sind die der Archivarien, welche 9000 Mark eintragen und solchen gegeben werden, die demnächst in den Senat gewählt werden, um sich dabey etwas Geld zu machen, daher es für Alle ein Donnerschlag ist, wenn eine Stelle im Senat vakant wird. Die Ämter des Lübischen Gebiets, zu deren Besetzung zum Theil Hamburg mit concurrirt, werden ebenso durch Wahl vergeben und nicht mit Auditoren versehen. – *Zum Advokaten wollte mich Schweppe deshalb nicht haben, weil unter 23, die Lübeck hat, nur*

*2 eine lukrative Praxis haben, und die der übrigen ihnen nicht 200 Thaler einträgt,* indem beym Obergericht in Lübeck jetzt nur 4 Prozesse anhängig sind und die Bürger den Rest des alten Glanzes nicht noch durch Prozessiren verthun wollen. In Hamburg, Bremen und Frankfurt sey es darin anders, und die Advokaten, die dort die Prozesse anfingen, führten sie auch beym Oberappellationsgericht in Lübeck fort, so daß dieses auf eine dortige Praxis gar keinen Einfluß äußert. Die Prokuratoren bey denselben haben 400 Thaler, und lassen sich auch nicht todtschlagen, so daß auch dabey jetzt wenigstens keine Aussicht ist. *Um so mehr rieth* mir aber Schweppe *zur akademischen Carriere zu. An positiven Kenntnissen und richtigen Ansichten, sagte er, habe er meines Gleichen wenige gesehen, und er wisse das, ohne mich zu examiniren worum ich ihn bat, – auch Fleiß und Vortrag fehle mir nicht; aber man verlange heutzutage auch eigene Ideen und die könne man sich durch kein Studium geben. Um zu sehen also, ob ich zugleich ein produktiver Kopf sey, gab er mir eine schwere Aufgabe, worüber ich ihm gegen Michaelis eine lateinische Abhandlung schicken oder noch lieber bringen sollte, eine Aufgabe, die er selbst in dieser Zeit bearbeitet hat* und worin es auf eine Widerlegung einer Savigny'schen Ansicht ankommt. *Darüber wolle er mir sogleich dann seine Meinung aufrichtig schreiben, und da ich noch so jung sey, könne ich ja dann noch die akademische Carriere wählen, ob ich gleich wohl schon in Göttingen hätte daran denken können. Jedoch sey es alsdann schlechterdings nothwendig, daß ich noch ein Jahr nach Berlin ginge, um Savigny zu hören, der jetzt die Professoren in Deutschland alle macht, überall Einfluß hat, solche junge Leute, die sich der Wissenschaft widmen wollen, sehr gütig aufnimmt und auch mich befördern würde, wenn ich das Glück hätte ihm zu gefallen.* Alsdann dürfte ich aber ja nicht in Kiel, sondern nur in Göttingen anfangen, wo ich noch Bekannte hätte, und am ersten Zuhörer fände, deren Zahl allein den Ruf zum Professor begründen könnte, der entweder in den ersten 2 Jahren oder garnicht erfolgen würde. – Onkel hält dies Letztere für sehr mißlich und wünscht noch immer mich in Winsen wieder bey sich zu haben als Auditor, weshalb er alle Segel anspannen will. Bis Michaelis soll ich deshalb hier bleiben und zum Examen mich präpariren, und erst, wenn dies Alles fehlschlägt, wünscht Onkel, daß ich die Advokaten- oder Akademische Carriere ergreifen möchte. So stehen die Sachen mit mir, und die Verpflichtung gegen meinen trefflichen Onkel kommt wohl noch hinzu, um mich zu bestimmen, zum zweiten Mal mein Heil in der Beamtencarriere zu versuchen.«

*Übrigens beeinträchtigte diese Unsicherheit über seine Zukunft nicht im mindesten die volle Unbefangenheit seines frohen Jugendmutes. Mit offenem Auge für die neuen Eindrücke genoß er seine Reise.* Er erzählt weiter:

»In Lübeck lernte ich am folgenden Tage bei Schweppe am Tisch eine sehr interessante und gebildete, fast gelehrte Dame kennen, die Präsidentin Weber aus Rostock, Frau des großen jetzt verstorbenen Juristen, die mich nach Travemünde nahm, wo ich zum ersten Male die Ostsee sah. Die himmlische Lage, das schöne Seebad, Leuchtthurm, Lootsen, überhaupt das kleine freundliche Fischerstädtchen machte an einem der schönsten Abende, an dem sich der Mond in dem ruhigen Meere spiegelte, einen freundlich erhabenen Eindruck auf mich. Sie gewann mich lieb, wollte mir Geld und Empfehlungen geben, um nach Kiel zu reisen, wenn mir dies noch hätte nützen können, bat mich, meine Aeltern von Ihr zu grüßen, und wenn es mir ein Mal gut ginge im Leben, ihr zu schreiben, weil sie immer mit Freude und Theilnahme meiner, sowie eines anderen jungen Mannes, den sie auch so schnell kennen und achten gelernt, sich erinnern werde. Sie bat mich zum Frühstück am folgenden Morgen, (wobei es Krabben gab, die ich auch noch nicht kannte, ferner Seefische und Hummer) und nachdem ich mich in der Ostsee gebadet, ging ich am Nachmittage erst durch die gesegnetsten Kornfelder, dann über die Trawe und durch einen dichten 2 Stunden langen Wald, nach dem alten majestätischen Lübeck zurück, von dem ich doch auch noch ein Wort sagen muß. Unter allen Städten die ich je sah, gefällt mir Lübeck am besten. Die reinste, schönste Landluft in den breiten freyen Straßen; da ist kein Treiben, die Menschen sitzen nicht in Kellern übereinander, 60 Familien in einem Hause, wie in Hamburg; hier wohnen in 4.000 Häusern (3 mal so viel wie Hannover) nur 25.000 Menschen, dagegen in Hamburg in 8.000 Häusern 120.000 Menschen, und zwar auf nicht so großem Flächenraum, wie Lübeck einnimmt, das freilich auch im Mittelalter, als Haupt der Hanse 100.000 Einwohner zählte. Majestätisch sieht es aus, wenn man es zuerst von den Bergen bei Steinhorst mit seinen 19 in zwei dichten Haufen erscheinenden Thürmen in einer Entfernung von 3 Stunden vor sich im Thale sieht. Prachtvoll sind die Thore, Alleen führen dahin; der Wall und die weiten Räume zwischen dem Thore und der ersten breiten Mühlenstraße, in die ich einzog, sind mit den schönsten Gartenanlagen geziert; alsdann kommt man an eine schöne Brücke über die breite Trawe, auf welcher Schwäne schwammen und die Wimpel der vielen großen Seeschiffe im Abendwinde wehten. Hängebirken und Weiden, die ihre Zweige in sie hinabsenken, ließen mich vergessen, daß ich in einer Stadt sey, hätte nicht das zweite Thorgewölbe mit Lübecks Doppeladler mich daran erinnert. Daß es eine freye Stadt ist, in die man tritt, zeigt der erste Anblick; da ist kein Hudeln und Scherwenzen und Bücken, Regierende und Regierte sind eines Volks und Standes, und das in der That einzige hanseatische Militair sieht auch anders aus wie unsere Rothjacken. Was Lübeck einst war und vermochte, sieht man, wenn man in die über alle Begriffe majestätische und prächtige Marienkirche tritt und den Reichthum sieht, den die Stadt sowohl als einzelne Familien in den Jahrhunderten der Größe Lübeck's dort aufstellten. Die Kirche ist aber auch das Palladium von Lübeck; seine Bürgermeister ruhen hier meistens, und Jahrhunderte haben geeifert, um den kühnen Bau und seine Schönheit zu vollenden und zu zieren, der nun schon seit dem 12ten Jahrhundert die Bewunderung der Nachwelt ist, die so Etwas nie erreichen wird. Unter den Kunstwerken brauche ich nur die Gemälde von Holbein, Dürer und Kranach, die astronomische Uhr, den Todtentanz, das Glockenspiel und die beiden weltberühmten Orgeln zu nennen. Länger, aber weniger hoch ist der Dom, wegen seiner herrlichen Bischofskapellen und des Chors ebenfalls höchst merkwürdig. Der alte Hansesaal auf dem Rathhause ist nun verschwunden seit 1817; so wie Vieles von der Größe Lübecks, wo jetzt in manchen, ehemals belebten Straßen das Gras wächst und oft nur noch die Erinnerung dessen blieb, was war, als einst Wullenweber eines Tanzes wegen die Insel Bornholm verschenkte und die eine Stadt das Reich Schweden besiegte[32], ja allen Städten Deutschlands Recht und Gesetze gab[33]. Auch sagt sehr richtig ein Schriftsteller des vorigen Jahrhunderts über Lübeck: wie es nie unterjocht und besiegt gewesen ist, sondern immer aufrecht durch alle Jahrhunderte mit frischer Kraft ging, so wird es bleiben, bis es vor Altersschwäche einmal stirbt. Noch jetzt hat Lübeck über 1.000.000 Thaler Einkünfte ( 1/3 so viel wie das ganze Königreich Hannover). Ich kann nicht läugnen, daß ich gern da leben möchte. Gastfreiheit soll unglaublich herrschen; man erwartet keinen Dank, sondern fühlt sich geehrt durch den Zutritt von Fremden in den großen Kaufmannshäusern; manche junge Leute essen nie zu Hause.«

*Die mittelalterliche Schönheit Lübecks hatte meinen Vater geradezu in einen Rausch des Entzückens versetzt, von dem er in späten Jahren noch oft erzählte. Sein jugendlich einseitiger Enthusiasmus war so groß, daß er auf dem Rückwege das modern elegante Hamburg als ein schales Ding kaum eines Blickes würdigte und ohne weiteres durchreiste, um die frischen Bilder der Erinnerung in seiner Seele nicht zu entweihen.*

*Noch lange genug mußte er unter den Neckereien seiner Freunde für diesen Streich büßen.*

*Die Arbeit für Schweppe hatte er in etwa Monatsfrist in Winsen beendet. Um sie in Angriff zu nehmen, mußte er sich verschiedene Bücher kommen lassen, und darüber verstrichen die ersten Augustwochen. Am 19. September schreibt er an den Vater: »Meine Arbeit ist heute beendigt und ziemlich groß geworden. Ich werde sie Schweppe wohl selbst hinbringen.* Hier ist Alles wohl. Onkel fuhr vor einigen Tagen mit mir und seinem Jäger auf die Jagd, ging am Stocke an einigen Kartoffelstücken herunter, so lange er konnte, und schoß ein Huhn; das zweite hätte er auch geschossen, wenn er mit den krummen Fingern nur den zweiten Abzug hätte abdrücken können. Ich selbst habe schon 3 Hasen und 5 Hühner erlegt. Recht viel wollte ich dir nun schreiben, aber Onkel läßt mich zu sich rufen, da er eben mit dem neuen Herrn Amtsassessor von Halem sich unterhält, der seinen Beifall nicht zu haben scheint. *Ich habe mich in Hannover wieder gemeldet und Onkel will das Seinige thun, mich hierher zukriegen. Die Pflicht gegen ihn ist mir näher als das Akademische Leben, sollte Schweppe's Urtheil auch noch so vortheilhaft seyn; wie ich glaube – freilich Lust zu jenem habe ich immer auch gehabt. – Gott wird's schon versehen!«*

*In meinem Vater lebte von früher Jugend an eine so tiefe Pietät gegen die Eltern, ein so starkes Gefühl von der Hoheit des vierten Gebots – des einzigen, dem eine Verheißung mitgegeben ist, wie er zu sagen pflegte –, daß er seine vornehmste Aufgabe darin erkannte, die eigenen Kräfte in den Dienst ihrer Wohlfahrt zu stellen. Die Erfüllung der kindlichen Dankespflicht ihnen gegenüber lag ihm mehr am Herzen als alles andere, so daß er es kaum wagte, über die Schranken dieses Vorstellungskreises hinauszublicken und die Neigungen seiner innersten Natur zu befragen. Er wollte nichts, als mit seiner Arbeit – sei es nun in dieser oder jener Form – so viel erwerben, um über den Lebensabend des Vaters und der Mutter wieder Sonnenschein breiten zu können. Selbst dem Onkel gegenüber, dessen väterliche Liebe und Fürsorge ihn mit inniger Dankbarkeit erfüllte, fühlte er sich ähnlich verpflichtet. Nun aber, als im Oktober Schweppes Bescheid eintrifft und wirklich nur die rückhaltloseste Anerkennung seines Talents bringt, regen sich in ihm endlich mit Macht die Schwingen des ihm angeborenen wissenschaftlichen Geistes; das eigenste Bedürfnis der Persönlichkeit kommt zum Durchbruch, und er gewahrt schließlich, daß seine Neigung tatsächlich gar nicht im Widerspruch zu den Pflichten gegen seine Eltern steht, ja daß vielleicht sogar durch tüchtige Leistungen auf dem Lehrstuhl der*

*Universität rascher zu praktischen Erfolgen zu gelangen ist, als auf der Beamtenlaufbahn mit ihrem fest geregelten Tempo.*

*Am 15. Oktober schreibt er: »Mein geliebter Vater! Die frohe Nachricht, welche ich von Schweppe erhalten habe, will ich dir sofort mittheilen und würde dieses gestern bereits gethan haben, wenn die Post nur gegangen wäre. Lies den Brief und denke dir meine Freude.* Selbst manches in seinen Bemerkungen beruht nur auf falschen Lesarten (z. B. accepit statt occepit). *Ich bin sehr glücklich über dies Urtheil, und meinem guten Onkel liefen die Freudenthränen über die Backen, als er ihn gestern laut las. ... Er selbst stimmt nun ganz für die Akademische Carriere und ich will nur die Resolution von Hannover abwarten, um, wenn diese abschläglich lautet, unverzüglich die erstere zu ergreifen.* Ich werde, wie Schweppe wünscht, die Abhandlung drucken lassen[34], aber erst, nachdem ich sie strenger durchgenommen, als dies in 4 Wochen geschehen konnte; etwa Ostern; und nachdem ich mehr Litteratur benutzt habe ... Onkel ist nach seiner Art jetzt munter und heiter; hat mich aber zur Zeit hinter seine Vormundschaftssachen gekriegt, deren Bearbeitung freilich so ganz süß nicht schmeckt; sowie mir überhaupt die strenge Theorie weit lieber ist wie diese praktischen geistlosen Arbeiten und Schmierereien und der Schwall von Landesgesetzen. Zudem würde ich (vor der Hand) in der Beamten-Carriere weder für Euch noch meinen Bruder irgend etwas thun können, wohl aber in der Akademischen, wo die Stellen zwar kleiner, aber auch schneller und leichter zu erreichen und die unabhängigsten sind, die sich denken lassen. Dann könnte ich vielleicht auf der Universität, an die ich komme, für Valdec sehr Vieles thun, was mir als Auditor oder Supernummer-Amtsassessor zu thun unmöglich wäre; und ihm bliebe noch immer die Aussicht zum Advokaten.«

Noch einmal steigt ihm ein Bedenken auf. Die Ränke, die Bunsen von Göttingen und in der Erbschaftsangelegenheit gesponnen, hatten den Vater in die Notwendigkeit versetzt, nach einer Kaution zu suchen. Schwierigkeiten in dieser Richtung, deren Erörterung zu weit führen würde, lassen den Sohn auf den Gedanken kommen, ob es nicht vielleicht Pflicht wäre, um den Eltern das Bleiben in Lauenstein zu ermöglichen, dort sich als Advokat niederzulassen und mit ihnen gemeinsame Wirtschaft zu machen. »Wenn ich nur wüßte«, fügte er hinzu, »daß sich dabei wirklich soviel verdienen ließe, daß wir alle unser Brot davon hätten. Sonst wäre dies sehr traurig.«

Doch binnen kurzem ist dieser Gedanke abgetan. *Am 17. fügt er die folgende Nachschrift hinzu: »Diesen Nachmittag habe ich lange und viel mit meinem guten Onkel allein im Garten über meine Laufbahn gesprochen. Er ist ganz gegen den Advokaten; hat in diesen Tagen alle seine Freunde und die hiesigen Beamten wider mein Wissen über mich zu Rathe gezogen und ihnen meine Schrift und Schweppes Brief gezeigt. Da nun die Meinung aller dieser gut ausfällt, so trägt er mir nur auf, dich um deinen Consens zu bitten, dessen ich ja aber schon im Voraus gewiß bin. Er will mich noch 1 Jahr in Berlin studieren lassen, und, wenn er das Leben behält, mir als Repetenten forthelfen. Ich habe deshalb heute an Savigny in Berlin geschrieben, erwarte nur meine Zeugnisse und reise dann fort. ...* Wir haben hier in diesen Tagen, bei der Anwesenheit des Landdrosten und Einführung des Herrn Amtsassessors v. Halem, – den man aus Ostfriesland ohne einen Pfennig Gehalt hierher zu versetzen beliebt hat – viele Feten gehabt, wobey es hoch her ging, ich aber im Herzen recht oft an Euch, meine theuren Aeltern und das kleine, stille Lauenstein gedacht habe. Wie gern käme ich noch einmal herüber! aber die Kosten würden zu groß werden. Läßt aber Gott es mich gelingen auf der neuen Bahn, so bin ich bald versorgt und dann wollen wir uns um die Göttinger nicht kümmern!! Mit Freude ergreife ich diese Carriere, wonach ich immer so gestrebt und danke Gott der mir einen trefflichen Vater und Mutter und einen Onkel gab, der für mich auch wie für sein eigenes Kind sorgt.«

»Nah oder fern, mein Herz ist bei Euch, meine theuren Aeltern! Mit kindlicher Liebe! O könnt' ich bald sagen: Nun kommt zu mir; ich kann uns nun allen helfen! Als Beamter könnt ich das vielleicht nie!«

*Am 6. November, wenige Stunden vor seiner Abreise nach Berlin, schreibt er zum letzten Male aus Winsen. Nachdem er die mannigfachen großen und kleinen Liebesbeweise geschildert, die ihm noch zum Abschied im Hause des Onkels zuteil geworden, lauten die Endesworte:*

*»Jetzt aber muß ich schließen und fort. Das Alte ist vergangen, siehe es muß Alles neu werden!«*

*Seine Mutter hatte ihm oft, wenn er zwischen hochstrebenden Gedanken und Mutlosigkeit hin- und herschwankte, die Worte gesagt: »Wenn du auch den goldenen Wagen nicht kriegst, so bekommst du doch vielleicht das goldene Lünz[35].« Der Ertrag seines Lebens hat der Ahnung und Mahnung der Mutter zum Gottvertrauen und zugleich zum genügsamen Sichbescheiden recht gegeben.*

# Mein Vater in Berlin bis zu seiner Doctor Promotion 1823 – April 1825

*<2. Kapitel*

*Von Göttingen nach Berlin – Friedrich Carl v. Savigny, der Lehrer und Freund – Der junge Doktor und Dozent – Das Klenzesche Haus – Erste Forschungen – Auf eigenen Füßen>*

*Die Übersiedlung von Göttingen nach Berlin bedeutete nicht nur das Vertauschen der einen Universitätsstadt mit einer anderen. Sie war ein Schritt aus der Enge in die Weite, der für die Entwicklung der ganzen Persönlichkeit von entscheidendem Einfluß sein mußte. Wie Arkadien zu Athen verhielt sich die Abgeschlossenheit des hannoverschen Landes zu dem vorwärtsdrängenden Geistesleben in der preußischen Hauptstadt. Der Atemzug der großen Welt war hier auf allen Gebieten zu spüren, und wie dieser den Gesichtskreis des Zwanzigjährigen erweitern half, das tritt schon nach kurzer Zeit in Erscheinung.*

*Das Wichtigste vorderhand war für ihn, wie sich sein Verhältnis zu Savigny*[XX] *gestalten würde. Hierüber und über anderes aus der ersten Berliner Zeit berichtet er selbst nach der Heimat in einer Reihe von Briefen*, die im wesentlichen hier wiedergegeben werden.

*»Berlin d. 15ten Nov. 1823.*

*Mit Gottes und meines theuren Onkels Hülfe bin ich denn in dieser prachtvollen großen Residenz, und eile, davon dir mein theurer Vater und der guten Mutter die erste Nachricht zu geben. Onkel ließ mich nach Lauenburg fahren, war mehrere Stunden früher am Tage der Abreise aufgestanden und winkte mir aus dem Fenster Lebewohl nach. Von Lauenburg nahm ich einen Wagen nach Boitzenburg und von da die Post. Dann gings durch die Sandwüsten Brandenburgs 3 Tage und 3 Nächte lang ununterbrochen fort, bis ich am Montage hier endlich ankam. Ein freundliches Stübchen ist mir geworden bei einer guten alten Wittwe im Hinterhause (Dorotheenstrasse No. 49) – und eine freundliche Aufnahme und Einführung bei Savigny und Prof. Klenze. Einen solchen Vortrag wie des ersteren habe ich nie gehört, weder in*

---

XX Friedrich Karl von Savigny, geb. 21. Febr. 1779 zu Frankfurt am Main, 1810 jur. Prof. in Berlin, 1842–1848 Justizminister, gest. 25. Okt. 1861. Verheiratet mit Kunigunde (»Gundel«) Brentano, Schwester von Clemens Brentano und Bettina von Arnim, geb. Brentano.

*Sache noch Form. Er lud mich ein, ihn oft zu besuchen; daß er mir helfen werde in meinen Studien, wo er könne, verstehe sich von selbst, und bei Vergleichung von Handschriften werde er mich beim Wort halten, da ich ihm anbot, ihm dabei zu helfen. Auch nach meiner Verwandtschaft mit dem noch hier lebenden 75jährigen[35] alten General Wilh. von Rudorff fragte er mich. – Die Stadt ist ungemein regelmäßig und prachtvoll; besonders die Universität und ihre Umgebungen. Da das Porto so kostbar ist auf dem langen Wege, so rathe ich sehr feines Papier zu nehmen; wie auch Savigny that, als er mir nach Winsen hin auf meinen Brief antwortete. Möchte nur Gott geben, daß ich etwas Tüchtiges hier lernen und so vielleicht nach einigen sauren Jahren der Hülfe meines theuren Onkels entbehren und Eure Stütze werden könnte!! Ich will wenigstens dahin streben mit aller Macht. – Die Theater habe ich noch nicht gesehen, werde das auch nicht eher, als bis der Freischütz einmal gegeben wird.«*

*Dann am ersten Weihnachtstage: »Gleichwie Ihr mit unserem guten Valdec wohl jetzt allein sitzen und vielleicht meiner gedenken mögt, widme auch ich die Abendstunden dieses festlichen Tages Eurem Andenken, nachdem ich die übrigen Theile desselben durch Arbeit auf meinem einsamen Stübchen und in der feierlichen Weihnachtskirche zugebracht habe. Vieles, was mein inneres wissenschaftliches Leben betrifft habe ich an Goldmann geschrieben, und verweise Euch in dieser Beziehung auf seine Mittheilungen. Auf eine Beschreibung Berlins und der ›Vermählungsfeierlichkeiten‹ (des Kronprinzen, späteren Königs Fr. W. IV. mit Prinzessin Elisabeth von Bayern) sowie unseres Fackelzugs lasse ich mich nicht ein. Ihr lest das besser aus den Zeitungen. Nur daß in dem fürchterlichen Gedränge, was Ihr in einer Stadt von 200.000 Einwohnern Euch vorstellen könnt, 26 Menschen zu Tode kamen, ist sehr traurig. Es war zufällig, daß ich vom Schloßplatze, wo die Fackeln verbrannt wurden, über eine andere Brücke nach Hause ging, sonst hätte ich auch sehr leicht darunter sein können. Etwas Imposantes hatte es aber allerdings, diese (wirklich sehr schöne) Königstochter in dem goldenen Staatswagen Schritt vor Schritt fahrend, durch die wogende Menge, unter Bedeckung der Kürassiergarde und aller Zünfte Berlins einziehen zu sehen. – Ich habe Savigny, der die Hauptperson für mich ist, erst 2 Mal besucht, und bin gütig von ihm empfangen worden; er hat aber jetzt eine Arbeit aufgegeben, und ich wünschte erst die meinige in seinen Händen, ehe ich wieder zu ihm gehe. – Ich wohne in einem rechtlichen Hause bei einer Wittwe, deren Mann bei der Kapelle Friedrich's des Zweiten angestellt war; u. habe hinten hinaus ein kleines Stüb-*

*chen, worauf das Bett steht. Dafür mit Einschluß der Aufwartung gebe ich monatlich 5 Thl. Fr. Cour. was für Berlin noch sehr gnädig ist. Ich wohne sehr still und höre vom Geräusch der Residenz sehr wenig, besonders nichts von dem ewigen Kutschenfahren.* Man ißt hier außer dem Hause und ich habe ein sehr ordentliches bürgerliches Speisehaus, wo man nicht viele Gerichte, aber diese derb, in tüchtigen Portionen und reinlich zubereitet bekömmt, wofür ich täglich 2 Ggr. 6 Pf. gebe.«

*Am gleichen Tage schreibt er dem schon erwähnten Pastor Goldmann, dem nunmehrigen Nachbarn seiner Eltern, der vor einem Jahr durch eine Weihnachtspredigt seine Liebe und Verehrung gewonnen hatte. Er zitiert aus Niebuhrs Vorrede zu dessen »Römischer Geschichte« die folgende an Savigny, Buttmann und Heindorf gerichtete Stelle: »Es giebt eine Begeisterung, die von der Gegenwart und dem Umgange herrlicher Menschen ausgeht: eine unmittelbare Einwirkung, wodurch sich uns die Musen offenbaren, Lust und Kraft wecken und den Blick erhellen: der ich in meinem ganzen Leben das Beste, was ich war, verdankte.«*[37] *Dann fährt er fort: »Was für ein Ding es sei um eine solche Begeisterung, das fühlte ich, als ich gestern vor einem Jahr zum ersten Male Sie sah und hörte. Das fühle ich jetzt durch Savigny. Sie sollten seinen Vortrag hören: Da ist Eleganz ohne Ziererey und Seiltänzerei, tiefer wissenschaftlicher Ernst, Würde ohne Pedanterey, Schärfe in Entwickelung des Ideenganges der alten classischen Juristen, die nicht Zeit läßt zu erwägen, ob man die Größe des Entwicklers oder die Tiefe des Entwickelten mehr bewundern soll. In Alles kommt Geist und Leben, nichts Todtes, Trockenes, Willkürliches mehr im Römischen Recht, alles m u ß so seyn, liegt schon in den Prinzipien, die er mit wunderbarer Klarheit zu Tage fördert, indem er den Alten in die Verzweigungen der einzelnen Anwendungen, in die sich durchkreuzenden Verhältnisse folgt. Daß aus der Jurisprudenz ein so ledernes trockenes Handwerk geworden ist, liegt wahrlich nicht am Römischen Recht, welches ein integrirender Theil einer klassischen Zeit ist, sondern an der Schlechtigkeit und Barbarey der heutigen Juristen, die nicht mehr hineinzutragen verstanden, als sie selbst taugten – wie das denn mit der Bibel und allem Großen auch der Fall ist! – Wie viel mehr würden Leibniz und Luther ihre Urtheile bestätigt finden, wenn sie von einem Klassiker und nicht von einem Glossator ein klassisches Recht entwickeln hörten. Luthers Urtheil setze ich hierher, da es Ihnen vielleicht nicht bekannt ist. Ich fand es vor Kurzem in einem guten Buche von Ritter (aus Luth. Opp. ed. Altenb. 6): ›Und was darf's viel Worte: das Kaiserrecht, nach welchem das Römische Reich noch heutiges Tages geregiert, und biß an den jüngsten Tag bleiben wird, ist ja nichts andres denn heidnische Weisheit, welches die Römer, ehe denn Roma von Christo oder Gott selber nichts gehört hat, gesetzt und geordnet haben; und ich acht wohl, wenn itzt alle Juristen in einen Kuchen gebacken, und alle Weisen in einen Trank gebrauet würden, sie sollten nicht allein die Sachen und Händel unangefaßt lassen, sondern auch nicht sowohl davon reden noch denken können. Denn solche Leute haben sich in großen Händeln müssen üben, sind darzu mit großer Vernunft und Verstand begabt geweßt. Summa, sie haben gelebt und werden nicht mehr leben, die solche Weisheit im weltlichen Regiment gehabt haben.‹ – Nur möchte ich bitten, Savigny aus jenem Kuchen herauszulassen.« – Nachdem er über andere Collegia, die er hört, berichtet* (bei Kluge über Römische Geschichte, bei Böckh über Griechische Altertümer), *sagt er: »Mein Wunsch wäre es hier zu promoviren; möchte ich das Glück haben, das nach Savigny's und Anderer Äußerung sehr schwere hiesige juristische Doktorexamen zu bestehen! – Es ist hier nicht so wie in Göttingen, wo sie jährlich 50 Advokaten zu Doktoren machen, sondern die Zahl der hier kreirten beläuft sich seit der Stiftung der Universität auf 7, die sämmtlich jetzt Professoren sind: Göschen in Göttingen, Dirksen und Euler in Königsberg, Regenbrecht in Breslau, Hollweg*[XXI]*, Klenze*[XXII]*, Homeyer in Berlin, so daß die Doktorwürde hier noch eine Würde ist. Ich denke nicht ohne alle Angst an den Tag, der mich zu jenen 7 Weisen als den achten hinzugesellen sollte. Doch: ›Frisch thu' das Deine in Haus und Feld, dann alles Andre Gott heimgestellt!‹* Von Schleiermacher kann ich Ihnen in diesem Augenblick nichts weiter sagen, als daß ich ihn täglich im Universitätsgebäude sehe, und daß er noch ganz rüstig und thätig zu sein scheint. In musikalischer Hinsicht hat mir das Requiem von Mozart, das Requiem von Cherubini und der ›Freischütz‹, in dramatischer ›Don Carlos‹, sämmtlich vortrefflich ausgeführt, hohen Genuß gewährt. Übrigens giebts hier zwar eine recht gute, Gottlob nicht moderne, sondern noch ächt deutsche oder s. g. gothische Marienkirche, aber keine Marienkirche Lübecks. Unter den Predigern scheint mir ein weit christlicherer Sinn zu herrschen, als ich in Göttingen gefunden habe.«

Am 10. Februar 1824 schreibt er den Eltern unter anderem über einen jungen Mann, Sohn eines sehr verdienten Vaters, der mit ihm in

XXI Moritz August von Bethmann Hollweg, geb. 8. April 1795 zu Frankfurt am Main, ging 1829 von Berlin nach Bonn als Professor der Rechte, war 1852[recte: 1858]–1862 preußischer Kultusminister und starb 13. Juli 1877 auf Schloß Rheineck, das er erworben hatte und ausbauen ließ.

XXII Bruder des Münchner Architekten Klenze.

Göttingen studiert hatte, und dem jetzt ebenso wie ihm das Schicksal zuteil geworden war, in Hannover ohne weiteren Grund nicht zum Examen zugelassen zu werden. Dieser war vor sechs Wochen in Berlin eingetroffen, hatte das Examen beim Kammergericht glücklich bestanden, auch gleich eine provisorische Anstellung an Ort und Stelle gefunden, und war kühn genug, dem Königlich Hannoverschen Kabinetts-Ministerium (Churfürsten Collegium, wie Friedrich II. es nannte) seinen Dank dafür abzustatten, daß es ihm durch seine Abweisung Gelegenheit gegeben habe, in Preußen sein Glück zu machen, »in einem Lande«, wie sich mein Vater ausdrückt, »wo man nicht wegen zu großer Conkurrenz von Candidaten, sondern wegen Untüchtigkeit allein zurückgewiesen wird, wo man nicht des Adels wegen Verdienst, sondern des Verdienstes wegen den Adel oben drauf erhält, wie das Scharnhorst u. Hardenberg in Hannover gewiß nicht passiert sein würde.[38] Ich könnte nun noch Vielerlei schreiben«, fährt er fort, »von Fouqué[XXIII], Clauren[XXIV], dem alten Staatsrath Körner, Zelter[XXV] und Anderen, die ich gesehen und zum Theil kennen gelernt habe, von mancherlei theatralischen und musikalischen Hochgenüssen, als da sind: Schiller's Jungfrau von Orleans, Preciosa[39], vor Allem aber Alceste von Gluck, – von meinem Umgange mit Klingemann, einem trefflichen höchst- und reichgebildeten Jüngling, Legationssekretär bei unserer Gesandtschaft, – wenn das nicht Alles heute zu weit führte, und besser einmal mündlich geschähe, wenn ich Euch wiedersehe.«

*Karl Klingemann, – um hier den brieflichen Bericht zu ergänzen, – war am 2. Dezember 1798 in Hannover*[40] *geboren und lebte als hannoverscher Legationssekretär während der Jahre 1825 bis 1827 in Berlin.*[41] *Sehr bald führte die erste Begegnung zu einer Freundschaft zwischen ihm und meinem um fünf Jahre jüngeren Vater, die damals,* zumal *für den letzteren, von großem Wert war.* Es ist bekannt, in wie naher Beziehung Klingemann zu Felix Mendelssohn stand. »Nur einen Freund«, schreibt dieser einmal an ihn, »kann der Mensch haben; so sagt Montaigne, sagte Vult, – steht in Jean Paul's Flegeljahren. Und das sagte ich von ganzem Herzen nach, als ich deinen Brief bekam, du einer Freund.«[42] In den Veröffentlichungen, die von Felix Mendelssohn handeln, namentlich in dem Henselschen Buch »Die Familie Mendelssohn«[43], tritt Klingemanns Persönlichkeit in bedeutsamer Weise hervor.

XXIII Der Dichter Friedrich Baron de la Motte Fouqué. 1777–1843.

XXIV Schriftstellername von Karl Gottlieb Samuel Heun, der übelberufene Romane verfaßte. 1771–1854.

XXV Karl Friedrich Zelter, 1758–1832, Direktor der Berliner Singakademie, Freund Goethes.

Vielleicht steht noch eine Herausgabe der gesamten Korrespondenz zwischen ihm und Felix Mendelssohn bevor.[44] *Klingemann war ein vornehmer Charakter und eine ungemein vielseitige Natur. Neben scharfem Verstand und geistreichem Wesen besaß er auch dichterische Fähigkeiten; sein musikalisches Talent aber war so hervorragend, daß es zweifelhaft sein konnte, ob er nicht zum Künstler berufen sei. Ein außerordentlich feines musikalisches Verständnis, ja auch Keime und Ansätze zu schöpferischem Leisten waren vorhanden, wie sein erstes Liederheft*[45]*, das während seiner Berliner Zeit entstand, zur Genüge beweist. Noch heute bin ich der Meinung, daß namentlich drei dieser einfachen Lieder, »Der Schmied« (nach Uhlands Gedicht), »Zu Koblenz auf der Brücken« (aus »Des Knaben Wunderhorn«) und »Unter der Linden« (von Walther von der Vogelweide), durch Unmittelbarkeit und Anmut der Erfindung, durch Echtheit der poetischen Stimmung hunderte von Liedern hinter sich lassen, die in unseren Tagen komponiert, gesungen und gefeiert werden. Auch noch von einigen anderen gleichzeitigen, die ich durch handschriftliche Mitteilung kenne*[46]*, gilt dies. Sollte man diese Sachen ihrem Charakter, ihrer geschichtlichen Stellung nach irgendwo einordnen, so müßte man sie etwa in die Nähe der Weberschen Lieder setzen. Von einer eigentlichen Anlehnung ist jedoch auch hier nicht die Rede.* Mendelssohnisch sind sie natürlich gar nicht. Klingemann war um 11 Jahre älter als sein berühmter Freund, und dieser zählte, als sie entstanden, erst etwa 14 bis 16 Jahre Von Schubertschen Gesängen aber kannte man in Norddeutschland damals fast noch nichts. Eine bei Breitkopf und Härtel veröffentlichte Sammlung aus späterer Zeit[47] steht leider nicht auf gleicher Höhe die Musik ist künstlicher, in allem blässer, unbedeutender als dort. Gerade von diesem letzteren Heft ist neuerlich ein Wiederabdruck veranlaßt worden[48], dem man aus dem ersten Heft zwei Stücke, »Der Schmied« und »Unter der Linden«, hinzugefügt hat. Wenn man selbst den besten dieser Lieder trotz ihrer Reize vielleicht vergeblich wünscht, daß sie nicht vergessen werden möchten, so ist dagegen der Dichter Klingemann in einigen seiner Äußerungen, soweit sich nämlich mit ihnen Mendelssohns Musik verbunden hat, um so sicherer, im Andenken der Menschen lebendig zu bleiben. Ich denke dabei weniger an das Liederspiel »Die Heimkehr aus der Fremde«, zu dem er den Text lieferte, als an mehrere Mendelssohnsche Lieder zu Klingemannschen Texten, vor allem *an die beiden Frühlingslieder »Es brechen im schallenden Reigen« und »Der Frühling naht mit Brausen«.* Hier, und so nur noch in dem Anfangschor der Goetheschen »Walpurgisnacht«: »Es lacht der Mai«, offenbart sich ein Zug der

Mendelssohnschen Lyrik, der ihr ganz ausschließliches Eigentum ist; eine Mischung von ahnungsvollem Jubel und leiser Wehmut, die nicht zugleich der Liebe gilt, wie in unzähligen anderen Frühlingsliedern, sondern einzig und allein dem beseligenden, ewig unergründlichen Wunder der zu neuem Leben in Wonneschauern erwachenden Natur. *Es ist, als ob man den Frühlingswind spürte, der über frisches Erdreich und junge Knospen streicht.* Durch Klingemanns Gedichte geht ein verwandter Zug:

*»Es brechen in schallendem Reigen,*
*die Frühlingsstimmen los,*
*sie können's nicht länger verschweigen,*
*die Wonne ist gar zu groß.*
*Wohin – sie ahnen es selber kaum,*
*es rührt sie ein alter, ein süßer Traum.«*[49]

*Wer so zu empfinden und so sich auszusprechen vermochte, der besaß ohne Zweifel ein echtes Dichtergemüt*, und man sollte nicht vermuten, daß eine in dieser Weise lyrisch gestimmte Natur zugleich ein *starkes Element der Kritik in sich tragen, ja zum Sarkasmus zuneigen konnte.* Dies aber war der Fall, und im Mendelssohnschen Hause schätzte man ebensosehr Klingemanns geistvolle Satire wie die übrigen Talente und Vorzüge, die ihm eigen waren. In einem Winkel des schönen großen Mendelssohnschen Gartens in der Leipziger Straße Nr 3 befand sich ein Pavillon, den man zu einer Art von Tempel des Geistreichtums eingerichtet hatte. Auf dem Tisch lag ein Buch aufgeschlagen, in das jeder, dem der Augenblick einen witzigen Einfall bescherte, diesen zu späterem gemeinsamen Genuß mit Feder und Tinte eintragen konnte. Und Klingemanns Beiträge gehörten zu den besten, die geliefert wurden. Das Mendelssohnsche Haus bot als ein Vereinigungspunkt für alle möglichen bedeutenden Persönlichkeiten, namentlich Künstler und Gelehrte von nah und fern, die reichste Anregung. In der Mitte des Interesses aber stand natürlich die Persönlichkeit des jungen Felix, der in jenen Jahren unter anderem das Oktett und die Ouvertüre zum »Sommernachtstraum« komponierte und mit seiner Schwester Fanny abwechselnd oder auch gemeinsam die herrlichste Musik zu Gehör brachte. Insbesondere an den Sonntagvormittagen fanden im Abstand von 14 Tagen regelmäßig musikalische Aufführungen statt, die Gelegenheit brachten, das Beste in bester Wiedergabe kennenzulernen. In diesen Kreis wurde mein Vater durch Klingemann eingeführt, und schon der nächste Brief Rudorffs, wenn er auch hauptsächlich wieder von Savigny handelt, bringt eine Erwähnung desselben. *Er schreibt am*

*15. März: »In meinem Verhältniß zu Savigny besonders und in Anderem hier hat sich so Vieles zu meiner Freude und Jubel geändert, daß ich es nicht lassen kann, Euch, geliebte Aeltern, sofort davon Kunde zu geben.* Zunächst war ich bei Klenze oft schon des Abends und helfe ihm jetzt den Grundriß seiner Rechtsgeschichte umarbeiten, die ich nächsten Sommer bei ihm höre. Aber mit Savigny bin ich erst kürzlich durch eine Reihe von Ereignissen in ein Verhältniß gekommen, wie ich es nie zu träumen gewagt habe! *Nämlich der erste Empfang, als ich von Winsen fortkam, war sehr stolz und stramm. Nachdem ich eine Viertelstunde im Vorzimmer gewartet hatte, die Augen auf die Cabinetsthür gerichtet, woraus der Mann hervortreten sollte, den ich immer schon so schwärmerisch im Bilde und in seinen Schriften und Vorlesungen verehrt hatte öffnete sie sich endlich, und dieser majestätische große und schöne Mann, gegen den ich noch ein Kind bin, trat steif und stramm auf mich zu ohne mein Compliment im Geringsten zu erwidern, nahm meinen Brief und sagte, nachdem er ihn halb durchgelesen, ohne sich umzudrehen: setzen Sie sich! Diese Worte wiederholte er 2 – 3 Mal im Weiterlesen, als ich mich schon gesetzt hatte, also ohne darauf zu achten. Alles ganz anders, als ich mir gedacht hatte. In der That aber ist Savigny nicht so stolz, obgleich sich bei ihm ungewöhnlich viel Umstände vereinigen, die einen gewöhnlichen Menschen dazu machen könnten und zu machen pflegen. Dahin gehört seine einzige, einsame Höhe in der Jurisprudenz, die hohen Staatsämter, die er bekleidet, altadliges Geschlecht und großer Reichthum; denn in ganz Rheinhessen besitzt er Güter und sein jährliches Einkommen schätzt man auf 20.000 Thaler. Meine Annäherung entstand so: Zuerst legte ich den Grund durch eine Arbeit, die Savigny wegen ihrer Gründlichkeit gefallen hatte, obwohl sie nicht ganz mit seiner Ansicht stimmte. Vor einiger Zeit bat er mich am Schlusse der Vorlesung, ihm in sein Zimmer auf der Universität zu folgen. Hier gab er mir eine Schrift über das Begnadigungsrecht der Fürsten, die ihm zur Kritik zugesandt war von einem ehemaligen Zuhörer, die er aber nicht Zeit hatte zu lesen, bat mich, ihm daraus eine Skizze zu machen, möglichst kurz, und mein Urtheil beizufügen. Ich machte dies gründlich mit Citaten der Seiten in Form einer Relation, aber auf 3 Quartseiten. Die Schrift selbst war schlecht, von seichter, fader Philosophie, übertriebener Anerkennung der Macht der menschlichen Vernunft, ohne Gründlichkeit, treue Arbeit und Studium der Geschichte, voll handgreiflicher Irrthümer. So hatte der Verfasser die Existenz des Begnadigungsrechts im Alterthum geläugnet, was ich aus der Römischen und Griechischen Geschichte widerlegte. Ein fader Brief Napoleon's (Le droit de Grace est un des plus beaux attributs de la Souveraineté) spielte eine ungemein wichtige Rolle darin, und außerdem noch viele seichte Deklamationen und Sentimentalitäten. Ich schloß mein Urtheil damit: Man sollte eher glauben, der Verfasser wäre aus der Schule eines französischen Staatsraths hervorgegangen als aus der historischen. Savigny bezeigte mir am andren Morgen seine Zufriedenheit und vollkommene Übereinstimmung mit meinem Urtheil. Übrigens war das Ganze, wie ich klar sehe, von ihm darauf angelegt, um zu erfahren, weß Glaubens und Geistes Kind ich sei, und ich habe diese Gelegenheit benutzt, mich derb und tüchtig für einen treuen Anhänger der historischen Schule zu bekennen. Kurz darauf gab er wieder eine exegetische Arbeit auf und in dieser traf ich vollkommen seine Meinung. Heute morgen rief mich Savigny am Ende der Stunde wieder zu sich, und sprach ¼ Stunde mit mir, ich möchte fast sagen mit väterlicher Sorge und Freundlichkeit, wie ein Lehrer zum Schüler sprechen sollte: Was ich anzufangen dächte nächsten Sommer, was ich vorhätte zu hören. Ich antwortete: Außer seinen Vorlesungen, wie sich von selbst verstehe, wollte ich um seinen gütigen Rath bitten, ob ich Litterairgeschichte bei Biener oder Preußisches Landrecht bei ihm hören sollte. Er antwortete: ›Ich habe mich gefreut zu hören, daß Sie noch diesen Sommer bei uns bleiben. Nehmen Sie sich nicht zu viel vor, und kommen Sie recht oft zu mir, besonders in den Ferien des Nachmittags, sehen Sie sich in meiner Bibliothek um, denn Litterairgeschichte ist einem jungen wissenschaftlichen Mann besonders vonnöthen! Dabei aber bin ich nicht ganz uneigennützig, sondern ich bitte Sie meine Bibliothek zu ordnen, die in der letzten Zeit etwas in Unordnung gekommen ist – Wenn's Ihnen recht ist also, so kommen Sie zu mir!‹ – Seine Bibliothek ist höchst vortrefflich und enthält an 10.000 Bände. – So stehen die Sachen mit mir. Mein lieber und trefflicher Freund Klingemann (Zuhörer und Verehrer von Savigny) nimmt den innigsten Theil an diesem meinem Glücke. Ich könnte noch Vieles schreiben:* von meiner Einführung unter anderem in dem großen und reichen Mendelssohn'schen Hause (Sohn des Philosophen) durch Klingemann, wo Sohn und Tochter mit unaussprechlicher Virtuosität spielen, *von den 3 Gluck'schen Opern, die ich gehört, und die mich mit hoher Verehrung vor dem alten Meister erfüllt haben; ferner, daß ich besonders durch Klingemann bewogen, der mir die Augen öffnete, neben meiner ›Stockjuristerei‹ (wie Goldmann sie nennt, und ich mir gehorsamst verbeten haben will) auch in der Poesie ein ganz anderes Feld aufgesucht und eine frischere Ansicht bekommen habe; daß ich mit Entzücken mich in des Knaben Wunderhorn, die alte stämmige herrliche deutsche Liederpracht versenke, daß ich Sebastian Bach's Fugen unter Klingemann's Leitung spiele, nur leider sehr selten, da ich keine Zeit habe u. s. w. Von dem Allen ein ander Mal vielleicht mehr!«*

*Am 7. Mai berichtet er von seinem häufigen freundschaftlichen Verkehren im Klenzeschen Hause, wo er manche interessante Bekanntschaft macht, so auch die des Philologen Lachmann*[XXVI]*, der später zu seinen nächsten Freunden zählte, und fährt dann fort: »Am letzten Montag Nachmittag hatte ich lange in Savigny's Bibliothek gearbeitet, auch einige Kleinigkeiten für ihn selbst gemacht. Er war ungewöhnlich heiter, kam öfter als sonst aus seinem Arbeitszimmer zu mir herüber, zeigte mir manche Schätze der Bibliothek und sprach über Dies und Jenes. Gegen Abend kam er noch einmal und sagte freundlich: ›Wissen Sie was: lassen Sie's nun gut sein und gehen Sie mit mir spazieren.‹ Es war eben ein Gewitter gewesen und die Natur wunderschön. Wir gingen zum Brandenburger Thor hinaus in den Thiergarten, und Savigny war so vertraulich, sprach über seine Studien und viele andere Verhältnisse seines Lebens mit solcher Unbefangenheit, daß auch ich recht aus dem Herzen reden konnte, und die Kluft zwischen ihm und mir verschwunden schien. Was da verhandelt wurde, kann ich nicht Alles erzählen. Nur Einiges: Er fragte mich nach meinen Plänen für die Zukunft. Ich antwortete, davon könne noch eigentlich nicht die Rede seyn, bis ich etwas Tüchtiges gelernt hätte. Er meinte, das würde ich doch auch später nicht aufgeben wollen. ›Hören Sie‹, setzte er hinzu, ›bleiben Sie nächsten Winter hier! Dann wollen wir miteinander an meinen Glossatoren‹ (seiner »Geschichte des Römischen Rechts im Mittelalter«*[50]*) ›arbeiten, und dann will ich Ihnen in jeder auch in litterarischer Hinsicht forthelfen. Jetzt gebricht es mir nur allzu sehr an Zeit.‹ Unter ähnlichen Reden, großentheils ernsten Inhalts, verstrich der herrliche Abend. Bisweilen unterbrach das Gespräch ein Stillstehen, namentlich einmal am Ufer der Spree, die eine hübsche Bucht um das Schloß Bellevue macht, wobey Savigny auf seine originelle Weise seine Liebe zu diesem Platze aussprach. Mit der Dämmerung kamen wir wieder zurück. Er sagte beim Abschied: ›Kommen Sie doch zuweilen zum Thee zu uns!‹ Das ist ja eine Auszeichnung; aber dennoch wollte ich, er hätte es nicht gesagt, denn, so anspruchslos er selbst ist, so sehr gilt Frau von Savigny für eine stolze und vornehme Frau.«*

XXVI *Karl Lachmann*, geb. 4. März *1793* zu Braunschweig, gest. 13. März *1851* als Professor zu Berlin.

*Den 29. Juni: »Vorigen Winter bearbeitete ich noch selbst, wie Ihr wißt, Savigny's Aufgaben – in diesem Sommer hat er des Staatsraths wegen keine Zeit, die Arbeiten seiner Zuhörer durchzusehen, und hat dies Geschäft mir übertragen; ich sollte aber sagen, ob ich Zeit hätte, sonst würde er es unterlassen müssen; auch möchte er, daß dieses unter uns bliebe. Vor einigen Abenden war ich bei ihm zum Thee. Wir tranken ihn im Garten unter der Rosenlaube auf seiner Terrasse, und ich verdanke diesem Abend die Bekanntschaft mit unserem Professor Hollweg, Savigny's Freund und Landsmann,* meinem jetzigen Lehrer, dem ich bald sehr nahe rückte. *Auch Savigny's Schwägerin Frau von Arnim (geb. Bettina Brentano) war zugegen. Savigny war recht aufgeräumt, und seine Frau dankte mir für meinen Spaziergang mit ihrem Sohn Carl, einem wunderschönen, blühenden Knaben. Es war 12 Uhr, als wir schieden.* – Auch bei Mendelssohn's habe ich in dieser Woche einen äußerst angenehmen, ja ausgelassen lustigen Abend zugebracht, indem ein Komiker Dr. Casper uns königlich ergötzte. Felix und sein Vater reisen übermorgen fort nach Dobberan zum Bade, aber die Tochter bleibt da und also bestehen auch die Konzerte fort. Vorigen Sonntag spielte sie mit ihrem Bruder zwei Doppelconcerte von Sebastian Bach, durchaus fugirt, – Goldmann mag sich denken, welche Freude diese unendliche deutsche Treue und dieser herrliche Reichthum bei dem strengen Satze hervorbringen mußte. Ehegestern Abend hörten wir vierhändige Bachsche Orgelfugen – nur im Manuskript vorhanden.«

*Den 16. Juli: »Mein Verhältniß zu Savigny ist kaum noch das eines Schülers zum Lehrer, sondern fast eine vertraute Freundschaft durch seine große Herablassung geworden. Er spricht mit mir über alles litterarisch Wichtige belehrend und um meine (!) Meinung fragend, theilt mir seine ungedruckten Manuskripte mit und ehrt mich durch seine Aufträge. – So hatte ich am Mittwoch einen schönen Nachmittag bei ihm. Ich mußte, nachdem wir das Mannigfaltigste in der Bibliothek geschwatzt, mit ihm einen Sprung in den Thiergarten machen, und dann den Abend dableiben, und so sehr ich mich sträubte – wegen meines Anzugs – ich mußte doch. Wir waren im Gartensaale, der prächtig mit gothischen Bildern geziert ist, und es war schon eine ansehnliche Gesellschaft versammelt, als wir vom Spaziergang zurückkamen. Ich mischte mich unter die jüngeren Leute, aber Savigny rief mich zu sich und sprach den ganzen Abend nur mit mir. Dann gingen wir im Garten im Mondenschein spazieren; ich blieb bei ihm, während die Anderen sich zu den Damen gesellten. Von der Wissenschaft und ihrem hohen Aufblühen im 12ten und 13ten Jahrhundert kam das Gespräch auf die*

*Kunst. Savigny erzählte von Trier, der uralten Stadt, von dem Eifelgebirge im Erzstift Trier, von vielen Denkmälern der deutschen Baukunst, namentlich dem Dom zu Cöln, zu dem er hinziehen würde, um in Cöln bloß seinetwegen, wenn er fertig wäre, sein Leben zu beschließen.* Es war halb 1 Uhr, als ich zurückkam, mein Haus verschlossen, (den Schlüssel hatte ich – unvorbereitet – nicht mitgenommen.) Klingemann hatte noch Licht und nahm mich freundlich auf.«

*Mitten in dies eben beginnende Aufblühen eines neuen schönen Lebens voller Arbeit und bedeutender Anregungen tritt plötzlich abermals schwere Sorge. Schon um Mitte Juni hatte er an den Onkel in Winsen geschrieben, ohne Antwort zu erhalten. Die erwartete Summe von 120 Talern für seinen Lebensunterhalt im nächsten Quartal bleibt aus. Er fragt bei den Eltern an, ob man dort keine Nachricht aus Winsen habe, aber die Ungewißheit dauert fort, und so entschließt er sich mit schwerem Herzen, den Vater zu bitten, er möge auf alle Fälle versuchen, wenigstens 90 Taler irgendwo für ihn zu leihen, damit er für den Rest des Sommerhalbjahrs existieren könne. »Savigny liehe mir wohl das Geld«, meint er, »wenn ich ihn darum anspräche; aber wer weiß, ob dann nicht seine jetzige freie Zuneigung zu mir, den er zu sich hinaufhebt, sich in ein Mitleiden verwandelte. Klingemann's Güte und der Credit bei meiner Wirthin haben mich bis jetzt vor Verlegenheit geschützt.« Um Mitte Juli trifft aus Winsen die Mitteilung ein, daß der Onkel gefährlich krank darnieder liege, und nach weiteren Wochen quälender Spannung am 5. August die Nachricht, daß er am 29.[51] Juli gestorben sei. Mein Vater hing an seinem Onkel Christian mit so inniger kindlicher Liebe, daß die eigene Mutter zuweilen glauben konnte, sie stehe dem Herzen des Sohnes weniger nahe als der Onkel. Und dazu kam, daß alle Zukunftspläne sich auf das Vertrauen stützten, das er in seine Hilfe setzte. Er glaubte sich geborgen bis zu der Zeit, wo er selbst für seinen Unterhalt sorgen könnte, und mußte es nun erleben, daß ihm die Rechnung mit einem Schlage durchstrichen wurde. Kein Wunder, daß ihm in der Zeit der äußersten Sorge um das Leben seines Beschützers und in den ersten Tagen der schmerzlichen Gewißheit seines Verlustes der Boden unter den Füßen zu schwanken schien. Klingemann stand ihm mit männlichem Mut zur Seite; als er dem Freunde aussprechen wollte, was ihm seine Gegenwart bedeute, antwortete dieser: »Gottlob, so bin ich denn doch einmal zu etwas nütze; denn was nütze ich sonst? Depeschen abzuschreiben?« Der Vater und Goldmann schrieben ihm aufrichtende Briefe. Am nachhaltigsten aber wirkte Savignys Nähe, ihn vor dem Versinken in Mutlosigkeit zu bewahren. Am 7. August schreibt er in einem an die Eltern und Goldmann zugleich gerichteten Briefe:* »Mein Thun und meinen Seelenzustand in jener Zeit der Krankheit des theuren Todten, in der Zeit meiner eigenen Pein brauche ich nicht zu schildern. Durch milde und weise Rede haben Frau von Savigny und ihr Sohn ihn zu lindern gesucht, die oft Stunden lang bei mir in der Bibliothek waren; Savigny selbst durch kräftigen Trost, durch Zerstreuungen aller Art, Spaziergänge von 3 Stunden Abends, wobei wir uns hinsetzten und aus einem Glase Kaltschale tranken, und Spazierfahrten nach Treptow. Den entscheidenden Brief erhielt ich ehegestern Morgens 9 Uhr. Savigny, der meine Angst gesehen, sprach mir theilnehmend zu und bat mich, sobald ich ihn gelesen, ihm Nachricht zu geben vom Inhalt. Ich ging hinaus in den Thiergarten und las ihn einsam. Aber es traf mich nicht so recht ordentlich, daß ich mich hätte ausrasen und dann wieder frisch werden können. *Ich blieb ehegestern und gestern eines öden, mitternächtigen Sinnes; der Schmerz versteinerte im Herzen. Da kam Ihr Brief, mein geliebter Goldmann und diese Worte mußten wohl helfen. Ich sah es ein, daß es eine schlechte Art sei, zu zittern und zu zagen, und daß es besser gethan sei, mich zusammen und den Schmerz beim Kopf zunehmen, dann aber ein tüchtiges Leben zu erstreben. Erst heute Morgen ging ich zu Savigny. Er kam mir an die Thür entgegen, nahm mich bei der Hand, die er mir fest schüttelte, und führte mich in sein Cabinet. Der tiefste Ernst lag in den edeln Zügen, als er mich lange ansah und ich mich recht aussprechen und ihm das Kleinste ausschütten und erzählen mußte. ›Das ist Gottes Finger gewesen‹, sprach er, ›der über Sie gekommen ist, um Sie zu etwas tüchtigem zu ziehen. Ich glaube, es wäre nicht Ihr Fall, daß Sie im Glück erschlafft wären, Sie hätten sich selbst getrieben. Aber doch ist es Wenigen gegeben, das Glück zu tragen; darum ›Armuth und Reichthum gieb mir nicht!‹ – Wollten Sie ihren Plan jetzt ändern, so beschließen Sie nichts und thun Sie nichts, ohne mich zu fragen und mir es mitzutheilen, lassen Sie mich Ihren Rathgeber sein und für Sie sorgen.‹* Die Fülle von Herzensgüte in Savigny verdiente von Ihnen, lieber Goldmann, verehrt zu sein. Jakob Grimm preist sie öffentlich in seiner Vorrede, und fühlt sich gedrungen Savigny zu danken für das, was er an seiner liebsten seligen Mutter gethan. ›Und wenn mein Vater von der Jurisprudenz nichts verstände‹, sagte mir früher einmal sein Sohn Franz, ›ich müßte ihn seines Herzens wegen ebenso tief verehren; von dieser Seite kennen Sie ihn noch nicht.‹ Von seiner Bescheidenheit sprechen mir Klenze und Hollweg so oft, daß sie beschämt vor ihm stehen, wenn er so weit geht, im treusten Ernst ihre Zustimmung und ihren Rath zu Etwas zu fordern. *Am Nachmittag habe ich Frau von Savigny gesprochen und bin zwei Stunden lang im Garten mit ihr auf und abgegangen. Allmählig kam sie dahin, mich etwas in die Karten sehen zu lassen und mir eine Perspektive zu öffnen, die in der That reizend ist. Sie meinte, es wäre Savigny's Freude, tüchtige junge Männer für die Wissenschaft zu ziehen und wäre seine Freude schon längst gewesen. Schon lange hätte er sich umgesehen und den sehnlichen Wunsch geäußert, einen zu finden, dem er seine ganze Liebe für seine Wissenschaft hinterlassen könnte, zur Vollendung erst seiner dann eigener Werke, wenn er selbst einmal alt würde und nicht mehr wirken könnte. Zwei hätte er schon gefunden, Jacob Grimm und einen Anderen, keinen von Beiden hätte er für die Jurisprudenz noch retten können, beide wären der Philologie ausschließlich geblieben. Aber hätte er den rechten voll Fleiß und tüchtiger Liebe für die Sache gefunden, so würde er ihn zu sich nehmen, bei sich behalten, und ihn auf seine Weise zuziehn, um auch eine tüchtige Hülfe an ihm zu haben und mit ihm das Innerste überlegen und besprechen zu können. – Es scheint, daß Frau von Savigny wünscht, es möchte ihr Karl, ein schöner, geistreicher Knabe, einen besseren Lehrer haben, als sein trockener Pedant ist. Sie fragte, ob es aus eigenen Mitteln mir wohl möglich sein sollte, noch länger bei Savigny zu bleiben. Auch Savigny, dem ich über meine künftige Anstellung noch kein Wort gesagt habe, sagte mir öfters auf Spaziergängen ›Hören Sie, wir müßten länger zusammen bleiben; wir wollen sehen, ob Sie nicht hier in Berlin bleiben können.‹ Er will jetzt, daß ich schnell anfange, meine Dissertation*[52] *zu bearbeiten, um gleich nach den Ferien die ersten Arbeiten zum Doktorexamen vorzunehmen. Er treibt ungewöhnlich dazu; wer weiß, was von ihrem guten Gerathen abhängt!«* – Acht Tage später, am 14. August, schreibt er dem Vater: *»Dein lieber Brief kam zur rechten Zeit, um mich aus einer Besorgniß deines Stillschweigens wegen zu retten, er kam aber auch rechtzeitig, um dir als Antwort eine frohe Botschaft mittheilen zu können, die ich ohnedies dir von selbst hätte schreiben müssen. Dies muß schnell geschehen, da Savigny, von dem – wie all mein Glück – sie natürlich kommt, mich auf heute Nachmittag bestellt hat, und es schon halb 6 ist. Savigny hat mir ein Thema vorgeschlagen, was ich ganz nach seinem Plan bearbeiten, und wenn ich die richtige Ansicht treffe – was sich in diesen Tagen entscheidet – in den Ferien ausarbeiten und als Disputation brauchen soll, um gleich nach den Ferien darauf zu promoviren, wozu er mir auf alle Weise hilft. Sobald ich promovirt bin, – das ist es, was ich eigentlich dir verkünden wollte – hat er folgende Absicht mit mir: ›Sie haben mir noch nichts über Ihr weiteres Fortkommen an's*

*Herz gelegt,‹ sagte er gestern Morgen, ›da muß ich denn wohl davon anfangen. Sie wissen, ich wünsche für mich und Sie, Sie künftigen Winter, und länger, hier zu behalten; ich denke das so anzufangen. Es war vor einigen Jahren beim Ministerium ein Vorschlag, bei unserer Universität Repetenten anzustellen, die unter der Verpflichtung, täglich ein Repetitorium und Examinatorium zu halten, ein Gehalt von 3–400 Thalern bezögen, wozu sie sich durch Collegienlesen und andere Arbeiten mehr hinzuverdienen könnten. Damals wurde dieser Plan nicht durchgesetzt; sind Sie aber geneigt, eine solche Stelle anzunehmen, so will ich sofort beim Ministerium mich für Sie verwenden, und Sie können gleich nach Ihrer Promotion sie antreten. Sie könnten Ihre Repetitorien mit meinen Vorlesungen in Verbindung setzen, worüber wir dann weiter sprechen wollen. Dadurch sind Sie dann 2 – 3 Jahre versorgt, wir können zusammen bleiben, mit einander arbeiten und ich kann Ihnen weiter forthelfen. Freilich ist dann die Regierung Ihnen zu nichts weiter verbunden, aber während dieser Zeit könnten Sie auswärtige Vocationen zu einer ordentlichen Professur abwarten, vielleicht auch hier nachher, wenn Sie wollen, eine außerordentliche erhalten. Sollte dies mir nicht gelingen, es durchzusetzen, so wollen wir schon auf eine andre Weise sorgen, wie wir durchkommen; nur bleiben Sie auf jeden Fall nach dem Winter hier.‹ Soweit Savigny – wer zugriff, war ich! Wieweit er nun seine zweite Absicht, mich in sein Haus zu nehmen, verfolgt, von der Frau von Savigny mir hat verlauten lassen weiß ich noch nicht; dies muß die Zeit, meine Aufführung und meine Bearbeitung der Dissertation entscheiden.* Die Kosten für die Promotion betragen 150 RThlr; wenn ich den ganzen Winter ohne Brod bleiben müßte, würde ich schwerlich unter 150 Thlr. auskommen können; das würden also außer den erhaltenen 50 Thlr. noch 250 sein. Ich kann nun jetzt nichts Besseres thun, als zu Haus meine Arbeit vollenden, – und das ist unverhältnißmäßig billiger, als hier bleiben; die Reisekosten betragen 8 Rthlr.«

*Ich erinnere mich, daß mein Vater mir erzählte, sein Mittagsmahl habe zu jenen Zeiten oft aus nichts bestanden als ein paar Spiegeleiern, die er sich selbst zu Hause bereitete, und dabei vergingen die Tage in angestrengter Arbeit. Daß es so stand, ließ er freilich wohl niemanden wissen.*

Sein diesmaliger Aufenthalt bei den Eltern in Lauenstein dauerte bis zum Anfang des November. Vieles war in ihm anders geworden, seit er zum letzten Male die Heimat gesehen hatte. Und wie konnte eine solche Wandlung ausbleiben, bei der Fülle neuer bedeutender Eindrücke, die ihm in Berlin entgegengetreten waren! So waren denn auch die Reste der halb knabenhaften Schwärmerei für die Schwester seines Jugendgenossen Meyer mit manchem anderen unreifen Gefühl abgestreift. Er hatte mit Freude gelesen, wenn ihm die Mutter von dem Ergehen der Sarstedter Freunde berichtete, deren Persönlichkeiten ihm nach wie vor lieb und wert blieben, gestand aber, daß er sein früheres Verhältnis zu ihnen für verschroben ansehe. Damals – so äußerte er sich einmal brieflich – sei es ihm freilich als das Rechte erschienen; das aber gehöre zum Menschen, daß er, der jeden Augenblick anders werde, sich in jedem Augenblick für fertig halten könne, um dann doch wieder zu erfahren, daß er sich geirrt habe. Ein neues eigenes Leben hatte sich ihm dagegen in Goethes »Wahrheit und Dichtung« aufgetan. An dem tiefen Eindruck, den er hier empfangen, glaubte er selbst recht eigentlich zu erkennen, wie ungeheuer er sich verändert habe. Auch das Erwachen seiner Begeisterung für den ersten Teil des »Faust« muß ungefähr in diese Zeit fallen. Sie ließ ihn niemals wieder los. Ganze Strecken daraus wußte er zeitlebens auswendig, so den Spaziergang und die unvergleichlichen Worte des Dichters Vorspiel auf dem Theater, die das »tiefe schmerzensvolle Glück« der Jugend schildern. Sein Mund wiederholte sie so oft, daß sie wie sein eigenstes Eigentum erschienen.

Die Mutter konnte sich wohl in manche neue Ansicht des Sohnes – mochte sie nun wirklich verkehrt sein, oder nur ihr als eine ungewohnte so erscheinen – nicht ohne weiteres finden. Nach seiner lebhaften und auch reizbaren Natur ließ er sich dann häufig zu ungeduldigen Worten ihr gegenüber hinreißen, und die Reue darüber machte ihm hinterher bittere Schmerzen. Ähnliches wiederholte sich in den nächsten Jahren mehrfach. Endlich aber lernte er auch hier, sich selbst zu beherrschen und die Mutter zu verstehen, so daß das schöne innige Verhältnis, wie es von Anfang an zwischen beiden bestanden hatte, in seiner ganzen Reinheit wiederhergestellt war. Ein paar Stellen aus Briefen des Vaters, in denen dieser mit sanftem Ernst jene Vorkommnisse berührte und ermahnte, der Mutter nicht »mit einer gewissen Superiorität« des Tones gegenüberzutreten, blieben dem Sohne auf Lebenszeit gegenwärtig.

Klingemann hatte angeboten, die Briefe an die Eltern sowie deren Antworten durch ihn zu spedieren. So wurde von nun an die ganze Korrespondenz mit Lauenstein durch Vermittlung der hannoverschen Gesandtschaft besorgt und das damals ziemlich teure Porto gespart. *Die Vorarbeiten für das Doktorexamen ließen vorderhand freilich nicht viel Zeit zum Briefeschreiben übrig. Doch wird im Dezember über ein hübsches Berliner Erlebnis ausführlicher berichtet. Es ist bekannt, daß die erste Uniform, welche der nachmalige Kaiser Wilhelm I. als Knabe trug, die des Regiments der vordem Ziethenschen, damals Rudorffschen Leibhusaren war. Der Chef des Regiments, der alte General Wilhelm Heinrich von Rudorff, ein Jugendfreund Blüchers, dessen Rückzug nach Lübeck im Jahre 1806 er mit Auszeichnung deckte, lebte pensioniert noch in Berlin, als mein Vater dort studierte. Die Verwandtschaft stand außer Zweifel; mein Großvater und der General hatten als weitläuftige Vettern in früheren Jahren Briefe gewechselt. Das Genauere der Familienbeziehungen aber war dem Bewußtsein auf beiden Seiten bis auf die gemeinsame Herkunft aus Duderstadt entschwunden.*[XXVII] *Immerhin wollte mein Vater nicht versäumen, dem alten Herrn seine Aufwartung zu machen. »Am Montag Mittag« – schreibt er an den Vater – »ging ich zum General Rudorff. Der Bediente, als er meinen Namen hörte, machte ein freundliches Gesicht und stutzte. Nach einiger Zeit kam er wieder und führte mich in des Generals Zimmer. Mir war etwas verlegen und bange zu Muthe, als ich eintrat – aber wie unnütz war das! Denn mit der größten Herzlichkeit kam mir der schöne alte Mann entgegen, schüttelte mir die Hand, bat um Erlaubniß, seine Mütze aufsetzen zu dürfen, und hieß mich dann auf dem Sopha neben sich Platz zu nehmen, und ihm herzlich willkommen zu sein. Ich sagte: ich wollte ihm meinen Besuch machen, da ich glaubte, die Ehre zu haben, mit ihm verwandt zu sein. Er selbst, setzte ich hinzu, hätte öfter an dich geschrieben, und von seinen Söhnen wäre einer in Hoya beim seligen Onkel Christian gewesen. Beides erinnerte er sich sogleich. Er freute sich wirklich von Herzen, daß er einen seiner Familie kennen lernte. Denn die Familie sei sehr klein; es gäbe zwar viele Rudolphi's und Rudorf's, aber sehr wenige, die sich wie er mit dem ff schrieben. Er hätte dich seiner Zeit so gern in seine Dienste nehmen wollen, aber es wäre nicht möglich gewesen. Er selbst ist gebürtig aus Cörbecke bei Warburg im Paderborn'schen, wo aber nur sein Vater gewohnt habe; die übrige Familie sei hannöversch. Er wäre sehr früh von Haus gekommen und 1756! in Dienst gegangen.*[53] *Er bat mich gleich auf den Dienstag zu Tische. Die Mahlzeit war einfach, aber die Herzlichkeit und wirkliche Vertraulichkeit würzte die Speisen. Der Wein machte auch den alten Herrn lebendig; er sprach von seinen früheren Zeiten, von Klenke der mit ihm gedient, dann mit großer Theilnahme vom Hannöverschen,*

---

XXVII Der Vater des Generals, der Justizamtmann Johann Friedrich Rudorff, war ein rechter Vetter des oben genannten Amtsschreibers Johann Christoph Rudorff, des Urgroßvaters meines Vaters.

*und wie schön es da sei; und daß es jetzt nicht mehr so wäre. Übrigens wäre er noch ganz zufrieden, denn wenn er draußen erst wäre und zu Pferde säße, so wäre er noch ganz kregel, nur in der Stube mögte er nicht immer sein, da würde er träge und hätte Langeweile. Denke Dir: Er ist 84 Jahr*[54] *alt, und hat 22 Blessuren, zum Theil recht schwere, namentlich einen fürchterlichen Hieb über den Kopf, die Nase und beide Backen, mehrere Schußwunden, ja 2 Kugeln noch jetzt seit dem siebenjährigen Kriege in seinem Leibe und ist noch so rüstig, daß er noch immer seinen Spaziergang macht. Übrigens hat er das Rudorff'sche Gesicht, er sieht dir* und dem Major[XXVIII] *ähnlich, hat blaue Augen, noch jetzt rothe Backen, und sein silberweißer Schnauzbart kleidet ihn vortrefflich. Von seiner Familie wußte ich durch dich ziemlich Bescheid; seine Söhne sind versorgt, seine Tochter ein sehr geistreiches Mädchen, die ich hier kennen lernte, – im Wesen hat sie viel Ähnliches mit der Tante Melusine. Er selbst und seine alte brave Frau haben sich vom Hofe und der großen Welt zurückgezogen und leben sehr häuslich. Sein Gut, was der König ihm geschenkt hatte, hat er durch einen Prozeß wieder verloren. – Nach Tisch legte sich der alte Papa ein bischen nieder, kam aber bald wieder und nun mußte ich von meinem künftigen Examen u. s. w. erzählen. Da war es aber wirklich rührend, wie dem alten Manne die Augen funkelten, und wie er sich freute und mich lobte, daß ich keine Furcht hätte und dann, daß ich mit Savigny, den er sehr verehre, so gut stände. Er schärfte mir mehremal ein, wenn ich das Examen überstanden hätte, müßte ich noch denselben Abend zu ihm kommen, und ihm den Erfolg melden.«*

*Der schriftliche Teil des Examens war in der zweiten Hälfte des Januar erledigt. Savigny hatte an der Bestimmung der Aufgabe nicht teilgenommen, um den Vorwurf der Parteilichkeit zu vermeiden, sagte aber, die von der Fakultät ausgesuchten Stellen seien die schwersten im Corpus juris. Ihre Erklärung befriedigte vollkommen.*

*Über den Verlauf des mündlichen Examens, das am 26. Februar 1825 abends von sechs bis neun Uhr stattfand, berichtet er den Eltern am 18. März wie folgt: »Das Examen war schon früher angesetzt, aber Savigny, der so sehr dazu getrieben hatte, war recht langwierig erkrankt. Am Abend des Examens befand sich Savigny – dessen Übel*

XXVIII Gemeint ist der spätere hannoversche Oberstleutnant Georg Ludwig Rudorff, ein Sohn des Blumenthaler Oberamtmanns (s. o.), um die Aufstellung der deutschen Legion verdient. Einer seiner Söhne, der spätere sächsische General der Infanterie, Franz Friedrich von Rudorff, zeichnete sich als junger Oberstleutnant im hannoverschen Generalstabe vor und bei Langensalza durch militärischen und politischen Scharfblick aus.

*durchaus nervus war und hoffentlich durch eine Reise nach Italien gehoben werden wird – auch noch nicht wohl. Indeß hatte er schon mehrfach wieder gelesen, und im Staatsrath zum ersten Male nach vierwöchentlichem Krankenlager wieder vorgetragen. Daher veranlaßte er, nachdem dieses zwischen ihm, seiner Frau und mir vorher verabredet und übrigens geheim gehalten war, daß das Examen in seinem Hause, anstatt im akademischen Seßionszimmer gehalten wurde. ... Als ich – in gehörigem Kostüm – um 6 Uhr hinkam, war noch niemand als Savigny da, Alles hell erleuchtet, im Zimmer ein grüner Tisch mit den Corpp. jur. civ. und canonici. Da mir das Blut etwas zu Kopfe stieg, ermahnte mich Savigny gutes Muths zu sein, und suchte durch Heiterkeit und Scherz mich zu ermuntern. Der Geh. Rath Schmalz ließ sich entschuldigen, die Professoren Biener, Hollweg und von Lancizolle erschienen. Savigny als der älteste der Anciennetät nach fing an. Er war verlegen, und bat Biener sich mit zu ihm zu setzen, damit er im Sopha nicht allein säße. Ich war noch verlegener, als der liebe Savigny eben noch scherzend, auf einmal recht ernst – um so ernster und gewissenhafter, je näher ich ihm verbunden bin – anfing Latein zu sprechen. Als aber auf die erste Frage das recte erfolgte da war auch die Noth zu Ende, und die Antworten waren oft da, ehe die Frage zu Ende war. Savigny und Hollweg bin ich nicht eine einzige, Lancizolle eine, Biener 2 Fragen, von im Ganzen etwa 300 schuldig geblieben. Und von diesen dreien gestand Lancizolle von der einen, daß die Sache dunkel, Savigny von der anderen, daß er sie nicht wisse und Biener, daß er sie im Collegium nie vorgetragen habe – und die dritte fiel mir nicht bei, und war so unbedeutend daß Biener sie gleich beantwortete und weiter ging.*[55] *... Die Form erforderte, daß ich mich entfernte, damit die Fakultät deliberirte, ob ich angenommen werden sollte oder nicht. Ich hatte aber noch nicht die Thüre zugemacht, als der Dekan auch schon mich daran hinderte und mich wiederrief. Alle, Lancizolle zuerst, besonders aber mein alter Savigny drückten mir aufs Herzlichste die Hand und wünschten mir Glück zu diesem ›brillanten‹ Examen. Es wurde gleich über den Druck meiner Dissertation deliberirt und daß ich als Doktor im Sommerkatalog aufgeführt werden müsse, weil den Studenten daran liege zu wissen, daß Erbrecht gelesen werde. Dann gingen die 3 Herren nach Hause. Mich aber nahm Savigny bei der Hand und führte mich zu seiner Frau und Familie. Frau von Savigny brachte selbst meine Gesundheit in Syracuser aus, Kinder und Freunde, die zu der kleinen Festlichkeit geladen waren umringten mich und bis 12 Uhr blieb ich in dem lieben Kreise, dem nur fehlte, daß Savigny, den der Spaß angegriffen* *hatte, sich früh niederlegte.* Noch Eins! Ich ging mit Frau von Savigny ins Nebenzimmer, wo Frl. v. F. spielte. Sie hatte mir früher einmal eine Beethovensche Sonate sehr meisterhaft vorgespielt; ich fragte daher, ob man sich wohl etwas ausbitten dürfe. Frau von Savigny sagte: ›Nun heute an seinem Ehrentage kann man ihm nichts abschlagen', und meiner Bitte wurde gewillfahrt. Jetzt bin ich mit Druck und Correktur meiner Dissertation beschäftigt und ich hoffe an meinem Geburtstage wird die Disputation und Promotion stattfinden können. Die Untersuchungen über meine politische Unschädlichkeit und Anstellungsfähigkeit, die sonst lange dauern, hat Savigny mit Kamptz schon privatim ins Reine gebracht, und nach einigen Curialien beim Minister von Altenstein ist meine Habilitation entschieden. Schon jetzt haben sich zu meinem Erbrecht so viele gemeldet, daß ich dadurch würde auskommen können, auch wenn ich nicht Repetent würde, zumal da ich wahrscheinlich für die 3 Sommermonate (im Juli reist Savigny fort) die Aufsicht über den kleinen Carl führen und ihm eine lateinische und griechische Stunde geben soll. Dann ist ausgemacht, daß ich ins Haus ziehe und mit der Wohnung auch die herrliche Bibliothek frei habe. Am ersten April werde ich schon in diesen Wirkungskreis eintreten. Savigny hat es zwar noch nicht genehmigt und meinte, das wäre einem jungen Dr. nicht zuzumuthen, aber seine Frau hat ihn doch soweit herum, daß er lachend sagte wir wollten darüber sprechen.«[56]

*Am 21. März kam es noch nicht zu der ursprünglich für diesen Tag in Aussicht genommenen Promotion. Dagegen fand er mittags auf seinem Zimmer einen Brief von Savigny, begleitet von einem kostbaren Geburtstagsgeschenk, dem Abdruck der florentinischen Pandekten von Torelli*[57]*. Der Brief lautete: »Berlin den 21. März 1825. Mein lieber Rudorff! Ich wünsche das beikommende Buch als eine Art von Heckethaler in Ihre Bibliothek zu stiften, so daß sich eine immer wachsende Zahl guter und seltener Stücke daran reihe, die Ihnen dann nicht mehr erlauben wird, Ihre Zeit mit fremden Bibliothekariaten zu verderben. Machen Sie sich übrigens keine Sorge wegen einer Lücke in meiner Sammlung, denn diese Lücke ist bereits ausgefüllt. Möge Ihnen dieser Tag in ungetrübter Freude hingeben! Ganz ihr Savigny.« Man kann sich die Freude des Empfängers vorstellen, dem, wie er dem Vater schreibt, »die Worte fehlen, seine Gefühle darüber auszudrücken.« Zu allem übrigen hatte Savigny ihm die 100 Taler zur Promotion mit der größten Zartheit »fast aufgedrungen«, so daß man es versteht, wenn er hinzufügt: »Seine wissenschaftliche Größe staunen alle an, aber seine gemüthliche Seite* *kennt fast keiner richtig, weil keiner an so viel Güte und Reinheit glauben kann.«*

*Am 28. März fand dann die Promotion tatsächlich statt. Er beschreibt den Akt folgendermaßen: »Im Sprechzimmer versammelten wir uns, und um 11¼ Uhr ging der Zug, den ich Promovendus an der Hand des Dekans eröffnete, in die aula major der Universität, worin eine große Zahl von Zuhörern versammelt war. Nachdem ich das Katheder betreten und sich alles gesetzt hatte, eröffnete ich das Ganze mit einer lateinischen Rede, worin ich kurz mein wissenschaftliches Glaubensbekenntniß ablegte, über den Stand der zwei juristischen Schulen zu einander sprach, und über die Gründe, die, eben aus meiner wissenschaftlichen Ansicht heraus, mich veranlaßt hätten, dieses Thema zu bearbeiten. Im Anfang derselben war ich noch unglaublich angst und zugleich körperlich unwohl, besonders durch Andrang des Bluts nach dem Gesicht. Das legte sich aber bald, und ich war schon sehr ruhig, als ich die Disputation anfing. Diese dauerte etwa 2½ Stunden und 3 Doktoren opponirten mir dabei. Klenze war durch die Länge abgehalten, es am Ende noch zu thun. Alle meine Bekannten waren zugegen, alle, besonders auch Savigny, versicherten einstimmig, ich hätte mit der größesten Ruhe, Sicherheit und Freiheit gesprochen, und dabei so gut und gewandt Latein, daß er – Savigny – seine rechte Freude darüber gehabt hätte. ... Nachdem ich meine Schrift so vertheidigt hatte, mußte ich nun noch promoviren an die Versammlung, ob auch ein Doctor juris utriusque rite promotus da wäre, der mir die Ehre erzeigen wollte, mir zu opponiren. Da sich keiner fand, betrat der Dekan Professor von Lancizolle das höchste Katheder, las mir die Eidesformel vor (welche hier auch ganz andere Dinge begreift, als in Göttingen, z. B. daß man fleißig, gründlich und ernsthaft das Recht Tag und Nacht fortstudiren wolle – assidue et diligenter) und nachdem ich den Eid abgelegt hatte, bestieg ich selbst das höchste Katheder und hielt zuerst als Doctor die Anrede an die Versammlung. ... Daß ich nun wirklich aller langen Last entbunden, wirklich Berliner Doctor und zwar erst der 11te seit der Stiftung unserer Universität bin, – dafür danke ich herzlich dem Himmel, aber ich kann mich vor Freuden noch nicht recht darin finden. Wenige Zeit nur noch und ich kann für meinen kleinen Bruder auch sorgen – darauf geht mein ganzes Streben.«*

*Klingemann gab ihm »einen Satz« und auf den Abend hatte Frau von Savigny ihm zu Ehren eine zahlreiche Gesellschaft geladen, »wo mit allerlei Spaß und Freude der neue Doctor celebrirt wurde.«*

*Es folgte nun seine Ernennung zum Privatdozenten, dann die Probevorlesung, die er am 26. April in Gegenwart des Geheimen Rats von Kamptz, der ihm sehr gewogen war, und der meisten Professoren abhielt, und endlich am 9. Mai der Beginn seines ersten eigenen Kollegs über Erbrecht.*

*Inzwischen war auch am 5. April die Übersiedelung in das Savignysche Haus vor sich gegangen. Verpflichtet war er, mit Karl*[XXIX] *täglich eine Stunde Latein zu lesen. Für diese kleine pädagogische Gegenleistung hatte er die Wohnung frei und war damit so angenehm wie möglich einquartiert. Für den Verkehr mit seinem Zögling schärfte ihm Frau von Savigny ein, sich ihm gegenüber in Sachen des kirchlichen Bekenntnisses jeden Einflusses zu enthalten. Den Savignyschen Kindern war von den Eltern freigestellt, nach vollendetem 14. Lebensjahr selbst darüber zu entscheiden, welcher Konfession sie angehören wollten. Die beiden ältesten, Franz und Bettina, hatten bereits, dem Vater folgend, dem Protestantismus sich zugewandt; die beiden jüngeren, Karl und Leo, wollte die katholische Mutter jedenfalls ihrer eigenen Kirche erhalten wissen. Im übrigen überließ sie dem jungen Doktor ihren Sohn mit unbedingtem Vertrauen.*

*Savigny wohnte damals am Pariser Platz Nr. 3*[58]*, also ungefähr an der schönsten Stelle Berlins, in unmittelbarer Nachbarschaft des Brandenburger Tores und des Tiergartens. Meinem Vater waren zwei Zimmer im oberen Stockwerk zugewiesen.*

*Gleich am Abend seines Einzugstages wurde er heruntergerufen; er sollte zuhören, wie Achim von Arnim in Gesellschaft von Niebuhr, Gneisenau, Steffens und anderen eines seiner Lustspiele vorlas. Mit welchem Wohlgefühl er sich in die neue Existenz bald eingelebt hatte, zeigten einige Worte, die er zwei Monate später (am 10. Juni) nach Hause schreibt: »In unserem Hause lebe ich ein herrliches Leben, im schönsten wissenschaftlichen Verkehr, geliebt und geachtet von allen Hausgenossen, welche ich wiederum zu lieben und zu achten Ursach habe ... Daneben zeichne ich wieder etwas zur Erholung. Nämlich die Kirche von Limburg an der Lahn; einmal sogar habe ich mich soweit verstiegen, daß ich mit Frau von Arnim in Oel gemalt habe! In diesen Tagen las uns Arnim eine herrliche Novelle*[59] *vor, die sich an den Streit zweier Leydenscher Professoren: Hämekengryper*[60] *und Zahnebreker anschließt und sehr komisch geschrieben ist.«*

---

XXIX Karl Friedrich von Savigny, geb. 19. Sept. 1814 zu Berlin, später preußischer Diplomat und als solcher 1864–1866 preußischer Gesandter am deutschen Bundestage, u. s. w. Gestorben 11. Februar 1875 zu Frankfurt am Main.

*Frau von Savigny hatte ihn im Hause ihrer Schwester Bettina eingeführt, und so waren nähere Beziehungen zu beiden Arnimschen Eheleuten entstanden.*

»Der Arnim sieht doch königlich aus«, schreibt Bettina Brentano einmal irgendwo von ihrem zukünftigen Gatten. Von der Schönheit seiner Erscheinung, in welcher Kühnheit, Schwung der Fantasie, Arglosigkeit und Herzensgüte gleichermaßen zum Ausdruck kamen, gibt ein noch im Besitz der Familie befindliches Ölbild eine Vorstellung, dessen verkleinerte Nachbildung der Ausgabe von Arnims Werken beigegeben ist. Es muß etwas Hinreißendes in seinem Wesen gelegen haben, was an die Gestalt Egmonts erinnerte, wie Goethe sie darstellt. Mein Vater, in dessen Seele die Lieder aus »Des Knaben Wunderhorn« schon lebendigen Wiederhall gefunden hatten, brachte ihrem Herausgeber von vornherein das beste Vorurteil entgegen, das nun durch den Eindruck der Persönlichkeit zu glühender Begeisterung für den Menschen wie den Dichter gesteigert wurde. Er vertiefte sich in die »Gräfin Dolores«, den »Auerhahn«, die »Kronenwächter« und behielt für einzelnes, namentlich aus den beiden letzteren Dichtungen, bis in sein Alter immer die gleiche Liebe. Freilich gab er daneben zu, daß kaum ein einziges größeres Werk von Arnim existiere, in dem er seiner Neigung, irgendeine Tollheit zu begehen, »einen geistigen Purzelbaum zu schlagen«, nicht von Zeit zu Zeit hätte die Zügel schießen lassen. Während Bettina in Berlin ihren Verkehr mit allem, was Geist hatte, fortsetzte, führte Arnim in seinen letzten Lebensjahren meistens ein stilles Dasein auf seinem Gute Wiepersdorf im »Ländchen Bärwalde«. Im Jahre 1831 starb er. So waren der persönlichen Begegnungen mit ihm nicht allzu viele geworden. Um so treuer wurde sein Andenken festgehalten. Zwei Gedichte Arnims waren meinem Vater besonders wert, die hier wiederholt sein mögen. Er hatte sie sich abgeschrieben, und sie lagen ihm immer zur Hand. Das eine, das den »Kronenwächtern« entnommen ist, lautet:

»Gieb Liebe mir und einen frohen Mund,
Daß ich Dich Herr der Erde thue kund,
Gesundheit gieb bei sorgenfreiem Gut,
Ein frommes Herz und einen festen Muth;
Gieb Kinder mir, die aller Mühe werth,
Verscheuch die Feinde von dem trauten Heerd;
Gieb Flügel dann und einen Hügel Sand,
Den Hügel Sand im lieben Vaterland,
Die Flügel schenk dem abschiedschweren Geist,
Daß er sich leicht der schönen Welt entreißt.«[61]

Das andere fand man nach Arnims Tode von seiner Hand geschrieben in seiner Rocktasche:

»O Herr gieb deiner Gaben viel,
Damit wir dich erkennen,
Die Sorge macht die Herzen kühl,
Laß sie in Liebe brennen,
Damit sie glühn fürs ewge Heil
In dieses Lebens schneller Eil.

In deinem Lichte schwindet Neid
Wie Reif in Frühlingssonne;
Wer trüge sich mit falschem Leid
An deiner Gnadenwonne!
Wer sehnte sich nach falschem Geist,
Dem du den heilgen Geist verleihst!

Wen schreckte Furcht vor seinem Heil
Der deinen Muth empfunden!
Wen tödtete die Langeweil,
Der thätig dir verbunden!
Wer fühlte nicht der Jungend Kraft,
Der je in deinem Geiste schafft!

In einer Stunde thut er mehr,
Der deine Näh' erfahren,
Als sonst, da er dir fern und leer
(da ihm das Herz noch schwer)
In freudelosen Jahren.
Du bist allein die wahre Zeit,
Nach dir mißt sich die Ewigkeit.

Du bauest eine Kirche auf
In seligen Gedanken,
Der neuen Sterne Wunderlauf
Zieht drüber ohne Schwanken;
Und wo in Noth die Seele bebt,
In neuer Macht das Herz sich hebt.

O Herr, du neuer Frühlingstag,
Du kannst das Herz erlösen.
Wie auch das Wetter toben mag
Von Sehnsucht nach dem Bösen,
Du hältst, was du verkündet hast,
Als du auf Erden unser Gast.

Wir grüßen dich, du reines Licht,
Mit unserm tiefsten Athem,
Du schenkst dein freudig Angesicht
In deiner Liebe Thaten,
Und breitest deine Hände aus
Im Segen über unser Haus.

Wir knieen nicht auf hartem Stein,
Auf weichem Gras wir knieen,
Dein Wort ist himmlisch, klar und rein,
Und stets in neuem Blühen,
In vieler tausend Stimmen Drang
Erhebt dein Wort den süßen Klang.«[62]

*Am 11. Juli trat Savigny eine längere Reise an, um zuerst Wiesbaden zu besuchen und dann nach Italien zu gehen. Am Tage vorher ließ er »mich« – so schreibt mein Vater – »zu sich kommen, instruirte mich über Manches, was ich in seiner Abwesenheit in litterarischer und anderer Hinsicht hier arbeiten sollte, ferner wie ich mich bezüglich meiner Gesundheit verhalten sollte, (da ich eben an Brustschmerzen gelitten hatte, und einige Tage krank gewesen war, in denen er mich immer besuchte). Endlich sagte er, er könnte nicht ruhig fortgehen und seine Reise genießen, ehe er sich über einen Punkt beruhigt hätte, nämlich über meine Finanzen. Ich wich drei Mal aus, das half aber nichts, er fing drei Mal wieder an; ich sagte, ich wäre ja nun geborgen; er antwortete: aber noch für den Augenblick nicht. Da sagte er: Seyn sie nur einmal vernünftig, denken Sie nicht, die Jugend sei heut zu Tage mündig und klüger und weiser als wir Alten, sondern folgen Sie mir altem Stümper noch einmal; wollen Sie das, dann will ich Ihnen etwas sagen! Ich mußte es versprechen. Dann ging er an sein Pult und gab mir 100 Thaler. Ich wollte sie nicht annehmen, und sagte, ich sei ja noch sein Schuldner, aber ich mußte; er sagte, das Alles sollte ich ihm bezahlen, wenn ich Professor ordinarius wäre und 3000 Thaler einnähme.«*

*Auf diesen Abschied folgten für den Zurückbleibenden noch zwei Monate der Arbeit in dem stillgewordenen Hause und dem staubigen Berlin, ehe die Ferienzeit da war. Er hatte zwar allmählich gelernt, auch der Mark Brandenburg »mit ihren eigenthümlichen Seen und düsteren Kiefernwäldern« etwas Geschmack abzugewinnen, ja selbst den Tiergarten einigermaßen zu würdigen. Die Vorstellung seiner Mutter, daß bei Berlin gewiß keine Nachtigall schlüge, weist er mit der Versicherung zurück, es gebe deren schon 20 Schritt von seiner Haustür eine ganze Menge. Aber im Grunde seines Herzens sehnte er sich doch mächtig nach seinen Bergen, und die Augen sahen oft nach Westen, wo er jenseits des Elbstroms den Harz und die liebe Wesergebirgsheimat liegen wußte. Da es den Anschein hatte, als ob seine Finanzen im Herbst unter anderem durch eine zu erwartende Remuneration seitens des Ministeriums für seine Vorlesungen und seine Leistungen als Repetent recht günstige werden würden, so faßte er den kühnen Gedanken, die Eltern möchten ihm bis Halberstadt entgegenkommen und mit ihm einmal einen Blick in den Harz tun. Dises Luftschloß zerrann zwar wieder, aber er selbst verband mit seiner Heimreise einen kurzen Aufenthalt in jenen Gegenden. In Halberstadt entzückte ihn die Gotik des Domes so sehr, daß er nicht widerstehen konnte, ein besonders anziehendes Stück der inneren Architektur, den durch die reichste Ornamentik ausgezeichneten Lettner, der das hohe Chor vom Schiff trennt, abzuzeichnen. Er war am frühen Morgen in die Kirche gegangen, fing an zu zeichnen, merkte nicht, wie die Zeit verstrich, vergaß sein Mittagsbrot und zeichnete noch immer, als endlich gegen Abend die Küstersfrau ungerufen hereintrat, um sich des sonderbaren Schwärmers mit einer Tasse Kaffee zu erbarmen. Die Zeichnung, die hier entstand und mit besonderer Feinheit von ihm ausgeführt wurde, machte er später Savigny zum Geschenk. Noch jetzt wird sie von dessen Nachkommen in Ehren gehalten. Obgleich niemals etwas Gründliches geschehen war, seine angeborene Begabung zum Zeichnen zu bilden, so sah er die Dinge doch so scharf und faßte sie zugleich mit so viel Liebe, so viel poetischer Empfindung auf, daß ihm namentlich in der Wiedergabe von Gegenständen der Architektur und im Skizzieren landschaftlicher Eindrücke sehr Anmutiges gelang. Freilich klagte er oft genug, daß er im Dunkeln tappe, nicht wisse, wie dieses oder jenes zu plastischer Wirkung zu bringen sei, weil ihm allzusehr die Kenntnis der technischen Handgriffe fehle; aber schließlich wußte er sich doch fast immer hinreichend zu helfen. Es konnten lange Zeiträume vergehen, in denen er zu sehr beschäftigt war, um dieser seiner Neigung nachgehen zu können. Aber sie erwachte aufs neue, wenn er Muße hatte, und ihm irgendein Stück schöner Welt frisch entgegentrat, das zur Nachbildung reizte. Leider war bei dem allen so wenig Vorbedacht, daß er vielfach nur irgendwelche sehr geringwertige Papierstücke, einen dünnen Briefbogen oder was sonst gerade zur Hand war, benutzte, um festzuhalten, was ihn auf einem Spaziergang oder einer Reise anzog. Das meiste blieb Skizze. Die verhältnismäßig wenigen ausgeführten Blätter aber zeigen dieselbe Sauberkeit und Sicherheit der Hand wie seine feinen Schriftzüge.*

*Es ist erwähnt worden, mit wie großer Freundlichkeit Klenze von Anfang an meinem Vater in Berlin entgegentrat. Dies Verhältnis hatte sich mehr und mehr befestigt und der Verkehr im Klenzeschen Hause wurde für ihn in den jetzt folgenden Jahren in mehr als einem Sinn ein höchst bedeutungsvoller.*

*Clemens August Karl Klenze, der jüngere Bruder des bekannten Münchner Architekten Leo von Klenze, war Hannoveraner, aus dem Hildesheimschen gebürtig, so daß schon die landsmannschaftliche Beziehung eine Annäherung begünstigte. Dazu kamen Ähnlichkeiten des Lebensganges. Klenzes Vater war sehr vermögend und als Fürstlich Hildesheimscher Geheimrat reichlich besoldet gewesen. Bei seinem Tode stellte sich heraus, daß er trotzdem nichts als Schulden hinterlassen hatte, und der Sohn mußte sich durch Unterrichterteilen von Morgen bis Abend die Mittel für sein Studium erwerben. Er ging 1818 nach Berlin, wurde Savignys Schüler, bestand das Doktorexamen mit Auszeichnung und war nun seit einigen Jahren als juristischer Professor an der Berliner Universität angestellt. So wurde er bei dem verhältnismäßig geringen Unterschied des beiderseitigen Alters meinem Vater Lehrer und Genosse zu gleicher Zeit. An energische Anspannung aller Kräfte früh gewöhnt, hatte er in seinem Streben etwas Rastloses. Von Natur durchaus sanguinisch veranlagt, häufte er Pläne auf Pläne, hatte ein starkes Bedürfnis nach Geselligkeit in jeder Form und sah bei allem Ernst der innersten Gesinnung, bei allem Gefühl für das wahrhaft und dauernd Wertvolle doch auch nach äußerlichem Erfolg, nach Ehren, Glanz und Gewinn.*

*aus. Sein außerordentlich lebhaftes Naturell ließ ihn an den Erlebnissen wie an dem Verhalten seiner Freunde in ungewöhnlich hohem Maß Anteil nehmen. Was er für sich wollte, wollte er auch für sie. Daß unter solchen Umständen sein Bemühen, zu fördern und helfend einzugreifen, sein Antreiben, seine Ungeduld bisweilen unbequem werden konnten, ist nicht zu verwundern. Auch mein Vater erlebte und empfand dies bei mancher Gelegenheit. In der Hauptsache aber hatte er doch nur Grund, den durchaus aufrichtigen, unverbrüchlich treuen Freund dankbar zu lieben. Auf wissenschaftlichem Gebiet gab es beständig zwischen den beiden Fachgenossen den regsten Austausch. So arbeiteten sie im Frühling 1826 eine Zeitlang gemeinsam für eine neue Ausgabe der sogenannten »Vaticanischen Fragmente«*[63]*. Damit um 5 Uhr des Morgens pünktlich angefangen werden könne, schlief mein Vater mehrere Wochen hindurch in Klenzes Wohnung. Schließlich kamen die Professoren Blume und Pernice, die mit derselben Aufgabe beschäftigt waren, von Halle herüber, um mit den Berliner Kollegen einige Sitzungen zur Vergleichung der beiderseitigen Arbeiten abzuhalten. Aber auch im übrigen sorgte Klenze für die verschiedensten Anregungen. Man besuchte zusammen die Schleiermacherschen Gottesdienste in der Dreifaltigkeitskirche. Im Sommer wurden gemeinsame Partien in die Umgegend von Berlin unternommen. Bei dem ersten größeren Ausflug, den mein Vater in den Harz unternahm, fehlte Klenzes Begleitung nicht. Man traf sich in Wernigerode, erstieg zu Fuß den Brocken und las unter der Teufelskanzel, wo man vor der schneidenden Windsbraut, die dort oben wehte, Schutz fand, die »wundervolle, erst hier ganz verständliche und empfindbare Brockenscene« aus dem Faust. Ja selbst in körperlicher Beziehung sollte der jüngere Freund in die Schule genommen werden. In der Spree, in der Hiebyschen Badeanstalt am Unterbaum, wurde gebadet, und mein Vater, der bis dahin kaum Gelegenheit gefunden hatte, mit dem Wasser zu verkehren, mußte Schwimmunterricht nehmen.*

*Klenze hatte jung geheiratet. Seine Frau Therese, eine geborene Bremer, in ihrer Erscheinung zart und schlank von Gestalt, nahm durch große persönliche Liebenswürdigkeit wie durch geistvolle Lebendigkeit rasch für sich ein. Daneben war sie nicht frei von einem Hang zum Exzentrischen und Überschwenglichen. Aber die Herzenswärme, die das ganze Wesen beider Ehegatten durchdrang und unmittelbar zum anderen hinüberstrahlte, hatte etwas so Wohltuendes, ihre Teilnahme an allen bedeutenden menschlichen Interessen war so aufrichtig und lebhaft, daß ihr gastliches Haus in kurzer Zeit ein Anziehungspunkt für die besten und hervorragendsten Menschen geworden war. Daß mein Vater im engsten häuslichen Kreise ungebeten erwartet wurde, wie er bei kleineren und größeren geselligen Veranstaltungen nicht fehlen durfte, verstand sich bald von selbst. Um Weihnachten gab es jetzt eine doppelte Bescherung für ihn, die eine im Klenzeschen, die andere im Savignyschen Hause. Sein Geburtstag gehörte zu den Klenzeschen Familienfesten.*

*Doch dies alles, soviel Lebensfreude es auch bringen mochte, war weniger wichtig als der Umstand, daß bei Klenzes eine Reihe von ausgezeichneten Männern freundschaftlich verkehrte, zu denen in lebendige ungezwungene Beziehung zu treten dadurch auch meinem Vater Gelegenheit gegeben war. Als der erste unter ihnen ist hier Schleiermacher zu nennen, dessen Persönlichkeit neben der Savignys am entscheidendsten auf die Entwicklung seines ganzen Innenlebens einwirkte. Er bekannte oft, daß er niemals, weder vor- noch nachher, einen so überwältigenden Eindruck sittlicher Hoheit empfangen habe wie es der war, der von Schleiermachers Person ausging. Seine Nähe hatte etwas Reinigendes und Ehrfurchtgebietendes zugleich. Der Blick seiner gewaltigen Augen drang in die Seele, als sähe er hindurch bis in ihre geheimsten Falten und Winkel. Daneben sprühte Geist und Witz aus seinem Gespräch, und hierin fand er in dem Philologen Buttmann*[XXX] *einen würdigen Partner. Beide waren einander nahe befreundet und pflegten, gemeinsame Gäste am Klenzeschen Tisch zu sein.*

*Buttmann war »Erster Zwingherr« der »Gesetzlosen Gesellschaft«, die damals den Sammelpunkt für die Geistesaristokratie Berlins bildete.* Zum »Buttmanns Tage«, das heißt zu Buttmanns Geburtstag am 5. Dezember 1817, hatten die Mitglieder dem Gefeierten einen Pokal gestiftet, für welchen Schleiermacher als »Zweiter Zwingherr« die Inschrift verfaßte:

»Witz ist an dem Becher wenig,
Trinkst Du, findt'st Du drinnen viel;
Und nie fehlt Dir Witzboldkönig
Unter uns ein würdig Ziel.«

*In einer Predigt, die Schleiermacher über den Text hielt, daß der Mensch von jedem unnützen Wort, das er geredet, Rechenschaft zu geben habe, betonte er ausdrücklich, daß nicht etwa Witz und Scherz und Wortspiel zu den »unnützen Worten« gerechnet werden dürften;*

---

XXX *Philipp Buttmann, 1764–1829. Oberbibliothekar der Bibliothek in Berlin.*

*vorausgesetzt, daß sie nicht schal seien, gehörten sie vielmehr zu denjenigen Dingen, die wie das Salz dazu dienen sollten, anzuregen und Leben zu wecken. In dem Erfinden geistreicher Rätsel überboten sich beide. Es ist vor Jahren eine kleine Sammlung erschienen, die im Verein bietet, was sich von Schleiermacherschen und Buttannschen Rätseln auf dem Wege schriftlicher oder mündlicher Überlieferung erhalten hat.*[64] *Verwunderlicherweise fehlt hier ein von Schleiermacher herrührendes, das von meinem Vater oft als das vielleicht feinsinnigste von allen zitiert wurde. Es lautet:*

»Ich sitze in mir um mich zu pflegen,
Das macht mich oft um mich verlegen.«

*Die Lösung ist das Wort »Rat«.*

*Ein Beispiel von Buttmanns Schlagfertigkeit bietet dagegen die folgende kleine Geschichte. Der Bibliothekar Biester begegnet Buttmann im Tiergarten und redet ihn mit den Worten an: »Das Erste sind Sie nicht, das Zweite ist Ihre Frau nicht, und das Ganze sind Sie doch.« Buttmann antwortete ohne weiteres: »Das Erste sind Sie nicht, das Zweite ist Ihre Frau nicht, das Ganze sind Sie doch.« Ein Augenblick hatte genügt, um ihn nicht nur erkennen zu lassen, daß die Lösung des Biesterschen Rätsels der Name »Butt-mann« sei, sondern zugleich auch, daß man dasselbe Rätsel ebensogut auf den Namen des Aufgebers »Biest-er« anwenden könne.*

*Wenn Schleiermacher und Buttmann*[XXXI] *als ältere Männer im Klenzeschen Kreise doch immer Respektspersonen blieben, so hielt dagegen Lachmann im Alter wie in der Stellung die Mitte zwischen ihnen und den jüngeren Elementen. Er war 1793 in Braunschweig geboren und trat Klenze wie meinem Vater besonders nahe. Obwohl er beim Beginn der Bekanntschaft noch nicht die Mitte der Dreißiger erreicht hatte, so hieß er doch nicht nur bei den Klenzeschen Kindern, sondern auch bei den erwachsenen Freunden »der Onkel Lachmann«. Etwas Junggesellenhaftes, zum allgemeinen Onkel Prädestinierendes war ihm, wie es scheint, angeboren. Er mußte nicht der kritische Philologe gewesen sein, der er war, wenn ihn sein scharfes Urteil nicht in den Ruf eines bissigen, spottsüchtigen Menschen gebracht hätte. Unleugbar hatte er das, was man eine »böse Zunge« nennt, und verschonte niemanden, auch die besten Freunde nicht, mit seinem Sarkasmus, wenn die Entdekkung irgendeiner kleinen Achillesverse ihm dazu den Anlaß bot. Den*

XXXI Schleiermacher, geb. 1768. Buttmann, geb. 1764.

*Titel »Doctor negativus«, den ihm mein Vater gab, mußte er sich für sein beständiges Nörgeln an Dingen wie Menschen schon gefallen lassen. Unter dieser stachligen Schale aber verbarg sich der vortrefflichste Kern: nicht allein fleckenloser Adel der Seele, sondern ebenso ein treues Herz, ja ein weiches, liebevolles Gemüt.*

Mein Vater schreibt einmal im April 1826, nachdem er seiner Freude über das wachsende Verkehren mit allen diesen Männern Ausdruck gegeben, er werde zwar noch immer als der Jüngste »das Kind« von ihnen genannt, sie betrachteten ihn aber doch schon als zugehörig. Ungefähr gleichzeitig führte Klenze dies »Kind« in die Gesetzlose Gesellschaft ein, wo er am ersten Abend unter anderem Scharnhorst und Herrn von Rumohr kennenlernte.

Noch einer muß als hierhergehörig angeführt werden: Eduard Böcking. Freilich verkehrte er nur während einiger Jahre im Klenzeschen Kreise. Zum Herbst 1829 siedelte er als juristischer Professor nach Bonn über und kehrte damit für immer in sein heimisches Rheinland zurück. Solange er aber in Berlin sich aufhielt, zählte er ganz zu jener Genossenschaft, und blieb ihr auch in der Entfernung innerlich verbunden. Er war in Trarbach an der Mosel als Sohn eines sehr wohlhabenden, durch Geistesbildung hervorragenden Weingutsbesitzers, den man den »König der Mosel« zu nennen pflegte, am 20. Mai 1802 geboren, also fast völlig gleichen Alters mit meinem Vater. Beide waren begeisterte Anhänger Savignys, beide traten ihre Lehrtätigkeit als Privatdozenten an der Berliner Universität an und erhielten endlich gleichzeitig ihre Ernennung zu außerordentlichen Professoren. Die Gemeinsamkeit der Interessen und vielleicht der Gegensatz des Naturells – eine Mischung, die so oft verbindet – führte zu einer besonders herzlichen, dauernden Freundschaft. Böcking war in vielen Stücken ähnlich wie Lachmann geartet: vornehm wie dieser in seiner ganzen Denkungsart, bei äußerlich zurückhaltendem Wesen liebefähig und liebebedürftig, voller Geist und Witz, – aber auch ebenso wie Lachmann sehr geneigt zu scharfer Kritik und herben Sätzen. Dazu kam eine starke Leidenschaftlichkeit, die ihn auch gelegentlich zur Ungerechtigkeit im Urteil fortreißen konnte, zumal wenn ihm Widerstand entgegentrat. Wieviel Tiefen der Empfindung er aber besaß, das tritt vor allem in dem innigen pietätvollen Verhältnis zu seinem Vater und in der Anhänglichkeit für seine engere Heimat zutage. Als junger Mann übertrug er das anmutige, »Mosella« betitelte lateinische Gedicht des Ausonius aus dem vierten nachchristlichen Jahrhundert im Versmaß des Originals, d. h. in Hexametern, in das Deutsche. Diese ausgezeichnete kleine Arbeit, die er im März 1828 veröffentlichte[65], widmete er seinem Vater, und so entfernt von jeder Überschwenglichkeit die wenigen Worte sind, die er hier an ihn richtet, so deutlich reden sie doch von der warmen Liebe, die er für ihn wie für sein schönes Moselland im Herzen trug. Mein Vater hatte in dem gleichen Jahr durch gute Einnahmen, die ihm seine Vorlesungen und verschiedenen Repetitorien brachten, so viel erübrigt, daß er glaubte, nach der angestrengten Arbeit sich eine ungewöhnliche Erfrischung und zugleich eine längst ersehnte Freude gönnen zu dürfen. Er unternahm um Mitte August mit dem Beginn der Sommerferien eine Reise nach dem Rhein. Über Halle, Erfurt, Fulda ging es nach Gelnhausen, dem Lieblingssitz der Hohenstaufen, dann weiter über Frankfurt nach Heidelberg, Speyer, Worms, Mainz und durch den Hunsrück nach Trier. Überall wurden große Strecken zu Fuß zurückgelegt und in dem ausführlichen Tagebuch, das er führt, kann er sich kaum genugtun im Schildern aller der Wonnen, die er im Genuß so vieler Herrlichkeit an mittelalterlichen Erinnerungen und Reizen der Landschaft empfindet. Einen Glanzpunkt aber ganz besonderer Art bildet endlich der mehrtägige Aufenthalt in Trarbach im Kreise der Böckingschen Familie. Hier lernt er den Vater des Freundes kennen, begreift und teilt dessen Verehrung für den würdigen alten Herrn, der durch seine edle Haltung, seine Einsicht, seine Tatkraft Ehrfurcht und Bewunderung einflößt. Kaum aber war ein Jahr vergangen, als die Nachricht eintraf, daß der Tod dies schöne Verhältnis zerstört hatte. Böcking hatte soeben seine Anstellung in Bonn erhalten und war durch den Verlust so tief erschüttert, daß es eine Weile scheinen konnte, als hielte er sein eigenes ferneres Dasein für wertlos. Erst ganz allmählich wurde er erst wieder etwas zugänglicher und mitteilsamer.

Aber selbst solcher Gemütsverfassung gegenüber kam ihm die Neigung, seinem Unwillen gelegentlich durch Spott Luft zu machen, nicht ganz abhanden. Als er bald nach dem traurigen Ereignis Veranlassung hatte, den Minister in Berlin aufzusuchen, erkundigte sich dieser nach seinem Vater, und er mußte von dessen Ableben berichten. Ein Jahr später war er abermals genötigt, eine Audienz bei dem Minister nachzusuchen, und dieser erkundigte sich aufs neue nach dem Befinden seines Vaters. Böcking antwortete: »Excellenz, mein Vater ist noch immer todt.«

Auch in seinem Berufsleben fand er während der ersten Bonner Zeit keine rechte Befriedigung, die geholfen hätte, ihn aufzurichten. Er fühlte sich unter den Kollegen einsam, war verstimmt, daß seine wissenschaftlichen Leistungen nicht von vornherein die Würdigung fanden, auf die sie vollauf Anspruch machen durften und beachtete auch das nicht in seiner Nähe, was wohl wert war, von ihm geschätzt zu werden. Mit Bezug darauf schrieb ihm mein Vater: »Wie aber für Alles ein Kraut gewachsen ist, so müßte es doch mit dem Teufel zugehen, wenn die Besseren und Besten, wenn sie nur zusammenstehen wollen, über das Gesindel nicht sollten Herr werden können. Besonders bitte ich Sie, lieber Böcking, nochmals, in dieser Beziehung Hollweg nicht von sich zu stoßen, und gering zu achten. Daß Einer eine ruhige, edle, liebenswürdige Natur ist, das ist am Ende Gott und Menschen doch ebenso angenehm und auch ebenso viel daran gelegen, als wenn er dort schlechter beschlagen, dafür aber in jure oder in philosophia versatior ist; ja es ist die eigentliche Hauptsache, das Eine, was besonders dort Noth thut.« An noch verfänglicherer Stelle setzt er später einmal ein, nachdem inzwischen eine erneute persönliche Begegnung das »Du« im Verkehr zwischen den Freunden gebracht hatte: »Deine ›notitia dignitatum‹[66] habe ich mit Aufmerksamkeit durchgelesen, und mich sehr darüber gefreut, auch Manches daraus erfahren, was ich vorher noch nicht gewußt habe. Einige Ausfälle, z. B. in dem Vorwort, hättest du meines Erachtens allenfalls entbehren können, ohne dem Ganzen zu schaden. Wenn Du sie aber, wie bisweilen scheinen will, zu guter Verdauung nöthig hast, so habe ich nichts dagegen, wofern du nicht etwa auf mich auszufallen Belieben findest.« Solche und ähnliche Versuche, seiner Schroffheit entgegenzuwirken, nahm Böcking von ihm geduldig hin, weil er die liebevolle Absicht, die dahinter stand, nicht verkennen konnte. Leider führte die Schärfe seines Urteils wie seine Reizbarkeit dahin, daß er in allerlei Mißhelligkeiten mit Fachgenossen und sonstigen Bekannten geriet, so daß er schließlich bei steigendem Ansehen als Gelehrter persönlich doch mehr und mehr vereinsamte. Die Freundschaft mit meinem Vater aber blieb völlig ungetrübt. Der schriftliche Verkehr war nicht häufig, aber immer gehaltvoll und herzlich. Zuweilen erfrischte ein kürzeres oder längeres Zusammensein die Unmittelbarkeit der Beziehungen; und so zeigt der letzte Brief, den mein Vater an den Freund nicht lange vor seinem Tode schrieb, dieselbe Wärme des Tons wie die ersten aus der Jugendzeit.

Wir kehren zum Herbst des Jahres *1825* zurück.

*Savigny war Anfang November von seiner Reise heimgekehrt, und kurz zuvor hatte auch mein Vater nach glücklichen Ferienwochen im Elternhause sein schönes Quartier am Pariser Platz wieder bezogen. Das*

*Verkehren im Hause setzte sich ebenso angenehm fort, wie es im Frühling begonnen hatte. Einen hübschen Zuwachs bildete die unbefangen freundschaftliche Beziehung, die sich zwischen ihm und der Tochter des Hauses entwickelte. Bettina von Savigny – die ihren Vornamen nach ihrer Patin und Tante Bettina von Arnim trug – hatte sich mit dem griechischen Diplomaten Schinas verlobt, der bald darauf in Athen eine Stellung als Minister des jungen Königreichs Hellas bekleiden sollte. Der Braut war es ernst damit, dem Leben in der neuen Heimat nicht unvorbereitet entgegenzugehen, und es wurden auch Studien in der altgriechischen Sprache in Aussicht genommen. Meinem Vater machte es Freude, seine auf der Schule erworbenen Kenntnisse im Griechischen lebendig zu erhalten und zu befestigen, und so war er gern bereit, mit ihr einige Male in der Woche den Herodot zu lesen. Der einzige Schatten, der über dem ganzen Verhältnis lag, bestand in dem besorgniserregenden Gesundheitszustand Savignys. Die verhältnismäßig kurze Reise hatte ihn nur vorübergehend etwas erfrischt. Seine Nerven blieben in hohem Grade angegriffen, er litt an heftigen Kopfschmerzen und zugleich lastete der Druck einer tiefen Hypochondrie auf seinem Gemüt. Offenbar trug das Übermaß geistiger Anstrengung, das er sich Jahre hindurch zugemutet hatte, die Hauptschuld an seinem Leiden. Aber es traten auch äußere Verhältnisse hinzu, um auf seine Stimmung und so wiederum indirekt auch auf sein körperliches Befinden den ungünstigsten Einfluß auszuüben.*

*Es ist bekannt, daß auf dem Gebiet des abstrakten philosophischen Denkens die Lehrsysteme Schleiermachers und Hegels in schroffem Gegensatz zueinander standen.* Dort strenger sittlicher Ernst und scharfe Dialektik; hier fantastische Spekulation und verschwommener Idealismus. Ein begabter, aber übermütig draufloslebender Student definierte damals den Unterschied zwischen beiden Männern einmal sehr drastisch so: »Wenn ich bei Schleiermacher im Kolleg sitze, denke ich immer: Ich Esel! Wenn ich Hegel höre, so denke ich: Du Esel!« *Jener Gegensatz aber bestand nicht nur zwischen den beiden Gelehrten und ihren Anhängern innerhalb der philosophischen Fakultät, sondern griff auch in den Bereich der Rechtswissenschaft hinüber. Savigny und Schleiermacher hatten in den Grundzügen ihrer Denkungsart etwas Wesensverwandtes und standen sich persönlich nahe. Nun stellte sich der von Savigny begründeten sogenannten »historischen« Schule des Rechts eine andere, von Hegel inspirierte gegenüber, und bei dem großen äußeren Erfolg, den die Hegelsche Philosophie im allgemeinen hatte, konnte es nicht ausbleiben, daß sich bald in einflußreichen Kreisen genug Leute fanden, die die neue Art der Auffassung und Behandlung des Rechts bewunderten und bemüht waren, ihr zur Herrschaft zu verhelfen. Die Strömung wurde endlich stark genug, um der bis dahin unbestritten höchsten juristischen Autorität Savignys in empfindlicher Weise entgegenzuwirken. In dem Verhalten des Ministers von Altenstein trat die Wandlung, die sich in der Stille vorbereitet hatte, zutage. Während es noch kurz zuvor als ausgemacht galt, daß bei der Besetzung von juristischen Professorenstellen Savignys Urteil bedingungslos maßgebend sei, und das nicht nur in Preußen, sondern auch im übrigen Deutschland, stellte jetzt im März 1826 der Minister, ohne ihn im mindesten zu Rate zu ziehen, den Dr. juris Gans, einen Schüler Hegels und entschiedenen Gegner der Savignyschen Anschauungen, als außerordentlichen Professor an der Berliner Universität an. Obgleich der lebhafte Unwille, den dies Vorgehen in der gesamten historischen Schule erregte, sich auf das unverhohlenste äußerte, folgte bald ein zweiter ähnlicher Schritt.* An der Königsberger Universität wurde im Juni desselben Jahres der Dr. juris Backe als juristischer Professor angestellt, abermals ohne Vorwissen von Savigny. Backe galt als ein tüchtiger junger Mann, stand aber meinem Vater an Anciennität und akademischem Beifall nach, so daß Savigny überzeugt war, mein Vater sei nur wegen seiner nahen Beziehung zu ihm vom Ministerium übergangen worden. *Gleichzeitig wurde Savigny von München aus die Stellung eines Präsidenten an der neu zu begründenden Universität angeboten, und mein Vater dachte bereits daran, ihm für den Fall der Realisierung dieses Projekts dahin zu folgen, da ihm dann dort eine sofortige Anstellung als Professor sicher gewesen sein würde. Vorläufig aber machte die Rücksicht auf Savignys erschütterte Gesundheit diesem wie allen anderen etwaigen Plänen der Art ein rasches Ende. Der Kranke verließ tief verstimmt im Juli Berlin, um für ein Jahr nach Italien zu gehen und dort Genesung zu suchen.*

*Mein Vater blieb während dieser Zeit an der alten Stelle wohnen und arbeitete für sich rüstig weiter. Dabei war der Erfolg seiner Vorlesungen bei den Studierenden im Steigen begriffen, so daß er z. B. im nächsten Wintersemester (1826/27) sein Kolleg über Erbrecht vor 60 Zuhörern las. Auf Klenzes Vorstellung hin entschloß sich der Minister, ihm 200 Taler Remuneration in Anerkennung seiner Tätigkeit als Lehrer und Repetent zu bewilligen und in Aussicht zu stellen, daß man den Privatdozenten zum außerordentlichen Professor befördern wolle, sobald er eine größere wissenschaftliche Arbeit veröffentlicht haben werde. Das Honorar für mehrere Privatissime, die er einzelnen vornehmen und reichen Studenten, Deutschen wie Ausländern, erteilte, trat zu den übrigen Einnahmen hinzu, und so sah er sich in der Lage, seinem lange gehegten Wunsch entsprechend den Eltern die Sorge für ihren zweiten Sohn abzunehmen, indem er ihn jetzt als angehenden Studenten zu sich kommen ließ.*

*Dieser sein einziger, um vier Jahre jüngerer Bruder trug den eigentümlichen Vornamen Valdec. Die Eltern hatten ihn so genannt in Erinnerung an jenen edlen und liebenswürdigen französischen Offizier Valdec Boudignon*[67]*, der,* wie oben erwähnt, *während der Napoleonischen Kriege über Jahr und Tag bei dem Onkel Christian in Hoya im Quartier gelegen hatte und so der ganzen Familie ein teurer Freund geworden war. – Die Verschiedenheit der Brüder war auffallend, im Naturell wie in der Erscheinung. Der Mutter glich der ältere mehr, dem Vater der jüngere. Dieser kam als ein sehr zartes Kind auf die Welt. Als er zu gehen anfing, stellte sich heraus, daß er mit dem einen Fuß ein wenig hinkte: Grund genug für die Mutter, ihm ganz besondere Zärtlichkeit zuzuwenden und ihm manches nachzusehen, was sonst wohl strenger gerügt worden wäre. Nach und nach erstarkte der Körper. Valdec wuchs zu einem wilden Jungen heran, der über eine bei weitem kräftigere Muskulatur verfügte als mein Vater. Trotz jenes kleinen Gebrechens, das ihm blieb, war er gewandt und waghalsig, unter Umständen bis zur Tollkühnheit. An Zucht und Ordnung sich zu gewöhnen, wurde ihm schwer. Ehe man sich entschloß, auch ihn nach Hildesheim auf die Schule zu schicken – und das geschah erst nach der Konfirmation –, war für systematischen Unterricht nur notdürftig gesorgt. Ob der Pastor außer den Konfirmandenstunden sich noch mit ihm beschäftigte, weiß ich nicht. Der Vater trieb Lateinisch mit ihm, wofür der ältere Bruder die nötigen Lehrbücher zu besorgen pflegte. Dazu kam die Volksschule.* Gleichaltrige Genossen fand er fast nur unter den Söhnen der Bauern und Handwerker, und daß bei solchem Verkehr nicht viel anderes herauskam, als das Planen und Ausführen von tollen Streichen, versteht sich von selbst. Mit einem dieser Gesellen hatte er einmal den Gedanken gefaßt, einen Pelz aus Katzenfellen herzustellen, und als man lange genug sich bemüht hatte, aller toten Katzen habhaft zu werden, die in der Gegend aufzutreiben waren, und ihnen das Fell abzuziehen, schien endlich der Augenblick gekommen, wo das Zusammennähen in Angriff genommen werden konnte. Aber der Vorrat reichte doch nicht ganz aus. Es fehlte noch ein Fell. »Ek will eint langen« meinte der andere. »Ja, wo willst du es denn hernehmen?« »Oh, et sitt noch upper Katten.«

Mit anderen Worten: Die Katze ging noch bei lebendigem Leibe mit ihrem Pelze spazieren.

Es wäre schlimm gewesen, wenn dergleichen Einflüssen nicht andere gegenübergestanden hätten, die ausgleichend wirken konnten. Dafür aber sorgte vor allem das Elternhaus. *Der Mutter war er mit ganzer Seele ergeben, und ihre Liebe verstand es, in dem jungen Gemüt den Sinn für alles Edle zu wecken und zu nähren. Daß natürlicher Verstand und guter Humor reichlich vorhanden waren, lag auf der Hand. Doch zweifelte man daran, daß es mit der Begabung zum eigentlichen Lernen und mit dem erforderlichen Sitzfleisch ebenso gut bestellt sein möchte. Anfänglich waren die Leistungen des Schülers in Hildesheim in der Tat keine besonderen. Aber man hatte seine wissenschaftlichen Gaben doch unterschätzt. Er nahm sich zusammen, die alten Sprachen wie die geschichtlichen Studien fingen an, ihn lebhaft zu interessieren, und so erreichte er es,* nachdem besondere Umstände zu guter Letzt noch einen Tausch des Hildesheimer Gymnasiums mit dem zu Rinteln veranlaßt hatten, *mit dem Frühling des Jahres 1827 wohlvorbereitet zur Universität Berlin abgehen zu können. Hier begann er unter Leitung und Beihilfe seines Bruders, die Rechte zu studieren, um später eine Laufbahn als Advokat einzuschlagen.*

*Die beiden Brüder wohnten während des Sommers noch zusammen im Savignyschen Hause.* Meinem Vater waren von Anfang an zwei Zimmer zur Benutzung eingeräumt. Das reichte für ihre bescheidenen Ansprüche aus. *Als im Herbst die Savignysche Familie aus Italien zurückkehrte, war ein längeres Bleiben dort freilich nicht tunlich. Man fand eine kleine Wohnung in der Marienstraße Nr. 2, ganz in der Nähe des Hauses, das Klenze mittlerweile in der Luisenstraße gekauft hatte, und richtete sich hier einfach aber gemütlich ein.*

Mein Vater hatte anfangs einige Sorge, »der Kleine«, wie er ihn nannte, könnte, da es ihm ganz und gar an Gelegenheit gefehlt hatte, sich gesellschaftlich bewegen zu lernen, durch sein unbeholfenes Wesen in den Berliner Kreisen Anstoß erregen, wenn er ihn dort einführen wollte. Aber *überall kam man ihm mit Freundlichkeit entgegen; insbesondere gewannen ihn Klenzes sehr lieb, und auch Savigny bewies ihm viel Wohlwollen.*

*Dagegen hatte mein Vater bald Veranlassung, seinen eigenen geselligen Verkehr zu beschränken. Schriftstellerische Pläne beschäftigten ihn; auch dachte er daran, allmählich Vorlesungen über die Pandekten auszuarbeiten; kurz, der Arbeiten wurden zu viele, um daneben für Gesellschaftsleben im weiteren Sinne Zeit übrig zu haben. Nur im Klenze-*

*schen und Schleiermacherschen Hause und bei der Familie des alten hannoverschen Ministers von Reden, der dem jungen Landsmann, seit er ihn gelegentlich kennengelernt, eine besonders warme väterliche Zuneigung geschenkt hatte, ging er nach wie vor freundschaftlich aus und ein.* Savignys Befinden hatte sich zwar durch den langen Aufenthalt im Süden gebessert, aber er fühlte sich doch immer noch so angegriffen, daß er nur zu den Vorlesungen, die er wieder aufgenommen hatte, sich aufraffte, im übrigen aber während des Tages vielfach zu Bett lag. So beschränkte sich der Verkehr mit ihm und den Seinigen von selbst auf ein bescheidenes Maß.

Zu dem, was aufgegeben wurde, gehörte unter anderem das Besuchen des Mendelssohnschen Hauses. Er hatte noch manches Interessante an dieser Stelle erlebt. So war er einmal mit Hummel dort zum Mittagessen eingeladen worden, der nach Tisch sich hören ließ. Er bewunderte die außerordentliche Fertigkeit des großen Klavierspielers, fand die Persönlichkeit aber philisterhaft. Abgesehen von den künstlerischen Eindrücken, die ihm hier geboten wurden, berührte ihn der Verzicht auf weitere Fortsetzung des Verkehrs nicht tiefer. So viel Sinn er hatte für gesunden, urwüchsigen Humor und männlich geistvollen Witz: Der nach Jean Paul schmeckende, etwas forcierte Kultus, der im Mendelssohnschen Kreise mit dem Geistreichtum getrieben wurde, behagte ihm nicht und ließ ihn sich immer etwas fremd zwischen den anderen fühlen. Klingemann, der ja, so wert er ihm sonst war, hierin auch zu diesen anderen zählte, hatte übrigens Berlin schon im Sommer 1827 verlassen, um eine Stellung als Geheimer Sekretär seiner Regierung bei der Kanzlei in London anzutreten. Der Verlust der Nähe dieses bedeutenden Freundes wurde lebhaft von ihm empfunden. Namentlich in musikalischer Hinsicht hatte er ihm viel zu verdanken. Klingemann war es gewesen, der ihn zuerst nachdrücklich auf Sebastian Bach hinwies, ihn die Schätze des »Wohltemperierten Klaviers« kennen und zum Teil durch eigenes Spielen sich aneignen lehrte und in ihm so die tiefe Liebe für diesen erhabensten Genius der deutschen Tonkunst weckte, die ihn von da ab mehr und mehr erfüllte. Als Felix Mendelssohn im März 1829 die Matthäuspassion aus hundertjährigem Schlaf zu neuem Leben erweckte, durfte mein Vater sich dank solcher Vorbereitung zu der Zahl derjenigen Zuhörer rechnen, die nicht nur ihre Neugierde bei dem ungewohnten Ereignis befriedigen wollten, sondern fähig waren, im Innersten von der Sprache des gewaltigen Meisters ergriffen zu werden. Freilich hatte Klingemanns Einfluß dem jüngeren Genossen, der in der Musik recht eigentlich sein Zögling war, nach anderer Seite hin für eine Weile die Unbefangenheit des musikalischen Genießens beeinträchtigt. Es ist immer gefährlich, wenn sich Dilettanten darauf einlassen, in die Werkstätte des künstlerischen Schaffens Einblicke tun zu wollen, statt sich an der unmittelbaren Wirkung der Kunstwerke genügen zu lassen. Dem Dilettanten pflegt die Weite und Tiefe des künstlerischen Blicks zu fehlen, um technische Mängel einer Komposition – wenn sein Verstand einmal darauf geführt worden ist, sie als solche zu erkennen – an die Stelle zu rücken, wo sie hingehören. Der Künstler, der die Bedeutung des eigentlich Schöpferischen aus Erfahrung zu würdigen weiß, wird sich in seiner Schätzung der Hauptsache nicht durch Unwesentlicheres beirren lassen. Auch Klingemann, der ja freilich um der schöpferischen Ader willen, die in ihm lag, ein Recht darauf hatte, sich auch theoretisch zu bilden, dem aber zugleich ohnehin eine starke Neigung zu zergliedernder Kritik innewohnte, mochte sich vielleicht mit reflektierenden Studien über Musik etwas zu viel abgegeben haben. Wie dem auch sei: Tatsache ist, daß, während Mendelssohn für Weber unbekümmert um gewisse Unebenheiten der Konstruktion, wie sie bei ihm vorkommen, schwärmte, Klingemann nicht unterließ, meinen Vater darauf aufmerksam zu machen, daß z. B. der erste Satz der Sonate in fis-moll bei Hummel im Aufbau logischer sei, als die ersten Sätze der Sonaten in C-Dur und As-Dur von Weber und dergleichen; – wobei einem Laien gegenüber nicht viel anderes herauskommen konnte, als eine Störung des naiven Empfindens. *Als jedoch bekannt wurde, daß am Freitag den 23. Dezember 1825 die neue Oper »Euryanthe« von Weber unter dessen persönlicher Direktion zum ersten Male in Berlin gegeben werden sollte, ließ es meinem Vater keine Ruhe, dies Ereignis mitzuerleben und den geliebten Meister mit eigenen Augen zu sehen. Bei Klenzes wurde an demselben Abend in üblicher Weise gemeinsam der Weihnachtsbaum für das nahe Fest aufgeputzt, und er wußte, daß es ihm als Kapitalverbrechen angerechnet werden würde, wenn er dabei fehlte. Dennoch blieb er aus, ließ über sich ergehen, was da kommen wollte, wanderte nach dem Theater und sah die schlanke Gestalt Webers, vom stürmischen Jubel des gedrängt vollen Hauses begrüßt, in das Orchester treten. Die mit weißem Handschuh bekleidete Rechte hob den Taktstock zum Zeichen des Anfangs, und mit den ersten Klängen der Ouvertüre war die Seele gefangen und hingerissen wie nur jemals von dem unwiderstehlichen Zauber der Weberschen Romantik.* –

Klingemann, der sich mit Vorliebe in dem spielenden Element der Ironie bewegte, pflegte meinen Vater neckend den »Enthusiasten« zu nennen. Er hatte recht damit, auch in dem Sinne, daß der heißen, leidenschaftlich begeisterten Aufwallung in manchen Fällen eine starke Abkühlung und Ernüchterung folgen konnte, wie das ja dem Jüngling leicht widerfährt, der sich von einem schönen Schein täuschen, von einem berauschenden Augenblick hinreißen läßt. In wie hohem Grade er selbst unter diesem Auf- und Niederwogen der Stimmung bei bedeutungsvollen Entscheidungen leiden konnte, das wußten nur wenige. Die Einseitigkeit des gesteigerten Gefühls aber, »des Hasses Kraft, die Macht der Liebe«, gehört so sehr zur Jugend, daß es ein zweifelhaftes Glück genannt werden muß, mit 20 oder mit 25 Jahren zu jeder Stunde und jedem Eindruck gegenüber nur verständig abwägen zu können. Das unnütze Aufschäumen verlor sich schließlich von selbst, und für die späteren Jahre bis zu den spätesten blieb ihm von dem Überfluß nur eine jugendliche Frische der Empfänglichkeit, um die ihn mancher Jüngere beneiden durfte.

*Eine Arbeit, betitelt »Das Edikt des Tiberius Alexander«, die eine in Ägypten aufgefundene Inschrift behandelte, hatte mein Vater an Niebuhr nach Bonn geschickt. Dieser, dessen Beifall im allgemeinen schwer zu erringen war, schrieb ihm sehr anerkennend darüber und nahm sie in die Zeitschrift »Das Rheinische Museum« auf.*[68] *Aber das Erscheinen ging langsam vor sich und mein Vater bezweifelte von vornherein eine Wirkung auf seine Beförderung. Am 25. Januar 1828 schreibt er den Eltern: »Was mich betrifft, so sind zwar die Aussichten zu einer äußerlichen Beförderung jetzt sehr gering. Das Ministerium hat durch die Überschwemmung der Universität mit Professoren sich so in Geldverlegenheit versetzt, daß jetzt ein Professor ordinarius 200 Thl.! bekommt und die meisten Extraordinarien Nichts. Deshalb hat die Universität sich genöthigt gesehen, das Ministerium zu bitten, mit seiner Gnade einstweilen etwas inne zu halten, so lange es nicht bessere Fonds hätte. Dies trifft nun gerade mich.* Ob meine Abhandlung mir helfen wird, weiß ich nicht, weil sie nun zwei Mal abgebrochen worden ist und erst ein Drittel davon erschienen ist. Aber ungeachtet dieser gänzlich fehlenden äußerlichen Aufmunterung (die Fakultät, die sich über meine Zurücksetzung bitter beim Minister beklagt und mich dringend zu einer Professur empfohlen hatte, bekam sogar die Nase, ›woher sie denn wisse, daß meine Vorlesungen gut wären‹, worauf sie aber gehörig gedient hat) – habe ich doch noch nie mit so großer Freudigkeit und so gutem Succeß gearbeitet, wie jetzt. Ich habe deshalb auch gar keine Sorge und Eile, sondern lebe der festen Überzeugung, daß, entweder wenn die jetzige Parthei einmal umschlägt, oder mein größeres Buch[XXXII] fertig wird, sich auf Einmal Alles gewaltig ändern und ich das Versäumte nachholen werde. Ebenso geht es allen Schülern und Freunden Savigny's und Schleiermachers.«

*Trotz der reichlichen Berufstätigkeit nahm er sich doch die Zeit, die öffentlichen Vorlesungen, die Alexander von Humboldt in diesem Winter über »physikalische Geographie« hielt*[69] *und die außerordentliches Aufsehen erregten, zu besuchen. Die Elite der Gebildeten Berlins, Herren und Damen, drängten sich dazu, auch der gesamte Hof fand sich ein.* Den Inhalt der ersten Vorlesungen gibt er so an: 1. Der Himmel (Nebelflecke, Doppelsterne, Sonnensysteme.) 2. Die Erde (Urwelt, organisches Leben in den Luftschichten.) 3. Die Luft. 4. Das Meer. 5. Der Organismus auf der Erde. 6. Die Pflanzenwelt. 7. Das Tier. 8. Der Mensch u. s. w. *Er schreibt regelmäßig nach und schickt schließlich das ganze Heft seiner Mutter als Geschenk.*

*Für die Osterferien läßt er den Bruder nach Lauenstein zu den Eltern reisen, »in Erwägung daß ein junges Blut, das den Winter über treu und fleißig gearbeitet, sich, wenn auch nur kurze Zeit, erholen muß, um wieder frische Kraft zu sammeln, und dieses zu Hause auf ganz andere Weise mit Beihülfe der Drechselbank, Holzschlagen und anderer Instrumente thun kann, als hier.« Er selbst bleibt in Berlin, »um ungestört an den Vorlesungen auf den nächsten Sommer und außerdem in Gemeinschaft mit Klenze an einer Abhandlung für Savigny's Zeitschrift zu arbeiten.« Um Ende Juni teilt er mit, daß Savigny endlich wieder vollkommen hergestellt sei, so daß er seine gesamte Tätigkeit mit alter Frische wieder aufgenommen habe. Zugleich gibt er einmal Bericht über seine eigene Tageseinteilung: »Um 6 Uhr fange ich an zu arbeiten für meine Vorlesungen bis 11, von 11–12 lese ich Prozeß, von 12–1 Erbrecht, von 1–2 habe ich Repetitorium mit Herrn von Eickstedt-Peterswalde, um 2 mit Graf Westphalen, um 3 esse ich, von 4–6 habe ich Repetitorium mit Graf Schmiesing, von 6–8 mit Graf Oriola (Sohn des Portugiesischen Gesandten), von Schleinitz II und von Minnigerode. Dann bin ich müde, lese und arbeite, wenn ich ein bischen gegangen bin, bis 11 oder 12 und stehe um 6 wieder auf. Dabei habe ich nun nicht viel Zeit übrig, aber ich befinde mich sonst wohl dabei, und in 5 Wochen, das ist der Hauptspaß, ist die Geschichte vorüber.« Daß die* schon erwähnte *Rheinreise, die den ersten Teil seiner nun folgenden Ferien*

XXXII »Das Recht der Vormundschaft.« [Adolf Friedrich August Rudorff: Das Recht der Vormundschaft aus den gemeinen in Deutschland geltenden Rechten entwickelt. Berlin (o. J.)]

*ausfüllte, eine sehr wohlverdiente Erholung war, geht aus dieser Schilderung zu Genüge hervor.*

*Noch in demselben Jahr konnte er seine zweite Abhandlung (»Über die caducorum vindicatio«) in der »Zeitschrift für geschichtliche Rechtswissenschaft«*[70] *veröffentlichen, und im Winter förderte er die Vorarbeiten für Vorlesungen über die Pandekten so weit, daß er für den Sommer dies umfangreiche Kolleg zum erstenmal ankündigen konnte. Auf starke Beteiligung seitens der Studenten war dabei nicht gleich zu rechnen. Dennoch hatte er Freude an seinen Vorlesungen. Es war der erste Anfang, und er ließ sich daran genügen, daß der »berühmte und begünstigte Professor Gans« (den er übrigens demnächst »in der Zeitschrift bei die Ohren kriegen« wollte) nur 13 Zuhörer mehr hatte als er. Endlich fand sich nun auch das Ministerium bewogen, von seinen Leistungen Notiz zu nehmen: Am 11. August* [1829] *traf die Ernennung zum außerordentlichen Professor der Rechte an der Universität Berlin ein. Indem er den Eltern diese frohe Botschaft mitteilt, fügt er hinzu: »Wie schwer diese Geburt meiner Professur gewesen ist durch Gans's Geschichten, wie allgemein aber auch die Theilnahme, wie ich mir ferner selbst vorkomme als eine Pflanze die nach langer Dürre begossen wird und das einmal ordentlich, und wie ich jetzt nicht zurücksehe auf eine gedrückt durchlebte Zeit, sondern nur vorwärts auf eine frischere – das will ich Euch mündlich sagen. Es ist, als ob es der Segen wäre, den Savigny mir für meine Pandekten verheißen, die ich vor wenig Zuhörern mit Liebe und Ausdauer gelesen ... Gott sei gelobt und gepriesen!«*

*So schloß das Sommersemester 1829 äußerlich mit einem durchaus befriedigenden Durdreiklang ab. Im Innern aber gab es noch ein großes Problem, das der Lösung harrte. Er hatte in »Fräulein Betty Pistor« das Mädchen kennen, hochachten und lieben gelernt, das schließlich seine Frau und meine Mutter werden sollte, und die Entwicklung dieses Verhältnisses nahm seine Gedanken mehr in Anspruch, regte ihn tiefer auf, als alles übrige.*

## Die Vorfahren von Ernst Rudorff, väterlicherseits

| | |
|---|---|
| **Johann Heinrich Rudorff**<br>* zu Duderstadt 1662<br>† zu Duderstadt 1748<br>∞ zu Duderstadt<br>mit Anna Dorothea Goedecke | **Christian Eberhard Niemeyer**<br>* zu Polle a. d. Weser am 7. Nov. 1675<br>† zu Eggersen am 27. August 1757<br>∞ zu Lauenstein am 19. Nov. 1706<br>mit Anna Dorothea Brauns<br>* 1688; † zu Eggersen Dez. 1722 |
| **Johann Christoph Rudorff**<br>* zu Duderstadt, Februar 1694<br>† zu Zeven, Mai 1769<br>∞ zu Duderstadt<br>mit N. N. Fischers | **Charlotte Ernestine Niemeyer**<br>* zu Eggersen am 14. Mai 1720<br>† zu Mehringen am 16. März 1763<br>∞ wahrschl. zu Eggersen 1736<br>mit Ernst Christoph Heldberg<br>* 1697<br>† zu Mehringen am 20. April 1771 |
| **Friedrich Ludwig Rudorff**<br>* zu Springe, März 1726<br>† zu Rethem a. d. Aller, 7. März 1795<br>∞ mit Melusine de Launay | **Christian Eberhard Heldberg**<br>* zu Celle 1739<br>† zu Bremen am 14. Juni 1795<br>∞ mit Friederike Dorothea Elisabeth Wiering<br>* zu Hannover 1733<br>† zu Lauenstein am 5. Dez. 1815 |
| **Friedrich August Rudorff**<br>* zu Zeven am 25. Januar 1768<br>† zu Lauenstein am 25. Okt. 1835 | **Christina Elisabeth Heldberg**<br>* zu Bremen am 16. Okt. 1778<br>† zu Hannover am 21. Jan. 1843 |

∞ zu Mehringen
am 31. Mai 1801

**Adolph August Friedrich Rudorff**
* zu Mehringen am 21. März 1803
† zu Berlin am 14. Februar 1873
∞ zu Berlin am 2. September 1832
mit Friederike Dorothea Elisabeth (genannt Betty) Pistor
* zu Berlin am 14. Januar 1808
† zu Groß-Lichterfelde am 23. Oktober 1887

**Ernst Rudorff**
* zu Berlin am 18. Januar 1840
† zu Berlin-Lichterfelde am 31. Dezember 1916
∞ zu Dresden am 26. Juli 1876
mit Gertrud Charlotte Marie Rietschel
* zu Dresden am 4. Juli 1853
† zu Berlin-Lichterfelde am 6. März 1937

(Die Vorfahren der Mutter vgl. S. 75)

*Friedrich Karl von Savigny*

# Anmerkungen der Herausgeberin

Fett hervorgehoben sind die relevanten handschriftlichen Anmerkungen im Typoskript, in spitzen Klammern erscheinen die Zusätze des Herausgebers des Buches »Aus den Tagen der Romantik«, Berlin 1938.

1 Joseph von Eichendorff: Erinnerung. 2, in: Ders.: Sämtliche Werke. Historisch-kritische Ausgabe, begründet von Wilhelm Kosch und August Sauer. Bd I.1, Gedichte, Stuttgart 1993, S. 48.

2 An dieser Stelle des Typoskripts ist ein Zettel eingefügt, die folgenden sechs Blätter sind zusammengeklammert. Auf dem Zettel steht handschriftlich: **Die hier mit Klammer zusammengefaßten Blätter S. 3–5 (zweifach Kopien, die eine von Hermanns Hand ergänzt) waren in übersichtlich, glatterer Art abgeschrieben hierin als II. Kopie, ich habe sie an Herrn Rudorff geborgt Juli 1932. E.R.** Die ersten drei Blätter umfassen die **Erste von Hermann verbesserte Abklatschkopie (Unnötig geworden)**, die weiteren drei Blätter umfassen die **I. Version (Originalkopie) Ungültig geworden**. Ich folge im Text der ersten Version (Originalkopie).

3 Dieser Satz und wesentliche Teile der folgenden Sätze sind in der Handschrift von Ernst Rudorff eigenhändig mit schwarzer Tinte gestrichen, aber nicht eigenhändig ergänzt worden. Ergänzungen mit Bleistift am Rand, von fremder Hand: Es handelt sich um die Änderungen, die in der »Abklatschkopie« von Hermann Rudorff dokumentiert sind und die hier nur, wenn es sich um eine inhaltliche Ergänzung handelt, wiedergegeben werden.

4 Vgl. Anmerkung I im Text, S. 80.

5 In der »Abklatschkopie« von Hermann Rudorff findet sich folgende Ergänzung: **Sein Großvater, Claus Rudorff, war während des Dreißigjährigen Krieges nach Duderstadt eingewandert und hatte hier im Jahre 1641 das Bürgerrecht erworben. Woher er kam, ist nicht überliefert. Doch weist der Name auf die westfälische Grafschaft Ravensberg und ihre Hauptstadt Herford, wo der Name Rudorff seit dem Mittelalter als Familien- und Hofesname bezeugt wird.**

6 Auf S. 158 dagegen: 29. Im Kirchenbuch der St. Marienkirchengemeinde in Winsen/Luhe ist als Tag des Todes der 22., als Tag des Begräbnisses der 26. eingetragen. Das Alter Christian Rudorffs beträgt hiernach 58 Jahre, 3 Monate und 21 Tage. (Nach freundlicher Auskunft von Herrn Kurt Schwerdtfeger, Stadtarchivar Winsen/Luhe.)

7 Bügel aus Ruten und Roßhaarschlingen zum Fang von Vögeln (vor allem Drosseln). Das Kompositum »Unterschnirren« taucht nicht in einschlägigen Wörterbüchern auf, sondern nur das Simplex »Schnirren«. Dabei handelt es sich um die Schlinge in den Dohnen. Es gab es mehrere Bauformen von Dohnen, darunter solche mit zwei Schlingen, weshalb auch in ›Unter‹ - und ›Ober‹-Schnirren differenziert werden kann. Der Dohnenfang wurde 1908 verboten. (Nach freundlicher Auskunft von Herrn Dr. Maik Lehmberg, Niedersächsisches Wörterbuch)

8 Auf S. 184 dagegen: Boudignon.

9 Im Manuskript von fremder Hand ergänzt und im Typoskript übernommen: **d. h. einem der sieben freien Meierhöfe der Grafschaft Hoya, die samt ihren weitgehenden Gerechtigkeiten in uralte Zeiten, der Sage nach bis zu Wittekind, zurückreichen, der sie sieben ihrer treu gebliebenen Sachsen geschenkt haben soll. Die Erbin des Mehringer Hofes reichte meinem Großvater die Hand.**

10 Tacitus: Germania 16,1.

11 Ernst Rudorff schreibt falsch: **im December 1676.** Das Geburtsdatum war der 7. 11. 1675. (Nach freundlicher Auskunft Carsten Niemeyers vom 19. 3. 2003.)

12 Zwangsversteigerung.

13 *<Im Gegensatz zu dieser Bestimmung erfolgte die Beisetzung in der Lauensteiner Kirche am 1. September 1757>.*

14 Rudorff schreibt hier versehentlich »Christine Elisabeth«. Der Fehler wurde vom Verleger des Buches, wie aus dem Briefwechsel mit Elisabeth Rudorff ersichtlich wird, im Einverständnis der Herausgeberin stillschweigend korrigiert. (Vgl. den Brief Martin Greiners vom 16. 7. 1938 an Elisabeth Rudorff.)

15 *<in Mehringen am 16. März 1763>.*

16 So im Manuskript. Muß heißen: »Galenus ope«, nach Claudius Galenus, einem römischen Arzt griechischer Herkunft.

17 Henneke Knecht, Wunderhorn II 151, in: Des Knaben Wunderhorn. Alte deutsche Lieder, gesammelt von Achim von Arnim und Clemens Brentano. Kritische Ausgabe, hg. von Heinz Röllecke, Stuttgart 1987, Bd 2, S. 145ff.

18 So im Manuskript. »Die Nacht vor Mariä Geburt« ist nach dem Kirchenkalender die Nacht vor dem 8. September. Der 15. August ist Mariä Himmelfahrt. (Nach freundlicher Auskunft von Herrn Ulrich Baum, Lauenstein.)

19 1521 eroberten die Welfenherzöge die Burg zurück und Burchard v. Saldern wurde wieder Herr auf Lauenstein.

20 Am 20. 10. 1730. Vgl.: Lauenstein im Ith. Ein kleiner Ortsführer, hg. vom Heimat- und Verkehrsverein e.V. Lauenstein. Zusammengestellt und bearbeitet von Ulrich Baum. Januar 1976, [S. 23].

21 Wort im Manuskript nicht identifiziert.

22 Fiktive Figur Laurence Sternes in seinen Büchern. Gemeint ist hier wahrscheinlich Sternes Werk: A sentimental journey through France and Italy (Yoricks empfindsame Reise durch Frankreich und Italien).

23 Frei nach Schiller, Die Jungfrau von Orleans: »Dies Herz, von Himmels Glanz erfüllt, / darf einer ird'schen Liebe schlagen?« (4. Aufzug, 1. Auftritt; V. 2544f.)

24 Leberblümchen.

25 Im Manuskript steht in schwarzer Tinte 1737; das wurde mit Bleistift verbessert zu 1750.

26 *<Brauerei>.*

27 Ergänzung im Typoskript: **(Matthisson?)**

28 Wilhelm Heinrich von Rudorff (1741–1832), Generalmajor, Chef der »Rudorffschen Leibhusaren«.

29 Carl Meyer.

30 »Wo der Anteil sich verliert, verliert sich auch das Gedächtnis«. Johann Wolfgang von Goethe: Maximen und Reflexionen (Erfahrung und Leben) 1303, in: ders.: Werke, Hamburger Ausgabe in 14 Bänden, Band 12, hg. v. Erich Trunz u. a., München 1982, S. 539.

31 Zeichnungen, Abbildungen.

32 Die hier geschilderten Anekdoten sind nicht belegt. Bornholm kam 1525 für 50 Jahre als Lehen an Lübeck. In der »Grafenfehde« (1533–1536) versuchte der Lübecker Bürgermeister Jürgen Wullenwever mittels Kriegen gegen Holland, Dänemark und Schweden die Vormachtstellung Lübecks zu erzwingen, scheiterte aber und wurde 1537 hingerichtet.

33 Das im Mittelalter von der Stadt Lübeck geschaffene Stadtrecht (»Lübisches Recht«) war das älteste Stadtrecht Deutschlands und umfaßte etwa 100 Städte. Es galt zum Teil bis 1899.

34 Ob das Vorhaben realisiert wurde, ist ungewiß; eine Veröffentlichung konnte nicht ermittelt werden.

35 Achsnagel.

36 Wilhelm von Rudorff wurde 1741 geboren, war zu diesem Zeitpunkt also 82 Jahre alt.

37 Barthold Georg Niebuhr: Römische Geschichte Th. 1. 2. Berlins Realschulbuchhandlung 1811–12, hier: Th. 1, S. XIIIf. In Einzelheiten abweichend.

38 Scharnhorst wurde 1802 geadelt, Hardenberg erhielt 1814 den Fürstentitel.

39 »Preziosa« von Carl Maria von Weber.

40 In Limmer an der Leine bei Hannover.

41 Klingemann kam bereits 1818 als Registraturgehilfe der Königlich Hannoverschen Gesandtschaft nach Berlin. Im Jahr 1825 bezog die Hannoversche Gesandtschaft Teile des von Abraham Mendelssohn Bartholdy erworbenen Palais in der Leipziger Straße 3, in dem auch Felix Mendelssohn Bartholdy und seine Geschwister aufwuchsen. Im Herbst 1827 siedelte Klingemann nach London über, wo er »bei der ›Königlich Teutschen Kanzley‹ angestellt« wurde, die »Hannover an Stelle einer Gesandtschaft in London unterhielt.« Vgl. Hugo Burath, Karl Klingemann 1798–1862, Leipzig 1930, S. 5–7.

42 Felix Mendelssohn Bartholdy an Karl Klingemann in London, 6. Dezember 1846, in: Felix Mendelssohn Bartholdy: Briefe aus den Jahren 1830 bis 1847, hg. von Paul Mendelssohn-Bartholdy und Dr. Karl Mendelssohn-Bartholdy, 2 Bde, Leipzig 1861, 1863; hier: Bd 2, Briefe aus den Jahren 1833 bis 1847, Leipzig 1863, S. 470.

43 Sebastian Hensel: Die Familie Mendelssohn 1729 bis 1847. 2 Bde, 15. Aufl., Berlin 1911.

44 Im Jahr 1909 erschien: Felix Mendelssohn Bartholdys Briefwechsel mit Legationsrat Karl Klingemann in London, hg. u. eingel. von Karl Klingemann. Essen 1909.

45 Zu diesem und zu den im folgenden erwähnten Liederheften vgl. ebd., S. 6: »Von Klingemanns Liedern war eine kleine Auswahl im Jahre 1826 in einem längst verschollenen Berliner Verlag gedruckt worden; später erschienen sechs andere Lieder im Verlage von Breitkopf und Härtel. Diese letzteren wurden im

Jahre 1898 zum hundertsten Geburtstag Klingemanns mit zwei jener älteren Lieder neu herausgegeben.« Die Hefte von 1826 und 1898 konnten nicht ermittelt werden.

46 Ernst Rudorff hatte handschriftliche Lieder Klingemanns erhalten und schrieb nach deren Durchsicht an dessen Sohn Karl Klingemann junior am 21. März 1902 einen Brief über deren Qualität (vgl. ebd., S. 7).

47 Karl Klingemann: Sechs Lieder für eine Singstimme mit Begleitung des Pianoforte. Leipzig, Breitkopf und Härtel [1860].

48 1898.

49 Klingemann, Karl: Felix Mendelssohn-Bartholdys Briefwechsel mit Legationsrat Karl Klingemann in London, S. 343. In Einzelheiten abweichend!

50 Friedrich Karl von Savigny: Geschichte des Römischen Rechts im Mittelalter, Heidelberg 1815–1831.

51 Auf S. 81 dagegen: 24. Vgl. hierzu Fußnote 6.

52 Adolf Rudorff: De lege Cincia. Diss. inaug. Berlin 1825.

53 1758 ist er als Husar im Husarenbatallion von Belling eingetreten.

54 Geb. 1741, also 83 Jahre alt.

55 Handschriftliche Ergänzung in Manuskript und Typoskript: **Hier folgt der Brief über die einzelnen Gegenstände des Examens. Er ist im Zusammenhang mit dem übrigen Brief in der Festgabe der deutschen Juristenzeitung zur Jahrhundertfeier der Berliner Universität: »Die juristische Fakultät der Universität Berlin« (1910) S. 112ff.** [–116] **faksimiliert wiedergegeben.**

56 Die juristische Fakultät der Universität Berlin von ihrer Gründung bis zur Gegenwart in Wort und Bild, in Urkunden u. Briefen. Mit 450 handschriftl. Widmungen, hg. von Otto Liebmann, Berlin 1910, S. 112–115. In Einzelheiten abweichend.

57 Digestarum seu Pandectarum libri quinquaginta ex Florentinis Pandectis repraesentati, hg. von Francesco Torelli, Florenz 1553.

58 Die Adressenangabe wurde bestätigt durch das Geheime Staatsarchiv der Stiftung Preußischer Kulturbesitz anhand der »Wohnungsanzeiger für Berlin« für das Jahr 1825.

59 Aus den genannten Figuren geht hervor, daß Achim von Arnims Novelle »Holländische Liebhabereien« aus der Sammlung »Landhausleben« gemeint ist.

60 In der Novelle heißt die Figur Hemkengriper (»einer der Heimchen aufgreift, also die Landplagen«) und ist eine Anspielung auf den Dichter Johann Heinrich Voß, mit welchem Arnim im Streit lag. Vgl. Achim von Arnim: Werke in sechs Bänden, hg. von Roswitha Burwick u. a., Bd 4: Sämtliche Erzählungen 1818–1830, Frankfurt/M. 1992, zur Entstehung, S. 1213ff. sowie den Stellenkommentar zu S. 550, S. 1295.

61 Ludwig Achim von Arnim: Die Kronenwächter. Erster Theil, in: Ders.: Sämmtliche Werke. Neue Ausgabe. Fünfzehnter Band, Berlin 1857, S. 277.

62 Vgl. Achim von Arnim: Werke in sechs Bänden, hg. von Roswitha Burwick u. a., Bd 5: Gedichte, Frankfurt/M. 1994, S. 1001f. Zuerst erschienen in: Letzte Andenken von Kühnemund von Arnim, hg. von Friedmund von Arnim, Berlin 1860, S. 3–5. (Ausgabe nicht greifbar.)

63 Die Ausgabe war nicht zu ermitteln. Die einzige nachweisbare Veröffentlichung zu diesem Thema ist: Adolf Rudorff und Heinrich Jahncke: Ulpians Fragmente. Nach dem Vortrage ... im Wintersemester 1834/35 des ... Herrn Professor Dr. Rudorff. [Nachgeschrieben von Heinrich Jahncke]. Beigefügt: Die Zwölf-Tafel-Gesetze von Klenze, [Berlin] 1835.

64 Friedrich Schleiermacher: Schleiermacher's Räthsel und Charaden. – 3. verm. Aufl. mit einem Anh. von Räthseln und Charaden Ph. Buttmann's, Berlin 1883.

65 Des Dec[imus] Magnus Ausonius Mosella. Lateinisch und deutsch. Nebst einem Anhange, enthaltend einen Abriß von des Dichters Leben, Anmerkungen zur Mosella, die Gedichte auf Bissula. Von Eduard Böcking, Berlin 1828.

66 Gemeint ist vermutlich die Schrift: Über die notitia dignitatum utriusque imperii. Eine Abhandlung zur Literaturgeschichte und Kritik. Eduard Böcking, Bonn 1834. – Von 1839 bis 1850 gab Böcking die Notitia dignitatum et administrationum omnium tam civilium quam militarium in partibus Orientis et Occidentis [...] heraus, eine der wichtigsten Quellen für die Kenntnis der spätrömischen und zugleich der frühgermanischen Verfassungsgeschichte.

67 Auf S. 85 dagegen: Boudignen.

68 Adolf Rudorff: Das Edikt des Tiberius Alexander, in: Rheinisches Museum für Philologie, Geschichte und griechische Philosophie, hg. von Niebuhr, Jg. 2 (1828), S. 64–84, 133–190.

69 Es handelt sich um die berühmten, von Humboldt im Nachhinein so bezeichneten Kosmos-Vorlesungen, 21 Vorträge, die er im Winter 1827/28 an der Berliner Universität hielt und in der Singakademie wiederholte. Vgl.: Alexander von Humboldt: Über das Universum. Die Kosmosvorträge 1827/28 in der Berliner Singakademie, hg. von Jürgen Hamel u. a., Frankfurt/Main u. a. 1993.

70 Adolf Rudorff: Über die caducorum vindicatio, in: Zeitschrift für geschichtliche Rechtswissenschaft, hg. von Friedrich Karl von Savigny u. a. Sechster Band, Berlin 1828. Heft III, S. 397–428.

# Teil II: »Familie und Jugend meiner Mutter«

*<3. Kapitel*

*Die Familie meiner Mutter – Meine Urgroßmutter Hensler – Vermählung mit Johann Friedrich Reichardt – Reichardt als Musiker und Mensch – Die Übersiedlung nach Giebichenstein – Das Reichardtsche Haus>*

*Um die Mitte des 18. Jahrhunderts lebte und wirkte in Hamburg der Urgroßvater meiner Mutter, Pastor Julius Gustav Alberti. Er war am 26. August 1723 in Hannover geboren, hatte in Göttingen studiert und seine Laufbahn im Hannoverschen mit Erfolg begonnen. Bald wurde er in weiteren Kreisen als ein der kirchlichen Orthodoxie ziemlich abgewandter Mann von hellem Verstand und lebhaftem Geist bekannt. So war man auch in Hamburg auf ihn aufmerksam geworden, und es gelang der Partei der Aufgeklärten, seine Wahl zum Diakonus an der St. Katharinenkirche durchzusetzen. Hier wartete seiner reichliche Anerkennung, aber auch ebensoviel Kampf und Verdruß. Während er zu Klopstock und namentlich zu Lessing in nahen freundschaftlichen Beziehungen stand, wurde er von dem in starrer, finsterer Orthodoxie befangenen Hauptpastor Götze mit fanatischem Eifer geschmäht und verfolgt. Daß Alberti zwar kein engherziger, am Buchstaben klebender Pfaffe, wohl aber ein wahrhaft frommer Christ war, wird schon durch die Art bewiesen, in der Matthias Claudius seiner gedenkt. Doch das genügte seinem Gegner nicht. Vollends aber die warme Freundschaft und Verehrung, die Alberti für Lessing hegte, trug ihm den gesteigerten Haß seines Kollegen ein, der mit* dem Schöpfer »Nathans des Weisen« *in öffentlicher Fehde lag. Die fortdauernden gehässigen Angriffe Götzes, der alle Mittel, wenn auch vergeblich, in Bewegung setzte, um Albertis Gemeinde gegen ihren Geistlichen aufzuhetzen, mögen dazu beigetragen haben, dem erregbaren heftigen Mann den Lebensfaden abzukürzen. Er starb 49 Jahr alt am 30. März 1772, eine Witwe und elf Kinder zurücklassend. Noch ehe er nach Hamburg übersiedelte, hatte er sich mit Charlotte Dorothea Offeney verheiratet, mit der er 18 Jahre in glücklichster Ehe verlebte. Nun trat ernste Sorge in den Lebensgang der vortrefflichen Frau, die ihr reichliche Gelegenheit gab, ihre äußere und innere Tüchtigkeit, ihren tapferen Gleichmut zu bewähren. Aus dem Munde meiner Mutter liegt mir noch der kleine, lustig klingende Vers in den Ohren, in den die Rufnamen der elf Albertischen Kinder der Reihe nach sich hatten bringen lassen:*

*Hannchen, Gustav, Nettel, Betty,*
*Arnold, Carl, Lottchen, Luise,*
*Miken, Malchen, Friedrich.*

*Aber die Aufgabe, diese reichliche Nachkommenschaft ohne väterlichen Beistand zu erhalten und zu erziehen, erschien minder lustig. Auch hier jedoch bewährte sich das Wort: »Des Vaters Segen bauet den Kindern Häuser.« Alberti war nicht umsonst ein ausgezeichneter Prediger, ein treuer Seelsorger gewesen. Seine Gemeinde lohnte ihm, was er ihr gegeben hatte, mit der Tat. Von allen Seiten war man bereit, der Witwe hilfreich beizustehen, und so war bald dafür gesorgt, daß wenigstens eigentliche Not ihrem Leben ferngehalten wurde. Nichtsdestoweniger blieben die Verhältnisse äußerst bescheidene; so daß z. B. eine Zeitlang für drei der Schwestern zusammen nur ein Mantel vorhanden war, mit dessen Tragen sie im Winter abzuwechseln hatten.*

*Noch in demselben Jahr 1772, in dem der Vater starb, verheiratete sich die sehr schöne, damals siebzehnjährige älteste Tochter Johanna mit dem dreißigjährigen Peter Wilhelm Hensler. Dieser war in Preetz in Holstein geboren, hatte in Göttingen Jura studiert und nach manchem Wechsel des Aufenthaltes eine bescheidene Stellung in Altona angenommen. Hier trat er in nahe Beziehung zu dem nachmaligen dänischen Minister Struensee, dessen geniale Leichtfertigkeit ganz danach angetan war, seine Anschauungen zu lockern. Hensler war nicht ohne dichterisches Talent, und der scharfe Witz, der seine Epigramme unter den Zeitgenossen beliebt machte, zeugt zugleich von jenem zersetzenden Einfluß. Später ließ er sich in Stade als Advokat nieder, gewann bald eine bedeutende Praxis und wurde Landsyndikus der Stände des Herzogtums Bremen. Seinem nüchternen, zum Spötteln geneigten Wesen hielt angeborene Tüchtigkeit und Redlichkeit das Gleichgewicht, so daß er als Ehemann seiner jungen Frau keinen Anlaß zu Klagen gab. Aber die Gemeinschaft war nur von kurzer Dauer. Nach sieben Jahren erlag er am 29. Juli 1779 einem hitzigen Fieber, seine Johanna mit drei Kindern im Alter von fünf, drei und einem Jahr zurücklassend: einen Sohn*

*Wilhelm und zwei Töchter Charlotte und Wilhelmine, – oder, wie sie ihr Leben lang genannt wurden, Lotte und Mine –, von denen die älteste dermaleinst die Mutter meiner Mutter werden sollte. Vermögen war nicht vorhanden, und so blieb für die verlassene Witwe nichts anderes übrig, als mit ihrer kleinen Schar wieder zur Mutter Alberti nach Hamburg zurückzukehren, um hier die Zahl der hungrigen Mägen zu vermehren. Man richtete sich ein so gut es ging, und mochte die Lebensführung in allem Äußerlichen noch so einfach sein, der vertraute Verkehr mit guten und geistig hervorragenden Menschen war der Familie doch als Hinterlassenschaft des Vaters geblieben. Der Sievekingsche gesellige Kreis in Hamburg gehörte viele Jahre hindurch zu den ausgezeichnetsten im nördlichen Deutschland, und in diesem war man durchaus heimisch.* Amalie Sieveking, die Tochter von Reimarus, war in fast täglichem Verkehren mit Johanna aufgewachsen und empfing die zurückkehrende Freundin mit offenen Armen. *Da geschah es nach Verlauf von ein paar Jahren, daß Johann Friedrich Reichardt, damals schon als Komponist und Hofkapellmeister Friedrichs des Großen vielgenannt, in Hamburg erschien. Er hatte im Mai des Jahres 1783 seine erste Frau Juliane, die Tochter des Komponisten Benda, durch den Tod verloren, war darauf mehrere Monate in Italien gewesen, hatte sich in Wien einige Wochen aufgehalten, um vor allem mit Gluck persönliche Beziehungen anzuknüpfen, und besuchte nun schließlich gegen Ende des Sommers auch Hamburg, wo ihn ein Kreis schon früher dort erworbener Freunde erwartete. Im Hause des großen Handelsherrn Georg Heinrich Sieveking fand er gastliche Aufnahme und lernte hier die jung schöne Witwe Johanna Hensler kennen. Rasch erwachte in ihm die leidenschaftlichste Liebe, sie fand volle Erwiderung, und schon am 14. Dezember desselben Jahres wurde das Paar getraut. Kaum sieben Monate waren vergangen, seitdem der heißblütige Mann Witwer geworden war. Nun kehrte Reichardt mit seiner neugewonnenen Gattin und deren drei Kindern aus erster Ehe nach Berlin zurück, um seine Tätigkeit als Kapellmeister nach der langen Urlaubszeit wieder aufzunehmen. Auch er besaß aus erster Ehe zwei Töchter: die vierjährige Luise, deren Name später durch ihre Liedkompositionen bekannt wurde, und die kleine Juliane, im Hause »Jule« genannt, die noch nicht ihr erstes Lebensjahr vollendet hatte. Zwischen diesen aber und den drei Henslerschen Kindern, die nunmehr unter einem Dach vereinigt wurden, entwickelte sich, obwohl alle Blutsverwandtschaft fehlte, das hübscheste, einträchtigste geschwisterliche Verhältnis, und es verdient als etwas selten Erfreuliches, namentlich auch für die echte Güte beider*

*Eltern Zeugnis Ablegendes hervorgehoben zu werden, daß von Parteilichkeit und Eifersüchteleien zwischen den verschiedenen Elementen der Familie niemals das geringste zu spüren war. Dies schöne Verhältnis übertrug sich weiter auch auf die zahlreichen nachgeborenen Halbgeschwister aus der neugeschlossenen Reichardtschen Ehe. Man gehörte lebenslang unauflöslich zusammen und liebte sich mit aufrichtiger Herzlichkeit.*

*Reichardt war im Jahr 1752 am 25. November in Königsberg geboren, also nur um drei Jahre älter als seine zweite Gattin. Nach einer ruhelosen, an abenteuerlichen Kreuz- und Querzügen reichen Jugend war es dem Dreiundzwanzigjährigen durch einen kühnen Wurf gelungen, Hofkapellmeister an der Berliner Oper zu werden. Im August 1775 hatte er zufällig erfahren, daß Friedrich der Große anstelle des kürzlich verstorbenen Agricola einen Kapellmeister suche, der die Manier Hasses und Grauns beherrsche. Unverzüglich machte er sich daran, eine bereits früher entworfene Oper zu vollenden, sandte nach wenigen Wochen seine Arbeit ein und erhielt die Stellung.*

*Reichardt war einnehmend in seiner Erscheinung und auch abgesehen von seinem musikalischen Talent von reicher, vielseitiger Begabung. Mochte sein Entwicklungsgang noch so regellos gewesen sein, mit seiner lebhaften Auffassung hatte er sich dennoch eine solche Fülle von Bildungselementen angeeignet, daß er auf den verschiedensten Gebieten zu Hause zu sein schien. Er wollte sich von seinen einseitigen Fachgenossen unterscheiden und nicht nur als halbgebildeter Musikmeister in der Welt dastehen. Er war ein eifriger Anhänger Kants und der neueren kritischen Philosophie. Er hatte eine Zeitlang im Fach der Verwaltung gearbeitet. Auch als Schriftsteller trat er auf. Kurz, in der mannigfaltigsten Weise versuchte er sich. Auf seinen Reisen hatte er von frühauf gesucht, mit allen irgendwie hervorragenden Männern in Berührung zu treten. So hatte er schon vor seiner Berufung nach Berlin die persönliche Bekanntschaft von Gleim in Halberstadt, von Lessing in Braunschweig, von Klopstock, Matthias Claudius und Emanuel Bach in Hamburg gemacht. Später endlich knüpfte er Beziehungen mit dem von ihm über alles verehrten Goethe an. Daß ein solcher Mann bei seiner Niederlassung in Berlin in den dortigen literarischen Kreisen die beste Aufnahme hatte finden müssen, liegt auf der Hand. Sein Haus war schon während seiner ersten Ehe mit der musikalisch begabten Juliane Benda, die er im Jahre 1777 geheiratet, der Mittelpunkt anregender Geselligkeit gewesen und wurde ein solcher in gesteigertem Maß während der Jahre, die er mit seiner zweiten Gattin in Berlin verlebte. Immer waren ein paar der jüngeren Albertischen Töchter aus Hamburg als Gäste für Monate oder gar Jahre anwesend, um der Schwester nach Kräften die Sorgen für den Haushalt und die kleineren Kinder abzunehmen. Schon ein Jahr nachdem der neue Ehebund geschlossen war, wurde eine Tochter Johanna (Hanne) geboren, der später noch zwei andere Töchter und zwei Söhne folgen sollten. Mittlerweile wuchsen die älteren Geschwister allmählich zu Jünglingen und Jungfrauen heran, und dies gab nach Ablauf einiger Jahre eine Fülle heiterer, blühender Jugend, wie sie nicht allzuoft unter einem Dache sich versammelt findet. Reichardt bewohnte damals mit den Seinigen ein schönes, von ihm als Eigentum erworbenes Haus, nach altem Schlage aus Erdgeschoß, einem Stockwerk darüber und großem Dachraum bestehend, das auf der westlichen Seite der Friedrichstraße wenige Minuten vom Halleschen Tor entfernt lag. In meiner Knabenzeit war es längst in andere Hände übergegangen, stand aber noch unverändert da, und ich erinnere mich gut, wie vorteilhaft es sich vor seinen Nachbarn durch sein feines, vornehmes Ansehen auszeichnete. Dies Haus mit seinen reichlichen, behaglichen Räumen und dem großen Garten dahinter bildete den erwünschtesten Schauplatz für alles frohe Leben und Treiben, das es beherbergte.*

*Ein bedeutungsvolles Ereignis bildete der Eintritt des jungen Ludwig Tieck in diesen Kreis. Der älteste Sohn des Hauses, Wilhelm Hensler, eine liebenswürdig offene, munter bewegliche Natur, war von dem Stiefvater als Schüler in das Friedrichsgymnasium auf dem Werder getan worden, um hier seine wissenschaftliche Ausbildung bis zur Universität zu erhalten. Diese Anstalt hatte unter dem Direktor Gedicke einen ungewöhnlichen Ruf erhalten und galt damals als die zweifellos beste in Berlin. Auf der Schulbank wurde er der unmittelbare Nachbar Tiecks, der, 1773 geboren, nur um ein Jahr älter war als er, und zwischen beiden entspann sich allmählich ein vertrauliches Verhältnis. Rudolf Köpke, Tiecks Biograph berichtet – in der Hauptsache nach dessen eigenen Mitteilungen – das Folgende:*

*»Hensler unterließ es nicht, den neugewonnenen Freund in das Haus seines Stiefvaters einzuführen, wo jener so allgemeine Theilnahme und Zuneigung erweckte, daß er bald in demselben vollständig heimisch wurde. Zu Zeiten übersiedelte sich Ludwig ganz dorthin, und wie Arbeit und Zerstreuungen theilte Hensler auch das Zimmer mit ihm. Er konnte mehr für den Sohn wie für den Freund des Hauses gelten. ... Es gab in Berlin vielleicht kein Haus, das für die Fortbildung einer emporkeimenden Dichterkraft eine bessere Schule gewesen wäre, als das des Kapellmeisters Reichardt. Es war ein Sammelplatz für Künste und*

*Künstler. Der frische Geist der dichterischen und künstlerischen Erhebung, der Deutschland seit zwei Jahrzehnden durchzog, und es fast zu verjüngen schien, wirkte hier lebendiger als irgendwo. Man besaß Geist und Geschmack, verfolgte mit Antheil jede neue Wendung in Kunst und Literatur, und nahm eifrig für und wider Partei. Mit dem Nachdruck des tiefern Kunsteifers wurde Musik getrieben, Goethe verehrte man als den Genius der neuern Zeit und Poesie, und allgemeine künstlerische Ausbildung galt für unerläßliche Pflicht. Hier war der Kreis, in dem Ludwig's jugendliches Talent seiner Reife entgegengeführt werden konnte.«* [1]

»Zunächst fand seine Neigung für das Theater hier nicht nur neue Nahrung sondern auch Ausbildung. Es war die Zeit, wo in Berlin die Theaterliebhaberei immer mehr Boden gewann. ... Man las in Gemeinschaft dramatische Dichtungen nach Rollenvertheilung, und stellte endlich zu eigener Übung in geselligen Kreisen Versuche in den mimischen Künsten an. In Reichardts Hause sah man es daher nicht ungern, als sich um den Stiefsohn eine Anzahl fähiger Jünglinge sammelte, und aus kindischen Anfängen ein Liebhabertheater hervorging, das zuletzt die Haltung ernster Studien annahm. Bis dahin hatte Ludwig sein Theatertreiben in alter Weise fortgesetzt. Zu Hause, im Freien, wo es irgend anging, hatte er mit seinen Geschwistern auf improvisirter Bühne ... ehemals gespielt. ... Alles gewann ein anderes Ansehen, als man unter Reichardt's Augen zu spielen anfing. ... Zu der leitenden Einsicht gesellten sich bedeutendere Hülfsmittel. Ein ziemlich zahlreiches für die Sache begeistertes Personal fand sich beisammen. Alle Freunde Hensler's und Ludwig's wurden dazu herangezogen, die irgend Lust und Neigung hatten, an diesen Versuchen theilzunehmen. Durch Kauf und Geschenk erwarb man eine Art von Garderobe und für manchen andern Bedarf sorgte die Geschicklichkeit Friedrich Tieck's[1], den der Vater 1790 zu dem Bildhauer Bettkober in die Lehre gab. ... Für die Ritterstücke wußte er die unentbehrlichen Helme und Panzer mit kunstgeübter Hand aus Pappe, Gold- und Silberpapier anzufertigen, und den edeln Rost des Alterthums so täuschend nachzuahmen, daß auch er in seiner Kunst allgemeinen Beifall fand. Endlich konnte man auf ein, wenn auch nicht zahlreiches, doch gebildetes und urtheilsfähiges Publikum rechnen, das zugleich durch seine persönliche Theilnahme ermuthigend einwirkte. Man wagte sich an die Darstellung großer, ja klassischer Schauspiele. Vor keiner Schwierigkeit bebte man zurück; je

1 Der spätere Bildhauer Friedrich Tieck, geb. 14. August 1776, gest. Mai 1851.

unübersteiglicher die Hindernisse schienen, desto lieber suchten die jungen Künstler sie zu überwinden. ... Die schwierigsten Charaktere im Trauerspiele wie im Lustspiele hatte man Ludwig mit voller Anerkennung seiner Überlegenheit abgetreten. Und in der That die glückliche Anlage für mimische Charakterdarstellung trat bei ihm unzweideutig hervor. Er besaß Alles, was dazu erforderlich war; eine edle schlanke Gestalt, eine klangvolle, umfassende Stimme, die von den feinsten Wandlungen bis zum gewaltigen Donner der Leidenschaft anschwellen konnte, ein ausdrucksvolles Gesicht, das mit ungesuchter Kunst jede Bewegung des Innern widerspiegelte. Doch seine Hauptstärke lag in einem andern Punkte; der Dichter machte bei ihm den Schauspieler. Es war nicht die nachahmende Darstellung des gewöhnlichen Schauspielers, welche er gab, sondern er schuf selbst, wenn er spielte, er ging dem Dichter nicht allein nach, er ergänzte und überholte ihn oft. Es leitete ihn ein tieferes, ahnendes Verständniß der Dichterwerke. Mit den ersten Worten, die er sprach, erfüllte ihn seine Rolle ganz, die Täuschung wurde zur Wahrheit, er wandelte sich in den fremden Charakter um. Er glaubte die Person zu sein, welche er darstellte, und war es auch nach dem Eindrucke zu schließen, welchen er auf seine Freunde, auf die Zuschauer machte.«[2]

»Indessen gewannen diese Darstellungen noch einen Reiz anderer Art, der freilich nicht aus dem Kunsteifer hervorging. Zu den Spielen vor den Coulissen gesellte sich ein zweites hinter denselben, das mindestens ebenso anziehend war als jenes. Zu dem Publikum gehörte auch Reichardt's Frau und deren Schwestern. Die beiden jüngern derselben« (Marie und Amalie Alberti, oder Miken und Malchen) »waren mit den Kunstgenossen bald bekannter geworden, und wurden von diesen trotz ihrer Jugend und Anmuth mit dem ehrwürdigen Namen der ›Tanten‹, den sie in der Familie führten, scherzweise bezeichnet. Anfangs hatten die Tanten den dramatischen Spielen mit vollem Beifalle zugesehen, dann ließen sie sich bereit finden, auf ihre Stellung zu verzichten, und zur Unterstützung dieser Kunstübungen einige passende Rollen zu übernehmen. Nun erhielten die Vorstellungen einen verdoppelten Schwung; man spielte mit dem feurigsten Eifer, und unter der Hülle der gemalten Leidenschaft fing die wirkliche an lebendig zu werden.«[II]

»Es konnte nicht fehlen, daß der Ruf dieser werdenden Kunstschule über die bescheidenen Gränzen der Familie und des Hauses hinausging. Reichardt mochte das nicht ungern sehen und bald fand sich eine Gele-

II Tieck heiratete später Malchen. [Verlobung 1796, Hochzeit 1798]

genheit, die gewonnene Virtuosität auf einem ganz andern Schauplatze zu zeigen.«[3]

Auch mit dem Hofe stand Reichardt in Verbindung: seine Stellung als Kapellmeister führte das mit sich. Friedrich der Große war 1786 gestorben und sein Nachfolger Friedrich Wilhelm II., der bekanntlich ein großer Musikliebhaber war, hatte Reichardt seine besondere Gunst zugewandt. Wer bei Hofe verkehrte, mußte wohl oder übel sich auch mit der beherrschenden Stellung abfinden, die die Frau des Kammerdieners Rietz hier einnahm. Sie hatte ein geschmackvolles Haustheater errichten lassen, auf welchem von dem Könige und dessen nächster Umgebung bisweilen Vorstellungen gegeben wurden. Bei einer festlichen Veranlassung sollte hier Reichardts Singspiel »Erwin und Elmire« von einigen Sängern und Sängerinnen des Hoftheaters unter Leitung des Komponisten zur Aufführung gebracht werden und darauf eine Art von Pantomime mit malerischen Gruppierungen folgen, zu deren Ausführung auch die Reichardtschen Kinder herangezogen wurden. Das Ganze sollte den Charakter eines Familienfestes tragen. Meine Großmutter und Großtante, die beiden Schwestern Hensler, wußten noch in ihrem Alter von diesem Ereignis mit Humor zu erzählen. Sie hatten damals auf der Grenze zwischen Kind und Backfisch gestanden, und in ihrem etwas nymphenhaft dürftigen Kostüm war es ihnen wohl nicht allzu behaglich zumute gewesen; immerhin hatte ihnen das Ganze außerordentliches Vergnügen gemacht und einen unauslöschlichen Eindruck hinterlassen. Wilhelm Hensler dagegen, ihr um ein paar Jahre älterer Bruder, hatte bereits das volle Bewußtsein von der Ungehörigkeit der Verhältnisse, auf deren Boden die Sache vor sich gehen sollte. Er wurde von seinem Stiefvater dazu ausersehen, einen Prolog zur Einleitung des Ganzen zu sprechen, den dieser selbst für die Feier gedichtet hatte, wies aber die ihm zugeteilte Rolle mit Entrüstung zurück.[4] Reichardt geriet in nicht geringe Verlegenheit. Endlich wurde der Widerstrebende durch eine verlockende Aussicht bestimmt nachzugeben. Man machte ihm Hoffnung, daß er durch Vermittlung seines Stiefvaters die für die Vorstellung angefertigten glänzenden Kostüme für die eigene Theatergarderobe würde erwerben können. Das half, und er sprach den Prolog. Freilich konnte er seinen inneren Widerwillen nicht ganz bemeistern und brachte die Worte nur mit nüchternem trockenen Ton heraus. Doch nahm man das als Befangenheit, und alles übrige gelang zur größten Befriedigung sämtlicher Versammelten. Der König ließ sich die Kinder vorstellen und lobte ihre Geschicklichkeit und Anstelligkeit.

Es verging aber nicht lange Zeit, bis nicht nur alles Theaterspielen ein Ende hatte, sondern überhaupt die heitere Gemeinschaft sich auflöste, die sich im Reichardtschen Hause zusammengefunden hatte. Freilich Tieck, der schon bald nach seinem Eintritt in diesen Kreis seine volle Leidenschaft der jüngsten Reichardtschen Schwägerin Amalie Alberti zugewandt hatte, verlobte sich schließlich mit dieser und hatte damit ein Band geknüpft, das unlöslich war. Einstweilen schlug aber auch für ihn die Trennungsstunde. Um gleich zu heiraten war er noch zu jung. Einige Jahre vergingen, die er fern von seiner Braut verleben mußte. Dann aber führte er sie heim und wurde für alle Zeit ein von allen Seiten geliebtes und hochgeschätztes Glied der Familie.[III]

*In Reichardts Natur lag etwas Ruheloses. Tieck sagte später von ihm: »Seine unruhige Vielthätigkeit zersplitterte seine Kräfte und beförderte ein starkes Selbstvertrauen, welches, da er Alles kennen und verstehen wollte, ihn bisweilen über seine Grenzen hinausführte.«[5] Wenn dies schon von der Art seiner Bildung, seines Tuns und Wesens gilt, so war seine äußere Lebensführung vollends ein ewiges Hin und Her. Von früher Jugend an wurde er in der Welt umhergeworfen oder zog aus eigenem Antriebe auf Abenteuer aus, und das blieb im großen und ganzen so, bis Krankheit und Tod ein Ziel setzten. Der rastlose Trieb zu reisen, etwas Neues zu sehen, zu erleben, zu unternehmen, ließ ihn niemals recht an einer Stätte haften. So lange Friedrich der Große lebte, fand er in seiner Stellung als Theaterkapellmeister wenig Befriedigung. Er ließ es zwar anfangs an Bemühung, die Oper, das Personal, die Leistungen des Orchesters zu heben, nicht fehlen, und der Intendant Joachim Erdmann von Arnim – der Vater Achim von Arnims – stand ihm dabei treulich zur Seite. Doch der König verlor mehr und mehr alles Interesse am Theater und erschien fast niemals in seiner Loge. Er ließ die Dinge gehen, wie sie wollten, die schlimmsten Übelstände durften ungehindert Platz greifen, und so erlahmte denn auch die Teilnahme des Publikums. Diese Verhältnisse lassen es begreiflich erscheinen, wenn Reichardt Anregung und Gelegenheit zu erfreulicherer Betätigung seiner Talente auf Urlaubsreisen suchte. Erhebliche Besserung trat in Berlin ein mit dem Regierungsantritt Friedrich Wilhelms II. Aber es währte nicht lange, bis wiederum allerlei Intrigen ihm das Leben verbitterten und ihn schließlich veranlaßten, im Frühjahr des Jahres*

III Ich mag nicht unterlassen, hier auf die schöne Schilderung hinzuweisen, die Steffens in seinem Buch »Was ich erlebte« Band 4, S. 368–381 von Tiecks Persönlichkeit gibt.

*1791 sein Amt niederzulegen. Der König, der Reichardt wohlgesinnt war, beantwortete sein Entlassungsgesuch damit, daß er ihm einen dreijährigen Urlaub unter Beibehaltung seines vollen Gehalts gewährte. Die Fürstin von Anhalt-Dessau, die ihm in begeisterter Freundschaft zugetan war, gewährte ihm die Mittel, einen Landsitz in Giebichenstein bei Halle zu erwerben, und so verließ er mit seiner Familie bald darauf Berlin, um in seinem neuen Besitztum eine Heimat zu finden, deren poetische Reize ihresgleichen suchten. Dennoch trieb ihn sein Dämon, als er kaum die Seinigen hier geborgen wußte, schon wieder in die Weite und Ferne. Die Gedanken der französischen Revolution hatten seinen erregbaren Geist mehr und mehr gefangengenommen. Wenn etwas Aufsehen erregte, so mußte er irgendwie seine Hände dabei im Spiel haben. War dies schon bei geringen Anlässen der Fall, um wieviel mehr bei einer Bewegung, die wie diese die ganze Welt in Mitleidenschaft zog! Er reiste also nach Paris, um in den Flammenherd mit eigenen Augen nicht nur einen Blick zu werfen, sondern auch über das, was er sah und hörte und wie er es auffaßte, sich nach Kräften in der Öffentlichkeit vernehmen zu lassen. Es ist bekannt, wie üble Folgen sein Auftreten als politischer Schriftsteller und leidenschaftlicher Verfechter der revolutionären Ideen nach den verschiedensten Richtungen hin für ihn nach sich zog. Er setzte sich damit in Gegensatz nicht nur zu dem Berliner Hofe, sondern auch zu Goethe, d. h. zu dem Manne, den er vor allen anderen in Deutschland begeistert verehrte. Unverantwortlich aber war es vollends, daß er seinen blinden Enthusiasmus auch seinem Stiefsohn Wilhelm Hensler einimpfte und damit verschuldete, daß der kaum achtzehnjährige Jüngling, der sich soeben auf der Universität in Halle hatte als Student einschreiben lassen, vom Freiheitstaumel gepackt heimlich nach Frankreich entwich. Hier vertauschte der betörte Schwärmer seinen Namen Hensler mit dem seines Stiefvaters, der sich bequem zu »Richard« mit französischer Aussprache ummodeln ließ, und trat in die französische Armee ein. So mußten nach Jahren seine beiden leiblichen Schwestern erleben, daß der Bruder als lieutenant colonel unter Napoleons Fahnen und als Feind seines Vaterlandes ihnen in Berlin wieder vor die Augen trat.*

*Reichardt selbst war von jener Pariser Reise im Jahre 1792 schon nach einigen Monaten wieder heimgekehrt. Der Revolutionsrausch hielt noch geraume Zeit bei ihm an, machte aber dann im Verlauf der Jahre allmählich gründlicher Ernüchterung Platz. Gegen Ende des Jahres 1797 hatte Friedrich Wilhelm III. den Thron bestiegen, und nun fand sich auch Gelegenheit, mit Berlin wieder anzuknüpfen. Von da ab brachte Reichardt die Wintermonate während der nächsten Jahre wieder regelmäßig in der preußischen Hauptstadt zu und stand, ohne als Hofkapellmeister amtlich tätig zu sein, doch an der Spitze des Berliner Musiklebens.* Steffens gibt in seiner Selbstbiographie von seiner ersten Bekanntschaft mit Reichardt (seinem späteren Schwiegervater) eine so lebendige und für den letzteren charakteristische Schilderung, daß sie hier wiedergegeben werden mag. Es war im Frühjahr 1799, als er auf der Reise von Jena nach Berlin in Halle kurze Zeit sich aufhielt und auch Reichardt in Giebichenstein aufsuchte. »Goethe«, schreibt er, »hatte nach einer etwas feindseligen Trennung sich ihm wieder genähert; er und (A. W.) Schlegel hatten mir Grüße aufgetragen. Ich trat jetzt durchaus als ein Fremder in das gastfreie Haus, in die Mitte einer Familie ein, deren Bildung, so wie das Interesse, welches Vater, Mutter und Töchter erregten, allgemein anerkannt war. Die Tochter, die mir bestimmt war[IV], lernte ich damals nicht kennen, sie lebte bei der Großmutter (Alberti) in Hamburg. Reichardt war eben im Begriff nach Berlin zu reisen, er wollte dort ein Concert geben; seine Oper ›Brennus‹ sollte Gegenstand dieses Concerts sein. Reichardt kam mir mit der freimüthigen Offenheit entgegen, die ihn so sehr auszeichnete; was ich von ihm früher gehört hatte, war keinesweges günstig. Sein Anschließen an die französische Revolution, seine Verbindung mit einigen Häuptern derselben, seine mehr als demokratische Gesinnung hatte ihm unter dem vorigen König den Unwillen des Berliner Hofes zugezogen. ... Dieses keine Verhältnisse schonende, politische Auftreten hatte ihn auch von Goethe getrennt; die Angriffe auf ihn in den Xenien sind bekannt.[6] ... So trat ich mit großen Vorurtheilen gegen ihn, in seine liebliche Wohnung; er führte mich in seinem Garten herum, dessen Anlage und Umgebung mich hinriß. ... Reichardt gab mir seine Adresse für Berlin, und forderte mich dringend auf, ihn zu besuchen.«[7] Später heißt es: »Ich war schon mehrere Wochen in Berlin, als ich Reichardt besuchte. Er war sehr beschäftigt. Fragmente aus Brennus sollten als Concert gegeben werden, und ich erhielt ein Billet. Er warf es mir vor, daß ich so spät gekommen war; er wollte mich mit mehreren Familien bekannt machen: jetzt war er mit dem Concert beschäftigt, und wollte gleich nach der Beendigung desselben nach Giebichenstein zurückkehren. Ich erhielt zugleich von ihm eine Einladung zu einem souper nach dem Concert. Ein Freund aus Kopenhagen war angekommen; wir fuhren nach Potsdam und kamen nach Berlin eben zur rechten Zeit zurück,

IV Johanna Reichardt, die älteste Tochter aus der zweiten Ehe beider Eltern.

um das Concert zu besuchen. An den Straßenecken fanden wir aber allenthalben Zettel angeschlagen, die ankündigten, daß das Concert nicht stattfinden würde; ich war ungewiß, ob ich dennoch der Einladung zum souper Folge leisten sollte. – Reichardt, leicht verletzbar, vielleicht, weil die Zahl der genommenen Billets ihm zu gering schien, hatte das Concert absagen lassen; aber in einem großen Saal bei Krause (im jetzigen Hotel de Brandenburg[V]) waren dennoch die Musiker der Kapelle und eine Menge Freunde, Herren und Frauen, zu einem glänzenden souper versammelt. Keiner war freundlicher, heiterer, als Reichardt, und hätte das Concert wirklich mit dem größten Erfolg stattgefunden, er konnte nicht zufriedener erscheinen. Er war, jedermann weiß es, wer ihn kannte, gern gastfreier Wirth und immer einer der Angenehmsten.

Ich hatte Manches von Reichardt vernommen, von seinen Verdiensten als Componist, von seiner Thätigkeit als Schriftsteller, und seinen mannigfachen Bekanntschaften. Er hatte, hörte ich, am Hofe, unter den Großen, in den mannigfaltigsten Verhältnissen gelebt, oft, wenn auch nur vorübergehend, bedeutenden Einfluß gehabt, und diesen fast immer, mehr für Andere als für sich selbst benutzt. Alle Welt kannte ihn. Jeder, den ich traf, war irgend einmal auf irgend eine Weise mit ihm in Verbindung gewesen. Fast alle Männer von Bedeutung in ganz Deutschland, Männer von der verschiedensten Art, waren zu irgend einer Zeit seine Freunde gewesen; er hatte mit Lavater, wie mit Goethe in langer vertrauter Verbindung gestanden. ... Seine demokratische Gesinnung hatte ihn dem Hofe verdächtig gemacht, und in Giebichenstein, wo er eine Anstellung als Direktor der königlichen Salinen bei Halle erhielt, lebte er in einer Art von Verbannung: und doch machte er diesen Aufenthalt zum Mittelpunkt einer bedeutenden Gastfreiheit. Man pries die Liebenswürdigkeit seiner Familie. Kein ausgezeichneter Mann in Deutschland kam nach Halle, ohne ihn zu besuchen. Minister, Generäle, ja Prinzen stiegen bei ihm ab. Viele tadelten, Andere rühmten ihn. Und jetzt trat mir nun dieser Mann ... zum zweiten Male entgegen. Er warf mir wieder recht lebhaft vor, daß ich ihn nicht früher aufgesucht hätte. ... Er würde mich mit bedeutenden und reichen Familien bekannt gemacht haben. ... Seine Stieftochter[VI] und ihr

V Das vor mehreren Jahren abgerissene Hotel de Brandenburg lag an der südlichen Ecke der Mohren- und Charlottenstraße mit der Hauptfront nach dem Gendarmenmarkt zu. Es war eines der schönsten und stattlichsten Gebäude der Stadt aus der Zeit Friedrichs des Großen

VI Wilhelmine Hensler hatte im Jahre 1794 ihren Onkel Carl Alberti geheiratet, der in Berlin angestellt war.

Mann, der damalige Kriegsrath Alberti, saßen mir gegenüber, Tieck, sein Schwager, mit seiner Frau in meiner Nähe. Es geschah nun, daß ich durch ein einseitig hartes Urtheil über den Dichter Voss, wenn auch nicht Tieck, so doch den übrigen Theil der Familie verletzte. Er war seit langen Jahren ein Hausfreund derselben. ... Wie wichtig mir Holberg in meiner frühesten Jugend war, habe ich schon darzustellen gesucht. Tieck gegenüber fing ich an von ihm zu sprechen, und erfuhr, wie hoch er ihn als Schauspieldichter stelle. Wie sehr ich mich freute, Tieck kennen zu lernen, wenn auch nur vorübergehend, wird ein Jeder, der an den Eindruck zurückdenkt, den sein Zerbino, so wie seine Märchen auf mich machten, leicht einsehen. Tieck erschien als ein schöner schlanker Mann; sein helles Auge voll Gluth, seine Gesichtszüge geistreich, seine Urtheile kurz und schneidend, sinnvoll und bedeutend. Ich verließ die Gesellschaft, die mich mit so ausgezeichneten Männern in Berührung brachte, sehr befriedigt, obgleich ich durch mein hartes Urtheil über Voss mich wahrscheinlich einer Familie, mit der ich später in so genaue Verbindung treten sollte, nicht empfohlen hatte.«[8] – Soweit Steffens! – *Es folgten stürmische Zeiten, die mit ihrer Gewalt auch in sein Leben umstürzend eingriffen. Abgesehen aber von allen Schicksalsschlägen, die ihn zwangen, die Scholle zu verlassen, von allen freien Entschlüssen, die ihn immer wieder einmal trieben, auf kürzere oder längere Zeit ins Weite zu schweifen: im ganzen hielt er doch seinem Giebichenstein bis zu seinem Tode die Treue. »Woher ich auch kommen mag«, sagte er einmal, »immer erscheint mir dieser liebliche romantische Fleck mitten im fruchtbarsten Lande mit neuem Glanze.«*

*Und in der Tat – es lag ein besonderer Zauber über diesem Besitztum mit dem schlichten, aber behaglichen und geräumigen Wohnhaus, dem großen, parkartigen Garten, der sich weithin den Hügel hinaufzog. »Der Garten war einfach, ohne alle Ziererei«, erzählt Steffens in seiner Selbstbiographie, »eine Fülle einheimischer und nordamerikanischer Bäume zierten ihn; ansteigende Höhen und kleine Thäler gaben ihm eine erwünschte Mannigfaltigkeit, die Ebene, die sich dem Hause anschloß, ruhige Bequemlichkeit; der in dieser sanften Umgebung mächtige Reilsberg erhob sich dicht hinter dem Garten. Der Küchengarten war, von dem anmuthigen Park abgesondert, in einem Winkel angelegt. Es durfte in diesem Garten kein Schuß fallen, alle Säugethiere und Vögel, die ihn betraten, waren geschützt; Hasen knopperten an den Kräutern, ein Volk Rebhühner brütete ungestört in dem Küchengarten, eine große Schaar von Nachtigallen nistete in den Gebüschen; eine stille friedliche, idyllische Ruhe herrschte auf dieser geweihten Stätte und es war als sollte hier das unruhige und unstete Leben des Besitzers eine versöhnende Vermittelung finden.«*[9]

*Auf solchem Hintergrunde entwickelte sich ein Familienleben heiterster, anmutigster Art, bereichert durch eine ebenso lebhafte wie auserwählte Geselligkeit. Nach der bereits erwähnten ältesten Tochter Johanna, die im Jahre 1784 als das erste Kind aus der zweiten Ehe der beiden Gatten geboren wurde, waren ihnen noch zwei weitere Töchter geschenkt worden, Friederike im Juni 1790, Sophie im August 1795, so daß nun im ganzen sieben teils erwachsene, teils halbwüchsige Mädchen das Haus belebten. Schönheit und musikalisches Talent war ihnen allen, mochten sie Reichardt oder Hensler heißen, als Erbteil in die Wiege gefallen. Auch gute Stimmen besaßen sie sämtlich. Luise jedoch, die älteste Tochter aus Reichardts erster Ehe, ragte durch das Maß ihrer Begabung so auffällig hervor, daß sie nicht nur im Gesang, sondern auch in der Komposition künstlerische Ausbildung erhielt.* Daß sie als Liederkomponistin sich auszeichnete und in weiten Kreisen als solche geschätzt wurde, ist noch heute nicht ganz vergessen. In ihrer Kindheit mußte sie es erfahren, daß sie von den Blattern befallen und ihr Gesicht durch Narben entstellt wurde. »Dennoch«, sagt Steffens, »zog sie von allen Töchtern des Hauses, die sich alle durch Schönheit auszeichneten, die größte Aufmerksamkeit auf sich, sowie sie auch im Hause eine große Gewalt ausübte. Wenn sie mit voller Seele sang oder von tiefem Gefühl ergriffen sprach, verwandelten sich die Narben, die ihr Gesicht überzogen, in einen leichten durchsichtigen Schleier, durch welchen man die anmuthige Schönheit, die geistreiche Tiefe der Gesichtszüge erkannte; und die unverletzten herrlichen Augen schienen die Gewalt zu haben, den durchsichtigen Schleier aufzuheben und den Zauber eines lieblichen Wesens hervortreten zu lassen.«[10] *Alle Geschwister hingen mit einer Art von begeisterter Verehrung an ihr. Man sang miteinander zwei- und dreistimmig, sowohl am Klavier als auch im Freien ohne Begleitung. Neben Volksliedern und Reichardtschen Gesängen wurden auch geistliche Chöre, kleine Motetten und dergleichen eingeübt.* Eine unter diesen – ich weiß leider nichts Näheres anzugeben, – begann mit den lateinischen Textworten »Si voluisses.« Die Schwestern modelten den Namen des Stückes um in »Sieh, wo Luise ist« und drückten mit diesem Scherz aus, wie oft man ihre Nähe suchte, wie sehr sie der natürliche Mittelpunkt war, um den man sich zu scharen wünschte. *Reichardt hatte seinem Kutscher und seinem Bedienten Unterricht geben lassen im Waldhornblasen, und so trat zu den Chorgesängen unter Umständen auch die Begleitung der beiden Instrumente hinzu. Wenn dann in der Abenddämmerung die schönen Lieder aus den Gebüschen des Gartens ertönten und die stille Luft die Klänge der Mädchenstimmen und Waldhörner hinaustrug bis auf die Dorfstraße, so mag mancher Wanderer den Schritt gehemmt haben, um so holden und wunderbaren Tönen zu lauschen. Ein Wanderer dieser Art war auch der Jüngling Joseph von Eichendorff, der als Student in schöner Frühlingszeit die Universität Halle besuchte. Er selbst berichtet, wie der Giebichenstein mit seiner Bugruine und seiner damals noch unberührten, verwilderten Einsamkeit ihn poetisch angeregt habe, vor allem aber, »wie völlig mystisch der am Gibichenstein belegene Reichhardt'sche Garten mit seinen geistreichen und schönen Töchtern« erschienen sei, »von denen die eine Goethesche Lieder komponirte, die andere sogar Steffens' Braut war. Dort« – so fährt er fort – »aus den geheimnisvollen Boskets schallten oft in lauen Sommernächten, wie von einer unnahbaren Zauberinsel, Gesang und Guitarrenklänge herüber, und wie mancher junge Poet blickte da vergeblich durch das Gitterthor oder saß auf der Gartenmauer zwischen den blühenden Zweigen die halbe Nacht, künftige Romane vorausträumend.«*[11]

*Auch in dem späteren Gedicht »Bei Halle«*[12] *klingen noch in leisen Spuren jene Eindrücke nach:*

*»Da steht eine Burg überm Thale*
*Und schaut in den Strom hinein,*
*Das ist die fröhliche Saale,*
*Das ist der Gibichenstein.*

*Da hab' ich so oft gestanden,*
*Es blühten Thäler und Höh'n*
*Und seitdem in allen Landen*
*Sah ich nimmer die Welt so schön!*

*Durchs Grün da Gesänge schallten,*
*Von Rossen, zu Lust und Streit,*
*Schauten viel schlanke Gestalten,*
*Gleich wie in der Ritterzeit.*
*Wir waren die fahrenden Ritter*
*Eine Burg war noch jedes Haus,*
*Es schaute durchs Blumengitter*
*Manch schönes Fräulein heraus.«*[13] *u. s. w.*

*Eichendorff erwähnt, daß eine der Reichardtschen Töchter sich mit Steffens verlobt hatte. Diese Tochter war Johanna Reichardt, in der Familie »Hanne« genannt, ihrem Vater äußerlich und innerlich in vielem sehr gleichend. Sie war von so auffallender, blendender Schönheit, daß sie, wo sie sich zeigte, durch ihre Erscheinung die gesamte übrige weibliche Jugend einschließlich ihrer eigenen hübschen Schwestern zu überstrahlen gewohnt war. Wenn in Halle eine Ballfestlichkeit stattfand, an der die Familie Reichardt von Giebichenstein her teilnahm, so schickte der eitle Vater alle anderen Töchter voraus und betrat erst, wenn alles versammelt war, als der letzte, seine Tochter Johanna selbst an der Hand führend, den Tanzsaal, wo er dann die Genugtuung hatte, sich an dem Triumph seines Ebenbildes weiden zu dürfen. Es sind Zeugnisse zu Genüge vorhanden, die dartun, daß die junge Frau Professor Steffens von Leuten wie Wilhelm Grimm und Schleiermacher nicht nur um ihrer Schönheit willen – die freilich zumeist obenan erwähnt wird –, sondern auch wegen ihrer Liebenswürdigkeit sehr geschätzt wurde. Leider traten später in ihrem Charakter und ihrem Wesen mehr und mehr gewisse Züge hervor, die nichts weniger als einnehmend genannt werden konnten. Reichardt, der auf alles Äußerliche, und nicht zum wenigsten auf körperliche Schönheit großen Wert legte, hütete diesen Schatz, den auch seine Frau besaß, bei dieser mit einer geradezu peinlichen Sorgfalt. Sie durfte nicht die geringste Tätigkeit im Haushalt übernehmen, damit nur ja die zarte Schönheit ihrer Hände nicht durch grobe Arbeit, durch Berührung allzu handfester Gegenstände geschädigt werden könnte. So wurde die Sorge für sämtliche praktischen Angelegenheiten den Töchtern übertragen, die ja in genügender Zahl vorhanden waren, um dadurch nicht überlastet zu werden. Und nicht nur ihre schönen Hände wurden geschont, auch alle Aufregung sollte ihr ferngehalten werden, damit der reine Spiegel ihres Gemüts und demzufolge auch die Anmut ihrer Erscheinung nicht getrübt werde. Alles Unbequeme wurde ihr verschwiegen. Die mannigfaltigen Verdrießlichkeiten und Verwicklungen, in welche Reichardt oft genug geriet, verbarg er ihr nach Kräften. Auch wenn er von Gläubigern gequält ward, lebte sie völlig sorglos. Ein Sohn, Hermann, ertrank als Gymnasiast in Magdeburg beim Schlittschuhlaufen; aber selbst diese Todesart, die so erschütternd war, wußte man zu verheimlichen, man ließ den Sohn erkranken, die Krankheit zunehmen und zuletzt in einer milden Form den Tod herbeiführen. Erst mehrere Jahre später erfuhr sie, wie sie das Kind verloren hatte. Doch war diese Politik des Verheimlichens selbstverständlich nicht immer durchführbar, und so mußte die verwöhnte Frau wohl oder übel in späteren Jahren manche schwere Sorge, viel bittere und trübe Stunden über sich ergehen lassen, unter denen sie um so empfindlicher litt, je weniger sie gelernt hatte, rauhe Berührungen zu ertragen. Einstweilen aber lebte sie eine lange Reihe von Jahren hindurch beinahe einer Fürstin gleich in ihrem schönen Giebichenstein, von gesunden Kindern umgeben, in behaglicher Ruhe dahin. Das Haus verließ sie fast nie. Halle war ihr nur wenig bekannt. Sie besuchte zuweilen, doch sehr selten, Freundinnen in der Stadt, aber dann fuhr sie herein und wieder heraus; ihre einzige Anregung bestand in Spaziergängen in dem reizenden Garten. Wenn sie nun aber auch kaum sich dazu entschloß, einmal andere Leute aufzusuchen, so war dafür die Zahl derjenigen um so reichlicher, die von nah und fern kamen, um Reichardt und seine Familie in Giebichenstein zu besuchen, wie das die oben angeführten Worte von Steffens genügend bestätigen. Zu den nächsten Freunden, die in Halle ihren Wohnsitz hatten, gehörten neben anderen der ausgezeichnete Arzt Reil mit seinen Töchtern, der Philologe Friedrich August Wolf und Schleiermacher, der bekanntlich ebenso wie Steffens mehrere Jahre hindurch an der Halleschen Universität eine Professur bekleidete. Wilhelm Grimm hielt sich während des ganzen Sommers 1809 in Halle auf und erfuhr, wie er selbst sagt, von der Reichardtschen Familie die herzlichste Freundschaft. Den breitesten Raum aber nahmen die Besuche aus der Ferne ein, und es würde eine lange Liste geben, wollte und könnte man die Namen aller derer zusammenstellen, die in Giebichenstein wiederum einkehrten, um gebend wie empfangend an dem heiteren, geistig angeregten Lebensgenuß teilzunehmen, der hier für lange Zeit heimisch zu sein schien. Ich greife ein paar heraus, die mir durch Überlieferung gewiß sind: Johann Heinrich Voß, Hölty, Clemens Brentano, Achim und Bettina von Arnim, selbstverständlich Ludwig Tieck und endlich und vor allem, wie auch bereits erwähnt, Goethe.*

*Wann die erste persönliche Begegnung zwischen Reichardt und Goethe stattgefunden hat ist, glaube ich, nicht bekannt.*[14] *Reichardts Begeisterung für den Dichter aber reicht hinauf bis in die Zeit der ersten Offenbarungen des Goetheschen Genius. Schon sehr früh begann er, Goethesche Gedichte in Musik zu setzen, und von der Komposition der Singspiele »Claudine von Villa Bella«, »Erwin und Elmire«, »Jery und Bätely« ist schon in den Briefen, die beide im Anfang der neunziger Jahre wechselten, die Rede.*

*Mit dieser Zeit, d. h. mit Reichardts Übersiedlung nach Giebichenstein, das ja Weimar nahe genug gelegen war, beginnt offenbar eine Steigerung nicht nur des brieflichen, sondern auch des persönlichen Verkehrs. Später veranlassen leider Reichardts politische Schriften wachsende Abkühlung und endlich seine öffentlichen Angriffe gegen Stücke der von Goethe und Schiller gemeinsam herausgegebenen »Horen« um*

*1796 den völligen Abbruch aller freundschaftlichen Beziehungen*[15], *bis nach Ablauf einiger Jahre Goethes ernstliche Erkrankung und ein teilnahmsvoller Brief Reichardts an ihn den Frieden neu begründete. Ja von dieser Zeit an steigert sich die Anerkennung Goethes für Reichardts Verdienste bis zu einem Grade freundschaftlicher Wärme, wie man das kaum nach allen harten und scharfen Worten, die in den Xenien über Reichardt gefallen waren, hätte für möglich halten können. Goethe kam nicht nur ein einzelnes Mal wieder nach Giebichenstein, sondern seine Besuche wiederholten sich, wie meine Mutter es mit Bestimmtheit in ihren Aufzeichnungen bestätigt, »öfter« im Lauf der folgenden Jahre. Meine Großmutter aber erzählte in beseligender Erinnerung davon, in wie freudiger Aufregung das ganze Haus gewesen sei, wenn Goethes Besuch erwartet wurde, wie sie und die Schwestern jedesmal um die Ehre gestritten hätten, welche von ihnen »die Woche« haben, d. h. die Küche und den Tisch in der Woche zu besorgen haben sollte, in der Goethe in Giebichenstein zu Gaste war. Jede wollte ihm gern das Schönste bereiten, um ein Lob von ihm einzuernten, und wie gut er dann mit ihnen gewesen sei, das konnten sie nicht genug rühmen. Er selbst schreibt in seinen Annalen: «Die Nähe von Giebichenstein lockte zu Besuchen bei dem gastfreien Reichardt; eine würdige Frau, anmuthige schöne Töchter, sämmtlich vereint, bildeten in einem romantisch-ländlichen Aufenthalte einen höchst gefälligen Familienkreis, in welchem sich bedeutende Männer aus der Nähe und Ferne kürzere oder längere Zeit gar wohl gefielen. Auch darf nicht übergangen werden, daß ich die Melodien, welche Reichardt meinen Liedern am frühesten vergönnt, von der wohlklingenden Stimme seiner ältesten Tochter (Luise) gefühlvoll vortragen hörte.«*[16] Um dies Bild eines schönen Familienlebens zu vervollständigen, mag hier noch hinzugefügt werden, daß auch die alte Großmutter Alberti vielfach mehrere Monate lang in Giebichenstein sich aufhielt. Sie hatte wohl ihren Wohnsitz in Hamburg behalten, brachte aber doch einen großen Teil des Jahres, vorzugsweise im Sommer, bei einem ihrer Kinder zu, sei es hier bei Reichardts oder in Dresden bei Tiecks oder auch bei einem ihrer Söhne, dem Finanzrat Carl Alberti in Berlin, oder endlich im schlesischen Riesengebirge, wo in Waldenburg und Schmiedeberg zwei andere Söhne als Handelsherren mit ihren Familien in Wohlstand lebten. Nach allen überlieferten Berichten muß sie bis in ihr spätestes Alter eine Frau von seltener Anmut, mildem, verständigem Urteil und gewinnendster Herzensgüte gewesen sein. Sie starb am 24. Juli 1809. Wenn Luises Persönlichkeit, obwohl ihr Gesicht durch Narben verunziert war, auch bei jüngeren

Männern nicht nur lebhaftes Interesse, sondern wiederholt leidenschaftliche Zuneigung erweckte, so zeugt das dafür, in welcher Stärke Eigenschaften des Geistes, Talente und seelische Vorzüge vorhanden sein mußten, um jene Äußerlichkeit vergessen zu machen. Sie war zweimal verlobt. Zuerst mit einem dichterisch begabten, von Voß sehr geschätzten Jüngling, Eschen, der dann auf einer Reise nach der Schweiz durch einen Sturz in eine Gletscherspalte verunglückte. Die Nachricht von diesem entsetzlichen Ende ihres Verlobten erschütterte sie dermaßen, daß sie lange Zeit aus ihrer tiefen Schwermut sich nicht aufzurichten vermochte. Da erschien nach einigen Jahren ein junger Maler, Gareis, in Giebichenstein, den Reichardt auf einer Reise kennengelernt und bei den Seinigen eingeführt hatte. Steffens sagt von Gareis: »Sein Talent war unter den jüngeren Künstlern in der That ausgezeichnet. Er liebte es, besonders in der Familie, einige Gemälde prima vista hinzuwerfen, und die kühne Sicherheit, mit welcher sie unter seinen Händen entstanden, erregte allgemeine Bewunderung. Seine leicht während des Gesprächs hingeworfenen Handzeichnungen haben sowohl durch die Correctheit und Anmuth der Zeichnung, wie nicht selten durch die Composition ein bedeutendes Verdienst.«[17] Ähnlich urteilt August Wilhelm Schlegel, der in einem Brief an Goethe von 18. Juli 1798 aus Dresden schreibt[VII]: »Einen jungen Künstler, Gareis, habe ich kennen gelernt, der viel Feuer des Geistes, Fertigkeit und Keckheit der Hand verräth, und wenn er sich dazu bringen kann, recht ausgeführt und fleißig zu malen, und sich vor dem Dekorationsgeschmacke hütet, vielleicht etwas sehr bedeutendes leisten wird.«[18] – Gareis war am 28. Juni 1775 in einem Ackerstädtchen in der Lausitz geboren, zählte also 23 Jahre, als Schlegel diese Worte über ihn schrieb. Ich selbst besitze außer einer Reihe ausgezeichneter Porträts, welche Mitglieder der Familie darstellen, ein reizendes kleines Ölgemälde von seiner Hand: ein blondgelocktes, nur mit einem Hemdchen bekleidetes Kind, das beschäftigt ist, in einem Holzkübel seine Füße zu waschen. Gareis hatte mit Luise Reichardt gewettet, er wolle ein Bild malen, während sie Klöße anrühre, und damit fertig sein, wenn diese gar wären. Er gewann die Wette mit jener höchst anmutigen kleinen Schöpfung, deren rasche Entstehung dem Betrachtenden fast unglaublich erscheint. Man erzählt, daß Reichardt, als er dem jungen Künstler bei dessen erster Ankunft in Giebichenstein seine Töchter vorstellte, geäußert habe: »Nicht wahr, ich habe Ihnen nicht zu viel von meinen schönen Mädchen gesagt?«

VII Schriften der Goethegesellschaft Band 13: »Goethe und die Romantik«, Seite 31.

Gareis verneigte sich zustimmend. Nach einigen Tagen aber sagte er zu Reichardt: »Wohl sind alle Ihre Töchter schön, dennoch finde ich die am mehrsten nach meinem Geschmack, die Sie vielleicht unschön nennen – Luise!« Es währte nicht lange, bis sich ein inniges Einverständnis zwischen den beiden entwickelte, das schließlich zur Verlobung führte. Aber auch hier zerriß der Tod nach kurzem Glück das kaum gewobene Band. Gareis hielt sich als Luisens Verlobter geraume Zeit noch teils in Dresden, teils in Giebichenstein auf. Dann aber empfand er das Bedürfnis, zu weiterer Ausbildung seiner Künstlerschaft noch eine größere Reise zu unternehmen. Er ging nach Paris, blieb hier fast zwei Jahre, fand mit seinen Arbeiten große Anerkennung und wandte sich dann im Frühling des Jahres 1803 nach Italien, um die Kunstschätze von Rom und Florenz kennenzulernen. Im Mai verließ er Paris; von Marseille aus wollte er mit dem Schiff nach der italienischen Küste segeln. Schon auf französischem Boden fühlte er sich unwohl, vergebens riet man ihm ab, in so bedenklichem Zustand die Seereise zu unternehmen. Fieberkrank traf er in Civitavecchia ein. In Rom nahm Wilhelm von Humboldt sich seiner an, sorgte, daß der beste Arzt ihn behandelte. Aber alles Mühen war vergeblich. Am siebenten Tage nach seiner Ankunft am 31. Mai 1803 verschied er und fand bei der Pyramide des Cestius die letzte Ruhestätte. – Unterdessen plante man in Giebichenstein, Gareis' Rückkehr, die wohl spätestens für den Herbst erwartet wurde, durch eine dreifache Hochzeit zu feiern. Gareis sollte mit seiner Luise, Pistor mit Lotte, Steffens mit Hanne am selben Tage vermählt werden. Statt dessen traf im Lauf des Juni die Todesnachricht aus Rom ein. Es braucht nicht geschildert zu werden, mit welcher Gewalt dieser neue Schicksalsschlag die unglückliche Luise traf. Alle unbefangene Lebensfreudigkeit schien ihr für immer gebrochen zu sein. Ein starker Zug zur Versenkung in religiöse Gefühle und Betrachtungen war ihrer Natur als ein Erbteil ihrer väterlichen Großmutter von jeher eigen. Das herbe Geschick aber, das ihr die Schwungkraft der Jugend raubte, macht es vollends begreiflich, wenn sie später mehr und mehr in der Betätigung christlicher Nächstenliebe Befriedigung fand, ohne jedoch deshalb die weitere Ausbildung und Nutzung ihres bedeutenden musikalischen Talents zu verabsäumen.

*Luise war die einzige der Reichardtschen Töchter, die unvermählt blieb. Schon im Jahr 1794, am 21. September, hatte sich Mine, die jüngere der Henslerschen Schwestern, mit dem Bruder ihrer Mutter, Carl Alberti, verheiratet, der,* wie schon erwähnt, *in Berlin als Finanzrat und später Staatsrat in preußischen Diensten stand. Er war nicht nur ein ausgezeichneter Beamter von strenger Pflichttreue und glühender Vaterlandsliebe, sondern auch ein geistvoller Mann, voller Interesse und Verständnis für Literatur und Kunst, um seines sarkastischen Witzes willen als Gesellschafter sehr geschätzt. Mit vielen der bedeutendsten seiner Zeitgenossen stand er in freundschaftlicher Verbindung. Im Jahr 1803 fanden zwei Hochzeiten in Giebichenstein statt: am 18. Juli von Lotte Hensler mit* dem Geheimen Postrat *Carl* Philipp Heinrich *Pistor* aus Berlin *und am 4. September von Johanna (Hanne) Reichardt mit Henrik Steffens, damals Professor in Kopenhagen. Am 14. Juli 1805 folgte die Trauung Julianens (in der Familie stets »Jule« genannt), der zweiten Tochter Reichardts aus erster Ehe, mit einem preußischen Beamten namens Steltzer*, einem gutmütigen jungen Manne von mittlerer Begabung, dessen Vater in Halle Stadtpräsident war. Steffens wurde bald als Professor an die Universität in Halle berufen, und auch Steltzer fand hier eine Anstellung, so daß für eine Reihe von Jahren Hanne und Jule mit ihren Männern in der Nähe der Eltern wohnen blieben.

*Am 26. September 1811 verheiratete sich Riekchen mit Karl von Raumer, damals Professor der Mineralogie in Breslau, später in Erlangen, und endlich, noch viele Jahre später, schon lange nach Reichardts Tode, vermählte sich Sophie mit Ernst Radecke, Hofprediger des Grafen von Stolberg-Wernigerode am Harz. Über den Söhnen des Hauses waltete ein tragisches Verhängnis. Nicht genug, daß Wilhelm Hensler, seinem Vaterland und den Seinigen entfremdet, in Frankreich sein Leben beschließen mußte. Auch mit den beiden Söhnen Reichardts, die ihm in seiner zweiten Ehe geschenkt wurden, kam es zu keinem Gedeihen und Gelingen. Der ältere, Hermann, 1786 geboren*, wurde nach Magdeburg in Pension getan, um dort das Gymnasium zu besuchen. Er *ertrank, wie schon früher erwähnt, 16 Jahre alt beim Schlittschuhlaufen. Der jüngere, Fritz*, ein Spätling, der *erst im Jahre 1802 geboren* wurde, wuchs, von Mutter und Schwestern verzogen, zu einem schönen, talentvollen Jüngling heran und *wurde Architekt. Leichtsinn und Trägheit ließen ihn trotz seiner reichen Begabung nicht vorwärtskommen.* Er verzettelte Zeit und Kräfte, bis er endlich *als älterer Mann*, ohne Erhebliches geleistet zu haben, *vereinsamt und verschuldet* unter den traurigsten Umständen *in Hamburg starb*. Eines der großen Hotels am Alsterbassin, dessen Ausführung ihm übertragen wurde, hinterließ er als einzige Spur seines Erdenlebens.

Ich schalte diese zusammenfassenden Notizen, die zum großen Teil der Zeit noch weit vorausgreifen, an dieser Stelle ein, weil es für das

Verständnis späterer Schilderungen tunlich erscheint, einen solchen Überblick im Voraus zu geben.

*<4. Kapitel*

*Mein Großvater Carl Pistor – Der Generalpostmeister von Seegebarth – Pistor in Halle – Verlobung mit Lotte Hensler in Giebichenstein – Das Haus der Großeltern in Berlin – Beruf und Liebhabereien – Pistors mechanische Werkstatt – Arnim, Brentano und Grimm in Pistors Haus – Arnims heimliche Heirat – Das Jahr 1813 – Steffens' Breslauer Rede an die Studenten – Die Mädchenjahre meiner Mutter>*

In der Pistorschen Familie bestand mit dem Anschein einer Überlieferung die Ansicht, der Name »Pistor« habe ursprünglich »Pistore« gelautet, sei also das italienische Wort für »Bäcker« und deute darauf hin, daß einer der ferneren Vorfahren um des protestantischen Glaubens willen Italien verlassen habe mit der Absicht, in dem evangelischen Norddeutschland sich eine neue Heimat zu suchen. Demgegenüber ist von anderer Seite behauptet worden, »Pistor« sei nichts als eine Latinisierung des Namens »Bäcker«, wie sie zur Zeit des Humanismus in Deutschland häufig genug vorgekommen sei. Wo die Wahrheit liegt, bleibt eine offene Frage. Doch könnte die erste der beiden Meinungen vielleicht durch den Umstand an Wahrscheinlichkeit gewinnen, daß der Stammbaum der Familie, soweit er urkundlich beglaubigt vorliegt, vorzugsweise evangelische Geistliche des Namens »Pistor« in märkischen Ortschaften aufweist, sowie endlich auch hervorgehoben werden kann, daß mein Großvater *Carl Philipp Heinrich Pistor* in seiner ganzen Erscheinung durchaus den brünetten Typus zeigte.

Dieser mein Großvater *wurde geboren am 3. Januar 1778 in Berlin. Sein Vater, der Kriegs- und Domänenrat Johann Heinrich Pistor, hatte eine geborene Kannegießer geheiratet, die nach der Schilderung meiner Mutter eine kluge, heftige, nicht sehr gebildete Frau war. Sie sprach in stark berlinischem Dialekt, untermischt mit französischen Brocken, wich darin aber kaum ab von dem, was zu jener Zeit in Berlin selbst bis zu den höchsten Gesellschaftskreisen hinauf das Gewöhnliche war. Die Eheleute, denen außer dem Sohn noch eine Tochter Philippine, geb. am 9. März 1781, geschenkt wurde, hatten einander aus Neigung geheiratet. Dennoch war ihr Zusammenleben kein glückliches. Leichtsinn auf*

*Seiten des Mannes reizte die Eifersucht der Frau, und nach einem heftigen Auftritt, bei welchem dem Reuigen die flehentlich erbetene Vergebung von der tief Gekränkten verweigert wurde, verließ jener das Haus, um nicht wiederzukehren. Er machte seinem Leben durch einen Sturz in den Fluß ein Ende. Kein Wunder, daß die durch diesen furchtbaren Ausgang bis auf den Grund der Seele erschütterte Frau in ihrer Willenskraft von nun an gelähmt war, und in beständiger Sorge, ähnlich Entsetzliches aufs neue erleben zu können, ihren Kindern keinen Wunsch zu versagen vermochte. Sie empfand selbst ihr Unvermögen, für die Erziehung der beiden Unmündigen in angemessener Weise Sorge zu tragen und entschloß sich nach einiger Zeit, lediglich, um in diesem Punkt Abhilfe zu schaffen, ohne besonderen Anteil des Herzens zu einem zweiten Ehebündnis mit dem damaligen Geheimen Postrat Johann Friedrich Seegebarth, der sich als ein höchst tüchtiger, erfolgreich aufstrebender Mann des besten Rufs erfreute. Er war zwar verwachsen, hatte aber etwas Angenehmes in seinen Gesichtszügen, schöne blaue Augen und ein sehr verbindliches Wesen. Wenn ein vortreffliches Beispiel allein genügte, um die Nachfolge anderer zu sichern, so konnte es keinen vorzüglicheren Lehrmeister für eine vernünftig geordnete Lebensführung geben, als gerade diesen Mann, der sich von einem einfachen Kaufmannslehrling durch seine Energie zu einflußreichster Stellung emporgearbeitet hatte. Er war im Jahr 1747 am 3. August in Berlin als Sohn eines Bankiers geboren. Der Vater stirbt nach wenigen Jahren. Die Mutter heiratet einen Kaufmann, der bald darauf failliert und Seegebarth, der soeben in das Geschäft als Kommis eingetreten war, verliert nicht nur seine Stellung, sondern auch sein gesamtes väterliches Erbteil. Eine gute Schulbildung und namentlich eine Handschrift von besonderer Klarheit und Schönheit verschaffen dem Zwanzigjährigen eine Anstellung in der Geheimen Staatskanzlei. Er erfährt später, daß im Postfach die Aussichten im Augenblick besonders günstige seien, gewinnt das Wohlwollen des damaligen Chefs der Post, des Geheimen Staatsministers von Derschau, und wird 1770 als Supernumerär im Sekretariat des Generalpostamts angestellt. Seine Leistungen sind so ausgezeichnete, sein Fleiß, seine Tatkraft, seine Umsicht und vor allem seine unbedingte Zuverlässigkeit erwerben ihm in so hohem Grade das Vertrauen und die Anerkennung seiner Vorgesetzten, daß nun fast jedes Jahr eine Beförderung bringt. Auch mit allerlei politischen Missionen wird er betraut, die er stets mit großem Geschick durchführt, und bei denen seine Verschwiegenheit sich bewährt. Friedrich der Große erteilt ihm den Befehl, eine in Chiffren geführte verdächtige Korrespondenz zu enträtseln.*

*Viele Nächte hindurch bemüht er sich, der Sache auf die Spur zu kommen, bis ihm wirklich die Entzifferung gelingt. Nun tritt er infolge seiner Anstellung zum Hofpostmeister in unmittelbare Beziehungen zum königlichen Hause, wird in den Adelsstand erhoben und gelangt endlich als General-Postmeister von Seegebarth zu den höchsten Ehren eines Staatsdieners. Doch dies gehört einer späteren Zeit an.*

*Als Seegebarth in mittleren Jahren die Witwe Pistor heiratete, zählte deren Sohn etwa acht, die Tochter »Pine« fünf Jahre. Seine eigene Ehe blieb kinderlos. Seegebarth war der geborene altpreußische Beamte in des Wortes bester Bedeutung. Nichts erstrebte er, als seinem König und dem Staat in treuster Pflichterfüllung mit allen seinen Gaben so vortrefflich als möglich zu dienen, und auf diese Weise ebensowohl das Wohl seiner Mitbürger zu fördern, als die eigene Existenz auf sichere Füße zu stellen. Dieser durchaus praktisch gerichteten nüchternen Persönlichkeit trat in dem Stiefsohn das vollkommenste Gegenteil, eine rücksichtslos idealistisch strebende, alles Äußerliche verachtende Natur gegenüber. Vielseitige starke, ja geniale Begabung, brennendes Verlangen nach Erkenntnis, namentlich auf naturwissenschaftlichem Gebiet, lebhaftes Interesse für Literatur und Musik, für philosophische und theologische Fragen verbanden sich in ihm mit leidenschaftlicher Begehrlichkeit des Naturells und ungebändigtem Eigenwillen. Daß unter solchen Umständen, bei so tiefer elementarer Gegensätzlichkeit der Charaktere, von Seegebarths erzieherischem Einfluß auf den Stiefsohn nicht allzuviel zu erwarten war, liegt schon an und für sich auf der Hand. Es kam aber hinzu, daß die schwächliche Nachgiebigkeit der Mutter gegen die Launen ihrer beiden Kinder aller Vernunft zum Trotz nach wie vor dieselbe blieb, während der Stiefvater gerade deshalb, weil es sich nicht um sein eigenes Fleisch und Blut handelte, davon Abstand nahm, der leiblichen Mutter entgegentretend mit strengeren Maßregeln einzugreifen. »Es ist gut,« sagte er einmal, »daß Carl nicht den Mond zu haben wünscht; denn ich wüßte wirklich nicht, wie ich ihm den verschaffen sollte.« In einem Punkte jedoch blieb der Wille des Vaters unbeugsam: Er verlangte unweigerlich, Carl sollte als Lebensberuf die Postlaufbahn erwählen, weil er auf diesem Gebiet die Macht besaß, für rasche Beförderung des Stiefsohns zu sorgen. Da alles Auflehnen gegen diese Bestimmung vergeblich war, so mußte der Tertianer mit 15 Jahren das Gymnasium verlassen, um sich in Berlin als Postschreiber anstellen zu lassen. Doch der erbitterte Jüngling versuchte es, sein Leben innerhalb der äußerlich gezogenen Schranken dennoch seinen Neigungen entsprechend einzurichten. Und dies gelang ihm sehr wohl. Die amtli-*

*chen Geschäfte erledigte er mit Leichtigkeit in kurzer Zeit; sobald dieser Pflicht genügt war, folgte er den Trieben seines Herzens. Da dafür gesorgt war, daß es ihm an pekuniären Mitteln nicht fehlte, so hätte ihm bei seinem Hang zur Ungebundenheit dieses reichliche Maß von Freiheit zur größten Gefahr werden können. Aber das Verlangen, seinen Wissensdurst zu befriedigen, und alles an ihm erwünschten Bildungselementen, deren er habhaft werden konnte, sich zu eigen zu machen, war stärker als jeder andere Impuls, und so setzte er es durch, neben der Erfüllung seiner dienstlichen Pflichten durch selbsttätiges Bemühen und rastlosen Fleiß das zu erwerben, was anderen auf dem üblichen Wege regelrechten Studiums durch den Besuch von Schulen und Universitäten zuteil zu werden pflegt. Er schaffte sich auf solche Weise die Grundlagen, die es ihm ermöglichten, späterhin geradezu einem zwiefachen Lebensberuf volle Genüge zu tun. Nachdem er zwei Jahre lang als Postschreiber in Berlin fungiert hatte, rückte er 1795 zum Postsekretär auf und wurde bald darauf zuerst nach Hirschberg in Schlesien, dann nach Halle versetzt, wo die Universität ihm Gelegenheit gab, auch einige Vorlesungen zu hören. Astronomie, Chemie und Physik beschäftigten ihn vor allem. Der Stiefvater hatte ihm eine große, sehr schöne Wohnung gemietet. Der Sohn machte keinen Gebrauch von ihr, sondern bezog ein kleines Zimmerchen in der Sternwarte, um die Gelegenheit, durch eigene Beobachtung zu lernen, beständig in nächster Nähe zu haben.* Henrik Steffens, der sich im Jahr 1799 in Halle aufhielt, berichtet über den Anlaß, bei welchem er im Jahr 1799 Pistor kennengelernt habe, das Folgende: »Während ich mich in Halle aufhielt, trat eine den Astronomen wichtige Erscheinung hervor. Der Merkur ging der Sonnenscheibe vorüber. Der Mathematiker Klügel, der kleine verwachsene Gilbert und wer sich sonst noch für diese Erscheinung interessirte, waren auf dem allerdings schlecht gebauten, wohl auch nicht im Überfluß versorgten astronomischen Thurme versammelt. Er liegt in der Mitte des botanischen Gartens; ich erinnere mich nicht, wer mich hinführte, wahrscheinlich der Botaniker Sprengel, an welchen ich von Batsch Pflanzen zu bringen hatte. Der Tag war heiter und für die Beobachtung sehr günstig. Der Beobachter aber, den ich da fand, war weder Klügel noch Gilbert; ich sah einen jungen Mann, der die ganze Erscheinung in allen ihren Momenten mit Aufmerksamkeit verfolgte, und die Zeit des Ein- und Austritts des Planeten mit großer Genauigkeit verzeichnete. Es war der Postsecretär Pistor, mein künftiger Schwager«.[19]

*Wann und bei welcher Veranlassung Pistor die Bekanntschaft der Reichardtschen Familie machte, weiß ich nicht zu sagen. Jedenfalls fand er bald* nach dem hier beschriebenen Vorfall *in Giebichenstein die beste Aufnahme. Eine starke Neigung erwachte in ihm für Lotte Hensler, und wie er alles, was ihn überhaupt berührte, mit heftiger Leidenschaft erfaßte, so war er auch ein maßlos stürmischer Liebhaber. Vielleicht um so mehr, als die Erkorene seines Herzens seine Empfindungen nicht vollauf zu erwidern schien. Eine Liebe, die ihr in frühen Jahren von einem ihr wesensverwandten, vortrefflichen jungen Manne entgegengebracht wurde und die in ihr den lebhaftesten Widerhall erweckt hatte, mußte als aussichtslos erstickt werden, weil auf beiden Seiten kein Vermögen vorhanden war. Der Schmerz um diese von ihr geforderte Entsagung zitterte noch in ihrem Herzen nach. Sie war um zwei Jahre älter als Pistor, aber freilich von ungemeiner Lieblichkeit der Erscheinung. Der Zauber ihrer holden, reinen Jungfräulichkeit hatte ihn ganz und gar gefangengenommen. Kaum dreiundzwanzigjährig hielt er bei den Eltern Reichardt um die Hand der Tochter an und erhielt von ihnen das Jawort, während die Hauptperson sich stillschweigend zu fügen hatte.* Seinem eigenen gestrengen Stiefvater Seegebarth verheimlichte der Bräutigam vorderhand, was geschehen war. Pistor war in jener Zeit nach Connern, einem nicht weit von Halle entfernt liegenden Ort versetzt worden, wo er vorübergehend dienstlich beschäftigt war. Zwei Briefe sind erhalten, die er von dort aus an die Braut schrieb, und die einen Blick in sein von inniger, glühender Liebe erfülltes Herz tun lassen.

»Connern den 16 Dec 1801 Abends 11:

Hier sitz ich etwas erfroren, liebe Lotte, und rufe mir noch einmahl die lieben Tage zurück, deren unwiederbringlichen Verlust ich jetzt beklage. O könnte ich dir doch beschreiben, wie unerträglich mir in diesem Augenblick die Entfernung von dir ist, und welch ein trauriges Gefühl mich ergriffen hat. Ich bin nicht lange bis hierher gefahren, es ist 11 Uhr. Du wirst schon im Bett liegen und vielleicht meiner nicht mehr gedenken. Wie sehnlich erwarte ich diesmahl deinen Brief. Tausend Besorgnisse erfüllen meine Seele, und erst wenn ich deiner Hand freundliche Züge wiedersehe, nimmt die Hoffnung ihren alten Platz in meinem Herzen ein, und muthiger seh ich der Zukunft entgegen. Sagen kann ich dir garnicht, wie ich dich liebe, und wie abgöttisch ich dich eigentlich verehre; ich könnte mir von dir nicht den kleinsten Theil, nicht die kleinste Eigenschaft rauben lassen, ohne im tiefsten Innern verletzt zu werden. So lange ich noch keine Briefe von dir habe, sind einige Fäden meines Selbst zerrissen und ich habe keine Verwandtschaft mit der ganzen übrigen Welt. Du allein knüpfst mich wieder mit den zartesten Banden an die Menschheit und der

Himmel verhüte, daß ich dich nie nie verlieren möge; ich würde es gewiß nicht überleben. Du hältst es vielleicht selbst für zu viel gesagt, und ich kann dir davon die Überzeugung nicht geben, aber ich fühle es tief, wie mich dann garnichts mehr hier auf der Erde halten könnte. Gute Nacht, liebste Lotte. Wenn du mich noch etwas lieb hast, so schreib bald und tröste deinen

treusten Carl.«

Und ferner:

»Connern d. 5ten Juni 1802

Hier sitze ich nun, mein geliebtes bestes Kind, und weiß nicht, soll ich vorwärts oder rückwärts meine Schritte setzen; meine Wünsche liegen hinter mir, und doch kann ich auch nicht sagen, daß mich die Nothwendigkeit von Euch hinweggetrieben hat. Nur allein die Hoffnung, daß das schnellere Vorwärtseilen mich um so früher wieder zurück in deine Arme führt, und die Furcht durch meine zu lange Anwesenheit bei Euch dennoch endlich die ganze Sache meinem Vater zu verrathen macht mir es erträglich, immer weiter mich itzt von dir zu entfernen. Als ich auf dem halben Wege Christoph zurückfahren ließ, da erst fiel mir die Trennung von dir mit aller Macht auf die Seele, und hätte ich mich nicht vor allen Leuten geschämt, so wäre ich wahrhaftig wieder mit ihm umgekehrt. Ich glaube nicht, daß dir ebenso traurig zu Muthe ist, wie mir; ich gehe nun wieder hin in die Fremde und unter Fremde und aller Genuß ist auf geraume Zeit wieder für mich erstorben. O mein Kind, schreib mir ja bald wieder einige Worte des Trostes! und grüß übrigens Mutter und alle Schwestern bestens von deinem treuen

C. P.

Dein Schnupftuch ist noch das einzige, was mich in den trüben Stunden erfreut.«

*Unzweifelhaft war Lotte Hensler ein Mädchen, das es im vollsten Maße verdiente, von einem Manne so geliebt zu werden*, wie diese Briefe es schildern. Sie besaß das, was Goethe »schönste Tugend einer Seele, reinsten Quell der Zärtlichkeit«[20] nennt: Unschuld. *Die Lauterkeit ihres Gemüts, das von Gefallsucht, Falschheit und kluger Berechnung nichts wußte, hatte etwas Rührendes; ihre Herzensgüte war unerschöpflich; ihre harmlose Heiterkeit wirkte wie belebender Sonnenschein auf ihre Umgebung; sie hatte Humor und war musikalisch begabt; ihr praktischer Sinn endlich bürgte dafür, daß sie sich als ausgezeichnete Hausfrau bewähren würde. Und dennoch – es ist wehmütig genug, dies aussprechen zu müssen – waltete hier eine Täuschung. Die Naturen der beiden, die eins werden wollten, waren zu verschieden geartet, strebten in vielem allzu sehr nach entgegengesetzten Richtungen, um dauernd einander* wechselseitig *beglücken zu können.*

*Im Sommer 1803 fand die Hochzeit statt. Pistor hatte eine Anstellung als Geheimer Postrat in Berlin bekommen und Berlin blieb von nun an der Wohnsitz für das Paar auf Lebenszeit. Die junge Frau hatte in ihrer Mädchenzeit lange und oft genug hier gelebt, um mit der Stadt selbst vertraut zu sein; die Verhältnisse jedoch, in die sie jetzt eintrat, waren ihr völlig fremd. Wohl wurde sie von den Eltern ihres Mannes freundlich empfangen; aber während Seegebarth selbst sich unverwandt in gütigem Verhalten gleich blieb, stellte sich bald heraus, daß die Schwiegermutter, die ihre eigenen Kinder in unverantwortlicher Weise verzogen hatte, anderen Leuten gegenüber auch strenge Saiten aufzuziehen imstande war. Sie verlangte von der Schwiegertochter unbedingte Unterwürfigkeit und duldete von ihrer Seite keinen Widerspruch. Seegebarths hatten im alten königlichen Postgebäude eine äußerst stattliche Wohnung inne, mit großen, nach damaligen Begriffen glänzend eingerichteten Räumen. Die Familien, mit denen sie gesellschaftlich verkehrten, gehörten den vornehmsten Kreisen Berlins, dem Adel und dem höheren Beamtenstand an, und diesem Umgang entsprach das steife Zeremoniell, das im Hause herrschte. Die Schwiegertochter aber mußte es sich gefallen lassen, mit eingezwängt zu werden in dies Marionettendasein, und bei Visiten wie Gesellschaften als Begleiterin der Frau von Seegebarth dienstwillig aufzutreten. Es konnte nicht anders sein, als daß sie den grellen Gegensatz schmerzlich empfand, in dem diese Welt zu dem jugendlich fröhlichen Leben in Giebichenstein stand mit seiner Ungezwungenheit, seiner Poesie und allem Sang und Klang, der dort die Luft erfüllte. Doch zum Glück war sie wenigstens nicht genötigt, unter einem Dache mit den Schwiegereltern zu leben. Sie besaß vielmehr eine eigene Häuslichkeit, die an äußerem Behagen nichts zu wünschen übrig ließ. Frau von Seegebarth hatte aus Pistorschem oder Kannegießerschem Besitz ein großes Haus mit schönem Garten geerbt, das als Nr. 34 auf der Westseite der Mauerstraße in unmittelbarer Nähe der Behrenstraße und somit der Linden lag. Da sie selbst es nicht bewohnen konnte, so überließ sie es ihren beiden nunmehr verheirateten Kindern zu gemeinsamer Benutzung. Ihre Tochter Philippine – »Pine« in der Familie genannt – hatte sich bereits im September 1797 mit dem Finanzrat Albert von Zschock verheiratet. Als dieser um sie anhielt, war sie erst 15 Jahre alt, während Zschock im 30. Lebensjahr stand, also in diesem Augenblick das doppelte Alter hatte. Diesen Umstand fand die Mutter Seegebarth höchst bedenklich. »Ne, Kind, des jeht nich« sagte sie zur Tochter, »denn, wenn du denn dreißig bist, is er ja schon sechszig.« Nachdem sie jedoch begriffen hatte, daß dies Rechenexempel von fal-*

*schen Voraussetzungen ausging, gab sie ihren Widerstand auf, und die beiden jungen Leute wurden ein Paar. Auch dies ein sehr ungleiches, und zwar im umgekehrten Sinn wie es bei Carl und Lotte Pistor der Fall war. Harmlosigkeit und Sanftmut lagen bei Zschocks auf der Seite des Mannes, während Leidenschaft und hervorragende geistige Begabung als Pistorsches Erbteil der Frau zuteil geworden waren. Das Haus, das neun Fenster Straßenfront und, wie üblich, außer dem Erdgeschoß nur ein Stockwerk noch zum Bewohnen, darüber aber ein stattliches Dach mit großem Bodenraum hatte, war zwischen den Geschwistern so geteilt worden, daß Pistors zu ebener Erde, Zschocks in den vornehmeren Räumen des ersten Stocks wohnten. Eine breite, schwere Haustür führte von der Straße aus in den ebenso breiten, geräumigen Hausflur, der die untere Wohnung in zwei gleiche Hälften teilte. Je ein Seitenflügel begrenzte den von zwei Walnußbäumen beschatteten Hof. Dann folgte der Garten, dessen größere Hälfte zur Rechten wiederum Zschocks in Anspruch nahmen, während die kleinere linke Pistor zufiel. Die Schwester verstand es sehr wohl, in solchen Dingen sich ihren Vorteil zu sichern, aber sie besaß auch zugleich die Gabe zu verwerten, was ihr zuteil geworden war. Sie hatte lebhaftes Interesse für Gartenbau, zog an der sonnigen Rückwand der Behrenstraßenhäuser das schönste Obst, unter anderem z. B. großfrüchtige Maulbeeren, legte Aurikelbeete an, die eine Sehenswürdigkeit wurden, lud das gebildete Berlin ein, wenn es ihr gelungen war, die seltene Kaktusart »Königin der Nacht« unter Glasfenstern nächtlich zur Blüte zu bringen, kurz, machte ihre Gartenhälfte zu einem aristokratischen Schmuckkästchen, während es auf der Pistorschen Seite nur bürgerlich einfach zuging.* Das Verhältnis der beiden Schwägerinnen zueinander war trotz großer Verschiedenheit der Naturen von Anfang an gut und freundschaftlich. Von ungleich höherem Werte aber war es für Lottes Herzensbedürfnisse, daß sie in Berlin ihre innig geliebte Schwester Mine wiederfand. Das Albertische Ehepaar wohnte nicht allzu entfernt von der Mauerstraße, und es verging fast kein Tag, an dem sie nicht Gelegenheit gefunden hätten, mit der Schwester auf die eine oder andere Art zusammenzukommen. In ihrer Nähe fühlte sie sich ganz verstanden und geborgen, während ihr zwar jüngerer, aber sehr ernster Gatte trotz allen guten Einvernehmens mehr oder weniger ein Fremder für sie blieb. *Pistor war rastlos tätig, und zwar vernachlässigte er auch keineswegs die Arbeit, die ihm seine Berufsstellung als Geheimer Postrat auferlegte. Auch hier fehlte es ihm nicht an fruchtbringenden Gedanken, deren Ausführung er mit Eifer und Erfolg betrieb.* So verdankte man seiner Anregung z. B. die Einrichtung der Schnellposten, während er Gelegenheit nahm, alle die Orte, in welche seine amtliche Stellung ihn führte, durch genaue astronomische Beobachtungen geographisch festzulegen. *In einem amtlichen Bericht an den König vom Jahre 1809, betreffend die Einrichtung des General-Postamts, heißt es von ihm, daß er dermalen das an Geist und Kenntnissen ausgezeichnetste Mitglied das Kollegiums sei, und vor allem rühmt man ihm nach, daß er »von regem Fortschrittseifer beseelt, sich auch um den wissenschaftlichen Theil der Posttechnik große Verdienste erworben« habe. Sobald er aber seiner Tagespflicht als Beamter genügt hatte, begann das Grübeln, Studieren und Probieren auf dem Gebiet der Mechanik, das mehr und mehr in den Mittelpunkt seines Strebens gerückt war. Es erscheint mir tunlich, an dieser Stelle einmal für einen Augenblick weit vorauszugreifen, um ein Gesamtbild von Pistors Wesen zu geben, und ich entnehme deshalb einem Aufsatz, der im Mai 1862 – 15 Jahre nach seinem Tode – in der Vossischen Zeitung unter dem Titel »Zur Geschichte der mechanischen Künste in Berlin« erschien, einige Partien, die von seiner Persönlichkeit und seinen Leistungen namentlich als Mechaniker handeln. »Pistor«, heißt es da,* »erscheint sowohl in Betracht seines Charakters und seiner Neigungen, als seiner ausgezeichneten und vielseitigen gelehrten Kenntnisse ganz entschieden als ein Originalgenie, der Alles was er erlernte und leistete, durch freien Entwicklungstrieb und durch Selbstunterricht aus führte. Es war somit kein Schade, sondern ein Glück für ihn, daß er nicht etwa eine sogenannte gelehrte Laufbahn ergriff. Denn so blieb er frei von der Beschränkung und Einseitigkeit, welche den akademischen Schulfächern und Schuldoktrinen ankleben. ... Pistor *war nach dem Zeugniss Solcher, die ihn persönlich kannten, zwar eine Arbeitsnatur von unermüdlicher geistiger Spannkraft; während seines ganzen Lebens fand man ihn nie müssig, wenn er sass, war er mit Lesen oder Schreiben beschäftigt, wenn er ging, so geschah es mit Eile, er schritt nicht, sondern er sprang die Treppen hinauf; aber doch gränzt dasjenige, was der junge Mann durch Privatfleiss, ausserhalb seiner vom Dienste in Anspruch genommenen Zeit, an Kenntnissen in den schwierigsten Fächern des menschlichen Wissens in wenigen Jahren sich aneignete, an das Unglaubliche. Er war mit 21 Jahren im mathematischen und astronomischen Fache so kundig, dass er als praktischer, beobachtender Astronom zu funktioniren vermochte. ... In dem nämlichen Jahre 1810 als die Berliner Universität gegründet wurde, stiftete Pistor*, zuerst in Gemeinschaft mit dem Mechanikus Mendelssohn[21] *eine mechanische Werkstatt.*[22] *Der Zweck war, alle physikalischen, mathematischen und astronomischen Werkzeuge bis zur möglichsten Vollkommenheit exakt zu verfertigen. Dies ging vollständig in Erfüllung, um so leichter, weil Pistor bessere Werkzeuge, nach englischem Muster, einführen konnte, als dergleichen bis dahin in Deutschland gebraucht waren. Die Werkstatt lieferte in den ersten Jahren alle physikalischen und optischen Werkzeuge und Apparate ohne Unterschied. Erst später, als das Geschäft sich ausdehnte, wurde die Fabrik fast ausschliesslich auf astronomische Werkzeuge beschränkt.* Im Jahre 1813 schied Herr Mendelssohn aus dem Geschäfte, das von nun ab allein vom Geh.-Rath Pistor geleitet wurde. Das Eigenthümliche der Werkstatt, als einer Epoche machenden Gründung in Berlin, waren die für dieselbe gebauten Kreistheilmaschinen. Diese schwierigen, die äusserste mechanische Exaktheit erfordernden Mechanismen, fehlten bis dahin dem preussischen Staate ganz; ja Berlin war überhaupt hinsichtlich seiner mechanischen Künstler so weit zurück, dass einer unserer Professoren der Physik an der Universität, ein Freund des verstorbenen Pistor, dessen Verdienst um die mechanische Technik durch die Äusserung bezeichnen konnte: vor Pistor verstand man in Berlin keine ordentliche Schraube zu machen. *Das erste Erforderniss der Werkstatt, eine kleine Theilmaschine, wurde dann im Jahre 1812 schon gefertigt. In den Jahren 1813–18 wurde eine zweite grosse Theilmaschine vollendet, welche der Staat mit 3000 Thaler belohnte. Mittelst dieser Theilmaschine erst konnten im preussischen Staate astronomische Werkzeuge mit der erforderlichen Genauigkeit gearbeitet werden. Mit ihr wurde denn auch der Meridiankreis hergestellt, welcher noch jetzt auf dem Berliner Observatorium dient. …*

*In der Pistorschen Werkstatt wurden ausserdem auch Chronometer gefertigt, nicht etwa von fremden Meistern, sondern eben, gleich Allem was aus der Werkstatt hervorging, nach Pistors Vorschrift von deutschen Arbeitern, welche der gelehrte Meister in seinen Unterricht nahm. Eigenthümlich war seine Methode, seine Arbeiter zum Selbstdenken zu wecken. Flüchtig, mit einem Bleistift, ja im Winter mit einem Stock im Schnee, entwarf er ihnen mit ein paar Strichen eine Skizze, nach welcher sie selbst die Zeichnungen anfertigen mussten. Schwer war es, ihm etwas recht zu machen; oft und viel liess er ändern und wieder ändern. Dieser Charakter der Werkstatt, eine Bildungsanstalt für praktische Arbeiter zu sein, wurde noch dadurch gesteigert, dass Pistor unausgesetzt mit Versuchen aller Art beschäftigt war. Auch blieb er inmitten seiner Gehilfen nicht müssig, sondern legte selber Hand an; er polirte gern.*

Ein eigenthümliches Ereigniss war die Veranlassung, dass Pistor mit eigener Hand die mechanische Kunst ergriff und durch seine geistvolle und energische Thätigkeit der Vater und Gründer einer Meisterschule mechanischer Technik in Berlin wurde. Der Pflegevater hatte ihm als eine Neuigkeit und Seltenheit eine achromatische Linse von Flint- und Kronglas aus der Dollond'schen Werkstatt geschenkt. Pistor war über dies Geschenk hocherfreut und in seinem ihm eigenthümlichen Streben, das Schwierigste zu vollbringen, unternahm er es, mit eigener Hand diese Linse nachzuahmen. Der Versuch gelang ihm vollkommen, und von jetzt ab reifte der Entschluss bei ihm, eine selbstständige mechanische Werkstatt für schwierige physikalische, insbesondere für astronomische Werkzeuge und Apparate zu gründen. Um mehr Erfahrungen im technischen Fache zu sammeln, als er, der bis dahin Laie war, zumal in Deutschland, und dies in Halle hatte gewinnen können, unternahm er eine Reise nach England, wo er die berühmtesten Werkstätten, speziell in London besuchte. Er liess sich dem Nachfolger Dollonds, dem Herrn Ramsden, vorstellen, und mit welchem Erfolge er diese Reise gemacht hatte, das sollten bald seine Unternehmungen und Leistungen in Berlin kennen lehren.

So geschah es denn, dass nach dem einstimmigen Zeugnisse aller jetzt noch in Berlin lebenden Veteranen der mechanischen Technik, welche sämmtlich aus der Pistorschen Werkstatt hervorgegangen sind, der gelehrte und geistreiche Gründer dieser Anstalt in kurzer Zeit dem dringenden Bedürfnisse des preussischen Staates abhalf: eine exakte Schule der mechanischen Technik zu besitzen. Unsere ausgezeichnetsten mechanischen Künstler: Oertling, Schieck, Halski, rühmen sich mit Freuden, die Schüler Pistor's zu sein. Herr Tiede, unser berühmtester Uhrenkünstler, verkehrte ebenfalls mit dem allkundigen mechanischen Genie und bediente sich seines Rathes. ...

*Pistor sprach und schrieb korrekt die modernen Sprachen der Kulturvölker: das Französische, Englische und Italiänische. Auch als administrativer Beamter hat er sich um Preussen die gewichtigsten Verdienste erworben. Seine Thätigkeit zur Förderung des Fortschritts und des Gemeinwohls durch praktische Gründungen war unermüdlich; er war ein nie ruhender Treibkeil im Ministerium. Als Rechnungsbeamter nützte er dem Staat durch die von ihm gemachte Feststellung des Urmaasses der preussischen Fusse. Als Chef des Verkehrswesens in Preussen war er der erste Erbauer von Telegraphen, welche den elektrischen voraufgingen. So unternahm er es, den preussischen Staat von Berlin bis Coblenz mit einem Telegraphen zu versehen. Der alte Telegraph, dessen Spur noch auf dem Königl. Marstalle hinter der Kunstakademie sichtbar ist, wurde von ihm erbaut.«*[23]

*Ich füge dieser Schilderung noch hinzu, daß Pistor die erwähnte Werkstatt in seinem Hause Mauerstr. 34, und zwar in der zur Rechten vom Eingang liegenden Hälfte des Erdgeschosses einrichtete, und daß dieselbe auch zugleich eine große Tischlerei enthielt.* Pistor beschäftigte sich bereits im Jahr 1807 persönlich sehr eifrig mit der Anfertigung von Tischlerarbeiten. Teils wünschte er, damit seinem Körper die Wohltat einer kräftigenden Muskelbewegung zu verschaffen, teils reizte ihn die Aufgabe an sich. Sein außerordentliches praktisches Geschick, seine gewandte, sichere Hand befähigten ihn nach kurzer Übung zu den vollkommensten Leistungen. In der Werkstatt wurden später vor allem die Holzteile gearbeitet, die für die völlige Fertigstellung gewisser Instrumente (wie z. B. der Barometer) erforderlich sind. Aber auch allerlei andere Gebrauchsgegenstände ließ er anfertigen, die ihm für eigene Benutzung, oder um an Freunde verschenkt zu werden, erwünscht waren. *Von seiner englischen Reise, die er im Sommer 1827 antrat, kehrte er voller Bewunderung nicht nur für Zustände und Einrichtungen im Großen, sondern auch für eine Menge von einzelnen Dingen zurück, die er dort kennengelernt hatte. Eine bedeutende Anzahl vorzüglicher englischer Bogen hatte er angeschafft und richtete in seinem Garten einen Schießstand ein, um sich in Gemeinschaft mit anderen als Bogenschütze zu betätigen. Auch eine Reihe ausgezeichneter Kupferstiche, namentlich nach Genrebildern von David Wilkie, brachte er mit. Auf dem einen der letzteren, »The Rent-day«, ist ein kleiner hübscher Eckschrank abgebildet, der in erreichbarer Höhe über dem Fußboden hängend angebracht, in mehrere Fächer abgeteilt und mit Glasfenstern versehen zur Aufbewahrung von allerlei Speisen dient. Nach diesem Muster ließ er sich in seiner Werkstatt zwei Exemplare herstellen, die sich als ebenso brauchbar wie geschmackvoll im Aussehen erwiesen. Aus Amerika hatte er für seine Tischlerei einen ungeheuren Block Mahagoniholz bestellt, das damals, zuerst wohl in England, dann aber auch in Deutschland zu besonderer Beliebtheit gelangt war, und aus diesem Material wurden nicht nur jene Eckschränke, sondern auch zahlreiche andere Möbel, z. B. einige schwere, stattliche Bettstellen angefertigt, die im Hause und in der Verwandtschaft Verwendung fanden. Pistor spielte mit Eifer Violine, und wie es ihm Bedürfnis war, allen möglichen Dingen auf den Grund zu kommen, so stellte er auch über den Geigenbau Untersuchungen an. Er erstand eine Geige von Amati, nahm sie auseinander, maß die Dicke des Holzes an allen einzelnen Teilen und hoffte, durch diese und andere Manipulationen die geheimen Ursachen der besonderen Vorzüglichkeit alter italienischer Saitenin-*

*strumente herausfinden zu können. Bei dieser Gelegenheit kam er auf den Gedanken, daß die Eigenschaft der Violinen, einen doppelten Resonanzboden zu besitzen, vielleicht in erster Linie die Schönheit des Tones bedingen möchte, durch die sie sich vor den Klavieren auszeichnen. Sofort ging er daran, ein Modell für einen hochstehenden Flügel mit zwei Resonanzböden zu entwerfen und danach in seiner Werkstatt ein Instrument bauen zu lassen. Drei solcher Flügel wurden fertiggestellt; die Wirkung war zwar nicht schlecht, entsprach aber doch nicht den von ihm gehegten Erwartungen. Immer wieder aber faßte er andere Ideen und Pläne, die zu Versuchen drängten, und der Experimente war kein Ende.*

*Es war ein bezeichnender Zug seines ganzen Wesens, daß er sich um die geschäftliche Seite seiner Unternehmungen so gut wie gar nicht kümmerte. Nur um die Dinge selbst und um den Fortschritt seiner eigenen Erkenntnis war es ihm zu tun. In seinem Garten ließ er in einer entlegenen Ecke ein kleines Gebäude auf quadratischer Grundfläche erbauen, dessen Dach in der Mitte eine Öffnung hatte. In dieser war ein großes Teleskop angebracht, durch das er bei Tage die Sonne und nachts den Wandel der Gestirne beobachtete, um seine astronomischen Kenntnisse zu erweitern. Wenn er über irgendein astronomisches oder physikalisches Problem, das ihn beschäftigte, zu vollkommener Klarheit gelangt war, und das erste sichtbare Resultat die Richtigkeit seiner Schlußfolgerungen erwiesen hatte, so war die Sache damit für sein innerstes Interesse abgetan und er griff nach einer anderen Aufgabe, die zu lösen war. Die pekuniäre Ausbeutung seiner Erfindungen jedoch überließ er mit so vollkommener Sorglosigkeit anderen, daß niemals ein irgendwie nennenswerter äußerer Gewinn für seine Person übrig blieb. So hoch man den Idealismus der Gesinnung anschlagen mag, von dem diese Handlungsweise Zeugnis ablegt, das Fehlen eines jeden Gegengewichts, einer jeden nüchternen Erwägung, Voraussicht und Beschränkung mußte doch endlich zu den mißlichsten Folgen führen. Er hatte nie gelernt, mit Geld verständig umzugehen und in äußeren Dingen überhaupt Ordnung zu halten. Was ihn aus irgendeinem Grunde anzog, was seine Wißbegierde oder seinen Geschmack reizte, das mußte angeschafft werden, mochte es kosten, was es wollte. Kein Wunder also, wenn der Zustand seiner Finanzen beständigen Schwankungen unterworfen war, wenn manches Prosaische, aber Notwendige hinter Entbehrlichem zurückstehen mußte und die junge Frau mit ihrem ausgeprägten Sinn für haushälterisches Walten solche Verhältnisse als höchst unbehaglich empfand. Es hat jemand mit Recht gesagt, das Glück einer Ehe werde gewährleistet durch ungleiches Temperament bei Gleichheit der Interessen beider Ehegatten. Die Ungleichheit des Temperaments war hier im vollsten Maße vorhanden. An der Gleichheit der Interessen aber fehlte es – von der Musik etwa abgesehen, der beide Liebe und Verständnis entgegenbrachten – fast gänzlich. Für seine wissenschaftlichen Spekulationen fand Pistor bei der Frau keine Teilnahme. Auch seinen Gedankengängen, soweit sie sich auf allgemeine Fragen von tieferer Bedeutung, auf geistige Strömungen der Zeit bezogen, vermochte sie nur in bescheidenem Maße zu folgen. Was ihn dabei begeisterte oder beunruhigte, berührte ihre Seele kaum vorübergehend. Auf der anderen Seite wiederum waren dem in seine eigene Innenwelt versunkenen Mann alle hübschen Äußerlichkeiten durchaus gleichgültig, an denen die lebenslustige Natur seiner Gattin Gefallen fand. Sie tanzte leidenschaftlich gern. Er haßte geradezu den Tanz; ja schon das Anhören von Tanzmusik war ihm unleidlich; was andere daran belustigte, stimmte ihn verdrießlich und traurig. Wohl sah er geistvolle Männer und interessante Frauen, mit denen sich ein ernstes Gespräch führen ließ, in seinem Hause gern zu Gaste. Eine oberflächlichere Geselligkeit aber, wie Lotte sie liebte, bei der es auf nicht viel anderes als anmutigen Zeitvertreib, heiteres Spielen und Scherzen hinauslief, war ihm gründlich zuwider. Was der eine suchte, vermied der andere nach Kräften und umgekehrt. Die heiße Liebesglut des Bräutigams kühlte sich mehr und mehr ab; auf Lottes Seite war eine übermächtige Zuneigung niemals vorhanden gewesen, und so gewöhnten sich die beiden allmählich daran, ohne tiefere innere Gemeinschaft nebeneinanderher ihr Leben zu führen.*

*Aber das war noch nicht alles, das einem wahrhaft beglückenden ehelichen Verhältnis im Wege stand. In Pistors Natur lagen zwei große Eigenschaften, die mit den unleugbaren Schwächen versöhnen konnten, die die völlige Abwesenheit einer vernünftigen Jugenderziehung hatte überhandnehmen lassen: eine unbedingte, sich selbst nicht schonende Wahrhaftigkeit und eine in inniger Religiosität wurzelnde aufrichtige Demut. Dennoch: Die ungezügelte Leidenschaftlichkeit seines Wesens legte seiner Frau manches zu tragen auf, das eine andere im Innersten erbittert haben würde. Nur einer so grundgütigen Natur, wie die ihre es war, die sich immer bereitfinden ließ, den anderen zu entschuldigen und kein stärkeres Bedürfnis kannte als den Wunsch, auszugleichen und Frieden zu stiften, konnte es gelingen, hier still auszuharren und sanftmütig hinzunehmen, was sie nicht zu ändern vermochte. So erfüllte sie eine höchste Liebespflicht wie etwas Selbstverständliches, dessen sie sich kaum bewußt wurde. Sie erreichte damit, daß unter ihrem Dache trotz aller Widersprüche Raum für unbefangene Freude blieb. Die besten Menschen verkehrten gern und häufig im Pistorschen Hause. Savigny aber sagte einmal von ihr: »Die Pistor ist ein Engel, und sie weiß es nicht.«*

*Achim von Arnim war 1781 geboren, also einige Jahre jünger als Pistor. Er trat 1793 in Berlin als Schüler in das Joachimsthalsche Gymnasium, das Pistor in demselben Jahr als Tertianer verließ. So wäre es nicht unmöglich, daß beide schon damals miteinander Bekanntschaft gemacht hätten. Sicher aber ist, daß sie sich in Halle* mit verschiedenen ehemaligen Schülern des Berliner Gymnasiums *als Studiengenossen zusammenfanden und hier regelmäßig miteinander verkehrten. Arnim traf im Mai 1798 in Halle ein, um sich als Studiosus juris immatrikulieren zu lassen, und fand Pistor bereits als amtlich Angestellten dort vor. Außer mehreren anderen Berlinern stellte auch der spätere Historiker Friedrich von Raumer sich ein, dessen Bruder Karl von Raumer nachmals der Schwager Pistors werden sollte. Die jungen Leute gründeten eine Vereinigung unter dem Namen »Freunde freier Untersuchung« und hielten allwöchentlich je eine gemeinschaftliche Sitzung. Sie suchten sich durch Vorträge, die sie abwechselnd hielten, gegenseitig zu fördern und zu belehren. So behandelte Arnim z. B. physikalische Gegenstände, Raumer entwickelte seine Ansichten über »Geschichte der Kunst mit Rücksicht auf die jetzigen Zeiten«*[24]*, während Pistor Kupferstiche von Hogarth erklärte. Auch bei Reichardts in Giebichenstein war Arnim ein besonders gern gesehener Gast. Sein Vater war 1775 von Friedrich dem Großen zum Intendanten des Hoftheaters berufen worden, kurz nachdem auch Reichardt als Hofkapellmeister seine Tätigkeit am Berliner Theater begonnen hatte. Beide Männer hatten sich,* wie früher bereits erwähnt, *vortrefflich verstanden, und aus der Einmütigkeit ihrer Bestrebungen im Amt war persönliche Freundschaft erwachsen, die sich auf ihre Nachkommen vererbte. Achim von Arnim blieb zwei Jahre in Halle. Dann ging er zunächst für ein Sommersemester nach Göttingen, wo er Clemens Brentano kennenlernte und mit ihm auf Lebenszeit Freundschaft schloß, verbrachte die folgenden Jahre auf Reisen in Süddeutschland, Österreich, der Schweiz, Frankreich und England und kehrte, nachdem sein Vater gestorben, im August 1804 nach der märkischen Heimat zurück, wo ihn die Regelung von Erbschaftsangelegenheiten erwartete. In Berlin fand er seinen Universitätsfreund Pistor als Ehemann wieder, und da er auch zu der jungen Frau als einer Tochter des Reichardtschen Hauses schon in freundschaftlichen Beziehungen* *stand, so ergab sich ein häufiger und vertrauter Verkehr als etwas Selbstverständliches.* Arnim hatte zum Herbst 1804 eine geräumige Wohnung im Levischen Hause hinter dem neuen Packhofe gemietet, um Clemens Brentano für längere Zeit bei sich aufnehmen zu können.

Auch dieser war, als er 1797 in Halle studierte, sowohl mit Pistor wie mit Reichardts bekannt geworden, und so gingen nun bald die beiden Freunde im Pistorschen Hause ein und aus, als gehörten sie ganz eigentlich dahin. Brentano war – wie Reinhold Steig in seinem Buch »Achim von Arnim und Clemens Brentano«[25] erzählt – am 13. November bei Arnim in Berlin eingetroffen. Am 26. schreibt er seiner Frau nach Heidelberg: »Gestern Abend war ich bei einem ehemaligen Universitätsfreund Pistor von Halle, bei dem ich öfters bin, er hat eine Hensler, eine Stieftochter Reichardt's, der hier ist, einige Opern anzuordnen. Die junge Frau hat ein Kind von acht Wochen, das mich immer sehr rührt, und man befindet sich wohl da. Es war Reichardts Geburtstag, und die Menschen waren recht fröhlich. Ich wartete bei Tisch auf, denn ich war zu trüb und zu sehr mit dem Gedanken an dich erfüllt und unsern Ariel[VIII] um mitzuessen. Nach Tisch spielten Reichardts Bediente aus eigenen Gedanken einige Waldhornlieder vor der Thüre. Bald darauf kam die Rede vom Singen, und Arnim redete mit Reichardt zugleich von dem Lied Semelisberg[26]. Arnim wußte, daß ich es kannte, und ich mußte es singen. ... Morgen reise ich nach Ziebingen mit Arnim, es ist zwei Meilen hinter Frankfurt an der Oder.«[27] »In Ziebingen,«[IX] berichtet Steig, »das einer gräflich Finckensteinischen Familie gehörte, fanden die Freunde Tieck schon gerüstet zu der großen Reise, die ihn die nächsten Jahre nach Süddeutschland und Italien führte. Trotzdem wurden sie auf das freundlichste aufgenommen. Tieck las ihnen seine bereits begonnene Übersetzung der Nibelungen vor, die Arnim und Brentano gleich ihm als das größte Epos anerkannten. Man gewann sich gegenseitig so lieb, daß Tieck seine Gäste bis Lübben begleitete, von wo sie allein nach (dem Arnimschen Gute) Wiepersdorf weiterreisten.«[28] Den Neujahrstag 1805 erlebte Brentano schon wieder

VIII Clemens Brentanos unlängst verstorbenes erstes Kind.

IX Ziebingen und Sandow, zwei in der Neumark nahe beieinander liegende Güter, gehörten Tiecks Jugendfreunde von Burgsdorff. Dieser verkaufte Ziebingen seinem Oheim, einem Grafen Finckenstein, der auch seinerseits wieder mit seiner Familie zu Tieck in die freundschaftlichsten Beziehungen trat. Frau und Töchter zeichneten sich durch große Liebenswürdigkeit aus. Tieck genoß mit den Seinigen mehrere Jahre hindurch hier die seltenste Gastfreundschaft. Während seiner großen Reise blieb seine Frau mit ihren beiden Kindern Dorothea und Agnes ganz bei Finckensteins in Ziebingen oder in Sandow bei Burgsdorffs. Reichardt und seine Angehörigen waren wiederholt an beiden Orten freundschaftlich aufgenommen.

bei seiner Frau in Heidelberg, nach der ihn die Sehnsucht verzehrte, sobald er sie nicht mehr vor Augen hatte. Vor der Heimreise hatte er an Arnim aus Gotha geschrieben: »Grüße Bartholdi, von seinem Hund, und vor allem grüße mir die Pistor. Sage ihr, wenn ich meine Frau nicht wenigstens ein viertel so liebenswürdig wiederfände, als ich die Pistor verlassen, so käme ich wieder nach Berlin und ging' in ihren Keller, um in die verbotnen Äpfel zu beißen.«[29] Im nächsten Brief aus den ersten Tagen des Januar heißt es: »Was soll ich für Pistor's Frau sagen, das du ihrem Manne nicht sagen dürftest? ich habe sie sehr lieb, sie ist ein geliebtes Bild aus keiner Schule. ... Gott gebe ihr die feinste Wäsche, hänge seinen Bart zum Himmel herab, daß sie sich dran hinauf spinne, und das gelbe Fieber soll sie nicht eher berühren, ehe es goldnes Fieber heißt, auf ihrem Tisch soll jeder Schiffer aus verliebter Verlegenheit seine Magnetnadel stehen lassen, ihr Hemd soll nie zerreißen und immer weiß bleiben, ihre Schuhe soll sie nie schief treten, ihre Augen sollen nie weinen, ihr Herz nie brechen, sie soll lauter Liebhaber haben, die besser sind als ich. Reichardten mache mein Abschiedskompliment ... Grüße mir auch die Alberti.«[30] Arnim antwortete am 14. Januar 1805 »Ich höre Dich noch, wo ich gehe und stehe ... Dazu kommt noch, daß die Pistor immer nach Dir frägt. Ich habe ihr neulich die lustigen Musikanten vorgelesen; Schleiermacher aß bei ihr, mir fiel bei ihm das Lied ein ›Daß ich Plato für und für bin gesessen über dir‹[31]. Nachher gab es eine kleine Ehestandsscene, Pistor mochte zu viel getrunken haben, ich hatte alle Mühe an mir zu halten. Es war doch gut, sie waren bald versöhnt ... Der Christmarkt mit seiner sternklaren Nacht hat mich mächtig erquickt, ich habe ein Duzend Waldteufel verbrummt, alle üblen Launen für das ganze Jahr. Einen Abend waren wir recht froh mit Pistors dort, ich und Redtel, wir führten die Frau, die beständig ausgleitete, wir waren ein rechter Beistand für sie. Da sahen wir bei dem einen Conditor das ganze Revüelager mit Berliner Karikaturen angefüllt, bei einem andern eine Gegend aus Preußen, in der Kirche brannten die Lichtchen, vor der Kirche ließ eine Frau ihre Katze tanzen.«[32] »Einige neue Lieder von mir hat Reichardt sehr schön komponirt, ich werde sie dir senden, wenn sie gedruckt sind.«[33] Einige Tage später fährt Arnim fort: »Hätt' ich der Pistor alles bestellt, was du mir aufgetragen, wer weiß das Unglück! Du hast eine Leidenschaft, dich vermissen zu lassen, du schreibst ihr mehr Schönes, als du ihr je gesagt.«[34] Brentano erwidert am 15. Februar »Die liebe Pistor! sage ihr, ich hätte heute Nacht von ihr geträumt, daß ich ihre Hand geküßt, ich denke sehr oft an sie.«[35] – Über Reichardt, seine Persönlichkeit wie seine Musik, gehen die Ansichten der Freunde auseinander. Brentano meint: »Reichardts Manier ist mir selbst nicht die liebste: in seiner Einfachheit liegt zu viel Bekanntes, in seiner Unschuld zu viel Absicht und in all seinen Liedern schwebt er zwischen dem Volkston und Operton, so das rechte Geschmackvolle hat er; genug, ich kann's nicht sagen. Sein bestes Lied ist immer ›Kennst du das Land‹, weil man es nicht anders componiren kann.«[36] Arnim antwortet: »Reichardt hat über zwölf andere Lieder von mir komponirt, die du alle nicht kennst. Reichardt kennt den Geschmack der Welt. Schimpfe lieber geradezu auf seine Arbeit als diese Art von Lob in deinem letzten Brief. Du wirst doch endlich finden, daß er zu den wenigen Musikern gehört, deren Arbeit, ein wenig abgerundet durch die Zeit, wie das mit allen Liedern geschieht, echtes Volkslied werden kann. Ich erinnere nur an sein 1., Wenn ich ein Vöglein wär – 2., Ach was ist die Liebe für ein süßes Ding – 3., Im Walde schleich ich still und wild – 4., Wie lieb' ich euch ihr Nachtigallen – 5., Erlkönig – 6., Den König in Thule – und viele andre, die ungedruckt noch bei ihm liegen, so wie an vier Lieder von mir, die ungedruckt und ganz wunderbar von ihm komponirt sind. Ich kann dir nichts als meinen Glauben geben; aber glaube mir, daß er bei mancher Schwäche doch der lebendigste, ständigste Mensch ist, der mir hier vorgekommen.«[37]

Es mag an dieser Stelle erwähnt werden, daß nicht nur der Vater Reichardt, sondern vor allem auch seine Tochter Luise Gedichte von Arnim und Brentano in Musik setzte. Steffens sagt darüber: »Die von ihr componirten Lieder hatten etwas durchaus Eigenthümliches und waren keineswegs als Nachklänge der väterlichen zu betrachten, und daß sie vorzüglich Lieder der jüngeren Dichter, wie der Vater die Goethe'schen componirte, war natürlich. So wählte sie die von Tieck, Arnim und Brentano, Dichter, die mit der Familie vertraut waren. Viele ihrer Compositionen fanden durch ihre eigenthümliche Tiefe einen allgemeinen Eingang und sind populärer geworden als die Reichardtschen; wahre Volksgesänge, so daß man sie wohl, ihrer großen Zartheit ungeachtet, auf den Straßen von Dienst- und Bauernmädchen singen hörte.«[38] So empfand man in den ersten Jahrzehnten des 19. Jahrhunderts. Ein Lied aber wie das Brentanosche »nach Sevilla« mit Luisens Musik besitzt natürlich anmutige Erfindung genug, um auch heute noch erfreuen zu können. – Das lebhafte Interesse, das Arnim und Brentano an volkstümlicher Komposition von Liedern nahmen, war übrigens wesentlich begründet in dem, was damals, von der eigenen Produktion abgesehen, den Hauptinhalt ihrer Bestrebungen ausmachte. Sie lebten, wie man weiß, ganz in der Begeisterung für die ältere, aus dem Volk hervorgegangene deutsche Dichtung, und alle ihre Gedanken waren jetzt darauf gerichtet, alte und älteste Lieder zu sammeln, wie sie hier- und dorthin verstreut noch im Volke lebten oder doch in vergessenen Drucken und Handschriften vorhanden waren. Das schließliche Resultat dieser Bestrebungen war dann bekanntlich die Herausgabe der Sammlung »Des Knaben Wunderhorn«[39]. Als Brentano im Dezember Berlin verließ, hatte Arnim versprochen, im Frühling zu ihm nach Heidelberg zu übersiedeln, um diese Arbeit in Gemeinschaft mit ihm zu fördern. Am 25. März schreibt er an den Freund nach Heidelberg: »Nun die Tage hell werden, scheint der Morgen herein; es ist, als müßte ich aufstehen, um aufzupacken und zu dir zu reisen. Sehe ich aber in Pistor's Garten die grünen Augen der Sträuche, so glaube ich schon ganz nahe dir zu sein, auf eine Station.«[40] Brentano antwortete: »Hier mein Lieber, schwätzen die Bäume schon ganz anders als in Pistors Garten, hier ist schon von mehr als Knospen, hier ist schon von Blüthe und Blatt die Rede.«[41] Am 4. Mai reist Arnim ab. Zuerst nach Giebichenstein zu Reichardt, der ihm Volkslieder versprochen hat, und wo er acht Tage bleiben will. Clemens, von dem er sich einen Brief dorthin bestellt hat, schreibt: »Um Gotteswillen eile, eile, ehe alle die Bäume hier abblühen, laß dich in Giebichenstein nicht fest halten, hier ist es unendlich schön! Bettine läßt dich grüßen, sie schickte mir ein Glas für dich, aus dem wir Wein trinken wollen. Was nützt mir alles Flehen! Die Vögel, Blüthen und Düfte vor meinem Fenster überflehen mich, o höre sie alle, alle in deiner Liebe zu mir«.[42] Wenige Tage später langte Arnim in Heidelberg an, um erst im Winter – abermals über Giebichenstein – nach Berlin zurückzukehren. Seine Taten und Erlebnisse während des Sommers und Herbstes zu schildern, gehört nicht hierher. Zum Christfest aber traf er wieder bei Reichardts ein und blieb, wie er Clemens meldete, zehn schöne Tage in Giebichenstein, von Weihnachtslichtern erhellt. »Auch mir wurde bescheert;« schreibt er, »Luise, die älteste Tochter, gab mir in einer gehöhlten Nuß mit einem rothen Bande gebunden eine zierlich fein geschriebene Musik zu einem Liede des Ariel, sie hat noch drei daraus überaus schön componirt. Mir war die Nuß, wie die Weltkugel im Planetario; wo die Frucht sonst ruht, da war die Blüthe. Von der jüngeren, Rieke, erhielt ich einen zierlichen Ball; möchte ich so glatt über die Erde rollen! Die anderen schenkten mir wunderlichen Confect: Mörser, Kanonen, Scepter von Marzipan. Ich ließ einen Bienenkorb von Marzipan machen, viel Bienen schwebten an Drähten umher, ich summte dazu und hatte darauf geschrieben: ›Den Geselligen‹. Von Morgen bis Abend las ich ungedruckte französische Memoiren einer Preußischen Prinzessin vor den Damen, unendlich rührend«.[43]

Als Arnim schließlich von Reichardt begleitet in Berlin wieder eintraf, war die Schwelle des unheilvollen Jahres 1806 bereits überschritten. Die politische Lage wurde ernster und ernster. In Arnims Gemüt wogte es hin und her. Zwischen die literarischen Pläne und Arbeiten drängte sich die Sorge um das Vaterland, das Verlangen, mit eigener Tat irgendwie einzugreifen. Noch einmal wiederholten sich friedliche, erquickliche Tage in Giebichenstein. Steig schreibt: »Im Juni 1806 trat Achim von Arnim seine Reise an, die ihn (abermals) zu Clemens Brentano nach Heidelberg führen sollte. Nach kurzem Aufenthalt auf Wiepersdorf traf er gegen Ende des Monats bei Reichardts in Giebichenstein ein und bezog die dort für ihn bereit gehaltene Wohnung. Arnim stand damals in der Blüthe der Jugendentwickelung. Seine stattliche Größe und edle Haltung, sein ungezwungener Freimuth und geselliger Frohsinn vereinigten sich zu einem für seine Umgebung wohlthätigen Eindruck. Er erinnerte sich noch später mit herzlicher Liebe der guten Tage, die er dort verlebte, an den kühlen Gartensaal, welcher das schöne landschaftliche Bild einrahmte, an die Wasserfahrten nach den glücklichen Inseln der Saale, den Chorgesang und Waldhörnerklang: ›Auch hier hatte der Himmel freilich das Beste gethan, hatte Reichardt eine treffliche Frau, schöne, geistreiche Kinder verliehen, ausgezeichnete Männer traten zu dem Kreise. Aber daß dieser Kreis durch Differenz der Meinung, durch Leidenschaftlichkeit sich nicht zerstörte, dazu that doch sehr viel seine Gewandtheit, seine Nachsicht im eignen Hause, selbst seine Autorität und sein Spott, obgleich er diesen mehr in fremden Häusern zu üben gewohnt war, seine sichere Methode, alles Gemeine von diesem Kreise abzusondern, endlich seine Unterscheidungsgabe, wo Talent auch bei unscheinbarem Äußeren verborgen sei.‹«[44] So unbefangen heiter konnte das Dasein von dem stillen Winkel des Giebichensteiner Gartens aus gesehen noch in den Sommermonaten erscheinen. Dann aber brach der Sturm los, und zu denen, die persönlich durch die Folgen der Napoleonischen Siege bedroht waren, gehörte auch Reichardt.

Meine Großtante Mine Alberti führte zeitlebens ein Tagebuch, dessen Jahrgänge vom Jahr 1804 an bis zu ihrem Tode im Jahr 1857 fast ausnahmslos erhalten sind. Freilich sind ihre Aufzeichnungen nur ganz knapp und im allgemeinen durchaus nüchtern gehalten; immerhin geben sie doch zuweilen über Einzelheiten erwünschte Aufklärung. So ist denn auch in den jetzt folgenden Berichten dieser und jener Zug ihren Notizen entnommen. Im Jahr 1804 war, wie Steffens berichtet, eine Schrift erschienen, die den Titel führte: »Napoleon Bonaparte und das französische Volk unter seinem Consulat.«[45] Sie enthielt eine überaus kühne und in ihrer Art schlagende Auseinandersetzung der macchiavellischen Künste, die Napoleon angewandt hatte, um die höchste Gewalt zu erringen, und setzte eine äußerst genaue Kenntnis der inneren Verhältnisse voraus. Diese Schrift, die anonym erschienen war, ward Reichardt zugeschrieben, und der im höchsten Grade erbitterte Napoleon forderte seine Bestrafung. Nachdem diese Forderung sich wiederholt hatte, entging Reichardt nur dadurch einer für ihn gefährlichen Untersuchung, daß der Staatskanzler Graf Hardenberg erklärte, er wisse, daß Reichardt nicht der Verfasser sei. Dies jedoch war nur eine halbe Wahrheit. Tatsächlich hatte freilich der während der Revolutionszeit jahrelang in Frankreich lebende und äußerst genau unterrichtete Graf von Schlabrendorf das Material geliefert, aus dem sich unwidersprechlich ergab, welche Schliche Napoleon benutzt hatte, um seine Ziele zu erreichen. Reichardt aber, dessen leidenschaftliche Begeisterung für Frankreich und die Revolution längst verraucht und in den glühendsten Haß gegen Napoleon als den Feind seines deutschen Vaterlandes umgeschlagen war, gab die Aufzeichnungen, die ihm Graf Schlabrendorf überlassen hatte, nicht nur heraus, sondern bearbeitete sie mit so großer Selbständigkeit, daß die ganze Art der Darstellung, ja auch eine Reihe von Tatsächlichkeiten, die berichtet werden, lediglich ihm angehörten. So hatte er z. B. die Nachrichten über die französische Armee, die sich in dem Buche finden, größtenteils seinem Stiefsohn Wilhelm Hensler zu verdanken, der die Revolutionskriege mitgemacht hatte und noch immer, seiner Gesinnung nach ein eifriger Republikaner, in der französischen Armee diente. Man kann sich vorstellen, welch ein Schrecken unter diesen Verhältnissen sich der Reichardtschen Familie bemächtigen mußte, als am 14. Oktober 1806 die ersten Nachrichten vom nahen Jena in Halle eintrafen, die den Sieg Napoleons und die vollkommene Niederlage der Preußen unzweifelhaft machten. Daß Napoleon der Versicherung Hardenbergs, Reichardt sei nicht der Verfasser der berüchtigten Schrift, keinen Glauben beigemessen hatte, war nicht nur vorauszusetzen, sondern sogar als Tatsache bekannt. Man mußte also auf die schlimmste Rache gefaßt sein. In aller Eile wurde in Giebichenstein das Notwendigste zusammengerafft und aufgepackt, um unverzüglich zu entfliehen. Das Ehepaar Steffens in Halle erfuhr am nächsten Tage nur, daß Reichardt mit seiner Frau, den drei noch bei den Eltern lebenden Töchtern Luise, Riekchen und Sophie und dem kleinen Fritz verschwunden seien. Später verbreitete sich das Gerücht, Reichardt selbst sei als Diener verkleidet nach Sandow, einem Gut des Tieck befreundeten Herrn von Burgsdorff, entkommen, die Familie aber hätte in Berlin Unterkunft gefunden. Hier tritt das erwähnte Tagebuch ergänzend ein, das in seinen abgerissenen Sätzen die ungeheure Aufregung dieser Tage widerspiegelt. Noch am 16. Oktober heißt es: »Gute Nachrichten über den Krieg.« Aber schon am nächsten Morgen trifft »die schreckliche Nachricht von der verlorenen Schlacht in Berlin ein.« Carl Alberti wird zum Minister Stein gerufen, um mit ihm nach Stettin, Danzig und Königsberg abzureisen. Die Frau »ganz confus und unglücklich« muß zurückbleiben, voller Angst um die Ihrigen in Giebichenstein. Am 18. morgens »Bestätigung aller schlimmen Nachrichten«. Carls Mantelsack wird eilig gepackt; man sucht Bekannte auf, um mehr zu hören. Überall dieselbe Trauer und Angst vor dem heranrückenden französischen Heer. Pistor faßt den Entschluß, einen Wagen zu nehmen und seine Frau mit seinem erst dreiviertel Jahr alten Söhnchen Richard nach Hamburg zur Großmutter zu bringen. Am Sonntag den 19. läßt der Minister morgens Alberti sagen, daß er erst um Mittag abführe, während auf eine frühere Stunde gerechnet war. Man schöpft Atem. Mehrere Freunde haben angeboten, die verlassene junge Frau während ihres Mannes Abwesenheit bei sich aufzunehmen. Carl meldet sie infolgedessen bei der Familie Schuler an. Kaum hat sie für ihren Umzug zu diesen Leuten alles eingerichtet, als es klingelt, und ihr Vater Reichardt vor ihr steht. Seine ganze Familie, meldet er, sei mit ihm nach Berlin gekommen und wisse nicht wohin. Natürlich wird nun alles soeben Beschlossene hinfällig. Alberti bestimmt nur noch, daß die Mutter Reichardt mit ihren vier Kindern in seiner Wohnung Aufnahme finden soll und reist um ein Uhr ab. Auch Reichardt selbst verläßt Berlin wieder um drei Uhr. Wohin, ist nicht gesagt. Zum Schluß des Tagesberichts aber heißt es: »Ich wie toll, fast Nichts von mir gewußt, so unglücklich, wie ich nie gewesen.« Am 20. werden »die Franzosen jeden Augenblick erwartet,« kommen aber noch nicht. Am 21. trifft die Nachricht ein, die Ankunft der Franzosen stehe am nächsten Tage bevor. »So viel Unruhe und Angst«, klagt die Schreiberin, »wie ich in meinem ganzen Leben zusammen nicht gehabt.« Viel Besuch kommt, einige vermehren die Angst, andere geben Trost. Endlich gewinnt eine ruhigere Auffassung bei allen, die das Geschick unter dem Albertischen Dach so plötzlich wieder zusammengeführt, die Oberhand. Nur der Gedanke an das verlassene Giebichenstein, das vielleicht ganz zerstört sein könnte, und an die »armen Steffens« in Halle quält sie unaufhörlich. Am 22. und 23. werden die Franzosen noch immer vergeblich erwartet. Arnim erscheint für ein paar Augenblicke und nimmt Abschied. Endlich, am Freitag den 24., heißt es: »Gegen Mittag die ersten Franzosen hier einmarschiert in größter Ordnung. Mir Alles sehr traurig. Von Steffens die Nachricht, daß sie in Halle geplündert.« Am nächsten Morgen treffen noch »viele Franzosen« ein. Man wagt es in größerer Gesellschaft, sich etwas ins Freie zu begeben. Die Straßen sind voller Menschen, aber alles verhält sich sehr ruhig. Am Sonntag den 26. vom frühen Morgen an neue große Aufregung. Auf den Straßen wogt es von Soldaten, man glaubt, der Kaiser werde heute eintreffen; er läßt jedoch vergeblich auf sich warten. Erst am nächsten Tage rückt er mit seiner Garde ein. Auf dem Schloßplatz gibt es entsetzliches Gedränge bei seiner Ankunft und abends illuminiert Berlin! – Die unerwartet wiedervereinten Schwestern, die sonst so sehr an gemeinsames Musizieren gewöhnt waren, denken wiederholt daran, sie möchten einmal wieder miteinander mehrstimmig singen. Aber der Entschluß bleibt aus. Trauer und Sorge lasten zu schwer auf ihnen. Allmählich jedoch gewöhnt man sich an die neue Lage der Dinge, und die Kleinigkeiten des täglichen Lebens machen ihr Recht auf Beachtung wieder geltend. Am Sonntag, den 9. November begibt man sich morgens gegen elf Uhr nach der Schloßfreiheit, um in einem Hause dort den Kaiser zu sehen, was sehr wohl gelingt. Am 12. November besucht man eine ausgezeichnete Vorstellung von Glucks »Armide«, bei der das Opernhaus gepfropft voll von Franzosen ist. Allerlei Geselligkeit, bei der hier neben vielen anderen auch Buttmann, Zelter, Friedrich von Raumer, Varnhagen und die Hertz genannt werden, nimmt wie sonst ihren Fortgang. Eine ungemeine, wenn auch mit schmerzlichen Empfindungen gemischte Freude bringt der 22. November. Wilhelm Hensler ist unter den neu angekommenen französischen Truppen, und seine Mutter darf den zum großen, stattlichen Mann herangewachsenen, in seinem Gemüt aber unveränderten Sohn nach vielen Jahren der Trennung wieder in ihre Arme schließen. Die Schwestern finden den Bruder herrlich, ja sie sind voller Entzücken über ihn, und möchten ihn nie wieder loslassen. Aber nur wenige Tage darf er bleiben. Der Kaiser bricht auf nach Preußen, und auch Hensler muß weiter ostwärts ziehen mit seinem Regiment. Am 2. Dezember kehrt endlich Lotte Pistor mit ihrem Kinde zurück, nachdem ihr Mann bereits früher heimgekehrt, und am Weihnachtsabend trifft auch Carl Alberti wieder ein, so daß die Festtage noch einmal einen reichen Familienkreis in Berlin vereinigen. Freilich der Vater Reichardt fehlte, und nur spärlich laufen in der Folge Botschaften von ihm ein. Wenn schon im allgemeinen die Beförderung von Briefen damals schwerfällig genug war, so machten die Kriegsverhältnisse sie doppelt umständlich und unsicher. In der Regel mußte die Besorgung der Korrespondenz zwischen Reichardt und seinen Angehörigen offenbar der Vermittlung dritter Personen anvertraut werden, sei es nun, um den Aufenthalt des noch immer den Franzosen Verdächtigen geheimzuhalten, oder um überhaupt irgendwelche Sicherheit für ein Erreichen des Ziels zu gewinnen. Die Sorge um das Geschick des Flüchtigen lastete vor allem schwer auf seiner tief empfindenden, erregbaren und bisher durch das Glück so reichlich verwöhnten Frau.

Sie wurde zu allem übrigen unaufhörlich durch die Sorge um ihr liebes Giebichenstein gequält und die Sehnsucht, sich mit eigenen Augen zu überzeugen, wie viel hier noch erhalten und wie viel von den Feinden vernichtet war, ließ ihr keine Ruhe. So faßte sie denn um die Mitte des Januar 1807 den Entschluß, mit ihren Kindern dorthin zurückzukehren. Das Tagebuch sagt, daß sie die Absicht hatte, in der Steffensschen Wohnung in Halle sich einzurichten, offenbar, weil sie die Möglichkeit eines Aufenthalts im eigenen Hause für ausgeschlossen hielt. Steffens hatte, durch die politischen Verhältnisse in die peinlichste Lage gebracht, mit seiner Familie Halle zeitweilig verlassen und sich nach Dänemark gewandt. Sein Quartier also stand leer und konnte von seiner Schwiegermutter bezogen werden. Merkwürdigerweise aber ist weiterhin immer nur von Briefen aus »Giebichenstein« und nach »Giebichenstein« die Rede, so daß man annehmen muß, irgendwelche Räume seien dort noch genügend, um sie bewohnen zu können, erhalten geblieben. Ein halbes Jahr ging dann dahin unter immer neuen Niederlagen Preußens. In Berlin gewöhnten sich inzwischen die Familien daran, einen oder den anderen Soldaten fast unausgesetzt als Einquartierung bei sich aufnehmen zu müssen, und was zuerst Gegenstand des Schreckens gewesen war, wurde in nicht seltenen Fällen eine Annehmlichkeit. Zu Albertis wurde im Januar und Februar 1807 für einige Wochen ein junger Offizier de la Bedogère ins Quartier gegeben, mit dem man bald im besten Einvernehmen stand. Man ließ ihn an den häuslichen Mahlzeiten teilnehmen, und die Freundlichkeit, die man ihm erwies, fiel auf den besten Boden. »Der Offizier ist ein sehr artiger Mensch«, heißt es gleich im Anfang. Dann später: »Der Franzose ist ein recht guter Mensch. Wir haben ihn beide recht lieb, obgleich er ja unser Feind ist.« Und schließlich trifft ein sehr liebenswürdiger Brief aus Paris ein, in dem der Vater des jungen Mannes seinen Dank ausspricht, daß sein Sohn so freundliche Aufnahme gefunden habe. Endlich, am Dienstag den 14. Juli gegen Abend, verbreitete sich in Berlin die Nachricht, daß Friede mit Napoleon geschlossen sei. Mine Alberti erfuhr sie in einer Probe der Singakademie, an der sie als eifriges Mitglied teilnimmt, und die allgemeine Glückseligkeit über die erlösende Kunde ist so groß, daß Zelter sofort das »Te deum laudamus« von Händel anstimmen läßt. Der Friede ist ja nun freilich unzweifelhaft da, aber die nächsten Tage bringen nicht den geringsten Aufschluß darüber, unter welchen Bedingungen er geschlossen worden sei. So ist der Sonntag herangekommen, und die Stadt Berlin, im guten Glauben, daß alles herrlich verlaufen sein müsse, prangt am Abend des 19. in glänzender Illumination. »Alle Menschen recht vergnügt«, sagt das Tagebuch, »weil man sich einen guten Frieden verspricht«. Um so furchtbarer wirkte nun der nächste Morgen, der die traurige Wirklichkeit dessen offenbar machte, wozu sich Preußen in Tilsit hatte verstehen müssen. »Das Erste, was wir hörten«, heißt es am Montag, »war der schändliche Friede. Carl ganz außer sich, so daß ich mich ordentlich für ihn gefürchtet. Abends bei Lotte, wo die Herren ihren Grimm gegen einander auslassen«. Und weiter am Freitag: »Immer noch in Wuth über unsere Schande.«

Preußen hatte bekanntlich alles Land westlich der Elbe an Frankreich abgetreten, und Napoleon machte daraus das Königreich Westfalen, mit seinem Bruder Jérôme an der Spitze. Allen, die ihren Wohnsitz hier verlassen hatten, wurde bei Strafe des Vermögensverlustes anbefohlen, nach ihrer Heimat im eroberten Lande zurückzukehren. So mußte also auch Reichardts Rückkehr erwartet werden, und die Seinigen schwebten nun vollends in Angst, welches Ende die Dinge mit ihm nehmen würden. Reichardt hatte sich auf seiner Flucht im Oktober 1806, nachdem er die Seinigen in Berlin untergebracht, über Frankfurt an der Oder zuerst nach Stettin und einige Zeit später nach Danzig gewandt. Seinem Freunde, dem General Grafen von Kalkreuth, ward die Verteidigung der Festung angetragen, und er selbst war, wie Steffens erzählt, bei dieser äußerst tätig gewesen[46]. Ja, die Anstrengungen, die er sich zumutete, zogen ihm das erste Erscheinen der Krankheit zu, die während seines übrigen Lebens immer aufs neue hervortretend, nach Jahren seinen Tod veranlaßte. Nachdem in den letzten Tagen des Mai die Übergabe von Danzig an den Feind erfolgt war, zog Reichardt mit der Armee weiter ostwärts nach Königsberg. Hier traf er mit Arnim zusammen, der an Clemens Brentano am 17. Juni schreibt: »Ich sah Reichardt wenige Tage hier; dann flüchtete er sich mit der ganzen

Fremdenmasse nach Memel.«[47] Später, nachdem auch Königsberg gefallen und der Friede geschlossen war, kamen beide wieder zusammen und beschlossen, gemeinsam in die Heimat zurückzukehren. Reichardt war aufs neue erkrankt, und da seine Genesung nur langsam vorschritt, verzögerte sich die Abreise bis in das Ende des Septembers. Am 3. Oktober treffen beide bei Tiecks in Sandow ein, um von da weiter nach Giebichenstein zu fahren. Frau Malchen Tieck schreibt baldigst an Lotte Pistor, um ihr und Albertis das große, unerwartete Ereignis mitzuteilen. Hier erregt es im ersten Augenblick nur Schrecken; aber schon am nächsten Tag bringt ein Brief aus Giebichenstein vollkommenste Beruhigung. Die Furcht vor einem Racheakt Napoleons war endgültig beseitigt. Der Kaiser hatte sich anders besonnen, und auf seinen ausdrücklichen Befehl war Reichardt zum Königlich Westfälischen Kapellmeister in Kassel im Dienst Jérômes ernannt worden. Durch diese Maßregel sollte der unbequeme Mann zum Schweigen gebracht werden, während zugleich das Odium einer grausamen Gewalttat vermieden wurde. Arnim hatte Clemens Brentano, der inzwischen seinen Wohnsitz in Kassel genommen hatte, brieflich aufgefordert, mit ihm in Giebichenstein zusammenzutreffen, und so ging über der alten anmutigen Stätte noch einmal nach vielen grauen Tagen die Sonne fröhlichen Beisammenseins auf. »Nach zweijähriger Trennung«, schreibt Steig, »sahen sich Arnim und Brentano im October 1807 zu Giebichenstein wieder. Sie verweilten dort 14 Tage. Von Reichardt begleitet, der zum Kapellmeister am westfälischen Hofe ausersehen war, reisten sie nach Weimar, wo Savigny und Gemahlin[X], Bettina und Melina Brentano sie erwarteten. Täglich waren sie, vom 8ten bis 10ten November, bei Goethe. In drei Kutschen fuhren alle nach Cassel zurück, wo Arnim bis in das neue Jahr hinein verblieb und namentlich mit den Brüdern Grimm in folgenreiche Beziehungen trat.«[48] Reichardt kehrte noch einmal für einige Wochen nach Giebichenstein zurück und fand sich dann mit dem neuen Jahr 1808 – einstweilen ohne seine Familie – in Kassel ein, um hier seine Stellung als Hofkapellmeister anzutreten. Brentano hatte Arnim, der Anfang Januar nach Heidelberg aufbrach, um dort den Druck des »Wunderhorns« zu leiten, bis Marburg begleitet. Als er nach einigen Tagen nach Kassel heimkehrte, fand er Reichardt soeben dort angekommen vor. Er schreibt an Arnim: »Zu Hause fand ich Reichardt

X Savigny, mit Kunigunde Brentano seit 1804 verheiratet, wirkte damals als juristischer Professor an der Universität Marburg. Bei der Gründung der Berliner Universität im Jahr 1810 wurde er bekanntlich nach Berlin berufen.

in einer leergewordenen Stube des Generals einquartiert; auch fand ich Laroche und Alberti aus Berlin bei Jordis[XI], deren Geschäft es ist, dem König von Westphalen die Schönebecker und Haller Salzne ganz abzupachten. Reichardts Glück ist mir sehr lieb, lieb für die Familie; Alberti hat ihm tüchtig gepredigt, sich stille zu halten. Der König hat ihn empfangen, durch Camus präsentirt, welcher ihm früher in der Antichambre – was Reichardt leider bereits zu vielen Leuten erzählt – gesagt: ›Monsieur, nous n'avons rien, qui soit digne de vous, que la bonne volonté.‹ Der König hat ihm gesagt, daß er selbst seine Talente nicht kenne, daß er aber von der Königin viel Gutes von ihm gehört habe; er wünsche, er möge ihr einige treffliche Instrumente, die sie von Paris erhalten habe, spielen (Gott gebe ihm eine sanfte Hand und hüte ihn vor aller Begeisterung!) und ihr in ihren études behülflich sein – also wieder auf dem Punkt, wie in Berlin, wenn ihn nur seine dortigen Erfahrungen hüten, zu viel von der Königin zu erzählen. Bei alledem ist mir bei dieser sehr öffentlichen Stelle, welche gewiß die Pariser Aufmerksamkeit auf ihn lenkt, nicht allzuwohl für ihn. Denn es ist mir bis jetzt kein Mensch vorgekommen, der nicht seine Geschichten weiß. Auch kommt Talma nächstens von Paris hierher, das französische Theater zu organisiren. Alles das wird ihn sehr ins Licht stellen. Um so mehr wäre es zu wünschen, daß seine Familie recht bald hierher käme, welche ihm in der öffentlichen Achtung sehr nützlich sein kann, und in welcher er auch einen unschädlichen Entladungspunkt für seinen Anekdotenfluß hat. Auch Alberti wünscht dies, Alberti gefällt mir sehr wohl. Es ist närrisch, aber ich kann für Reichardt keine rechte Liebe bekommen; ich glaube, daß er aus Eitelkeit oft sehr blind ist. Sehr, sehr wünschte ich dich und andre treffliche Menschen hierher um ihn, die ihn solidiren, damit er dieses sein neues Glück nicht wieder verscherzt. Man muß den Menschen kennen wie Du und ich, und so gut sein wie Du, um ihn recht zu lieben. ... Deine Ansicht von ihm steht deinem Herzen herrlich und ist wahr; auch habe ich nie gesehen, mein Theurer, daß Du irgend einen Menschen verkannt hättest.«[49] Ein anderes Mal heißt es: »Reichardt ist beständig an Hof, besorgt der Königin die Masken, componirt Tänze für sie, spielt sie mir vor, mir gefallen sie nicht; er ist glücklich, wie sehr sie gefallen hätten; er exerciert der königlichen Familie die Tänze ein, sie tanzt so gut als möglich darnach. Den andern Tag erzählt Lepel bei Jordis, seine Tänze hätten durchaus mißfallen. Überhaupt hat er das Unglück, oft von seiner Liebenswürdigkeit und

XI Jordis war mit Brentanos Schwester Lulu verheiratet.

seinem succès in einer Gesellschaft versichert zu sein, wo er gerade das Gegentheil gethan.«[50] In Brentanos Briefen an Arnim aus dieser Kasseler Zeit finden sich noch mehrere Äußerungen ähnlicher Art über Reichardts Charakter, sein Benehmen, wie auch über seine Kunst, die man in Steigs Buch nachlesen mag. Sie alle hier wiederzugeben, würde zu weit führen. Unzweifelhaft aber ergibt sich daraus, daß Reichardt durch unvorsichtige Äußerungen, durch Leichtgläubigkeit Schmeichlern gegenüber und anmaßendes Wesen vielfach Anstoß erregte und sich unbeliebt machen mußte. Dazwischen fallen dann freilich auch anerkennende Worte über ihn, so nach einer Probe im Theater, der Brentano beiwohnte. »Mein lieber Bruder«, schreibt er an Arnim, »ich wollte, Du wärst heute mit mir in der Orchesterprobe gewesen, wie Reichardt die Kerls in Gang bringt! Zuerst spielten sie seine Ouvertüre zu dem begonnenen ›blauen Ungeheuer‹, die mir sehr gefallen. Er tanzte die Kerls ordentlich in den Zug, es war ganz herzergreifend, wie er in Leidenschaft kam und alles zog.«[51] Arnim, in seines guten Herzens Drang, alles zum Besten zu wenden, erwidert[52]: »Es freut mich, daß Ihr Euch ausgleicht, Du und Reichardt. Du wirst seine eigentliche Genialität und Produktion bald erkennen, die von seiner angenommenen ebenso verschieden ist, wie seine Welthöflichkeit von seiner unglaublichen, gutmüthigen Dienstwilligkeit gegen alle Leute.«[53] Alles in allem bleibt sich Brentano trotzdem gleich, in seiner Abneigung gegen Reichardts eigene Persönlichkeit wie in der aufrichtigen Liebe für die übrige Reichardtsche Familie.

In Giebichenstein hatte sich währenddessen in den letzten Apriltagen Riekchen, damals 18jährig, mit Karl von Raumer öffentlich verlobt, nachdem schon seit zwei Jahren ein stilles Einverständnis bestanden hatte. Wenige Wochen später brach die Mutter mit den drei unverheirateten Töchtern und dem kleinen Fritz auf, um ihrem Gatten folgend nach Kassel überzusiedeln. Voller Hoffnungen, wenn auch mit Wehmut von der Heimat scheidend, zog man den neuen Verhältnissen entgegen. Allerlei glänzende Äußerlichkeiten, an denen es bei einer höfischen Stellung des Familienhaupts nicht zu fehlen pflegt, täuschten wohl anfangs darüber hinweg, daß man sich auf schwankendem Boden bewegte. Lange aber konnte es nicht währen, bis der trügerische Schimmer verblaßte. Arnim schrieb zu jener Zeit aus Heidelberg an [Jacob][54] Grimm, den er kurz vorher in Kassel kennengelernt hatte: »Wie gefallen sich Reichardt's in Cassel? Es thut mir unendlich weh, daß sie aus Giebichenstein fortgerissen, und wenn sie es auch jetzt noch nicht bemerken. Grüßen Sie doch alle recht herzlich von mir und erzählen Sie mir ein wenig, was sie so treiben und wie es bei ihnen zugeht.«[55] Jacob und Wilhelm Grimm lebten damals, in stillem aber bedeutendem Aufsteigen auf ihrer literarischen und wissenschaftlichen Bahn begriffen, in der hessischen Hauptstadt. Jacob als Bibliothekar aus hessischen in westfälische Dienste übergegangen, Wilhelm noch ohne Stellung. Offenbar hatte Clemens Brentano, der mit Grimms von früher her befreundet war, die Bekanntschaft zwischen ihnen und Reichardts vermittelt. Wenn der Aufenthalt in Kassel auch verhängnisvoll genug für diese enden sollte, der Gewinn, mit den Brüdern Grimm in herzliche Beziehung getreten zu sein, war groß und dauernd genug, um für manches Ungemach zu entschädigen. Hier wurde der Grund zu einer Freundschaft gelegt, die ebenso wie die mit Arnim geschlossene in ihren Folgen weit über die Gegenwart und über die augenblicklich Beteiligten hinausreichte, um sich als ein edles, unschätzbares Gut Generationen hindurch zu bewähren. Aber auch die nächste Zeit sollte schon Gelegenheit geben, die Echtheit der neu gewonnenen Freunde zu erproben. Daß Reichardts Stellung auf die Länge unhaltbar geworden war, ließ sich bald genug nicht mehr verkennen. In keiner Weise war er geeignet, in der Nähe des westfälischen Hofes zu leben. Er machte aus seiner preußischen Gesinnung keinen Hehl, konnte sich auch nicht enthalten, gelegentlich ein spöttelndes Wort über Jérômes Treiben fallenzulassen. Amtliche Kollisionen mit den Behörden kränkten den reizbaren Mann und unbesonnene Äußerungen, die wiederum dem Beleidigten entfuhren, wurden von Zwischenträgern zu seinem Schaden weiterbefördert; endlich tauchten auch die alten Beschuldigungen wieder auf, kurz, alles kam zusammen, um seine Lage immer bedenklicher zu machen. So brach die Katastrophe herein, noch ehe das Jahr 1808 geendet hatte. Er wurde nach dem südlichen Deutschland und nach Wien geschickt, angeblich um Sänger und Sängerinnen für die Oper in Kassel aufzusuchen und anzuwerben. Tatsächlich aber verschwand er, um nicht wiederzukehren, die Seinigen in der äußersten Bedrängnis zurücklassend. Die arme verlassene Frau brach unter der Wucht des Erlebten zusammen. Sie erkrankte an einem so heftigen Nervenfieber, daß sie erst nach mehreren Wochen davon sich zu erholen vermochte. Nach den beängstigendsten Nachrichten, die nach Berlin darüber gekommen waren, trifft am 18. Januar 1809 bei Albertis ein Brief von Luise ein, der zuerst von einer Besserung im Befinden der Mutter zu reden weiß. Acht Tage später aber berichtet das Tagebuch, Arnim – der seit einigen Wochen wieder in Berlin sich aufhielt – habe aus Kassel erfahren, daß der Vater Reichardt seinen formellen Abschied erhalten habe. Zugleich war der

Frau jedes Gehalt verweigert worden, und so blieb ihr nichts übrig, als sich mit den Ihrigen nach Halle zurückzuwenden. Wilhelm Grimm schreibt am 2. März 1809 an Arnim: »Reichardt's sind mit Packen beschäftigt, in etlichen Wochen werden sie abreisen. Er ist doch sehr leichtsinnig, so daß sie jetzt in wirklicher Geldverlegenheit sind, durch mancherlei Schulden die er gemacht. Und gerade diejenigen, gegen welche er so im Übermaß freundlich und liebreich war, haben sich am wenigsten aufrichtig gezeigt, wie Murhard, von dem er geliehen, und der bald nach seiner Abreise sehr derb darum mahnte. In Wien könnte er so leicht durch ein Concert etwas verdienen, was er aber ganz abschlägt; es ist mir so, als ob es mit seiner Oper dort auch nicht glücken werde, Weigl hat ebenfalls eine neue komponirt, und diese soll erst gegeben werden, wozu sich Reichardt leicht verstanden; nun ist Weigl krank geworden, und Reichardts Oper, die schon fast fertig, liegt. Ich zweifle, daß er im Stand sein wird, lang genug das Interesse für sich lebendig zu erhalten, um eine vortheilhafte Anstellung immer zu erlangen, dazu verliert es sich jetzt unter Größerm. Sie ängstigt sich sehr über diesen ungewissen Zustand; Luise, die diesem Unheil kein Ende, und die Schulden jährlich größer werden sieht, hat den Entschluß gefaßt, durch Unterricht im Singen und Musik und ein Concert jährlich, in Zeit von 10–12 Jahren so viel zu verdienen, um diese zu bezahlen und Giebichenstein zu erhalten. Sie denkt deshalb nach Hamburg oder Frankfurt zu gehn, zwölf Schülerinnen zu erhalten, die jede Stunde mit 1 Thaler bezahlen, und täglich 4 Stunden zu geben, so wäre ihr schon eine Einnahme von 1200 Thalern gesichert. Ich zweifle nicht bei ihrem festen Charakter, daß sie es durchsetzen, und glaube auch, daß sie leicht viele für sich interessiren wird, nur ob es ihr glücken wird gleich Anfangs so viele Schülerinnen zu erhalten weiß ich nicht; dann ist das dabei, daß sie in der Familie ganz unentbehrlich, die sie eigentlich allein zusammenhält, und er es schwerlich zugeben wird. Am wenigsten gefällt mir, daß sie den Fritz mitnehmen will; wenn es ihm auch für zwei oder drei Jahre gut ist bei ihr und unter ihrer Zucht zu sein, so verdirbt er doch ganz sicher, wenn er dann nicht unter Buben und Männer kommt, und zusammengestoßen wird; er ist über die Maßen weichlich, und das muß in etlichen Jahren ganz unleidlich sein.«[56] Am 9. März wird hinzugefügt: »Wie ich gedacht ist es nun leider eingetroffen, Reichardt muß wahrscheinlich (von Wien) fort ohne eine Anstellung erlangen zu können; mit der Aufführung seiner Oper ist es nun auch nichts, da schon alles auseinander gegangen. Wäre es nicht möglich, daß er in Berlin eine Anstellung erlangte? ich glaube, sie hegen hier noch Hoffnung darauf, freilich ohne es zu gestehn. Reichardt's bitten dich sehr um einen baldigen Brief, und ob du in 3 Wochen, wo sie abreisen, etwa schon in Weimar sein wirst, wie Du vorgehabt.«[57]

Soweit Wilhelms Worte; was er und sein Bruder inzwischen für Reichardts getan, davon schweigt er. Gerade dies aber darf nicht übergangen werden. Nicht nur, daß Jacob und Wilhelm während der Krankheit der Mutter Reichardt »wie treue Söhne« unermüdlich waren, mit Rat und Tat Beistand zu leisten. Auch von der Zartheit ihres Empfindens, wie sie sich hier äußerte, gibt ein kleiner Zug Zeugnis, der sich in der Erinnerung der Nachlebenden erhalten hat. Einer der beiden Brüder machte sich eines Tages, als er die Kranke besuchte, ehe er weiterging, am Klavier zu schaffen. Er öffnete es, berührte unkünstlerisch die Tasten, und besonders Luises Ohren fühlten sich durch das Geklimper unangenehm berührt. Später fand sich im Klavier eine Rolle Geld, die bei dieser Gelegenheit unbemerkt dort niedergelegt worden war. Die Summe wurde als Darlehen dankbar angenommen und in besseren Tagen zurückgezahlt.

Aus dem Munde meiner Mutter weiß ich, daß ihre Großmutter Reichardt einmal die Äußerung getan hat: »Hensler habe ich ohne Neigung geheirathet, und habe sehr glücklich mit ihm gelebt. Für Reichardt empfand ich die leidenschaftlichste Liebe und bin unendlich unglücklich mit ihm gewesen.« Dieser Ausspruch kann keinesfalls so gemeint gewesen sein, daß ihr Gefühl für Reichardt im Lauf der Jahre erkaltet wäre. Wohl aber ist es zu begreifen, wenn die unaufhörlichen Aufregungen, Sorgen und seelischen Schmerzen, die, im wesentlichen durch Reichardts Unbesonnenheit verschuldet, ihre späteren Lebensjahre verbitterten, ihr einmal jene Worte auf die Lippen legten.

Wilhelm Grimm litt schon in seiner Jugend an einem quälenden, mit starken Beängstigungen verbundenen Herzleiden. In Halle lebte der weit und breit berühmte Arzt Reil, und Reichardts luden Wilhelm ein, mit ihnen nach Halle zu gehen, um sich bei diesem ausgezeichneten Manne in Behandlung zu geben und Heilung oder doch Besserung zu finden. Bei der Annäherung, die die Kasseler Leidenszeit gebracht hatte, war diese Aufforderung von der einen wie die Annahme von der anderen Seite natürlich. Wilhelm Grimm also begleitete die Reichardtsche Familie und traf mit ihr am 31. März 1809 in Halle ein. Steffens war ein Jahr vorher im Frühling mit Frau und Kind von Kopenhagen nach Halle zurückgekehrt, um dieselbe Zeit, als die Angehörigen Reichardts dem Vater nach Kassel nachgezogen waren. In Giebichenstein boten, wie er erzählt, »das verwüstete Haus, der verfallene Garten einen sehr traurigen Aufenthalt dar«.[58] Nun, nach Jahresfrist, war auch die Kasseler Herrlichkeit wiederum in Staub zerfallen und in der alten Heimat nichts gebessert. Reichardts fanden in Steffens Wohnung Aufnahme, und Wilhelm Grimm mietete sich in demselben Hause eine Studentenstube. Später zogen Reichardts nach Giebichenstein. Von den Zuständen bei ihnen erzählen mehrere Briefe Wilhelms an Jacob. Am 21. Mai 1809 schreibt er: »Reichardts sind alle sehr freundlich gegen mich. Luise habe ich nun in so manchen Lagen gesehen und recht lieb. Es ist vieles Vortreffliches an ihr, ihr Talent, ihr Verstand und ihr wirklich sehr liebreiches Gemüth. Du weißt von ihrem Plan, durch Unterricht Geld zu verdienen, um Giebichenstein frei machen zu können, der doch sehr respektabel ist, und den ich wohl begreife, nachdem ich den Ort gesehen, leider scheint er nicht zu glücken, da es allen eingezogenen Erkundigungen nach in Frankfurt, auf das sie am meisten rechnete, nichts ist und nur Hamburg übrig bleibt, wohin sie ungern geht. – Der Fritz geht in die Schule und ist viel besser geworden, nachdem er aus der Unthätigkeit und Langeweile gekommen.«[59] Ferner am 6. Juni: »Reichardts gedrückte Lage nimmt täglich zu, daß sie fast beständig traurig und niedergeschlagen sind. Weil es ihnen hier zu theuer, ziehen sie hinaus nach Giebichenstein, nicht in ihr ehemaliges Haus, sondern in einem andern haben sie ein Paar Stuben gemiethet, wo sie nun wahrscheinlich durch Arbeit etwas verdienen wollen. Er ist in Schlesien[XII] und wird da bleiben und kann sie nicht unterstützen. Steffens hat bei einem guten Gehalt doch Schulden, weil er wohl zu gut lebt, und kann nichts thun. Du glaubst nicht, wie es mich gejammert, daß sie nun das Haus und den schönen Garten ansehn müssen, wo sie so vergnügt gelebt, und nun daneben in einem schlechten wohnen.«[60] Dann am 18. Juni: »Reichardt's sind nun draußen in Giebichenstein. In einem für 18 Groschen gelb angestrichenen Stübchen sitzen sie und sticken für Geld. Sie in einem einfenstrigen, aber ebenso graziös auf einem schwarzen Sopha, wie in Cassel in der schönen Stube. Sogar ihr Liebstes, den Thee, haben sie abschaffen müssen und sie trinkt nur allein. Wie ich das zum erstenmal sah, kann ich dir nicht sagen, wie rührend und traurig mir es vorkam; es war als wie ich zum erstenmal zur lieben Mutter nach Haus kam und sie in dem armen Haus fand. Doch ist der Trost, daß es andern

XII Zwei von Reichardts Schwägern, Gustav und Friedrich Alberti, lebten in Schlesien als fleißige und tüchtige Fabrikherren; der ältere in Waldenburg, der jüngere in Schmiedeberg. Reichardt hielt sich zeitweilig auch bei diesen beiden vortrefflichen Männern auf. Die Großmutter Alberti war im Sommer 1808 von Hamburg hierher zu ihrem jüngsten Sohn übergesiedelt und starb in seinem Hause am 24. Juli 1809, tiefbetrauert von der ganzen Familie.

trauriger vorkommt, als ihnen selbst, sie sind heiter und vergnügt, so gut es geht, und jede Entsagung belohnt sich selbst. Der Geniale« (so wurde Reichardt in der Korrespondenz der Freunde häufig genannt) »schweift in Schlesien herum und schreibt wöchentlich ein paarmal, dies ist Sitte zwischen ihm und ihr, da er nun natürlich wenig wissen kann und das Papier doch voll sein soll, so giebt das die lächerlichsten Briefe von der Welt. Wohin er jeden Tag gegangen, auf welchen Gängen, was er gefrühstückt und gegessen, welche Menschen er all gesehen, wird weitläuftig berichtet, dazwischen nun Redensarten: ›auf diesem Gange umschwebte mich Dein Geist u. s. w.‹ Ich mußte mich ernstlich zurückhalten, sonst hätt' ich lachen müssen, als sie neulich einen solchen Brief vorlas. Sie liest all' diese Briefe mit einer Andacht und Verehrung, die wirklich schön ist, und täglich die alten wieder.«[61] In einem gleichzeitigen Briefe an Arnim wird gesagt: »Luise denkt wohl selbst, daß aus ihrem Plan nichts werden könne, auf den sie ein großes gebaut, und sie hat die neue Errichtung einer Singakademie vor.[XIII] Sophie ... wird groß und tüchtig und singt zuweilen Solo mit einer mächtigen Stimme, die besonders in den tiefern Tönen recht angenehm ist.«[62]

Im Lauf des Juli war Reichardt von Schlesien her wieder in Giebichenstein eingetroffen. Wilhelm Grimm schreibt am 20.: »Vor einigen Tagen ist der Rachen« (anderer Scherzname für Reichardt) »unvermuthet hier eingetroffen und wohnt draußen bei seiner Lieben und hat die größte Langeweile. Es brennt ein recht innerlicher Hochmuth in ihm, daß er mit Niemand reden will, alle Leute nur für Schund ansieht und nur zuweilen lächelnd freundlich-vornehm ein Paar Worte spricht. Ich mag daher nicht mit ihm reden und lasse ihn gern in Ruh. Nach vornehmen Leuten hat er eine Sucht, und die mögen so dumm sein, als sie wollen, da ist er gern. Was man so sehr glauben sollte, daß er sich freuen würde, jetzt ruhig bei seiner Familie zu leben, das ist gar nicht; sie sagen selbst, er werde es nicht lange bei ihnen aushalten, und so fehlt es ihm ganz an einem häuslichen Sinn.«[63]

Man sieht: Grimm geht mit der Persönlichkeit Reichardts ebenso streng ins Gericht wie Clemens Brentano. Ebenso wie dieser hat er dagegen für die Frau und die Töchter fast nur Äußerungen warmer Hochschätzung und Zuneigung. Auch für Riekchens Verlobten, Karl

XIII Das Ende aller Überlegungen war, daß sich Luise Reichardt dennoch im Herbst 1809 entschloß, nach Hamburg zu ziehen, um sich dort eine Stellung als Musiklehrerin zu gründen. Ein Brief von ihr, den ihre Schwester Mine Alberti am 7. November erhält, meldet, daß sie zufrieden ist und die Stunden sich gut anlassen. Sie blieb in Hamburg, hatte nie Ursache, den getanen Schritt zu bereuen, und starb, von vielen geliebt und hochgeschätzt, am 17. November 1826.

von Raumer, gewinnt er die herzlichste Freundschaft. »Nachmittags um fünf«, schreibt er einmal, »bin ich für immer nach Giebichenstein invitirt, daß sie mich für krank halten, wenn ich nicht komme.«[64] Nach Reichardts Rückkehr aber wird ihm das unbehaglich. Er geht erst um sieben Uhr hinaus, wo er darauf rechnen kann, ihn nicht mehr anwesend zu finden.

In diese Zustände fiel die Ankunft von Clemens Brentano in Halle. Die letzten Jahre hatten ihm unaufhörliche Aufregungen gebracht. Seine leidenschaftlich geliebte erste Frau hatte er durch den Tod verloren[65], dann eine übereilte zweite Ehe mit einer dämonisch boshaften Person geschlossen[66], an die gekettet zu sein ihn rasend machte. In Landshut erreichte er es mit Savignys Hilfe endlich, von ihr geschieden zu werden. Wenn er von jeher das Bedürfnis gefühlt hatte, für sein eigenes zerfahrenes Wesen Heilung in Arnims Nähe zu suchen, dessen Tapferkeit, Heiterkeit und Güte alle Wogen zu glätten schien, so bedurfte er jetzt, nach so viel erschütternden Erfahrungen, doppelt des Freundes. Er plante ein Zusammentreffen mit ihm in Halle und dann vielleicht in Berlin. Dazu kam, daß er in Landshut von Luise Reichardt aus Halle einen »sehr rührenden und ungemein liebreichen«[67] Brief erhalten hatte, wie freudig sie sein würde, wenn er sie in ihrer niedrigen Stube zu Giebichenstein besuchte. Dem mochte er nicht widerstehen. »Wenn mir jemand so etwas schreibt,« heißt es in einem Brief an Arnim, »so muß ich Alles im Stiche lassen und laufen.«[68] Am 4. August trifft er in Halle ein. Wilhelm Grimm schreibt: »Brentano hat hier in diesem Haus eine Stube gemiethet, und will, wenn ich fertig gebadet, mit mir nach Giebichenstein ziehen, wo wir sehr wohlfeil ein Logis und Essen bekommen können, nicht aber bei Reichardts.«[69] Hier blieben die beiden Freunde noch anderthalb Monate und folgten dann um Mitte September einer Einladung Arnims nach Berlin.

Arnim hatte seinen Aufenthalt in Heidelberg im November 1808 aufgegeben und war nach einem mehrwöchentlichen Aufenthalt in Kassel zum Neujahrsfest 1809 nach Berlin gekommen, um sich hier wieder für längere Zeit niederzulassen. Der frühere vertraute Verkehr mit Pistors und Albertis wurde gleich wiederaufgenommen. Ein paarmal wöchentlich war er regelmäßig abends mit ihnen zusammen, bald im Pistorschen, bald im Albertischen Hause. Andere Freunde, wie etwa Schleiermacher, Zelter, Buttmann fanden sich oft dazu, und Arnim pflegte dann, irgend etwas vorzulesen. Namentlich weniger bekannte Sachen, so der Simplicissimus oder eins der Sophokleischen Stücke oder auch etwas von seinen eigenen Dichtungen kamen an die Reihe. Pistor ließ im Mai in seinem Garten eine Kegelbahn anlegen und Arnim benutzte diese eifrig, sobald sich Gelegenheit fand. *Anfang Juli* aber *siedelte er als Pistors Mieter* ganz *in die Mauerstraße 34 über. Meine Großeltern bewohnten selbst nur die eine südliche Hälfte des ihnen zugehörigen Erdgeschosses. Auf der anderen Seite,* die durch den Hausflur von dieser ihrer eigenen Wohnung getrennt war, *befand sich im Seitenflügel die Pistorsche Werkstatt, während* im Hauptgebäude nach dem Hof zu die breite Treppe angebracht war, die den Aufgang zur Zschockschen Wohnung bildete. *Vorn an der Straße lagen zwei unbenutzte Räume, die samt einem dritten nach dem Hof zu gelegenen Zimmer Arnim überwiesen werden konnten.* Da das Haus neun Fenster Straßenfront hatte und in stattlichen Verhältnissen gebaut war, so bedeutete das zwei sehr ansehnliche zweifenstrige Zimmer samt ausreichendem Nebengemach, also reichlich Raum genug, um eine annehmbare Junggesellenwohnung abzugeben. *Bald nachdem Arnim eingezogen, schreibt er an Brentano nach Landshut: »Ich wohne jetzt in Pistors Hause,* dessen du dich an den kleinen Kartoffeln noch erinnern mußt, die Dir die Frau auf den Teller gelegt. Ich *habe aber nur auf drei Monat gemiethet, ungewiß über Euch. Platz fändest du hier bei mir, ich habe ein Zimmer mehr als ich brauche, d. h. zwei. Der Garten hinter dem Hause steht uns frei zur Bearbeitung, er hat eine schöne, schattige Lindenlaube in der Mitte und einen kühlen Gartensaal. Seitdem sich Pistor ganz auf Verfertigen von physikalischen Instrumenten gelegt, hat er den Garten gänzlich liegen lassen, an dem er vorher so leidenschaftlich hing,* daß er ihn in ein großes Mistbeet verwandelt unter Glas und Rahmen setzte. *Du könntest bei mir die Zinsen von deinen hundert Thalern abwohnen, die ich dir der Teufel hol mich noch nicht erstatten konnte.«*[70] Brentano war inzwischen schon von Landshut nach Halle aufgebrochen und schreibt von hier: »Mein lieber Bruder, ... seit fünf Tagen bin ich in Halle und habe die Freude, meinen lieben Wilhelm Grimm gesunder, gelehrter und vortrefflicher denn je zu sehen und zu genießen. Ich habe einen großen Lusten, dich in Berlin selbst zu sehen; selig fühle ich mich, aus dem verschraubten Baiervolk weg zu sein.«[71] Arnim antwortete am 19. August: »Nun wohl mir, daß Du so nahe bist! ... Du hast meinen letzten Brief nicht erhalten, worin ich dir ausführlich erklärt, daß ich ein Zimmer für dich beständig frei habe, und leicht ein Bette dazu bekommen kann. Unkosten macht hier das theure Essen und Trinken, Komödie u. s. w., es wird sich indessen einrichten lassen. Da du den Wunsch hegst, Berlin zu sehen, so halt ichs besser, du kommst zuerst hierher, als daß ich doppelte Wege mache, dich hieher zu führen ... Ein übler Umstand ists, daß unsre häusliche Geselligkeit durch die nahe Niederkunft der Pistor bald ganz gestört wird; nun dafür haben wir dann Kindtaufe.«[72] *Aber Woche auf Woche verging, Clemens kam nicht. Es gefiel ihm so wohl in Halle und Giebichenstein, daß er die Weiterreise immer von neuem verschob. Mittlerweile hatte Arnim auch Wilhelm Grimm eingeladen, mit Brentano zu ihm nach Berlin zu kommen. Grimm schreibt nach Kassel: »Brentano will nach Berlin zu Arnim und mich durchaus mitnehmen. Es solle mich wenig oder nichts kosten, und Arnim hat mich ohnehin schon invitirt, ich weiß noch nicht bestimmt, ob ich es thun werde.«*[73] *Endlich sind alle Bedenken Grimms überwunden; Brentano schreibt einen ausgelassenen Anmeldebrief an Arnim, in dem es mit Bezug auf Pistors Frau heißt: »Grüße mir die reizende Kramfrowe – so nennt man, der Tebelholemer, die Kindelbetterinnen in Amsterdam.«*[74] Mine Albertis Tagebuch aber berichtet: »Montag d. 11ten Sept. 1809 ... Nachmittags ich zu Lotte ... Abends Arnim einen Augenblick dort. Dann seine Gäste angelangt.« Und »Dienstag d. 12ten ... Nachmittag ich zu Lotte. Dort Grimm mir viele Briefe (aus Halle) gebracht. Brentano und Arnim kommen auch herüber, und die Herren trinken dort Thee. Grimm und Arnim holen Carl dazu«. Dann am Donnerstag den 14.: »Zum Mittag sind Brentano, Grimm, Arnim, Pistor und Zschock's bei uns. Alle recht lustig. Abends kommt auch Schadow dazu. Brentano den ›Standhaften Prinzen‹ von Calderon vorgelesen. Sehr schön. Abends bei Tisch Brentano sehr lustig. Um 12 Uhr gingen sie erst fort.«

In ähnlicher Tonart geht es nun weiter die nächsten Wochen hindurch, fast von einem Tage zum anderen. Brentanos Vorlesen wird stets mit Ausdrücken größter Anerkennung bedacht. Calderons »Andacht zum Kreuz«, »Die Hexerei« von Holberg, »Die verkehrte Welt« von Tieck, Shakespeares »Kaufmann von Venedig« und anderes lösen in wenigen Tagen einander ab, und die Teilnahme bleibt immer die gleiche.

*Meinen Großeltern Pistor war im Herbst 1804 ein Sohn Reinhold (auch Gernoth genannt) geboren; im Januar 1806 ein zweiter, den sie Richard tauften. Reinhold starb nach wenigen Monaten, Richard nach Verlauf eines Jahres. Am 14. Januar 1808 wurde ihnen ein Mädchen geschenkt. Brentano erhielt die Nachricht in Kassel durch Reichardts. Er schrieb an Arnim nach Heidelberg: »Die Pistor hat ein Mädchen, Pistor hats aus Bosheit (d. h. aus Ärger, daß es kein Sohn war) drei Tage lang nicht angesehen.«*[75] Nun handelte es sich um den Namen, den man dem

Kinde geben sollte. Die Nibelungen waren damals neu aus der Vergessenheit ans Licht gebracht worden, und die lebhafteste Begeisterung für die gewaltige Dichtung ergriff immer weitere Kreise. Mein Großvater teilte die allgemeine Stimmung und beschloß deshalb, seiner Tochter den Namen »Ute« zu geben. Zum Glück indessen bewahrte der Widerstand sämtlicher Anverwandten meine Mutter vor dem Schicksal, mit diesem seltsamen Angebinde auf Lebenszeit behaftet zu werden. *Am 13. März Mittags um zwölf Uhr fand im Hause die Taufe statt; Schleiermacher hielt die Rede, und das Kind erhielt den Namen »Elisabeth«, der von Anfang an in »Betty« umgewandelt wurde.*

*Anderthalb Jahre später, am 21. August 1809, kam als letztes Pistorsches Kind noch ein Sohn zur Welt, und auf dieses Ereignis deuten die oben angeführten Worte Arnims hin über eine bei Pistors bevorstehende Kindtaufe. Die Feier ging am 24. Oktober vor sich. Der Kleine wurde Wilhelm genannt, nach seinem unter Frankreichs Fahnen dienenden Oheim Wilhelm Hensler. Arnim aber war Pate, und Brentano und Wilhelm Grimm, die gerade jetzt beide mit ihm im Pistorschen Hause residierten, nahmen am Taufschmause teil. Eine drollige Bleistiftzeichnung von Arnims Hand, wie der Großvater von Seegebarth in Galauniform mit eingebogenem Knie das Kind über die Taufe hält und Schleiermacher die Handlung vollzieht, befindet sich noch in meinem Besitz.*

*Wilhelm Grimm berichtet über diesen seinen ersten Aufenthalt in Berlin und im Pistorschen Hause, wo Arnim seine Junggesellenexistenz nun für drei Teilhaber einrichten mußte, folgendermaßen: »Wir bewohnten das Erdgeschoß, Pistors gegenüber, und besaßen drei Stuben. Eine voran, gelb tapeziert, welche das Prunkgemach oder Staatszimmer hieß, bewohnte Anfangs Brentano, die zweite, Eckstube Arnim; die letzte welche in den Hof ging war mir angewiesen. Brentano klagte, daß ihm seine Stube zu hell und geräuschvoll sei; wenn er einen Brief schreiben wollte so mußte er beständig in ein ander Haus, zu Laroche etwa, gehen. Also tauschten wir gegenseitig, er nahm meine stille Stube, die mir sehr angenehm war, und ich mußte das Prunkzimmer beziehen. Er richtete sich darauf die Stube so ein, daß das eine Fenster vollends zugehängt wurde, daß nur eine Scheibe offen blieb, danach stellte er die Komode mitten in die Stube, ein paar Kasten darum, welche als Tisch und Stuhl dienen mußten, denn den einzigen Stuhl, der sich darin befand, hatte er zerbrochen und festgebunden, um bequem sitzen zu können, und so waren alle Geräthschaften zur Dichtung vorhanden. Die Pistor ist einmal, wie wir aus waren, durch die Stuben gegangen und hat über die unerhörte Unordnung niemals aufhören können zu räsonniren.*

*Bei mir hatte es noch am besten ausgesehen, das war sehr natürlich und garnicht meine Schuld, denn meine Geräthe waren ein Bett, ein Tisch und ein Sopha davor als Stuhl, weiter nichts. Alle Besuche mußte ich annehmen, mangels an Stühlen halber, mein Sopha mußte Fronte machen und wir nahmen Platz darauf. Freilich beim Arnim war's am schlimmsten und so arg, daß Brentano, der doch eine gute Unordnung verträgt, es nicht mehr aus halten konnte und drei Tage lang an Ordnung der Bibliothek arbeitete. Allein Arnim klagte nun über die entstandene Unordnung, und wie er nichts mehr finden könnte. Die Kommode war mit Röcken, Wäsche, Büchern pyramidenförmig aufgehäuft, alle Schubladen waren herausgezogen, in den Ecken waren Gewehre aller Art aufgepflanzt, die zwei vorhandenen Stühle waren besetzt mit Büchern, Briefschaften, Hausgeräth, z. B. Gläsern, Messern, wozwischen rothe Tücher als Friedensfahnen heraushingen und Ruhe unter dem verschiedenen Zeug hielten. Der einzige Tisch war auf dieselbe Art versorgt, Arnim sitzt nie und schreibt an einem Pult, auf einem Brett, auf dem Nichts liegen konnte, aber hier schreibt er mitten in dieser Unordnung die herrlichsten und göttlichsten Dinge ...«.*[76]

*Wochentags blieben die drei Freunde den Tag über gewöhnlich zu Hause und arbeiteten; nur des Abends gingen sie beständig aus, ins Theater, Gesellschaft oder machten Besuche. Arnim führte seine beiden Gäste überall herum und verhalf ihnen zu einer Menge interessanter Bekanntschaften. Am liebsten und häufigsten gingen sie jedoch zu Pistors hinüber. Wilhelm Grimm gesteht: »Es war nirgends in Berlin so gemüthlich und wohl als bei ihnen. Pistor hab' ich ungemein auf eine ganz eigene Art lieb, er ist, wie man sagt, ein ungeschliffener Mensch, aber in Allem sehr treu, brav, gutmüthig wie wenige, dabei geistreich und von Talenten. Er arbeitet jetzt voran bei seiner Frau in der Stube, und es ist eine eigenthümlich schöne, edle Bürgerlichkeit und Häuslichkeit in dieser Ehe.* Sie hat mir selbst gesagt, er sei viel milder wie sonst nach dem Tod des ersten Kindes geworden, und sie leben beide äußerst vergnügt und freundlich miteinander; dabei haben sie jetzt das liebe Kind (einen Knaben Wilhelm, am 24[ten] October 1809 von Schleiermacher getauft). *Das Gerede in der Stadt, daß sie eine unglückliche Frau sei, die von dem groben Mann viel dulden müsse, hat ihnen Brentano selbst wiedererzählt, und wie er sie dagegen vertheidigt habe, daß sie viel gelacht haben.« Dann wird erzählt, daß die Freunde viel bei Albertis waren, die sich sehr freundschaftlich und gastfrei gegen sie betragen hätten: »sie hat etwas sehr Angenehmes in ihrem Wesen und macht eine besonders liebenswürdige Wirthin.« Auch von der Frau von Zschock wurden sie etliche Male eingeladen: »sie sieht aus, als wenn sie an irgendeinem alten Hof gewesen sei und nun in der Erinnerung daran lebe.«*[77]

*Wilhelm Grimm blieb nur vier Wochen als Arnims Gast in Berlin. Am 20. November brach er auf, um über Halle, Weimar u. s. w. nach Kassel zurückzukehren.* In einem Brief, den er von dort aus an Arnim richtete, finden sich die Worte: »Grüß Pistors und Alberti's vielmal und die kleine Betty. Ich denke oft an das liebe Kind und werde mir noch öfter wünschen einen Abend dort zubringen zu können.«[78] Und wieder über ein Jahr später im Januar 1811 schließt er einen Brief »Grüß Bettine vielmals, Savigny, die Kinder, die Betty Pistor nicht zu vergessen«.[79] Dem schönen freundschaftlichen Verhältnis, das in späteren Jahren zwischen meiner Mutter und Wilhelm Grimm bestand, gab die Erinnerung an diese weit zurückliegende Zeit eine eigentümlich anziehende Färbung. *Arnim dagegen blieb nicht nur drei Monate, wie anfangs verabredet, bei Pistors wohnen, sondern verließ seine Zimmer in der Mauerstraße erst nach zwei Jahren, als er selbst seinen eigenen Hausstand gründete. Brentano, nachdem er einmal das Zusammenwohnen mit Arnim unter so angenehmen Umständen aufs neue gekostet hatte, verlor mehr und mehr die Lust, wieder allein von dannen zu ziehen. So blieb er Arnims Genosse, und beide gehörten von nun an ein paar Jahre hindurch wie Glieder der Familie zum täglichen Leben im Pistorschen Hause.*

*Das Jahr 1810 brachte den gebildeten Kreisen Berlins neuen Zuwachs an bedeutenden Persönlichkeiten. Im Februar siedelte sich Heinrich von Kleist hier dauernd an. Savigny wurde im Herbst an die neugegründete Berliner Universität von Landshut her berufen. Kleist mietete sich in die Mauerstraße 53 ein, nur wenige Häuser also trennten ihn von der Wohnung Arnims und Brentanos. Als Junggesellen hielten diese gemeinschaftlichen Mittagstisch, an dem jederzeit teilnehmen konnte, wer durch Talente oder gesellschaftlichen Rang ausgezeichnet war. »Unsere Tischgesellschaft«, berichtete Brentano Anfang 1810 »hat sich jetzt sehr vermehrt: der Poet Kleist ist frisch und gesund unser Mitesser.«*[80] *Steig berichtet in seinem Buch »Heinrich von Kleists Berliner Kämpfe« ausführlich darüber, wie diese Vereinigung sich in kurzer Zeit zu einer eigenen Parteigruppe mit gleichen politischen, literarischen und künstlerischen Zielen entwickelte, die bei ihren vortrefflichen Beziehungen zu bedeutenden Männern, zum Militär, zur Regierung, zum Hofe auf Erfolge rechnen durfte.*[81] Seit dem Tage von Jena war Kleist ein nationaler Dichter. Er hatte, wie er 1810 in Berlin eintraf, die »Hermannsschlacht« fertig bei sich, die romantische Abspiegelung der schlimmen Zustände Deutschlands 1809, deren Folgen ihm auf dem mährischen Kriegsschauplatz so schmerzlich nahegetreten waren und aus denen sein Hermann der Nation einen Ausweg zeigen sollte. Im »Prinzen von Homburg« wollte er den Geist erscheinen lassen, der den preußischen Staat erschaffen hatte, überzeugt, daß er »per aspera ad astra«[82] dringen werde.[83] Dies war auch der Glaube und die Sehnsucht Arnims, in dessen Seele die vaterländischen Interessen in diesen Jahren die künstlerischen mehr und mehr in den Hintergrund gedrängt hatten, während Brentano auch jetzt seiner Natur nach im wesentlichen im Literarischen und Persönlichen hängenblieb.

*Savigny traf mit seiner Frau und deren Schwester Bettina Brentano zum Herbst in Berlin ein. Daß sich zwischen diesen dreien und dem Ehepaar Pistor und Alberti bald genug freundschaftliche Beziehungen entwickelten, ergab sich durch die Verhältnisse von selbst. Aber auch Kleist trat in geselligen Verkehr mit Pistors.* Mines Tagebuch erzählt: »Sonntag 7. October. Um 6 Uhr zu Lotte, die Abends große Gesellschaft hatte: Savigny's, Schleiermacher's, Zschock's, Voss, Kleist, Arnim, Brentano, Otto[XIV]. 18 Personen im Gartensaal gegessen«.

Arnim, der Bettina seit Jahren kannte, hatte sich nun im Dezember 1810 mit ihr verlobt. Ein Brief, den er zwischen Weihnachten und Neujahr an die Brüder Grimm richtet, erzählt nicht allein von diesem Ereignis, sondern berührt auch andere hierhergehörende Dinge. »Es ist eben heller Morgen,« schreibt er, »und doch habe ich schon Rehbraten und Jauersche Bratwürste bei Pistor gegessen, der jetzt das von Dir (Wilhelm) bewohnte gelbe Zimmer mit dem Liebeswagen am Himmel bewohnt, nachdem er sich einen warmmachenden Ofen vom à la mode Töpfer statt des kaltmachenden hat setzen lassen, der in Deinen Tagen das Zimmer kühlte. Am Fenster hat er eine Witterungsaccise und Zollvisitation angelegt, Hygrometer, Thermometer, Barometer u. a. m., auf einem Tische und in Schränken liegen Mineralien, auf einem andern Theilungsmaschienen[XV], an einem breiten Arbeitstische wird die Post und die Gesetzsammlung dirigirt, und auf dem Sopha wird zweimal die Woche über Goethe's Farbenlehre disputirt. Hättest du das Alles in dem Zimmerchen für möglich gehalten? Es geschieht aber jetzt sehr

XIV »Voss«, d. h. Graf Voss; »Otto«, ein höherer Postbeamter, wird vertrauter Freund der Pistorschen Familie.

XV In einem früheren Briefe schreibt Arnim: »Pistor verfertigt jetzt viel camera lucida, wer dergleichen verlangt, wende sich an ihn.« [Achim von Arnim an Jacob und Wilhelm Grimm, 3. 9. 1810, in: Steig: Achim von Arnim und Jacob und Wilhelm Grimm, S. 71.]

viel. Ich bin damit beschäftigt, eine Deutsche Freßgesellschaft zum 18. Januar, welches der Krönungstag unsrer Monarchie ist, zu errichten, Ihr sollt Ehrenmitglieder werden, insofern sich dein Appetit, Wilhelm, noch erhält; sie hat große Zwecke, Adam Müller ist Mitunternehmer, ich bin Gesetzgeber. Das weiseste der Gesetze bestimmt, daß jeder lederne Philister ausgeschlossen; wer von Zehnen mit ihrer Namensunterschrift dafür erkannt ist, wird ausgeschlossen. – Aber eine andre Beschäftigung werdet ihr vielleicht nicht errathen und vermuthen? Was hilft das Zieren, geradaus ich habe mit Bettine Verlobungsringe gewechselt und seit dem Weihnachtsabend, wo er mir bescheert wurde, prangt an meiner Hand ein golden Fingerlein mit goldnen Lilien auf schwarzemailliertem Grunde, der mir einwachsen soll, wenn mir die erhoffte gute Zeit einen Bauch und bequeme fette Finger gewährt und kein ungeschicktes Geschick ihn mir raubt. Wir hatten uns früher verlobt auf freier Straße unter Gottes freiem Himmel. Die Ringe waren nur zur Erinnerung, doch war der Abend dieser Weihnacht recht schön. Albertis, Pistors, Zelter, La Roches waren bei Savigny versammelt, wo alle gegenseitigen Geschenke um eine lange Tafel herum aufgeschmückt waren, auf der Tafel ragte eine Christpyramide; auf den Seiten war für die Kinder aufgestapelt ... Nachdem die Freude vorüber war, wurde in einem Zimmer, das als Laube gemalt ist, wo ein Faun den Ofen verziert, an vielen kleinen Tischen – Thee mit rothem Wein, nein – sehr ordentlich wurde da gegessen und getrunken, und die verschiedenen Tische behandelten einander wie fremde Leute in einem Wirthsgarten und die Bekanntesten saßen beisammen. Mir hatte die Bescheerung außer dem Zuckerwerke eine Weste, sechs Schnupftücher, einen Stiefelknecht, eine Papierscheere und ein Federmesser gebracht.«[84]
Mit der »Deutschen Freßgesellschaft«, die Arnim im Anfang des Briefes erwähnt, war aber ein im Grunde sehr ernstes Ding gemeint. An die kleinen Anfänge gemeinschaftlichen Mittagessens mit ein paar Gleichgesinnten anknüpfend, war in Arnims Kopf der Gedanke entsprungen, eine feste Organisation zu schaffen, die einen größeren Kreis von Gesinnungsgenossen zu bestimmten Zusammenkünften geselligen Charakters vereinigte. Am 18. Januar 1811 trat die »christlich deutsche Tischgesellschaft« mit einem feierlichen Eröffnungsmahl ins Leben. Das Stiftungslied, das gesungen wurde, spricht die Gedanken aus, für welche die hier vereinigten Patrioten einzutreten entschlossen waren: Christentum, Königstreue, Schutz historisch gewordener Rechte, Befreiung des Vaterlandes von der fremden Herrschaft. Alle vierzehn Tage Dienstags sollte man zu gemeinsamem Mittagessen (beim Wirt des

Casino) sich vereinigen. Das Statut bestimmt: »Wer von zehn Mitgliedern als dero Gesellschaft wohlanständig und angemessen eingeführt wird, ist dadurch ordentliches Mitglied. Die Gesellschaft versteht unter dieser Wohlanständigkeit, daß es ein Mann von Ehre und guten Sitten und in christlicher Religion geboren sei, unter dieser Angemessenheit, daß es kein lederner Philister sei, als welche auf ewige Zeiten daraus verbannt sind.«[85] Zu der stattlichen Reihe von Mitgliedern, die Steig sämtlich mit Namen aufführt[86], gehörten neben Arnim, Brentano, Kleist, Savigny, Zelter, Lichtenstein, von Staegemann[XVI] und zahlreichen anderen auch Pistor, Zschock, Alberti und Reichardt, der, wenn auch in der Regel wieder in Giebichenstein lebend, doch dazwischen immer von Zeit zu Zeit längeren Aufenthalt in Berlin nahm. Arnim war die Seele des Ganzen, und so blieb die eigentliche Blüte dieser eigentümlichen geselligen Vereinigung, in der neben tiefem Ernst der Gesinnung die ausgelassenste geniale Laune sich äußern durfte, durchaus von seiner Gegenwart abhängig. Als er später vielfach von Berlin abwesend war, nahm das Interesse der Mitglieder mehr und mehr ab, bis endlich im Jahr 1813 die christlich deutsche Tischgesellschaft in die große Bewegung der Freiheitskriege aufging, die sie mit ganzer Seele herbeigesehnt hatte. –

In die Zeit der Gründung, also in die ersten Monate des Jahres 1811, fällt ein Ereignis, das Steig erwähnt, und das von der persönlichen Annäherung Zeugnis gibt, zu der es zwischen Kleist und Pistor gekommen war. Aus den Kreisen, die schließlich die Tischgesellschaft bildeten, waren die »Berliner Abendblätter« hervorgegangen, deren Redaktion man in die Hände Heinrich von Kleists gelegt hatte. Der Freimut, mit dem hier der glühendste Patriotismus sich äußerte, die rücksichtslose Kritik, die von dieser Stelle aus an der condescendenten[87] Haltung der Regierung geübt wurde, war dem vorsichtigen Staatskanzler Hardenberg höchst unbequem, und ein endloses hin und her von Schachzügen begann, das Kleists Geduld auf die härteste Probe stellte. Friedrich von Raumer (der spätere Historiker) war damals als junger Regierungsrat dem Staatskanzler attachiert, und in seine Hände wurden die Verhandlungen mit Kleist gelegt. Die Gegensätze zwischen ihm und Raumer spitzten sich schließlich zu persönlich beleidigenden Behauptungen und damit zu einer Ehrensache zu. Kleist schickte Raumer am 26. Februar

XVI Staatsrat von Staegemann, ausgezeichneter Beamter; auch dichterisch begabt. Er und seine Frau standen zu Albertis in freundschaftlichen Beziehungen. Seine Tochter Hedwig ist die spätere Frau von Olfers.

eine Herausforderung. In diesem Augenblick trat Pistor als Vermittler ein, und das Duell unterblieb. Friedrich von Raumer war durch seinen Bruder Karl, den Schwiegersohn Reichardts, mit Pistor verschwägert und dieser dadurch als Vermittler geeignet. In der Tat aber stand Pistor, wie Steig ausdrücklich bemerkt, Kleist innerlich noch näher als Raumer.[88] Der Verkehr mit Arnim und Brentano war Kleist so sehr zum Bedürfnis geworden, daß er so gut wie täglich bei ihnen einkehrte, also Pistors Haus betrat. So hatten beide Männer reichlich Gelegenheit, einander kennenzulernen, und es ist wohl anzunehmen, daß der leidenschaftliche Anteil, den Pistor an den politischen Bestrebungen der Freunde nahm, Kleists Herz gewonnen hatte, so daß er in so ernster Angelegenheit geneigt war, sich ihm anzuvertrauen.

Wenn Brentano die Politik gern anderen überließ, so war er dagegen sehr wohl bereit, in den »Abendblättern« über künstlerische Dinge seine Meinung zu sagen. Der königliche Hof war nach Berlin zurückgekehrt, und die Kunstakademie hatte, um ihrer Freude über die Rückkehr der Majestäten Ausdruck zu geben, in den Sälen des Akademiegebäudes eine große Kunstausstellung veranstaltet, die am 23. September 1810 eröffnet worden war. Eine sehr eigentümliche Seelandschaft von Friedrich[89] rief die verschiedensten, mit Leidenschaft verfochtenen Ansichten hervor, und Brentano wurde dadurch veranlaßt, sich in den Blättern auf seine Weise darüber zu äußern. Steig referiert darüber folgendermaßen: »Brentano beschreibt das Bild, um als seine Empfindung zu erklären, daß es den Anspruch des Herzens zwar erwecke, aber nicht erfülle. Vielleicht daß Besucher der Ausstellung, deren Gesprächen vor dem Bilde er lauscht, ihn eines Besseren belehren möchten. So kommt in dialogisirter Form die übertriebenste Begeisterung wie die naivste Unwissenheit in allen Zwischennüancen zu Worte und gestattet Brentano reichlich, seine Witze über das zu sogenanntem höheren geistigen Genuß zusammenströmende Publikum zu machen. Immer aber legt Brentano den auftretenden Personen auch wieder einzelne richtige Bemerkungen in den Mund ... Wie Brentano's eigene Meinung klingt es doch wohl, wenn eine der Damen Angesichts der traurigen Stimmung der Landschaft den Wunsch ausspricht, daß doch lieber eine frische Seeluft wehte und ein Segel herantriebe, und daß ein Sonnenblick niederglänzte und das Wasser rauschte. Ich zweifle nicht, daß all die im Kunstgespräche auftretenden Personen für die damals Lebenden sehr bekannte Gesichter hatten. Denn das Portraitmäßige der drei letzten Personen ist sogar einem heutigen Auge noch erkennbar. Eine Dame und ein Führer, d. h. ein sie führender Herr, betrachten das Bild. Das geistreich blitzende Gespräch zwischen beiden schnellt bis an die Grenze des noch Zulässigen Seitens des Führers auf, den die Dame gewandt und schlagfertig parirt. Sie sagt: ›Wenn Sie nur nicht immer spaßten und Einem die Empfindung störten. Sie empfinden heimlich doch dasselbe, aber Sie wollen im Andern belachen, was Sie in sich verehren.‹ Das ist doch der Clemens, wie er leibt und lebt, selber. In der Dame erkenne ich Frau Lotte Pistor wieder, Brentano's allzeit frohgemuthe Wirthin, mit der in einem fort zu schäkern sein Vergnügen war. Während der ganzen Zeit des Gesprächs hatte ein ›glimpflicher langer Mann‹ mit einigen Zeichen von Ungeduld zugehört. Brentano tritt ihm, ein Zeichen der Vertraulichkeit, auf den Fuß, und nun giebt er ruhig, besonnen und wohlwollend seine Meinung ab. Der Mann ist Arnim natürlich, dem die folgenden Sätze auch dem Styl nach angehören ... Und damit das durchsichtige Versteckspiel mit Arnim bis zu Ende fortgeführt werde, schließt Brentano den ganzen Artikel mit den Sätzen: ›Diese Rede gefiel mir so wohl, daß ich mich mit demselben Herrn sogleich nach Hause begab, wo ich mich noch befinde und in Zukunft anzutreffen sein werde‹ – ganz richtig, denn Brentano und Arnim wohnten ja gemeinsam in einem Quartier bei Pistor's zusammen.« Soweit Steig.[90]

Wie Brentano schon vor Jahren bei seinem ersten Aufenthalt in Berlin sich darin gefallen hatte, Frau Lotte gelegentlich anzuschwärmen, ihr bald die schönsten Dinge zu sagen, bald sie unbarmherzig zu nekken, so trieb er die Sache auch jetzt weiter. Daß bei dem allen von tieferen Gefühlen oder gar von einem tragischen Konflikt nicht die Rede war, braucht nicht erwähnt zu werden. Es fiel vor allem seiner frohgemuten Wirtin weder ein, seine Huldigungen ernsthaft zu nehmen, noch etwa im Leisesten mit ihm zu kokettieren. In Brentanos seltsamer Natur lag es von jeher, mit sich selbst in Widerstreit zu leben. Der Kobold in ihm lauerte beständig darauf, aller Vernunft nicht nur in anderen, sondern ebenso im eigenen Ich ein Schnippchen zu schlagen. Die wildeste Laune wechselte bei ihm mit Trübsinn und Bigotterie. Wenn er sich abends in einer Gesellschaft bei Pistors der tollsten Ausgelassenheit hingegeben hatte, kniete er nachts in seiner Stube drüben auf Erbsen, um seine Sünden abzubüßen. Lotte aber lachte ebensosehr über diese und andere Überspanntheiten wie über seine Courmacherei und seine geistreichen Witzeleien, deren Fülle unerschöpflich war. Dabei hatte sie ihn freundschaftlich gern und freute sich des lustigen Verkehrens mit ihm; das war alles.

Nun kam noch *Bettina, fünfundzwanzigjährig,* mit Savignys nach Berlin und *sorgte mit ihren fantastisch abenteuerlichen Einfällen dafür, alles in ungewöhnliche Bewegung zu bringen, was ihr in den Weg kam. Man kann sich vorstellen, wie stark der Eindruck war, den das Erscheinen eines so außergewöhnlichen, von der Natur so verschwenderisch und zugleich so seltsam begabten jungen Mädchens, das zu allem übrigen sich auch Goethes Freundin nennen durfte, in der Berliner Gesellschaft hervorrief. Daß sie sich von Anfang an bei dem Bruder Clemens und dem Freunde Arnim häufig genug blicken ließ, war natürlich. Und so dauerte es denn auch bei der Ungebundenheit ihres Wesens nur kurze Zeit, bis die Freundschaft mit dem Ehepaar Pistor, Mann und Frau, zum gegenseitigen »Du« herausgewachsen war.* Oben in der Mauerstraße 34 wohnte Pistors Schwester Pine, nicht weit enfernt davon, in der Behrenstraße[91], Lottes Schwester Mine. Der Verkehr aber zwischen den drei Familien Zschock, Alberti und Pistor war ein so unablässiger, daß ihr die drei Frauen wie ein Ganzes, eine Art von siamesischen Drillingen vorkamen. Kurz, sie erfand alsbald den Sammelnamen Pineminelotte und benutzte diesen als Anrede für jede einzelne von ihnen.

*Als dann im Dezember Bettinas freundschaftliches Verhältnis zu Arnim sich bis zur Verlobung mit ihm entwickelt hatte, steigerte sich die Häufigkeit und Länge ihrer Besuche bei den beiden jungen Männern. Aber das schien ja nicht weiter verwunderlich. Um die Mitte des März*[92] *jedoch fiel es Lotte auf, daß sie Bettina einmal abends nicht hatte weggehen sehen, während sie sie am nächsten Morgen ganz früh schon wieder in der Gesellschaft der beiden Freunde auftauchen sah. Sie mußte also annehmen, daß die Übermütige die Nacht drüben in der Junggesellenwohnung zugebracht habe. Das ging denn doch meiner guten Großmutter über den Spaß. Bei der nächsten Begegnung also entschloß sie sich, der Sünderin ernsthafte Vorwürfe über ihr durchaus unpassendes Benehmen zu machen. Die Antwort lautete: »Ach, was willst du denn Lotte! Ich bin ja längst mit Arnim verheirathet.«*

*Wie das zugegangen, darüber hört man am besten Arnims eigenen Bericht an Wilhelm Grimm. »Gestern«, schreibt er am 12. April, »habe ich eine schön singende Weise mit einem Gruße an dich zum Fenster hinausfliegen lassen, schreib mir doch, ob sie alles ausgerichtet hat. Meine Heirathsgeschichte hatte ich ihr ausführlich beigebracht, in aller Kürze will ich sie Dir wiederholen.*

*Es war die Aufgabe zu lösen, wie zwei Verlobte, von denen der eine mit dem Bruder der Braut, die Braut aber mit ihrer Schwester (Frau v. Savigny) zusammenwohnt, so daß Braut und Bräutigam durch eine halbe Stunde Weges von einander geschieden sind, unbemerkt mit einander verheirathet werden können. Mittel dazu – die Kammerjungfer Lisette, vielleicht hast du sie in Cassel bemerkt, sie ist eine Landsmännin von dir aus Hanau, aber wegen der militärischen Aushebung ist sie etwas unter dem Maß geblieben; dafür ist an ihr, wie bei kleinen Leuten nach dem Sprüchworte, alles Herz und Kopf. Bettine hatte ihr oft müssen Unterricht in Liebesbriefen geben, und dafür bezeugte sie ihre Dankbarkeit durch ihre Verschwiegenheit. Den 11. März hatten wir dazu bestimmt, nachdem das letzte Aufgebot in lutherischer und katholischer Kirche den 10. vollendet war, uns zu verheirathen. Die Unterschrift von Ehepakten gab mir die Veranlassung, Bettinen allein abzuholen, und ihr die Gelegenheit, sich sorgfältiger als gewöhnlich anzukleiden. Aber ein unseliger Umstand hätte beinahe alles gestört. Der katholische Küster, statt mir den Aufgebotsschein zu schicken, war damit zu Bettinen gelaufen, dort von der Savigny an mich zurückgeschickt worden, und so schwebte ich ihm nach, ohne ihn zu treffen, ungeachtet ich in dem Ärger die meisten Leute, die etwas Küsterhaftes in ihrem Ansehen hatten, auf der Straße anrief, ob sie katholische Küster wären, worauf mir einer mit ›Gott bewahre mich davor!‹ antwortete. Ganz in Schweiß gebadet, beschloß ich endlich ohne Aufgebotsschein zum alten Prediger Schmid zu fahren, dessen goldne Amtsfeier Bettine einen Monat vorher mit besingen half. Der würdige Alte machte auch keine Umstände wegen des mangelnden Scheines, auf seiner Bibliothek ruhten wir erst in einem grünseidnen Sopha aus und ließen die ersten ungestümen Bewegungen des Herzens vorübergehen. Seine Frau, die mich seit drei Generationen gekannt hatte, ich meine in meinen Großältern, erzählte von meiner Jugend, und wie ich oft so ernst damals gewesen; sie war die einzige Zeugin unsrer Trauung und ersetzte den mangelnden Myrthenkranz Bettinens, die unsre hiesige Gewohnheit nicht kannte, nach der er ein bedeutendes Zeichen ist, mit dem ihren, welchen sie vor funfzig Jahren getragen; es war ein zierlich Krönchen, grüne Seide kraus über Drath gesponnen zur Nachahmung der Myrthe, wie es in jener Zeit Mode. Bettine glich darin mit dem schwarzgescheitelten Haar einer Fürstin älterer Zeit. Der alte Prediger sprach mit sicheren, prunklosen Worten sehr eindringlich, wie Gott alles vollende, was mit Gott angefangen und unternommen sei; wir tauschten die früher einander geschenkten Verlobungsringe aus. Nach der Trauung führte ich eilig Bettinen nach Hause, und aß in einer freudigen Einsamkeit beim Restaurateur. Erst Abends kam ich wie gewöhnlich zu Savigny, wir fuhren mit ihnen zu einer Ausstellung, wo ein langer Zug über eine Brücke zur*

*Kirche zu sehen, den wir für unsern Hochzeitzug annehmen konnten ... Zum Glück für unsre Heimlichkeit war Clemens schon seit einiger Zeit gewöhnt, weil ich gern mit Bettinen noch etwas zusammenblieb, voran nach Hause zu gehen; ich mußte ihm meinen Schlüssel geben, er wollte ihn aufs Fenster für mich legen. Als er fort war, gingen Savignys auch zu Bette, ich that als wenn ich Abschied nähme, trabte die Treppen in Begleitung der kleinen Kammerjungfer hinunter, als ob ich schwer beschlagne Hufeisen trüge, unten aber schlug ich die Thüre scheinbar zu, zog dann die Stiefel schnell aus und war in drei Sprüngen in Bettinens Zimmer, das mit großen Rosenstöcken und Jasminen, zwischen welchen die Nachtlampe stand, sowohl durch den Schein der grünen Blätter wie durch die zierlichen Schatten an der Decke und Wand verziert war. Die Natur ist reich und milde, was aber von Gott kommt und zu Gott kehrt, ist das Vertrauen. Früh schlich ich mich unbemerkt fort. Fünf Tage darauf erzählte Bettine Savigny und der Gundel das ganze Ereigniß. Da sie aber an ihr dergleichen Erdichtungen gewohnt waren, womit sie ihnen unschuldig die Zeit vertrieben, so wurden sie diesmal etwas böse, daß sie ihnen so leichtsinnig von etwas vorschwatzt, das ihr heilig sein sollte. Erst am andern Morgen überzeugten sie sich von der Wahrheit des ganzen Vorgangs, und nachdem ihnen die üble Laune vergangen, um einige Beobachtungen betrogen zu sein, gaben sie uns sowohl wie Clemens recht, daß wir, die wir beide in mancherlei Art bekannt mit vielerlei Leuten, beide nicht so jugendlich unbesonnen, um alles um uns her zu übersehen, beide abgesagte Feinde aller Gratulationen und Hochzeitspäße, uns auf diesem Wege allen entzogen hatten.«*[93]

*Am Sonnabend den 16. März gaben Savignys eine große Gesellschaft, zu der auch Pistors und Albertis geladen waren, und in der die Verheiratung von Arnim und Bettine feierlich bekannt gemacht wurde. Es stellte sich heraus, daß die Trauung am 11. zu derselben Minute stattgefunden hatte, in der Frau von Savigny ahnungslos Mine Alberti einen Besuch gemacht und lange über alles Mögliche mit ihr geschwatzt hatte.*

*Arnims bezogen eine Wohnung im Garten des Gräflich Vossischen Palais, in der Wilhelmstraße 78, das damals mit seiner stattlichen Breitseite den Wilhelmsplatz beherrschte.* Im August traten Arnims ihre erste Reise in die Frankfurtische Heimat an. Unterwegs besuchten sie Reichardts in Giebichenstein und Arnim schreibt darüber an Brentano: »Bei Reichardt wohnten wir vier Tage recht glücklich. Bettine gefiel allen, und ihr gefielen die Mutter und die drei Töchter.«[94] *Clemens Brentano aber, von Arnim verlassen, zog nun auch von dannen, und damit hatte die Bereicherung des täglichen Lebens, die das gemeinsame Wohnen der beiden Freunde im Pistorschen Hause meinen Großeltern gebracht hatte, ein Ende.* Clemens, der für mehrere Monate bei seinem Bruder Christian auf dessen Gut in Böhmen Aufenthalt genommen hatte, richtete an Arnim verzweifelte Briefe. *Er hatte mit der Trennung von dem Freunde vollends allen inneren Halt verloren, dachte mit Schrecken an sein einsam und trübselig gewordenes Zimmer bei Pistors und begehrte leidenschaftlich in Berlin von Arnim als Glied der Familie ganz in seiner Wohnung aufgenommen zu werden. Arnim lehnt dies Ansinnen als ein unerfüllbares ab und rät ihm, in seiner Nähe sich einzumieten. »Wähle dir eine Wohnung in der Nähe«, schreibt er, »wenn du gar nicht bei Pistors ausdauern magst und ein gewisser Trübsinn dir an jenem Hinterzimmer haftet. Ich wollte dir aber wohl zusichern, daß du schwerlich so freundliche Wirthe, die in ihrer ganzen Lebensgewohnheit so viel Bequemes haben, wie Pistors finden wirst, deren Haus so angenehm nahe Savigny's und uns liegt.«*[95] *Diese Mahnung aber war vorläufig vergeblich.* Brentano blieb Jahre hindurch in Böhmen und in Wien. Endlich im Herbst 1814 kehrte er nach Berlin zurück und bezog doch noch einmal die alten Räume in der Mauerstraße. Vier Jahre harrte er schriftstellerisch beschäftigt in Berlin aus. Er selbst aber war ein anderer geworden. »Das Mißverhältniß zwischen dem, was er anstrebte und nicht erreichte, trat um so greller hervor, je weiter seine Jahre vorwärts rückten. Der beruhigende Zwang einer bürgerlichen Existenz fehlte ihm. In Stunden ängstigender Selbstbetrachtung schien ihm wohl, was er bisher geleistet hatte, für die Ruhe seines Herzens unnütz, werthlos, schädlich – sündlich. Aus seiner Noth sah er keinen Ausweg, als sich in den Frieden seines katholischen Christenglaubens zurück zu flüchten.«[96] Im Mai 1819 verlegte er seinen Wohnsitz nach Dülmen, um der Nonne Emmerich nahe zu sein. Später ließ er sich in München nieder. Hier besuchten ihn meine Eltern, als sie aus dem Salzkammergut zurückkehrend München berührten, im September des Jahres 1839, und wurden sehr liebevoll von ihm aufgenommen. Mit unzähligen Späßen und liebenswürdigen Neckereien hatte er dermaleinst das Herz der kleinen Betty Pistor gewonnen und freute sich, als nun die verheiratete Frau bei ihm eintrat, um ihm zu beweisen, daß sie ihn nicht vergessen hatte. Er schrieb gleich mit Bleistift ein paar Zeilen auf einen Zettel, durch den er sie und meinen Vater bei einer ihm befreundeten Familie einzuführen wünschte. Dann erschien er abends im Gasthof, um mit meinen Eltern noch ein paar Stunden in ruhigem Gespräch zusammenzusein und ließ es sich endlich nicht nehmen, am nächsten Morgen sie zur Post zu begleiten, um erst hier von ihnen Abschied zu nehmen. Eine schöne zierliche Flasche aus Kristallglas, die Brentano einstmals seiner freundlichen Hauswirtin schenkte, und jenes kleine Stück Papier, das meine Mutter sorgfältig aufbewahrte, sind die einzigen sichtbaren Zeichen, die mir noch heute von dem merkwürdigen Mann reden, der vor nun bald 100 Jahren in so nahen Beziehungen zu meinen Großeltern stand.

*Von den vier Kindern, die meinen Großeltern geschenkt wurden, blieb ihnen nur die Tochter Betty erhalten. Auch der kleine Wilhelm, der letzte der Söhne, starb, noch nicht vier Jahr alt, am 22. März 1813. Er war ein besonders hübscher blonder Junge, an dem die Schwester mit der größten Zärtlichkeit hing. Während diese aber immer wohlauf und guter Dinge war, so daß die Eltern sie sorglos treiben ließen, was sie nur immer wollte, wollte der zart geartete Bruder niemals recht gedeihen. Von einer Krankheit fiel er in die andere, bis endlich ein Krampfanfall dem ängstlich behüteten Leben ein rasches Ende bereitete. Eine deutliche Erinnerung von dem Wesen des Brüderchens und ihrem Schmerz um seinen Verlust war meiner Mutter bis in ihr Alter geblieben. Aber auch andere Eindrücke aus jenen frühesten Jahren hatten sich ihrem Gedächtnis unverwischlich eingeprägt. Die Stürme der Freiheitskriege hatten begonnen mit ihren gewaltigen Erschütterungen und ihrer alle Schrecken und Nöte weit überstrahlenden Herrlichkeit. Der hinreißende Glanz dieser Tage scheint aus überirdischen Höhen zu stammen. Sie reden von einem Heldenmut, einer Opferfreudigkeit, einer Unerschütterlichkeit des Glaubens an die Welt der Ideale, wie die Geschichte ähnliches kaum jemals verzeichnen durfte. Und so ist es natürlich, daß auch die Entwicklung einer Kinderseele nicht unberührt blieb von der Stimmung, die damals und in den nachfolgenden Jahren das ganze Leben des Volkes durchdrang. Berlin aber stand im Mittelpunkt der geistigen Bewegung, und die Kreise, in denen die kleine Betty Pistor aufwuchs, waren im besonderen Maße erfüllt von den großen Gedanken der Zeit.*

*Reichardts Schwiegersöhne, Steffens und Karl von Raumer, wirkten seit dem Jahr 1811 als Professoren an der Universität in Breslau. Sie wohnten zusammen in demselben Hause und teilten miteinander alle schweren Kümmernisse um die Schmach des Vaterlandes, alles heiße Verlangen nach Befreiung. Es ist bekannt, wie rühmlich sich beide betätigten, als endlich die Stunde kam zu handeln. Steffens kühnes Auftreten aber im Beginn des Jahres 1813 wird für alle Zeiten unvergesslich bleiben. Zum Weihnachtsfest 1812 war die Kunde eingetroffen von der Vernichtung der französischen Armee in Rußland; am 30. Dezember hatte es York gewagt, das verhaßte Bündnis mit Napoleon auf eigene Gefahr zu durchbrechen. Der König kam im Januar mit seiner Familie nach Breslau. Alles wartete in fieberhafter Spannung darauf, daß nun auch er sich offen zum Feinde Frankreichs erklären möchte. Ein Aufruf*[XVII] *des Königs an die preußische Jugend, sich freiwillig zu stellen, war vorbereitet. Steffens wurde unter der Hand eine Abschrift mitgeteilt. Aber mit keinem Wort war der Feind genannt, gegen den der Kampf eröffnet werden sollte. War Rußland gemeint oder Frankreich? Und am nächsten Tage sollte der Aufruf bekannt gemacht werden. Da plötzlich, nach einer ruhelosen Nacht, sagte ihm eine innere Stimme: »Es steht ja bei dir, Frankreich den Krieg zu erklären«.*[97] *Niemandem vertraute er sein Vorhaben, nicht einmal seiner Frau. Um acht Uhr ging er wie gewöhnlich in den Hörsaal und hielt seine Vorlesung für den kleinen Kreis, der sich in der unruhigen Zeit um seine Naturphilosophie versammelte. Um elf Uhr sollte er eine zweite Vorlesung halten über physikalische Erdbeschreibung. Als er die erste Vorlesung geendet hatte, sagte er: »Meine Herren! Ich sollte um 11 Uhr noch einmal lesen; ich will aber die Stunde benutzen, um über einen Gegenstand, der wichtiger ist, mit Ihnen zu reden. Seiner Majestät Aufruf an die Jugend, freiwillig zu den Waffen zu greifen, ist schon ergangen, oder wird noch heute an Sie ergehen. Dieser Aufruf soll Gegenstand meiner Rede sein. Machen Sie meinen Entschluß überall bekannt. Ob die anderen Vorlesungen zur selben Zeit versäumt werden, daran liegt nichts. Ich erwarte so viele, als der Saal fassen kann!«*[98] *In voller Hast wurde diese Nachricht ringsumher verbreitet. Lange vor elf Uhr hatte sich in und um Steffens' Wohnung eine zahllose Menge Menschen versammelt. Nicht allein der Hörsaal war mehr als besetzt: Fenster, Gänge, Treppen, ja die Straße noch weit ab vom Hause, waren alle gedrängt voll von Leuten jedes Standes. Steffens hatte die Zwischenzeit in großer innerer Bewegung zugebracht. Jetzt sollte es denn hervorbrechen, was jahrelang ihm schwer auf dem Herzen gelegen hatte; jetzt sollte er, von allen der erste, vor ganz Deutschland proklamieren, daß die Stunde der Befreiung geschlagen habe. Seine Gedanken zu ordnen, war er nicht imstande. Aber er besaß eine außerordentliche Rednergabe und vertraute fest, daß sie ihn in diesem großen Augenblick nicht im Stich lassen werde. Unverzagt drängte er sich bis zum Katheder hindurch und begann, zu der atemlos*

XVII Der berühmte Aufruf »An mein Volk«.

*horchenden Menge zu sprechen. Hinterher wäre es ihm unmöglich, Rechenschaft von dem zu geben, was er gesagt. Die Wirkung aber war ungeheuer. Zugleich hatte er erklärt, daß er natürlich mit seiner eigenen Person an dem bevorstehenden Kampfe teilnehmen werden.*

*Durch eine studentische Deputation wurde er aufgefordert, am folgenden Tage in einem größeren Lokale seinen Vortrag zu wiederholen. Er tat es, und die Begeisterung, zu der er die Jugend hinriß, kannte abermals keine Grenzen. Nun aber beklagte sich der französische Botschafter, daß einer der Universitätslehrer es wagen dürfe, Frankreich den Krieg zu erklären, und das unter den Augen des Königs. Hardenberg jedoch ließ Steffens wissen, er werde ihm nichts in den Weg legen, bitte nur, daß er Napoleons Namen nicht nennen wolle. Scharnhorst, den Steffens sobald als möglich aufsuchte, ging ihm entgegen, umarmte ihn und sagte aus bewegtem Herzen: »Steffens, ich wünsche Ihnen Glück! Sie wissen garnicht, was Sie gethan haben!«[99] Am 27. Februar schloß der König ein Bündnis mit Rußland; am 16. März wurde diese Tatsache Frankreich mitgeteilt.*

*Alle jene Breslauer Vorgänge durfte der alternde Reichardt noch erleben. Die Krankheit, die seit Jahren an seiner Lebenskraft zehrte, war immer quälender geworden, hatte aber den geistig unverändert regsamen Mann doch nicht abgehalten, nachdem die erste Kunde von Steffens Eingreifen zu ihm gedrungen, Giebichenstein zu verlassen und mit seiner Frau nach Breslau zu reisen. Nun loderte sein patriotischer Enthusiasmus noch einmal zu hellen Flammen empor. Er trug das Haupt hoch in dem Gedanken, daß Deutschland aus den Banden der Knechtschaft zu neuer Herrlichkeit sich zu erheben begann, und daß seine Schwiegersöhne so mannhaft und erfolgreich halfen, das große Werk zu fördern. Es war das letzte Aufleuchten seiner erregbaren, hochstrebenden Natur. Den siegreichen Abschluß der gewaltigen Bewegung sollte er nicht mehr erleben.*

*In Berlin aber folgte während dieser Zeit eine Aufregung der anderen. Das Albertische Tagebuch weiß reichlich darüber zu klagen. Kaum hatte man sich eine Weile dem Erlösungsgefühl hingegeben, das die Kunde von Napoleons Schicksalen in Rußland hervorrief, als sich auch schon herausstellte, daß sein Mut ungebrochen war und daß er, persönlich entkommen, neue Streitkräfte im Westen sammelte. Bald belästigte wieder französische Einquartierung die Stadt. Man hoffte auf das Erscheinen der Russen. Am 20. Februar verbreitete sich das Gerücht, sie seien nur wenige Meilen entfernt, und die Franzosen pflanzten in den Straßen Kanonen auf, um sich zu verteidigen. Doch am nächsten Mor-*

*gen war alles wieder auf dem alten Fleck. Freilich, den Franzosen schien die Sache doch nicht geheuer zu sein. »Die Stadt ist voll Soldaten und Geschütz,« lautet Mines Bericht am 23. über einen Spaziergang mit Lotte und der kleinen Betty. Endlich, in der Nacht vom 3. auf den 4. März, bricht die französische Besatzung eiligst auf, und die Kosaken rücken morgens zu allgemeiner Freude ein. »Immer mehr Russen,« heißt es, »folgen; auch Infanterie und Kanonen«, und am Abend sind Pistors und Albertis die ersten, die beginnen, ihre Fenster zu erleuchten, worauf denn bald die ganze Straße dem guten Beispiel folgend illuminiert. Nun gibt es russische Einquartierung in Masse, und trotz aller patriotischen Empfindungen sind die Hausfrauen nicht gerade entzückt über die intime Gemeinschaft von Kosaken und Baschkiren. Aus jenen Tagen mag der Ausspruch stammen: »Lieber die Franzosen als Feinde, als die Russen als Freunde«, doch das dämpft die Begeisterung nicht. Eine Woche später, am Donnerstag den 11., findet der Einmarsch der russischen Hauptmacht unter Wittgenstein statt. Die Schwestern gehen zu Seegebarths auf die Post, um das Schauspiel aus den Fenstern des Generalpostgebäudes anzusehen, und die Bevölkerung Berlins bereitet den Truppen den glänzendsten Empfang. Wieder wird am Abend illuminiert; ja, der Jubel ist so stürmisch, daß dagegen die spätere Aufnahme der eigenen Landsleute, des Yorkschen Corps, das am 17. März einzieht, sich etwas matter ausnimmt. Am 16. März erschien endlich die offene Kriegserklärung an Frankreich, und am 17. folgte die Verordnung des Königs zur Errichtung der Landwehr und des Landsturms. Der Eindruck war ungeheuer. Am 28. März hielt Schleiermacher in der Dreifaltigkeitskirche eine begeisterte und begeisternde Predigt, in der er die Tat des Königs als die Rückkehr zur Wahrheit und zum freien Handeln pries.* Lotte und Mine zählten zu den Anwesenden. »Die Kirche«, schreibt das Tagebuch, »war so voll, daß kein Apfel zur Erde fallen konnte.« Am 20. April veranstaltet die Singakademie in der Garnisonskirche ein Konzert »zum Besten der Freiwilligen.« Es wurde eine Musik von Zelter aufgeführt, und auch hier ist die Kirche gestopft voller Menschen. *Alles, was nur einigermaßen gesunde Glieder hatte, vom Knaben bis zum Greise, meldete sich freiwillig zum Kriegsdienst und war unermüdlich, sich durch Waffenübungen für den großen Kampf vorzubereiten. Auch mein Großvater Pistor ließ es nicht an sich fehlen. Ein Brief Bettines von Arnim bestätigt dies. Er enthält die folgende Schilderung des Lebens und Treibens, das damals in Berlin herrschte: »Da waren«, sagte die Schreiberin, »alle Tage auf offener Straße Männer und Kinder (von 15 Jahren) von allen Ständen versammelt, die dem*

*König und Vaterland schwuren, in den Tod zu gehen. Mich hats manchmal bis ins Mark der Knochen geschaudert, wenn ich im Vorbeigehen auf großen sonst einsamen Plätzen einen solchen Eid, und darauf ein herzliches Vivat gegen Himmel schallen hörte. Auch war es seltsam anzusehen, wie bekannte Leute und Freunde mit allen Arten von Waffen zu jeder Stunde über die Straße liefen, so manche, von denen man sichs vorher kaum denken konnte daß sie Soldaten wären. Stelle dir z. B. in Gedanken Savigny vor, der mit dem Glockenschlag drei wie besessen mit einem langen Spieß über die Straße rennt (eine sehr allgemeine Waffe bei dem Landsturm) und den Philosophen Fichte, mit einem eisernen Schild und langen Dolch; der Philolog Wolf mit seiner langen Nase hatte einen tiroler Gürtel mit Pistolen, Messern aller Art und Streitäxten angefüllt, der Theolog Marheineke, dessen du dich vielleicht noch aus Heidelberg erinnerst, war auch Hauptmann, Pistor (Geh. Postrath) den du auf einer Reise mußt kennen gelernt haben, trug einen Panzer von Elensthierhaut mit vielen englischen Resorts, einen Spieß und zwei Pistolen, dieser war auch Hauptmann und exerzierte seine Kompagnie alle Tage vor meinem Hause. Bei Arnim's Kompagnie fand sich allemal ein Trupp junger Frauenzimmer, die da fanden, daß das Militärwesen ihm von vorn und hinten gut anstand ...!!«*[100]

*Mittlerweile rückte das neu geschaffene französische Heer unter Napoleons persönlicher Führung von Westen her näher und näher. In der kleinen Festung Spandau vor den Toren Berlins lag noch immer eine französische Besatzung. Am Sonnabend den 17. April entschloß man sich endlich, die Stadt zu beschießen. Erst nachdem die Geschütze mehrere Tage rastlos gearbeitet und an verschiedenen Punkten Feuer ausgebrochen war, öffneten sich die Tore. Die Teilnahme der Berliner für die unglücklichen Einwohner war groß. Pistors und Albertis fuhren um eine Woche später in einem Wagen hinüber und fanden die schrecklichste Zerstörung, einen Teil der Stadt völlig niedergebrannt, die ganze Zitadelle in einen Schutthaufen verwandelt.*

Von Tag zu Tage erwartete man jetzt mit Spannung einen entscheidenden Schlag. *Bald mußten die Heere in der Provinz Sachsen einander begegnen. Der außerordentliche Aufschwung der letzten Wochen belebte die Hoffnung, und man meinte, jetzt dürfe und könne kaum ein großer Sieg der gerechten Sache ausbleiben. Aber die Würfel fielen anders. Der 2. Mai brachte bei Großgörschen den preußischen Truppen die schmerzlichste Niederlage und zugleich den Verlust Scharnhorsts. Zuerst drangen unsichere Gerüchte von einer schlimmen Wendung nach Berlin, dann folgte den 8. Mai die zweifellose Bestätigung der verlorenen*

*Schlacht, und die Furcht, die Franzosen könnten in kurzer Zeit die Hauptstadt erreichen, um grausame Rache zu nehmen, ergriff alle Kreise der Bevölkerung. Noch am selben Tage, am Sonnabend den 8. Mai, beschlossen Pistor und Alberti, ihre Frauen mit der kleinen Betty zu den Verwandten ins schlesische Gebirge reisen zu lassen, um sie dort in Sicherheit zu bringen.* Um halb elf Uhr abends wurde aufgebrochen. In einem Extrapostwagen mit einem Schirrmeister fuhren die drei in die Nacht hinaus, über Vogelsdorf, Müncheberg nach Frankfurt an der Oder und weiter nach Ziebingen, wo sie denn Nachmittags in Tiecks Zimmer traten. Hier wurde auf dringendes Zureden der Wirte bis zum anderen Nachmittag Halt gemacht. Am nächsten Abend um neun Uhr ist Krossen erreicht, der Regen strömt vom Himmel und nirgends gibt es Quartier, weil alles voll von Russen ist. Endlich findet sich ein Unterkommen in einer Billardstube. Die ganze Nacht hindurch wimmelt es auf der Straße von Menschen, die Pferde suchen, ohne sie zu bekommen, und einen Lärm machen, daß von Ausruhen keine Rede ist. Um fünf Uhr morgens sitzen die Flüchtlinge schon wieder im Wagen und fahren über Grüneberg und Wartenberg nach Neusalz. Noch weitere zwei Tage vergehen unter ähnlichen Schicksalen, und *sie werden endlich in Schmiedeberg von Friedrich Alberti gastlich aufgenommen.* Dieser, der jüngste Bruder Carls, lebte als Besitzer einer großen Leinenfabrik mit seiner Familie in wohlgeordneten Verhältnissen und ließ es, soweit es bei ihm stand, an nichts fehlen, den Ankömmlingen ein behagliches Dasein zu bereiten. An Aufregungen fehlte es aber auch hier nicht. Transporte von Verwundeten passierten gleich in der ersten Nacht den Ort, und am nächsten Tage trafen zwei junge Männer verwundet ein, die der Verwandtschaft angehörten und nun im Hause verpflegt werden mußten. *In Berlin hatten sich mittlerweile auch Savigny, Schleiermacher und Zschock entschlossen, ihre Frauen und Kinder nach Schmiedeberg zu schicken. Tiecks fühlten sich in Ziebingen nicht mehr sicher und zogen dieselbe Straße, kurz, in wenigen Tagen fand sich hier ein großer Kreis befreundeter Elemente zusammen, der wohl dazu angetan war, den Einzelnen manches Unbequeme der Lage vergessen zu machen. Bald aber liefen neue beunruhigende Nachrichten ein. Abermals sollte eine Schlacht verloren sein und man sah mit Schrekken voraus, daß die Franzosen sich nach Schlesien wenden würden. Eine Schar von Flüchtlingen überschwemmte das Land und am 26. entschloß sich auch die gesamte Schmiedeberger Gesellschaft, einschließlich der Friedrich Albertischen Familie, zum Aufbruch.* Man fuhr um zehn Uhr morgens fort *in der Richtung auf Schreiberhau.* Abends bei der

Ankunft waren alle Wirtshäuser besetzt; endlich im letzten mußte man bleiben, mochte es gehen, wie es wollte. Elf Personen schliefen zusammen in einer Stube. *Man rastete einen Tag, aber das Gerücht, die Feinde näherten sich bedenklich, trieb wieder vorwärts. Am nächsten Morgen um sechs Uhr wurden Menschen und Koffer auf vier Leiterwagen geladen und fort ging es auf entsetzlichen Wegen, die schließlich alle Insassen zwangen, auszusteigen und zu Fuß zu gehen, über das Gebirge nach Böhmen. Um sieben Uhr abends war Rocklitz erreicht*, und ein leeres Bauernhaus wurde den Erschöpften zum Aufenthalt angewiesen. Der Besitzer, ein Weber, der für die Albertische Fabrik in Schmiedeberg arbeitete, hatte sich anderweitig beholfen, um in seinem Hause für einen Teil der Fremden Platz zu schaffen. Mit Mühe wurde das Unentbehrlichste herbeigeholt, um einigermaßen existieren zu können. In den nächsten Tagen gelang es allmählich, sich besser einzurichten, die Gesellschaft konnte sich etwas verteilen, die Frauen kochten selbst und man nahm die Dinge mit mehr Gelassenheit, wie sie nun einmal waren. Die tiefe Abgeschiedenheit aber des Ortes von der Welt, *das Ausbleiben aller Nachrichten aus der Heimat, lastete bedrückend auf allen. Da erschien am Dienstag den 8. Juni unerwartet Friedrich Alberti mit der Nachricht, daß am 4. ein Waffenstillstand geschlossen sei und alle mit ihm ohne Gefahr nach Schmiedeberg zurückkehren könnten. Der Rückzug wurde denn auch sofort am nächsten Tage angetreten*, teils zu Wagen, teils zu Fuß mit Trägern für das Gepäck. Von sieben Uhr morgens an war die Schar unterwegs, und ermüdet bis zum Äußersten langte sie um zehn Uhr abends in Schmiedeberg an, dankbar, sich nun wenigstens wieder in vernünftigen Betten ausstrecken zu dürfen. Die fünfjährige Betty ertrug alle diese Strapazen ohne Schaden oder besondere Beschwerde und hatte zweifellos von allen die beste Laune dabei.

*Trotz des Waffenstillstands hielten es Pistor und Alberti noch nicht für ratsam, die Ihrigen nach Berlin zurückkommen zu lassen.* Den Frauen wurde die Zeit lang, und sie sehnten den Tag der Abreise herbei. Betty aber war nach wie vor guter Dinge. Sie genoß das ungewohnte Glück, sich nach Herzenslust im Freien herumtreiben zu dürfen und schloß Freundschaften auf der Straße. Ihr Hauptvergnügen war, die Bauernbuben ihres Alters für den Kriegsdienst auszubilden. Sie kommandierte sie und exerzierte mit ihnen, wie sie es in Berlin von den alten Leuten gesehen hatte und galt deshalb für eine wilde Hummel. Namentlich in Rocklitz hatte sie es so getrieben; hier aber war außerdem eine Perlenfabrik gewesen, die das schönste Material zum Spielen lieferte, und so erschien ihr Rocklitz als ein Glanzpunkt ihrer Kinderjahre.

Zwei Monate waren vergangen, als von Berlin die Erlaubnis zum Aufbruch eintraf. Am 28. Juli in nächtlicher Frühe um ein Uhr schied man von den gutherzigen Verwandten und traf über Breslau, wo bei Raumers mehrtägiger Aufenthalt gemacht wurde, *am dritten August abends in Berlin wohlbehalten ein. Am 16. August war der Waffenstillstand abgelaufen, und bald zeigten sich die Franzosen in bedrohlicher Nähe von Berlin. Am Sonntag den 22. hört man Nachmittags in südlicher Richtung Kanonendonner. Die Familie versammelt sich abends bei Zschocks, und alles ist in höchster Aufregung. Es heißt, der linke Flügel der preußischen Truppen sei vom Feinde zurückgedrängt worden. Eine große Schlacht wird für den nächsten Tag bestimmt erwartet. Dieser vergeht, ohne daß Nachrichten eintreffen. Abends aber deutet Feuerschein am Himmel auf brennende Dörfer. Endlich am Dienstag früh tritt Arnim bei Albertis mit der frohen Botschaft ins Zimmer, daß bei Großbeeren die unsrigen einen bedeutenden Sieg erfochten und die Franzosen gezwungen hätten, das Feld zu räumen. Trotzdem schwebt man noch immer zwischen Furcht und Hoffnung. Am Donnerstag verbreitet sich die Nachricht von neuen Erfolgen Tauentziens und Blüchers. Am Freitag erscheint ein Extrablatt, das vom Kronprinzen die Bestätigung des französischen Rückzugs bringt. Auch die Engländer und Spanier haben sich gegen* Soult *siegreich geschlagen. Am Sonntag vormittag endlich hören Zschocks irgendwoher, die Russen hätten das französische Lager bei Pirna mit Sturm erobert. Sie teilen es Pistors und Albertis mit, und alles eilt hinaus auf die Straße. Unter den Linden wogt eine freudig erregte Volksmenge. Die verschiedensten Mitteilungen über einzelnes schwirren von einem zum anderen; abends aber verbürgt ein neues Extrablatt die Gewißheit, daß das Gerücht die volle Wahrheit gesprochen hat. So kam allmählich eine gehobene Stimmung in allen Kreisen zum Durchbruch. Noch sieben Wochen der Spannung: und die Oktobertage schenkten Deutschland mit der weltgeschichtlichen Entscheidung bei Leipzig die feste Zuversicht, daß Napoleons Macht in der Wurzel für immer gebrochen sei.* Am Montag den 18. traf am Morgen in Berlin die erste Nachricht von dem Sieg ein, den Blücher in den Kämpfen am 16. errungen hatte. Zugleich hörte man, daß Tettenborn Bremen gewonnen habe. Am 19. mußte man vergeblich auf neue Botschaft warten. Am Mittwoch den 20. sagt Mines Tagebuch: »Um 1 Uhr Carl und ich zu Savigny's. Er nicht da. Mittag bei Lotte mit Arnim. Nach dem Essen ganz herrliche Siegesnachrichten gehört. Um 5 Uhr ich mit

Lotte nach der Post. Als wir dahin kamen, war alles voller Freude. Wir haben einen vollständigen Sieg über Napoleon bei Leipzig erfochten. Lauter Jubel und Alle ganz außer sich. Bald Alles illuminirt und immer geschossen. Carl abends auch hin und Alles in Seligkeit. Erst spät zu Hause. Gott im Herzen gedankt.« Dann den 22.: »Ich Alles in der Wirthschaft besorgt, und um 12 Uhr nach der Kirche. Dann zu Pine, sie abgeholt und mit ihr unter den Linden. Dort Alles glücklich. Zu Hause geschwinde gegessen und dann zum Doktor Wolff. Lotte auch da. Dort sehen wir die blasenden Postillons mit der Siegesnachricht einziehen. Lauter Jubel. Abends Schleiermachers bei uns. Auch Arnim, Plovi[101] und der Leutnant. Alle sehr lustig.«

*Mein Großvater Pistor wurde in dieser Zeit von der Regierung beauftragt, als Kurier mit Depeschen nach London zu reisen, mußte also Frau und Kind auf geraume Zeit sich selbst überlassen. Am 4. Oktober 1813 reiste er über Stralsund und Gothenburg nach England ab und kehrte erst nach reichlich 3 Monaten in die Heimat zurück. Übrigens lagen die Verhältnisse so, daß er auch abgesehen von solchen Zeiten längerer Abwesenheit außerstande war, sich viel um die inneren Angelegenheiten des Hauses zu kümmern. Vom frühen Morgen bis in die Nacht war seine Zeit durch Geschäfte und Arbeiten verschiedenster Art zu stark in Anspruch genommen, als daß er sich mit der Erziehung seines Kindes hätte eingehend beschäftigen können. Diese lag vielmehr in den Händen der Mutter und daneben in fast gleichem Grade in denen der Tante Mine Alberti. Ihr war nie das Glück zuteil geworden, ein eigenes Kind zu besitzen, und so übertrug sie alle Liebe, alle mütterliche Empfindung, deren sie fähig war, auf die Kinder der Schwester, d. h. schließlich auf die einzig übriggebliebene Tochter. Es ist rührend zu lesen, mit welchen Ausdrücken der Zärtlichkeit, ja des Entzückens immer aufs neue der kleinen Betty in den Berichten des Tagebuchs gedacht wird. Das Kind wird schriftlich belobt und bewundert bei jeder Gelegenheit. Um so trauriger ist es, sagen zu müssen, daß es ihr nur in beschränktem Maße gelang, Gegenliebe zu wecken. Sie gehörte zu jenen Persönlichkeiten, die, selbst in hohem Grade liebebedürftig und liebeverlangend, doch oft wie von einem Dämon getrieben, gerade das Entgegengesetzte von dem tun, was sie anderen liebenswürdig erscheinen lassen würde. Ein Zug von Mißmut, von anspruchsvoller Gereiztheit, der im innersten Wesen ihrer Natur begründet war, trat leicht zutage, so daß sich ihre Umgebung dadurch verletzt fühlen mußte. Kein Wunder, daß ein Kind sich vor solchen Ausbrüchen übler Laune scheu zurückzog. Streng, ja unerträglich pedantisch in ihren Forderungen, hofmeisterte sie unablässig an ihrer kleinen Nichte herum; dies alles natürlich in der löblichsten Absicht. Aber darum nicht minder lästig. Noch im späten Alter klang meiner Mutter aus längst vergangenen Tagen die unzählige Male täglich wiederholte unbequeme Mahnung in den Ohren: »Betty, sitz' grade!«*

*Bald nach Bettys Geburt wurde von Pistors eine Kindsmagd angenommen, die sich durch ihre Bravheit und Treue einen so festen Platz im Andenken der ganzen Familie erwarb, daß ihr Name hier nicht unerwähnt bleiben darf. Auch sie hatte ihr gutes Stück Anteil an dem Gedeihen des ihrer Obhut oft ausschließlich anvertrauten Pfleglings. Sie liebte das Kind, als ob es ihr eigenes wäre, ja das Interesse ihres Lebens war eigentlich nur ihre Betty. Anna Engel Junk, in der Familie und von allen Freunden »die Junken« genannt, war in Hamburg geboren und sprach den unverfälschtesten plattdeutschen Dialekt der niederen Hamburger Volksklasse. Sie erreichte ein hohes Alter und blieb bis an ihres Lebens Ende ein geehrtes und endlich mit Liebe gepflegtes Glied des Pistorschen Hauses. An Sonderbarkeiten fehlte es bei ihr nicht, und so gab sie, von allen übrigen Tugenden abgesehen, auch reichlichen Stoff zur Belustigung. Jedesmal, wenn ein Wechsel in der Person des neben ihr für die Küche gemieteten Dienstmädchens eintrat, fing die Sache damit an, daß sie von den Eigenschaften der neuen Kollegin sehr eingenommen war. Die Freundschaft wurde von Woche zu Woche lebhafter, bis der Augenblick kam, in dem sie den Entschluß faßte, dem schönen Verhältnis ein Siegel aufzudrücken und der Freundin einen Regenschirm zu schenken. Sobald ihr Gefühl sich auf diese Weise Luft gemacht hatte, war der Höhepunkt überschritten, und nun fand sie täglich neuen Anlaß, an dem Wesen und den Leistungen der Genossin irgend etwas auszusetzen. Wurde dann endlich ein Wechsel vorgenommen, so setzten die Honigwochen mit der Nachfolgerin aufs neue ein, bis nach gehöriger Steigerung des Einvernehmens der ominöse Regenschirm der Herrlichkeit wieder ein Ende machte. Damals bestand die Einrichtung, daß Dienstboten, die bei einer Herrschaft 25 Jahre treu gedient hatten, von der Regierung eine Prämie von, wie ich glaube, 50 Talern erhalten sollten. Anna Junkens Gedanken waren schon seit geraumer Zeit stark von der Aussicht auf diese Auszeichnung in Anspruch genommen. Mit ihrer Fähigkeit zu lesen stand es aber sehr übel. Dennoch versuchte sie zuweilen, in der Zeitung nach Neuigkeiten zu spüren. Eines Tages kam sie mit der Zeitung in der Hand in großer Aufregung zu meiner Großmutter und rief, indem sie empört auf eine Stelle mit dem Finger deutete: »Da steit et nu, dat ick nix kreeg.« Tatsächlich jedoch handelte die*

*Mitteilung, die ihren Zorn erregt hatte, weder von Dienstmädchen noch von entzogenen Prämien, sondern von irgendwelchen Bestimmungen über Leute, die im Kriegsdienst invalide geworden waren. Nur die Worte »Dienst« und »nichts« hatte sie mit Anstrengung entziffert und zog nun daraus für sich selbst die bösesten Folgerungen. Schließlich erschien der große Tag, wo ihr in der Tat amtlich mitgeteilt wurde, daß die ersehnte Prämie ihr zugebilligt worden sei. Nun sollte das Ereignis auch würdig gefeiert werden. Sie mietete sich eine zweispännige Kutsche und fuhr damit zum Polizeipräsidium, um die Summe in Person in Empfang zu nehmen. Als »min Betty« heiratete, war sie mit der Wahl des Bräutigams zum Glück einverstanden. Sie schenkte dem jungen Ehepaar 18 schöne, schwere silberne Teelöffel zur Hochzeit. Noch eine Reihe von Jahren lebte sie, irgendwie mit leichterer Arbeit sich nützlich machend, bei ihrer alten Herrschaft. Dann kam eine leichte Erkältung, etwas Fieber und viel Neigung zu Schlaf. Einige Leute waren zu Gaste gebeten, und während diese in der Vorderstube aßen und tranken, lag sie still vor sich hindämmernd in ihrem Stübchen neben der Küche. Meine Mutter ging wiederholt an ihr Bett und fragte, ob sie auch keine Schmerzen habe. »Ne, ick half man Dost« war die Antwort. Während der Braten wieder nebenan seine Arbeit verrichtete, schlummerte sie tiefer und tiefer. Ohne Kampf tat sie den letzten Atemzug.*

Man dachte vor 100 Jahren noch nicht daran, den Mädchen aus besserem Stande eine schulmäßige wissenschaftliche Ausbildung zuteil werden zu lassen.[102] Das war ein glücklicher Zustand! Denn es konnte deshalb noch ein Geschlecht gesunder junger Mädchen und Frauen heranwachsen von ungebrochener geistiger Empfänglichkeit, Naturen, die ihr eigenes Gesicht behielten; nicht eine Herde schablonenhaft abgerichteter, systematisch überfütterter, verbildeter und halbmännlicher Geschöpfe. In allerlei Handarbeiten und häuslichen Verrichtungen unterwiesen die Mütter die Töchter des Hauses. Das verstand sich überall von selbst. Für den Unterricht im Lesen, Schreiben, Rechnen, in den Elementen der Geographie und in der französischen Sprache nahm man wohl einen Lehrer zu Hilfe. Was darüber hinausging, hing von irgendeiner Vorliebe der Eltern oder von der besonderen Begabung und Neigung des Kindes ab. Das Wichtigste aber, die Bildung des Geschmacks und des Urteils auf allen Gebieten des geistigen Lebens, wurde dem Einfluß überlassen, den der Umgang mit Erwachsenen ausübt.

Schon an den Handschriften, die die Frauen aus der ersten Hälfte des 19. Jahrhunderts schrieben, kann man sehen, daß sie nicht nach einer Normalmethode gezüchtet waren. Bettys Schreiblehrer muß aber einer von ganz besonderer Art gewesen sein. Die Buchstaben, die er ihr anerzogen hat, sehen etwa so aus, als hätte die Feder eine Reihe kleiner Keile in das Papier treiben wollen, weshalb nachmals der Sohn die Mutter mit ihrer »Keilschrift« zu necken pflegte. Diese Schriftzüge durch das Prädikat »schön« auszeichnen zu wollen, würde nicht angemessen sein. Aber sie hatten Charakter, unterschieden sich auf den ersten Blick von allen anderen und man sieht sie noch heute gern an, weil sie von einer Persönlichkeit sprechen. Daß sich daneben eine stattliche Anzahl anderer Frauenhandschriften aus gleicher Zeit finden, denen nicht nur individuelle Besonderheit, sondern auch zugleich große Anmut der Linienführung nachzurühmen ist, wird jeder bestätigen, der Gelegenheit gehabt hat, Erfahrungen in dieser Richtung zu sammeln.

Das Besondere in Bettys Begabung war ihre Musik. Sie zeigte von früher Kindheit an ein unfehlbar sicheres Gehör, sie behielt alle Musik, die ihr gefiel, mit Leichtigkeit auswendig und hatte großes angeborenes Geschick zum Klavierspielen. Dazu entwickelte sich bei ihr in späteren Jahren eine nicht große, aber schöne, wohlklingende Alt- oder Mezzosopranstimme. Einem solchen Talent eine tüchtige Ausbildung durch einen guten Lehrer, wenn auch nur für den Hausgebrauch, geben zu lassen, wäre der Mühe wert gewesen. Ein Lehrer für das Klavierspiel wurde freilich auch angenommen. Nur verdiente er leider keineswegs den Namen eines »guten«. August Wilhelm Bach, der spätere Organist an der Marienkirche und Direktor des Instituts für Kirchenmusik, war ein von Charakter vortrefflicher Mann. Auch seine Leistungen als Orgelspieler beim Gottesdienst waren achtungswert. Vom Klavierspiel aber verstand er so gut wie nichts, und sein künstlerischer Gesichtskreis war ein äußerst eng begrenzter. Felix Mendelssohn pflegte ihn durch die Benennung Au. W(eh). Bach vor der Verwechslung mit anderen Männern des Namens Bach zu behüten. Übrigens gehörte Au. W. Bach auch nicht etwa zu den Nachkommen oder sonstigen Anverwandten Johann Sebastian Bachs. Sein Vater hatte vielmehr seinerzeit aus überschwenglicher Begeisterung für diesen Gewaltigen sich um die Erlaubnis bemüht, den Namen »Bach« als Familiennamen annehmen zu dürfen. Sein Gesuch wurde gewährt, bedauerlicherweise hatte jedoch das alles nicht die Wirkung, dem Sohn zugleich auch einiges von dem Geist des adoptierten Ahnherrn mitzuteilen. In die Hände dieses damals noch ziemlich jungen Mannes wurde der Musikunterricht der kleinen Betty gelegt. Eigentlich war dabei von Lehren und Unterweisen überhaupt nicht die Rede. Man konnte keinen bescheideneren, höflicheren, gutmütigeren Mann sehen, als den guten Herrn Bach. Aber in seiner ungemeinen Bescheidenheit tat er denn auch kaum etwas anderes, als freundlich lächelnd daneben sitzen, wenn ihm Betty auf dem Klavier die aufgegebenen Stücke vorspielte, und ihre Leistungen mit den schönsten Lobpreisungen zu belohnen. So war denn von einer vernünftigen Entwicklung des Technischen, oder gar von einem Einführen in den Geist der vorgenommenen Werke nicht die Rede. Was trotzdem an Erfreulichem erreicht wurde, durfte lediglich als Äußerung angeborenen Talents und als die Frucht der Beschäftigung mit dem Klavier als solcher angesehen werden. Pistor war selbst ein begeisterter Verehrer von Johann Sebastian Bachs Musik. Nichts stand ihm höher als diese, und so sorgte er dafür, daß seine Tochter vor allem mit Bachs Klavierwerken vertraut gemacht werde. Ich weiß nicht, ob ohne dieses energische Eingreifen meines Großvaters der gute Au. W. Bach nicht trotz seines Bach-Namens vorgezogen habe würde, die musikalische Erziehung seiner Schülerin im Wesentlichen auf Pleyel, Gyrowetz und Dussek zu gründen. Vielleicht tue ich ihm Unrecht. Nun aber wurden die Inventionen, das Wohltemperierte Klavier, Stücke aus den Partiten, die C-moll-Fantasie und Konzerte von Bach nacheinander vorgenommen, und neben diesen Sachen kamen andere Klavierkompositionen während einer Reihe von Jahren wohl nur wenig in Betracht. Trotz der Fülle von Arbeiten, die Pistor täglich zu bewältigen hatte, ließ er doch sein Violinspiel nicht liegen, und wenn einmal ein hervorragender Geiger nach Berlin kam, um öffentlich aufzutreten, so war Pistor sicherlich im Publikum zu erblicken. Er versäumte, um sich auch durch Hören fortzubilden, kein Konzert des damals sehr gefeierten Violinvirtuosen Boucher, und als nun gar Paganini erschien, geriet er in die höchste Begeisterung. Zu den am meisten von ihm bewunderten Kompositionen gehörten Sebastian Bachs Sonaten für Violine und Klavier, und er ließ nicht nach in dem Bemühen, sie auf der Geige selbst herauszubringen. Immer wieder mußte die Tochter gewisse Sätze daraus mit ihm spielen. Das erklärte Lieblingsstück aber war der Kanon in fis-moll aus der zweiten Sonate. Sobald das Mittagessen beendet war, rief der Vater: »Betty, spielen!« und der Kanon kam als Nachtisch an die Reihe, wofür er dann im Hause den Namen »Butter und Käse« erhielt. Diese regelmäßige Wiederholung diente damals nicht gerade dazu, Bettys Freude an dem herrlichen Musikstück zu erhöhen. Natürlich wußte sie es längst auswendig und spielte es schließlich so mechanisch, daß sie tatsächlich fast dabei einschlief. –

*Am 27. Juni 1814 starb Reichardt in seinem Giebichenstein, nachdem er namentlich in den letzten Monaten körperlich schwer gelitten hatte. Der schöne Besitz mußte verkauft werden, und die Witwe zog mit ihrer jüngsten Tochter Sophie, der einzigen, die noch unverheiratet im Elternhause zurückgeblieben war, nach Berlin. In der Mauerstraße, nahe dem Pistorschen Hause, fand sich eine passende Wohnung, in der die Vereinsamten sich wohnlich, wenn auch bescheiden genug einrichteten. Sophie Reichardt war ja dem Verwandtschaftsgrade nach Bettys Tante. Aber der verhältnismäßig geringe Altersunterschied von nicht ganz 13 Jahren ließ das Verhältnis zwischen beiden im Lauf der Jahre mehr und mehr zu einem vertraulicheren werden, als es zwischen Tante und Nichte gewöhnlich ist. Daß dabei ein erzieherischer Einfluß von Seiten der Älteren auf die Jüngere nicht ausgeschlossen war, versteht sich von selbst.*

*Sophie, die* selbst *eine schöne, wohlgeschulte Altstimme besaß und musikalisch ebenso begabt war wie ihre übrigen Geschwister, gab ihrer Nichte den ersten Gesangunterricht. Dies führte weiterhin zu eifrigem gemeinsamen Musizieren, das beide beglückte. Natürlich wurden auch Reichardtsche Lieder mit Vorliebe vorgenommen. Einige der schönsten, so z. B. »An Prosperina« von Goethe, das Notturno »O gieb, vom weichen Pfühle«, Mignons Lied »Kennst du das Land« und manche andere sang meine Mutter noch in späteren Jahren gern. Daß unter Reichardts unzähligen Liedern der bei weitem größere Teil minderwertig ist, wird freilich niemand bestreiten können. Ebenso unbestritten aber ist es, daß Reichardt in erster Linie das Verdienst zugeschrieben werden muß, den Weg vom Volkslied zum Kunstlied gefunden und einige Lieder geschaffen zu haben, die als Erstlinge ihrer Art alles Gleichzeitige so weit übertreffen, daß man ihnen sehr wohl bleibenden Wert zusprechen darf. Haydns und Mozarts Lieder, mag man sie als Musik an sich mit Recht noch so hoch und viel höher schätzen, bleiben doch mehr oder weniger Arietten. Auch Mozarts wundervolle Komposition von Goethes »Veilchen« gibt mehr eine kleine dramatische Szene als ein Lied. Das eigentliche deutsche Kunstlied stammt nicht von der Oper und ihren ursprünglich italienischen Formen her. Es ist aus deutschem Wiesengrunde, d. h. aus dem Volksgesang emporgewachsen. An diesen hat Reichardt angeknüpft. Neben ihm auch dieser und jener andere. Keiner aber mit so entschiedenem Talent wie er.*

In die Kinderjahre meiner Mutter fiel auch der Tod ihrer Großmutter Seegebarth, ein Ereignis, das für mehrere Jahre nicht ohne Folgen blieb für das Aussehen des täglichen Lebens im Pistorschen Hause. Der betagte Witwer hatte niemanden in seiner Nähe, der es verstanden hätte, ihm das Dasein einigermaßen in gewohnter Weise behaglich zu machen. Es fehlte überall die leitende Hand. So mußten die Tochter Pine und die Schwiegertochter Lotte aushelfen, die von nun an Monat um Monat Seegebarths Haushalt führten. Sie wurden täglich mittags mit einem Wagen abgeholt, aßen mit dem alten Herrn, besorgten die häuslichen Anordnungen und fuhren wieder nach Hause zurück. Außerdem wurde auf seinen Wunsch die Einrichtung getroffen, daß zweimal in der Woche die gesamte Zschocksche und Pistorsche Familie bei ihm zu Mittag speisten. Die Großmutter Seegebarth war im Jahr 1817 gestorben. Im gleichen Jahre am 24. November feierte Seegebarth sein fünfzigjähriges Dienstjubiläum. In den Adelsstand war er schon im Jahre 1797 bei dem Regierungsantritt Friedrich Wilhelms III. erhoben und wünschte lebhaft, daß sein Stiefsohn Pistor seinen Namen und damit auch den Adel annehmen möchte. Dafür aber war dieser keineswegs zu haben. Dann war der treue Beamte im Jahr 1806 dem Königspaar nach Königsberg und Memel gefolgt, hatte sich in gesteigertem Maß das persönliche Wohlwollen des Königs wie der Königin durch seine unermüdlichen Dienstleistungen erworben und wurde in Anerkennung derselben im Jahre 1808 zum Generalpostmeister ernannt. Dazu fand sich endlich im Jahr 1814 auch der Titel »Exzellenz« ein. Kurz, es schien eigentlich nichts mehr übriggeblieben zu sein, was ihm an äußeren Ehren anzutun gewesen wäre. Dennoch regnete jetzt nochmals allerlei Huldvolles und Auszeichnendes auf ihn herab: Vom Monarchen trafen ein gnädiges Handschreiben und eine Vase ein, die mit dem Bildnis des Königs geziert war; die Gesamtheit der Postbeamten Berlins hatten Seegebarths Büste vom Bildhauer Wichmann in Marmor anfertigen und im Konferenzsaal des Generalpostamts aufstellen lassen. Die Berliner Kaufmannschaft endlich schenkte kostbares Silbergerät und zum Überfluß fehlte auch eine Adresse mit einer Fülle überschwenglichen Lobes nicht.[103] Der äußere Zuschnitt der Seegebarthschen Häuslichkeit entsprach natürlich den Verhältnissen, wie sie sich für ihn im Lauf der Jahre entwickelt hatten. Man lebte opulent, nach Art der vornehmen Leute, und so waren auch die Mahlzeiten, an denen Betty zweimal in der Woche dort teilnehmen durfte, von ausgesuchter Reichhaltigkeit und Delikatesse. Für ein Kind aus bürgerlichen Verhältnissen mußte eine solche Verwöhnung gewiß nicht gerade wünschenswert erscheinen. Zum Glück aber bildeten diese beiden Mittage doch immerhin eine Ausnahme von der Regel, und dem möglichen Schaden stand der Vorteil gegenüber, daß der großväterliche Wirt streng auf gute Manieren und gesittetes Betragen hielt. Betty mußte sich hübsch still bei Tische verhalten und vor allem die Tugend der Bescheidenheit bewahren. Übrigens war sie nicht das einzige jugendliche Geschöpf in der Gesellschaft. Zschocks hatten einen Sohn Adolf, und dieser nahm selbstverständlich auch an den Familiendiners teil. Er war zwar zehn Jahre älter als Betty, hielt aber doch gute Kameradschaft mit ihr. Ja, es gab sogar einige Leute, in deren Seelen der Wunsch aufblühte, der Zschocksche Sohn möchte die Pistorsche Tochter heimführen, damit die beiden jetzt getrennten Hälften des Hauses in der Mauerstraße wieder hübsch unter einen Hut gebracht würden. Leider waren jedoch die beiden zunächst Beteiligten gänzlich anderer Meinung. Sie vertrugen sich als Vetter und Kusine ganz leidlich, verspürten aber, sobald sie nur einigermaßen in das Alter der Unterscheidung kamen, nicht die mindeste Lust, darüber hinaus sich anzugehören. Unter solchen Verhältnissen waren sechs Jahre verflossen, als am 15. Dezember 1823 auch der alte Seegebarth ohne Kampf und Schmerz die Augen schloß und sein Hausstand nunmehr aufgelöst werden mußte. In seinem Nachlaß befand sich neben anderen wertvollen Gegenständen ein Tafelgeschirr von großer Schönheit. Eine Arbeit der Königlichen Porzellanfabrik in Berlin, die offenbar aus dem Anfang des 19. Jahrhunderts stammte. Die Formen sind im Geschmack des Empire gehalten; anmutig zusammengestellte Sträuße von Feldblumen in feinster und gewandtester Malerei schmücken jedes Stück. Mein Großvater und seine Schwester beschlossen, sich in den Besitz zu gleichen Hälften zu teilen. Das Ganze war auf eine so große Anzahl von Personen berechnet – beispielsweise enthielt es allein 12 Dutzend flacher Teller – daß jede Hälfte noch immer eine ansehnliche Einheit darstellte. Wenn jetzt bei etwas festlicheren Anlässen dies kostbare Porzellan auf unserem Eßtisch erscheint, so gibt es jedem, der Augen hat, immer aufs neue Anlaß, sich seiner Schönheit zu freuen. Jeder möchte den Teller des Nachbarn näher betrachten und ihm wiederum den seinigen zeigen; denn nirgends findet sich eine mechanische Wiederholung. Immer wieder weiß der Maler eine neue zierliche Wendung der Stengel und Blüten zu geben, eine neue Verbindung der verschiedenen Elemente zu erfinden. Und so dient dieses Erbstück zugleich auch dazu, dankbare Erinnerung zu wecken und lebendig zu erhalten an den braven Mann, dem es einstmals angehörte.

Außer Bettys Großmutter Reichardt und ihrer Tochter Sophie, die, wie erwähnt, im Jahre 1814 nach Berlin gezogen war, siedelte einige Zeit darauf auch Steltzer, der von Halle nach Berlin versetzt worden war, hierher über. Neben seiner Frau, der gutherzigen Tante »Jule«, brachte er zwei Kinder mit: einen Sohn »Fritz«, der zu einem tüchtigen jungen Mann heranwuchs und eine Tochter »Mine«. Die letztere, etwa im gleichen Alter mit Betty stehend, beanspruchte und erhielt als Kusine natürlich äußerlich einen bevorzugten Platz im Verkehr mit ihr. Mine Steltzer war die geborene Gesellschaftsdame; ihres Herzens Wünsche richteten sich auf elegante Toilette, Bälle, Charmieren mit möglichst vornehmen jungen Herren und sonstige Vergnügungen. An tieferen Interessen fehlte es ihr gänzlich. So kam es trotz aller Häufigkeit des Beisammenseins niemals zu einer tieferen Gemeinschaft zwischen den sehr verschieden gearteten Kusinen. Vervollständigt endlich wurde der Familienkreis durch Fritz Reichardt, der in Berlin als Student die Bauakademie besuchte, und Gustav Waagen[XVIII], den Sohn von Luise Waagen geb. Alberti, der sich dem Studium der Kunstgeschichte gewidmet hatte. Beide gehörten dem Verwandtschaftsgrade nach nicht Bettys Generation an, sondern ebenso wie Sophie Reichardt der ihrer Mutter. Dem Alter nach aber standen sie ihr vollends zu nahe, um von ihr als Oheime empfunden zu werden. Sie galten als Vettern und benahmen sich durchaus als solche. *Die Geselligkeit, die im Pistorschen Hause und bei Albertis gepflegt wurde, war in jener Zeit eine äußerst lebendige und geistig angeregte. Hier war in der Tat einem heranwachsenden Mädchen reiche Gelegenheit geboten, durch Umgang Geist und Gemüt zu bilden. An den Sonntagen kam abends die gesamte Familie in regelmäßiger Abwechslung bei Pistors, Albertis und Zschocks zusammen. Sehr häufig erweiterten sich diese Familienabende zu einer Gesellschaft von geladenen Freunden und Bekannten, denen man dann ein solennes Abendessen vorsetzte. Außerdem aber hatten Pistors an jedem Donnerstag, Albertis an jedem Freitag[XIX] in der Woche offenes Haus bei sich, d. h. einen geselligen Abend, an dem jeder der näheren Bekannten der wollte, ohne besonders geladen zu sein, teilnehmen konnte. Arnim und Bettina, beide Savignys, Schleiermachers, Buttmanns, Zelter, der Jurist Göschen, gehörten zum alten Stamm und erschienen häufig. Etwas später fanden sich die Bildhauer Rauch und Friedrich Tieck, Schinkel mit seiner Familie, der General von Willisen und andere dazu.* Mit Varnhagen und seiner zwölf Jahre älteren Frau,

XVIII L. Gustav Waagen, geb. 1794, gest. 1868, Kunstschriftsteller und Direktor der Gemäldegalerie in Berlin. Der Vater war Maler, seine Mutter Luise geb. Alberti eine Schwester von Reichardts Frau.

XIX In einigen Jahren reduzierte sich diese Einrichtung darauf, daß Pistors und Albertis abwechselnd nur am Freitag ihren offenen Abend hatten.

der Rahel, kam es hin und wieder zu Versuchen der Annäherung. Hier aber bestand kein rechter innerer Zusammenklang. Varnhagens schillerndes undurchsichtiges Wesen war den Männern Pistor und Alberti unangenehm, und der an das Widerliche streifende Kultus, den der Gemahl mit den geistreichen Einfällen seiner Frau trieb, stieß ihre gesunden Naturen ab. Die Frauen wurden besser miteinander fertig. Meine Großmutter Pistor hatte in den 20er Jahren zeitweilig ein Damenkränzchen bei sich eingerichtet, zu dem auch die Rahel aufgefordert war. Sie kam regelmäßig zu spät, aber der Sofaplatz wurde ihr zu besonderer Auszeichnung aufgehoben. Meiner Mutter war die seltsame Erscheinung der bewunderten Frau in lebhafter Erinnerung geblieben. Die kleine, dicke Gestalt trat in weißem Atlaskleid auf, das nach damaliger Mode straff und eng den Körper umschloß. Um die allzu große Fülle der Hüften und des Leibes zu verhüllen, hatte sie einen großen roten Schal, statt ihn wie sonst üblich um die Schultern zu tragen, um die Taille geschlungen. Kurze schwarze Löckchen trug sie an den Schläfen. Übrigens war sie in ihrem Wesen besonders freundlich und, wie sich von selbst versteht, von größter Lebendigkeit in der Unterhaltung. Auch Henriette Herz, die Freundin Schleiermachers, verkehrte hin und wieder bei Pistors. Clemens Brentano besang sie mit dem folgenden, nicht gerade schmeichelhaften Gedicht, bei dem die Buchstaben des Namens »Jette Herz« die Zeilenanfänge bilden:

»Junonische Riesin,
Egyptische Markisin,
Tugendausübend,
Treu mehr als liebend,
Entzückt mit Gewalt.
Hundertmal herzlos,
Erhaben und schmerzlos,
Ruhig und kalt,
Zu jung für so alt.«[104]

*Drei ältere Männer waren es, zu denen Betty mit besonders inniger Verehrung emporblickte, und deren herzliche väterliche Liebe sie erfahren durfte: Schleiermacher, Schinkel und Zelter. Das Andenken dieser edlen Gestalten begleitete sie beglückend und erwärmend ihr Leben hindurch.*

*Schleiermacher hatte seine Wohnung in dem ehemals von Sackenschen Palais, das jetzt der Sitz des königlichen Hausministeriums geworden ist. In der Zeit der französischen Okkupation mußte der alte fürstliche Besitz veräußert werden, und da alles Leben, Handel und*

*Gewerbe in Preußen darnieder lag, so waren die Preise für Grundstücke in Berlin auf den niedrigsten Stand gesunken. Der Buchhändler Reimer erstand das ausgedehnte, prachtvolle Gebäude mit dem herrlichen Garten dahinter für eine unverhältnismäßig geringe Summe. Sein kleiner Sohn erstattete seinen Kameraden über diesen Handel mit den Worten Bericht: »Mein Vater hat ein Haus gekauft, das ist sehr theuer: es kostet 9 Thaler.« Bei dieser Angabe fehlten nun freilich einige Nullen. Der Besitz wurde für 90.000 Taler erworben. Schleiermacher bewohnte mit seiner Familie natürlich nur einen bescheidenen Bruchteil des Ganzen: den rechten Flügel des Erdgeschosses, zu dessen Wohnung eine kleine, im Winkel des großen quadratischen Vorgartens angebrachte Tür führte. Durch diese Tür ging Betty vier Jahre hindurch wöchentlich zweimal ein und aus, um an dem Konfirmandenunterricht des geliebten großen Lehrers teilzunehmen. Sie war 14 Jahre alt, als ihr Vater sie anmeldete; mit 16 Jahren wurde sie eingesegnet; und dann besuchte sie noch zwei volle Jahre weiterhin die Stunden. Das Interesse an dem Gegenstand und seiner unvergleichlichen Behandlung, die tiefe Empfindung von dem Reichtum, der ihr hier geboten wurde, ließ sie nicht los.* Schleiermacher gab ihr bei der Konfirmation den Spruch: »Freuet Euch in dem Herrn allewege, und abermal sage ich: freuet Euch!«

In ihre Bibel hat er die Worte mit eigener Hand eingeschrieben. Wohl darf man sagen, daß sie bezeichnend geworden sind für ihr Wesen, wie es sich nachmals mehr und mehr entwickelte. Sie suchte und fand überall, soweit es sich mit der Wahrheit vertrug, das Gute an Menschen und Dingen heraus. Dankbarkeit und Genügsamkeit waren Grundzüge ihrer Natur. Und so vermochte sie auch in schweren Stunden den Segen sich anzueignen, der aus Schmerzen geboren wird.

*War es in Schleiermachers Nähe die Hoheit des sittlichen und religiösen Idealismus, die ihr gleichsam in seiner Person verkörpert entgegentrat, so umgaben sie im Schinkelschen Hause die Eindrücke einer idealen Schönheitswelt, einer Schönheit, die doch auch wiederum untrennbar ist von ethischer Reinheit derer, die ihrem Dienst sich weihen. Schinkel besaß wie alle wahrhaft großen Künstler einen Zug unverlierbarer Kindlichkeit. Die tiefe Herzensgüte, die aus seinen Zügen widerstrahlte, hatte etwas unwiderstehlich Gewinnendes. So schilderte ihn meine Mutter. Schon in frühen Jahren kam sie mit den beiden ältesten Schinkelschen Töchtern viel zusammen. Es wurden gemeinsame Unterrichtsstunden in verschiedenen Gegenständen verabredet, und bald entwickelte sich eine schöne herzliche Freundschaft, die die Gewißheit der Dauer in sich trug. Man weiß, wie unglaublich vielseitig Schinkel sich künstlerisch betätigte: Als Architekt, als Maler, als Zeichner von Vorlagen für alle möglichen Dinge. Ja auch für das Vergänglichste, für das Entwerfen von Kostümen für Hoffeste und dergleichen wurde er in Anspruch genommen. So fand er sich denn auch hier und da bereit, für die jungen Mädchen sich dienstwillig zu erweisen. Er zeichnete ihnen Muster für ihre Radierarbeiten auf Porzellan, wie sie natürlich in ähnlicher Schönheit im Handel nicht zu haben waren. Reizende Arabesken aus Blattmotiven, anmutige menschliche Gestalten, Delphine, Vögel und Fabelwesen; lauter Zeugnisse – wenn auch kleinsten Maßstabs – seiner herrlich schöpferischen, von hellenischem Geist erfüllten Fantasie. – Seine Tochter Marie hatte viel von dem Charakter und Wesen ihres Vaters geerbt. Susanne*[105] *glich ihm in der Erscheinung und war künstlerisch begabt. Sie malte, namentlich Landschaften, mit großem Talent. Betty erfreute alle, insbesondere Schinkel selbst, durch ihre Musik, sei es nun, daß sie Bachsche Präludien und Fugen spielte, oder Arien aus Mozartschen und Gluckschen Opern sang.*

*Schinkel war voller Empfindung und Verständnis für musikalische Eindrücke, und nichts entzückte ihn mehr als Gluck. Die Welt der Gluckschen Gestalten war die eigentliche Heimat seiner Seele. Hier hörte er die Sprache, die seinem innersten Gefühl Ausdruck gab. Die großen Hauptwerke Glucks gehörten damals zum ständigen Repertoire der Königlichen Oper und fanden in den Hauptpartien die vorzüglichste Wiedergabe. Selten versäumte Schinkel eine solche Vorstellung. Eine vorzüglichere Darstellerin für die Armide, die Iphigenie, die Alceste, als die Milder es war, muß es nach dem übereinstimmenden Bericht derer, die diese Glanzzeit erlebt haben, niemals wieder gegeben haben. Schon ihre Erscheinung war eine klassisch-heroische; die Gestalt von den herrlichsten Verhältnissen; jede Bewegung voller Adel und plastischer Schönheit. Die Bildhauer Rauch und Tieck saßen bewundernd im Parkett und behaupteten, nirgends bessere Studien für ihre Arbeiten machen zu können als hier, wenn die Milder auftrat. Dazu kam dann ein Organ von unerhörter Fülle, Macht und Ausdrucksfähigkeit, angeborene musikalische Sicherheit und ebenso angeborenes Talent für Spiel und Darstellung. Freilich mußte es sich dabei um Dinge handeln, die im Bereich ihrer durchaus für das Große und Erhabene geschaffenen Natur lagen. Eigentliche Studien für Gesang und Spiel hatte sie kaum jemals gemacht. Sie gab sich wie sie war, und das genügte, um den Eindruck höchster Vollkommenheit hervorzubringen.* Auch die Leonore im »Fidelio« sang sie ausgezeichnet, doch vermißte man hier ein Letztes an hinreißender Leidenschaft. Dies besaß die Schröder-Devrient, die ja im

Allgemeinen als die gewaltigste aller Leonoren gilt. Eine kleinere Gemeinde, zu der auch meine Mutter zählte, war der Meinung, daß keine in der Wiedergabe dieser herrlichsten aller Operngestalten so ergreifend gewesen sei wie die Schechner. Wohl mag die Schröder-Devrient gewaltiger erschienen sein. Aber etwas durchaus Unvergleichliches muß doch die Schechner besessen haben. Vielleicht wirkte sie deshalb so tief und wunderbar, weil sich bei ihr eine noch reinere, innigere Weiblichkeit mit aller todesmutigen Leidenschaft verband. –

Betty empfand für die Milder von den Eindrücken der Bühne her die glühendste Begeisterung. Nun erlebte sie auch die Freude, in einer Gesellschaft persönlich mit ihr zusammenzukommen und ihr vorgestellt zu werden. Die Milder wurde gebeten, etwas zu singen, und man forderte Betty auf, sie auf dem Klavier zu begleiten. Dies gelang der kleinen Dilettantin denn so gut, daß die Milder sehr befriedigt davon war, und bei der nächsten Gelegenheit, wo Betty sich unter den Gästen befand, keinen anderen Begleiter haben wollte als sie! »Die Kleine soll spielen«, sagte sie mit ihrer langsamen, im gewöhnlichen Verkehr wienerisch angehauchten Sprache, und »die Kleine« war mit Freuden bereit. Ein Exemplar des Liedes »Die Forelle« von Schubert bekam sie einmal zum Dank von der bewunderten Künstlerin geschenkt. Es trägt den Namenszug von ihrer eigenen Hand geschrieben.

Die Milder hatte in ihrem ganzen Wesen eine ruhige Würde, die sie auch in Augenblicken nicht verließ, in denen eine andere auf das heftigste aufgebraust wäre. Ihre Kollegin an der Oper, die Sängerin Schulz, war von Temperament und Charakter das gerade Gegenteil von ihr. Sie wurde von starker Ehrsucht gegen die gefeierte, sehr überlegene Nebenbuhlerin geplagt, und immer wiederholten sich Konflikte, bei denen es dann seitens der Frau Schulz zu den leidenschaftlichsten Äußerungen ihres Ingrimms kam. Glucks »Armide« sollte probiert werden. Die Milder hatte die Armide, die Schulz die Furie des Hasses zu singen. Die Probe war bis zum Beginn des dritten Aktes gediehen, der bekanntlich die großartige Szene zwischen der königlichen Zauberin und der Dämonin enthält. Man wollte anfangen, aber Frau Schulz ließ auf sich warten. Zeit auf Zeit verrann; die Ungeduld aller Beteiligten wurde auf das höchste gespannt und äußerte sich in lebhaftem Unwillen. Nur die Milder stand ruhig abwartend auf ihrem Platz. Endlich erschien die Schulz. »Herr Kapellmeister«, sagte die Milder mit ihrer gewohnten Langsamkeit, ohne eine Miene zu verziehen, »Sie können anfangen! Die Furie ist da.«

*Während die Instrumentalmusik in der Berliner Öffentlichkeit, abgesehen von den Vorführungen des Möserschen Streichquartetts und dem gelegentlichen Auftreten dieses oder jenes Virtuosen, noch vollständig darniederlag, wurde im Chorgesang durch die im Jahre 1791 von Fasch gegründete »Singakademie« Hervorragendes geleistet. Von Anfang an faßte er ausschließlich die Pflege religiöser Musik ins Auge. Nur Werke, die der eigentlichen Kirchenmusik angehörten, und Oratorien wurden gesungen. Der edle und ernste Geist ihres Stifters blieb Jahrzehnte hindurch ohne zu erschlaffen oder zu verknöchern in ihr lebendig. Den Mitgliedern war es heiliger Ernst um die Sache, und ihr Eifer war bewunderungswürdig. Ein Vorgang, der für alle Zukunft in den Kreisen der Akademie unvergessen blieb, gibt dafür besonders beredtes Zeugnis. Nachdem die Übungen während der ersten Jahre des Bestehens in der geräumigen Wohnung der Frau Voitus stattgefunden hatten, nötigte die starke Zunahme der Mitglieder, sich nach einem größeren Lokal umzusehen. Es gelang, im Herbst des Jahres 1793 vom Minister von Herzberg die Erlaubnis zur Benutzung eines Saales im Gebäude der Königlichen Akademie der Künste zu erhalten. »Die Vortheile des größeren Raumes mußten indessen«, wie Blumner in der »Geschichte der Singakademie« erzählt, »auch mit mancher Unbequemlichkeit bezahlt werden. Das neue Lokal sah unerfreulich genug aus; schmutzige Wände, schlechte Dielen, unfeste Thüren und Fenster. Auch fehlte es in dem hohen und weiten Gemach noch an einem Ofen. ... So groß war aber der Eifer der Mitglieder und die Freude an diesen Übungen, daß sie der Kälte und Nässe nicht achteten und die Versammlungen deshalb nicht minder zahlreich besuchten. ... An einem besonders kalten und stürmischen Novembertage erstarrten den Damen Hände und Füße, nicht bloß zum vorübergehenden Schmerz, sondern zu* naher *Besorgniß heftiger Erkältung und Heiserkeit. Da kam eine auf den Gedanken, sich knieend niederzulassen und die Füße mit Mantel und Muff zu bedekken. Die andern folgten dem Beispiel, und so sang die Versammlung knieend das Christe eleison aus der sechsstimmigen Messe von Fasch.«* [106]

*Im Jahr 1800 starb Fasch, und Zelter trat als Direktor an seinen Platz. Reichardt hatte, als er im Jahr 1793 nach längerer Abwesenheit zeitweilig nach Berlin zurückkehrte, lebhaftes Interesse für das Gedeihen der aufblühenden Anstalt gefaßt, und komponierte für sie den »Morgengesang«, eines seiner besten Werke.* Seine Stieftöchter Mine und Lotte traten, nachdem ihre Verheiratung sie nach Berlin geführt hatte, baldigst als Mitglieder ein. Schon damals fanden wie noch heute die Übungen am Dienstag statt, und Mine Albertis Tagebuch liefert ebensowohl von der Regelmäßigkeit ihres Besuchs wie in den meisten Fällen von der Richtigkeit ihres Urteils über Wert oder Unwert der durchgenommenen Musikstücke klaren Beweis. Ihre Tugenden wurden dadurch belohnt, daß die »Frau Staatsräthin« im Jahr 1815 zur Vorstandsdame gewählt wurde, als welche sie abermals ihre Pflichten mit strengster Pünktlichkeit erfüllte. *Im Jahr 1822 wurde auch Betty Pistor, obgleich erst 14 Jahr alt, als singendes Mitglied in der Singakademie aufgenommen. Zelter kannte sie als Freund des Pistorschen Hauses von ihren ersten Lebensjahren an und wußte, was er tat, als er diese frühe Aufnahme gestattete. Ihr entschiedenes musikalisches Talent, ihre frische, wohlklingende Stimme machten ihm ebensoviel Freude, wie ihre gesunde, lebhafte Natur seine herzliche Zuneigung gewann. Er bot den Eltern aus Freundschaft an, die Tochter im Gesang zu unterrichten, und ließ sie an vielen seiner Gesangstunden unentgeltlich teilnehmen.* Als er sie genugsam gefördert glaubte, überließ er ihr in den Übungen der Singakademie oftmals den Vortrag einer Solopartie. Da sie außerdem seine sogenannten Freitagsmusiken regelmäßig besuchte und ihn persönlich im Hause ihrer Eltern wie bei Albertis häufig genug sah, so entstand das vertrauteste Verhältnis. *Er behandelte sie fast, als wäre sie sein eigenes Kind, und bei seiner stadtbekannten allgemeinen Derbheit legte er seinen Manieren ihr gegenüber vollends keinerlei Zwang auf. Im Schauspielhaus wurde Kleists »Käthchen von Heilbronn« gegeben. Zelter saß in einer Loge und sah im Parkett seine Betty, wie sie in großer Rührung wiederholt ihre Tränen trocknen mußte. Als sie am nächsten Nachmittag in die Übung der Singakademie kam und im Saal den Mittelgang des Zuhörerraums hinauf dem Podium zuschritt, war der Chor schon vollzählig versammelt. Zelter stand an seinem Pult, erblickte sie, und schrie ihr mit schallender Stimme in seinem unverfälschten Berlinischen Dialekt entgegen: »Na Du hast ja ooch jestern Rotz un Wasser jeheult!«*[XX]

*Gewiß ist man im Recht, wenn man die Beschränktheit von Zelters musikalischem Geschmack wenig erfreulich findet. Ja, wer will nicht*

XX Eine andere lustige Geschichte mag hierneben einen Platz finden. Der Musiker Himmel hatte ein sehr sentimentales Lied komponiert, dessen Anfang die Bezeichnung beigegeben war: »Sanft, langsam und mit Nachdruck.« Zelter begegnet Himmel auf der Straße und ruft ihm zu: »Nun Himmel, Sie haben ja ein schönes Trinklied komponiert!« »Wie meinen Sie das?« fragt sehr verdutzt und etwas gereizt der andere. »Ja gewiß«, antwortet Zelter, »über Ihrem neuesten Liede steht doch: »Sauft langsam und mit Nachdruck!« – Bekannt ist die Anekdote, daß Zelter einer Dame, die ihren Gesang bei ihm für die Aufnahme in die Singakademie prüfen lassen wollte, sagte: »Ihr Singen klingt ja, wie wenn man mit der Pudelmütze auf die Fußdecke schlägt!«

*verdrießlich werden, wenn er liest, wie es diesem grobkörnigen Musiker gelingt, durch seine verständnislosen Urteile über Beethoven und Weber seinen großen Freund Goethe dermaßen zu beeinflussen, daß dieser sich gewöhnt, den einen für einen bedenklichen Revolutionär, den anderen für einen unbedeutenden Schwächling anzusehen. Das alles dennoch darf auch wiederum nicht zu einer ungerechten Beurteilung von Zelters Persönlichkeit führen. Er war dennoch ein ganzer Mann. In harter Schule groß geworden, konnte er auch selbst unter Umständen hart, grob und eckig erscheinen. Aber tief im Innern lebte unter dieser rauhen Hülle ein Zug zum Großen, eine adlige Seele, ein gütiges, warmes Herz. Wer jemals ihm nähertreten und ihn in seinem wahren Wesen erkennen durfte, der mußte das bezeugen. Wäre es nicht so gewesen, wie hätte Goethe eine so tiefe Freundschaft für diesen wunderlichen Mann fassen können, der sich vom Maurer zum Musiker heraufgearbeitet hatte? – Zelters Wirksamkeit an der Singakademie war innerhalb der Grenzen, die ihm seine Natur steckte, ohne Frage eine höchst bedeutende. Er erweiterte nicht nur den Rahmen der Aufgaben, die der Verein sich stellte, in hervorragender Weise; er bereitete auch durch musikalische Veranstaltungen, die neben den eigentlichen Singakademieübungen hergingen, eine noch reichere Zukunft vor. In den* schon erwähnten *»Freitagsmusiken« versammelte er mittags von zwölf bis zwei Uhr in seinem Hause eine Anzahl der besten Sänger und Sängerinnen der Singakademie zu einem kleinen auserwählten Chor. Er hatte schon im Jahre 1807 aus Liebhabern und Schülern eine kleine Orchestervereinigung gegründet,* die er Ripienschule benannte, und *mit welcher er Freitag mittags Übungen abhielt, vorzugsweise um für die Aufführungen der Singakademie sich Verstärkungen des aus Kammermusikern bestehenden Orchesters heranzubilden. Nun trat die Mitwirkung des Chors bei diesen Übungen hinzu, und das Ganze erhielt dadurch eine andere und höhere Bedeutung. Man studierte Kompositionen für Chor und Orchester, die Zelter persönlich hoch schätzte, die er aber doch als zu schwierig,* für Ausführung und Verständnis nicht geeignet *fand, dem großen Chor der Singakademie vorgelegt zu werden. Zu diesen gehörten vor allem anderen viele Kantaten von Sebastian Bach und Bruchstücke aus dessen größeren Chorwerken. Sophie Reichardt, die, sobald sie mit ihrer Mutter nach Berlin übergesiedelt war, als singendes Mitglied in der Singakademie sich aufnehmen ließ, wurde nun auch aufgefordert, an den »Freitagsmusiken« teilzunehmen. Ebenso ihre Nichte Betty. Für diese begann damit eine Zeit ungeahnter Freuden und Begeisterungen. Namentlich die schönsten Sätze der »H-moll-Messe«, einige besonders* *herrliche Kantaten Sebastian Bachs wie »Du Hirte Israels höre«, »Gottes Zeit ist die allerbeste Zeit«, »Herr gehe nicht ins Gericht« und andere zogen zum ersten Mal in ihre Seele ein, um für alle Zeit in ihr lebendig zu bleiben.* Und dazu kam ein anderes: Hier lernte sie Felix Mendelssohn kennen, der, zuerst noch völlig ein Knabe, neben seiner Schwester Fanny im Alt mitsang, dann aber bald ständig am Flügel saß und mit erstaunlicher Gewandtheit begleitete. So standen beide an der Scheide zwischen Kindheit und Jugend, als sie sich zum ersten Male sahen. Felix trug noch den oft beschriebenen Anzug seiner Knabenzeit, die weit ausgeschnittene, den Hals freilassende Jacke. Betty, um ein Jahr älter als er, freute sich, daß ihrem Geburtstag, dem 14. Januar, im Kalender der Name »Felix« zuerteilt war. In etwas späterer Zeit erschien auch Mendelssohns jüngere Schwester Rebekka regelmäßig Freitags bei Zelter. Die Familie Mendelssohn bewohnte seit dem Jahr 1825 das große, vornehme Haus Leipzigerstraße Nr. 3, mit prachtvollem Garten dahinter, an dessen Stelle jetzt das »Herrenhaus« errichtet worden ist. Der Heimweg für die drei Geschwister führte von Zelters Wohnung her fast am Pistorschen Hause vorüber, und bald wurde es Regel, ihn gemeinsam mit Betty zu machen. Ein besonders freundschaftliches Verhältnis entwickelte sich bei dieser Gelegenheit zwischen Betty und Rebekka. Sie besuchten sich gegenseitig und trieben allerlei gute Dinge gemeinsam. Auch mit italienischen Sprachstudien beschäftigten sie sich. Manzonis vor kurzem erschienener Roman »I promessi sposi« hatte großes Aufsehen erregt, und die beiden Mädchen machten sich daran, ihn in der Ursprache zu lesen. Nach und nach war der Verkehr zwischen der gesamten Jugend immer reger geworden. Mendelssohns luden Betty zu den verschiedensten geselligen Veranstaltungen ein. Bald wurde musiziert, bald wurden Sprichwörter aufgeführt oder es gab einen Ball. Der ausgezeichnete Geiger Eduard Rietz, Felix Mendelssohns sehr geliebter Jugendfreund, gehörte als ein besonders Unentbehrlicher zu dem allen. Dieser aber verkehrte auch abgesehen von Begegnungen mit Betty bei Mendelssohns als sehr gern gesehener Gast im Pistorschen Hause. – Es ist noch ein von Betty geführtes Tagebuch aus jener Zeit vorhanden, das mit dem 7. Oktober 1826 beginnt. Ich greife die wesentlichsten anspruchslosen kurzen Notizen, die es enthält, heraus und lasse sie hier folgen. Man mag sich dabei vergegenwärtigen, daß Betty damals 18, Felix Mendelssohn erst 17 und Rebekka 15 Jahr alt war, während Fanny als 21jährige bereits mit einer gewissen Würde den drei anderen gegenübertrat. Eduard Rietz dagegen stand bereits in der Mitte der Zwanziger.

Aus Bettys Tagebuch.

»SONNTAG D. 8TEN OCTOBER 1826 – Wir hörten eine schöne Frühpredigt von Schleiermacher. Nachher kamen Marie Wolfart[XXI] und Mine (Steltzer) etwas zu mir. Am Abend war ich bei Mendelssohn's; wir führten mehrere Sprüchwörter auf, legten Karten und waren sehr lustig.

MONTAG D. 9TEN – Am Vormittag gingen wir mit Bartels[XXII], die eben von Giebichenstein angekommen sind und Steltzers auf die Kunstausstellung. Gustav (Waagen) ging mit uns und gab Erklärungen.

DIENSTAG D. 10TEN – Nachmittags ging ich auf die Akademie und ängstigte mich sehr beim Solosingen.

FREITAG D. 13TEN – Vormittags zur Musik bei Zelter. Gestern Abend ist Dorothee Tieck[XXIII] angekommen, die mir sehr gut gefällt. Sie ist nicht so hübsch wie Agnes[XXIV] aber sehr liebenswürdig. Nach Tisch holte ich Bartels ab, um mit ihnen und Steltzer's in die Oper ›Iphigenie in Tauris‹ zu gehen. Die Milder sang herrlich. Nachher gingen wir noch zu Alberti's, wo sehr viele Leute waren.

SONNTAG D. 15TEN – Wir hörten eine herrliche Predigt. Dorothee war auch da, und merkwürdigerweise sprach Schleiermacher gerade viel über den Katholizismus.

MONTAG D.16TEN – Abends bei Pflugs. Die Milder war dort und sehr liebenswürdig.

MITTWOCH D. 18TEN – Am Vormittag kam Dorothee Tieck etwas zu uns. Sie ist ein gar zu liebes Mädchen, und gefällt mir immer besser. Abends waren wir bei Steltzer's zum Thee. Dorothee las uns eine neue sehr hübsche Novelle von ihrem Vater vor.

DONNERSTAG D. 19TEN – Am Vormittag kam Luise Alberti[XXV] hier an, die mehrere Wochen bei uns wohnen wird. Am Nachmittag gingen Friedrich Tieck, Dorothee, Luise und ich in das Königstädter Theater, wo die Sonntag in Rossini's ›Italie-

XXI Marie Wolfart (spätere Gräfin Blumenthal) und Antonie, ihre Schwester, Töchter des angesehenen Arztes Wolfart, eines überzeugten Verfechters des Mesmerismus, waren Jugendfreundinnen von Betty.

XXII Bartels, Domänenpächter (?) in Giebichenstein.

XXIII Dorothea, Ludwig Tiecks älteste [seine einzige leibliche] Tochter, kam von Dresden, wo dieser mit den Seinigen seit dem Jahr 1819 seinen Wohnsitz genommen hatte, auf einige Zeit zum Besuch ihrer Verwandten nach Berlin. Wahrscheinlich wohnte sie bei ihrem Onkel, dem Bildhauer Friedrich Tieck.

XXIV Agnes, die jüngere [nicht leibliche] Tochter Tiecks, heiratete später ihren Vetter [Onkel!] Gustav Alberti, Fabrikbesitzer in Waldenburg in Schlesien. Sie sowohl wie Dorothea wurden katholisch erzogen, nachdem die Mutter zum Katholizismus übergetreten war.

XXV Luise Alberti war im gleichen Alter wie Betty; Tochter von Friedrich (?) Alberti in Schmiedeberg. Clara Waagen danach fragen ob dies richtig ist, und ob sie Gustavs Tochter war.

nerin in Algier« sang. Die Sonntag war sehr anmuthig, die Musik aber ist garnicht schön.

FREITAG D. 20TEN – Vormittags bei Zelter. Am Abend waren Rebekka M. Rietz, und die Familie, wie auch Tieck bei uns.

SONNABEND D. 21TEN – Nach Tisch suchte ich mit Luise die Arnim auf; wir fanden aber ihre neue Wohnung nicht. Als wir nach Hause kamen, war Siegmund Arnim[XXVI] da, um mich zur Mutter abzuholen. Ich sang dann noch mit ihr bis halb 8 Uhr.

DIENSTAG D. 24TEN – Am Abend hörten wir Alle Jessonda von Spohr. Einiges in der Oper gefiel mir sehr und die Seidler war reizend, die Schulz dagegen desto schrecklicher.

MITTWOCH D. 25TEN – Abends waren wir bei Scheden's[XXVII]. Ich spielte zuerst mit Rietz, dann sang ich Mehreres aus der Iphigenie.

SONNTAG D. 29TEN – Die Predigt war ganz herrlich. Abends waren wir Alle bei Schinkels. Wir Mädchen saßen in einer besonderen Stube, und Agnes Rauch[XXVIII] war recht amüsant.

MONTAG D. 30TEN – Abends ward bei uns wieder gelesen. Dorothee war allerliebst. Tieck, der auch herkam, hielt mir eine lange Predigt über den schlechten Gang auf der Straße.

FREITAG D. 3TEN NOVEMBER. – bei Zelter war es sehr hübsch. Auf dem Rückweg unterhielt ich mich sehr schön mit Felix. Abends bei Alberti's waren Schedens, Hainchelin's[XXIX], Frau Schleiermacher, und Helena Buttmann[XXX] mit ihrem ältesten Bruder, der nicht so angenehm ist wie die anderen.

SONNTAG D. 5TEN – Abends war ich mit Mine Steltzer bei Mendelssohns, wo es sehr hübsch war. Wir führten allerliebste Sprüchwörter auf.

MONTAG D. 6TEN NOV. – Diesen Abend ward der Freischütz zum Besten der Wittwe Max von Webers gegeben.

DONNERSTAG D. 9TEN. NOV. – Vormittags ging ich zu meinem armen Zelter der in dieser Woche unangenehm gefallen ist.

---

XXVI Siegmund von Arnim, der zweite Sohn Bettinas.

XXVII Schede ...

XXVIII Agnes Rauch, die älteste Tochter des Bildhauers Rauch, später verheiratet mit Mila, dann geschieden und wieder verheiratet mit Professor d'Alton.

XXIX Luise Hainchelin, später verheiratet an den Justizrat Solty in Glogau und Auguste Hainchelin, später verheiratet mit Dr. Ribbeck, Direktor des Werderschen Gymnasiums.

XXX Helena Buttmann, die einzige Tochter des Philologen Buttmann neben vier Brüdern, war mit Betty nahe befreundet. Ebenso ihr Bruder Philipp, der Theologie studierte und als Superintendent im Gesundbrunnen angestellt war. Er starb in hohem Alter zu Berlin.

FREITAG D. 10TEN NOV. – Luise war mit mir bei Zelter. Nachher besahen wir und Mendelssohn's noch den Saal des neuen Akademiegebäudes[XXXI], der äußerst schön ist. Abends kamen Lecoy's, Richters, Schinkels, Rietz und die Familie. Wir spielten etwas, und ich sang auch Einiges.

SONNABEND D. 11TEN NOV. – Abends waren wir zuerst allein und lasen die neulich begonnene Novelle von Onkel Steffens zu Ende. Dann kam die Arnim und sang mit mir Psalmen von Marcello. Am Vormittag war Rebekkchen hier und lud uns zu Dienstag zu Fanny's Geburtstag ein.

SONNTAG D. 12TEN NOV. – Nach einer wunderschönen Predigt gingen wir (Luise und ich) zu Mendelssohns, um zum Dienstag zuzusagen.

DIENSTAG D. 14TEN NOV. – Der Abend bei Mendelssohn's war außerordentlich hübsch. Moscheles war mit seiner jungen Frau da. Wir tanzten den ganzen Abend. Ich hatte immer sehr gute Tänzer; zum Cotillon, den ich mit Rietz tanzte, spielte Moscheles. Auch Felix spielte mehrere Male zum Tanz.[XXXII]

DONNERSTAG D. 16TEN – Am Vormittag ging ich zu Zelter, der wieder ganz wohl war. Nachher kam Rietz etwas zu uns. Abends kam er nochmals mit seinem Bruder Julius.[XXXIII] Wir spielten Trio's und Schottische Lieder von Beethoven.[XXXIV]

FREITAG D. 17TEN – Bei Zelter war es sehr hübsch. Ich ging mit Mendelssohns und Lindblad[XXXV] nach Hause. Letzterer ist jetzt sehr munter und wie ganz umgewandelt.

SONNABEND D. 18TEN – Abends war ich mit Tante Pine bei Ruck's auf einem Singethee. Es ward etwas zu viel Rossini gesungen. Der kleine Wörlitzer[XXXVI] (von uns kokettscher Judenjunge) spielte außerordentlich fertig.

SONNTAG D. 19TEN NOV. – Die Frühpredigt war sehr schön. Nachher holte die Arnim Luise ab, zum Maler Kolbe[XXXVII], dem sie sitzen sollte.

DIENSTAG D. 21TEN NOV. – ... Am Vormittag ging ich mit Wolfarts zu meinem lieben Schleiermacher dessen Geburtstag war. Er bekam herrliche Sachen geschenkt. Am Abend brachten ihm 600 Studenten ein Vivat. Nachmittags erfuhren wir durch Schleiermacher, daß Tante Luise (Reichardt) in Hamburg gestorben sei. Die Nach-

XXXI Das neue, von Ottmer entworfene Singakademiegebäude, dessen Bau im Frühling 1825 seinen Anfang genommen hatte, war soeben vollendet.

XXXII Meine Mutter hatte einen Mazurek und eine Ecossaise, die sie wiederholt von Felix bei häuslichen Festen spielen hörte, so fest im Gedächtnis behalten, daß sie sie noch im Alter spielen konnte.

XXXIII Julius Rietz, vortrefflicher Musiker und guter Violoncellspieler; später Direktor der Gewandhauskonzerte in Leipzig, von ? bis ? [1848–1852 u. seit 1854], dann Hofkapellmeister in Dresden. Gestorben ? [1877]

XXXIV Bei den Schottischen Liedern mußte natürlich Betty zugleich Klavier spielen und singen.

XXXV Adolf Fredrik Lindblad, schwedischer Liederkomponist.

XXXVI Wörlitzer, Violinvirtuos, näheres angeben.

XXXVII Kolbe ?

richt betrübte uns alle ungemein, besonders da wir so garnichts davon ahndeten. Ich mußte es an Fritz Reichardt sagen, was mir sehr schwer ward, da sie ihm wirklich eine zweite Mutter war.

MITTWOCH DEN 22TEN – Zu Mittag aßen Luise und ich bei Tante Mine. Fritz war da, und war äußerst traurig. Abends tranken wir bei Steltzer's Thee. Tante Jule war sehr angegriffen und verweint.

FREITAG D. 1TEN DEC. – Bei Zelter ward nichts Besonderes gesungen; ich ging mit Mendelssohns nach Hause. Abends war bei uns Gesellschaft ... Fanny, Felix und Rebekka waren hier; auch Schedens, Mitscherlich's[XXXVIII], Rietz und die Familie. Felix spielte reizend; ich sang Etwas und war sehr ängstlich dabei. Bei Tisch unterhielt ich mich sehr schön mit Felix.

SONNABEND D. 2TEN DEC. – Den Nachmittag ging ich mit Luise etwas zu Mendelssohns; ich sang einige Lieder von Fanny.

SONNTAG D. 3TEN DEC. – ... Rietz hat wieder seinen schlimmen Finger; es that mir in der Seele weh ihn so leiden zu sehen.

DONNERSTAG D. 7TEN DEC. – Vormittags ging ich zu Zelter. Doris[XXXIX] lud Mutter ein doch auch den Sonntag zum Ball mitzukommen, was mich sehr freute. Abends kamen Emilie G. und Luise F. her, wir schrieben sehr viel Stimmen ab zu unseres lieben Zelters Geburtstag.

FREITAG D. 8TEN DEC. – Bei Zelter sangen wir aus der neuen Beethoven'schen Symphonie[XL] und außerdem ein Kyrie von Felix, das recht schön ist. Mittags war Fritz Reichardt bei uns. Nach Tisch kam Felix und lud mich zur Probe am Sonntag ein.

SONNTAG D. 10TEN – Nach einer herrlichen Predigt von Schleiermacher ging ich zu Mendelssohns in die Probe für morgen. Abends war ein großer Ball bei Zelters. Die Sonntag war da und war allerliebst. Ich tanzte sehr viel; hatte weiße Blumen mit Gold im Haar. Luise hatte einen weißen Kranz mit Silber auf, und sah sehr hübsch aus. Felix führte mich zu Tisch; ich tanzte ziemlich viel mit dem ältesten Buttmann. Bei Tisch führten wir mit Rösel[XLI] einen hübschen Spaß aus; er war äußerst witzig, ist überhaupt ein angenehmer Mann. Um 2 Uhr kamen wir erst nach Hause. Rietz war nicht gebeten; welch eine Grobheit von Doris!

MONTAG D. 11TEN DEC. – Den Morgen um 7 Uhr fuhr ich mit 6 jungen Mädchen zu Zelter, der heute seinen Geburtstag feiert. Wir zwanzig Schülerinnen weckten ihn durch Gesang, von Rungenhagen komponiert und schenkten ihm einen großen Lehnstuhl. Alles ging sehr gut. Den Abend war bei Mendelssohn's eine ungeheure

XXXVIII Mitscherlichs ...

XXXIX Doris, Tochter von Zelter.

XL Die 9. Symphonie von Beethoven sollte in einem Konzert, das Spontini gab, zum ersten Male in Berlin zu Gehör gebracht werden. Zelter übte für den letzten Satz den Chor ein.

XLI Rösel (Vorname und geb. und gest.?), Landschaftsmaler und Felix Mendelssohns Lehrer im Zeichnen.

Gesellschaft. Mutter war mit mir dort. Es ward sehr viel Musik gemacht. Die Ouvertüre zum Sommernachtstraum von Felix gefiel mir wieder ausnehmend.

FREITAG D. 15$^{\text{TEN}}$ DEC. – Bei Zelter war es sehr langweilig; doch lachten wir viel. Nach Hause ging ich mit Mendelssohns. An unserem offenen Abend erschienen heute fast gar keine Fremde, was mich sehr freute. Rietz spielte wieder (da sein Fingerleiden sich gebessert hatte). Wir spielten eine Sonate von Beethoven und eine von Bach zusammen. Bei Tisch war es sehr hübsch, und ich hatte mich besser amüsiert als in der größten Gesellschaft.

SONNABEND D. 16$^{\text{TEN}}$ – Den Abend ging Mutter mit Alberti's in ›Die weiße Dame‹[107]. Luise und ich nähten sehr fleißig an Weihnachtsgeschenken.

MONTAG D. 18$^{\text{TEN}}$ – Vormittags kam Rebekka etwas her. Sie erzählte viel von einem Streit, den Felix mit der Sängerin Schulz gehabt hatte. Den Abend gingen wir in ein Conzert von Spontini. Es ward einiges sehr Schöne gemacht, so die neue Symphonie von Beethoven[XLII], auch Mehreres von Händel und Einiges von Spontini.

DONNERSTAG D. 21$^{\text{TEN}}$ – Gegen Mittag reiste Luise (Alberti) nach Schlesien zu ihren Eltern zurück. Der Abschied von Luisen ward uns Allen sehr schwer. Sie weinte sehr viel, und besonders ich vermisse sie sehr. Am Heiligen Abend den 24$^{\text{ten}}$ Dec. ward bei Tante Mine aufgebaut. Ich bekam sehr schöne Sachen. Am ersten Feiertag versammelte sich die Familie bei uns, am zweiten bei Albertis.

FREITAG D. 29$^{\text{TEN}}$ DEC. – war ich Abends bei Schedens; wir machten viel Musik, und Rietz brachte mich im schrecklichsten Wetter nach Hause.

SONNTAG D. 31$^{\text{TEN}}$ – hörten wir eine sehr schöne Frühpredigt von Schleiermacher (auch in den 3 Weihnachtstagen hatte er ganz herrlich gepredigt). Mittags war Kränzchen bei uns; Schleiermachers und Zelter waren da, auch Herr von Rumohr[XLIII] und der Consul Luodblatt mit seiner Frau. Abends kamen Steltzers und Fritz Reichardt. Zelter und Schleiermacher waren sehr vergnügt, was mich ganz glücklich machte.

MONTAG D. 1$^{\text{TEN}}$ JANUAR 1827. – Die Predigt war außerordentlich schön. Nachher kamen Rietz und Gustav Waagen zu uns. Später hatten wir einen sehr langen Streit mit Vater, der über unser zu häufiges Ausgehen schalt. Wir beiden (Mutter und ich) weinten sehr, begannen also das neue Jahr mit Traurigkeit.

---

XLII Es war die 9. Symphonie, zu der, wie bereits erwähnt, Zelter den Chor eingeübt hatte.

XLIII Karl Fr. L. Felix von Rumohr, geb. 1785, gest. 1843, Schriftsteller. Verfasser unter anderem des Buchs »Der Geist der Kochkunst«. Meine Großmutter Pistor hatte sich ganz besonders bemüht, dem als Feinschmecker erster Ordnung und höchste Autorität in Angelegenheiten der Küche geltenden Herrn das Beste vorzusetzen, was sie mit ihren Mitteln und ihrer Fertigkeit herzustellen imstande war. Der Erfolg war der, daß Herr von Rumohr von der ganzen reich besetzten Tafel nichts zu sich nahm als die linke Backe eines großen Hechts.

DIENSTAG D. 2TEN JANUAR – Nachmittags um 3 Uhr fuhr ich auf die Akademie wo im neuen Saal zum ersten Mal gesungen wurde. Es war noch etwas unheimisch darin, doch ist der Raum sehr schön. Wir sangen die 16stimmige Messe von Fasch.

FREITAG D. 5TEN – Vormittags ging ich zu Mendelssohn's, fand aber nur die Mutter.

MITTWOCH D. 10TEN – Abends gingen wir in das Conzert der Milder, welche den Josua[108] aufführte. Die Singakademie sang die Chöre, ich aber sang nicht mit. Wir saßen neben Mendelssohns und ich lud sie zu Sonntag ein. Sie hatten indeß schon bei Beers angenommen. Rietz war auch da, und ich sprach viel mit ihm über den Sonntag.

FREITAG D. 12TEN – Zelter's[XLIV] Musik war heute in seinem neuen Quartier. Es ist sehr hübsch da, und klingt ausgezeichnet schön. Mittags aß Fritz Reichardt bei uns. Abends hatte Tante Mine offenes Haus. Richters und Schinkels waren da. Marie Richter sang sehr viel; ich war zu ängstlich und hatte große Kämpfe deswegen auszustehen.

SONNTAG D. 14TEN JANUAR – Ich bekam zu meinem Geburtstag am Morgen sehr schöne Sachen von den Eltern, Anna Junken, und Tante Mine bescheert. Nachher ging ich in die Kirche. Alsdann kamen Gustav Waagen, Rietz, Rebekka und Felix. Von den beiden ersten und Tante Mine bekam ich Noten. Felix brachte mir einen Brief vom alten Bach, den er in seinem Namen an mich geschrieben hatte, und dazu eine herrliche Arie von Bach, die er mir abgeschrieben.[XLV] Abends waren wir sehr lustig; wir führten die Kindersymphonie (von Haydn[109]) wieder auf, und tanzten. Außer den gewöhnlichen junge Leuten waren auch Schönaich und Hennes da.

Dienstag d. 16ten Januar

Nachmittags ging ich auf die Akademie. Nachher war ich bei Mendelssohn's. Es war sehr hübsch da. Der Klavierspieler (Ferdinand) Ries spielte mit Felix; ich unterhielt mich viel mit Klingemann.

MITTWOCH D. 17TEN JANUAR 1827 – Den Nachmittag holte mich Rebekka ab, um die Schottischen Lieder[110] zu kaufen; sie blieb nachher noch etwas hier.

FREITAG D. 19TEN JANUAR – Bei Zelter spielte Felix prachtvoll das d moll Concert von Bach. Zu unserer Freitagsgesellschaft am Abend konnte Rietz nicht kommen; er

XLIV Zelter war zu Neujahr 1827 aus seiner früheren Mietwohnung in die für den Direktor der Singakademie eingerichtete Amtswohnung im Erdgeschoß des neuen Gebäudes übergesiedelt.

XLV Betty hatte einen Ball abgesagt, um eine Probe zu einem Werk von Sebastian Bach nicht zu versäumen, bei der sie mitsingen sollte. Dies war Felix zu Ohren gekommen, und hatte ihn auf den Gedanken gebracht, zu ihrem Geburtstag ihr in des alten Bachs Namen seine Freude darüber auszusprechen, daß sie so viel Liebe für seine Musik habe. Die Arie, die der fingierte Bach als Geschenk beifügte, war die Alt-Arie »Buß und Reu« aus der »Matthäuspassion«. Beides ist leider in späteren Jahren meiner Mutter in unerklärlicher Weise abhanden gekommen.

war auf des kleinen Davids Geburtstag.[XLVI] Mir that das sehr leid, da wir gern das neue Trio[XLVII] spielen wollten. Auch Fritz (Reichardt) kam nicht. Gustav (Waagen) erzählte viel Gespenstergeschichten.

SONNABEND D. 20TEN JANUAR – Am Vormittag ließ ich mir von Marie Schinkel mein neues Kleid zuschneiden. Sie hatten ihre Tante Wagner aus Ruppin bei sich.

DIENSTAG D. 23TEN – Ich hatte keine Stunde bei Schinkels und machte mein Kleid fertig. Auf der Akademie war es sehr amüsant; der ganze Hof war da. Ich lud Rietz zu diesem Abend ein, er war aber bei Schedens.

FREITAG D. 26TEN – Den Abend wollte Rietz herkommen zum Spielen; ich mußte ihm aber absagen, da wir zu Arnims gebeten waren. Hier war es recht hübsch. Ich sprach viel mit Klingemann. Bei Tisch saß ich neben Herrn von Rumohr und einem sehr komischen Grafen Düllen. Ich mußte auch etwas tanzen mit Arnim und noch einigen Andern. Ich freute mich sehr, einmal den Doktor Rudorff wiederzusehen, den ich immer sehr gern leiden mag.

SONNTAG D. 28TEN – Ich sollte heute mit Mine Steltzer bei Mendelssohns essen und Schlitten fahren, konnte aber nicht, weil bei Zschock's Mittags Kränzchen war.

DIENSTAG D. 30TEN – Nach der Akademie kamen die beiden Brüder Rietz zu uns, und wir spielten viel.

FREITAG D. 2TEN FEBRUAR – Bei Zelter mußte ich mit Felix ein Doppelconcert (von Bach) spielen, das ich garnicht mehr konnte. Ich ängstigte mich schrecklich; Felix aber war allerliebst dabei. Abends war unsere Freitagsgesellschaft. Ich spielte mit den beiden Rietz das (B Dur) Trio von Beethoven und sang Schottische Lieder. Schinkel kam auch etwas her.

SONNABEND D. 3 FEBR. 1827 – Felix hatte heute seinen Geburtstag. Ich dachte viel an ihn und wünschte ihm alles Gute.

MONTAG D. 5TEN – Am Vormittag ging ich etwas zu Mendelssohns. Den Mittag aß Vater bei Albertis mit vielen Herren. Nachher kam er noch einmal nach Hause und nahm mich dann mit in die Oper ›Alceste‹. Die Milder sang herrlich.

FREITAG D. 9TEN – Bei Zelter spielte ich mit Rebekka ein Doppelconcert von Bach; es ging nicht besonders, und nachher ängstigte ich mich schrecklich bei einer Arie.

---

XLVI Ferdinand David, geb. 19. Januar 1810, gest. 18. Juli 1873. Bedeutender Violinspieler, vom Nov. 1835 bis zu seinem Tode Konzertmeister des Leipziger Gewandhausorchesters. Der siebzehnjährige David war außerdem von Gestalt ziemlich klein und wurde im Berliner Freundeskreise allgemein »der kleine David« genannt. In dem später zu erwähnenden von Mendelssohn an David nach Dorpat gerichteten Brief vom 13. April 1830 heißt es am Schluß: »Zweites Postskript: Wenn man ihn sieht, denkt man, es sei der kleine David etc., und wenn man ihn spielen hört, so denkt man etc. Wenn man ihn aber nicht sieht und nicht spielen hört, so wünscht man er wäre wieder in Berlin«. [Julius Eckardt: Ferdinand David und die Familie Mendelssohn-Bartholdy. Aus hinterlassenen Briefschaften zusammengestellt. Leipzig 1888, S. 36.]

XLVII Offenbar ist das große B-Dur-Trio von Beethoven op. 97 gemeint.

Am Vormittag kam auch Fräulein Verdier[XLVIII] zu uns, und brachte mir neue Lieder von Klingemann.

SONNTAG D. 11[TEN] – Nach der Kirche ging ich mit Rebekka zu Mendelssohns. Alsdann machten Fanny, wir beide und Felix einen sehr hübschen Spaziergang.

MONTAG D. 12[TEN] – Nach Tisch ging ich mit Mutter vor der Akademie etwas zur Arnim. Sie sprach viel von Klingemann und sagte, sie wünsche ihn bei uns einzuführen. Auf der Akademie sangen wir ein Tedeum von Felix. Es ging sehr schlecht, gefiel mir also noch nicht besonders.

FREITAG D. 16[TEN] – Bei Zelter war es äußerst hübsch. Nachher ging ich mit Mendelssohns nach Hause. Felix reist heute Abend nach Stettin ab, wo er Dienstag in einem Concert spielt.[XLIX]

DIENSTAG D. 20[TEN] FEBR. – Auf der Akademie ward wieder das Tedeum von Felix gesungen.

DONNERSTAG D. 22[TEN] – Am Vormittag kamen Wolfarts her; ich war indeß bei Zelter und übte mit David ein Concert.

FREITAG D. 23[TEN] – Bei Zelter sangen wir sehr schöne Sachen von Seb. Bach. Felix kam von der Post aus hierher, und erzählte er sei umgeworfen, sah aber sehr vergnügt aus. Er ging gleich wieder fort, nachdem er noch ein Vielliebchen von Emilie[L] bekommen hatte.

SONNTAG D. 25[TEN] – Vormittag kam nach der Kirche Marie Schinkel zu uns. Abends sollte ich auf einem Ball bei Magnussens sein zur Feier von Victoire Fränkels Geburtstag. Auch Mendelssohns waren eingeladen. Doch mochte ich nicht allein hingehen, da ich die Familie ja fast garnicht kenne. An diesem Morgen bekam ich ein Klavierquartett von Felix[LI] zum Einüben.

---

XLVIII Fräulein Verdier, Gesellschafterin im Hause von Bettina von Arnim.

XLIX Am Dienstag den 20. Februar 1827 wurde in Stettin Mendelssohns Ouvertüre zum Sommernachtstraum unter Loewes Direktion aufgeführt. Mendelssohn spielte mit Loewe ein (ungedrucktes) Doppelkonzert eigener Komposition und Webers Konzertstück in f-moll. Im zweiten Teil des Konzerts wurde Beethovens 9. Symphonie aufgeführt, und der achtzehnjährige Jüngling stellte sich als Mitwirkender an eines der ersten Geigenpulte im Orchester. (Vgl. »Felix Mendelssohn-Bartholdy« von Ernst Wolff.) [Ernst Wolff: Felix Mendelssohn Bartholdy. 2. Aufl., Berlin 1909. (= Berühmte Musiker. Lebens- und Charakterbilder Nebst Einführung in die Werke der Meister, hg. von Heinrich Reimann. XVII Felix Mendelssohn-Bartholdy.)]

L »Emilie« wohl eine Tochter Zelters (?). Zelter hatte 11 Kinder. Ob eine Emilie darunter war, konnte nicht ermittelt werden.

LI Felix schenkte Betty sein Goethe gewidmetes Klavierquartett in h-moll. Sie sollte es wahrscheinlich mit ihm (als Bratschisten) und den beiden Brüdern Rietz spielen. Das Exemplar ist noch in meinem Besitz.

MONTAG D. 26TEN – Abends sollten wir bei Voitussens[LII] sein. Vater wollte das aber nicht, also waren wir allein zu Hause. Die Tanten waren sehr böse, daß wir nicht mitgingen. Felix und Rietz kamen und luden mich zu morgen ein.

DIENSTAG D. 27TEN – Vormittags las ich mit Gustav (Waagen) etwas Italiänisch. Nach der Akademie brachte mich der Wagen zu Mendelssohns, wo es sehr hübsch war. Ein berühmter Flötist Guillaut spielte sehr schön und fertig. Felix war allerliebst. Fanny spielte ein Trio von Beethoven ganz meisterhaft.

DONNERSTAG D. 1TEN MÄRZ – Früh brachten wir Tante Mine unsere Glückwünsche und Geschenke zu ihrem Geburtstag. Dann fuhr ich mit Tante Pine zu Zelter. Nachher ward bei Alberti's Chocolade getrunken. Den Abend waren Schinkels, Ranspach's[LIII], Schützens[LIV], Zelter, Buttmanns und Tieck da.

FREITAG D. 2TEN MÄRZ. – Bei Zelter sangen wir zuerst etwas sehr Schönes von Seb. Bach, dann ein Stück von Hellwig. Abends waren Marie und Susanne Schinkel bei uns, auch Schinkel selbst kam etwas. Klingemann war zum ersten Mal bei uns. Außerdem Schedens, Rumohr, Rietz und die gewöhnlichen Theilnehmer. Steltzers waren in der Oper Nurmahal von Spontini. Felix kam früh, spielte wunderschön und mußte leider sehr bald wieder fort. Dann spielte ich noch mit Rietz eine Sonate. Fritz Reichardt war bei Tisch sehr still und ging bald fort.

SONNTAG D. 4TEN – Nach der Frühkirche nähte ich fleißig. Dann kam Felix etwas her. Ich mußte ihm Mehreres vorspielen. Was er mir darüber sagte, war ganz vortrefflich und anwendbar. Er selbst spielte himmlisch.

DIENSTAG D. 6TEN – Auf der Akademie ward das Tedeum gesungen. Zum Abend hatten mich Schleiermachers eingeladen. Es war der Geburtstag von Frau Schleiermacher. Außer mir waren nur Forstners und der junge Herr von Kaaten geladen, ein sehr netter Mensch, der Mehreres sang.

FREITAG D. 9TEN – Bei Zelter sang ich ein Duett aus der schönen Musik ›O Ewigkeit du Donnerwort‹ von Seb. Bach, welches ich ausgeschrieben hatte.[LV] Es war herrliches Wetter, und ich begleitete Mendelssohns noch etwas. Am Abend fiel die Freitagsgesellschaft aus. Mutter, Tante Mine und Fritz Reichardt gingen in die Oper ›Alcidor‹[111]. Der König[112] war zuerst wieder nach seinem Beinbruch im Theater und es soll ein außerordentlicher Jubel gewesen sein. Bei mir war Jette Schleiermacher. Ich hatte keine Lust zum Theater gehabt, da die Musik von Spontini mich nicht sehr anzieht, und erwartete schließlich Mutter bei herrlichem Mondschein an der Thür.

---

LII Frau Professor Voitus und ihre Tochter Ernestine Voitus, sehr verdiente, musikalisch begabte Mitglieder der Singakademie.

LIII Frau Ranspach war die Schwester des Finanzrats von Zschock.

LIV Zwei Brüder von Schütz hatten zwei Schwestern, Töchter des preußischen Staatsministers von Struensee (1735–1804) geheiratet, die zu den nächsten Freundinnen von Lotte Pistor und Mine Alberti zählten.

LV Das Autograph der Kantate »O Ewigkeit du Donnerwort« war in Pistors Besitz.

SONNABEND D. 10TEN – Vormittags ging ich mit Rebekka zu Magnussens. Victoire Fränkel war recht angenehm. Ich sollte durchaus morgen zu Mendelssohn's kommen, mußte aber Alberti's wegen ablehnen.

SONNTAG D. 11TEN – Mittags war Kränzchen bei Alberti's. Außer der Familie waren Schleiermacher's, Meinecke's[LVI] und Bettina da. Meinecke's Schwägerin Dorette Lodemann ist ein recht hübsches sehr lustiges in ihrem Wesen natürliches Mädchen. Gustav Waagen machte ihr stark den Hof, und kroch bald in sie hinein. Nach Tisch spielten wir ›Schwarzen Peter‹ mit Schnurrbärten.

MONTAG D. 12TEN – Ich erfuhr die traurige Nachricht, daß Zelter's einziger Sohn (Amtmann) der sich vor noch nicht langer Zeit verheirathet hat, gestorben sei. Ich ging auf die Akademie und fand meinen lieben alten Professor sehr betrübt; doch nahm er sich sehr zusammen. Schon so viele Kinder hat er verloren! Es ist ganz schrecklich.

SONNTAG D. 18TEN – In der Nicolaikirche sang die ganze Akademie eine Musik zur Feier der Wiedergenesung des Königs. Der Klang mit den Posaunen war herrlich, und das Ganze machte einen sehr rührenden Eindruck auf mich, obgleich die Predigt des Herrn Nicolai mich nicht sehr erbaute.

MONTAG D. 19TEN – Vormittags bekam ich ein Billet von Madame Mendelssohn, in dem sie mich bat mit ihnen in das heutige Konzert von Guillaut zu gehen. Ich hatte aber keine Lust und sagte ab. Vater ging etwas hin.

DIENSTAG D. 20TEN – Vormittags kamen Mendelssohns und Victoire Fränkel zu mir. Nach Tisch ging ich auf die Akademie. Der arme Felix verlor dort seinen Ring, der von C. Maria von Weber stammt. Abends waren wir oben bei Zschock's. Es ward sehr viel Musik gemacht. Ein Engländer war da; auch die Arnim und die beiden Willaums[113]. Im Ganzen war es recht hübsch; nur zu viel Musik, und zu wenig gute.

FREITAG D. 23TEN – Bei Zelter sangen wir einiges Langweilige von Rungenhagen. Dann aber spielte Felix das schöne Orgelpräludium (von Seb. Bach) und wir sangen darauf den Chor ›Wir danken dir Gott‹. Abends hatten wir unsere Freitagsgesellschaft. Da Felix nicht kam, spielte ich das Trio[LVII] mit den beiden Rietz. Es ging besser, als sonst.

SONNABEND D. 24ten

Vormittags war die Einsegnung bei Schleiermacher's. Mine (Steltzer) und Antonie (Wolfart) waren unter denen die eingesegnet wurden. Es war ganz herrlich, wie immer, und sehr rührend. Möchte die Feier doch auch auf Mine einen recht bleibenden Eindruck gemacht haben!

---

LVI Meinecke, langjähriger Direktor des Joachimsthaler Gymnasiums in Berlin. Seine Frau Betty, geb. Lodemann, gehörte zur Albertischen Verwandtschaft.

LVII Wahrscheinlich wieder das B-Dur-Trio von Beethoven.

Freitag d. 6ten April – Zu unserem Abend kamen Rebekka und Felix dieses Mal nicht. Er ist jetzt heftig in seine Oper[114] vertieft. Klingemann kam und auch die beiden Rietze. Wir spielten abermals unser Trio, da wir uns zu nichts Anderem entschließen konnten.

Sonntag d. 8ten – (Palmsonntag) Wir hörten eine herrliche Predigt über den Text Ev. Joh. Cap. 19. V. 25–30. Am Abend war die feierliche Einweihung des neuen Singakademiesaales. Wir sangen einen Choral von Zelter und die 16stimmige Messe von Fasch. Die Solis gingen sehr schlecht, Emilie (Zelter?) sang immer unrein. Der ganze Hof außer dem König war da. Der Saal sah ganz prachtvoll aus.

Donnerstag d. 12ten April – Nach dem Essen ging ich mit Fritz und Mine Steltzer in die Probe zum ›Tod Jesu‹ (von Graun). Wir gingen früher heraus, da wir den Abend noch in der Oper waren. Die Catalani sang Einiges wunderschön. Sie hat noch eine unmäßige Kraft. Die Arie aus Händels Messias ›Ich weiß, daß mein Erlöser lebt‹ hätte ich aber lieber von der Milder gehört. Dagegen ist ihr ›Heil dir im Siegerkranz‹[115] ganz unvergleichlich. Dies hätte den Schluß bilden müssen. Wir hörten aber hinterher leider noch eine schlechte Aufführung des Requiem's von Mozart.

Sonnabend d. 14ten April – Den ganzen Vormittag wurde Kuchen zum Osterfest gebacken. Wir wollten ursprünglich in der Garnisonskirche den ›Tod Jesu‹[116] hören, verzichteten indessen darauf, weil es uns zu viel von dieser Musik war. Steltzers, die dort waren, erzählten, die Sonntag habe die Prophetenarie[117] ausgezeichnet gesungen. Abends gingen Vater und ich zu Mendelssohns, wo die Matthäuspassion von Seb. Bach gesungen wurde.[LVIII] Stümer[LIX] und Eduard Devrient[LX] sangen sehr schön. Ich ängstigte mich bei einem Duett weniger als sonst gewöhnlich. Felix war sehr liebenswürdig. Erst um 12 Uhr kamen wir nach Hause.

Montag d. 16ten – Zweiter Osterfeiertag. Früh um 7 Uhr hörten wir eine schöne Predigt über den Text im Ev. Joh. Cap. 20 V. 19–23. Nachher kamen Felix und Rebekka etwas zu uns, und aßen Festkuchen. Nach Tisch fuhr ich mit Zschock's zu Bouchée.[LXI]

Donnerstag d. 19ten – Früh ging ich zu Zelter und zeigte ihm das erste von mir komponirte Lied.[LXII] Er war ziemlich zufrieden damit. Abends führte Onkel Alberti Fritz Reichardt, Fritz und Mine Steltzer und mich in das Casperletheater. Wir lach-

LVIII In Zelters Freitagsmusiken waren einzelne Partien der Passionsmusik wiederholt durchgesungen worden. Das Werk im Zusammenhang wurde aber erst hier im Mendelssohnschen Hause zum ersten Male durchgenommen.

LIX Stümer, bekannter Tenorist von der königlichen Oper.

LX Eduard Devrient, geb. 1801, gest. 1877. Bassist an der königlichen Oper, später Intendant des Karlsruher Hoftheaters.

LXI Die Gärtnerei von Bouchée in der Blumenstraße war noch um die Mitte des 19. Jahrhunderts ein beliebter Nachmittagsausflugsort der besseren Berliner Gesellschaft.

LXII Zelter gab Betty auch theoretischen Unterricht.

ten sehr viel. Es ist dort ein sehr ungenirtes Publikum. Hinterher waren wir noch bei Schinkels, kamen aber erst um 10 Uhr dorthin.

SONNTAG D. 22TEN – Ich ging mit Buttmanns nach der Luisenkirche, um, da Schleiermacher verreist war, Deibel[LXIII] einmal predigen zu hören. Ich finde aber leider, daß er etwas affektirt geworden ist.

MITTWOCH D. 25TEN – Abends kam die Jänicke zu uns, und kaufte mir ein Stück von Moscheles ab, wofür ich mir dann gleich das schöne D dur Trio von Beethoven anschaffte.

SONNTAG D. 29TEN – Nach der Frühkirche ging ich zu Steltzers. Abends waren die Tanten hier. Es ward heute zum ersten Male die Oper von Felix (Die Hochzeit des Camacho) gegeben. Vater wollte aber nicht, daß wir hingingen. Es war herrliches Wetter und wir blieben lange im Garten. Nachher machten wir etwas Musik. Ich mußte mein Lied singen, was ich eigentlich durchaus nicht wollte.

MONTAG D. 30TEN – Nach Tisch ging ich erst auf die Akademie. Abends waren wir bei Schützens zur Nachfeier des Geburtstages von Frau von Schütz. Steltzers kamen erst nach dem Möser'schen Concert, in dem die Catalani bei überfülltem Saal sang. Schützens fanden die Oper von Felix ganz schrecklich schlecht.

DIENSTAG D. 1TEN MAI –Am Vormittag mußte ich ein neues Klavier probiren, mit dessen Verfertiger Vater sich verbinden will, um gemeinsam mit ihm eine ganz besondere Art von Klavieren zu Stande zu bringen.[LXIV] Abends sollte die Oper von Felix wieder gegeben werden; als wir aber hinkamen, erfuhren wir, es sei abgeändert. Wir hörten nun den ›Maurer‹ von Auber, der uns sehr gefiel.

FREITAG D. 4TEN MAI – Bei Zelter sangen wir recht schöne Sachen. Abends kamen zu unserer Freitagsgesellschaft Felix, Eduard und Julius Rietz, Herr von Münchhausen und die gewöhnlichen Gäste. Felix blieb nur kurze Zeit, spielte aber noch das D dur Trio von Beethoven ganz prachtvoll mit den beiden Brüdern Rietz. Nachher machten wir noch einige Schottische Lieder.

SONNABEND D. 5TEN – Vor Tisch kam Rebekka, und lud uns zum Tanz ein. Vater erlaubte es gleich.

---

LXIII Betty war, ehe sie an Schleiermachers Konfirmandenunterricht teilnahm, zur Vorbereitung in die Religionsstunden des Predigers Deibel geschickt worden. Ihr Genosse dabei war damals der um ein Jahr jüngere Philipp Buttmann, mit dem sie bis zum Ende ihres Lebens in treuer Freundschaft verbunden blieb. Philipp war der dritte Sohn des Philologen Buttmann, wurde Theologe und starb ... [91] jährig im Jahr ... [1901], nachdem er sein Amt als Superintendent im Gesundbrunnen einige Jahre vorher niedergelegt.

LXIV Es handelte sich um den bereits erwähnten Gedanken Pistors, Klaviere mit doppeltem Resonanzboden bauen zu wollen. Nur einige wenige Instrumente dieser Art wurden hergestellt, und zwar in Gestalt hochstehender Flügel. Eines derselben behielt er für die eigene Wohnung, ein anderes schenkte er seiner Schwester, ein drittes seiner Tochter, als sie sich verheiratete. Auf diesem letzteren habe ich meine ersten Studien im Klavierspiel gemacht.

SONNTAG DEN 6TEN – Wir hörten eine ganz wundervolle Predigt von Schleiermacher. Später vor Tisch kam Felix etwas her. Ich spielte ihm Mehreres vor, und er war allerliebst dabei.

MONTAG D. 7TEN – Nachmittags ging ich auf die Akademie. Nachher kam Rietz. Er engagirte mich für morgen zum Cotillon.

DIENSTAG D. 8TEN – Nachmittags kamen die Tanten, und verdarben mir durch ihr ewiges Gerede[LXV] im Voraus das ganze Vergnügen des Abends. Es war indeß dennoch recht hübsch bei Mendelssohns. Wir tanzten im Gartensaal, und der Garten war erleuchtet. Felix brachte mir im Cotillon seine Rose.

FREITAG D. 11TEN – Bei Zelter hatten wir einen recht großen Schrecken. Er wurde plötzlich unwohl und bekam eine Art von Ohnmacht. Felix mußte dirigiren; es ging aber Alles sehr schlecht.

SONNTAG D. 13TEN – Wir hörten eine prächtige Predigt über den Text Ev. Joh. Cap. 21 V. 15–19. Nachher sollte ich bei Mendelssohns Musik hören, mußte aber Tante Mine bei den Vorbereitungen für den Mittagstisch helfen, da bei ihr Kränzchen war. Abends kam die Arnim. Wir brachten sie mit Gustav Waagen nach Hause. Sie ist jetzt sehr angegriffen.

MONTAG D. 14TEN – Nach Tisch ging ich etwas zu Mendelssohns in ihren Garten, wo es jetzt herrlich ist. Ich mußte den Gesang verschiedener Leute nachmachen, worüber sie sehr lachten. Dann ging ich mit Rebekka zu Zelter, mit dem es heute schlimmer stand. Das Übel hatte sich auf die Augen geworfen.

DIENSTAG D. 15TEN – Nach Tisch kam ein starkes Gewitter. Nachher ging ich bei herrlicher und warmer Luft auf die Akademie. Zelter ging es heute viel besser. Dann quälte mich Mine Schede so lange, bis ich ohne Vaters Erlaubniß mit zu ihnen kam. Wir machten Musik mit Rietz. Vater ließ mich aber schon um halb 10 holen, und war sehr böse als ich nach Hause kam. Er mag es überhaupt nicht gern, daß ich viel mit Rietz spiele. Er meint, um der Musik willen mache es mir kein Vergnügen mit ihm zu spielen! –

DONNERSTAG D. 17TEN – Vormittags ging ich nicht in die Stunde bei Zelter. Wir besorgten zu Hause den Umzug in den Gartensaal.

FREITAG D. 18TEN – Von Zelter ging ich mit Mendelssohns nach Hause. Abends war bei Tante Mine Freitagsgesellschaft. Schinkels waren dort.

MITTWOCH D. 23TEN – Vormittags war ich bei Mendelssohn's. Ich necke jetzt Felix unaufhörlich mit Victoire Fränkel. Er läßt sich allerliebst necken.

DONNERSTAG D. 24TEN – Himmelfahrtstag. Nach der Predigt ging ich mit Rebekka zu Zelter, wo wir beide mit Kohlreif ein Tripelconcert (von Seb. Bach) probirten. Die Instrumente waren nicht gestimmt, so daß es fürchterlich klang. Nach-

LXV Mäkeleien über Bettys Beziehungen zu Mendelssohns.

mittags kamen Fanny und Rebekka und wollten mich mitnehmen. Ich konnte aber nicht.

Freitag d. 25ten – Ich ging erst um 1 Uhr zu Zelter, weil bis dahin oben im Saal Schlegel seine Vorlesungen hielt (so daß unten währenddessen nicht musicirt werden kann). Wir spielten unser Tripelconcert, ich mußte das Adagio vom Blatt spielen. Abends war bei uns Freitagsgesellschaft. Wir spielten Spiele im Garten, und gingen dann zum Essen hinein in den Gartensaal. Felix war auch noch zu später Stunde gekommen, war aber nicht hereingekommen, weil wir schon bei Tische saßen, was mir sehr leid that.

Sonntag d. 27ten – Nach der Frühkirche kam Mine Steltzer; wir lasen zusammen Geschichten.

Dienstag d. 29ten – Vormittags nähte ich fleißig. Nach Tisch ging ich auf die Akademie, und hinterher mit Fanny und Felix in die Brüderstraße. Felix ging dann mit der Familie Magnus ins Theater, während Fanny mich nach Hause brachte.

Mittwoch d. 30ten – Nach Tisch ging ich etwas zu Mendelssohns. Sie waren sehr liebenswürdig.

Donnerstag d. 31ten – Ganz früh kam Felix her und brachte mir Noten. Dann ging ich zu Zelter, und mußte ein neues Lied von mir der Türrschmiedt[LXVI] vorsingen.

Freitag d. 1ten Juni – Da Kohlreif nicht kommen konnte, wiederholten wir heute unser Tripelconcert nicht. Auf dem Rückweg neckte ich Felix sehr mit seiner Reise nach Sacrow (zu Magnussens), wo er die Pfingstfeiertage zubringen wird.

Sonnabend d. 2ten Juni – Abends nahm mich Tante Mine mit in die Oper, um die ›Schweizerfamilie‹[118] zu hören, in der die Mademoiselle Schechner sang. Sie machte einen unbeschreiblichen Eindruck auf mich. Ihre Stimme ist ganz prachtvoll, und dabei singt sie so einfach und voller Empfindung, daß ich immer die größte Mühe hatte, die Thränen zurückzuhalten.

Dienstag d. 5ten Juni – Dritter Pfingstfeiertag. Ich hatte keine Stunde bei Schinkels, sie waren verreist. Rebekka kam am Vormittag und entschuldigte Felix, der kommen wollte, um Festkuchen zu essen. Er war noch in Sacrow bei Magnussens, wo er die Feiertage zugebracht hat.

Freitag d. 8ten Juni – Es war heute keine Musik bei Zelter, da wir Nachmittags um 5 Uhr in der Singakademie Probe zu ›Josua‹ hatten. Vater spielte im Orchester mit. Abends hatten wir unsere Freitagsgesellschaft. Felix, Rietz, ein alter Herr Frommann[LXVII] und die ständigen Gäste waren hier. Felix, der auch heute am

LXVI Frau Türrschmiedt, tüchtige Sängerin und sehr geschätztes Mitglied der Singakademie.

LXVII Wahrscheinlich ist der Buchhändler ... Frommann aus Weimar gemeint. ... [Mit Zelter bekannt war der Buchdrucker und Verlagsbuchhändler Karl Friedrich Ernst Frommann (1765–1837) aus Jena, bei dem Zelter während seiner Jena-Besuche stets wohnte.]

Vormittag schon einen Augenblick hier gewesen war, neckte mich sehr mit einer Wette, die ich mit ihm gemacht und verloren hatte. Er ging schon früh wieder fort.

SONNTAG D. 10TEN JUNI – Nach einer schönen Predigt kamen Antonie (Wolfart) und Mine (Steltzer) etwas zu mir; später auch Rebekka. Mit dieser ging ich dann noch etwas nach ihrem elterlichen Hause. Wir beide waren da ganz allein und sangen schottische Lieder. Ich begegnete noch Felix beim Fortgehen.

MITTWOCH D. 13TEN JUNI – Abends tranken Schinkels und die Familie hier im Garten Thee.

DONNERSTAG D. 14TEN JUNI – Früh half ich Tante Mine noch beim Packen und Kramen. Um 4 Uhr Nachmittags reiste sie ab nach Wernigerode, Kassel, Göttingen und allerwärts. Ich werde immer ganz betrübt bei solch einer Abreise. Ach! wenn wir doch auch noch dieses Jahr reisten! Nach dem ging ich etwas zu Mendelssohns. Sie hatten mich schon zum Mittag haben wollen. Victoire Fränkel war auch da. Es war sehr hübsch. Mutter holte mich früh mit der Droschke ab. Wir fuhren noch zu Lecoy's.

SONNABEND D. 16TEN – Ganz früh um 6 Uhr reisten Zschock's ab. Mariechen[LXVIII] war als Junge angezogen und sah sehr niedlich aus. Sie reisen nach dem Rhein und machen von da aus mit Adolf noch eine weitere Reise.

SONNTAG D. 17TEN – Am Vormittag kam Felix etwas zu uns. Ich spielte ihm Einiges vor; er sagte mir wieder vortreffliche Sachen darüber und war allerliebst. Er aß saure Milch, die ihm prächtig schmeckte.

MONTAG D. 25TEN – Mutter hatte die Nacht sehr schlecht geschlafen, bekam heftiges Fieber, und mußte den Tag über zu Bett bleiben. Mir war sehr betrübt zu Muthe.

MITTWOCH D. 27TEN – Mutter stand heute auf. Felix erkundigte sich nach ihr; ich sah ihn nur vom Fenster aus.

MONTAG D. 2TEN JULI – Nachmittags kam Felix. Ich sang und spielte bei ihm. Er war sehr angenehm und gab mir ganz vortreffliche Lehren über das Spielen. Wenn ich diese anwenden könnte, möchte wohl noch Etwas aus mir werden. Steltzers kamen etwas zu uns in den Garten und Felix aß noch ehe er fortging saure Milch, die ihm wieder prächtig schmeckte.

MITTWOCH D. 4TEN JULI – Vormittags hatte ich Einiges wegen einer Parthie zu verabreden, die wir heute Nachmittag mit Schede's, Schleiermachers, und Anderen nach Pankow unternehmen wollten. Vater, Mutter und ich fuhren nach 5 Uhr mit der Liese[LXIX] heraus; die Anderen waren schon mit 4 Wagen dort, als wir in Pankow ankamen. Auch die beiden Brüder Rietz und Philipp Buttmann waren von der

LXVIII Bei Zschocks hatte sich, nachdem ihnen im Jahr 1798 ein Sohn, der schon erwähnte Adolf, geboren war, im Jahr 1818, also 20 Jahre später noch eine Tochter Marie eingefunden. Adolf hatte jetzt (im Jahr 1827) bereits eine Anstellung ... (?) am Rhein.

LXIX Pistors besaßen ein Gefährt, das die »Liese« genannt wurde. Der Kutscher hieß Johann.

Gesellschaft. Dann gingen wir Alle nach dem Schönhauser Garten, wo alle möglichen Spiele gespielt wurden. Wir waren äußerst lustig. Nachher bei Tisch tranken Rietz und ich fortwährend Gesundheiten. Nach dem Essen tanzten wir noch etwas auf einem Balkon. Rietz war ganz ausgelassen.

MONTAG D. 6TEN JULI – Zelter war von seiner Reise zurückgekommen, und ich ging gegen Mittag zu ihm. Zu seiner Musik waren nur wenige gekommen. Ich gab an Felix mein Geschenk für die verlorene Wette, eine kleine Mappe mit einem Maikäfer, den ich darauf gestickt hatte. Er schien sich sehr darüber zu freuen, und ging mit Vater und mir nach Hause. Nachmittags kam Rebekka zu uns. Abends waren wir bei Steltzers zum Thee geladen, den sie in unserem Garten gaben. Wir brachten Rebekka hinterher nach Hause.

DIENSTAG D. 10TEN JULI – Nach Tisch ging ich auf die Akademie, und von dort mit Mendelssohns nach Hause. Abends kamen Eduard und Julius Rietz. Wir spielten das D dur Trio von Beethoven. Rietz erzählte Vielerlei.

SONNABEND D. 14TEN JULI – Abends tranken die Professorin Weiss mit ihrer Nichte und Steltzers bei uns Thee. Später kam die Arnim. Sie fühlte sich äußerst elend, blieb aber bis 11 Uhr hier, und erholte sich nach und nach etwas. Sie ist jetzt immer entsetzlich abgespannt, und dennoch spricht sie ohne Aufhören.

SONNTAG DEN 15TEN JULI – Mittags war ich bei Mendelssohns. Außer den Herren, die man gewöhnlich da trifft war Herr von Holtei[LXX] geladen. Bei Tisch saß ich zwischen Felix und Rebeckchen. Nach dem Essen waren wir sehr lustig, machten uns im Garten herrliche Kränze von Malven und lachten viel. Abends las Holtei ein Stück von Schell vor; er liest nach meinem Geschmack vortrefflich. Felix war den ganzen Tag sehr liebenswürdig. Ich sprach auch viel mit Klingemann und Frank[LXXI]. Rietz ging nach Tisch fort.

MITTWOCH D. 18TEN JULI – Vormittags hatte ich Italiänische Stunde bei Gustav Waagen. Klingemann wird in 4 Wochen für immer nach England gehen.

FREITAG D. 20TEN – Bei Zelter sangen wir eine nicht besonders schöne Messe von Graun. Mendelssohns waren nicht dort. Hinterher kam Felix zu uns um sich Noten zu holen. Mein Anzug war nicht recht in Ordnung, und das Gefühl davon machte mich so verlegen, daß ich roth wie ein gekochter Krebs mich mit ihm unterhalten mußte.

SONNABEND D. 21TEN – Nachmittags kamen Schinkels zu uns. Unerwartet erschien auch das Brautpaar Agnes Rauch[LXXII] und Mila, worüber wir uns sehr freuten.

---

LXX Holtei ...

LXXI Frank (Hermann (?) Frank) ...

LXXII Agnes Rauch, die älteste Tochter des Bildhauers Rauch, verheiratete sich zuerst mit Mila, einem vielumschwärmten jungen Mann. Nach kurzer Zeit wurde die Ehe wieder getrennt, und sie heiratete später den Professor d'Alton.

FREITAG D. 27TEN JULI – Bei Zelter war es recht hübsch. Ich ging bei schrecklichem Regen mit Mendelssohns nach Hause. Auf der Straße hatte ich einen großen Streit mit Felix der mir meine Noten nicht wiedergeben wollte.

SONNTAG D. 29TEN JULI – Nach der Frühpredigt nahm mich Jette Willich mit zu sich nach Hause und ich hatte das Glück mit meinem Schleiermacher zu frühstükken. Er sieht leider jetzt sehr angegriffen aus, hat viel Ärger durch die Verhandlungen über die Liturgie.

DIENSTAG D. 31TEN JULI 1827 – Vormittags kam Rebekka und wollte mich zu morgen zu einem Kaffee einladen, der Klingemann zu Ehren gegeben wird. Ich mußte indeß absagen, weil fast unsere ganze Familie heute Abend von der Reise zurückkehrt. Abends trafen denn auch wirklich Alberti's und Zschock's ein; die letzteren sehr abgespannt, so daß sie für ewige Zeiten genug vom Reisen haben ...

FREITAG D. 3TEN AUGUST 1827 – Bei Zelter war es wunderhübsch. Es waren nur wenige Leute da, aber wir machten herrliche Musik. Felix spielte das d moll Concert von Seb. Bach ganz prachtvoll. Ich sprach heute viel mit ihm, ging aber dann allein nach Hause. Seine Schwestern waren nicht mit ihm zu Zelter gekommen. Abends hörten wir die Schechner in Glucks Iphigenie auf Tauris. Sie sang Einiges ganz unvergleichlich. In der Loge neben der unsrigen saß Rietz; wir sprachen viel mit ihm und er brachte uns nach Hause. Auch Mendelssohns waren in der Oper, und ich bekam viele Grüße von ihnen zugewinkt. Vor der Oper gab es viel Spektakel zur Feier von des Königs Geburtstag. Spontini's Festmarsch und Festgesang dauerte erst sehr lange.«

Ich schließe hier die fortlaufende Reihe der Tagebuchnotizen, nicht nur, weil das bloße Aneinanderreihen solcher andeutender Einzelheiten auf die Dauer ermüdet, sondern vornehmlich deshalb, weil für die Folge eine Fortsetzung derselben doch nicht genügen würde, um ein deutliches Bild von der weiteren Entwickelung der Dinge zu geben. Allzu viel aus anderen Quellen Herrührendes muß mit herbeigezogen werden, wenn die Darstellung verständlich sein soll.

Sophie Reichardt hatte sich im Jahr 1826 mit Ernst Radecke, Hofprediger des Grafen Stolberg in Wernigerode am Harz verheiratet. Die betagte Mutter Reichardt war der Tochter gefolgt, und wohnte von nun an bis an ihr Lebensende ganz im Radeckeschen Pfarrhause. Schon mehrfach war der Wunsch, Albertis und Pistors möchten einmal die Verwandten am Harz aufsuchen, von diesen ausgesprochen worden. Albertis hatten im Juni den Anfang gemacht, dieser Aufforderung nachzukommen, und nun entschlossen sich auch Pistors, die Reise zu unternehmen. Pistor selbst hatte weitaussehende Pläne. Er nährte längst das lebhafteste Verlangen, Englands Boden nicht nur flüchtig zu betreten, wie er das einstmals als Kurier im Jahr 1813 getan hatte, sondern dies Land, das damals auf dem Gebiet der Mechanik Fortschritte und Erfolge aufzuweisen hatte wie kein anderes, gründlich kennenzulernen. Kleines und Großes ließ sich in diesem Augenblick bequem verbinden. Er konnte seinen Weg über den Harz nehmen, die Seinigen nach Wernigerode bringen und sie hier wohl aufgehoben zurücklassen, um dann allein westwärts weiterzuziehen bis über den Kanal. Kurz, der Plan war fertig und Bettys Freude groß, endlich ein Stück von der Welt außerhalb Berlins sehen zu sollen. Am letzten Sonntag vor der Abreise, die auf Mitte August anberaumt war, ließ sich Felix noch einmal sehen. Er kam am Vormittag, um mit Betty zu musizieren, und verlangte von ihr, sie solle ihm die Cis-moll-Sonate von Beethoven vorspielen, wozu sie sich denn wohl oder übel entschließen mußte. Sie hatte für sich freilich an der Sonate geübt, aber doch wohl kaum jemals Gelegenheit gehabt, sie in bedeutender Weise vortragen zu hören. Als sie geendet hatte, sah Felix sie etwas lächelnd an und sagte: »Dabei haben Sie sich wohl garnichts gedacht?« Dann aber setzte er sich selbst an das Klavier und spielte das Stück so hinreißend, daß sie den Eindruck niemals wieder vergaß. Beim Abschiednehmen versprach er ihr, er werde sie auf einer von ihm beabsichtigten Reise nach dem Westen und Süddeutschland in Wernigerode aufsuchen. An diesem Versprechen war nichts Auffälliges. Schon als Knabe hatte Felix Sophie Reichardt bei Zelter kennengelernt und war Jahre hindurch bei den Freitagsmusiken und in der Singakademie mit ihr zusammengetroffen. Später hatte er sie und die Mutter Reichardt in ihrer Wohnung aufgesucht, hatte ihnen vorgespielt und Sophie zum Gesang begleitet. Pietät war von Jugend auf ein Grundzug seiner Natur, und so kam er den beiden schon um des Namens »Reichardt«[LXXIII] willen mit besonderer Hochachtung entgegen.

---

LXXIII Es ist bekannt, daß Mendelssohn zeitlebens der Musik Reichardts, ohne sie zu überschätzen, volle Gerechtigkeit widerfahren ließ. Ja, für einige Reichardtsche Kompositionen hatte er eine besondere persönliche Vorliebe. Am 28. Dezember 1833 schrieb er aus Bonn an seinen Vater: »Um noch einmal auf die vielbesprochene Correspondenz von Goethe und Zelter zurückzukommen, so ist mir eins aufgefallen. Wenn über Beethoven oder sonst Einen schlecht, über meine Familie unziemlich, und über Vieles langweilig gesprochen wird, so läßt michs sehr kalt und ruhig; aber wenn von Reichardt die Rede ist und sie beide über ihn so vornehm thun und urtheilen, so weiß ich mich vor Ärger nicht zu lassen, obwohl ich mir es selbst nicht erklären kann. Sein Morgengesang muß leider für den Winter noch ruhen; der Musikverein (in Düsseldorf) ist noch nicht flügge genug; aber beim nächsten Musikfeste wo ich bin, soll er gewiß auch sein.« [Felix Mendelssohn Bartholdy: Briefe aus den Jahren 1833 bis 1847, hg. von Paul Mendelssohn-Bartholdy und Carl Mendelssohn-Bartholdy. Nebst einem Verzeichnisse der sämmtlichen musikalischen Compositionen von Felix Mendelssohn-Bartholdy zusammengestellt von Julius Rietz, Leipzig 1863, S. 20.] Wie ernst es ihm mit diesem Vorsatz war, beweist die Tatsache, daß er auf dem Kölner Musikfest um Pfingsten 1835 den »Morgengesang« wirklich zur Aufführung brachte. Eduard Devrient

Dies erweckte Gegenliebe, und Mutter und Tochter waren gleichermaßen erfüllt von der herzlichsten Zuneigung für den liebenswürdigen Jüngling, wie von der höchsten Bewunderung für seine geniale Künstlerschaft. Er durfte sich also sagen, daß sein Besuch im Wernigeröder Pfarrhause nicht nur bei der Mutter und Tochter Pistor, sondern ebenso sehr bei den Hauswirten selbst als ein hochwillkommenes Ereignis aufgefaßt werden würde.

Am Mittwoch den 15. August abends reisten Pistors ab. Die Pferde waren schon auf acht Uhr bestellt und standen pünktlich vor der Tür; der Vater aber hatte noch so viel zu tun, daß es elf Uhr nachts wurde, ehe sie sich endlich in Bewegung setzen durften. Die ganze Familie war zum Abschiednehmen versammelt, und während die anderen sich allmählich entfernten, hielt die pflichttreue Tante Mine wartend bis zum letzten Augenblick aus. Die Reise ging in einer sehr schönen neuen, mit zwei vortrefflichen Rossen bespannten Droschke vor sich, und über Potsdam und Brandenburg erreichte man am nächsten Mittag Magdeburg. Hier empfing der Herr Postdirektor L(eveke) den Geheimen Postrat. Das vorbereitete Mittagessen war ausgezeichnet; die Dienstbeflissenheit und Höflichkeit der bewirtenden Familie aber so übertrieben, daß sie den Gästen beinahe den Appetit verdarb. Nach kurzer Rast ging die Fahrt weiter nach Halberstadt, und bald tauchten in der Ferne die duftigen Umrisse des Harzes auf. Es hatte am Tag öfter geregnet. Nun aber klärte sich gegen Abend der Himmel so völlig, daß die untergehende Sonne den ganzen Zug des Brockengebirges in der herrlichsten Beleuchtung erscheinen ließ. Endlich, schon im Halbdunkel, mußten die Pferde noch die Steigung den Wernigeröder Schloßberg hinauf überwinden und nun hielt der Wagen vor der Tür des Pfarrhauses, wo die Großmutter und das Ehepaar Radecke die lange erwarteten Ankömmlinge voller Freude begrüßten. Noch heute steht dies alte Pfarrhaus auf der Höhe unverändert da, als das erste der drei Gebäude, die,

schreibt darüber: »Das Cölner Musikfest leitete Mendelssohn inzwischen, bei dem die Aufführung des Oratoriums ›Salomo‹ von Händel und die des Morgengesanges von Reichardt ihm zumeist am Herzen lag.« [Eduard Devrient: Meine Erinnerungen an Felix Mendelssohn-Bartholdy und seine Briefe an mich. Leipzig ²1872, S. 186f.] Das schönste Zeugnis aber nicht nur für seine Schätzung Reichardts, sondern zugleich für jenen Zug tiefer Pietät, der ihn als Menschen auszeichnete, bietet der herrliche Brief, den er von Leipzig aus an Reichardts Tochter, die damals schon verwitwete Geheimrätin Johanna Steffens richtete, nachdem ihres Vaters Komposition des Goetheschen »Veilchens« auf seine Veranlassung im Gewandhauskonzert von zwei frischen reinen Stimmen gesungen einen stürmischen Erfolg errungen hatte. Der Brief ist datiert vom Februar 1847, also nur neun Monate vor Mendelssohns Tode geschrieben. [Vgl. Mendelssohn Bartholdy: Briefe aus den Jahren 1833 bis 1847, S. 477–479.]

der Einfahrt zum Schloßhof gerade gegenüber, sich an den steilen Bergabhang lehnen. Die Außenwände sind mit Holz bekleidet, das die Jahre grau gefärbt haben. Ein paar Steinstufen mit eisernem Geländer führen zum Eingang. Die Luft ist erfüllt von Harzgeruch, den der Tannenwald ringsumher ausströmt. Im Erdgeschoß lag ehedem links vom Eingang die Konfirmandenstube, die zugleich als Eßstube diente, während man sich in den Räumen zur Rechten abends zu versammeln pflegte. Hier stand auch ein Instrument. Im oberen Stockwerk befanden sich die Schlafkammern und die Studierstube des Hausherrn, in der auch in der Regel das Morgenfrühstück eingenommen wurde. Die schönstgelegenen Räume aber blieben der Aufnahme von Gästen vorbehalten. Hier, auf der Rückseite des Hauses, wo die Wände auf dem jäh abfallenden Boden die doppelte Höhe erreichen wie auf der Vorderseite, öffnet sich eine Aussicht, die an Schönheit ihresgleichen sucht. Tief unten liegt die alte Stadt mit ihren Dächern, Giebeln und Türmen, und unmittelbar dem Blick begegnend baut sich südlich das blaue Gebirge aus dunkeln Talgründen zu immer höheren Hängen und Kuppen ansteigend auf, bis die wundervolle Linie, die vom Gipfel des Brockens links zu den Hohneklippen, rechts zu den Bergen oberhalb des Bodetals führt, das Bild abschließt. Auch Schleiermacher war einmal bei Radeckes zu Gaste und bewohnte diese Räume, die die »Brockenstube« und die »Brockenkammer« genannt wurden. Als er den Blick aus den Fenstern getan hatte, erklärte er, kein Pfarrhaus gebe es in Norddeutschland, das sich mit diesem an Schönheit messen könne.

Betty war zwar fünf Jahre zählend auf der Fluchtreise nach Schlesien mitgenommen worden und hatte manche Woche in Schmiedeberg angesichts der Schneekoppe zugebracht. Aber damals waren es doch nur die Kühe und Ziegen gewesen, die sie beglückten, oder die Bauernkinder, mit denen sich schön spielen ließ. Nun erlebte sie zum ersten Mal, welche Sprache die Herrlichkeit einer großen, reichen Landschaft zur empfänglichen Menschenseele redete, und voller Begeisterung gab sie sich den Eindrücken der neuen Umgebung hin. Nach einem Spaziergang, den sie am frühen Morgen bei leuchtendem Sonnenschein durch das Mühlental und Christianental gemacht hatte, schreibt sie in ihr Tagebuch: »Ich war an einigen Stellen ganz außer mir über die Schönheit der Natur.« Auch im Hause fühlte sie sich wohl. Radeckes aufrichtige, milde Frömmigkeit, wie sie sich im täglichen Zusammenleben äußerte, gewann ihr Herz. Weniger vermochte sie sich in seine Predigtweise zu finden. Wenn er auf der Kanzel stand, schien ihr seine Persönlichkeit fremd, seine Art zu reden gemacht. Sie war durch Schleiermacher zu sehr an andere Kost gewöhnt. In der Gräflich Stolbergischen Familie aber herrschten streng kirchliche Anschauungen, und sie hatte in Radecke, der ihren dogmatischen Standpunkt teilte, ganz den Mann gefunden, der als Hofprediger wie als Mensch ihren Wünschen entsprach. Der regierende Graf Henrich, ein in hohem Maße verehrungswürdiger, wahrhaft gütiger Herr, hielt an der überlieferten Sitte fest, seinen Geistlichen und dessen Familie in patriarchalischer Weise an dem geselligen Verkehr des Hauses teilnehmen zu lassen. So erlebten denn auch Betty und ihre Mutter einige Nachmittage oder Abende bei den Herrschaften auf dem Schloß. Die Unterhaltung verlief zwar etwas eintönig, aber man hatte das Gefühl, höchst vortreffliche, im besten Sinne des Wortes vornehme Menschen kennenzulernen, und dieser Eindruck war und blieb der überwiegende. Weniger behagten Betty gewisse Elemente, die zu Radeckes näherem Umgang gehörten und abends mehrfach als Gäste im Pfarrhause erschienen. Namentlich ein paar jüngere Geistliche reizten Betty zu innerem Widerspruch, dem sie aber nur ihrer Mutter gegenüber lauten Ausdruck gab, wenn sie mit ihr allein sich wieder auf ihrem Zimmer zusammenfand. Das halb süßliche und dann doch wieder streng verurteilende Wesen dieser Leute stieß sie ab. Sie empfand ihr ganzes Gebaren als unwahr. Fast ausschließlich bewegte sich das Gespräch im Rahmen religiöser Beobachtungen, und vor allem konnte der eine der jungen Eiferer sich nicht genugtun im Hin- und Herreden über Erweckungen, Bekehrungen und wahre Gläubigkeit. Wenn sie mit ihrer Tante Sophie etwas aus Händels Messias sang, so zeigten sich die Zuhörer sehr begeistert. Weltliche Musik dagegen wurde als bedenklich durchaus von ihnen abgelehnt. Schließlich sang man nach dem Abendessen auch noch gemeinsam Choräle und mischte so in geschmackloser Weise Elemente des Gottesdienstes in die Harmlosigkeit geselliger Unterhaltung.

Man kann sich nicht wundern, daß unter solchen Umständen die Bilder einer schöneren, durch Musik belebten Geselligkeit in ihr auftauchten, wie sie sie von Berlin her kannte; und daß auch der Gedanke sie zuweilen beschäftigte, ob wohl Felix sein Wort halten und sie in Wernigerode besuchen werde. Früher aber, als sie gedacht, geschah, was sie hoffte. Am Montag den 27. August abends, als die Hausgenossen schon auseinandergegangen waren und im Begriff standen, sich zur Ruhe zu begeben, trat Radecke noch einmal in die Brockenstube mit der Botschaft, Felix Mendelssohn sei soeben unten an der Tür gewesen und habe seinen Besuch auf morgen angemeldet; alles Zureden, doch jetzt noch für einen Augenblick hereinzukommen, sei vergeblich gewesen. Am nächsten Morgen um zehn Uhr erschien Felix, und mit ihm auch Eduard Rietz, der sich entschlossen hatte, den Freund ein Stück auf seiner Reise zu begleiten. Obwohl noch zwei andere Genossen unten in der Stadt im Wirtshause geblieben waren und ihrer warteten, ließen sie sich doch nach vielem Bitten bereit finden, nicht nur bis zum Mittag zu bleiben, sondern auch die Mahlzeit noch bei Radeckes einzunehmen. In heiterstem Verkehren gingen die kurzen Stunden hin, und auch zum Musizieren war Felix aufgelegt. Er spielte in besonders angeregter Stimmung eine Reihe schöner Dinge und begeisterte die ganze Gesellschaft. Nur zu schnell war alles verflogen. Zur Nacht wollten die Gäste noch den Brocken erstiegen haben, und so mußte nach dem Essen ohne Weiteres aufgebrochen werden. Felix reiste dann weiter nach dem Rhein. Rietz aber, der nur noch eine kurze Strecke mit ihm ziehen wollte, versprach, auf dem Rückweg nochmals im Wernigeröder Pfarrhause vorzusprechen. Dies geschah am Dienstag den 4. September. Als er abends, soeben von der Reise in Wernigerode angelangt, noch den Schloßberg heraufgestiegen war, um die Freunde zu begrüßen, fand er das Haus leer. Radecke hatte den Tag über auswärts zu tun gehabt, die Damen waren zu Bekannten ausgeladen. Am nächsten Morgen wiederholte er seinen Besuch und blieb nun den ganzen Tag. Am Vormittag wurde ein gemeinsamer Spaziergang nach dem Christianental unternommen, dann saß man miteinander zu Tisch, und kaum war das Essen vorüber, als Rietz sich aufmachte, um eine Violine herbeizuholen, die er in der Stadt irgendwo entdeckt hatte. Er und Betty beschlossen zu versuchen, ob sie beide die Variationen aus der »Kreutzersonate«[119] sicher genug auswendig wüßten, um das Stück zusammen den übrigen vorzuspielen. Die Probe gelang vollkommen, und am Abend folgte die Aufführung. Gräfin Karoline Stolberg und Frau von Röder waren zum Zuhören erschienen, und nicht nur die Beethovenschen Variationen, sondern noch eine Menge anderer Musik, Spiel und Gesang erfreuten die kleine Versammlung. Auch die seinerzeit berühmten Violinvariationen in E-Dur von Rode kamen an die Reihe. Rietz schrieb rasch die sehr einfache Klavierbegleitung auf ein Stück Notenpapier, das zur Hand war, so daß Betty ihm akkompagnieren konnte, während er selbst natürlich auswendig spielte. Rietz war der letzte der Gäste, der schließlich das Haus verließ. Am nächsten Morgen reiste er nach Berlin zurück.

Mittlerweile war nun auch für die Mutter und Tochter Pistor das Ende des Wernigeröder Aufenthalts in unmittelbare Nähe gerückt. Man hatte die Zeit, sobald das Wetter es irgend erlaubte, zu schönen Spaziergängen in der nächsten Umgebung und größeren Bergpartien reichlich genutzt. Die Besteigung des Brockens aber war als Haupt- und Staatsaktion für den Schluß aufgespart worden. Lotte verzichtete gern darauf, die Mühseligkeiten zu teilen, die mit dieser Unternehmung zu damaliger Zeit verbunden waren, wo nur Fußwege auf die höchsten Erhebungen des Harzgebirges führten. Sie blieb bei ihrer alten Mutter, während die übrigen Hausgenossen in Gemeinschaft von einigen Wernigeröder Bekannten sich am Freitag den 7. September nach frühzeitig eingenommenem Mittagsmahl in Bewegung setzten. Bis Ilsenburg fuhr man in einem großen Wagen. Von da ging es zu Fuß weiter auf den Ilsenstein. Sophie Radecke begleitete die Gesellschaft nur bis hierher; statt dessen aber schlossen sich ein paar Herren als Mitwanderer an. Schon schien das Wetter trübe und bedrohlich zu werden. Da trat plötzlich der Mond feurig aus dem Gewölk und mit lautem Jubel wurde sein Erscheinen begrüßt. Das Licht blieb Sieger, und nach vier Stunden tapferen Steigens erreichte man bei herrlichster Mondeshelle um acht Uhr den Gipfel des Brockens. Hier oben wehte schon herbstlich frische Luft. Im Brockenhaus aber, das in jener Zeit freilich nur sehr bescheidenen Umfang hatte, war durch behaglich geheizte Zimmer dafür gesorgt, daß die erhitzten Ankömmlinge sich nicht erkälteten. Ein vortreffliches Abendessen ward aufgetragen, und der alte Brockenwirt Gerlach, der um seines urwüchsigen Humors willen in der ganzen Umgegend als Original bester Art geschätzt wurde, trug durch seine Erzählungen und Schwänke redlich dazu bei, die ohnedies vorhandene gute Laune der Gesellschaft noch erheblich zu steigern. Am nächsten Morgen standen alle um fünf Uhr auf und sahen, was auf dem Brocken nicht allzu häufig, die Sonne in hellem Glanz über dem Horizont aufsteigen. Noch bedeckte eine leichte Nebelschicht die Tiefen der Täler zu Füßen und die Ebene im Norden. Dann tauchten allmählich die näheren und ferneren Ortschaften aus dem Dunstschleier empor, bis endlich der ganze Reichtum der Landschaft im strahlendsten Licht der Morgensonne den Blicken sich darbot. Nach dem Frühstück las man noch eine Weile im Brockenfremdenbuch, erhielt die üblichen Brockensträuße und machte sich dann um elf Uhr vormittags zu elf Personen auf den Rückweg. Vier lustige Studenten hatten sich oben den Wernigerödern angeschlossen und begleiteten sie über die Glashütte bis zur »Hohne«, wo alle in der Gräflich Stolbergischen Milchwirtschaft sich an herrlicher Milch, Butter und Käse gütlich taten. Dann setzten die jungen Herren ihre Harzwanderung in der Richtung nach Elbingerode fort, und die anderen erreichten um sechs Uhr abends nach siebenstündigem Marschieren nach Wernigerode. Zwei Tage später erschien Johann mit der »Liese« von Berlin her, um die beiden Pistorschen Damen abzuholen. Der Abschied am frühen Morgen war wehmütig genug, namentlich von der geliebten Großmutter Reichardt trennte sich Betty mit schwerem Herzen. Radecke begleitete die Gäste zu Fuß den Schloßberg hinunter bis zum »Gräflichen Lustgarten«, wo der Wagen die Scheidenden erwartete. Die Reise ging am ersten Tag über Quedlinburg bis Aschersleben; dann am nächsten, wo abermals schon um fünf Uhr morgens aufgebrochen wurde, über Cönnern bis Giebichenstein. Hier hatte man gehofft, wenigstens die alten Freunde, den Domänenpächter Bartels und seine Familie, begrüßen zu können. Aber alles war verreist, und im alten Reichardtschen Hause fanden sie nur die leeren Räume. In Halle wurde übernachtet. Dann folgten noch zwei volle Tagesreisen, die erste bis Wittenberg, die zweite bis Beelitz, und endlich am dritten Tag – d. h. von Wernigerode ab gerechnet am fünften – erreichten die Reisenden über Potsdam am Nachmittag um fünf Uhr Berlin.

Pistor, der am Anfang der Reise nur einen Tag mit den Seinigen in Wernigerode zugebracht und dann gleich seinen Weg über den Rhein nach England fortgesetzt hatte, war noch nicht zurückgekehrt. Er traf erst am 25. Oktober wieder in Berlin ein. Auch Felix Mendelssohn schwärmte noch einige Wochen im Westen und Süden Deutschlands umher. Im übrigen gab es viel fröhliches Wiedersehen mit Verwandten, Freunden und Bekannten, und Betty empfand trotz aller schönen Reiseeindrücke, die nun dahinten lagen, eine lebhafte Freude, wieder die Luft ihrer Berliner Heimat zu atmen. In die Unbefangenheit dieser heiteren Stimmung fiel nach wenigen Tagen eine betrübende Kunde aus Wernigerode. Die Großmutter Reichardt war am Sonntag den 23. September nach kurzem Krankenlager aus dem Leben geschieden. So erfüllte sich die bange Ahnung, die Bettys Herz beim Abschied in Wernigerode durchzittert hatte, rascher, als sich irgend erwarten ließ. Die feine, gemütvolle, in ihrem Alter noch immer höchst anmutige Frau besaß die ungeteilte Verehrung und Liebe ihrer Kinder und Enkelkinder. Alle empfanden mit inniger Trauer ihren Verlust. Betty und ihre Mutter aber waren in besonderem Maß erschüttert, da sie noch ganz unter dem frischen Eindruck des persönlichen Verkehrens mit ihr standen. Auffallend war bei dieser Gelegenheit das Verhalten von Fritz Reichardt. Er hatte soeben sein Baumeisterexamen glücklich bestanden und verabschiedete sich bei Pistors, um nach Wernigerode zu reisen und der Mutter die gute Botschaft selbst zu bringen. Kaum hatte er das Haus verlassen, als die Todesnachricht bei Pistors eintraf. Nun beklagten alle niemanden mehr als ihn, der ohnehin, als das jüngste und von der Mutter mit übergroßer Zärtlichkeit erzogene und verzogene Kind, am empfindlichsten getroffen sein mußte. Statt dessen berichtete Fritz Steltzer, der ihn bald darauf gesehen hatte, er sei ganz munter gewesen und habe ihn gebeten, nur ja nichts von dem Ereignis ein paar Freunden gegenüber zu erwähnen, mit denen er ein lustiges Beisammensein geplant hatte. Das war zuviel. Auch für Betty, die oft genug versucht hatte, ihn zu entschuldigen, wenn die anderen ihn hart beurteilten. Durch den Verkehr mit Betty war das Beste, dessen seine Natur fähig war, angeregt worden, und er hatte eine heftige Liebe für sie gefaßt. Daß sie demgegenüber nicht ganz unempfindlich blieb, läßt sich begreifen. Nun aber war der letzte Rest der Anziehungskraft gebrochen, wie sie der schöne und ungewöhnlich begabte junge Mann trotz seines unverkennbar bedenklichen Charakters auf ihr Gemüt auszuüben vermocht hatte.

Am Mittwoch den 17. Oktober kam Felix Mendelssohn von seiner Reise zurück. Steffens war kurz vorher für ein paar Wochen nach Berlin gekommen, wo er denn natürlich viel im Pistorschen Hause verkehrte, und Betty wurde mit dem Onkel zusammen gleich für den nächsten Abend nach Felix' Ankunft zu Mendelssohns eingeladen. Aus irgendeinem Grunde schlug sie die Einladung ab; dafür ging sie zwei Tage später für ein paar Augenblicke zu ihnen, um Felix zu begrüßen, den sie besonders wohlaussehend und heiter antraf. Die Schwestern hatten den gewohnten lebhaften Verkehr mit Betty schon gleich nach ihrer Rückkehr von Wernigerode wieder aufgenommen. Die Anwesenheit von Felix aber gab natürlich erst den rechten Glanz. Schon am nächsten Dienstag erschien er vormittags bei Pistors, und am Nachmittag fand man sich in der Singakademie wieder zusammen. So ging es ein paar Monate in der alten Weise weiter, und das Tagebuch weiß wieder von vielen schönen gemeinsam verlebten Stunden zu erzählen. Besonders erwähnt mag werden, daß eines Abends – es war am Freitag den 23. November – Felix und Rietz bei Pistors die »Kreutzersonate« miteinander auswendig vortrugen, was denn die größte Begeisterung erregte.

Ein besonderer Umstand gab die Veranlassung, daß Felix noch häufiger, als es sonst wohl geschehen wäre, allein vormittags bei Pistors verkehrte. Ich weiß die Zeit nicht genau anzugeben, in der ein großer Teil des musikalischen Nachlasses von Friedemann Bach, nachdem er schon einige Jahre früher in die zweite Hand übergegangen war, in Berlin öffentlich versteigert wurde.[120] Die Sammlung enthielt in Johann Sebastian Bachs eigener Handschrift 13 seiner Kirchenkantaten in vollständiger Partitur und ein autographes Bruchstück einer solchen; ferner eine große Anzahl von Kantaten in Stimmen, die von einem Schreiber ausgeschrieben, doch die Spuren von Sebastian Bachs Durchsicht in hinzugefügten Vortragsbezeichnungen aufweisen, ja hier und da eine Seite oder einige Zeilen in seiner eigenen Notenschrift enthalten; endlich eine große Anzahl wertvoller Abschriften Bachscher Werke aller Art von der Hand Joh. Rincks, Friedemann Bachs und verschiedener zeitgenössischer Kopisten. Außerdem lagen auch noch die Originaldrukke der sogenannten »Clavierübung« in mehreren Exemplaren diesen Manuskripten bei. Zelter und mein Großvater Pistor hatten sich bei der Versteigerung eingefunden. Eine Zeitlang überboten sie einander mit Hartnäckigkeit, bis schließlich Zelter verstummte und Pistor den Zuschlag erhielt. Vergnügt wanderte er mit seinen Schätzen nach Hause, die einen ansehnlichen Koffer füllen mochten. Am nächsten Morgen schickte Zelter zu ihm und ließ ihm sagen, er habe sich entschlossen, denselben Preis zu zahlen wie er, und bäte ihn, ihm die Handschriften für diesen käuflich zu überlassen. Pistor erwiderte, er danke recht schön für den guten Willen, ziehe aber vor, die Sachen selbst zu behalten. Und dabei blieb es.[121]

Natürlich erfuhr Mendelssohn bald von diesem kostbaren Besitz und bezeigte die größte Lust, sich die Sachen gründlich anzusehen. Er erbot sich zu gleicher Zeit, das gesamte Material, das noch völlig ungeordnet dalag, zu sichten, und Pistor nahm dies Anerbieten nicht allein dankbar an, sondern schenkte ihm zugleich die eine der autographen Kantaten in Partitur als Belohnung für seine Mühe.[122] Noch besitze ich einige Konvolute mit Umschlägen von derbem blauen Papier, auf denen von Mendelssohns Hand das Verzeichnis der einliegenden, von ihm als zusammengehörig befundenen Stücke angegeben ist.

Es war am Mittwoch den 9. Januar 1828, als Felix am Vormittag einmal wieder vor der Pistorschen Tür erschien, in der Absicht, sich mit den Bachschen Handschriften zu beschäftigen. Betty hatte gerade Besuch bekommen von ihrer Freundin Marie Schinkel und ihrer Kusine Mine Steltzer. Die jungen Mädchen befanden sich im heitersten Gespräch, und irgendein Scherz veranlaßte lautes Lachen. Als auf Mendelssohns Klingeln die Tür geöffnet wurde, klang von der Wohnstube her das Gelächter herüber, und mit den Worten: »O, ich höre es ist Besuch da, ich will nicht stören« verließ er rasch wieder den Hausflur.

Als er einige Tage später Betty am dritten Ort wiedersah, behandelte er sie so kühl, daß sie ganz betroffen davon nach Hause zurückkehrte. An ihrem Geburtstag am 14. Januar, wo Felix sonst ihr seinen Glückwunsch persönlich gebracht hatte, kam zwar Rebekka, er selbst aber ließ sich nicht blicken. Betty sann hin und her, was ihn verdrossen haben könnte, und fand nur die eine Erklärung, daß er bei jenem letzten Besuch sich eingebildet haben mußte, das Lachen der Mädchen habe ihm und seinen Beziehungen zu ihr gegolten. Natürlich war es unmöglich, gerade über diesen Punkt eine Auseinandersetzung herbeizuführen, und so blieb die Sache unaufgeklärt. Als eine weitere Woche vergangen war, sahen sich beide im Mendelssohnschen Hause wieder. Am Sonnabend den 26. abends wurden hier mehrere »kleine Musiken« und einige Stücke aus der »H-moll-Messe« von Bach gesungen, und nun kam ihr Felix wieder ganz mit der alten Freundlichkeit entgegen. Am Dienstag darauf war sie vormittags abermals bei Mendelssohns, um mit Felix und Rebekka zu musizieren, und beide Geschwister begleiteten sie bis zur Wohnung von Schinkels, wo Betty mit den Töchtern französische Konversationsstunde hatte. Es mußte dem Empfindlichen wohl klar geworden sein, daß er sie selbst keinesfalls für das, was etwa geschehen war, verantwortlich machen dürfe, und so bemühte er sich sichtlich, ihr die unveränderte Herzlichkeit seiner Gesinnung zu zeigen. Seine gewohnten Besuche jedoch in der Mauerstraße ließen vergeblich von nun an auf sich warten. Offenbar wollte er mit allem, was bei Pistors aus- und einging nichts mehr zu tun haben, und das entsprach ganz der auf das Äußerste gesteigerten Verletzbarkeit, die seiner Natur eigen war. Ein anderer Vorfall tat bald das Seinige, die Gereiztheit seiner Stimmung gegen Bettys Umgebung noch zu verschärfen. Es ist schon angedeutet worden, wieviel unliebsame Bevormundung von seiten der Tanten, insbesondere der Tante Mine Betty sich gefallen lassen mußte. Mit Argusaugen überwachte die strenge Hüterin der Tugend jeden Schritt, den die Nichte tun oder unterlassen mochte. Ihr gesamter Umgang, namentlich aber ihr Verkehr mit jungen Männern, unterlag der unausgesetzten Kritik der unbarmherzigen Richterin. Daß Betty nun gar mit einer jüdischen Familie, und zwar nicht nur mit den Töchtern, sondern auch mit dem Sohn des Hauses in freundschaftlichen Beziehungen stand, erschien als etwas Unverzeihliches. Die Eltern Pistor selbst waren zwar durchaus frei von antisemitischen Anwandlungen. Denn wenn sie keine besondere Sympathie für jüdische Damen wie die Rahel[123] und ähnliche hatten, die damals in der Berliner Gesellschaft eine große Rolle spielten, so lag darin an und für sich nichts Antisemitisches. Den gleichen Geschmack hatte Felix Mendelssohn selbst, dem diese Art geistreichelnder Frauenzimmer gründlich zuwider war. Anders stand es bei Albertis, die sich ihrer innersten Gesinnung nach mit Entschiedenheit ablehnend gegen alles verhielten, was mit dem Judentum zusammenhing. Auch die jungen Herren aus der Verwandtschaft sahen scheel zu dem herzlichen Verhältnis, in dem Betty zur Mendelssohnschen Familie und namentlich zu Felix stand. Gustav Waagen nannte sie spöttelnd seine »Musik- und Judenbegabte Cousine«, und Fritz Reichardt war übler Laune, sobald nur der Name Mendelssohn genannt wurde. Bei diesen beiden aber war der eigentliche Quell aller ihrer Verstimmungen und Nörgeleien nichts anderes als Eifersucht. Schon zu wiederholten Malen hatte Betty eine Einladung zu einer Gesellschaft bei Mendelssohns unter irgendeinem Vorwand abgesagt, lediglich, um dem unaufhörlichen Predigen und Überschütten mit bissigen Bemerkungen auszuweichen, das sie über sich ergehen lassen mußte, wenn sie ihrer Neigung gefolgt war. Da nahte Felix' Geburtstag, der 3. Februar, der dieses Mal auf einen Sonntag fiel und mit einer Tanzgesellschaft gefeiert werden sollte. An dem voraufgehenden Freitag gelegentlich der Zelterschen Musik luden die Mendelssohnschen Geschwister Betty auf das Dringendste ein, an der kleinen Festlichkeit bei ihnen teilzunehmen. Dieses Mal jedoch verweigerte der Vater Pistor seine Erlaubnis, weil er es unpassend fand, daß ein junges Mädchen aufgefordert werde, die Geburtstagsfeier für einen jungen Mann mitzumachen, und Betty mußte absagen. Am nächsten Morgen kam Rebekka in großer Aufregung zu der Freundin und beschwor sie, doch nicht dieses Mal gerade zu fehlen. Die Ihrigen wüßten längst sehr wohl, wo der eigentliche Grund ihres Ausbleibens zu suchen sein würde, denn sie kennten die feindselige Gesinnung der Tante Alberti gegen die Juden, und niemals würden die Eltern ihr wieder erlauben, Betty zu besuchen, wenn sie auf ihrer Weigerung beharren wolle. Beide Mädchen vergossen dann viele Tränen miteinander, aber Pistor änderte seine Meinung nicht, sondern entschloß sich nur, der Mutter Mendelssohn selbst einen Besuch zu machen und ihr auseinanderzusetzen, weshalb er nicht zugeben möge, daß seine Tochter der ergangenen Einladung Folge leiste. Diese Aufklärung nützte wenig oder nichts. Die Eltern Mendelssohn glaubten nicht an die Echtheit der Pistorschen Begründung, faßten sie nur als Vorwand auf, der die wahre Ursache verhüllen solle, und Felix war aufs neue so tief verletzt, daß er kein Wort mit

Betty sprach, als er ihr zuerst am Mittwoch den 6. wieder begegnete.[LXXIV]

Am nächsten Freitag traf sie mit Rebekka bei Zelter zusammen und erfuhr von dieser, wie es mit der Stimmung der Eltern Mendelssohn stand. Das machte sie so unglücklich, daß sie kaum imstande war, ihre Fassung zu behalten, und nur mit Mühe beim Singen die Töne herauszubringen vermochte. Sie entschloß sich nun, am nächsten Morgen selbst zur Mutter Mendelssohn zu gehen, und der Eindruck ihrer persönlichen Unschuld an allem Vorgefallenen war bei dieser Begegnung so stark, daß ihr selbst gegenüber die Aussöhnung eine vollkommene war. Nach wie vor verkehrte Betty als herzlich willkommener Gast im Mendelssohnschen Hause, nach wie vor erschien auch Rebekka in der Pistorschen Wohnung, Felix aber betrat das Haus in der Mauerstraße niemals wieder. Dagegen war er in seiner Gesinnung und seinem Benehmen Betty gegenüber bald wieder vollkommen der alte.

In den ersten Wochen des Jahres 1828 wurde bei Zelter an den Freitagen regelmäßig Bachs »Matthäuspassion« vorgenommen. Dann aber veranstaltete bald Felix Übungen des Werks mit einem ausgewählten Chor allwöchentlich in der Wohnung seiner Eltern, und immer lebhafter wurde in ihm der Wunsch, diese völlig vergessene größte und höchste protestantische Kirchenmusik in eigener Person durch eine öffentliche Aufführung der Welt bekanntzumachen. Wie er dabei durch Eduard Devrient gefördert und immer weiter vorwärts getrieben wurde, wie es den beiden Freunden gelang, auch Zelters aus Zaghaftigkeit herrührenden Widerstand zu brechen und endlich die Sache zum herrlichsten Siege zu führen, das ist von Devrient selbst in seinen Erinnerungen an Felix Mendelssohn[124] mit so unübertrefflicher Anschaulichkeit geschildert worden, daß es überflüssig wäre, sich hier auf eine Darstellung des Einzelnen einzulassen. Betty nahm an der ganzen Entwicklung der Angelegenheit von Anfang bis zu Ende den lebhaftesten, mittätigen Anteil, versäumte keine Probe und erlebte in ihrem eigenen Inneren den Hergang dieser wunderbaren Wiedergeburt

LXXIV In einem Brief Felix Mendelssohns an Klingemann vom 5. Februar 1828 heißt es am Schluß: »Vorgestern war mein Geburtstag, und ausser einer Musik von Bach ... und einem Quartett von Beethoven ... habe ich ... einen kleinen Ball Abends geschenkt bekommen. Man war lustig und tanzte wie rasend. Kurmachereien giebt es wenig, der liebe Gott beschert wenig hübsche Mädchen.« [Karl Klingemann (Hg.): Felix Mendelssohn-Bartholdys Briefwechsel mit Legationsrat Karl Klingemann in London, Essen 1909, S. 49.] Dieser Brief wurde geschrieben einen Tag bevor er Betty zum ersten Mal wieder begegnete und sie seine Verstimmung darüber fühlen ließ, daß sie zu seinem Geburtstagsball nicht gekommen war.

eines der erhabensten Kunstwerke aller Zeiten. Mendelssohn saß in gehobenster Stimmung am Flügel und erweckte durch seine über jede Beschreibung herrliche lebensvolle Wiedergabe der Orchesterbegleitung den Eindruck, als redete jedes einzelne Instrument die ausdrucksvollste Sprache. Immer größer, gewaltiger und ergreifender erschien die Musik von Probe zu Probe den Mitwirkenden, und die erste öffentliche Aufführung der »Matthäuspassion« am 11. März 1829 unter Mendelssohns Leitung in der Singakademie darf getrost ein kunstgeschichtliches Ereignis allererster Ordnung genannt werden. Reinere, tiefere, heiligere künstlerische Begeisterung wird kaum jemals von Menschen, musizierender wie zuhörender, empfunden worden sein. Am 21. März, Bachs Geburtstag, mußte eine Wiederholung stattfinden. Am 10. April reiste Felix nach England ab, besuchte mit Klingemann Schottland und kehrte, durch einen Unfall, der ihn ans Bett fesselte, längere Zeit zurückgehalten, erst in den ersten Dezembertagen des Jahres nach Berlin zurück.

Unterdessen, am 3. Oktober, hatte sich Fanny mit dem Maler Wilhelm Hensel verheiratet. Das junge Paar wohnte bei den Eltern Mendelssohn Leipzigerstraße Nr. 3 im Gartenhause. Am 17. Oktober 1829 berichtet Betty in ihrem Tagebuch von einem Abend, den sie bei Mendelssohns zubringt, und an dem Hensel damit beschäftigt ist, noch einiges an einer Zeichnung zu ändern, die er von ihrer Person gemacht hatte. Einige Tage später wurde diese Zeichnung der Pistorschen Familie vorgelegt, fand aber hier als wenig ähnlich eine sehr abfällige Beurteilung. Am 24. brachte Betty, die von der Kritik der Ihrigen gar nicht erbaut war, das Bild an Rebekka zurück, und so blieb es im Besitz der Mendelssohnschen Familie. Übrigens mag es auch nicht Hensels Absicht gewesen sein, diese Zeichnung zu verschenken, und das Zurückbringen hatte keineswegs etwas Beleidigendes. Daß man vielmehr im besten Einvernehmen miteinander blieb, beweist die Tatsache, daß Betty am 28. November bei Hensels zu Tisch eingeladen war und sich dort sehr wohl fühlte. Am Abend ging man gemeinschaftlich zu den Eltern Mendelssohn herüber, und das Tagebuch fügt hinzu: »Beckchen war allerliebst ... Felix kommt in der nächsten Woche zurück, sie sind außer sich vor Freude.« Hensel porträtierte bekanntlich alle möglichen Leute aus dem Kreise der Freunde und Bekannten und versammelte so in seinem Album eine äußerst stattliche Reihe der verschiedensten Persönlichkeiten aus der Berliner Gesellschaft. Da er in späteren Jahren sich im übrigen wenig als Künstler betätigte, so brachte der boshafte Berliner Witz die Benennung »Der Albummler« für ihn in Aufnahme.

Viele seiner Porträtzeichnungen blieben als einzelne Blätter ohne besondere Bezeichnung in seinen Mappen liegen, wurden vielleicht auch einmal achtlos an Dritte verschenkt, und so ist es zu erklären, daß meine Bemühungen um das erwähnte Jugendbildnis meiner Mutter bei Hensels Nachkommen zu keinem Resultat führten. Am 26. Dezember 1829[125] feierten die Eltern Mendelssohn ihre silberne Hochzeit. Zum Polterabend, der am 25. festlich begangen wurde, hatte Felix das Liederspiel »Die Heimkehr aus der Fremde« komponiert, und man sollte annehmen, daß auch Betty zu den 120 Gästen gezählt habe, die an jenem Abend im Mendelssohnschen Hause versammelt waren.[126] Leider läßt das Tagebuch hier im Stich; es ist gerade um diese Zeit nur sehr lückenhaft geführt. Immerhin möchte es verwunderlich erscheinen, wenn nicht gerade ein solches Ereignis wie die Teilnahme an dieser Feier wenigstens in Kürze Erwähnung gefunden hätte. Daß sie bei einer späteren Wiederholung des anmutigen Werks im Mendelssohnschen Hause zugegen war, ist gewiß. Nicht nur, daß sie bis in ihr Alter lebendig von dem Eindruck zu erzählen wußte, den sie in ihrer Jugend von dem Liederspiel empfangen hatte: Es ist auch noch ein schriftliches Zeugnis vorhanden, das den Beleg gibt und später angeführt werden wird. Am 4. Januar 1830 aber heißt es im Tagebuch: »Nachmittags ging ich mit Rebekka und Felix auf die Akademie; wir waren sehr lustig auf dem Weg.« Und am 15. Januar, also am Tage nach ihrem Geburtstage, gab ihr Felix bei Zelter das Lied des Jägers[127] aus dem Liederspiel, das er auf feinem blauen Notenpapier in seiner eigentümlich schönen Handschrift für sie abgeschrieben hatte. Die erste Seite wurde von Hensel mit einer allerliebsten Vignette geschmückt, die den Jäger mit dem Feuerrohr darstellte. In den nächsten Wochen folgten noch ein paar erfreuliche persönliche Begegnungen bei Zelter und im Mendelssohnschen Hause, bis Felix gegen Ende März, von Rebekka angesteckt, an den Masern erkrankte und dadurch veranlaßt wurde, den Antritt seiner großen Reise über Weimar, München, Wien nach Italien u. s. w. bis zum 7. Mai zu verschieben. In dem Brief[LXXV], den er vom Krankenlager aus am 13. April 1830 diktierend an Ferdinand David nach Dorpat richtete, findet sich die folgende Stelle: »Willst du Neuigkeiten von Berlin wissen? Da müßte ich erst selbst welche erfahren, denn ich weiß jetzt fast so wenig davon, als ob ich in Dorpat wäre; doch weiß ich E i n e die

LXXV Der Brief ist abgedruckt in Julius Eckardts Buch: »Ferdinand David und die Familie Mendelssohn Bartholdy«.

dich betrüben würde, wenn du nicht neun[LXXVI] Trostgründe hättest, und mich, wenn ich nicht das Courmachen, die Mädchen und mich selbst aufgegeben und mich zum Hagestolz bestimmt hätte. Höre und erschrick: Betty Pistor ist verlobt. Total verlobt. Sie gehört dem Dr. und Prof. juris Rudorff erb- und eigenthümlich zu. Ich beauftrage Dich, sobald Du durch Berliner Blätter ihre vollzogene eheliche Verbindung erfährst, über meinem Quartett aus Es das B. P. durch einen kleinen Federschwung geschickt in ein B. R. zu verwandeln. Es geht recht leicht.«[128] Hierzu ist das folgende zu sagen: Etwa im Anfang des Jahres 1829 muß es gewesen sein, daß Felix Betty gegenüber eine Äußerung tat, die eine Huldigung für sie bedeutete, wie er sie schöner nicht darbringen konnte, die diese aber keineswegs als eine solche auffaßte. Er sagte ihr mit lächelnder Miene: »Ich komponiere jetzt ein Quartett für Sie.« Sie aber dachte so wenig an die Möglichkeit, jemand könne ihr eine Komposition, und nun gar ein größeres Werk zueignen wollen, daß sie seine Worte lediglich als liebenswürdige Neckerei auffaßte, und nur mit Lachen darauf antwortete. Tatsächlich jedoch komponierte Mendelssohn damals sein schönes Streichquartett in Es-Dur (op. 12) mit der reizenden Canzonetta in g-moll im Gedanken an sie und setzte die Anfangsbuchstaben ihres Namens »An B. P.« als stille Widmung an die Spitze seines Manuskripts. Er nahm seinen Entwurf im April mit auf die Reise nach England und machte sich in London an die weitere Ausarbeitung des Stücks. Klingemann, mit dem Felix tagtäglich zusammen war, schreibt am 7. Juli 1829 an Fanny nach Berlin: »So freue ich mich namentlich nach dem, was ich von der Sinfonie weiß, auf das, was noch kommen muß. Ein neues Quartett aus B. P.dur steht's im Adagio – es ist da in diesen Tagen eine Wendung erfunden worden, die mich glücklich gemacht hat, so wie es ihn erfreute, daß ich's verstand«[129]! Und wiederum am 29. August schreibt Felix von einem englischen Landgut aus an Klingemann nach London über einen Nelkenstrauß, »der neben mir auf der Partitur meines Quartetts an B. P. liegt«[130], in einem Brief an Fanny aber aus London vom 10. September erzählt er: »Mein Quartett ist in der Mitte des letzten Stückes und ich denke es wird in diesen Tagen fertig«[131]. Dann will er es sofort den Seinigen schicken. Die oben erwähnte handschriftliche Partitur trägt demgemäß am Schluß die Angabe »Felix Mendelssohn-Bartholdy. London 14. Sept. 1829.«[132] Mendelssohn, der eines Unfalls wegen erst Ende November von England abreisen und zu den Seinigen zurückkeh-

LXXVI Bei Eckardt ist fälschlich gedruckt »neue« statt »neun«.

ren konnte, gab im Januar 1830 die Partitur des Quartetts dem Geiger Kudelski, der sie mit nach Dorpat nehmen und Ferdinand David überbringen sollte. Dieser hatte die schönste Gelegenheit, das Stück zu spielen. Er war von dem Baron von Liehardt engagiert worden, die erste Geige in einem Streichquartett zu übernehmen, das dieser reiche und geistreiche Kunstliebhaber sich auf seinem heimatlichen Gut in unmittelbarer Nähe Dorpats einrichten wollte. Kudelski war für die zweite Geige oder Bratsche gewonnen worden. Nach Dorpat richtete dann Felix (der Masern wegen diktierend) am 13. April 1830 an David einen längeren Brief, dem die oben erwähnte Stelle entnommen ist.

Noch einmal, eineinhalb Jahre später, erscheint das Quartett an B. P. in Mendelssohns Briefen. Am 20. Dezember 1831 schreibt er von Paris aus an Rebekka: »... mein Esdur-Quartett an B. P., in Paris von Baillot und seinem Quartett zu hören, machte mir wirklich die größte Freude; er hat es mit Feuer und Lust angepackt.«[133] Dann verschwindet es in der Korrespondenz, soweit sie gedruckt vorliegt.

Dreißig Jahre waren über dem allen dahingegangen, ohne daß meine Mutter jemals die leiseste Ahnung von jenen Vorgängen gehabt hätte. Wie sie dann endlich erfuhr, daß in der Tat Mendelssohn einstmals das schöne – eigentlich sein schönstes – Streichquartett für sie geschrieben hatte, wird an geeignetem Ort berichtet werden.[134] An dieser Stelle jedoch mag ausgesprochen sein, daß in Bettys Empfindungen für Felix Mendelssohn sich niemals ein leidenschaftliches Element gemischt hatte. Und dies muß bei dem Altersverhältnis, in dem die beiden zueinander standen, nur natürlich erscheinen. Sie war die ältere ihm gegenüber, und bekanntlich pflegen in frühen Jugendjahren die Gefühle eines Mädchens für jüngere Männer durchaus unbefangen zu sein. Freilich war sie erfüllt von Begeisterung für das wundervolle musikalische Talent, für die ganze überaus anziehende Persönlichkeit des ebenso edlen und liebenswürdigen wie genialen Jünglings. Sie war beglückt durch seine Zuneigung, von der sie immer aufs neue Beweise erhielt, und die sie durch die aufrichtigste, herzlichste Freundschaft erwiderte. An anderes dachte sie nicht. Solange sie lebte aber blieb ihr das Andenken an den lieben Freund ihrer Jugend, an alles Herrliche, womit er ihr Dasein geschmückt, ihr inneres Leben bereichert hatte, ein unvergleichlich teurer, heiliger Besitz.

Nachdem im April 1830 der junge Felix die Masern überwunden hatte, trat er seine große Reise über Weimar und Wien nach Italien und später nach Paris an, von der seine veröffentlichten Jugendbriefe handeln. Bald nach seiner Rückkehr wurde er bekanntlich städtischer Musikdirektor in Düsseldorf und später Leiter der Gewandhauskonzerte in Leipzig. Erst im Anfang der vierziger Jahre, wo Friedrich Wilhelm IV. nach seiner Thronbesteigung den Versuch machte, Mendelssohn für Berlin zu gewinnen, nahm er hier wiederholt für längere Zeit Aufenthalt. Damals hatte Marie Lichtenstein – die vertrauteste Freundin meiner Mutter – häufig Gelegenheit, mit ihm persönlich zu verkehren. In einer größeren Abendgesellschaft wurde sie seine Tischnachbarin, und die beiden kamen auf Betty Pistor – jetzt Rudorff – zu sprechen. »Ja, das war eine musikalische Seele« sagte Mendelssohn mit warmer Betonung, und die Freundin versäumte nicht, ihr diese Worte zu wiederholen. Als Mendelssohn dann zum ersten Male seinen »Paulus« in der Singakademie persönlich zur Aufführung brachte, wirkte meine Mutter als Chorsängerin im Alt mit. Ob es bei dieser Gelegenheit zu einer kurzen gegenseitigen Begrüßung gekommen ist, weiß ich nicht. Ausgiebiger aber miteinander gesprochen haben die beiden niemals wieder.

### Die Vorfahren von Ernst Rudorff, mütterlicherseits

| | |
|---|---|
| **Johann Friedrich Pistor**<br>* zu Oranienburg am 27. Dez. 1707<br>† zu Lindow in der Mark 1784<br>∞ mit N. N. Merian | **Julius Gustav Alberti**<br>* zu Hannover am 26. Aug. 1723<br>† zu Hamburg am 30. März 1772<br>∞ mit Charlotte Dorothea Offeney<br>* 1735, † 1809 |
| \| | \| |
| **Johann Heinrich Pistor**<br>* zu Lindow am 29. Dez. 1745<br>∞ zu Berlin am 29. Juni 1774<br>mit Friederike<br>Dorothee Kannegießer<br>get. zu Berlin am 18. April 1751<br>(diese in 2. Ehe mit Johann<br>Friedrich Seegebarth) | **Johanna Dorothea Wilhelmina Alberti**<br>* zu Hamburg 1755<br>† zu Wernigerode 1827<br>∞ zu Hamburg 1772<br>mit Peter Wilhelm Hensler<br>* zu Preez am 14. Febr. 1742<br>† zu Stade am 29. 7. 1779<br>(in 2. Ehe<br>mit Johann Friedrich Reichardt)* |
| \| | \| |
| **Carl Philipp Heinrich Pistor**<br>* zu Berlin am 3. Januar 1778<br>† zu Berlin am 2. April 1847 | **Charlotte Hensler**<br>* zu Stade am 23. August 1776<br>† zu Berlin am 3. Juli 1858 |

∞ im Sommer 1803

**Friederike Dorothea Elisabeth (genannt Betty) Pistor**

|

**Ernst Rudorff** (vgl. S. 9)

### * Der Familienzusammenhang Reichardt-Alberti-Hensler

| | |
|---|---|
| 1. Ehe<br>**Johann Friedrich Reichardt**<br>mit **Juliane Benda** | 1. Ehe<br>**Johanna Alberti**<br>mit **Peter Wilhelm Hensler** |
| \| | \| |
| Luise Reichardt<br>Juliane verehel. Stelzer | Wilhelm Hensler<br>Charlotte verehel. Pistor<br>Wilhelmine verehel. Alberti |

2. Ehe

**Johann Friedrich Reichardt**

mit **Johanna Alberti**

|

Johanna verehel. Steffens

Friederike verehel. v. Raumer

Sophie verehel. Radecke

Hermann Reichardt

Fritz Reichardt

*Johann Friedrich Reichardt*

*Carl Philipp Heinrich Pistor*

*Burg Giebichenstein bei Halle an der Saale*

Wilhelm Grimm berichtet über diesen ersten Aufenthalt in Berlin und im Pistorschen Hause, wo Arnim seine Junggesellenexistenz nun für drei Teilhaber einrichten mußte, folgendermaßen: „Wir bewohnten das Erdgeschoß, Pistors gegenüber, und besaßen drei Stuben. Eine voran, gelb tapeziert, welche das Prunkgemach oder

Staatszimmer hieß, bewohnte anfangs Brentano, die zweite Eckstube Arnim; die letzte, welche in den Hof ging, war mir angewiesen. Brentano klagte, daß ihm seine Stube zu hell und geräuschvoll sei; wenn er einen Brief schreiben wollte, so mußte er beständig in ein ander Haus, zu Laroche etwa, gehen. Also tauschten wir gegenseitig, er nahm meine stille Stube, die mir sehr angenehm war, und ich mußte das Prunkzimmer beziehen. Er richtete sich darauf die Stube

*Friedrich Schleiermacher*

*Betty Rudorff, geb. Pistor*

# Anmerkungen der Herausgeberin

1 Rudolf Köpke: Ludwig Tieck. Erinnerungen aus dem Leben des Dichters nach dessen mündlichen und schriftlichen Mittheilungen. 2 Tle, Leipzig 1855, hier: Erster Theil, S. 75f. In Einzelheiten abweichend
2 Ebd., S. 77–80. In Einzelheiten abweichend.
3 Ebd., S. 82f.
4 Dies tat er aus Protest gegen die ungeliebte, doch einflußreiche Festgeberin Rietz. Vgl. ebd., S. 84.
5 Zitat nicht ermittelt.
6 Vgl. etwa Xenien 208–217, 221, 236, 420, 421, 424 und viele andere, in: Schillers Werke, Nationalausgabe, Bd 1: Gedichte in der Reihenfolge ihres Erscheinens 1776–1799, hg. von Julius Petersen und Friedrich Beißner, Weimar 1943, 309–360, hier: S. 334–338, sowie ebd., Bd 21: Zweiter Band Teil I, Gedichte in der Reihenfolge ihres Erscheinens 1799–1805, hg. von Norbert Oellers, Weimar 1983, S. 74–98, hier: S. 75.
7 Henrik Steffens: Was ich erlebte. Aus der Erinnerung niedergeschrieben. 10 Bde, Breslau 1840–1844, hier: Bd IV, 1841, S. 178f.
8 Ebd., Bd IV, S. 192–197.
9 Ebd., Bd VI, 1842, S. 84f.
10 Ebd., S. 88 und 93.
11 Freiherr Joseph von Eichendorff: Sämtliche Werke. Historisch-kritische Ausgabe. Bd 10: Historische, politische und philosophische Schriften, hg. von Wilhelm Kosch, Tübingen [1911], hier: S. 417f.
12 Die ursprüngliche Überschrift lautete: »I Februar 40«. »Bei Halle« wurde nachträglich hinzugesetzt. Vgl. ebd., Bd II.2 [1923]: Epische Gedichte, S. 718.
13 Ebd., Bd I.1: Gedichte [1923], S. 202, sowie Bd 10, S. 417.
14 Die erste Begegnung zwischen Goethe und Reichardt fand am 23. April 1789 bei Goethe statt. Vgl.: Goethes Leben von Tag zu Tag. Eine dokumentarische Chronik in 7 Bänden von Robert Steiger, Bd 3: 1789–1798, Zürich u. a. 1984. S. 25.
15 Dieser vollzog sich bereits 1795. Vgl. Goethe-Handbuch, hg. von Julius Zeitler, Bd 3, 1918, S. 187.
16 Johann Wolfgang von Goethe: Tag- und Jahres-Hefte als Ergänzung meiner sonstigen Bekenntnisse, von 1749 bis 1806. Hier: zum Jahr 1802, in: Ders.: Werke, hg. im Auftrage der Großherzogin Sophie von Sachsen [Weimarer Ausgabe]. [I. Abtheilung:] Bd 35, Weimar 1892, S. 136. Im folgenden zitiert als: WA
17 Steffens: Was ich erlebte, Bd VI, S. 95.
18 August Wilhelm Schlegel, in: Schriften der Goethe-Gesellschaft, hg. von Erich Schmidt und Bernhard Suphan, Bd 13: Goethe und die Romantik. Briefe mit Erläuterungen, 1. Theil, Weimar 1898, S. 31.
19 Steffens: Was ich erlebte, Bd IV, S. 177f. In Einzelheiten abweichend.
20 Die ersten beiden Verszeilen des Gedichtes »Unschuld« von Goethe, in: WA I,1, Weimar 1887, S. 52.
21 Carl Theodor Nathan Mendelssohn.
22 Laut Jörg Zaun wurde die Werkstatt von Mendelssohn gegründet. Pistor arbeitete zunächst bei diesem und richtete später seine eigene Werkstatt ein. Vgl. Jörg Zaun: Pistor & Martins, die Erbauer der Berliner Meridiankreise, in: 300 Jahre Astronomie in Berlin und Potsdam, hg. von Wolfgang R. Dick und Klaus Fritze, Frankfurt/M. 2000, S. 91–106, hier: S. 93f.

23 Zur Geschichte der mechanischen Künste in Berlin. III. Carl Pistor, Begründer der mechanischen Technik in Berlin, in: Königlich privilegirte Berlinische Zeitung. Im Verlage Vossischer Erben, Nr. 115, 18. 5. 1862, erste Beilage, S. 3f. In Einzelheiten abweichend. Der Artikel fährt unter anderem mit folgender Anmerkung fort: »Die Pistor'sche Fabrik, Louisenstraße No. 58, befindet sich jetzt im Besitze und in der Verwaltung Herrn Pistor's, des Sohnes unsers Geheimen Raths, und seines Associés, Herrn Martins. Sie hat nach wie vor einen Ruf, der über die ganze Erde geht: unausgesetzt sind in dieser berühmtesten Werkstatt Berlins astronomische Werkzeuge des größten Kalibers in Arbeit, die über die deutschen Grenzen in das Ausland und über das Meer nach andern Welttheilen gehen.« – Pistors eheliche Söhne überlebten das Kleinkindalter nicht, doch aus einer langjährigen nebenehelichen Beziehung mit Charlotte Margarethe Kerstner gingen mindestens sechs weitere Kinder Pistors hervor, so auch der Sohn Johann Wolfgang Gottfried, der nach Pistors Tod die Werkstatt gemeinsam mit Martins weiterführte. Mit Martins hatte sich Carl Pistor 1841 zusammengetan, die Firma hatte den Namen »Pistor & Martins« erhalten, war bis zu Martins Tod 1871 sehr erfolgreich und wurde 1873 oder 1876 aufgelöst. Vgl. zu dem ganzen Komplex Zaun: Pistor & Martins, die Erbauer der Berliner Meridiankreise, bes. S. 93f., 98 und 106.

24 Konnte als Publikation nicht ermittelt werden.

25 Reinhold Steig: Achim von Arnim und die ihm nahe standen, Bd 1: Achim von Arnim und Clemens Brentano, Stuttgart 1894.

26 Des Hirten Einsamkeit, Wunderhorn III 134b, in: Des Knaben Wunderhorn, hg. von Heinz Röllecke, Bd 3, S. 129f.

27 Clemens an Sophie Brentano, 26. 11. 1804, in: Steig: Achim von Arnim und Clemens Brentano, S. 122.

28 Ebd., S. 123.

29 Clemens Brentano an Achim von Arnim, 26. 12. 1804, ebd., S. 124. Hier steht: »Grüße Bartholdy von seinem Hund«.

30 Brentano an Arnim, Januar 1805, ebd., S. 126.

31 Ueberdruß der Gelahrtheit, Wunderhorn I 57, in: Des Knaben Wunderhorn, hg. von Heinz Röllecke, Bd 1, S. 54f.

32 Arnim an Brentano, 14. 1. 1805, in: Steig: Achim von Arnim und Clemens Brentano, S. 127.

33 Ebd.

34 Ebd., S. 128.

35 Brentano an Arnim, 15. 2. 1805, ebd., S. 132.

36 Brentano an Arnim, ebd., 15. 2. 1805, S. 131. In Einzelheiten abweichend.

37 Arnim an Brentano, 27. 2. 1805, ebd., S. 134f.

38 Steffens: Was ich erlebte, Bd VI, S. 89f.

39 Des Knaben Wunderhorn. Alte deutsche Lieder, gesammelt von L. Achim von Arnim und Clemens Brentano. [Bd III mit einem Anhang:] Kinderlieder, Bde I–III, Heidelberg 1806–1808.

40 Arnim an Brentano, 25. 3. 1805, in: Steig: Achim von Arnim und Clemens Brentano, S. 136.

41 Brentano an Arnim, 2. 4. 1805, ebd., S. 137. In Einzelheiten abweichend.

42 Brentano an Arnim, ebd., S. 143. Ohne Datum.

43 Arnim an Brentano, ebd., S. 154. Ohne Datum.

44 Ebd., S. 183.

45 [Gustav von Schlabrendorf]: Napoleon Bonaparte und das französische Volk unter seinem Consulate, hg. von Johann Friedrich Reichardt, [Hamburg] 1804. Vgl. auch Steffens: Was ich erlebte, Bd V, S. 202.
46 Vgl. Steffens: Was ich erlebte, Bd VI, S. 81.
47 Arnim an Brentano, 17. 6. 1804, in: Steig: Achim von Arnim und Clemens Brentano, S. 214. In Einzelheiten abweichend.
48 Ebd., S. 225.
49 Brentano an Arnim, Januar 1808, ebd., S. 226f.
50 Brentano an Arnim, ebd., S. 231. Ohne Datum. (Antwort auf einen Brief Arnims von 25. 1. 1808.)
51 Brentano an Arnim, ebd., S. 232. Ohne Datum.
52 Es handelt sich hier nicht um die direkte Antwort Arnims auf Brentanos Brief, die bereits am 6. 2. 1808 erfolgte, sondern um einen etwas später geschriebenen Brief.
53 Arnim an Brentano, 12. 2. 1808, ebd., S. 237.
54 Rudorff schreibt: »Wilhelm«.
55 Arnim an Jacob Grimm, ca. Mai 1808, in: Reinhold Steig: Achim von Arnim und die ihm nahe standen, Bd 3: Achim von Arnim und Jacob und Wilhelm Grimm, Stuttgart 1904, S. 14f.
56 Wilhelm Grimm an Arnim, 2. 3. 1809, ebd., S. 23f.
57 Wilhelm Grimm an Arnim, ebd., S. 25.
58 Steffens: Was ich erlebte, Bd VI, S. 81.
59 Wilhelm an Jacob Grimm, 21. 5. 1809, in: Briefwechsel zwischen Jacob und Wilhelm Grimm aus der Jugendzeit, hg. von Herman Grimm u. Gustav Hinrichs, Weimar 1881, S. 100.
60 Wilhelm an Jacob Grimm, 6. 6. 1809, ebd., S. 107.
61 Ebd., S. 113. In Einzelheiten abweichend.
62 Wilhelm Grimm an Arnim, ca. Juni 1809, in: Steig: Achim von Arnim und Jacob und Wilhelm Grimm, S. 33.
63 Wilhelm an Jacob Grimm, 20. 7. 1809, in: Briefwechsel zwischen Jacob und Wilhelm Grimm aus der Jugendzeit, S. 131. In Einzelheiten abweichend.
64 Wilhelm an Jacob Grimm [15. (?) 7. 1809], ebd., S. 126.
65 Sophie Brentano starb 1806 bei der Totgeburt des dritten Kindes.
66 Auguste Bussmann.
67 Brentano an Arnim, 28. 7. 1809, in: Steig: Achim von Arnim und Clemens Brentano, S. 283.
68 Ebd.
69 Wilhelm an Jacob Grimm, [6. 8. 1809], in: Briefwechsel zwischen Jacob und Wilhelm Grimm aus der Jugendzeit, S. 146.
70 Arnim an Brentano, in: Steig: Achim von Arnim und Clemens Brentano, S. 281. Ohne Datum.
71 Brentano an Arnim [9. 8. 1809], ebd., S. 283.
72 Arnim an Brentano, in: Steig: Achim von Arnim und Jacob und Wilhelm Grimm, S. 42f.
73 Wilhelm Grimm an die Tante, 28. 8. [1809], in: Briefwechsel zwischen Jacob und Wilhelm Grimm aus der Jugendzeit, S. 155.
74 Brentano an Arnim, 8. 9. 1809, in: Steig: Achim von Arnim und Clemens Brentano, S. 284.
75 Brentano an Arnim, Anfang 1808, ebd., S. 234.
76 Brief von Wilhelm Grimm an Louise Reichardt [etwa vom 20. November 1809; nach freundlicher Auskunft von Dr. Berthold Friemel, Schriftführer der Grimmsozietät zu

Berlin e. V.], nach dem im Grimmschen Nachlaß befindlichen Konzept gedruckt in einem Beitrag von Reinhold Steig, in: Euphorion, Ergänzungsheft 15 (1923), S. 33–35, Nr. 19, hier: S. 33f. In Einzelheiten abweichend.

77 Ebd., S. 34f. In Einzelheiten abweichend.

78 Wilhelm Grimm an Arnim und Brentano, ca. Januar 1810, in: Steig: Achim von Arnim und Jacob und Wilhelm Grimm, S. 50.

79 Wilhelm Grimm an Arnim, 22. 1. 1811, ebd., S. 104.

80 Reinhold Steig: Heinrich von Kleists Berliner Kämpfe, Berlin und Stuttgart 1901, S. 13.

81 Vgl. ebd., S. 21–40.

82 Heinrich von Kleist: Prinz Friedrich von Homburg, 2. Akt, 10. Auftritt.

83 Die beiden vorherstehenden Sätze wörtliches Zitat aus Steig, Heinrich von Kleists Berliner Kämpfe, S. 12.

84 Arnim an Jacob und Wilhelm Grimm, Ende Dezember 1810, in: Steig: Achim von Arnim und Jacob und Wilhelm Grimm, S. 94–96. Handschriftliche Anmerkung am Rand des Typoskripts [so auch schon im Manuskript eigenhändig mit Bleistift]: **Es folgt hier weiterhin eine Erzählung über Reichardts sehr unerfreuliches Benehmen in Berlin – es ist zu überlegen, ob man diese auch hier einfügen soll. Besser wohl nicht.** Diese Erzählung sei hier wiedergegeben: »Reichardt, der geniale Reisebeschreiber, ist diesmal hier den Leuten zu ungemeinem Verdruß. Neulich hat er beim Pistor in einem Zug ein ganzes Fäßchen Caviar ausgefressen und dabei noch ganz stolz erzählt, er sei als Kind von seinen Aeltern mit einem viel größern Fasse auf die Probe gesetzt worden, ob er es für Eingemachtes halten würde; er aber habe, der Tebel hole mer, gleich solch einen vortrefflichen Wohlgeschmack an dem Zeuge beim ersten Lecken gefunden, daß er das ganze Faß sich an den Kopf gesetzt und nicht eher abgelassen, bis ihm nichts mehr davon in den Rachen gelaufen. Während wir uns alle auf die Lippen bissen, hatte Clemens noch die Bosheit, nach Ziegenmolken zu fragen; wir lachten alle, er merkte nichts. Neulich hat er in großer Freßwuth in einer hier bestehenden Tischgesellschaft, wo er als Gast war, dem Geheimen Staatsrath Sack eine Schüssel weggerissen, weil es sein Lieblingsgericht gewesen, Enten mit Kastanien. Bettinen faßt er zuweilen mit großer Ostentation an die Kniee in großer Gesellschaft, dann sagt er wieder, er verbäte sich ihre Reichsspäße, dann sagt er ihr wieder, daß sie liebenswürdig, dann wieder, daß ich wohl eine bessere Braut hätte bekommen können, kurz und gut, er hat die Tramontana verloren und faselt.« Ebd., S. 96.

85 Steig: Heinrich von Kleists Berliner Kämpfe, S. 22.

86 Vgl. ebd., S. 22f. und S. 39.

87 herablassenden.

88 Vgl. Steig: Heinrich von Kleists Berliner Kämpfe, S. 162.

89 Caspar David Friedrich (1774–1840).

90 Steig: Heinrich von Kleists Berliner Kämpfe, S. 265–267.

91 Handschriftliche Anmerkung am Rand: **nachsehen, ob damals Albertis in der Behrenstraße wohnten.**

92 1811.

93 Arnim an Wilhelm Grimm, 12. 4. 1811, in: Steig: Achim von Arnim und Jacob und Wilhelm Grimm, S. 111–113. In Einzelheiten abweichend.

94 Arnim an Brentano, 14. 9. 1811, in: Steig: Achim von Arnim und Clemens Brentano, S. 288.

95 Arnim an Brentano, ca. 28. 12. 1810, ebd., S. 297.

96 Ebd., S. 346. In Einzelheiten abweichend.

97 Steffens: Was ich erlebte, Bd VII, 1843, S. 72.
98 Frei nach Steffens, ebd., S. 73f.
99 Ebd., S. 80.
100 Bettine von Arnim [Wiepersdorf, Juli 1814], in: Freundesgaben für Carl August Hugo Burkhardt zu seinem siebenzigsten Geburtstag, hg. von Paul von Bojanowski u. a., Weimar 1900, S. 79–87, hier: S. 81f.
101 Name nicht identifiziert.
102 Die folgenden Seiten bis zum Ende des zweiten Teils sind in doppelter Abschrift vorhanden, wobei die zweite Abschrift, die geringfügige Varianten von der ersten Abschrift aufweist, offensichtlich dem Verleger des Buches vorgelegen hat. Diese zweite Abschrift wird auch hier verwendet. Die erste Abschrift, die in der Typoskriptmappe gebündelt mit der Bemerkung: **Bl. 314–343 einzeln, weil versehentlich doppelt abgeschrieben** separat beigefügt wurde, ist unvollständig. S. 314 des Typoskripts wurde zerschnitten und neu zusammengeklebt. Im Manuskript sind die hier folgenden Bögen mit einem Umschlag versehen, auf dem folgendes vermerkt ist: **Bogen 44–55 des II. Teils (Original) noch mit der Kopie zu vergleichen. Melusine nimmt d. Schlußteil des Originals 56–72 mit zum Abschreiben Mai 1935.**
103 So in der ersten Abschrift. Handschriftliche Anmerkung am Rand des Typoskripts: **Das Geschriebene vielleicht nicht ganz genau, da schlecht zu lesen.** Tatsächlich ist das Manuskript hier kaum entzifferbar.
104 Das Gedicht konnte nicht ermittelt werden. Die Autorschaft Brentanos ist ungewiß, aber möglich; auch Schleiermacher käme als Autor in Frage. (Nach freundlicher Auskunft von Professor Dr. Konrad Feilchenfeldt, Mitherausgeber der Frankfurter Brentano-Ausgabe.)
105 Deren Schwester.
106 Martin Blumner: Geschichte der Sing-Akademie zu Berlin. Eine Festgabe zur Säcularfeier am 24. Mai 1891, Berlin 1891, S. 13.
107 Oper von François Adrien Boieldieu.
108 »Joshua«, Oratorium von Händel.
109 Die zunächst Joseph Haydn und später Leopold Mozart zugeordnete »Kindersymphonie« wurde tatsächlich von dem Benediktinermönch Edmund Angerer komponiert. Vgl.: Hildegard Herrmann-Schneider: Edmund Angerer OSB (1740–1794) aus Stift Fiecht / Tirol: Der Komponist der »Kindersinfonie«?, in: Mozart-Jahrbuch 1996, Salzburg 1996, S. 23–38.
110 Von Ludwig van Beethoven.
111 Von Gaspare Luigi Pacifico Spontini.
112 Friedrich Wilhelm III.
113 Name nicht identifiziert.
114 »Die Hochzeit des Camacho«.
115 Die spätere »Kaiserhymne«, nach Heinrich Harries (1762–1802), 1790. Komponist unbekannt.
116 Der Tod Jesu, Passionskantate von Carl Heinrich Graun.
117 »Singt dem göttlichen Propheten«, Sopran-Arie aus Grauns »Der Tod Jesu«.
118 Oper von François Adrien Boieldieu.
119 Von Ludwig van Beethoven.
120 Laut Nancy Reich fand die Auktion im Jahr 1827 statt. Vgl. Nancy B. Reich: The Rudorff Collection, in: Notes. The Quarterly Journal of the Music Library Association vol. 31, Nr. 2 (1974), S. 247–261, hier: S. 249.
121 Die Handschriften wurden nach Rudorffs Tod an die Musikbibliothek Peters in Leipzig verkauft, heute Teil der Musikbibliothek der Stadt Leipzig. Vgl. Reich: The

Rudorff Collection, S. 247ff. Über die Sammlung Rudorff in der Musikbibliothek Leipzig vgl. außerdem: Peter Krause: Sammlung Rudorff, in: Ders.: Handschriften der Werke Johann Sebastian Bachs in der Musikbibliothek der Stadt Leipzig. Leipzig 1964, S. 43–53, Wilhelm Krumbach: Sechzig unbekannte Orgelwerke von Johann Sebastian Bach? Ein vorläufiger Fundbericht. in: Neue Zeitschrift für Musik 5 (1985), Bd 146, Heft 3, S. 4–9; Heft 5, S. 6–18 (Über die Sammlung Rudorff: H. 5, S. 15–18), Rudolf Schwartz: Jahresbericht und Mitteilung über die Erwerbung der Rudorffschen Sammlung, in: Jahrbuch der Musikbibliothek Peters für 1917, 24. Jahrgang, Leipzig 1918, S. V–IX, sowie ders.: Die Bach-Handschriften der Musikbibliothek Peters. III.: Sammlung Rudorff, in: Jahrbuch der Musikbibliothek Peters für 1919, 26. Jahrgang, Leipzig 1920, S. 68–72.

122 Es handelt sich um die Kantate »Ich freue mich in Dir« (BWV 133). Vgl. Reich: The Rudorff Collection, S. 250.

123 Rahel Varnhagen.

124 Eduard Devrient: Meine Erinnerungen an Felix Mendelssohn Bartholdy und seine Briefe an mich. Leipzig 1869.

125 Rudorff schreibt im Manuskript versehentlich **1828**.

126 Die Uraufführung des Liederspiels fand am 26. 12. 1829 auf der improvisierten Theaterbühne im Gartensaal des Mendelssohnschen Anwesens statt. Vgl. Thomas Krettenauer: Felix Mendelssohn Bartholdys »Heimkehr aus der Fremde«, Augsburg 1994, S. 122.

127 Es handelt sich um das Lied Nr. 5 aus dem Liederspiel, »Wenn die Abendglocken läuten«, das Lied des Kriegsheimkehrers und Werbeoffiziers Hermann (vgl. Krettenauer, Felix Mendelssohn Bartholdys »Heimkehr aus der Fremde«, S. 173ff.), dessen Handschrift sich im Rudorff-Archiv, Familie Gottberg, Salzhemmendorf – Lauenstein befindet. (Vgl. Nancy B. Reich: The Rudorff Collection, S. 251.) Laut Reich hat Betty Pistor das Lied an ihrem Geburtstag, dem 14. 1. 1830, erhalten (vgl. ebd., S. 253).

128 Julius Eckardt: Ferdinand David und die Familie Mendelssohn-Bartholdy, S. 35. In Einzelheiten abweichend. Die Handschrift des Briefes befindet sich im Rudorff-Archiv, Familie Gottberg, Salzhemmendorf – Lauenstein. (Vgl. Nancy Reich, The Rudorff Collection, S. 251.) David schenkte Betty Rudorff den Brief sowie das Manuskript des Quartetts. (Vgl. ebd. sowie Rudorff, Aufzeichnungen V.)

129 Felix Mendelssohn-Bartholdys Briefwechsel mit Legationsrat Karl Klingemann in London, hg. von Karl Klingemann, Essen 1909, S. 57. In Einzelheiten abweichend.

130 Ebd., S. 60.

131 Felix Mendelssohn-Barholdy an Fanny, 10. 9. 1829, in: Sebastian Hensel: Die Familie Mendelssohn 1729 bis 1847. 15. Aufl. Berlin 1911, Bd I, S. 304.

132 Die nur teilweise von Mendelssohn erstellte handschriftliche Partitur des Streichquartetts op. 12 vom 14. September 1829 mit vermutlich von Mendelssohns Hand stammenden Korrekturen befindet sich im Rudorff-Archiv, Familie Gottberg, Salzhemmendorf – Lauenstein. Eine weitere, vollständige Mendelssohnsche Handschrift gleichen Datums befindet sich in der Bibliothèque Nationale in Paris. (Vgl. Nancy Reich, The Rudorff Collection, S. 251f. Vgl. Fußnote 127 sowie Julius Eckardt: Ferdinand David und die Familie Mendelssohn-Bartholdy, S. 35: »David schenkte das Manuscript Frau Rudorff.«)

133 Felix Mendelssohn Bartholdy: Reisebriefe aus den Jahren 1830 bis 1832, hg. von Paul Mendelssohn-Bartholdy, Leipzig 1861, S. 292.

134 Vgl. Rudorff, Aufzeichnungen V.

# Teil III: »Verlobung, Ehe und Freundeskreis meiner Eltern«

*<5. Kapitel*

*Wie meine Eltern sich kennenlernten – Das Brautpaar in Lauenstein – Eigene Häuslichkeit – Die Familie von Zschock – Das Hauskonzert – Die Singakademie – Freundschaft mit Schleiermacher – Schleiermachers Tod – Savigny wird Minister – Die Berufung von Puchta nach Berlin – Friedrich Puchta und Adolph Rudorff – Der Entschluß, in Berlin zu bleiben>*

*Zwischen den Ehegatten Achim und Bettina von Arnim hatte sich im Lauf der Jahre ein eigentümliches Verhältnis herausgebildet. Ihr gutes Einvernehmen war zwar keineswegs gestört, aber sie hatten anscheinend nicht das Bedürfnis, viel zusammenzusein. Bei Pistors und Albertis erschienen sie fast niemals mehr gemeinsam, und wenn einmal der Zufall es fügte, daß der eine Teil den anderen dort anwesend fand, so pflegte dieser andere alsbald zu verschwinden. Arnim selbst zog sich oft auf Wochen und Monate in die stille Abgeschiedenheit seines Gutes Wiepersdorf zurück, während Bettina in Berlin blieb und im regesten Verkehr mit allen möglichen hervorragenden Elementen der Gesellschaft, mit Künstlern, Gelehrten und Staatsmännern ein buntschillerndes, ruheloses Leben führte.* Die vier Söhne Freimund, Siegmund, Friedmund und Kühnemund hielten sich bald bei dem Vater auf dem Lande, bald bei der Mutter in Berlin auf. Die beiden ältesten Töchter Max (für Maximiliane) und Armgard wurden schon früh zu ihrem Onkel George Brentano nach Frankfurt am Main getan, in dessen Hause sie Gelegenheit fanden, ihre reichen Gaben unter wohltätiger Zucht sich entfalten zu lassen. Die jüngste, Gisela, blieb ganz bei der Mutter, die sich nicht scheute, gelegentlich zu erklären: »Ich erzieh' nicht mei' Kinder, mei' Kinder erziehe' mich!« Gisela wurde in der Tat gar nicht erzogen, sondern wuchs wie eine wilde Blume in dem romantischen

Irrgarten auf, der ihre Mutter umgab. *Bettina hatte eine große Zuneigung für meine Großmutter Pistor und suchte bei ihr Rat und Hilfe, wenn sie in ihrem ungeordneten Haushalt sich gar nicht mehr zurechtzufinden wußte. Sie behauptete unter anderem, alles, was sie besitze, werde ihr von ihren Leuten gestohlen. Mit einem ihrer Bedienten, den sie mehrere Jahre behielt, hatte sie eine förmliche Verabredung getroffen, wieviel er ihr in ihrer Kasse lassen müsse. Etwas zu verschließen, war nicht ihre Sache. Als jemand sie einmal um einen Beitrag für irgendeinen wohltätigen Zweck bat, zog sie eine Kommodenschublade auf, in der schmutzige Wäsche lag, und suchte zwischen dieser einen Hunderttalerschein hervor.* Am 7. Januar 1826 schrieb Achim von Arnim aus Berlin an Wilhelm Grimm in Kassel[I]: »Meine Frau kränkelt noch immer etwas, doch scheint es jetzt etwas besser zu gehen, seit sie wieder viel Marcello'sche Psalmen singt, oder vielmehr dient dies als ein gutes Zeichen. Die kleine Betty Pistor ist nicht nur groß, sondern ein wahres musikalisches Talent mit dicken Organen an der Stirn geworden, und spielt diese Psalmen als Kapellmeister, während sie zugleich die eine Stimme übernimmt. Auch Pistor streicht dazu die Geige, nachdem er eine prophetische Anschauung über seinen Tod glücklich überwunden hat, die ihn im vorigen Jahre plagte.«[1]

*Wie Bettina für alles mehr oder weniger begabt war, alles irgendeinmal versuchte und zeitweilig mit Eifer betrieb, so hatte sie jetzt eine Vorliebe dafür gefaßt, sich als Sängerin zu betätigen und war insbesondere darauf verfallen, Kompositionen von Marcello zu singen. Es muß ungefähr um dieselbe Zeit gewesen sein,* in der Arnim die oben angeführten Worte schrieb, also in der ersten Hälfte des Jahres 1826, *als sie auf den Gedanken kam, die »Kassandra« von Marcello einem größeren Zuhörerkreise vorzuführen. Es wurden so viel Leute geladen, wie die Wohnung eben fassen konnte. Betty Pistor mußte die Begleitung übernehmen, und Bettina selbst sang die Hauptpartie. Da es ihr aber unbehaglich war, sich von ihren Gästen als Sängerin in das Gesicht sehen zu lassen, so wurde um den Flügel ein großer Bettschirm gestellt, und hinter diesem versteckt lösten die beiden ihre Aufgabe. Bettinas Gesang muß nach dem Bericht meiner Mutter (dem diese eine ergötzliche Kopie ihres Vortrags hinzuzufügen verstand) sehr sonderbar gewesen sein. In gewissem Sinn genial, aber nichts weniger als schön. Nimmt man dazu die seltsame Vorrichtung, die getroffen war, um die Ausführenden unsichtbar zu machen, so läßt sich denken, daß das ganze der Komik nicht ent-*

I Siehe Steig. Achim von Arnim und Jacob und Wilhelm Grimm, Seite 549.

*behrte. Immerhin sorgten die Persönlichkeit der Gastgeberin und die ernste Schönheit der Musik dafür, daß die Aufführung dennoch nicht eindruckslos verlief, und wer seine Glossen machen wollte, machte sie jedenfalls in größter Heimlichkeit. Für Betty aber war dieser Abend von einer Bedeutung, deren Größe sie nicht ahnen konnte, als sie mit einiger Resignation die Aufgabe übernahm, mit Frau von Arnim hinter dem Bettschirm zu musizieren. Zu den Gästen nämlich zählte auch der Doktor juris Adolf Rudorff, und Bettina stellte ihn ihrer Begleiterin vor. So sahen sich die zwei zum ersten Male und kamen bald in ein so lebhaftes Gespräch, daß sie endlich beiderseits mit dem Gefühl voneinander schieden, eine ganz besonders angenehme Bekanntschaft gemacht zu haben.* Eine geraume Zeit verstrich anscheinend, ehe sie sich wiedersahen. Es liegt nahe zu denken, daß das Mendelssohnsche Haus ihnen die beste Gelegenheit geboten hätte, sich bei allerlei musikalischen Veranstaltungen zu treffen. Der Dr. Rudorff aber hatte, um fleißiger arbeiten zu können, seinen geselligen Verkehr bei Mendelssohns gerade um dieselbe Zeit aufgegeben, als Bettys Beziehungen zu diesen anfingen, vertrautere zu werden. Bettys Tagebuch erzählt dagegen, wie schon angeführt, am 27. Januar 1827 von einer abermaligen Gesellschaft bei Arnims und schließt mit den Worten: »Ich freute mich sehr einmal den Doktor Rudorff wiederzusehen, den ich immer sehr gern leiden mag.« Wieder ein Jahr später schreibt sie am Mittwoch, den 30. Januar 1828: »... Abends waren wir bei Schleiermachers, es waren viel Leute da. Es ward Musik gemacht, Mehreres aus Opern gesungen. Ich sang einige Lieder. ... Auch Doctor Rudorff war da; ich unterhielt mich recht lange mit ihm.« Dann bricht das Tagebuch mit Sonntag, den 10. Februar 1828 ab, und eine Pause tritt ein, die einen Zeitraum von mehr als anderthalb Jahren umfaßt. Erst mit Sonnabend, den 10. Oktober 1829 beginnen wieder neue Aufzeichnungen, wenn auch nur für ein paar Monate. Gerade aber *im Sommer 1829*, wo Bettys tägliche Berichte noch aussetzen, *entwickelte sich in entscheidender Weise die Annäherung der beiden, die sich endlich für Lebenszeit verbinden sollten. Der Boden für diese Annäherung fand sich, abgesehen von dem bereits Angeführten, im Buttmannschen und Klenzeschen Hause.* Es ist früher erwähnt worden, daß der Philologe Buttmann zu den Männern gehörte, die bei Pistors gesellig verkehrten. *Buttmanns wohnten in der Behrenstraße, wenige Schritte von* der Ecke *der Mauerstraße entfernt, und diese räumliche Nähe begünstigte den Umgang der Familien.* Der Vater Buttmann starb im Juni 1829; die Beziehungen der beiderseitigen Jugend erlitten jedoch durch diesen Tod keine Veränderung. *Betty war nicht nur mit der ein-*

*zigen Buttmannschen Tochter Helena, sondern auch mit einem der jüngeren Söhne, der den Namen seines Vaters – Philipp – trug, nahe befreundet.* Schleiermacher hatte seinerzeit die Einrichtung getroffen, daß Knaben und Mädchen, die an seinen Konfirmandenstunden teilnehmen wollten, zuvor einen vorbereitenden Religionsunterricht bei dem Prediger Deibel zu besuchen hatten. So waren denn Betty und Philipp, beide noch in kindlichem Alter, allwöchentlich zweimal gemeinsam zum Prediger Deibel gewandert, und die gute Kameradschaft in frühen Jahren hatte zu einem vertrauten Verhältnis geführt, in das zwar zu keiner Zeit ein Strahl glühenderer Empfindungen fiel, das sich aber um so sicherer zu einer dauerhaften Freundschaft entwickelte. Philipp Buttmann hatte von seinem Vater den unverwüstlichen Humor und den schlagenden Witz geerbt. Eigenschaften, die ihn in keiner Lebenslage verließen, und die, weil sie nichts als das ungewollte Widerspiel seines inneren heiteren Wesens, seiner jovialen Natur waren, den Verkehr mit ihm höchst ergötzlich machten. Er war zum Studenten der Theologie herangereift, als eines Tages der Gedanke in ihm auftauchte, daß es lustig sein könnte, die Schwester und ihre Freundin Betty in einigen nützlichen Dingen zu unterrichten. Die Mädchen waren mit Freuden bereit, auf den Vorschlag einzugehen, und man vereinigte sich auf »Geographie« und »englische Sprache«. So ehrlich die Absicht war, die Sache ernsthaft zu nehmen, es wurde doch vor allem unglaublich viel gelacht. Philipp fragte z. B. Betty: »Wie heißt die Hauptstadt von Portugal?« Sie: »Ich weiß nicht.« Er: »Wie denn noch?« Und unter ähnlichen Scherzen, die um so wirksamer waren, als der Lehrer dabei die trockenste Miene bewahrte, rann die Zeit vergnüglich dahin. Philipp Buttmann war am 24. Januar 1809 geboren, meine Mutter wie erwähnt am 14. Januar 1808. Es verging später kein 14. Januar, ohne daß der Jugendfreund ihr schriftlich oder mündlich in immer neuen drolligen Variationen sein Bedauern aussprach, daß sie nunmehr nicht nur ein Jahr, sondern zwei Jahre älter sei als er.

Die jungen Mädchen teilte er in drei Klassen: Engel, Trampeltiere und Puten. Ein »Trampeltier« war immerhin noch ein sehr verdienstvolles Geschöpf, das Tüchtigkeit mit vielen guten Gaben des Geistes und Herzens vereinigen mochte; nur die Grazien waren einigermaßen ausgeblieben. Der »Engel« sollte alle Vollkommenheiten der Persönlichkeit besitzen; da aber zu diesen auch äußere Schönheit gehörte, so kam der Schöpfer dieser Kategorien zuweilen in große Verlegenheit, wenn er einem Mädchen wie zum Beispiel Marie Lichtenstein begegnete, deren Talente außerordentlich, deren Charakter bewunderungswürdig war, die auch durch große Anmut des Benehmens sich auszeichnete, die also das Trampeltier weit überragte, und der dennoch die für den Engel erforderlichen klassischen Gesichtszüge fehlten.

*Nun hatte Philipp Buttmann im Klenzeschen Hause auch die Bekanntschaft des Dr. Rudorff gemacht. Beide hatten Gefallen aneinander gefunden, und bald gehörte der junge Jurist zu den am liebsten gesehenen Gästen des Buttmannschen Hauses. Durch Buttmanns wiederum wurde Betty im Klenzeschen Hause, d. h. in der damaligen recht eigentlichen Heimstätte des Dr. Rudorff eingeführt, und so ergaben sich neue Gelegenheiten für die beiden, einander zu treffen und näher kennenzulernen. Frau Professorin Therese Klenze war bei ihrer zarten Gesundheit oft Wochen hindurch genötigt, sich zu schonen und still zu Hause zu halten. Betty kam dann häufig zu bestimmter Stunde, um sie durch ihren Gesang zu erfreuen. Der Dr. Rudorff, der davon Bescheid wußte, stellte sich, so oft es ihm möglich war, ebenfalls ein, um zuzuhören. Das Klenzesche Ehepaar gewann mehr und mehr die Überzeugung, daß hier zwei Naturen sich begegneten, die füreinander geschaffen zu sein schienen, und sie taten das Ihrige, um das sich anspinnende Verhältnis zu fördern. Noch deutlicher war Bettina von Arnim. Sie hatte längst jedem, der es hören wollte – nur gottlob nicht vor den Ohren der Nächstbeteiligten –, gesagt: »der Rudorff muß die Betty heiraten«. Die Hauptsache aber war, daß mein Vater mittlerweile auch im Pistorschen Hause selbst Eintritt gefunden hatte. Er wurde wiederholt zu Gesellschaften gebeten, und bald kam es so weit, daß er auch ungeladen sich einfand, ja daß kaum ein Tag mehr verging, ohne daß er Gelegenheit gesucht und gefunden hätte, Betty entweder in ihrem Elternhause oder an einem dritten Ort zu sehen.*

*Die Musik trat bei dem allen von Anfang an als vermittelndes und verbindendes Element in den Vordergrund.* Nicht nur, daß man sich zu gemeinsamen Besuchen und Genießen von Konzerten und Singakademieproben verabredete und daß Bettys Spiel und Gesang meinen Vater entzückte: Er versuchte auch selbst, das Seinige zur musikalischen Unterhaltung beizutragen. Er begleitete ihr Lieder und nahm mehrfach den ihm befreundeten Theologen Schubring[II] mit in das Pistorsche Haus, um dort Bachsche Orgelfugen auf dem Klavier zu vier Händen mit ihm vorzutragen. *Doch das Gefühl innerer Zusammengehörigkeit, das sich in den beiden immer deutlicher vernehmen ließ, zog seine Kraft*

II Julius Schubring, später Pastor in Dessau, befreundet mit Felix Mendelssohn, dem er bei der Zusammenstellung des Textes zum Paulus behilflich war.

*aus noch tieferliegenden Wurzeln. Entscheidend für die Liebe zweier Menschen zueinander bleibt ja allein jenes letzte Unerklärbare in und an ihnen, das man die Persönlichkeit nennt. Beide waren eins in der unbegrenzten Liebe und Verehrung für Schleiermacher. Damit aber war auch wieder nur die Formel gegeben für das Ganze der ernsten, sittlich-religiösen Lebensauffassung, die den Grund ihres eigenen Wesens ausmachte. Beide schätzten die Äußerlichkeiten des Daseins gering im Vergleich zu den Gütern des Geistes und des Gemüts, die allein ihr innerstes Bedürfen befriedigen konnten. Beide endlich waren wahrhaftige Naturen, unfähig, sich zu verstellen, und von Widerwillen erfüllt gegen alles gemachte Wesen, allen unechten Schein.*

Am 5. Oktober 1829 entschloß sich mein Vater, seine Mutter in das Vertrauen zu ziehen und ihr brieflich mitzuteilen, in wie starke innere Erregung ihn die Beziehungen versetzten, die sich zwischen ihm und Betty Pistor entwickelt hatten. Einiges aus diesen Geständnissen und Schilderungen mag hier mitgeteilt sein. Er leitet dieselben mit den Worten ein: »Es kann nicht anders als dir recht sein, meine theure Mutter, wenn ich in der heiligen und vielbewegten Zeit, in der das Loos über zwei Leben geworfen werden soll, nicht blos deinen Verstand, sondern vor allem dein mütterliches Herz aus tiefem inneren Bedürfniß in Anspruch nehme.« Weiterhin heißt es: »Um Dich zuerst auf den richtigen Standpunkt zu stellen, gebe ich Dir folgende Bemerkungen als einfache historische Wahrheiten und Thatsachen ohne alle Ausschmükkung, wie ich denn überhaupt gleich bevorworte, daß dieses ganze Verhältnis zu Betty auf einer durchaus reinen, ernsten streng sittlichen Grundlage ruht, bei der nicht Sinnlichkeit ... oder Phantasie auch nur im Geringsten im Spiele ist. Ich beginne mit dem Entfernten und Äußeren. Pistors Familie ist, wenn ich nicht irre, hier fremd, aber mit den angesehensten Familien verbunden – und zwar durch einen engen sehr fest zusammenhängenden Familiengeist. Einzelne Namen, Reichardt, die beiden Tiecks, Niebuhr[III], habe ich dir wohl schon genannt. Das Haus und der Garten, in den der freundliche Saal hinausgeht, gehört ihnen gemeinschaftlich mit ihren Vettern von Zschock, und bildet hier ein sehr ansehnliches Besitzthum. Das häusliche Leben darin ist das erste gewesen, was mich, im Gegensatz der hiesigen leeren großen Welt erwärmt und mit heimischem Gefühl angeweht hat. Durchaus eine gründliche Ordnung und Nettigkeit bei ererbtem Familienbesitz und einfachen Stoffen. Die Tische z. B. eichen, die Sophas und Stühle noch

III Barthold Georg Niebuhr war von Henslerscher Seite her verwandt.

die vor 25 Jahren gekauften. Dabei kein Prachtzimmer, weil es die beiden Wohnzimmer schon sind, worin die Mutter und die einzige Tochter den ganzen Tag, die übrigen Hausgenossen den Abend verleben. Gegenüber Pistors ansehnliche und einträgliche Werkstatt. Zum Hause gehört auch Bettys alte Amme ›die Jungken‹, die bis auf diese Stunde ihre Stadische Sprache und eine patriarchalische Autorität über ihre Pfleglingin geltend macht, die wohl mitunter mit ›Du grote garstrige Deern‹ von ihr angeredet wird. Alles dieses, was ich nicht in einzelnen, mit Liebe ausgelesenen Zügen, sondern so wie es sich mir gab, dargestellt habe, hat etwas Gewinnendes und Wohlthuendes, und der Wiederklang dieser Empfindung, die es in mir hervorbrachte, hat bei der Mutter bald die Gewohnheit entstehen lassen, mich als einen Gleichgesinnten zur Familie zu zählen. – Ich gehe zu den Personen über, nachdem ich den Hintergrund beschrieben habe. Der Mutter Art ist einfache, fast möchte ich sagen etwas hausbackene, aber durch und durchgehende Wahrheit und Gutmüthigkeit. Diese samt dem eigenthümlichen Ordnungs- und Nettigkeitssinn hat sie auf Betty vererbt, in vollem Maße. Das Ernstere, Tiefere und Künstlerische in der Letztern Charakter, gesteht sie höchst unschuldig, habe sie in Bettys Alter nicht gehabt, dies käme vom Vater her. Wissenschaftliche Bildung und Vorbildung beides Gottlob gleich fremd, ja eine gewisse Scheu und Ehrfurcht vor dem gedruckten Buchstaben, die ich an Frauen so gern habe. Sie konnte lange nicht begreifen, daß ich Bücher schreibe und ordentlich drucken lasse. – Was nun Pistor betrifft, so steht es hier ganz anders. Außer seinem bedeutenden Beruf als einer der ersten Oberpostbeamten der Monarchie hat er großen künstlerischen Sinn. Er ist der ausgezeichnetste Mechanikus Deutschlands. Von seinen Dampfschiffen u. s. w. habe ich wohl schon erzählt. Daneben ein tiefes wissenschaftliches Bedürfniß, ein eigentlich spekulativer Philosoph, der Schleiermachers Sachen mit einem unglaublichen Eifer treibt ... Er ist nach Schleiermachers Urtheil ein geistreicher und g a n z e r Mensch, von Charakter und Herzen.

Indem ich nun mich anschicke, von Betty zu reden, muß ich wohl noch besonders wiederholen, daß die obige Versicherung historischer Treue auch hier nicht dadurch Abbruch leidet, daß der Gegenstand mir werther und theurer ist. Wie ich bei aller scheinbarer Veränderlichkeit in meinen Neigungen doch einen sehr consequenten Gang wahrnehme, so auch hier. Betty ist ein Mädchen von dem Schlage, der mir von jeher allein der rechte war, wie Franziska es war und wie Du, meine Mutter! es gewesen sein mußt; denn oft hat sie mich an beide erinnert. Eine äußerliche sinnliche Schönheit ist sie durchaus nicht, obgleich sie in einzelnen Momenten z. B. heute als Kranzjungfer bei ihrer Cousine[IV] ausgezeichnet gut aussieht. Aber ein durchgehender Ausdruck von Geist und Güte vergeistigt die an sich nicht schönen Gesichtszüge. Ihr Talent ist hier, und das will etwas sagen, als ersten Ranges anerkannt, sowohl Klavierspiel als Gesang; beides köstliche Naturgaben, ohne große Anstrengung gepflegt und gewartet. Aber die Bewunderung, die ihr deshalb gezollt wird, hat sie nicht verdorben! Wo in einer Gesellschaft Einer verlassen steht, an den macht sie sich und unterhält ihn; wo sie Einen oder Eine sieht, die sich zeigen möchte, wie neulich die Demoiselle Richter, an die macht sie sich um sie in Gang zu bringen, zieht sich dann zurück und hört mit wahrer Freude an der Sache zu. Kurz eine allgemeine Bescheidenheit, Ruhe, Gutherzigkeit und Toleranz, die ihres Gleichen nicht hat, geht durch ihr ganzes Wesen. Statt vielen nur noch einen Zug, der die Mutter und auch mich tief gerührt hat. Pistor ißt des Abends gern Fisch, es ist kein Mädchen da um ihn zu holen und die Mutter in Verlegenheit; da erbietet sich Betty mit einem Korbe zu Markt zu gehen, geht hin, hat ihre Noth und Angst, weil er im Korbe zappelt, und bringt ihn doch glücklich nach Hause. Daß dabei Verstand und Gemüth nicht fehlen können, hatte Klenze längst vermuthet, aber ihr bescheidenes Wesen ließ lange diese trefflichen Eigenschaften nicht so hervorblicken; nur ein großer geselliger Takt, eine Heiterkeit und Freiheit des Tons neben strengem Bewußtsein der Gränze zeigte sich immer. Dies die Grundzüge zu ihrem Bilde. Unter allen, die sie kennen, und zwar Leuten der verschiedensten Richtung, Schleiermacher, der sie eingesegnet hat, Frau von Arnim, Buttmanns, Klenze's, Savigny's etc. auch nur e i n e Stimme über sie. Das wahrhaft mütterliche, oft naive Entzücken der Mutter über sie und des Vaters stilles Wohlgefallen sind wahrhaft ergreifend. ... Aus den 3 Jahren, seit welchen ich Betty kenne, stehen mir 2 Abende besonders lebendig vor der Seele, einer bei der Arnim, wo sie alte Italiänische Musik aus der Partitur begleitete ..., der andere bei Schleiermachers, wo unter den vielen glatten und äußerlichen Gestalten Bettys ruhige und freundliche Haltung mich recht eigentlich erwärmte und erfreute. Erst diesen Sommer und zwar erst im August entstand ein näheres Verhältniß, aber auch so gründlicher Art, daß es mir gleich vom ersten Moment total anders dabei zu Muthe war wie bei jedem anderen. Ich hatte gewünscht, besonders durch Klenze's großes Interesse an Betty aufmerksam gemacht, bei Pistors bekannt zu

IV Mine Steltzer verheiratete sich in diesen Tagen mit Herrn von Klewitz.

werden. Am 4ten August war eine Parthie nach Pichelsberg in größerer Gesellschaft verabredet, wobei Betty und ihre Mutter zugegen waren. Schon früher hatte mich die Arnim einführen wollen, aber die Pistor hatte es abgelehnt. Jetzt lud diese mich selbst ein, nachdem sie Betty aufgefordert hatte, mich mit ihr bekannt zu machen, mit den Worten: ›Herr Doktor, wollen Sie uns nicht einmal besuchen, sie hören Betty gern spielen.‹ Betty selbst, das heftigste Kopfweh verleugnend, war durch ihre freie heitere Geselligkeit und durch ihren schönen Gesang bei der Überfahrt über den See die eigentliche Seele der Gesellschaft. Bei der Rückfahrt war ich mit auf Pistors Wagen und sprach, obgleich mehrere recht wackere und achtungswerthe Mädchen dabei waren, nur mit Betty über ernsthafte Sachen ernsthaft, besonders über das ehemalige Verhältniß im Mendelssohn'schen Hause, über Klingemann und seine negative Art u. dergl. Von der Zeit an wurde ich bei Klenze's mit ihr geneckt und bald darauf am 10ten August zu meinem Ärger bei einem souper neben sie placiert, worüber wir nachher viel leiden mußten. Am 12ten August unternahmen Klenze's eine zweite Tour nach Pichelsberg. Der Kreis war enger, Betty und Helena Buttmann hatten Erlaubniß bekommen mit Theil zu nehmen, das ganze Zusammensein war inniger und obgleich Klenze Betty viel mehr den Hof machte als ich, der ich von Therese für ein Klötzchen gescholten wurde, war der Abend ungemein lieb, und ich fühlte eine recht warme Zuneigung zu Betty, die eigentlich ohne es zu wollen, doch wieder der Mittelpunkt des Festes war. Einige Tage darauf, am 18ten August, war ich einen Abend lang zum ersten Mal bei Pistors in dem oben beschriebenen Gartensaal. Mutter und Tochter waren allein. Der Eindruck, den ich empfing, war überaus wohlthuend. Ein Geist der Ordnung, Nettigkeit ohne Pracht, und der häuslichen Zufriedenheit wehte mir entgegen, wie fast noch nirgends.«

*Obgleich nun jeder Tag den beiden die Überzeugung stärken mußte, daß ihre Seelen sich für alle Zeit in der innigsten Übereinstimmung gefunden hatten: dennoch verstrichen noch Wochen, ja Monate, ohne daß das entscheidende Wort von seiten meines Vaters gesprochen wurde. Bedenken über Bedenken durchkreuzten und lähmten in seiner Seele das unmittelbare Gefühl. Bald zergrübelte er sich mit Zweifeln, ob die Wärme seiner Empfindungen auch ein ganzes Leben hindurch dieselben bleiben würden, bald glaubte er, ein Mensch von so reizbarem Temperament wie er sei, dürfe überhaupt nicht heiraten, um den anderen Teil nicht unglücklich zu machen, und was dergleichen Selbstquälereien mehr waren. So wurde er von Stimmungen hin- und hergeworfen, mit denen er sich und anderen schwere Stunden bereitete, während durchaus nichts Tatsächliches vorhanden war, das Veranlassung gegeben hätte, schwankend zu werden. In rührendem Gegensatz zu diesem Stürmen und Wogen stand das stille Harren auf weiblicher Seite. Nirgends findet sich in Bettys früheren Aufzeichnungen auch nur eine Andeutung, daß in ihr ein Liebesgefühl für einen der jungen Männer erwacht sei, die ihr bis dahin Zeichen ihrer Zuneigung oder gar ihrer Leidenschaft gegeben hatten, während sie doch für deren Freundlichkeiten durchaus nicht unempfänglich gewesen war. Nun aber war es plötzlich ernst in ihrem Herzen geworden. Sie vertraut dem Tagebuch an, daß sie den Mann gefunden habe, der ihrer Seele alles zu geben vermöge, was sie sich jemals erträumt –* er sei so klug, so gut! *Aber an ein solches Glück dürfe sie nicht denken, sie wisse wohl, daß sie viel zu gering sei, um ihm genügen zu können.* So spricht die echte Weiblichkeit, wie Chamisso sie erfaßt und unvergleichlich wiedergegeben hat.[2] Das Mädchen, in dessen Seele die wahre tiefe Liebe eingezogen ist, kann es nicht glauben, daß der Mann, der ihr als »der Herrlichste von Allen« erscheint, sie, die Arme, erwählen und beglücken sollte. *Als nun aber dieser Mann sich ihr offensichtlich mehr und mehr nähert und doch immer wieder schweigt und schweigt, da bricht freilich einmal die Klage hervor: »Ich weiß ja, daß es thöricht von mir ist Hoffnungen zu hegen, aber warum kommt er dann immer wieder? Warum quält er mich?« Nach und nach wird sie zuversichtlicher. Sie gewöhnt sich daran, daß bei ihm das Wetter wechselt, und wenn sie zuerst schmerzlich darunter gelitten hatte, daß sein Benehmen gegen sie plötzlich zurückhaltend, ja kalt werden konnte, oder daß er mitunter tagelang sich nicht sehen ließ, so hatte sie jetzt die Erfahrung gemacht, daß nach jeder solchen Bewölkung der Himmel nur um so blauer wieder zum Vorschein kam. Als er aber sich endlich selbst einen »Lauensteiner« schalt, der seinen Freunden mit seinem wetterwendischen Wesen das Leben verbittere, da hatte der Pfeil seine Spitze verloren. Die Wintermonate waren unter stillem Warten dahingegangen. Endlich brach die Frühlingssonne hervor und verscheuchte den letzten Nebel. In meines Vaters Herzen hatte die Gewißheit der Unzerstörbarkeit seiner Liebe den vollen Sieg über alles Zweifeln und Zagen davongetragen, und die Feier seines Geburtstages, des 21. März, die bei Klenzes mit den nächsten Freunden zugleich zum Frühlingsanfang begangen wurde, erhielt ihre unvergeßliche Weihe dadurch, daß er sich nach Tisch im Garten mit seiner Betty verlobte.*

*Die Befriedigung, die dieses Ereignis hervorrief, war in der Pistorschen Familie wie unter den Berliner Freunden des Brautpaares allge-*

*mein.* Was Felix Mendelssohn an seinen Freund David darüber schrieb, ist schon berichtet. Über die freundliche Art, mit der man im übrigen der Verlobten im Mendelssohnschen Hause gedachte, liegen mir ein paar schriftliche Äußerungen vor, die ich hier einfügen möchte. Am 16. Mai 1830 schreibt Rebekka an Klingemann: »Zu Rudorff und Betty haben Sie auch noch nicht gratuliert. Dies Brautpaar ist das angenehmste, das ich noch gesehen habe; sie scheinen glücklich zu sein und zeigen es ohne Ziererei und ohne Aufdringlichkeit, es läßt sich sehr gut dabei leben. Einst schrieben Sie, Sie hätten – Gott weiß wo – eine früher von Rudorff Angebetete gefunden; mit der habe ich ihn noch nicht geneckt, theils aus Zartheit, größtentheils, weil ich den Namen und die näheren Umstände nicht weiß. O schreiben Sie davon! Es ist sehr ersprießlich, in einzelnen Fällen die Eifersucht einer Braut auf die Probe zu stellen. – Obiges Brautpaar war neulich vom Liederspiel sehr gerührt.« Dann am 20. August 1830: »Ihr Rudorff hat noch nicht geheirathet und wird es auch nicht vor nächstem Frühjahr. Er ›käuft‹[V] sich neue Möbel zu seiner Einrichtung und zeigt und preist sie mit echter Kennermiene. Ich liebe seine Braut fast mehr als ihn; so geht mir's aber mit den meisten jetzigen Braut- und Ehepaaren.«[3]

*An die Seinigen in Lauenstein aber schrieb mein Vater am 30. März: »Meine geliebten Eltern! Die vielen Besuche dieser Tage haben mich noch nicht dazu kommen lassen, Euch, denen die Nachricht zuerst hätte werden müssen, zu sagen, daß sich mein Lebensschicksal insofern entschieden hat, als ich seit meinem Geburtstag mit Betty verlobt bin ... Wenn ich bedenke, welch ein Mädchen mir zu Theil geworden ist, wie frisch und gesund an Leib und Seele, milde, liebevoll und verständig, ohne alle Ziererei, eben weil sie durch und durch von der reinsten, ächtesten Frömmigkeit ist, voll angenehmer Talente – dabei von ganzem Herzen mir zugethan, häuslich und sittsam und anspruchslos, die sich nie sträuben, sondern sich glücklich fühlen wird, die Tochter meiner alten biederen genügsamen Eltern zu heißen – wenn ich dies alles bedenke, so kann ich Gott auf den Knieen nicht genug danken, und ihn nur bitten mir Gnade zu verleihen, daß ich nie ein Glück zerstöre, was mir durch diese herrlichen Eigenschaften in so hohem Maaße beschieden ist. Noch mehr muß mich in meiner Wahl die allgemeine Freude und Anerkennung bestärken, die sie bei allen unseren beiderseitigen Freunden erregt hat. Schleiermacher sagte, er hätte gutes Vertrauen zu der Sache; Savigny war außer sich vor Freude, daß ich ein so vortreffliches*

V »käuft« statt »kauft« ist hannoversche Sprechweise.

*Mädchen bekommen hätte, in Bettys Familie bin ich überall auf das Liebevollste begrüßt worden, und die Arnim, nachdem sie mich geküßt hatte, sagte: ›Und da sind mal wieder ein Paar Menschen zusammen, die zu einander gehören; die hat Alles um einen Mann glücklich zu machen; nun nehmt Euch in Acht, daß Ihr es nicht zerstört!‹* Klenze und seine Frau sind die nächsten Zeugen unseres Glücks gewesen, in ihrem Hause ist es zuerst ausgesprochen.« In einem späteren Brief an die Mutter heißt es: »Betty hat neben anderen Tugenden, neben verständigem, besonnenem Wesen, neben Muth und Ausdauer in Leiden, besonders einen großen Reichthum der ächtesten lautersten Liebe. Sie gestaltet sich zu der wahrsten, innigsten Frömmigkeit gegen Gott und zu der edelsten Milde im Urtheil und im Betragen gegen jeden anderen Menschen, auch den Irrenden und Schwachen. Sie hat sie von ihrer Mutter, der manches andere Vorzügliche, das Betty besitzt, dagegen abgeht. ... Nur wer sie persönlich gesehen hat, kann glauben und wissen, wie gut, edel und einfach sie ist, und ich verlange auch garnicht, daß du sie lieb haben sollst auf ihre freundlichen und kindlichen Briefe hin, ehe du sie selbst näher kennst.«

*Es hatte etwas lange gedauert, ehe von Lauenstein Nachricht kam, wie man das Verlöbnis aufgenommen, so daß mein Vater anfing, erregt darüber zu werden. Dies Schweigen hatte seinen Grund wohl hauptsächlich in der Eigentümlichkeit der Mutter, die ihrer tief empfindenden, aber auch schwerblütigen Natur nach das Bedürfnis hatte, ernste Dinge erst lange Zeit im eigenen Inneren hin- und herzubewegen, ehe sie sich darüber äußerte. Ohne Zweifel hatten die Berichte meines Vaters das Ihrige getan, um das beste Vorurteil für die unbekannte Schwiegertochter zu erwecken, und es fehlte deshalb in den Briefen der Eltern, als sie endlich eintrafen, auch durchaus nicht an liebevollen Worten für sie. Dennoch wird es begreiflich erscheinen, wenn die beiden Alten mit einer gewissen Spannung, die nicht ganz frei von Sorge war, dem Augenblick der ersten persönlichen Bekanntschaft entgegensahen. Die Gegensätze der äußeren Verhältnisse auf beiden Seiten waren denn doch in der Tat sehr groß. Mußten sie nicht fürchten, daß die junge, in einer reichen, angeregten Geselligkeit aufgewachsene, an städtische Genüsse gewöhnte Berlinerin mit ihrem Wesen und ihren Ansprüchen in die Stille, die Abgeschiedenheit, die hannoversche Eigenart ihres ländlichen Daseins hineinpassen würde? Und würde sie dann nicht einen Mißklang in ihr ganzes Familienleben bringen? Mein Vater teilte den Eltern seinen Wunsch mit, in den Sommerferien ihnen die Braut in Begleitung ihrer Mutter zuzuführen, damit sie in einigen Wochen tägli-*

*chen Beisammenseins sie gründlich kennenlernen, ihr wahrhaft nahetreten könnten. Die Erwiderung der Mutter lautete keineswegs ermutigend: Der Vater sei wenig wohlauf, bedürfe der Ruhe, man fürchte die Gegenbesuche unliebsamer Nachbarschaft, der das Brautpaar sich doch werde vorstellen wollen, auch möchte die Bewirtung in der Knabenburg von den Gästen wohl zu einfach befunden werden, u. s. w. Mein Vater war tief verletzt, aber seine Antwort, die ebenso energisch wie pietätvoll alle diese Bedenken abwehrte, tat die erwünschte Wirkung. Man hieß endlich den angekündigten Besuch herzlich willkommen, und nach einem Umweg über Wernigerode, wo Radeckes aufgesucht wurden, traf das Brautpaar mit der Mutter Pistor an einem der ersten Septembertage in Lauenstein ein.*

*Nun erwiesen sich gottlob alle Sorgen, die die Herzen beschwert hatten, als völlig unbegründet. Gleich der erste Eindruck, den die Erscheinung und das Wesen meiner Mutter, ihre Schlichtheit, ihre Bescheidenheit, der Ausdruck von Herzensgüte in ihren Zügen auf die Schwiegereltern machte, schlug alles Fürchten und Widerstreben in ihnen nieder. Der Vater sattelte noch am selben Abend sein Pferd und ritt über den Berg nach Haus Harderode hinüber, um seinem alten Freunde von Nolting, dem einzigen, mit dem er in der Nachbarschaft verkehrte, Bericht zu erstatten. Dieser, der von allen bangen Erwartungsgefühlen auf der Knabenburg wohl unterrichtet war, stand vor seinem Hause, als der Reiter heransprengte. »Sie ist gut, sie ist gut!« rief ihm mein Großvater schon vom Pferde herunter entgegen; »sie ist kein Stadtaffe!« Meine Mutter, die bisher von der Welt außer Berlin und Umgegend nichts gesehen hatte als das freilich sehr schöne Wernigerode, war entzückt über die reizende Lage von Lauenstein, über die Fülle herrlichen Laubwaldes, der bis unmittelbar an die Gartenmauer der Knabenburg reichte. Für die Naturen der beiden Schwiegereltern aber, deren Eigentümlichkeiten so äußerst verschiedener Art waren, gewann sie bald ein liebevolles Verständnis. Der Vater, der, von körperlichen Beschwerden heimgesucht, oft in hypochondrisches Hinbrüten versank, wurde lebendig und interessant, wenn man ihn auf seine kriegerischen Jugenderlebnisse zu bringen wußte, und der lebhafte Anteil, mit dem die Schwiegertochter seinen Erzählungen zuhörte, regte ihn um so mehr an, sich ihr mitzuteilen. Für die Mutter mit ihrem Reichtum an Verstand und gemütvoller Innerlichkeit hatte sie schon aus der Ferne die größte Verehrung gefaßt. Jetzt lernte sie auch, ihr durch ihre eigene Frische und unbefangene Betrachtung aller Lebensverhältnisse wohlzutun und über manche schwermütige Anwandlung hinwegzuhelfen. Vier glückliche, in stets wachsendem Einvernehmen verbrachte Wochen legten den Grund zu einem durch nichts getrübten, bis an das Ende der beiden Eltern währenden innigen Verhältnis. Der Vater pflanzte im Herbst einen Walnußbaum zum Andenken an das Jahr, das ihm eine so gute, liebe Tochter geschenkt hatte. Der Baum stand im Garten der Frontseite des Hauses gerade gegenüber und erfreute durch seinen mächtigen, schönen Wuchs wie durch seine Früchte Enkel und Urenkel, bis vor einigen Jahren ein Sturm ihm zu allgemeiner Betrübnis ein ungeahnt rasches Ende bereitete.*

*Vom Verloben bis zum Heiraten war es nun freilich immer noch ein Schritt, der aus praktischen Rücksichten ernst überlegt sein wollte. Mein Vater war jetzt seit einem Jahr außerordentlicher Professor an der Universität und bezog als solcher 200 Taler jährliches Gehalt.* Daneben hatte er durch seine Vorlesungen an Studentenhonorar im letzten Jahr eine überraschend große Einnahme gehabt. Er las im Winter römische Rechtsgeschichte und Institutionen, im Sommer Pandekten, daneben je ein öffentliches Kolleg über Erbrecht oder römischen Zivilprozeß. Im Wintersemester hatte er in den genannten Vorlesungen 170, 105 und 65 Zuhörer gehabt, d. h. nächst Savigny und Gans die meisten in der juristischen Fakultät.[VI] *Außerdem war ihm die »Studiendirektion« über sechs junge Russen übertragen worden, die der russische Kaiser[4] in Berlin ausbilden ließ, um sie später in ihrer Heimat als juristische Professoren zu verwenden. Das brachte eine Jahreseinnahme von 300 Talern in Gold, deren Wiederholung für eine Reihe von Jahren gesichert erschien. Für den Augenblick sah sich also seine äußere Lage ganz auskömmlich an. Völlig sicher für die Zukunft aber standen nur die 200 Taler jährlichen Professorengehalts. Und wie schwankend es mit dem übrigen bestellt war, sollte der nächste Winter schon erweisen. In Paris hatte die Julirevolution wieder einmal alle Leidenschaften des Volkes entfesselt und das Unterste zuoberst gekehrt. Die Erschütterung, die die öffentlichen Zustände erlitten hatten, blieb natürlich nicht auf Frankreich beschränkt, sondern teilte sich mehr oder weniger dem ganzen übrigen Europa mit. Am 12. Oktober schreibt mein Vater: »Die politischen Bewegungen im mittleren Deutschland sind zwar gestillt, aber in Belgien steht die Sache ganz verzweifelt; das Volk will eine Unabhängig-*

VI Diese Zahlen sind in Anbetracht der Jugend des Dozenten sehr bedeutende und beweisen, daß mein Vater in frühen Jahren als Universitätslehrer auch bei der Majorität der Studierenden großen Erfolg hatte. Brinz' Angabe, daß seine Vorlesungen nur von einem kleineren Kreise besonders intelligenter und wohlvorbereiteter Zuhörer gewürdigt worden seien, trifft also lediglich für die spätere Zeit seiner Lehrtätigkeit zu.

*keit, die ihm nichts nützen wird,* lieber, als eine Abhängigkeit von einer freisinnigen, liberalen Regierung. *Die Papiere fallen ungeheuer, Mendelssohn soll 200.000 Rthlr. verloren haben. Unter diesen Umständen ist die Aussicht zum Kriege mit den Belgiern, besonders bei ihren Angriffen auf Luxemburg, worin wir das Besetzungsrecht haben, sehr wahrscheinlich; so wenig wünschenswerth auch dieser Zustand jetzt bei der Theuerung der Lebensmittel für uns sein dürfte. ... Dem Grafen Stolberg haben die Aufrührer zu Gedern sein Archiv verbrannt, und Savigny zu Trages sein Haus anzustecken gedroht, wenn er nicht sogleich auf seine Weidegerechtigkeit*[5] *verzichte. Der Bundestag hat indeß (in seiner Nähe) sehr kräftige Maßregeln ergriffen, die auch bereits gefruchtet haben.« Einen hübschen Zug von Friedrich Wilhelm III. aus dieser Zeit teilt ein späterer Brief mit: »Was bei uns die Persönlichkeit des Königs thut, zeigt sich jetzt. Nach den Rheinprovinzen hat er den vortrefflichen Prinzen Wilhelm, seinen Bruder* und den liberalsten von der Familie *geschickt, nachdem er seinen Sohn, der von dort zurückkam, nicht vorgelassen hatte, weil er Manches verdorben hatte. Jetzt ist sowohl in Posen als am Rhein der Punkt vorüber, wo es zünden konnte. Kürzlich haben hier die Prinzen eine Erweiterung der Jagd um Berlin durchsetzen wollen, sich hinter das Finanzministerium und den ersten Staatsminister gesteckt, und sind ihrer Sache ganz gewiß gewesen. Als aber dieser die Sache vorträgt, hört ihn der Alte gar nicht mal aus, sondern antwortet: ›Dummes Zeug, dergleichen Rechte muß man jetzt nicht erweitern. Abgeschlagen! Weiter!‹«*[6]

Die Regierungen waren überall auf der Hut, und in der Voraussicht möglicher Katastrophen suchte man namentlich auch, die Ausgaben einzuschränken. Hierunter aber hatte nun auch mein Vater zu leiden. Im April 1831 wurden die sechs russischen Rechtskandidaten vergeblich in Berlin erwartet. Das russische Ministerium hatte seine zivilisatorischen Pläne in dieser Richtung für den Augenblick aufgegeben und mit den 300 Talern regelmäßiger Jahreseinnahme, auf die er von dort her gehofft hatte, schien es nichts zu sein. Ein kleiner Ersatz wurde ihm von anderer Seite. Man forderte ihn auf, am Werderschen und Joachimsthalschen Gymnasium in zwei wöchentlichen Stunden juristische Enzyklopädie zu lesen. Die Zuhörerschaft bildeten Primaner, die die Absicht hatten, die Rechtswissenschaft zu studieren, und denen es erwünscht war, schon vor dem Übertritt in die Universität im allgemeinen über den Gegenstand ihres zukünftigen Lernens und Strebens orientiert zu werden. Der Lohn für die Mühen des Vortragenden war gering, er betrug nur 100 Taler jährlich, aber er bedeutete dafür ein unkündbares Einkommen. Unter den jungen Leuten, in deren freiem Willen es lag, ob sie sich zu den Vorlesungen melden wollten oder nicht, fanden sich fast immer strebsame Elemente, die mit lebhaftem Interesse den Vorträgen folgten. Der Eifer und die Unbefangenheit des Aufnehmens, wie sie meinem Vater hier entgegentraten, machten ihm Freude, und so hat er bis in seine letzten Lebensjahre sich nicht entschließen mögen, diese unscheinbare Nebentätigkeit aufzugeben.

In den politischen Zuständen trat jetzt mehr und mehr Beruhigung ein. Dafür erschien ein Gespenst am östlichen Horizont, das in ganz Europa alle Gemüter vollends in bangen Schrecken setzte: Die Asiatische Cholera. Es war das erstemal, daß die furchtbare Seuche die Grenzen Asiens und dann auch des europäischen Rußland überschritt, um endlich bis weit in den Westen alles Land heimzusuchen. Daß das Unbekannte in besonderem Maße Furcht und Entsetzen erregt, ist ja natürlich; aber die Krankheit trat auch tatsächlich so heftig und verheerend auf, wie es bei einer späteren Wiederkehr wohl kaum jemals der Fall gewesen ist. Mein Vater schreibt am 8. Juni nach Lauenstein, nachdem er über seine Arbeiten[VII] und Absichten berichtet: »Aber freilich was sind menschliche Aussichten und Entwürfe in dieser Zeit, wo die unheilbare Seuche, die wie ein Gewitter vom Osten immer näher rückt, das ganze menschliche Geschlecht einmal wieder seine Nichtigkeit und seine Abhängigkeit von Gott empfinden läßt. In Danzig am Hafen weht die gelbe Pestflagge; auf jedes Schiff, das sich auf den ersten Schuß nicht entfernt, wird scharf gefeuert. Vom 3ten bis 6ten dieses Monats sind 71 erkrankt und 39 gestorben und schon 400 Gräber im Voraus gemacht. Der Schändlichkeit der russischen Regierung haben wir dies Übel zu verdanken und wenn die dänische und hannöversche nicht dieselbe Sorgfalt verwendet wie die unsrige, so droht es auch von Flensburg Hamburg und Bremen her. Und auch bei dieser Sorgfalt wird die Krankheit, welche den Weg von Calcutta bis Danzig fand, ihn auch weiter zu finden wissen. Vor dem Frankfurter Thor gegen Danzig haben wir Quarantänanstalten; sollte das Übel in dieser großen Stadt ausbrechen, so wäre die moralische Wirkung auf den Verkehr gar nicht abzusehen und die Zahl ihrer Opfer würde nicht gering sein.«

Das Zunehmen der Epidemie tritt nun auch hindernd zwischen die Pläne meines Vaters. Er gibt die beabsichtigte Ferienreise zu den Eltern

---

VII Schon seit geraumer Zeit beschäftigte ihn die Arbeit an seinem Werk »Die Vormundschaft«. [Adolf Rudorff: Das Recht der Vormundschaft aus den gemeinen in Deutschland geltenden Rechten entwickelt, Berlin 1832–1834.]

auf und schreibt am 3. September: »Unter den jetzigen schweren Zeitumständen ist an eine Reise garnicht zu denken. Sei es Unachtsamkeit unserer Behörde oder was sonst, kurz man hat trotz der allgemeinen Sperre der Oder versäumt, den Finow-Kanal und Friedrich-Wilhelms-Graben, wodurch die Spree mit der Oder zusammenhängt, zu schließen und so ist denn wirklich die Cholera in Berlin eingeschleppt.[VIII] Sie kündigte sich schon vorher an durch ein plötzliches Sterben aller Schwäne auf der Spree; dann starb am 30ten August ein Fischer an ihr in Charlottenburg und am 31ten hier 4 Personen. Wäre es nach menschlicher Aussicht vorauszusehen, daß dem Übel Schranken gesetzt werden könnten, so würde ich zwar, da ich Zeit und Geld habe, Alles aufgeboten haben, meine geliebte Betty und mich in Sicherheit zu bringen. Allein es läßt sich leicht absehen, daß der an der Elbe gezogene Kordon ebenso wenig helfen wird, wie der an der Oder. Zudem konnte ich mit Betty nicht allein reisen und diese konnte ebenso wenig Vater und Mutter verlassen. Ich aber würde es für Feigheit gehalten haben, blos das eigene arme Leben in Sicherheit bringen zu wollen und meine Braut in der Gefahr zu verlassen; und darin stimmt Ihr mir gewiß bei. ... Ich bin sogleich nach dem Ausbruch der Krankheit in Pistor's Haus (Mauerstraße No 34) gezogen, theils weil die Gegend höher und gesünder liegt als meine Wohnung in der Marienstraße, theils weil es der größeste Trost ist, mit seinen Lieben zusammen sein können, wenn man sich gegen außen ganz abschließt. Und welch ein Trost ist es! Welch ein Engel Betty ist, glaubt Ihr auch garnicht. Sie macht in diesem Monat ihr Probestück mit der Wirthschaft zu allgemeiner Befriedigung, ist dabei immer heiter und eine wahre Glaubensheldin; sie denkt nie an sich, aber immerfort an mich. Mir fehlt hier also garnichts; ich habe eine hohe, helle, gegen Mittag gelegene schöne Stube mit einem besonderen Aufgang, die mir Frau von Zschock eingeräumt hat, auf der ein Theil meiner Möbeln steht, und auf der ich nun meine ›Vormundschaft‹ vollende. Für einen Fall eines Anfalls der Krankheit sind alle möglichen Heilmittel und Apparate zur Hand; das Haus im Ganzen ist geräumig, nur von 10 Personen bewohnt und kann ganz zugeschlossen werden, wozu Frau von Zschock schon jetzt große Lust bezeigt. An frischer Luft fehlt es auch nicht, da sogleich ein Garten daran stößt, in dem man jeden Augenblick Luft schöpfen kann. Und was mehr als das Alles ist, ist die

VIII Man hatte sich eingebildet, die Cholera müsse von Osten kommen, und infolgedessen am Frankfurter Tor die oben erwähnten Vorsichtsmaßregeln getroffen. Die Dinge aber kamen anders; der erste Cholerafall ereignete sich zur Befriedigung der spottsüchtigen Berliner am entgegengesetzten Ende der Stadt.

Nähe meiner lieben theuren Betty, von der ich auch mit Wahrheit sagen kann: Wen Gott lieb hat, dem giebt er so eine Frau. ... Was endlich Euch meine Lieben betrifft, so ist es zwar möglich, daß der nahende Winter und menschliche Vorsicht dem Vordringen der Seuche zu Euch ein Ziel setzt, obgleich die Richtung, welche sie durch die Revolution der Polen – welche mit Mord und Blut anfängt und aufhört – einmal genommen hat, auch über Euch führt. Solltet Ihr nicht verschont bleiben, so will ich, sobald die Elbe überschritten ist, Euch alle Vorsichtsmaßregeln zukommen lassen, die jetzt erfunden sind und die die Erfahrung noch an die Hand geben wird. Auch hoffe ich wird es bei Eurer reinen Bergluft und gesunden Lage so schlimm nicht werden.«

Zum 16. Oktober, dem Geburtstage der Mutter, schreibt er: »... wenn Cordons und Sperren uns scheiden, sodaß man aus Mecklenburg nicht einmal mehr gebratene Truthähne zu uns hereinläßt, so sind unsere Seelen am 16[ten] doch bei dir und legen dir liebe Herbstblumen auf deinen Geburtstagskuchen.«

Lauenstein war von der Seuche verschont geblieben. Auch in der Umgegend hatte sich die Krankheit nicht gezeigt, so daß die Mutter, die nach mancherlei häuslichen Strapazen einer Erholung bedürftig war, es hatte wagen können, eine Reise in das Wesertal zu unternehmen. Im Osten aber wollte die Krankheit bis gegen Ende des Jahres nicht weichen. Der Feldmarschall Gneisenau erlag ihr in Posen. In Berlin starb nach ganz kurzem Leiden der Philosoph Hegel. Binnen fünf Minuten war er gesund und tot. Die Universität blieb über den üblichen Termin hinaus geschlossen. Als sie endlich am 15. November wieder eröffnet wurde, war die Zahl der Studierenden wesentlich geringer als gewöhnlich. Natürlich ließ auch bei meinem Vater der Besuch der Vorlesungen zu wünschen übrig, und die Ebbe hielt noch über das Wintersemester hinaus an. Er war, als die Epidemie den Höhepunkt überschritten zu haben schien, wieder in seine eigene Behausung in der Marienstraße zurückgekehrt, wo er nun schon mehrere Jahre von der Vermieterin, Frau Brehmer, gut versorgt worden war. Hier hatte er seinen Bruder Valdec bei sich wohnen lassen und für dessen äußere Erziehung ebensowohl ausschließlich gesorgt, als er keine Ausgabe und keine Mühe scheute, ihn in seinem juristischen Studium zu fördern.

Mit dem Schluß des Sommersemesters 1829 hatte diese Gemeinschaft ihr Ende erreicht. Valdec war nach Göttingen übergesiedelt, hatte dort sein Doktorexamen bestanden und sich nach vielem Hin- und Herschwanken entschlossen, bei den Eltern in Lauenstein zu bleiben, um dem Vater in der Bewirtschaftung des kleinen Besitzes beizustehen und sich zugleich dort als Advokat zu betätigen. Nun sollte noch einmal ein Genosse dies Zimmer in der Marienstraße mit meinem Vater teilen. Sein früherer Studiengenosse Karl von Hinckeldey, der letzte seiner Universitätsfreunde, den er selbst in einem Briefe an die Eltern »einen höchst ausgezeichneten Menschen von Herz und Verstand« nennt, kam im Herbst 1831 nach Berlin, um sich dort für sein drittes Examen vorzubereiten, und ging gern auf den Vorschlag meines Vaters ein, bei ihm Wohnung zu nehmen. Zwischen beiden bestand eine herzliche Freundschaft, die in der Gemeinschaft nicht nur der Berufsinteressen, sondern auch vor allem der gesamten Lebensauffassung wurzelte. Beide hatten viel zu tun; Hinckeldey arbeitete für sein Examen, mein Vater schrieb an seinem Buch über die ›Vormundschaft‹. So störte keiner den anderen wider dessen Willen; wenn aber beide Atem schöpfen wollten, so konnten sie sich in gegenseitiger Mitteilung erholen. Natürlich führte mein Vater den Freund im Pistorschen Hause ein, und auch hier gewann der liebenswürdige junge Mann, dem die Ehrlichkeit und Geradheit auf dem Gesicht geschrieben stand, alle Herzen. Um Mitte Dezember bestand er mit Auszeichnung sein Examen, und das hübsche Zusammenleben hatte sein Ende erreicht. *Jetzt begann nun bei meinem Vater die Ungeduld sich zu regen, das bräutliche Verhältnis endlich zur ehelichen Gemeinschaft werden zu lassen und eine wirkliche eigene Häuslichkeit zu gründen. Leider konnte er dabei nur in geringem Grade auf die Unterstützung seines Schwiegervaters rechnen. Pistors Einnahmen hatten sich zwar neuerdings wieder dadurch verbessert, daß ihm die Errichtung der preußischen Telegrafenlinien zu einem großen Teil übertragen wurde, die von Königsberg bis Koblenz und Aachen gezogen werden sollten. Aber flüssiges Geld war nun einmal bei ihm selten zu haben. Er lieferte für die Ausstattung seiner Tochter, von etwas Leinenzeug und Geschirr abgesehen, nichts als zwei mächtige Bettstellen, die er in seiner eigenen Werkstätte aus massivem Mahagoniholz hatte anfertigen lassen, und außerdem einen hochstehenden Flügel, nach seiner eigenen Erfindung mit doppeltem Resonanzboden konstruiert. Der letztere jedoch erschien erst als erstes Weihnachtsgeschenk nach der Hochzeit. Die ganze übrige Einrichtung zu besorgen, blieb meinem Vater überlassen. Dieser hatte in den letzten Jahren von seinen Einnahmen zurückgelegt, was er irgendwie erübrigen konnte, und er ging nun daran, nach und nach allerlei Dinge anzuschaffen, die ihm für seinen künftigen Hausstand nötig erschienen. Da er ausgeprägten Sinn für Solidität in den Dingen des praktischen Lebens besaß und es ihm zugleich nicht an Schönheitssinn fehlte, so brachte er allmählich eine kleine Auslese wünschenswerter Gegenstände zusammen, wie sie bei seinen bescheidenen Mitteln nicht vortrefflicher ausfallen konnte. Sehr zustatten kam ihm dabei, daß gerade jetzt der englische Gesandte Berlin verließ und sich veranlaßt sah, bei seinem Abschied einen großen Teil seines Ameublements öffentlich versteigern zu lassen. Er erwarb bei dieser Gelegenheit zu verhältnismäßig billigen Preisen eine Anzahl wertvoller Stücke, die sich ebensosehr durch die höchste Gediegenheit der Arbeit wie durch geschmackvolle Verhältnisse auszeichneten.*

*Nun wurde der wichtigste Schritt getan. Der Bräutigam mietete für Ostern 1832 auf drei Jahre eine Wohnung. In der Leipzigerstr. 74, nahe der Charlottenstraße, hatte er im obersten, d. h. im zweiten Stock ein passendes Quartier entdeckt. Unten in dem schmalen Hause befanden sich die Pelikanapotheke und die Wohnung des Hausbesitzers, des Apothekers Meyerhoff. Im ersten Stock wohnte eine Familie Béringuier. – Die erkorene Wohnung darüber erschien den Brautleuten sehr schön, obwohl die Räumlichkeiten in der Tat ziemlich klein waren. Aber sie bestand immerhin aus vier Zimmern und den nötigsten Wirtschaftsräumen, so daß sie den damaligen Ansprüchen der Mieter reichlich genügte. Von einem Garten hinter dem Hause war freilich keine Rede. Da gab es nur einen engen, von hohen Mauern eingeschlossenen Hof, auf dem eine verkrüppelte Akazie ihr elendes Dasein fristete. Wie die Vögel Nester bauen und Halm auf Halm zutragen, so wurden hier nach und nach die schönen gekauften Möbel in den leeren Räumen untergebracht.* »Mein Plan«, schreibt mein Vater nach Lauenstein, »ist diese Wohnung vor Johannis, wo ich nach 5 Jahren meine liebe alte verlasse, einzurichten (meine hiesigen Sachen, z. B. Valdecs Schreibtisch, bleiben natürlich Reliquien), dann im August meine Betty heimzuführen und mit ihr auf geradem Wege zu Euch auf die Ferien herüber zu kommen. Der letzte meiner Wünsche ist aber, Dich, mein Mütterchen und Valdec darin zu beherbergen; sie sollte dir wohl gefallen! Nun wie Gott will!«

Am Abend des 29. Juni, dem letzten, den er in seiner Wohnung in der Marienstraße zubringt, schreibt er: »Meine theuern Alten und mein lieber Bruder! Indem ich heute den letzten Abend und die letzte Nacht in meiner alten Wohnung hinbringe, und beim Einpacken tausend theure Erinnerungen durch meine Hände und meine Seele gehen, möchte ich gern gemeinschaftlich mit Euch, denen ich in dieser Zeit noch allein angehörte, auf den durchlebten Abschnitt zurückblicken. Heute mein lieber Valdec sind es 5 Jahre, da wir beide diese Wohnung bezogen und die freundliche Abendsonne, die heitere Aussicht über das Kornfeld nach dem Garten der Thierarzneischule und den Windmühlen sie uns so lieb machten. Und diese freundliche Vorbedeutung hat uns nicht getäuscht. Wie viel Schönes haben wir in ihr erlebt! Die ganze Zeit unseres längeren gemeinschaftlichen Beisammenseins, die Zeit deiner Studentenjahre gehört größtentheils ihr an. Unsere Reisen nach der Heimath, unsere traulichen Gespräche, meine Ausflüge nach dem Rhein *u. s. w.* gehören ihr an. Und nachdem diese mir unvergesslichen, leider nicht genug genutzten Jahre unseres Zusammenlebens verflossen waren, ließ mich Gott hier das Mädchen finden, welches durch meine männlichen Jahre und mein Alter, wenn er will, mich begleiten wird. Indem ich nun also scheide, so ist dieses Scheiden nicht blos der Wechsel eines Quartiers, der freilich hier in Berlin kein wichtiges Ereignis ist, sondern zugleich der Übergang aus der Jugend in meine reifern und spätern Jahre. Möge Gottes Segen, der so reichlich bisher mit mir war, auch in diesen mich und meine geliebte Betty nicht verlassen! ... Den eigentlichen Übergang selbst aus dieser Wohnung in die neue hat übrigens Vieles mir erleichtert. Dahin gehört vor Allem dein theures Schreiben, mein geliebter Vater, welches mich zu der tiefsten Rührung bewegt hat. Alsdann gehört dahin auch manche Veränderung in der Gegend, die aus Land Stadt geworden ist, und endlich die überaus große Nettigkeit unserer neuen Wohnung, die sich mit dem ausgesuchtesten und solidesten Mahagoni-Ameublement, was sich durch Fleiß, Sparsamkeit, gute Gelegenheit und Geschenke nach und nach bei uns angesammelt hat, überaus reizend und nobel ausnimmt.«

Die Hochzeit meiner Eltern fand nicht, wie zuerst beabsichtigt, im August statt, sondern wurde auf den zweiten September angesetzt. »Bis dahin erwarten wir auch Pistor wieder zurück« heißt es in einem Briefe vom 19. August. »Diesem hat unser König die Ausführung der beiden großen Telegraphenlinien zwischen Koblenz (Ehrenbreitstein) und hier und von hier nach Königsberg übertragen. Für jede bekommt er 40.000 Thaler, wofür er die Fernröhre und Arme liefert. Zu diesem Ende hat er alle seine englischen Correspondenten requirirt, selbst aber eine Reise über Frankfurt am Main, Solothurn, Schaffhausen und München gemacht, von welcher wir ihn, da er mit Windeseile reist (er war in 12 Stunden von hier in Magdeburg und braucht nur 34 Minuten auf die Meile) und die Preussischen Postpferde schon bei seinem Namen laufen, in 14 Tagen zurückerwarten. Meine Pandekten habe ich gestern geschlossen, die letzten Bogen meines Buchs[IX] werden in dieser Woche gedruckt. Sobald wir getraut sind, reisen wir also ab und hoffen nach

IX Das Buch über die »Vormundschaft« hatte er im April im Manuskript vollendet.

einem kurzen Aufenthalt auf dem Harz, Anfangs September (etwa d. 10[ten]) bei Euch zu sein. Gott gebe, daß wir dann alle gesund und zufrieden sind; so fehlt uns nicht zu einem vergnügten Beisammensein, welches mir nach zweijähriger, sehr angestrengter Arbeit sehr wohl thun soll. ...«

*Polterabendscherze waren nicht nach dem Geschmack der Brautleute. Nur die nächsten Verwandten fanden sich am Vorabend der Hochzeit in dem lieben alten Gartensaal des Pistorschen Hauses ein zu ernst-fröhlicher Gemeinschaft. Der Vater Pistor legte eine mächtige, alte Familienbibel vom Jahre 1668 als bedeutsame Stiftung für das neu zu gründende Haus in die Hände des jungen Paares. Schleiermacher, der Betty Pistor getauft und eingesegnet hatte und ihr so lange er lebte in herzlicher väterlicher Liebe zugetan blieb, sollte nun auch ihre Ehe einsegnen. Er hatte den beiden überlassen, die Gesänge für die Feier selbst auszuwählen, was sie denn auch im Verlauf dieser Abendstunden besorgten. Die Trauung fand um die Mittagszeit des 2. September in der Dreifaltigkeitskirche statt, eingeleitet durch den Choral: »Ach bleib mit deiner Gnade«. Schleiermacher hielt eine besonders schöne Rede. Während er sprach, entlud sich ein heftiges Gewitter. Ein paar Donnerschläge waren so gewaltig, daß er später bekannte, er habe einen Augenblick gefürchtet, den Faden zu verlieren. Als aber die Versammlung die Kirche verließ, leuchtete die Sonne wieder hell vom Himmel herab, und der Onkel Steffens rief liebevoll bewegt dem jungen Paare zu: »Nun, diese Trauung ist von oben her bestätigt.« In der Pistorschen Wohnung fehlte es an Raum, um die große Zahl der Hochzeitsgäste aufzunehmen. So war im oberen Stock die Tafel gedeckt, wo Zschocks ihren großen Eßsaal zur Verfügung gestellt hatten, während natürlich die Bewirtung aus der Küche der Mutter Pistor besorgt wurde. Abends fuhren die Neuvermählten in ihre kleine, behaglich eingerichtete Leipzigerstraßenwohnung, blieben noch zwei Tage in Berlin und reisten dann* über Halberstadt, wo der Onkel Steltzer jetzt als Landesgerichtspräsident residierte, und Wernigerode, wo Radeckes sie mit großer Liebe aufnahmen, *nach dem heimatlichen Lauenstein.*

*Es gehörte Mut dazu, einen eigenen Hausstand zu gründen auf eine sichere Jahreseinnahme hin von nicht mehr als 300 Talern, lediglich im Vertrauen auf die eigene Kraft und das gute Glück, das diese Kraft dauernd ungeschwächt erhalten und der redlichen Mühe den Lohn nicht fehlen lassen würde. Dieser Mut aber hatte recht gehabt. Steffens, der im nächsten Jahre Rektor der Universität war, konnte beim Rechnungs-*

*abschluß dem Mann seiner Nichte mitteilen, daß er in diesem Jahre von allen Professoren die größte Einnahme an Studentenhonoraren erreicht habe. Dazu kam, daß das Buch über »Das Recht der Vormundschaft« ihm vom Verleger gut bezahlt worden war, und endlich verkündeten die »Berlinischen Nachrichten von Staats- und gelehrten Sachen« vom Montag, dem 28. Oktober 1833, daß »Se. Majestät der König den bisherigen außerordentlichen Professor Dr. Rudorff zum ordentlichen Professor in der juristischen Fakultät der hiesigen Universität zu ernennen und die Bestallung desselben Allerhöchsteigenhändig zu vollziehen geruht«[7] habe. Diese Verfügung bedeutete eine Gehaltserhöhung auf einige hundert Taler mehr. Befanden sich die äußerlichen Verhältnisse somit auf dem besten Wege, eine gute Entwicklung zu nehmen, so war auch der Grundton der neuen Häuslichkeit ein so anmutender, daß jeder, der hier Aufnahme fand und ein offenes Herz für stille Freuden mitbrachte, sich in ihrem kleinen Bannkreise wohlfühlen mußte. Freilich sind nirgends bei menschlichen Beziehungen alle Elemente, die sich nähern oder mit denen eine Berührung unvermeidlich ist, ihrer Natur nach auf einen Ton gestimmt, so daß es stets Harmonie und Wohlklang geben müßte. Die lieben Verwandten aber bilden in dieser Beziehung ein besonderes, bedenkliches Kapitel. Wer eine Frau heiratet, der heiratet zugleich in gewissem Sinn auch ihre Familie. Keine Mitgift ist sicherer als die Nötigung, den Verkehr mit dieser nach besten Kräften zu pflegen. Sind der Verwandten viele am gleichen Ort, so kann das unter Umständen einen Reichtum bedeuten, oft genug aber leider auch eine Last.*

*Die Familie meiner Mutter war eine sehr zahlreiche, und wenn auch ein großer Teil derselben in anderen Gegenden Deutschlands lebte, so z. B. Raumers in Erlangen, verschiedene Albertis in Schlesien, Tiecks damals noch in Dresden, so blieb doch für Berlin immer noch ein ansehnlicher Rest übrig.* Steltzers waren nach Halberstadt gezogen, wo der Mann die Stellung des Regierungspräsidenten erhalten hatte. Dafür war *Steffens im Jahre 1831 von Breslau als Universitätsprofessor nach Berlin berufen worden und mit Frau und Tochter hierher übergesiedelt. Der Staatsrat Carl Alberti war im Anfang des Jahres 1829 gestorben. Mein Vater hatte ihn nicht mehr kennengelernt* und bedauerte dies aufrichtig, da er ihm von allen Seiten als ein Mann von großer Tüchtigkeit, vielseitiger Bildung und geistreichem witzigen Wesen geschildert wurde. *Seine Witwe, die Tante Mine,* war eine zu gesellige Natur, um nun einsam dahinzuleben. Sie *versammelte auch nach seinem Tode noch immer mancherlei interessante Leute bei sich. Die Sonntage hatte sie regelmä-*

*ßig bei Pistors verbracht, oder diese waren zu ihr gekommen. Nun trat das Haus meiner Eltern als drittes hinzu. Es verstand sich bald von selbst, daß man sich entweder bei diesen oder bei »Lotte« oder bei »Mine« versammelte, und zwar in der Regel sowohl mittags als auch abends. Die Steffenssche Trias mußte, wenn auch nicht regelmäßig, so doch sehr häufig hinzugeladen werden. Mein Vater faßte für Steffens selbst und ebenso für seine Tochter Clärchen, die dem Vater in ihrem ganzen Wesen durchaus ähnlich war, sehr bald die herzlichste Zuneigung. Beide waren voller Herzensgüte, lebhafte, leicht sich begeisternde Naturen, arglos und kindlich aufrichtig. Die Mutter dagegen, die »Tante Hanne«, unterschied sich von ihnen in so auffallend hohem Grade, daß man eigentlich nicht recht wußte, wie diese Gemeinschaft hatte zustande kommen können. Schön war sie ja als Johanna Reichardt in hohem Maße gewesen,* hatte viele junge Männer durch ihre Reize und vielleicht damals auch durch eine gewisse Liebenswürdigkeit des Benehmens bezaubert. *Noch immer waren ihre Züge vornehm, aber kein Hauch seelischer Anmut verklärte sie. Ehrgeizig, jedem äußeren Glanze nachjagend, bei innerer Kälte und Flachheit, interessierte sie an ihrem Gatten vor allem sein Ruhm, und dieser wieder hauptsächlich um der Stellung willen, die er ihrer eigenen Person in der Gesellschaft verschaffte.* Kein Wunder, daß nicht nur mein Vater, sondern auch meine Mutter außerstande waren, sich ihr innerlich zu nähern. *Wo sie erschien,* trat sie mit großem Anspruch auf, *ihre Gegenwart benahm jedem geselligen Zusammensein die Harmlosigkeit.*

*Eine ganz besondere Position nahm die von Zschocksche Familie ein. Sie lebte zwar mit meinen Großeltern in demselben Hause und dies unter durchaus freundlichen Beziehungen, die Tante Pine aber erhob keinen allzu starken Anspruch auf häufiges oder regelmäßiges Verkehren mit ihren Blutsverwandten. Sie hatte ihren eigenen Kopf und ihren eigenen Bekanntenkreis, gab in den ihr zugefallenen schönen großen Räumen des oberen Stockwerks glänzende Gesellschaften, zu denen neben allerlei Notabilitäten oft auch meine Eltern hinzugeladen wurden, und war eine zwar etwas seltsame, aber unbeschränkte Königin in ihrem Reiche. Der Mann, Geheimer Finanzrat Albert von Zschock, liebenswürdig, gutmütig und von angenehmem Äußeren, ragte keineswegs durch Geist hervor. Mit der deutschen Grammatik stand er auf gespanntem Fuße. Als er einmal, aus dem Garten kommend, gewahr wurde, daß er den Schlüssel zum Eingang seiner Wohnung nicht bei sich trug, rief er vom Hof aus zum Dienstmädchen herauf: »Ach, Liebe, mach' sie mich mal vorne offen!« In dieser Beziehung hatte ihm nun freilich seine Gattin nichts vorzuwerfen. Zwischen den Zwillingen »mir« und »mich« keinen Unterschied zu machen, das gehörte eben im alten Berlin zum guten Ton. In allem übrigen jedoch hatte der Mann vor seiner Ehehälfte einen heillosen Respekt. Ob es »die Frau« gesagt und anbefohlen hatte oder nicht, ob »die Frau« es wünschen, erlauben würde oder nicht, das war stets die große Frage, die ihn beunruhigte. Zu meiner guten Großmutter, die ebenso sanftmütig und eingeschüchtert war wie er, sagte er im Vertrauen: »Lotte, wenn wir uns gekriegt hätten, wir hätten gelebt wie die Engel im Himmel.« Dafür aber, daß im ganzen Hause kein wolkenloser Himmelsfriede herrschte, sorgten die beiden Pistorschen Geschwister: Zu ebener Erde der Bruder, im ersten Stock die Schwester.*

*Dem Zschockschen Ehepaare waren zwei Kinder geboren; im Jahr 1798 ein Sohn Adolf und erst volle zwanzig Jahre später, also um 1818, eine Tochter Marie.* Der Sohn hatte jetzt längst das Elternhaus verlassen, war verheiratet und lebte mit seiner Familie als Regierungsbeamter in Koblenz. *Die Erziehung der Tochter dagegen stand im Mittelpunkt aller Interessen des Hauses. Es ließ sich nicht leugnen, daß die Mutter Zschock bei vielen Wunderlichkeiten doch eine ungewöhnlich begabte Persönlichkeit war. Mit ihren Fehlern, ihrer Leidenschaftlichkeit, ihrer Herrschsucht, ihrem Mangel an Selbsterkenntnis, söhnte die Ursprünglichkeit ihrer Natur aus.* Es fehlte ihr an eigentlicher Bildung, aber sie besaß Verstand, Energie und Herz. Für alles mögliche faßte sie Interesse und hatte sie mehr oder weniger Talent. Ihre Wirtschaft besorgte sie zum größten Teile höchst eigenhändig und sehr ausgezeichnet. In wie vorzüglichem Stande sie den Garten hielt, Blumen- und Obstzucht betrieb, ist schon früher erwähnt worden. Ihr Aurikelflor war berühmt; ihre eingemachten Früchte suchten an Vorzüglichkeit ihresgleichen; aber damit war ihr Trieb zur wirtschaftlichen Selbstbetätigung noch längst nicht befriedigt. *Nach ihrer Meinung mußte wo möglich alles im Hause bereitet werden, dessen man zur Lebensführung bedurfte; also auch Dinge, die längst jede andere Berlinerin im Laden zu kaufen gewohnt war. Aus Hammelfett wurden die zur Beleuchtung erforderlichen Talglichter hergestellt, und ebenso wurde der Bedarf an Seife in der häuslichen Küche gewonnen. – Mit der Kunst hielt sie es nicht viel anders. Auch hier sollte nach Kräften für eigenes Fabrikat gesorgt werden.* Die Tante Pine hatte Talent zum Malen; ihre Blumenmalereien auf Porzellan, Holz oder Metall, ausnahmslos nach Vorbildern aus der lebendigen Natur entworfen, waren voller Reiz und Geschmack. *Die größte Rolle aber spielte die Musik. Mochte sie auch selbst nichts Besonder-*

*deres darin leisten, so hatte sie doch lebhafte musikalische Empfindung, und es war ihr großer Ernst damit, ihrer Tochter eine musikalische Ausbildung zu geben, wie sie ihr selbst nicht zuteil geworden war.* Alles Neue, alles Ungewöhnliche erregte ihre Aufmerksamkeit, reizte sie zu eigener Betätigung. Ihr Bruder sagte von ihr: »Wenn Jemand den Vorschlag machte, ein Netz über Berlin zu stricken, Pine wäre die Erste, die es auflegte.« In den zwanziger Jahren des 19. Jahrhunderts trat Logier[X], von Geburt ein Deutscher, der aber schon früh nach England übergesiedelt war, mit einer neuen Methode für die Erlernung des Klavierspiels hervor, die Aufsehen erregte. Er hatte in englischer Sprache ein Buch über sein System verfaßt, das sehr gerühmt wurde.[8] Frau von Zschock hörte davon, lernte Logier, der jetzt für einige Zeit nach Deutschland übergesiedelt war, in Berlin persönlich kennen, begeisterte sich für ihn und beschloß, sein Buch zu übersetzen. Sie kannte kein einziges englisches Wort, aber das machte ihr nicht die mindeste Sorge. Schwierigkeiten schreckten sie nicht ab, sondern erregten nur die Lust in ihr, ihnen zu trotzen und sie zu überwinden. Mit Lexikon und Grammatik bewaffnet, machte sie sich an die Arbeit, und in nicht langer Zeit lag die Übersetzung fertig vor, die dann in Berlin in Druck gegeben wurde.[9]

*Marie von Zschock war ein recht hübsches, durchaus gutartiges, unermüdlich tätiges und tüchtiges Mädchen. Daß sie nichts von Ziererei und Schöntuerei wußte, war ja nur zu loben.* Aber die Natürlichkeit ihres Benehmens überschritt doch mitunter die Grenze des Wünschenswerten. Sie hatte eine große Liebe für Kanarienvögel, besaß deren mehrere, und betrieb mit großem Eifer die Zucht junger Vögel. Wes das Herz voll ist, dem läuft der Mund über; und so trug sie auch kein Bedenken, auf Bällen den jungen Herren mit Vorliebe von dem Stand ihrer Kanarienvogelhecke, von den Verhältnissen verschiedener Hähne zu den »Sieen« wie auch von der zu erwartenden oder nicht zu erwartenden Nachkommenschaft ausführliche Mitteilungen zu machen. *Von der geistigen Schwungkraft der Mutter hatte die Tochter nicht das Geringste geerbt. Das aber wollte diese Mutter nicht sehen. Es war beschlossene Sache, ihr Mariechen mußte ohne Widerrede etwas ganz Außerordentliches sein oder doch werden. In Haushaltssachen tat sie es auch wirklich der Mutter bald gleich; auch mit dem Blumenmalen ging es ganz hübsch vorwärts. Das aber war ja alles nur Nebensache. Marie sollte eine Musikerin, eine große Künstlerin werden, so etwa wie die*

X Johann Bernhard Logier, 1777 bis 1846, Klavierlehrer.

*jugendliche Clara Wieck, die in den Zeitungen jetzt nicht allein als Klaviervirtuosin, sondern auch als Komponistin gepriesen wurde; oder wenn es dazu nicht ganz reichen sollte, so doch mindestens etwas viel Vorzüglicheres als die kleine Marie Lichtenstein, die anfing, in Berliner Gesellschaften mit ihrem Klavierspiel zu glänzen.*[10] Natürlich wurde Logier als Klavierlehrer für Marie Zschock engagiert, und diese verbrachte viele Stunden täglich damit, Tonleitern, Arpeggien und Logiersche Übungsstücke aller Art mit eisernem Fleiß zu trommeln, um ihre Finger für die Vollbringung jeder pianistischen Heldentat einzuschulen. Die Finger liefen denn auch bald ganz hurtig und rechtschaffen wie und wohin sie laufen sollten. Wenn es aber zur eigentlichen Musik kam, wenn es galt, eine Sonate von Beethoven oder auch nur ein Stück von Hummel vorzutragen, so blieb der dafür wünschenswerte Geist aus, und die Zuhörer, obschon sie die nötigen höflichen Redensarten machten, langweilten sich bei dieser Spielerei von Herzen.

Es hatte sich mit der Lichtensteinschen Familie inzwischen ein gesellschaftlicher Verkehr angebahnt, und die Rivalität der beiden Marien wurde nun eine offenkundige Sache. *Wenn Marie Lichtenstein ein paar Töne anschlug, das kürzeste, einfachste Stückchen spielte, so waren alle Anwesenden entzückt von dem unsagbaren Etwas, das ihre Seelen berührt hatte. Über die Aufrichtigkeit des Beifalls, der hier gespendet wurde, konnte für keinen Unbefangenen ein Zweifel sein. Die Mutter Zschock war keineswegs erbaut von dieser Tatsache; aber sie fand doch das Verhalten der Zuhörer unverständig. Ihre Marie hatte ja offenbar viel mehr Kraft, eine viel unfehlbarere Geläufigkeit, als die unangenehme, zart aussehende Nebenbuhlerin, und was da von schönem, ausdrucksvollem Vortrag geschwatzt wurde, war ja nichts als alberne Einbildung. Doch mochten die Leute sagen, was sie wollten, eines blieb unbestritten: Marie Lichtenstein spielte nur und komponierte nicht; Marie Zschock aber war nicht nur Virtuosin, sondern auch Komponistin, und damit war von vornherein der Streit um den Rang entschieden. Wirklich! Marie Zschock komponierte! Und Eduard Grell war ihr Lehrer in der Komposition.*[XI]

Ich habe Grell als alten Mann gekannt, habe als neunzehnjähriger Student einen Sommer hindurch in der Singakademie unter ihm gesungen, bin ihm spätere Jahre hindurch mehrfach in den Sitzungen des akademischen Senats begegnet. Er war mir ehrwürdig: ein Bild fleckenloser Herzensreinheit und unerschöpflicher Sanftmut. Niemals ist

XI *Eduard Grell, 1800 bis 1886, Komponist und Direktor der Singakademie von 1851 bis 1876.*

mir aber jemand vorgekommen, bei dem es mir undenkbarer erschienen wäre, daß er jemals ein Jüngling gewesen sein könnte, als bei ihm. Ein Kind freilich blieb er sein Leben lang, aber eigentlich jung ist er schwerlich irgendwann gewesen. Indes, wenn jemand das 86. Lebensjahr erreicht hat, so muß es doch auch einmal eine Zeit gegeben haben, in der er zwischen dreißig und vierzig stand. Und in dieser Zeit wurde Grell der Lehrer von Marie Zschock. Außer der Königlichen Oper gab es damals in Berlin nur noch eine einzige Stätte bedeutsamer öffentlicher Musikpflege. Und diese hieß die Singakademie. Die Singakademie war für die gebildete Berliner Gesellschaft der Tempel und der Hort aller künstlerischen Weisheit, und das, solange Zelter lebte, bis zu einem gewissen Grade mit Recht. Grell bekleidete hier bereits die Stelle eines Hilfsdirektors; der also war der gegebene Mann. Da dieser Mann zugleich das Muster aller Ungefährlichkeit für die Tochter war, so zog man ihn bald in den intimsten Verkehr des Hauses. Es ergab sich, daß Grells Geburtstag zufällig mit dem seiner jungen Schülerin Marie zusammenfiel. Man beschloß, das merkwürdige Ereignis durch ein festliches Mittagsmahl zu feiern, zu dem Grell als Hauptperson eingeladen wurde. Nachdem bei dieser Gelegenheit der Braten aufgetragen war, erhob sich der Vater Zschock und sprach mit dem gefüllten Glas in der Hand die denkwürdigen Worte: »Die beiden in der Höhe geschossenen Kinder sollen leben.« Der spottlustige junge Dr. Otto Göschen[XII], der sich auch unter den Gästen befand, setzte sich sofort in die Positur eines die Flinte anlegenden Jägers.

*Grell stand künstlerisch auf dem Standpunkt, daß die Instrumentalmusik als eine verderbliche und beklagenswerte Abirrung des menschlichen Geistes zu betrachten sei. Das eigentlich Vollkommene war nach seiner Meinung der unbegleitete Gesang. Doch hielt er es unter Umständen für statthaft, der menschlichen Stimme zur Unterstützung eine bescheidene Begleitung irgendwelcher Instrumente, z. B. auch des Klaviers, zuteil werden zu lassen. Sein Kontrapunkt war rein und streng, aber leblos. Man kann sich nach dem allen ungefähr vorstellen, wie schmackhafte Früchte die Lehren dieses zwar vortrefflichen, aber doch unglaublich einseitigen Mannes bei einer Schülerin zeitigten, die sich durch die vollkommenste Abwesenheit jeder künstlerischen Ader auszeichnete, und deren Seelenspiegel auch nicht durch den leisesten Anflug von poetischer Empfindung getrübt wurde. Ich weiß nicht, wie*

XII Otto Göschen, Sohn des bekannten juristischen Professors Joh. Fried. Ludw. Göschen, 1778 bis 1837; später selbst Professor in Halle. Seine Schwester Bertha heiratete Philipp Buttmann.

*lange Zeit der Unterricht gewährt hatte, als die Mutter zu der Überzeugung gelangte, jetzt sei der Zeitpunkt gekommen, wo Marie unter Aufsicht ihres Lehrers die Komposition eines Oratoriums in Angriff nehmen müsse. Das erste war, daß sie sich anschickte, in eigner Person den Text dafür zu schreiben. Als Stoff wählte sie die Taten und Schicksale des Königs Nebukadnezar. Als sie ihr Werk beendet hatte, berief sie den jungen Freund Otto Göschen, um es ihm vorzulesen und seinem Urteil zu unterbreiten. Eine Stelle unter anderem lautete: »Der auf die Cherubim schwebet, und durch seinem Gebot erhält, was da lebet und webet.« Göschen warf ganz bescheiden ein: »Erlauben sie, gnädige Frau, dies ist wohl nicht ganz richtig?« »Wieso?« fuhr die Dichterin auf, und wies mit Entrüstung die höchst unberechtigte, verständnislose Kritik zurück.*[XIII] *So nahm denn das Schicksal seinen Lauf. »Nebukadnezar« wurde von Marie als Oratorium am Klavier sozusagen komponiert und die Aufführung des Kunstwerks in den Zschockschen Gesellschaftsräumen vorbereitet. Ein leidlicher Chor von Dilettanten versammelte sich zu den Proben; für die Solopartien wurden die besten Sänger und Sängerinnen gewonnen, deren man habhaft werden konnte* (wenn ich nicht irre, zählte neben anderen auch der Tenorist Stümer von der Oper zu ihnen), *und endlich ergingen die Einladungen an die Gäste, die zuhören sollten. Was in Berlin an Leuten von Namen aufzutreiben war, wurde zusammengebeten. Auch Meyerbeer war geladen und sagte zu. Mein Großvater Pistor dagegen lehnte ab zu erscheinen. Er war in hellem Zorn über die unglaubliche Verblendung seiner Schwester und predigte ihr Wahrheit nach Kräften. Aber alle seine Bemühungen, sie zur Vernunft zu bringen, erwiesen sich als vergeblich. Als endlich der Abend da war, an dem das große Ereignis über seinem Haupt in Szene gehen sollte, lief er, während die Geladenen von der Straße hinzuströmten, wütend in seinem Zimmer auf und ab. »Pine ist verrückt geworden«, schrie er, »sie blamiert sich vor der ganzen Welt!« Meine Eltern aber nahmen die Sache weniger tragisch. Sie waren an die Absonderlichkeiten der Tante Pine gewöhnt, fanden ihre Torheit eher ergötzlich als ärgerlich und amüsierten sich samt der übrigen Gesellschaft vortrefflich. Marie saß am Flügel, begleitete und dirigierte zu gleicher Zeit. Ihre Mutter hatte sich einen Platz reserviert, von dem aus sie am besten und ungestörtesten die Taten der Tochter beobachten konnte. Hier saß sie nun mit der Lorgnette bewaffnet und folgte mit gespanntester Auf-*

---

XIII Dieselbe Frau, die so übel mit der deutschen Grammatik umsprang, hatte eines Tages den Schreiblehrer ihrer Tochter entlassen, weil er »die Mittewoche« statt »der Mittwoch« sagte.

*merksamkeit jeder Bewegung der großen Künstlerin. Alles war bewunderungswürdig, was sie sah und hörte. Und wirklich: Die singenden Helden und Heldinnen lösten ihre Aufgabe mit einer Würde und einem Pathos, als handelte es sich um eines der erhabensten Kunstwerke. Dabei aber lachte natürlich jeder, mochte er mitwirken oder zuhören, von ganzem Herzen in sich hinein. Die Langweiligkeit dieser Musik war so erstaunlich, die Prätention des ganzen Vorgangs so über die Maßen lächerlich, daß die schönste Wirkung nicht ausbleiben konnte. Nur freilich im entgegengesetzten Sinne von dem, was die Urheberinnen beabsichtigt hatten! Nicht zum Überfluß gab es vorher und hinterher allerlei vortreffliche Speisen und Getränke, um die Leute bei guter Laune zu erhalten, und am Ende ging alles, was Humor besaß, mit dem angenehmen Gefühl auseinander, an einer der belustigendsten Komödien teilgenommen zu haben, die sich in der Berliner Gesellschaft jemals abgespielt hatte.*

Am *15. Mai 1832*, also noch während der Brautzeit meiner Eltern, war *Zelter gestorben*. Meine Mutter war persönlich durch das Hinscheiden dieses ihres alten sehr verehrten Lehrers und Freundes in aufrichtige Trauer versetzt worden. Zugleich aber waren die Gemüter aller Singakademiemitglieder, und so auch das ihre, in nicht geringer Sorge, in wessen Hände nunmehr die Leitung des ihnen allen ungemein teuren Instituts gelegt werden würde. Was lag näher, als an Felix Mendelssohn zu denken, dessen geniales Einstudieren und erstes Aufführen der Matthäuspassion die allgemeinste Begeisterung erweckt hatte! Alles, was jung war, gehörte ihm an. Aber der Stamm der alten Garde männlichen und weiblichen Geschlechts, in der sich ein gutes Stück Berlinischen Philistertums verkörperte, dachte anders. Rungenhagen[XIV], damals bereits mehr als fünfzig Jahre alt, hatte als Vizedirektor wiederholt Zelter in der Leitung der Übungen vertreten; Grell, an Jahren jünger, war am Flügel als Begleiter tätig gewesen. Diese Herren mußten also vor allem berücksichtigt werden. Nach den Statuten sollten vom Vorstand drei Kandidaten der Gesellschaft zur Wahl vorgeschlagen werden. Diese drei waren Rungenhagen, Grell und Mendelssohn. Am 22. Januar 1833 fand die Wahlhandlung statt. Jedes Mitglied bekam einen Zettel, auf dem die drei Namen gedruckt standen; zwei von diesen hatte man zu durchstreichen, während der des Gewünschten stehenblieb. Die allgemeine Spannung war groß. Bei lautloser Stille entfaltete einer der

XIV Rungenhagen, 1778–1851.

Vorstandsherren einen Zettel nach dem anderen und verlas den stehengelassenen Namen. Mit pochendem Herzen verfolgte meine Mutter den entscheidenden Akt, jedesmal glücklich, wenn der Name Mendelssohn erklang. Auf einmal hielt der Sprecher einen Augenblick inne: »Hier ist ein Zettel, auf dem alle drei Namen durchstrichen sind. Wie geht das zu?« – Allgemeines Staunen und Gelächter! Niemand natürlich meldete sich als Täter. Das Endresultat der Wahl ist bekannt. Es geschah das Unglaubliche, daß Felix Mendelssohn einem Manne wie Rungenhagen unterliegen mußte. Dieser letztere wurde mit 148 Stimmen gewählt, während Mendelssohn deren 88 und Grell vier erhielt. *Rungenhagen wurde Direktor*, Grell Vizedirektor. Ganz geknickt ging meine Mutter in Begleitung ihrer Tante Alberti nach Hause. Diese, die zur Vorsteherschaft der Singakademie gehörte, schien jedoch keineswegs betrübt, freilich auch ebensowenig erfreut zu sein. Endlich rückte sie mit der Sprache heraus: »Der Zettel, auf dem die drei Namen ausgestrichen waren, stammte von mir. Ich finde, daß sie allesamt nicht an diesen Platz gehören.« – Diese Erklärung paßte ganz zu ihrer etwas säuerlichen Gemütsart; jedoch lag ein Körnchen Wahrheit insofern darin, als die große Jugend Mendelssohns, der damals erst 23 Jahre zählte, auch ihn nicht gerade für die Übernahme eines Postens geeignet erscheinen lassen mochte, mit dem so viele außerkünstlerische Pflichten verbunden waren. Blumner äußert sich über die Angelegenheit in seiner »Geschichte der Singakademie« folgendermaßen: »Über diese Entscheidung der Gesellschaftsmehrheit sind Stimmen der Verwunderung, der Mißbilligung oft genug laut geworden, ganz ungerechtfertigt aber ist der Vorwurf ausgesprochen worden, daß nur Kabalen und Intriguen den Ausgang der Wahl herbeigeführt hätten. Letzteres ist durchaus unrichtig. Über das Verhältniß der musikalischen Bedeutung der beiden gegen einander aufgestellten Männer kann und konnte auch wohl damals kein Zweifel obwalten. Es ist aber zu begreifen und zu entschuldigen, daß es vielen, namentlich den älteren Mitgliedern Bedenken erregen mußte, einen dreiundzwanzigjährigen Jüngling an eine so viel persönliches Ansehen erfordernde Stellung und zugleich an die Spitze einer umfangreichen Verwaltung zu berufen.«[11] Mag man diese Entschuldigung gelten lassen oder nicht, das eine bleibt unbestreitbar, daß die Singakademie mit dem ungeheuerlichen Mißgriff, den sie in diesem Augenblick beging, dem Schicksal ihrer trostlosen Versumpfung für die nächsten vier Jahrzehnte das Siegel aufdrückte. – Solange Zelter das Regiment führte, durfte die Singakademie mit Recht beanspruchen, als der vornehmste Chorverein des damaligen Deutschland zu gelten. Wohl ist nicht zu leugnen, daß auch in ihm eine Ader jener Berlinischen Philisterei steckte, die am deutlichsten durch den Namen Nicolai[12] gekennzeichnet wird. Die ebenso hochmütige wie beschränkte Art, in der er Beethovensche und Webersche Musik ablehnte, gibt davon Zeugnis. Im übrigen aber war Zelter eine Natur von so reicher Begabung, so urwüchsiger Kraft, daß seine Vorzüge über die ihm gesteckten Grenzen hinwegsehen lassen. Nun aber *war die selbstgerechte Spießbürgerlichkeit in der Singakademie zur Permanenz erklärt. Ihr Musizieren nahm mehr und mehr den Charakter einer Art von Berlinischer Meistersingerei an. Seichtheit und Nüchternheit triumphierten, und »Der Tod Jesu« von Graun als stehende Karfreitagsaufführung war ein durchaus passendes Wahrzeichen für diese Art von Kunstpflege. Rungenhagens musikalische Begabung war über die Maßen dürftig. Als er in einer Probe zu der Faustmusik des Fürsten Radziwill sämtliche Tempi in unerträglicher Weise verschleppt hatte, entschloß sich* Lichtenstein[XV] als *Vorsteher, an ihn heranzutreten und ihn um einige Beschleunigung des Zeitmaßes zu bitten, da die meisten der durchgenommenen Musikstücke durch das langsame Tempo an Wirkung verlören. »Ja jerne, jerne!« erwiderte der gute Mann, »Wenn man's nur weiß!« Ein beredteres Zeugnis seiner Unfähigkeit konnte er sich selbst freilich nicht ausstellen. Nachdem Rungenhagen 1851 gestorben war, wurde Grell, der bisherige Begleiter und Vizedirektor, zu seinem Nachfolger erwählt. Ähnlich war es ja schon nach Zelters Tode zugegangen, und Jahre später, als Grell im Jahre 1876 durch seinen Adjunkten Blumner[XVI] abgelöst wurde, wiederholte sich der Vorgang nochmals. »Die Witwe setzt det Jeschäft fort«, sagten die Berliner. Grell war ohne Frage seinem Vorgänger Rungenhagen als Musiker überlegen. Seine sechzehnstimmige Messe ist ein immerhin beachtenswertes Werk. An Schläfrigkeit jedoch in seiner Eigenschaft als Dirigent leistete Grell das gleiche wie Rungenhagen. Es ging die Rede, er beschriebe beim Taktieren eigentlich nur einen Kreis in der Luft, aus dem sich jeder sein Viertel herausholen könne. Daß von plastischem Gestalten eines Musikstückes, von lebendigem Gefühl für die Wirkung von Schatten und Licht in der Wiedergabe weder bei Rungenhagen noch bei Grell die Rede war, ergibt sich aus dem Gesagten von selbst. Spontini soll die Äußerung getan haben, das Mezzoforte sei der*

XV Hinrich Lichtenstein, 1780 bis 1857, bedeutender Naturforscher, Direktor des zoologischen Museums in Berlin, Gründer des zoologischen Gartens.

XVI *Martin Blumner, 1827–1901, Komponist, Direktor der Singakademie von 1876 bis 1901.*

*Tod für alle Musik. Die Singakademie-Aufführungen jener Tage erschienen in jedem Betracht als das leibhaftige Mezzoforte.*

*Es möchte nun unbegreiflich erscheinen, wie unter solchen Umständen das Institut sich dessenungeachtet noch immer auf einer gewissen Höhe halten konnte. Tatsache aber ist es, daß die Zahl der Mitglieder im wesentlichen dieselbe blieb, während die Menge der jährlich zur Aufführung gebrachten Werke nach Zelters Tode sogar eher wuchs als abnahm. Freilich auf Kosten der Qualität der Wiedergabe. Der Ruf der Singakademie hatte sich seit ihrer Gründung, unter der Leitung von Fasch und Zelter, in solchem Maße gesteigert und befestigt, daß es in den gebildeten Kreisen Berlins zum guten Ton gehörte, ihr als singendes oder zuhörendes Mitglied anzugehören. Und ein einmal gewonnener Name verliert nicht im Umsehen wieder seine Bedeutung. Dazu kommt, daß es an Nebenbuhlerschaft zur Zeit noch völlig fehlte. Wer ernstliche musikalische Bedürfnisse hatte, wer nicht nur zuweilen eine Oper hören, sondern auch in die großen Chorwerke von Bach, Händel und anderen sich vertiefen wollte, dem blieb nichts anderes übrig, als hier sei es selbsttätig mitzuwirken oder sich als Hörer anzuschließen. Endlich: An dieser Stelle fand man Genossen, Freunde und Bekannte, mit denen man durch das gleiche warme künstlerische Interesse verbunden war, und wenn gerade die musikalisch Begabteren am deutlichsten fühlten, wie sehr sich die Zeiten verschlechtert hatten, wieviel an einzelnem zu wünschen übrigblieb, so waren sie es doch auch wieder gerade, deren Bedürfnis nach Musik das stärkste, deren Freude an den herrlichen Werken der großen Meister die innigste war.*

Zu diesen letzteren zählte meine Mutter. So schmerzlich sie das Fehlschlagen ihrer Hoffnung empfand, von nun an unter Mendelssohns Führung singen zu dürfen, sie konnte sich doch nicht entschließen, der Singakademie den Rücken zu kehren.[XVII] Die große Anzahl mehr oder minder sympathischer Bekannter und Bekanntinnen, die sie unter den Mitgliedern des Chors hatte, trugen überdies das Ihrige bei, ihr das Ausscheiden zu erschweren. Ein Ungeahntes aber kam bald hinzu, das dem Musizieren in der Singakademie einen neuen Reiz verlieh. Im Jahre 1834 ließ sich Marie Lichtenstein als neues Mitglied aufnehmen, und die Fäden gegenseitiger Beziehung, die sich hier entspannen, führten im

XVII Noch eine gute Reihe von Jahren blieb sie eine Stütze des Alts, beschränkte sich später auf das Zuhören und trat erst als ältere Frau aus, um passives Mitglied des Sternschen Vereins zu werden, der, nachdem er im Jahre 1848 gegründet worden, rasch einen großen Aufschwung genommen hatte und bald sehr viel Lebendigeres, Bedeutenderes leistete als die damalige Singakademie.

weiteren Verlauf zu einem Freundschaftsbündnis, das jedes andere ähnliche Verhältnis an tiefer, dauernder Bedeutung überragen sollte.

Marie Lichtenstein war am 7. April 1817 geboren, also um neun Jahre jünger als meine Mutter. Diese war wohl einmal mit dem noch ganz kindlichen Mädchen in einer Zschockschen Gesellschaft zusammengetroffen und hatte sich an dem höchst talentvollen Klavierspiel der Kleinen gefreut, ohne jedoch in nähere Berührung mit ihr zu kommen. Marie jedoch wußte später lebendig davon zu erzählen, wo und wann sie ihrerseits den ersten starken Eindruck von Bettys Persönlichkeit empfangen hatte. Während sie mit Begeisterung Schleiermachers Unterricht besuchte, hatte ihr eines Tages ein anderes junges Mädchen, Fräulein Eda Benda, lebhaft zugeredet, sie in die Dreifaltigkeitskirche zu begleiten. Hier habe Schleiermacher in der Mittagszeit die Trauung einer seiner früheren Lieblingsschülerinnen zu vollziehen, und sicher werde er bei dieser Gelegenheit eine besonders herrliche Rede halten. Marie Lichtenstein ließ sich mitnehmen, erlebte die Trauung meiner Eltern und war von der Erscheinung und dem Wesen der Braut so begeistert, daß sie von dem Augenblick an dringend wünschte, sie näher kennenzulernen; wie dann vorerst die Dinge sich im einzelnen weiterentwickelten, läßt sich nicht mehr erkennen. Wahrscheinlich gab die Zschocksche Geselligkeit die nächste Gelegenheit zu einem Wiedersehen, und vom Beginn des Jahres 1834 an begegnete man einander ja regelmäßig in der Singakademie, wo dann bald beschlossen sein mag, sich gegenseitig zu besuchen und miteinander häusliche Musik zu machen. Die weitere Folge, daß auch die Eltern Lichtenstein mit dem Rudorffschen Ehepaar in Verkehr traten, blieb natürlich nicht aus.

Hinrich Lichtenstein, der Vater, war nicht nur ein hervorragender Naturforscher, der sich durch seine Reise nach Südafrika und die als Buch erschienene Darstellung der dort gesammelten Erfahrungen einen weit bekannten Namen gemacht hatte: Er war auch über das Gebiet seiner Wissenschaften hinaus einer der vielseitigsten, gebildetsten Männer seiner Zeit. Mit allen möglichen Leuten von Bedeutung stand er in brieflichem Verkehr. In Berlin aber galt sein Haus als ein Sammelpunkt für alles Ausgezeichnete, als eine Stätte der edelsten und gebildetsten Geselligkeit. Vor allem die Musik hatte hier eine auserlesene Pflegestätte. Lichtenstein war ein enthusiastischer Musikfreund, und zwar ein solcher, bei dem gründliche Durchbildung der frischesten Unmittelbarkeit des Gefühls die Wage hielt. Vom Jahre 1815 an bis zu seinem Tode 1857 bekleidete er – eine dreijährige Unterbrechung abgerechnet – das Amt eines Vorstehers in der Singakademie. Niemand hat sich unerschütterlicher bemüht, hier für das Lebendige, das wahrhaft Wertvolle einzutreten, als er. Wenn er mit seinem Urteil bei wichtigen Entscheidungen der Übermacht banausischer Elemente unterlag, so ist die Schuld nicht ihm beizumessen. Mit Carl Maria von Weber verband ihn die innigste Freundschaft. Weber wurde der Pate seiner Tochter Marie. Frau Victoire Lichtenstein, eine geborene Hotho, hatte von seiten ihrer Mutter französisches Blut in ihren Adern. Die niederdeutsche Tüchtigkeit ihres Vaters trat jedoch in ihrem Wesen ebenso deutlich hervor, wie eine höchst anziehende Grazie des Benehmens, die sich als eine unverkennbare Mitgift der Girardschen Vorfahren empfinden ließ. Das Ehepaar Lichtenstein besaß zwei Söhne. Der ältere, Gustav, wurde schon in frühen Jahren zu seinem Oheim, einem Bruder Lichtensteins namens August, nach Montpellier geschickt, wo er in dessen großem Geschäft bald eine einträgliche Stellung bekleidete. Der jüngere, Moritz, studierte Jura, fand aber einen frühen Tod. Er fiel, nachdem er es bis zum Assessor gebracht, in einem Pistolenduell. Auf die Erziehung der Tochter Marie verwandten die Eltern die größte Sorgfalt. Sie erhielt guten Unterricht in wissenschaftlichen Dingen und sprach zum Beispiel schon früh vollkommen fertig Französisch. Eine längere Reise, die von der ganzen Familie nach Südfrankreich zu den dort lebenden Verwandten unternommen wurde, trug das Ihrige bei, das im Hause Erlernte vollends zu lebendigem Besitz werden zu lassen. Auch Englisch und Italienisch wurden mit Eifer betrieben. Im Mittelpunkt des Interesses aber stand die Ausbildung in der Musik, für die Marie schon im frühesten Alter so auffallende Beweise starker Begabung gegeben hatte, daß nun alles getan werden sollte, um dem Talent die gehörige Zucht angedeihen zu lassen. Logier wurde ihr Lehrer im Klavierspiel und in der Harmonielehre; später trat Wilhelm Taubert an seine Stelle. Die Mutter Lichtenstein überwachte mit peinlichster Gewissenhaftigkeit die Studien der Tochter. Sie saß täglich zwei Stunden hintereinander neben dem Flügel und sorgte, daß die Zeit unausgesetzt mit den vorgeschriebenen Übungen genutzt wurde. Der Vater, der seine Tochter ebenso zärtlich liebte, wie diese ganz besonders wiederum gerade an dem Vater hing, blieb doch unnachsichtig streng, wenn es sich um Pflichterfüllung handelte. Als Marie einmal aufgefordert wurde, in einer Gesellschaft etwas vorzuspielen und sich weigerte, weil sie nicht könne, sagte er: »Nun gut, dann wollen wir den Musikunterricht aufgeben!« Sie wußte, daß hier nicht zu spaßen war, und spielte.

Wie rasche Fortschritte die Vertrautheit der Beziehungen zwischen Lichtensteins und meinen Eltern machte, geht daraus hervor, daß diese bereits im Sommer des Jahres 1834 von dem Vater Lichtenstein gebeten wurden, seine Tochter auf einer Reise in ihren Schutz zu nehmen. Lichtensteins Familie stammte aus dem Braunschweigischen. Er selbst hatte seine Jugend in Helmstedt verlebt, wo sein Vater General-Superintendent war. Seine Schwester, die mit dem Abt Hoffmeister – dem Erzieher der Braunschweigischen Prinzen – verheiratet gewesen war, lebte als Witwe in Wolfenbüttel, und Marie sollte die Tante dort einmal besuchen. Da nun meine Eltern in gewohnter Weise während der Universitätsferien nach Lauenstein reisten, konnten sie den Weg leicht über Wolfenbüttel nehmen und Sorge tragen, daß dem jungen Mädchen im Postwagen nichts Übles widerfahre. Marie Lichtenstein, die damals 17 Jahre zählte, beginnt um diese Zeit, ihre Erlebnisse in einem – jetzt in meinem Besitz befindlichen – Tagebuch niederzuschreiben. Die ersten Worte ihrer Aufzeichnungen lauten: »Ich reiste Sonnabend den 1ten August (1834) abends 7 Uhr in Gesellschaft des Professor Rudorff und seiner Frau von Berlin ab; meine Reise war sehr angenehm, und meine Ankunft in Wolfenbüttel zwei Tage später versetzte mich in eine unbeschreiblich freudige Stimmung, da ich die Tante wohl fand, und man mir von allen Seiten mit großer Freundlichkeit entgegenkam. Die beiden ersten Tage, da wir Rudorffs Gesellschaft noch genossen, gingen sehr glücklich hin, und die späteren müßten ebenso vergangen sein, hätte ich nicht in mir selbst unaufhörliche Kämpfe zu bestehen, in denen meine Vernunft so oft unterliegt.« – Es mögen hier noch einige weitere Tagebuchstellen folgen, die einen Blick ebensowohl in die Seele des jungen Mädchens wie in die Entwicklung des freundschaftlichen Verhältnisses zwischen ihr und meinen Eltern tun lassen.

»BERLIN. DIENSTAG D. 3TEN FEBR. 1835 – Ich ging zum ersten Male wieder aus nach kurzem Unwohlsein und zwar nach der Akademie. Mit großer Andacht und Freude hörte ich der schönen (h moll) Messe von Sebastian Bach zu. Ich bewundere daran nicht nur die tiefe Gelehrsamkeit in der Arbeit, sondern vielmehr die großartige Auffassung des Textes. Die Chöre greifen mit ungeheurer Gewalt an das Herz. In dem Crucifixus z. B. glaubt man die ganze Größe des Leidens Christi mitzuempfinden, das Resurrexit fällt darauf ein mit einem Jubel, der den Himmel berührt. – Ich freute mich, als ich aus der Ferne Betty Rudorff sah, viel mehr noch, da sie zu mir kam, und sich auf die freundlichste Weise entschuldigte, mich nicht während meines Unwohlseins besucht zu haben. Das hatte sie doch gewiß nicht nöthig, denn wie könnte ich verlangen, daß sie sich so viel um mich bekümmern sollte. Ich freue mich immer so, wenn mir Jemand, den ich sehr lieb habe, einen Beweis von Zuneigung gibt. Denn ich kann mir garnicht denken, daß außer meinen Verwandten mich

Jemand recht lieb hat, und ich würde es garnicht glauben, hätte Schleiermacher nicht gesagt, daß ich ihm lieb wäre.

Mittwoch d. 4ten Feb. – Wir hörten bei Möser[XVIII] eine sehr hübsche Haydn'sche Symphonie, dann die Ouvertüre zu »Medea« von Cherubini in dem hochtragischen Styl und zuletzt eine Symphonie von Beethoven F dur, die mich ganz und gar entzückte.

Sonnabend d. 7ten – Von 9 bis 11 Uhr war ich bei Mdm. Durnisseon in der französischen Stunde, und ging von da zu Betty Rudorff um mit ihr vierhändig zu spielen. Sie hat für mich eine magnetische Kraft, mit der sie mich anzieht und festhält.

Sonntag d. 15ten – Zu Mittag waren wir bei Großvater Hotho, ich nahm von Onkel LorkXIX Abschied und ging zu Pistors, wo wir viel Musik machten. Ich glaube, daß alle die Freundlichkeiten, die man mir in diesem Kreise erzeigt, viel mehr meiner Musik gelten als mir, und so sehr ich mich freue, daß ich durch dieselbe mit Leuten zusammengeführt werde die mir lieb sind und mit denen ich sonst fremd bleiben würde (wie es z. B. mit Rudorffs geschehen ist) so möchte ich doch auch zuweilen ich hätte sie garnicht, wenn ich mir denke, daß ich den größten Theil aller der Freundlichkeiten, die man mir beweist, auf Rechnung meines geringen Talents zu schreiben habe. Besonders in Beziehung auf Rudorffs thut mir das leid. Ich weiß, wie sehr man ein solches Talent zu trennen hat von dem übrigen Menschen, und daß die andern geistigen Kräfte damit durchaus nicht immer in Vergleich zu stellen sind. Ich will hoffen, Betty Rudorff hat mich lieb um meines Innersten willen und nicht um meiner Musik, die doch nur eine Nebensache an mir ist, denn an einer solchen Liebe würde ich mich doch nicht freuen, weil sie eigentlich nicht mich selbst betrifft.

Mittwoch d. 18ten – Wir waren diesen Abend in einer großen Gesellschaft bei Steffens. Madame Milder sang sehr schön mit Betty Rudorff als Begleitung.

Sonntag d. 10ten Januar 1836. – Unseres lieben Vaters Geburtstag. ... Den Abend verbrachten wir bei uns mit unserer Familie, Marchands und Rudorffs sehr fröhlich. Betty und ich wir musicirten miteinander; man freute sich allgemein, Gluck'sche Musik einmal wieder zu hören, die Betty so schön singt und an der man sich jetzt nur so selten erfreuen kann.

Donnerstag d. 14ten Januar. – Betty Rudorff's Geburtstag, den wir am Abend in einer kleinen Gesellschaft feierten. Ich war sehr vergnügt.

---

XVIII Der Violinist Möser war der erste, der in Berlin ernste, größere Werke der Instrumentalmusik öffentlich zu Gehör brachte. Er spielte mit einigen Genossen Quartette von Haydn, Mozart und Beethoven und führte auch mit einem bescheidenen Orchester deren Symphonien auf.

XIX Eine Tochter Hothos, also Schwester der Frau Viktoire Lichtenstein, war an Herrn Lork in Königsberg verheiratet.

DONNERSTAG D. 11TEN FEBRUAR. – Betty Wilken[XX] besuchte mich diesen Nachmittag, und wir gaben uns gemeinschaftlich der Erinnerung an eine schöne Vergangenheit und einen über Alles verehrten Lehrer hin[XXI], mit dessen Tode uns eine reiche Quelle von Freuden versiegt ist. Es kam mir so lebendig die Zeit seiner letzten Wirksamkeit ins Gedächtniß, Alles was mir Gertrud[XXII] am Tage nach seinem Tode von ihm gesagt hat, die Worte, die er in Beziehung auf mich am letzten Abend vor seiner Krankheit ausgesprochen hat. Das Andenken an ihn ist mir über Alles theuer, ich möchte es um keinen Preis der Welt hingeben, und wie glücklich macht mich die Versicherung, daß er mich wie sein Kind lieb gehabt habe. Es war mir nie in den Sinn gekommen, daß ich im Stande wäre, ihm auch nur im geringsten mehr Theilnahme einzuflößen, als er sie einem jeden bewies, der in einiger Berührung mit ihm stand. Wir lasen Pichons Grabrede[13], und die welche Schleiermacher an Nathanael's Grabe gehalten hat[14], und in dem Andenken an ihn erhoben wir uns wirklich aus unserem Alltagsleben und schöpften daraus Kraft und Erbauung.

FREITAG D. 12TEN FEBRUAR. – Es war ein düsterer unfreundlicher Winter-Tag, das allergräßlichste Schneegestöber. Ich ging zu Gertrud Schleiermacher, um ihr Glück zu wünschen zu ihrem Geburtstag und um an diesem Tage doch wenigstens mit einem Gliede der Schleiermacher'schen Familie zusammengewesen zu sein. Sie gedachte auch mit großer Wehmuth des Vergangenen. Am Nachmittag wollte ich eigentlich zu Betty Rudorff, um mit ihr Etwas von Schleiermacher zu lesen, des Wetters wegen aber blieb ich zu Haus und schrieb an Hildegard[XXIII], zu der die Mutter seit einigen Tagen gereist war. Alle meine Gedanken in diesen Tagen waren so fest an den einen Gegenstand geheftet, daß es mir Bedürfnis war, so viel als möglich auch meine Beschäftigungen damit in Übereinstimmung zu halten.«

Es braucht kaum erwähnt zu werden, daß neben der Musik die gemeinsame Verehrung für Schleiermacher in besonderem Maße dazu beitragen mußte, den Freundschaftsbund zwischen Marie Lichtenstein und dem Rudorffschen Ehepaar zu festigen und zu vertiefen. Um jedoch jene Empfindungen ganz zu verstehen, ist es nötig, sich gewisse

---

XX Betty Wilken gehörte auch zu Schleiermachers Schülerinnen. Sie war musikalisch begabt und sang namentlich vielfach mit Marie Lichtenstein zweistimmige Sachen. Später verheiratete sie sich an einen Herrn von Pochhammer. Ohne auf Tiefe Anspruch machen zu können, nahm sie doch durch ihr liebenswürdiges Wesen für sich ein.

XXI Schleiermacher war am 12. Februar 1834 gestorben.

XXII Gertrud, eine der Schleiermacherschen Töchter, an Lommatzsch verheiratet. Ihr Geburtstag war ebenfalls am 12. Februar.

XXIII Hildegard, die jüngste Tochter Schleiermachers, etwa gleichen Alters mit Marie Lichtenstein, war von dieser besonders innig geliebt. Sie war damals bereits verheiratet mit dem Grafen Max von Schwerin-Putzar, lebte mit ihm auf dem Schwerinschen Gute Putzar in Pommern.

Eindrücke zu *vergegenwärtigen, die die letztvergangenen Jahre von jener Seite her gebracht hatten. Der Verlust, den Schleiermacher durch den Tod seines einzigen Sohnes Nathanael erlitt, war in die Zeit des Brautstandes meiner Eltern gefallen und hatte sie, wie alle seine Freunde und Anhänger, tief erschüttert. Am Donnerstag, den 29. Oktober 1829 war der reichbegabte Knabe gestorben. Am Sonntag darauf predigte der Vater um sieben Uhr morgens in gewohnter Weise in seiner Dreifaltigkeitskirche. Meine Mutter war unter den Zuhörern. Er hatte herrlich und mit vollkommener Fassung gesprochen. Nur beim Gebet brach ihm die Stimme. Um zwölf Uhr mittags fand das Begräbnis statt, und Schleiermacher selbst hielt an der Gruft seines Kindes die Trauerrede. Die Worte, die er hier gesagt und die seiner Anschauung über das Ausdruck gaben, was wir jenseits des Grabes zu erwarten haben, erregten, wie bekannt, ein außerordentliches Aufsehen. Sie bildeten auf lange Zeit hinaus in den gebildeten Kreisen Berlins den Gegenstand lebhafter, ja leidenschaftlicher Erörterungen.* Den Vertretern der Orthodoxie erschien sein Abweisen aller überlieferten Vorstellungen im einzelnen, mit denen andere sich zu trösten pflegen, wie ein Verrat an der Heiligkeit der Kirche. Seine treuen Anhänger dagegen empfanden es als Befreiung, wenn er sich darauf beschränkte, lediglich an dem Worte des Erlösers sich aufzurichten, das verheißt, wo er sei, da sollten auch die sein, die der Vater ihm gegeben habe. In einem am 17. November 1829 geschriebenen Brief meines Vaters an seinen Freund Eduard Böcking, der ein Jahr vorher seinen Vater verloren hatte, findet sich die folgende, das Ereignis berührende Stelle: »Seit der letzten Gesundheit auf Ihres lieben Vaters Wohlsein haben wir öfter hier sein Andenken ehrend gefeiert, nur in der letzten Zeit hat ein anderer frischer Schmerz die Theilnahme an dem Ihrigen etwas zurückgedrängt. Schleiermacher hat am Sonntag vor 14 Tagen seinen einzigen Sohn, einen Knaben von 11 Jahren ... begraben. Bei der vollkommensten äußerlichen Fassung ist es sichtbar, wie ihn dieser erste Schlag aus heiterem Himmel geknickt hat, er, der sonst des Alterns und Alters spottete, meinte, als am Sonntag ungeschickter Weise die Gesundheit des nie alternden Schleiermachers ausgebracht wurde: Dafür sei hinreichend gesorgt. Der Ton, in welchem er an des Knaben Grabe unvergeßliche Worte sprach, will mir noch garnicht wieder aus den Ohren.«

*Noch waren nicht volle fünf Jahre vergangen, als Schleiermacher selbst nach kurzer Krankheit seinem Sohne nachfolgte. Mein Vater schreibt seiner Mutter am 12. März 1834, nachdem er eine andere Angelegenheit berührte: »Mehr sage ich darüber heute nicht, weil ich die* *übrige Zeit und Raum benutzen will, um über Schleiermachers Tod mein volles Herz noch auszuschütten. Ich habe dir zwar fast Alles, was an Nekrologen über ihn erschienen ist, gesammelt und lege es zum Theil hier bei. Aber Manches, was darin gesagt ist, bedarf einiger Erläuterungen, und diese will ich hier vorläufig geben. Am Donnerstag d. 6$^{ten}$ Febr. sah ich Schleiermacher zum letzten Mal im Sprechzimmer (der Universität) und scherzte mit ihm über seine Heiserkeit, die er nach seiner Art nicht im Geringsten geachtet, sondern seit 14 Tagen dabei gelesen, gepredigt und seine Confirmanden unterrichtet hatte. Der Arzt seiner Frau (denn er hatte keinen) hätte ihn darauf aufmerksam machen müssen. In der Nacht am Freitag bekam er von einer Indigestion Kolik, aber der kleine bescheidene Mann hatte keinen darum wecken mögen. Erst seine Tochter Elsbeth, die ihn seufzen hörte und selbst krank war, stand auf und machte ihm Thee. Zugleich bildete sich eine complette Lungen- und allgemeine Entzündung aus. Da verlangte er selbst einen Arzt und wählte dazu unseren Paetsch, den er nur von fern kannte, aber seiner Wahrheitsliebe wegen geschätzt haben muß. Dieser ließ ihn sofort zur Ader, was der frühere (ein Magnetiseur) versäumt hatte, aber hatte nicht die mindeste Hoffnung. Schleiermacher selbst hatte diese nicht, sondern bestimmte die Stunde, wenn er sterben würde, auf Mittwoch Morgen 10 Uhr und bat blos Paetsch ihm das Bewußtsein zu erhalten, da er noch vieles anzuordnen habe. Paetsch erzählte mir aber nachher mit der tiefsten Bewunderung, daß Schleiermacher dieses, bei der fürchterlichsten Entzündung, wobei er nicht drei Worte in einem Athem sprechen konnte, sich blos durch Kraft seines Willens, ja* t r o t z *des Opiums was man ihm gegeben hatte, erhalten habe. Nun ließ er Jonas*[XXIV]*, auf den er große Hoffnungen gesetzt hat, kommen*[15]*, ordnete eine Menge kleiner Andenken und Vermächtnisse für seine Freunde, trug die Fortsetzung seiner Vorlesungen, Predigten, Confirmandenstunden ihm auf, bestimmte, daß sein alter Freund Pichon ihm die Grabrede und Hoßbach die übliche Leichenpredigt*[16]* halten möge und sprach dann mit Jonas über das, was er von seiner Zukunft hoffte und erwartete.*[17]* In der Nacht von Dienstag auf Mittwoch hat er dann mit seiner Frau allein gesprochen und seine Kinder zu sehen verlangt, was sie aber nicht gestatten wollte, aus Furcht, die Bewegung könne ihn gleich tödten. Da*

XXIV Jonas, Prediger in Berlin, einer der eifrigsten und tüchtigsten Anhänger Schleiermachers, der diesem zugleich verwandtschaftlich nahestand; Jonas war verheiratet mit einer Schwester des Grafen Schwerin-Putzar, des Gatten von Schleiermachers Tochter Hildegard.

*sagte er: Nun dann möge sie ihnen sagen als sein letztes Vermächtniß an sie: ›Kindlein, liebt Euch unter einander!‹*

*Am Mittwoch um 10 Uhr verlangte er die Uhr und als er die Stunde sah, befahl er die Abendmahlsgefäße herein zu bringen. Schon sterbend soll er gesagt haben: er wolle noch einmal versuchen, was der Geist über den Körper vermöge. Er richtete sich im Bett empor und sagte laut zu den Umstehenden: ›Ich sterbe auf den Glauben, den ich gelehrt habe! Seid ihr meines Glaubens, so nehmt das Abendmahl mit mir.‹ Darauf sprach er mit kräftiger Stimme die Einsegnungsworte und brach die Stücken des Brodes, die nachher Jonas an seiner Leiche den Kindern, die noch immer nicht zugegen waren, reichen sollte. Als er aber jetzt fühlte, daß er den Lungenschlag bekam, sagte er leise zu seinem Schwiegersohn, der den Kelch hielt ›rasch!‹ und sprach die letzten Worte leise aber doch vollkommen deutlich. Als er das Abendmahl genommen hatte, sank er zurück in die Arme seiner Frau, schloß selbst die Augen und verschied mit dem leisen Ausruf: ›O welche Seligkeit!!‹*[XXV] *– Paetsch, der den Tod täglich sieht, aber einen solchen Tod nie erlebt hatte und eine solche Kraft des Glaubens und der Wahrheit noch nicht geahndet, war bis auf das Tiefste erschüttert. Die Nachricht verbreitete sich wie ein Lauffeuer in der Stadt. Tausende strömten hin, um die theure Hülle zu sehen, und als am Sonnabend Mittag um 2 Uhr der kleine Sarg unter dem Chorale ›Jesus meine Zuversicht‹ von Posaunen geblasen, auf den Schultern der Studenten aus der Hausthür getragen wurde, da flogen den 30 000 Menschen, die Kopf an Kopf dastanden, wie mit einem elektrischen Schlage die Hüte herunter! An allen Fenstern der Straßen, durch die wir zogen, weinende Gesichter und schwarze Kleider! Seine Kirche, vor der er vorbei kam, offen und hell erleuchtet – so trugen wir ihn zu Grabe. Aber in den Herzen der Tausenden, die er gerührt und erquickt hat, lebt er fort ihr Leben lang. Am Abend hielt Onkel Steffens in der hellerleuchteten Aula der Universität, in welcher tausendstimmig noch immer der Choral ›Jesus meine Zuversicht‹ forttönte, die beiliegende schöne und bewegte Rede.*[18] Jonas hat versprochen, seine letzten Worte, allen seinen Freunden zum Besten, aufzuzeichnen und herauszugeben.[19] Diese schicke ich demnächst mit Hoßbachs Leichenpredigt auch dir. Die ›Reden über die Religion‹[20] würdest du nicht verstehen können. Eher die Glaubenslehre[21]. *Erst seit 8 Tagen habe ich zuweilen Nächte, wo ich nicht von ihm träume! ... Seine Hinterbliebenen sind*

XXV Eine andere Äußerung, die Schleiermacher kurz vor seinem Tode getan haben soll und von der mein Vater mündlich berichtete, lautete: »Meine tiefsten Spekulationen werden mir klar.«

*nach einem solchen Abschied in der glaubensvollsten Erhebung. Und daß er in der Fülle der Kraft und Thätigkeit so rasch verschwunden ist, ist ganz die Erfüllung dessen, was er uns scherzend hier in unserer Stube sagte: ›Kinder, ihr sollt sehen, ich gehe einmal aus wie ein Licht, das in die Gosse fällt!‹«*[22]

Schleiermacher übte durch das Außerordentliche seiner Persönlichkeit, durch den gewaltigen Ernst seiner Lebensauffassung, eine solche Macht auf die Gemüter aus, daß der Eindruck seiner Rede keinen wieder losließ, den sie einmal erfaßt hatte. Seine Kirche war fast immer bis auf den letzten Platz gefüllt und im wesentlichen immer wieder von denselben Leuten. Auch meine Eltern und Marie Lichtenstein versäumten kaum jemals eine seiner Predigten, wenn nicht irgendein Ungewöhnliches sie am Erscheinen beim Gottesdienst verhinderte. Nun war die Lebensquelle, aus der man Sonntag um Sonntag hatte schöpfen dürfen, plötzlich versiegt. Anfangs fehlte wohl allzusehr die Neigung, an anderer Stelle Ersatz zu suchen. Aber freilich, man würde Schleiermacher nicht schlechter für allen Reichtum empfangener Anregung haben danken können, als wenn man sich trübselig nunmehr von allem kirchlichen Leben zurückgezogen hätte. Auch das Lesen und Wiederlesen seiner gedruckten Predigten konnte als einziges dem religiösen Bedürfnis nicht genügen. Viele von denen, die ehedem zu Schleiermachers Füßen gesessen hatten, wandten sich zu Jonas. Meine Eltern aber hatten Sydow, der als junger Geistlicher am Kadettenhause resp. an der Garnisonkirche angestellt war, irgendwie persönlich kennengelernt und einen lebhaften Eindruck von der Echtheit seiner Natur empfangen. So veranlaßten sie denn auch Marie Lichtenstein, mit ihnen nach der Garnisonkirche zu wandern, um ihn predigen zu hören. Während der nächsten Jahre waren diese drei die dankbarsten und treusten Besucher seiner Gottesdienste.

Sydow gehörte von Haus aus einer strenggläubigen kirchlichen Richtung an. Was er von Schleiermachers Ansichten gehört und gelesen hatte, schien dem Jüngling in hohem Grade bedenklich und erweckte großes Mißtrauen gegen den gefährlichen Neuerer. Aber er war eine edle, aufrichtig fromme, warmherzige Natur, dem es redlich ernst um die Erkenntnis ewiger Wahrheit war. Schleiermacher hatte von dem begabten jungen Eiferer gehört, ohne ihn jedoch von Angesicht gesehen zu haben. Da ergab sich, ich weiß nicht welche Nötigung für Sydow, sich Schleiermacher vorzustellen. Dieser trat auf ihn zu mit den Worten: »Nun mein lieber Sydow, ich weiß daß wir in religiösen Dingen gründlich verschiedener Ansicht sind, aber das schadet der Liebe ja nicht im Mindesten!« Dieser Augenblick, dieser Empfang entschied für Sydows ganzes fernere Leben. Ihm war zumute, als träte ihm plötzlich die verkörperte christliche Wahrheit entgegen, und aus dem Saulus wurde ein Paulus. Niemand gehörte Schleiermacher für alle Zeit mit innigerer Begeisterung an als er.

Bis zum Frühling 1837 war Sydow als Kadettenprediger in Berlin tätig. Dann wurde er unerwartet und zum großen Leidwesen seiner Anhänger nach Potsdam versetzt, um am dortigen Kadettenhaus als Geistlicher zu fungieren. Marie Lichtenstein berichtet in ihrem Tagebuch über die Tage seines Scheidens das folgende: »Sonntag den 30ten April fuhren wir um 10 Uhr mit Rudorffs nach dem hiesigen Kadettenhause um Sydows Abschiedsrede zu hören. Er war so ungeheuer bewegt, daß es ihm schwer war zu sprechen. Man sah wie leid es ihm that, aus dieser Mitte zu scheiden, aber auch seine Gemeinde war aufs Tiefste bewegt, die alten Offiziere konnten sich der Thränen nicht erwehren, und auch die jungen Leute schienen sehr ergriffen. Ich bin selten so bewegt worden und werde davon noch lange die guten Folgen empfinden, denn es ist nichts was so über das Gemeine und Gewöhnliche des Lebens erhebt als die Anschauung einer so geistigen und außerordentlichen Persönlichkeit wie Sydow's. Er sprach über den Text des Apostel Paulus: ›Ich danke Gott für euch und werde nicht aufhören ihm zu danken, und bitte ihn, daß er euch gebe Weisheit u. s. w. ...‹« Am 4. Mai heißt es im Tagebuch weiter: »Donnerstag Himmelfahrtstag. Wir hatten eine große Parthie nach Potsdam vor, um Sydow dort predigen zu hören, sie schmolz aber zusammen bis auf Rudorffs und mich. Als wir ausfuhren um 6 Uhr mit der Schnellpost, regnete es sehr und so blieb es mit kurzen Pausen fast den ganzen Tag. Meine Hoffnung stand aber darauf, daß wir Sydow auch würden sprechen und mit ihm vielleicht zurückfahren. Seine Frau und Schwägerin fuhren auch hinüber und so fanden wir ihn schon auf der Post. Er lud uns ein mit auf sein Zimmer nach dem Gasthof zu kommen und den Tag mit ihnen zuzubringen. So waren die kühnsten Hoffnungen überboten und ich ganz glücklich. Er blieb mit uns bis zur Kirche, wohin wir mit der Frau Sydow gingen. Die Lithurgie war entsetzlich lang, und da die Kirche nicht über eine Stunde dauern darf, so war für die Predigt nur sehr kurze Zeit, aber trotzdem sagte er viel Schönes. ... Nach der Kirche kamen wir wieder in dem kleinen netten Stübchen zusammen, gingen nach dem Hause, das für Sydows ausgebaut wird, und aßen zusammen, wobei Sydow viel Hübsches erzählte. ... Nachdem wir lange getafelt, gingen wir nach Sanssouci, wo wir von den Terrassen die reizende Aussicht genossen; das Grün schlägt eben aus, die Vögel sind ungeheuer lebendig, alles geht dem Leben entgegen. Um ½ 7 Uhr fuhren wir alle 6 miteinander in einem Beiwagen zurück und unterwegs unterhielten sich Rudorff und Sydow sehr interessant. Ich saß Sydow gegenüber und konnte Alles verstehen, was er sagte. So sprach er prächtig über Schleiermacher; indem er ihn mit Neander verglich, sagte er, daß dieser zwar auf einem moralisch hohen Standpunkt stände, aber kein großer Mann sei, wie Schleiermacher, der sein Jahrhundert in den Händen gehabt habe, mit hunderten von Studenten spielen konnte, wobei es ihm garnicht darauf ankommen durfte, ob 50 davon ihn nicht verstanden, während Neander auf den Einzelnen wirken muß, um sie sich zu erhalten. Es sei jetzt eine Art Stillstand eingetreten in Beziehung auf die Schleiermacher'sche Theologie, da bei uns eigentlich nur Neander ihn vertritt; denn es gehört eine Stille und Sammlung des Gemüths dazu, die der jetzigen jungen Welt fehlt, um Schleiermacher zu begreifen, dessen Religiosität eigentlich eine mystische war im edelsten Sinn des Wortes. Im Grunde seines Innern bewahrte er Friede und Stille, sobald er eine Anschauung erlangt hatte. Sein ganzes Streben ging auf Intuition, der er sich dann ganz hingab. Es werde aber ganz gewiß Schleiermachers Theologie noch einmal hervortreten und Alles beherrschen. ... Für die Hegelianer, sagte Sydow weiter, ist die Religion etwas Blindes, das erst Augen erhält durch die Philosophie; zu dieser Ansicht steht die Schleiermachers in vollkommenem Gegensatz. Um seine Predigten zu erschöpfen, dazu gehöre ein ganzes Leben, so viel läge darin verborgen, so viel nur angedeutet und noch zu verarbeiten. – Sehr traurig nahm ich von Sydows Abschied. Wie gern würde ich seiner freundlichen Einladung folgen, sie in Potsdam mit Rudorffs wieder zu besuchen!«

Während der nächsten Jahre erfüllte sich dieser Wunsch zu wiederholten Malen. Einstweilen mußte man die Freude mit einer reichlich lang währenden Wagen- oder Schnellpostfahrt erkaufen. Doch am 23. November 1838 konnten meine Eltern zum ersten Male um zwei Uhr mittags die soeben eröffnete neue Eisenbahn – eine der ersten in Deutschland – benutzen, Sydow zu seinem Geburtstag beglückwünschen und erst abends um sieben Uhr – dies freilich wieder mit der Schnellpost – heimwärts fahren. Bald darauf kehrte Sydow mit den Seinigen nach Berlin zurück. Er erhielt eine Anstellung als Prediger an der Neuen Kirche und trat nunmehr als ein sehr erwünschtes Glied in den geselligen Kreis Schleiermacher verehrender Freunde, dem mein Vater und meine Mutter schon vor oder seit ihrer Verlobung angehört hatten, und in den auch Lichtensteins mehr und mehr hineingezogen wurden. Gelegentlich eines Zusammenseins im Hause meiner Eltern, bei dem Philipp Buttmann anwesend war, hatte Marie Lichtenstein geäußert, sie möchte sich gern einmal gründlicher über die Unterschiede der verschiedenen protestantischen Kirchen unterrichten. Ein Wort gab das andere, und schließlich erbot sich Buttmann, der sich jetzt schon als Theologe amtlich betätigte, den Freunden an einem zu verabredenden Tage in der Woche Vorträge über Symbolik zu halten. Der Vorschlag wurde mit Dank angenommen und auch wirklich in Tat umgesetzt. Noch bezeugen einige Hefte, wie aufmerksam die Zuhörerinnen gewesen waren, wie fleißig sie das Vernommene zu Papier gebracht hatten.[XXVI]

Im Klenzeschen Hause dagegen, das ursprünglich recht eigentlich der Sammelpunkt für jene gleichgestimmten Elemente gebildet hatte, riß der Tod urplötzlich die schmerzlichste Lücke. Klenze, der unermüdlich Tätige, stets neue Hoffnungen Hegende, kühne Pläne Schmiedende, stand im Begriff, sich in dem nördlich der Spree entstehenden neuen Stadtteil, der sogenannten Luisenstadt, ein großes, stattliches Haus zu bauen. Er hatte angefangen zu spekulieren, hatte eine bedeutende Bodenfläche in der dortigen Gegend erworben und rechnete darauf, bei rasch steigenden Preisen durch den Verkauf des in einzelne Bauparzellen geteilten Geländes binnen kurzem ein reicher Mann zu sein. »Dann lebe ich als grand seigneur« hatte er zu meinem Vater in übermütiger Laune gesagt. Wenige Tage darauf war er tot. Infolge eines Diätfehlers, den er am Abend des 13. Juli 1838 in der sogenannten »Griechheit«[XXVII] bei heiterem Zusammensein sich hatte zuschulden kommen lassen, verbrachte er eine unruhige Nacht. Trotzdem nahm er am nächsten Morgen um fünf ein kaltes Bad, erkrankte um acht Uhr an ausgesprochener Cholera (während von einer Epidemie nirgends mehr die Rede war) und verschied am selben Nachmittag um vier Uhr. Seine geistvolle und feinfühlige Witwe, deren zarte Konstitution sich lange Zeit nicht von dem harten Schlag erholen konnte, blieb natürlich nach wie vor in engster Verbindung mit den alten Freunden ihres Mannes.

Als ein willkommenes jugendliches Element war im Laufe der dreißiger Jahre der Referendar Adolf von Eckenbrecher im Rudorff-Lich-

XXVI Buttmann verheiratete sich bald nach jener Zeit mit Bertha Göschen, die, nachdem ihr Vater Professor Göschen in Göttingen gestorben, mit ihrer Mutter nach Berlin übergesiedelt war und hier, namentlich bei meiner Mutter, die liebevollste Aufnahme gefunden hatte.

XXVII Die »Griechheit«, eine in regelmäßigen Abständen sich wiederholende gesellige Vereinigung von Berliner Gelehrten und ihren Familien.

tensteinschen Kreise aufgetaucht. Sein Vater, ein ehrwürdiger pensionierter Militär, besaß in der Nähe von Potsdam das anmutig an der Havel gelegene Gut »Guten-Paaren«. Der Sohn, der als Student Zuhörer Savignys und meines Vaters gewesen war, zeichnete sich nicht nur durch liebenswürdige Herzensgüte, sondern auch durch entschiedenes musikalisches Talent und eine sehr schöne Baritonstimme aus. Daß er gelegentlich auch Lieder komponierte, war für seine Nebenmenschen nicht eben von großer Bedeutung. Dagegen gewannen seine Leistungen als Sänger binnen kurzem in Dilettantenkreisen einen solchen Ruf, daß die Singakademie, deren Mitglied er wurde, ihm beispielsweise bei ihren damaligen Aufführungen der Bachschen Matthäuspassion die Wiedergabe des Christus anvertraute. Zu meinem Vater trat der junge Eckenbrecher bald in ein so herzliches Freundschaftsverhältnis, daß man sich gegenseitig Du nannte. Es waren kürzlich einige Lieder von Johanna Mathieux, der späteren Gattin Kinkels, erschienen[23], die allgemein gefielen, und unter denen eines, das zu dem Geibelschen Gedicht »Der Mond kommt still gegangen«[24] komponiert ist, besonders hervorragte. Es ist in der Tat von so großem Reiz, daß es auch heute noch nicht vergessen sein sollte. Mein Vater, dessen Klavierspiel den technischen Ansprüchen durchaus gewachsen war, die die Begleitung dieses Liedes stellt, spielte seine Klavierpartie ebenso anmutig, wie Eckenbrecher mit seinem schönen, ausdrucksvollen Organ der Singstimme gerecht wurde. Beide sangen und spielten auswendig und erregten mit ihrem kleinen Mondliede überall, wo sie es vortrugen, enthusiastischen Beifall, so daß sie scherzweise erklärten, sie würden demnächst auf dieses Lied hin eine gemeinschaftliche Kunstreise unternehmen. Diese Reise führte natürlich in Wahrheit höchstens bis Guten-Paaren, das im Sommer wiederholt und sehr gern von meinen Eltern aufgesucht wurde. Mit wie liebevollen Augen mein Vater diese Havelgegend betrachtete, davon mögen einige Worte Zeugnis geben, die er einmal im Juni 1841 an seinen Bruder schrieb: »Unter allen diesen Geschäften und 4 Vorlesungen habe ich denn freilich nicht viel Zeit. Doch habe ich mich einige Male Sonnabends und Sonntags losgemacht und Excursionen in unser wahrlich reizendes Havelland unternommen: zwei Male allein, das dritte Mal mit Betty und Ernst. Mit letzterem war ich nach Baumgartenbrück, welches wirklich eine herrliche Aussicht auf Werder, Caput und die vielen Seen darbietet, die dir zum Theil bekannt ist. Die beiden früheren Male war ich zu dem prächtigen alten Eckenbrecher nach Paaren im alten Brandenburgischen Stiftslande. Da war gerade Heuernte auf den tiefen Havelwiesen, die großen aneinander gebundenen Kähne waren mit

Heuschobern und unzähligen Ruderern belastet, der Kukuck rief über das Wasser, die Rohrsperlinge, deren Nest an drei Rohrstengeln mit in die Höhe wächst, schallten: kalkalkalkikiki und der Wind trug den Lindenduft und Betglockenklang über die weite Wasserfläche des Trebelsees. Auch die Reiher, Enten und Bekassinen in den Bruchen und Wiesen flogen auf, Möven und große Frösche mit goldenen Augen und grünen Strichen über dem Rücken (oder nach Havelländischem Dialekt: Fischmeesen und Murkse) schaukelten auf den Wellen oder saßen in behaglicher Betrachtung auf den breiten Blättern der gelben und weißen Wasserlilien. Es war wirklich eine wunderschöne märkische Landschaft: am nächsten Mittwoch ließ sich auch der Kronprinz (von Württemberg)[25], der ein liebenswürdiger und bescheidener junger Herr ist, davon erzählen. Er hat es schöner in seinem Schwaben, aber solches Wasser wie wir hat er – den Bodensee freilich ausgenommen – doch nicht.«

Ein anderer junger Mann, der in jenen Jahren im Hause meiner Eltern heimisch wurde, war August Hoffmeister, der Neffe Lichtensteins und Vetter seiner Tochter Marie. Er studierte damals als Theologe an der Berliner Universität, gehörte, wie das bei den Gesinnungen seiner Verwandten kaum anders zu erwarten war, der Schleiermacherschen Richtung an, und erwarb sich bald einen festen Platz in den Herzen meiner Eltern. Von Natur schüchtern und zurückhaltend, war er eine Weile doppelt unzugänglich, weil der Verlust seiner vortrefflichen Mutter schwer auf seiner Seele lastete. Aber meine Eltern verstanden es, den Bann zu lösen und ihn reden zu machen. Je länger der Verkehr dauerte, um so reicher erschloß sich ihnen die Innerlichkeit dieser edlen, gemütvollen Natur. Immer wieder überraschte er durch irgendeinen Zug, ein Talent, eine Liebenswürdigkeit, die man nicht in ihm vermutet hatte. Er besaß große Begabung zum Zeichnen. Meine Mutter und seine Kusine Marie mußten ihm sitzen und die beiden Bleistiftzeichnungen seiner Hand, die sie darstellen, erfreuen noch heute durch ihre feine Auffassung und Ausführung. Mein Vater, der so gern einmal zu Fuß irgendein Stück märkischer Landschaft durchstreifte, fand in August Hoffmeister den erwünschtesten Genossen für solche Wanderungen. Beide begegneten sich in verständnisvoller Freude an allem, was ihnen durch Natur und geschichtliche Erinnerungen geboten wurde. Nach einigen Semestern theologischen Studiums mußte er Berlin wieder verlassen, um sich in seiner Braunschweigischen Heimat der Staatsprüfung zu unterziehen und dann vorläufig eine Hauslehrerstelle anzunehmen. Ich bewahre ein kleines Blatt, das er meinen Eltern beim

Scheiden gab. Ein Gewinde von Zweigen, in denen Vögel und Insekten ihr Wesen treiben, mit der Feder zierlich gezeichnet, umgibt ein in feinsten Buchstaben geschriebenes Gedicht, das also lautete:

»Als mir ein lang gewohntes Glück entschwunden,
Und schwerer Jahre traurige Erinnerung
Auch für die Zukunft mir die Blicke trübte,
Da habt Ihr wieder mir den Sinn erschlossen
Für das, was mir die Gegenwart geboten
Und eines schönen Jahres kurze Frist
Hat neue Lebenskraft dem Geist gegeben.
Oft habt Ihr besser als ich selbst verstanden
Worin die Seele scheu sich ausgesprochen.
Da ist die Hoffnung wieder stark geworden,
Daß dort wie hier ich rechte Menschen finde,
Wohin mir auch der Gott zu gehn gebiete.
So bin ich doppelt reich durch Euch geworden;
Ihr bleibt mir sicher, wenn ich selbst mir bleibe,
In andern aber hab ich Eure Bilder
Und Eurer Liebe freundliche Erinnerung.«

Es versteht sich von selbst, daß Marie Lichtenstein oft genug in das Verkehren meiner Eltern mit ihrem Vetter August hineingezogen wurde. Sie schätzte dessen reinen, edlen Charakter, schenkte ihm ihr volles Vertrauen und war ihm schwesterlich zugetan. Daß aber dieser nur um zwei Jahre ältere Jüngling dermaleinst ihr Gatte werden, ja daß ihr in der Gemeinschaft mit ihm das höchste Lebensglück erblühen könnte, daran dachte sie damals nicht für einen einzigen Augenblick. Ihr Herz war noch ganz und gar ausgefüllt von langersehnten und schwärmerischen Empfindungen für gleichaltrige oder ältere Freundinnen. Ihre früheste und lebenslang bewahrte Neigung gehörte Schleiermachers Tochter Hildegard, die aber durch ihre Verheiratung mit dem Grafen Schwerin schon früh für lange Zeit räumlich von ihr getrennt wurde, so daß brieflicher Austausch an die Stelle des persönlichen Verkehrens treten mußte. Später lernte sie auf dem Gräflich Itzenplitzschen Gute Kunersdorf in der Neumark Adelheid von Treskow kennen, ein ausgezeichnetes, charaktervolles und ungemein fein empfindendes Mädchen, der sie bald die innigste Liebe entgegenbrachte. Fräulein von Treskow war die jugendliche Gesellschafterin der verwitweten Gräfin Henriette Itzenplitz[XXVIII], für deren Kinder Lichtenstein seinerzeit zum

XXVIII Gräfin Henriette Itzenplitz war eine ungewöhnliche, in ihrer Art außerordentliche Frau. Ihren herben männlichen Gesichtszügen entsprach ein durchaus männlicher Geist. Daß sie die

Vormund ernannt worden war. Die Gräfin lebte abwechselnd auf einem ihrer Güter oder vorübergehend auch in Berlin, wo sie eine ständige Wohnung unterhielt. So ergaben sich, da Lichtensteins häufig zu kürzerem oder längerem Bleiben nach Kunersdorf eingeladen wurden, die mannigfachsten Gelegenheiten, miteinander vertraut zu werden. Meiner Mutter aber war Marie allmählich so nahegetreten, daß keine Woche verging, ohne daß man sich ein paarmal gesehen hätte. Das Bedürfnis gemeinschaftlichen Musizierens beanspruchte einen breiten Raum. Die beiden spielten nicht nur im Rudorffschen oder Lichtensteinschen Hause miteinander vierhändig Beethovensche, Mozartsche, Haydnsche Symphonien, Bachsche Orgelfugen und was sonst Gutes zu vier Händen zu haben war, sie trafen sich auch in dem Instrumenten-Magazin von Kisting, um dort vornehmlich Bachsche Konzerte auf zwei Flügeln zu spielen. Ja, am 2. Juni 1839 traten sie sogar öffentlich auf. Sie trugen im Verein mit Fräulein Adele Dorn[XXIX] in einem Konzert, das zum Besten der Überschwemmten in der Singakademie gegeben wurde, das Konzert in d-moll für drei Klaviere von Johann Sebastian Bach vor und errangen damit den schönsten Erfolg. Ihre Bachbegeisterung betätigten sie auch noch in anderer Weise. Sie hatten beide irgendwo, vielleicht bei Möser, die schöne Orchestersuite in D-Dur gehört und brannten darauf, sie miteinander vierhändig zu spielen. Da kein gedrucktes Arrangement des Werkes damals existierte, so beschlossen sie, das Arrangieren selbst zu besorgen. Sie kamen zu dieser Arbeit an einer Reihe von Nachmittagen zusammen, setzten sich an das Klavier, rechts Marie, links Betty, und versuchten, wie sie nach der vor ihnen liegenden Partitur am besten spielend zur Wirkung bringen konnten. Das Resultat wurde dann in der Weise zu Papiere gebracht,

Haare kurz geschoren trug und mit einem langen Flausenrock bekleidet auf schweren, hohen Stiefeln einherging, war nur der natürliche Ausdruck ihres Wesens. Nach dem frühen Tode ihres Gemahls hatte sie die Verwaltung der großen, ihr gehörenden Gutsherrschaften in eigener Person übernommen und löste diese Aufgabe mit staunenswerter Umsicht und Energie. Daß es einer solchen Natur nicht an Schroffheiten fehlen konnte, liegt auf der Hand. Ihre Geradheit und Aufrichtigkeit kannte keine Grenzen. Auch nicht die, welche die Liebe innezuhalten gebietet, und ebenso rücksichtslos war sie in der Strenge ihrer Anforderungen an andere, zumal an alle diejenigen, die in dienstlichem Verhältnis zu ihr standen. Wohl hatte sie adligen Sinn, wo es galt, der Ehre zu genügen, weichere Regungen aber durchbrachen fast nie die harte Schale. Sie sprach den unverfälschten derben Dialekt der Märker. Als Philipp Buttmann, zu dem sie in freundlichen Beziehungen stand, einmal bei ihr anfragen ließ, zu welcher Zeit er sie, um irgend etwas Geschäftliches mit ihr in der Stadt zu besorgen, aufsuchen dürfe, schrieb sie auf einen Zettel: »Um 10 Uhr werde so weit s i n d.«

XXIX Adele Dorn, die musikalisch begabte und geistvolle Schwester des Hofkapellmeisters Heinrich Dorn. Als Musiklehrerin tüchtig und geschätzt.

daß jede ihre Partie sofort selbst niederschrieb. Ein sauberes Notenheft, das je eine der beiden Handschriften zur Rechten und zur Linken aufweist, gibt Zeugnis von dem guten Gelingen ihrer Bemühungen. Doch nicht nur die Gemeinsamkeit dieser künstlerischen und anderer ernsthaften Interessen gab dem gegenseitigen Verhältnis Halt und Nahrung. Es vertiefte sich auch durch Dinge der allerpersönlichsten Art. Meine Mutter wurde der jüngeren Freundin in mancherlei inneren Bedrängnissen Stütze und Beraterin wie niemand sonst. So wob sich ein Band, das für alle Zeit unlöslich sein mußte.

*Wunderlich hatten sich die Dinge zwischen Bettina von Arnim und meinen Eltern entwickelt. Einige Wochen, nachdem diese geheiratet hatten, war sie eines Tages um die Mittagszeit in der Wohnung des jungen Paares erschienen. Die beiden saßen bei Tisch und die Suppe war soeben aufgetragen. »Was habt Ihr denn da für eine Suppenschüssel?« rief sie: »die ist zu klein, wenn ich einmal zu Euch zum Mittagessen komme!« – »Darauf haben wir auch nicht gerechnet!« erwiderte mein Vater. – Die Worte waren ihm herausgeflogen, er wußte selbst nicht, wie. Beleidigen sollten sie ja keineswegs – aber sie beleidigten. Ungewollt war vielleicht ein Widerspruch gegen gewisse Züge des Brentanoschen Wesens zutage getreten, der sich oft im Herzen meines Vaters regte. Bettina aber, die sich mit Recht als treue Beschützerin der Liebe meiner Eltern fühlen durfte, empfand die übereilte Äußerung als ernstliche Kränkung. Von diesem Tage an ließ sie sich nicht mehr bei meinen Eltern blicken. Wohl ging sie nach wie vor bei Pistors aus und ein*, aber die Rudorffsche Wohnung betrat sie nicht wieder. Ein paar Jahre waren vergangen; die Erziehung ihrer beiden ältesten Töchter Max und Armgard bei dem Onkel George Brentano in Frankfurt am Main hatte ihren Abschluß erreicht, und diese waren zur Mutter zurückgekehrt. Im Sommer des Jahres 1837 sollten sie den Onkel noch einmal wieder besuchen und die jüngste Schwester, die wild aufgewachsene Gisela, mitnehmen. Meine Eltern planten gleichzeitig eine Rheinreise, und Bettina, die davon hörte, ließ sie bitten, die drei Mädchen bei dieser Gelegenheit bis Frankfurt unter ihren Schutz zu nehmen. Natürlich sagte man Ja, und diese Reise, die unter Benutzung von Extrapost vor sich ging, verlief nicht allein für den Augenblick zu allgemeiner Zufriedenheit, sondern lieferte mit all ihren lustigen Erlebnissen noch auf lange hinaus Stoff zu den ergötzlichsten Erzählungen. Die »Arnimcher« hatten einen kleinen Hund bei sich, der den Namen »Roccococche« führte, und dessen Untaten ebenso zahlreich wie possierlich waren. Armgard setzte sich nachts neben den Postillon und tischte hinterher den andern ganze

Romane auf, die sie mit dem verkleideten Edelmann erlebt haben wollte; Gisela aber, die – halb noch Kind – dank der Nichterziehung durch ihre Mutter in allen Dingen praktischer Gesittung gänzlich verwahrlost war, mußte sich von den älteren Geschwistern unaufhörlich zurechtstutzen lassen, wobei trotz einiger Tränen auf der Seite des Sündenbocks doch bei den übrigen des Lachens kein Ende war. *Seit dieser Reise bestand für alle Zukunft das hübscheste, vertraulichste Verhältnis zwischen den fünf Beteiligten, Bettina aber blieb dessen ungeachtet nach wie vor aus und ließ ihre Töchter allein vergnügte Stunden bei Betty in der Leipziger Straße verbringen.*[26]

Wie aber soll man mit Worten eine Vorstellung von dem Zauber geben, den diese Arnimschen Mädchen auf jeden ausübten, der ihnen begegnete! Sie erschienen wie Geschöpfe einer höheren Ordnung. Wollte man jedoch sagen, wie Prinzessinnen oder wie Feen, so wäre das viel zu trivial. Der phantastische Schimmer, der sie umgab, war nur dies eine Mal auf der Welt. Und mit welchen Gaben hatte die Natur sie ausgestattet! Sie waren schön von Zügen, anmutig in jeder Bewegung; sie zeichneten, malten, sangen, dichteten, und was sie derart beginnen mochten, immer zeugte es von Talent, immer hatte es den Reiz des Ursprünglichen und Besonderen. Ja, sie konnten eigentlich alles, was sie wollten: Kochen ebensogut wie tanzen und Theater spielen. In der Unterhaltung überraschten sie durch den Reichtum ihres Geistes wie durch die Beweglichkeit ihrer Laune, in jedem Augenblick blitzte es von guten Einfällen, von Witz und Schelmerei; Ein Kobold schien heimlich in ihnen sein Wesen zu treiben. Während Gisela mit ihrer hochgesteigerten genialischen Seltsamkeit die große Geselligkeit mehr oder weniger mied und in den meisten Dingen ihre eigenen Wege ging, hatten die beiden Ältesten gelernt, wenn sie wollten, in Erscheinung und Auftreten vollendete Weltdamen zu sein. Das hinderte jedoch auch sie nicht, sobald die Lust dazu sie anwandelte, allen Regeln des guten Tons geradezu ins Gesicht zu schlagen, alle Schranken des Konventionellen spottend niederzureißen. Die sämtlichen Philister der Wohlerzogenheit setzten sie durch ihr Benehmen in maßloses Erstaunen. In der Hofgesellschaft namentlich brachten sie geradezu eine Art von Revolution hervor. Sie aber konnten und durften sich die kühnsten Scherze erlauben. Immer blieben sie die unantastbar Vornehmen, niemand konnte ihnen widerstehen, niemand ihnen etwas anhaben. Einer ihrer besten Freunde bei Hofe war der König Friedrich Wilhelm IV., der, selbst eine geniale Natur, das größte Behagen empfand, wenn der langweiligen Etikette gelegentlich mit guter Manier ein Schnippchen geschlagen wurde. Doch das Verachten aller beschränkten Vorurteile war nur die eine Seite ihres Wesens. So sehr es sie reizte, die leeren Köpfe, die Hochmütigen und Vornehmtuer zum besten zu haben, so wahrhaft menschenfreundlich zeigten sie sich, wo ihnen eine echte Natur begegnete. Bescheidene aus dem Dunkel hervorziehen, ihren Vorzügen die beste Beleuchtung zuteil werden lassen, sie ermutigen, erfreuen, beschützen, das war ihnen angeborenes Bedürfnis. Niemand konnte liebenswürdiger und verständnisvoller wohltun als sie. Maximiliane, die älteste, verdankt ihren Namen dem Andenken ihrer mütterlichen Großmutter Maximiliane Brentano geb. La Roche und wurde überall wie diese »die Max« genannt. Sie hatte in ihrer Erscheinung etwas, das man »großen Styl« nennen könnte, während Armgard, die zweite, etwa die »Susanne« neben der Gräfin vorstellte; freilich noch immer eine sehr vornehme Susanne! Daß ein Schwarm von Verehrern den Spuren dieser Zauberinnen folgte, versteht sich von selbst. Armgard aber hatte Selbsterkenntnis genug, um freimütig zu gestehen: »Bei mir fangen sie alle an, aber bei Max hören sie auf.« Sie erzählte mit Behagen, welche Mittel sie gelegentlich anwandte, um einen allzu Lästigen loszuwerden. Ein äußerst schmachtseliger Jüngling hatte gebeten, sie auf einem Gang durch die Straßen begleiten zu dürfen. Dies wurde zugestanden. Nach kurzer Zeit aber verschwand sie in einem Schlächterladen, kehrte mit einer Wurst in der Hand zurück und biß auf offener Straße vor seinen entsetzten Blicken kräftig in das schöne Produkt. Das half. Der Ernüchterte kehrte nicht wieder. Nun gab es aber freilich nicht lediglich Anbeter, deren Abgeschmacktheiten zum Foppen herausforderten. Auch Anziehendere tauchten auf, mit deren Empfindungen zu scherzen nicht ohne gefährlichen Reiz war. Mein Vater sagte der Übermütigen einmal ins Gesicht: »Armgard Sie verpuffen Ihr Pulver! Wenn es beständig blitzt, so kommt es niemals zum Einschlagen.« »Rudorffke, Sie habbe recht!« gab sie zur Antwort. Aber das Spielen mit dem Feuer blieb natürlich dasselbe. In diesen Kindern der Bettina pulsierte das italienische Blut der Brentanos, das französische der La Roches und dazu das Germanische ihres Vaters. Die Schönheit Achim von Arnims ließ sich in den prachtvollen Profilen der Max und der Armgard deutlich wiedererkennen. Im Ganzen ihrer Persönlichkeiten aber spielten, wie es nicht anders sein konnte, die Eigentümlichkeiten der Vorfahren in merkwürdiger Mischung durcheinander. Mochte man deshalb hier diesen, dort jenen Zug der Nachkommen aus ihrer Abstammung herleiten wollen, die Einzelerscheinung im ganzen blieb doch immer wieder ein Neues und Außerordentliches. Die drei Arnims besaßen eine Genialität der

Persönlichkeit, wie sie zu den seltensten Gewächsen gehört, die die Erde hervorbringt.

Man hat heutzutage für die Periode zwischen Freiheitskriegen und Märzrevolution den abgeschmackten spöttelnden Namen »Biedermeierzeit« erfunden. Wollte man doch diesen schlechten Scherz in die Rumpelkammer werfen, wohin er gehört, und die Augen gehörig auftun, um gewahr zu werden, wie hoch diese bemitleidete Zeit in sittlicher und ästhetischer Hinsicht über dem hohen Treiben, dem geschwollenen Gebaren unserer Tage steht! Wer die nur kurz andeutenden Tagebücher meiner Mutter, vor allem aber die gleichzeitigen, um vieles ausführlicheren Aufzeichnungen ihrer Freundin Marie L. durchblättert, staunt vielleicht über die Fülle geselligen Lebens, das sich hier dem Blick erschließt. Die Kette der kleineren und größeren Abendgesellschaften, der literarischen oder musikalischen Unterhaltungen, der Nähkränzchen, der gemeinschaftlichen Landpartien im Sommer, reißt in Berlin nicht ab. Und dazu kommt noch der Besuch der Oper, des Schauspiels und aller Veranstaltungen der Singakademie. Man könnte für einen Augenblick meinen, das Leben der damaligen Zeit gebe der Hetzjagd unserer Tage wenig nach. Diese Täuschung jedoch verschwindet, sobald man näher zusieht. Lebendige Bewegung ist noch nicht Unruhe. Ein zielloses und gedankenloses Drauflosstürmen, ein unaufhörliches Wechseln im Äußerlichen bei innerer Leere, wie es heute an der Tagesordnung ist, muß erschöpfen und aufreiben. Hier aber zieht sich durch alles Sichsuchen und -finden, durch alles gemeinsame Erleben wie ein goldener Faden die Stetigkeit einer auf bleibende Güter, auf Geistiges und Ideales gerichteten Gesinnung. Und wie harmlos, im Äußerlichen genügsam, erscheint die Geselligkeit dieser fernen Zeit! Wohl geht es einmal etwas opulenter in der Küche meiner Mutter zu, wenn Herr und Frau von Savigny zu Tisch geladen sind, oder irgendein auswärtiger Gelehrter von Ruf als Gast gefeiert werden soll. Aber von Gelagen und Gastereien, die nichts bedeuten als ein gegenseitiges Sichabfüttern in Üppigkeit und Leckerei nach Art der Gegenwart, ist nirgends die Rede. Man kommt zueinander, weil man einander lieb geworden ist oder sich in der Gemeinschaft geistiger Interessen gefunden hat, die zu pflegen ein Genuß ist. Dabei wird freilich auch gegessen und getrunken, aber niemandem fällt es ein, Küche und Keller zur Hauptsache zu machen. Daß in den vornehmsten Gesellschaftskreisen auch damals ein kühlerer Luftzug wehte, läßt sich freilich nicht bestreiten. Doch die vielfach leere Äußerlichkeit ist auch hier durchsetzt mit bedeutenderen Elementen. Ich füge abermals eine Reihe hier und da herausgegriffener kleiner und größerer Bruchstücke aus dem Tagebuch von Marie Lichtenstein ein, wie sie etwa am ehesten ein anschauliches Bild nicht nur von Persönlichem, sondern zugleich auch von einem Teil der allgemeinen Zustände des damaligen Berlin zu geben vermögen.

Aus dem Tagebuch von Marie Lichtenstein. 1836 bis 1846.

»Freitag d. 6ten Mai 1836. – Zu Abend waren wir mit Rudorffs, Arnims und Eckenbrecher bei Savigny's. Die Arnimschen Töchter sind ganz allerliebste Mädchen, so gescheut und ungezwungen; wir jungen Leute musicirten etwas und waren sehr heiter. Beim Nachhausegehen waren wir ganz ausgelassen, spielten Zeck[27] unter den Linden und ich lief mit Gisela um die Wette ohne sie jemals einholen zu können.

Donnerstag d. 16ten Juni – waren wir in Stralau mit Rudorffs, Göschens und Buttmann. Auf dem Wasser sahen wir den prächtigen Untergang der Sonne. Es kommt doch so viel auf die Stimmung und die Empfänglichkeit des Gemüths an um die Schönheit der Natur zu genießen. Auf dem Züricher See kam es mir lange nicht so schön vor als heute auf der Spree.

Mittwoch d. 12ten Oktober – war Abends mit einigen Anderen ein französischer General baron Clouet bei uns, dessen Bekanntschaft uns Allen sehr interessant war. Dieser Mann ist Napoleon auf allen seinen Feldzügen gefolgt, hat hier gefangen gesessen, in Algier kommandiert, und jetzt als royaliste seit der Revolution (1830) lebt er entfernt von seinem Vaterland. In Spanien hat er Fragmente von Händel'schen Werken gefunden, ist zufällig zu mehreren gelangt und es hat ihn solche Begeisterung für diese Musik ergriffen, daß er nun sich's zu seiner Hauptbeschäftigung macht, den Geschmack dafür zu verbreiten. Niemals hat man diese Musik schöner singen hören, als er sie vortrug; mit seiner Lebendigkeit und seiner Art des Vortrags schienen uns die alten Sachen ganz neu, und was wir nicht kannten, entzückte uns über alle Maßen.[XXX] Er ist so voll Eifer, daß es ihm beim Singen garnicht darauf ankommt, ob er Begleitung hat oder nicht. Beim Unterhalten und während er auf dem Sopha sitzt fängt er an eine Arie zu singen, und so schön, daß keine Begleitung vermißt wird.

Sonnabend. d. 22ten – Morgens gegen sechs Uhr ging ich mit Moritz nach dem Posthof um Rudorffs bei ihrer Ankunft nach den Ferien zu empfangen. Um ½ 7 Uhr kamen sie richtig an, sehr überrascht und erfreut uns zu sehen. Ich bin froh, daß sie wieder hier sind.

Mittwoch d. 26ten – war mit Rudorffs, der Ritschl u. s. w. der General Clouet bei uns, der wieder Alles in Entzücken versetzte.

XXX Clouet gab eine Anzahl von Arien und Händelschen Opern heraus, die damals in Deutschland noch gänzlich unbekannt waren.

Dienstag d. 7ten Nov. – kamen nach der Akademie der General Clouet und Rudorffs zu uns. Ersterer brachte eine Händel'sche Klaviermusik, die er mir vorsang, damit ich sie spielen lernte, und auf diese Weise war ich sehr davon entzückt. Er sang uns wieder viel Schönes. Wir spielten ihm dagegen Bach vor, der ihm sehr einzugehen scheint. Zuletzt amüsirte er uns noch sehr durch seine Unterhaltung über die neue Art des Gesangs, indem er die Lächerlichkeiten sehr heraushob.

Donnerstag d. 9ten – Morgens besuchten wir die Ausstellung. Mir gefällt am Besten das Bild von T. Hildebrand ›Der Tod der Söhne Eduards‹[28], weil es ohne allen Prunk so treu und wahr die Natur darstellt. Man kann sich nichts Lieblicheres denken, als diese schlafenden Kinder, bei denen man meint, man sähe sie athmen. Nächstdem ist die ›Hussitenpredigt‹ von Lessing[29] ein ganz vortreffliches Bild. Ein Hussit, der mit fanatischem Eifer den Kelch seinen Anhängern entgegen hält, die eben vom Morden und Brennen zurückkehren, nun aber mit frömmelnder Andacht seiner Rede zuhören, die die verschiedenste Wirkung auf die Zuhörer hervorbringt. Außerdem sind ganz himmlische Landschaften von Lessing, Schirmer u. s. w. da.

Sonnabend d. 17ten Dezember. – Diesen Abend habe ich himmlischen Genuß gehabt durch Beethovensche Musik. Möser feierte Beethovens Geburtstag und hatte die schönsten Stücke gewählt. Coriolan[30] machte den Anfang. Darauf das Es dur Concert, von Taubert gespielt. Wunderbar und überraschend sind die Schönheiten darin. Das Septett folgte, auf das Vollkommenste ausgeführt. Dann die Arie des ersten Akts aus Fidelio. Zuletzt aber die A-Dur Symphonie. Mit einer solchen Macht hat mich noch Nichts ergriffen. Ich weiß die ungeheuren Massen in meinem Geist zwar noch nicht zu ordnen und mir kein bestimmtes Bild davon zu machen, aber ich ahne die ganze Größe dieser prächtigen, gewaltigen Musik. ... Bald ist es, als klagte ein ganzes Volk um ungeheure Begebenheiten, bald scheint es, als läge es zu Füßen des Allmächtigen, um ihm Dank zu sagen für seine Gnade. Zuletzt aber ist ein unbeschreibliches Getümmel, und man ist so davon ergriffen, daß aller Gedanke an die Wirklichkeit schwindet. Alles rund herum ist vergessen, man befindet sich in einer anderen Welt, aus deren Sphären es schwer wird, wieder in die Gewöhnlichkeit hinabzusteigen. Wie gewaltig, groß und mannigfaltig muß die Bewegung eines Geistes sein, der so wie dieser eine ganze Welt in sich trug, ihr Dasein in so himmlischen Klängen nach außen zu erkennen giebt und alles Andere dadurch mit hinaufzieht in seine Regionen. Ich fange an diesen Geist zu begreifen und je mehr ich eindringe in seine Geheimnisse, je größer ist die Begeisterung, die mich ergreift.

Sonntag d. 18ten – Morgens war abscheuliches Wetter; ich hatte aber zu großes Verlangen, Sydow zu hören und ging in die Kirche. Er predigte über Joh. 3 Vers 15–18. Rudorff sagte mir, daß diese Predigt eine sogenannte Homilie wäre, nämlich die keine andere Einteilung habe als durch die Absätze in dem Text, und eigentlich nur in einer Erklärung desselben bestände.

Sonntag d. 29ten Januar 1837 – Abends in der ›Armide‹[31]. Frl. v. Fassmann etwas zu schwach zuweilen, in manchen Scenen aber war sie vortrefflich. Und wie freute man sich, so mangelhaft die Ausführung auch theilweise war, doch einmal wieder diese wundervolle Musik zu hören. Ich gedachte dabei sehr lebhaft meiner früheren Schwärmerei für die Milder, als sie 1831 zuletzt in den Gluck'schen Opern mehrere Male auftrat. As ich zu Hause war, sang ich die Oper so ziemlich ganz wieder durch.

MITTWOCH D. 1TEN FEBRUAR – Abends bei Möser. Feier von Mozarts Geburtstag. Ein wundervolles Quintett in G moll wurde gespielt, das mir den größten Eindruck von Allem machte, was außerdem gegeben wurde.

DONNERSTAG D. 2TEN – Zum Kaffee bei Betty Rudorff mit Arnims, Karstens u. s. w. Die Arnims waren sehr amüsant. Als alle Übrigen fort waren, las Rudorff Tieck's Blonden Eckbert vor und einiges Andere.

FREITAG D. 3TEN – Morgens in der Kinderwarteschule. Dann zu den armen Leuten, denen es traurig geht. ... Abends bei Savigny's zur Tanzstunde mit Arnims. Sehr amüsant. Die Arnims sind mit allen möglichen Reizen und Talenten ausgestattet und deshalb sehr anziehend, aber ihre Richtung ist durchaus äußerlich. Trotzdem finde ich sie sehr liebenswürdig. Das Äußerliche hat große Macht über mich, und ich lasse mich oft ganz davon beherrschen.

SONNTAG D. 12TEN – (Schleiermachers Todestag und Gertruds Geburtstag.) Nachmittags ging ich zu Schleiermachers, wo ich die ganze Familie beisammen fand, um Gertrud zu gratulieren. In demselben Zimmer war er vor 3 Jahren gestorben. Es beseelt mich immer ein ganz eigenes Gefühl, wenn ich in dieser Familie gewesen bin, ein solches, das mich ermuntert zu allem Guten, und mich in mir selbst freudig macht.

MITTWOCH D. 15TEN – Mit Rudorff zu Möser. Zuerst eine moderne Symphonie von Hesse aus Breslau, die mir wenig gefiel. Dann eine ganz schlechte Ouvertüre von Ries, die alle Menschen in Ärger brachte durch den fürchterlichen Spektakel, der darin vorherrscht und hinter dem Nichts verborgen ist. Zum Schluß die Pastorale sehr schön.

SONNABEND D. 25TEN – Morgens Besuch bei Arnims. Concert von Clara Wieck, die ihre Vielseitigkeit und außerordentliche Fertigkeit zeigte, indem sie von den verschiedensten Meistern die schwierigsten Stücke vortrug.

SONNTAG D. 26TEN – Morgens bei Rudorffs; mit ihnen eine Schleiermacher'sche Predigt gelesen; bis gegen Mittag geblieben. Dann zu Großvater Hotho zu einer großen fête, wo nach Tisch die Hähnel unbeschreiblich schön sang und Alles in Entzücken setzte. Ich bin ganz bezaubert durch sie. Als sie fort war, ging ich zum Abend zu Pistors.

SONNTAG D. 13TEN MÄRZ – Betty Wilken bei uns. Als Vater spät nach Hause kam, las er mir und Betty die Schleiermacher'sche Schrift gegen Schmalz[32] vor, die zwar so furchtbar scharf und vernichtend, aber auch so geistreich ist, daß man nicht aufhören kann, darüber zu staunen.

MONTAG D. 13TEN APRIL – Nachmittag und Abend bei Betty Rudorff; der letzte aber zugleich sehr amüsante Studentenverband.

DIENSTAG D. 14TEN – In der Singakademie sang die alte Mad. Sessi mit scharfer, veralteter italienischer Manier, was ganz bizarr und lächerlich klang. Abends zur Feier von des ältesten Sohnes Geburtstag bei Savigny's. Die Arnims führten einen allerliebsten Scherz auf, dann wurde getanzt.

MITTWOCH D. 15TEN – Abends Concert bei Möser. Wunderschöne Beethoven'sche Quartette, namentlich eins in C dur, mit einem düstern, über alles schönen Adagio in a moll.

DONNERSTAG D. 16TEN – Abends Quartett bei uns; Rudorffs und Großvater; wir spielten das lang beabsichtigte Quartett, das mir Reissiger geschenkt, außerdem drei Beethovens.

SONNABEND D. 18TEN – Nachmittag bei schönem Wetter fuhr ich mit Rudorffs ins Freie; es thut so wohl, wenn man nach langer Entbehrung wieder die warme Sonne genießt und überall die Anzeichen des herannahenden Frühlings erblickt. Es wird Einem so frei ums Herz wie auf einem hohen Berge.

DIENSTAG D. 21TEN – Abend bei Rudorffs zu seinem Geburtstag.

MITTWOCH D. 22TEN – Dieselbe Gesellschaft wie bei Rudorffs bei uns, Clara Wieck zu Ehren, die über alle Beschreibung schön spielt.[XXXI]

SONNTAG D. 23TEN APRIL 1837 – wurden bei Kisting Bachsche Concerte gespielt; zuerst von Taubert und 2 Damen das Concert für 3 Klaviere; dann spielten wir, Betty und ich, eines für 2 Klaviere und wir trugen den Sieg davon bei unserer Parthie, weil wir es nicht nach der modernen Art spielten wie die Ersteren, die der Musik dadurch etwas von ihrem eigenthümlichen Charakter nehmen. Nachmittags fuhren die Eltern mit uns im Thiergarten spazieren, es war herrliches Wetter. Abends waren wir mit Arnim's bei Pistors.

MITTWOCH D. 26TEN – Abends mit Savigny und Pistors bei Rudorffs.

DONNERSTAG D. 27TEN – eine wenig genügende Aufführung des Radziwill'schen ›Faust‹[XXXII] in der Singakademie; alle tempi waren zu langsam, so daß man vor Ungeduld vergehen mochte; Einzelnes (das Gespräch im Garten) mißlang ganz in Beziehung auf die Begleitung. Die Levy war schlecht, Bader[XXXIII] aber ausgezeichnet.

---

XXXI Diese Gesellschaft bestand, wie aus dem Tagebuch meiner Mutter hervorgeht, aus Klenzes, Lachmanns, Göschens, Philipp Buttmann und meinen Großeltern Pistor und der Tante Alberti. Übrigens hatte meine Mutter Clara Wieck in ihrem Konzert gehört (das Marie Lichtenstein nicht besucht hatte). Meine Mutter schreibt: »Sie spielte ganz eminent.«

XXXII Die Musik des Fürsten Heinrich Radziwill (geb. 1775, gest. 1833) zum ersten Teil des Goetheschen »Faust« erfreute sich im damaligen Berlin der größten Beliebtheit und gehörte Jahrzehnte hindurch zum eisernen Bestand der Singakademie-Aufführungen. Die anziehende Persönlichkeit des geistvollen und liebenswürdigen fürstlichen Komponisten hatte offenbar vor allem den außerordentlichen Erfolg dieses in hohem Maße dilettantischen Werkes veranlaßt. Doch läßt sich auch nicht leugnen, daß hier und da Partien auftauchen, die von Talent zeugen und anmutig erfunden sind.

XXXIII Bader, hervorragender Bassist von der Königlichen Oper.

SONNABEND D. 29TEN – Nachmittag und Abend bei Rudorffs mit Schinkels. Rudorff las uns aus Goethe's Leben die Geschichte mit der Lilly[33] vor, was uns sehr interessirte. Aber ich konnte nicht lassen mich über Goethe zu ärgern, und begreife nicht, wie ein so ausgezeichneter Mann auf solche Weise mit dem Heiligsten spielen kann.

MONTAG D. 22TEN – Geburtstag von Onkel Henri[XXXIV] und seiner Frau, der Abends bei Großvater Hotho gefeiert wurde. Jordans, Rudorffs und die Hähnel[XXXV] waren da, die vortrefflich sang. Auch Betty und ich mußten singen. Heute trat Betty's Bescheidenheit und Anspruchslosigkeit so klar hervor, daß sie mir unendlich liebenswürdig dadurch erschien.

SONNTAG D. 11TEN JUNI – fuhr ich mit Rudorffs und Pistors bei dem schönsten Wetter nach Schöneiche heraus. Es war der Hochzeitstag der Eltern, aber Vater hatte mir selbst zugeredet mitzufahren, da es das letzte Mal sein sollte, daß wir bei diesen Schützens[XXXVI] waren, die das Gut an die älteren zurückgeben müssen. Die Fahrt war sehr angenehm, wir wurden außerordentlich freundlich empfangen, gingen nach dem Frühstück spazieren, und Betty und ich blieben dann einige Zeit auf der oberen Stube allein, wo wir uns sehr eifrig unterhielten. Dann spielten wir bis zu Tisch. Um 6 Uhr fingen wir wieder an zu musiciren und trieben es nun mit der größten Passion beinahe bis zur Abfahrt. Wir waren so recht im Zug und wußten wie sehr wir den Zuhörern Freude damit machten. Die Armide, die wir zum Teil auswendig durchnahmen, hat mir selten so großen Genuß verschafft wie heute. Mit Betty läßt sich's aber auch herrlich musiciren. Um 9 Uhr fuhren wir ab. Es that mir leid nun Schützens zum letzten Mal als Wirthe hier gesehen zu haben. Frau von Schütz ist eine außerordentlich liebenswürdige feine und gebildete Frau, die mir immer mehr gefällt, die von aller ihrer Umgebung aufs höchste verehrt wird und deren Abschied von Schöneiche große Trauer erregt. – Betty fuhr mit Pistor. Ich unterhielt mich unterwegs sehr angenehm mit Rudorff und war noch sehr durch die Musik in Aufregung.

MONTAG D. 12TEN JUNI – Morgens gingen wir mit Haikings zu Kisting, wo wir H. v. Wegeler[34] und mehrere Andere fanden um Henselt spielen zu hören, der aber jetzt nach Breslau reisen will um sich mit einer Frau zu verheirathen, die älter ist als er und sich hat scheiden lassen um seinetwillen. Er spielte ganz wundervoll, mit der unübertrefflichsten Fertigkeit und mit einem wunderbaren Ausdruck von Sehnsucht und Wehmuth, der augenblicklich im Innersten erbeben macht. Er gab nichts Gro-

---

XXXIV Henri Hotho, Professor der Ästhetik, Bruder von Victoire Lichtenstein geb. Hotho. Er und seine Frau waren an einem und demselben Tage geboren.

XXXV Frl. Hähnel, eine sehr ausgezeichnete Sängerin und liebenswürdige Persönlichkeit. Sie war einige Jahre an der Oper vom Königlichen Theater tätig und starb sehr früh.

XXXVI Zwei Töchter des Ministers von Struensee, die nächsten Jugendfreundinnen meiner Großmutter Pistor, hatten zwei Brüder von Schütz[e] geheiratet, die ihr in der Nähe Berlins belegenes väterliches Gut Schöneiche abwechselnd bewohnten. [Friedrich Wilhelm von Schütze (1780–1844) heiratete Friederike Karoline Struensee von Carlsbach, sein Bruder Friedrich Wilhelm Ludwig von Schütze (1782–1856) heiratete Karoline Maria Struensee von Carlsbach. Mit »Diese Schützens« sind hier vermutlich der jüngere Friedrich Wilhelm Ludwig und dessen Frau gemeint.]

ßes, Zusammenhängendes; wie denn sein ganzes Wesen etwas Zerstörtes und Verwirrtes zeigt. Er spielte hauptsächlich Etüden von sich, die aber in ihrer Art wunderschön sind. So sind es immer nur abgerissene Sätze, die er spielt. Beethoven'sche oder überhaupt klassische Musik scheint er nicht zu verehren. Er geht eigentlich fast unter in der Musik, denn außer mit ihr und seiner Liebe beschäftigt er sich mit nichts. Er spielt und übt buchstäblich den ganzen Tag, auch wohl die Nacht, um ja die Finger nicht aus ihrer Beweglichkeit kommen zu lassen.[XXXVII] ... Ich war so glücklich die eine Etüde, die mir schon lange im Sinn lag, da wir sie von der Wieck gehört, im Gedächtnis zu behalten, und das macht mir ungeheures Vergnügen, denn ich liebe sie sehr.

DIENSTAG D. 13TEN – In der Akademie mit Haykings. Nachher diese mit Rudorffs bei uns. Betty und ich fingen an zu singen und zu spielen und es ergriff mich mit einer Leidenschaft dabei, wie ich sie fast noch nicht empfunden. Das waren hauptsächlich Gluck und seine Armide, die mich dazu brachten, wie ich denn Gluck über allen Ausdruck verehre. Mein Gefühl ist aber auch ungeheuer aufgeregt in diesen Tagen, woran aber die Henselt'sche Musik etwas Schuld haben mag.

DONNERSTAG D. 26TEN NOVEMBER – kamen eine Menge von Menschen zu uns: von Wildenbruchs[XXXVIII], Rudorffs, Graf Westphalen, Eckenbrecher, Buttmann, die Ritschl, Schinkels, u. s. w. Ich spielte mit den Gebrüdern Gans und Rex das Quartett, das mir Reissiger dedicirt, dann ein Trio von Chopin. – Es war eine feierliche Versammlung; ich hatte mich indeß gut präparirt und war ganz darauf gefaßt schlecht zu spielen. Ich hatte mir das aber so zurechtgelegt, daß ich mir nicht viel daraus machte. Ich dachte es ist das ein gutes Niederschlagpulver für die leicht aufsteigende Eitelkeit und es war mir gleich, was man von mir sagen würde. Deshalb ängstigte ich mich denn auch nicht viel und es ging ganz gut. Trotz aller Reden meiner Vernunft an mich selbst machte es mir aber doch nicht wenig Vergnügen mich loben zu hören, und meine Eitelkeit wurde nur um so kühner gegen die abwehrende Vernunft. Betty und ich spielten nachher noch Bachsche Orgelfugen und die A dur Symphonie von Beethoven 4händig. Die Ritschl[XXXIX] sang sehr schön mit Betty und Eckenbrecher das Terzett aus dem Fidelio.

FREITAG D. 16TEN DECEMBER ABENDS. – Einen sehr großen unbeschreiblichen Genuß hatten wir durch den Gesang der Milder. Ihre Stimme klang göttlich und sie sang die Clouet'schen Sachen über alle Beschreibung schön, so daß ich mich kaum

---

XXXVII Mündlich berichtete die Schreiberin später, daß Henselt damals stets im Reisewagen eine stumme Klaviatur bei sich gehabt habe, um auf dieser auch während der Fahrt zu üben. Sie erzählte ferner, daß er, ehe er angefangen, ihnen vorzuspielen, sich einen Eimer mit eiskaltem Wasser bestellt habe, um in diesen seine beiden nackten Arme zu stecken. – Bekannt ist seine Nervosität vor dem Publikum. Als er in Petersburg zum ersten Male auftrat, mißglückte ihm infolgedessen im Konzertstück von Weber die große Glissando-Oktaven-Passage im Marsch.

XXXVIII Herr von Wildenbruch, natürlicher Sohn des Prinzen Louis Ferdinand von Preußen; dessen Schwester, Prinzeß Luise, mit dem 1833 verstorbenen Fürsten Anton [Heinrich] Radziwill vermählt; war Vater des Dichters Ernst von Wildenbruch.

XXXIX Frau Voitus, ihre Tochter Tine Voitus und Frau Ritschl, Mitglieder der Singakademie, alle drei vortreffliche Dilettantinnen im Gesang.

erinnere, außer ihrer Armide und Alceste[35] etwas Großartigeres gehört zu haben. Mit ihr war die Voitus, die Alberti, Pistors, Rudorffs und Eckenbrecher hier. Es hat mich selten etwas so außer mir gebracht wie das.

DONNERSTAG D. 18TEN JANUAR 1838 – war die Aufführung des Paulus, die zum Theil sehr gut ging. Die Musik machte mir einen sehr schönen Eindruck, wie es denn im Allgemeinen auch sehr anerkannt wird.

SONNTAG D. 28TEN JANUAR – Morgens bei Hensel's[XL] hörten wir eine englische Sängerin, Miss Novello, die vortrefflich sang. Außerdem spielte die Hensel sehr schön.

DONNERSTAG D. 8TEN FEBRUAR – Abends nach der englischen Stunde ging ich zu Rudorffs, spielte viel mit Betty. August (Hoffmeister) kam dann auch, wir unterhielten uns viel von Schleiermacher und versetzten uns dadurch in eine sehr ernste und erregte Stimmung.

SONNTAG D. 18TEN FEBRUAR – Wir hatten heute eine interessante Gesellschaft. Die Milder sang aus den Clouet'schen Sachen wieder die prächtige Arie (von Händel). Der Dr. Weber aus Triest, der einen wundervollen Tenor hat, sang zum Entzükken Aller. Dann war ein Attaché der Sardinischen Gesandtschaft Comte de Costa[XLI] hier, ein Musik-Enthusiast, der leider nur Französisch spricht, aber sonst ein netter Mann ist.

SONNTAG D. 25TEN – Morgens hatten wir hier eine kleine Musikaufführung. Wir sangen eine Bach'sche Motette und einige Sachen aus dem Paulus.

SONNABEND DEN 18TEN APRIL – wurde bei der Milder die Medea von Cherubini gesungen, wobei ich zu meiner Freude akkompagniren durfte. Die Milder sang über alle Beschreibung schön, die Musik ist unendlich erhaben und großartig in der Art der Gluck'schen. Herr Eichberger sang den Jason, die Milder die Medea.

---

XL Fanny Hensel, geb. Mendelssohn Bartholdy, veranstaltete regelmäßig an den Sonntagen vormittags in ihrem Hause Musikaufführungen vor geladenen Zuhörern.

XLI Graf Costa, ein liebenswürdiger und durch musikalisches Talent ausgezeichneter junger Mann, wurde bald in dem gesellschaftlichen Kreise, zu dem Lichtensteins gehörten, eine sehr beliebte Persönlichkeit. Man nannte ihn scherzweise »das Juwel der Gesandtschaft«. Im Lauf des Jahres 1839 wurde er an einen anderen Posten versetzt, kehrte aber nach 2 Jahren wieder für längere Zeit nach Berlin zurück. Er war in Paris Schüler von Chopin gewesen, spielte selbst recht gewandt Klavier und trat in nähere Beziehungen zu Marie Lichtenstein, der er allerlei [? – Wort nicht identifiziert] vermittelte, die Chopin hier und da beim Vortrag seiner eigenen Sachen hatte hören lassen. Auch einen damals noch unveröffentlichten, später unter den nachgelassenen Werken Chopins herausgegebenen Walzer in As-Dur besaß er im Manuskript und schrieb ihn für sie ab. [Laut Krystyna Kobylanska befindet sich eine auf 1842 datierte Abschrift des Walzers in As-Dur, op. 69 Nr. 1 durch einen Grafen Fernand de Cotba, die mit dem Namen »Mlle Marie Lichtenstein« versehen ist und auf deren Rückseite ein Lied eines nicht genannten Komponisten notiert ist, heute in der Deutschen Bücherei Leipzig; PhA Ch: F. 1902. Vgl.: Krystyna Kobylanska: Frédéric Chopin. Thematisch-bibliographisches Werkverzeichnis, München 1979, S. 167. Im Manuskript steht bei Erwähnungen des Grafen immer der Name »Costa«.]

MITTWOCH D. 9TEN MAI – Morgens, als ich von einem frühen Besuch bei Großvater zurückkehrte, fand ich Tante Laura[XLII] mit Hannchen, Paul war schon ausgegangen und kam erst später. Die Tante machte mir zuerst keinen angenehmen Eindruck, da sie sehr häßlich ist. Mit Hannchen befreundete ich mich schnell, sie ist ein kluges hübsches Kind mit prächtigen braunen Augen, Paul ein lebendiger Junge voller Übermuth und Laune, der uns sehr an Jules erinnert. An der Tante befremdete mich sehr, daß sie mich ›Sie‹ nannte, was mir garnicht gefiel. Am Nachmittag kamen die Damen, die mit Tante gereist waren, ihre Schwägerin Frau von Hayking, deren Tochter Dorothee und ein Fräulein von Lieven. Dies war mir eine gar zu fremde und steife Gesellschaft, so daß mir ganz bange wurde nach einer meiner Freundinnen und ich viel an Betty Rudorff dachte. Sie blieben alle zum Abend, ich ging aber trotzdem um 8 Uhr zu Heidemann[XLIII], um Mendelssohn dort zu hören. Er spielte denn auch ganz wundervoll lauter Compositionen von sich, die ich kannte. Seine Frau ist unbeschreiblich lieblich.

SONNTAG D. 20TEN – Morgens eine schöne Stunde bei Rudorffs, wo mir noch Betty von dem erzählte, was Schleiermacher von mir gesagt, und was mir so unbeschreiblich viel Freude gemacht hat; sie versicherte, daß Gertrud mich noch immer ansähe als ein Vermächtniß ihres Vaters. – Nachmittags Rudorffs bei uns zum Kaffee auf dem Perron[XLIV], wo es sehr schön war.

MONTAG D. 28TEN – Im Concert, um die Garcia und Beriot zu hören.[36] Die Garcia sang mit herrlichem Organ und außerordentlicher Technik, aber ohne Empfindung. Beriot dagegen spielte mit dem wundervollsten Ausdruck und der größten Vollendung.

MITTWOCH D. 30TEN – Morgens hatte ich einen großen Kummer. Betty kam und sagte, sie würden wahrscheinlich, da Rudorff einen sehr ehrenvollen Ruf hätte, nach Breslau[XLV] gehen. Wie mich das erschreckte und betrübte, kann ich nicht sagen, denn ich verlöre zu viel, wenn Rudorffs fortgingen. Ich konnte mich lange nicht fassen und den Gedanken mir gar noch nicht nahe bringen, wie es ohne Betty in Berlin für mich aussähe. Doch schon am Nachmittag erhielt ich von ihr einige Hoffnung wieder. Wir waren bei Pistors zum Thee; von da kamen Rudorffs und Eckenbrecher noch mit zu uns.

---

XLII Ein Bruder Lichtensteins, Hans, lebte in Kurland. Er war seiner Zwillingsschwester nachgezogen, die sich dorthin an einen Herrn Bernewitz verheiratet hatte, weil er die Trennung von ihr nicht ertragen konnte. Jetzt war seine Frau Laura mit ihren Kindern Hannchen und Paul nach Berlin gekommen, wurde »Paul du nord« in der Familie genannt zum Unterschied von seinem Vetter »Paul du midi«, dem Sohn des in Montpellier lebenden Lichtensteinschen Bruders. Ein anderer Sohn des letzteren war der hier auch erwähnte »Jules« Lichtenstein.

XLIII Heidemann, juristischer Professor an der Berliner Universität, Jugendfreund Mendelssohns.

XLIV Lichtensteins wohnten damals in einem Hause hinter der »katholischen Kirche« (Hedwigskirche). Die Wohnung hatte einen Perron mit hübscher Aussicht auf die ganze Umgebung des ehemaligen sogenannten Prinzessinnen-Palais.

XLV Mein Vater lehnte diesen an ihn ergangenen Ruf schließlich ab.

DONNERSTAG D. 28TEN JUNI – war ich allein zu Haus und arbeitete an der Symbolik. Abends kam Graf Costa, der uns sehr viel Hübsches von Chopin vorspielte und mir wegen seines Musikenthusiasmus sehr angenehm erschien. Er hörte mit dem größten Interesse die Bachschen Fugen an, und wurde Leben und Feuer dabei.

DIENSTAG D. 24TEN JULI – war in der Akademie das Requiem für Klenze. Es wurden sehr schöne Sachen gesungen und das Ganze war sehr feierlich, da Alle mehr oder weniger Theil nahmen.

FREITAG D. 27TEN – zu Therese Klenze, wo ich Rudorffs fand. Wir mußten ihr einige Choräle aus der Passion singen, die Klenze geliebt und oft gespielt hatte.

SONNABEND D. 28TEN – Ich ging Nachmittags zu Rudorffs, die nachher mit hierher kamen. Ich spielte Trio's mit Ries[XLVI] und Bruns[XLVII], was mir große Freude machte.

MONTAG D. 30TEN – Schon um ½ 4 Uhr früh wurde es bei uns rege, da Vater mit Moritz Gustav[XLVIII] nach Charlottenburg entgegenfahren wollte. Dies geschah und sie trafen um ½ 6 Uhr hier ein. Wir sahen Gustav schon von Weitem im Wagen und liefen ihm entgegen. Er ist ganz der Alte, und ich freue mich, immer mehr wieder alte bekannte Züge in ihm zu entdecken. Er ist zwar männlicher geworden aber wenig verändert. Nur fielen uns gleich seine französischen Manieren und Ausdrücke auf. Es ist mir eine unbeschreibliche Freude ihn nur anzusehen und ich kann mir oft kaum denken, daß nun wirklich was wir so lange ersehnt haben in Erfüllung gegangen. Er ist ganz ebenso liebenswürdig und freundlich gegen alle Menschen wie sonst, wodurch er sich denn auch die Leute sehr gewinnt.

MITTWOCH D. 1TEN AUGUST – Nachmittags kam Bruns um mit mir zu spielen. Gegen Abend gingen wir Kinder mit Vater spazieren und sahen die neuen Einrichtungen für die Eisenbahn, was uns sehr viel Spaß machte. Dann waren wir allein zu Haus, höchst vergnügt mit unseren Gästen.

FREITAG D. 3TEN – (Geburtstag des Königs Friedrich Wilhelm III.) Morgens um 6 Uhr zur Feier des Tages fuhren wir mit Rudorffs und Eckenbrecher bei vollem Regen und wenig Aussicht auf besseres Wetter nach Rüdersdorf ab. Wir waren aber außerordentlich heiter und achteten wenig auf diese Unannehmlichkeit. Es klärte sich auch, als wir um 10 Uhr da anlangten, auf, wir setzten uns in einen Kahn, und fuhren auf dem Kalksee den Kranichsbergen zu. Unterwegs aber erhob sich ein Unwetter, wir mußten in einem Kalkkahn unterkriechen, zu dem die Eingänge höchst beschwerlich waren, und sangen dort während des Gewitters einige vierstimmige Lieder. Die Parthie hatte wenigstens etwas Absonderliches. Um 2 Uhr waren wir glücklich auf den Kranichsbergen angelangt, wo sich uns eine schöne Aussicht darbot, über die weiten Waldungen und großen Seen. Die Rückfahrt zu

---

XLVI Hubert Ries, 1802–1886, Violinist, Schüler von Spohr. Konzertmeister an der Königlichen Oper.

XLVII Dr. Bruns, Bibliothekar, spielte als Dilettant in ausgezeichneter Weise Violoncello.

XLVIII Gustav Lichtenstein traf von Montpellier her zu längerem Besuch bei den Seinigen ein.

Wasser bei frischem Segelwind war höchst anmuthig. Nach dem Essen ging ich in Rüdersdorf mit Betty spazieren, und wir lasen aus den Wahlverwandtschaften, die zufällig mitgenommen waren, und mich sehr interessierten, da ich sie noch nicht kenne.

Sonnabend d. 4ten – waren alle andern aus und ich ging zu Rudorffs, las dort mit Betty aus den Wahlverwandtschaften, die mich immer mehr anziehen, bis Rudorff kam, wo wir dann mit inniger Begeisterung aus dem Titus und Figaro sangen.

Montag, den 27ten – sahen wir Hamlet von Herrn Löwe, der mir einen ungeheuer großen Eindruck machte. Ich hatte so etwas noch nicht gehört. Die ganze Aufführung ausgezeichnet (Seydelmann Polonius[37]).

Sonnabend d. 1ten December – Gesellschaft bei uns, zu der Romberg[XLIX] die Veranlassung gab. Großvater Hotho, Rudorffs, Schinkels, Betty Wilken, Hubert Ries, Graf Costa u. s. w. waren hier. Zuerst spielte ich das Chopin'sche Trio, das den meisten sehr gefiel, und wofür ich von Costa einige Freundlichkeiten zu hören bekam, die mir nicht unangenehm waren. Dann spielte Hubert Ries ein Concert von seinem Bruder[L], das er vortrefflich vortrug. Nach ihm setzte sich Romberg zum Spiel; in Begleitung eines Quartetts spielte oder sang er vielmehr auf seinem Cello Norwegische Lieder, was sehr schön war. Zwischendurch mußten Betty Wilken und ich einige von unseren Duetts singen, worauf mir Costa nachher eine Lektion gab über die Aussprache des Italiänischen. Dann spielte Ries eine Sonate von Bach für die Violine allein, die eins der größten Kunststücke und zugleich ein prächtiges Musikstück ist. Romberg spielte noch einmal und zum Schluß wurden einige Sätze aus einem Quartett von Andreas Romberg[LI] gemacht, die mir ihres sanft wohlthuenden Flusses wegen außerordentlich gefielen.

Dienstag d. 16ten – Morgens ging ich mit Vater zur Fürstin Czartoriska, wo die Prinzess B. Radziwill, Herr von Wildenbruch und zum Glück auch Frau von Savigny war, die mich dort bekannt machte. Die Fürstinnen waren sehr freundlich, ich mußte aus dem Faust[38] spielen. Graf Costa schickte Noten für mich, die mich sehr erfreuten.

Montag d. 24ten – (Weihnachten). Mittags bei Rudorffs mit Moritz. Ich wurde durch ein Packet mit Adelheids[39] Handschrift und dem Postzeichen (das auf Kunersdorf deutete) überrascht; als ich es öffnete, fand ich ein schönes Geschenk, nämlich sehr zierliches, feines Briefpapier darin, woran ich Rudorff erkannte, der sich den Spaß gemacht hatte, Adelheids Schrift nachzuahmen, und sich sehr freute, mich einen Augenblick irre geführt zu haben.

XLIX Bernhard Romberg, 1767–1841, hervorragender Violoncellist.

L Ferdinand Ries, 1784–1838, Komponist, Schüler Beethovens.

LI Andreas Romberg, 1767–1821, Komponist, bekannt wurde besonders seine Komposition von Schillers «Glocke«. Vetter von Bernhard Romberg.

Dienstag Erster Feiertag. – Am Morgen kam Clara Stich[LII], mit der ich Einiges aus dem ›Faust‹ durchnehmen mußte. Sie gefiel uns sehr.

Mittwoch d. 6ten – Morgens Clara Stich mit ihrer Mutter noch einmal. Sie sprach sich ernst und hübsch gegen mich über ihr Verhältniß zu einer Freundin aus.

Freitag d. 28ten – Abends mit Vater um 7 Uhr zu Fürst Radziwill[LIII] gefahren, wo die erste Probe stattfand. Ich war zuerst die Einzige unter lauter Prinzessinnen; sie erleichterten mir aber die verlegene Situation durch ihre Freundlichkeit. Prinzeß Wanda war besonders freundlich gegen mich. Die Probe begann vor einer sehr glänzenden Versammlung und ging sehr schlecht. Prinzeß Wanda, neben der ich saß, ergoß sich gegen mich in Klagen, wenn es nicht ging, wie sie wünschte. Clara Stich sprach sehr hübsch. Gretchen sang die Decker[LIV], Faust war Bader, Martha die Hähnel, Mephistopheles Eduard Devrient.

Sonntag, den 30ten – Morgens spielten wir bei Kisting 1., eine Sonate von Mozart für 2 Klaviere, Adele Dorn und ich. 2., Concert von Sebastian Bach, D moll, ich allein. 3., Concert für 3 Klaviere von Bach C dur (?) Adele Dorn, Betty R. und ich. Die Dorn spielte zuletzt noch einige hübsche Sachen von Häseler und Scarlatti, und ich auf Zureden von Graf Costa die Gigue von Häseler.

Sonnabend d. 12ten Januar 1839 – Früh hatten wir Herrn Thalberg in seinem Zimmer spielen hören, auf einem unbeschreiblich schönen englischen Erard'schen Flügel. Er spielte nichts Ganzes, lauter abgebrochene Sätze, aber Alles in der größten Vollkommenheit und Meisterschaft.

Sonntag d. 13ten – Morgens spielte ich bei uns ein Trio von Prinz Louis Ferdinand, ein Trio von Beethoven und ein Quartett von Prinz L. F. Wildenbruch's, Curschmanns[LV], v. Lancizolle[LVI], Graf Costa ... waren hier. Am Abend bei Pistors mit Arnims und Göschens, auch da musicirt.

---

LII Clara Stich, Schauspielerin am Königlichen Theater. Radziwills planten eine Aufführung des »Faust« mit der Radziwillschen Musik in ihrem Palais. Marie Lichtenstein war gebeten, am Klavier beim Einstudieren behilflich zu sein.

LIII Fürst Anton Radziwill, Sohn des Faustkomponisten.

LIV Pauline Decker, geb. Schätzel, ausgezeichnete Sängerin, hatte bei ihrem ersten Auftreten auf der Königlichen Bühne als Meermädchen in Webers »Oberon« durch ihren Vortrag des schönen E-Dur Liedes mit einem Schlage die Gunst des Berliner Publikums gewonnen. Sie heiratete nach nicht langer Zeit den reichen Hofbuchdrucker Decker und machte ein äußerst geselliges Haus.

LV Curschmann, Liederkomponist. Seine Frau, Rose C., Sängerin. Beide waren schön, talentvoll und liebenswürdig. Wenn auch ihre Leistungen kaum aus dem Rahmen eines edlen Dilettantismus heraustraten, so waren sie selbst doch um ihrer persönlichen Vorzüge willen in der damaligen Berliner Gesellschaft, namentlich in den Kreisen der Singakademie, der sie als Mitglieder angehörten, ungemein beliebt. Beide starben in noch jugendlichem Alter und kurz verheiratet. Über ihrer Ehe hatte ein Schimmer von Idealität gelegen, den ihr früher, fast gleichzeitiger Tod zur Verklärung steigerte. Curschmanns Terzett für 3 Frauenstimmen »Der Strauß, den ich gepflücket« (Gedicht von Goethe), überlebte seinen Schöpfer. Das anmutige kleine Werk war ein paar Jahrzehnte hindurch ein Lieblingsstück der Dilettanten Berlins.

Montag d. 14ten – Am Abend Concert von Thalberg, den ich zwar sehr bewunderte, ohne doch von seinem Spiele ergriffen zu sein.

Montag d. 21ten – Zu Thalberg ins Concert; er spielte unendlich viel schöner als das letzte Mal. Besonders schön waren zwei Lieder von Schubert, die er sehr ausdrucksvoll spielte.

Freitag d. 1ten Februar. – Abends war ich bei Rudorffs; ich fühle mich innerlich so zufrieden, in vollkommener Harmonie. Rudorffs waren sehr liebenswürdig, es that mir nur leid, Betty nicht allein zu sprechen, die Pistor war da. Rudorff las Niebuhrs Briefe an seinen Sohn (Marcus) vor, der damals 8 Jahre war, als die Briefe an ihn geschrieben wurden.

Mittwoch d. 6ten – Herren-Gesellschaft bei Vater. Leopold von Buch[LVII], Link[LVIII], Lachmann, Buttmann, [?][40] *u. s. w.* Link und Buch waren mir sehr auffallend, sie erzählten kuriose Geschichten, besonders Link, wobei denn ihr religiöses Gefühl sich nicht im besten Licht zeigte.

Donnerstag d. 7ten – Abends Concert in der Singakademie. Paulus. Die Musik ging mir sehr zu Herzen.

Sonnabend d. 9ten – Mittags aßen wir bei Fürst Wilhelm Radziwill wo außer uns Niemand war als die Familie, nämlich die anderen Radziwills und die alte Fürstin Clary mit ihren beiden Töchtern, ihrem Sohn und ihrer Schwester der Gräfin Chotek. Alle waren sehr freundlich.

Sonntag d. 17ten – Am Abend bei Pistors sprach ich mit Betty, die mir wohl anmerkte, daß ich ernster als gewöhnlich war, von meiner Angelegenheit, und wie teilnehmend zeigte sie sich!

Montag d. 18ten – Nachmittags fuhren Rudorffs mit mir zu Bouché[LIX] Als ich nachher mit Betty von ihrem Hause zu Karstens ging, machten wir einen weiten Umweg, denn wir vertieften uns in die Fortsetzung des Gesprächs von gestern. Ich war sehr glücklich einmal so recht aus meinem Herzen zu Betty sprechen zu können; sie war so liebevoll und wußte mir so verständigen Rath an die Hand zu geben.

Freitag d. 6ten März – Nachmittags zu meiner großen Freude kam Betty R., nach der ich eine große Sehnsucht gehabt hatte.

Mittwoch d. 13ten – Abend erst bei Möser, dann zu Savignys, wo auch Adelheid von Treskow war. Es machte mir große Freude, als ich spielte, sie zur Zuhörerin zu

LVI Von Lancizolle, juristischer Professor an der Universität Berlin, von lebhaftem musikalischen Interesse; besonders für Johann Sebastian Bach begeistert.

LVII Leopold von Buch, 1774–1853, Geograph.

LVIII H. Link, 1767–1851, Botaniker.

LIX Bouché, Besitzer einer großen Gärtnerei in der Blumenstraße. Man konnte dort nachmittags Kaffee bekommen, so daß der Besuch der Treibhäuser oder des Gartens mit geselligem Behagen verbunden war. Besonders berühmt war Bouchés Hyacinthenflor, an dem in den ersten Frühlingswochen sich zu erfreuen von meinen Eltern selten versäumt wurde.

haben; aber leider mußte sie plötzlich mit der Gräfin fort, und es war mir nun, als wenn mit ihr all meine Freude davon gegangen wäre.

DONNERSTAG D. 14TEN – sah ich Adelheid nur noch kurze Augenblicke bei Medings und hörte mit Betrübniß, wie viel Trauriges sie wieder in dieser Zeit von der Gräfin erfahren mußte.

SONNTAG D. 17TEN – Morgens Musik bei Kisting. Ouvertüre zu Titus zu 8 Händen Betty R., Ad. Dorn, Marie Schinkel und ich. Son. von Mozart für 2 Kl. Ad. Dorn und ich. Sonate von Seb. Bach mit Violine. Betty R. und Ries. Ein Solo, das der alte Romberg[41] spielte. Konzert C dur für 3 Kl. von Bach Ad. Dorn, Betty und ich. Romberg noch einmal. Fugierter Satz von Bach für zwei Kl. Ad. Dorn und ich.

SONNABEND D. 23TEN – Wir hatten eine große Gesellschaft: Graf Itzenplitz, Savigny's, Steffens, Rudorffs, Graf Costa u. s. w. Wie gern unterhielt ich mich mit Costa, der mir manches Freundliche sagte über meine Musik! Aber es that mir sehr leid, als ich nachher durch schlechtes Spielen das gute Ansehen, das, wie er mir nachher äußerte, ich in Beziehung auf Musik bei ihm hatte, einbüßen mußte. Vor allen Anderen hätte ich mögen schlecht spielen, nur vor diesem nicht.

MONTAG D. 25TEN – Nachdem ich bei Rudorffs gemalt hatte, mit ihnen und Bertha Göschen zu Möser, wo die Symphonie in B dur, das Concert in C moll von Beethoven, das Taubert sehr schön spielte und die A dur Symphonie aufgeführt wurden. Die größte Freude hatte ich an dem Concert in C moll.

SONNABEND D. 30TEN – Nachmittag bei Betty Rudorff, wo ich die Bekanntschaft von Rudorffs Bruder machte.

MITTWOCH D. 10TEN APRIL – Abends zur Feier von unseres lieben Großvaters Hotho Geburtstag hatten wir große Gesellschaft; Romberg, Herr Stümer, Eckenbrecher, Hothos, Rudorffs, Graf Costa ... waren hier. Zuerst spielte Romberg mit mir ein Stück von Ries, das ziemlich hübsch war. Stümer, Eckenbrecher und Betty sangen dann ein Terzett aus Figaro, Herr Stümer und Eckenbrecher das Duett aus Iphigenie auf Tauris und Stümer allein die folgende Arie wunderschön. ... Ich spielte die 2 ersten Sätze aus dem Trio von Chopin, die mich ganz begeisterten. Zuletzt sangen wir ein Quartett aus Idomeneo. Bei Tisch amüsierte uns Stümer, er erzählte die schönsten Geschichten, die wir mit dem größten Vergnügen und ungeheurer Heiterkeit anhörten.

DIENSTAG D. 16TEN – nach der Akademie, klingelte es und ich erschrak nicht wenig, als Graf Costa sich melden ließ. Er hatte mich neulich schon darum befragt, ob er uns wohl zuweilen zu Haus träfe, und schien nun sehr erfreut, daß ihm dies gelungen war. Er war sehr liebenswürdig, spielte uns von seinen und von Chopinschen Compositionen mehreres vor, und blieb bis spät.

SONNTAG D. 21TEN – Morgens gingen wir in die Singakademie, um den Englischen Flügel zu spielen, den Costa so sehr zu hören wünschte, weshalb wir mit ihm neulich die Verabredung auf heut genommen. Aber viel andere Menschen kamen, nur er nicht; es war mir empfindlich, so wenig ich es auch wollte in mir aufkommen lassen.

Wildenbruchs und Olfers waren da; wir spielten Bach'sche Sachen. Auch Eckenbrecher kam zuletzt und ging mit uns hinüber, aß bei uns und begleitete uns zu der Blumenausstellung, wo wir uns trennten. Am Abend war ich mit Rudorffs bei Frau von Schütz, die mich außerordentlich freundlich aufnahm. Wir musicierten sehr viel.

SONNTAG D. 2TEN JUNI – gaben wir unser Concert[LX] in der Singakademie das sehr wohl gelang. Die Einnahme 260 RThaler.

SONNTAG D. 9TEN JUNI – Morgens Musik bei der Hensel. Sehr schön. Graf Costa war dort und von der größten Aufmerksamkeit, begleitete uns bis zu Haus.

JANUAR 1840 – Acht Tage vor Weihnachten war Hildegard[42] mit ihrer ganzen Familie und Kuno[LXI] hier angekommen. Ich sah sie zuerst am Sonnabend. Wie freute ich mich, sie so theilnehmend und heiter zu finden. Die kleine Luise sah ich heut zum ersten Mal.

SONNABEND D. 4TEN JANUAR – mit der Schleiermacher bei Hildegard. Die Kinder (Heinrich und Luise) allerliebst.

SONNTAG D. 5TEN – Gesellschaft bei uns: Schwerins, Karstens, Zschocks, Rudorffs, Großvater Hotho, die Hähnel, Eckenbrecher. Chöre und Arien aus dem Orpheus. Die Hähnel sang sehr schön. Hildegard sehr hübsch, erinnerte mich lebhaft an vergangene Zeiten.

SONNABEND D. 18TEN – Zu Betty Rudorff die unwohl war. Mutter blieb bei ihr. Mit Vater, August und Werner[LXII] Hoffmeister am Nachmittag zu Bouché, von dort zu Betty. Drei Stunden in großer Angst bei ihr zugebracht. Um 8 Uhr war ein Sohn geboren. Wir Alle sehr glücklich. Ich sah noch eine Viertelstunde Betty und den Neugeborenen.

SONNABEND D. 25TEN – Concert von Clara Wieck. Nachher Rudorff hier

MONTAG D. 27TEN – Abends zu Hause mit August und den Andern. Augusts Hiersein ist eine große Freude für mich. Er ist unverändert derselbe; sein liebenswürdiges, edles Gemüth läßt ihn Jedem immer lieber werden, der sein inneres Wesen erkennt.

MITTWOCH D. 29TEN – Nachmittags die Vettern zum Kaffee hier versammelt. Betty Wilken kam gegen Abend; wir sangen August die bekannten Duette noch einmal; um 10 Uhr reiste August. Es machte mich ganz betrübt; ich mußte immer

---

LX Das bereits erwähnte Konzert zum Besten der Überschwemmten, in dem u. a. Marie Lichtenstein, Adele Dorn und meine Mutter das Tripelconcert in d-moll von Bach vortrugen.

LXI »Kuno« hieß die vortreffliche Kinderfrau, unter deren Schutz die Lichtensteinschen Kinder herangewachsen waren. Gräfin Hildegard Schwerin, die sie von dorther kannte, hatte sie aufgefordert, zu ihr nach Putzar zu kommen, um nunmehr hier ihre Kinder in Obhut zu nehmen. Jetzt war sie mit ihrer Herrschaft von Putzar nach Berlin gekommen.

LXII Werner, Bruder von August Hoffmeister, hatte sich dem Studium der Naturgeschichte gewidmet.

daran denken, wie traurig es sein würde, wenn auch Victor[LXIII] und Moritz von uns gehen.

Sonnabend d. 1ten Februar – Concert der Wieck, arge Zahnschmerzen.

Montag d. 2ten März – durfte ich Betty Rudorff sehen; es geht wieder viel besser mit ihr. Am Abend Quartett bei Zimmermann. 1., Quartett von Cherubini, so frisch und lebendig, daß man nicht denkt, daß ein 80jähriger Mann es geschrieben hat; 2., Quartett von Franz Schubert, könnte den schönsten Beethoven'schen an die Seite gesetzt werden und machte uns den größten Eindruck. Das große Quartett in B von Beethoven konnten wir nicht mehr recht genießen, da die Aufmerksamkeit schon durch die vorhergehenden aufs Äußerste gespannt war und dieses am wenigsten verständlich und eingänglich war.

Sonnabend d. 21ten – um 11 ½ Uhr zu Rudorffs zur Taufe. Savigny, Lachmann, Buttmann, Steffens, die Familie, die Kölle[LXIV], Marie Rosenstiel[LXV] als Gevattern. Sydow hielt eine schöne Rede; das Kind war gar zu liebenswürdig; nachdem die Kölle und Marie Zschock ihn einige Zeit gehalten, bekam ich ihn zuletzt während der Taufe. Ich war so glücklich, den köstlichen lieben Jungen in diesem wichtigen Augenblick halten zu dürfen. Wie feierlich und schön schien mir die ganze Handlung! Ich fühlte es recht, welche Segnungen Gott in seinem Sohne über die Menschen ergossen; und das kleine liebe Kind, die Hauptperson in diesem Akt, ahnte nicht, was mit ihm vorging, daß so Großes in diesem Augenblick für ihn geschah. – Bis 6 Uhr blieb ich bei Betty, und kehrte sehr erschöpft nach Haus zurück.

Sonnabend d. 30ten März – Mutters Geburtstag. Viel Besuch. Betty Rudorff mit ihrem lieben Ernst zum ersten Mal hier zu unserer aller großen Freude.

Freitag d. 3ten April – Nachmittag und Abend bei Betty Rudorff; später kamen Moritz und die Vettern nach. Mir wurde aufgebaut und mein Geburtstag vorgefeiert. Ein schönes Bäumchen von Betty, Platens Werke von Rudorff und ein Kuchen mit brennenden Lichtern machten mir die größte Freude.

Dienstag d. 7ten – Morgens wurde mir zu meinem Geburtstag aufgebaut. Wir hatten Malstunde. ... Zu Mittag aßen die beiden Betty's hier mit dem kleinen Ernst. Rudorff ist verreist. Wir waren sehr glücklich miteinander und in meinem kleinen Stübchen unterhielten wir drei uns prächtig. Vater zu Mittag in Potsdam um Frau von Weber zu empfangen, gegen Abend zurück. Eckenbrecher erschien uneingeladen, der unabweisliche getreue Freund. Vater war diesen Abend sehr still, wie er

---

LXIII Victor Lichtenstein, Sohn von August Lichtenstein in Montpellier.

LXIV Dorette Kölle, geb. Lodemann, jetzt verwitwet, hatte sich mit Radecke in Wernigerode, verlobt, nachdem diesem seine erste Frau Sophie geb. Reichardt, die Tante meiner Mutter, am 13. Februar 1838 gestorben war. Dorette Kölle vertrat ihren Verlobten, der zum Paten gebeten war, bei der Taufhandlung. Sie war die Schwester von Frau Direktor Betty Meineke, beide stammten von einem Bruder des Pastor Alberti in Hamburg ab.

LXV Marie Rosenstiel geb. Karsten, Jugendfreundin meiner Mutter, Schwester von Frau Emilie Beseler, geb. Karsten.

denn überhaupt in der letzten Zeit zu mir, seit ich die fatalen Zahnschmerzen habe, so viel weniger freundlich ist als sonst, es betrübt und verdrießt ihn zugleich.

MITTWOCH D. 8TEN – Morgens besuchte uns Frau v. Weber mit ihrem Sohn Max. Letzterer machte uns einen sehr angenehmen Eindruck.

MITTWOCH D. 15TEN – Morgens Vorbereitung zu Moritzens Abreise; sehr traurig. Moritz war zuletzt noch so liebenswürdig und zärtlich zu uns, daß der Abschied doppelt betrübt war, ein Abschied fast so schwer als der von Gustav, auch Moritz war sehr bewegt.

SONNABEND D. 18TEN – Sehr lustiger Kaffee bei Bardua's[LXVI] mit lauter jungen Mädchen, Arnims, Wolzogens, Ottilie von Gräfe.

SONNABEND D. 2TEN MAI – Nachmittags langer Besuch bei Clara Wieck, die mir viel erzählte und auch vorspielte.

SONNTAG D. 1TEN JUNI – Am Morgen war ein großes Fest. Man feierte den Regierungsantritt Friedrichs des Großen durch die Grundsteinlegung zu einem Monument für ihn. Ganz Berlin war auf den Beinen, schon früh Morgens konnte man kaum durch die Straßen. Es waren Tribünen errichtet zu beiden Seiten der Straße, und alle Fenster waren besetzt mit Zuschauern. Der Kronprinz und alle Prinzen weihten den Stein, die Gewerke hielten ihre Aufzüge, das Volk war in lebhaftester Aufregung, ein patriotisches schönes Gefühl durchdrang alle Herzen.

SONNABEND D. 29TEN AUGUST – Abends kehrten Mutter, Betty Wilken, Paul Lichtenstein und ich zurück von unserer schönen Harzreise. Berlin gefiel uns garnicht. Aber desto schöner war unsere Ankunft im Hause, da wir Vater munter und wohl wiedersahen. Wir fanden den Theetisch bereit und setzten uns wie sonst behaglich um den runden Tisch unter gegenseitigen Erzählungen der letzt verlebten schönen Zeit.

SONNTAG D. 30TEN – Mit Auspacken beschäftigt. Mittags zu Großvater Hotho nach dem Garten. Wir seufzen oft nach dem schönen Harz, nach der herrlich frischen Luft, den Bergen und grünen Buchenwäldern. Wie sieht hier alles Laub todt und grau aus im Vergleich zu dem, unter dessen Schatten wir die Berge bei Wernigerode und den Brocken erstiegen haben, wie ist die Luft so drückend und schwül und das Leben der großen Stadt prosaisch und langweilig, wenn wir an unsere Streifzüge und schönen Parthieen im Harz denken! Doch es konnte nicht so fortgehen, wir wären zu sehr verwöhnt worden, hätten wir längere Zeit so gelebt wie jetzt; und wie dankbar müssen wir Gott sein für so viel genossenes Gute, für die Herstellung unserer Gesundheit! Wir können nun leicht mancherlei entbehren, da wir so viel reiche und schöne Erinnerungen mitbringen und müssen nun gern auch wieder der Pflicht

---

LXVI »Bardua's«, zwei unverheiratete Töchter eines in Berlin lebenden höheren Beamten. Caroline war Malerin, Minchen dichtete und musizierte. Beide besaßen viel Humor und eine unerschöpfliche Gabe, zu allerlei geistreichem geselligen Treiben anzuregen. In späteren Jahren siedelten sie, hauptsächlich wohl durch die Herzogin von Anhalt-Bernburg, zu der sie in intimen Beziehungen standen, veranlaßt, ganz nach Ballenstedt über.

leben. Und wie leicht ist die meinige! wie wenig wird von mir verlangt! Um so mehr aber muß ich selbst von mir verlangen und nicht ruhen, immer mehr zu leisten und weiter fortzuschreiten in meiner inneren geistigen Entwickelung.

DONNERSTAG D. 10TEN SEPTEMBER – Mittags um 1 Uhr reisten wir in unserem Wagen, Vater, Mutter und ich nach Cunersdorf ab; die Reise fing mit kleinen Widerwärtigkeiten an, es fehlte allerlei am Wagen, Mutter war verdrießlich, das Wetter sehr rauh und windig und bei Prätzel, wo wir stille hielten, um einen merkwürdigen Stein zu sehen, der von Norwegen hierher gekommen sein soll, verhinderte uns ein sehr heftiger Regen auszusteigen. Um 8 Uhr nahten wir uns Cunersdorf, der Mond schien hell und beleuchtete den weißen Thurm des Dorfes, das Wetter war ganz klar. Mir ward ganz wunderbar, als ich mich dem lieben alten Cunersdorf so nahe fand und dachte, Adelheid nun so bald wiederzusehen. Sie empfing uns mit gewohnter Liebe. Die Gräfin fanden wir im Saal, die Gesellschaft bestand aus Dr. Schrader, Frl. v. Flemming, Herrn von Willenbücher.

SONNTAG D. 20TEN – Abends in die Oper mit Vater und Paul Lichtenstein. Wir hörten Richard Löwenherz von Grétry. Diese alte Musik gefiel mir unbeschreiblich; es ist eine solche Frische und Lebendigkeit darin, zugleich so schöne tiefgefühlte Meodieen, die zum Herzen gehen.

MONTAG D. 21TEN – Um 9 Uhr brachte Onkel Henri uns den Heinrich[LXVII], mit dem wir um 10 Uhr durch große Umwege, da die Königsstraße schon gesperrt war, zur Hähnel fuhren, um von ihrem Fenster den feierlichen Einzug des Königs[LXVIII] anzusehen, der von Königsberg kommend, wo er die Huldigung empfangen hatte, zuerst sich wieder seinen Berlinern zeigte. Diese hatten nun denn Alles in Bewegung gesetzt und nach ihren Kräften gethan, um ihren geliebten König so gut als möglich zu empfangen. Durch die Rede in Königsberg hatte er noch mehr alle Herzen an sich gezogen, und ich war nicht die letzte, die ihm mit Freude und Bewegung entgegensah. Vor dem Frankfurter Thor und auf dem Alexanderplatz waren Ehrenpforten errichtet, die letztere hatten wir vor unseren Augen, in welcher sich später die weißgekleideten Mädchen aufstellten (sogenannte Seidenwürmer). Die ganze Königsstraße war mit Blumen geschmückt, kein Haus ohne grüne Kränze und frische Blumen. Die Gewerke hatten alle Geschicklichkeit angewendet in den Modellen, die sie als Zeichen mit sich führten, und es kann nichts Zierlicheres zu sehen geben als die kleinen Sachen, die die Tischler, Bauleute, Zimmerleute u. s. w. trugen. Alle waren festlich gekleidet und einige nicht ohne gewissen Prachtaufwand nach Maßstab ihres Ranges. Ein unermeßlich langer Zug wurde von den verschiedenen Gewerken gebildet, unter denen hauptsächlich zierlich und geschmackvoll die Fischer ihre Geräthschaften gewählt hatten. Um 5 Uhr erst kam der König, nachdem wir von 10 Uhr an gewartet hatten. Doch waren wir mit Großvater, Grünbaums, Onkel Henri und der Hähnel in so guter Gesellschaft, daß die Zeit uns nicht lang wurde, auch gab es immer etwas zu sehen. Es war ein feierlicher Moment, als die Glocken ertönten, der König erschien und das Volk in ein lautes Hurrah ausbrach. Von allen

LXVII Heinrich, der einzige Sohn des Professor H. Hotho.

LXVIII Friedrich Wilhelms des Vierten.

Fenstern wehten die weißen Tücher, ein Jeder wollte den König wenigstens mit einem Blick sehen. Ich konnte mich der Thränen nicht erwehren, als das liebenswürdige Paar vor unsern Augen erschien. Die Königin sah sehr blaß und angegriffen aus, der König dagegen schien außerordentlich heiter und erfreut. Der Moment war leider nur zu kurz, ich war ganz traurig, als es so schnell vorüberging. Mit Gefahr nahmen wir um 6 ½ unseren Rückweg durch Seitenstraßen. Um 8 Uhr ging ich mit Vater wieder fort, die Illumination zu sehen, die recht hübsch war; das Brandenburger Thor, vielmehr die Victoria darauf, war sehr schön erleuchtet.

Donnerstag d. 24ten – Nach Tisch gingen wir nach dem Odeum, nachher durch den Thiergarten nach dem neuen Anhalt'schen Thor, wohinaus die Eisenbahn nach Köthen fährt. Von da zu Stöcker, wo wir ein neues Instrument probirten, das dann wirklich so überaus vortrefflich ist, daß es den englischen wenig nachsteht.

Montag d. 5ten October – Allein zu Haus während die Mutter in die Akademie und zu Großvater ging. Ich hatte mich gefreut fleißig zu schreiben, aber Henri Girard[LXIX] kam und blieb den ganzen Abend bei mir. Er trank mit mir Thee und wir unterhielten uns viel über Moritz und unsere Reisen; dann spielte ich und konnte, obgleich es schon spät war, es nicht lassen noch etwas zu schreiben, nachdem er fort war. Es kam mir fast sonderbar vor, mit einem jungen Mann den ganzen Abend so tête à tête zu sein, so aber wie wir mit einander stehen, da wir verwandt sind und so ganz unbefangen verkehren, war eben garnichts in der Sache und ich war auch keinen Augenblick dabei verlegen, was ich sonst so leicht bin.

Freitag d. 9ten – Ich spiele jetzt hauptsächlich Beethoven und habe große Freude daran; eine Zeit lang hatte ich ihn sehr vernachlässigt und mich (wie man sich ja auch zuweilen durch Romane von besserer Lektüre entwöhnt) durch die romantische moderne Musik Chopins und Henselts verwöhnt, so daß ich oft weniger Genuß von der alten klassischen Musik hatte, als sie mir ihrem Werth nach gewähren mußte, wäre ich fähig gewesen, sie recht aufzunehmen. Jetzt aber habe ich mich wieder in Beethoven hineinstudiert. – Der, welcher mir übrigens unter allen Componisten in jeder Periode gleich lieb geblieben ist, den ich unter allen am höchsten schätze, ist Gluck. Mir geht keine Musik so zu Herzen und erhebt mich zu den höchsten Empfindungen als eben diese reinen und himmlischen Töne Glucks.

Sonnabend d. 10ten – Es ist jetzt ein lebendiges Treiben in der Stadt. Eine Menge von Fremden strömt herbei zu der bevorstehenden Huldigung, und große Anstalten werden getroffen zu allen Festen, die derselben folgen sollen. – Abends große Soirée bei von Medings, wo viel Landstand und Huldigungsdeputirte versammelt waren. Ich traf Arnims, die eben vom Lande zurückgekehrt waren, und freute mich sehr darüber. Sie waren sehr liebenswürdig, besonders Max, für die ich wirklich eine kleine Passion habe. Sie nahm sich meiner so freundlich an. Wir saßen zusammen mit Nina Olfers und anderen jungen Damen.

Donnerstag d. 15ten – Morgens bald nach 7 Uhr machten wir uns auf den Weg, um die Huldigungsfeierlichkeit vor der Säulenhalle des Museums mit anzusehen.

LXIX Henri Girard, Vetter aus der Verwandtschaft der Großmutter Hoch, geb. Girard.

Das Gedränge dahin war fürchterlich. Bis 9 Uhr mußten wir ruhig warten, ehe Etwas auf dem Platz vor sich ging. Dann aber kam der König die Treppe von dem hohen Thron herunter, der vor dem Schloßbalkon errichtet war. So wie er erschien, entstand ein Jubelruf im Volk, sein Anblick schon begeisterte die Menge. Er ging mit dem ganzen Gefolge nach dem Dom, wohin die Königin schon gefahren war. Die Feier dauerte dort bis 11 Uhr, wo der König auf demselben Wege nach dem Schloß zurückging. In den Pausen unterhielten wir uns mit unseren Nachbarn, drei Damen saßen vor uns, die uns als Frau und Tochter des Geh. Rath Steltzer in P. genannt worden waren. Sie machten sich sehr laut, sprachen mit mir über die Pistorsche Familie und da sie nicht wußten, wer ich war, und wie genau ich ihre Familie in Halberstadt kannte, äußerten sie unbefangen untereinander mancherlei in Beziehung auf diese letztere, was mich sehr amüsirte. Noch war es schönes Wetter, um 1 Uhr aber fing es an zu regnen, der Wind war heftig, und als der König heraustrat, wollte es auch nicht besser werden. Der König fing an zu sprechen, dreimal schrie das Volk jubelnd dazwischen und selbst der Regen, dem Vornehm wie Gering ausgesetzt war, der alle durchnäßte, konnte die Begeisterung nicht dämpfen, die in allen Hörern und Zuschauern erregt war. Die Feier schloß mit dem Choral ›Nun danket alle Gott!‹ der bei Kanonendonner gesungen wurde. Jetzt erhellte die Sonne die Scene, und es war ein prächtiger Anblick, den ganzen Platz mit Menschen bedeckt, den rothen Thron sammt allen reichen Uniformen zu überschauen. Das Ganze war sehr erhebend gewesen und auch mein Herz unter diesen tausenden schlug voll Rührung, Freude und Enthusiasmus für unsern geliebten König.

Um zwei ½ Uhr kehrten wir zurück, sehr ermüdet. Nach Tisch Vorbereitung zur Illumination, die überall prachtvoll geworden wäre, hätte Wind und Regen nicht das Meiste verlöscht. Zauberisch war das Zeughaus erleuchtet.[43]

FREITAG D. 16TEN – früh zu Adelheid, die mir vieles von dem erzählte, was den Tag vorher geschehen. Über Tisch sprachen wir von nichts als von den Reden des Königs, die sich nach und nach verbreitet von dem was er sonst gesagt und gethan. Vater hatte Bülow am Morgen gesehen, der ihm viel über London und mit Enthusiasmus vom König erzählt hatte. Dieser hat am gestrigen Tage bewiesen, daß er ebenso viel Geist als Gemüth besitzt, die allertrockensten und selbst gegen ihn eingenommenen Menschen waren von Begeisterung für ihn erfüllt worden. Am Nachm. ging ich mit den Eltern zu Rudorffs, wo (Pastor) Goldmann war. Prof. Böcking und Lachmann kamen dazu, auch die Alberti, und die prächtigsten, liebenswürdigsten Züge von unserem König wurden mit eben so viel Freude erzählt als gehört.

SONNABEND D. 17TEN – ... dann in die Probe mit Betty R., der Ritschel und Blank. Es wurden nämlich im Opernhaus die lebenden Bilder[44] probiert, die bei dem Ständefest aufgeführt werden sollen. Es war wenig daran zu sehen, mit Betty aber unterhielt ich mich prächtig. Um 11 Uhr zurück, wir fanden Rudorff und Vater zu Haus, die eben erst aus dem Senat gekommen waren. Sehr fröhliches Abendessen.

MONTAG, DEN 19TEN – hatte Vater am Morgen die Übernahme des Rektorats, nachher mußte er bei einem Universitätsdiner präsidieren und dann noch zum Ball beim Prinz von Preußen. ... Am Nachmittag mit Adelheid und Marianne in die

Akademie wo das Händel'sche Te Deum gesungen wurde zur Feier der Huldigung. Der Saal sah schön aus mit Blumen dekoriert u. die Musik war sehr erhebend. Am Abend bei Rudorffs, der erste wieder, den ich bei ihnen verlebte. Wir freuten uns recht dieses stillen gemütlichen Beisammenseins u. spielten Bach'sche Musik. Beim nach Haus kommen erfuhr ich zu meinem Schreck, daß wir den nächsten Abend zum König auf den Ball sollten.

DIENSTAG D. 20TEN FRÜH. – Zwei Schneider kamen, die in aller Eile die Kleider schaffen sollten, wir liefen den ganzen Morgen herum um alles zu besorgen. Tante Lieschen aß bei uns. Ein Friseur kam um mich heraus zu putzen, wir waren ganz fertig aber mein Kleid fehlte und blieb zu Mutters Verzweiflung bis nach 8 Uhr aus. Ich war ziemlich ruhig dabei. Mit Müh und Noth bekamen wir es, aber es saß abscheulich. Gegen 9 Uhr waren wir auf dem Schloß. Eine Art Stickluft wehte uns aus den Sälen entgegen, alles war gedrängt voll, wir standen bald wie in einem Knäul aus dem es schwer war sich heraus zu winden. Alles was Namen hat in Berlin war hier beisammen, auch mehr, denn man begegnete Gestalten, die man nirgends weniger als in den Sälen des Königs vermuthete. Ähnliche Hitze und ähnliches Gedränge hatte ich nie erlebt, die Ehre beim König zu sein, die noch dazu keine war, da sie die aller ordinärsten theilten, war theuer erkauft. Der Hof hielt mehrerenmals seinen Durchzug durch die Säle, König und Königin unterhielten sich freundlich mit den nächststehenden und diese Ehre, von der ich zwar auch noch zweifelhaft bin ob sie eine war, wurde den Eltern zu Theil. Die Königin und alte Prinzess Wilhelm sprachen mit Mutter, der König länger mit Vater, so daß wir wenigstens die Freude hatten, sie recht in der Nähe zu sehen. Die Königin sah sehr liebenswürdig aus. Viel Bekannte trafen wir, alle seufzend über dies Vergnügen. Man trieb sich hin und her in den Sälen herum, wurde gedrängt und gestoßen und verging fast vor Hitze. Um 10 Uhr wurde soupiert, wir saßen an einem Tisch mit lauter Offizieren, von denen keiner uns würdig hielt ein Wort zu sprechen. Vater mußte stehen. Nach diesem Genuß begaben wir uns in den weißen Saal, der nach und nach leerer wurde, da der Hof sich bald entfernte, und sprachen hier noch viele Bekannte. Arnims sah ich mit Prinzen herumhüpfen. Um 1 Uhr waren wir erlöst und verschworen je wieder ein ähnliches Fest mitzumachen. Die Nichtigkeit und Eitelkeit des menschlichen Treibens war mir heute wieder recht deutlich geworden.

DIENSTAG D. 27TEN – Ich spielte heut Vatern die Henseltschen Variationen vor, die ihn erfreuten.

SONNABEND D. 31TEN – Mutter ging Nachmittag mit mir zu Betty R. wo wir beide bis nach 8 Uhr blieben und Rudorffs dann mit uns wieder zu Haus gingen, Vater war zu Haus und wir unterhielten uns sehr angenehm.

MONTAG D. 2TEN NOVEMBER. – Nachmittag mit Rudorffs zu Stöcker, der wieder ein schönes Instrument fertig hat. Wir spielten dort 2 Stunden, dann zu Rudorffs, zu denen auch Mutter und noch später Vater kamen.

MONTAG D. 9TEN NOVEMBER. – Nachmittag blieb ich allein, während Mutter ausging, u. las mit wahrer Freude u. Interesse meine Hefte über Symbolik; so mangelhaft sie auch sind, riefen sie mir doch lebendig zurück, was uns Buttmann damals gesagt. Einen wahren Genuß verschaffte mir diese Lektüre. Vater kam auf kurze Zeit zu Haus und gab mir etwas zu lesen. Wie freue ich mich immer, wenn mein lieber Papa mich seines Gesprächs, seiner Mittheilung würdigt. Ich fühle nur zu sehr, wie wenig ich ihm sein kann, trotz dem ist er immer so freundlich, so ungeheuer gut.

DONNERSTAG D. 12TEN – Als ich zum Mittag nach Mutter aussah, die aus war, kam eine Droschke vorgefahren, eine Hutschachtel, die ich zuerst erblickte, gab mir eine Ahnung, wer es sein könnte. Moritz sprang heraus und wir ihm entgegen. Die Freude war ungeheuer groß. Er ist unverändert und nun ich ihn wiedersehe, scheint mir er wäre garnicht fort gewesen. Mutter kam auch bald. Ich mußte leider gleich nach Tisch um 3 Uhr zu Stöcker wo ich mit Betty das Bachsche Concert für zwei Clav., die Sonate von Mozart und Fuge von Demselben für zwei Claviere spielte. Wir hatten großen Genuß von den schönen Instrumenten und der prächtigen Musik. Um 6 Uhr zu Haus. Moritz erzählte nun viel, ich konnte ihn ohne das größte Vergnügen zu empfinden nicht ansehen.

MONTAG D. 16TEN – früh kam Frau von Sav. und amüsierte uns sehr mit ihren Reden. Ich stritt mit ihr über Ole Bull. – Gegen fünf Uhr zu Betty R. bei der ich den ganzen Abend blieb.

DONNERSTAG D. 19TEN – Abend bei Wilkens mit Stahlknechts, die sehr häßliche Musik machten. Als sie fort waren, sangen wir unsere Duettchen in Fritzens Stube zu unserer wahren Herzensfreude. Wir saßen im Dunkeln aneinander gelehnt und empfanden mehr als je wie schön es ist, so im Gesange aufzugehen.

SONNABEND D. 21TEN – Zu Abend waren Karstens, Fr. v. Dzimbowska, Rudorffs, Adelheid, Betty W., Henry u. August hier. Diese Gesellschaft gefiel mir unbeschreiblich. Adelheid mit den beiden Bettys hier zu sehen, war eine große Freude für mich. Ich war heut stolz auf meine Freundinnen, besonders Adelheid u. Betty R. und als ich sie beieinander sah, dachte ich, es könnte nicht fehlen, sie müßten sich gefallen. Und das ist auch geschehen. Wir sangen Adelheid allerlei vor, ich singe niemals mit solcher Freude, als wenn sie zuhört. Sie war gar zu liebenswürdig und sah so wohl aus. Bei Tisch saß sie neben Rudorff an der entgegen gesetzten Seite des Tisches von mir und unterhielt sich mit diesem so vortrefflich, daß ich kaum einen Blick bekam. Ich dagegen saß neben meiner guten lieben Betty Rudorff, die heut so ungeheuer gut gegen mich war, daß ich keinen Augenblick bedauerte, wie sie immer glaubte, nicht neben Adelheid zu sitzen. Beide konnte ich sie nicht haben und Eine war mir so lieb als die Andere.

SONNTAG D. 22TEN – Abend bei Pistors mit den jungen Buttmanns und Göschens. Betty brachte mich zu Haus und war heut so engelgut zu mir.

MONTAG D. 23TEN – Morgen zu Adelheid, mit ihr zu Betty R. ... Es freut mich, daß Adelheid und Betty sich jetzt wieder näher gekommen sind. ... Sobald sie fort war ging ich frisch an die Arbeit, denn es gab viel zu thun zum großen Diner, das Vater heut gab. Um 4 Uhr war eine glänzende Herrengesellschaft, obenan [Alexander von] Humboldt, beisammen, Mutter aß mit. Ich warf durch die Thürritze einige verstohlene Blicke in diese Freudenscene und hatte draußen vollauf zu thun, die Speisen fortzuschließen, Wein zu vertheilen, einiges anzuordnen und zu helfen. Um 7 Uhr war nur noch Großvater da, ich kam aus meinem Hinterhalt zum Vorschein und sah nur noch die glänzenden Zimmer. Großvater sah prächtig frisch und lebendig aus, ich freute mich ungeheuer über ihn.

DIENSTAG D. 24TEN – Nachmittag eine Stunde zu Betty R.

DONNERSTAG D. 26TEN – Morgen kam Betty R. mit ihrem Ernst. ... Rudorff war in Potsdam bei Sydow gewesen, dessen Geburtstag Montag war, und erzählte viel von ihm. Alles was ich von Sydow höre macht mir den größten Eindruck, ich halte ihn für den edelsten Mann. Diesem glaube ich, könnte ich ganz vertrauen.

FREITAG D. 27TEN – Wieder großes Diner, zweites und letztes. Heute die jungen muntern Professoren, während neulich die älteren steiferen Herren abgespeist waren. Ich hatte wieder viel zu laufen und zu rennen. Das machte mir aber viel Spaß, denn ich fühlte doch endlich einmal, daß ich zu etwas nütze war, da ich meiner guten Mutter einiges abnahm. Ich guckte wieder mehrmals durch die Ritze, kam aber schon zum Kaffee zum Vorschein und sah und sprach noch Leopold von Buch, Lancizolle, Raumer, Rudorff. Die letzten drei blieben noch, Betty wurde geholt nebst den Bächen und wir rasselten einige herunter mit wahrer Herzensfreude, aber zum Schauder meiner guten Mutter, die gewöhnlich eine Art nervöser Unruhe davon bekommt. Rudorffs blieben und mit ihnen verzehrten wir in Fröhlichkeit die beaux restes des Mittags, besonders die Austern.

SONNABEND D. 28TEN – Nachmittag war Betty R. und Adele Dorn zum Caffee hier. Wir unterhielten uns angenehm, die Dorn ist eine bequeme muntere Person mit vielem Witze.

MONTAG D. 7TEN DEZEMBER. – Nachmittag wollte ich eben zu Betty R. gehen, worauf ich mich sehr gefreut hatte, als die Kerll mit ihren Nichten kam, weswegen ich dann meine gute Betty in Stich lassen mußte. Das war mir ein großes Herzeleid und ich konnte es kaum verbergen vor den Gästen.

MONTAG D. 14TEN – bei Rudorffs. ... Wir musicierten miteinander. Betty spielte so hübsch, daß sie mein ganzes Herz von neuem gewonnen hätte, wenn es ihr nicht schon gehörte.

MONTAG D. 21TEN – bei Rudorffs. Sehr vergnügt, Rudorff las aus Arnims Schriften allerhand kuriose Sachen, die je weniger sie sich zum Vorlesen eigneten, ihm um so größeren Kitzel verursachten sie uns vorzulesen, den er denn auch nicht unterdrückte.

DIENSTAG D. 4TEN JANUAR 1841 – Nach der Akademie kamen Eckenbrecher und Weber zu uns. Mit Eckenbrecher sang ich mehrere der Marcelloschen Psalmen, die wunderbar schön sind. Ich erkenne jetzt erst recht, welch ein wundervolles Geschenk mir Vater durch diese Sammlung gemacht hat. Es hat mich lange eine Musik so nicht ergriffen als eben diese. Es ist eine große Begeisterung und Frömmigkeit darin.

MONTAG D. 11TEN – Abend bei Rudorffs, wir sprachen viel über ..., zuletzt über Eckenbrecher, den ich gegen Rudorffs vertheidigte. Ich kam sehr erregt nach Haus, wie es mir immer ist, wenn ich von Rudorffs komme.

DIENSTAG D. 19TEN – Um zwei Uhr fuhr ich mit Vater auf der Eisenbahn nach Potsdam. ... Auf eine Stunde ging ich zu Sydows. Ich fand die alte Ziegler mit Johanna und einer Frau von Rappart beisammen. Der herzliche Empfang dieser Menschen, die ich so hochhalte, that mir sehr wohl, noch mehr aber Sydows große Freundlichkeit und Herzlichkeit. Er kam später dazu ... Seit 2 Jahren war ich in diesem Hause nicht gewesen und sie empfingen mich Alle wie eine alte Bekannte. Johanna ist sehr leidend. ... Sydow zeigte mir mehrere Bilder seiner Frau. Sydow macht mir jedesmal einen unbeschreiblichen Eindruck. Zu diesem Manne könnte ich das größte Vertrauen fassen, obgleich ich auch vor keinem einen größeren Respeckt habe als vor ihm. Es liegt etwas so Hohes, Edles in ihm, das unwiderstehlich anzieht, zugleich aber auch fühlen läßt, wie viel höher er steht, welch eine Entfernung daher zwischen ihm ist und einem Wesen wie ich bin. Es ist mir mit ihm ungefähr wie mit Schleiermacher. Es war kein Mann, außer meinem Vater, von dem ich so wünschte ihm nahe zu stehen, von ihm geliebt zu werden als von Schleiermacher, meinem über alles geliebten und verehrten Lehrer, und doch war ich vor Niemand so scheu und befangen als vor ihm. Ich glaubte niemals, dümmer zu sein und wünschte doch nie weniger so zu erscheinen als wenn er mit mir sprach und ganz ebenso geht es mir mit Sydow.

MITTWOCH D. 27TEN – Morgen Probe von Eckerts Musik, die recht hübsch ist und ihm viel Ehre machte, wenn sie allein von seiner Erfindung wäre. Mendelssohn, Gluck, Händel haben aber alle das Ihrige dazu geben müssen und besonders hat er den ersten unverschämt bestohlen.

DIENSTAG D. 16TEN FEBRUAR – Abends Rudorffs, Paul, August, Eckenbrecher, H. Riechers ein armer Student, Karl Reichenberger, Herr Prevôt aus Genf hier. Wir waren sehr vergnügt, spielten und sangen. Aus ›Cosi fan tutte‹ ein Terzett, aus ›Fidelio‹ das große Terzett, eine Terz transponiert, und hatten das größte Vergnügen davon. Ich mußte einige Soli singen, was mir etwas schwer ankam.

SONNABEND D. 20TEN – Um 5 Uhr in die Akademie, wo Rungenhagen die Iphigenie in Aulis aufführte. Hühner und Gänse hätten's besser gemacht, als diese Musikanten, und ein Kater hätte den Takt besser geschlagen, als Rungenhagen es that.

SONNTAG D. 28TEN – Morgen Besuch von Frau v. Savigny. Dann zu Hensel, wo wir schöne Musik hörten.

MONTAG D. 8TEN MÄRZ – Morgen zu Fr. v. Dzimbowska, um mit ihr über die Musik, die heute Abend bei Graf Heinrich sein soll, zu sprechen. Gegen Mittag kam Eckenbrecher, um einiges für diesen Abend mit mir durchzunehmen. Nach 6 Uhr erschien noch Franz Savigny, um auch noch mit mir zu probieren. Nach all diesen großartigen Anstalten gedachten wir, Wunder wie schön zu musicieren. Wie erging es uns aber? Wir fanden eine enorme Gesellschaft von vornehmen Herrschaften, die zum größten Theil so wenig Sinn für Musik hatten, wie ein Esel für's Lautenschlagen, die daher denn auch, sobald die Musik losging, ihre Conversation mit solcher Lebhaftigkeit führten, daß von Zuhören nicht viel die Rede sein konnte. Es wurde deshalb auch schauderhafte Musik vorgebracht, denn man hielt das Bessere zu gut für diese Versammlung. Ich amüsierte mich prächtig dabei, denn ich konnte es nicht lassen, mich innerlich gehörig über diese hochadelige Compagnie zu moquieren. Ich unterhielt mich außerdem auch angenehm mit Arnims, Savignys, Eckenbrecher, ... und den 4 kleinen liebenswürdigen Itzenplitz', besonders mit Etta und Marie. Auch Graf Schönburg, von dem ich eigentlich nicht glaubte, daß er sprechen konnte, würdigte mich seiner Unterhaltung.

SONNABEND D. 13[TEN] – Morgens kamen Arnims, Frl. von Gräfe[LXX] und Franz von Savigny zu mir zur Probe. Wir sangen fast zwei Stunden und es ging am Ende wenig besser als am Anfang. Die Arnimcher sangen zuletzt noch einige ihrer Liederchen ganz allerliebst.

DONNERSTAG D. 21[TEN] APRIL – In Vaters Stube fand ich zu Mittag eine Visitenkarte mit dem Namen Costa, le comte F. C. ... So ist er wieder hier –

SONNTAG D. 1[TEN] MAI – ..., dann zur Hensel, Cantate von Bach, Sonate von Beethoven und die Furienscene aus Armide. Das Letzte war unbeschreiblich schön.

FREITAG D. 7[TEN] – Mit großer Angst dachte ich an den Abend, ich hoffte, Graf Costa da zu finden und zitterte doch in dem Gedanken, vor ihm zu spielen und schlecht vor seinem kritischen Urteil zu bestehen. Es war eine große Gesellschaft bei Savignys, lauter vornehme hochadelige Herrschaften, wir die einzigen Bürgerlichen. Fürst Wilhelm Radziwill, Fürst Wolkonski, Meiendorffs, Werthers, Lerchenfelds, Nagellers, Olfers, Jordans u. s. w. Als wir eintraten, waren nur wenige da, es sah aber schon sehr feierlich aus und meine Herzensangst nahm zu, ich habe mich nie so vor dem Spielen gefürchtet als heut, im Hintergrund meiner Seele aber lag eigentlich Graf Costa, der mir all diese Angst einflößte. Ich erfuhr von Max [von Arnim], daß er kommen würde. Als wir in das Musikzimmer traten, sah ich Graf Costa mit Fr. v. Meiendorff sprechend und es durchzuckte mich, als ich ihn erblickte. Er war in tiefer Unterhaltung und bemerkte uns nicht. Da ich am Clavier stand und wie die Anderen sagten ganz blaß aussah vor der Angst wegen des Spiels, verließ Fr. v. M. den Grafen und er trat auf mich zu mit dem freundlichsten Gesicht und freundlichsten Gruß. ... Er sprach so lange mit mir, bis Mr. Franz mich zum anfangen trieb und fragte mich nach dem Manuscript, das er mir geschenkt, ob ich es oft gespielt hätte. Ich mußte nun vor dem feierlichen Kreis meine Musik beginnen und es ging leidlich, wenigstens nicht so schlecht, als ich fürchtete. Gleich nach dem Spiel kam Costa zu mir und sagte mir viel freundliches, wie er, ohne mir Complimente machen

LXX Ottilie von Gräfe war ein sehr anmutiges, begabtes und leicht enthusiasmiertes junges Mädchen. Der Komponist Küken machte ihr in auffallender Weise den Hof, und sie verlobte sich mit ihm. Nach wenigen Wochen jedoch wurde das Verlöbnis aus guten Gründen wieder aufgelöst. Die Familie von Gräfe hatte ein schönes Besitztum in unmittelbarer Nähe des Tiergartens, nicht weit entfernt von Schloß Bellevue. Die »Gräfesche Wiese«, ein weit ausgedehnter, von Baumgruppen umsäumter Rasenplan, in dessen Mitte sich das weiße, geschmackvolle Wohnhaus erhob, gehörte zu den reizendsten Landschaftsbildern in der nächsten Nähe Berlins.

zu wollen, da ich ihn lange genug kennte um das nicht von ihm vorauszusetzen, mir doch sagen müßte, daß ich in den zwei Jahren sehr viel gewonnen hätte und schloß damit: ›vous êtes devenue artiste‹. Hierauf kam er immer wieder zurück und sprach lange mit mir, bis Fr. v. Meiendorff mir den Fürsten Wolkonski vorstellte, der sich als Kunstverständiger zu erkennen gab. Wir sangen nun den Pilgergesang, Ottilie [von Gräfe] darauf die Arie aus Tancred[45], in der sie den größten Beifall erntete; dann folgte das Quartett von Rossini. Während dessen war Graf Costa nicht im Zimmer gewesen, nun aber kam er zu mir und wir unterhielten uns lange. ... Er erzählte mir von Clouet, Clara Wieck, von dem Tode seines Vaters, von seiner Schwester und Mutter und wiederholte öfter sein Lob über mein Spiel. ... Sollte er aber nicht wie so viele Andere dies sagen, ohne es wirklich so zu meinen? Ich bin sonst so leicht geneigt, alle Complimente für Unwahrheit zu nehmen, aber seine Worte möchte ich nicht dafür halten, er betheuerte ja auch mit so redlichem Gesicht, daß er mir nicht etwas Schmeichelhaftes damit sagen wollte, sondern es sei seine wahre Meinung. ... Mit Arnims sprach er wenig, mit mir von uns jungen Mädchen am meisten. Nach diesem letzten Gespräch spielte ich das Webersche Concertstück und Max sagte mir, Graf Costa sei gleich darauf verschwunden. Nun sang Armgard [von Arnim] noch einige hübsche Lieder, ein Duett folgte von Savigny und Eckenbrecher, dann kam der Orpheus, der alles entzückte, denn Ottilie sang wunderschön. Sie wird mir immer lieber, je öfter ich sie hier sehe, und ihre Freundlichkeit zieht mich so an, daß ich mich immer wieder zu ihr wende, aus dieser Menge von theils fremden, theils uns fernstehenden Menschen. ... Sein (Costa's) Gesicht ist nicht verändert, und es fiel mir ein gutmüthiger, freundlicher Zug darin auf. Der Ausdruck ist fast kindlich zuweilen, ob er aber wirklich so ist, wie sein Gesicht ihn zeigt, wer weiß es? Vielleicht gehört er auch zu der Classe der vornehmen Herren, die unter einem äußerlich feinen, liebenswürdigen Wesen schlechte Sitten und sündlichen Lebenswandel verbergen. Ich möchte dies nicht von ihm glauben, aber die Erfahrung lehrt ja, wie oft der äußere Schein trügt, wie sehr man unrecht hat, da zu vertrauen, wo man nicht sorgfältig geprüft hat.

SONNABEND D. 8$^{TEN}$ – Viel gespielt und besonders Chopin, den ich aus besonderer Ideenverbindung vorzüglich liebe, dessen zarte, süße Musik der Empfindung so wunderbar eingeht.

SONNTAG D. 9$^{TEN}$ – Um 11 Uhr zu Barduas, die eine kleine Morgenmusik veranstaltet hatten. Savignys, Armgard, Gräfes und Marchands waren da. Mit Ottilie schloß ich Brüderschaft, denn sie ist mir gar zu lieb.

FREITAG D. 14$^{TEN}$ – Den ganzen Tag viel Angst vor dem Abend. Es waren Recks, Rudorffs, Großvater, Frl. v. Gibsone, Gustav Fabeck, Eckenbrecher hier und zuletzt gegen 9 Uhr erschien Graf Costa. Er sprach viel mit mir ... ich spielte heute nicht gut, das schien Graf Costa auch zu finden, denn er sagte mir nichts darüber. ... Ich sang zuletzt meine Händelsche Arie und habe sie wohl nie mit stärkerer Empfindung gesungen als heute, da sagte er mir: ›mais vouz avez fait des progrès immenses‹, und ließ sich weiter darüber aus. ... Zu Tisch saß ich neben Graf Costa. ... Er sprach unaufhörlich mit mir, aber nur von Musik und Noten, zuletzt über Clara Wieck, von der er entzückt ist, die ich deshalb beneide. Nach Tisch spielten wir noch einen

Bach; nach dem außer Recks alle fort waren, blieb Costa noch und ich spielte ihm die Fughetta vor, die er sehr schön fand. Er versprach mir, einen noch nicht im Druck erschienenen Walzer von Chopin aufzuschreiben.

Sonntag d. 16ten – Morgens zu Hensels, wo wir hofften Mendelssohn zu hören. Ich bekam einen Platz zwischen Arnims, was mir sehr lieb war. Mendelssohn spielte nicht allein, nur mit seiner Schwester, eine seiner neuesten, aber weniger schönen Compositionen, und begleitete zuletzt die Chöre aus dem Paulus. Die Decker sang wunderschön, besonders ein Lied von Schubert mit Begleitung einer obligaten Clarinette[46] und einer Nachtigall, deren Töne vom Garten hereindrangen. Graf Costa war da, aber kam nicht in den Saal, sondern blieb im Garten.

Sonnabend d. 29ten – Um 12 Uhr zu Fürst Radziwill, wo der Faust gesungen wurde. Fürst Wilhelm und Bogislav wollten mich durchaus überreden, das Accompagnement zu übernehmen, ebenso Frau von Savigny im Auftrage des Fürsten. Vater hatte es aber einmal abgelehnt und Grell war dazu beauftragt; ich mußte, um diesen nicht zu beleidigen, deshalb auch die Ehre von mir abwenden. Ich fand Arnims und Nina von Olfers, mit denen ich zusammenhielt. Graf Costa erschien. ... Ich wollte nicht mitsingen, da ich Zahnschmerzen gehabt hatte und lieber bei Arnims saß, als unter den Sängern. Armgard wollte mir durchaus einen Platz neben ihr anweisen, dicht vor Graf Costa. Ich ... lehnte es ab und sagte, daß ich mich vortrefflich befände auf meinem Platz zwischen Max und Nina. Bald darauf trat Gr. Costa einen Augenblick zu mir und fragte, warum ich nicht accompagnierte. ... Gleich nachdem wir von Tisch aufgestanden waren und ich eben glaubte, Graf Costa wieder meiner unachtsam an mir vorüber gehen zu sehen, hörte ich jemand zu mir gewandt fragen: ›Madmoiselle qu'est ce que vous jouez maintenant?‹ Ich sah auf, und die Frage war von Graf Costa an mich gerichtet, wir waren bald im Gespräch. ... Er fragte nach meiner Musik und sagte endlich: ›J'aimerais bien vous entendre une fois plus intimement. Est ce que vous n'êtes jamais chez vous? Je me rapelle qu'autrefois vous ne l'étiez pas, j'ai quelque fois voulu mourir d'envie d'etre chez vous, mais je savais bien de ne pas vous trouver.‹ Ich zog Mutter ins Gespräch, und wir versicherten oft zu Hause zu sein, worauf er zu kommen versprach.

Ich weiß jetzt nicht, wie er wieder darauf kam, mir zu sagen, welche Fortschritte ich gemacht hätte und mich dessen versicherte, als ich einen Zweifel daran äußerte – in dem Augenblick kam Frau von Olfers, die Graf Costa anredete, ich wandte mich ab zu einer anderen Gruppe. ... Die Musik war schön gewesen. Bei der Gartenscene aber und der Arie der Gretchen konnte ich mich kaum halten vor Ungeduld, weil Grell so ganz anders spielte, als es nach meinem Gefühl sein sollte, und ich hätte viel darum gegeben, hätte ich in dem Augenblick am Klavier sitzen können. Es war mir wirkliche Pein zuhören zu müssen, anstatt selbst zu spielen. ... Mad. Decker, die ich immer für viel zu stolz gehalten hatte, als daß sie sich mit einer Person wie mit mir einlassen könnte, redete mich heute zum ersten Mal an und lud mich ein ihren Flügel zu probieren. Ich freute mich darüber. – Max erzählte mir, daß Graf Costa gestern bei Savigny's gewesen sei, daß sie bedauerte daß ich nicht da war, daß sie viel von mir gesprochen hätten mit Graf Costa, daß sie mich sehr protegierten, wie sie sich ausdrückte; ›Graf Costa interessiert sich für Dich‹, fügte sie hinzu. . . Ich hatte mich übrigens gefreut zu bemerken, daß Costa nicht zu den gewöhnlichen vornehmen Herren gehört, die immer nur den Damen die Cour machen, wenigstens zeigte sich dies nicht in seinem Benehmen gegen Arnims, er hielt sich mehr zu den Herren und älteren Damen als zu den jungen Mädchen. ...

SONNTAG D. 30TEN (PFINGSTEN.) – Wir standen um 3 ½ Uhr auf. Um 5 Uhr fuhren wir auf der Eisenbahn nach Potsdam ab, es war wunderschön in der Morgenfrische. Um 6 Uhr befanden wir uns an Bord des Dampfschiffs nach Brandenburg. Der Weg auf der Havel, deren viele Krümmungen und grüne hügelige Ufer die Fahrt sehr amüsant und angenehm machen, ist prächtig. Es war Musik von Blasinstrumenten auf dem Schiff, die wunderhübsch klangen zwischen den Wellenschlägen des Flusses. Es war nicht übermäßig heiß, wir saßen alle Fünf sehr froh beisammen und unterhielten uns vortrefflich. um 10 ½ Uhr waren wir in Brandenburg. Im Wirthshaus erinnerte ich mich lebhaft an die vorjährige Reise mit Betty und Viktor[47]. Bis 2 Uhr ruhten wir dann in dem Dom, der außerordentlich schön ist. Die Crypta stammt aus dem ? Jahrhundert.[48] ... Nach 3 Uhr Fahrt nach dem neuen Krug. Große Hitze und zugemachter Wagen. Mutter nicht ganz heiter. Tanzmusik und viele Bauern und Raupen. Spaziergang in ein wunderschönes Gehölz. Gesang, häufiges Absentieren des einen oder anderen. ... Um 7 Uhr zurück nach Brandenburg. Abendessen. Spaziergang in der Stadt. Heller Mondschein. Früh zu Bett.

MONTAG D. 31TEN – Um 4 ½ Uhr auf. Um 6 Uhr Abfahrt. ... Eckenbrecher. Der Weg nach Behnitz im Bruchland in der herrlichen Morgenluft unvergleichlich. Um 10 Uhr in Behnitz. Wir alle glückselig diesen seit lange geliebten Ort wiederzusehen. Gustav in einer Art Extase über alles was er sah. Mit ihm hier noch einmal zu sein nachdem wir als Kinder so manche glückliche Stunde hier verlebt, war mir eine unbeschreibliche Freude. Wir besuchten alle beliebten Spielplätze, gingen in tollster Mittagshitze nach dem jenseitigen Ufer des Sees, die Jungen waren außer sich vor Freude, als sie die Linde erblickten mit den wunderlich gebogenen Ästen. Wir setzten uns eine Zeitlang in den Baum und träumten von der vergangenen Kinderzeit. ... Wir ließen uns im Schloß alle Zimmer öffnen, um zu sehen, wo wir früher gewohnt hatten, es war uns alles so bekannt, so lieb, so voll von schönen Erinnerungen aus froher Zeit. Schon der eigenthümliche Geruch in den Zimmern der Gräfin (Itzenplitz) entzückte uns und versetzte uns lebhaft in die Vergangenheit. Wie glücklich waren wir hier! – Wir konnten uns kaum wieder trennen von diesem schönen Ort und schieden mit Betrübnis. Ich freute mich, daß Gustav eine solche Anhänglichkeit an seine früheren Jugenderinnerungen gezeigt hatte, daß er eine so kindliche Freude empfinden konnte, als er sie heute äußerte. Um 3 Uhr fuhren wir ab in einer Extrapostchaise auf einem hübschen Wege nach Potsdam. Bis eine Stunde vor Potsdam war die Fahrt wundervoll in den Bruchgegenden, wo die frischen Wiesen einen so herrlichen Duft verbreiteten, die Dörfer so nett und grün aussahen und alles rund herum ein frisches reiches Ansehen hatte. In der Sandebene aber wurde es unangenehm durch Staub und Hitze. Wir alle übrigens sehr heiter, Moritz mit manchem guten Witz bei der Hand, den wir gehörig belachten. Um 8 Uhr in Potsdam. Um 8

½ mit dem Dampfwagen in einem ungeheuer großen Zug von Wagen nach Berlin. Abendessen in Berlin sehr vergnügt.

SONNTAG D. 6TEN JUNI. – Um 1 Uhr Aufforderung von Frau v. Savigny zu einer Landparthie. Um 2 Uhr zu ihr, mit Arnims und Graf Gröben da gegessen. Nach Tisch ½ Stunde mit Monsieur Francois und Graf Gröben allein im Garten auf und ab spaziert. Um 3 ½ Uhr fanden sich Gräfin Fürstenau nebst Tochter und Sohn, Patows, Dora Hellwig, Graf Oriolla und Perponcher, ein Prinz und noch einige Grafen ein und die hochadelige Gesellschaft fuhr dann bald in 4 Wagen nach Rixdorf ab, ich mit Frau von Patow, Graf Oriolla und Dora. Im Regen langten wir in Rixdorf an bei Leo, dessen Zimmer bald so voll war, daß man sich kaum darin rühren konnte. Kaffee. Nach dem Regen fuhren wir ab nach dem Eierhäuschen, ich mit Armgard und Gröben; Duette im Wagen. Wilde Spiele im freien Felde. Schöne Beleuchtung und Aussicht am Wasser. Thee, Eis, Champagner. Gröben, Leo und Herr von Patow die einzig angenehmen Herren. Schöne Rückfahrt mit Armgard und Patow. Gegen 10 Uhr zu Haus.

SONNTAG D. 13TEN – Morgens auf dem Wege zu Frau von Dzimbowska. Gespräch mit Fürst Bogislav Radziwill. Dann zu Caroline Steltzer bis 11 Uhr ... dann zu Rudorffs, wo Angelika Palmie[LXXI] war. Wir schleiermacherten recht nach Herzenslust, und Angelika erzählte herrliche Geschichten von der Fischer.

MONTAG D. 21TEN – ... Um 12 ½ Uhr klingelte es, ich wollte eben sagen, daß ich nicht zu Hause sei, ... als Mine hereintrat und mir sagte: ›der französische Graf ist da‹ und fragt, ob Niemand von der Familie zu sprechen sei. Was sollte ich thun? Durfte ich ihn allein empfangen? ... Ich trug Minen auf, ihm einfach zu sagen, daß ich ganz allein zu Haus sei, denn ich dachte will er mich sehen und hält er es für schicklich zu mir allein zu kommen, so wird er es thun ... gleich darauf trat er ein nach der Mutter fragend, da er aus Minens Reden nicht verstanden zu haben meinte, daß sie nicht da war. So stand ich ihm also allein gegenüber und war etwas verlegen, da ich nicht wußte, ob ich nicht etwas unpassendes gethan, indem ich ihn angenommen hatte. Er war aber sehr unbefangen, setzte sich gleich an's Fenster und besah Mutters Arbeit, über die sich ein Gespräch entspann. Dann sagte er, daß ihm die Gräfin Fürstenstein von mir erzählte, die mich bei Savigny's gesehen und fragte, ob ich das letztemal da gespielt hätte. Ich antwortete: ›nicht ich, aber Herr (Gustav?) Schumann‹ und wir kamen nun gleich auf die Musikstücke, gingen an's Clavier und er bat mich zu spielen. Wie[49]

Clara Wieck – jetzt die Frau Robert Schumanns – hatte bei einem längeren Aufenthalt, den ihr Vater mit ihr in Berlin nahm, viel mit Marie Lichtenstein verkehrt und war ihr freundschaftlich nahegetreten. Zur Ergänzung des mit manchen Unterbrechungen bald ausführlich bald nur andeutend geführten Tagebuchs mögen hier einige Briefe mitgeteilt sein, die Clara an die Schreiberin richtete.[50]

---

LXXI Langjährige Freundin und Hausgenossin Schleiermachers.

»Leipzig d. 15. 9. 1840

Meine liebe Marie,

lassen Sie sich danken für das freundliche Andenken welches mir meine Mutter überbrachte. Unendlich leid thut es mir, daß ich Sie nun vielleicht lange nicht wieder sehe – wie gern plauderte ich wieder einmal ein Stündchen mit Ihnen! Sie würden nicht mehr die Melancholische in mir, sondern ein hochbeglücktes Weib finden, und das würde Ihnen, Sie liebe theilnehmende Freundin, gewiß Freude machen.
Wie ich gehört, ist Ihnen Ihr Landaufenthalt sehr wohl bekommen, und da muß man Ihnen denn von ganzem Herzen gratulieren. Ihren lieben Eltern geht es auch wohl, hoffe ich? grüßen Sie sie schönstens, und schreiben Sie mir recht bald einmal mit der Mama ein paar Zeilen – Sie machen mir viel Freude damit.
Das Riechkissen genehmigen sie als g a n z k l e i n e s Andenken – ich fürchte, es hat den Geruch schon etwas verloren, indem es schon lange bei mir lag.
Von ganzer Seele seyen Sie nun noch geküßt von

Ihrer aufrichtigen
Clara Schumann.

NB: Robert grüßt – ach, das ist ein gar lieber Mann, ich kann nicht genug dem Himmel danken!
Besuchen Sie uns doch einmal in Leipzig, meine liebe Marie, das wäre eine große Freude für mich, die Sie so herzlich liebt.
Adieu noch einmal!«

»Leipzig d. 8. 8. 1841

Längst schon hätte ich Ihnen, meine liebe Freundin, geschrieben, und gedankt für Ihren freundlichen Brief vom Mai, doch wird mir seit einiger Zeit das Schreiben sehr schwer, das Blut steigt mir gleich zum Kopfe, so daß Sie auch jetzt mit nur wenigen Zeilen Fürlieb nehmen müssen. Sie sind ein liebes Mädchen! hätte ich das nicht schon längst gewußt, jede Ihrer Zeilen hätte es mir sagen müssen! Könnte ich Sie doch nur einmal wieder ein Stündchen sehen – ach, wären Sie hier! fehlte mir noch etwas in meinem Glücke hier, so wäre es eine Freundin wie Sie, zu der ich mich so hingezogen fühlte, und mit der ich auch in musikalischer Hinsicht so harmonisierte, als ich glaube, daß es zwischen uns immer seyn würde. Nun, wer weiß, was noch einmal das Schicksal bestimmt! –

Ihre Mittheilungen vom Grafen Costa machten mir viel Freude – das ist ein Musikmensch! Feuer und Flamme! ich glaube ihn strengt das Zuhören weit mehr an, als einen Anderen das Spiel; wie muß er aussehen, wenn er selbst spielt! solch ein Kunstenthusiasmus macht Einem Freude, man findet so selten dies wahre Interesse.

Mir that es leid, daß er so kurze Zeit nur hier blieb. Ist er in Berlin jetzt? dann sehen Sie ihn gewiß oft, und sagen ihm wohl einmal unsere Empfehlungen.

Mendelssohn ist ja nun bei Ihnen in Berlin! es wurde ihm der Abschied von hier sehr schwer, obgleich er uns gewiß bald wieder besuchen wird. Er hat versprochen, einen Theil der Winterconcerte zu dirigieren, und später (in einem Jahre) ganz wieder zu uns zurückzukehren. Die Verehrung, wie er sie hier fand, wird ihm in Berlin nicht, die Cabale und Intrigue ist dort zu vorherrschend! ich weiß aus sicherster Quelle, daß man ihn schon, bevor es noch gewiß war, daß er nach Berlin kam, verklatschte, beraisonnierte pp: freilich hat seine Familie viele Schuld daran, doch sollte man liberal genug sein, und den Künstler ganz und gar von dem Privat-Menschen trennen – übrigens ist auch Mendelssohn's Persönlichkeit so höchst liebenswürdig und fein, nobel, daß ich nicht begreife, wie sich noch immer Leute finden, die nicht satt des Tadels werden können. Verzeihen Sie, ich bin etwas ärgerlich geworden! – Sie werden gewiß eine schöne musikalische Zeit bekommen, und viel Musik auch mit Mendelssohn machen? ich glaube Sie besuchen immer die Morgenunterhaltungen bei der Hensel? Mendelssohn wurde noch sehr feierlich am Vorabend seiner Abreise von hier begrüßt. Man brachte ihm ein Ständchen mit Fackeln, und spielte seine Hebriden und die Oberon-Ouvertüre, auch wurden von einem starken Sängerchor Quartette von ihm vorgetragen. Die ganze Promenade, wo er wohnte, war mit Menschen angefüllt. Er hat übrigens seine Wohnung hier behalten, desgleichen seine Meubles pp:

Nun, meine liebe Marie, lassen Sie sich danken für all die Liebe, die sie immer meiner armen, so schwer geprüften Mutter[51], beweisen; sie schreibt mir in jedem Briefe von Ihnen und den Ihrigen, so daß es mir wirklich eine Beruhigung ist, sie unter dem Schutze und der Theilnahme solcher Freunde zu wissen. Fragen Sie doch einmal Ihren Herrn Vater, ob es nicht möglich, daß sie für die beiden Knaben[52] in irgend einem königlichen Institute Freistellen bekäme? ich schrieb es ihr schon mehrmals, doch sie hält es für unerreichbar. Ich verstehe das nicht so, doch sagen Sie mir Ihre Meinung, es wäre doch eine große Erleichterung für die Mutter! es ist keine Kleinigkeit für eine Frau in diesem Alter von Früh bis Abend herumlaufen und Stunden geben, und damit eine Familie in Berlin ernähren. Nicht wahr, Sie schreiben mir r e c h t  b a l d wieder, und dann auch recht viel von Ihrem musikalischen Treiben, und ob Sie mir immer freundlich gesinnt bleiben! ---

Mein Robert grüßt freundlichst – er hat Sie auch recht lieb gewonnen! ich wünschte Sie könnten seine neuen Compositionen für Orchester hören! der ganze Mensch, gemüthvoll, edel, wie er ist, findet sich wieder in seinen Compositionen. Ich liebe und bewundere ihn täglich mehr.

Ihren lieben Eltern sagen Sie noch herzliche Grüße von mir und lassen Sie sich in aufrichtigster Freundschaft umarmen von Ihrer

Clara Schumann

Inselstraße

No: 5«

»Leipzig d. 31.12.1842

Endlich, meine liebe Marie, wird mir ein Stündchen mit Ihnen zu plaudern, und Ihnen vor Allem zu danken für Ihr freundliches Briefchen, und Ihre lieben Besuche hier in Leipzig. Sie fehlten mir recht, besonders wenn die Uhr eilf schlug, da dachte ich Sie müßten kommen, doch vergebens. Ich habe übrigens Hoffnung Sie bald einmal wieder in Berlin zu sehen, im Sommer muß ich doch meine Mutter besuchen, das ist mein großer Wunsch.

Recht sehr betrübt es mich zu hören, daß Ihre verehrte Frau Mutter so sehr leidend ist; welches ist das Leiden? es sind doch nicht Folgen der Reise? darf ich Sie bitten mir etwas darüber zu schreiben, ich hoffe doch, das Unwohlseyn wird nicht mehr von langer Dauer sein! sagen Sie ihrer lieben Frau Mutter meine besten und aufrichtigsten Wünsche für ihre baldige Genesung.

Was Sie mir über Mendelssohn schreiben, setzte mich in Staunen, denn während Sie mir sein Bleiben in Berlin verkündeten, hatte er schon den Tag seiner Ankunft hier gemeldet, und zugleich seine Anwesenheit für diesen Winter. Sie können sich wohl denken, wie wir uns freuen, wieder so manche Stunde mit ihm musicieren zu können, und welch herrliche Genüsse er uns schafft. Der Tod seiner Mutter hatte ihn uns jetzt einige Wochen entrückt, er war fast garnicht sichtbar, doch mit Anfang des neuen Jahres, wird auch das musikalische Treiben wieder mit neuem Eifer beginnen. Den 8$^{ten}$ Januar denke ich eine Privat-Matinée im Gewandhaus zu geben, wo ein Quartett, ein Clavier-Quintett meines Mannes, sowie verschiedenes Andere zur Aufführung kommen soll, auch werde ich mit Mendelssohn ein Duo spielen, außerdem noch die A-dur Sonate von Beethoven. Mein Mann hat mich zu Weihnachten wieder überrascht, daß ich auf's tiefste erschüttert war von seiner Liebe zur Kunst und seinem schönen, edlen Streben nach dem Höchsten in der Kunst. Er hatte heimlich ein Claviertrio und ein Clavierquartett componiert, und bescheerte es mir am heiligen Abend. Ich war unendlich glücklich diesen Abend, nur fehlte uns noch die Mutter, die sich besonders an Mariechen erfreut haben würde, die jetzt über Stock und Stein läuft, und nicht wenig bei'm Anblick des Lichterbaumes jubelte.

Eine recht große Bitte habe ich an Sie liebe Marie: Überbringerin Dieses ist meine Freundin Elise List, die ...

Daß Sie noch Gelegenheit fanden, das Talent des kleinen Rubinstein[53] zu erkennen, freut mich sehr, Sie werden sich wohl erinnern, wie ich Ihnen schon in dem Concert, wo er spielte, davon sprach, wie unvortheilhaft er sich gerade hier zeigte – auch ich fand in ihm ein seltenes Talent. Schade, daß er hier so wenig Glück machte, was doch für seinen Ruf nicht gut war. Sehr begierig bin ich auf die beiden Millanollos[54], die eminent spielen sollen, und Alles schlagen, selbst Ernst[55] konnte neben der Ältesten nicht bestehen, so heißt es von Frankfurt aus. Sie kommen bald nach Berlin und hierher. Auch Liszt wird ja bald wieder bei Ihnen sein! –

Nun, meine Liebe, werden Sie genug meines Geschwätzes haben, darum sage ich Ihnen schnell noch ein Adieu, und bitte Sie recht freundlich um ein baldiges Briefchen wieder. Noch sage ich Ihnen Allen meine herzlichsten Glückwünsche zum neuen Jahr – möchten Sie Alle es gesund und wohl antreten!

In aufrichtiger Liebe umarmt Sie
Ihre Clara Schumann.

Mein Mann trägt mir noch an Sie viel Schönes auf.«

Seit meine Eltern als Brautleute im September 1830 in Lauenstein eingezogen waren, hatten die Jahre vieles dort verändert. Der erste bedeutsame Schlag, der das Haus traf, war der Tod des Vaters. Er hatte schon lange gekränkelt, war von empfindlichen Hustenbeschwerden vielfach heimgesucht und brachte die Tage einförmig, an das Haus und seine nächste Umgebung gefesselt, zu. Meine Eltern, die im Jahre 1835 wie gewöhnlich für den Hauptteil der großen Universitätsferien in Lauenstein eingekehrt waren, erlebten noch während ihrer Anwesenheit, wie sich der Zustand des Leidenden merklich verschlimmerte. Unter dem Druck banger Ahnungen trat mein Vater an ihn heran, um Abschied zu nehmen. Er saß in seinem alten hohen Lehnstuhl und sagte mit ruhiger Stimme: »Adolf gräme dich nicht so sehr! Sollten wir uns nicht wiedersehen, so vergiß mich nicht!«

Wenige Tage, nachdem meine Eltern in Berlin eingetroffen waren, erhielten sie die Todesnachricht. Am 25. Oktober abends hatte der Siebenundsechzigjährige in seinem Lehnstuhl ohne Kampf den letzten Atemzug getan. Valdec schrieb noch in derselben Nacht: »Unserem guten Vater ist sein letzter und größter Wunsch in vollem Maß in Erfüllung gegangen. Er starb sanft und ruhig wie ein alter Krieger, nicht im Bette, sondern aufsitzend, diese Nacht um 10 Uhr in den Armen unserer Mutter. So ist sein Verlangen zu sterben ohne Angst und Furcht vor dem Tode, wie er früher in mancher Schlacht demselben ins Auge geschaut habe, erfüllt worden. Ich war nicht gegenwärtig, sondern hatte mich einige Stunden zuvor schlafen gelegt, um später bei ihm zu wachen. Der Mutter aber, die bei allen wirklichen Leiden groß und stark ist, hat auch dieses Mal Gott wundervoll die Kraft verliehen, den letzten Augenblick der Trennung mit Standhaftigkeit und Seelenruhe zu überstehen.«

Mein Vater empfand den Verlust tief. »Das Leben«, schrieb er im ersten Schmerz der Mutter und dem Bruder, »hat für mich so sehr an Reiz verloren, seitdem mit ihm der Mittelpunkt verschwunden ist, daß nur Ihr und Betty und die Erinnerung an das, was eigentlich das Herrlichste und Geistigste, Einfachste und Tiefste an ihm war, seine Treue und Liebe, es zu würzen vermögen. Ich habe mir alle seine Briefe nach Jahren geordnet, und das Totalbild, was ich dadurch gewinne, ist ein so rührendes, die Verklärung nimmt gegen das Ende so zu, namentlich der letzte ausführliche Brief ist so ergreifend schön, daß ich mich in inniger Andacht darein versenken kann«. – Schon als der Sohn noch ein Knabe war, hatte ihn die Ritterlichkeit des Wesens, die den Vater auszeichnete, mit begeisterter Liebe erfüllt. Wie hoch er auch jetzt noch seine Gesamtpersönlichkeit einschätzte, geht aus einigen Papieren hervor, die kurze Notizen über eine Reihe von bedeutungsvollen Zügen aus dem in früher Zeit so wechselvollen Leben des Dahingeschiedenen enthalten. Offenbar hatte er sich eine Weile ernstlich mit dem Gedanken getragen, eine Biographie des Vaters zu verfassen.

Von nun an führte die verwitwete Mutter in Gemeinschaft mit ihrem jüngeren Sohn ihr Leben auf der Knabenburg weiter. Valdec hatte vor ein paar Jahren in Göttingen sein juristisches Doktorexamen bestanden, und es schien ratsam, ihn Rechtsanwalt werden zu lassen. Sich aber in einer Stadt niederzulassen und hier in ausdauerndem Bemühen den Grund zu einer aus eigener Kraft gesicherten Stellung zu legen, dazu fehlte ihm der energische Entschluß. Schöne, liebenswürdige, ja große Züge seiner Natur mischten sich in fast unbegreiflicher Weise mit eigenwilligem launischen Wesen und einem starken Hang zur Ungebundenheit. Er zog es vor, zu den Eltern nach Lauenstein zurückzukehren, hier dem Vater in der Bewirtschaftung des kleinen ländlichen Besitzes behilflich zu sein und daneben etwas Advokaturgeschäfte zu betreiben. Vergeblich warnte der ältere Bruder. Er sprach die Befürchtung aus, daß bei diesem Doppelwesen entweder die Landwirtschaft oder die juristische Tätigkeit, oder aber alles beides zu kurz kommen werde. Doch der Jüngere wollte sich nicht raten lassen. Heimatliebe und Bequemlichkeit trugen den Sieg über alle nüchternen Erwägungen davon, und was mein Vater gefürchtet hatte, trat ein. Aus des Bruders Advokatentätigkeit wurde niemals etwas rechtes. Nicht etwa deshalb, weil es ihm an juristischem Scharfblick gefehlt hätte, sondern weil auch hier mehr der Neigung als vernünftiger Überlegung gefolgt wurde. Er übernahm nur dann die Führung eines Prozesses, wenn ihn der Gegenstand interessierte und wenn es ihm Herzenssache war, für das nach seiner Meinung offenbare Recht seines Klienten einzutreten. So sehr diese Gepflogenheit seinem geraden Sinne Ehre machte, so verhängnisvoll war sie für die Fruchtbarkeit seiner Praxis. Doppelt, da Gutmütigkeit und Generosität ihn in vielen Fällen veranlaßten, weniger Bemittelten seinen Rechtsbeistand unentgeltlich zuteil werden zu lassen. Bei dem allen gestaltete sich jedoch das Zusammenleben und -wirtschaften von Mutter und Sohn in den ersten Jahren nach dem Ausscheiden des Vaters recht erfreulich. Die Teilung der Geschäfte ergab sich von selbst. Valdec nahm nach außen hin, insbesonders für die Landwirtschaft die Zügel in die Hand; die Mutter besorgte nach wie vor Haus und Garten, Küche und Keller.

Solange der Vater lebte, war mehr und mehr strengste Abgeschlossenheit gegen die Außenwelt zum Gesetz geworden. Mit allen verfehlten Unternehmungen, die dazu dienen sollten, den Wohlstand der Familie wieder einigermaßen zu heben, hatte er es schließlich so weit gebracht, daß nur die Schuldverpflichtungen gewachsen waren. Aus dem Sanguiniker war ein Hypochonder geworden. Er verschloß sich grämlich vor den Menschen, vermied jede neue Anknüpfung, in der Sorge, daß gesellige Verpflichtungen daraus erwachsen könnten, denen zu genügen seine beschränkten Verhältnisse nicht ausreichen würden, und zog so auch die Mutter, ja mehr oder weniger alle seine Angehörigen in die eigene Vereinsamung mit hinein. Es fehlte durchaus nicht an Familien in Lauenstein, mit denen sich angenehm hätte verkehren lassen, aber aus Rücksicht für die Zustände im Hause machten auch meine Eltern bei keinem derselben Besuch. Nur eine Ausnahme war zugelassen worden. Auf der eine halbe Stunde entfernten Domäne Eggersen lebte der Oberhauptmann von Lenthe mit seiner feinen, gütigen Frau und einer geistvollen Nichte, Frl. Therese von Wurmb. Freundschaftliche Beziehungen zur Knabenburg hatten von jeher bestanden, und meine Eltern fanden, vom ersten Male an, wo sie sich hier blicken ließen, die herzlichste Aufnahme. Der Verkehr blieb einseitig, die Großeltern hielten sich nach wie vor fern, und die Lenthesche Familie machte keinen Anspruch, eingeladen zu werden. Um so unbefangener gaben sich meine Eltern der Freude an diesem Umgang mit sympathischen Menschen hin. Eggersen liegt in der Talmulde zwischen Ith und Thüster Berg, die südlich in dem quervorliegenden Hils ihren Abschluß findet. Ein forellenreiches Flüßchen – die »Lauensteinische Saale« –, das nach mancher Windung bei Elze in die Leine mündet, belebt den großen Park mit seinen Wiesen und prächtigen alten Bäumen, die den Herrensitz umgeben. Hier hatte ja in der ersten Hälfte des 18. Jahrhunderts unser alter Ahnherr Niemeyer residiert. Noch standen das stattliche Wohnhaus und die schönen mächtigen, mit Sollinger Platten gedeckten Wirtschaftsgebäude aus jener Zeit. Schon diese Erinnerungen gaben dem Ort für meinen Vater eine besondere Anziehungskraft. Die Hauptsache aber waren die liebenswürdigen, innerlich vornehmen Bewohner der Stätte, mit denen zu verkehren ein Genuß war. So verging denn kaum eine Woche, ohne daß meine Eltern den hübschen, durch Acker und Wiesen führenden Fußweg nach Eggersen einschlugen oder mit dem kleinen Gefährt, das um der Landwirtschaft willen noch immer auf der Knabenburg gehalten wurde, hinüberfuhren. Auch Musik wurde gemacht. Ein altes Instrument war vorhanden, und wenn meine Mutter zur Begleitung meines Vaters Webersche, Klingemannsche und andere Lieder sang, so konnte es keine dankbarere Zuhörerschaft geben als die hier versammelte kleine Gemeinde.

Nach dem Tode des Großvaters in Lauenstein begann allmählich der Bann der Abgeschlossenheit, der über dem Hause gelegen hatte, sich zu lösen. Die Großmutter entschloß sich, diesen und jenen im Ort wieder einmal aufzusuchen, und auch Gäste wurden willkommen geheißen. Leute aus der Umgegend, mit denen Valdec Bekanntschaft gemacht hatte, ließen sich blicken; ja sogar Berlinische Freunde meiner Eltern, wie z. B. Klenzes, fanden für mehrere Tage freundliche Aufnahme.

So waren eine Reihe von Jahren vergangen, als ein Ereignis eintrat, das die alten Verhältnisse gründlich umgestalten mußte. Valdec verlobte sich unerwartet um Neujahr 1841 mit Emilie Nöller, einer Tochter des Superintendenten Nöller in dem eine Stunde von Lauenstein entfernten Oldendorf. Mein Vater, der das Unberechenbare in der Natur seines Bruders kannte, wußte, als er die Nachricht erhielt, nicht recht, ob er sich unbedingt darüber freuen dürfe. Der Brief, den er ihm am nächsten Tage schrieb, läßt diese Stimmung durchblicken: »Mein lieber Kleiner! Obschon an deine Heimlichkeiten gewöhnt und in einer Angelegenheit wie die fragliche völlig damit einverstanden, kann ich mich doch von einem gewissen freudigen Erstaunen noch jetzt, 24 Stunden nach Empfang Deines Briefes, nicht erholen. – In Beziehung auf uns Alle und mich insbesondere habe ich eine ähnliche Empfindung, als wie mir mein Kind geboren wurde. Ein neues mir völlig unbekanntes Element tritt plötzlich in das innerste Heiligthum unseres Familienkreises, ja, so lange die Mutter lebt, unseres Hauses. Wir können noch nicht übersehen, welche Gesinnungen und Richtungen es uns zubringt, aber indem wir es in Liebe uns aneignen und es brüderlich willkommen heißen hoffen wir, daß es die vorhandenen Elemente nicht zersprengen, sondern sich harmonisch mit ihnen verbinden soll und in dieser glücklichen Hoffnung fühlen wir schon jetzt uns reicher, obgleich die Entwickelung dieser Verhältnisse unsern Augen noch verborgen ist. – In Beziehung auf dich danke ich schon jetzt aus tiefster Seele der göttlichen

Fügung, die dich von innen heraus nach eigener Wahl eine Gefährtin deines Lebens finden ließ. Ich betrachte deine Seele von nun an unter Gottes Gnade als gerettet. Einem edlen, dir treu ergebenen weiblichen Gemüth werden sich ihre tiefsten Tiefen erschließen, dir wird wieder mild und warm werden. Dem sittlichen Ernst der Ehe und der Macht der Wirklichkeit wird der Leichtsinn in der Auffassung des Lebens und alles selbstgeschaffene Leiden sich beugen müssen. Die Noth, die jedem Menschen gut ist, wird dich zwingen, fleißig und ordentlich zu sein und die stets wachsende Liebe zu Weib und Kind wird dir beides erleichtern. Die Nothwendigkeit, einen Theil deiner Freiheit deiner Frau und ihrer Familie aufzuopfern, wird den Eigenwillen und die Herrschsucht auf das rechte Maß zurückführen. Du wirst erfahren, daß, wenn du glücklich leben und deine Plage nicht doppelt ärger machen willst, du dich vom innersten Kern aus umkehren, bessern und heiligen mußt. Dann wirst du aber auch, wenn du, wie ich dir zutraue, eine gute Wahl getroffen hast, den reichen Segen erfahren, der dem treuen, fleißigen, liebevollen, guten Haushalter von Rechts wegen zufällt. Diesen Segen zu dem ernsten und wichtigen Schritte, den du gethan hast, will ich als dein treuer Bruder und zugleich, da der liebe Vater nicht mehr lebt, der meinen Bund einst gesegnet hat, in seinem Namen ›als dein älterer Bruder‹ dir zurufen. Küß' deine Braut in meinem Namen und vergiß bei dem mächtigen Reiz der Neuheit nicht deines alten und treuen A. Rudorff.«

Oft genug hatte mein Vater den lebhaften Wunsch gehabt, seine Mutter möchte sich zu einer Reise nach Berlin entschließen, die Häuslichkeit ihres ältesten Sohnes kennenlernen und die ihr neuen bedeutenden Eindrücke der preußischen Hauptstadt zu ihrer geistigen Erfrischung in sich aufnehmen. Jetzt schien der Augenblick dafür gegeben zu sein. Der junge Bräutigam war ausschließlich mit sich selbst beschäftigt, Valdec plante für den Einzug seiner zukünftigen Gattin allerlei Neuerungen im Hause, die, wie man annahm, besser in Abwesenheit der Mutter in Angriff genommen wurde, und so ging das große Ereignis nach mancher Überlegung im April vor sich. Valdec brachte sie seinerseits mit seinem Wagen ein gutes Stück auf den Weg, und mein Vater reiste ihr bis Halberstadt entgegen, um sie dort zu empfangen und mit sich nach Berlin zu nehmen.

Drei Wochen verweilte die Mutter bei meinen Eltern, und sie brachten allen Beteiligten nichts als die ungetrübteste Freude. Wie viele Jahre stillster ländlicher Abgeschiedenheit waren dahingegangen, ehe die nunmehr 63-jährige mit ihrer ungemeinen Empfänglichkeit für geistiges Erleben jetzt endlich für eine kurze Spanne Zeit mitten in den Strom der Welt versetzt wurde. In Lauenstein hatten sie ebensosehr die hypochondrische Abgeschlossenheit des Vaters wie das eigenwillige Wesen Valdecs daran gewöhnt, während vieler Monate im Jahr schweigend dahinleben zu müssen. Wenn dann in den Sommerferien meine Eltern kamen, denen sie einmal ihr volles Herz ausschütten durfte, so war das Maß der aufgespeicherten Gedanken und Gefühle so übervoll, daß sie nicht wußte, wo anfangen und aufhören mit ihren Berichten und Bekenntnissen. Nun jedoch in Berlin schien sie wie verwandelt. Alles Verlangen, vom eigensten Inneren auszuschütten, war verstummt, nichts wollte sie, als sehen und hören, aufnehmen und aufsaugen, was ihren bedürftigen Organen durch die neue, reiche Umgebung plötzlich in Fülle geboten wurde. Alle Freunde und Bekannte meiner Eltern, unter ihnen namentlich Savigny, waren angezogen und bald ganz gewonnen von dem Eindruck ihrer feinen, eigentümlichen Persönlichkeit. Sie selbst aber sagte, als es an das Abschiednehmen ging: »Kinder, ich d a r f nicht länger bei Euch bleiben! Wenn ich es noch weiter so triebe, so fände ich niemals wieder fort.« Als sie dann heimgekehrt war, schrieb mein Vater seinem Bruder einen Brief, aus dessen sehr ernstem Inhalt ich das Wesentlichste hier folgen lasse.

»Berlin, d. 4. Mai 1841.

Erst jetzt, mein bester Valdec, finde ich ein ruhiges Abendstündchen, in dem ich dir ein paar Worte schreiben kann. Wie herzlich habe ich mich gefreut, unsere theure alte Mutter unter meinem Dache empfangen und ihr ein kleines Theilchen der Schuld abtragen zu können, die ich nicht bloß durch das, was sie für mich gethan, sondern auch durch die Kränkungen, die ich ihr früher oft durch meine Launen zugefügt, ihr schuldig geworden bin. Damals hörte ich oft deine und des Vaters Warnungen nicht. Wie glücklich bin ich, daß ich noch habe wieder gut machen können, was ich in der Jugend versehen hatte. Zwei Umstände haben diese ernsten Betrachtungen in mir lebendig gemacht. Der eine ist die Liebenswürdigkeit der guten Mutter, die sich hier in den edelsten geselligen Umgebungen in ihrem vollen Licht gezeigt hat. Vierzig Jahre hat sie in ihrer Einsamkeit gesessen. Sie hat den Ansprüchen ihrer Geburt und Erziehung willig entsagt, sie hat nur für ihren Mann und ihre Kinder gelebt, ja sie hat sie, wider die Natur und den Beruf des Weibes mit ihrem Vermögen ernährt und erhalten. Und nachdem sie nun im einundvierzigsten Jahre in die Kreise wieder eintritt, denen sie durch ihre Stellung in der Gesellschaft von jeher angehört hätte, da ist die Zwischenzeit mit allen Gewöhnungen ihrer Einsamkeit, den langen Erzählungen zum Beispiel, wie weggewischt, und sie bewegt sich mit einer Liebenswürdigkeit und Leichtigkeit, die nur durch ein edles Gemüth und die gute Erziehung ihrer Jugend so lange erhalten werden konnten und ihr hier alle Herzen gewonnen haben. Der andere Umstand ist ihr Gesundheitszustand, der mir ernste Besorgnisse einflößt. ... Mit den Störungen in ihrem Organismus hängt auch ihre geistige Verstimmung zusammen. ... Sie wollte in Folge einer von dir erlittenen heftigen und willkürlichen Behandlung sich in die Einsamkeit zurückziehen u. dgl. m. Ich habe ihr nicht nur das Abentheuerliche sondern auch das Lieblose dieses Gedankens vorgestellt und ihr um so mehr Milde, Natürlichkeit und Versöhnlichkeit an das Herz gelegt, als sie selbst anerkannt, schon seit 14 Tagen wieder besser von dir behandelt zu sein, nachdem dir Fl. zugeredet hätte. Nun muß ich aber mein Mittleramt auch bei dir versuchen, mein bester Valdec. Wegen der Gesundheit der lieben Mutter sprich vor Allem mit dem Doktor einmal allein. Vielleicht ist es nur ein aufgeregter Zustand der Nerven, für den eine beruhigende liebevolle Behandlung der beste Arzt ist. Wegen dieser Behandlung will ich dir nicht mit Ermahnungen unbequem werden, sondern nur die Worte dir zurufen, die unser theurer seliger Vater am 5[ten] December 1824 mir über mein Betragen gegen sie geschrieben hat: ›Ich kenne nichts Erbärmlicheres‹ heißt es da, ›als einen Menschen, den seine Launen beherrschen. Sei du also, mein lieber Adolf, dagegen künftig auf deiner Huth. – Ich spreche aus Erfahrung, ich habe sie selbst an mir gemacht. Meine Eltern kränkte auch ich oft dadurch – was hätte ich wohl nicht darum gegeben, alles wieder gut zu machen – aber es war zu spät; denn als ich es einsehen lernte und die Fehler bereute, waren meine Eltern todt. – Deiner guten liebevollen Mutter hast du oft schon dadurch wehe gethan, was dich gewiß jetzt reut, und da es noch Zeit ist, wieder gut zu machen, so thue das! Erinnere dich nur, wie wenig es braucht, ihr Freude zu machen! Ein Strauß vom Brocken, den mit Freundlichkeit und Liebe der Sohn ihr schenkt, ist ihr mehr wie mancher Mutter das kostbarste Geschenk! Und wenn du es recht bedenkst, was für eine Mutter du hast, wie hoch sie in so mancher und vieler Beziehung über Anderen ihres Geschlechts steht, wie viele edle Tugenden sie besitzt, wie glücklich ich durch sie bin, daß nur durch ihr Vermögen du geworden, was du bist – denn ohne der Mutter Geld hättest du nicht studieren können – und daß in deinem väterlichen

Hause wahre Zufriedenheit und Glück wohnt, was nur von außen her gestört und in manchen Häusern vergeblich gesucht wird, so mußt du von Ehrerbietung gegen sie ergriffen werden.‹ Die Anwendung dieser mir zugeschriebenen Worte auf deine Lage ist leicht. Dein tägliches Zusammenleben, die zunehmende Reizbarkeit der Mutter, deine frühere Verstimmung über die vermeinte Leere und Zwecklosigkeit deines Lebens machte bisher deine Versuchung größer und deine Verantwortlichkeit geringer als die meinige. Auch die zu große Bequemlichkeit und egoistische Ungebundenheit deines äußeren Lebens widerte dich an und wurde dir schwer zu tragen. Denn die äußeren Güter, so gering sie sein mögen, sind sittlich betrachtet leichter ein Feld des Ärgernisses als die äußere Noth, und du entbehrtest durch sie den Sporn und die Erfrischung, die die Übung der eigenen Kraft uns als Lohn gewährt. ... Indem du die innerlich unbefriedigte Stimmung, welche die selbstsüchtige Aneignung des mühelosen Besitzes und die Vernachlässigung der heilsamen Mühe deines Berufes über dein Wesen ausbreiten mußte, an der Mutter ausließest, beugtest du sie unter dieselbe Willkür, wie der Vater, ohne dieselbe durch die Liebe und zarte Verehrung aufzuwägen, mit welcher der Vater ihr nicht blos in seinem Herzen, sondern auch in seinem Betragen, bei geringerer Bildung, wie du sie genossen, doch stets vergolten hat. Jetzt, da durch Emilie dein Herz erwärmt ist, wirst du von selbst die glückliche Verschiedenheit deiner Lage von der der armen alternden Witwe und Erbtochter erwägen. Und so mögen diese, bei Gott aus brüderlichem Herzen kommenden Worte dazu dienen, der guten Mutter ihren Übergang in das Alter und den Altentheil überstehen zu helfen, den sie nur dann ertragen wird, wenn er ihr durch die liebevollste Behandlung erleichtert wird.«

So berechtigt diese Mahnungen waren, so vergeblich waren sie doch ausgesprochen worden. Bei ihrer Heimkehr fand die Mutter ihre Knabenburg in einem Zustand wirrer Unbehaglichkeit, der sie entsetzte. Auf dem Hofe lag allerlei Baugerät wüst umher, im Hause arbeiteten die Handwerker. Die gehobene Stimmung, in die sie die Berliner Tage versetzt hatten, schlug in kummervolle Bedrücktheit um. Als dann meine Eltern im August nach Lauenstein kamen, hatte sich manches äußerlich und innerlich zurechtgeschoben, so daß am 30. September, noch während ihrer Anwesenheit, Valdecs Hochzeit in Oldendorf als ein heiteres Familienfest gefeiert werden konnte. Emilie Nöller besaß, ohne eigentlich schön zu sein, in ihrer Erscheinung doch den Reiz frischer, gesunder Jugendlichkeit. Im bräutlichen Schmuck bezauberte sie mit ihren blühenden Farben, ihrem prachtvollen kastanienbraunen Haar, sämtliche Anwesende.

Guter Wille war jetzt gewiß hüben wie drüben vorhanden, das nun folgende Zusammenleben des jungen Paares mit der Mutter für alle Teile zufriedenstellend zu gestalten, und während der nächsten Monate schien in der Tat der Erfolg nicht auszubleiben. Die Mutter hatte sich entschlossen, die Wirtschaftsführung, die vier Jahrzehnte hindurch den Inhalt ihres Lebens ausgemacht hatte, an die junge kräftige Schwiegertochter abzugeben, und auch die hübschen Räume im Erdgeschoß, die sie während dieser ganzen Zeit bewohnt hatte, überließ sie den jungen Leuten, um sich selbst auf ein winziges, im oberen Stock nach dem Garten hin belegenes Stübchen mit Kammer zurückzuziehen. Sie sah ein, daß es nach dem Lauf der Dinge das Natürliche war, diesen Schritt zu tun, und bekämpfte alles innere Widerstreben. Doch die Länge trägt die Last, und nur, wo wahre Liebe, wahres gegenseitiges Verstehen walten, lassen sich dergleichen Opfer dauernd willig bringen. Der jungen Frau fehlte es zwar keineswegs an natürlicher Gutherzigkeit und Liebenswürdigkeit, wohl aber ganz und gar an der Fähigkeit, eine Persönlichkeit wie die ihrer Schwiegermutter zu begreifen, die ihr durch Anlage wie durch Bildung allzuweit überlegen war. Statt von der so viel Älteren und Erfahreneren lernen zu wollen, erschien diese ihr eher wunderlich und unbequem mit all ihren feinen Empfindungen, ihrem Reichtum an Interessen und Kenntnissen auf Gebieten, die ihr selbst völlig gleichgültig waren. Dieser tiefe Gegensatz aber trat schon in den einfachsten Dingen des täglichen Lebens zutage. Emilie war durch ihr Elternhaus trotz aller geistlichen Würde desselben an eine derbe, fast bäuerische Kost gewöhnt. Die Schwiegermutter verstand nicht allein, alle Speisen mit der äußersten Sorgfalt herzurichten, sie nahm auch mit Recht in ihrem Inneren Anstoß daran, wenn in der Küche eine gewisse Rohheit sich einbürgerte. Dazu kam, daß sie körperlich zu empfindlich war, um alles, was jetzt auf den Tisch kam, vertragen zu können. Wenn sie dann nur mit Widerstreben von diesem oder jenem Gericht aß, so fiel es der neuen Hauswirtin nicht etwa ein, auf dergleichen Rücksicht zu nehmen, sondern sie sah in dem Benehmen der Mutter lediglich nur eine Absonderlichkeit, die sie vielleicht innerlich eher belächelte. Die Neigung zum Lachen lag ihr überhaupt auffallend stark im Blute. Sie war aber noch sehr jung.

Als meine Eltern im Sommer 1842 aufs neue in Lauenstein eintrafen, fanden sie die Mutter auffallend verändert. Sie hatte die Last nagenden Kummers über die völlige Umgestaltung der häuslichen Verhältnisse allzulange schweigend mit sich herumgetragen. Tiefe Schwermut bedrückte sie, und bald konnte kein Zweifel mehr darüber sein, daß es sich nunmehr um einen geradezu krankhaften Gemütszustand handelte. Da sich zugleich auch körperliche Beschwerden eingestellt hatten, so blieb nichts übrig, als für die Leidende ein Asyl zu suchen, wo ihr eine auf Erfahrung begründete, zuverlässige Pflege zuteil werden konnte. Der derzeitig in Lauenstein fungierende Geistliche, Pastor Küchenthal, ein braver, herzlich teilnehmender Mann, gab den Rat, sich an zwei unverheiratete Damen namens Bosce zu wenden, die in Misburg, nicht weit von Hannover, lebten und mehrfach Gemütskranke bei sich aufgenommen hatten. Man hörte nur das Beste über den Charakter und die Intelligenz dieser beiden Schwestern, und ehe meinen Vater die Amtspflichten nach Berlin zurückriefen, brachte er in Gemeinschaft mit seinem Bruder die Mutter nach Misburg. Wochen und Monate hatten keine Besserung gebracht, als sich herausstellte, daß ein örtliches Leiden einen operativen Eingriff nötig machte. Die Kranke mußte deshalb nach dem Krankenhause in Linden bei Hannover überführt werden, wo der Arzt die Sache für an sich geringfügig erklärte. Doch der Organismus war nicht mehr widerstandsfähig genug, um die Operation überstehen zu können, und wenige Tage nach derselben, am 21. Januar 1843, verschied sie, ohne daß ein einziger von denen, die ihr im Leben die Nächsten waren, in den letzten Augenblicken an ihrem Lager gestanden hatte. Valdec war ein paar Tage vor ihrem Tode noch einmal nach Hannover gereist, um sie aufzusuchen. Aber im Dezember war ihm ein Sohn geboren, und so hinderte ihn, von allen Berufsgeschäften abgesehen, auch die Sorge um seine Frau, längere Zeit in der Nähe der Mutter zu bleiben. Mein Vater erhielt seit dem Abschied in Misburg nicht einmal die ersehnten häufigeren Nachrichten über das Ergehen der Kranken. Einen nochmaligen Besuch seinerseits hatten die Damen in Misburg abgewehrt. Sie fürchteten die verschlimmernde Wirkung einer solchen Aufregung. Wie schwierig es außerdem bei der Fessel, die ihm seine Berliner Berufspflichten auferlegten, namentlich unter den damaligen Verkehrsverhältnissen, gewesen wäre, einen solchen Besuch auszuführen, das liegt auf der Hand. Valdec zögerte unbegreiflicherweise mehrere Tage, ehe er dem Bruder die Todesnachricht mitteilte. Als sie dann endlich eintraf, und als ihm nun berichtet wurde, wie sehr die Mutter sich gesehnt hatte, gerade ihn noch einmal wiederzusehen, war er untröstlich. Wenn ihn schon der Tod des Vaters tief erschüttert hatte, mit der Mutter verband ihn doch eine Gemeinsamkeit der innersten Seelengeheimnisse, die über die verehrende Empfindung, die er seinem Vater entgegenbrachte, doch noch weit hinausreichte. Und der Schmerz darüber, daß diese edle, hochgerichtete, reichbegabte Natur nach einem Leben voller Entsagungen ein solches Ende finden mußte, verließ ihn niemals wieder. Unvergeßlich ist es mir, wie er an den Tagen, die das Gedächtnis ihrer Geburt oder ihres Todes erneuerten, des Abends früher als sonst nach unserer gemeinschaftlichen Mahlzeit aufzubrechen pflegte, um in sein Arbeitszimmer zu gehen. Wenn ich ihm dann später dort gute Nacht sagen wollte, so fand ich ihn an seinem Schreibtisch, umgeben von alten Briefen, in denen er still für sich gelesen hatte. Die Briefe seiner Eltern bewahrte er hier an besonderer Stelle. In wie frühen Jahren mein Vater hatte lernen müssen, auf eigenen Füßen zu stehen und sich seinen Lebensunterhalt selbst zu erwerben, ist berichtet worden. Seitdem es ihm dann gelungen war, in Berlin einigermaßen auskömmlich Geld zu verdienen, verzichtete er nicht nur auf jeden Zuschuß von den Eltern, sondern sorgte auch für den Unterhalt seines Bruders, während dieser in Berlin studierte. Nur den Ferienaufenthalt in der Heimat genoß er unverheiratet wie auch später verheiratet als willkommenster Gast. Es lag nahe, daß nunmehr, nach dem Tode beider Eltern, die Erbschaftsverhältnisse unter den Brüdern endgültig geregelt werden mochten. Ihre Ansprüche an die Knabenburg waren nicht nur die gleichen, sondern, da diese ein bäuerliches Meiergut war, so gebührte meinem Vater ein Mehreres als die Hälfte der Einkünfte. Als der ältere durfte er nach Meierrecht beanspruchen, den Besitz des Ganzen seinerseits anzutreten, während er den jüngeren Bruder mit einer Summe abzufinden hatte, die wesentlich unter der Hälfte des Wertes blieb. Mein Vater aber sah voraus, daß Valdec, wie er nun einmal war, nicht imstande sein würde, sich einzuschränken oder durch vermehrte Anstrengung seine Einnahmen zu verbessern. Er ließ also die Dinge weitergehen, wie sie bisher gegangen waren, verzichtete – wenn auch nicht rechtlich, so doch tatsächlich – auf jeden Anteil an den Knabenburger Einkünften und begnügte sich damit, in den Herbstferien nach wie vor mit seiner Familie kostenlos im alten Vaterhause leben zu können.[LXXII] Wunderbar genug war es, daß diese herbstliche Gemeinschaft stets aufs neue von allen Teilen als schönste Lebensfreude empfunden wurde. Es konnte in gewissem Sinne kaum verschiedener geartete Brüder geben als meinen Vater und meinen Onkel Valdec, bei dem

LXXII Erst nach Valdecs Tode erreichte dieser Zustand sein Ende. Der Besitz der Knabenburg ging an meinen Vater über, der den beiden hinterlassenen Söhnen seines Bruders die Hälfte des von Sachverständigen festgestellten Wertes auszahlte.

einen in allen Dingen Ordnung und Gewissenhaftigkeit, bei dem anderen überall Laune und Willkür. Und doch gehörten die beiden einander mit einer Innigkeit der Liebe an, die auch bei den ernstesten Zwischenfällen die Probe der Unzerstörbarkeit bestand. Das stärkste Band bildete natürlich die beiden gleich teure Erinnerung an die gemeinsam verlebte Jugendzeit im Elternhause. Es fehlte aber auch davon abgesehen nicht an Zügen der innersten Natur, die die gemeinsame Wurzel erkennen ließen. Beiden waren Treue und echte Herzensgüte eigen. Eigenschaften, die namentlich auch in ihrem Verhalten den Geringeren und Ärmeren gegenüber zutage traten. Mein Vater ließ sich von seinem alten Moritz, den er als Student in Berlin zufällig als Landsmann kennengelernt und als Stiefelputzer angenommen hatte, sein Leben lang abscheulich drückendes Schuhwerk machen. Sein Schneider aber, der als ein Unverbesserlicher stets für schlecht sitzende Röcke sorgte, war und blieb der Mann eines Dienstmädchens, das sich in den ersten Jahren der Ehe meiner Eltern deren Zufriedenheit erworben hatte. Valdec wiederum pflegte, wenn er sein eigenes Land verpachtete, den Leuten auf dem Termin zuzurufen, sie möchten nur nicht so hoch bieten, sie könnten ja sonst nicht dabei herauskommen. Seinen jungen, aus dürftigen Verhältnissen stammenden Schreiber Fritz Sievers[56] nahm er zu sich ins Haus und sorgte für ihn, als er seine Redlichkeit und Tüchtigkeit erkannt hatte, wie für einen eigenen Sohn. Der Unterschied jedoch bei allen tatsächlichen Erweisungen der Fürsorge war immer wieder der, daß der Ältere, der streng über Ordnung in seinen Finanzen wachte, sich Rechenschaft über das gab, was er tun konnte und durfte, während der Jüngere infolge seines planlosen Wirtschaftens sich stets in Geldverlegenheiten befand. Mein Vater war jederzeit bereit, soweit er es irgend vermochte, nicht nur dem Bruder und anderen Verwandten, sondern auch sonst Bedürftigen sich hilfreich zu erweisen, aber er hatte die Eigenheit, daß es ihn einen gewissen Entschluß kostete, eine runde Summe anzubrechen. Diese kleine Pedanterie belustigte den leichtfüßigen Valdec höchlich. »Man muß nur den richtigen Zeitpunkt abpassen«, pflegte er zu höhnen, »wenn der Alte erst die Hundertthalerrolle angebrochen hat, so ist Alles von ihm zu holen.«

Ein Gebiet, auf dem sich die Brüder immer wieder zusammenfanden, war das des historischen Interesses, das bei meinem Vater umfassenderer Art war, während es bei Valdec fast ausschließlich in der tiefen Liebe für seine niedersächsische Heimat wurzelte. Den Spuren der Vergangenheit ging er hier im engeren und auch weiteren Umkreis emsig nach. Alles, was sich an geschichtlicher oder sagenhafter Überlieferung, an Sitten, an Rechtsverhältnissen erhalten hatte, oder als früher vorhanden erweisen ließ, interessierte ihn. Meinem Vater mitzuteilen, was er aufgefunden hatte, welche Vermutungen und Folgerungen er daran knüpfte, war ihm ein lebhaftes Bedürfnis. Das Zusammensein im Sommer gab zum Austausch reichliche Gelegenheit, aber auch in den Briefen, die er aus Lauenstein an den Bruder richtete, findet sich dieses und jenes, was hier hergehört. Ein paar – nicht juristische – Stellen mögen darin, wie überhaupt von der Innigkeit seines Heimatgefühls, Zeugnis geben.

»D. 10ten März 1837. – Weil ich jetzt viel reite, so werde ich in diesem Frühjahre einige Excursionen machen, wenn die Feldarbeit es erlaubt. Namentlich will ich nach Bodenwerder und in die Wesergegend und Wilhelm Sievers mitnehmen, welcher die Alterthümer zeichnen soll. Ich bin nämlich Mitglied des historischen Vereins für Niedersachsen, und trage dazu auch mein Scherflein bei. Neulich habe ich eine interessante Urkunde der Gebrüder v. Saldern von 1566 bekommen, welche 350 Joachimsthaler bei dem Rathe zu Minden belegen, ›damit dahin die Lehre des Katechism dem jungen Volke, Gesinde und Allen, welche Gottes Wort zu hören beliebet, wie noch gesundem Verstande der heiligen göttlichen Schrift und Augspurgischen Konfession mit allem Vleis und ernstlichem Eyfer gepredigt und vorgehalten werde, zu dero Behuf wir auch alle des Ehrwürdigen Herrn Martini Lutheri gottselige Bücher in die Kirchen zum Lauensteine gegeben haben.‹ Ich sammle diese Urkunden des Mittelalters für meine Beschreibungen des Amtes Lauenstein, welche ich nicht aufgegeben habe zu schreiben.

D. 25ten Novbr. 1837 – Nur der Regen draußen unterbricht bisweilen die Stille der Nacht. Ich habe lange das Bild des alten Nobilis Domini de Homburg betrachtet, welches du mir abgezeichnet hast, und kann es nicht genug ansehen. Es ist gewiß das einzige Bild, welches sich davon erhalten hat. Oft wenn ich es betrachte, möchte ich den Deckel abheben und in den Sarkophag hineinsehen können. Es gehen dabei so manche Bilder vor meiner Seele vorüber, daß mir ganz eigen dabei zu Muthe wird. Ein Gefühl, welches bei dem Anschauen von Überresten aus der Vorzeit sich meistens bei mir aufdrängt.

In dieser Zeit hat mich die ältere Gerichtsverfassung unseres Amtes so lebhaft beschäftigt, daß ich oft davon geträumt habe. Die Sache interessiert mich sehr, so daß ich mich auf die Untersuchung, die mich diesen Winter zum Theil mit beschäftigen wird, sehr freue.

Donnerstag Morgen am 16ten Mai 1844. – Es ist heute ein schöner Tag. Die Sonne beleuchtet die mit frischem jungen Grün ringsum bekleideten Berge und kein Wölkchen steht am Horizont. Aber es ist auch recht frisch, denn es hat heute Morgen Eis gefroren. Der Tisch in der Gartenlaube ist ganz blank davon, und das Brett auf dem Ackerwagen weiß von Reif, den die Sonne noch nicht abgeleckt hat, denn es ist fünf Uhr morgens. Soeben komme ich vom Kräherberge, und der alte Lauenstein liegt in seinem schönsten Glanze vor mir. ... Mit dem grünen Walde dahinter geht es mir fast wie dem Schloßvogte mit seiner Geschichte. Ich habe ihn nun schon tausendmal gesehen, und sehe mich nicht satt daran.

D. 11[TEN] MAI 1845. – Es ist heute der zweite Pfingstmorgen. Es ist noch früh – vier Uhr morgens – und sehr nebelicht, verspricht aber ein schöner Tag zu werden. ... Pfingsten ist übrigens d. J. in der Zeit so früh und bei dem an sich kalten Wetter in der Vegetation so zurück, daß nicht einmal die Pfingstbäume[LXXIII] ordentlich grün geworden sind. Vor unserem Hause stehen daher dieses Mal Buchen, die es recht freundlich machen. Aus unserer Jugend, in welcher uns das Grünen der Flittern mehr interessirte als jetzt, erinnere ich mich nur einmal diese nicht gesehen zu haben. ...

Ich habe noch so Mancherlei was ich wohl sagen wollte, und mag es nicht, weil ich nicht weiß, ob ich's schon gesagt habe; ... so zum Beispiel von den Eichenstämmen aus dem Teufelsbruche von sechs Fuß Durchmesser, und an Alter über tausend Jahre. Die Jahresringe lassen sich in den letzteren Jahren (d. h. die letzten vierhundert in welchen sie im Absterben gewesen sind) nur durch ein Vergrößerungsglas zählen; so wenig hat der Baum zugenommen, während sie in der frühesten Jugend ¼ Zoll hatten. Soeben, während ich dieses schreibe, wird mir mein Sattel von einem Lauensteiner Jungen zum Pfingstritte abgeborgt. Der Ursprung dieser Sitte, die offenbar auf ein Volksfest, namentlich einen Umzug der Berittenen deutet, mag wohl in die Zeit der Kindheit dieser Eichen fallen. Das Grün fängt eben an den Berg hinauf zu kriechen. In der oberen Region, die viel kälter ist, stehen grüne Bäume nur noch einzeln, während am Rande bis zur Mitte des Berges fast Alles grün ist.

D. 9[TEN] JUNI 1845 ABENDS 10 UHR – Gestern, Sonntag Morgen, habe ich einen kleinen Spaziergang gemacht, während Emilie nach Oldendorf gefahren war. Ich ging 6 Uhr weg, den Schanzenkopf hinauf bis auf die Höhe des Berges, und von da den Bergrücken entlang nach dem Mönchensteine. Es war etwas nebelicht, aber doch schön und still. Man hörte nichts als die Glocken vom Thale herauf, die zur Kirche riefen. Ich hatte eine Flasche Wein und das Fernrohr bei mir, und sah mir von jedem imposanten Vorsprunge der Felsen die fernliegenden Ortschaften etwas genauer an. Am besten gefiel mir die alte Hämel'sche Burg mit ihren vielen Erkern. Nachdem ich auf dem Mönchensteine ziemlich lange gewesen war und alle Ortschaften durchillustrirt, auch die Kirche von Aplern einige Male angesehen hatte, die wie die Spiegelberger Kapelle gebaut ist, ging ich weiter nach Adam und Eva[LXXIV] am Bessinger Stiege und von da über Coppenbrügge nach der Teufelsküche und dem Garnwindelsteine. Beides hatte ich noch niemals gesehen und außer den vielen Felsblöcken und den alten Linden mit ihren langen Moosbärten in der Teufelsküche ist der Garnwindelstein wirklich eine Naturmerkwürdigkeit. Ein Stein, etwa zwanzig Fuß lang und breit, liegt etwa 6 Fuß von der Erde auf einem anderen Felsen dergestalt im Schwerpunkte, daß man diese Masse mit der Hand schaukeln kann.

---

LXXIII Als Pfingstbäume gelten in Niedersächsischen Gegenden nicht die Birken, sondern die Espen, hier »Flittern« genannt.

LXXIV Zwei Dolomitenfelsen tragen die Namen Adam und Eva.

Etwas Ähnliches giebt es nicht leicht. Ich dachte oft an dich und nahm mir fest vor: Unsere erste Exkursion sollte dieselbe sein.

D. 24TEN Juni 1847 – Ein alter heidnischer Gebrauch hat mich aber aufgeweckt. Der Kuhhirte, welcher am Johannistage – Mitsommer – mit Tagesanbruch auf den Pfingstanger treibt, den seit Pfingsten die Pferde allein beweidet haben. Es ist gerade zwei Uhr Morgens, als ich von dem Gebrülle der Kühe aufwache und meine, unsere Kuh wird milch und wecke das Mädchen. Da fällt mir ein, daß es Johannistag, indem der Kuhhirt bläst. Einschlafen konnte ich doch nicht wieder, ich stieg deshalb zuerst auf den Krähenberg. Die Luft sehr rein und kühl. Die Burg fing an eben weiß zu werden. Frau Sonne war noch nicht auf; eben nur ein rother Schimmer hinter dem Osterwalde auf dem Wege, den sie kommen wollte. Das Thal noch dunkel, in dem man wie auf einem Meere eben das Wogen der grünen Saat – des Roggens – erkennen konnte. In der Luft aber schon Alles munter den heranziehenden Morgen verkündend. Da dachte auch ich, nichts Besseres thun zu können, als sogleich deinen Brief zu beantworten, den ich gestern Abend erhalten habe.

Am zweiten Ostertage 1852 – Es ist heute der zweite Ostermorgen, die Natur, zwar rauh und kalt, macht schon ihr Recht geltend. Gelbe Himmelschlüssel hat sie auf Wiesen und Ängern und im Holze aufschießen lassen, und an den Ufern des Lauenborns blühen die Zeitlosen; im Garten in meiner Einfassung kleine blaue Irisähnliche Blumen in großer Zahl.

Gestern Abend ging ich auf den Krähenberg und zählte doch noch verschiedene Osterfeuer von Ockensen, Wallensen, Salzhemmendorf, Hemmendorf, Ahrenfeld, Eime etc. Lauenstein hatte ihrer drei nach Analogie deutscher Einheit, die vom Rennenberg an der Burg, die von Lauenstein und Damm am Krähenberge; einige andere, namentlich aus Neu-Texas[LXXV] am Knickbrinke. Übrigens ist Ostern still, ebenso wie die Natur still und kalt.«

Von nicht unbedeutendem wissenschaftlichen Wert war die Sammlung von »Weisthümern« aus Niedersachsen, die Valdec im Lauf der Jahre zusammengebracht hatte.[LXXVI] In einem Schreiben meines Vaters, das eine Einladung an ihn enthält, um Ostern 1842 nach Berlin zu kommen, heißt es: »Alles ist schon vorbereitet darauf. Im Keller liegt delikater St. Peray, die Stube, welche die Mutter bewohnte, ist gut im Stande, Grimm, Lachmann, Puchta freuen sich, dich zu sehen; die schönen alten Rechtsverhältnisse, die du so überraschend erläuterst, werden sich im Gespräche mit ihnen noch mehr aufhellen. Unser tägliches Gespräch ist deine Überkunft.« Hierzu ist zu erwähnen, daß vor allem Jacob Grimm den ernstlichsten Anteil an Valdecs Forschungen nahm. Er

LXXV Wohl Anspielung auf junge Leute, die nach dem damals als Auswanderungsgebiet angepriesenen Texas Verlangen trugen.

LXXVI Unter den »Weisthümern« versteht man Sätze eines im Volke überlieferten Gewohnheitsrechts.

schenkte ihm herzliches persönliches Wohlwollen und äußerte, er werde ihn einmal in seiner Heimat aufsuchen und seine »Weisthümer« gründlich mit ihm besprechen. Der große Gelehrte hielt wirklich Wort. Gelegentlich einer größeren Reise unternahm er einen Abstecher nach Lauenstein. Das Unglück aber wollte, daß er das Haus leer fand. Valdec war selbst für wenige Tage auf Reisen gegangen und mußte bei der Rückkehr zu seinem bitteren Schmerz erfahren, was er versäumt hatte.

In einer der oben angeführten Briefstellen (datiert vom 10. März 1837) spricht mein Onkel von »Beschreibungen des Amtes Lauenstein«, welche er »nicht aufgegeben habe zu schreiben«. Eine Reihe von Jahren war seitdem verflossen, als der Ausschuß des historischen Vereins für Niedersachsen für das Jahr 1845 als Preisaufgabe stellte: »eine historisch-topographische Beschreibung irgend eines Amtes oder Gerichtsbezirks und seiner einzelnen Ortschaften im Königreiche Hannover oder im Herzogthum Braunschweig.« Als ihm diese Ankündigung zu Gesicht kam, war er rasch entschlossen, das reichlich vorhandene, von ihm gesammelte Material einer letzten Sichtung zu unterziehen und den alten Plan nunmehr zu Ende zu führen. Er sandte das fertige Manuskript an die Prüfungskommission, erhielt den Preis und sah seine Arbeit bald in der Zeitschrift des Vereins gedruckt vor sich liegen.[57] Nach dem Tode des Verfassers veranlaßte der letztere noch einen Sonderabdruck, der von der Hofbuchdruckerei bei Gebr. Jänecke in Hannover im Jahre 1860 besorgt wurde.[58] Hier findet sich im Eingang die folgende Bemerkung: »Von den am Schlusse des Jahres (1845) eingelieferten 9 Preisarbeiten ist nach dem Gutachten der zur Prüfung derselben eingesetzten Commission die nachfolgende Beschreibung des Amtes Lauenstein, als deren Verfasser der nachträglich geöffnete Zettel den Advokaten Dr. Rudorff zu Lauenstein († 31. August 1857) nannte, am 24. Februar 1846 mit dem ersten Preise, einer goldenen Medaille, gekrönt worden. Die Beschreibung schildert demnach die Verhältnisse des Amtes bis zum Jahre 1845.«[59]

In der Tat darf man die 176 Druckseiten umfassende Schrift ein kleines Meisterwerk nennen. Sie zeichnete sich durch den Reichtum des mit größter Gewissenhaftigkeit gesichteten Materials wie durch klare, übersichtliche Darstellung aus, die frei von jeder Überschwenglichkeit doch einen Ton warmer Anteilnahme am Gegenstande nicht vermissen läßt.

Am 30. Juni des Jahres 1840 starb der König Friedrich Wilhelm III.

Die Persönlichkeit des wortkargen und durch keinerlei blendende Eigenschaften ausgezeichneten Mannes wurzelte trotz der Mißstimmung, die die von ihm gutgeheißenen Demagogenverfolgungen jahrelang in weiten Kreisen hervorgerufen hatten, tief in den Herzen seiner Untertanen. Die Schlichtheit und unbedingte Rechtschaffenheit dieser spröden Natur erweckten immer wieder vertrauende Liebe. Vor allem aber hatten die großen Geschicke des Vaterlandes König und Volk für alle Zeit verbunden. Die gemeinsam getragene Not und Schmach, die der angebeteten Königin Luise das Herz gebrochen hatte, und dann die beispiellose Begeisterung der Freiheitskriege mit ihrem Opfermut, dem Jubel ihrer Siege, dem Glanz ihrer Heldentaten, – das waren Dinge, die sich niemals vergessen ließen. Als nun der alternde Herrscher ernstlich erkrankte und man mit Bangen der Stunde des Abschieds entgegensehen mußte, leuchtete die Flamme dieser Erinnerungen noch einmal hell auf. Man konnte sich nicht genugtun in Beweisen innigster Anhänglichkeit an den geliebten König. In seinem schlichten Palais am Opernplatz, das später verschwinden mußte, um einem anspruchsvolleren Bau zu weichen, wußte man den Kranken auf seinem Schmerzenslager liegen. Meine Mutter erzählte oft, wie hier eine nach Tausenden zählende Menge gedrängt, Kopf an Kopf stehend, vom frühen Morgen bis zum späten Abend den weiten Platz gefüllt habe. Lautlos harrten die Menschen auf irgend jemanden, einen Diener, einen Boten, der etwa aus dem schweigenden Gebäude heraustreten und Kunde geben möchte von dem Zustand drinnen. Da verbreitete sich einmal die Nachricht, der König habe Verlangen nach einer Apfelsine. Wie ein Lauffeuer flog dies Gerücht von einem zum anderen, bis zur Grenze des Gedränges. Bald war im nächsten Kaufladen eine Apfelsine aufgetrieben, und nun wanderte sie zurück von Hand zu Hand durch das Bollwerk der Menschen hindurch bis an die Pforten des Palais und hinauf zum Bett des Kranken.

Wenige Tage später verkündete die Trauerflagge, die vom Dach des königlichen Schlosses herabwehte, daß Friedrich Wilhelm III. seinen Lauf vollendet hatte. Die Trauer bei der Bevölkerung Berlins war eine so aufrichtige, wie sie nur einem Fürsten zuteil werden kann, dessen rein menschliche Persönlichkeit die Herzen gewonnen hat. Auch ohne offizielle Anordnung einer Landestrauer würde sich jedermann gedrängt gefühlt haben, seinen Anteil an dem Geschehenen durch ein äußerliches Zeichen Ausdruck zu geben. Dafür aber, daß bei allem Ernst des Augenblicks doch auch der Humor nicht leer ausgehe, sorgte einmal wieder die Zschocksche Familie. Die Tante Pine wünschte, unter allen Umständen durch etwas Besonderes sich hervorzutun. In einfach schwarzer Toilette aufzutreten, fand sie allzu gewöhnlich. Auch war es Sommerszeit, und da lag das Helle gleichsam in der Luft. Weiße Kleidung erschien daher als Grundton durchaus angemessen, sobald daneben für ein Symbol der Trauer gesorgt war. Sie ließ also für sich und ihre Tochter je ein weißes Kleid anfertigen, dessen Rock mit breiten schwarzen Falbeln garniert war, und erreichte damit, daß kein Mensch den beiden begegnete, der sich nicht nach diesen sehr merkwürdigen Erscheinungen erstaunt umgesehen hätte. Der Berliner Witz aber fand bald heraus, daß die beiden Damen zwei lebendiggewordene Exemplare des Staatsanzeigers seien, der während der Trauerwochen natürlich auch weiß mit schwarzem Rande erscheinen mußte.

Mehr als ein Vierteljahr war dahingegangen, als *Friedrich Wilhelm IV. am 15. Oktober die Huldigung seiner Berliner als ihr neuer König* entgegennahm. Wie hoch die Wogen der Begeisterung an jenem Tage stiegen, davon hat Marie Lichtensteins Tagebuch bereits erzählt. *Eine Anzahl überraschender vielversprechender Entschließungen folgte; zu diesen gehörte die Berufung von verschiedenen, in anderen deutschen Landen berühmt gewordenen Männern nach der preußischen Hauptstadt. Ludwig Tieck, Jacob und Wilhelm Grimm wurden veranlaßt, nach Berlin überzusiedeln. Auch in der Besetzung der Ministerposten gab es Neuerungen, und zwar unter diesen eine, die meinen Vater im höchsten Grade erregte. Savigny wurde zum Justizminister ernannt; er sollte also aufhören, Universitätslehrer zu sein. Mein Vater schrieb seinem Bruder am 12. März 1842: »Ich habe in diesen Tagen eine tiefe schmerzliche Gemüthsbewegung erlitten, die mich einige Tage krank gemacht hat, wie es jede wahre Traurigkeit thut. Am Sonnabend ging ich mit Jacob Grimm in Savigny's letzte Vorlesung. Ich begleitete ihn nach Hause. Am Abend meldete die Staatszeitung seine Erhebung zum Wirklichen Geheimen Staats- und Justizminister. Ein ungeheurer Fakkelzug der Studenten erschien vor seinem Hause und erhellte den ganzen Platz.* Eine Deputation mit allen feierlichen Attributen des Burschenthums, Hieben[60], Bändern, Schärpen[61], Kanonen[62], Marschällen und Chargierten erschien, um von ihm Abschied zu nehmen, und ihn zu beglückwünschen. Die Volksmenge hinderte ihn zu danken. Die einliegenden Zeilen[63] habe ich drucken und vertheilen lassen. Auch Du gehörst ja zu seinen Schülern, auch dir gebührt also ein Exemplar davon. *Die äußeren Emolumente sind groß und glänzend und der Schritt vom Katheder unmittelbar an die Stufen des Throns ist grandios und ehrenvoll. Aber welch' ein Jammer, daß sein Buch unvollendet bleibt, und welch ein Verlust für uns! Er war der König aller Juristen, seine Erhebung zum Minister ist eine Degradation.* Auch meine Osterferien gehen darauf, ich muß ein Programm schreiben und als Dekan überreichen. ... *Am schmerzlichsten ist mir aber die Auflösung des Verhältnisses bei der Universität. Ich kann nicht sagen, wie mich dies niederdrückt. Zwei Jahrzehnte beinahe haben wir im engsten Vertrauen gelebt, er hat mich groß gezogen, ich möchte sagen, meine ganze Existenz danke ich dieser edlen Seele. Er nahm ehegestern feierlich von uns Abschied. Er wird mir immer ein väterlicher Freund bleiben, auch unser wissenschaftlicher Verkehr wird nicht erlöschen, aber dieses enge Band ist aufgelöst, wie alles Irdische, auch das Edelste, vergeht. Wahrlich, diese Vergänglichkeit ist mir recht klar geworden.* An demselben Tage schrieb mir der alte Hugo über Infortiatum und tres partes[64]. Sein und Savigny's Ende, welch ein Unterschied! Savigny schloß vor 400 Zuhörern und wie schön!«

*So schwer der Kummer über Savignys Scheiden aus dem Lehramt auf dem Gemüt meines Vaters lastete, es mußte doch nun daran gedacht werden, wer sein Nachfolger werden sollte, und niemanden konnte die Lösung dieser Frage näher berühren, als gerade ihn, dem dieser Nachfolger nächster Kollege werden sollte. Für eine Persönlichkeit von der Genialität, der beherrschenden Bedeutung, wie es die Savigny's war, einen durchaus ebenbürtigen Ersatz zu finden, war unmöglich. Doch wurde es meinem Vater von vornherein unzweifelhaft, daß Puchta, der begeisterte Anhänger Savignys, der schon früh durch seine gelehrten Arbeiten einen bedeutenden Namen erworben hatte und jetzt als Dozent des Römischen Rechts an der Leipziger Hochschule wirkte, jeden anderen etwa möglichen Konkurrenten weitaus überragte. Georg Friedrich Puchta war am 31. August 1798 in Cadolzburg bei Ansbach geboren; er war also um fünf Jahre älter als mein Vater. Diese Tatsache bestimmte naturgemäß anfänglich die Färbung des Verhältnisses, das sich zwischen beiden Männern entwickelte. Es gab eine Zeit, wo eine gewisse unbeugsame Selbstgewißheit in Puchtas Auftreten den jüngeren Mann zu innerem Widerspruch gereizt hatte. In einem Brief vom 17. November 1829, den der damals Sechsundzwanzigjährige an seinen Freund Böcking richtete, sagte er von einer Abhandlung Puchtas, daß sie zwar »geistreich und gewandt in den Ausdrücken« sei, aber doch unglaubliche »Monstrositäten« enthalte. »Irren ist zwar menschlich«, fährt er fort, »... aber man muß nicht so verdammt vornehm und eingebildet sein, wie der große Puchta.« Acht Jahre später, im Winter 1837 auf 38, sahen sich beide Männer zum ersten Male von Angesicht zu Angesicht. Der starke persönliche Eindruck, den mein Vater bei dieser Gelegenheit von seinem ausgezeichneten Fachgenossen empfangen hatte, spiegelt sich in dem hier folgenden, an Puchta gerichteten Briefe wieder:*

*»Berlin d. 20$^{ten}$ Nov. 1838.*

*Verehrter Herr Hofrath!*

*Den nächsten Anstoß zu Gegenwärtigem hat zwar eine Mittheilung Savigny's über die bellissimae inventiones gegeben, welche Sie auf cisalpinisch-gallischem Gebiete gemacht haben. Ich sollte und wollte Sie nämlich fragen, ob Sie nicht geneigt sind, uns dieselben für das nächste Heft der Zeitschrift anzuvertrauen, deren Redaktion durch Klenze's Tod in meine schwachen Hände übergegangen ist.*[65] *Allein ich mache, indem ich zum ersten Male an Sie schreibe, zu gleicher Zeit einem längst gehegten Vorsatz, ja einem rechten Herzensbedürfniß Luft. Lassen Sie mich Ihnen offen zunächst den Eindruck gestehen, welchen – Ihre – persönliche Erscheinung im vorigen Winter mir hinterlassen hat. Wie bald hat Ihre Milde und Anmuth diese Züge von Schärfe und Reizbarkeit verwischt, welche ich mir unvermerkt in Ihr Bild hineingetragen, und vor welchem ein Naturell, wie das meinige besonders früher war, enthusiastisch, unselbständig, nicht immer allzu besonnen, sich allerdings etwas zu fürchten hatte. Dann folgte im Frühjahr dieses Jahrs das Studium des zierlichen zweiten Theils Ihres Buches*[66] *und zuletzt in den Herbstferien jenes köstliche Brandopfer des Bocks Christiansen*[67]*, dessen erste frische Wirkung Ihnen schon damals einen Herzenserguß, wie gegenwärtigen zugezogen hätte, wenn es mir nicht zu interessant gewesen wäre, erst die Wirkung abzuwarten, welche es auf gewisse hiesige Verehrer jenes jungen Deutschen machen würde, und die denn freilich ganz erwünscht ausgefallen ist. Es ist aber nicht blos die Grazie und Feinheit der Form, die mich in der letzteren Arbeit so unwiderstehlich angezogen hat, es ist auch die Milde und Freundlichkeit, mit welcher Sie am Schluß um jenes störrische Wesen und außerdem, wie ich durch Savigny weiß, um ein anderes, fabelhaftes, sich Mühe geben. Und wenn ich durch Vorstehendes mich Ihnen zu nähern wage, so geschieht es nicht ohne den Wunsch, jene Eigenschaften des Geistes und Gemüthes auch meinen Bestrebungen ihre erfreulichen Einwirkungen zuwenden zu sehen. Das Thorische Ackergesetz*[68] *könnte dazu sogleich eine erwünschte Veranlassung geben. Ihnen verdanke ich es, daß ich die Herbstferien, ohne durch die von Savigny mir zugedachte Anzeige*

*Christiansens für die hiesigen Jahrbücher abgezogen zu werden, ungetheilt der interessanten Arbeit habe zuwenden können. Möchten Sie mir erlauben, Ihnen die Resultate, oder noch viel lieber das Manuskript in Leipzig oder Berlin vorzulegen, ehe es gedruckt wird, und dürfte ich, ehe letzteres geschehen kann, über zweifelhafte Punkte Ihren Rath und Belehrung erbitten? Im Bejahungsfalle würden Sie freilich unglaublich mehr geben als empfangen, aber diese Correspondenz hätte doch das Gute einen neuen liber Puchtae epistolarum hervorgerufen zu haben und mit ähnlichem Trost scheint sich schon Javolevus haben begnügen zu müssen.*

*Mit aufrichtiger Verehrung und Ergebenheit*
*der Ihrige Rudorff.«*

Die Antwort lautete:

*»Leipzig d. 23. November 1838.*

*Verehrter Herr College!*

*Savigny ist sehr freundlich, daß er einer Abhandlung einen Platz in der Zeitschrift gönnen will, die zum Theil gegen eine Ansicht gerichtet sein wird, worüber er mit sich im Reinen ist. Ich habe seine Abneigung gegen solches Hin- und Herzupfen an einer für ihn fertigen Sache nicht genug mir vergegenwärtigt, als ich in einem früheren Brief das in Anregung brachte, was ich in den folgenden gern habe fallen lassen. Wenn das Kindlein, von dem ich seit geraumer Zeit keine Regung mehr in mir verspüre, wieder lebendig und was noch mehr ist, reif werden sollte, so will ich nicht verfehlen, es Ihnen darzubringen.*

*Sehr hat es mich gefreut, daß Sie sich der verwaisten (lex) Thorio unterziehen wollen. Wollten Sie mir, schon ehe ich als ein Theil des Publikums davon profitiren kann, etwas davon zukommen lassen, so würde ich das als ein neues Beispiel freundlicher Erweisung zu denen hinzufügen, deren ich mich von meinem letzten Berliner Aufenthalt noch so gern und lebhaft erinnere. Wenn Sie sagen, sie wollen mir Ihr Manuskript in Leipzig oder Berlin zu lesen geben, so darf ich die eine Alternative in demselben Sinn nehmen, in dem die andere genommen werden muß, und mich somit der Hoffnung überlassen, Sie einmal hier zu sehen. Vielleicht darf ich Ihnen in diesem Fall eine Wohnung bei mir anbieten, vorausgesetzt, daß Sie entweder bei gelinder Jahreszeit sich einfinden, oder in einem ungeheizten Zimmer schlafen können. Ich war halb und halb entschlossen, um Neujahr wieder nach Berlin zu kommen, denn die Nähe Ihrer Stadt gehört wesentlich zu den nicht unzählbaren Comforts, die Leipzig für mich hat; die eingetretene Kälte, die nur mit Schaudern ans Reisen denken läßt, hat meinen Entschluß nicht zur völligen Consistenz kommen lassen, indessen will ich nicht sagen, daß ich ihn aufgegeben hätte. – Einzelnes wäre aber noch interessanter als das Ganze im Manuskript, wo man durch die Unbequemlichkeit des Lesens von Geschriebenem das Commodum temporis einiger Wochen etwas theuer erkauft. Das Verhältniß des Lesers und des Autors ist ein verschiedenes. Jenen interessiert vor dem Druck Einzelnes, diesen nur das Ganze, und ihm hört das Interesse für das Ganze mit dem Druck auf, wo das des Lesers beginnt.*

*Daß Sie übrigens einen Gewinn irgend einer Art von dieser Mittheilung haben werden, diese Meinung (denn ich bin weit entfernt, dies für eine bloße Redensart zu halten, gleich der des Bischoffs im Gil Blas[69]) möchte ich auf keine Weise, auch nicht durch stillschweigende Billigung, zu meinem Vortheil benutzen. Sie müssen sich mir gegenüber zu einer heroischen Uneigennützigkeit entschließen. Es war eine Zeit, wo ich Talent für das eigentlich Historische zu besitzen glaubte; davon bin ich glücklicherweise zurückgekommen. Ich habe einen großen receptiven Sinn dafür, aber ich werde nichts darin leisten. Am Ende schließt dies freilich eine kritische Mitwirkung nicht aus, wie ich mit großer Sicherheit die Vorzüge von Claude[70] oder Poussin[71] empfinde, ungeachtet es mir fast nie hat gelingen wollen, auch nur einen Anklang an das, was man eine historische Landschaft nennt, von selbst auf das Papier zu bringen. Vielleicht bin ich aber gerade darum ein Leser, wie ihn ein produktiver Autor in diesem Fach sich wünschen mag.*

*In der That ich halte mich darum für keinen schlechten Leser, weil ich die Mehrzahl unserer Schriftsteller für schlechte Autoren halte. Wenn ich ein Mozart wäre, würde ich wenig Vergnügen an einem Publikum finden, das heute den Don Juan und den Figaro und morgen mit demselben Entzücken Robert den Teufel[72] oder die Stumme von Portici[73] hört, deren Rolle ich das einzige Mal, wo ich so unglücklich war, das Stück zu hören, gern in die Stimmen und ins Orchester hätte verlegen mögen. Das erscheint dann wohl zuweilen als ›Schärfe und Reizbarkeit‹, während ich mir bewußt bin, weit weniger gegen Persönlichkeiten reizbar zu sein, als gegen Dummheiten. Und was die Schärfe anlangt, lieber Gott, man sollte in unseren stumpfen Zeiten froh sein, wenn sich hie und da eine liebe, gutmüthige, scharfe Seele findet, die sich in aller Einfalt und Selbstaufopferung diesem brach liegenden metier widmet, an dessen Stelle man in der neusten Zeit mit wenig Vortheil eine nichtsnutzige Flegelhaftigkeit gesetzt hat.*

*Meine Frau aber ist in diesem Stück ganz Ihrer Meinung, derowegen habe ich die schönen Sachen, die in Ihrem Brief stehen, vergebens ihr als Dokumente meiner Liebenswürdigkeit vorgelegt. Ein nur allzu bedeutungsvolles Kopfschütteln ist alles, was ich dadurch zu Wege gebracht. Ihnen ähnliche Dokumente auszustellen, würde aus dem entgegengesetzten Grund nicht rathsam sein. Ihre Frau Gemahlin würde auch mit dem Kopf schütteln und sprechen: wem will er denn damit etwas Neues sagen? –*

*Bringen Sie Savigny meinen besten Gruß und gedenken Sie bald wieder an*
*Ihren ergebensten Puchta.«*

*Der nächste erhaltene Brief von Puchta, datiert vom 29. November 1839, enthält bereits die Anrede »Theurer Freund«.* Ein paar Stellen daraus mögen hier trotz des fachmännischen, d. h. römisch-juristischen Stoffes, den sie behandeln, wiedergegeben sein. Die erste um des ebenso geistreichen als beißenden Spottes willen, der für den Schreiber jeder menschlichen Torheit und Gewöhnlichkeit gegenüber charakteristisch ist. Sie lautet: »Man hat mir erzählt, daß Burchhardi sich in Kiel als das Haupt der deutschen Civilisten gerire; er ist so großmüthig, seine gerechten Ansprüche zurückzuhalten, bis Savigny freiwillig seine Demission gegeben haben wird, dann aber hofft er unbestritten die Zügel zu ergreifen. Ein solcher Führer thut Noth in dem Kampf, den die germanistischen Don Quixote, in deren Horn noch Bluntschli und Bornemann blasen, gegen uns erheben. Das römische Element muß hinunter – da zufällig unser juristischer Verstand vornämlich auf diesem Element beruht, so haben sie viele Chancen für sich, wenigstens die öffentliche Meinung; denn wo hat diese je noch einem Unternehmen gefehlt, das den Verstand gegen sich hat? Entschieden wird es ihnen gelingen, wenn wir B.[74] zum Führer haben: ich wenigstens mache dann mein Testament (wenn dann noch an diese römische Erfindung zu denken ist); wir haben dann nicht blos Hannibal, sondern ganz Carthago ante portas.«

Die zweite Stelle handelt von einer Arbeit meines Vaters:

»Und nun lassen Sie mich zu einem erfreulicheren Gegenstand übergehen. Ich sage dem Herausgeber meinen Dank für das erste Heft, Ihnen aber besonders für dessen Inhalt. Ihre Abhandlung ist so schön und mir so außerordentlich lehrreich gewesen, daß ich nicht weiß, soll ich Ihnen für die Form oder für die Sache erkenntlicher sein. Die Form ist nur das Halbe, aber doch das Halbe. Um den reinen Eindruck zu haben, habe ich die Abhandlung ununterbrochen gelesen; nun will ich sie noch einmal unter steter Vergleichung der Bruchstücke und Ihrer Restitution lesen, um mir den Inhalt ganz einzuprägen. Wenn ich mich an unsere Verhandlung über die Frage: soll Ihr Werk in der Zeitschrift erscheinen oder nicht? erinnere, so überzeugt mich dies Beispiel wieder von der Unzulänglichkeit von Maximen; ich möchte es nur um vieles nicht anders haben, als es eben ist. ...

Leben Sie wohl und erhalten Sie Ihre Freundschaft
Ihrem Puchta.«

*Solange Puchta in Leipzig lebte, pflegte er regelmäßig um Neujahr nach Berlin zu reisen. Bald kam es dazu, daß umgekehrt um Ostern mein Vater sich meistens in Leipzig einfand. In einem Brief vom 6. März 1840 schreibt der letztere unter anderem: »Da wir auf dem Fuße stehen, auch Familienangelegenheiten mit Antheil zu vernehmen, so muß ich Ihnen vor Allem die große Freude mittheilen, die mir widerfahren ist. Mir ist nämlich am 18ten Januar ein Söhnchen geboren, welches zwar noch immer kein so ›zufriedener Preuße‹ werden will als wir nach seiner loyalen Ankunft zum Krönungs- und Ordensfeste vermutheten, aber doch bei allem Schreien zu unserer Freude trefflich gedeiht. ... Wenn ich Ostern abkommen kann, so komme ich nach Leipzig, wozu meine Frau dringend anmahnt. Nur ein Besuch meines Bruders dürfte die Anziehungskraft Ihrer Häuslichkeit – die Savigny so hübsch zu schildern weiß, während er seine Nichten (Arnim) in das Hofleben einführt –, zu hemmen im Stande sein«.*

*Am 22. erwidert Puchta:*

*»Liebster Freund! Die Nachricht von der Entbindung Ihrer lieben Frau habe ich zuerst von Savigny gehabt. Sie hat mich ebenso erfreut wie überrascht, da ich sie noch nicht so nahe vermuthete. Nicht wahr, es ist doch schön, wenn man ›zu dritt‹ ist, und was klingt das erste Kindergeschrei so mystisch erfreulich! Bei dem folgenden verliert sich das Wunder etwas. Aber meinen eigentlichen Glückwunsch verschiebe ich, bis ich ihn mündlich, wenigstens bei Ihnen, abstatten kann. Ich freue mich darauf, Sie hier zu sehen, ›in meiner Häuslichkeit‹, die auf Savigny, wie Sie zu verstehen geben, einen guten Eindruck gemacht hat, wahrscheinlich wie auf einen Pallastbesitzer ein Bauernhaus, in das er*

*auf der Jagd einkehrt, um ein Glas Milch zu trinken, des Contrastes wegen«.*

Aus der Korrespondenz der beiden während der nächsten Zeit mögen noch einige Bruchstücke hier Platz finden. Puchta schreibt am 22. Juni 1840: »Für die Thatsache, daß Sie, verehrter Freund, glücklich nach Berlin zurückgekehrt sind, habe ich die allerdringendsten Vermuthungen, so daß ich darüber kaum in Zweifel sein kann und nur zu wünschen hätte, ich möchte über alle wichtigen Punkte der Rechtsgeschichte, mit deren Abfassung ich beschäftigt bin, ebenso klar und gewiß sein. Es kann daher als eine tadelnswerthe Ungenügsamkeit erscheinen, daß noch von Zeit zu Zeit der Wunsch in mir aufsteigt, darüber noch Brief und Siegel von Ihnen zu haben. Das ist fast wie Burchardi, der den Namen der lex Rubria nicht glauben will, bis ihm der Tribun einen Brief aus dem Hades schreibt – oder er gleich Odysseus die Bewohner der Hölle durch Blut und Opfer und das Versprechen eines unfruchtbaren Kindes (wozu seine Dissertation de lege Rubria[75] ganz passend ist) aufruft und befragt.«

Mein Vater antwortet am 1. Juli: »Die violante Präsecutionen, welche Sie, mein verehrtester Freund, über meine Rückkehr nach Berlin aufstellen, nehmen mir in Betracht meiner leiblichen Anwesenheit nunmehr fast auch alle Zweifel. Geistig behaupte ich aber noch immer, wenn auch nicht in Leipzig, doch in Ihrer Gesellschaft zu sein. Ich verdanke dieses Ihrem geistreichen Pandektencompendium, dessen interessante Bekanntschaft ich verhältnißmäßig so früh machte, wie der selige Heim die seiner Frau, in welcher er, nach mehrjähriger Ehe, auf einer Reise, eine überaus liebenswürdige Gefährtin zu finden überrascht war. ...

Bei den hiesigen Trauerfeierlichkeiten[LXXVII] hat die Geistlichkeit einige gute Sachen ausgehen lassen. Eylerts Rede war gar nicht auf die plötzliche Ankunft des Königs von Hannover abgepaßt gewesen. Das Lob des Königs, der mit seinem Volke in Frieden gelebt habe, welches anderswo nicht der Fall sei[LXXVIII], wäre sonst wahrscheinlich [?][76] ausgefallen. Hofprediger Strauss hatte im Eifer vergessen, daß er die ganze Versammlung in der Kapelle des Palais hatte knieen heißen. Dabei sind nun manche bedenkliche Stellungen zum Vorschein gekommen, besonders hat die des Oberschenkels von Arnim, welcher auf die Länge die Vorderfüße zu Hülfe genommen, gerade in dem Momente des höchsten

LXXVII Bei dem Tode Friedrich Wilhelms III.

LXXVIII Bezieht sich auf den Verfassungsbruch des Königs Ernst August von Hannover, infolgedessen bekanntlich sieben Göttinger Professoren (unter ihnen die Gebrüder Grimm u. s. w.) ihr Amt an der Universität niedergelegt hatten.

Schmerzes und Ernstes bei vielen Hofleuten entgegengesetzte Empfindungen erregt, und sie sind jetzt noch nicht gut auf Strauss zu sprechen«.

Puchta hatte einmal geschrieben: »Grüßen Sie doch Savigny von mir aufs Geziemendste, dem ich selbst zu schreiben wohl Lust hätte, wenn ich nicht fürchten müßte, ihn mit meinen Briefen zu erdrücken. Ich bin verliebt in seinen ersten Band; die Vorrede gehört doch zu dem Schönsten, was Juristen geschrieben haben.«[77]

Hierauf und auf eine Rezension dieses Savignyschen Buches aus der Feder meines Vaters beziehen sich wahrscheinlich die folgenden Äußerungen Puchtas vom 22. Februar 1841.

»Schönsten Dank, liebster Freund, für Ihre schönste Recension auf das schönste Buch. Die Porträtmaler stellen ihre Bilder aus, damit das Publikum auch so schön gemalt zu werden wünschen möchte. Einerlei, ob Sie dieselbe Absicht gehabt haben, der Erfolg ist derselbe gewesen. Mein erster Gedanke war: ach, wenn mich Rudorff nur auch so schön – rezensiren wollte! Er war sehr natürlich, denn ich bin eben im Begriff den Druck des ersten Bandes meines ›Cursus der Institutionen‹[78] beginnen zu lassen.

Wirklich, Sie sollten mir versprechen, ihn in der Berliner (Zeitschrift) zu recensiren. Fürchten Sie nicht, daß meine Bitte einen Ihrer Gutmüthigkeit Gewalt anthuenden Sinn habe, wie neulich Böcking meiner ›weltbekannten Herzensgüte‹ die Pistole auf die Brust setzte: das Leben oder eine Recension von Sell's Romanorum nexus[79]! Nein, ich lasse Ihrer Bonhomie vollen Lauf, sagen Sie von dem künftigen Autor quaestioris so viel Gutes, als Sie wollen, mich soll's nicht verdrießen. Und wenn Sie mich bürsten, daß die Haut abgeht, ich werde brüllen wie ein Täubchen, daß man sagen soll: noch mal brüllen«.

In einem nächsten Brief, der vom 5. April 1841 datiert ist, wird nach ähnlichen Scherzen und Sarkasmen am Schluß plötzlich ein ganz anderer Ton angeschlagen. Puchta zeigt sich als wahrer Musikverständiger: »Gestern habe ich die Passionsmusik von Bach, die uns Mendelssohn mit unsäglicher Mühe zugewendet hat, gehört. Sie macht eine Epoche in meinen musikalischen Erfahrungen. Ich kenne nichts, was ich dem Eindruck dieses Werks gleichsetzen möchte. Daß diese Musik in Leipzig entstanden ist, ist mir das Wunderbarste von Allem und verklärt mir meinen guten Wohnort, für den ich sonst, wie Sie wissen, nicht ausnehmend enthusiasmirt bin. Ich hätte zu den drei Stunden gern noch drei andere gesessen. Man bemerkte Leute, z. B. einen alten Dorfcantor, der drei Stunden weit hergekommen war, denen die hellen Thränen über die Wangen liefen. Sie haben sie ohne Zweifel in Berlin gehört (wenn auch nicht in einer Kirche), so werden Sie meine völlige Hingerissenheit begreiflich finden. Mein Sehnen geht auf eine Wiederholung. Das Werk verhält sich zu denen des Palestrina etc. wie die evangelische Lehre zur katholischen«.

*Es war im Winter 1841 auf 42, als die nächsten Freunde Savignys erfuhren, daß der König Savigny in seine unmittelbare Nähe zu ziehen wünsche. Die Verhandlungen, die sehr geheim gehalten wurden, zogen sich lange hin, bis endlich entschieden war, daß die Universität den großen Lehrer verlieren werde. Von diesem Augenblick an tat mein Vater alles, was in seinen Kräften stand, um Puchtas Berufung nach Berlin durchzusetzen.*

*Am 3. März 1842 schreibt er an diesen:*

*»Ich muß dem Papier anvertrauen, liebster Freund, was ich viel lieber mündlich mit Ihnen besprochen hätte, da es fürs Erste doch nur im engsten Vertrauen mitgetheilt werden kann. Der Fall, über welchen wir aus einer Abendgesellschaft von Savigny zurückkehrend, unsere Gedanken austauschten, ist schneller eingetreten, als wir gedacht. Ohne sein Vertrauen zu verletzen, (denn ich weiß auch sonst aus sicheren Quellen, was er noch nicht laut sagen darf,) kann ich Ihnen melden, daß Savigny Minister und die Vorlesung, welche er mit größester Hast in dieser Woche zu Ende bringt, seine letzte ist. Gottes Fügung wird für den Staat, für ihn und für uns die beste sein, aber ich brauche Ihnen nicht zu sagen, wie mir in diesem Augenblick um das Herz ist, in welchem der Gewohnheit des gemeinsamen Wirkens mit ihm ihr Ziel gesetzt werden soll. Er hat mich großgezogen, siebenzehn Jahr habe ich in der engsten wissenschaftlichen Gemeinschaft mit ihm gestanden; welche Fülle von Belehrung, Ermunterung und Förderung aller Art habe ich von dieser edlen Seele überkommen! ich fühle mich verwittwet und verwaist, da dies plötzlich ein Ende nimmt. Ich sage Ihnen nicht, was ich mit Savigny über seinen Vorschlag zur Ausfüllung der Lücke gesprochen, die er uns läßt. Aber ich erwähne absichtlich, was ich über die Gedanken mit Sicherheit weiß, welche vorläufig in der Umgebung des Ministers[80] laut geworden sind. Amtliche Rücksichten könnten später Hindernisse einer freien Äußerung zu Wege bringen. Nach dem nun, was ich aus Göschens Mittheilungen entnehme, schwankt der Minister*

*zwischen Ihnen und Vangerow*[LXXIX]*, der ihm als Docent gerühmt worden ist, und mit welchem er zugleich der gefährlichen Conkurrenz Heidelbergs einen Stein zu nehmen meint. Außerdem wird Dirksen seine Eventualbelegung, Huschke seine Anwartschaft geltend machen.*

*Hollweg*[LXXX] *wird demnächst ohne Zweifel im höheren Staatsdienst verwendet werden und daneben einzelne Vorlesungen an der Universität halten. Savigny's Stelle wird durch ihn nicht besetzt werden. Blume sehnt sich aus seinem Exil unter Menschen. An ihn wird jedoch schwerlich gedacht werden. Von Mühlenbruch ist Gottlob garnicht die Rede.*

*Ich füge nichts weiter hinzu, da ich bald mündlich mit Ihnen zu verkehren hoffe, wenn jetzt aus meiner österlichen Reise etwas wird«.*

*Puchta schreibt am 10. März:*

*»Die Beantwortung Ihres Briefs, liebster Freund, verschiebe ich nicht auf unser Zusammenkommen in den Ferien – nicht weil Sie plötzlich davon als von einem unsichern Umstand zu sprechen beginnen, denn ich kann und will nicht glauben, daß Sie so treulos sein können, meine Hoffnung zu täuschen – um jeden Skrupel wegen ›amtlicher Rücksichten‹ zu entfernen, können wir vorher ausmachen, daß von einem gewissen Punkt garnicht unter uns die Rede sein soll – wir werden auch außerdem, hoffe ich, Stoff genug zur Rede haben –, sondern weil mir der herzliche Inhalt Ihres Briefes nicht zuläßt, so lange zu warten, um Sie von Neuem und wiederum zu versichern, daß ich jedes Zeichen Ihrer Zuneigung als einen Schatz in einem feinen und guten Herzen bewahre, und daß ich mit einem Kieselstein nicht blos die harte und eckige Außenseite, sondern auch den Funken, der in ihm ruht, und die Wärme, die er desto länger bewahrt, gemein habe.*

*In das Gefühl, das Sie bei Savigny's äußerer Erhebung haben, denke ich mich ganz hinein, empfinde ich ja etwas Ähnliches, wenn ich an meine bisherige Correspondenz mit ihm denke – Sie scheinen Einiges davon gelesen zu haben, und wissen also, wie ich mich habe gehen lassen – würden Sie seine Briefe dazu lesen, so würden Sie gestehen: ›ich habe viel, ich habe mehr gehabt, aber es ist doch auch etwas, abwesend zu sein und solche Briefe zu empfangen, und wenn ich nicht Rudorff wäre, möchte ich wohl Puchta sein – oder gewesen sein‹. Ich habe Savigny geschrieben, daß ich mich noch einmal so gehaben wolle, wie*

LXXIX Vangerow, gefeierter Lehrer für Römisches Recht an der Universität Heidelberg.
LXXX von Bethmann Hollweg, damals juristischer Professor an der Universität Bonn.

*wenn die Illusion, ihn als einen von uns zu denken, den man mit allen Professorengedanken überlaufen könne, nicht zerstört wäre.*

*Die Berufung von Vangerow leuchtet mir sehr ein; um ihren Zweck sicher zu erreichen, wird man nur die Kleinigkeit nicht vergessen dürfen, nebenbei von Heidelberg auch Berg, Schloß, Thal, Fluß, Luft und Mannheim abzurufen. Seltsam: daß die Studenten sagten und sagen, sie gingen nach Heidelberg um die berühmten Lehrer zu hören, finde ich sehr begreiflich, weniger, daß ihre Väter, Vormünder u. s. f. ihnen das glauben. Aber ich kann mich irren, und bin begierig, ob der bevorstehende Fall meine oder die andere Meinung bestätigen wird. Für Vangerow könnte der Aufenthalt in Berlin sehr nützlich werden, und da, soviel ich weiß, Ihr Universitätsgebäude dicke Mauern hat, so wird er sie ja nicht gleich eindonnern; im Nothfall kann man auch das nächste Auditorium während seiner Vorlesung leer stehen lassen.«*

*Sehr bald stellte sich heraus, daß der Minister Eichhorn kaum ernstlich mehr an eine andere Persönlichkeit für die durch Savignys Abgang erledigte Stelle dachte, als an die Puchtas. Aber noch manche Briefe wanderten zwischen Berlin und Leipzig hin und her, ehe es zu festen Abmachungen kam. Endlich brachten die ersten Junitage die Entscheidung. Puchta schreibt am 11. »Die Würfel sind gefallen: auf dem einen stehen 2500 Thaler, auf dem anderen das Bedauern, daß man mir n i c h t e i n e g r ö ß e r e Besoldung anweisen könne, als ich gegenwärtig habe, auf dem dritten endlich steht garnichts – doch halt, mein schlechtes Auge täuscht mich, was ich für Nichts hielt, war ein ›Geheimer Justizrath‹. Hoffentlich sind Sie, bester Freund, an diesem Titel, den wir ganz, ganz geheim halten wollten, unschuldig. Also soll ich statt des sächsischen Haarbeutels[LXXXI] den preußischen Zopf einbinden. Wenn das Hugo hört, so bekomme ich eine weitläufige Abhandlung über den Unterschied zwischen dem hannöverschen und preußischen Geh. Justizrath zu lesen, von denen der letztere gegen den ersteren so gar wenig bedeute. Wie nur der Minister darauf gekommen sein mag!«*

*Zum Beginn des Wintersemesters erfolgte die Übersiedelung der Puchtaschen Familie nach Berlin. Meine beiden Eltern hatten sich viel Mühe gegeben, die denkbar passendste und angenehmste Wohnung für die neuen Ankömmlinge auszusuchen, und ein schönes, freundschaftliches Neben- und Miteinander nahm seinen Anfang. In einem Briefe, den mein Vater im November an seinen Bruder schreibt, sagt er:*

LXXXI In Sachsen hatte man Puchta den Titel »Hofrath« gegeben.

*»Puchta ist eine vortreffliche Acquisition, ein Ehrenmann durch und durch. Mein Verhältniß zu ihm ist das beste, seine Festigkeit und Klugheit wird dir ausnehmend behagen. Seine Schärfe und Polemik tritt nicht mehr so hervor, sein Vortrag ist ebenso geistreich, wie seine Institutionen, ich meine die gedruckten.* Politisch und kirchlich ist er ein gemäßigt Conservativer, so wie ich es gerne habe.«

Es könnte überraschen, daß mein Vater hier den Ausdruck »gemäßigt conservativ« braucht. Ein Brief Puchtas an ihn vom 15. October 1841 enthält die Worte: »So kann ich mir das Vergnügen machen, an dem Geburtstag Ihres Königs, zu dessen unbedingten Verehrern ich gehöre, an einen von denen seiner Unterthanen zu schreiben, die ich unbedingt liebe«. Puchta bekennt sich hier also zur unbedingten Verehrung Friedrich Wilhelms IV., und tatsächlich teilte er auch durchaus dessen strenggläubige Anschauungen in kirchlicher Beziehung. Wenn mein Vater, der ja doch zu den überzeugtesten Anhängern Schleiermachers gehörte, dennoch Puchtas Standpunkt als einen ihm sympathischen empfindet, so ist das nicht anders zu verstehen, als daß die Aufrichtigkeit frommer Gesinnung, die ihm in dem Freunde entgegentrat, ihn alle Unterschiede im begrifflichen Erfassen des Christentums völlig vergessen ließ.

*Von sachkundiger Seite ist gesagt worden: »In Rudorff treffen wir den Mann, der die unmittelbar an Savigny anschließende Generation der historischen Schüler ebenso entschieden nach der rechtsgeschichtlichen Seite vertritt, wie Puchta sie nach der dogmatischen Seite hin vertrat. In Puchta und Rudorff fließen gleichsam die beiden Strömungen getrennt weiter, die gemeinsam von sich ausgesandt zu haben das Wahrzeichen und das Vorrecht des Meisters bleibt ... Rudorffs Neigung galt der Philologie und Geschichte; da die Umstände ihn daran verhindert hatten, sich diesen Fächern zu widmen, so fand er in der Richtung der geschichtlichen Schule vollkommene Befriedigung dafür.« Welche Stellung dagegen Puchta den rechtsgeschichtlichen Untersuchungen gegenüber einnimmt, das geht am deutlichsten aus seinen eigenen Worten in dem eben mitgeteilten ersten Briefe an meinen Vater hervor. Auf historischem Gebiet kann und will er nicht aktiv, sondern nur rezeptiv sein.*

*Wie auffallend aber entspricht dieser Gegensatz auf dem Felde der Wissenschaft der Verschiedenheit der beiden Männer in ihrer persönlichen Eigenart. Bei Puchta ungemeine Schärfe des Verstandes, strenge Logik des Denkens und gelegentlich vernichtender Sarkasmus; bei meinem Vater vor allem Gemüt, Herzensgüte und liebevolle, feinsinnige*

*Vertiefung in die Reichtümer des Daseins. Wäre diese Gegensätzlichkeit der Naturen eine absolute gewesen, so hätte von einem wahrhaft freundschaftlichen Verhältnis nicht die Rede sein können. Da es sich aber nur um ein* V o r w i e g e n *jener Eigenschaften auf der einen oder anderen Seite handelte, so ergab sich gerade deshalb nicht etwa gegenseitiges Abstoßen, sondern nur die wohltuendste, förderndste Ergänzung.*

*Leider sollte dieser schönen Gemeinschaft bald ein jähes Ende bereitet werden. Nach kurzer schwerer Krankheit starb Puchta am 8. Januar 1846. Mein Vater schrieb zwei Tage darauf, am 10. Januar, an seinen Bruder: »Am Donnerstag habe ich einen recht harten Verlust gehabt. Der gute Puchta ist 48 Jahre alt am Miserere[81] gestorben. ... Morgen wollen wir ihn begraben. Nie ist mir eine solche Tapferkeit und Ruhe vor dem Tode vorgekommen, wie bei dieser gewaltigen Natur. Er empfing mich mit den Worten des Gesanges: ›Mitten wir im Leben sind von dem Tod umfangen‹[82], übertrug mir seinen litterarischen Nachlaß und erklärte, er bliebe zwar noch ganz gern, er ginge aber auch eben so gern. Durch seinen unsäglichen Fleiß hat er den Seinigen 16.000 Thaler erspart, obgleich er kein Vermögen hatte. Davon können sie zwar nicht hier, aber in Franken, wohin sie zurückgehen, bequem oder doch anständig existiren. Er war ein trefflicher Hausvater, ein treuer Freund, und ein fester Charakter, wie ein Eichbaum. Am Tage vor seinem Tode verspottete er den abergläubischen Bedienten, der sich über das Wackeln einiger Tassen erschrak, mit den Worten: sie wackelten natürlich bloß davon, weil er morgen sterben werde. Als das Erbrechen nachließ, sagte er: ›wenn doch nur einer meiner Freunde hier wäre, es ließe sich so hübsch noch ein Wörtchen sprechen.‹ Dann hat er Alle grüßen lassen, und kurz den Tod behandelt, wie ein Anderer eine Reise, oder ›ma chère mère‹ in dem schwedischen Roman ihren Sarg, über den sie mit dem Tischler nicht fertig werden konnte. Der war noch eine eiserne, durch und durch juristische Natur von altem Schrot und Korn. Seine Stelle ist schwer zu ersetzen.«*

Puchta hatte meinem Vater nicht nur seinen literarischen Nachlaß anvertraut, sondern ihn auch zum Vormund für seine Kinder bestimmt. Mit der Sorge für den ersteren war ihm eine Aufgabe gestellt, deren gewissenhafte Bewältigung von nun an einen beträchtlichen Bruchteil seiner gesamten Zeit und Arbeitskraft in Anspruch nehmen mußte. Mit welcher Treue er sich ihre Erfüllung bis in seine letzten Lebenstage angelegen sein ließ, davon wird späterhin noch die Rede sein. Hier sei nur das erwähnt, daß er persönlich auf jede Honorierung seiner Mühe verzichtete und den gesamten Ertrag der neuen Veröffentlichungen der Familie des Verstorbenen zukommen ließ, die dieser, wie schon erwähnt, in immerhin beschränkten Verhältnissen zurückgelassen hatte. Puchtas Witwe kehrte bald nach dem Tode des Gatten mit ihren sechs Kindern in die bayrische Heimat zurück. Meine Eltern blieben mit der edlen, verehrungswürdigen Frau so lange sie lebte in herzlichstem brieflichen Verkehr.

In seiner Eigenschaft als Vormund der Puchtaschen Kinder mußte mein Vater einmal ernste Stunden durchleben. Der Sohn, ein begabter junger Mann von lebhaftem Temperament und starkem Selbstgefühl hatte Jura studiert. Er hielt sich (wenn ich nicht irre als Referendar) in Berlin auf, war hier in leichtsinnige Gesellschaft geraten und machte mit seinem Treiben meinem Vater schwere Sorge. Eines Tages erschien er vor diesem in höchster Aufregung mit dem Bekenntnis, daß er Wechselschulden gemacht, und, da er nicht zahlen könne, einen Haftbefehl erhalten habe. Mit Ungestüm verlangte er, der Vormund solle sofort die sehr bedeutende Summe Geldes zahlen, denn es sei doch für einen Menschen wie er unmöglich, sich auch nur für einen Tag einsperren zu lassen. Wenn er nicht sofort das nötige Lösegeld erhalte, so werde er sich das Leben nehmen. Mein Vater wagte es, ihm darauf zu antworten: an solchen Leuten, die zu solchem Handeln imstande seien, sei nichts gelegen. Das Spiel war nicht ungefährlich; aber er glaubte fest, daß gerade jetzt der Augenblick gekommen sei, den gefährlichen Übermut des jungen Mannes ein für alle Male zu brechen, und daß das Bessere in seiner Natur doch noch stark genug sein werde, um ihn von dem Frevel des Selbstmords zurückzuhalten. So wurde denn Wolfgang Puchta in das Gefängnis abgeführt und mußte zwei oder drei Tage darin aushalten. Als diese Zeit vorüber war, die meinem Vater genügend schien, um die Kur an dem hochfahrenden Jüngling zu vollenden, zahlte er die Schuldsumme, und der Gefangene war frei. Als ein Umgewandelter erschien er vor seinem Vormund. Gründlich gebeugt, aber voll tiefer Dankbarkeit gegen den Freund seines Vaters, in dem er nun seinen eigenen wahren Freund erkannte, begann er ein neues Leben, das ihn schließlich zu einem verdienstvollen Gliede der menschlichen Gesellschaft werden ließ.

*Im Jahre 1838 hatte mein Vater einen Ruf an die Breslauer Universität erhalten. Nach kurzem Schwanken lehnte er damals ab. Acht Jahre später, im September 1846, tat sich eine neue Möglichkeit auf, die Berliner Tätigkeit mit einer anderen zu vertauschen. Man hatte von Halle aus sehr günstige Anerbietungen gemacht, und hier schien es sich wirklich um bedeutsame Vorteile zu handeln, die der Wechsel nach verschiedener Richtung hin bringen würde. Als mein Vater dennoch auch hier die Annahme der Professur verweigerte und Savigny von Lauenstein aus Mitteilung von seiner Entscheidung machte, schrieb ihm dieser den folgenden Brief:*

»Berlin d. 20 September 1846.

Mein theurer, lieber Freund!

Erst gestern habe ich Ihren Brief vom 15[ten] erhalten. Alles, was Sie über die Motive Ihres verneinenden Entschlusses sagen, ist wichtig und wahr, und es hat mich so ziemlich – von dem Gegentheil überzeugt. Hören Sie mich ruhig und unbefangen.

Nichts in der Welt kann freier von Egoismus sein, als wenn ich für Ihren Übertritt nach Halle rede. Ihre Gegenwart in Berlin ist mir nicht etwa blos lieb, sondern wichtig und von großem Werth, und ich fühle ganz, was ich verliere, wenn Sie gehen. Das Einzige, was ich an Ihnen auszusetzen habe, ist, daß ich Sie nicht oft genug sehe. Ich denke auch nicht vorzugsweise an Halle, so wichtig mir auch dessen schleunige gute Besetzung ist. Ich denke an Sie, rein an Sie.

Sie zählen die Mängel Ihres Wesens auf, den Mangel an Neigung und Vorbild zu der besonderen Thätigkeit, die Sie in Halle erwartet. Gerade darum schickt Ihnen Gott diesen Ruf, damit Sie sich zusammen nehmen und die bisher vernachlässigten Seiten Ihres Wesens energisch und harmonisch ausbilden sollen. Als ich in Marburg angefangen hatte, mit großer Liebe Römisches Recht zu lesen, entdeckte ich, daß ich von Rechtsgeschichte Nichts, auch gar Nichts wisse. Da schlug ich eine Vorlesung über Rechtsgeschichte an, arbeitete Tag und Nacht, und Gott hat mir das gesegnet. Sie haben in Berlin einen ehrenvollen, würdigen Beruf, Sie leisten Gutes und Nützliches mit – aller Bequemlichkeit, indem Sie sich gehen lassen zu dem, was Sie gerade mit Neigung und gewohntem Erfolg thun können. Dieses behagliche Gefühl entschädigt Sie für den stillen Verdruß, den es Ihnen manchmal erregt, wenn Andere Ihrem Erfolg gleich oder zuvor kommen, wenn Sie hier und da in Erfolg zurück gehen. In Halle wäre das anders. Sie könnten nicht verfahren nach Liebhaberei, Sie müßten einen bestimmten äußeren Beruf ausfüllen, und Sie würden das gut und mit Ehre thun, weil Sie das überhaupt nicht anders können. Die Rückwirkung aber auf Ihre Person und Ihr Gefühl würde nicht ausbleiben.

*Ich hoffe, Sie sehen in diesem Allen Nichts als meine Liebe; auch darin, daß es gesagt ist fern von der Anmaßung über Ihr Schicksal irgend gebieten zu wollen. Ich wollte nur, daß Sie auch diese Seite der Sache zu lebendiger Anschauung brächten. Dann entscheiden Sie unbefangen, gewissenhaft, ohne Rücksicht auf fremde Meinung und Autorität, in zusammenfassender Berücksichtigung der Totalität aller Beziehungen, wie es ja stets nur dem Menschen selbst, den es betrifft, möglich ist. Glauben Sie nicht, daß Ihr Entschluß der Ablehnung im Geringsten meine Achtung oder mein Wohlgefallen an Ihnen stören würde. Darin läge eine Art von Despotismus, und diesen hier zu vermeiden, wird mir dadurch ungemein erleichtert, daß mein persönlicher Vortheil auf der Seite dieses Entschlusses liegt. ...*

Ein gewisser Savigny will jetzt drucken lassen: System B.'s Abth. 1. Die Litiscontestation.[83] Über die Hälfte ist zum Druck fertig und das Ganze wird es mit Gottes Hülfe bald sein. Er legt den größten Werth darauf, wenn Sie das Werk vor dem Druck durchsehen und wenigstens vor den gröbsten Irrthümern verwahren könnten. Dazu aber müßten Sie in den ersten Tagen des Oktobers hier sein, und das ist wohl nicht zu erwarten, da Ihnen der möglichst lange Aufenthalt in Lauenstein ein Bedürfniß ist. Schreiben Sie mir unverzüglich, was deshalb zu erwarten ist.

*Tausend herzliche Grüße an Ihre liebe liebe Betty. Sie soll mir nicht gram werden wegen des Kummers und der Sorgen, die ich an ihr liebes treues Herz bringe, und sie soll nicht einen Augenblick vergessen, daß dieses aus Liebe geschieht.*

*Mit alter Freundschaft S.*

*Die Antwort auf diesen Brief ist mir leider nicht zugänglich. Über den Hauptinhalt derselben bin ich jedoch unterrichtet. Mein Vater gesteht, daß der letzte, entscheidende Grund für die Ablehnung des Halleschen Rufes auf rein persönlichem Gebiet zu suchen sei. Sein Schwiegervater Pistor läge bekanntlich seit Jahresfrist gelähmt und von den heftigsten Schmerzen heimgesucht darnieder, die Schwiegermutter aber verbringe Tag und Nacht mit der Pflege des Kranken, tief gebeugt von Sorge und Kummer. Ihr den einzigen Trost in diesen Nöten, die Nähe der über alles geliebten Tochter durch seine Übersiedelung nach Halle zu rauben, scheine ihm zu grausam, als daß er sich entschließen könne, die Verantwortung für die Folgen eines solchen Schrittes zu übernehmen. Savigny erwidert am 30. September:*

*»In diesem Augenblick erhalte ich Ihren Brief. Er ist edel und liebenswürdig, und Sie sind mir dadurch wo möglich noch lieber geworden. Auch meine Frau hat große Freude daran gehabt. Ich kann nun nicht anders sagen, als: Sie haben richtig gehandelt. Betty soll mir den Kummer und die Sorge, die ich ihr vorübergehend gemacht habe, nicht nachtragen.* Die Ursache, weshalb ich auf der Stelle antworte, ist folgende. Sie kündigen Ihre Abreise auf den 11[ten] künftigen Monats an, wegen meines Buchs. Vielleicht ist das blos ein unwillkürlicher Ausdruck Ihrer freundlichen Gesinnung, und dann habe ich es blos mit gleicher Gesinnung zu erwidern. Sollte es aber buchstäblich zu nehmen sein, so bitte ich Sie, auch nicht einen Tag den Aufenthalt zu kürzen, der Ihre edle und unschuldige Lebensfreude ist. Es würde doch keinen Erfolg haben, da ich heute mit der Arbeit völlig fertig geworden bin und in den nächsten Tagen den Druck anfangen lasse. Die Ursache dieser Eile ist – außer der natürlichen Ungeduld eines angehenden Schriftstellers, der es nicht erwarten kann sich gedruckt zu sehen, – der Wunsch, wenigstens einen Theil der materiellen Besorgungen vom Halse zu haben, ehe die nahe bevorstehende dicke Geschäftsarbeit hereinbricht. ...

Keller[LXXXII] hat den größten Theil meiner Schrift gelesen und mir sehr gute Bemerkungen mitgetheilt. Er ist ein nicht nur anständiger, sondern auch sehr geistreicher Mensch, der die Büchergelehrsamkeit durch ächte Lebensanschauung vermenschlicht; darin etwa Puchta zu vergleichen, mit weniger tiefem Ernst (dem man sich mit vollem Vertrauen unbedingt hingeben mag), aber mit mehr Leichtigkeit und Beweglichkeit des Geistes, die ihn auch überall leichter und schneller bei den Schülern einschlagen ließ als Puchta, der dazu stets einige Zeit brauchte. Dabei ist er in der vollen Kraft, Lust und Freudigkeit des Wirkens. Die gegen ihn vorhandenen Bedenken werden, wie ich hoffe, hier nicht zu Tage kommen. Vor Einem, das ja auch Ihnen, wie Vielen, ein Greuel ist, können wir sicher sein: er ist kein Pietist; zugleich fürchte ich garnicht, daß er hierin auf der entgegengesetzten Seite Anstoß erregen würde.

Schließlich würden Sie mich sehr verbinden, wenn Sie mir sogleich Nachricht geben wollten, ob Sie am Mittag des 15[ten] k[ommenden] M[onats] gewiß hier oder gewiß nicht hier sein werden. Im ersten Fall

LXXXII Der Schweizer Friedrich Ludwig von Keller, geb. 1799 in Zürich, war als Nachfolger Puchtas an die Berliner Universität berufen worden.

sollen Sie freundlich an meinen Tisch geladen sein, Mittags 3 Uhr in Amtstracht.

Tausend herzliche Grüße an die liebe Betty und mein liebes Pathchen.«

*Mit der Ablehnung des Rufs nach Halle hatte mein Vater die letzte Gelegenheit, die ihm geboten wurde, seinen bisherigen Wirkungskreis mit einem anderen zu vertauschen, von der Hand gewiesen. Er bereute niemals, in Berlin geblieben zu sein, obgleich es kaum einen Menschen geben konnte, der unberlinischer war als er.*

*Berliner Singakademie und Oper*

## Anmerkungen der Herausgeberin

1 Reinhold Steig: Achim von Arnim und Jacob und Wilhelm Grimm, Stuttgart 1904, S. 549.

2 Adelbert von Chamisso: Frauen-Liebe und -Leben, von Robert Schumann in op. 42 vertonter Gedichtzyklus. Vgl. bes. das 2. Gedicht: »Er, der herrlichste von allen«.

3 Briefe nicht ermittelt.

4 Nikolaus I.

5 »Sie berechtigt den besitzer eines grundstücks, vieh auf dem grund eines andern weiden zu lassen, in der regel gegen zins« (Jacob Grimm, Wilhelm Grimm: Deutsches Wörterbuch, 16 Bde, Leipzig 1854–1961, Bd 14 I,1, Sp. 559).

6 An dieser Stelle ist ein Zettel im Typoskript eingefügt, der den folgenden Bericht über die Choleraepidemie zu einem Satz kürzt.

7 Berlinische Nachrichten von Staats- und gelehrten Sachen Nr. 252, 28. Oktober 1833, S. 1.

8 Johann Bernhard Logier: A system of the science of music and practical composition incidentally comprising what ist usually understood by the term thorough bass. London 1827.

9 Die deutsche Übersetzung des Werks erschien 1827 in Berlin: Johann Bernhard Logier: System der Musik-Wissenschaft und der praktischen Composition mit Inbegriff dessen was gewöhnlich unter dem Ausdrucke General-Bass verstanden wird. Berlin 1827. Gleichzeitig erschien ein Auszug davon. Johann Bernhard Logier: Lehrbuch der musikalischen Composition. Auszug aus J. B. Logier's System der Musik-Wissenschaft, hg. auf Veranstaltung des Verfassers. Zum Gebrauch für Schulen. Mit sehr zahlreichen Notenbeispielen in Typendruck, Berlin 1827. Ob es sich bei einem dieser Werke um die Übersetzung Philippine Zschocks handelt, konnte nicht ermittelt werden.

10 Hier ist im Typoskript vor Blatt 36 ein Zettel mit folgender Bemerkung eingefügt: »Frau von Zschock machte die groteskesten Anstrengungen, ihrer Marie Ansehen und Ruhm zu verschaffen und gab damit den Berlinern reichlich Anlaß zu Heiterkeit und Spott. – Fortsetzung Seite 40.«

11 Martin Blumner: Geschichte der Sing-Akademie zu Berlin. Eine Festgabe zur Säcularfeier am 24. Mai 1891. Berlin 1891, S. 94.

12 Ob der Berliner Aufklärer, Verleger und Schriftsteller Christoph Friedrich Nicolai (1733–1811) gemeint ist, ist nicht eindeutig festlegbar.

13 In: Drei Reden am Tage der Bestattung des Prof. u. Predigers Herrn Dr Schleiermacher am 15ten Febr. 1834 gehalten von Dr. Fr[iedrich] Strauß, F[riedrich] A[ugust] Pischon, Dr. H[einrich] Steffens, Berlin 1834.

14 Am Grabe des geliebten Kindes. Friedrich Schleiermacher auf seinen Sohn Nathanael, Mainz 1947.

15 Jonas wurde am Montag, den 10. Februar wie auch am Dienstag, den 11. Februar 1834 von Schleiermacher auf dem Totenbett empfangen, wo er Jonas unter anderem mit der Herausgabe seines Nachlasses betraute.

16 Hoßbach, Peter Wilhelm: Predigt zum Gedächtnis des am 12ten Februar 1834 selig entschlafenen (...) Herrn Fr. Ernst Daniel Schleiermacher ... in der Dreifaltigkeitskirche gehalten Sonntag Oculi (2. März) 1834, Berlin 1834.

17 Vgl. auch Jonas' Aufzeichnungen, in: Hans-Friedrich Traulsen: Aus Schleiermachers letzten Tagen, in: Zeitschrift für Kirchengeschichte 102 (1991), S. 372–385, hier: S. 375ff.

18 In: Drei Reden am Tage der Bestattung des Prof. u. Predigers Herrn Dr Schleiermacher am 15ten Febr. 1834 gehalten von Dr. Fr[iedrich] Strauß, F[riedrich] A[ugust] Pischon, Dr. H[einrich] Steffens, Berlin 1834.

19 Über diese Herausgabe ist nichts bekannt. 1880 erschien unter Veranlassung von Jonas' Sohn Fritz eine Broschüre: Zur Erinnerung an unseren Vater Ludwig Jonas. Für die Familie gedruckt Weihnachten 1880, Berlin, Druck von H. S. Hermann, Beuthstr. 8. Hierin erschienen auch die Aufzeichnungen Jonas' über »Schleiermachers letzte Tage und seinen Tod«. Ungekürzt, nach der Ausgabe von 1880 wiederabgedruckt, erschienen diese Aufzeichnungen in: Hans-Friedrich Traulsen: Aus Schleiermachers letzten Tagen, S. 374–379.

20 Friedrich Daniel Ernst Schleiermacher: Über die Religion. Reden an die Gebildeten unter ihren Verächtern, Berlin 1799 (anonym).

21 Ders.: Der christliche Glaube nach den Grundsätzen der evangelischen Kirche im Zusammenhange dargestellt, 2 Bde, Berlin 1821–22.

22 Handschriftlicher Vermerk im Typoskript: **Alles Folgende fällt aus bis y. Anschluß s. Blatt y**. Das bedeutet: Im Buch sind mehr als 35 Bögen des Manuskripts gestrichen.

23 Johanna Mathieux: Sechs Lieder für eine Singstimme mit Begleitung des Pianoforte op. 7, in Musik gesetzt und der Frau Baronin Bettina v. Arnim geb. Brentano in tiefster Verehrung gewidmet. Berlin [o. J.]

24 »Nachtlied«, ebd., Nr. 1, S. 4.

25 Kronprinz Karl von Württemberg (1823–1891), seit 1864 König von Württemberg. 1841 Besuch der Universität Berlin.

26 Diesen Absatz über Bettina von Arnim hat Martin Greiner in das dritte Kapitel des zweiten Teils des Buches »Aus den Tagen der Romantik« verschoben.

27 »Haschespiel der kinder, wobei das greifende dem verfolgten einen leichten schlag oder z. zu geben hat« (Jacob Grimm, Wilhelm Grimm: Deutsches Wörterbuch, Bd 15, Sp. 436).

28 Gemeint ist wahrscheinlich das zu der Zeit berühmte Bild des romantischen Malers Ferdinand Theodor Hildebrandt: »Die Ermordung der Söhne Eduards IV.«, 1835.

29 »Die Hussitenpredigt«, 1836, ist ein Hauptwerk des romantischen Malers Carl Friedrich Lessing, eines führenden Vertreters der Düsseldorfer Malerschule.

30 Ouvertüre von Ludwig van Beethoven.

31 Oper von Christoph Willibald Gluck.

32 Friedrich Schleiermacher an den Herrn Geheimen Rath Schmalz; auch eine Rezension, Berlin 1815.

33 Goethe schildert in seiner autobiographischen Schrift: Aus meinem Leben. Dichtung und Wahrheit. Vierter Theil, WA I, 29, Weimar 1891, seine Liebe zu Lili Schönemann und seine Trennung von ihr, die später den Bankier Bernhard Friedrich von Türckheim heiratete.

34 Name nicht identifiziert.
35 Opern von Christoph Willibald Gluck.
36 1838 fand die erste Deutschlandtournee der Sopranistin Pauline Viardot-Garcia mit ihrem Schwager, dem belgischen Violinisten Charles de Bériot, statt.
37 Figur in Shakespeares »Hamlet«.
38 Von Fürst Anton Heinrich Radziwill.
39 Adelheid von Treskow.
40 Name nicht identifiziert.
41 Bernhard Romberg, Cellist.
42 Hildegard von Schwerin-Putzar geb. Schleiermacher.
43 Der nun folgende Rest des Tagebuchs ist im Manuskript zunächst von fremder Hand, dann maschinenschriftlich fortgeführt. Am Rande findet sich eine eigenhändige Anmerkung von Ernst Rudorff, das Geschriebene muß ihm also vorgelegen haben.
44 Darstellung von Szenen aus Malerei, Plastik u. a. oder von Geschehnissen jeglicher Art durch stumme, regungslos verharrende Personen.
45 Oper von Gioacchino Rossini.
46 Vermutlich das Lied »Der Hirt auf dem Felsen« (D 965), das Schubert 1828 für Anna Milder komponierte.
47 Victor Lichtenstein, Cousin Maries.
48 Die Krypta des Doms zu Brandenburg entstand 1165.
49 Hier bricht die Abschrift aus Marie Lichtensteins Tagebuch ab. Es folgt im Manuskript eine von Elisabeth Rudorff erstellte Zusammenfassung der »Bemerkungen aus Tante Marie Hoffmeister's Tagebuch über Vater.« Das sind acht weitere Eintragungen meistens des Inhalts: »Ernstchen ist ein gar zu liebenswürdiges Kind« u. ä.
50 Die hier eingefügten Briefe befinden sich maschinenschriftlich im Manuskript und sind nicht ins Typoskript übernommen worden.
51 Marianne Bargiel. Ihr zweiter Mann, August Adolph Bargiel, starb 1841.
52 Vermutlich sind hier zwei Söhne Marianne Bargiels gemeint, die vier Kinder aus zweiter Ehe hatte, darunter Claras Halbbruder Woldemar Bargiel, der zu diesem Zeitpunkt 13 Jahre alt war.
53 Der 1829 geborene Pianist Anton Grigorjewitsch Rubinstein trat 9-jährig erstmals öffentlich auf, kam 1840 nach Paris und unternahm anschließend eine Konzertreise, u. a. nach Deutschland.
54 Theresa und Maria Milanollo, Violinvirtuosinnen, Wunderkinder. Sie unternahmen 1842 bis 1848 gemeinsam Tourneen.
55 Der Violinvirtuose Heinrich Wilhelm Ernst.
56 Rudorff zitiert weiter unten Valdec Rudorff mit dem Namen »Wilhelm Sievers«. Welcher Vorname zutrifft, ist unklar.
57 Dr. Rudorff, Das Amt Lauenstein, Beschreibung 1845. Ein Exemplar dieses Erstdrucks war nicht zu erhalten.
58 Rudorff, Advocat Dr., Das Amt Lauenstein, in: Zeitschrift des historischen Vereins für Niedersachsen, Jg. 1858, Hannover 1860, S. 209–369; mit einem Nachtrag vom Amtmann Niemeyer, S. 370–384.
59 »Die Redaction«. Ebd., S. 209.
60 Hieb ist die Hiebwunde oder Hiebspur. Gemeint sind hier wohl eher Hiebwaffen.

61 Breite Form des Burschenbandes. Bestandteil der »Wichs«, dem Festgewand von Chargierten der Burschenschaften.

62 Schwere Stiefel, die bis zu den Knien oder höher reichen.

63 Im Manuskript steht hier eine Anmerkung Ernst Rudorffs am Rand: **Nach dieser Druckschrift suchen, und sie ... als Anmerkung anfügen. Wenn sie nicht zu finden ist, so hat eine Anmerkung diese Thatsache mitzutheilen.**

64 Titel aus dem »Corpus Juris Civilis«, einer von Kaiser Justinian I. (527–565) zusammengestellten Sammlung des Römischen Rechts. Diese umfaßt vier Teile, deren zweiter Teil, die Pandekten (Digesten), eine Sammlung des Juristenrechts enthält, die aus Auszügen von 50 Büchern römischer Juristen besteht. Diese Sammlung wurde im Mittelalter ihrerseits in vier Teile unterteilt, »Digestum vetus«, Infortiatum«, »Tres partes« und »Digestum novum«.

65 Die Zeitschrift für geschichtliche Rechtswissenschaft erschien seit 1815 in Berlin, hg. von Savigny, Eichhorn und Göschen. Nachdem die beiden letzteren nach Göttingen gegangen waren, übernahm Klenze seit 1828 deren Aufgaben. Er erscheint ab Bd 8 (1835) auf der Titelseite als Mitherausgeber. Nach Klenzes Tod übernahm ab 1839 Adolf Rudorff die Mitherausgabe. In Bd 10, H. 2 (1840), S. 195–231 erschien Georg Friedrich Puchtas Aufsatz: Über den Inhalt der Lex rubria de Gallia cisalpina

66 Gemeint ist wahrscheinlich Georg Friedrich Puchta: Das Gewohnheitsrecht. Zweiter Theil, Erlangen 1837.

67 Johannes Christiansen, Jurist an der Universität Kiel. Möglicherweise ist hier angespielt auf dessen Buch: Die Wissenschaft der römischen Rechtsgeschichte im Grundrisse, Altona 1838.

68 Adolf Rudorff, Das Ackergesetz des Spurius Thorius, erschien erstmals in der Zeitschrift für geschichtliche Rechtswissenschaft, Bd 10, H. 1. Berlin 1839, S. 1–194.

69 Alain-René Lesage, Histoire de Gil Blas de Santillane (Geschichte des Gil Blas von Santillana), erschienen in vier Teilen 1715–1735; pikarischer Abenteuerroman.

70 Der Landschaftsmaler Claude Lorrain (1600–1682).

71 Der Maler Nicolas Poussin (ca. 1594–1665) übte Einfluß auf die Historienmalerei aus.

72 Robert le Diable; Oper von Meyerbeer.

73 La Muette de Portici; Oper von Auber.

74 Im Manuskript steht: »B.(urckhardt)«. Das in Klammern Gesetzte ist gestrichen.

75 Burchardi, Georg Christian, De lege Rubria, Kiel [1839].

76 Wort nicht identifiziert.

77 Puchta bezieht sich wahrscheinlich auf folgendes Werk Savignys: System des heutigen Römischen Rechts, Bd 1, Berlin 1840, Vorrede S. IX–L; »Geschrieben im September 1839«.

78 Georg Friedrich Puchta, Cursus der Institutionen, Leipzig 1841–1847.

79 Karl Sell, De Romanorum nexo et mancipio commentatio, Brunsvica 1840.

80 Johann Albrecht Friedrich Eichhorn.

81 Koterbrechen bei vollständigem Darmverschluß.

82 Nach Notker von St. Gallen um 900; Kirchenlied.

83 Friedrich Carl von Savigny, System des heutigen Römischen Rechts, Sechster Band, Berlin 1847, erste Abtheilung (§ 256–279): Über die »Litis Contestation«. Laut Vorrede ist diese Abteilung vorab erschienen, bevor der ganze Band fertig war.

# Teil IV: »Meine Kindheit und Jugend im Elternhause«[1]

*<Zweiter Teil*

*Mein Elternhaus*

*1. Kapitel*

*Geburt und Taufe – Musikalische Veranlagung – Die Liebesche Privatschule – Der Umzug nach der Friedrichstraße – Vater und Mutter – Behagliche Wohnung – Alt-Berliner Weihnachten – Die »Lotten« – Kindheitserinnerungen an Ludwig Tieck>*

*Eine Reise von Norddeutschland in die Alpenwelt gehörte in den ersten Jahrzehnten des neunzehnten Jahrhunderts noch immer zu den etwas ungewöhnlichen Unternehmungen. Der Wandertrieb meines Vaters jedoch war stark genug, alle etwaigen Bedenken wegen der für seine Verhältnisse nicht unerheblichen Kosten beiseite zu schieben und für den Beginn der Sommerferien des Jahres 1839 einen Besuch des Salzkammergutes mit seiner Frau in Aussicht zu nehmen.* Dresden, über das der Weg führt, war meinen Eltern schon bekannt. Im Jahre 1835 hatten sie hier den Onkel Tieck besucht und unvergeßliche Tage mit ihm, seiner Frau, der »Tante Malchen«[2], und der unverheirateten ältesten Tochter Dorothea zugebracht. Meine Mutter hatte es damals besonders beglückt, die von ihr sehr geliebte Kusine nach langer Trennung einmal wiederzusehen. In einem Briefe an Marie Lichtenstein schrieb sie: »Dorothea ist zwar eine sehr eifrige Katholikin, dabei aber so milde, so wahr und so unbändig gescheut, daß ich oft dachte, mit ihren klugen prächtigen Augen sehe sie dem Andern bis in die Seele. Dabei ist sie völlig einfach und anspruchslos und dadurch erst besonders anziehend.« Jetzt, nach vier Jahren, fanden sie Tieck als Witwer wieder, berührten Dresden nur kurz, suchten in Teplitz Savigny auf und empfingen dann den ersten neuen großen Eindruck, als sie bei herrlichster

Abendbeleuchtung in Prag eintrafen. Die Lage der Stadt, die Moldau-Brücke, der Hradschin entzückten sie im höchsten Grade. Zwei Reisetage in der Post durch uninteressantes böhmisches Land bei schlechtem Wetter und noch schlechteren schmutzigen Gasthöfen ernüchterten sie. Nachdem aber Budweis erreicht war, schien ein Paradies sich zu öffnen. Eine Pferde-Eisenbahn führte sie an Bergabhängen entlang durch herrliche grüne Gegenden nach Linz. Hier wanderte man nachmittags zum »Jägermeyer« hinauf, um von dort aus die Gegend zu überschauen. »Ach, das wird wieder ein schweres Gewitter geben!« rief meine Mutter aus, als sie oben anlangte und im Süden am Horizont große weiße und graue Massen erblickte, in denen sie aufsteigende Wolkengebilde zu erkennen glaubte. »O nein, meine Gnädige«, redete ein neben ihr stehender Herr sie an, »das sind keine Wolken, das sind die Alpen!« Das Erstaunen war groß, und nun folgte in den nächsten Tagen eine überraschende Herrlichkeit der anderen. *In Gmunden sahen sie zum ersten Male das Gebirge in der Nähe. Der Vollmond sandte seine Strahlen vom Himmel herab und tauchte die große Landschaft in Silberschein. Über den grünen Traunsee ging es nach Ebensee, dann weiter nach Ischl, und endlich krönten der Anblick von Salzburg und eine Fahrt über den Königssee die Reihe ungeahnter Eindrücke. Meine Eltern haben später in der Schweiz ja noch Großartigeres kennengelernt, aber Schöneres meinten sie niemals gesehen zu haben, als das Salzkammergut. Sie behaupteten, kein Alpenfluß habe eine so smaragdgrüne Farbe wie die Traun und nirgends wüchsen so duftige Alpenveilchen wie bei Gmunden und Salzburg. Ihr Herz gehörte der Erinnerung an den unvergleichlichen Zauber jenes ersten Erlebens der Alpenschönheit.* Auch ein paar Andenken brachten sie mit in die Heimat. Ein Cyclamen[3], das sie bei Berchtesgaden ausgegraben hatten, wurde in Lauenstein in einen Blumentopf gepflanzt und empfing sie noch alljährlich am Fenster der unteren Wohnstube mit seinen Blüten, wenn sie im August dort einkehrten.

Ein anderes Mitgebrachtes hatte ein noch dauerhafteres Leben. In Linz hatten sie von der Militärmusik einen Walzer und einen Galopp spielen hören, die ihnen so ausnehmend gefielen, so starken Eindruck machten, daß sie beide Stücke vollkommen deutlich im Gedächtnis behielten. Sie versuchten, sie auf dem Klavier vierhändig zu spielen, mein Vater links, meine Mutter rechts, und dies gelang so vortrefflich, daß sie nicht nur sich selbst, sondern auch manchen guten Freunden die größte Freude damit machten. Im Buttmannschen Hause wurde kaum ein Geburtstag gefeiert, an dem nicht diese beiden lustigen Tänze von ihnen vorgetragen werden mußten. Und das ging so fort bis in das letzte Lebensjahr meines Vaters. In der Tat weist diese Musik, die mir selbst natürlich noch heute vollkommen gegenwärtig ist, eine so große natürliche Anmut und Frische der Erfindung auf, daß sie um dessentwillen dem Besten ihres Genres an die Seite gesetzt werden darf.[1]

*Mitte September 1839 trafen die Reisenden, nachdem sie noch einige Tage in München zugebracht und dort Clemens Brentano besucht hatten, über Regensburg, Nürnberg, Würzburg, Brückenau, Fulda und Kassel in Lauenstein ein. Nach weiteren vier Wochen mußte nach Berlin zurückgekehrt werden. Man fuhr über Wernigerode, um Radecke zu sehen, und dann weiter über Halberstadt nach Magdeburg. Die ganze lange Schnellpostreise durch österreichisches, bayerisches und hessisches Land war ohne Unfall verlaufen, hier aber, nicht weit von Magdeburg, wurde der Wagen umgeworfen, und beide Insassen fielen in den Chausseegraben. Mein Vater erlitt nur eine geringe Quetschung am Auge, ernstlicher besorgt war man um meine Mutter, deren augenblicklicher körperlicher Zustand jedes Fallen, jede starke Erschütterung bedenklich erscheinen ließ. Doch bald erwiesen sich die Sorgen als unbegründet. Nachdem drei weitere Monate vergangen waren, ereignete es sich, daß ich als erstes und einziges Kind meiner Eltern nach beinahe achtjähriger Ehe ungeschädigt das Licht der Welt erblickte.* Daß dies am Abend des 18. Januar 1840 geschah, ist bereits in dem Tagebuch von Marie Lichtenstein erwähnt worden. Man nannte mich, solange ich noch nicht getauft war, scherzweise »Mühlenbruch«, weil die Wöchnerin den seltsamen Traum gehabt hatte, sie habe einen Sohn zur Welt gebracht, der sechs Jahre alt sei und Mühlenbruch hieß. *Meine Mutter*, die im übrigen eine durchaus kräftige, körperlich und seelisch gesunde Natur besaß, *litt ungewöhnlich lange unter den Nachwehen des Wochenbettes*, das namentlich ihr Nervensystem erschüttert hatte. *Viele Wochen hindurch, während sie noch das Bett hütete, führte die Tante Mine Alberti meinem Vater den Haushalt. Endlich war der krankhafte Zustand überwunden, und am 21. März, dem Geburtstage meines Vaters, sollte die Taufe stattfinden. Die Wohnung meiner Eltern bot nur beschränkten Raum, während im Verhältnis dazu die Anzahl in Berlin*

1 Ich nehme als fast gewiß an, daß namentlich der reizende Walzer auf den alten Johann Strauß, den Vater des Fledermauskomponisten, oder aber auf Lanner als Komponisten zurückzuführen ist. Eine sorgsame Nachforschung, an der ich es bis jetzt leider habe fehlen lassen, müßte dies voraussichtlich bestätigen. Wenn mich mein Gedächtnis nicht täuscht, wurde der Walzer früher einmal der »Bajaderen-Walzer« genannt. [Die sorgsame Nachforschung bestätigt Rudorffs Vermutung: Der Bajaderen-Walzer op. 53 ist von Johann Strauß d. Ä.]

*wohnender Verwandten und Freunde recht beträchtlich war. Um nun die Empfindlichkeit namentlich gewisser zur Familie gehöriger Elemente zu schonen, die jedenfalls beansprucht haben würden, mit Mann und Maus als Gäste eingeladen zu werden, beschlossen meine Eltern, nur »Paten« um ihr Kommen zu bitten. Da man jedoch wiederum um keinen Preis auf die Anwesenheit von dem oder jenem lieben Freunde verzichten wollte, so war die Folge, daß sich schließlich die erstaunliche Anzahl von achtzehn Gevattern zusammenfand, und damit war*, obwohl einige als Auswärtige und Fernbleibende nicht mitzählten, *die äußerste Grenze dessen erreicht, was die paar Stübchen in der Leipziger Straße fassen konnten.* Von der Steffensschen Familie erschien nur der Vater Steffens, von der Zschockschen nur die Tochter Marie als Patin. Trotz des deutlich verkündeten Prinzips aber, nur eben »Paten« zu laden, waren die nicht geladenen übrigen Glieder der Familie natürlich dennoch sehr beleidigt, zumal als entdeckt wurde, daß der junge Assessor Adolf von Eckenbrecher[II], obwohl Nichtpate, in ein kleines Nebengemach eingelassen worden war, um von dort aus die Rede des Predigers Sydow nachzuschreiben. Schließlich verlief die Feier in der Hauptsache zu allgemeiner Zufriedenheit, und die kleinen Fatalitäten lieferten noch bis in späte Zeiten einen belustigenden Gesprächsstoff. Ohne mich auf die Aufzählung sämtlicher Paten einzulassen, erwähne ich nur das Nachfolgende. *Ich wurde Ernst Friedrich Carl getauft. Die Namen Friedrich Carl verdanke ich dem väterlichen Freunde meines Vaters, Friedrich Carl von Savigny, während der Name Friedrich zugleich der meines verstorbenen Großvaters Rudorff und Carl der meines damals noch lebenden Großvaters Pistor war. Ernst nannte man mich zum Andenken an den früh im Kriege gefallenen jüngsten Oheim meines Vaters und auch nach meinem mütterlichen Großonkel Ernst Radecke in Wernigerode. Auch mein Großonkel H[enrik] Steffens gehörte*, wie gesagt, *zu meinen Paten, ebenso der Philologe Karl Lachmann und der Prediger Philipp Buttmann. Keines aber von allen angebahnten Patenverhältnissen wurde von größerer Bedeutung für mein ganzes Jugendleben bis in das reife Mannesalter hinein als das zu der geliebtesten Freundin meiner Eltern, Marie Lichtenstein.* Daß diese den Namen Marie von ihrem Paten Carl Maria von Weber erhalten hatte, ist schon gesagt worden. Ich aber war nicht wenig erfreut, als ich nach einigen Jahrzehnten einmal zufällig entdeckte, daß Webers vollständige Vor-

II Eckenbrecher hatte sein Assessorexamen am 18. Januar 1840 bestanden, also an dem Tage, an dem ich geboren wurde, was er mir später immer aufs neue erzählte.

namen Carl Maria Friedrich Ernst lauteten. Unbewußt hatte also mir Marie Lichtenstein gleichsam die von ihr übriggelassenen Namen Webers, die nur in umgekehrter Reihenfolge die meinen geworden waren, als Patengeschenk in die Wiege gelegt.

*Nach Berichten, die ich in Briefen meiner Eltern finde, war ich ein geistig früh entwickeltes Kind, dessen Erregbarkeit eher zum Dämpfen als zum Anreizen veranlassen mußte.* Am 5. Oktober 1841 schreibt mein Vater aus Wernigerode an seine Mutter in Lauenstein: »Ernst hat das ganze ›Misekätzchenlied‹ (Aus Tieck's Rothkäppchen)[4] gelernt und quält nun immer um das a.b.c. Man muß ihn mit Gewalt zurückhalten und auf körperliche Übungen reduciren, damit die kleinen Glieder des Geistes nicht ausgerenkt werden.« Nichtsdestoweniger richtete mein Vater einmal in jener Zeit die Worte an mich: »b – a spricht man ba aus, wie lautet nun b – e?« Ich soll geantwortet haben: »Laß mich doch, ich bin ja noch so klein.« Mein Vater erzählte oft, in welchem Grade ihn diese »Weisheit aus Kindermund« betroffen und für die Zukunft vorsichtig gemacht habe. *Ganz besonders früh trat musikalische Begabung zutage. In einem* späteren *Brief vom 20. Februar 1842 an die Großmutter berichtet mein Vater:* »Ernst spricht jetzt ganz zusammenhängend und korrigirt sogar schon Rose's (des Kindermädchens) schlesische Provinzialismen durch ein ›So heißt es nicht‹. *Er kann Gott weiß wie viele Lieder auswendig und kennt einige dutzend Melodieen, wenn man ihm nur den Anfang spielt.* Von Lauenstein weiß er Alles, was dagewesen, von Großmama bis zu dem Kälbchen herab.« Meine Mutter fügt auf einem Begleitblatt hinzu: »Ernstchen sang eben neben mir ›gestern Abend war Vetter Michel da, er nahm das Mädchen bei der Hand und machte sich mit ihr erkannt‹. Dies sang er neulich auf der Straße; da sagte ein vorübergehender Herr: ›na du kannst es weit bringen, du fängst früh an‹.« *Deutlich erinnere ich mich selbst, daß ich mit lebhaftester Freude zuhörte, wenn meine Mutter Klavier spielte oder zur Begleitung meines Vaters sang, aber auch wenn beide Eltern miteinander vierhändig musizierten. Bald folgten Versuche, selbst auf den Tasten herumzutippen, und womöglich irgendein Stückchen Melodie nachzuspielen. Ein Hauptvergnügen war es, wenn meine Mutter mir erlaubte, zu einigen Takten, die sie selbst spielte, einen zu den Harmonien passenden Ton in der obersten Oktave als liegende Stimme wiederholt anzuschlagen. Die Namen der Tasten hatte ich bald gelernt, auch die Notenschrift begriff ich leicht. Eines Tages zeigte sich, daß ich die Töne auch aus der Entfernung, ohne auf das Klavier zu sehen, mit Sicherheit erkannte und bei dem richtigen Namen zu nennen wußte.*

*Meine Mutter fand darin nichts Besonderes, da sie selbst das sogenannte »absolute Tonbewußtsein« von Jugend an in großer Schärfe besessen.* Noch in ihren spätesten Jahren gab sie mir ungewollt einen eigentümlichen Beweis davon. Sie hatte ein neues Pianino bekommen, das in einer etwas tieferen Stimmung stand, als sie es von Klavieren gewohnt gewesen war. Einmal hörte ich sie von der Nebenstube her den ersten Satz der Cis-moll-Sonate von Beethoven spielte. Als ich eintrat fand ich, daß sie ihn in d-moll spielte. Es war ihr so peinlich gewesen, wenn sie cis-moll anschlug c-moll zu hören, daß sie vorgezogen hatte, das ihr vertraute Stück um einen halben Ton aufwärts zu transponieren, um es mit ihren Ohren in cis-moll zu hören. *Überhaupt sahen meine Eltern, weil sie selbst von Grund aus musikalisch waren, ohne davon viel Wesens zu machen, in der musikalischen Anlage ihres Kindes nichts anderes als etwas Selbstverständliches, das, ohne allzu eifriger Pflege zu bedürfen, zu einem angenehmen Schmuck des Lebens sich auswachsen würde. Erst nach vielem Drängen gelang es meiner Patin* Marie Lichtenstein, *meine Eltern, als ich etwa fünf Jahre alt geworden war, zu überzeugen, daß es an der Zeit sei, meiner wild aufschießenden Klavierklimperei ein Ende zu machen, und ein Talent, das sich durch Gehör, rasches Auffassen und leidenschaftliches Vergnügen an aller Musik deutlich genug kundgab, nicht länger ohne irgendwelche Zucht vegetieren zu lassen. Sie erbot sich, den Klavierunterricht selbst zu übernehmen, und so wanderte ich denn von nun an unter dem Schutze der alten Rose, eines braven schlesischen Dienstmädchens, das lange Jahre hindurch im Hause meiner Eltern die Stellung einer Oberhofmeisterin einnahm, zweimal in der Woche in die Klavierstunde von der Leipziger Straße zur Universität. Hier im obersten Stockwerk des Universitätsgebäudes bewohnte Lichtenstein damals als Direktor des ebendaselbst untergebrachten zoologischen Museums die Zimmerreihe, die dem Opernhause gerade gegenüber liegt und eine Aussicht bietet, wie sie in Berlin fast ohnegleichen ist. In dem östlichen Eckzimmer, das für die Tochter eingerichtet war, fand der Unterricht statt. Mit Logiers Klavierschule wurde begonnen. Die kleinen strohernen Stückchen, die den Übungsstoff dieser Schule bilden, verschlang ich zum großen Ergötzen meiner Lehrmeisterin mit Begeisterung. Der Hunger war eben auch in diesem Falle der beste Koch, ließ alles herrlich erscheinen, was ihm vorgesetzt wurde.* Dann folgten Bertinische Etüden und eine Reihe anderer angemessener Sachen, deren ich mich nur teilweise erinnere. Eines der ersten wirklich schönen Musikstücke, die ich spielen durfte, war das reizende Kinderstück in Es-Dur von Mendelssohn. Ich entsinne mich genau, daß sich damit für mich das

Aufgehen einer neuen Erkenntnis verband. Nie war mir bisher eingefallen, daß die Musik, die ich spielte oder spielen hörte, von einem bestimmten Menschen komponiert sein müsse. Sie war eben da, wie Träume und Tränen und andere Dinge auch da sind seit Erschaffung der Welt. Nun spielte ich ein Stück, das der Mensch Felix Mendelssohn gemacht haben sollte; derselbe Mendelssohn, von dem meine Mutter sagte, sie wolle mich zu ihm schicken, wenn ich größer geworden sei, damit er mein Lehrmeister in der Musik würde. Das erschien mir höchst merkwürdig. Einstweilen aber war die »Tante Marie« meine Lehrmeisterin, und *ich werde nie aufhören, ihres vortrefflichen grundlegenden Unterrichtes mit innigster Dankbarkeit zu gedenken. Daß sie ausgezeichnet Klavier spielte, über eine hervorragende Technik verfügte und mit großer Anmut vortrug, braucht hier nicht wiederholt zu werden. Aber sie war zugleich vermöge ihrer ganzen Charakteranlage, ihrer Gewissenhaftigkeit und inneren Tüchtigkeit geradezu eine geborene Lehrerin. Weil sie selbst ihre Studien bei Logier und W. Taubert in peinlichster Pflichterfüllung mit musterhaftem Fleiße getrieben hatte, so wußte sie auch, was sie von anderen zu fordern hatte, wenn etwas Ordentliches erreicht werden sollte. Sie liebte mich, schon weil ich das Kind meiner Eltern war, mit Zärtlichkeit und ließ mir doch keine Nachlässigkeit, keine Schlaffheit ungerügt durchgehen. Sooft ich nicht ernsthaft genug geübt hatte, gab es Schelte auf ihrer und Tränen auf meiner Seite. Ja unter Umständen, wenn ich allzu ungenügend vorbereitet war, wurde ich mit meiner Rose ohne weiteres nach Hause geschickt und konnte dann sehen, wie ich mit meiner Schande fertig wurde. Ihre Strenge aber war nur die natürliche Frucht echter, wahrer Liebe, und darum weckte sie auch nichts als tiefe, unauslöschliche Gegenliebe und Verehrung. Es war ein wirkliches Mißgeschick für mich und meine Entwickelung im Klavierspiel, daß dieser vorzügliche Unterricht, nachdem er kaum zwei Jahre gedauert hatte, schon wieder sein Ende finden mußte. Marie Lichtenstein verlobte sich zu allgemeiner Überraschung mit ihrem theologischen Vetter August Hoffmeister, der kaum etwas älter war als sie selbst, und heiratete ihn, nachdem er eine bescheidene Anstellung im braunschweigischen Lande gefunden hatte, im Sommer des Jahres 1847.* Ihre Eltern waren anfangs sehr wenig einverstanden mit dieser Verbindung. Der Vater namentlich hatte mit seiner reichbegabten, in den ersten Berliner Gesellschaftskreisen gefeierten Tochter ganz andere Dinge im Sinne gehabt. Sie aber wußte, welchen Edelstein sie in dem stillen, äußerlich unscheinbaren, aber durch die seltensten Vorzüge des Charakters und Herzens ausgezeichneten Jüngling besaß, und beharrte trotz vieler Kämpfe, die sie deswegen im Elternhause zu bestehen hatte, unerschütterlich auf ihrem Entschluß, ihr Lebensschicksal an das seine zu knüpfen. Meine Eltern verstanden sie vollkommen. Sie hatten den jungen Hoffmeister, während er in Berlin studierte, von Herzen lieb gewonnen und die Tiefe seiner Natur vollkommen erkannt. Geraume Zeit waren dann auch sie die einzigen gewesen, die von dem heimlichen Verlöbnis wußten. Als dann schließlich die Tatsache dem Vater und der Mutter Lichtenstein mitgeteilt werden mußte, ließ die Treue, mit der sie der Freundin jetzt in der schwierigen Lage zur Seite standen, das schöne Band, das zwischen ihnen und dem jungen Paar bestand, vollends zu einem unauflöslichen für alle Zeit werden. Am 8. August 1847 fand die Hochzeit statt, nachdem der Polterabend bei meinen Eltern gefeiert worden war. Adelheid von Treskow, die sehr geliebte Jugendfreundin der Braut, die jetzt schon seit einigen Jahren mit dem General Priem verheiratet war, schickte ihr am Morgen der Hochzeit mit einem Blumenstrauß ein Blatt, auf das sie die folgenden Verse Rückerts geschrieben hatte:

»Wohl endet Tod des Lebens Noth,
Doch schauert Leben vor dem Tod.
[...]
So schauert vor der Lieb ein Herz
Als wie vom Untergang bedroht:
Denn wo die Lieb' erwachet, stirbt
Das Ich, der dunkele Despot.
Du laß ihn sterben in der Nacht,
Und athme frei im Morgenroth.«[5] –

Das Persönlichste berührte noch unmittelbarer und inniger ein Gedicht, das der Onkel Henri Hotho verfaßt hatte, und das, während er selbst auf Reisen abwesend war, von einem Dritten an der Hochzeitstafel verlesen wurde. Es lautete:

»Was Schönres als das Reich der Töne,
Der Melodieen Künstlerthum!
Was giebt es, was noch reicher kröne,
Als Piano- und Gesellschafts-Ruhm!

Doch kenn ich eine andre Stille
Tief in verschlossenem Gemüth!
Gesegnet wem ein Rosenwille
Auf diesem Lebenspfade blüht.

Du warst den ersten Weg gegangen:
Kopfschüttelnd sahn wir lang dich gehn.

Doch ein unendliches Verlangen
Es hiess dich plötzlich stille stehn.

Die Leere in der steten Fülle
Beschlich dich einsam gutes Kind:
Du wurdest im Getümmel stille
Und du erfuhrst, was Thränen sind.

Und neben dir in weiter Ferne
Seit langen Jahren unvermerkt,
Du hattest ihn von jeher gerne
Zu Liebe angefacht, verstärkt!

Und Er? Wird wahr das Sprichwort werden:
Die stillen Wasser nur sind tief.
Wir sahn für alle hell erwachen,
Was nur für Fremde scheinbar schlief.

Wissen, Gewissen, streng Gemüthe,
Witz, Bravheit, frohe Lebenslust,
Und jener namenlosen Güte
Ausdauer in gepresster Brust. –

Der ich umher jetzt rastlos schweife
Von Stamm zu Stamm, von Land zu Land,
Nach allem Fernsten mühsam greife
Bis ich die Losungsworte fand,

Mich rührt zu unsagbarem Sehnen
Beschränkten Glücks Unendlichkeit,
So sag' ich Euch mit Freudenthränen:
Wie ist die Enge gross und weit! –«

An diesem feierlichen Tage geschah es auch, daß zwischen den beiden Ehepaaren Rudorff und Hoffmeister ausgemacht wurde, man wolle sich von nun an nicht mehr nur wie schon bisher von Mann zu Mann und Frau zu Frau mit »Du« anreden, sondern das »Du«-Sagen auch kreuzweis einführen. Meine Mutter stand dem beträchtlich jüngeren August Hoffmeister, der schon als Student in ihr Haus gekommen war, von jeher halb mütterlich sorgend gegenüber, und so wurde der Beschluß ohne jede besondere Anstrengung in die Tat übersetzt. Zwischen meinem Vater und meiner Patin Marie aber wollte das »Du« durchaus nicht in Zug kommen, und so ließ man es für die Zukunft beim lieben gewohnten »Sie« bewenden, das beiden Teilen behaglicher war. *Die Neuvermählten hatten zuerst ihren Wohnsitz zunächst in Wolfenbüttel. Schon nach wenigen Monaten aber wurde August Hoff-*

*meister als Geistlicher nach Blankenburg am Harz an die kleine Spitalkirche zum »Heiligen Geist« berufen. Hier wirkte er bis zum Jahre 1855*[6]*, um dann als Pastor nach dem nahegelegenen Dorf Wienrode versetzt zu werden, wo beide bis zu ihrem Tode blieben. Für meine Eltern bedeutete das Fortziehen von Marie Lichtenstein einen Verlust in ihrem Umgang, wie sie kein anderer empfindlicher hätte treffen können. Niemand stand ihnen beiden so nahe wie sie. Jeden Montagabend brachte sie allein bei ihnen zu, als stets mit Verlangen erwarteter Gast. Ich sehe noch auf dem Teetisch den Teller mit kleinen eigentümlichen Kuchen stehen, die regelmäßig ihr zuliebe besorgt wurden, und was mehr ist, noch folgen mir aus jenen frühesten Tagen Klänge, die ihre Hand an solchen Abenden unserm dürftigen Klavier entlockte. Ein kleiner anmutiger Walzer in As-Dur von Chopin*[7]*, der erst nach dem Tode des Komponisten veröffentlicht wurde, den sie aber schon damals in einer Abschrift durch den Grafen Costa erhalten hatte*[8]*, gehört hierher. Wie etwas Wunderbares und unendlich Liebes, das mit nichts anderem zu vergleichen war und von fernster Ferne redet, erscheint mir diese Musik noch heute, wenn sie einmal wieder mein Ohr berührt.*

*In den Anfangsgründen des Schreibens, Lesens und Rechnens hatte mich schon früh meine Mutter unterwiesen. Geographie wurde an der Hand eines kleinen Atlas betrieben, der mit Bildern und eigenem Text in Versen geschmückt war. Da stand zum Beispiel zu lesen: »Asien ist der Menschheit Wiege und des Glaubens Vaterland«, wobei ein Kind sich natürlich gar nichts denken kann, oder alles eher als das, was gemeint ist. Das hinderte aber nicht, daß ich für diesen Atlas eine besondere Liebe faßte. Als ich sechs Jahre alt geworden war, schickte mich mein Vater in die »Liebesche Privatschule«, die wenige Schritte vor dem Potsdamer Tor in der ehemaligen »Schulgartenstraße« gelegen war. Sie bestand aus zwei Abteilungen und bereitete vorzugsweise Knaben aus den Kreisen der gebildeten Gesellschaft für den Eintritt in die unteren Klassen des Gymnasiums vor. An Verkehr mit Altersgenossen hatte es mir bis dahin allzusehr gefehlt.* Abgesehen von dem Umgang mit Philipp Rosenstiel, einem etwas schwächlichen Sohn einer Jugendfreundin meiner Mutter, *hatte er sich fast ausschließlich auf die in meinem Alter stehende Tochter unsers Hauswirtes namens Bertha M*[eyerhoff] *beschränkt, deren Seele ganz von der Sehnsucht nach einem rosa Jakonettkleid erfüllt war. Obwohl ich diesen Geschmack nicht begriff, erkor ich sie doch zu meiner Braut, wurde auch eines Tages von ihrem Kindermädchen feierlich mit ihr getraut.*

*Genossen, die ich in der Liebeschen Schule fand, waren nun freilich auch in der Mehrzahl nicht von der besten Art. Immerhin lernte ich etwas von dem Treiben anderer kennen, und im Wetteifer mit ihnen kam ich mit den mir gestellten Aufgaben im allgemeinen gut zurecht. Das Auswendiglernen von Gesangbuchversen und dergleichen fiel mir ziemlich schwer, während ich im Gegensatz dazu alle Musik mit ebensoviel Leichtigkeit als Festigkeit im Gedächtnis behielt. Auch später fehlte es mir Gedichten gegenüber an dem gleichsam mechanischen Klebestoff, vermöge dessen bei manchen anderen alles Denkbare von poetischen Erzeugnissen im Kopf wie von selbst haften bleibt. Nur wenn ich im Innersten von einem Gedicht angezogen war, wurde es mir, ohne daß ich mich darum bemühte, zum unverlierbaren Eigentum. Einen ausgeprägten Sinn besaß ich von frühster Kindheit an für Rechtschreibung, und vielleicht verdanke ich es dieser Eigenschaft, daß einer der Lehrer der Liebeschen Schule, ein Herr Büttner, mir besonders gewogen war, was ich dann meinerseits durch Vertrauen und Zuneigung erwiderte.*

*Eine unrühmliche Episode, die in diese Zeit fällt, darf ich nicht unerwähnt lassen. Eine Freundin meiner Großmutter Pistor,* Frau von Schütz[9], die jüngere der beiden bereits früher erwähnten Schwestern[10], *feierte ihren Geburtstag. Zu dieser Feier pflegte zu gehören, daß dieselbe am Vormittag viele gratulierende Damen und Herren bei sich empfing und mit Schokolade sowie den verschiedensten Kuchenherrlichkeiten bewirtete. Ein solcher Geburtstag erschien wieder am Horizont, und ich wünschte lebhaft, von meiner Mutter, wie in früheren Jahren, zum Gratulieren, das heißt zum Schokoladetrinken, mitgenommen zu werden. Als ich an dem bedeutungsvollen Tage in der Schule anlangte, verkündete ich dem Lehrer, ich müsse auf Wunsch meiner Eltern heute schon um zehn Uhr wieder zu Hause sein. Dann, unerwartet früh wieder nach Hause zurückkehrend, berichtete ich meiner Mutter, die Schule sei aus irgendeinem Grunde ausnahmsweise eher geschlossen worden. Dies erschien sehr verdächtig. Man stellte Nachforschungen an, und der doppelte Betrug kam zur großen Betrübnis meiner Eltern zutage. Am meisten entrüstet aber war mein Großvater Pistor, zu dessen Vorzügen eine unbedingte Wahrhaftigkeit gehörte, und der mit Recht nichts mehr haßte als die Lüge. Als er von der Sache hörte, ließ er mich zu sich kommen, hielt mir die Abscheulichkeit meines Verhaltens in den strengsten Worten vor und entließ mich schließlich mit einer Ohrfeige, deren Energie ich bis heute nicht vergessen habe. Der tiefe Ernst, mit dem er den Vorfall auffaßte, sein Kummer, sein Zorn hatten mir einen erschütternden Eindruck gemacht, und so blieb wenigstens die gute Folge nicht aus, daß es mir wie dem Neoptolemos*[11] *von jener Stunde an zu einer – ich möchte beinahe sagen physischen – Unmöglichkeit wurde, eine eigentliche Lüge auszusprechen. Aber wohl mochte zugleich der große Respekt, der mich ohnehin meinem Großvater gegenüber erfüllte, durch dies Erlebnis sich bis zu einer gewissen Scheu gesteigert haben. Er war seit dem Jahre 1844, also für mich so lange ich denken konnte, durch einen Schlaganfall gelähmt, saß unbeweglich und zusammengekrümmt auf seinem Stuhl und hatte unter peinigenden Schmerzen ständig zu leiden, die ihm ein schweres chronisches Unterleibsübel verursachten. Der Schlaganfall hatte ihn eines Abends in einer Gesellschaft bei Ludwig Tieck betroffen. Dieser las den »Egmont«, Pistor hörte mit gespanntester Aufmerksamkeit zu, und als Tieck geendet, setzte er sich zu ihm, um mit ihm über das Stück zu sprechen. Plötzlich sank er bewußtlos um. Ein Arzt wurde geholt, der ihn sofort zur Ader ließ, worauf dann die Besinnung zurückkehrte. Die Sprache fand sich erst nach zwei Tagen wieder ein, die rechte Seite aber blieb dauernd gelähmt. Noch in demselben Sommer reiste er mit meiner Großmutter nach Teplitz, ebenso im darauffolgenden Jahr. Die Bäder taten ihm gut, der Geist war völlig ungeschwächt. Aber er vermochte weder allein zu gehen noch den rechten Arm zu bewegen. So sah er sich denn genötigt, seinen Abschied vom Amt nachzusuchen.*

Den Sommer 1846 verbrachte er mit meiner Großmutter und der Tante Mine in Potsdam. Im sogenannten Russischen Dörfchen hatten meine Großeltern ein hübsches Häuschen gemietet, das in einem Weinberg gelegen war, der zugleich Erdbeerbeete und Kirschenplantagen in sich beschloß. Um der letzteren willen hat es sich wahrscheinlich meinem Gedächtnis besonders angenehm eingeprägt. Mehrere Tage durfte ich mit meiner Mutter dort zu Besuch sein. *Zum Beginn des* nächsten *Frühlings, am 2. April 1847, der auf den Karfreitag fiel, wurde der Großvater von seinen Leiden, die er mit bewunderungswürdiger Ergebung getragen hatte, erlöst. Wohl machte mir sein Tod einen ernsten Eindruck, aber der Verlust meines Großonkels Steffens, der schon 1845 starb und den ich sehr lieb gehabt hatte, war mir nähergegangen. Meine Großmutter blieb in dem schönen alten Familienhause in der Mauerstraße 34 noch bis zu ihrem zehn Jahre später erfolgenden Tode wohnen. Aber immerhin änderte sich vieles. Der Sammelpunkt der Familie ging nunmehr naturgemäß im wesentlichen vom Hause meiner Großeltern auf das meiner Eltern über. Aber dies war nicht die einzige eingreifende Veränderung, die das Jahr 1847 brachte. Das Haus Leipziger*

*Straße 74, in dem meine Eltern seit ihrer Verheiratung zur Miete wohnten, sollte umgebaut werden.* Der Wirt wollte ein drittes Stockwerk aufsetzen, und so wurde ihnen ihre Wohnung im zweiten Stock zum ersten April gekündigt. Wenn diese Behausung auch bei recht beschränktem Raum mancherlei Unbequemlichkeiten gehabt hatte, es waren doch 15 Jahre einer glücklichen Ehe in ihr zugebracht worden, und an einer bescheidenen Behaglichkeit hatte es nicht gefehlt. *Der konservativen Natur meines Vaters war der Gedanke an einen Umzug anfangs sehr zuwider. Aber hier gab es keine Wahl, und so bemühte er sich selbst, auf Wanderungen durch die Straßen der Stadt irgendwo eine Stätte zu finden, die ihm darnach aussah, daß sie ein neues Heimatsgefühl würde wecken können. Er suchte vor allem in den stilleren Stadtteilen, und so geriet er eines Abends, der großen Friedrichstraße folgend, in die Nähe des Halleschen Tores, eine Gegend, die damals noch als reichlich abgelegen erschien.* Neben manchen mehrstöckigen Mietsgebäuden aus neuerer Zeit *war hier noch immer eine stattliche Anzahl von Häusern erhalten, die den behäbigen Charakter des 18. Jahrhunderts zeigten*: über dem Erdgeschoß nur ein einziges, vornehmer gehaltenes Stockwerk und dann abschließend ein mächtiges Dach, aus dem einige Mansardenfenster heraussahen. *Eines dieser Häuser, das die Nummer 226 trug, mutete meinen Vater besonders angenehm an. Ein ausgehängter Mietszettel bekundete, daß hier etwas zu haben war, und so betrat er durch die schwere, breite Haustür den ebenso breiten Hausflur*, wo ein Schild zur Linken den auf ein Mitglied der französischen Kolonie deutenden Namen Salmon Ponge aufwies. *Auf sein Klingeln öffnete die Hausfrau, und eintretend fand er den Wirt, einen Schlossermeister in mittleren Jahren, mit seinem schurzfellbekleideten Gesellen um den eichenen Tisch zum Abendessen versammelt. Schon dieser Eindruck treu bewahrter altbürgerlicher Sitte erweckte das günstigste Vorurteil. Nun stieg man die bequeme, gewundene Treppe zur oberen Etage hinauf. Sie hatte eine Front von sieben Fenstern nach der Straße hinaus. Vom Flur trat man durch eine größere Eingangstür in ein mittleres Zimmer mit zwei Fenstern. Zu seiner Rechten lag ein ebensolches, zur Linken ein stattlicheres dreifenstriges, das sich durch besonders gute Verhältnisse auszeichnete. Ein allerliebstes kleines Stübchen mit der Aussicht auf den Hof schloß sich hier im Winkel an, dann folgten nach hinten heraus die Küche, die wiederum zum Vorplatz hinausführte, und über dieser hinaus abermals ein einfenstriges Hinterzimmer, das sich als Schlafstube gut benutzen ließ. Ein alter Walnußbaum beschattete den Hof, der zu beiden Seiten von niedrigen Gebäuden, links von der*

*Schlosserwerkstatt, rechts von Stallungen und dergleichen, begrenzt war. Ein zweistöckiges Quergebäude in mäßiger Höhe bildete den Abschluß und gewährte zugleich den Durchgang zu dem großen Garten hin, der sich in der ganzen Breite des Grundstückes bis zu den Hintergebäuden der Wilhelmstraße erstreckte. An seinem Ende war dem Mieter der oberen Etage ein Stück zu eigener Benutzung vorbehalten, das außer einigen Blumenbeeten eine schattige Laube enthielt. Von den Mansardenzimmern im Dachgeschoß des Vorderhauses endlich konnte man einen Teil als Gelaß für die Dienstboten und als Fremdenzimmer hinzumieten. Kurz, es war für alles, was wünschenswert erschien, so reichlich gesorgt, und der Mietpreis von zweihundert Talern pro Jahr dabei so mäßig bemessen, daß von Besinnen nicht viel mehr die Rede war und kurze Zeit nach der ersten Besichtigung ein gegenseitiger Kontrakt auf längere Zeit abgeschlossen wurde.* Als dann die Mühen des Umzuges überwunden waren, die hübschen Möbel und Bilder, die meine Eltern besaßen, in den neuen Räumen ihren Platz gefunden hatten, empfand man erst ganz, welch eine Behausung man eingetauscht hatte gegen die enge, eingezwängte Etagenexistenz, in der es kein Stück Garten, ja kaum einen winzigen Hof gab, aber desto mehr Straßenlärm und verdorbene Luft. *In den Briefen meines Vaters an seinen Bruder klingt die glückliche Stimmung wieder, in die ihn die neue Behausung versetzt hatte. Schon vor dem Einzug schreibt er: »Wir bekommen am Ende der Friedrichsstraße eine Wohnung wieder, wie wir sie nie erwartet haben. Ein altes schönes, solides einstöckiges Haus, die ganze beletage mit sieben schönen hohen Fenstern, Hof mit Nußbäumen, großer Garten von beinahe 1 Morgen mit Bohnen und Spargelfeldern; Der Wirth ein alter Freund von Buttmanns«. Und später. »Ich bin ganz glücklich in meinen jetzigen Verhältnissen und wünsche es nur eine Weile so zu behalten ...* Zwei Gärten von mir wohnt ein Gärtner, mit dem ich wegen meiner Blumen in Verkehr getreten bin; *nur 23 Häuser sind bis ans Thor, ich brauche nicht 10 Minuten zu gehen, um die Feldhühner glucken zu hören, Wald und Wiese zu sehen und mit dem Tempelhofer Schäfer, dessen Gerechtigkeit bis an das Territorium des Kammergerichts reicht, oder mit den Dreschern einer einsamen Scheune im Felde ländlich zu konversiren. Das Fuhrwerk aus diesem Thor ist fast durchgängig ländliches, da keine Chaussee nach einer großen Stadt hinaus führt, obgleich es von Halle den Namen hat.«*

*Als Savigny meine Eltern zum ersten Male in der Friedrichstraße besuchte, sagte er: »Kinder, die Wohnung ist Euch ja ganz wie über den Leib gemacht ...« Und so war es.*

Es begann nun auch für mich ein neues Leben. In jenem Quergebäude, das den Hof abschloß, wohnte im Erdgeschoß am Garten eine Schwägerin unseres Wirtes, Witwe eines Postsekretärs Kurtz aus Iserlohn mit ihren vier Kindern. Ein Mädchen und der älteste Sohn waren beinahe erwachsen; die jüngsten aber, zwei Knaben, Karl und Hermann, standen ungefähr in meinem Alter. Sie besuchten eine Schule, die geeignet war, sie zu späterem Eintritt in die Gewerbeschule und so für den Kaufmannsstand vorzubereiten. Mit diesen beiden war bald Kameradschaft geschlossen, und in der guten Jahreszeit fanden wir drei uns in den Nachmittagsstunden fast täglich zu allerlei gemeinsamen Taten zusammen. Namentlich der jüngere, Hermann, war ein allerliebster, gewandter und gescheiter Junge, den ich lieb gewann und mit dem ich, obwohl unsere Lebenswege uns später weit genug auseinanderführten, doch so lange er lebte in herzlicher Beziehung blieb.

Der Garten begann mit einem ziemlich großen freien Platz, auf dem ein Brunnen und zwei alte Walnußbäume standen. Hier ließ sich, wenn noch ein paar andere Genossen sich dazufanden, vortrefflich Barlauf und dergleichen spielen. Ein kleines Stück Boden nahe dem Hause wurde uns zu selbsteigener Bewirtschaftung eingeräumt, so daß wir hier nach Gutdünken graben und pflanzen konnten. Mit großer Vorliebe beteiligten wir uns im Frühjahr als Gehilfen des Onkels Ponge beim Aufsuchen und Stechen der Spargel und mit noch größerer späterhin beim Vertilgen von allem möglichen Obst, von Erd-, Johannis- und Stachelbeeren, Aprikosen, Birnen und Weintrauben, die sämtlich der Garten in vortrefflicher Qualität hervorbrachte.

*Um Ostern 1847 hatte ich die Liebesche Schule verlassen, nachdem ich das meinige darin gelernt. Mit dem Wohnungswechsel mußte also zu gleicher Zeit für* Ersatz rücksichtlich *meines ferneren wissenschaftlichen Unterrichts gesorgt werden. Mein Vater haßte die Berliner Gymnasien mit ihrer Überfüllung, die ja freilich besonders in den unteren Klassen schon damals einen bedenklichen Höhengrad zu erreichen pflegte. Er fürchtete für seinen Sohn die ungesunde Atmosphäre der Schulstuben nicht nur in physischer, sondern mehr noch vielleicht in moralischer Hinsicht. Auch das Schablonenhafte, Unpersönliche und Ungründliche, das dem Massenunterricht als ein fast Unvermeidliches anhaftet, war ihm zuwider. Körperlich war ich zwar gesund, die roten Backen gaben davon Zeugnis, aber doch ließ sich nicht verkennen, daß mein Nervensystem in hohem Grade erregbar und empfindlich war. Dem wollte er begegnen durch eine Erziehung, die mich vor Übermüdung und Über-*

*reizung behütete, die mir das unnötig lange, abspannende Sitzen auf der Schulbank ersparte und mir ebensowohl die Freiheit schenkte, mich in frischer Luft reichlich herumzutummeln, als sie es mir ermöglichen sollte, mich ganz meiner individuellen Anlage gemäß zu entwickeln. Es ist gewiß, daß allen diesen berechtigten Erwägungen Bedenken auf anderer Seite gegenüberstehen, die nicht zu unterschätzen sind. Nur allzuleicht entwickelt sich bei jeder Zurückgezogenheit und so ganz vornehmlich auch bei der Absonderung von dem gemeinschaftlichen öffentlichen Schulunterricht eine Unbeholfenheit, eine Überempfindlichkeit im Verkehr mit der Außenwelt, die dann später hemmend und beschwerend genug auf dem ganzen Dasein lasten kann. Diesen Betrachtungen aber habe ich hier nicht weiter nachzugehen.*

*Kurz und gut, mein Vater faßte den Entschluß, mir Privatunterricht erteilen zu lassen, und so mußte ein Mann gesucht werden, der geeignet war, mich, womöglich in Gemeinschaft mit einem oder einigen Altersgenossen, in denjenigen Fächern zu unterrichten, die im Gymnasium auf der entsprechenden Altersstufe gelehrt werden. In einem Herrn Peters, einem etwas schmächtigen jungen Theologen (?), glaubte man die passende Persönlichkeit gefunden zu haben.*

Rebekka Mendelssohn Bartholdy, die Jugendfreundin meiner Mutter, hatte sich mit dem Professor Dirlichet verheiratet und lebte damals mit ihrem Mann, zwei Söhnen und einer Tochter in Berlin. Gesellige Beziehungen bestanden zwischen meinen Eltern und der Familie Dirlichet nicht mehr. Der jüngste Sohn Ernst war, wie ich mich zu erinnern glaube, ebenso wie ich und mit mir zugleich Schüler der Liebeschen Schule gewesen. Da Dirlichets ganz in der Nähe derselben am Leipzigerplatz wohnten, so ist es wahrscheinlich, daß mich diese Annahme nicht täuscht. Wie dem auch sei, die alten Beziehungen zwischen Frau Rebekka und meiner Mutter wurden wieder hervorgesucht, und Ernst Dirlichet kam zu den verabredeten Stunden, deren wöchentliche Anzahl ich nicht mehr anzugeben weiß, regelmäßig als mein Mitschüler in unser Haus. Wenn er eintrat, so pflegte das erste zu sein, daß er sich auf den Boden warf, mit allen Vieren strampelte und um sich schlug, oder sonst irgend etwas Rüpelhaftes verübte. Er war in jener Periode seines Lebens hervorragend faul, widerspenstig und in hohem Grade unliebenswürdig. Kein Wunder, daß er nicht gerade die Zuneigung meiner Eltern erweckte. Zum Glück fand sich etwa nach einem Jahr in einem Sohne Felix Mendelssohns ein zweiter Studiengenosse ein, der das volle Gegenteil seines Vetters darstellte. Mit seinem Vater war meine Mutter seit ihrer Verheiratung nur ein einziges Mal wieder in Berührung gekommen. Dies geschah, als Mendelssohn im Januar 1842 nach Berlin gekommen war, um hier seinen »Paulus« zum ersten Male in der Singakademie aufzuführen. Meine Mutter, die trotz allen Unmuts über Rungenhagens einschläfernde Leitung noch immer aktives Mitglied geblieben war, sang im Chor mit, glücklich, einmal wiederzuerleben, mit wie hinreißender Gewalt Mendelssohns Persönlichkeit die Geister zu wecken, Chor und Orchester sich dienstbar zu machen wußte. Sie erzählte oft einen für seine Individualität charakteristischen Zug aus jenen Tagen. Als die Berlinerinnen es in den Proben mit ihrem Gesang gar zu schön machen wollten und rührselige Brücken von einem Ton zum anderen hinüberschlugen, klopfte Mendelssohn auf und rief ihnen mit sarkastischer Miene zu: »Bitte, meine Damen, singen Sie nicht mit Ausdruck.« Nichts war ihm unerträglicher, als Übertreiben, falsche Sentimentalität in der Ausführung irgendeiner, vor allem aber seiner eigenen Musik. Fünf Jahre später, im Herbst 1847, wurde er abermals in Berlin erwartet, um am 3. November seinen in demselben Jahre erst vollendeten »Elias« in der Singakademie selbst zu dirigieren. Alle Welt, nicht zum wenigsten meine Mutter, war in der freudigsten Erwartung seines Eintreffens. Da – kurz vor dem für die Aufführung verabredeten Tage – kam plötzlich die Nachricht, Mendelssohn sei schwer erkrankt und er müsse auf die Direktion seines neuen Werkes verzichten. Wenige Tage später war er nach kurzem Leiden in Leipzig verschieden. Unvergeßlich ist es mir, wie meine Mutter an einem frühen Morgen, kaum erwacht, in der Ferne den Klang von Blasinstrumenten zu vernehmen glaubte. Eine Ahnung durchfuhr sie. Sie erkannte den Beethovenschen Trauermarsch, nahm mich bei der Hand und trat mit den Worten »Das ist Mendelssohn« an das Fenster ihrer Wohnstube. Hier stand sie mit Tränen in den Augen still neben mir, während die Musik in immer lauteren Tönen herannahte und endlich der schwarze Trauerwagen vor unsern Augen vorüberzog. Die Friedrichstraße entlang bewegte sich der Zug zum Halleschen Tor, um so in den Jerusalemer[12] Kirchhof einzubiegen. Die Hülle Mendelssohns war von Leipzig nach Berlin überführt worden, wo sie neben den Gräbern seiner Eltern die letzte Ruhestatt finden sollte.

Der Eindruck, den die Todesnachricht in den musikalischen Kreisen Berlins hervorrief, war um so tiefer, je unerwarteter das Ereignis eintrat. Ich erinnere mich, daß ich ein paar Tage darauf von meiner Mutter zu meiner Großmutter Pistor mitgenommen wurde, bei der sich auch Fräulein Ernestine Voitus eingefunden hatte. Das Gespräch wandte sich sofort auf Mendelssohn, und ich hörte mit Staunen an, was jeder zu seinem Preise zu sagen hatte. Man wußte nicht, was man mehr betrauern sollte, den Verlust des Komponisten oder den des unvergleichlichen Klavierspielers. Für meine Mutter aber mischte sich ja in das alles ganz persönliche Trauer um das Hinscheiden des lieben Freundes ihrer Jugendzeit. – Etwas mehr oder weniger als ein Jahr mochte seitdem vergangen sein, als eines Tages die Witwe Mendelssohns, Frau Cécile, meiner Mutter einen Besuch machte. Ich glaube noch die Erscheinung der schönen, anmutsvollen Frau vor mir zu sehen, wie sie auf unserm alten, rot gepolsterten Lehnstuhl Platz nahm und sich in lebhaftem herzlichen Gespräch mit meiner Mutter erging. Sie war mit ihren Kindern nach Berlin übergesiedelt, wohl um in der Nähe der Verwandten ihres Mannes leben zu können, und wollte anfragen, ob ihr zweiter Sohn Paul als Dritter an dem Unterricht teilnehmen könne, den Ernst Dirlichet bereits mit mir in unserm Hause erhielt. Natürlich wurde mit Freuden ja gesagt, und der neue Kamerad wog durch seine guten Eigenschaften alle Unannehmlichkeiten auf, durch die sein unartiger Vetter sich unbeliebt gemacht hatte. Paul Mendelssohn besaß ebensoviel Herz wie Verstand und dazu eine ganz besondere, angeborene Anmut des Wesens. Nach dem Urteil derer, die seinen Vater gekannt hatten, glich er diesem im Äußeren am meisten von allen seinen Kindern. Er war am 18. Januar 1841 geboren, war also genau um ein Jahr jünger als ich. Wir konnten nun unsere Geburtstage gemeinsam feiern und fanden in dieser Zufälligkeit ein entsprechendes Symbol für die gegenseitige Zuneigung, die uns verband. Seinem Vater bewahrte er das innigste Andenken. Als meine Mutter und ich ihm einmal ein Stück aus der Sommernachtstraummusik vierhändig vorspielten, entdeckten wir am Schluß, daß er mit den Tränen zu kämpfen hatte. Leider starb dieser liebenswürdige und tüchtige Mensch, als er noch kaum das beste Mannesalter erreicht hatte. Die seltsam rasche Art, mit der der Tod ihn ereilte, rief die Erinnerung an das ebenso rasche und unter ganz ähnlichen Umständen eintretende Ende wach, das seinem Vater und seiner Tante Fanny Hensel beschieden gewesen war.

*Daß meines Vaters Begabung eine vielseitige war, daß er den verschiedensten Erscheinungen des Daseins das lebendigste Interesse entgegenbrachte, braucht nach dem früher über ihn Gesagten kaum nochmals ausgesprochen zu werden. Als er einmal in späteren Jahren gelegentlich einer Badereise allein das Fichtelgebirge besuchte, traf er* auf [?][13] *mit einer zahlreichen heiteren Gesellschaft zusammen, die in Franken heimisch war und den mitteilsamen freundlichen Mann bald einlud, an ih-*

*rer mitgebrachten Mahlzeit teilzunehmen. Bei der lebhaften Unterhaltung, die sich entspann und nach und nach alle möglichen Gebiete berührte, erschien er überall so bewandert, daß keiner recht wußte, wo er ihn hinbringen sollte. Beim Abschied endlich wollte man wissen, wen man denn eigentlich vor sich gehabt habe, und nun gestand der eine, daß er ihn für einen Geschichtsforscher, der andere für einen Architekten, der dritte für einen Landschaftsmaler oder Forstmann gehalten habe, und so weiter über die Theologie bis zur Musik. Bei aller dieser Vielseitigkeit seiner Interessen aber war er doch in seiner Wissenschaft unablässig und mit konzentriertester Arbeitskraft tätig, erfüllte mit peinlichster Gewissenhaftigkeit alle Pflichten, die ihm sein Amt als Professor samt allen Nebenämtern auferlegte, und mutete damit seinem nicht allzu widerstandsfähigen Organismus leider mehr zu, als er auf die Dauer ertragen konnte. Er behauptete, nur im Zustand einer gewissen leidenschaftlichen Erregung etwas leisten zu können, und klagte sich an, daß es ihm deshalb schwer wurde, mit zerrissener Zeit zu arbeiten. Wie aber wäre irgendwelche produktive Tätigkeit denkbar ohne leidenschaftliche Anteilnahme am Gegenstand?! Nur trockene äußerliche Aufgaben lassen sich zu jeder Zeit erledigen, und tatsächlich bewältigte er dergleichen in Menge, wo ihm gerade ein paar Zeitfetzen zur Verfügung übrigblieben. Gönnte er sich nun aber einmal eine Ausspannung, so konnte niemand mit harmloserer Freude sich dem Zusammensein mit ein paar guten Freunden hingeben als er, niemand enthusiastischer ein gutes Konzert oder eine Oper, die er liebte, genießen.* Ich sehe ihn noch in einer Aufführung des »Sommernachtstraumes« vor Lachen sich schütteln, als Gern-Sohn[14] den Zettel in den Handwerkerszenen mit unwiderstehlicher Komik gab.

*Daß bei einer so erregbaren Natur, bei einer so starken Anspannung der geistigen Kräfte, wie seine Lebensführung sie mit sich brachte, die Stimmung nicht immer eine gleichmäßige blieb, daß er reizbar sein, über Störungen oder Widerspruch zuweilen unwillig werden konnte, läßt sich nur zu leicht begreifen. So verschonte ihn meine Mutter so weit es anging mit den Kleinigkeiten des täglichen Lebens, und von den Hauptentscheidungen abgesehen lag auch meine Erziehung wesentlich in ihren Händen. Traten Fälle ein, wo sie es nötig fand, mich zu ihm als dem obersten Richter zu bringen, so betrat ich zwar oft genug mit Furcht die Schwelle seines Zimmers. Aber immer kehrte ich zurück voller Dank für die väterliche Güte und Milde, mit der er mich zurechtgewiesen oder beraten hatte, erfüllt von der Wahrheit dessen, was er mir so überzeugend an das Herz zu legen wußte. Daß die Beziehung zu meiner Mutter eine intimere war, ist natürlich. So weit ich zurückdenken kann, stand ich ihr gegenüber in dem Verhältnis des rückhaltlosesten Vertrauens. Sie konnte in meiner Seele lesen wie in einem aufgeschlagenen Buch, und so blieb es bis zu ihrem Ende. Die innere Harmonie ihrer Natur, die in einer tiefen, äußerlich nie hervortretenden Religiosität wurzelte und mit der größten angeborenen Herzensgüte verbunden war, mußte jedem wohltun, der mit ihr in Berührung kam. Je geringere Ansprüche sie für ihre eigene Person machte, um so beglükkender war ihre Persönlichkeit für andere und vor allem für ihr Haus. In schwierigen Lagen wußte sie ihren ruhigen Gleichmut zu bewahren. Wenn eine peinliche Entscheidung getroffen werden mußte, so folgte sie ohne viel Besinnen der deutlich sprechenden Stimme ihres Gewissens. Kam man mit bekümmertem Gemüt zu ihr, so schienen sich in ihrer Nähe die Wogen fast von selbst zu glätten. Sie besaß ein sicheres, bei allem natürlichen Wohlwollen unbestechliches Urteil über Menschen und Verhältnisse. Völlig unfähig war sie zu jeder Art von Verstellung. Nichts war ihr daher auch bei anderen Menschen gründlicher zuwider als Unaufrichtigkeit, als geziertes, gemachtes Wesen. Wenn jemand eine Rolle spielen wollte, die nicht von innen heraus echt war, so ließ sie ihr instinktiver Scharfblick das sofort durchschauen, und hier konnte dann ihre Abneigung wohl einmal so stark einwirken, daß sie guten Eigenschaften, die daneben doch auch vorhanden waren, nicht gerecht zu werden vermochte. Die Freude an der Musik nahm einen breiten Raum ihres Innenlebens ein. Während sie aber alle leere Äußerlichkeit mit gebührender Geringschätzung behandelte, hatte sie doch von ihrer Mutter zugleich einen entschieden praktischen Sinn geerbt. Sie war pünktlich und ordentlich in allem, was sie angriff, und galt mit Recht für eine ausgezeichnete Hausfrau. Gisela von Arnim nannte sie »eine Madonna, die auch kochen kann.«*

*In der Friedrichstraßen-Wohnung war das große dreifenstrige Zimmer als Wohnstube für sie eingerichtet worden. Wenn Besuch kam, so wurde er durch die sogenannte Mittelstube in diesen ebenso ansehnlichen als behaglichen Raum geführt An der Rückwand befand sich der Sofaplatz mit rundem Tisch davor und drei Lehnstühlen. Zur linken Seite des Sofas standen an der Wand je ein Mahagonischrank mit Glastüren, der eine für Bücher, der andere für Noten bestimmt. Die Büsten Goethes und Schleiermachers sahen von ihnen herab. Zwischen dem dritten Fenster und der Tür zur Mittelstube hatte der hochstehende Flügel aus der Werkstatt des Großvaters Pistor seinen Platz gefunden. Ein paar hübsche englische Mahagonikommoden, der Schreibtisch meiner Mutter und eine Anzahl von Stühlen mit Rohrgeflecht bildeten das übrige Mobiliar. Gute, namentlich englische Stiche schmückten die Wände, allerlei Blumen und grüne Gewächse die Fensterbretter. Die Mittelstube wurde im Winter nicht geheizt, außer wenn einmal der ziemlich seltene Fall eintrat, daß eine größere Mittags- oder Abendgesellschaft geladen wurde, wo dann hier an einem frei in der Mitte stehenden eichenen Tisch gegessen wurde, während die Türen zu den Nebenzimmern offenstanden. Zwei schöne mächtige Schränke aus dem 18. Jahrhundert, die mein Vater einmal dem bekannten Berliner Gärtner Bouché abgekauft hatte, und verschiedene andere Möbel aus derselben Epoche, gaben samt einem alten Kirchenkronleuchter den Zimmern einen besondern Charakter. Die anstoßende Arbeitsstube meines Vaters aber kennzeichnete sich als solche durch die bis zur Decke reichenden Bücherregale, die die Wände neben den Türen bedeckten. Von seiner Vorliebe für mittelalterliche Architektur zeugte die Rückwand des Zimmers, die, soweit der Schreibtisch mit seinem Aufbau von Schubfächern Raum für Bilder ließ, wie tapeziert war mit Kirchenansichten und Rheinlandschaften im Stahlstich. Wie von hier aus eine Seitentür zu dem Schlafzimmer meiner Eltern führte, das einstweilen noch von mir geteilt wurde, so schloß sich, wie schon erwähnt, auch an die große Wohnstube meiner Mutter eine kleine Stube an, deren einziges Fenster auf den Hof hinaussah. Ein stilles, freundliches Gemach, das mit seinem alten, in blau und weiß gemusterten Kacheln aufgeführten Rokoko-Ofen aussah wie das Urbild behaglicher häuslicher Zurückgezogenheit. Hier wurden denn auch, wenn wir allein waren, täglich sämtliche Mahlzeiten eingenommen; hier saß man nach dem Abendessen noch beisammen, ja tatsächlich hielt sich meine Mutter mehr hier auf als in ihrer offiziellen Wohnstube. Wenn sie nicht den Schreibtisch oder das Klavier benutzen wollte, so saß sie lesend oder mit einer Handarbeit beschäftigt in der »kleinen Stube«, wo sie die Küche unmittelbar nebenan hatte und sooft es ihr nötig schien in der Wirtschaft nach dem Rechten sehen konnte.*

*Solange mein Großvater Pistor lebte, fand bei ihm die Weihnachtsbescherung am Heiligen Abend statt.* Von diesen Weihnachtsfeiern im Hause der Großeltern ist mir gar keine Erinnerung geblieben. Nur dessen entsinne ich mich, und zwar lebendig genug, daß wir nach einer derselben, in unsere Wohnung in der Leipzigerstraße zu später Stunde zurückkehrend, die Eingangstür zu unserem Entsetzen offengelassen fanden. Der auf dem kleinen Flur stehende Kleiderschrank, der die ganze Garderobe meines Vaters enthielt, war von Dieben erbrochen und ausgeräumt. Daß ein solcher Schrecken deutliche Spuren in meinem Gedächtnis zurückließ, ist begreiflich. *Mit unserer Übersiedlung in die Friedrichstraße zog nun aber auch der Weihnachtsbaum für alle Folgezeit von der Mauerstraße in die neue Wohnung meiner Eltern hinüber. Damals war das Weihnachtsfest noch selbst in Berlin von einem letzten Rest alter Sitten umrankt, der einen verklärenden Schein auf diese Zeit des Jahres warf. Die Kurrende zog noch wie zu Luthers Tagen zur Adventszeit, Choräle singend, vor die Häuser. Der Weihnachtsmarkt, der mit dem Anfang des Dezembers begann, füllte mit seinen abends durch Öllampen erleuchteten Buden und der mächtigen Schar grüner Weihnachtsbäume den ganzen Schloßplatz und die Breitestraße. Zu gleicher Zeit zogen jugendliche Verkäufer mit Waldteufeln*[15] *und Knarren*[16]*, ihre Waren anbietend, durch die Straßen der Stadt. Wenn dann zum ersten Male in dunkler Dämmerstunde das Schnarren eines Waldteufels von fern an das Ohr schlug, so rief es ebenso plötzlich allen Zauber bevorstehender Weihnachtsseligkeit wach, wie der Schlag einer Drossel im März die holde Ahnung des nahen Frühlings weckt. An irgendeinem Nachmittag, an dem mein Vater sich frei machen konnte, wurde unter seiner Führung die gemeinsame Wanderung auf den Weihnachtsmarkt angetreten. Hatte man die Breitestraße erreicht, so verstummte das gewöhnliche Geräusch der Droschken und Karossen, die jetzt hier sich nicht mehr blicken lassen durften, und an seine Stelle trat das Gesumme unzähliger Menschenstimmen mit dem Spektakel von Kindertrompeten, Trommeln, Waldteufeln und Gott weiß was für Instrumenten untermischt, die eines dem anderen den Rang abzulaufen bemüht waren. Und nun ließ man sich von der flutenden Menschenmenge, die zwischen der Doppelreihe von Buden die ganze Breite des Straßendammes einnahm, geduldig weiterschieben; hauptsächlich um alle Herrlichkeiten rechts und links zu betrachten, hier und da aber auch einmal haltmachend, um dieses oder jenes zu kaufen. Handelte es sich nicht um einen ernstlichen Einkauf seitens meiner Mutter, so wurde doch wenigstens ein Paket Pfefferkuchen, deren billigste Sorte den Namen Mehlweißchen führte, oder eine Schachtel Soldaten erstanden, so daß man keinesfalls leer zurückkehrte. Und das Vergnügen war ebenso groß gewesen, wie es harmlos war. Der volkstümliche Zug, den der Berliner Weihnachtsmarkt noch bewahrt hatte, übte nicht nur auf Kinder, sondern auch auf Erwachsene eine so starke Anziehungskraft aus, daß es als etwas Selbstverständliches bei hoch und niedrig galt, ihn besuchen zu müssen.* Wer kümmert sich heute bei der

Tageshelle der elektrisch beleuchteten Straßen zwischen allem elegantesten und raffiniertesten Gepränge der hunderttausenden von Läden noch um die paar Buden, die, an dieser oder jener Ecke von der Polizei geduldet, den Weihnachtsmarkt von ehedem vorstellen sollen? *In den Kirchen Berlins hatte man zu jener Zeit mehr und mehr angefangen, das in vielen derselben längst abgeschaffte Abhalten einer Christmette am Nachmittag des 24. Dezember wieder einzuführen. Als meine Eltern den Prediger Müllensiefen, der an die Marienkirche neuerdings berufen worden war, kennen und lieben gelernt hatten, beschloß mein Vater, obwohl wir der Lage unserer Wohnung nach einem anderen Kirchspiel angehörten und die Marienkirche vollends sehr weit entfernt war, die dortige Christmette zu besuchen. Der erste Eindruck hatte auf viele Jahre hinaus eine regelmäßige Wiederholung zur Folge. Die alte gotische Kirche, in deren hohen, dunklen Wölbungen das Licht der Kerzen sich dämmernd verlor, die andächtige Stille, die den Eintretenden im Gegensatz zu dem lärmenden Weihnachtsgetriebe draußen doppelt wohltätig umfing, die Schönheit und erhabene Einfalt der lutherischen Weihnachtsgesänge, endlich und vor allem die ehrwürdige Persönlichkeit des milden, wahrhaft frommen Geistlichen – das alles wirkte zusammen, um fühlen zu lassen, daß durch diese Nachmittagsstunde dem, was im Hause nachfolgen sollte, erst die rechte einleitende Weihe gegeben wurde. Schon am Abend vorher war der Baum von beiden Eltern gemeinsam »geputzt« worden. Denn am Vormittag hatte meine Mutter jedem der zu Beschenkenden, die Dienstboten eingeschlossen, seinen »Teller« mit Pfefferkuchen, Äpfeln, Nüssen und Süßigkeiten hergerichtet, wobei ein Stück von ihr selbst vortrefflich bereiteten Marzipans den Haupttreffer ausmachte. Der geschmückte Tannenbaum stand auf dem großen runden Tisch in der »Mittelstube«, und alle Geschenke samt den entsprechenden Tellern hatten ihre Plätze teils unter dem Baum selbst, teils in nächster Nähe desselben gefunden. So war der Aufbau bereits seit Stunden in der Hauptsache fertig, wenn man um sechs Uhr etwa aus der Kirche zurückkehrte. Irgendwelche Kleinigkeiten mochten noch in dem geheiligten Raum zu ordnen sein. Dann kehrte meine Mutter in das Wohnzimmer zurück, wo meine Großmutter Pistor, die Großtante Mine Alberti und etwa noch zwei oder drei Gäste versammelt waren. Mein Vater zündete drinnen allein bei verschlossener Tür mit Hilfe eines großen englischen Bogens, an dessen Spitze ein Stück brennenden Wachsstockes befestigt war, die weißen Wachslichter am Baume an, legte noch seine eigenen Geschenke für meine Mutter an den für sie bestimmten Platz und öffnete endlich dann mit der Aufforderung »Der Jüngste voran« die Pforten des Paradieses.*

*Es gab gewisse stehende Geschenke. So bekam jeder stets von meiner Mutter einen Wachsstock und einen Kalender für das nächste Jahr, während mein Vater regelmäßig meiner Mutter ein Dutzend neuer Handschuhe schenkte. Vor allem aber lieferte meine Großmutter Pistor einen gewissen prachtvollen selbstgebackenen und ihr allein eigentümlichen Festkuchen, der in ungeheueren Quantitäten erschien, um zwischen ihr, ihrer Schwester Mine und uns verteilt zu werden. Er überdauerte nicht allein die Festtage, sondern auch noch mehrere folgende Wochen, ohne an seinen Reizen wesentliche Einbuße zu erleiden. Das Backen selbst war ein Ereignis. Schon lange vorher wurde für diese Staatsaktion Frau Kellermann, die vortreffliche alte Pistorsche Waschfrau, auf einen bestimmten Tag bestellt; denn an deren wundertätige Mitwirkung schien das Gelingen des Werkes unauflöslich geknüpft. Die Frage, wie der Kuchen ausgefallen sein möchte, ob er auch nicht zu locker oder zu fest, zu dick oder zu dünn befunden werden könne, erfüllte das Gemüt der guten Großmutter mit Sorge, bis endlich die Stunde da war, wo er probiert werden durfte. Dies geschah, wenn man, nachdem die Freuden des Aufbaues ihr Ende gefunden, sich in der Wohnstube um den runden Tisch zum Abendessen versammelte, wo er dann mit dem Tee zugleich zum ersten Male auftrat und natürlich von allen Anwesenden als gerade dieses Mal so schön wie noch nie gepriesen wurde. Allerlei Aufschnitt folgte, vor allem Proben der aus Lauenstein geschickten herrlichen hannoverschen Würste, außerdem ein Heringssalat, der nie fehlen durfte, eine Schale mit gedämpften Maronen und zum Schluß Pfefferkuchen und Marzipan unter Begleitung von selbstbereitetem Punsch. Der berühmte Festkuchen aber ließ auf sein Wiedererscheinen zum Glück nicht bis zum nächsten Weihnachtsfest warten, sondern trug auch in frischen Exemplaren zur Verherrlichung des Oster- und Pfingstfestes und verschiedener Geburtstage bei.*

*Meine Großmutter und meine Großtante Alberti hatten einander von früh auf, als sie noch die Schwestern Lotte und Mine Hensler waren, besonders nahegestanden. Dann hatte die jüngere, als sie sich mit fünfzehn Jahren nach Berlin hin verheiratete, freilich die ältere verlassen müssen. Aber diese war ihr mit ihrem Gatten Pistor bald genug dahin nachgefolgt, und nun begann das tägliche Verkehren von neuem. Als sie vollends beide Witwen waren, verging kein Tag, an dem sie nicht zusammengekommen wären.* Entweder brachte Mine den Abend bei

Lotte zu, oder Lotte bei Mine. Die Nähe der beiden Wohnungen, die eine in der Mauer-, die andere in der Taubenstraße, begünstigte diese Gewohnheit. Alles, jeder Konzert- oder Theaterbesuch, jede Landpartie oder gar jede weitere Reise, etwa nach Dresden zu Tieck oder nach Erlangen zu Raumers, wurde gemeinsam unternommen. *Es schien undenkbar, die eine ohne die andere einzuladen. Mein Vater hatte denn auch scherzweise den Sammelnamen »Die Lotten« für sie erfunden. Beide hatten ein starkes Bedürfnis nach Geselligkeit und waren durch die Tradition des Reichardtschen Hauses auch von Jugend auf gewöhnt, an allen möglichen öffentlichen Veranstaltungen, die allgemeines Interesse erregten, teilzunehmen. Als die erste Aufführung des Meyerbeerschen »Propheten« in Berlin mit Spannung erwartet wurde, mußten sie dabeisein. Längst vorher wurden zwei Billetts bestellt, und dann saßen die beiden Alten, um ja nicht zu spät oder in das Gedränge zu kommen, von vier Uhr ab in ihrer Loge allein im leeren, dunkeln Opernhaus, geduldig zwei Stunden wartend, bis die Vorstellung um sechs Uhr begann. Auch die wissenschaftlichen Vorlesungen für Damen, die von einheimischen und auswärtigen Gelehrten mehrere Winter hindurch an einigen Abenden in der Singakademie gehalten wurden, besuchten sie pflichtmäßig, obgleich besonders meine Großmutter jedesmal mit der Beteuerung, es sei schauderhaft langweilig gewesen, nach Hause zurückkehrte. Beide bewahrten von ihrer niedersächsischen Abkunft her bis an ihr Ende einen Rest Stade-Hamburgischen Dialekts. Ihre gründliche Ehrlichkeit und Solidität, ihre haushälterische Tüchtigkeit, namentlich auch ihre vortreffliche Küche waren niedersächsische Züge. Die jüngere Schwester war die energischere und daher die Tonangebende, so daß meine unendlich gutherzige und nachgiebige Großmutter sich in allen Dingen ohne Widerspruch von ihr beherrschen ließ. Die Staatsrätin Alberti erschien allen, die sie kannten, als die personifizierte Rechtschaffenheit. In der Familie wurde sie »der Tempel der Wahrheit« genannt. Sie war pflichttreu bis zum äußersten, sehr konservativ und politisch loyal und von unbarmherziger Aufrichtigkeit und in Geldsachen von bewunderungswürdiger Noblesse. Als ihr Gatte*, der Staatsrat Carl Alberti, im Jahre 1829 *gestorben war, verzichtete sie auf die ihr von der Regierung gewährte Pension, weil sie genug Vermögen habe, um als kinderlose Witwe auskömmlich leben zu können, und dem Staat, der nach den Opfern des Krieges freilich in seinen Mitteln beschränkt genug war, eine unnötige Ausgabe ersparen wollte. Die Kehrseite dieser Tugenden aber war eine bis zur peinlichsten Pedanterie gesteigerte Ordnungsliebe, eine große Unduldsamkeit gegen die Fehler anderer und eine tiefe Abscheu vor jeder, auch der besten Art von Neuerungen. Als von der Postverwaltung die Briefkästen und die Freimarken eingeführt wurden, fand sie die Zumutung, Marken kaufen und aufkleben zu sollen, unerhört. Schließlich ließ sich aber doch nicht verkennen, daß es ganz bequem war, einen Brief an der nächsten Straßenecke einstecken zu können, statt ihn zu dem viel entfernteren Postbüro tragen zu müssen. Den Brief steckte sie also in den Kasten, aber eine Marke darauf zu kleben erschien ihr überflüssig. Statt dessen warf sie einen schutzlosen Silbergroschen dem Briefe nach, der natürlich bei der nächsten Leerung als willkommener Fund in die Tasche des Postboten wanderte, während die unglücklichen Adressaten Strafporto zahlen mußten.* Das Schlimmste war das Kapitel der Dienstmädchen. Keine konnte es ihr recht machen; jedes kleinste Versehen versetzte sie in die heftigste Aufregung. Sie schalt in allen Tonarten, war in der Wahl der von ihr gebrauchten Ausdrücke nichts weniger als wählerisch, und wenn dann gar der leiseste Widerspruch laut wurde, so schickte sie entrüstet zur Polizei, um bei dieser Hilfe gegen die Schuldige zu suchen. Natürlich kam auf diese Weise der Dienst bei ihr mehr und mehr in Verruf, und des Mädchenwechsels war kein Ende. – Auch *an meiner Mutter hofmeisterte sie beständig herum. Sie behandelte ihre Nichte noch geradeso wie vor einem Menschenalter, wo sie geglaubt hatte, bei ihrer Erziehung durch strenges Eingreifen wiedergutmachen zu müssen, was die übergroße Milde der Schwester Lotte gegen ihre Tochter versah. Kein Wunder, daß meine Mutter diese Nörgeleien nicht als Annehmlichkeit empfand. Nur meiner eigenen kleinen Person gegenüber zeigte sie ein merkwürdig weiches Herz, wie ja auch gestrenge Eltern häufig genug im Alter zu sehr nachsichtigen Großeltern werden. Als Folge ergab sich, daß ich das einzige Wesen wurde, das seinerseits unbefangen mit ihr verkehrte. Während alle übrigen ihr mit Respekt begegneten und sich dementsprechend in einer gewissen Entfernung von ihr hielten, war es mir natürlich, ihr kleine Zärtlichkeiten zu erweisen. Und das mochte ihr wohltun. Ja auch wenn ich mich erdreistete, sie zu necken, ließ sie sich das auf eine liebenswürdige Art gefallen.* Als ich einmal einen Hühnerbrechknochen mit ihr brach und, die Wette gewinnend, das längere Stück in der Hand behielt, ließ sie mir als Geschenk einen silbernen Teelöffel mit meinem Namenszug anfertigen. *Einen großen, etwas sonderbaren Beweis ihrer Huld gab sie mir eines Tages, als ich eben fünfzehn Jahre alt war. Sie überreichte mir ein von einem Schreiber in zierlichen Buchstaben hergestelltes Diplom, wodurch sie mich zum Eigentümer ihrer gesamten, die besten klassischen Werke der Literatur ent-*

*haltenden Bibliothek machte. Ich war natürlich ebenso überrascht als dankbar und stolz. Meine Eltern aber erschraken einigermaßen, als bald darauf mehrere große Waschkörbe, mit Büchern gefüllt, eintrafen, der zugehörige Bücherschrank aber ausblieb. Ich wanderte zu ihr und fragte schüchtern, wie es denn mit dem Unterbringen der Bücher werden solle. »Nun, du kannst mir ja meinen Bücherschrank abkaufen!« antwortete sie. Jetzt war ich vollends starr; fragte aber doch, welche Summe sie dafür haben wolle. Sie besann sich und meinte: »Fünf Taler kannst du mir dafür geben.« Daß ich selbst das nötige Vermögen für diese Ausgabe nicht besaß, versteht sich von selbst; ich erbat also die fünf Taler von meinem Vater und ging wieder zu ihr, um sie ihr zu geben. Jetzt wurde ihr klar, was sie angerichtet hatte. Voller Empörung rief sie: »Bist Du verrückt geworden, Junge? Wie kannst Du denken, daß ich von Dir Geld annehmen werde!« Und beschämt steckte ich meine fünf Taler wieder in die Tasche. Offenbar hatten ihre Erziehungsprinzipien ihr selbst einen üblen Streich gespielt.* Eine plötzliche Anwandlung von Besorgnis, sie könne mich durch zu weit getriebene Großmut verwöhnen und verderben, hatte sie einen Schritt tun lassen, der ihr bei ihrem starken natürlichen Anstandsgefühl geradezu entsetzlich erscheinen mußte, sobald ihr die Sachlage deutlich zum Bewußtsein kam.

Es ist berichtet worden, daß sowohl meine Großmutter wie meine Großtante natürliche musikalische Begabung besaßen, die im Hause ihres Stiefvaters reichliche Gelegenheit gefunden hatte, sich dem Charakter der Zeit gemäß zu entwickeln. Selbstverständlich verfolgten sie nun auch meine Fortschritte in der Musik mit Anteil und waren ein dankbares Publikum für meine Leistungen. Das erste Präludium in C-Dur aus Bachs »Wohltemperiertem Klavier« war ein Lieblingsstück im Reichardtschen Hause gewesen; man hatte es »die Wellen« genannt. Nun konnten sie sich das schöne, aber verhältnismäßig leichte Stück bald von mir vorspielen lassen. Natürlich gehörte ihre Neigung vor allem der Musik, die sie in ihrer Jugend lieben gelernt hatten. Doch verhielten sie sich keinesweges ganz ablehnend gegen neuere Werke. Ja, als ich in späterer Zeit ihnen die erste Etude in C-Dur von Chopin vortrug, erfreute sich dieses Stück ihres ganz besonderen Wohlgefallens. Vielleicht lag der Grund darin, daß die Folge arppegierter Akkorde bei Chopin sie durch eine gewisse, freilich sehr entfernte und nur äußerliche Verwandtschaft an das geliebte Bachsche Präludium erinnerte. Schändlicherweise lohnte ich ihnen ihr Interesse an meinen musikalischen Taten damit, daß ich alle Reichardtsche Musik, mit deren

Bewunderung sie aufgewachsen waren, mit hemmungsloser Verachtung behandelte. Ich erklärte ihnen in meiner Gelbschnabelweisheit, daß sie trivial, leer, veraltet, kurz gänzlich wertlos sei, und betrübte sie damit immer aufs neue. Trotzdem hörten sie nicht auf, mich reichlich zu verziehen, und beschenkten mich bei allen denkbaren Gelegenheiten mit eßbaren und nicht eßbaren Dingen, und ließen sich auch hier und da sogar bereit finden, abends mit mir Poch[17] zu spielen.

*Im Jahre 1845 verheiratete sich die Kusine meiner Mutter, Marie von Zschock, mit einem Herrn von Knobelsdorff*, der Gutsbesitzer in der Neumark war. Ich erinnere mich noch dunkel der sonderbaren Verkleidungen, in denen meine Mutter und meine Patin Marie Lichtenstein erschienen, als sie sich anschickten, zur Feier des Polterabends zu fahren, wo sie in einer szenischen Vorstellung mitzuwirken hatten. Ein geistreicher und liebenswürdiger Freund des Hauses, der Gymnasialdirektor Ribbeck, hatte ein Gedicht für die Festtafel geliefert, das, soviel Wohlwollen es auch aussprach, doch einen leisen Spott über die Zschockschen Seltsamkeiten unzweideutig genug durchschimmern ließ. So kamen in dem Preislied auf die Braut unter anderem die Zeilen vor:

»Seife kocht sie, Lichte zieht sie,
Und auch das noch steht ihr nett.«

Die Hauptpersonen jedoch merkten nichts von dem Schalk, der unter der Decke sein Spiel trieb, und so hing für sie der Himmel ohne Einschränkung ganz und gar voller Geigen. *Das junge Paar verschwand nach dem* Knobelsdorffschen *Gute Wutschdorff, und bald folgten die vereinsamten Eltern Zschock ihrer Tochter nach, um dauernd auch ihrerseits auf dem abgelegenen Neumärkischen Gutshof ihren Aufenthalt zu nehmen. Der scheinbar unlösliche Dreibund Pine – Mine – Lotte, der das Ergötzen Bettinas gewesen war, hatte damit sein Ende gefunden.* Die schöne Wohnung im ersten Stock des Pistorschen Hauses wurde an eine Familie von B. vermietet, und auch die rechtsseitige Hälfte des Gartens wurde den neuen Bewohnern zur Benutzung überlassen. Doch waren die neuen Mieter zum Glück so geartet, daß die Tonart, die bisher hier geherrscht hatte, keine wesentliche Veränderung erlitt. *Meine Großtante Pine kam hier und da noch einmal nach Berlin zum Besuch, benutzte aber hierzu nicht die mittlerweile erfundene und wenigstens von Frankfurt an der Oder ab bereitstehende Eisenbahn, sondern fuhr nach wie vor im eigenen Wagen, ich weiß nicht mit wieviel Zeitverbrauch, durch endlosen märkischen Sand nach der Hauptstadt.*

*Ihr Kostüm war immer wunderlich gewesen, hatte sich aber allmählich wohl noch weiter von dem entfernt, was sonst unter Menschen üblich war. Sie trug als Kleid stets eine Art von wattiertem Morgenrock, der in Gemeinschaft mit einem ungewöhnlich weiten Mantel, den sie sich im Freien darüber umhängte, schon eine merkwürdige Figur abgab. Schlimmer aber war die Kopfbedeckung, mit der sie sich schmückte, wenn sie in Berlin zu Besuchen oder Besorgungen ausfuhr. Um ihre mächtige weiße Haube wand sie dann ein dickes gestricktes wollnes Tuch, und auf dies Gebäude wurde ein Ding aus schwarzem Stoff gestülpt, das ein Hut sein sollte, das aber in der Tat einer ungeheuren Kohlenschaufel zum Verwechseln ähnlich war. Wenn sie in diesem Aufzug in einem Berliner Kaufgeschäft erschien, so fand sie sich zu ihrer Verwunderung meistens vorerst eine Weile allein. Sämtliche Ladenmädchen waren entflohen, sobald sie die abenteuerliche Gestalt mit dem alten runzeligen Vogelgesicht, der weit vorspringenden Hakennase, den durchdringenden Augen hatten eintreten sehen. Und es dauerte lange, bis die eine oder die andere ihren Lachkrampf so weit bezwungen hatte, daß sie es wagen durfte, der gefährlichen Erscheinung Trotz zu bieten.* Bei allen diesen und anderen Sonderbarkeiten aber war und blieb die Tante Pine eine geistvolle, in ihrer Art hervorragende Frau, die auch in ihrer ländlichen Abgeschiedenheit nicht aufhörte, für die verschiedensten Dinge sich auf das lebhafteste zu interessieren. Noch wenige Wochen vor ihrem im Jahre 1858 am 4. April erfolgenden Tode schrieb sie meinem Vater einen Brief, in dem sie sagt, sie wünsche Spinoza zu lesen, und bäte ihn, ihr eine französische Übersetzung seiner Werke zu verschaffen.

Die Sonntage waren seit der Verheiratung meiner Eltern von Mittag bis Abend für gesellige Zusammenkünfte im Kreise der Familie bestimmt gewesen. Bis zum Tode meines Großvaters fanden dieselben in der Regel im Pistorschen Hause statt. Nun trat regelmäßiges Abwechseln in der Bewirtung ein zwischen meiner Großmutter, meiner Großtante und meinen Eltern. Mein Vater hatte sich wohl niemals ganz gern dazu verstanden, an jedem Sonntag durch gesellige Verpflichtungen gebunden zu sein. Doch stand sein Schwiegervater mit so vielen bedeutenden Männern im Verkehr, daß es ehedem wenigstens fast nie an Gelegenheit zu interessantem Gespräch auch mit anderen geladenen Gästen gefehlt hatte. Ganz blieben solche ja auch jetzt nicht aus: Gustav Waagen zum Beispiel, der ja überdies mit den Seinigen zur Familie gehörte, stellte sich sowohl bei meiner Großmutter wie bei meiner Großtante zuweilen ein, und so hatten beide noch manche andere angenehme Beziehung aus früherer Zeit, die den Wechsel der Verhältnisse überdauerte. Dennoch: Der immer sich wiederholende Dreivierteltakt dieser pflichtmäßigen Sonntagsfreuden wurde meinem Vater mehr und mehr lästig, und man durfte es ihm nicht verargen, wenn er häufig genug eine starke Sehnsucht empfand, ganz in der Stille von den reichlichen Strapazen seiner Wochenarbeit ausruhen zu dürfen. Meine Mutter begriff das alles durchaus, aber es war auch wiederum natürlich, daß sie für ihre eigene Person seine Abneigung gegen die ganze Einrichtung nicht unbedingt teilte. Sie sah bei den Ihrigen diese und jene alte Dame einmal wieder, die ihr als Freundin ihrer Mutter und Tante von Kindheit an lieb war und atmete die Luft ihrer Jugend.

Der Aufenthalt im Hause meiner Großmutter hatte überdies an und für sich etwas eigentümlich Anziehendes. Ganz besonders im Sommer. Wenn ich mir dessen auch erst voll bewußt wurde, als es später an das Scheiden ging, so hatte mich doch ein unmittelbares Wohlgefühl längst dort umfangen, ehe es mir einfiel, an ein Warum zu denken. Nachdem mein Großvater im Jahre 1847 gestorben und die Pistorsche Werkstatt in andere Hände übergegangen war[18], wurden auch die Räume frei, in denen diese bei ihm untergebracht war.[19] Die rechte Seite des Erdgeschosses im Hause, ebenso die ehemalige Zschocksche Wohnung, wurden vermietet.[20] Meine Großmutter aber behielt die ganze andere Hälfte, d. h. ihre sämtlichen ehemaligen Wohnräume und den ihr von Anfang an zugehörigen Teil des Gartens. Auch die neuen Mieter waren stille Leute, und im Eindruck des ganzen gegen den früheren Zustand ließ sich im Äußeren kaum eine Änderung spüren. Das Haus selbst hatte eine gewisse Ähnlichkeit mit unserem Mietshause in der Friedrichstraße, aber ein Hauch von behaglicher und zugleich vornehmer Ruhe lag über ihm, der jenem fehlte. Schon die breitere Straßenfront sorgte für einen stattlicheren Eindruck von außen. Und wenn man aus dem Hausflur auf den stillen großen Hof mit seinen beiden Walnußbäumen hinaustrat, so versperrte kein zweistöckiges Quergebäude die Aussicht, wie dies bei uns in der Friedrichstraße der Fall war. Ein Gittertor ließ den Blick frei in die schattige Wölbung der großen Weißbuchenlaube, die im Mittelpunkt des Gartens lag, und über eine Mauer zur Rechten wie über das niedrige Dach eines kleinen Stallgebäudes zur Linken sah das Grün der Büsche und Baumkronen verlockend herüber. Den anmutigsten Aufenthalt aber bildete im Sommer der geräumige Saal, mit dem der linke Seitenflügel des Hauses zu ebener Erde in den Garten mündete. Durch eine Glastür aus weiß gestrichenem Holzwerk im Geschmack des 18. Jahrhunderts ausgeführt und je ein Fenster zu beiden Seiten fiel das Licht vom Garten her in diesen schönen Raum, den unter anderem ein hohes, geschmackvoll geschnitztes Buffet, ebenfalls aus weiß gestrichenem Holz gearbeitet und mit Glastüren versehen, schmückte. Hier hing an einer der Wände über dem Sofa das vortreffliche Ölbildnis Händels, das aus Reichardts Nachlaß in den Besitz meiner Großmutter übergegangen war. Über ein paar Steinstufen zwischen zwei Tannen hindurch betrat man den Garten. Ein ziemlich breiter Weg führte geradeaus bis zu der übermannshohen Mauer, die die Grenze zur Wilhelmstraße hin bildete. Rabatten mit Buchsbaum eingefaßt, auf denen allerlei Blumen und feinere Büsche standen, begleiteten ihn auf beiden Seiten; dahinter Erdbeerenbeete, Reihen von Himbeeren, Stachelbeeren und Johannisbeeren und hier und da ein Apfel- oder Birnbaum. Die größere Hälfte des Gartens mit dem von hohen Weißbuchen umgebenen kreisrunden Laubenplatz lag zur Rechten, wo die Hinterhäuser der Behrenstraße den Abschluß bildeten. Zur Linken aber hatte das Grün kein Ende. Die Gärten des Grafen Königsmark und dann des Prinzen Karl nahmen den ganzen Raum bis zum Wilhelmsplatz ein und schienen mit den hohen Wipfeln ihrer mächtigen alten Bäume einen dichten Wald zu bilden. Zwischen dem Pistorschen und dem Königsmarkschen Grundstück lag zwar noch ein ganz schmales dreifenstriges Haus, das von drei niemals sichtbaren einsamen alten Jungfern bewohnt wurde. Hier verdeckte ein Laubengang von hohen Jasminsträuchern den Bretterzaun, der das Geheimnis ihres kleinen Gärtchens umfriedigte. Aber auch auf diesem eingekeilten Stückchen Erde standen hohe Bäume, so daß die ganze Nachbarschaft zur Linken nur wie ein einziges großes Waldgebiet aussah. Mein Großvater hatte sich am Ende seines Gartens ein kleines quadratisches Häuschen bauen lassen, dessen Dach in der Mitte eine Öffnung hatte, um mit dem Teleskop hier astronomische Beobachtungen anstellen zu können. Nach seinem Tode wurde es nur benutzt, um Gartengerätschaften und dergleichen darin aufzubewahren. Die starken Mauern waren dicht mit Efeu bewachsen; eine kleine steinerne Treppe führte zu der stets verschlossenen Eingangstür hinauf, und wie es da stand in seiner verborgenen Ecke, übte es einen eigentümlichen Reiz auf die Phantasie aus. Ein paar echte Kastanienbäume, die an ihre Brüder auf dem Wernigeroder Schloßberg erinnern sollten, im übrigen aber eine Seltenheit in Norddeutschland waren, standen in seiner Nähe. Ein niedriger alter Apfelbaum an einem Seitenwege war mir von meiner Großmutter zum Privateigentum übergeben worden. Seine tief unten schon ansetzenden

Äste erleichterten das Heraufklettern, und so hatte ich oben in der Krone einen herrlichen, bequem zu erreichenden Sitzplatz, auf dem ich mich verstecken und meinen Gedanken oder Träumen nachgehen konnte. Der Gartensaal war während des Winters verschlossen und dunkel. Dann machten die Zimmer im Vorderhaus den behaglichsten Eindruck. Das eine derselben zeichnete sich dadurch aus, daß die ganze Sammlung der vortrefflichen Steindrucke, die die Brüder Quaglio und Strixner nach den Gemälden der Boisseréeschen Sammlung ausgeführt hatten, in einfacher, sehr angemessener Umrahmung die Wände bedeckte. An den Fenstern standen in großen Steintöpfen hochgewachsene Justitia-Pflanzen. Sobald aber der Frühling wärmere Tage brachte, wurde wieder in den Gartensaal hinübergezogen. Es war für meine gute Großmutter jedesmal eine Haupt- und Staatsaktion, diesen Umzug zu bewerkstelligen, der mit mancherlei Umständen verknüpft war. War die Tat aber getan, so wurde das Resultat von der ganzen Familie als ein frohes Ereignis begrüßt. Alles gesellige Beisammensein wurde hierher verlegt und bekam wieder ein helleres Gesicht, wenn ihm der Hintergrund eines so poetischen Raumes gegeben wurde, wie dieser es war, mit allem Freiheitsgefühl, aller Anmut, allen Blütendüften, die ihn umgaben.

*Im Jahre 1842*[21] *war Ludwig Tieck, nachdem er dreiundzwanzig Jahre lang in Dresden seinen Wohnsitz gehabt, auf Veranlassung Friedrich Wilhelms IV. nach seiner Vaterstadt Berlin zu dauerndem Aufenthalt zurückgekehrt. Seine Frau, die jüngste Schwester meiner Urgroßmutter Reichardt, war im Jahr 1837 am 11. Februar bereits gestorben, und die reichbegabte älteste Tochter Dorothea, die seinem Herzen besonders nahestand, ihm im Jahre 1841 durch den Tod entrissen worden.*[22] Daß sie einen bedeutenden Anteil an den von ihm herausgegebenen Übersetzungen, namentlich spanischer Dramen, hatte, ist bekannt. Die jüngere Tochter Agnes lebte an einen Vetter Alberti verheiratet in Schlesien. *Tieck hielt an den verwandtschaftlichen Beziehungen zu der Familie seiner Frau mit großer Treue fest. Sie verkörperten ihm zugleich die Erinnerungen an seine Jugend, seine Freundschaft mit Wilhelm Hensler, die ersten Betätigungen seines Schauspielertalentes im Reichardtschen Kreise und alle Anregungen, die er dort gefunden hatte.* Daß *meine Großmutter Pistor und meine Großtante Alberti seine Nichten* waren, ja daß diese überhaupt noch Nichten sein konnten, war ja sehr merkwürdig zu denken. Aber es war so, und er *erwies sich ihnen zeitlebens als der alte liebevolle Freund. Außer diesen beiden sah er von der Ver-*

*wandtschaft die Steffenssche und Waagensche Familie und meine Eltern abends häufig bei sich, wo er dann meistens ein dramatisches Werk oder eine Novelle vorlas. Da er seit* dem Jahr 1800 schon *völlig gelähmt war*[23]*, so beschränkte sich sein Verkehr mit der Außenwelt auf die Leute, die ihn aufsuchten, und auf die Geselligkeit, die er im eigenen Hause um sich versammelte. Er bewohnte in der Friedrichstraße Nr.* 2[08][24] *die erste Etage eines der schönen alten einstöckigen Häuser mit breiter Front, wie sie deren die Stadt eben damals noch manche besaß. Eine breite altertümliche Treppe führte auf den geräumigen Flur. Wenn man das längliche Vorzimmer zur Hälfte durchschritten hatte, trat man durch eine Tür links in Tiecks Wohnzimmer und sah ihn sofort sich gerade gegenüber an der Fensterwand auf seinem Lehnstuhl sitzen. Vielleicht war der Stuhl mit Hilfe von Kissen so eingerichtet, daß man nur wenig bemerkte, wie zusammengebückt die Gestalt war; er schien tatsächlich beinahe aufrecht zu sitzen. Zwei Augen blickten aber aus dem wundervoll edlen Gesicht auf den Eintretenden, deren leuchtende Schönheit und ausdrucksvolle Lebendigkeit auch einem Kinde für immer unvergeßlich bleiben konnte. Er liebte Kinder und sah sie gerne um sich. Nur durften sie nicht altklug sein, was ihm entsetzlich zuwider war. Altklug war ich nicht, und so schenkte er mir eine väterliche Zuneigung, die mich sehr beglückte, und deren Andenken mir noch heute das Herz erwärmt. Seine Art, mit Kindern umzugehen, hatte etwas Bezauberndes. Sie war fern von aller Absichtlichkeit, einfach und warm, aus unmittelbarem Zug zur kindlichen Natur hervorgehend, und darum eben unwiderstehlich gewinnend. Da die Wohnung meiner Eltern nur wenige Minuten von der Seinigen entfernt lag, so entwickelte sich leicht ein häufigeres Verkehren. Um die Weihnachtszeit pflegte er eine große Kindergesellschaft bei sich zu veranstalten, zu der ich regelmäßig eingeladen wurde. Eine ansehnliche Schar von Knaben und Mädchen, die dem Kreise seiner Verwandten und Bekannten angehörten, verschiedenen Alters, fand sich in dem großen dreifenstrigen Gesellschaftszimmer zusammen, das an das Wohnzimmer stieß. Den Höhepunkt des Festes bildete eine Lotterie mit allerlei für damalige Ansprüche herrlichen Gewinnen, großen Bonbons in bemalten Umschlägen und was dergleichen mehr sein mochte. Zu den regelmäßigen Gästen gehörten die drei Waagenschen Töchter, die strenggenommen den Rang von Tanten für mich innehatten, aber nur um wenige Jahre älter waren als ich, also als Kusinen behandelt wurden. Die jüngste von ihnen, Luise, ein ausgelassenes, wildes, mit viel Mutterwitz begabtes Mädchen, kam häufig allein in das Haus und hatte eines Tages den Weg auf eigene Hand in die Speise-*

*kammer gefunden. Hier stand ein sorgfältig zubereitetes gebratenes Hühnchen, das als besonderer Leckerbissen für Tieck selbst auf dem Mittagstisch erscheinen sollte. Die Gelegenheit war allzu günstig, niemand zeigte sich in der Nähe, und so verschwand der gesamte Hühnerbusen in Luisens Magen. Natürlich wurde das Verbrechen entdeckt, die Sünderin Tieck genannt, und alle Tanten und Großtanten verlangten als exemplarische Bestrafung, daß Luise dieses Mal von dem nahe bevorstehenden weihnachtlichen Verlosungsfest ausgeschlossen werden müsse. Tieck hätte nicht der sein müssen, der er war, wenn ihm nicht die unbeschorene Natur, die sich hier gütlich getan hatte, den größten Spaß gemacht hätte. Er wollte also nichts von Bestrafung wissen, sondern befahl, daß die Übeltäterin aller Gerechtigkeit zum Trotz eingeladen würde. Der Abend kam, Luise erschien, und sämtliche Hauptgewinne fielen ihr unter dem schallenden Gelächter Tiecks in den Schoß.*

Ich erinnere mich, daß meine Eltern einmal für den 31. Mai, Tiecks Geburtstag, zu einer größeren Abendgesellschaft bei ihm eingeladen waren und daß sie davon erzählten, wie die Schauspielerin Crelinger bei der Tafel ein Gedicht gesprochen habe, das mit den Zeilen schloß:

»Jetzt stirbt der Mai und flüstert noch im Sinken
Laßt mich auf meines Ludwig Leben trinken!«

Diese Worte fand ich damals so schön, daß sie sich mir für immer einprägten. Daß meine Gegenwart bei einer solchen Gastlichkeit nicht gewünscht wurde, war natürlich. Im übrigen *hatte Tieck, als ich einigermaßen verständig geworden war, bestimmt, daß meine Eltern mich immer mitbringen sollten, wenn er sie zu einer abendlichen Vorlesung einlüde. In dem großen dreifenstrigen Zimmer nahm bei solchen Gelegenheiten die Gesellschaft, die gewöhnlich aus etwa fünfzehn bis zwanzig Personen bestehen mochte, an den Wänden umher im Kreise Platz. Zwischen dem Fenster und der Tür, die zum Wohnzimmer führte, saß Tieck auf einem besonders dafür bestimmten Sessel, der den Oberkörper frei ließ. Vor ihm ein niedriger Mahagonitisch, darauf ein Lesepult und zu dessen beiden Seiten je eine Schiebelampe. Außer Familienmitgliedern, zu denen neben meiner Großmutter Pistor und der Großtante Mine Alberti auch Waagens gehörten, traf man am häufigsten den Historiker Friedrich von Raumer mit den Seinigen und die Professoren Werder und Köpke als Geladene an. Es versteht sich von selbst, daß völlige Stille um ihn her herrschen mußte. Keine von den Damen durfte sich mit einer Handarbeit beschäftigen, solange er las. Nur meiner Großmutter gestattete er eine Ausnahme: es stand ihr frei, an ihrem*

*Strickzeug weiterzuhaspeln, mit dem sie nun einmal verwachsen war, als ob es zu ihren Gliedmaßen gehörte. Man hätte ihr ebensogut das Atemholen verbieten können wie das Stricken, wenn sie auf einem Stuhle saß und stillschweigen mußte. Tieck las bekanntlich mit Vorliebe Lustspiele des dänischen Dichters Holberg, und die handgreiflichen Späße, von denen »Der geschwätzige Barbier«, »Der taube Liebhaber« und »Der Geschäftige« wimmeln, waren meinem Fassungsvermögen zugänglich genug, um mich höchlich zu belustigen. Natürlich gab es auch dazwischen ernsthaftere Dinge. An einem Abend warf er die Frage auf, was die Gesellschaft von ihm zu hören wünsche, und ich weiß nicht, welche Tragödien von Shakespeare oder Goethe genannt wurden. Ich war vorlaut genug, auch meine Meinung abzugeben, und rief »Rotkäppchen«. Tieck als echter Romantiker hörte nicht auf die Vorschläge der vernünftigen Leute, sondern tat dem Kinde seinen Willen und trug zu allgemeinem Ergötzen seine dramatische Bearbeitung des liebenswürdigen Märchens vor.*[25] *Ein anderes Mal hatte er seine Novelle »Der 15. November« gelesen. Die wunderbaren geheimnisvollen Vorgänge, von denen die Rede war, hatten meine Phantasie auf das höchste erregt. Nachdem er geendet hatte, war er in sein Wohnzimmer zurückgekehrt und saß, um auszuruhen, wieder allein auf dem gewohnten Platz im hohen Lehnstuhl. Ich schlich mich an ihn heran und wollte mir weitere Aufschlüsse über alle die Unbegreiflichkeiten holen, von denen ich gehört hatte. »Onkel«, fragte ich, »ist das denn Alles wirklich wahr, was du gelesen hast?« »Ja gewiß, mein Kind«, antwortete er, »ich bin ja dabei gewesen, und habe es Alles selbst erlebt.« Niemand konnte erstaunter und zugleich befriedigter sein als ich. In dem Bücherschrank meiner Mutter stand die Tiecksche Übersetzung des »Don Quixote«. Ich entsinne mich nicht mehr, ob ich sie mir selbst herausgeholt hatte, oder von wem sie mir in die Hände gegeben war. Jedenfalls hatte ich den Anfang des Buches mit ganz unmäßigem Vergnügen gelesen, und das wird jeder begreiflich finden, der sich erinnert, von wie erschütternder Komik die Beschreibung gerade der ersten Abenteuer ist, die der irrende Ritter erlebt. Als ich Tieck davon mit Begeisterung erzählte, meinte er: »Ja, ja! Der ›Don Quixote‹ ist das beste von allen Büchern, die es auf der Welt giebt. Kinder können es ebenso gut lesen, wie die ältesten Leute. Den Einen macht es ganz dieselbe Freude wie den Andern.« Über die unvergleichliche Meisterschaft, die Tieck in der Kunst des Vorlesens besaß, hat das Urteil der Zeitgenossen in so gut wie ausnahmsloser Übereinstimmung längst entschieden, und es könnte als lächerliche Anmaßung erscheinen, wenn jemand hier mitreden wollte, der kaum das dreizehnte Lebensjahr überschritten hatte, als Tieck starb. Immerhin darf ich aussprechen, was ich als unauslöschliche eigene Erfahrung in mir bewahre. Man konnte nicht einfacher, schlichter vortragen, als Tieck es tat. Nie empfand man die leiseste Spur von künstlichem Pathos, und doch war jedes Wort von innerstem Leben durchdrungen. Man sah, wenn er Dramatisches las, die Personen wie leibhaftig vor sich stehen, hörte sie mit Stimmen reden, wie sie sie ihrem Charakter nach besitzen mußten und doch schien das Organ nie mit künstlicher Veränderung gebraucht zu werden. Hier war eben die Vollendung: das heißt, eine Kunst, die mit der Natur durch und durch eins geworden ist. Die große Empfindlichkeit, die mir zeitlebens alles Gemachte und Absichtliche im Vortrag zuwider sein ließ, ist vielleicht durch diese frühesten Eindrücke eigentlicher Vollkommenheit rascher und entschiedener in mir entwickelt worden, als das sonst der Fall gewesen sein würde. Sie waren so stark und in ihrer Wirkung so nachhaltig, daß ich bei allem, was ich derart später erlebte, unwillkürlich den Vergleich mit jenem Vorbild ziehen mußte.*

Zum Hausstand gehörte außer der Haushälterin, dem Bedienten und zwei Dienstmädchen eine Hausfreundin, die mit dem Dichter etwa in gleichem Alter stehende unverheiratete Gräfin Finckenstein, in der Familie schlichtweg »die Gräfin« oder, wie Tante Mine auszusprechen beliebte, »de Gräwin« genannt. Seit vielen Jahrzehnten schon lebte sie im Tieckschen Hause. Sie machte einen sehr feinen, etwas kränklichen Eindruck, war in ihrem Alter augenleidend geworden und trug deshalb einen grünen Schirm über dem Gesicht, wodurch sich ihre Erscheinung vor allem meiner Erinnerung lebhaft eingeprägt haben mag. Sie war stets freundlich gegen mich und ließ sich sogar einmal in ein Gespräch über das Thema des Heiratens mit mir ein. Ich schwärmte leicht für dieses oder jenes kleine Mädchen, das ich kennenlernte; so unter anderen für eine gewisse kleine Marianne, die im Tieckschen Hause als Verwandte für eine Weile Aufnahme gefunden hatte. Die Frage beschäftigte mich ernstlich, ob auch nicht allzu viel Zeit noch vergehen müsse, bis ich an die Hochzeit denken könne. In dieser Bedrängnis wandte ich mich an die Gräfin und erhielt die betrübende Antwort, daß ich jedenfalls noch warten müsse, bis ich 25 Jahre alt geworden sei. Doch fügte sie zum Trost hinzu, dann aber sei es auch an der Zeit; man müsse nicht früher aber auch nicht später heiraten als mit 25 Jahren. Die Gräfin Finkenstein starb mehrere Jahre früher als Tieck. Wer über ihr Verhältnis zu ihm und seinem Hause näheres zu erfahren wünscht, mag das in Köpkes Biographie nachlesen. Hier nur so viel, daß der Freundschaft, die zwischen den beiden bestand, zu keiner Zeit ein erotischer Zug beigemischt war.[26] Eine vortreffliche, in hohem Grade liebens- und schätzenswerte Persönlichkeit war Tiecks Haushälterin Friederike Schwabhäuser. Aus Zittau gebürtig, war sie als ganz junges Ding nach Dresden gekommen und zu irgendwelchen Dienstleistungen in das Tiecksche Haus aufgenommen worden. Ihre Geschicklichkeit in häuslichen Dingen, ihr tüchtiger Verstand, die Feinheit und Wärme ihres Empfindungslebens ließen sie allmählich der gesamten Familie unentbehrlich werden. Sie wurde die Freundin der Töchter, und als die Hausfrau starb, übernahm sie die Führung des gesamten Haushalts. Nichts kann gewiß leichter zu Mißhelligkeiten, zu Übergriffen und Verlegenheiten führen, als ein solches Mittelding zwischen freundschaftlicher Zugehörigkeit und dienender Stellung. Friederike aber besaß den seltenen Takt, überall sich der zarten und schwebenden Grenzlinie bewußt zu sein, die ihr hier erlaubte hervorzutreten und dort wieder rätlich scheinen ließ, sich zurückzuziehen. Dies wurde ihr nicht nur von Tieck und den Seinigen durch unbedingtes Vertrauen und dankbarste Liebe vergolten: Auch im weiteren Kreis der Familie erfuhr sie die größte Hochschätzung und das aufrichtigste Wohlwollen. Nach Tiecks Tode blieben die freundschaftlichen Beziehungen zwischen ihr und allen seinen Verwandten, namentlich auch meinen Eltern, dieselben. Gisela Arnim, die mit ihrer Brentanoschen Witzelei stets und überall bei der Hand war, nannte sie deshalb »Die Haushälterin von Tiecks Geist«. Sie nahm eine eigene Wohnung in Berlin, besuchte uns öfters und war insbesondere stets am Weihnachtsabend unser lieber Gast. Meiner Großmutter Pistor stand sie in ihren letzten Lebensjahren als treue Pflegerin und Gesellschafterin zur Seite. Schließlich entschloß sie sich in hohem Alter, in ihre Heimat Zittau zurückzukehren, von wo aus sie bis zu ihrem Tode in brieflichem Verkehr mit meiner Mutter blieb. Nicht unbelobt darf endlich auch das eine der beiden Tieckschen Dienstmädchen bleiben; ein Original des Namens Charlotte, bei dem man niemals anzugeben wußte, auf welche Altersstufe zwischen 18 und 80 man es einschätzen sollte. Charlotte besaß eine unglaublich ungeschlachte Figur, dabei aber ein so biegsames Rückgrat, daß sie bei Höflichkeitsbezeugungen wie ein Taschenmesser bis zum rechten Winkel zusammensackte. Man denke sich dazu: Strohblonde Haare, wasserblaue, halb zugekniffene Augen, einen Mund so breit wie das Maul eines Karpfens und einen süßsauren Ausdruck im Gesicht, der zwischen Sentimentalität und verbissenem Lachen hin- und herschwankte. Daß sie in Berlin geboren war, konnte sie in keinem Zug ihres Wesens verleugnen. Sie liebte es sehr, sich in überschwenglichen, hochtönenden Redensarten zu ergehen, die jedoch unversehens in die schlimmsten Plattheiten umschlugen. Im Grunde äußerst gutmütig, konnte sie doch dem Vergnügen nicht widerstehen, sich wo es nur anging über den lieben Nebenmenschen lustig zu machen, und während sie beständig bemüht war, sich sehr gebildet zu benehmen und auszudrücken, schoß sie doch mit ihren Anstrengungen regelmäßig vorbei, weil sie völlig unfähig war, das Passende vom Unpassenden zu unterscheiden. Da sie aber zugleich in der Tat eine angeborene komische Ader besaß, so entstand jenes Gemisch von freiwilliger und unfreiwilliger Komik, das für das Wesen der echten Berliner und Berlinerinnen allen Schlages so charakteristisch ist wie kaum irgend etwas anderes. Heutzutage freilich werden Exemplare dieser unschuldigen Art des Berlinertums selbst in den unteren eingesessenen Ständen immer seltener. Die gute Charlotte trat später als Erbstück aus dem Tieckschen Hause in die Dienste meiner Eltern über, und so hatte ich noch reichliche Gelegenheit, mich an ihren Reden und Taten zu ergötzen. Das Beste an ihr aber war ihr warmes, wahrhaft treues Herz. Wenn die Rede auf ihren alten Herrn kam, so verschwand alle Lachlust, und sie wußte nicht, welche Töne sie anstimmen sollte, um ihn gebührend zu preisen.

*Im Frühling des Jahres 1853 wurde Tieck bettlägerig. Meine Mutter schickte mich zu ihm, um nach seinem Befinden Erkundigungen einzuziehen. Er ließ mich an sein Bett kommen und fing, nachdem er meine Frage nach seinem Ergehen kurz beantwortete, an, mit mir über dieses und jenes zu sprechen. Die Rede kam auf Mozart, und nun erzählte er mir ausführlich, wie er Mozart kennengelernt habe. Bei einer Aufführung der »Entführung« im Berliner Opernhause habe er neben einem kleinen Mann gesessen, der ihm durch die lebendige Aufmerksamkeit, mit der er der Musik und der Darstellung folgte, aufgefallen sei. In der Pause habe er sich vortrefflich mit ihm unterhalten, dann aber, als die Vorstellung wieder begonnen, sei sein Nebenmann immer unruhiger geworden, endlich plötzlich aufgestanden, verschwunden, und kurz darauf im Orchester wieder zum Vorschein gekommen. Es war Mozart gewesen, der, irgendein Versehen der Musiker bemerkend, auf seinem Platz es nicht mehr hatte aushalten können, sondern fortstürmte, um selbst Ordnung zu schaffen.[27] Ich aber hatte den geliebten Urgroßonkel an jenem Morgen zum letztenmal gesehen. Acht Tage darauf, am 28. April, war er sanft entschlafen.*

Mehrere Jahre früher hatte irgend jemand mir ein kleines Stammbuch mit losen Blättern zu Weihnachten geschenkt, was natürlich zur Folge hatte, daß ich alles, was Onkel oder Tante hieß, mit der Bitte brandschatzte, mir etwas einzuschreiben. So hatte ich denn auch ihm eines der kleinen weißen Blätter gelegentlich eingehändigt. Bald darauf schickte er es mir durch Friederike zurück. Er hatte die Worte daraufgeschrieben: »Als Kind und Knabe bist du gut. Bleibe so als Jüngling und Mann. Nimm ein Beispiel an Deinem wackern Vater und gedenke künftig auch meiner.«

Auch eine Menge schöner und großer alter Bleisoldaten schenkte er mir, mit denen er selbst, und zwar noch in späteren Jahren, gespielt hatte. Er hatte die Liebhaberei, sie zu Schlachtordnungen zusammenzustellen und Phantasiekämpfe mit ihnen auszuführen. Leider war ich töricht genug, sie später eines Tages einmal meinen Spielkameraden gegen kleinere, wertlose neue in Tausch zu geben, weil diese letzteren zu der Armee besser paßten, die ich bereits besaß. Daß bei Tiecks Begräbnis die Beteiligung eine außerordentliche war, läßt sich denken. Alle Zelebritäten Berlins, namentlich die literarischen und künstlerischen, erschienen. Damit aber auch der Humor nicht fehle, fand sich Charlotte veranlaßt, bei dieser Gelegenheit die Rolle der ersten Leidtragenden zu übernehmen. Sie hatte sich bei weit geöffneten Türflügeln am Eingang der Wohnung aufgestellt, ergriff laut schluchzend die Hände von Alexander von Humboldt, Rauch und ähnlichen Leuten, um sie zu küssen, und begoß sie tief vornübergebeugt mit Strömen von Tränen. Das prächtige alte Haus, in dem Tieck seit seiner Rückkehr nach Berlin bis zu seinem Tode gewohnt hatte, ist seitdem natürlich längst zugunsten eines großstädtischen Neubaus niedergerissen worden; ebenso wie das Geburtshaus Tiecks in der Roßstraße, wie die Wohnstätten Chamissos, Felix Mendelssohns, Ziethens, Lessings und anderer. Ja, nicht einmal eine armselige Gedenktafel, die man sonst doch in der Regel einem neuen Gemäuer aufzukleben pflegt, das ein bedeutungsvolles altes verdrängt hat, erinnert daran, daß ein deutscher Dichter hier seine letzten Lebensjahre zubrachte. Es ist, als wollte man dem modernen Berlin mit Gewalt auch das letzte nehmen, was der Stadt irgendwelchen poetischen, historischen oder malerischen Reiz verleihen könnte, damit nur ja nicht der wohlbegründete Ruf rationeller Nüchternheit, den die Stadt seit den Tagen Nicolais[28] genießt, gefährdet werde. Das alte Berlin aber besaß trotz aller offiziellen Prosa noch immer ein gutes Stück heimlicher, bescheidener Poesie. Und nicht nur das. In den Tagen Schinkels und Carl Maria von Webers, in denen der tiefere Atemzug nachwirkend zu spüren war, den die Freiheitskriege geweckt hatten, wehte über Berlin in der Tat ein Hauch idealen

Schönheitssinnes, wie er der zukünftigen Hauptstadt Deutschlands würdig war. Was aber hat die innere Öde, der hintergrundslose Amerikanismus unserer Tage davon übriggelassen?!

*<2. Kapitel*

*Berlin 1848 – Geheimrätin Steffens – Karl von Hinckeldey – Ein königlicher Brief>*

*Der 18. März 1848, ein Sonnabend, war ein für die Jahreszeit ungewöhnlich warmer sonniger Tag. Meine Eltern gingen am Nachmittag mit mir im Garten umher, wo die Stachelbeeren schon die ersten grünen Spitzen getrieben hatten und die Veilchen zu blühen anfingen. Man freute sich des Daseins und unterhielt sich mit der Familie des Hauswirts, die der Frühlingssonnenschein auch herausgelockt hatte. Plötzlich hörte man in der Ferne einen Kanonenschuß; andere folgten, und mit Blitzesschnelle hatte sich das Gerücht verbreitet, auf dem Schloßplatz und unter den Linden sei das Militär mit Waffengewalt gegen die Bürgerschaft eingeschritten. Man lief in das Vorderhaus zurück, und aus unsern Fenstern sahen wir, wie eine aufgeregte Menge das Straßenpflaster aufriß, Kanonen, Wagen, Möbel und Betten herbeischleppte, um unmittelbar vor unserm Hause quer über die Friedrichstraße eine Barrikade aufzuführen. Mein Vater hörte deutlich die Worte: »on fait les barricades comme-ça!« – Offenbar also waren französische oder polnische Elemente geschäftig, das Feuer des Aufruhrs zu schüren. Es währte nicht lange, so flog eine Kanonenkugel vor uns vorüber die Straße hinunter, und der Lärm wurde immer fürchterlicher. So ging es fort, bis in die Nacht hinein. Der Pöbel kommandierte von unten zu den Fenstern der Hausbewohner hinauf: »Lichter her!« oder »Lichter fort!«, je nachdem man beim Bauen der Barrikaden Beleuchtung brauchte oder Dunkelheit wünschte, sobald feindliche Schußwaffen sich zu nähern schienen. Wohl oder übel mußten meine Eltern samt dem Dienstmädchen als gehorsame Diener diesen Befehlen gehorchen, um sich nicht die Fenster einwerfen zu lassen. Die allgemeine Aufregung war unbeschreiblich. Endlich brach der Morgen an, und wie bekannt ritt der König als Friedensverkünder durch die Stadt, um dem ersten energischen Vorgehen des gestrigen Tages die äußerste Nachgiebigkeit folgen zu lassen. Mochte man diesen Schritt aus politischen und moralischen Gesichtspunkten billigen oder nicht, jeder atmete doch auf in dem Gefühl, daß das Blut-*

*vergießen ein Ende erreicht haben sollte. Aber das Stück war noch nicht zum Abschluß gekommen. In der Mitte der Nacht vom Montag auf den Dienstag wurden wir durch erneutes Toben und Lärmen auf der Straße aus dem Schlafe aufgeschreckt. Es hatte sich das Gerücht verbreitet, der Prinz von Preußen*[29] *sei im Begriff, an der Spitze einer bedeutenden militärischen Macht durch das uns zunächst liegende Hallesche Tor in Berlin einzurücken, und wieder begann das wütende Geschrei der empörten Volksmenge, die bald Licht, bald Dunkelheit forderte und alles aufbot, um dem bevorstehenden Angriff durch abermalige Aufführung von Barrikaden trotzen zu können. Kein Augenblick ist mir aus meiner Kindheit in entsetzlicherer Erinnerung als der, in dem meine Mutter in Todesangst mich aus dem Bett riß, um mich anzukleiden und so rasch wie möglich im Hinterhaus bei der Familie Kurtz wenigstens in vorläufige Sicherheit zu bringen. Alles hatte völlig den Kopf verloren, man fürchtete das Äußerste. Zum Glück dauerte dieser beängstigende Zustand nur kurze Zeit. Nach wenigen Stunden traf die Nachricht ein, daß alles blinder Lärm gewesen sei.*[30]

*Die Nachwirkung des Erlebten ließ sich überall in den Gemütern auf Jahre hinaus, ja in gewissem Sinn für alle Zeit nicht wieder bannen. Die Welt war eine andere geworden. Auch meine kindliche Phantasie hatten die Schrecken der Revolutionstage in starke, lange Zeit hindurch nachzitternde Aufregung versetzt.* Es wurde eine Liste gefunden mit den Namen aller derjenigen der besitzenden Klasse angehörigen Leute, die nach dem Beschluß der Aufrührerbande am nächsten Laternenpfahl aufgeknüpft werden sollten, sobald die Sache des Volkes gesiegt haben würde. Der Name meines Vaters stand mit auf der Liste. *Natürlich behandelten die Gespräche der Erwachsenen immer aufs neue das eine Thema der Revolution und der unsicheren sozialen Zustände, die sich in ihrem Gefolge namentlich in Berlin bemerklich machten. Das Militär war fortgeschickt, und die Bürgerwehr, eine Institution von zweifelhaftestem Wert, sollte an seiner Stelle für die öffentliche Sicherheit sorgen. Auch mein Vater und verschiedene seiner Kollegen an der Universität mußten sich anweisen lassen und standen gelegentlich zur Belustigung aller ihrer etwa vorübergehenden Bekannten vor prinzlichen Schlössern und öffentlichen Gebäuden Schildwache.* Unterdessen beehrten Bummler die wohlhabenden Leute in der Tiergartenstraße bei lichtem Tage mit ihrem Besuch und trugen ihnen unbehelligt das Mittagessen vor der Nase fort, wenn sie sich eben auf ihren Veranden zu Tische setzen wollten. *Die Schreckbilder der großen französischen Revolution erhoben sich als drohende Gespenster, und in so unzähligen*

*Wiederholungen wurde sie zum Vergleich herangezogen, daß schließlich die Vorstellung, wir könnten demnächst allesamt auf die Guillotine geschleppt werden, auch in meinem Kopf Wurzel schlug. Freilich fanden die Ereignisse bei alledem je nach dem verschiedenen Standpunkte des einen und des anderen die entgegengesetzteste Beurteilung, und es konnte nicht ausbleiben, daß hüben und drüben die Gegensätze der mit Leidenschaft verfochtenen politischen Überzeugungen auch in die persönlichen Verhältnisse ihre Schatten warfen. Unter dem Einfluß der starken allgemeinen Erregung vollzogen sich Wandlungen, traten Erscheinungen zutage, wie sie unvermuteter nicht sein konnten. Wohl eine der ärgsten Überraschungen bereitete meine Großtante Hanne Steffens ihren Freunden. Steffens, ihr vortrefflicher Gatte, war 1845 gestorben*; ihre selbstlose, im höchsten Maße liebenswerte Tochter Clärchen verhielt sich der Mutter gegenüber wie es ihrer Natur entsprach, mehr nachgiebig duldend als selbständig entgegentretend, und so war diese Mutter allen Willkürlichkeiten ihres eigenen sprunghaften sensationstüchtigen Naturells preisgegeben. Steffens *hatte als eine hervorragende Persönlichkeit von bekanntem Namen bei seiner Übersiedlung nach Berlin im Jahre 1835 überall in den besten Kreisen der Gesellschaft die ehrenvollste Aufnahme gefunden.* Er konnte an eine Menge bereits vorhandener persönlicher Beziehungen anknüpfen, und *nicht nur unter den Gelehrten und Künstlern fand er alte Freunde wieder, sondern ebensowohl auch dank seiner patriotischen Betätigung während der Freiheitskriege in den Reihen der Staatsmänner und Generäle. Er selbst war nicht ganz frei von einer gewissen Vorliebe für den Umgang mit vornehmen Leuten. In unvergleichlich höherem Grade war seine Frau von dem Drang nach oben, von dem Jagen nach Berühmtheit und Vornehmheit erfüllt. Sie lebte und webte im Verkehr mit Familien, die der Aristokratie angehörten, mit Exzellenzen, Ministern und allen möglichen Elementen der Hofgesellschaft. Nach dem Regierungsantritt Friedrich Wilhelms IV. gelangten bald, wie bekannt, nicht nur in politischen, sondern auch in kirchlichen Dingen hochkonservative, ja reaktionäre Anschauungen zur Herrschaft. Was in seinem Ursprung aufrichtige persönliche Überzeugung des Königs war, wurde andern Mittel zum Zweck. Es wurde Mode, »christlich« zu sein, und so wurde auch Tante Hanne sehr »christlich« und maß ihre Nebenmenschen nur noch nach dem Maß ihrer »Christlichkeit«, wie sie eine solche verstand. Sie beteiligte sich an allen Wohltätigkeitsveranstaltungen, die damals, von kirchlicher Seite angeregt, in Schwung kamen, und übernahm in Gemeinschaft mit hochadeligen Damen eine führende Stelle bei diesen*

*Dingen. Zu dem allen aber kam als ein letztes bedeutungsvolles Moment eine aus der Vergangenheit stammende unmittelbare Beziehung zu der Person des Königs. Friedrich Wilhelm IV. hatte Johanna Reichardt, selbst noch ein junger Prinz, in ihrer Jugend kennengelernt, wo sie mit ihrer blendenden Schönheit und damals noch unbefangenen Liebenswürdigkeit alle Welt bezauberte; nicht nur Prinzen, sondern auch* Leute wie zum Beispiel *Wilhelm Grimm, Achim von Arnim und andere geistvolle Leute. Es hatte sich ein freundliches Verhältnis zwischen ihr und dem zukünftigen König entwickelt, das so vertraulich wurde, daß er sie mündlich und in Briefen »Liebe Hanne« anzureden pflegte. Auch als König ließ er diese Form der Anrede nicht fallen. So standen die Dinge, als der 18. März hereinbrach und die Welt auf den Kopf stellte.* Solange der Schrecken der Ereignisse währte, wagte natürlich niemand, der nicht dazu gezwungen war, seine Behausung zu verlassen. Um so sorgenvoller wanderten die Gedanken zu Verwandten und Freunden, von denen man sich abgeschnitten sah. *Welche Verzweiflung mußte vor allem die Tante Steffens erfaßt haben – so dachten meine Eltern –, vor der alles in Trümmern zu gehen drohte, was sie geliebt und bewundert hatte! Man fürchtete sich geradezu, sie wiederzusehen. Endlich erschien jemand, der bei ihr gewesen war, oder durch einen Dritten Bescheid darüber wußte, wie sie den furchtbaren Schlag überstanden hatte. Sie hatte ihn so gut überstanden, daß sie vielmehr in glückseligster Stimmung sich befand und nunmehr mit derselben Begeisterung, die sie soeben noch dem Königtum von Gottes Gnaden entgegengebracht hatte, für das geknebelte Volk schwärmte, das sich zu herrlicher Tat aufgerafft und das schmachvolle Joch abgeschüttelt habe, unter dem es geseufzt! Es läßt sich denken, daß jeder, dem diese Eröffnung gemacht wurde, sprachlos war vor Verblüfftheit. Aber die neue Rolle wurde mit Entschlossenheit weitergespielt. Die Renegatin nahm an der politischen Entwicklung von der linken Seite her mit dem größten Eifer teil. Sie besuchte in Gemeinschaft mit ihrer Tochter alle Sitzungen der Nationalversammlung, die im Schauspielhause stattfanden, und erreichte es schließlich, daß sie auch mit eingesperrt wurde, als die Polizei eines Tages die Ausgänge verschloß.* Nur eine einzige Erklärung gibt es für dieses nach gewöhnlichem Maßstab unbegreifliche Gebaren. *Die Tochter Reichardts hatte vom Vater die Begeisterungsfähigkeit, zugleich aber auch die unselige Sucht geerbt, sich vorzudrängen und überall und immer in erster Reihe zu stehen. Was obenauf war, betete sie an.* Daß auch ihre gänzlich anders geartete Tochter ihr auf diesem Wege folgte, hatte mit jener Eigenschaft der Mutter gar nichts zu tun.

Clärchen Steffens lebte und webte in dem Gedankenkreis eines aufrichtigen edlen Pietismus. Die Betätigung des Christentums in Werken der Liebe und Barmherzigkeit entsprach dem innersten Wesen ihrer Natur. Durch die Taten der Revolution aber glaubte sie, nichts anderes als eine Liebesgemeinschaft der Menschen vorbereitet zu sehen, wie sie etwa bei den ersten christlichen Gemeinden geherrscht hat. *Daß die gesellschaftlichen Folgen, die der Schritt von der äußersten Rechten zur äußersten Linken nach sich ziehen mußte, für beide nicht ausblieben, versteht sich von selbst. Für die Hofgesellschaft waren Mutter und Tochter Steffens tot. In der Liste der Vorstandsdamen der von dieser Seite in das Leben gerufenen wohltätigen Vereine wurde der Name der Geheimrätin Steffens gestrichen. Als sie ein Jahr später trotzdem die Kühnheit hatte, einen Bazar zu besuchen, der zu Liebeszwecken veranstaltet war, um sich als Käuferin zu beteiligen, wollte es der Zufall, daß der König zu gleicher Zeit anwesend war und ihrer ansichtig wurde. Dieser aber benahm sich wie ein echter Fürst. Er ging auf sie zu, reichte ihr die Hand und redete sie mit den Worten an: »Nun, liebe Hanne, wir haben beide in dem vergangenen Jahr viel erlebt.«* Aber nicht nur die vornehme Welt gab ihr den Abschied; auch Tieck ließ ihr sagen, er könne nicht weiter mit ihr verkehren, weil ihre Ansichten sich allzuweit von den seinigen entfernt hätten. Meinem Vater war ihre Persönlichkeit von jeher antipathisch gewesen und er hatte ihre Anwesenheit bei den verschiedenen Familienvereinigungen nur deshalb geduldig ertragen, weil sie eben unvermeidlich war, wenn man nicht die übelsten Szenen herbeiführen wollte. Nun aber lag es so sehr auf der Hand, daß jedes Zusammensein mit ihr nur zu beiderseitiger Pein werden mußte, daß der Entschluß, sich aus dem Wege zu gehen, stillschweigend zur Tat wurde.[31]

*Während hier die Politik eine an sich wenig erquickliche Beziehung zu völligem Stillstand brachte, gab die stürmische Zeit auf der anderen Seite den äußeren Anlaß, ein wirklich erfreuliches Verhältnis neu zu beleben. Karl von Hinckeldey, einer der ehemaligen Studiengenossen meines Vaters, wurde im Herbst 1848 als Polizeipräsident nach Berlin berufen. Hinckeldey war auf Schloß Sievershausen bei Meiningen im Jahre 1803 geboren, also vollkommen gleichaltrig mit meinem Vater. Beide begegneten sich zuerst in Berlin, als sie im Kolleg zu Savignys Füßen saßen, und hier schloß mein Vater mit dem »biederen Thüringer«, wie er ihn einmal in einem Briefe an seine Mutter nennt, eine innige Freundschaft, die auf so festen Füßen stand, daß sie die Begeisterung der Jünglingsjahre überdauerte. Hinckeldey setzte seine Studien in Göttingen fort; und nun trat brieflicher Verkehr an die Stelle des mündlichen Austausches. Um Zeit und Zeit gab es ein* längeres oder kürzeres *Wiedersehen.* In einem Brief vom 7. Dezember 1831 teilt mein Vater seiner Mutter mit: »Gegenwärtig wohne ich wieder in meiner alten Wohnung und mein lieber letzter Universitätsfreund von Hinckeldey, der eben hier glänzend sein 3tes Examen bestanden hat, vertritt Bruder Valdec's Stelle, indem er bei mir wohnt.« *Im Anfang des Jahres 1842 erhält Hinckeldey die Nachricht, daß man ihn als Oberregierungsrat von Liegnitz nach Merseburg versetzen wolle. Mein Vater wird dringend von ihm eingeladen, ihn noch einmal in Schlesien aufzusuchen, ehe er die schöne Provinz verlassen müsse.* Dieses Mal wird die Einladung, die schon öfter genug früher ausgesprochen war, angenommen, *und um Ostern unternehmen die beiden nach schönen häuslichen Tagen in Liegnitz eine Fahrt nach der Stadt Görlitz, die unter der Liegnitzer Regierung steht und deren Bürgermeister*[32]*, Hinckeldeys Freund, in den prachtvollen, 200.000 Morgen bedeckenden Forsten eine Auerhahnjagd zu Ehren seiner Gäste ansetzt.* Wieder im Frühling 1844 ist mein Vater bei Hinckeldeys zu Gaste, und man war sich aufs neue der Gemeinsamkeit der Ansichten freudig bewußt. Nun fingen die Frühlingsbesuche in Merseburg an, als etwas Stehendes betrachtet zu werden. Die Einladung wenigstens nicht nur für meinen Vater, sondern auch für dessen Familie wiederholte sich, sei es zu Ostern oder Pfingsten, alljährlich, und im April 1846 bringt auch tatsächlich mein Vater die Ostertage wieder in Merseburg zu. *In diese unbefangen heiteren Verhältnisse bringen die Märztage des Jahres 1848 zuerst einen ernsten Ton. Hinckeldey schreibt am 23. März, er bitte in der jetzigen sorgenvollen Zeit, wo man um das Schicksal derer, die man lieb habe, ernstlich besorgt zu werden beginne, um Nachricht von unserm Ergehen. Dann fährt er fort: »Die Provinz Sachsen, insbesondere unser Departement wird wohl ruhig bleiben, da in der That zugestanden worden ist, was nur irgend in billigen Wünschen liegen kann.* Das alte Gouvernement ist mit verdienter Schmach fortgeschickt und die ›Krebsen, Schildkröten‹ etc. müssen sich andere Wohnungen suchen. – *Ich begrüße den jungen Tag mit Frohlocken und bitte Gott, daß er dem König W e i s h e i t dem Volke aber M ä ß i g u n g gebe*, damit wir ein starkes kräftiges Königthum behalten, was wohl im Stande sei, das schwarz-roth-goldene Banner Deutschlands in sturmbewegter Zeit zu führen. – *Ich habe bei den verschiedenen Stürzen alle meine Verbindungen verloren, bin aber ordentlich froh darüber, daß ich mit den Kerls nichts mehr zu thun zu haben brauche, da sie mir im Innersten der Seele zuwider waren! Heucheln kann ich nicht und sie mögen wohl gemerkt haben, daß ich mich* *seit Jahren nicht mehr um sie kümmerte. Nun treibt es mich aber nach Berlin und da in den dortigen Hotels kein Unterkommen mehr seyn soll, so fragt es sich, ob Du mir, wenn auch nur ein ganz beschränktes Kämmerchen geben kannst? – Du kommst doch Ostern? Die herzlichsten Grüße von Haus zu Haus. Dein H.«*

Wenn es noch eines Beweises bedürfte, wie gründliches Unrecht Hinckeldey von denjenigen angetan wurde, die ihn nachmals um seines energischen Auftretens willen aller Zuchtlosigkeit gegenüber als vernarrten Reaktionär verschrieen, so würde dieser Brief allein genügen, die Verleumder Lügen zu strafen. *Natürlich wurde Hinckeldey von meinen Eltern mit Freuden aufgenommen und erlebte es unter anderem, meinen Vater vor irgendeinem prinzlichen Palais als Wachposten stehen zu sehen, an dessen Portal »das Volk« die Worte »Eigenthum der Nation« geschrieben hatte. Darauf bezieht sich der nächste Brief aus Merseburg vom 22. April, der mit den Worten beginnt: »Theuerster Freund! Ich bin am 18ten noch bis Wittenberg gekommen und am 19ten bei Zeiten hier eingetroffen; mein Herz war voll freundlichen Dankes für deine wieder bewährte herzliche Liebe und voll heiterer Erinnerung an den dicken ›Nationalgardisten‹ vor dem ›Eigenthum der ganzen Nation‹. Kommst du, w i e  i c h  s i c h e r  e r w a r t e, zu Pfingsten mit deiner lieben Frau und Herrn Ernst hierher, so wirst du freundlichst revanche nehmen, wenn du mich in gleicher Haltung mit der Muskete vor der Hauptkasse treffen solltest. Man sieht, was aus den Leuten werden kann.«* Der nächste Brief vom 20. Mai aber schlägt wieder einen ernsten Ton an: »Eure letzten Berliner Tumulte sind zwar glücklich beigelegt, nichtsdestoweniger haben sie in den Provinzen eine unglaubliche Erbitterung hervorgerufen. Greift man dort die Nationalversammlung nur irgendwie an, so habe ich alle Ursache zu glauben, daß Sachsen, Pommern und die Mark aufstehn werden. – Vor wenig Tagen war eine Deputation von Elbing in Halle, um den Widerstand gegen Berlin zu organisiren und zu einem bewaffneten Bündniß anzuregen. In Magdeburg sollen die Elbinger die beste Aufnahme gefunden haben. – Gebe Gott, daß der [?][33] nun Ruhe hält, sonst muß es doch einmal zu einer recht ernsthaften und blutigen Wäsche kommen und dabei beschütze dich Gott, mein alter Freund! – Die Rückberufung des Prinzen von Preußen[34] halte ich ihrer Form nach für verkehrt und der Sache nach für unzeitig. Dennoch müssen wir das Ministerium stützen, sollen nicht Eichler, Held und Jung an die Spitze treten. Kommst du nach Pfingsten? vorausgesetzt, daß wir beide leben und gesund sind? Dein H.«

*Als dann im Herbst Hinckeldey mit der Ernennung zum Polizeipräsidenten für Berlin zu meinem Vater in das Zimmer trat, war die Freude, den Freund nun fortan in der Nähe haben zu sollen, zwar groß, aber das Gefühl der ungeheueren Verantwortung, der Schwierigkeiten und Gefahren, die mit der Übernahme solcher Stellung gerade in solchem Augenblick verbunden waren, dämpfte doch beträchtlich die Stimmung des Wiedersehens. Freie Zeit gab es von nun an nicht viel mehr für Hinckeldey, dennoch entwickelte sich ein hübscher, wenn auch nicht häufiger geselliger Verkehr zwischen seinem und unserem Hause.* Seine verwitwete Schwester Frau von Krog, die mit ihm nach Berlin übergesiedelt war, bildete ein besonderes, anregendes Element. Der älteste Sohn Otto, der nur um zwei Jahre älter war als ich, wurde mir ein guter Kamerad. Manches Interessante erlebten wir durch seine Vermittlung. So machte es nicht nur mir, sondern auch meinen Eltern großen Eindruck, als uns Hinckeldey an einem Abend, den wir bei seiner Familie zubrachten, einen elektrischen Telegrafen zeigte, den er als etwas ganz Neues sich zwischen seinem Arbeitszimmer und den Geschäftsräumen hatte anlegen lassen. Soviel ich weiß, war dies die erste Anwendung elektrischer Telegrafie in Berlin.[35] Bedeutsamer für mich war etwas anderes. Da er in den beiden Königlichen Theatern eine Loge mit fünf oder sechs Plätzen zur Verfügung hatte, so versorgte er meine Eltern reichlich mit Billets zu Schauspielen sowohl wie namentlich zu Opern. Ohne selbst musikalisch zu sein, kannte er doch zur Genüge die ernste Geschmacksrichtung meiner Eltern, um zu wissen, daß ihnen vor allem an klassischen Werken gelegen war. Wo hier jedoch die Grenze dessen lag, was ihnen etwa noch annehmbar oder aber völlig verwerflich erscheinen konnte, darüber war er sich nicht ganz klar, und seine vorsichtigen Anfragen in solchen Fällen sind ebenso drollig wie liebenswürdig. Einmal, am 20. April 1850, schreibt er:

»Anliegend sende ich dir, mein Theurer! 3 Billets für die Norma[36]. Es ist der Fiorentini ihre beste Rolle und ich rathe dir und deiner lieben Frau sehr, sie zu hören. Die Oper wird wirklich vortrefflich gegeben! – Ich weiß freilich nicht: ob die neuere Italiänische Musik deinem klassischen Ohr nicht völlig zuwider sein mag!« Und ein anderes Mal dann wieder, einige Wochen später, am 8. Mai: »Theuerster! Quaeritur: ob es den guten musikalischen Geschmack eines ordentlichen, öffentlichen Professors der Rechte an der hiesigen Friedrich-Wilhelms-Universität und denjenigen seiner Gemahlin verdirbt – den Propheten[37] zu hören? – Solltest du nach sorgfältiger Prüfung aller Zweifels- und Entscheidungsgründe dich für die Negative entscheiden, so schicke ich dir Sonntag zwei Billets. Richte dich darauf ein. Dein H.«

Ich lasse endlich noch einige Zeilen aus einem langen Brief hier folgen, den Hinckeldey von Putbus aus am 11. August 1852 an meinen Vater richtete, weil sie für sein persönliches Verhältnis zu Friedrich Wilhelm IV. bezeichnend sind. Er hatte von einer Titelverleihung an meinen Vater gehört und beginnt mit den Worten: »Mein theurer liebster Geheimer Justizrath! Eben sagt mir Illaire[III], daß du vor 3 Tagen zum Geh. Justizrath ernannt bist und da möchte ich gern der Erste seyn, der dir von Herzen gratuliert.« Dann fährt er fort:

»Ich bin seit gestern hier, wohne in einem Hause unmittelbar neben dem des Königs und befinde mich in dessen engster und intimster Umgebung, die in der That so herrlich und angenehm ist, daß ich kaum weiß, wie dieser Tag vorübergegangen ist. Besonders wunderbar kam es mir vor, als ich heute früh aufstand, auf den Balkon trat mit der köstlichsten Aussicht auf das Meer, durchbrochen von kleinen reizenden Inseln, dann mich badete und dann auf demselben Balkon so recht con amore Kaffee trank. – Vor mir liegt das Dampfboot ›Königin Elisabeth‹, welches zur Verfügung des Königs ist, nebst dem Kriegsschoner Nix – ein wahrhaft reizendes Schiff, was alle Fahrten mitmacht. Du siehst, daß für unser Vergnügen gesorgt ist. Täglich die verschiedensten Ausflüge zu Wasser und zu Lande, wobei alle Etiquette verschwindet und mein königlicher Herr wirklich der gebildetste, liebenswürdigste Mensch ist, den ich in meinem Leben kennen gelernt habe …«

Abgesehen von der Ausspannung, die dergleichen Ferientage einmal gewährten, war *die Arbeitslast, die der rastlos tätige Mann Tag für Tag zu bewältigen hatte, fast zu groß. Aber er hätte nicht die Heiterkeit, Frische und Spannkraft besitzen müssen, die seiner Natur eigen waren, wenn ihm nicht im Gefühl des eigenen Leistens trotz aller Mühen wohl geworden wäre. Er griff seine Aufgabe mit Begeisterung an, und was er, von allem übrigen abgesehen, für den Aufschwung der Stadt Berlin getan hat, unablässig bemüht, heilsame Einrichtungen wie Wasserleitung, Feuerwehr u. s. w. der spröden Stadtverwaltung zum Trotz in möglichster Vollkommenheit durchzuführen, das allein müßte ihm für alle Zeit ein dankbares Andenken sichern. Größer aber und wahrhaft bewunderungswürdig erscheint er durch die Reinheit, den Mut, die Treue bis zum Tode, die seinen Charakter auszeichneten. Mochte sein rücksichtsloses Eingreifen, wo er Unrat witterte, von politischen Gegnern als zu autokratisch getadelt werden, von Willkür konnte bei seiner Gewissenhaftigkeit niemals die Rede sein; wohl aber vielleicht von einer persönlicheren Auffassung seiner Staatsdienerpflichten, als es den Bekennern des modernen Liberalismus genehm war. Wer von der Verant-*

III Kabinettsrat des Königs.

*wortlichkeit seines Tuns so hoch denkt, wie er es tat, wer so bereit war, mit seiner ganzen Person für das als gut Erkannte einzustehen, der hat das Recht, es mit seinem Gewissen abzumachen, wie eng oder weit er sich die Grenzen seiner Befugnisse zu stecken hat. Man konnte kein ehrlicheres Gesicht sehen als das seine. Er war die Geradheit in Person, und im Grunde seines Herzens wohnte tiefe Güte und Menschenfreundlichkeit. Vor allem aber war er gerecht ohne jede Parteilichkeit oder Voreingenommenheit. Er maß nach links und rechts mit dem gleichen Maß, und diese Gerechtigkeit bezahlte er mit dem eigenen Leben. Furchtlos, wie er die Umtriebe der Helden und Rädelsführer der Revolution verfolgte, deckte er auch das schändliche Treiben vornehmer junger Lebemänner auf, von deren Zusammenkünften er Kenntnis erhalten hatte. Er schritt ohne jede Rücksicht mit den strengsten Maßregeln ein und machte ihren wüsten Orgien ein Ende. Die Rache ließ nicht auf sich warten. Die Herren beschlossen, Hinckeldey durch Beleidigungen aufs Äußerste zu bringen, ihn zum Zweikampf zu zwingen und einer nach dem anderen ihn so lange herauszufordern, bis er aus dem Wege geschafft sei. Der Anfang wurde damit gemacht, daß auf den Bällen der Aristokratie niemand seine schon erwachsene älteste Tochter zum Tanz aufforderte. Zugleich wurde Herr von R. dazu ausersehen, als der erste ihm persönlich irgendeinen Schimpf anzutun, der ihn unweigerlich nötigen mußte, mit einer Forderung zu erwidern. Niemand von der Hinckeldeyschen Familie ahnte, was vorgegangen war und was bevorstand. Das Duell mit Pistolen war auf den 10. März 1856 in einem Walde nahe bei Berlin angesetzt. Hinckeldey traf in der Stille alle Vorbereitungen, setzte Bestimmungen auf, die für den Fall seines Todes in Kraft treten sollten, unter ihnen auch die, daß er meinen Vater zum Vormund seiner Kinder ernannte, und schlief in der Nacht vor dem verhängnisvollen Tage ruhig bis zum Morgen. Dann fuhr er in früher Stunde hinaus zum verabredeten Platz, um nicht lebend wiederzukehren. Zehn Tage nach dem Ereignis schrieb mein Vater an Marie Hoffmeister:*

*»Ihre theilnehmenden Worte haben mir in dem aus Erbitterung, Gram und Entrüstung gemischten Gefühl, das sich nach dem ersten erschütternden Eindruck immer tiefer in mein Herz schleicht, so wohl gethan, wie es menschlicher Trost nur immer kann.*

*Als uns Göschen am 10ten das furchtbare Ereigniß nach Tische meldete, eilte ich natürlich augenblicklich hin und machte den Jammer der vom Gipfel des glücklichsten Familienlebens in den Abgrund gestürzten Familie, die Scenen bei Mittheilung der herrlichen Briefe an alle seine Lieben, das Wiedersehen der hereingebrachten*

*Leiche, mit durch. Es fehlte nicht an schrecklichen Ausbrüchen, namentlich machte uns die Heftigkeit der ältesten Tochter, für deren Verstand wir fürchteten, viele Noth. Aber der himmlische Friede in den edlen Zügen, der Friede des guten Gewissens, die wundervollen Anordnungen und Briefe an alle die Seinigen, der rührende Schmerz der armen gebrochenen Frau und der übrigen Kinder überwog doch beiweitem das Schreckliche dieser erschütternden Stunden. ... Auf dem Wahlplatz hat er, der blinde Mann, keine Brille tragen wollen, und obgleich er zu dem Edelmuth seines Gegners nach Ausweis seiner ernsten Dispositionen wenig Zutrauen gehabt zu haben scheint, so ist doch die Absicht, diesen zu tödten, nicht in seine reine heitere Seele gekommen. Noch bei dem letzten Sühneversuch hat er erklärt, er falle für seinen König und die Staatsordnung, die er nach allen Seiten hin aufrecht zu erhalten habe.*

Unter diesen Umständen läßt die Volksmeinung es sich nicht ausreden, daß hier sittlich ein Mord in Duellform vorliegt und daß es nicht einmal eine große Kunst ist, in solcher Nähe einen starken Mann wie einen Hirsch aufs Blatt zu treffen.

Und außer den Kindern reden auch die Narren die Wahrheit nach dem Sprüchwort. Der Leitartikel des Kladderadatsch[38] über die bodenlose Verkommenheit unserer Zustände ist bewunderungswürdig verständig.

Ich mag nicht wiederholen, was man sich von der Seelenruhe des Gegners Gehässiges erzählt. Aber diese Sorte von Moral, die sich von der der Sioux nur durch die Maske einer Kirchlichkeit unterscheidet, welche diskutirt, ob nicht die Kirche das feierliche Begräbniß eines im Zweikampf Gebliebenen hätte hemmen müssen – ist doch das Symptom einer Luft und eines sittlichen Standpunktes, dessen Giftigkeit nur von der Corruption vor der Pariser Revolution übertroffen wird, vor der Karl X. seine Büchse auf einen Dachdecker probirt haben soll.

*Ich verliere einen durch 33 Jahre als goldtreu erprobten Freund.* Sydow sagte noch am Sonntage, ein Mensch mit einem solchen Gesicht kann kein schlechter Mensch sein. Ehegestern ist seine Tochter eingesegnet und gestern angekommen, während Betty da war; er liebte sie so sehr und wollte zu der Feier nach Altenburg ...«

*Die Witwe Hinckeldeys entschloß sich nach Jahresfrist, bei Friedrich Wilhelm IV. um die Begnadigung des Herrn von R. einzukommen, der jung verheiratet war und bereits Familie hatte. Sie sprach ihre Bitte dem König in einem Schreiben aus, das dieser mit dem nachfolgenden, von meinem Vater absichtlich aufbewahrten Briefe[39] beantwortete:*

»Potsdam d. 20ten März 1857.

*Sie haben, meine theure gnädige Frau, dem verehrten unvergeßlichen Namen Ihres seligen Mannes einen neuen seiner würdigen Glanz zugedacht, indem Sie an seinem Todestage um die Begnadigung dessen bei mir gebeten haben, durch dessen Hand Ihnen, Ihren Kindern, dem Preußischen Adel, den ächten Patrioten, und meinem eigenen Herzen eine unheilbare Wunde geschlagen worden ist. Es giebt einen Schmerz, gnädige Frau, der nach meinem Gefühl nur durch Erhörung auch sehr kühner Bitten zu ehren ist. Wer Ihren seligen Mann gekannt hat, wie ich es das*

*Glück gehabt habe, der wird es vollkommen begreifen, daß Sie in seinem Geiste und Sinn, aus Liebe und Treue zu ihm, an diesem 10ten März, so, wie Sie es gethan, gebeten haben – und der wird mich verstehn, wenn ich, um Sie und sein Andenken zu ehren, zu schwach bin, um dieser Bitte zu widerstehen, trotz aller gewichtigen Bedenken, die sich dem entgegenstemmen. Herr v. R. ist also seit heute frey – wenn auch von meinen Residenzen und Hoflagern verwiesen – er ist frey durch Sie allein, und weiß das auf meinen Befehl. Sollten die Kohlen, die Ihre Hochherzigkeit auf sein schuldig Haupt sammelt, ihm brennender als sein Haß sein, so ist das weder Ihre noch meine Schuld. – Er kann, – wenn er es vermag – des Trostes, den Sie, gnädige Frau, wörtlich für ihn erbeten haben, wiedergenießen, ›den Trost der ungestörten Wiedervereinigung mit Weib und Kind.‹ – ! Möge er erkennen, welch durch und durch treues, seiner Pflicht, seiner Ehre, seinem Könige und Lande, vor allem aber: seinem göttlichen Heilande treues Herz durch ihn stille steht. Ja, möge diese Erkenntniß es bewirken, daß er von heute an der Letzte von Hinckeldeys Feinden gewesen sey. Auch diesen unschätzbaren Lohn Ihrer edlen That wünscht Ihnen, meine theure gnädige Frau,*

*Ihr ergebenster aufrichtiger Verehrer und Diener Friedrich Wilhelm.«*

## *<3. Kapitel*

## *Die Freunde des Elternhauses – Der Hauslehrer Kürten – Die Pflege der Musik im Elternhaus – Anregungen und Versäumnisse – Der kleine Komponist – Als Schüler Bargiels – Mein erstes Konzert – Erste Begegnung mit Clara Schumann – Die Bettina>*

Abgesehen von dem Bruch, den die Politik zwischen meinen Eltern und der Tante Steffens herbeigeführt hatte, waren im übrigen ihre Beziehungen zu Freunden und Bekannten durch die Ereignisse nicht wesentlich berührt worden. Teils lag dies daran, daß man tatsächlich über das Geschehene einer Meinung war, oder aber daß man es auf sich beruhen ließ, wenn über manche Punkte nicht vollkommene Übereinstimmung herrschte. Mein Vater konnte wohl einmal in der Verteidigung seiner Ansichten für den Augenblick scharf, ja leidenschaftlich heftig werden. Aber dazu kam es doch verhältnismäßig selten. Im ganzen entsprach es seiner friedfertigen Natur, wenn er jemanden seinem innersten Kern nach schätzen gelernt hatte, sich an das Gemeinsame zu halten, über das Trennende aber sich stillschweigend hinwegzusetzen.

*Die Geselligkeit im Hause meiner Eltern war weder sehr ausgedehnt noch geräuschvoll oder gar üppig. Dafür war das Verkehren um so herzlicher und gehaltvoller. Hier und da gab sich eine neue Anknüp-*

*fung. Vor allem aber hielt man fest an den alten, bewährten Freunden. Wenn einmal ein Mittagessen oder eine Abendgesellschaft neben den schon zur Genüge besprochenen Familienzusammenkünften gegeben wurde, was nicht allzu häufig vorkam, so wurde auf dem großen Tisch in der Mittelstube etwa für zwölf, selten für mehr Personen gedeckt. Alle Speisen waren vortrefflich zubereitet, auch an gutem Wein fehlte es nicht, aber an zwei bis drei Gängen ließ man sich genügen. Ähnlich wurde es auch in den meisten Häusern gehalten, wo meine Eltern etwa einmal zu Gaste gebeten waren. Abgesehen jedoch von dem, was man im eigentlichen Sinne eine »Gesellschaft« zu nennen pflegte, verging kaum ein Abend in der Woche, an dem nicht irgend jemand geladen oder ungeladen angetreten wäre, um bei Tee und Butterbrot einige Stunden bei uns zuzubringen.* Da kam bald eine jüngere oder ältere Dame – etwa Anna Waagen, die liebenswürdige mittlere Tochter von Gustav Waagen, oder die Tante Clärchen Steffens, die, nachdem ihre Mutter im Jahre 1855 nach längerer Abwesenheit von Berlin gestorben war, wieder wie vorher in lebhaften Verkehr mit uns trat, oder auch Fräulein Adele Dorn, die angeregte und anregende musikalisch begabte Schwester des Kapellmeisters Heinrich Dorn – dann wieder erschien irgendein Sohn ferner Freunde oder Verwandten, der in Berlin studieren wollte und meinen Eltern empfohlen war. *Auch sogenannte Studentenabende wurden mitunter für ein Semester eingerichtet, das heißt, es wurde an einem bestimmten Abend der Woche für allerlei junge Leute, Studenten, Zuhörer meines Vaters, die sich ihm irgendwie vorteilhaft bemerklich machten, und einige junge Mädchen unserer Bekanntschaft offenes Haus gehalten. Mehrere Winter hindurch hielt man an dieser Art, die Jugend um sich zu versammeln, fest, die viel Beifall fand. »Wenn Betty dies Colleg anschlägt«, sagte mein Vater oft, »so kommen Sie Alle.«*

Besonders vertraut und rege blieb, auch nach dem Fortgehen der Tochter, der Verkehr mit den Eltern Lichtenstein, die für mich nur als »Onkel« und »Tante« Lichtenstein in der Welt waren. Sie nahmen einen Anteil an allem, was meine Eltern anging und bewegte, insbesondere an der Entwicklung ihres einzigen Kindes, wie die nächsten Verwandten ihn nicht wärmer betätigen könnten. Nach wie vor suchte man sich wechselweise auf, wie das Bedürfnis nach Mitteilung immer aufs neue dazu anregte. Die schöne Lichtensteinsche Wohnung in der Universität hatte für meine eigene Person eine besondere Anziehungskraft auch dadurch, daß sie sich in unmittelbarer Nachbarschaft des zoologischen Museums befand. Stand man, nachdem die Treppen erstiegen waren, rechts an der Lichtensteinschen Türe, so erblickte man zur Linken oft genug durch den gerade offenstehenden Eingang der zoologischen Sammlungen einen mächtigen ausgestopften Elefanten, der am Ende eines langen Ganges inmitten anderer merkwürdiger Ungetüme aufgestellt war. Ein Streifzug in diese Gemächer, in denen die gesamte Tierwelt, namentlich auch die prächtigsten Vögel zu sehen waren, durfte ohne weitere Umstände unternommen werden und reizte immer aufs neue die Neugier. Wichtiger aber als alles übrige war mir ein kleines Kabinett, das abgesondert von den dem großen Publikum zugänglichen Haupträumen zur Seite lag, und eine Sammlung der hauptsächlichsten europäischen Schmetterlinge enthielt. Das eigentliche große Entomologische Museum befand sich in einem ganz auf der entgegengesetzten Seite gelegenen Teil des Universitätsgebäudes. Dies Kabinett aber, das eine Art Auszug des Wissenswürdigsten aus der Insektenwelt repräsentierte, diente dazu, Leuten, die sich für eine solche Spezialität interessierten, einen allgemeinen Überblick zu geben. Ich war ein leidenschaftlicher Schmetterlingssammler und Lichtenstein gestattete mir den Eintritt in die kleine Sammlung, so oft ich mich an dem Anblick der mannigfaltigen schönen Geschöpfe erfreuen oder diesen und jenen frisch gefangenen, mir noch unbekannten Schmetterling bestimmen wollte. Unter den Exemplaren jeder Art stand der zugehörige lateinische Name, und wenn ich auch bereits ein kleines Buch über Schmetterlinge besaß, so reichten die dort gegebenen Beschreibungen samt hinzugefügten, meistens recht mangelhaften Abbildungen doch keineswegs aus, um über alles, was mir in der Wirklichkeit unter die Hände kam, den gewünschten Aufschluß zu geben. Ich betrieb das Sammeln mit mehr Ernst, mit gründlicherem Interesse, als es wohl durchschnittlich bei halbwüchsigen Burschen, die auf Schmetterlingsfang ausgehen, der Fall zu sein pflegt. Als Lichtenstein dies merkte, war er gern bereit, meinem Eifer irgendwie förderlich zu sein. So veranlaßte er mich, daß mein Vater mir einen kleinen Schrank machen ließ, der sechs Glaskästen mit hermetischem Verschluß zur Aufbewahrung der Schmetterlinge enthielt, genau nach dem Muster der im Museum benutzten angefertigt. Auch an guten Spannbrettern sowie an praktischen Vorrichtungen für die Raupenzucht fehlte es nicht, und endlich kam ich auch in den Besitz eines dickleibigen, wissenschaftlich wertvollen Werkes über die europäischen Schmetterlinge. Als auf diese Weise meine Passion, reichlich genährt, den Höhepunkt erreicht hatte, rückte ich eines Tages dem Onkel Lichtenstein gegenüber mit dem Bekenntnis heraus, es sei meine dringender Wunsch, Zoologe zu werden. Er antwortete mit der Frage, ob es mir denn eine besondere Freude mache, toten Tieren oder zum Beispiel auch einem menschlichen Leichnam den Bauch aufschneiden zu sehen. Mit Entsetzen wies ich diese Zumutung zurück. »Nun«, sagte er, »dann schlage dir diese Fantasieen aus dem Sinne. Was dir Spaß macht ist die sogenannte systematische Zoologie. Für die ist längst so gut gesorgt, daß nichts mehr darin zu tun bleibt. Heute handelt es sich darum, in der Physiologie etwas zu leisten. Dazu aber taugst du nicht.« Natürlich war ich durch diesen Bescheid rücksichtlich der Wahl eines naturwissenschaftlichen Berufs für alle Zeit entscheidend kuriert. Das hinderte jedoch nicht, daß ich für die Schmetterlinge nach wie vor das lebhafteste Interesse behielt und auch meine Sammlung nach Kräften und Gelegenheit noch Jahrzehnte hindurch zu bereichern suchte.

Lichtenstein war bekanntlich auch der Gründer des Berliner Zoologischen Gartens.[40] Es war im Frühjahr des Jahres 1852, als er meine Eltern und auch mich einlud, mit ihm und den Seinigen an einem schönen Morgen dort zu frühstücken. Die soeben fertiggewordene Schöpfung lag damals völlig außerhalb der Peripherie der Stadt. Man fuhr in einer Droschke vom Brandenburger Tor und durch den Tiergarten bis an die Eingangspforte und brauchte dazu eine nicht unbeträchtliche Zeit. Ein Stück Tiergarten war für den guten Zweck abgetreten worden und durch Anlage von kleinen künstlichen Seen zu einem anmutigen Park umgeschaffen worden. Hier und da ließ sich eine Tierresidenz, der Bärenzwinger, das Raubtierhaus, die Affenkolonie oder ein großer Vogelkäfig unter den Wölbungen der hohen, alten Bäume blicken. Man trank auf der offnen Vorhalle des Restaurants Kaffee, wandelte dann interessiert und belustigt von einer Sehenswürdigkeit zur anderen und hatte, da Besucher noch nicht vorhanden waren, das Gefühl der Alleinherrschaft über alle diese Herrlichkeiten.

Noch andere Erinnerungen steigen auf, die sich mir an den Namen Lichtenstein knüpfen. Jene hochgelegenen Wohnräume im Universitätsgebäude gewährten nicht nur eine prächtige Aussicht auf die schönsten Teile der Stadt, sie waren auch durch ihre Lage wie dafür geschaffen, Zuschauerplätze erster Ordnung zu liefern, wenn irgendwelches öffentliche Gepränge in Aussicht stand. Kein festlicher Zug ließ sich in Berlin denken, der nicht seinen Weg über den Opernplatz, also unter den Lichtensteinschen Fenstern her, hätte nehmen müssen. Und die guten Freunde wurden selbstverständlich dazu aufgefordert, von diesem Vorzug auch ihrerseits Gebrauch zu machen. Nicht nur die alljährliche Frühjahrsparade der Berliner Garnison durfte ich oft genug von dieser Stelle aus bewundern, auch zur feierlichen Enthüllung des Denkmals Friedrichs des Großen wurde ich mitgenommen. Hier vollzog sich der festliche Akt selbst in unmittelbarer Nähe vor unseren Augen. Vom königlichen Schloß her nahte der Festzug, in der Mitte des völlig leeren weiten Straßendammes, während auf beiden Seiten die dichtgedrängte Menschenmenge zu ebener Erde, auf den Treppenstufen des Opernhauses, ja auch von den Bäumen des Kastanienwäldchens herab der Dinge harrte, die da kommen sollten. Rauch, der greise Schöpfer des Denkmals, schritt zu Fuß ganz allein als erster seinem noch verschleierten Werk entgegen. Nach einem beträchtlichen Zwischenraum folgte der König Friedrich Wilhelm IV. zu Pferde, und ihm schlossen sich die Reihen der berittenen Fürstlichkeiten und Notabilitäten aller Art sowie das militärische Geleit an. Dann trat Ruhe ein. Rauch stand still, das herrliche, von einer Fülle weißen Haares umwehte Haupt entblößt, der König winkte mit der Hand und die Hülle fiel unter den begeisterten Zurufen der Menge.

Eines aber erschien mir, je älter ich wurde, immer wunderbarer, und dies war, daß Carl Maria von Weber der nahe Freund des Lichtensteinschen Ehepaares gewesen war, daß er wochenlang in ihrem Hause gewohnt und als ihr Gast die As-Dur-Sonate komponiert hatte, ja, daß er schließlich der Pate ihrer Tochter geworden war. Alle Aufregungen, Sorgen und Siegesfreuden, die mit der ersten Aufführung des »Freischütz« verbunden waren, hatten sie als Nächstbeteiligte miterlebt, und nun waren sie selbst noch da und konnten davon erzählen, während das irdische Dasein dessen, der so Hinreißendes geschaffen hatte, mir schon in weitester Ferne zu liegen schien. Aus allem, was ich zu hören bekam, leuchtete heraus, eine wie tiefe Liebe sie Webers eigener Persönlichkeit bewahrten. – Aber auch allerlei Drolliges wußte die Tante Lichtenstein von ihm wie von seiner Frau zu berichten, so zum Beispiel daß Weber, wenn er in großer Gesellschaft dieser oder jener langweiligen Persönlichkeit vorgestellt wurde, unter vielen Verbeugungen vor sich hinzumurmeln pflegte: »einunddreißig, zweiunddreißig, dreiunddreißig u. s. w.« Frau von Weber, erzählte sie, habe ihren Mann zwar leidenschaftlich geliebt, aber auch mit völlig unbegründeter Eifersüchtelei sehr gequält. Als ihr darüber Vorwürfe von der Freundin gemacht wurden, erwiderte sie: »Ach ich bin ja schon auf seinen Regenschirm eifersüchtig.« In der ersten »Freischütz«-Aufführung saß sie neben Frau Lichtenstein und kniff ihre Nachbarin vor angstvoller Erregung wiederholt so heftig in den Arm, daß noch am nächsten Morgen die Folgen dieser Mißhandlung in Gestalt blauer Flecke nicht verschwunden waren.

Lichtenstein selbst starb schon im Jahre 1857. Hätte er länger gelebt, so würde mir, was er über Weber zu sagen wußte, noch in ganz anderer, ernsterer Weise von Wert gewesen sein, als dies in jener Zeit meines Knabenalters möglich war.

*Auch Lachmann ließ sich hier und da bei meinen Eltern einmal sehen. Er war der langjährige Freund nicht nur meines Vaters, sondern auch in gleichem Maße der meiner Mutter.* Als nach Mendelssohns Tode die Gründung einer »Bachgesellschaft« beschlossen wurde, die sich die Aufgabe stellte, Johann Sebastian Bachs sämtliche Werke, soweit sie noch vorhanden waren, im Druck zu veröffentlichen, wandte sich die mit der Herausgabe betraute Firma Breitkopf und Härtel auch an meinen Vater mit der Bitte, die in seinem Besitz befindlichen Bachschen Autographen aus dem Pistorschen Nachlaß leihweise für den Druck nach Leipzig zu senden. Otto Jahn, der von dorther für einige Tage nach Berlin gekommen war, hatte sich erboten, die sämtlichen elf handschriftlichen Kantatenpartituren, die meine Eltern damals noch besaßen, bei seiner Rückreise in seinem Koffer für Härtels mit nach Leipzig zu nehmen. Lachmann, der mit Jahn nahe befreundet war, übernahm es, dies meinem Vater mitzuteilen. Dieser war zwar prinzipiell bereit, die kostbaren Schätze für den großen Zweck herzuleihen, fand es jedoch sehr gewagt, alle Handschriften auf einmal nach Leipzig wandern zu lassen, und erwiderte, er ziehe es vor, je eine Kantate einzeln per Post an Breitkopf und Härtel zu schicken, und sobald er sie zurückerhalten habe, die nächste folgen zu lassen. Lachmann richtete infolgedessen die nachfolgenden, meines Vaters Umständlichkeit verspottenden Zeilen an meine Mutter. Ich füge das ganze Briefchen mit seinen übrigen kleinen Scherzen ein, da es ebenso charakteristisch für seinen Sarkasmus ist, wie für sein vertrautes Verhältnis zu meinen beiden Eltern.

»Sylvester 1850

Meine theure Freundin, ich muß mich auf ihre Neujahrseinladung leider entschuldigen. Meine Rose um die Augen, so poetisch sie war und so weh sie that, ist wohl im Verschwinden ehe der Sturm sie gebrochen, aber sie wird den Sturm der rauhen Wirklichkeit morgen wohl noch nicht vertragen. Thut mir übrigens sehr leid: aber neulich Abends war es ›sehr nett bei Dir Betty‹ (stehende Recensart, mit der sich Tante Mine bei meiner Mutter bei einer Gesellschaft zu verabschieden pflegte). Es freut mich sehr, daß Sie die Bachiana der ›nützlichen menschlichen Gesellschaft‹ preisgegeben haben. Das wird gewiß jeder loben. Nur werden die Leipziger etwas spotten über Weiberlaunen – dergleichen ich doch an meiner Freundin nicht kenne.

Ich habe aber eingewandt, es sei doch höchst wahrscheinlich, daß zwei Reisende, die die Papiere im Koffer hin und herbringen, beide der Teufel hole, unmöglich aber, daß von elf Sendungen durch Eisenbahn und Post auch nur Eine verunglücke. Leider sind nicht alle Leute so klug, das einzusehen. Von ganzem Herzen wünsche ich Ihnen, und freilich auch mir, daß das ›gemeine‹ Jahr 1851 ungemeiner und edler enden möge als es anfängt, auf jeden Fall aber in gutem Vernehmen zwischen Ihnen und Ihrem Schlingel.«

Als das Jahr 1851 endete, war Lachmann nicht mehr am Leben. Er starb bereits am 17. März.

*Savigny besuchte uns mit Vorliebe in den Mittagsstunden. Sehr häufig kam er, wenn wir uns soeben in dem kleinen Hinterstübchen um den Tisch gesetzt hatten, um unser bescheidenes Mittagsmahl zu verzehren. Dann bestand er darauf, daß wir uns nicht stören lassen sollten, setzte sich zu uns, sah unserem Essen zu und plauderte in der liebenswürdigsten und herzlichsten Weise. So höchst unbefangen, wie es seinerseits immer wieder und wieder geschah, so wenig behaglich fühlte sich dabei meine gute Mutter. Es ist ja eine unausrottbare Eigenschaft fast aller Frauen, sich darüber zu beunruhigen, daß dies oder jenes kleine Versehen in Äußerlichkeiten, für die sie sich verantwortlich fühlen, einem anderen unliebsam auffallen könnte, während es diesem anderen gar nicht in den Sinn kommt, irgend etwas derart zu bemerken, ehe er nicht ausdrücklich darauf aufmerksam gemacht wird. So ging es nun auch meiner Mutter. Sie glaubte sich in ihrer Hausfrauenehre bedroht, wenn die Geheimnisse unseres intimsten häuslichen Lebens, irgendein Fleck auf dem schon eine halbe Woche gebrauchten Tischtuch oder ein Geschirr mit einem kleinen Sprung, auch ein allzu plebejisches Gericht vor Savignys Blicken sich enthüllen sollten. War es also irgendwie noch zu ermöglichen, so wurde das Mittagessen hinausgeschoben, mochte es so kalt werden, wie es wollte, und man empfing Savigny in der großen Wohnstube, um ihn hier auf dem schönen alten Lehnstuhl Platz nehmen zu lassen. Ab und an erkundigte er sich dann wohl, ob nicht die Essensstunde für uns geschlagen hätte, aber nur in den dringendsten Fällen wurde dies einmal eingestanden. Dann zog er also wieder mit uns in die kleine Stube nebenan an den kleinen Eßtisch. Hatten die gemeinsamen Unterhaltungen eine Weile gedauert, so pflegte er mit den Worten abzubrechen: »Nun aber, Bettychen, nehme ich Ihren Mann mit mir fort in seine Stube; ich habe noch unanständige Gespräche mit ihm zu führen.« Diese unanständigen Gespräche bestanden in dem Austausch über juristische Fragen, der zwischen ihm und meinem Vater, so lange er lebte, nie aufhörte, eifrig betrieben zu werden. Wenn er uns schließlich verließ, so geschah es meistens mit den Worten: »Kinder! Liebbehalten!«*

Sydow tat einmal die Äußerung, ihm sei nie ein solches Zusammensein von unnahbarer Vornehmheit und kindlicher Herzensgüte vorgekommen, wie dies in Savignys Persönlichkeit vorhanden sei. Gewiß war Savigny eine Natur von ganz seltener innerer Vornehmheit und Reinheit. Sobald ihm in jemandes Wesen etwas entgegentrat, was nur von fern an Unlauterkeit oder Gewöhnlichkeit erinnern mochte, so verstand er sicher, eine Haltung anzunehmen, die jeden Zugang verschloß, jede Berührung abwehrte. Eine angeborene Hoheit lag schon in seiner Erscheinung. Aber echte Menschlichkeit und tiefe Güte waren so sehr die Grundzüge seiner Natur, daß jedem, der einmal einen Blick in sein innerstes Wesen getan hatte, seine Gestalt als die eines ganz und gar von Liebe durchleuchteten Friedenbringers in der Erinnerung bleiben mußte.

*Im Jahre 1841 waren bekanntlich auch die Brüder Grimm nach Berlin berufen worden, nachdem sie ihre Stellungen in Göttingen wegen ihres mannhaften Auftretens dem königlich hannoverschen Verfassungsbruch gegenüber eingebüßt hatten.*[41] *So konnten die alten Beziehungen, die zwischen ihnen und den Angehörigen der Reichardtschen wie Pistorschen Familie bestanden hatten, im Verkehr mit meinen Eltern neuen Boden und neue Nahrung finden. Wilhelm Grimm hatte ja meine Mutter schon als kleines Kind gekannt und bewahrte ihr eine besonders herzliche Freundschaft. Ihrem vierjährigen Söhnchen schenkte er ein Exemplar der Märchen mit der Inschrift »Ein kleiner Spaß für den kleinen Ernst«. Neben so vielen anderen ausgezeichneten Eigenschaften besaß er die Gabe, mit großer Anmut zu erzählen. Sein Gedächtnis bewahrte eine Menge allerliebster Histörchen und drolliger Schwänke, die er in geselligem Kreise so drastisch vorzutragen wußte, daß man nicht müde wurde, ihm zuzuhören. Daß seine Gattin Dortchen Grimm das Urbild einer lieben, rührend selbstlosen, ebenso gemütvollen wie klugen deutschen Hausfrau war, ist so oft empfunden und ausgesprochen worden, daß es hier kaum wiederholt werden darf. Jacob lebte nur seiner Wissenschaft. Für Gesellschaften war er nicht zu haben. Ich glaube kaum, daß er in seiner Berliner Zeit, außer wo es sich um Sitzungen der Akademie oder andere wissenschaftliche Zusammenkünfte handelte, jemals abends das Haus verlassen hat.*

Im Lauf der folgenden Jahre tauchten dann noch andere neue und bedeutende Elemente an der Berliner Universität auf, mit denen mein Vater wissenschaftlich schon geraume Zeit vorher in mehr oder weniger lebhafter Fühlung gestanden hatte. Die Berufung Theodor Mommsens war wesentlich seiner Anregung zu danken und dem Eifer, mit dem er sie zu betreiben versucht hatte. Mit ihm sowohl wie mit dem Philologen Moritz Hauptmann bahnten sich gesellige Beziehungen an, die jedoch in bescheidenen Grenzen sich hielten. Sehr viel vertrauter gestaltete sich von vornherein das Verhältnis zu dem Juristen Georg Beseler und seiner Familie, die von Greifswald her im Jahr 1859 nach Berlin übersiedelten. Seine Frau Emilie geb. Karsten war eine Jugendfreundin meiner Mutter, und hier entstand, auf unbedingtem gegenseitigen Vertrauen begründet, eine wahrhafte Freundschaft der Familien, die auch in den Gliedern der nachwachsenden Generation sich lebendig hielt.

Das Jahr 1848 hatte selbst die Kinder zu Politikern gemacht. Während ich bei meinen Eltern konservative Grundsätze einsog, bildeten sich meine Kameraden im Hintergebäude, Karl und Hermann, zu geschworenen Demokraten aus. Ihre Mutter, die Witwe Kuntz, trug eine tiefe innere Verbitterung mit sich herum. Sie glaubte, daß ihr Mann nur darum so früh an der Schwindsucht gestorben sei, weil man ihn in seiner Stellung als Postsekretär mit Arbeit überlastet und zu schlecht bezahlt habe. Die Obrigkeit also taugte nichts; der Staat und der König, die Religion und die Geistlichkeit, die Reichen und die Vornehmen, sie alle hatten ihr Unglück verschuldet, und sie lohnte ihnen das mit fanatischem Haß. Die Söhne sprachen nach, was die Mutter ihnen vorsagte, und so gab es zwischen ihnen und mir einen Streit über den anderen, in Worten und mit Fäusten. Mit dem Verhältnis zu meinen beiden Mitschülern Ernst Dirlichet und Paul Mendelssohn stand es nicht viel anders. Nur hatte ich hier in dem Letzteren einen treuen Bundesgenossen, während Dirlichet als fanatischer Revolutionär uns zweien gegenüber allein stand und um so wütender die Lehren seiner Partei verfocht. Hier dauerte aber die äußere Gemeinschaft nicht mehr lange Zeit. Beide Studiengenossen wurden nach etwa zwei Jahren auf eines der Berliner Gymnasien getan. An die Stelle dieser ungleichen Vettern trat als Mitschüler für mich ein einzelner Knabe namens Hugo Franck. Seine Mutter war früh gestorben.[42] Der Vater[43], ein Bruder des Musikers Eduard Franck[44], war von dem Verlust der über alles geliebten Gattin so tief erschüttert gewesen, daß er sich von allem geselligen Verkehr fortan zurückgezogen hatte. In dem Sohn lebte ihm das Andenken und das Ebenbild der Verstorbenen; er schien nur für ihn und seine Ausbildung noch auf der Welt zu sein. Freilich erweckte dieser durch seine Erscheinung und seine geistigen Anlagen ein so lebhaftes Interesse, daß man die hochgesteigerte, beinahe unheimlich leidenschaftliche Liebe des Vaters wohl begreiflich finden konnte. Ein fein geschnittener Kopf mit nur leiser Andeutung des semitischen Typus, von welligem braunen Haar umgeben, saß auf einem schlanken elastischen Körper. Etwas ungewöhnlich Ernsthaftes lag in seinen vornehmen Zügen und dem Blick seiner dunkeln Augen. Er war sehr gescheit, lernte und arbeitete mit Leichtigkeit, vor allem aber besaß er ein Talent zum Zeichnen, das geradezu hervorragende Leistungen für die Zukunft zu versprechen schien. Ich vertrug mich gut mit ihm, ohne ihm jemals recht eigentlich nahezutreten. Auch von seiner Seite hatte dies Verhältnis zu seinem Vater etwas seltsam Ausschließliches und ungewöhnlich Inniges. Wenn er am Vormittag seine Lehrstunden mit mir in unserm Hause absolviert hatte, so entfernte er sich mit dem Schlage der Uhr, ohne einen Augenblick zu zögern. Er wußte, daß sein Vater ihm bis zu einer bestimmten Straßenecke entgegenkam, um ihn dort zu erwarten und mit sich nach Hause zu nehmen. Von einem Geschwisterpaar von Bruder und Schwester, die mit ihren Eltern im Franckeschen Hause verkehrten, hörte ich zuweilen sprechen, sonst fehlte es dem Einsamen anscheinend an jedem Umgang mit Gleichaltrigen. Ich glaube, daß es im Frühling des Jahres 1852 war, als auch dieser Teilnehmer aus dem Privatunterricht, den Herr Peters bei uns gab, wieder ausschied. Hugo Franck wurde Schüler des Joachimstalschen Gymnasiums. Ich sah ihn in den nächsten Jahren nur selten wieder, aber das Ende, das der edle, liebenswerte Jüngling später fand, war ein in so hohem Maße ergreifendes und rätselvolles, daß ich nicht unterlassen möchte, es hier zu erwähnen. Das Abiturientenexamen hatte er bestanden und man hätte erwarten sollen, daß er sich für einen künstlerischen oder wissenschaftlichen Beruf entscheiden würde. Aber eine unbezwingliche Neigung trieb ihn zum Meer. Nach heftigem inneren Widerstreben mag der Vater endlich nachgegeben haben. Beide reisten nach England. In Brighton hatten sie in einem der ersten Hotels Wohnung genommen, und am nächsten Morgen sollte das Schiff die Anker lichten, auf dem Hugo seine Seefahrt anzutreten hatte. Als aber der Tag anbrach, erschien er nicht an Bord. Dagegen fanden die Bediensteten des Gasthofs, als sie im Morgengrauen den Hof betraten, den Vater zerschmettert auf dem Pflaster liegen. Er hatte sich in der Nacht aus dem Fenster gestürzt. Der Sohn aber lag, mit einem Halstuch erdrosselt, in seinem Bett.[5]

*Der Unterricht, den Herr Peters durch mehrere Jahre erteilt hatte, mag nicht geradezu schlecht gewesen sein, immerhin ließ er vieles zu wünschen übrig. Ein kränklicher Lehrer, der noch dazu verlobt ist, hat immer etwas Bedenkliches.* Ich zweifle nicht, daß viel guter Wille und Pflichttreue bei dem redlichen Mann vorhanden war. Aber an Schärfe des Geistes, an Energie des Auftretens, an allem, was unbedingte Macht über den Schüler verleiht, fehlte es ihm offenbar. Im einzelnen ist mir von seinen Unterrichtsstunden fast nichts in der Erinnerung haften geblieben. Ich entsinne mich nur, daß er eine sehr saubere, glatte Handschrift besaß und sich bemühte, mir auch im Turnen etwas beizubringen. Wenn dies vergeblich war, so trifft die Schuld in viel geringerem Grade ihn als mich selbst. Mein Vater hatte vorn im Garten ein Reck und einen Barren anbringen lassen, um mir Gelegenheit zu geben, durch Turnübungen meine Muskelkraft zu entwickeln und körperliche Gewandtheit zu erwerben. Leider aber zeichnete ich mich durch ein so großes angeborenes Ungeschick für turnerische Leistungen aus, daß so gut wie nichts in dieser Richtung mit mir anzufangen war. Das Bewußtsein dieses Mangels hat mir Jahre hindurch viel Skrupel und Kummer bereitet. Besser ging es mit dem Schlittschuhlaufen, das namentlich auf den Teichen des Tiergartens betrieben wurde und mir viel Freude machte. Im Jahre 1852, gleichzeitig mit dem Ausscheiden Hugo Francks aus dem Unterricht, fand auch für mich das Schülerverhältnis zu Herrn Peters sein Ende. Es lag auf der Hand, daß die Grenze erreicht war, bis zu der seine pädagogischen Fähigkeiten allenfalls genügt hatten, und da mein Vater es richtiger fand, mich auch jetzt noch nicht auf eine öffentliche Schule zu schicken, so mußte ein neuer Privatlehrer gesucht werden. Der Erwählte war *Herr Heinrich Kürten, ein Schwarzwälder von Geburt, der damals etwa in der Mitte der dreißiger Jahre stehen mochte.* Er hatte die beiden Stiefsöhne des Majors von Tümpling[IV] für den Eintritt in eine der oberen Gymnasialklassen vorbereitet, und die Eltern konnten nicht genug rühmen, in wie vorzüglicher Weise er diese Aufgabe gelöst habe. *Kürten war ein ganzer Mann. Seine Erscheinung trug den Ausdruck gedrungener Kraft. Sie hatte ebenso wie seine Sprache und sein Benehmen etwas Rauhes, Ungeschmeidiges. Er war scharf in seinem Urteil, dabei von rücksichtsloser Offenheit und als Lehrer von unerbittlicher Strenge. Aber diese viel mehr Respekt als Liebe einflößende Außenseite barg doch ein im Grunde gütiges und treues Herz. Es dauerte lange, bis ich so weit gekommen war, in seiner Nähe nicht nur Furcht, sondern auch ein wenig Vertrauen zu empfinden. Eine gewisse*

IV Die früher erwähnte Kusine meiner Mutter, Mine Steltzer, hatte sich, nachdem ihr erster Mann, von Klewitz, gestorben war, mit dem Major von Tümpling verheiratet. Ihre Söhne aus erster Ehe waren Kürtens Zöglinge.

*Scheu blieb, und eine trennende Schranke fiel niemals ganz weg. Aber als Jahrzehnte vergangen waren seit jenen frühen Tagen, hatte doch meine Dankbarkeit, meine herzliche Verehrung für den früheren Lehrer, keine Einbuße erlitten, sondern sich nur gesteigert. Verwunderlich mußte es scheinen, daß dieser Mann, der wie dazu geschaffen aussah, als Pädagoge eine bedeutende Stellung einzunehmen, nicht dazu gekommen war, die nötigen Examina zu machen, um eine Anstellung als Gymnasiallehrer erhalten zu können. Über seinem Jugendleben lag ein Schleier, der sich nie ganz lüftete. Nur soviel konnte man erraten, daß er, aus bescheidensten Verhältnissen hervorgegangen, jahrelang mit der bittersten Not hatte kämpfen müssen. Auf alle mögliche Art scheint er versucht zu haben, sich die Mittel zu erwerben, um sein Leben zu fristen. So hatte er sich, da er musikalisch war, auch eine Zeitlang in einer rheinischen Stadt als Dirigent eines kleinen Orchesters betätigt, wobei er sich die Partituren der Werke, die er aufführen wollte, oft selbst abschreiben mußte. Als es ihm endlich gelang, als Hauslehrer in der Tümplingschen Familie engagiert zu werden, waren die Jahre in der Sorge um das tägliche Brot dahingegangen, die lediglich für die eigenen Studien hätten benutzt werden müssen.* Nicht ausgeschlossen ist es, daß zu allem übrigen auch die politischen Verhältnisse auf seinen Lebensgang einen verhängnisvollen Einfluß gehabt haben. Er war ein leidenschaftlicher Liberaler, im innersten Grunde wohl Republikaner, und so mag die politische Gärung der vierziger Jahre seinen Geist und seine Zeit stärker in Anspruch genommen haben, als für seine wissenschaftlichen Arbeiten gut war. *Als Kürten bei meinem Vater erschien, um in bezug auf den Lehrplan für mich das Nähere mit ihm zu verembaren, erklärte er, daß er es für ausreichend erachte, wenn ich nur in drei Fächern von ihm Unterricht erhielte, nämlich im Lateinischen, Griechischen und in der Mathematik. Alles übrige, meinte er, finde sich von selbst. Die nötigen Kenntnisse in Geographie und Geschichte ließen sich durch Lesen guter Bücher aneignen, auch im Französischen könne man sich allein durch Lektüre namentlich weiterbilden, und um ein gutes Deutsch* zu lernen, *einen lesbaren Aufsatz schreiben zu lernen, dazu bedürfe ein Junge, der in gebildetem Hause aufwüchse, keines besonderen regelmäßigen Unterrichts. Eine gelegentliche kritische Unterweisung reiche dafür schon aus. Für die Woche wurden anfangs sechs, später acht Lehrstunden festgesetzt. Auf diese Weise sollte ich in etwa fünf Jahren so weit gefördert werden, daß ich in die Prima eines Gymnasiums aufgenommen werden könnte. Manchem mag die Knappheit dieser Verabredungen etwas bedenklich vorkommen, aber Kürten wußte, was er versprach, und der Erfolg hat ihm in vollem Maße recht gegeben. Natürlich war bei der geringen Anzahl der Lehrstunden darauf gerechnet, daß der Schüler mit der selbständigen Arbeit, die er außerhalb der Stunden in Erfüllung der ihm gestellten Aufgaben zu leisten hatte, die Hauptsache verrichten werde, um sich weiterzubringen. Dies aber ist auch zweifellos der allein richtige Weg, wenn gründliches, lebendiges, sicheres Wissen und Können erreicht werden soll. Das eigene Denken des Schülers zu wecken, seine eigene Anstrengung herauszufordern, wird immer die vornehmste Aufgabe des Lehrers bleiben. Daß dabei die vollkommenste Beherrschung des Stoffs von seiten des Lehrers die unerläßliche Voraussetzung ist, versteht sich von selbst. Diese Herrschaft aber besaß Kürten in ebenso hohem Grade wie die Gabe, den Schüler anzuregen, ja, ihn geradezu zum Zusammenraffen aller seiner Geisteskräfte zu zwingen. So wurde ich denn, dank der Macht, die er über mich ausübte, nicht nur ein aufmerksamer, sondern auch ein fleißiger, unbedingt gewissenhafter Schüler. Er hatte es bald dahin gebracht, daß es mir wie etwas Unmögliches erschien, einer Aufgabe, die er mir stellte, mich nicht zu unterziehen oder sie nur halb zu erfüllen.*

*Wie sehr beklage ich es, nicht sagen zu können, daß ich in meiner Knabenzeit meine musikalischen Studien mit derselben Gewissenhaftigkeit und Gründlichkeit getrieben hätte, wie dies in meinen wissenschaftlichen Studien bei dem strengen Herrn Kürten zur anderen Natur geworden war! Hier aber lagen die Verhältnisse leider völlig anders.* In diese Epoche häuslicher Lehrzeit bei Kürten fiel auch meine Einsegnung und die Vorbereitung für dieselbe. Um Ostern 1854 wurde ich für zwei Jahre in den Konfirmandenunterricht bei dem Prediger Sydow geschickt, der mich seinerzeit getauft hatte, dessen Gottesdienste in der neuen Kirche meine Eltern regelmäßig besuchten und mit dem sie nach wie vor in sehr freundschaftlichen Beziehungen standen. Sydow war den Anschauungen seines großen Lehrers Schleiermacher treu geblieben und zählte damals neben Jonas und Schweder zu den bedeutendsten Vertretern der freieren theologischen Richtung in Berlin. Mit ebensoviel Ehrfurcht wie Liebe gedenke ich seiner edlen, milden Persönlichkeit, deren Eindruck alle unsauberen Geister in seiner Umgebung zu bannen schien. In einem sehr großen Zimmer seiner Wohnung in der Leipzigerstraße versammelte sich zweimal in der Woche vormittags eine zahlreiche Schülerschar, daß der Raum kaum ausreichte, sie zu fassen. Die Art, in der er den Unterricht abhielt, war ebenso frei von allem schablonenhaften Wesen wie von überflüssigem äußerem Gebaren. Die Stunden glichen eher väterlichen Ermahnungen und vertrauten Unterredungen über religiöse Fragen mit den ihm anvertrauten Zöglingen, als lehrhaften systematischen Vorträgen, wenngleich dieselben in der üblichen Weise an den lutherischen Katechismus anknüpften. Nur von wenigen hauptsächlichsten Bibelsprüchen und Liederversen verlangte er, daß sie dem Gedächtnis für alle Zeit sicher eingeprägt würden, und diese ließ er deshalb auch wiederholt auswendig aufsagen. Im übrigen forderte er nur lebendige augenblickliche Anteilnahme und wußte sie durch häufiges Fragen wachzuhalten. Es würde falsch sein, wenn man sagen wollte, Sydow hätte sich darauf beschränkt, ausschließlich den sittlichen Gehalt der christlichen Lehre den jungen Seelen nahezubringen. Freilich, das gewaltsame Aufdrängen dogmatischer Lehrsätze, das Abhängigmachen der Seligkeit von der gläubigen Annahme dieser oder jener durch die Kirche sanktionierten Vorstellung, war nicht seine Sache. Ich erinnere mich, daß mein Vater, wenn von gewissen Leuten viel Redens über Gläubigkeit gemacht wurde, erwiderte: »Glauben ist ›Geloben‹; es heißt nicht ›für wahr halten‹ sondern ›treu sein‹.« In ähnlicher Weise faßte auch Sydow den Begriff des Glaubens, der ihm die Hingabe des Herzens an Gott und den Heiland bedeutete, und in dem er darum die lebendige Wurzel aller wahrer Sittlichkeit erkannte. Es braucht nicht gesagt zu werden, daß für eine solche Auffassung des Glaubens ein »Fürwahrhalten« der Grundanschauungen des Christentums freilich die unentbehrliche Voraussetzung ist. Die Frage ist nur die, wie eng oder wie weit der Spielraum bemessen sein soll, innerhalb dessen es dem Einzelnen überlassen bleiben darf, über diese Dinge seine eigenen Gedanken zu haben. Sydow war, wenn irgendeiner, ein wahrhaft frommer Christ, und das Verfahren der orthodoxen Behörde, die diesem lauteren Diener Gottes das Predigtamt entzog, weil er über die Gottessohnschaft Christi weniger materiell dachte, als es die offizielle kirchliche Tradition vorschreibt, hat sich längst selbst gerichtet.

Sydow besaß eine große angeborene Rednergabe. Für die Gedanken, die ihm in Fülle zu Gebote standen, fand er mühelos nicht nur einen entsprechenden Ausdruck, sondern auch eine künstlerisch schöne Form. Seine hohe Gestalt, die edlen Gesichtszüge, die ausdrucksvollen Bewegungen, die ihm natürlich waren, unterstützten den Eindruck seines Vortrags. Und nicht die leiseste Spur eines gemachten Wesens, eines salbungsvollen Kanzeltons, störte die reine Wirkung seiner Worte. Er hatte sich gewöhnt, wenn er predigte, stets völlig frei zu sprechen, nicht allein auf das wörtliche Memorieren, sondern auch auf das Niederschreiben einer Skizze zu verzichten. Es genügte ihm, sich lediglich durch Nachdenken über den gewählten Text für den nächsten Sonntag vorzubereiten. Jahre hindurch ließen seine Predigten bei dieser Praxis nichts vermissen. Allmählich aber verleitete ihn das Vertrauen auf diese so oft erprobte Kraft, auch die vorbereitende Gedankenarbeit mehr oder weniger fallenzulassen, und so geschah es in späterer Zeit immer häufiger, daß kürzere oder längere peinliche Pausen des Besinnens den Fluß des Vortrags unterbrachen, oder daß die ungemessene Ausdehnung der Erörterungen, in die er sich verlor, die Hörer ermüdete. Dazu kam noch ein anderes. Erfahrungen, die er in der Ausübung seines Berufs, die beständigen Anfeindungen, die er seitens der kirchlichen Orthodoxie zu erleiden hatte, der Verdruß, den er infolgedessen über die kirchlichen Zustände, die Kurzsichtigkeit und den pharisäischen Hochmut seiner Gegner empfand, ließen ihn vergessen, daß die Kanzel etwas anderes ist als das Katheder. Immer breiteren Raum nahm die theologische Polemik in seinen Gottesdiensten ein, und die eigentliche Erbauung der Gemeinde kam zu kurz. Auch meine Eltern empfanden dies mit Kummer und suchten oft an anderer Stelle, namentlich in der Marienkirche, wo Müllensiefen ihnen lieb geworden war, Ersatz. Nichtsdestoweniger blieb das persönliche Verhältnis zwischen ihnen und dem alten Freunde ein völlig ungetrübtes. Ja, die letzten Worte, die mein Vater niederschrieb, ehe er aus dem Leben schied, galten ihm: Er wollte mit ihnen einen Protest veranlassen gegen die Maßregelungen, die Sydow durch den Oberkirchenrat zu erdulden hatte. – Doch ich greife in der Zeit weit voraus und kehre zu meinen Konfirmandenstunden zurück, die mit meiner Einsegnung am 14. März 1856 einen schönen, feierlichen Abschluß fanden. Der Tag bis zum Abend verlief in gehobener Stimmung. Er wurde nicht zu einer Art von Jahrmarktsvergnügen herabgewürdigt, wie das heute vielfach üblich ist, aber es fehlte doch mir nicht an mancherlei Besuchen und Liebeserweisungen von teilnehmenden Freunden und Verwandten. Mein guter Lehrer Kürten, der für die unlängst erfundene Kunst der Stenographie begeistert war und dieselbe meisterlich ausübte, hatte Sydows Einsegnungsrede in der Kirche stenographisch nachgeschrieben, und er, der sonst nur den Bären mir gegenüber herauszukehren pflegte, kam einige Tage darauf zu mir, um sie mir, säuberlich mit eigener Hand abgeschrieben, als nachträgliches Konfirmationsgeschenk zu überreichen. – Ich wußte nicht, wie mir geschah.

Als ein Übelstand muß es wohl erscheinen, daß ich in meinen Unterrichtsstunden bei Kürten keinen Genossen mehr hatte. Doch fehlte es mir zum Glück außerhalb derselben nicht an heiterem und anregendem Verkehr mit Gleichaltrigen. Der Umgang mit den beiden Söhnen der Frau Kurtz im Hinterhause mußte zwar mit der Zeit mehr und mehr zurücktreten. Sie besuchten eine Gemeindeschule, wollten Kaufleute werden, und so schieden sich die Wege, die in die Zukunft führten. Nichtsdestoweniger trafen wir doch immer wieder einmal in dem gemeinsamen Garten zusammen und blieben gute Kameraden. Eine ernsthafte Freundschaft jedoch, die mich durch mein ganzes Leben begleitet hat, entwickelte sich in unserer nächsten Nachbarschaft. Es mag im Jahre 1852 gewesen sein[46], als Frau Therese Wedding, die Witwe eines Arztes, der in dem westpreußischen Städtchen Stothen[47] seinen Wirkungskreis gehabt hatte, mit ihrem einzigen Kinde, einem Sohn namens Wilhelm, nach Berlin übersiedelte. Meine Mutter machte ihre Bekanntschaft bei einem Zusammentreffen mit ihr in der Karstenschen Familie, fand sich sehr angezogen von der feinen, gemütvollen Frau, und da diese eine Wohnung in der Friedrichstraße, wenige Häuser von der unsrigen entfernt, bezogen hatte, so entstand bald ein lebhafter Verkehr, der nicht zum geringsten auch um der beiderseitigen Söhne willen den Müttern erwünscht war. Ein eigentümliches Schicksal hatte über den neuen Ankömmlingen gewaltet. Der Vater Wedding war ein außergewöhnlich tüchtiger Arzt gewesen, der sein Können mit seltener Uneigennützigkeit und Treue in den Dienst seiner Mitmenschen, namentlich der Armen, gestellt hatte. Nach wenigen Jahren erfolgreichster aufopfernder Tätigkeit wurde er plötzlich von einer Krankheit dahingerafft. Die noch sehr junge Witwe, der erst nach dem Tode ihres Mannes ihr erstes und einziges Kind geboren wurde, war untröstlich über den Verlust des geliebten Gatten, mit dem sie kaum ein Jahr in glücklichster Ehe gelebt hatte. Und nicht nur das: Sie stand auch völlig mittellos in der für sie verödeten Welt. Der Ruf, den der Verstorbene hinterließ, die Liebe und Verehrung, die ihm nachfolgten, waren für einen so jungen Mann durchaus ungewöhnlicher Art. An seinem Begräbnis beteiligten sich Reiche und Arme, Protestanten, Katholiken und Juden. Aus der ganzen Umgegend strömten sie einmütig in ihrer tiefen Dankbarkeit gegen den Dahingeschiedenen und in ihrem Kummer um seinen Verlust herbei, um ihm die letzte Ehre zu geben. Viele bemühten sich, der Hinterbliebenen irgendwie beizustehen. Der Graf Finckenstein erbot sich, sie bei sich auf seinem Schloß Schönberg für längere Zeit aufzunehmen, und so erblickte der kleine Wilhelm auf diesem alten, romantisch gelegenen, von Türmen und Wällen umgebenen Rittersitz das Licht der Welt. Nun war freilich vorderhand die Not ferngehalten, aber die Sorge um die Zukunft wie das Gefühl der Abhängigkeit von fremder Hilfe blieben unbehoben. Da, nach Ablauf mehrerer Jahre, trat ein gänzlich unerwartetes, fast einem Wunder gleiches Ereignis ein. Einstmals hatte Wedding einem Freunde eine größere Summe Geldes geliehen, die dieser lange Zeit hindurch außerstande war zurückzuzahlen. Wedding mahnte nicht, obwohl er selbst über nichts zu verfügen hatte als über den Ertrag seiner vielfach unentgeltlich ausgeübten ärztlichen Praxis. Endlich erhielt er einen verhältnismäßig geringen Bruchteil des Ganzen zurückerstattet und kaufte dafür einen Prämienschein. Nach seinem Tode wurde dieser Schein mit dem Betrage von 60.000 Talern ausgelost und versetzte die bedürftige Witwe mit einem Schlage in eine für die damaligen Verhältnisse mehr als auskömmliche Lage. Nun durfte sie daran denken, ihrem Sohn alles zu gewähren, was nötig schien, um ihn für einen seinen Gaben und seinem Stande entsprechenden Beruf vorzubereiten. Sie beschloß, nach Berlin überzusiedeln, wo für Schulbildung jeder Art auf das beste gesorgt war und wo sie außerdem in einem Bruder ihres Mannes den besten Beistand und Berater zu finden hoffte. Wilhelm Wedding war vielseitig und reich begabt. Er wurde Schüler des Friedrich-Wilhelms-Gymnasiums in Berlin, das wenige Minuten von der Wohnung der Mutter entfernt war, und würde die raschesten Fortschritte gemacht haben, wenn er fleißiger und ausdauernder gewesen wäre. Da stetige Anstrengung aber nicht seinem Geschmack entsprach, so saß er länger auf der Schulbank, als man seinen Anlagen nach hätte erwarten sollen. Er war körperlich ungemein kräftig, von Gestalt zwar eher gedrungen als groß, leistete aber von früh auf Erstaunliches in allen gymnastischen Übungen. Für die verschiedensten Dinge interessierte er sich und ergriff, was ihn gerade anzog, mit Ungestüm. Oft genug freilich, um auch ebenso rasch in seinem Eifer zu erkalten. Sein Geist war in hohem Grade regsam. Gute Einfälle strömten ihm zu im Ernst wie im Scherz. Vor allem war ihm ein echtes künstlerisches Gefühl, ein feiner Schönheitssinn angeboren. Dies trat überall in seinen Urteilen zutage, möchte es sich um Dichtung oder um bildende Kunst oder auch um Dinge des täglichen Lebens handeln. Ausgesprochenes Talent besaß er im Zeichnen; und dies zwar in so hohem Grade, daß seine näheren Freunde und Bekannten kaum daran zweifelten, daß dermaleinst ein hervorragender Maler aus ihm werden würde. Leider fehlte ihm wie in anderen Dingen so auch hier die nötige Energie, um sich in unablässigem Bemühen der Verfolgung des einen vorgesteckten Zieles künstlerischer Meisterschaft hinzugeben. An schönen Ansätzen fehlte es nicht; bald aber nahmen ihn wieder ganz andersartige Neigungen und Reize in Anspruch, er verfiel in skeptische Betrachtungen über die Grenzen seiner künstlerischen Begabung, und darüber gingen die besten Jahre verloren. Es läßt sich denken, daß der Umgang mit einem so gearteten Menschen nichts weniger als langweilig war. Wohl aber war er zuweilen sehr unbequem. Wedding war um ein Jahr älter als ich und hatte eine starke Neigung, mich zu tyrannisieren. Er wollte mich in allen Dingen genau so haben, wie er selbst war, oder wenigstens wie er selbst meinte, daß ich sein müßte. Dagegen aber lehnte ich mich auf. Insbesondere quälte er mich mit seiner Liebe, die eine in hohem Maße eifersüchtige war. Ich sollte keine anderen Götter haben neben ihm, und nur allzuoft reizte irgendein geringfügiger Anlaß seine Empfindlichkeit. Trotzdem kamen wir alles in allem genommen vortrefflich miteinander aus. Das Gemeinsame überwog bei weitem das Trennende und zog uns immer wieder zueinander. Es vergingen selten ein paar Tage, ohne daß der eine zum andern hinübersprang. Seine Natur war im Grunde eine vornehme und hochherzige. Unfähig, sich zu verstellen, passierte es ihm leicht, daß er mit Worten herauspolterte, die er besser für sich behalten hätte; die Wahrheit, daß es Pflicht ist, sich der Grenze zwischen Aufrichtigkeit und Indiskretion bewußt zu bleiben, hatte er noch nicht begriffen. Dafür war man sicher, niemals eine Unwahrheit oder eine leere Phrase von ihm zu hören. Einmal ging es hart daran her, daß er seiner Mutter durch einen jähen Tod entrissen wurde. Er hatte in der Spree am Oberbaum lange Zeit geschwommen und wanderte am Abend zu Fuß über das Köpenicker Feld nach Hause zurück. Der Weg führte an dem unvollendeten Neubau einer von den Arbeitern schon verlassenen vierstöckigen Mietskaserne vorüber, und tollkühn wie er war, kletterte er an den Leitern in die Höhe bis in die obersten Räume. Er überschreitet ein loses, leicht überdecktes Gebälk, der Boden bricht, und er fällt durch drei Stockwerke bis hinunter in den Keller. Hier finden ihn Vorübergehende und bringen ihn halbtot der entsetzten Mutter. Tagelang lag er halb bewußtlos im Bett, und sein Leben schien an einem Faden zu hängen. Ich erfuhr sofort, was geschehen war, teilte mit der Mutter die Pflege und besorgte abwechselnd mit ihr während der nächsten Tage und Nächte das Auflegen der Eisumschläge, die den Kopf kühlen sollten. Zum Glück war der Fall kein völlig ununterbrochner gewesen. In jedem Stockwerk hatte das Durchbrechen des vorläufig angebrachten Fußbodens eine augenblickliche Hemmung veranlaßt und so die sonst unvermeidliche völlige Zerschmetterung verhindert. Endlich ließen Fieber und Schmerzen nach und es wurde zur Gewißheit, daß nichts mehr zu fürchten war. Ein kleiner Briefbeschwerer aus Porzellan steht noch heute auf meinem Schreibtisch, den Weddings liebe Mutter mir zur Erinnerung an diese ernsten Tage schenkte. Ihre Hand hat Efeuzweige darauf gemalt und der Knopf trägt die Inschrift: Den 2. Juli 1855.

*Nachdem im Sommer 1847 meine Patin Marie Lichtenstein als Pastorin Hoffmeister Berlin verlassen hatte, übernahm es meine liebe Mutter, mein Klavierspiel zu überwachen. Wenn musikalisches Talent und guter Geschmack allein hinreichten, um zur Erteilung gründlichen Klavierunterrichtes zu befähigen, so wäre ich ja vortrefflich aufgehoben gewesen. Denn beide Eigenschaften waren vollauf bei ihr vorhanden. Und nicht nur das. Sie hatte von Jugend auf viel Bachsche Klaviersachen gespielt und wußte sie nicht nur mit natürlichem Verständnis, sondern auch mit ganz anerkennenswerter Geläufigkeit vorzutragen.* Ja, sie war sogar einmal, wie erzählt, öffentlich als Spielerin aufgetreten. Wirklich guten Klavierunterricht hatte sie niemals erhalten. Ihr Spiel war durchaus naturalistisch, und dem entsprach auch das, was sie mir als Lehrerin sein und nicht sein konnte. *Sie veranlaßte mich wohl, Tonleitern und Cramersche Etüden zu üben, schrieb mir auch manchen praktischen Fingersatz dazu, aber auf welche Art diese Dinge anzufassen wären, um mit ihrer Hilfe Geschicklichkeit und Kraft in beiden Händen und in sämtlichen Fingern bis zu vollendeter Gleichmäßigkeit ihres Leistungsvermögens zu entwickeln, darüber wußte sie mir nichts zu sagen. Im übrigen gab sie mir irgendwelche ihr passend erscheinende Musikstücke zu spielen und überließ mich, nachdem sie mich etwa auf diesen oder jenen einzelnen Fehler aufmerksam gemacht hatte, mir selbst. Natürlich kann man das nicht gerade pädagogisches Verfahren nennen. Um so dankbarer muß ich aber dafür sein, daß ich von Kindesbeinen an nur die beste und reinste musikalische Luft einatmete.*

*Meine Mutter hatte die Vollkraft ihrer schönen Stimme, die wohl mehr Mezzosopran als eigentlicher Alt war, schon in den früheren Jahren ihrer Ehe eingebüßt. Eine einzige Unvorsichtigkeit, der Versuch, trotz augenblicklicher starker Heiserkeit dennoch zu singen, hatte das Organ dauernd geschwächt. Aber in jenen späteren Jahren war ihr doch immer noch Ton genug geblieben, um im Hause zu ihrer und der Ihrigen Freude hier und da zu singen. Durch ihren Vortrag empfing ich zuerst eine Ahnung von der Größe Glucks. Sie sang fast sämtliche Alt- und Sopran-Arien (die letzteren transponiert) aus den Opern »Orpheus«, »Alceste«, »Armide« und »Iphigenie auf Tauris« auswendig. Auch aus Mozartschen und Weberschen Opern wie aus Beethovens »Fidelio« lernte ich vieles Hauptsächliche durch sie kennen. Schubert-*

*sche Lieder waren damals in Berlin noch wenig bekannt. Man hatte wohl die Bedeutung dieses größten aller Liedersänger noch nicht begriffen. Eigentlich erinnere ich mich, als Kind nur das Ständchen in d-moll*[48] *kennengelernt zu haben, und dies in der Lisztschen Klavierübertragung*[49]*, die meine Patin Marie Lichtenstein spielte. Dagegen sang meine Mutter Lieder von Carl Maria von Weber, die heute so gut wie vergessen sind, ferner dies und jenes von Reichardt, von Klingemann, Curschmann,* Mendelssohn *und vor allem den Liederkreis »An die ferne Geliebte« von Beethoven. Meistenteils saß sie dabei selbst am Klavier; bei gewissen Liedern aber übernahm auch mein Vater oft die Begleitung.*

*Etwas ganz Eigenartiges war die Art, in der dieser sich musikalisch äußerte. Eigentlich gelernt hatte er fast nichts.* Das Notenlesen wurde ihm schwer, weil es in seiner Jugend allzu spärlich geübt worden war, und daß von einer regelrecht ausgebildeten Fingerfertigkeit auf dem Klavier bei ihm erst recht keine Rede war, versteht sich von selbst. *Aber er besaß* nicht nur ausgezeichnetes musikalisches Gedächtnis, lebhafteste Empfindung und Phantasie, sondern auch *ein so großes Maß angeborenen Geschicks, mit seinen Fingern zur Erscheinung zu bringen, was er fühlte, daß sein Anschlag wahrhaft schön, weich und ausdrucksvoll genannt werden durfte. Gewöhnlich pflegte er, wenn wir von Tisch aufgestanden waren, sich an den Flügel zu setzen und ohne Noten, wie im Selbstgespräch, vor sich hinzuspielen. Nur selten kam ein ganzes Stück zum Vorschein, wie etwa die C-moll-Fuge aus dem zweiten Teil des »Wohltemperierten Klaviers« von Sebastian Bach oder dessen Orgel-Fuge und Präludium in e-moll, die er ganz besonders liebte. Aber auch wenn dies geschah, so erschienen diese Stücke nur wie Inseln auf dem Strom freien Phantasierens, aus dem sie unvermerkt neben allen möglichen kleinen und größeren Bruchstücken aus anderen Werken der verschiedensten Meister hervortauchten.* Hier blitzte eine Partie aus einem Fieldschen oder Hummelschen Konzert auf, dort eine Melodie aus dem »Freischütz« oder ein Stück As-Dur Sonate von Weber, hier das Glöckchenrondo von Paganini, der A-moll-Walzer und die Cis-moll-Polonaise von Chopin und dann wieder die Schlummer-Arie des Masaniello aus der »Stummen von Portici«[50] oder ein Lied von Ludwig Berger. *Auch in* Johann Sebastian *Bachs »Matthäuspassion«*, die er sich innerlich ganz zu eigen gemacht hatte, *mündete er zuweilen ein und spielte dann lange Strecken daraus. Alle diese Dinge aber blieben nicht mehr ganz sie selbst, sondern schienen in der Seele des Spielers eine seltsame Umwandlung zu dessen eigenstem Eigentum erfahren zu haben.*

Der Rhythmus namentlich war wie aufgelöst in ein flüssiges Element, und so wenig er dem mehr entsprach, was der Komponist würde gutgeheißen haben, *dennoch hatte das Neugewordene etwas Überzeugendes, in sich selbst Wahres. Besonders schön spielte mein Vater Choräle, nicht nur solche, die in Sebastian Bachs Passionen vorkommen und die er mit allen Schönheiten der Bachschen Stimmführung genau auswendig wußte, sondern auch andere, die er sich selbst harmonisierte. Hier trat sein feines Gefühl für Harmonik in überraschender Weise zutage.* Aus den Eindrücken seiner Hildesheimer Schulzeit waren ihm gewisse Stellen der katholischen Liturgie im Gedächtnis geblieben, die dann auch zuweilen in sein Phantasieren hineinspielten. Die wunderbare Mystik der Harmonien, die diesen Reminiszenzen eigen war, ist mir unvergeßlich.

*Bedeutungsvoll war es für mich, daß in den Jahren 1851 und 52 meine Patin*, die nunmehrige Pastorin *Marie Hoffmeister zeitweilig*, d. h. beide Male *für mehrere Monate zu ihren Eltern zurückkehrte.*[51] Es hatte sich ein bedenkliches Leiden bei ihr eingestellt, das sie veranlaßte, in Berlin einen erfahrenen Arzt zu befragen und sich einer längeren Kur zu unterziehen. *Freilich mußte sie viel liegen und ihre Kräfte sehr schonen. Aber zuweilen spielte sie doch wieder vierhändig mit meiner Mutter, wenn diese sie aufsuchte, und bei dieser Gelegenheit lernte ich die damals soeben erschienenen »Bilder aus Osten« von Schumann kennen, die nicht nur die Spielerinnen entzückten, sondern auch mich. Außer der kleinen Fughette, die bereits zum Repertoire der unverheirateten Marie Lichtenstein gehört hatte, waren dies wohl die ersten Schumannschen Klänge, die mein Ohr trafen. Füge ich hinzu, daß ich mit meiner Mutter schon sehr früh angefangen hatte, Symphonien und Ouvertüren von Haydn, Mozart und Beethoven vierhändig zu spielen, so ist zur Genüge ersichtlich, daß es mir an Nährstoff für mein musikalisches Empfindungsleben nicht mangelte. Ich hatte eine von Natur wohlgebildete Hand, behielt mit Leichtigkeit alles auswendig, was ich unter die Finger bekam, war durstig, immer mehr und mehr kennenzulernen, und machte deshalb trotz der Abwesenheit alles regelmäßigen, rationellen und gründlichen Übens in gewissem Sinne rasche Fortschritte. Wenn es aber schon schlimm war, daß ich nicht unter der Leitung eines*[52] *geschulten, systematisch verfahrenden Klavierlehrers stand, so wurde der Zustand völlig bedenklich durch die Sorglosigkeit, mit der meine Eltern die ganze Angelegenheit behandelten. Mein Vater vor allem dachte gar nicht daran, seinen Sohn Musiker werden und ihn etwa gar eine Virtuosenlaufbahn einschlagen zu lassen, die ihm mit allen ihren unleugbaren*

*Schattenseiten ein Greuel war. Die Spielleute gehörten bekanntlich im Mittelalter zu den »unehrlichen« Leuten. Ein Rest dieser Auffassung saß auch festgewurzelt in der Seele meines Vaters, trotz seiner leidenschaftlichen Liebe, seines feinen, innigen Verständnisses für die Musik. Es war ihm ja ganz recht, daß ich musikalisches Talent hatte und dieses und jenes vorspielen konnte. Aber das mußte angenehmer Nachtisch bleiben, nicht die eigentliche Lebensmahlzeit ausmachen. Ich sollte einen rechtschaffenen bürgerlichen Beruf ergreifen und das meinige tun, mich darauf vorzubereiten. Unbedingt forderte er deshalb gewissenhafteste Erfüllung meiner Schülerpflichten Herrn Kürten gegenüber. Abgesehen davon aber wollte er meine Freiheit nicht allzusehr beschränken. Da ich nun nicht wie andere meines Alters Dreiviertel des Tages auf der Schulbank zu sitzen brauchte, so blieb mir eine reichliche Muße. Ich hätte sehr wohl Zeit gehabt, mit Ernst und Anstrengung ein paar Stunden ordentlich Klavier zu üben, und dabei wären immer noch Erholungspausen übriggeblieben. Da ich aber nicht mit unnachsichtlicher Strenge dazu angehalten wurde, wie das nun einmal in jungen Jahren nötig ist bei allen Dingen, die nicht nur Vergnügen, sondern auch Mühe machen, so saß ich nicht länger am Klavier, als ich gerade Lust dazu hatte, und folgte im übrigen allen möglichen Neigungen, die sich in anderer Richtung bewegten. Ich rede nicht davon, daß ich Bücher las, die mich anzogen. Das mußte sein und gehörte zum Menschwerden. Aber ich hatte auch lebhafte naturwissenschaftliche Interessen, legte Herbarien an, sammelte nicht allein Käfer und vor allem Schmetterlinge, sondern auch Siegel und Münzen, beschäftigte mich mit der Anfertigung von Papparbeiten und was dergleichen mehr war; kurz, ich verbrauchte eine ungewöhnlich große Masse von Zeit für angenehme, aber doch entbehrliche Nebendinge.* Andere Leute, die den Eindruck hatten, daß meine musikalische Begabung mit Entschiedenheit auf künstlerischen Lebensberuf hindeute, sahen diesem Treiben kopfschüttelnd zu. Ich erinnere mich noch lebhaft eines Tages, an dem die »Tante Lichtenstein«, die ziemlich regelmäßig einmal in der Woche uns abends zu besuchen pflegte, meiner Mutter die ernstlichsten Vorwürfe darüber machte, daß sie diese allzu weitgehende Zersplitterung duldete, statt vorerst hinreichenden Fleiß im Klavierüben zu fordern. Sie selbst hatte dies seinerzeit anders gemacht. Sie hatte täglich ein paar Stunden daneben gesessen, wenn ihre Tochter Marie üben sollte, und ihr keine Flüchtigkeit, keine unnötige Abschweifung durchgehen lassen. Damit war etwas erreicht worden. *Es wurde nun freilich mehr und mehr in Erwägung gezogen, ob man mir nicht von irgendeinem bedeutenden Künstler Unterricht geben lassen sollte, aber hier war guter Rat wirklich teuer.* Mit Trauer muß ich oft daran denken, eine wie herrliche Lösung sich gefunden haben würde, wenn Mendelssohn am Leben geblieben und – wie es doch eine Weile zu erwarten stand – nach Berlin für die Dauer übergesiedelt wäre! Wer aber lebte jetzt in Berlin, dem man ein nur annähernd ähnliches Vertrauen hätte entgegenbringen dürfen! *Der einzige, der jemals hätte infrage kommen können, wäre Wilhelm Taubert gewesen. Aber bei aller Hochschätzung für diesen liebenswürdigen Künstler*, der in manchen seiner Kompositionen viel mehr Beachtung verdiente, als sie ihm heutzutage zuteil wird, muß ich es doch noch heute begreiflich finden, daß meine Eltern keine Neigung empfanden, sich an ihn zu wenden. Abgesehen davon, daß Taubert in allen seinen Leistungen, als Komponist wie als Dirigent und auch als Klavierspieler, nicht frei war von gewissen dilettantischen Zügen: *Seine Persönlichkeit wäre schwerlich eine genügend energische gewesen, um mit dem nötigen Nachdruck meiner nun bereits eingewurzelten Lässigkeit entgegenzuwirken. So blieben die Dinge einstweilen unverändert. Bald aber tauchte eine neue Aussicht für nicht zu ferne Zukunft auf. Woldemar Bargiel, der Halbbruder von Frau Clara Schumann und Schwager Robert Schumanns, war seit einigen Jahren Musikstudierender in Leipzig auf dem unlängst* von Mendelssohn *gegründeten Konservatorium, das sich bereits einen bedeutenden Ruf erworben hatte. Seine Mutter, Frau Marianne Bargiel, die meine Eltern* bei Lichtensteins *kennengelernt hatten, schlug vor, man solle doch mit dem Engagement eines Musiklehrers für mich warten, bis ihr Sohn nach Berlin zurückgekehrt sein werde. Er sei sicher der rechte für mich. Dieser Gedanke schien meinen Eltern annehmbar, und mit dem Frühling des Jahres 1850 wurde ich für die nächsten sieben Jahre der Schüler Woldemar Bargiels in Klavierspiel und Komposition.*

*Ich erinnere mich noch deutlich, wie ich, etwa sieben Jahre alt, eines Abends mit meiner Mutter am Tisch saß und auf den Gedanken kam, ich möchte das kleine Gedicht aus Tiecks »Rotkäppchen«, »Miesekätzchen ging spazieren auf dem Dach zum Taubenschlag«*[53] etc., *komponieren. Ein Stück Notenpapier war zur Hand, und ich fing an zu schreiben; Singstimme in der rechten, Begleitung in der linken Hand. Der Geschmack, gerade dies Liedchen, das ich seit meinen ersten Lebensjahren auswendig wußte, in Musik zu setzen, ließ an Kindlichkeit jedenfalls nichts zu wünschen übrig. Als ich sechs Takte fertiggebracht hatte, wußte ich nicht, wie es weitergehen sollte. Ich suchte also bei meiner Mutter Hilfe. Diese schlug vor, ich solle doch erst einmal die beiden letzten Takte um eine Tonstufe in die Höhe transponiert wiederholen; mit anderen Worten, sie riet mir an, mir mit einem sogenannten »Rosalie«*[54] *aus der Verlegenheit zu helfen. Oft genug habe ich sie in späteren Jahren damit geneckt, daß sie das ihrige getan habe, mich beim Komponieren durch Empfehlung verrufener Eselsbrücken von vornherein auf Abwege zu bringen! Nachdem der erste Schritt getan war, folgte unverzüglich der zweite in Gestalt einer Ouvertüre für Klavier zu »Rotkäppchen«, die es auf acht Takte brachte. Dann aber kam allmählich die Sache in besseren Fluß. Es entstanden allerlei kleine Stückchen für Klavier oder Ansätze zu solchen, vermeintliche Sonatensätze und auch Lieder. Wenn meine Eltern zu einem geselligen Abend in kleinem Kreise* bei Lichtensteins *geladen waren, so durfte ich, als ich etwa zehn Jahre alt war, mit ihnen erscheinen. Ich wurden dann, während die Großen sich am Teetisch unterhielten, in irgendeine Ecke an einen Nebentisch gesetzt, wo ich, wenn es nichts anderes zu tun gab, einen Bogen Notenpapier fand, den ich mit meinen musikalischen Einfällen beschreiben konnte. So kam es ungewollt, daß ich mich daran gewöhnte, nicht am Klavier, sondern im Kopf zu komponieren. Als ich später durch Bargiel veranlaßt wurde, Schumanns »Musikalische Lebensregeln«*[55] *zu lesen, fand ich hier als Forderung ausgesprochen, was ich schon von selbst in den meisten Fällen getan hatte, und dazu auch die Mahnung, niemals von einem Stück, mit dessen Konzeption man beschäftigt sei, irgendeinen Bruchteil auf dem Klavier zu spielen, ehe man das Ganze im Kopf völlig fertig habe. Diese Vorschrift Schumanns machte mir so starken Eindruck, daß sie mir seitdem zum unverbrüchlichen Gesetz wurde. Ehe ich in Bargiels Hände kam, hatte ich von Generalbaß und dergleichen so gut wie nichts erfahren. Er ließ mich nun Harmoniebeispiele machen, Choräle umsetzen, in den Formen des Kanons und der Fuge mich versuchen* und endlich, was ich im strengeren Stil gelernt hatte, durch die Komposition des ersten [?][56] für ... betätigen.[57] *Während dieses ganzen theoretischen Lehrgangs konnte ich daneben mich nach mehr oder weniger freier Wahl in Kompositionen verschiedenster Art ergehen, die ich seiner Durchsicht zu unterbreiten hatte. Ein gebundenes Heft mit Notenpapier, in das ich allerlei Klavierstücke und Lieder nach und nach eingetragen hatte, forderte er mir eines Tages im Sommer 1852*[58] *ab mit dem Bedeuten, er wolle die Sachen Robert Schumann zeigen, in dessen Gemeinschaft er in dem Seebad Scheveningen einige Wochen zuzubringen beabsichtigte.*[V]

V Aus dem Inhalt dieses Heftes habe ich in späterer Zeit ein Klavierstückchen unter meinen

*Mehrere größere Arbeiten wurden weiterhin begonnen: so eine Sonate für Pianoforte und Violine, ein Streichquartett, Variationen zu vier Händen u. s. w. Ja, auch Opernpläne beschäftigten mich lebhaft. Das kleine dramatische »Nachspiel« von Achim von Arnim, »Das Frühlingsfest« betitelt, dem die Sage vom Schwanenritter in veränderter Gestalt zugrunde liegt, hatte meine Mutter mir eines Tages in die Hand gegeben, und ihm galten meine ersten schüchternen Versuche in dieser Richtung. Dann erschien ein gleichaltriger Kamerad, Karl Göschen, Sohn des mit meinen Eltern befreundeten Halleschen Professors Otto Göschen, der bei Verwandten eine Weile in Berlin sich aufhielt und erträgliche Verse machte. Wir beschlossen, gemeinsame Sache zu machen und die Welt mit einer Oper »Das Zauberschloß« zu beschenken. Auch hier wurden einige Anläufe genommen, und eine vorkommende Romanze wurde sogar instrumentiert. Dann aber blieb die Sache wieder liegen. So ging es überall, nicht nur wo es sich um weitaussehende Pläne wie eine Oper handelte, sondern auch bei allen meinen damaligen Versuchen in größeren Instrumentalformen. Trotz der dringenden Mahnungen Bargiels, die Stücke, die ich angefangen, auch wirklich erst ganz fertigzumachen, ehe ich zu etwas Neuem überging, blieb ich doch unverbesserlich. Nur kleinere Sachen wurden rasch zu Ende geführt. In meinem Klavierspiel traten, seit es unter Bargiels Leitung stand, zweifellos eine vorteilhafte Wandlung und ein stetigeres Fortschreiten ein. Ich erhielt wöchentlich je zwei Unterrichtsstunden, in denen, nachdem das Klavierspiel erledigt war, der Rest der Zeit mit theoretischer Belehrung und Durchsicht etwa entstandener Kompositionen ausgefüllt wurde. Zwei Stunden sollte täglich Klavier geübt und mit Skalen, Arpeggien und Oktavenübungen der Anfang gemacht werden, was aber meinerseits nicht gewissenhaft durchgeführt wurde. Die üblichen Etüden von Czerny, der »Gradus ad Parnassum« von Clementi, die Oktavenschule von Kullak wurden studiert, und daran schlossen sich die Etüden von* Moscheles, *Henselt und Chopin. Daß fast sämtliche Sonaten von Beethoven, einige der letzten ausgenommen, nach und nach durchgenommen wurden, versteht sich von selbst. Auch aus dem »Wohltemperierten Klavier« von* Sebastian *Bach bekam ich die bedeutendsten Präludien und Fugen zu spielen. Von Stücken mit Orchester nenne ich das Konzert in a-moll von Hummel,* in g-moll von Mosche-

Phantasiestücken op. 10 als Nr. 7 in G-Dur veröffentlicht, ebenso ein Lied »Im April« als erstes in dem Liederheft Opus 2. Beide Sachen sind aber erst 1853 respektive 1854 entstanden und noch in jenes Heft nachträglich eingeschrieben worden.

les, das Konzertstück von Weber, das H-moll-Capriccio, Es-Dur-Rondo und G-moll-Konzert von Mendelssohn, *die Konzerte in c-moll und Es-Dur von Beethoven und endlich das Konzert von Schumann. Alle Sachen für Klavier allein von* Mendelssohn, *Schumann, Chopin und anderen aufzuzählen, die ich mir damals aneignete, ist überflüssig. Bis zu Bargiels Erscheinen hatten meine Eltern sich an dem hochstehenden Flügel genügen lassen, den der Großvater Pistor ihnen in seiner Fabrik als Mitgabe in ihre junge Ehe hatte anfertigen lassen. Wenn ich jetzt auf diesem alten, klapprigen Gestell, das noch in meinem Besitz ist, eine Taste anschlage, so erscheint es mir geradezu unbegreiflich, daß ich es jemals ertragen konnte, ein so dürres, heiseres Getön anzuhören, wie das Spielen auf diesem Instrument zuwege bringen mußte. Und doch habe ich Beethovens »Eroica« kennengelernt, indem ich sie mit meiner Mutter auf diesem Klapperkasten im vierhändigen Arrangement spielte, und habe alle Wonnen dabei empfunden, die die Seele durchströmen müssen, wenn sie zum ersten Male von der Macht dieser Wunderwelt berührt wird. So meilenhoch überragt der Wert des musikalischen Gedankens den der Qualität des sinnlichen Klanges!*[VI]

*Nichtsdestoweniger: Auch der Klang hat sein Recht zu beanspruchen. Wenn ich lernen sollte, auf dem Klavier einen beseelten Ton hervorzubringen, die ganze Fülle der Schattierungen zu beherrschen, ja auch, wenn die Muskeln meiner Finger und Hände für ein gutes Spiel im modernen Sinn künftig entwickelt werden sollten, so war das alte Pistorsche Instrument dafür in jedem Betracht ein völlig unbrauchbares Ding. Bargiels Verdienst war es, daß er gleich im Anfang erklärte, es müsse notwendig ein guter, neuer Flügel für mich angeschafft werden. Mein Vater stand durch die Herausgabe der Puchtaschen Werke, die er in immer neuen Auflagen zu besorgen hatte, mit der Firma Breitkopf und Härtel in lebendiger Beziehung.*[59] *Er hatte, um der Witwe Puchtas, die mit ihren Kindern in beschränkten Verhältnissen lebte, den vollen pekuniären Gewinn aus den Werken des Verstorbenen zuzuwenden, auf jede Honorierung seiner eigenen beträchtlichen Arbeit an den Neuausgaben verzichtet. Härtels besaßen damals neben ihrem großen Verlagsgeschäft, wie bekannt, auch eine Pianofortefabrik, und ihre Flügel galten für die besten der in Deutschland gebauten Klaviere. So kam in sehr glücklicher Weise eines zum andern, und die Firma schickte meinem*

VI Es ist bekannt, daß der alte Haydn sich der Tränen nicht erwehren konnte, wenn er der Schönheit von Mozarts Klavierspiel gedachte; und ein wie dürftiges, tonschwaches Instrument war auch das beste Klavier, das Mozart hatte zur Verfügung stehen können, im Vergleich zu unsern heutigen Konzertflügeln! Der Geist ists, der lebendig macht.

*Vater, als er sich an sie wandte, einen ihrer schönen Flügel unentgeltlich als Anerkennung seiner beständigen selbstlosen Bemühungen um die Puchtaschen Werke. Es war Winterszeit, als eines Nachmittags ein großer Frachtwagen vor unserm Hause hielt, und die mächtige Kiste, in die der Flügel verpackt war, für uns abgeladen wurde. Ich trieb mich gerade im beschneiten Garten umher, als jemand mich rief und mir meldete, was vorging. Vor unbändiger Freude wußte ich nichts anderes anzufangen, als mich in den dicken Schnee zu werfen und gründlich darin herumzuwühlen. Eine weitere Guttat Bargiels war es, daß er meinen Eltern klarmachte, wie wünschenswert es sei, daß ich bedeutende Orchesterwerke in ihrer Originalgestalt kennenlernte. In früherer Zeit gab es in Berlin, von ein paar dürftigen Instrumentalkonzerten abgesehen, die Möser hier und da gab, so gut wie keine Gelegenheit, eine Symphonie vom Orchester ausgeführt zu hören. Nun hatte*, nachdem die Versuche, Mendelssohn für eine Hebung des Berliner Musiklebens dauernd zu gewinnen, gescheitert waren, *Wilhelm Taubert das Institut der Symphonie-Soireen der Königlichen Kapelle ins Leben gerufen, das neun Orchesterabende im Lauf jedes Winters in dem nach heutigem Begriffe kleinen, aber schönen Konzertsaal des Königlichen Schauspielhauses veranstaltete. In jedem Konzert kamen zwei Symphonien und zwei Ouvertüren zur Aufführung. Die Zahl neun war wohl weniger zu Ehren der neun Musen, als in Gedanken an die neun Symphonien Beethovens gewählt worden, wobei freilich die Neunte Symphonie nur als Traumgestalt figurierte. Die übrigen acht kamen je eine an jedem Abend zu Gehör; anstatt der Neunten aber wurde am Schluß der ganzen Serie eine von den übrigen Geschwistern wiederholt. Für eine Aufführung der Neunten Symphonie war, da sie die Aufstellung eines Chors beansprucht, der Saal zu klein. Außerdem stand man damals in Berlin noch ungefähr auf dem Standpunkte Spohrs, der dies Werk Beethovens bekanntlich für »die Verirrung eines großen Geistes« erklärte. Jedenfalls galt die Überwindung der Schwierigkeiten, die hier an Orchester, Chor und Solisten gestellt wurden, für ein beinahe unmögliches Unterfangen. Dennoch hatte Spontini*[60] *bereits bald nach dem Erscheinen des Riesenwerkes einmal das Wagnis unternommen, es einzustudieren, und auch Taubert brachte im Lauf der fünfziger Jahre eine recht wohlgelungene Aufführung im Theaterraum des Opernhauses zustande; ich durfte sie in Gemeinschaft mit meinem Vater anhören, den der gewaltige Eindruck auf das höchste begeisterte. Für die regelmäßigen Symphonie-Soireen wurde auf zwei Balkonplätze abonniert, die meine Mutter und ich zu benutzen pflegten. Der »Balkon« war billiger als die Plätze unten im Saal. Auf unsern hochgelegenen Sitzen, die dem Orchester gegenüber etwa auf der fünften oder sechsten Bank sich befanden, sah man von den Musikern wenig, war nicht durch blendendes Licht und* durch *den Anblick eleganter Toiletten gestört, hörte aber recht gut.* An eine der Säulen gelehnt, die das Gebälk trugen, pflegte ein Jüngling sichtbar zu werden, der durch die Schönheit seiner Erscheinung auffiel. Es war Paul Heyse, der schon damals erreicht hatte, wegen der Vorzüge seiner Persönlichkeit, seiner Liebenswürdigkeit, seines ungewöhnlichen Erzählertalents in gewissen Berliner Kreisen sehr gefeiert zu werden.

*Daß ich selbst die seligsten Stunden in diesem halbdunkeln Raum erlebte, brauche ich nicht zu versichern. Die Namen, die die Programme aufwiesen, waren* die erlesensten: *Haydn, Mozart, Beethoven, Cherubini, Weber, Spohr, Mendelssohn, und von Zeit zu Zeit Gluck mit seiner Ouvertüre zur »Iphigenie in Aulis«. Zuweilen erschienen auch zwei Werke, die man jetzt längst beiseite gelegt hat, die Ouvertüren von Spontini zur »Vestalin« und von Onslow zum »Hausierer«, während Schubert und Schumann noch nicht vorkamen.* Wenn dies letztere zu beklagen war, so muß doch auf der anderen Seite zugegeben werden, daß die Programme der damaligen Symphonie-Soiréen wenigstens Charakter und Einheitlichkeit hatten. Gegenüber der heute beliebten Mode, Kunstwerke und Künstlernamen in dem Rahmen eines Konzertes durcheinanderzuwürfeln, zwischen denen niemals irgendein Element innerer Gemeinschaft wird aufgefunden werden können, erscheint diese Exklusivität noch immer als ein bedeutender Vorzug.

*Wie bis zu Tauberts Eintreten die Orchestermusik in Berlin wenig Pflege gefunden hatte, so lag bis um die Mitte des Jahrhunderts nicht minder die Kammermusik in der Öffentlichkeit fast völlig brach. Es gab zwar eine Genossenschaft, die an einigen Abenden des Winters Streichquartette aus klassischer Zeit zu Gehör brachte, aber ihre Leistungen hielten sich in so bescheidenen Grenzen, daß es kaum der Mühe wert ist, davon zu reden. Hier war es der junge Robert Radecke, der frisches Leben brachte. Radecke war mit Bargiel gleichzeitig Schüler des Leipziger Konservatoriums gewesen und tauchte etwa im Anfang der fünfziger Jahre an dem Berliner Musikhimmel als ein neues Gestirn auf. Die anfängliche Veranlassung zu seiner Übersiedlung von Leipzig nach Berlin hatte der Umstand gegeben, daß er genötigt war, seiner Militärpflicht als einjähriger Freiwilliger zu genügen. Er war der Sohn eines Kantors in Schlesien, zugleich aber auch der Neffe meines Großonkels, des Hofpredigers Radecke in Wernigerode am Harz. Dieser letztere, der für den Neffen väterlich besorgt war, traf mit ihm in Berlin zusammen, um seine Militärangelegenheiten für ihn in möglichst günstiger Weise zu ordnen, und bei dieser Gelegenheit brachte er ihn auch in das Haus meiner Eltern, in dem er die freundschaftlichste Aufnahme fand. Robert Radecke war ein sehr hübscher und liebenswürdiger junger Mann, weniger vielleicht geneigt, sich zu vertiefen, als seine Hände tüchtig zu rühren, aber dafür auch in allen Sätteln gerecht.* Als Beweis seiner Vielseitigkeit genügt es zu erwähnen, daß er bei seinem Abgang vom Leipziger Konservatorium im Prüfungskonzert das G-Dur-Konzert von Beethoven auf dem Klavier und das Mendelssohnsche Konzert für Violine mit gleicher Tüchtigkeit vortrug, während er außerdem auch als Komponist mit einem größeren Stück auf dem Programm figurierte. *Solange er sich als Soldat in Berlin zu betätigen hatte, waren Zeit und Kraft natürlich durch dienstliche Verpflichtungen zu reichlich in Anspruch genommen, als daß er sich als Musiker gleichzeitig hätte hervortun können. Sobald aber das Militärjahr abgetan war, ließ er bald merken, was er wollte und konnte, und gelangte rasch in der Berliner Gesellschaft zu großer persönlicher Beliebtheit. So konnte er den Versuch wagen, Soiréen für Kammermusik einzurichten, in denen er im Verein mit anderen Künstlern, Instrumentalisten wie Sängern und Sängerinnen, das Berliner Publikum mit einer Menge schöner, neuer wie selten gehörter älterer Musik bekannt machte. Da gab es die späteren Streichquartette von Beethoven, Quartette und Quintette von Schubert und Schumann, und auch Lieder kamen zu Gehör, von denen in Berlin noch niemand etwas wußte. So ist es mir unvergeßlich, mit welch einem stürmischen Jubel Schumanns »Frühlingsnacht« aufgenommen wurde, als sie, von Frau Franziska Wuerst gesungen, zum erstenmal in Berlin erklang. Diese Soiréen setzte Radecke durch mehrere Jahre fort, ja, er erweiterte ihren Rahmen mit der Zeit auch bis zu orchestralen Aufführungen desselben Charakters, und so war es ein wirklich bedeutendes Verdienst, das er sich damit um die Hebung des musikalischen Lebens der Stadt erwarb. Das Orchester, dessen er sich bei den größeren Konzerten, die dann im Saale der Singakademie stattfanden, bediente, stand für gewöhnlich unter der Leitung des Musikdirektors Liebig. Dieser hatte sich eine kleine Kapelle – zum Teil aus Dilettanten bestehend – gebildet, mit denen er in bescheidenen Räumen, namentlich sommers in öffentlichen Gärten, klassische Symphonien und Ouvertüren zu billigen Preisen zu Gehör brachte. Mit dieser Kapelle, deren Leistungsfähigkeit doch immerhin recht viel zu wünschen übrigließ, mußte sich das Ber-*

*liner Musikleben noch lange Jahre hindurch behelfen, soweit nicht die Königliche Kapelle verfügbar war.*

*Da Radecke häufig in unserm Hause als Gast verkehrte, so verdanke ich ihm nicht nur als Zuhörer bei seinen öffentlichen Vorführungen, sondern auch im übrigen manche Anregung. Er kam oft des Abends allein zu uns und spielte eine Menge von Klaviermusik, die ich damals noch nicht kannte und auch selbst noch nicht bewältigen konnte. Nicht nur für mich gab das immer neue Freuden, sondern auch für meine Eltern, die zum Beispiel durch ihn zuerst die Variationen in c-moll und manche der letzten Sonaten von Beethoven kennenlernten.*

Lichtenstein *<Ein musikverständiger Freund> hatte meine Eltern darauf aufmerksam gemacht, daß es sehr wünschenswert sei, mir auch etwas Violinunterricht geben zu lassen. Wenn aus meinem Komponieren etwas Vernünftiges werden solle, sei es nötig, daß ich wenigstens mit den wichtigsten der Saiteninstrumente einigermaßen vertraut gemacht würde. Dies leuchtete meinem Vater ein, und so wurde ich, als ich noch nicht ganz zehn Jahre alt war, zu Louis Ries, dem Sohn des Konzertmeisters Hubert Ries, in den Unterricht geschickt. Diesen Violinlehrer hatte ich in seiner Wohnung in der Oberwallstraße aufzusuchen. Ich kann nicht sagen, daß ich mit sehr viel Neigung meine Violinstunden nahm. Doch erinnere ich mich eines kleinen Erlebnisses, das durch sie veranlaßt wurde und mir großen Eindruck machte. Eines Tages wurde die Violinstunde dadurch unterbrochen, daß mein Lehrer aus seiner Hinterstube, in der der Unterricht stattfand, in das Zimmer seines Vaters herübergerufen wurde, um dort einem hohen Besuch vorgestellt zu werden. Nach einiger Zeit kam er eilends zu mir zurück, nahm mich beim Kragen, führte mich durch mehrere Zimmer und stellte mich in dem letzten an ein Fenster, das nach der Straße heraussah. »Sieh Dir den Mann dort unten an!* Das ist Spohr«, sagte er, *und zeigte mir eine mächtige, hochgewachsene Gestalt in braunem Mantel, die neben dem Vater Ries einherschritt und gerade den Straßendamm kreuzte. Ich wußte schon über Spohr einigermaßen Bescheid, und zwar nicht nur deshalb, weil der Vater meines Violinlehrers sein Schüler gewesen war. Von seiner Musik war zwischen meinen Eltern oft liebevoll die Rede gewesen, und ich hatte vor allem seine schöne Ouvertüre zu »Jessonda« mit meiner Mutter zu großem eigenen Entzücken vierhändig gespielt. Da mußte es mir denn wohl Eindruck machen, daß ich den wirklichen Menschen Spohr einmal zu sehen bekam, wenn auch nur von der Rückseite. Meine Violinstudien währten nicht lange Zeit. Die Bogenhaltung machte mir Schwierigkeit, und meine Leistungen waren sehr* *mäßig. Klavierspiel und Violinspiel in einer Person vertragen sich ihrer Natur nach nicht gut. Was in der Haltung und Tätigkeit der Hand, namentlich der rechten, vom Geiger gefordert wird, läuft dem schnurstracks entgegen, was der Klavierspieler anstreben soll. So wurden denn die Stunden bei Louis Ries nach Ablauf von zwei Jahren wieder aufgegeben. In der Hauptsache war erreicht, was von Anfang an der eigentliche Zweck gewesen: Ich hatte genug gelernt, um für die Violine schreiben zu können.*

*Wieviel ich Bargiels Unterricht und Umgang verdanke, dessen bin ich mir in vollem Maße bewußt. Er war ein wahrhaft edler, reiner, feinsinniger Mensch, und dem Adel seiner Persönlichkeit entsprach sein künstlerisches Wesen. Wenn sich die Richtung auf das Echte und Innerliche in der Kunst, die Abneigung gegen Flachheit und Phrase dauernd in mir befestigte, so hat sein Beispiel hieran einen vornehmlichen Anteil. Soll ich eine Einzelheit aus seinem Klavierunterricht als besonderen Vorzug hervorheben, so wäre dies sein ebenso unablässiges wie nachdrückliches Dringen darauf, daß der Schüler »mit Ton« spiele. Nichtssagendes, blutloses Drauflosfingern verlernte man gründlich bei ihm. Er verstand es in hohem Grade, einen lebensvollen Anschlag zu bilden. Bargiel hatte in seiner Persönlichkeit etwas Insichgekehrtes. Tief in seiner Natur begründet lag eine gewisse Scheu, sich zu äußern, namentlich über seine Empfindungen Worte zu machen. Fremderen Leuten gegenüber oder in größerem Kreise konnte er daher sehr einsilbig sein. Man merkte ihm an, wie unbehaglich er sich fühlte. Auch leicht verletzlich und argwöhnisch war er in hohem Grade, und dies machte das Verkehren mit ihm oft schwierig. Ich aber liebte und verehrte ihn von Herzen und wußte, daß er auch mir im Innersten wohlgesinnt war. So konnte das Verhältnis zwischen Lehrer und Schüler nicht besser sein, als es damals zwischen uns beiden war. Wohl muß ich mir nach allen Erfahrungen, die ich seitdem gemacht, im Zurückblicken gestehen, daß seinem Unterricht sowohl im Klavierspiel wie in der Komposition ein gewisses Element der Energie fehlte*, ein völlig sicheres Erkennen und deutliches Mitteilen alles dessen, was zum technischen Rüstzeug gehört. *Er war wohl selbst damals noch zu jung, um die volle Beherrschung des Stoffs zu besitzen, die zum Pädagogen gehört und die nur durch Erfahrung erworben werden kann. Aber ich mag dies kaum erwähnen, da die Hauptschuld daran, daß meine Leistungen oft hinter dem zurückblieben, was man von mir hätte fordern können, auf meiner Seite lag. Wenn ich auch mehr und besser übte als früher, ich ließ es doch an der Gewissenhaftigkeit und Stetigkeit der Anstrengung fehlen, die allein einen vollen Erfolg verbürgt. Ermahnungen sparte Bargiel nicht. Ja einmal, als ich fast gar nicht geübt hatte, wandte er den Rücken, ohne mir Stunde zu geben. Mir aber war von meinem Vater so oft und bestimmt gesagt worden, daß ich keinesfalls Musiker von Beruf werden solle, daß ich mich leider daran gewöhnt hatte, meine Pflichten auf musikalischem Gebiet nicht allzu ernst zu nehmen, und deshalb auch wenig Reue über meine Lässigkeit empfand.*

*Mit siebzehn Jahren trat ich trotz alledem zum erstenmal öffentlich als Klavierspieler auf. Fräulein Adele Dorn, die stets geschäftig war, für wohltätige Zwecke, namentlich für die des Gustav-Adolf-Vereins, Konzerte zu arrangieren, hatte es bei meinen Eltern durchgesetzt, daß sie Erlaubnis zu meiner Mitwirkung in einem Dilettantenkonzert gaben,* dessen Einnahmen einem Konfirmandenhause in Bäslack zugute kommen sollten. *Das Konzert fand Donnerstag, den 19. März 1857 abends sieben Uhr im »Englischen Hause« statt* und Louis Ihlert[61] hatte die Leitung des Ganzen übernommen. Den Anfang machte das Konzert für drei Klaviere in d-moll von Johann Sebastian Bach, zu dessen Ausführung sich die Damen Anna[62] und Anna Toussaint mit Paul Wollanke, einem Schüler des Fräulein Dorn, vereinigt hatten. Dann gab es einige Nummern für Gesang, und den zweiten Teil eröffnete das d-moll Trio von Mendelssohn, dessen Klavierpartie ich ausführte, während der Dilettant Langhans die Violine und Dr. Bruns das Violoncell übernommen hatten. *Alles gelang aufs beste und Ludwig Rellstab verkündete in der Vossischen Zeitung, daß die Ausführung* des Trios von Mendelssohn *mit Dilettantismus nichts mehr zu tun gehabt habe, sondern eine durchaus künstlerische Leistung gewesen sei.* Auch Gustav Engel, der damals in den Anfängen seiner publizistischen Tätigkeit stand, lobte die Leistung nach Kräften. *Noch in demselben Jahr, am Sonntag den 13. Dezember, folgte eine zweite, ähnliche Veranstaltung*, abermals unter der Ägide von Fräulein Adele Dorn und abermals zum besten eines Konfirmandenhauses, das aber dieses Mal in Parnowitz lag oder errichtet werden sollte. *Nachdem ich zum Anfang in Mozarts vierhändiger Fantasie in f-moll mitgewirkt hatte, begann ich auch wiederum den zweiten Teil. Ich spielte Schumanns Quintett, und Publikum wie Kritik behandelten mich mit noch größerer Liebenswürdigkeit als bei meinem ersten Auftreten.* Engel ließ sich in seiner Beschreibung folgendermaßen vernehmen: »Der zweite Teil«, schrieb er, »begann mit dem Klavierquintett von Schumann, eines seiner vollendetsten Schöpfungen. An der Ausführung dieses Werkes waren auch Künstler vom Fach beteiligt: Die Herren Grünwald, Radecke und Kahle, und von Dilettanten nur

Herr Dr. Bruns, der aber als Cellospieler eine wahrhaft künstlerische Bedeutung erlangt hat, und Herr Rudorff, der die Klavierpartie übernommen hatte. Was den Letzteren betrifft, so haben wir in ihm eine hoch hervorragende künstlerische Kraft kennengelernt. In der Fertigkeit und Kraft, im Schwung und Feuer des Vortrages stellte er sich als einen Spieler hin, der gar nichts mehr von einem Dilettanten verriet. An der Kraft des Tones, die an vielen Stellen siegreich über das Streichquartett dominierte, mochte auch der treffliche Konzertflügel von Voigt seinen Anteil haben, an der glücklichen Ausbildung seines reichen Talentes unstreitig der Lehrer des jungen Pianisten, Herr Bargiel.«[63]

*Ich muß an dieser Stelle zeitlich noch einmal zurückgreifen. In das Jahr 1854 fielen die ersten Begegnungen mit* zwei Persönlichkeiten, *die für meine ganze fernere Entwicklung die größte Bedeutung haben sollten.* Ich lernte *Clara Schumann* und Joseph Joachim kennen.

*Im Juli 1854 kam Frau Schumann für kurze Zeit von Düsseldorf nach Berlin. Schumanns Krankheit war im Februar desselben Jahres ausgebrochen, und seine bis in die Tiefe des Herzens getroffene Gattin wollte versuchen, nach Monaten quälendster seelischer Erregung und Gedrücktheit, in anderer Umgebung etwas Erholung zu finden. Sie suchte ihre Mutter, Frau Marianne Bargiel, in Berlin auf und führte dieser ihre dritte Tochter Julie zu, die sie bei der Großmutter unter den obwaltenden Umständen besser als in Düsseldorf unterzubringen hoffte. Bargiel wollte der Schwester seinen Schüler vorstellen und veranlaßte mich, mit ihm zu ihr zu gehen. Ich werde nie den tiefen Eindruck vergessen, den mir die Erscheinung dieser edlen, wundervollen, einzigartigen Frau machte, wie sie im schwarzen Kleid mit dem Ausdruck unaussprechlicher Trauer in den Zügen bei unserm Eintritt vor uns stand. Sie war sehr gütig und freundlich gegen mich; aber der Respekt vor der großen Künstlerin war mir doch so in die Glieder gefahren, daß ich mich mit großer Befangenheit an das Klavier setzte, um ihr vorzuspielen. Ich spielte die Etüde in f-moll (op. 25) von Chopin und das Schumannsche Fantasiestück »Des Abends«. Im zweiten Stück brachte es meine Ängstlichkeit zuwege, daß mir, was sonst nicht leicht vorkam, für einen Augenblick das Gedächtnis einen Streich spielte. Im übrigen ging alles gut vonstatten, und mit diesem Tage hatte sich ein Band innigster Verehrung von meiner Seite, treuer freundschaftlicher Teilnahme von der ihrigen geknüpft, das mit den Jahren immer mehr an Festigkeit gewinnen sollte.*

Joseph Joachim, damals am Hannoverschen Hofe als Konzertdirektor unter Gewährung größter Freiheit angestellt, brachte im Sommer 1854 einige seiner Ferienmonate in Berlin zu, wohin ihn seine freundschaftlichen Beziehungen zu Herman Grimm wie zu Bettina von Arnim und ihrer Tochter Gisela gelockt hatten. Auf der linken Seite der zu jener Zeit noch wenig bebauten Potsdamer Straße an der Ecke, wo diese vom Kanal durchschnitten wird, befand sich ein großes Gartengrundstück, das durch einen einfachen Bretterzaun eingefriedigt war. In seiner Mitte zwischen Ostbäumen und Gemüsebeeten lag ein bescheidenes Häuschen, und in ihm hatte sich Joachim eingemietet. Im Gegensatz zu den brutalen Mietskasernen, die heute hier dicht gedrängt den ganzen Platz eingenommen haben, bot diese Stelle damals einen höchst idyllischen Aufenthalt, der seinem Wunsch, eine Weile in stiller Zurückgezogenheit, nur mit den nächsten Freunden Grimms und Arnims verkehrend, zu leben, ganz entsprach. Joachim war damals kaum 23 Jahre alt. Daß er aber schon jetzt ein Künstler ohnegleichen sei, der als Geiger die höchste Stufe der Vollkommenheit erreicht habe, und alle zeitgenössischen Rivalen durch unbedingte Meisterschaft und Tiefe der Auffassung überstrahlte, das war auch bereits an mein Ohr gedrungen. Bargiel vor allem hatte sich im Hause meiner Eltern zur Genüge in diesem Sinn geäußert, und auch durch Grimms hörten wir den Künstler und Menschen Joachim in jeder Tonart loben. Am 19. Juni traf ein Briefchen von Wilhelm Grimms Tochter Auguste an meine Mutter gerichtet ein, das also lautete: »Der Joachim will morgen Abend etwas bei uns spielen und da läßt die Mama sehr bitten, ob Sie und der Herr Professor und der kleine Kapellmeister uns nicht die Freude machen wollten, den Thee bei uns zu trinken. Wir sind ganz allein; und kommt noch die Gisel, die sich auch sehr freut, Sie bei uns zu sehen. Hoffentlich bekommen wir eine gute Antwort und sind morgen recht vergnügt und Ernst läßt sich erbitten, und spielt uns etwas. Vom Papa einen schönen Gruß.« Dieser Einladung wurde Folge geleistet. Wir sahen und hörten Joachim zum ersten Male, und es ist überflüssig zu sagen, daß sein Spiel den tiefsten Eindruck nicht nur auf mich, sondern auch auf meine Eltern machte. Nachdem er mit Bargiel die Sonate in A-Dur von Beethoven aus op. 30 unnachahmlich schön gespielt hatte, mußte auch ich mich hören lassen. Ich spielte die D-Dur-Sonate op. 10 von Beethoven und auf Joachims Verlangen auch ein Stück, das ich selbst gemacht hatte. Er sagte mir freundlich: »Das haben Sie gewiß im Sommer komponirt. Es klingt danach.« Ich antwortete mit stupider Ehrlichkeit: »Nein, im Winter.« Freilich hatte ich das Stück im Winter komponiert, aber doch in sehnsüchtigem Andenken an herrliche Sommertage, die ich im Jahr vorher mit meinen Eltern im Kanton Appenzell verlebt hatte. Ich hatte meinem Machwerk deshalb den Namen »In Weißbad« gegeben. Dergleichen aber auszusprechen fehlte es mir ebenso sehr an Mut wie an Geistesgegenwart. Joachim behandelte mich mit so großer Liebenswürdigkeit, daß er sofort mein Herz gewann. »Nun, der muß natürlich Musiker werden« wandte er sich an meinen Vater, als das Musizieren beendet war. »Nein, Musiker wird er nicht«, antwortete dieser, »er soll die Musik zu seiner Freude, als Lebensschmuck treiben, aber im übrigen einen handfesten Beruf ergreifen.« »Er wird doch Musiker«, erwiderte Joachim, »mögen Sie machen was Sie wollen.« Eine ganz ähnliche Szene hatte sich nicht lange vorher in einer Abendgesellschaft bei Lichtensteins abgespielt. Der Tenorist Stümer, der seinerzeit der erste »Max« im »Freischütz« gewesen war, befand sich unter den Gästen. Ich mußte etwas vorspielen, und als ich geendet hatte, trat Stümer mit denselben Worten »Nun, der muß Musiker werden« an meinen Vater heran, um dieselbe Antwort von ihm zu erhalten, die später Joachim erteilt wurde. Mein Vater blieb in seinen Ansichten über diesen Punkt unerschütterlich. Joachim hatte geäußert, er würde meine Eltern gern einmal abends besuchen; sie möchten mich doch gelegentlich zu ihm schicken und ihm durch mich sagen lassen, wann ihnen das paßte. So starke Begeisterung ich aber für ihn empfand, ich fürchtete mich doch mächtig, allein zu ihm zu gehen. Meine Verlegenheit konnte unter gewissen Umständen jedes Maß übersteigen. Hier aber half kein Widerstreben und ich mußte mich entschließen, den Gang nach dem Gartenhäuschen in der Potsdamer Straße anzutreten. Joachim bewohnte eine Mansardenstube im Dachgeschoß des einstöckigen Gebäudes. Als ich eintrat, fand ich außer ihm noch Herman Grimm anwesend. Auf die Seitenwand des Mansardenfensters hatte dieser gelegentlich einen hübschen Kopf gezeichnet, den ich schweigsam betrachtete, nachdem ich die paar Worte herausgebracht hatte, die ich im Auftrag meiner Eltern sagen sollte. Dann stand ich noch eine Weile mit den beiden am Fenster, und sie strengten sich redlich an, mir durch gutmütige Freundlichkeit über meine Beklommenheit hinwegzuhelfen. Das fruchtete aber wenig. Mir war nicht besser zumute als dem österreichischen Bauern, der den Kaiser Franz sehen wollte und deshalb um eine Audienz gebeten hatte. Als er aber vor der Majestät stand und diese ihn fragte, was er denn eigentlich wolle, hatte er nichts weiter zu sagen als: »I möcht' nun wieder naussi.« Endlich ging auch ich wieder »naussi« und hatte Zeit, mich von den Nöten dieses Besuchs zu erholen, bis am Sonnabend den

15. Juli abends nun tatsächlich Joachim mit seiner Geige bei uns erschien. Außer ihm waren Bargiel, Robert Radecke, Gisela von Arnim, Auguste Grimm, das Ehepaar Lichtenstein, meine Großmutter und Großtante Mine, endlich auch mein Lehrer Kürten zu dem großen Ereignis bei uns versammelt. Die Türen zwischen den drei Vorderzimmern waren geöffnet. In der Mittelstube lag nur ein kleiner Teppich, sie war überhaupt weniger mit Möbeln angefüllt als das große Wohnzimmer meiner Mutter, in dem der Flügel stand. Joachim hatte sofort erkannt, wie gut Musik dort gerade klingen müsse, und so ging er, nachdem er mit Radecke Beethovens Kreutzersonate gespielt hatte, mit seiner Geige allein in die Mittelstube, stellte sich in die Nähe der offenen Tür und begann Bachs Chaconne. Kein Mensch kannte damals dies in seiner Art einzig dastehende Stück, das mit den einfachsten Mitteln eine Gewalt der Wirkung ohnegleichen erreicht und in dem Reichtum der Kombinationen geradezu unerschöpflich zu sein scheint. Erst Joachim war es vorbehalten, es zum Leben zu erwecken. Als er geendet hatte, war alles erfüllt von Staunen und Bewunderung. Völlig hingerissen aber von der Größe der Musik und der Herrlichkeit des Vortrags war mein Vater, dem Sebastian Bach über alles ging, und der keine Worte zu finden wußte, um seinen Empfindungen Ausdruck zu geben. Für immer blieben ihm diese Augenblicke als unvergleichliche in der Erinnerung. Grimms wollten mir im Laufe der nächsten Wochen nochmals die Freude machen, bei ihnen mit Joachim zusammenzusein. Ein undatierter Brief von Frau Dortchen an meine Mutter gerichtet lautet: »Liebe Herzensfrau! Wenn Ernstchen wieder wohl ist und er Lust hat und Sie es ihm erlauben, wollte er uns nicht das Vergnügen machen und morgen Sonntag Mittag mit uns essen? Joachim liebt ihn auch so sehr und möchte ihn so gern sehen; ich habe es aber auch Bargiel gesagt, sonst aber gar Niemand. Hoffentlich schlagen Sie unsere Bitte nicht ab. Ihre alte D. Grimm. Wir essen um halb 2, er kann aber so früh kommen, wie er will.« Leider lagen irgendwelche Dinge vor, die verhinderten, daß ich dieser Aufforderung nachkommen konnte. Dagegen hatte sich Dienstag den 18. Juli, also schon *fast in unmittelbarem Anschluß* an den Abend in unserem Hause ein *Wiedersehen mit Joachim bei Bettina von Arnim ergeben. Die Einladung erging durch* den folgenden *von Gisela an mich gerichteten Brief:*

»Lieber Ernst!

Da du immer deiner Eltern Bothe bist, so will ich als Bothin dem kleinen Bother schreiben, daß du deinen Eltern von meiner Mama ausrichtest, ob Sie und du nicht morgen Abend herkommen wollen. Weil ihr doch alle gern Herrn Joachim höhrt, und so große Freude an seinem Spiel habt, – ich schreibe so späth, weil ich nicht sicher wußte bisher ob Olfers könnten, die auch kommen wollen, sonst niemand. – Ich will dir auch im Vertrauen sagen, daß ich hoffe, dein Musikalischer Geigenkonzertmeister spiehlt seine eigenen drei Stücke, die gar wunderbahr schön sind. – Von einem Lindenbaum, der gar wunderschön rauscht – und wo man hört wie der Wind durch die Blätter spiehlt – und dann ein Glockenläuten wo zuletzt die Glocken alle zusammenstürmen. – Und dann noch eine Rittersage, die sind alle drei so schön als hätte es einer der Natur abgelauscht und nur ein Köpfchen und ein Schwänzchen daran gemacht – wie wier ja alles so aus ihr entnehmen, und nur Anfang und Schwanzmacherchen sind, – aber dan geth noch durch die drei Stücke das gute Herz und der brave Charakter von deinem Geigenkonzertmeister. So jetzt habe ich dir lauter unverständliches Zeug geschrieben – die sprechen so viel in der Stube, – bleibe mir ein bischen gut und schreibe vor die beiden großen Noten an deinem Hals (es sind 2 kleine Leberflecke gemeint) den G-Schlüssel. Von Herzen eine nun[?][64] gute Freundin von Ernst.

G. A.«

*Bettina selbst hatte jahrelang wirklich seit jenem verhängnisvollen Besuch im Jahre 1832 ihren Fuß nicht wieder über die Schwelle der Wohnung meiner Eltern gesetzt.*[65] *Jetzt erschien sie plötzlich zu größter Überraschung eines Vormittags bei meiner Mutter. Mein Vater war nicht zu Hause; ich aber war anwesend und durfte den ganzen Besuch miterleben. Als sie nach sehr lebendigem Gespräch mit meiner Mutter und allerlei Scherzen mit mir schließlich wieder aufbrach, begleiteten wir beide sie bis an die Treppe und sahen ihr nach, wie sie die Stufen hinunterstieg. Sie wandte sich noch einmal um und rief: »Betty, ich hab' dich sehr lieb, aber Deinen Bub hab' ich noch lieber.« Der Mensch versteht bekanntlich selbst Chinesisch, wenn er in dieser Sprache eine Liebeserklärung zu hören bekommt. Da diese mir nun auf Deutsch und von einer solchen Seite gemacht wurde, so mag es begreiflich erscheinen, daß ich sie bis heute samt allen kleinen Nebenumständen nicht vergessen habe. Bettina wohnte damals im ersten Stock eines Hauses, das am, oder wenn man will hinter dem Tiergarten »in den Zelten« lag. Die Gegend hatte für Berliner Verhältnisse etwas Poetisches, anmutig Abgelegenes. »Die Maxe«, ihre besonders schöne und vielumworbene älteste Tochter, war bereits an den Grafen Oriola verheiratet.*[66] *Armgard hatte sich aus dem Geräusch des vornehmen Berliner Gesellschaftslebens, in dem sie neben ihrer Schwester Jahre hindurch die glänzendsten Triumphe feiern durfte, zurückgezogen und lebte ganz der Sorge für ihre alt werdende Mutter. Ebenso Gisela, die, als jüngstes Kind, diese niemals verlassen hatte.* Herman Grimm kam täglich ins Haus, ja man kann sagen, er lebte fast ganz hier. Sein Verhältnis zur Gisel schien ein völlig geschwisterliches zu sein. Beide hatten sich schon als Kinder mit auffallender Ausschließlichkeit aneinander angeschlossen. Im Jahre 1840 siedelten bekanntlich Jacob und Wilhelm Grimm von Göttingen nach Berlin über, und seitdem wuchsen Herman und Gisel als unzertrennliche Gefährten miteinander auf. Alle geistigen Interessen wurden ihnen gemeinsam, und es entstand ein Bündnis so eigener Art zwischen ihnen, daß man wohl sagen darf, seinesgleichen würde schwerlich irgendwo und irgendwann zu finden sein. Sie erschienen nicht nur wie Bruder und Schwester, sondern zugleich auch wie Studiengenossen, die durch die innigste Übereinstimmung der Anschauungen einander unentbehrlich geworden waren. Und doch kam endlich der Augenblick, wo nichts anderes übrig blieb, als Mann und Frau zu werden. Auf Joachim hatte Gisela von Arnim schon in Weimar tiefen Eindruck gemacht, wo er sie in Begleitung ihrer Mutter und ihrer Schwester Armgard kennengelernt und viel mit ihr verkehrt hatte. Daneben aber fühlte er sich auch lebhaft zu Herman Grimm hingezogen, erwiderte die herzliche Freundschaft, die dieser ihm entgegenbrachte mit der gleichen Wärme, und so ist leicht zu erraten, wie hier der schönste Zusammenklang der Empfindungen nahe daran herlief, in schrillem Mißton sich aufzulösen. Der hohe Sinn aber, der diesen drei Menschen innewohnte, ließ es nicht zu, daß Leidenschaft eine Geistesgemeinschaft trübte oder gar zerstörte, die so starke Wurzeln hatte, so edler Art war wie die ihre. In welcher Weise sich der Knoten ohne Riß löste, das läßt Herman Grimms Dichtung »Traum und Erwachen« ahnen, die er in jener Zeit niederschrieb. Auch in seiner Novelle »Der Landschaftsmaler« klingt, – freilich unter Vertauschung der Rollen, die der Geiger und sein Nebenbuhler spielen – die Erinnerung an eigene Erlebnisse nach.[67]

Es versteht sich von selbst, daß über diese Dinge für dritte noch ein tiefer Schleier gebreitet war, als meine Eltern mit mir der *erwähnten Einladung zu Frau von Arnim folgten. Außer Herman Grimm war auch Bargiel anwesend.* Joachim hatte einen älteren Musiker mitgebracht, einen Bratschisten namens Wendt, den er kannte und schätzte, so daß er zuweilen mit ihm musizierte. Die eigenen Kompositionen, die er spielte, verstand ich nicht, sondern hörte sie nur mit Erfurcht an.[68] *Über dem ganzen Abend aber lag ein eigentümlicher Reiz, der dieses Mal vor allem von der Persönlichkeit ausging, die die Gäste um sich versammelt hatte. Alles, was Bettina umgab, trug in irgendeinem Zuge den Stempel ihres ungewöhnlichen Geistes, war irgendwie anders als bei anderen Leuten, bis auf die seltsame Tapete ihres Wohnzimmers* herab, *auf deren lederfarbigem Grund kleine bunte Chinesen zwischen allerlei Rankenwerk umherkletterten. Aber so sehr sich die Dinge, die man sah, über das Gewöhnliche erhoben, das Ganze machte doch den Eindruck, als müsse es so sein, und man fühlte sich durchaus behaglich. Armgard machte den Tee und verstand es vortrefflich, alles mit Anmut herzurichten. Die Arnimschen Damen waren, wie man sich denken kann, fern davon, mit Essen und Trinken Aufwand zu treiben; alle aber zeigten, wenn sie sich einmal um diese Dinge kümmerten, auch hierin Talent. Es machte ihnen einen Hauptspaß, gelegentlich ein recht apartes und gründlich gutes Gericht zutage zu fördern oder irgendeinen ganz besonderen Kuchen aus ganz besonderer Quelle herbeizuschaffen, und das ersichtliche Vergnügen, das sie daran hatten, teilte sich den anderen mit, denen sie dergleichen schöne Dinge vorsetzten. Nachdem der Anfang einmal gemacht war, kam der Verkehr meiner Eltern mit Frau von Arnim auch für das weitere wieder in lebhaften Gang, und da sie mir persönlich, so jung ich war, mit großem Wohlwollen begegnete, so konnte es nicht ausbleiben, daß der Zauber mich ganz und gar gefangennahm, der die außerordentliche Frau umgab. Obwohl von Gestalt klein, hatte ihre Erscheinung doch etwas Beherrschendes. In ihren Augen lag eine Mischung von Weltverachtung und phantastischem Feuer. Ihr Blick schien, wenn sie lebhaft sprach, auf etwas Unsichtbares, Großes gerichtet zu sein. Der sich ihr näherte, mußte die* zwingende *Macht empfinden, die von ihr ausging, und die nur eine durchaus geniale Natur auf andere auszuüben vermag. Sie schenkte mir ein Heft von ihr komponierter Lieder, das sie Spontini gewidmet hatte, und versprach mir ein Exemplar ihres Briefwechsels mit ihrem Bruder Clemens, den sie unter dem Namen »Frühlingskranz«*[69] *hatte erscheinen lassen. Leider aber vergaß sie in ihrer Zerstreutheit, mir das Buch zuzuschicken oder zu geben, wenn ich bei ihr war. Als ich sie einmal an einem Vormittag allein besuchte, erwies sie mir die Ehre, mir ihr Goethemonument zu zeigen, das sie selbst entworfen und in Ton modelliert hatte. Das mächtige, seltsame Gebilde stand in einem an ihr Wohnzimmer stoßenden Saal auf einem unmäßig großen Tisch. Goethe wie ein Gott in der Mitte auf erhabenem Sitze thronend und um ihn her eine ganze Welt von Gestalten, Symbolen und Ornamenten. Ich war zu jung, um dergleichen wirklich würdigen oder gar beurteilen zu können, und so ist mir nur eine ganz allgemeine Vorstellung des Ganzen im Gedächtnis geblieben. Um so deutlicher aber erinnere ich mich der lauten und schrankenlosen Bewunderung, die sie selbst ihrer Schöpfung zollte. »Das ist sehr groß« oder »Sieh, wie herrlich das ist! Es gibt nichts Größeres!« Mit dergleichen Ausdrücken das Ganze preisend und das Einzelne erläuternd, umschritt sie begeistert mit mir das kolossale Werk. Die Schilderung ihrer Persönlichkeit, die Herman Grimm in seinem kurzen Aufsatz »Bettina von Arnim«[70] gegeben hat, ist in gewissem Sinn von unübertrefflicher Wahrheit und Lebendigkeit. Er zeichnet ein Bild so meisterhaft, so echt bis in die kleinsten und feinsten Furchen, daß ich die wunderbare Frau leibhaftig vor mir zu sehen, ihre Rede zu hören glaube, wenn ich seine Worte lese. Und doch: bei all dieser äußersten Lebenswahrheit, das Ganze täuscht, weil zwar das Gesagte wahr ist, aber nicht alles gesagt wird, was zur vollen Wahrheit gehört. Alle Kehrseiten ihres Wesens werden verschwiegen. Und wie sollten diese bei einer so exzentrischen und mit einer so seltenen Fülle der Gaben ausgestatteten Natur nicht auch vorhanden gewesen sein? Das starke Gefühl des unbedingten Wertes, das sie ihrem eigenen Ich gegenüber erfüllte, ihre Freude am Absonderlichsein um jeden Preis, die Lust, die sie empfand, den gewöhnlichen Begriffen von Ordnung und Pflicht gelegentlich ins Gesicht zu schlagen, mit einem Wort: das maßlos Subjektive ihres Wesens mußte zu Querständen führen, von denen der bedenklichste wohl in der Art gefunden werden muß, wie ihre Laune sie zuzeiten mit der Wahrheit Versteck spielen ließ. Mit wieviel Vorsicht deshalb ihre hinterlassenen Berichte über Erlebnisse und Tatsachen, namentlich aber ihre Urteile über Personen aufzunehmen sind, ergibt sich von selbst. Ich kann nicht unterlassen, hier ein einzelnes Beispiel anzuführen, das um der bedeutungsvollen Stelle willen, an der es mit einem Schein von Authentizität angeführt wird, ganz besonders zu beklagen ist. Ich meine die gehässigen Worte Bettinas über Savigny, die Fürst Bismarck in seinen »Gedanken und Erinnerungen«[71] ohne irgendwelche Kritik wiedergibt. Der Botschafter Robert von Keudell, dem ich einmal mein Bedauern darüber aussprach, versicherte, daß Bismarck Savigny (den Vater) so gut wie gar nicht gekannt habe und hier offenbar ohne eigenes Urteil eine Äußerung nachspreche, die ihm von dritter Seite zugetragen sei. Er glaube bestimmt, man müsse hier Siegmund von Arnim, den zweitältesten Sohn Bettinas, verantwortlich machen, der als junger Diplomat in früheren Jahren – ich erinnere mich nicht mehr wo – mit Bismarck in häufigem Verkehr gestanden habe. Da Savignys Verhalten als Politiker in den vierziger Jahren Bismarcks Ansichten zuwiderlief, so mag er der Arnimschen Spötterei ein doppelt williges Ohr geliehen haben, ohne viel zu überlegen, auf wie wenig festen Füßen sie vielleicht stand. Jedem, der Savigny gekannt hat, muß die lächerliche Eitelkeit, die Bettina ihm anerfindet, als schmählichste Verleumdung und Verkennung seiner innersten Persönlichkeit erscheinen. Savigny war von peinlichster Gewissenhaftigkeit, in großen wie in kleinen Dingen, so also auch in seinem äußeren Verhalten, und stand damit freilich im schroffsten Gegensatz zu seiner Schwägerin Bettina. Schwerlich hat er unterlassen, sie sein Mißfallen über ihre Ungebärdigkeiten bisweilen fühlen zu lassen, und dafür rächt sich dann ihre böse Zunge. Traurig aber wäre es, wenn diese schlimme, höchst ungerechte Nachrede, weil sie leider durch den Mund einer höchsten Autorität weitergetragen wird, bei der Nachwelt Glauben fände.*

*Ich habe nicht nötig auszusprechen, daß alle diese Betrachtungen über den Charakter Bettinas durch viele Jahre von den Empfindungen getrennt sind, die meine Seele erfüllten, als ich sie in Person aufsuchen und mich ihrer Freundlichkeit erfreuen durfte. Damals gab es keine Kritik für mich, sondern nur Begeisterung, und noch heute spüre ich in mir, wenn ich ihrer gedenke, einen Hauch der wunderbar enthusiastischen Empfindungen, die ihre Nähe in jenen längst vergangenen Tagen weckte. Es war ein Zug von gewaltiger Ursprünglichkeit in ihr, der alle Schatten und Schwächen vergessen ließ, wenn man ihr gegenüberstand, und der ihr Andenken für alle Zeit mit einem Zauberschein umgeben wird.*

Von ihren Töchtern war die jüngste, Gisela, ihr am ähnlichsten.[72] Während die beiden älteren Schwestern einen großen Teil ihrer Entwicklungsjahre bei dem Onkel George Brentano in Frankfurt verlebten, hatte sie allein sich nie von der Mutter getrennt, und da diese alles Angelernte verachtete, so konnte bei Gisela im Grunde genommen von einer Erziehung, die sie genossen, keine Rede sein. Sie wuchs auf wie eine wilde Blume. So ungewöhnlich und überreich begabt sie war, die Abwesenheit jeder eigentlichen geistigen Zucht ließ die Erbschaft »romantischer« Ungebundenheit und Regellosigkeit vollends ins Kraut schießen, und wenn es schon der Mutter behagte, alles anders zu machen wie die übrige Menschheit, so hatte man oft den Eindruck, daß die Tochter mit noch bewußterer Absichtlichkeit das Absonderlichsein sich bewahren wollte. Sie schrieb z. B. völlig unorthographisch. Freilich war versäumt worden, ihr in der Kindheit die Regeln der Rechtschreibung beizubringen; aber wie leicht hatte sie später dergleichen nachholen können, wenn sie gewollt hätte. Ihre Verachtung aber aller Menschensatzung in äußeren Dingen war so groß, daß sie es nicht für der Mühe wert hielt, sich um Befolgung von Regeln der Rechtschreibung und ähnlichen Vorschriften, die in der menschlichen Gesellschaft Gültigkeit haben, irgendwie zu bemühen. Das englische Wort »Lady«, das sie doch im gesellschaftlichen Verkehr sicher viele hunderte von Malen mit englisch gefärbtem Vokal hatte aussprechen hören, sprach sie mit breitem deutschen A. Und so ging es fort mit den Wunderlichkeiten durch die ganze Reihe der Dinge des Alltags und noch viel mehr auf dem Gebiet höheren Geisteslebens. Alles sollte das Gegenteil von konventionell, d. h. oft nur allzu natürlich sein, und so spielt denn auch in ihren Dichtungen die liebe Albernheit eine höchst bedenkliche Rolle. Dieses Übermaß von angeborener und zugleich gewollter Originalität wurde selbst den beiden liebenswürdigen und bei aller Eigentümlichkeit doch durchaus weltgewandten älteren Schwestern gelegentlich einigermaßen zur Last. Die Armgard sagte mir später einmal, als sie schon Gräfin Flemming war, in ihrem frankfurterischen Dialekt: »Wir habbe alle ne Sparrn, aber die Gisel hat eine von dene größte.«[73] Trotz alledem: als ich, ein halbwachsener Bursche, die Gisel kennenlernte und mehr und mehr in nähere Beziehungen zu ihr treten durfte, wurde sie mir ein Gegenstand gläubig bewunderter Verehrung, und ich empfand ihre freundschaftliche Gesinnung für mich als ein seltenes Glück, um dessentwillen man mich beneiden mochte. Ihre Briefe, für deren Niederschrift ihr jedes gerade zur Hand liegende Stück Papier in Gott weiß welchem Format gut genug war, pflegten sich, wenn sie fertig waren, durch eine so sonderbar wulstige Gestalt auszuzeichnen, daß ihnen unter ihren Bekannten der Spitzname »Kopfkissen« beigelegt wurde. Gewiß: Man wird unter den hinterlassenen Briefen bedeutender Menschen kaum ein zweites Beispiel finden, das in ähnlichem Grade den Eindruck des Ungeordneten in jeder Beziehung machte, wie es diese »Kopfkissen« tun, deren ich eine ganz beträchtliche Anzahl besitze. Werfe ich aber heute einmal einen Blick in die vergilbten Blätter, so treten alle diese Absonderlichkeiten doch bei weitem zurück vor dem Bilde der im Grunde so edlen, geistvollen, von Liebe und Güte erfüllten Gestalt, die in meiner Erinnerung wieder Leben gewinnt.

Zu den Leuten, die in jenen Jahren viel bei Arnims verkehrten und der Gisel insbesondere in unbegrenzter Verehrung ergeben waren, gehörte auch Woldemar Bargiel. In ihrem Verhalten ihm gegenüber traten die Gegensätze ihrer Natur, wie sie in der Erbschaft »Brentano-Arnimschen« Blutes begründet waren, recht handgreiflich zutage. Die kleine dürftige Gestalt Bargiels, das Unbeholfene seines Wesens, das in manchem Betracht eng Begrenzte seiner Leistungsfähigkeit, forderten ihre Spottlust heraus. Sie nannte ihn das »Siebenmonatskind«, und wenn er nachts nach einem geselligen Beisammensein im Arnimschen Hause Joachim durch den Tiergarten nach Hause begleitete, so sagte sie: »Der Bargiel studiert Genie.« Das alles aber hinderte nicht, daß sie im Grunde ihres Herzens für den vortrefflichen Menschen ein aufrichtiges Wohlwollen hegte. Sie liebte den treuen Freund, schätzte die Reinheit seines Strebens, den Ernst seiner Lebensauffassung, und mit wie echtem Anteil sie das Tragische seiner Existenz empfand, davon geben ein paar Worte Zeugnis, die sie mir einmal schrieb: »Daß du Bargiel liebst, freut mich sehr. Ich las einmal in einem Buch: ›Es giebt Menschen, die sind beim Gastmahl des Lebens vergessen, und doch so gut, daß sie eigentlich einen Platz haben müßten.‹ Das fällt mir immer bei ihm ein, und er thut mir oft so leid.«

Bettina war im Januar 1859 gestorben; um Armgard bewarb sich der Graf Flemming; Gisela sah also voraus, daß sie in der vereinsamten Wohnung bald allein werde zurückbleiben müssen. Unter den geschilderten Umständen, ohne Schwester und Mutter den täglichen Verkehr in der gewohnten Weise mit Herman Grimm fortzusetzen, schien allzu untunlich, und so beschlossen beide, im Herbst desselben Jahres die Ehe einzugehen. Wie Bettina Brentano sich einst zur Überraschung aller Welt heimlich hatte mit Achim von Arnim trauen lassen, so wollten nun auch diese beiden sich ohne alle Zeugen zusammengeben lassen. Die Sache wurde so geheimgehalten, daß selbst die Gräfin Oriola, die zufällig in Berlin anwesend war, nichts davon erfuhr. Ich weiß nicht, auf welche Weise am nächsten Tag nach dem Ereignis die Kunde davon zu mir gedrungen war, daß die Trauung der beiden in der Sakristei der Jerusalemer Kirche stattgefunden habe. Kurz, ich wußte Bescheid, schrieb, ohne meinen Namen zu nennen, einige Zeilen und schickte sie mit einem kleinen Paket, das einen Veilchenstrauß, ein Bildchen und ein Notenblatt mit der Melodie des Jungfernkranzes[74] enthielt, der Braut zu. Darauf traf nach einiger Zeit die folgende Antwort ein, die ich hier ohne Übermalung einschalte, weil sie in ihrem Gemisch von Wunderlichem und Liebenswertem am unmittelbarsten die Eigenart der Schreiberin und die Zustände, in denen sie lebte, vergegenwärtigt. Sie schreibt:

»Guter Ernst! Dein liebes kleines Geschenk, – ich will dich nicht stolz machen, denn es würde dir nicht stehen – und es braucht dich auch nicht stolz zu machen – aber das Geschenk war so anmuthig und lieb, das es von einem ganzen harmonischen Carakter und Herzen zeigte, manchmal erkennen wir an Kleinigkeiten mehr den Menschen wie an großen Dingen – so ich dich guter Ernst an diesem kleinen lieben Geschenk – ich sah es an, wie es da so unschuldig vor mir stand – und dacht wie einfach es war – und dachte doch wenn so etwas recht gegeben wird ist es mehr werth wie alles was Kaiser und König geben können, und so ist es uns nicht genommen durch eine Blume mehr zu geben wie die, die die Welt verschenken können – es sah so unschuldig aus in seinem weißen Kleidchen die Braut in der Mitte und ringsum die Veilchen, die nichts thaten und sagten, was ihr weh that oder weniger schön war wie sie – und der liebe nette Gedanken mit dem Liedchen, die geheimnißvollen Noten die doch so viel sagten – und mir wars ordentlich als höhrt ich sie klingen – und das Schächtelchen mit dem Silbergoldnen Rahmer, ja selbst wie es eingepackt war, erschien mir so fein und reinlich – Guter Ernst du hast mir eine große Freude gemacht und die kleine Madonna, die ich dir dereinst gab, die liebe Balldame, reichlich durch die Gegenvisitte deiner lieben weiß keinern Braut zurückerstattet – ich wünsche dir dereinst so eine lebendige.

Ja so sieht mans, es war mir mehr Freude als hätte ich wehr weiß was bekommen.

Wo schreibe ich dir nun eigentlich, lieber Ernst? In meinem reitzenden Quartier – in meinem Paradieschen, wenn du doch da einmal hinein könntest, – ich sitze in meinem Cabinetchen mit dem Balcon und einer Tapete von Rosen und lilla Astern – kleine einfache Bildchen an der Wand und ein Canape, das hatte ein reicher Graf bestellt – und hat es nachher nicht bekommen, nun habe ich es, gotisch und grün überzogen, und ein gotisches Schränkchen von Naturholz und weiße Vorhänge mit Falbeln, das ist in der Stimmung alles rococo – das heißt so sonnig und reinlich – mein Saal ist kein Gesellschaftszimmer – sondern vereinigt Wohnstube und Gesellschaftsstube in einem – am Fenster ein Tritt mit Schirm dahinter, woran ein Muttergottesbildchen hängt von Michelangelo – ein großer Theetisch, worauf Sonntags eine lilla Decke liegt – mein ganzer Stolß – dieser Saal ist mit zarten lilla Streifen und weißen Rosen darauf – alles sehr bescheiden aber – so schön – f ü r  m i c h, ich liebe jedes Näglein, das ich in die Wand schlage. Hermanns Studirstube ist sehr schön groß mit grüner Tapete, aber noch nicht ganz eingerichtet – e. t. c. – In der Küche ist Wasserleitung – und das helle Wässerchen macht mir so viel Spaß daß ich immer Hähnchen auf und Hähnchen zudrehe – auch haben wir Gas in der Küche – dies alles müßtest du sehn, denn du bist einfach genug um zu begreifen, das dies schöner wie der schönste Pallast ist – dies kleine liebe Nest – und welche Aussicht von dem reitzenden Balcon, die ganze Straße herab am Kanal – Licht an Licht wie in Venedig – auch Berge – der Kreutzberg und ein anderer in der Ferne, – und die seltsamsten Equipagen fahren da vorüber auf der Promenade. –

Auf dem Vorplatz hält ein Hund Wache, der die Leute anfällt die stehlen wollen, sonst aber einen Stock im Maul trägt, der artige Philax – woran man die Kleider hängt.

Ich kann dir das alles garnicht genug beschreiben, denke dir nun dahinein Zwei Menschen, deren harmonisches Zusammensein bis Dato immer vielfach gestöhrt war und die nun wie zwei glückliche Schuljungen einer mit dem andern verkehren, und wie zwei Camerädchen mit einander verkehren – heirathen ist nichts besonderes, aber so so lange mit einander befreundet zu sein, und nun wie zwei Studenten mit einander zu leben das ist etwas besonderes – sonst vermag ich dir in dieser Sache nicht viel von mir zu sagen – ich scheine zwar über Dinge die mich näher angehn viel zu reden, thue es aber im Grunde garnicht, manche Sachen sind so heilig das man sie nicht berühren darf. – Gewiß ist es schön, wenn ein Mann heirathet – ist aber die Frau nicht sein Freund und er der ihre in gleichmäßigem Verständniß, so mag es kein großes Glück sein. –«[VII]

Natürlich war der allgemeine Eindruck des aller Welt verheimlichten Eheschließungsaktes der, daß nichts als die Sucht, apart zu sein und es dem Arnimschen Elternpaar gleichzutun, ihn veranlaßt haben sollten. Liest man aber die obigen Worte und will man gerecht sein, so wird man zugestehen müssen, daß doch auch ein aufrichtiges inneres Gefühl für diese Handlungsweise maßgebend gewesen sein konnte. Die beiden Menschen, die sich hier für das Leben verbinden wollten, waren tatsächlich von so besonderem Schlage, der Charakter ihrer gegenseitigen Beziehungen wich in so hohem Grade von dem durchschnittlichen anderer bräutlicher Verhältnisse ab, daß es sich wohl verstehen läßt, wenn sie eine gewisse Scheu empfanden, das Eingehen ihres Bundes mit einer öffentlichen Feier zu begehen. Schließlich beruhigten sich die überrumpelten guten Freunde und das klatschdurstige größere Publikum, und es entstand eine Häuslichkeit, die zwar in vielem Betracht ein ungewöhnliches Aussehen, aber doch auch so sehr ihre besonderen Reize hatte, daß niemand, der einmal hier Eingang gefunden hatte, ohne das Gefühl daran zurückdenken wird, etwas Unvergeßliches an dieser Stelle empfangen zu haben.

## <5. *Kapitel*

## *Im Banne der Romantik – Opernpläne – Die Berliner Oper – Die Euryanthe – Mein Freund Fritz Schwerin – Klavierstunden bei Clara Schumann – Reifeprüfung – Doch was nun? – Ich muß doch Musiker werden!*>

*Eichendorff läßt in seinem Roman »Ahnung und Gegenwart« den Grafen Friedrich erzählen, wie tief ihn in früher Jugend die schönen Geschichten der alten deutschen Volksbücher ergriffen hätten. Ich kann mir nicht versagen, einen Teil der Worte des Dichters herzusetzen. »Da saß ich denn«, sagt er, »einsam im Garten und las die Magelone, die Genoveva, die Heymonskinder und vieles Andere unermüdet der Reihe nach durch. Am liebsten wählte ich dazu meinen Sitz in dem Wipfel eines hohen Birnbaumes, der am Abhange des Gartens stand, von wo ich dann über das Blütenmeer der niedern Bäume weit ins Land schauen konnte, oder an schwülen Nachmittagen die dunklen Wetter-*

VII Hieran schließt sich eine lange Beschreibung der Stockmeyerschen Häuslichkeit, die später (1863) von [? - Wort nicht identifiziert] nach Berlin kam u. 1864 (Basel) zu [? – Wort nicht identifiziert] ist.

*wolken über den Rand des Waldes langsam auf mich zukommen sah. ... Ich weiß nicht, ob der Frühling mit seinen Zauberlichtern in diese Geschichten hineinspielte, oder ob sie den Lenz mit ihren rührenden Wunderscheinen überglänzten – aber Bäume, Wald und Wiesen erschienen mir damals anders und schöner. Es war, als hätten mir diese Bücher die goldnen Schlüssel zu den Wunderschätzen und der verborgenen Pracht der Natur gegeben.* Mir war noch nie so fromm und fröhlich zu Muthe gewesen. Selbst die ungeschickten Holzstiche dabei waren mir lieb, ja überaus werth ... Ich glaube wahrhaftig, wenn einmal bei Gedichten Bilder sein sollen, so sind solche die besten, jene feinern saubern Kupferstiche mit ihren modernen Gesichtern und ihrer bis zum kleinsten Strauche ausgeführten ... festbegrenzten Umgebung verderben und beengen alle Einbildung, anstatt daß die Holzstiche mit ihren verworrenen Strichen und unkenntlichen Gesichtern der Phantasie, ohne die doch Niemand lesen sollte, einen frischen unendlichen Spielraum eröffnen, ja sie gleichsam herausfordern.«[75]

Wenn auch der Hintergrund des Schloßgartens von Lubowitz oder ein ähnlicher nicht jedem zur Hand ist, der die Volksbücher zum ersten Male liest, *wahrer und schöner kann man doch nicht aussprechen, was ein jugendliches Gemüt in sich zu erleben vermag, wenn es dem ersten Eindrucke dieser alten Wundergeschichten mit offenem Sinn sich hingibt. – »Die Ammenuhr«[76], Speckters Fabeln, Grimms Märchen und Campes »Robinson Crusoe« hatten mir die erste poetische Nahrung zugeführt. Dann aber stand an einem Weihnachtsabend als Geschenk meines Vaters die ganze Reihe deutscher Volksbücher* in Otto Wiegands Ausgabe[77] *auf meinem Platz unter dem Tannenbaum, und damit ging mir eine neue Welt auf, die meine Phantasie mit den seltsamsten und wundervollsten Bildern erfüllte. Neben »Fortunat«, »Genoveva«, »Tristan und Isolde« bis »Hirlanda« nahm mich vor allem »Die Geschichte von der edlen und schönen Melusina, welche ein Meer-Wunder und des Königs Helmas Tochter war« ganz und gar gefangen.* Ähnlich wie Eichendorff vertiefte ich mich auch mit besonderer Liebe in die alten, wunderlichen Holzschnitte, namentlich in den, der die Fabelgestalt der Melusina über ihrem Schloße schwebend und trauernd darstellt. *Die schönsten Märchen aus Tiecks »Phantasus«*[78]*: »Die Elfen«, »Der Runenberg« und »Der blonde Eckbert«, dessen geheimnisvolle Töne mich mehr als alles andere anzogen, kamen hinzu, und so lebte ich mit meinen Gedanken in der bilderreichsten romantischen Umgebung. Doch fehlte es auch nicht an Andersartigem. Daß mich in einem gewissen Alter die »Lederstrumpf«-Erzählungen*[79] *ebenso lebhaft erregten wie* *alle meine gleichaltrigen Kameraden, ist selbstverständlich. Aber dergleichen hat seine Zeit. Tief und nachhaltig dagegen wirkten neben jenen deutschen Sagen und Märchen Beckers »Erzählungen aus der alten Welt«*[80]*, und wenn ich abends in meinem Bett lag, so stritten in meinen Phantasien vor dem Einschlafen Hektor und Achill mit der Zauberin Melusine, die nächtlich ihr Schloß umkreist, um den Vorrang. Ziemlich früh trat endlich auch Achim von Arnim mit einigen seiner Dichtungen in meinen Gesichtskreis. Mein Vater hatte sich seinerzeit Arnims sämtliche Werke angeschafft in der Ausgabe, die Wilhelm Grimm bald nach seinem Tode veranstaltete.*[81] *Derselbe Band der »Schaubühne«, in dem das »Frühlingsfest« steht, aus dem ich einige Verse komponiert hatte, enthält auch das vieraktige Schauspiel »Der Auerhahn«.*[82] *Ich glaube nicht zu irren, wenn ich der Meinung bin, daß dies Stück mehr als alle anderen größeren Werke Arnims den Anspruch erheben darf, heute noch mit Genuß gelesen zu werden. Freilich, auch hier fehlt es nicht an wilder Laune, an Geschmacklosigkeit, Ungeschlachtheit und Wunderlichkeit. Aber ganz so toll sind die Sprünge doch nicht, die die Phantasie des Dichters macht, wie etwa in seinen Romanen, und einzelne Partien sind von höchster poetischer Schönheit, daß man um ihretwillen schon ein gutes Teil schrullenhafter Züge mit in den Kauf nehmen kann. Wo findet sich eine Stimmung, so träumerisch erwartend, so rührend und jungfräulich rein, wie in der Szene zwischen den beiden Mädchen Elisabeth und Jutta, die, in der Mondnacht am offenen Balkon sitzend,* die Stickarbeit mit Gesängen begleitend, *von dem ungestümen Schützen Otto belauscht werden? Ich kenne nichts Ähnliches. »Der Auerhahn« hatte mich denn auch vom ersten Augenblick an mächtig berührt, in dem ich ihn zu Gesicht bekam, und jahrelang ließ er mich nicht wieder los. Ich kam auf den Gedanken, eine Oper aus ihm zu machen, und wandte mich im Anfang des Jahres 1859 schriftlich an Gisela von Arnim mit der Frage, ob sie mir den Text dichten und dabei den ganzen Plan völlig geheimhalten wolle. Die sehr bereitwillige Antwort lautete:*

*»Lieber Ernst! also ein Geheimniß zwischen mir und dir und ein so schönes, wir wollen es pflegen – wie ein schneeweißes Hünchen in einem golden Korb im Mährchen, das golden Eier legt, und dann statt Dukaten lauter lebendige Symphonieen und Lieder ausfliegen. – Du bist mir also noch gut, und das freut mich von Herzen, – und glaube mir, wenn ich dein gutes und unschuldiges Herz was mehr werth ist als weiß Gott was – erfreuen kann, so soll es geschehen. Du concourirst nun mit Graf Redern bei mir, der mich auch um eine Oper gebeten, – und von sich sagt, er stünde in der Musik zwischen Spontini und Meyerbeer – ich habe ihm sagen lassen, ich wäre*

*zu unwohl – und mit Joachim, aber für diesen letzteren bin ich mit meinem Text fast fertig – und wollte, er wäre es ebenso schnell mit der Musik.«*

*Es folgen nun lange Auseinandersetzungen über Bühnentechnik, über Mozart und Beethoven, über die Poesie ihres Vaters, die ich übergehe. Zum Schluß heißt es:*

*»Wir wollen aber mal sehen, ob wir aus dem Auerhahn einen lieblichen Braten machen können – denn daß es ein herrlicher Vogel ist, voll ächtem Waldleben und edlem Sinn, das fühlen wir und kluge Menschen.«*

*Es gingen noch einige Briefe zwischen uns hin und wider. Schließlich aber schreibt Gisela:*

*»Schon seit dem Freitag liegt die Oper für dich bereit. Hermann [sic] Grimm der sehr erfahren und bühnenbekannt ist und erst den Auerhahn für unmöglich erklärt hatte ist sehr zufrieden damit und ganz erstaunt, wie er so wohl gerathen ... Das hat mir viel Spaß gemacht, gerade in meiner Art Technik so weit vorgeschritten zu sein. Ich habe den ganzen Auerhahn – wie Gemüse oder Fleisch comprimiert – und hoffe nun doch die b e s s e r e n  T h e i l e herausgezogen zu haben. Lieber Ernst, – brüthe du nun dies Osterei, welches ich dir sende weiter aus und mache daß ein recht herrlicher unsterblicher Auerhahn ausfliegt. Die Verse habe ich nicht gemacht, für mich würde das ein Schwehres sein, für dich aber ein Leichtes und du kannst sie einzeln mache, wenn du dir die Musik zu den Scenen treumst – besonders da du dir Zeit läßt und die Oper noch nicht gleich komponiren willst ...«*

*Auf weiteren vier Briefbogen ergeht sich dann die Schreiberin in Betrachtungen über die Charaktere der einzelnen Personen des Arnimschen Dramas, an denen mir nicht viel gelegen war. Der beiliegende Operntext aber bot nichts als ein sehr ausgeführtes Szenarium und eine genauere Angabe des Inhalts der Unterhaltungen, die die jedesmal auftretenden Personen miteinander führen sollten. Man kann sich denken, wie wenig gedient mir mit diesem Ergebnis war. Gerade die Verse wollte ich von einer wirklichen Dichterin haben; das Szenarium traute ich mir wohl zu, selbst entwerfen zu können. So blieb die Sache, nachdem ich der Frau Gisel meine völlige Enttäuschung gebeichtet hatte, zu meinem Kummer auf sich beruhen.*

*Ein paar Jahre später lernte ich Kinkels Gedicht »Otto der Schütz« kennen, das denselben Stoff wie »Der Auerhahn« behandelt. Aber nicht im Sinne eines tragischen Konflikts, wie er bei Arnim das Ganze dunkel färbt, sondern von vornherein einen heiteren Ausgang vorbereitend. Die Kinkelsche Dichtung, die gleich im Anfang die Handlung an den Rhein verlegt, ist ja bei weitem runder und glatter als das Arnimsche Drama, dafür aber auch trotz mancher anmutiger Einzelheiten um ebensoviel landläufiger und blasser. Immerhin brachte sie mir den Gegenstand und namentlich die anziehende Gestalt des jugendmutigen Förstersohnes aufs neue nahe. Die helle Grundstimmung war mir nach dem Herzen, und endlich hatte ich seither den Rhein gesehen und selbst eine Weile wie mein Held an seinen Ufern gelebt. So entstand denn im Winter 1862 auf 63 statt einer Oper eine Konzertouvertüre »Otto der Schütz«, und damit hatte ich meiner Liebe für den Stoff abschließend genuggetan.*

*Opernpläne haben mich in späterer Zeit noch mehrfach ernstlich beschäftigt. Aber über das Planen und höchstens leises Ansetzen kam es nicht heraus. Ich bedauere das nicht, weil ich allmählich zu der Einsicht gekommen bin, daß ich nach der Art meiner Begabung schwerlich den Forderungen hätte gerecht werden können, die gerade die Bühne stellt. Dagegen verdanke ich den Eindrücken, die ich von dramatischer Musik in meiner Jugend empfangen habe, für die Entwicklung meiner ganzen Künstlerschaft sicher mindestens ebensoviel an Förderung, wie solche mir durch den Konzertsaal zuteil geworden ist. Schumann gibt dem Musiker den Rat, sich die bedeutende Anregung nicht entgehen zu lassen, die das häufige Anhören guter Opern gewähre, und denkt dabei offenbar nur an das Komponieren. Freilich liegt auf dieser Seite durchaus das Hauptgewicht. Aber nicht nur der schöpferischen Phantasie strömt aus dieser Quelle die reichlichste Nahrung zu, auch der ausübende Künstler wird von der Bühne lernen können, wenn er sich auch keine Rechenschaft darüber zu geben vermag, wie das zugeht. So könnte ich mir vorstellen, daß auch die Entwicklung meines Klavierspiels nach einer gewissen Seite hin mitbestimmt worden ist durch die Anregungen, die mir die Oper gegeben hat. Ein schlimmes Mißverständnis wäre es freilich, wenn jemand annehmen möchte, ich wolle damit etwa einem »theatralischen« Vortrag das Wort reden. Nichts kann widerwärtiger sein als nur die leiseste Spur eines aufgesetzten Wesens. Wohl jedoch soll auch der Instrumentalist das, was er empfindet, so energisch bis in die feinsten Fasern hinein zum Ausdruck zu bringen versuchen, daß der Hörer die lebendigste Sprache zu vernehmen meint. Dafür aber mag dies Erleben der starken unmittelbaren Wirkungen, die die Scheinwelt der Bretter bei Gesang in Verbindung mit der Aktion ausübt, eine gute Schule sein.*

*Es war eine besonders glückliche Fügung für mich, daß Hinckeldey gerade während meiner Entwicklungsjahre in Berlin Polizeipräsident und zugleich der Freund meines Vaters sein mußte. Denn vermöge sei-*

*ner amtlichen Stellung hatte er Freiplätze in sämtlichen Theatern Berlins, und es machte ihm ein ganz besonderes Vergnügen, meinen Eltern und damit auch mir jederzeit wenn wir wollten Eintritt zu den Vorstellungen der königlichen Bühnen zu verschaffen.* Die Polizeipräsidentenloge lag im ersten Rang; ich durfte also im Opernhause von der denkbar günstigsten Stelle aus die dramatischen Meisterwerke unserer großen Komponisten an mir vorüberziehen lassen. *Der Zufall fügte es, daß, während mir immer »Die Zauberflöte« als erster Theatereindruck versprochen worden war, »Die Regimentstochter«*[83] *an deren Stelle trat. Doch in der Hauptsache bekam ich nur das Schönste und Beste zu hören. Damals hatte Berlin noch die gute, bis zu den Zeiten Reichardts heraufreichende Tradition der Gluckschen Opern*, die auch Mendelssohn als etwas höchst Verdienstliches rühmte, mochte er sonst noch so skeptisch allem Berlinischen Musiktreiben gegenüber sich verhalten. *Und welche Darstellerinnen und Sängerinnen besaß Berlin damals für eine Iphigenie oder Armide, eine Klytämnestra oder einen Orpheus in den Damen Köster und Johanna Wagner!* Heute weiß so gut wie kein einziger mehr, was die Gluckschen Opern zu bedeuten haben! Abgesehen davon, daß man beinahe niemals mehr eine von ihnen zur Aufführung bringt, wo finden sich in unsern Tagen die Menschen und Künstler, die imstande wären, Gestalten von der Größe und Hoheit der Gluckschen zu wahrer Erscheinung zu bringen? Einstweilen wenigstens scheinen sie ausgestorben zu sein, ebenso gründlich ausgestorben, wie die Fähigkeit, die hinreißende Schönheit und Macht Gluckscher Musik überhaupt zu begreifen. Vor kurzem hat man nichts geringeres getan, als die »Armide« unter Zugrundelegung eines neuen Textes (!) versuchsweise zur Aufführung zu bringen. Wenn man von »Wiederbelebung« dieses Zuschnitts hört, so möchte man freilich um das Eine bitten: »Laßt den Gewaltigen weiterschlafen, ehe Ihr seinen Werken den Schimpf anthut, sie verbessern zu wollen!«

*Meine Mutter hatte die Milder*[84] *noch in der lebhaftesten Erinnerung, deren heroische Erscheinung und mächtiges Organ wie geschaffen schien für die Darstellung der Gluckschen Heldinnen. Sie gab aber zu, daß die Köster mehr Leidenschaft und mehr Anmut besaß; damit ersetzte sie, was ihr an gewaltiger Naturkraft jener gegenüber abging. Auch sie war eine königliche Zauberin, wenn sie im Anfang des ersten Aktes der »Armide« an eine Säule gelehnt sinnend dastand und dann die Stufen der breiten Treppe ihres Palastes langsam hinabschritt. Ergreifender aber konnte nichts sein, als ihr Spiel in der wundervollen Schlußszene des dritten Aktes, wo sie den Dämonen des Hasses Einhalt gebietet, um sich ganz der Liebe hinzugeben. Schinkel hatte bekanntlich eine beträchtliche Anzahl von Dekorationen für Opern entworfen, die am Berliner Hoftheater zur Aufführung gelangten. Daß ihm bei seiner Begeisterung für das hellenische Altertum diese Aufgabe ganz besonders sympathisch war, wenn es sich um Gluck und seine*[85] *der griechischen Sage entnommenen Stoffe handelte, läßt sich denken. Schinkel hatte lebhafte musikalische Empfindung und liebte die Glucksche Musik über alles. Seine herrlichen Dekorationen erscheinen deshalb auch mir unlöslich gerade mit Gluckschen Schöpfungen verwachsen.* Wunderbar fantastisch und zugleich durchaus in den edelsten klassischen Formen gehalten ist die Darstellung des Palastes der Armide im letzten Akt der Oper. Freilich ist ja hier der Stoff, Tassos »Befreitem Jerusalem« entnommen, ein mittelalterlicher, die Behandlung aber dem Original entsprechend so antikisierend, daß das ganze Werk Glucks dem Geist nach sich kaum durch einen leisen andersartigen Hauch von seinen hellenischen Geschwistern unterscheidet. Es ist erstaunlich, wie vollkommen die Dekoration diesem eigentümlich gemischten Charakter der Oper entspricht. Schinkel war im Jahre 1842 gestorben. Seine Witwe und seine Töchter bewohnten aber noch dieselben schönen Räume im obersten Geschoß der Bauakademie, die er selbst als Wohnung für sich und die Seinigen geschaffen und jahrelang benutzt hatte. Die jüngste Tochter, die an den Schweriner Intendanten Alfred von Wolzogen verheiratet war, starb schon in den ersten Jahren ihrer Ehe, als einziges Kind einen Sohn Hans zurücklassend. Dieser, ein durch Erscheinung und Begabung anziehender, zu träumerischem Sinnen neigender Knabe wurde im Hause der Großmutter Schinkel weniger von dieser als von seinen beiden Tanten Marie und Susanne erzogen. Meine Mutter stand mit den beiden Freundinnen ihrer Jugend nach wie vor in engem freundschaftlichen Verkehr, und so durfte auch ich mit ihr zuweilen jene geweihte Stätte betreten. Man hat später die Barbarei begangen, die Bauakademie im Inneren umzubauen. In mir aber lebt unauslöschlich die Erinnerung an die hohe Schönheit dessen fort, was dermaleinst war. Nachdem man viele Stufen in mehreren Absätzen erstiegen hatte, teilte sich die Treppe in zwei kurze Arme. Der rechte mündete in eine stets verschlossene Tür, der linke führte zur Schinkelschen Wohnung. Eine antike Statue stand auf dem Pfeiler, der die Wendung bezeichnete, und von oben fiel das Himmelslicht in diesen stillen, hochgelegenen Vorraum. Die erste Ahnung von hellenischem Wesen habe ich hier empfangen. Auch das Innere der Wohnung, die ganze Einrichtung hatte etwas eigentümlich Vornehmes, über Gegenwart und Alltäglichkeit Hinausweisendes. Hier hing eine farbige Zeichnung von Carstenns[86], Odysseus mit seinen Gefährten am Gestade der Sirenen vorüberrudernd, dort ein Ölgemälde, eine südliche Landschaft darstellend, von Susannes Hand gemalt; von der dunkelroten Wand aber hob sich allerlei Skulptur in Gips hell hervortretend ab, und aus den schönen, dreifach geteilten Fenstern blickte man über den Fluß hinüber zum Schloß, zu den Häusern der damals noch charakteristisch malerischen Schloßfreiheit, zur Schloßbrücke und dem Lustgarten mit der Säulenhalle des Museums im Hintergrunde. Es war, als wenn aus solchem Rahmen heraus gesehen die umgebende Welt eine neue, edlere Bedeutung gewonnen hätte.

*Goethe hatte die Äußerung getan, die Musik der Gluckschen »Iphigenie in Tauris« sei die Musik, die ihm als zu seiner eigenen »Iphigenie« gehörig vorschwebe. Und gewiß: die Opern Glucks, die Kunst Schinkels und Goethes »Iphigenie« sind durchaus aus ein und demselben Geist geboren. Dieser Geist unterscheidet sich wesentlich von dem der italienischen Renaissance. Die blühende, ja üppige Sinnlichkeit des Cinquecento entspricht mehr dem Wesen der römischen Kaiserzeit als dem der griechischen Blüteperiode. Aus Schinkels Bauten aber, aus seinem Schauspielhaus, seinem Museum spricht eine Keuschheit, eine Ätherreinheit des Idealismus, von dem die römischen und florentinischen Prachtbauten der Renaissance weit entfernt sind. Sie atmen im tiefsten Grunde doch ebenso wie Glucks Opern und Goethes Iphigenie durchaus deutschen Geist. Allem Germanischen ist ein Zug zum Übersinnlichen eigen, und so scheidet auch die germanische Wiederbelebung des Antiken das überwiegend sinnliche Element, das der Kultur namentlich des römischen Altertums eigen ist, bis zu einem gewissen Grade aus. Sie knüpft im wesentlichen an die Griechen an und erscheint mehr wie der Ausdruck einer verklärenden Sehnsucht nach versunkener hellenischer Erhabenheit und Formenschönheit denn als eine heitere Fortsetzung heidnischer Daseinsfreude. Mozart hat, so deutsch er ist, doch auch ein italienisches Element in sich, und es ist nicht bedeutungslos, wenn man ihn oft mit Raffael verglichen hat. Von diesem Gesichtspunkt aus betrachtet, erscheint Gluck trotz seiner antik-klassischen Stoffe romantischer als Mozart, und der Weg von ihm zu Beethovens »Fidelio« und Webers »Euryanthe« kürzer als der zu »Figaros Hochzeit«, wenn auch unleugbar in spezifisch musikalischem Sinn die Verwandtschaft zwischen Gluck und Mozart die nähere ist. Nimmt man dazu, daß die Jugend als solche stärker nach leidenschaftlicher Erregung als nach beglückender Harmonie zu begehren pflegt, so wird man es begreiflich finden, daß, als ich einmal kurz nacheinander Glucks »Alceste« und Mozarts »Titus«*

*hörte, die Größe der »Alceste« mich überwältigte, während mir der »Titus« demgegenüber klein erschien. Endlich aber war auch das aus den gleichen Gründen natürlich, wenn sich bei mir an die Begeisterung für Gluck und den »Fidelio« vor allem eine schwärmerische Liebe für die Weberschen Opern schloß, während ich bei aller Freude an Mozartscher Melodik doch erst viel später imstande war, die Beseligung in vollem Maße zu empfinden, die gerade aus der ebenmäßig lichten und warmen Schönheit Mozartscher Musik uns entgegenströmt.* Mein erstes Erleben des »Freischütz« ging unter besonders hübschen Nebenumständen vor sich. Mein Vater hatte mich in das Theater mitgenommen, und ich kehrte geladen mit Enthusiasmus über alles, was ich gesehen und gehört, mit ihm nach Hause zurück. Als wir in das große Zimmer meiner Mutter traten, die, wie wir wußten, während unserer Abwesenheit den Besuch von Frau Lichtenstein erwartete, fanden wir nicht nur diese, sondern auch Lichtenstein selbst, der meinem Vater entgegenging und an der Hand einen Mann in mittleren Jahren führte, um ihn ihm vorzustellen. Es war Max Maria von Weber, der älteste der beiden Weberschen Söhne, für die Lichtenstein nach dem Tode des Vaters die Vormundschaft übernommen hatte. Von Dresden war Herr von Weber für einige Tage nach Berlin herübergekommen, hauptsächlich wohl auch, um den Freund seines Vaters einmal wiederzusehen, und dieser hatte ihn zu meinen Eltern mitgenommen. Ein schöneres Nachspiel konnte der »Freischütz« für mich natürlich nicht haben, als den Sohn Webers leibhaftig vor mir zu sehen, der in den Tagen der Entstehung und ersten Aufführung des »Freischütz« das Licht der Welt erblickt hatte und dem in der Taufe der Name Max nach dem Jägerburschen in der Oper zuerteilt worden war.

*Noch tiefer und stärker war der Eindruck, den ich später – etwa siebzehn- oder achtzehnjährig – von der »Euryanthe« empfing. Die Oper, die um der beiden gleich wichtigen Frauenrollen willen nicht leicht zu besetzen ist, war seit Jahren nicht mehr aufgeführt worden. Nun ging sie aufs neue in Szene mit Frau Köster als Euryanthe und Johanna Wagner als Eglantine. Hinckeldey lebte nicht mehr, die Polizeipräsidentenloge stand also nicht mehr zu unserer Verfügung. Bei diesem Anlaß aber entschloß sich mein Vater, für sich und mich Billets im zweiten Rang zu nehmen. Die »Euryanthe«, die er unter Webers eigener Leitung kennengelernt hatte, stand ihm in zu herrlicher Erinnerung, als daß er nicht gewünscht hätte zu erleben, wie sie auf seinen Sohn wirken möchte, und wenn er gehofft hatte, dieser würde empfinden, wie er selbst vor dreißig Jahren empfunden hatte, so blieb ihm jede*

*Enttäuschung erspart. Was die Volksbücher mich erst hatten ahnen lassen, schien blühende Wirklichkeit geworden zu sein, und die Musik der »Euryanthe« gehörte von diesem Abend an zu den geliebtesten Besitztümern meiner Seele. Als die »Euryanthe« zum ersten Male in Dresden gegeben wurde, war Ludwig Tieck anwesend. Er soll tief ergriffen das Theater verlassend geäußert haben: »Das ist es, was wir alle wollten und nicht konnten.« Dies Wort war die Wahrheit. Alle Versuche, die die romantische Dichterschule gemacht hatte, auf der Bühne ihre Phantasien lebendig werden zu lassen, waren mehr oder weniger verfehlt und mußten es bleiben, weil das Wesen der Romantik vor allem ein lyrisches ist. Erst wo die Musik hinzutritt, ist das Organ gefunden, das in vollem Maße der romantischen Stimmung Ausdruck zu geben vermag und so Ersatz bietet für fehlende psychologische Probleme und bedeutenden Gedankengehalt des Dialogs. Sobald die Musik in den Mittelpunkt des künstlerischen Interesses rückt, vermag eine Handlung genügend zu fesseln, deren Träger nicht fein ausgeführte Charakterköpfe, sondern nur Verkörperungen leidenschaftlicher Erregung und erotischer Stimmungen sind. Man hat das Textbuch der »Euryanthe« vor ihrem Erscheinen mit Schmähungen überhäuft. Zum großen Teil mit Unrecht. Nicht nur, daß sich neben geschmacklosen Überschwenglichkeiten der Sprache doch auch Schönheiten des poetischen Ausdrucks finden: Vor allem sind die Hauptgestalten wahr und lebendig erfunden, so daß sie unsere volle Teilnahme gewinnen. Aber freilich: alle diese Vorzüge werden leider nahezu aufgehoben durch zwei große Fehler. Einmal ist die Geschichte Udos und Emmas, die doch den Angelpunkt für die ganze dramatische Entwicklung bildet, so kompliziert, daß sie dem, der die Oper zum erstenmal hört, kaum unter Zuhilfenahme des Textbuches einigermaßen verständlich werden kann. Dann aber ist im Anfang des dritten Aktes das Schweigen Euryanthes Adolar gegenüber psychologisch so völlig unfaßbar, daß der Auftritt geradezu lächerlich sein würde, wenn nicht die über jede Beschreibung herrliche Schönheit der Musik auch gerade an dieser Stelle fortreißend genug wirkte, um einem wahrhaft musikalischen Hörer alles übrige vergessen zu lassen. Man nimmt Weber zuliebe mit ihm auch das Undenkbare gläubig hin. Sicher aber haben diese schlimmen Mängel der Dichtung es dahin gebracht, daß die »Euryanthe« niemals ganz in dem Maße von dem großen Publikum gewürdigt worden ist, wie sie es ihrem musikalischen Wert nach verdiente. Dieser aber stellt sie an die Spitze aller romantischen Opern. Mag der »Freischütz« im ganzen und auch in manchen Einzelheiten noch zündender wirken, die »Euryanthe« greift dafür tiefer und führt in eine noch reichere Welt der Anschauungen und Stimmungen. Ich habe später nie wieder eine Aufführung der Oper erlebt, die sich mit der damaligen hätte von fern vergleichen lassen. Namentlich die beiden Frauenrollen wurden ausgezeichnet wiedergegeben. Johanna Wagner besaß zwar nicht eine genügend virtuos ausgebildete Gesangskunst, um die Koloraturen in der großen Arie der Eglantine vollkommen zu beherrschen. Aber auf diese paar Takte kommt wenig an, und als Darstellerin war sie unübertrefflich. Frau Köster dagegen ließ nach keiner Seite einen Wunsch unbefriedigt. Schon ihre Erscheinung, ihr erstes stummes Auftreten während des langen träumerischen Orchestervorspieles zur Arie »Glöcklein im Thale« hatte etwas Bezauberndes. Aber wie hier alles an ihr nur jungfräuliche Reinheit, zarte Weiblichkeit und Anmut atmete, so groß und heroisch erschien sie wiederum in den leidenschaftlichen Auftritten des letzten Aktes. Auch als Agathe im »Freischütz«, als Gräfin im »Figaro«, als Vitellia im »Titus«, als »Vestalin«[87] gab sie Vollendetes, und es wäre überflüssig, alle die Gestalten einzeln aufzählen zu wollen, die sie meisterhaft verkörperte. Eines aber muß trotzdem noch ganz besonders hervorgehoben werden: ihre Darstellung des »Fidelio«, von der man wohl sagen kann, daß ihre Kunst in ihr gipfelte. Doch dies freilich im Grunde nur in dem Sinne, als die Aufgabe selbst eine unvergleichliche ist. Beethovens Oper steht gleichsam auf einsamer Höhe, weil sie durch ethische Hoheit und Herrlichkeit alles andere überragt, was sonst dramatische Musik heißt. Nur eine Natur von echtem inneren Adel sollte es wagen, die Leonore singen und darstellen zu wollen. Frau Schumann hatte die Schröder-Devrient als Fidelio erlebt und sah in ihrer Darstellung das vollendete Ideal. Trotzdem war sie von einer Aufführung der Oper in Berlin mit der Köster, wie sie mir selbst erzählte, so hingerissen, daß sie am nächsten Tage dieser einen begeisterten Brief schrieb.* Sie sagte mir, freilich gebe die Köster nur eine Kopie der Schröder-Devrient, aber die Kopie sei so wahr, so vollkommen, daß man nichts vermisse. Als Fidelio nahm Frau Köster am 4. Dezember 1862 Abschied von der Bühne, und ich brauche nicht zu versichern, daß ich dieser Abschiedsvorstellung mit starker schmerzlicher Erregung beiwohnte. Sie blieb Ehrenmitglied der Berliner Hofbühne mit der Befugnis, je nach ihrem Belieben gelegentlich einmal wieder eine Rolle zu übernehmen. Noch einmal machte sie diesen Versuch, und so sah auch ich sie noch einmal als Armide die große Treppe ihres Palastes herabsteigen. Leider aber gehorchte ihr das Organ nicht mehr so unfehlbar wie sonst. Hie und da gab es leise Schwankungen der Intonation, und der Klang der Stimme hatte eine gewisse Schärfe bekommen.

Man mußte sich also darein ergeben, sie für alle Folgezeit zu entbehren. Mir war noch vordem die Freude zuteil geworden, die edle, liebenswürdige Frau persönlich kennenlernen und in einer kleinen Gesellschaft ihr eine Glucksche Arie begleiten zu dürfen. Sie zog bald ganz fort von Berlin. Ein paarmal aber habe ich in späterer Zeit noch Gelegenheit genommen, ihr mich brieflich zu nähern, und bewahre ihre herzlichen Antworten als teure Andenken. Was ich im Lauf der Jahre seit dem Verschwinden der Köster an Fideliodarstellerinnen habe über mich ergehen lassen, blieb im ganzen so weit hinter dem zurück, was ich gewohnt gewesen war zu hören und zu sehen, daß es mir Mühe kostete, mir nicht den Eindruck der Oper selbst dadurch beeinflussen zu lassen. Nur einmal glaubte ich mich in das gelobte Land zurückversetzt, als Frau Reicher-Kindermann auf der Krollschen Bühne[88] als Fidelio auftrat. Ich war so überrascht, einmal wieder echtes musikalisches Verstehen, gesangliches Können, Temperament, Leidenschaft und bedeutende Darstellung zu finden, daß ich eine Strecke weit wahrhaft beglückt dem Eindruck mich hingab. Doch nach und nach empfand ich, daß trotz alledem ein Etwas in der Persönlichkeit der Sängerin war, das mich abkühlte. Leidenschaft war mehr als zur Genüge vorhanden, aber sie war heiß, nicht warm, mehr verschlingen wollend als hingebend. Mit einem Worte: Der innerste Adel, die Reinheit der Seele fehlte, und so war man wohl auf Augenblicke gepackt, aber der tiefere echte Anteil des Herzens blieb aus. Nach einigen Tagen kam mir die Vossische Zeitung zu Gesicht, die eine Kritik Gustav Engels über die Aufführung enthielt. Er sagte, seit den Tagen der Köster sei ihm keine Leonore vorgekommen, deren Darstellung so nahe an die jener großen Künstlerin herangereicht habe. Aber ein Unterschied bleibe doch: Beide gäben das heldenmütige Weib, bei der Köster aber habe man empfunden, daß die Quelle dieses Heldenmuts die Liebe sei, während man von Innigkeit bei der Reicher-Kindermann nichts habe spüren können. Dieses Mal hatte der Rezensent den Nagel auf den Kopf getroffen.

*Ich war in jenen frühen Jahren, die mich zuerst die Eindrücke unserer herrlichsten Opern erleben ließen, so erfüllt von der Schönheit ihrer Musik, daß ich bald eine stattliche Reihe der hauptsächlichsten Abschnitte aus ihnen vollkommen im Gedächtnis hatte und mit Leidenschaft am Klavier wiederzugeben versuchte. Weil nicht nur die Musik selbst in allen Einzelheiten, sondern ebenso die Szene, der Hergang, die Worte in mir lebendig waren, so wirkte mein Spiel auch auf andere lebendig, und ich mußte, abgesehen von einer Menge kürzerer Bruchstükke aus »Alceste«, »Iphigenie«, »Fidelio« und so weiter, den ganzen dritten Akt der »Armide«, den halben »Orpheus« und die Introduktion des ersten Aktes der »Euryanthe« immer aufs neue vor verständnisvollen Freunden zu Gehör bringen. Gewiß konnte dabei die Ausdrucksfähigkeit meines Spiels nur gewinnen. Aber ich vernachlässigte über diesem Schwelgen in der Wiedergabe orchestraler und vokaler Wirkungen das strenge Ausbilden der recht eigentlich pianistischen Fingerfertigkeit mehr als gut war, so daß ich mich gewöhnte, anstatt wirkliche Klavierstücke, deren technische Schwierigkeiten ich nicht vollkommen überwunden hatte, den Leuten allerlei von Opern-, Orchester- und Kammermusik vorzutragen, das ich mir für Klavier nach meiner Weise zurechtmachte. Für den Augenblick gab das Freude genug für mich und andere. Leider aber mußte ich bald genug erfahren, wie unzureichend diese Art des Musizierens gewesen war, um einen Klavierspieler für den Konzertsaal aus mir zu machen.*

Doch ich kehre noch einmal zum wirklichen Theater zurück, denn ich darf den Bericht über meine damaligen Erlebnisse im Berliner Opernhaus nicht schließen, ohne auch desjenigen Ereignisses zu gedenken, das damals gegen Ende der fünfziger Jahre das musikalische Theaterpublikum Berlins in eine so heftige Aufregung versetzte wie nichts anderes: Ich meine die nach Überwindung mannigfachen Widerstandes seitens der maßgebenden Stellen endlich erreichte Erstaufführung von Richard Wagners »Tannhäuser« und »Lohengrin«. Das Thema der »Zukunftsmusik«, als deren Repräsentanten Liszt und Wagner auftraten, beschäftigte längst in heißem Für und Wider die Gemüter. Nach allem, was über die Sache selbst teils gefabelt, teils der Wahrheit gemäß berichtet wurde, konnte es nicht fehlen, daß meine Eltern sich von vornherein auf die Seite der Gegner stellten. Sie würden es schwerlich der Mühe wert gehalten haben, sich für ihre Person überhaupt näher um die Geschichte zu bekümmern. Ich selbst aber hätte nicht ein achtzehnjähriger Brausekopf sein dürfen, wenn mich nicht die stärkste Begier gepackt hätte, nun auch selbst mit eigenen Augen und Ohren zu erleben, welche Bewandtnis es denn eigentlich mit dieser viel gepriesenen und ebensoviel geschmähten neuen Kunst habe. Ich versuchte also, meine Eltern zu überzeugen, wie notwendig es sei, daß ich mir ein eigenes Urteil in so bedeutsamer Sache bilde, und endlich erhielt ich die Erlaubnis, eine Aufführung des »Lohengrin« im Opernhaus zu besuchen. Zu sehr später Stunde kehrte ich nach der ungewöhnlich langen Vorstellung heim. Trotzdem fand ich meine Eltern meiner noch wartend in der Wohnstube sitzen, offenbar, weil sie doch mit zu großer Spannung meinem Bericht entgegengesehen hatten, um mit ungestilltem

Verlangen zu Bett zu gehen. Wie aber soll ich ihr keineswegs freudiges Erstaunen schildern, als ich frank und frei mit den Ausdrücken des überschwenglichsten Entzückens herausplatzte und ohne Scheu gestand, daß ich mich geradezu wie berauscht fühle von der Herrlichkeit des empfangenen Eindrucks! Es kam schließlich zu heftigen Worten auf beiden Seiten, und erst am nächsten Morgen konnte ich ruhiger Rechenschaft ablegen, eingehender beschreiben, und so auch den Frieden wiederherstellen. – Was war es denn nun aber eigentlich gewesen, was mich so gewaltig gepackt hatte? Vor allem wohl der Stoff, der poetische Zauber der wunderbaren alten Sage vom Schwanenritter, dann in der Musik das verlockende Auftauchen nicht weniger Anklänge an Carl Maria von Weber, endlich aber ein fremdartiges, berückendes Element, über dessen Wesen ich mir nicht klar werden konnte: eine brutale, wenn auch vielfach nur leise sich ankündende Macht, die blind zu folgen zwang. Aus welchen Abgründen vielleicht stammte sie? In welche führte sie? – Tage und Wochen vergingen; schließlich aber hatte ich es so weit gebracht, daß meine Eltern meinem dringenden Zureden nachgaben und eines Abends sich selbst in das Opernhaus begaben, um den »Lohengrin« sich anzusehen und anzuhören. Mein Vater wurde gleich durch den ersten Anfang, das deutsch-mittelalterliche Gepränge der Szene, gewonnen; dem prächtigen, ungemein geschickten Aufbau des ersten Aktes aber mit seiner Spannung, seiner stetigen Steigerung, konnten auch diese Zuhörer nicht widerstehen. Etwas später lernte ich den »Tannhäuser« kennen, und das zwar in Gemeinschaft mit meinem Vater. Er wirkte weniger stark auf mich als der »Lohengrin«, doch immerhin genug, um meine Phantasie musikalisch wie poetisch gewaltig an- und aufzuregen. Beide Opern hörte ich nicht nur ein, sondern zwei oder drei Male in gewissen Abständen. Schließlich wünschte ich, mich noch näher mit ihnen vertraut zu machen, und vertiefte mich in den Klavierauszug. Hier erlebte ich zwar, daß die nähere Bekanntschaft, die bei Glucks, Beethovens, Mozarts, Webers Opern stets nur zu einer Vertiefung und Steigerung der Liebe geführt hatte, umgekehrt bei Wagner mich eher ernüchterte. Ich fand große Strecken, die mich ohne das Leben auf der Bühne nicht recht interessieren wollten. Allein, geheilt war ich damals noch keineswegs. Erst, als ich in Leipzig ein Jahr hindurch und darüber eine Fülle nur der reinsten künstlerischen Eindrücke in mich aufgenommen hatte, war ich unvermerkt ein anderer geworden. Als mir eines Tages beim Blättern in eigenen musikalischen Versuchen ein Lied in die Hand fiel, das ich noch unter der Nachwirkung jener berauschenden Eindrücke komponiert hatte, widerte mich die Unwahrheit des Pathos, die Schwülstigkeit der Harmonien in meiner eigenen Musik dermaßen an, daß ich geradezu mit Ekel das Blatt beiseite legte. Jetzt war der Zauber, mit dem mich die dämonische Kunst Wagners einst umgarnt hatte, ein für allemal gebrochen. Jahre vergingen, ehe ich mich wieder entschließen mochte, eine Oper von Wagner anzuhören und imstande war, die Musik unbefangen auf mich wirken zu lassen.

*<4. Kapitel*

*Jugenderinnerungen an Lauenstein – Ferienwochen auf der Knabenburg – Land und Leute – Mein Onkel Valdec – Alte Geschichten – Der wilde Eisendecker – Streifzüge durch Wald und Feld>*[89]

*Ich habe bisher bei der Schilderung meiner Kindheits- und Knabenjahre nur von dem gesprochen, was sich in Berlin zutrug; und freilich, drei Vierteile jedes Jahres brachte ich ja mit meinen Eltern in Berlin zu. Am dritten August aber gab die* solenne *Feier des Geburtstages König Friedrich Wilhelms III., des Gründers der Universität, einen gleichsam natürlichen Abschluß der Vorlesungen, und wenn der offizielle Schluß des Sommersemesters auch erst auf den 15. des Monats angesetzt war, so fanden sich die Professoren doch in der Mehrzahl befugt, dem Natürlichen den Vorzug zu geben und vom 4. ab nicht mehr im Kolleg zu erscheinen. Die großen Universitätsferien, die nun begannen und etwa bis zum 20. Oktober währten, benutzte mein Vater nach wie vor zu Erholungsreisen, deren eigentliches Endziel immer, wenn auch zumeist nach irgendwelchen kleineren oder größeren Umwegen, ein langer ruhiger Aufenthalt in seinem heimatlichen Lauenstein war. Schon in meinem ersten Lebensjahr wurde ich als lebendiges Gepäckstück von meinen Eltern auf eine solche Reise nach Lauenstein mitgenommen, und seitdem verging, solange ich als Sohn im Elternhause lebte, kein Jahr – ein einziges ausgenommen –, in dem ich nicht an diesem ländlichen Sommerleben teilgenommen hätte. Meine Reiselust äußerte sich in der Anfangszeit meines Daseins in sehr sonderbarer Art. Ich hatte keinen glühenderen Wunsch als den, das Amt eines Bahnwärters bekleiden zu dürfen, weil ich dann das Glück haben würde, täglich mehrere Male die Eisenbahn vorbeifahren zu sehen. Daß ich dabei selbst niemals vom Fleck gekommen wäre, fiel mir nicht ein. Doch das wurde bald genug anders. Es mag befremdlich klingen, wenn ich den zwei bis drei Monaten im Jahr, die ich außerhalb Berlins zubringen durfte, mindestens ebensoviel Förderung für mein inneres Leben zu verdanken glaube, wie der Fülle bedeutender Eindrücke und Anregungen, die mir in der Stadt zuteil wurden. Allein, ich bin tatsächlich überzeugt davon, daß dieses Doppeldasein mein Lebensgefühl und meine Lebensauffassung vor der Einseitigkeit bewahrt hat, die so manchem Städter den freien, in die Tiefe dringenden Blick für die Natur der Dinge trübt.*

*Gewiß möchte ich nicht undankbar erscheinen dem Ort gegenüber, in dem ich geboren bin und an den mich das Geschick immer wieder zu dauerndem Bleiben und Wirken zurückgeführt hat. Aber das wird sich doch schwerlich bestreiten lassen, daß es keine Stadt in Deutschland gibt, die städtischer, allem natürlichen Dasein entfremdender wäre als Berlin. Doppelt wertvoll ist es daher sicher gerade für ein Berliner Kind, wenn sich ihm früh schon zur Ergänzung eine andere, gesündere Welt auftut.* Freilich, das Berlin um die Mitte des neunzehnten Jahrhunderts war noch ein Idyll im Vergleich zu der heutigen, mit New-York rivalisierenden Großstadt. Aber ein Etwas von herzbeengender Straßen- und Stubenluft muß ihm allezeit eigen gewesen sein. Wie ließe es sich sonst erklären, daß es schon Männern wie Goethe, Schiller, Rükkert, Geibel, Felix Mendelssohn und wie vielen anderen tiefer angelegten Naturen niemals gelingen wollte, sich von Herzen wohl in der preußischen Hauptstadt zu fühlen? Ich denke mit inniger Liebe und tiefer Dankbarkeit an unzähliges Einzelne, das mir in der langen Reihe von Jahren der Aufenthalt in Berlin geschenkt hat An erhebende, begeisternde Augenblicke und Stunden, die ich in seinen Mauern erleben durfte, an manche liebe, bedeutsame Stätte, manches edle Bauwerk, das den Wandel der Zeiten überdauert hat, an teure verehrte Menschen, denen ich hier nahetreten durfte. Das eigentlich Berlinische Wesen, das schon im Dialekt einen so drastischen Ausdruck findet: diese Mischung von nüchterner Tüchtigkeit und spöttischem Witz mit Sentimentalität und Geziertheit bei völliger Abwesenheit aller echten poetischen Empfindung – dieser »Genus loci« ist mir von jeher wenig erquicklich gewesen und immer fremd geblieben. Vielleicht hat das niedersächsische Blut des größeren Teiles meiner Vorfahren, das in meine Adern übergegangen ist, das Seinige zu diesem Gefühl eines inneren Gegensatzes beigetragen.

*Heute habe ich längst gelernt, die eigentümliche Schönheit der märkischen Landschaft, den Reiz ihrer elegischen Poesie, ja das Rührende ihrer Dürftigkeit lebhaft zu empfinden – vorausgesetzt natürlich, daß sie ihre Ursprünglichkeit nicht bereits eingebüßt hat. Als ich jedoch ein halbwachsener Bursche war, fehlte mir auch dafür noch jedes Verständnis. Wohl war es mir ganz recht, wenn mein Vater im Frühling das eine oder andere Mal verkündete, er wolle am nächsten Sonnabend oder Sonntag mit der Mutter und mir eine Landpartie unternehmen. So war es zum Beispiel etwas Stehendes, daß wir im Juni, zur Zeit, wo die Walderdbeeren reifen, nach dem Spandauer Bock fuhren und von da durch den Wald, Erdbeeren suchend, nach Pichelsberg wanderten. Das hieß der »Erdbeerensonntag«. Natürlich fand ich das Pflücken und Verspeisen der Erdbeeren sehr vergnüglich. Vor allem aber konnte ich bei dieser und anderen ähnlichen Gelegenheiten meiner Leidenschaft für den Schmetterlingsfang nachgehen. Alle die schönen malerischen Partien im Grunewald und in der Nähe von Potsdam, die heute gänzlich von großstädtischem Treiben und Gastwirtschaftsgreueln überflutet sind, waren damals noch verhältnismäßig einsam und unberührt, so daß man sehr wohl ihrer landschaftlichen Reize froh werden konnte, wenn man nur das Herz dafür hatte. Mich aber machten die sandigen Flächen und Hügel, die saftlosen Kiefernwaldungen und weiten, stillen Wasserflächen eher traurig als vergnügt. Ja, dies Gefühl steigerte sich zu bedrükkender heimlicher Abneigung bei gewissen Spaziergängen in der nächsten Nähe von Berlin. Mein Vater ging gern einmal gegen Abend aus dem nahen Halleschen Tor hinaus ins Freie. Die Stadt hatte mit dem Belle-Alliance-Platz ihr Ende. Die Natur also sollte anfangen. Man sah aber jenseits nichts als ein paar vereinzelte häßliche Häuser, magere Kornfelder, eine Reihe von Pappeln, den sogenannten »Kreuzberg« mit seinem kahlen gelben Sandabhang und dem träge dahinschleichenden Kanal. Mit einem unbesieglichen Trübsinn erfüllte mich jedesmal dieser Anblick. Ich suchte, ihm nach Möglichkeit auszuweichen.*

*Der Heftigkeit solchen Widerwillens stand auf der anderen Seite die enthusiastischste Liebe gegenüber, die meine Seele für unser Lauenstein mit seinen Bergen, seinen herrlichen Buchen- und Eichenwäldern empfand. Bis in die Dämmerung frühester Kinderzeit reicht dieses Gefühl innigster Anhänglichkeit hinauf. Unaufhörlichen Sonnenschein gibt es nirgends, und so haften ja auch an der Knabenburg, dem alten traulichen Familienhaus, mancherlei Erinnerungen wehmütigster Art. Allein, sie vermochten weder bei meinen Eltern noch bei ihren Nachkommen die inneren Bande zu lockern. Ja, Schmerz wie Lust knüpften sie nur fester. Das ist die Art der wahren Heimat.*

*Die früheste Erinnerung, die mir bei dem Gedanken an Lauenstein aufsteigt, gehört meinem dritten Lebensjahr an. Ich sehe im Garten vor der »Immergrünlaube« eine große ältere Frau stehen. Sie nimmt mich auf dem Arm und küßt mich. Diese Frau war meine Großmutter Elise Rudorff, die wenige Monate nach jenem, unserm Herbstbesuch, im Januar 1843 starb.* Dann folgt aus dem Sommer 1844 ein schlimmes Bild. Die Familie ist unten in der Wohnstube zum Kaffeetrinken um den Sofatisch versammelt, während man mich allein an einen kleinen Tisch am Fenster gesetzt hat, auf dem die Kaffeemaschine steht. Meine Tante Emilie will die Kanne mit dem Getränk von dort herbeiholen, der lange, offene Ärmel ihres Kleides hakt sich im Henkel des Teekessels fest, und sie gießt mir das siedend heiße Wasser über Gesicht und Hals. Die ganze Szene ist mir deutlich gegenwärtig, der allgemeine Aufruhr und meine eigene Not. Während ich, ohne Tränen, aber mit Ausrufen des Jammers: »Ach Gott, ach Gott! Ach Himmel, ach Himmel!« die schmale Treppe hinauf und in unsere Kammer gebracht werde. Jene Treppe, die von der Diele her geradeaus steil zum ersten Stock hinaufführte, wurde bald darauf bei einem größeren Umbau abgerissen, um einer völlig veränderten Treppenanlage Platz zu machen. Ich würde gewiß nichts mehr von ihrem Aussehen wissen, wenn nicht dieser einzige Augenblick des Schreckens ein so grelles Licht auf sie geworfen hätte, daß sie sich zugleich mit dem ganzen Vorgang meinem Gedächtnis einprägen mußte. Die Heilung der Brandwunden ging ziemlich langsam vonstatten, weil der ungeschickte Ortsarzt die Sache von Anfang an verkehrt angefaßt hatte. Im Gesicht blieben keine Spuren zurück, wohl aber auf der linken Schulter, wo eine beträchtliche Narbe bis in die Jahre des Alters sichtbar blieb.

*Während meiner Knabenzeit hatte ich mein Nachtlager in derselben oberen Kammer, in der auch die Eltern schliefen. Dort stand mein von einer kleinen Galerie umgebenes Bett in der äußeren Ecke zwischen zwei Fenstern. Das eine derselben sieht auf den Krähenberg hinaus. Wenn ich in der Frühe aufwachte, war mein erstes, den Vorhang etwas zur Seite zu biegen und zu den alten Eichen hinaufzusehen, deren mächtige Kronen über die Mauer des terrassenförmig ansteigenden Gartens hinüberragen. Sooft das Ende der Ferienzeit herannahte, ließ mich die Furcht vor dem Scheiden schon ein paar Wochen vorher in jeder Nacht träumen, ich sei bereits wieder in Berlin eingesperrt. Glückselig, mich doch noch in meinem Lauensteiner Bett zu befinden, erwachte ich dann am nächsten Morgen. Das Umgekehrte aber geschah, sobald die Rückkehr in das Winterquartier tatsächlich stattgefunden hatte. Dann trug mich die Sehnsucht noch wochenlang im Traum nach meinen Bergen zurück, und das Erkennen der wachen Wirklichkeit kam dafür desto betrüblicher hintennach. Meine Mutter erzählte oft, welch einen engen holperigen Hohlweg der Wagen habe passieren müssen, als sie zum erstenmal als Braut in das Lauensteiner Tal einzog. Diesen Engpaß habe ich nicht mehr erlebt. Die Reise von Berlin her führte in der frühesten Zeit, deren ich mich entsinnen kann, mit der Eisenbahn über Köthen nach Magdeburg und dann weiter über Oschersleben, Braunschweig, Lehrte nach Hildesheim. Hier wurde übernachtet, und am nächsten Morgen ging es im Wagen weiter über Poppenburg und Elze auf guter Chaussee nach Lauenstein. In Elze aßen wir gewöhnlich zu Mittag, wo die durch ihre vortreffliche Küche im ganzen Hannoverland berühmte Gastwirtin Frau Sander residierte. Dann brauchte man bei guten Pferden nur noch zwei Stunden Fahrt, bis man zu Hause war. Der Onkel Valdec pflegte uns, wenn nicht von Hildesheim, so doch von Elze mit seinem lustigen kleinen Gefährt, das den Titel »der Phaäton« führte, abzuholen. Da lag schon zur Linken der Kanstein mit seiner Felsenkrone, und geradeaus erschien die blaue Kette des Ith. Mehle, Bensdorf, Oldendorf und Hemmendorf – lauter wohlhabende Dörfer mit stattlichen Fachwerkhäusern – wurden passiert. Nun tauchte zur Rechten die alte Spiegelberger Kapelle mit dem von Linden und Kastanien beschatteten Friedhof auf, und wenige Minuten später war das erste Lauensteiner Haus erreicht, dessen freundliche weiße, balkendurchkreuzte Giebelwand schon längst aus weiter Ferne herübergeleuchtet hatte. Während wir die steile, bergansteigende Straße innerhalb des Fleckens herauffuhren, sah manches bekannte Gesicht aus dem Fenster und grüßte freundlich. Am Hoftor der Knabenburg aber, oder auf den steinernen Stufen, die zum Hauseingang hinaufführten, erschien einer nach dem anderen von den Hausbewohnern, uns zu bewillkommnen. Nach den ersten Begrüßungen, dem ersten flüchtigen Austausch, verschwand die Mutter in unsere besonderen wohlbekannten Räume, packte die Koffer aus und richtete alles wohnlich her, bis zum Abendessen gerufen wurde. In dem kleinen Zimmer unten, das nach dem Pfarrgarten zu gelegen ist, saßen wir um den länglichen Tisch, und ich freute mich, den Jäger mit seinem Hunde wiederzusehen, der in unzählbaren Wiederholungen die Tapetenwand bevölkerte. Pellkartoffeln mit Speck und Zwiebeln, saure Milch und dazu prachtvoll kräftiges, eigengebackenes Schwarzbrot machten abends in der Regel den ländlichen Küchenzettel aus. Endlich kam die Zeit der ersten Nachtruhe im alten lieben Hause. Noch steht mir mein Vater vor Augen, wie er dann, oben in unserer Stube angelangt, schweigend das Fenster öffnete und zum Nachthimmel mit seinen funkelnden Sternen hinaufsah. Da lag zur*

*Linken der Krähenberg, und die alten Eichen auf der Höhe zeichneten ihre dunkeln Umrisse regungslos in den geheimnisvollen Glanz. Ringsumher tiefe Stille, die höchstens einmal von dem Anschlagen eines Hundes in der Ferne unterbrochen wurde. Nach aller rastlosen Arbeit, allem aufreibenden Treiben und Drängen der städtischen Existenz schien er die Seligkeit des Ausruhens in der geliebten Heimat mit der reinen Luft tief aufatmend einzusaugen. Wenn er aber am nächsten Morgen – oder auch noch am Ankunftsabend – zum ersten Male in den Garten ging, so richteten sich seine Schritte vor allem zur Terrasse über dem »Kux«, wo rechts am Ende an der Nachbargrenze einige Stufen zum obersten Wege hinaufführten. Hier stand zur Seite ein alter Ligusterbusch, dessen Zweige der Großvater im letzten Jahre seines Lebens mit einem Stück Schnur seiner alten Dragoneruniform zurückgebogen hatte. Das mußte erst einmal wieder betrachtet und die Überzeugung gewonnen werden, daß das kleine Heiligtum noch unversehrt vorhanden war. Jahrzehnte vergingen, ehe endlich ein Wintersturm den letzten Rest hinweggefegt hatte.*

*Bis in die Mitte der 50er Jahre wurde auf der Knabenburg noch Landwirtschaft betrieben. Im Pferdestall hinter der Scheune standen zwei Gäule und im Rinderstall so viel Kühe, daß für den Hausbedarf an Milch, Butter und Käse vollauf gesorgt war. Der Hof nahm einen beträchtlicheren Raum ein als in späterer Zeit, wo er zuerst teilweise und endlich, als ein neuer Hofplatz gewonnen war, ganz und gar in Garten umgewandelt wurde. Noch zogen im Herbst die Erntewagen reich beladen in das hohe Tor unter dem Giebel der alten Scheune ein, und der Vierviertel- oder Sechsachteltakt der Drescher weckte die Schläfer zu früher Stunde. Der Front des Hauses gerade gegenüber lag ein zweites Stallgebäude, das sich unmittelbar an die östliche Nachbargrenze lehnte. Hier waren die Schweine, die Lämmer, die Ziegen und das Federvieh untergebracht. Den Garten aber schloß ein Stacket[90] ab, das vom Hause bis zu jenem Stallgebäude hinüberreichte. Auch Flachs wurde auf einem Teile der Ländereien gebaut, der Ertrag im Hause versponnen und außer dem Hause verwoben, die Schafe lieferten ihre Wolle. Deutlich entsinne ich mich des alten freundlichen Wollkämmers vom Eichsfelde, der in jedem Herbst seine Rundreise machte und dann auch bei uns für ein paar Wochen einkehrte. Da saß er auf dem Tempeltorium, das heißt einer hohen Holztreppe in der Leutestube, um die den Schafen abgeschorene Wolle zu kämmen und zum Weben tauglich zu machen. Je älter ich wurde, um so mehr freute ich mich, das alte bekannte Gesicht noch einmal wieder auftauchen zu sehen. Immer gab es die herzlichste*

*Begrüßung, wenn wir uns auf der Straße begegneten, auch als schon längst bei uns keine Wolle mehr gekämmt wurde.*[91]

*Die Verkoppelung und Gemeinheitsteilung hatte noch nicht die gesunde Natürlichkeit der ländlichen Verhältnisse zerstört. Alles Vieh wurde im Sommer tagsüber auf die gemeinsamen Weideplätze getrieben. Die Kühe auf den »Pfingstanger« oder durch den Wald in den »Oberen Hagen«, eine große, weiter in den Bergen gelegene Lichtung. Die Schweine unter die Eichen, Schafe und Ziegen auf die Anger an den Abhängen des Knickbrinks und des Burgberges; die Gänse endlich auf das »Bruch«, in der Nähe der Domäne »Hofspiegelberg«, wo sie auf feuchtem Wiesengrunde nach Herzenslust schnatternd sich ergehen und ihre Nahrung suchen durften. Das Austreiben der verschiedenen Tierarten hatte seine bestimmte Reihenfolge und geschah unter deutlich erkennbarer Verschiedenheit der Rufzeichen. Um fünf Uhr eröffnete der Kuhhirt den Reigen und blies seine Herde mit dem großen Kuhhorn zusammen; um sechs Uhr wurden die Schweine durch Peitschenknallen veranlaßt, sich in Trab zu setzen; wieder um eine Stunde später erschien der Ziegenhirt mit einem kleineren grell klingenden Horn, und um acht watschelten die Gänse auf das Gequäke einer hölzernen Knarre herbei. Die Schafherde aber blieb unter der Aufsicht des Schäfers und seines Hundes während der ganzen wärmeren Jahreszeit Tag und Nacht unter freiem Himmel, und der Hirt mußte bei seinen Lämmern in dem Schäferkarren schlafen.*

*Die ansässige Bevölkerung des Fleckens bestand aus einigen Bauern und in der Hauptsache aus Ackerbürgern. Der Landbesitz der ersteren war groß genug, um durch seine Bewirtschaftung reichlichen Lebensunterhalt für Weib und Kind zu haben. Die Ackerbürger trieben neben ihrem weniger reichen Landbesitz irgendein Handwerk oder Gewerbe. Allen aber, die als Bürger eine Hausstelle innehatten, stand damit auch freie Weide für ihr Vieh zu, und sie besaßen die Berechtigung, aus dem der Gemeinde und dem Staat gemeinschaftlich gehörenden Walde ihren vollen Bedarf an Bau- und Brennholz zu beziehen. Das sorgte für die Seßhaftigkeit der Einwohner. Man darf sagen, daß* vor einem halben Jahrhundert[92] *hier noch ein Menschenschlag zu Hause war, mit dem zu leben und zu verkehren eine Freude war. Fast völlig reines niedersächsisches Blut, von wenigen räudigen Schafen abgesehen lauter redliche, tüchtige Leute, blond, blauäugig, stark und gesund. Manche ehrwürdig schöne Männergestalt, manches liebe, Güte ausstrahlende Frauenangesicht tritt mir beim Zurückdenken vor das innere Auge. Das Plattdeutsche war noch allgemein im Volk die Umgangssprache. Ja, dieser und jener wurde schwer mit dem Hochdeutschen fertig, wenn er einmal in die Notlage versetzt wurde, sich »gebildeter« auszudrücken. Rührend war die Treue, die man nicht nur in jener frühesten Zeit, sondern auch noch ein paar Jahrzehnte weiter dem Andenken meiner Großmutter überall bewahrte. Wo man die Frau Leutnantin noch gekannt hatte, da lebte ihre Gestalt fort. Mit ihrer unerschöpflichen Güte, ihrem rastlosen Drang, mit Wort und Tat Bedrängten zu helfen und Liebe zu erweisen, hatte sie die Herzen für alle Zeit gewonnen. Immer wieder begegnete meinem Vater der eine oder der andere, der sich gedrungen fühlte, ihm zu sagen, wie unvergessen sie sei. Daneben spukte auch noch nach wie vor das alte Märchen von der Tonne Goldes, die sie als Mitgift ihrem Eheherrn mitgebracht habe und die heimlich bei uns im Keller liege, während die sparsame Hausfrau tatsächlich doch lebenslang fast mehr mit Pfennigen als mit Silbergeld hatte rechnen müssen. Die Tonne Goldes also lag nicht im Keller. Dagegen befand sich dort in der Tat noch der Anfang des unterirdischen Ganges, der ehedem von der Knabenburg zur alten Veste der Homburger hinaufführte. Natürlich beschäftigte diese Tatsache und die Sage von der weißen Frau, die dort nachts mit dem Licht in der Hand dem Eindringling winken sollte, ihr zu folgen, auf das lebhafteste die Phantasie der Jugend des Hauses. Grauen und Neugier mischten sich, wenn man einmal bei Tage bis an die Stelle im Kellergewölbe gedrungen war, wo eine dunkle Öffnung in eine von verwitterndem Mauerwerk umschlossene Höhlung blicken ließ, die sich wenige Schritte weiter bis zu einem schmalen Spalt zu verengen schien. Hier noch weiter vorzudringen, wäre um des losen Gesteins willen, das überall herabzustürzen drohte, lebensgefährlich gewesen. Mir wurde infolgedessen nicht erlaubt, allein in den Keller zu gehen. Später fand man es geratener, allen Versuchen, das Geheimnis zu lüften, ein für allemal einen Riegel vorzuschieben. Das Loch wurde durch eine vorgesetzte neue Mauer geschlossen, und die rechtschaffene, langweilige Wand lockte nun niemanden mehr, sich um die dort begrabene Vergangenheit zu kümmern.*

*Im Anfang des Jahres 1846 verlor mein Onkel seine brave, liebenswürdige Frau durch den Tod. Sie hatte ihm zwei Söhne geboren, den ältesten, Adolf, im Dezember 1842, den jüngeren, Otto, gerade um drei Jahre später. Seine Geburt kostete der Mutter das Leben. Nun war es keine leichte Aufgabe für den vereinsamten Vater, den beiden Kindern eine gute Erziehung zu geben, und man durfte sich nicht verwundern, daß er sich entschloß, die eine Hälfte der Sorgen seiner Schwägerin Charlotte zu überlassen. Diese lebte, noch unverheiratet, bei ihrem alten Vater in Oldendorf und erfüllte einen letzten Wunsch der sterbenden Schwester, indem sie den dreijährigen Adolf zu sich nahm. Der jüngere Bruder erschien in den ersten Wochen nach seiner Geburt der Mutter als ein so schwächliches Kind, daß sie mit Bestimmtheit glaubte, er würde sie nicht überleben. Allein, dies war ein Irrtum. Zwar hatte der Kleine beim Zahnen an heftigen Krampfanfällen zu leiden, und das rechte Bein blieb infolgedessen in seiner Entwicklung beträchtlich zurück. Eine dauernde Verkümmerung hatte sich hier vorbereitet, mit der der Jüngling und der Mann sich abfinden mußte. Im übrigen aber gedieh das Kind bald nach dem Tode der Mutter auf das beste und wuchs allmählich an allen anderen Gliedmaßen zu einem wahren Musterexemplar von Muskelkraft heran. Der Vater hatte sich um keinen Preis auch von diesem Jüngsten trennen wollen und übernahm es, ihn allein bei sich aufzuziehen. Hier wohnte im Hause außer dem Gesinde noch ein braver junger Mensch mit dem Namen Fritz Sievers, den mein Onkel sich zum Schreiber herangebildet hatte, und der ihm treu bis aufs Blut ergeben war. Er und ein noch junges Mädchen aus dem Ort, das dem Haushalt vorstand, saßen bei den täglichen Mahlzeiten mit bei Tische und waren nach Kräften bemüht, in ihrer Art das Wohl des Kleinen fördern zu helfen. Der Vater aber, der sein Kind mit beispielloser Zärtlichkeit liebte, ließ es in seinem eigenen Bett bei sich schlafen und sorgte für seine leiblichen Bedürfnisse mit einer Unermüdlichkeit, die mancher Mutter hätte vorbildlich sein können. Da ihn jedoch sein Advokatenberuf vielfach von Hause abwesend sein ließ, so waren allein hierdurch schon seinem Eifer die Grenzen gesteckt. Vor allem aber war er seiner unsteten, beständig von Stimmungswechsel unterworfenen Natur nach nichts weniger als zum Erziehen geeignet, und so läßt sich leicht vorstellen, daß unter solchen Umständen der gute Junge sehr viel mehr verzogen als erzogen wurde. Der Ältere erhielt von seiner Tante, bei der er bis zu seinem zehnten Jahre blieb, eine vorwiegend äußerliche Dressur. Natürlich wurde der Sohn von Zeit zu Zeit seinem Vater besuchsweise auf Tage oder auch Wochen zugeführt. Aber Oldendorf ist von Lauenstein zu Fuß eine starke Wegesstunde entfernt, und es vergingen oft lange Zeiträume, ohne daß beide sich sahen. Eine gewisse Entfremdung konnte nicht ausbleiben. Während der Zeit, die meine Eltern mit mir in Lauenstein zubrachten, geschah es regelmäßig, daß der Oldendorfer Vetter – zumeist in Begleitung der Tante Lotte – für ein paar Wochen nach der Knabenburg kam. So hatten wir beide denn Gelegenheit zu erproben, wie wir miteinander fertig werden konnten. An körperlicher Kraft und Gewandtheit war mir Adolf bei weitem überlegen. Ich hatte zum Beispiel nicht das mindeste Talent zum Werfen. Er aber beherrschte diese, von den meisten Knaben mit Vorliebe geübte Kunst so meisterlich, daß es ein wahres Vergnügen war, ihm zuzusehen, wie er den Stein pfeilschnell bis in weiteste Fernen durch die Luft sausen ließ. Auch als Ringer konnte er sich sehen lassen, und es lüstete ihn, seine Heldentaten an den Mann zu bringen. Im ganzen Hannoverland blühte damals noch uneingeschränkt der fröhlichste Preußenhaß. Im Anfang des Jahrhunderts hatte sich bekanntlich Preußen auf einen wenig rühmlichen Tauschhandel mit Napoleon eingelassen. Es trat an diesen Cleve, Ansbach und Neuchâtel ab und setzte sich dafür vorübergehend in den Besitz der Hannoverschen Lande. Dieses Benehmen war unvergessen, und es gehörte für jeden guten Hannoveraner in die Reihe der Anstandspflichten, auf Preußen nach Kräften zu schimpfen. Diese Moral war meinem Vetter von seiner Tante offenbar redlich eingebleut worden, und da er überhaupt ein unwiderstehliches Bedürfnis hatte, andere zu necken, so versäumte er nicht, mich, von anderen Anlässen abgesehen, auch mit meiner preußischen Geburt aufzuziehen.*

*»Kartuffeln her! Kartuffeln her!*
*Da kümmt de stiewen Preußen her!«*

*Wie unzählige Male mußte ich mir das vorsingen lassen! Wenn mir dann aber die Geduld riß und es zu einer Balgerei kam, so war das wiederum ein Hauptspaß für ihn, denn er wußte, daß ich, obwohl drei Jahre älter als er, doch zuletzt sicher den kürzeren ziehen würde. Gemeinsames hatten wir nicht viel, und namentlich war von musikalischem Interesse bei ihm nicht die Rede. Aber er mußte es erleben, daß es den Leuten gefiel, wenn ich Klavier spielte, und daß mir viel freundliche Dinge darüber gesagt wurden. Das verdroß ihn; er wollte diese Spielerei auch können und rückte eines Tages mit der Bitte heraus, ich möchte ihm doch Klavierstunde geben. Ich war bereit und begann damit, ihm die Namen der Töne zu nennen und die Notenschrift zu erklären. Das ließ er sich noch ziemlich geduldig gefallen. Als er aber dann selbst Hand anlegen und ein paar Tasten hintereinander anschlagen sollte, wollten weder sein Geist noch die derben Fäuste mit den kurzen stumpfen Fingern seinen Wünschen zu Hilfe kommen. Ich erklärte ihm, daß das falsch sei, was er da zutage fördere und machte ihm nochmals vor, was und wie er spielen sollte. Da war der Kampfhahn wieder zur Stelle. Er rief trotzig mit seinem dunkeln Hannoverschen A: »Nu grade nich!« und damit war die Unmöglichkeit, den Unterricht fortzusetzen, ein für alle Male besiegelt. Alles in allem genommen: Wir liebten einander in jener Phase unseres Daseins nicht allzusehr, was natürlich nicht ausschließt, daß sich späterhin das herzlichste Verhältnis zwischen uns entwickelte. Desto besser aber wurde ich von vornherein mit meinem jüngeren Vetter fertig. Er war zwar daran gewöhnt, daß ihm kaum jemals ein Wunsch versagt wurde, und so ertönte oft genug ein fürchterliches Geheul, wenn man ihm nicht gleich zu Willen sein konnte. Aber er besaß ein warmes Gemüt, hing an mir wie an meinen Eltern mit großer Zärtlichkeit, und an Gegenliebe unsererseits fehlte es nicht. Freilich schloß für mich der Unterschied der Jahre, der schon meinem älteren Vetter gegenüber zur Zeit beträchtlich genug war, eine eigentliche Kameradschaft mit ihm aus. Für wirklich passenden Umgang mit Gleichaltrigen war jedoch außer dem Hause so reichlich gesorgt, daß ich mich keineswegs vereinsamt fühlte.*

*Zuweilen ereignete es sich auch, daß wir auf kürzere oder längere Zeit irgendeinen Besuch aus der Ferne bei uns beherbergten.* So war in den vierziger Jahren Lichtenstein mit seiner Tochter ein paar Tage in Lauenstein. Auch *die Großmutter Pistor stellte sich einmal nach dem Tode des Großvaters in Begleitung der Tante Mine für einige Wochen bei uns ein. Ein häufigerer Gast aber auf der Knabenburg war die Großtante Melusine Tiensch, die als geborene Rudorff recht eigentlich in unsern hiesigen Kreis hineingehörte. Nachdem ihr alter gebrechlicher Gatte im Frühjahr 1849 gestorben war und sie allein in Vilsen zurückgelassen hatte, durfte sie ihrer Sehnsucht, ihre sehr geliebten Verwandten auf der Knabenburg aufzusuchen, ohne hausmütterliche Gewissensbisse zu empfinden, nachgeben, und kaum gab es eine größere Freude für Groß und Klein im Hause, als wenn diese prächtige alte Frau mit ihren schönen, lebhaften braunen Augen, ihrer bewunderungswürdigen Geistesfrische, dem reizenden Humor und dem Herzen voll überströmender Liebe zu längerem Besuch bei uns eintraf. Noch als sie die Achtzig überschritten hatte, wanderte sie rüstig mit uns auf die Burg, um dort im kleinen Häuschen den mitgebrachten Kaffee zu trinken und den Nachmittag im Anblick der schönen Landschaft zu verbringen. Für uns Großneffen aber war es das größte Fest, wenn sie abends auf dem Saal, in der Sofaecke sitzend, anfing, von ihrer Jugend und den Kriegstaten ihrer Brüder zu erzählen, von den Gefahren, denen sie sich ausgesetzt hatte, als sie in ihrer Kommode die Werbepapiere für die englische Legion aufbewahrte, die ihre Brüder ihr gegeben hatten, um sie vor der Entdeckung durch die Franzosen zu schützen; von der Angst, in der sie immer aufs neue schweben mußte, wenn sie meinen Großvater oder einen der anderen Brüder auf gefahrvollen Wegen inmitten der feindlichen Besatzung wußte.*

*In die Reihe solcher alten Geschichten gehört auch ein Erlebnis meines Großvaters Rudorff, von dem dieser, dessen Kaltblütigkeit und Unerschrockenheit im übrigen ihresgleichen suchten, selbst meinem Vater oft erzählt hat. Er war als junger Offizier mit einem Kameraden in einer Mühle auf dem Eichsfelde einquartiert worden. Beide schliefen zusammen in einer schmalen Kammer, an deren einer Wand dem Bett gegenüber eine große, alte, verschlossene Truhe stand. Mein Großvater erwacht mitten in der Nacht; der Mond schien hell durch die Fensterscheiben. Plötzlich springt die Truhe auf und eine graue, nebelhafte Gestalt entsteigt ihr, wirft sich über das Bett und ist, sofort wieder zurückkehrend, verschwunden. Erschreckt richtet er sich auf und bleibt gespannt aufrecht im Bett sitzen. Da, nach wenigen Minuten, wiederholt sich die Erscheinung. Nun packt er seinen Genossen an der Schulter, um ihn aus dem Schlaf aufzurütteln. Kaum aber ist dieser völlig erwacht, als die Truhe sich zum drittenmal öffnet und die Schattengestalt sich über die beiden zu werfen scheint. »Fritze, dat speuket ja!« schreit der andere voller Entsetzen, springt aus dem Bett und läuft in die Nebenstube, wohin zu folgen denn schließlich auch mein Großvater vorzieht. Am nächsten Morgen erfahren die beiden, daß der frühere Besitzer der Mühle in der unheimlichen Kammer durch Erhängen seinem Leben ein Ende gemacht hatte.*

*Und wenn wir lange genug mit höchster Spannung an ihren Lippen gehangen hatten, die so Merkwürdiges und Schreckhaftes zu berichten wußten, so schlug sie zur Veränderung auch einmal einen anderen Ton an. In ihrem Vilsen gab es neben vielen guten, ihr befreundeten Menschen auch genug Geschöpfe, deren Schwächen und Wunderlichkeiten ihrem hellen Blick nicht entgingen und dem Schelm, der in ihr steckte, zu einem willkommenen Gegenstand der Belustigung wurden. Wenn sie dann anfing, den aberwitzigen Doktorssohn oder irgendein sentimentales Frauenzimmer drastisch vorzuführen, so war des Lachens kein Ende. Am liebsten hätten wir alle sie niemals wieder abreisen lassen.*

*Mag man aus Gründen der hohen Politik die Annexion Hannovers durch Preußen noch so sehr als ein Glück preisen, es bleibt doch unbestritten, daß durch die Aufhebung der althannoverschen »Ämterverfassung«, die ihre unmittelbare Folge war, die sozialen Verhältnisse des Landes auf das bedauerlichste geschädigt worden sind. Jeder Einsichtige wird das zugestehen, wie denn von Anfang an kein Hehl daraus gemacht wurde, daß nur die beschränkte Finanzlage des preußischen*

*Staates jene Gewaltmaßregel entschuldigen konnte. Ein königlich-hannoversches Amt umfaßte seinerzeit ein Gebiet von nur wenigen Quadratmeilen. Eine Menge nicht nur größerer, sondern auch kleinerer Ortschaften, seien es Landstädtchen oder gar nur Flecken, wie z. B. Lauenstein, besaß infolgedessen ein Amt, das heißt einen Sitz einer besonderen Behörde für Verwaltung und Gerichtsbarkeit. An der Spitze stand der Amtmann oder Amtshauptmann, für den nicht nur eine schöne, ansehnliche Amtswohnung – oftmals ein ehemaliges adeliges Schloß mit Garten, Hof und Stallungen – zur Verfügung stand, sondern dem auch ein nicht unbeträchtliches Maß von Ländereien zugewiesen war, die er zu bewirtschaften hatte. Diese Einrichtung brachte den großen Vorteil mit sich, daß der Amtmann nicht nur als Vertreter des Staats, als Regierender, auftrat, sondern daß er durch seinen Landbesitz zugleich unmittelbar in die Interessen der Landbevölkerung, also der Regierten, hineingezogen wurde. Ihm zur Seite stand der sogenannte »zweite Beamte«, der den Titel Amtsassessor oder später, nach der Teilung von Verwaltung und Gericht, »Amtsrichter« führte. Auch er erhielt Amtswohnung und Länderei. Dazu kam je nach den besonderen Umständen etwa noch ein zweiter Assessor und ein junger Auditor. Dies die vornehmen Leute. Hinter ihnen her aber noch die Schar der Subalternbeamten: Der Amtsvogt, der Hausvogt, der Rentmeister und so weiter. Ein Oberförster pflegte in der Regel nicht zu fehlen, und der Pastor samt ein paar Lehrern versteht sich überall von selbst. Jeder sieht leicht ein, was ein fester Stamm solcher Art für die Physiognomie eines Ortes zu bedeuten hat. Nicht nur, daß alle jene Leute mit ihren Familien den ansässigen Handwerkern etwas zu verdienen gaben: vor allem, es war dadurch über das ganze Land gleichsam ein Netz von kleinen Bildungszentren gespannt, das überallhin das Gefühl bescheidener Wohnlichkeit verbreitete. Der Verödung des Landes war vorgebeugt, ohne daß es irgendwelcher künstlicher Mittel bedurft hätte, ihr zu steuern.* Heute ist von all den Ämtern des alten Königreichs Hannover nichts übriggeblieben als die »Landratsämter« in den größeren Städten, von denen aus der zugehörige »Kreis« regiert wird. Der Kreis hat so und so viele Ämter in seinem Magen und über die Dinge und Leute da draußen wird vom grünen Tisch des städtischen Landratsamtes entschieden. So ist es trübselig in den Dörfern geworden wie in den Feldmarken, die die Verkoppelung schematisiert hat, und wer nicht dem Zuge der Zeit folgend in die großen Städte gezogen ist, um durch Fabrikarbeit oder wie sonst Geld zu erwerben, der versucht es zu Hause mit der Fremdenspekulation, preist die Heimat als Luftkurort an, gründet zur weiteren Verhäßlichung der Gegend Verschönerungsvereine und wirft den Köder nach Sommerfrischlern aus, um die eigenen Verhältnisse zu verbessern. *Lauenstein war zu hannoverscher Zeit längst um seiner landschaftlich schönen Lage willen als bevorzugter Amtssitz im Lande bekannt, und wer als Beamter dorthin versetzt wurde, ging ungern wieder fort. War er aber durch die Umstände gezwungen, Lebewohl zu sagen, so hatte er hier meistens schon so feste Wurzeln geschlagen, daß es ihn immer wieder einmal zog zurückzukehren. In meinen Knabenjahren residierte der Amtmann Zachariae in dem hübschen Amtshaus aus dem 18. Jahrhundert, durch dessen schattigen Garten der Bach fließt. Er war ein stattlicher Mann mit feinen, vornehmen Gesichtszügen, dem man es um seiner Liebenswürdigkeit willen gern nachsah, daß er nach Art so mancher hannoverscher Beamten etwas zuviel Wert auf Rang und andere Äußerlichkeiten des Lebens legte. Der Amtsassessor Frank, eine außerordentlich bewegliche, leicht enthusiasmierte Natur, war vielseitig gebildet und hatte auch künstlerische Interessen. Er war als junger Mann mit gegen Napoleon in den Krieg gezogen, wurde bei Waterloo schwer verwundet, erhielt deshalb von der Regierung auf Lebenszeit sogenannte »Schmerzensgelder« und wußte interessant zu erzählen. Zu den Ländereien, die der zweiten Beamtenstelle zugewiesen waren, gehörte auch die »Burg«, das heißt der damals ziemlich kahle, felsige, in der Mitte des Tales aufragende Hügel, von dem die Trümmer des alten festen Schlosses »Lauenstein« herabsehen. Von einigen Quadratruten fruchtbaren Bodens abgesehen, wo sich Gemüse bauen ließ, bestand der ganze Burgberg aus steinigen Hängen mit kurzem Graswuchs, der weidenden Schafen und Ziegen zur Nahrung diente. Schlehdorn bedeckte große Strecken, hier und da mit wilden Rosen und Weißdorn untermischt. Nur auf einer vorspringenden Stelle über dem Burggraben standen vier alte Linden, die, zu einer Gruppe vereinigt, wie ein einziger, mächtiger Baum aussahen. Frank faßte den Plan, diese Wildnis zu etwas »Freundlicherem«, wie man es damals nannte, umzuschaffen. Er ließ im Herbst eine Menge verschiedenartiger junger Waldbäume und wilder Büsche aus der Forst herbeischaffen, die überall hingepflanzt wurden, wo sich gerade eine passende Stelle fand. Auf dem höchsten Punkt, wo ehemals jedenfalls eine Art von Warte gestanden hatte, ließ er aus Bruchsteinen einen bescheidenen Turm aufführen, der gerade genügte, um nach allen Seiten einen freien Umblick zu haben. Endlich wurde am Mauerrand, dem Wald im Westen gegenüber, ein winziges, kapellenartiges Häuschen errichtet, in dem man bei Regenwetter Unterschlupf, oder auch bei Sonnenschein ein kühles Plätzchen zum Ausruhen finden konnte.*

*Der tiefe, uralte Schloßbrunnen, in den schon durchziehende französische Soldaten in der Kriegszeit eine Menge umherliegender Steine und Trümmerstücke geworfen hatten, so daß er bis über die Hälfte damit angefüllt war, wurde vollends zugeschüttet, um der Gefahr des Hineinstürzens ein Ende zu machen. Ich möchte gewiß nicht befürworten, daß überall in ähnlicher Weise verfahren werden solle.* Ja, heutzutage, wo dergleichen nicht mehr aus reiner Freude and der Sache selbst, sondern aus Spekulation, um Touristen herbeizulocken, in die Wege geleitet zu werden pflegt, würde man so gut wie ausnahmslos »nein« dazu sagen müssen. *Hier aber war ein solches Vorgehen doch am Platze.* Siebzig *Jahre sind seitdem ins Land gegangen und das nunmehr Gewordene hat das damals Unternommene gerechtfertigt. Bäume und Büsche sind so hochgewachsen, daß fast eine Waldburg aus dem ganzen geworden ist. Das kleine, bescheidene Häuschen mutet selbst wie ein Stück Geschichte aus besseren, gemütvolleren Tagen an. Die Aussicht aber vom Turm, westlich auf die Wiesen und Waldabhänge des Ith, östlich weithin über die Ebene mit ihren Dörfern zu den Berglinien des Osterwaldes, des Kansteins und der Hildesheimer Berge, gehört zum schönsten, das die Wesergegend bietet. So mahnt denn alles, mit Anerkennung auch des Mannes zu gedenken, dem diese Stelle einen Teil ihrer Reize verdankt.*

*Frank und Zachariae waren verheiratet und hatten zahlreiche Familie. Zwei Franksche Söhne, Georg und Albert, standen mit mir in ungefähr gleichem Alter. Sie wurden samt ihrer Schwester Hermine und der jüngsten Zachariaeschen Tochter meine sehr guten Freunde. Unser unmittelbarer Nachbar, der Pastor Küchenthal, genoß die allgemeinste Achtung und Liebe. Seine Predigten waren frei von jeder Phrase und Pose. Schlicht, aber durchdacht, von wahrer Frömmigkeit durchweht. Man vergaß die Unschönheit seiner Gesichtszüge über der Herzensgüte, die aus ihnen sprach. In seiner Ehe mit einer Kusine war ihm neben fünf Töchtern ein einziger Sohn, Harry, geschenkt worden, den er über alles liebte. Schon in dem Knaben erwachte das Verlangen, Seemann zu werden und jenseits des Weltmeers ferne Länder kennenzulernen. Der Trieb wurde mit den Jahren nur stärker, und der Vater glaubte sich endlich verpflichtet, den Jüngling ziehen zu lassen. Von mancher Seefahrt war er denn glücklich heimgekehrt, und jetzt wußte man ihn als Steuermann auf einer Reise begriffen, bei der die Südspitze Amerikas umsegelt werden sollte. In einer Nacht erwacht der Vater von einem gewaltigen Brausen, das er zu hören meint. Er steht auf um zu sehen, was der entsetzliche Sturm wohl im Garten anrichte, und tritt an das Fenster, um es vorsichtig zu öffnen. Draußen jedoch leuchten die Sterne ruhig und klar, und kein Laut läßt sich vernehmen. Nach vielen Wochen aber kommt die Nachricht, daß bei einem Orkan am Kap Horn eine Sturzwelle den Sohn in derselben Nacht von Bord des Schiffes in die dunkle Meerestiefe hinabgespült hat. Der alte Mann, dessen Lebenskraft durch diesen Verlust bis in die Wurzel erschüttert war, überlebte ihn um wenige Jahre. Seine zäher geartete Gattin dagegen erreichte ein ungewöhnlich hohes Alter bei voller Geistesfrische. Die tatkräftige Frau hatte scharfen Verstand, war geschickt in allen praktischen Dingen und hielt die Zügel des Hausregiments in eisenfester Hand. Auch der sanftmütige Gatte mußte sich manche deutliche Zurechtweisung von ihr gefallen lassen. »Küchenthal, hast du Bohnen in den Ohren« hörte man sie ungeduldig rufen, wenn der Ehemann nicht sofort verstanden hatte, was sie von ihm verlangte. Anwandlungen poetischer Gefühle beschwerten sie niemals und nirgends. Als an einem schönen Mondscheinabend jemand sein Entzücken über den Zauber der Landschaft aussprach, meinte sie spöttisch: »Ach ja, in meiner Jugend schwärmten sie auch alle für den Mond. Da gab es so einen verrückten Roman, der hieß ›Werther's Leiden.‹ Das Buch war an dem Allen schuld.« Geradezu verblüffend war die Aufrichtigkeit, mit der die stets muntere Frau jedem ihre ungeschminkte Meinung über seine Person oder seine Angehörigen ins Gesicht sagte, mochte er sie hören wollen oder nicht. In der Knabenburg war mein ältester Vetter zur Welt gekommen, und die Tante Lotte konnte kaum die Zeit abwarten, das wunderbare Geschöpf den Bekannten zu zeigen. Mit Hochgefühlen trug sie es endlich als ersten Besuch in das Nachbarhaus zur Pastorin Küchenthal. »Gott was'n häßliches Kind!« rief diese bei dem Anblick aus, »gerade die kleinen Schweinsaugen wie der Vater!«*

Meine Mutter trug als junge Frau ein paar Locken zur Seite des Gesichtes. Als sie damit vor der Pastorin erschien, wurde sie mit den ebenso fröhlichen als entsetzten Worten empfangen: »O diese Locken! Wie jüdisch!« Wenn es einen Damenkaffee auf der Pfarre gab, so wetteten die Geladenen im Voraus, welche von ihnen wohl die ärgsten Grobheiten aus dem Munde der Wirtin mit nach Hause bringen würde. *Natürlich war diese Oberhofmeisterin in ihrer gesamten Umgebung mit der großen weißen Haube und der spitzen Nase eine mehr gefürchtete als geliebte Persönlichkeit. Aber mit den Jahren wurde sie immer milder, und ihre frische Ursprünglichkeit versöhnte die Einsichtigeren mit manchem schlimmen Wort ihrer Zunge.*

*Allgemeine Liebe genoß die älteste Küchenthalsche Tochter Emma, die in ihrer schönen, harmonischen Natur das gemütvolle Wesen des*

*Vaters mit der Tüchtigkeit der Mutter vereinigte. Sie war an Karl Hausmann verheiratet, den Besitzer der großen alten Papiermühle, die am oberen Ende des Ortes von dem Bach getrieben wurde, der das Lauensteiner Tal gebildet hat. Die Hausmannsche Familie gehörte mit der unserigen zu den ältesten, und kein Verhältnis war herzlicher als das, welches meine Eltern mit dem Hausmannschen Ehepaar verband. Von den übrigen Küchenthalschen Töchtern stand die jüngste, Adele, wiederum mit mir in einem Alter und in bestem Einvernehmen. Durch eine Öffnung in der Hecke, die unsern Garten von dem der Pfarre trennte, konnte man in diesen gelangen und weiter durch eine zweite Heckentür in das anschließende Franksche Grundstück. So ging das Verkehren der Jugend hin und her in zwanglosester Weise, und unbefangene Fröhlichkeit herrschte von früh bis spät bei jedem Zusammenkommen.* Es war von den Vätern dieses Kreises ein Privatlehrer engagiert worden, der ihren Kindern – Knaben und Mädchen ungetrennt – Unterricht in den wichtigsten Fächern zu erteilen hatte, bis sie etwa in irgendwelche Stadt zu weiterer Ausbildung von Hause geschickt wurden. An diesem Unterricht nahm auch ich während unsers Aufenthaltes in Lauenstein teil, bis in Berlin Herr Kürten als Mentor für mich engagiert wurde, der mir reichliche Ferienarbeiten aufgab und auch in der Ferne keine Einmischung eines anderen Lehrers wünschte. *Außer den genannten Familien*, die sämtlich in freundschaftlich nahen Beziehungen zu meinen Eltern standen, *vervollständigten die Lauensteiner Gesellschaft noch manche anderen Elemente, namentlich auch solche aus der näheren oder weiteren Umgebung des Ortes. Das Gut Voldagsen gehörte einem Herrn von Münchhausen, der mit dem bekannten tollen Münchhausen eine starke Sinnesverwandtschaft aufwies. Zu den vielen abenteuerlichen Streichen, die man von ihm zu erzählen wußte, gehörte, um ein Beispiel zu geben, das folgende: Eine Anzahl vornehmer Herren aus der Gegend hatte sich in Springe zusammengefunden, um dort zu jagen. Zu der Jagdpartie gehörte auch der derzeitige Amtshauptmann in Coppenbrügge, ein Herr von Torney, dessen Ehrgeiz ebenso bekannt war wie die Peinlichkeit, mit welcher er auf die Beobachtung gesellschaftlicher Formen Wert legte. Die ziemlich zahlreiche Gesellschaft übernachtete gemeinsam in verschiedenen Zimmern des Springer Gasthauses. Schon hatte man sich zur Ruhe begeben, als ein Kurier aus Hannover mit der Nachricht für Herrn von Torney eintraf, er sei zum Landdrosten ernannt worden. Einige Minuten später erschien Münchhausen in Torneys Schlafgemach, den Hut in der Hand, im übrigen aber durchaus als Adam. »Da ich nicht wußte«, redete er den Verblüfften an, »welches*

*Kostüm bei diesem feierlichen Anlaß das gebührende sein könnte, habe ich es vorgezogen Euer Gnaden ganz ohne Kostüm meine Glückwünsche darzubringen.«*

*Die Domäne Eggersen war nach dem Tode des alten Oberhauptmanns von Lenthe*[93] *an Herrn von* Ihssen[94] *verpachtet, jenseits des Iths aber, in Haus Harderode, lebte noch immer die von Noltingsche Familie. Aus allen diesen Elementen hatte sich eine Klubgenossenschaft gebildet, die im Laufe des Winters monatlich je einmal in dem einzigen, aber guten Lauensteiner Gasthaus von Bode zu Souper und Tanz zusammenkamen. Die Vereinigung umfaßte alles, was sich einigermaßen gesellschaftlich sehen lassen konnte: nicht also bloß den sogenannten »kleinen Zirkel«, das heißt die eigentlichen »Honoratioren«, sondern auch gewisse Bevorzugte aus dem Lager der Subalternen. Dies Ensemble hieß der »große Zirkel«, und es läßt sich denken, wieviel Eifersüchteleien, Empfindlichkeiten, süße oder gereizte Mienen es gab, wenn es sich darum handelte zu entscheiden, ob »der« oder »die« Aufnahme in den großen oder gar in das Elysium des kleinen Zirkels finden dürfe. Für den unbefangenen Dritten ein sehr ergötzliches Schauspiel! Die Einrichtung war so, daß je eine der angesehensten Familien einen der sechs beabsichtigten Klubs »gab«, für diesen also als Einladende die gesamte Bewirtung zu besorgen hatte. Man kam meinen Eltern stets von allen Seiten mit der größten Freundlichkeit entgegen, und so war ihnen daran gelegen, sich erkenntlich dafür zu zeigen. Sie übernahmen, obwohl sie ja nur immer vorübergehend dem Lauensteiner Kreise angehörten, den ersten Klub. Da mein Vater erst um den 20. Oktober etwa nach Berlin zurückzukehren pflegte, so konnte um die Mitte des Monats sehr gut das große Ereignis stattfinden, mit dem die Serie für den Winter eröffnet wurde. Uns Kindern war erlaubt, in den ersten Abendstunden mit zu erscheinen, ja auch eine Weile zwischen den Großen mit umherzuhüpfen, und von dieser Vergünstigung machten wir den ausgiebigsten Gebrauch. Ich sehe noch den reichlich großen, aber niedrigen Saal vor mir, die bescheidenen Lichter und Öllampen, die sich vergeblich bemühten, die staubdunstige Atmosphäre gebührend zu durchleuchten, sehe und höre die fünf oder sechs Musikanten aus Salzhemmendorf oder Osterwald, wie sie ein paar Stunden lang aus Leibeskräften strichen und tuteten, bis das Signal gegeben wurde, daß die ganze Gesellschaft einmal für eine Viertelstunde in die Nebenräume verschwinden möge, damit aufgewaschen werden könne. Dann erschienen zwei Leute mit einem riesenhaften nassen Leinentuch und fuhren mit diesem Ungetüm bei geöffneten Fenstern so lange durch die Luft und über den Fußboden hin und her, bis der Staub einigermaßen zur Ruhe gebracht war. Nun wurden lange Tische hineingeschoben, die Tafeln gedeckt, die Speisen aufgetragen, und die Gesellschaft aß und trank, schwatzte und toastete, bis der Tanz von neuem beginnen sollte und des Abräumens halber die Gesellschaft abermals hinauskomplimentiert wurde.*

*Das alles sah ja sehr lustig und friedlich aus, so daß man im Augenblick meinen sollte, es gäbe hier nichts als die reinste Harmonie. Aber auch in den stillsten Karpfenteich findet einmal ein Hecht Eingang, und dieser Hecht war für die Lauensteiner Gesellschaft der vierziger Jahre der Herr Amtsassessor von Eisendecker. Dieser noch junge und unverheiratete Mann fiel durch so viel Außergewöhnliches auf, daß er, vollends in einem so kleinen Orte wie Lauenstein, beständig von sich reden machen mußte. Schon an seiner Erscheinung konnte niemand achtlos vorübergehen. Und zu dieser von männlicher Kraft strotzenden Gestalt gesellte sich gewinnende Kühnheit des Auftretens, ein heller Verstand und schlagender, ausgelassenster Witz. Ohne weiteres gewann er durch einen solchen Verein glänzender Eigenschaften ein unbedingtes Übergewicht über seine Umgebung. Ja, die Urwüchsigkeit dieser Natur hatte etwas so Bezwingendes, daß selbst besonnene ältere Männer ihrem Zauber für den Augenblick nicht zu widerstehen vermochten. Auch die Zuneigung meines Vaters hatte er in hohem Grade sich zu erobern gewußt, so daß dieser einmal ein schönes Elentiergeweih dem leidenschaftlichen Jäger zum Geschenk machte. Leider mißbrauchte Eisendecker die ihm angeborene Macht in der übermütigsten Weise. Er trieb ganz unerhörte Dinge, und doch wagte niemand, ihm entgegenzutreten. Mit ein paar jungen Leuten, einem Arzt und zwei Auditoren, durchzechte er ganze Nächte im Wirtshaus, war zügellos nach jeder Richtung hin und häufte Schulden auf Schulden. Nur die Frau Pastorin Küchenthal ließ sich von diesem Löwen nicht einschüchtern. Als er auf einem Klubabend sich Champagner bringen ließ, um ihn mit Bier vermischt zu trinken, rief sie ihm über den ganzen Tisch hinüber zu: »Herr Assessor! Sie sollten auch lieber ihre Butter bezahlen, als sich in Champagner betrinken!« Nichts war erstaunlicher und zugleich verhängnisvoller für ihn als die geradezu unglaubliche Virtuosität, die er im Pistolenschießen besaß. Seine Meisterschaft war eine derartige, daß er zum Beispiel einer ersten Kugel, mit der er irgendein entferntes Ziel, etwa einen Baumstamm, getroffen hatte, eine zweite nachzujagen vermochte, die mit unfehlbarer Sicherheit in dasselbe Loch traf, das die erste gebohrt. Sehr häufig wurden Talerstücke mit ihren aufgeprägten Fürstenbildnissen als Ziel gesetzt. Ein beliebter Scherz, den er zu treiben pflegte, bestand darin, daß einer seiner Gesellen eine Weinflasche mit ausgestrecktem Arm in der Hand halten mußte, von der er dann den Pfropfen aus einer verabredeten Entfernung herunterschoß. Einmal geschah es dabei, daß der, welcher die Flasche hielt, aus Unachtsamkeit den Zeigefinger hinter ihrem Hals in die Höhe gestreckt hatte. Eisendecker drückte ab, und mit dem Pfropfen fiel das oberste Fingerglied des Unglücklichen auf den Boden. Der Schütze aber hatte völlig richtig gezielt. Ohne Schußwaffe in der Hand war der gefährliche Mensch kaum irgendwo und irgendwann anzutreffen. Das Haus, in dessen oberem Stockwerk er sich eingemietet hatte, lag an der Hauptstraße des Fleckens, der Kirche schräg gegenüber. Wenn er auf seinem Zimmer war, so mußte, wie überall, so auch von hier aus geschossen werden, sei es, daß er nach einem Vogel zielte, der vorüberflog, oder lediglich um eines Schabernacks willen sein Pulver verknallte. Unter ihm wohnten zwei ältliche, unverheiratete Schwestern, die schwer unter dieser Nachbarschaft litten. Bei jedem Schuß fuhren sie erschreckt zusammen und waren dabei außerstande, je einen Angstschrei zu unterdrücken. Natürlich war es für Eisendecker ein ganz besonderes Ergötzen, diese Doppelwirkung seiner Untaten zu beobachten. Die armen, gequälten Geschöpfe entschlossen sich endlich, den Herrn Assessor zu bitten, er möge es ihnen doch wenigstens vorher sagen lassen, wenn er schießen wolle, damit sie sich in angemessener Weise auf den schrecklichen Augenblick vorbereiten könnten. Wirklich schickte er von nun an regelmäßig jemanden hinunter, der ansagte, er werde schießen. War dies aber geschehen, so ließ er mit grausamem Vorbedacht eine geraume Zeit verstreichen, ohne daß er sein Gewehr anrührte. Wenn endlich anzunehmen war, daß man unten wohl des Wartens müde geworden sei, knallte er plötzlich los, und wieder ertönte zu seiner Befriedigung das Doppelwehgeschrei der beiden Schwestern. Eine wirkliche Kalamität führte er durch ein anderes Manöver herbei. Wenn des Morgens die Kuhherde vor seinem Hause vorübergetrieben wurde, so wartete er den Augenblick ab, in dem der Stier erschien, um auf diesen dann von seinem Fenster aus eine Pulversalve abzufeuern. Das mächtige Tier tobte vor Schrecken, und seine Wut steigerte sich von Tage zu Tage in solchem Maße, daß es endlich fast unmöglich wurde, es vor dem Hause vorüberzubringen, in dem Eisendecker wohnte. Durch den oberen Teil des Fleckens ließ es sich noch ruhig treiben. Sobald es aber an den Mühlteich kam, wo die Straße umbiegt, um von nun an geradeaus an der Kirche und dem gefürchteten Hause vorüber durch den Hauptteil des Ortes zu führen, blieb es wie eingewurzelt stehen, den Schweif hoch aufgerichtet, am ganzen Leibe zitternd vor fürchterli-*

*cher Erregung.* Endlich setzte es sich wie mit einem verzweifelten Entschluß wieder in Bewegung, dann aber auch, *um wie toll die ganze Strecke bis zum Ende der Häuser hinunterzurasen. Es braucht nicht gesagt zu werden, daß sich infolgedessen um diese Zeit kein Mensch auf der Straße blicken lassen durfte, wenn er nicht sein Leben aufs Spiel setzen wollte; der Ort sah von oben bis unten wie ausgestorben aus. Und nicht nur das. Der Stier war so sehr auf das Äußerste gereizt, daß es zu jeder Zeit und an jeder Stelle gefährlich wurde, ihm zu begegnen.*

*Ich kann nicht angeben, wie lang der Zeitraum war, währenddessen Eisendecker in Lauenstein als Assessor fungierte. Gewiß ist nur, daß sein Dasein für alle, die mit ihm in Berührung kamen, mehr und mehr unerträglich wurde. Auch in seiner amtlichen Tätigkeit ward er immer nachlässiger und willkürlicher. Die Erledigung der Prozeßsachen verschleppte er bis ins Unleidliche, und als einer der Ortsangesessenen ihm einmal in einer solchen Angelegenheit einen ganz bescheiden gehaltenen Mahnbrief schrieb, verhängte er wegen Beleidigung der Obrigkeit eine Geldstrafe über ihn. Schließlich geriet er in die Zwangslage, eine übelbeleumundete Wirtstochter heiraten zu müssen, und die Regierung, die gegen den adeligen Herrn immer noch zur Nachsicht geneigt war, versetzte ihn an ein anderes hannoversches Amt, anstatt ihn schon damals aus dem Dienst zu entfernen. In seinem neuen Wirkungskreis schoß er alsbald auf zahme Enten, die einem der dortigen Bauern gehörten, erlegte deren etliche und ließ sie sich von seiner Frau braten. Das brach ihm den Hals. Er wurde seines Amtes entsetzt, wanderte aus nach Amerika und niemals hat man wieder von ihm gehört.*

*Jahre und Jahrzehnte sind seitdem dahingegangen. Nicht nur der wilde Eisendecker: alle jene Gestalten haben ja längst die sichtbare Welt verlassen. Sie tauchen in meiner Erinnerung wieder auf und wollen sich nicht abweisen lassen, wenn ich mich in das Lauenstein meiner Kinderjahre zurückversetze. Andere sind ihnen auf diesem kleinen Fleck Erde nachgefolgt, und auch sie sind zum großen Teil wieder dahin und dorthin, zeitweilig oder für immer, verschwunden. Der Fleck selbst aber, das Stück Erde, das den Schauplatz gab für all dies menschliche Tun und Treiben, Kommen und Gehen, es ist im wesentlichen dasselbe geblieben in seiner stillen Schönheit, und dieser Boden an und für sich war es auch in jener fernen Zeit vor allem übrigen, was auf mein inneres Leben, mein Empfinden und Denken nährend und entwickelnd, einwirkte. Hier durfte ich teilnehmen an jenen geheimnisvollen Vorgängen des natürlichen Lebens, des Wachsens und Vergehens, des Blühens und Welkens schon zu einer Zeit, wo die Seele noch halb im Schlaf liegt: und wenn sie da schon träumend Wunderbares empfängt, um wieviel Größeres erlebt sie, wenn sie nun wirklich mehr und mehr zu bewußtem Dasein erwacht. Mir ist zeitlebens eine besondere Vorliebe für den Spätsommer und den beginnenden Herbst eigen gewesen und geblieben. Vornehmlich hat dies sicher seine Ursache eben darin, daß ich von Jugend auf in keiner anderen Jahreszeit so vertraut und unausgesetzt mit der Natur verkehren durfte, wie eben in dieser.*

*Die Liebe des Kindes wird sich immer zuerst dem Kleinen, den einzelnen Erscheinungen der Schöpfungswelt zuwenden. Die großen Bilder vermag es noch nicht zu fassen. Da waren im September die Herbstgentianen*[95]*, die, eine nicht häufige Pflanze, doch gerade am Ith mehrfach vorkommen und durch ihr herrliches Blau in die Augen fallen, dann im Schatten des Waldes das hohe, seltsame Satyrion*[96] *und auf den Angern jene kleine späte Orchisart, spiranthes auctumnalis*[97]*, deren eigentümlich duftende, grünlich-weiße Blüten spiralförmig an dem Stengel hinaufkletterten. Die gelbblühenden wilden Balsaminen*[98] *haben bekanntlich die drollige Eigenschaft, daß ihre Samenkapseln bei der leisesten Berührung mit dem Finger plötzlich auseinanderplatzen, was dann zu lustigen Spielereien Anlaß gab. In der Waldwildnis der »Teufelsküche« aber wuchs zwischen den Felsblöcken das prachtvolle Farnkraut, das den Namen »Hirschzunge« trägt. Nur an dieser einzigen Stelle des Gebirges wurde es gefunden, und mit einer Art von Ehrfurcht betrachtete man das schöne, edle Gewächs. Auf alle diese Schönheit machte mich mein Vater aufmerksam, der von frühauf botanische Kenntnisse sich angeeignet hatte. Wenn jedoch eine Weile feuchte Wärme geherrscht hatte, so zogen wir zu mehreren aus, um auf den Angern Champignons und in den Buchen- und Eichenwaldungen Steinpilze zu sammeln. Das gab dann hinterher vortreffliche Mahlzeiten, doch die Freude des Einsammelns, der Stolz, die meisten und die schönsten Exemplare gefunden zu haben, war noch mehr wert als alles Essen. Wunderlich ist es, wie für die Anschauung des Kindes sich alle Dinge individualisieren. Was ihm nahetritt, ist nur einmal in der Welt da. Es wird persönlich. So ging es mir* hier fast *mit dem ganzen Pflanzenreich. Die Schlehenbüsche hinter unserer Gartenmauer mit den bläulichen runden Früchten, die scharlachroten Beerendolden des Weißdorns in den Hecken, die man »Möllerbrot« hieß, gehörten für meine Vorstellung ausschließlich dem Lauensteiner Boden an. In Berlin war dergleichen ja freilich nicht zu finden. Ich weiß mich aber noch deutlich des seltsamen Gefühls von Verwunderung zu erinnern, das mich beschlich, als ich später einmal im Harz zur Frühlingszeit Schlehen und Weißdorn blühen sah und mir sagen mußte,* *daß sie im Herbst nicht anders aussehen würden als meine Lauensteiner Freunde.*

*Wie in der Jugendzeit meines Vaters, ließen sich auch jetzt noch zahlreiche versteinerte Muscheln finden, wo an den Abhängen oder im Talgrunde das Kalkgestein zutage trat. Freilich, der Bestand verringerte sich allmählich, da ein Postbeamter am Ort war, der in seinen Freistunden das Sammeln von Petrefakten planmäßig betrieb und es verstand, die besten Sachen für sich beiseite zu schaffen. Auch mich zogen die merkwürdigen Steingebilde an, und mein Vater leistete mir beim Sammeln gern Gesellschaft; sein Interesse an diesen Zeugen einer untergegangenen Welt war das gleiche geblieben wie in früheren Jahren. Eines Tages hatte er auf einem Spaziergang ein Ammonshorn entdeckt. Ein Teil desselben sah aus dem Boden heraus, die Hauptsache jedoch lag fest mit dem umgebenden Gestein verbunden noch unter der Oberfläche. Er holte sich Werkzeug aus dem Hause, ging zur Fundstelle zurück und brachte endlich nach vielen Bemühungen die ganze Muschel an das Tageslicht. Freilich war sie bei dem gewaltsamen Loslösen in mehrere Stücke zersprungen, aber nichts fehlte, und die Teile ließen sich zusammenleimen. So wurde denn dieser prachtvolle große Ammonit eines der Hauptstücke unserer kleinen Sammlung. Mehr als alle Muscheln setzten von Anbeginn die Schmetterlinge mein Blut in Wallung.* Ich habe bereits erwähnt, zu einem wie ernstlichen Interesse *die frühe Leidenschaft für diese reizenden Geschöpfe bei mir sich herausbildete*, und es liegt nahe genug, sich vorzustellen, *daß kein Schauplatz günstiger sein konnte, sie zu nähren, als der der Lauensteiner Wiesen und Wälder. Auf diesem Gebiet handelte ich durchaus selbständig, und nicht nur mit den Streifzügen zum Fangen der Tiere selbst, sondern auch mit dem Sammeln und Aufziehen der Raupen verbrachte ich viele glückliche Stunden. Leider – muß ich hinzufügen – wohl deren mehr, als sich im Hinblick auf Wichtigeres verantworten ließ.*

*Nachdem ich etwas älter geworden, trat zu all diesen Freuden noch eine neue. Außer dem Dohnenstieg, den die Königliche Försterei für ihre Zwecke unterhielt, wurde unserm Hause die Erlaubnis zur Anlegung eines zweiten erteilt, und ich durfte unter angemessener Beihilfe die ganze Besorgung desselben in die Hand nehmen. Zu meinem Helfer hatte man den alten Nachtwächter und Waldarbeiter Kohrs bestellt, mit dem ich bei dieser Gelegenheit die schönste Freundschaft schloß. Er fertigte die Dohnen an, hieb den Weg durch das junge Buchenholz am »Schanzenkopf« und war oft mein Begleiter, wenn schon früh am Morgen die Strecke begangen werden mußte, um die etwa gefangenen*

*Krammetsvögel*[99] *einzuheimsen. Blicke ich mit meinen heutigen Anschauungen und Empfindungen auf jene Taten zurück, so begreife ich mich freilich selbst nicht mehr. Niemand kann die grausame Hinopferung zahlloser Singvögel, wie die Dohnenstiege sie ehedem verschuldeten, entschiedener verurteilen, als ich es schon seit Jahrzehnten tue. Aber zu leugnen vermag ich es zu meinem Bedauern dennoch nicht, daß ich mit zwölf oder dreizehn Jahren ein ganz leidenschaftliches Vergnügen empfand, diese schmähliche Jagd auszuüben. Wohl wurde mir übel zumute, wenn ich einmal einen noch halb lebenden Vogel, etwa mit den Beinen in den Schnüren steckend, oder ähnliche Trostlosigkeiten ansehen mußte. Aber der Reiz der jedesmaligen Spannung, ob etwas und was und wieviel sich heute gefangen haben könnte, war doch zu groß, als daß er nicht das Unbehagen bei solchen Zwischenfällen weit überwogen hätte. An dem Verzehren der Beute war mir gar nichts gelegen; ich freute mich höchstens, für die Küche etwas sehr Schätzbares liefern zu können. Wohl aber bleibt auch von diesen an sich wenig lobenswerten Streifereien dennoch eine Erinnerung zurück, der kein übler Beigeschmack anhaftet, ja, die mich noch heute beglückt: ich meine die landschaftlichen Eindrücke, die ich damals, vielleicht zum ersten Male voll bewußt, empfing. Die Natur war schon herbstlich, das Laub fing an, bunt zu werden, und da wir ziemlich früh ausziehen mußten, so lag oft noch dichter Nebel über dem Tal. Unvergeßlich ist es mir, wie herrlich dann die Augenblicke waren, in denen die Sonne endlich durchbrach und die Dünste zerteilte. Der steile Abhang des Schanzenkopfes liegt dem Burgberg gerade gegenüber. Hier und da gab es damals Lichtungen in dem noch fast buschartigen Wald, die einen Ausblick erlaubten. Da zogen dann die Nebelschleier, immer durchsichtiger und zarter werdend, vor dem steinigen Hügel mit seinem wilden Gebüsch und dem verwitterten Gemäuer vorüber, bis nicht nur diese Nähe, sondern der ganze Kranz der umgebenden Waldberge im vollen, goldigen Sonnenlicht lag. Darüber das in tiefem reinem Blau strahlende Himmelszelt. Schöneres, schien mir, könne man nicht sehen. Zum Herbst gehören noch heute auch die Kartoffelfeuer. Auf den Feldern und in den Feldgärten – wie deren jeder Angesessene einen solchen außer seinem Hausgarten zu besitzen pflegt – trägt man, nachdem die Kartoffeln eingeerntet, das trockene Stroh zusammen und zündet es an. An klaren Herbstabenden gibt das ein hübsches Bild, wenn in der Ebene überall die Feuer aufleuchten und die Dampfwolken weithin die Luft durchziehen. Unser Feldgarten lag ehedem – und das von alters her – in der Senkung zwischen Krähenberg und Abkemberg. Er hieß der »Trift-*

*kamp« oder »Triftgarten«, umfaßte neben einigen Ackerstücken eine große Wiesenfläche und lieferte auch Obst, da ihn an der einen Seite eine große Anzahl von Zwetschgenbäumen begrenzte. An diesem hübschen Fleck wurde denn auch unser Kartoffelfeuer angezündet. Der gute Schreiberjüngling Fritz Sievers, der um nicht ganz zehn Jahre älter war als ich, führte den Reigen an, und wir drei Vettern folgten. Sievers sorgte für Vorsicht und Vernunft, wir übrigen für Vergnügen und Ausgelassenheit. Es gab aber noch ein anderes, bei dem auch Kartoffeln und Feuer eine Rolle spielten, das jedoch weit über die bescheidenen Triftskampfreuden hinausragte, ja niemals in irgendwelchen Vergleich mit ihnen gebracht wurde. Der »Mönchenstein«, eine der höchsten Erhebungen des »Ith«, gilt in der ganzen Umgegend mit Recht als vornehmstes Ziel aller Ausflüge. Der mächtig und malerisch vorspringende graue Fels hat der Stelle den Namen gegeben. Steil stürzt der Berg nach Westen hin ab, während der Anstieg vom Lauensteiner Tal her ein allmählicher ist, und weithin schweift der Blick von oben über das schmale Stück braunschweigischen Landes zu Füßen zu den Höhenzügen des Wesertales hinüber, deren Linien in schönem Wechsel sich kreuzen. Hier und da taucht ein blitzender Streifen des Flusses auf, das Stadtbild von Hameln tritt am Fuß des Klüth deutlich hervor, und in der Ferne geradeaus sieht der Teutoburger Wald mit dem kaum noch als Punkt erkennbaren Hermannsdenkmal herüber. In der Nähe aber, im Rücken und zur Seite, dehnt sich alter und junger Buchenwald über Berge und Täler weithin ununterbrochen aus, nur in der unmittelbaren Nachbarschaft des Felsens ein grünes Rasenfleckchen freilassend, das zum Rasten einzuladen scheint. Auf diesem schönen Fleck einmal im Herbst ein Feuer anzuzünden, war seit vielen Jahren Rudorffsche Familiensitte. Die Forstbehörde hatte ein für allemal ihre Zustimmung dazu gegeben. So zogen wir denn an einem schönen Septembernachmittage aus, meine Eltern mit mir, der Onkel Valdec mit seinem ältesten Sohn und dazu etwa noch ein paar Glieder der Hausmann-Küchenthalschen Familie. Ein Träger war rechtzeitig bestellt, um in einem Tragkorb auf dem Rücken alles Nötige an Geschirr und Viktualien den etwa anderthalb Stunden lang ansteigenden Weg hinaufzubefördern. Alles aber, was im übrigen männlichen Geschlechts war, groß und klein, ergriff im Wandern, was an trockenen Zweigen im Walde umherlag und schleppte es mit sich den Berg herauf, um einem möglichst großen Feuer Nahrung zu geben. Nun wurde der Holzstoß aufgeschichtet und angezündet, um vor allem erst einmal die in großen Gefäßen mitgebrachten Flüssigkeiten zu erwärmen. Je mächtiger der Brand, um so besser. Nur windstill mußte es sein, damit die lodernden Flammen nicht zur Seite schlagen und die Zweige der nächsten Bäume ergreifen könnten. Immer stand der eine oder andere in nächster Nähe, um mit einem langen Stock bewaffnet Wache zu halten und das Feuer nach Bedarf zu zügeln. Während dann der Kaffee getrunken, Kuchen und Butterbrote verzehrt wurden, bereitete sich die Hauptaktion vor. Die Feuersäule war nach und nach niedriger geworden, und endlich erloschen die letzten züngelnden Flämmchen. Damit war dann der Augenblick erschienen, in dem man die frisch geernteten Kartoffeln in den Haufen rotglühender Asche warf und sie dort wohl zugedeckt gar rösten lassen konnte. Ich glaube nicht zuviel zu sagen, wenn ich behaupte, daß es keine einzige Art der Zubereitung von Kartoffeln gibt, die sich mit dieser vergleichen lassen könnte. Ja, die bei allen sonstigen Koch- und Bratmanieren verpönte und ausgeschiedene Schale der Kartoffel erweist sich hier, wenn sie in der Asche geröstet ist, als Spenderin besonders feinen Wohlgeschmacks. Doch was hat diese kulinarische Frage zu bedeuten dem poetischen Hauch gegenüber, der über dem ganzen dieses eigenartigen gemeinsamen Ausfluges schwebte! Alles gehörte zueinander: Der harmonische Zusammenklang der Menschenseelen, die harmlose Fröhlichkeit des geselligen Verkehrs, die auch der Grundlage sinnlichen Behagens nicht entbehren mag, vor allem aber der Zauber der echt deutschen Landschaft, der der allgemeinen Stimmung die Weihe gab. Nicht alles ist dort oben mehr wie vor fünfzig Jahren. Damals lagen westlich zu Füßen die hübschen braunschweigischen Dörfer Bisperode und Bessingen inmitten eines bunten, von Hecken durchzogenen Feld- und Wiesengeländes. »Das Herz an der Kette« hatten meine Eltern eine kleine Wiese getauft, die, herzförmiger Gestalt, von einer buschigen Hecke umgeben war; die Haseln, Weißdornen und Schlehen begleiteten wie eine angehängte Kette das kleine Rinnsal, das, hier entspringend, sich durch den grünen Rasen hinabschlängelte. Der Wald erstreckte sich vom Ith her wie an dem gegenüberliegenden Höhenzug mit allerlei malerisch unregelmäßigen Vorsprüngen in die Feldmark hinein, wie es die durch Senkungen oder Erhebungen bedingten Bodenverhältnisse hatten tunlich erscheinen lassen. Da erschien in den sechziger Jahren die abstrakte Weisheit der Verkoppelungs- und Gemeinheitsteilungsgesetze auch hier auf dem Plan, und sämtliche Hecken und sämtliche Waldzungen wurden rasiert. Man sieht nun da unten nichts mehr als gerade Linien und rechte Winkel. Gerade laufen die Bäche, gerade die Waldgrenzen, gerade sämtliche Wege, die zwischen dem Acker- oder Wiesenland herführen. Auch das Stadtbild des alten Hameln hat den Reiz seiner Umrisse zum großen*

*Teil eingebüßt; Fabrikschlote umgeben es an Stelle der mittelalterlichen Stadtmauer mit ihren Wachtürmen, und eine graue Rauchwolke pflegt, aus der Ferne gesehen, über den Häusern zu lagern. Aber die Berge hat man doch noch nicht abgetragen und zu Kartoffelland umgearbeitet. Die schönen Linien der Landschaft im großen sind unangetastet, und der Wald hat von seiner Fülle noch nicht allzuviel hergeben müssen. Ähnlich steht es heute hinsichtlich dieser Verhältnisse ja fast überall, so also auch, um bei dem nächsten zu bleiben, auf unserer östlichen Seite des Ith. Die Feldmarken sämtlicher Dörfer der Ebene bis zum Leinetal haben die Verkoppelung über sich ergehen lassen müssen, auch das zu Lauenstein gehörige Gebiet mußte, soweit es schon außerhalb der Berge liegt, dies Schicksal teilen. Im Tale selbst jedoch ist es gelungen, die Begradigung der Waldgrenzen und die Vernichtung der Hecken abzuwenden. Nach wie vor zieht sich das Gebirge in malerischem Wechsel vortretenden Waldes und einspringender Wiesen um den Talgrund. Noch ist der Burgberg mit seinen Trümmern bewahrt vor einem Ausbau oder der Krönung durch eine beliebte Wirtschaft mit Bierausschank, und hoch in den Lüften über den Bergen und Klippen kreisen wie seit undenklichen Zeiten die Bussarde mit weitgespannten Flügelpaaren. Im Garten der Knabenburg führt wie in den Tagen meiner Kindheit der Zaunigel alljährlich seine Jungen spazieren; nach dem Regen kriecht der schwarzgelbe Molch aus den Mauerlöchern hervor, und an sonnigen Septembernachmittagen schwebt der schöne Admiral um die Blumen im Kux. Nachts aber läßt sich vom Krähenberg her dann und wann der Ruf des Käuzchens oder der Ohreule hören, nicht um die Schläfer in der Knabenburg zu erschrecken, sondern um ihnen zu sagen, daß die rechtmäßigen Bewohner des Waldes noch nicht ausgestorben sind.*[100]

Im Jahr 1853 war mein Vater genötigt, etwas Ernstliches zur Wiederherstellung seiner Gesundheit zu tun. Er hatte von Jugend auf zu angestrengt und zu andauernd gearbeitet, hatte zu viel gesessen, sich zu wenig körperliche Bewegung gegönnt, und nun stellten sich endlich Unterleibsbeschwerden ein, die Besorgnis erregten. Es wurde hin- und hergesonnen, was wohl am ehesten Hilfe verspreche, ohne daß man zu einem Entschluß kommen konnte. Eines Nachmittages trat ich in die Stube meines Vaters und fand meine beiden Eltern nebeneinander auf dem Sofa sitzend mit so froh bewegten Gesichtern, wie ich sie seit Wochen nicht an ihnen gesehen hatte. Vor ihnen lag ein Zeitungsblatt, in dem sie eine begeisterte Schilderung des Kurortes Weißbad in Appenzell gefunden hatten. Die Heilerfolge, die man dort mit dem Molketrinken erzielt habe, wurden als erstaunliche gerühmt, die Reize der Landschaft mit den verlockendsten Worten gepriesen, und alles schien gerade für den Fall zu passen, in dem mein Vater sich befand. Der Hausarzt wurde zu Rate gezogen, er hatte nichts gegen den Gedanken einer Molkenkur in den Alpen einzuwenden, und Anfang August wurde die Reise angetreten, die uns über Nürnberg, Augsburg, Lindau, Rorschach, St. Gallen an das ersehnte Ziel brachte. Wirklich hatte die Zeitung nicht gelogen. Die Alpenwelt des Kantons Appenzell Innerrhoden war vom Modetouristentum noch kaum berührt, das Kurhaus Weißbad hatte zu Füßen der Ebenalp eine herrliche Lage und der ganze Zuschnitt des Lebens zeichnete sich durch wohltuende Einfachheit aus. Während der vier Wochen unseres Aufenthaltes dort erholte sich mein Vater zusehends. Täglich unternahm er Fußwanderungen und oft war ich dabei sein Begleiter. Er liebte es, nicht nur vielbetretene Wege zu gehen, die zu allgemein bekannten Zielen führten, sondern zur Abwechslung auch einmal irgendeine Richtung aufs Geratewohl hin einzuschlagen, um sich selbst die Welt zu entdecken. Dergleichen ist in den Alpen für den Fremden kein unbedenkliches Ding, und so geschah es denn auch ein paarmal, daß ein wilder Gebirgsbach unsern Weg unvermutet durchkreuzte, oder daß ein plötzlich auftauchender Abgrund unserm Vordringen ein Ziel setzte, so daß nichts übrigblieb, als kehrt zu machen und zurückzugehen wie man gekommen war, und auch das war oft schwierig genug. Den »Hohen Kasten« wollte sich auch meine Mutter nicht entgehen lassen, obwohl ihr das Bergsteigen nicht gerade leicht wurde. Wir erstiegen also den seiner Fernsicht willen berühmten Berg zu dreien. Meine Eltern hielten bergan ihren ruhigen Schritt inne. Ich aber lief wie ein junger Hund beständig rechts und links vom Wege ab, sei es um irgendeinem Schmetterling nachzujagen, oder auch um eine mir unbekannte Blume in der Nähe zu betrachten. Da hörte ich denn einmal, wie mein Vater zu meiner Mutter sagte: »Der Junge sieht doch gar nichts! Es ist wirklich ganz überflüssig, daß man ihn auf solche Partien mitnimmt.« Das verdroß mich im Geheimen; denn in der Tat geschah mir Unrecht mit diesem Urteil. Wohl waren mir für den Augenblick die Schmetterlinge noch wichtiger als die Schneefelder am Säntis und die zackigen Felshörner rings umher. Allein, daß ich auch diese sehr wohl gesehen hatte, ja, daß sie mir samt den grünen Matten und den stürzenden Bächen tiefen Eindruck gemacht hatten, das zeigte sich hintennach. Als ich im Winter wieder in der Berliner Stube saß, packte mich oft genug eine Sehnsucht nach jener wunderbaren Welt, die mir die Augen um ein gutes Stück weiter geöffnet hatte. Zu reden versteht man ja mit dreizehn Jahren noch nicht über schöne Aussichten und malerische Wirkungen in der Landschaft. Und wenn mir etwa die Begeisterung über dergleichen abgefragt wurde, so wurde ich störrisch und wurde erst recht stumm. Das Gefühl für die Herrlichkeit der Natur will Zeit haben zu seiner Entwicklung wie jede andere seelische Anlage. Es gibt unzählige Menschen, ja ganze Nationen, denen man alle möglichen Intelligenzen zugestehen muß, während ihnen doch ein inniges Naturgefühl so gut wie ganz und gar abgeht. Wo es aber im Keim vorhanden ist, da mag es sich Jahre hindurch nicht zu äußern vermögen, weil es überhaupt noch nicht bis an die Oberfläche des Bewußtseins gedrungen ist, es schlummert doch unzerstörbar im verborgenen Grunde der Seele. Halb träumend hängt es sich dann eine Weile an allerlei kleine und kleinste Dinge der nächsten Umgebung, bis endlich die Decke von den Augen genommen wird und die Fülle der Schönheit sich für die jugendliche Überschwenglichkeit kaum fassen lassen will.

Ich habe schon früh manches und Verschiedenartiges von der Welt gesehen. Als sechsjähriges Bürschchen wurde ich mit an die Nordsee genommen, wo mich auf der Insel Wangerooge der Badeknecht gleich am ersten Morgen mit seinen beiden Fäusten packte und ohne Erbarmen mit Haut und Haaren untertauchte. Das half, um mir für die nächsten Male die Wasserscheu abzugewöhnen. Auf der Rückreise nach Lauenstein wurde Aufenthalt bei der Großtante Melusine gemacht, die nach wie vor nicht weit von Hoya in dem einsamen Heidedorfe Vilsen wohnte. Der alte Onkel, ihr grämlicher Eheherr, war damals noch am Leben und behandelte mich für seine Verhältnisse recht freundlich. Er nahm mich mit sich auf die kleine Vorratskammer, wo ich ihm helfen mußte, trockene Erbsen auszukrüllen. Auf dem Markte in Bruchhausen aber erschlossen mir das Karussell und die zahlreichen Buden mit ihren bunten Schätzen ein Wunderland. Auch Thüringen wurde einmal für ein oder zwei Wochen besucht. Das geschah im August 1850. Ein Jahr später sollte die Ferienreise mit einem Umweg über Marburg und Heidelberg angetreten und vielleicht bis zum Bodensee ausgedehnt werden.

Der Professor der Geologie Girard jedoch, ein Lichtensteinscher Verwandter, den wir in Marburg trafen, überredete meinen Vater, lieber einen kurzen Abstecher nach Basel, Bern und dem Berner Oberland zu machen, das er zwar nicht persönlich kenne, das aber nach dem, was er von der Art und Formation des Gesteins wisse, sehr viel großartiger sein müsse, als die Umgebung des Bodensees. In diesem Ton sprach man damals noch von dem jetzt zum abgetretensten Fremdenviertel gewordenen Bezirk der gesamten Alpenwelt. Wirklich waren wir ein paar Tage in Thun und Interlaken, bewunderten den Blick nach Blümlisalp, Jungfrau, Eiger und Mönch und sahen die gewaltigen Wasserstürze des Gießbaches. Daß dies alles mir nicht nur augenblickliche Freuden brachte sondern auch dauernde Spuren hinterließ, ist gewiß. Aber es waren, von Vilsen abgesehen, doch nur Reisen, wie sie andere auch machen, mit Gasthofexistenzen und einmaligen, mehr oder weniger flüchtigen Eindrücken. So kann von einem Vergleich mit dem, was ich in Lauenstein alljährlich erlebte, keine Rede sein. Nur ein Stück deutschen Landes wurde mir von früh auf in ähnlicher Weise heimatlich vertraut; und dies war der Harz. Ich zählte noch nicht zwei Jahre, als ich zum erstenmal von meinen Eltern nach Wernigerode mitgenommen wurde und mit ihnen im Radeckeschen Pfarrhause oben am Schloßberge die »Brockenstube« und die »Brockenkammer« bewohnte. Radeckes erste Frau, die früher erwähnte Tante meiner Mutter, Sophie geb. Reichardt, war im Februar des Jahres 1838 gestorben. Ein oder zwei Jahre später ging er eine neue Ehe mit einer jungen Witwe Dorette Kölle geb. Lodemann ein. Sie war die Schwester der Frau Meinecke und gehörte wie diese zu unseren entfernteren Verwandten von Albertischer Seite. Von Erscheinung und Wesen ungemein anmutig, hatte sie, schon ehe an die neue Verbindung gedacht wurde, bei einem Besuch im Meineckeschen Hause das Herz meiner Eltern ganz und gar gewonnen. Als Gattin Radeckes machte sie ihnen das Pfarrhaus am Wernigeroder Schloßberg fast noch heimischer, als es ihnen schon zu Lebzeiten der Tante Sophie gewesen war. Selten vergingen ein oder zwei Jahre, ohne daß mein Vater ein paar Tage, sei es zum Anfang oder am Schluß der Ferien, Zeit für einen Abstecher nach Wernigerode erübrigte. Für mich aber verfließt daher die Erinnerung an diese schöne Stätte in nicht mehr zu unterscheidende Anfänge.[101] Im fernsten Dämmerlicht erscheint eine Hirschkuh, »die zahme Grete« genannt, die aus dem dichten Tannenwald heraustritt, der dort oben bis an die drei gräflichen Beamtenhäuser reicht. Sie kommt bis an die kleine Steintreppe vor der Tür des Pfarrhauses, holt sich ein bißchen Futter, das man ihr reicht, und läßt sich mit der Hand streicheln. Der Onkel Radecke spricht vor jeder Mahlzeit ein kurzes Tischgebet. Bei uns zu Hause gibt es eine solche Sitte nicht, aber aus so liebem Munde machen mir die Worte einen schönen, feierlichen Eindruck. Später empfinde ich mit Bewußtsein die Reinheit und tiefe anspruchslose Frömmigkeit, die die lautere Seele des alten Großonkels ausstrahlt. Das ganze Haus ist wie durchweht von Frieden und Güte; mir ist zumute, als würde man besser, wenn man über seine

Schwelle tritt und die Luft dieser stillen freundlichen Räume atmet. In dem kleinen Garten, der nach hinten heraus von keinem Stakett eingefriedigt über dem steilen Abhang schwebt, reifen die Himbeeren und Reseda blüht auf den Beeten. Der süße Duft von beidem vermischt sich mit dem eigentümlich kräftigen Geruch des Tannenwaldes, und über dem Einschnitt des Hassröder Tals sieht das blaue Brockengebirge herüber. Man geht zur Theobaldikirche hinunter und das Mühlental zur Voigts-Stigmühle, die mein Vater zeichnet. Immer weiter werden die Wanderungen mit den zunehmenden Jahren, bis ich vielleicht siebzehnjährig zum ersten Male auch den Brocken ersteige. Robert Radecke ist gleichzeitig zum Besuch des Onkels eingetroffen, und gemeinsam mit ihm und ein paar anderen geht es über steinerne Renne und Rennekenberg hinauf zum längst ersehnten höchsten Gipfel des Gebirges. Ich füge hier einen Brief meines Vaters an seinen Bruder in Lauenstein ein, weil er einen Blick in das Wernigerode tun läßt, wie es um die Mitte des vorigen Jahrhunderts beschaffen war. Das Schreiben, in dem die tiefe Erregung noch nachzittert, die das unheilvolle Revolutionsjahr bei allen ernster Denkenden hervorgerufen hatte, ist datiert: »Wernigerode Osterdienstag 1849« und lautet folgendermaßen:

»Die Überschrift, mein lieber Bruder, zeigt dir schon, daß ich Gegenwärtiges in größerer Nähe als gewöhnlich und auf niedersächsischem Boden schreibe. Ich bekam nämlich von Radecke's eine Einladung zum Feste, und da das Wetter verführerisch schön war, so machte ich mich am Sonnabend auf, setzte mich in Halberstadt um 7 Abends auf den Bock der Post und traf im herrlichsten Mondschein um 9 Uhr hier ein. Ein frischer Wind trieb mir den Harztannengeruch bis über die Gränze der Grafschaft entgegen, der schneeweiße Gipfel des Harzgebirges glänzte im Mondenschein über den dunkeln Tannenwäldern und Radecke's gastlich helle Fenster winkten mir freundlich ins Thal herunter.

Am ersten Osterabend zählten wir 42 Osterfeuer vom Walle der alten Grafenburg im Halberstädter, Braunschweiger, Hildesheimer und Wernigeröder Lande. Ich habe die bestimmte Wahrnehmung gemacht, daß sie nicht über die Sprachgränze hinausreichen; der Huÿ lieferte die letzten, der Hakelwald jenseits des Hartago[102] keine mehr. Der Geist, von dem sie Zeugniß geben, der ungebrochene sächsische Volksgeist, obwohl ein heidnischer, gefällt mir besser als der moderne heidnische. Das Volk müßte sich mächtig auffrischen, oder es geht abwärts. Lies doch einmal Rudolf von Raumer ›Vom deutschen Geiste‹ Erlangen 1848 – es ist ein hübsches Buch voll tiefsinniger Bemerkungen.

Gestern mittag waren wir oben bei der alten Herrschaft zur Tafel. Sie war im Rittersaal serviert, von den Wänden sah ein tüchtiges Stück deutscher Geschichte herab. Das edelste aber war der liebe alte Herr[VIII] in seiner biedern schlichten deutschen Einfachheit – der letzte Stolberg, 77 Jahr alt steht er noch aufrecht wie eine deutsche Eiche, vor der Alles Respekt hat. Mit ihm sinkt eine ganze Zeit ins Grab und Vieles wird hier anders werden. Seinen ältesten Sohn, den Erbgrafen Hermann, der auch war wie er, und dessen ältesten Sohn hat er begraben müssen. Das Volk vergißt es Jenem nicht, daß er in Ilsenburg, wo er den Hochofen gebaut hat, sich selbst erst in den Kohlenkarren gespannt hat, um zu versuchen, ob sie auch nicht zu schwer für die armen Leute wären. Das unsinnige Jagdgesetz hat Keinen schwerer getroffen als den alten Herrn, der in der ganzen Grafschaft alleiniger Jagdherr war; es kostet ihn Tausende ohne Entschädigung, und das Schlimmere ist die Demoralisation. Die Gerichtsbarkeit in zwei Instanzen entzieht man ihm, ohne sich um die Verträge, selbst noch von 1822, zu kümmern. Es ist ordentlich erbaulich, wie gelassen er diese Opfer bringt; er meinte, man müsse dies *unter* den Strich schreiben, und da das wilddiebende Volk nun ausziehe und die alten Mutterhasen totschieße, werde es noch dahin kommen, daß man die Hasen für Geld sehen lasse. – Schwerer trägt es die Gräfin, deren Haar ganz weiß geworden ist.

Die alten Bande und Gliederungen lösen sich mehr und mehr, die Bauerntracht, so schön und anständig, weicht dem französischen Schnitt, worin die Leute wie Vagabunden aussehen. Die Hausandacht, die der alte Herr noch mit seinem Hausgesinde hält, wird mit ihm dahin gehen, selbst die weiße Wand und der tannene Tisch verschwindet aus der Bauernstube, so daß der Regierungsdirektor Sporleder ordentlich eine Wallfahrt macht, um noch einen zu sehen ...

Morgen hoffe ich das Archiv zu sehen, und dir noch einige Weisthümer zu schaffen. Die von Wernigerode sind zwar ›vranken‹, aber das Volk ist in seltener Reinheit sächsisch. Die Sprache ist hier herum so hart und schön wie selten. Von thüringischer Grundlage keine Spur; die ältesten Bewohner scheinen alle über das Gebirge gejagt, denn oben ist allerdings die Sprachgränze.

---

VIII Graf Heinrich von Stolberg Wernigerode, der, da er keine Leibeserben hinterließ, der letzte *seiner Linie* war.

Die Frühlingsblumen, Hepathica, Seidelbast und Veilchen sind wunderschön, wie schön muß es erst um Pfingsten sein!«

Soweit mein Vater. Noch steht das Radecksche Pfarrhaus oben am Berge, dem Eingang zum Schloßhof gegenüber. Das Schloß selbst aber ist ein anderes geworden, die alten malerischen und gemütlichen Gebäude, die zum großen Teil aus Fachwerk hergestellt waren, sind bis auf geringe Reste einem massiven Neubau gewichen, der zwar sehr prächtig und anspruchsvoll auftritt, dessen nachgemachte Gotik aber erkältend wirkt.

Doch Wernigerode war nicht der einzige Ort am Harz, mit dem mich eine innige Liebe verband. Ja, in noch höherem Grade wurde mir, wenn auch später, das kleine Dorf Wienrode bei Blankenburg zu einer geradezu heimatlichen Stätte. Das Hoffmeistersche Ehepaar war, wie schon erwähnt, nach kurzem Wohnen in Wolfenbüttel gegen Ende des Jahres 1847 nach Blankenburg übergesiedelt, und im Sommer 1849 suchten meine Eltern die Freunde dort zum ersten Male auf. Der Aufenthalt dauerte nur wenige Tage und es ist mir nichts davon erinnerlich geblieben als etwa der Umstand, daß die kleine bescheidene Wohnung dem Preußerschen Gasthaus gegenüber belegen war. In den darauffolgenden Jahren war die junge Frau wiederholt genötigt, Wochen, ja Monate bei ihren Eltern in Berlin zuzubringen, um sich eines beginnenden schweren Leidens wegen hier ärztlich behandeln zu lassen. Man sah sich also in Berlin, und es fehlte für meine Eltern die Veranlassung, ihren Besuch in Blankenburg zu wiederholen. Doch dies wurde bald wieder anders. Man hatte eingesehen, daß bei dem Kurieren in Berlin nichts rechtes herauskam, ja daß das Eingreifen des dortigen Arztes im Gegenteil eher schadete als nützte. So blieb die Kranke im eigenen Hause und mußte dort lernen, ihre Hoffnung auf Genesung mehr und mehr herabzustimmen. Im August 1854 wurde mein Vater von unserm Hausarzt für eine vierwöchentliche Badekur nach Franzensbad geschickt. Die Hälfte dieser Zeit brachte meine Mutter mit mir bei den Freunden in Blankenburg zu. Hoffmeisters bewohnten jetzt ein geräumiges Quartier im Erdgeschoß eines Hauses in der Tröntestraße. Trat man vor die Tür, so sah man rechts die ansteigende Straße zum Marktplatz hinauf mit seinen schönen altertümlichen Gebäuden, die wiederum von der weißscheinenden Front des herzoglichen Schlosses überragt wurden. Ich erinnere mich noch lebhaft des Augenblickes unserer Ankunft. Von Halberstadt her waren wir im Postwagen gefahren und hatten Blankenburg in der Abendkühle erreicht. Ein kleines

Zimmer, dessen Fenster in den Hof sahen, war behaglich für uns beide hergerichtet; ein kleiner, aber auffallend schöner Strauß stand mitten auf dem Tisch. Ich erkannte bald eine Reihe von Feldblumen, an denen ich bisher ohne besondere Schätzung vorübergegangen war, und war erstaunt, wie mannigfaltige Schönheit hier in reizendem Wechsel zusammengefügt war. Das war nun das Werk des Hausherrn, der neben vielen anderen in der Stille wirkenden Geschicklichkeiten auch diese besaß, mit so bescheidenen Mitteln ein so anmutiges Ganzes herzustellen. Ich versuchte gleich in den nächsten Tagen, es ihm nachzumachen, brachte aber einstweilen nur ein steifes, langweiliges Machwerk zustande. Der Zustand im Hause hatte im übrigen trübselig genug erscheinen können. Denn das Leiden der Hausfrau hatte jetzt einen Grad erreicht, der sie zu beständigem Liegen zwang. Das Bett in der Nacht und die Chaiselongue am Tage, das waren die beiden Aufenthaltsorte, zwischen denen die Kranke sich hin- und hertragen lassen mußte. Trotzdem aber und trotz vieler schmerzvoller Stunden siegte bei ihr der Geist in solchem Maße über die körperlichen Beschwerden, daß ein Gefühl des Bedrücktseins in ihrer Umgebung nicht aufkommen konnte. Immer lag noch Sonnenschein über der ganzen Häuslichkeit, dafür sorgte die innige gegenseitige Liebe, die die Eheleute verband, und die belebende Macht einer tapferen Lebensauffassung, die beiden eigen war. Außer meiner Mutter war ich niemandem so ganz und gar aufgeschlossen und zugetan wie meiner Patin, der »Tante Marie«, und es machte mich glücklich, sie durch allerlei Musik, die ich ihr vorspielen konnte, zu erheitern. Daneben war aber auf das reichlichste dafür gesorgt, daß ich mich Schmetterlinge fangend im Freien umhertreiben konnte, zuerst unter Begleitung, dann auch allein. Bald wuchs mir die Schönheit der Umgebung so sehr ans Herz, daß ich mich gar nicht mehr von ihr trennen mochte. Am Ziegenkopf und im »braunen Sumpftal« zu seinen Füßen wußte ich bald gründlich Bescheid. Der Regenstein und das Kloster Michaelstein wurden in Gemeinschaft mit meiner Mutter besucht. Das Hauptereignis aber war ein Nachmittagsausflug in das Bodetal, den der Onkel August mit mir allein unternahm. Über den Vogelherd wanderten wir auf Fußwegen nach den Dörfern Kattenstedt und Wienrode. Eine Chaussee, wie sie jetzt von hier aus durch den Wald aufwärts führt, gab es damals noch nicht. Auf schmalem Fußpfad ging es über die Wiesen in den Buchenwald, dessen Grenze unbegradigt in malerischen Linien bald vor-, bald zurücktrat, und dann weiter quer über den Bergrücken, der den schönen Namen »der Pannigschieter« trägt, in das wilde, einsame Waldtal unter den Steinköpfen. Der Nachmittag war schwül, mächtiges dunkles Gewölk hatte schon längst gedroht, und nun entlud sich über uns ein schweres Gewitter mit prasselndem Regenguß. So gründlich wir aber auch durchnäßt waren, der steile Abstieg, der jetzt überwunden werden mußte, und weiter der noch beträchtliche Weg auf der Höhe sorgten für Trockenwerden unserer Kleidung, und als wir auf dem Roßtrappenfelsen standen, leuchtete die Sonne über den Waldhöhen und hinunter in die Tiefe der Schluchten.

Es war seitdem kaum ein halbes Jahr vergangen, als Hoffmeister die Stelle eines Pastors in demselben Dorf Wienrode angeboten wurde, das wir auf dieser Wanderung zur Roßtrappe durchschritten hatten. Dies bedeutendere, bei weitem einträglichere Amt und vor allem die Aussicht, auf dem Lande in frischerer, bekömmlicherer Luft zu wohnen, ließen über ja oder nein nicht schwanken und im Juli erfolgte die Übersiedlung. Diese war bei dem leidenden Zustand der Frau, der keinerlei starke Erschütterung erlaubte, nicht ohne Schwierigkeiten. Einige Tage vor dem großen Akt schrieb sie meiner Mutter aus Blankenburg: »Heute haben sie die gräßliche Bahre ins Zimmer gebracht, auf der die kranken Soldaten ins Lazaret geschleppt werden, und in der ich nach Wienrode kommen soll. Es mußte probirt werden, ob ich den Transport darin vertrage. Es war nicht heiter, als ich in dem verdeckten Kasten lag und das Ding sich in Bewegung setzte, und ich dachte, ich hielte es nicht aus.« Doch sie hielt es aus. Die Überführung wurde ohne wesentlich schlimme Folgen ins Werk gesetzt, und als nun in der neuen Behausung endlich alles Größte und Kleinste zurechtgerückt war, da empfand man dankbar, daß ein unvergleichlich Besseres begonnen habe, daß erst jetzt ein Boden gefunden sei, um sich wahrhaft heimisch darauf zu fühlen. Hier, in dem stillen Harzdorf, fern vom Geräusch der Welt, aber bei großem inneren Reichtum, haben die beiden ihr ganzes ferneres Leben gelebt, bis sie nach mehr als drei Jahrzehnten hier auch die letzte Ruhestatt fanden.

Das Wienroder Pfarrhaus war in manchem anders geartet als das Wernigeroder. Es lag nicht wie dieses auf stolzer Bergeshöhe, einem Grafenschloß benachbart, sondern unten in der Niederung, an einer wenig gepflegten, gelegentlich recht schmutzigen Dorfstraße, auf der die Gänse und Hühner der Nachbarn spazieren gingen und die Kuhherde mit ihrem Geläute aus- und eingetrieben wurde. Kinderlos waren zwar beide Pastorenehepaare, und beiden Häusern fehlte darum der Kinderlärm wie die Kinderlust. Ein schöner Frieden und eine eigentümliche Anmut wohnten hüben wie drüben. Aber die Luft, die in

Wernigerode wehte, trug um einen Grad mehr ausgesprochenermaßen geistlichen Charakter, während in Wienrode ein künstlerisches Element empfindbarer hrevortrat. Das Dorf Wienrode soll bereits in einer Urkunde Kaiser Ottos des Dritten vom Jahre 995 vorkommen und würde demnach der älteste noch bestehende Ort im ganzen Fürstentum Blankenburg sein. Es fand sich hier, wie auch in benachbarten Ortschaften bei größeren Gehöften, mehrfach die folgende Anlage: Das Wohnhaus mit fensterreicher Giebelfront, aber an dieser Seite ohne Haustür, hart an der Straße gelegen; dann in der Fortsetzung dieser Linie eine hohe Hofmauer aus Bruchsteinen, in die in geringer Entfernung von der Hausecke eine hohe rundbogige Öffnung mit verschließbarer Holztür gebrochen ist, durch die der Fußgänger Eingang in den Hof findet; etwas weiterhin in gleicher Richtung ein großer Torweg für Fuhrwerke mit mächtigen Holztürflügeln und endlich abschließend die Giebel- oder auch Querwand eines Wirtschaftsgebäudes. Dies der Anblick von der Straße. Nun setzen sich nach dem Innern des Hofes zu die Ställe oder Scheunen fort, bilden die Grenze zum Nachbargrundstück und weiter, im rechten Winkel umbiegend, zum Garten, während der weite Hofraum auf der anderen Seite von der Querfront des Wohnhauses begrenzt wird. Ein Gehöft dieser altertümlichen Art stellte auch die Wienroder Pfarre dar. Der Ursprung des Hauptgebäudes reichte hier bis in das frühe Mittelalter hinauf, wo ein Kloster an derselben Stelle gestanden hatte. Das gewaltige Mauerwerk der Kellerräume bezeugte deutlich genug seinen Ursprung aus so ferner Vergangenheit, und der auffallende Umstand, daß die Wohnräume nicht zu ebener Erde begannen, daß man vielmehr im Dielenraum erst etwa eine Treppe von zehn Stufen bis zur Tür der unteren Wohnstube hinaufsteigen mußte, fand offenbar seine Erklärung nur in dem ursprünglichen kastellartigen Charakter des Baues. Ein Kloster vielleicht des 11. oder 12. Jahrhunderts bedurfte einer guten Wehr und mußte sich wohl ein Untergeschoß aus festem Stein bauen, das ebenso tief im Boden wurzelte wie es hoch über die Erdoberfläche hinauswuchs. Seltsam und winkelig war das ganze Gebäude. So begannen die Stockwerke in den beiden Hälften des Hauses auf verschiedener Höhe, und es gab daher hier ein paar helle, heitere Räume, dort wieder ganz kleine niedrige Kämmerchen. Altertümliche Fenster mit winzigen Scheiben und wunderlichen Schiebevorrichtungen wechselten mit größeren Formen, grau gewordene tief durchfurchte Gipsfußböden mit sauberem Dielenwerk. Doch das tat freilich der Gemütlichkeit nicht den leisesten Abbruch, sobald die neuen Bewohner die Sprache voller Reiz und Leben verstanden, die diese Dinge redeten.

Daß August Hoffmeister sich zwischen ihnen behaglich fühlte, war am Ende kein Wunder. Denn er war als ein Wolfenbütteler Kind an braunschweigische Art und an kleine Verhältnisse gewöhnt. Wohl aber hätte man annehmen dürfen, daß die in Berlin durch alle Freuden der Großstadt verwöhnte und vielgefeierte Tochter Lichtensteins sich schlecht in das einfache Leben einer Pastorin auf dem Lande geschickt hätte. Doch sie war nicht allein zufrieden mit ihrem Schicksal, sondern sie trug auch mit dem, was ihr eigen war, in keiner Weise einen fremden Ton in die schlichte Umgebung. Goethes Werke im Bücherschrank, ein Klavier, auf dem sich eine Beethovensche Sonate spielen läßt, ein paar gute Stiche an der Wand – das alles sind Dinge, die nirgends störend empfunden werden. Gegenstände aber leerer modischer Eleganz gehörten nicht zum Hausrat dieses Ehepaars, und so gaben die scheinbar entgegengesetzten Elemente feinster Geistesbildung und altertümlich ländlicher Verhältnisse hier einen Zusammenklang, wie er harmonischer und anziehender nicht sein konnte. Der Onkel August, oder »der kleine Pastor«, wie ihn seine Frau zu nennen pflegte, war ein sehr eigenartiger Mensch. Unter einer anspruchslosen Erscheinung und einem nichts weniger als gewandten Wesen verbarg er nicht nur das reinste Herz und das innigste Gemüt, sondern auch eine Fülle von Geist mannigfaltiger Begabung. Von Leuten, die in nur oberflächliche Berührung mit ihm traten, wurde er leicht völlig falsch beurteilt. Sie ahnten nicht, wen sie in Wahrheit vor sich hatten. Sein von ihm sehr geliebter älterer Bruder Werner hatte Naturwissenschaft studiert und war auf dem besten Wege, auf diesem Gebiet Ausgezeichnetes zu leisten, als er auf einer Reise nach Indien einen gewaltsamen Tod fand.[IX]

August besaß die gleiche entschiedene Neigung und ausgesprochene Begabung für den Beruf des Naturforschers wie der Bruder. Dem Vater, Abt Hoffmeister in Wolfenbüttel, Prediger an der Kirche daselbst und Erzieher der beiden Söhne Karl und Wilhelm des Herzogs ...[103] von Braunschweig, aber lag es sehr am Herzen, daß wenigstens einer seiner Söhne seinem Beispiel folgend Geistlicher würde, und so entschloß sich

IX Werner Hoffmeister wurde von dem Prinzen Waldemar von Preußen, der eine Reise nach Indien plante, aufgefordert, ihn als Arzt zu begleiten. Sein Oheim Lichtenstein hatte ihn empfohlen und der noch sehr junge Mann war glücklich, eine solche Gelegenheit zur Bereicherung seiner Kenntnisse zu finden. Den Prinzen interessierte es, an einem Gefecht teilzunehmen, das während seines indischen Aufenthaltes zwischen den Engländern und den Eingeborenen stattfand. Werner fühlte sich verpflichtet, an seiner Seite zu bleiben, und wurde von einer feindlichen Kugel tödlich getroffen. Die Briefe, die er von Indien aus nach Deutschland geschrieben, sind gesammelt im Druck erschienen. [Werner Hoffmeister: Briefe aus Indien. Nach dessen nachgelassenen Briefen und Tagebüchern hg. von Adolph Hoffmeister, Braunschweig 1847.]

der jüngere, dem eigenen Lieblingswunsch zu entsagen und Theologie zu studieren. Nichts lebte in seiner innersten Natur, was geradezu im Widerspruch mit dem Ergreifen des theologischen Berufes gestanden hätte. Ein starkes religiöses Gefühl und Bedürfnis war ihm vielmehr angeboren, und mit dem lebhaftesten Interesse vertiefte er sich in die Gedankengänge der Schleiermacherschen Schule. – Dagegen fehlten ihm mehr oder weniger die Eigenschaften, die wohl eigentlich den Kanzelredner und bis zu einem gewissen Grade auch den Seelsorger ausmachen. Er war von Natur ein in sich gekehrter, schweigsamer Mensch, der das Bedürfnis hatte, sich still mit allen möglichen Dingen zu beschäftigen, die ihn anzogen, sich an ihnen zu freuen, sie zu untersuchen oder sich irgendwie fördernd an ihnen zu betätigen. Im tiefsten Grunde seines Wesens ebenso unendlich liebevoll wie liebebedürftig, kostete es ihn doch die größte Überwindung, seiner Empfindung in Worten Ausdruck zu geben, ja sie überhaupt äußerlich zu zeigen. Daß diese Scheu vor jeder persönlich unmittelbaren Gefühlsäußerung nicht gerade eine günstige Mitgift für das Reden in der Öffentlichkeit ist, liegt auf der Hand. Seine Predigten brachten niemals flaches Phrasenwerk; von dem Geist echter Frömmigkeit durchweht, waren sie gedankenvolle Zeugnisse eines ebenso hochgerichteten, strenge sittliche Forderungen stellenden, wie zugleich milden Sinnes, die einem aufmerksamen Hörer sehr wohl zu Herzen gehen konnten. Aber er sprach sie nicht frei, sondern las ab, was er niedergeschrieben hatte. Sein Vortrag war wie ein lautes Selbstgespräch. Trotzdem gelang es ihm, in seiner Gemeinde segensreich zu wirken. Mochte auch nicht alles verstanden werden und zünden, was er auf der Kanzel sagte, und mochte er, wenn er die Leute in ihren Häusern aufsuchte, nicht allzu wortreich sein, nicht so sehr den Seelsorger als vielmehr den Hausfreund hervorkehren, man empfand doch unmittelbar, wie er es meinte. Seine edle, bis auf den Grund lautere und gütige Persönlichkeit war als solche eine lebendige Predigt und faßte überall Wurzel in den Herzen. Er wurde geliebt und hochgeachtet von Alt und Jung, in der kleinsten Hütte wie bei den wohlhabenden Bauern. Was aber trieb und leistete er alles im Stillen, jenseits der Erfüllung seiner geistlichen Berufspflichten! Konnte und durfte er sich auch nicht als Naturforscher öffentlich betätigen, so las er doch für sich mit regstem Interesse, was ihm an naturwissenschaftlicher Literatur zugänglich war. Tiere und Pflanzen, die ihm draußen vorkamen und aus irgendeinem Grunde beachtenswert erschienen, wurden sorgsam untersucht, unter Umständen aufbewahrt oder auch abgezeichnet. Er besaß ein hervorragendes Talent zum Zeichnen, und zwar betätigte er dies nicht nur im Dienste seiner zoologischen oder botanischen Interessen, sondern auch anderweitig. Eine Reihe hübscher Portraits in Bleistift existieren von seiner Hand. Auch Landschaftliches wußte er anschaulich wiederzugeben. Geradezu hervorragend aber waren die von ihm gezeichneten und dann mit Wasserfarben kolorierten Abbildungen von Schmetterlingen. Ich habe nie etwas Anmutigeres, Lebendigeres und in der Treue der Wiedergabe Vollkommeneres dieser Art gesehen. Doch mit dem allen war die Reihe seiner technischen Talente noch längst nicht erschöpft. Der »kleine Pastor« war auch ein ganz ausgezeichneter Tischler. Im oberen Geschoß des Hauses hatte er sich ein kleines Zimmer ganz und gar als Tischlerwerkstatt hergerichtet. Hier an seiner Hobelbank, zwischen unzähligen Gerätschaften und Tinkturen aller Art, war er oft stundenlang tätig und förderte in aller Stille die schönsten Sachen, Nähtische für seine Frau und meine Mutter, Kästen und Präsentierbretter mit feinster, in verschiedenen Holzarten eingelegter Arbeit, zutage. Sein Schwiegervater Lichtenstein hatte einmal auf einer Reise nach dem nördlichen Afrika eine Zedernart entdeckt, von deren Holz er behauptete, daß es offenbar das schon von den Römern gekannte und aufs höchste geschätzte der »Mensa citrea« sei. Diese Benennung bedeute keinen Tisch aus Zitronen-, sondern aus Zedernholz. Eines Tages langte ein gewaltiger Block der unbekannten Holzart in Wienrode an, den Lichtenstein in Algier erworben und von dort aus an seinen Schwiegersohn abgesandt hatte. Er fand, wenn ich mich recht erinnere, den Namen »Tuja« nach unseren heutigen botanischen Begriffen angemessen für die interessante Baumart. Das Holz erwies sich bei der Bearbeitung als außerordentlich schön. Es hatte rotbraune Färbung mit herrlich mannigfaltigen dunklen Masern und brachte durch sein Erscheinen eine mächtige Anregung, es zu allen möglichen Arbeiten kleineren und größeren Maßstabes zu verwerten.

Während so der Mann unausgesetzt in mannigfaltiger Weise beschäftigt war, blieb die Frau während der ersten Wienroder Jahre noch fest an ihr Lager gebannt. Ja, dreißig Jahre vergingen noch, ehe das Leiden wirklich überwunden war. Endlich, im Jahre 1885, fünf Jahre vor ihrem Tode, wurde ihr die völlige Bewegungsfreiheit wiedergeschenkt. Doch würde man sehr irren, wenn man annähme, die Kranke sei während all dieser Jahre äußerer Gebundenheit untätig gewesen. Ganz allmählich vollzog sich die Besserung; wenn auch von Rückfällen peinlichster Art unterbrochen, so doch im großen eine ansteigende Linie innehaltend. Wenn die bösesten Tage kamen, mußte sie sich freilich bescheiden, unter der dunklen Wolke der Schmerzen nur stillezuhalten.

Im übrigen war sie niemals müßig. Die Chaiselongue, auf der sie bei Tage lag, stand in einer Fensterecke der großen Wohnstube. Von dieser Stelle aus übersah sie den ganzen Raum; jeder Eintretende begegnete ihrem Blick. Und von hier aus leitete sie das ganze Hauswesen. Ehe sie so weit war, um sich einmal in das obere Stockwerk hinauftragen zu lassen, hatte sie sich genau die Verteilung aller Gegenstände in die verschiedenen Zimmer beschreiben lassen, so daß sie bis in das kleinste Bescheid wußte, wo und wie die Dinge hier untergebracht waren. Freilich bedurfte sie einer verständnisvollen vermittelnden Persönlichkeit, um handelnd eingreifen zu können. Außer dem Dienstmädchen, das die grobe Arbeit besorgte, war ein gebildetes und zuverlässiges junges Mädchen dafür zur Stelle. Aber ohne daß die Hausfrau selbst ihre ausschlaggebende Bestimmung getroffen hatte, geschah nichts. Waren die häuslichen Angelegenheiten des Tages geregelt, so wurde die ausgedehnte Korrespondenz mit Freunden und Verwandten besorgt. Die einfachste Vorrichtung, ein leichtes viereckiges Holzbrettchen, das der Gatte mit einem hübschen eingelegten Muster geschmückt hatte, genügte als Schreibunterlage. Dann wieder wurde ein Buch hervorgenommen oder irgendein Besuch empfangen, sei es von Gemeindegliedern, sei es von Bekannten aus Blankenburg. Wenn aber gegen Abend die Kräfte erschöpft waren, so mußte eine Patience, im Halbdunkel auf dem Schreibebrett gelegt, als Lückenbüßer dienen. Die zur Pfarre gehörige Länderei war verpachtet. Auf dem Hofe aber trieb eine große Schar von Hühnern und Tauben ihr Wesen, und eine Ziege, die ihren Platz im Stalle gelegentlich mit einem solchen im Grasgarten vertauschen durfte, lieferte vortreffliche Milch. Auch einen Hund gab es zwischen dem übrigen Getier, und zwar einen weiß und grau gefleckten Rattenfänger namens »Ugly«. Dieses vorzügliche Geschöpf jedoch gehörte eigentlich als sehr geschätztes Glied auch zur Familie. Ugly trat ebensooft im Wohnzimmer als auch im Freien auf. Zu allen möglichen Kunststücken hatte ihn sein Herr abgerichtet, und immer aufs neue wurden diese in gemütlicher Abendstunde zur Belustigung vorgeführt. Die Hauptleistung bestand in folgendem: Ugly mußte auf einen Stuhl springen und sich hier in aufrechter Positur hinsetzen; dann wurde ihm auf die Schnauze irgendein kostbarer Leckerbissen gelegt, den er so lange entsagend anzublicken hatte, bis das Wort »Faß« ertönte und er die Herrlichkeit in die Luft schleudern durfte, um sie mit dem Maule wieder aufzufangen. Auch an bedenklichen Streichen fehlte es nicht. Eines Sonntagvormittags, als Hoffmeister in die Kirche gegangen war, um Gottesdienst zu halten, war es dem Hunde gelungen, aus dem Gehöft zu entwischen. Der Gesang in der Kirche war beendet, der Pastor hatte die gerade über dem Altar liegende Kanzel bestiegen und wollte eben mit der Predigt beginnen, als sich am Ende des Mittelganges etwas kleines Graues zeigte. Ugly schritt bedächtig zwischen den beiden Sitzreihen auf die Kanzel zu, setzte sich endlich vor den Stufen des Altars nieder und blickte unverwandt zu seinem vor Entsetzen erstarrenden Herrn empor. Der Übeltäter war den bekannten Spuren gefolgt, und zum Unglück mußte der letzte Kirchbesucher die Tür etwas offengelassen haben, so daß der Hund hindurchschlüpfen konnte.

Zum Pfarrgrundstück gehörte ein beträchtlich großer Garten, der in zwei Teile zerfiel. Trat man aus dem Hof hinein, so führte, wie es in alten ländlichen Gärten Sitte ist, ein ziemlich breiter, mit Buchsbaum eingefaßter Weg geradeaus, um in einer Laube von geschnittenen Linden zu endigen. Hier, im Winkel zur Linken, stand eine prachtvolle alte Tanne, deren Wipfel so hoch hinausragte, daß sie wie ein Wahrzeichen schon von Ferne über dem Dorfe zu sehen war. Ein Querweg durchschnitt die ganze Fläche wiederum in der Mitte und, abgesehen von den Blumenrabatten, die jene Hauptwege begleiteten, war der ganze übrige Boden von Gemüsefeldern, Obstbäumen und Beerengebüsch eingenommen. Hinter der Lindenlaube aber begann der Grasgarten, ein Gebiet von mehreren Morgen, durch eine Hecke von Weißdornen nach allen Seiten begrenzt. Hier stand auf wildem Wiesenboden ein ganzes Heer von Obstbäumen, und ziemlich weithin durchströmte ein starker Bach, von einem Holzsteg überbrückt, die schöne Halbwildnis. Einen großen Teil des Areals hatte Hoffmeister verpachtet; das hinderte aber nicht, daß die Hausbewohner sich ungehindert dort ergehen durften, und kein Fleck lockte mehr dazu, als dieser sanft ansteigende Wiesenplan in seiner stillen Abgeschlossenheit, der zwischen den Zweigen der Bäume hindurch über die Dächer des Dorfes hinweg den Blick zu den schönen, sanften Waldbergen diesseits des Bodetales schweifen ließ.

Der Garten und der Hof waren das unbestrittene Reich des Hausherrn. Hier trieb er im verwegensten Sinn des Wortes praktische Naturwissenschaft. Das Melken der Ziege, das Graben und Düngen der Beete mußte er ja freilich dem Küchenmädchen und einem alten Gartenarbeiter überlassen. Was er aber im übrigen alles selbst besorgte, das streift an das Unglaubliche.

Im Sommer 1855 mochten ungefähr zwei bis drei Wochen vergangen sein, seit Hoffmeisters von Blankenburg nach Wienrode übergesiedelt waren, als meine Mutter mit mir während einer abermaligen Badereise meines Vaters nach Franzensbad zuerst für einige Tage nach

Wernigerode reiste, dann aber wieder in Wienrode zu mehrwöchentlichem Aufenthalt eintraf. Nur bei einem so vertrauten Verhältnis, wie es das zwischen dem Hoffmeisterschen und dem Rudorffschen Ehepaar bestehende war, läßt sich ein Besuch unter solchen Umständen begreifen. Meine Mutter griff mit zu beim immer noch nicht ganz fertigen Einrichten, half dabei der fleißigen, umsichtigen Mutter Lichtenstein, und das hübscheste Leben begann. Um der noch ganz unbeweglichen Hausfrau irgendwelche Gelegenheit zum Luftschöpfen zu verschaffen, ließ ihr Mann statt des einen auf den Hof hinaussehenden Fensters der Wohnstube eine Glastür einsetzen und dahinter eine Art von im Boden wurzelndem hölzernen Balkon aufbauen. Das war ein großes Geschenk. Nun konnte die Chaiselongue mit der Kranken bei gutem Wetter auf diesen kleinen Holzbau hinausgerollt werden; ein paar Stühle hatten daneben Platz, so daß hierher auch ein Teil des geselligen Beisammenseins verlegt werden konnte. Nach ein paar Jahren war die Besserung so weit vorgeschritten, daß einige Schritte täglich in der Stube versucht werden konnten; ja, die liebe Tante Marie durfte wieder einmal den Flügel öffnen, die Hände auf die Tasten legen und dieses oder jenes kleine Stück zu spielen versuchen. Nun wurde ein Rollstuhl herbeigeschafft; sie ließ sich die zehn Treppenstufen hinuntertragen, wurde in den Stuhl gesetzt, bis zur Lindenlaube im Garten gefahren, und während sie dort auf einem leicht tragbaren Ruhebett ausgestreckt eine angenehme Lage hatte, konnten sich die Hausgenossen um sie herum auf Stühlen sitzend niederlassen. Es verging von jetzt an kein Jahr, ohne daß die Familie Rudorff zu dreien oder zweien – oder auch einmal nur einer von ihnen – im Wienroder Pfarrhause auf Tage oder Wochen ihr Standquartier aufschlug. Es gibt keine Jahreszeit, zu der vor allem ich selbst es nicht betreten hätte. Die ersten wilden Schneeglöckchen an den Waldrändern, die Veilchen und Leberblumen habe ich dort im April gepflückt, die Stachelbeeren im Garten im Juli geplündert, im Herbst die Hirsche belauscht, wenn sie auf der einsamen Höhe von Armesfeld in der Abenddämmerung heraustraten, ja auch um die Weihnachtszeit war ich zuweilen für ein paar Tage hier und freute mich an dem wilden Bergwasser, das das Dorf durchströmte, wie es zur Winterszeit »wütend überschwoll«. Daß mir also bald jedes kleinste Bachtal in den Bergen, jede Höhe rings umher vertraut wurde, bedarf keines Wortes. Nähe und Ferne, alles lernte ich mit Liebe umfassen. Zu Fuß ging es über die Hochfläche bei Toberrode nach Treseburg oder durch das Steinbachtal zur Roßtrappe. Noch poetischer fast, weil unberührter, erschienen die »Gewitterklippen«, eine Felsgruppe hoch über dem Bodetal, ungefähr die Mitte zwischen Roßtrappe und Treseburg haltend, die nur der Kundige, zwischen dichtem Wald und Gebüsch den Weg sich bahnend, erreichen konnte. Von hier aus sah man in eine Welt tiefster Gebirgseinsamkeit hinunter. Noch waren die sogenannten »engen Wege« ein unbetretbares Gebiet, das gleich jenseits des Bodekessels begann und bis Treseburg hinaufreichte. Völlig ungestört waltete hier das stille Leben der Natur. Eine Weihe oder ein Bussard zog schwebend über die grüne Tiefe; ein mächtiger Hirsch durchschritt dann und wann den schäumenden Fluß und etwa der blaue Rauch eines Kohlenmeilers stieg aus dem Waldesdickicht der gegenüberliegenden Höhen auf. Jetzt hat die moderne Barbarei der Fremdenspekulation dieses große Naturbild für immer zerstört. Ein bequemer Fußpfad durchbricht die Felsenprofile, und wo ehedem nur die Tiere des Waldes ihr Wesen trieben, ziehen jetzt Sonntags johlende Berliner und Magdeburger in Scharen von einem Wirtshaus zum andern.

Drei Ortschaften im Bodetal: Treseburg, Altenbrak und Wendefurth, gehörten als Filiale zur Wienroder Pfarrerstelle, und in gewissen Abständen mußte Hoffmeister einige Male im Jahr an jeder dieser Stellen Gottesdienst halten. Die Entfernung war zu groß, um bei solchen Gelegenheiten, zumal im Winter, zu Fuß zurückgelegt werden zu können. Eine Halbchaise wurde also angeschafft, und einer der Bauern besorgte jedesmal mit seinem Pferde das Fahren. Hier mitgenommen zu werden, war natürlich für mich stets ein sehr willkomenes Ereignis. In späteren Jahren wurde auch hier und da ein bequemer Landauer aus Blankenburg bestellt, um die Frau Pastorin einmal das Bodetal wiedersehen zu lassen. Doch dazu gehörte tadellos sicheres Wetter und ein besonders guter Kräftezustand der Patientin. Ehe es jedoch zu solchen Wagnissen kommen konnte, beschäftigte mich schon lange der Gedanke auf das lebhafteste, überhaupt einmal die Schranken des Gartenaufenthaltes zu durchbrechen und die geliebte Patin im Rollstuhl zu irgendeiner hübschen Stelle in der Umgebung fahren zu dürfen. Immer wieder wurden diese Päne als töricht und verwegen zurückgewiesen; endlich setzte ich es doch durch, daß der Versuch gemacht wurde. Und er gelang vollständig, ohne irgendwelche üblen Nachwirkungen zurückzulassen. Etwa zwanzig Minuten vom Dorf entfernt lag jenseits des Freischießplatzes eine kleine reizende Wiese, auf allen Seiten von Buchenwald eingeschlossen. Bis hierher ließ sich das kleine Gefährt, ohne große Unebenheiten des Weges überwinden zu müssen, schieben, und in der grünen Stille eine Weile Waldluft zu atmen, war für die Kranke die größte Erquickung. Natürlich folgten nun nach so gutem Erfolg immer neue Wiederholungen oder ähnliche Ausflüge, und der Rollstuhl behauptete sich auch durchaus, nachdem schon längst der Landauer ihm den Rang streitig gemacht hatte.

So hatte ich denn in dem abgeschiedenen Harzdorf geradezu ein zweites Elternhaus gefunden, ohne daß dem ersten und echten dadurch der leiseste Abbruch geschah. Daß dies möglich war, ja daß niemals ein eifersüchtiges Gefühl auf der einen oder der anderen Seite die allgemeine Harmonie zu trüben vermochte, das lag an der Einzigartigkeit des Verhältnisses, das zwischen meinen Eltern und dem Hoffmeisterschen Ehepaar bestand. Man liebte und verstand sich uneingeschränkt in gerader wie in sich kreuzender Linie. Unbedingtes Vertrauen auf allen Seiten schuf den schönsten Freundschaftsbund, der zwischen Menschen irgend sich denken läßt.

1857–1859

*Mit dem April 1857 war die Zeit herangerückt, in der die Probe auf das Exempel gemacht werden mußte, für dessen Richtigkeit sich einstmals mein Lehrer Kürten meinem Vater gegenüber verbürgt hatte.* Es hätte nahegelegen, mich auf das Friedrich-Wilhelms-Gymnasium zu schicken, das, an der Ecke der Koch- und Friedrichstraße gelegen, nur fünf Minuten von unserer Wohnung entfernt war. *Mein Vater* aber hatte keine gute Meinung von dem Institut und *entschied sich für das Friedrichs-Gymnasium, das zu Fuß zu erreichen so ziemlich eine halbe Stunde kostete. Es lag in unmittelbarer Nähe des Oranienburger Tores, trug die Nummer 126 in der Friedrichstraße, war also um gerade hundert Häuser von der Behausung meiner Eltern entfernt. Die Verpflichtung zu regelmäßiger körperlicher Bewegung, die aus diesem Umstand erwuchs, erschien meinem Vater aus Gesundheitsrücksichten ganz erwünscht.* Da jedoch an vier Wochentagen montags, dienstags, donnerstags und freitags sowohl vor- als auch nachmittags Unterricht gegeben wurde, so stellte das in diesen Tagen einen etwas reichlichen Zeitverlust dar.

*Von dem alten Direktor Krech wurde ich für die Aufnahme in die Prima geprüft und bestand das Examen, das angestellt wurde, zur vollen Zufriedenheit. Das Friedrichs-Gymnasium war noch eine ziemlich junge Anstalt. Die Prima war erst im Oktober des vergangenen Jahres eröffnet worden, und zwar mit neun Schülern, die damals aus der Obersekunda übertraten. Jetzt waren wir, wenn ich nicht irre, unserer zwanzig. Bei dem ersten griechischen Extemporale, das in der Klasse nach meinem Eintritt geschrieben wurde, war das meinige das beste. Es fand sich kein einziger grammatikalischer Fehler darin. Hiermit wurde nicht mir, sondern der ausgezeichneten Unterrichtsweise meines bisherigen Lehrers ein glänzendes Zeugnis ausgestellt. Er machte es dem Schüler geradezu unmöglich, unter seiner Leitung ungründlich zu sein. Wie sehr aber der Massenunterricht auf einer öffentlichen Anstalt an und für sich der Flüchtigkeit Vorschub leistet, das wurde ich später auch an meinen eigenen Leistungen gewahr.*

Das Friedrichs-Gymnasium besaß zu jener Zeit eine Reihe vortrefflicher Lehrkräfte. Besonders ragte Wehrenpfennig hervor, der später seine anfänglich theologisch-philologische Laufbahn mit der politischen vertauschte. Er gab deutschen Unterricht, korrigierte die Aufsätze, die er uns schreiben ließ, mit Geist, und fesselte in der Stunde durch lebendigen Vortrag. Sehr bald durfte ich mich einer fast freundschaftlichen Behandlung seinerseits erfreuen. Nicht minder wertvoll war der Unterricht im Lateinischen, den Professor Fleischer erteilte. Leider war die Erklärung des Horaz nicht in die Hände dieses schlichten, sympathischen Mannes gelegt worden, sondern in die eines recht dürftig begabten Herrn, dessen Reden und Gebaren nur unsere Lachlust reizte. Natürlich konnte unter solchen Umständen von einer Hingabe an den Gegenstand nicht die Rede sein. Fleischer aber sollte uns an der Hand Ciceros lehren, Aufsätze im besten klassischen Latein zu liefern, und er verstand es, die Lektüre der »Reden gegen Verres« oder »Catilina« durch seine Behandlungsweise des Stoffes, des sprachlichen sowohl wie des historischen, in solchem Grade anziehend zu machen, daß jede Stunde zum Genuß wurde.

Die dadurch in mir geweckte Bewunderung für den berühmten römischen Redner trieb eines Tages eine etwas bedenkliche Blüte. Theodor Mommsen, der Freund und Kollege meines Vaters, erzählte gelegentlich eines Besuches in unserm Hause, von den Schülern des Gymnasiums zum Grauen Kloster solle der »König Ödipus«[104] in griechischer Sprache szenisch aufgeführt werden. Er habe ein paar Billets dazu erhalten und wolle mich mitnehmen, wenn ich Lust habe. Niemand konnte einverstandener sein als ich, und an Mommsens Seite fuhr ich in offner Droschke zum Werderschen Markte. Mir war zu Ohren gekommen, daß in der unlängst erschienenen »Römischen Geschichte« Mommsens[105] mit großer Verachtung von Cicero gesprochen werde, was mich denn in meiner damaligen Verfassung außerordentlich verdrossen hatte. Dies fuhr mir plötzlich wieder durch den Sinn, als ich neben ihm saß, und ich hatte die Unverschämtheit, dem großen Gelehrten meine Verwunderung darüber auszusprechen. Mommsen jedoch war liebenswürdig genug, sich zum Standpunkt eines in seinen Gefühlen gekränkten grünen Jünglings herabzulassen, und erwiderte ganz freundlich, das sei nicht so bös von ihm gemeint er wisse die Verdienste Ciceros dennoch sehr wohl zu schätzen.

Für die Schönheit und den Reichtum der griechischen Sprache hatte ich eine starke Empfindung. Doch bekenne ich, daß der Sophokleische »Ödipus auf Kolonos«[106], den Professor Büchsenschütz in der Ursprache mit uns Schülern durchnahm, meinem Verständnis noch zu große Schwierigkeiten bereitete, als daß ich einen rechten Eindruck vom Ganzen hätte empfangen können. Homer dagegen, mit dem ich mich schon vor dem Eintritt in das Gymnasium eifrig beschäftigt hatte, las ich ziemlich mühelos und mit größter Begeisterung.

Ich komme zum Haupt der ganzen Schule, zum »alten Krech«, erst in letzter Reihe. Gewiß nicht, um ihn damit an die unterste Stelle zu rücken, eher in der entgegengesetzten Absicht. Denn eines hob ihn ohne Frage über alle die übrigen heraus: Das kraftvoll Ursprüngliche seiner ganzen Persönlichkeit. Ich glaube, ihm nicht unrecht zu tun, wenn ich es ausspreche, daß man ihm eine umfassende und tiefe Gelehrsamkeit wohl kaum zuschreiben konnte. Zum Leiter einer großen Schule jedoch war er der geborene Mann. Gerecht und aufrichtig, umsichtig und energisch, in seiner Erscheinung wie in seinem Wesen knorrig und derb, zuweilen auch leidenschaftlich aufwallend, im Grunde aber wahrhaft gütig: So gewann er sich mit seinen charaktervollen Zügen und seinem urwüchsigen Humor nicht nur die Achtung, sondern auch die herzliche Zuneigung aller, die sich ihm näherten, vornehmlich seiner Schüler. Freilich: Ehrlich, wie er selbst war, nahm er von vornherein an, daß es der andere auch sein müsse. Wurde ihm jedoch hier durch irgendein Begebnis klar, daß er es mit falschem Schein zu tun habe, so zog er die ausgestreckten Fühlhörner enttäuscht zurück und wurde nun selbst ein anderer.

Krech gab in Prima selbst den Geschichtsunterricht. Er wußte von meiner Anmeldung her, daß mich mein Privatlehrer nur in Latein, Griechisch und Mathematik unterrichtet hatte, daß ich also nur nebenher einige spärliche historische und geographische Kenntnisse mir angeeignet hatte. Doch amüsierte er sich mehr über meine damalige Unwissenheit auf diesen Gebieten, als daß sie ihn verdrossen hätte. Der Herr Direktor hieß hinter seinem Rücken auf der ganzen Schule »der Alte«. Wenn er bei uns Primanern seine Geschichtsstunde abhielt, so trug er selten vom Katheder aus vor. Er pflegte vielmehr, einen Stock in der Hand, bald dozierend, bald fragend die Gänge zwischen den Bänken auf- und abzuwandern. In der Regel redete er jeden Schüler mit »Er« an. Nur solchen, die er nicht leiden mochte, oder mit denen er sich in einem Zustand augenblicklicher Spannung befand, widerfuhr die Ehre, mit »Sie« angeredet zu werden. Seine Fragen richtete er meistenteils an denjenigen, an dem er auf seinem Spaziergang durch die Klasse gerade vorüberkam. Wenn er diese Frage dann mit einem gehörigen Schlag auf den Rücken begleitete, so durfte man dies als ein Zeichen besonderer Wertschätzung hinnehmen. An der Wand des Unterrichtszimmers hing eine riesengroße Karte von Europa, auf der nichts zu sehen war als einfarbiges Schwarz und einfarbiges Blau, Schwarz für die Landmassen, Blau für die Meer- und Flußwasser. Punkte zur Bezeichnung der Städte oder gar Namen waren nicht vorhanden. Ich weiß nicht mehr, welches geschichtliche Ereignis die Veranlassung gab, sich um die Lage von Berlin zu bekümmern. Plötzlich wurde ich – und zwar dieses Mal vom Katheder her – aufgerufen, auf der Karte die Lage von Berlin anzugeben. Ich saß als neu Eingetretener auf der letzten Bank, mußte also vom Hintergrunde her an der ganzen Klasse vorüber meinen Marsch zu der ominösen Landkarte hin antreten. Ratlos starrte ich sie eine Weile an. Endlich malte ich an eine mir annehmbar erscheinende Stelle einen weißen Kreidestrich. Der Alte betrachtete mein Werk und mit den Worten »Der Rudorff weiß nicht, wo Berlin liegt«, brach er in schallendes Gelächter aus, dem dann ein wahres Sturmgeheul von seiten meiner Mitschüler antwortete. Ich hatte meine eigene Vaterstadt irgendwohin zwischen Havel und Elbe verlegt.

*Unter meinen Schulkameraden befanden sich zwei, die mir schon von früher her bekannt waren. Den einen, namens Paul Wollanke, hatte ich durch die meiner Mutter befreundete Musiklehrerin Adele Dorn kennengelernt. Diese ungemein rührige Dame hatte in dem Sohn armer Eltern ein deutlich hervortretendes musikalisches Talent erkannt* und erteilte ihm nicht nur in ihrem Institut unentgeltlichen Klavierunterricht, sondern rastete auch nicht, ehe sie seiner ganzen Existenz eine bessere Grundlage verschafft hatte. Es gelang ihr, den Geheimrat Burebin, einen kinderlosen Witwer, für ihn so sehr zu interessieren, daß dieser sich entschloß, ihn an Kindesstatt anzunehmen und *für seine Ausbildung nach jeder Richtung gründlich zu sorgen.* Paul Wollanke war ungefähr von gleichem Alter wie ich, und mehrfach hatte Fräulein Dorn *veranlaßt, daß wir miteinander musizierten. Allzu erfreulich waren mir diese Zusammenspannungen jedoch niemals gewesen. Was muß alles beisammen sein, um eine wirklich vollbürtige musikalische*

*Begabung zustande zu bringen! Wollanke besaß das, was man ein »gutes Gehör« zu nennen pflegt – das heißt mit anderen Worten, ein unmittelbares Verständnis für die Tonverhältnisse. Er behielt leicht auswendig und hatte biegsame, wohlgeschulte Klavierhände – aber diese ganze Sammlung ist doch ziemlich wertlos, wenn sie nicht in dem rechten Kerl steckt, das heißt wenn nicht poetisches Gefühl, Schwung und Begeisterung dazukommen. Von diesen Ingredienzien aber besaß der brave Mensch so gut wie gar nichts. Er war ein Philister vom Kopf bis zur Zehe.* Auf dem Gymnasium zeichnete er sich durch Talent für Mathematik aus. Im übrigen hatte ihm die Abwesenheit jedes selbständigen inneren Lebens in der Klasse den Spitznamen »Copist« verschafft.

*Kein größerer Abstand ist denkbar als der, der zwischen dieser trocknen, dürftigen Natur und dem anderen bestand, dem ich jetzt ebenfalls als einem Bekannten aus den Kinderjahren auf der Schulbank wiederbegegnete. Dieser andere war der junge Graf Friedrich von Schwerin-Putzar, jüngerer Sohn des im politischen Leben jener Epoche vielfach hervortretenden Grafen Max von Schwerin-Putzar. Der letztere war zur Zeit, als ich etwa zwölfjährig zuerst das Schwerinsche Haus betrat, Präsident der zweiten Kammer und wohnte als solcher damals in der Leipzigerstraße am Dönhoffs-Platz. Er war verheiratet mit der jüngsten Tochter Schleiermachers, Hildegard,* die schon in ihrer Mädchenzeit im innigsten Freundschaftsverhältnis zu meiner Patin Marie Lichtenstein gestanden hatte und ihr nach wie vor treu verbunden blieb. Auch *zwischen meiner Mutter und der Gräfin bestanden alte Beziehungen, und so geschah es, daß* diese einmal bei meinen Eltern anfragte, ob *sie mich* nicht *an einer Exerzierstunde teilnehmen lassen wollten, die sie für ihre Kinder bei sich während einiger Wintermonate eingerichtet hatte.* Meinem Vater gefiel der Vorschlag sehr gut, es wurde ja gesagt und alles entwickelte sich aufs beste. *Friedrich – damals im Hause Friede, später Fritz genannt – war nur wenige Monate jünger als ich, und wir wurden bald gute Kameraden.* Der ältere Bruder Heinrich ließ sich nur selten bei unsern Zusammenkünften blicken. Wohl aber nahmen die Schwester Luise, spätere Gräfin Kanitz, und deren Kusine Lotte Jonas[X] sowie ein allerliebster Vetter aus Schleiermacherscher Verwandtschaft mit Vornamen Nathanael an den Übungen regelmäßig teil. Der brave Unteroffizier, dem die Leitung der Übungen übertragen war,

X Lotte Jonas, später verheiratet mit Robert Radecke. Ihr Vater, Prediger Jonas, hatte eine Schwester des Grafen Max Schwerin-Putzar zur Frau.

erwies sich als ein außerordentlich anständiger, bescheidener Mensch. Er erhob die Kusine Jonas auch zur Gräfin und ließ uns mit Vorliebe »bei die beiden Komtessen herumschwenken«. Eines Abends rückte er sehr untertänig mit der Frage heraus, ob er die nächste Stunde wohl einmal ausfallen lassen dürfe. Man fragte nach dem Grunde: »Ich meinte nur«, lautete die Antwort, »weil an dem Tage meine Hochzeit ist.«

*Fünf Jahre vergingen seit jener Zeit, ohne daß ich Fritz Schwerin wieder zu Gesicht bekommen hätte. Er wurde – ich weiß nicht, in welchem Jahre – Schüler des Friedrichs-Gymnasiums,* dessen Direktor Krech sein Oheim war[XI], *und wohnte bei der Familie des Predigers Eysenbordt, weil seine Eltern während jener Jahre die meiste Zeit auf dem Lande verlebten. Wohl war mir der liebenswürdige Knabe in angenehmster Erinnerung geblieben, aber der, der jetzt vor mir stand, als wir uns zum ersten Male in der Prima wieder begrüßten, trat mir wie ein ganz neuer Mensch entgegen. Mir ist nie wieder im Leben eine Jünglingserscheinung vorgekommen, die sich der seinen an wundervoller Schönheit hätte vergleichen lassen. Die kraftvoll elastische Gestalt und der herrlich gebildete Kopf konnten ihn wie einen Achilleus erscheinen lassen. Dazu welliges, fast schwarzes Haar und die blühendste Gesichtsfarbe. Aus den dunkelblauen Augen aber blickte ein Etwas mit Zaubergewalt, von dem kein Grieche jemals eine Ahnung gehabt hat. Diese Sprache reden nur deutsche Augen. Wir hatten uns zuerst mit »Sie« angeredet, aber bald fand sich das »Du« der Knabenzeit wieder ein. Ein Teil der Friedrichstraße gehörte sowohl zu seinem wie zu meinem Schulweg, und nach dem Schluß der Stunden gingen wir fast immer ein gutes Stück miteinander; oft mehr als nötig war. Wie in seiner äußeren Erscheinung, so lag auch im Innersten seiner Natur etwas durchaus Großes, ein hoher sittlicher Ernst, ein tiefes Gerechtigkeitsgefühl. Man kann nicht sagen, daß der reichbegabte Mensch sich auf der Schule durch besonders hervorragende Leistungen ausgezeichnet hätte. Er war kein Musterschüler, tat was eben nötig war, um mitzukommen, und ließ es damit gut sein. Desto mehr ging im Stillen in ihm vor. Die großen allgemein menschlichen Interessen, die Fragen der Religion und der Politik, die Lehren der Geschichte beschäftigten ihn ernstlich. Nicht nur edelmännisches Blut floß in seinen Adern, auch Schleiermachersche Geisteserbschaft war ihm zuteil geworden.*

---

XI Krech war mit einer jüngeren Schwester des Grafen Max von Schwerin-Putzar verheiratet.

In einer Zwischenstunde fiel einmal ein langer, ungeschlachter Kerl aus irgendeiner Veranlassung über einen kleinen, schmächtigen Judenjungen her und malträtierte ihn in ganz abscheulicher Weise. Schwerin stand am anderen Ende des Klassenzimmers, als er wahrnahm, was geschah. Der kleine Israelit war ihm im Grunde sehr zuwider, aber unverzüglich sprang er in ein paar Sätzen über die Bänke, packte den Großen im Nacken, warf ihn mit herkulischer Kraft zu Boden und befreite den Kleinen damit ein für alle Male von seinem Bedränger.

Er war in hohem Grade verschlossen, redete überhaupt nicht viel und am wenigsten über das, was in seiner eigenen Gefühlswelt vorging. Im Grunde waren wir beide ein sehr ungleiches Gespann. Er ein geborener Held und voraussichtlich dermaleinst ein großer Staatsmann; ich eine wesentlich lyrische und künstlerische Natur, der die Poesie des Daseins vorderhand noch wichtiger war als die Geschicke Deutschlands. Je länger jedoch unser Verkehr dauerte, mit um so glühenderer Begeisterung gehörte ich ihm an. Seine Gegenwart hob und beflügelte mich. Ich hatte das Gefühl, als ob ich imstande sein könnte, unter seinen Augen Heldentaten zu verrichten. Aber alle diese Empfindungen mußte ich natürlich schweigend in mich hineinverschlucken, wenn ich ihm nicht lästig oder lächerlich werden wollte. Doch durfte ich mir sagen, daß er mich auch seinerseits gern hatte. Dafür hatte ich den Beweis nicht durch Worte, wohl aber durch sein ganzes Verhalten mir gegenüber; und daran mußte ich mir genügen lassen.

An jedem Gymnasium gibt es bekanntlich einen Gesanglehrer, der die einigermaßen musikalisch veranlagten und stimmbegabten Schüler zu einem Chor vereinigt, der unter seiner Leitung in der Schule Aufführungen veranstaltet. Ob bei dieser Einrichtung mehr Nutzen oder mehr Schaden für die Beteiligten herauskommt, mag dahingestellt sein. Sicher werden die in der Mutationsperiode so empfindlichen Stimmorgane oft genug zur Unzeit übermäßig angestrengt, so daß sie für den rechten Gebrauch in reifen Jahren verdorben bleiben. Unser Herr H(auer) war ein sehr braver Mann, aber seine Programme, in denen Namen wie Bellermann, Bortniansky oder Naumann vorzugsweise glänzten, zeichneten sich nicht gerade stets durch die Wahl reizvoller Musikstücke aus, und noch weniger konnte man die Wiedergabe der Musik schwungvoll nennen. Zur Abwechslung waren hier und da Instrumentalkompositionen eingefügt, deren Ausführung von den etwa sich dafür qualifizierenden Schülern besorgt wurde. Natürlich nahm man auch Wollanke und mich hierfür in Anspruch. Nachdem dies jedoch das eine oder andere Mal geschehen war und ich genügend Gelegenheit gefunden hatte, an Herrn Hauers Taten jugendlich übermütige Kritik zu üben, kam mir der Gedanke, ob wir Schüler nicht einmal selbstständig ein Konzert veranstalten und es schöner machen könnten. Ich fand bei Schwerin und Wollanke Zustimmung, ließ den Plan weiterhin durch die Schülerkreise die Runde machen, und als überall der Boden bereitet war, wurde bei dem »Alten« Vortrag gehalten. Er erteilte die erbetene Erlaubnis anscheinend mit ganz besonderem Vergnügen, und mit Feuereifer begaben wir uns jetzt an das Probieren. Das Programm lautete:

1. Ouverture und erste Szene mit Chor aus der Oper »Euryanthe« von Weber
2. Sonate für Klavier und Violine c-moll von Beethoven
3. Zwei Chorlieder a cappella von Mendelssohn
4. Zwei 4händige Klavierstücke (Turniermarsch und Springbrunnen) von Schumann
5. Chor aus »Ajax« von Bellermann
6. Trio für Pianoforte, Violine und Violoncell von Mendelssohn
7. Chor aus der »Schöpfung« von Haydn

Der Bellermannsche Chor auf griechischem Text war eine Konzession an die Begriffe von tugendhafter Kunstübung, wie sie auf Gymnasien zu grassieren pflegen, und zugleich eine captatio benevolentiae dem Schulrat gegenüber, der dadurch für die Beurteilung des ganz außergewöhnlichen Unternehmens milde gestimmt werden sollte. Die durch den Verkauf von Billetts erzielte Einnahme war, wie gedruckt zu lesen stand, für die Gründung eines Stipendiums bestimmt. Im übrigen überschritten wir mit der Szene aus »Euryanthe«, in der unter anderem die Arie »Unter blühenden Mandelbäumen« samt allen Liebesgefühlen von einem Tenor singenden Schüler vorgetragen wurde, durchaus den Rahmen des auf einem ehrsamen Gymnasium Üblichen. Ja, ich hatte noch Ärgeres, ein Quartett aus dem »Spanischen Liederspiel« von Schumann mit sehr ausgelassenem Text für die Aufführung im Sinne gehabt. Von dieser Ungehörigkeit aber hielt mich Schwerins Taktgefühl zum Glück rechtzeitig zurück. Auch dafür, daß bei der Verteilung der Rollen Billigkeit herrschte, sorgte er vor allem aufs beste. Wollanke mußte, so strohern auch sein Musizieren war, doch um seines tüchtigen technischen Könnens willen gebührend berücksichtigt werden. Ihm wurde übertragen, mit einem recht tüchtigen Geiger die Beethovensche Sonate vorzutragen, sowie die Chöre von Bellermann und Haydn zu leiten. Ich hatte mit zwei annehmbaren Partnern das Trio von Mendelssohn zu spielen, die Chorlieder zu dirigieren und vor allem am Flügel begleitend die Ausführung der »Euryanthen«-Musik zu leiten. Ganz besonderen Spaß machte es mir, daß es mir gelang, auch meinen Freund Fritz zur Mitwirkung als Solosänger zu bewegen. Er war von Natur empfänglich für Musik. Etwas Klavierunterricht hatte er vor Jahren erhalten, ohne freilich weit damit gekommen zu sein. Immerhin kannte er die Noten, hatte eine kräftige Baßstimme, und so entschloß er sich nach vielem Zureden meinerseits, die sieben Töne Rezitativ zu übernehmen, die Lysiart in dem Auftritt mit dem König und Adolar zu singen hat. Am 21. April 1858 endlich lief die Aufführung in der Aula vor dicht gefüllten Bänken vom Stapel, und die Aufregung war groß. Meisterleistungen zu erwarten fiel natürlich niemandem ein. Verhältnismäßig aber gelang das ganze sehr gut, und die Zuhörerschaft erging sich in den lebhaftesten Beifallsbezeugungen. –

Kaum war der große Tag vorüber, so *überfiel mich gänzlich unerwartet eine höchst schmerzhafte Augenentzündung.* Das Übel trat so heftig auf, daß unser Hausarzt die Sache nicht allein übernehmen wollte, sondern sofort einen Spezialisten zuzog, der dann eine kontagiöse Entzündung der Bindehaut, die sogenannte »Ägyptische Augenentzündung«, feststellte. Ich wurde reichlich mit Höllensteineinspritzungen traktiert und mußte *drei Wochen lang unausgesetzt im Dunkeln zubringen.* Der schnelle, energische Eingriff hatte die schlimmsten Folgen abgewehrt; jedoch blieb eine große Reizbarkeit der Augen auf eine lange Reihe von Jahren zurück und veranlasste später, daß ich bei meiner Stellung zum Militärdienst wiederholentlich als vorläufig untauglich zurückgewiesen wurde, um schließlich dauernd der Ersatzreserve zugeteilt zu werden.

*Ein sehr angenehmes Ereignis trat jetzt ein, um mich für die in der Krankenstube verlebten unerquicklichen Wochen auf das schönste zu entschädigen. Fritz Schwerin*, der mich, der Ansteckungsgefahr trotzend, einmal nachmittags besuchte, *lud mich im Namen seiner Eltern ein, nach meiner Herstellung die Pfingsttage mit ihm in Rogätz zuzubringen.*

*Das Rittergut Rogätz, ein paar Meilen von Magdeburg stromabwärts an der Elbe gelegen, war erst neuerdings von dem Grafen Max angekauft worden.* Das alte Familiengut Putzar mußte selbstverständlich dermaleinst in die Hände des ältesten Sohnes Heinrich übergehen. Dafür sollte nun der jüngere durch Rogätz als Erbteil entschädigt werden. –

*Am Freitag vor dem Fest fuhren wir beide mit der Bahn bis Burg, wo ein offener Wagen unserer wartete, um uns in etwa zwei Stunden, mehrere Dörfer und endlich auf einer Fähre die Elbe passierend, an das Ziel der Reise zu bringen. Mir stand eine Pfingstreise in Erinnerung, die meine Eltern vor einigen Jahren mit mir nach Groß-Rietz zu Fräulein von Dzimbowska*[XII] *unternommen hatten, und wo wir an der großen Freitreppe des fast fürstlichen Schlosses von einer Reihe elegant uniformierter Diener empfangen wurden. Doch meine Besorgnis vor einem ähnlichen Zeremoniell war gänzlich unbegründet. Gräfin Hildegard stand, als wir anlangten, allein unserer wartend an der Dorfstraße, begrüßte ihren Sohn und mich auf das herzlichste und führte uns in den schmalen gemütlichen Hausflur, wo der alte Graf und die Tochter Luise uns bewillkommneten. Wie die Wirtschaftsgebäude war auch das Wohnhaus nichts weniger als stattlich, ja, der frühere Besitzer mochte sich wohl allzu wenig um die Instandhaltung des Inventars gekümmert haben. Aber man fühlte sich wohl in den schlichten, durch die neuen Bewohner behaglich eingerichteten Räumen. Abgetrennt von allem übrigen stand auf dem Hofe ein mächtiger, aus Feldsteinen aufgeführter vierkantiger Turm, der über seinen frühmittelalterlichen Ursprung keinen Zweifel ließ. Hier befand sich im ersten Stock ein geräumiges Zimmer, das uns beiden zur Behausung angewiesen wurde. Wirklich überraschend schön war der landschaftliche Eindruck. Das Dorf Rogätz und mit ihm der Gutsbezirk liegt auf dem linken Ufer der Elbe, das sich hier zu ansehnlicher Höhe erhebt, um fast senkrecht zum Fluß abzufallen. Die Längsseite des damaligen Wohnhauses fußte unmittelbar auf dem Rande dieses Abhangs. Jenseits der Elbe dehnt sich eine unübersehbar weite Ebene aus. In nächster Nähe nichts als Wiesengelände, durch das die Ohre, ein Nebenfluß der Elbe, sich hinwindet, um wenige hundert Schritte aufwärts in den Hauptstrom einzumünden. Weiterhin bebautes Land, Äcker, Waldstrecken, Dörfer mit Kirchtürmen bis in die weiteste*

XII Fräulein von Dzimbowska, Nichte des Grafen Heinrich Itzenplitz, war eine durch die edelsten Charaktereigenschaften ausgezeichnete Dame. Mit einem schwächlichen und in auffallender Weise verwachsenen Körper geboren, hatte sie ihre Eltern, deren einziges Kind sie war, früh verloren. Im Besitze eines großen Vermögens war sie lediglich bemüht, ihre reichen Mittel zum Besten anderer zu verwenden. Frei von allen Standesvorurteilen stand sie vorzugsweise mit Mitgliedern bürgerlicher Familien in freundschaftlicher Beziehung. Meinen Eltern begegnete sie zuerst im Lichtensteinschen Hause und brachte ihnen viel Liebe entgegen. Im Winter wohnte sie oft für längere Zeit in Berlin, den größten Teil des Jahres aber verlebte sie mit einer Freundin auf ihrem schönen Gut Groß-Rietz, wo sie dann gern ihre Freunde aus der Stadt empfing und beherbergte. Die großen Verhältnisse verlangten eine auf Tage oder Wochen zahlreiche Dienerschaft. Von Prahlerei aber war dabei nicht die Rede.

*Ferne, wo etwa hier und da eine niedere Hügelwelle aufsteigt. An das Gutsgehöft mit dem Wohnhaus schließt sich unmittelbar ein ausgedehnter Park an, der, immer auf der Höhe sich hinziehend, etwa der Ohremündung gegenüber sein Ende findet. Hier und da führen steile Fußwege durch das Gebüsch zum Wasser hinunter. Jetzt nun lag die volle Maienpracht über der Welt; alles stand im üppigsten Grün, die mächtigen Kastanien streckten ihre weißen Blütenkerzen in die Luft, die Fliedergebüsche dufteten und in jedem Gesträuch flötete eine Nachtigall.*

*Ich hatte mich darauf gefaßt gemacht, den Ton im Schwerinschen Hause etwas förmlich zu finden, davon jedoch war keine Rede. Das Verkehren zwischen Eltern und Kindern war von wohltuendster Schlichtheit und Herzlichkeit. Freilich war der alte Graf im der Regel schweigsam wie sein Sohn, dafür aber wußte die Gräfin das Gespräch um so reicher zu beleben. Sie stand nach wie vor mit ihrer Jugendfreundin Marie Hoffmeister in regem brieflichen Austausch, wußte, wie nahe ich dieser stand, und so ergaben sich von vornherein intime Berührungspunkte. Mit aufrichtigem Wohlwollen kam sie mir entgegen; sie nahm lebhaften Anteil an der Freundschaft, die zwischen ihrem Fritz und mir sich entwickelt hatte, freute sich an meinem Klavierspiel, und bald hatte sie mein Herz ganz und gar gewonnen. Die Pfingsttage in Rogätz legten den Grund zu einer im Lauf der Jahre sich immer mehr vertiefenden Beziehung zu dieser ungewöhnlich geistvollen, hochgerichteten und warm empfindenden Frau, deren Andenken sich mir mit dem Ernstesten und Höchsten verbindet, was die Menschenseele bewegen kann.*

*Am Pfingstsonntag las der Vater Schwerin in unserm kleinen Kreise, der sich noch durch die Ankunft einer befreundeten Familie erweitert hatte, eine Schleiermachersche Predigt vor. Am Abend vorher war er mit uns beiden Jünglingen auf die Kaninchenjagd gegangen. Auch mit einem alten Förster zogen wir einmal mit der Flinte in den Kiefernwald, um den scheuen Tieren nachzuspüren. Ich hatte noch dergleichen niemals mitgemacht und zeichnete mich keineswegs dabei aus. Der einzige Schuß, den ich abfeuerte, ging fehl. Beim Mittagessen gab es als Gemüse Spinat. Von allen eßbaren Dingen dieser Welt war mir von Kind auf keines so fürchterlich gewesen wie dieses Gericht. Während mein Vater im übrigen stets streng darauf bestanden hatte, daß ich von jeder Schüssel essen mußte, die auf den Tisch kam, war endlich mit dem Spinat eine Ausnahme gemacht worden, weil mein Widerwille in der Tat unbezwinglich schien. In Rogätz konnte ich plötzlich Spinat essen; um meinem Freund Fritz nicht zimperlich zu erscheinen, verschluckte ich stoisch die ganze große Portion, die sich auf meinem Teller befand.*

*Nach vier glückselig verbrachten Tagen hatte die Freude ihr Ende erreicht; am Mittwoch reiste ich in Begleitung von Vater und Sohn Schwerin nach Berlin zurück, denn der Schulunterricht nahm am Donnerstag wieder seinen Anfang. Während der ganzen Fahrt hüllten sich meine beiden Gefährten in undurchdringliches Schweigen. Die schüchternen Versuche, die ich machte, dieses oder jenes Gespräch in Gang zu bringen, verliefen im Sande, so daß endlich auch ich gänzlich verstummte. Am nächsten Tag sah ich Fritz natürlich in der Schule wieder. Ich hatte das Gefühl, daß wir uns nach so schönen, in ununterbrochener Gemeinschaft verbrachten Tagen sehr viel mehr zu sagen haben müßten als vorher. Aber alles war, wie es sonst auch gewesen war. Um keinen Schritt hatten wir uns anscheinend genähert. Dagegen rückte der unergründliche Mensch ein paar Wochen später mit einer neuen Einladung im Namen seiner Eltern heraus. Ich wurde aufgefordert, die vierwöchentlichen Hundstagsferien mit ihm in Putzar zu verbringen.* Es war längst verabredet, daß ich für diese Zeit nach Wienrode kommen sollte, und so geriet ich in eine zwiespältige Lage. Hoffmeisters würden mich ja freigegeben haben, wenn meine Neigung mich allzu stark nach der anderen Seite gezogen hätte. *Ich besann mich ein paar Tage. Dann aber lehnte ich die Einladung* nach Putzar *ab* und entschied mich für Wienrode. *Der Gedanke an einen abermaligen und viel ausgedehnteren Aufenthalt in Schwerinscher Umgebung hatte mich wohl in hohem Grade gereizt. Doch im verborgensten Winkel meiner Seele sprach eine vernehmliche Stimme, die mich zurückhielt. Ich hatte gelernt zu begreifen, daß der Einsamkeit in der Natur meines wenn auch noch so geliebten und bewunderten Freundes nicht beizukommen sei, und ich ahnte, daß ich bei längerem, unausgesetzten Zusammensein mit ihm unter dem Gefühl, hierin nichts ändern zu können, mehr bedrückende als frohe Stunden verleben würde. Gewiß: tiefe Naturen sind in der Regel eher zurückhaltend als mitteilsam. Und in dieser Zurückhaltung liegt oft ein unvergleichlicher Zauber. Worte aus dem Innersten geschöpft wiegen um so schwerer, je seltener sie zum Vorschein kommen. Der freundliche Blick des einen kann mehr sagen als viele überschwengliche Reden des anderen. Aber auch hier gibt es eine Grenze des Wünschenswerten. Schwerins Mutter, mit der den Sohn doch die innigste Liebe verband, sagte mir einmal in späteren Jahren, daß er auch sie so gut wie niemals habe einen Blick in das Innerste seines Seelenlebens tun lassen. Wohl aber wisse sie aus seinem eigenen Munde, wie schwer er selbst unter der unbesiegbaren Scheu gelitten habe, seinen Empfindungen Ausdruck zu geben, einer Scheu, die ihn trieb, eher unter einem vielleicht verletzenden Scherz seine eigentliche Meinung zu verbergen als, wenn auch nur im mindesten, pathetisch zu sein.*

*Mit dem Eintritt in das Gymnasium hatte das Quantum von Zeit, das meine schulmäßige Ausbildung beanspruchte, sich in solchem Maße gesteigert, daß für die Musik nicht viel übrigblieb. Dennoch ließ es sich ermöglichen, daß ich auch hier nicht ganz aus dem Geleise kam. So hatte ich im Sommer 1857 unter anderem die E-Dur-Sonate Opus 109 von Beethoven und die G-moll-Ballade von Chopin studiert, vor allem aber das Quintett von Schumann so vorbereitet, daß ich das Stück im Dezember, wie früher schon erwähnt, öffentlich spielen konnte. Im Frühling 1858 aber geschah etwas Außerordentliches. Frau Clara Schumann brachte ein paar Monate bei ihren Kindern in Berlin zu, und Bargiel machte in anerkennenswerter Selbstbescheidung aus eigenem Antrieb meinem Vater den Vorschlag, er möge mir doch von seiner Schwester Clara einige Klavierstunden geben lassen. Frau Schumann ließ sich bereit finden, beschied mich in ihre damalige Wohnung in der Dessauerstraße und ließ sich hier von mir vorspielen. In die ersten Stunden brachte ich das Konzertstück von Weber und das E-Dur-Notturno von Chopin; Später kamen die G-moll-Ballade von Chopin, die Romanzen in Fis-Dur und b-moll von Schumann und die D-moll-Sonate von Beethoven an die Reihe. Aus der einen Stunde, die sie verabredetermaßen zu geben hatte, wurden jedesmal ungefähr zwei. Da war nichts von* Geschäftsmäßigkeit oder *vornehmtuerischem Sichvorspielenlassen,* wie es bei heutigen Berühmtheiten an der Tagesordnung ist, die nach einer abgemessenen halben Stunde ihre Goldstücke in die Tasche stecken, *sondern von Anfang bis zu Ende das persönlichste, lebendigste Interesse, das gewissenhafteste Eingehen auf jede Einzelheit sowohl der technischen Ausführung wie des Vortrags. Oft ließ sie Seite für Seite spielen und drei- oder viermal wiederholen, bis ihr alles recht war. Dazwischen wieder spielte sie selbst vor und ruhte nicht, ehe sie bei dem Schüler erreicht hatte, was sie wollte. Ich staunte, wie sie zuweilen durch eine einzige Bemerkung die Dinge zurechtzurücken verstand: durch die Angabe eines vorteilhafteren, dem Charakter einer Stelle entgegenkommenderen Fingersatzes, durch einen Wink über die Haltung der Hand oder den Gebrauch des Pedals. Solche Sicherheit des Ratgebens hatte ich noch nicht erlebt. Das konnte nur die große Künstlerin, die nicht theoretisierte, sondern aus eigenster Erfahrung schöpfte. Und welch eine Kraft, welche Fülle poetischer Begeisterung strömte ihre herrliche Persönlichkeit aus! Nicht allein, wenn sie am Flügel saß, sondern mit jedem Wort, das sie sprach, mit ihrem ganzen Wesen, das in seiner Geradheit alles Scheinhafte im Verkehr ausschloß, erfaßte sie den andern. Bei aller echten Weiblichkeit, aller Zartheit und Innigkeit des Gemüts war ihr doch jede Spur von weichlichem Wesen fremd. Man atmete gesunde Luft, sobald man in ihre Nähe trat. Wenn ich dies alles in reiferen Jahren auch erst voll bewußt erkannt habe, der unmittelbare Eindruck, den ich schon damals empfing, war doch der gleiche und für alle Zeit entscheidende.*

*Leider erlitten die Unterrichtsstunden, die wöchentlich einmal stattfanden, durch meine Erkrankung an den Augen eine Unterbrechung von drei Wochen, so daß ich im ganzen nur fünf Male ihr vorspielen konnte. Allein, ich war während meines Augenleidens von allen Schulverpflichtungen befreit, hatte also reichliche Zeit, im dunkeln Zimmer auswendig spielend zu üben, und die bereits empfangenen Lehren mir praktisch gründlich zunutze zu machen. So wog dieser nicht zu unterschätzende Vorteil das Mißgeschick so ziemlich wieder auf. Zum Abschied erklärte Frau Schumann meinen Eltern, daß ich nach ihrer festen Überzeugung dazu bestimmt sei, Musiker zu werden. Für die eigentliche Virtuosenlaufbahn möge es freilich zu spät geworden sein. Wer als Spieler in der Öffentlichkeit einen ersten Platz erringen wolle, müsse von früh auf andauernd in strenge Zucht genommen werden. Gewisse Mängel in der technischen Ausbildung der Hand ließen sich später, wo Muskeln und Sehnen bereits fester geworden seien, nicht mehr ganz beseitigen. Dagegen rate sie dringend, nicht unterdrücken zu wollen, was nicht zu unterdrücken sei. Musiker müsse ich ohne Frage werden, und alles Bemühen, mich daran zu hindern, werde schließlich doch vergeblich sein.*

*Trotz dieser entschiedenen Meinungsäußerung war der Widerstand meines Vaters gegen die Künstlerlaufbahn für mich noch nicht völlig gebrochen.*

In meinem ersten Schulsemester, Sommer 1857, hatte sich Krech damit einverstanden erklärt, daß ich während der Universitätsferien meine Eltern in gewohnter Weise nach Lauenstein begleitete. Durch reichliche während dieser Zeit zu lösende Aufgaben war dafür gesorgt, daß ich nicht hinter den anderen zurückblieb. Der Aufenthalt aber nahm einen traurigen Verlauf.[107] Bei unserer Ankunft fanden wir im Hause den Onkel Valdec schwer krank darniederliegend, und nach vier Wochen qualvollen Leidens verschied er in den letzten Tagen des August. Der 2. September war der Tag der silbernen Hochzeit meiner Eltern. Mein Vater mußte ihn damit feiern, daß er am Nachmittag seinen einzigen, sehr geliebten Bruder zur letzten Ruhestatt auf dem Spiegelberger Kirchhof geleitete. Und das war noch nicht alles. Am gleichen und an einem der nächsten Tage trafen zwei Todesnachrichten ein. Die Großtante Mine Alberti war in Berlin 80 Jahre alt gestorben und Lichtenstein hatte man auf einer Seereise in den dänischen Gewässern am Morgen des dritten September tot im Bett gefunden. Seine Frau, die mit ihm auf dem Schiff war, mußte ihn in Kiel bestatten lassen, während die Tochter, in Wienrode an ihr Lager gefesselt, ihr nicht zur Seite stehen konnte. Mein Vater, der zum Begräbnis der Tante Alberti nach Berlin gefahren war, kam auf den Gedanken, den Rückweg nach Lauenstein über Wienrode zu nehmen. Clärchen Steffens – Clärchen, nicht Clara, hieß sie bis an ihr Lebensende bei allen Verwandten und Freunden – hatte die Schwester ihrer schon vor mehreren Jahren verstorbenen Mutter viele Wochen hindurch mit aufopfernder Treue gepflegt. Sie gehörte zu den seltenen Naturen, die in ihrer Selbstlosigkeit, ihrem liebevollen Verständnis für die Leiden und Freuden anderer, überall nur wohlzutun vermögen. Jetzt bedurfte die Pflegerin selbst einer Erfrischung und mein Vater beschloß, sie mit sich zu nehmen über Wienrode nach Lauenstein. Er hatte ganz und gar das rechte getroffen. Im eigenen Schmerz um den Bruder berührten sich seine Empfindungen mit der tiefen Trauer, die die Tochter Lichtensteins um den ihr so jäh entrissenen Vater durchzukämpfen hatte. Seine Begleiterin Clärchen aber erschien nicht nur beiden wie ein milder Friedensbote, sondern fand auch für sich Erquickung durch die schönen, beruhigenden Eindrücke der Landschaft.

Es war noch kein Jahr seitdem vergangen, als auch meine gute, sanftmütige Großmutter Pistor aus dem irdischen Dasein abberufen wurde. Sie starb am 3. Juli 1858, nachdem sie die beiden letzten Jahre ihres Lebens in trübseliger Abnahme ihrer Geisteskräfte zugebracht hatte. Im Gartensaal wurde sie aufgebahrt; ihre Züge, die zuletzt das Leiden verzerrt hatte, sahen wieder friedlich und freundlich aus. Dazu blühten die Rosen in dem still gewordenen Garten und ihr Duft, der durch die geöffnete Tür einzog, umspielte das Sterbelager. Meiner Mutter aber war jetzt die gesamte ältere Generation ihrer Angehörigen erloschen, denn die Tante Pine, die Schwester ihres Vaters, war schon im Frühling 1857 bei ihrer Tochter in Wutschdorff gestorben. Die verschiedenen von Zschockschen Erben hätten es schon damals am liebsten gesehen, wenn der alte gemeinsame Familienbesitz sofort zu Gelde gemacht worden wäre. Hiergegen aber erhoben meine Eltern entschiedenen Einspruch. Die arme alte Großmutter sollte nicht noch bei Lebzeiten aus ihren gewohnten Räumen vertrieben werden. Wohl wäre es schön gewesen, wenn mein Vater die Mitbesitzer hätte auszahlen können, um das liebe, erinnerungsreiche Haus in der Mauerstraße mit dem anmutigen Garten ganz für sich und die Seinigen zu erwerben. Dazu aber reichten seine Mittel nicht aus, und so mußte er es geschehen lassen, daß das schöne Grundstück für einen verhältnismäßig geringen Preis in fremde Hände überging. Zu besonderem Schmerz natürlich für meine Mutter, der damit das Paradies ihrer Kindheit und Jugend zerstört wurde. Der neue Besitzer ließ die alten gemütlichen Gebäude sofort niederreißen und einen frostigen, modern eleganten Mietspalast an ihre Stelle setzen, mit vielen Stockwerken und hohen, öden, großscheibigen Fensteröffnungen. Jetzt, nach einem halben Jahrhundert, ist der Wert des Platzes wohl mindestens um das Dreißigfache der Summe gestiegen, die damals dafür gezahlt wurde.

Für das Jahr vom Oktober 1857 bis 58 war mein Vater zum Rektor der Universität gewählt worden. Er hatte die Wahl mit Widerstreben angenommen, weil die mit dem Rektorat verbundenen Repräsentationspflichten seiner wesentlich nach innen gerichteten, im Wechsel von stiller Arbeit und stillen Freuden sich wohlfühlenden Natur lästig waren. Aber er erlebte dabei doch mancherlei, was ihn im Augenblick interessierte und erfreute. So fiel zum Beispiel die Feier der Hochzeit des damaligen Kronprinzen Friedrich Wilhelm mit der princess royale Victoria von Großbritannien in die Zeit seiner Amtsdauer, und er hatte das junge Paar im Namen der Universität zu begrüßen. Am 13. Februar schreibt er an Marie Hoffmeister: »In allen Unruhen dieser Tage habe ich mich nach der Erholung gesehnt, die ich nach überstandener Arbeit in einem Briefe an Sie, August natürlich eingeschlossen, finden würde. In Beziehung auf die Festlichkeiten selbst sende ich Ihnen die Zeitungen, die ich diesen Morgen für Sie gekauft habe, und die Sie nicht zurückzusenden brauchen ... Die kleine Prinzeß ist höchst graziös und lebendig, mit klugen blitzenden Augen, obwohl angegriffen von den unerhörten Strapazen; man hat ihr in Magdeburg ihren Pelz und Fußsack entwenden und sie auf dem Wege von Bellevue nach dem Schlosse unerhört frieren lassen. Die Worte, die ich von ihr gehört habe, waren durchaus tadelloses Deutsch. Ihr Gesichtchen ist noch in den vollen Kinderwangen begriffen, doch soll sie außerordentlich unterrichtet sein; ihr Gemahl sagte mir, meiner Entschuldigung der klassischen Sprache bedürfe es nicht, seine Frau verstehe vollkommen lateinisch, sie habe es mit ihren Brüdern gelernt und besser als diese, und der Prinz von Preußen[XIII] sagte uns Allen, wir bekämen an ihr eine Beschützerin wie Sophie Charlotte, sie sei eine Dame von hohem Geiste.

Da es ein gegenseitiger Zug der Herzen gewesen ist, was Beide zusammenführte, wie Vater und Sohn mich versichert haben, so werden sie einander würdig sein. Über Prinz Friedrich Wilhelm ist hier nur e i n e Stimme; er ist unbestreitbar der Fürst der Jugend, nicht nur an edler ritterlicher Haltung, sondern an unbefleckter sittlicher Reinheit. Sein Lehrer, Professor Hölschner, versicherte mich, er sei weniger begabt als Prinz Albrecht Sohn, der die herrlichsten Intentionen hat, z. B. klassische Musik, (er spielt die Nächte hindurch Bachsche Orgelsachen) jedoch desultorisch[108] abspringt. Aber Jenes Ausdauer sei die respektabelste, die Pandekten wären ihm blutsauer geworden, aber er habe nicht geruht, bis er eingedrungen wäre.

Die imposantesten Momente waren die der Polonnaise; der Mendelssohn'sche Marsch war wirklich königlich instrumentiert. Stillfried hatte mir einen Platz auf dem Kapellenchor gegeben, wo ich Alles herrlich sehen konnte. Auch der schwarzen Pferde unter ihren weißen Straußenfedern muß ich gedenken, sie schienen eine Ahnung ihrer Pracht zu haben. Unter den Präsentationen war die bei Prinz von Preußen die anmuthigste; beide Eltern waren über die Maßen liebenswürdig. Meine Anrede finden Sie in den Zeitungen. Vertheilung der Plätze und Fackelzug sind aufs Beste arrangirt, ein Festmahl, welches ich den fremden Universitäten bei Schott im Englischen Hause gab, sehr wohl gelungen (Auch Onkel Hotho[XIV] war da), kurz das gefürchtete Rektorat löst sich in Wohlgefallen auf ...«

Wie aus meines Vaters Bericht ersichtlich ist, hatte er das fürstliche Brautpaar als Vertreter der Universität lateinisch angeredet. Der Haupttrumpf, den der Rektor der Berliner Universität auszuspielen hat, ist bekanntlich die Festrede zur Feier des dritten August, des Geburtstages Friedrich Wilhelms III., und auch diese hielt mein Vater früherem Herkommen gemäß in lateinischer Sprache. Bis zum Jahre 1847 war niemals von dieser Sitte abgewichen worden; erst die Stürme des Jahres 1848 hatten sie beseitigt. Die Rektoren redeten seitdem deutsch. Natürlich erregte es in weiten Kreisen ein großes Aufsehen, daß jetzt jemand sich unterstand, wieder zum »alten Zopf« zurückzukehren. Die

XIII Der nachmalige König und Kaiser Wilhelm I.

XIV H. Hotho, Professor der Aesthetik, Bruder von Victoire Lichtenstein geb. Hotho.

liberalen Zeitungen polterten und der Kladderadatsch spottete, indem er Müller und Schulze lateinisch konversierend auftreten ließ. Demgegenüber fehlte es nicht an ernsten Leuten, die durchaus mit dem Vorgehen meines Vaters einverstanden waren. Zu ihnen gehörten namentlich sämtliche Philologen. Und warum sollte auch der Rektor nicht als solcher öffentlich lateinisch sprechen; zu einer Zeit, wo, wenn ich nicht irre, die Dissertationen aller Doktoranden noch immer in lateinischer Sprache abgefaßt werden mußten?[109] – Eine Observanz, gegen die, wenigstens für manche Disziplinen, viel eher berechtigte Einwände erhoben werden konnten. Kein Zug lag vielleicht so tief begründet in dem Wesen meines Vaters, als der der Pietät vor der Ehrwürdigkeit des Althergebrachten. Ihm gab er nach, indem er jene rückwärtsführende Straße einschlug. Dies aber doch keineswegs so, daß er bei der Entscheidung sich etwa blind diesem Gefühl überlassen hätte. Er war vielmehr der festen Überzeugung, daß er damit dem Vernünftigen, dem sachlich Begründeten zu seinem Recht verhelfe. Die Wissenschaft – so dachte er etwa – steht außerhalb des Tagesgetriebes und soll über demselben stehen. Sie ist zeitlos; eine Welt für sich. Wer im Namen der Wissenschaft redet, soll sich vor allem an das allgemein Gültige und Ewige halten. Die Objektivität, ja die Beschränkung, zu der der Gebrauch eines nicht mehr dem Tagesleben angehörenden Idioms zwingt, kommt der Erfüllung dieser Forderung entgegen. Die lateinische Sprache überbrückt gewissermaßen die Grenzen, die die heutigen Nationen trennen, sie gehört wie die Wissenschaft ihnen allen in gleicher Weise an. Der Adel und die Würde, die ihr eigen sind, machen sie geschickt wie kaum eine andere, bei feierlichen Gelegenheiten in Anwendung zu kommen; sie ist knapp und präzis, hat für keinerlei Unklarheiten Raum, und wer den Reichtum ihres Wortschatzes, ihrer Wendungen wahrhaft beherrscht, vermag alles in ihr auszudrücken, was in den Räumen einer Universität bei solchen Veranlassungen gesagt werden soll.

Der Gang der Dinge hatte seitdem, wie in diesem Fall so auch in vielen anderen verwandten, noch wichtigere Fragen im entgegengesetzten Sinne entschieden. Ob zum Vorteil der Gesamtheit, muß die Zukunft lehren.

Mit dem Oktober schließt bekanntlich die Amtsdauer des Rektorates. Bis dahin darf der zeitige Rektor nicht auf längere Zeit aus Berlin abwesend sein. So fiel in diesem Jahre für meinen Vater wie auch selbstverständlich für mich der Lauensteiner Aufenthalt in den Monaten August und September fort. Nur für acht Tage gegen Ende August machte sich mein Vater frei, um mit Frau und Sohn Dresden, einige Punkte der Sächsischen Schweiz und Prag zu besuchen. In der Dresdener Galerie empfing ich zum ersten Male einen starken Eindruck von der Größe der italienischen Maler aus klassischer Zeit. Bisher hatten mich nur landschaftliche Darstellungen angezogen, und diese aber um des Gegenstandes willen. Vor Jahresfrist waren nach dem Tode der Tante Alberti die zahlreichen schönen Stiche, die diese besaß, in den Besitz meiner Mutter übergegangen. Anstatt der bisherigen englischen Schlachtenbilder und ähnlicher Dinge hingen jetzt die sämtlichen Stanzen Raphaels, die Sixtinische Madonna in Müllers Stich und noch eine ganze Reihe anderer hervorragender italienischer Bilder an den Wänden ihres Zimmers. Das hatte angefangen, mir die Augen zu öffnen. Seitdem sich mir aber in Dresden eine ganze Welt prachtvoller Originale aufgetan hatte, erschienen mir unsere Stiche doch in noch ganz anderem Licht. Ich begann, etwas von ihrer Unvergleichlichkeit zu ahnen und wurde nicht müde, mich an ihnen zu freuen. Die Möglichkeit, meine Eltern nach Dresden zu begleiten, war mir dadurch gegeben, daß während jener acht Tage die schriftliche Prüfung der ersten Abiturienten stattfand, die das Friedrichs-Gymnasium entließ. Wir anderen hatten also freie Zeit. Zu dieser ersten Abiturientenserie gehörten Wollanke und Fritz Schwerin. Der Letztere ging, um Jura zu studieren, nach Heidelberg und trat bei den Vandalen ein. Wedding, der ein halbes Jahr später auf dem Friedrich-Wilhelms-Gymnasium das Abiturientenexamen bestanden hatte, nachdem er zuvor einmal zur Belohnung seiner exemplarischen Faulheit durchgefallen war, bezog ebenfalls die Universität Heidelberg, wurde aber nicht Vandale. Er erzählte nachmals, daß Schwerin unter der gesamten Studentenschaft schlechtweg der »schöne Graf« hieß. Mehrere Jahre später erlebte derselbe Wedding eines Abends im Berliner Opernhause, daß Schwerin, der nun schon angehender Diplomat war, aus irgendeinem Anlaß in der großen Königlichen Loge erschien. Er fiel durch die ungewöhnliche Schönheit seiner Erscheinung dermaßen auf, daß einer nach dem anderen auf ihn aufmerksam wurde, so daß endlich alles die Blicke nach der Hofloge richtete. Das schönste an dieser Schönheit war, daß ihr Besitzer sich derselben nicht im mindesten bewußt war, oder sich doch völlig gleichgültig gegen dieselbe verhielt. Nichts lag ihm ferner und war ihm verächtlicher als Eitelkeit. In seinem Auftreten war er die Schlichtheit selbst.

*Das letzte Schulsemester brachte* immer *ein gesteigertes Maß von Arbeit; wie vieles von dem Erlernten mußte aufs neue in den eigenen vier Wänden repetiert werden, um sich dem Gedächtnis für den großen Augenblick des Examens sicher einzuprägen. Schon ohne dies hatte der, der die Sache einigermaßen ernst nahm, in der Prima ein reichliches Maß von Arbeit zu bewältigen.* Zu den Schulstunden – an vier Wochentagen je sechs, an zweien je vier – kam für mich noch wöchentlich eine in der hebräischen Sprache. Sie war freiwillig, aber da die Möglichkeit des theologischen Studiums für mich vorlag, nahm ich daran teil. *Das eigentlich Anstrengende aber war die Erledigung der häuslichen Arbeiten. In jeder Woche mußte je eine große schriftliche Arbeit geliefert werden. In sich stets wiederholendem Turnus folgten sich der deutsche Aufsatz, der lateinische Aufsatz, die mathematische Arbeit. Ich entsinne mich, daß einmal meine gute Mutter die Nacht hindurch bis um vier Uhr des morgens mir einen von mir angefertigten langen deutschen Aufsatz diktierte, dessen Reinschrift ich vier Stunden später in der Klasse abzuliefern hatte. Unser Mathematiklehrer, ein Schulmeister in des Wortes verwegenster Bedeutung, dessen volle Zufriedenheit ich mir erworben hatte, solange ich noch von dem bei Kürten gesammelten Kapital an Kenntnissen zehrte, begegnete mir eines Tages mit ernster Miene und tat den schönen Ausspruch: »Rudorff, Sie sind nicht mehr der Frühere.« Er hatte nicht Unrecht. Zumal auf seinem Gebiet hatten meine Leistungen merklich nachgelassen. Ich hatte für die mathematische Wissenschaft weder Neigung noch* besondere *Begabung. Auch mit dem Präparieren für die Lektüre der klassischen Schriftsteller nahm ich es nicht mehr so genau wie im Anfang. Dennoch bestand ich gegen Schluß des Semesters im März 1859 die schriftliche Prüfung so zufriedenstellend, daß mich das Lehrerkollegium vom mündlichen Examen dispensierte. Diese angenehme Nachricht erhielt ich erst im Prüfungszimmer, das ich mit meinen Kollegen, auf die Möglichkeit grausamer Abschlachtung gefaßt, betreten hatte. Der alte Rektor Krech begleitete mich zur Tür hinaus, klopfte mich draußen auf die Schulter und sagte schmunzelnd: »Der Rudorff ist wohl sehr froh, daß er nicht in Geschichte examinirt wird?« In der Tat war ich sehr froh. Denn so redlich ich mich auch bemüht hatte, einen Haufen von Daten und Jahreszahlen in meinen Kopf hineinzupfropfen: Das, was ich in früheren Jahren nach dieser Richtung hin versäumt hatte, ließ sich doch nicht so rasch nachholen. Ich würde mich bei der Unsicherheit meines historischen Wissens wahrscheinlich bedenklich blamiert haben. »Wo sich der Antheil verliert, verliert sich das Gedächtniß«, sagte Goethe.*[110] *Wie aber konnte ich Anteil haben für ein nacktes Gerippe von Tatsachen, denen gegenüber jede lebendige Anschauung mir fehlte? Wehrenpfennig tat einmal die*

*Äußerung, wer Geschichte lernen wolle, müsse mit Monographien anfangen, also vom Einzelnen zum Allgemeinen fortschreiten, nicht umgekehrt. Und er hatte vollkommen recht. Ist es an einem einzigen Punkte der Geschehnisse einmal vollkommen licht geworden, so wirft dies Licht seine Strahlen zuerst in die nächste Umgebung, von da aber, wenn man ihnen folgt, weiter und weiter nach vorwärts wie nach rückwärts und nach allen Seiten hin. Oder, um ein anderes Bild zu gebrauchen: Vom Herzen wird das ganze Geflecht der Adern mit Lebensblut gespeist. Es muß erst einmal ein Herzpunkt da sein, eine Stelle, an der die volle Teilnahme eingesetzt hat, mag dies nun eine hervorragende Persönlichkeit oder eine außerordentliche Begebenheit sein. Von hier aus weiterzuschreiten, nach dem nächsten forschen und greifen zu wollen, ist nur ein natürliches Verlangen. Leben erzeugt Leben.*

*Die Freude am glücklich bestandenen Examen wurde mir im Augenblick einigermaßen dadurch getrübt, daß mir übertragen wurde, bei dem am Schluß des Semesters stattfindenden öffentlichen Examen sämtlicher Schüler der Anstalt die übliche lateinische Rede zu halten. Dies sollte natürlich eine Ehre sein; ich empfand dieselbe aber nur als Pein. Die Mühe, die mir aus der Ausarbeitung erwuchs, kam mir auch nicht gerade erwünscht. Ich hätte lieber nach aller Plackerei des Winters das Glück des Nichtstuns genossen. Aber viel mehr Not machte mir meine Befangenheit. Vor einer großen feierlichen Versammlung öffentlich reden zu sollen, war mir eine schaudervolle Vorstellung. Doch hier half kein Widerstreben. Ganz besonders fürchterlich schien mir die Möglichkeit, daß meine Eltern, die zu den Geladenen gehörten und auf deren Erscheinen mit Sicherheit gerechnet wurde, bei diesem Akt tatsächlich anwesend sein könnten. Ihre Gegenwart würde mich, wie ich glaubte, vollends aus der Fassung bringen. Sie entschlossen sich denn auch endlich auf mein dringendes Bitten, wenn auch mit großem Widerstreben, fernzubleiben. Der Tag des Schreckens brach an, ich hielt meine Rede, ich starb nicht daran, ja ich blieb nicht einmal an einer einzigen Stelle stecken. Dagegen beschleunigte die Angst dermaßen das Tempo, in dem ich sprach, daß, wie mir hinterher versichert wurde, auch die gelehrtesten Zuhörer nicht das mindeste von meinen Darlegungen verstanden hätten. Daß meine Eltern bei dem feierlichen Akt nicht zugegen waren, erregte maßloses Erstaunen, namentlich konnte sich mein alter Direktor gar nicht darüber beruhigen, und wie billig mußte ich als der Schuldige ernste Vorwürfe und Spott in Hülle und Fülle über mich ergehen lassen.*

*Die weitaus beträchtlichere Mehrzahl derer, die das Gymnasium mit dem Reifezeugnis verlassen haben, kennt wohl keine andere Empfindung als die des Glücks, den Schulstaub und Schulzwang hinter sich, die goldene akademische Freiheit vor sich zu haben. Bei mir traf dies kaum oder doch nur in sehr bedingter Weise zu. Während der letzten beiden Aprilwochen, die mir nach dem öffentlichen Schulexamen noch als völlig freie Zeit übrigblieben,* und die ich in Wienrode zubringen durfte, *genoß ich freilich das Gefühl der Ungebundenheit aus vollem Herzen. Aber bald wurde es anders. Ich hatte von meiner frühen Kindheit an so oft und so nachdrücklich aus dem Munde meines Vaters hören müssen, welch eine Torheit es sein würde, mich Musiker werden zu lassen, daß mir selbst schließlich trotz allem, was andere Gegenteiliges äußerten, der rechte Mut abhanden gekommen war, den Zug meines Herzens seinem Willen entgegenzusetzen. So hatte ich denn in dem Lebensabriß, den ich als Abiturient dem Lehrerkollegium einreichen mußte, in bezug auf meinen zukünftigen Lebensberuf mich dahin geäußert, daß meine Neigung mich wohl dazu triebe, mich ganz der Musik zu widmen, daß ich aber bei der Unsicherheit dieses Berufs mich dazu entschlossen habe, Theologie zu studieren. Die Theologie hatte ich erwählt, weil mir sowohl juristische wie philologische oder gar medizinische Neigungen völlig fernlagen, während ich für religiöse Fragen ein reges Interesse hatte. Als Theologe also ließ ich mich auf der Berliner Universität inskribieren. Ich hörte als solcher bei Steinmeyer Exegese des Matthäus-Evangeliums und bei Niedner Kirchengeschichte, daneben aber belegte und besuchte ich auch die Vorlesungen Trendelenburgs über Logik, Böckhs über Enzyklopädie der Philologie und ein Kolleg von Moritz Haupt über Horaz.* Das letztere enttäuschte mich gründlich. Es kam dabei eigentlich zu nichts anderem, als zur erbarmungslosen Abschlachtung irgendwelcher Gelehrter, die sich unterstanden hatten, über diese oder jene Einzelheit anderer Meinung zu sein als Haupt selbst. Von dem Gehalt der Dichtungen, von ihrer poetischen Schönheit, war kaum die Rede. Am meisten Interesse gewannen mir Böckh und Steinmeyer ab. *Aber wenn ich mich hier auch im Augenblick angezogen fühlte, im Innersten mußte ich mir doch bald gestehen, daß die Welt, die mich jetzt umgab, nicht die meine war, daß ich einen Weg beschritten hatte, der unmöglich zu einem mich wahrhaft befriedigenden Ziele führen konnte. Religiös gesinnt sein reicht nicht hin, um Prediger oder theologischer Dozent werden zu mögen. Vollends aber dann nicht, wenn die Natur für einen anderen Beruf entschieden hat. So fehlte mir bei allem die rechte Freudigkeit. Ich empfand peinlich die Halbheit meines Zustandes und dachte fast mit einer Art von Sehnsucht an die Schulzeit zurück, wo ich festgewiesene Wege hatte gehen müssen, wo jeder Tag seine bestimmte Aufgabe, aber in ihrer gewissenhaften Erfüllung auch Befriedigung gebracht hatte. Vorwärts aber gab es nur das eine: Ich mußte dem Ruf der inneren Stimme folgen und Musiker werden!*[111] *Meiner Mutter hatte ich mich anvertraut, wie in allem Ernsten, das meine Seele bewegte. Mein Vater merkte, wie es stand. Er war infolgedessen in gereizter Stimmung und ich nicht minder. So vergingen unerquickliche Wochen verschwiegener Mißstimmung auf beiden Seiten. Ihm widerstrebte bei der Wahl des Musikerberufes »die Entbehrung des festen Haltes und der Stellung in der geistigen Gentry der Nation, welche die Bildung durch ernstliches Studium und der Beruf, zu dem dieses vorbereitet, nach deutschen Begriffen einmal giebt: ein nicht oder halbstudierter Mann bleibt ein ¾ Gelehrter, der in den höchsten Dingen nicht mit sprechen darf.«*

*Dies seine Worte, die sich in einem Brief an Marie Hoffmeister finden.* Nach altgermanischer Rechtsanschauung gehören, wie er oft zitierte, »die Spielleute zu den unehrlichen Leuten«. Und wer wollte leugnen, daß diese Betrachtungsweise, wenn wir statt »unehrlich« etwa setzen »unzuverlässig, zerfahren, leichtsinnig«, ein gutes Stück Wahrheit auf ihrer Seite hat. Nur konnte nicht verlangt werden, daß für einen Neunzehnjährigen dergleichen Erwägungen sehr einleuchtend waren. *Als es endlich zu einer offenen und sehr erregten Aussprache kam, endete diese vorerst mit einer entschiedenen Zurückweisung meiner leidenschaftlich geäußerten Wünsche. Doch nach wenigen Tagen kam die Sonne der vollen väterlichen Güte, wie ich sie sonst jederzeit erfahren hatte, wieder zum Durchbruch. Mein Vater erklärte, daß er in so ernster Sache die Entscheidung keineswegs mit Gewalt herbeiführen wolle, und bestimmte deshalb, daß ich zum Winter nach Leipzig übersiedeln solle, um dort sowohl die Universität als auch das Konservatorium zu besuchen. Wenn ich dann in beiden Stellen genügende Erfahrungen gesammelt habe, solle ich selbst die entscheidende Wahl, ob Musiker oder Theologe, treffen.* Eines aber wünsche er unbedingt, daß ich mir nämlich unter allen Umständen den philosophischen Doktorgrad erwerben möge. *<So verließ ich denn am 2. November 1859 mit dankerfülltem Herzen das Elternhaus, in dessen treuer Obhut ich eine ungetrübte, glückliche Kindheit verbracht hatte.>*

*Adolph Rudorff*

*Ludwig Tieck*

*Arbeits- und Wohnzimmer im Haus Friedrichstraße 226*

*Berlin: Blick vom Tempelhofer Berg gegen das Hallische Tor*

*Die Kanbenburg in Lauenstein*

*Esszimmer und »Saal« in der Kabenburg*

*Ansicht von Lauenstein*

*Familie Adolph Rudorff*

# Anmerkungen der Herausgeberin

1 Im Typoskript vorneweg mit Büroklammer zusammengefaßt ein paar Seiten »Notizen« von Ernst Rudorff sowie ein handschriftlicher Zettel mit der Bemerkung: **Geschickt an Liselotte von Reinken Teil IV S. Näheres vorn in Mappe I auf** [? – Wort nicht identifiziert]**-Zettel. Dieser Teil IV liegt in erster Kopie in 2 Mappen vor; als auf ganz dünnem Papier kopierte zweite Kopie brauche ich nur eine Mappe mit dem Inhalt der beiden Mappen (1. Kopie) zu schicken.**

2 So im Manuskript, Kosename für Tiecks Frau Amalie. Im Typoskript steht falsch »Melusine«.

3 Alpenveilchen.

4 Ludwig Tieck: Leben und Tod des kleinen Rotkäppchens. Eine Tragödie, in: Ludwig Tieck: Schriften in zwölf Bänden, hg. v. Manfred Frank u. a., Bd 6, Phantasus, Frankfurt/M. 1985, S. 362–384. Lied: 1. Szene, S. 368f.

5 Friedrich Rückert: [Wohl endet Tod des Lebens Not]. Aus: Ghaseln / L Mewlana Dschelaleddin Rumi 4. Entstehungsjahr: 1819, in: Ludwig Laistner: Friedrich Rükkerts Werke in sechs Bänden, Bd 3 [o. J.], S. 249.

6 Anmerkung im Manuskript: **Jahresdaten nachsehen!**

7 Walzer in As-Dur, op. 69 Nr. 1.

8 Vgl. oben,Teil III, Fußnote XLI.

9 Frau von Schütze, geb. Struensee von Carlsbad. Anmerkung im Manuskript: **Die beiden Frau von Schützen geb. Struensee (?) oder Renfner.**

10 Friederike Karoline und Karoline Maria von Schütze.

11 Gestalt aus dem griechischen Mythos. Sohn des Achill.

12 Anmerkung im Manuskript: **? zum alten Dreifaltigkeitskirchhof? (so sagt Ernst Wolff) Erkundigung einziehen.** Tatsächlich befindet sich die Grabstätte Felix Mendelssohn Bartholdys auf dem Dreifaltigkeitsfriedhof in Berlin.

13 Wo? Anmerkung im Manuskript: **Jahr und Ort genau angeben. Vielleicht den betreffenden Brief selbst entweder hier benutzen (Details eventuell danach ändern) oder ihn an anderer Stelle vollständig einfügen.**

14 Albert Leopold Gern (1789–1869), Schauspieler vor allem komischer Rollen, Sohn des Schauspielers Georg Gern (1757–1830).

15 »ein kinderspielzeug, eine Papiertrommel, mit Pferdehaaren an einem Stiel, die geschwungen einen summenden Ton von sich gibt« (Jacob Grimm, Wilhelm Grimm: Deutsches Wörterbuch, Bd 27, Sp. 1200).

16 Knarrendes Kinderspielzeug (Kinderknarre). Vgl. Jacob Grimm, Wilhelm Grimm: Deutsches Wörterbuch, Bd 11, Sp. 1353.

17 Ein Kartenspiel.

18 Pistor gründete ca. 1813, vielleicht auch früher (vgl. Jörg Zaun: Pistor & Martins, die Erbauer der Berliner Meridiankreise, in: 300 Jahre Astronomie in Berlin und Potsdam, hg. v. Wolfgang R. Dick und Klaus Fritze, Frankfurt/M. 2000, S. 91–106, hier: S. 94) eine eigene Werkstatt, die er in seiner Wohnung in der Mauerstraße 34 einrichtete. 1841 wurde sie zu »Pistor & Martins«, und versorgte unter anderem über Jahrzehnte hinweg, auch nach Pistors Tod, europäische Sternwarten mit Instrumenten. Nach

seinem Tod führte Johann Wolfgang Gottfried Pistor, der uneheliche Sohn Carl Pistors, die Werkstatt gemeinsam mit Martins fort.

19 Die Werkstatt wechselte laut einem Artikel in der Vossischen Zeitung in die Louisenstraße 56. Vergleiche hierzu und zu Pistors Werkstatt auch Teil II, Anmerkung 22f.

20 So im Manuskript. Das Typoskript weicht hier in der Satzstellung etwas ab.

21 Anmerkung im Manuskript: **Jahreszahl bei Köpke vergleichen.** (Rudolf Köpke: Ludwig Tieck. Erinnerungen aus dem Leben des Dichters nach dessen mündlichen und schriftlichen Mittheilungen. Erster Theil. Zweiter Theil, Leipzig 1855.) Die Jahreszahl stimmt.

22 Anmerkung im Manuskript: **Die Verwandtschaftsverhältnisse früher besprochen. Auch mit Stammbaum ? Jahreszahlen ergänzen.**

23 Anmerkung im Manuskript: **Datum ergänzen. Siehe Köpke S. 266–267.** Für das Jahr 1800 wird bei Köpke der Beginn der Gicht Tiecks beschrieben, 1805 erkrankte er schwer an der Gicht, 1842 erlitt Tieck einen schweren Schlaganfall, der zur Halbseitenlähmung führte.

24 Anmerkung im Manuskript: **No des Hauses ergänzen.**

25 Ludwig Tieck: Leben und Tod des kleinen Rotkäppchens. Vgl. Fußnote 4.

26 Über Tiecks Verhältnis zu Gräfin Henriette von Finckenstein, zu der er seit 1803 ein leidenschaftliches Liebes- und Vertrauensverhältnis hatte, vergleiche das Henriette-Kapitel in Klaus Günzel: König der Romantik. Das Leben des Dichters Ludwig Tieck in Briefen, Selbstzeugnissen und Berichten, Tübingen 1981, S. 232ff.

27 Bei Köpke ist diese Anekdote etwas anders dargestellt. Vergleiche Günzel, S. 69f.

28 Ob der Berliner Aufklärer, Verleger und Schriftsteller Christoph Friedrich Nicolai (1733–1811) oder jemand anders gemeint ist, ist nicht eindeutig festlegbar.

29 Der spätere Kaiser Wilhelm I. (1797–1888), Bruder Friedrich Wilhelms IV (1795–1861).

30 Im Manuskript heißt es weiter: »Ich lasse hier einige Stellen aus Briefen folgen, die mein Vater in den Schreckenstagen an seinen Bruder in Lauenstein richtete. Sie veranschaulichen am besten den Zustand der Verwirrung, des Schreckens, der Niedergeschlagenheit, die sich aller ruhigen Bürger und Vaterlandsfreunde bemächtigt hatte.« Dazu am Rand die Anmerkung: **Hier die Abschrift der Briefstellen einschalten. Vielleicht hier oder an einer späteren Stelle auch andere Parthieen aus späteren Briefen meines Vaters – also eben Mai, Juni, Juli 1848 einfügen.** Dies ist nicht geschehen.

31 In der Buchveröffentlichung heißt es statt dessen: *<Meine Eltern aber hatten sich von ihr zurückgezogen.>*

32 Von 1833 bis 1844 war Gottlob Ludwig Demiani (1786–1846) Bürgermeister von Lenthe. (Nach freundlicher Auskunft von Frau Annerose Klammt, der Direktorin des Kulturhistorischen Museums Görlitz.)

33 Wort nicht identifiziert.

34 Prinz Wilhelm von Preußen, der spätere Kaiser Wilhelm I., wurde im März 1848 wegen seines brutalen Vorgehens gegen die Berliner Revolutionäre von seinem Bruder, dem König, nach London ins Exil geschickt. Bereits am 11. Mai wurde seine Rückberufung beschlossen, was von der politischen Linken als Signal für die Vorbe-

reitung einer Gegenrevolution gewertet wurde und erneute, heftige Tumulte zur Folge hatte.

35 Die erste längere Telegrafenstrecke wurde 1844 zwischen Washington und Baltimore aufgebaut. Ab April 1845 war diese die erste öffentliche Telegrafenlinie der Welt. 1848 wurde zwischen Hamburg und Cuxhaven die bisherige optische Telegrafenlinie durch die erste elektrische Morselinie in Europa ersetzt. Im selben Jahr bauten Siemens & Halske die damals längste Telegrafenlinie Europas von Frankfurt nach Berlin. Am 1. 10. 1849 gab Preußen als erster Staat auf dem europäischen Kontinent den Staatstelegrafen für den öffentlichen Verkehr frei.

36 Oper von Vincenzo Bellini.

37 »Le prophète«, Oper von Giacomo Meyerbeer.

38 Berliner Satirezeitschrift.

39 Der Verbleib des Briefes ist ungewiß. In einem Brief des Verlegers des Buches »Aus den Tagen der Romantik« an Elisabeth Rudorff vom 17. 5. 1938 (in: Archiv Stiftung Naturschutzgeschichte, Königswinter) bittet dieser, nach dem vermeintlich von Adolf Rudorff aufbewahrten Brief zu forschen, den er gerne für das Buch faksimilieren wollte. Eine Antwort Elisabeth Rudorffs ist nicht überliefert und der Plan wurde nicht realisiert.

40 Anmerkung im Typoskript: **Jahreszahl feststellen.** Anmerkung im Manuskript: **in welchem Jahr nachsehen in Herr Beselers Brief.** Der Zoologische Garten Berlin wurde am 1. 8. 1844 eröffnet.

41 Rudorff bezieht sich hier auf die ›Göttinger Sieben‹, Professoren, die am 18. 11. 1837 gegen die von König Ernst August veranlaßte Aufhebung des Staatsgrundgesetzes des Königreichs Hannover protestierten. Der König reagierte darauf mit ihrer Amtsenthebung.

42 Mathilde Franck geb. Hunter (1810–1847) war eine natürliche Tochter des in Italien lebenden Prinzen Heinrich von Preußen (1781–1746). Sie starb am 5. Dezember 1847. (Vgl. Hermann Franck: Wenn Du dies liest ... Tagebuch für Hugo. Mit einer Einführung von Hartmut von Hentig, hg. von Andreas Feuchte, München 2000.)

43 Hermann Franck (1802–1855), studierte Naturwissenschaften und Philosophie, war geschätzter Kunst- und Musikkenner sowie Musikschriftsteller.

44 Rudorff schreibt: **Eduard (?) Frank.** Eduard Franck (1817–1893), Komponist und Pianist, war Schüler Felix Mendelssohn Bartholdys. Anmerkung im Manuskript: **Siehe den Brief Felix Mendelssohns an Eduard Frank 2te Briefsammlg Seite** [?].

45 Zu Leben und Schicksal Hugo Francks vgl. Hermann Franck: Wenn Du dies liest ...

46 Anmerkung im Manuskript: **Wilhelm Wedding fragen, wann seine Mutter nach Berlin zog und dies hier eintragen mit entsprechender Textänderung.**

47 Name nicht eindeutig identifiziert.

48 Franz Schubert: Ständchen »Leise flehen meine Lieder«, aus: Dreizehn Lieder nach Gedichten von Rellstab und Heine (Schwanengesang), D 957/4.

49 Franz Liszt: Ständchen (Serenade) S 560,7 (nach Schubert: D 957/4 für Singstimme und Klavier), bearbeitet für Klavier.

50 Oper von Auber.

51 Anmerkung im Manuskript: **Genaueres über die Jahre und Monate nachsehen und nachtragen.**

52 Zwei nachträglich im Manuskript eingefügte Wörter nicht lesbar.

53 Der Gedichtanfang lautet: »Misekätzchen ging spazieren/Auf dem Dach am hellen Tag,/Macht sich an den Taubenschlag,/Eine Taub' zu attrappieren.« Ludwig Tieck: Leben und Tod des kleinen Rotkäppchens, 1. Szene, in: Ludwig Tieck, Schriften in zwölf Bänden, S. 368f.

54 Die übermäßig häufige Wiederholung einer Phrase auf verschiedenen Tonstufen.

55 Robert Schumann: Musikalische Haus- und Lebensregeln, Hamburg [u. a.] 1850. Aus: Schumann, Robert: 43 Clavierstücke für die Jugend.

56 Wort nicht identifiziert.

57 Anmerkung im Manuskript: **a) das Genauere über die Arbeiten bei Bargiel in meinen alten Noten nachsehen.**

58 Anmerkung im Manuskript: **nachsehen in Schumanns Leben wegen der Jahreszahl.**

59 Es handelt sich dabei um verschiedene Werke Georg Friedrich Puchtas, die bei Breitkopf und Härtel erschienen, so etwa die »Kleinen civilistische Schriften«, die »Geschichte des Rechts bei dem römischen Volk«, den »Cursus der Institutionen« und die »Pandekten«.

60 Anmerkung im Manuskript: **In m. Mutter Tagebuch das Jahr der Spontinischen Auff. der 9. Symph. nachsehen und hier einf.**

61 Name nicht eindeutig identifiziert.

62 Name nicht eindeutig identifiziert.

63 Die Kritik Engels ist rot umrandet mit dem eigenhändigen Vermerk Rudorffs: **dies roth Eingeklammerte ist als Anmerkung zu geben.** Darunter: **Eventuell diese Kritik Engels fortlassen!!**

64 Wort nicht eindeutig identifiziert.

65 Anmerkung im Manuskript: **In früherem Abschnitt die Geschichte mit der Suppenterrine und die Reise mit den Arnim'schen Töchtern erwähnen, sodaß dargethan wird, wie unverändert die freundschaftlichen Beziehungen im Grunde geblieben waren, trotz jener Worte meines Vaters.**

66 Hier steht im Manuskript eine lange, kaum lesbare Bleistiftanmerkung am Rand (Bogen 36, S. 4.)

67 Anmerkung im Manuskript: **Soll man hierzu vielleicht in einer Anmerkung die Geschichte der beiden Brüder Grimm, wie sie zugleich um Dortchen warben, einflechten? G r o ß e r e i n e Menschen nur können so handeln.**

68 Anmerkung im Manuskript: **Nachlesen in Mutters Tagebuch, was musiziert wurde.**

69 Bettina von Arnim: Clemens Brentanos Frühlingskranz aus Jugendschriften ihm geflochten wie er selbst schriftlich verlangte, Charlottenburg 1844.

70 Anmerkung im Manuskript: **Genauen Titel des Aufsatzes angeben!** Herman Grimm: Bettina von Arnim, Sonder-Abdruck Weimar 1880; 16 S. Aus: Goethe-Jahrbuch Bd 1.

71 Otto Fürst von Bismarck: Gedanken und Erinnerungen, 2 Bde, Stuttgart 1898.

72 Der folgende Absatz ist angestrichen, mit der Anmerkung im Manuskript: **Vielleicht dies schon früher erwähnen bei der Frankfurter Reise meiner Eltern mit den beiden älteren Arnims.**

73 Anmerkung im Manuskript [im TS wurde diese später wieder gestrichen]: **Diese Äußerung der Armgard vielleicht später einfügen bei Schilderung meines Aufenthalts in Bukow.**

74 Aus Carl Maria von Webers Oper »Der Freischütz«.

75 Joseph von Eichendorff: Ahnung und Gegenwart. Erstes Buch. Fünftes Kapitel. In der Ausgabe von Rolf Toman, Köln 1998: S. 53f.

76 Achim von Arnim: Die Ammen-Uhr aus des Knaben Wunderhorn, in Holzschnitten nach Zeichnungen von Dresdner Künstlern, Leipzig 1843.

77 Name im Manuskript rot unterstrichen und mit Fragezeichen versehen. Vermutlich ist es folgende Ausgabe: Volksbücher, hg. von Gotthard Oswald Marbach, Leipzig 1838–1860, Verlag Wigand [sic].

78 In: Ludwig Tieck's Schriften, Teil 1+2 (Bd. 4+5), Berlin 1828.

79 Von James Fenimore Cooper.

80 Karl Friedrich Becker: Erzählungen aus der alten Welt für die Jugend, Halle 1802–1803, Bde 1–3.

81 Ludwig Achim's von Arnim sämmtliche Werke, hg. v. Wilhelm Grimm, Bde 1–, Berlin [1839–]

82 Ludwig Achim von Arnim: Schaubühne, Erster Theil, in: Ebd. Neue Ausgabe. Sechster Band, Berlin 1857. Der Band enthält: Jann's erster Dienst. Eine Posse. Der Auerhahn. Eine Geschichte in vier Handlungen (S. 35–208). Das Frühlingsfest. Ein Nachspiel. Mißverständnisse. Ein Lustspiel. Die Vertreibung der Spanier aus Wesel im Jahre 1629. Schauspiel in drei Handlungen.

83 Oper von Gaetano Donizetti: La fille du régiment.

84 Anmerkung im Manuskript: **Über die Milder ausführlicher früher bei der Jugend meiner Mutter schreiben.**

85 Anmerkung im Typoskript: **als?** Wort im Manuskript an dieser Stelle nicht sinnvoll lesbar.

86 Anmerkung im Typoskript: **nachsehen, ob Carstenns so richtig geschrieben ist.** Im Manuskript steht »Carstenns«, gemeint ist aber wahrscheinlich der Historienmaler und Zeichner Asmus Carstens (1754–1798).

87 Oper von Gaspare Spontini: La Vestale.

88 Die spätere Kroll-Oper, eröffnet 1844 als Krollsches Etablissement im Tiergarten, am späteren »Königsplatz«, heutigen »Platz der Republik«. Großer Gaststättenkomplex, errichtet von Carl Ferdinand Langhans, Ludwig Persius und Eduard Knobloch für den Restaurantbesitzer Joseph Kroll. Der »Königssaal« wurde seit 1850 vielfältig genutzt, so auch für Opernaufführungen. Nach mehrfachen Zerstörungen, Wiederauf- und Umbauten wurde sie zunächst als »Neues Königliches Opernhaus« (1895) und schließlich als »Staatsoper am Platz der Republik« (1924) wiedereröffnet.

89 Dieses Kapitel über Lauenstein wurde vom Herausgeber des Buches »Aus den Tagen der Romantik« aus dem ursprünglichen Zusammenhang genommen und vor Rudorffs Bekenntnis zu romantischen Stoffen und die Schilderung seiner ersten Opernpläne gesetzt.

90 Lattenzaun.

91 Im Buch »Aus den Tagen der Romantik« wurde hier eine Satzumstellung vorgenommen.

92 Rudorff schrieb seine Lebenserinnerungen zu Beginn des 20. Jahrhunderts nieder.

93 Cammer-Rath Friedrich Ernst Otto von Lenthe war 1807–1841 Pächter der Domäne Eggersen. (Nach freundlicher Auskunft von Frau Schaper vom Kreisarchiv Hameln-Pyrmont.)

94 Cammer-Commissair Ihssen war 1842–1870 Pächter der Domäne Eggersen. (Nach freundlicher Auskunft von Frau Schaper vom Kreisarchiv Hameln-Pyrmont.)

95 Eine im Herbst blühende Enzianart.

96 Vermutlich eine Minzeart.

97 Die Orchidee »Herbstdrehwurz«.

98 Springkraut.

99 Wacholderdrosseln.

100 Hier endet im Buch »Aus den Tagen der Romantik« das IV. Kapitel und das V. Kapitel beginnt mit dem angehängten Passus über Eichendorff und Rudorffs erste Opernpläne.

101 Anmerkung im Manuskript: **Hier vielleicht einiges aus den Briefen meiner Eltern nach Lauenstein einfügen oder mich als Kind in Wernigerode, im Christianenthal u. s. w.**

102 Wort nicht eindeutig identifiziert.

103 Ernst Rudorff ließ hier im Manuskript eine Lücke. Es handelt sich um Friedrich Wilhelm Herzog von Braunschweig-Lüneburg-Oels und dessen Söhne Karl II. Herzog von Braunschweig und Wilhelm August Ludwig Maximilian Friedrich, Herzog von Braunschweig.

104 »Oidipus tyrannos«, Tragödie des Sophokles (497/96–406 v. Chr.).

105 Theodor Mommsen: Römische Geschichte, 3 Bde, Leipzig/Berlin 1854–56.

106 »Oidipus epi Kolōnō«, Tragödie des Sophokles.

107 **traurigen Verlauf** ist eine Ergänzung von Elisabeth Rudorff. Der Satz ist im Manuskript nicht zu Ende gebracht. Anmerkung im Typoskript: **das Folgende fehlt, muß mit ein paar Worten ergänzt werden. Nachdenken, ob man traurigen Verlauf oder etwas anderes hinsetzt!**

108 »abspringend«, unstet, der Beharrlichkeit und Ausdauer ermangelnd (vgl. Meyers Konversationslexikon, Leipzig 1888, Bd 4, S. 724).

109 Anmerkung im Manuskript: **Nachsehen, ob im Jahr 1858 noch sämmtliche Dissertationen aller Fakultäten lateinisch geschrieben wurden und wenn nicht, den Passus über die Dissertationen streichen.**

110 Vgl. Teil I, Anmerkung 30. Anmerkung im Manuskript: **Das Goethe'sche Zitat falls ich es schon an anderer Stelle verwandt haben sollte von einer der beiden fortlassen.**

111 Als Schlußsatz der Buchausgabe »Aus den Tagen der Romantik« ans Ende verschoben.